USA Osten

Karla Zimmerman,
Amy C. Balfour, Adam Karlin, Zora O'Neill,
Kevin Raub, Regis St. Louis, Mara Vorhees

REISEPLANUNG

Willkommen im Osten der USA 4

Karte 6

Der Osten der USA Top 25 8

Gut zu wissen 20

Wie wär's mit... 22

Monat für Monat 26

Reiserouten 30

Road Trips & Panoramastraßen 35

Outdoor-Aktivitäten 43

Mit Kindern reisen 47

Der Osten im Überblick .. 52

NEW YORK CITY S. 57

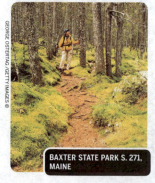

BAXTER STATE PARK S. 271, MAINE

REISEZIELE IM OSTEN DER USA

NEW YORK, NEW JERSEY & PENNSYLVANIA 56

New York City 57
New York State 121
Long Island 121
Hudson Valley 125
Catskills 129
Finger Lakes 131
Die Adirondacks 134
Thousand Islands 137
New Jersey 143
Princeton & Delaware River 144
Jersey Shore 146
Pennsylvania 151
Philadelphia 151
Pennsylvania Dutch Country 168
Pittsburgh 172

NEUENGLAND 180

Massachusetts 184
Boston 184
Cape Cod 206
Nantucket 215
Martha's Vineyard 217
Rhode Island 224
Providence 224
Newport 227
Connecticut 229
Hartford 230
Litchfield Hills 231
Vermont 235
New Hampshire 247
Portsmouth 248
White Mountains 250
Hanover 255
Maine 257
Portland 261
Acadia National Park ... 267

WASHINGTON, D.C. & CAPITAL REGION 272

Washington, D.C. 273
Maryland 306
Baltimore 307
Annapolis 314
Ocean City 318
Delaware 320
Virginia 325
Richmond 330
Petersburg 334
Hampton Roads 337
Virginia Beach 339
Shenandoah Valley 342
Blue Ridge Highlands & Südwest-Virginia 348
West Virginia 352
Eastern Panhandle 352
Monongahela National Forest 355

DER SÜDEN 360

North Carolina 361
Triangle 371
Charlotte 375
South Carolina 384
Charleston 385
Mt. Pleasant 391
Lowcountry 393
Nordküste 394
Greenville & Upcountry 397
Tennessee 398
Memphis 398
Shiloh National Military Park 408
Nashville 408
Kentucky 424
Louisville 425
Bluegrass Country 429

Inhalt

DEN OSTEN VERSTEHEN

Georgia............434	Zentral-Florida.......557
Atlanta...............434	Orlando...............557
Brunswick & Golden Isles...........455	Walt Disney World Resort...........562
Alabama............457	Florida Panhandle....566
Birmingham...........457	Panama City Beach.....568
Montgomery..........459	Pensacola & Pensacola Beach.......570
Mississippi..........462	
Oxford...............463	
Mississippi-Delta.......465	**DIE GROSSEN SEEN**...........**572**
Jackson..............468	Illinois..............573
Golfküste.............471	Chicago..............576
Arkansas...........471	Indiana..............607
Little Rock...........472	Indianapolis..........607
Hot Springs...........474	Ohio...............615
Arkansas River Valley................476	Cleveland.............616
Louisiana...........480	Amish Country.........622
New Orleans..........481	Columbus.............623
	Cincinnati............626
FLORIDA........**506**	Michigan............630
Süd-Florida..........507	Detroit...............631
Miami................507	Lake Michigan.........642
Fort Lauderdale.......525	Straits of Mackinac.....645
Palm Beach & Umgebung.............529	Upper Peninsula.......648
Everglades............530	Wisconsin...........650
Florida Keys..........534	Milwaukee............651
Atlantikküste........541	Madison..............655
Daytona Beach........543	Am Mississippi entlang...............660
Jacksonville...........547	Door County & Östliches Wisconsin.....660
Westküste..........549	Apostle Islands & Nördliches Wisconsin...662
Tampa................549	Minnesota..........663
St. Petersburg.........552	Minneapolis..........664
Sarasota..............554	St. Paul..............672
Naples...............556	

DEN OSTEN VERSTEHEN

Der Osten der USA
aktuell..............**684**

Geschichte...........**687**

Lebensart............**700**

Regionale Küche......**705**

Kunst & Architektur....**710**

Musik................**714**

Natur & Umwelt.......**718**

PRAKTISCHE INFORMATIONEN

Allgemeine
Informationen........**724**

Verkehrsmittel- &
wege................**734**

Sprache.............**743**

Register.............**751**

Kartenlegende.......**765**

SONDER-SEITEN

Road Trips &
Panoramastraßen.....**35**

Central Park
in 3D................**80**

National Mall
in 3D................**282**

Die Küche im Osten
und Süden der USA...**358**

Willkommen im Osten der USA

Die Metropolen New York und Chicago, wundervolle Strände, nebelverhangene Gipfel, Alligatorensümpfe und tiefe musikalische Wurzeln – der Osten der USA verspricht eine atemberaubende Reise.

Mächtige Metropolen

Die Megacity New York mit ihren 8,4 Mio. Einwohnern ist das Mutterschiff des Ostens, mit einem schier unglaublichen Angebot an Kultur, Gastronomie und Unterhaltung. Das himmelstürmende Chicago, das machtvolle Washington, D.C. und die feurige Latino-Hochburg Miami sind New York aber dicht auf den Fersen. Bezaubernde Altstädte gibt es in New Orleans (das sich von den Folgen des Hurrikans Katrina erholt hat) und im kantigen Detroit, dessen verlassenes Zentrum dank des Zustroms junger Kreativer eine Transformation durchlebt.

Strände & Nebenstraßen

Einige von Amerikas besten Stränden liegen an der Ostküste – mit Dünen und Walbesuchen am Cape Cod, der Promenade von Ocean City und den Korallenriffen der Florida Keys. Das Landesinnere ist ein einziges Naturschauspiel: Floridas sumpfige Everglades, das Wolfsgeheul in den Boundary Waters, die nebelverhangenen Appalachen und die Wälder Neuenglands, die im Herbst in beeindruckender Farbenpracht erstrahlen. Ruhige, landschaftlich reizvolle Nebenstraßen führen vorbei an Bürgerkriegs-Schauplätzen und kitschigen Attraktionen.

Schlemmerparadies

Gelegenheiten zum Schlemmen findet man im Osten viele. Und das geben die Speisekarten so her: kolossale Hummer mit zerlassener Butter an Maines Imbissständen, Bagels mit Räucherlachs in den Feinkostläden von Manhattan, Gegrilltes in saftiger Sauce an den Raststätten in Memphis, feurig scharfer Gumbo in den Cafés von New Orleans und – zum Nachtisch – Beerenkuchen in den Supper-Clubs im Mittleren Westen. Zu trinken gibt's z. B. lieblichen Weißwein, Bier aus Kleinbrauereien oder Bourbon-Whiskey.

Die Wiege der Kultur

Die Museen hier sind der Hit: Das Smithsonian hat scheinbar alles, das Metropolitan Museum of Art ähnelt einem Stadtstaat voller Kostbarkeiten und im Art Institute of Chicago findet man große Impressionisten. Auch musikalisch ist viel los: Der Osten hat den Blues, Jazz und Rock'n'Roll hervorgebracht. Auf Spurensuche kann man vielerorts gehen: Im Sun Studio in Memphis, wo Elvis seinen Groove erfand, in der Rock and Roll Hall of Fame (mit Jimi Hendrix' Stratocaster-E-Gitarre) oder in Clarksdales Juke-Joints, wo Blues erstmals mit Slide-Gitarren gespielt wurde. Und in Chicago oder New York setzen die Architekten der Moderne ihre Ideen um.

Warum ich den Osten der USA so liebe

Von Karla Zimmerman, Autorin

Ich liebe das Zusammenspiel von Großstadt und Ländlichkeit im östlichen Teil des Landes. Zum Frühstück noch umgeben von Chicagos Wolkenkratzern, kann man schon zwei Stunden später das Land der Amish in Indiana erkunden. Oder man isst mittags inmitten der Menschen aus den Führungsetagen in Washington, D.C. und wandert nur 90 Minuten später durch die Berge von Virginias verträumtem Shenandoah National Park. In dieser Region gibt's klasse Musik und tolle Biersorten, versteckt gelegene Diner, Rib Joints und Hummer-Restaurants. Und vielerorts lockt Kuchen, dem man nicht widerstehen kann. Mmmm, Kuchen …

Mehr über unsere Autoren, s. S. 766

Downtown Chicago (S. 576)

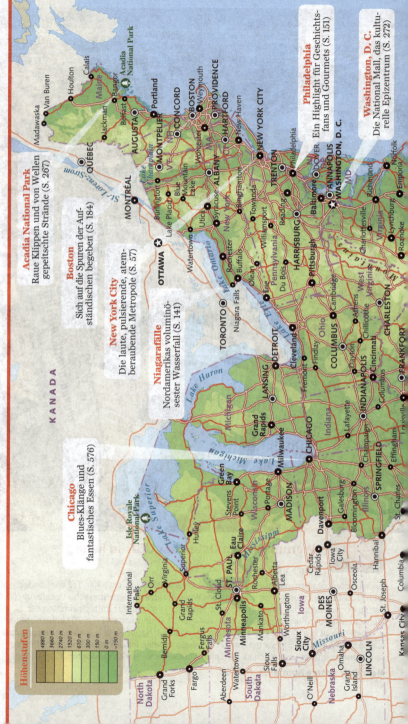

Der Osten der USA
Top 25

New York City

1 Die Heimat von Künstlern, Börsenmaklern und Einwanderern aus aller Welt erfindet sich immer wieder neu (S. 57). Und bleibt dabei weiterhin ein Zentrum für Mode, Theater, Essen, Musik, Verlage, Werbung und Finanzen. Auf fünf Stadtteile verteilt sich eine beeindruckende Vielfalt an Museen, Parks und ethnischen Vierteln. Am besten macht man es wie die New Yorker: raus auf die Straße. Jeder Block erzählt vom Charakter und der Geschichte dieses atemberaubenden Kaleidoskops und bei einem kurzen Spaziergang kann man ganze Kontinente durchqueren.
Times Square (S. 71)

National Mall

2 Etwa 3 km lang und von Monumenten und ehrwürdigen Marmorgebäuden geprägt, bildet die National Mall (S. 276) das Herzstück des politischen und kulturellen Lebens in Washington, D.C. Im Sommer werden hier riesige Musikevents und kulinarische Festivals veranstaltet. Die besten Museen des Landes säumen die Rasenflächen und ziehen das ganze Jahr über viele Besucher an. Dieser Ort ist für eine Entdeckungstour durch die Geschichte Amerikas wie geschaffen, angefangen beim Vietnam War Memorial bis hin zu den Stufen zum Lincoln Memorial, wo Martin Luther King Jr. seine berühmte Rede „I Have a Dream" hielt. Lincoln Memorial (S. 277)

REISEPLANUNG DER OSTEN DER USA TOP 25

Walt Disney World

3 Wer die Latte richtig hoch legen will, nennt sich einfach mal den „glücklichsten Ort der Welt". Walt Disney World (S. 562) tut genau das und macht alles, um einem das Gefühl zu geben, man sei die wichtigste Figur der ganzen Show. Trotz der wilden Rides, Shows und Nostalgie besteht aber der schönste Zauber darin, sein eigenes Kind dabei zu beobachten, wie es voller Stolz Goofy zum Lachen gebracht hat, von Cinderella hofiert wurde, mit Buzz Lightyear die Galaxie bewacht hat und wie ein echter Jedi-Ritter gegen Darth Maul gekämpft hat. Blick auf den Ride Expedition Everest

Chicago

4 Die Windy City (S. 576) raubt einem mit ihrer Architektur, den Stränden am See und den Weltklasse-Museen einfach den Atem. Doch die eigentliche Attraktion ist der Mix aus Hochkultur und irdischen Freuden. Gibt es irgendeine andere Stadt, die ihre Picasso-Skulpturen in die Kleidung ihrer Sportclubs packt? In der die Einwohner ebenso nach Hotdogs wie für die besten Restaurants Nordamerikas Schlange stehen? Die Winter sind streng, doch im Sommer nutzt Chicago sein Seeufer, um die warmen Tage mit kulinarischen und musikalischen Festivals zu feiern.

Neuengland im Herbst

5 In Neuengland (S. 180) ist die herbstliche Laubfärbung fast ein episches Ereignis. Erleben kann man sie überall – man braucht nur einen leuchtenden Baum. Doch die meisten Menschen wollen viele Bäume sehen. Von den Berkshires in Massachusetts über die Litchfield Hills in Connecticut bis zu den Green Mountains in Vermont sind ganze Berge in Rot, Orange und Gelb getaucht. Mit den überdachten Brücken und weißen Kirchtürmen vor der Kulisse der Ahornbäume gehören Vermont und New Hampshire zu den beliebtesten Zielen, um bunte Blätter zu erleben.

Route 66

6 Auch bekannt als Mother Road ist dieser Asphaltstreifen aus dem Jahr 1926 der Klassiker unter den Roadtrips. Die Route 66 beginnt in Chicago und windet sich 460 km durch Illinois (S. 604). Die Zeitreise wird versüßt durch Stopps in Diners, wo man Kuchenstücke verputzt, und durch Fotopausen am Straßenrand, etwa am Gemini Giant, einem riesigen Fiberglas-Astronauten. Neonschilder, Autokinos und andere Charakteristika bilden die Kulisse. Von dort aus sind es noch mal 3380 km bis zum Ziel der Route in L. A. Charlie Parker's Diner, Springfield (S. 605), Illinois

New Orleans

7 Nach dem Wirbelsturm Katrina (2005) hat sich New Orleans (S. 481) wieder aufgerappelt. Die karibisch-koloniale Architektur, die kreolische Küche und die Party-Atmosphäre machen The Big Easy verführerischer denn je. Wer abends ausgeht, hört überall Dixieland-Jazz, Blues und Rock, und die jährlichen Mardi-Gras- und Jazz-Festivals sind weltberühmt. In „Nola" liebt man das Essen: Besucher schwelgen in Jambalaya, Krebsen und *Louisiana cochon* (Pulled Pork), bevor sie sich in die Bar-Szene der Frenchman Street stürzen. Preservation Hall (S. 496), French Quarter

Blue Ridge Parkway

8 In den südlichen Appalachen von Virginia und North Carolina kann man grandiose Sonnenuntergänge erleben, Tiere beobachten und den Alltag völlig vergessen, während man in die Wildnis starrt, die diese 755 km lange Strecke (S. 348) umgibt. Dutzende Wanderwege – von einfachen Pfaden bis hin zu herausfordernden Kletterpartien führen direkt in die Natur. Hier kann man campen oder die Nacht in einer Forest Lodge zubringen. Auf keinen Fall die Bluegrass- und Mountain-Music-Szene in Asheville in NC und Floyd und Galax in Virginia verpassen!

Niagarafälle

9 Überfüllt? Kitschig? Das mag schon sein. Die Niagarafälle sind eigentlich auch nicht besonders hoch – sie schaffen es gerade so in die Top 500 der Welt. Und dennoch: Wenn die Wassermassen sich wie flüssiges Glas über den Abgrund ergießen, wenn sie tosend ins Leere donnern, und wenn man sich in einem kleinen Boot der Nebelwand nähert, dann sind die Niagarafälle (S. 141) so was von beeindruckend! Betrachtet man nur die Wassermenge, so kann in ganz Nordamerika kein Wasserfall mithalten: Pro Sekunde stürzen über 1 Mio. Badewannen in die Tiefe.

REISEPLANUNG DER OSTEN DER USA TOP 25

Schauplätze des Bürgerkriegs

10 Überall im Osten der USA, von Pennsylvania bis Louisiana, findet man Orte, die durch die dunkelsten Stunden der USA berühmt wurden – z. B. Antietam, Maryland (S. 319), wo am blutigsten Tag Amerikas 23 000 Soldaten fielen; Gettysburg (S. 170), Pennsylvania, wo Lincoln seine berühmte Rede „Gettysburg Address" hielt; und Vicksburg (S. 467), Mississippi, mit einer 16 Meilen (über 25 km) langen Tour durch Gebiete, die General Grant 47 Tage lang belagerte. Im Sommer werden vielerorts Schlachten nachgestellt. Antietam National Battlefield

Boston

11 Mit Kopfsteinpflaster und ausgeflippten Sportfans ist Boston (S. 184) ziemlich vielfältig. Es ist die wohl geschichtsträchtigste Stadt der USA – Schauplatz der Boston Tea Party, von Paul Reveres berühmtem Kurierritt sowie der ersten Schlacht des Unabhängigkeitskrieges. Mehr erfährt man auf dem 2,5 Meilen (4 km) langen, ziegelsteingepflasterten Freedom Trail. Auf dem Campus von Harvard kann man in den Clubs den Rebellen geben. Stärkung bieten Bostons *oyster houses* sowie Cafés und Trattorien, vorrangig im italienisch geprägten North End. Memorial Hall, Harvard University (S. 194)

Antebellum-Süden

12 Stolz und Geschichte durchdringen den „Antebellum-Süden" (der Begriff bezieht sich auf die Zeit vor dem Bürgerkrieg) – alles hier dreht sich um großartige Häuser, Baumwollplantagen, moosüberwucherte Bäume und Gärten voller Azaleen. In Charleston (S. 385) erlebt man dieses Flair am besten beim Spaziergang oder auf einer Veranda. Zu den Highlights gehören Virginia-Eichen, Alleen, Meeresfrüchte, milde Nächte und die majestätischen Treppenaufgänge der Herrenhäuser in Natchez (S. 470), dem ältesten Ort am Mississippi. Haus im Kolonialstil, Natchez, Mississippi

Florida Keys

13 Die Inselkette liegt so südlich, wie man in den Kontinentalstaaten nur kommen kann. Außer zum Feiern fahren die Leute auf die Keys (S. 534), um zu angeln, zu schnorcheln, zu tauchen, Kajak oder Rad zu fahren, zu wandern oder um mit Delfinen zu schwimmen. Die schönsten Korallenriffe Nordamerikas liegen hier im türkisfarbenen Meer und ermöglichen tolle Expeditionen. Und dann ist da noch Key West, das wilde Ausrufezeichen am Ende der Inselkette. Hippies, Feuerjongleure, Künstler und andere Freigeister verbreiten hier abends eine karnevalartige Stimmung.

Musikalische Wurzeln

14 An welches musikalische Genre man auch denkt: Seinen Ursprung hat es wahrscheinlich hier. Das Mississippi-Delta (S. 465) ist die Wiege des Blues, und New Orleans war Wegbereiter des Jazz. Der Rock'n'Roll wurde geboren, als Elvis ins Sun Studio (S. 400) in Memphis spazierte, und die Countrymusik schaffte es von den Appalachen bis in die Grand Ole Opry (S. 418) von Nashville. Der Mississippi brachte die Musik gen Norden, wo Chicago und Detroit Electric Blues und Motown-Sound beisteuerten. Kein Wunder also, dass es hier so tolle Livemusik gibt!

Miami

15 Wie kann eine Stadt allein nur so viel Glück haben? Die meisten müssen sich mit einem oder zwei Highlights zufriedengeben, aber in Miami (S. 507) gibt es scheinbar alles: Neben tollen Stränden und einem historischen Art-déco-Distrikt beeindruckt vor allem die Kultur. In verqualmten Tanzpalästen tanzen Havanna-Auswanderer zu *Son*- und Boleromusik, während in exklusiven Nachtclubs feurige brasilianische Models ihre Hüften zu lateinamerikanischem Hip-Hop schwingen. Im Park spielen alte Männer Domino, und Straßenverkäufer und Restaurants servieren exotische Gaumenfreuden.

Das Reich der Boardwalks

16 An den Uferpromenaden (Boardwalks) der Ostküste entlangzuschlendern ist Pflicht. Ob am Rehoboth Beach (S. 322), Delaware, in Ocean City, Maryland, am Virginia Beach, Virginia, oder in Atlantic City, New Jersey, spielt keine Rolle. Es geht um die sommerlichen Freuden am Wegesrand: Backwerk, Go-Karts, Pizza, Schwarzlicht-Minigolf und Toffees. Eltern schieben Kinderwägen, Knirpse kämpfen mit Eistüten und Teenager checken die Lage. Da könnte man glatt vergessen, den Meerblick zu genießen! Rehoboth Beach Boardwalk

Der Mississippi

17 Wer dem Old Man River (S. 660) von den Northwoods in Minnesota bis zum von Palmettopalmen gesäumten Ende in Louisiana folgt, kommt an Adlerhorsten und Juke Joints, an Pinienwäldern und Plantagen vorbei. Auf über 2000 Meilen (3200 km) fließt er durch Städte wie Memphis (S. 398), Minneapolis und New Orleans. Es gibt zwar noch Flussschiffe wie zu Mark Twains Zeiten, jetzt allerdings mit Kasinos oder Touristengruppen an Bord. Wer mit dem Auto unterwegs ist, folgt der mythischen Great River Road, die dem Fluss auf der ganzen Länge nicht von der Seite weicht.

REISEPLANUNG DER OSTEN DER USA TOP 25

Appalachian Trail

18 Der längste Wanderweg des Landes (S. 45) ist über 3360 km lang, durchquert sechs Nationalparks und führt durch 14 Bundesstaaten zwischen Georgia und Maine. Tiefe Wälder, alpine Gipfel, Farmen und Bären auf Nahrungssuche – all das ist Teil dieser Erfahrung. Jedes Jahr gehen 2 bis 3 Mio. Menschen einen Abschnitt des Trails, genießen die frische Luft und die großartige Landschaft. Weniger als 600 Wanderer schaffen die ganze Strecke, doch wer sechs Monate Zeit und etwas Mut hat, wird reich belohnt. Aber auch kürzere Touren sind toll!

Everglades National Park

19 Die Everglades (S. 530) irritieren. Sie erreichen keine majestätischen Höhen und bieten auch nicht die Schönheit eines Gletschertals. Sie triefen, sind flach und wässrig, ein Fluss aus Gras, der von sumpfigen Wäldchen, Zypressenhainen und Mangroven durchzogen ist. Um die Everglades richtig zu erkunden und ihre Bewohner (z. B. einen Alligator) kennenzulernen, muss man den festen Boden verlassen. Man stößt sein Kanu vom Ufer ab und schluckt die Angst herunter – anders, aber unvergesslich.

Neuenglands Strände

20 Der Sommer in Neuengland kann schwül sein, darum strömen die Menschen an die Küste mit ihrem frischen Wind. Tolle Strände umringen die Insel Martha's Vineyard (S. 217) in Massachusetts. Die Landschaft der nahen Cape Cod National Seashore prägen Salzmarschen und Dünen. Die unberührte Block Island bietet einfache Freunden wie hügeliges Farmland, leere Strände und Wander- und Fahrradwege – und alles nur eine kurze Bootsfahrt von Rhode Island entfernt. Aquinnah (Gay Head) Cliffs (S. 219), Martha's Vineyard

REISEPLANUNG DEF OSTEN DER USA TOP 25

Acadia National Park

21 Im Acadia Nationalpark (S. 267) begegnen sich Berge und Meer. Lange Felsküsten und noch längere Wander- und Radwege machen dieses Märchenland zum beliebtesten Ziel in Maine. Der buchstäbliche Höhepunkt ist der Cadillac Mountain, auf dessen 466 m hohen Gipfel man zu Fuß, per Fahrrad oder mit dem Auto kommt. Später, wenn man sich auf den Wegen und an den Stränden ordentlich Hunger geholt hat, kann man sich am Jordan Pond Tee und Popover-Gebäck schmecken lassen.
Cadillac Mountain (S. 267)

Great Smoky Mountains

22 In den Smokies (S. 382) befindet sich der meistbesuchte Nationalpark des Landes. Der von Appalachen-Wäldern bedeckte Park erstreckt sich über Teile Tennessees und North Carolinas. Die dicht bewaldeten Bergkämme sind Schutzgebiete für Schwarzbären, Weißwedelhirsche, Rotwild und über 1600 Pflanzenarten. Jedes Jahr kommen fast 10 Mio. Besucher zum Wandern, Zelten, Reiten, Radfahren, Raften und Fischen, doch wer wandern oder paddeln will, entkommt den Menschenmassen leicht. Little River, Great Smoky Mountains National Park

Philadelphia

23 Philly (S. 151) wird im Pantheon der großen Städte Amerikas oft übersehen – eine Schande! Es ist eine schöne Stadt, an deren Straßen, die gepflasterte Gassen verbinden, viele hübsche Plätze liegen. Als Geburtsort der amerikanischen Regierung, an dem die Gründungsväter 1776 die Unabhängigkeitserklärung unterzeichneten, steht die Geschichte hier im Rampenlicht. Doch nicht alles dreht sich um die Vergangenheit: Die Restaurantszene ist aufgeblüht und über das berühmte Cheesesteak-Sandwich hinausgewachsen. Elfreth's Alley (S. 154), Old City

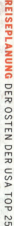
REISEPLANUNG DER OSTEN DER USA TOP 25

Große Seen

24 Die Großen Seen (S. 572) – Lake Superior, Michigan-, Huron-, Ontario- und Eriesee – speichern etwa 20 % der Trinkwasservorräte weltweit und 95 % von Amerikas Trinkwasserreserven. Es gibt kilometerlange Strände, Dünen und eine Landschaft, die gespickt ist mit Leuchttürmen. Dazu noch die wellengepeitschten Klippen, die Inseln und die Frachtschiffe, die in betriebsame Häfen einlaufen, und man versteht, warum die Region den Spitznamen die „Dritte Küste" bekam. Auch Angler, Kajak-Fahrer und Surfer kommen nicht zu kurz. Leuchtturm an der Küste des Lake Huron

Amish Country

25 Wer die Amish im Nordosten von Ohio, im Südosten von Pennsylvania oder im Norden Indianas besucht, kann mehrere Gänge zurückschalten. Jungs mit Strohhüten lenken Einspänner, bärtige Männer pflügen die Felder und sittsam gekleidete Frauen gehen zum Markt. Die „Plain People" (einfache Leute) sind eine etwa 100 Jahre alte Sekte, die ohne Elektrizität, Telefon und motorisierte Fahrzeuge lebt. Lancaster (S. 168) in Pennsylvania, Berlin in Ohio und Middlebury in Indiana, sind gute Orte, um in deren Lebensweise einzutauchen. Amish Gemeinde in Lancaster

Gut zu wissen

Weitere Infos gibt's im Abschnitt „Praktische Informationen" (S. 723)

Währung
US-Dollar (US$)

Sprache
Englisch

Visa
Besucher aus Deutschland, Österreich und der Schweiz brauchen für Aufenthalte bis 90 Tage meist kein Visum. Die vorherige ESTA-Registrierung ist obligatorisch. Die Bestimmungen ändern sich ständig!

Geld
Geldautomaten gibt's überall. Kreditkarten werden in vielen Hotels, Lokalen und Läden akzeptiert.

Handys
Es funktionieren nur Triband- und Quadband-Handys. Wer kein solches besitzt, kann sich ein günstiges Prepaid-Handy kaufen.

Zeit
Eastern Standard Time (MEZ −6 Std.): NYC, New England, Florida; Central Standard Time (MEZ −7 Std.): Chicago, New Orleans

Reisezeit

- Boston: April–Okt.
- New York City: Mai–Sept.
- Chicago: Mai–Sept.
- Washington, D. C.: März–April & Sept.–Okt.
- New Orleans: Feb.–Mai
- Miami: Dez.–April

Tropisches Klima
Trockenes Klima
Warme bis heiße Sommer, milde Winter
Milde bis heiße Sommer, kalte Winter

Hauptsaison
(Juni–Aug.)

➡ Warme, sonnige Tage in der ganzen Region.

➡ Übernachtungspreise am höchsten (30 % über dem Durchschnitt)

➡ Viele große Freiluftkonzerte: Milwaukees Summerfest, Newports Folk Fest, Chicagos Lollapalooza usw.

Zwischensaison
(Okt., April–Mai)

➡ Milde Temperaturen; es kann regnerisch sein.

➡ Wildblumen blühen, vor allem im Mai.

➡ Gebiete mit feurigen Herbstfarben (z. B. Neuengland, Blue Ridge Parkway) sind weiterhin gut besucht.

Nebensaison
(Nov.–März)

➡ Dunkle Wintertage, Schneefall im Norden.

➡ Unterkunftspreise am niedrigsten (außer in Ski- und wärmeren Urlaubsgebieten wie Florida, wo nun Hauptsaison ist).

➡ Sehenswürdigkeiten sind kürzer geöffnet oder geschlossen.

Infos im Internet

Lonely Planet (www.lonelyplanet.de/reiseziele/usa) Infos zum Land, Hotelbuchungen, Forum, Fotos, Reise-News.

National Park Service (www.nps.gov) Der Zugang zu den größten Naturschätzen der USA: ihren Nationalparks.

Eater (www.eater.com) Kulinarische Einblicke in zwei Dutzend amerikanische Städte.

Roadside America (www.roadsideamerica.com) Die schrulligen und schrägen Seiten der USA.

New York Times Travel (www.nytimes.com/section/travel) Reise-News, praktische Tipps und fesselnde Features.

Wichtige Telefonnummern

Um ein Inlandsgespräch zu führen, wählt man die 1, gefolgt von der Vorwahl und der siebenstelligen Anschlussnummer.

Landesvorwahl USA	1
Vorwahl für internationale Gespräche	011
Notfall	911
Telefonauskunft	411
Internationale Telefonauskunft	00

Wechselkurse

Eurozone	1 €	1,09 US$
	1 US$	0,92 €
Schweiz	1 SFr	1 US$
	1 US$	1 SFr

Aktuelle Wechselkurse sind unter www.xe.com abrufbar.

Tagesbudget

Günstig – weniger als 100 US$

➡ B im Schlafsaal: 20–40 US$; Stellplatz: 15–30 US$; Budgetmotel: 60–80 US$

➡ Mittagessen im Café oder am Food Truck: 5–9 US$

➡ Nutzung öffentlicher Verkehrsmittel: 2–3 US$

Mittelteuer – 150–250 US$

➡ DZ im Mittelklassehotel: 100–250 US$

➡ Abendessen in einem beliebten Restaurant: 25–40 US$/Pers.

➡ Mietwagen: ab 30 US$/Tag

Teuer – mehr als 250 US$

➡ Zi. in einem Spitzenklassehotel/Resort: ab 250 US$

➡ Abendessen in einem Top-Restaurant: 60–100 US$/Pers.

➡ Ausgehen (Theater, Konzerte, Clubs): 60–200 US$

Öffnungszeiten

Die Öffnungszeiten variieren im Laufe des Jahres. Hier sind die Zeiten in der Hochsaison genannt; in der Zwischen- und der Nebensaison ist oft weniger lange geöffnet.

Banken Mo–Fr 8.30–16.30 Uhr

Bars So–Do 17–0, Fr & Sa bis 2 Uhr

Clubs Do–Sa 22–3 Uhr

Einkaufszentren 9–21 Uhr

Läden Mo–Sa 9–18, So 12–17 Uhr

Supermärkte 8–20 Uhr, einige haben 24 Std. geöffnet

Ankunft am …

John F. Kennedy International (New York; S. 119) Vom JFK nimmt man den AirTrain zur Jamaica Station und dann den LIRR zur Penn Station, Kostenpunkt 12 bis 15 US$ (45 Min.). Ein Taxi nach Manhattan kostet 52 US$ zzgl. Maut und Trinkgeld (45–90 Min.).

O'Hare International (Chicago; S. 601) Der CTA-Blue-Line-Zug (5 US$) fährt rund um die Uhr. Die Züge verkehren etwa alle zehn Minuten; sie erreichen Downtown in 40 Minuten. Fahrten mit Airport-Express-Shuttles kosten 32 US$ (ca. 60 Min.), mit dem Taxi 50 US$ (ca. 30 Min.).

Miami International (S. 525) SuperShuttle nach South Beach 21 US$ (50–90 Min.); Taxi nach Miami Beach 35 US$ (40–60 Min.); Metrorail nach Downtown (Government Center) 2,25 US$ (15 Min.).

Unterwegs vor Ort

Auto Mit dem Auto erschließt sich die Region am besten. In Städten (New York, Chicago) kann das Auto wegen der Staus und der Parkgebühren (40 US$/Tag aufwärts) eine Last sein. Autovermieter gibt's überall.

Zug Außerhalb des Korridors Boston–Washington, D. C. fährt man fast nur wegen der schönen Reiseform Zug. **Amtrak** (www.amtrak.com) ist das führende Unternehmen.

Bus Firmen, die Kurzstrecken bedienen, wie Megabus (www.megabus.com/us) und Bolt Bus (www.boltbus.com) sind ideal, um zwischen großen Städten (d. h. New York–D. C.) hin und her zu kommen – die billigste Art des Reisens. Tickets müssen im Voraus online gekauft werden.

Mehr zu **Verkehrsmitteln & -wegen**, s. S. 736.

REISEPLANUNG GUT ZU WISSEN

Wie wär's mit...

Großstädte

New York City Eine überwältigendere Stadt als NYC gibt's wohl kaum; mit 8,4 Mio. Einwohnern ist sie laut, schnell und voller Energie. Sie gleicht einer Sinfonie und entwickelt sich ständig weiter. (S. 57)

Chicago Die Metropole im Mittleren Westen ist ein Mix aus Wolkenkratzern, Kunst, großen Museen, Indie-Clubs und einer schwindelerregenden Anzahl von Restaurants. (S. 576)

Baltimore Die düstere Hafenstadt hat sich zur hippen Schönheit gemausert – mit Museen von Weltrang, trendigen Shops und Boutiquehotels. (S. 307)

Philadelphia Geschichte umgibt die Besucher der ersten Hauptstadt der USA auf Schritt und Tritt. Dennoch präsentiert sich Philly mit einer lebendigen Restaurant-, Musik- und Kunstszene sehr urban. (S. 151)

Detroit Ein Paradebeispiel für Aufstieg und Fall einer Metropole, und vielleicht – aber nur vielleicht – auch für einen neuerlichen Aufstieg. (S. 631)

Altes Amerika

Wellfleet Drive-In Das Drive-In-Kino Wellfleet in Cape Cod versetzt Besucher zurück in die 1950er-Jahre. (S. 213)

Arcade Dicke Pfannkuchen gibt's in diesem zeitlosen Diner in Memphis, in dem schon Elvis Stammgast war. (S. 405)

Route 66 Familiengeführte Motels, neonbeleuchtete Läden und skurrile Attraktionen am Straßenrand – und das ist nur der 300 Meilen (483 km) lange Abschnitt der Straße, der durch Illinois führt! (S. 604)

Worcester, MA In der Stadt, die den Diner geboren hat, gibt's mehrere davon. (S. 220)

Nationalparks

Great Smoky Mountains Lilafarbener Nebel umgibt die Gipfel, und Schwarzbären, Wapitis und wildlebende Puten bevölkern den meistbesuchten Park der USA. (S. 382)

Acadia Das ist Maines unberührte Wildnis mit Bergen, Klippen, wellenumtosten Stränden und ruhigen Seen. (S. 267)

Shenandoah Man hat grandiose Blicke auf die Blue Ridge Mountains und tolle Wander- und Campingoptionen – z. B. entlang des Appalachian Trail. (S. 342)

Everglades Südfloridas Wasserparadies beheimatet hinterhältige Krokodile, herumschleichende Panther, Flamingos und sanfte Seekühe. (S. 530)

Isle Royale Diese Insel schwimmt mitten im Lake Superior – es gibt keine Straßen, keine Autos und keine Menschenmassen, nur Elche und Seetaucher tummeln sich hier. (S. 650)

Großartiges Essen

Hummer in Maine, Cheesesteaks in Philly, Gegrilltes in Memphis und Cheddar in Wisconsin– man muss den Gürtel lockern, wenn man durch den Osten reist.

New Orleans Scharfes Gumbo, frische Austern und Brotpudding mit Bourbon sind nur einige der Highlights auf der kreolischen Speisekarte in Amerikas kulinarischem Zentrum. (S. 481)

New York City Ob man nun Steak Frites, Sushi, Chicken Tikka Masala oder Gourmet-Hotdogs möchte: Der Big Apple hat's. (S. 57)

Chicago Die „Windy City" zeichnet ein Mix aus gehobener Gastronomie und Comfort Food aus, zusätzlich gibt es ethnische Lokale. (S. 576)

Charleston Die kultivierte, von Gardenienduft erfüllte Stadt lockt mit köstlichem Tieflandessen wie Shrimps and Grits oder She-Crab Soup. (S. 385)

Minneapolis Die kreativen, nachhaltigen Restaurants mit skandinavischem Einschlag haben der Stadt den Ruf als *America's next great food city* eingebracht. (S. 664)

Oben: Gumbo auf kreolische Art: aus Shrimps und Wurst
Unten: Birken im Acadia National Park (S. 267)

Architektur

Chicago Im „Geburtsort" der Wolkenkratzer stehen grandiose Bauten von vielen großen Architekten des 20. Jhs. (S. 576)

Fallingwater Dieses Meisterwerk von Frank Lloyd Wright fügt sich nahtlos in die waldige Landschaft mit dem Wasserfall, über dem das Haus gebaut ist, ein. (S. 174)

Miami Miamis Art-déco-Bezirk ist ein Rausch der Farben. (S. 507)

Taliesin Noch mehr für Wright-Fans: In Taliesin stehen sein Haus und seine richtungsweisende Schule in Spring Green, Wisconsin. (S. 658)

Columbus Im kleinen Columbus, Indiana, gibt's große Architektur – dank vorausdenkender Industrieller. (S. 611)

Savannah Die Antebellum-Bauten dieser „Southern Belle" ziehen Blicke auf sich. (S. 450)

Museen

Smithsonian Institution Die Schatzkammer der Nation besteht aus 19 Museen. Das Beste: Der Besuch ist gratis. (S. 286)

Metropolitan Museum of Art Diese Top-Attraktion in NYC ähnelt einem Stadtstaat, der einen Schatz von 2 Mio. Kunstwerken hütet. (S. 84)

Art Institute of Chicago Das zweitgrößte Kunstmuseum Amerikas (nach dem Met) hat unzählige Meisterwerke zu bieten, hauptsächlich aber impressionistische Gemälde. (S. 577)

Rock and Roll Hall of Fame & Museum In Cleveland kann man Jimi Hendrix' Gitarre und John Lennons Sgt.-Pepper's-Anzug bewundern. (S. 616)

National Civil Rights Museum Bewegende Exponate finden sich gegenüber der Stelle, an der

Martin Luther King in Memphis ermordet wurde. (S. 399)

Themenparks

Walt Disney World Man kann hier in die märchenhafte Welt des „Glücklichsten Ortes der Welt" eintauchen und sich von Nostalgie und Nervenkitzel mitreißen lassen. (S. 562)

Dollywood Ein Tribut an die überaus beliebte Countrysängerin Dolly Parton mit Fahrgeschäften und Attraktionen rund ums Thema Appalachen in den Hügeln von Tennessee. (S. 424)

Cedar Point Hier gibt's einige der schnellsten Achterbahnen der Welt wie den Top Thrill Dragster mit 193 km/h. (S. 621)

Universal Orlando Resort Die berühmte Heimat der Universal Studios und der neuen Wizarding World of Harry Potter. (S. 558)

Outdoor-Aktivitäten

Appalachian Trail Wenn einem nicht der Sinn danach steht, die ganzen 3380 km zu bewältigen, lohnt sich doch ein Tagesausflug, um in den Genuss der grandiosen Landschaft zu kommen. Man erreicht den Trail über 14 Staaten. (S. 45)

Boundary Waters In der nördlichen Wildnis von Minnesota paddeln, unterm Sternenhimmel campen und vielleicht sogar das Nordlicht erleben! (S. 679)

New River Gorge National River Wildwasser stürzt sich in West Virginia durch die urzeitliche Schlucht. Man fühlt sich wie im Garten Eden. (S. 356)

Long Island Gute Surfbedingungen gibt's im Staat New York von Montauks Ditch Plains bis zum Long Beach in Nassau County. (S. 121)

Stowe Mountain Vermont hat das Snowboarden eigentlich erfunden. Den besten Steilhang des Bundesstaats unbedingt nutzen! (S. 242)

Presidential Range Anspruchsvolle Wanderwege, hohe Gipfel und ein tolles Hütte-zu-Hütte-System in den White Mountains in New Hampshire. (S. 255)

Geschichte

Im Norden gibt's viel Interessantes aus der Kolonial- und Revolutionszeit, in der Mitte und im Süden die meisten Schlachtfelder aus dem Bürgerkrieg.

Independence National Historic Park Die Highlights hier sind die Liberty Bell und die Independence Hall, in der die Gründerväter die Verfassung unterzeichneten. (S. 152)

Bostons Freedom Trail Der 4 km lange Spazierweg führt zu Paul Reveres' Wohnstätte, einem Friedhof mit Gräbern aus dem 18. Jh. und zu 14 weiteren Orten der Revolutionszeit. (S. 194)

Henry Ford Museum/Greenfield Village Hier warten echte Highlights: der Bus, in dem Rosa Parks saß, die Flugzeugwerkstatt der Brüder Wright etc. (S. 638)

Washington, D.C. Hier wurde Lincoln ermordet, hielt Martin Luther King Jr. seine berühmte Rede und endete Nixons Präsidentschaft. (S. 272)

Vicksburg Das Gebiet am Mississippi, das General Grant 47 Tage lang belagerte, ist spannend für alle, die sich für den Bürgerkrieg interessieren. (S. 467)

Williamsburg Die gut erhaltene Stadt Williamsburg ist das größte Open-Air-Geschichtsmuseum der Welt und entführt Besucher zurück ins 18. Jh. (S. 334)

Harpers Ferry Ein faszinierendes Museum des Dorflebens im 18. Jh. unter freiem Himmel, umrahmt von Bergen und Flüssen. (S. 352)

Nachtleben

New Orleans Abseits der Bourbon St tobt das Nachtleben, man trinkt Sazerac, und Jazz, Dixieland und Zydeco dröhnen aus den Clubs. (S. 481)

New York City Wie schon Sinatra sang, schläft diese Stadt niemals, und die Bars und Clubs in der ganzen Stadt sind bis 4 Uhr morgens geöffnet. (S. 57)

Athens, Georgia Die Collegestadt hat eine mächtige Musikszene, der auch die B-52s und REM entstammen. (S. 447)

Nashville Jeder spielt hier Gitarre, und es gibt jede Menge Bars und Honky-Tonks, in denen bis in den frühen Morgen mitreißende Musik erklingt. (S. 408)

Key West In dieser wilden, von Freigeist beseelten, feierfreudigen Stadt fließt viel Alkohol durch die Kehlen. (S. 537)

Skurriles Amerika

Foamhenge Dieses Stonehenge-Remake ist eine großartige Hommage aus Styropor, maßstabgetreu nachgebaut und bei Sonnenuntergang äußerst beschaulich. (S. 348)

NashTrash Tours Die Jugg Sisters mit den aufgedonnerten Frisuren führen Besucher in Nashville auf eine köstlich schrille Tour durch schlüpfrige Stadtviertel. (S. 412)

Spam Museum In Austin, Minnesota, der Geburtsstätte des Fleischs in blauen Büchsen, kann man auch selbst versuchen, das süße Schweinefleisch in Dosen zu pressen. (S. 676)

Vergnügungsfahrt in Dollywood (S. 424), Tennessee

American Visionary Art Museum In diesem ungewöhnlichen Museum in Baltimore kann man Outsider-Kunst bewundern (u. a. von Geisteskranken). (S. 309)

Vent Haven Ventriloquist Museum Etwa 700 glupschäugige lebensgroße Figuren starren Besucher in diesem Museum bei Cincinatti an. (S. 628)

Das größte Garnknäuel der Welt In einem Pavillon in Minnesota liegt dieser 7892 kg schwerer Koloss. (S. 674)

Theater

New York City und Chicago sind die Top-Spots; Städte wie Minneapolis geben jungen Talenten eine Chance.

Broadway Theater District Es gibt nichts Kultigeres als die hellen Lichter und glitzernden Schriften in dieser Straße in Midtown Manhattan. (S. 73)

Steppenwolf Theatre John Malkovich, Gary Sinise und andere Stars haben die Chicagoer Theaterszene vor über 40 Jahren etabliert. (S. 598)

Guthrie Theater In Minneapolis gibt es so viele Theater, dass man die Stadt auch „Mini Apple" nennt. Das megacoole Guthrie ist federführend. (S. 671)

American Players Theatre Hier werden unter freiem Himmel mitten in den Wäldern von Spring Green, Wisconsin, Shakespeare und andere Klassiker gegeben. (S. 660)

Grand Ole Opry Das hier ist mehr als Countrymusik und Scheinwerferlicht – es ist ein Varieté, bei dem es einen nicht auf den Sitzen hält. (S. 418)

Strände

South Beach An diesem Strand geht es weniger um Badespaß als darum, am beliebtesten Tummelplatz Miamis Leute zu beobachten. (S. 511)

Cape Cod National Seashore Riesige Sanddünen, malerische Leuchttürme und kühle Wälder laden zu endlosen Erkundungstouren an diesem Kap in Massachusetts ein. (S. 211)

Grayton Beach Der unberührte Küstenpark vor Floridas Panhandle lockt mit herrlichen Meereslandschaften und kunstbewussten kleinen Dörfern. (S. 569)

Michigans Gold Coast Endlose Sandstrände, Dünen, Weingüter, Obstplantagen und Städte mit unzähligen B & Bs säumen das Westufer des Staates. (S. 642)

Outer Banks North Carolinas abgelegene Düneninseln bieten gut besuchte Strände, aber auch welche, die so einsam sind, dass dort wildlebende Ponys herumspazieren. (S. 364)

Monat für Monat

> **TOP-EVENTS**
>
> **Mardi Gras**, Februar oder März
>
> **National Cherry Blossom Festival**, März
>
> **Bonnaroo Music & Arts Fest**, Juni
>
> **Independence Day**, Juli
>
> **Art Basel**, Dezember

Januar

Das neue Jahr fängt kalt an: Schnee bedeckt große Landesteile. In den Skiorten steppt der Bär, Sonnenanbeter fliehen ins Wärmere (z. B. Florida).

Mummers Parade

Die großartige Parade an Neujahr ist Philadelphias größtes Event (www.mummers.com). Die Clubs in der Stadt basteln monatelang Kostüme und Umzugswagen, um an Neujahr Eindruck zu schinden. Für allgemeine gute Stimmung bei diesem altgedienten Fest sorgen Musikgruppen und Clowns (www.phillymummers.com).

Chinesisches Neujahr

Ende Januar oder Anfang Februar wird in jeder Stadt, die eine Chinatown hat, das chinesische Neujahr mit farbenfrohen Festen und Schlemmereien begangen. NYC und Chicago läuten das neue Jahr mit einer Parade, reich geschmückten Umzugswagen, Feuerwerk, Bands und einer ganzen Menge Trubel ein.

St. Paul Winter Carnival

Ende Januar ist es kalt in Minnesota – darauf kann man wetten. Die Bewohner verpacken sich in Parkas und Snowboots – denn man rüstet sich für zehn Tage voller Eisbildhauerei, Eislaufen und Eisfischen (www.wintercarnival.com).

Februar

Wenn die Amerikaner nicht gerade im Winterurlaub in den Bergen sind, fürchten sie den Februar mit seinen langen dunklen Nächten und den eisigen Tagen. Für Traveller kann es die günstigste Reisezeit sein: Oft gibt's riesige Rabatte auf Flüge und Hotels.

Mardi Gras

Mardi Gras („der fette Dienstag") findet Ende Februar oder Anfang März am Tag vor Aschermittwoch als Abschluss des Karnevals statt (www.mardigrasneworleans.com). Legendär sind die Umzüge und Maskenbälle in New Orleans.

März

Die ersten Vorboten des Frühlings zeigen sich – zumindest im Süden (im Norden herrscht noch klirrende Kälte). In den Bergen Neuenglands ist die Skisaison noch in vollem Gange, und in Florida fallen bereits die Massen ein – Spring Break ist angesagt.

☆ Baseball Spring Training

Im März findet in Florida das Major-League-Baseball-Frühjahrstraining der „Grapefruit League" statt (www.floridagrapefruitleague.com): 15 Teams der Baseball-Profiliga treten in Vorbereitungs- und Testspielen gegeneinander an und locken ihre Fans nach Orlando, Tampa Bay und in den Südosten.

 St. Patrick's Day

Am 17. März wird der Schutzpatron der Iren mit Blaskapellen und Guinness in Strömen gefeiert. Riesige Umzüge gibt es in New York, Boston und Chicago (wo als Höhepunkt sogar der Chicago River grün eingefärbt wird).

🎎 National Cherry Blossom Festival (Kirschblütenfest)

Die wunderschönen Blüten der japanischen Kirschbäume rund um das Tidal Basin in Washington, D. C. werden drei Wochen lang mit Konzerten, Paraden, Taiko-Getrommel, Drachensteigen und vielen weiteren Events gefeiert (www.nationalcherryblossomfestival.org). Mehr als 1,5 Mio. Besucher kommen jedes Jahr, also unbedingt ein Zimmer reservieren!

🍴 Maple Syrup Tasting

Am Vermont Maple Open House Weekend Ende März laden Vermonts Ahornsirupproduzenten in ihre „Zuckerhäuser" ein und zeigen, wie der süße Saft hergestellt wird (www.vermontmaple.org). In Maine werden am letzten Sonntag des Monats die Türen fürs Publikum geöffnet.

April

Langsam wird es wärmer, aber der April ist im Norden noch immer unbeständig. Ins kühle Wetter mischen sich betörend warme Tage. Für den Süden ist der April eine gute Reisezeit.

🏃 Boston Marathon

Zehntausende Zuschauer jubeln den Teilnehmern des ältesten Marathons (www.baa.org) des Landes zu, wenn sie am Patriots Day, einem Feiertag in Massachusetts am dritten Montag

im April, am Copley Square über die Ziellinie laufen.

⭐ New Orleans Jazz Fest

Big Easy hat das beste Jazzfestival (www.nojazzfest.com) des Landes: An zehn Tagen Ende April treten tolle Hornisten und Pianisten auf. Fast noch besser ist das Essen: panierter Krebs, Cajun-Küche, Schweinefleisch sowie Brotpudding mit weißer Schokolade.

⭐ Tribeca Film Festival

Robert De Niro ist Mitorganisator dieses Festivals in NYC (www.tribecafilmfestival.com), das Ende April an zwölf Abenden stattfindet. Gezeigt werden Dokus und Features. Seit der Gründung 2002 nimmt das Festival an Bedeutung zu.

Mai

Der Frühling ist endlich da. Im Wonnemonat blühen die Wildblumen, das Wetter ist normalerweise mild und sonnig – und das ohne Menschenmassen und hohe Preise!

⭐ Kentucky Derby

Am ersten Samstag des Monats werfen sich die oberen Zehntausend in Schale (Nadelstreifenanzüge und extravagante Hüte) und fahren nach Louisville zum Pferderennen (www.kentuckyderby.com) – auch bekannt als die „großartigsten zwei Minuten im Sport".

⭐ Movement Electronic Music Festival

Am Memorial-Day-Wochenende findet auf der Hart

Plaza in Detroit das größte Electronic-Music-Festival der Welt statt (www.movement.us). Dem tanzwütigen Publikum werden Newcomer und Stars wie Snoop Dog, Skrillex und Felix da Housecat präsentiert.

Juni

Sommer – die Amerikaner sitzen oft im Café oder fahren zur Küste und in Nationalparks. Es sind Ferien: Die Autobahnen sind voll und die Preise hoch.

⭐ Chicago Blues Festival

Das weltweit größte kostenlose Bluesfestival (www.chicagobluesfestival.us) bietet drei Tage lang die Musik, die Chicago berühmt gemacht hat. Mehr als 0,5 Mio. Menschen breiten Anfang Juni ihre Decken vor den vielen Bühnen im Grant Park aus.

⭐ Bonnaroo Music & Arts Fest

Das große Musikfest (www.bonnaroo.com) in Tennessee präsentiert Mitte Juni auf einer ca. 3 km² großen Farm mehr als vier Tage lang Vertreter aus Rock, Soul, Country und mehr.

🎎 Mermaid Parade

In Brooklyn, NYC, feiert Coney Island den Sommeranfang mit einem kitschigen Umzug (www.coneyisland.com) mit leicht bekleideten Meerjungfrauen und musizierenden Meermännern.

⭐ CMA Music Festival

Legionen von Countryfans ziehen zu diesem Festival

REISEPLANUNG MONAT FÜR MONAT

ihre Cowboystiefel an und treffen sich in Nashville, um ihren Country-Lieblingen zu lauschen. Mehr als 400 Künstler geben im Riverfront Park und Nissan Stadium ihr Bestes (www.cmafest.com).

☆ Summerfest

Ende Juni/Anfang Juli veranstaltet Milwaukee elf Tage lang ein verdammt gutes Festival (www.summerfest.com). Auf den zehn Bühnen am See treten Hunderte bekannter Rock-, Blues-, Jazz- und alternativen Bands auf. Kulinarisch begleitet wird das Ganze von Bier, Bratwurst und Käse.

Juli

Im Hochsommer schmeißen die Amerikaner ihre Grills hinterm Haus an oder fahren an den Strand. Die Preise sind hoch und überall ist viel los – es ist eben Urlaubszeit.

Independence Day

Das ganze Land feiert am 4. Juli mit einem Riesenfeuerwerk seinen Geburtstag. In Philadelphia, wo die Unabhängigkeitserklärung verabschiedet wurde, läutet die Freiheitsglocke. Auch Boston, New York und Washington, D.C., lassen sich einiges einfallen.

☆ National Black Arts Festival

Unzählige Künstler treffen sich auf dem afroamerikanischen Musik-, Theater-, Literatur- und Filmfestival in Atlanta (www.nbaf.org). Wynton Marsalis, Spike Lee, Youssou N'Dour und viele andere sind hier schon aufgetreten.

☆ Newport Folk Festival

In Newport, RI, der Sommerfrische der Reichen, findet Ende Juli ein energiegeladenes Musikfestival statt (www.newportfolkfest.net). Auf der geschichtsträchtigen Bühne hat auch schon Bob Dylan gestanden, der hier zum ersten Mal zur elektrischen Gitarre griff.

August

Im August sollte man sich auf sengende Hitze einstellen. Je weiter man gen Süden kommt, umso unerträglicher wird sie. Die Strände sind voll, die Preise hoch und die Städte recht ausgestorben – jeder flüchtet ans Wasser.

☆ Lollapalooza

Beim unglaublichen Riesenrockfestival (www.lollapalooza.com) in Chicagos Grant Park treten am ersten Augustwochenende 130 Bands auf – darunter viele Hochkaräter.

Maine Lobster Festival

Wer Hummer liebt, sollte sich diesen Genuss Anfang August in Rockland nicht entgehen lassen (www.mainelobsterfestival.com). Neptun wacht über die einwöchigen Feierlichkeiten, auf denen man viele Schalentiere futtern kann.

September

Gegen Ende des Sommers werden die Tage kühler und Ausflüge in die Region angenehmer. Die Kinder gehen wieder zur Schule, und Konzerthäuser, Galerien und andere Veranstaltungsorte leiten eine neue Saison ein.

☆ New York Film Festival

Als eines der vielen Filmfestivals in NYC bietet dieses Event im Lincoln Center (www.filmlinc.com) Weltpremieren und Interviews mit Regisseuren von Indie- und Mainstreamfilmen an.

Oktober

Die Temperaturen sinken, und der Herbst kommt mit feurigen Farben nach Nordamerika. Dort, wo die Blätter am stärksten leuchten (Neuengland), ist Hauptsaison, anderswo fallen die Preise.

Fantasy Fest

Key Wests Pendant zu Mardi Gras lockt kurz vor Halloween über 100 000 Feiernde in die subtropische Enklave – mit Umzügen, Partys und der Wahl des Königspaars (www.fantasyfest.com).

Halloween

Alle verkleiden sich und feiern Halloween. In NYC kann man die Halloweenparade auf der Sixth Avenue mitmachen. Chicago zelebriert den Tag der Toten im National Museum of Mexican Art.

November

Egal, wohin man fährt, es ist überall Nachsaison, und

der kalte Wind schreckt die Besucher ab. Immerhin fallen die Preise (um Thanksgiving herum steigen die Flugpreise allerdings sprunghaft). In den großen Städten kann man viel Kultur genießen.

Thanksgiving

Am vierten Donnerstag im November versammeln sich die Amerikaner mit Familie und Freunden und feiern mit Putenbraten, Süßkartoffeln, Preiselbeersauce, Wein, Kürbiskuchen und anderen Gerichten. In New York City findet ein Umzug statt, und im Fernsehen läuft Profi-Football.

Dezember

Jetzt ist es Winter, aber die Skibedingungen im Osten der USA sind meist bis Januar nicht ideal. Weihnachtsmärkte beleben die Region während der Feiertage.

Art Basel

Dieses große Kunstfestival (www.artbasel.com) zeigt vier Tage lang moderne Kunst, Film, Architektur und Design. Mehr als 250 Galerien aus der ganzen Welt stellen Kunstwerke von etwa 2000 Künstlern aus, und die Schickeria trifft sich in Miami Beach.

Neujahr

Wenn es um Neujahr geht, spaltet sich die Nation. Die einen feiern in der Menschenmenge, die anderen flüchten vor dem Chaos. Doch wofür man sich auch entscheidet, man sollte rechtzeitig im Voraus buchen. Die Preise sind hoch (vor allem in New York).

REISEPLANUNG MONAT FÜR MONAT

Oben: Newport Volksfest, Rhode Island
Unten: Mermaid Parade (S. 27), Brooklyn, NYC

Reiserouten

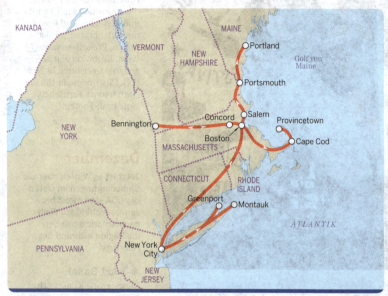

 Das Beste des Nordostens

Das Großstadtleben lässt sich am besten in der größten Stadt von allen erleben – und danach kann man in New England die Vorzüge einer Kleinstadt genießen.

Als Motor der Kunst-, Mode- und Kulturszene ist **New York City** das städtische Herz der USA. Drei Tage gibt's touristisches Pflichtprogramm: Top of the Rock, die Museen der Upper East Side, Central Park plus Nachtleben und kulinarische Abenteuer, z. B. im East Village. Danach kann man an den schönen Stränden in den zauberhaften Orten **Greenport** und **Montauk** auf Long Island verschnaufen. Zurück in NYC nimmt man den Zug nach Boston und verbringt zwei Tage mit dem Besuch der historischen Stätten, Essengehen im North End und einer Pubtour in Cambridge. Mit einem Mietwagen kann man zum **Cape Cod** mit seinen Dünen, Wäldern und schönen Küsten fahren. Zeit braucht man für **Provincetown**, die lebendigste Siedlung des Capes. Weiter geht's mit einem dreitägigen Trip auf den Nebenstraßen, über überdachte Brücken, pittoreske Städte und die schöne Landschaft, mit Übernachtungen in B&Bs an der Strecke. Highlights sind **Salem** und **Concord** in Massachusetts, **Bennington** in Vermont, und **Portsmouth** in New Hampshire. Wer noch Zeit hat, sollte wegen der Hummerfeste an der zerklüfteten Küstenlinie nach Maine weiterfahren – **Portland** ist ein guter Startpunkt.

 ## Große Rundreise durch den Osten

Ein Road Trip, wie er im Buche steht: Er führt durch die großen und kleinen Städte des Ostens und vorbei an Blues Joints, Pie Shops und Bürgerrechtssehenswürdigkeiten.

Man beginnt in **New York City** (das Auto besser im günstigeren New Jersey mieten!). Zuerst geht's gen Westen nach **Lancaster**, um die idyllischen Nebenstraßen des Pennsylvania Dutch Country zu erkunden. Nächste Station ist **Pittsburgh** mit den malerischen Brücken und modernen Museen. Auf der Interstate fährt man nach Ohio, taucht aber im **Amish Country** mit seinen Pferdewagen gleich darauf in die Vergangenheit ein. Wolkenkratzer am Horizont kündigen **Chicago** an, wo man ein paar Tage mit Spaziergängen am See, berühmter Kunst und der tollen Restaurantszene verbringt.

In der zweiten Woche geht's auf der alten Route 66 weiter, zumindest für ein paar nostalgische Meilen. Nun heißt das Ziel **Memphis**, Mekka der Elvis-Fans, Barbecue-Genießer und Bluesfreunde. Die Great River Road führt gen Süden nach **Clarksdale** mit den Juke Joints, den Bürgerkriegsschauplätzen in **Vicksburg** und zu den Antebellum-Herrenhäusern in **Natchez**. Jetzt ist es nicht mehr weit nach **New Orleans**, wo man Livejazz hören und eine dicke, sehr würzige Gumbo auslöffeln kann.

In der dritten Woche beginnt die Rückreise. Sie führt an der Golfküste entlang zu den azaleengesäumten Boulevards von **Mobile**. Dann geht es landeinwärts nach **Montgomery**, wo in den Museen Bürgerrechtspioniere wie Rosa Parks geehrt werden, die sich in einem Stadtbus weigerte, für einen weißen Mann ihren Sitzplatz freizugeben. **Savannah** verzaubert Besucher mit riesigen Eichen, **Charleston** mit pastellfarbenen Häusern und verführerischem Essen. Dann hat man die Qual der Wahl zwischen **Durham** und **Chapel Hill**, zwei Universitätsstädten mit hippem Nachtleben.

Die vierte Woche ermöglicht eine Auffrischung der Geschichtskenntnisse in Virginia, z. B. in **Jamestown**, wo Pocahontas den ersten englischen Siedlern beim Überleben half. In **Williamsburg** folgt ein Spaziergang durchs 18. Jh. Zwei Großstädte folgen noch: **Washington, D. C.**, ein einziges kostenloses Museum, und **Philadelphia** mit der Liberty Bell, Ben Franklin und den gewaltigen Cheesesteaks. Danach geht's zurück nach NYC.

Oben: Douglas Falls, Monongahela National Forest (S. 355)

Unten: Faneuil Hall (S. 188), Boston

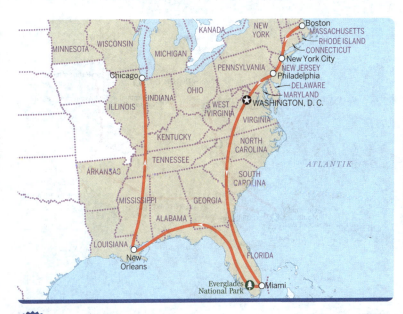

 3 WOCHEN
Lichter der Großstadt

An großen Städten herrscht im Osten kein Mangel. Dies sind die Städte, die nie schlafen.

Die erste auf dieser Tour ist das geschichtsträchtige **Boston**. Ein Spaziergang auf dem Freedom Trail führt u.a. zum Haus von Paul Revere. Danach nimmt man sich Zeit für Harvards Cafés und Buchläden und genehmigt sich in einer Trattoria oder einem *oyster house* in North End etwas Leckeres. Mit dem Zug geht's weiter nach **New York City**. Vier Tage sind Manhattan und dem Rest der Stadt vorbehalten. Ein Spaziergang durch den Central Park und die Wall St, ein Abstecher ins Greenwich Village und die Freiheitsstatue gehören zum Pflichtprogramm. Einen Einblick in den Alltag bekommt man auf der High Line, in den Geschäften in NoLita und den Kleinbrauereien und Galerien in Queens.

Mit dem Zug geht es nach **Philadelphia**. Die Stadt ist der Geburtsort der amerikanischen Unabhängigkeit – davon zeugen die Liberty Bell und andere Relikte. Ein paar Tage vergehen schnell beim Besuch der historischen Stätten und der Gourmet-Stadtviertel wie East Passyunk. Eine Tour durch den Nordosten ist ohne den Besuch von **Washington, D.C.** undenkbar. Neben den Gratis-Museen und -Monumenten, u.a. dem Air and Space Museum und dem Lincoln Memorial, bietet die Hauptstadt in Logan Circle und Shaw viele Restaurants und Bars. Wer weiß, welcher Politiker am Nachbartisch Scotch trinkt?

Miami liegt ein ganzes Stück weg (am besten erreicht man es per Flugzeug); man sollte vier Tage einplanen, um die exotischen Museen und Galerien, den Art-déco-Bezirk, Little Havana und das heiße South Beach zu erkunden. Bei einer Tagestour zu den **Everglades** und seinen Krokodilen geht es gemächlicher zu. Südstaatenatmosphäre herrscht auch in **New Orleans**, der Stadt des Jazz, mit ansteckend lebhaften, funkigen Brassbands, dem leckeren kreolischen Essen und der Cajun-Küche. Drei Tage Völlerei in Riverbend, Uptown, Marigny und Bywater dürften fürs Erste reichen.

Schließlich taucht **Chicago** am Horizont auf – der Zug *City of New Orleans* fährt auf reizvoller Strecke in die Stadt. Man kann am Ufer Rad fahren, Kunst im Millennium Park sehen, in Al Capones Kneipe Martini trinken und Blues hören – in Chicago tobt das Leben!

 Abenteuer Natur

Dieser Trip ist das Richtige für alle, die unberührte Natur lieben. Hier gibt's bewaldete Berge, naturbelassene Flüsse und geschützte Inseln.

Der **Shenandoah National Park** hat Besuchern viel zu bieten. Er zieht sich am Kamm der Blue Ridge Mountains entlang, die so heißen, weil sie aus der Ferne bläulich schimmern. Hier ist neben den Scenic Drives vor allem Wandern angesagt: 500 km Wanderwege gibt es, darunter sind 100 Meilen (161 km) des Fernwanderwegs Appalachian Trail. Die Strecken führen vorbei an Wildblumen, Wasserfällen oder buntem Herbstlaub. Der **Monongahela National Forest**, einige Stunden westlich, lockt mit Aktivitäten wie Wanderungen auf dem Snowshoe Mountain, Klettern in den Seneca Rocks oder einer Radtour auf dem Greenbrier River Trail. Wasserliebende Abenteuersportler kommen am **New River Gorge National River** auf ihre Kosten. Ausrüster stellen alles bereit, was für eine Raftingtour durch die berüchtigten Stromschnellen der Klasse V benötigt wird.

Nun steht der **Great Smoky Mountains National Park** auf dem Programm. Er ist zwar der meistbesuchte Nationalpark der USA, doch wer wandert oder rudert, wird nicht viele der 10 Mio. Besucher jährlich zu Gesicht bekommen – 95 % der Touristen entfernen sich nie mehr als 90 m von ihrem Auto! Nach einem Tag umgeben von Gipfeln in sanften Farben ist **Gatlinburg**, der kitschige Basisort des Parks, ein Kontrastprogramm.

Jetzt wird aufgetankt für die kurvige Fahrt durch die Berge und hinüber zur Küste zu den **Outer Banks**. Die windumtosten Düneninseln sind mit entspannten Strandorten voller Eisläden und familienbetriebenen Motels gespickt. **Cape Hatteras** lockt mit unberührten Dünen, Sümpfen und Wäldern, und die Fähre bringt Besucher zur entlegenen **Ocracoke Island**, wo die wildlebenden Ponys umherstreifen. Wildpferde leben auch auf **Assateague Island**, die nördlich zwischen Virginia und Maryland liegt. Auch hier gibt's herrliche abgeschiedene Strände und eine Landschaft, die zur Vogelbeobachtung, zum Kajakfahren, Krabbensuchen und Angeln einlädt. Lust auf noch mehr Wellen und Sand? Im familien- und schwulenfreundlichen **Rehoboth Beach** gibt's Holzhäuser, vergnügliches Programm für Kinder und eine breite Promenade am Meer.

Reiseplanung
Road Trips & Panoramastraßen

Die zweifellos beste Art, diese Region zu erkunden, ist eine Tour mit dem Auto. Am Lincoln Hwy laden Diner zur Rast ein, am Natchez Trace stehen herrliche Herrenhäuser, der Blue Ridge Pkwy erschließt die Appalachen, und die Strände am Hwy 1 sind einen Blick wert – oder man besucht eine Blues-Kneipe an der Great River Road.

Blue Ridge Parkway

Der Parkway windet sich durch die Appalachen von Virginia und North Carolina und belohnt Traveller mit faszinierenden Hochgebirgslandschaften samt genügend Haltemöglichkeiten, um zu staunen, zu wandern und die Gastfreundschaft des Südens zu genießen.

Auf zum Blue Ridge Parkway!

Der Blue Ridge Pkwy führt zwar an Dutzenden Kleinstädten und ein paar Großstadtgebieten vorbei, trotzdem scheint er Welten vom modernen Amerika entfernt zu sein. In den Hügeln finden sich rustikale Holzhütten mit Schaukelstühlen auf der Veranda, und die Reklameschilder von Läden für Volkskunst und Bluegrass-Kneipen locken Traveller in verwinkelte Seitenstraßen. In den Blockhaus-Dinern kommen bergeweise Buchweizenpfannkuchen mit Brombeerkompott und Landschinken auf die Tische.

Es ist kein Problem, die überzähligen Pfunde, die einem die gute Küche des Südens beschert hat, wieder loszuwerden. Der Blue Ridge Pkwy bietet Zugang zu über 100 Wanderwegen, von gemütlichen Spaziergängen in der Natur bis zu herausfordernden Wanderungen auf dem

Highlights

Beste Strände
Die Küstenlandschaft an Floridas Hwy 1 ist überwältigend.

Skurrile Sehenswürdigkeiten
An der Route 66 und am Lincoln Hwy lassen sich abgefahrene Attraktionen entdecken.

Beste Landschaft
Atemberaubende Sonnenuntergänge über den Appalachen erlebt man am Blue Ridge Pkwy.

Beste Musik
In Memphis genießt man Blues an der Great River Rd Blues, oder man lauscht in den Bergen von Galax am Blue Ridge Pkwy irrem Fiedeln.

Bestes Essen
Unbedingt in Nashville Hühnchen und am Natchez Trace Gebäck probieren – und natürlich bei der Fahrt auf der Great River Rd New Orleans' berühmte kreolische Küche!

Geschichte
Die Sehenswürdigkeit zum Bürgerkrieg in Gettysburg am Lincoln Hwy oder St. Augustine am Florida Hwy 1 sind einen Besuch wert.

Road Trips & Panoramastraßen

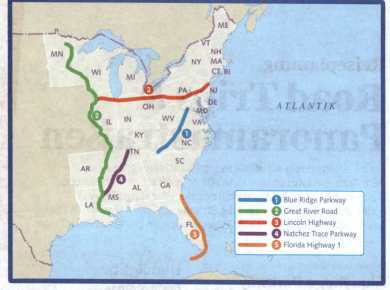

legendären Appalachian Trail. Die Flüsse laden zum Kanu- und Kajakfahren sowie zum Tubing (auf einem großen Gummireifen geht es flussabwärts) ein, und auf kleinen Seen kann man vom Ruderboot aus angeln.

Die Route

Die idyllische Straße führt vom Shenandoah National Park in Virginia zum Great Smoky Mountains National Park und verläuft in etwa parallel zur Grenze zwischen North Carolina und Tennessee. Auf dem Weg liegen die Städte Boone und Asheville in North Carolina sowie Galax und Roanoke in Virginia; auch Charlottesville, VA, ist nur eine kurze Fahrt entfernt. Größere Städte in der Nähe der Route sind Washington, D.C. (140 Meilen/225 km), und Richmond, VA (95 Meilen/153 km).

Viele verbinden den Blue Ridge Parkway mit dem Skyline Drive (S. 345). Der 105 Meilen (169 km) lange, kurvige Skyline Dr führt vom nördlichen Ende des Parkway durch den Shenandoah National Park und würzt die landschaftlich reizvolle Fahrt noch mit tollen Bergblicken. Vorsicht: für die Straße muss man eine Gebühr von 20 US$ bezahlen – das ist keine Maut, sondern der Eintrittspreis für den Park!

Reisezeit

Von April bis Oktober, wenn alle Touristeneinrichtungen geöffnet sind (viele schließen über den Winter), ist die beste Reisezeit. Der Mai ist der Monat der Wildblumenblüte. Im Oktober kommen viele Besucher wegen der Laubfärbung. Im Sommer und im Frühherbst muss man mit großen Menschenmengen rechnen.

Infos im Internet

Blue Ridge Parkway (www.blueridgeparkway.org) Karten, Aktivitäten und Unterkünfte. Kostenloser *Blue Ridge Parkway Travel Planner* zum Runterladen.

Hiking the Blue Ridge Parkway (Randy Johnson; 2010) Dieses Buch bietet ausführliche Wegbeschreibungen, topographische Karten und andere wichtige Infos für kurze und lange Wanderungen.

Skyline Drive (www.visitsskylinedrive.org) Unterkunft, Wanderungen und Wildtiere entlang der pittoresken Zufahrt zum Parkway.

Dauer & Strecke

Dauer Man braucht mindestens zwei Tage, sollte aber fünf einplanen. Auf den steilen, kurvigen Straßen geht es langsam voran, und es soll ja Zeit zum Wandern, Essen und Sightseeing bleiben.

Strecke 469 Meilen (755 km)

Start/Ziel Front Royal, VA/Cherokee, NC

Great River Road

Die monumentale Great River Rd führt vom Quellgebiet des Mississippi in den Kiefernwäldern von Nord-Minnesota den ganzen Weg Richtung Süden bis zu ihrem Zielpunkt in New Orleans. Das ist die richtige Tour für diejenigen, die Amerika über die kulturellen Grenzen hinaus erleben wollen – Norden/Süden, Stadt/Land, Baptisten/Alternative.

Auf zur Great River Road!

Die eindrucksvollen Landschaften, durch die der längste Fluss Amerikas mäandert, sind geradezu ehrfurchtgebietend – von den hügeligen Ebenen im Norden bis zu den in der glühenden Sonne liegenden Baumwollfeldern des Mississippideltas. Vom Wind geformte Felsen, dichte Wälder, Wiesen voller Blumen und dunstige Sümpfe säumen den Weg, aber auch Schornsteine, Schiffskasinos und städtische Zersiedelung – das sind die beiden Gesichter des Mississippis.

Die Route

Trotz ihres Namens ist die Great River Rd kein einzelner Highway, sondern setzt sich aus mehreren, miteinander verbundenen Bundes-, Staats- und Landstraßen zusammen, die dem Verlauf des Mississippi durch zehn Bundesstaaten folgen. Die einzige Konstante, die den ganzen Weg markiert, ist das grüne Schild, auf dem ein Schaufelraddampfer zu sehen ist.

Die Kleinstädte bieten Einblicke in verschiedene Facetten amerikanischer Kultur: Da ist Brainerd, MN, das aus dem Film *Fargo* der Coen-Brüder bekannt ist; da ist La Crosse, WI, mit dem größten Sixpack der Welt, und da ist Nauvoo, IL, eine Pilgerstätte für Mormonen mit dem weißen Tempel.

Der südliche Teil der Strecke folgt den Spuren der amerikanischen Musikgeschichte, vom Rock'n'Roll in Memphis über den Blues im Mississippi-Delta bis zum Jazz in New Orleans. Und hungern wird hier angesichts der Retro-Diner im Mittleren Westen, der Barbecue-Restaurants im Süden und der Cajun-Lokale und Tanzhallen in Louisiana garantiert niemand.

Größere städtische Regionen, die guten Zugang zur Straße bieten sind u.a. New Orleans, Memphis, St. Louis und Minneapolis.

Reisezeit

Mai bis Oktober sind die besten Monate für die Tour, damit man in den nördlichen Staaten von Schnee verschont bleibt.

Infos im Internet

Mississippi River Travel (www.experiencemissis sippiriver.com) Tolle Infoquelle zu Geschichte,

---

BEVOR ES LOSGEHT

➡ Es empfiehlt sich, einem **Automobilclub** (S. 736) beizutreten, der eine 24-Stunden-Pannenhilfe und Ermäßigungen für Unterkünfte und Sehenswürdigkeiten anbietet.

➡ Einige internationale Automobilclubs arbeiten mit amerikanischen Clubs zusammen, also vorher checken und die Mitgliedskarte von zu Hause mitbringen!

➡ Es ist wichtig, sich vorher mit den **Verkehrsregeln** der USA (S. 737) und den häufigsten **Gefahren im Straßenverkehr** (S. 737) vertraut zu machen.

➡ Unbedingt sicherstellen, dass der Wagen mit Ersatzreifen, Werkzeug (z.B. Wagenheber, Starthilfekabel, Eiskratzer, Reifendruckmesser) ausgestattet ist und die Notfallbeleuchtung (z.B. Warnblinkanlage) funktioniert!

➡ Man sollte gute Landkarten mitnehmen, besonders auf Touren durchs Gelände oder abseits der Highways. Nicht allein auf das GPS verlassen – es könnte versagen oder an abgelegenen Orten schlicht und ergreifend gar nicht funktionieren!

➡ Immer den **Führerschein** (S. 737) und den **Versicherungsnachweis** (S. 738) mit sich führen!

Erholungsmöglichkeiten in der Natur und Livemusik in allen zehn River-Road-Staaten.

National Scenic Byways (www.fhwa.dot.gov/byways/byways/2279) Detaillierte Wegbeschreibungen.

Dauer & Strecke

Dauer Sechs Tage dauert die Fahrt von Norden nach Süden mindestens, zehn Tage sind realistischer und befriedigender.

Strecke Etwa 2000 Meilen (3219 km)

Start/Ziel Itasca State Park, MN/New Orleans, LA.

Lincoln Highway

Amerikas erste transkontinentale Straße führt von New York City nach San Francisco. Mit ihrem Bau wurde 1913 begonnen, 1925 war sie fertig asphaltiert. Der 1000 Meilen (ca. 1600 km) lange Abschnitt im Osten verläuft auf einer unverwechselbaren Route durch das Herz Amerikas und bietet unterwegs gigantische Kaffeekannen-Statuen, Fried-Chicken-Diners, Wandbilder aus Jelly Beans und anderes „typisch" Amerikanisches.

Auf zum Lincoln Highway!

Den Lincoln Hwy abzufahren, ist ein authentischer Road Trip – ohne den Hype und die Kommerzialisierung anderer berühmter Byways. Die Strecke verläuft zwar durch einige der bekanntesten Städte des Ostens (u. a. NYC und Philadelphia), führt aber auch auf Nebenstraßen in Gegenden abseits der Touristenrouten. Sie durchquert sieben Bundesstaaten: New York, New Jersey, Pennsylvania, West Virginia, Ohio, Indiana und Illinois.

Die Route

Die Strecke führt zwischen New York City und Fulton, IL, durch die Mittelatlantikregion und den Mittleren Westen. Wichtig: Auf Karten ist der Lincoln Hwy nicht eingezeichnet, da er mittlerweile keine offizielle Straße mehr ist, sondern sich aus vielen Bundes- und Staatsstraßen zusammensetzt!

Die Reise beginnt am Times Sq, wo die hellen Lichter des Broadway blinken. Von hier aus geht es nach New Jersey und ins schicke Princeton mit seiner Ivy-League-Universität. Dann kommt Pennsylvania; dort können in Philadelphia die Liberty Bell und die Independence Hall bewundert werden. Die nächste Station sind die Gemeinden der Amish nahe Lancaster, komplett mit Quilts und Pferdehufgeklapper. Weiter geht's zur weltbekannten Bürgerkriegsstätte Gettysburg und ins am Fluss gelegene Pittsburgh voller Pop-Art. In Ohio säumen Maisfelder und legendäre Gefängnisse den Weg. Lohnende Stopps in Indiana sind weitere Amish-Orte und die Stadt South Bend, in der sich ein erlesenes Studebaker-Automuseum und die

---

ROUTE 66

Die gute alte Route 66 ist *der* Klassiker unter den Road Trips. Die Strecke, die sich aus Kleinstadthauptstraßen und Landstraßen zusammensetzt und ab 1926 Chicago mit Los Angeles verband, bekam vom Schriftsteller John Steinbeck den Spitznamen „Mother Road" verpasst – Mutter aller Straßen.

Der größte Teil der Route 66 führt durch den Westen des Landes, doch der 300 Meilen (483 km) lange Abschnitt in Illinois gibt eine klassische, nostalgische Tour ab. In neonhellen Diners kann man ordentliche Stücke Pastete verputzen, unterwegs an Sehenswürdigkeiten wie dem Gemini Giant, einem in den Himmel ragenden Astronauten aus Fiberglas, Schnappschüsse machen, und an Filmtheatern, familiengeführten Motels und anderem typisch Amerikanischen vorüberfahren.

Wer ein paar Wochen Zeit hat, kann die Fahrt hinter Illinois fortsetzen. Die restlichen 2100 Meilen (3380 km) führen vorbei an einzigartigen Attraktionen wie den Ständen mit Frozen Custard in Missouri, dem Totem Pole Park in Oklahoma, einem Stacheldrahtmuseum in Texas, dem Grand Canyon in Arizona und dem wilden, verrückten Santa Monica Pier in Kalifornien. Weitere Infos siehe **Historic Route 66** (www.historic66.com).

39

REISEPLANUNG ROAD TRIPS & PANORAMASTRASSEN

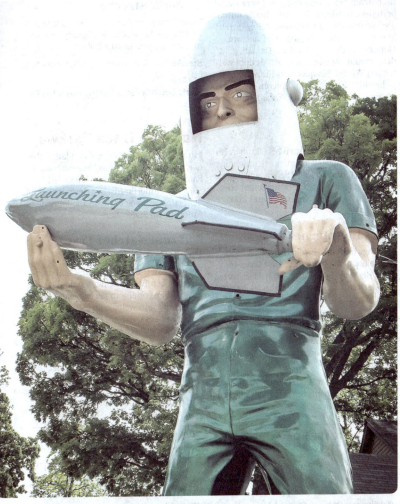

Oben: Gemini Giant (S. 604) an der Route 66, Wilmington, Illinois

Unten: Blick vom Blue Ridge Pkwy (S. 348) auf eine Herbstlandschaft in North Carolina

WALTER BIBIKOW / GETTY IMAGES ©

fußballverrückte University of Notre Dame befinden. In Illinois führt die Route durch die Vororte von Chicago und weiter durch kleine, ländliche Orte, die sich flach am Horizont entlang erstrecken. Danach geht der Lincoln Hwy über den Mississippi weiter gen Westen bis nach San Francisco.

Leichten Zugang zum Lincoln Hwy bieten u. a. New York City, Philadelphia, Pittsburgh und Chicago.

Reisezeit

Die beste Zeit ist von April bis Oktober. Im Winter schmälern verschneite Straßen das Vergnügen, und kleinere Sehenswürdigkeiten haben reduzierte Öffnungszeiten oder schließen zwischen November und März gleich ganz.

Infos im Internet

Greetings from the Lincoln Highway: A Road Trip Celebration of America's First Coast-to-Coast Highway (Brian Butko; 2013) Bilder, Karten und Geschichten, die sich wunderbar als Reisebegleiter eignen.

Lincoln Highway Association (www.lincolnhighwayassoc.org) Auf der Website gibt's jede Menge kostenloser Infos. Außerdem werden detaillierte Karten verkauft, die hervorragende Wegweiser für die Tour sind.

The Lincoln Highway (2007) Hochglanzbuch von Michael Wallis mit herrlichen Fotos und Details zu interessanten Orten an der Strecke.

Dauer & Strecke

Dauer Ohne große Pausen zweieinhalb Tage, doch um den eigentlichen Reiz des Highways zu erleben, braucht man vier oder fünf Tage.

Strecke Etwa 1000 Meilen (ca. 1600 km) für den östlichen Teil

Start/Ziel NYC/Fulton, IL (für den östlichen Teil)

Natchez Trace Parkway

Mit seinen grünen Hügeln, den jadefarbenen Sümpfen, opulenten Herrenhäusern, Saloons am Flussufer und den vielen Schichten amerikanischer Geschichte gibt der Natchez Trace Parkway die lohnendste Autotour im Süden her.

Auf zum Natchez Trace Parkway!

Bei der Fahrt sollte man ruhig mal an die historischen Persönlichkeiten denken, die diesen Weg vor einem zurückgelegt haben, darunter Andrew Jackson (der siebte Präsident der USA, der auf der 20-Dollar-Note abgebildet ist), Jefferson Davis (der Präsident der Konföderation), James Audubon (Naturforscher und Maler), Meriwether Lewis (ein berühmter Entdecker, der 1809 auf dem Trace starb), Ulysses S. Grant (der 18. Präsident der USA) und, man höre und staune, der junge Elvis Presley. Die

WEITERE TOLLE ROAD TRIPS

STRECKE	STAAT	START/ZIEL	SEHENSWERTES & AKTIVITÄTEN	BESTE REISEZEIT	SEITE
Rte 28	NY	Stony Hollow/ Arkville	Catskills, Seen, Flüsse; Wandern, Laubfärbung, Tubing	Mai–Sept.	S. 129
Old King's Hwy	MA	Sandwich/ Orleans	Historische Viertel & Häuser, Küstenlandschaft	April–Okt.	S. 209
Hwy 13	WI	Bayfield/ Superior	Seeufer, Wälder, landwirtschaftliche Gebiete; Spaziergänge	Mai–Sept.	S. 663
Hwy 61	MN	Duluth/Canadian Border	State Parks, Wasserfälle, idyllische Städte; wandern	Mai–Sept.	S. 678
VT 100	VT	Stamford/ Newport	Hügeliges Weideland, grüne Berge; wandern, Ski fahren	Juni–Sept.	S. 244
Kancamagus Hwy	VT	Conway/Lincoln	Felsige Berge, Wasserläufe, Wasserfälle; Camping, wandern, schwimmen	Mai–Sept.	S. 252
Hwy 12	NC	Corolla/ Sealevel	Strände, Leuchttürme, Fährfahrten, Startort der Wright Brothers	April–Okt.	S. 368
Overseas Hwy	FL	Key Largo/Key West	Strände, geschützte Korallenriffs, Conch Fritters, Limetten-Pie	Dez.–April	S. 534

Tour führt an verschiedenen kulturellen und historischen Stätten vorbei, in denen Besucher vieles über all diese Menschen lernen können.

Die Route

Am einfachsten kommt man von Nashville zum Parkway, und für Freunde von Countrymusik und angehende Songwriter ist ein Trip nach Nashville die ultimative Pilgerreise. Hier lassen sich *honky-tonks*, in denen es heiß hergeht, die Country Music Hall of Fame und ein hübsches historisches Viertel erkunden. In den lokalen Cafeterias kann man auch wunderbar schlemmen – sie bieten die beste Gelegenheit, sich den Bauch mit allem Möglichen von Grillhähnchen über Schweinsfüße bis zu Rübkohl und Bratäpfeln vollzuschlagen.

Etwa 10 Meilen (16 km) hinter Nashville führt die Straße bei Franklin an einem der am stärksten blutgetränkten Schlachtfelder des Bürgerkriegs vorbei: 20 000 Soldaten der Konföderierten und 17 000 Mann der Unionstruppen kämpften hier am 30. November 1864 gegeneinander. Später tauchen Grabstätten der Konföderierten für unbekannte Soldaten auf. Auch jahrhundertealte Grabhügel erheben sich am Straßenrand. Emerald Mound in der Nähe von Natchez ist eines der größten der USA, und die riesige grasbewachsene Pyramide verströmt noch heute die Energie der Ahnen.

Andere Höhepunkte entlang der Strecke sind die Stadt Tupelo, wo Besucher das bescheidene Haus besichtigen können, in dem Elvis aufwuchs und Gitarre spielen lernte, und der milchig-grüne Cypress Swamp, in dem Alligatoren leben.

Reisezeit

Das beste Wetter ist von April bis Juni und von September bis November. Im Sommer kann es unerträglich heiß werden.

Infos im Internet

Natchez Trace Parkway (www.nps.gov/natr) Der National Park Service unterhält die Route und informiert auf seiner Website auch über Baustellen und Straßensperrungen sowie über Aktivitäten und historische Stätten entlang der Strecke.

Natchez Trace Compact (www.scenictrace. com) Die Touristeninformationen der Staaten Tennessee, Alabama und Mississippi haben sich

---

DOWNLOADS: BLUEGRASS

➡ *Blue Moon of Kentucky* – Bill Monroe and the Blue Grass Boys

➡ *Foggy Mountain Breakdown* – Earl Scruggs

➡ *Orange Blossom Special* – Rouse Brothers

➡ *Rocky Top* – Osborne Brothers

➡ *Windy Mountain* – Lonesome Pine Fiddlers

➡ *Flame of Love* – Jim and Jesse

➡ *I'm a Man of Constant Sorrow* – Stanley Brothers

➡ *Every Time You Say Goodbye* – Alison Krauss and Union Station

➡ *Like a Hurricane* – The Dillards

---

zusammengeschlossen, um gute Beschreibungen der Route, Landkarten und Infos zu Events anbieten zu können.

Dauer & Strecke

Dauer Drei Tage sollte man einplanen, auch wenn die Tour in zwei Tagen zu schaffen wäre. Auf der zweispurigen Straße geht es meist eher gemütlich voran.

Strecke 444 Meilen (715 km)

Start/Ziel Nashville, TN/Natchez, MS.

Florida Highway 1

Die Straße direkt an der Küste bietet kilometerlange Strände und faszinierende historische Sehenswürdigkeiten, von der ältesten Stadt der USA über ernüchternde Exponate zur Sklaverei bis hin zu NASA-Raketen. Miami bildet das große Finale.

Auf zum Florida Highway 1!

Der Hwy 1, der die atlantische Küstenlinie entlang führt, ist der perfekte Weg, wenn man die wichtigsten Sehenswürdigkeiten und Erlebnisse, die Florida zu bieten hat, nicht verpassen will: Die Herrenhäuser am Palm Beach, die Jachten in Fort Lauderdale, Miamis kubanische Enklave von Little Havana, in der die Dominosteine klappern, all das liegt auf dem Weg. Makellose, windumtoste Strände, die gefährdeten Vogelarten und Seekühen Unterschlupf gewähren? Hier sind sie (im Schutzgebiet Canaveral National Seashore). Strände, berüchtigt für wilde Partys bis tief in die Nacht und NASCAR-Rennen? Auch hier (in Daytona). Und Imbissbuden mit leckeren Meeresfrüchten sowie pastellfarbene Hotels am Wasser sind überall zu finden.

Die Route

Die Tour beginnt am nordöstlichen Zipfel Floridas auf Amelia Island, das seit den 1890er-Jahren ein vornehmer Ort zum Baden ist. Von dort aus führt die Straße nach Süden, vorbei an Parks und Plantagen, wo man sehen kann, wie die Sklaven gelebt haben. Man sollte unbedingt im altehrwürdigen, 1565 gegründeten St. Augustine stoppen, um Ponce de Leons Fountain of Youth und das Piratenmuseum zu besuchen. Leuchttürme, unberührte Sandstrände und Hotspots zum Surfen liegen auf dem Weg. Fährt man weiter, kommt man zum Kennedy Space Center, von wo aus früher Raumfähren ins Weltall geschickt wurden. Danach taucht inmitten einer Reihe von wohlhabenden Städten das mit Kunst gesegnete West Palm Beach auf. Und das Beste hebt sich der Hwy 1 für zuletzt auf: Miami. Die sexy Stadt bietet Augenweiden im Überfluss, von Vierteln mit vollgesprühten Wänden über den größten Art-déco-Distrikt der Welt bis zu den jungen und glamourösen Einheimischen, die sich am South Beach räkeln.

Aber es sollten zuerst ein paar Basics erwähnt werden. Die Straße heißt eigentlich Hwy A1A (nicht zu verwechseln mit der US 1, die größere, schnellere Version, die parallel verläuft). Die A1A ist keine durchgängige Straße – in ein paar Städten muss man auf andere Straßen ausweichen, bevor man sich wieder auf die A1A begibt. Wer nach Miami noch nicht genug vom hat, wechselt auf die US 1, die bei Key Largo zum malerischen Overseas Hwy wird und gen Süden nach Key West abzweigt – so kann man die Party noch verlängern.

Reisezeit

November bis April ist die beste Zeit, dann ist es warm, aber nicht zu heiß.

Informationsquellen

Florida Scenic Highways (www.floridascenic highways.com) Infos über besonders gekennzeichnete Teile des Highways bei St. Augustine und Fort Lauderdale.

Highway A1A: Florida at the Edge (Herbert L. Hiller; 2007) Teils Reiseführer, teils Chronik über die Städte und Orte am Weg.

Dauer & Strecke

Dauer Sechs Tage, um die Sehenswürdigkeiten mitzunehmen.

Strecke 475 Meilen (764 km)

Start/Ziel Amelia Island/Miami

Reiseplanung

Outdoor-Aktivitäten

Dunstverhangene Berge, von Wellen gepeitschte Strände, tiefe Schluchten: Der Osten der USA geizt nicht mit spektakulären Kulissen für ein Abenteuer. Wonach einem der Sinn auch stehen mag, hier findet sich immer ein passender Ort für großartige Outdoor-Aktivitäten.

Wandern & Trekken

Fast überall gibt's tolle Wander- und Backpacking-Optionen in der Nähe. Die Nationalparks sind ideal für kurze und lange Wandertouren. Das Gelände ist riesig: vom **Wild Azalea Trail** (www.townofwoodworth.com/azalea-trail) in Louisiana, der von Hornsträuchern überwuchert ist, bis zum **North Country National Scenic Trail** (www.nps.gov/noco), der sich durch zerklüftete Landschaft von New York bis nach Minnesota schlängelt.

Infos im Internet

Survive Outdoors (www.surviveoutdoors.com) Sicherheits- und Erste-Hilfe-Tipps, Fotos von gefährlichen Tieren.

Wilderness Survival (Gregory Davenport; 2006) Das beste Survival-Buch schlechthin.

American Hiking Society (www.americanhiking. org) Links zu „ehrenamtlichen Ferien", bei denen man Wanderwege anlegen darf.

Backpacker (www.backpacker.com) Führende lokale Zeitschrift für Backpacker, für Anfänger wie Fortgeschrittene.

Radfahren

Radfahren wird täglich beliebter, weshalb viele Städte (darunter New York und Chi-

Beste Outdoor-Abenteuer

Wandern
Appalachian Trail, Shenandoah National Park (VA), Great Smoky Mountains National Park (NC und TN), Adirondacks (NY)

Radfahren
Chequamegon National Forest, WI (Gelände); Cape Cod Rail Trail, MA (Asphaltstraße); Minneapolis, MN (Stadt)

Paddeln
Boundary Waters, MN (Kanufahren); New River Gorge National River , VA (Wildwasser-Rafting); Apostle Islands, WI (Kajakfahren); Pictured Rocks, MI (Kajakfahren)

Surfen
Cocoa Beach, FL; Long Island, NY; Coast Guard Beach, MA

Tauchen
Florida Keys, FL (Korallengarten); Cape Hatteras, NC (Bürgerkriegswracks); Dry Tortugas, FL (Meeresschildkröten); Crystal River, FL (Seekühe)

Tiere beobachten
Baxter State Park, ME (Elche); Provincetown, MA (Wale); Florida Everglades, FL (Alligatoren, Seekühe, Meeresschildkröten); Wabasha, MN (Adler)

cago) immer neue Radwege anlagen und eine wachsende Zahl von Radrouten die Landschaft durchzieht. Mehrere stillgelegte Eisenbahnlinien in der Region wurden zu asphaltierten Radwegen umgebaut, auf denen nun einfache Touren durch idyllische Dörfer, über Brücken und an Weideland vorbei möglich sind. Besonders beliebt unter den Radstrecken ist der Cape Cod Rail Trail (S. 212) in Massachusetts.

Mountainbiker sollten sich in den Wisconsin's Chequamegon National Forest (S. 662) aufmachen, bekannt wegen seiner knallharten Trails und des mörderischen **Fat Tire Festival** (www.cheqfattire.com) im September.

TIPPS FÜR DEN BESUCH VON NATIONALPARKS

➡ Der Eintrittspreis in die Parks variiert und kann zwischen 0 US$ und 30 US$ pro Fahrzeug betragen.

➡ Der Jahrespass *America the Beautiful* (80 US$; store.usgs.gov/pass), mit dem vier Erwachsene und alle Kinder unter 16 Jahren für zwölf Kalendermonate alle staatlichen Erholungsgebiete besuchen können, wird an den Parkeingängen und in den Visitor Centers verkauft.

➡ Es gibt auch einen lebenslang gültigen Seniorenpass (10 US$) für US-Bürger über 62 Jahren.

➡ Hütten und Zeltplätze in den Nationalparks muss man weit im Voraus buchen; für die Sommerferien sollte man sechs bis zwölf Monate vorher reservieren.

➡ Manche Parks vermieten ihre Zeltstellplätze ohne Reservierung in der Reihenfolge des Eintreffens der Gäste; dann kommt man am besten zwischen 10 und 12 Uhr, wenn andere Camper gerade auschecken.

➡ Für Backpacking-Touren mit Übernachtung und einige Tageswanderungen benötigt man eine Wilderness Permit, die oft nur in begrenzter Zahl ausgegeben wird. Daher sollte man sie rechtzeitig beantragen (bis zu 6 Monate vor der Reise, abhängig von den Bestimmungen des Parks).

Infos im Internet

Bicycling (www.bicycling.com) Diese Zeitschrift beinhaltet Infos über Stadttouren, Gelände-Trails und vieles, was dazwischen liegt.

Rails-to-Trails Conservancy (www.railstotrails.org) Publiziert auf www.traillink.com kostenlose Trail-Besprechungen.

Kajak- & Kanufahren

Paddler werden vom Osten der USA begeistert sein. Die notwendige Ausrüstung und Kurse sind leicht zu finden. Hotspots für Kajakfahrer sind die Apostle Islands National Lakeshore (S. 662) in Wisconsin, wo man durch steinerne Bogen und Meeresgrotten am Lake Superior gleitet, die Michigans Pictured Rocks National Lakeshore (S. 648), um auf dem Lake Superior an wild gefärbten Klippen vorbei zu paddeln, und die Maines Penobscot Bay (S. 269), wo man im Salzwasser um hübsch ausgefranste Inselchen schippert.

Kanufahren ist hier schlicht legendär, man denke nur an die 19 312 km an nassen und wilden Touren in den Gewässern von Minnesotas Boundary Waters (S. 679) oder Alabamas **Bartram Canoe Trail** (lands.dcnr.alabama.gov/Bartram) in einem 1214 km² großen, sumpfigen Flussdelta mit Seen und Flüssen.

Infos im Internet

American Canoe Association (www.americancanoe.org) Hat eine Datenbank der Wasserwege für Kanu-und Kajakfahrten sowie Infos über örtliche Paddelclubs und -kurse (mit Stehpaddeln).

Rafting

Östlich des Mississippi wartet West Virginia mit ein paar bekannten Flüssen auf. Da gibt es z. B. den New River Gorge National River (S. 356), der trotz seines Namens einer der ältesten Flüsse der Welt ist. Er fließt von North Carolina nach West Virginia und schneidet eine tiefe Schlucht mit schäumenden Stromschnellen ein, auch bekannt als der Grand Canyon des Ostens.

Außerdem gibt es da noch den Gauley (S. 356), der zu den besten Wildwasserflüssen der Welt gehört. Mit seinen beliebten ultra-steilen und turbulenten

DER APPALACHIAN TRAIL

Dieser Wanderweg wurde 1937 fertiggestellt und ist mit seinen 3500 km der längste Trail des Landes. Er durchquert sechs Nationalparks, kreuzt acht National Forests und führt durch 14 Staaten, von Georgia bis Maine. Nebelverhangene Berge, dichte Wälder, Blumenwiesen und Bärensichtungen sind die Belohnung für all jene, die auf dem Trail unterwegs sind. Jedes Jahr versuchen etwa 2500 Hartgesottene, den ganzen Weg zu bewältigen – aber nur einer von vieren schafft die komplette Strecke. Doch davon sollte man sich nicht entmutigen lassen. Schätzungen besagen, dass jedes Jahr 2 bis 3 Mio. Wanderer einen Teil des Appalachian Trail ablaufen, da man an vielen Stellen zu Tageswanderungen in den Weg einsteigen kann.

Praktisch & Konkret

➡ Die meisten Langstreckenwanderer starten am Springer Mountain in Nord-Georgia und laufen bis zum Mt. Katahdin in Maines Baxter State Park (S. 271).

➡ Sie beginnen die Tour im März oder April und sind sechs Monate später am Ziel. Der Baxter State Park schließt am 15. Oktober für den Winter, deshalb müssen Wanderer vorher dort ankommen.

➡ Man kann die Route auch andersherum laufen (also von Maine nach Georgia), aber wegen des kalten Wetters im Norden kann man erst später losmarschieren (im Juni), wenn die Kriebelmücken ausgehungert sind und die Wege nass und matschig. Egal in welche Richtung man läuft, man wird jedes Wetterspektrum miterleben, von Schnee bis zu feuchtheißen Temperaturen.

➡ Übernachten kann man auf Campingplätzen, in Schuppen und in Hütten. Die meisten Wanderer geben etwa 1000 US$ pro Monat für Essen und eine gelegentliche Nacht in einem Motel oder einer Hütte aus, hinzu kommen Vorräte und Ersatzausrüstung.

Kurze Wanderungen & Infos im Internet

➡ Wer weniger Zeit hat, kann zumindest einen Teil des Weges kennenlernen, z. B. in den wunderschönen und gut zugänglichen Gebieten des Shenandoah National Park (S. 343) in Virginia und in Harpers Ferry (S. 352) in West Virginia, wo sich auch das Hauptquartier des Trails befindet (von Washington, D. C., aus ist es nur eine kurze Amtrak-Zugfahrt dorthin).

➡ Die **Appalachian Trail Conservancy** (www.appalachiantrail.org) hat alle Infos über den AT: offizielle Karten und Führer, eine Online-Datenbank für staatlich organisierte Tageswanderungen, Gebietsbeschreibungen nach Bundesstaaten, Aktualisierungen zum Trail, Wandererprofile usw. Eine erstklassige Informationsquelle!

➡ *Picknick mit Bären* (1998) von Humorist Bill Bryson ist ein spannendes Buch zur Vorbereitung auf den Trail. 2015 wurde es mit Robert Redford verfilmt.

Stromschnellen ist der altehrwürdige Fluss der Appalachen eine Wasserachterbahn mit einem Gefälle von mehr als 200 m und über 100 Stromschnellen auf nur 45 km. Sechs weitere Flüsse, alle in derselben Gegend, dienen als Übungsgebiet für weniger erfahrene Wasserratten.

Infos im Internet

American Whitewater (www.americanwhite water.org) Setzt sich für den Schutz von Amerikas naturbelassenen Flüssen ein; bietet Links zu örtlichen Raftingclubs.

Surfen

Die Bundesstaaten am Atlantik verfügen über einige wunderbare und unvermutete Surfspots – vor allem für diejenigen, die eher auf einen moderaten Wellengang aus sind. Das wärmste Wasser findet man vor Floridas Golfküste vor. Hier ein paar Top-Spots:

➡ **Cocoa Beach und Melbourne Beach, FL** Wenig Leute und sanfte Wellen machen diese Strände zum Paradies für Anfänger und Longboarder. Der Meersarm gleich südlich davon ist bekannt für beständige Surfbedingungen und entsprechende Menschenmengen. (S. 541)

→ **Long Island, NY** Dieses Gebiet hat mehr als ein Dutzend Surf-Spots zu bieten, von Montauks oft überfülltem Ditch Plains Beach bis zum Nassau Countys Long Beach mit dem 4,5 km langem Strand, an den die Wellen schwappen. (S. 121)

→ **Coast Guard Beach, Eastham, MA** Der familienfreundliche Strand gehört zur Cape Cod National Seashore und ist bekannt für die den ganzen Sommer über beständige Shortboard-/Longboard-Brandung. (S. 211)

Infos im Internet

Surfer (www.surfermag.com) Berichte über die Ostküste und Infos zu jeder Brandung in den USA.

Tauchen

Florida hat den Löwenanteil an tollen Tauchrevieren, mit einer Küstenlinie von mehr als 1600 km, aufgeteilt in 20 einzigartige Unterwassergebiete. Es gibt Hunderte Tauch-Spots und unzählige Tauchläden, die Ausrüstung und geführte Exkursionen anbieten. Südlich von West Palm Beach erstrecken sich klare Gewässer und fantastische Ganzjahrestauchplätze mit großen Riffen. Am Panhandle (S. 566) kann man in den ruhigen und sanften Gewässern des Golfs von Mexiko tauchen; bei Pensacola (S. 570) und **Destin** (www.floridapanhandledivetrail.com) fantastische Tauchgänge zu Wracks machen und im Crystal River mit Seekühen schnorcheln.

Die Florida Keys (S. 534) sind das Kronjuwel. Hier erwarten einen ein toller Mix mariner Lebensräume, Nordamerikas einziger lebender Korallengarten und vereinzelte Schiffswracks. In Key Largo befindet sich der John Pennekamp Coral Reef State Park (S. 534) und mehr als 320 km Unterwasseridylle. Die ausgedehnten Riffe im Dry Tortugas National Park (S. 542) wimmeln von Barrakudas, Meeresschildkröten und einigen Hundert gesunkenen Schiffen.

Andere beliebte Stellen, um in den Gewässern im Osten abzutauchen, sind North Carolinas Cape Hatteras National Seashore (S. 366), wo man Wracks aus dem Bürgerkrieg erforschen und Sandhaien begegnen kann, und der **Lake Ouachita** (www.lakeouachita.org), Arkansas' größter See, bekannt für sein unberührtes Quellwasser und seinen 25 km langen Wassertrail.

Rundschwanzseekuh, Florida

Infos im Internet

Scuba Diving (www.scubadiving.com) Hier findet man die neuesten Tauchstellen in und außerhalb der USA.

Skifahren & Wintersport

Vermonts erstklassiger Stowe Mountain (S. 242) hat besonders coole Hänge zu bieten – im Lift friert man sich zwar den Hintern ab, aber das Auftauen mit örtlichen Heißgetränken beim launigen Après-Ski in holzverkleideten Bars macht umso mehr Spaß. In Lake Placid (S. 134), NY, kann man auf ehemaligen Olympiapisten rodeln oder Bob fahren. Motorschlitten hört man in Nord-Wisconsin, Michigan und Minnesota aufheulen. In Minnesota kann man auf den gefrorenen Wasserstraßen des Voyageurs National Parks (S. 680) die unterschiedlichsten winterlichen Aktivitäten ausüben.

Infos im Internet

Ski Resorts Guide (www.skiresortsguide.com) Infos zu Unterkünften, Karten und mehr.

Reiseplanung
Mit Kindern reisen

Vom Norden bis zum Süden finden sich tolle Attraktionen für Kinder jedes Alters: Buddelspaß am Strand, Vergnügungsparks, Zoos, Aquarien, Naturausstellungen, interaktive Museen, Campingabenteuer, historische Schlachtfelder, vergnügliche Radtouren durch ländliche Gegenden und vieles mehr, das Kinder begeistert.

Der Osten der USA mit Kindern

Außer Haus essen

Familienorientierter Service scheint das Fundament der örtlichen Restaurants zu sein: Kinder werden nicht nur akzeptiert, ihr Besuch wird durch Kindermenüs und niedrigere Preise regelrecht gefördert. In einigen Lokalen essen Kinder bis zu einem gewissen Alter sogar gratis. In den meistens Restaurants gibt es Hochstühle und Sitzauflagen, einige halten Malzeug und Puzzles bereit und bieten gelegentliche Auftritte von Cartoonfiguren.

Auch in Restaurants ohne Kindermenüs können Kinder willkommen sein, allerdings nicht in allen Spitzenrestaurants. Aber selbst in besseren Lokalen können Familien mit Kindern abends meist stressfrei essen, wenn sie rechtzeitig da sind (gleich nach Öffnung oft 17 oder 18 Uhr) – oft essen dann auch andere Gourmets mit ihren Kids. Auf Anfrage bereitet die Küche möglicherweise eine kleinere Portion eines Gerichts zu oder teilt ein Essen auf zwei Teller auf. Wählerischer Nachwuchs dürfte in chinesischen, mexikanischen und italienischen Lokalen gut aufgehoben sein.

Farmers Markets werden immer beliebter und in jeder nennenswerten Stadt

Top-Regionen für Kinder

New York, New Jersey & Pennsylvania

NYC wartet mit Aktivitäten wie Rudern im Central Park und kinderfreundlichen Museen auf. An der Jersey Shore gibt's coole Strandpromenaden und im Amish Country in Pennsylvania locken Kutschfahrten.

Neuengland

Bostons Ufer und Grünanlagen locken mit einem Aquarium, einem Kriegsschiff aus dem 18. Jh. und Schwanentretbooten. Auch auf der Plimoth Plantation mit den nachgebauten Dörfern der Wampanoag und der Pilgerväter können Familien viel Spaß haben.

Washington, D. C. & Capital Region

Washington ist mit seinen kostenlosen Museen, den Pandas im Zoo und den vielen Grünflächen eine familienfreundliche Stadt. Von hier aus ist es nicht weit nach Williamsburg, VA, wo kostümierte Darsteller einen Einblick ins 18. Jh. geben.

Florida

Walt Disney World in Orlando kann gut im Zentrum des Urlaubs stehen. Danach sind die Strände Floridas an der Reihe.

REISEPLANUNG MIT KINDERN REISEN

KINDERLITERATUR AUS DEM OSTEN DER USA

➡ *Betty und ihre Schwestern* (*Little Women*; 1868) Louisa May Alcotts wunderbares Buch über Mädchen, die im 19. Jh. in Concord, Massachusetts, aufwachsen.

➡ *Paul Revere's Ride* (1861) Der Klassiker von Henry Wadsworth Longfellow vereint Geschichte, Poesie und Spannung.

➡ *Eloise* (1955) Kay Thompsons sechsjährige Heldin Eloise lebt im Plaza Hotel in NYC, dem perfekten Ort, um Unfug aller Art anzustellen.

➡ *The Wright 3* (2006) In Blue Balliets Buch enträtseln kleine Detektive ein Geheimnis, in dem es um Geister, Schätze und Frank Lloyd Wrights Robie House in Chicago geht.

---

findet zumindest einmal wöchentlich einer statt. Hier können sich Familien ein erstklassiges Picknick zusammenstellen, lokale Spezialitäten probieren und nebenbei unabhängige Farmer unterstützen. Nachdem man etwas gekauft hat, sollte man in den nächsten Park oder ans Wasser gehen.

Babysitter

Manche Hotels bieten einen Babysitter-Service an, wenn nicht, hilft man an der Rezeption bei der Suche. Immer darauf achten, dass die Babysitter lizenziert und versichert sind und danach fragen, wie hoch der Stundensatz pro Kind ist, ob ein Mindestpreis gilt und ob für Transport oder Mahlzeiten Zusatzkosten anfallen! Die meisten Visitor Centers haben Infos zu Kinderbetreuungs- und Freizeiteinrichtungen, medizinischer Versorgung etc.

Fahren & Fliegen

Jede Autovermietung sollte geeignete Kindersitze anbieten können, denn die sind in jedem Staat Pflicht. Aber sie müssen beim Buchen bestellt werden und kosten etwa 13 US$ pro Tag extra.

Inlandsfluggesellschaften nehmen Kinder unter zwei Jahren kostenlos mit. Ältere Kids müssen einen eigenen Sitzplatz haben und bekommen meist keine Ermäßigung.

Ganz selten bieten einige Urlaubsanlagen (wie die Disney-Parks) eine *Kids fly free*-Werbeaktion. Ähnliche Angebote haben auch Amtrak und andere Bahnunternehmen gelegentlich auf einigen Routen (Gratisfahrten für Kinder bis 15).

Ermäßigungen für Kinder

Bei geführten Touren, Eintrittspreisen und Verkehrsmitteln erhalten Kinder oft Rabatt, manchmal bis zu 50 % des Preises. Die Definition von Kind variiert allerdings von „unter zwölf Jahren" bis „unter 16 Jahren". Anders als in Europa gibt es nur bei sehr wenigen Sehenswürdigkeiten ermäßigte Familientickets, mit denen man ein paar Dollar sparen kann. Kinder unter zwei Jahren haben bei den meisten Sehenswürdigkeiten freien Eintritt.

Unterkunft

Motels und Hotels haben meist Zimmer mit zwei Betten – perfekt für Familien. Manche haben auch Kinderbetten, die gegen Gebühr ins Zimmer gestellt werden. Das sind aber oft Reisebetten, in denen nicht alle Kinder gut schlafen. Einige Hotels haben *Kids stay free*-Angebote, dank denen Kinder bis 12 Jahre (oder 18 Jahre) kostenlos übernachten. Viele B & Bs nehmen keine Kinder auf; man sollte vor der Reservierung nachfragen.

Highlights für Kinder
Outdoor-Abenteuer

Florida Everglades, FL Kajak- und Kanutouren oder geführte Wanderungen in den Sümpfen. (S. 530)

New River Gorge National River, WV Wildwasser-Rafting. (S. 356)

Provincetown, MA Auf einer Walbeobachtungstour Buckelwale sehen. (S. 213)

Mammoth Cave National Park, KY Eine Tour durch die unterirdischen Höhlenkammern unternehmen (S. 434)

Themenparks & Zoos

Walt Disney World, FL In die größte Attraktion von allen eintauchen: vier Parks voller Action, die sich über 80 km^2 erstrecken. (S. 562)

REISEPLANUNG MIT KINDERN REISEN

Oben: Die Frozen Niagara genannte Formation im Mammoth Cave National Park (S. 434), Kentucky

Unten: Children's Museum of Indianapolis (S. 609), Indiana

Bronx Zoo, NYC Von Manhattan mit der U-Bahn zu einem der größten und besten Zoos der USA fahren. (S. 90)

Lion Country Safari, **West Palm Beach, FL** Zwischen 900 Wildtieren umherfahren, die durch die Landschaft streifen. (S. 529)

Wisconsin Dells, WI In den über 20 Wasserparks planschen und atemberaubende Wasserskishows ansehen. (S. 659)

Cedar Point, **OH** Mit einigen der verrücktesten Achterbahnen der Welt fahren und sich danach am kilometerlangen Strand und im Wasserpark vergnügen. (S. 621)

Six Flags, Washington, D.C. Eine der beliebtesten Freizeitparkketten Amerikas mit neun Parks voller Achterbahnen im Osten der USA, darunter eine in Washington, D.C. (S. 293)

Zeitreisen

Williamsburg, Yorktown and Jamestown, VA Sich im geschichtsträchtigen Dreieck, in dem Amerika seinen Anfang nahm, in Trachten des 18. Jhs. werfen und unter die kostümierten Darsteller mischen. (S. 334)

Fort Mackinac, **MI** Sich die Ohren zuhalten, wenn Solaten in Uniformen aus dem 19. Jh. Musketen und Kanonen abfeuern.

Freedom Trail, **Boston, MA** Mit Benjamin Franklin (oder zumindest seinem Doppelgänger aus dem 21. Jh.) auf eine geführte Wanderung gehen. (S. 194)

Lincoln Presidential Library & Museum, Springfield, IL Mithilfe von Hologrammen, dem Nachbau einer Blockhütte und anderen interaktiven Exponaten mehr über Amerikas beliebtesten Präsidenten erfahren. (S. 605)

St. Augustine, FL In einem Pferdewagen durch die historischen Straßen dieser 450 Jahre alten Stadt rattern. (S. 545)

Aktivitäten für Regentage

National Air & Space Museum, **Washington, DC** Angehende Piloten mit Raketen, Raumschiffen, altmodischen Doppeldeckern und Flugsimulatoren inspirieren. (S. 277)

American Museum of Natural History, **NYC** Das riesige Planetarium, enorme Dinosaurierskelette und 30 Mio. andere Artefakte entdecken. (S. 79)

Port Discovery, **Baltimore, MD** Durch drei Etagen voller Abenteuer und (geschickt versteckter) Bildung streifen, die ein ägyptisches Grab, Far-

mers Markets, Züge, Ateliers und physikalische Stationen umfassen. (S. 313)

Museum of Science & Industry, **Chicago, IL** Im größten Wissenschaftszentrum der westlichen Welt mit einem Märchenschloss, kleinen Küken und simulierten Tornados ins Staunen kommen. (S. 586)

Ben & Jerry's Ice Cream Factory, **Waterbury, VT** Das köstliche Eis an seiner Quelle schlecken. (S. 243)

Children's Museum of Indianapolis, IN Im größten Kindermuseum der Welt mit fünf Etagen voller vergnüglicher Ausstellungen, in denen es von Dinosauriern nur so wimmelt, die Kids von der Leine lassen. (S. 609)

Planung

Familienfreundliche Attraktionen und Aktivitäten, Lokale und Unterhaltungsangebote sind mit dem Symbol ⊞ gekennzeichnet.

Reisezeit

➡ Hauptsaison ist von Juni bis August, wenn Schulferien sind und es am wärmsten ist. Die Preise sind dann hoch und es ist sehr voll: Das bedeutet langes Anstehen in Themenparks, ausgebuchte Resorts und volle Straßen. Bei beliebten Reisezielen besser sehr früh im Voraus buchen.

➡ In den Winterferienorten (in den Catskills und den White Mountains) dauert die Hauptsaison von Januar bis März.

Gut zu wissen

➡ In vielen öffentlichen Toiletten gibt es Wickeltische (manchmal auch in den Herrentoiletten) und auf den Flughäfen oft geschlechtsneutrale *family*-Toiletten.

➡ Die medizinische Versorgung in den USA ist von hoher Qualität.

➡ Dinge wie Babynahrung oder Wegwerfwindeln – auch Bioprodukte – gibt es in Supermärkten im ganzen Land problemlos.

➡ Einzelne Elternteile oder Reisende, die mit einem Kind unter 18 Jahren ohne dessen Eltern unterwegs sind, sollten einen Nachweis über das Sorgerecht oder einen notariell beglaubigten Brief des/der nicht mitreisenden Eltern(-teils) mitführen, in dem die Reise autorisiert wird.

Das wird zwar nicht verlangt, hilft aber bei der Einreise.

Informationsquellen

Weitere Informationen und Tipps stehen im Lonely Planet Band *Travel with Children*. Wer die Vorfreude bei den Kids wecken will, findet in *Not for Parents: USA* (ebenfalls von Lonely Planet), coole Geschichten über Schokoriegel, Astronauten, heldenhafte Tiere und mehr.

Baby's Away (www.babysaway.com) Vermietet an Standorten im ganzen Land Kinderbetten,

Hochstühle, Autokindersitze, Kinderwagen und sogar Spielzeug.

Family Travel Files (www.thefamilytravelfiles. com) Perfekte Urlaubsideen, Infos über Reiseziele und Reisetipps.

Kids.gov (www.kids.usa.gov) Riesige, vielseitige nationale Seite mit Liedern und Aktivitäten zum Download und sogar einem Link zur Kid's Page der CIA.

Travel Babees (www.travelbabees.com) Ein weiterer renommierter Verleih für Babyausrüstung mit Filialen im ganzen Land.

Der Osten im Überblick

New York City ist der Dreh- und Angelpunkt des Ostens. Über 8 Mio. Einwohner leben in der Megastadt, einem globalen Zentrum der Mode, der Gastronomie, der Kunst und des Finanzwesens. In den Nachbarstaaten New Jersey und Pennsylvania wird es schon leerer, hier gibt's Strände, Berge und geradezu vorsintflutliche Dörfchen. Neuengland erstreckt sich Richtung Norden zu felsigen Küsten, Fischerdörfern mit Schindelhäuschen und Ivy-League-Universitäten.

In der Capital Region beginnt der Weg nach Süden durch üppige Täler und vorbei an etlichen historischen Stätten. Im Süden scheinen die Uhren langsamer zu ticken, Pekannusskuchen duften vor sich hin, und aus den Juke Joints erklingt Bluesmusik. Im surrealen Florida warten Nixen, Seekühe, Mickey Mouse und Miami, während man im „rationaleren" Gebiet um die Großen Seen Burger, Bier und die natürlichen Sehenswürdigkeiten bevorzugt.

New York, New Jersey & Pennsylvania

Kunst
Geschichte
Outdoor

Kulturstätte

Heimat der MET, des MOMA und des Broadway – und all das nur in NYC! Buffalo, Philadelphia und Pittsburgh haben ebenfalls weltberühmte Kultureinrichtungen sowie unkonventionelle Enklaven mit Livemusikszenen.

Lebendige Vergangenheit

Von Herrenhäusern im Hudson Valley über den Independence National Historic Park Philadelphias bis zu Stätten, die der Gründung der Nation gewidmet sind, hat die Region ein gutes Bildungsangebot.

Wilde Natur

Hinter den Stadtgrenzen lauert die Natur und lockt mit Wanderungen in der Wildnis der Adirondacks und den Catskills, Rafting auf dem Delaware River und dem Atlantik und ausgelassenen Tagen an der Küste an der Jersey Shore und in den Hamptons.

S. 56

Neuenglaland

Seafood
Geschichte
Natur

Land der Hummer
Neuengland ist zu Recht für seine frischen Meeresfrüchte berühmt. An der Küste wimmelt es von Lokalen, in denen man Austern essen, Hummerscheren knacken und Muschelsuppe löffeln kann, während man beobachtet, wie die Boote mit dem frischen Fang für die nächste Mahlzeit zurückkommen.

Legenden der Vergangenheit
Neuengland hat die amerikanische Geschichte geprägt, von der Landung der Pilgerväter in Plymouth über die Hexenhysterie in Salem bis zu Paul Reveres revolutionärem Ritt.

Herbstlaubleuchten
Die brillanten Herbstfarben in dieser Region sind berühmt. Die Laubfärbung bringt ganz Neuengland zum Leuchten, von den Litchfield Hills in Connecticut auf den ganzen Weg hinauf zu den White Mountains in New Hampshire und Maine.

S. 180

Washington, D. C. & Capital Region

Kunst & Kultur
Geschichte
Essen & Trinken

Museen & Musik
Washington, D.C., bietet tolle Museen und Galerien. Zudem gibt's bodenständige Musik aus den Bergen in Virginias Crooked Rd und berühmte Theater sowie progressive Kunst in Baltimore.

Vergangene Zeiten
Jamestown, Williamsburg und Yorktown bieten Einblicke in die Kolonialgeschichte Amerikas, und die ländlichen Gebiete Virginias sind mit Schlachtfeldern aus dem Bürgerkrieg übersät. Zudem gibt's hier Präsidentenanwesen wie Mount Vernon und Monticello und geschichtsträchtige Städtchen wie Annapolis.

Kulinarische Highlights
Festmahle warten: in Maryland Krabben, Austern und Meeresfrüchte, in Washington, D.C., Speisen in internationalen Restaurants, und in Baltimore, Charlottesville, Staunton und Rehoboth kommt das Essen frisch von der Farm auf den Tisch.

S. 272

Der Süden

Essen & Trinken
Musik
Südlicher Charme

Kuchen & Barbecue
Barbecues, Brathähnchen und Wels, buttrige Kuchen, Maisbrot, Maisgrütze und pikante kreolische Cajun-Gerichte sorgen dafür, dass Essen im Süden ein großes Vergnügen ist.

Country, Jazz & Blues
Der Süden hat die Musik so stark beeinflusst wie keine andere Gegend der Welt. Authentisches Musikerlebnis garantiert: mit Country in Nashville, Blues in Memphis und Big-Band-Jazz in New Orleans.

Southern Belles
Bilderbuchstädte wie Charleston und Savannah verzaubern Besucher seit Langem mit ihren von Bäumen gesäumten Straßen, der Antebellum-Architektur und ihrer bodenständigen Freundlichkeit. Andere Kleinstädte sind Chapel Hill, Oxford, Chattanooga und Natchez.

S. 360

Florida

Kunst & Kultur
Natur
Strände

Vielseitige Seele

Florida hat eine komplizierte Seele. Hier befinden sich Miami mit seinem farbenfrohen Art-déco-Bezirk und Little Havana, historische Sehenswürdigkeiten in St. Augustine, die Themenparks von Orlando und die Museen und historischen Stätten in Key West.

Naturbeobachtung

Man kann beim Schnorcheln oder einem Tauchgang in die Unterwasserwelt eintauchen. Wer große Tiere sehen will, kann eine Walbeobachtungstour machen oder in den Everglades versuchen, Krokodile, Reiher, Adler, Seekühe und andere Tiere zu erspähen.

Strände für jeden Geschmack

Viele Strände locken: vom lebhaften South Beach in Miami bis zum noblen Palm Beach, den reizvollen Inseln Sanibel und Captiva und dem lärmigen Pensacola im Panhandle.

S. 506

Die Großen Seen

Essen & Trinken
Musik
Tolles an der Straße

Schlemmerparadies

Von preisgekrönten Restaurants (James Beard Award) in Chicago und Minneapolis bis zu Milchshakes frisch aus der Molkerei – die Farmen, Obstgärten und Brauereien im Mittleren Westen sorgen für Gaumenfreuden.

Rock'n'Roll

Die Region ist die Heimat der Rock and Roll Hall of Fame, von tollen Festivals wie dem Lollapalooza und von Trash-Clubs in allen Großstädten – im Mittleren Westen kennt man sich eben aus mit Musik.

Skurriles

Ein riesiges Garnknäuel, ein Senfmuseum, ein Wettbewerb im Kuhfladenwerfen: Von den Höfen und Nebenstraßen des Mittleren Westens stammen die schrägsten Ideen – von Leuten mit Leidenschaft, Fantasie und vielleicht etwas zu viel Zeit.

S. 572

Reiseziele im Osten der USA

- **Neuengland** S. 180
- **New York, New Jersey & Pennsylvania** S. 56
- **Die Großen Seen** S. 572
- **Washington, D. C. & Capital Region** S. 272
- **Der Süden** S. 360
- **Florida** S. 506

New York, New Jersey & Pennsylvania

Inhalt ➡
New York City	57
Long Island	121
Hudson Valley	125
Catskills	129
Finger Lakes	131
Die Adirondacks	134
New Jersey	143
Jersey Shore	146
Pennsylvania	151
Philadelphia	151
Pennsylvania Dutch Country	168
Pittsburgh	172

Gut essen

- ➡ Upstate (S. 103)
- ➡ Smorgasburg (S. 108)
- ➡ Stonecat (S. 134)
- ➡ Reading Terminal Market (S. 163)
- ➡ Lobster House (S. 151)

Schön übernachten

- ➡ Wythe Hotel (S. 97)
- ➡ Roxbury Motel (S. 129)
- ➡ White Pine Camp (S. 136)
- ➡ Starlux (S. 150)
- ➡ General Sutter Inn (S. 169)

Auf nach New York, New Jersey & Pennsylvania!

Wo sonst könnte man innerhalb von ein paar Tagen eine Amish-Farm besuchen, auf einem Berg zelten, die Unabhängigkeitserklärung lesen und dann vom 86. Stock eines Art-déco-Wahrzeichens New York bestaunen? Diese Ecke der Staaten ist zwar der am dichtesten bevölkerte Teil der USA, aber es gibt hier trotzdem unzählige Orte, in die sich Städter auf der Suche nach dem einfachen Leben zurückziehen, in denen Künstler nach Inspiration suchen und wo mitten in einer bezaubernden Landschaft hübsche Häuser kleinstädtische Hauptstraßen säumen.

Das abenteuerliche New York City, das historische, lebendige Philadelphia und das von Flüssen geprägte Pittsburgh sind ein Muss. In der Nähe gibt's herrliche Strände – vom glamourösen Long Island bis zur teils stattlichen, teils kitschigen Jersey Shore. Eine Tagesfahrt von New York City entfernt erhebt sich im Norden die bergige Wildnis der Adirondacks.

Reisezeit
New York City

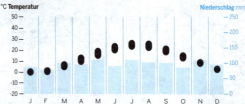

Okt.–Nov. Der Herbst bringt NYC kühle Temperaturen, Festivals und den Marathon.

Feb. Wintersportler zieht es in die Berge der Adirondacks, Catskills und Poconos.

31. Mai–5. Sept. Vom Memorial Day bis zum Labor Day sind die Strände von Montauk bis Cape May beliebt.

NEW YORK CITY

Diese Stadt ist laut, schnell und voller Energie; New York City ist sinfonisch, anstrengend und ständigen Veränderungen unterworfen. Vielleicht kann nur ein Gedicht von Walt Whitman über typische Stadtszenen – angefangen bei den armseligen Behausungen bis hin zu den prächtigsten Gebäuden – der Stadt gerecht werden. Sie ist und bleibt das Mode-, Theater-, Restaurant-, Musik-, Verlags- und Finanzzentrum der Welt.

Wer zum ersten Mal in diese Stadt kommt, hat das Gefühl, in einen Film einzutauchen, den man wahrscheinlich unbewusst schon mal gesehen hat. Extreme gibt es hier überall, angefangen beim Times Square bis hin zur dunkelsten Ecke der Bronx. Und zwischen Brooklyns russischer Enklave in Brighton Beach und dem Mini-Lateinamerika in Queens gibt's noch sehr viel mehr. Buchstäblich jedes Land der Welt hat in dieser Stadt seine eigene, lebendige Gemeinde. Und wer sich ohne feste Route und mit offenen Augen und Ohren durch die Stadt treiben lässt, lernt von allem etwas kennen.

Geschichte

Als Henry Hudson im Jahr 1609 dieses Land für seinen Auftraggeber, die Dutch East India Company, in Besitz nahm, beschrieb er es als „ein Land, so wunderschön, wie man es sich zu betreten erhofft hat". Kurz danach wurde dieses Fleckchen Erde „Manhattan" getauft, was in der Sprache der hier ansässigen Munsee-Indianer „Insel der Hügel" bedeutet.

1625 wurde eine Kolonie errichtet, die bald den Namen Nieuw Amsterdam erhielt. Später kaufte Peter Minuit die Insel den Munsee-Indianern ab. George Washington wurde hier 1789 als erster Präsident der Republik vereidigt. Als 1861 der Bürgerkrieg ausbrach, stellte New York City einen Großteil der Freiwilligen zur Verteidigung der Union und wurde zu einem Organisationszentrum der Sklavenbefreiungsbewegung.

Im ganzen 19. Jh. nahm die Bevölkerung ständig zu, da die Einwanderungswellen dicht aufeinander folgten. Iren, Deutsche, Engländer, Skandinavier, Slawen, Italiener, Griechen und Juden aus Zentraleuropa kamen zuhauf und schufen Industrie- und

NEW YORK, NEW JERSEY & PENNSYLVANIA IN ...

...einer Woche

Am besten beginnt man ganz entspannt in **Philadelphia**, dem Geburtsort der amerikanischen Unabhängigkeit. Nach der Erkundung der historischen Stätten kann man sich abends in den Restaurants und Bars ins quirlige Nachtleben der Stadt stürzen. Weiter geht's nach New Jersey, wo man im ländlichen **Cape May** eine wunderbar ruhige Nacht verbringt. Am nächsten Tag stehen noch weitere Küstenstädte wie **Wildwood** oder **Asbury Park** weiter nördlich an der Jersey Shore auf dem Programm, bis man schließlich einen Tag später in **New York City** landet. Dort verbringt man die restlichen Tage mit einem Mix aus den wichtigsten touristischen Sehenswürdigkeiten wie dem **Top of the Rock** oder dem **Central Park** und einem bunten Nachtleben und vielfältigen Restauranterfahrungen, vielleicht im lebendigen East Village.

...zwei Wochen

Die ersten Tage verbringt man in **New York City**. Dann, nach ein oder zwei Übernachtungen irgendwo im **Hudson Valley**, geht's in die **Catskills**. Nach einer Tour durch die idyllische Landschaft erreicht man weiter nördlich den **Lake Placid** und das Gebiet **High Peaks** mit der bewaldeten Wildnis der Adirondack Mountains, wo sich Outdoor-Freaks bestimmt gerne etwas länger aufhalten. Nun macht man einen Schlenker zurück gen Süden durch die Region der **Finger Lakes**, stattet unterwegs einigen Weingütern und Parks mit zahllosen Wasserfällen einen Besuch ab und übernachtet schließlich im College-Städtchen **Ithaca**. Von hier aus kann man nach **Buffalo** und zu den **Niagarafällen** oder Richtung Südwesten nach **Pittsburgh** fahren. Zurück gen Osten geht's dann über die **Pennsylvania Wilds** mit einem Zwischenstopp im **Lancaster County**, wo man auf einer bewirtschafteten Amish-Farm übernachten kann. Von hier ist es nur ein Katzensprung nach **Philadelphia**, wo man ein paar Tage verweilen sollte. Es folgen eine Übernachtung in einem hübschen B & B in **Cape May** und ein vergnüglicher Tag an der Uferpromenade in **Wildwood**.

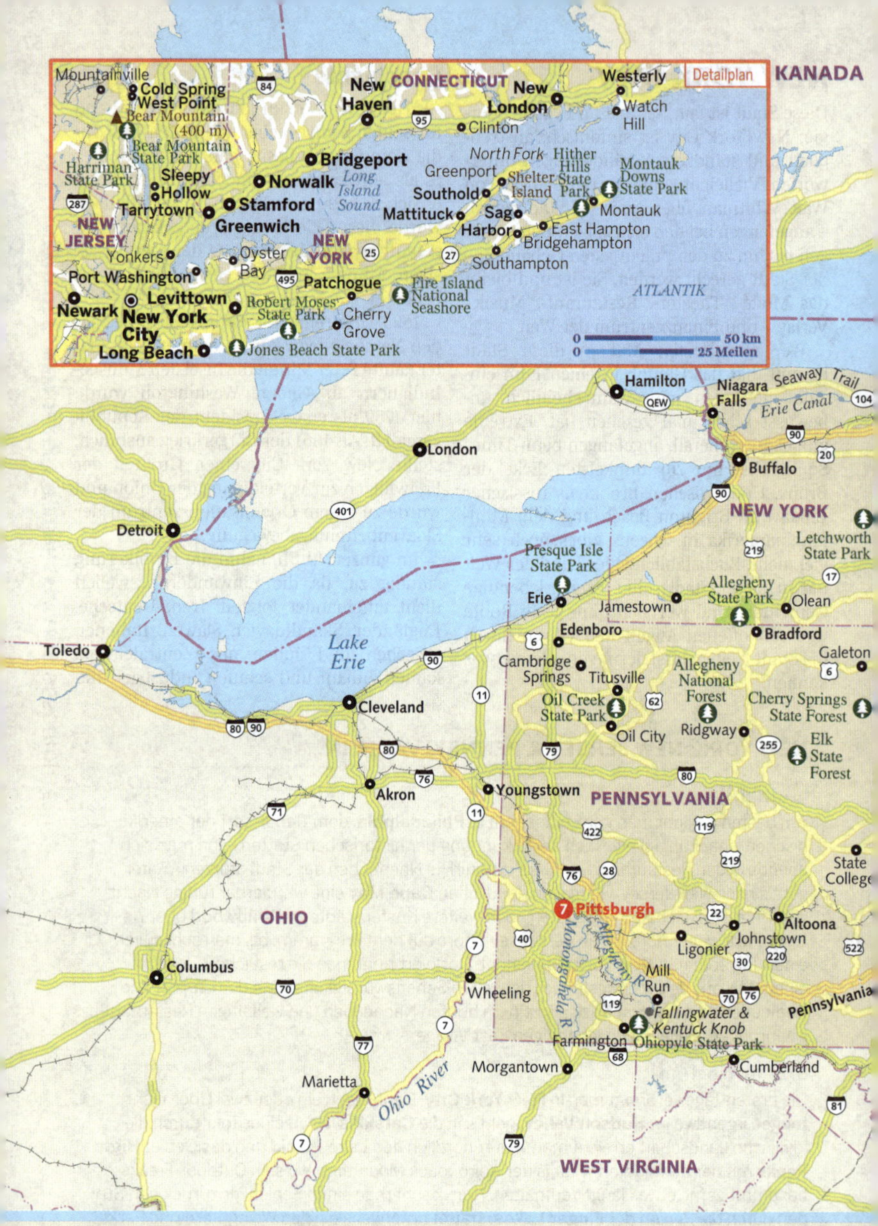

Highlights

1 Rund um die Welt reisen und fremde Kulturen kennenlernen, ohne **New York City** (S. 57) zu verlassen

2 Die Ruhe und den Kitsch des **Jersey Shore** (S. 146) genießen

3 In Philadelphias überaus interessantem **Independence National Historic Park** (S. 153) die spannende Geschichte der Geburt einer Nation in sich aufsaugen

4 Auf gewundenen Pfaden durch die dichten Wälder der **Catskills** (S. 129) wandern

5 Die wilde Schönheit der **Adirondacks** (S. 134) entdecken

- ⑥ Auf den **Thousand Islands** (S. 137) an den Ufern des St.-Lorenz-Stroms zelten
- ⑦ In **Pittsburgh** (S. 172) großartige moderne Kunst und alte Industrie bestaunen
- ⑧ Auf Long Islands **North Fork** (S. 124) Weine kosten
- ⑨ Über abgelegene Landstraßen durch das hübsche **Pennsylvania Dutch Country** (S. 168) reisen
- ⑩ Auf einem Boot durch die wunderbare ländliche Idylle des **Delaware Water Gap** (S. 143) schippern

New York City

Finanzimperien. Wolkenkratzer läuteten ein goldenes Zeitalter ein.

Nach dem Zweiten Weltkrieg entwickelte sich New York zur führenden Weltstadt, aber sie litt unter einem neuen Phänomen: Die weiße Mittelklasse floh in die Vorstädte. In den 1970er-Jahren war die graffitibeschmierte Subway zu einem Symbol für den zivilen und wirtschaftlichen Verfall New Yorks geworden. In den 1980er-Jahren erlangte NYC unter der Führung des schillernden Bürgermeisters Ed Koch (drei Amtszeiten) den Großteil seines ehemaligen Stolzes zurück. 1989 wählte die Stadt ihren ersten afroamerikanischen Bürgermeister David Dinkins. Er wurde aber nach nur einer Amtszeit vom Republikaner Rudolph Giuliani abgelöst. In dessen Amtszeit ereigneten sich die Terroranschläge vom 11. September 2001, als die 110-stöckigen Zwillingstürme des World Trade Centers von entführten Passagierflugzeugen getroffen und in Feuer und Rauch gehüllt wurden, einstürzten und 3000 Menschen unter sich begruben. Einen derartigen Terrorangriff hatte die Welt zuvor noch nie erlebt.

Michael Bloomberg, der milliardenschwere Republikaner, wurde in Zeiten des Umbruchs und Chaos zum ersten Mal zum Bürgermeister gewählt und hielt drei umstritten bewertete Amtszeiten durch. Er gilt als unabhängiger politischer Pragmatiker, der sowohl Lobeshymnen als auch Kritik über sich ergehen lassen musste, denn er setzte sich für die Umwelt genauso ein wie für Entwicklungsprojekte, und das in schwierigen Zeiten. Man denke nur an die „globale Finanzkrise" und Hurrikan Sandy.

Der aus Brooklyn stammende Demokrat Bill de Blasio wurde 2014 zum Bürgermeister gewählt. Aufgrund seiner Pläne, die sozialen und wirtschaftlichen Ungleichheiten in der Stadt anzugehen, kann er mit der Unterstützung der breiten Öffentlichkeit rechnen. Er überwachte die Einführung einer kostenlosen Vorschulerziehung für alle, genehmigte den Bau von erschwinglicherem Wohnraum und setzte sich für die Aussöhnung zwischen Afroamerikanern und den immer wieder kritisierten Polizeikräften ein.

Sehenswertes

Lower Manhattan

★Brooklyn Bridge BRÜCKE
(Karte S. 66; [S] 4/5/6 to Brooklyn Bridge-City Hall, J to Chambers St) Die Brooklyn Bridge diente über Jahre hinweg als Inspiration für Künstler und Autoren und gilt als innig geliebtes Monument. Der Gang über die gewaltige Brooklyn Bridge ist für New Yorker und Besucher gleichermaßen so etwas wie ein Initiationsritus. Angesichts der Menschenmassen kann es gefährlich sein, wenn mehr als zwei Personen nebeneinander gehen, weil Jogger oder Radfahrer einen anrempeln könnten.

Mit einer Spannweite von 486 m ist die wundervoll graziöse Brückenkonstruktion auch heute noch ein beeindruckendes Symbol amerikanischer Errungenschaften. Allerdings wurde der Bau der Brücke von Budgetüberschreitungen und dem tragischen Tod von 20 Arbeitern überschattet. Zu den Opfern gehörte auch der Konstrukteur John Roebling. Er wurde 1869 bei Vermessungsarbeiten für den westlichen Brückenpfeiler durch einen Unfall vom Pier geschleudert und starb daraufhin an einer Tetanusinfektion. Die Brücke und der gleich östlich der City Hall beginnende Fußgänger- und Fahrradweg bieten trotz der andauernden Reparaturarbeiten einen großartigen Blick auf Lower Manhattan und Brooklyn. An den Aussichtspunkten unterhalb der beiden steinernen Stützpfeiler findet man Illustrationen, die Panoramaansichten des Ufers zu verschiedenen Zeitpunkten in der Geschichte New Yorks zeigen. Auf der anderen Seite der Brücke, in Brooklyn, ist der ständig wachsende Brooklyn Bridge Park ein tolles Ziel, um den Spaziergang fortzusetzen.

Freiheitsstatue DENKMAL
(☎ 877-523-9849; www.nps.gov/stli; Liberty Island; Erw./Kind inkl. Ellis Island 18/9 US$, inkl. Krone 21/12 US$; 🕒 8.30–17.30 Uhr, für saisonale Änderungen s. Website; [S] 1 bis South Ferry, 4/5 bis Bowling Green) In einer Stadt voller amerikanischer Ikonen ist die Freiheitsstatue vielleicht die berühmteste unter ihnen. Bereits 1865 wurde sie von dem französischen Intellektuellen Edouard Laboulaye als Monument der republikanischen Ideale, die Frankreich und den USA gemein waren, konzipiert. Noch heute ist sie, die Lady, für viele Menschen das Symbol für Chancen und Freiheit.

Der französische Bildhauer Frédéric-Auguste Bartholdi reiste 1871 nach New York, um den Standort für die Statue auszuwählen. Dann verbrachte er mehr als zehn Jahre in Paris und entwarf und erschuf die 46 m hohe Figur *Liberty Enlightening the World*. Sie wurde anschließend nach New

York verschifft, auf der kleinen Insel im Hafen aufgebaut und 1886 enthüllt.

Die Krone ist zugänglich, die Besucherzahl ist aber begrenzt, sodass man so früh wie möglich im Voraus buchen sollte. Auch der Zugang zum Podest ist nur für eine bestimmte Anzahl von besuchern gleichzeitig möglich, weshalb auch hier möglichst früh reserviert werden sollte. Man darf außerdem nicht vergessen, dass es keinen Fahrstuhl gibt – der Aufstieg von ganz unten kommt dem Erklimmen eines 22-stöckigen Hochhauses gleich. Wer kein Ticket hat, kann über die Insel schlendern, das kleine Museum besuchen und den Blick vom Aussichtsdeck im 16. Stock des Sockels genießen. Wer noch etwas mehr über die Hintergründe erfahren möchte, sollte sich bei der Ankunft auf der Insel einen kostenlosen Audioführer holen (sogar eine Version für Kinder ist erhältlich).

Der Fährtrip zur Liberty Island ist normalerweise mit einem Besuch der nahe gelegenen Ellis Island verbunden. Die Fähren legen am Battery Park ab, im Ticketpreis ist der Eintritt für beide Sehenswürdigkeiten enthalten. Im Voraus reservieren, um die langen Wartezeiten zu verkürzen.

Ellis Island — AREAL, MUSEUM

(☎ 212-363-3200; www.nps.gov/elis; Eintritt frei, Fähre inkl. Freiheitsstatue Erw./Kind 18/9 US$; 🕒 8.30–17.30 Uhr, für saisonale Änderungen s. Website; [S] 1 bis South Ferry, 4/5 bis Bowling Green) Ellis Island ist eine wahre Ikone und behält vor allem für die Nachkommen jener, die einst hier ankamen, einen geradezu mythischen Charakter. Die Insel und ihre plumpen Gebäude dienten zwischen 1892 und 1954 als wichtigste Durchgangsstation für Neuankömmlinge in New York. Hier wurden unglaubliche 12 Millionen Einwanderer aus allen Ecken der Welt abgefertigt. Der Prozess bestand aus einer raschen ärztlichen Untersuchung und der Zuteilung eines neuen Namens, falls die Schreibweise oder Aussprache des eigenen Namens als zu schwierig befunden wurde. Ziel aller Ankömmlinge war es, hier grünes Licht zu bekommen, um in Amerika ein neues Leben beginnen zu können.

Dank des interaktiven Immigration Museum, das in einem Gebäude aus rotem Backstein untergebracht ist, kann nun jeder Besucher der Insel die Erfahrungen der Einwanderer nachvollziehen. Zu sehen sind faszinierende Ausstellungsstücke und es gibt einen Film über die Erlebnisse der Neuankömmlinge und darüber, wie sie die USA verändert haben.

★ National September 11 Memorial — MAHNMAL

(Karte S. 66; www.911memorial.org; 180 Greenwich St; 🕒 7.30–21 Uhr; [S] E bis World Trade Center, N/R bis Cortlandt St, 2/3 bis Park Pl) [GRATIS] Einer der andächtigsten Orte der Stadt ist das Areal, auf dem das National September 11 Memorial angesiedelt ist. Das Denkmal trägt den Namen Reflecting Absence und besteht aus zwei riesigen Wasserbecken, die einerseits ein Symbol der Hoffnung und der Erneuerung, anderseits eine Würdigung der Tausenden von Menschen sind, die am 11. September 2001 ihr Leben verloren.

National September 11 Memorial Museum — MUSEUM

(Karte S. 66; www.911memorial.org/museum; 180 Greenwich St, nahe Fulton St; Erw./Kind 24/15 US$; 🕒 So–Do 9–20, Fr & Sa bis 21 Uhr; [S] E bis World Trade Center, N/R bis Cortlandt St, 2/3 bis Park Pl) Unmittelbar vor den Wasserbecken des September 11 Memorial steht ein Eingangspavillon, der subtil und doch etwas unheimlich an einen umgestürzten Turm erinnert. In seinem Inneren führt eine Rampe zu den unterirdischen Ausstellungsräumen, die die Ereignisse dieses grauenvollen Sommertags im Jahr 2001 zum Leben erwecken.

One World Observatory — AUSSICHTSPUNKT

(Karte S. 66; ☎ 844-696-1776; www.oneworldobservatory.com; Ecke West St & Vesey St; Erw./Kind 32/26 US$; 🕒 9–20 Uhr; [S] E bis World Trade Center, N/R bis Cortlandt St, 2/3 bis Park Pl) Auf dem höchsten Gebäude der westlichen Hemisphäre befindet sich das One World Observatory. Es wurde 2015 eröffnet und gewährt einen umwerfenden Blick aus dem 102. Stock. Es gibt kein anderes Gebäude in der Stadt, das es mit dem atemberaubenden Panoramablick auf New Yorks Stadtlandschaft und die Umgebung aufnehmen könnte, die sich zu Füßen des Beobachters ausbreiten.

Neben dem Ausblick wird hier auch ein Video mit dem Namen „Voices" gezeigt, das von den Erbauern des One World Trade Center erzählt. Außerdem gibt es einen virtuellen Zeitraffer, der die Entwicklung der Skyline vom 17. Jh. bis in die Gegenwart zeigt. Besucher werden in sogenannten Skypods in weniger als 60 Sekunden nach oben befördert. Die Fahrt ist überraschend sanft, wenn man bedenkt, dass es sich um einen der schnellsten Aufzüge der Welt handelt.

Es überrascht natürlich nicht, dass dies eine sehr beliebte New Yorker Sehenswürdigkeit ist. Man sollte Tickets deshalb schon vorab online kaufen und muss Datum und Uhrzeit des Besuchs bereits bei der Buchung festlegen.

Governors Island PARK
(www.govisland.com; ☺Mo–Fr 10–18 Uhr, Ende Mai–Ende Sept. Sa & So bis 19 Uhr; Ⓢ1 bis South Ferry, dann Fähre ab dem Battery Marine Terminal) GRATIS Der ehemalige militärische Außenposten Governors Island war der Öffentlichkeit 200 Jahre lang nicht zugänglich. Heute zählt er im Sommer zu einem der beliebtesten Tummelplätze New Yorks. Von Ende Mai bis September setzen Fähren ab Lower Manhattan (oder dem Pier 6 am Brooklyn Bridge Park) innerhalb von sieben Minuten zu der fast 70 ha großen Oase über. Zu den Highlights zählen die Befestigungsanlagen aus dem 19. Jh., große Rasenflächen, riesige Schatten spendende Bäume, zahlreiche Hängematten sowie eine unübertroffene Aussicht über die Stadt. Den gesamten Sommer über gibt es hier Kunstinstallationen, Konzerte und mobile Essensstände.

Die **Fähre** (Karte S. 66; www.govisland. com; einfache Strecke 2 US$; ☺Mo–Fr 10–16, Sa & So 10–17.30 Uhr; Ⓢ1 bis South Ferry) legt alle 30 bis 60 Minuten am Battery Marine Terminal neben dem Staten Island Ferry Whitehall Terminal in Lower Manhattan ab.

South Street Seaport STADTVIERTEL
(Karte S. 66; www.southstreetseaport.com; ⒮A/C, J/Z, 2/3, 4/5, bis Fulton St) Die elf Blocks einnehmende Enklave mit Geschäften, Anlegestellen und Sehenswertem vereint das Beste und Schlechteste in puncto Denkmalpflege. Für die meisten New Yorker ist der Besuch hier nicht unbedingt erstrebenswert, aber Besucher kommen gern wegen der frischen Seeluft, dem nautischen Feeling, den zahlreichen Straßenkünstlern und Restaurants hierher.

Die Fußgängerstraßen, die historischen Windjammer und der Bereich direkt am Wasser bieten eine schöne Kulisse, wenn man am TKTS-Stand Schlange nach ermäßigten Broadway-Tickets steht.

Bowling Green Park PARK
(Karte S. 66; Ecke State St & Whitehall St; Ⓢ4/5 bis Bowling Green) Im späten 17. Jh. relaxten die britischen Bewohner im Bowling Green Park beim friedlichen Spiel. Der riesige **Bronzebulle** ist für Touristen ein beliebtes Fotomotiv.

National Museum of the American Indian MUSEUM
(Karte S. 66; www.nmai.si.edu; 1 Bowling Green; ☺Fr–Mi 10–17, Do bis 20 Uhr; Ⓢ4/5 bis Bowling Green, R bis Whitehall St) GRATIS Im spektakulären, von Cass Gilbert erbauten Custom House von 1907 ist dieses mit dem Smithsonian verbundene Museum untergebracht, das Ausstellungen zur Kunst, Kultur, Kleidung, zum Leben und zu den Vorstellungen der Indianer zeigt.

☉ Wall Street & the Financial District

Der sprachgeschichtliche Ursprung der **Wall Street** – die sowohl eine Straße als auch die metaphorische Heimat des US-Kommerzes ist – basiert auf einer Holzbarriere, die holländische Siedler 1653 hier errichteten, um Nieuw Amsterdam vor den Indianern und Briten zu schützen.

Battery Park & Umgebung STADTVIERTEL
Der südwestlichste Zipfel von Manhattan Island wurde über die Jahre immer weiter aufgeschüttet zu dem, was er heute ist: dem **Battery Park** (Karte S. 66; www.nycgovparks. org; Broadway beim Battery Pl; ☺Sonnenaufgang–1 Uhr; Ⓢ1 bis South Ferry, 4/5 bis Bowling Green). Seinen Namen verdankt er den Geschützen, die hier einst an den Bollwerken standen. **Castle Clinton** (Karte S. 66; www.nps.gov/cacl; ☺8.30–17 Uhr; Ⓢ1 bis South Ferry; 4/5 bis Bowling Green), ein Fort, das 1811 zum Schutz Manhattans vor den Briten errichtet wurde, befand sich ursprünglich rund 270 m vom Ufer entfernt, steht heute aber am Rand des Battery Park. Nur seine Mauern sind noch übrig.

Hudson River Park PARK
(Karte S. 66; www.hudsonriverpark.org; Ⓢ1 bis Franklin St, 1 bis Canal St) Der über 220 ha große Hudson River Park erstreckt sich über eine Länge von 8 km an der unteren West Side von Manhattan entlang des Battery Park bis nach Hell's Kitchen (59th St). Hier gibt's einen Weg für Radfahrer/Jogger/Inlineskater, der sich durch den gesamten Park schlängelt, Gartenanlagen, Spielplätze, Skulpturenausstellungen, renovierte Anlegestellen, die zu Promenaden am Flussufer umgewandelt wurden, Minigolfanlagen, Open-Air-Kinos im Sommer sowie Konzertbühnen.

Skyscraper Museum MUSEUM
(Karte S. 66; www.skyscraper.org; 39 Battery Pl; Eintritt 5 US$; ☺Mi–So 12–18 Uhr; Ⓢ4/5 bis Bowling Green) Im UG des Ritz-Carlton Hotel

ist das Skyscraper Museum untergebracht, in dem Wechselausstellungen sowie eine Dauerausstellung zur Geschichte der Wolkenkratzer zu sehen sind.

★ **Museum of Jewish Heritage** MUSEUM
(Karte S. 66; www.mjhnyc.org; 36 Battery Pl; Erw./Kind 12 US$/frei, Mi 16–20 Uhr frei; ⏲ So–Di & Do 10–17.45, Mi bis 20 Uhr, April–Sept. Fr bis 17 Uhr, Okt.–März Fr bis 15 Uhr; [S] 4/5 bis Bowling Green) Das bewegende Museum am Wasser beleuchtet alle Aspekte der modernen jüdischen Identität mit oft ergreifenden persönlichen Gegenständen, Fotografien und Dokumentarfilmen. Vor dem Gebäude steht ein Holocaust-Denkmal.

Museum of American Finance MUSEUM
(Karte S. 66; www.moaf.org; 48 Wall St, zw. Pearl St & William St; Erw./Kind 8 US$/frei; ⏲ Di–Sa 10–16 Uhr; [S] 2/3, 4/5 bis Wall St) Hier dreht sich alles ums liebe Geld. Der Schwerpunkt des Museums liegt auf historisch bedeutsamen Momenten in der amerikanischen Finanzgeschichte.

Federal Reserve Bank of New York GEBÄUDE
(Karte S. 66; ☎ 212-720-6130; www.newyorkfed.org; 33 Liberty St, an der Nassau St, Eingang 44 Maiden Lane; Reservierung erforderlich; ⏲ Führungen Mo–Fr 11.15, 12, 12.45 & 15 Uhr, Museum 10–15 Uhr; [S] A/C, J/Z, 2/3, 4/5 bis Fulton St) [GRATIS] Ein guter Grund, die US-Notenbank zu besuchen, ist die Möglichkeit, einen (ganz) kurzen Blick in den Hochsicherheits-Safe zu werfen. Dort liegen 24 m unter der Erde über 10 000 t Goldreserven. Besucher bekommen nur einen kleinen Teil dieses Vermögens zu Gesicht, aber schon das ist die Mühe wert. Um überhaupt in die Nähe des Safes zu gelangen, muss man sich zwingend einer kostenlosen Führung anschließen. Am besten schon mehrere Monate im Voraus buchen.

Tribeca & SoHo

Das „TRIangle BElow CAnal St", das im Osten grob vom Broadway und im Süden von der Chambers St begrenzt wird, ist der südlichere dieser beiden Stadtteile. Er beeindruckt durch alte Lagerhäuser, extrem teure Lofts und schnieke Restaurants.

Der Name SoHo geht auf die geografische Lage zurück: SOuth of HOuston St. In SoHo reiht sich ein Block aus gusseisernen Industriegebäuden an den nächsten. Diese Häuser stammen aus der Zeit kurz nach dem Bürgerkrieg, als hier der führende Handelsbezirk der Stadt war. Bohemiens und Künstler verhalfen diesem Viertel bis in die 1980er-Jahre zu einer wahren Blütezeit. Die dann folgende Super-Gentrifizierung verwandelte die Gegend in einen Shopping-Schwerpunkt New Yorks. Boutiquen und viele Ketten haben hier Niederlassungen, in denen sich (hauptsächlich am Wochenende) die Kaufwütigen scharenweise tummeln.

Die wirklich Hippen von SoHo bevölkern die Gegend nördlich der Houston St und östlich der Lafayette St. **NoHo** („North of Houston") und **NoLita** („North of Little Italy") stehen für viele kleine, unabhängige Boutiquen und charmante Restaurants. Bei einem Bummel durch SoHo und Tribeca dürfen diese beiden Viertel nicht fehlen: Schaufenster anschauen, hier und da einen Kaffee trinken und der Nachmittag ist perfekt.

Chinatown & Little Italy

Chinatown zählt zu den buntesten Vierteln New Yorks und wartet mit unzähligen exotischen Erfahrungen auf. Es duftet nach frischem Fisch und reifen Kakis, überall hört man das Klicken von Mah-Jongg-Spielsteinen auf provisorisch aufgestellten Tischen, in den Fenstern der Geschäfte hängen gebratene Enten und an jeder Ecke gibt es Schnickschnack aus Fernost zu kaufen, von Lampen aus Reispapier bis hin zu losem Oolong-Tee.

Little Italy, das einst eine echte italienische Enklave voller Kultur und Restaurants war, schrumpft hingegen stetig (nicht zuletzt, weil sich Chinatown immer mehr ausbreitet). Dennoch fallen loyale Italoamerikaner aus den Vororten auch weiterhin hier ein und verabreden sich entlang der Mulberry St in den wenigen noch verbliebenen einfachen Restaurants mit ihren rot-weiß karierten Tischdecken.

Museum of Chinese in America MUSEUM
(Karte S. 70; ☎ 212-619-4785; www.mocanyc.org; 215 Centre St, zw. Grand St & Howard St; Erw./Kind 10 US$/frei, Do frei; ⏲ Di, Mi, Fr–So 11–18, Do bis 21 Uhr; [S] N/Q/R, J/Z, 6 bis Canal St) Die auffällig gestalteten, interaktiven Ausstellungen auf dem neuesten technischen Stand widmen sich der Geschichte und dem kulturellen Einfluss der chinesischen Gemeinden in den USA. Es gibt auch Vorträge, Filmreihen und Führungen.

St. Patrick's Old Cathedral KIRCHE
(Karte S. 70; www.oldsaintpatricks.com; 263 Mulberry St, Eingang Mott St; ⏲ 8–18 Uhr; [S] N/R bis

Prince St) Die heutige St. Patrick's Cathedral befindet sich mittlerweile zwar in prominenter Lage auf der Fifth Ave in Midtown, die ersten Gottesdienste wurden aber früher hier in dieser von Joseph-François Mangin entworfenen und zwischen 1809 und 1915 erbauten Kirche im neogotischen Stil abgehalten.

◉ Lower East Side

Erst kamen die Juden, dann die Latinos, danach die Hipster und mit ihnen Wichtigtuer, Burschenschaften und Angeber. In dieser Gegend, die früher das am dichtesten bevölkerte Viertel der Welt war, zählt nur eins: cool sein. Dabei helfen schwach beleuchtete Lounges, Clubs mit Livemusik und angesagte Bistros.

Lower East Side Tenement Museum
MUSEUM

(Karte S.70; ☏212-982-8420; www.tenement. org; 103 Orchard St, zw. Broome St & Delancey St; Eintritt 25 US$; ☺Fr–Mi 10–18.30, Do bis 20.30 Uhr; Ⓢ B/D bis Grand St, J/M/Z bis Essex St, F bis Delancey St) Dieses Museum legt mit drei rekonstruierten Wohnungen aus der Zeit um die Wende zum 20. Jh. seinen Fokus auf das herzergreifende, anregende Erbe des Viertels. Zu sehen sind etwa die aus dem 19. Jh stammenden Wohnräume mit angeschlossenem Bekleidungsladen der polnischen Familie Levine und zwei Migrantenwohnungen aus der Zeit der großen Depression 1873 und 1929. Ein Besuch des Museums ist nur im Rahmen einer Führung möglich. Rechtzeitig reservieren (die Führungen sind oft ausgebucht).

New Museum of Contemporary Art
MUSEUM

(Karte S.70; ☏ 212-219-1222; www.newmuseum. org; 235 Bowery, zw. Stanton St & Rivington St; Erw./ Kind 16 US$/frei, Do 19–21 Uhr gegen Spende; ☺ Di– So 11–18, Do bis 21 Uhr; Ⓢ N/R bis Prince St, F bis 2nd Ave, J/Z bis Bowery, 6 bis Spring St) Das einzige Museum der Stadt, das sich ausschließlich zeitgenössischer Kunst widmet, ist in einem architektonisch recht gewagten Gebäude auf der Bowery untergebracht und zeigt oft hervorragende Ausstellungen (es gibt keine ständige Sammlung). Wer etwas Geld sparen möchte, schaut donnerstagabends zwischen 19 und 21 Uhr vorbei, dann kann man für den Eintritt so viel zahlen, wie man möchte.

International Center of Photography
GALERIE

(ICP; Karte S.70; www.icp.org; 250 Bowery, zw. Houston St & Prince St ; Erw./Kind 14 US$/frei, Fr 17–20 Uhr gegen Spende; ☺ Di–Do, Sa & So 10–18, Fr bis 20 Uhr; Ⓢ F bis 2nd Ave, J/Z bis Bowery) Diese Galerie war und ist New Yorks wichtigster Ausstellungsort für bekannte Fotografen. In der Vergangenheit gab es hier schon Ausstellungen mit Werken von Sebastião Salgado, Henri Cartier-Bresson und Matthew Brady. Kürzlich erst fand der Umzug aus Midtown in diese designorientierte Location in Downtown statt.

Museum at Eldridge Street Synagogue
MUSEUM

(Karte S.66; ☏ 212-219-0302; www.eldridge street.org; 12 Eldridge St, zw. Canal St & Division St; Erw./Kind 12/8 US$, Mo frei; ☺ So Do 10–17, Fr 10–15 Uhr; Ⓢ F bis East Broadway) Dieses denkmalgeschützte Gotteshaus wurde 1887 erbaut und war einst das Zentrum des jüdischen Lebens, bevor es in den 1920er-Jahren seinem Schicksal überlassen wurde. Erst kürzlich wurde das verfallene Gebäude wieder restauriert und erstrahlt jetzt in seinem alten Glanz. Das Museum auf dem Gelände bietet jede halbe Stunde eine Führung an; die letzte startet um 16 Uhr.

◉ East Village

Das East Village ist ein Heiliger Gral für alle, die von diesen urtypischen New Yorker Momenten träumen – Graffity an roten Backsteinwänden, Punks und Omis in friedvollem Nebeneinander, nette Cafés mit wackeligen Tischen auf dem Gehsteig. Interessante Ecken gibt's vor allem rund um den Tompkins Square Park und die östlich davon gelegenen A-B-C-Straßen (auch als Alphabet City bekannt). Zum Relaxen eignen sich auch die tollen, kleinen Gemeinschaftsgärten, wo manchmal sogar Liveaufführungen geboten werden.

Tompkins Square Park
PARK

(Karte S.70; www.nycgovparks.org; E 7th St & 10th St zw. Ave A & Ave B; ☺ 6–24 Uhr; Ⓢ 6 bis Astor Pl) GRATIS Dieser ca. 4 ha große Park ist wie ein netter Dorfplatz für die Anwohner, die sich hier an Betontischen zum Schach spielen, an warmen Tagen auf dem Rasen zum Picknick und auf den grasbedeckten Hügelchen zu spontanen Gitarren- oder Trommelsessions treffen. Außerdem gibt's Basketballplätze, einen Hundeauslauf (ein eingezäunter Bereich, wo Frauchen und Herrchen ihre Lieblinge frei herumlaufen lassen können), Sommerkonzerte und einen viel besuchten Kinderspielplatz.

Chinatown & Lower Manhattan

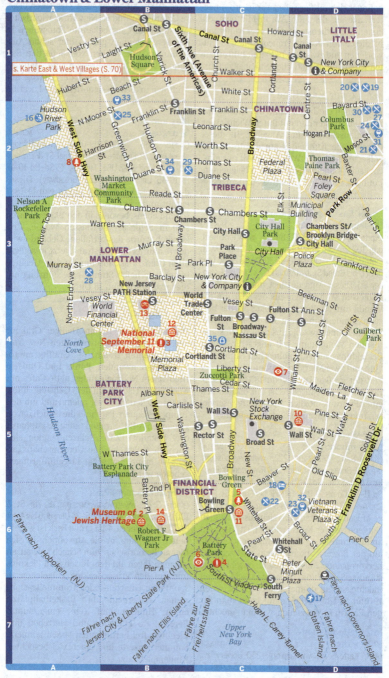

Astor Place
PLATZ

(Karte S. 70; 8th St zw. Third Ave & Fourth Ave; Ⓢ N/R bis 8th St-NYU, 6 bis Astor Pl) Dieser Platz verdankt seinen Namen der Astor-Familie, die schon in frühen New Yorker Jahren mit Biberpelzen ein Vermögen machte (belegt durch die Wandfliesen in der U-Bahn-Station Astor Place) und die in der Colonnade Row direkt südlich des Platzes lebte. Vier der ursprünglich neun mit Marmorfassaden versehenen neoklassischen Wohnhäuser auf der Lafayette St sind noch erhalten.

Die große Cooper Union aus rotbraunem Sandstein, ein öffentliches College, das 1859 vom Klebstoff-Millionär Peter Cooper gegründet wurde, dominiert das Bild des Platzes, denn das neue Unterrichtsgebäude ist eine futuristische neunstöckige „Skulptur" aus Glas mit perforiertem Edelstahl rundherum (natürlich mit LEED-Zertifikat) und stammt vom Architekten Thom Mayne von Morphosis Architecture.

Russian & Turkish Baths
SPA

(Karte S. 70; ☏ 212-674-9250; www.russian turkishbaths.com; 268 E 10th St zw. First Ave & Ave A; Eintritt 35 US$; ⊙ Mo, Di & Do–Fr 12–22, Mi ab 10, Sa ab 9, So ab 8 Uhr; Ⓢ L bis First Ave, 6 bis Astor Pl) In diesem historischen Bad kann man in einem der vier Dampfräume ganz wunderbar seinen Stress abbauen oder sich mit traditionellen Massagen verwöhnen lassen. Es ist ein authentisches und abgefahrenes Abenteuer zugleich: Gut möglich, dass man sich die Sauna mit einem hippen Pärchen bei einem Date, mit einem bekannten Schauspieler auf der Suche nach einer Auszeit oder mit einem echten Russen teilt.

◉ West Village & Greenwich Village

Das geschichtsträchtige, beliebte Viertel war früher Symbol für alles Künstlerische, Ausgefallene und Unkonventionelle. Hier wurde die Schwulenbewegung geboren und all die Beat-Poeten und bedeutenden Künstler hatten hier ihr Domizil. In diesem Viertel hat man den Eindruck, Welten vom wuseligen Broadway entfernt, ja, vielleicht sogar in Europa zu sein. Die meisten Besucher kennen es als „Greenwich Village", obwohl die Einheimischen diese Bezeichnung nicht verwenden (Greenwich Village ist ein Teil von West Village und meint eigentlich nur das Gebiet direkt um den Washington Square Park). Die von Bäumen und interessanten Läden in schicken Sandsteingebäuden gesäumten Straßen

Chinatown & Lower Manhattan

Highlights
1 Brooklyn Bridge E4
2 Museum of Jewish Heritage B6
3 National September 11 Memorial B4

Sehenswertes
4 Battery Park C6
5 Bowling Green Park C6
6 Castle Clinton C6
7 Federal Reserve Bank of New York C4
8 Hudson River Park A2
9 Museum at Eldridge Street Synagogue E1
10 Museum of American Finance D5
11 National Museum of the American Indian C6
12 National September 11 Memorial Museum B4
13 One World Observatory B4
14 Skyscraper Museum B6
15 South Street Seaport E4

Aktivitäten, Kurse & Touren
16 Downtown Boathouse A2
17 Staten Island Ferry D7

Schlafen
18 Wall Street Inn C6

Essen
19 Amazing 66 .... D1
20 Big Wong King D1
21 Buddha Bodai D2
22 Financier Patisserie C6
23 Fraunces Tavern D6
24 Joe's Shanghai D2
25 Locanda Verde B2
26 Nom Wah Tea Parlor E2
27 Original Chinatown Ice Cream Factory D2
28 Shake Shack A3
29 Tiny's & the Bar Upstairs B2
30 Xi'an Famous Foods D2

Ausgehen & Nachtleben
31 Apothéke D2
32 Dead Rabbit D6
33 Smith & Mills B1
34 Weather Up B2

Shoppen
35 Century 21 .... C4

mit den vielen Cafés und Restaurants sind für einen Spaziergang prädestiniert.

Washington Square Park PARK
(Karte S. 70; Fifth Ave am Washington Sq N; [S] A/C/E, B/D/F/M bis W 4th St-Washington Sq, N/R zur 8th St-NYU) Früher war dieser Park ein Armenfriedhof und blieb deshalb lange unbebaut. Heute ist die komplett neu gestaltete Anlage ein erstaunlich stark genutzter Park. Vor allem am Wochenende ist hier viel los: Kinder tummeln sich auf dem Spielplatz, Studenten der NYU tanken Sonne und Freunde treffen sich *under the arch*, dem restaurierten Wahrzeichen am Nordrand des Parks. Der Bogen wurde 1889 vom Stararchitekten Stanford White entworfen.

Die Gegend rund um den Park ist architektonisch und demografisch von der New York University geprägt, die eine der größten Universitäten des Landes ist und ein großes Gelände mitten im Village einnimmt.

Christopher Street Piers/ Hudson River Park PIER, PARK
(Karte S. 70; Christopher St & West Side Hwy; [S] 1 bis Christopher St-Sheridan Sq) Wie viele andere Orte im Village war auch der äußerste Westen früher ein heruntergekommener Schandfleck. Jetzt ist der Hudson River Park Teil eines schönen Uferabschnitts mit Rad- und Joggingwegen. Anmache gibt's zwar noch immer, es ist hier aber bei Weitem nicht mehr so gefährlich wie früher.

Sheridan Square & Umgebung STADTVIERTEL
Am Westende des Village liegt der **Sheridan Square** (Karte S. 70; Christopher St & Seventh Ave; [S] 1 bis Christopher St-Sheridan Sq). In dem kleinen dreieckigen Park ehren lebensgroße, von George Segal geschaffene weiße Statuen die Schwulengemeinde und die Gay-Pride-Bewegung, die im nahen, kürzlich renovierten **Stonewall Inn** gegenüber auf der anderen Straßenseite ihren Anfang nahm.

Ein Block weiter östlich heißt eine abknickende Straße offiziell Gay St. Obwohl sich die Szene heute in Richtung Chelsea verlagert hat, ist die **Christopher Street** noch immer das Zentrum des schwulen Lebens im Village.

Meatpacking District

Zwischen dem äußersten Teil von West Village und der Südgrenze von Chelsea liegt der jetzt mondän gewordene Meatpacking District, dessen Name so ganz und gar nicht mehr zu dem Viertel passt. Früher gab es hier aber 250 Schlachthäuser. Berühmt-berüchtigt war der Distrikt für seine transsexuellen Prostituierten, seine gewagten S&M-Sexclubs und natürlich auch für sein

Rindfleisch. Der weithin beliebte High Line Park hat den Zuwachs von trendigen Weinbars, Lokalen, Nachtclubs, topaktuellen Designerläden, schicken Hotels und teuren Eigentumswohnungen noch weiter vorangetrieben.

★ **The High Line**   OUTDOOR
(Karte S. 70; ☑ 212-500-6035; www.thehighline.
org; Gansevoort St; ☺ Okt.–März 7–19 Uhr, April–
Mai bis 22 Uhr, Juni–Sept. bis 23 Uhr; 🚌 M11 bis Washington St, M11, M14 bis 9th Ave, M23, M34 bis 10th Ave; 🚇 L, A/C/E bis 14th St-8th Ave; C/E bis 23rd St-8th Ave) GRATIS Seit Fertigstellung der High Line wird der Asphaltdschungel endlich von etwas Grün aufgelockert. Dabei handelt es sich um einen 9 m über dem Boden verlaufenden Abschnitt einer erhöht gelegenen, aufgegebenen Schienenstrecke, die in einen langgezogenen Park verwandelt wurde (der sich von der Gansevoort St bis zur W 34th St erstreckt; Eingänge in der Gansevoort St, der 14th, 16th, 18th, 20th, 30th und 34th St, alle außer die 18th St mit Aufzug).

Obwohl sie nur drei Stockwerke oberhalb des Straßenlevels verläuft, ist die durchdachte und sorgfältig geplante Mischung aus modernen, industriellen und natürlichen Elementen ein Rückzugsort aus dem Alltag. Unmittelbar oberhalb der 10th Ave befindet sich ein gläsernes Amphitheater mit tribünenartig angeordneten Sitzgelegenheiten, in dem die New Yorker Büroangestellten ihre Mittagspause mit mitgebrachtem Essen verbringen. Jedermann kann es ihnen gleichtun.

Whitney Museum of American Art   MUSEUM
(Karte S. 70; ☑ 212-570-3600; www.whitney.org;
99 Gansevoort St; Erw./Kind 22 US$/frei; ☺ Mo, Mi & So 10.30–18, Do–Sa bis 22 Uhr; 🚇 L bis 8th Ave) Nach jahrelangen Bauarbeiten eröffnete das neue Innenstadtdomizil des Whitneys 2015 mit großem Tamtam. Es liegt am Fuße der High Line in einem architektonisch beeindruckenden Gebäude von Renzo Piano und bietet den passenden Rahmen für die hervorragende Sammlung des Museums. In den weitläufigen, lichtdurchfluteten Galerien im Inneren sind Arbeiten von großen amerikanischen Künstlern ausgestellt, darunter Edward Hopper, Jasper Johns, Georgia O'Keeffe und Mark Rothko.

Neben den Wechselausstellungen gibt's in Jahren mit geraden Zahlen eine anspruchsvolle Ausstellung zu moderner Kunst, die regelmäßig für kontroverse Diskussionen sorgt.

◉ Chelsea

Dieses Stadtviertel ist gleich aus zwei Gründen beliebt: Zum Ersten wegen der vielen tollen schwulen Männer (liebevoll „Chelsea Boys" genannt), die auf der Eighth Ave zwischen Fitnesscentern und trendigen Happy-Hour-Bars umherschlendern. Zum Zweiten trifft sich in den hiesigen Galerien die New Yorker Kunstszene. Zurzeit gibt er hier fast 200 Ausstellungsräume, die moderne Kunst zeigen und die sich vor allem westlich der Tenth Ave konzentrieren. Eine praktische Übersicht über die einzelnen Galerien und bevorstehende Ausstellungen findet sich auf www.chelseagallerymap.com.

Rubin Museum of Art   MUSEUM
(Karte S. 74; ☑ 212-620-5000; www.rmanyc.org;
150 W 17th St an der Seventh Ave; Erw./Kind 15 US$/
frei, Fr 18–22 Uhr frei; ☺ Mo & Do 11–17, Mi bis 21, Fr bis 22, Sa & So bis 18 Uhr; 🚇 1 bis 18th St) Das Museum widmet sich der Kunst des Himalaja und der der umliegenden Regionen. Die eindrucksvolle Sammlung zeigt Exponate vom 2. bis zum 19. Jh., u. a. Brokatstoffe aus China, Metallskulpturen aus Tibet, kunstvolle Malereien aus Bhutan sowie Ritualobjekte und Tanzmasken aus verschiedenen Regionen Tibets.

Freitagabends ist der Eintritt ins Museum kostenlos und das Café verwandelt sich in die K2 Lounge, in der man asiatische Tapas mümmeln, Cocktails schlürfen und das bunte Programm mit verschiedenen DJs, Filmen etc. genießen kann.

Chelsea Piers Complex   SPORT
(Karte S. 74; ☑ 212-336-6666; www.chelsea
piers.com; Hudson River am Ende der W 23rd St; 🚇 C/E zur 23rd St) In dem am Ufer gelegenen Sportzentrum kann sich jeder sportlich betätigen. Es gibt z. B. eine vierstöckige Driving Range, eine Eislaufhalle, großartige Bowlingbahnen, die Hoop City für Basketballer, eine Segelschule für Kids, Baseball-Übungskäfige, ein riesiges Fitnessstudio und eine Halle mit Kletterwänden.

◉ Flatiron District

Das berühmte **Flatiron Building** (Karte S. 74; Broadway Ecke Fifth Ave & 23rd St; 🚇 N/R, F/M, 6 bis 23rd St) von 1902 verdankt seine markante dreieckige Form dem Zuschnitt des Grundstücks. Es war New Yorks erstes Hochhaus mit Stahlskelett und bis 1909 das höchste Gebäude der Welt. Rundum liegt

East & West Villages

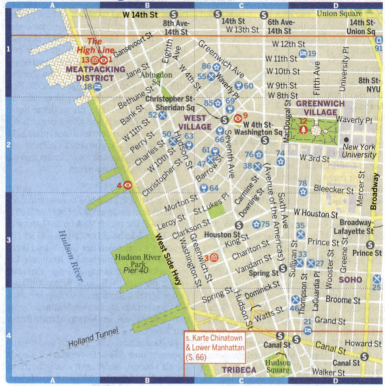

ein schickes Viertel mit Boutiquen, Lofts und einer boomenden Hightech-Industrie: New Yorks Antwort auf Silicon Valley. Der ruhige **Madison Square Park** zwischen der 23rd und 26th St sowie der Fifth und Madison Ave bietet einen Hundeauslaufplatz, Wechselausstellungen von Skulpturen, Parkbänke und einen beliebten Burger-Imbiss.

Museum of Sex · MUSEUM
(Karte S. 74; www.museumofsex.com; 233 Fifth Ave, an der 27th St; Erw. 17,50 US$; So–Do 10–20, Fr & Sa bis 21 Uhr; N/R bis 23rd St) In diesem kleinen Museum, eine Hommage an alles, was mit körperlichen Freuden zu tun hat, wird man mit Fakten über verschiedenste Themen, von Online-Fetischen bis hin zu homosexueller Nekrophilie bei der Stockente, versorgt.

Union Square
Ähnlich der Arche Noah scheint New Yorks **Union Square** (Karte S. 74; www.unionsquarenyc.org; 17th St zw. Broadway & Park Ave S; L, N/Q/R, 4/5/6 bis 14th St-Union Sq) immer mindestens zwei einer bestimmten Art aus dem wogenden Betonmeer zu retten. Zwischen den vielen Steinstufen und eingezäunten Grünpflanzen trifft man auf Einheimische jeder Couleur: Geschäftsleute im Anzug, die hier in der Mittagspause frische Luft schnappen, Weltenbummler mit Dreadlocks, die auf ihren Tablas rumtrommeln, Skater, die an den Stufen im Südosten ihre Tricks zeigen, rüpelhafte College-Kids, die preiswerte Snacks futtern oder Demonstrantenscharen, die inbrünstig im Chor auf irgendetwas aufmerksam machen wollen.

Gramercy Park · MARKT
(Karte S 74; E 20th St zwischen Park & Third Aves; N/R, F/M, 6 zur 23rd St) Gramercy Park nordöstlich vom Union Square wurde nach einem von New Yorks schönsten Parks benannt – aber da dürfen nur die Anwohner rein, denn man braucht einen Schlüssel!

71

NEW YORK, NEW JERSEY & PENNSYLVANIA SEHENSWERTES

★ **Greenmarket Farmers Market** MARKT
(Karte S. 74; ☎ 212-788-7476; www.grownyc.org; 17th St, zw. Broadway & Park Ave S; ⊙ Mo, Mi, Fr & Sa 8–18 Uhr) 🌿 An den meisten Tagen findet am Nordende des Union Square der beliebteste von annähernd 50 Obst- und Gemüsemärkten in den fünf Stadtbezirken New Yorks statt. Sogar Starköche kommen hierher, um frisch gepflückte Raritäten wie essbare Farne, alte Tomaten-Kultursorten und frische Curryblätter einzukaufen.

⊙ **Midtown**

So stellt man sich NYC vor – glitzernde Wolkenkratzer, Unmengen von geschäftig wirkenden Angestellten, Schaufenster in der Fifth Ave, unzählige Taxis und einige der berühmtesten Sehenswürdigkeiten der Stadt.

★ **Museum of Modern Art** MUSEUM
(MoMA; Karte S. 74; www.moma.org; 11 W 53rd St zw. Fifth Ave & Sixth Ave; Erw./Kind 25 US$/frei, Fr 16–20 Uhr; ⊙ Sa–Do 10.30–17.30, Fr 10.30–20, Juli–Aug. Do bis 20 Uhr; Ⓢ E, M bis 5th Ave-53rd St) Die Schätze des Superstars der modernen Kunstszene lassen alle anderen Sammlungen – gelinde gesagt – niedlich erscheinen. Im MoMA trifft man auf mehr Publikumslieblinge als auf der Party nach der Oscar-Verleihung: Van Gogh, Matisse, Picasso, Warhol, Lichtenstein, Rothko, Pollock und Bourgeois. Seit der Gründung im Jahr 1929 hat das Museum über 150 000 Kunstwerke angesammelt, die die neuen und immer kreativer werdenden Ideen und Bewegungen ab dem 19. Jh. bis in unsere Zeit dokumentieren. Für Kunstfreaks ist das MoMA der absolute Traum. Für die nicht so Kunstbeflissenen ist es ein spannender Crash-Kurs über alles Schöne und Süchtigmachende, das Kunst zu bieten hat.

Times Square WAHRZEICHEN
(Karte S. 74; www.timessquare.com; Broadway an der Seventh Ave; Ⓢ N/Q/R, S, 1/2/3, 7 bis Times

East & West Villages

◉ Highlights
1 The High Line..B1

◎ Sehenswertes
2 Astor Place...E1
3 Children's Museum of the Arts............C3
4 Christopher Street Piers/Hudson
   River Park...B2
5 International Center of
   Photography.......................................E3
6 Lower East Side Tenement Museum....F3
7 Museum of Chinese in America...........E4
8 New Museum of Contemporary Art.....E3
9 Sheridan Square...................................C2
10 St. Patrick's Old Cathedral..................E3
11 Tompkins Square Park.........................F1
12 Washington Square Park......................D2
13 Whitney Museum of American Art......A1

◉ Aktivitäten, Kurse & Touren
14 Russian & Turkish Baths.....................F1

◉ Schlafen
15 Blue Moon Hotel..................................F3
16 Bowery Hotel.......................................E2
17 Bowery House......................................E3
18 Jane Hotel..A1
19 Larchmont Hotel..................................D1
20 Leon Hotel...E4
21 Soho Grand Hotel.................................D4
22 Solita SoHo..E4
23 St. Mark's Hotel...................................E2

◉ Essen
24 Angelica Kitchen..................................E1
25 Balthazar...D3
26 Bánh Mì Saigon Bakery.......................E4
27 Boqueria Soho......................................D3
28 Café Gitane..E3
29 Cafe Mogador......................................F1
30 Cheeky Sandwiches.............................F4
31 Clinton Street Baking Company..........G3
32 Da Nico..E4
33 Dominique Ansel Bakery......................D3
34 Doughnut Plant....................................F4
35 Dutch...D3
36 Fung Tu...F4
37 Il Buco...E2
38 Joe's Pizza...C2
39 Katz's Delicatessen.............................F3
40 Kuma Inn...F3
41 La Esquina...E4
42 Lombardi's...E3
43 Luzzo's..F1
44 Meatball Shop.....................................F3

45 Momofuku Noodle Bar.........................F1
46 Mooncake Foods.................................D4
47 Moustache...C2
48 Porchetta...F2
49 Prosperity Dumpling............................F4
50 RedFarm...B2
51 Ruby's..E3
52 Spotted Pig..B2
53 Tacombi...E3
54 Tacos Morelos.....................................F1
55 Taïm..C1
56 Upstate..F2
57 Vanessa's Dumpling House..................F4
58 Veselka..E1

◉ Ausgehen & Nachtleben
59 Angel's Share.......................................E1
60 Bell Book & Candle..............................C1
61 Buvette...C2
62 Eastern Bloc...F2
63 Employees Only....................................B2
64 Henrietta Hudson.................................C2
65 Immigrant...F1
66 Marie's Crisis.......................................C2
67 Mulberry Project..................................E4
68 Spring Lounge......................................E3
69 Stonewall Inn.......................................C2
70 Ten Bells..F4
71 Wayland...G1

◉ Unterhaltung
72 Anthology Film Archives......................E2
73 Bowery Ballroom..................................E3
74 Comedy Cellar.....................................C2
75 Film Forum...C3
76 IFC Center..C2
   Joe's Pub.............................(siehe 83)
77 Landmark Sunshine Cinema................F3
78 Le Poisson Rouge................................D2
79 Mercury Lounge....................................F3
80 New York Theater
   Workshop...E2
81 Pianos..F3
82 PS 122...F1
83 Public Theater.....................................E2
84 Rockwood Music Hall...........................F3
85 Smalls..C2
86 Village Vanguard.................................C1
87 Webster Hall..E1

◉ Shoppen
88 Economy Candy....................................F3
89 Obscura Antiques................................F1
90 Other Music...E2
91 Strand Book Store................................D1

Sq-42nd St) Manche lieben es, andere hassen es: Die Kreuzung von Broadway und Seventh Ave (besser bekannt als Times Square) mit der rastlosen Flut an glitzernden Lichtern, bombastischen Reklametafeln und einer ungebändigten urbanen Energie ist das hyperaktive Herz New York Citys. Es ist weder cool noch modisch noch Teil irgendeiner angesagten Szene – und das ist auch vollkommen egal. Der Times Square verkörpert das kultige, zur Massenware vermarktete Bild NYCs mit gelben Taxis, goldenen Bögen, hoch aufragenden Wolkenkratzern und den nach Aufmerksamkeit haschenden Leuchtreklamen des Broadway.

Theater District STADTVIERTEL

(S N/Q/R, S, 1/2/3, 7 to Times Sq-42nd St) Der Times Square ist ebenso berühmt wie New Yorks offizieller Theater District mit Dutzenden von Broadway- und Off-Broadway-Theatern, die sich alle auf ein Gebiet konzentrieren, das sich von der 41st bis zur 54th St zwischen der Sixth und Ninth Ave erstreckt. Und mittendrin in der berühmten Kreuzung befindet sich der Times-Square-Ableger des Tourtsienzentrums New York City & Company (S. 119). Früher erstreckte sich der Broadway bis zum State Capitol in Albany.

Rockefeller Center GEBÄUDE

(Karte S.74; www.rockefellercenter.com; Fifth Ave bis Sixth Ave & 48th St bis 51st St; S B/D/F/M bis 47th-50th Sts-Rockefeller Center) Auf dem Höhepunkt der Weltwirtschaftskrise in den 1930er-Jahren hielt der Bau des 89 000 m² großen Rockefeller Center mit seinem Wahrzeichen, dem Art-déco-Wolkenkratzer, 70 000 Arbeiter neun Jahre lang in Lohn und Brot. Es war das erste Bauprojekt, das Einzelhandel, Unterhaltung und Büros unter einem Dach – der sogenannten „Stadt in der Stadt" – vereinen sollte.

Im Winter wimmelt es auf dem offenen Platz vor dem Gebäude von Menschen, die die Schlittschuhbahn nutzen oder einfach nur den Weihnachtsbaum bestaunen.

NBC Studio Tours FÜHRUNG

(Karte S.74; 212-664-3700; www.thetouratnbc studios.com; 30 Rockefeller Plaza, an der 49th St; Führung Erw./Kind 28/22 US$, Kinder unter 6 Jahren haben keinen Zutritt; S B/D/F/M bis 47th-50th Sts-Rockefeller Center) Mit NBC Studio Tours können TV-Fans einen Rundgang durch Teile der NBC Studios buchen, in denen die Kult-Shows *Saturday Night Live* und *The Tonight Show Starring Jimmy Fallon* produziert werden.

Wer bei einer Aufzeichnung dabei sein möchte, ist mit diesem Wunsch nicht alleine: Die Plätze sind heiß begehrt. Genauere Infos gibt's auf der Webseite.

Top of the Rock AUSSICHTSPUNKT

(Karte S.74; www.topoftherocknyc.com; 30 Rockefeller Plaza, an der 49th St, Eingang W 50th St zw. Fifth Ave & Sixth Ave; Erw./Kind 30/20 US$, Sonnenaufgang & Sonnenuntergang 40/22 US$; 8–24 Uhr, letzter Aufzug 23 Uhr; S B/D/F/M bis 47th-50th Sts-Rockefeller Center) Der Panoramablick von der dreistöckigen Aussichtsplattform im 70. Stock über der Midtown ist einfach umwerfend und ein absolutes Muss. Man wird mit einem tollen Blick auf das Empire State Building und die akkuraten Rasenflächen des Central Park belohnt.

Radio City Music Hall GEBÄUDE

(Karte S.74; www.radiocity.com; 1260 Sixth Ave, an der 51st St; Führung Erw./Kind 27/18 US$; Führungen 10–17 Uhr; S B/D/F/M bis 47th-50th Sts-Rockefeller Center) Im Rockefeller-Gebäudekomplex befindet sich auch die 1932 errichtete Radio City Music Hall mit 6000 Sitzplätzen. Wer einen Blick in den unter Denkmalschutz stehenden ehemaligen Filmpalast werfen will, der in all seiner Art-déco-Pracht wundervoll restauriert wurde, kann an einer der Führungen teilnehmen, die in regelmäßigen Abständen in der Lobby starten.

New York Public Library GEBÄUDE

(Stephen A. Schwarzman Bldg; Karte S.74; 917-275-6975; www.nypl.org; Fifth Ave an der 42nd St; Mo & Do–Sa 10–18, Di & Mi bis 20, So 13–17 Uhr, geführte Touren Mo–Sa 11 & 14, So 14 Uhr; S B/D/F/M bis 42nd St-Bryant Park, 7 bis 5th Ave) GRATIS Die tolle Treppe, die zur New York Public Library führt, wird von zwei riesigen Marmorlöwen flankiert. Das stattliche Gebäude im Beaux-Arts-Stil steht nicht nur für die Wichtigkeit von Lernen und Kultur in der Stadt, sondern auch für den Reichtum der Wohltäter, die die Errichtung des Gebäudes ermöglichten.

Der traumhafte Lesesaal mit viel Sonnenlicht hat eine großartige Decke. Er ist vollgestellt mit langen Holztischen, an denen Studenten, Schriftsteller und andere an ihren Laptops arbeiten. Hier kann man in Galerien Manuskripte und faszinierende zeitgenössische Exponate bewundern.

Bryant Park PARK

(Karte S.74; www.bryantpark.org; 42nd St zw. Fifth Ave & Sixth Ave; Mo–Fr 7–24 Uhr, Juni–Sept. Sa & So bis 23 Uhr, restliches Jahr kürzer; S B/D/F/M bis 42nd St-Bryant Park, 7 bis Fifth Ave) Direkt hinter dem großartigen Bibliotheksgebäude der New York Public Library befindet sich der skurrile Bryant Park, der eine Auszeit vom Trubel der Midtown bietet. Hier gibt's Kiosks mit europäischem Kaffee, Tische mit Schachbrettern, Filmvorführungen im Sommer und eine Schlittschuhbahn im Winter.

Times Square, Midtown Manhattan & Chelsea

Times Square, Midtown Manhattan & Chelsea

Highlights
1 Greenmarket Farmers Market F7
2 Museum of Modern Art E1

Sehenswertes
3 Bryant Park E3
4 Empire State Building E4
5 Flatiron Building E6
6 Gramercy Park F6
7 Grand Central Terminal F3
8 Hell's Kitchen C2
9 Herald Square E4
10 Intrepid Sea, Air & Space Museum B3
11 Koreatown E4
12 Morgan Library & Museum F4
13 Museum of Sex E5
14 New York Public Library E3
15 Paley Center for Media E1
16 Radio City Music Hall E2
17 Rockefeller Center E2
18 Rubin Museum of Art D7
19 Times Square D3
20 Top of the Rock E2
21 Union Square F7
22 United Nations G3

Aktivitäten, Kurse & Touren
23 Chelsea Piers Complex B6
24 Circle Line A3
25 NBC Studio Tours E2
26 New York City Audubon E6
New York Knicks .... (siehe 70)
27 Schooner Adirondack B6

Schlafen
28 414 Hotel C3
29 Carlton Arms F6
30 Chelsea Hostel D6
31 Chelsea Lodge C6
32 City Rooms D5
33 Hotel 17 .... F7
34 Marcel F6
35 Pod 51 .... F2
36 Townhouse Inn of Chelsea D6
37 Yotel C3

Essen
38 ABC Kitchen E7
39 Artisanal F4
40 Chelsea Market C7
41 Cookshop C6
42 Danji C2
43 Dhaba F5
44 Eataly E6
45 El Margon D3
46 El Parador Cafe G4
47 Foragers City Table D6
Grand Central Oyster Bar & Restaurant .... (see 7)
48 Hangawi E5
49 NoMad E5
50 Shake Shack E6
51 Tía Pol C6
52 Totto Ramen C2
53 Virgil's Real Barbecue D3

Ausgehen & Nachtleben
54 Bryant Park Grill E3
Campbell Apartment .... (siehe 7)
55 Flaming Saddles C1
56 Flatiron Room E5
57 Frying Pan B5
58 Industry C1
59 Jimmy's Corner D3
60 Lantern's Keep E3
61 Old Town Bar & Restaurant F7
62 Rudy's Bar & Grill C3
63 Rum House D2
64 Russian Vodka Room D1
65 Therapy C2
66 Top of the Strand E4

Unterhaltung
67 Carnegie Hall D1
68 Caroline's on Broadway D2
69 Irving Plaza F7
70 Madison Square Garden D5
New York Liberty .... (siehe 70)
71 Playwrights Horizons C3
Radio City Music Hall .... (siehe 16)
72 Upright Citizens Brigade Theatre C5

Shoppen
73 ABC Carpet & Home F7
74 Hell's Kitchen Flea Market C3
75 Idlewild Books E7
76 Macy's D4
77 Uniqlo E1

Empire State Building GEBÄUDE, AUSSICHTSPUNKT

(Karte S. 74; www.esbnyc.com; 350 Fifth Ave, an der 34th St; Aussichtsplattform im 86. Stock Erw./Kind 32/26 US$, inkl. Aussichtsplattform im 102. Stock 52/46 US$; ⏲8–2 Uhr, letzte Aufzugfahrt nach oben 1.15 Uhr; [S] B/D/F/M, N/Q/R zur 34th St-Herald Sq) Als einer der berühmtesten Vertreter der New Yorker Skyline wurde das Empire State Building auch in Hollywood zum Star – etwa als Treffpunkt für Cary Grant und Deborah Kerr in *Die große Liebe meines Lebens* oder als vertikales Verhängnis für King Kong. Der Klassiker aus Kalkstein wurde in nur 410 Tagen bzw. 7 Mio. Arbeitsstunden auf dem Höhepunkt der Weltwirtschaftskrise für 41 Mio. US$ aus dem Boden gestampft.

Nachdem am ehemaligen Standort des Waldorf-Astoria 10 Mio. Ziegelsteine vermauert, 6400 Fenster eingebaut und rund 30500 m² Marmor verlegt waren, konnte 1931 das 102-stöckige, bis zur Antennenspitze 448 m hohe Empire State Building eröffnet werden. Mit dem Fahrstuhl kann man zu den Aussichtsplattformen im 86. und 102. Stock fahren. Es herrscht aber großer Andrang, weshalb man am besten sehr früh oder sehr spät herkommt, um die Aussicht optimal genießen zu können. Tickets im Voraus oder online kaufen oder sich den „Express Pass" für 50 US$ besorgen.

Grand Central Terminal GEBÄUDE

(Karte S. 74; www.grandcentralterminal.com; 42nd St an der Park Ave, Midtown East; 🕘 5.30–2 Uhr; [S] S, 4/5/6, 7 bis Grand Central-42nd St) Der 1913 fertiggestellte Grand Central ist ein weiterer beeindruckender New Yorker Vertreter der Beaux-Arts-Architektur. Er hat eine 22 m hohe, gläserne Galerie und eine Gewölbedecke, auf der ein Wandgemälde mit den Sternenkonstellationen zu sehen ist, die oben am Himmel vorüberziehen. Von den Balkonen der Haupthalle aus hat man eine weite Sicht.

Hier findet sich außerdem ein Gourmetmarkt und im Untergeschoss eine hervorragende Auswahl an Restaurants.

Fifth Avenue & Umgebung STADTVIERTEL

(725 Fifth Ave, an der 56th St) Die Fifth Ave, die in zahlreichen Filmen und Songs verewigt ist, entwickelte ihr exklusives Image bereits Anfang des 20. Jhs. Damals war sie wegen ihrer „Landluft" und den Freiflächen begehrt. Die ehemalige **Millionaire's Row** mit einer Reihe von Herrenhäusern erstreckte sich bis zur 130th St. Die meisten Erben der Millionärsvillen in der Fifth Ave oberhalb der 59th St haben ihre Häuser inzwischen verkauft. Wenn sie nicht abgerissen wurden, sind sie in Kultureinrichtungen umgewandelt worden und bilden die heutige Museumsmeile.

Im Midtown-Abschnitt der Fifth Ave reihen sich Nobelgeschäfte und Luxushotels aneinander, u.a. auch der Trump Tower und das Plaza (Ecke Fifth Ave und Central Park South). Viele exklusive Geschäfte sind inzwischen in die Madison Ave umgezogen – zurückgeblieben sind Filialen von Gap und H&M. Aber es herrschen auch noch einige Superstars der Branche über die Fifth Ave oberhalb der 50th St, z.B. Tiffany & Co.

Morgan Library & Museum MUSEUM

(Karte S. 74; www.morganlibrary.org; 29 E 36th St, an der Madison Ave, Midtown East; Erw./Kind 18/12 US$; 🕘 Di–Do 10.30–17, Fr bis 21, Sa 10–18, So 11–18 Uhr; [S] 6 bis 33rd St) Die wunderschön renovierte Bibliothek ist Teil des mit 45 Zimmern bestückten Herrenhauses, das einst dem Stahlmagnaten J.P. Morgan gehörte. Seine Sammlung umfasst eine phänomenale Vielfalt an Manuskripten, Wandteppichen und Büchern, ein Herrenzimmer mit Kunstwerken der italienischen Renaissance, eine Marmorrotunde und die dreistöckige Hauptbibliothek im East Room. Wechselausstellungen gewähren Einblick in die Leben von literarischen Größen wie Cervantes, Poe oder Proust.

United Nations GEBÄUDE

(UN; Karte S. 74; ☎ 212-963-4475; http://visit.un.org; Besuchereingang First Ave an der 46th St, Midtown East; Führung Erw./Kind 20/11 US$, Kinder unter 5 Jahren haben keinen Zutritt, Zugang zum Gelände Sa & So frei; 🕘 Führungen Mo–Fr 9.30–16.15 Uhr, Besucherzentrum zusätzl. Sa & So 10–16.30 Uhr; [S] S, 4/5/6, 7 bis Grand Central-42nd St) Das UN-Gebäude mit Blick auf den East River befindet sich genau genommen auf internationalem Territorium. Bei der 45-minütigen Führung durch das Gebäude (englischsprachige Führungen, aber auch andere Sprachen möglich; Deutsch evtl. auf Nachfrage) bekommt man – wenn nicht gerade offizielle Sitzungen im Gange sind – die General Assembly (wo im Herbst die alljährliche Vollversammlung der Mitgliedsstaaten stattfindet), die Security Council Chamber (wo der Sicherheitsrat tagt), die Trusteeship Council Chamber und die Economic & Social Council Chamber zu sehen.

Im Park südlich des Komplexes stehen mehrere Skulpturen zum Thema Frieden.

Paley Center for Media GEBÄUDE

(Karte S. 74; www.paleycenter.org; 25 W 52nd St zw. Fifth Ave & Sixth Ave; Erw./Kind 10/5 US$; 🕘 Mi & Fr–So 12–18, Do bis 20 Uhr; [S] E/M zur 5th Ave-53rd St) Fernsehsüchtige, die ihre Kindheit vor der Glotze verbracht haben und mit Inbrunst eine Wiederholung der TV-Serie *Happy Days* mit Fonzi fordern, sind hier an der richtigen Adresse, denn dieses „Museum" ist genau das, was sie suchen. Hier kann man an einem der Bibliothekscomputer den Katalog mit mehr als 100000 amerikanischen TV- und Radiosendungen sowie Werbespots durchforsten und per Mausklick das Gewünschte abrufen. In dem gemütlichen Kino laufen einige tolle Specials über die Geschichte des Rundfunks, und es gibt häufig Events und Sondervorführungen.

Intrepid Sea, Air & Space Museum MUSEUM
(Karte S. 74; www.intrepidmuseum.org; Pier 86, Twelfth Ave an der 46th St, Midtown West; Intrepid & Growler submarine; Erw./Kind 24/19, inkl. Space Shuttle Pavillon 31/24 US$; ⏲ April–Okt. Mo–Fr 10–17, Sa & So bis 18 Uhr, Nov.–März Mo–So 10–17 Uhr; 🚌 M42, M50; [S] A/C/E zur 42nd St-Port Authority Bus Terminal) Die USS *Intrepid* ist ein riesiger Flugzeugträger, der im Zweiten Weltkrieg eine Bombe sowie Kamikaze-Angriffe überstanden hat und in ein Militärmuseum mit Hightech-Ausstellungen sowie Kampfflugzeugen und Hubschraubern auf dem Flugdeck umgewandelt wurde. Am Pier findet man auch das Raketen-U-Boot *Growler*, eine ausgesonderte Concorde und seit 2012 das Space Shuttle *Enterprise*.

Herald Square PLATZ
(Karte S. 74; Ecke Broadway, Sixth Ave & 34th St; [S] B/D/F/M, N/Q/R zur 34th St-Herald Sq) Hier, wo sich der Broadway, die Sixth Ave und die 34th St zu einem belebten Platz vereinen, ist die Heimat von Macy's (S. 118). Die einzelnen Etagen, in denen es von Einrichtungsgegenständen bis hin zu Dessous fast alles gibt, sind über Original-Holzrolltreppen zu erreichen. Seinen Namen verdankt der geschäftige Platz der schon lange nicht mehr existierenden Zeitung *Herald*. In dem kleinen Park mit viel Grün, der erst kürzlich aufpoliert wurde, herrscht tagsüber ein wahres Menschengewusel.

Koreatown VIERTEL
(Karte S. 74; 31st St bis 36th St & Broadway bis Fifth Ave; [S] B/D/F/M, N/Q/R bis 34th St-Herald Sq) Wer Kimchi und Karaoke liebt, ist in Koreatown (Little Korea) an der richtigen Adresse. Es erstreckt sich vor allem entlang der 32nd St, nimmt aber auch noch Teile der umliegenden Straßen in südlicher und östlicher Richtung der 32nd St ein. Es ist ein sehr lebendiges Viertel voller Restaurants, Läden, Salons und Spas unter koreanischer Führung.

Hell's Kitchen STADTVIERTEL
(Clinton; Karte S. 74) Lange war der äußerste Westen von Midtown – ein Arbeiterbezirk mit Miets- und Lagerhäusern – unter dem Namen Hell's Kitchen bekannt. Vermutlich hat ein Polizist diese Worte während der Aufstände im Viertel im Jahre 1881 irgendwann vor sich hingemurmelt. Der wirtschaftliche Aufschwung in den 1990er-Jahren veränderte den Charakter dieser Gegend stark. Investoren wollten den Namen Clinton durchsetzen, ein Spitzname aus den 1950er-Jahren.

Die Bewohner verwenden heute beide Bezeichnungen. Auf der Ninth und Tenth Ave zwischen der 37th und 55th St sind neue, vorwiegend preisgünstige Ethno-Restaurants wie Pilze aus dem Boden geschossen. Antiquitätenfans sollten den **Hell's Kitchen Flea Market** (☎ 212-243-5343; 39th St zw. Ninth Ave & Tenth Ave; ⏲ Sa & So 9–17 Uhr; [S] A/C/E bis 42nd St) besuchen. 170 Händler bieten erlesene Kleidungsstücke, alten Schmuck, Stilmöbel und vieles mehr an.

Museum of Arts & Design MUSEUM
(MAD; Karte S. 82; www.madmuseum.org; 2 Columbus Circle zw. Eighth Ave & Broadway; Erw./Kind 16 US$/frei, Do Spende 18–21 Uhr; ⏲ Di, Mi, Sa & So 10–18, Do & Fr 10–21 Uhr; [S] A/C, B/D, 1 bis 59th St-Columbus Circle) Das Museum an der Südseite des Kreisels zeigt eine facettenreiche internationale Sammlung mit modernen, volkstümlichen, kunsthandwerklichen und kunstgewerblichen Werken. Das schicke, witzig aufgemachte Restaurant **Robert** im 8. Stock bietet einen fantastischen Blick auf den Central Park.

👁 Upper West Side

Die Upper West Side – die westliche Seite Manhattans vom Central Park bis zum Hudson River und vom Columbus Circle bis zur 110th St – stand immer schon für das liberale, fortschrittliche und intellektuelle New York. Man denke nur an die Filme von Woody Allen (obgleich er an der Upper East Side lebt) oder an Seinfeld. Hier findet man große, prunkvolle Apartments, einen bunten Mix von sozialen Aufsteigern (darunter auch viele Schauspieler und klassische Musiker) und ein paar hübsche Grünanlagen wie etwa den malerischen Riverside Park.

★ **Central Park** PARK
(Karte S. 82; www.centralparknyc.org; 59th St & 110th St, zw. Central Park West & Fifth Ave; ⏲ 6–1 Uhr; 👪) Der Central Park ist einer der berühmtesten Parks der Welt und wartet mit 341 ha weitläufiger Grasfläche, schroffen Felsvorsprüngen, von Ulmen gesäumten Fußwegen, nach europäischem Vorbild angelegten Gärten, einem See und einem Stausee auf – ganz zu schweigen vom Freilufttheater, einem John-Lennon-Denkmal, einem idyllischen Restaurant am Wasser (dem **Loeb Boathouse**) und einer überaus berühmten Statue von Alice im Wunder-

land. Wo hier die große Herausforderung liegt? Darin, zu entscheiden, womit man anfangen soll.

Zu den Highlights gehören die **Sheep Meadow** (Parkmitte zwischen 66th und 69th St), wo sich an Wochenenden mit warmem Wetter Zehntausende zum Relaxen und Spielen treffen, der **Central Park Zoo** (☎ 212-439-6500; www.centralparkzoo.com; 64th St, an der Fifth Ave; Erw./Kind 12/7 US$; ⏲ April–Okt. 10–17.30 Uhr, Nov.–März bis 16.30 Uhr; 👪; [S] N/Q/R bis 5th Ave-59th St) und der **Ramble**, ein Rastplatz für fast 250 Zugvogelarten, den man am besten frühmorgens besucht. Touristen mieten sich hier gerne Pferdekutschen oder nehmen sich ein **Fahrradtaxi** (1-stünd. Rundfahrt ab 45 US$). Letztere sind am Central Park West und an der 72nd St zu finden.

★ Lincoln Center — KULTURZENTRUM

(Karte S. 82; ☎ 212-875-5456; lc.lincolncenter.org; Columbus Ave zw. 62nd St & 66th St; öffentliche Plazas frei, Führung Erw./Student 18/15 US$; 👪; [S] 1 bis 66th St-Lincoln Center) Zu der mehr als 1 Mrd. US$ teuren Neuerfindung des weltweit größten Zentrums für darstellende Künste gehören die grundlegend neu gestaltete **Alice Tully Hall** und andere atemberaubende Veranstaltungsorte rund um einen gewaltigen Springbrunnen. Auch öffentliche Plätze wie der Dachgarten an der North Plaza (darunter befindet sich ein teures Restaurant) wurden aufgemöbelt. Das üppig gestaltete **Metropolitan Opera House** (MET) ist mit 3900 Sitzplätzen das größte Opernhaus der Welt.

Die faszinierenden einstündigen Führungen (tgl. 10.30–16.30 Uhr) durch den Komplex beginnen in der Lobby der Avery Fisher Hall und konzentrieren sich auf verschiedene Themen von Architektur bis Backstage. Auf dem ganzen Gelände gibt's kostenloses WLAN. Dies gilt auch für das **David Rubenstein Atrium** (Broadway zw. 62nd St & 63rd St; [S] 1 bis 66th St-Lincoln Center), einen modernen öffentlichen Platz mit Loungebereich, Informationsschalter und Ticket Center, wo man ermäßigte Karten für Veranstaltungen am selben Tag im Lincoln Center bekommt.

★ American Museum of Natural History — MUSEUM

(Karte S. 90; ☎ 212-769-5100; www.amnh.org; Central Park West an der 79th St; empfohlene Spende Erw./Kind 22/12,50 US$; ⏲ 10–17.45 Uhr, Rose Center Fr 10–20.45 Uhr, Butterfly Conservancy Okt.–Mai; 👪; [S] B, C bis 81st St-Museum of Natural History, 1 bis 79th St) Das 1869 gegründete Museum beherbergt mehr als 30 Mio. Artefakte, interaktive Ausstellungsstücke und Unmengen von ausgestopften Tieren. Die Highlights des Museums sind die drei großen Dinosaurierhallen, ein gigantischer (aber natürlich nicht echter) Blauwal, der von der Decke der Hall of Ocean Life herabhängt, sowie das ausgezeichnete **Rose Center for Earth & Space**, ein wuchtiger Glaskasten mit einer Silberkugel, in deren Innenraum diverse Space Shows stattfinden und wo man außerdem ein Planetarium besuchen kann.

Riverside Park — OUTDOOR

(Karte S. 82; ☎ 212-870-3070; www.riversideparknyc.org; Riverside Dr, zw. 68th St & 155th St; ⏲ 6–1 Uhr; 👪; [S] 1/2/3 zu allen Stationen zw. 66th St & 157th St) Dieser Park am Wasser erstreckt sich in nördlicher Richtung entlang der Upper West Side und wird vom Hudson River zwischen der 59th St und der 158th St begrenzt. Er ist sehr grün und durch die zahlreichen Radwege und Spielplätze bei Familien sehr beliebt.

New-York Historical Society — MUSEUM

(Karte S. 82; www.nyhistory.org; 2 W 77th St am Central Park West; Erw./Kind 19/6 US$, Fr 18–20 Uhr Eintritt gegen Spende, Bibliothek frei; ⏲ Di–Do & Sa 10–18, Fr 10–20, So 11–17 Uhr; [S] B, C bis 81st St-Museum of Natural History) Das 1804 gegründete Museum gilt als das älteste der Stadt. Die skurrile, umfangreiche Sammlung, zu der auch eine Beinschiene von Präsident Franklin D. Roosevelt und eine mechanische Spardose aus dem 19. Jh. mit der Figur eines Politikers, der die Geldstücke in seine eigene Tasche steckt, gehören, ist jetzt in einem aufgefrischten, modernen Ausstellungsbereich zu bewundern.

👁 Upper East Side

Die Upper East Side (UES) kann mit der höchsten Konzentration kultureller Einrichtungen New Yorks aufwarten, darunter mit der Grand Dame das Metropolitan Museum of Art. Viele bezeichnen die Fifth Ave oberhalb der 57th St daher auch als Museumsmeile. Die Immobilienpreise an der Fifth, Madison und Park Ave gehören zu den höchsten der Welt. Hier wohnen Ladys, die mittags gediegen essen gehen, und noble Jungs, die gern einen trinken. Je weiter man nach Osten kommt, desto weniger mondän wird das Viertel.

Central Park

DIE GRÜNE LUNGE VON NEW YORK

Das grüne Rechteck in Manhattans Zentrum legte man Mitte des 19. Jhs. an. Die Sumpflandschaft wurde in einen idyllischen Park verwandelt, der die New Yorker – und seien sie noch so verschieden – auf unerwartete Art zusammenbrachte. Der Central Park diente den Reichen dazu, ihre Nobelkutschen zur Schau zu stellen (1860er-Jahre), Arme genossen Gratis-Sonntagskonzerte (1880er-Jahre) und Aktivisten hielten hier ihre „Be-ins" gegen den Vietnamkrieg ab (1960er-Jahre).

Seitdem besuchen Heerscharen von Einheimischen und Touristen den Park, in dem man wunderbar spazieren gehen, picknicken, sonnenbaden, Ball spielen und kostenlosen Konzerten und Shakespeare-Aufführungen lauschen kann.

Loeb Boathouse
Das historische Loeb Boathouse am Seeufer bietet eine traumhafte Kulisse für ein romantisches Essen. Hier kann man Ruderboote und Fahrräder mieten oder sich in einer venezianischen Gondel über den See schippern lassen.

Conservatory Garden
Der einzige echte Garten im Central Park ist vielleicht der ruhigste Ort im Park. Am Nordrand blühen Ende Oktober Chrysanthemen. Im Süden steht ein riesiger Holzapfelbaum gleich neben der Burnett Fountain.

Jacqueline Kennedy Onassis Reservoir
Das fast 43 ha große Wasserbecken nimmt grob ein Achtel der Parkfläche ein. Ursprünglich sollte es die Stadt mit sauberem Wasser versorgen. Heute kann man hier Wasservögel beobachten.

Belvedere Castle
Das gotisch-romanische Schloss, eine „viktorianische Verrücktheit", dient ausschließlich als grandioser Aussichtspunkt. Es wurde 1869 von Calvert Vaux, einem der beiden Landschaftsplaner des Central Parks, entworfen.

Der Park ist unglaublich vielfältig. Im Norden gibt's bewaldete Hügelchen, im Süden einen bei Joggern beliebten See. Es gibt Gärten im europäischen Stil, einen Zoo und viele Teiche. Ein tolles Erlebnis ist es, an einem sonnigen Tag zur Sheep Meadow gehen, wo sich ganz New York in der Sonne aalt.

Der Central Park ist nicht nur eine Grünanlage – er ist New York Citys Hinterhof.

FAKTEN & ZAHLEN

» **Landschaftsarchitekten** Frederick Law Olmsted und Calvert Vaux
» **Beginn der Bauarbeiten** 1858
» **Fläche** 3,4 km²
» **Der Park im Film** Viele Filme enstanden hier, von Blockbustern aus der Wirtschaftskrise wie *Gold Diggers* (1933) bis zum Monster-Streifen *Cloverfield* (2008)

Conservatory Water
Der Teich ist in der warmen Jahreszeit beliebt bei Kindern, die hier ihre Modellsegelboote gleiten lassen. Er ist den Pariser Modellboot-Teichen aus dem 19. Jh. nachempfunden und spielte eine wichtige Rolle in E. B. Whites Klassiker *Klein Stuart*.

Bethesda Fountain
Der neoklassizistische Brunnen ist einer der größten New Yorks. Er wird überragt vom *Engel über den Gewässern*, getragen von vier Cherubinen. Der Brunnen wurde 1868 von der Künstlerin und Frauenrechtlerin Emma Stebbins errichtet.

Strawberry Fields
Ein Mosaik erinnert an den Musiker John Lennon, der auf der anderen Straßenseite vor dem Dakota Building erschossen wurde. Der Name des von Yoko Ono gestalteten Denkmals basiert auf dem Beatles-Song *Strawberry Fields Forever*.

The Mall/Literary Walk
Am südlichen Teil der Promenade im Pariser Stil – dem einzigen geraden Weg im Park – stehen Statuen von Literaten wie Burns und Shakespeare. Die Strecke ist von raren Nordamerikanischen Ulmen gesäumt.

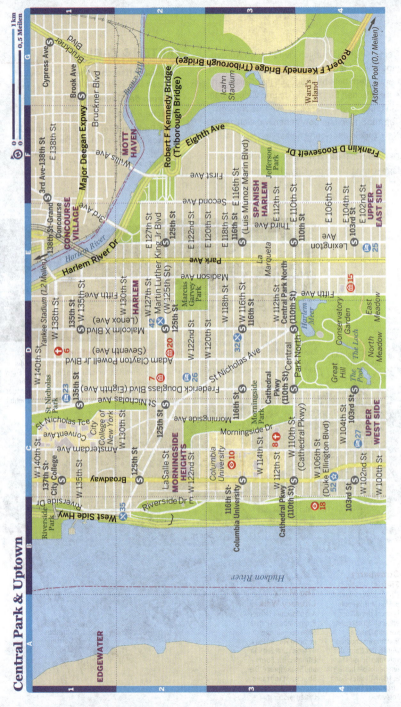

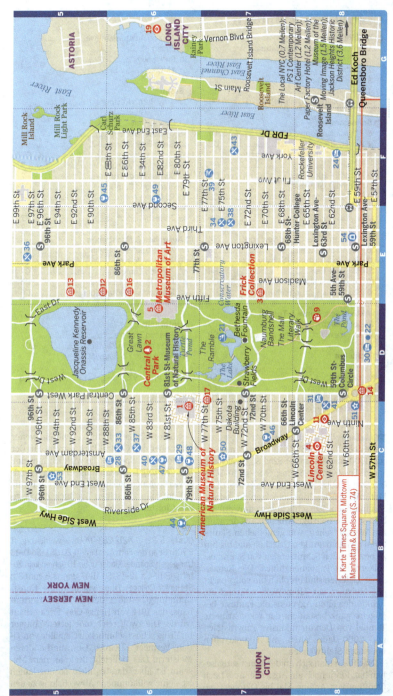

Central Park & Uptown

◎ Highlights
1 American Museum of Natural
   History C6
2 Central Park D6
3 Frick Collection E7
4 Lincoln Center C8
5 Metropolitan Museum of Art D6

◎ Sehenswertes
6 Abyssinian Baptist Church D1
7 Apollo Theater D2
8 Cathedral Church of St. John the
   Divine C3
9 Central Park Zoo D8
10 Columbia University C3
11 David Rubenstein Atrium C8
12 Guggenheim Museum E5
13 Jewish Museum E5
14 Museum of Arts & Design D8
15 Museum of the City of New York E4
16 Neue Galerie E6
17 New-York Historical Society D7
18 Riverside Park B4
19 Socrates Sculpture Park G6
20 Studio Museum in Harlem D2

◎ Aktivitäten, Kurse & Touren
21 Loeb Boathouse D7
22 Municipal Art Society D8

◎ Schlafen
23 Allie's Inn D1
24 Bentley F8
25 Bubba & Bean Lodges E4
26 Harlem Flophouse D2
27 Hostelling International New York C4

28 Jazz on Amsterdam Ave C6
29 Lucerne C6
30 Park Savoy D8
31 YMCA D8

◎ Essen
32 Amy Ruth's Restaurant D3
33 Barney Greengrass C6
34 Candle Cafe E7
35 Dinosaur Bar-B-Que B2
36 Earl's Beer & Cheese E5
37 Jacob's Pickles C6
38 JG Melon E7
39 Jones Wood Foundry F7
40 Peacefood Cafe C6
41 PJ Clarke's C8
42 Red Rooster D2
43 Tanoshi F7

◎ Ausgehen & Nachtleben
44 79th Street Boat Basin B6
45 Auction House F5
46 Barcibo Enoteca C7
47 Dead Poet C6
48 Manhattan Cricket Club C6
49 Penrose F6

◎ Unterhaltung
50 Beacon Theatre C7
51 Jazz at Lincoln Center C8
52 Smoke Jazz & Supper Club-
   Lounge C4
53 Symphony Space C5

◎ Shoppen
54 Bloomingdale's E8

★ **Metropolitan Museum of Art**　MUSEUM
(Karte S. 82; ☎ 212-535-7710; www.metmuseum.
org; 1000 Fifth Ave, an der 82nd St; empfohlene
Spende Erw./Kind 25 US$/frei; ⊙ So–Do 10–17.30,
Fr & Sa bis 21 Uhr; ⊛; Ⓢ 4/5/6 bis 86th St) Das
Met mit 2 Mio. Einzelobjekten in seinen
Sammlungen ist schlichtweg umwerfend.
Hier gibt's großartige Arbeiten aus der ganzen Welt zu sehen, von gemeißelten Skulpturen aus dem antiken Griechenland bis hin
zu bewegenden Schnitzereien von Stammes-
völkern aus Papuaneuguinea. Die Renais-
sance-Galerien sind bis oben hin vollgepackt
mit Meistern der Alten Welt, während die
Relikte des alten Ägyptens die Fantasie beflügeln, ganz besonders der rekonstruierte
Tempel von Dendur inklusive Papyrusteich
und 2000 Jahre alten, mit Hieroglyphen
übersäten Steinwänden.

Nachdem man sich an der Kunst sattgese-
hen hat, lohnt noch ein Abstecher aufs Dach
(geöffnet von Anfang Mai bis Oktober), wo

Getränke (Kaffee, Martini…) und ein weiter
Blick über den Central Park warten. Mit der
empfohlenen Spende (die wirklich nur eine
Empfehlung ist – man muss einfach irgendetwas bezahlen, auch wenn es nur ein Penny
ist) hat man am selben Tag auch Zutritt zu
den Cloisters (S. 87).

★ **Frick Collection**　MUSEUM
(Karte S. 82; ☎ 212-288-0700; www.frick.org; 1
E 70th St an der Fifth Ave; Eintritt 20 US$, So 11–13
Uhr gegen Spende, Kinder unter 10 Jahren kein Zutritt; ⊙ Di–Sa 10–18, So 11–17 Uhr; Ⓢ 6 zur 68th
St-Hunter College) Diese spektakuläre Kunstsammlung befindet sich in jenem Herrenhaus, das 1914 von Henry Clay Frick erbaut
wurde. Die zwölf reich möblierten Zimmer
im Erdgeschoss schmücken Gemälde von Ti-
tian, Vermeer, El Greco, Goya und anderen
Meistern. Das vielleicht Beste an dem Museum ist aber, dass es nicht so überlaufen
ist – eine willkommene Abwechslung zu den

Menschenmassen in den größeren Museen, besonders am Wochenende.

Guggenheim Museum
MUSEUM

(Karte S. 82; ☎212-423-3500; www.guggen heim.org; 1071 Fifth Ave an der 89th St; Erw./ Kind 25 US$/frei, Sa 17.45–19.45 Uhr gegen Spen de; ☺So–Mi & Fr 10–17.45, Sa 10–19.45 Uhr; ♿; Ⓢ4/5/6 bis 86th St) Das vom Architekten Frank Lloyd Wright entworfene Gebäude ist an sich schon ein Kunstwerk und stellt die darin gezeigte Sammlung aus dem 20. Jh. fast in den Schatten. Der 1959 fertiggestellte, auf dem Kopf stehende Zikkurat-Bau wurde von einigen Kritikern verspottet, von ande ren wiederum als architektonische Glanz leistung bejubelt. Bei einem Bummel über die beeindruckende spiralförmige Rampe kommt man vorbei an Meisterwerken von Picasso, Pollock, Chagall und Kandinsky.

Neue Galerie
MUSEUM

(Karte S. 82; ☎212-628-6200; www.neuega lerie.org; 1048 Fifth Ave, Ecke E 86th St; Eintritt 20 US$, 1. Fr im Monat 18–20 Uhr frei, Kinder unter 12 Jahren haben keinen Zutritt; ☺Do–Mo 11–18 Uhr; Ⓢ4/5/6 bis 86th St) Die in einem restaurier ten Herrenhaus der Architekten Carrère und Hastings von 1914 untergebrachte Galerie zeigt hervorragende deutsche und österrei chische Kunst, darunter Meisterwerke von Gustav Klimt, Paul Klee und Egon Schiele. Das Café Sabarsky im Erdgeschoss ist ein entzückendes Restaurant.

Jewish Museum
MUSEUM

(Karte S. 82; ☎212-423-3200; www.jewish museum.org; 1109 Fifth Ave an der 92nd St; Erw./ Kind 15 US$/frei, Sa frei, Do 17–20 Uhr gegen Spen de; ☺Fr–Di 11–18, Do bis 20 Uhr; ♿; Ⓢ6 bis 96th St) Dieses Museum ist ein wahres Juwel der Stadt. Es ist in einem Herrenhaus der französischen Gotik aus dem Jahr 1908 untergebracht, das 30 000 Judaika sowie Skulpturen, Gemälde und dekorative Kunst werke behrbergt. Zu sehen sind auch her vorragende Wechselausstellungen, in denen einflussreiche Personen wie Art Spiegelman beleuchtet werden und Berühmtheiten wie Chagall, Édouard Vuillard und Man Ray in Ausstellungen von Weltklasse zu sehen sind.

Museum of the City of New York
MUSEUM

(Karte S. 82; ☎212-534-1672; www.mcny.org; 1220 Fifth Ave, zw. 103rd St & 104th St; empfohlener Eintritt Erw./Kind 14 US$/frei; ☺10–18 Uhr; Ⓢ6 bis 103rd St) Ein Kolonialbau im georgianischen Stil beherbergt dieses Stadtmuseum, das sich mit der Vergangenheit, Gegenwart und

Zukunft New York Citys auseinandersetzt. Nicht verpassen sollte man den 22-minüti gen Film *Timescapes* (im 1. Stock), der zeigt, wie sich NYC von einem kleinen Handels posten zu einer florierenden Metropole entwickelt hat. Die Wechselausstellungen behandeln verschiedene Themen, vom Akti vismus des 19. Jhs. bis hin zum Hip-Hop der 1970er-Jahre.

☉ Morningside Heights

Der nördliche Nachbar der Upper West Side umfasst den Broadway und die Gegend westlich davon bis zur 125th St. Das Bild des Viertels wird von der Columbia University beherrscht. Sie ist eine der hoch angesehe nen Unis der Ivy League.

Cathedral Church of St. John the Divine
KIRCHE

(Karte S. 82; ☑Führungen 212-932-7347; www. stjohndivine.org; 1047 Amsterdam Ave an der W 112th St, Eintritt gegen Spende 10 US$, Highlight Tour 6 US $, Führung mit Dachbesteigung 15 US$; ☺7.30–18 Uhr; ⒮B, C, 1 bis 110th St-Cathedral Pkwy) Die berühmte Episkopalkirche ist das größte Gotteshaus der USA. Besondere Aufmerksamkeit erregen die kunstvoll ver zierte Fassade im byzantinischen Stil, die dröhnende alte Orgel und das ungewöhn lich unterteilte Kirchenschiff, das doppelt so breit ist wie das der Westminster Abbey in London. Bei der Sonntagsmesse um 11 Uhr werden die Predigten oft von bekannten In tellektuellen gehalten.

Columbia University
UNIVERSITÄT

(Karte S. 82; www.columbia.edu; Broadway an der 116th St; ⒮1 bis 116th St-Columbia University) Im Jahr 1754 als King's College gegründet, ist die älteste Universität New Yorks mittlerwei le eine der weltweit führenden Forschungs einrichtungen. Hauptanziehungspunkt ist der zentrale Vorplatz (auf dem College Walk Höhe 116th St), der von verschiedenen im italienischen Renaissance-Stil erbauten Ge bäuden umgeben ist.

☉ Harlem

Das Herz der afroamerikanischen Kultur schlägt in Harlem, das in den 1920er-Jahren als Enklave der Schwarzen entstand. Das Viertel nördlich des Central Park hat ganz außergewöhnliche Leistungen in Kunst, Musik, Tanz, Bildung und Literatur her vorgebracht, u. a. stehen dafür Frederick Douglass, Paul Robeson, James Baldwin,

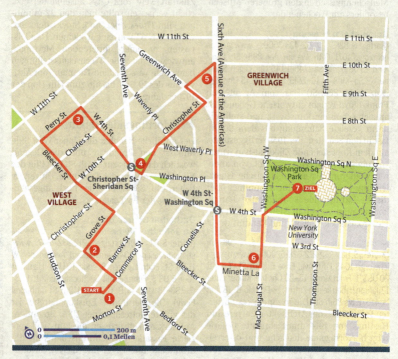

Stadtspaziergang
Ein Bummel duch das Village

START COMMERCE ST
ZIEL WASHINGTON SQUARE PARK
LÄNGE/DAUER 1,6 KM; 1 STD.

Unter New York Citys Vierteln ist Greenwich Village mit den kopfsteingepflasterten Ecken, die sich vom typischen Schachbrettmuster abheben, das fußgängerfreundlichste. Der Spaziergang beginnt am ❶ **Cherry Lane Theatre**. Das kleine, 1924 gegründete Theater ist die älteste durchgängig betriebene Kultureinrichtung abseits des Broadways. Links in die Bedford St einbiegen und schon liegt rechterhand an der Ecke Grove St ❷ **90 Bedford**. Fans der TV-Serie Friends erkennen in dem Apartmentblock vielleicht die fiktive Wohnstätte der Freunde. Für noch ein Wahrzeichen der TV-Welt folgt man der Bleecker St und biegt rechts in die Perry St ein. Die Adresse ❸ **66 Perry St** diente bei Sex and the City als Fassade des Hauses, in dem Carrie Bradshaw wohnte. Danach geht's rechts in die W 4th St bis der ❹ **Christopher Park** erreicht ist, wo Statuen zweier gleichgeschlechtlicher Paare stehen. An der Nordseite des Parks steht der Stonewall Inn, wo 1969 eine Truppe von Drag-Queens einen Aufstand anzettelte, um für ihre Bürgerrechte zu kämpfen. Dies markierte den Beginn der Schwulenbewegung. Von der Christopher St geht es zur Sixth Ave, auf die die ❺ **Jefferson Market Library** ein dreieckiges Terrain für sich behauptet. Der Turm im Stil der „Ruskinschen Gotik" war einst ein Feuerwachturm. Heute ist dort eine Zweigstelle der Bibliothek, in den 1870ern war es ein Gerichtsgebäude. Während man die Sixth Ave hinauf geht, lässt man die Geschäftigkeit auf sich wirken, bevor man nach links in die Minetta Lane abbiegt und im ❻ **Café Wha?** vorbeischaut, das Musikern und Comedians – etwa Bob Dylan und Richard Pryor – als Sprungbrett diente. Ende des Streifzugs ist der ❼ **Washington Square Park** auf der MacDougal St, der inoffizielle Hauptplatz, wo man Studenten der NYU, Straßenkünstler und Demonstranten trifft.

Alvin Ailey, Billie Holiday und viele andere afroamerikanische Koryphäen. Nach dem steten Niedergang von den 1960er- bis in die 1990er-Jahre hinein erlebte Harlem eine Art zweite Renaissance. Davon zeugen die zum Verkauf stehenden, 1 Mio. Dollar teuren Brownstone-Häuser und Eigentumswohnungen, die direkt neben den vernachlässigten Mietshäusern stehen, und die Filialen großer landesweiter Ketten an der 125th St.

Einen Eindruck vom traditionellen Harlem erhält man am Sonntagmorgen, wenn die Leute im Sonntagsstaat in die Kirchen ihrer Nachbarschaft strömen. Man sollte sich aber der Tatsache bewusst sein, dass die Menschen tatsächlich zum Gottesdienst gehen (und sich nicht etwa Besuchern zur Schau stellen). Und solange man nicht von einem Mitglied einer kleineren Kirchengemeinde eingeladen wird, sollte man sich lieber an die großen Kirchen halten.

Apollo Theater HISTORISCHES GEBÄUDE
(Karte S. 82; ☎ 212-531-5300, Führungen 212-531-5337; www.apollotheater.org; 253 W 125th St am Frederick Douglass Blvd; Eintritt ab 20 US$; [S] A/C, B/D bis 125th St) Nicht nur mythische Legende, sondern lebendiges Theater. Hier finden erstklassige Konzerte und jeden Mittwochabend die berühmte „Nacht der Amateure" statt – „where stars are born and legends are made".

Abyssinian Baptist Church KIRCHE
(Karte S. 82; www.abyssinian.org; 132 W 138th St zw. Adam Clayton Powell Jr Blvd & Malcolm X Blvd; [S] 2/3 bis 135th St) Die Kirche hat einen ausgezeichneten Chor, und der charismatische Pastor Calvin O. Butts heißt Touristen willkommen und betet für sie. Sonntagsgottesdienste finden um 9 und 11 Uhr statt – der Letztere ist besonders gut besucht.

Studio Museum in Harlem MUSEUM
(Karte S. 82; ☎ 212-864-4500; www.studiomuseum.org; 144 W 125th St an der Adam Clayton Powell Jr Blvd, Harlem; empfohlene Spende 7 US$, So frei; 🕒 Do & Fr 12–21, Sa 10–18, So 12–18 Uhr; [S] 2/3 bis 125th St) Eines der wichtigsten Museen für afroamerikanische Künstler mit Wechselausstellungen von Malern, Bildhauern, Illustratoren und Installationskünstlern.

Washington Heights

Washington Heights, in der Nähe der nördlichen Spitze von Manhattan (oberhalb der 155th St), ist nach dem ersten amerikanischen Präsidenten benannt, welcher hier während des Unabhängigkeitskriegs ein Fort für seine Armee errichten ließ. Bis Ende des 19. Jhs. war dies eine eher ländliche Gegend. Mittlerweile haben die New Yorker Wind von den erschwinglichen Mieten hier bekommen. Dennoch hat sich der Bezirk sein lateinamerikanisches (überwiegend dominikanisches) Flair bewahrt, und eine interessante Mischung aus zugezogenen Downtownern und alteingesessenen Bewohnern hat sich zu einer festen Gemeinde zusammengeschlossen.

★ **Cloisters** MUSEUM
(Karte S. 82; ☎ 212-923-3700; www.metmuseum.org/cloisters; Fort Tryon Park, an der 190th St; empfohlene Spende Erw./Kind 25 US$/frei; 🕒 10–17.15 Uhr; [S] A bis 190th St) Das Gebäude wurde in den 1930er-Jahren aus Steinen und Fragmenten mehrerer französischer und spanischer Klöster aus dem Mittelalter erbaut. Die burgähnliche Anlage beinhaltet mittelalterliche Fresken, Wandteppiche, Höfe, Gärten und Gemälde und bietet eine umwerfende Aussicht auf den Hudson River. Zudem hat man auf dem Weg von der Subway zum Museum durch den Fort Tryon Park einen tollen **Blick** auf den Fluss; im Park üben auch Kletterer.

Brooklyn

Brooklyn ist eine Welt für sich. Die Brooklyner fahren manchmal tage- oder sogar wochenlang nicht nach Manhattan. Hier leben 2,6 Mio. Menschen, und es werden immer mehr. Junge Eltern sind auf der Suche nach stattlichen Brownstone-Häusern in Carroll Gardens, Bands haben ihren nächsten Gig in Bushwick, und die Bandmitglieder hätten dort auch gern eine billige Bleibe. Dieser Stadtteil hat Manhattan längst überflügelt, denn hier ist es cool, und hier lässt es sich gut leben. Brooklyns Sandstrände, luftige Uferpromenaden, gute Restaurants, zahlreiche ethnische Enklaven, weltklasse Entertainment, hochherrschaftliche Häuser und endlose Einkaufsstraßen sorgen für eine harte Konkurrenz für Manhattan.

Coney Island STADTVIERTEL
Von Midtown aus erreicht man den breiten Sandstrand von Coney Island mit der U-Bahn in einer Stunde. Hier gibt's noch die nostalgische, kitschige Uferpromenade aus Holzplanken, die durch den Hurrikan Sandy teilweise zerstört, aber wieder aufgebaut wurde. Und obwohl der Vergnügungspark

renoviert wurde und ein paar Fahrgeschäfte für Adrenalinjunkies hinzugekommen sind, gibt es doch auch noch immer die berühmte Achterbahn Cyclone aus dem Jahr 1927. Allerdings wird der leicht anrüchige Charme bald der Vergangenheit angehören, denn es ist geplant, dieses Gebiet in ein schickes Wohnviertel mit Hochhaushotels umzuwandeln.

Brighton Beach VIERTEL

Schlendert man auf der Uferpromenade von Coney Island etwa 1,6 km nach Osten, erreicht man den Brighton Beach („Little Odessa"), wo ältere Herrschaften Schach spielen und Einheimische in einem der vielen Lokale an der Uferpromenade in der Sonne sitzen und Piroggen (gekochte, mit Fleisch oder Gemüse gefüllte Teigtaschen) und Wodka-Shots genießen. Das Herzstück dieses Viertels ist die geschäftige Brighton Beach Ave mit den vielen russischen Läden, Bäckereien und Restaurants.

Williamsburg, Greenpoint & Bushwick STADTVIERTEL

Es gibt ihn tatsächlich, den typischen Williamsburg-Look: hautenge Jeans, viele Tattoos, ein dezentes Piercing, zottelige Bärte für Männer und für Frauen vielleicht eine Retrofrisur. Die Bewohner des schäbigen, rauen und jenseits des East River an der Zugstrecke L gelegenen Viertels scheinen genug Zeit und Geld zu haben, um tagsüber in Cafés und nachts in Bars herumhängen zu können. Eine stattliche Anzahl an Zeitgenossen in ihren frühen Dreißigern, die aus Manhattan und Europa stammen, sind hier eine Art Viertel-Älteste.

Die Hauptstraße ist die Bedford Ave zwischen der N 10th St und der Metropolitan Ave. Dort gibt's viele Boutiquen, Cafés, Bars und billige Lokale. Die Hipster-Szene sucht sich aber immer wieder neue Orte (in letzter Zeit ist die Berry St am angesagtesten). Für die Coolsten unter den Coolen ist Williamsburg sogar schon wieder out und sie sind schon lange ins benachbarte, traditionell polnische Viertel Greenpoint oder in die früheren Lagerhäuser in Bushwick abgewandert.

Brooklyn Brewery BRAUEREI, PUB

(☎ 718-486-7422; www.brooklynbrewery.com; 79 N 11th St, zw. Berry St & Wythe Ave; Sa & So Führungen frei, Mo–Do 10 US$; 🕒 Führungen Mo–Do 17, Sa 13–17, So 13–16 Uhr, Verkostungen Fr 18–23, Sa 12–20, So 12–18 Uhr; [S] L bis Bedford Ave) In Erinnerung an alte Zeiten, als dieser Teil New Yorks Zentrum der Braukunst war, braut und serviert die Brooklyn Brewery nicht nur wohlschmeckende lokale Biere, sondern bietet auch Führungen an. Wer unter der Woche herkommt, sollte vorab reservieren, da es dann nur wenige Führungen gibt.

Park Slope STADTVIERTEL

Das Viertel Park Slope ist bekannt für seine klassischen Brownstone-Häuser, unzähligen tollen Restaurants und Boutiquen sowie für weltoffene, Kinderwagen schiebende Pärchen, die denen aus der Upper West Side ähneln (aber einen Hinterhof haben).

Prospect Park OUTDOOR

(☎ 718-965-8951; www.prospectpark.org; Grand Army Plaza; 🕒 5–1 Uhr; [S] 2/3 bis Grand Army Plaza, F bis 15th St-Prospect Park) Der 1866 angelegte Prospect Park ist ein Meisterwerk der Landschaftsgärtnerei. Entlang dem westlichen Teil verläuft eine langestreckte Wiese, auf der Fußball, American Football, Cricket und Baseball gespielt werden. Im Rest des Parks finden sich hügelige Waldstückchen, ein ruhiger Kanal und ein breiter See.

Im **Lakeside-Komplex** (www.lakesideprospectpark.com; nahe der Ocean Ave & Parkside Ave; 🕒 Mo–Do 11–18, Fr & Sa 9–22, So bis 20 Uhr; 👪; [S] B, Q bis Prospect Park) gibt's im Winter zwei Schlittschuhbahnen (eine drinnen, eine draußen). Im Sommer werden diese als Rollschuhbahn und riesiges Planschbecken mit Sprenklern für die Kleinen genutzt.

In der Prospect Park Bandshell (nahe der 9th St und dem Westeingang des Prospect Park) werden im Sommer kostenlose Konzerte gespielt. Welche Musiker auftreten, erfährt man auf www.bricartsmedia.org.

Brooklyn Botanic Garden GÄRTEN

(www.bbg.org; 1000 Washington Ave, an der Crown St; Erw./Kind 10 US$/frei, Sa 10–12 Uhr und Di frei; 🕒 Di–Fr 8–18, Sa & So 10–18 Uhr; 👪; [S] 2/3 bis Eastern Pkwy-Brooklyn Museum) Eine der malerischsten Attraktionen in Brooklyn ist diese 21 ha große Gartenanlage mit Tausenden von Pflanzen und Bäumen sowie einem Japanischen Garten, in dem Flussschildkröten vor einem Shinto-Schrein durchs Wasser gleiten. Die beste Zeit für einen Besuch ist Ende April oder Anfang Mai, wenn die Kirschbäume (ein Geschenk aus Japan) in voller Blüte stehen und das Sakura Matsuri (Kirschbaumblütenfest) gefeiert wird.

Brooklyn Museum MUSEUM

(☎ 718-638-5000; www.brooklynmuseum.org; 200 Eastern Pkwy; empfohlene Spende 12 US$; 🕒 Mi & Fr–So 11–18, Do bis 22 Uhr; [S] 2/3 bis Eastern Pkwy-Brooklyn Museum) Dieses umfassende Museum ist in einem fünfstöckigen Beaux-Arts-Gebäude auf einer Fläche von 52 000 m² untergebracht und stellt über 1,5 Mio. Objekte aus, darunter antike Artefakte, Räume aus dem 19. Jh. und Skulpturen und Gemälde aus verschiedenen Jahrhunderten. Am ersten Samstag im Monat ist der Eintritt nach 17 Uhr kostenlos.

Brooklyn Heights & Downtown Brooklyn
STADTVIERTEL

Als Robert Fultons Dampffähren Anfang des 19. Jhs. ihren regelmäßigen Betrieb auf dem East River aufnahmen, begannen wohlhabende Manhattaner in Brooklyn Heights mit dem Bau traumhafter Häuser – im neugotischen, romanischen, neugriechischen, italienischen oder einem anderen Baustil. Bei einem Nachmittagsbummel durch die von Bäumen gesäumten Straßen kann man die vielen schönen Häuser bewundern.

Folgt man der **Montague St**, der Hauptgeschäftsstraße von Heights, bis hinunter zum Ufer, trifft man auf die **Brooklyn Heights Promenade** über dem Brooklyn–Queens Expwy, von wo aus sich ein einmaliger Blick auf Lower Manhattan bietet.

★ Brooklyn Bridge Park
PARK

(☏718-222-9939; www.brooklynbridgepark.org; East River Waterfront, zw. Atlantic Ave & Adams St; ⊙6–1 Uhr; ♿; Ⓢ A/C bis High St, 2/3 bis Clark St, F bis York St) GRATIS Dieser 34 ha große Park gehört zu den beliebtesten neuen Attraktionen Brooklyns. Er schmiegt sich an eine Biegung des East River und verläuft auf 2 km von der Brooklyn Bridge in Dumbo zum westlichen Ende der Atlantic Ave in Cobble Hill. Durch die Schaffung des Parks wurden ein einst brach liegender Uferabschnitt wiederbelebt und eine Reihe verlassener Piers in wunderschöne Parkanlagen mit einem atemberaubenden Blick auf Manhattan umgewandelt.

Hier gibt's jede Menge zu erleben. Es gibt Spielplätze, Fußwege und Rasenflächen und im Sommer kostenlose Veranstaltungen im Freien wie Filmvorführungen (Pier 1), Basketball-, Handball- und Bocciafelder, eine Rollschuhbahn (Pier 2) sowie einen Kajak- und Stehpaddelbrettverleih (am Strand von Pier 4). Im Sommer legen am Pier 6 Fähren nach Governors Island ab. Am Pier 5 gibt's Beachvolleyballfelder und gute Essoptionen. Empire Fulton Ferry, gleich hinter der Brooklyn Bridge, wartet mit dem liebevoll restaurierten Jane's Carousel, einem Karussell von 1922, und, vor dem Hintergrund der hoch aufragenden Wolkenkratzer von Lower Manhattan, mit dem besten Blick auf die berühmte Brücke auf.

Boerum Hill, Cobble Hill & Carroll Gardens
STADTVIERTEL

In diesen Stadtvierteln wohnen hauptsächlich italienischstämmige Familien, die hier seit Generationen leben, sowie ehemalige Manhattaner, die auf der Suche nach einem besseren Leben sind. Die Straßen mit den schön restaurierten Brownstone-Häusern sind von Bäumen gesäumt. Die Smith St und die Court St sind die beiden Hauptstraßen, die bis zu Carroll Gardens führen, dem südlichsten Zipfel der drei Viertel. Die Smith Street ist als Restaurantmeile bekannt. In der Court Street gibt's noch immer alteingesessene Lebensmittelläden, Bäcker und italienische Lokale.

Red Hook
VIERTEL

Red Hook ist eine Gegend direkt am Wasser mit Kopfsteinpflasterstraßen und plumpen Industriegebäuden. Man muss von der U-Bahn-Station aus zwar ein gutes Stück zu Fuß gehen, dafür gibt's in dieser einst schmuddeligen Gegend inzwischen einige Bars und Restaurants sowie, gleich am Wasser, eine riesige Filiale von Fairway, ein beliebtes Gourmetgeschäft für Lebensmittel mit einem atemberaubenden Blick auf den Hafen von New York. Ein Wassertaxi (www.nywatertaxi.com/tours/ikea) fährt täglich von Lower Manhattan nach Red Hook (in der Nähe von Ikea).

Dumbo
STADTVIERTEL

Dumbos Spitzname ist die Abkürzung seiner Lage: „Down Under the Manhattan–Brooklyn Bridge Overpass". Dieser Uferstreifen im Norden Brooklyns war früher reines Industriegebiet. Heute gibt's hier erstklassige Eigentumswohnungen, Möbelläden und Kunstgalerien. Der Empire-Fulton Ferry State Park am Ufer bietet einen postkartenperfekten Blick auf Manhattan.

◉ The Bronx

Die Berühmtheit dieses 108 km² großen Stadtviertels nördlich von Manhattan hat mehrere Gründe: Die Yankees, die liebevoll auch Bronx Bombers genannt werden und die man hier im Frühjahr und im Sommer in all ihrer gestreiften Pracht im neuen **Yankee Stadium** (Karte S. 60; ☏718-293-4300, Touren 646-977-8687; www.yankees.com; E 161st St an der River Ave; Führung 20 US$; Ⓢ B/D, 4 bis 161st St-Yankee Stadium) anfeuern kann; das „echte"

Little Italy bzw. **Belmont** (www.arthuravenue-bronx.com), ein geschäftiges Gebiet zwischen der Arthur und der Belmont Ave voller italienischer Feinkostläden und Lokale; und ein riesiges Ego, das dank Hollywood-Streifen wie *Der Pate* oder *Rumble in the Bronx* zum Mythos wurde. Die Bronx kann aber noch mehr Trümpfe aus dem Ärmel schütteln: Ein Viertel der Bronx besteht aus Grünanlagen, darunter den Stadtstrand Pelham Bay Park. Ebenfalls in dieser Gegend befindet sich die zauberhafte City Island, ein kleines Stückchen New England in der Bronx.

★ **New York Botanical Garden**   GARTEN
(Karte S. 60; www.nybg.org; Bronx River Pkwy & Fordham Rd; nur die Anlagen Erw./Kind 13/3 US$, Alle Gärten Pass 20/8 US $, Mi ganztägig & Sa 9–10 frei; ⊙ Di–So 10–18 Uhr; ♿; ◪ Metro-North bis Botanical Garden) Der 101 ha große Garten ist die Heimat von uralten Bäumen, fast 3000 Rosen und Zehntausenden Azaleen. Auch einen Sumpf-Wanderweg gibt es. Im Frühling ist es hier besonders zauberhaft.

Bronx Wildlife Conservation Park   ZOO
(Karte S. 60; ☎ 718-220-5100; www.bronxzoo.com; Bronx River Pkwy, an der Fordham Rd; Erw./Kind ab 20/13 US$, Mi frei; ⊙ 10–17 Uhr; ◧ BxM11; Ⓢ 2 bis Pelham Pkwy) Dieser Zoo ist einer der

größten, besten und fortschrittlichsten Zoos überhaupt.

Woodlawn Cemetery   FRIEDHOF
(Karte S. 60; ☎ 718-920-0500; www.thewoodlawn cemetery.org; Webster Ave an der E 233rd St; ⊙ 8.30–16.30 Uhr; Ⓢ 4 bis Woodlawn) Der berühmte historische und faszinierende 162 ha große Friedhof ist die letzte Ruhestätte vieler namhafter Amerikaner, u. a. von Miles Davis und Herman Melville.

⊙ **Queens**

Im flächenmäßig größten Bezirk der Stadt leben über 2 Mio. Menschen und mit über 100 Nationalitäten und 160 verschiedenen Sprachen ist Queens zudem das Viertel mit der größten ethnischen Vielfalt. Von Bäumen gesäumte Straßen mit Brownstone-Häusern wie in Brooklyn sind hier eher selten und auch architektonisch gesehen kann der Großteil der Häuser hier nicht halten, was der königliche Name des Bezirks verspricht. Da aber fast die Hälfte der Bewohner von Queens nicht in den USA geboren sind, gestalten sich einige Teile des Bezirks ständig neu und bilden so eine lebhafte, aufregende Gegenwelt zu Manhattan. Außerdem gibt's hier zwei große Flughäfen, die Mets,

---

NYC MIT KINDERN

Man glaubt es kaum, aber New York kann richtig kinderfreundlich sein. Überall – vom Union Square bis zum Battery Park – sind topmoderne Spielplätze aus dem Boden geschossen, und natürlich gibt's auch jede Menge davon in den großen Stadtparks wie dem **Central Park** (S. 78; u. a. die Spielplätze Heckscher, Adventure und Ancient Playground). Die besten Spielplätze in Brooklyn finden sich am Pier 6 im **Brooklyn Bridge Park** (S. 89; im Sommer gibt's hier sogar einen kleinen Wasserpark; also Schwimmsachen und Handtuch nicht vergessen).

Aktivitäten, bei denen die Kleinen so richtig gefordert werden, sind z. B. das **Children's Museum of the Arts** (Karte S. 70; ☎ 212-274-0986; www.cmany.org; 103 Charlton St, zw. Greenwich St & Hudson St; Eintritt 11 US$, Do 16–18 Uhr gegen Spende; ⊙ Mo & Mi 12–17, Do & Fr 12–18, Sa & So 10–17 Uhr; ♿; Ⓢ 1 bis Houston St, C/E bis Spring St) und das **Brooklyn Children's Museum** (www.brooklynkids.org; 145 Brooklyn Ave, an der St Marks Ave, Crown Heights; Eintritt 9 US$, Do 15–17 Uhr frei; ⊙ Di–So 10–17 Uhr; ♿; Ⓢ C bis Kingston-Throop Aves, 3 bis Kingston Ave). Bei einem Besuch des Central Park Zoo, des Bronx Zoo oder des Aquariums von Coney Island können Kinder auf Tuchfühlung mit wilden Tieren gehen. Die Bootsfahrten zur Lady Liberty oder mit der Circle Line oder auch die günstigen Fährfahrten (nach Staten Island oder East River) bieten eine nette Gelegenheit, durch den New Yorker Hafen zu schippern. Alte Karusselle gibt's im Bryant Park, Central Park und Brooklyn Bridge Park. Governors Island ist ein toller Ort für ein Picknick, zum Spielen auf der Wiese und zum Radfahren (es gibt große vierrädrige Gefährte, die man mieten kann).

Ein Abendessen mit Kindern ist so gut wie nirgendwo ein Problem, wenn man früh genug hingeht. Um 17 Uhr ist die Wahrscheinlichkeit sehr groß, dass man mit anderen jungen Familien im Restaurant sitzt. Tipps zu Aufführungen und Events für die Kleinen stehen in der Wochenendrubrik „Arts" der *New York Times*.

eine hippe moderne Kunstszene, viele Kilometer wunderschöner Strände in **Rockaways** sowie Wanderwege in der **Gateway National Recreation Area** (www.nps.gov/gate), einem Tierreservat in der Jamaica Bay, nur ein paar Minuten vom Flughafen JFK entfernt. Die **Queens Historical Society** (☎718-939-0647; www.queenshistoricalsociety.org) organisiert Touren durch die verschiedenen Gegenden dieses riesigen Stadtteils.

Long Island City VIERTEL
(Eintritt 15 US$; 🕒14–21 Uhr; [S] G bis 21st St) Im benachbarten Long Island City säumen mehrere Apartment-Hochhäuser mit großartigem Blick auf Manhattan das Flussufer. Das Gebiet hat sich zu einem Zentrum für Kunstmuseen entwickelt.

PS 1 Contemporary Art Center KUNSTZENTRUM
(Karte S. 60; ☎718-784-2084; www.momaps1.org; 22-25 Jackson Ave, an der 46th Ave; empfohlene Spende 10 US$; 🕒Do–Mo 12–18 Uhr) Das PS 1 Contemporary Art Center widmet sich ausschließlich neuen, topaktuellen Arbeiten. Von Ende Juni bis Anfang September verwandelt sich samstags der Innenhof in einen Kunstraum mit Installationen, wo DJs den jungen Gästen mit ihren Warm-ups kräftig einheizen. Von Mai bis Oktober gibt's jeden Sonntag Live-Shows und andere Veranstaltungen.

Socrates Sculpture Park KUNST
(Karte S. 82; www.socratessculpturepark.org; Broadway, am Vernon Blvd, Long Island City; 🕒10–Sonnenuntergang; [S] N/Q bis Broadway) [GRATIS] Der 1,8 ha große Park direkt am East River ist mit skurrilen Skulpturen übersät. Wenn möglich, sollte man hierher kommen, wenn kostenlose Veranstaltungen anstehen – etwa Yoga und Tai Chi am Wochenende (Mitte Mai–Ende Sept.) oder Filmvorführungen mittwochs (Anfang Juli–Ende August).

Astoria STADTVIERTEL
Astoria ist die größte griechische Gemeinde außerhalb Griechenlands. Kein Wunder also, dass es hier herrliche griechische Bäckereien, Restaurants und Feinkostläden gibt – die meisten davon am **Broadway**. Der Zuzug von osteuropäischen, nahöstlichen (die Steinway Ave, die auch „Little Egypt" genannt wird, ist die Adresse für Falafel, Kebabs und Wasserpfeifen) und lateinamerikanischen Einwanderern hat eine bunte Multi-Kulti-Mischung hervorgebracht. Auch junge, künstlerisch angehauchte Typen haben sich hier niedergelassen und in Queens so ein zweites Williamsburg geschaffen.

Im Sommer kann man sich im **Astoria Pool** (www.nycgovparks.org/parks/astoriapark; Astoria Park, Ecke 19th St & 23rd Dr, Astoria; 🕒Ende Juni–Anfang Sept. 11–19 Uhr; [S] N/Q bis Astoria Blvd), dem größten und ältesten Schwimmbad der Stadt, Abkühlung verschaffen.

★ **Museum of the Moving Image** MUSEUM
(www.movingimage.us; 36-01 35th Ave, an der 37th St, Astoria; Erw./Kind 12/6 US$, Fr 16–20 Uhr Eintritt frei; 🕒Mi & Do 10.30–17, Fr bis 20, Sa & So 11.30–19 Uhr; [S] M/R bis Steinway St) Dieser megacoole Komplex beherbergt nun eines der weltweit besten Film-, TV- und Videomuseen. In den hochmodernen Galerien sind über 130 000 Artefakte aus Film und Fernsehen ausgestellt.

Flushing & Corona STADTVIERTEL
Die Kreuzung der Main St und der Roosevelt Ave in Downtown Flushing fühlt sich an wie der Times Square einer Stadt, die Welten von NYC entfernt ist. Einwanderer aus ganz Asien, vor allem Chinesen und Koreaner, lassen dieses Viertel mit Märkten und Restaurants voller leckerer, preiswerter Delikatessen fast aus den Nähten platzen. Im **Flushing Meadows Corona Park** befinden sich das **Citi Field**, das **USTA National Tennis Center** (in dem im August die US Open stattfinden) und viele Seen, Sportplätze, Radwege und Rasenflächen. 1939 und 1964 fand hier die Weltausstellung statt, wovon eine ganze Reihe verblasster Überbleibsel zeugen. In der interaktiven Ausstellung in der **New York Hall of Science** (☎718-699-0005; www.nysci.org; 47-01 111th St; Erw./Kind 15/12 US$; Fr 14–17 & Sp 10–11 Uhr frei; 🕒Mo–Fr 9.30–17 Uhr, Sa & So 10–18 Uhr; [S] 7 bis 111th St) erfahren Kids spielend alles über Wissenschaft und Technik. In diesem riesigen Park befindet sich außerdem noch das **Queens Museum** (QMA; www.queensmuseum.org; empfohlene Spende Erw./Kind 8 US$/frei; 🕒Mi–So 12–18 Uhr; [S] 7 bis 111th St), das einen Ausblick auf einen großen und sehr fotogenen Globus bietet.

Jackson Heights Historic District STADTVIERTEL
(Zwischen Roosevelt & 34th Aves, von der 70th bis zur 90th St; [S] E, F/V, R zur Jackson Heights Roosevelt Ave) Dieses Viertel ist eine faszinierende Mischung aus indischer und südamerikanischer (Roosevelt Ave) Kultur. Hier ist der richtige Ort, um Saris und 22-karätiges Gold zu kaufen, südindische *masala dosas*

– riesige hauchdünne Reispfannkuchen, die mit einer würzigen Mixtur aus Masala-Kartoffeln, Erbsen, Koriander und anderen pikanten Leckereien gefüllt sind –, kolumbianische *arepas* (Maispfannkuchen) und argentinische Empanadas zu essen.

⊙ Staten Island

Obwohl viele New Yorker der Meinung sind, dass Staten Island wegen seiner vorstädtisch geprägten Haus- und Autokultur mehr mit seinem Nachbar New Jersey gemeinsam hat, gibt es doch zweifelsohne gute Gründe, dieses Viertel zu besuchen. Zunächst einmal ist da die **Staten Island Ferry** (Karte S. 70; www.siferry.com; Whitehall Terminal an der Whitehall St & South St; ⊙ 24 Std.; Ⓢ 1 bis South Ferry) GRATIS, die gelangweilte Pendler zur Arbeit und zurück befördert. Die Überfahrt bietet Gelegenheit für einen atemberaubenden Blick auf die Freiheitsstatue und die Skyline von Manhattan (das größte Riesenrad der Welt soll mitten im großen Shopping- und Einzelhandelskomplex in der Nähe des Fährterminals errichtet werden). Unweit des Fähranlegers auf Staten Island befindet sich der Richmond County Bank Ballpark (S. 118), das Heimstadion der Zweitligisten Staten Island Yankees, und das In-Viertel St. George.

🏃 Aktivitäten

Radfahren

New York ist mit seinen mehreren Hundert Kilometern ausgewiesener Fahrradwege eine überraschend fahrradfreundliche Stadt. Wer nur eine kleine Spritztour machen möchte (unter 30 Min.), nimmt sich ein **Citi Bike** (www.citibikenyc.com; 24 Std./7 Tage 11/27 US$) aus dem Fahrrad-Sharing-Programm des Big Apple. An Hunderten von Kiosken in Manhattan und in Teilen Brooklyns stehen die hellblauen Fahrräder. Mit einer Kreditkarte funktioniert das Ausleihen kinderleicht. Wer als Radfahrer jedoch mit dem Stadtverkehr nicht vertraut ist, für den kann das Radeln durch die Straßen von New York ziemlich riskant sein, da Lastwagen, Taxis und in zweiter Reihe geparkte Autos oft die Radwege blockieren. Über 45 km überwiegend am Flussufer verlaufender Strecken wurden in den **Manhattan Waterfront Greenway** integriert, ein Flickwerk aus Parkwegen, Überführungen und ein paar Stadtstraßen, das die gesamte Insel Manhattan umrundet. Der überwiegend durchgehende, 16 km lange Abschnitt

von der G.W. Bridge zum Battery Park, der auch durch den **Hudson River Park** führt, ist der wohl spektakulärste Teil. Aber natürlich gibt es auch im **Central Park** und in Brooklyns **Prospect Park** schöne Radwege.

Wer ein Rad leihen will, kann (außer bei Citi Bike) bei einer der zahlreichen Verleihstätten von **Bike and Roll** (www.bikenewyorkcity.com; Räder ab 10/30 US$ pro Std./halber Tag) vorbeischauen. Vor dem Central Park an der 59th St und am Central Park West geht es besonders schnell.

Wassersport

Manhattan ist nun einmal eine Insel. Kein Wunder, dass es hier jede Menge Möglichkeiten zum Boot- und Kajakfahren gibt. Das **Downtown Boathouse** (Karte S. 66; www.downtownboathouse.org; Pier 26 nahe N Moore St; ⊙ Mitte Mai–Mitte Okt. Sa & So 9–17.30 Uhr, & Juli & Aug. Mo–Fr 17–18.30 Uhr; Ⓢ 1 bis Houston St) bietet kostenlose 20-minütige Kajaktouren (inkl. Ausrüstung) in der Bucht des Hudson River an. Weitere Standorte sind u.a. die 56th St, die 72nd St und Governors Island.

Das **Loeb Boathouse** (Karte S. 82; ☑ 212-517-2233; www.thecentralparkboathouse.com; zw. 74th St & 75th St; Boot 12 US$/Std., Fahrrad 9–15 US$/Std.; ⊙ April–Nov. 10–18 Uhr; 🚻; Ⓢ B, C bis 72nd St, 6 bis 77th St) im Central Park verleiht Ruderboote für romantische Dates und im Sommer venezianische (Gruppen-) Gondeln. Wer Lust auf ein Segelabenteuer hat, kann an den **Chelsea Piers** an Bord des **Schooner Adirondack** (Karte S. 74; ☑ 212-913-9991; www.sail-nyc.com; Chelsea Piers, Pier 62 an der W 22th St; Führungen 48–78 US$; Ⓢ C, E bis 23rd St) gehen.

Surfer werden überrascht sein, dass es in Queens am **Rockaway Beach** an der 90th St eine kleine Gruppe von Wellenreitern gibt. Aus Midtown braucht der A-Train nur 75 Minuten hierher und schon kann man sich aufs Brett schwingen.

👉 Geführte Touren

Die im Folgenden genannten Touren sind nur eine kleine Auswahl aus dem Angebot:

Big Onion Walking Tours STADTSPAZIERGANG (☑ 888-606-9255; www.bigonion.com; Tour 20 US$) Beliebte, leicht abgedrehte Stadtspaziergänge, die sich auf bestimmte ethnische Gruppen und Stadtviertel beziehen.

Circle Line BOOTSFAHRT (Karte S. 74; ☑ 212-563-3200; www.circleline42.com; Pier 83, W 42nd St; Tickets ab 29 US$;

S A/C/E bis 42nd St-Port Authority Bus Terminal) Bootsfahrten mit Kommentar, die um die halbe oder ganze Insel führen, sowie Speedboat-Trips auf dem *Beast*.

Municipal Art Society
STADTSPAZIERGANG
(Karte S. 82; ☎ 212-935-3960; www.mas.org; 111 W 57th St; Tour Erw./Kind 20/15 US$; S F bis 57th St) Diverse Spaziergänge mit Schwerpunkt auf Architektur und Geschichte, u. a. gibt's täglich um 12.30 Uhr eine Führung durch den Grand Central Terminal.

New York City Audubon
STADTSPAZIERGANG
(Karte S. 74; ☎ 212-691-7483; www.nycaudubon. org; 71 W 23rd St, Ste 1523; Tour frei–100 US$; S F/M bis 23rd St) Touren mit Experten und sachkundigen Führern. Angeboten werden u. a. Vogelbeobachtungen im Central Park und in der Bronx sowie umweltorientierte Rundfahrten im Jamaica Bay Wildlife Refuge.

NYC Gangster Tours
STADTSPAZIERGANG
(www.nycgangstertours.com; Tour 25–40 US$) Zugegeben, es klingt etwas abgedroschen. Aber die etwas schrillen, sachkundigen Führer machen aus diesem Spaziergang mit Schwerpunkt auf die italienische, chinesische und jüdische Mafia in NYC eine interessante und witzige Sache.

On Location Tours
BUSTOUREN
(☎ 212-683-2027; www.onlocationtours.com; Tour 33–59 US$) Die *Gossip Girl-* und *How I Met Your Mother*-Tour sind neu auf der Liste der angebotenen Touren, auf denen man seine Carrie-Bradshaw- oder Tony-Soprano-Fantasien ausleben kann.

✦ Feste & Events

Von Kulturstraßenmärkten bis hin zu Gourmet-Events gibt es so ziemlich alles. Man ist geradezu gezwungen, etwas Aufregendes zu erleben – und das unabhängig von der Jahreszeit. In den Sommermonaten finden so viele Open-Air-Events statt, dass man nicht weiß, womit man anfangen soll.

Restaurant Week
ESSEN
(☎ 212-484-1222; www.nycgo.com; ⊙ Feb. & Juli) Spitzenrestaurants mit Drei-Gänge-Specials für 38 US$ (und mittags für 25 US$).

Armory Show
KULTUR
(☎ 212-645-6440; www.thearmoryshow.com; Pier 92 & 94, West Side Hwy an der 52nd & 54th St; ⊙ März) Im März berauscht New Yorks größte Kunstmesse die Stadt und präsentiert neue Werke von Tausenden Künstlern aus aller Welt.

Tribeca Film Festival
FILM
(☎ 212-941-2400; www.tribecafilm.com; ⊙ Ende April & Anfang Mai) Robert De Niro ist an der Organisation dieses immer mehr an Prestige gewinnenden Filmfestivals in Downtown beteiligt.

Fleet Week
MARINE
(☎ 212-245-0072; www.fleetweeknewyork.com; ⊙ Mai) Seeleute in weißen Uniformen, Marineschiffe und Luftrettungsteams überschwemmen die Stadt.

NYC Pride
SCHWULE & LESBEN
(☎ 212-807-7433; www.nycpride.org; ⊙ Juni) Im Pride-Monat Juni ist der Veranstaltungskalender voller Partys und Special Events. Der Höhepunkt ist eine große Parade auf der Fifth Ave am letzten Sonntag im Juni.

Mermaid Parade
PARADE
(www.coneyisland.com; ⊙ Ende Juni) Dieses witzige, irre, künstlerisch angehauchte Event verwandelt die Surf Ave auf Coney Island in Brooklyn in eine Art Mardi-Gras-Spektakel.

Village Halloween Parade
UMZUG
(www.halloween-nyc.com; Sixth Ave von Spring St bis 16th St; ⊙ 31. Okt. 19–23 Uhr) Bei diesem großartigen Umzug vermischen sich in verrückte Kostüme gehüllte Teilnehmer und begeisterte Zuschauer. Mitmachen kann jeder.

🛏 Schlafen

Auf die angegebenen Preise müssen für Steuern 14,75 % und pro Nacht zusätzlich 3,50 US$ hinzugerechnet werden. Eine ganze Reihe von landesweit vertretenen Hotelketten wie Sheraton, Ramada und Holiday Inn bietet rund um die 39th Ave in Long Island City Queens Zimmer zu erschwinglichen Preisen an. Die Hotels liegen nur ein paar Blocks voneinander entfernt. Mit Zügen der Linien N, Q oder R kommt man schnell über den East River ins Zentrum von Manhattan.

🛏 Lower Manhattan & Tribeca

Wall Street Inn
LUXUSHOTEL $$
(Karte S. 66; ☎ 212-747-1500; www.thewallstreet inn.com; 9 S William St; Zi. ab 240 US$; ✴ ☎; S 2/3 zur Wall St) Früher war in diesem klassischen Kalksteingebäude die Bank Lehman Brothers untergebracht. Im Hotel ist die Atmosphäre der sehr frühen amerikanischen Banker noch spürbar, aber man geht längst kein Risiko mehr ein, wenn man sein Geld

hier investiert. Die altmodischen, eher warmen und nicht spießigen Zimmer mit luxuriösem Marmorbad sind für ihre Größe etwas vollgestopft.

🛏 SoHo

Leon Hotel
HOTEL **$$**

(Karte S. 70; ☎ 212-390-8833; www.leonhotel nyc.com; 125 Canal St, zw. Bowery & Christie; Zi. ab 240 US$; ✳🖂; Ⓢ B/D bis Grand St) Am Zugang zur Manhattan Bridge steht dieses kastenförmige Hotel, das nicht viel Schnickschnack bietet, aber für das teure New York City mit einem ganz guten Preis-Leistungs-Verhältnis aufwartet. Die Zimmer sind zwar minimalistisch eingerichtet, aber komfortabel, und einige bieten einen netten Blick auf Lower Manhattan mit dem One World Trade Center direkt vor der Nase. Das Personal ist freundlich.

Solita SoHo
HOTEL **$$**

(Karte S. 70; ☎ 212-925-3600; www.solitasoho hotel.com; 159 Grand St, an der Lafayette St; Zi. ab 220 US$; ✳🖂; Ⓢ N/Q/R, J/Z, 6 bis Canal St) Das Solita ist eine saubere, funktionale Alternative mit erlesenen Möbeln ganz in der Nähe von Chinatown, NoLita, Soho und der Lower East Side. Im Winter niedrigere Zimmerpreise.

Soho Grand Hotel
BOUTIQUEHOTEL **$$**

(Karte S. 70; ☎ 212-965-3000; www.sohogrand. com; 310 W Broadway; DZ ab 290 US$; ✳@🖂; Ⓢ 6, N/Q/R, J zur Canal St) *Das* Boutiquehotel des Viertels gibt mit seiner umwerfenden Treppe aus Glas und Gusseisen in der Lobby hier noch immer den Ton an. Die 353 Zimmer sind mit coolen, klaren Linien und Luxusbettwäsche der Marke Frette, Plasma-Flachbild-TVs und Pflegeprodukten von CO Bigelow ausgestattet. In der Grand Lounge in der Lobby ist immer viel los.

🛏 Lower East Side, East Village & NoLita

Bowery House
HOSTEL **$$**

(Karte S. 70; ☎ 212-837-2373; www.thebowery house.com; 220 Bowery zw. Prince St & Spring St; EZ/DZ mit Gemeinschaftsbad ab 90/160 US$; ✳🖂; Ⓢ J/Z bis Bowery) Auf der gegenüberliegenden Straßenseite des New Museum wurde diese ehemalige Absteige aus den 1920er-Jahren als Hostel der gehobenen Preisklasse wiedergeboren. Die winzigen Zimmer sind mit Bowery-Filmpostern und maßgeschneiderten Matratzen (d.h. kürzer

und schmaler als normal) versehen, dafür haben die Gemeinschaftsbäder Regenduschen und eine Fußbodenheizung. Es gibt auch eine Lounge mit Chesterfield-Sofas und Kronleuchtern, eine Bar und eine Dachterrasse.

St. Mark's Hotel
HOTEL **$$**

(Karte S. 70; ☎ 212-674-0100; www.stmarks hotel.net; 2 St Marks Pl an der Third Ave; DZ ab 140 US$; ✳🖂; Ⓢ 6 bis Astor Pl) Diese Budgetoption in East Village zieht vor allem junge Partygänger an, die von der Lage des Hotels in der Nähe des spannendsten Ansammlung an Bars und Cocktaillounges profitieren. Es überrascht also nicht, dass die Zimmer winzig sind, dafür aber sauber und mit Flachbild-TV und privatem Bad angemessen ausgestattet. WLAN kostet extra.

Blue Moon Hotel
BOUTIQUEHOTEL **$$**

(Karte S. 70; ☎ 212-533-9080; www.bluemoon -nyc.com; 100 Orchard St zw. Broome St & Delancey St; Zi. inkl. Frühstück ab 250 US$; ✳🖂; Ⓢ F bis Delancey St, J/M bis Essex St) Man kann sich kaum vorstellen, dass diese originelle, einladende, farbenfrohe Pension in einem Backsteinhaus früher (d.h. 1879) eine heruntergekommene Mietskaserne war. Abgesehen von einigen Schnörkeln, z.B. schmiedeeisernen Bettgestellen und feinen Formarbeiten, sind die klaren, sauberen Zimmer im Blue Moon modern und gemütlich eingerichtet.

Bowery Hotel
BOUTIQUEHOTEL **$$$**

(Karte S. 70; ☎ 212-505-9100; www.thebowery hotel.com; 335 Bowery, zw. 2nd St & 3rd St; Zi. ab 375 US$; ✳@; Ⓢ F/V zur Lower East Side-Second Ave; 6 zur Bleecker St) Die Zeiten des Bowery als billige Absteige sind längst vorbei. Jetzt herrscht in dem stilvollen Hotel die Eleganz des 19. Jhs. vor. Die hellen Zimmer sind mit schicken Möbeln und Antiquitäten ausgestattet. Die Bar im Barockstil in der Lobby lockt junge, schicke Leute an, und im dazugehörigen Restaurant Gemma wird feinste italienische Küche geboten.

🛏 Chelsea, Meatpacking District & West (Greenwich) Village

Chelsea Hostel
HOSTEL **$**

(Karte S. 74; ☎ 212-647-0010; www.chelseahos tel.com; 251 W 20th St zw. Seventh Ave & Eighth Ave; B 40–80 US$, EZ 75–100 US$, DZ ab 130 US$; ✳@🖂; Ⓢ A/C/E, 1/2 bis 23rd St, 1/2 bis 18th St) Das Chelsea Hostel setzt die gute Lage – das Village und Midtown sind zu Fuß zu erreichen – mit recht gepfefferten Preisen in bare

Münze um. Aber die Zimmer sind sauber und es gibt Gemeinschaftsräume und -küchen, in denen man auf Gleichgesinnte trifft.

Jane Hotel
HOTEL $

(Karte S. 70; ☎ 212-924-6700; www.thejanenyc.com; 113 Jane St zw. Washington St & West Side Hwy; Zi. mit Gemeinschaftsbad/privates Bad ab 105/250 US$; P ✳ 🛜; S L bis Eight Ave, A/C/E bis 14th St; 1/2 bis Christopher St-Sheridan Sq) Ursprünglich wurde dieses Hotel für Seeleute gebaut (was man an den kajütenkleinen Zimmern unschwer erkennen kann), dann war es ein Notquartier für Überlebende der *Titanic*, später eine YMCA Unterkunft und dann eine Rock'n'Roll-Spielstätte. Die Einzelzimmer haben Flachbild-TVs, und die Gemeinschaftsduschen sind recht gut.

Chelsea Lodge
HOTEL $

(Karte S. 74; ☎ 212-243-4499; www.chelsealodge.com; 318 W 20th St zw. Eighth Ave & Ninth Ave; EZ/DZ ab 130/140 US$; ✳ 🛜; S A/C/E bis 14th St; 1 bis 18th St) Die europäisch gestaltete Chelsea Lodge mit ihren 20 Zimmern in einem unverkennbaren Brownstone-Haus in Chelsea ist ein Superdeal. In den kleinen Zimmern steht kaum mehr als ein Bett und ein Holzschränkchen mit TV drauf. Duschen und Waschbecken sind in den Zimmern, die Toiletten aber am Ende des Flurs. Es gibt auch sechs Suiten mit Bad, zwei davon mit eigenem Gartenzugang.

Larchmont Hotel
HOTEL $

(Karte S. 70; ☎ 212-989-9333; www.larchmonthotel.com; 27 W 11th St, zw. Fifth Ave & Sixth Ave; EZ/DZ mit Gemeinschaftsbad ab 110/120 US$; ✳ 🛜; S 4/5/6, N/Q/R bis 14th St Union Sq) Das Larchmont punktet mit seiner Lage. Es ist in einem Gebäude aus der Vorkriegszeit untergebracht, das hervorragend zu den anderen schönen Brownstone-Häusern in dem Straßenblock passt. Die schlichten Zimmer mit Teppichböden könnten mal wieder aufgefrischt werden. Gleiches gilt für die Gemeinschaftsbäder. Aber das Preis-Leistungs-Verhältnis stimmt.

Townhouse Inn of Chelsea
B&B $$

(Karte S. 74; ☎ 212-414-2323; www.townhouseinnchelsea.com; 131 W 23rd St, zw. Sixth Ave & Seventh Ave; Zi. inkl. Frühstück ab 150 US$; ✳ 🛜; S F/V, 1 bis 23rd St) In einem einzelnen, fünfstöckigen Stadthaus aus dem 19. Jh. an der belebten 23rd St steht dieses Chelsea-Juwel mit seinen 14 Zimmern. Sie sind groß und einladend mit unverputzten Backsteinwänden, feiner Bettwäsche und schönen Möbeln. Das B&B verfügt außerdem über eine elegante Bibliothek im viktorianischen Stil, die dem Haus zusätzlichen Charme verleiht. Die freundlichen Gastgeber haben zahlreiche Infos über die Gegend.

🏛 Union Square, Flatiron District & Gramercy Park

Carlton Arms
HOTEL $

(Karte S. 74; ☎ 212-679-0680; www.carltonarms.com; 160 E 25th St zw. Lexington Ave & Third Ave; EZ/DZ 142/176 US$, EZ/DZ mit Gemeinschaftsbad 96/142 US$; S 6 bis 23rd St oder 28th St) Trotz seiner verkommenen Vergangenheit (als illegale Kneipe mit Drogen und Prostitution) ist das Carlton Arms heute eine gelungene Mischung aus Kunstgalerie und Budgethotel. Das fünfstöckige Treppenhaus ist mit Wandbildern übersät, die sich auch noch in den winzigen Gästezimmern und den Gemeinschaftsbädern (jedes Zimmer hat ein kleines Waschbecken) fortsetzen. Hier trifft man auf eine bunte Mischung aus unkonventionellen Travellern.

Hotel 17
BUDGETUNTERKUNFT $

(Karte S. 74; ☎ 212-475-2845; www.hotel17ny.com; 225 E 17th St zw. Second Ave & Third Ave; DZ mit Gemeinschaftsbad ab 113 US$; ✳ 🛜; S N/Q/R, 4/5/6 bis 14th St-Union Sq; L bis Third Ave) Die relativ erschwingliche Unterkunft in einem Wohnblock direkt am Stuyvesant Sq befindet sich in einem schlichten siebenstöckigen Stadthaus. Die kleinen Zimmer sind altmodisch und mit einfachen Möbeln eingerichtet (grauer Teppichboden, auffällig bunte Tagesdecken, burgunderrote Jalousien). Sie könnten etwas mehr Tageslicht vertragen.

The Marcel at Gramercy
BOUTIQUEHOTEL $$

(Karte S. 74; ☎ 212-696-3800; www.themarcelatgramercy.com; 201 E 24th St, an der Third Ave; DZ ab 180–410 US$; ✳ @ 🛜; S 6 bis 23rd St) Das minimalistische, in Erdtönen gehaltene Gästehaus mit seinen 97 Zimmern ist ein schickes Hotel für den kleinen Mann – und das ist keinesfalls zu verachten. Die modern eingerichteten Zimmer zur Avenue bieten einen großartigen Ausblick und die elegante Lounge ist ein toller Ort, um nach einem langen Sightseeing-Tag zu entspannen.

🛏 Midtown

Pod 51
HOTEL $

(Karte S. 74; ☎ 212-355-0300; www.thepodhotel.com; 230 E 51st St zw. Second Ave & Third Ave, Midtown East; Zi. ab 147 US$; ✳ 🛜; S 6 bis 51st St,

E/M bis Lexington Ave-53rd St) Ein Traum wird wahr für alle, die in und mit ihrem iPod leben wollen – oder zumindest mit ihm einschlafen möchten. Der erschwingliche Hotspot hat eine Reihe verschiedener Zimmer, die meist kaum groß genug für ein Bett sind. Das Bettzeug im „Pods" ist strahlend weiß, die Zimmer haben kleine Schreibtische, Flachbild-TVs, iPod-Docking-Stationen und Regenduschen.

Park Savoy HOTEL $

(Karte S. 82; ☎ 212-245-5755; www.parksavoyny.com; 158 W 58th St zw. Seventh Ave & Sixth Ave; DZ ab 145 US$; ❄📶; [S] N/Q/R bis 57th St-7th Ave) Das Beste am Park Savoy sind der kleine Preis und die großartige Lage nahe dem Central Park. Nicht ganz so toll: die abgewetzten Teppiche, billigen Tagesdecken und der spärliche Wasserdruck der Duschen, vom absolut nicht hilfsbereiten Personal ganz zu schweigen.

★ **Yotel** HOTEL $$

(Karte S. 74; ☎ 646-449-7700; www.yotel.com; 570 Tenth Ave, an der 41st St, Midtown West; Zi. ab 190 US$; ❄📶; [S] A/C/E bis 42nd St-Port Authority Bus Terminal, 1/2/3, N/Q/R, S, 7 bis Times Sq-42nd St) In dem supercoolen Hotel trifft Weltraumbahnhof auf Austin Powers. Die 669 Zimmer mit Flugzeug-Charme sind klein, aber fein. In den Zimmern der Premium Class stehen automatisch verstellbare Betten. Alle Zimmer haben Fenster vom Fußboden bis zur Decke und bieten einen grandiosen Blick, schicke Bäder und iPod-Docking-Stationen.

City Rooms HOTEL $$

(Karte S. 74; ☎ 917-475-1285; www.cityroomsnyc.com; 368 Eighth Ave zw. 28th St & 29th St; Zi. mit Gemeinschaftsbad ab 150 US$; ❄📶; [S] C/E bis 23rd St, 1 bis 28th St) Wer sich nicht viel aus Luxus macht und nicht an Klaustrophobie leidet, ist in diesem freundlichen Hotel mit seinen 13 Zimmern recht gut aufgehoben. Die Zimmer sind einfach und sauber mit bequemen Matratzen, aber sehr wenig Platz. Die Wandtattoos mit NYC-Motiven verleihen den ansonsten weißen Wänden etwas Charakter. Es gibt nur Zimmer mit Gemeinschaftsbädern (die auch ganz schön eng bemessen sind).

414 Hotel HOTEL $$

(Karte S. 74; ☎ 212-399-0006; www.414hotel.com; 414 W 46th St zw. Ninth Ave & Tenth Ave, Midtown West; Zi. ab 285 US$; ❄📶; [S] C/E bis 50th St) Diese erschwingliche, freundliche Unterkunft mit 22 ordentlichen, geschmackvoll eingerichteten Zimmern ähnelt eher einer Pension als einem Hotel und liegt nur ein paar Blocks westlich vom Times Square. Die Zimmer zum grünen Innenhof, in dem man ganz wunderbar frühstücken kann, sind die ruhigsten.

🛏 Upper West Side

Hostelling International New York HOSTEL $

(HI; Karte S. 82; ☎ 212-932-2300; www.hinewyork.org; 891 Amsterdam Ave, an der 103rd St; B 50–75 US$; ❄📶; [S] 1 bis 103rd St) Die 672 blitzeblanken Betten dieses HI-Hostels sind in einem Herrenhaus aus den 1880er-Jahren aus rotem Backstein untergebracht. Es ist eine eher kommerzielle Unterkunft, ganz gut sind aber u. a. die Gemeinschaftsbereiche, der Hinterhof, die Gemeinschaftsküche und das Café.

Jazz on Amsterdam Ave HOSTEL $

(Karte S. 82; ☎ 646-490-7348; www.jazzhostels.com; 201 W 87th St an der Amsterdam Ave; B 50 US$, Zi. 130 US$; ❄📶; [S] 1 bis 86th St) Nur einen kurzen Spaziergang vom Central Park entfernt befindet sich der Upper-West-Side-Ableger dieser Hostelkette mit Privatzimmern und Schlafsälen mit zwei bis sechs Betten. In der Lobby gibt's kostenloses WLAN. Weitere Ableger finden sich in Harlem und Chelsea.

YMCA HOSTEL $$

(Karte S. 82; ☎ 212-912-2625; www.ymcanyc.org; 5 W 63rd St an der Central Park West; DZ 210 US$, EZ/DZ mit Gemeinschaftsbad ab 114/160 US$; ❄@; [S] A/B/C/D bis 59th St-Columbus Circle) Nur ein paar wenige Schritte vom Central Park entfernt bietet dieses großartige Art-déco-Gebäude einfache, aber saubere Zimmer auf mehreren Etagen (8.–13. Stock). Gäste können den großen, wenn auch altmodischen Fitnessraum, die Racquetball-Plätze, den Pool und die Sauna nutzen. Es gibt auch einen Loungebereich und ein Café. Weitere Ableger finden sich in der Upper East Side und in Harlem.

Lucerne HOTEL $$

(Karte S. 82; ☎ 212-875-1000; www.thelucernehotel.com; 201 W 79th St Ecke Amsterdam Ave; DZ ab 186 US$; ❄📶👪; [S] B, C bis 81st St) Mit der reich verzierten terrakottafarbenen Fassade bricht dieses ungewöhnliche Gebäude von 1903 mit der Beaux-Arts-Architektur zu Gunsten des Barock. Das stattliche Hotel mit 197 Zimmern verfügt über neun verschiedene Zimmertypen im modernen, viktorianischen Look: geblümte Tagesdecken, verschnörkelte Kopfenden an den Betten und Plüschkissen mit Fransen.

Upper East Side

Bubba & Bean Lodges
B & B $$

(Karte S. 82; ☏ 917-345-7914; www.bblodges. com; 1598 Lexington Ave, zw. 101st St & 102nd St; Zi. 130–260 US$; ✴ 🛜; Ⓢ 6 bis 103rd St) Die Besitzer Jonathan und Clement haben ein bezauberndes Stadthaus in Manhattan in eine wunderschöne heimelige Bleibe verwandelt. Die fünf Gästezimmer sind einfach eingerichtet und haben blütenweiße Wände, Parkettfußböden und dunkelblaue Bettwäsche, was dem B & B ein jugendliches, modernes Flair verleiht. Alle Zimmer haben ein eigenes Bad und Küchenzeilen mit den nötigen Kochutensilien.

Bentley Hotel
BOUTIQUEHOTEL $$

(Karte S. 82; ☏ 212-247-5000; www.bentleyhotel nyc.com; 500 E 62nd St an der York Ave; Zi. ab 220 US$; ✴ 🛜; Ⓢ N/Q/R bis Lexington Ave/59th St) Das Bentley bietet einen traumhaften Blick über den East River und den FDR Dr soweit das Auge reicht. Das ehemalige Bürogebäude hat sich in ein schickes Boutiquehotel mit eleganter Lobby und hübschen Zimmern verwandelt.

Harlem

Harlem Flophouse
PENSION $

(Karte S. 82; ☏ 212-662-0678; www.harlemflop house.com; 242 W 123rd St zw. Adam Clayton Powell Jr & Frederick Douglass Blvd; Zi. mit Gemeinschaftsbad 125–150 US$; 🛜; Ⓢ A/B/C/D, 2/3 bis 124th St) Die vier hübschen Zimmer sind mit alten Lampen, lackierten Holzböden, großen Betten, klassischen Zinndecken und Fensterläden aus Holz ausgestattet. Im Haus lebt eine Katze.

Allie's Inn
B & B $$

(Karte S. 82; ☏ 212-690-3813; www.alliesinn. com; 313 W 136th St zw. Frederick Douglass Blvd & Edgecombe Ave; Zi. 175–325 US$; ✴ 🛜; Ⓢ A/C, B bis 135th St) Diese charmante Unterkunft in Harlem hat nur drei Zimmer. Sie sind sauber und komfortabel, mit Fußböden aus Eichenholz, klassischen modernen Möbeln und kleinen Küchenzeilen ausgestattet. In der Umgebung gibt's immer mehr ansprechende Restaurants und Ausgehoptionen und die U-Bahn-Station liegt gleich um die Ecke.

Brooklyn

★ New York Loft Hostel
HOSTEL $

(☏ 718-366-1351; www.nylofthostel.com; 249 Varet St, zw. Bogart St & White St, Bushwick; B 40–80 US$, DZ 140 US$; ✴ @ 🛜; Ⓢ L bis Morgan Ave) In dem renovierten Loft-Hostel fühlt man sich wie ein Hipster in Williamsburg – oder vielleicht eher in Bushwick. Die unverputzten Wände, hohen Decken, eine schöne Küche, ein Garten hinterm Haus und eine Dachterrasse zum Sonnen lassen die Hostels in Manhattan wie Mietskasernen aussehen.

Wythe Hotel
BOUTIQUEHOTEL $$

(☏ 718-460-8000; wythehotel.com; 80 Wythe Ave, an der N 11th St, Williamsburg; Zi. 205–600 US$; ✴ 🛜) In einem roten Backsteingebäude im Herzen des nachtaktiven Williamsburg ist dieses stilvolle Refugium untergebracht. Die Zimmer im Industrie-Chic haben eigens angefertigte Tapeten (vom in Brooklyn ansässigen Anbieter Flavor Paper), unverputzte Ziegelwände, polierte Betonfußböden und original erhaltene, fast 4 m hohe Holzdecken. Im Erdgeschoss gibt's eine nette Brasserie und auf dem Dach eine Bar mit Blick auf Manhattan.

Nu Hotel
HOTEL $$

(☏ 718-852-8585; www.nuhotelbrooklyn.com; 85 Smith St; DZ inkl. Frühstück 170–300 US$; ✴ @ 🛜; Ⓢ F, G bis Bergen St) Die Lage von wenige Blocks von Brooklyn Heights entfernt mitten in einem hübschen Brownstone-Viertel ist absolut ideal – läge nicht das Gefängnis von Brooklyn genau gegenüber. Das schicke Hotel mit minimalistischem Ambiente hat saubere, weiße, komfortable Zimmer.

Queens

The Local NYC
HOSTEL $$

(☏ 347-738-5251; www.thelocalny.com; 1302 44th Ave zw. 12th St & 13th St; B/DZ ab 45/160 US$; ✴ 🛜; Ⓢ E, M bis Court Sq) Ein stylishes Hostel mit kleinen, sauberen, schlicht gestalteten Zimmern mit bequemen Matratzen und jeder Menge natürlichem Licht. Die lebhafte Café-Bar ist ein guter Ort, um andere Reisende zu treffen. Tagsüber wird hier guter Kaffee, abends Wein und Bier serviert. Die ganze Woche über gibt's spezielle Veranstaltungen (Filmabende, Livemusik, Quiz-Abende).

Paper Factory Hotel
HOTEL $$

(☏ 718-392-7200; www.thepaperfactoryhotel.com; 37-06 36th St, Long Island City; DZ ab 180 US$; ✴ 🛜; Ⓢ M/R bis 36th St) Diese ehemalige Papierfabrik mit Warenhaus bietet heute 123 Zimmer im Industrie-Chic. Wiederverwertetes Holz und polierte Betonfußböden sind allgegenwärtig und die kunstvoll gestalteten Gemeinschaftsbereiche eigenen sich hervorragend zum Ausspannen.

🍴 Essen

Wo anfangen in einer Stadt mit mehr als 20 000 Restaurants, in der jeden Tag neue hinzukommen? Von Little Albania bis Little Uzbekistan – worauf immer man gerade Appetit hat, das passende Lokal ist nur eine kurze U-Bahnfahrt entfernt. New York Citys Restaurantszene ist eine Brutstätte kulinarischer Innovationen und Trends, die sich wie die Stadt selbst täglich neu erfindet und die zu erkunden sich wirklich lohnt – angefangen bei einfallsreichen Donuts und Sandwiches mit frischem Bio-Schweinefleisch bis hin zu Haute-Cuisine-Variationen von Brathähnchen, Pizzas und den guten alten Burgern mit Pommes.

🍴 Lower Manhattan & Tribeca

Financier Patisserie BÄCKEREI, SANDWICHES $

(Karte S. 66; ☎212-334-5600; www.financierpastries.com; 62 Stone St an der Mill Lane; Gebäck 3–4 US$, Sandwiches 8–10 US$; ⏲Mo–Fr 7–19, Sa & So 9–17 Uhr; 👪; [S] 2/3, 4/5 bis Wall St, J/Z bis Broad St) Da niemand genug bekommen konnte von den lockeren Buttercroissants, Beeren-Tartes und Schokoladen-Éclaires gibt es in Lower Manhattan nun insgesamt drei Ableger dieser beliebten Patisserie. Deftige Speisen sind z. B. hausgemachte Suppen, leckere Sandwiches und saftige Quiches.

Shake Shack BURGER $

(Karte S. 66; ☎646-545-4600; www.shakeshack.com; 215 Murray St zw. West St & North End Ave; Burger 5–10 US$; ⏲11–23 Uhr; [S] A/C, 1/2/3 bis Chambers St) In Danny Meyers kultiger Burgerkette zeigt sich Fast Food von seiner besten Seite mit weichen Burgerbrötchen und hochwertigem, frisch gehacktem Fleisch, Hotdogs à la Chicago mit Mohn-Kartoffel-Brötchen und richtig leckeren Cheesy Fries (Pommes mit Käse). Dazu gibt's Bier aus Brooklyns Lokalbrauerei Sixpoint.

Fraunces Tavern AMERIKANISCH $$

(Karte S. 66; ☎212-968-1776; www.frauncestavern.com; 54 Pearl St; Hauptgerichte mittags 15–26 US$, abends 20–38 US$; ⏲11–22 Uhr; [S] N/R bis Whitehall) Wer lässt sich schon die Chance entgehen, dort zu essen, wo auch George Washington 1762 schon zu Abend speiste? Auf den Tisch kommen riesige Portionen in Bierteig frittierter Fish & Chips, Pot Pie mit schonend gegartem Hähnchenfleisch und geschmorte Querrippe. Hier herrscht eine tolle Atmosphäre – besonders sonntags, wenn traditionelle irische Musik gespielt wird (15.30–18.30 Uhr).

★ **Locanda Verde** ITALIENISCH $$$

(Karte S. 66; ☎212-925-3797; www.locandaverdenyc.com; 377 Greenwich St an der Moore St; Mittagessen 19–29 US$, Hauptgerichte abends 22–37 US$; ⏲Mo–Fr 7–23, Sa & So ab 8 Uhr; [S] A/C/E bis Canal St, 1 bis Franklin St) In dieser berühmten Brasserie, die man durch einen Samtvorhang betritt, treffen sich elegant gekleidete Männer und Damen in schwarzen Kleidern und lassen sich an der langen, voll besetzten Bar von schicken Barkeepern bedienen. Hier werden moderne italienische Kreationen wie etwa Pappardelle mit Lammbolognese oder gedünsteter Forellenbarsch mit grünem Knoblauchpüree serviert. Der Brunch am Wochenende ist nicht weniger kreativ. Lecker sind die Scampi auf Maisgrütze oder die Pancakes mit Zitronenricotta und Heidelbeeren.

Tiny's & the Bar Upstairs AMERIKANISCH $$$

(Karte S. 66; ☎212-374-1135; www.tinysnyc.com; 135 W Broadway zw. Duane St & Thomas St; Hauptgerichte mittags 16–20 US$, abends 22–30 US$; ⏲Mo–Fr 8–24, Sa & So ab 9 Uhr; [S] A/C, 1/2/3 bis Chambers St) Das Tiny's ist schnuckelig und einfach hinreißend (vorab reservieren!). Hier gibt's im Hinterzimmer ein knisterndes Feuer und eine kleine Bar im Obergeschoss. Die auf traditionellem Porzellan servierten Gerichte sind mit Liebe zubereitete und sorgsam verfeinerte Köstlichkeiten wie etwa Grünkohlsalat mit Ahornsenf und geriebenem Gouda, marinierte Shrimps mit schwarzen Tintenfisch-Cavatelli oder gegrilltes Kronfleisch (Skirt Steak) mit eingelegtem Ramp-Lauch.

🍴 Chinatown, Little Italy & NoLita

Tacombi MEXIKANISCH $

(Karte S. 70; www.tacombi.com; 267 Elizabeth St, zw. E Houston St & Prince St; Tacos 4–6 US$; ⏲11–24 Uhr; [S] B/D/F/M bis Broadway-Lafayette St, 6 bis Bleecker St) Festliche Lichterketten, Klappstühle und mexikanische Köche, die in einem alten VW-Kombi Tortillas durch die Luft schleudern: Wer es nicht bis auf die Yucatán-Halbinsel schafft, hat hiermit seinen Plan B gefunden. Ungezwungen, fröhlich und beliebt wie eh und je serviert Tacombi köstliche Tacos, butterweiches Cevice und eine cremige Guacamole. Dazu schmeckt Sangria im Pitcher, ein Glas Horchata oder eine Mezcal Margarita.

Ruby's CAFÉ $

(Karte S. 70; ☎212-925-5755; www.rubyscafe.com; 219 Mulberry St, zw. Spring St & Prince St; Hauptgerichte 10–15 US$; ⏲9.30–23 Uhr; [S]6 bis Spring St, N/R bis Prince St) In diesem einladenden Café mit australischem Touch werden alle für Down Under typischen Gerichte angeboten. Zum Frühstück gibt's etwa Avo-Toast (Avocadopaste und Tomaten auf Getreidetoast) und Pancakes mit karamellisierten Äpfeln und Birnen. Gute Mittagsangebote sind z. B. Kürbissalat, Pasta und saftige Burger (am besten schmecken die mit den Trüffel-Pommes). Flat-White-Kaffee (Cappuccino) und Boags aus der Flasche machen das Aussi-Erlebnis perfekt.

Café Gitane MEDITERRAN $

(Karte S. 70; ☎212-334-9552; www.cafegitanenyc.com; 242 Mott St, an der Prince St; Hauptgerichte 14–17 US$; ⏲8.30–24 Uhr; 📶; [S]N/R bis Prince St, 6 bis Spring St) Wer denkt, er sei in Paris, sollte sich den Gauloise-Qualm aus den Augen wischen und zweimal blinzeln. Die schick gekleideten Gäste lieben dieses authentische Bistro, den starken, aromatischen Kaffee und die sorgfältig zubereiteten Speisen wie Heidelbeer-Mandel-*friands* (kleine französische Törtchen), geräucherter Forellensalat oder marokkanisches Couscous mit Bio-Hähnchenfleisch.

La Esquina MEXIKANISCH $$

(Karte S. 70; ☎646-613-7100; www.esquinanyc.com; 114 Kenmare St, am Petrosino Sq; Tacos ab 3,50 US$, Hauptgerichte Café 15–25 US$, Brasserie 18–34 US$; ⏲12 Uhr–open end; [S]6 bis Spring St) Dieser beliebte, skurrile kleine Laden vereint in sich drei Lokale: ein Taco-Stehimbiss mit Verkaufsfenster (geöffnet bis 2 Uhr), ein ungezwungenes mexikanische Café (Eingang über die Lafayette St) und im Untergeschoss eine schummrige, verführerische, höhlenartige Brasserie, in der ohne Reservierung nichts geht. Besonders empfehlenswert sind neben zahlreichen anderen authentischen und leckeren Gerichten die gegrillten Pulled-Pork-Tacos und der Mango-Jícama-Salat.

Lombardi's PIZZA $$

(Karte S. 70; ☎212-941-7994; www.firstpizza.com; 32 Spring St zw. Mulberry St & Mott St; Pizza klein/groß ab 17/21 US$; ⏲11.30–23 Uhr; [S]6 bis Spring St) Lombardi's war 1905 die allererste Pizzeria, die in Amerika öffnete und entsprechend ist es sehr stolz auf seine Pizza à la New York: dünner, knuspriger Boden und eine noch dünnere Schicht Sauce.

> **ⓘ A, B, C**
>
> Die Buchstaben, die man in den Fenstern aller Restaurants in NYC sieht, sind nicht etwa die Zeugnisnoten der Kinder der Restaurantbesitzer. Vielmehr stehen sie für bestimmte Hygienenormen und werden nach einer Kontrolle vom New Yorker Gesundheitsamt ausgestellt. A ist die beste Note und C die schlechteste – alles, was darunter liegt, sollte man erst gar nicht probieren.

Da Nico ITALIENISCH $$

(Karte S. 70; ☎212-343-1212; www.danicoristorante.com; 164 Mulberry St; Hauptgerichte 18–40 US$; ⏲So–Do 12–23, Fr & Sa 12–24 Uhr; [S]J/M/Z N/Q/R/W, 6 bis Canal St) Der Klassiker Da Nico ist das Richtige für all jene, die Heißhunger auf ein Little-Italy-Dinner verspüren. Auf der Karte des traditionellen, hochpreisigen Familienrestaurants stehen nord- und süditalienische Speisen mit der unvermeidbaren, aber durchaus köstlichen roten Sauce.

🍴 Lower East Side

Cheeky Sandwiches SANDWICHES $

(Karte S. 70; ☎646-504-8131; www.cheeky-sandwiches.com; 35 Orchard St; Hauptgerichte 7–9 US$; ⏲Mo–Do 7–21, Fr & Sa 8–24, So 8–21 Uhr; [S]F bis East Broadway) Dieses baufällige kleine Lokal sieht aus, als sei es direkt aus New Orleans eingeflogen worden. Die Biskuit-Sandwiches sind hervorragend, besonders empfehlenswert ist das mit Brathähnchen, Krautsalat und Bratensauce. Bestellt man sich einen Zichorienkaffee und Brotpudding dazu, hat man eine tolle und günstige Mahlzeit.

Meatball Shop ITALIENISCH $

(Karte S. 70; ☎212-982-8895; www.themeatballshop.com; 84 Stanton St, zw. Allen St & Orchard St; Hauptgerichte ab 11 US$; ⏲So–Do 12–2, Fr–Sa bis 4 Uhr; [S]2nd Ave; F bis Delancey St; J/M/Z bis Essex St) Meisterhaft zubereitete Sandwiches mit Hackfleischbällchen entwickelten sich urplötzlich zum Renner, und der Meatball Shop reitet als saftige Inkarnation des traditionellen Helden auf dieser Erfolgswelle mit. Es gibt noch drei weitere Filialen in der Stadt.

ESSEN IN NYC: CHINATOWN

Chinatown mit seinen Hunderten von Restaurants – von winzigen Lokalen bis zu riesigen Speisesälen – ist der richtige Ort, um den knurrenden Magen für wenig Geld zu füllen.

Xi'an Famous Foods (Karte S. 66; 67 Bayard St; Hauptgerichte 6–9 US$; [S] J/Z, N/Q, 6 bis Canal St) Imbiss mit köstlichen handgezogenen Nudeln und feurigen Kreuzkümmel-„Lammburgern". Am besten genießt man sie im nahegelegenen Columbus Park.

Amazing 66 (Karte S. 66; ☎ 212-334-0099; www.amazing66.com; 66 Mott St, an der Canal St; Hauptgerichte 9–16 US$; ⏲ 11–23 Uhr; [S] 6, J, N/Q bis Canal St) Fantastische kantonesische Mittagsgerichte.

Prosperity Dumpling (Karte S. 70; ☎ 212-343-0683; www.prosperitydumpling.com; 46 Eldridge St zw. Hester St & Canal St; Teigtaschen 1–3 US$; ⏲ 7.30–22 Uhr; [S] B/D bis Grand St; F bis East Broadway; J bis Bowery) Eines der besten Dim-Sum-Lokale weit und breit.

Vanessa's Dumpling House (Karte S. 70; ☎ 212-625-8008; www.vanessasdumpling house.com; 118 Eldridge St, zw. Grand St & Broome St; Teigtaschen 1,25–5 US$; ⏲ 11–22 Uhr; [S] B/D bis Grand St, J bis Bowery, F bis Delancey St) Tolle Dim Sum und Sesam-Pancakes (passen gut zur Pekingente).

Bánh Mì Saigon Bakery (Karte S. 70; ☎ 212-941-1541; www.banhmisaigonnyc.com; 198 Grand St, zw. Mulberry St & Mott St; Sandwiches 5–6 US$; ⏲ 8–18 Uhr; [S] N/Q/R, J/Z, 6 bis Canal St) Hier gibt's mit die besten vietnamesischen Sandwiches der Stadt.

Joe's Shanghai (Karte S. 66; ☎ 212-233-8888; www.joeshanghairestaurants.com; 9 Pell St zw. Bowery & Doyers St; Hauptgerichte 11–18 US$; ⏲ 11–23 Uhr; [S] N/Q/R, J/Z, 6 bis Canal St, B/D bis Grand St) Immer voll und touristenfreundlich. Gute Nudelgerichte und Suppen.

Buddha Bodai (Karte S. 66; ☎ 212-566-8388; 5 Mott St; Hauptgerichte 8–15 US$; ⏲ 10–22 Uhr; [S]) Exquisite vegetarische Gerichte.

Big Wong King (Karte S. 66; ☎ 212-964-0540; www.bigwongking.com; 67 Mott St, an der Canal St; Hauptgerichte 10–14 US$; ⏲ 8.30–21 Uhr; [S] 6, J, N/Q bis Canal St) Ein echter Dauerbrenner. Zu erkennen an den gebratenen Enten, die im Fenster hängen.

Nom Wah Tea Parlor (Karte S. 66; ☎ 212-962-6047; www.nomwah.com; 13 Doyers St; Dim Sum 4–11 US$; ⏲ 10.30–21 Uhr; [S] 6, J, N/Q bis Canal St) Sieht aus wie ein urtypischer amerikanischer Diner, ist aber das älteste Dim-Sum-Lokal New Yorks.

Original Chinatown Ice Cream Factory (Karte S. 66; ☎ 212-608-4170; www.china townicecreamfactory.com; 65 Bayard St; Eiscreme 4,50–8,25 US$; ⏲ 11–22 Uhr; [S] N/Q/R, J/Z, 6 bis Canal St) Erfrischendes Sorbet in Geschmacksrichtungen wie Grüner Tee, Ingwer, Durian oder Litschi.

Doughnut Plant DESSERTS $
(Karte S. 70; ☎ 212-505-3700; www.doughnut plant.com; 379 Grand St, an der Norfolk St; Donuts 4 US$; ⏲ 6.30–20 Uhr; [S] J/M/Z bis Essex St, F bis Delancey St) Diese New Yorker Legende serviert süße, ausschließlich aus natürlichen Zutaten hergestellte Versuchungen in einfallsreichen Geschmacksrichtungen (Pistazie, Tres Leches, Cashewnüsse und Orangenblüte).

Clinton Street Baking Company AMERIKANISCH $$
(Karte S. 70; ☎ 646-602-6263; www.clintonstreet baking.com; 4 Clinton St, zw. Stanton St & Houston St; Hauptgerichte 12–20 US$; ⏲ Mo–Sa 8–16 & 18–23, So 9–18 Uhr; [S] J/M/Z bis Essex St, F bis Delancey St, F bis Second Ave) Dieser kleine, außergewöhnliche Laden ist ein absoluter Experte in so vielen Kategorien – himmlische Heidelbeer-Pancakes, Biskuit-Sandwiches aus Buttermilch, Fisch-Tacos, Brathähnchen –, dass es eigentlich egal ist, wann man vorbeikommt: Ein Essen hier verspricht zu jeder Tageszeit eine unvergessliche Erfahrung zu werden.

★ **Katz's Delicatessen** FEINKOST $$
(Karte S. 70; ☎ 212-254-2246; www.katzsdelica tessen.com; 205 E Houston St an der Ludlow St; Sandwiches 13–21 US$; ⏲ Mo–Mi & So 8–22.45, Do 8–2.45 Uhr, Fri & Sa open end ; [S] F bis 2nd Ave) Das Katz's ist einer der letzten jüdischen Delikatessenläden New Yorks. Hier drängeln sich Einheimische, Touristen und Promis, deren Fotos auch die Wände schmücken. Sie alle

verputzen riesige Sandwiches mit Pastrami, Corned Beef, Rinderbrust und Zunge. Gewöhnungsbedürftig ist allerdings das Bezahlungssystem: Man muss unbedingt den Zettel aufbewahren, den man beim Reingehen bekommt, und man muss bar bezahlen.

Fung Tu FUSION $$
(Karte S. 70; www.fungtu.com; 22 Orchard St zw. Hester St & Canal St; kleine Gerichte 13–18 US$, Hauptgerichte 24–32 US$; ⏲ Di–Sa 18–24, So 16–22 Uhr; [S] F bis East Broadway) Der berühmte Chefkoch Jonathan Wu verpasst der chinesischen Küche in diesem kleinen eleganten Restaurant am Rande von Chinatown auf brillante Art und Weise globale Akzente. Die umfangreichen Platten für mehrere Personen sind ausgezeichnet (z. B. die Schalotten-Pancakes mit Cashewnuss-Salat und geräuchertem Hähnchen oder gerollter Crêpes mit geschmortem Rindfleisch, Essiggurken und Brunnenkresse) und schmecken mit den kreativen Cocktails (etwa dem Fung Tu Gibson) ganz vorzüglich.

Kuma Inn PANASIATISCH $$
(Karte S. 70; ☎ 212-353-8866; www.kumainn.com; 113 Ludlow St, zw. Delancey St & Rivington St; kleine Gerichte 9–15 US$; ⏲ So–Do 6–23, Fr & Sa bis 24 Uhr; [S] F, J/M/Z bis Delancey-Essex Sts) Ohne Reservierung geht in diesem versteckten Restaurant im 2. Stock eines Gebäudes (nach einer kleinen, roten Tür Ausschau halten, neben der die Aufschrift „Kuma Inn" auf den Beton gepinselt ist) gar nichts. Die von der philippinischen und thailändischen Küche inspirierten Tapas decken die gesamte Palette ab, von vegetarischen Sommerrollen (mit Jícama) bis zu pikanten *drunken* (betäubten) Shrimps und in der Pfanne gebratenen Jakobsmuscheln mit Speck und Sake. Bier, Wein und Sake kann (gegen Korkgeld) selbst mitgebracht werden

🍴 SoHo & NoHo

Dominique Ansel Bakery DESSERTS $
(Karte S. 70; 189 Spring St; Desserts 6–7 US$; ⏲ Mo–Sa 8–19, So 9–19 Uhr; [S] C/E bis Spring St) Die berühmteste Patisserie in NYC hat weit mehr als nur die 2013 von ihr erfundenen Cronuts (halb Donut, halb Croissant) in petto. Hier gibt's außerdem – neben zahlreichen anderen Highlights – buttrige *kouign-amman* (ein bretonischer Kuchen), gesalzene Karamel-Éclairs und fotogene Beeren-Tarts. Zur Info: Wer sich einen Cronut sichern möchte, der sollte unter der Woche nicht nach 7.30 Uhr da sein (am Wochenende noch früher). Danach sind sie ausverkauft.

Mooncake Foods ASIATISCH, SANDWICHES $
(Karte S. 70; ☎ 212-219-8888; www.mooncakefoods.com; 28 Watts St, zw. Sullivan St & Thompson St; Hauptgerichte ab 11 US$; ⏲ 11–22 Uhr; [S] 1 bis Canal St) Das einfache, familienbetriebene Restaurant serviert einige der besten Sandwiches im Viertel. Unbedingt das Sandwich mit geräuchertem Weißfisch-Salat oder mit vietnamesischen Schweinefleischbällchen probieren. Weitere Filialen gibt's im Financial District, in Chelsea und Uptown in Hell's Kitchen.

Boqueria Soho TAPAS $$
(Karte S. 70; ☎ 212-343-4255; 171 Spring St, zw. West Broadway & Thompson St; Tapas 7–19 US$; ⏲ 12–23 Uhr; [S] C/E bis Spring St) Das große, einladende Tapas-Lokal bringt köstliche Klassiker wie *pulpo a la gallega* (galizischer Tintenfisch), *gambas al ajillo* (in Knoblauch marinierte Shrimps) und cremige Tortillas (spanisches Omelette) auf den Tisch. Wer den Köchen bei der Arbeit zusehen möchte, lehnt sich mit einen Pink-Grapefruit-Sangria zurück und linst in die offene Küche.

★ Il Buco ITALIENISCH $$$
(Karte S. 70; ☎ 212-533-1932; www.ilbuco.com; 47 Bond St zw. Bowery & Lafayette St; Hauptgerichte mittags 17–30 US$, abends 24–36 US$; ⏲ Di–Sa 12–24, So & Mo 18–24 Uhr; [S] B/D/F/V bis Broadway-Lafayette St; 6 bis Bleecker St) Dieses kleine, charmante Lokal mit Kupfertöpfen an den Wänden, Petroleumlampen und alten Möbeln hat eine atemberaubende Speise- und Weinkarte. Hier kommen ständig andere saisonale Highlights auf den Tisch wie etwa in der Pfanne gebratener Forellenbarsch mit Sellerieknollenpüree oder Risotto mit wilden Brennnesseln, gekochtem Lauch und frischem Ziegenkäse.

Dutch MODERN-AMERIKANISCH $$$
(Karte S. 70; ☎ 212-677-6200; www.thedutchnyc.com; 131 Sullivan St, zw. Prince St & Houston St; Hauptgerichte mittags 18–33 US$, abends 30–58 US$; ⏲ tgl. 11.30–15 & 17.30–23, Sa & So ab 10 Uhr; [S] C/E bis Spring St, N/R bis Prince St, 1 bis Houston St) Austern auf Eis und frisch gebackene Kuchen bilden den eindrucksvollen Rahmen der hier aufgetischten Gerichte, und alles, was dazwischen serviert wird, ist echte Hausmannskost und kommt direkt vom Bauernhof. Sorgfältig gemischte Cocktails heben die Laune noch ein bisschen mehr.

Balthazar
FRANZÖSISCH $$$

(Karte S. 70; ☏ 212-965-1414; www.balthazar ny.com; 80 Spring St, zw. Broadway & Crosby St; Hauptgerichte mittags 18–29 US$, abends 21–45 US$; ⊙ 8–24 Uhr; Ⓢ 6 bis Spring St; N/R bis Prince St) Das geschäftige Balthazar ist und bleibt der König der Bistros und hat stets eine anspruchsvolle Klientel. Dies verdankt es seiner freundlichen Atmosphäre, in der Paris und New York aufeinandertreffen, sowie seiner traumhaften Auswahl an Gerichten, bei der für jeden etwas dabei ist. Zu den Highlights gehören die hervorragende Platte mit rohen Meeresfrüchten, die herzhafte Zwiebelsuppe, das Steak mit Pommes Frites und der Salat Nizza. Beim köstlichen Brunch am Wochenende geht's hier ganz schön geschäftig zu.

Wer sich noch eine dekadente Leckerei auf die Hand genehmigen möchte, deckt sich in der Balthazar-Bäckerei nebenan mit Gebäck ein.

🍴 East Village

Im East Village wird jede kulinarische Richtung angeboten, und die besten Restaurants sind hier eher locker als überkorrekt. Der St. Marks Place und die Gegend um die Third und die Second Ave sind zu Klein-Tokio geworden mit Unmengen japanischen Sushi- und Grillrestaurants. Indische Durchschnittsrestaurants reihen sich in der Sixth St zwischen First und Second Ave aneinander.

Tacos Morelos
MEXIKANISCH $

(Karte S. 70; ☏ 347-772-5216; 438 E 9th St, zw. First Ave & Ave A; Tacos ab 3 US$; ⊙ So–Do 12–24, Fr & Sa bis 2 Uhr; Ⓢ L bis 1st Ave) Der berühmte mobile Essensstand wurde 2013 erstmals in einem schlichten Geschäft in East Village sesshaft und entwickelte sich schnell zu einem der beliebtesten Taco-Läden in Manhattan. Im Angebot sind Tacos mit Hähnchen, Steak, gebratenem Schweinefleisch, Rinderzunge oder in vegetarischer Ausführung. Kleiner Tipp: Die 0,50 US$ zusätzlich für die hausgemachte Tortilla sind gut investiert.

Porchetta
SANDWICHES $

(Karte S. 70; ☏ 212-777-2151; www.porchettanyc. com; 110 E 7th St; Sandwiches 10–12 US$; ⊙ So–Do 11.30–22, Fr & Sa bis 23 Uhr; Ⓢ 6 bis Astor Pl) Dieses winzige, weiß gefliese Lokal serviert zartes gebratenes Schweinefleisch ohne Knochen in Schweinebauch eingerollt und mit Fenchelpollen, Rosmarin, Salbei, Thy-

mian und Knoblauch gewürzt. Diese Leckerei gibt's im Brötchen oder als Tellergericht mit Beilagen.

Veselka
UKRAINISCH $

(Karte S. 60; ☏ 212-228-9682; www.veselka. com; 144 Second Ave an der 9th St; Hauptgerichte 10–19 US$; ⊙ 24 Std.; Ⓢ L bis 3rd Ave, 6 bis Astor Pl) Ganze Generationen von East Villagern strömen in diese geschäftige Institution, um sich mit Plinsen und Frühstück – egal zu welcher Tageszeit – den Bauch vollzuschlagen.

Cafe Mogador
MAROKKANISCH $$

(Karte S. 70; ☏ 212-677-2226; www.cafemoga dor.com; 101 St Marks Pl; Hauptgerichte mittags 8–14 US$, abends 17–21 US$; ⊙ 9–24 Uhr; Ⓢ 6 bis Astor Pl) Das familiengeführte Mogador ist ein alteingesessener Klassiker der Stadt. Auf den Tisch kommen lockerer Couscous, über dem Holzkohlegrill zubereitetes Lamm und Merguez-Bratwürste auf Basmatireis sowie seine berühmten *tangines* – traditionelle, würzige, schonend gegarte Hähnchen- oder Lammgerichte, die auf fünf verschiedene Arten serviert werden. Hier trifft man vor allem junge, geschwätzige Leute an, die das Lokal und an warmen Tagen auch noch die kleinen Tische draußen bevölkern. Auch der Brunch ist hier erste Sahne.

Luzzo's
PIZZERIA $$

(Karte S. 70; ☏ 212-473-7447; www.luzzosgroup. com; 211 First Ave zw. 12th St & 13th St; Pizzas 18–26 US$; ⊙ So–Do 12–23, Fr & Sa bis 24 Uhr; Ⓢ L bis 1st Ave) Das kleine Luzzo's ist ein Publikumsrenner und jeden Abend proppenvoll. Hier treffen sich anspruchsvolle Gäste, die die im Holzkohlenofen gegarten Pies mit dünner Kruste und reifen Tomaten genießen.

Angelica Kitchen
VEGITARISCH $$

(Karte S. 70; ☏ 212-228-2909; www.angelicakit chen.com; 300 E 12th St zw. First Ave & Second Ave; Hauptgerichte 17–21 US$; ⊙ 11.30–22.30 Uhr; ☏; Ⓢ L bis 1st Ave) In dem beständigen Klassiker für vegane Kost herrscht eine beruhigende Atmosphäre mit viel Kreativem, um den Kopf frei zu bekommen. Einige der Gerichte, die im Angelica serviert werden, haben absolut niedliche Namen, sie enthalten alle Tofu, Seitan, Gewürze und Sojaprodukte sowie manchmal auch eine Reihe von rohen Zutaten. Nur Barzahlung.

★ Momofuku Noodle Bar
NUDELN $$

(Karte S. 70; ☏ 212-777-7773; www.momofuku. com; 171 First Ave zw. 10th St & 11th St; Hauptgerichte 17–28 US$; ⊙ So–Do 12–23, Fr & Sa 12–1

Uhr; S L bis 1st Ave, 6 bis Astor Pl) Ramen und Dampfklöße sind der Renner in diesem sagenhaft kreativen japanischen Lokal, das zum ständig größer werdenden Imperium von David Chang gehört. Man sitzt hier auf Hockern an der langen Bar oder an großen Tischen. Sehr zu empfehlen ist die Spezialität des Hauses: gedünstetes Hähnchen und Schweineklöße.

★**Upstate** SEAFOOD $$
(Karte S. 70; ☎917-408-3395; www.upstatenyc. com; 95 First Ave, zw. 5th St & 6th St; Hauptgerichte 15–30 US$; ⊘17–23 Uhr; S F bis 2nd Ave) Das winzige Upstate serviert ausgezeichnete Gerichte mit Meeresfrüchten und traditionell gebrautes Bier. Auf der kleinen Speisekarte finden sich ständig wechselnde Gerichte wie in Bier gedünstete Muscheln, Meeresfrüchteeintopf, Jakobsmuscheln auf Pilzrisotto, Butterkrebse und eine erstaunliche Auswahl an Austern. Eine Tiefkühltruhe gibt es hier nicht: Die Meeresfrüchte kommen jeden Tag frisch vom Markt. Man kann sich also darauf verlassen, dass nur frischeste Zutaten verarbeitet werden.

🍴 Chelsea, Meatpacking District & West (Greenwich) Village

Chelsea Market MARKT $
(Karte S. 74; www.chelseamarket.com; 75 9th Ave; ⊘Mo–Sa 7–21, So 8–20 Uhr; S A/C/E bis 14th St) Die ehemalige Keksfabrik direkt zu Füßen der High Line wurde in eine 245 m lange Einkaufspassage für Feinschmecker umgewandelt. Es gibt hier schicke Bäckereien, Eisdielen, Ethno-Lokale und einen Food Court für Gourmets.

★**Moustache** NAHÖSTLICH $
(Karte S. 70; ☎212-229-2220; www.moustache pitza.com; 90 Bedford St zw. Grove St & Barrow St; Hauptgerichte 8–17 US$; ⊘12–24 Uhr; S 1 bis Christopher St-Sheridan Sq) Das kleine, aber feine Moustache serviert üppige, würzige Sandwiches (mit Lammkeule, Merguez-Bratwurst, Falafel), Pizzas mit dünner Kruste, pikante Salate und herzhafte Spezialitäten wie *ouzi* (Blätterteig gefüllt mit Hähnchen, Reis und Gewürzen). Zur Vorspeise sind der cremige Hummus oder Baba Ghanoush lecker, zu denen luftige, heiße Pitas gereicht werden.

Taïm ISRAELISCH $
(Karte S. 70; ☎212-691-1287; www.taimfalafel. com; 222 Waverly Pl zw. Perry St & W 11th St; Sand-

wiches 7–8 US$; ⊘11–22 Uhr; S 1/2/3 bis 14th St) Winziges Lokal, dessen Falafel zu den besten der Stadt gehören. Angeboten werden auch gemischte Platten, tolle Salate und hervorragende Smoothies (besonders lecker: Dattel, Limette und Banane). Es gibt auch eine Filiale in NoLita.

Joe's Pizza PIZZA $
(Karte S. 70; ☎212-366-1182; www.joespizzanyc. com; 7 Carmine St zw. Sixth Ave & Bleecker St; Stück ab 3 US$; ⊘10–4 Uhr; S A/C/E, B/D/F/M bis W 4th St; 1 bis Christopher St-Sheridan Sq oder Houston St) Joe's, die Meryl Streep der Pizzaläden, hat in den letzten 40 Jahren Dutzende Preise und Auszeichnungen bekommen. Die einfachen Pizzastücke sind bei Studenten, Reisenden und Promis gleichermaßen beliebt.

★**Foragers City Table** MODERN-AMERIKANISCH $$
(Karte S. 74; ☎212-243-8888; www.foragerscity grocer.com; 300 W 22nd St, Ecke Eighth Ave; Hauptgerichte 23–36 US$; ⊘tgl. 17.30–22 & Sa & So 10.30–14.30 Uhr; ☑; S C/E, 1 bis 23rd St) Die Besitzer dieses hervorragenden Restaurants in Chelsea betreiben auch eine über 11 ha große Farm im Hudson Valley, wo die Zutaten für ihre Gerichte angebaut werden. Auf der Speisekarte standen schon verführerische Gerichte wie Kürbissuppe mit Jerusalemartischocke und schwarzem Trüffel, Brathähnchen mit Polenta, traditionell zubereitetes Schweinerückensteak und die Ernte der Saison mit gerösteter Quinoa und einer leckeren Gemüseauswahl.

Spotted Pig KNEIPENESSEN $$
(Karte S. 70; ☎212-620-0393; www.thespotted pig.com; 314 W 11th St an der Greenwich St; Hauptgerichte mittags 15–26 US$, abends 21–35 US$; ⊘Mo–Fr 12–2, Sa & So ab 11 Uhr; ☑☑; S A/C/E bis 14th St; L bis 8th Ave) Dieser mit einem Michelin-Stern ausgezeichnete Gastropub ist eine der beliebtesten Adressen unter den Village-Bewohnern und serviert eine hochwertige Mischung aus herzhafter italienischer und britischer Küche. Die zwei Stockwerke sind mit altmodischem Krimskrams dekoriert, was dem Lokal eine Art entspannter Eleganz verleiht. Reservierungen sind nicht möglich, sodass man oft auf einen Tisch warten muss. Unter der Woche ist um die Mittagszeit nicht ganz so viel los.

Cookshop MODERN-AMERIKANISCH $$
(Karte S. 74; ☎212-924-4440; www.cookshop ny.com; 156 Tenth Ave zw. 19th St & 20th St; Hauptgerichte 18–36 US$; ⊘Mo–Fr 8–23.30, Sa & So ab

NEW YORK, NEW JERSEY & PENNSYLVANIA ESSEN

10 Uhr; S L bis 8th Ave; A/C/E bis 23rd St) Der gut besuchte Cookshop ist nicht nur eine hervorragende Adresse für einen Brunch nach (oder vor) dem Besuch der High Line gegenüber, er hat auch anregende Cocktails, köstlich Backwaren sowie eine Auswahl kreativer Hauptgerichte mit Ei zu bieten. Auch abends wird man hier nicht enttäuscht. An warmen Tagen kann man in dem großen Sitzbereich draußen sitzen.

Tía Pol
TAPAS $$

(Karte S.74; ☎ 212-675-8805; www.tiapol.com; 205 Tenth Ave zw. 22nd St & 23rd St; kleine Gerichte 4–16 US$; ⊙ Di–So 12–23, Mo ab 17.30 Uhr; S C/E bis 23rd St) Wie die Massen an Gästen, die sich am Eingang drängen, bestätigen können, ist Tía Pol in puncto spanische Tapas das Nonplusultra. Das winzige Lokal hat zudem eine tolle Weinkarte und eine verlockende Auswahl an kleineren Gerichten: frittierte Kichererbsen, schwarzer Reis mit Tintenfisch, Herzmuscheln in Weißwein mit Knoblauch oder Forelle nach Navarra-Art mit Serranoschinken.

★ RedFarm
FUSION $$$

(Karte S.70; ☎ 212-792-9700; www.redfarmnyc. com; 529 Hudson St zw. 10th St & Charles St; Hauptgerichte 22–46 US$; ⊙ tgl. 17–23 & Sa & So 11–14.30 Uhr; S A/C/E, B/D/F/M bis w 4th St; 1 bis Christopher St-Sheridan Sq) Bei RedFarm wird die chinesische Küche zu einer reinen, köstlichen Kunst erhoben. Das kleine, geschäftige Lokal auf dem Hudson St serviert neben vielen weiteren kreativen Gerichten, die Ost und West großartig verbinden, knusprige Ente und Krabbenklößchen, sautierten Schwarzen Zackenbarsch mit schwarzen Bohnen und Thai-Basilikum sowie Pastrami-Frühlingsrollen. Die Wartezeit, bis man einen Tisch bekommt, kann lang sein. Also rechtzeitig kommen (keine Reservierungen).

✖ Union Square, Flatiron District & Gramercy Park

Shake Shack
BURGER $

(Karte S.74; ☎212-989-6600; www.shakeshack. com; Madison Square Park, Ecke 23rd St & Madison Ave; Burger 5–10 US$; ⊙11–23 Uhr; S N/R, F/M, 6 bis 23rd St) Vor dem alteingesessenen Imbiss am Madison Square Park stehen die Touristen Schlange nach Hamburgern und Shakes.

★ Eataly
ITALIENISCH

(Karte S.74; www.eatalyny.com; 200 Fifth Ave, an der 23rd St; ⊙8–23 Uhr; S F/M, N/R, 6 bis 23rd St) Liebhaber der italienischen Küche werden sich in diesem über 4600 m² großen Warenhaus wie im Schlaraffenland fühlen. Hier gibt's eine schier endlose Vielfalt an verführerischen Essensständen, die Pizza aus dem Ziegelofen, frisch zubereitete Pasta, mit Pecorino verfeinerte Salate, Austern, cremiges *gelato*, perfekten Espresso und vieles, vieles mehr im Angebot haben. Das Eataly befindet sich in einem Feinschmeckermarkt, in dem man auch viele Ideen für ein Picknick findet. Die Krönung des Ganzen ist der Biergarten Birreria auf der Dachterrasse.

ABC Kitchen
MODERN-AMERIKANISCH $$$

(Karte S.74; ☎212-475-5829; www.abckitchen nyc.com; 35 E 18th St, am Broadway; Pizza 16–24 US$, Hauptgerichte abends 24–40 US$; ⊙12–15 & Mo–Fr 17.30–22.30, Sa & So ab 11 Uhr; ☑; S L, N/Q/R, 4/5/6 bis Union Sq) ✇ Das nachhaltige Restaurant ist teils Galerie, teils rustikales Bauernhaus und eine kulinarische Inkarnation des Kaufhauses für Haushaltswaren ABC Carpet & Home. Bio wird hier feinschmeckertauglich – dank Gerichten wie Thunfisch-Sashimi mit Ingwer und Minze oder knusprigem Schweinekonfit mit gegrilltem Ramp-Lauch (*Allium tricoccum*). Wem eher nach etwas Gewöhnlicherem ist, der sollte die köstlichen Vollkornpizzas probieren.

✖ Midtown

★ Totto Ramen
JAPANISCH $

(Karte S.74; ☎212-582-0052; www.tottoramen. com; 366 W 52nd St, zwischen Eighth Ave & Ninth Ave, Midtown West; Ramen 10–16 US$; ⊙Mo–Fr 12–24 Uhr, Sa 12–23 Uhr, So 17–23 Uhr; S C/E bis 50th St) Erst hängt man seinen Namen und die Zahl der Gäste an das schwarze Brett am Eingang, dann wartet man auf seine göttlichen Ramen (nur Barzahlung). Das Hähnchen sollte man auslassen und sich gleich auf das Schweinefleisch in Gerichten wie Miso Ramen (aus gegärter Sojabohnenpaste, Eiern, Frühlingszwiebeln, Sojasprossen, Zwiebeln und hausgemachter Chili-Paste) konzentrieren.

El Margon
KUBANISCH $

(Karte S.74; ☎212-354-5013; www.margonnyc. com; 136 W 46th St, zw. Sixth Ave & Seventh Ave, Midtown West; Sandwiches 4–8 US$, Hauptgerichte 10–15 US$; ⊙Mo–Fr 7–17, Sa bis 15 Uhr; S B/D/ F/M bis 47-50th Sts-Rockefeller Center) Dieses immer gut besuchte kubanische Mittagslokal ist im Jahr 1973 stehengeblieben. Orangefarbener Laminex und fettige Leckereien sind jedenfalls immer noch groß in Mode. Unbedingt das legendäre Cubano Sandwich probieren, ein plattgepresstes Brötchen voll mit leckerem gebratenem Schweinefleisch, Salami, Käse, Essiggurken und Mayo – wenn schon, denn schon.

★Danji KOREANISCH $$

(Karte S. 74; ☎212-586-2880; www.danjinyc.com; 346 W 52nd St, zw. Eighth Ave & Ninth Ave, Midtown West; Platten für mehrere Pers. 13–20 US$; ⏲Mo–Do 12–14.30 & 17–23, Fr 12–14.30 & 17–24, Sa 17–24 Uhr; [S]C/E bis 50th St) Der mit einem Michelin-Stern ausgezeichnete Newcomer-Koch Hooni Kim verwöhnt die Geschmacksnerven seiner Gäste in seinem gemütlichen, schicken und modernen Restaurant mit koreanischen Tapas. Das Highlight auf der Speisekarte, die in „traditionell" und „modern" unterteilt ist, sind die *sliders*, Duos aus Bulgogi-Rind und gewürztem Schweinebauch in getoastetem Butterbrötchen.

Hangawi KOREANISCH $$

(Karte S. 74; ☎212-213-0077; www.hangawirestaurant.com; 12 E 32nd St, zw. Fifth Ave & Madison Ave; Hauptgerichte mittags 11–24 US$, abends 19–30 US$; ⏲Mo–Do 12–14.45 & 17–22.15, Fr bis 22.30, Sa 13–22.30, So 17–21.30 Uhr; [✎]; [S]B/D/F/M, N/Q/R bis 34th St-Herald Sq) Großartige vegetarische koreanische Speisen sind der Renner im Hangawi. Bevor man den beruhigend wirkenden, zen-artigen Raum mit der meditativen Musik betritt, muss man die Schuhe am Eingang ausziehen. Die raffiniert gewürzten Speisen nimmt man auf dem Fußboden auf Kissen sitzend und an niedrigen Tischen ein. Der Clou sind u. a. die Lauch-Pancakes und der verführerisch weiche Tofu aus dem Tontopf in Ingwersauce.

Virgil's Real Barbecue AMERIKANISCHES BBQ $$

(Karte S. 74; ☎212-921-9494; www.virgilsbbq.com; 152 W 44th St zw. Broadway & Eighth Ave; Hauptgerichte 14–25 US$; ⏲11.30–24 Uhr; [S]N/R, S, W, 1/2/3, 7 bis Times Sq-42nd St) Die Speisekarte kommt als Barbecue-Landkarte daher – Oklahoma State Fair Corn-Dogs, Schweine-Geschnetzeltes nach Carolina-Art, Sandwiches mit geräuchertem Schinken aus Maryland, texanische Rinderbrustscheiben und gebratene Hähnchensteaks aus Georgia.

Dhaba INDISCH $$

(Karte S. 74; ☎212-679-1284; www.dhabanyc.com; 108 Lexington Ave zw. 27th St & 28th St; Hauptgerichte 12–24 US$; ⏲Mo–Sa 12–24, So bis 22 Uhr; [S]6 bis 28th St) Murray Hill wird oft auch Curry Hill genannt und hat keinen Mangel an Essen vom indischen Subkontinent – das unkonventionelle Dhaba ist geschmacklich aber nur schwer zu überbieten. Zu den leckeren Highlights gehören das knusprige, würzige *lasoni gobi* (frittierter Blumenkohl mit Tomaten und Gewürzen) und das unsagbar würzige *murgh bharta* (gehacktes Hühnerfleisch gekocht mit geräucherter Aubergine).

Das Mittagsbuffet (Mo–Sa 11 US$, So 13 US$) bietet ein gutes Preis-Leistungs-Verhältnis.

El Parador Cafe MEXIKANISCH $$

(Karte S. 74; ☎212-679-6812; www.elparadorcafe.com; 325 E 34th St, zw. First Ave & Second Ave, Midtown East; Hauptgerichte 20–32 US$; ⏲Mo–Sa 12–23, So 14–22 Uhr; [S]6 bis 33rd St) Dieser alteingesessene Mexikaner ist zwar recht weit ab vom Schuss, entschädigt dafür aber mit seinem altmodischen Charme, von den eigenwilligen Kerzenhaltern und adretten lateinamerikanischen Kellnern bis zu den typischen Leckereien von jenseits der Grenze, die einfach nur glücklich machen. Spezialitäten des Hauses sind z. B. Muscheln in Rotwein mit Koriander und Knoblauch, serviert mit Maisbrot mit grünem Chili, oder das Aushängeschild, Mole Poblano (Hähnchen in einer leckeren, mit Schokolade verfeinerten Chilisauce geschmort).

Artisanal FRANZÖSISCH $$$

(Karte S. 74; ☎212-725-8585; www.artisanalbistro.com; 2 Park Ave S an der 32nd St; Hauptgerichte 24–38 US$; ⏲Mo–Fr 10–1, Sa & So ab 8.30 Uhr; [✎]; [S]6 bis 33rd St) Wer von Käse gar nicht genug bekommen kann, für den ist das Artisanal ein echtes Muss. Das klassische Bistro im Pariser Stil hat über 250 Käsesorten von stinkig bis süß im Angebot. Abgesehen von den cremigen Köstlichkeiten sind aber u. a. auch die Muscheln, die geschmorte Lammkeule und die mit drei Käsesorten überbackene Zwiebelsuppe sehr beliebt.

NoMad NEU-AMERIKANISCH $$$

(Karte S. 74; ☎212-796-1500; www.thenomadhotel.com; NoMad Hotel, 1170 Broadway, an der 28th St; Hauptgerichte 30–45 US$; ⏲Mo–Do 12–14 & 17.30–22.30, Fr bis 23, Sa 11–14 & 17.30–23, So 11–15 & 17.30–22 Uhr; [S]N/R, 6 bis 28th St; F/M bis 23rd St) Das NoMad trägt denselben Namen wie das Hotel, in dem es untergebracht ist, und hat sich zu einem der kulinarischen Highlights Manhattans entwickelt. Das Restaurant besteht aus einer ganzen Reihe unterschiedlicher Bereiche – darunter ein Atrium, in dem es darum geht, zu sehen und gesehen zu werden, ein eleganter Parlour und die Library (Bibliothek), in der es nur Snacks zu essen gibt – und serviert Köstlichkeiten wie gebratene Wachteln mit Morcheln, Spanferkel mit Ramp-Lauch und in Rhabarber marinierte Foie gras.

Grand Central Oyster Bar & Restaurant
SEAFOOD $$$

(Karte S. 74; 212-490-6650; www.oysterbarny.com; Grand Central Terminal, 42nd St an der Park Ave; Hauptgerichte 23–38 US$; Mo–Sa 11.30–21.30 Uhr; 4/5/6 bis 42nd St) Die vom katalanischen Ingenieur Rafael Guastavino entworfene, gekachelte Gewölbedecke macht dieses geschäftige Restaurant mit Bar im Grand Central extrem stimmungsvoll. Bei den zwei Dutzend angebotenen Austernvariationen fällt die Auswahl schwer. Zudem gibt's Muschelsuppe, Meeresfrüchte-Eintöpfe, in der Pfanne gebratene Butterkrebse und frischen Fisch in Hülle und Fülle.

✕ Upper West Side

Jacob's Pickles
AMERIKANISCH $$

(Karte S. 82; 212-470-5566; www.jacobspickles.com; 509 Amsterdam Ave, zw. 84th St & 85th St; Hauptgerichte 15–24 US$; Mo–Do 10–2, Fr bis 4, Sa 9–4, So bis 2 Uhr; 1 bis 86th St) Dort, wo die Amsterdam Ave von zahlreichen Restaurants gesäumt ist, bringt dieses einladende, in warmem Licht erstrahlende Lokal hochwertige Hausmannskost wie Wels-Tacos, in Wein geschmorte Putenkeule und nach St.-Louis-Art gegrillte Spareribs, serviert mit einer Kaffeesirup-Barbecuesauce auf den Tisch. Die *biscuits and pickles* sind erstklassig und auf der Getränkekarte stehen um die zwei Dutzend traditionell gebraute Biere vom Fass aus New York, Maine und anderswo.

PJ Clarke's
AMERIKANISCH $$

(Karte S. 82; 212-957-9700; www.pjclarkes.com; 44 W 63rd St, Ecke Broadway; Burger 14–19 US$, Hauptgerichte 19–42 US$; 11.30–2 Uhr; 1 bis 66th St-Lincoln Center) Gegenüber dem Lincoln Center serviert dieses Restaurant mit seinen rotkarierten Tischdecken, der aufgeschlossenen Klientel und den freundlichen Barkeepern eine solide Essensauswahl. Wer es eilig hat, kann sich an der Bar einen Black Angus Burger und ein Brooklyn Lager genehmigen. Die Auswahl an frischen Meeresfrüchten umfasst Muscheln (Long Island Little Neck und Cherry Stone) sowie Shrimps-Cocktails von ansehnlicher Größe.

Barney Greengrass
FEINKOST $$

(Karte S. 82; 212-724-4707; www.barneygreengrass.com; 541 Amsterdam Ave, an der 86th St; Hauptgerichte 10–21 US$; Bagel mit Frischkäse 5 US$; Di–So 8.30–16 Uhr; 1 zur 86th St) Stammgäste aus der Upper Westside und aus anderen Vierteln strömen am Wochenende zu diesem hundert Jahre alten „König der Störe". Hier gibt's eine lange Liste traditioneller, wenn auch teurer jüdischer Delikatessen von Bagels und Räucherlachs bis hin zu Stör mit Rührei und Zwiebeln.

Peacefood Cafe
VEGAN $$

(Karte S. 82; 212-362-2266; www.peacefoodcafe.com; 460 Amsterdam Ave, an der 82nd St; Hauptgerichte 10–18 US$; 10–22 Uhr; ; 1 bis 79th St) Dieses lebhafte Paradies für Veganer serviert ein beliebtes Sandwich mit gebratenem Seitan (auf einer hausgemachten Focaccia mit Cashewnüssen, Rauke, Tomaten und Pesto) sowie Pizzas, Platten mit gegrilltem Gemüse und einen tollen Quinoasalat. Täglich ist ein anderer Fisch aus frischem Fang im Angebot, außerdem gibt's Bio-Kaffee und leckere Desserts. Gesund und gut.

✕ Upper East Side

JG Melon
KNEIPENESSEN $

(Karte S. 82; 212-744-0585; 1291 Third Ave, an der 74th St; Hauptgerichte 11–18 US$; 11.30–4 Uhr; 6 bis 77th St) JG's ist ein lauter, traditioneller Pub, der bereits seit 1972 saftige Burger auf Untertassen serviert. Er ist bei Einheimischen sowohl zum Essen als auch zum Ausgehen sehr beliebt (die Bloody Marys sind hervorragend) und wird um die Feierabendzeit schnell voll.

Earl's Beer & Cheese
AMERIKANISCH $

(Karte S. 82; 212-289-1581; www.earlsny.com; 1259 Park Ave, zw. 97th St & 98th St; Käsetoast 8 US$; Mo & Di 16–24, Mi–Do & Sa 11–24, Fr & Sa bis 2 Uhr; 6 bis 96th St) Im Restaurant des Küchenchefs Corey Covas herrscht eine junge, hippe Atmosphäre. Serviert wird Hausmannskost und die für den Bundesstaat typischen Käsetoasts sind der Renner. Sie werden mit Schweinebauch, Spiegelei und Kimchi serviert. Beliebt sind auch das Mac and Cheese, der Taco mit geschmorter Schweineschulter und die Sriracha-Tomatensuppe. Auch die tolle Auswahl an traditionell gebrautem Bier kann sich sehen lassen.

Candle Cafe
VEGAN $$

(Karte S. 82; 212-472-0970; www.candlecafe.com; 1307 Third Ave zw. 74th St & 75th St; Hauptgerichte 15–22 US$; ◷Mo–Sa 11.30–22.30, So 11.30–21.30 Uhr; ☏; Ⓢ6 bis 77th St) Wohlhabende Yoga-Freaks bevölkern dieses nette vegane Café und erfreuen sich an Sandwiches, Salaten, Hausmannskost und saisonalen Specials. Die Spezialität ist hausgemachter Seitan.

Jones Wood Foundry
BRITISCH $$

(Karte S. 82; ☏212-249-2700; www.joneswoodfoundry.com; 401 E 76th St, zw. First Ave & York Ave; Hauptgerichte mittags 12–24 US$, abends 19–26 US$; ◷11–23 Uhr; ☏; Ⓢ6 bis 77th St) In einem länglichen Backsteingebäude – eine ehemalige Eisenhütte – serviert das britisch angehauchte Gastropub erstklassige, in Bierteig gebackene Fish & Chips, Würstchen mit Kartoffelbrei, Lamm-Rosmarin-Pies und andere herzhafte Versuchungen. An warmen Tagen kann man sich an die Tische im Innenhof setzen.

Tanoshi
SUSHI $$$

(Karte S. 82; ☏646-727-9056; www.tanoshisushinyc.com; 1372 York Ave, zw. 73rd St & 74th St; Sushi-Auswahl des Küchenchefs ca. 80 US$; ◷Mo–Sa 18–22.30 Uhr; Ⓢ6 bis 77th St) Die Location mag zwar recht bescheiden anmuten, der Geschmack ist aber erstklassig. Der kleine, äußerst beliebte Sushi-Laden serviert Jakobsmuscheln mit Hokkaido, Atlantik-Blaubarsch, scharf angebratenen Lachs und köstlichen *uni* (Seeigel). Hier gibt's nichts als Sushi und das auch nur *omakase* – das heißt, der Chefkoch trifft die Auswahl aus den besten Angeboten des Tages. Bier, Saki oder was auch immer kann selbst mitgebracht werden.

✕ Harlem

★ Red Rooster
MODERN-AMERIKANISCH $$

(Karte S. 82; ☏212-792-9001; www.redroosterharlem.com; 310 Malcolm X Blvd zw. 125th St & 126th St, Harlem; Hauptgerichte 18–30 US$; ◷Mo–Fr 11.30–22.30, Sa & So 10–23 Uhr; Ⓢ2/3 bis 125th St) Der europäische Chefkoch Marcus Samuelsson zaubert in dieser natürlich coolen, lebhaften Brasserie hochwertige Hausmannskost mit Geschmacksnoten aus aller Welt. Empfehlenswert sind der stark angebratene Wels mit Curryerbsen und eingelegter Mango, Fleischbällchen mit Preiselbeeren und Buttermilch-Kartoffelbrei oder Mac and Cheese mit Hummer.

Amy Ruth's Restaurant
SÜDSTAATEN $$

(Karte S. 82; ☏212-280-8779; www.amyruthsharlem.com; 113 W 116th St nahe Malcolm X Blvd; Hauptgerichte 12–24 US$; ◷Mo 11–23, Di–Do

8.30–23, Fr 8.30–5, Sa 7.30–5, So 7.30–23 Uhr; ⓈB, C, 2/3 bis 116th St) Das alteingesessene Restaurant ist immer voll und *die* Adresse für klassisches Soul Food mit gebratenem Wels, Mac and Cheese und luftigem Gebäck. Berühmt ist das Amy Ruth's aber für seine Waffeln. Es gibt 14 verschiedene Sorten, eine davon sogar mit Shrimps. Unser Favorit sind die „Rev Al Sharpton": Waffeln mit saftigem gebratenem Hähnchenfleisch.

Dinosaur Bar-B-Que
STEAK $$

(Karte S. 82; ☏212-694-1777; www.dinosaurbarbque.com; 700 W 125th St an der Twelfth Ave; Hauptgerichte 13–25 US$; ◷Mo–Do 11.30–23, Fr & Sa bis 24, So 12–22 Uhr; ☏; Ⓢ1 bis 125th St) Angesichts der trockenmarinierten, schonend geräucherten Rippchen und der saftigen Steaks und Burger darf man sich beim Essen schon mal die Finger schmutzig machen. Vegetarische Optionen gibt's sehr wenige, die gefüllten Eier mit der scharfen kreolischen Würze sind aber z. B. sehr lecker. Am Wochenende gibt's abends ab 22.30 Uhr Livemusik.

✕ Brooklyn

Es ist natürlich unmöglich, Brooklyns Restaurantszene wirklich gerecht werden zu können. Genauso wie in Manhattan fühlt sich auch hier jedes Schleckermaul wie im siebten Himmel. Buchstäblich jede Ethno-Küche ist irgendwo in Brooklyn vertreten. In Williamsburg wimmelt es nur so von Lokalen, auch in der Fifth und Seventh Ave in Park Slope reihen sich die Restaurants aneinander. Die Smith St ist die Restaurantmeile von Carroll Gardens und Cobble Hill. In der Atlantic Ave in der Nähe der Court St gibt's etliche ausgezeichnete arabische Restaurants und Lebensmittelläden.

Mile End
FEINKOST $

(☏718-852-7510; www.mileendbrooklyn.com; 97A Hoyt St, Boerum Hill; Sandwiches 9–15 US$; ◷Mo–Fr 8–22, Sa & So ab 10 Uhr; ⓈA/C/G bis Hoyt Schermerhorn Sts) Das Mile End ist so klein wie die angebotenen Portionen, aber die haben es in sich. Unbedingt die geräucherte Rinderbrust auf Roggenbrot mit Senf probieren – das Brot ist superweich und das Fleisch schmilzt so auf der Zunge.

Tom's Restaurant
DINER $

(☏718-636-9738; 782 Washington Ave an der Sterling Pl, Prospect Heights; Hauptgerichte 8–12 US$; ◷Mo–Sa 7–16, So ab 8 Uhr; Ⓢ2/3 bis Eastern Pkwy-Brooklyn Museum) Dieser altmodische Diner inspirierte Suzanne Vega zu ihrem

SMORGASBURG!

Am Wochenende lohnt es sich, einen Tag auf dem und um den **Smorgasburg** (www.smorgasburg.com; ⏲ April–Nov. Sa & So 11–18 Uhr) in Brooklyn zu planen. Auf diesem lebendigen Markt für Lebensmittel kann man sich bei über 100 Essensständen einmal rund um die Welt futtern. Zu den zahllosen Versuchungen gehören Schokoladendonuts mit gesalzenem Karamell (**Dough**), Krustenbraten-Sandwiches (**Porchetta**), japanisch inspirierte Tacos (**Takumi**), Süßkartoffel-Masala (**Dosa Royale**), mexikanische Straßensnacks (**Cemita's**), Cold-Brew-Kaffee (**Grady's**), Erdbeer-Rhabarber-Stileis (**People's Pops**) und vieles, vieles mehr.

Samstags findet der Markt im **East River State Park** (www.nysparks.com/parks/155; Kent Ave, zw. 8th St & 9th St; ⏲ 9 Uhr–Sonnenuntergang; 👪; [S] L bis Bedford Ave), sonntags am Pier 5 im **Brooklyn Bridge Park** (S. 89) statt. Nähere Infos gibt's auf der Webseite.

(fast) gleichnamigen Song *Tom's Diner*. Spezialität des Hauses sind die vielen verschiedenen Pfannkuchen (z. B. Kürbis-Walnuss). An den Wochenenden stehen die Leute vormittags vor Tom's Restaurant Schlange nach Kaffee und Gebäck.

Chuko JAPANISCH **$**

(☎ 718-576-6701; www.barchuko.com; 552 Vanderbilt Ave, Ecke Dean St, Prospect Heights; Ramen 13 US$; ⏲ So–Do 12–15 & 17.30–22, Fr & Sa bis 23 Uhr; 🌿; [S] B/Q bis 7th Ave, 2/3 bis Bergen St) Dieses gemütliche, mit Holz verkleidete Lokal versorgt Prospect Heights mit fantastischen Ramen-Nudeln in dampfenden Schüsseln. Die bissfest gekochten Ramen werden in einer duftenden Brühe z. B. mit gebratenem Schweinefleisch (hervorragend!) oder in vegetarischer Ausführung (vollmundig!) serviert. Die Vorspeisen darf man aber auch nicht vernachlässigen, besonders die duftenden, mit Salz und Pfeffer gewürzten Chicken Wings.

★ **Pok Pok** THAI **$$**

(☎ 718-923-9322; www.pokpokny.com; 117 Columbia St, Ecke Kane St; Platten für mehrere Personen 12–18 US$; ⏲ Mo–Fr 17.30–22.30, Sa & So ab 10 Uhr; [S] F bis Bergen St) Andy Ricker's New Yorker Filiale ist ein Riesenerfolg und begeistert seine Gäste mit einem vielfältigen und komplexen Speisenangebot, das von den Straßensnacks Nordthailands inspiriert ist. Chicken Wings mit einer feurigen Fischsauce, scharfer Papayasalat mit gesalzener Schlammkrabbe, Salat aus gegrillten Auberginen mit rauchigem Aroma und Schweinebauch mit Ingwer, Kurkuma und Tamarinde sind nur einige der einzigartigen Gerichte.

Die Location ist nett und etwas heruntergekommen, mit einem kleinen, mit Lichterketten erleuchteten Hinterhof. Mitunter muss man lang auf einen Tisch warten. Zum Glück gibt's auf der gegenüberliegenden Straßenseite eine coole kleine Bar (**Whiskey Soda Lounge**), die kreative Mixgetränke (Whisky Sour mit Tamarinde, vietnamesischen Kaffee mit einem Schuss Brandy) sowie Barsnacks von Pok Poks Speisekarte im Angebot hat.

Battersby MODERN-AMERIKANISCH **$$**

(☎ 718-852-8321; www.battersbybrooklyn.com; 255 Smith St, zw. Douglass St & Degraw St; Hauptgerichte 17–32 US$, Probiermenü 75–95 US$; ⏲ Mo–Sa 17.30–23, So bis 22 Uhr; [S] F, G bis Bergen St) Das Battersby serviert traumhafte saisonale Gerichte und ist eine Toppadresse in Brooklyn. Die kleine Speisekarte wechselt regelmäßig, man sollte aber nach Kalbsbries, Pappardelle mit Entenragout, Chatham-Kabeljau mit geschmortem Fenchel und dem vorzüglichen, zarten Lamm Ausschau halten. Das Lokal ist so urig wie Brooklyn selbst (Dielenboden, Backsteinwände, mit Zinn verkleidete Decken), aber winzig klein und beengt.

Um ohne langes Warten einen Tisch zu bekommen, sollte man seinen Besuch gut planen und entweder gleich kommen, wenn das Restaurant öffnet, oder reservieren. Letzteres ist nur möglich, wenn man das Probiermenü bestellt.

Juliana's PIZZA **$$**

(☎ 718-596-6700; www.julianaspizza.com; 19 Old Fulton St, zw. Water St & Front St; Pizza 16–32 US$; ⏲ 11.30–23 Uhr; [S] A/C bis High St) Der legendäre Pizzameister Patsy Grimaldi ist zurück in Brooklyn und hat in köstlicher Perfektion zubereitete dünne, knusprige Pizzas in klassischer und kreativer Ausführung im Gepäck (wie etwa die No 5, mit Räucherlachs, Ziegenkäse und Kapern). Zu finden in Dumbo und in Brooklyn direkt am Wasser.

Marlow & Sons MODERN-AMERIKANISCH **$$**

(☎ 718-384-1441; www.marlowandsons.com; 81 Broadway, zw. Berry St & Wythe Ave; Hauptgerichte mittags 14–18 US$, abends 24–28 US$; ⏲ 8–24 Uhr; [S] J/M/Z bis Marcy Ave, L bis Bedford Ave) Das schwach beleuchtete, holzverkleidete Restaurant erinnert an ein altes Bauerncafé. Abends ist hier richtig was los, wenn die Gäste zum Essen und Trinken kommen und sich Austern, hervorragende Cocktails und ein ständig wechselndes Speiseangebot aus lokalen Produkten (geräucherte Schweinelende, knusprige Pizza, karamellisierte Rüben, luftige Tortillas nach spanischer Art) schmecken lassen. Der Brunch ist auch sehr beliebt, allerdings muss man sich auf lange Schlangen einstellen.

Roberta's PIZZA **$$**

(☎ 718-417-1118; www.robertaspizza.com; 261 Moore St, nahe Bogart St, Bushwick; Pizza 14–18 US$; ⏲ 11–24 Uhr; 🌿; [S] L bis Morgan Ave) Das Restaurant, das in einer ehemaligen Lagerhalle in Bushwick untergebracht und von Hipstern bevölkert ist, serviert Pizzas, die zu den besten New Yorks gehören. Der Service lässt zwar manchmal etwas zu wünschen übrig und die Warteschlangen sind lang, aber alles, was aus dem Backsteinofen kommt, hat genau die richtige Mischung aus zart und frisch.

Water Table MODERN-AMERIKANISCH **$$$**

(☎ 917-499-5727; www.thewatertablenyc.com; Skyport Marina, 23rd St & FDR Drive, Greenpoint; Festpreis 75 US$; ⏲ Do–Sa 19.30–22, So 18–20 Uhr; [S]) Das Water Table ist nagelneu und in einem umgebauten, rustikalen Patrouillenboot der Marine aus dem Zweiten Weltkrieg untergebracht. Die Drei-Gänge-Menüs (Bisque mit geräucherten Jakobsmuscheln und Hummer, Grünkohlsalat, New England Chicken in Trockenmarinade und Meeresfrüchteeintopf standen unlängst auf der Speisekarte) wären sicher überteuert – wäre da nicht die unvergessliche nächtliche Fahrt vorbei an den hoch aufragenden Wolkenkratzern und der Freiheitsstatue. Online reservieren.

🍷 Ausgehen & Nachtleben

Diese Stadt bietet unzählige verschiedenartigste Ausgehmöglichkeiten: schicke Lounges, laute Clubs, gemütliche Kneipen und verruchte Kaschemmen. Dank der New Yorker Gesetze ist Rauchen überall verboten. Die meisten Lokale sind bis 4 Uhr geöffnet, wobei die Öffnungszeiten aber doch recht unterschiedlich sein können. Die meisten Nachtclubs öffnen erst um 22 Uhr. Nachstehend eine kleine Auswahl.

🍷 Lower Manhattan

★ **Dead Rabbit** COCKTAILBAR

(Karte S. 66; ☎ 646-422-7906; www.deadrabbitnyc.com; 30 Water St; ⏲ 11–4 Uhr; [S] R bis Whitehall St, 1 bis South Ferry) Dieser „Hase" ist alles andere als tot! Die Bar hat eine ganze Reihe an Auszeichnungen für ihre tollen Cocktails erhalten. Tagsüber werden in der mit Sägemehl ausgestreuten Schankstube besondere Biere, traditioneller Punsch und *pop-inns* (Ale mit leichter Hopfennote und „Schuss" in verschiedenen Geschmacksrichtungen) angeboten. Abends vorbeischauen und im Parlour im oberen Stock einen der 72 akribisch zubereiteten Cocktails probieren.

Smith & Mills COCKTAILBAR

(Karte S. 66; ☎ 212-226-2515; www.smithandmills.com; 71 N Moore St zw. Hudson St & Greenwich St; ⏲ So–Mi 11–2, Do–Sa bis 3 Uhr; [S] 1 bis Franklin St) Das kleine Smith & Mills erfüllt alle Voraussetzungen, um cool zu sein: kein Schild vor der Tür, verrücktes Industrieinterieur und fachmännisch gemixte Cocktails. Wer sich auf einer der mit Plüsch überzogenen Bänke zurücklehnen möchte, der sollte früh kommen, denn der Platz ist begrenzt. Die Speisekarte richtet sich nach der Jahreszeit und gibt alles her, von leichten Snacks bis zu einem besonders erwähnenswerten Burger.

Weather Up COCKTAILBAR

(Karte S. 66; ☎ 212-766-3202; www.weatherupnyc.com; 159 Duane St zw. Hudson St & W Broadway; ⏲ Mo–Mi 17–24, Do–So bis 2 Uhr; [S] 1/2/3 bis Chambers St) Weiße Fliesen bei schwachem Licht, freundliche Barkeeper und verführerische Cocktails sind das beste Rezept für einen tollen Abend. Zu leckeren Snacks wie Austern besprenkelt mit Gin-Martini-Granita schmeckt der Whizz Bang (Scotch Whiskey, Dry Vermouth, hausgemachte Grenadinen- und Orangebitter und Absinth) besonders gut.

🍷 Chinatown, SoHo & NoLita

Mulberry Project COCKTAILBAR

(Karte S. 70; ☎ 646-448-4536; www.mulberryproject.com; 149 Mulberry St, zw. Hester St & Grand St; ⏲ So–Do 17–2, Fr & Sa bis 4 Uhr; [S] N/Q/R, J/Z, 6 bis Canal St) Hinter einer unbeschrifteten Tür versteckt sich diese persönliche, höhlenartige Cocktailbar, deren wie für eine Gartenparty geschmückter Hinterhof einer der besten Orte des Viertels ist, um sich einen Drink zu genehmigen.

Apothéke COCKTAILBAR

(Karte S. 66; ☎ 212-406-0400; www.apothekenyc.com; 9 Doyers St; 🕒 Mo–Sa 18.30–2, So 20–2 Uhr; [S] J to Chambers St, 4/5/6 bis Brooklyn Bridge-City Hall) Es ist nicht ganz leicht, die „Apotheke", eine ehemalige Opiumhöhle an der Doyers St, ausfindig zu machen. Im Innern gehen erfahrene Barkeeper ihrer Arbeit mit der Gewissenhaftigkeit von Pharmazeuten nach und verwenden dafür Bio-Produkte aus der Gegend (vom Markt oder aus dem Kräutergarten auf dem Dach). Heraus kommen geschmacksintensive, leckere „Verschreibungen". Auf seine Gesundheit stößt man z. B. mit dem vitalisierenden Harvest of Mexico (gerösteter Mais, Anislikör, Mezcal, Agave, Limette und scharfer Bitter) an.

Spring Lounge KNEIPE

(Karte S. 70; ☎ 212-965-1774; www.thespringlounge.com; 48 Spring St, an der Mulberry St; 🕒 Mo–Sa 8–4, So ab 12 Uhr; [S] 6 bis Spring St, N/R bis Prince St) Dieser Rebell in Neonrot ist schon seit jeher Garant für jede Menge Spaß. Heute ist die unprätentiöse Kneipe vor allem für seine skurrilen ausgestopften Haie, die Stammgäste, die schon früh am Tag hier am Tresen sitzen und die ausgelassene, spätabendliche Feierei bekannt, zu der alle eingeladen sind. Die billigen Getränke und kostenlosen Snacks (Mi ab 17 Uhr Hotdogs, So ab 12 Uhr Bagels; so lange der Vorrat reicht) heizen die gute Laune noch weiter an.

East Village & Lower East Side

Ten Bells TAPASBAR

(Karte S. 70; ☎ 212-228-4450; www.tenbellsnyc.com; 247 Broome St, zw. Ludlow St & Orchard St; 🕒 Mo–Fr 17–2, Sa & So ab 15 Uhr; [S] F bis Delancey St, J/M/Z bis Essex St) Diese bezaubernde, versteckt liegende Tapasbar erinnert mit den flackernden Kerzen, dunklen Zinndecken und der U-förmigen Bar von innen an eine Grotte und ist der ideale Ort, um mit neuen Freunden ins Gespräch zu kommen. Die angebotenen Speisen und Getränke stehen auf einer Tafel und umfassen auch hervorragende offene Weine, die gut zu *boquerones* (marinierte Anchovis) und anderen kulinarischen Höhepunkte der iberischen Halbinsel passen. Ein Schild am Eingang sucht man hier vergebens.

Wayland BAR

(Karte S. 70; ☎ 212-777-7022; www.thewaylandnyc.com; 700 E 9th St, Ecke Ave C; 🕒 17–4 Uhr; [S] L bis 1st Ave) Mit ihren weiß getünchten Wänden, dem abgewetzten Dielenfußboden, den eigenwilligen Lampen und der besonderen Atmosphäre könnte sich diese Bar genauso gut in Mississippi befinden, was perfekt zur Livemusik passt (Bluegrass, Jazz, Folk), die hier Sonntag bis Mittwoch gespielt wird. Recht gute Getränkepreise und wochentags von 17 bis 19 Uhr Austern für 1 US$.

Angel's Share BAR

(Karte S. 70; ☎ 212-777-5415; 1. OG, 8 Stuyvesant St, nahe Third Ave & E 9th St; 🕒 So–Do 18–1.30, Fr & Sa bis 2.30 Uhr; [S] 6 bis Astor Pl) Wer sich einen Platz in diesem ruhigen, eleganten und versteckt liegenden Juwel hinter einem japanischen Restaurant sichern will, der muss früh da sein. Die Cocktails sind äußerst kreativ, aber wer keinen Tisch oder Sitzplatz an der Bar findet (beides ist heiß umkämpft), der muss leider wieder gehen.

Immigrant WEIN & BIER

(Karte S. 70; ☎ 646-308-1724; www.theimmigrantnyc.com; 341 E 9th St, zw. First Ave & Second Ave; 🕒 So–Mi 17–1, Do–Sa bis 2 Uhr; [S] L bis 1st Ave, 4/6 bis Astor Pl) Die schlichte, winzige Zwillingsbar hat gute Chancen, zur Stammkneipe derjenigen zu werden, die sich etwas länger in der Stadt aufhalten. Auf der rechten Seite geht's hinein in die Weinbar, links kommt man in die Schankstube, in der es vor allem fantastische Biere aus Kleinbrauereien gibt. Das Interieur ist in beiden ähnlich: Kronleuchter, unverputzte Backsteinwände und ein altertümlicher Charme.

West Village & Chelsea

Bell Book & Candle BAR

(Karte S. 70; ☎ 212-414-2355; www.bbandcnyc.com; 141 W 10th St zw. Waverley & Greenwich Ave; 🕒 So–Mi 17.30–2, Do–Sa bis 4 Uhr; [S] A/B/C, B/D/F/M bis W 4th St; 1 bis Christopher St-Sheridan Sq) Dieser von Kerzen erhellte Gastropub ist die richtige Adresse für starke, einfallsreiche Drinks und herzhaftes Kneipenessen. An der kleinen, übervollen Bar drängt sich eine Horde Mittzwanziger, die es am frühen Abend auf die Austern für 1 US$ und die Specials zur Happy Hour abgesehen haben. Weiter hinten gibt's aber auch noch weitere Sitzgelegenheiten und große Sitznischen, die ideal für größere Gruppen sind.

Employees Only BAR

(Karte S. 70; ☎ 212-242-3021; www.employeesonlynyc.com; 510 Hudson St nahe Christopher St; 🕒 18–4 Uhr; [S] 1 bis Christopher St-Sheridan

Sq) Einmal bitte unter dem neonfarbenen „Psychic“-Schild durchgehen und schon steht man mitten in dieser versteckten Bar, die mit fortschreitender Stunde immer voller wird. Die Barkeeper sind Meister ihres Faches und mixen verrückte Drinks wie den Ginger Smash oder den Mata Hari mit Suchtpotenzial. Perfekt für ein bis drei nächtliche Drinks. Dank des dazugehörigen Restaurants gibt's bis 3.30 Uhr morgens noch was zwischen die Zähne.

Buvette WEINBAR
(Karte S. 70; ☎212-255-3590; www.ilovebuvette.com; 42 Grove St zw. Bedford St & Bleecker St; ⏲9–2 Uhr; [S]1 bis Christopher St-Sheridan Sq; A/C/E, B/D/F/M bis W 4th St) Die rustikal-schicke Einrichtung hier (fein gearbeitete Zinnplättchen und eine auffällige Marmorplatte auf der Theke) machen diese Bar zur perfekten Adresse für ein Glas Wein, egal zu welcher Tages- oder Nachtzeit. Am besten lässt man sich komplett auf das Flair der selbsternannten *gastrotèque* ein, schnappt sich einen Tisch und bestellt sich zum Gläschen europäischen Wein (vor allem aus Frankreich und Italien) noch einen leckeren Snack.

Frying Pan BAR
(Karte S. 74; ☎212-989-6363; www.fryingpan.com; Pier 66 an der W 26th St; ⏲Mai–Okt. 12–24 Uhr; [S]C/E bis 23rd St) Das Feuerschiff *Frying Pan* und der zweistufige Kai, an dem es festgemacht ist, eigenen sich hervorragend für einen Sundowner. An warmen Tagen zieht diese rustikale Freiluft-Location die Leute massenhaft an, die dann in den Liegestühlen ausspannen, Burger vom Grill essen, eiskaltes Bier genießen und den tollen Blick aufs Wasser bewundern.

Union Square, Flatiron District & Gramercy Park

Old Town Bar & Restaurant BAR
(Karte S. 74; ☎212-529-6732; www.oldtownbar.com; 45 E 18th St, zw. Broadway & Park Ave S; ⏲Mo–Sa 11.30–1.30, So 13–24 Uhr; [S]L, N/Q/R, 4/5/6 bis 14th St-Union Sq) Dank der original gefliesten Böden und der Zinndecken sieht es hier immer noch so aus wie 1892. Das Old Town ist ein echter Ausgehklassiker und sogar Madonna hat sich hier – als Rauchen noch erlaubt war – in ihrem Video zu *Bad Girl* mal eine Zigarette angezündet. Cocktails stehen zwar auch auf der Karte, die meisten Gäste zieht es aber auf ein Bier und einen Burger (ab 12 US$) hierher.

Flatiron Room COCKTAILBAR
(Karte S. 74; ☎212-725-3860; www.theflatironroom.com; 37 W 26th St zw. Sixth Ave & Broadway; ⏲Mo–Sa 17–2, So bis 24 Uhr; [S]N/R bis 28th St) Die wunderschön eingerichtete Kneipe hat altmodische Tapeten, einen glitzernden Kronleuchter, handbemalte Kassettendecken und eine kunstvoll beleuchtete Vitrine voller außergewöhnlicher Whiskeys. Die ausgezeichneten Cocktails passen hervorragend zu den hochwertigen Platten für mehrere Personen (Süßkartoffel-Tacos, Fladenbrot mit Wildpilzen, gebratenes Knochenmark). An den meisten Abenden gibt's auch Livemusik (Jazz, Bluegrass). Reservierung erforderlich.

Midtown

★ **Rum House** COCKTAILBAR
(Karte S. 74; ☎646-490-6924; www.therumhousenyc.com; 228 W 47th St, zw. Broadway & Eighth Ave, Midtown West; ⏲13–4 Uhr; [S]N/Q/R bis 49th St) In dieser toll herausgeputzten Trinkstube gibt's gute, mit großer Sorgfalt zubereitete Drinks, rote Lederbänke und eine stilvolle traditionelle Atmosphäre. Jeden Abend wird Livemusik gespielt, manchmal von einem einsamen Klavierspieler, manchmal von einem schwungvollen Jazztrio oder einem sentimentalen Sänger von Liebesschnulzen.

Campbell Apartment COCKTAILBAR
(Karte S. 74; ☎212-953-0409; www.hospitalityholdings.com; Grand Central Terminal, 15 Vanderbilt Ave, an der 43rd St; ⏲So–Do 12–24, Fr & Sa bis 2 Uhr; [S]S, 4/5/6, 7 bis Grand Central-42nd St) Dieses grandiose, formelle Juwel im Grand Central war in den 1920er-Jahren das Büro eines Eisenbahnmagnaten und Fan exzentrischer europäischer Details: Teppiche im florentinischen Stil, hölzerne Deckenbalken und ein hohes Fenster aus Bleiglas. Die Bar liegt etwas versteckt. Um hinzukommen, nimmt man den Aufzug neben der Oyster Bar oder die Treppen hinauf zum West Balcony.

Russian Vodka Room BAR
(Karte S. 74; ☎212-307-5835; www.russianvodkaroom.com; 265 W 52nd St, zw. Eight Ave & Broadway; ⏲Mo–Do 16–2, Fr & Sa bis 4 Uhr; [S]C/E zur 50th St) Russen sind gar keine Seltenheit in der eleganten, einladenden Bar. In schummriger Beleuchtung kann man in anheimelnden Ecknischen mit einem Dutzend aromatisierter Wodkas herumexperimentieren – die Varianten reichen von Preiselbeere bis zu Meerrettich.

Lantern's Keep
COCKTAILBAR

(Karte S. 74; ☎ 212-453-4287; www.thelanternskeep.com; Iroquois Hotel, 49 W 44th St, zwischen Fifth Ave & Sixth Ave; ⊙ Mo-Fr 17-24 Uhr, Sa 18-1 Uhr; ⓢ B/D/F/M bis 42nd St-Bryant Park) Die dunkle, heimelige Cocktailbar befindet sich hinter der Lobby des Iroquois Hotels. Spezialität des Hauses sind Drinks aus der Zeit vor der Prohibition, die von leidenschaftlichen, sympathischen Barkeepern geschüttelt und gerührt werden. Reservierung empfohlen.

Top of the Strand
COCKTAILBAR

(Karte S. 74; www.topofthestrand.com; Strand Hotel, 33 W 37th St, zw. Fifth Ave & Sixth Ave; ⊙ Mo & So 17-24, Di-Sa bis 1 Uhr; ⓢ B/D/F/M bis 34th St) Das ultimative „Oh mein Gott! Ich bin wirklich in New York!"-Gefühl stellt sich ein, wenn man sich hier auf der Dachterrasse des Strand Hotel einen Martini bestellt und den atemberaubenden Ausblick auf das Empire State Building auf sich wirken lässt.

Rudy's Bar & Grill
KNEIPE

(Karte S. 74; ☎ 646-707-0890; www.rudysbarnyc.com; 627 Ninth Ave, an der 44th St, Midtown West; ⊙ Mo-Sa 8-4, So 12-4 Uhr; ⓢ A/C/E bis 42nd St-Port Authority Bus Terminal) Das große Schwein in der roten Jacke und ohne Hose direkt vor dem Eingang markiert die beste Spelunke in Hell's Kitchen. Hier gibt's billige Pitcher der zwei einzigen angebotenen Biersorten, mit rotem Isolierband abgeklebte Sitznischen und kostenlose Hotdogs. Hier trifft man auf eine bunte Klientel, die zur Classic Rock Musik flirtet oder sich auf den Bildschirmen ein stumm geschaltetes Basketballspiel der New York Knicks ansieht.

Bryant Park Grill
BAR, RESTAURANT

(Karte S. 74; ☎ 212-840-6500; www.arkrestaurants.com/bryant_park.html; 25 W 40th St zw. Fifth Ave & Sixth Ave; ⊙ 11.30-23 Uhr; ⓢ B/D/F/M bis 42nd St-Bryant Park, 7 bis Fifth Ave) Wenn das Wetter schön ist, ist dieses herrliche Restaurant mit Bar am östlichen Ende des Bryant Park eine gute Adresse. Die Terrassenbar eignet sich perfekt für ein bis drei Cocktails in der Abenddämmerung.

Jimmy's Corner
BAR

(Karte S. 74; ☎ 212-221-9510; 140 W 44th St zw. Sixth Ave & Seventh Ave, Midtown West; ⊙ 10-4 Uhr; ⓢ N/Q/R, 1/2/3, 7 bis 42nd St-Times Sq; B/D/F/M bis 42nd St-Bryant Park) Die kleine, einladende, total schlichte Kneipe in der Nähe vom Times Sq wird von einem ehemaligen Boxtrainer betrieben – wer hätte das angesichts der vielen gerahmten Fotos von berühmten Boxern gedacht? Aus der Jukebox kommt Musik von Stax bis Miles Davis.

Upper West Side

79th Street Boat Basin
BAR

(Karte S. 82; ☎ 212-496-5542; www.boatbasincafe.com; W 79th St, in Riverside Park; ⊙ April-Okt. 12-23 Uhr; ⓢ 1 bis 79th ST) Überdachte offene Party-Location unter den uralten Bögen einer ehemaligen Parküberführung in Upper West Side, die mit Beginn des Frühlings zum Leben erwacht. Einfach Bier und Snacks bestellen und den Sonnenuntergang über dem Hudson genießen.

Manhattan Cricket Club
COCKTAILLOUNGE

(Karte S. 82; ☎ 646-823-9252; www.mccnewyork.com; 226 W 79th St, zw. Amsterdam Ave & Broadway; ⊙ Di-Sa 18-2 Uhr; ⓢ 1 bis 79th St) Über einem australischen Bistro ist diese elegante Lounge untergebracht, die an die stilvollen britisch-australischen Kricketclubs des frühen 20. Jhs. erinnert. Fotos in Sepiadruck von Schlagmännern verzieren die mit Goldbrokat versehenen Wände, während Bücherregale aus Mahagoni und Chesterfield-Sofas für die passende Atmosphäre sorgen, um sich voll und ganz den guten, aber teuren Cocktails hingeben zu können.

Dead Poet
BAR

(Karte S. 82; ☎ 212-595-5670; www.thedeadpoet.com; 450 Amsterdam Ave, zw. 81st St & 82nd St; ⊙ 12-4 Uhr; ⓢ 1 bis 79th St) Dieser schmale Pub mit viel Mahagonifurnier an den Wänden ist seit über zehn Jahren der Liebling des Viertels. Hier treffen sich Anwohner und Studenten auf ein Guinness oder die Cocktails, die nach verstorbenen Dichtern benannt sind.

Barcibo Enoteca
WEINBAR

(Karte S. 82; ☎ 212-595-2805; www.barciboenoteca.com; 2020 Broadway Ecke 69th St; ⊙ Di-Fri 11.30-16.30, Sa-Mo bis 15.30 Uhr; ⓢ 1/2/3 bis 72nd St) Die zwanglose, schicke Bar mit Marmortischen befindet sich direkt nördlich vom Lincoln Center und ist ein idealer Ort für ein gutes Schlückchen. Auf der langen Karte stehen Weine aus ganz Italien, von denen 40 auch glasweise ausgeschenkt werden.

Upper East Side

Auction House
BAR

(Karte S. 82; ☎ 212-427-4458; 300 E 89th St; ⊙ 19.30-4 Uhr; ⓢ 4/5/6 bis 86th St) Durch dunkelbraune Türen betritt man diese von Kerzen erleuchtete Bar, die sich perfekt für einen entspannten Drink eignet. Sofas im viktorianischen Stil und dick gepolsterte Sessel stehen in den Räumen auf den Holzfußböden verstreut, während Ölgemälde von Nackedeis die unverputzten Backsteinwände schmücken.

Penrose
BAR

(Karte S. 82; 212-203-2751; www.penrose bar.com; 1590 Second Ave, zw. 82nd St & 83rd St; ⊙ Mo–Do 15–4, Fr 12–4, Sa & So 10.30–4 Uhr; Ⓢ 4/5/6 bis 86th St) Das Penrose bietet traditionell gebrautes Bier, alte Spiegel an den Wänden, Tapeten mit Blumenmuster und freundliche Barkeeper und ist damit nicht nur eine gute Location für einen netten Abend mit Freunden, sondern bringt auch etwas Stil in die Upper East Side.

🍸 Brooklyn

★ Maison Premiere
COCKTAILBAR

(347-335-0446; www.maisonpremiere.com; 298 Bedford Ave zw. 1st St & Grand St, Williamsburg; ⊙ Mo–Fr 16–2, Sa & So ab 11 Uhr; Ⓢ L bis Bedford Ave) Die altmodische Bar im Stil eines Chemielabors ist vollgestellt mit Sirupen und Essenzen, die von Hosenträger tragenden Barkeepern zu Cocktails gemixt werden. Auf der abenteuerlich langen Cocktailkarte stehen mehr als 20 Absinth-Drinks. Außerdem werden viele Seafood-Snacks angeboten.

Radegast Hall & Biergarten
BIERKNEIPE

(718-963-3973; www.radegasthall.com; 113 N 3rd St, an der Berry St, Williamsburg; ⊙ 12–2 Uhr; Ⓢ L bis Bedford Ave) Ein lebhafter, von einer ungarisch-österreichischen Kombo geführter Biergarten in Williamsburg, der mit einer riesigen Auswahl an bayrischen Bieren und vielen leckeren Fleischgerichten aufwartet.

Spuyten Duyvil
BAR

(718-963-4140; www.spuytenduyvilnyc.com; 359 Metropolitan Ave, zw. Havemayer & Roebling, Williamsburg; ⊙ Mo–Fr 17 Uhr–open end, Sa & So ab 12 Uhr; Ⓢ L bis Lorimer St, G bis Metropolitan Ave) Die roten Decken, die alten Karten an den Wänden und die ramponierten Möbel werden zweitrangig, wenn man sich erst einmal der atemberaubenden Bierauswahl dieses Biertempels gewidmet hat. Bei gutem Wetter ist auch der begrünte Hinterhof geöffnet.

Hotel Delmano
COCKTAILBAR

(718-387-1945; www.hoteldelmano.com; 82 Berry St, an der N 9th St; ⊙ Mo–Fr 17 Uhr–open

end, Sa & So ab 14 Uhr; Ⓢ L bis Bedford Ave) Diese schwach beleuchtete Cocktailbar erinnert mit ihren alten Spiegeln, ungeschliffenen Dielen und altmodischen Kronleuchtern an die Zeiten der Prohibition.

Pine Box Rock Shop
BAR

(718-366-6311; www.pineboxrockshop.com; 12 Grattan St, zw. Morgan Ave & Bogart St, Bushwick; ⊙ Mo–Fr 16–4, Sa & So ab 14 Uhr; Ⓢ L bis Morgan Ave) Das höhlenartige Pine Box in Bushwick war einst eine Sargfabrik. Heute kann man zwischen 16 Bieren vom Fass und würzigen, aber riesigen Bloody Marys wählen. Die Bar wird von einem freundlichen Musikerpaar betrieben, an den Wänden hängen Werke lokaler Künstler und auf der Bühne hinten treten regelmäßig Musiker auf.

61 Local
BAR

(718-875-1150; www.61local.com; 61 Bergen St, zw. Smith St & Boerum Pl, Cobble Hill; ⊙ Mo–Fr 7 Uhr–open end, Sa & So ab 9 Uhr; 📶; Ⓢ F, G bis Bergen) Der großen Halle mit viel Holz und Backsteinen in Cobble Hill ist es gelungen, schick und gleichzeitig gemütlich zu sein. An den großen Tischen herrscht eine angenehme Stimmung. Es gibt eine gute Auswahl an Bieren aus Kleinbrauereien und eine einfache Speisekarte mit Wurstwaren und Snacks.

Sunny's
BAR

(718-625-8211; www.sunnysredhook.com; 253 Conover St, zw. Beard St & Reed St, Red Hook; ⊙ Di–Fr 18 Uhr–open end, Sa ab 14, So 16–23 Uhr; 🚌 B61 bis Coffey St & Conover St, Ⓢ F, G bis Carroll St) Ganz draußen in Red Hook liegt diese äußerst einladende Hafenarbeiterbar – auf dem Schild steht zumindest „Bar" –, die unmittelbar dem Film *Die Faust im Nacken* entsprungen sein könnte. Samstags um 22 Uhr gibt's eine Bluegrass-Jamsession, bei der richtig Stimmung aufkommt.

☆ Unterhaltung

Wer viel Appetit und Energie hat, kann in dieser Stadt zwischen fast endlos vielen Unterhaltungsmöglichkeiten wählen – von Broadway-Shows bis zu Aktionskunst in irgendeinem Wohnzimmer in Brooklyn. Die Zeitschrift *New York* und die Wochenendausgabe der *New York Times* sind tolle Ratgeber in Bezug auf alles, was gerade los ist.

Livemusik

Joe's Pub
LIVEMUSIK

(Karte S. 70; 212-539-8778; www.joespub. com; Public Theater, 425 Lafayette St zw. Astor Pl &

SCHWULEN- & LESBENSZENE IN NYC

Es gibt wenige Städte, in denen das Homosexuellendasein so viel Spaß macht wie in New York. Die lebhafte Schwulen- & Lesbenszene ist vor allem in Hell's Kitchen, Chelsea und dem West Village zu Hause, wo Schwulen- oder schwulenfreundliche Restaurants, Bars, Clubs und Läden wie Pilze aus dem Boden schießen. Hier einige Highlights des vielfältigen Angebots rund um das Nachtleben:

Eastern Bloc (Karte S. 70; ☎ 212-777-2555; www.easternblocnyc.com; 505 E 6th St, zw. Ave A & Ave B, East Village; 🕐 19–4 Uhr; [S] F bis 2nd Ave) Das „Ostblock" im Eastern Village hat zwar den „Eisernen Vorhang" als Thema auserkoren, die Vorhänge in dieser Schwulenbar sind aber definitiv aus Samt und Taft. Hier kann man sich, wie die zahllosen anderen Jungs, ins Vergnügen stürzen – manche flirten mit den Barkeepern, die ihre Cocktails oben ohne mixen, andere tun so, als starrten sie nicht auf die Retro-Pornos aus den '70er-Jahren, die über die Bildschirme flackern.

Industry (Karte S. 74; ☎ 646-476-2747; www.industry-bar.com; 355 W 52nd St, zw. Eighth Ave & Ninth Ave, Midtown West; 🕐 16–4 Uhr; [S] C/E, 1 bis 50th St) Die 370 m² große Kneipe ist eine der heißesten Schwulenbars in Hell's Kitchen. Es gibt hübsche Loungebereiche, einen Billardtisch und eine Bühne, auf der fantastische Drag-Diven auftreten.

Therapy (Karte S. 74; ☎ 212-397-1700; www.therapy-nyc.com; 348 W 52nd St, zw. Eighth Ave & Ninth Ave, Midtown West; 🕐 So–Do 17–2, Fr & Sa bis 4 Uhr; [S] C/E, 1 bis 50th St) Eine alteingesessene, mehrstöckige Location, die mit ihren allabendlichen Shows (von Konzerten bis Boylesque) die Massen nach Hell's Kitchen lockt.

Flaming Saddles (Karte S. 74; ☎ 212-713-0481; www.flamingsaddles.com; 793 Ninth Ave, zw. 52nd St & 53rd St, Midtown West; 🕐 Mo–Fr 15–4, Sa & So 12–4 Uhr; [S] C/E bis 50th St) In dieser Bar in Hell's Kitchen trifft *Coyote Ugly* auf den Wilden Westen. Natürlich dürfen auch hier die muskulösen, auf den Tresen tanzenden Barkeeper, angehende Stadtcowboys und ein zügelloses Flair nicht fehlen.

Marie's Crisis (Karte S. 70; ☎ 212-243-9323; www.manhattan-monster.com; 59 Grove St, zw. Seventh Ave & Bleecker St, West Village; 🕐 16–4 Uhr; [S] 1 bis Christopher St-Sheridan Sq) Der ehemalige Treffpunkt für Prostituierte hat sich in eine beliebte Pianobar verwandelt. Egal wie erschöpft man ist, hier wartet jede Menge Spaß der alten Schule, der einen wieder munter macht.

Stonewall Inn (Karte S. 70; ☎ 212-488-2705; www.thestonewallinnnyc.com; 53 Christopher St, West Village; 🕐 14–4 Uhr; [S] 1 bis Christopher St-Sheridan Sq) Hier fanden 1969 die Stonewall-Aufstände statt. Die historische Bar bietet allabendlich Partys, bei denen für jeden unter der Regenbogenfahne etwas geboten wird. Entsprechend ist auch die Klientel sehr vielfältig.

Henrietta Hudson (Karte S. 70; ☎ 212-924-3347; www.henriettahudson.com; 438 Hudson St, West Village; 🕐 Mo & Di 17–2, Mi–Fr 16–4, Sa & So 14–4 Uhr; [S] 1 bis Houston St) Süße junge Lesben, auch aus den benachbarten Regionen New Jersey und Long Island, strömen in Scharen in diese elegante Bar. Es gibt verschiedene Themenabende, bei denen temperamentvolle DJs eine Mischung aus Hip-Hop, House und Latino-Rhythmen auflegen.

4th St; [S] R/W bis 8th St-NYU; 6 bis Astor Pl) Der kleine, nette Club ist teils Kabarett, teils Rock- und New-Indie-Schuppen und bietet einen wundervollen Mix aus verschiedenen Stilrichtungen, Stimmen und Talenten.

Rockwood Music Hall LIVEMUSIK
(Karte S. 70; ☎ 212-477-4155; www.rockwoodmusichall.com; 196 Allen St, zw. Houston St & Stanton St; [S] F/V bis Lower East Side-Second Ave) In den beiden Räumen, die gefühlt nicht viel größer als ein Brotkasten sind, treten auf drei verschiedenen Bühnen Bands und Liedermacher am laufenden Band auf. Der Eintritt zu vielen Konzerten ist frei.

Pianos LIVEMUSIK
(Karte S. 70; ☎ 212-505-3733; www.pianosnyc.com; 158 Ludlow St, an der Stanton St; Eintritt 8–10 US$; 🕐 12–4 Uhr; [S] F bis 2nd Ave) Eine alteingesessene Location in der Lower East Side. Im zweistöckigen Pianos treten Künstler verschiedener Genres und Musikstile auf, vor allem Pop, Punk und New Wave, ab und

zu gibt's zum Ausgleich aber auch Hip-Hop und Indie auf die Ohren.

Bowery Ballroom
LIVEMUSIK

(Karte S. 70; ☑212-533-2111; www.boweryballroom.com; 6 Delancey St an der Bowery St; S J bis Bowery) Fantastischer, mittelgroßer Veranstaltungsort mit perfekter Akustik für größere Indie-Rock-Konzerte (Interpol, Belle & Sebastian, Morrissey).

Le Poisson Rouge
LIVEMUSIK

(Karte S. 70; ☑212-505-3474; www.lepoissonrouge.com; 158 Bleecker St; S A/C/E, B/D/F/M bis W 4th St-Washington Sq) Der Kellerclub in der Bleecker St gehört zu den wichtigsten Locations für experimentelle, moderne Musik von Klassik bis zu Indie-Rock und Electro-Acoustic.

Mercury Lounge
LIVEMUSIK

(Karte S. 70; ☑212-260-4700; www.mercuryloungenyc.com; 217 E Houston St zw. Essex St & Ludlow St; Eintritt 10–15 US$; ⊙16–4 Uhr; S F/V bis Lower East Side-2nd Ave) Im Mercury treten sowohl neue als auch ältere Bands auf, die ihr Comeback feiern, und das kommt bei den Massen in Downtown gut an.

Beacon Theatre
LIVEMUSIK

(Karte S. 82; www.beacontheatre.com; 2124 Broadway zw. 74th St & 75th St; S 1/2/3 bis 72nd St) Das Beacon in der Upper West Side zeigt große Acts für Leute, die Shows lieber im intimeren Rahmen als auf großen Konzertbühnen sehen wollen.

Radio City Music Hall
KONZERTHALLE

(Karte S. 74; ☑212-247-4777; www.radiocity.com; Sixth Ave an der W 50th St; S B/D, F, M bis 47–50th Sts) In der architektonisch prächtigen Konzerthalle in Midtown treten Größen wie Tony Bennett und Kelly Clarkson auf. Und natürlich findet hier auch das berühmte Christmas Spectacular statt.

Irving Plaza
LIVEMUSIK

(Karte S. 74; www.irvingplaza.com; 17 Irving Pl an der 15th St; S L, N/Q/R/W, 4/5/6 bis 14th St-Union Sq) Tolle Location mit 1000 Sitzen für spleenige Mainstream-Acts.

Webster Hall
CLUB

(Karte S. 70; ☑212-353-1600; www.websterhall.com; 125 E 11th St, nahe Third Ave; ⊙Do–Sa 22–4 Uhr; S L, N/Q/R/W, 4/5/6 bis 14th St-Union Sq) In diesem Urgestein der Dancehalls gibt's preiswerte Drinks, junge tanzwütige Gäste und ausreichend Platz, um ordentlich ins Schwitzen zu kommen.

★ Brooklyn Bowl
LIVEMUSIK

(☑718-963-3369; www.brooklynbowl.com; 61 Wythe Ave, zw. 11th St & 12th St; ⊙Mo–Do 18–2, Fr bis 4, Sa 12–4, So 12–2 Uhr; S L bis Bedford Ave, G bis Nassau Ave) Dieser über 2100 m² große Veranstaltungsort in einer früheren Fabrik der Hecla Iron Works bietet Bowling, Bier aus Kleinbrauereien, Essen und groovige Livemusik.

Bell House
LIVEMUSIK

(www.thebellhouseny.com; 149 7th St, Gowanus; ⊙17–4 Uhr; ☎; S F, G, R bis 4th Ave-9th St) In einem umgebauten Lager im Industriegebiet Gowanus bietet das Bell House Livekonzerte, Indie-Rocker, DJs, Comedy- und Varietéshows.

Jalopy
LIVEMUSIK

(www.jalopy.biz; 315 Columbia St, an der Woodhull St, Red Hook; S F, G bis Carroll St) Diese an der Grenze zwischen Carroll Gardens und Red Hook gelegene Bar mit angeschlossenem Banjogeschäft bringt Bluegrass, Countrymusik und Ukuleleshows auf die Bühne, darunter auch eine Roots'n'Ruckus Show jeden Mittwochabend, die für gute Laune sorgt.

Music Hall of Williamsburg
LIVEMUSIK

(www.musichallofwilliamsburg.com; 66 N 6th St, zw. Wythe Ave & Kent Ave, Williamsburg; Show 15–35 US$; S L bis Bedford Ave) Die beliebte Musik-Location in Williamsburg ist *der* Ort in Brooklyn, um Indie-Bands live zu sehen (viele Gruppen, die auf ihrer Tour auch durch New York kommen, treten nur hier auf).

Theater

Im Allgemeinen finden „Broadway"-Produktionen in den verschwenderisch ausgestatteten Theatern aus dem frühen 20. Jh. rund um den Times Square statt.

Hinweise auf aktuelle Veranstaltungen findet man in den Printmedien oder auf Websites wie **Theater Mania** (☑212-352-3101; www.theatermania.com). Eintrittskarten zum regulären Preis gibt's bei **Telecharge** (☑212-239-6200; www.telecharge.com) und **Ticketmaster** (☑800-448-7849, 800-745-3000; www.ticketmaster.com). Die **TKTS-Ticketschalter** (www.tdf.org/tkts; Ecke Front St & John St; ⊙Mo–Sa 11–18, So 11–16 Uhr; S A/C bis Broadway-Nassau; 2/3, 4/5, J/Z bis Fulton St) verkaufen Karten für Broadway- und Off-Broadway-Musicals am selben Tag bis zu 50 % unter Normalpreis.

★ Public Theater
THEATER

(Karte S. 70; ☑212-539-8500; www.publictheater.org; 425 Lafayette St, zw. Astor Pl & E 4th St;

S R/N bis 8th St, 6 bis Astor Pl) Hervorragendes Theater in Downtown, in dem Stücke von einigen der besten zeitgenössischen und klassischen Stückeschreiber aufgeführt werden.

★ St. Ann's Warehouse
THEATER

(☎ 718-254-8779; www.stannswarehouse.org; 45 Water St, Dumbo; S A/C bis High St) Avantgarde-Schauspielhaus, in dem innovative Theater und Tanzaufführungen zu sehen sind, die die Brooklyner Literaten anziehen.

PS 122
THEATER

(Karte S. 70; ☎ 212-477-5288; www.ps122.org; 150 First Ave, an der E 9th St) Zeigt Tanzaufführungen sowie Filme und veranstaltet Festivals mit aufstrebenden Talenten.

Playwrights Horizons
THEATER

(Karte S. 74; ☎ 212-279-4200; www.playwrights -horizons.org; 416 W 42nd St, zw. Ninth Ave & Tenth Ave, Midtown West; S A/C/E bis 42nd St-Port Authority Bus Terminal) Eine hervorragende Adresse, um die Stars von morgen vielleicht heute schon zu sehen.

New York Theater Workshop
THEATER

(Karte S. 70; ☎ 212-460-5475; www.nytw.org; 79 E 4th St, zw. Second Ave & Third Ave; S F bis 2nd Ave) Ein wahres Kleinod für jene, die gern innovative, zeitgenössische Stücke mit „Tiefgang" sehen.

Comedy

Comedy Cellar
COMEDY

(Karte S. 70; ☎ 212-254-3480; www.comedy cellar.com; 117 MacDougal St zw. W 3rd & Minetta Ln; Eintritt 12–24 US$; S A/C/E, B/D/F/M bis W 4th St-Washington Sq) Der alteingesessene Kellerklub in Greenwich Village gehört zu den besten Comedy-Adressen New Yorks.

Caroline's on Broadway
COMEDY

(Karte S. 74; ☎ 212-757-4100; www.carolines. com; 1626 Broadway, an der 50th St; S N/Q/R bis 49th St, 1 bis 50th St) Eine Toppadresse für Shows mit den großen Comedy- und Sitcom-stars der USA.

★ Upright Citizens Brigade Theatre
COMEDY

(Karte S. 74; ☎ 212-366-9176; www.ucbtheat re.com; 307 W 26th St zw. Eighth Ave & Ninth Ave; Grundpreis 5–10 US$; S C/E bis 23rd St) In dem kleinen Kellertheater gibt's allabendlich Improvisations-Shows mit bekannten, aufstrebenden und auch wahrscheinlich weniger erfolgversprechenden Comedians.

Kinos

★ Film Forum
KINO

(Karte S. 70; ☎ 212-727-8110; www.filmforum. com; 209 W Houston St zw. Varick St & Sixth Ave; S 1 bis Houston St) Die langen, schmalen Kinos können die Liebe von Cineasten für diese Institution nicht schmälern. Gezeigt werden Neuverfilmungen, Klassiker und Dokus.

IFC Center
KINO

(Karte S. 70; ☎ 212-924-7771; www.ifccenter.com; 323 Sixth Ave an der 3rd St; Ticket 14 US$; S A/C/E, B/D/F/M bis W 4th St-Washington Sq) Das ehemalige Waverly mit drei Kinosälen ist ein

---

JAZZ

Von Bebop bis freie Improvisation, vom klassischen Art-déco-Club bis zur intimen Jamsession – New York gehört auch weiterhin zu den großen Hauptstädten des Jazz.

Das **Smalls** (Karte S. 70; ☎ 212-252-5091; www.smallsjazzclub.com; 183 W 4th St; 19.30–0.30 Uhr Eintritt 20 US$, danach 10 US$; ☉16–4 Uhr; S 1 bis Christopher St-Sheridan Sq) ist ein Jazz-Keller, der mit dem **Village Vanguard** (Karte S. 70; ☎ 212-255-4037; www.village vanguard.com; 178 Seventh Ave an der 11th St; Eintritt rund 30 US$; ☉19.30–0.30 Uhr; S 1/2/3 bis 14th St) im Wettstreit um die großen Talente steht. Natürlich stand in Letzterem in den letzten 50 Jahren schon jeder große Star irgendwann einmal auf der Bühne. Hier besteht aber Getränkezwang (mind. ein Drink) und striktes Redeverbot während der Gigs.

In Uptown ist **Dizzy's Club Coca-Cola: Jazz at the Lincoln Center** (Karte S. 82; ☎ Tickets für Dizzy's Club Coca-Cola 212-258-9595, Tickets für Rose Theater & Allen Room 212-721-6500; www.jazz.org; Time Warner Center, Broadway at 60th St; S A/C, B/D, 1 bis 59th St-Columbus Circle) einer der drei Jazzclubs im Lincoln Center. Er bietet einen tollen Blick auf den Central Park und allabendliche Shows mit Top-Besetzung. Weiter im Norden in der Upper West Side lohnt sich ein Besuch in der **Smoke Jazz & Supper Club-Lounge** (Karte S. 82; ☎ 212-864-6662; www.smokejazz.com; 2751 Broadway, zw. W 105th St & 106th St; ☉ Mo–Sa 17.30–3, So 11–3 Uhr; S 1 bis 103rd St), die an den Wochenenden immer ein großes Publikum anlockt.

Programmkino, in dem neue Indie-Filme, Kultklassiker und ausländische Streifen laufen. Und das Beste: hier gibt's Bio-Popcorn.

Landmark Sunshine Cinema KINO
(Karte S. 70; 212-260-7289; www.landmark theatres.com; 143 E Houston St zwischen Forsyth St &Eldridge St; [S] F/V bis Lower East Side-Second Ave) Dieses Kino ist in einem ehemaligen jiddischen Filmtheater untergebracht und zeigt Indie-Uraufführungen.

Anthology Film Archives KINO
(Karte S. 70; 212-505-5181; www.anthologyfilm archives.org; 32 Second Ave an der 2nd St; [S] F bis 2nd Ave) Die Independent- und Avantgarde-Filme, die in diesem Kino mit dem Aussehen eines Schulgebäudes gezeigt werden, begeistern Filmstudenten.

Darstellende Künste

★ Carnegie Hall LIVEMUSIK
(Karte S. 74; 212-247-7800; www.carnegiehall.org; W 57th St & Seventh Ave, Midtown West; Okt.–Mai Touren Mo–Fr 11.30, 12.30, 14 & 15 Uhr, Sa 11.30 & 12.30, So 12.30 Uhr ; [S] N/Q/R zur 57th St–7th Ave) Seit ihrer Eröffnung im Jahr 1891 sind in der historischen Carnegie Hall schon Größen wie Tchaikowsky, Mahler und Prokofiev, andererseits aber auch Stevie Wonder, Sting und João Gilberto aufgetreten. Im Juli und August ist hier meist geschlossen.

★ Brooklyn Academy of Music DARSTELLENDE KUNST
(BAM; Karte S. 60; www.bam.org; 30 Lafayette Ave am Ashland Pl, Fort Greene; [S] D, N/R bis Pacific St, B, Q, 2/3, 4/5 bis Atlantic Ave) Die Brooklyner Version des Lincoln Center – zumindest was die All-inclusive-Politik angeht, denn die Atmosphäre ist hier viel aufregender. Die spektakuläre Akademie bietet alles von modernem Tanz, Oper, innovativem Theater bis hin zu Konzerten.

Symphony Space LIVEMUSIK
(Karte S. 82; 212-864-5400; www.symphony space.org; 2537 Broadway zw. 94th St & 95th St; [S]1/2/3 bis 96th St) Ein echtes Juwel der Upper West Side, in dem die ganze Woche über auf verschiedenen Bühnen Aufführungen unterschiedlicher Genres gezeigt werden – Theater, Kabarett, Comedy, Tanz und Weltmusikkonzerte.

 Shoppen

Mit einer Unzahl an Modeboutiquen, Flohmärkten, Bücher- und Plattenläden, Antiquitäten- und Feinschmeckergeschäften gehört New York City zu den wohl besten Shoppingdestinationen der Welt.

Downtown

Die coolsten Angebote gibt's in NoLita (direkt östlich von SoHo), im East Village und in der Lower East Side. In SoHo sind die Modeläden zwar teurer, aber ebenso gut. Auf dem Broadway reihen sich zwischen Union Sq und Canal St die großen Einzelhandelsgeschäfte wie H&M und Urban Outfitters aneinander. Hier gibt's auch Dutzende von Jeans- und Schuhläden.

ABC Carpet & Home HAUSHALTSWAREN, GESCHENKE
(Karte S. 74; 212-473-3000; www.abchome.com; 888 Broadway, an der 19th St; Mo–Mi, Fr & Sa 10–19, Do bis 20, So 12–18 Uhr; [S] L, N/Q/R, 4/5/6 bis 14th St-Union Sq) Dieses wunderbar konzipierte, sechsstöckige Kaufhaus – ein Mekka für alle, die ihre eigenen vier Wände gern selbst gestalten – hat zahlreiche Haushaltswaren, Designerschmuck und Geschenke aller Art im Angebot.

★ Strand Book Store BÜCHER
(Karte S. 70; 212-473-1452; www.strandbooks.com; 828 Broadway an der 12th St; Mo–Sa 9.30–22.30, So ab 11 Uhr; [S] L, N/Q/R, 4/5/6 bis 14th St-Union Sq) Der beste Buchladen der Stadt verkauft neben neuen auch gebrauchte Bücher.

★ Century 21 MODE
(Karte S. 66; www.c21stores.com; 22 Cortlandt St zw. Church St & Broadway; Mo–Fr 7.45–21, Sa 10–21, So 11–20 Uhr; [S] A/C, J/Z, 2/3, 4/5 bis Fulton St, N/R bis Cortlandt) Das vierstöckige Kaufhaus ist bei allen New Yorkern ungeachtet ihres Einkommens beliebt, weil man hier auch immer wieder Designer-Schnäppchen findet.

Other Music MUSIK
(Karte S. 70; 212-477-8150; www.other music.com; 15 E 4th St, zw. Lafayette St & Broadway; Mo–Fr 11–21, Sa 12–20, So 12–19 Uhr; [S] 6 bis Bleecker St) Ein unabhängiger CD-Laden, der seine treue Fangemeinde mit einer auf Kennerwissen beruhenden Auswahl an ausgefallenem Lounge, Psychadelic, Electronica, Indie-Rock etc. – neu und gebraucht – versorgt. Hat auch Vinyl!

Obscura Antiques ANTIQUITÄTEN
(Karte S. 70; 212-505-9251; 207 Ave A, zw. 12th St & 13th St; Mo–Sa 12–20, So bis 19 Uhr; [S] L bis

SPORT LIVE SEHEN IN NYC

Die extrem erfolgreichen Baseballteams **New York Yankees** (☎718-293-6000, Tickets 877-469-9849; www.yankees.com; Tickets 20–300 US$) spielen im **Yankee Stadium** (Karte S. 60; ☎718-293-4300, Tickets 212-926-5337; E 161st St an der River Ave, Bronx; Führungen 20 US$; [S] B/D, 4 bis 161st St-Yankee Stadium), während die historisch gesehen eher erfolglosen **New York Mets** (☎718-507-8499; www.mets.com; Tickets 19–130 US$) ihre Spiele im **Citi Field** (Karte S. 60; 126th St, an der Roosevelt Ave, Flushing, Queens; [S] 7 bis Mets-Willets Pt) austragen. Wem eine weniger großartige Kulisse bei trotzdem sehr hoher spielerischer Qualität reicht, sollte einen Besuch der Zweitligisten in Betracht ziehen: Die **Staten Island Yankees** (☎718-720-9265; www.siyanks.com; Tickets 12 US$) im **Richmond County Bank Ballpark** (75 Richmond Tce, Staten Island ⛴ Staten Island Ferry) oder die **Brooklyn Cyclones** (☎718-372-5596; www.brooklyncyclones.com; Tickets ab 15 US$, Mi 10 US$) im **MCU Park** (Karte S. 60; 1904 Surf Ave & W 17th St, Coney Island; [S] D/F, N/Q bis Coney Island-Stillwell Ave) sind ebenfalls sehenswert.

Basketball und die NBA lassen sich hautnah bei einem Spiel der **New York Knicks** (www.nyknicks.com; Tickets ab 109 US$) im **Madison Square Garden** (Karte S. 74; www.thegarden.com; Seventh Ave zw. 31st St & 33rd St, Midtown West; [S] 1/2/3 bis 34th St-Penn Station), dem „Basketball-Mekka" erleben oder auch bei einem Match der **Brooklyn Nets** (www.nba.com/nets; Tickets ab 15 US$), die im **Barclays Center** (www.barclayscenter.com; Ecke Flatbush Ave & Atlantic Ave, Prospect Heights; [S] B/D, N/Q/R, 2/3, 4/5 bis Atlantic Ave) nicht weit von Brooklyns Downtown ausgetragen werden. Im Madison Square Garden spielt außerdem das WNBA-Frauenteam **New York Liberty** (☎212-564-9622, Tickets 212-465-6073; www.nyliberty.com; Tickets 10–85 US$), bei dessen Spielen es etwas entspannter zugeht.

New York Citys NFL-Teams (Profi-Football), die **Giants** (☎201-935-8222; www.giants.com) und die **Jets** (☎800-469-5387;www.newyorkjets.com), teilen sich das **MetLife Stadium** (Karte S. 60; www.metlifestadium.com; 1 MetLife Stadium Dr; 🚌 351 ab Port Authority, 🚆 NJ Transit ab Penn Station nach Meadowlands) in East Rutherford, NJ.

1st Ave) Hier zu shoppen ist wie ein Ausflug in ein kleines Kuriositätenkabinett mit ausgestopften Tieren, winzigen (zahnärztlichen?) Instrumenten, alten Giftflacons, Glasaugen, Handtaschen aus Agakröten, anatomischen Zeichnungen und anderen großartigen Geschenkideen für die Lieben zu Hause (vielleicht für die Schwiegermutter?).

Idlewild Books BÜCHER
(Karte S. 74; ☎212-414-8888; www.idlewildbooks.com; 12 W 19th St, zw. Fifth Ave & Sixth Ave; 🕐 Mo–Do 12–19.30, Fr & Sa bis 18, So bis 17 Uhr; [S] L, N/Q/R, 4/5/6 bis 14th St-Union Sq) Ein wundersamer Reisebuchladen mit Romanen, Reiseberichten, Geschichts- und Kochbüchern, fremdsprachiger Literatur und anderem anregenden Lesestoff.

Economy Candy SÜSSIGKEITEN
(Karte S. 70; ☎212-254-1531; www.economycandy.com; 108 Rivington St an der Essex St; 🕐 Di–Fr 9–18, Sa–Mo 10–18 Uhr; [S] F, J/M/Z bis Delancey St-Essex St) Dieser Bonbon-Laden versüßt das Leben der Menschen in diesem Viertel schon seit 1937. Der Laden ist bis unter die Decke vollgestopft mit losen und abgepackten Süßigkeiten.

Midtown & Uptown

In der Fifth Ave in Midtown und der Madison Ave in Upper East Side bekommt man berühmte internationale Designermode.

Uniqlo MODE
(Karte S. 74; www.uniqlo.com; 666 Fifth Ave, an der 53rd St; 🕐 Mo–Sa 10–21, So 11–20 Uhr; [S] E, M bis Fifth Ave-53rd St) Uniqlo ist Japans Antwort auf H&M und dies hier ist sein spektakulärer Flaggschiff-Megastore auf unglaublichen 8270 m². Zu kaufen gibt's erschwingliche, modische, qualitativ hochwertige Basics von T-Shirts und Unterbekleidung bis hin zu japanischer Jeanskleidung, Kaschmirpullovern und High-Tech-Parkas.

Macy's KAUFHAUS
(Karte S. 74; www.macys.com; 151 W 34th St am Broadway; Mo–Fr 9–21.30 Uhr, Sa 10–21.30, So 11–20.30 Uhr; [S] B/D/F/M, N/Q/R bis 34th St-Herald Sq) Die Grande Dame der Kaufhäuser

in Midtown verkauft alles von Jeans bis Küchenzubehör.

Bloomingdale's KAUFHAUS
(Karte S. 82; www.bloomingdales.com; 1000 Third Ave an der E 59th St, Midtown East; 🕘 Mo–Sa 10–20.30, So 11–19 Uhr; 📶; [S] 4/5/6 bis 59th St, N/Q/R bis Lexington Ave-59th St) Das riesige, überwältigende Bloomingdale's in Uptown ist für Shopper so etwas wie das Metropolitan Museum of Art für Kunstliebhaber.

ℹ Praktische Informationen

INTERNETZUGANG

Kostenlose WLAN-Hotspots gibt's u. a. im Bryant Park, Battery Park, Tompkins Square Park, Union Square Park, Lincoln Center und in vielen Cafés der Stadt.

New York Public Library (Karte S. 74; ☎ 212-930-0800; www.nypl.org; E 42nd St, an der Fifth Ave; [S] B, D, F oder M bis 42nd St-Bryant Park) Kostenlose Internetterminals.

MEDIEN

WFUV-90,7FM Der besten Radiosender für alternative Musik.

WNYC 820AM oder 93,9FM Lokale Tochter vom National Public Radio.

Daily News (www.nydailynews.com) Täglich erscheinendes Boulevardblatt mit einem Faible für Sensationsnachrichten.

New York (www.newyorkmagazine.com) Wochenblatt mit auf NYC bezogenen Nachrichten und Infos über Kunst und Kultur.

New York Post (www.nypost.com) Bekannt für seine gepfefferten Schlagzeilen, die mit Promi-Skandalen vollgestopfte „Page Six" und die guten Sportberichte.

New York Times (www.nytimes.com) Die graue Eminenz ist die maßgebende Zeitung und wird in den ganzen USA gelesen.

NY1 (www.ny1.com) News rund um die Uhr auf dem Kabelkanal Channel 1 von Time Warner.

Village Voice (www.villagevoice.com) Das wöchentlich erscheinende Boulevardblatt ist noch immer eine gute Infoquelle zu Events, Clubs und Musikveranstaltungen.

MEDIZINISCHE VERSORGUNG

New York County Medical Society (☎ 212-684-4670; www.nycms.org) Empfiehlt telefonisch Ärzte, je nach Krankheit und Sprache.

Tisch Hospital (New York University Langone Medical Center; ☎ 212-263-7300; 550 First Ave; 🕘 24 Std.) Medizinische Versorgung in der Innenstadt.

Travel MD (☎ 212-737-1212; www.travelmd.com) Für Reisende und New Yorker rund um die Uhr abrufbarer Dienst für ärztliche Hausbesuche.

TOURISTENINFORMATION

New York City & Company (Karte S. 74; ☎ 212-484-1222; www.nycgo.com; 151 W 34th St zw. Seventh Ave & Broadway, an der 53rd St; 🕘 Mo–Fr 9–19, Sa 10–19, So 11–19 Uhr; [S] 1/2/3, A/C/E bis 34th St-Herald Sq) Offizieller Infodienst des Convention & Visitors Bureau mit hilfsbereiten, mehrsprachigen Angestellten. Weitere Zweigstellen gibt's u. a. in Chinatown (Karte S. 66; Ecke Canal St, Walker St & Baxter St; 🕘 10–18 Uhr; [S] 6/J/N/Q bis Canal St) und Lower Manhattan (Karte S. 66; City Hall Park am Broadway; 🕘 Mo–Fr 9–18, Sa & So 10–17 Uhr; [S] 4/5/A/C bis Fulton St).

ℹ An- & Weiterreise

AUTO & MOTORRAD

Das Mieten eines Autos in der Stadt ist eine teure Angelegenheit. Ein Mittelklassewagen kostet pro Tag mindestens 80 US$.

BUS

Der riesige und verwirrende **Port Authority Bus Terminal** (Karte S. 74; ☎ 212-564-8484; www.panynj.gov; 41st St an der Eighth Ave; [S] A, C, E, N, Q, R, 1, 2, 3, & 7) ist Manhattans Hauptbusbahnhof.

Einige Busunternehmen mit Sitz in Midtown, darunter **BoltBus** (☎ 877-265-8287; www.boltbus.com) und **Megabus** (☎ 877-462-6342; us.megabus.com), betreiben komfortable, sichere Busse von NYC nach Philadelphia (9–15 US$, 2 Std.), Boston (17–36 US$, 4¼ Std.) und Washington, D. C. (16–36 US$, 4½ Std.). In den Bussen gibt's kostenloses WLAN.

FÄHRE

Seastreak (www.seastreak.com) legt vom Pier 11 nahe der Wall St und von der E 35th St nach Sandy Hook (hin & zurück 45 US$) in New Jersey ab. An den Sommerwochenenden fährt auch eine Fähre nach Martha's Vineyard (einfache Fahrt/hin & zurück 165/240 US$, 5 Std.) in Massachusetts von der E 35th St.

FLUGZEUG

New York City hat drei Hauptflughäfen. Der größte ist der **John F. Kennedy International Airport** (JFK; ☎ 718-244-4444; www.panynj.gov) in Queens, wo sich auch der **La Guardia Airport** (LGA; www.panynj.gov/aviation/lgaframe) befindet. Der **Newark Liberty International Airport** (EWR; ☎ 973-961-6000; www.panynj.gov) liegt jenseits des Hudson River in Newark, NJ, und ist keine schlechte Alternative.

ZUG

Die **Penn Station** (33rd St, zw. Seventh Ave & Eighth Ave; [S] 1/2/3/A/C/E bis 34th St-Penn Station), ist der Abfahrtsbahnhof für alle Züge von **Amtrak** (☎ 800-872-7245; www.amtrak.com), die hier u. a. nach Boston (3¾ Std.)

ⓘ METROCARDS

Für die Fahrt mit Bus und U-Bahn benötigt man die gelb-blaue MetroCard; Kauf und Aufladung sind an einfach zu bedienenden Automaten möglich, die an jeder Haltestelle stehen. Bezahlt werden kann mit Bargeld, EC- oder Kreditkarte. Einfach „Get new card" (neue Karte kaufen) drücken und den Anweisungen folgen. Die Karte selbst kostet 1 US$. Dann muss eine von zwei möglichen Arten der MetroCard gewählt werden. Mit der Karte „pay-per-ride" kostet eine Fahrt 2,75 US$, wer die MetroCard aber mit über 5,50 US$ auflädt, erhält von MTA einen Bonus von 11%. Tipp: Der Automat fragt nach der Postleitzahl. Wer keinen Wohnsitz in den USA hat, gibt einfach die 99999 ein.

und Washington, D. C. (3 Std.) starten. Neben Haltestellen in Brooklyn und Queens fährt die **Long Island Rail Road** (LIRR; ☎718-217-5477; www.mta.info/lirr; entfernteste Zone einfache Fahrt Nebensaison/Hauptsaison 27/34 US$) ebenfalls die Penn Station (NYC) an und befördert jeden Tag mehrere Hunderttausend Pendler. Auch **New Jersey Transit** (S. 143) betreibt Züge ab der Penn Station (NYC), die in die Vorstädte und zur Jersey Shore fahren. Eine weitere Möglichkeit für die Reise nach New Jersey, allerdings in nördlicher Richtung, z. B. nach Hoboken und Newark, ist der **New Jersey PATH** (☎800-234-7284; www.panynj.gov/path). Für diese Züge gilt ein separates Preissystem (2,75 US$). Sie fahren auf der ganzen Länge der Sixth Ave und halten an der 34th, 23rd, 14th, 9th und Christopher St sowie an der Station World Trade Center.

Die einzige Bahnlinie, die vom Grand Central Terminal, Park Ave an der 42nd St, abfährt, ist die **Metro-North Railroad** (☎511; www.mta.info/mnr). Sie bedient die nördlichen Vorstädte, Connecticut und Orte im Hudson Valley.

ⓘ Unterwegs vor Ort

AUTO & MOTORRAD

Der Verkehr und die Parkplatzsuche sind immer schwierig und angstbesetzt. Wer sich selbst hinters Steuer setzt, muss die hiesigen Gesetze kennen. So darf man bei Rot beispielsweise nicht rechts abbiegen (was im restlichen Bundesstaat erlaubt ist) und man muss daran denken, dass jede zweite Straße eine Einbahnstraße ist.

FÄHRE

Die **East River Ferry** (www.eastriverferry.com) (einfache Fahrt 4 US$, alle 20 Min.) verbindet

Orte in Brooklyn (Greenpoint, North und South Williamsburg sowie Dumbo) und Queens (Long Island City) mit Manhattan (Pier 11 an der Wall St und E 35th St). **New York Water Taxi** (☎212-742-1969; www.nywatertaxi.com; Hop-on-Hop-off 31 US$/Tag) bedient mit einer Flotte von schnellen, gelben Booten mehrere Strecken, u. a. gibt's an den Wochenenden einen Hop-on-Hop-off-Service rund um Manhattan und Brooklyn.

FAHRRAD

In NYC gibt's das Fahrrad-Sharing-Programm „Citi Bike" (S. 92).

VOM/ZUM FLUGHAFEN

Ein Taxi vom JFK nach Midtown kostet 52 US$ (Festpreis). Hinzu kommen Maut und Trinkgeld. Nach Taxameter fährt man von LaGuardia (ca. 30 US$) und Newark Airport (ca. 55 US$, ohne Maut und Trinkgeld).

Eine günstigere, aber langsame Option zum/vom JFK ist der AirTrain (5 US$ einfache Strecke), der Anschluss an die Subway-Linien ins Zentrum hat (2,75 US$; stadtauswärts mit dem A-Train in Richtung Far Rockaway fahren). Schneller zur Penn Station in der Stadt kommt man, wenn man den AirTrain bis zur Jamaica Station (5 US$ einfache Strecke) nimmt und dann in den LIRR-Zug (10 US$, einfache Strecke) steigt, der vor der Innenstadt nur ein paar Mal hält.

Für Newark: Der AirTrain verbindet alle Terminals mit dem New Jersey Transitbahnhof, von dem aus man dann Anschluss zur Penn Station in NYC (13 US$ einfache Fahrt, Kombiticket NJ Transit/AirTrain) hat.

Für LaGuardia: Der Bus M60 fährt über die 125th St in Harlem nach/aus Manhattan und hält unterwegs mehrere Male am Broadway in der Upper West Side.

Alle drei Flughäfen werden auch von Expressbussen (16 US$) und kleinen Shuttlebussen (ab 20 US$) angefahren. Der **NYC Airporter** (www.nycairporter.com) fährt etwa alle 30 Minuten zum Grand Central Terminal, Port Authority Terminal und zur Penn Station. Der **Super Shuttle Manhattan** (www.supershuttle.com) holt seine Fahrgäste nach Vorbestellung an jedem x-beliebigen Ort ab.

ÖFFENTLICHE VERKEHRSMITTEL

Die New Yorker U-Bahn (*subway*) wird von der **Metropolitan Transport Authority** (MTA; ☎718-330-1234; www.mta.info) betrieben. Sie ist kultig, günstig (2,75 US$/Fahrt, egal wohin), fährt rund um die Uhr und ist oft die schnellste und verlässlichste Art, in der Stadt von A nach B zu kommen. Zudem ist sie heute sicherer und (etwas) sauberer als sie es in der Vergangenheit war.

TAXI

Aktuelle Taxipreise: 2,50 US$ Startgebühr (für die ersten 300 m), dann jeweils 0,40 US$ alle

300 m bzw. 60 Sekunden, die man im Stau steht, 1 US$ Zuschlag in Spitzenzeiten (werktags 16–20 Uhr) und 0,50 US$ Nachtzuschlag (tgl. 20–6 Uhr). Die Fahrer erwarten ein Trinkgeld von 10 bis 15 %. In Großraumtaxis passen fünf bis sechs Personen. Wenn man ein Taxi anhalten kann, leuchtet das Licht auf seinem Dach.

NEW YORK STATE

Upstate New York – im Endeffekt alles außerhalb der City – und Downstate New York haben praktisch nichts gemeinsam außer ihrem Gouverneur und einer schlecht funktionierenden Legislative in der Hauptstadt Albany. Diese Unvereinbarkeit führt in der Politik oft zu verfahrenen Situationen, wer aber eine Wanderung in den Bergen ebenso mag wie eine Kneipentour durch die Lower East Side, der darf sich freuen. Upstate New York wird von seinen Wasserwegen bestimmt. Der Hudson River verläuft – wie eine Art Fluchtweg – von NYC aus direkt nach Norden. Von Albany fließt der 843 km lange Erie Canal nach Westen bis zum Lake Erie, vorbei an den berühmten Niagarafällen und Buffalo, das trotz seiner langen Winter eine lebhafte Stadt ist. Der St.-Lorenz-Strom seinerseits bildet in der oft vergessenen Region der Thousand Islands die Grenze zu Kanada. Auch einiges an Wasser findet sich in der Weinbaugegend rund um die Finger Lakes und die Collegestadt Ithaca. Hinzu kommen das zerklüftete Hinterland der Adirondacks-Bergkette und die saftig grünen Farmen der Catskills sowie die kilometerlangen Sandstrände von Long Island. All dies ist Grund genug für viele Leute, die Stadt auf Nimmerwiedersehen zu verlassen.

❶ Praktische Informationen

511 NY (☑ in NY 511, von anderswo 800-465-1169; www.511ny.org) Verkehrsinfos für den Bundesstaat, Infos zur Wetterlage und mehr.
I Love NY (☑ 800-225-5697; www.iloveny.com) Tourismusbüro des Bundesstaats.
New York State Office of Parks, Recreation and Historic Preservation (☑ 518-474-0456; www.nysparks.com) Informationen über Camping und Unterkünfte sowie allgemeine Auskünfte über alle State Parks. Reservierungen sind bis zu neun Monate im Voraus möglich.

Long Island

Formal gesehen gehören zur 190 km langen Long Island auch noch die Stadtteile Brooklyn und Queens an ihrem westlichen Ende dazu, in der allgemeinen Vorstellung der Leute beginnt „Long Island" aber erst dort, wo die Stadt endet, nämlich in einem Gewühl von verstopften Schnellstraßen und Vororten, die jeder Teenager so schnell wie möglich verlassen möchte (Levittown, die erste Planstadt der 1950er-Jahre, befindet sich im Zentrum von Nassau County). „Lohn-gai-land" (so der lokale Akzent) hat aber noch weit mehr zu bieten. Hat man den Vorstadtstreifen erst hinter sich gelassen, zeigen sich windgepeitschte Dünen, schillernde Badeorte, grüne Farmen und Weinberge sowie Walfänger und Fischerdörfchen, die im 17. Jh. gegründet wurden, und man versteht, warum treue Einwohner den Spitznamen „Strong Island" (starke Insel) bevorzugen.

❶ Anreise & Unterwegs vor Ort

Dank der Long Island Rail Road (S. 120), die von der Penn Station in NYC drei Linien bis ans äußerste östliche Ende der Insel betreibt, kann Long Island auch ohne Auto bereist werden. Hinzu kommen die Busgesellschaften **Hampton Jitney** (☑ 212-362-8400; www.hamptonjitney.com; einfache Strecke 30 US$) und **Hampton Luxury Liner** (☑ 631-537-5800; www.hamptonluxuryliner.com; einfache Strecke 45 US$), die von Manhattan zu verschiedenen Orten in den Hamptons und nach Montauk fahren. Hampton Jitney hat auch Busse nach/von Brooklyn und fährt außerdem die North Fork an. Dennoch ist es mit einem Auto einfacher, mehrere Orte auf der Insel in einem Aufwasch zu besuchen. Die I-495, auch Long Island Expwy (LIE) genannt, verläuft einmal mitten über die Insel. Dabei sollte man aber die Hauptverkehrszeit meiden, wenn die ganzen Pendler im Stau stecken.

North Shore

Nicht weit von NYC liegt die sogenannte „Gold Coast", wo die Vanderbilts, Chryslers und Guggenheims, ganz zu schweigen von Gatsby, in den Goldenen 1920er-Jahren ihre Sommerurlaube verbrachten. Heute geht der North Shore größtenteils schon in die Stadt über, ein paar Überreste von damals sowie einige hübsche, naturbelassene Orte haben die Zeiten aber überdauert. In der Nähe von Port Washington befindet sich das **Sands Point Preserve** (☑ 516-571-7901; www.sandspointpreserve.org; 127 Middle Neck Rd, Sands Point; Parken 10 US$, Falaise-Führung 10 US$; ⊙ 8–17 Uhr, Juli–Aug. bis 19 Uhr, Falaise-Führung stündl. Mitte Mai–Nov. Do–So 12–15 Uhr), das früher zum Anwesen der Guggenheims gehörte. Zu

KURZINFOS NEW YORK STATE

Spitznamen Empire State, Excelsior State, Knickerbocker State

Bevölkerung 19,8 Mio.

Fläche 144 212 km², inkl. Wasser

Hauptstadt Albany (98 400 Ew.)

Weitere Städte New York City (8,4 Mio. Ew.)

Verkaufssteuer 4 % zzgl. der Steuern des Countys und des Bundesstaats (insgesamt etwa 8 %)

Geburtsort von Dichter Walt Whitman (1819–1892), Präsident Theodore Roosevelt (1858–1919), Präsident Franklin D. Roosevelt (1882–1945), First Lady Eleanor Roosevelt (1884–1962), Maler Edward Hopper (1882–1967), Filmstar Humphrey Bogart (1899–1957), Komikerin Lucille Ball (1911–1989), Filmemacher Woody Allen (geb. 1935), Schauspieler Tom Cruise (geb. 1962), Profisportler Michael Jordan (geb. 1963), Popstar Jennifer Lopez (geb. 1969)

Heimat der Six Nations of the Iroquois Confederacy, der ersten US-amerikanischen Rinderranch (1747, in Montauk, Long Island), der US-amerikanischen Suffragetten-Bewegung (1848), des Eriekanals (1825)

Politische Ausrichtung Gouverneur ist der populäre Demokrat Mario Cuomo, NYC ist größtenteils demokratisch, der nördliche Teil des Staats konservativer

Berühmt für die (eine Hälfte der) Niagarafälle, die Hamptons, Kellereien, den Hudson River

Ungewöhnlicher Fluss Der Genesee River ist einer der wenigen Flüsse der Welt, die von Süden nach Norden fließen – von South Central New York in den Lake Ontario bei Rochester

Entfernungen NYC–Albany 150 Meilen (257 km), NYC–Buffalo 375 Meilen (603 km)

---

ihm gehören auch ein Wald und ein schöner Strand in einer Bucht. Das Visitor Center ist in Castle Gould, das im 19. Jh. vom Eisenbahnerben Howard Gould gegründet wurde. Besucher können auch das 1923 erbaute Herrenhaus **Falaise** besichtigen, das eines der wenigen noch intakten und vollständig eingerichteten Herrenhäuser dieser Ära ist. Weiter östlich, hinter dem Örtchen Oyster Bay, liegt **Sagamore Hill** (☏516-922-4788; www.nps.gov/sahi; 12 Sagamore Hill Rd, Oyster Bay; Museum & Gelände frei, Hausführung Erw./Kind 10 US$/frei; ☺Mi–So 9–17 Uhr), wo Präsident Theodore Roosevelt und seine Frau ihre sechs Kinder großzogen. Hinter dem Museum beginnt ein Naturpfad und führt zu einem malerischen Strand. Das Haus im viktorianischen Stil mit 23 Zimmern wurde 2015 in großem Umfang renoviert. Es kann im Rahmen einer Führung besichtigt werden, ist im Sommer aber oft recht überfüllt.

South Shore

Diese Strände sind leicht mit öffentlichen Verkehrsmitteln zu erreichen und mitunter sehr voll, sie sind aber auch ein schönes Ziel für einen gelungenen Tagesausflug. Die Bahn fährt direkt nach **Long Beach**, das direkt hinter der Grenze von NYC liegt und dessen Hauptstraße mit Eisdielen, Bars und Restaurants übersät ist. Gleich östlich davon liegt der **Jones Beach State Park** (☏516-785-1600; www.nysparks.com; 1 Ocean Pkwy; Parken 10 US$, Liegestuhl 10 US$, Pools Erw./Kind 3/1 US$, Minigolf 5 US$; ☺10–19 Uhr, kann je nach Abschnitt variieren), ein knapp 10 km langer Mikrokosmos aus Strand und Kultur mit Surfern, Rentnern, einheimischen Teenagern und Schwulen, die alle jeweils ihren Strandabschnitt für sich beanspruchen. Um hinzukommen, nimmt man die Bahn bis Freeport und steigt dort in den Bus um. Im Juli und August bietet LIRR Kombitickets an (hin & zurück 20,50 US$).

Noch ein Stück weiter östlich liegt die Barriereinsel **Fire Island National Seashore** (☏631-687-4750; www.nps.gov/fiis; Campinggenehmigung Dünen 20 US$) GRATIS. Abgesehen von ihrem westlichen Ende, wo die Brücke die Bucht überquert und zum **Robert Moses State Park** führt, ist die Insel nur mit der **Fähre** (📞 631-665-3600; www.fireislandferries.com; 99 Maple Ave, Bay Shore; einfache Strecke Erw./Kind 10/5 US$) zu erreichen und somit autofrei – die Bewohner transportieren ihre Güter deshalb auf kleinen Wägelchen. Die Insel ist von ungefähr einem Dutzend winziger Weiler umsäumt, in denen vorwiegend Einheimische leben. In der Partyhochburg Ocean Beach Village und dem ruhigeren Ocean Bay Park (die Fähren vom LIRR-Halt Bayshore fahren hierher) gibt's ein paar Hotels. Cherry Grove und The Pines (Fähren ab Sayville) sind Schwulenhochburgen; auch hier gibt's Hotels. Das Übernachten auf der Insel ist nicht gerade preiswert. Das **Seashore Condo Motel** (📞 631-583-5860; www.seashorecondomotel.com; Bayview Ave, Ocean Bay Park; Zi. ab 219 US$; 📞) ist eine typische nichtssagende Unterkunft. Am Ostende (Fähre ab Patchogue) gibt's einen gut ausgestatteten Campingplatz bei **Watch Hill** (📞 631-567-6664; www.watchhillfi.com; Stellplatz 25 US$; ⊙ Anfang Mai–Ende Okt.). In den Dünen dahinter ist wildes Campen erlaubt. Unbedingt genügend Bargeld auf die Insel mitbringen.

The Hamptons

Diese Reihe von Dörfern ist im Sommer Zufluchtsort für die wohlhabendsten Bürger Manhattans, die dann mit dem Helikopter anreisen. Normalsterbliche nehmen einen Hampton-Jitney-Bus und mieten sich in ein lautes Ferienhaus ein. Hinter all dem Glamour steht eine lange Kulturgeschichte, denn in der Vergangenheit haben hier schon berühmte Künstler und Schriftsteller gelebt. Das Gebiet ist recht klein und ist an den oft verstopften Montauk Hwy angeschlossen. Im westlich gelegenen **Southampton** finden sich zahlreiche Nachtclubs sowie gute Museen. Die weiten Strände sind ein Traum, im Sommer können Nicht-Anwohner aber nur am Coopers Beach (40 US$/Tag) und an der Road D (kostenlos) parken. **Bridgehampton** wartet auch mit einigen Boutiquen und guten Restaurants auf. Hier befindet sich auch die Abzweigung nach Norden zum ehemaligen Walfängerdorf **Sag Harbor,** das ein paar schöne enge, alte Gässchen hat. In **East Hampton** feiern die wichtigsten Prominenten ihre Partys – und treten manchmal auch in Theaterstücken in der **Guild Hall** (📞 631-324-0806; www.guildhall.org; 158 Main St; ⊙ Museum Juli–Aug. 11–17 Uhr, Sept.–Juni nur Fr–Mo) GRATIS auf.

⊙ Sehenswertes

Parrish Art Museum   MUSEUM
(📞 631-283-2118; www.parrishart.org; 279 Montauk Hwy, Water Mill; Erw./Kind 10 US$/frei, Mi frei; Mi–Mo 10–17, Fr bis 20 Uhr) In einer eleganten, langgezogenen Scheune, die von Herzog & de Meuron entworfen wurde, werden hier regionale Künstler wie Jackson Pollock, Willem de Kooning und Chuck Close ausgestellt.

Wer mehr über Pollock erfahren möchte, kann sich (nach vorheriger Reservierung) sein nahegelegenes, mit Farbe bespritztes **Studio und Wohnhaus** (📞 631-324-4929; 830 Springs-Fireplace Rd, East Hampton; Erw./Kind 10/5 US$; ⊙ Führung stündl. Mai–Okt. Do–Sa 11–16 Uhr) ansehen.

Shinnecock Nation Cultural
Center & Museum   MUSEUM
(📞 631-287-4923; www.shinnecockmuseum.com; 100 Montauk Hwy, Southampton; Erw./Kind 15/8,50 US$; ⊙ Do–So 11–17 Uhr; 🅿) Der 1300 Mitglieder starke Stamm der Shinnecock betreibt dieses Museum mit einem Dorf, in dem lebendige Geschichte erfahrbar gemacht wird. Es ist eine der letzten Erinnerungen an die Indianer, die früher Long Island besiedelten.

Southampton Historical
Museum   MUSEUM
(📞 631-283-2494; www.southamptonhistoricalmuseum.org; 17 Meeting House Ln, Southampton; Erw./Kind 4 US$/frei; ⊙ März–Dez. Mi–So 11–16 Uhr) Bevor die Hamptons zu den Hamptons wurden, stand hier eine Ansammlung hübsch gepflegter alter Häuser, darunter das Herrenhaus des Kapitäns eines Walfangboots.

🛏 Schlafen & Essen

Bridge Inn   MOTEL $$
(📞 631-537-2900; www.hamptonsbridgeinn.com; 2668 Montauk Hwy, Bridgehampton; Zi. ab 209 US$; ❋ 📶 ❄) Wer sich in diesem sauberen und eleganten Motel einmietet, das genau wie die anderen Herrenhäuser ringsherum hinter Hecken versteckt liegt, hat schon den ersten Schritt hin zur authentischen Hamptons-Erfahrung getan.

Provisions   CAFÉ $
(Ecke Bay St & Division St, Sag Harbor; Sandwiches 9–16 US$; ⊙ 8–18 Uhr; 🍴) Feinschmecker kommen in diesem Bio-Markt auf ihre Kosten, in dem es auch Sandwiches zum Mitnehmen gibt.

Candy Kitchen
DINER $

(2391 Montauk Hwy, Bridgehampton; Hauptgerichte 5–12 US$; ⏰7–19.30 Uhr; 🚼) Das Diner an einer Ecke ist der Gegenpol zum Glitzer und Glamour und bringt schon seit 1925 gute Suppen, Eiscreme und andere Leckereien auf den Tisch.

Nick & Toni's
MEDITERRAN $$$

(☎631-324-3550; 136 North Main St, East Hampton; Pizza 17 US$, Hauptgerichte 24–42 US$; ⏰Mi–Mo 6–22, Fr & Sa bis 23, So auch 11.30–14.30 Uhr) Hier stehen die Chancen gut, den einen oder anderen Prominenten zu treffen. Diese Institution der Hamptons serviert italienische Gerichte mit Zutaten von umliegenden Bauernhöfen.

Montauk

In Richtung der nach Osten zeigenden Spitze der South Fork von Long Island liegen das verschlafene Städtchen Montauk, oder „The End", und der bekannte Surferstrand **Ditch Plains**. Mit den Surfern kamen auch die wohlhabenden Hipster und unkonventionell-schicken Hotels wie die Surf Lodge und das Ruschmever's in den Ort. Die Szene ist in Montauk aber noch lange nicht in dem Maße vertreten wie in den Hamptons. Hier gibt's immer noch eine stolze Arbeiterschaft und ungezwungene Fischrestaurants.

Hinter dem **Napeague State Park** teilt sich die Straße. Der Montauk Hwy verläuft weiter geradeaus, der Old Montauk Hwy biegt nach rechts ab und verläuft am Wasser entlang. Die Straßen treffen sich wieder im Zentrum von Montauk am kleinen See Fort Pond. 2 Meilen (etwa 3 km) östlich befindet sich eine große Bucht mit dem Namen Lake Montauk, an deren Ufer zahlreiche Jachthäfen verstreut liegen. Weitere 3 Meilen (4,8 km) östlich befindet sich der **Montauk Point State Park** mit dem windumtosten Leuchtturm **Montauk Point Lighthouse** (☎631-668-2544; www.montauklighthouse.com; 2000 Montauk Hwy; Erw./Kind 10/4 US$; ⏰Sommer 10.30–17.30 Uhr, restl. Jahr kürzer), das seit 1796 seine Dienste tut.

🛏 Schlafen

Hither Hills State Park
CAMPING $

(☎631-668-2554; www.nysparks.com; 164 Old Montauk Hwy; Zelt- & Wohnmobilstellplatz wochentags/Wochenende 56/64 US$, Reservierungsgebühr 9 US$) Bewaldete Dünen mit 168 Stellplätzen für Zelte und Wohnmobile; muss online reserviert werden.

Ocean Resort Inn
HOTEL $$

(☎631-668-2300; www.oceanresortinn.com; 95 S Emerson Ave; Zi./Suite ab 135/185 US$; ❄🌐) Kleines, L-förmiges Hotel, dessen Zimmer alle Zugang zu einer großen Veranda oder einem Balkon haben. Zentrum und Strand liegen jeweils in fußläufiger Entfernung.

Sunrise Guesthouse
PENSION $$

(☎631-668-7286; www.sunrisebnb.com; 681 Old Montauk Hwy; Zi. 130 US$, Suite 195 US$; ❄🌐) Eine gute, altmodische Option ein paar Kilometer westlich vom Ort, gleich gegenüber der Straße, die zum Strand führt.

🍴 Essen & Ausgehen

Lobster Roll
SEAFOOD $$

(1980 Montauk Hwy, Amagansett; Hauptgerichte 14–28 US$; ⏰Sommer 11.30–22 Uhr) Westlich von Montauk muss man am Straßenrand nur nach dem Schild „Lunch" Ausschau halten. Es markiert diese Bude, in dem es bereits seit 1965 Muscheln und Hummer gibt.

Cyril's Fish House
SEAFOOD $$

(2167 Montauk Hwy, Amagansett; Hauptgerichte 15–22 US$; ⏰Sommer 11–19 Uhr) Das Cyril's ist gleichermaßen Freiluftparty und Fischbude und versorgt die Insel mit seinen berühmten Bailey-Bananen-Coladas (BBCs).

★ Westlake Fish House
SEAFOOD $$

(☎631-668-3474; 352 W Lake Dr; Hauptgerichte 21–36 US$; ⏰Do–So 12–21, Fr & Sa bis 22 Uhr; 🚼) Im gleichnamigen Jachthafen befindet sich dieses großartige Fischrestaurant, in dem nur Meeresfrüchte aus frischem Fang (d.h. vom selben Tag) auf den Tisch kommen.

Montauket
BAR

(88 Firestone Rd; ⏰Do–So ab 12 Uhr) Kenner sind sich einig: Dies ist Long Islands beste Location, um sich den Sonnenuntergang anzuschauen.

North Fork & Shelter Island

Die North Fork von Long Island ist vor allem für ihr Ackerland und ihre Weingüter bekannt. Sie ist also alles in allem sehr ländlich, am Wochenende können aber lärmende Weingut-Gruppentouren in Limousinen über das Gebiet herfallen. Dennoch ist die Rte 25, die Hauptverbindungsstraße zwischen den Orten **Jamesport**, **Cutchogue** und **Southold**, hübsch und von Bauernständen gesäumt.

Der größte Ort der North Fork ist **Greenport**, ein entspannter Ort, dessen Fischerboote immer noch auslaufen und das auf eine Geschichte als Walfängerort zurückblickt. In seinem Harbor Front Park steht ein altes Karussell. Greenport ist recht klein und kann vom LIRR-Bahnhof aus leicht zu Fuß erkundet werden. Wer mit dem eigenen fahrbaren Untersatz unterwegs ist, der kann noch bis nach **Orient** mit seinem kleinen Strand und zum **Orient Beach State Park** (☑ 631-323-2440; 40000 Main Rd, Orient; 8 US$/ Auto; ☺ ganzjährig ab 8 Uhr, Baden nur Juli–Aug.) fahren, ein winziger Zipfel am Ende der Halbinsel mit sauberen Stränden und einer ruhigen Bucht zum Kajakfahren.

Zwischen North und South Fork liegt, wie ein kleines Juwel in der Klaue Long Islands, **Shelter Island**. Die **North Ferry** (☑ 631-749-0139; www.northferry.com; Fußgänger 2 US$, Fahrrad 3 US$, Auto einfache Strecke/hin & zurück am selben Tag 11/16 US$; ☺ 6–24 Uhr alle 10–20 Min.) fährt von hier nach Greenport, die **South Ferry** (☑ 631-749-1200; www.south ferry.com; Fußgänger 1 US$, Fahrrad 4 US$, Fahrzeug & Fahrer einfache Strecke/hin & zurück am selben Tag 14/17 US$; ☺ Juli–Aug. 6–1.30 Uhr alle 15 Min., Sept.–Juni bis 24 Uhr) zur North Haven in der Nähe von Sag Harbor. Die Insel ist eine kleinere, maßvollere Version der Hamptons, mit einer Prise maritimem New England. Die Parkmöglichkeiten sind begrenzt. Am langen **Crescent Beach** kann man z. B. nur mit Parkgenehmigung parken. Wen ein paar Hügel nicht abschrecken, der kann die Insel auch prima mit dem Fahrrad erkunden. Das 8 km² große **Mashomack Nature Preserve** (☑ 631-749-1001; www.nature. org; Rte 114; ☺ März–Sept. 9–17 Uhr, Okt.–Febr. bis 16 Uhr) im südlichen Teil der Insel eignet sich hervorragend zum Kajakfahren.

🛏 Schlafen & Essen

Greenporter Hotel　　　BOUTIQUEHOTEL **$$**
(☑ 631-477-0066; www.greenporterhotel.com; 326 Front St, Greenport; Zi. ab 199 US$; ✳🅿🛜📶) Hier wurde ein älteres Motel renoviert – die Wände bekamen einen neuen weißen Anstrich und die Zimmer wurden mit Ikea-Möbeln ausgestattet. Für die Gegend bietet das Greenporter ein gutes Preis-Leistungs-Verhältnis. Das angeschlossene Restaurant Cuvée ist sehr gut.

North Fork Table & Inn　　　INN **$$$**
(☑ 631-765-0177; www.nofoti.com; 57225 Main Rd, Southold; Zi. ab 250 US$) Diese Nobelunterkunft ist bei Feinschmeckern sehr beliebt. Sie wartet mit vier Zimmern und einem hervorragenden Restaurant auf, das seine Zuta-

ten frisch von Bauernhöfen aus der Region bezieht (Drei-Gänge-Menü 75 US$). Es wird von ehemaligen Köchen des angesehenen Restaurants Gramercy Tavern in Manhattan geführt.

Four & Twenty Blackbirds　　　DESSERTS **$**
(☑ 347-940-6717; 1010 Village Ln, Orient; Stück Kuchen 5 US$; ☺ Mitte Mai–Sept. Mi–Mo 8–18 Uhr) Ein Ableger des Kuchenspezialisten in Brooklyn, der himmlische Obst- und Schokoladenvariationen zaubert.

Love Lane Kitchen　　　MODERN-AMERIKANISCH **$$**
(☑ 631-298-8989; 240 Love Ln, Mattituck; Hauptgerichte mittags 12–15 US$, abends 16–30 US$; ☺ Do–Mo 8–21.30, Di & Mi 7–16 Uhr) Beliebtes Restaurant in einer hübschen Straße, auf dessen Abendkarte vor allem Fleisch und Gemüse aus der Region stehen: Burger, selbstverständlich, und feurige Kichererbsen und Enten-Tajine.

Claudio's　　　SEAFOOD **$$$**
(☑ 631-477-0627; 111 Main St, Greenport; Hauptgerichte 25–36 US$; ☺ So–Do 11.30–21, Fr & Sa bis 22 Uhr) Dieses legendäre Restaurant befindet sich seit 1870 in der Hand der portugiesischen Familie Claudio. Wer nur einen einfachen kleinen Snack möchte, schaut in Claudio's Clam Bar am nahelegenden Pier vorbei.

Hudson Valley

Der Anblick des Hudson River unmittelbar nördlich von New York City inspirierte im 19. Jh. nicht nur die Landschaftsmalerei der Hudson River School, sondern auch zahllose wohlhabende Familien, die hier große Anwesen errichten ließen. Heute ist das Hudson Valley mit Farmen und Parks überzogen und es leben hier sowohl alteingesessene Naturliebhaber als auch Menschen, die erst kürzlich der Großstadt entflohen sind. Mit zunehmender Nähe zu NYC nehmen auch die Bevölkerungsdichte und das Gefühl, sich in einer Stadt zu befinden, zu. Allerdings ist auch der Anschluss an die Metro-North-Züge besser. Je weiter man nach Norden kommt, desto ländlicher (und teilweise trostloser) können die Orte sein.

ℹ An- & Weiterreise

Die Metro-North Railroad (S. 120) führt von der Grand Central Station in NYC bis nach Poughkeepsie; eine weitere Strecke verläuft durch New Jersey bis nach Harriman. **Amtrak** (www.am trak.com) hält auch in Rhinecliff (für Rhinebeck),

Poughkeepsie und Hudson. Nach New Paltz gelangt man mit den Bussen von **Short Line** (212-736-4700; www.shortlinebus.com), die auch eine Tagestour nach Storm King anbieten.

Lower Hudson Valley

In der Nähe von **Tarrytown** und **Sleepy Hollow** östlich vom Hudson stehen etliche traumhafte Häuser. Wer sich für Kunst interessiert, fährt geradewegs nach Norden ins einstige Industriestädtchen **Beacon**, das sich zum Außenposten der Avantgarde entwickelt hat. Outdoorfans finden auf dem Bull Hill bei **Cold Spring** und auf anderen Pfaden nicht weit von dessen Bahnhof gute Wandermöglichkeiten. Wer mit dem Auto unterwegs ist, kann ans Westufer des Hudson fahren und dem **Harriman State Park** (845-947-2444; www.nysparks.com; Seven Lakes Dr, Ramapo; Parken 8 US$/Auto) und dem angrenzenden **Bear Mountain State Park** (845-786-2701; www.nysparks.com; Palisades Pkwy, Bear Mountain; Parken im Sommer 8 US$/Auto; 8 Uhr–Sonnenuntergang), von dessen 397 m hohem Gipfel man hinunter Richtung Manhattan blickt, einen Besuch abstatten.

⊙ Sehenswertes

Sunnyside   HISTORISCHES GEBÄUDE
(914-591-8763, Mo–Fr 914-631-8200; www.hudson valley.org; 3 W Sunnyside Ln, Sleepy Hollow; Erw./ Kind 12/6 US$; Führung Mai–Okt. Mi–So 10.30–15.30 Uhr;) Der für Erzählungen wie *Die Sage von der schläfrigen Schlucht* (*The Legend of Sleepy Hollow*) bekannte Schriftsteller Washington Irving erbaute dieses fantasievolle Haus. Die Guides der Führungen tragen Kostüme aus dem 19. Jh. und sind gut im Geschichtenerzählen.

Kykuit   HISTORISCHE STÄTTE
(914-366-6900; www.hudsonvalley.org; 381 N Broadway, Sleepy Hollow; Führung Erw./Kind 25/23 US$; Führungen Mai–Anfang Nov. wechselnde Öffnungszeiten, Di geschl.) In diesem ehemaligen Sommerhaus der Familie Rockefeller ist heute eine bemerkenswerte Sammlung moderner Kunst ausgestellt.

West Point   HISTORISCHE STÄTTE
(US Military Academy Visitors Center; 845-938-2638; www.usma.edu; 2107 N South Post Rd, West Point; Führung 1 Std. Erw./Kind 14/11 US$; 9–16.45 Uhr) Mit einem Bus wird man über das Gelände dieser Akademie der US-Armee gekarrt, in der seit 1802 Offiziere ausgebildet werden. Das Museum (kostenlos) ist ein Muss für alle Militärinteressierten.

Storm King Art Center   GALERIE
(845-534-3115; www.stormking.org; 1 Museum Rd, New Windsor; Erw./Kind 15/8 US$; April–Okt. Mi–So 10–17.30 Uhr, Nov. bis 16.30 Uhr) In dem 1960 auf einer Fläche von 200 ha angelegten Skulpturenpark stehen Werke von Mark di Suvero, Andy Goldsworthy und anderen Künstlern. Die Skulpturen sind allesamt in sorgfältig ausgewählten, von den Kräften der Natur geformten Ecken und Winkeln des Geländes aufgestellt.

★ **Dia Beacon**   GALERIE
(Beacon; 845-440-0100; www.diaart.org; 3 Beekman St, Beacon; Erw./Kind 12 US$/frei; April–Okt. Do–Mo 11–18 Uhr, Nov.–März Fr–Mo 11–16 Uhr) In dem ehemaligen Fabrikgebäude sind monumentale zeitgenössische Skulpturen von Größen wie Richard Serra und Dan Flavin zu sehen sowie wechselnde, aber immer erstaunliche Kunstinstallationen.

✗ Essen

The Hop   MODERN-AMERIKANISCH $$
(845-440-8676; 554 Main St, Beacon; Sandwiches 15 US$, Hauptgerichte 24–36 US$; Mi–Mo 12–22, Fr & Sa bis 24 Uhr) Die Existenzberechtigung dieses Lokals ist traditionell gebrautes Bier und Cidre, was beides hervorragend zu den lokalen Käsesorten und herzhaften Kreationen wie Huff-n-Puff passt, ein Burger mit Schweinefleisch, Schinken und Speck.

Blue Hill at Stone Barns   MODERN-AMERIKANISCH $$$
(914-366-9600; www.bluehillfarm.com; 630 Bedford Rd, Pocantico Hills; Festpreis 218 US$; Café & Farm Mi–So 10–16.30 Uhr, Restaurant Mi–Sa 17–22, So ab 13 Uhr) Auf der Farm des Küchenchefs Dan Barber (von hier aus wird auch sein Restaurant in Manhattan beliefert) kann man seiner Überzeugung nachgehen, nur Zutaten zu essen, die aus der direkten Umgebung stammen. Tagsüber können sich Besucher die Felder und Weiden ansehen und es gibt ein sehr einfaches Café.

New Paltz

Am Westufer des Hudson liegt New Paltz, eine Konklave von Hippies aller Altersgruppen. Hier befindet sich der Campus der State University of New York sowie die historische **Huguenot St**, ein Straßenzug mit alten Steinhäusern aus dem frühen 18. Jh. Der Ort ist auch das Tor zur Shawangunk Ridge (auch bekannt als „The Gunks"), die mit Wanderwegen und einigen der besten Klettermöglichkeiten im Osten der USA aufwartet – besonders im **Mohonk Preserve** (845-255-0919; www.mohonkpreserve.org; 3197 Rte 55, Gardiner; Tagespass Wanderer/Kletterer & Radfahrer 12/17 US$; 9–17 Uhr) und im nahegelegenen **Minnewaska State Park Preserve** (845-255-0752; www.nysparks.com; 5281 Rte 44-55, Kerhonkson; 10 US$/Fahrzeug). Bei **Alpine Endeavors** (877-486-5769; www.alpine endeavors.com; Rosendale) erhält man Kletterunterricht und kann Ausrüstung leihen.

Wer hier in der Gegend stilvoll übernachten möchte, mietet sich im **Mohonk Mountain House** (845-255-1000; www.mo honk.com; 1000 Mountain Rest Rd; DZ all inclusive ab 558 US$; ❄ 🅿 ♿ 🏊) ein, ein Wahrzeichen und Schloss aus viktorianischer Zeit. Im Preis ist eine Vielzahl an Aktivitäten enthalten. Tagesgäste, die gern auf dem Gelände wandern wollen, sind auch willkommen. Sie melden sich entweder zum Essen an (vorab reservieren) oder bezahlen normal Eintritt (Erw./ Kind 26/21 US$ pro Tag, unter der Woche weniger). Am anderen Ende des Spektrums findet sich das hervorragende **New Paltz Hostel** (845-255-6676; www.newpaltzhostel. com; 145 Main St; B 30 US$, Zi. ab 70 US$).

Poughkeepsie & Hyde Park

Die größte Ortschaft im Hudson Valley ist **Poughkeepsie** (pju-*kip*-sie). Hier findet man Vassar, ein College, das bis 1969 ausschließlich Frauen aufnahm, sowie eine IBM-Niederlassung – einst das Hauptwerk, in dem die ersten bemerkenswerten Computer gebaut wurden. Die meisten Besucher zieht es weiter nach Norden ins ländliche **Hyde Park**, wo man den Roosevelts auf den Grund gehen oder die etwas andere CIA besuchen kann – das Culinary Institute of America, die renommierteste Kochschule des Landes. Hier gibt's auch ein altes **Autokino** (845-229-4738; www.hydeparkdrivein. com; 4114 Albany Post Rd, Hyde Park; Erw./Kind 9/6 US$; Mitte April–Mitte Sept.) und **Roller Magic** (845-229-6666; www.hydeparkroller magic.com; 4178 Albany Post Rd, Hyde Park; Eintritt 7 US$, Rollschuhverleih 2 US$; Fr 19.30–22.30, Sa & So auch 13–16.30 Uhr), eine Rollschuhbahn, auf der das örtliche Roller-Derby-Team trainiert und spielt.

⊙ Sehenswertes

Walkway Over the Hudson PARK
(845-454-9649; www.walkway.org; 61 Parker Ave, Poughkeepsie; 7 Uhr–Sonnenuntergang)

---

❶ ZUGANG ZUM APPALACHIAN TRAIL

In New York, New Jersey und Pennsylvania verläuft der Appalachian Trail auf einer Strecke von rund 630 km. Einer der am einfachsten zugänglichen Abschnitte schlängelt sich durch den **Harriman State Park und den Bear Mountain State Park** – ein abwechslungsreiches, aber nicht zu anstrengendes Terrain. Der Weg kommt in der Nähe der Haltestelle Harriman von Metro-North vorbei (sonst wird sie von keiner anderen Linie angefahren). In New Jersey verläuft der Wanderweg an der Ostseite des **Delaware Water Gap** entlang. Der gleichnamige Ort liegt bereits in Pennsylvania und ist auf Wanderer ausgerichtet. Der Großteil der Strecke (370 km) liegt in Pennsylvania und erreicht dort auch die Appalachen, nach denen der Trail benannt ist. Der Appalachian Trail verläuft nördlich des Pennsylvania Dutch Country und etwa 20 Meilen (32 km) westlich von **Gettysburg**.

Die ehemalige Eisenbahnbrücke über den Hudson ist nun mit knapp über 2 km die weltweit längste Fußgängerbrücke sowie ein State Park.

Franklin D. Roosevelt Home HISTORISCHES GEBÄUDE
(845-486-7770; www.nps.gov/hofr; 4097 Albany Post Rd, Hyde Park; Erw./Kind 18 US$/frei, nur Museum 9 US$/frei; 9–17 Uhr) F. D. R. war drei Amtszeiten lang US-Präsident und hat nachhaltige fortschrittliche Programme auf den Weg gebracht. Gleichzeitig war aber auch er ist, der die Entscheidung traf, die Atombombe auf Japan abzuwerfen und so den Zweiten Weltkrieg zu beenden. Eine Führung durch sein Haus, das angesichts des Wohlstands seiner Familie relativ bescheiden ist, ist interessant, kann aber im Sommer aufgrund der Massen auch unangenehm sein.

Wenn im Haus zu viel los ist, sieht man sich besser das hervorragende Museum an, das um seine ehemalige Bibliothek herumgebaut wurde, in der er seine bahnbrechenden Radioansprachen („Fireside Chats" oder Kamingespräche) aufnahm. Auch Eleanor Roosevelts persönlicher Zufluchtsort, das Cottage **Val-Kill** (845-229-9422; www.nps. gov/elro; 54 Valkill Park Rd, Hyde Park; Erw./Kind

10 US$/frei; Mai–Okt. tgl. 9–17 Uhr, Nov.–April Do–Mo), kann besichtigt werden.

Vanderbilt Mansion   HISTORISCHE STÄTTE
(877-444-6777; www.nps.gov/vama; 119 Vanderbilt Park Rd, Hyde Park; Gelände frei, Führung Erw./Kind 10 US$/frei; 9–17 Uhr) Das Sommercottage der Familie Vanderbilt, deren Vermögen aus der Eisenbahnbranche stammt, ist eher ein Herrenhaus und ein Juwel der Beaux-Arts-Architektur, in dem die Originaleinrichtung vorwiegend noch erhalten ist.

Schlafen & Essen

★ Roosevelt Inn   MOTEL $
(845-229-2443; www.rooseveltinnofhydepark.com; 4360 Albany Post Rd, Hyde Park; Zi. 85–115 US$; Jan. & Feb. geschl.) Ein wunderbar sauberes Motel direkt an der Straße. Die mit Kiefernholz verkleideten „rustikalen" Zimmer sind ein echtes Schnäppchen.

Journey Inn   INN $$
(845-229-8972; www.journeyinn.com; 1 Sherwood Pl, Hyde Park; Zi. 160–215 US$) Gegenüber dem Vanderbilt Mansion bietet dieses Landhaus geschmackvoll eingerichtete Zimmer mit verschiedenen Themen (Kyoto, Toskana, Roosevelt) und ein überdurchschnittlich gutes Frühstück.

Bocuse   MODERN-FRANZÖSISCH $$$
(845-451-1012; www.ciarestaurantgroup.com; 1946 Campus Dr, Hyde Park; Hauptgerichte 26–31 US$; Di–Sa 11.30–13 & 18–20.30 Uhr) Eines von mehreren hervorragenden, von Studenten betriebenen Restaurants am Culinary Institute of America. Hier kommen traditionelle Trüffelgerichte und trickreiche Kunstwerke wie etwa Eiscreme mit flüssigem Stickstoff auf den Tisch. Das Mittagessen bietet ein gutes Preis-Leistungs-Verhältnis. Wer nur einen Snack möchte, ist im **Apple Pie Cafe** (845-905-4500; Sandwiches 10–15 US$; Mo–Fr 7.30–17 Uhr) genau richtig.

Rhinebeck & Hudson

Am östlichen Hudson-Ufer liegt auf halber Höhe das Örtchen Rhinebeck mit seiner bezaubernden Hauptstraße. Es ist umgeben von Farmland und Weinbergen und in seiner Nähe befinden sich auch das holistische **Omega Institute** (877-944-2002; www.eomega.org; 150 Lake Dr), das auf jegliche Art von Heilung und Yoga spezialisiert ist, sowie das hyperliberale Bard College. Dadurch kann man in den Cafés des Ortes regelmäßig interessante Konversationen verfolgen. Der nördlichste Ort im Tal ist Hudson, das zwar noch etwas zerlumpt daherkommt, von einer kleinen Gruppe ehemals in NYC ansässiger Künstler und Schriftsteller jedoch teilweise wieder auf Vordermann gebracht wurde. Die Warren St ist von Antiquitätenläden, Einrichtungsboutiquen, Galerien und Cafés gesäumt.

Sehenswertes

Old Rhinebeck Aerodrome   MUSEUM
(845-752-3200; www.oldrhinebeck.org; 9 Norton Rd, Red Hook; Erw./Kind Mo–Fr 10/3 US$, Flugshows Erw./Kind 20/5 US$, Flüge 75 US$; Mai–Okt. 10–17 Uhr, Flugshows Sa & So ab 14 Uhr) Dieses Museum hat eine Sammlung alter Flugzeuge, die bis ins Jahr 1909 zurückreicht. Am Wochenende kann man sich entweder die Flugshows ansehen oder einen Rundflug an Bord eines alten Doppeldeckers wagen.

★ Olana   HISTORISCHE STÄTTE
(518-828-0135; www.olana.org; 5720 Rte 9G, Hudson; Führung Erw./Kind 12 US$/frei, Gelände 5 US$/Fahrzeug; Gelände tgl. 8 Uhr–Sonnenuntergang, Führung Mai–Okt. Di–Do 10–16 Uhr, Besichtigung ohne Führung nur Sa 14–17 Uhr) Vom ästhetischen Standpunkt aus ist dies das schönste Herrenhaus im Hudson Valley. Der Landschaftsmaler Frederic Church hat hier bis ins kleinste Details alles geplant und setzte dabei seine Inspirationen aus seinen Reisen in den Nahen Osten und seine Begeisterung für den Blick auf den Fluss um.

Schlafen & Essen

Wm Farmer and Sons   PENSION $$
(518-828-1635; www.wmfarmerandsons.com; 20 S Front St, Hudson; Zi. ab 149 US$;) Nur einige Schritte vom Bahnhof und der Warren St entfernt liegt das einstige Boardinghouse in rustikalem Chic mit grob behauenen Möbeln und freistehenden Badewannen mit Löwenfüßen. Das Restaurant bekommt gutes Feedback.

Helsinki   MODERN-AMERIKANISCH $$
(518-828-4800; www.helsinkihudson.com; 405 Columbia St, Hudson; Hauptgerichte 13–25 US$; Do–Di 17–22 Uhr) Die restaurierte Remise ist eine Art Clubhaus für die aktiven Künstler des Tals. Auf einer Bühne sind Rock- und Jazzbands und teilweise sogar tourende internationale Acts zu sehen, während das Restaurant Gerichte mit Zutaten aus der Region wie etwa den knoblauchlastigen Kohlsalat auf den Tisch bringt.

Catskills

In dieser bergigen Region westlich des Hudson Valley trifft man auf zahlreiche verschiedene Kulturen sowohl der natürlichen als auch der von Menschenhand gemachten Art. Das romantische Bild von moosbewachsenen Schluchten und abgerundeten Gipfeln, wie es von den Malern der Hudson Valley School verbreitet wurde, brachte eine Bewegung zum Erhalt der Natur auf den Weg; 1894 wurde die Verfassung des Bundesstaates ergänzt, auf dass Tausende Hektar „für immer unberührte Waldflächen" blieben.

Im 20. Jh. wurden die Catskills ein Synonym für die sogenannten „Borschtsch-Gürtel-Hotels", sommerliche Feriendomizile für die jüdische Mittelschicht aus New York City. Diese Hotels sind mittlerweile alle geschlossen, in vielen Ortschaften gibt es aber weiterhin blühende jüdische Gemeinden. In gleicher Weise lebt auf vielen kleinen Farmen auch das Hippie-Ethos weiter, sich von den eigenen landwirtschaftlichen Erzeugnissen zu ernähren. In den vergangenen zehn Jahren haben mehr und mehr gehobene Hotels eröffnet, die sich an die nostalgischen NYC-Hipster richten, die ein Wochenende fernab der Stadt verbringen wollen. Im Herbst ist dies der am nächsten gelegene Ort außerhalb NYCs, um die spektakuläre Farbenpracht der herbstlichen Bäume zu bestaunen.

❶ Anreise & Unterwegs vor Ort

In dieser Gegend ist ein eigenes Auto praktisch unerlässlich. Auch eine Landkarte sollte unbedingt im Gepäck mit dabei sein, da das Ethos der ewigen Wildnis auch bedeutet, dass man oft keinen Handyempfang hat.

Es gibt einige Busverbindungen. Die hilfreichste ist die Route von **Trailways** (☏ 800-858-8555; www.trailwaysny.com) von NYC durch Kingston bis Woodstock (28 US$, 3 Std.) und Phoenicia (32,25 US$, 3½ Std.).

Route 28 & Umgebung

Sobald man die I-87 verlassen hat, verläuft diese Straße durch das Herz der Catskills und vorbei an einigen der besten Restaurants und Übernachtungsoptionen der Region. Kurz bevor sich die Straße verengt, passiert sie das glitzernde Ashokan Reservoir, eine der Trinkwasserquellen von NYC. Im dichten Wald verbirgt sich das aus nur einer Straße bestehende Örtchen Phoenicia, das ein malerischer Ort für ein schönes Essen oder eine Abkühlung im hier vorbeifließenden Bach ist.

In **Arkville** führt eine Abzweigung nach Norden auf die Rte 30 und durch **Roxbury**. Dann geht es auf der Rte 23 zurück nach Osten und durch das Örtchen **Tannersville** mit seinen bunt angestrichenen Häusern. Dies ist auch der einzige Ort in den Catskills, in dem Skifahrer vom nahe gelegenen Hunter Mountain und orthodoxe jüdische Urlauber aufeinandertreffen. Einige Kilometer weiter östlich befindet sich der 1,6 km lange Fußweg zum höchsten Wasserfall des Bundesstaats, den **Kaaterskill Falls**. Der Ausgangspunkt liegt in der Nähe einer Haarnadelkurve der Rte 23A.

🏃 Aktivitäten

Town Tinker Tube Rental WASSERSPORT
(☏ 845-688-5553; www.towntinker.com; 10 Bridge St, Phoenicia; Gummireifen 15 US$/Tag, Paket inkl. Transport 25 US$; ♿) Hier bekommt man alles, was man braucht, um mit einem Gummireifen über die wilden Stromschnellen des (kalten!) Esopus Creek hinunterzurasen.

Belleayre Beach BADEN
(☏ 845-254-5202; 33 Friendship Manor Rd, Pine Hill; pro Pers./Auto 3/10 US$; ⏰ Mitte Juni–1. Mo im Sept. 10–18, Sa & So bis 19 Uhr) Dieser beliebte See am Fuße des Skigebiets Belleayre bietet die Möglichkeit eines erfrischenden Bades.

🛏 Schlafen

Phoenicia Lodge MOTEL $
(☏ 845-688-7772; www.phoenicialodge.com; 5987 Rte 28, Phoenicia; Zi. ab 90 US$, Cottage ab 110 US$; ❄ 🗐 🐾) Dieses klassische Motel am Straßenrand hat gemütliche, holzverkleidete Zimmer und einige moderne Einrichtungselemente im Stil der 1950er-Jahre. Für Gruppen bietet sich ein Cottage oder eine Suite an.

★ Roxbury Motel BOUTIQUEHOTEL $$
(☏ 607-326-7200; www.theroxburymotel.com; 2258 County Rd 41, Roxbury; Zi. 158–550 US$; ❄ 🗐) Hier ist jedes Zimmer ein kleines Meisterwerk: eine glamouröse Version der Höhle der Familie Feuerstein, die Smaragdstadt aus *Der Zauberer von Oz* oder eine Sahnetorte. (Einige weniger pompöse Zimmer sind für 100 US$ zu haben.) Das kontinentale Frühstück ist großzügig bemessen und es gibt einen umfangreichen Wellnessbereich.

✕ Essen

★ Phoenicia Diner AMERIKANISCH $

(5681 Rte 28, Phoenicia; Hauptgerichte 9–12 US$; ⏱ Do–Mo 7–17 Uhr; 🅿) Frisch vom Bauernhof und einfach fabelhaft. Dieses Diner unmittelbar an der Straße ist ein Muss für alle, die gerne ein ganztägiges Frühstücksangebot genießen oder nahrhafte Versionen von Club-Sandwiches und Burgern verdrücken.

Last Chance Cheese AMERIKANISCH $$

(☎ 518-589-6424; 6009 Main St, Tannersville; Hauptgerichte 9–20 US$; ⏱ Fr & Sa 11–24, So bis 21, Mo bis 16 Uhr) Diese bereits seit vier Jahrzehnten bestehende Institution ist teils Raststätte mit Livebands, teils Süßwarenladen und teils Restaurant, das herzhafte Gerichte auftischt.

Peekamoose MODERN-AMERIKANISCH $$$

(☎ 845-254-6500; 8373 Rte 28, Big Indian; Hauptgerichte 20–36 US$; ⏱ Do–Mo 16–22 Uhr) Das nobelste Restaurant der Catskills ist in einem renovierten Bauernhaus untergebracht, das schon seit über zehn Jahren Produkte aus der Region verwendet. Der zentrale Speiseraum kann etwas nüchtern wirken. Deshalb bevorzugen einige Stammgäste die gemütlichere Bar.

Woodstock & Saugerties

Ein winziges Detail vorab: Das *Festival* fand 1969 eigentlich in Bethel, eine Autostunde entfernt statt. Das *Örtchen* Woodstock hält jedoch auch weiterhin an dem Freigeist jener Ära fest, mit Batik-Mode und der Be-

> **ABSTECHER**
>
> ### DAS ANDERE WOODSTOCK
>
> **Bethel Woods Center for the Arts**
> (☎ 866-781-2922; www.bethelwoodscenter. org; 200 Hurd Rd; Museum Erw./Kind 15/6 US$; ⏱ Museum Mai–Sept. tgl. 10–19 Uhr, Okt.–April Do–So 10–17 Uhr) Der Ort, an dem die „Woodstock Music & Art Fair" stattgefunden hat, liegt außerhalb von Bethel auf der Farm von Max Yasgur und 70 Meilen (112 km) von der Ortschaft Woodstock entfernt. Heute stehen hier ein Amphitheater, in dem im Sommer tolle Konzerte stattfinden, und ein atmosphärisches Museum, das sich der Hippie-Bewegung und den 1960er-Jahren widmet.

sinnung auf Lokalpatriotismus, vom Radio über Filme bis hin zum Bauernmarkt (im Sommer mittwochs; trägt den passenden Namen *farm festival*). Das 11,3 km östlich gelegene Saugerties ist nicht annähernd so urig und fühlt sich im Vergleich wie eine Großstadt an. Der am Hudson an einer Landspitze stehende Leuchtturm ist jedoch einen Besuch wert.

Für das ultimativ ländliche Fahrerlebnis, fährt man über die Platte Clove Rd (Cty Rd 16) in nordwestlicher Richtung bis nach **West Saugerties** (Rock-Liebhaber aufgepasst: Hier steht Big Pink, das Haus, das Bob Dylan und The Band berühmt gemacht haben). Die 11,3 km lange Strecke mit ihren zahlreichen Kurven gehört zu den malerischsten Straßen in den Catskills. Danach führt sie weiter in Richtung Tannersville.

◉ Sehenswertes

Opus 40 SKULPTURENPARK

(☎ 845-246-3400; www.opus40.org; 50 Fite Rd, Saugerties; Erw./Kind 10/3 US$; ⏱ Mai–Sept. Do–So 11–17.30 Uhr) Harvey Fite arbeitet fast 40 Jahre (ab 1938) daran, einen verlassenen Steinbruch in ein riesiges Stück Land Art mit gewundenen Steinwänden, Schluchten und Teichen zu verwandeln.

Saugerties Lighthouse LEUCHTTURM

(☎ 845-247-0656; www.saugertieslighthouse.com; 168 Lighthouse Dr, Saugerties; Führung empfohlene Spende Erw./Kind 5/3 US$; ⏱ Sonnenaufgang–Sonnenuntergang, Führung Sommer So 12–15 Uhr) GRATIS Ein 800 m langer Weg führt zu dem 1869 erbauten Wahrzeichen, das dort steht, wo der Esopus Creek auf den Hudson trifft. Man kann auch in einem der beiden B&B-Zimmer des Leuchtturms (225 US$) übernachten, dafür muss man aber mindestens sechs Monate im Voraus reservieren.

🛏 Schlafen & Essen

White Dove Rockotel INN $$

(☎ 845-306-5419; www.thewhitedoverockotel.com; 148 Tinker St, Woodstock; Zi. 135–169 US$, Suite 255–325 US$; 🛜) Ein paar Phish-Fans betreiben dieses lilafarbene Haus im viktorianischen Stil. Die gut ausgestatteten Zimmer sind mit psychedelischen Konzertpostern, Plattenspielern und alten Schallplatten dekoriert.

Cucina ITALIENISCH $$

(☎ 845-679-9800; 109 Mill Hill Rd, Woodstock; Hauptgerichte 16–26 US$; ⏱ 5 Uhr–open end, Sa & So ab 11 Uhr) Hier wird in einem Bauernhaus mit großem Gemeinschaftstisch hochwertige italienische Küche mit saisonalen Zutaten wie etwa dünne, knusprige Pizza serviert.

Finger Lakes

Die sanft geschwungenen Hügel im westlichen zentralen New York werden von elf langen, schmalen Seen durchschnitten, die wie Finger aussehen – was der Region ihren Namen gab. Das Gebiet ist ein Paradies für Outdoor-Aktivitäten und mit seinen über 80 Weingütern das wichtigste Weinbaugebiet des Bundesstaates.

ⓘ Anreise & Unterwegs vor Ort

Der wichtigste Verkehrsknotenpunkt der Region ist Ithaca: **Short Line** (www.coachusa.com; 710 W State St) hat täglich acht Verbindungen nach NYC (53,50 US$, 5 Std.). Der **Ithaca Tompkins Regional Airport** (ITH; ☑ 607-257-0456; www. flyithaca.com; 1 Culligan Dr) bietet Direktflüge nach Detroit, Newark und Philadelphia. Wer ein Auto mieten möchte, findet in Rochester oder Syracuse jedoch oft günstigere Angebote.

Ithaca & Cayuga Lake

Das idyllische College-Städtchen Ithaca an der Südspitze des Cayuga Lake ist voller Studenten und Althippies und die größte Stadt in der Region Finger Lakes. Mit seinen Programmkinos, guten Restaurants und Wandermöglichkeiten (in den Schluchten und Wasserfällen der Umgebung) ist es sowohl eine Destination an sich als auch ein praktischer Zwischenstopp auf halbem Weg zwischen NYC und den Niagarafällen.

Das Zentrum der Stadt bildet eine Fußgängerstraße namens Commons. Auf einem steilen Hügel über Ithaka thront die 1865 gegründete Ivy League Cornell University. Vor den Campustoren liegt das kleine Gewerbezentrum Collegetown. Die Fahrt von Ithaca über die malerische Rte 89 zu den Seneca Falls am Nordende des Cayuga Lake dauert etwa eine Stunde.

Karten und weitere Infos erhält man im **Visit Ithaca Information Center** (☑ 607-272-1313; www.visitithaca.com; 904 E Shore Dr).

⊙ Sehenswertes & Aktivitäten

Mit der Erkundung von Ithacas Schluchten kann man direkt im Ort beginnen. Die **Cascadilla Gorge** beginnt einige Blocks von den Commons entfernt und führt hi-

nauf zum Campus. Nördlich von Ithaca liegt der **Taughannock Falls State Park** (☑ 607-387-6739; www.nysparks.com; 1740 Taughannock Blvd, Trumansburg; 7 US$/Auto), in dem man mit einem Leihkanu über den See paddeln kann, südlich des Ortes findet man den **Buttermilk Falls State Park** (☑ 607-273-5761; www.nysparks.com; 112 E Buttermilk Falls Rd; 7 US$/Auto) und den **Robert H. Treman State Park** (☑ 607-273-3440; www.nysparks.com; 105 Enfield Falls Rd; 7 US$/Auto). In allen Parks gibt es atemberaubende Wasserfälle, Campingplätze und Badestellen, die im Hochsommer geöffnet sind. Besonders groß und beliebt ist die Badestelle im Robert H. Treman Park. Vogelfreunde sollten unbedingt die **Sapsucker Woods** (☑ 800-843-2473; www.birds.cornell.edu; 159 Sapsucker Woods Rd; ⊙ Visitor Center nur April–Dez. Mo–Do 8–17, Fr bis 16, Sa 9.30–16, So 11–16 Uhr) GRATIS besuchen, die vom weltweit renommierten Ornithologie-Institut der Cornell University verwaltet werden.

Herbert F. Johnson Museum of Art MUSEUM
(☑ 607-255-6464; www.museum.cornell.edu; 114 Central Ave; ⊙ Di–So 10–17 Uhr) GRATIS Im Innern dieses gigantischen, von I.M. Pei entworfenen Gebäudes findet sich an den sympathisch überladenen Wänden eine vielseitige Sammlung, die von mittelalterlichen Holzschnitzereien bis zu zeitgenössischen Meistern reicht. Von der Veranda aus hat man einen hübschen Blick und am Fuß des Hügels hinter dem Gebäude führt eine malerische Brücke über den Fall Creek.

Sciencenter MUSEUM
(☑ 607-272-0600; www.sciencenter.org; 601 1st St; Erw./Kind 8/6 US$; ⊙ Di–Sa 10–17, So ab 12 Uhr; ⊕) Im örtlichen Museum für Kinder reicht die wissenschaftliche Palette vom Komposthaufen bis hin zu Minigolf.

Women's Rights National Historical Park MUSEUM
(☑ 315-568-0024; www.nps.gov/wori; 136 Fall St, Seneca Falls; ⊙ Mi–So 9–17 Uhr) GRATIS Im ruhigen, postindustriellen Ort Seneca Falls steht die Kapelle, in der Elizabeth Cady Stanton und ihre Anhängerinnen 1848 erklärten, dass alle Männer und Frauen gleich geschaffen sind und damit den ersten Schritt in Richtung eines Wahlrechts für Frauen machten. Im angeschlossenen Museum wird die ganze Geschichte einschließlich der schwierigen Haltung zur Abschaffung der Sklaverei erzählt.

INSIDERWISSEN

WEINGÜTER IN DER REGION FINGER LAKES

Mit einem kühleren Klima und einer kurzen Anbausaison ähnelt die Region der Finger Lakes dem deutschen Rheintal und bringt ähnlich gute feinherbe Weißweine wie etwa den Riesling hervor. Bei über 80 Weingütern fällt es nicht schwer, einen ganzen Tag mit Weinproben zu verbringen. Am besten nimmt man sich ein Lunchpaket mit; die Essensangebote in den Weingütern sind nur beschränkt. Einige Empfehlungen:

Cayuga Lake & Seneca Lake

Lucas Vineyards (www.lucasvineyards.com; 3862 Cty Rd 150, Interlaken; ⊘ Juni–Aug. 10.30–18 Uhr, Sept.–Mai Mo–Sa bis 17.30 Uhr) Ein Pionier unter den Weingütern der Region.

Sheldrake Point Winery (www.sheldrakeppoint.com; 7448 Cty Rd 153, Ovid; ⊘ April–Okt. 10–17.30 Uhr, Nov.–März Fr–Mo 11–17 Uhr) Seeblick und preisgekrönte Chardonnays.

Hazlitt 1852 Vineyards (5712 Rte 414, Hector; ⊘ 11–17 Uhr) Bewährtes Weingut mit einem verlässlich guten Pinot Noir.

Keuka Lake

Keuka Spring Vineyards (www.keukaspringwinery.com; 243 E Lake Rd, Penn Yan; ⊘ April–Nov. 10–17 Uhr, Dez.–März nur Sa & So) Gleich südlich von Penn Yan in ländlicher Umgebung; bei den Einheimischen beliebt.

Dr. Konstantin Frank (www.drfrankwines.com; 9749 Middle Rd, Hammondsport; ⊘ Mo–Sa 9–17, So ab 12 Uhr) Auf jeden Fall den Rkatsiteli kosten, ein säuerlicher, blumiger Wein.

Keuka Lake Vineyards (www.klvineyards.com; 8882 Cty Rd 76, Hammondsport; ⊘ Mai–Nov. 10–17 Uhr, Dez.–April nur Fr–So) Den Vignoles probieren.

🛏 Schlafen

Vielleicht ist es der renommierten Hotelfachschule der Cornell University zu verdanken, dass die Unterkünfte im Ort im Allgemeinen hervorragend sind. Sie sind jedoch auch alle, mit einer Ausnahme, keineswegs preiswert. Wer aufs Geld achten muss, kommt am Keuka Lake günstig unter.

Hillside Inn   HOTEL $
(☏ 607-272-9507; www.hillsideinnithaca.com; 518 Stewart Ave; Zi. ab 69 US$; ❈ 🛜) Etwas heruntergekommen mit seltsam geschnittenen Zimmern, aber heimelig. Außerdem liegt es nicht weit vom Campus (auch wenn es ein steiler Anstieg von den Commons aus ist).

Frog's Way B & B   PENSION $
(☏ 607-592-8402; www.frogsway-bnb.com; 211 Rachel Carson Way; Zi. 100 US$; 🛜) 🌿 Die ultimativ grüne Ithaca-Erfahrung gibt's in dieser Unterkunft in EcoVillage, einer kleinen Planstadt gleich westlich des Ortes. Zwei Zimmer teilen sich je ein Bad. Alles, was zum Bio-Frühstück auf den Tisch kommt, stammt natürlich aus der Umgebung.

★ William Henry Miller Inn   B & B $$
(☏ 607-256-4553; www.millerinn.com; 303 N Aurora St; Zi. ab 195 US$; ❈ 🛜) Das prächtige B & B

ist nur ein paar Schritte von den Commons entfernt. Das historische Haus wurde komplett restauriert und bietet luxuriös eingerichtete Zimmer – drei davon mit Whirlpool – und ein Frühstück vom Feinsten.

Buttonwood Grove Winery   HÜTTE $$
(☏ 607-869-9760; www.buttonwoodgrove.com; 5986 Rte 89, Romulus; Zi. 140 US$; ⊘ April–Nov.; 🅿) Das Weingut vermietet vier komfortabel eingerichtete Blockhütten mit Seeblick. Recht rustikal und abgelegen; nachts kann man jede Menge Sterne sehen.

Inn on Columbia   INN $$
(☏ 607-272-0204; www.columbiabb.com; 228 Columbia St; Zi. ab 195 US$; ❈ 🛜 🅿) Mehrere erfrischend moderne Häuser in einer kleinen Wohngegend.

🍴 Essen & Ausgehen

Restaurants mit Sitzgelegenheiten im Freien säumen die North Aurora St südlich der Seneca St nicht weit von den Commons entfernt. Ithacas **Farmers Market** (☏ 607-273-7109; www.ithacamarket.com; 545 3rd St; ⊘ April–Dez.) ist der beste Bauernmarkt der Region. Die Marktzeiten sind auf der Webseite zu finden. Der Ort hat allerhand an natürlichen Elixieren zu bieten: Die lokale Minikette

Gimme! Coffee für die geregelte Koffeinzufuhr, **Mate Factor** (143 E State St; Hauptgerichte 8 US$; ⊙ Mo–Do 9–21, Fr bis 15, So ab 12 Uhr) für südamerikanische Köstlichkeiten und die **Sacred Root Kava Lounge** (☎ 607-272-5282; 139 W State St; ⊙ Mo–Sa 16–24 Uhr), um mal auf polynesisch zu entspannen.

Ithaca Bakery   FEINKOST $
(☎ 607-273-7110; 400 N Meadow St; Sandwiches 9 US$; ⊙ 6–20 Uhr) Die schier endlose Auswahl an Gebäck, Smoothies, Sandwiches und fertigen Gerichten zieht Einheimische jeglicher Couleur an. Perfekt für die Picknickausstattung.

Glenwood Pines   BURGER $
(☎ 607-273-3709; 1213 Taughannock Blvd; Burger 6 US$; ⊙ 11–22 Uhr) Wen bei einer Wanderung zu den Taughannock Falls der Hunger packt, der sollte an der Straße an diesem guten Burger-Restaurant anhalten.

★ **Moosewood Restaurant**   VEGETARISCH $$
(☎ 607-273-9610; www.moosewoodcooks.com; 215 N Cayuga St; Hauptgerichte 8–18 US$; ⊙ 11.30–21 Uhr; ☕) Das 1973 eröffnete Restaurant ist schon fast eine Legende und wird von einer Gemeinschaft betrieben. Das Flair ist etwas gehobener, die Bar vollausgestattet und die Speisekarte bietet Gerichte aus aller Welt.

Felicia's Atomic Lounge & Cupcakery   COCKTAILBAR
(☎ 607-273-2219; 508 W State St; ⊙ Di–Do 12–24, Fr bis 1, Sa 10.30–1, So bis 23 Uhr) Im Felicia's

gibt's jedes Wochenende einen superkreativen Brunch mit Zutaten aus der Umgebung, abends wartet es mit Cocktails, Snacks und Livebands auf.

Seneca Lake & Keuka Lake

Am Nordzipfel des Seneca Lake liegt das kleine, aber lebendige Studentenstädtchen **Geneva** mit den hier ansässigen Colleges Hobart und William Smith. Die South Main St ist gesäumt von beeindruckenden Häusern, die um die Jahrhundertwende errichtet wurden. Das restaurierte **Smith Opera House** (☎ 315-781-5483; www.thesmith.org; 82 Seneca St) von 1894 ist ein florierendes Zentrum der darstellenden Künste.

Der westlich davon gelegene, y-förmige Keuka Lake ist von zwei kleinen State Parks umgeben und daher relativ unberührt, weshalb er bei Forellenanglern sehr beliebt ist. Für Besucher am interessantesten ist das süße kleine **Hammondsport** am Südwestufer. An einem alten Kanal am Nordufer verläuft ein unwegsamer Fahrradweg zum Seneca Lake.

🛏 Schlafen

Keuka Lakeside Inn   MOTEL $$
(☎ 607-569-2600; www.keukalakesideinn.com; 24 Water St, Hammondsport; Zi. 120 US$; ❄ ☎) Was diese Unterkunft an historischem Charme vermissen lässt (es ist ein schlichter Motelkomplex), macht sie mit ihrer Lage unmittelbar am Ufer wieder wett. Die 17 Zimmer

---

ABSTECHER

CORNING

Eine Autostunde südwestlich von Ithaca liegt das Örtchen Corning, das wegen der Corning Glass Works bekannt ist, ein Unternehmen, das die meisten US-Amerikaner mit den robusten Corningware-Tellern verbinden, das sich aber mittlerweile mit Industriematerialien jeglicher Art hervortut. Hier steht auch das riesige **Corning Museum of Glass** (☎ 800-732-6845; www.cmog.org; 1 Museum Way; Erw./Kind 18 US$/frei; ⊙ 9–17 Uhr, letzter Mo im Mai–1. Mo im Sept. bis 20 Uhr; ♿) das Kunst und Wissenschaft vereint und sowohl Vorführungen im Glasblasen als auch Workshops anbietet, in denen man sein eigenes Kunstwerk aus Glas schaffen kann. Auf der anderen Flussseite liegt die ehemalige City Hall, in der heute das **Rockwell Museum of Western Art** (☎ 607-937-5386; www.rockwellmuseum.org; 111 Cedar St; Erw./Kind 10 US$/frei; ⊙ 9–17 Uhr, Sommer bis 20 Uhr; ♿) untergebracht ist, das eine abwechslungsreiche Sammlung von schönen Keramiken bis hin zu zeitgenössischer Kunst der Ureinwohner zeigt. Das Museum ist recht überschaubar und mit dem Kombi-Ticket, das das Glasmuseum beinhaltet (25 US$), ist es eine nette Zugabe.

Corning ist ein hübsches Städtchen, in dem dank der Unternehmenszentrale trotzdem immer was los ist. Kaffee, Snacks und ein paar Shoppinggelegenheiten gibt's auf der Market St, gleich um die Ecke vom Rockwell Museum.

wurden seit 2010 alle renoviert und sind nun frisch und stilvoll.

Belhurst Castle
INN $$

(☎ 315-781-0201; www.belhurst.com; 4069 West Lake Rd, Geneva; Zi. 160–295 US$; ❋ 🐾) Das in den 1880er-Jahren am Ufer erbaute, prunkvolle Gebäude lohnt einen Zwischenstopp schon allein deshalb, um einen Blick in sein überladenes Inneres werfen (in seinem legeren Restaurant Stonecutter's gibt's am Wochenende Livemusik) und die traumhafte Aussicht genießen zu können. Die besten Zimmer im Haupthaus haben Buntglasfenster, schwere alte Möbel und Kamine. Hier werden oft Hochzeiten gefeiert, also unbedingt im Voraus buchen.

✖ Essen & Ausgehen

★ Stonecat
AMERIKANISCH $$$

(☎ 607-546-5000; 5315 Rte 414, Hector; Hauptgerichte 23–31 US$; ⊙ Mi–Sa 12–15 & 17–21 Uhr, Mai–Okt. So ab 10.30 Uhr) Ein Paradies für Feinschmecker an der südöstlichen Seite des Seneca Lake. Das Stonecat ist im Großen und Ganzen eher leger, punktet aber dort, wo es drauf ankommt: 1a Service, tadellose lokale Zutaten und exzellente Weine und Cocktails. Sonntags wird ein beliebter Brunch mit sanfter Livemusik und Gerichten wie Eggs Benedict mit Entenkonfit serviert. Mittwochs, wenn es eine Auswahl an Kneipenkost gibt, ist hier besonders viel los.

Microclimate
WEINBAR

(☎ 315-787-0077; 38 Linden St, Geneva; ⊙ So & Mo 17–22, Mi & Do 16.30–24, Fr & Sa bis 1 Uhr) Eine coole kleine Weinbar mit einem Degustationsangebot, bei dem man sowohl lokale Tropfen als auch deren internationale Gegenstücke probieren kann.

Die Adirondacks

Die Bergkette der Adirondacks kann vielleicht in ihrer Dramatik und Höhe nicht mit den Bergen im Westen der USA mithalten, dafür ist sie mit 24 281 km² in der Fläche kaum zu schlagen und erstreckt sich vom Herzen des Bundesstaates bis zur kanadischen Grenze. Zudem gibt es hier 46 Gipfel von über 1200 m Höhe und eine der unberührtesten Gegenden im Osten. Ebenso wie die Catskills im Süden ist auch ein Großteil der dichten Wälder der Adirondacks von der Verfassung des Bundesstaats geschützt und ein toller Ort, um sich die herbstliche Farbenpracht der Blätter anzuschauen. Zu den beliebtesten Aktivitäten hier gehören Wandern, Kanufahren und Campen in der Natur, zudem gibt's gute Angelmöglichkeiten und auf den größeren Seen sind auch Motorboote erlaubt

❶ Anreise & Unterwegs vor Ort

Greyhound (☎ 800-231-2222; www.greyhound. com) und **Trailways** (☎ 800-858-8555; www. trailwaysny.com) fahren verschiedene Orte in den Adirondacks an, wer die Region jedoch ausgiebig erkunden will, kommt um ein Auto nicht herum. **Amtrak** (www.amtrak.com) schickt einmal täglich Züge nach Ticonderoga (68 US$, 5 Std.) und Westport (68 US$, 6 Std.) am Lake Champlain, von wo aus es eine Busverbindung nach Lake Placid (93 US$, 7 Std.) gibt. Dort angekommen wird ein Shuttleservice zu verschiedenen Aktivitäten angeboten.

Lake George

Der Touristenort Lake George ist das Tor zu den Adirondacks und wartet mit Alleen und Schaufelraddampfern auf, die auf dem kristallklaren, über 50 km langen See verkehren. Entlang der Rte 9 finden sich bis ins Örtchen **Bolton Landing** kleine Motels und Miniatur-Resorts. Ein netter, älterer Vertreter am Ufer im Ort ist das **Lake Crest Inn** (☎ 518-668-3374; www.lakecrestinn.com; 376 Canada St; Zi. ab 119 US$; ❋ 🐾 ☒). Seine sauberen Zimmer sind im, nun ja, Vintage-Stil gehalten. Traumhafte gebratene Meeresfrüchte und riesige Hummer-Brötchen gibt's im **Saltwater Cowboy** (☎ 518-685-3116; 164 Canada St; Hauptgerichte 11–28 US$; ⊙ 11–21 Uhr).

Die wunderbar abgeschiedenen, staatlich geleiteten **Campingplätze** (☎ 800-456-2267; www.dec.ny.gov/outdoor; Stellplatz 28 US$) auf den vielen Inseln des Sees gehören zu den wichtigsten Besuchermagneten. Wer hier übernachten möchte, muss vorab reservieren und sich selbst ein Motorboot oder Kanu mieten. Wer sich für die Paddelvariante entscheidet, hält sich am besten an die Plätze am südlichen Zipfel des Narrows-Bereichs, die vom Bolton Landing etwa ein bis zwei Kanustunden entfernt liegen. Auch sollte man sich möglichst einen Termin unter der Woche aussuchen, da dann nicht so viele Motorboote unterwegs sind.

Lake Placid

Der winzige Ferienort Lake Placid ist ein Synonym für Wintersport, denn hier fanden 1932 und 1980 die Olympischen Winter-

NICHT VERSÄUMEN

REGIONALE MUSEEN

Adirondack Museum (☑518-352-7311; www.adkmuseum.org; 9097 Rte 30, Blue Mountain Lake; Erw./Kind 18/6 US$; ⊙ Ende Mai–Mitte Okt. 10–17 Uhr; ▣) Dieses Museum, das mit kreativen Exponaten über die Berge und das Leben der Bewohner, von der Geschichte der Bergbau- und Holzindustrie bis hin zu sonderbaren Einsiedlern und dem Tourismus der viktorianischen Ära informiert, ist auf einem 12 ha großen Gelände beheimatet. Hier kann man sich problemlos einen halben Tag aufhalten.

Wild Center (☑518-359-7800; www.wildcenter.org; 45 Museum Dr, Tupper Lake; Erw./Kind 20/13 US$; ⊙ Ende Mai–Anfang Sept. 10–18 Uhr, Sept.–Mitte Okt. bis 17 Uhr, Mai Fr–So bis 17 Uhr; ▣) Ein interaktives Museum, das sich dem lokalen Ökosystem verschrieben hat. Zu sehen gibt's alles, von seltenen Fröschen bis zu lebenden Ottern. Draußen befindet sich ein Pfad, der zum Fluss führt, sowie, seit 2015, der Wild Walk, der aus Plattformen und Brücken in den Baumwipfeln besteht und eine tolle Aussicht bietet. Außerhalb der Saison ist der Eintritt günstiger. Wer schon das Adirondack Museum besucht hat, bekommt nach Vorzeigen der Quittung einen Nachlass von 2 US$.

Great Camp Sagamore (Sagamore Institute; ☑315-354-5311; www.greatcampsagamore. org; Sagamore Rd, Raquette Lake; Führungen Erw./Kind 16/8 US$; ⊙ Ende Mai–Mitte Okt. wechselnde Öffnungszeiten) Die „Great Camps" sind große Ansammlungen von Blockhütten, die von wohlhabenden Familien errichtet wurden und früher in den Adirondacks eine beliebte Art waren, seinen Urlaub zu verbringen. Viele wurden in Sommerlager für Kinder umgewandelt, dieses hier, das ehemalige Sommeranwesen der Vanderbilts an der Westseite der Adirondacks, bietet aber besondere, geschichtsorientierte Wochenenden mit Führungen, Workshops und Übernachtungsmöglichkeiten an.

spiele statt und bis heute bereiten sich hier viele Spitzensportler auf Wettkämpfe vor. Normalsterbliche Besucher können die Bobbahn hinuntersausen, Eisschnelllauf ausprobieren und vieles mehr. Die Eisschicht auf dem Mirror Lake, dem zentralen See des Orts, ist im Winter so dick, dass man ihn mit Schlittschuhen, Schlitten und Hundeschlitten befahren kann. Im Sommer ist der Ort entzückend und das inoffizielle Zentrum der Region High Peaks, in der die Adirondacks liegen. Es gibt in der Umgebung gute Wanderwege, etwa an der Rte 73 in Richtung **Keene**. Nach der Parkbucht am Cascade Pass Ausschau halten, an der der 3,5 km lange Wanderweg zum Cascade Peak startet.

◉ Sehenswertes & Aktivitäten

Olympic Center — STADION
(Olympic Museum; ☑Kartenverkauf 518-523-3330, Museum 518-302-5326; www.whiteface. com; 2634 Main St; Museum Erw./Kind 7/5 US$, Eiskunstlauf-Show Erw./Kind 10/8 US$; ⊙10–17 Uhr, Eiskunstlauf-Show Fr 16.30, Sa 19.30 Uhr; ▣) In diesem Eishockeystadion fand 1980 das „Miracle on Ice" (Wunder auf dem Eis) statt, bei dem die US-amerikanische Mannschaft die als unschlagbar geltende sowjetische Mannschaft besiegte. Über diese und andere olympische Erfolgsgeschichten informiert

das Museum. Das ganze Jahr über werden normalerweise freitags und samstags Eiskunstlauf-Shows geboten.

Whiteface Mountain Toll Road — BERG
(Veterans Memorial Hwy; www.whiteface.com; Cty Rd 18; Auto mit Fahrer 11 US$, Passagier 8 US$; ⊙ Juli–Mitte Okt. 8.45–17.30 Uhr, Mai–Juni nur Sa & So) Der Whiteface ist der einzige Gipfel der Adirondacks, der mit dem Auto erreichbar ist. Oben gibt's einen netten, schlossähnlichen Aussichtspunkt mit einem Café. Bei Nebel kann die Fahrt hinauf ganz schön nervenaufreibend sein, wenn sich die Wolken verziehen, erwartet einen jedoch ein traumhafter Rundumblick.

Olympische Sportarten

Eine der Hauptattraktionen in Lake Placid ist die Möglichkeit, sich wie ein Olympionike zu fühlen (oder den Athleten auch nur beim Training zuzuschauen). Die meisten Aktivitäten werden vom Skigebiet **Whiteface Mountain** (☑518-946-222; www.whiteface ce.com; 5021 Rte 86, Wilmington; Liftticket ganzer Tag Erw./Kind 89/57 US$) angeboten (hier wurden die olympischen Abfahrtsrennen ausgetragen), finden aber an anderen Orten in der Umgebung statt. Man kann unter anderem die 800 m lange **Bobschlittenbahn** (90 US$) hinunterdüsen oder einen

NEW YORK, NEW JERSEY & PENNSYLVANIA DIE ADIRONDACKS

leicht abgeänderten **Biathlon** (Langlauf mit Schießen; 55 US$) absolvieren. Im Olympic Center kann man sich im **Eisschnelllauf** versuchen (Einführung und Organisation durch einen privaten Anbieter; 20 US$). Viele Sportarten werden im Sommer in abgewandelter Form angeboten, wie etwa Bobschlittenfahren auf Rädern. Wer vor Tatendrang nur so strotzt, für den lohnt sich unter Umständen das Whiteface-Ticket Olympic Sites Passport (35 US$), in dem der Eintritt zu mehreren Sehenswürdigkeiten (etwa der Turm der **Skisprungschanze**) sowie Vergünstigungen bei verschiedenen Aktivitäten enthalten sind.

🛏 Schlafen & Essen

★ Adirondack Loj   LODGE $

(☎518-523-3441; www.adk.org; 1002 Adirondack Loj Rd; B/Zi. 60/169 US$) Der Adirondack Mountain Club betreibt dieses rustikale Refugium am Ufer des Heart Lake. Es gibt einfache überdachte Unterstände und Hütten. Außerdem starten hier Wanderwege in alle Richtungen.

Hotel North Woods   HISTORISCHES HOTEL $$

(☎518-523-1818; www.hotelnorthwoods.com; 2520 Main St; Zi. ab 140 US$; ❄🐾) Das älteste Hotel in Lake Placid wurde 2015 umfassend renoviert. Seine stilvollen, modern-rustikalen Zimmer bieten entweder Seeblick oder haben Balkone zum Wald hin.

ADK Corner Store   SANDWICHES $

(☎518-523-1689; 188 Newman Rd; Sandwiches ab 4 US$; ⏱5.30–21 Uhr) In diesem Gemischtwarenladen bekommen Frühaufsteher vor ihrer Wanderung noch ein großartiges Sandwich.

★ Chair 6   MODERN-AMERIKANISCH $$$

(☎518-523-3630; 5993 Sentinel Rd; Frühstück 12 US$, Hauptgerichte abends 26–34 US$, 5-Gänge-Menü 60 US$; ⏱Mi–Mo 8–21 Uhr) Ein kleines Häuschen mit viel Geschmack: Zum Abendessen sind die Knödel mit Wild sehr lecker, morgens sollte man sich die Süßkartoffel-Pfannkuchen nicht entgehen lassen.

Saranac Lake

Der weniger touristisch orientierte Ort, eine kurze Autofahrt von Lake Placid entfernt, gewährt einen weit authentischeren Einblick in den Alltag in den Adirondacks. **St. Regis Canoe Outfitters** (☎518-891-1838; www.canoeoutfitters.com; 73 Dorsey St) kann

man sich die nötige Ausrüstung, Karten und Tipps holen, um die malerischen Seen im Norden zu erkunden. Die **Adirondack Scenic Railroad** (☎800-819-2291; www.adirondackrr.com; 42 Depot St; Lake Placid hin & zurück Erw./Kind 19/11 US$) bietet ein Kombipaket aus Kanufahren und Zugfahrt an. Saranac Lake wurde im frühen 20. Jh. als Kurort für Tuberkulosepatienten gegründet. Seine Hauptstraße ist zwar mittlerweile etwas ungepflegt, hat sich aber einen gewissen Charme bewahrt. Eine gute Unterkunft ist das alte, prachtvolle **Hotel Saranac** (www.hotelsaranac.com; 100 Main St), das 2015 umfassend renoviert wurde. Wem die Natur lieber ist, reserviert einen Platz im ausgezeichneten **White Pine Camp** (☎518-327-3030; www.whitepinecamp.com; 432 White Pine Rd, Paul Smiths; Zi. ab 165 US$, Hütte ab 315 US$), 14 Meilen (ca. 22 km) nördlich von Osgood Pond. Es ist eine der besten Übernachtungsoptionen in den Adirondacks.

Lake Champlain

Der 200 km lange See bildet die Grenze zwischen New York und Vermont. Die Straße an seinem Ostufer ist außerordentlich malerisch – eine tolle Route, wenn man nach Lake George unterwegs ist (oder von dort kommt).

⊙ Sehenswertes & Aktivitäten

Fort Ticonderoga   FESTUNG

(☎518-585-2821; www.fortticonderoga.org; 100 Fort Ti Rd; Erw./Kind 19,50/8 US$; ⏱Mitte Mai–Mitte Okt. 9.30–17 Uhr) Dieses Fort war im Amerikanischen Unabhängigkeitskrieg Schauplatz eines wichtigen Sieges der Green Mountain Boys gegen die Briten, denen sie die Festung 1775 abnahmen. Mit den kostümierten Guides, Nachstellungen historischer Ereignisse, einem Museum und einem Wanderweg kann man hier gut und gern einen ganzen Tag verbringen.

Crown Point State Historic Site   FESTUNG

(☎518-597-4666; www.nysparks.com; 21 Grandview Dr, Crown Point; Museum Erw./Kind 4 US$/frei; ⏱Gelände 9–18 Uhr, Museum Mai–Mitte Okt. Do–Mo 9.30–17 Uhr) In spektakulärer, prominenter Lage an einer Engstelle des Lake Champlain stehen diese Überreste zweier großer Festungen aus dem 18. Jh.

Ausable Chasm   OUTDOOR

(☎518-834-7454; www.ausablechasm.com; 2144 Rte 9, Ausable; Erw./Kind Wandern 18/10 US$,

Raften 12/10 US$; ⊙ 9–16 Uhr, im Sommer bis 17 Uhr, Dez.–März bis 15 Uhr; 🚹) Die 3,2 km lange Schlucht kann zu Fuß oder in einem Rafting-Abenteuer (auch für Kinder geeignet) erkundet werden. Unmittelbar gegenüber dem Parkplatz befindet sich, nicht ganz passend vielleicht, ein kostenloses Museum über die Underground Railroad.

🛏 Schlafen & Essen

Essex Inn   INN $$$
(📱518-963-4400; www.essexinnessex.com; 2297 Main St, Essex; Zi. ab 250 US$; ❄🐾) Eine 200 Jahre alte, charmante Unterkunft, deren Zimmer mit alten Möbeln ausgestattet sind. Hinzu kommen eine breite Veranda und ein Garten hinterm Haus. Das Restaurant, Room 12, bringt sehr gutes Essen mit frischen Zutaten auf den Tisch.

Wind-Chill Factory   EISCREME $
(📱518-585-3044; 794 Rte 9N, Ticonderoga; Burger ab 5 US$, Eiscreme ab 3 US$; ⊙ in der Saison 11–20 Uhr) Eine einfache Eisdiele mit frischen Eissorten. Die Burger werden mit Fleisch von in der Region gezüchteten Tieren zubereitet.

Thousand Islands

Downstate New Yorker verbinden mit dieser Region nur den sagenumwobenen Ursprung des Salatdressings aus Ketchup, Mayonnaise und Würzsauce. In Wirklichkeit ist Thousand Islands eine malerische Region, die entlang dem St.-Lorenz-Strom verläuft und über 1800 Inseln unterschiedlichster Größe umfasst. In der Blütezeit der US-amerikanischen Wirtschaft Ende des 19. Jhs. war diese Region bei den Reichen und Schönen sehr beliebt, mittlerweile trifft sich hier aber auch das gemeine Fußvolk. Pluspunkte: wunderschöne Sonnenuntergänge, günstige Unterkünfte und kanadische Radiosender. Minuspunkte: sehr große Stechmücken; Insektenschutzmittel nicht vergessen.

Dort wo der St.-Lorenz-Strom in den Ontariosee fließt, liegt das Dorf **Cape Vincent** mit seinen französischen Wurzeln und dem 1854 erbauten **Tibbetts Point Lighthouse**. Nach 15 Meilen (ca. 24 km) in östlicher Richtung auf dem Seaway Trail (Rte 12), ist **Clayton** mit seiner hübschen alten Hauptstraße und ein paar guten Restaurants erreicht. Noch weiter östlich liegt **Alexandria Bay** (Alex Bay), das touristische Zentrum der Region. Clayton bietet die netteren Übernachtungsmöglichkeiten, wer aber mit Kindern

unterwegs ist, findet in Alex Bay bessere Unterhaltung wie etwa Minigolf und ein **Autokino** (📱315-482-3874; www.baydrivein.com; Rte 26; Erw./Kind 6/2 US$; ⊙ Fr–So; 🚹). In beiden Orten werden Bootstouren angeboten – von **Clayton Island Tours** (📱315-686-4820; www.claytonislandtours.com; 39621 Chateau Ln, Clayton; 2-stündige Tour Erw./Kind 22/12 US$) bzw. **Uncle Sam Boat Tours** (📱315-482-2611; www.usboattours.com; 45 James St, Alexandria Bay; 2-stündige Tour Erw./Kind 22/11 US$) – die sich inhaltlich aber nicht groß unterscheiden.

ℹ Anreise & Unterwegs vor Ort

JetBlue (📱1 800 538 2583; www.jetblue.com) hat Flüge von NYC zum Hancock International Airport (SYR) in Syracuse, wo es Mietautos gibt.

◉ Sehenswertes & Aktivitäten

⭐ **Boldt Castle**   SCHLOSS
(📱800-847-5263; www.boldtcastle.com; Heart Island; Erw./Kind 8,50/6 US$; ⊙ Mitte Mai–Mitte Okt. 10–18.30 Uhr) Das gotische Juwel wurde (teilweise) von George C. Boldt erbaut, einem preußischen Einwanderer, der es als Hotelmanager des Waldorf-Astoria in Manhattan Ende des 19. Jhs. bis in die obersten Gesellschaftsschichten geschafft hatte. Während der Bauarbeiten verstarb Boldts Frau überraschend und das Projekt wurde aufgegeben. Ein Stockwerk wurde nach Boldts Vorstellung noch fertiggestellt, der Rest steht noch immer so geisterhaft dar, wie es vom Hausherren verlassen wurde.

Das Schloss kann nur mit dem Boot (kostet zusätzlich) von Clayton oder Alexandria Bay aus erreicht werden.

Singer Castle   SCHLOSS
(📱877-327-5475; www.singercastle.com; Dark Island; Erw./Kind 14,25/6,25 US$; ⊙ Mitte Mai–Mitte Okt. 10–16 Uhr) Dieses Schloss ist voller geheimer Gänge und verborgener Türen und zieht weniger Besucher an, was im Sommer, wenn Boldt Castle völlig überlaufen ist, ganz angenehm ist. Romantiker sollten nach einer Übernachtung im Hauptschlafzimmer (700 US$!) fragen. Uncle Sam (S. 137) hat Bootsverbindungen von Alex Bay; auch vom **Schermerhorn Harbor** (📱315-324-5966; www.schermerhornharbor.com; 71 Schermerhorn Landing, Hammond) kann man hierher fahren.

Antique Boat Museum   MUSEUM
(📱315-686-4104; www.abm.org; 750 Mary St, Clayton; Erw./Kind 14 US$/frei; ⊙ Mitte Mai–Mitte Okt. 9–17 Uhr; 🚹) In diesem Museum kann man sich selbst ins Ruderboot schwingen, wäh-

rend man interessante Infos zum Thema erhält. Auch George Boldts glamouröses Hausboot von 1903 ist hier zu sehen. Führungen sollten vorab reserviert werden.

Wellesley Island State Park · OUTDOOR
(☎ 315-482-2722; www.nysparks.com; 44927 Cross Island Rd, Fineview; Strand 7 US$; ⊘ ganzjährig; baden Juli–Aug. 11–19 Uhr) GRATIS Hierbei handelt es sich eigentlich um ein 1030 ha großes schwimmendes Dorf, das durch die Thousand Islands International Bridge (Maut 2,75 US$) mit dem Festland verbunden ist. Der Park ist voller wild lebender Tiere und hat ein Naturzentrum und einen schönen Badestrand. Der Campingplatz ist hervorragend und bietet Stellplätze am Flussufer und Hütten sowie Cottages für Familien.

🛏 Schlafen & Essen

★ Wooden Boat Inn · MOTEL $
(☎ 315-686-5004; www.woodenboatinn.com; 606 Alexandria St, Clayton; Zi. ab 89 US$, Boot 175 US$; ❄ 🛜) Die sechs Motelzimmer bieten ein tolles Preis-Leistungs-Verhältnis, Schiffsbegeisterte sollten aber unbedingt den 10 m langen Trawler mieten, der am Flussufer angeleint ist.

HI Tibbetts Point Lighthouse · HOSTEL $
(☎ 315-654-3450; www.hihostels.com; 33439 Cty Rte 6, Cape Vincent; B 30 US$, Zi. ab 65 US$; ⊘ Juli–Mitte Sept.) Das ehemalige Haus des Leuchtturmwächters ist nun ein gut geführtes Hotel. Im Voraus buchen, da es nur 18 Betten gibt.

Otter Creek Inn · MOTEL $
(☎ 315-482-5248;   www.ottercreekinnabay.com; 2 Crossmon St Extension, Alexandria Bay; Zi. ab 95 US$; ❄ 🛜) Dieses Motel liegt außerhalb des lärmenden Zentrums (in fußläufiger Entfernung) an einer ruhigen Bucht.

Lyric Coffee House · CAFÉ $$
(☎ 315-686-4700; 246 James St, Clayton; Hauptgerichte 7–20 US$; ⊘ 8–17 Uhr, Sommer Fr & Sa bis 20 Uhr, Winter nur Sa–Mo; 🛜) Dieses Café bietet eine willkommene Abwechslung zu den sonst allgegenwärtigen Burgern und Grilltellern dieser Gegend. Es gibt tolle Kuchen, Sandwiches und ganztägige Specials wie etwa Ententerrine. Freitags und samstags wird manchmal Livemusik gespielt.

Westliches New York

Die meiste Action konzentriert sich in dieser Region rund um Buffalo, die mit 250 000 Einwohnern (weit abgeschlagene) zweitgrößte Stadt des Bundesstaats New York. Ihre erste Blütezeit erlebte sie dank der Wasserkraft der Niagarafälle und des Erie Canal, der die Großen Seen mit dem Atlantik verband. Die Fälle sind mit ihren 12 Mio. Besuchern pro Jahr aber als Touristenmagnet weitaus bekannter als als Stromlieferant.

Buffalo

Die Winter in der mit verlassenen Industriegebäuden übersäten Stadt sind lang und kalt, Buffalo trotzt der Kälte aber mit einer lebhaften und kreativen Gemeinschaft und starkem Lokalpatriotismus. Die Stadt wurde 1758 von den Franzosen gegründet und ihr Name soll von dem französischen Ausdruck *beau fleuve* (schöner Fluss) abgeleitet sein. Dank der Stromversorgung durch die nahegelegenen Niagarafälle, erlebte sie Anfang des 20. Jhs. eine Blütezeit. Autos der Marke Pierce-Arrow wurden hier gebaut und es war die erste amerikanische Stadt mit elektrischer Straßenbeleuchtung. Lohnenswert ist ein Besuch dank der vielen baulichen Meisterwerke im Art-déco-Stil und einer großartigen Parklandschaft, die vom Landschaftsarchitekten Frederick Law Olmsted, der auch den New Yorker Central Park konzipiert hatte, angelegt wurde. Buffalo liegt etwa acht Autostunden (durch die Finger Lakes Region) von NYC entfernt und nur eine halbe Stunde südlich der Niagarafälle.

⊙ Sehenswertes

Architekturfans werden es lieben, durch die Downtown mit der hoch aufragenden City Hall (☎ 716-852-3300; www.preservationbuffalo niagara.org; 65 Niagara Sq; ⊘ Führung Mo–Fr 12 Uhr) GRATIS im Art-déco-Stil und den Theatre District zu schlendern, der aus einer Reihe wunderschöner Gebäude aus dem späten 19. Jh. besteht, die die Main St säumen. Mehr Details erfährt man im Rahmen einer Stadtführung mit Explore Buffalo (☎ 716-245-3032; www.explorebuffalo.org; 1 Symphony Circle). Die Elmwood Ave ist eine lebhafte Durchgangsstraße, die zum Buffalo-Campus der State Univeristy of New York und zu Olmsteds Delaware Park im Norden führt.

Buffalo ist vom Sport regelrecht besessen: Die Buffalo Bills (www.buffalobills.com) spielen in der Profi-Football-Liga und tragen ihre Spiele in einem Stadion im Vorort Orchard Park aus, die Buffalo Sabres (www. sabres.com) sind im Eishockey ganz groß und spielen im HarborCenter im Zentrum; das

Minor-League-Baseballteam **Buffalo Bisons** (www.bisons.com) muss regelmäßig im trendig-traditionellen Baseballstadion im Zentrum ran.

⭐ Martin House   ARCHITEKTUR

(☎716-856-3858; www.darwinmartinhouse.org; 125 Jewett Pkwy; Führung einfach/ausführlich 17/ 35 US$; ⊗Führungen stündl. 10–15 Uhr, Di & teilw. Do geschl.) Das knapp 1400 m² große, im Prairie-Stil erbaute Martin House gehört zu den frühen Werken Frank Lloyd Wrights. Es wurde aufwändig restauriert und teilweise sogar nachgebaut. Bei einer Führung erfährt man genaueste Details. Die sehr lohnenswerte ausführlichere Führung schließt auch die drei Gebäude nebenan ein. Tickets können online gekauft werden. Für Wright-Fans empfiehlt sich das Kombi-Ticket mit Graycliff, ein Ferienhaus außerhalb von Buffalo.

Albright-Knox Art Gallery   MUSEUM

(☎716-882-8700; www.albrightknox.org; 1285 Elmwood Ave; Erw./Kind 12/5 US$; ⊗10–17 Uhr, Mo geschl.) Das große Museum ist für seine Sammlung an Werken von Ruscha, Rauschenberg und anderen abstrakten Expressionisten bekannt und ist in einem neoklassizistischen Gebäude untergebracht, das von der Weltausstellung Pan American Exposition in Buffalo 1901 stammt. Die Wechselausstellungen sind besonders kreativ und fesselnd.

Burchfield Penney Art Center   MUSEUM

(☎716-878-6011; www.burchfieldpenney.org; 1300 Elmwood Ave; Erw./Kind 10 US$/frei; ⊗Di, Mi, Fr & Sa 10–17, Do bis 21, So 13–17 Uhr) Das Museum ist vorrangig Künstlern der Vergangenheit und Gegenwart aus dem westlichen New York State gewidmet. Zu sehen ist eine große Auswahl an regionalen Landschaftsgemälden und -drucken des Namensgebers Charles Burchfield.

Theodore Roosevelt Inaugural National Historic Site   MUSEUM

(☎716-884-0095; www.nps.gov/thri; 641 Delaware Ave; Erw./Kind 10/5 US$; ⊗Führungen stündl. Mo–Fr 9.30–15.30. Sa & So ab 12.30 Uhr) Bei der Führung durch das Ansley-Wilcox-Haus erfährt man alles über die dramatische Notvereidigung Teddys, die hier nach der Ermordung von Präsident William McKinley 1901 auf der Pan American Exposition in Buffalo stattfand.

Canalside   PARK

(☎716-574-1537; www.canalsidebuffalo.com; 44 Prime St) Buffalos einst heruntergekommene Gegend am Wasser wurde in einen schönen Park umgewandelt, in dem man im Winter Schlittschuhlaufen kann. Auf dem Gelände befinden sich außerdem der **Buffalo & Erie County Naval & Military Park** (☎716-847-1773; www.buffalonavalpark.org; 1 Naval Park Cove; Erw./Kind 10/6 US$; ⊗April–Okt. 10–17 Uhr, Nov. Sa & So), in dem zwei Schiffe aus dem Zweiten Weltkrieg und ein U-Boot liegen, sowie **BFLO Harbor Kayak** (☎716-288-5309; www. bfloharborkayak.com; 1 Naval Park Cove; Ausflug ab 25 US$; ⊗letzter Mo im Mai–1. Mo im Sept.).

🛏 Schlafen

⭐ Hostel Buffalo Niagara   HOSTEL €

(☎716-852-5222; www.hostelbuffalo.com; 667 Main St; B/Zi. 25/65 US$; ✴@🛜) Das Hostel, das praktisch im Theatre District in Buffalos Downtown liegt, ist in einem dreistöckigen ehemaligen Schulgebäude untergebracht und hat im Erdgeschoss einen Aufenthaltsraum, große Küchen- und Gemeinschaftsbereiche sowie makellos saubere, wenn auch charakterlose Badezimmer. Es gibt hier außerdem einen Wäschereiservice, Leihfahrräder und viele Infos zu Musik, Restaurants und Kunstausstellungen in der Stadt.

Hotel @ The Lafayette   BOUTIQUEHOTEL $$

(☎716-853-1505; www.thehotellafayette.com; 391 Washington St; Zi. 169 US$, Suite ab 199 US$; P✴ 🛜) Das siebenstöckige Gebäude in guter Lage vom Anfang des 20. Jhs. wurde renoviert und mit stilvollen Möbeln ausgestattet. Im selben Gebäude findet sich der wunderbar eingerichtete Pan-American Grill, eine sehr gute Kleinbrauerei mit Schenke. Dieselben Besitzer betreiben außerdem das ebenfalls empfehlenswerte **Lofts on Pearl** (☎716-856-0098; www.loftsonpearl.com; 92 Pearl St; Suite ab 169 US$), das einige Häuserblöcke entfernt liegt.

Mansion on Delaware Avenue   HOTEL $$$

(☎716-886-3300; www.mansionondelaware.com; 414 Delaware Ave; Zi./Suite ab 195/390 US$; P✴ @🛜) Eine wahrhaft besondere Unterkunft mit tadellosem Service ist dieses Hotel in einem prächtigen, majestätischen Haus von 1862. Zimmer 200 hat einen Kamin und raumhohe Fenster. Eine Nebenleistung sind z. B. die Drinks, an denen man sich in der Lounge kostenlos bedienen kann, sowie ein Fahrdienst durch das Zentrum von Buffalo.

🍴 Essen

Das Viertel Allentown ist eine gute Adresse für einen Restaurantbesuch (und Nachtleben). Mobile Essensstände sind rund um den Larkin Sq östlich des Zentrums zu finden. Im nordöstlichen Viertel Williamsville und in anderen Gegenden überall im Westen des Bundesstaats sollte man die Augen zudem nach einer Filiale von Mighty Taco offen halten, Buffalos Antwort auf Taco Bell, das sowohl für seine sonderbare Werbung als auch für seine leckeren Burritos und die extrem schmackhaften Ted's Hotdogs bekannt ist.

★ Anchor Bar
AMERIKANISCH $

(☎ 716-886-8920; 1047 Main St; 10/20 Chicken Wings 13/20 US$; ☺ 11–23 Uhr) Es ist wirklich bemerkenswert: Diese Bar, die den ultimativen Kneipensnack, die Buffalo Wings, erfunden hat (hier werden sie natürlich nur *wings* genannt), hat sich nicht in eine Touristenfalle entwickelt, sondern ist eine authentische Nachbarschaftskneipe geblieben. Neben den scharfen frittierten Hähnchenflügeln gibt's noch allerhand mehr Leckeres zu essen. An manchen Abenden (Do, Fr & Sa) wird Livemusik gespielt (vorwiegend Jazz).

Sweetness 7
CAFÉ $

(301 Parkside Ave; Crêpes 10 US$; ☺ 8–18 Uhr; ☻) Das gemütliche Café mit einem gewissen Hippie-Vibe serviert süße und herzhafte Crêpes, guten Kaffee und frische Backwaren. Auf Wunsch auch zum Mitnehmen: der Delaware Park ist gleich gegenüber. In Buffalos **West Side** gibt's noch eine Filiale (220 Grant St; ☺ 7–18, Sa & So ab 8 Uhr; ☻).

Cantina Loco
MEXIKANISCH $

(☎ 716-551-0160; 191 Allen St; Hauptgerichte 7 US$; ☺ Mo–Do 16–22, Fr & Sa bis 23, So 16–20 Uhr) Das Restaurant mit Hinterhof in Allentown ist angesagt und immer brechend voll. Serviert werden Tacos, Burritos und Quesadillas. Manchen wurde eine besondere Note verpasst, wie etwa Koreatown (Querrippchen mit Kimchi). Die Desserts sind ausgezeichnet und die gut ausgebildeten Barkeeper verstehen sich bestens auf Mezcal.

Parkside Candy
SÜSSIGKEITEN $

(3208 Main St; ☺ Mo–Do 11–18, Fr & Sa bis 21, So 12–20 Uhr) Der Süßigkeitenladen ist eine echte Institution und die Deko ist so schön bunt wie die Lutscher und Bonbons selbst. Eine Spezialität der Stadt ist das Sponge Candy (auch Honeycomb Toffee genannt).

Ulrich's 1868 Tavern
DEUTSCH $$

(☎ 716-989-1868; 674 Ellicott St; Hauptgerichte 15 US$; ☺ Mo & Di 11–21, Mi & Do bis 22, Fr bis 23, Sa 15–22 Uhr) Die älteste Bar in Buffalo wurde teilweise modernisiert und zieht nun eine etwas jüngere Klientel an. Neben typisch deutschem Schnitzel gibt's auch New Yorker Kneipenkost, z. B. *beef on weck*, ein Roastbeef im Kümmelbrötchen.

Betty's
AMERIKANISCH $$

(☎ 716-362-0633; 370 Virginia St; Hauptgerichte 9–22 US$; ☺ Di–Do 8–21, Fr bis 22, Sa 9–22, So 9–14 Uhr; ☻) Das unkonventionelle Restaurant liegt an einer ruhigen Ecke in Allentown und serviert köstliche, frisch zubereitete Abwandlungen amerikanischer Hausmannskost wie etwa Hackbraten. Der Brunch ist zu Recht sehr beliebt.

🍷 Ausgehen & Unterhaltung

Die Bevölkerung Buffalos ist recht jung und die meisten Bars der Stadt haben bis 4 Uhr morgens geöffnet, sodass man sich ausgiebig ins Nachtleben stürzen kann. Die Bars in der Chippewa St (auch Chip Strip genannt) sind besonders bei Studenten beliebt, während die Szene im nahen Allentown etwas heterogener ist. Infos zu Veranstaltungsterminen finden sich in den exzellenten kostenlosen Wochenblättern *Artvoice* (www.artvoice.com) und *The Public* (www.dailypublic.com).

Founding Fathers
BAR

(☎ 716-855-8944; 75 Edward St; ☺ Mo–Fr 11.30–2, Do 16–4, So 16–22 Uhr) Irgendwelche Fragen zur US-amerikanischen Geschichte? Der sachkundige Besitzer dieser lässigen Nachbarschaftskneipe („Gründerväter") kennt die Antwort bestimmt. Zudem gibt's kostenloses Popcorn und Nachos sowie gute Sandwiches (9 US$).

Allen Street Hardware Cafe
BAR

(☎ 716-882-8843; 245 Allen St; ☺ 17–4 Uhr, Musik ab 21 Uhr) Eine der schickeren Optionen in Allentown mit einem guten Restaurant (Hauptgerichte 14–25 US$) und abwechslungsreicher Musik lokaler Künstler.

Nietzsche's
LIVEMUSIK

(☎ 716-886-8539; www.nietzsches.com; 248 Allen St; ☺ Mo & Di 13–2, So & Mi ab 12, Do & Fr bis 4, Sa 15–4 Uhr) Eine der alteingesessenen Spelunken in Allentown mit allabendlicher Livemusik.

ℹ️ Praktische Informationen

Visit Buffalo Niagara (☎ 800-283-3256; www.visitbuffaloniagara.com; 403 Main St; ☺ Mo–Fr 9–17 Uhr) Der hilfreiche Tourismusverband hat eine tolle Webseite mit guten Broschüren zu Stadtspaziergängen sowie einen kleinen Souvenir-Shop.

❶ Anreise & Unterwegs vor Ort

Der **Buffalo Niagara International Airport** (BUF; ☑716-630-6000; www.buffaloairport. com; 4200 Genesee St) liegt etwa 10 Meilen (16 km) östlich des Zentrums und ist ein regionaler Verkehrsknotenpunkt. Jet Blue Airways bietet ab NYC erschwingliche Hin- und Rückflüge. **NFTA** (☑716-855-7300; www.nfta.com), das für den öffentlichen Nahverkehr zuständig ist, schickt den Expressbus 204 zum **Buffalo Metropolitan Transportation Center** (☑716-855-7300; www.nfta.com; 181 Ellicott St) im Zentrum (Greyhound-Busse fahren auch ab hier.) Der NFTA-Nahverkehrsbus 40 fährt bis zur US-amerikanischen Seite der Niagarafälle (2 US\$, 1 Std.), der Expressbus 60 fährt auch in diese Richtung, man muss zwischendurch aber umsteigen. Vom **Bahnhof Exchange Street** (☑716-856-2075; www.amtrak.com; 75 Exchange St), dem Amtrak-Bahnhof in der Innenstadt, fahren Züge nach NYC (63 US\$, 8 Std.), Niagara Falls (14 US\$, 1 Std.), Albany (50 US\$, 6 Std.) und Toronto (45 US\$, 4 Std.). Am späten Abend ist hier alles sehr verlassen, sodass man besser den 8 Meilen (13 km) östlich gelegenen **Bahnhof Buffalo-Depew** (www.amtrak.com; 55 Dick Rd) nutzt.

Niagarafälle

Es ist die Geschichte von zwei Städten: Niagara Falls, New York (USA), und Niagara Falls, Ontario (Kanada). Von beiden Seiten blickt man auf das Naturwunder – rund 570 000 l Wasser, die pro Sekunde über 300 m in die Tiefe donnern – und beide warten mit einer Extraladung an Touristenkitsch auf. Der Blick auf die Wasserfälle ist von der kanadischen Seite besser und der Ort ist viel größer, weshalb sich der Großteil der Besucher das Spektakel von dieser Seite anschaut. Aber auch der Blick von der New Yorker Seite ist beeindruckend, der angeschlossene Ort ist jedoch viel ruhiger. Über die Rainbow Bridge kommt man problemlos von einem Land ins andere (Pass mitnehmen!).

◉ Sehenswertes & Aktivitäten

Das Gebiet um die Niagarafälle war einst New Yorks erster State Park und wurde von Frederick Law Olmsted in den 1880er-Jahren angelegt. (Leider geschah dies auf Kosten des Ortes Niagara Falls, da dafür viele Gebäude im Zentrum abgerissen wurden.) Von den Fußwegen sind die **American Falls** und ihr westlicher Teil, die **Bridal Veil Falls**,

zu sehen. Einen besseren Blick erhascht man von der Plattform des **Prospect Point Observation Tower** (☑716-278-1796; Eintritt 1 US\$, ab 17 Uhr und außerhalb der Saison frei; ◷9.30–19 Uhr) oder von der Mitte der windigen Rainbow Bridge, von wo auch die Horseshoe Falls auf der kanadischen Seite ins Blickfeld rücken.

Etwas stromaufwärts kann man die kleine Brücke zur **Goat Island** überqueren, die zwischen den American Falls und den Horseshoe Falls liegt. Der Terrapin Point am südwestlichen Ende bietet einen tollen Blick auf die Horseshoe Falls. Mehrere Fußgängerbrücken führen weiter zu den **Three Sisters Islands** in den oberen Stromschnellen.

Cave of the Winds   AUSSICHTSPUNKT
(☑716-278-1730; Goat Island Rd; Erw./Kind 14/11 US\$; ◷Mitte Mai–Okt. 9–19.30 Uhr) Am Nordende von Goat Island fährt ein Aufzug hinunter zu Fußwegen, die teilweise gerade einmal 8 m vom tosenden Wasser am Fuße der Bridal Veil Falls entfernt verlaufen (Regenponchos werden bereitgestellt). Der Name lässt zwar auf eine Höhle schließen, tatsächlich befinden sich die Plattformen aber vor den Wasserfällen.

Wax Museum at Niagara   MUSEUM
(☑716-285-1271; Prospect St & Old Falls St; Erw./ Kind 7/5 US\$; ◷10–21 Uhr) Es handelt sich hierbei zwar nicht gerade um ein hochmodernes Wachsfigurenmuseum, es ist aber riesig, unterhaltsam und vollgepackt mit interessanten Geschichten über Massaker, Stunts und über dieses eine Mal, als das Wasser nicht mehr floss. Man kann sich in einem Fass ablichten lassen, in dem tatsächlich schon einmal jemand die Wasserfälle hinuntergestürzt ist.

★ **Maid of the Mist**   BOOTSAUSFÜGE
(☑716-284-8897; www.maidofthemist.com; 1 Prospect Pt; Erw./Kind 17/9,90 US\$; ◷Sommer 9–19 Uhr; sonstige Zeiten auf der Webseite) Die traditionelle Art und Weise, die Niagarafälle zu sehen, ist im Rahmen der Bootstour Maid of the Mist, die schon seit 1846 klitschnasse Besucher zu den Stromschnellen direkt unterhalb der Wasserfälle schippert. Normalerweise legt das Boot nur zwischen Mitte Mai und Ende Oktober am Ufer unterhalb des Prospect Point ab.

🛏 Schlafen & Essen

Die meisten der landesweiten Hotelketten sind hier vertreten, im Vergleich zur ka-

GRENZÜBERGANG: KANADISCHE NIAGARAFÄLLE

Von der kanadischen Seite aus bietet sich ein grandioser Blick auf die Niagarafälle. Die **Horseshoe Falls** liegen an der Westseite des Flusses und sind breiter als die Bridal Veil Falls am Ostufer (USA). Besonders fotogen sind sie vom Queen Victoria Park aus. Die **Journey Behind the Falls** (905-354-1551; 6650 Niagara Pkwy; Erw./Kind April–Dez. 16,75/10,95 US\$, Jan.–März 11,25/7,30 US\$; 9–22 Uhr) ermöglicht den Zugang zu einem gischtumtosten Aussichtspunkt (ähnlich der Cave of the Winds).

Der Ort auf der kanadischen Seite ist auch viel lebhafter – im übermäßig touristischen Sinne. Hier gibt's vor allem Hotelketten und Restaurants, aber auch ein HI-Hostel und einige der älteren Motels haben noch die klassischen Badewannen in Herzform für Pärchen in den Flitterwochen. Mehr Infos zum Ort erhält man im **Niagara Falls Tourism Office** (905-356-6061; www.niagarafallstourism.com; 5400 Robinson St; 9–17 Uhr), nicht weit vom Fuß des Aussichtsturms Skylon Tower entfernt.

Das Überqueren der Rainbow Bridge kostet (inkl. Rückweg) 3,25/1 US\$ pro Auto/ Fußgänger. Zu Fuß ist man etwa zehn Minuten unterwegs; der Autoverkehr kommt im Sommer nicht selten zum Erliegen. Ausländische Besucher müssen bei der Einreise auf beiden Seiten der Brücke einen Reisepass vorzeigen. Wer mit einem Mietwagen aus den USA die Grenze überqueren möchte, sollte in der Regel keine Probleme bekommen. Trotzdem empfiehlt es sich, dies mit der Autovermietung abzuklären.

nadischen Seite ist ihre Qualität aber eher schlecht. In unmittelbarer Nähe der Fälle gibt es vor allem indische Restaurants, die die vielen indischen Touristen versorgen und Büfetts zu ganz guten Preisen anbieten.

Giacomo
BOUTIQUEHOTEL **\$\$\$**

(716-299-0200; www.thegiacomo.com; 220 1st St; Zi. ab 250 US\$; P ❄ 🛜) Das luxuriöse Giacomo ist in einem tollen, im Art-déco-Stil erbauten Büroturm untergebracht, hat große, prunkvolle Zimmer und bietet seinen Gästen einen Hauch von Stil, den man sowohl auf US-amerikanischer als auch auf kanadischer Seite nur selten findet. Auch Nicht-Gäste können sich in der Lounge im 19. Stock einen Drink genehmigen (ab 17 Uhr) und den spektakulären Blick und donnerstags und freitags Livemusik genießen.

Zaika
INDISCH **\$**

(421 3rd St; Büffet 14 US\$; So–Do 11.30–21, Fr & Sa bis 22 Uhr; 🚗 🛜) Zaika bietet eine etwas höhere Qualität als die indischen Restaurants unmittelbar neben den Fällen. Wenn nicht allzu viel los ist, kann auch à la carte bestellt werden, das Büfett ist aber frisch und abwechslungsreich.

Buzzy's
PIZZA **\$**

(7617 Niagara Falls Blvd; Hauptgerichte 7–15 US\$; So–Do 11–23, Fr & Sa bis 24 Uhr) Das alteingesessene Restaurant, etwa zehn Autominuten von den Fällen entfernt, serviert hervorragende Pizzas à la New York und anderes Kneipenessen.

Praktische Informationen

Niagara Tourism (716-282-8992; www.niagara-usa.com; 10 Rainbow Blvd; Juni–Sept. 9–19 Uhr, Okt.–Mai bis 17 Uhr) Dieses Büro an der Brücke zur Goat Island hält sehr gute Karten und Informationen über das gesamte westliche New York bereit. Das hier angebotene Kombi-Ticket lohnt sich eigentlich nicht, da das Museum und das Aquarium, deren Eintritt inbegriffen ist, recht klein sind.

Anreise & Unterwegs vor Ort

Der NFTA-Bus 40 (S. 141) verbindet das Zentrum von Buffalo mit Niagara Falls (2 US\$, 1 Std.). Die Haltestelle in Niagara Falls befindet sich an der Ecke 1st St und Rainbow Blvd. Der Expressbus 60 fährt zu einem Busbahnhof östlich vom Zentrum, wo man in den Bus 55 zum Fluss umsteigen muss. Der **Amtrak-Bahnhof** (716-285-4224; 2701 Willard Ave) liegt etwa 2 Meilen (3,2 km) nordöstlich vom Zentrum; der Bahnhof auf der kanadischen Seite ist zentraler, wer aber aus NYC kommt, muss erst den kanadischen Zoll passieren. Von Niagara Falls fahren täglich Züge nach Buffalo (14 US\$, 35 Min.), Toronto (34 US\$, 3 Std.) und NYC (63 US\$, 9 Std.). Die Busse von **Greyhound** (www.greyhound.com; 240 1st St) starten am Quality Inn.

Parken kostet auf beiden Seiten der Fälle zwischen 8 und 10 US\$ pro Tag. Die meisten Mittelklassehotels bieten ihren Gästen kostenlose Parkplätze an, während die teureren Hotels (auf der kanadischen Seite) meistens 15 bis 20 US\$ für diesen Service berechnen. Um im Sommer dem Verkehrschaos zu entgehen, ist es ratsam, am Niagara Falls Blvd zu parken und westlich vom Fluss in den NFTA-Bus 55 zu steigen. In direkter

Umgebung der Wasserfälle dreht der Niagara Scenic Trolley seine Runden und fährt bei seiner Tour auch über die amerikanische Seite.

NEW JERSEY

Das, was das Fernsehen über New Jersey verbreitet – von den protzigen, riesigen Villen der *Real Housewives of New Jersey* bis hin zum starken Akzent der *Sopranos* – ist zumindest teilweise wahr. Aber Jersey (Einheimische lassen das „New" gern unter den Tisch fallen) ist mindestens genauso von Hightech-Unternehmen und Bankenzentralen sowie grünem Farmland geprägt (das ein Viertel seiner Fläche ausmacht und dem Bundesstaat den Spitznamen „Garden State" eingebracht hat). An den bezaubernden Stränden (ca. 204 km) finden sich zwar auch die Guidos und Guidettes der Reality-Serie *Jersey Shore*, aber auch viele nette Küstenorte, die alle ihren eigenen Charakter haben.

ⓘ Praktische Informationen

Edible Jersey (www.ediblejersey.com) Infos darüber, wo man die Schönheit des Garden State am besten erleben kann; vierteljährlich gibt's auch eine kostenlose Printausgabe.

New Jersey Monthly (www.njmonthly.com) Monatlich erscheinendes Hochglanzmagazin für Einheimische und Besucher.

NJ.com (www.nj.com) Nachrichten von allen wichtigen Tageszeitungen des Bundesstaats, darunter der *Newark Star-Leger* und das *Jersey Journal* aus dem Hudson County.

ⓘ Anreise & Unterwegs vor Ort

Die Menschen in New Jersey fahren zwar am liebsten Auto, aber es gibt durchaus auch öffentliche Verkehrsmittel:

PATH Train (www.panynj.gov/path) Zugverbindung zwischen Lower Manhattan und Hoboken, Jersey City und Newark.

NJ Transit (☏ 973-275-5555; www.njtransit. com) Betreibt Busse und Züge im ganzen Bundesstaat, darunter ein Busservice zur Port Authority in NYC und nach Downtown Philadelphia sowie Züge zur Penn Station in NYC.

New York Waterway (☏ 800-533-3779; www. nywaterway.com) Die Fähren fahren auf dem Hudson und vom NJ-Transit-Bahnhof in Hoboken zum World Financial Center in Lower Manhattan.

Nördliches New Jersey

Im Osten erlebt man Jerseys Stadtdschungel, im Westen das genaue Gegenteil: die friedliche, erfrischende Landschaft des Delaware Water Gap.

Hoboken & Jersey City

Hoboken ist ein niedliches kleines Städtchen am Hudson River direkt gegenüber von NYC, dessen Stadtbild auch einer Fernsehserie entsprungen sein könnte. Am Wochenende erwachen die Bars und die zahlreichen Restaurants an der Hauptgeschäftsstraße Washington St zum Leben. Der düstere Film *Die Faust im Nacken* wurde hier gedreht, heute ist die Uferpromenade jedoch begrünt und saniert und bietet einen atemberaubenden Blick auf Manhattan.

Apartment-Hochhäuser und Bürotürme der Finanzwelt haben aus dem einstigen Arbeiterviertel von Jersey City eine Gegend für soziale Aufsteiger gemacht. Im 486 ha großen **Liberty State Park** (☏ 201-915-3440; www.libertystatepark.org; Morris Pesin Dr; ⊙ 6–22 Uhr) finden vor der Skyline von Manhattan Open-Air-Konzerte statt. An seinem Ende befindet sich das umfangreiche **Liberty Science Center** (☏ 201-200-1000; www.lsc.org; 222 Jersey City Blvd; Erw./Kind 19,75/15,75 US$, IMAX & Sonderausstellungen kosten extra; ⊙ Mo–Fr 9–16, Sa & So bis 17.30 Uhr; ♿). Hier fahren auch **Fähren** (☏ 877-523-9849; www.statue cruises.com; Erw./Kind ab 18/9 US$; ⊙ Mitte Feb.–1. Mo im Sept. ab 9 Uhr) zur nahen Ellis Island und zur Freiheitsstatue ab. Kinofans zieht es weg vom Wasser und zum **Landmark Loew's Jersey Theatre** (☏ 201-798-6055; www.loewsjersey.org; 54 Journal Sq; ⊙ Mo–Fr 10–18 Uhr, zusätzl. Filmvorführungen), ein klassisches, teilweise renoviertes Kino mit funktionstüchtiger Orgel.

Delaware Water Gap

Der Delaware River windet sich in einer scharfen S-Kurve durch die Kittatinny Mountains von New Jersey. Die traumhaft schöne Gegend war zu einer Zeit, in der es noch keine Klimaanlagen gab, ein beliebtes Erholungsgebiet. Das 1965 eingerichtet Schutzgebiet **Delaware Water Gap National Recreation Area** (☏ 570-426-2452; www. nps.gov/dewa) liegt teils in New Jersey, teils in Pennsylvania und ist bis heute ein unberührtes Fleckchen Erde – und das gerade einmal 70 Meilen (112 km) von NYC entfernt. Entlang dem 30 Meilen (ca. 50 km) langen Abschnitt der Straße in Pennsylvania gibt's einige lohnenswerte Zwischenstopps, u. a. die kleinen, aber hübschen **Raymondskill**

KURZINFOS NEW JERSEY

Spitzname Garden State

Bevölkerung 8,9 Mio.

Fläche 22 581 km²

Hauptstadt Trenton (84 000 Ew.)

Andere Städte Newark (278 000 Ew.)

Verkaufssteuer 7 %

Geburtsort von Musiker Count Basie (1904–1984), Sänger Frank Sinatra (1915–1998), Schauspielerin Meryl Streep (geb. 1949), Musiker Bruce Springsteen (geb. 1949), Schauspieler John Travolta (geb. 1954), Musiker Jon Bon Jovi (geb. 1962), Rapperin Queen Latifah (geb. 1970), Popband Jonas Brothers: Kevin (geb. 1987), Joseph (geb. 1989), Nicolas (geb. 1992)

Heimat des ersten Films (1889), des ersten offiziellen Baseball-Profispiels (1846), des ersten Autokinos (1933), der Freiheitsstatue

Politische Ausrichtung Gouverneur Chris Christie ist Republikaner, aber traditionell starke demokratische Parlamentsmehrheit

Berühmt für *Jersey Shore* (den Strand selbst und die MTV-Reality-Serie), als Schauplatz der Fernsehserie *Die Sopranos*, die musikalischen Anfänge von Bruce Springsteen

Anzahl der Weingüter 36

Entfernungen Priceton–NYC 55 Meilen (88 km), Atlantic City–NYC 135 Meilen (216 km)

Falls, das **Pocono Environmental Education Center** (☎ 570-828-2319; www.peec.org; 538 Emery Rd, Dingmans Ferry; ◷ 9–17 Uhr; 🚹) 🏊 und die gut erschlossenen und dennoch umwerfenden **Bushkill Falls** (☎ 570-588-6682; www.visitbushkillfalls.com; Bushkill Falls Rd, an der Rte 209; Erw./Kind 13,50/8 US$; ◷ ab 9 Uhr, wechselnde Schließungszeiten, Dez.–März geschl.).

Auf dem Abschnitt in New Jersey holpert man über die unbefestigte Old Mine Rd, eine der ältesten ständig befahrenen Handelsstraßen der USA, zu den Ausgangspunkten mehrerer Tageswanderungen, darunter eine Tour hinauf zum Gipfel des 480 m hohen Mt. Tammany im **Worthington State Forest** (☎ 908-841-9575; www.njparksandforests.org; Old Mine Rd; ◷ Sonnenaufgang–Sonnenuntergang).

Wer etwas Spaß auf dem Wasser haben will, kann sich an **Adventure Sports** (☎ 570-223-0505; www.adventuresport.com; Rte 209, Marshalls Creek; Kanu/Kajak 43/47 US$ pro Tag; ◷ Mo–Fr 9–18 Uhr, Mai–Okt. Sa & So ab 8 Uhr) wenden. Dort gibt's alles, was man für einen Tag (oder besser mehrere Tage) am Wasser braucht. Camping ist an vielen nur mit dem Kanu oder Kajak erreichbaren Stellen entlang der Strecke erlaubt. Eine wirklich tolle Art, die Schönheit der Gegend zu erkunden.

Nordöstlich von hier liegt der **High Point State Park** (☎ 973-875-4800; www.njparksand forests.org; 1480 Rte 23, Sussex; 10 US$/Fahrzeug; ◷ April–Okt. 8–20 Uhr, Nov.–März bis 16.30 Uhr) mit einem Denkmal auf 550 m Höhe. Von dort eröffnet sich ein wundervoller Blick auf die umliegenden Seen, Hügel und Ländereien.

Am nördlichen Ende der Schlucht liegt das hübsche Örtchen **Milford**, PA, das gute Restaurants und Übernachtungsmöglichkeiten bietet. Dort steht auch das **Grey Towers** (☎ 570-296-9630; www.greytowers.org; 122 Old Owego Turnpike; Führung Erw./Kind 8 US$/frei; ◷ Gelände Sonnenaufgang–Sonnenuntergang), ein prachtvolles Haus im Stil französischer Schlösser, das Gifford Pinchot, dem ehemaligen Gouverneur von Pennsylvania und Gründer des US Forest Service gehörte. Am Südende befindet sich der etwas unkonventionellere Ort Delaware Water Gap, PA, mit dem **Deer Head Inn** (☎ 570-424-2000; www.deerheadinn.com; 5 Main St, Delaware Water Gap; Zi. ab 90 US$; ❄ ☎), der Zimmer im viktorianischen Stil und am Wochenende großartigen Livejazz zu bieten hat.

Princeton & Delaware River

Das kleine Städtchen Princeton, das von einem englischen Quäkermissionar gegründet wurde, hat eine wunderschöne Architektur und einiges an Sehenswertem zu bieten. Die Hauptattraktion ist das Gebäude der **Princeton University** (☑ 609-258-3000; www.princeton.edu), das Mitte des 18. Jhs. erbaut wurde und bald eines der größten Bauwerke in den frühen Kolonien war. Es kann auf eigene Faust oder im Rahmen einer kostenlosen, von Studenten geführten Tour erkundet werden. Der Ort an sich ist weniger von den Studenten als von der Oberschicht geprägt. Das zeigen nicht zuletzt die adretten Boutiquen, die den zentralen **Palmer Sq** säumen.

Etwa 20 Meilen (32 km) weiter westlich liegt am Delaware River **Lambertville** mit seiner Zwillingsstadt **New Hope**, PA, am gegenüberliegenden Ufer. New Hope versprüht ein leichtes Hippie-trifft-Goth-Flair (hier werden Doc Martens verkauft!), während Lambertville der hübschere Gegenpart ist. Es lohnt sich aber durchaus, die Autofahrt hier für ein paar Stunden zu unterbrechen. Auf dem **Golden Nugget Antique & Flea Market** (☑ 609-397-0811; www.gnmarket.com; 1850 River Rd, Lambertville; ◷ Mi, Sa & So 6–16 Uhr) gibt's allerhand zu kaufen, während die friedlichen Pfade zu einem Spaziergang am Ufer einladen. Einige Kilometer weiter südlich hat George Washington im Dezember 1776 den Delaware überquert (wie es im berühmten Gemälde von Emanuel Leutze gezeigt wird).

Die Hauptstadt des Bundesstaats, **Trenton**, liegt noch etwas weiter südlich am Fluss und ist klein und heruntergekommen. Ihr Motto lautet „Trenton makes, the world takes" (etwa „Trenton stellt es her, die Welt konsumiert es"), was, in Anbetracht der Tatsache, dass hier überhaupt nichts mehr produziert wird, alles nur noch deprimierender macht. Wer jedoch ein Faible für Außenseiter-Städte hat, auf den warten immerhin ein paar historische Stätten, ein Museum und ein Farmers Market.

◉ Sehenswertes & Aktivitäten

★ Princeton University Art Museum
MUSEUM

(☑ 609-258-3788; www.princetonartmuseum.org; McCormick Hall; ◷ Di–Sa 10–17, Do bis 22, So 13–17 Uhr) GRATIS Eine umfangreiche Sammlung, deren Hauptaugenmerk auf Antiquitäten, asiatischer Kunst und Fotografie liegt.

Bucks County River Country
BOOTFAHREN

(☑ 215-297-5000; www.rivercountry.net; 2 Walters Lane, Point Pleasant; Reifen 22–26 US$, Kanu 70 US$; ◷ Verleih 9–15 Uhr, Rückgabe bis 17 Uhr) Etwas nördlich von Lambertville verleiht dieser Ausstatter am Ufer Pennsylvanias Schlauchboote, Reifen und Kanus, auf denen man sich auf dem ruhigen Delaware River treiben lassen kann. Inbegriffen ist auch der Transport zurück zum Ausgangspunkt.

🍴 Schlafen & Essen

Wenn in der letzten Maiwoche (rund um den Memorial Day) diverse Versammlungen und Abschlussprüfungen stattfinden, schnellen auch die Preise für Unterkünfte in die Höhe.

Inn at Glencairn
B&B $$

(☑ 609-497-1737; www.innatglencairn.com; 3301 Lawrenceville Rd; Zi. ab 199 US$; ☎) Hier gibt's das beste Preis-Leistungs-Verhältnis rund um Princeton: fünf ruhige Zimmer in einem renovierten georgischen Herrenhaus etwa zehn Autominuten vom Campus entfernt.

Nassau Inn
INN $$$

(☑ 609-921-7500; www.nassauinn.com; 10 Palmer Sq; Zi. ab 259 US$; ✳ ☎ ☎) Das Hotel in Top-Lage hat leider etwas zu hoch angesetzte Preise und die geschichtsträchtigen Zimmer mögen etwas altmodisch erscheinen (die Zimmer im neuen Flügel sind moderner). Aber auch wenn man nicht hier übernachtet, lohnt ein Besuch der klassischen Bar.

Olives
BÄCKEREI, FEINKOST $

(22 Witherspoon St; Sandwiches 7 US$; ◷ Mo–Fr 7–20, Sa ab 8, So 9–18 Uhr) Vernünftige Preise und Essen mit griechischem Touch (vor allem zum Mitnehmen).

Swan
AMERIKANISCH $

(☑ 609-397-1960; 43 S Main St, Lambertville; Burger 11 US$; ◷ Mo–Fr 17–22, Sa ab 13, So 13–21 Uhr) Im ehemaligen, Ende des 19. Jhs. erbauten Dorfhotel werden heute in malerischer Kulisse Burger serviert. Die Besitzer betreiben auch die Bar **Boat House** (8 Coryell St, Lambertville; ◷ 16.30–23 Uhr) am Flussufer, die ein historisches Flair versprüht.

Mistral
MEDITERRAN $$$

(☑ 609-688-8808; 66 Witherspoon St; Platten zum Teilen 17–28 US$; ◷ Mo–Mi 17–21, Do & So 11.30–21, Fr & Sa 11.30–22 Uhr) Das kreativste Restaurant in Princeton bringt größtenteils mediterrane Speisen mit einem gelegentlichen asiatischen Touch auf den Tisch. Durch die Möglichkeit, seinen eigenen Alkohol mitzubringen, werden die Essenspreise auch relativiert.

Jersey Shore

Der wohl berühmteste und am meisten geschätzte Teil New Jerseys ist seine fulminante Küste – ein Besuch am Strand ist ein nicht wegzudenkendes Sommerritual –, die sich von Sandy Hook bis nach Cape May erstreckt. Von geschmacklos bis klassisch reiht sich hier ein Ferienort an den anderen. Hurrikan Sandy verwüstete 2012 einen Großteil der Küste und die Achterbahn in Seaside Heights stürzte sogar ins Meer. Die Aufräumarbeiten sind zwar noch nicht komplett abgeschlossen, die Gegend ist mittlerweile aber größtenteils wieder so lebhaft wie zuvor. An den Wochenenden im Sommer wimmelt es hier nur so vor Menschen (vor allem an den Brücken, die hinüber auf die Barriereinseln führen, ist der Verkehr ein echter Albtraum) und eine günstige Unterkunft zu finden ist fast so schwierig, wie einen Körper, der nicht mit Tattoos übersät ist. Eine gute, budgetfreundliche Option sind die Campingplätze der Gegend. Kaum hat dann der Herbst Einzug gehalten, findet man sich teilweise sogar ganz alleine am Strand.

Sandy Hook

An der äußersten Nordspitze der Jersey Shore befindet sich die **Sandy Hook Gateway National Recreation Area** (☎718-354-4606; www.nps.gov/gate; Parken 15 US$ im Sommer) GRATIS, ein 11 km langer sandiger Strandwall am Eingang zum New York Harbor. Bei klarer Sicht kann man von seinem Strandtuch aus die Skyline New York Citys erkennen. Entlang der breiten Strände auf der Meerseite (darunter auch der einzige legale FKK-Strand in New Jersey am Gunnison Beach) verläuft ein Netz aus Radwegen, während die der Bucht zugewandte Seite der perfekte Ort zum Angeln und für die Vogelbeobachtung ist. Das **Sandy Hook Lighthouse** (☎732-872-5970; ⊙Visitor Center 9–17 Uhr, Führungen 13–16.30 Uhr) GRATIS ist der älteste Leuchtturm des Landes. Insektenspray wird wärmstens empfohlen, denn nach Einbruch der Dunkelheit können einem die Mücken ziemlich auf die Nerven gehen.

Die Schnellfähre **Seastreak** (☎800-262-8743; www.seastreak.com; 2 First Ave, Atlantic Highlands; einfache Strecke/hin & zurück 26/45 US$, Fahrrad 5 US$) fährt von Sandy Hook (und den Highlands) zum Pier 11 in Lower Manhattan.

Asbury Park & Ocean Grove

Während jahrzehntelanger wirtschaftlicher Stagnation konnte der Ort Asbury Park auf keinen anderen Höhepunkt verweisen als auf die Tatsache, dass der aus New Jersey stammende Sänger Bruce Springsteen Mitte der 1970er-Jahre im Nachtclub **Stone Pony** (☎732-502-0600; www.stoneponyonline.com; 913 Ocean Ave) seine ersten Auftritte hatte. Seit der Jahrtausendwende erleben ganze Wohnblöcke ehemals verlassener viktorianischer Häuser aber ein Comeback, sodass Asbury heute sogar manchmal das Brooklyn New Jerseys genannt wird. Im Zentrum, das mehrere Blöcke der Cookman Ave und der Bangs Ave umfasst, finden sich heute Antiquitätenläden, angesagte Restaurants (von vegan bis zu französischen Bistros) und Bars sowie ein Programmkino. An der Strandpromenade sollten sich Pinball-Fans unbedingt das **Silver Ball Museum** (☎732-774-4994; www.silverballmuseum.com; 1000 Ocean Ave; Std./halber Tag 10/15 US$; ⊙Mo–Do 11–21, Fr & Sa bis 1, So 10–22 Uhr; ⊕) ansehen, das Dutzende neuwertige Spiele hat, die man alle spielen kann.

Unmittelbar südlich von Asbury Park liegt Ocean Grove, das nicht nur einer anderen Zeit, sondern auch einer anderen Kultur zu entstammen scheint. Es wurde im 19. Jh. von Methodisten zur Massenevangelisation gegründet und ist bis heute als „Gottes Quadratmeile an Jerseys Küste" bekannt und eine „trockene" Stadt (kein Alkoholverkauf). Sogar der Strand ist sonntagmorgens geschlossen. Die Gebäude im viktorianischen Stil sind so reichlich verziert, dass sie an Pfefferkuchenhäuser erinnern und man versucht ist, reinzubeißen. Im Zentrum befindet sich ein aus Holz errichtetes Auditorium mit 6500 Sitzplätzen und einer riesigen Orgel. Die **Tent City** ist eine historische Stätte – das ehemalige Evangelisationslager – und zeigt über 100 altertümliche Segeltuchzelte, die als Sommerunterkünfte dienten. Unter den vielen schönen B&Bs sticht das **Quaker Inn** (☎732-775-7525; www.quakerinn.com; 39 Main St, Ocean Grove; Zi. 90–200 US$; ⊕) als preisgünstige Option besonders hervor. Unbedingt probieren sollte man einen Eisbecher in **Nagle's Fountain** (☎732-776-9797; 43 Main Ave; Eis 3 US$; ⊙Mi–Mo 8.30–21 Uhr; ⊕).

Barnegat Peninsula

Die Einheimischen nennen diesen 35 km langen Abschnitt „die Barriereinsel" (*barrier island*), obwohl es sich hier eigentlich um eine Halbinsel handelt, die an ihrem nördlichsten Punkt, dem **Point Pleasant Beach**, mit dem Festland verbunden ist. Surfer sollten sich zum **Inlet Beach** in Manasquan direkt nördlich der Halbinsel aufmachen, wo die Wellen das ganze Jahr über so verlässlich wie sonst nirgendwo an der Küste rollen.

Südlich von **Mantoloking** und **Lavallette**, auf halber Höhe der Insel, führt eine Brücke vom Festland herüber (bei Toms River), über die sich die Massen nach **Seaside Heights** schieben, dem berühmt-berüchtigten Schauplatz der MTV-Realityshow *Jersey Shore*. So affektiert die Serie auch war, sie konnte doch die wunderbar kitschige Essenz der mancherorts vorherrschenden Küstenkultur einfangen. Trotzdem macht es Spaß, sich bei Kohr's ein Orangen-Vanille-Softeis zu holen, an der Strandpromenade entlang zu schlendern und dabei die lärmende, braungebrannte, spärlich bekleidete Meute zu beobachten. Wer danach seinen Energiespeicher wieder auffüllen muss, kann dies in einer der überdurchschnittlich vielen Bars hier tun. Es lohnt sich auch, Ausschau nach dem Holzkarussell von 1932 zu halten, das nach Hurrikan Sandy immer noch restauriert wird.

Etwas Ruhe gefällig? Die findet man weiter südlich im von Touristen verschonten **Seaside Park** sowie im dahinterliegenden, naturbelassenen Island Beach State Park.

Sehenswertes & Aktivitäten

Island Beach State Park PARK
(☏732-793-0506; www.njparksandforests.org; Seaside Park; Sommer wochentags/Wochenende 12/20 US$; ☉Sonnenaufgang–Sonnenuntergang) Der insgesamt 16 km lange Strand ist hier noch relativ unberührt; an 1,6 km davon ist das Baden erlaubt, die restlichen Abschnitte eignen sich gut für eine Fahrradtour. Auf der der Bucht zugewandten Seite laden die Marschgebiete zum Kajakfahren ein.

Jenkinson's VERGNÜGUNGSPARK
(☏732-295-4334; www.jenkinsons.com; 300 Ocean Ave, Point Pleasant Beach; Aquarium Erw./Kind 11/7 US$; ☉Juni–Aug. Rides 12–23 Uhr, Aquarium 10–22 Uhr, außerhalb der Saison abweichende Öffnungszeiten; ♿) Dieser Teil der Promenade am Point Pleasant Beach ist für kleinere Kinder gemacht mit kleinen Fahrgeschäften, Minigolf, einem Aquarium und jeder Menge Süßigkeiten.

Casino Pier VERGNÜGUNGSPARK
(☏732-793-6488; www.casinopiernj.com; 800 Ocean Terrace, Seaside Heights; Rides ab 5 US$,

① STRANDGEBÜHREN

Viele Gemeinden am Jersey Shore erheben eine Gebühr von um die 5 US$ für den Zugang zum Strand. Dafür erhält man eine Tagesplakette (einen sogenannten *tag*). Nördlich von Long Beach Island bis kurz vor Sandy Hook wird für alle Strände eine Gebühr fällig. Die südliche Küste ist größtenteils, aber nicht komplett kostenfrei.

Wasserpark Erw./Kind 35/29 US$; ☉Juni–Aug. 12 Uhr–open end, restliches Jahr wechselnde Öffnungszeiten; ♿) Hier ist gleich eine ganze Anlegestelle in einen Vergnügungspark umgewandelt worden. Er liegt am nördlichen Ende der Seaside-Promenade und bietet neben ein paar Rides für kleinere Kinder auch Attraktionen mit mehr Nervenkitzel für Erwachsene und Kinder über 1,20 m. Es gibt auch einen Sessellift, der oberhalb der Uferpromenade verläuft. Nicht weit entfernt befindet sich der Wasserpark Breakwater Beach mit vielen großen Wasserrutschen.

🛏 Schlafen & Essen

Im Sommer geht es in Seaside Heights so laut zu, dass es als Übernachtungsoption kaum zu empfehlen ist, außerhalb der Hauptsaison bekommt man hier aber gute Deals.

Surf & Stream Campground CAMPING $
(☏732-349-8919; www.surfnstream.com; 1801 Ridgeway Rd, Toms River; Stellplatz ab 45 US$; ☎) Eine gut gepflegte Alternative zu den engen Motels in Seaside Heights.

Luna-Mar Motel MOTEL $
(☏732-793-7955; www.lunamarmotel.com; 1201 N Ocean Ave, Seaside Park; Zi. ab 129 US$; ✳☎✲) Das saubere Motel unmittelbar gegenüber vom Strand hat Fliesenböden (keine sandigen Teppiche). Im Zimmerpreis ist der Eintritt zum Strand schon enthalten.

★Klee's KNEIPENESSEN $
(www.kleesbarandgrill.com; 101 Blvd, Seaside Heights; Pizza ab 8 US$, Hauptgerichte 9–20 US$; ☉Mo–Do 10.30–23, Fr & Sa bis 24 Uhr) Klingt zwar etwas seltsam, ist aber so: Diese irische Bar hat die besten und knusprigsten Pizzas an der Küste. Ansonsten stehen die üblichen, wenn auch soliden, Speiseangebote auf der Karte und werden in riesigen Portionen serviert.

Music Man
EISCREME **$**

(www.njmusicman.com; 2305 Grand Central Ave, Lavallette; Eiscreme 3–8 US$; ⏱11–24 Uhr, Shows ab 17.30 Uhr; ♿) Darf's zum Eisbecher noch etwas mehr sein? Dann sollte man es sich abends nicht entgehen lassen, wenn die Bedienungen Songs aus Broadway-Musicals zum Besten geben. Nur Barzahlung.

Long Beach Island

Die 29 km lange Barriereinsel liegt ganz genau in der Mitte der Jersey Shore. Sie ist nur über eine Brücke zu erreichen (Rte 72), die über die Manahawkin Bay führt. LBI, wie sie auch genannt wird, ist eine Aneinanderreihung von kleinen Gemeinden, die alle wunderschöne Strände und eine starke Surfkultur haben (die Einzelhandelskette Ron Jon wurde hier gegründet). Südlich der Brücke ist in **Long Beach** und **Beach Haven** einiges geboten, im Norden liegen die ruhigeren und wohlhabenderen Gemeinden **Surf City**, **Harvey Cedars** und **Barnegat Light**.

In einem kleinen State Park an der Nordspitze der Insel steht das **Barnegat Lighthouse** (☎609-494-2016; www.njparksandforests. org; am Long Beach Blvd; Leuchtturm Erw./Kind Sommer 3/1 US$; ⏱Park 8–18 Uhr, Leuchtturm 10–16.30 Uhr) und ist ein echtes Wahrzeichen. Von seinem Turm hat man einen tollen Panoramablick. Am Südende findet sich das hervorragende kleine Hotel **Jolly Roger** (☎609-492-6931; www.jollyrogerlbi.com; 5416 S Long Beach Blvd, Beach Haven; Zi. 150–180 US$; ⏱April–Okt.; ❄🐾). Die freundliche Kneipe **Hudson House** (☎609-492-9616; 19-E 13th St, Beach Haven; ⏱Sommer 17–1 Uhr) versteckt sich in einer kleinen Straße in einem Wohngebiet und hat die Spiele Pinball und Shuffleboard sowie jede Menge Insiderwissen zu bieten. Zudem gibt's auf der Insel unglaubliche sieben Minigolfanlagen.

Atlantic City

Atlantic City, die größte Stadt an der Küste, galt früher einmal als eine Art Las Vegas der Ostküste. Diese Zeiten sind zwar längst passé und viele Kasinos mussten mittlerweile Konkurs anmelden, die Hotels sind jedoch mitunter sehr preiswert und die hübschen, kostenlosen Strände nicht selten menschenleer, da die meisten Besucher auch weiterhin drinnen an Spielautomaten sitzen. Im Gegensatz zu vielen homogenen Strandenklaven ist die Bevölkerung hier viel bunter.

Vom Glamour der Zeit der Prohibition, der in der HBO-Fernsehserie *Boardwalk Empire* so lebhaft dargestellt wird, ist heute nur noch wenig übrig. Immerhin kann man noch in schicken Korbsesseln auf Rädern über den Boardwalk rollen. Während man dies tut, sollte man sich in Erinnerung rufen, dass der Boardwalk in AC die erste Uferpromenade dieser Art weltweit war. Außerdem stammen die Straßennamen in der US-amerikanischen Version des Spiels Monopoly alle aus Atlantic City (etwa die Baltic Ave). Später wurden auch die Wahlen zur Miss America hier ausgetragen, die mittlerweile in Las Vegas stattfinden. Diese Lücke wird heute von der Drag-Queen-Wahl „Miss'd America" ausgefüllt.

👁 Sehenswertes

Atlantic City Historical Museum
MUSEUM

(☎609-347-5839; www.atlanticcityexperience. org; Garden Pier, S New Jersey Ave am Boardwalk; ⏱Sa–Mi 10–17 Uhr) GRATIS In dem kleinen, aber informativen Museum erfährt man die skurrilsten Dinge über die Stadt, so etwa von den turmspringenden Pferden, die einst von einem 12 m hohen Turm am Steel Pier ins Wasser sprangen.

Lucy the Elephant
DENKMAL

(☎609-823-6473; www.lucytheelephant.org; 9200 Atlantic Ave, Margate; Erw./Kind 8/4 US$; ⏱Mo–Sa 10–20, So 10–17 Uhr, Öffnungszeiten im Winter erfragen) Der sechsstöckige Dickhäuter aus Holz wurde 1881 von einem Landschaftsplaner errichtet, der ein etwas sonderbares Verständnis von Kundenakquise hatte. Der Elefant steht in Margate (gleich südlich von AC) und kann im Rahmen einer halbstündig stattfindenden Führung innen erklommen werden.

🛏 Schlafen & Essen

Die Kasino-Hotels bieten unter der Woche oft sehr günstige Zimmerpreise. Auf der Pacific Ave, einen Block landeinwärts vom Boardwalk, findet sich eine Handvoll Motels und Billigunterkünfte.

Chelsea
BOUTIQUEHOTEL **$**

(☎800-548-3030; www.thechelsea-ac.com; 111 S Chelsea Ave; Zi. ab 99 US$; ℗❄@🐾🏊) Das stilvolle Hotel sieht auf den Fotos zwar ein wenig besser aus als in Wirklichkeit (die Instandhaltung ist teilweise sehr lückenhaft), aber dennoch sind die Preise sowohl im ruhigeren Luxus-Bereich als auch im relaxteren (und preiswerteren) Annex durchaus vernünftig.

Kelsey & Kim's Café
BARBECUE $

(☏609-350-6800; 201 Melrose Ave; Hauptgerichte 9–12 US$; ☺7–22 Uhr) In einem hübschen Wohnviertel in Uptown serviert dieses freundliche Café hervorragende Südstaaten-Hausmannskost, von Maisgrütze und Waffeln zum Frühstück bis zu gebratenem Wittling und gegrillter Rinderbrust. Alkohol kann selbst mitgebracht werden. Alles in allem ein echt gutes Angebot.

White House Subs
SANDWICHES $

(☏600 345 8599; 2301 Arctic Ave; Sandwiches 7–16 US$; ☺Mo–Do 10–20, Fr–So bis 21 Uhr; ♿) Legendäre, riesige und köstlich belegte Sandwiches. Eine Hälfte reicht gut für zwei Personen.

Knife and Fork Inn
AMERIKANISCH $$$

(☏609-344-1133; www.knifeandforkinn.com; 3600 Atlantic Ave; Hauptgerichte 26–45 US$; ☺16–22, Fr ab 11.30 Uhr) Dieses Überbleibsel aus der Ära der Prohibition wurde 2005 restauriert. Während der Happy Hour von 16 bis 18.30 Uhr hat man die Chance, die Wandmalereien im Innern und die Verkleidung aus Mahagoni zu bewundern.

ℹ Praktische Informationen

Atlantic City Weekly (www.acweekly.com) Kostenlose Zeitung mit Infos zu Veranstaltungen, Clubs und Restaurants.

DO AC (www.atlanticcitynj.com) Örtliche Tourismusorganisation mit Hauptsitz am Boardwalk (☏609-348-7100; Boardwalk an der Mississippi Ave; ☺9.30–17.30 Uhr) und einer anderen Filiale direkt am AC Expwy (☏609-449-7130; Atlantic City Expwy; ☺9–17 Uhr).

ℹ Anreise & Unterwegs vor Ort

Der kleine **Atlantic City International Airport** (ACY; ☏609-645-7895; www.acairport.com) liegt 20 Autominuten vom Zentrum entfernt. Wer gerade aus Florida kommt (von dort kommt die Mehrzahl der hier landenden Flugzeuge), kann von hier aus alle Ziele in South Jersey und Philadelphia bequem erreichen.

NJ Transit (S. 143) unterhält die einzige Zugverbindung nach Atlantic City. Seine Züge nach und von Philadelphia (einfache Strecke 10 US$, 1½ Std.) starten/enden hier am **Bahnhof** (☏973-491-9400; 1 Atlantic City Expwy) neben dem Kongresszentrum. Am **Busbahnhof** (☏609-345-5403; 1901 Atlantic Ave) verkehren NJ-Transit- und Greyhound-Busse nach NYC (25–36 US$, 2½ Std.) und Philadelphia

(1½ Std.). Kasinos erstatten oft einen Großteil des Fahrpreises (in Form von Chips, Münzen oder Coupons), wenn man mit dem Bus, z. B. Greyhounds Lucky Streak, direkt bis vor ihre Tür fährt. Busse, die AC verlassen, halten zunächst an den verschiedenen Kasinos; am Busbahnhof halten sie nur, wenn sie nicht bereits voll sind.

Ocean City, Strathmere & Sea Isle

Südlich von Atlantic City liegen mehrere kleinere Gemeinden am Strand. Ocean City ist ein altmodischer Urlaubsort für Familien, der seinem Ruf als gesunder Erholungsort mit einer strengen Anti-Alkohol-Politik gerecht wird. Es gibt viele kinderfreundliche Spielhallen, einen kleinen Wasserpark, Minigolfanlagen und Themenparks entlang der lebendigen Uferpromenade. Zudem finden sich hier viele relativ preiswerte, altmodische Motels und zahllose Imbissbuden mit Meeresfrüchten. Auf der nächsten Barriereinsel weiter im Süden liegen die zurückhaltenden Orte Sea Isle City und Strathmere – ein „versteckteres" Fleckchen Strand als hier findet man sonst nirgends in der Gegend. Der Strand von Strathmere kostet keinen Eintritt und das **DiGenni's Centennial Guest House** (☏609-263-6945; centennial guesthouse@gmail.com; 127 39th St, Sea Isle City; Zi. ab 75 US$; ♿) in Sea Isle ist ein heimeliges Juwel mit Gemeinschaftsbädern, Außenduschen und Deckenventilatoren.

Die Wildwoods

Die drei Orte **North Wildwood**, **Wildwood** und **Wildwood Crest** sind ein richtiggehendes Freilichtmuseum der Neonbeleuchtung und Motelarchitektur der 1950er-Jahre und diesen altmodischen Stil bewahren sie sich auch weiterhin voller Selbstbewusstsein. Die ganzen Hintergründe dazu erfährt man in **Doo Wop Experience** (☏609-523-1958; www. doowopusa.org; 4500 Ocean Ave, Wildwood; ☺Juni–Aug. Di & Do 16–21, Mi & Fr bis 20, Sa & So 9–21 Uhr, Bustour Juni–Aug. Di & Do 20 Uhr) GRATIS, wo außerdem jede Menge alte Neonschilder zu sehen sind und eine Bustour angeboten wird, die die wichtigsten Sehenswürdigkeiten einschließt.

In den Orten herrscht eine entspannte Atmosphäre, die irgendwo zwischen wilder Party und sauber definiertem Spaß liegt. Einen breiteren Strand als hier sucht man in New Jersey vergeblich und zudem ist er auch noch kostenlos. An dem 1,6 km langen Boardwalk gibt es mehrere gewaltige

ABSEITS DER ÜBLICHEN PFADE

PINE BARRENS

New Jersey ist der am dichtesten besiedelte Bundesstaat der USA, bei den etwa 400 000 ha an State Parks und Naturschutzgebieten, aus denen das **Pinelands National Reserve** (☎ 609-894-7300; www.nj.gov/pinelands) besteht, ist das jedoch kaum zu glauben. Die Einheimischen nennen dieses Gebiet einfach nur die Pine Barrens, was diesen flachen Wald mit seinem sandigen Boden und den gespenstischen Zedernsümpfen auch recht gut beschreibt. Ganz zu schweigen von den Kiefernwäldern und Orchideen, in denen der "Jersey Devil" lebt. Die Einheimischen geben gern genauere Auskunft über diesen "Teufel": Alternativ liest man John McPhees Klassiker *The Pine Barrens* von 1968.

Der 80 km lange **Batona Trail** verläuft von Ost nach West und belohnt Wanderer im Hochsommer mit jeder Menge Blaubeeren am Wegesrand. Er passiert den **Apple Pie Hill Fire Tower**, von dem aus man einen großartigen Blick auf ein regelrechtes Meer aus Bäumen hat. (Zum Turm kommt man auch über die asphaltierte Ringler Rd. Sie ist weniger unwegsam als die Sandpisten, die einige Navis vorschlagen.)

Batsto Village (☎ 609-561-0024; www.batstovillage.org; 31 Batsto Rd, Hammonton; Herrenhaus-Führung 3 US$; ⊙ 9–16 Uhr, Herrenhaus nur Fr–So; ♿) Dieser im 18. Jh. gegründete Ort ist ein Freilichtmuseum, das über die Gewinnung von Raseneisenerz informiert sowie ein kleines Tierreservat beherbergt. Am Wochenende werden Führungen durch das zentrale Herrenhaus, das Batsto Mansion angeboten.

Whitesbog Village (☎ 609-893-4646; www.whitesbog.org; 120–34 Whitesbog Rd, Browns Mills; ⊙ Sonnenaufgang–Sonnenuntergang; ♿) Hier kann man einen der ersten Moosbeeren-Sümpfe New Jerseys besichtigen sowie den Ort, an dem die Amerikanische Heidelbeere erstmals gezüchtet wurde. Naturpfade schlängeln sich über das Gelände. Auf der Webseite erfährt man mehr über geführte Touren und Events.

Micks Pine Barrens Canoe Rental (☎ 609-726-1380; www.mickscanoerental.com; 3107 Rte 563; Kajak/Kanu pro Tag 45/55 US$; ⊙ Mo–Fr 9–17, Sa & So ab 8.30 Uhr) Dieser Anbieter hat lokale Karten und weitere Infos für Ausflüge auf dem Wasser.

Atsion Campground (☎ 609-268-0444; www.njparksandforests.org; 744 Hwy 206, Shamong; Stellplatz 25 US$; ⊙ April–Okt.) Möglichst einen Platz am Seeufer reservieren.

Penza's at the Red Barn (☎ 609-567-3412; 51 Myrtle St, Hammonton; Stück Kuchen 5 US$, Hauptgerichte 9–12 US$; ⊙ 8–17 Uhr) Ein altmodisches Café mit Obstkuchen und Omeletts mit frisch geerntetem Gemüse.

Piers mit Achterbahnen und Rides, die sich auch als Trainingsmaßnahme für angehende Astronauten eignen würden. Eine kleine **Tram** (einfache Strecke 3 US$; ⊙ 11–1 Uhr) rollt auf Gummirädern über die Promenade und lässt aus ihrem Lautsprecher ums andere Mal verlauten, dass man doch *„bitte!"* auf die Tram achten solle.

Ungefähr 250 kleine Motels – Kettenhotels gibt's hier nicht – bieten Zimmer für 50 bis 250 US$ an und machen einem die Wahl nicht gerade leicht. Eine gute Option ist das **Starlux** (☎ 609-522-7412; www.thestarlux.com; 305 E Rio Grande Ave, Wildwood; Zi. ab 150 US$, Wohnwagen 240 US$; ♿), deren Zimmer mit Lavalampen und Tagesdecken mit Bumerangmuster ausgestattet sind. Man kann sogar in zwei Airstream-Wohnwagen aus Chrome übernachten. Die besten Pancakes und Eiervariationen gibt's zum Frühstück

im **Key West Cafe** (☎ 609-522-5006; 4701 Pacific Ave, Wildwood; Hauptgerichte 8–10 US$; ⊙ 7–14 Uhr).

Cape May

Das 1620 gegründete Cape May mit seinen etwa 600 traumhaft schönen Gebäuden im viktorianischen Stil blickt auf eine lange Geschichte zurück. Seine breiten Strände ziehen im Sommer zahlreiche Besucher an, aber mit über 4000 Einwohnern ist es – im Gegensatz zu den meisten anderen Orten der Jersey Shore – auch außerhalb der Saison ein lohnenswertes und belebtes Ziel. Zwischen Mai und Dezember gibt es vor der Küste gute Möglichkeiten zur Walbeobachtung und im Frühjahr und Herbst wimmelt es hier nur so vor Zugvögeln. Dank der Lage am südlichsten Zipfel New Jerseys (man nimmt Exit 0 nach dem Beginn der Maut-straße) kann man in Cape May die Sonne über dem Meer sowohl auf- als auch unter-gehen sehen.

◎ Sehenswertes & Aktivitäten

Cape May Lighthouse
LEUCHTTURM

(☏ 609-884-5404; 215 Lighthouse Ave; Erw./Kind 8/3 US$; ☺ Sommer 9–20 Uhr, restliches Jahr wechselnde Öffnungszeiten) Der Blick von die-sem 1869 errichteten Leuchtturm im üppig grünen Sumpfgebiet des Cape May Point State Park ist sehr schön. Während der Voll-mondnächte zwischen April und September hat er auch abends geöffnet. Unten gibt's eine Ausstellung über die Flora und Fauna der Gegend.

Cape May Bird Observatory
VOGELBEOBACHTUNG

(☏ 609-884-2736; www.birdcapemay.org; 701 East Lake Dr; ☺ April–Okt. 9–16.30 Uhr, Nov.–März Di geschl.) GRATIS Für Vogelbeobachter ist Cape May eine der besten Destinationen im Land. Während des Vogelzugs können hier über 400 Vogelarten ausgemacht werden. Der 1,6 km lange Rundweg bietet einen guten ersten Einblick.

Aqua Trails
KAJAKFAHREN

(☏ 609-884-5600; www.aquatrails.com; 1600 De-laware Ave; Einer-/Zweierkajak 25/35 US$ pro Std., Ausflug im Einer-/Zweierkajak ab 45/75 US$) Der im Naturzentrum von Cape May ansässi-ge Anbieter vermietet Kajakausrüstung und bietet auch selbst Ausflüge durch das Feuchtgebiet bei Sonnenuntergang und Vollmond an.

🛏 Schlafen & Essen

⭐ Congress Hall
HOTEL $$$

(☏ 609-884-8421; www.caperesorts.com; 200 Congress Pl; Zi. ab 259 US$; ❊❉✻) Die 1816 eröffnete, riesige Congress Hall ist ein städ-tisches Wahrzeichen, das nun zweckmäßig modernisiert wurde, ohne dem alten Gebäu-de zu viel seiner Geschichte abzuzwacken. Die Betreiberfirma hat in der Gegend noch mehrere hervorragende Hotels.

⭐ Lobster House
SEAFOOD $$

(☏ 609-884-8296; 906 Schellengers Landing Rd; Hauptgerichte 14–30 US$; ☺ April–Dez. 11.30–15 & 16.30–22 Uhr, restliches Jahr bis 21 Uhr) Der lokale Klassiker am Kai mit geselliger Atmosphäre serviert in der Gegend gefangene Austern und Jakobsmuscheln. Da keine Reservierun-gen angenommen werden, muss man sich auf lange Wartezeiten einstellen. Am besten also ganz früh oder ganz spät kommen.

Mad Batter
AMERIKANISCH $$

(19 Jackson St; Frühstück 8–11 US$, Hauptgerichte abends 32 US$; ☺ Sommer 8–21 Uhr, restliches Jahr wechselnde Öffnungszeiten) In einem wei-ßen viktorianischen Gebäude ist dieses Restaurant untergebracht, dessen Brunch – mit luftigen Hafer-Pancakes und leckerer Muschelsuppe – im Ort sehr beliebt ist. Das Abendessen ist auch o. k., aber teurer.

❶ An- & Weiterreise

Busse von NJ Transit (S. 143) fahren Cape May direkt von NYC (45 US$, 3 Std.), bzw. mit Umsteigen von Philadelphia aus an. Wer mit dem Auto unterwegs ist, kommt von hier mit der **Cape May-Lewes Ferry** (☏ 800-643-3779; www.cmlf.com; 1200 Lincoln Blvd; Auto/Passa-gier 45/10 US$; ☺ Sommer stündl. 7–19 Uhr, für restliches Jahr Webseite konsultieren) weiter, die in 1½ Stunden quer durch die Bucht nach Lewes, DE, in der Nähe von Rehoboth Beach übersetzt.

PENNSYLVANIA

Der Bundesstaat Pennsylvania erstreckt sich auf einer Länge von ca. 480 km von der Ost-küste bis zum Mittleren Westen und ist dabei unglaublich facettenreich. Philadelphia, das einstige Zentrum des britischen Kolonial-reichs ist fester kultureller Bestandteil der Ostküste und ein Verbindungspunkt auf der Metrostrecke Boston–Washington. Hat man die Stadt jedoch einmal hinter sich gelassen, wird die Gegend ländlicher, was nicht zu-letzt durch die Pennsylvania Dutch – Men-noniten, Amische oder andere – verstärkt wird, die ihre Ländereien immer noch von Hand bewirtschaften als befände man sich im 18. Jh. Westlich von hier beginnen die Appalachen sowie die sogenannten Pennsyl-vania Wilds, ein Streifen mit kaum besiedel-ter dichter Waldregion. Ganz im Westen des Bundesstaats liegt Pittsburgh, Pennsylvanias einzige Großstadt neben Philadelphia, und ein ehemaliges florierendes Zentrum der Stahlherstellung, das mit seiner Mischung aus niedergehendem Rust-Belt-Wohlstand und neuer Energie fasziniert.

Philadelphia

Philadelphia liegt nur knapp 160 km vom rie-sigen NYC im Norden und von Washington,

KURZINFOS PENNSYLVANIA

Spitznamen Keystone State, Quaker State

Bevölkerung 12,8 Mio.

Fläche 119 281 km²

Hauptstadt Harrisburg (49 500 Ew.)

Weitere Städte Philadelphia (1,55 Mio. Ew.), Pittsburgh (306 000 Ew.), Erie (101 000 Ew.)

Verkaufssteuer 6 %

Geburtsort von Schriftstellerin Louisa May Alcott (1832–1888), Tänzerin Martha Graham (1894–1991), Künstler Andy Warhol (1928–1987), Filmstar Grace Kelly (1929–1982), Komiker Bill Cosby (geb. 1937)

Heimat der US-Verfassung, der Freiheitsglocke, der ersten Tageszeitung (1784), der ersten Autowerkstatt (1913), des ersten Computers (1946)

Politische Ausrichtung ein „Swing State" mit demokratischen Gouverneur, republikanische Mehrheit im Parlament und im Senat

Berühmt für weiche Brezeln, die Amish, das Philadelphia Cheesesteak, die Pittsburgher Stahlwerke

Natur Hier lebt die größte wilde Wapiti-Herde östlich des Mississippi

Entfernungen Philadelphia–NYC 95 Meilen (152 km), Philadelphia–Pittsburgh 306 Meilen (492 km)

D.C., weiter im Süden entfernt und fällt deshalb bei Besuchern der Ostküste nicht selten durchs Raster. Dabei hat die City of Brotherly Love in vielerlei Hinsicht mehr zu bieten, als ihre größeren Nachbarn. Sie verfügt über ihre eigenen, unvergleichlichen Traditionen sowie ausgeprägte Restaurant-, Musik- und Kunstszenen, die sich nicht mit exorbitanten Wohnungspreisen herumschlagen müssen. Da die ältesten Gebäude der Stadt so gut erhalten sind, findet man hier oft einen besseren Zugang zur amerikanischen Geschichte und seiner Rolle auf dem Weg hin zur Demokratie als in der Hauptstadt. Darüber hinaus ist Philly aber auch einfach eine schöne Stadt, die leicht zu erkunden ist und in der anmutige Plätze und gepflasterte Gassen das Straßenbild auflockern.

In seinen Anfangsjahren war Philadelphia für einige Zeit (nach London) die zweitgrößte Stadt im britischen Empire, bevor sie gemeinsam mit Boston dessen Gegner wurde. Vom Beginn des Unabhängigkeitskrieges bis 1790 (als Washington, D.C., gegründet wurde) war es sogar die Hauptstadt der jungen Nation. Mit der Zeit lief ihm NYC den Rang als Kultur-, Wirtschafts- und Industriezentrum ab und für Philly begann eine Talfahrt, die durch den Verlust der Arbeitsplätze in der Industrie noch verschlimmert wurde. Einige Gebiete der Stadt sind immer noch heruntergekommen, das Zentrum,

von den gepflegten Anlagen der University of Pennsylvania bis zu den roten Backsteingebäuden der Altstadt, erstrahlt jedoch in einem neuen Glanz.

Sehenswertes & Aktivitäten

Die meisten Traveller konzentrieren sich bei ihrem Besuch auf das Zentrum von Philadelphia, ein Gebiet zwischen dem Delaware River und dem Schuylkill (*skuu*-kill) River. Die Stadt ist übersichtlich und zu Fuß, maximal mit kurzen Busfahrten, zu bewältigen. Westlich des Schuylkill River liegt das Gebiet mit dem Namen University City, zu dem mehrere Campus gehören und das mit der U-Bahn 90 einfach zu erreichen ist.

Old City

Das Gebiet entlang dem Delaware River, das von der Walnut St, der Vine St und der 6th St begrenzt wird, trägt dank seiner Rolle in der Amerikanischen Revolution und den ersten Jahren der amerikanischen Demokratie den Spitznamen „Amerikas geschichtsträchtigste Quadratmeile". Ein großer, L-förmiger Teil dieses Viertels ist als **Independence National Historic Park** mit vielen vom National Park Service verwalteten Gebäuden ausgewiesen.

Die Front St markierte einst das Hafengebiet (heute wird es durch eine Schnellstraße von den Anlegestellen an **Penn's Landing** getrennt) und die angrenzenden Häuserblöcke sind von jahrhundertealten Wohn- und Lagerhäusern geprägt, die mittlerweile in Lofts, Galerien und Geschäfte umgewandelt wurden. Die Mischung aus Moderne und Geschichte macht dieses Gebiet zu einem faszinierenden Ort für einen Spaziergang, selbst dann, wenn im Hochsommer die Touristen hier einfallen.

Liberty Bell Center
HISTORISCHE STÄTTE

(Karte S. 158; www.nps.gov/inde; 526 Market St; ⊙ 9–17 Uhr, Ende Mai–Anfang Sept. bis 19 Uhr) GRATIS Diese Ikone der Geschichte Philadelphias wird durch einen Glasbau vor den Elementen geschützt. Man kann sich die Glocke einfach von außen ansehen oder sich in die Schlange von Wartenden einreihen, um direkt an ihr vorbeizuschoben zu werden und dabei auf Infotafeln Fakten zur Geschichte des 943,5 kg schweren Kolosses zu lesen. Die Reihe der Wartenden beginnt am nördlichen Ende des Gebäudes, wo die Fundamente von George Washingtons Wohnhaus auf dem Boden markiert sind.

Eine kurze Zusammenfassung der Hintergründe: Die Glocke wurde 1751 in Erinnerung an das 50. Jubiläum der Verfassung von Pennsylvania gegossen und in der Independence Hall aufgehängt, wo sie bei der ersten öffentlichen Verlesung der Unabhängigkeitserklärung erklang. Im 19. Jh. wurde die Glocke schwer ramponiert und kommt aufgrund eines Risses seit 1846 nicht mehr zum Einsatz.

★ Independence Hall
HISTORISCHES GEBÄUDE

(Karte S. 158; ☏ 877-444-6777; www.nps.gov/inde; 520 Chestnut St; ⊙ 9–17 Uhr, Ende Mai–Anfang Sept. bis 19 Uhr) GRATIS Die Independence Hall, ein schlichtes Quäker-Gebäude, ist der „Geburtsort der amerikanischen Regierung". Hier kamen am 4. Juli 1776 die Abgeordneten der 13 Kolonien zusammen, um die Unabhängigkeitserklärung zu verabschieden. Der Eingang befindet sich an der Ecke Chestnut St und 5th St. Die **Congress Hall** (☏ 215-965-2305; Ecke S 6th St & Chestnut St; ⊙ 9–17 Uhr, Führungen alle 20–30 Min.) GRATIS kann auch ohne Eintrittsticket besichtigt werden. Dort versammelte sich der Kongress, als Philly noch die Hauptstadt der Nation war.

★ Benjamin Franklin Museum
MUSEUM

(Karte S. 158; www.nps.gov/inde; Market St, zw. 3rd St & 4th St; Erw./Kind 5/2 US$; ⊙ 9–17 Uhr, Ende Mai–Anfang Sept. bis 19 Uhr) In dem Hof südlich der Market St liegt dieses unterirdische Museum, das Benjamin Franklins sagenumwobenem Leben als Drucker (er brachte die erste Zeitung der Nation heraus), Erfinder (Bifokalgläser, Blitzableiter), Staatsmann und Unterzeichner der Unabhängigkeitserklärung gewidmet ist.

Im selben Hof ist auch die Zeitungsredaktion untergebracht, in der Franklin arbeitete. Die Druckerpresse wird von Parkrangern vorgeführt.

National Constitution Center
MUSEUM

(Karte S. 158; ☏ 215-409-6600; www.constitutioncenter.org; 525 Arch St; Erw./Kind 14,50/8 US$; ⊙ Mo–Fr 9.30–17, Sa bis 18, So 12–17 Uhr; ♿) Das sehr empfehlenswerte Museum bringt die Verfassung der Vereinigten Staaten einem breiten Publikum näher. Gleich zu Beginn wird die Geschichte ihrer Entstehung nachgespielt, bevor die Besucher in eine atemraubende Welt von interaktiven Exponaten entlassen werden, von Wahlkabinen bis

---

> ### ⓘ DEN INDEPENDENCE NATIONAL HISTORIC PARK BESUCHEN
>
> Zu diesem Nationalpark gehören alte Gebäude, Museen, Wahrzeichen wie die Liberty Bell und sogar ein Restaurant, die **City Tavern** (Karte S. 158; ☏ 215-413-1443; www.citytavern.com; 138 S 2nd St; Hauptgerichte 22–30 US$; ⊙ 11.30–21 Uhr), deren Kellner traditionelle Kleidung aus dem 18. Jh. tragen. Von einigen Ausnahmen abgesehen hat hier alles täglich von 9 bis 17 Uhr geöffnet und der Eintritt ist frei. Für die Independence Hall braucht man ein Ticket mit festgelegtem Zeitfenster. Dieses reserviert man online (1,50 US$ Gebühr) oder schaut am Morgen beim Independence Visitor Center (S. 167) vorbei, um sich ein Ticket für denselben Tag (und gute Karten) zu besorgen.
>
> Im Hochsommer können der Park im Zentrum der Independence Mall und die wichtigsten umliegenden Sehenswürdigkeiten hoffnungslos überlaufen sein. In den unbekannteren Gebäuden findet sich aber jederzeit ein ruhiges Plätzchen. Dafür sucht man sich einfach blind einen Punkt auf der Karte aus, denn coole historische Schätze warten hier an jeder Ecke.

Philadelphia

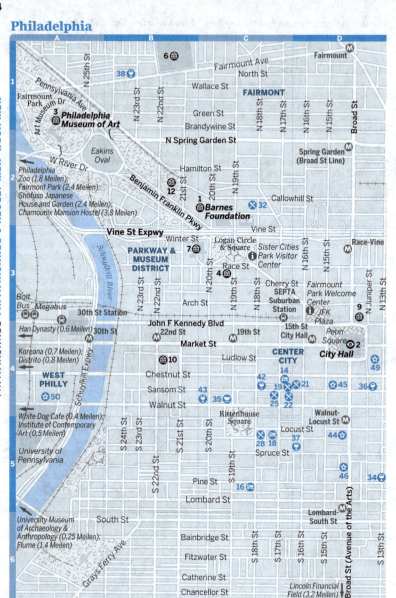

Quizspielen. Zu sehen ist auch das Original der Bill of Rights, der ersten zehn Zusatzartikel zur Verfassung. Je früher man da ist, desto weniger ist los und desto frischer ist man noch im Kopf. Nur einmal flüchtig hindurchhuschen ist bei diesem Museum nicht drin.

Elfreth's Alley   HISTORISCHE STÄTTE
(Karte S.158; 215-627-8680; www.elfreths alley.org; an der 2nd St, zw. Arch St & Race St; Führung 5 US$; Museum Fr–So 12–17 Uhr) Diese winzige, kopfsteingepflasterte Gasse ist seit den 1720er-Jahren bewohnt. Eines der Häuser wurde inzwischen in ein Museum

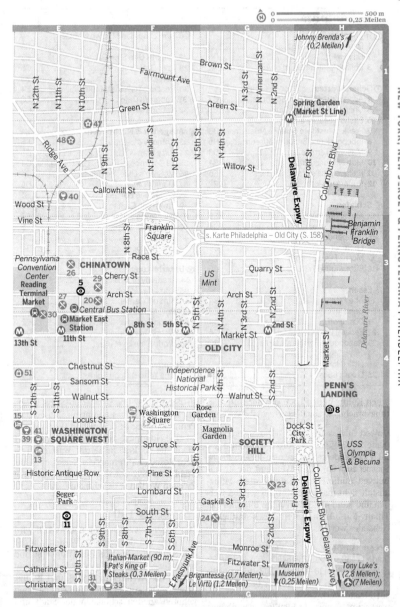

umgestaltet, das Führungen drinnen und durch die Gasse selbst anbietet. In den 32 gut erhaltenen Reihenhäusern aus Backstein, die entlang der Gasse stehen, wohnen noch immer ganz normale Bürger – daran sollte man unbedingt denken, wenn man sich hier umschaut.

**National Museum of
American Jewish History** MUSEUM
(Karte S. 158; 215-923-3811; www.nmajh.org; 101 S Independence Mall E; Erw./Kind 12 US$/frei; Di–Fr 10–17, Sa & So bis 17.30 Uhr) Das Museum mit seinen vielen Multimedia-Displays ist eine gute Einführung in die Rolle der jüdi-

Philadelphia

⦿ Highlights
1 Barnes Foundation C2
2 City Hall D4
3 Philadelphia Museum of Art A1

⦿ Sehenswertes
4 Academy of Natural Sciences C3
5 Chinese Friendship Gate E3
6 Eastern State Penitentiary B1
7 Franklin Institute Science Museum..... B3
8 Independence Seaport Museum H5
9 Masonic Temple D3
10 Mütter Museum B4
11 Philadelphia's Magic Gardens E6
12 Rodin Museum B2

🛌 Schlafen
13 Alexander Inn E5
14 Hotel Palomar C4
15 Independent E5
16 La Reserve C5
17 Morris House Hotel F5
18 Rittenhouse 1715 .... C5

✕ Essen
19 Abe Fisher C4
20 Banh Mi Cali E3
21 Dizengoff D4
22 Federal Donuts C4
23 Headhouse Farmers' Market G5
24 Jim's Steaks G6
Little Nonna's .... (siehe 15)
25 Luke's Lobster C4

26 Nan Zhou Hand Drawn Noodle
House E3
27 Original Dim Sum Garden E3
28 Parc Brasserie C5
29 Rangoon E3
30 Reading Terminal Market E4
31 Sabrina's Cafe E6
32 Sabrina's Cafe C2

⦿ Ausgehen & Nachtleben
33 Anthony's F6
34 Dirty Franks D5
35 La Colombe C4
36 McGillin's Olde Ale House D4
37 Monk's Cafe D5
38 Paris Wine Bar B1
39 Tavern on Camac E5
40 Trestle Inn E2
41 Tria Cafe E5
42 Tria Cafe C4
43 Tria Taproom C4

⦿ Unterhaltung
44 Academy of Music D5
45 Chris' Jazz Club D4
46 Kimmel Center D5
47 PhilaMOCA E2
48 Union Transfer E2
49 Wanamaker Organ D4
50 World Cafe Live A4

🔒 Shoppen
51 Fine Wine & Good Spirits E4

---

schen Kultur in den USA, von der Unterhaltungsbrache bis zur Bürgerrechtsbewegung.

United States Mint HISTORISCHES GEBÄUDE
(Karte S. 158; ☏ 215-408-0112; www.usmint.gov; 151 N Independence Mall E; ⊙ Mo–Fr 9–16.30 Uhr, Sommer auch Sa) GRATIS Während der 45-minütigen Audio-Führung durch diese Münzanstalt sieht man, wie Münzen geprägt werden und kann außerdem einen Blick auf das Tiffany-Mosaik im Innern dieses stattlichen Gebäudes werfen.

Dream Garden HISTORISCHES GEBÄUDE
(Karte S. 158; ☏ 215-238-6450; 601 Walnut St; ⊙ Mo–Fr 8–18, Sa 10–13 Uhr) GRATIS In der östlichen Lobby des Curtis Center befindet sich ein Meisterwerk US-amerikanischer Handwerkskunst: ein strahlendes, wandhohes Tiffany-Mosaik von Maxfield Parrish aus über 100 000 einzelnen Glasbausteinen, das eine wunderbar grüne Landschaft abbildet.

Independence Seaport Museum MUSEUM
(Karte S. 154; ☏ 215-413-8655; www.phillyseaport.org; 211 S Columbus Blvd; Erw./Kind 15/

10 US$; ⊙ 10–17 Uhr, Sommer Do–Sa bis 19 Uhr; ♿; 🚍 21, 25, 76) Das gelungene Museum in Penn's Landing ist den weiten Weg wert. Es ist eine Hommage an die Schiffswerften der Stadt, die bis 1995 in Betrieb waren. Bei einem Besuch kann man ein Kriegsschiff aus Stahl von 1892 sowie ein U-Boot aus dem Zweiten Weltkrieg besichtigen.

⦿ Society Hill

Das reizende Wohnviertel Society Hill wird im Osten von der Front St, Westen von der 8th St, im Norden von der Walnut St und im Süden von der Lombard St begrenzt und ist von der Architektur des 18. und 19. Jhs. geprägt. Die kopfsteingepflasterten Straßen gehören zu den schönsten der Stadt und sind von Reihenhäusern aus Backstein geprägt (wobei am nördlichen Ende die von I. M. Pei entworfenen Society Hill Towers ins Blickfeld rücken und furchtbar unpassend sind). Zwei Herrenhäuser aus dem 18. Jh. können im Rahmen von Führungen besichtigt werden: Das **Physick House** (Karte

S. 158; ☏ 215-925-7866; www.philalandmarks. org; 321 S 4th St; Eintritt 8 US$; ☉ Do–Sa 12–16, So 13–16 Uhr, Jan. & Feb. auf Anfrage), ehemalige Wohnstätte eines einflussreichen Chirurgen, und das **Powel House** (Karte S. 158; ☏ 215-627-0364; www.philalandmarks.org; 244 S 3rd St; Erw./Kind 5 US$/frei; ☉ Do–Sa 12–16, So 13–16 Uhr, Jan. & Feb. auf Anfrage), dessen Originaleinrichtung heute im Philadelphia Museum of Art ausgestellt ist. Am südlichen Rand befinden sich die Headhouse Shambles, eine Markhalle aus dem frühen 19. Jh., in der nun der größte **Farmers Market** (Karte S. 154; www.thefoodtrust.org; 2nd St, südlich der Lombard St; ☉ Mai–Okt. So 10–14 Uhr) der Stadt abgehalten wird.

☉ Chinatown & Umgebung

Dies ist die viertgrößte Chinatown in den USA und sie existiert bereits seit den 1860er-Jahren, als chinesische Einwanderer für Amerikas transkontinentale Eisenbahn schufteten. Heute kommen viele der Bewohner aus Malaysia, Thailand und Vietnam und natürlich aus allen denkbaren Provinzen Chinas. Das bunte vierstöckige **Chinese Friendship Gate** (Karte S. 154; N 10th St, zw. Cherry St & Arch St) ist das auffälligste Wahrzeichen der Chinatown.

**African American
Museum in Philadelphia**   MUSEUM
(Karte S. 158; ☏ 215-574-0380; www.aampmuse um.org; 701 Arch St; Erw./Kind 14/10 US$; ☉ Do–Sa 10–17, So ab 12 Uhr; ♿) Im Erdgeschoss werden Exponate über bemerkenswerte Afroamerikaner Philadelphias gezeigt. Sie sind vielleicht etwas zu sehr auf Kinder ausgerichtet, dies ist aber der einzige Ort der Stadt, an dem diese Geschichten erzählt werden.

☉ Center City &
Rittenhouse Square

Die Gegend rund um die City Hall mit ihren Bürogebäuden, großen Hotels, Konzerthallen und Restaurants ist der Motor der Stadt. Weiter im Westen wartet der elegante Rittenhouse Sq mit einem Wasserbecken und schönen Statuen auf und ist Ruhepunkt und Zentrum eines vornehmen Wohnbezirks mit einigen Cafés.

★**City Hall**   GEBÄUDE
(Karte S. 154; ☏ 215-686-2840; www.phlvisitor center.com; Ecke Broad St & Market St; Turm 6 US$, Führung & Turm 12 US$; ☉ Mo–Fr 9–17, ein Sa im

Monat auch 11–16 Uhr, Führung 12.30 Uhr, Turmschließung Mo–Fr 16.15 Uhr) Das 1901 fertiggestellte Rathaus nimmt einen kompletten Häuserblock ein und ist mit 167 m – die 27 t schwere Bronzestatue von William Penn nicht eingerechnet – das weltweit höchste Bauwerk ohne Stahlträger. Von der Aussichtsplattform nahe der Spitze des Turms blickt man über nahezu die ganze Stadt (Tickets vorab reservieren). Auch die täglich angebotenen Führungen durch das Innere des Gebäudes sind lohnenswert. Im Winter wird auf der Westseite der Plaza eine Schlittschuhbahn aufgebaut.

Masonic Temple   HISTORISCHES GEBÄUDE
(Karte S. 154; ☏ 215-988-1917; www.pagrandlod ge.org; 1 N Broad St; Erw./Kind 13/5 US$; ☉ Führungen Di–Fr 10, 11, 13, 14 & 15, Sa 10, 11 & 12 Uhr) Fans von Geheimgesellschaften und überbordendem Innendesign werden von einer Führung durch dieses kirchenähnliche Freimaurergebäude begeistert sein. In jedem Versammlungsraum herrscht ein Thema vor, das in erstaunlicher Liebe zum Detail umgesetzt ist (z. B. maurischer, ägyptischer, Renaissance-Stil).

Mütter Museum   MUSEUM
(Karte S. 154; ☏ 215-560-8564; www.muttermu seum.org; 19 S 22nd St; Erw./Kind 15/10 US$; ☉ 10–17 Uhr) Wer weiß, was ein Bezoar ist, der ist morbide genug, diese Schatztruhe an medizinischen Kuriositäten wertschätzen zu können. Das vom Institut für Medizin unterhaltene Museum gehört definitiv zu denjenen Attraktionen, die nur in Philadelphia zu finden sind.

☉ Fairmount

Der Benjamin Franklin Pkwy, der an der JFK Plaza beginnt, auf welcher die kultige, rotblaue *Love*-Statue des Bildhauers Robert Indiana zu sehen ist, ist von Museen und anderen städtischen Wahrzeichen gesäumt. Er führt in nordwestlicher Richtung bis zum Philadelphia Museum of Art und zum Fairmount Park, wo er endet.

★**Philadelphia Museum of Art**   MUSEUM
(Karte S. 154; ☏ 215-763-8100; www.philamuse um.org; 2600 Benjamin Franklin Pkwy; Erw./Kind 20 US$/frei; ☉ Di, Do Sa & So 10–17, Mi & Fr bis 20.45 Uhr) Viele verbinden mit diesem Gebäude lediglich die prächtige Freitreppe, die Sylvester Stallone 1976 im Film *Rocky* hinaufrannte. Aber natürlich steckt hinter dieser Fassade noch weit mehr. Es ist die

bedeutendste Schatztruhe der Nation mit hervorragenden Sammlungen asiatischer Kunst, Meisterwerken der Renaissance, post-imperialistischen Gemälden und modernen Werken von Picasso, Duchamp und Matisse. Besonders sehenswert sind die Themenräume: ein mittelalterliches Kloster, ein chinesischer Tempel und ein österreichisches Landhaus.

Es gibt so viel zu sehen, dass das Ticket zwei Tage gültig ist. Damit kommt man ins Museum, das separate Perelman Building, zwei nahegelegene Wohnhäuser und das Rodin Museum (Karte S.154; www.rodinmuseum.org; 2151 Benjamin Franklin Pkwy; empfohlener Eintritt 10 US$; Mi–Mo 10–17 Uhr). Mittwochs und freitags gibt es keine festen Eintrittspreise (jeder bezahlt, was er möchte), das Perelman Building ist dann jedoch geschlossen.

★ Barnes Foundation MUSEUM
(Karte S.154; 215-278-7200; www.barnesfoundation.org; 2025 Benjamin Franklin Pkwy; Erw./Kind 25/10 US$; Mi–Mo 10–17 Uhr) In der ersten Hälfte des 20. Jhs. trug der Sammler und Pädagoge Albert C. Barnes eine bemerkenswerte Sammlung an Werken von Cézanne, Degas, Matisse, Renoir, Van Gogh und anderen berühmten europäischen Künstlern

Philadelphia – Old City

Highlights
1 Benjamin Franklin Museum...................C3
2 Independence Hall..................................B4

Sehenswertes
3 African American Museum in
    Philadelphia..A2
4 Congress Hall..A4
5 Dream Garden...A4
6 Elfreth's Alley...D2
7 Liberty Bell Center.................................A3
8 National Constitution Center..............B2
9 National Museum of American
    Jewish History......................................B3
10 Physick House..B5
11 Powel House...C5
12 United States Mint................................B2

Schlafen
13 Apple Hostels...C3
14 Penn's View Hotel.................................D3

Essen
15 Amada...C3
16 City Tavern...C4
17 Franklin Fountain...................................C3
18 Han Dynasty...C3
19 Wedge + Fig...C1
20 Zahav..C4

Ausgehen & Nachtleben
21 Olde Bar...D4

Shoppen
22 Shane Confectionery.............................D3

zusammen. Gleichzeitig sammelte er wunderschöne Volkskunst aus Afrika und dem amerikanischen Kontinent – eine Mischung, die damals noch schockierend war. Die heutige Barnes Foundation ist ein modernes Gebilde, in dessen Innerem eine getreue Wiedergabe von Barnes' ursprünglichem Haus zu sehen ist. Dieses steht noch immer in einem Vorort Philadelphias.

Die Kunstwerke sind nach seiner Vision aufgehängt, ein sorgfältig durchdachtes Nebeneinander von Farben, Themen und Materialien. In einem Raum scheint es, als blickten alle Porträts auf einen zentralen Punkt. Viel bemerkenswerter ist aber, dass man die meisten der Werke wahrscheinlich noch nie gesehen hat, da in Barnes' Testament eine Obergrenze für Vervielfältigungen und Leihgaben festgelegt ist.

Franklin Institute
Science Museum   MUSEUM
(Karte S.154; ☑215-448-1200; www.fi.edu; 222 N 20th St; Erw./Kind 19,95/15,95 US$; ☺9.30–17 Uhr; ♿; 🚌33, 38, 48) Tolle wissenschaftliche Ausstellungsstücke wie etwa ein paar riesige Organe, ein Planetarium, interessante Sonderausstellungen sowie ein Denkmal und eine Show über Ben Franklin.

Academy of Natural Sciences   MUSEUM
(Karte S.154; ☑215-299-1000; www.ansp.org; 1900 Benjamin Franklin Pkwy; Erw./Kind 15,95/13,95 US$; ☺Mo–Fr 10–16.30, Sa & So bis 17 Uhr; ♿; 🚌32, 33, 38) Naturwissenschaftliches Museum mit kindergerechten Exponaten wie einem Schmetterlingsraum und einer unglaublichen Dinosaurierausstellung, in der der die Kleinen nach Fossilien und Knochen buddeln können.

Eastern State Penitentiary   MUSEUM
(Karte S.154; ☑215-236-3300; www.easternsta te.org; 2027 Fairmount Ave; Erw./Kind 14/10 US$; ☺10–17 Uhr) Das moderne Gefängnis ist nicht einfach so entstanden, es wurde erfunden und weiterentwickelt und das Eastern State Penitentiary (1829–1971) war das allererste seiner Art. Eine hervorragende Audioführung leitet die Besucher durch die unheimlichen, widerhallenden Korridore. Es gibt auch tiefgehendere Informationen über das gegenwärtige Gefängnissystem der USA sowie überall faszinierende Kunstinstallationen.

Von Mitte September bis Halloween zeigt das Gefängnis ein wirklich furchteinflößendes Geisterhaus.

Fairmount Park   OUTDOOR
(www.phila.gov/parksandrecreation) GRATIS Der Schuylkill River schlängelt sich durch den 3723 ha großen Park, der der größte Stadtpark der USA ist. Am Ostufer in der Boathouse Row sind die Bootshäuser einiger Ruderclubs aus viktorianischer Zeit zu sehen, die man am besten bewundern kann, wenn man vor dem Kunstmuseum steht. Auf beiden Seiten des Flusses befinden sich Spielfelder und -wiesen sowie Kunst im öffentlichen Raum, historische Häuser und ein riesiger Zoo (☑215-243-1100; www.philadelphia zoo.org; 3400 W Girard Ave; Erw./Kind 20/18 US$; ☺März–Okt. 9.30–17 Uhr, Nov.–Feb. bis 16 Uhr; ♿; 🚌38, Trolley15). Das Shofuso Japanese House and Garden (☑215-878-5097; www. shofuso.com; Horticultural Dr; Erw./Kind 7/5 US$; ☺Mi–Fr 10–16 Uhr, April–Okt. Sa & So 11–17 Uhr) im Stil des 16. Jh. ist besonders während der Kirschblüte sehenswert.

South Philadelphia

Die South St ist von leicht schmuddeligen, auf eine sehr junge Klientel ausgerichteten Bars und Musikhallen gesäumt. Sie bildet in etwa die Grenze zu South Philadelphia, das gemeinhin als Hochburg der einstigen, von italienischen, irischen und deutschen Wurzeln geprägten Kultur der Arbeiterklasse Philadelphias gilt. In Wirklichkeit ist es viel mehr als das, nämlich ein Stadtteil mit den verschiedensten Enklaven von Mexikanern, Vietnamesen, Afroamerikanern und sogar einer weiteren aufkeimenden „ethnischen" Gruppe: den Besitzern von Hipster-Cafés.

Philadelphia's Magic Gardens   GÄRTEN
(Karte S. 154; ☏ 215-733-0390; s; 1020 South St; Erw./Kind 7/3 US$; ☺ April–Okt. So–Do 11–18, Fr & Sa bis 20 Uhr, Nov.–März bis 17 Uhr; ♿) Das noch immer in Entstehung begriffene Lebenswerk Isaiah Zagars ist ein Wunderland der Volkskunst mit Mosaikspiegeln, Flaschenwänden und skurrilen Skulpturen. Zagar hat in der ganzen Stadt seine Spuren hinterlassen. Nach einem Besuch hier weiß man, wonach man in Phillys Straßen Ausschau halten muss.

Italian Market   MARKT
(☏ 215-278-2903; www.italianmarketphilly.org; S 9th St, zw. Fitzwater St & Wharton St; ☺ Di–Sa 9–17, So bis 14 Uhr) Diese lange, lebendige Markstraße in South Philadelphia hat neben Geschäften wie Metzgereien, Fischhändlern und Feinkostläden auch Straßenstände mit frischem Obst und Gemüse. Der nördliche Teil ist immer noch vorwiegend italienisch geprägt, während der Teil südlich der Washington St fest in mexikanischer Hand ist, sodass bei einem Einkaufsbummel hier sowohl Tortillas als auch Tortellini im Einkaufskorb landen können.

Mummers Museum   MUSEUM
(☏ 215-336-3050; www.mummersmuseum.com; 1100 S 2nd St; Eintritt gegen Spende; ☺ Mi–Sa 9.30–16 Uhr; ☐ 4, 57) Die Mummers Parade ist eine schillernde Zurschaustellung selbstgemachter Kostüme und ein Neujahrsritual, das seine Wurzeln in South Philly, bzw. ganz ursprünglich in Deutschland und der Schweiz hat. Um bei dem Umzug zu wissen, wer zu den Fancy Brigades und wer zu den String Bands gehört, schaut man vorher am besten in diesem Museum vorbei – und probiert auch gleich mal ein oder zwei Kostüme selbst an.

University City

Das Viertel, das durch den Schuylkill River von Phillys Zentrum getrennt wird, wirkt wie eine große Universitätsstadt. Und das ist ja auch kein Wunder, denn hier sind die Drexel University und die zur Ivy League gehörende, 1740 gegründete University of Pennsylvania (meist nur „U Penn" genannt) zu Hause. Der begrünte, quirlige Campus ist perfekt für einen Nachmittagsbummel. Dabei sollte man unbedingt auch den beiden Museen einen Besuch abstatten.

University Museum of Archaeology & Anthropology   MUSEUM
(☏ 215-898-4000; www.penn.museum; 3260 South St; Erw./Kind 15/10 US$; ☺ Di & Do–So 10–17, Mi bis 20 Uhr; ☐ 21, 30, 40, Ⓜ 36th St Station) Penns traumhaftes Museum beherbergt archäologische Schätze aus dem alten Ägypten, Mesopotamien, dem Reich der Maya und mehr.

Institute of Contemporary Art   GALERIE
(☏ 215-898-7108; www.icaphila.org; 118 S 36th St; ☺ Mi 11–20, Do & Fr bis 18, Sa & So bis 17 Uhr) GRATIS Wer sowieso schon in der Gegend ist, der sollte auch hier kurz vorbeischauen. Meist werden zwei Ausstellungen gleichzeitig gezeigt, von Retrospektiven bis zu thematischen Gruppenausstellungen.

☞ Geführte Touren

Mural Tours   TROLLEYTOUR
(☏ 215-925-3633; www.muralarts.org/tours; Führung kostenlos–30 US$) GRATIS Geführte Touren im Trolleybus, mit dem Zug oder zu Fuß vorbei an den vielen, draußen in der Stadt verstreuten Wandmalereien. Wer sich diese alleine anschauen möchte, findet dafür online eine kostenlose Straßenkarte.

Taste of Philly Food Tour   GEFÜHRTE TOUREN
(☏ 800-838-3006; www.tasteofphillyfoodtour. com; Erw./Kind 17/10 US$; ☺ Mi & Sa 10 Uhr) Mit einem lokalen Schriftsteller geht's zum Reading Terminal Market, wo man alles über die typischen Philly-Gerichte lernt und auch mal probieren darf. Reservierung erforderlich.

☆ Feste & Events

Mummers Parade   KARNEVAL
(www.mummers.com; ☺ 1. Jan.) Das gibt es nur in Philly. Am ehesten ist die Mummers Parade mit ihren aufwändigen Kostümen, der Musik und ihrer tief verwurzelten Tradition

mit dem Mardi Gras in New Orleans zu vergleichen – nur, dass sie mitten im Winter stattfindet. Der Umzug durchs Stadtzentrum ist nicht selten 1,5 km und länger.

Fringe Festival
THEATER

(www.fringearts.com; ⊙ Sept.) Phillys Theaterfestival gibt es schon seit 1996. Zur gleichen Zeit gibt's ein Fest mit Küchenchefs aus der Region.

🛏 Schlafen

Da das Zentrum von Philadelphia so kompakt ist, liegen praktisch alle Hotels, egal in welchem Viertel, nie wirklich weit von den Sehenswürdigkeiten der Stadt entfernt. Die meisten Hotels befinden sich im Geschäftszentrum, während B & Bs in den Wohnvierteln rund um den Rittenhouse Sq angesiedelt sind und eine ruhigere Alternative bieten. Ein Mangel an Unterkünften besteht wahrlich nicht, besonders dank der landesweit verbreiteten Hotelketten (Loews, Sofitel und Westin sind empfehlenswert). Fürs Parken fallen in der Regel zwischen 20 und 45 US$ täglich für einen Hotelparkplatz an. Platz an der Straße findet man im Zentrum nur sehr schwer.

★ Apple Hostels
HOSTEL $

(Karte S.158; ☑ 215-922-0222; www.applehostels.com; 32 Bank St; B 38 US$; Zi. ab 80 US$; ❄ @ 🛜) Dieses Juwel versteckt sich in einer kleinen Straße in der Altstadt. Die Sache mit dem apfelgrünen Farbschema wird hier zwar leider etwas zu genau genommen, aber das HI-Hostel hat dafür einige überzeugende Einzelheiten zu bieten: Steckdosen in den abschließbaren Schränken, USB-Port und Leselicht an jedem Bett, kostenloser Kaffee und Ohrstöpsel. Die riesige Küche und die Waschmaschinen sind makellos sauber.

Es gibt gemischte sowie nach Geschlecht getrennte Schlafsäle und zwei Privatzimmer. Das freundliche Personal bietet allabendlich spezielle Aktivitäten wie Stadtspaziergänge, Pasta-Abende und Kneipentouren an.

Chamounix Mansion Hostel
HOSTEL $

(☑ 215-878-3676; www.philahostel.org; 3250 Chamounix Dr, West Fairmount Park; B 25 US$; ⊙ Mitte Dez.–Mitte Jan. geschl.; 🅿 @; 🚌 38) In einem hübschen, waldigen Gebiet am Nordrand der Stadt liegt dieses HI-Hostel, das besonders für Reisende mit Auto sehr gut geeignet ist. Die Gemeinschaftsbereiche sind mit Möbeln im Stil des 19. Jhs. eingerichtet und erinnern eher an ein B & B als an ein

Hostel. Die Schlafsäle selbst sind einfach, aber sauber.

★ Alexander Inn
BOUTIQUEHOTEL $$

(Karte S.154; ☑ 215-923-3535; www.alexanderinn.com; Ecke 12th St & Spruce St; EZ/DZ ab 119/129 US$; ❄ @ 🛜) Die Fotos im Internet kommen nicht annähernd an die Realität heran. Die makellos gepflegten Zimmer sind in einem unaufdringlichen, leichten Vintage-Stil gehalten; einige haben altmodische Sitzbadewannen. Das kontinentale Frühstück ist etwas einfallslos. Zum Glück gibt's in unmittelbarer Nähe viele interessantere Frühstücksoptionen.

Morris House Hotel
BOUTIQUEHOTEL $$

(Karte S.154; ☑ 215-922-2446; www.morrishousehotel.com; 225 S 8th St; Zi. ab 179 US$; ❄ 🛜) Das auffällige Gebäude in der Nähe des Washington Sq verkörpert kolonialzeitliche Eleganz, ohne zu formal oder zu verschnörkelt zu sein. Neben den 15 Zimmern ist vor allem der Hofgarten hervorzuheben, der eine wohlige Ruhepause vom Trubel der Stadt bietet. In ihm befindet sich ein unter Einheimischen sehr beliebtes Dinner-Restaurant. Im Winter kann man es sich vor dem Kamin gemütlich machen.

Hotel Palomar
DESIGNHOTEL $$

(Karte S.154; ☑ 215-563-5006; www.hotelpalomar-philadelphia.com; 117 S 17th St; Zi. ab 229 US$; 🅿 ❄ 🛜 🐾) In Philadelphia gibt es zwei Hotels der hervorragenden Kimpton-Kette. Das Palomar ist eines davon (das andere liegt zentraler in Monaco) und ist wegen seiner niedrigeren Preise und der ruhigeren Lage ein paar Blöcke vom Rittenhouse Sq entfernt die bessere Option. Die Zimmer versprühen eine warme, lockere Eleganz (Bademäntel mit Leopardenmuster).

Independent
BOUTIQUEHOTEL $$

(Karte S.154; ☑ 215-772-1440; www.theindependenthotel.com; 1234 Locust St; Zi. ab 145 US$; ❄ 🛜) Das Independent ist eine gute Option in Center City. Es ist in einem schönen Backsteingebäude im neo-georgianischen Stil mit einem vierstöckigen Atrium untergebracht. Die 24 ordentlichen, hellen Zimmer sind mit Holzböden ausgestattet. Hotelgästen wird der Aufenthalt noch mit kostenlosem Zugang zum Fitnessraum und mit allabendlichem Wein und Käse versüßt.

Penn's View Hotel
HISTORISCHES HOTEL $$

(Karte S.158; ☑ 215-922-7600; www.pennsviewhotel.com; Ecke Front St & Market St; Zi. ab 149 US$;

❄📶) Dem Penn's View sieht man sein Alter an, was aber vorwiegend positiv gemeint ist. Die Zimmer, einige mit Kamin oder Balkon, sind in einem urigen Stil gehalten und mit Orientteppichen ausgestattet. Mit Instandhaltungsarbeiten nimmt man es nicht so genau, und während der Blick auf den Fluss ganz nett ist, ist der nahe Freeway bei offenen Fenstern sehr laut. Dennoch bietet das Hotel am Rande der Old City ein gutes Preis-Leistungs-Verhältnis.

La Reserve B&B **$$**

(Karte S. 154; ☎215-735-1137; www.lareservebandb.com; 1804 Pine St; Zi. 155 US$, mit Bad 120 US$; ❄📶) Das schöne Reihenhaus aus den 1850er-Jahren steht in einer ruhigen Straße südlich des Rittenhouse Sq. Die zwölf Zimmer des B&Bs präsentieren sich mit verblassten Orientteppichen, plüschigen Vorhängen, hohen Decken und (so scheint es) nicht gerade hochwertigen Möbeln eines unbedeutenden französischen Aristokraten aus dem 19. Jh. in einem leicht verwelkten Charme. Über den Stil kann man sich durchaus streiten, der Preis stimmt aber.

Rittenhouse 1715 BOUTIQUEHOTEL **$$$**

(Karte S. 154; ☎215-546-6500; www.rittenhouse1715.com; 1715 Rittenhouse Square St; Zi. ab 289 US$; ❄📶) Das elegante Hotel, nur ein paar Schritte vom Rittenhouse Sq entfernt, ist eine erstklassige Wahl. Es befindet sich in einem Herrenhaus von 1911, das die wunderbare Atmosphäre der alten Welt versprüht, und ist die perfekte Wahl, wenn man unauffälligen, lokalen Luxus mag. Die 23 Zimmer sind mehr als komfortabel und die Angestellten sind freundlich und effizient – tief im Innern ist es aber doch ein B&B und manche Gäste bevorzugen der Annehmlichkeiten wegen vielleicht lieber ein größeres Hotel.

Essen

Philly hat eine tolle Gastronomieszene, die die ganze Vielfalt und dazu noch vernünftige Preise bietet. Dabei kann man, wenn man möchte, aber natürlich auch richtig in die Vollen gehen. Die lebhaftesten Gegenden mit neuen Restaurants sind East Passyunk im Süden und Northern Liberties und Fishtown am Fluss nördlich der Altstadt. Stephen Starr und Jose Garces konkurrieren um die Vorherrschaft in der kulinarischen Szene der Stadt und sind zusammen für etwa zwei Dutzend trendige Restaurants verantwortlich, sodass jeder Besucher während seines Aufenthalts früher oder später wahrscheinlich in dem einen oder anderen dieser Lokale stranden wird. Eine Reservierung wird immer empfohlen; die meisten Restaurants sind auf OpenTable (OpenTable.com) zu finden. Für preiswertes Essen, darunter auch das legendäre Philly-Cheesesteak, ist z. B. die South St eine gute Adresse. Zu guter Letzt sollte man auch der lokalen Eiscreme-Kette Capogiro, die überall in der Stadt Ableger hat, einen Besuch abstatten.

Old City

★ **Franklin Fountain** EISCREME **$**

(Karte S. 158; ☎215-627-1899; 116 Market St; Eisbecher 10 US$; ⊙So–Do 11–24, Fr & Sa bis 1 Uhr; 👪) Eine fantastische und doch kitschfreie Inkarnation der Vergangenheit von den säuerlichen Sodas und traditionellen Eissorten (unbedingt das Wintergrün – *teaberry* – probieren) bis hin zum altmodischen Telefon und den Pappbechern (nur Barzahlung). Ebenso gut und ebenso altmodisch ist die von den gleichen Besitzern betriebene **Shane Confectionery** (Karte S. 158; ☎215-922-1048; 10 Market St; ⊙11–22, Fr & Sa bis 23 Uhr) einen Block entfernt mit historischer heißer Schokolade.

Wedge + Fig SANDWICHES **$**

(Karte S. 158; 160 N 3rd St; Sandwiches 10 US$; ⊙Di–Sa 11–20, So 10.30–15.30 Uhr) Wer geschmolzenen Käse mag, dem wird in diesem „Käsebistro" vor lauter Optionen der Mund offen stehen bleiben. Angeboten werden auch frische Salate und herzhaftere Hauptgerichte. Zwei Pluspunkte: seinen Alkohol bringt man selbst mit (BYOB) und es gibt einen netten Garten.

★ **Zahav** NAHÖSTLICH **$$**

(Karte S. 158; ☎215-625-8800; 237 St. James Pl, an der Dock St; Hauptgerichte 14 US$; ⊙So–Do 5–22, Fr & Sa bis 23 Uhr) Raffinierte Gerichte der modernen israelischen Küche mit einem Fokus auf nordafrikanische, persische und levantinische Gerichte. Es gibt Mezze und gegrilltes Fleisch à la carte oder das Mesibah-Menü (Party Time) für 54 US$. In einem etwas unpassenden Gebäude auf dem Gelände der Society Hill Towers untergebrach.

Han Dynasty CHINESISCH **$$**

(Karte S. 158; ☎215-922-1888; 123 Chestnut St; Hauptgerichte 13–21 US$; ⊙So–Di & Do 11.30–22, Mi bis 24, Fr & Sa bis 22.30 Uhr) Teil des lokalen Mini-Kaiserreichs, das brutzelnde Leckereien der Szechuan-Küche serviert. Vorteil an dieser Location ist der elegante Speiseraum in einem alten Bankengebäude. Eine weitere Filiale gibt's in der **University City** (215-222-3711; 3711 Market St; So–Di & Do 11.30–22, Mi bis 24, Fr & Sa bis 22.30 Uhr).

Amada SPANISCH $$
(Karte S.158; 215-625-2450; 217 Chestnut St; Tapas 6–20 US$; Mo–Fr 11.30–14.30 & 17–22, Sa & So ab 10.30 Uhr) Hier kann man sich von Jose Garces' Qualitäten überzeugen, der einst Starkoch in der Kochsendung *Iron Chef* war. Seine traditionellen spanischen Tapas sind frisch und knoblauchlastig, die Stimmung ist geschäftig und laut und man sitzt an langen Gemeinschaftstischen.

✕ Chinatown

Banh Mi Cali VIETNAMESISCH $
(Karte S.154; 900 Arch St; Sandwiches 5 US$; 9.30–19.30 Uhr) Einen günstigen, schnellen Snack nach der Erkundung der Old City bekommt man hier. Die „vietnamesischen Riesensandwiches" (wie die Einheimischen die *banh mi* nennen) sind unschlagbar.

Nan Zhou Hand Drawn Noodle House CHINESISCH $
(Karte S.154; 1022 Race St; Hauptgerichte 6–10 US$; 11–22, Fr & Sa bis 22.30 Uhr) Köstliche und preiswerte Nudelsuppen mit Fleischbeilage (die kargen Variationen mit Meeresfrüchten kann man sich sparen), die typischen Pfannengerichte und weniger alltägliche Leckereien wie Schweineohren. Nur Barzahlung.

Rangoon BIRMANISCH $
(Karte S.154; 112 N 9th St; Hauptgerichte 9–17 US$; So–Do 11.30–21, Fr & Sa bis 22 Uhr) Das birmanische Restaurant bietet eine große Auswahl an verlockenden Spezialitäten von scharf gewürzten roten Bohnen mit Shrimps und Curry-Hühnchen mit Eiernudeln bis hin zu Kokos-Tofu.

Original Dim Sum Garden CHINESISCH $
(Karte S.154; 59 N 11th St; Hauptgerichte 6 US$; So–Fr 11–22.30, Sa bis 23 Uhr) Das winzige Restaurant in der Nähe des Busbahnhofs sieht vielleicht nicht gerade verlockend aus, bietet aber einige der leckersten Dim Sum und Xiaolongbao der Stadt.

✕ Center City & Umgebung

★ **Reading Terminal Market** MARKT $
(Karte S.154; 215-922-2317; www.readingterminalmarket.org; 51 N 12th St; Mo–Sa 8–18, So

---

INSIDERWISSEN

BYOB

Ein nettes Merkmal Philadelphias Restaurantszene ist es, dass viele von ihnen BYOB (*bring your own bottle of wine*) anbieten, d.h., man kann seinen Wein selbst mitbringen. Dadurch wird ein Abendessen gleich viel billiger. Zudem sind die meisten Gäste solcher Lokale Einheimische, die in der Gegend wohnen, da sie am ehesten vor dem Essen noch in einer Weinhandlung vorbeigehen (von denen es aufgrund der Alkoholgesetze in Pennsylvania auch nicht allzu viele gibt). Ein staatlich betriebenes Spirituosengeschäft ist **Fine Wine & Good Spirits** (Karte S.154; 215-560-4380; 1218 Chestnut St; Mo–Sa 9–21, So 12–17 Uhr) im Zentrum. Eine weitere Filiale befindet sich am Reading Terminal Market (S.163).

9–17 Uhr) Einige Highlights dieses multiethnischen Essensmarktes: Donuts von Beiler's, Butterbrezeln von Miller's Twist, Schweinebraten von Tommy Dinic's und Amish-Gerichte im Dutch Eating Place. Angesichts der Menschenmassen, die sich am Wochenende hier durchschieben, ist der Besuch in großen Gruppen oder mit Kindern nicht unbedingt ratsam (allerdings kann man sich als Gruppe aufteilen und gleichzeitig in mehreren Schlangen anstehen).

Luke's Lobster SEAFOOD $
(Karte S.154; 130 S 17th St; Sandwiches 8–15 US$; So–Do 11–21, Fr & Sa bis 22 Uhr) Teil einer Minikette der East Coast, die mit ihren Meeresfrüchten aus nachhaltigem Fang den authentischen Geschmack Maines auf die Teller zaubert. Zum Hummer-Brötchen passt der Blaubeer-Soda hervorragend.

Federal Donuts FAST FOOD $
(Karte S.154; 215-665-1101; 1632 Sansom St; Donuts 1,50 US$, Hähnchen 9 US$; 7–19 Uhr) Hier kommt alles aus der Pfanne – den ganzen Tag: Morgens gibt's Donuts mit gutem Kaffee, nach 11 Uhr steht dann das superknusprige Brathähnchen nach koreanischer Art auf der Speisekarte. Es gibt auch eine Filiale in der **University City** (3428 Sansom St; 7–19 Uhr) neben dem White Dog Cafe.

Abe Fisher JÜDISCH $$
(Karte S.154; 215-867-0088; 1623 Sansom St; kleine Portionen 10–14 US$, 4-Gänge-Menü

INSIDERWISSEN

EIN TYPISCHES PHILLY-GERICHT

Die Einwohner Philadelphias streiten sich über die unterschiedlichen Ausführungen der Cheesesteaks – ein warmes Sandwich, das aus dünn geschnittenem, scharf angebratenem Rindfleisch in einem weichen Brötchen besteht – als seien sie Bibelgelehrte, die über das Fünfte Buch Mose debattieren. Besucher sollten vor allem wissen, wie man den Philly-Klassiker bestellt. Zuerst wählt man die Käseart – **prov** (Provolone), **American** (gelber Schmelzkäse) oder **whiz** (geschmolzene, orangefarbene Käsesauce) – und hängt dann noch ein **wit** (with) oder **widdout** (without) für mit oder ohne Röstzwiebeln an. „Prov wit" z. B. oder „Whiz widdout".

Pat's King of Steaks (1237 E Passyunk Ave; Sandwiches 8 US$; ⊙24 Std.) Hier wurde das Cheesesteak 1930 erfunden.

Jim's Steaks (Karte S.154; 400 South St; Sandwiches 8 US$; ⊙Mo–Do 10–1, Fr & Sa bis 3, So ab 22 Uhr) Hier gibt's auch ein „Pizza Steak" mit Tomatensauce oder z. B. kalte belegte Baguettes. Jim's ist etwas komfortabler als die meisten anderen Optionen und hat Sitzgelegenheiten drinnen sowie Bier im Angebot.

Tony Luke's (39 E Oregon Ave; Sandwiches 7 US$; ⊙Mo–Do 6–24, Fr & Sa bis 2, So 11–20 Uhr) Ist bekannt für sein Schweinebraten-Sandwich mit Wildbrokkoli und Provolone. Auch die rein vegetarische Variante ist lecker.

39 US$; ⊙So–Do 17–22, Fr & Sa bis 23 Uhr) Hier werden weiterentwickelte, teilweise etwas launenhafte Varianten von „Gerichten der jüdischen Diaspora" serviert. Kostenloses Selterswasser und allerhand Getränke aus Zuckerrüben. Nebenan betreiben dieselben Besitzer die ebenso angesagte Snackbar **Dizengoff** (1625 Sansom St; Humus ab 9 US$; ⊙10.30–19 Uhr; 🖉), deren Hummus direkt aus Tel Aviv kommt.

Little Nonna's   ITALIENISCH **$$**
(Karte S.154; 🕿215-546-2100; 1234 Locust St; Hauptgerichte 20–24 US$; ⊙Mo–Sa 11.45–14.45 & 17–22, So 17–22 Uhr) „Sonntagssauce" ist ein Hauptbestandteil der italienisch-amerikanischen Küche und bezeichnet eine köstliche Tomatensauce mit Fleisch. Diese gibt's in diesem heimeligen Lokal jeden Abend. Alkoholische Getränke kann man selbst mitbringen.

Parc Brasserie   FRANZÖSISCH **$$$**
(Karte S.154; 🕿215-545-2262; 227 S 18th St; Hauptgerichte ab 23 US$; ⊙So–Do 7.30–23, Fr & Sa bis 24 Uhr) Das riesige, auf Hochglanz polierte Bistro am Park eignet sich wunderbar, um die Atmosphäre rund um den Rittenhouse Sq in sich aufzusaugen, aber auch, um Leute zu beobachten. Das Abendessen ist etwas teuer; gut und preiswert sind hingegen der Brunch und die Mittagsmenüs.

✕ South Philadelphia

In der Gegend Ecke Washington St und 11th St gibt's unzählige vietnamesische Res-

taurants und natürlich den Italian Market (S. 160). Hier sind auch einige typische Cheesesteak-Lokale angesiedelt, die in krassem Kontrast zu der Restaurantszene weiter südlich auf der E Passyunk Ave stehen, die auf sorgsam handwerklich zubereitete Speisen setzt.

Sabrina's Cafe   FRÜHSTÜCK **$**
(Karte S.154; 910 Christian St; Frühstück 10–14 US$; ⊙8–17 Uhr; 🖉) Das Sabrina's hat sich mit seinem Brunch einen Namen gemacht. Dieser besteht z. B. aus Armem Ritter mit süßer Füllung oder Sandwiches mit Schweinefleisch und Sauce – kurzum aus allem, was einen guten Start in den Tag verspricht. Dazu gibt's eine angenehme Atmosphäre. Eine weitere Filiale befindet sich in **Fairmount** (Karte S.154; 1804 Callowhill St; ⊙Di–Sa 8–22, So & Mo bis 16 Uhr) nicht weit vom Kunstmuseum entfernt.

★ Le Virtù   ITALIENISCH **$$$**
(🕿215-271-5626; 1927 E Passyunk Ave; Hauptgerichte 24–28 US$; ⊙Mo–Sa 17–22, So 16–21.30 Uhr) Der Eigentümer dieses Restaurants hat sich – und zwar leidenschaftlich! – der Küche der Abruzzen, der Region östlich von Rom, verschrieben, wo er lange mit den dortigen Köchen arbeitete. Auch das legerere **Brigantessa** (🕿267-318-7341; 1520 E Passyunk Ave; Pizza 16 US$, Hauptgerichte 26 US$; ⊙17–24 Uhr) in derselben Straße steht unter seiner Leitung und bietet eine etwas größere Speisenauswahl, z. B. auch Pizza. Dienstags darf man Alkohol selbst mitbringen.

University City

Koreana
KOREANISCH $

(3801 Chestnut St; Hauptgerichte 9 US$; ⊙11–22 Uhr) Verköstigt Studenten und andere Menschen, die gern gut und preiswert koreanisch essen wollen. Der Eingang befindet sich am Parkplatz hinter der Shopping Plaza.

★ White Dog Cafe
BIO $$

(☑215-386-9224; 3420 Sansom St; Hauptgerichte abends 18–29 US$; ⊙Mo–Fr 11.30–21.30, Sa 10–22, So 10–21 Uhr) Wenn die Atmosphäre und das Essen einem hier ausgereifter vorkommen als in anderen Restaurants, die ihre Zutaten ebenfalls frisch vom Bauernhof beziehen, dann liegt das daran, dass das White Dog dies schon seit 1983 so macht. Hier gibt's, neben vielen, vielen weiteren Köstlichkeiten, *spring ramps* (eine Lauchpflanze) und Morcheln oder perfekte reife Tomaten (im Hochsommer).

Distrito
MEXIKANISCH $$

(☑215-222-1657; 3945 Chestnut St; Hauptgerichte 9–30 US$; ⊙11.30–22 Uhr; 🚴) Die Einrichtung in kräftigem Pink und Limettengrün liefert die passende Kulisse für die modernen, mexikanisch angehauchten Straßensnacks. Für Kinder ist es das Größte, in dem alten VW-Käfer zu sitzen.

🍸 Ausgehen & Nachtleben

Wie zu erwarten, gibt es in einer Stadt, die von einer stolzen Arbeiterklasse geprägt ist, auch viele Kneipen. Ebenso zahlreich vertreten sind hier aber auch schicke Cocktail-Lounges, Weinbars und Gastropubs, die sich Bieren aus lokalen Kleinbrauereien verschrieben haben. Tatsächlich gibt es in der Old City, nach New Orleans, die meisten Alkohollizenzen in den USA. Die Löwenanteil davon findet man in der S 2nd St und der S 3rd St. Eine weitere Partymeile ist die South St und dort vor allem ihr östliches Ende. Northern Liberties und Fishtown sind für ihre Kleinbrauereien- und Indirock-Szene bekannt. Spontane Partys gibt's am ersten Freitag im Monat in der Old City, vor allem an der N 3rd St. Dann sind nämlich Galerien und Geschäfte bis spät abends geöffnet und schenken Wein aus. Wer auf der Suche nach Schwulen- und Lesbenbars ist, wird in „The Gayborhood" fündig, das grob gesagt von der Chestnut St, Pine St, Juniper St und 11th St begrenzt wird. Dort sind alle Straßenschilder mit einem Regenbogenmuster versehen.

Cafés

La Colombe
KAFFEE

(Karte S.154; 130 S 19th St; ⊙Mo–Fr 7–19, Sa & So ab 8 Uhr) Viele Cafés beziehen ihre Bohnen aus dieser exzellenten lokalen Kaffeerösterei (seit 1994). Diese hier ist das Original und ist in einem netten Laden nahe dem Rittenhouse Sq untergebracht.

Anthony's
CAFÉ

(Karte S.154; 903 S 9th St; Eis 3,50 US$; ⊙7–19, Sa bis 20, So bis 17 Uhr) Ein Klassiker auf dem Italian Market mit Espresso, Cannoli und Panini.

Bars

★ Monk's Cafe
BAR

(Karte S.154; www.monkscafe.com; 264 S 16th St; ⊙11.30–2 Uhr, Küche bis 1 Uhr) Hopfenliebhaber kommen zuhauf in diese lockere, holzverkleidete Bar mit belgischen und amerikanischen Craft-Bieren vom Fass. Auf der Speisekarte stehen Gerichte zu vernünftigen Preisen wie etwa Muscheln mit Pommes Frites oder ein täglich wechselndes veganes Gericht.

★ Trestle Inn
BAR

(Karte S.154; ☑267-239-0290; 339 N 11th St; ⊙Mi–Sa 17–2 Uhr) Eine aufgewertete alte Kneipe in einer dunklen Ecke des sogenannten „Eraserhood" (das teilweise als Industriegebiet dienende Viertel, in dem der Regisseur David Lynch die Inspiration zu seinem Film *Eraserhead* fand) mit sorgfältig zubereiteten Cocktails und Go-Go-Tänzerinnen.

Olde Bar
COCKTAILBAR

(Karte S.158; ☑215-253-3777; 125 Walnut St; Cocktails 10–15 US$; ⊙17–24, Sa ab 16 Uhr, Bar 11–2 Uhr) Diese von Jose Garces umgesetzte Neuauflage eines klassischen Austernlokals (ehemals Bookbinders), hat sich sein würdevolles, nostalgisches Flair bewahrt, während es gleichzeitig Verbesserungen bei den Cocktails sowie bei den gutbürgerlichen regionalen Gerichten (15–20 US$) wie Meerbrassensuppe oder dem Pfeffertopf gab.

Tria Cafe
WEINBAR

(Karte S.154; 1137 Spruce St; Glas Wein 9–12 US$; ⊙12 Uhr–open end) Eine elegante und dennoch zwanglose Weinbar mit einer exzellenten Speisekarte für kleine Gerichte und Sandwiches (Snacks 4–10 US$). Ein Ableger befindet sich in der Nähe des **Rittenhouse Sq** (Karte S.154; 123 S 18th St; ⊙12 Uhr–open end). Seit 2015 gibt's auch den **Taproom** (Karte S. 154; 2005 Walnut St; ☺ 12 Uhr–open end), der denselben Tiefgang besitzt, bei dem aber alles auf Bier gemünzt ist.

Dirty Franks
BAR

(Karte S. 154; 347 S 13th St; ☺ 11–2 Uhr) Die Stammgäste hier nennen das Dirty Franks nicht ohne Ironie eine „Institution". Wie in vielen Kneipen in Philly steht auch hier die „Spezialität der Stadt", ein Shot Jim Beam mit einer Dose PBR für 3 US$ auf der Getränkekarte.

Fiume
BAR

(229 S 45th St; ☺ 18–2 Uhr) Der Eingang zu dieser Kneipe in University City ist nicht angeschrieben, liegt aber direkt neben dem Restaurant Abyssinia. Hier gibt's live gespielten Rock und Bluegrass sowie gute Biere aus Kleinbrauereien.

McGillin's Olde Ale House
IRISH PUB

(Karte S. 154; www.mcgillins.com; 1310 Drury St; ☺ 11–2 Uhr) McGillin's ist Philadelphias älteste durchgängig betriebene Taverne (seit 1860) und war in den Jahren der Prohibition eine Flüsterkneipe. Hier herrscht eine gesellige Atmosphäre und mittwochs und sonntags gibt's Karaoke.

Tavern on Camac
SCHWULE & LESBEN

(Karte S. 154; www.tavernoncamac.com; 243 S Camac St; ☺ Pianobar 16–2 Uhr, Club Di–So 21–2 Uhr) Eine der älteren Schwulenbars in Philly mit einer Pianobar und einem Restaurant im unteren Stock. Oben gibt's einen kleinen Club mit dem Namen Ascend. Mittwochs ist Ladies Night und am Freitag und Samstag heizen DJs den Gästen richtig ein.

Paris Wine Bar
WEINBAR

(Karte S. 154; 2301 Fairmount Ave; Glas Wein 8–11 US$; ☺ Do–Sa 17–24 Uhr) Dieses französisch angehauchte Lokal (mit einem englisch angehauchten Pub gleich nebenan) schenkt pennsylvanischen Wein vom Fass und serviert leichte Gerichte (11–15 US$). Gelegentlich gibt's Livejazz. Eine praktische Adresse für ein Gläschen Wein nach einem Museumsbesuch.

☆ Unterhaltung

Philadelphias Kulturszene brummt! Dafür sorgen heimische Nachwuchstalente ebenso wie große Stars auf Tournee. Im Vergleich zu NYC sind die Tickets fürs Ballett oder für klassische Musik relativ niedrig, aber auch großartige Rockshows gibt's hier teilweise schon für 10 US$. Vollkommen kostenlos sind die täglich gespielten Klassik- und Popkonzerte auf der aufwändigen **Wanamaker Organ** (Orgel; Karte S. 154; www.wanamakerorgan.com; 1300 Market St; ☺ Konzerte Mo–Sa 12, Mo, Di, Do & Sa auch 17.30, Mi 19 Uhr) GRATIS von 1909, die im Macy's zu finden ist.

In sportlicher Hinsicht sind die **Philadelphia Eagles** (www.philadelphiaeagles.com) legendär. Nicht unbedingt aufgrund der (unsoliden) Leistung des Teams, sondern eher wegen ihrer leidenschaftlichen Fans, die vor Beginn der Spiele vor dem **Lincoln Financial Field** (www.lincolnfinancielfield.com; 1 Lincoln Financial Field Way) in South Philly ihre Partys feiern (die Stadions des beiden Baseball- und Basketball-Profiteams liegen in derselben Gegend). Gespielt wird von August bis Januar.

Johnny Brenda's
LIVEMUSIK

(☎ 215-739-9684; www.johnnybrendas.com; 1201 N Frankford Ave; Tickets 10–15 US$; ☺ Küche 11–1 Uhr, Vorstellungsbeginn variiert; Ⓜ Girard) Die großartige kleine Location mit Balkon ist der Dreh- und Angelpunkt der Indie-Rock-Szene in Fishtown/Northern Liberties. Gleichzeitig fungiert es als solides Restaurant mit Bar, das ebenso individuell-angehauchte Biere verkauft.

Kimmel Center
THEATER

(Karte S. 154; ☎ 215-790-5800; www.kimmelcenter.org; 300 S Broad St) Das Kimmel Center ist Philadelphias aktivstes und renommiertestes Kunstzentrum. In der modernen Konzerthalle finden u. a. Auftritte des Philadphia Orchestra und des Pennyslvania Ballet statt sowie Aufführungen der großartigen barocken **Academy of Music** (Karte S. 154; 240 S Broad St). Eines ihrer Konzerte hier zu sehen ist unvergesslich.

PhilaMOCA
THEATER

(Philadelphia Mausoleum of Contemporary Art; Karte S. 154; ☎ 267-519-9651; www.philamoca.org; 531 N 12th St) Diese vielseitige Location war einst ein Geschäft, in dem Grabsteine verkauft wurden, später diente es als Studio des Produzenten Diplo und beherbergt nun Filme, Liveshows, Kunst, Comedy und vieles mehr.

Union Transfer
KONZERTE

(Karte S. 154; ☎ 215-232-2100; www.utphilly.com; 1026 Spring Garden St; Tickets 15–40 US$) Die 2011 eröffnete Konzerthalle gehört zu den besten Adressen, um bekanntere Acts live spielen zu sehen. Sie hat ein breites musikalisches Repertoire und einen guten Barservice.

Chris' Jazz Club
JAZZ

(Karte S.154; ☎215-568-3131; www.chrisjazz cafe.com; 1421 Sansom St; Grundpreis 10–20 US$) In dem anheimelnden Club stehen einheimische Talente und landesweit bekannte Größen auf der Bühne. Dienstags bis freitags ist um 16 Uhr Happy Hour mit Klaviermusik, Montag- bis Samstagabend spielen gute Bands.

World Cafe Live
LIVEMUSIK

(Karte S.154; ☎215-222-1400; www.worldcafe live.com; 3025 Walnut St; Eintritt 10–40 US$; ⊙Mo–Fr ab 11, Sa & So ab 17 Uhr) In der ehemaligen Fabrik gibt's auf mehreren Etagen Veranstaltungsräume für Jazz, Folk und internationale Acts sowie gutes Essen. Hier ist auch WXPN, der Radiosender der U Penn zu Hause.

ℹ Praktische Informationen

Hospital of the University of Pennsylvania (☎800-789-7366; www.pennmedicine.org; 800 Spruce St; ⊙24 Std.) Philadelphias größte medizinische Einrichtung.

Independence Visitor Center (Karte S. 158; ☎800-537-7676; www.phlvisitorcenter.com; 599 Market St; ⊙Sept.–Mai 8.30–18 Uhr, Juni–Aug. 8.30–19 Uhr) Das von der Stadt und dem National Park Service betriebene Visitor Center hat Infos zum Nationalpark sowie zu allen Sehenswürdigkeiten Philadelphias.

Philadelphia Magazine (www.phillymag.com) Monatliches Hochglanzmagazin mit glänzenden Restaurantkritiken von Jason Sheehan.

Philadelphia Visitor Center (www.phlvisitor center.com) Touristeninfo der Stadt mit praktischen Außenstellen am Logan Sq (Karte S. 154; ☎267-514-4761; www.phlvisitorcenter. com; 200 N 18th St; ⊙Mai–Sept. 11–16 Uhr) und an der JFK Plaza (Karte S. 154; ☎215-683-0246; 1599 JFK Blvd; ⊙Mo–Sa 10–17 Uhr).

Philadelphia Weekly (www.philadelphiaweekly. com) Kostenloses, überall an Straßenständen erhältliches Alternativblatt.

ℹ An- & Weiterreise

AUTO & MOTORRAD
Von Nord nach Süd verläuft die I-95 (Delaware Expwy) am östlichen Stadtrand dem Delaware River entlang und hat mehrere Ausfahrten Richtung Center City. Die I-276 (Pennsylvania Turnpike) verläuft in östlicher Richtung durch den Norden der Stadt, überquert den Fluss und bietet Anschluss an den New Jersey Turnpike.

BUS
Greyhound (☎215-931-4075; www.greyhound. com), **Peter Pan Bus Lines** (www.peterpanbus.

com) und **NJ Transit** (☎973-275-5555; www. njtransit.com) fahren alle an der **Central Bus Station** (Karte S. 154; 1001 Filbert St) in der Innenstadt nahe dem Kongresszentrum ab; Greyhound fährt Ziele im ganzen Land an, Peter Pan konzentriert sich auf den Nordosten und NJ Transit bedient New Jersey. Bei Onlinebuchung sind die Preise der ersten beiden Anbieter günstiger, so kann eine Fahrt nach Washington, D. C., mit Greyhound z. B. mitunter gerade einmal 14,50 US$ (3½ Std.) kosten.

Megabus (Karte S. 154; www.us.megabus. com; JFK Blvd & N 30th St) fährt nahe der 30th St Station ab und bedient alle größeren Städte im Nordosten sowie Toronto. Nach NYC und Boston bietet die Greyhound-Tochter **Bolt Bus** (Karte S. 154; ☎877-265-8287; www.boltbus. com; JFK Blvd & N 30th St) die geräumigsten Busse; bei Onlinebuchung kann die Fahrt nach NYC (2½ Std.) mitunter gerade einmal 7 US$ kosten.

FLUGZEUG
Der **Philadelphia International Airport** (PHL; ☎215-937-6937; www.phl.org; 8000 Essington Ave; ⊞ Airport Line) liegt 7 Meilen (11,3 km) südlich der Center City und ist ein Drehkreuz von American Airlines sowie das Ziel internationaler Direktflüge.

ZUG
Unmittelbar westlich der Innenstadt liegt auf der anderen Seite des Schuylkill die schöne, im neoklassizistischen Stil erbaute **30th St Station** (www.amtrak.com; 30th St & Market St), die ein wichtiges Drehkreuz des Bahnverkehrs ist. Amtrak bietet von hier aus auf seiner Nord-Ost-Korridor-Strecke Verbindungen nach New York City (54–196 US$, 1–1½ Std.), Boston (96–386 US$, 5–5¾ Std.) und Washington, D. C. (53–242 US$, 2 Std.) sowie nach Lancaster (ab 16 US$, 1 Std.) und Pittsburgh (ab 55 US$, 7½ Std.) an.

Langsamer, aber preiswerter kommt man nach NYC, indem man einen **Septa**-Regionalzug (☎215-580-7800; www.septa.org) bis nach Trenton (9 US$, 50 Min.) nimmt und dort in einen NJ-Transit-Bus bis zu New York Citys Penn Station (15,50 US$, 1½ Std.) steigt.

ℹ Unterwegs vor Ort

Septa (☎215-580-7800; www.septa.org) betreibt Philadelphias öffentliches Verkehrsnetz einschließlich der Airport-Line-Züge (8,75 US$, 25 Min., alle 30 Min.), die in University City und Center City halten. Ein Taxi ins Zentrum kostet pauschal 28,50 US$.

Die Entfernungen im Zentrum sind kurz – zwischen den Flüssen Delaware und Schuylkill sind es gerade einmal 3,2 km –, sodass die meisten Strecken zu Fuß zurückgelegt werden können. Wer seine Beine schonen oder etwas weiter fahren möchte, steigt in einen der Septa-Busse, eine der beiden U-Bahn-Linien oder den Trolleybus (Fahrpreis 2,25 US$). Günstiger wird es, wenn man mehrere Wertmarken kauft (werden 2016 abgeschafft) oder eine Key-Card (wird stufenweise eingeführt) mit Guthaben auflädt. Die Market St ist die Hauptverkehrsstraße. Hier kann man in einen Bus steigen, der quer durchs Zentrum fährt, oder einen unterirdisch verkehrenden Trolleybus nach University City nehmen. In der Hauptsaison fährt der lilafarbene **Phlash-Bus** (www.ridephillyphlash.com; Fahrt/Tagespass 2/5 US$; ⊙ Mai–Aug. & Dez. tgl. 10–18 Uhr, Sept.–Nov. nur Fr–So) eine Rundroute entlang der wichtigsten Sehenswürdigkeiten. Im Bus passend bezahlen.

Philadelphias Bike-Sharing-Dienst ist **Indego** (☑ 844-446-3346; www.rideindego.com). Ohne Anmeldung werden 4 US$ für 30 Minuten fällig; eine 30-tägige Mitgliedschaft ist mit 15 US$ ein echtes Schnäppchen, allerdings muss man die entsprechende Karte rechtzeitig im Voraus bestellen.

Vor allem im Zentrum kann man an der Straße ganz einfach ein Taxi heranwinken. Der Startpreis beträgt 2,70 US$, dann kommen pro Meile 2,30 US$ hinzu. Alle lizenzierten Taxis haben ein Navigationssystem und akzeptieren meist Kreditkarten.

Pennsylvania Dutch Country

Lancaster County und seine weitere Umgebung, grob gesagt zwischen Reading und dem Susquehanna River, gelten als Zentrum der Gemeinschaft der sogenannten Pennsylvania Dutch (heute oft auch Pennsylvania German). Dabei handelt es sich um eine Vielzahl an religiösen Orden und Kulturen mit germanischen Wurzeln, die sich im 18. Jh. hier ansiedelten. Am bekanntesten sind die Amish, Mennoniten und die German Baptists (Tunker), die alle eine kulturelle Gemeinsamkeit besitzen: Sie haben sich alle verschiedenen Ausprägungen einer einfachen, technologiearmen Lebensweise verschrieben.

Ironischerweise ist es genau dieses einfache Leben mit den malerischen Pferdekutschen und Ochsenkarren, die die Felder pflügen, das Busladungen an Besuchern anzieht und eine überraschend kitschige Touristenindustrie mit sich bringt, die oft eher abstoßend ist. Hält man sich jedoch an die Nebenstraßen, kann man auch weiterhin die Ruhe genießen, die sich diese religiösen Gemeinschaften bewahrt haben. Und der ganze Kitsch hat zugegebenermaßen auch seine unterhaltsamen Seiten.

Lancaster (60 000 Ew.) hat eine hübsche Altstadt und einige gute Restaurants, die für ihre Gerichte Zutaten aus den umliegenden Feldern verwenden. Die Feierlichkeiten zum monatlichen First Friday auf der Prince St locken die freundlichen Einheimischen auf die Straßen. Das Zentrum der Pennsylvania-Dutch-„Touristenzone" liegt östlich von hier entlang der Rte 30 und der Old Philadelphia Pike (Rte 340) zwischen **Ronks**, **Bird-in-Hand**, **Intercourse** und **Paradise**. Dieser Abschnitt besteht vor allem aus Ackerland, das lediglich von einigen Einkaufsstraßen und Attraktionen unterbrochen wird, wie etwa dem auf Kinder ausgerichteten Themenpark Dutch Wonderland oder dem Souvenirladen Dutch Haven in Form einer Windmühle (der allerdings einen hammermäßigen Shoofly Pie und sehr gutes Birkenbier verkauft).

Südlich von Lancaster liegen die hübschen kleinen Ortschaften **Strasburg** und **Christiana**, im Norden **Ephrata** und **Lititz**. In Lititz ist Wilbur Chocolates angesiedelt, das die Einheimischen dem weiter nördlich gelegenen riesigen Hershey's vorziehen, sowie Sturgis, die erste Bretzelfabrik der USA. Ephrata ist der Hauptsitz von Ten Thousand Villages, einem riesigen, von Mennoniten betriebenen Laden für importierte, fair gehandelte Güter, der überall im Land Filialen hat.

⊙ Sehenswertes

⭐ **Strasburg Railroad**   ZUG
(☑ 866-725-9666; www.strasburgrailroad.com; 301 Gap Rd, Ronks; Standard Erw./Kind 14/8 US$; ⊙ mehrere Fahrten tgl., wechselnden Zeiten je nach Saison; ⊞) Die Fahrt nach Paradise und zurück dauert zwar nur 45 Minuten, ist aber durchaus ein Erlebnis. Die Dampfeisenbahn fährt auf im Jahr 1832 gelegten Schienen und die großartigen alten Waggons werden im Winter noch mit Holzöfen beheizt. Es gibt ein Kombiticket, in dem auch der Eintritt ins **Railroad Museum of Pennsylvania** (☑ 717-687-8628; www.rrmuseumpa.org; 300 Gap Rd, Ronks; Erw./Kind 10/8 US$; ⊙ Mo–Sa 9–17, So ab 12 Uhr, Winter So & Mo geschl.; ⊞) auf der gegenüberliegenden Straßenseite enthalten ist. Dort kann man Unmengen an mechanischen Wunderwerken bestaunen.

Um dem Thema Eisenbahn vollends die Krone aufzusetzen, verbringt man noch eine Nacht im **Red Caboose** (☑ 717-687-5000; www.redcaboosemotel.com; 312 Paradise Ln, Ronks; EZ/DZ ab 95/129 US$; ❄ 🛜 ⊞), wo man sich in einem Zugwaggon einmieten kann, oder schaut nur in seinem **Restaurant** (☎ 717-687-7759; Frühstück 8 US$, Abendessen 14 US$; ⊙ Di & Mi 7.30–15, Do–Sa bis 20, So bis 16 Uhr) vorbei.

Landis Valley Museum   MUSEUM
(☎ 717-569-0401; www.landisvalleymuseum.org; 2451 Kissel Hill Rd, Lancaster; Erw./Kind 12/8 US$; ⊙ 9–17, So ab 12 Uhr, Jan.–Feb. Mo & Di geschl.) Das Freilichtmuseum basiert auf einem Dorf aus dem 18. Jh. und ist die beste Möglichkeit, sich einen Überblick über die frühe Pennsylvania-Dutch-Kultur und die Mennoniten im Besonderen zu verschaffen. Verkleidete Mitarbeiter zeigen den Besuchern beispielsweise, wie ein Blechschmied zu jener Zeit arbeitete. Zudem gibt's eine Ausstellung wunderschöner Handarbeiten.

Ephrata Cloister   MUSEUM
(☎ 717-733-6600; www.ephratacloister.org; 632 W Main St, Ephrata; Erw./Kind 10/6 US$; ⊙ 9–17, So ab 12 Uhr, Jan.–Feb. Mo & Di geschl., Führungen stündl. 10–15 Uhr) Eine von zahlreichen Abspaltungen der in dieser Gegend angesiedelten religiösen Gemeinschaften gründete 1732 diese Gemeinde. Trotz Zöllibat und interner Rangeleien überdauerte sie bis 1934. Heute kommt sie einer Geisterstadt gleich. Man kann sich das Ganze auf eigene Faust ansehen, im Rahmen einer Führung kann man aber auch einen Blick in die Häuser werfen.

Lancaster Mennonite Historical Society   MUSEUM
(☎ 717-393-9745; www.lmhs.org; 2215 Millstream Rd, Lancaster; Museum 5 US$; ⊙ Di–Sa 8.30–16.30 Uhr) In dem kleinen Museum sind sehr schöne Glas- und Holzarbeiten ausgestellt. Zudem erfährt man auch, wie die Mennoniten sich in dieser Gegend niederließen. Hinzu kommen noch ein gut ausgestattetes Geschäft und ein Buchladen.

Geführte Touren

Aaron & Jessica's Buggy Rides   GEFÜHRTE TOUR
(☎ 717-768-8828; www.amishbuggyrides.com; 3121 Old Philadelphia Pike, Bird-in-Hand; Erw./Kind Führung ab 10/6 US$; ⊙ Mo–Sa 9–17 Uhr; ♿) Bietet 30-minütige Fahrten durch die Umgebung in der von Rappen gezogenen Pferdekutsche oder einstündige Farmführungen an. Die Kutscher sind Amish, Mennoniten oder Tunker und beantworten bereitwillig Fragen.

🛏 Schlafen

⭐ **Quiet Haven**   MOTEL $
(☎ 717-397-6231; www.quiethavenmotel.com; 2556 Siegrist Rd, Ronks; Zi. ab 76 US$) Für wen es der Inbegriff eines Besuchs in PA Dutch ist, in einem Schaukelstuhl zu sitzen und auf die Ländereien zu blicken, der ist in diesem familiengeführten Motel, umgeben von grünen Feldern, genau richtig. Die meisten der 15 Zimmer haben sich einen Funken des Flairs der 1960er-Jahre bewahrt.

A Farm Stay   ZIMMERVERMITTLUNG $
(www.afarmstay.com; Zi. ab 80 US$; ♿) Auf dieser Website finden sich um die 20 Übernachtungsoptionen auf Farmen. Teilweise handelt es sich eher um typische B & Bs, teilweise aber auch um bewirtschaftete Bauernhöfe, auf denen die Gäste Ziegen streicheln und Kühe melken können.

⭐ **General Sutter Inn**   INN $$
(☎ 717-626-2115; www.generalsutterinn.com; 14 East Main St, Lititz; EZ/DZ/Suite ab 70/110/185 US$; ✻ 🛜) Die zehn Zimmer dieses Gasthauses aus dem 18. Jh. sind mit geschmackvollen Antiquitäten eingerichtet. Das Obergeschoss fällt mit seinen sechs Rock-'n'-Roll-Themensuiten etwas aus der Reihe. Im beliebten Bulls Head Pub im Erdgeschoss gibt's Schottische Eier und Ale aus dem Fass.

Fulton Steamboat Inn   HOTEL $$
(☎ 717-299-9999; www.fultonsteamboatinn.com; 1 Hartman Bridge Rd, Lancaster; Zi. ab 140 US$; ✻ 🛜 🏊) Selbst wenn man weiß, dass der Erfinder des Dampfboots hier in der Nähe geboren wurde, scheint das Hotel mit dem maritimen Motto doch etwas überzogen. Die Messingelemente und die Blümchentapete sind jedoch gut gepflegt, die Zimmer komfortabel und es gibt sogar einen Innenpool.

Cork Factory   BOUTIQUEHOTEL $$
(☎ 717-735-2075; www.corkfactoryhotel.com; 480 New Holland Ave, Lancaster; Zi. ab 159 US$; ✻ 🛜) In dem früher leerstehenden Backsteinkoloss, nur ein paar Autominuten von Lancasters Zentrum entfernt, ist heute dieses stilvolle Hotel untergebracht.

🍴 Essen

Die Einheimischen können bestätigen, dass in PA Dutch die besten Kochkünste für gemeinsame Essen in der Kirchengemeinde ausgepackt werden. Die Augen nach besonderen Veranstaltungen offen halten.

ABSTECHER

GETTYSBURG

Das hübsche, heute größtenteils ruhige Städtchen 145 Meilen (233 km) westlich von Philadelphia erlebte eine der blutigsten Entscheidungsschlachten des Bürgerkriegs. Im Juli 1863 wurden hier innerhalb von drei Tagen etwa 8000 Menschen getötet. Später in jenem Jahr hielt Präsident Abraham Lincoln hier die Gettysburg Address, eine Rede, die die Mission des Krieges, Gleichheit zu schaffen, untermauern sollte.

Der **Gettysburg National Military Park** (☎717-334-1124; www.nps.gov/gett; 1195 Balti-more Pike; Museum Erw./Kind 12,50/8,50 US$, von Rangern geführte Touren 65 US$/Fahrzeug, Bustour Erw./Kind 30/18 US$; ☉ Museum April–Okt. 8–18 Uhr, Nov.–März bis 17 Uhr, Gelände April–Okt 6–22 Uhr, Nov.–März bis 19 Uhr) ist 2070 ha groß und von Denkmälern und Pfaden übersät. Das Museum und das Visitor Center mit dem fantastischen Cyclorama (ein rie-siges 360-Grad-Gemälde) der Pickett's Charge, der besonders verheerenden Schlacht am letzten Tag, sind ein Muss für jeden Besucher. Das 1884 angefertigte Gemälde wurde 2008 restauriert und neu aufgestellt und mit einer dramatischen Lichtshow und einem ebensolchen Kommentar versehen. Der Park kann auf eigene Faust im eigenen Fahrzeug oder im Rahmen einer Bustour oder einer sehr empfehlenswerten zweistündigen Ran-gertour im eigenen Auto erkundet werden.

Gettysburg selbst ist ein hübsches Städtchen, in dem es sich auch lohnt, über Nacht zu bleiben. Im Sommer, und speziell im Juli, wenn der Ort von Darstellern, die die Schlacht nachspielen, überflutet wird, sollte man aber weit im Voraus reservieren. Als Unterkunft bietet sich das **Brickhouse Inn** (☎717-338-9337; www.brickhouseinn.com; 452 Baltimore St; Zi. ab 149 US$; [P][❄][📶]) an, zwei alte, nebeneinanderliegende Gebäude mit wundervollem Garten hinterm Haus. Die Eigentümer geben sich beim Frühstück sehr viel Mühe und bieten sogar einen Kuchenbackkurs an. Das 1776 errichtete **Dobbin House** (☎717-334-2100; 89 Steinwehr Ave; Sandwiches 10 US$, Hauptgerichte 25 US$; ☉ Taverne 11.30–21 Uhr, Hauptrestaurant ab 17 Uhr) ist nicht nur Gasthaus, sondern auch Restaurant. Das Essen ist durchschnittlich, die Kulisse mit Kerzenschein und altem Holz ist jedoch großartig. Die Taverne im Untergeschoss ist günstiger. Unter den typischen Kneipenge-richten sind auch Burger und Suppen.

★**Katie's Kitchen** AMERIKANISCH $
(200 Hartman Bridge Rd, Ronks; Hauptgerichte 8 US$; ☉ 7.30–19.30 Uhr) Das für PA Dutch ty-pische Diner versorgt sowohl Einheimische als auch Reisende mit Gerichten wie Crea-med Chipped Beef (Rindfleisch mit weißer Sauce) und Egg-in-the-Nest (Spiegelei in Toastbrot gebraten). Das Essen wird frisch zubereitet und ist glücklicherweise auch in halben Portionen erhältlich.

★**Tomato Pie Cafe** SANDWICHES $
(☎717-627-1762; 23 N Broad St, Lititz; Hauptgerich-te 8 US$; ☉ Mo–Sa 7–21 Uhr; [📶][♿]) Die krea-tiven, frisch zubereiteten Gerichte und die ausgeklügelten Kaffeevariationen könnten ebenso gut in einer Großstadt zu finden sein – das Café versprüht aber das typische freundliche Kleinstadtflair.

Central Market MARKT $
(☎717-735-6890; www.centralmarketlancaster. com; 23 N Market St, Lancaster; Snacks ab 2 US$; ☉ Di & Fr 6–16, Sa bis 14 Uhr) Die Stände mit verschiedenen Erzeugnissen und Lebens-

mitteln in dieser Markthalle sind ein per-fekter Querschnitt durch Lancaster. Neben frischen PA-Dutch-Würstchen und Meerret-tich gibt's auch Thai-Nudeln und libanesi-sche Salate.

Bird-in-Hand Farmers Market MARKT $
(☎717-393-9674; 2710 Old Philadelphia Pike; Bret-zeln 2 US$, Mittagessen 8 US$; ☉ Fr & Sa 8.30–17.30 Uhr, April–Nov. auch Mi, Juli–Okt. Do) Hier sind alle Highlights des Dutch Country ver-treten, sowohl die ursprünglichen als auch die an Besucher angepassten. Man kann sich mit leckerer selbstgemachter Marme-lade, Gebäck, Bretzeln, Trockenfleisch usw. eindecken. An zwei Imbisstheken werden auch Mittagsgerichte serviert.

Dienner's BÜFETT $
(2855 Lincoln Hwy, Ronks; Abendessen 11–15 US$; ☉ Mo–Do 7–18, Fr & Sa bis 20 Uhr) In diesem fantastischen PA-Dutch-All-you-can-eat-Res-taurant muss man sich seine Kapazitäten gut einteilen. Von den drei Büfettreihen ist eine allein verschiedenen Süßspeisen gewid-

met. Das Essen ist teilweise vielleicht etwas fad, jeder wird jedoch etwas finden, das ihm schmeckt. Die täglich wechselnden Angebote wie Pot Pie mit Hähnchen sind in der Regel gut.

★ **Lancaster Brewing Co**   KNEIPENESSEN **$$**
(302 N Plum St; Hauptgerichte 16–24 US$; ☉11.30–22 Uhr; 🚶) Die 1995 gegründete Brauerei ist bei Einheimischen sehr beliebt. Das Restaurant serviert herzhafte, aber raffinierte Gerichte wie Lammkoteletts mit Tzatziki oder hausgemachte Würstchen. Die Specials wie Chicken Wings All-you-can-eat für 5 US$ sind jedoch unschlagbar.

Maison   EUROPÄISCH **$$$**
(☑ 717-293-5060; 230 N Prince St, Lancaster; Hauptgerichte 26–30 US$; ☉ Mi-Sa 17–23 Uhr; 🚶) Das heimelige, aber penibel saubere Restaurant im Zentrum wird von einem Ehepaar betrieben, das den lokalen Farmerzeugnissen einen rustikalen italienisch-französischen Touch verleiht. Je nach Jahreszeit gibt's etwa in Milch geschmortes Schweinefleisch, gebratene Kürbisblüten oder von Hand gemachte Gnocchi.

❶ Praktische Informationen

Discover Lancaster Visitors Center (☑ 800-723-8824; www.padutchcountry.com; 501 Greenfield Rd; ☉10–16 Uhr, Sommer bis 17 Uhr) Direkt an der Rte 30 mit Infos zu ganz Pennsylvania. Hat auch gute Karten für die Umgebung sowie kostenlosen Kaffee, der gut zu den Zimtschnecken schmeckt, die auf dem Parkplatz verkauft werden.

❶ Anreise & Unterwegs vor Ort

Am einfachsten kommt man hier mit dem Auto voran. Deshalb sollte man eine gute Straßenkarte einpacken (nur mäßiger Handyempfang) und sich auf Nebenstraßen fortbewegen. Wer ausreichend Zeit im Gepäck hat, kann auch auf Amish-Art reisen: Amtrak fährt den **Bahnhof in Lancaster** (☑ 800-872-7245; www.amtrak.com; 53 McGovern Ave, Lancaster) an, von wo Züge regelmäßig nach Philadelphia (16 US$, 1¼ Std.) starten. Nach Pittsburgh (51 US$, 6¼ Std.) gibt's täglich nur einen Zug. Lancasters Busnetz **RRTA** (Red Rose Transit Authority; ☑ 717-393-3315; www.redrosetransit.com; 225 North Queen St, Lancaster; Fahrpreis ab 1,70 US$, Umstieg ab 0,50 US$) deckt große Teile des Countys ab. Man kann sich auch ein Fahrrad mieten, das Gebiet ist aber hügelig und die Randstreifen an der Straße sind nur schmal oder gar nicht existent. **Intercourse Bike Works** (☑ 717-929-0327; www.intercoursebikeworks.com; 3614 Old Philadelphia Pike, Intercourse; ☉ Mo–Sa 10–17

Uhr) vermietet Fahrräder und bietet im Sommer an vielen Samstagen auch Radtouren an.

Pennsylvania Wilds

Der zentrale Norden von Pennsylvania, die sogenannten „Wilds", sind vorwiegend von dichten Wäldern geprägt, in denen vereinzelte majestätische Gebäude und prächtige Herrenhäuser verstreut liegen. Diese sind die Überreste einer Zeit, als Holz, Kohle und Öl für großen Wohlstand in dieser heute nur wenig besuchten Ecke des Bundesstaates sorgten. Mehrere Museen (in **Titusville**, **Bradford** und **Galeton**) schildern den Aufstieg und den Niedergang der Gegend. Seit ebendiesem Niedergang verfallen die zwölf Countys wieder in ihren ursprünglichen, unberührten Zustand und ein Großteil der Fläche gehört entweder zu einem National Forest oder einem State Park.

Die malerische **Rte 6** verläuft von Ost nach West, wobei das kleine Universitätsstädtchen **Mansfield** als östliches Zugangstor fungiert. Westlich von hier liegt die nach Süden verlaufende **Pine Creek Gorge**. Ihr tiefer gelegenes Ende (442 m) befindet sich unten in der Nähe von Waterville, es ist aber leichter zugänglich und bietet eine schöne Aussicht und gute Wanderwege, die am Abgrund entlang verlaufen oder hinunter in die Schlucht führen; das nördliche Ende liegt im **Colton Point State Park** (☑ 570-724-3061; www.visitpaparks.com; 4797 Rte 660, Wellsboro) GRATIS. Im hübschen, von Gaslampen beleuchteten Ort **Wellsboro** ist der Weg zum Park ausgeschildert.

Weiter westlich lohnt ein Stopp am **Kinzua Bridge Skywalk** (☑ 814-965-2646; www.visitanf.com; 1721 Lindholm Rd, Mt. Jewett; ☉ Sonnenaufgang–Sonnenuntergang) GRATIS, einer 91 m hohen Eisenbahnbrücke, die 2003 teilweise von einem Tornado zerstört wurde. Mittlerweile wurde die Überreste in eine Aussichtsplattform mit Glasboden umgewandelt, der nichts für schwache Nerven ist. Unten im Tal sieht man die zerstörten Stahlträger.

Tiefer in den Wilds liegt der **Cherry Springs State Park** (☑ 814-435-5010; www.visitpaparks.com; 4639 Cherry Springs Rd, Coudersport; Stellplatz ab 17 US$). Dank seiner Lage auf einem Berggipfel ist er einer der besten Orte zum Sternegucken östlich des Mississippi. Im Juli und August, wenn die Milchstraße fast direkt über dem Park steht, sind die Campingplätze schnell ausgebucht.

🛏 Schlafen & Essen

Mansfield Inn   MOTEL **$**
(☎ 570-662-2136; www.mansfieldinn.com; 26 S Main St, Mansfield; Zi. ab 60 US$; ❄☀🅿) Vielleicht gibt es noch bezauberndere B&Bs, die noch tiefer in den Pennsylvania Wilds versteckt liegen, dieses hier ist aufgrund seines Preis-Leistungs-Verhältnisses jedoch fast unschlagbar.

Lodge at Glendorn   LODGE **$$$**
(☎ 800-843-8568; www.glendorn.com; 1000 Glendorn Dr, Bradford; Zi. ab 550 US$) Dieses rund 485 ha große Anwesen wurde von einem Ölmagnaten im frühen 20. Jh. angelegt und ist ein Vermächtnis aus der Zeit des industriellen Reichtums in den Wilds. Das „große Haus" und die Blockhütten (alle mit Kaminen) sind nun Teil des edelsten Resorts im Bundesstaat. Das Restaurant ist exzellent und im Übernachtungspreis sind verschiedene Aktivitäten von Tontaubenschießen bis Curling enthalten.

Yorkholo Brewing   AMERIKANISCH **$**
(☎ 570-662-0241; 19 N Main St, Mansfield; Hauptgerichte 11–14 US$; ⊙ Mo & Di 16–22, Mi–Sa 11–22, So bis 21 Uhr; 🅿) Eine willkommene Alternative zum herkömmlichen Diner-Essen dieser Gegend. Der Brauerei-Pub mit den Backsteinwänden bietet frische Salate, kreative Pizzas und einige hervorragende Biere nach belgischer Art.

Pittsburgh

In der zweiten Hälfte des 20. Jhs. sah es viele Jahrzehnte lang so aus, als würde Pittsburgh ein weiterer dunkler Punkt auf dem Rust Belt der USA werden, eine desolate Stadt, in der die qualmenden Stahlwerke und Hochöfen alle verlassen daliegen würden. Dank eines verborgenen Reichtums und einiger kreativer Köpfe gilt Pittsburgh heute jedoch als eine der lebenswertesten Kleinstädte im Land. Seine Topografie ist bemerkenswert, mit einer Reihe von grünen Hügeln (es regnet hier recht viel), die sich unmittelbar am Ufer des Monongahela River und des Allegheny River erheben, die hier zusammenfließen und später in den Ohio münden. Mit den vielen malerischen Brücken, die über die Flüsse führen – und mit etwas Fantasie – erkannte man hierin das Istanbul des westlichen Pennysvlanias. Die Kultur spielt in Pittsburgh eine weitaus größere Rolle als man es von einer Stadt mit

300 000 Einwohnern erwarten würde. Es gibt erstklassige Museen und Universitäten, sehr viele Grünflächen und mehrere muntere Stadtviertel mit einer lebhaften Restaurant- und Barszene.

Der schottische Einwanderer Andrew Carnegie hat sich hier durch die Modernisierung der Stahlproduktion einen Namen gemacht und sein Vermächtnis ist immer noch fest mit der Stadt und ihren vielen Kultur- und Bildungseinrichtungen verbunden. Der zweite Name, um den man in Pittsburgh nicht herumkommt, ist Heinz. Der Ketchuphersteller ließ sich hier 1869 nieder.

⊙ Sehenswertes & Aktivitäten

Die Sehenswürdigkeiten liegen über ganz Pittsburgh verstreut und angesichts der vielen Hügel der Stadt lassen sie sich kaum alle zu Fuß erkunden. Ein Auto ist eine Möglichkeit, aber auch mit dem Bus kommt man überall hin und hat so noch die Möglichkeit, die schöne Aussicht zu genießen.

◉ Downtown & Strip District

Am Zusammenfluss des Monongahela River und des Allegheny River befindet sich das sogenannte Golden Triangle, das Pittsburghs Finanz-, Geschäfts- und Kulturzentrum markiert. Zwischen Mai und Oktober findet jeden Freitag auf dem **Market Sq**, einem eleganten, modernen Platz umgeben von Restaurants, ein Farmers Market statt. Gleich südlich davon liegt der PPG Place, eine bemerkenswerte Ansammlung von gläsernen Bürotürmen aus den 1980er-Jahren mit einer **Schlittschuhbahn** (www.ppgplace. com; Erw./Kind 8/7 US$, Leihschlittschuhe 3 US$; ⊙ Mitte Nov.–Feb.) im Winter. Nordöstlich der Downtown liegen am Ufer des Allegheny die Lagerhäuser des **Strip District**, der schon seit Jahr und Tag ein Zentrum für Großhändler ist und heute auch viele Ethno-Food-Läden und Cafés beherbergt. Samstags, wenn sich auch noch etliche Straßenhändler unter die Leute mischen, geht es hier sogar noch lebhafter zu,

Fort Pitt Museum   MUSEUM
(☎ 412-281-9284; www.heinzhistorycenter.org; 601 Commonwealth Pl; Erw./Kind 6/3 US$; ⊙ 10–17 Uhr) Dieses Museum erinnert an den Siebenjährigen Krieg in Nordamerika in der Mitte des 18. Jhs., an dessen Ende die Gründung Pittsburghs stand. Der State Park am umliegenden Flussufer ist im Sommer besonders schön.

Heinz History Center
MUSEUM

(☑ 412-454-6000; www.heinzhistorycenter.org; 1212 Smallman St; Erw./Kind inkl. Sports Museum 15/6 US$; ⊘ 10–17 Uhr) Hier werden die lokale Geschichte und überliefertes Wissen voller Elan und Glanz präsentiert. Ein Teil des Museums ist sogar dem TV-Moderator vieler Kindersendungen und Sohn der Stadt Fred Rogers gewidmet. Zum „Geschichtszentrum" gehört auch das **Western Pennsylvania Sports Museum**, das sich mit den vielen beliebten Sportstars der Stadt beschäftigt.

◉ North Side

In diesem Teil der Stadt auf der anderen Seite des Allegheny River ist besonders viel los, wenn die Steelers (Football) auf dem **Heinz Field** oder die Pirates (Baseball) im **PNC Park** spielen. Dann sind sogar die Brücken, die von Downtown Pittsburgh herüberführen, für den Autoverkehr gesperrt. Hier befinden sich aber auch die besten Kunstmuseen der Stadt sowie das hübsche Viertel **Mexican War Streets** (die Straßen tragen die Namen von Schlachten), das zu einem hübschen Spaziergang zwischen den restaurierten Reihenhäusern einlädt; nach dem bunten **Randyland** in der Arch St Ausschau halten.

★ Andy Warhol Museum
MUSEUM

(☑ 412-237-8300; www.warhol.org; 117 Sandusky St; Erw./Kind 20/10 US$; Fr 17–22 Uhr 10/5 US$; ⊘ Di–So 10–17, Fr bis 22 Uhr) In dem sechsstöckigen Museum wird Pittsburghs coolster Sohn gefeiert, der nach New York City ging, sich die Nase richten ließ und als Pop-Art-Künstler berühmt wurde. Die Ausstellung beginnt mit den frühesten Zeichnungen und Werbeillustrationen Warhols und zeigt u.a. ein simuliertes Velvet-Underground-Spektakel, einen Screen Test in Eigenregie sowie einige Stücke Warhols riesiger Schnickschnack-Sammlung.

★ Mattress Factory
KUNSTZENTRUM

(☑ 412-231-3169; www.mattress.org; 500 Sampsonia Way; Erw. 20 US$; ⊘ Di–Sa 10–17, So 13–17 Uhr, Café Di–Sa 11.30–15 Uhr) Dieses Zentrum zeigt seit 1977 die absolute Avantgarde der Kunst. Es hat sich mittlerweile auf mehrere Gebäude in der Nachbarschaft ausgedehnt und hält immer irgendwelche Überraschungen parat. Das Café hier ist zum Glück sehr gut, denn in der Umgebung hat man es schwer, etwas zu essen aufzutreiben.

National Aviary
ZOO

(☑ 412-323-7235; www.aviary.org; 700 Arch St; Erw./Kind 14/12 US$; ⊘ 10–17 Uhr; ⊞) Durch seine Nähe zum hervorragenden Science Center und zum Kindermuseum geht diese Einrichtung leicht unter. Sie bietet jedoch eine tolle Gelegenheit, alle möglichen Vogelarten in großen, offenen Volieren aus nächster Nähe zu betrachten.

Carnegie Science Center
MUSEUM

(☑ 412-237-3400; www.carnegiesciencecenter.org; 1 Allegheny Ave; Erw./Kind 19/12 US$, IMAX & Sonderausstellungen kosten extra; ⊘ 10–17, Sa bis 19 Uhr; ⊞) Ein tolles Technikmuseum mit Ausstellungen zu Themen, die vom Weltraum bis zu Süßigkeiten reichen und etwas mehr bieten als die meisten anderen Museen. Bei den einheimischen Eltern sehr beliebt.

◉ South Side & Mt. Washington

Auf der anderen Seite des Monongahela River liegt die South Side, die sich bis zum steil ansteigenden Mt. Washington erstreckt. Dieses Viertel trägt den Namen **South Side Slopes** und ist eine faszinierende Ansammlung von Häusern am Abgrund, die über steile, kurvenreiche Straßen und Hunderte von Stufen zu erreichen sind. Die meisten Besucher werden von den Dutzenden Bars entlang der E Carson St. angelockt.

★ Monongahela & Duquesne Incline
STANDSEILBAHN

(www.duquesneincline.org; einfache Strecke Erw./Kind 2,50/1,25 US$; ⊘ Mo–Sa 5.30–00.45, So ab 7 Uhr) Diese beiden Standseilbahnen aus dem späten 19. Jh. sind Wahrzeichen Pittsburghs und fahren im Fünf- bis Zehnminutentakt die steilen Hänge des Mt. Washington hinauf und hinunter. Sie sind nicht nur praktisch für Pendler, sondern bieten auch, besonders bei Dunkelheit, einen tollen Blick auf die Stadt. Man kann mit der einen Bahn hinauf und mit der anderen hinunter fahren; dafür geht man oben angekommen über die treffend benannte Grandview Ave (etwa 1,6 km, oder mit Bus 40) zur anderen Bahnstation und fährt mit dieser wieder hinunter.

Wenn die Zeit nur für eine Fahrt reicht, ist die Duquesne (du-*kaine*) die bessere Wahl. Oben kann man für einen Obolus von 0,50 US$ die Getriebe und Kabel in Aktion sehen. Vor der Station befindet sich das Restaurant **Altius** (☑ 412-904-4442; 1230 Grandview Ave; Hauptgerichte 28–44 US$, Barsnacks 8–18 US$; ⊘ Mo–Do 17–22, Fr & Sa bis 23, So bis

NICHT VERSÄUMEN

FALLINGWATER

Fallingwater (☎724-329-8501; www.fallingwater.org; 1491 Mill Run Rd, Mill Run; Erw./Kind 25/18 US$, nur Gelände 8 US$; ☺Führungen Mitte März–Nov. Do–Di, Dez. nur am Wochenende, Jan. & Feb. geschl.) ist ein Meisterwerk von Frank Lloyd Wright. Es liegt südlich von Pittsburgh und ist ein gutes Ziel für einen Tagesausflug in das hübsche Gebiet der Laurel Highlands. Es wurde 1939 als Wochenenddomizil der Familie Kaufmann (Eigentümer eines Pittsburgher Kaufhauses) fertiggestellt. Das Gebäude passt sich nahtlos seiner natürlichen Umgebung und besonders dem Bach, der über das Gelände fließt, an. Innen sieht es größtenteils noch genau so aus, wie es die Kaufmanns hinterlassen haben. Eine Besichtigung ist nur im Rahmen einer geführten Tour möglich; Reservierung empfohlen. Das hübsche, bewaldete Gelände ist ab 8.30 Uhr zugänglich und beherbergt ein gutes Café (es schließt noch vor dem Ende der letzten Führung).

Eine 20-minütige Autofahrt von Fallingwater entfernt liegt auf der anderen Seite des hübschen Youghiogheny River, der sich auch zum Raften eignet, noch ein kleineres Wright-Gebäude, das **Kentuck Knob** (☎724-329-1901; www.kentuckknob.com; 723 Kentuck Rd, Chalk Hill; Erw./Kind 22/16 US$; ☺Führungen März–Nov. tgl., Dez. am Wochenende, Jan. & Feb. geschl.). Wright entwarf es, als er schon über 80 Jahre alt war. Es ist nicht annähernd so extravagant wie Fallingwater, da es eher Wrights strengen usonischen Prinzipien entspricht. Dennoch ist es mit seinem wabenförmigen Design recht interessant anzuschauen und ist nur selten überfüllt. Die Führungen dauern etwa eine Stunde und schließen einen Besuch des vom jetzigen Besitzer angelegten Skulpturengartens mit ein.

Man kann hier sogar im nahegelegenen **Polymath Park** (☎877-833-7829; www.frank lloydwrightovernight.net; 187 Evergreen Ln, Acme; Haus ab 199 US$; ✴🐾) übernachten, eine Art Mini-Resort mit einem Wright-Haus und drei von seinen Schülern entworfenen Gebäuden. Man darf hier aber nicht zu viel von Wrights Flair erwarten, denn es handelt sich um schlichte Häuser im Usonia-Stil und die Möbel tragen auch nicht Wrights Handschrift. Dennoch ist es eine nette Gegend und ein für Architekturfans interessantes Abenteuer. Die Wohnhäuser können besichtigt werden und es gibt auch ein Restaurant. Unterwegs hierher könnte man aber auch im **Johnny L's Sandwich Works** (1240 S Main St, Greensburg; Sandwiches 7 US$; ☺Mo–Sa 11–23 Uhr) Halt machen, das ausgesprochen leckere Fisch-Sandwiches im Angebot hat.

21 Uhr), ein schönes Plätzchen, um bei einem Drink die Aussicht zu genießen

⊙ Oakland & Umgebung

Hier sind die University of Pittsburgh und die Carnegie Mellon University zu Hause. In den umliegenden Straßen gibt's unzählige preiswerte Lokale, Cafés, Läden und Studentenwohnheime.

Carnegie Museums   MUSEUM
(☎412-622-3131; www.carnegiemuseums.org; 4400 Forbes Ave; Erw./Kind 20/ 12 US$; ☺Di–Sa 10–17, So ab 12 Uhr; ♿) Diese beiden benachbarten Museen wurden 1895 gegründet und beherbergen einen ungeheuren Wissensschatz. Das **Carnegie Museum of Art** stellt europäische Meisterwerke aus und hat eine hervorragende architektonische Sammlung, während das **Carnegie Museum of Natural History** ein vollständiges Skelett eines Tyrannosaurus rex und wunderschöne alte Dioramen zeigt.

Cathedral of Learning   TURM
(☎412-624-6001; 4200 Fifth Ave; Audioführung Erw./Kind nur am Wochenende 4/2 US$; ☺Mo–Sa 9–16, So ab 10 Uhr) GRATIS Mitten auf dem Campus der University of Pittsburgh ragt der prächtige, 42 Stockwerke hohe, gotische Turm in den Himmel und ist so ein Wahrzeichen der Stadt. Ein Besuch lohnt auch, um die herrlichen Nationality Rooms zu sehen, das sind Unterrichtsräume mit Themen von russisch über syrisch bis zu afrikanisch.

Frick Art & Historical Center   MUSEUM
(☎412-371-0600; www.thefrickpittsburgh.org; 7227 Reynolds St; Führungen Erw./Kind 12/6 US$; ☺Di–So 10–17 Uhr; 🚌P1, 71C) GRATIS Den Namen Henry Clay Frick kennt man von Manhattans Frick Museum. Sein Vermögen machte er in Pittsburgh in der Stahlindustrie. Dieses Museum zeigt eine kleine Kunstsammlung (wunderschöne mittelalterliche Ikonen) sowie seine Autos. Wer noch mehr Kunst und Prunk sehen möchte, schließt

sich einer Führung durch Clayton, das Wohnhaus der Familie an. Das Café hier ist hervorragend; eine Reservierung wird empfohlen.

Phipps Conservatory GARTEN
(☑ 412-622-6914; www.phipps.conservatory.org; 1 Schenley Park; Erw./Kind 15/11 US$; ⊙ 9.30–17, Fr bis 22 Uhr; ♿) 🌿 Die Anlage umfasst ein eindrucksvolles Gewächshaus aus Stahl und Glas und schön angelegte, gepflegte Gärten, in der nordwestlichen Ecke des Schenley Parks.

⊙ Squirrel Hill & Shadyside

Die Atmosphäre in diesen traditionellen, tendenziell wohlhabenderen Vierteln ist fast schon dörflich. Jedes hat seine eigene Geschäftsstraße, die von Boutiquen und Cafés gesäumt ist. In **Squirrel Hill** lebt Pittsburghs große jüdische Gemeinde. Daher gibt's hier die besten koscheren Restaurants, Metzger und jüdischen Läden der Stadt. Im Viertel **Shadyside** ist in der Walnut St am meisten los. Der mit viel Grün angelegte Campus der **Chatham University** befindet sich zwischen den beiden Stadtvierteln und eignet sich ganz wunderbar für einen Spaziergang.

⊙ Lawrenceville, Bloomfield & East Liberty

Das ehemals düstere Lawrenceville, das nordöstlich des Strip District am Ufer des Allegheny liegt, hat sich zu einem der coolsten Viertel der Stadt entwickelt. In der Butler St, in etwa zwischen der 34th St und der 54th St, gibt's unzählige Geschäfte, Galerien, Studios, Bars und Restaurants, die hauptsächlich von einem hippen Publikum besucht werden. Östlich des Allegheny Cemetery (der selbst äußerst geschichtsträchtig ist), liegen die etwas nobleren Stadtviertel Garfield und Bloomfield, die starke polnische und italienische Enklaven darstellen. Weiter östlich befindet sich das rundum erneuerte Gebiet East Liberty, in dem Google vor einigen Jahren eine Niederlassung eröffnet hat.

Center for PostNatural History MUSEUM
(☑ 412-223-7698; www.postnatural.org; 4913 Penn Ave; Eintritt gegen Spende; ⊙ 1. Fr im Monat 18–20, So & nach Vereinbarung 12–16 Uhr) GRATIS Die „postnaturale" Geschichte betrifft, so der Künstler und Gründer dieses sonderbaren Museums, das Gebiet der Pflanzen und Tiere, die Manipulation durch den Menschen

ausgesetzt sind. Hier erfährt man beispielsweise mehr über selektive Züchtung und Ziegen, die Spinnenseide produzieren.

☞ Geführte Touren

Rivers of Steel GEFÜHRTE TOUR
(☑ 412-464-4020; www.riversofsteel.com; 623 E 8th Ave, Homestead; Führungen Erw./Kind 20/12,50 US$; ⊙ Museum Mo–Fr 10–16 Uhr, Carrie Furnace Mai–Okt. Sa 10 & 11 Uhr, Juni–Aug. auch Fr 10 Uhr) Diese Organisation bietet Führungen durch den Carrie Blast Furnace an, ein riesiger, seit Langem stillgelegter Hochofen am Flussufer. Ihr Sitz befindet sich in Homestead, wo sie ein nettes, kostenloses Museum zur Geschichte der Arbeit in der Industrie unterhält. Auch die Infos auf der Internetpräsenz sind hervorragend.

Alan Irvine Storyteller Tours STADTSPAZIERGANG
(☑ 412-508-2077; www.alanirvine.com; Tour 15 US$) Bei der Führung durch mehrere Stadtviertel erweckt der Historiker die Vergangenheit der Stadt zum Leben.

'Burgh Bits & Bites GEFÜHRTE TOUR
(☑ 412-901-7150; www.burghfoodtour.com; Führungen 39 US$) Diese kulinarischen Führungen durch die verschiedenen Viertel sind eine wunderbare Art, die einzigartigen Ethno-Restaurants der Stadt kennenzulernen.

Pittsburgh History & Landmarks Foundation GEFÜHRTE TOUR
(☑ 412-471-5808; www.phlf.org; 100 W Station Sq Dr; einige Führungen kostenlos, andere ab 5 US$) Kostenlose Stadtspaziergänge, die freitags um 12 Uhr am Market Sq starten. Es werden auch andere Führungen angeboten.

🛏 Schlafen

Viele Hotels der Stadt richten sich an Geschäftsreisende, sodass die Preise am Wochenende bedeutend niedriger sind. Echte Hostels sucht man in Pittsburgh vergeblich, auch wenn es schon seit einer gefühlten Ewigkeit Pläne dafür gibt. In East Liberty soll 2016 ein Ace Hotel eröffnen.

★ Priory INN $$
(☑ 412-231-3338; www.thepriory.com; 614 Pressley St; EZ/DZ/Suite ab 105/170/235 US$; 🅿 ❄ 🛜) Die Mönche in diesem ehemaligen katholischen Kloster hatten es recht gemütlich: geräumige Zimmer, hohe Decken, ein Kamin im Salon. Das Frühstück mit dem Gebäck und dem kalten Aufschnitt erinnert an

europäische Hostels. In der North Side im historischen, aber verwahrlosten Deutschtown gelegen.

Friendship Suites
APARTMENT $$

(☎ 412-392-1935; www.friendshipsuites.com; 301 Stratford Ave; Zi./Suite/Apt. 129/145/175 US$; ❄ 🛜) Die komplett eingerichteten kleinen Apartments am Rand von East Liberty sind in mehreren benachbarten Gebäuden untergebracht. In puncto Stil lassen sie zwar zu wünschen übrig, dafür bieten sie ein gutes Preis-Leistungs-Verhältnis und sind gut an das öffentliche Verkehrsnetz angeschlossen.

Morning Glory Inn
B&B $$

(☎ 412-721-9174; www.gloryinn.com; 2119 Sarah St; Zi./Suite ab 155/190 US$; P ❄ 🛜) Ein italienisch angehauchtes, viktorianisches Stadthaus mitten im geschäftigen South Side. Das Gesamtpaket wirkt etwas überzogen (Blumenmuster, weiße Korbmöbel), aber dafür kann man hinten auf der schönen Veranda ganz wunderbar relaxen und es gibt ein köstliches Frühstück.

Parador Inn
B&B $$

(☎ 412-231-4800; www.theparadorinn.com; 939 Western Ave; Zi. 160 US$; P ❄ 🛜) Das Herrenhaus im viktorianischen Stil in der North Side wurde mit einem Hang zu karibischen Farbschemata restauriert. Seine neun Zimmer sind ein echter Augenschmaus.

Mansions on Fifth
B&B $$

(☎ 412-381-5105; www.mansionsonfifth.com; 5105 Fifth Ave; Zi. ab 225 US$; P ❄ 🛜) Nicht weit von der University of Pittsburgh und den Carnegie Museums entfernt stehen diese Wohnhäuser aus dem frühen 20. Jh. Die Zimmer sind geräumig und elegant, es sind aber vor allem die Buntglasfenster, die komplexen Fliesenmuster und andere kleine Details, die sie zu etwas Besonderem machen.

Monaco
DESIGNHOTEL $$$

(☎ 412-471-1170; www.monaco-pittsburgh.com; 620 William Penn Pl; Zi. ab 279 US$; P ❄ 🛜) Dieses Hotel der angesagten Kimpton-Kette wurde 2015 eröffnet. Es hat ein beeindruckendes Farbschema, sehr motivierte Angestellte und ein gutes Restaurant und ist damit hinsichtlich seines Preis-Leistungs-Verhältnisses die beste Wahl im Zentrum.

Omni William Penn Hotel
HOTEL $$$

(☎ 412-281-7100; www.omnihotels.com; 530 William Penn Pl; Zi. ab 299 US$; P ❄ 🛜) Das imposanteste alte Hotel in Pittsburgh wurde von Henry Frick erbaut und hat großartige öffentliche Bereiche, die Zimmer selbst scheinen hingegen in den 1990er-Jahren stecken geblieben zu sein. Kombiniert mit einem Rabattangebot lohnt sich ein Aufenthalt hier aber durchaus.

Essen

Die E Carson St in South Side hat die höchste Dichte an Restaurants, der Strip District folgt aber auf dem Fuße. Wie in so vielen anderen Dingen ist Lawrenceville auch hier das aufstrebendste Viertel. Da der Bevölkerungsanteil an Katholiken in Pittsburgh besonders groß ist, haben freitags viele Restaurants Fisch auf der Speisekarte stehen; Backfisch-Sandwiches sind besonders beliebt.

Downtown & Strip District

Es ist einfach, sich im Strip durchzufuttern. Hier gibt's mobile Essensverkäufer und einzigartige Märkte jeglicher Couleur wie etwa die gigantischen Lebensmittelmärkte Wholey, Greek Stamoolis Brothers und die berühmte Käsetheke bei Pennsylvania Macaroni (viele Geschäfte sind sonntags geschlossen).

Original Oyster House
SEAFOOD $

(20 Market Sq; Hauptgerichte 9 US$; ⊙ Mo–Sa 10–22, So 11–19 Uhr) Dieses Lokal gibt's in der einen oder anderen Form schon seit 1870 und die Sandwiches mit frittiertem Fisch sorgen immer noch dafür, dass die Leute Schlange stehen. Es ist nicht unbedingt die beste Adresse in der Gegend, die Bar ist jedoch ein historisches Juwel. Nur Barzahlung.

Enrico Biscotti Cafe
ITALIENISCH $

(2022 Penn Ave; Hauptgerichte 10 US$; ⊙ Mo–Fr 11–15, Sa ab 7 Uhr) Brot, Pizza und Torta Rustica und dazu noch die Biscotti runden das Angebot ab. Der charismatische Besitzer Larry Laguttata gibt sonntags einen Kurs im Brotbacken (85 US$).

Prantl's
BÄCKEREI $

(438 Market St; Stück Kuchen 3 US$; ⊙ Mo–Fr 7–18, Sa 9–16, So 10–15 Uhr) Zu einem Besuch in Pittsburgh gehört unbedingt auch ein Stück der Gebrannte-Mandel-Torte, das Aushängeschild des Prantl's. Hat auch eine Filiale in Shadyside (5525 Walnut St; ⊙ Di–Sa 7.30–18, So & Mo 9–16 Uhr).

Primanti Bros
FAST FOOD $

(☎ 412-263-2142; www.primantibros.com; 46 18th St; Sandwiches 6 US$; ⊙ 24 Std.) Das ist es, was ein Pittsburgher vermisst, wenn er die Stadt verlässt: heiße, fettige Sandwiches, die immer mit Pommes Frites und Krautsalat gefüllt sind. Weitere Filialen gibt's in **Oakland** (3803 Forbes Ave; ⊙ 10–24, Do–Sa bis 3 Uhr), **Downtown am Market Sq** (2 S Market Sq; ⊙ 10–24, Fr & Sa bis 2 Uhr) und in **South Side** (1832 E Carson St; ⊙ 11–2, Sa & So ab 10 Uhr).

Pamela's   DINER **$**
(60 21st St; Hauptgerichte 6–9 US$; ⊙ Mo–Sa 7–15, So ab 8 Uhr) Vom schlichten Pamela's gibt es in der Stadt mehrere Filialen. Sie alle haben den klassischen Diner-Look mit jeder Menge Chrome und sind berühmt für ihre superdünnen Pancakes. Nur Barzahlung.

★ **Bar Marco**   ITALIENISCH **$$**
(📞 412-471-1900; 2216 Penn Ave; Hauptgerichte 18–26 US$, Probiermenü 75 US$; ⊙ Mi–So 17–23, Mo bis 22, Sa & So auch 10–15 Uhr; 🖉) Eines der hochwertigeren Restaurants der Stadt mit einem hervorragenden Brunch. Man kann an der Bar sitzen oder einen Tisch im Wine Room reservieren, wo das ausgezeichnete und verhältnismäßig günstige Probiermenü des Chefkochs serviert wird. Ganz angenehm: Trinkgelder werden grundsätzlich nicht erwartet.

🍴 North Side

Wilson's Bar-B-Q   BARBECUE **$**
(700 N Taylor Ave; Hauptgerichte 8,50 US$; ⊙ Mo–Sa 12–20 Uhr) Nach einer Mahlzeit vom Plastikteller in diesem sehr einfachen Lokal ohne viel Schnickschnack riechen die Klamotten zwar nach Lagerfeuer, die Rippchen sind aber unschlagbar.

🍴 South Side

Zenith   VEGAN **$**
(📞 412-481-4833; 86 S 26th St; Hauptgerichte 7–10 US$; ⊙ Do–Sa 11.30–20.30, So 11–14.30 Uhr; 🖉) In diesem Lokal isst man wie in einem Antiquitätenladen und alles, von den Resopaltischen bis hin zu dem, was drauf steht, wird zum Verkauf angeboten. Der Sonntagsbrunch (11,50 US$) zieht sehr viele Stammgäste an.

Dish Osteria Bar   ITALIENISCH **$$**
(📞 412-390-2012; www.dishosteria.com; 128 S 17th St; Hauptgerichte 20–26 US$; ⊙ Mo–Sa 17–2 Uhr, Küche bis 24 Uhr) Das anheimelnde Lokal ist bei Einheimischen beliebt und serviert teils extravagante Gerichte wie Fettuccine mit Lamm-Ragout.

🍴 Oakland

★ **Conflict Kitchen**   FAST FOOD **$**
(📞 412-802-8417; 221 Schenley Dr; Hauptgerichte 8–12 US$; ⊙ 11–18 Uhr) Dieser Schnellimbiss in der Nähe der Cathedral of Learning erfindet sich selbst regelmäßig neu und kocht Gerichte aus Ländern, mit denen die USA gerade mal wieder im Clinch liegen. Bisher waren u. a. schon die Küche Afghanistans, Palästinas und Kubas dran.

Original Hot Dog Shop   FAST FOOD **$**
(📞 412-621-7388; 3901 Forbes Ave; Sandwiches 4–7 US$; ⊙ Di–Sa 10–1.30, So & Mo bis 21 Uhr) Der mit dem liebevollen Namen „Dirty O" versehene Hotdog-Laden ist von Neonlicht erleuchtet und vor allem spätabends sehr beliebt. Serviert werden hier gute Chilli-Hotdogs und bergeweise extraknusprige Pommes. Ein Schwips ist für den Genuss nicht unbedingt erforderlich, aber recht üblich.

🍴 Lawrenceville & East Liberty

★ **Smoke BBQ Taqueria**   MEXIKANISCH **$**
(📞 412-224-2070; 4115 Butler St; Tacos 6 US$; ⊙ 11–23 Uhr; 🖉) Zwei Köche aus Austin, Texas, vereinen in dieser Taqueria ihre Fertigkeiten als Grillmeister mit ihrer mexikanischen Tortilla-Kompetenz und schaffen dadurch superleckere Kreationen, unter denen überraschenderweise sogar ein paar gute vegetarische Optionen sind. Alkohol selbst mitbringen; nebenan gibt's einen sehr guten Bierladen.

Coca Cafe   CAFÉ **$**
(3811 Butler St; Hauptgerichte 10–14 US$, kleines Abendgericht 10–15 US$; ⊙ Mo–Mi 8–15, Do bis 17, Fr bis 21, Sa 9–21, So bis 14 Uhr; 🖉) Die kreativen und frisch zubereiteten Frühstücksangebote (z. B. Eggs Benedict mit Aubergine) sind der Renner hier, das Café mit seinen zwei Räumen ist aber zu jeder Zeit eine nette Option. Hat auch guten Kaffee.

Franktuary   FAST FOOD **$**
(3810 Butler St; Hotdogs ab 3,50 US$; ⊙ Di–Do 11.30–23.30, Fr & Sa bis 1, So bis 15 Uhr) Hier werden die einfachen Frankfurter Würstchen mit gebührendem Respekt behandelt, aus hochwertigem Fleisch hergestellt und mit leckerem Belag (laut Speisekarte sind das „Gewänder") wie etwa Schimmelkäse oder Kimchi kombiniert. Die guten Salate und eine umfangreiche Cocktailkarte runden das Ganze ab.

Cure
MODERN-AMERIKANISCH $$$
(412-252-2595; 5336 Butler St; Hauptgerichte 28–34 US$; 17–22 Uhr) Ein golden erleuchteter Tempel, der dem Schwein gewidmet ist und der der Sache so ernst nimmt, dass zum Brot sogar Schweineschmalz mit Knoblauch und Kapern gereicht wird. Die *charcroute*-Platte vereint all die köstlichen hausgemachten Fleischkonserven.

Ausgehen & Nachtleben

Die E Carson St in South Side ist die größte Partymeile der Stadt, während Lawrenceville viele coole Bars hat. Die meisten Schwulen-Bars finden sich auf einem kurzen Abschnitt der Liberty Ave in Downtown. Die Drinks sind im Allgemeinen nicht teuer, oft kann man aber nur bar bezahlen. In vielen Lokalen ist das Rauchen auch weiterhin gestattet.

★ Allegheny Wine Mixer
WEINBAR
(5326 Butler St; Di–Do 17–24, Fr–So bis 1 Uhr) Das Allegheny vereint all die Vorteile einer hochwertigen Weinbar – großartige Weinkarte, pfiffiges Personal, leckere Knabbereien – mit der Gemütlichkeit einer Nachbarschaftskneipe.

Gooski's
BAR
(3117 Brereton St; Bier 3 US$; 11–2 Uhr) Piroggen, Punkrock und ein fast schon legendärer Barkeeper machen das Gooski's seit Jahrzehnten zu einer verlässlich guten Kneipe in Polish Hill.

Park House
BAR
(403 E Ohio St; Mo–Sa 17–2 Uhr) Eine freundliche Bar in Deutschtown in der North Side mit kostenlosen Erdnüssen, Popcorn und Musik. Das Speiseangebot aus Hummus und Falafel passt hervorragend zum Bier. Mittwochabends ist Bluegrass angesagt.

Bloomfield Bridge Tavern
BAR
(412-682-8611; 4412 Liberty Ave; Di–Sa 17–2 Uhr) „Die polnische Partylocation" ist ein Pub im 1980er-Jahre-Look mit exzellenten Piroggen und Sauerkraut. Am Wochenende spielen Indie-Rockbands.

Kelly's
COCKTAILBAR
(6012 Penn Circle S; Drinks ab 6 US$; Mo–Sa 11.30–2 Uhr) Diese alte Bar hat den Wandel der Viertel in East Liberty hin zu einem gehobeneren Stil mit Klasse überstanden und serviert großartige Cocktails der Prohibitions-Ära, während die knarrenden Sitzecken aus Vinyl erhalten blieben.

Brillobox Bar
BAR
(www.brillobox.net; 4104 Penn Ave; Di–So 17–2 Uhr) Livemusik und DJs (im OG; gegen Eintritt), vegetarier-freundliche Gerichte und das sonntägliche Dinner Special für „hungrige Künstler" (7 US$) machen die Brillobox Bar zu einer beliebten Adresse am Hügel oberhalb der Hauptstraße in Lawrenceville.

Nied's Hotel
BAR
(5438 Butler St; Bier 2 US$; 7–24 Uhr oder länger, So geschl.) Das tolle Gemeinschaftsrestaurant mit Bar, schon seit 1941 eine Institution in Upper Lawrenceville, serviert eines der besten Fisch-Sandwiches der Stadt (2 US$) und die Hausband ist ein Publikumsliebling. Im Sommer spielen verschiedene Bands auch im „Amphitheater" (ein Hof nebenan).

Wigle Whiskey Garden at the Barrelhouse
BAR
(412-224-2827; www.wiglewhiskey.com; 1055 Spring Garden Ave; Mi–Fr 17–21, Sa ab 15, So 11–16 Uhr) Hier in der North Side wird der Whiskey der kleinen Brennerei in Fässer abgefüllt und ganz nebenbei hält der hübsche Platz im Freien auch noch für Konzerte und Bingospiele her. Seine **Destillerie** (2401 Smallman St; Di–Sa 10–18, So bis 16 Uhr) befindet sich im Strip District und bietet Führungen und Verkostungen an.

☆ Unterhaltung

★ Elks Lodge
LIVEMUSIK
(412-321-1834; 400 Cedar Ave; Eintritt 5 US$; Bluegrass Mi 20 Uhr, Big Band 1. & 3. Do im Monat 19 Uhr) Bei einer Banjo Night im Elks wird schnell klar, warum Pittsburgh als das Paris der Appalachen gilt. Dann ist die Bühne brechend voll und das Publikum singt zu den Bluegrass-Klassikern munter mit. Zweimal im Monat tritt auch eine Big Band auf; davor gibt's Tanzunterricht. In Deutschtown in der North Side.

Pittsburgh Cultural Trust
THEATER
(412-471-6070; www.pgharts.org; 803 Liberty Ave) Eine Dachorganisation aller Kunstformen im Cultural District in der Innenstadt, von der Pittsburgh Opera über den weltoffenen Pittsburgh Dance Council bis zum Kreativtheater der Bricolage. Infos zu Terminen und Tickets gibt's auf der Webseite.

Rex Theater
LIVEMUSIK
(412-381-6811; www.rextheatre.com; 1602 E Carson St) Das umgebaute Kino in South Side ist ein beliebter Veranstaltungsort für tourende Jazz-, Rock- und Indie-Bands.

MCG Jazz LIVEMUSIK
(☑ 412-322-0800; www.mcgjazz.org; 1815 Metropolitan St; ☺ Okt.–April) In dem Veranstaltungsort mit 350 Sitzplätzen, der Teil einer städtischen Kunstgewerbeschule in der North Side ist, treten erstklassige Jazzmusiker auf.

Row House Cinema KINO
(☑ 412-904-3225; www.rowhousecinema.com; 4115 Butler St; Ticket 9 US$) Dieses Programmkino in Lawrenceville hat Themenwochen und gewährt einen Preisnachlass für verkleidete Gäste.

ℹ️ Praktische Informationen

Greater Pittsburgh Convention & Visitors Bureau Main Branch (☑ 412-281-7711; www.visitpittsburgh.com; 120 Fifth Ave, Suite 2800; ☺ Mo–Fr 10–18, Sa bis 16, So bis 15 Uhr) Gibt den *Official Visitors Guide* heraus und versorgt Traveller mit Stadtplänen und Tipps.

Pittsburgh City Paper (www.pghcitypaper.com) Unabhängiges alternatives Wochenblatt Pittsburghs mit gutem Veranstaltungskalender in Sachen Kunst.

Pittsburgh Post-Gazette (www.post-gazette.com) Eine der großen Tageszeitungen.

Pop City (www.popcitymedia.com) Wöchentliches Online-Magazin zu Kunst- und Kulturveranstaltungen.

University of Pittsburgh Medical Center (☑ 412-647-2345; www.upmc.com; 200 Lothrop St; ☺ 24 Std.) Pittsburghs bestes Krankenhaus.

ℹ️ An- & Weiterreise

AUTO

Pittsburgh ist über die großen Highways leicht zu erreichen: von Norden oder Süden über die I-76 bzw. die I-79, von Westen über die Rte 22 und von Osten über die I-70. Die Fahrt mit dem Auto von NYC dauert ca. acht Stunden, von Buffalo etwa drei Stunden.

BUS

Vom **Greyhound-Busbahnhof** (Granz Street Transportaion Center; ☑ 412-392-6514; www.

greyhound.com; 55 11th St) nahe dem Strip District fahren häufig Busse nach Philadelphia (ab 33 US$, 6–7 Std.) sowie nach New York (ab 31 US$, 8½–11 Std.) und Chicago (68 US$, 11–14 Std.).

FLUGZEUG

Am **Pittsburgh International Airport** (☑ 412-472-3525; www.pitairport.com; 1000 Airport Blvd), 18 Meilen (ca. 29 km) westlich von Downtown, bieten mehrere Fluglinien Direktflüge nach Europa, Kanada und in US-amerikanische Großstädte an.

ZUG

Pittsburgh hat einen wunderschönen alten Bahnhof. Die Züge von **Amtrak** (☑ 800-872-7245; www.amtrak.com; 1100 Liberty Ave) halten aber in einem modernen, trostlosen Gebäude dahinter. Es gibt Verbindungen nach Philadelphia (ab 55 US$, 7½ Std.) und NYC (ab 73 US$, 9½ Std.). Ein Zug fährt auch nach Chicago (107 US$, 10 Std.) und Washington, D. C. (50 US$, 8 Std.).

ℹ️ Unterwegs vor Ort

PortAuthority (www.portauthority.org) ist für das öffentliche Verkehrsnetz in Pittsburgh zuständig, darunter auch der 28X Airport Flyer (3,75 US$, 40 Min., 5.30–24 Uhr alle 30 Min.), der vom Flughafen ins Zentrum und nach Oakland fährt. Ein Taxi bis in die Innenstadt kostet um die 40 US$ (Trinkgeld nicht inkl.). Es gibt auch mehrere Shuttlebusse, die für etwa 25 US$ pro Person (einfache Strecke) in die Downtown fahren.

Selbst mit dem Auto in Pittsburgh herumzufahren, kann frustrierend sein – Straßen enden unvermittelt oder führen plötzlich über eine Brücke. Parkplätze sind in der Innenstadt sowieso ein kostbares Gut. Wann immer es möglich ist, sollte man auf das umfangreiche Busnetz zurückgreifen, das auch schnellere Expressbusse hat (die Namen der Routen beginnen mit P). Es gibt noch ein kleines Straßenbahnsystem namens „T", das ganz praktisch ist für Fahrten zwischen Downtown und South Side. Fahrten innerhalb Downtown Pittsburgh sind mit der T-Linie kostenlos. Sonst bezahlt man innerhalb der Stadt pro Fahrt 2,50 US$, fürs Umsteigen 1 US$.

Neuengland

Inhalt ➡
Massachusetts	184
Boston	184
Cape Cod	206
Nantucket	215
Martha's Vineyard	217
Rhode Island	224
Connecticut	229
Vermont	235
New Hampshire	247
Maine	257

Gut essen
- Row 34 (S. 197)
- Chatham Fish Pier Market (S. 211)
- Fore Street (S. 263)
- Nudel (S. 222)
- Art Cliff Diner (S. 218)

Schön übernachten
- Verb Hotel (S. 196)
- Carpe Diem (S. 214)
- Inn at Shelburne Farms (S. 246)
- The Attwater (S. 228)

Auf nach Neuengland!

Die Geschichte Neuenglands ist die Geschichte der USA. In dieser Region landeten die Pilgerväter am Plymouth Rock und kämpften die Minutemen für die Unabhängigkeit des Landes. Hier wagen fortschrittliche Denker seit Jahrhunderten zu denken und ihre Gedanken in die Tat umzusetzen. Und auch heute noch bildet Neuengland mit Museen und Musikfestivals der Spitzenklasse eine kulturelle Vorhut.

Sanfte Hügel und die uralten Gipfel der Appalachen locken in die freie Natur. Die fast 8000 km lange Küste bietet unendlich viele Gelegenheiten zum Angeln, Baden, Surfen und Segeln. Für den mächtigen Appetit, den solche Aktivitäten todsicher aufbauen, ist ebenfalls gesorgt, denn Neuengland ist ein Füllhorn kulinarischer Freuden: Es winken in Ahornsirup getränkte Pfannkuchen, frisch gepflücktes Obst, würziger Cheddar-Käse und vor allem herrlich frische Meeresfrüchte, das Markenzeichen der Region.

Reisezeit
Boston

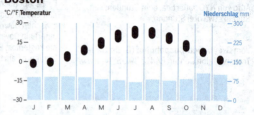

Mai–Juni Wenige Wanderer, keine Menschenmassen; Beginn der Walbeobachtungszeit.	Juli–Aug. Hauptsaison mit Sommerfestivals und warmem Meerwasser.	Sept.–Okt. Höhepunkt von Neuenglands Herbstlaubpracht (Mitte Sept.–Mitte Okt.).

Geschichte

Als die ersten europäischen Siedler hier ankamen, war Neuengland von den indigenen Algonkin bewohnt, die in kleinen Stämmen zusammenlebten, Mais und Bohnen anbauten, Wild jagten und in den Küstengewässern fischten.

1602 landete der englische Kapitän Bartholomew Gosnold in Cape Cod und segelte nordwärts nach Maine weiter. Erst Kapitän John Smith kartografierte 1614 im Auftrag von König Jakob I. die Küste und taufte das Land „Neuengland". Mit der Ankunft der Pilgerväter in Plymouth im Jahr 1620 begann die Besiedlung des Gebiets durch die Europäer. Im folgenden Jahrhundert wuchsen die Kolonien – vielfach auf Kosten der indigenen Bevölkerung.

Die Bürger Neuenglands waren zwar Untertanen der britischen Krone, besaßen aber eine Selbstverwaltung mit eigener Gesetzgebung und sahen ihre Interessen nicht unbedingt als identisch mit denen Englands an. Um 1770 erließ König Georg III. eine Reihe Steuern, um Englands Beteiligung an kostspieligen Kriegen zu finanzieren. Die im britischen Parlament nicht vertretenen Kolonisten reagierten mit einer Steuerrevolte unter dem Motto *no taxation without representation* (keine Besteuerung ohne parlamentarische Vertretung). Versuche, die Proteste niederzuschlagen, führten schließlich zu den Schlachten von Lexington und Concord, mit denen der Amerikanische Unabhängigkeitskrieg begann, in dessen Folge 1776 die USA gegründet wurden.

Mit der staatlichen Unabhängigkeit wurde Neuengland zu einer Wirtschaftsmacht: In den Häfen boomten Schiffbau, Fischfang und Handel. Die berühmten Yankee Clippers fuhren bis China und Südamerika. Der Walfang brachte Nantucket und New Bedford beispiellosen Wohlstand. Auf Rhode Island wurde 1793 die erste mit Wasserkraft betriebene Baumwollspinnerei der USA gegründet.

Kein Aufschwung hält ewig an. Im frühen 20. Jh. waren viele der Fabriken in den Süden verlegt worden. Heute sind Bildung, Finanzwesen, Biotechnologie und Tourismus die Stützen der Wirtschaft in der Region.

Einheimische Kultur

Neuengländer sind von Natur aus eher zurückhaltend, und ihre schroffen Yankee-Umgangsformen unterscheiden sich deutlich von der lässigen Aufgeschlossenheit der Amerikaner in einigen anderen Regionen. Ihre wortkarge Art darf man aber nicht mit Unfreundlichkeit verwechseln – man ist hier einfach nur etwas förmlicher.

Insbesondere in ländlichen Gebieten offenbart sich der Stolz der Menschen auf ihren Einfallsreichtum und ihre Selbständigkeit. An Letzterer halten die Neuengländer hartnäckig fest, von den hiesigen Fischern, die den Stürmen des Atlantiks trotzen, bis zu den Kleinbauern in Vermont, die mühsam versuchen, ihre Unabhängigkeit gegen die alles verschlingende US-amerikanische Agrarindustrie zu behaupten. Zum Glück für diese Bauern und Fischer ist überall in Neuengland das Interesse an regional her-

---

NEUENGLAND IN...

...einer Woche

Los geht's in **Boston** mit dem **Freedom Trail**, einem Essen in einem gemütlichen **Bistro in North End** und der Erkundung der Highlights der Stadt. An einem Tag sollte man sich die Villen in **Newport** anschauen. Anschließend stehen die Strände von **Cape Cod** oder eine Fahrt mit der Fähre nach **Nantucket** oder **Martha's Vineyard** auf dem Programm. Die Woche endet mit einem Abstecher nach Norden – zu den **White Mountains** in New Hampshire oder zur **Küste von Maine**.

...zwei Wochen

In der zweiten Woche geht's zu einer entspannten Fahrt durch die **Litchfield Hills** und die **Berkshires**. Die Woche endet mit einem Besuch in den munteren Städten **Providence** und **Burlington**. Alternativ ist auch ein verlängerter Aufenthalt an der Küste von Maine reizvoll, bei dem man genug Zeit hat, **Bar Harbor** zu erkunden und an den Stränden des **Acadia National Park** Kajak zu fahren. In Maines überwältigenden Natur kann man dann bei einer Wanderung auf den nördlichsten Gipfel des **Appalachian Trail** ins Schwitzen kommen oder in einer atemberaubender Fahrt den **Kennebec River** bezwingen.

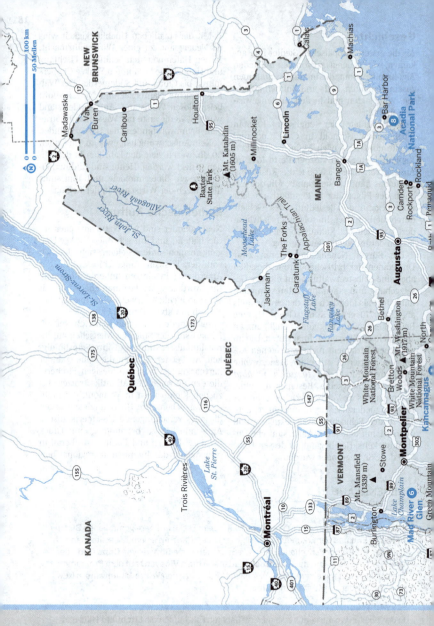

Highlights

1 Auf **Bostons Freedom Trail** (S. 194) den Spuren der amerikanischen Unabhängigkeitskämpfer folgen

2 In den Dünen der **Cape Cod National Seashore** (S. 211) wandern

3 In **Nantucket** (S. 215) durch die Kopfsteinstraßen und an den windumtosten Stränden herumschlendern

4 Beim **Tanglewood Music Festival** (S. 222) in Lenox unter freiem Himmel Konzerte von Weltklasse erleben

5 Im Herbst bei einer Fahrt auf dem **Kancamagus Highway** (S. 252) in den White Mountains das farbenprächtige Laub bewundern

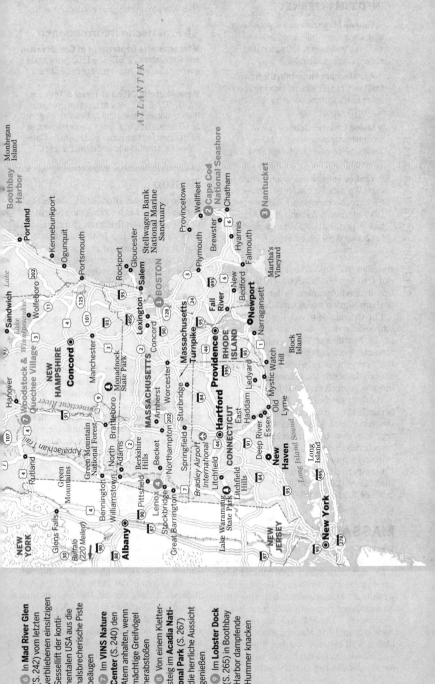

> **INFOS IM INTERNET**
>
> → **Yankee Magazine** (www.yankeemagazine.com) Tolle Infoquelle mit Zielbeschreibungen, Rezepten und Veranstaltungskalender.
>
> → **Appalachain Mountain Club** (www.outdoors.org) Die wichtigste Internetadresse für Outdoor-Abenteuer in den Hügeln Neuenglands.
>
> → **Maine Lobster Council** (www.lobsterfrommaine.com) Beschreibt, wie man Hummer fängt, bestellt, kauft, zubereitet und isst.
>
> → **Yankee Foliage** (www.yankeefoliage.com) Wer sich für das Farbenspiel des Herbstlaubs interessiert, ist hier richtig. Die Seite macht Vorschläge für Autotouren und zeigt auf Karten den aktuellen Zustand der Laubbäume.

gestellten Bio-Produkten sprunghaft gestiegen. Öko liegt voll im Trend – in Bostons Bistros, in den Restaurants in den Kleinstädten hoch im Norden und überall dazwischen.

Ein Ort, an dem von der charakteristischen Reserviertheit nichts zu spüren ist, ist die Sportarena. Die Neuengländer sind absolute Sportfanatiker. Bei einem Spiel der Red Sox geht es zu wie einst bei den Gladiatorenkämpfen im Kolosseum – da wird mächtig gejubelt und wüst gepfiffen.

Politisch gesehen gilt Neuengland als liberale Exklave, die sich in wichtigen Fragen progressiv und avantgardistisch gibt. Das zeigt sich etwa bei den Rechten von Homosexuellen oder bei der Reform der Gesundheitsversorgung. Und für Präsident Obamas Plan einer allgemeinen Krankenversicherung in den USA wurde die in Massachusetts geltende Regelung als Modell verwendet.

MASSACHUSETTS

Von den bewaldeten Hügeln der Berkshires bis zu den Sandstränden von Cape Cod – Massachusetts bietet viele Möglichkeiten zur Erkundung der Natur. Der Commonwealth of Massachusetts hat Geschichte gemacht, vom Plymouth Rock bis zum Amerikanischen Unabhängigkeitskrieg. Und auch kulturell hat Massachusetts viel Erstklassiges zu bieten – von den Universitäten und Museen in Boston bis hin zu den Sommertheatern in den Berkshires und Tanglewood. Man hat nur die Qual der Wahl, welches Massachusetts man entdecken will.

 **Praktische Informationen**

Massachusetts Department of Conservation and Recreation (617-626-1250; www.mass.gov/eea) Bietet Campingplätze in 29 State Parks.

Massachusetts Office of Travel & Tourism (617-973-8500; www.massvacation.com) Bietet Infos zu Events und Aktivitäten im ganzen Bundesstaat, u. a. einen ausgezeichneten Führer zum Ökotourismus und spezielle Materialien für schwule und lesbische Traveller.

Boston

Boston ist in jeder Hinsicht die älteste Stadt der USA. Man kann kaum einen Schritt auf den kopfsteingepflasterten Straßen tun, ohne auf irgendeine historische Stätte zu stoßen. Aber Boston ist keineswegs auf seine Vergangenheit fixiert: Die verlockende Kunst- und Musikszene der Stadt bezaubert das moderne Publikum, topmoderne Stadtplanungsprojekte geben Boston ein neues Gesicht, und die vielen Universitäten sorgen dafür, dass jedes Jahr mit neuen Studenten frischer Wind in die Stadt kommt.

Geschichte

Als England 1630 die Massachusetts Bay Colony gründete, wurde Boston zu ihrer Hauptstadt erklärt. Boston ist in vielerlei Hinsicht Vorreiter gewesen: 1635 wurde die Boston Latin School, die erste öffentliche Schule in Amerika, gegründet, ein Jahr später die erste Universität des Landes, Harvard. In Boston erschien 1704 die erste Zeitung der Kolonien, 1795 konstituierte sich hier die erste Gewerkschaft der USA, und auch die erste U-Bahn des Staates rollte 1897 in Boston über die Gleise.

Nicht nur die ersten Schlachten des Amerikanischen Unabhängigkeitskriegs wurden hier ausgefochten, auch das erste afroamerikanische Regiment im Amerikanischen Bürgerkrieg stammte aus Boston. Scharenweise kamen europäische Einwanderer hierher, vor allem Iren in der Mitte des 18. Jhs. und Italiener Anfang des 20. Jhs. Sie brachten europäische Einflüsse in die Stadt.

Heute steht Boston in Sachen Hochschulbildung an der Spitze; aus seinen Universitäten sind weltbekannte Unternehmer in den Bereichen Biotechnologie, Medizin und Finanzwesen hervorgegangen.

Sehenswertes

Boston ist recht kompakt und daher besser zu Fuß als mit dem Auto zu erkunden. Die meisten großen Sehenswürdigkeiten liegen rund ums Zentrum. Bester Startpunkt ist der Boston Common, wo auch die Touristeninformation untergebracht ist und der Freedom Trail beginnt.

Boston Common, Beacon Hill & Downtown

Über dem Boston Common erhebt sich mit Beacon Hill eines der wohlhabendsten und geschichtsträchtigsten Viertel der Stadt. Östlich davon liegt Downtown Boston mit einer seltsamen Mischung aus kolonialen Sehenswürdigkeiten und modernen Bürogebäuden.

★ Boston Common   PARK

(Karte S. 192; zw. Tremont St, Charles St, Beacon St & Park St; ⊙6–24 Uhr; [P] [🚻]; [T] Park St) Der Boston Common hat im Lauf der Jahre viele Zwecke erfüllt: Er war u. a. im Amerikanischen Unabhängigkeitskrieg Lagerplatz der britischen Truppen und bis 1830 eine Viehweide. Heute dient der Park den Menschen vor allem zum Picknicken, Sonnenbaden und Leute beobachten. Im Winter lockt der **Frog Pond** (Karte S. 192; www.bostonfrogpond. com; Boston Common; Eintritt Erw./Kind 5 US$/ frei, Schlittschuhverleih 10/5 US$; ⊙Mitte Nov.– Mitte März Mo 10–16, Di–So bis 21 Uhr; [🚻]; [T] Park St) Schlittschuhläufer an, während im Sommer Theaterfans zum **Shakespeare on the Common** (Karte S. 192; www.commshakes. org; Boston Common; ⊙Juli & Aug. Di–Sa .20, So 19 Uhr; [T] Park St) strömen. Der Park ist der Startpunkt des Freedom Trail.

Massachusetts State House   GEBÄUDE

(Karte S. 192; www.sec.state.ma.us; Ecke Beacon St & Bowdoin St; ⊙9–17 Uhr, Führungen Mo–Fr 10–15.30 Uhr; [T] Park St) [GRATIS] Oben auf dem Beacon Hill setzen Massachusetts' Regierung und Parlamentarier im State House ihre Ideen in konkrete Politik und Gesetze um. John Hancock stellte das Land – einen Teil seiner Viehweiden – zur Verfügung, Charles Bulfinch entwarf das monumentale State Capitol, das Oliver Wendell Holmes „das Zentrum (engl. *hub*) des Sonnensystems" nannte – daher erhielt Boston den Spitznamen „The Hub". Bei den kostenlosen 40-minütigen Führungen erhalten Besucher Einblick in Geschichte, Kunst, Architektur und Politik in dem Gebäude.

Granary Burying Ground   FRIEDHOF

(Karte S. 192; Tremont St; ⊙9–17 Uhr; [T] Park St) Der stimmungsvolle Friedhof von 1660 ist voller historischer Grabsteine, viele mit berührenden (und unheimlichen) Inschriften. Hier ruhen viele Helden aus dem Unabhängigkeitskrieg, z. B. Paul Revere, Samuel Adams, John Hancock und James Otis. Benjamin Franklin wurde in Philadelphia begraben, aber seine Eltern liegen im hiesigen Familiengrab.

Old South Meeting House   HISTORISCHES GEBÄUDE

(Karte S. 192; www.osmh.org; 310 Washington St; Erw./Kind 6/1 US$; ⊙April–Okt. 9.30–17 Uhr, Nov.–März 10–16 Uhr; [T] Downtown Crossing oder State) „Keine Teesteuer!", lautete die Parole am 16. Dezember 1773, als 5000 wütende Kolonisten sich hier versammelten, um gegen die britischen Steuern zu protestieren, und damit die Boston Tea Party einleiteten. Man kann sich die Ausstellung zur Geschichte des hübschen Gebäudes anschauen und ein Hörspiel über die Versammlung vor der Tea Party anhören.

KURZINFOS MASSACHUSETTS

Spitzname Bay State

Bevölkerung 6,7 Mio.

Fläche 20 305 km²

Hauptstadt Boston (646 000 Ew.)

Weitere Städte Worcester (182 500 Ew.), Springfield (153 700 Ew.)

Verkaufssteuer 6,25 %

Geburtsort von Erfinder Benjamin Franklin (1706–1790), John F. Kennedy (1917–1963), Schriftsteller Jack Kerouac (1922–1969) und Henry David Thoreau (1817–1862)

Heimat der Harvard University, des Boston Marathon und des Plymouth Rock

Politische Ausrichtung demokratisch

Berühmt für die Boston Tea Party und die erste Anerkennung gleichgeschlechtlicher Ehen in den USA

Entfernungen Boston–Provincetown 115 Meilen (185 km), Boston–Northampton 104 Meilen (167 km), Boston-Acadia National Park 280 Meilen (451 km)

Beliebteste Süßspeise Boston Cream Pie, Dunkin' Donuts, Fig Newtons

186

Boston

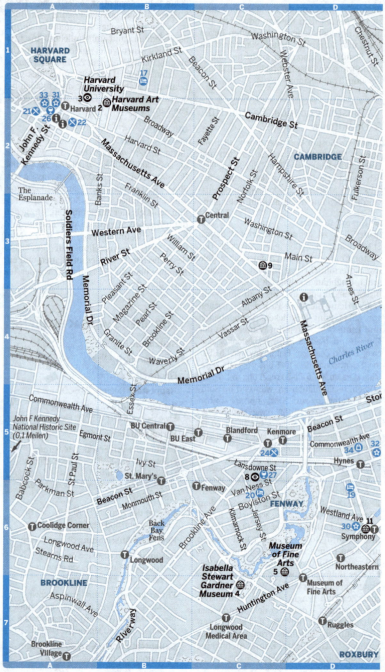

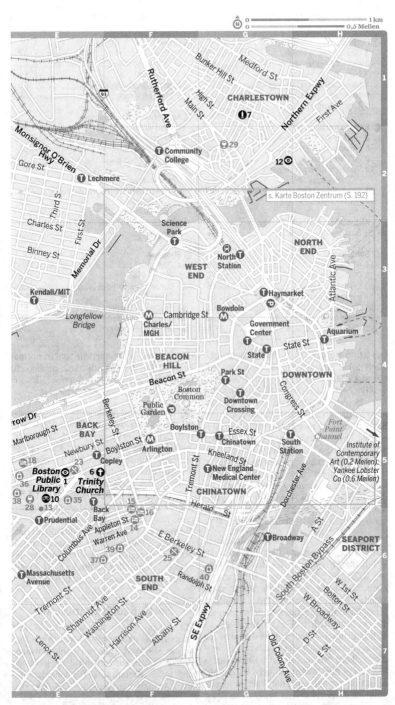

Boston

◉ Highlights
1 Boston Public Library.............................E5
2 Harvard Art Museums...........................B2
3 Harvard University...................................A1
4 Isabella Stewart Gardner Museum.......C7
5 Museum of Fine Arts..............................C6
6 Trinity Church..E5

◎ Sehenswertes
7 Bunker Hill Monument............................G1
8 Fenway Park...C5
9 MIT Museum...C3
10 Prudential Center Skywalk
    Observatory..E5
11 Symphony Hall...D6
12 USS Constitution.....................................G2

◉ Aktivitäten, Kurse & Touren
13 Boston Duck Tours...................................E5

🛏 Schlafen
14 40 Berkeley...F6
15 Chandler Inn...F6
16 Chandler Studios......................................F6
17 Irving House..B1
18 Newbury Guest House.............................E5
19 Oasis Guest House & Adams B&B.......D6
20 Verb Hotel...C6

⊗ Essen
21 Alden & Harlow.......................................A2
22 Clover Food Lab.......................................A2
23 Courtyard..E5
24 Island Creek Oyster Bar.........................C5
25 Myers & Chang..F6

◉ Ausgehen & Nachtleben
26 Beat Hotel..A2
27 Bleacher Bar...C5
28 Top of the Hub...E5
29 Warren Tavern..G2

◉ Unterhaltung
30 Boston Symphony Orchestra.................D6
31 Club Passim..A2
    Fenway Park....................................(siehe 8)
32 Red Room @ Café 939............................D5
33 Sinclair..A2

🛍 Shoppen
34 Converse...D5
35 Copley Place...E5
36 Lunarik Fashions......................................E5
37 Olives & Grace...E6
38 Prudential Center.....................................E5
39 Sault New England..................................F6
40 SoWa Open Market.................................G6

Old State House · HISTORISCHES GEBÄUDE
(Karte S. 192; www.revolutionaryboston.org; 206 Washington St; Erw./Kind 10 US$/frei; ⊙ Juni–Aug. 9–18 Uhr, Sept.–Mai bis 17 Uhr; Ⓣ State) Das Old State House von 1713 ist das älteste erhaltene öffentliche Gebäude in Boston. Vor der Revolution tagte hier die Massachusetts Assembly. Das Gebäude kennt man vor allem wegen seines Balkons, auf dem 1776 die Unabhängigkeitserklärung verkündet wurde. Drinnen befindet sich ein kleines Museum mit Andenken aus der Revolutionszeit. Videos und Multimedia-Darbietungen berichten über das Massaker von Boston, das sich vor den Türen des Gebäudes abspielte.

Faneuil Hall · HISTORISCHES GEBÄUDE
(Karte S. 192; www.nps.gov/bost; Congress St; ⊙ 9–17 Uhr; Ⓣ Haymarket oder Government Center) GRATIS „Wer freie Rede nicht ertragen kann, sollte besser nach Hause gehen", sagte Wendell Phillips. „Faneuil Hall ist kein Ort für Sklavenherzen." Tatsächlich wurden an diesem öffentlichen Versammlungsort so viele stürmische Reden gehalten, dass er den Spitznamen „Cradle of Liberty" (Wiege der Freiheit) erhielt. Nach der Unabhängigkeit gab es hier Versammlungen für die Abschaffung der Sklaverei, die Einführung des Frauenwahlrechts und zu Fragen von Krieg

und Frieden. Der historische Saal ist normalerweise für die Öffentlichkeit zugänglich; Ranger des National Park Service (NPS) erläutern die Geschichte des Gebäudes.

★ New England Aquarium · AQUARIUM
(Karte S. 192; www.neaq.org; Central Wharf; Erw./Kind 25/18 US$; ⊙ Mo–Fr 9–17, Sa & So bis 18 Uhr, Juli & Aug. 1 Std. länger; Ⓟ 🚻; Ⓣ Aquarium) 🖉 Meeresbewohner aller Arten, Formen und Farben bevölkern das riesige Aquarium im Zentrum des Ufers von Downtown Boston. Die Hauptattraktion des Aquariums ist der neu renovierte, dreistöckige Meerwassertank mit Tausenden großen und kleinen Meerestieren, darunter Schildkröten, Haie und Aale. Zahlreiche ergänzende Schaustücke informieren über weitere Wunder der Wasserwelt und ihre Habitate; auch Pinguine und Meeressäuger sind zu bewundern.

◉ North End & Charlestown
Mit seinem Gewirr aus schmalen Gassen erinnert das italienische Viertel North End an die Alte Welt. Hier wartet ein unwiderstehlicher Mix aus farbenfrohen Gebäuden und tollen Restaurants. Die kolonialzeitlichen Attraktionen verteilen sich über den

Fluss bis nach Charlestown, wo das älteste US-Kriegsschiff vor Anker liegt.

Paul Revere House
HISTORISCHE STÄTTE

(Karte S. 192; www.paulreverehouse.org; 19 North Sq; Erw./Kind 3,50/1 US$; ◷ Mitte April–Okt. 9.30–17.15 Uhr, Mitte Nov.–April bis 16.15 Uhr, Jan.–März Mo geschl.; ⚑; ⊤ Haymarket) Als der Silberschmied Paul Revere seinen berühmten Ritt unternahm, um die Patrioten vor dem Vormarsch der britischen Truppen auf Lexington und Concord zu warnen, machte er sich von diesem Haus am North Sq auf den Weg. Das kleine Schindelhaus wurde 1680 erbaut und ist damit das älteste Wohnhaus Bostons. Bei einem Rundgang (Gebäude & Hof) erhalten die Besucher einen kleinen Einblick in den Alltag der Familie Revere (mit 16 Kindern!).

Old North Church
KIRCHE

(Karte S. 192; www.oldnorth.com; 193 Salem St; Eintritt gegen Spende 3 US$, Führung Erw./Kind 6/4 US$; ◷ März–Okt. 9–17 Uhr, Nov.–Feb. 10–16 Uhr; ⊤ Haymarket oder North Station) One if by land, Two if by sea… („Eine, wenn sie über Land, zwei, wenn sie übers Meer kommen"): Longfellow verewigte mit seinem Gedicht „Paul Reveres Ritt", das jeder Amerikaner kennt, diese anmutige Kirche. In der Schicksalsnacht des 18. April 1775 hängte der Küster zwei Laternen in den Kirchturm – das vereinbarte Signal, dass sich die Briten Lexington und Concord auf dem Seeweg näherten. Das auch Christ Church genannte Gotteshaus von 1723 ist Bostons älteste Kirche.

USS Constitution
HISTORISCHE STÄTTE

(Karte S. 186; www.oldironsides.com; Charlestown Navy Yard; ◷ Di–Fr 14–18, Sa & So 10–18 Uhr; ⚑; ☐ 93 ab Haymarket, ⛴ Inner Harbor Ferry ab Long Wharf, ⊤ North Station) GRATIS „Ihre Flanken sind aus Eisen!", rief einer der Männer an Bord, als er beobachtete, wie im Britisch-Amerikanischen Krieg von 1812 eine Kanonenkugel einfach vom dicken Eichenrumpf der USS *Constitution* abprallte. Daher hat das legendäre Schiff den Spitznamen „Old Ironsides" (alte Eisenhaut). Das Schiff von 1797 wurde nie in einer Schlacht versenkt und ist das älteste, das noch heute seinen Dienst in der US-amerikanischen Marine tut. In der Regel fährt es jedes Jahr am 4. Juli in den Boston Harbor hinaus, um seinen Dienststatus zu behalten.

Bunker Hill Monument
DENKMAL

(Karte S. 186; www.nps.gov/bost; Monument Sq; ◷ Juli & Aug. 9–17.30 Uhr, Sept.–Juni bis 16.15 Uhr; ⚑; ☐ 93 ab Haymarket, ⊤ Community College) GRATIS Der 67 m hohe Granitobelisk erinnert an die gleichnamige Schlacht vom 17. Juni 1775. Die Briten setzten sich durch, errangen aber nur einen Pyrrhussieg, weil sie über ein Drittel ihrer Soldaten verloren, während die Kolonisten nur leichte Verluste zu beklagen hatten. Wer sich die 294 Stufen hinaufquält, wird mit einem Panoramablick auf die Stadt, den Hafen und die North Shore belohnt.

◉ Seaport District

Der Spaziergang auf dem HarborWalk führt in den aufstrebenden Seaport District.

★ Boston Tea Party Ships & Museum
MUSEUM

(Karte S. 192; www.bostonteapartyship.com; Congress St Bridge; Erw./Kind 25/15 US$; ◷ 10–17 Uhr,

---

BOSTON IN…

…zwei Tagen

Auf dem **Freedom Trail** folgt man einen Tag lang den Spuren der Revolutionsgeschichte. Dazu gehören ein Bummel durch das **Boston Common**, ein Blick ins **Old State House** und eine kleine Geschichtsstunde im **Union Oyster House**. Danach läuft man rüber nach **North End** und isst italienisch zu Abend.

An Tag zwei mietet man sich ein Fahrrad und macht eine Radtour am Ufer des Charles River. Wer es bis zum **Harvard Sq** schafft, kann noch ein wenig auf dem Campus herumkurven und die Buchläden durchstöbern.

…vier Tagen

Am dritten Tag steht die eindrucksvolle Sammlung amerikanischer Kunst im **Museum of Fine Arts** auf dem Programm. Am Abend gönnt man sich eine Aufführung des **Boston Symphony Orchestra** oder geht zu einem Spiel der Red Sox im **Fenway Park**. Am letzten Tag erkundet man Back Bay auf einen Galerien- und Schaufensterbummel in der **Newbury St**, besucht die **Boston Public Library** und genießt den Blick vom **Prudential Center**.

ABSTECHER

AUF DEN SPUREN VON J.F.K.

John F. Kennedy Library & Museum (www.jfklibrary.org; Columbia Point; Erw./Kind 14/10 US$; ☉ 9–17 Uhr; Ⓣ JFK/UMass) Kennedy ist in Boston allgegenwärtig, doch das offizielle Denkmal des 35. Präsidenten ist die Präsidentenbibliothek mit Museum – ein auffälliges modernes Marmorgebäude, entworfen von I. M. Pei. Das architektonische Kernstück ist der Glaspavillon mit 35 m hohen Decken und deckenhohen Fenstern, aus denen man auf den Boston Harbor blickt. Das Museum ist eine angemessene Hommage an das Leben und das Erbe von J.F.K. Dank der vielen Videos wird Geschichte auch für die Besucher lebendig, die zu jung sind, um sich an die frühen 1960er-Jahre zu erinnern.

John F. Kennedy National Historic Site (www.nps.gov/jofi; 83 Beals St; ☉ Mai–Okt. Mi–So 9.30–17 Uhr; Ⓣ Coolidge Corner) Vier der neun Kennedy-Geschwister wurden in diesem bescheidenen Haus geboren, darunter auch der künftige Präsident, der 1917 im Hauptschlafzimmer zur Welt kam. Die Matriarchin Rose Kennedy überwachte in den späten 1960er-Jahren die Restaurierung des Hauses, heute vermitteln ihre aufgezeichneten Erzählungen einen Einblick in das Familienleben der Kennedys. Bei der Führung durch das Haus sieht man Möbel, Fotos und Erinnerungsstücke aus der Zeit, als die Kennedys noch hier lebten.

letzte Führung 16 Uhr; 🚻; Ⓣ South Station) „Der Boston Harbor wird heute zur Teekanne!": Aus Protest gegen unfaire Steuern kippten aufrührerische Kolonisten 342 Kisten mit Tee ins Wasser. Mit der Boston Tea Party begannen 1773 jene Ereignisse, die in den Amerikanischen Unabhängigkeitskrieg mündeten. Heute liegen die nachgebauten Schiffe im rekonstruierten Griffin's Wharf vor Anker, und gleich nebenan widmet sich ein ausgezeichnetes interaktives Museum dem Auslöser der Revolution.

Institute of Contemporary Art MUSEUM
(ICA; www.icaboston.org; 100 Northern Ave; Erw./Kind 15 US$/frei; ☉ Di, Mi, Sa & So 10–17, Do & Fr bis 21 Uhr; 🚻; 🚌 SL1 oder SL2, Ⓣ South Station) Boston entwickelt sich schnell zu einem Brennpunkt des zeitgenössischen Kunst, und das Institute of Contemporary Arts schreitet bei dieser Entwicklung voran. Schon das Gebäude an sich ist ein Kunstwerk: eine Glaskonstruktion, die über eine am Wasser liegende Plaza vorkragt. Der große, von Licht durchflutete Innenraum bietet Platz für Multimedia-Präsentationen, Bildungsangebote und Atelierflächen, vor allem aber für den Ausbau der Dauersammlung des ICA.

☉ Chinatown, Theater District & South End

Das kompakte Chinatown hat unzählige asiatische Lokale. Im angrenzenden Theater District reihen sich die Spielstätten aneinander. Das weitläufige South End im Westen punktet mit der größten Ansammlung

viktorianischer Reihenhäuser, einer aufkeimenden Kunstszene und tollen Restaurants.

☉ Back Bay

Das gepflegte Viertel westlich des Boston Common protzt mit Prachtbauten, würdevollen Wohnhäusern aus rotbraunem Sandstein und einer schicken Einkaufsmeile (Newbury St).

★**Public Garden** GARTEN
(Karte S. 192; www.friendsofthepublicgarden. org; Arlington St; ☉ 6–24 Uhr; 🚻; Ⓣ Arlington) Der fast 10 ha große Park neben dem Boston Common präsentiert sich als Oase mit viktorianisch anmutenden Blumenbeeten, grünem Gras und einem beschaulichen, von Trauerweiden umrahmten See, dessen altmodische Tretboote in Schwanenform, die **Swan Boats** (Karte S. 192; www.swanboats. com; Public Garden; Erw./Kind 3/1,50 US$; ☉ Juni–Aug. 10–17 Uhr, Mitte April–Mai bis 16 Uhr, Sept. 12–16 Uhr; Ⓣ Arlington), schon seit Generationen Kinder erfreuen. Die bezauberndste Statue im Park ist *Make Way for Ducklings*: Sie stellt Frau Ente mit ihren acht Küken dar, die Hauptfiguren aus dem beliebten Kinderbuch von Robert McCloskey.

★**Boston Public Library** BIBLIOTHEK
(Karte S. 186; www.bpl.org; 700 Boylston St; ☉ ganzjährig Mo–Do 9–21, Fr & Sa bis 17 Uhr, Okt.–Mai zusätzlich So 13–17 Uhr; Ⓣ Copley) Der 1852 gegründeten, hochgeschätzten Boston Public Library verdankt die Stadt ihren Ruf als das „Athen Amerikas". Der von McKim

entworfene Altbau (1895) zeichnet sich durch seine prachtvolle Fassade und exquisite künstlerische Ausstattung aus. Mit der kostenlosen Broschüre kann man das Gebäude auf eigene Faust besichtigen; in der Eingangshalle starten aber auch kostenlose Führungen (wechselnde Termine).

★ Trinity Church
KIRCHE

(Karte S. 186; www.trinitychurchboston.org; 206 Clarendon St; Erw./Kind 7 US$/frei; ⊙ Mo, Fr & Sa 9–16.30, Di–Do bis 17.30, So 13–17 Uhr; T Copley) Die Kirche ist ein Meisterwerk der amerikanischen Architektur und das Musterbeispiel des Stils „Richardsonian Romanesque" (einer Spielart der Neoromanik). Die Fassade besitzt einen monumentalen Portikus und Säulengänge; Granit und Sandstein erzeugen ein bewegtes Farbenspiel. Das eindrucksvolle Innere schmücken lebhafte Wandmalereien und Buntglasfenster, die überwiegend von John LaFarge stammen, der eng mit dem Architekten Henry Hobson Richardson zusammenarbeitete, um eine einheitliche Komposition aus Formen, Farben und Texturen zu erzielen. Kostenlose Architekturführungen gibt es sonntags nach dem Gottesdienst um 11.15 Uhr.

Prudential Center Skywalk Observatory
AUSSICHTSPUNKT

(Karte S. 186; www.skywalkboston.com; 800 Boylston St; Erw./Kind 16/11 US$; ⊙ März–Okt. 10–22 Uhr, Nov.–Feb. bis 20 Uhr; P 🚻; T Prudential) Das nicht zu übersehende Gebäude ist nur ein schickes Einkaufszentrum und heißt eigentlich „Shops at Prudential Center". Aber vom Skywalk im 50. Stock hat man hinter Glas einen spektakulären Panoramablick auf Boston und Cambridge. Dazu gibt's auch eine unterhaltsame Audiotour (und eine speziell auf Kinder zugeschnittene Version). Für den Preis eines Drinks kann man die gleiche Aussicht auch vom **Top of the Hub** (Karte S. 186; 📞 617-536-1775; www.topofthehub. net; 800 Boylston St; ⊙ 11.30–1 Uhr; ☎; T Prudential) genießen.

◉ Fenway & Kenmore Square

Der Kenmore Sq eignet sich am besten zum Baseballspielen und Biertrinken, während im südlichen Teil des Fenway hohe Kultur angesagt ist.

★ Museum of Fine Arts
MUSEUM

(MFA; Karte S. 186; www.mfa.org; 465 Huntington Ave; Erw./Kind 25/10 US$; ⊙ Sa–Di 10–17, Mi–Fr

bis 22 Uhr; 🚻; T Museum oder Ruggles) Seit 1876 ist das Museum of Fine Arts Bostons wichtigster Ausstellungsort für das Werk regionaler, landesweit bekannter und ausländischer Künstler. Heute umfasst die enzyklopädische Sammlung Kunstwerke aus allen Epochen vom Altertum bis zur Gegenwart und aus allen Gegenden der Welt. Mit den eindrucksvollen neuen Flügeln, die sich der Kunst des amerikanischen Doppelkontinents und zeitgenössischer Kunst widmen, unterstreicht das Museum Bostons Rolle als Kunstzentrum des 21. Jhs.

★ Isabella Stewart Gardner Museum
MUSEUM

(Karte S. 186; www.gardnermuseum.org; 280 The Fenway; Erw./Kind 15 US$/frei; ⊙ Mo, Mi & Fr–So 11–17, Do bis 21 Uhr; 🚻; T Museum) Der prächtige Palazzo venezianischen Stils, in dem sich das Museum befindet, wurde von „Mrs. Jack" Gardner bis zu ihrem Tod 1924 bewohnt. Mit seinen fast 2000 unbezahlbaren Objekten vorwiegend europäischen Ursprungs, darunter herrlichen Gobelins und Gemälden der italienischen Renaissance und aus dem Goldenen Zeitalter der niederländischen Malerei, ist das Museum ein Denkmal für den exquisiten Kunstgeschmack dieser Frau. Der vierstöckige, gewächshausartige Innenhof ist eine ruhige Oase, die allein schon den Eintritt lohnt.

◉ Cambridge

Das politisch progressive Cambridge am Nordufer des Charles River beheimatet mit

---

NICHT VERSÄUMEN

BOSTON WIRD GRÜN

Das Tor zum kürzlich revitalisierten Ufergebiet ist der **Rose Kennedy Greenway** (Karte S. 192; www.rosekennedygreenway.org; 🚻; T Aquarium oder Haymarket). Wo früher ein riesiger Highway auf Pfeilern verlief, ist ein 11 ha großer Grünbereich mit Parks und Springbrunnen entstanden. Hier gibt es samstags einen Künstlermarkt, und werktags sorgen mittags Foodtrucks fürs leibliche Wohl. Man kann sich in der launigen Rings Fountain abkühlen, durch das ruhige Labyrinth wandern oder eine Runde auf dem eigens entworfenen Greenway Carousel drehen.

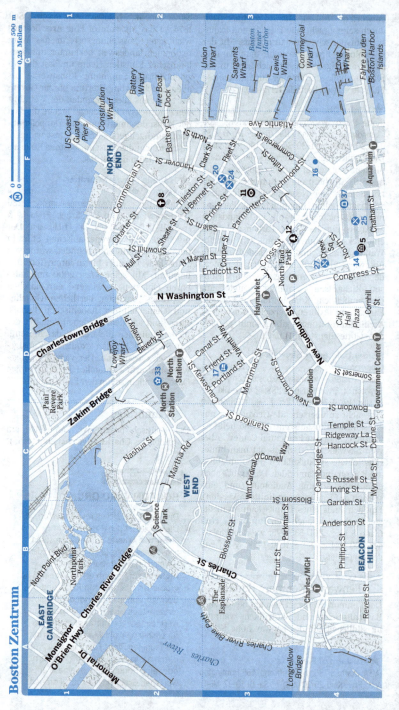

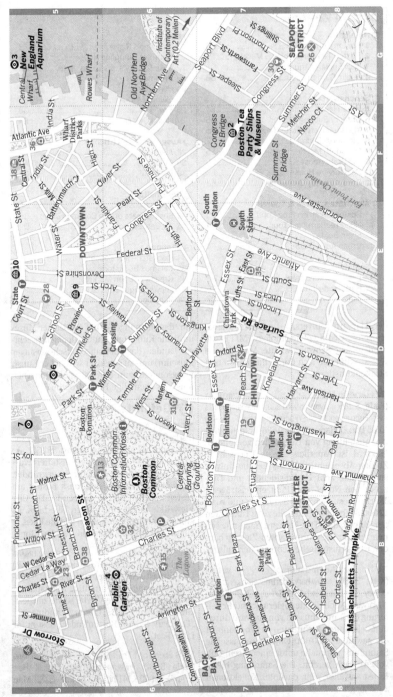

Boston Zentrum

⦿ Highlights
1	Boston Common	C6
2	Boston Tea Party Ships & Museum	F7
3	New England Aquarium	G5
4	Public Garden	B6

◎ Sehenswertes
5	Faneuil Hall	E4
6	Granary Burying Ground	D5
7	Massachusetts State House	C5
8	Old North Church	F2
9	Old South Meeting House	E5
10	Old State House	E5
11	Paul Revere House	F3
12	Rose Kennedy Greenway	E3

⊙ Aktivitäten, Kurse & Touren
13	Boston Common Frog Pond	C5
14	NPS Freedom Trail Tour	E4
15	Swan Boats	B6
16	Urban AdvenTours	F4

🛏 Schlafen
17	Friend Street Hostel	D3
18	Harborside Inn	F5
19	HI-Boston	C7

✴ Essen
20	Giacomo's Ristorante	F3
21	Gourmet Dumpling House	D7
22	Mike & Patty's	B8
23	Paramount	B5
24	Pomodoro	F3
25	Quincy Market	E4
26	Row 34	G8
27	Union Oyster House	E4

♦ Ausgehen & Nachtleben
28	Alley Bar	E5
29	Club Café	A8
30	Drink	G7

⊙ Unterhaltung
31	Opera House	C6
32	Shakespeare on the Common	B6
33	TD Garden	D2

🛍 Shoppen
34	Blackstone's of Beacon Hill	B5
35	Calamus Bookstore	E7
36	Greenway Open Market	F5
37	Lucy's League	F4
38	Ruby Door	B5

der Harvard University und dem Massachusetts Institute of Technology (MIT) zwei akademische Schwergewichte. Am **Harvard Square** drängen sich Cafés, Buchläden und Straßenkünstler.

★ Harvard University
UNIVERSITY

(Karte S. 186; www.harvard.edu; Massachusetts Ave; Führungen frei; ⊙Führungen stündl. Mo–Sa 10–15 Uhr; Ⓣ Harvard) Das 1636 ursprünglich zur Ausbildung von Geistlichen gegründete Harvard ist Amerikas älteste Hochschule. Zu den Absolventen der Ivy-League-Universität zählen acht US-Präsidenten und Dutzende von Nobel- und Pulitzerpreisträgern. Jährlich besuchen 6500 Studenten und rund 12 000 Aufbaustudenten die zehn Fakultäten der Universität. Der Harvard Yard mit seinen uralten Eichen und roten Ziegelgebäuden ist das historische Zentrum der Anlage.

★ Harvard Art Museums
MUSEUM

(Karte S. 186; www.harvardartmuseums.org; 32 Quincy St; Erw./Kind 15 US\$/frei; ⊙10–17 Uhr; Ⓣ Harvard) Nach der Renovierung und Erweiterung der Kunstmuseen von Harvard durch den bekannten Architekten Renzo Piano ist die gewaltige, 250 000 Objekte umfassende Sammlung nunmehr unter einem (sehr stilvollen) Dach vereint. Die Sammlung bietet Kunst aus aller Welt, darunter Kollektionen zu den asiatischen und islamischen Kulturen (das ehemalige Arthur M. Sackler Museum), zur Kunst und Kultur deutschsprachiger Länder (das ehemalige Busch-Reisinger Museum) und zu sonstiger westlicher Kunst, insbesondere zum europäischen Modernismus (das ehemalige Fogg Museum).

☞ Geführte Touren

★ Urban AdvenTours
RADTOUR

(Karte S. 192; ☎617-379-3590; www.urbanadventours.com; 103 Atlantic Ave; Touren 55 US\$; 🚲; Ⓣ Aquarium) 🚲 Der Tourveranstalter wurde von begeisterten Radfahrern gegründet, die davon überzeugt sind, dass Boston am besten mit dem Rad zu erleben ist. Die City View Ride bietet einen tollen Überblick. Es gibt aber auch Spezialtouren wie die Bikes at Night Tour und die Emerald Necklace Tour.

Boston by Foot
STADTSPAZIERGANG

(www.bostonbyfoot.com; Erw./Kind 15/10 US\$; 🚶) Das fantastische gemeinnützige Unternehmen veranstaltet 90-minütige Stadtspaziergänge durch einzelne Viertel sowie zu speziellen Themen – z. B. „Literary Landmarks", „The Dark Side of Boston" oder „Boston for Little Feet".

NPS Freedom Trail Tour
STADTSPAZIERGANG

(Karte S. 192; www.nps.gov/bost; Faneuil Hall; ⊙April–Okt. 10 & 14 Uhr; 🚶; Ⓣ State) GRATIS Man sollte mindestens 30 Minuten früher da sein, um sich einen Platz für die kostenlose, von Rangern geführte Freedom Trail Tour zu sichern, die NPS anbietet. Die 90-minütigen Spaziergänge beginnen am Visitor Center in Faneuil Hall und führen über einen Abschnitt des Freedom Trail (ohne Charlestown). Alle Touren sind auf jeweils 30 Teilnehmer beschränkt.

Boston Duck Tours · BOOTSFAHRT

(Karte S. 186; ☎ 617-267-3825; www.bostonduck tours.com; Erw./Kind 36/25 US$; ♿; Ⓣ Aquarium, Science Park oder Prudential) Die ungemein beliebten Trips mit Amphibienfahrzeugen aus dem Zweiten Weltkrieg führen zunächst durch die Straßen der Innenstadt und dann hinaus auf den Charles River. Die 80-minütigen Fahrten beginnen am Museum of Science, dem Prudential Center oder dem New England Aquarium. Im Voraus reservieren!

⚑ Feste & Events

★ Boston Marathon · SPORTEREIGNIS

(www.baa.org; ⊙ 3. Mo im April) Der Boston Marathon am Patriots Day, einem Feiertag (3. Mo im April) in Massachusetts, ist einer der prestigeträchtigsten des Landes. Der 42,16 km lange Lauf endet am Copley Sq.

Fourth of July · NATIONALFEIERTAG

(www.july4th.org) Am Unabhängigkeitstag steigt in Boston eine der größten Partys der USA. Die Boston Pops geben auf der Esplanade ein Gratiskonzert, und das Feuerwerk wird landesweit im Fernsehen übertragen.

🛏 Schlafen

Boston hat hohe Hotelpreise, aber Online-Rabatte sind selbst bei Spitzenklasseoptionen drin. Die besten Schnäppchen kann man normalerweise am Wochenende machen. Die **Bed & Breakfast Associates Bay Colony** (☎ 888-486-6018, 617-720-0522; www.bnbboston.com; Zi. ab 100 US$) vermittelt B & Bs, Gästezimmer und Apartments.

HI-Boston · HOSTEL $

(Karte S. 192; ☎ 617-536-9455; www.bostonhos tel.org; 19 Stuart St; B 55–65 US$; DZ 199 US$; ❄ @ 🛜; Ⓣ Chinatown oder Boylston) 🍃 Mit seinem neuen, umweltschonenden Standort im historischen Dill Building bildet das HI-Boston die Bezugsgröße für die Hostels der Stadt. Die eigens für diesen Zweck geschaffenen Zimmer und die zugehörigen Gemeinschaftsbäder sind komfortabel und sauber. Zu den vielen Gemeinschaftseinrichtungen gehören

---

BOSTON ZEIGT STÄRKE

Am Patriot's Day 2013 waren alle Augen im Land (und auf der Welt) auf Boston gerichtet, als beim Boston Marathon nahe der Ziellinie zwei Sprengsätze explodierten, drei Menschen töteten und Hunderte verletzten. Einige Tage danach wurde ein Polizist am MIT niedergeschossen. Daraufhin wurde ganz Boston als Schlachtfeld im Krieg gegen den Terror abgeriegelt. Die Tragödie war verheerend, aber Boston konnte sich unzähliger Helden rühmen, vor allem der vielen Opfer, die andere mit ihrem Mut und ihrer Tapferkeit während ihrer Gesundung inspirierten.

---

eine komplett ausgestattete Küche und das trendige Café im Erdgeschoss. Jede Menge Aktivitäten werden außerdem angeboten. Das Hostel ist zwar groß, aber schnell ausgebucht, daher sollte man vorab reservieren.

Friend Street Hostel · HOSTEL $

(Karte S. 192; ☎ 617-248-8971; www.friendstreet hostel.com; 234 Friend St; B 45–50 US$; @ 🛜; Ⓣ North Station) Wir glauben den Betreibern gern, dass dies das freundlichste Hostel in Boston ist. Aber es gibt noch andere Gründe, warum man die nette Herberge einfach lieben muss: Da wären z. B. die blitzblanke Küche und der gemütliche Gemeinschaftsbereich mit einem riesigen Flachbild-TV. Die Schlafsäle für je sechs bis zehn Personen sind mit verputzten Ziegelwänden, breiten Dielen und Etagenbetten mit dünnen Matratzen ausgestattet.

40 Berkeley · HOSTEL $$

(Karte S. 186; ☎ 617-375-2524; www.40berkeley. com; 40 Berkeley St; EZ/DZ/3BZ/4BZ ab 95/103/ 121/130 US$; 🛜; Ⓣ Back Bay) Die sichere, freundliche Herberge zwischen South End und Back Bay war das erste YWCA im Land. Jung ist es heute nicht mehr, vermietet aber immer nächteweise oder für längere Aufenthalte rund 200 einfache Zimmer, von denen manche einen Ausblick auf den hübschen Garten haben. Die Zimmer haben Gemeinschaftsbäder, hinzu kommen weitere Gemeinschaftseinrichtungen wie Telefon, Bibliothek, TV-Zimmer und Waschküche.

★ Newbury Guest House · PENSION $$

(Karte S. 186; ☎ 617-437-7666, 617-437-7668; www.newburyguesthouse.com; 261 Newbury St; DZ ab 209 US$; P ✹ 🛜; T Hynes oder Copley) Die drei verbundenen Ziegel- und Sandsteinhäuser von 1882 haben eine zentrale Lage an der Newbury St. Bei der kürzlichen Renovierung wurden charmante Details wie Deckenrosetten und Kamine in den Zimmern erhalten, aber die Zimmer verfügen jetzt über klare Linien, luxuriöse Bettwäsche und moderne Annehmlichkeiten. Das kostenlose kontinentale Frühstück wird jeden Morgen im Salon neben dem Marmorkamin serviert.

★ Oasis Guest House & Adams B & B
PENSION $$

(Karte S.186; ☎ 617-230-0105, 617-267-2262; www.oasisguesthouse.com; 22 Edgerly Rd; EZ/DZ ohne Bad $109/149, Zi. mit Bad ab 189 US$; P ✹ 🛜; T Hynes oder Symphony) Die anheimelnden, nebeneinander stehenden (und gemeinsam geführten) Pensionen bilden eine ruhige, nette Oase inmitten von Bostons chaotischen Stadtstraßen. Die mehr als 30 Gästezimmer verteilen sich auf vier hübsche Ziegelhäuser mit Erkerfassaden an der von Bäumen gesäumten Straße. Die einfachen, lichterfüllten Zimmer sind geschmackvoll und traditionell meist mit großen Betten, Bettdecken mit Blumenmuster und nichtssagenden Drucken eingerichtet.

Irving House
PENSION $$

(Karte S.186; ☎ 617-547-4600; www.irvinghouse.com; 24 Irving St; EZ/DZ ohne Bad 135/165 US$, Zi. mit Bad ab 185 US$; P ✹ @ 🛜; T Harvard) 🍴 Die große Pension – oder das heimelige Hotel – ist das Richtige für weit gereiste Traveller. Die 44 verschieden große Zimmer haben Betten mit Steppdecken und große Fenster, durch die viel Licht dringt. Im Untergeschoss mit seinen Ziegelwänden herrscht Bistro-Atmosphäre: Man stöbert in den ausliegenden Büchern, plant seine Reise oder genießt das kostenlose kontinentale Frühstück.

Chandler Inn
HOTEL $$

(Karte S.186; ☎ 617-482-3450; www.chandlerinn.com; 26 Chandler St; Zi. ab 179 US$; ✹ 🛜; T Back Bay) Die kleinen, aber schicken Zimmer profitieren von Designerelementen, die ihnen ein raffiniertes, urbanes Flair verleihen. Traveller schätzen die Plasma-TVs und iPod-Anschlüsse und die recht erschwinglichen Preise. Auf der anderen Seite vermietet das Hotel unter dem Namen **Chandler Studios** (Karte S.186; www.chandlerstudiosboston.com; 54 Berkeley St; Suite ab 269 US$; ✹ 🛜; T Back Bay) elf frisch renovierte moderne Apartments verschiedener Größe.

★ Verb Hotel
BOUTIQUEHOTEL $$$

(Karte S.186; ☎ 855-695-6678; www.theverbhotel.com; 1271 Boylston St; Zi. ab 250 US$; P ✹ 🛜 ♿ ✱; T Kenmore) Aus einem heruntergekommenen Kettenhotel ist Bostons rockigstes Retro-Hotel geworden. Musik ist das Thema, im Stil hält es sich an den Modernismus der Mitte des vorigen Jahrhunderts. Überall finden sich Erinnerungsstücke, und im Foyer dudelt die Jukebox. Die Zimmer haben Klasse und klare Linien und blicken entweder auf den Pool oder den Fenway Park. Service und Stil verdienen eine 1+.

★ Harborside Inn
BOUTIQUEHOTEL $$$

(Karte S.192; ☎ 617-723-7500; www.harborsideinnboston.com; 185 State St; Zi. ab 269 US$; P ✹ @ 🛜; T Aquarium) Nur Schritte von der Faneuil Hall und dem Ufer entfernt logiert dieses Boutiquehotel in einem sorgsam renovierten Lagerhaus aus dem 19. Jh. Die 116 Zimmer sind recht klein, aber komfortabel und angemessen nautisch gestaltet. Achtung: Die „Atrium Rooms" haben Fenster zum Atrium und die „Cabin Rooms" gar keine. Ein Zimmer mit Blick auf die Stadt kostet 20 US$ mehr – die Ausgabe lohnt sich!

✗ Essen

Die Küche Neuenglands ist bekannt für *clambakes* (Meeresfrüchtegerichte) im Sommer und Truthahn zu Thanksgiving. Aber die Bostoner Restaurantszene ist abwechslungsreicher und zeigt internationale Einflüsse sowie moderne Abwandlungen. Erschwingliches asiatisches Essen gibt's in Chinatown, italienisches Essen im North End, und South End hat die trendigsten Restaurants.

✗ Beacon Hill & Downtown

Quincy Market
FOOD-COURT $

(Karte S.192; www.faneuilhallmarketplace.com; Congress St; ⊙Mo–Sa 10–21, So 12–18 Uhr; 🛜 ♿ 👶; T Haymarket) Die Markthalle hinter der Faneuil Hall beherbergt eine Reihe verschiedener Lokale: Es gibt hier rund 20 Restaurants und 40 Imbisse. Man holt sich einfach Fischsuppe, einen Bagel, indische oder griechische Speisen, Backwaren oder Eis und nimmt an einem der Tische in der Rotunde in der Mitte Platz.

★ Paramount
CAFETERIA $$

(Karte S.192; www.paramountboston.com; 44 Charles St; Hauptgerichte morgens & mittags 6–12 US$, abends 15–23 US$; ⊙Mo–Do 7–22, Fr bis 23, Sa 8–23, So bis 22 Uhr; 🛜 👶; T Charles/

MGH) Die altmodische Cafeteria ist in dem Viertel sehr beliebt. Es gibt sehr gute einfache Speisen wie Pfannkuchen, Bratkartoffeln, Burger, Sandwiches und herzhafte Salate. Zum Brunch sind Arme Ritter mit Bananen und Karamell angesagt. Erst hinsetzen, wenn man sein Essen geholt hat! Abends geht's mit Bedienung und Kerzenschein etwas gehobener zu, ohne dass der bodenständige Charme verloren geht.

Union Oyster House MEERESFRÜCHTE $$$
(Karte S.192; www.unionoysterhouse.com; 41 Union St; Hauptgerichte mittags 15–20 US$, abends 22–32 US$; ⊙ 11–21.30 Uhr; Ⓣ Haymarket) Das älteste Restaurant in Boston, das Union Oyster House, serviert schon seit 1826 in diesem roten Ziegelhaus Meeresfrüchte. Historische Persönlichkeiten wie Daniel Webster und John F. Kennedy haben hier schon an der Bar gesessen. Kennedy soll vor allem die Hummercremesuppe gemocht haben. Der Laden ist überteuert, aber stimmungsvoll.

✕ North End

★ Pomodoro ITALIENISCH $$
(Karte S.192; ☏ 617-367-4348; 351 Hanover St; Hauptgerichte mittags 12 US$, abends 23–24 US$; ⊙ Mo–Fr 17–23, Sa & So 12–23 Uhr; Ⓣ Haymarket) Das Pomodoro ist an einen neuen, größeren Standort umgezogen, aber immer noch eines der romantischsten Lokale im North End mit leckerer italienischer Küche. Das Essen ist einfach, aber perfekt zubereitet: frische Pasta, würzige Tomatensauce, Fisch und Fleisch vom Grill und offene Weine. Wer Glück hat, bekommt noch etwas von dem kostenlosen Tiramisu zum Nachtisch ab. Nur Barzahlung!

Giacomo's Ristorante ITALIENISCH $$
(Karte S.192; www.giacomosblog-boston.blogspot.com; 355 Hanover St; Hauptgerichte 14–19 US$; ⊙ Mo–Sa 16.30–22.30, So 16–21.30 Uhr; ☏; Ⓣ Haymarket) Vor dem sehr beliebten Restaurant im North End stehen die Kunden schon vor Öffnung Schlange. Dank der eifrigen, unterhaltsamen Kellner und dem engen Ambiente lernt man sicher auch seine Nachbarn kennen. Die Küche bietet schlichte süditalienische Kost, die in unglaublichen Portionen serviert wird. Nur Barzahlung.

✕ Seaport District

Yankee Lobster Co SEAFOOD $
(www.yankeelobstercompany.com; 300 Northern Ave; Hauptgerichte 11–20 US$; ⊙ Mo–Sa 10–21,

SEAFOOD-SPEZIALITÄTEN

Hummer Das mächtige Krustentier wird meist gedämpft in der Schale serviert

Hummerbrötchen Das saftige Fleisch von Schwanz und Scheren mit einem Klacks Mayo auf einem gegrillten Hotdog-Brötchen

Clam Chowder Ein Eintopf aus Muschelfleisch, Kartoffeln, Muschelsaft und Milch

Austern Werden normalerweise mit Zitronensaft und Cocktailsauce roh in der halben Schale serviert

Steamers Die gedämpften Muscheln mit weicher Schale werden in einer salzigen Brühe serviert

So 11–18 Uhr; 🚌 SL1 oder SL2, Ⓣ South Station) Angehörige der Familie Zanti sind seit drei Generationen Fischer – sie kennen sich also mit Meeresfrüchten bestens aus. Ein ziemlich neuer Zuwachs ist dieser Fischladen, in dem auch ein paar Tische stehen, wenn man gleich hier essen will. Und das sollte man auch tun. Wer etwas Einfaches wie einen Muscheleintopf oder ein Hummerbrötchen und ein kaltes Bier bestellt, wird nicht enttäuscht werden.

★ Row 34 SEAFOOD $$
(Karte S.192; ☏ 617-553-5900; www.row34.com; 383 Congress St; Austern 2–3 US$, Hauptgerichte mittags 13–18 US$, abends 21–28 US$; ⊙ Mo–Fr 11.30–22, Sa & So 17–22 Uhr; Ⓣ South Station) Diese „Austernbar für Arbeiter" (worunter man hier Yuppies versteht) liegt im Herzen des neuen Seaport District. In einem schnittigen Gewerbeambiente gibt's hier ein Dutzend verschiedene rohe Austern und Muscheln und eine überzeugende Auswahl an Kleinbrauereibieren sowie eine ganze Karte mit gekochten und gebratenen Meeresfrüchten, mal auf traditionelle, mal auf trendige Art.

✕ Chinatown, Theater District & South End

Mike & Patty's SANDWICHES $
(Karte S.192; www.mikeandpattys.com; 12 Church St; Sandwiches 7–9 US$; ⊙ Mi–So 7.30–14 Uhr; ☏; Ⓣ New England Medical Center oder Arlington) Versteckt im Bay Village liefert dieser winzige Eckladen wunderbare belegte Sandwiches. Zur Wahl stehen nur acht Varianten, aber

alle sind nahezu perfekt. Der absolute Favorit ist das „Fancy" (Spiegelei, Cheddarkäse, Schinken und Avocado auf Mehrkornbrot).

★ Gourmet
Dumpling House   CHINESISCH, TAIWANESISCH $
(Karte S.192; 52 Beach St; Klöße 2–8 US$; Hauptgerichte 10–15 US$; ⊙11–1 Uhr; ✐; ⓣChinatown) *Xiao long bao.* Mehr Chinesisch braucht man nicht, um die Spezialität des Gourmet Dumpling House (oder GDH, wie es auch genannt wird) zu bestellen. Es handelt sich dabei natürlich um Shanghaier Suppenklößchen, und die sind frisch, teigig und köstlich. Auf der Karte stehen noch nicht viele andere Optionen, z.B. leckere, knusprige Schalotten-Pfannkuchen. Wer nicht frühzeitig da ist, muss mit Wartezeiten rechnen.

★ Myers & Chang
                                ASIATISCH $$
(Karte S.186; ✆617-542-5200; www.myersandchang.com; 1145 Washington St; kleine Gerichte 10–18 US$; ⊙So–Do 11.30–22, Fr & Sa bis 23 Uhr; ✐; ☐SL4 od. SL5, ⓣNew England Medical Center) Das superhippe Asia-Restaurant bietet thailändische, chinesische und vietnamesische Gerichte, also leckere Klößchen, würziges Bratgemüse und jede Menge Nudelgerich-

---

SCHWULEN- & LESBENSZENE IN BOSTON

Schwule sieht man überall in Boston und Cambridge, vor allem in South End. Der **Calamus Bookstore** (Karte S.192; www.calamusbooks.com; 92 South St; ⊙Mo–Sa 9–19, So 12–18 Uhr; ⓣSouth Station) ist eine exzellente Quelle für Infos zu Events und Organisationen. Hier bekommt man auch das kostenlose Wochenblatt *Bay Windows* (www.baywindows.com). Weitere Treffs für GLBT-Traveller:

Midway Café (www.midwaycafe.com; 3496 Washington St; Grundpreis 5 US$; ⊙16–2 Uhr; ⓣGreen St) Donnerstags ist Lesbenabend, aber Schwule sind immer willkommen.

Alley Bar (Karte S.192; www.thealley bar.com; 14 Pi Alley; ⓣDowntown Crossing) Freundliche Schwulenbar, in der alle willkommen sind.

Club Café (Karte S.192; www.clubcafe. com; 209 Columbus Ave; ⊙11–2 Uhr; ⓣBack Bay) Der Spaß endet nie: Abendessen, Tanzen, Karaoke und schwules Cabaret.

---

te. In der Küche werden im Wok herrliche Dinge gezaubert, und dank der kleinen Portionen kann man sich viele verschiedene Gerichte bestellen. Die Atmosphäre ist gemütlich, aber auch cool und international.

✕ Back Bay & Fenway

★ Courtyard
                MODERN-AMERIKANISCH $$
(Karte S.186; www.thecateredaffair.com; 700 Boylston St; Hauptgerichte 17–22 US$; ⊙Mo–Fr 11.30–16 Uhr; ✐; ⓣCopley) Kaum zu glauben, aber die Boston Public Library ist ein idealer Ort für ein Mittagessen mit kunstvoll zubereiteten Gerichten. Das Restaurant mit Blick auf den schönen, italienisch anmutenden Hof serviert saisonale, innovative und exotische Speisen sowie ein paar Standardgerichte. Ab 14 Uhr gibt es einen Nachmittagstee (32 US$) mit Sandwiches, Scones und Süßspeisen.

★ Island Creek Oyster Bar
                              SEAFOOD $$$
(Karte S.186; ✆617-532-5300; www.islandcreek oysterbar.com; 500 Commonwealth Ave; Austern 2,50–4 US$, Hauptgerichte mittags 18–21 US$, abends 25–35 US$; ⊙16–1 Uhr; ⓣKenmore) Das Island Creek vereint „Bauernkost, gehobene Küche und Diner unter einem Dach" – und das in einem ätherisch anmutenden New-Age-Ambiente. Dort gibt's die besten Austern und Meeresfrüchte aus der Region. Die Spezialität – geschmorte Rippchen und gebratener Hummer auf Nudeln mit Hummerrogen – erklärt, warum der Laden so beliebt ist.

✕ Cambridge

★ Clover Food Lab
                          VEGETARISCH $
(Karte S.186; www.cloverfoodlab.com; 7 Holyoke St; Hauptgerichte 6–7 US$; ⊙Mo–Sa 7–24, So bis 19 Uhr; ☎✐♿; ⓣHarvard) ✐ Das Clover ist auf dem neuesten Stand. Es ist komplett mit Hightech ausgerüstet: Die Speisekarte wird live upgedatet, und auch die Bestellung erfolgt elektronisch. Aber eigentlich geht's ja ums Essen: Es gibt vegetarische Kost aus lokalem, saisonalem Anbau – preisgünstig, lecker und schnell. Wie lange genau es dauert, bis die Bestellung kommt, erfährt man auf der Speisekarte. Interessant ist, dass das Clover als Food Truck begann (ein paar Trucks drehen noch immer ihre Runden).

★ Alden & Harlow
                MODERN-AMERIKANISCH $
(Karte S.186; ✆617-864-2100; www.aldenhar low.com; 40 Brattle St; kleine Gerichte 9–17 US$; ⊙So–Mi 17–1, Do–Sa bis 2 Uhr; ✐; ⓣHarvard) Die-

Stadtspaziergang
Freedom Trail

START BOSTON COMMON
ZIEL BUNKER HILL MONUMENT
LÄNGE/DAUER 4 KM; 3 STD.

Auf dem Freedom Trail, der die wichtigsten Revolutionsstätten Bostons abdeckt, lässt sich die Geburt der USA nachvollziehen. Die Route ist durch eine Doppelreihe roter Steine im Pflaster markiert und beginnt am 1 **Boston Common** (S. 185), dem ältesten öffentlichen Park der USA. Folgt man dem Weg nach Norden, gelangt man zum 2 **State House** (S. 185). Das Gebäude wurde von Charles Bulfinch entworfen, dem ersten US-amerikanischen Architekten. Beim Abbiegen von der Park St passiert man die kolonialzeitliche 3 **Park Street Church**; den 4 **Granary Burying Ground** (S. 185), wo die Opfer des Massakers von Boston begraben liegen, und die 5 **King's Chapel** mit einer der Glocken von Paul Revere. Man folgt der School St, vorbei an der 6 **ersten öffentlichen Schule Bostons** und dem 7 **Old Corner Bookstore**, in dem die Literaten des 19. Jhs. verkehrten.

In der Nähe erzählt das 8 **Old South Meeting House** (S. 185) die Geschichte der Boston Tea Party. Weitere Ausstellungen zur Revolutionszeit finden sich im 9 **Old State House** (S. 188). Der Kopfsteinring an der Kreuzung markiert die 10 **Stelle des Massakers von Boston**, bei dem die ersten Amerikaner für die Unabhängigkeit starben. Es folgt die 11 **Faneuil Hall** (S. 188), die schon seit der Kolonialzeit eine Markthalle ist.

Von der Greenway St geht man zur Hanover St, der Hauptstraße in North End. Hier gönnt man sich ein gutes Mittagessen, bevor es weiter zum North Sq geht, wo man einen Rundgang durchs 12 **Paul Revere House** (S. 189) macht. Danach führt der Weg zur 13 **Old North Church** (S. 189), in deren Turm ein Wachposten das Anrücken der Briten signalisierte.

Folgt man der Hull St Richtung Nordwesten, findet man auf dem 14 **Copp's Hill Burying Ground** weitere Gräber aus der Kolonialzeit. Jenseits der Charlestown Bridge liegt die 15 **USS Constitution** (S. 189), das dienstälteste Kriegsschiff der Welt. Nördlich davon markiert das 16 **Bunker Hill Monument** (S. 189) den Schauplatz der ersten Schlacht im Amerikanischen Unabhängigkeitskrieg.

> **ℹ PREISWERTE TICKETS**
>
> **BosTix** (www.bostix.org; ⊘Di–Sa 10–18, So 11–16 Uhr) Hier gibt's günstige Karten für Theatervorstellungen stadtweit (bei Online-Reservierung bis zu 25 % Rabatt). Bis zu 50 % Preisnachlass erhält man bei Veranstaltungen am gleichen Tag – auf der Website checken, was verfügbar ist! Man muss die Karten persönlich an den Kiosks am Copley Sq oder beim Quincy Market kaufen und bar bezahlen.

ser neue Laden in einem gemütlichen Kellerambiente zeigt die amerikanische Küche von einer neuen Seite. Die kleinen Gerichte sind darauf berechnet, dass man sie teilt, sodass jeder in der Gruppe alles probieren kann. Das wird man auch wollen, denn die lokalen Zutaten sind absolut überraschend zubereitet. Der „Secret Burger" ist kein Geheimnis, sondern schlicht wunderbar.

🍷 Ausgehen & Nachtleben

⭐ Bleacher Bar
SPORTBAR

(Karte S.186; www.bleacherbarboston.com; 82a Lansdowne St; ⊘ So–Mi 11–1, Do–Sa bis 2 Uhr; ⊤Kenmore) Von der tollen Bar unter den Tribünen des Fenway Park blickt man genau aufs Mittelfeld. Der Laden ist nicht der beste Ort, um sich ein Spiel anzuschauen, weil es hier recht voll wird, aber man bekommt einen Eindruck von der Atmosphäre in Amerikas ältestem Baseballstadion, selbst wenn die Sox gerade nicht spielen. Männer können die Aussicht vom Klo aus genießen!

Wer einen Platz am Fenster will, muss eine bis zwei Stunden vor Spielbeginn seinen Namen auf die Warteliste setzen lassen. Sitzt man dann endlich, hat man 45 Minuten Zeit zum Essen.

⭐ Drink
COCKTAILBAR

(Karte S.192; www.drinkfortpoint.com; 348 Congress St; ⊘16–1 Uhr; ⬛SL1 od. SL2, ⊤South Station) Eine Cocktailkarte gibt's hier nicht. Stattdessen unterhält man sich mit dem Barkeeper und bekommt den eigenen Wünschen gemäß einen Drink gemixt. Die Bar nimmt die Kunst des Getränkemixens sehr ernst. Das unterirdische Gewölbe schafft eine düstere, anregende Atmosphäre – die perfekte Adresse für ein Date.

⭐ Beat Hotel
BAR

(Karte S.186; www.beathotel.com; 13 Brattle St; ⊘Mo–Mi 16–24, Do & Fr bis 2, Sa 10–2, So bis

24 Uhr; ⊤Harvard) Das große unterirdische Bistro ist ein toller Zugewinn am Harvard Sq. Die smarte Kundschaft drängt sich um internationale Speisen, Cocktails mit Klasse und lauscht Livejazz und Blues. Der angesagte Treff bezieht sich zwar auf die Autoren der Beat Generation und im Namen auf das heruntergekommene Pariser Motel, in dem sie wohnten, ist aber alles andere als abgerissen und schäbig.

Warren Tavern
PUB

(Karte S.186; www.warrentavern.com; 2 Pleasant St; ⊘Mo–Fr 11–1, Sa & So 10–1 Uhr; ⊤Community College) Die Warren Tavern ist eine der ältesten Kneipen in Boston und hat schon für George Washington und Paul Revere Bier gezapft. Sie ist nach General Joseph Warren benannt, der in der Schlacht von Bunker Hill (also kurz vor Eröffnung der Kneipe im Jahr 1780) gefallen ist. Das Mittagessen ist auch empfehlenswert.

☆ Unterhaltung

Aktuelle Infos zu anstehenden Events finden sich im kostenlosen *Boston Phoenix.*

Livemusik

⭐ Club Passim
LIVEMUSIK

(Karte S.186; ☎617-492-7679; www.clubpassim. org; 47 Palmer St; Ticket 15–30 US$; ⊤Harvard) Es scheint, als sterbe die Folkmusik in Boston außerhalb der irischen Bars einfach aus, aber dieser legendäre Club macht einen tollen Job und füllt mit den erstklassigen Bands, die hier auftreten, praktisch ganz allein das Vakuum. Der bunte, trauliche Club versteckt sich in einer Seitenstraße des Harvard Sq seit 1969.

⭐ Red Room @ Café 939
LIVEMUSIK

(Karte S.186; www.cafe939.com; 939 Boylston St; ⊘Mi–So 20–23 Uhr; ⊤Hynes) Das von Berklee-Studenten betriebene Red Room ist einer der besten, immer wieder Überraschungen bietenden Musikclubs in Boston. Es gibt hier eine ausgezeichnete Musikanlage und einen Stutzflügel. Das Wichtigste aber ist die bunte Mischung aus interessanten, aufstrebenden Musikern, die hier auftreten. Mittwochs erhält man bei den „Wicked Local Wednesdays" einen Einblick in die örtliche Szene. Tickets kann man vorab im Berklee Performance Center kaufen.

Sinclair
LIVEMUSIK

(Karte S.186; www.sinclaircambridge.com; 52 Church St; Ticket 15–18 US$; ⊘Mo 17–1, Di–So 11–1 Uhr; ⊤Harvard) Das ist ein großartiger kleiner Club für Livemusik: Die Akustik ist exzellent, und wem die Massen unten zu viel sind, der kann sich ins Zwischengeschoss flüchten. In dem Club treten lokale und regionale Bands und DJs auf.

Klassische Musik & Theater

★ Boston
Symphony Orchestra KLASSISCHE MUSIK
(BSO; Karte S. 186; 617-266-1200; www.bso.org; 301 Massachusetts Ave; Tickets 30–115 US$; T Symphony) Die makellose Akustik passt zum ehrgeizigen Spielplan des weltbekannten Boston Symphony Orchestra. Von September bis April spielt das BSO für ein schick gekleidetes Publikum in der schönen **Symphony Hall** (Karte S. 186; www.bso.org; 301 Massachusetts Ave; Führungen Mi 16 & Sa 14 Uhr, Reservierung erforderlich), die eine hohe, ornamental verzierte Decke hat. In den Sommermonaten zieht das Orchester nach Tanglewood im westlichen Massachusetts.

Opera House LIVE-EVENTS
(Karte S. 192; www.bostonoperahouse.com; 539 Washington St; T Downtown Crossing) Das üppige Theater wurde restauriert und erstrahlt mit Deckenmalereien, Goldverzierungen und Samtvorhängen im alten Glanz von 1928. In dem prächtigen Ambiente sind regelmäßig Produktionen der Serie Broadway Across America zu sehen, außerdem ist das Haus die Hauptspielstätte des Boston Ballet.

Sport

★ Fenway Park BASEBALL
(Karte S. 186; www.redsox.com; 4 Yawkey Way; nicht überdachte Tribüne 12–40 US$, Haupttribüne 29–78 US$, Box 50–75 US$; T Kenmore) Von April bis September kann man die Red Sox im **Fenway Park** (Karte S. 186; www.redsox.com; 4 Yawkey Way; Tour Erw./Kind 18/12 US$; 10–17 Uhr; ; T Kenmore) spielen sehen, dem ältesten und geschichtsträchtigsten Baseballstadion des Landes. Leider ist es auch das teuerste. Das hält Fenway-Fans aber nicht davon ab, sich auf die Karten zu stürzen. Manchmal werden 90 Minuten vor Anpfiff ermäßigte Tickets verkauft.

TD Garden BASKETBALL, EISHOCKEY
(Karte S. 192; Infos 617-523-3030, Tickets 617-931-2000; www.tdgarden.com; 150 Causeway St; T North Station) In der größten Arena der Stadt spielen die Bruins zwischen September und Juni Eishockey und die Celtics zwischen Oktober und April Basketball. Auch Megakonzerte finden hier statt.

Shoppen

Die Newbury St in Back Bay und die Charles St auf dem Beacon Hill sind die besten Einkaufsmeilen Bostons mit der größten Auswahl traditioneller und trendiger Läden. Der Harvard Sq ist berühmt für seine Buchläden, und South End ist das aufstrebende

---

BOSTON MIT KINDERN

Boston ist ein riesiges Geschichtsmuseum – eine Spielwiese für viele Bildungsausflüge und Studien vor Ort. Die kopfsteingepflasterten Straßen und Touren mit kostümierten Führern machen Ereignisse aus der amerikanischen Geschichte wieder lebendig. Experimente zum Mitmachen und interaktive Ausstellungen sorgen für Unterhaltung mit Bildungsfaktor.

Es gibt viele öffentlichen Toiletten mit Wickelräumen. Zahlreiche Restaurants bieten Kindermenüs und Hochstühle an. Kinderwagen lassen sich problemlos in der „T" mitnehmen.

Ein guter Startpunkt der Familientour ist der **Public Garden** (S. 190), wo schwanenförmige Tretboote auf dem See herumfahren und kleine Kinder auf die Bronze-Entlein klettern. Gegenüber im **Boston Common** (S. 185) können die Kleinen ihre Füße im Froschteich kühlen, Karussell fahren und auf dem Spielplatz herumtollen. Im **New England Aquarium** (S. 188) erfreuen sich Kids allen Alters an den Meerestieren, die sie aus nächster Nähe erleben können.

Tolle Touren für Kids:

Boston for Little Feet (S. 194) Der einzige Freedom-Trail-Spaziergang, der speziell auf Kinder von sechs bis zwölf Jahren zugeschnitten ist.

Urban AdvenTours (S. 194) Verleiht Kinderfahrräder und Helme sowie Fahrradanhänger für Kleinkinder.

Boston Duck Tours (S. 195) Die schrägen, geselligen Touren sind immer ein Hit.

NICHT VERSÄUMEN

OPEN MARKETS

Auf Bostons Open Markets, teils Floh-markt, teils Kunsthandwerksmarkt, kann man prima schlendern, shoppen und Leute beobachten. Unter den weißen Zeltdächern preisen mehr als 100 Verkäufer ihre Waren an. Der Markt ist jede Woche anders, aber es gibt immer viel Kunst und Kunsthandwerk sowie moderne Kunst, alte Klamotten, Schmuck, Obst und Gemüse aus der Region und hausgemachte Süßwaren. Wer im Sommer da ist, sollte samstags dem Markt am **Rose Kennedy Green-way** (Karte S. 192; www.newenglandopen markets.com; Rose Kennedy Greenway; ☺Mai–Okt. Sa 11–17 Uhr; ☏; Ⓣ Aquarium) und sonntags dem in **South End** (Karte S. 186; www.newenglandopenmarkets. com; Thayer St; ☺Mai–Okt. So 10–16 Uhr; 🚌SL4 oder SL5, Ⓣ New England Medical Center) einen Besuch abstatten.

Kunstviertel der Stadt. Große Einkaufszentren sind **Copley Place** (Karte S. 186; www. simon.com; 100 Huntington Ave; ☺Mo–Sa 10–20, So 12–18 Uhr; Ⓣ Back Bay) und das **Prudential Center** (Karte S. 186; www.prudentialcenter. com; 800 Boylston St; ☺Mo–Sa 10–21, So 11–20 Uhr; ☏; Ⓣ Prudential) in Back Bay.

⭐ **Ruby Door**   SCHMUCK
(Karte S. 192; www.therubydoor.com; 15 Charles St; ☺Mo–Sa 11–18 Uhr; Ⓣ Charles/MGH) Hinter der weinroten Tür gibt's prächtigen, hand-gearbeiteten Schmuck, oft besetzt mit interessanten Edelsteinen oder mit einmaligen, historischen Bestandteilen. Die Inhaberin und Designerin Tracy Chareas arbeitet historische Schmuckstücke zu durchgängig modernen Schmuckstücken um. Auch Fans von günstigem Modeschmuck kommen hier auf ihre Kosten. Man kann prima herumstöbern, ohne zum Kaufen gedrängt zu werden.

Blackstone's of Beacon Hill   GESCHENKE, ACCESSOIRES
(Karte S. 192; www.blackstonesbeaconhill.com; 46 Charles St; ☺Mo–Sa 10–18.30, So 11–17 Uhr; Ⓣ Charles/MGH) Hier findet man sicher das perfekte Geschenk für seine Liebste oder seinen Liebsten. Der kleine Laden bietet zahllose hochwertige, clevere und sonst kaum zu findende Dinge. Zu den Highlights gehören speziell angefertigtes Briefpapier, örtliches Kunsthandwerk und skurrile Boston-Souvenirs,

z. B. Uhren und Untersetzer. Und mit einem mit Sonnenenergie betriebenen, rotierenden Globus liegt man bestimmt immer richtig.

Lucy's League   BEKLEIDUNG
(Karte S. 192; www.rosterstores.com/lucysleague; North Market, Faneuil Hall; ☺Mo–Sa 10–21, So bis 18 Uhr; Ⓣ Government Center) Zugegeben, die rosa Red-Sox-Mützen sind gewöhnungsbedürftig, aber manchmal wollen Frauen eben auch schick aussehen, während sie ihr Team anfeuern! Im Lucy's League finden modebewusste Sportfans Shirts, Jacken und andere Sachen mit Logos der örtlichen Teams und kessen, figurbetonenden Schnitten.

Converse   SCHUHE, BEKLEIDUNG
(Karte S. 186; www.converse.com; 348 Newbury St; ☺Mo–Fr 10–19, Sa bis 20, So 11–18 Uhr; Ⓣ Hynes) Gleich die Straße rauf, in Malden, Massachusetts, begann Converse 1908 Schuhe herzustellen. In den 1920er-Jahren stieß Chuck Taylor zum Team, und der Rest ist Geschichte. Dieses Outlet ist eines von dreien im Land und hat Sneakers, Jeans und anderen Klamotten im Angebot. Die kultigen Schuhe gibt's in allen Farben und Mustern, man kann sie sich in der Customization Area auch nach eigenen Vorstellungen gestalten.

Sault New England   KLEINDUNG, GESCHENKE
(Karte S. 186; www.saultne.com; 577 Tremont St; ☺Di–So 11–19 Uhr; Ⓣ Back Bay) Der kleine, rustikal-schicke Kellerladen hat eine Menge interessanter Sachen zu bieten. Das bunte Angebot reicht von neuer und Second-hand-Kleidung bis zu Bildbänden und handgearbeiteten Terrarien. Neuengland steht im Mittelpunkt – unter besonderer Berücksichtigung der Kennedys, des Films *Der weiße Hai* und des Versandhauses L. L. Bean.

Olives & Grace   GESCHENKE
(Karte S. 186; www.olivesandgrace.com; 623 Tremont St; ☺10–19 Uhr; Ⓣ Back Bay) Der schuhkartonkleine Laden bietet ein buntes Geschenksortiment. Viele Angebote stammen aus Neuengland, und alle sind von Kunsthandwerkern mit Liebe und Sorgfalt hergestellt. Am interessantesten sind die Nahrungsmittel: Man findet hier z. B. Schokoriegel, scharfe Saucen, Honig, Toffees und, äh, gepökeltes Rindfleisch.

Lunarik Fashions   ACCESSOIRES
(Karte S. 186; 279 Newbury St; ☺Mo–Fr 11–19, Sa 10–20, So 12–18 Uhr; Ⓣ Hynes) Wie die Handtasche der modernen Frau ist das Lunarik vollgestopft mit nützlichen, oft von örtlichen

Designern entworfenen Dingen. Interessant sind die mit launigen Collagen besetzten Stücke von Jenn Sherr, der schöne handgearbeitete Schmuck von Dasken Designs und die heißbegehrten bunten Lederhandtaschen von Saya Cullinan.

Praktische Informationen

INFOS IM INTERNET

My Secret Boston (www.mysecretboston.com) Gar nicht so geheime Infos zu Restaurants, dem Nachtleben, zu Kultur- und Familien-Events.

Universal Hub (www.universalhub.com) Lokalnachrichten mit ausführlichen Kommentaren von Einheimischen.

City of Boston (www.cityofboston.gov) Die offizielle Website der Bostoner Stadtverwaltung mit Links zu den Besuchereinrichtungen.

INTERNETZUGANG

Internetzugang gibt's in Hotels, Cafés, in Bussen und sogar an öffentlichen Plätzen wie der Faneuil Hall und am Greenway. Viele Cafés nehmen eine Gebühr, manchmal ist aber auch die erste Stunde gratis.

Boston Public Library (www.bpl.org; 700 Boylston St; ganzjährig Mo–Do 9–21, Fr & Sa bis 17 Uhr, Okt.–Mai So 13–17 Uhr; T Copley) Wenn die 15 Gratis-Internetminuten nicht ausreichen, kann man sich bei der Buchausleihe einen Besucherausweis holen und sich für eine Stunde Gratisinternet eintragen. Frühmorgens kommen, um längere Wartezeiten zu vermeiden!

Wired Puppy (www.wiredpuppy.com; 250 Newbury St; 6.30–19.30 Uhr; T Hynes) Bietet kostenlosen Internetzugang und Computer, falls man keinen eigenen dabei hat. Man kann hier aber auch nur gemütlich einen Kaffee trinken.

MEDIEN

Boston Globe (www.boston.com) Der *Globe* ist eine der zwei großen Tageszeitungen. Infos zu Veranstaltungen findet man donnerstags in der umfangreichen Beilage *Calendar* und täglich unter der Rubrik *Sidekick*.

Improper Bostonian (www.improper.com) Freches Gratisblatt, das alle zwei Wochen in Ausgabekästen auf dem Bürgersteig bereitliegt.

TOURISTENINFORMATION

Cambridge Visitor Information Kiosk (Karte S. 186; www.cambridge-usa.org; Harvard Sq; Mo–Fr 9–17, Sa & So 13–17 Uhr; T Harvard) Infos zu aktuellen Veranstaltungen in Cambridge und zu Rundgängen auf dem Campus.

Boston Common Information Kiosk (GBCVB Visitors Center; Karte S. 192; www.boston usa.com; Boston Common; 8.30–17 Uhr; T Park St) Der Startpunkt des Freedom Trail und vieler anderer Stadtspaziergänge.

An- & Weiterreise

An- und Abreise gestalten sich in Boston sehr einfach. Der Bahnhof und der Busbahnhof liegen praktischerweise nebeneinander, und der Flughafen ist mit der U-Bahn schnell und problemlos zu erreichen.

BUS

Die **South Station** ist der Startpunkt für zahlreiche verschiedene Langstreckenbuslinien von **Greyhound** (www.greyhound.com) und diverse regionale Buslinien.

FLUGZEUG

Der **Logan International Airport** (800-235-6426; www.massport.com/logan), der vom Stadtzentrum aus gesehen direkt auf der anderen Seite des Boston Harbor gelegen ist, wird von großen in- und ausländischen Fluglinien genutzt. Es gibt hier sämtliche Service-Einrichtungen.

ZUG

Die Züge der **MBTA Commuter Rail** (800-392-6100, 617-222-3200; www.mbta.com) verkehren von der North Station in Boston nach Concord und Salem und von der Bostoner South Station nach Plymouth sowie nach Providence und zurück.

Der **Amtrak**-Bahnhof (800-872-7245; www.amtrak.com; South Station) ist South Station. Eine Zugfahrt nach New York kostet 75 bis 125 US$ mit dem *Northeast Regional* und dauert etwa viereinhalb Stunden; für den schnelleren *Acela Express* (3½ Std.) zahlt man 147 US$.

Unterwegs vor Ort

AUTO

Das Autofahren in Boston ist nichts für schwache Nerven. Am einfachsten bewegt man sich in der Stadt mit öffentlichen Verkehrsmitteln fort.

FAHRT NACH NEW YORK CITY

Nach New York kommt man von Boston aus am billigsten per Bus, z. B. mit **Lucky Star Bus** (www.luckystarbus.com; South Station; einfache Strecke 20 US$;) oder **Megabus** (www.megabus.com; South Station; einfache Strecke 10–30 US$;), die beide von der South Station aus fahren. **Go Bus** (www.gobuses.com; Alewife Brook Pkwy; einfache Strecke 18–34 US$; T Alewife) fährt vom Bahnhof Alewife in Cambridge.

MIT DEM FAHRRAD DURCH BOSTON

Die Preise von Hubway sind auf kürzere Strecken abgestimmt, für die man sonst ein Taxi nehmen würde (z. B. für die Hinfahrt zu einem Ziel oder um Besorgungen zu erledigen). Für Freizeitunternehmungen oder längere Strecken sollte man sich an einen Fahrradverleih wenden, der Räder für längere Fristen vermietet.

Hubway (www.thehubway.com; Mitgliedschaft für 24/72 Std. 6/12 US$, Fahrten pro 30/60/90 Min. frei/2/4 US$; ⊘24 Std.) Bostons Fahrrad-Sharing-Programm nennt sich Hubway. Rund um Boston, Cambridge, Brookline und Somerville gibt es 140 Hubway-Stationen mit insgesamt 1300 Fahrrädern, die man kurzzeitig ausleihen kann. Man besorgt sich an einem der Fahrrad-Kioske eine zeitweilige Mitgliedschaft und zahlt dann die Nutzung des Rads jeweils pro halbe Stunde (bis 30 Min. kostenlos). Zurückgeben kann man den Drahtesel an irgendeiner Station in der Nähe des Ziels.

Urban AdvenTours (www.urbanadventours.com; 103 Atlantic Ave; 35 US$/Tag; ⊘Mo–Sa 9–18 Uhr; T Aquarium) Der Anbieter verleiht neben üblichen Hybrid- auch Straßenräder und Mountainbikes. Gegen Gebühr wird einem das Fahrrad auch in einem mit Biodiesel betriebenen BioBus vor die Haustür geliefert.

VOM/ZUM FLUGHAFEN

Der Logan International Airport ist nur einige Kilometer von Downtown Boston entfernt und mit der blauen U-Bahn-Linie oder dem Bus der silbernen Linie zu erreichen.

TAXI

Innerhalb des Stadtgebiets kosten Fahrten mit einem der vielen Taxis 15 bis 25 US$. Taxis lassen sich einfach heranwinken und sind auch vor großen Hotels zu finden. Für Fahrten zum Flughafen bestellt man **Cabbie's Cab** (☑ 617-547-2222; www.cabbiescab.com; Flughafen 35 US$).

U-BAHN

Die **MBTA** (☑ 617-222-3200; www.mbta.com; 2,10–2,65 US$/Fahrt; ⊘So–Do 5.30–12.30, Fr & Sa bis 14 Uhr) betreibt mit der „T" von 1897 die älteste U-Bahn der USA. Die fünf verschiedenfarbigen Linien (rot, blau, grün und orange) erstrecken sich strahlenförmig ab den innerstädtischen U-Bahnhöfen Park St, Downtown Crossing und Government Center. „Inbound"-Bahnen fahren jeweils zu einem dieser drei Bahnhöfe, „Outbound"-Bahnen in die Gegenrichtung. Achtung: Die silberne Linie ist eigentlich ein Schnellbus, mit dem man gut zum Logan Airport und zu einigen anderen Zielen kommt!

Rund um Boston

Boston ist zwar die Hauptstadt, aber keineswegs die einzige für Traveller interessante Stadt in Massachusetts. Die Küste hinauf und hinunter gibt es viele Ziele mit langer Geschichte, lebendiger Kultur und einmaligen Events zu entdecken. Die meisten sind von Boston per Auto oder Zug leicht erreichbar und eignen sich ideal für Tagesausflüge.

Lexington & Concord

Historiker und Geschichtsfans können sich hier auf die Spuren des 19. Aprils 1775 begeben, des ereignisreichen Tags, mit dem die Revolution begann. Nach einem Scharmützel auf dem Stadtgrün von Lexington zogen die britischen Rotröcke und die Minutemen weiter nach Concord, wo sie sich an der Old North Bridge eine Schlacht lieferten, bei der die Briten den Kürzeren zogen.

Im 19. Jh. war Concord Heimat einer lebhaften Literatengemeinde, zu der so bedeutende Autoren wie Nathaniel Hawthorne, Ralph Waldo Emerson, Henry David Thoreau und Louisa May Alcott gehörten, deren Wohnhäuser heute besichtigt werden können. Die **Concord Chamber of Commerce** (www.concordchamberofcommerce.org; 58 Main St; ⊘März–Okt. 10–16 Uhr) hat Infos zu den Stätten und zu Stadtspaziergängen in Concord.

★ **Old North Bridge**   HISTORISCHE STÄTTE
(www.nps.gov/mima; Monument St; ⊘Sonnenaufgang–Sonnenuntergang) Die Holzbrücke im Zentrum von Concord, 800 m nördlich vom Memorial Sq, war der Schauplatz des „Schusses, den die ganze Welt hörte", wie das Emerson im Gedicht *Concord Hymn* formulierte. Hier schossen die aufgebrachten Minutemen auf britische Truppen und zwangen sie zum Rückzug nach Boston. Daniel Chester Frenchs Statue *Minute Man* blickt von der anderen Seite der Brücke auf den Park.

Battle Green   HISTORISCHE STÄTTE
(Massachusetts Ave) Mit dem Gefecht auf dem historischen Battle Green zwischen den Ko-

lonisten und britischen Truppen begann der Amerikanische Unabhängigkeitskrieg. Die **Lexington Minuteman Statue** von Henry Hudson Kitson aus dem Jahr 1900 hält am südöstlichen Ende des Battle Green Wacht und ehrt die Tapferkeit der 77 Minutemen, die sich hier 1775 gegen die Briten stellten – acht von ihnen fielen in dem Gefecht.

Minute Man National Historic Park PARK
(www.nps.gov/mima; 250 North Great Rd, Lincoln; April–Okt. 9–17 Uhr;) GRATIS Die Strecke, die die Briten nach Concord einschlugen, ist heute der Minute Man National Historic Park. Er befindet sich 2 Meilen (3,2 km) westlich des Zentrums von Lexington. Im **Visitors Center** am östlichen Ende des Parks gibt's informative Multimedia-Präsentation zu Paul Reveres Ritt und den sich anschließenden Schlachten.

Walden Pond STATE PARK
(www.mass.gov/dcr/parks/walden; 915 Walden St; Parkplatz 5 US$; Sonnenaufgang–Sonnenuntergang) GRATIS Thoreau setzte die Naturbegeisterung des amerikanischen Transzendentalismus aus der Theorie in die Praxis um, als er den Komfort der Stadt hinter sich ließ und sich am Walden Pond eine rustikale Hütte baute. Der Gletschersee ist heute ein State Park inmitten eines mehrere Hektar großen Waldgebiets, das vom gemeinnützigen Walden Woods Project verwaltet wird. Ein Steinhaufen und Schilder markieren die Stätte an der Nordostseite des Sees, wo einst Thoreaus Hütte stand.

❶ An- & Weiterreise

Die MBTA-Busse 62 und 76 fahren vom Nahverkehrsbahnhof Alewife (Cambridge) ins Zentrum von Lexington (außer So). Nach Concord nimmt man die **MBTA Commuter Rail** (617-222-3200, 800-392-6100; www.mbta.com; Concord Depot, 90 Thoreau St) von der North Station zum Bahnhof Concord Depot (8,50 US$, 40 Min., tgl. 12-mal).

Salem

Die düstere Stadt bietet viel Geschichte. Ihr Name beschwört Bilder von teuflischer Hexerei und von Frauen herauf, die als angebliche Hexen auf dem Scheiterhaufen verbrannt wurden. Die berüchtigten Hexenprozesse von 1692 sind Teil der nationalen Erinnerung. Heute gefällt sich Salem mit Hexenmuseen, Geistertouren und verrückten Halloween-Feiern in seiner Rolle als „Hexenstadt".

Diese Vorfälle verdecken aber den wahren Grund für den Ruhm der Stadt, die ihre besten Zeiten als Zentrum eines regen Seehandels mit dem Fernen Osten erlebte. Im **NPS Regional Visitor Center** (www.nps.gov/sama; 2 New Liberty St; 9–17 Uhr) gibt's alle Infos zur National Historic Site und der Umgebung.

★**Salem Maritime National Historic Site** HISTORISCHE STÄTTE
(www.nps.gov/sama; 193 Derby St; 9–17 Uhr) GRATIS Die National Historic Site umfasst das Zollhaus, die Kais und die anderen Gebäude, die von der einst blühenden Schifffahrt zeugen. Von den 50 Kaianlagen, die früher den Salem Harbor umsäumten, sind nur mehr drei erhalten, von denen die **Derby Wharf** die längste ist. Besucher können bis zu deren Ende marschieren, einen Blick in den Leuchtturm von 1871 werfen oder an Bord des Großseglers *Friendship* gehen.

STADT DER HEXEN

Salem vermarktet die Hexenjagd in seiner Vergangenheit mit viel Humor. Aber die Geschichte lehrt, was passieren kann, wenn Angst und Wahnsinn den gesunden Menschenverstand und das Mitgefühl verdrängen.

Bis zum Ende der hysterischen Hexenjagd 1692 wurden 156 Menschen angeklagt; 55 bekannten sich schuldig und bezichtigten andere der Hexerei, um ihr eigenes Leben zu retten, und 14 Frauen und fünf Männer wurden gehenkt. Das schlichte, aber bewegende **Witch Trials Memorial** (Charter St) ist ein Denkmal zu Ehren der unschuldigen Opfer.

Das authentischste aller Salemer Hexenmuseen ist das **Witch House** (Jonathan Corwin House; www.witchhouse.info; 310 Essex St; Erw./Kind 8,25/4,25 US$; Führung zusätzl. 2 US$; März–Nov. 10–17 Uhr). Hier lebte einst Jonathan Corwin, ein Richter in den hiesigen Hexenprozessen.

Einen informativen, exakten Überblick über diesen hässlichen Abschnitt der Geschichte Salems erhält man bei **Hocus Pocus Tours** (www.hocuspocustours.com; Erw./Kind 16/8 US$), deren Touren weder kitschig noch verlogen sind.

★ **Peabody Essex Museum** KUNSTMUSEUM
(www.pem.org; 161 Essex St; Erw./Kind 18 US$/frei; ⌚ Di–So 10–17 Uhr; 👪) Die Kunstwerke, Artefakte und Kuriositäten, die Salems Kaufleute aus dem Fernen Osten mitbrachten, bildeten den Grundstock für das Museum. Es wurde 1799 gegründet und ist die älteste, ununterbrochen bestehende Institution dieser Art im Land. Das eindrucksvolle Gebäude mit seinem lichterfüllten Atrium bildet eine wundervolle Kulisse für die umfangreichen Sammlungen, deren Schwerpunkte das neuenglische Kunstgewerbe und die Schifffahrtsgeschichte bilden. Darüber hinaus ist natürlich auch die Kunst Ostasiens stark vertreten, vor allem mit Werken aus dem vorindustriellen Japan.

ℹ An- & Weiterreise

Die **MBTA Commuter Rail** (www.mbta.com) fährt von der North Station in Boston zum Bahnhof Salem Depot (7 US$, 30 Min.). **Boston Harbor Cruises** (Salem Ferry; www.bostonharborcruises.com; 10 Blaney St; hin & zurück Erw./Kind 27/22 US$; ⌚ Mai–Okt.) betreibt die Fähre vom Long Wharf nach Salem (einfache Strecke Erw./Kind 25/20 US$, 50 Min.).

Plymouth

Plymouth zelebriert sich als „America's Hometown", denn hier gingen im Winter 1620 die Pilgerväter auf ihrer Suche nach einem Ort, an dem sie ihre Religion ohne Behinderung durch die Regierung frei ausüben konnten, an Land. Ein nichtssagender, verwitterter Granitfelsen – der berühmte **Plymouth Rock** – markiert die Stelle, an der sie angeblich zum ersten Mal das fremde Land betraten und viele Museen und historische Gebäude in den umliegenden Straßen erinnern an ihre Kämpfe, Opfer und Siege.

★ **Mayflower II** HISTORISCHE STÄTTE
(www.plimoth.org; State Pier, Water St; Erw./Kind 12/8 US$; ⌚ April–Nov. 9–17 Uhr; 👪) Während der Plymouth Rock wenig über die Pilgerväter verrät, spricht die *Mayflower II* ganze Bände. Es handelt sich um einen Nachbau des kleinen Schiffs, in dem die Kolonisten ihre schicksalsträchtige Reise unternahmen. Oft sind auch Darsteller in zeitgenössischen Kostümen an Bord und erzählen Geschichten von der entbehrungsreichen Fahrt.

★ **Plimoth Plantation** MUSEUM
(www.plimoth.org; 137 Warren Ave; Erw./Kind 26/15 US$; ⌚ April–Nov. 9–17 Uhr; 👪) 3 Meilen (4,8 km) südlich des Zentrums von Plymouth bietet die Anlage einen authentischen Nachbau des **englischen Dorfs von 1627**. Alles in der Rekonstruktion der ersten Siedlung der Pilgerväter – die Kostüme der Darsteller, ihre Sprechweise, die Gerätschaften, das Kunsthandwerk, die Speisen und die Feldfrüchte – wurde nach sorgfältigen Recherchen den damaligen Verhältnissen nachempfunden. Kostümierte Guides verkörpern die Bewohner und erklären den Alltag und beantworten Fragen, während sie spielen oder ihrer jeweiligen Arbeit nachgehen.

ℹ An- & Weiterreise

Busse von **Plymouth & Brockton** (P&B; www.p-b.com) fahren stündlich von der Boston South Station (Erw./Kind 15/8 US$, 1 Std.). Alternativ fährt die **MBTA Commuter Rail** (☎ 617-222-3200, 800-392-6100; www.mbta.com) ebenfalls von der South Station (10,50 US$, 90 Min.).

Cape Cod

Die von 640 km funkelnder Küste eingefasste Halbinsel bietet Strände für jede Stimmung. Abgesehen von Sonne, Sand und Wellen gibt's hier Wander- und Radwege sowie Leuchttürme, die man erklimmen, Austern, die man essen, und Kunstwerke, die man bewundern kann. Alle erforderlichen Infos bekommt man bei der **Cape Cod Chamber of Commerce** (☎ 508-362-3225; www.capecodchamber.org; MA 132 an der US 6, Hyannis; ⌚ Mo–Sa 9–17, So 10–14 Uhr).

Sandwich

Als älteste Stadt auf Cape Cod sorgt das 1637 gegründete Sandwich für einen idealen ersten Eindruck, wenn man über den Kanal vom Festland anlangt. Im Zentrum versammeln sich Kirchen mit weißem Spitzgiebel, historische Wohnhäuser und eine noch in Betrieb befindliche Mühle um einen malerischen Teich voller Schwäne. Bevor man weiterfährt, sollte man einen Spaziergang auf dem **Sandwich Boardwalk** unternehmen, der sich malerische 400 m durch ausgedehntes Marschland bis zum Town Neck Beach erstreckt.

Sehenswertes

Heritage Museums & Gardens MUSEUM
(www.heritagemuseumsandgardens.org; 67 Grove St; Erw./Kind 18/8 US$; ⌚ 10–17 Uhr; 👪) Dieses Museum ist für Kinder und Erwachsene gleichermaßen interessant. Auf einem Ge-

lände von rund 31 ha zeigt es eine herrliche Oldtimersammlung in einer Rundhütte im Shaker-Stil, ein noch immer funktionstüchtiges Karussell von 1912, Exponate zur Volkskunst und einen der schönsten Rhododendrongärten der USA, der Anfang Juni in voller Pracht erblüht. Für Kinder gibt es einen Freiluftspielplatz.

Wer Museen und Gärten etwas dröge findet, kommt vor Ort im **Adventure Center** (www.heritageadventurepark.org; 67 Grove St; Erw./Kind 43/38 US$; ⊙ Juni–Okt. tgl. 9–18 Uhr, Mai & Nov. nur Sa & So 9–18 Uhr) auf seine Kosten: Dort gibt's fünf „Luftwege", die eine völlig neue Sicht auf den Wald und die Parkanlagen bieten.

Sandwich Glass Museum   MUSEUM
(www.sandwichglassmuseum.org; 129 Main St; Erw./Kind 9/2 US$; ⊙ April–Dez. 9.30–17 Uhr, Feb.–März Mi–So bis 16 Uhr) In diesem Museum lebt die Glasherstellungstradition auf, die im 19. Jh. im Ort herrschte. Den ganzen Tag über gibt's stündlich Glasbläservorführungen.

Cape Cod Canal   KANAL
(www.capecodcanal.us; 🚴🚲) **GRATIS** Der Cape Cod Canal wurde 1914 gegraben, um den Schiffen die 217 km lange Umrundung der tückischen Spitze des Kaps zu ersparen. Der fast 10 km lange Kanal ist zu beiden Seiten von Radwegen eingefasst, die auch ideal zum Wandern, Inlineskaten und Angeln sind. Mehr Infos erhält man in Sandwich im **Cape Cod Canal Visitors Center** (www.cape codcanal.us; 60 Ed Moffitt Dr; ⊙ Mai–Okt. 10–17 Uhr) **GRATIS** nahe dem Jachthafen.

🛌 Schlafen & Essen

Shawme-Crowell State Forest   CAMPING $
(📞 508-888-0351; www.reserveamerica.com; MA 130; Stellplatz 17 US$; 🐕) 285 schattige Stellplätze auf einem 308 ha großen Waldgelände nahe der MA 6A.

Belfry Inn & Bistro   B&B $$$
(📞 508-888-8550; www.belfryinn.com; 8 Jarves St; Zi. mit Frühstück 179–299 US$; ❉🛜) Schon mal in einer Kirche eingeschlafen? Dann werden einem die Zimmer in dieser kreativ renovierten ehemaligen Kirche – einige haben sogar Buntglasfenster – gefallen. Wer sich in einem Bett unter den Augen des Erzengels Gabriel eher unbehaglich fühlt, für das Belfry in der Nähe zwei andere Herbergen mit konventionellen Zimmern. Zur Anlage gehört noch ein hübsches Restaurant mit hoher Decke und Buntglasfenstern.

NICHT VERSÄUMEN

HUMMEREIS GEFÄLLIG?
....

Ben & Bill's Chocolate Emporium (📞 508-548-7878; 209 Main St; Eiswaffel 5 US$; ⊙ 9–23 Uhr) hebt den Hummerwahnsinn auf eine neue Stufe: Hier sind die Schalentiere schon auf die Eiskarte gekrochen und lassen einen das gute, alte Vanilleeis vergessen: Statt der 31 anderen, normalen Sorten kann man an der Theke also auch eine Kugel Hummereis bestellen.

Seafood Sam's   SEAFOOD $$
(📞 508-888-4629; www.seafoodsams.com; 6 Coast Guard Rd; Hauptgerichte 8–20 US$; ⊙ 11–21 Uhr; 🚻) Für Familien ist das Sam's, in dem Fish & Chips, gebratenen Muscheln und Hummersandwiches aus der Küche kommen, eine wirklich gute Wahl. Man isst an Picknicktischen im Freien mit Blick auf den Cape Cod Canal und schaut den vorbeifahrenden Fischerbooten zu.

Falmouth

Die zweitgrößte Ortschaft auf Cape Cod punktet vor allem mit fantastischen Stränden, einem malerischen Radweg und dem idyllischen Uferdorf Woods Hole.

👁 Sehenswertes & Aktivitäten

Old Silver Beach   STRAND
(abseits der MA 28A; 🚻) An Falmouths 113 km langer, tief eingekerbter Küste gibt es keinen schöneren Strand als diesen langen Sandstreifen. Ein Felsensteg, Sandbänke und Gezeitenbecken sorgen bei Kindern für Abwechslung und jede Menge Spaß. Parken kostet 20 US$.

★ Shining Sea Bikeway   RADFAHREN
Auf Cape Cod gibt's einige tolle Radwege, aber dieser stellt alle in den Schatten. Mit einer Länge von 10,7 Meilen (17 km) führt er an der gesamten Westküste von Falmouth entlang und bietet einen sagenhaften Blick auf die unberührte Landschaft mit Salzseen, Marschen und dem Meer. Einen Fahrradverleih gibt's am Nordende des Radwegs.

🛌 Schlafen

Falmouth Heights Motor Lodge   MOTEL $$
(📞 508-548-3623; www.falmouthheightsresort. com; 146 Falmouth Heights Rd; Zi. inkl. Frühstück

Cape Cod, Martha's Vineyard & Nantucket

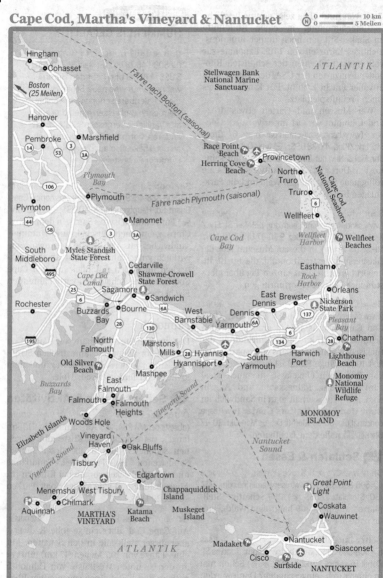

129–259 US$; ❄☎🐾) Der Name täuscht: Das saubere, familiengeführte Haus kann man nicht direkt anfahren – es steht noch nicht einmal am Highway. Alle 28 Zimmer sind überdurchschnittlich gut. Strand und Vineyard-Fähranleger liegen nur wenige Minuten entfernt.

Tides Motel of Falmouth MOTEL $$
(☏ 508-548-3126; www.tidesmotelcapecod.com; 267 Clinton Ave; Zi. 180 US$) Hier dreht es sich nur ums Meer. Das Motel hat seinen eigenen Privatstrand, und von der Terrasse des Zimmers könnte man direkt in den Ozean spucken. Dieselben Zimmer wären anders-

wo einfach nur langweilig, aber man kommt ja auch wegen des Meers nach Cape Cod.

Essen

Maison Villatte CAFÉ $
(774-255-1855; 267 Main St; Snacks 3–10 US$; Mi–Sa 7–19, So bis 17 Uhr) In der Bäckerei mit Café stehen französische Bäcker mit Kochmützen am Ofen und kreieren kunstvolle knusprige Brote, fluffige Croissants und sündhaftes Gebäck. Dank der herzhaften Sandwiches und dem starken Kaffee kann man hier auch prima zu Mittag essen.

Pickle Jar Kitchen MODERN-AMERIKANISCH $
(508-540-6760; www.picklejarkitchen.com; 170 Main St; Hauptgerichte 7–14 US$; Mi–Mo 7–15 Uhr;) Hier gibt's herzhafte, gesunde Hausmannskost, mit Liebe und saisonalen Zutaten zubereitet. Zum Frühstück bekommt man sättigende „House Hashes" (in der Pfanne gebratene karamelisierte Zwiebel mit Kartoffelwürfeln, gemixt mit gehacktem Fleisch oder Gemüse), mittags köstliche Nudeln und viel frisches Obst und Gemüse. Und selbstverständlich sollte man die hausgemachten Pickles nicht verpassen.

Clam Shack SEAFOOD $
(508-540-7758; 227 Clinton Ave; Hauptgerichte 6–15 US$; 11.30–19.30 Uhr) Die klassische Fischbude steht direkt am Falmouth Harbor. Picknicktische stehen auf der hinteren Terrasse des winzigen Ladens, der jede Menge gebratene Meeresfrüchte auftischt.

Hyannis

Fähren, Busse und Flugzeuge steuern das Wirtschaftszentrum von Cape Cod an. Von Hyannis starten Boote nach Nantucket und Martha's Vineyard. Der Ort war der Sommersitz der Kennedys; Senator Edward Kennedy starb hier im Jahr 2009.

Sehenswertes

Hyannis hat paar breite Strände mit warmem Wasser, die ideal zum Baden geeignet sind. Der **Kalmus Beach** (Ocean St, Hyannis) ist bei Windsurfern beliebt, während sich die College-Kids am **Craigville Beach** (Craigville Beach Rd, Centerville) tummeln; Parkplätze kosten an beiden Stränden zwischen 15 und 20 US$.

John F. Kennedy Hyannis Museum MUSEUM
(www.jfkhyannismuseum.org; 397 Main St, Hyannis; Erw./Kind 10/5 US$; Mo–Sa 9–17, So 12–17 Uhr)

INSIDERWISSEN

PANORAMASTRASSE: CAPE COD BAY

Am schönsten lässt sich das Kap auf dem **Old King's Highway (MA 6A)** erleben, der sich längs der Cape Cod Bay von Sandwich nach Orleans schlängelt. Der längste ununterbrochene historische Straßenabschnitt in den USA wird von anmutigen alten Wohnhäusern, Antiquitätenläden und Kunstgalerien gesäumt, sodass man unterwegs Einiges anzusehen hat.

Das Museum ehrt den 35. Präsidenten der USA mit Fotos, Videos und Exponaten. Wer weiter auf den Spuren der Kennedys wandeln will, schnappt sich eine Karte des **Hyannis Kennedy Legacy Trail** (www.kennedylegacytrail.org) GRATIS. Im Museum befindet sich außerdem die **Cape Cod Baseball League Hall of Fame**.

Schlafen & Essen

SeaCoast Inn MOTEL $$
(508-775-3828; www.seacoastcapecod.com; 33 Ocean St, Hyannis; Zi. mit Frühstück 129–199 US$;) Von dem familienbetriebenen Motel braucht man nur zwei Gehminuten in der einen Richtung zum Hafen und in der anderen zu den Restaurants an der Main St. Es gibt hier keinen Ausblick und auch keinen Pool, aber die Zimmer sind schön gemütlich, und der Service ist erstklassig. Ausgezeichnetes Preis-Leistungs-Verhältnis!

Raw Bar SEAFOOD $$
(508-539-4858; www.therawbar.com; 230 Ocean St, Hyannis; Hummerbrötchen 26 US$; So–Do 11–20, Fr–Sa bis 23 Uhr) Hier gibt's die Mutter aller Hummerbrötchen – praktisch einen ganzen Hummer im Brot. Der Blick auf den Hyannis Harbor ist ebenfalls kaum zu toppen.

Tumi SEAFOOD $$
(508-534-9289; www.tumiceviche.com; 592R Main St; Ceviche 9–12 US$, Hauptgerichte 19–28 US$; 16.30–22 Uhr;) Wer Meeresfrüchte liebt, aber auch Abwechslung mag, ist in diesem versteckten italienisch-peruanischen Lokal gerade richtig. Zur Auswahl stehen zehn Sorten Ceviche (auch vegetarische), andere rohe Meeresfrüchten und ein paar interessante peruanische Gerichte. Tipp: Das R in der Adresse steht für „rear" – also „hinten"!

Brewster

Das an der Bucht liegende und von Wald umgebene Brewster ist ein guter Ausgangspunkt für Outdoor-Abenteuer. Der Cape Cod Rail Trail führt mitten durch den Ort und es gibt ausgezeichnete Gelegenheiten für Camping, Wanderungen und Wassersport.

⊚ Sehenswertes & Aktivitäten

Nickerson State Park   PARK
(3488 MA 6A; 5 US$/Auto; ☉Sonnenaufgang–Sonnenuntergang; 🚴) kilometerlange Wander- und Radwege sowie acht Teiche mit Sandstränden machen diese rund 800 ha große Oase aus. **Jack's Boat Rental** (📞508-349-9808; www.jacksboatrental.com; 32–47 US$/Std.; ☉10–18 Uhr) vermietet Kanus, Kajaks, Segel- und Tretboote. Fahrräder erhält man nahe dem Parkeingang in **Barb's Bike Shop** (📞508-896-7231; www.barbsbikeshop.com; Fahrräder 18/24 US$ pro halber/ganzer Tag; ☉9–18 Uhr).

**Cape Cod Museum
of Natural History**   MUSEUM
(www.ccmnh.org; 869 MA 6A; Erw./Kind 10/5 US$; ☉Juni–Sept. tgl. 9.30–16 Uhr, Okt.–Dez. & März–Mai Mi–So 11–15 Uhr; 🚻) Das familienfreundliche Museum ist mit seinen Ausstellungen zur Flora und Fauna in Cape Cod eine gute Alternative an einem regnerischen Tag. Bei gutem Wetter kann man auf einem **Plankenweg** durch eine Salzmarsch bis zu einem abgelegenen Strand marschieren.

🛏 Schlafen

★ Nickerson State Park   CAMPING $
(📞877-422-6762; www.reserveamerica.com; Stellplatz 22 US$; Jurte 45–55 US$; 🚗) Cape Cods

bester Campingplatz umfasst 418 Stellplätze in waldiger Umgebung. Im Sommer früh reservieren!

★ Old Sea Pines Inn   B&B $$
(📞508-896-6114; www.oldseapinesinn.com; 2553 MA 6A; Zi 120–165, Suite 155–190 US$; @🛜) Die Herberge in einem ehemaligen Mädcheninternat von 1840 hat sich einen gewissen altmodischen Charme bewahrt. Man fühlt sich hier ein wenig wie bei Oma, denn man wohnt zwischen alten Möbeln, sepiagetönten Fotos und Badewannen mit Klauenfüßen. Statt eines TVs gibt es eine Veranda mit Schaukelstühlen. Das Frühstück ist inklusive.

🍴 Essen

★ Brewster Fish House   SEAFOOD $$
(📞508-896-7867; www.brewsterfish.com; 2208 MA 6A; Hauptgerichte mittags 12–18 US$, abends 25–32 US$; ☉11.30–15 & 17–21.30 Uhr) Das winzige, schlichte Bistro – früher ein Fischgeschäft – hat sich mit der kunstvollen Zubereitung klassischer Meeresfrüchtegerichte ein treues Stammpublikum aufgebaut. Es gibt nur elf Tische – keine Reservierung!

Cobie's   SEAFOOD $$
(📞508-896-7021; www.cobies.com; 3260 MA 6A; Hauptgerichte 9–23 US$; ☉11–21 Uhr; 🚻) Der Muschelimbiss an der Straße in praktischer Nähe zum Nickerson State Park bringt frittierte Meeresfrüchte auf die Picknicktische im Freien.

Chatham

Die Main St von Chatham ist von gehobenen Gasthäusern und Läden gesäumt, die das

---

ℹ PREISWERT WOHNEN IN CAPE COD

Im Sommer ist es in Cape Cod teuer. Wer sparen will, hält sich an diese, rund über das Kap verteilten ausgezeichneten HI-Hostels. Sie sind alle nur im Sommer geöffnet und schnell belegt, darum unbedingt vorab reservieren! Im Preis ist das Frühstück inbegriffen.

HI-Hyannis (📞508-775-7990; hiusa.org; 111 Ocean St, Hyannis; B 35–39 US$, DZ 79–99 US$, 4BZ 129 US$; @🛜) Wer einen unbezahlbaren Ausblick für wenig Geld haben will, sollte in diesem Hostel mit Blick auf den Hafen in Gehweite zur Main St, den Stränden und Fähren absteigen.

Hostelling International Eastham (📞508-255-2785; hiusa.org; 75 Goody Hallett Dr; B 33–36 US$; 🛜) Das Hostel befindet sich nahe beim Strand und dem Radweg, liegt aber ruhig im Wald. Schlichte Hütten dienen als Schlafsäle mit jeweils 5 bis 8 Betten.

Hostelling International Truro (📞508-349-3889; hiusa.org; N Pamet Rd; B mit Frühstück 45 US$; @) Budgettraveller finden keine stimmungsvollere Unterkunft als diese ehemalige Küstenwache inmitten hügeliger Dünen nur einen kurzen Spaziergang vom Strand. Hier ist es so einsam, dass nur wilde Truthähne die Straße bevölkern.

Markenzeichen dieses netten Städtchens bilden, aber es gibt hier für jeden etwas. Am **Chatham Fish Pier** (Shore Rd) entladen die Fischer ihre Fänge, während sich Seehunde auf Sandbänken in der Nähe sonnen. 1 Meile (1,6 km) weiter südlich, an der Shore Rd, blickt das **Chatham Light** (⊙ 20-minütige Führungen Mai–Okt. Mi 13–15.30 Uhr) GRATIS auf den malerischen **Lighthouse Beach**, eine endlose Weite aus Meer und Sandbänken.

Die beiden unbewohnten Inseln vor der Küste bilden das 3074 ha große **Monomoy National Wildlife Refuge** (www.fws.gov/ northeast/monomoy). Wer einen Blick auf die Hunderte von Kegelrobben, Seehunden und Watvögeln werfen will, kann eine Bootstour mit **Beachcomber** (☏ 508-945-5265; www.sealwatch.com; Crowell Rd; North Beach Wassertaxi Erw./Kind 20/10 US$; Robbenbeobachtungstouren Erw./Kind 29/25 US$; ⊙ 10–17 Uhr) oder **Monomoy Island Excursions** (☏ 508-430-7772; www.monomoysealcruise.com; 702 MA 28, Harwich Port; 1½-stündige Tour Erw./Kind 36/30 US$) unternehmen.

 Schlafen

Chatham Highlander MOTEL $$
(☏ 508-945-9038; www.chathamhighlander.com; 946 Main St; Zi. 119–209 US$; ❄🛜🏊) Die Zimmer in diesem Motel, das rund 1,5 km vom Zentrum entfernt ist, sind schlicht, aber groß und sauber. Anders als manche steifere Anlagen im Ort, die auf ein älteres Publikum eingestellt sind, sind Familien in diesem Motel willkommen. Kinder werden die beiden beheizten Pools lieben.

Hawthorne Motel MOTEL $$$
(www.thehawthorne.com; 196 Shore Rd; DZ 225–330 US$; ⊙ Mai–Okt.; ❄🛜🏊) Hier kann man einen wundervollen Sonnenaufgang über den Sandbänken erleben. Die Zimmer sind für ein Motel teuer, aber geschmackvoll, der Service ist anheimelnd und die Aussicht einfach unschlagbar. Der Weg bis zum Ort ist kurz, wenn man sich denn vom Privatstrand trennen kann.

✖ **Essen**

Chatham Cookware Café CAFÉ $
(☏ 508-954-1250; www.chathamcookware.com; 524 Main St; Sandwiches 8 US$; ⊙ 6.30–16 Uhr) Nein, dies ist kein Laden für Töpfe und Pfannen, sondern das angesagteste Café im Zentrum, in dem man hervorragenden Kaffee, hausgemachte Muffins und Sandwiches bekommt.

ℹ️ SNACKS UNTERWEGS

Auf dem Weg nach Hyannis bietet sich eine kostenlose Führung durch die **Cape Cod Potato Chip Factory** (☏ 508-775-3358; www.capecodchips.com; 100 Breeds Hill Rd, Hyannis; ⊙ Mo–Fr 9–17 Uhr) GRATIS an, bei der man auch umsonst probieren kann. Von der MA 132 (gleich westlich vom Flughafen) nimmt man die Independence Rd eine halbe Meile (800 m) nach Norden bis zur Fabrik.

★ **Chatham Fish Pier Market** SEAFOOD $$
(☏ 508-945-3474; www.chathamfishpiermarket.com; 45 Barcliff Ave; Hauptgerichte 12–25 US$; ⊙ Mi–So 10–18 Uhr) Wer frische Produkte aus der Region mag, ist an dieser verwitterten Fischbude mit eigenem Sushi-Koch und täglich ausfahrenden Fischerbooten genau richtig. Die Fischsuppe ist unglaublich und der Fisch so frisch, weil er noch ein paar Stunden zuvor munter im Wasser schwamm. Alle Speisen sind zum Mitnehmen, aber es gibt ein paar Picknicktische mit Blick auf den Hafen.

Cape Cod National Seashore

Cape Cod National Seashore PARK
(www.nps.gov/caco; Strandpass Fußgänger/Auto $3/20) Die Cape Cod National Seashore (www.nps.gov/caco) erstreckt sich auf rund 40 Meilen (65 km) rund um das Outer Cape und nimmt den größten Teil der Küste zwischen Eastham und Provincetown ein. Dank des aus Cape Cod stammenden Präsidenten John F. Kennedy wurde das große, aus unberührten Stränden, Dünen, Salzmarschen und Wäldern bestehende Gebiet in den 1960er-Jahren unter Naturschutz gestellt – gerade noch rechtzeitig, bevor der Bau-Boom auf der Halbinsel einsetzte.

Das **Salt Pond Visitor Center** (☏ 508-255-3421; 50 Doane Rd, Ecke US 6 & Nauset Rd, Eastham; ⊙ 9–17 Uhr) GRATIS ist der beste Ausgangspunkt. Hier gibt es Exponate und Filme zur Ökologie des Gebiets sowie umfassende Informationen zu den zahlreichen Rad- und Wanderwegen im Park, die zum Teil direkt am Center beginnen.

Coast Guard Beach STRAND
Gleich unterhalb Vom Salt Pond Visitor Center ist der Coast Guard Beach ein Renner, der Surfer wie Strandgänger gleichermaßen anzieht. Der Blick auf die unberührte Nau-

set Marsh von den Dünen über dem Strand ist absolut atemberaubend.

Nauset Light
LEUCHTTURM

(www.nausetlight.org; ☉ Mai–Okt. So 13–16 oder 16.30–19.30 Uhr, Juli & Aug. Mi 16.30–19.30 Uhr) Der malerische Nauset Light wirft seit 1877 sein Licht über Cape Cod. Der Turm erhebt sich stolz am Nauset Light Beach, nördlich des Coast Guard Beach.

Wellfleet

Mit unberührten Stränden, Dutzenden von Kunstgalerien und vielen Restaurants, in denen man tolle Austern schlürfen kann, ist Wellfleet eines der unbesungenen Schmuckstücke von Cape Cod.

◉ Sehenswertes

Wellfleet Beaches
STRÄNDE

Wellfleet liegt auf der Meeresseite und gehört zur Cape Cod National Seashore, sodass man hier unberührte Strände und wogende Dünen erwarten darf. Am **Marconi Beach** befindet sich ein Denkmal für Guglielmo Marconi, der an dieser Stelle die erste öffentliche drahtlose Funkübertragung über den Atlantik sendete. Erstklassige Surfwellen findet man am angrenzenden **White Crest Beach** und dem **Cahoon Hollow Beach**. Surfausrüstung vermietet der **Sick-Day Surf Shop** (☏ 508-214-4158; www.sickdaysurf.com; 361 Main St; Surfbrett 30 US$/Tag; ☉ Mo–Fr 9.30–17 Uhr).

Wellfleet Bay
Wildlife Sanctuary
NATURRESERVAT

(www.massaudubon.org; West Rd abseits des US 6; Erw./Kind 5/3 US$; ☉ 8.30 Uhr–Sonnenuntergang; ♿) ✎ Vogelbeobachter strömen zu dem 4,45 km² großen Schutzgebiet der Massachusetts Audubon Society. Die hiesigen Wanderwege führen an Prielen, Salzmarschen und Stränden vorbei.

✸ Feste & Events

Wellfleet OysterFest
ESSEN

(www.wellfleetoysterfest.org; ☉ Mitte Okt.) Ein Wochenende lang wird in der ganzen Stadt dieses beliebte Fest mit Biergarten, einem Austernwettknacken und natürlich Unmengen der Weichtiere gefeiert.

🛏 Schlafen & Essen

Even'Tide Motel
MOTEL $$

(☏ 508-349-3410; www.eventidemotel.com; 650 US 6; Zi. 89–187 US$, Cottage 1400–2800 US$/Woche; ☉ Mai–Okt.; ❄☀) Das schlichte, freundliche Motel abseits vom Highway in einem Kiefernhain bietet 31 Zimmer und neun Cottages. Extras sind ein großer überdachter Pool, Picknickplätze und ein kleiner Spielplatz.

PB Boulangerie & Bistro
BÄCKEREI $

(☏ 508-349-1600; www.pbboulangeriebistro.com; 15 Lecount Hollow Rd; Gebäck ab 3 US$; ☉ Di–So 7–19 Uhr) Steht man in diesem Laden und blickt auf die Auslage mit lockeren Obst-Tarts und Schokocroissants, könnte man glauben, es habe einen nach Paris verschlagen. Cape Cods einziger mit einem Michelin-Stern ausgezeichneter Chefkoch ist für diese Bäckerei verantwortlich.

Mac's Seafood Market
SEAFOOD $$

(☏ 508-349-9611; www.macsseafood.com; 265 Commercial St, Wellfleet Town Pier; Hauptgerichte 7–20 US$; ☉ Mo–Do 11–15, Fr–So bis 20 Uhr; ✎♿) Hier bekommt man marktfrische Meeresfrüchte zu Schnäppchenpreisen. Es gibt auch Bratfisch und superfrische Austern. **Mac's Shack** (☏ 508-349-6333; 91 Commercial St; Hauptgerichte 15–30 US$; ☉ 16.30–21.45 Uhr) die Straße hinauf ist ein Lokal mit Bedienung.

☆ Unterhaltung

★ Beachcomber
LIVEMUSIK

(☏ 508-349-6055; www.thebeachcomber.com; 1120 Cahoon Hollow Rd; ☉ Juni–Aug. 17–1 Uhr)

NICHT VERSÄUMEN

CAPE COD RAIL TRAIL

Der **Cape Cod Rail Trail**, einer der schönsten Radwege Neuenglands, führt 22 prachtvolle Meilen (36 km) auf einer ehemaligen Bahnstrecke vorbei an Cranberry-Büschen, durch idyllische Dörfer und zu Teichen mit Sandstrand, in denen man zwischendurch gut baden kann. Der Weg beginnt in Dennis an der MA 134 und reicht bis Wellfleet. Wer nicht die ganze Strecke fahren will, sollte sich mit dem Abschnitt zwischen dem Nickerson State Park in Brewster und der Cape Cod National Seashore in Eastham begnügen. Fahrradverleihe gibt's am Startpunkt in Dennis, am Nickerson State Park und an der National Seashore gegenüber dem **Salt Pond Visitor Center** (S. 211).

Bar, Restaurant und Tanzclub in einem – kurz: der coolste Sommertreff auf ganz Cape Cod in einer früheren Rettungsschwimmerwache direkt an Cahoon Hollow Beach. Bis Sonnenuntergang schaut man sich den Surfbetrieb an, und danach übernehmen ein paar richtig heiße Bands die Bühne.

Wellfleet Drive-In KINO
(☎ 508-349-7176; www.wellfleetcinemas.com; US 6; Erw./Kind $9/6; 🅿) In diesem Autokino aus den 1950er-Jahren ist alles originalgetreu, abgesehen von den Filmen. Man holt sich an der altmodischen Snackbar einen Happen, hakt den Mono-Lautsprecher ans Autofenster und guckt sich ein „Double Feature" mit zwei Filmen an.

Provincetown

Provincetown ist die Spitze: Auf Cape Cod kann man sich nicht weiter hinauswagen (nicht nur in geografischer Hinsicht). Vor 100 Jahren erkoren es die ersten unkonventionellen Autoren und Künstler zu ihrem Sommerdomizil. Heute ist der sandige Außenposten das angesagteste schwul-lesbische Reiseziel im ganzen Nordosten. Schriller Trubel auf den Straßen, großartige Kunstgalerien und ausschweifendes Nachtleben prägen das Ortszentrum. Fern ab der Commercial St, lädt Provincetowns ungezähmte Küste mit den breiten Stränden zur Erkundung ein. Besucher können auch an Walbeobachtungen per Boot teilnehmen, sich bis zum frühen Morgen vergnügen oder durch die Dünen streifen. Was auch immer geplant ist – diese einzigartige Ecke Neuenglands sollte man auf gar keinen Fall verpassen!

◉ Sehenswertes & Aktivitäten

Provincetown ist der ideale Ausgangspunkt zur Cape Cod National Seashore (S. 211). Der **Race Point Beach** an der wilden Spitze des Kaps ist ein atemberaubender Strandabschnitt mit tosenden Wellen und wogenden Dünen so weit das Auge reicht. Der nach Westen blickende **Herring Cove Beach** eignet sich gut zum Baden und Blicken in den Sonnenuntergang. 13 aufregende Kilometer an **asphaltierten Radwegen** ziehen sich durch den Wald und die Dünen und bieten Zugang zu beiden Stränden. Im **Province Lands Visitor Center** (www.nps.gov/caco; Race Point Rd; Auto/Fahrrad/Fußgänger 15/3/3 US$; ◉ 9–17 Uhr; 🅿) 🌿 bekommt man weitere Infos und kann sich Touren anschließen.

NICHT VERSÄUMEN

ERSTE ANLAUFSTELLE

Das Gebäude der **Provincetown Public Library** (www.provincetownlibrary.org; 356 Commercial St; ◉ Mo & Fr 10–17, Di–Do bis 20, Sa & So 13–17 Uhr; 🅿) wurde 1860 als Kirche erbaut und hundert Jahre später in ein Museum umgebaut, in dem ein (auf halbe Größe verkleinerter) Nachbau des Schoners *Rose Dorothea* aus Provincetown aufgestellt wurde, das in Regatten gesiegt hatte. Als das Museum pleite ging, wandelte die Stadt es in eine Bibliothek um. Das Schiffsmodell war zu groß, um es zu entfernen, und bildet heute noch einen Blickfang. Die Bücherregale wurden einfach drum herum montiert. Von oben hat man einen guten Überblick.

★ **Provincetown Art Association & Museum** MUSEUM
(PAAM; www.paam.org; 460 Commercial St; Erw./Kind 10 US$/frei; ◉ Mo–Do 11–20, Fr bis 22, Sa & So bis 17 Uhr) Das 1914 zu Ehren der blühenden örtlichen Künstlergemeinde gegründete Museum zeigt Werke von Künstlern, die in Provincetown Inspiration fanden, allen voran Edward Hopper, der in den Truro-Dünen ein Haus und eine Galerie besaß.

★ **Pilgrim Monument & Provincetown Museum** MUSEUM
(www.pilgrim-monument.org; High Pole Rd; Erw./Kind 12/4 US$; ◉ April–Nov. 9–17 Uhr, Juli & Aug. bis 19 Uhr) Wer zur Spitze des höchsten Vollgranitbaus (77 m) der USA hinaufsteigt, wird mit einem wunderbaren Blick auf die Stadt und die Küste belohnt. Das bewegende Museum am Fuß des Turms von 1910 beleuchtet die Landung der Pilgerväter mit der *Mayflower* und andere Aspekte aus der Geschichte Provincetowns.

Whydah Pirate Museum MUSEUM
(www.whydah.com; MacMillan Wharf; Erw./Kind 10/8 US$; ◉ Mai–Okt. 10–17 Uhr) Zeigt geborgene Gegenstände aus einem Piratenschiff, das 1717 vor Cape Cod sank.

East End Gallery District GALERIEN
(Commercial St) Angesichts der vielen Künstler, die hier gearbeitet haben, ist es kein Wunder, dass es in Provincetown einige der besten Galerien in der Region gibt. Die meisten ballen sich am östlichen Ende der Commercial St: Am besten beginnt man mit

dem PAAM und arbeitet sich in südwestlicher Richtung vor.

★ Dolphin Fleet
Whale Watch
WALBEOBACHTUNG

(☎ 800-826-9300; www.whalewatch.com; MacMillan Wharf; Erw./Kind 46/31 US$; ⊙ April–Okt.; ⊕)
🖈 Provincetown ist der perfekte Ausgangspunkt für Walbeobachtungen, da es der dem Stellwagen Bank National Marine Sanctuary am nächsten gelegene Hafen ist, wo sich Buckelwale im Sommer den Bauch vollschlagen. Dolphin veranstaltet mindestens zwölf Touren pro Tag. Die Buckelwale kommen mit Hang zur Wasserakrobatik erstaunlich nah an die Boote heran – das gibt tolle Fotos.

★ Feste & Events

Provincetown Carnival
KARNEVAL

(www.ptown.org/carnival; 3. Woche im Aug.) Mardi Gras, Transvestiten und Blumenwagen prägen die ultimative Schwulenparty in dieser schwulenfreundlichen Partystadt. Zehntausende feiern mit.

🛏 Schlafen

Provincetown besitzt fast 100 Pensionen, aber kein einziges Kettenhotel verschandelt die Aussicht. Vor allem für Wochenenden sollte man im Sommer rechtzeitig reservieren. Wer einfach so kommt, kann sich an die Handelskammer wenden – sie hat ein aktuelles Verzeichnis der freien Zimmer.

Dunes' Edge Campground
CAMPING $

(☎ 508-487-9815; www.dunesedge.com; 386 US 6; Stellplatz Zelt/Wohnmobil 49/61 US$; ⊙ Mitte Mai–Mitte Okt.) Familienfreundlicher Campingplatz mitten in den Dünen.

Moffett House
PENSION $$

(☎ 508-487-6615; www.moffetthouse.com; 296a Commercial St; DZ ohne Bad 75–164 US$, DZ mit Bad 115–185 US$; ❄ 🖭 🐾) Die in einer ruhigen Gasse gelegene Pension bietet einen großen Vorteil: Gratis-Fahrräder. Die Zimmer sind schlicht, und man fühlt sich, als ob man bei einem Freund übernachtet. Weitere Pluspunkte: Man kann die Küche benutzen und trifft auf viele andere Traveller.

Captain's House
B&B $$

(☎ 508-487-9353; www.captainshouseptown.com; 350A Commercial St; Zi. ohne Bad 100–175 US$, Zi. mit Bad 210 US$; P ❄ 🖭) Das kleine B&B in dem ehemaligen Wohnhaus eines Kapitäns ist eine anheimelnde und günstige Unterkunft im Zentrum des Orts. Die Zimmer sind klein, aber gemütlich und komfortabel. Charmant sind auch die Gastgeber Peter und Mauricio – letzterer serviert zum Frühstück hausgemachtes Müsli.

★ Carpe Diem
BOUTIQUEHOTEL $$$

(☎ 508-487-4242; www.carpediemguesthouse. com; 12 Johnson St; Zi. mit Frühstück 279–469 US$; ❄ @ 🖭) Buddhas, Orchideen und künstlerisches Dekor machen das elegante, entspannte Ambiente aus. Jedes Zimmer widmet sich einem anderen homosexuellen Schriftsteller. So punktet das nach dem Dichter Raj Rao benannte Quartier mit aufwändig bestickten Stoffen und handgefertigten indischen Möbeln. Das Spa vor Ort bietet u. a. eine finnische Sauna, Whirlpools und Massagen.

SCHWULEN- & LESBENSZENE IN PROVINCETOWN

In Provincetown gibt's jede Menge Schwulenclubs, Drag Shows und Cabarets. Aber auch Heteros sind willkommen.

A-House (Atlantic House; www.ahouse.com; 4 Masonic Pl; ⊙ Pub 12–1, Club 22–1 Uhr) Die schwule Szene der Stadt startete hier, und auch heute noch ist der Laden eine der führenden Bars. Drinnen gibt's im 1. Stock eine anheimelnde Kneipe mit Kamin. Der Club und das Cabaret haben einen separaten Eingang.

Boatslip Resort (www.boatslipresort.com; 161 Commercial St; ⊙ 16–19 Uhr) Veranstaltet ungeheuer beliebte Tanzpartys zum Nachmittagstee.

Crown & Anchor (www.onlyatthecrown.com; 247 Commercial St; ⊙ variierende Öffnungszeiten) Der mehrteilige Komplex mit Nachtclub, einer Videobar, einer Lederbar und einem dampfenden freizügigen Cabaret ist die Queen der Schwulenszene.

Pied Bar (www.piedbar.com; 193 Commercial St; ⊙ Mai–Okt. 12–1 Uhr) Die Frauen gehörende Lounge am Ufer ist ein beliebter Tanztreff für alle Geschlechter. Das Hauptevent ist der „After Tea T-Dance", zu dem dann diejenigen strömen, die zuvor im Boatslip waren. Im Oktober gibt's eine „Frauenwoche".

Revere Guesthouse
B&B $$$

(☎ 508-487-2292; www.reverehouse.com; 14 Court St; Zi. mit Frühstück 169–359 US$; ❄ ⎙) Geschmackvolle Zimmer, frische Backwaren zum Frühstück und einladende Details sorgen dafür, dass man sich gleich wie zu Hause fühlt. Das Haus hat eine ruhige Lage, ist aber nur Minuten von der Action entfernt.

✖ Essen

Cafe Heaven
CAFÉ $

(☎508-487-9639; 199 Commercial St; Hauptgerichte 7–12 US$; ⊙8–22 Uhr; ⎙) Das mit Kunst bestückte Café ist hell und luftig, aber klein und immer voll. Hier kann man preisgünstig frühstücken oder zu Mittag essen. Auf der Karte steht alles von sündhaftem French Toast zu Croissants bis hin zu gesunden Salaten. Von Wartezeiten nicht abschrecken lassen – die Tische werden schnell wieder frei.

★ Mews Restaurant & Café
MODERN-AMERIKANISCH $$$

(☎508-487-1500; www.mews.com; 429 Commercial St; Hauptgerichte Bistro 13–22 US$, Restaurant 27–31 US$; ⊙17.30–22 Uhr) Lust auf erschwingliche Gourmetküche? Dann ignoriert man das tolle, aber teure Restaurant am besten und begibt sich stattdessen in die Bar im Obergeschoss. Dort warten eine hervorragende Aussicht, super Martinis und leckere Bistrokost.

Lobster Pot
SEAFOOD $$$

(☎508-487-0842; www.ptownlobsterpot.com; 321 Commercial St; Hauptgerichte 22–37 US$; ⊙11.30–21 Uhr) Getreu seinem Namen ist das brummende Seafood-Lokal mit laaaaahmem Service *die* Adresse für Hummer. Der wenigste Betrieb herrscht um die Nachmittagsmitte.

🍷 Ausgehen

Aqua Bar
BAR

(207 Commercial St; ⊙10–1 Uhr) Ein Food-Court mit Rohfischtheke, Sushi, Eiscreme und anderen internationalen Leckereien, dazu eine gut bestückte Bar, in der großzügige Barkeeper Drinks ausschenken. Und all das in toller Uferlage mit Blick auf einen kleinen Strand und einen schönen Hafen bei Sonnenuntergang: Das ist kein Traum, sondern die Aqua Bar.

Ross' Grill
BAR

(www.rossgrille.com; 237 Commercial St; ⊙11.30–22 Uhr) Die Bar in diesem smarten Bistro ist ein romantisches Plätzchen für einen Drink

mit Ausblick aufs Wasser. Auch das Essen erntet allgemeine Begeisterung.

Harbor Lounge
COCKTAILBAR

(www.theharborlounge.com; 359 Commercial St; ⊙12–22 Uhr) Das Harbor Lounge macht sich mit bodenhohen Aussichtsfenstern und einem Plankenweg hinaus in die Bucht seine Lage am Meer zu Nutze. Von Kerzen beleuchtete Tische und Ledersofas bilden das Dekor – mehr braucht es nicht. Die Cocktails sind überraschend günstig; viele Martini-Kreationen stehen zur Wahl.

❶ Praktische Informationen

Provincetown Business Guild (www.ptown. org) Speziell für die schwul-lesbische Gemeinde.

Provincetown Chamber of Commerce (www. ptownchamber.com; 307 Commercial St; ⊙9–18 Uhr) Hilfreiche städtische Touristeninformation an der MacMillan Wharf, wo auch die Fähre anlegt.

Provincetown on the Web (www.provincetown. com) Online-Führer mit aktuellem Veranstaltungskalender.

Wired Puppy (www.wiredpuppy.com; 379 Commercial St; ⊙6.30–22 Uhr; ⎙) Wer hier einen Espresso bestellt, darf gratis im Netz surfen, während er ihn schürft.

❶ An- & Weiterreise

Busse von **Plymouth & Brockton** (www.p-b. com) verbinden Provincetown mit Boston (31 US$, 3½ Std.) und einer Reihe von Orten auf Cape Cod. Von Mitte Mai bis Mitte Oktober betreibt die **Bay State Cruise Company** (☎877-783-3779; www.boston-ptown.com; 200 Seaport Blvd, Boston; ⊙ Mitte Mai–Mitte Okt.) eine Fähre (hin & zurück 88 US$, 1½ Std.) zwischen dem World Trade Center Pier in Boston und der MacMillan Wharf. Von Ende Juni bis Anfang September fährt zweimal täglich die **Expressfähre Plymouth-Provincetown** (www.p-town ferry.com; State Pier, 77 Water St; hin & zurück 45 US$, 1½ Std.).

Nantucket

Nantucket ist Neuengland wie es im Buche steht: Rosen, Kopfsteinpflaster, Bilderbuchidylle. Die einzige größere Ortschaft, Nantucket Town, war einst der Heimathafen der größten Walfängerflotte weltweit. Heute steht der Ort unter Denkmalschutz, und anmutige alte Wohnhäuser und öffentliche Gebäude säumen die grünen Straßen. An der kopfsteingepflasterten Main St stehen die Villen aus der Walfängerära dicht an dicht.

NICHT VERSÄUMEN

BIER AUS NANTUCKET

Bei **Cisco Brewers** (☎ 508-325-5929; www.ciscobrewers.com; 5 Bartlett Farm Rd; Führung 20 US$; ⊙ Mo–Sa 10–19 & So 12–18 Uhr, Führungen tgl. 13 & 16 Uhr), einer ungeheuer freundlichen Brauerei, sollte man sich ein hopfiges Whale's Tale Pal gönnen. Außer der Führung gibt es hier ein paar Bars, in denen am späten Nachmittag live Banjomusik gespielt wird. Während der Saison betreibt die Brauerei vom Touristeninformationskiosk aus einen kostenlosen Shuttlebus.

Antworten auf seine Fragen erhält man im **Visitors Services Kiosk** (☎ 508-228-0925; www.nantucket-ma.gov; 25 Federal St; ⊙ 9–17 Uhr) nahe der Fähranlegestelle.

◉ Sehenswertes & Aktivitäten

★ **Nantucket Whaling Museum**   MUSEUM
(13 Broad St; Erw./Kind 20/5 US$; ⊙ Mitte Mai–Okt. 10–17 Uhr, Nov.–Mitte Mai 11–16 Uhr) Die eindrucksvollen Exponate in einer ehemaligen Fabrik, in der Kerzen aus Walöl hergestellt wurden, erinnern an Nantuckets Rolle als weltweites Walfangzentrum im 19. Jh. Zu sehen sind u. a. das 14 m lange Skelett eines Pottwals, ein aufgetakeltes Walfängerboot und diverse Geräte zum Walfang.

Strände

Mitten im Ort bietet der **Children's Beach** ruhiges Wasser und einen Spielplatz. Wilder und weniger frequentiert ist der **Surfside Beach** 2 Meilen (3,2 km) weiter südlich, den man mit Fahrrad oder Bus erreichen kann. Der beste Ort zur Beobachtung des Sonnenuntergangs ist der **Madaket Beach**, 5,5 Meilen (8,8 km) westlich der Ortschaft.

Radfahren

Fahrräder sind *die* Transportmittel zur Erkundung der Insel. Ausgewiesene Radwege verbinden den Ort Nantucket mit den wichtigsten Stränden und den Dörfern Madaket und Siasconset (alias Sconset) – zu keiner der interessantesten Stellen braucht man mehr als 13 km zu fahren. Fahrräder mieten kann man nahe der Steamboat Wharf.

🛏 Schlafen

HI Nantucket   HOSTEL $
(Star of the Sea; ☎ 508-228-0433; hiusa.org; 31 Western Ave; B 42–45 US$; ⊙ Mitte Mai–Mitte

Sept.; @) Das stimmungsvolle Hostel in einer Rettungsschwimmerwache von 1873 hat eine unbezahlbare Lage nahe dem Surfside Beach. Das Frühstück ist im Preis enthalten.

Barnacle Inn   B&B $$
(☎ 508-228-0332; www.thebarnacleinn.com; 11 Fair St; Zi. ohne/mit Bad ab 115/125 US$; ❄ 🐱) Darum dreht es sich im alten Nantucket: Gesellige Inhaber und schlichte, idyllische Unterkünfte voller Nostalgie. Die Zimmer in diesem Gasthof aus der Zeit um 1900 bieten ein ausgezeichnetes Preis-Leistungs-Verhältnis. Das Frühstück ist inbegriffen.

✕ Essen

Downyflake   DINER, BÄCKEREI $
(☎ 508-228-4533; www.thedownyflake.com; 18 Sparks Ave; Hauptgerichte 5–10 US$; ⊙ Mo–Sa 6–14, So bis 13 Uhr) Das Wichtigste: Die Donuts sind altmodisch, ausgezeichnet und es gibt sie nur in drei altprobten Varianten: pur, mit Zucker oder mit Schokolade. Das sollte eigentlich schon genug sein. Aber hinzu kommt ein richtiger Diner mit köstlichen Blaubeerpfannkuchen zum Frühstück und Burgern, Reuben-Sandwiches und Thunfisch-Sandwiches mit Schmelzkäse zu Mittag.

Black-Eyed Susan's   CAFÉ $$
(☎ 508-325-0308; www.black-eyedsusans.com; 10 India St; Hauptgerichte morgens 8–12 US$, abends 24–26 US$; ⊙ tgl. 7–13, Mo–Sa 18–22 Uhr; ✎) Keine Reservierung, nur Barzahlung und kein Alkohol (wenn man den nicht selber mitbringt). Aber die Insulaner stehen Schlange, um einen der ein Dutzend Tische in diesem dezenten Juwel zu ergattern. Das ist neuamerikanische Küche vom Feinsten – die Zutaten sind vertraut, man wird sie aber noch nie in solch kreativen, einfach leckeren Kombinationen erlebt haben.

Club Car   AMERIKANISCH, SEAFOOD $$
(☎ 508-228-1101; www.theclubcar.com; 1 Main St; Hauptgerichte 12–30 US$; ⊙ 11.30–1 Uhr) Der umgebaute Eisenbahnwaggon, ein Überbleibsel der Eisenbahnlinie, die im Sand von Nantucket versunken ist, tischt zu Klaviermusik zum Mitsingen durchweg gutes Essen auf, darunter auch ausgezeichnete Hummerbrötchen.

ℹ Anreise & Unterwegs vor Ort

BUS

Auf Nantucket herumzukommen ist kinderleicht: **NRTA Wave** (www.nrtawave.com; einfache Strecke 1–2 US$, Tageskarte 7 US$; ⊙ Ende Mai–

Sept.) betreibt Busse im Ort und hinaus nach Sconset, Madaket und zu den Stränden. In den Bussen gibt es Fahrradständer; Radler können also in die eine Richtung den Bus nehmen und in die andere in die Pedale treten.

FLUGZEUG
Cape Air (www.flycapeair.com) fliegt von Boston, Hyannis und Martha's Vineyard zum Nantucket Memorial Airport (ACK).

SCHIFF/FÄHRE
Die **Steamship Authority** (☎ 508-477-8600; www.steamshipauthority.com) betreibt den ganzen Tag über Fähren zwischen Hyannis und Nantucket. Die Schnellfähre (hin & zurück Erw./Kind 69/35 US$) braucht eine, die langsame (hin & zurück Erw./Kind 37/19 US$) 2¼ Stunden. Ebenfalls ab Hyannis betreibt auch **Hy-Line Cruises** (☎ 508-778-2600, 888-492-8082; www.hylinecruises.com; Ocean St Dock) eine Hochgeschwindigkeits- (Erw./Kind 77/51 US$, 1 Std., tgl. 5- oder 6-mal) und eine langsame Fähre (45 US$/frei, 2 Std., tgl. 2-mal).

Martha's Vineyard

Das von malerischer Schönheit geprägte Martha's Vineyard lockt staunende Tagesausflügler, Promis, die hier Zweitwohnsitze haben, und Städter auf der Suche nach einem ruhigen Refugium. Die Insel blieb von der offenen Kommerzialisierung verschont, die überall auf dem Festland vorherrscht. Stattdessen findet man hier gemütliche Herbergen, Spitzenrestaurants und jede Menge grüner Farmen und toller Strände.

Vineyard Haven ist das wirtschaftliche Zentrum der Insel. Die meisten Fähren landen in Oak Bluffs an, dem Mittelpunkt des sommerlichen Freizeitvergnügens. Edgartown hat eine große Seefahrervergangenheit und wirkt aristokratischer.

◉ Sehenswertes & Aktivitäten

Campgrounds & Tabernacle
HISTORISCHE STÄTTE
(Oak Bluffs) Ab der Mitte des 19. Jhs. war Oak Bluffs das Sommerdomizil einer Erweckungskirche, deren Mitglieder einen Tag am Strand genauso genossen wie den Gottesdienst. So errichteten sie um die 300 Cottages und verzierten sie mit wunderlichen Mustern im Queen-Anne-Stil, die an die von Lebkuchen (*gingerbred*) erinnern. Die bunt bemalten Häuschen – heute als Campgrounds bekannt – umgeben den Trinity Park mit dem Tabernacle, wo man Festivals und Konzerte genießen kann.

Will man sich eines der Gebäude einmal von innen anschauen, besucht man das **Cottage Museum** (www.mvcma.org; 1 Trinity Park; Erw./Kind 2/0,50 US$; ⊙ Mo–Sa 10–16 Uhr & Mai–Sept. So 13–16 Uhr), das Exponate zur Geschichte des Ferienlagers zeigt.

Flying Horses Carousel
HISTORISCHE STÄTTE
(www.mvpreservation.org; 15 Lake Ave, Oak Bluffs; 2,50 US$/Fahrt; ⊙ 10–22 Uhr; ☖) Das älteste Pferdekarussell der USA fesselt seit 1876 Kinder jedes Alters. Die altertümlichen Pferde haben Mähnen aus echtem Rosshaar. Wer ihnen bei der nostalgischen Fahrt in die Glasaugen blickt, entdeckt darin tolle kleine Tiere aus Silber.

Katama Beach
STRAND
(Katama Rd; ☖) Der auch South Beach genannte beste Strand der Insel liegt 4 Meilen (6,4 km) südlich des Zentrums von Edgartown und erstreckt sich über 5 prächtige Kilometer. Raue Wellen begeistern die Surfer an der dem Meer zugewandten Seite. Wer ungefährdet baden will, bevorzugt die dem Binnenland zugewandten Salzwasserbecken.

Radfahren
Ein malerischer Küstenradweg verbindet Oak Bluffs, Vineyard Haven und Edgartown miteinander. Die Route ist größtenteils flach und daher familienfreundlich. Drahtesel verleiht **Anderson's Bike Rental** (☎ 508-693-9346; www.andersonbikerrentals.com; 1 Circuit Ave Extension; Fahrrad pro Tag Erw./Kind 20/15 US$; ⊙ 9–18 Uhr) nahe dem Fähranleger.

🛏 Schlafen

HI Martha's Vineyard
HOSTEL $
(☎ 508-693-2665; http://hiusa.org; 525 Edgartown–West Tisbury Rd; B 35–39 US$, DZ/4BZ 99/135 US$; ⊙ Mitte Mai–Mitte Okt.; @🖥) Sein Bett in dem beliebten Hostel in der Mitte der Insel sollte man früh reservieren. Hier gibt's alles, was man von einem erstklassigen Hostel erwartet: eine gute Küche, einen Fahrradverleih und keine Sperrstunde. Das Hostel liegt 1 Meile (1,6 km) östlich des Dorfs West Tisbury – von Vineyard Haven den Bus 3 nehmen!

Nashua House
INN $$
(☎ 508-693-0043; www.nashuahouse.com; 30 Kennebec Ave, Oak Bluffs; Zi. ohne/mit Bad ab 99/129 US$; ✳🖥) Die Zimmer sind makellos sauber, sehr gemütlich und recht hübsch, haben aber meist nur Gemeinschaftsbäder. Frühstück gibt's nicht, aber den ganzen Tag über Kaffee und Snacks. Das Personal will es den Gästen recht machen.

Weiter die Straße hinunter findet sich das **Madison Inn** (☑ 508-693-2760; www.madison innmv.com; 18 Kennebec Ave; Zi. mit Frühstück ab 169 US$; ❈ ☎), das etwas gehobene Schwesterunternehmen.

Narragansett House
B&B $$

(☑ 508-693-3627; www.narragansetthouse.com; 46 Narragansett Ave, Oak Bluffs; DZ 150–235 US$; ❈ ☎) Nur einen Spaziergang vom Ortszentrum entfernt nimmt dieses B&B zwei verzierte viktorianische Häuser ein, die nahe beieinander an einer ruhigen Wohnstraße stehen. Die breite Veranda und der blühende Garten sind ideal, um das im Preis inbegriffene Frühstück zu genießen.

Edgartown Inn
PENSION $$$

(☑ 508-627-4794; www.edgartowninn.com; 56 N Water St, Edgartown; Zi. 200–325 US$; ❈ ☎) Das stattliche Gasthaus wurde 1798 als Wohnhaus für einen Schiffskapitän errichtet, später aber in einen Gasthof umgewandelt, in dem so illustre Gäste wie Nathaniel Hawthorne und Daniel Webster abstiegen. Heute ist er eine hübsche, recht günstige Pension mit antikem Mobiliar und altmodischem Charme.

✖ Essen

★ Art Cliff Diner
CAFÉ $

(☑ 508-693-1224; 39 Beach Rd, Vineyard Haven; Hauptgerichte 8–16 US$; ☺ Do–Di 7–14 Uhr) ✎ Das angesagte Lokal für Frühstück und Mittagessen: Inhaberin und Chefköchin Gina Stanley gibt allem ihre besondere Note, von den Armen Rittern mit Mandelstreuseln bis zu den frischen Fisch-Tacos. Die Speisen sind absolut modern, der Diner selber strahlt hingegen ein angenehm altmodisches Flair aus.

MV Bakery
BÄCKEREI $

(☑ 508-693-3688; www.mvbakery.com; 5 Post Office Sq, Oak Bluffs; Backwaren 1–3 US$; ☺ 7–17 Uhr) Den ganzen Tag über bekommt man hier günstigen Kaffee, Cannoli und die berühmten Apfel-Beignets. Wer vorbeischauen will, tut das trotzdem am besten zwischen 21 und 24 Uhr: Dann stehen die Leute vor der Hintertür an, um warme Donuts direkt vom Blech zu kaufen.

Among the Flowers Café
CAFÉ $$

(☑ 508-627-3233; www.amongtheflowersmv. com; 17 Mayhew Lane, Edgartown; Hauptgerichte 8–20 US$; ☺ 8–22 Uhr; ✎) Das nette Café liegt versteckt abseits der Hauptstraße auf einer Gartenterrasse inmitten von Blumen. In diesem idyllischen Ambiente gibt's leckeres Essen, auch wenn es auf Papptellern serviert wird. Leute, die sich auskennen, stellen sich zur Frühstückszeit nach den köstlichen Zimtrollen, Waffeln und Omelettes an. Doch auch mittags wird man nicht enttäuscht werden, schon gar nicht, wenn man ein Hummerbrötchen bestellt.

Slice of Life
CAFÉ $$

(☑ 508-693-3838; www.sliceoflifemv.com; 50 Circuit Ave, Oak Bluffs; Hauptgerichte 8–24 US$; ☺ 8–21 Uhr; ✎) Das Ambiente ist zwanglos, das Essen vom Allerfeinsten. Zum Frühstück gibt's Muntermacher-Kaffee, Champignonomeletts und fabelhafte Kartoffelpuffer. Abends zählt der gebratene Kabeljau mit sonnengetrockneten Tomaten zu den herzhaften Favoriten. Und die Desserts – dekadente Crème Brûlée und köstlicher Zitronenkuchen – sind so gut wie nirgendwo sonst.

☕ Ausgehen & Nachtleben

Offshore Ale Co
BRAUEREI

(www.offshoreale.com; 30 Kennebec Ave, Oak Bluffs; ☺ 11.30–22 Uhr) In der beliebten Kleinbrauerei gibt's rund ein halbes Dutzend verschiedene Ales, darunter das preisgekrönte Beach Road Nut Brown Ale. Bei den saisonalen Spezialitäten kommen die Früchte der Insel, z.B. Blaubeeren und Kürbis, zum Einsatz.

Lampost
NACHTCLUB

(www.lampostmv.com; 6 Circuit Ave, Oak Bluffs; ☺ 16–1 Uhr) Die heißeste Tanzszene der Insel findet man in dieser Kombination aus Bar und Nachtclub. Unten gibt's ca. hundert verschiedene Biere in der **Dive Bar** (www.dive barmv.com; 6 Circuit Ave; ☺ Juni–Sept. 12–1.30 Uhr).

Unterhaltung

★ Flatbread Company
LIVEMUSIK

(www.flatbreadcompany.com; 17 Airport Rd; ☺ Mai–Sept. 16 Uhr–open end) Früher das legendäre Hot Tin Roof, wo einst Carly Simon sang, setzt das Flatbread die Tradition fort, die besten Bands auf die Bühne zu holen. Außerdem gibt's hier verdammt gute Bio-Pizzas. Neben dem Martha's Vineyard Airport.

ℹ Anreise & Unterwegs vor Ort

BUS

Die **Martha's Vineyard Regional Transit Authority** (www.vineyardtransit.com; einfache Strecke 2,50 US$, Tageskarte 7 US$) betreibt das Busnetz auf der Insel. Der Bus 13 verkehrt häufig

ABSEITS DER ÜBLICHEN PFADE

UP-ISLAND

Die als **Up-Island** bekannte ländliche Westhälfte von Martha's Vineyard ist ein Flickenteppich aus sanften Hügeln, kleinen Farmen und Wiesen, die von wilden Truthähnen und Rehen aufgesucht werden. Seine Augen und seinen Bauch kann man in dem malerischen Fischerdorf **Menemsha** sättigen; dort gibt's Meeresfrüchteschuppen, wo die Boote den frischen Fang gleich an der Hintertür entladen. Man schaut zu, wie Austern geknackt und Hummer gedämpft werden, während man draußen auf einer Bank am Hafen speist.

Die an der Küste gelegenen **Aquinnah Cliffs**, auch Gay Head Cliffs genannt, sind ein National Natural Landmark. In der Spätnachmittagssonne erglühen die 45 m hohen Klippen in einem tollen Farbenspiel. Man kann sich am **Aquinnah Public Beach** (Parken 15 US$) gleich unterhalb der farbenfrohen Klippen tummeln oder Richtung Norden 1½ km am Strand entlang zu einem Gebiet laufen, das bei FKK-Anhängern beliebt ist.

Ein großer Teil der Gegend steht in der einen oder anderen Form unter Schutz. Im **Cedar Tree Neck Sanctuary** (www.sheriffsmeadow.org; Indian Hill Rd, abseits der State Rd; ⏰ 8.30–17.30 Uhr) GRATIS führt eine einladende, 4 km lange Wanderung durch einheimisches Gesträuch und Wald zu einer Steilküste, von der man einen schönen Blick auf Cape Cod hat. Im **Felix Neck Wildlife Sanctuary** (www.massaudubon.org; Edgartown–Vineyard Haven Rd; Erw./Kind 4/3 US$; ⏰ Sonnenaufgang–Sonnenuntergang; ♿), einem Paradies für Vogelbeobachter, führen 6,5 km an Wanderwegen rund um Sümpfe und Teiche.

zwischen den drei wichtigsten Ortschaften, andere Linien steuern entlegenere Ziele an.

SCHIFF/FÄHRE

Die häufig verkehrenden Fähren der Steamship Authority (S. 217) verbinden Woods Hole mit Vineyard Haven und Oak Bluffs (hin & zurück 17 US$, 45 Min.).Wer sein Auto mitnimmt, sollte den Platz weit im Voraus buchen.

In Falmouth Harbor legt die Passagierfähre **Island Queen** (☏ 508-548-4800; www.islandqueen.com; 75 Falmouth Heights Rd) im Sommer mehrmals täglich nach Oak Bluffs (hin & zurück 20 US$, 40 Min.) ab.

Ab Hyannis betreibt **Hy-Line Cruises** (☏ 508-778-2600; www.hylinecruises.com; Ocean St Dock) eine langsame (45 US$, 1½ Std., tgl.) und eine Hochgeschwindigkeitsfähre (72 US$, 55 Min., tgl. mehrmals) nach Oak Bluffs.

Zentrales Massachusetts

Wer das zentrale Massachusetts zwischen der Großstadt Boston und den schicken Berkshires erkundet, erhält einen Einblick in die weniger touristischen Teile des Bundesstaats. Die Gegend wirkt aber keinesfalls verschlafen – das verdankt sie vor allem den vielen Colleges, die ihr einen jugendlichen Touch verleihen.

Regionalinfos bekommen Besucher beim **Central Massachusetts Convention & Visitors Bureau** (☏ 508-755-7400; www.centralmass.org; 91 Prescott St; Worcester; ⏰ Mo–Fr 9–17 Uhr) und beim **Greater Springfield Convention & Visitors Bureau** (☏ 413-787-1548; www.valleyvisitor.com; 1441 Main St, Springfield; ⏰ Mo–Fr 8.30–17 Uhr).

Springfield

Das prosaische Springfield war die Geburtsstätte zweier Ikonen der amerikanischen Kultur, die hier auch entsprechend gewürdigt werden.

★ Naismith Memorial Basketball Hall of Fame
MUSEUM

(www.hoophall.com; 1000 W Columbus Ave; Erw./Kind 22/15 US$; ⏰ 10–17 Uhr; P ♿) Basketballfans werfen hier begeistert Körbe, fühlen die Begeisterung in der Arena und erfahren vieles über die Geschichte des Sports und seine großen Spieler.

Dr. Seuss National Memorial Sculpture Garden
PARK

(www.catinthehat.org; 21 Edwards St; ⏰ Sonnenaufgang–Sonnenuntergang; ♿) GRATIS Lebensgroße Bronzefiguren der Katze mit Hut und anderer schräger Gestalten blicken beschwörend auf die Besucher. Ach wie niedlich! Willkommen in der Welt von Theodor Seuss Geisel, dem bekanntesten Sohn der Stadt Springfield.

Northampton

Das superhippe Northampton hat die besten Restaurants, das heißeste Nachtleben und die spannendste Szene der Region. Darüber

NICHT VERSÄUMEN

DINER IN WORCESTER

Die zweitgrößte Stadt des Staates hat mit dem Diner ein tolles Kultsymbol der USA hervorgebracht. In dieser Rustbelt-Stadt verstecken sich solche Lokale dutzendweise hinter Lagerhallen, unter alten Eisenbahnbrücken oder in nächster Nähe zu zwielichtigen Bars. Der **Miss Worcester Diner** (☎ 508-753-5600; 300 Southbridge St; Hauptgerichte 6–10 US$; ⏰ Mo–Fr 5–14, Sa & So 6–14 Uhr) von 1948 ist ein echter Klassiker: Es war ursprünglich der Vorführ-Diner der Worcester Lunch Car Company, die in ihrer direkt gegenüber gelegenen Fabrik insgesamt 650 Imbissbuden produzierte. Harleys auf dem Bürgersteig und Red-Sox-Krimskrams an den Wänden sorgen hier fürs passende Ambiente. Auf der Karte treten Köstlichkeiten wie Arme Ritter mit Bananenaroma gegen die üblichen Kalorienbomben (Chili-Hotdogs, *biscuits and gravy*) an. Ein schmackhaftes Stück echtes Amerika!

hinaus ist der Ort für seine liberale Einstellung und die offene lesbische Gemeinde bekannt. Das bunte Zentrum ist leicht zu Fuß zu erkunden und bietet viele Cafés, schrille Läden und Galerien. Alle Infos zum Ort liefert die **Greater Northampton Chamber of Commerce** (☎ 413-584-1900; www.explorenorthampton.com; 99 Pleasant St; ⏰ ganzjährig Mo–Fr 9–17 Uhr, Mai–Okt. Sa & So 10–14 Uhr).

⊙ Sehenswertes

Smith College   COLLEGE-CAMPUS
(www.smith.edu; Elm St; Ⓟ) Das 1875 zur „Erziehung der intelligenten Dame" gegründete Smith College ist mit 2600 Schülerinnen eines der größten Mädchen-Colleges im Land. Auf dem grünen, 51 ha großen Campus findet man fast 100 Gebäude in allen erdenklichen Architekturstilen und einen hübschen Teich.

Smith College Museum of Art   MUSEUM
(www.smith.edu/artmuseum; Elm St at Bedford Tce; Erw./Kind 5/2 US$; ⏰ Di–Sa 10–16, So 12–16 Uhr; Ⓟ) Das eindrucksvolle Campusmuseum besitzt eine Sammlung von 25 000 Stücken mit besonderen Schwerpunkten auf der niederländischen Malerei des 17. Jhs. und der europäischen und nordamerikanischen Malerei des 19. und 20. Jhs. u. a. mit Werken von

Degas, Winslow Homer, Picasso und James Abbott McNeill Whistler.

🛏 Schlafen

Autumn Inn   MOTEL $$
(☎ 413-584-7660; www.hampshirehospitality.com; 259 Elm St/MA 9; Zi. inkl. Frühstück 119–179 US$; Ⓟ @ 🛜 ☒) Trotz des Motel-Looks bietet die zweistöckige Herberge nahe dem Smith College ein recht angenehmes Ambiente und große, komfortable Zimmer.

Hotel Northampton   HISTORISCHES HOTEL $$
(☎ 413-584-3100; www.hotelnorthampton.com; 36 King St; Zi. 185–275 US$; Ⓟ 🛜) Das zentral gelegene Hotel mit 100 gut ausgestatteten Zimmern ist seit 1927 Northamptons nobelste Unterkunft. Das Dekor entspricht jener Zeit.

✗ Essen

Haymarket Café   CAFÉ $
(☎ 413-586-9969; www.haymarketcafe.com; 185 Main St; Gerichte 5–10 US$; ⏰ 7–22 Uhr; 🛜 🍴) Northamptons coolster (und vielleicht auch ältester) Treff für Bohemiens und Kaffeesüchtige bietet starken Espresso, frisch gepresste Säfte und eine umfangreiche vegetarische Karte.

Paul & Elizabeth's   SEAFOOD $$
(☎ 413-584-4832; www.paulandelizabeths.com; 150 Main St; Hauptgerichte 13–17 US$; ⏰ 11.30–21.15 Uhr; 🛜 🍴 ♿) 🌱 Das luftige, mit Pflanzen dekorierte Lokal, das man hier einfach P & E's nennt, befindet sich im obersten Stock des Thornes Marketplace und ist das beste Naturkostrestaurant der Stadt. Es serviert köstliche vegetarische Gerichte und Meeresfrüchte, oft mit asiatischem Einschlag.

Bela   VEGETARISCH $$
(☎ 413-586-8011; www.belaveg.com; 68 Masonic St; Hauptgerichte 9–13 US$; ⏰ Di–Sa 12–20.30 Uhr; 🍴 ♿) 🌱 Das gemütliche vegetarische Restaurant legt so viel Wert auf frische Zutaten, dass die an der Kreidetafel angeschriebene Karte täglich wechselt – je nachdem, was die örtlichen Bauern gerade auf den Markt gebracht haben. Nur Barzahlung.

🍷 Ausgehen & Unterhaltung

Für eine so kleine Stadt hat Northampton eine ganze Menge an Indie-Bands, Folk- und Jazzmusikern aufzubieten. Man kann sie im restaurierten **Calvin Theatre** (☎ 413-586-8686; www.iheg.com; 19 King St) und in vielen kleineren Spielstätten überall in der Stadt erleben.

Northampton Brewery BRAUEREI-PUB
(www.northamptonbrewery.com; 11 Brewster Ct; ⏱11.30–1 Uhr; 📶♿) 🅿 Die älteste Brauereikneipe Neuenglands hat im Sommer viele Stammkunden – dank ihrer Terrasse und der guten Drinks.

Diva's LESBEN
(www.divasofnoho.com; 492 Pleasant St; ⏱Di–Sa 22–2 Uhr) Der größte Schwulenclub der Stadt veranstaltet Tanzabende, Dragshows, lateinamerikanische Nächte und andere hochkarätige Events in der Woche. Der Club befindet sich rund 1 Meile (1,6 km) südlich der Hauptkreuzung an der Rte 5.

Amherst

Die eine kurze Fahrt von Northampton entfernte Collegestadt ist rund um die riesige **University of Massachusetts** (UMass; www.umass.edu) und zwei kleinere Colleges gebaut, das liberale **Hampshire College** (www.hampshire.edu) und das angesehene **Amherst College** (www.amherst.edu). Infos zu Campusführungen und zu anstehenden Events erhält man in den Büros der Hochschulen. Amherst ist wegen zweier interessanter Museen auch so etwas wie eine Literaturstadt.

Emily Dickinson Museum MUSEUM
(www.emilydickinsonmuseum.org; 280 Main St; Erw./Kind 10/5 US$; ⏱März–Dez. Mi–Mo 11–16 Uhr) Das Museum befindet sich in dem Haus, in dem Emily Dickinson (1830–1886), die „Schöne von Amherst" ihr ganzes Leben verbrachte. Mit ihren Gedichten über die Liebe, die Natur und die Unsterblichkeit gehört sie zu den wichtigsten US-amerikanischen Dichterinnen. Führungen starten alle halbe Stunde.

**Eric Carle Museum
of Picture Book Art** MUSEUM
(www.carlemuseum.org; 125 W Bay Rd; Erw./Kind 9/6 US$; ⏱Di–Fr 10–16, Sa bis 17, So 12–17 Uhr; ♿) Das von dem Autor und Illustrator von *Die kleine Raupe Nimmersatt* mitbegründete tolle Museum zeigt illustrierte Bücher aus aller Welt. Alle Besucher (auch die Erwachsenen) können sich im **Mitmach-Atelier** selber künstlerisch verwirklichen.

Berkshires

In diesen kühlen, grünen Hügeln verbergen sich ruhige Kleinstädte und viele kulturelle Attraktionen. Seit über 100 Jahren sind die Berkshires ein bevorzugtes Refugium wohl-

habender Bostoner und New Yorker. Das gilt nicht nur für die Rockefellers – auch das gesamte Boston Symphony Orchestra verbringt hier die Sommermonate. Das **Berkshire Visitors Bureau** (☏413-743-4500; www.berkshires.org; 66 Allen St, Pittsfield; ⏱10–17 Uhr) liefert Informationen über die ganze Region.

Great Barrington

Woolworth-Filialen, Diner und Baumärkte weichen an der Main St von Great Barrington Kunstgalerien, Boutiquen und Restaurants mit lokalen und saisonalen Angeboten. Durch das Zentrum fließt der Housatonic River, den man vom **River Walk** (www.gbriverwalk.org) bewundern kann. Zugang zu diesem Uferweg hat man von der Main St (hinter der Rite-Aid-Filiale) oder von der Bridge St. Rund um die Kreuzung der Main und der Railroad St finden sich Galerien und Lokale.

Gypsy Joynt CAFÉ $$
(☏413-644-8811; www.gypsyjoyntcafe.net; 293 Main St; Hauptgerichte 10–15 US$; ⏱Mi–Sa 11–24, So bis 21, Mo bis 16 Uhr; 📶♿) Ein Familienbetrieb: Drei Generationen servieren hier innovative Pizzas, Rindfleisch-Sandwiches und Salate. Überwiegend kommen Bio-Zutaten aus der Region zum Einsatz. In toller Boheme-Atmosphäre gibt's hier außerdem noch wunderbaren Kaffee und Livemusik.

Baba Louie's PIZZA $$
(☏413-528-8100; www.babalouiespizza.com; 286 Main St; Pizzas 12–18 US$; ⏱11.30–21.30 Uhr; 📶♿) Das Lokal ist bekannt für seine Holzofenpizza mit Bio-Sauerteigboden und Typen mit Rastalocken. Es gibt Pizzas für jeden Geschmack, auch vegane und glutenfreie.

Barrington Brewery BRAUEREI
(www.barringtonbrewery.net; 420 Stockbridge Rd; Hauptgerichte 8–20 US$; ⏱11.30–21.30 Uhr; 📶) 🅿 Kleinbrauereibier und Solarenergie - typisch Great Barrington! An einem lauen Sommerabend kann man hier prima im Freien sitzen. Die Brauerei befindet sich 2 Meilen (ca. 3 km) nördlich vom Zentrum an der Straße nach Stockbridge.

Stockbridge

Dieses zeitlose neuenglische Städtchen, in dem es nicht eine einzige Verkehrsampel gibt, wirkt, als sei es direkt einem Gemälde von Norman Rockwell entsprungen. Das ist kein Zufall, denn Rockwell (1894–1978), der

> **ABSEITS DER ÜBLICHEN PFADE**
>
> ## HANCOCK SHAKER VILLAGE
>
> Westlich des Orts Pittsfield liegt mit dem **Hancock Shaker Village** (📞413-443-0188; www.hancockshakervillage.org; US 20; Erw./Jugendl./Kind 20/8/frei US$; 🕙Mitte April–Okt. 10–17 Uhr; 🅿) ein faszinierendes Museum, das die Lebensart der Shaker beleuchtet. Diese Sekte gründete das Dorf 1783. Sie praktizierte Gütergemeinschaft, Heiligkeit der Arbeit und das Zölibat. Letzteres ließ die Gruppe letztendlich aussterben. Die würdevoll schlichte Handwerkskunst der Shaker hat u. a. Holzmöbel und 20 Bauwerke hervorgebracht. Berühmtestes Beispiel ist die steinerne Rundscheune.

beliebteste Illustrator in der US-amerikanischen Geschichte, wohnte an der Main St und machte den Ort und seine Einwohner zu seinen Sujets. Im interessanten **Norman Rockwell Museum** (📞413-298-4100; www.nrm.org; 9 Glendale Rd/MA 183; Erw./Kind 18/6 US$; 🕙10–17 Uhr) kann man seine aus dem Leben gegriffenen Kunstwerke bewundern und sein Atelier besichtigen.

Lenox

Als kulturelles Zentrum der Berkshires ist das elegante Lenox Austragungsort einer der bedeutendsten Konzertreihen der USA. Unter freiem Himmel treten beim **Tanglewood Music Festival** (📞888-266-1200; www.tanglewood.org; 297 West St/MA 183, Lenox; 🕙Ende Juni–Anfang Sept.) das Boston Symphony Orchestra und Gastkünstler wie James Taylor oder Yo-Yo Ma auf. Um dieses typische Berkshires-Erlebnis richtig genießen zu können, holt man sich ein Ticket für die Konzertwiese, breitet dort eine Decke aus und entkorkt eine Flasche Wein. Zu den weiteren ausgezeichneten sommerlichen Kulturevents zählen **Shakespeare & Company** (📞413-637-1199; www.shakespeare.org; 70 Kemble St; 🕙Ende Juni–Anfang Sept.) und das renommierte **Jacob's Pillow Dance Festival** (📞413-243-0745; www.jacobspillow.org; 358 George Carter Rd, Becket; 🕙Mitte Juni–Aug.).

🛏 Schlafen

Cornell in Lenox   B & B **$$**
(📞413-637-4800; www.cornellbb.com; 203 Main St; Zi. mit Frühstück ab 149 US$; @🛜) Auf einem

1,6 ha großen Gelände bietet das Cornell in drei historischen Häusern komfortable Zimmer mit verschiedenem Zuschnitt und einen freundlichen, einladenden Service.

Birchwood Inn   INN **$$$**
(📞413-637-2600; www.birchwood-inn.com; 7 Hubbard St; Zi. mit Frühstück 249–379 US$; ❄🛜🐾) Das älteste Haus in Lenox (1767) punktet mit prächtigen alten Zimmern, üppigem Frühstück und herzlicher Gastlichkeit.

🍴 Essen

Haven Cafe & Bakery   CAFÉ **$**
(📞413-637-8948; www.havencafebakery.com; 8 Franklin St; Hauptgerichte 8–15 US$; 🕙7.30–15 Uhr; 🛜🐾) Das Lokal wirkt wie ein Café, aber das raffinierte Essen erinnert an ein gehobenes Restaurant. Zum Frühstück gibt's einfallsreiche Eiergerichte und zu Mittag kunstvolle Salate und Sandwiches – stets aus regionalen Bio-Zutaten.

⭐**Nudel**   AMERIKANISCH **$$$**
(📞413-551-7183; www.nudelrestaurant.com; 37 Church St; Hauptgerichte 22–26 US$; 🕙Di–So 17.30–21.30 Uhr) Als treibende Kraft der regionalen Bewegung zu nachhaltiger Küche, sind praktisch alle unglaublich aromatischen Gerichte im Nudel saisonal inspiriert und aus regionalen Zutaten komponiert. Das Restaurant nimmt keine Reservierungen an, man sollte also früh kommen, um längere Wartezeiten zu vermeiden.

Williamstown

Inmitten der welligen Hügel der Berkshires ist Williamstown eine neuenglische Collegestadt wie aus dem Bilderbuch rund um den grünen Campus des **Williams College** (www.williams.edu). Das Städtchen ist eine kleine Kulturstadt mit zwei erstklassigen Kunstmuseen an den beiden entgegengesetzten Enden des Orts. In den Sommermonaten kommen beim **Williamstown Theatre Festival** (📞413-597-3400; www.wtfestival.org; 🅿) klassische Stücke und Werke aufstrebender zeitgenössischer Autoren auf die Bühne, wobei viele bekannte Bühnenschauspieler zu sehen sind.

⊙ Sehenswertes

⭐**Clark Art Institute**   MUSEUM
(www.clarkart.edu; 225 South St, Williamstown; Erw./Kind 20 US$/frei; 🕙Di–So 10–17 Uhr) Das Sterling & Francine Clark Art Institute auf

dem prächtigen, 57 ha großen Campus ist ein wahres Schmuckstück unter den kleineren Kunstmuseen. Die Impressionisten bilden einen besonderen Schwerpunkt der Sammlung, das eigentliche Highlight sind aber die vielen Werke von Winslow Homer, George Innes und John Singer Sargent.

Williams College Museum of Art   MUSEUM
(www.wcma.org; 15 Lawrence Hall Dr, Williamstown; ◷10–17 Uhr, Sept.–Mai Mi geschl.) `GRATIS` Das Schwestermuseum des Clark Art Institute ist die Zierde des Stadtzentrums. Die amerikanische Sammlung umfasst etwa die Hälfte der 13 000 Werke; zu diesen gehören wichtige Gemälde bedeutender Künstler wie Edward Hopper *(Morning in a City)*, Winslow Homer und Grant Wood, um nur einige zu nennen.

🛏 Schlafen

River Bend Farm B & B   B & B $$
(📱413-458-3121; www.riverbendfarmbb.com; 643 Simonds Rd/US 7, Williamstown; Zi. mit Frühstück 120 US$; ◷April–Okt.; ❄🐾) Mit echten Antiquitäten und fünf offenen Kaminen versetzt das georgianisch-kolonialzeitliche B & B 1 Meile (1,6 km) nördlich der Stadt seine Gäste zurück ins 18. Jh. Die vier Doppelzimmer teilen sich zwei Bäder. Keine Zahlung mit Kreditkarte!

Maple Terrace Motel   MOTEL $$
(📱413-458-9677; www.mapleterrace.com; 555 Main St, Williamstown; DZ mit Frühstück 128–188 US$; 🐾🏊) Das Maple Terrace ist ein schlichtes, aber gemütliches Motel mit 15 Zimmern am östlichen Stadtrand. Die schwedischen Inhaber haben das Gelände mit Gartenanlagen so verschönt, dass man hier gern verweilt.

🍴 Essen & Ausgehen

Pappa Charlie's Deli   DELI $
(📱413-458-5969; 28 Spring St; Hauptgerichte 5–9 US$; ◷7.30–20 Uhr) Die Stars haben die Lunch-Sandwiches, die ihren Namen tragen, selber kreiert. (Wer ein „Politician" – also Politiker – bestellt, bestimmt den Belag selber.)

⭐**Mezze Bistro & Bar**   FUSION $$
(📱413-458-0123; www.mezzerestaurant.com; 777 Cold Spring Rd/US 7, Williamstown; Hauptgerichte 16–28 US$; ◷17–21 Uhr) Das Restaurant auf einem 1,7 ha großen Gelände ist von einem Nutzgarten umgeben und bringt also selbst angebaute Zutaten auf den Tisch. Die übrigen Zutaten der meisten Gerichte, z. B. das

Bio-Fleisch, stammen ebenso von regionalen Produzenten wie das Kleinbrauereibier.

Hops & Vines   BIERGARTEN
(www.hopsandvinesma.com; ◷Di–Sa 12–22, So bis 20 Uhr; 🐾) Das Lokal bietet mit Bar und Restaurant etwas für jede Stimmung. Mit dem urigen, zwanglosen Ambiente und dem ausgezeichneten Biersortiment ist das „Hops" natürlich der Favorit, doch für besondere Gelegenheiten bietet sich das elegante Speiserestaurant „Vines" an.

North Adams

Das raue North Adams ist eine ehemalige Industriestadt, deren Mittelpunkt lange das große Betriebsgelände der Sprague Electric Company bildete. Als der Betrieb in den 1980er-Jahren geschlossen wurde, entstand daraus das größte Museum zeitgenössischer Kunst in den USA. North Adams ist auch das Sprungbrett zum Mt. Greylock, dem höchsten Berg in Massachusetts.

👁 Sehenswertes

MASS MoCA   MUSEUM
(www.massmoca.org; 87 Marshall St, North Adams; Erw./Kind 18/8 US$; ◷Juli & Aug. 10–18 Uhr, Sept.–Jan. Mi–Mo 11–17 Uhr; ♿) Das Museum umfasst rund 20 600 m² und mehr als 25 Gebäude, mit Künstlerwerkstätten, 19 Ausstellungssälen und Veranstaltungsorten für darstellende Kunst. Ein Saal hat die Größe eines Fußballfelds, sodass Installationskünstler hier ihre Arbeit in neue Dimensionen treiben können – also besser Laufschuhe anziehen!

Mt. Greylock State Reservation   PARK
(📱413-499-4262; www.mass.gov/dcr; Parkplätze 5–6 US$; ◷Visitor Center 9–17 Uhr) `GRATIS` Mit

---

ABSTECHER

FAHRT IN DEN HERBST

Wer in Massachusetts im Rahmen einer Autofahrt den Herbst in all seinen Farben erleben will, sollte auf der MA 2 Richtung Westen von Greenfield nach Williamstown fahren. Die 63 Meilen (ca. 100 km) lange Strecke nennt sich **Mohawk Trail** (www.mohawktrail.com). Neben der Straße verläuft der unruhige Deerfield River mit tosenden Wildwasserabschnitten, die das beschauliche Beobachten der Natur zum adrenalingeladenen Abenteuersport für Kajakfahrer machen.

einer Höhe von 1064 m nimmt sich der höchste Gipfel im Bundesstaat zwar eher bescheiden aus, aber von oben hat man einen Rundblick auf drei Gebirgszüge und fünf US-amerikanische Bundesstaaten. Im Reservat gibt es 72 km Wanderwege, darunter mehrere Routen zum Gipfel, den man auch über die Straße (Mai–Okt.) erreichen kann. Auf dem Gipfel gibt's eine rustikale, saisonal geöffnete Hütte.

🛏 Schlafen & Essen

Porches
BOUTIQUEHOTEL $$

(☎ 413-664-0400; www.porches.com; 231 River St, North Adams; Zi. mit Frühstück 135–225 US$; ✳🛜🐾🛁) Direkt gegenüber vom MASS MoCA gibt es hier künstlerisch gestaltete Zimmer mit ruhigem Farbschema, geschmackvollen Möbeln und – wie der Name verspricht – eigenen Veranden.

Public Eat & Drink
KNEIPENKOST $$

(☎ 413-664-4444; www.publiceatanddrink.com; 34 Holden St, North Adams; Hauptgerichte 10–22 US$; ⊙ Mo–Mi 16–22, Do–So 11.30–22 Uhr; 🐾) Der gemütliche Pub bietet ein ausgezeichnetes Sortiment an Kleinbrauereibieren und Gourmet-Kneipenkost wie Brie-Burger, Pizza auf Fladenbrot und Nierenzapfen-Steaks.

RHODE ISLAND

Der kleinste Bundesstaat der USA macht seine fehlende Größe durch eine zerklüftete 640 km lange Küstenlinie, tief eingeschnittene Buchten und bezaubernde Strände wett. In der Hauptstadt Providence gibt es erstklassige künstlerische und wissenschaftliche Institutionen, avantgardistische Galerien und Restaurants der Spitzenklasse mit großstädtischem Flair. Weiter die Küste hinunter prunkt Newport mit opulenten Villen, schönen Jachten und Musikfestivals von Weltklasse. Und da Rhode Island der Ocean State ist, fehlt es nicht an Stränden, Booten und anderen Möglichkeiten, das weite blaue Meer zu genießen.

Geschichte

Seit seiner Gründung im Jahr 1636 durch Roger Williams, einen aus Boston vertriebenen religiösen Abweichler, ist Providence vom Hang zur Unabhängigkeit geprägt. Für Williams galt das oberste Prinzip, dass jeder Einzelne das Recht auf Glaubensfreiheit hat, was zu seiner Verbannung aus Massachusetts führte. Seine liberalen Überzeugungen

setzte Williams bei der Gründung von Providence in die Praxis um. Er kaufte von den lokalen Narragansett-Indianern Land und unterhielt auch danach noch mit ihnen als großes Experiment der Toleranz und friedlichen Koexistenz gute Beziehungen.

Als Providence und Newport wuchsen und zu einer großen Kolonie verschmolzen, kam es zu Konflikten, die mehrere Kriege mit den Stämmen in der Region auslösten, was schließlich zur Dezimierung der Wampanoag, Pequot, Narragansett und Nipmuck führte. Rhode Island war darüber hinaus für den Sklavenhandel berüchtigt, und in den Jahren nach dem Unabhängigkeitskrieg kontrollierten die hiesigen Händler den Großteil des Sklavenmarkts.

Mit der mit Wasserkraft betriebenen Slater Mill begann 1790 in Pawtucket die Industrialisierung der USA. Die Industrie prägte den Charakter von Providence und seiner Umgebung, insbesondere am Blackstone River. Wie viele andere Städte an der Ostküste erlebten diese urbanen Gebiete in den 1940er- und 1950er-Jahren einen jähen Niedergang, als die Fertigungsindustrie (Textilien und Modeschmuck) einbrach. Denkmalschutzmaßnahmen sorgen in den 1960er-Jahren dafür, dass das historische architektonische Gesicht von Providence und Newport erhalten blieb. Providence ist heute eine lebendige Stadt mit einer dynamischen Wirtschaft und das ebenso lebendige Newport eine Museumsstadt.

ℹ Praktische Informationen

Providence Journal (www.providencejournal. com) Größte Tageszeitung des Bundesstaats.
Rhode Island Parks (www.riparks.com) Ermöglicht Camping in fünf State Parks.
Rhode Island Tourism Division (☎ 800-556-2484; www.visitrhodeisland.com) Besucherinfos zu ganz Rhode Island.

Providence

Rhode Islands Hauptstadt Providence bietet sich an frischen Herbstnachmittagen genauso zu netten Stadtspaziergängen an wie an lauen Sommervormittagen. Man schlendert über den grünen Campus der Brown University auf dem im 18. Jh. angelegten College Hill und folgt dem Riverwalk nach Downcity, um dort in den Restaurants und Bars zu essen und zu trinken und in den Läden herumzustöbern. Fragen der Besucher der Stadt beantwortet das **Providence Visitor**

Information Center (☎ 401-751-1177; www.go providence.com; Rhode Island Convention Center, 1 Sabin St; ⊙ Mo–Sa 9–17 Uhr).

◉ Sehenswertes

Exit 22 der I-95 bringt einen nach Downcity; das Unigelände befindet sich östlich des Providence River.

★ Brown University   UNIVERSITÄT

(www.brown.edu) Der Campus der Universität bedeckt einen großen Teil des College Hill und versprüht den einer Ivy-League-Universität angemessenen Charme. Den Mittelpunkt bildet die **University Hall**, ein Backsteingebäude von 1770, das während des Amerikanischen Unabhängigkeitskriegs als Kaserne diente. Den Rundgang über den Campus beginnt man an den schmiedeeisernen Toren am Ende der College St und marschiert dann durch das Parkgelände in Richtung auf die Thayer St.

College Hill   VIERTEL

Auf dem College Hill östlich des Providence River befinden sich mehr als 100 Gebäude des 18. Jhs. im Colonial, Federal und Revival Style – eine Eindruck gewinnt man bei einem Bummel auf der **Benefit Street**. Nicht übersehen sollte man das von William Strickland im klassizistischen Stil entworfene und 1838 fertiggestellte **Providence Athenaeum** (www.providenceathenaeum.org; 251 Benefit St; ⊙ Mo–Do 9–19, Fr & Sa bis 17, So 13–17 Uhr) GRATIS Drinnen wachen die Gipsbüsten griechischer Götter und Philosophen über die Sammlung.

RISD Museum of Art   MUSEUM

(www.risdmuseum.org; 224 Benefit St; Erw./Kind 12/3 US$; ⊙ Di–So 10–17, Do bis 21 Uhr; ♿) Das Kunstmuseum der Rhode Island School of Design hat eine wunderbar vielfältige Sammlung mit allem Möglichen, von antiker griechischer Kunst bis hin zu amerikanischer Malerei und Kunstgewerbe. Sonntags ist der Eintritt frei.

State House   HISTORISCHES GEBÄUDE

(www.sos.ri.gov; 82 Smith St; ⊙ Mo–Fr 8.30–16.30 Uhr, Führungen stündl. 9–14 Uhr) GRATIS Den Mittelpunkt der Stadt bildet das von McKim, Mead und White entworfene State House. Es wird von einer der weltweit größten freitragenden Marmorkuppeln bekrönt. Drinnen finden sich eine Replik der Freiheitsglocke und eine Fassung von Gilbert Stuarts berühmten George-Washington-Porträt (das auch auf der 1-US$-Banknote abgebildet ist).

KURZINFOS RHODE ISLAND

Spitznamen Ocean State, Little Rhody

Bevölkerung 1,05 Mio Ew.

Fläche 2706 km²

Hauptstadt Providence (178 400 Ew.)

Weitere Städte Newport (24 000 Ew.)

Verkaufssteuer 7 %

Geburtsort von Broadway-Komponist George M. Cohan (1878–1942) und Spielzeug Mr. Potato Head (Charlie Naseweis, erfunden 1952)

Heimat der ersten US-Tennismeisterschaften

Politische Ausrichtung mehrheitlich Wähler der Demokraten

Berühmt als kleinster US-Bundesstaat

Offizieller Wappenvogel ein Huhn – warum auch nicht? Der Rhode Island Red revolutionierte die Geflügelzucht.

Entfernungen Providence–Newport 37 Meilen (59 km), Providence–Boston 50 Meilen (80 km)

Roger Williams Park   PARK

(1000 Elmwood Ave) GRATIS Das Gelände des Parks wurde der Stadt 1871 von einer Nachfahrin des Stadtgründers Roger Williams gestiftet. Heute ist das 174 ha große Gelände ein öffentlicher Park mit Seen und Teichen, Wäldchen und großen Rasenflächen und Picknickplätzen. Hinzu kommen ein Planetarium sowie der sehr gute **Zoo** (www.rwpzoo. org; Erw./Kind 15/10 US$; ⊙ Okt.–März 10–16 Uhr, April–Sept. bis 17 Uhr; 🅿 ♿). Der Park liegt ca. 4 Meilen (6,4 km) südlich des Zentrums – Exit 17 der I-95 nehmen!

🛏 Schlafen

Old Court B & B   HISTORISCHER INN $$

(☎ 401-751-2002; www.oldcourt.com; 144 Benefit St; Zi. werktags 135–185 US$, Wochenende 165–215 US$) Das dreistöckige, 1863 im italienischen Stil errichtete charmante Wohnhaus hat eine gute Lage inmitten der historischen Gebäude auf dem College Hill. Es gibt hier exzentrisch wirkende Tapeten, zum Frühstück gute Marmelade und im Winter gelegentlich Rabatt.

Christopher Dodge House   B & B $$

(☎ 401-351-6111; www.providence-hotel.com; 11 W Park St; Zi. mit Frühstück 149–189 US$; 🅿) Das

NICHT VERSÄUMEN

NÄCHTLICHE LAGERFEUER

Hin und wieder herrscht in einem großen Teil des Zentrums von Providence
während des Sommers Karnevalsstim-
mung, wenn 100 brennende Feuerscha-
len das Wasser am Zusammenfluss der
Flüsse Providence, Moshassuck und
Woonasquatucket erhellen. Fußgänger
können das Spektakel **WaterFire** (www.
waterfire.org) von den Brücken und
vom Ufer aus bewundern, wozu es ein
Beiprogramm aus Livemusik, Straßen-
theater und Gesellschaftstänzen gibt.
WaterFire findet ungefähr zwölfmal pro
Jahr in den Monaten Mai bis Oktober
statt und beginnt immer bei Sonnenuntergang.

1858 erbaute Haus im Federal Style bietet
amerikanische Stilmöbeln und Marmorkami-
nen. Das von außen schlichte Haus punktet
mit eleganten Proportionen, großen Fenstern, Fensterläden und Holzböden.

Providence Biltmore   HISTORISCHES HOTEL $$$
(☎401-421-0700; www.providencebiltmore.com; 11
Dorrance St; Zi. Mo–Fr/Sat & So ab 169/229 US$;
P🛜) Das älteste Hotel in Providence stammt
aus den 1920er-Jahren. Das intime und zu-
gleich majestätische Foyer zeigt eine hübsche
Kombination aus dunklem Holz, Wendeltrep-
pen und Kronleuchtern. Die gut ausgestatte-
ten Zimmer türmen sich viele Stockwerke
hoch über die Altstadt auf. Von den oberen
Stockwerken hat man eine hübsche Aussicht.

✕ Essen

Sowohl an der Rhode Island School of De-
sign als auch an der Johnson & Wales Uni-
versity gibt es erstklassige kulinarische Kur-
se, die jedes Jahr neue kreative Küchenchefs
hervorbringen. Dank der vielen Studenten
an der East Side gibt es an der Thayer St in
College Hill viele günstige Lokale. Italieni-
sche Restaurants finden sich in Federal Hill,
gleich westlich der Innenstadt.

East Side Pocket   MEDITERRAN $
(☎401-453-1100; www.eastsidepocket.com; 278
Thayer St; Hauptgerichte 4–7 US$; ⊙Mo–Sa 10–1,
So bis 22 Uhr; ✐) Hier gibt's tolle Falafel und
Wraps zu studentenfreundlichen Preisen.

Haven Brothers Diner   DINER $
(Washington St; Gerichte 5–10 US$; ⊙17–3 Uhr)
Angeblich begann Haven Brothers 1893 als

ein von Pferden gezogener Imbisswagen.
Man steigt die klapprige Treppe hinauf und
genießt das einfache Essen. Das Publikum
besteht aus allen möglichen Leuten von
prominenten Politikern und College-Kids,
die die Nacht durchmachen, bis hin zu Be-
trunkenen.

Aspire   MODERN-AMERIKANISCH $$
(☎401-521-3333; www.aspirerestaurant.com; 311
Westminster St; Hauptgerichte 10–20 US$; ⊙Mo–
Do 18.30–21, Fr & Sa bis 23, So bis 15 Uhr; ✐) Das
Aspire hat zwar einen schicken, mit Kronleuchtern erhellten Innenraum, aber schöner speist es sich in dem hübschen Hof, dem
A-Garden. Hier kann man die saisonalen
kleinen Gerichte nach Herzenslust probieren. Offensichtlich reicht die Zahl der Kellner nicht aus. Wenn man deshalb auf sein
Essen warten muss, kann man das wenigstens in schöner Umgebung tun.

★ birch   MODERN-AMERIKANISCH $$$
(☎401-272-3105; www.birchrestaurant.com; 200
Washington St; 4-Gänge-Abendmenü 49 US$, Essen
& Getränk 35 US$; ⊙Do–Mo 17–22 Uhr) Acht-
zehn Stühle stehen um die U-förmige Theke
dieser innovativen Küche. Die anheimelnde
Größe des Lokals und sein Stil offenbaren
einen Sinn fürs Detail, der sich auch im De-
kor und im Essen zeigt, das in kleinen Por-
tionen mit frischen saisonalen Produkten
zubereitet wird. Reservierung erforderlich!

🍷 Ausgehen & Nachtleben

Trinity Brewhouse   KLEINBRAUEREI
(www.trinitybrewhouse.com; 186 Fountain St;
⊙So–Do 11.30–1, Fr & Sa bis 2 Uhr) Die Klein-
brauerei im Unterhaltungsviertel in Down-
city braut tolle Biere britischer Art.

AS220   CLUB
(www.as220.org; 115 Empire St; ⊙Küche 12–22
Uhr, Bar 17–1 Uhr) Seit langem bestehende
Bühne für alle möglichen Formen von Rho-
de-Island-Kunst. Das AS220 (sprich: A-S-
two-twenty) bucht experimentelle Bands,
veranstaltet Lesungen und ist zugleich Aus-
stellungsraum für die sehr aktive Künstler-
gemeinde.

The Salon   BAR, CLUB
(www.thesalonpvd.com; 57 Eddy St; ⊙Di–Do 17–1,
Fr & Sa bis 2 Uhr) Tischtennistische und Flippe-
rautomaten bilden im Obergeschoss die Ku-
lisse für 1980er-Jahre-Pop und Picklebacks
(Whiskey mit einem Schuss Sauregurken-
saft), während unten Livemusik, DJs und
Tanzpartys angesagt sind.

❶ An- & Weiterreise

Autovermieter sind am **TF Green Airport** (PVD; www.pvdairport.com; I-95, Exit 13, Warwick) vertreten. Rund 20 Minuten südlich der Innenstadt landen dort die Flieger großer US-Fluggesellschaften.

Peter Pan Bus Lines (www.peterpanbus. com) verbindet Providence mit Boston (8 US$, 1¼ Std.) und New York (30 US$, 3¾ Std.). Auch Züge von **Amtrak** (www.amtrak.com; 100 Gaspee St) pendeln zwischen Providence und anderen Städten im Nordosten.

Der Bus 60 von **Rhode Island Public Transit Authority** (RIPTA; www.ripta.com; Fahrt/Tageskarte 2/6 US$) verbindet Providence mit Newport.

Newport

Der „neue Hafen" wurde von moderat-religiösen Abweichlern, die vor den Puritanern aus Massachusetts geflüchtet waren, gegründet und entwickelte sich schnell zur viertreichsten Stadt in der neuen unabhängigen Kolonie. Das Zentrum mit seiner kolonialzeitlichen Architektur ist wunderbar erhalten.

Später dann erkoren Industrielle, die der boomende Schiffbau reich gemacht hatte, Newport zum Sommersitz und errichteten opulente „Landhäuser" an der von Laternen gesäumten Bellevue Ave. Diese mit kostbaren Möbeln und Kunstwerken ausgeschmückten Villen nach dem Vorbild italienischer Palazzi, französischer Chateaux und elisabethanischer Herrenhäuser sind auch heute noch *die* Attraktion der Stadt, abgesehen von der Reihe erstklassiger Musikfestivals im Sommer. Besucher erhalten alle Infos im **Newport Visitor Center** (☎401-845-9123; www.discovernewport.com; 23 America's Cup Ave; ⊙9–17 Uhr).

⊙ Sehenswertes

Die **Preservation Society of Newport County** (☎401-847-1000; www.newportmansions. org; 424 Bellevue Ave; 5-Stätten-Ticket Erw./Kind 33/11 US$) verwaltet einige der prächtigsten Villen der Stadt. Die Führungen durch eine der Villen dauert jeweils rund 90 Minuten. Vom 3,5 Meilen (5,6 km) langen **Cliff Walk**, der sich hinter den Villen an der Küste erstreckt, kann man diese auch einfach von außen bestaunen. Der Weg beginnt an der Ruggles Ave nahe der Villa The Breakers.

★ Breakers   VILLA
(www.newportmansions.org; 44 Ochre Point Ave; Erw./Kind 21/7 US$; ⊙ April–Mitte Okt. 9–17 Uhr,

Mitte Okt.–März wechselnde Öffnungszeiten; P) Wer nur für eine der Villen Zeit hat, sollte sich diesen extravaganten Megapalast mit 70 Zimmern im Stil der italienischen Renaissance ansehen. Er wurde 1895 für Cornelius Vanderbilt II. erbaut, das Oberhaupt der damals reichsten Familie Amerikas.

★ The Elms   VILLA
(www.newportmansions.org; 367 Bellevue Ave; Erw./Kind 16/7 US$, Führung Angestelltenräume Erw./Kind 15/5 US$; ⊙ April–Mitte Okt. 9–17 Uhr, Mitte Okt.–März unterschiedliche Öffnungszeiten; P ♿) Das 1901 erbaute Elms ist eine Replik des Château d'Asnières, das 1750 in der Nähe von Paris entstand. Bei der Führung „Hinter den Kulissen" geht es durch die Quartiere der Angestellten und hinauf aufs Dach.

★ Rough Point   VILLA
(www.newportrestoration.com; 680 Bellevue Ave; Erw./Kind 25 US$/frei; ⊙ Mitte April–Mitte Mai Do–Sa 10–14 Uhr, Mitte Mai–Mitte Nov. Di–So 10–15.45 Uhr; P) Doris Duke (1912–1993), einst „das reichste kleine Mädchen der Welt", war gerade mal 13 Jahre alt, als sie dieses großartige Anwesen von ihrem Vater erbte. Sie hegte eine Leidenschaft fürs Reisen und Kunstsammeln. Die Villa beherbergt viele ihrer Besitztümer von Ming-Porzellan bis zu Gemälden von Renoir.

★ Fort Adams State Park   PARK
(www.fortadams.org; Harrison Ave; Fort mit Führung/ohne Führung Erw. 12/6 US$, Kind 6/3 US$; ⊙ Sonnenaufgang–Sonnenuntergang) Fort Adams ist die größte Küstenfestung der USA und befindet sich mitten in diesem prächtigen State Park, der in die Narragansett Bay hineinragt. Hier finden das Newport Jazz Festival und das Folk Festival statt.

Rosecliff   VILLA
(548 Bellevue Ave; Erw./Kind 16/7 US$; ⊙ April–Mitte Okt. 9–16 Uhr, Mitte Okt.–März wechselnde Öffnungszeiten; P) Das 1902 vom Architekten Stanford White erbaute Meisterwerk ähnelt dem Grand Trianon in Versailles. Der riesige Ballsaal spielt eine große Rolle in *Der große Gatsby* mit Robert Redford.

International Tennis Hall of Fame   MUSEUM
(www.tennisfame.com; 194 Bellevue Ave; Erw./Kind 15 US$/frei; ⊙10–17 Uhr) Das historische Gebäude des Newport Casino (1880) diente den reichsten Einwohnern der Stadt als Sommerclub. Heute residiert hier dieses Museum, das sich mit vielen interaktiven und Hightech-Exponaten dem Tennissport widmet.

Touro Synagogue National Historic Site
SYNAGOGE

(www.tourosynagogue.org; 85 Touro St; Erw./Kind 12 US$/frei; ☉ Mai–Juni So–Fr 12–13.30 Uhr, Juli & Aug. So–Fr 10–16 Uhr, Sept.–Okt. So–Fr bis 13.30 Uhr, Nov.–April So 12–13.30 Uhr) Mit der um 1763 errichteten ältesten Synagoge in den USA besichtigt man ein architektonisches Juwel, das perfekt die Balance zwischen Schlichtheit und Prunk wahrt.

🏃 Aktivitäten

★ America's Cup Charters
JACHTTOUREN

(☎ 401-846-9886; www.americacupcharters.com; 49 America's Cup Ave, Newport Harbor Hotel Marina; Sonnenuntergangstour Erw./Kind 75/40 US$; ☉ Mai–Sept.; 🚸) An Bord einer 12 m langen America's Cup-Jacht kann man eine einmalige Tour erleben. Während der Saison kann man täglich die zweistündige Fahrt in den Sonnenuntergang mitmachen oder ein Boot auch privat chartern.

★ Sail Newport
SEGELN

(☎ 401-846-1983; www.sailnewport.org; 60 Fort Adams Dr; 6 Std. Unterricht 150–179 US$, Segelbootverleih 73–138 US$/3 Std.; ☉ 9–19 Uhr; 🚸) Wie zu erwarten sind im windigen Newport, der Heimat des prestigeträchtigen America's Cup, die Segeloptionen phänomenal.

🎊 Feste & Events

Newport Folk Festival
MUSIK

(www.newportfolk.org; Fort Adams State Park; 1-/3-Tagespass 49/120 US$, Parken 18 US$; ☉ Ende Juli) Im Fort Adams State Park treten große Stars und aufstrebende Gruppen auf. Sonnenschutz mitbringen!

Newport Jazz Festival
MUSIK

(www.newportjazzfest.net; Fort Adams State Park; Tickets 40–65 US$, 3 Tage 155 US$; ☉ Anfang Aug.) Mit Namen wie Dave Brubeck und Wynton Marsalis liest sich die Liste wie das *Who is Who* des Jazz.

Newport Music Festival
MUSIK

(www.newportmusic.org; Tickets 30–45 US$; ☉ Mitte Juli) Bei dem international angesehenen Festival finden klassische Konzerte in vielen der prächtigen Herrenhäuser statt.

🛏 Schlafen

★ Newport International Hostel
HOSTEL $

(William Gyles Guesthouse; ☎ 401-369-0243; www.newporthostel.com; 16 Howard St; B 35–65 US$; ☉ April–Dez.; 🛜) Rhode Islands einziges Hostel wird von einem lässigen und sachkun-

digen Gastgeber geführt. Die winzige Herberge bietet saubere Betten in einem Schlafsaal, ein einfaches Frühstück und eine Waschküche. Es gibt auch private Zimmer.

Sea Whale Motel
MOTEL $$

(☎ 888-257-4096; www.seawhale.com; 150 Aquidneck Ave, Middletown; DZ 109–229 US$; 🅿 🛜) Das Motel, dessen Inhaber auf dem Gelände wohnt, ist eine hübsche, mit Blumen geschmückte Unterkunft, deren Zimmer auf den Easton's Pond blicken. Die Zimmer sind zwar nicht schick, aber komfortabel und mit Kühlschrank und Mikrowelle ausgestattet. Vom Motel sind es rund 2 Meilen (3,2 km) bis zur Stadt und 365 m bis zum Strand.

★ The Attwater
BOUTIQUEHOTEL $$$

(☎ 401-846-7444; www.theattwater.com; 22 Liberty St; Zi. ab 259 US$; 🅿 ❄ 🛜) Das ziemlich neue Hotel wirkt mit seinen türkisfarbenen, limettengrünen und blumigen Drucken, den farbig gemusterten Kopfbrettern der Betten und den flott geometrisch gemusterten Teppichen irgendwie sommerlich und strandpartymäßig. Durch die Panoramafenster und die Veranden dringt viel Sommersonne herein, und die Zimmer sind mit durchdachten Luxusextras wie iPads, Apple TV und Strandtaschen ausgestattet.

🍴 Essen

★ Rosemary & Thyme Cafe
BÄCKEREI, CAFÉ $

(☎ 401-619-3338; www.rosemaryandthymecafe.com; 382 Spring St; Gebäckstück 2–5 US$, Sandwiches & Pizzas 6–8 US$; ☉ Di–Sa 7.30–15, So bis 11.30 Uhr; 🚸) Mit einem deutschen Bäcker in der Küche erstaunt es kaum, dass sich in der Theke die Buttercroissants, Apfel- und Kirschkuchen und saftige Muffins stapeln. Zur Mittagszeit gibt's Gourmet-Salate und Sandwiches, darunter ein preisgekröntes mit gegrilltem Käse.

Salvation Café
CAFÉ $$

(☎ 401-847-2620; www.salvationcafe.com; 140 Broadway; Hauptgerichte 12–25 US$; ☉ tgl. 17–24 & So 11–15 Uhr) Schrilles, bunt zusammengewürfeltes Dekor und ausgezeichnetes Essen zeichnet dieses Boheme-Café aus. Die Gerichte kommen aus vielen Ländern – vom Phat Thai bis zu gewürztem Lamm auf marokkanische Art – und sind fast immer gut.

The Mooring
SEAFOOD $$$

(☎ 401-846-2260; www.mooringrestaurant.com; Sayer's Wharf; Sandwiches 12–16 US$, Hauptgerichte 19–38 US$; ☉ 11.30–22 Uhr) Die unschlagba-

ABSEITS DER ÜBLICHEN PFADE

BLOCK ISLAND

Die unberührte Insel ist vom restlichen Rhode Island durch 19 km offenes Meer getrennt und bietet einfache Vergnügungen: hügelige Farmen, einsame Strände und kilometerlange ruhige Wander- und Radwege.

Die Fähren legen bei der Hauptsiedlung **Old Harbor** an, wo sich wenig verändert hat, seit dort im späten 19. Jh. die verzierten Landhäuser errichtet wurden. Ein hübscher Strand erstreckt sich mehrere Kilometer nach Norden. Rund 2 Meilen (3,2 km) vom Ort entfernt folgt der **Clay Head Nature Trail** (abseits der Corn Neck Rd) den hohen Lehmklippen über dem Strand und bietet unterwegs gute Möglichkeiten zur Vogelbeobachtung.

Mit einer Länge von gerade einmal 11 km ist Block Island ideal, um per Fahrrad erkundet zu werden; Fahrradverleihs gibt's nahe der Fähranlegestelle. Dort findet sich auch die **Block Island Chamber of Commerce** (☏ 800-383-2474; www.blockislandchamber.com), die bei Unterkünften weiterhelfen kann, doch sind die Gästehäuser auf der Insel im Sommer oft ausgebucht und in vielen muss man außerdem mehr als eine Nacht buchen.

Block Island Ferry (☏ 401-783-4613; www.blockislandferry.com) bietet mehrere Optionen für die Anreise zur Insel. Von Point Judith in Narragansett fahren eine Hochgeschwindigkeits- (hin & zurück Erw./Kind 36/20 US$, 30 Min.) und eine traditionelle Fähre (Erw./Kind 28/14 US$, 1 Std.). Letztere ist zugleich die einzige Autofähre – fürs Übersetzen des Autos muss man unbedingt im Voraus buchen. Außerdem gibt es noch eine weitere Schnellfähre ab Newport (Erw./Kind 50/26 US$, 1 Std.).

NEUENGLAND

re Kombination aus Hafenlage und frischen Meeresfrüchten auf der Karte macht das Mooring zur Top-Adresse für ein Abendessen am Meer. Falls das Lokal voll sein sollte, einfach den Seiteneingang zur Bar nehmen, sich einen Hocker schnappen und herzhafte Muschelsuppe sowie *a bag of doughnuts* (pikante frittierte Hummerstücke) bestellen!

🍷 **Ausgehen & Unterhaltung**

Coffee Grinders   KAFEEHAUS
(www.coffeegrindernewport.com; 33 Bannister's Wharf; ⊙ 8–17 Uhr, Sommer längere Öffnungszeiten) Espresso und Gebäck kann man in der mit ein paar Bänken eingerichteten Schindelhütte am Ende der Bannister's Wharf genießen. Man sitzt am Wasser, hat einen tollen Blick auf das Treiben im Jachthafen und kann zuschauen, wie die Schalentiere bei der Aquidneck Lobster Company entladen werden.

Newport Blues Café   CLUB
(www.newportblues.com; 286 Thames St; ⊙ Di–Sa 19–1 Uhr, Shows 22 Uhr) Die beliebte R & B-Bar mit Restaurant in einem alten Sandsteinhaus lockt mit Top-Acts. In dem traulichen Raum genießen viele Stammkunden an den Tischen neben der kleinen Bühne Muscheln, selbst geräucherte Rippchen oder Schweinelenden.

ℹ️ **An- & Weiterreise**

Busse von **Peter Pan** (www.peterpanbus.com) fahren mehrmals täglich nach Boston (22 US$,

2 Std.). Die Busse von **RIPTA** (www.ripta. com) fahren häufig (einfache Strecke 2 US$, Tageskarte 6 US$) vom Visitor Center zu den Villen und den Stränden, einige auch bis nach Providence.

Strände in Rhode Island

Wer sich fragt, warum dies der Ocean State ist, braucht nur die Rte 1A hinunter zu den **South County Beaches** (☏ 800-548-4662; www.southcountyri.com) zu fahren. Der 1,6 km lange **Narragansett Town Beach** in Narragansett ist perfekt für Surfer. Der nahe gelegene **Scarborough State Beach** gehört mit seinem breiten Sandstreifen, dem klassischen Pavillon und den einladenden Plankenwegen zu den schönsten Stränden von Rhode Island. **Watch Hill** an der Südwestspitze des Bundesstaats ist mit seinem Kettenkarussell und den viktorianischen Villen ein wunderbar nostalgischer Ort.

CONNECTICUT

Eingeklemmt zwischen der reizvollen Stadt New York und den idyllischeren Regionen im nördlichen Neuengland wird Connecticut von vielen Travellern schnell beiseitegelassen. Dabei lockt der Constitution State schön seit langem Künstler, Promis und wohlhabende New Yorker an, die die ländlichen Gebiete mit ihren kleinen Wein-

KURZINFOS CONNECTICUT

Spitznamen Constitution State, Nutmeg State

Bevölkerung 3,6 Mio.

Fläche 12 548 km^2

Hauptstadt Hartford (124 700 Ew.)

Weitere Städte New Haven (130 280 Ew)

Verkaufssteuer 6,35%

Geburtsort von Sklavereigegner John Brown (1800–1859), Zirkusdirektor P.T. Barnum (1810–1891), Schauspielerin Katharine Hepburn (1907–2003)

Heimat der ersten schriftlichen US-Verfassung, des ersten Dauerlutschers, des Frisbee und des Hubschraubers

Politische Ausrichtung Hang zu den Demokraten

Berühmt als Entstehungsort der US-Versicherungswirtschaft und für den Bau des weltweit ersten Atom-U-Boots

Skurrilste Hymne ist der *Yankee Doodle*, der Patriotismus mit Strichmännchen, Federn und Maccaroni in Verbindung bringt

Entfernungen Hartford–New Haven 40 Meilen (64 km), Hartford–Providence 75 Meilen (120 km)

bergen und noblen Kolonialstädtchen zu schätzen wissen.

Geschichte

Der Name „Connecticut" geht auf die Mohegan zurück, die den großen Fluss, der den Staat durchschneidet, so nannten. Als die ersten europäischen Entdecker, allen voran die Holländer, im frühen 17. Jh. hier ankamen, lebten verschiedene Stämme amerikanischer Ureinwohner (z.B. die Mohegan, sowie die Pequot und andere) in dem Gebiet. Die erste englische Siedlung entstand 1635 mit Old Saybrook, gefolgt von der ein Jahr später von den Puritanern aus Massachusetts unter der Führung von Thomas Hooker gegründeten Connecticut Colony. Eine dritte Kolonie entstand 1638 in New Haven. Nach dem Pequot-Krieg (1637) waren die amerikanischen Ureinwohner keine Hürde mehr für die koloniale Expansion in Neuengland, sodass die Einwohnerzahl der Engländer in Connecticut wuchs. 1686

wurde Connecticut in das Dominion of New England aufgenommen.

Die Amerikanische Revolution fegte durch Connecticut und hinterließ nach großen Schlachten bei Stonington (1775), Danbury (1777), New Haven (1779) und Groton (1781) viele Narben. Connecticut wurde 1788 zum fünften Bundesstaat der USA. Es folgte eine Periode des Wohlstands, befeuert durch den Walfang, den Schiffsbau, die Landwirtschaft und die Fertigungsindustrie (von Feuerwaffen bis hin zu Fahrrädern und Haushaltsgegenständen), die bis ins 19. Jh. hinein anhielt.

Das 20. Jh. brachte die Weltkriege und die Weltwirtschaftskrise, aber Connecticut konnte sich gut behaupten, vor allem dank der Rüstungsindustrie, denn hier wurde alles von Flugzeugen bis zu U-Booten gebaut. Und als die Bedeutung der Verteidigungsindustrie in den 1990er-Jahren in dem Bundesstaat schwand, füllten andere Wirtschaftszweige (z.B. die Versicherungsbranche) die entstehende Lücke.

❶ Praktische Informationen

Touristeninformationen findet man am Flughafen Hartford und bei der Einfahrt in den Bundesstaat an I-95 oder I-84.

Connecticut Tourism Division (www.ctvisit.com) Besucherinformationen zum ganzen Bundesstaat.

Hartford Courant (www.courant.com) Connecticuts größte Tageszeitung.

Hartford

Connecticuts Hauptstadt Hartford trägt den liebevollen Spitznamen „Amerikas Aktenschrank" und wird weidlich unterschätzt, denn sie ist eine der ältesten Städte Neuenglands und beherbergt ein reiches kulturelles Erbe. Hartford war nicht nur die „Versicherungshauptstadt" der USA, sondern auch ein Verlagszentrum, weshalb hier einige der meistgefeierten Autoren des Landes wohnten. Infos für Reisende gibt's im **Greater Hartford Welcome Center** (☏860-244-0253; www.letsgoarts.org/welcomecenter; 100 Pearl St; ⊙Mo–Fr 9–17 Uhr).

Die Unterkünfte hier beschränken sich auf die Filialen landesweiter Hotelketten.

◉ Sehenswertes

★ **Mark Twain House & Museum** MUSEUM (www.marktwainhouse.org; 351 Farmington Ave; Erw./Kind 19/11 US$; ⊙9.30–17.30 Uhr, im März Di geschl.) In diesem seinem Wohnhaus schrieb Samuel Langhorne Clemens, besser bekannt als Mark Twain, viele seiner größten Werke, darunter auch *Die Abenteuer von Huckleberry Finn* und *Tom Sawyer*. Das Haus selbst – ein viktorianisch-neugotischer Bau mit fantasievollen Giebeln und Türmchen – spiegelt den schrägen Charakter des legendären Schriftstellers wider.

★ **Wadsworth Atheneum** MUSEUM
(www.thewadsworth.org; 600 Main St; Erw./Kind 10/5 US$; ☉Mi–Fr 11–17, Sa & So 10–17 Uhr) Das älteste öffentliche Kunstmuseum des Landes zeigt ca. 50 000 Werke. Zu sehen sind Gemälde von Landschaftsmalern der Hudson River School, europäische alte Meister, impressionistische Werke aus dem 19. Jh., Skulpturen des aus Connecticut stammenden Alexander Calder und eine kleine, aber herausragende Auswahl surrealistischer Werke.

Harriet Beecher Stowe House MUSEUM
(www.harrietbeecherstowe.org; 77 Forest St; Erw./Kind 10/7 US$; ☉Di–Sa 9.30–17, So 12–17 Uhr) Neben dem Twain-Haus steht das Haus der Frau, die mit *Onkel Toms Hütte* den bedeutendsten Roman gegen die Sklaverei schrieb. Das Buch brachte so viele Amerikaner gegen die Sklaverei auf, dass Abraham Lincoln sagte, mit Stowe habe der Amerikanische Bürgerkrieg begonnen.

Old State House HISTORISCHES GEBÄUDE
(www.ctoldstatehouse.org; 800 Main St; Erw./Kind 6/3 US$; ☉Juli–Mitte Okt. Di–Sa 10–17 Uhr, Mitte Okt.–Juli Mo–Fr; 🚼) Das von Charles Bulfinch entworfene ursprüngliche Kapitol von Connecticut war die Stätte, an der die Prozesse gegen die aufständischen Sklaven von der *Amistad* stattfanden. Im Senatssaal hängt Gilbert Stuarts berühmtes Porträt von George Washington (1801). In den museal genutzten Räumen gibt es interaktive Exponate für Kinder sowie ein **Kuriositätenmuseum**, in dem ein zweiköpfiges Kalb, ein Narwalzahn und diverse mechanische Vorrichtungen bestaunt werden können.

✖ Essen & Ausgehen

Salute ITALIENISCH $$
(☎860-899-1350; www.salutect.com; 100 Trumbull St; Hauptgerichte mittags 9–13 US$, abends 12–20 US$; ☉Mo–Do 11.30–23, Fr & Sa bis 24, So 15–22 Uhr; 🅿) Charmanter Service ist das Markenzeichen dieses urbanen Restaurants, das zeitgemäße Abwandlungen italienischer Gerichte serviert. Stammgäste rühmen das Knoblauchbrot mit Käse, es gibt aber auch raffiniertere Speisen. Von der hübschen Terrasse blickt man auf den Bushnell Park.

Bin 228 WEINBAR $$
(☎860-244-9463; www.bin228winebar.com; 228 Pearl St; Panini & kleine Gerichte 8–15 US$; ☉Mo–Do 11.30–22, Fr bis 24, Sa 16–24 Uhr) Neben einer großen Auswahl ausschließlich italienischen Weins serviert das Lokal auch italienische Gerichte wie Panini, Käseteller und Salate. An den Wochenenden ist die Küche bis 24 Uhr geöffnet und die Bar sogar noch länger.

City Steam Brewery Café BIERKNEIPE
(citysteam.biz; 942 Main St; ☉Mo–Sa 11.30–1, So 16–22 Uhr) Die große und laute Kneipe bietet hauseigene Biere vom Fass. Das Naughty Nurse Pale Ale ist ein Bestseller, aber auch die saisonalen Spezialitäten sind lohnend. Im Keller der Brauerei residiert der **Brew Ha Ha Comedy Club** (Karten 10–15 US$; ☉Fr & Sa), in dem Comedians aus New York und Boston ihre Witze reißen.

ℹ An- & Weiterreise

Von der **Union Station** (www.amtrak.com; 1 Union Pl) im Zentrum von Hartford fahren Züge zu Städten im gesamten Nordosten, darunter nach New Haven (ab 14 US$, 1 Std.) und New York City (42–60 US$, 3 Std.).

Litchfield Hills

Die wogenden Hügel in der nordwestlichen Ecke Connecticuts sind durchsetzt von Seen und Wäldern. Das historische Litchfield ist das Zentrum der Region, aber weniger bekannte Städtchen wie Bethlehem, Kent, Lakeville und Norfolk sind genauso malerisch. Infos zur Region erhält man im **Western Connecticut Convention & Visitors Bureau** (☎800-663-1273; www.litchfieldhills.com).

Litchfield

Das 1719 gegründete Litchfield wurde im Lauf der Zeit zu einer wohlhabenden Handelsstation an der Postkutschenstrecke zwischen Hartford und Albany. Viele hübsche Gebäude zeugen noch von jener Zeit. Eine Zeile mit Läden, Restaurants und historischen Gebäuden blickt auf den malerischen Stadtanger. Die schönsten Häuser sieht man an der North und der South St, darunter die 1773 erbaute **Tapping Reeve House & Law School** (www.litchfieldhistoricalsociety.org; 82

South St; Erw./Kind 5 US$/frei; ⊙ Mitte April–Nov. Di–Sa 11–17, So 13–17 Uhr), die älteste Juristenakademie des Landes.

In Connecticuts größtem Naturschutzgebiet, dem **White Memorial Conservation Center** (www.whitememorialcc.org; US 202; Park frei, Museum Erw./Kind 6/3 US$; ⊙ Park Sonnenaufgang–Sonnenuntergang, Museum Mo–Sa 9–17, So 12–17 Uhr) 2 Meilen (3,2 km) westlich der Stadt, gibt es insgesamt 56 km an Wanderwegen und gute Möglichkeiten zur Vogelbeobachtung.

Lake Waramaug

Dieser See ist der schönste von Dutzenden Seen und Teichen in den Litchfield Hills. Bei seiner Umrundung auf der North Shore Rd kann man zu einer Weinprobe bei **Hopkins Vineyard** (☎ 860-868-7954; www.hopkinsvineyard.com; 25 Hopkins Rd; ⊙ März–Dez. Mo–Sa 10–17 & So 11–17 Uhr, Jan.–März nur Fr–So 10–17 Uhr) einkehren. Die Aussicht von der Bar lohnt die Anfahrt, insbesondere im Herbst, wenn die Bäume sich in bunter Farbenpracht zeigen. Gleich auf der anderen Straßenseite steht das aus dem 19. Jh. stammende **Hopkins Inn** (☎ 860-868-7295; www.thehopkinsinn.com; 22 Hopkins Rd, Warren; Zi. ohne/mit Bad ab 125/135 US$, Apt. 150 US$; P ✳ 🛜) mit Zimmern mit Seeblick und einem empfehlenswerten Restaurant.

Connecticuts Küste

Connecticut besitzt eine erstaunlich schöne und vielfältige Küste. Am östlichen Ende des Bundesstaats gibt es in Mystic eine nachgestaltete prächtige Walfängersiedlung aus dem 19. Jh., die sich über 7 ha erstreckt. Gut erhaltene historische Städtchen säumen die Ufer des mächtigen Connecticut River. Am westlichen Ende findet man hauptsächlich Schlafstädte, die über Pendlerzüge mit New York City verbunden sind, aber in New Haven zeigt sich die künstlerische (und wissenschaftliche) Seite des Bundesstaats.

Mystic

Mystic entstand im 17. Jh. als kleines Dorf, wurde dann aber zu einem wohlhabenden Zentrum des Walfangs und Schiffbaus an der Ostküste. Mitte des 19. Jhs. liefen Klipper, Kanonenboote und Transportfahrzeuge der Marine in den Werften vom Stapel. Viele wurden vom George Greenman & Co

Shipyard gebaut, wo sich heute die größte Touristenattraktion des Bundesstaats befindet. Dank seines charmanten Zentrums – mit schaukelnden Segelbooten und einer Klappbrücke – ist Mystic im Sommer ein beliebtes Ausflugsziel. Infos für Besucher hat die **Greater Mystic Chamber of Commerce** (☎ 860-572-9578; www.mysticchamber. org; 12 Roosevelt Ave; ⊙ 9–16.30 Uhr) neben dem Bahnhof.

◉ Sehenswertes & Aktivitäten

In Mystic gibt's jede Menge Veranstalter, die Abenteuer auf dem Wasser anbieten. Man kann mit dem Schoner **Argia** (☎ 860-536-0416; www.argiamystic.com; 15 Holmes St; Erw./Kind 44/35 US$) in See stechen oder auf der **Mystic Express** (1 Holmes St; Erw./Kind 20/10 US$; ⊙ Mai–Juni Sa & So 11 Uhr, Juni–Okt. tgl.) eine historische Hafenrundfahrt machen. Auch im Seaport Museum gibt's Rundfahrten und Boote, die man mieten kann.

★ Mystic Seaport Museum   MUSEUM

(www.mysticseaport.org; 75 Greenmanville Ave/CT 27; Erw./Kind 25/16 US$; ⊙ Mitte Feb.–Okt. 9–17 Uhr, Nov.–Dez. bis 16 Uhr; P 🚻) Amerikas Schifffahrtsgeschichte wird lebendig, wenn kostümierte Darsteller in dem nachgestalteten Hafenort des 19. Jhs. ihren Gewerben nachgehen. Man kann mehrere historische Segelschiffe besichtigen, darunter die 1841 gebaute *Charles W. Morgan*, den weltweit letzten erhaltenen Walfänger mit Holzrumpf.

Mystic Aquarium & Institute for Exploration   AQUARIUM

(www.mysticaquarium.org; 55 Coogan Blvd; Erw./Kind 35/25 US$; ⊙ März–Nov. 9–16 Uhr, April–Aug. bis 17 Uhr, Dez.–Feb. ab 10 Uhr; 🚻) Das topmoderne Aquarium zeigt mehr als 6000 Spezies von Meerestieren, hinzu kommen noch ein Freiluftbereich, wo man Robben und Seelöwen auch unter der Wasserlinie beobachten kann, und ein Pinguin-Pavillon. Die berühmtesten Insassen des Aquariums (deren Haltung in Gefangenschaft umstritten ist) sind die drei Belugawale in der Arktis-Abteilung.

🛏 Schlafen

★ Steamboat Inn   INN $$$

(☎ 860-536-8300; www.steamboatinnmystic. com; 73 Steamboat Wharf; DZ mit Frühstück 160–280 US$; P ✳ 🛜) Die elf Zimmer des historischen Gasthofs im Zentrum von Mystic bieten rundum einen Blick aufs Wasser und sind luxuriös ausgestattet, u. a. auch mit

Whirlpools für zwei Personen. Antiquitäten sorgen für ein romantisches Flair. Ein weiterer Pluspunkt sind die kostenlos bereitgestellten Fahrräder.

Essen & Ausgehen

Captain Daniel Packer Inne
AMERIKANISCH $$

(860-536-3555; www.danielpacker.com; 32 Water St; Hauptgerichte 14–24 US$; ⊙11–22 Uhr) Das historische Haus von 1754 hat eine niedrige Balkendecke, knarrende Dielen und unten einen zwanglosen (und lauten) Pub. Im Speisesaal oben gibt's einfallsreiche amerikanische Gerichte und einen Ausblick auf den Fluss.

Engine Room
BURGER $$

(860-415-8117; 14 Holmes St; Hauptgerichte 12–20 US$; ⊙Do–Mo 12–22, Di–Mi 16–22 Uhr ;) Bier, Bourbon und Burger verspricht dieses Lokal und erfüllt sein Versprechen mit Dutzenden interessanter Fassbiere und perfekt zubereiteten, sehr schmackhaften gegrillten Burgern wirklich richtig gut – den Bourbon haben wir nicht probiert. Mit der stimmungsvollen Lage im alten Lathrup-Marine-Maschinenhaus ist es ein ausgezeichneter Ort zum Trinken und Essen, sogar für Vegetarier.

Oyster Club
SEAFOOD $$$

(860-415-9266; www.oysterclubct.com; 13 Water St; Austern 2 US$; Hauptgerichte mittags 12–18 US$, abends 18–34 US$; ⊙Mo–Do 16–21, Fr–So 12–22 Uhr) Das etwas abseits der Hauptstraße gelegene Lokal lockt die Einheimischen mit Austern, die sie gegrillt oder roh auf der hinteren Terrasse, dem „Baumhaus", genießen, von wo man den schönsten Ausblick hat.

Lower Connecticut River Valley

Mehrere hübsche kolonialzeitliche Städtchen mit ländlich-geruhsamem Charme säumen die Ufer des Connecticut River. Infos über die Region erhält man im Büro des **River Valley Tourism District** (860-787-9640; www.visitctriver.com).

OLD LYME

Old Lyme, nahe der Mündung des Connecticut River, ist die idyllische Kulisse der Lyme Art Colony, die im frühen 20. Jh. den amerikanischen Impressionismus pflegte. Alles begann, als die Kunstmäzenin Florence Griswold ihr Anwesen für die Besuche von Künstlern öffnete; viele von ihnen bezahlten

ABSTECHER

GILLETTE CASTLE

Auf einem Hügel über East Haddam thront das **Gillette Castle** (860-526-2336; www.ct.gov/dep/gillettecastle; 67 River Rd; Erw./Kind 6/2 US$; ⊙Villa Ende Mai–Mitte Okt. 10–16.30 Uhr, Gelände ganzjährig 8 Uhr–Sonnenuntergang; P), eine türmchenbewehrte Villa aus dem Jahr 1919, die sich der exzentrische Schauspieler William Gillette, der mit der Rolle des Sherlock Holmes ein Vermögen verdient hatte, erbauen ließ. Sein faszinierendes Wohnhaus ist dem Vorbild mittelalterlicher deutscher Burgen nachempfunden. Das umliegende 50 ha große Gelände ist ein ausgewiesener State Park mit vielen Wanderwegen und Picknickbereichen.

Im Sommer kann man mit der **Chester-Hadlyme Ferry** (5/2 US$ pro Auto/Fußgänger; ⊙April–Nov. Mo–Fr 7–18.45, Sa & So 10.30–17 Uhr) über den Connecticut River setzen. Bei der kurzen fünfminütigen Überfahrt kommt die *Selden III* zum Einsatz, die zweitälteste Fähre in Amerika (von 1769). Von der Fähre hat man einen wunderbaren Blick auf den Fluss und das Gillette Castle; die Passagiere werden zu Füßen der Villa in East Haddam an Land gesetzt.

ihren Aufenthalt mit Bildern. Die georgianische Villa, heute das **Florence Griswold Museum** (www.flogris.org; 96 Lyme St; Erw./Kind 10 US$/frei; ⊙Di–Sa 10–17, So 13–17 Uhr; P) beherbergt eine schöne Sammlung von Bildern des Impressionismus und der Schule von Barbizon.

ESSEX

Der größte Ort am Unterlauf des Connecticut River ist das 1635 gegründete, von Bäumen gesäumte Essex. Die gut erhaltenen Häuser im Federal Style an der Main St sind ein Erbe aus dem 19. Jh., als hier mit Rum und Tabak ein Vermögen gemacht wurde. Ein echtes Wahrzeichen ist der **Griswold Inn** (860-767-1776; www.griswoldinn.com; 36 Main St; Zi. mit Frühstück 115–205 US$, Suite 190–324 US$; P), der seit 1776 das gesellige Zentrum des Ortes bildet.

Connecticut River Museum
MUSEUM

(www.ctrivermuseum.org; 67 Main St; Erw./Kind 9/6 US$; ⊙Di–So 10–17 Uhr; P) Neben der Dampferanlegestelle erzählt das Museum ausführlich die Geschichte der Region. Zu den Exponaten zählt eine Replik der *Turtle*, des ersten, von einer Handkurbel angetriebenen U-Boots, das ein Yale-Student 1776 baute.

Das Museum bietet im Sommer **Schonerkreuzfahrten** (Erw./Kind 30/18 US$; ☉ Juni–Okt. tgl. 13.30 & 15.30 Uhr) und am Wochenende **Adlerbeobachtungstouren** (40 US$/Pers., Jan.–März Fr–So 11 & 13 Uhr) an.

**Essex Steam Train &
Riverboat Ride** DAMPFZUG
(☑ 860-767-0103; www.essexsteamtrain.com; 1 Railroad Ave; Erw./Kind 19/10 US$, mit Bootsfahrt 29/19 US$; ☕) Eine altmodische Art, das Flusstal kennenzulernen: Die alte Dampflok tuckert rund 10 km bis zur Ortschaft Deep River. Dort kann man eine Fahrt mit einem Schaufelraddampfer machen, wie man sie vom Mississippi kennt, ehe es mit dem Zug zurückgeht. Angeboten werden auch Ausflüge zum Gillette Castle.

New Haven

Nichts wie hin zum New Haven Green, wo sich neben alten Kirchen aus der Kolonialzeit die ehrwürdigen, mit Efeu bewachsenen Universitätsmauern erheben! Das 1638 gegründete New Haven ist Amerikas älteste Planstadt. Dank des regelmäßigen Straßenrasters ab dem Green findet man sich sehr leicht zurecht. Gegenüber von Green befindet sich die nützliche städtische Touristeninformation **INFO New Haven** (☑ 20 3-773-9494; www.infonewhaven.com; 1000 Chapel St; ☉ Mo–Sa 10–21, So 12–17 Uhr).

👁 Sehenswertes

★ **Yale University** UNIVERSITÄT
(www.yale.edu) Jedes Jahr pilgern Tausende High-School-Studenten nach Yale und träumen davon, an der drittältesten Universität des Landes angenommen zu werden, die so prominente Absolventen wie Noah Webster, Eli Whitney, Samuel Morse und die ehemaligen Präsidenten William H. Taft, George H. W. Bush, Bill Clinton und George W. Bush hervorgebracht hat. Man braucht die Ambitionen der Studenten aber natürlich nicht zu teilen, um über den Campus zu bummeln. Einen Campusplan erhält man im **Visitors Center** (☑ 203-432-2300; www.yale.edu/visitor; 149 Elm St; Führungen gratis; ☉ Mo–Fr 9–16.30, Sa & So 11–16 Uhr; Führungen Mo–Fr 10.30 & 14 Uhr, Sa 13.30 Uhr). Es gibt auch kostenlose einstündige Führungen.

★ **Yale University Art Gallery** MUSEUM
(artgallery.yale.edu; 1111 Chapel St; ☉ Di–Fr 10–17, Do bis 20, Sa & So 11–17 Uhr) GRATIS Amerikas ältestes universitäres Kunstmuseum prunkt mit Meisterwerken von amerikanischen Malern wie Edward Hopper oder Jackson Pollock. Hinzu kommt dann noch eine wunderbare Sammlung europäischer Gemälde, die auch Vincent van Goghs bekanntes *Nachtcafé* umfasst.

**Peabody Museum
of Natural History** MUSEUM
(www.peabody.yale.edu; 170 Whitney Ave; Erw./Kind 9/5 US$; ☉ Mo–Sa 10–17, So 12–17 Uhr; ℗ ☕) Paläontologie-Interessierte werden die hiesigen Dinosaurier begeistern. Es gibt auch ausgezeichnete anthropologische Exponate, darunter die Replik eines ägyptischen Grabmals.

Yale Center for British Art MUSEUM
(www.ycba.yale.edu; 1080 Chapel St; ☉ Di–Sa 10–17, So 12–17 Uhr) GRATIS Die größte Sammlung britischer Kunst außerhalb des Vereinigten Königreichs war zum Zeitpunkt der Recherchen aufgrund von Renovierungsarbeiten geschlossen, es sollte inzwischen aber wieder geöffnet sein.

🛏 Schlafen

Hotel Duncan HISTORISCHES HOTEL $
(☑ 203-787-1273; www.hotelduncan.net; 1151 Chapel St; EZ/DZ 65/85 US$; ❄ ☎) Der Glanz des Juwels von New Haven ist zwar inzwischen verblichen, aber trotzdem lohnt sich ein Aufenthalt hier durchaus wegen der noch erhaltenen Dinge wie der schicken Lobby und des von Hand betriebenen Aufzugs.

Study at Yale HOTEL $$$
(☑ 203-503-3900; www.studyatyale.com; 1157 Chapel St; Zi. 199–259 US$; ℗ ☎) Das Hotel beschwört den modernistischen Chic der 1950er-Jahre herauf, ohne zu übertreiben. Zu den topmodernen Extras gehören iPod-Anschlüsse in den Zimmern und Trainingsgeräte mit eingebauten TVs.

🍴 Essen

★ **Frank Pepe** PIZZERIA $
(☑ 203-865-5762; www.pepespizzeria.com; 157 Wooster St; Pizzas 10–20 US$; ☉ 11.30–22 Uhr; ☕ ✍) Seit 1925 serviert das Pepe köstliche knusprige Pizza mit dünnem Boden aus dem Kohleofen. Zu empfehlen sind „Frank Pepe's Original Tomato Pie" oder die New-Haven-Pizza mit weißen Muscheln. Keine Kreditkartenzahlung.

Booktrader Cafe
CAFÉ $

(☎ 203-787-8147; www.booktraderatyale.com; 1140 Chapel St; Sandwiches 7–10 US$; ⊗ Mo–Fr 7.30–21, Sa 9–21, So bis 19 Uhr; ☎ 🖥) Das lichtdurchflutete, mit Büchern angefüllte Atrium ist ein prima Ort, um leckere Sandwiches und fesselnde Literatur zu verschlingen. Bei schönem Wetter kann man auch im schattigen Hof sitzen.

Caseus Fromagerie Bistro
KÄSELADEN $$

(☎ 203-624-3373; www.caseusnewhaven.com; 93 Whitney Ave; Hauptgerichte 12–25 US$; ⊗ Mo–Sa 11.30–14.30 & Mi–Sa 17.30–21 Uhr; 🖥) Mit einer Feinschmeckerkäsetheke voller Käsesorten aus der Region und einer durchdachten Speisekarte rund um *le grand fromage* trifft das Caseus voll ins Schwarze. An den perfekt zubereiteten Käsemakkaroni oder der gefährlich leckeren Poutine (Pommes mit Käsebruch und Bratensauce) ist rein gar nichts auszusetzen.

☆ Unterhaltung

New Haven hat erstklassige Theater. Der aktuelle Veranstaltungskalender ist in dem kostenlosen Wochenblatt *New Haven Advocate* (www.ctnow.com) enthalten.

Toad's Place
MUSIK

(☎ 203-624-8623; www.toadsplace.com; 300 York St) Toad's ist eine von New Englands wichtigsten Musikstätten. Sie hat sich ihre Sporen mit Konzerten von den Rolling Stones, U2, Bob Dylan und dergleichen verdient.

Shubert Theater
THEATER

(☎ 203-562-5666; www.shubert.com; 247 College St) Das 1914 eröffnete Shubert wird die „Geburtsstätte der größten Hits der Nation" genannt, weil hier die Probeläufe von Ballettaufführungen und Broadway-Musicals stattfinden, bevor sie ihre Premiere in New York City haben.

Yale Repertory Theatre
THEATER

(☎ 203-432-1234; www.yalerep.org; 1120 Chapel St) In einer zum Theater umgebauten Kirche werden klassische und neue Stücke aufgeführt.

❶ An- & Weiterreise

Zur Anfahrt aus New York City nimmt man statt Amtrak besser die **Metro North** (www.mta.info; einfache Strecke 10–16 US$), die fast stündlich fährt und die niedrigsten Preise hat. In Richtung Norden fährt Amtrak nach Hartford (14 US$, 1 Std.) und Boston (ab 54 US$, 2 ½ Std.).Busse von **Greyhound Bus Lines** (www.greyhound.

com) verbinden New Haven mit vielen Städten, darunter Hartford (15 US$, 1 Std.) und Boston (23–27 US$, 4 Std.).

VERMONT

Vermont, wir lieben deine kauzige Seele. Der grüne, optimistische und etwas skurrile Bundesstaat verbindet Naturschönheit mit veritabler Lebensfreude. Und gutes Essen gibt es auch – von handwerklich hergestelltem Käse über Ben-&-Jerry's-Eiscreme bis hin zum Ahornsirup. Glücklicherweise kann man angesammelte Pfunde auch gut wieder abarbeiten: durch Wanderungen in den Green Mountains, Kajaktouren auf dem Lake Champlain oder im Winter auf den verschneiten Hängen.

Vermont ist wahrlich ländlich. Die Hauptstadt würde in anderen Bundesstaaten gar nicht als Stadt zählen, und selbst die größte Stadt, Burlington, zählt gerade einmal 42 200 Einwohner. Das wogende Hügelland ist grün: 80 % des Bundesstaats sind mit Wäldern bedeckt, der Löwenanteil des Rests machen Farmen aus, die zu den schönsten gehören, die es gibt. Im Green Mountain State gibt es zudem mehr als 100 überdachte Brücken. Man sollte sich die Zeit nehmen, über ruhige Seitenstraßen zu fahren, in den malerischen Dörfern Halt zu machen und einfach das gute Leben zu genießen.

Geschichte

Der Franzose Samuel de Champlain erkundete 1609 Vermont und war somit der erste Europäer, der diese seit Langem von den einheimischen Abenaki bewohnte Gegend besuchte.

Vermont spielte 1775 eine Schlüsselrolle im Amerikanischen Unabhängigkeitskrieg, als Ethan Allen mit seiner örtlichen Miliz, den Green Mountain Boys, nach Fort Ticonderoga zog und es von den Briten eroberte. 1777 erklärte sich Vermont zur unabhängigen Republik und verabschiedete die erste Verfassung in der neuen Welt, in der die Abschaffung der Sklaverei und der Aufbau eines öffentlichen Schulsystems festgeschrieben waren. 1791 trat Vermont als 14. Bundesstaat den USA bei.

Der Unabhängigkeitssinn des Bundesstaats ist so ausgeprägt wie die Marmoradern, die das Land durchziehen. Lange Zeit war Vermont das Land der Milchbauern und es ist heute noch weitgehend landwirtschaftlich geprägt. Darüber hinaus hat es

NEUENGLAND

KURZINFOS VERMONT

Spitzname Green Mountain State

Bevölkerung 626 500 Ew.

Fläche 23 940 km²

Hauptstadt Montpelier (7755 Ew.)

Weitere Städte Burlington (42 200 Ew.)

Verkaufssteuer 6 %

Geburtsort von Mormonenführer Brigham Young (1801–1877), US-Präsident Calvin Coolidge (1872–1933)

Heimat von mehr als 100 überdachten Brücken

Politische Ausrichtung eigenständig mit Hang zu den Demokraten

Berühmt für das Eis von Ben & Jerry's

„Schaumigster" Staat mit den landesweit meisten Kleinbrauereien pro Kopf

Entfernungen Burlington–Brattleboro 151 Meilen, Burlington–Boston 216 Meilen (310 km)

die niedrigste Bevölkerungszahl aller Bundesstaaten Neuenglands.

ℹ Praktische Informationen

Vermont Dept of Tourism (www.vermontvacation.com) Die Online-Infos sind nach Region, Saison und anderen benutzerfreundlichen Kategorien sortiert.

Vermont Public Radio (VPR; www.vpr.net) Exzellenter öffentlicher Radiosender für ganz Vermont. Die Frequenz variiert im ganzen Bundesstaat. Aber folgende Frequenzen hört man fast überall: z. B.: Burlington (nordwestliches Vermont – 107,9), Brattleboro (südöstliches Vermont – 88,9), Manchester (südwestliches Vermont – 106,9) und St. Johnsbury (nordöstliches Vermont – 88,5).

Vermont State Parks (☎ 888-409-7579; www.vtstateparks.com) Alle Infos zum Campen und zu den Parks.

Südliches Vermont

Im südlichen Abschnitt von Vermont befinden sich die ältesten Ortschaften des Bundesstaats und viele malerische Nebenstrecken.

Brattleboro

Schon mal überlegt, wo die Alternativkultur der 1960er-Jahre abgeblieben ist? Hier in dieser Hochburg am Fluss ist sie noch quicklebendig, denn hier wimmelt es nur vor Künstlertypen, und es gibt mehr Batikklamotten pro Kopf als sonstwo in Neuengland.

◉ Sehenswertes

Die parallel zum Connecticut River verlaufende Main St säumen historische Gebäude, darunter das hübsche **Latchis Building** im Art-déco-Stil. In der Umgebung gibt es mehrere **überdachte Brücken**; eine Karte hat das Bennington Chamber of Commerce.

Brattleboro Museum & Art Center MUSEUM (www.brattleboromuseum.org; 10 Vernon St; Erw./Student/Kind unter 18 Jahren 8/4/frei US$; ⊙ Mi–Mo 11–17 Uhr) Das Museum in einem alten Bahnhof von 1915 zeigt Wechselausstellungen moderner Kunst. Darunter sind auch oft Multimedia-Installationen von einheimischen Künstlern.

🛏 Schlafen

Wer eine günstige Bleibe sucht, findet an der Putney Rd nördlich der Stadt viele Motels; Exit 3 der I-91 nehmen!

Latchis Hotel HOTEL $$ (☎ 802-254-6300, 800-798-6301; www.latchis.com; 50 Main St; Zi. mit Frühstück 115–170 US$; Suite 185 US$; 🛜) In diesem Art-déco-Hotel im Retro-Dekor blickt man aus einem inneren Zimmer vielleicht nur auf eine rote Ziegelwand, das Haus hat aber Charme. Und die erstklassige Lage im Zentrum gleich neben einem historischen Theater ist unschlagbar.

Forty Putney Road B & B B & B $$$ (☎ 800-941-2413, 802-254-6268; www.fortyputneyroad.com; 192 Putney Rd; Zi. mit Frühstück 159–329 US$; @ 🛜) Das B & B von 1930 in hübscher Lage am Fluss gleich nördlich der Stadt hat einen netten Pub, einen Billardtisch, einen Whirlpool, einen herrlichen Hinterhof, vier Zimmer und ein separates, in sich abgeschlossenes Cottage. Vom Anwesen hat man leichten Zugang zu den Uferwegen.

✕ Essen

Brattleboro Food Co-op DELI $ (☎ 802-257-0236; www.brattleborofoodcoop.com; 2 Main St; Sandwiches 7–9 US$; ⊙ Mo–Sa 7–21, So 9–21 Uhr) 🌿 In dem blühenden Laden der Gemeinde-Kooperative kann man seinen Korb mit Naturkost, Bioprodukten und Käse aus der Region füllen oder sich in der Saftbar und im Delikatessenladen gesunde Gerichte zum Mitnehmen besorgen.

Whetstone Station   KNEIPENKOST $$

(802-490-2354; www.whetstonestation.com; 36 Bridge St; Hauptgerichte 10–22 US$; So–Do 11.30–22, Fr & Sa bis 23 Uhr) Bei Sonnenuntergang genießt man auf der Terrasse über dem Connecticut River einen besonders schönen Blick auf den Ort. Das geschäftige Bier- und Essokal bietet rund 20 Fassbiere von Kleinbrauereien – teilweise aus der eigenen Brauerei – dazu noch eine große Auswahl an Bieren in Flaschen und Dosen. Ein leichtes, aber sättigendes Mahl sind die gegrillten Lendenspitzen mit Dip – einfach toll! Freundlicher Service.

TJ Buckley's   AMERIKANISCH $$$

(802-257-4922; www.tjbuckleys.com; 132 Elliot St; Hauptgerichte 40 US$; Do–So 17.30–21 Uhr) Der Inhaber und Chefkoch Michael Fuller gründete vor mehr als 30 Jahren dieses außergewöhnliche gehobene Restaurant mit nur 18 Sitzplätzen und brachte es in einem echten Diner von 1927 unter. Das Vier-Gänge-Menü ändert sich jeden Abend. Die Produkte kommen überwiegend von Bio-Bauernhöfen aus der Region. Im Voraus reservieren!

❶ Praktische Informationen

Brattleboro Chamber of Commerce (877-254-4565, 802-254-4565; www.brattleborochamber.org; 180 Main St; Mo–Fr 9–17 Uhr) Hier kann man sich den kostenlosen Stadtplan der historischen Gesellschaft für einen Stadtspaziergang holen.

Bennington

Wie ländlich der Süden Vermonts wirklich ist, zeigt sich am schnuckeligen Bennington, das als größter Ort in der Region gerade mal 15 000 Einwohner hat. Einen interessanten Mix aus Cafés und Läden findet man im Zentrum an der Main St, während das angrenzende historische Viertel Old Bennington mit kolonialzeitlichen Häusern, der aus dem frühen 19. Jh. stammenden **Old First Church**, in der der Dichter Robert Frost begraben ist, und drei überdachten Brücken prunkt. Ein Granitobelisk zum Gedenken an die Schlacht von Bennington im Jahre 1777 thront auf dem Hügel über dem Ort.

◉ Sehenswertes

Bennington Battle Monument   HISTORISCHE STÄTTE

(www.benningtonbattlemonument.com; 15 Monument Circle; Erw./Kind 6–14 Jahre 5/1 US$; Mitte April–Okt. 9–17 Uhr) Von dem auffälligen, mehr als 90 m hohen Bauwerk bietet sich ein toller Panoramablick auf die umliegende Landschaft. Ein Aufzug bringt die Besucher kurz und schmerzlos bis ganz nach oben.

Bennington Museum   MUSEUM

(802-447-1571; www.benningtonmuseum.org; 75 Main St; Erw./Kind unter 18 Jahre 10 US$/frei; tgl. 10–17 Uhr, Jan. geschl., Nov.–Juni Mi geschl.) Das Museum zwischen dem Zentrum und Old Bennington zeigt eine hervorragende Sammlung frühen amerikanischen Kunsthandwerks, darunter Bennington-Tonwaren, die „Bennington-Fahne" – eine der ältesten erhaltenen Fahnen der amerikanischen Revolution – sowie Werke der amerikanischen Volkskünstlerin „Grandma Moses".

🛏 Schlafen & Essen

Greenwood Lodge & Campsites   HOSTEL, CAMPING $

(802-442-2547; www.campvermont.com/greenwood; VT 9, Prospect Mountain; Stellplatz 2-Pers.-

---

ABSTECHER

SCENIC DRIVE: ÜBERDACHTE BRÜCKEN IN BENNINGTON

Nördlich von Bennington führt ein 30-minütiger Abstecher mit dem Auto die Besucher über – oder besser: durch – drei malerische überdachte Brücken, die den Wallomsac River überspannen. Um zum Anfang der Strecke zu gelangen, fährt man gleich nördlich der Touristeninformation von Bennington westwärts auf die VT 67A, folgt ihr 3,5 Meilen (5,6 km) und hält sich an der 35,7 m langen **Burt Henry Covered Bridge** (1840) links auf der Murphy Rd. Nun runterschalten, denn man ist zurück im Zeitalter der Pferdekutschen. Nach einer Linkskurve windet sich die Murphy Rd durch die **Paper Mill Bridge**, die ihren Namen von der Papiermühle von 1790 hat, die noch immer am Fluss der Brücke zu sehen ist. Danach geht's rechts auf die VT 67A und nach einer halben Meile (800 m) fährt man rechts auf die Silk Rd, wo man schließlich die **Silk Road Bridge** (1840) überquert. Nach weiteren 2 Meilen (3,2 km) Richtung Südosten hält man sich an den beiden T-Kreuzungen jeweils links und erreicht so das **Bennington Battle Monument** (S. 237).

Vermont & New Hampshire

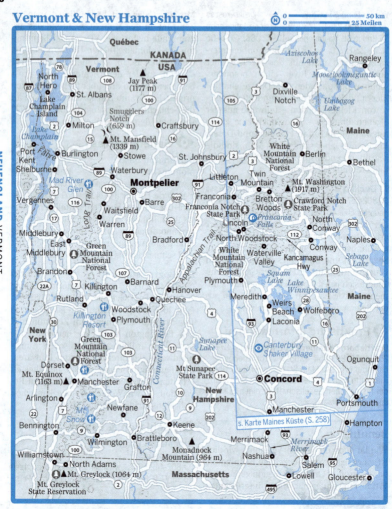

Zelt/Wohnmobil 29/35 US$, B 30–36 US$, Privatzi. 1/2 Pers. 72/75 US$; Mitte Mai–Ende Okt.; Die 48,6 ha große Anlage mit drei Teichen befindet sich 8 Meilen (knapp 13 km) östlich der Stadt in den Green Mountains und umfasst einen der am besten gelegenen Campingplätze Vermonts mit Hostel.

Henry House
B & B $$
(802-442-7045; www.thehenryhouseinn.com; 1338 Murphy Rd, North Bennington; Zi. inkl. Frühstück 100–155 US$;) In diesem kolonialzeitlichen Haus auf einem 10 ha großen Anwesen, das sich der US-Revolutionsheld William Henry 1769 erbauen ließ, kann man gemütlich in einem Schaukelstuhl sitzen und beobachten, wie der Verkehr über eine überdachte Brücke tuckert.

Blue Benn Diner
DINER $
(802-442-5140; 314 North St; Hauptgerichte 7–16 US$; Mo-Fr 6–16.45, Sa & So 7–15.45 Uhr;) In dem klassischen Diner aus den 1950er-Jahren bekommt man den ganzen Tag über Frühstück und eine gesunde Mischung aus amerikanischen und internationalen Gerichten. Das Retro-Ambiente wird noch verstärkt durch die kleinen Jukeboxen auf den Tischen, mit denen man so oft Willie Nelsons *Moonlight in Vermont* spielen

lassen kann, bis die Leute an den Nachbartischen um Gnade flehen. Nur Barzahlung.

Pangaea   INTERNATIONAL **$$$**
(☑ 802-442-7171; www.vermontfinedining.com;
1 Prospect St, North Bennington; Hauptgerichte
Lounge ab 10–23 US$, Restaurant 30 US$; ☉ Lounge tgl. ab 17 Uhr, Restaurant Di–Sa 17–21 Uhr) Das
Spitzenklasserestaurant in North Bennington und die zwanglosere, trauliche Lounge
liegen direkt nebeneinander, sodass hier
alle etwas für ihren Geldbeutel finden. Man
kann sich einen Gourmet-Burger auf der
Terrasse hinten am Fluss bestellen oder nebenan im geschmackvoll dekorierten Speisesaal internationale Spezialitäten wie Filet
Mignon auf Risotto, das mit Pancetta und
Taleggio abgerundet wird, genießen.

❶ Praktische Informationen

Bennington Area Chamber of Commerce
(☑ 802-447-331; www.bennington.com; 100
Veterans Memorial Dr; ☉ Mo–Fr 10–17 Uhr)
1 Meile (1,6 km) nördlich von Downtown. Die
Handelskammer betreibt auch das täglich
geöffnete Bennington Welcome Center (100
Route 279, 7–21 Uhr) nahe der Kreuzung der
Rte 279 und der US 7.

Manchester

Manchester im Schatten des Mt. Equinox
ist seit dem 19. Jh. ein angesagtes Sommerrefugium. Die Berglandschaft, das angenehme Klima und der Batten Kill River (Vermonts bester Forellenfluss) ziehen bis heute
Urlauber an.

In Manchester Center am Nordende des
Städtchens gibt es Cafés und Luxus-Outlets.
Weiter südlich liegt das ehrwürdige Manchester Village mit Marmor-Bürgersteigen,
stattlichen Häusern und dem vornehmen
Hotel Equinox.

◉ Sehenswertes & Aktivitäten

Der **Appalachian Trail**, der sich im südlichen Vermont mit dem **Long Trail** überschneidet, verläuft gleich östlich von Manchester. Wanderkarten und Details zu
kürzeren Tagesmärschen erhält man beim
Green Mountain National Forest Office
(☑ 802-362-2307; www.fs.usda.gov/greenmountain; 2538 Depot St, Manchester Center; ☉ Mo–Fr
8–16.30 Uhr).

★ **Hildene**   HISTORISCHE STÄTTE
(☑ 802-362-1788, 800-578-1788; www.hildene.
org; 1005 Hildene Rd/VT 7A; Erw./Kind 6–14 Jahre 16/5 US$, Führung 5/2 US$; ☉ 9.30–16.30
Uhr) Das stattliche, mit 24 Zimmern ausgestattete neogeorgianische Herrenhaus
war vom 19. Jh. bis 1975 der Landsitz der
Nachkommen Abraham Lincolns und wurde dann in ein Museum umgewandelt. Zur
Sammlung der Familienerbstücke gehört
auch der Hut, den der US-Präsident Lincoln
während seiner berühmten Rede in Gettysburg angeblich trug – einer von drei erhaltenen Zylindern des Präsidenten. Auf dem
prächtigen Anwesen gibt es fast 19 km an
Wanderwegen und Langlaufloipen.

**American Museum of
Fly Fishing & Orvis**   MUSEUM
(www.amff.com; 4070 Main St; Erw./Kind 5–14
Jahre 5/3 US$; ☉ Juni–Okt. Di–So 10–16 Uhr,
Nov.–Mai Di–Sa) Das kleine Museum zeigt Angelausrüstung berühmter amerikanischer
Mannsbilder, z. B. von Ernest Hemingway,
Babe Ruth, Zane Grey und dem früheren
Präsidenten George Bush. Eine weitere Ausstellung zeichnet die Geschichte des Forellenangelns und Fliegenfischens nach.

BattenKill Canoe   BOOTFAHREN
(☑ 802-362-2800; www.battenkill.com; 6328
VT 7A, Arlington; Kanu-/Kajakverleih 73/45 US$;
☉ Mai–Okt. 9–17.30 Uhr) Der Anbieter, 6 Meilen
(9,6 km) südlich von Manchester, vermietet
die Ausrüstung für Paddeltrips und organisiert Ausflüge auf dem hübschen Battenkill River.

Skyline Drive   SCENIC DRIVE
(☑ 802-362-1114; www.equinixmountain.com; Auto
& Fahrer 15 US$, Mitfahrer 5 US$; ☉ Ende Mai–Okt.
9–17 Uhr, Einlass für Autos bis 16 Uhr) Wer ein
spektakuläres Panorama erleben will, sollte
über den Skyline Drive, eine von der VT 7A
abzweigende, 5 Meilen (8 km) lange mautpflichtige Privatstraße, bis hinauf zum Gipfel des **Mt. Equinox** (1163 m) fahren.

🛏 Schlafen & Essen

Aspen Motel   MOTEL **$**
(☑ 802-362-2450; www.theaspenatmanchester.com; 5669 Main St/VT 7A; Zi. 85–150 US$;
❄ 🐾 🛜 🏊) Rhododendren und bunte Blumen
bilden die schöne Kulisse für dieses von der
Straße abgesetzte und von einer Familie geführte Motel mit 24 Zimmern in Gehweite
zum Zentrum von Manchester.

Inn at Manchester   INN **$$**
(☑ 802-362-1793, 800-273-1793; www.innatmanchester.com; 3967 Main St/VT 7A; Zi./Suite mit
Frühstück ab 165/255 US$; ❄ @ 🛜 🏊) Die Gast-

lichkeit ist das erste, was einem in diesem hübschen Gasthof mit Remise im Herzen von Downtown auffällt. Die komfortablen Zimmer haben Tagesdecken und rustikale Möbel, draußen gibt's eine große Vorderveranda, Nachmittagstee, einen geräumigen Hinterhof und einen winzigen Pub. Die neue „Celebration Barn" bietet sich für Hochzeiten und Versammlungen an.

Spiral Press Café
CAFÉ $

(☑ 802-362-9944; Ecke VT 11 & VT 7A; Hauptgerichte 8–10 US$; ☺ Mo–Sa 7.30–19, So 8.30–19 Uhr; ☎) Das an den sagenhaften Northshire Bookstore angeschlossene Café ist das beliebteste in Manchesters Zentrum und verlockt Einheimische und Touristen gleichermaßen mit gutem Kaffee, leckeren Cookies, knusprigen Croissants und köstlichen Sandwiches.

Ye Olde Tavern
AMERIKANISCH $$$

(☑ 802-362-0611; www.yeoldetavern.net; 5183 Main St; Hauptgerichte 18–35 US$; ☺ 17–21 Uhr) In diesem hübschen Inn aus den 1790er-Jahren gibt's bei Kerzenschein am Kaminfeuer viele beliebte Yankee-Gerichte wie traditionellen Schmorbraten (geschmort im selbstgebrauten Ale) sowie örtliche Wildgerichte (nur am Freitagabend).

❶ Praktische Informationen

Manchester and the Mountains Regional Chamber of Commerce (☑ 802-362-6313; www.visitmanchestervt.com; 39 Bonnet St, Manchester Center; ☺ Mo–Fr 9–17, Sa 10–15, So 11–15 Uhr; ☎) Schickes Büro mit kostenlosem WLAN.

Zentrales Vermont

Das zentrale Vermont mitten in den Green Mountains ist mit seinen Kleinstädten und der weiten Landschaft typisch für Neuengland. Die malerischen Dörfer und ehrwürdigen Skiorte locken schon seit Generationen Traveller an.

Woodstock & Quechee

Woodstock ist eine Vermonter Kleinstadt wie aus dem Bilderbuch: Wundervolle Häuser im Federal- und georgianischen Stil säumen die Straßen, und der Ottauquechee River schlängelt sich unter einer überdachten Brücke direkt durchs Zentrum. Das 7 Meilen (11,3 km) nordöstlich gelegene Quechee (*kwie*-tschie) ist bekannt für seine dramatische Schlucht, die auch „Vermonts kleiner Grand Canyon" genannt wird.

◉ Sehenswertes

★ Quechee Gorge
SCHLUCHT

(☺ Visitor Center 9–17 Uhr) GRATIS Die eindrucksvolle, fast 52 m tiefe und 914 m lange Schlucht, die der Ottauquechee River in den Fels gegraben hat, lässt sich entweder von oben bewundern oder aber von den nahen Wanderwegen aus. Im angrenzenden **Visitor Center** (5966 Woodstock Rd; ☺ 9–17 Uhr) gibt's Wanderkarten und Infos zur Gegend

★ VINS Nature Center
TIERSCHUTZZENTRUM

(☑ 802-359-5000; www.vinsweb.org; 6565 Woodstock Rd; Erw./Kind 4–17 Jahre 13,50/11,50 US$; ☺ Mitte April–Okt. 10–17 Uhr, Nov.–Mitte April bis 16 Uhr; ⏺) ✦ Wenn mehrere prächtige Greifvögel während der Vorführungen ihre atemberaubenden Flugkünste demonstrieren, möchte man fast den Kopf einziehen. In diesem Naturschutzzentrum 1 Meile (1,6 km) westlich der Quechee Gorge kann man Weißkopfseeadler, Schnee-Eulen und Rotschwanzbussarde aus der Nähe bewundern. Mehr als 40 Raubvögel werden hier wieder aufgepäppelt.

Marsh-Billings-Rockefeller National Historical Park
PARK

(☑ 802-457-3368; www.nps.gov/mabi; 53 Elm St, Woodstock; Führung durch die Villa Erw./Kind bis 16 Jahre 8 US$/frei, Wanderwege frei; ☺ Visitor Center Ende Mai–Okt. 10–17 Uhr, Führungen 10–16 Uhr) Der einzige Nationalpark Vermonts umfasst das historische Wohnhaus samt dem Anwesen des frühen US-amerikanischen Naturschützers George Perkins Marsh. Führungen durch das Landhaus gibt's zur vollen Stunde, hinzu kommen 32 km an Wander- und Kutschenwegen, die Wanderer, Skilangläufer und Schneeschuhläufer erfreuen. Die Führung sollte man vorab buchen. An bestimmten Tagen gibt's statt Führungen durch das Haus thematisch orientierte Touren – also vorher nachfragen, welche Führung angeboten wird!

Billings Farm & Museum
FARM

(☑ 802-457-2355; www.billingsfarm.org; 69 Old River Rd, Woodstock; Erw./Kind 5–15 Jahre/Kind 3–4 Jahre 14/8/4 US$; ☺ Mai–Okt. tgl. 10–17 Uhr, Nov.–Feb. Sa & So bis 16 Uhr; ⏺) ✦ Die historische Farm, 1 Meile (1,6 km) nördlich vom Dorfanger, sorgt mit ihren niedlichen Jersey-Kühen und interaktiven Demonstrationen des traditionellen Farmlebens bei Kindern für viel

ABSTECHER

MONTSHIRE MUSEUM OF SCIENCE

Einen musikalischen Zaun erleben, Blattschneiderameisen in Aktion sehen, auf einem Uferweg wandern und aktuelle Bilder des Hubble-Teleskops betrachten. Die interaktiven Exponate im familienfreundlichen **Montshire** (☎802-649-2200; www.montshire.org; 1 Montshire Rd; Erw./Kind 2–12 Jahre 14/11 US$; ◷10–17 Uhr; ⊞) sind wirklich ziemlich cool und in der Regel durchdachter und interessanter als in den meisten anderen Museen für Kinder. Der Schwerpunkt liegt auf Wissenschaft, und die Ausstellungen greifen Fragen aus Ökologie, Technik und den Naturwissenschaften auf. Auch Erwachsene werden hier sicher so manches lernen.

Das Museum befindet sich auf einem malerischen 44,5 ha großen Gelände am Connecticut River, 20 Meilen (32 km) östlich von Woodstock. Gut zu erreichen ist es auch von der Innenstadt von Hanover, New Hampshire, aus – man überquert einfach den Fluss.

Spaß. Zu den saisonalen Veranstaltungen für Familien gehören Kutschen- und Schlittenfahrten, Kürbis- und Apfelfeste sowie altmodische Feiern zu Halloween, Thanksgiving und Weihnachten.

🛏 Schlafen

Quechee State Park   CAMPING $
(☎802-295-2990; www.vtstateparks.com/htm/quechee.htm; 5800 Woodstocck Rd/US 4, Quechee; Stellplatz Zelt & Wohnmobil/Unterstand ab 20/25 US$; ◷Mitte Mai–Mitte Okt.) Die 247 ha große Anlage am Rand der Quechee Gorge bietet 45 Stellplätze im Schatten von Kiefern und sieben Unterstände.

Ardmore Inn   B&B $$
(☎802-457-3887; www.ardmoreinn.com; 23 Pleasant St, Woodstock; Zi. inkl. Frühstück 219–259 US$; ⊞⊛) Nette Inhaber und ein üppiges Frühstück machen den Reiz der stattlichen, zentral gelegenen Herberge von 1867 im viktorianisch-neoklassizistischen Stil mit fünf Zimmern voller Antiquitäten aus.

Shire Riverview Motel   MOTEL $$
(☎802-457-2211; www.shiremotel.com; 46 Pleasant St/US 4, Woodstock; Zi. 149–209 US$; ⊞⊛) Das Motel hat 42 Zimmer – der Aufpreis für eines mit Blick aufs Wasser lohnt sich – und eine umlaufende Veranda mit Aussicht auf den Ottauquechee River. Das Dekor ist klassisch und nicht allzu modisch, hinzu kommen ein paar ländliche Drucke.

🍴 Essen

Mon Vert Cafe   CAFÉ $
(☎802-457-7143; www.monvertcafe.com; 67 Central St; Frühstück 6–13 US$, Mittagessen 9–11 US$; ◷Mo–Do 7.30–17, Fr & Sa bis 18 Uhr) Das helle und luftige Café serviert morgens Croissants, Scones und Eiersandwiches und mittags auf dem Hof Salate und Panini. Den Milchcafé mit Ahornsirup gibt's durchgehend. Die Zutaten stammen aus der Region, die Namen der Bauern und anderen Lieferanten stehen an der Wand.

Melaza Caribbean Bistro   PUERTORIKANISCH $$
(☎802-457-7110; www.melazabistro.com; 71 Central St; kleine Gerichte 5–12 US$, Hauptgerichte 16–25 US$; ◷So, Mi & Do 17.30–20.30, Fr & Sa bis 21 Uhr) Die Bedienung war bei unserem Besuch etwas saumselig, aber der erste Bissen von dem perfekt gewürzten Reis-und-Hühnchen-*sofrito* mit Avocados und Bravasauce stimmte uns sofort versöhnlich. Nach einen Tag voller Erkundungen kann man sich hier mit einem Glas Wein und aufregenden, puertorikanisch und tropisch inspirieren Tapas und Vorspeisen entspannen.

★Simon Pearce Restaurant   MODERN-AMERIKANISCH $$$
(☎802-295-1470; www.simonpearce.com; 1760 Main St, Quechee; Hauptgerichte mittags 13–19 US$, abends 22–38 US$; ◷Mo–Sa 11.30–14.45 & 17.30–21, So 10.30–14.45 & 17.30–21 Uhr) In der umgebauten Ziegelfabrik, die mit farmfrischen Produkten aus der Region einfallsreiche Gerichte kreiert, sollte man vorab einen Tisch am Fenster über dem Fluss reservieren. Die wunderschönen Stielgläser im Restaurant werden direkt in den Ateliers von Simon Pearce Glass nebenan per Hand geblasen. Die Vermonter Cheddar-Suppe ist immer eine gute Wahl.

ℹ Praktische Informationen

Woodstock Area Chamber of Commerce Welcome Center (☎802-432-1100; www.

NEUENGLAND ZENTRALES VERMONT

woodstockvt.com; Mechanic St, Woodstock; ☺9–17 Uhr) Die Handelskammer befindet sich zwei Blocks vom Dorfanger entfernt in einer Seitenstraße am Fluss.

Killington

Eine halbstündige Fahrt westlich von Woodstock liegt das **Killington Resort** (☎802-422-6200; www.killington.com; Erw./Senior/Kind 7–18 Jahre Liftticket Wochenende 92/78/71 US$, werktags 84/71/65 US$). Mit mehr als 200 Pisten auf sieben Bergen, einem Höhenunterschied von 960 m und 29 Liften ist dieser Skiort Neuenglands Antwort auf Vail. Dank des weltweit umfangreichsten Kunstschneesystems ist die Skisaison in Killington eine der längsten im Osten. Im Sommer erobern Mountainbiker und Wanderer die Gipfel.

Killington bietet jede Menge Unterkünfte von gemütlichen Skihütten bis hin zu Kettenhotels. Die meisten sind an der 6 Meilen (knapp 10 km) langen Killington Rd zu finden, die von der US 4 auf den Berg hinaufführt. Alle nötigen Infos gibt's in der **Killington Chamber of Commerce** (☎802-773-4181; www.killingtonchamber.com; 2319 US 4, Killington; ☺Mo–Fr 10–17, Sa bis 14 Uhr).

Mad River Valley

Das Mad River Valley mit den Ortschaften Warren und Waitsfield im Zentrum punktet mit zwei bedeutenden Skigebieten: **Sugarbush** (☎802-583-6300, 800-537-8427; www.sugarbush.com; 1840 Sugarbush Access Rd, Warren; Erw. Liftticket Wochenende/werktags 91/84 US$; Rabatt bei Onlinekauf) und **Mad River Glen** (☎802-496-3551; www.madriverglen.com; VT 17; Erw. Liftticket Wochenende/werktags 75/60 US$) in den Bergen westlich der VT 100. Hier bieten sich jede Menge Möglichkeiten zum Rad-, Kanu- und Kajakfahren, Reiten, Gleitschirmfliegen usw. Infos zur Gegend gibt's in der **Mad River Valley Chamber of Commerce** (☎802-496-3409, 800-828-4748; www.madrivervalley.com; 4061 Main St, Waitsfield; ☺Mo–Fr 9–17 Uhr).

Nördliches Vermont

Das nördliche Vermont beheimatet ein paar der üppigsten und schönsten Landstriche in Neuengland sowie Montpelier – die reizende Hauptstadt des Bundesstaats –, das Skifahrermekka Stowe, die lebhafte Collegestadt Burlington und die höchsten Berge von Vermont.

Montpelier

Montpelier, die kleinste Bundeshauptstadt der USA, ist ein durch und durch liebenswertes Städtchen voller alter Gebäude vor der Kulisse grüner Hügel. Die Krönung bildet das **State House** (www.vtstatehouse.org; 115 State St; ☺Führung Juli–Okt. Mo–Fr 10–15.30, Sa 11–14.30 Uhr) `GRATIS` aus dem 19. Jh. mit seiner vergoldeten Kuppel. Führungen gibt's jeweils zur vollen und halben Stunde. Direkt gegenüber im **Capitol Region Visitors Center** (☎802-828-5981; 134 State St; ☺Mo–Fr 6–17, Sa & So 9–17 Uhr) erhalten Traveller Infos.

Buchläden, Boutiquen und Restaurants findet man an den beiden Hauptstraßen State St und Main St. Junkfood gibt's hier allerdings nicht: Montpelier rühmt sich, die einzige Bundeshauptstadt der USA ohne einen McDonald's zu sein! Das von Studenten des New England Culinary Institute in Montpelier betriebene Bäckereicafé **La Brioche** (www.neci.edu/labrioche; 89 Main St; Gebäck 1–5 US$, Sandwiches 5–8 US$; ☺Mo–Fr 7–18, Sa bis 15 Uhr) verdient für seine innovativen Sandwiches und das knusprige französische Gebäck eine glatte Eins.

Stowe & Umgebung

Stowe mit dem Mt. Mansfield im Hintergrund, dem mit 1339 m höchsten Gipfel von Vermont, gehört zu den besten Skiorten im ganzen Bundesstaat. Hier gibt's alles, was sich Skifahrer wünschen: Langlaufloipen, Abfahrtspisten, einfache Pisten für Anfänger und schwierige Gefälle für Profis. Im Sommer sind hier Radler, Wanderer und Kajakfahrer unterwegs. Unterkünfte und Restaurants gibt's in rauen Mengen an der VT 108/Mountain Rd, die von Stowes Zentrum Richtung Nordwesten zu den Skiresorts führt.

◉ Sehenswertes & Aktivitäten

Bei warmer Witterung sollte man unbedingt eine Fahrt auf der VT 108 (bei starkem Schneefall im Winter gesperrt) durch das spektakuläre **Smugglers Notch** nordwestlich von Stowe machen. Auf beiden Seiten dieses engen Passes ragen 305 m hohe Berghänge auf. Zudem laden am Rand der Strecke viele Wege zu Spaziergängen ins umliegende Hochland ein.

★ Ben & Jerry's Ice Cream Factory
FABRIK

(☎ 802-882-1240; www.benjerrys.com; 1281 VT 100, Waterbury; Erw./Kind unter 13 Jahren 4 US$/frei; ⊙ Juli–Mitte Aug. 9–21 Uhr, Mitte Aug.–Okt. bis 19 Uhr, Nov.–Juni 10–18 Uhr; 🚻) Nicht weit von der stillgelegten Tankstelle in Burlington entfernt haben die Eiscreme-Pioniere Ben Cohen und Jerry Greenfield 1978 ihren ersten Laden eröffnet. Diese legendäre Fabrik, gleich nördlich der I-89 in Waterbury, lockt viele Besucher an. Die Führung beinhaltet einen affektierten Videofilm und eine Verkostung der neuesten Geschmacksrichtungen.

Hinter der Fabrik gibt es einen „Friedhof" für alle Geschmacksrichtungen, die bereits vom Markt genommen wurden, mit Grabsteinen für jede „beerdigte" Sorte, beispielsweise Holy Cannoli.

Long Trail
WANDERN

Vermonts 300 Meilen (483 m) langer Long Trail, der westlich von Stowe verläuft, folgt dem Kamm der Green Mountains und führt der Länge nach durch Vermont. Am gesamten Weg gibt es rustikale Hütten, Unterstände und Campingplätze. Für die der **Green Mountain Club** (☎ 802-244-7037; www.greenmountainclub.org; 4711 Waterbury-Stowe Rd/VT 100) 🚩 verantwortlich zeichnet, der auch alle nötigen Informationen über den Long Trail und kürzere Tageswanderungen rund um Stowe hat.

★ Stowe Recreation Path
OUTDOOR

(www.stowerec.org/paths; 🚻 ♿) 🚩 Der flache bis leicht hügelige 8,5 km lange Weg bietet zu jeder Jahreszeit Freizeitsportlern allen Alters fabelhafte Möglichkeiten. Er verläuft durch Wälder, über Wiesen und vorbei an einem Skulpturengarten unter freiem Himmel am West Branch des Little River und bietet einen atemberaubenden Blick auf den Mt. Mansfield in der Ferne. Man kann radfahren, wandern, skaten, skifahren und in einem der Badelöcher am Weg schwimmen. Wer mit seinem Hund unterwegs ist, kann den 2,9 km langen **Quiet Path** anschließen, der nur für Jogger, Wanderer und ihre Hunde frei ist.

Stowe Mountain Resort
SKIFAHREN

(☎ 888-253-4849, 802-253-3000; www.stowe.com; 5781 Mountain Rd) Das altehrwürdige Zentrum des Wintersports erstreckt sich über zwei große Berge: den Mt. Mansfield (mit einem Hohenunterschied von 719 m) und den

Spruce Peak (472 m). Es gibt hier 48 schöne Pisten – 16 % davon sind für Anfänger geeignet, 55 % sind mittelschwere Pisten und 29 % ideal für hartgesottene Freerider.

Umiak Outdoor Outfitters
OUTDOOR-AUSRÜSTUNG

(☎ 802-253-2317; www.umiak.com; 849 S Main St; ⊙ 9–18 Uhr) Vermietet Kajaks, Schneeschuhe und Telemark-Ski, gibt Kurse im Bootfahren und veranstaltet Bootsausflüge sowie romantische Schneeschuhtouren bei Mondschein.

AJ's Ski & Sports
AUSRÜSTUNGSVERLEIH

(☎ 802-253-1593, 800-226-6257; www.ctowsports.com; 350 Mountain Rd; ⊙ 9–18 Uhr) Vermietet Fahrräder, Ski- und Snowboardausrüstung. Im Ortszentrum.

🛏 Schlafen

Smugglers Notch State Park
CAMPING $

(☎ 888-409-7579, 802-253-4014; www.vtstateparks.com/htm/smugglers.htm; 6443 Mountain Rd; Stellplatz Zelt & Wohnmobil/Unterstand ab 20/27 US$; ⊙ Mitte Mai–Mitte Okt.) Der 14 ha große Park an einem Berghang, 8 Meilen (knapp 13 km) nordwestlich von Stowe, bietet 20 Stellplätze für Zelte und Wohnmobile sowie 14 Unterstände.

Stowe Motel & Snowdrift
MOTEL, APARTMENT $$

(☎ 802-253-7629, 800-829-7629; www.stowemotel.com; 2043 Mountain Rd; Zi. 108–188 US$, Suite 192–208 US$, Apt. 172–240 US$; @ 📶 ♿) Das Motel auf einem 6,5 ha großen Gelände bietet Wohneinheiten von schlicht bis luxuriös, einen Tennisplatz, Whirlpools, Rasenspiele sowie kostenlose Fahrräder und Schneeschuhe für den Stowe Recreation Path nebenan und ist damit genau das Richtige für Freizeitsportler.

Trapp Family Lodge
LODGE $$$

(☎ 802-253-8511, 800-826-7000; www.trappfamily.com; 700 Trapp Hill Rd; Zi. ab 295 US$; @ 📶 ♿ 🐾) Die von weiten offenen Feldern und atemberaubenden Bergen umgebene Berghütte im österreichischen Stil mit der besten Lage in Stowe wurde von Maria von Trapp erbaut, auf deren Erinnerungen der Film *Meine Lieder – meine Träume* basiert. Ergänzend zu den Zimmern in der traditionellen Holzhütte gibt es Gästehäuser, die auf dem etwa 11 km² großen Anwesen verteilt sind. Ein Wegenetz sorgt dafür, dass Gäste ausgiebig wandern, schneeschuh- und skilanglaufen können.

✕ Essen

Harvest Market
MARKT $

(☎802-253-3800; www.harvestatstowe.com; 1031 Mountain Rd; ⊙7–17.30 Uhr) Vor einem Ausflug in die Berge kann man sich hier mit Kaffee, Gebäck, Vermonter Käse, Sandwiches, Delikatessen, Wein und Bier aus der Region eindecken.

Pie-casso
PIZZA $$

(☎802-253-4411; www.piecasso.com; 1899 Mountain Rd; Sandwiches 9–13 US$, Pizza 11–22 US$; ⊙So–Do 11–22, Fr & Sa bis 23 Uhr) Bio-Rukolasalat mit Hühnchen und Champignon-Panini ergänzen die ausgezeichneten handgemachten Pizzas. Es gibt auch eine Bar und Livemusik.

Gracie's Restaurant
BURGER $$

(☎802-253-8741; www.gracies.com; 18 Edson Hill Rd; Hauptgerichte 12–44 US$; ⊙17 Uhr–open end) Das lebhafte Lokal, in dem sich alles rund ums Thema Hunde dreht, liegt auf halbem Weg zwischen dem Dorf und dem Berg und serviert große Burger, handgeschnittene Steaks, Waldorfsalat sowie Scampi mit viel Knoblauch.

★ Hen of the Wood
AMERIKANISCH $$$

(☎802-244-7300; www.henofthewood.com; 92 Stowe St, Waterbury; Hauptgerichte 22–29 US$;

ABSTECHER

SCENIC DRIVE: VERMONTS GREEN MOUNTAIN BYWAY

Die **VT 100** folgt dem Rückgrat der Green Mountains von Vermont und schlängelt sich dabei durch das ländliche Herz des Bundesstaats, vorbei an hügeligen Weiden mit grasenden Kühen, winzigen Dörfern mit ländlichen Läden und weißen Kirchtürmen sowie grünen Bergen voller Wanderwege und Skipisten – der perfekte Abstecher für alle, die abschalten und das beschauliche Vermonter Landleben genießen wollen. Die Straße führt von Massachusetts im Süden bis nach Kanada im Norden. Selbst wenn man nicht viel Zeit hat, sollte man sich den 45 Meilen (72 km) langen Abschnitt zwischen Waterbury und Stockbridge nicht entgehen lassen – ein einfacher Abstecher von der I-89. Einzelheiten zu den Attraktionen unterwegs erfährt man auf der Website www.vermont-byways.us.

⊙Di–Sa 17–21 Uhr) ✐ Das wohl feinste Restaurant im nördlichen Vermont ist das von seinem Chefkoch betriebene Hen of the Wood in Waterbury, das für seine innovative, farmfrische Küche begeisterten Zuspruch erhält. Die Lage in einer historischen Getreidemühle ist ein weiterer Pluspunkt neben dem außergewöhnlichen Speisenangebot mit sehr würzigen Gerichten wie geräucherte mit Speck umwickelte Kaninchenkeule und Schafsmilch-Gnocchi.

ℹ Praktische Informationen

Stowe Area Association (☎802-253-7321; www.gostowe.com; 51 Main St; ⊙Mo–Sa 9–17 Uhr, Juni–Okt. & Jan.–März bis 20 Uhr) Im Zentrum des Dorfes.

Burlington

Die hippe Universitätsstadt am Ufer des malerischen Lake Champlain gehört zu den Orten, an denen wohl jeder gern leben würde. Ihre Café- und Clubszene kann mit der viel größerer Städte mithalten, während drumherum gemächliches, freundliches Kleinstadtleben herrscht. Und wo sonst kann man zum Ende der Hauptstraße laufen und dann mit dem Kajak lospaddeln?

◉ Sehenswertes

Burlingtons Geschäfte, Cafés und Kneipen konzentrieren sich rund um den Church St Marketplace, eine von Backstein gesäumte geschäftige Fußgängerzone auf halbem Weg zwischen der University of Vermont und dem Lake Champlain.

★ Shelburne Museum
MUSEUM

(☎802-985-3346; www.shelburnemuseum.org; 6300 Shelburne Rd/US 7, Shelburne; Erw./Jugendlicher 13–17 Jahre/Kind 5–12 Jahre 24/14/12 US$; ⊙Mitte Mai–Okt. 10–17 Uhr; ♿) Das außergewöhnliche Museum auf einem 18 ha großen Gelände, 9 Meilen (14,5 km) südlich von Burlington, zeigt mit insgesamt 150 000 Objekten eine Sammlung amerikanischer Artefakte, die des Smithsonian würdig wäre. Die Mischung aus Volkskunst, dekorativer Kunst und anderen Werken verteilt sich auf 39 historische Gebäude, von denen die meisten zu Erhaltungszwecken aus anderen Teilen Neuenglands hierher gebracht wurden.

Shelburne Farms
FARM

(☎802-985-8686; www.shelburnefarms.org; 1611 Harbor Rd, Shelburne; Erw./Kind 3–17 Jahre 8/5 US$; ⊘ Mitte Mai–Mitte Okt. 9–17.30 Uhr, Mitte Okt.–Mitte Mai 10–17 Uhr; 🖶) 🖉 Das von dem Landschaftsarchitekten Frederick Law Olmsted (von dem auch der New Yorker Central Park stammt) entworfene, 567 ha große Anwesen umfasste das Landhaus der Aristokratenfamilie Webb und eine Farm mit atemberaubendem Blick auf den See, die noch heute bewirtschaftet wird und Besucher empfängt. Gäste können auf dem Farmhof beispielsweise eine Kuh melken (11 & 14 Uhr), den herrlichen Cheddar der Farm probieren, sich die prächtigen Scheunen anschauen, die Wanderwege erforschen und in dem preisgekrönten Inn (S. 246) einen Nachmittagstee oder ein feines Abendessen mit in der Gegend produziertem Fleisch genießen.

Echo Lake Aquarium & Science Center
WISSENSCHAFTSZENTRUM

(☑ 802-864-1848; www.echovermont.org; 1 College St; Erw./Kind 3–17 Jahre 13,50/10,50 US$; ⊘ 10–17 Uhr; 🖶) Das am See gelegene Museum widmet sich der bunten Vergangenheit, Gegenwart und Zukunft des Lake Champlain. Es beherbergt viele kleine Aquarien und wechselnde Wissenschaftsausstellungen mit vielen interaktiven Exponaten und kinderfreundlichen Aktivitäten. Nicht auslassen sollte man die Ausstellung „Into the Lake", die sich mit Champ beschäftigt, einem „Ungeheuer", das im See leben soll.

Magic Hat Brewery
BRAUEREI

(☑ 802-658-2739; www.magichat.net; 5 Bartlett Bay Rd, South Burlington; ⊘ Juni–Mitte Okt. Mo–Sa 10–19 Uhr, Mitte Okt.–Mai Mo–Do bis 18, Fr & Sa bis 19 Uhr, ganzjährig So 12–17 Uhr) Bei dem lustigen, kostenlosen Rundgang taucht man tief in die Geschichte dieser Kleinbrauerei ein, die zu den dynamischsten in Vermont gehört. Danach kann man in der Growler Bar ein paar der acht Biere vom Fass kosten. Zu den jüngsten Schöpfungen gehören das Peppercorn Pilsner mit rosa Pfefferkörnern und das Electric Peel, ein India Pale Ale mit Grapefruit.

🏃 Aktivitäten

Bereit für Outdoor-Abenteuer? Dann auf zum Ufer des Lake Champlain: Dort kann man z. B. Bootstouren machen oder dem 12 km langen Burlington Bike Path per pedes, Fahrrad oder Inlineskates folgen. Nahe dem Uferende der Main St finden sich Startpunkte und Ausrüster für all diese Aktivitäten innerhalb eines Blocks.

INSIDERWISSEN

BURLINGTONS GEHEIMER GARTEN

Weniger als 2 Meilen (3,2 km) von Burlingtons Zentrum entfernt versteckt sich eine der idyllischsten Grünanlagen von Vermont. Das in den trägen Kurven des Winooski River gelegene Intervale Center (www.intervale.org; 180 Intervale Rd) GRATIS umfasst ein Dutzend Biofarmen und ein herrliches Wegenetz, das 365 Tage im Jahr für Wanderer, Radler, Skifahrer, Beerenpflücker usw. zugänglich ist. Detaillierte Infos findet man auf der Website.

Local Motion
FAHRRADVERLEIH

(☑ 802-652-2453; www.localmotion.org; 1 Steele St; Fahrrad 32 US$/Tag; ⊘ Juli & Aug. 9–18 Uhr, Mai–Juni & Sept.–Okt. 10–18 Uhr; 🖶) 🖉 Vermietet hochwertige Drahtesel am Burlington Bike Path zwischen Main St und King St.

Whistling Man Schooner Company
SEGELN

(☑ 802-598-6504; www.whistlingman.com; Boathouse, 1 College St, am Lake Champlain; Rundfahrt 2 Std. Erw./Kind unter 13 Jahren 40/25 US$; ⊘ tgl. 3 Trips, Ende Mai–Anfang Okt.) An Bord der *Friend Ship*, eines 13 m langen Segelboots für 17 Passagiere, kann man den Lake Champlain erkunden.

🛏 Schlafen

Burlingtons Budget- und Mittelklassemotels befinden sich an den Ortsrändern: an der Shelburne Rd (US 7) in South Burlington, der Williston Rd (US 2) östlich des Exit 14 der I-89 und an der US 7 nördlich von Burlington in Colchester (Exit 16 der I-89).

North Beach Campground
CAMPING $

(☑ 802-862-0942; www.enjoyburlington.com; 60 Institute Rd; Stellplatz Zelt/Wohnmobil 36/41 US$; ⊘ Mai–Mitte Okt.; 🛜) Die wundervolle Anlage am Lake Champlain, 2 Meilen (3,2 km) nördlich vom Zentrum, bietet auf einem 18 ha großen bewaldeten Gebiet 137 Campingplätze mit Picknicktischen, Feuerstellen, Warmwasserduschen, Spielplatz, Strand und Radweg.

Burlington Hostel
HOSTEL $

(☑ 802-540-3043; www.theburlingtonhostel.com; 53 Main St; B mit Frühstück 40 US$; ❄ @ 🛜) Nur ein paar Minuten von der Church St und vom Lake Champlain entfernt bietet Burlingtons Hostel gemischte und Schlafsäle nur für Frauen mit jeweils acht Betten.

Lang House
B&B $$
(802-652-2500; www.langhouse.com; 360 Main St; Zi. mit Frühstück 199–259 US$; ✱@🛜) Burlingtons elegantestes, gleichwohl zwanglos-entspannendes B&B befindet sich in einem zentral gelegenen, geschmackvoll restaurierten viktorianischen Haus mit Remise aus dem 19. Jh. Vorab für eines der Zimmer im dritten Stock mit Seeblick reservieren!

Hilton Garden Inn Burlington Downtown
HOTEL $$
(802-951-0099; www.hiltongardeninn3.hilton.com; 101 Main St; Zi. ab 229 US$; P✱@🛜🏊) Gleichzeitig hip und historisch? Die Mischung funktioniert gut im 2015 eröffneten Hilton Garden. Das in einem ehemaligen Zeughaus untergebrachte Hotel liegt in Gehentfernung vom Church St Marketplace und dem Lake Champlain. Der luftige Foyerpavillon punktet mit bunten Farben und frischem Dekor. Die Zimmer sind nicht ganz so prachtvoll, bieten aber Serta-Betten, Minikühlschränke und Mikrowellen. Die Wochenenden sind weit im Voraus ausgebucht. Parkplätze (nur mit Parkdienst) kosten 16 US$ pro Nacht.

★ Inn at Shelburne Farms
INN $$$
(802-985-8498; www.shelburnefarms.org/stay dine; 1611 Harbor Rd, Shelburne; Zi. mit eigenem/Gemeinschaftsbad ab 210/165 US$, Cottage ab 320 US$, Gästehaus ab 450 US$; ⊙ Mai–Okt.; 🛜) In dem historischen, 567 ha großen Anwesen am Seeufer (S. 244), 7 Meilen (11 km) südlich von Burlington, wohnen die Gäste entweder direkt im vornehmen Gutshaus oder in vier separaten, jeweils mit Küche ausgestatteten Cottages oder Gästehäusern, die verteilt auf dem Anwesen liegen. Das angeschlossene Restaurant mit farmfrischen Produkten ist super.

Essen

Am Samstagvormittag findet im City Hall Park im Zentrum Burlingtons munterer **Farmers Market** (www.burlingtonfarmers market.org) statt.

Penny Cluse Cafe
CAFÉ $
(802-651-8834; www.pennycluse.com; 169 Cherry St; Hauptgerichte 6–12,25 US$; ⊙ Mo–Fr 6.45–15, Sa & So 8–15 Uhr) 🌱 Eines der beliebtesten Lokale im Zentrum von Burlington. Es gibt Pfannkuchen, *biscuits and gravy*, Omelettes und Tofu-Rühreier, Sandwiches,

Fischtacos, Salate und ausgezeichnetes *chile relleno*. Am Wochenende muss man mit langen Schlangen rechnen. Ein einziges Malus: Bei unserem Besuch war der Kaffee enttäuschend schwach.

City Market
MARKT $
(802-861-9700; www.citymarket.coop; 82 S Winooski Ave; Sandwiches 8–10 US$; ⊙ 7–23 Uhr) 🌱 Wenn es einen Naturkosthimmel gibt, dann muss er wohl so aussehen wie diese Kooperative im Zentrum: voll mit lokalen Erzeugnissen und Produkten (mehr als 1000 Hersteller aus Vermont sind hier vertreten) sowie ein riesiger Deli mit Gerichten zum Mitnehmen.

Stone Soup
VEGETARISCH $
(802-862-7616; www.stonesoupvt.com; 211 College St; Büffet 10,75 US$/453 g, Sandwiches unter 10 US$; ⊙ Mo–Fr 7–21, Sa 9–21 Uhr; 🛜🌱) Im alteingesessenen Favoriten der Einheimischen drängt man sich mittags wegen des kleinen, aber exzellenten vegetarier- und veganerfreundlichen Büffets. Ebenfalls zu empfehlen sind die hausgemachten Suppen, die Sandwiches mit selbstgebackenem Brot, die Salatbar und das Gebäck.

★ Pizzeria Verita
PIZZERIA $$
(802-489-5644; www.pizzeriaverita.com; 156 Paul St; Pizzas 8–18 US$; ⊙ So–Do 17–22, Fr & Sa bis 23 Uhr) Man kann kaum zwei Schritte in Burlington laufen, ohne dass einem jemand die neue Pizzeria Verita empfiehlt. Und das ist wegen der wunderbaren Pizzas mit dünnem Boden absolut verständlich. Die modern-rustikale Trattoria (also: Weinfässer als Tische an der Bar etc.) lockt u. a. mit *quatro formaggi, funghi rustico* oder „Ring of Fire" – eine Pizza mit scharfen Peperoni.

An der Theke gibt's interessante saisonale Cocktails und Spezialbiere aus Vermont.

Daily Planet
INTERNATIONAL $$
(802-862-9647; www.dailyplanet15.com; 15 Center St; Hauptgerichte 11–24 US$; ⊙ So–Do 16–21, Fr & Sa bis 21.30 Uhr; 🛜🌱) Das schicke Restaurant im Zentrum serviert alles von Burgern mit exotischem Belag bis hin zu Poutine mit Entenconfit, in der Pfanne gebratenen Lammteilen oder karamelisierten Jakobsmuscheln. Die Bar ist jeden Abend bis 2 Uhr geöffnet.

Leunig's Bistro
FRANZÖSISCH $$$
(802-863-3759; www.leunigsbistro.com; 115 Church St; Mittagessen 12–22 US$, Abendessen 18–34 US$; ⊙ Mo–Do 11–22, Fr bis 23, Sa 9–23, So

bis 22 Uhr) Das gesellige Bistro im Pariser Stil mit Sitzbereich im Freien und einem eleganten Speisesaal mit verzierter Metalldecke ist ein schon seit Langem beliebter Favorit in Burlington. Die Wein- und die Speisekarte sind ausgezeichnet, und man kann hier prima Leute beobachten (die Fenster gewähren Ausblick auf den turbulenten Church St Marketplace).

Ausgehen & Nachtleben

Das kostenlose Wochenblatt *Seven Days* (www.7dvt.com) hat einen aktuellen Veranstaltungskalender.

Radio Bean   BAR
(www.radiobean.com; 8 N Winooski Ave; Mo-Sa 8–2, So 10–2 Uhr;) Die skurrile Café-Bar besitzt ihren eigenen Radiosender, hat ein angeschlossenes trendiges Restaurant, in dem man internationale Snacks bekommt, und jeden Abend finden irgendwelche Veranstaltungen statt, z. B. Jazz- und Akustikkonzerte und Dichterlesungen.

Vermont Pub & Brewery   KLEINBRAUEREI
(www.vermontbrewery.com; 144 College St; Hauptgerichte 5–18 US$; So-Mi 11.30–1, Do-Sa bis 2 Uhr) Spezial- und saisonale Biere, die in kleinen Mengen pro Woche hier vor Ort hergestellt werden, und für einen britischen Pub typische Kneipenkost.

Splash at the Boathouse   BAR
(802-658-2244; www.splashattheboathouse.com; 0 College St; Mitte Mai–Sept. 10–2 Uhr) Die Restaurant-Bar oben in dem schwimmenden Bootshaus bietet einen herrlichen Blick auf den Lake Champlain – ideal für einen entspannenden Abendcocktail oder ein Bier bei Sonnenuntergang.

☆ Unterhaltung

Nectar's   LIVEMUSIK
(www.liveatnectars.com; 188 Main St; So-Di 19-2, Mi-Sa 17-2 Uhr) Die Indie-Band Phish kam hier ganz groß raus, und noch immer rockt der Laden, der 2015 seinen 40. Geburtstag feierte, mit einem Mix aus Themenabenden und Liveacts.

Shoppen

Boutiquen und smarte Kunstgewerbeläden finden sich am Church St Marketplace. Unbedingt zu empfehlen ist das  (www.froghollow.org; 85 Church St; Mitte April–Nov. Mo-Mi 10–18, Do-Sa bis 20, So 11–19 Uhr; übrige Monate kürzere Öffnungszeiten)

GRATIS, eine Kooperative, die mit die besten Stücke vor Ort anbietet.

🛈 Praktische Informationen

University of Vermont Medical Center (802-847-0000; www.uvmhealth.org; 111 Colchester Ave; 24 Std.) Vermonts größtes Krankenhaus. Die Notaufnahme ist rund um die Uhr geöffnet.

Lake Champlain Regional Chamber of Commerce (802-863-3489, 877-686-5253; www.vermont.org; 60 Main St; Mo–Fr 8–17 Uhr) Touristeninformation im Zentrum.

🛈 An- & Weiterreise

Greyhound (800-231-2222, 802-864-6811; www.greyhound.com; 1200 Airport Dr) bietet Busverbindungen zwischen dem Burlington International Airport und Boston sowie Montreal. **Megabus** (877-462-6342; www.megabus.com; 116 University Pl) fährt vom Campus der University of Vermont in Burlington nach Amherst, MA, und New York City. Der **Vermonter Train von Amtrak** (800-872-7245; www.amtrak.com/vermonter-train) fährt täglich Richtung Süden nach Brattleboro, New York City und Washington, D. C. **Lake Champlain Ferries** (802-864-9804; www.ferries.com; King St Dock; Erw./Kind 6–12 Jahre/Auto 8/3,10/30 US$) betreibt von Mitte Juni bis Ende September Fähren über den See nach Port Kent im Bundesstaat New York (80 Min.).

NEW HAMPSHIRE

New Hampshire muss dringend an seinem Image arbeiten: „Granite State" als Spitzname und das Staatsmotto „Live Free or Die" wirken doch eher abschreckend. Dabei bietet dieser Bundesstaat doch für Einheimische und Besucher alles in genau dem richtigen Maß: Die Ortschaften sind klein und freundlich, die Berge zerklüftet und majestätisch. Das Herzstück New Hampshires sind zweifellos die Granitgipfel des White Mountain National Forest. Outdoorfans aller Art strömen zu Neuenglands höchstem Gebirgszug (mit dem 1917 m hohen Mt. Washington) um im Winter Ski zu fahren, im Sommer zu wandern und im Herbst die Farbenpracht des bunten Laubs zu erleben. Und auch von der Behauptung, dass der Staat besonders konservativ sei, sollte man sich nicht ins Bockshorn jagen lassen. Das oben genannte Staatsmotto steht zwar auf jedem Nummernschild, es steht aber eher für die unabhängige Haltung der Leute als für eine rechtsgerichtete politische Einstellung.

KURZINFOS NEW HAMPSHIRE

Spitznamen Granite State, White Mountain State

Bevölkerung 1,3 Mio. Ew.

Fläche 23 227 km²

Hauptstadt Concord (42 400 Ew.)

Weitere Städte Manchester (110 300 Ew.), Portsmouth (21 400 Ew.)

Verkaufssteuer keine

Geburtsort von Amerikas erstem Astronauten Alan Shepard (1923–1998), *Sakrileg*-Autor Dan Brown (geb. 1964)

Heimat der höchsten Berge im US-Nordosten

Politische Ausrichtung Neuenglands republikanischster Bundesstaat

Berühmt für das Vorrecht, bei den Vorwahlen für die US-Präsidentschaft als erster Bundesstaat abzustimmen; dies verschafft New Hampshire für seine Größe einen gewaltigen politischen Einfluss

Extremstes Staatsmotto *Live Free or Die* („Frei leben oder sterben")

Entfernungen Boston–Portsmouth 60 Meilen (96 km), Portsmouth–Hanover 118 Meilen (190 km)

Geschichte

New Hampshire erhielt seinen Namen 1629 nach der englischen Grafschaft Hampshire und war eine der ersten amerikanischen Kolonien, die 1776 ihre Unabhängigkeit von England erklärten. Während des Industrialisierungs-Booms im 19. Jh. stand Manchester an der Spitze und entwickelte eine derartige Wirtschaftskraft, dass seine Textilfabriken die größten auf der ganzen Welt wurden.

Eine wichtige Rolle in der Weltpolitik spielte New Hampshire im Jahr 1944, als Präsident Franklin D. Roosevelt die Regierungen aus 44 verbündeten Staaten zu einer Konferenz in das abgelegene Bretton Woods einlud, um ein stabiles Währungssystem zu begründen. Im Rahmen der Bretton-Woods-Konferenz wurden die Weltbank und der Internationale Währungsfonds (IWF) ins Leben gerufen.

Im Jahr 1963 fand New Hampshire, lange berüchtigt für seine steuerfeindliche Haltung, ein neues Mittel, um Einkünfte zu erzielen: Es war der erste Bundesstaat der USA, in dem eine legale Lotterie aus der Taufe gehoben wurde.

ⓘ Praktische Informationen

Touristeninformationen gibt es an allen wichtigen Einreisepunkten in den Bundesstaat.

New Hampshire Division of Parks & Recreation (☑ 603-271-3556; www.nhstateparks.org) Infos über Wandern, Radfahren, Camping und andere Outdoor-Aktivitäten.

New Hampshire Division of Travel & Tourism Development (☑ 603-271-2665; www.visitnh.gov) Man holt sich einen Besucherführer und schaut sich die Vorschläge an.

Portsmouth

Amerikas drittälteste Stadt, Portsmouth (gegr. 1623), trägt ihre Geschichte offen zur Schau. New Hampshires einzige Küstenstadt hat ihre Wurzeln im Schiffsbau; heute gibt sie sich hip, jugendlich und voller Energie: Die alten Frachthallen am Hafen beherbergen inzwischen Boutiquen und Cafés, während die eleganten historischen Wohnhäuser der Werftbarone teilweise zu B&Bs umgebaut wurden.

◉ Sehenswertes & Aktivitäten

Strawbery Banke Museum   MUSEUM
(☑ 603-433-1100; www.strawberybanke.org; Ecke Hancock St & Marcy St; Erw./Kind 20/10 US$; ⏰ Mai–Okt. 10–17 Uhr) Auf einem Gelände von 4 ha Fläche zeigt das Strawbery Banke Museum eine bunte Mischung alter Häuser, die bis in die 1690er-Jahre zurückdatieren. Kostümierte Führer schildern die Geschichten, die sich um diese 40 Häuser (zehn davon sind möbliert) ranken. Dazu gehören die **Pitt Tavern** (1766), eine Brutstätte des revolutionären Gedankens, die **Goodwin Mansion** (ein prächtiges Herrenhaus aus dem 19. Jh. aus der Blütezeit von Portsmouth) und der **Abbott's Little Corner Store** (1943). Die Eintrittskarte gilt für zwei aufeinanderfolgende Tage.

USS Albacore   MUSEUM
(☑ 603-436-3680; http://ussalbacore.org; 600 Market St; Erw./Kind 7–13 Jahre 7/3 US$; ⏰ Juni–Mitte Okt. 9.30–17 Uhr, Mitte Okt.–Mai bis 16 Uhr) Während man sich durch die engen Kabinen der USS *Albacore* quetscht, in der früher 55 Offiziere und Crewmitglieder hausten, vermitteln Tonaufnahmen mit Erinnerungen den Kontext. Wie ein gestrandeter Fisch

liegt das 63 m lange U-Boot heute auf einer Rasenfläche am Strand. Das Schiff, das im Jahr 1953 im Portsmouth Naval Shipyard vom Stapel lief, war früher einmal das schnellste U-Boot der Welt.

Isles of Shoals
Steamship Co   BOOTSFAHRT
(☑ 603-431-5500; www.islesofshoals.com; 315 Market St; Erw./Kind 4–12 Jahre 28/18 US$; 🚻) Von Mitte Juni bis Oktober veranstaltet das Unternehmen mit einer nachgebauten Fähre aus den 1900er-Jahren eine ausgezeichnete Tour rund um den Hafen und die historischen Isles of Shoals. Es gibt auch Touren in den Sonnenuntergang, Dinner-Kreuzfahrten und Kreuzfahrten mit Country-Musik oder Reggae.

🛏 Schlafen

Ale House Inn   INN $$
(☑ 603-431-7760; www.alehouseinn.com; 121 Bow St; Zi. 209–359 US$; 🅿🛜) Danke für die beiden Smuttynose-Biere – uns gefiel es hier. Portsmouths schickste Boutiqueunterkunft im backsteinernen Lagerhaus der Portsmouth Brewing Company verbindet zeitgenössisches Design mit Komfort. Die modernen Zimmer sind weiß und haben klare Linien und Flachbild-TVs; die Suiten prunken mit bequemen hellbraunen Sofas, und die Deluxe-Zimmer haben sogar iPads. Im Preis inbegriffen ist die Nutzung der altmodischen Cruiser-Räder.

Port Inn   MOTEL $$
(☑ 603-436-4378; www.choicehotels.com; 505 Rte 1 Bypass; Zi./Suite mit Frühstück 127/178 US$; ❄@🛜🛟🐾) Das einladende Motel rund um einen kleinen Hof hat eine praktische Lage abseits der I-95, rund 1,5 Meilen (2,4 km) südwestlich von Downtown. In den Zimmern geben einfarbige Kissen und Tagesdecken der klassischen Möblierung etwas Farbe. Für mitgebrachte Haustiere werden 20 US$ pro Nacht berechnet.

🍴 Essen & Ausgehen

An der Kreuzung der Market St und der Congress St wimmelt es von Restaurants und Cafés.

Friendly Toast   DINER $
(☑ 603-430-2154; www.thefriendlytoast.com; 113 Congress St; Frühstück 8–14 US$, Mittagessen 11–19 US$; ⊙ So–Mi 7–20, Do bis 21, Fr & Sa bis 2 Uhr; 🛜🚻) Die lustige und skurrile Einrichtung bildet in diesem Retro-Diner die Kulisse für sättigende Sandwiches, Omeletts, Tex-Mex-Kost und vegetarische Gerichte. Das Frühstücksmenü ist riesig und wird den ganzen Tag über serviert – eine gute Sache, zumal man an den Wochenenden morgens lange warten muss.

Surf   SEAFOOD $$
(☑ 603-334-9855; www.surfseafood.com; 99 Bow St; mittags 9–18 US$, abends 12–38 US$; ⊙ So–Do 16–21, Fr & Sa bis 22 Uhr) Die Aussicht auf den Pisquataqua River und das gute Essen ergänzen sich prächtig in diesem luftigen Restaurant, ganz besonders bei Sonnenuntergang. Hier kann man den Tag erfreulich ausklingen lassen. Die Meeresfrüchtegerichte haben etwas globales Flair – z. B. Garnelen- oder Avocado-Quesadillas, Schellfisch-Crêpes oder Garnelen-Vindalho mit Currysauce.

Black Trumpet Bistro   INTERNATIONAL $$$
(☑ 603-431-0887; www.blacktrumpetbistro.com; 29 Ceres St; Hauptgerichte 19–31 US$; ⊙ 17.30–21 Uhr) Das Bistro mit Ziegelwänden und raffiniertem Ambiente serviert einzigartige Kombinationen (alles von Schweinshaxe mit Blattkohl bis hin zu Wachteln mit Wurstfüllung). Alle Angebote gibt's auch oben in der Weinbar, die ebenso einfallsreiche Cocktails serviert.

Thirsty Moose Taphouse   PUB
(www.thirstymoosetaphouse.com; 21 Congress St; Barsnacks 5–13 US$, Hauptgerichte 10–14 US$; ⊙ 11–13 Uhr) Die gesellige Kneipe hat mehr als 100 Biere vom Fass (Abita, Clown Shoes, Widmer Bros. etc.), die überwiegend aus Neuengland stammen, und sehr kundige Barkeeper. Hier kann man sich gut zurücklehnen und entspannen. Für den kleinen Hunger gibt's u. a. Poutine (Pommes mit Käse und Bratensauce), Sandwiches und Burger.

ℹ Praktische Informationen

Greater Portsmouth Chamber of Commerce
(☑ 603-436-3988; www.portsmouthchamber. org; 500 Market St; ⊙ Juni–Mitte Okt. Mo–Do 8.30–17, Fr bis 19, Sa & So 10–17 Uhr, Mitte Okt.–Mai Mo–Fr 8.30–17 Uhr) Betreibt auch einen Informationskiosk am Market Sq im Stadtzentrum.

Monadnock State Park & Umgebung

Der Aufstieg auf den 965 m hohen Gipfel des **Mt. Monadnock** (www.nhstateparks.org;

NEUENGLAND MONADNOCK STATE PARK & UMGEBUNG

116 Poole Rd, Jaffrey, NH 124; Erw./Kind 6–11 Jahre 4/2 US$) ist steil und felsig, aber der Blick von der mit Felsbrocken übersäten Spitze ist wahrlich lohnend. Der Berg in der südwestlichen Ecke des Bundesstaats ist der meistbestiegene in Neuengland. Der Monadnock („Berg, der alleine steht" in der Sprache der Algonkin) ist tatsächlich ein Inselberg, sodass man bei der Gipfelwanderung (hin & zurück 8 km) mit einem unverstellten Blick auf drei Bundesstaaten belohnt wird. Wer hier zum ersten Mal unterwegs ist, folgt beim Aufstieg am besten dem mit weißen Punkten und beim Abstieg dem mit weißen Kreuzen markierten Weg.

Die beste Belohnung anschließend ist ein Eis von der **Kimball Farm** (www.kimball farm.com; 158 Turnpike Rd; kleine Kugel 5 US$; ⊙ Eiscreme 10–22 Uhr) gleich die Straße weiter. Man kann aus mehr als 50 Sorten wählen, darunter Schoko-Himbeer, Walnuss-Ahornsirup und Kaffee-Oreo. Wer in der Nähe des Bergs etwas trinken oder übernachten will, kann sich dem urigen Charme des **Monadnock Inn** (☎ 603-532-7800; www.monadnockinn. com; 379 Main St; Zi. 110–190 US$) anvertrauen – die Schenke ist gemütlich, und im Zimmer hängt vielleicht ein Vogelkäfig.

Lake Winnipesaukee

New Hampshires größter See ist ein beliebtes Sommerziel stadtmüder Familien. Er ist 45 km lang und mit 274 Inseln gesprenkelt. Traveller finden hier gute Möglichkeiten zum Schwimmen, Bootfahren oder auch Angeln vor.

Weirs Beach

Berühmte Spielhallen, Minigolfplätze und Gokart-Pisten machen Weirs Beach zu einer Art kitschig-kuriosem amerikanischen Vergnügungspark. Infos über das Gebiet gibt's bei der **Lakes Region Chamber of Commerce** (☎ 603-524-5531; www.lakesregioncham ber.org; 383 S Main St, Laconia; ⊙ Mo–Fr 9–15, Sa 10–17 Uhr).

Mount Washington Cruises (☎ 603-366-5531; www.cruisenh.com; 211 Lakeside Ave; Kreuzfahrt 30–47 US$) veranstaltet von Weirs Beach aus mit der altmodischen MS *Mount Washington* malerische Fahrten auf dem See (bei den teureren Versionen ist ein Champagner-Brunch dabei).

Winnipesaukee Scenic Railroad (☎ 603-745-2135; www.hoborr.com; 211 Lakeside Ave, Weirs

Beach; Erw./Kind 3–11 Jahre 1 Std. 16/12 US$, 2 Std. 18/14 US$) bietet Zugfahrten entlang der Küste des Lake Winnipesaukee.

Wolfeboro

Auf der anderen Seite des Lake Winnipesaukee, weit weg vom schnöden Kommerzkitsch am Weirs Beach, liegt das vornehme Wolfeboro. Es bezeichnet sich selbst als „Amerikas ältester Sommerferienort" und strotzt nur so vor schmucken, alten Gebäuden, die teilweise öffentlich zugänglich sind. Die **Wolfeboro Chamber of Commerce** (☎ 603-569-2200; www.wolfeborochamber.com; 32 Central Ave; ⊙ Mo–Fr 10–15, Sa bis 12 Uhr) im alten Bahnhof informiert über alles Erdenkliche, beispielsweise über Mietboote und Strände.

Beim **Great Waters Music Festival** (☎ 603-569-7710; www.greatwaters.org; ⊙ Juni & Aug.) beschallen Folk-, Jazz- und Blues-Musiker diverse Clubs überall in Wolfeboro.

Rund 4 Meilen (6,4 km) nördlich der Stadt liegt der bewaldete **Wolfeboro Campground** (☎ 603-569-9881; www.wolfeborocamp ground.com; 61 Haines Hill Rd; Stellplatz Zelt & Wohnmobil 32 US$; ⊙ Mitte Mai–Mitte Okt.) mit 50 Uferstellplätzen abseits der NH 28.

Wer ein Frühstück, ein Mittagessen oder einen Kaffee mit Blick auf den Lake Winnipesaukee genießen will, macht im **Downtown Grille Cafe** (www.downtowngrillecafe.com; 33 S Main St; Frühstück 3,25–7 US$, Mittagessen 8–12 US$; ⊙ 7–15 Uhr) Station, wo schmackhafte Omelettes, Sandwiches, Wraps und Burger zu haben sind. Die gemütliche Bar in **Wolfe's Tavern** (www.wolfestavern.com; Wolfeboro Inn, 90 N Main St; Barhäppchen 5–12 US$, Sandwiches 11–13 US$; ⊙ 8–22 Uhr) bietet zahlreiche Biere aus der Region und Kneipengerichte wie Schweinebauch-Tacos, Calamari und Sandwiches. Ein Eis von **Bailey's Bubble** (☎ 603-569-3612; www.baileysbubble. com; 5 Railroad Ave; kleine Kugel 2,75 US$; ⊙ Mai-Mitte Okt. 11–22 Uhr, Frühjahr & Herbst kürzere Öffnungszeiten) schmeckt immer.

White Mountains

Was die Rocky Mountains für Colorado, das sind die White Mountains für New Hampshire. Neuenglands höchster Gebirgszug ist ein Magnet für Abenteurer und bietet unendliche Möglichkeiten für Fans von Sportarten wie Wandern, Kajakfahren oder Skifahren. Doch auch wer die Landschaft lieber bequem mit dem Auto erleben will, wird nicht enttäuscht: Malerische Straßen winden sich durch die zerklüfteten Berge, die überall Wasserfälle, schroffe Felshänge und tief eingeschnittene Schluchten aufweisen.

Infos über die White Mountains erhält man in den Ranger-Stationen, die über den **White Mountain National Forest** (www. fs.usda.gov/whitemountain) verteilt sind, sowie bei den Chambers of Commerce (Handelskammern) in den Ortschaften am Weg.

Mount Washington Valley

Das Mt. Washington Valley mit den Orten Conway, North Conway, Intervale, Glen, Jackson und Bartlett erstreckt sich ab dem östlichen Ende des Kancamagus Hwy gen Norden. Hier sind diverse Outdoor-Aktivitäten möglich. Als Verkehrsknotenpunkt und größter Ort der Gegend ist North Conway auch ein Outlet-Zentrum, in dem z.B. rustikale Marken wie LL Bean zu haben sind.

⊙ Sehenswertes & Aktivitäten

★ **Conway Scenic Railroad**   ZUG
(☏603-356-5251; www.conwayscenic.com; 38 Norcross Circle; Notch Train Erw./Kind 4–12 Jahre/Kind 1–3 Jahre ab 55/39/11 US$, Valley Train ab 16,50/11,50 US$; ⊙Mitte Juni–Okt.; 🚻) Mit dem 1874 gebauten und 1974 restaurierten **Notch Train** kann man die malerischste Bahnfahrt in Neuengland machen. Die spektakuläre Fahrt (5–5½ Std.) führt durch die Crawford Notch. Anhand der Begleitkommentare erfährt man etwas über die Geschichte – und Geschichten zur Bahn. Reservierung erforderlich.

Dasselbe Unternehmen betreibt auch die historische Dampfbahn **Valley Train**, die eine kürzere Fahrt südwärts durchs Mt. Washington Valley mit Halt in Conway und Bartlett macht. Es gibt saisonale Fahrten wie z.B. den Pumpkin Patch Express im Oktober und den Polar Bear Express im November und Dezember.

★ **Mount Washington Observatory Weather Discovery Center**   MUSEUM
(☏603-356-2137; www.mountwashington.org; 2779 White Mountain Hwy; Erw./Kind 7–17 Jahre 2/1 US$; ⊙10–17 Uhr) Wer keine Zeit hat, auf den Gipfel des Mt. Washington zu fahren, aber raue Witterung cool findet, kann sich dieses kleine, aber faszinierende Wettermuseum anschauen. Man schießt eine Druckluftkanone ab, stoppt einen Mini-Tornado

und erfährt, warum es auf dem Mount Washington so kalt ist. Was geschieht, wenn man in dem simulierten Beobachtungsunterstand den roten Knopf drückt? Wir verraten nur: gut festhalten!

Echo Lake State Park   PARK
(www.nhstateparks.org; River Rd; Erw./Kind 6–11 Jahre 4/2 US$) Rund 2 Meilen (3,2 km) westlich von North Conway über die River Rd liegt dieser ruhige See am Fuß der **White Horse Ledge**, einer steilen Felswand. Rund um den See, der einen kleinen Strand hat, führt ein malerischer Weg. Es gibt eine 1 Meile (1,6 km) lange Autostrecke und einen Wanderweg hinauf zur 213 m hohen **Cathedral Ledge** mit tollem Panoramablick auf die White Mountains. Sowohl die Cathedral Ledge als auch die White Horse Ledge eignen sich prima zum Klettern. Es gibt auch eine gute Stelle zum Baden und Picknicken.

Saco Bound   KANUFAHREN
(☏603-447-2177; www.sacobound.com; 2561 E Main/US 302, Conway; Vermietung 26–45 US$/Tag; ⊙Ende April–Mitte Okt.) Das Unternehmen organisiert Kanutouren mit Shuttleservice (12–15 US$ pro Kanu/Kajak), darunter den Einsteigertrip zur Weston's Bridge. Daneben gibt es auch Campingtouren mit Übernachtung. Auch Reifenschläuche fürs Tubing (Erw./Kind bis 12 Jahre 20/10 US$) werden vermietet.

🛏 Schlafen

Besonders in North Conway gibt's viele Unterkünfte von Resorthotels bis zu gemütlichen Gasthäusern.

White Mountains Hostel   HOSTEL $
(☏603-447-1001; www.whitemountainshostel.com; 36 Washington St, Conway; B/Zi. 20/20–30 US$; ☎) 🖉 Das nette Hostel in einem Farmhaus aus dem frühen 20. Jh. in Conway hat einen neuen Besitzer. Die umweltbewusste Herberge hat Schlafsäle mit Etagenbetten, fünf Privatzimmer und eine Gemeinschaftslounge sowie eine Küche. Gleich vor der Tür findet man ausgezeichnete Möglichkeiten zum Wandern, Rad- und Kanufahren. Der einzige Nachteil ist die Lage 5 Meilen (8 km) südlich der Action in North Conway. Das Haus ist kein Party-Hostel, aber eine tolle Option, wenn man die Natur erkunden will.

Saco River Camping Area   CAMPING $
(☏603-356-3360; www.sacorivercampingarea. com; 1550 White Mountain Hwy/NH 16; Stellplatz

ABSTECHER

SCENIC DRIVE: WHITE MOUNTAIN NATIONAL FOREST

Als eine der schönsten Straßen Neuenglands durchquert der herrliche **Kancamagus Hwy** (NH 112; 35 Meilen bzw. 56,3 km) den White Mountain National Forest (S. 251) zwischen Conway und Lincoln. Die tollen Wanderwege, malerischen Aussichtspunkte und Bäche (es darf gebadet werden!) der Gegend garantieren Natur pur. Der Highway erreicht seinen höchsten Punkt am **Kancamagus Pass** (874 m) und wird nirgendwo von Einrichtungen oder Siedlungen gesäumt.

Broschüren und Wanderkarten gibt's beim **Saco Ranger District Office** (603-447-5448; 33 Kancamagus Hwy; 8–16.30 Uhr) am östlichen Straßenende nahe Conway. Am Westende sollte man am Schalter des National Forest im **White Mountains Visitor Center** in North Woodstock halten.

Aus Richtung Conway kommend, erblickt man 6,5 Meilen (10,5 km) westlich der Saco-Rangerstation die **Lower Falls**, die nördlich der Straße zum Baden und Genießen der Aussicht einladen. Keine Kancamagus-Tour wäre komplett ohne die Wanderung zu den atemberaubenden **Sabbaday Falls** (20 Min.). Der Weg dorthin beginnt bei Meilenstein 15 auf der südlichen Straßenseite. Der beste Ort für Elchbeobachtungen ist das Ufer des **Lily Pond**, den man von einem Aussichtspunkt bei Meilenstein 18 direkt im Blick hat. An der Ranger-Station Lincoln Woods nahe Meilenstein 29 beginnt jenseits der Fußgänger-Hängebrücke über den Fluss die Wanderung zu den **Franconia Falls** (4,8 km), der besten Badestelle im National Forest mit einer natürlichen Felsrutsche. Entlang des Highways kostet das Parken überall 3 US$ pro Tag bzw. 5 US$ pro Woche. Den anfallenden Betrag einfach an einem der Parkplätze in einen Umschlag stecken – kontrolliert wird nicht!

Der White Mountain National Forest ist ideal für Camper. Der Kancamagus Hwy bietet Zugang zu mehreren Campingplätzen, die von der Forstverwaltung betrieben werden, für die aber meist nicht reserviert werden kann. Ein Verzeichnis gibt's bei der Saco-Ranger-Station.

Zelt/Wohnmobil ab 33/43 US$, Hütten 47 US$; Mai–Mitte Okt.;) Der Campingplatz am Fluss, abseits vom Highway, verfügt über 140 bewaldete und offene Stellplätze sowie rustikale Hütten (eigentlich nur vier Wände mit Dach ohne Strom und Küche). Es gibt auch einen Kanu- und Kajakverleih.

Cranmore Inn B&B $$
(603-356-5502; www.cranmoreinn.com; 80 Kearsarge St; Zi. mit Frühstück 149–369 US$;) Das kürzlich renovierte und neuen Besitzern gehörende Cranmore hat dem Landhausstil Ade gesagt – die Zimmer wirken nun frisch und zeitgemäß. Neben Standardzimmern gibt es mehrere Suiten mit zwei Zimmern und ein Apartment mit Küche. Der Gasthof existiert schon seit 1863. Der ganzjährige Whirlpool auf dem Gelände ist prima zur Muskelentspannung nach einer anstrengenden Wanderung.

Hampton Inn North Conway HOTEL $$$
(603-356-7736; www.hamptoninn3.hilton.com; 1788 White Mountain Hwy; Zi. ab 279 US$;) Wer mit aktiven Kids unterwegs ist, kann sie in dem 465 m² großen überdachten Wasserpark mit zwei Rutschen von der Leine lassen. Eine sehr einladende Filiale der landesweiten Hotelkette.

 Essen

Peach's CAFÉ $
(603-356-5860; www.peachesnorthconway.com; 2506 White Mountain Hwy; Frühstück 6–10 US$, Mittagessen 8–9 US$; 7–14.30 Uhr) Das abseits vom städtischen Trubel gelegene, sehr beliebte, kleine Café ist eine exzellente Option für Suppen, Sandwiches und Frühstück. Wer kann schon Waffeln und Pfannkuchen mit Früchten und einem frisch gebrauten Kaffee in gemütlichem Wohnzimmerambiente widerstehen?

Moat Mountain Smoke House & Brewing Co KNEIPENKOST $$
(603-356-6381; www.moatmountain.com; 3378 White Mountain Hwy; Hauptgerichte 10–23 US$; 11.30–24 Uhr) Mit tollem Essen, promptem Service und leckeren hausgemachten Bieren ist das Moat Mountain die insgesamt beste Braustube in New Hampshire. Hier bekommt man amerikanisches Essen mit einem Hang zu Südstaatenkost: gegrillte Sandwiches, Rindfleisch-Chili, saftige Bur-

ger, Holzofenpizza und köstliches Krabbencurry mit Maissuppe. Zum Runterspülen gibt's zahlreiche vor Ort gebraute Biere.

Die freundliche Bar ist ein beliebter Treff der Einheimischen.

❶ Praktische Informationen

Mt. Washington Valley Chamber of Commerce (☑ 603-356-5701; www.mtwashington valley.org; 2617 White Mountain Hwy; ☺ 9–17 Uhr) Die Touristeninformation gleich südlich vom Zentrum hat wechselnde Öffnungszeiten.

North Woodstock & Lincoln

Auf dem Weg vom Kancamagus Hwy zum Franconia Notch State Park kommt man direkt durch die Zwillingsstädtchen Lincoln und North Woodstock, wo man praktischerweise eine Pause zum Essen oder Übernachten einlegen kann. Die Ortschaften liegen zu beiden Seiten des Pemigewasset River an der Kreuzung des NH 112 und der US 3. Für Adrenalinausstoß sorgt die Seilrutsche von **Alpine Adventure** (☑ 603-745-9911; www.alpine zipline.com; 41 Main St, Lincoln; Tour ab 64 US$; ☺ 11–16 Uhr), bei der man an einem Seil über den Bäumen hängt und 610 m den Berghang hinunterrast.

🛏 Schlafen & Essen

Woodstock Inn INN **$$**
(☑ 603-745-3951; www.woodstockinnnh.com; US 3; Zi. mit Frühstück & Gemeinschafts-/eigenem Bad ab 147/178 US$; ❈🛜) Das viktorianische Landgasthaus im Herzen von North Woodstock bietet 34 individuell eingerichtete Zimmer in fünf separaten Gebäuden (drei stehen nebeneinander, zwei auf der anderen Straßenseite). Alle sind mit modernen Annehmlichkeiten im altmodischen Stil ausgestattet. Zum Abendessen hat man die Wahl zwischen dem gehobenen Restaurant und der Kleinbrauerei (Woodstock Station & Microbrewery).

**Woodstock Inn Station
& Brewery** KNEIPENESSEN **$$**
(☑ 603-745-3951; www.woodstockinnnh.com; US 3; Hauptgerichte 12–24 US$; ☺ 11.30–22 Uhr) An warmen Tagen ist die sonnige Veranda vor ne ein schöner Ort, um etwas zu essen, zu trinken und dem Treiben zuzusehen. Das Lokal in einem ehemaligen Bahnhof versucht alle Wünsche zu befriedigen, und bei mehr als 150 Angeboten gelingt das auch recht gut. Allerdings sind Pasta, Sandwiches und Burger dann doch das Interessanteste

auf der Karte. Die hintere Bierkneipe ist einer der turbulentesten Orte hier.

❶ Praktische Informationen

Lincoln/Woodstock Chamber of Commerce (☑ 603-745-6621; www.lincolnwoodstock.com; 126 Main St/NH 112, Lincoln; ☺ Mo–Fr 9–17 Uhr) Hat Infos zur Gegend.

White Mountains Visitor Center (☑ 603-745-8720, National Forest 603-745-3816; www.visitwhitemountains.com; 200 Kancamagus Hwy; ☺ Besucherinformation 8.30–17 Uhr, Schalter des National Forest Mai–Okt. tgl. 9–15 Uhr, Nov.–Mitte Mai nur Fr, Sa & So) Ein (unechter) lebensgroßer ausgestopfter Elch stimmt auf Abenteuer ein, und die Broschüren und Wanderkarten liefern die Details. Man kann hier auch einen White Mountain National Forest Pass (pro Tag/Woche 3/5 US$) kaufen, den man bei längerem Aufenthalt an den Startorten der Wege durch den National Forest braucht.

Franconia Notch State Park

Der Franconia Notch ist der berühmteste Gebirgspass in Neuengland, eine schmale Schlucht, die von einem reißenden Bach in Äonen durch den zerklüfteten Granit gegraben wurde. Die I-93, die an manchen Stellen mehr wie eine Landstraße als ein Highway wirkt, führt mitten durch den State Park. Einzelheiten zu den Wandermöglichkeiten im Park, die von kurzen Strecken bis zu tagelangen Wanderungen reichen, erfährt man im **Franconia Notch State Park Visitor Center** (☑ 603-745-8391; www.nhstateparks.org; I-93, Ausfahrt 34A; ☺ Mitte Mai–Okt. 9–17 Uhr) 4 Meilen (6,4 km) nördlich von North Woodstock.

Für eine Wanderung oder eine Radtour bietet sich der 8,8 Meilen (14,2 km) lange **Radweg** an, der dem Pemigewasset River folgt und die Flume Gorge mit dem Cannon Mountain verbindet. Fahrräder ausleihen kann man an der Seilbahn (halber/ganzer Tag 25/40 US$).

◉ Sehenswertes & Aktivitäten

**Cannon Mountain
Aerial Tramway** SEILBAHN
(☑ 603-823-8800; www.cannonmt.com; I-93, Exit 34B; hin & zurück Erw./Kind 6–12 Jahre 17/14 US$; ☺ Ende Mai–Mitte Okt. 9–17 Uhr; ♿) Bei der rasanten Fahrt auf den Cannon Mountain hinauf bietet sich von der Seilbahngondel aus ein atemberaubender Blick auf den Franconia Notch State Park. Die erste Personenseilbahn Nordamerikas wurde 1938 an diesem

Hang erbaut. Sie wurde 1980 durch die heutige, längere Seilbahn ersetzt, die in fünf Minuten 80 Fahrgäste auf den Gipfel bringt – ein 1,6 km langer Aufstieg mit einer Höhendifferenz von 616 m. Besucher können auch zu Fuß den Berg besteigen und mit der Bahn wieder hinunterfahren.

Flume Gorge
WANDERN

(www.nhstateparks.org; Erw./Kind 6–12 Jahre 16/13 US$; ⊘ Mai–Okt. 9–17 Uhr) Ein Wunder der Natur ist diese 3,6 bis 6,1 m breite Felsspalte im Granit, durch die ein 244 m langer begehbarer Plankenweg führt. Zu beiden Seiten ragen die Granitwände 21 bis 27 m in die Höhe, und aus den gefährlich wirkenden Nischen und Spalten wachsen Pflanzen und Moos. Schilder erläutern, wie die Natur dieses Phänomen erschaffen hat. Die überdachte Brücke in der Nähe gilt als eine der ältesten im ganzen Bundesstaat; sie wurde eventuell schon in den 1820er-Jahren errichtet.

Echo Lake
STRAND

(☑ 603-823-8800; I-93, Exit 34C; Erw./Kind 6–11 Jahre 4/2 US$; ⊘ Mitte Juni–Aug. 10–17 Uhr) Trotz seiner Nähe zum Highway ist dieser kleine See am Fuß des Cannon Mountain ein hübscher Ort, wo man den Nachmittag beim Schwimmen, Kajak- oder Kanufahren (Verleih 20 US$/Std.) im kristallklaren Wasser verbringen kann. Und viele Leute tun das auch. Der kleine Strand ist besonders am Wochenende brechend voll.

🛏 Schlafen

Lafayette Place Campground
CAMPING $

(☑ 877-647-2757; www.reserveamerica.com; Stellplatz 25 US$; ⊘ Mitte Mai–Anfang Okt.) Der beliebte Campingplatz verfügt über 97 bewaldete Zeltstellplätze, die im Sommer heiß begehrt sind. Für 89 Plätze werden Reservierungen entgegengenommen; bei den restlichen gilt: früh ankommen und das Beste hoffen! Viele der Wanderwege im Park beginnen hier.

Bretton Woods & Crawford Notch

Vor 1944 war Bretton Woods hauptsächlich als entspanntes Refugium für wohlhabende Besucher bekannt, die im majestätischen Mt. Washington Hotel abstiegen. Nachdem Präsident Franklin D. Roosevelt das Hotel zur Tagungsstätte der historischen Konferenz erkoren hatte, die die Nachkriegsweltwirtschaftsordnung festlegte, wurde der Ort

weltweit bekannt. Das Umland, über dem der Mt. Washington thront, ist heute noch so prächtig wie seinerzeit. Detaillierte Infos zur Gegend erhält man im Informationskiosk der **Twin Mountain-Bretton Woods Chamber of Commerce** (☑ 800-245-8946; www.twinmountain.org; Ecke US 302 & US 3; ⊘ Juli & Aug. 9–17 Uhr, herbstlicher Blätterfall Fr–So 9–17 Uhr, übrige Monate geschl.).

Im größten Skigebiet des Bundesstaats, **Bretton Woods** (☑ 603-278-3320; www.bretton woods.com; US 302; Liftticket Sa, So & Feiertage Erw./Kind 13–17/6–12 Jahre & Senioren 85/65/49 US$, Mo–Fr 75/58/43 US$) gibt's Abfahrtspisten und Langlaufloipen sowie in den wärmeren Monaten (Mai–Sept.) eine Seilrutsche.

Die US 302 führt von Bretton Woods südwärts durch eine hinreißende Berglandschaft mit hohen Wasserfällen zum Crawford Notch (538 m). Der **Crawford Notch State Park** (☑ 603-374-2272; www.nhstateparks.org; 1464 US Route 302; Erw./Kind 6–11 Jahre 4/2 US$) umfasst ein weites Netz an Wanderwegen, von kurzen Wanderungen um einen Teich und zu einem Wasserfall bis hin zu einer längeren Strecke auf den Mt. Washington hinauf.

🛏 Schlafen

AMC Highland Center
LODGE $$

(☑ Auskunft 603-278-4453, Reservierungen 603-466-2727; www.outdoors.org/lodging/whitemountains/highland; NH 302, Bretton Woods; B mit Frühstück & Abendessen Erw./Kind 106/55 US$, EZ/DZ mit Frühstück & Abendessen 153/89 US$) Die gemütliche Lodge des Appalachian Mountain Club (AMC) liegt inmitten der landschaftlichen Schönheiten von Crawford Notch und ist ein ideales Basislager zur Erkundung der vielen Wanderwege, die sich kreuz und quer durch die Presidential Range ziehen. Das Anwesen ist schön, die Zimmer sind schlicht, aber komfortabel und die Mahlzeiten herzhaft. Die Gäste, die hier wohnen, sind Outdoorfans; für AMC-Mitglieder gibt's Rabatt. Im Informationszentrum, das auch Nichtgästen offensteht, erhält man alle Informationen zu den Wandermöglichkeiten in der Region.

★ Omni Mt. Washington Hotel & Resort
HOTEL $$$

(☑ 603-278-1000; www.omnihotels.com; 310 Mt. Washington Hotel Rd, Bretton Woods; Zi. ab 339 US$, Suite 869 US$; ✼@🛜☒) Das prächtige Hotel gibt es schon seit 1902, und es hat Sinn für Humor, wie an dem Elchkopf im Foyer und den eingerahmten Wildblumen aus der Gegend in vielen der Zimmer deutlich wird. Es gibt hier auch einen Golfplatz mit 27 Löchern, einen Tennisplatz mit Lehmboden, ein Reitzentrum und ein Spa. Ein Cocktail bei Sonnenuntergang auf der hinteren Veranda mit Blick auf die Berge, ist ein schönes Erlebnis. Die Resortgebühr beträgt 27,25 US$ pro Tag.

Mount Washington

Von Pinkham Notch (620 m), das am NH 16 ungefähr 11 Meilen (17,6 km) nördlich von North Conway liegt, führen Wanderwege zu den Naturschönheiten der Presidential Range, z. B. zum hoch aufragenden **Mt. Washington** (1917 m), dem höchsten Berg östlich des Mississippi und nördlich der Smoky Mountains. Das Wetter am Mt. Washington ist äußerst launisch und kann von einem Augenblick zum nächsten umschlagen. Wer hier wandern will, muss sich warm anziehen: Auf dem Berg herrschen die kältesten Temperaturen Neuenglands (auf dem Gipfel werden im Sommer durchschnittlich 7°C gemessen!), und wegen der starken Winde kommt es einem noch kälter vor, als es ohnehin ist. Tatsächlich hält der Mt. Washington den Rekord: Hier wurde Amerikas stärkster Windstoß gemessen – 372 km/h!

Das **Pinkham Notch Visitor Center** (☎ 603-278-4453; www.outdoors.org; NH 16; ⊙ Mai–Okt. 6.30–22 Uhr) des Appalachian Mountain Club (AMC) versorgt Abenteuerlustige mit Infos über das Gebiet. Hier findet man außerdem alles Nötige für eine Wanderung, beispielsweise topografische Wanderkarten und den praktischen *AMC White Mountain Guide*.

Einer der beliebtesten Wege auf den Mt. Washington beginnt am Pinkham Notch Visitor Center des AMV und führt über 6,7 anstrengende Kilometer zum Gipfel; für den Aufstieg braucht man vier bis fünf Stunden, zurück geht's etwas schneller. Wer keine Lust hat, seine Beinmuskulatur zu beanspruchen, kommt mit dem Auto über die **Mt. Washington Auto Road** (☎ 603-466-3988; www.mountwashingtonautoroad.com; 1 Mt Washington Auto Rd, abseits NH 16; Auto & Fahrer 28 US$, jede weitere Pers. Erw./Kind 5–12 Jahre 8/6 US$; ⊙ Anfang Juni–Aug. 7.30–18, Mitte Mai–Anfang Juni, Sept.–Mitte Okt. kürzere Öffnungszeiten) leicht auf den Gipfel (wenn das Wetter mitspielt).

Puristen laufen also, Bewegungsmuffel fahren mit dem Auto, aber Nostalgiker und

---

ABSEITS DER ÜBLICHEN PFADE

AMC-HÜTTEN IN DEN WHITE MOUNTAINS

Der Appalachian Mountain Club verwaltet acht Übernachtungshütten am Appalachian Trail in der Presidential Range. Im Sommer und Frühherbst begrüßt eine kleine Crew die Wanderer in den Hütten, bereitet Mahlzeiten zu und informiert über Umweltschutz und Naturwissenschaften. Das Hüttensystem besteht hier schon seit mehr als 125 Jahren. Wer wandern möchte, aber nicht weiß, ob Campen das Richtige ist, kann bei einer Wanderung mit Übernachtung in den Hütten das Gelände prima testen. Man braucht nur Kleidung für die Nacht, Toilettenartikel, Proviant für unterwegs, Wasser und eine Stirnlampe. Die „Croo" kümmert sich um den Rest. Die Übernachtung ist nicht schick – die Wanderer schlafen in Stockbetten in nicht nach Geschlechtern getrennten Schlafsälen mit rustikalen Badezimmern –, aber dafür entschädigen die herrliche Aussicht und das Gemeinschaftsgefühl. Reservierung (www.outdoors.org/lodging/huts) unbedingt erforderlich!

Schaulustige nutzen die **Mt. Washington Cog Railway** (☎ 603-278-5404; www.thecog.com; 3168 Bass Station Rd; Erw./Kind 4–12 Jahre 68/39 US$, ⊙ Mai–Okt.), um den Gipfel zu bezwingen. Seit 1869 zuckelt die Zahnradbahn mit Dampfloks die 5,6 km lange, steile Strecke bergauf. Während der Fahrt kann man den atemberaubenden Panoramablick genießen.

Auf dem **Dolly Copp Campground** (☎ 603-466-2713, Reservierung 877-444-6777; www.fs.usda.gov; NH 16; Stellplatz Zelt & Wohnmobil 22 US$; ⊙ Mitte Mai–Mitte Okt.), einem USFS-Campingplatz 6 Meilen (9,6 km) nördlich der AMC-Einrichtungen von Pinkham Notch, stehen Travellern 176 einfache Stellplätze zur Verfügung.

Hanover

Hanover ist eine typische neuenglische Collegestadt mit einem Town Green, das an allen vier Seiten von den hübschen Backsteingebäuden des Dartmouth College eingefasst ist. Praktisch die gesamte Stadt steht im

Zeichen dieser Ivy-League-Universität, die 1769 gegründet wurde und damit die neuntälteste der USA ist.

Die vom Town Green ausgehende Main St ist umgeben von kecken Kneipen, Läden und Cafés, die auf die studentische Kundschaft ausgerichtet sind. Der Appalachian Trail führt auf der Main St direkt durchs Stadtzentrum.

◉ Sehenswertes

Dartmouth College COLLEGE
(☑ 603-646-1110; www.dartmouth.edu) In Hanover dreht sich alles um das Dartmouth College, also sollte man sich unbedingt den Campus anschauen. Studenten veranstalten kostenlose **Campusführungen** (☑ 603-646-2875; https://admissions.dartmouth.edu; 6016 McNutt Hall), und im Aufnahmebüro gegenüber dem Green in der McNutt Hall kann man sich einen Lageplan holen (den gibt's auch online). Nicht auslassen sollte man die **Baker-Berry Library** mit dem großen Fresko *Epic of American Civilization* des realistischen mexikanischen Muralisten José Clemente Orozco (1883–1949), der in den 1930er-Jahren in Dartmouth lehrte.

Hood Museum of Art MUSEUM
(☑ 603-646-2808; http://hoodmuseum.dartmouth.edu/; E Wheelock St; ⊙ Di, Do–Sa 10–17, Mi bis 21, So 12–17 Uhr) GRATIS Kurz nach der Gründung der Universität 1769 begann das Dartmouth College, Artefakte von künstlerischem und historischem Interesse zu sammeln. Seitdem ist die Sammlung auf fast 65 000 Werke angewachsen, die im Hood Museum of Art zu sehen sind. Sie umfasst überwiegend amerikanische Werke, darunter auch Kunst amerikanischer Ureinwohner. Eines der Highlights sind die assyrischen Reliefs aus dem Palast von Assurnasirpal aus dem 9. Jh. v. Chr. Oft gibt es Sonderausstellungen zu zeitgenössischen Künstlern.

🛏 Schlafen & Essen

Storrs Pond Recreation Area CAMPING $
(☑ 603-643-2134; www.storrspond.com; 59 Oak Hill DR/NH 10; Stellplatz Zelt/Wohnmobil 32/40 US$; ⊙ Juni–Anfang Okt.; 🐾) Der private Campingplatz bietet bewaldete Stellplätze (18 für Wohnmobile und 12 für Zelte) neben einem 6 ha großen See, Tennisplätze und zwei Sandstrände zum Baden. Von der I-89 nimmt man die Ausfahrt 13, fährt die NH

10 Richtung Norden und folgt dann der Ausschilderung.

Hanover Inn INN $$$
(☑ 603-643-4300, 800-443-7024; www.hanoverinn.com; 2 E Wheelock St, Ecke W Wheelock St & S Main St; Zi. ab 249 US$; @ 🛜 🐾) Ein 1268 kg schwerer, handgearbeiteter Granittisch bildet jetzt den Mittelpunkt im Foyer des erst kürzlich aufgemöbelten Hanover Inn, des schönsten Gästehauses der Stadt. Der Inn gehört dem Dartmouth College, er hat hübsch eingerichtete Zimmer mit eigens in Auftrag gegebenen Kunstwerken, Tagesdecken in den College-Farben und eleganten Holzmöbeln. Das Restaurant bringt farmfrische Gerichte auf den Tisch. Für Haustiere zahlt man 50 US$ pro Nacht.

Lou's DINER $
(☑ 603-643-3321; www.lousrestaurant.net; 30 S Main St; Hauptgerichte morgens 8–12 US$, mittags 9–12 US$; ⊙ Mo–Fr 8–15, Sa & So 7–15 Uhr) Seit 1947 eine Institution im Dartmouth College ist dies das älteste Lokal in Hanover. Es ist immer voller Studenten, die sich auf einen Kaffee treffen oder ihre Bücher wälzen. An den Retro-Tischen oder direkt an der Resopal-Theke bestellt man typisches Diner-Essen wie Eier, Sandwiches und Burger. Auch die Backwaren, beispielsweise Kekse mit Ingwer und Zuckerrübensirup – sind sehr zu empfehlen.

Canoe Club Bistro CAFÉ $$
(☑ 603-643-9660; www.canoeclub.us; 27 S Main St; Hauptgerichte mittags 12–24 US$, abends 10–23 US$; ⊙ 11.30–23.30 Uhr) 🍴 Das smarte Café serviert leckere Grillspeisen, und zwar nicht nur Burger und Steaks, sondern auch eine ganze Reihe farmfrischer Gerichte mit globalen Akzenten, z. B. knuspriges Schweineschnitzel oder malaiisches Garnelencurry. Jeden Abend gibt's Live-Unterhaltung von Akustikmusik über Jazz bis zu einer Zaubershow (Mo).

🍷 Ausgehen & Unterhaltung

Murphy's on the Green PUB
(☑ 603-643-4075; wwwmurphysonthegreen.com; 11 S Main St; Hauptgerichte 12–24 US$; ⊙ Mo–Do 16–0.30, Fr–So 11–0.30 Uhr) In der klassischen Collegekneipe treffen sich Studenten und Dozenten auf ein Bier. Es gibt mehr als zehn Biere vom Fass, darunter auch von lokalen Kleinbrauereien wie das Long Trail Ale, und sättigendes Kneipenessen (Hauptgerichte 12–24 US$). Buntglasfenster, Kirchenbänke

und Bücherregale sorgen für eine gemütliche Atmosphäre.

Hopkins Center
for the Arts
DARSTELLENDE KUNST

(☎ 603-646-2422; www.hop.dartmouth.edu; 4 E Wheelock St) Es ist ein langer Weg von den Großstadtlichtern New Yorks und Bostons bis hierher. In diesem hervorragenden Kulturzentrum sorgt das Dartmouth College selbst für Unterhaltung und zeigt während der Spielzeit so ziemlich alles von Filmen bis zu Liveauftritten internationaler Ensembles.

❶ Praktische Informationen

Hanover Area Chamber of Commerce
(☎ 603-643-3115; www.hanoverchamber.org; 53 S Main St, Suite 208; ☉ Mo–Fr 9–16 Uhr) Die **Touristeninformation** (☉ Mo–Mi 9.30–15, Do & Fr bis 18, Sa & So 10–15 Uhr) befindet sich im Nugget Building. Zwischen Ende Juni und Anfang September wird am Town Green täglich ein Info-Kiosk betrieben.

MAINE

Maine ist Neuenglands Grenzland und so groß, dass die anderen fünf Bundesstaaten der Region daneben winzig wirken. Hinter der scheinbar endlosen Reihe von Sandstränden, schroffen Klippen und ruhigen Häfen an der Küste breitet sich das Meer aus. Altehrwürdige Fischerdörfer und Hummerrestaurants am Ozean sind Maines ganzer Stolz. Doch auch im rauen Binnenland schreien viele Attraktionen – wie reißende Flüsse, dichte Wälder und hohe Berge – danach, erkundet zu werden.

Das touristische Angebot im Kiefernstaat ist so spektakulär vielfältig wie die Landschaft: Hier kann man z.B. auf einem eleganten Schoner gemütlich die Küste entlangschippern, bei Raftingtouren durch wilde Stromschnellen flitzen, B & B-Übernachtungen in alten, umgebauten Kapitänshäusern genießen oder in der Gesellschaft von Elchen an einsamen Waldseen zelten.

Geschichte

Man schätzt, dass vor der Ankunft der Europäer rund 20 000 amerikanische Ureinwohner in Maine gelebt haben. Sie gehörten Stämmen an, die in der Abenaki- („Menschen des Sonnenaufgangs"-)Konföderation verbunden waren. Im 17. Jh. versuchten die Franzosen und die Briten, eigene Sied

KURZINFOS MAINE

Spitzname Pine Tree State

Bevölkerung 1,3 Mio. Ew.

Fläche 91 651 km²

Hauptstadt Augusta (18 700 Ew.)

Weitere Städte Portland (66 300 Ew.)

Verkaufssteuer 5,5 %

Geburtsort des Dichters Henry Wadsworth Longfellow (1807–1882)

Heimat des Horrorautors Stephen King

Politische Ausrichtung halb demokratisch, halb republikanisch

Berühmt für Hummer, Elche, Heidelbeeren, LL Bean

Staatsgetränk 1884 hat Maine der Welt Moxie geschenkt, den ersten und herbsten Softdrink der USA

Entfernungen Portland–Acadia National Park 160 Meilen (257,5 km), Portland–Boston 150 Meilen (241,4 km)

lungen in Maine zu etablieren, hatten aber wegen der harten und kalten Winter keinen Erfolg damit.

1652 wurde Maine von Massachusetts annektiert, um während des Krieges mit den Franzosen und den Indianern eine Verteidigungslinie gegen potenzielle Angriffe zu bilden. Tatsächlich wurde Maine mehrmals zum Schauplatz von Kämpfen zwischen britischen Kolonisten in Neuengland und französischen Truppen in Kanada. Um das dünn besiedelte Maine zu erschließen, wurden im frühen 19. Jh. jenen Siedlern kostenlos 40,5 ha große Parzellen überlassen, die bereit waren, das Land zu bewirtschaften. 1820 sagte sich Maine von Massachusetts los und wurde als eigenständiger Bundesstaat in die USA aufgenommen.

1851 verbot Maine als erster US-amerikanischer Bundesstaat den Verkauf von alkoholischen Getränken – das war der Beginn der Abstinenzbewegung, die sich schließlich in den gesamten USA durchsetzte. Erst 1934 wurde die Prohibition landesweit abgeschafft.

❶ Praktische Informationen

Wer auf der I-95 Richtung Norden in den Bundesstaat hineinfährt, sollte bei der gut ausgestatteten Touristeninformation am Highway einen Zwischenstopp einlegen.

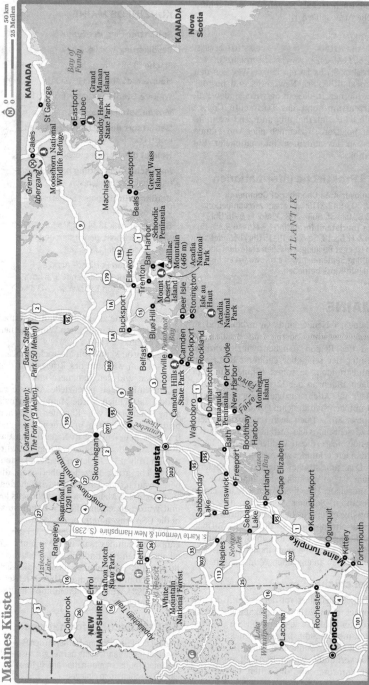

Maine Bureau of Parks and Land (☎ 800-332-1501; www.campwithme.com) Ermöglicht das Campen in zwölf State Parks.

Maine Office of Tourism (☎ 888-624-6345; www.visitmaine.com; 59 State House Station, Augusta) Betreibt Informationszentren an den Hauptzufahrten in den Bundesstaat: Calais, Fryeburg, Hampden, Houlton, Kittery und Yarmouth. Alle sind von 9 bis 17.30 Uhr geöffnet, im Sommer länger. Viele bieten WLAN an.

Südküste Maines

Maines Touristenregion Nummer eins, die südliche Küste, lockt mit Sandstränden, Ferienorten und Outlet-Geschäften. Letztere finden sich vor allem in Kittery, der südlichsten Ortschaft.

Ogunquit

Ein passender Name: In der Sprache der indigenen Abenaki bedeutet Ogunquit „schöner Ort am Meer". Der 4,8 km lange Strand des Ortes zieht schon seit Langem Sommerfrischler an. Der sandige Ogunquit Beach ist ein Barrierestrand zwischen dem Ogunquit River und dem Atlantik. Praktisch – so können Besucher entweder in der kalten Meeresbrandung oder in der wärmeren, ruhigeren Bucht schwimmen!

Unter Neuenglands Badeorten mit den meisten schwulen Urlaubern steht Ogunquit nur Provincetown nach. Der Großteil des Städtchens erstreckt sich entlang der Main St (US 1), die von Restaurants, Läden und Motels gesäumt wird. Für Bootsfahrten und Essen am Wasser empfiehlt sich die Perkins Cove am südlichen Ortsrand.

◉ Sehenswertes & Aktivitäten

Ein Highlight ist ein Spaziergang auf dem malerischen 1,5 Meilen (2,4 km) langen **Marginal Way**, dem Küstenweg am „Rand" des Meers von der Shore Rd, nahe dem Ortszentrum, bis zur Perkins Cove. Der wundervolle, familienfreundliche **Ogunquit Beach**, der von den Einheimischen auch Main Beach genannt wird, beginnt direkt im Ortszentrum am Ende der Beach St. Wer dem Ort entkommen möchte, fährt zum **Footbridge Beach** gleich nördlich am Ende der Ocean St.

Finestkind Scenic Cruises   BOOTSFAHRT
(☎ 207-646-5227; www.finestkindcruises.com; Perkins Cove; Erw./Kind 4–11 Jahre ab 18/9 US$)

Bietet viele beliebte Bootsfahrten, darunter eine 50-minütige Hummerfangfahrt, eine Cocktailtour bei Sonnenuntergang und eine zweistündige Fahrt an Bord des Doppelseglers *Cricket*.

🛏 Schlafen

Pinederosa Camping   CAMPING **$**
(☎ 207-646-2492; www.pinederosa.com; 128 North Village Rd, Wells; Stellplatz ab 35 US$; ☯ Mitte Juni–Anfang Sept.; 🐾🐕) Der mustergültige bewaldete Campingplatz bietet 85 gepflegte Stellplätze, manche mit Blick auf den Ogunquit River. Außerdem gibt's einen hübschen, in den Boden eingelassenen beheizten Pool und einen Camping-Laden. Der Ogunquit Beach ist rund 3 Meilen (4,8 km) entfernt.

Gazebo Inn   B&B **$$**
(☎ 207-646-3733; www.gazeboinnogt.com; 572 Main St; Zi./Suite inkl. Frühstück 239–269/299–599 US$; ❄🐕) Das stattliche Farmhaus von 1847 hat 14 Zimmer, die man eher in einem privaten Boutiquehotel vermuten würde. Für rustikalen Schick sorgen der beheizte Holzboden, steinerne Kamine im Bad und ein TV-Zimmer mit einer Balkendecke und einem wandgroßen Fernseher.

Ogunquit Beach Inn   B&B **$$**
(☎ 207-646-1112; www.ogunquitbeachinn.com; 67 School St; Zi. inkl. Frühstück 179–209 US$; @❄) Das schwulen- und lesbenfreundliche B&B in einem ordentlichen Bungalow im Craftsman-Stil bietet farbenfrohe, heimelige Zimmer und hat gesellige Besitzer, die alles über die besten neuen Bistros und Bars des Ortes wissen. Dank der zentralen Lage findet sich in gemächlicher Gehweite sicher auch ein Abendessen.

🍴 Essen

Ogunquits Restaurants säumen die Perkins Cove am südlichen Ortsrand und die Main St im Zentrum.

Bread & Roses   BÄCKEREI **$**
(www.breadandrosesbakery.com; 246 Main St; Snacks 3–10 US$; ☯ Juni–Aug. So–Do 7–21, Sa & So bis 23 Uhr, Rest des Jahres kürzere Öffnungszeiten; 🐕) 🌿 Den morgendlichen Kaffee mit Blaubeerhörnchen holt man sich am besten in dieser kleinen Bäckerei mitten im Zentrum von Ogunquit. Hier kann man sich auch schnell was zu Mittag besorgen, z.B. vegetarische Burritos oder mit Bio-Eiern belegte Sandwiches. Keine Sitzplätze vorhanden.

★ Lobster Shack — SEAFOOD $$

(www.lobster-shack.com; 110 Perkins Cove Rd; Hauptgerichte 5–29 US$; ⏱11–20 Uhr) Wenn sie angeboten wird, sollte man die Kombination aus hausgemachtem Meeresfrüchteeintopf und Hummerbrötchen (19 US$) wählen. Das Lokal ist eine prima Option, wenn man gute Meeresfrüchte genießen will und sich dabei nicht um einen besonders schönen Ausblick schert. Denn hier erhält man Hummer auf jede erdenkliche Art.

Barnacle Billy's — SEAFOOD $$$

(☎207-646-5575; www.barnbilly.com; 183 Shore Rd; Hauptgerichte 3–21 US$; ⏱April–Okt. 11–21 Uhr) Der große, laute Schuppen mit Blick auf die Perkins Cove ist seit Langem ein Lieblingslokal der Einheimischen, wenn es um Meeresfrüchte geht: gekochte Muscheln, Krabbenbrötchen, Muschelsuppe und natürlich auch ganze Hummer.

✪ Unterhaltung

Ogunquit Playhouse — THEATER
(☎207-646-5511; www.ogunquitplayhouse.org; 10 Main St; ♿) Das 1933 eröffnete Theater präsentiert jeden Sommer Broadway-Musicals und Kindertheater.

ℹ Praktische Informationen

Ogunquit Chamber of Commerce (☎207-646-2939; www.ogunquit.org; 36 Main St; ⏱Mo–Sa 9–17, So 11–16 Uhr) Befindet sich am US 1, nahe dem Ogunquit Playhouse und gleich südlich vom Ortszentrum.

Kennebunkport

Kennebunkport am Kennebunk River füllt sich im Sommer mit Travellern, die durch die Straßen schlendern, die alten Villen bewundern und den Blick aufs Meer genießen möchten. Eine Fahrt auf der Ocean Ave ist Pflicht: Sie führt am Ostufer des Kennebunk River entlang und folgt dann einer malerischen Strecke an der Atlantikküste; unterwegs passiert man einige der schönsten Anwesen Kennebunkports, u.a. das Sommerhaus des früheren Präsidenten George H.W. Bush. Um das Bush-Anwesen zu sehen, einfach 2 Meilen (3,2 km) von der US 9 in Richtung Zentrum fahren und dann an der Ocean Ave nach einer kleinen Haltebucht mit einer Tafel Ausschau halten.

Am Westufer des Kennebunk River gibt's drei öffentliche Strände, die unter dem Namen Kennebunk Beach zusammengefasst werden. Das Stadtzentrum bildet das Gebiet um den Dock Sq, der an der ME 9 (Western Ave) östlich der Brücke über den Kennebunk River liegt.

🛏 Schlafen

Franciscan Guest House — PENSION $$
(☎207-967-4865; www.franciscanguesthouse.com; 26 Beach Ave; Zi./Suite 119–209/200–259 US$; ❄🛜🏊) In der zu einer Pension umgebauten Schule auf dem friedlichen Anwesen des St. Anthony Monastery kann man fast die Tafelkreide riechen. Die früheren Klassenzimmer sind heute einfache, schmucklose Gästezimmer mit Schallschutz, unechter Holzverkleidung und Motelbetten. Wem es nichts ausmacht, sich die Bettwäsche selbst aus dem Schrank zu holen (keine tägliche Zimmerreinigung), der findet hier eine preisgünstige, einzigartige Bleibe.

Kennebunkport Inn — INN $$$
(☎207-967-2621; www.kennebunkportinn.com; 1 Dock Sq; Zi. ab 199 US$; ❄@🛜) Frisches Blau und Weiß schafft eine luftige, maritime Stimmung in diesem schönen Gästehaus am Dock Square. Man macht es sich in den stilvollen Zimmern, neben dem Kamin auf der Sonnenterrasse, drinnen in der Bar oder im Restaurant gemütlich. Leihfahrräder stehen für die Gäste kostenlos bereit. Die Ocean Ave mit ihren malerischen Anwesen ist nur eine kurze Fahrt entfernt.

Essen

Clam Shack — SEAFOOD $$
(☎207-967-3321; www.theclamshack.net; 2 Western Ave; Hauptgerichte 4–30 US$; ⏱Mai–Mitte Okt. ab 11 Uhr) Vor der kleinen grauen Hütte, die auf Stelzen über dem Fluss schwebt, Schlange zu stehen, ist eine altbewährte Sommertradition in Kennebunkport. Einfach eine Schachtel mit saftig frittierten ganzen Muscheln oder ein Brötchen mit einem Pfund Hummer, wahlweise mit Mayo oder geschmolzener Butter, bestellen. Man kann hier nur draußen sitzen. Im Juni erlebt man vielleicht mit, wie die ehemalige First Lady Barbara Bush hier ihren Geburtstag feiert. Nur Barzahlung.

Der Laden schließt je nach Publikumsandrang irgendwann zwischen 18 und 21.30 Uhr.

★ Bandaloop — BISTRO $$
(☎207-967-4994; www.bandaloop.biz; 2 Ocean Ave; kleine Gerichte 8–12 US$, Hauptgerichte 18–31 US$; ⏱17–21.30 Uhr; 🌱) Die Knob-

lauchmuscheln von der Casco Bay sind ganz besonders lecker. Dazu trinkt man am besten ein Bio-Ale von Peak's. Und auch sonst stehen auf der Karte köstliche innovative Gerichte aus regionalen Bio-Zutaten im Mittelpunkt, von gegrillter Lende mit Rosmarin über Vermonter Cheddar-Käsemakkaroni bis zu einem Kohlsalat mit Hanfsamen, Rote Beete und Pekannüsse.

Portland

Im 18. Jh. nannte der Dichter Henry Wadsworth Longfellow die Stadt seiner Kindheit ein „Juwel am Meer". Dank umfassender Sanierungsmaßnahmen erstrahlt das übersichtliche Portland heute wieder in alter Pracht. Der belebte Küstenbereich und die aufstrebende Galerieszene laden ebenfalls zu tollen Erkundungen ein. Auch Feinschmecker kommen nicht zu kurz: Topmoderne Cafés und Restaurants unter der Leitung von Spitzenköchen machen Portland nunmehr zum heißesten Gastro-Pflaster nördlich von Boston.

Die Stadt liegt auf einer hügeligen Halbinsel, die an drei Seiten von Wasser umgeben ist: von Back Cove, Casco Bay und Fore River. Vor Ort findet man sich leicht zurecht. Die Commercial St (US 1A) führt entlang des Ufers durch den Alten Hafen (Old Port). Parallel dazu verläuft die Congress St als Hauptverkehrsachse durch das Zentrum.

◎ Sehenswertes

Old Port   VIERTEL
Schmucke Ziegelhäuser aus dem 19. Jh. säumen die Straßen am alten Hafen. Portlands verlockendste Läden, Kneipen und Restaurants liegen in diesem fünf mal fünf Blocks umfassenden Viertel. Nachts sorgen flackernde Gaslaternen für noch mehr Atmosphäre. Hier kann man superfrische Meeresfrüchte verdrücken, Kleinbrauereibiere probieren, von aufstrebenden Designern Seefahrer-T-Shirts kaufen und die vielen kleinen Kunstgalerien durchstöbern. Unbedingt sollte man auch einen Bummel an den authentisch stinkenden Kais machen und bei den Fischverkäufern ein paar Hummer kaufen.

Portland Museum of Art   MUSEUM
(☑ 207-775-6148; www.portlandmuseum.org; 7 Congress Sq; Erw./Kind 12/6 US$, Fr 17–21 Uhr frei; ◎ Sa–Do 10–17, Fr bis 21 Uhr, Mitte Okt.–Mai Mo geschl.) Das 1882 gegründete angesehene Mu-

seum zeigt eine hervorragende Sammlung amerikanischer Kunst. Vor allem aus Maine stammende Künstler sind stark vertreten, z. B. Winslow Homer, Edward Hopper, Louise Nevelson und Andrew Wyeth. Man findet auch ein paar Werke europäischer Meister, u. a. von Degas, Picasso und Renoir. Der Großteil der Arbeiten befindet sich in dem postmodernen Charles-Shipman-Payson-Gebäude, das der berühmte Architekt I. M. Pei gestaltet hat.

Fort Williams Park   LEUCHTTURM
(◎ Sonnenaufgang–Sonnenuntergang) 🅿 GRATIS
Der 36 ha große Fort Williams Park, 4 Meilen (6,4 km) südöstlich von Portland am Cape Elizabeth, lohnt schon wegen des tollen Panoramas und der Picknickmöglichkeiten einen Besuch. Beim Bummel zwischen den Ruinen des Fort, einem Artilleriestützpunkt aus dem späten 19. Jh., sieht man auch die aus dem Zweiten Weltkrieg stammenden Bunker und Geschützstellungen auf dem hügeligen Rasen (1942 wurde in der Casco Bay ein deutsches U-Boot gesichtet). Interessanterweise diente das Fort noch bis ins Jahr 1964 zur Bewachung der Einfahrt in die Casco Bay.

Neben dem Fort steht der **Portland Head Light**, der älteste unter den 52 noch intakten Leuchttürmen Maines. Er wurde 1791 von George Washington in Auftrag gegeben und war bis 1989 bemannt – bis Maschinen den Beleuchterjob übernahmen. Das Haus des Leuchtturmwärters fungiert heute als **Museum at Portland Head Light** (☑ 20 7-799-2661; www.portlandheadlight.com; 1000 Shore Rd; Leuchtturmmuseum Erw./Kind 6–18 Jahre 2/1 US$; ◎ Juni–Okt. 10–16 Uhr), das sich der Seefahrts- und Militärgeschichte der Region widmet.

Longfellow House   HISTORISCHES GEBÄUDE
(☑ 207-879-0427; www.mainehistory.org; 489 Congress St; Führung Erw./Kind 7–17 Jahre 15/3 US$; ◎ Mai–Okt. Mo–Sa 10–17, So 12–17 Uhr, Nov.–April So & Mo geschl.) Schon seit mehr als 110 Jahren betrachten Besucher im Wohnhaus des verehrten amerikanischen Dichters Henry Wadsworth Longfellow die verstaubten Artefakte. Dass Tausende, von denen die meisten längst tot sind, vor einem die eingerahmten Stickereien beäugt haben, ist ein Gedanke, der einen durchaus melancholisch stimmen kann. Longfellow wuchs in diesem Haus im Federal Style auf, das sein Großvater, ein Held aus dem Amerikanischen Unabhängigkeitskrieg, 1788 erbaute. Das Haus

wurde originalgetreu restauriert und sieht mit den Originalmöbeln und Artefakten genauso aus wie im 19. Jh. Die Führungen dauern eine Stunde.

Aktivitäten

An Bord der Schiffe, die moderierte Kreuzfahrten aus dem Portland Harbor anbieten, sieht man Portland und die Casco Bay aus einem ganz anderen Blickwinkel.

Casco Bay Lines BOOTSFAHRT
(207-774-7871; www.cascobaylines.com; 56 Commercial St; Erw. 13–24 US$, Kind 7–11 US$) Der Veranstalter bietet Bootsfahrten zu den Inseln in der Casco Bay und befördert Postsendungen, Fracht und Besucher, die dort radfahren und Erkundungstouren unternehmen wollen. Es gibt auch Fahrten zur Bailey Island (Erw./Kind 5–9 Jahre 26/12 US$).

Maine Island Kayak Company KAJAKFAHREN
(207-766-2373; www.maineislandkayak.com; 70 Luther St, Peak Island; Tour 65 US$; Mai–Nov.) Wer sich von Casco Bay Lines aus der Innenstadt in 15 Minuten auf Peak Island absetzen lässt, kann mit diesem, auf der Insel beheimateten Veranstalter einen lustigen Tagesausflug oder eine Tour mit Übernachtung zur Erkundung der Inseln in der Casco Bay unternehmen.

Maine Brew Bus TOUR
(207-200-9111; www.themainebrewbus.com; Tour 50–75 US$; wechselnde Termine) Mit diesem grünen Bus geht's zu Verkostungstouren bei einigen der beliebtesten Brauereien und Braustuben in Portland, von Allagash bis Sebago. Bei der „Casco Fiasco Tour" ist ein Mittagessen in einer Brauereikneipe inbegriffen.

Portland Schooner Company BOOTSFAHRT
(207-766-2500; www.portlandschooner.com; 56 Commercial St; Erw./Kind bis 13 Jahre 42/21 US$; Mai–Okt.) Dieser Veranstalter bietet Touren an Bord eines eleganten Schoners aus dem frühen 20. Jh. an. Neben den zweistündigen Segeltouren sind auch Touren mit Übernachtung (250 US$/Pers. inkl. Abendessen & Frühstück) im Angebot.

Schlafen

In Portland gibt's eine große Auswahl von Mittel- und Spitzenklasse-B&Bs, aber kaum Unterkünfte der Budgetklasse. Am idyllischsten wohnt man in den alten Stadthäusern und in den prächtigen viktorianischen Villen im West End.

Inn at St. John INN $$
(207-773-6481; www.innatstjohn.com; 939 Congress St; Zi. mit Frühstück 125–275 US$; P) Von den altmodischen, wie ein Taubenschlag aussehenden Postkästen hinter der Rezeption bis hin zu den engen, süßlich-blumig eingerichteten Zimmern wirkt das Hotel der Jahrhundertwende am westlichen Rand der Innenstadt wie eine Reise in die Vergangenheit. Nach einem Zimmer abseits der lauten Congress St fragen! Die „Value Rooms" haben ein eigenes Bad über dem Flur oder teilen sich eins. Für besondere Wochenenden möglichst früh buchen!

Morrill Mansion B&B $$
(207-774-6900; www.morrillmansion.com; 249 Vaughan St; Zi. inkl. Frühstück 169–239 US$;) Charles Morrill, der ursprüngliche Besitzer dieses Stadthauses aus dem 19. Jh. im West End, machte sein Glück mit der Gründung von B&M Baked Beans; die Dosen füllen auch heute noch die Vorratskammern in Maine. Sein Haus wurde mittlerweile in ein hübsches B&B umgewandelt. Die acht Gästezimmer sind schick und klassisch in geschmackvollen Khaki- und Taupe-Farben und mit Hartholzböden ausgestattet.

Einige Zimmer sind etwas eng; wer viel Platz braucht, sollte die Morrill Suite mit zwei Zimmern buchen.

Portland Harbor Hotel HOTEL $$$
(207-775-9090; www.portlandharborhotel.com; 468 Fore St; Zi. ab 339 US$; P) Das unabhängige Hotel hat eine klassisch eingerichtete Lobby, in der es sich die Gäste auf den gepolsterten Ledersesseln rund um den glühenden Kamin gemütlich machen. Die Zimmer sind klassizistisch mit sonnig wirkenden Goldtapeten und leuchtend blauen Toile-de-Jouy-Bettdecken gestaltet. Die Fenster sind zur Casco Bay, zum Garten im Innenhof oder zur Straße hin ausgerichtet; in den Gartenzimmern wohnt es sich ruhiger. Parken kostet 18 US$ (nur mit Parkservice), Tiere schlagen mit 25 US$ pro Nacht zu Buche.

Essen

Two Fat Cats Bakery BÄCKEREI $
(207-347-5144; www.twofatcatsbakery.com; 47 India St; Stückchen 3–7 US$; Mo–Fr 8–18, Sa bis 17, So bis 16 Uhr, Jan. & Feb. Mo geschl.) Die winzige

Bäckerei hat Gebäck, Pasteten, auf der Zunge zergehende Cookies mit Schokostückchen und fabelhafte Whoopie Pies im Angebot.

DuckFat
SANDWICHS $

(☎207-774-8080; www.duckfat.com; 43 Middle St; kleine Portion Pommes 5 US$, Sandwiches 10–14 US$; ⏱11–22 Uhr) Das DuckFat hat die besten Pommes, die wir in vielen Jahrzehnten probiert haben – ehrlich! Sie sind in Entenfett gebraten, sehr knusprig, und das Innere zergeht auf der Zunge. Die Dips, z. B. Trüffel-Ketchup, sind gut, aber unnötig. Auch die Panini sind ausgezeichnet, aber das eigentliche Highlight bleiben die Pommes. Im Dekor gibt sich das Lokal als Fast-Food-Treff für Hipster mit Speisekarte an der Kreidetafel und ein paar Bistrotischen.

★ Green Elephant
VEGETARISCH $$

(☎207-347-3111; www.greenelephantmaine.com; 608 Congress St; Hauptgerichte 10–15 US$; ⏱Mo-Sa 11.30–14.30 & 17–21.30, So bis 21 Uhr; ☑) In diesem thailändisch inspirierten Café mit Zen-Schick in einer luftigen, freien Ecke wird das ausgezeichnete vegetarische Essen so scharf gewürzt, wie man es haben will. Starten kann man mit dem knusprigen Spinat-Wantan und dann übergehen zu exotischen Soja-Kreationen wie Knoblauch- und Ingwer-Tofu oder einem aromatischen Curry z. B. dem Panang-Kokos-Curry mit Gemüse.

Susan's Fish & Chips
SEAFOOD $$

(☎207-878-3240; www.susansfishnchips.com; 1135 Forest Ave/US 302; Hauptgerichte 9–22 US$; ⏱11–20 Uhr) Gute Fischsuppe und Fish & Chips mit Sauce tartare aus dem Einweckglas gibt's in diesem schlichten Lokal in einer früheren Garage an der US 302.

J's Oyster
SEAFOOD $$

(☎207-772-4828; www.jsoyster.com; 5 Portland Pier; Sandwiches 5–18 US$, Hauptgerichte 25–31 US$; ⏱11.30–23 Uhr) In dem vielleicht nicht besonders freundlichen, aber beliebten Schuppen gibt's die billigsten rohen Austern der Stadt, die man auf der Terrasse mit Blick auf den Pier schlürfen kann. Wer keine Austern mag, kann zwischen diversen Sandwiches und Meeresfrüchtegerichten wählen.

★ Fore Street
MODERN-AMERIKANISCH $$$

(☎207-775-2717; www.forestreet.biz; 288 Fore St; kleine Gerichte 13–22 US$, Hauptgerichte 28–40 US$; ⏱So–Do 17.30–22, Fr & Sa bis 22.30 Uhr) Das Grillen ist im Fore Street, einem der berühmtesten Restaurants von Maine, eine hohe Kunst. In der offenen Küche drehen

---

WHOOPIE!

Die weichen Schoko-Doppelkekse mit Marshmallowcreme-Füllung sehen aus wie mit Steroiden aufgepumpte Oreo-Kekse. Es gibt sie überall im Bundesstaat in Bäckereien und als Desserts, sogar bei Meeresfrüchteimbissen. Die sowohl in Maine als auch bei den Amischen in Pennsylvania beliebten Whoopie Pies heißen angeblich so, weil die Amischen-Farmer laut *Whoopie!* gerufen haben sollen, wenn sie einen solchen Keks in ihrem Lunchpaket fanden. Keinesfalls sollte man Maine verlassen, ohne einen Whoopie Pie probiert zu haben. Unserer Meinung nach gibt's die besten in **der Two Fat Cats Bakery** in Portland.

---

sich die Hähnchen am Spieß, während die Köche Eisenkessel voller Muscheln in den Holzofen schieben. Man legt hier größten Wert auf lokale, saisonale Produkte, und die Karte wechselt täglich, damit das Angebot immer frisch ist. Der große, laute Speiseraum erinnert mit seinen freiliegenden Ziegelwänden und der Kiefernholzvertäfelung an seine Vergangenheit als Lagerhaus. Auf der Karte stehen z. B. frischer Erbsensalat, Strandschnecken in Kräutercreme und gebratener Blaufisch mit Pancetta. Der täglich angebotene Teller mit kaltem Räucherfisch ist lecker. Eine Reservierung ist erforderlich, aber mit Glück ergattert man zwischen 17.30 und 18 Uhr auch einen Platz an der Bartheke.

🍷 Ausgehen & Unterhaltung

Gritty McDuff's Brew Pub
BRAUEREIKNEIPE

(www.grittys.com; 396 Fore St; ⏱11–1 Uhr) *Gritty* bedeutet draufgängerisch, und das ist eine passende Beschreibung für den partyversessenen Pub am Alten Hafen. Man findet hier ein lautes Publikum und exzellentes Bier, denn das Gritty braut unten seine eigenen preisgekrönten Ales.

Port City Music Hall
KONZERTHALLE

(☎207-956-6000; www.portcitymusichall.com; 504 Congress St) In der dreistöckigen Konzerthalle treten Bands mit großem und mit weniger großem Namen auf.

🛍 Shoppen

An der Exchange St und der Fore St im Old Port gibt's jede Menge Boutiquen, Galerien und Kunstgewerbeläden.

Portland Farmers Market
BAUERNMARKT

(http://portlandmainefarmersmarket.org; ⊘Sa 7–12 Uhr, Mai–Nov. Mo & Mi bis 13 Uhr) Im Sommer und Herbst preisen die Händler im Deering Oak Park im Zentrum (Park Ave Höhe Forest Ave) samstags alles von Blaubeeren aus Maine bis zu selbstgemachten Gewürzgurken an. Montags und mittwochs wird der Markt am Monument Sq an der Congress St abgehalten. Im Winter findet der Markt nur samstags statt. Dann ist die Adresse Anderson St Nr. 200.

Harbor Fish Market
SEAFOOD

(☎207-775-0251; www.harborfish.com; 9 Custom House Wharf; ⊘Mo–Sa 8.30–17.30, So 9–12 Uhr) Der kultige Fischladen an der Custom House Wharf verschifft Hummer und Meeresfrüchte überall in die USA und bietet sie auch für Autofahrten, Inseltouren und Flüge als Proviant an.

Maine Potters Market
TÖPFERWAREN

(www.mainepottersmarket.com; 376 Fore St; ⊘tgl. 10–21 Uhr) In dieser Galerie einer Kooperative sind Arbeiten von rund einem Dutzend Töpfern aus Maine vertreten.

❶ Praktische Informationen

Greater Portland Convention & Visitors Bureau (www.visitportland.com; Ocean Gateway Bldg, 14 Ocean Gateway Pier; ⊘Juni–Okt. Mo–Fr 9–17, Sa & So bis 16 Uhr, übrige Monate unterschiedliche Öffnungszeiten) Bietet Broschüren und Stadtpläne.

❶ Anreise & Unterwegs vor Ort

Portland International Jetport (IATA-Code PWM; ☎207-874-8877; www.portlandjetport.org) Nonstop-Flüge zu Großstädten im Osten der USA.

Busse von **Greyhound** (www.greyhound.com; 950 Congress St) und Züge der **Amtrak** (☎800-872-7245; www.amtrak.com; 100 Thompson's Point Rd) verbinden Portland regelmäßig mit Boston (jeweils einfache Strecke 14–34 US$, ca. 2½ Std.).

Ab der zentralen Haltestelle am Monument Sq (Ecke Elm St und Congress St) bedienen die Stadtbusse der **Metro** (www.gpmetrobus.com; Fahrt 1,50 US$) ganz Portland.

Mittlerer Küstenabschnitt

Im mittleren Abschnitt von Maines Küste treffen Berge und Meer aufeinander. Hier reichen schroffe Halbinseln weit in den Atlantik hinein. Hinzu kommen bezaubernde Küstendörfer und zahllose Möglichkeiten, zu wandern, zu segeln oder das Kajak aufs Wasser zu setzen.

Freeport & Umgebung

Freeport, 16 Meilen (25,6 km) nordöstlich von Portland, kam vor etwa 100 Jahren zu Ruhm und Reichtum, als Leon Leonwood Bean hier einen Laden eröffnete. Er verkaufte Ausrüstung an die Jäger und Fischer, die Richtung Norden in die Wälder von Maine zogen. Die Qualität seiner Waren brachte Bean treue Kunden ein. Im Lauf der Jahre erweiterte der L.L. Bean Store sein Angebot.

◉ Sehenswertes

L.L. Bean Flagship Store
OUTDOOR-EQUIPMENT

(www.llbean.com; 95 Main St; ⊘24 Std.) Ein 3 m hohes Modell des Bean-Stiefels schmückt den Eingang des Ladens von L.L. Bean, der neben Outdoor-Ausrüstung nun auch Sportkleidung anbietet. Obwohl inzwischen hundert andere Läden in Freeport aufgemacht haben, bildet der ungeheuer beliebte Laden immer noch den Mittelpunkt der Stadt und ist eine der populärsten Touristenattraktionen in Maine. Das Ganze ist teils Laden, teils Vergnügungspark mit Outdoor-Thema, einer Anlage zum Bogenschießen, einem Forellenteich in der Halle und einem Kaffeehaus.

DeLorme Mapping Company
GEBÄUDE

(☎207-846-7100; www.delorme.com; 2 DeLorme Dr; ⊘Mo–Sa 9.30–18, So bis 17 Uhr) Im nahegelegenen Yarmouth bei Exit 17 der I-95 findet sich dieses Büro mit Eartha, einem riesigen, 12,6 m durchmessenden rotierenden Globus. DeLorme, der Herausgeber des unverzichtbaren *Maine Atlas and Gazetteer* produziert auch Landkarten und Software für jedes andere Reiseziel in den USA. Man findet hier auch Wanderkarten zu Wegen in der Region.

✕ Essen & Ausgehen

★ Harraseeket Lunch & Lobster Co
SEAFOOD $$

(☎207-865-4888; www.harraseeketlunchandlobster.com; 36 Main St, South Freeport; Hauptgerichte 5–29 US$; ⊘11–19.45 Uhr, Juli & Aug. bis 20.45 Uhr; ♿) Unten am Jachthafen bekommt man Hummer in diesem rot angestrichenen typischen Meeresfrüchteschuppen. Bei schönem Wetter setzt man sich an einen Picknicktisch oder – wie die Einheimischen – einfach aufs eigene Autodach. Besser früh kommen, um den Massen zu entgehen! Als Nachtisch kann man sich ein Stück Blaubeerkuchen holen. Alkohol muss man selber mitbringen. Bezahlung nur in bar oder per Scheck.

Gritty McDuff's Brew Pub　　KNEIPENESSEN **$$**
(www.grittys.com; 187 Lower Main St; Hauptgerichte 10–14 US$) Die Kids quengeln, und Mutti braucht ein Bier? Hier können die Kleinen hinten auf dem Rasen herumtoben, während die Eltern auf der Terrasse einen Cheeseburger verdrücken und dazu ein India Pale Ale trinken. Der Ableger des beliebten Gritty's in Portland befindet sich 2 Meilen (3,2 km) südlich von L. L. Bean.

Bath

Bath ist seit der Kolonialzeit für Schiffsbau bekannt, und dieser ist auch heute noch der wichtigste Industriezweig vor Ort. Die **Bath Iron Works**, eine der größten Schiffswerften in den USA, fertigt Stahlfregatten und andere Schiffe für die US Navy an. Sehr interessant ist das **Maine Maritime Museum** (☏ 207-443-1316; www.mainemaritimemuseum. org; 243 Washington St; Erw./Kind unter 17 Jahren 15/10 US$; ◷ 9.30–17 Uhr) südlich der Werft am Kennebec River. Hier erhält man einen Einblick in die jahrhundertealte Schifffahrtsgeschichte des Ortes; dokumentiert ist beispielsweise der Bau des Sechsmastschoners *Wyoming*, des größten Holzschiffs, das jemals in den USA vom Stapel lief.

Boothbay Harbor

An einem fjordähnlichen Hafen liegt dieses pittoreske Fischerdorf mit engen, gewundenen Straßen, in denen sich im Sommer die Touristen drängen. Neben dem Hummeressen ist Bootfahren hier die Hauptbeschäftigung. **Balmy Days Cruises** (☏ 207-633-2284; www.balmydayscruises.com; Pier 8; Hafenrundfahrt Erw./Kind 3–11 Jahre 18/9 US$ (März–Nov.), Tagesausflug zur Monhegan Island Erw./Kind 3–11 Jahre 39/19 US$ (Juni–Anfang Okt.), Segeltour Erw./Kind unter 12 Jahren 26/18 US$ (Mitte Juni–Mitte Sept.)) veranstaltet einstündige Hafenrundfahrten, Tagesausflüge zur Monhegan Island und eineinhalbstündige Segeltouren rund um die malerischen Inseln bei Boothbay. Infos erhält man bei der **Boothbay Harbor Region Chamber of Commerce** (☏ 207-633-2353; www.boothbayharbor.com; 192 Townsend Ave; ◷ Juni–Mitte Okt.

Mo–Fr 8–17, Sa & So 10–16 Uhr, Mitte Okt.–Mai am Wochenende geschl.).

🛏 Schlafen & Essen

Topside Inn　　　　　　　　　　B&B **$$**
(☏ 207-633-5404; www.topsideinn.com; 60 McKown St; Zi. mit Frühstück 199–360 US$; ☏) Die prächtige graue Villa oben auf dem McKown Hill, die jetzt neue Eigentümer hat, bietet den besten Hafenblick in Boothbay. Die Zimmer sind elegant mit spritzigen Seefahrtsdrucken und Strandfarben wie Graugrün, Braungrün und Khaki gestaltet. Die Zimmer im Haupthaus verströmen historischen Charme, aber auch die Zimmer in den zwei modernen Gästehäusern nebenan sind sonnig und hübsch. Man sitzt auf dem getrimmten, abschüssigen Rasen in einem Adirondack-Gartensessel und blickt in den Sonnenuntergang.

Lobster Dock　　　　　　　　　SEAFOOD **$$**
(www.thelobsterdock.com; 49 Atlantic Ave; Hauptgerichte 6–25 US$; ◷ 11.30–20.30 Uhr) Von all

ABSEITS DER ÜBLICHEN PFADE

DIE PEMAQUID PENINSULA

Am südlichsten Zipfel der Pemaquid Peninsula liegt mit dem **Pemaquid Point** eine von Maines am wenigsten berührten Naturschönheiten: Tückische Brecher donnern hier gegen zerklüftete vulkanische Felsformationen. Im 2,8 ha großen **Lighthouse Park** (☏ 207-677-2494; www.bristolparks.org; Pemaquid Point; Erw./Kind unter 12 Jahren 2 US$/ frei; ◷ tgl. Sonnenaufgang–Sonnenuntergang, Anlage Anfang Mai–Okt., Leuchtturm 10.30–17 Uhr) oben auf den Klippen brennt im Pemaquid Light von 1827 eine Lampe mit der Kraft von 11 000 Kerzen, und den Star unter Maines 61 verbliebenen Leuchttürmen tragen viele sogar unbewusst bei sich: Sein Abbild ziert die Rückseite von Maines Vierteldollarmünze. Der Aufstieg nach oben wird mit einem tollen Blick auf die Küste belohnt. Das **Fishermen's Museum** (◷ Anfang Mai–Okt. 9–17 Uhr) im früheren Turmwärterhaus zeigt zeitgenössische Fotos, alte Fischerausrüstung und Leuchtturmkram. Der Besuch ist im Parkeintritt enthalten. Die Pemaquid Peninsula liegt 15 Meilen (24 km) südlich vom US 1 und ist über die ME 130 erreichbar.

den vielen Hummerbuden in Boothbay Harbor ist diese große Holzhütte am Wasser eine der besten – aber auch etwas anders: Man bestellt sein Essen nicht an der Theke, sondern ein Kellner kommt zum Tisch. Es gibt traditionell frittierte Meeresfrüchte, Sandwiches, gekochte Muscheln und Meeresfrüchte mit Nudeln, doch das Highlight ist zweifellos der ganze, vor Butter triefende Hummer.

Rockland, Camden & Umgebung

Die hübschen Städtchen Rockland, Rockport und Camden schmiegen sich an die Küste. Rockland ist eine geschäftige Hafenstadt mit einer einladenden Innenstadt voller Restaurants und unabhängiger Läden. Mit seiner Kulisse aus gewellten Hügeln und einem Hafen voller Segelboote ist Camden ein echtes Schmuckstück. In beiden Orten kann man die Windjammer bewundern, für die Maine berühmt ist und die viele Segelschiff-Begeisterte anlocken. Rockport hat eine hübsche Lage zwischen den beiden anderen Orten.

Hummerfans strömen zum **Maine Lobster Festival** (www.mainelobsterfestival.com; ⊗ Anf. Aug.) in Rockland, Neuenglands größtem Hummerfest.

Infos zur Region gibt's bei der **Camden-Rockport-Lincolnville Chamber of Commerce** (☎ 207-236-4404; www.camdenme.org; 2 Public Landing; ⊗ 9–17 Uhr) nahe dem Hafen.

◉ Sehenswertes & Aktivitäten

⭐ **Rockland Breakwater Lighthouse**　　　　LEUCHTTURM
(www.rocklandharborlights.org) Bei einer Wanderung auf dem 1310 m langen Hafendamm aus Granit erblickt man den niedlichen weißen Turmaufsatz auf dem teilweise weiß getünchten Haus aus roten Backsteinen. Von dort hat man einen weiten Blick auf die Stadt. Der Bau des Hafendamms dauerte 18 Jahre.

Camden Hills State Park　　　　PARK
(☎ 207-236-3109; wwwmmaine.gov; 280 Belfast Rd/US 1; Erw./Kind 3–11 Jahre 4,50/1 US$; ⊗ 9 Uhr–Sonnenuntergang) Eine besonders beliebte Wanderung in dem dicht bewaldeten Park ist der 45-minütige, 800 m lange Aufstieg auf den Mt. Battie, von dem aus man einen herrlichen Blick auf die Penobscot Bay hat. Einfache Wanderkarten sind am Parkein-

gang erhältlich, etwas mehr als 1,5 Meilen (2,4 km) nordöstlich der Innenstadt von Camden an der US 1. Vom Picknickbereich führen kurze Wege hinunter zum Strand. Wer zum Laufen zu faul ist, fährt einfach mit dem Auto auf den Gipfel.

Maine Media Workshops　　　　KUNSTKURSE
(www.mainemedia.edu; 70 Camden St, Rockport) Das Institut ist eine der weltweit führenden Lehreinrichtungen für Fotografie, Film und digitale Medien und bietet das ganze Jahr über mehr als 450 Workshops vom Anfänger- bis zum Profiniveau. Die einwöchigen Intensivkurse werden von führenden Experten durchgeführt. Wechselausstellungen mit Arbeiten von Studenten und Fakultätsangehörigen sind in einer Galerie (18 Central St) in Rockport zu sehen.

🛏 Schlafen & Essen

Island View Inn　　　　MOTEL $$
(☎ 207-596-0040; www.islandviewinnmaine.com; 908 Commercial St, Rockport; Zi./Suite 119/ 189–259 US$; ❇🅿🛜🐾) In jedem Zimmer dieses einladenden Motels an der Route 1 zwischen Rockland und Rockport liegt ein Feldstecher bereit, sodass man morgens von seinem Balkon aus die Penobscot Bay nach Wildtieren absuchen kann – eine nette Art, in den Tag zu starten. Die Zimmer sind hell, frisch und geräumig, das Dekor ist modern aber komfortabel. Kurz, eine fantastische, preisgünstige Unterkunft.

Boynton-McKay Food Co　　　　FRÜHSTÜCK; KAFFEE $
(☎ 207-236-2465; www.boynton-mckay.com; Hauptgerichte 6,25–10 US$; ⊗ Di–Sa 7–15, So 8–15 Uhr) Man sieht dem Treiben zu, während man seinen Kaffee trinkt und das Pfannengericht aus Eiern, Chorizo und Monterey-Jack-Käse verdrückt. Man sollte früh kommen, denn das kleine, aber sonnige Café in einer früheren Apotheke im Zentrum von Camden füllt sich schnell. Mittags gibt's u. a. frische Salate und Sandwiches.

Clan MacLaren　　　　SANDWICHES $
(☎ 207-593-7778; www.clanmaclaren.net; 395 Main St, Rockland; Hauptgerichte 7–10 US$; ⊗ Mo–Sa 10–16.30 Uhr) Schlichte, frische und leckere Sandwiches und Panini sind das Zugpferd im Clan MacClaren, einem einladenden Mittagslokal im Zentrum von Rockland. Laut Website stammen die Inhaber von dem schottischen Clan MacLaren ab. Das gar nicht so schottische Sandwich Erin MacLa-

ren (mit Salami und Provolone) ist besonders zu empfehlen.

Cappy's SEAFOOD **$$**
(☏ 207-236-2254; www.cappyschowder.com; 1 Main St, Camden; Hauptgerichte 10–26 US$; ☺ 11–23 Uhr; ☏) Das freundliche, schon seit langem bei Einheimischen und Touristen gleichermaßen beliebte Restaurant wurde 2015 renoviert. Das Lokal ist vor allem für seine Bar und die zwanglose Atmosphäre bekannt, serviert aber auch einen ausgezeichneten Meeresfrüchteeintopf und andere einfache neuenglische Gerichte.

Acadia National Park

Acadia (www.nps.gov/acad), der einzige Nationalpark Neuenglands, schützt eine unberührte Wildnis aus gewellten Küstengebirgen, steilen Meeresklippen, Stränden und peitschender Brandung und ruhigen Gewässern. Sowohl Freizeitwanderer als auch Adrenalinjunkies finden in der spektakulären Landschaft Gelegenheit zu einer Vielzahl von Aktivitäten.

Gegründet wurde der Park, der 2016 seinen 100. Geburtstag (www.acadiacentennial2016.org) feiert, auf Land, das John D. Rockefeller dem National Park Service stiftete, um es vor den Interessen der Holzwirtschaft zu schützen. Heute nutzen Wanderer und Radfahrer dieselben Wege, auf denen Rockefeller einst mit seinem Pferd oder seiner Kutsche unterwegs war. Der über 160 km² große Park umfasst den Großteil der gebirgigen Mt. Desert Island sowie Teile der Schoodic Peninsula und der Isle au Haut. Zu den vielen hiesigen Tierarten zählen Elche, Papageitaucher und Weißkopfseeadler.

◉ Sehenswertes & Aktivitäten

◎ Park Loop Road

Die Park Loop Rd, die sich über 27 großartige Meilen (ca. 43,5 km) erstreckt, ist für Besucher die wichtigste Straße durch den Park (Mitte April–Nov.). Wer Lust auf ein erfrischendes Bad oder einen Spaziergang am längsten Strand des Nationalparks hat, macht am **Sand Beach** Halt. Etwa 1 Meile (1,6 km) hinter dem Sand Beach erwartet einen das **Thunder Hole**, wo die wilden Wellen des Atlantik mit einer solchen Wucht gegen eine tiefe, enge Felsspalte schlagen, dass sich ein regelrechter Donner ergibt – ganz besonders laut wird's, wenn das Wasser bei

Flut zurückkehrt. Blickt man nach Süden, erkennt man die **Otter Cliffs**, eine von Kletterern heiß geliebte Felswand, die senkrecht aus dem Meer emporsteigt. Am **Jordan Pond** stehen ein 1,6 km langer Naturpfad um die Südseite des Sees und ein 5,1 km langer Rundweg um das gesamte Gewässer zur Auswahl. Wenn man beim Wandern Appetit bekommen hat, kann man sich beim entspannten Nachmittagstee auf dem Rasen des Jordan Pond House (S. 268) wieder stärken. Nahe dem Ende der Park Loop Rd führt eine Seitenstraße hinauf zum Cadillac Mountain.

◎ Cadillac Mountain

Den majestätischen Mittelpunkt des Acadia National Park bildet der Cadillac Mountain (466 m), der höchste Küstengipfel in den östlichen USA, zu erreichen über eine 3,5 Meilen (5,6 km) lange Schotterpiste, die von der Park Loop Rd abzweigt. Wer das Wandern dem Autofahren vorzieht, kann unter vier **Wanderwegen** aus vier verschiedenen Richtungen wählen. Der Rundblick über den Ozean, die Inseln und die Berge ist zu jeder Tageszeit wunderbar, aber richtig traumhaft wird es hier in der Morgendämmerung, wenn Wagemutige auf den Berggipfel strömen, um den Sonnenaufgang über der Frenchman Bay zu erleben.

◎ Noch mehr Aktivitäten

Rund 200 km an **Wanderwegen** ziehen sich kreuz und quer durch den Acadia National Park, von leichten 800 m langen Naturpfaden und Spaziergängen auf ebenem Gelände bis hin zu Bergwanderungen über steiles und felsiges Terrain. Ein Highlight ist der 4,9 km (hin & zurück) lange **Ocean Trail**, der vom Sand Beach zu den Otter Cliffs führt und die interessantesten Küstenlandschaften im Park abdeckt. Eine Beschreibung des Trails findet sich auf der Website des Parks. Das hilfreiche Buch *A Walk in the Park: Acadia's Hiking Guide* von Tom St. Germain (14 US$) ist im Hull Visitor Center erhältlich.

Die Kutschwege des Parks (72,4 km) sind die Hauptattraktion für **Radfahrer**. Hochwertige Mountainbikes, die zu Beginn jeder Saison ersetzt werden, vermietet **Acadia Bike** (☏ 207-288-9605; www.acadiabike.com; 48 Cottage St; 23 US$/Tag; ☺ Juli & Aug. 8–18 Uhr, Mai–Juni & Sept.–Okt. 9–18 Uhr).

Die Möglichkeiten zum **Klettern** auf den Klippen am Meer und den Bergen im Park sind atemberaubend. Alles dafür Notwendige bekommt man bei **Acadia Mountain Guides** (☎207-288-8186; www.acadiamountain guides.com; 228 Main St, Bar Harbor; halbtägiger Ausflug 75–140 US$; ⊙Mai–Okt.); Im Preis inbegriffen sind ein Führer, Anleitung und Ausrüstung.

Im Park werden viele von **Rangern durchgeführte Veranstaltungen** angeboten, darunter Naturwanderungen, Vorträge über Vögel und Ausflüge für Kinder. Beim „Stars over Sand Beach Program" bestimmt man z. B. die Sterne über dem Strand. Informationen zu den Terminen der Veranstaltungen gibt's online oder im Hulls Cove Visitor Center.

🛏 Schlafen & Essen

Im Park gibt es zwei bewaldete Campingplätze, die beide mit fließendem Wasser, Duschen und Grillstellen ausgestattet sind. Ein dritter sollte im Herbst 2015 eröffnet werden.

Es gibt viele Restaurants, Gästehäuser und Hotels in Bar Harbor, das nur 1,6 km vom Park entfernt ist.

Acadia National Park Campgrounds　　　CAMPING **$**
(☎877-444-6777; www.nps.gov/acad; Stellplatz 22–30 US$) **Seawall**, 4 Meilen (6,4 km) südlich von Southwest Harbor, bietet Stellplätze mit und ohne Reservierung. Der ganzjährig geöffnete Campingplatz **Blackwoods**, 5 Meilen (8 km) südlich von Bar Harbor an der ME 3, füllt sich im Sommer schnell – dann ist Reservieren angezeigt. Auf beiden Plätzen gibt es Toiletten und Bezahlduschen. Beide Plätze liegen mitten im Wald, sind aber nur ein paar Gehminuten vom Ozean entfernt. Ein dritter Campingplatz mit 92 Stellplätzen, **Schoodic Woods**, sollte im September 2015 auf der Schoodic Peninsula eröffnet werden.

Jordan Pond House　　AMERIKANISCH **$$**
(☎207-276-3316; www.thejordanpondhouse. com; Nachmittagstee 10,50 US$, Hauptgerichte 9–24 US$; ⊙Mitte Mai–Okt. 11–20 Uhr) Seit dem späten 19. Jh. ist der Nachmittagstee in diesem hüttenartigen Teehaus eine Tradition. Zu den dampfenden Kannen mit Earl Grey gibt's warme Popover (hohle Brötchen aus Pfannkuchenteig) und Erdbeermarmelade. Man isst draußen auf dem großen Rasen mit Blick auf den See. Als einziges Restaurant im Park bietet das Jordan Pond auch ausgefallene, aber oft mittelmäßige Mittags- und Abendgerichte.

❶ Praktische Informationen

Granitfelsen und ein atemberaubender Blick auf die Küste begrüßen einen beim Betreten des Acadia National Park. Der Park ist ganzjährig zugänglich, allerdings sind die Park Loop Rd und die meisten Einrichtungen im Winter geschlossen. Zwischen 1. Mai und 31. Oktober wird Eintritt erhoben, der für sieben aufeinanderfolgende Tage gilt und zwischen Mitte Juni und Anfang Oktober pro Auto 25 US$, pro Motorrad 20 US$ und für Radfahrer bzw. Wanderer 12 US$ beträgt. In den übrigen Monaten ist der Zugang zum Park kostenlos.

Beginnen sollte man seine Erkundungstour am **Hulls Cove Visitor Center** (☎207-288-3338; ME 3; 7 Tage gültiger Parkeintritt 25 US$/Auto, 20 US$/Motorrad, 12 US$/Wanderer & Radfahrer; ⊙Mitte April–Juni, Sept. & Okt. 8.30–16.30 Uhr, Juli & Aug. 8–18 Uhr), von wo aus die 27 Meilen (43 km) lange Park Loop Rd den östlichen Abschnitt des Parks umrundet.

❶ Anreise & Unterwegs vor Ort

Acht praktische Shuttle-Bus-Linien von **Island Explorer** (www.exploreacadia.com; ⊙Ende Juni–Anfang Okt.) bedienen den ganzen Acadia National Park und das benachbarte Bar Harbor. Dabei verbinden sie die Startpunkte von Wanderwegen, Campingplätze und Unterkünfte miteinander.

Bar Harbor

Der reizvolle Küstenort in nächster Nähe zum Acadia National Park konkurrierte einst mit Newport (Rhode Island) um die Rolle des bevorzugten Sommerferienorts der reichen Amerikaner. Viele der alten Villen sind mittlerweile zu einladenden Inns umgebaut worden, während das Städtchen zum Mekka für Outdoor-Fans wurde. Direkt vor der Verbindungsbrücke nach Mt. Desert Island betreibt die **Bar Harbor Chamber of Commerce** (☎207-288-5103; www.barharbor info.com; 1201 Bar Harbor Rd/ME 3, Trenton; ⊙Mai–Aug. Mo–Fr 9–17 Uhr, im Herbst variieren die Öffnungszeiten, Nov.–April geschl.) ein nützliches Welcome Center.

🏃 Aktivitäten

Bar Harbor Whale Watch Co.　　BOOTSFAHRT
(☎207-288-2386; www.barharborwhales.com; 1 West St; Erw. 29–63 US$, Kind 6–14 Jahre 18–35 US$, Kind unter 6 Jahren frei–9 US$; ⊙Mitte

ABSTECHER

DIE SEGEL GESETZT!

An Bord eleganter Windjammer (mehrmastiger Segelschiffe) spürt man den Wind im Haar und erlebt Geschichte hautnah. In den Häfen von Camden und dem benachbarten Rockland warten historische und nachgebaute Windjammer darauf, Passagiere einen Tag oder länger mit auf hohe See zu nehmen.

Zweistündige Fahrten auf der Penobscot Bay (ca. 40 US\$, Juni–Okt.) können in der Regel am selben Tag gebucht werden. An Camdens Kai sollte man nach dem 26,2 m langen Holzgroßsegler **Appledore** (☎207-236-8353; www.appledore2.com) und dem Zweimastschoner **Olad** (☎207-236-2323; www.maineschooners.com) Ausschau halten.

Andere Schoner unternehmen zwei- bis sechstägige Touren mit Tierbeobachtungen (Robben, Wale, Papageientaucher), an die sich Teilnehmer noch lange erinnern werden. Standard-Stationen sind der Acadia National Park, kleine Küstenorte und – zwecks Hummerpicknick – Inseln im offenen Meer.

Die **Maine Windjammer Association** (☎800-807-9463; www.sailmainecoast.com) informiert detailliert gleich über mehrere tolle Optionen. Sie repräsentiert acht historische Windjammer, die teilweise unter Denkmalschutz stehen. Dazu gehört mit der *Lewis R. French* (gebaut 1871) als Amerikas ältestem Windjammer auch der Großvater aller Handelsschoner. Die Törns (2–6 Tage 400–1100 US\$) sind sehr günstig, wenn man bedenkt, dass die Preise Kost und Logis beinhalten. Bei mehrtägigen Fahrten ist Reservierung erforderlich. Im Hochsommer sind die Tarife am höchsten.

Mai–Okt.) Bietet u. a. vierstündige Touren zur Beobachtung von Walen und Papageitauchern an.

Downeast Windjammer Cruises
BOOTSFAHRT
(☎207-288-4585; www.downeastwindjammer.com; 19 Cottage St; Erw./Kind 6–11 Jahre/2–5 Jahre 38/30/5 US\$) Veranstaltet zweistündige Rundfahrten an Bord des majestätischen 46 m langen Viermaster-Schoners *Margaret Todd*.

Acadian Nature Cruises
BOOTSFAHRT
(☎207-801-2300; www.acadiannaturecruises.com; 119 Eden St; Erw./Kind 6–14 Jahre/unter 6 Jahren 30/18/5 US\$; ⊙Mitte Mai–Okt.) Bei den zweistündigen kommentierten Rundfahrten sieht man Wale, Schweinswale, Weißkopfseeadler, Robben und vieles mehr.

🛏 Schlafen

In Bar Harbor gibt es keinen Mangel an Unterkünften von altmodischen B & Bs bis hin zu den üblichen Kettenhotels. Viele Gästehäuser und B & Bs schließen von Ende Herbst bis zum Beginn des Frühjahrs.

Holland Inn
B & B \$\$
(☎207-288-4804; www.hollandinn.com; 35 Holland Ave; Zi. mit Frühstück 145–185 US\$; ⊙Ende April–Okt.; ❄🛜) In einem ruhigen Wohnviertel in Gehweite zum Zentrum bietet dieses B & B in einem restaurierten Haus von 1895 und zwei angrenzenden Gebäuden 13 einladen-

de, schlichte Zimmer. Die Stimmung ist so zwanglos, dass man sich wie im Haus eines guten Freundes fühlt. Es gibt ein Gourmetfrühstück, und der Inhaber sorgt mit seinen Infos dafür, dass man in Bar Harbor einen angenehmen Urlaub verleben wird.

Bar Harbor Grand Hotel
HOTEL \$\$
(☎207-288-5226; 207-288-5226; 269 Main St; Zi. mit Frühstück 239 US\$; ⊙April–Anfang Nov.; ❄🛜) Aus dem vierstöckigen Gebäude, einem Nachbau des Rodick House Hotel, das im 19. Jh. in Bar Harbor stand, hat man einen schönen Blick auf die Stadt. Das klassische Dekor wirkt nicht besonders inspiriert, aber das Personal ist freundlich und das Haus etwas länger geöffnet als die meisten anderen vor Ort.

🍴 Essen

Cafe This Way
AMERIKANISCH \$\$
(☎207-288-4483; www.cafethisway.com; 14½ Mount Desert St; Hauptgerichte morgens 6–17 US\$, abends 18–28 US\$; ⊙Mo–Sa 7–11.30, So 8–13, Mai–Okt. jede Nacht 17.30–21 Uhr; 🌱) Das witzige Lokal in einem großen weißen Cottage ist perfekt für ein leckeres Frühstück: Es gibt dicke Pancakes mit Blaubeeren aus Maine und Eggs Benedict mit Räucherlachs. Abends kommen diverse raffinierte Gerichte wie gebratene Ente mit Blaubeeren, Kürbis auf marokkanische Art und Thunfisch-Tempura auf den Tisch. Am schönsten sitzt man draußen im Garten.

2 Cats

CAFÉ $$

(☎207-288-2808; www.2catsbarharbor.com; 130 Cottage St; Hauptgerichte 7–20 US$; ⏰7–13 Uhr; ✈) Am Wochenende stehen die Leute in dem sonnigen, künstlerisch angehauchten kleinen Café wegen der Omeletts mit Räucherforelle und hausgemachten Muffins Schlange. Mittags geht's mit Burritos, Meeresfrüchten und dergleichen etwas deftiger zu.

Mâche Bistro

FRANZÖSISCH $$$

(☎207-288-0447; www.machebistro.com; 321 Main Street; Hauptgerichte 18–29 US$; ⏰Anfang Mai–Okt. Mo–Sa ab 17.30 Uhr) Das wohl beste Mainstream-Restaurant in Bar Harbor serviert moderne, französisch angehauchte Gerichte in einem schick renovierten Cottage. Die ständig wechselnde Karte setzt auf den Reichtum der Region: Muscheln mit Kürbiskernen, Fladenbrot mit Hummer und Brie sowie Trifle mit wilden Blaubeeren. Spezialcocktails sorgen für zusätzlichen Anreiz. Reservierung absolut unerlässlich!

Downeast Maine

Der mehr als 900 Meilen (1450 km) lange Küstenstreifen, der nordöstlich von Bar Harbor verläuft, ist kaum bewohnt. Hier geht es gemächlicher zu, und es ist nebliger als im Süden und Westen von Maine. Zu den Highlights gehören die **Schoodic Peninsula**, deren Spitze Teil des Acadia National Parks ist, die Hummerfischerdörfer **Jonesport** und **Beals** sowie **Great Wass Island**, ein Naturreservat mit Wanderwegen und guten Vogelbeobachtungsmöglichkeiten – hier hat man sogar die Chance, Papageientaucher zu sichten.

Machias ist das wirtschaftliche Zentrum dieser Küstengegend. Hier hat auch die University of Maine eine Abteilung. **Lubec** liegt fast am östlichsten Punkt der USA. Eine beliebte Beschäftigung von Travellern ist es, den Sonnenaufgang im nahen **Quoddy Head State Park** zu beobachten, damit sie hinterher sagen können, sie waren die ersten im Land, die die Sonne gesehen haben.

Das Landesinnere Maines

Der nur spärlich besiedelte Norden und Westen von Maine ist ein raues Gebiet. Raftingmöglichkeiten, Wanderwege hinauf zum höchsten Berg von Maine und der Skiort Bethel machen diese Region bei Abenteurern aber sehr beliebt.

Sabbathday Lake

Die einzige aktive amerikanische Shaker-Gemeinde lebt 25 Meilen (40,2 km) nördlich von Portland am Sabbathday Lake. Sie wurde als eine Glaubensgemeinschaft im frühen 18. Jh. gegründet, und eine Handvoll Anhänger bewahrt die Shaker-Tradition eines einfachen Lebens, der harten Arbeit und der Herstellung feinen Kunsthandwerks noch immer. Besucher des **Shaker Museum** (☎207-926-4597; www.maineshakers.com; Erw./Kind 6–12 Jahre 10/2 US$; ⏰Mo–Sa 10–16.30 Uhr) können ein paar ihrer Gebäude besichtigen. Um hierher zu kommen, den Maine Turnpike an Exit 63 verlassen und der ME 26 über 8 Meilen (12,8 km) nordwärts folgen!

Bethel

Die ländliche Gemeinde Bethel an der ME 26 versteckt sich 12 Meilen (19,3 km) östlich von New Hampshire in Maines bewaldeten Hügeln. Hier wartet ein reizvoller Mix aus Berglandschaft, Outdoor-Abenteuern und Unterkünften mit gutem Preis-Leistungs-Verhältnis. Die **Bethel Area Chamber of Commerce** (☎207-824-2282; www.bethelmaine.com; 8 Station Pl; ⏰Juni–Mitte Okt. Mo–Fr 9–17 Uhr, Mitte Okt.–Mai Sa & So geschl.) liefert Besucherinfos.

🏃 Aktivitäten

Bethel Outdoor Adventure

KAJAKFAHREN

(☎207-824-4224; www.betheloutdooradventure.com; 121 Mayville Rd/US 2; Kajak/Kanu pro Tag 46/67 US$; ⏰Mitte Mai–Mitte Okt. 8–18 Uhr) Der Anbieter im Zentrum vermietet Kanus, Kajaks und Fahrräder und vermittelt Kurse, geführte Touren und Shuttles zum und vom Androscoggin River.

Grafton Notch State Park

WANDERN

(☎207-824-2912; www.maine.gov; ME 26; Erw./Kind 5–11 Jahre 3/1 US$; ⏰15.Mai–15. Okt. 9 Uhr–Sonnenuntergang) Mit seiner schönen Berglandschaft, Wasserfällen und vielen Wegen unterschiedlicher Länge verlockt dieser nördlich von Bethel gelegene Park zum Wandern. Auch außerhalb der Saison darf im Park gewandert werden.

Sunday River Ski Resort

SKIFAHREN

(☎800-543-2754; www.sundayriver.com; ME 26; Liftticket Erw./Kind 13–18 Jahre/6–12 Jahre & Senioren 89/69/57 US$; ✈) Zu dem 6 Meilen (9,7 km) nördlich von Bethel am ME 5/26 gelegenen Skigebiet gehören acht Berggipfel mit 135 Pisten und 15 Skiliften. Das Gebiet gilt als eines der am besten für Familien geeigneten in der Region. Zu den Aktivitäten im Sommer gehören Fahrten mit den Sessellifts, Seilrutschen, Wanderwege, Discgolf und das Herumkurven in einem Mountainbikepark. In den zwei großen Lodges stehen mehr als 400 Zimmer zur Verfügung.

🛏 Schlafen

Chapman Inn   B & B $

(☎ 207-824-2657; www.chapmaninn.com; 2 Church St; B/Zi./Suite mit Frühstück 35/89–129/139 US$; 🖧 🐾) Das geräumige Gästehaus im Zentrum hat viel Atmosphäre. Die neun Zimmer besitzen Blümchenmuster und Antiquitäten, die leicht geneigten Böden künden vom Alter des Hauses. Im Winter übernachten Skifahrer in dem gemütlichen Schlafsaal neben dem holzgetäfelten Spielezimmer, an dessen Wand ein großer Elchkopf hängt. Zum üppigen Frühstück gibt's im Haus gebackenes Gebäck und Omelettes, die nach Wunsch der Gäste zubereitet werden.

Sudbury Inn & Suds Pub   INN $$

(☎ 207-824-2174; www.sudburyinn.com; 151 Main St; Zi. inkl. Frühstück 119–139/189–199 US$; ⊘ Pub tgl. ab 11.30 Uhr, Restaurant Do–Sa 17.30–21 Uhr; 🐾) Das historische Gästehaus mit 17 Zimmern ist die beste Unterkunft in Bethels Zentrum. Seine Hauskneipe kann mit Pizza, 29 Fassbiersorten und Liveunterhaltung am Wochenende aufwarten. Ein hervorragendes Abendrestaurant (Hauptgerichte 20–34 US$) mit Schwerpunkt auf Regionalspezialitäten ist ebenfalls vorhanden.

Caratunk & The Forks

Wildwasserrafting vom Feinsten bietet der **Kennebec River** unterhalb des Harris Dam, wo das Wasser durch eine spektakuläre, über 19 km lange Schlucht schießt. Stromschnellen mit Namen wie Whitewasher und Magic Falls versprechen adrenalinge-

schwängerte abenteuerliche Flussfahrten – und das halten sie auch!

Die benachbarten Dörfer Caratunk und The Forks, südlich von Jackman am US 201 gelegen, sind die Raftingzentren am Kennebec River. Rafter finden hier tosende Stromschnellen und nervenaufreibende Wasserfälle vor, aber auch ruhigere Gewässer, in die sich schon Kinder (ab 7 Jahren) trauen dürfen. Für eine ganztägige Raftingtour bezahlt man zwischen 99 und 120 US$ pro Person. Möglich sind auch mehrtägige Pauschaltouren mit Übernachtung im Zelt oder in einer Hütte.

Zuverlässige Veranstalter sind: **Crab Apple Whitewater** (☎ 800-553-7238; www.crabapple whitewater.com) und **Three Rivers Whitewater** (☎ 877-846-7238; www.threeriverswhite water.com).

Baxter State Park

In einem abgelegenen Waldgebiet im Norden von Maine liegt der **Baxter State Park** (☎ 207-723-5140; www.baxterstateparkauthority. com; 14 US$/Auto), der den gesamten Mt. Katahdin (1608 m) einschließt – Maines höchsten Berg und den nördlichen Endpunkt des 2160 Meilen (rund 3480 km) langen **Appalachian Trail** (www.nps.gov/appa). In dem riesigen Park mit einer Größe von fast 85 ha herrscht noch pure Wildnis: keine Elektrizität, kein fließendes Wasser (eigenes Wasser oder einen Filter zum Reinigen des Flusswassers mitbringen!). Die Chancen stehen nicht schlecht, Elche, Rehe und Schwarzbären zu sehen. Im Baxter State Park gibt's Wanderwege, auch auf den Mt. Katahdin. Frühaufsteher mit guter Kondition schaffen Hin- und Rückweg an einem Tag.

In Millinocket südlich des Baxter State Park gibt's Motels, Stellplätze, Lokale und Outfitter für Rafting und Kajakfahrten auf dem Penobscot River. Näheres gibt's bei der **Katahdin Area Chamber of Commerce** (☎ 207-723-4443; www.katahdinmaine.com; 1029 Central St, Millinocket; ⊘ Mo–Fr 9–14 Uhr).

Washington, D. C. & Capital Region

Inhalt ➡
Washington, D. C. 273
Maryland 306
Baltimore 307
Annapolis 314
Westliches
Maryland 318
Delaware 320
Virginia 325
Richmond 330
Petersburg 334
Shenandoah Valley 342
West Virginia 352
Eastern Panhandle 352

Gut essen
- Rose's Luxury (S. 296)
- Woodberry Kitchen (S. 312)
- Mama J's (S. 332)
- Blue Pete's (S. 339)
- Oakhart Social (S. 341)

Schön übernachten
- Hotel Lombardy (S. 294)
- The Georges (S. 348)
- Peaks of Otter (S. 349)
- HI Richmond (S. 332)
- Colonial Williamsburg Historic Lodging (S. 335)

Auf nach Washington D. C.!

Es fällt schwer, nicht dem Charme der US-Hauptstadt zu verfallen: Symbolträchtige Denkmäler, großartige Museen mit gratis Eintritt und erstklassige Restaurants mit Gerichten aus aller Welt sind nur einige der Highlights, die einen in der Hauptstadt erwarten. Es gibt ausufernde Märkte, ein aufregendes multikulturelles Nachtleben und grüne Parks zu entdecken – ganz zu schweigen von den Zentren der Macht, in denen sich Visionäre und Demagogen tummeln.

Jenseits des Beltway bietet auch die vielfältige Landschaft von Maryland, Virginia, West Virginia und Delaware genug Gründe, der Hauptstadt den Rücken zuzukehren. Zerklüftete Berge, reißende Ströme und große Naturschutzgebiete (darunter Inseln mit Wildpferden), glitzernde Strände, historische Dörfer und die wundervolle Chesapeake Bay sind die passende Kulisse für denkwürdige Abenteuer. Nicht minder spannend ist es, die tief verwurzelte Traditionen zu erkunden, sei es nun an der Geburtsstätte der Nation oder in Virginias noch immer blühenden Bluegrass-Szene.

Reisezeit
Washington, D. C.

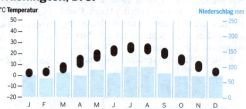

März–April Während des beliebtesten Festes von D. C. lockt die Kirschblüte Besuchermassen an.

Juni–Aug. Hochsaison an den Stränden: hohe Hotelpreise und kaum freie Unterkünfte.

Sept.–Okt. Weniger Menschen, niedrigere Preise, angenehmeres Klima und herbstliche Farben.

Geschichte

Die Ureinwohner Amerikas lebten in dieser Gegend schon lange, bevor die ersten europäischen Siedler kamen. Viele geografische Landmarken tragen noch heute ihren indianischen Namen, etwa die Bucht von Chesapeake, die Appalachen oder die Flüsse Shenandoah und Potomac. 1607 gründeten 108 englische Kolonisten die erste dauerhafte europäische Siedlung in der Neuen Welt: Jamestown. Von Anfang an hatten die Siedler mit dem harten Winter, Hunger, Krankheiten und immer wieder auch mit feindlichen Ureinwohnern zu kämpfen.

Doch Jamestown überlebte. 1624 wurde die Royal Colony of Virginia ins Leben gerufen, zehn Jahre später gründete der vor dem englischen Bürgerkrieg geflohene Lord Baltimore eine katholische Kolonie namens Maryland. Es gab eine Stadtversammlung, zu der auch ein schwarzer portugiesischer Seemann und Margaret Brent gehörte, die erste Frau, die in der nordamerikanischen Politik gewählt hat. Und alle zusammen ließen sich von einem spanisch-jüdischen Arzt behandeln. Delaware wurde 1631 von Holländern als Walfangstation eingerichtet, von ansässigen Indianern praktisch dem Erdboden gleichgemacht und später nochmals von Briten in Besitz genommen. Aus England vertriebene Kelten ließen sich in den Appalachen nieder und schufen eine komplett unabhängige Kultur, die bis heute besteht. Grenzstreitigkeiten zwischen Maryland, Delaware und Pennsylvania führten zur Entstehung der Mason-Dixon-Linie, die letztlich den industrialisierten Norden vom landwirtschaftlich geprägten, sklavenhaltenden Süden trennte.

1781 endete der handgreifliche Teil des Unabhängigkeitskriegs mit der britischen Kapitulation bei Yorktown. Um die regionalen Spannungen etwas zu entkrampfen, wurde die Hauptstadt der neuen Nation auf einem sumpfigen Gebiet gegründet, das Teile Marylands und Virginias umfasste: Washington im District of Columbia (D.C.) war geboren. Doch Klassen-, Rassen- und wirtschaftliche Unterschiede waren zu stark und so zerriss die Region während des Amerikanischen Bürgerkriegs (1861–1865) an ihren Nähten. Virginia trennte sich von der Union. Und die verarmten Bauern im Westen Virginias – schon lange aufgebracht gegen die affektierten Plantagenbesitzer – trennten sich vom Osten des Bundesstaates. Maryland dagegen blieb in der Union, doch seine weißen Sklavenhalter polterten gegen die Nordstaatentruppen, während Tausende von Afroamerikanern der Unionsarmee beitraten.

Einheimische Kultur

Die Spannungen zwischen Nord und Süd haben die Gegend lange geprägt. Aber die Region wurde auch ständig zerrieben zwischen den Kulturen der Aristokratie Virginias, der Bergleute, Seeleute und Immigranten und den stets wechselnden Mehrheitsverhältnissen von Washington. Seit dem Bürgerkrieg hat sich die regionale Wirtschaft weg von Landwirtschaft und Produktion hin zu Hightech, Dienstleistungen und Bundesverwaltung verschoben.

Viele Afroamerikaner sind als Sklaven oder Flüchtlinge auf der Suche nach Freiheit in die Capital Region gekommen. Heute bilden Afroamerikaner immer noch die präsente Unterschicht der großen Städte, in der Klasse der Benachteiligten konkurrieren sie aber mit lateinamerikanischen Einwanderern, meistens aus Mittelamerika.

Am anderen Ende des Spektrums ziehen die Elfenbeintürme der Eliteunis und Forschungseinrichtungen – etwa das National Institute of Health – die Intelligenzia der ganzen Welt an. Die Highschools sind voll mit Kindern von Wissenschaftlern und Beratern, die bei einigen der angesehensten Denkfabriken des Globus arbeiten.

All das hat sich zu einer Kultur verwoben, die unglaublich vielschichtig ist: anspruchsvoll wie im Journalistenbuchclub, erdverbunden wie die Bluegrass-Festivals in Virginia und verschmolzen mit dem Herzschlag der afroamerikanischen Kultur wie Tupac Shakur, Go-Go, Baltimore Club Housemusic und DC Hardcore Punk. Und dann ist da natürlich immer noch die Politik, eine Sache, die hier beständig unter der Oberfläche brodelt.

WASHINGTON, D. C.

Symbolträchtige Monumente, großartige Museen und Machtzentren, in denen sich Visionäre und Demagogen tummeln, muss man in der Hauptstadt der USA nicht lange suchen. Doch gibt es hier noch so viel mehr: von Bäumen gesäumte Viertel, pulsierende Märkte, eine Gastroszene mit imposanter ethnischer Vielfalt, eine große Einwanderergemeinde und eine unmittelbar unter der Oberfläche brodelnde Dynamik. Hier ist

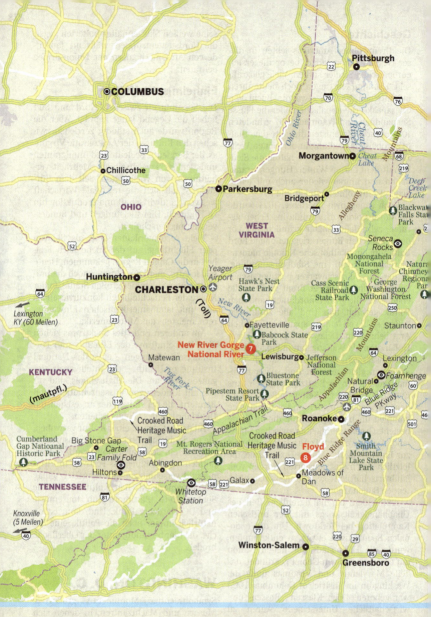

Highlights

❶ In Washington die Museen der **Smithsonian Institution** (S. 286) besichtigen und dann den Sonnenuntergang über dem **Lincoln Memorial** (S. 277) genießen

❷ In **Colonial Williamsburg** (S. 334) hautnah Geschichte erleben und den Wurzeln der englischen Kolonisierung nachspüren

❸ Bei einem Kneipenbummel durch Baltimores kopfsteingepflastertes Hafenviertel **Fell's Point** (S. 312) die nautische Vergangenheit hochleben lassen

❹ Nach einer sonntäglichen Fahrt auf dem **Skyline Drive** (S. 345) im **Shenandoah Nati-**

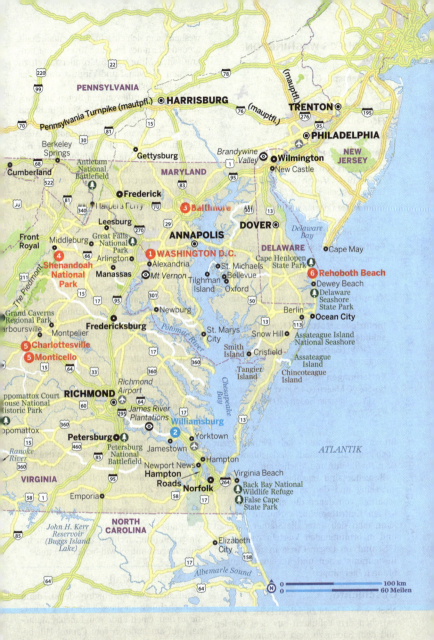

onal Park (S. 343) wandern und sein Zelt aufschlagen

5 In Charlottesville Thomas Jeffersons Geniestreiche **Monticello** (S. 343) und die **University of Virginia** (S. 340) bewundern

6 Im familien- und schwulenfreundlichen Resort **Rehoboth Beach** (S. 322) über die Uferpromenade schlendern

7 Bei Fayetteville die Stromschnellen des **New River Gorge**

National River (S. 356) bezwingen

8 Bei einem Jamboree in **Floyd** (S. 351) den Beat des Holzschuhtanzes spüren

KURZINFOS WASHINGTON, D.C.

Spitznamen D.C., The District, Chocolate City

Bevölkerung 659 000 Ew.

Fläche 1769 km²

Hauptstadt Ganz genau!

Verkaufssteuer 5,75%

Geburtsort von Duke Ellington (1899–1974), Marvin Gaye (1939–1984), Dave Chappelle (geb. 1973)

Heimat der Redskins, Kirschblüten und von allen drei Säulen der amerikanischen Regierung

Politische Ausrichtung überwiegend demokratisch

Berühmt für Nationalsymbole, Kriminalität, feiernde Praktikanten, den Kampf um die Anerkennung durch den Kongress

Inoffizielles Motto und Nummernschildspruch *Taxation without Representation* (Besteuerung ohne Repräsentation)

Entfernungen Washington D.C.–Baltimore 40 Meilen (64,5 km), Washington D.C.–Virginia Beach 210 Meilen (338 km)

immer etwas geboten – kein Wunder, zieht doch keine andere Stadt vergleichbarer Größe mehr Talente und Macher an.

Besucher sind tagsüber vollauf mit Sightseeing und den zahllosen Museen beschäftigt, von denen die meisten übrigens keinen Eintrittsgebühr verlangen. Abends kann man sich unter die Städter mischen und in brummenden Vierteln wie an der U St und am Logan Circle in gemütlichen Restaurants essen und an einem hausgebrauten Bier nippen.

Geschichte

Nach dem Unabhängigkeitskrieg kam es zwischen den Politikern aus dem Norden und dem Süden zu dem Kompromiss, die neue Hauptstadt irgendwo zwischen den Machtbasen beider Gruppen anzusiedeln. Mögliche Hauptstädte wie Boston, Philadelphia oder Baltimore wurden von den Plantagenbesitzern aus den Südstaaten als zu städtisch und industrialisiert abgelehnt,

weshalb man sich entschied, eine neue Stadt an den Ufern des Potomac River in der geografischen Mitte der 13 Gründerstaaten zu erbauen. Maryland und Virginia traten das hierzu benötigte Land ab.

Der D.C. wurde von den Briten im Krieg von 1812 marodiert und die Stadt in Brand gesteckt. Als Forderungen nach Abschaffung der Sklaverei die Hauptstadt in Atem hielten, wurde 1846 die sklavenhaltende Hafenstadt Alexandria am Südufer an Virginia zurückgegeben. Mit dem Jahren entwickelte sich die Hauptstadtregion in zwei unterschiedliche Richtungen: einerseits zu einem Marmortempel der Bundesregierung, andererseits zu einem städtischen Ghetto von nach Norden ziehenden Afroamerikanern und Einwanderern aus Übersee.

Nachdem die Stadt fast zwei Jahrhunderte lange direkt vom Kongress regiert worden war, erhielt sie 1973 ihren ersten Bürgermeister (Walter Washington, einer der ersten Afroamerikaner, der Bürgermeister einer größeren US-amerikanischen Stadt wurde). Heute werden die Einwohner des D.C. besteuert wie alle anderen US-amerikanischen Bürger, haben aber keine demokratisch gewählte Vertretung im Kongress.

Seit den spätn 1990er-Jahren erlebt die Hauptstadt eine weitreichende Gentrifizierung. Mit der Wahl von Barack Obama im zog eine gewisse Coolness ein – heute zieht es New Yorker hierher, während es früher genau umgekehrt war. Leider sind damit auch die Lebenshaltungskosten heftig gestiegen. Sie gehören inzwischen zu den landesweit höchsten. Und da die Wirtschaft in der Stadt anhaltend boomt, dürfe sich daran in nächster Zeit nichts ändern.

◉ Sehenswertes

Von Ende März bis Ende Juli muss man mit Massenandrang rechnen und von Juni bis Ende August mit schwül-heißem Wetter.

◉ National Mall

Wenn man an Washington denkt, dann wahrscheinlich an diese 3 km lange Wiese, die an dem einen Ende vom Lincoln Memorial und am anderen vom Capitol Hill begrenzt wird. Dazwischen befinden sich u.a. der Reflecting Pool und das Denkmal für den Zweiten Weltkrieg, während das Washington Monument den Mittelpunkt der National Mall bildet. Diese ist das Herz der Stadt und in mancher Hinsicht der gesamten USA.

Vielleicht steht kein anderes Symbol so treffend für das nationale Ideal der Stimme des Volks, die einen radikalen Wandel einfordert – von Martin Luther Kings „I Have a Dream"-Rede von 1963 bis zu den Demonstrationen für die Einführung der gleichgeschlechtlichen Ehe in den 2000er-Jahren. Jährlich finden hier Hunderte von Kundgebungen statt. Die von berühmten Monumenten und Museen eingerahmte Mall, die von Touristen, Hundebesitzern und allen möglichen Idealisten besucht wird, dient als Resonanzboden für Anliegen aller Art.

★ **Lincoln Memorial** DENKMAL
(www.nps.gov/linc; 2 Lincoln Memorial Circle NW; 🕐24 Std.; 🚇Circulator, Ⓜ Foggy Bottom-GWU) GRATIS Das westliche Ende der Mall wird von dem Schrein für Abraham Lincoln begrenzt. Friedlich blickt er von seinem neoklassizistischen Domizil mit den dorischen Säulen über den Reflecting Pool. Links von Lincoln kann man die Worte der Gettysburg Address lesen, in der Halle darunter weitere Stücke zum großen Lincoln bestaunen. Auf den Stufen hat Martin Luther King Jr. seine berühmte Rede „I Have a Dream" gehalten.

★ **Vietnam Veterans Memorial** DENKMAL
(www.nps.gov/vive; 5 Henry Bacon Dr NW; 🕐24 Std.; 🚇Circulator, Ⓜ Foggy Bottom-GWU) GRATIS Das schwarze, in den Boden eingelassene „V" ist das genaue Gegenstück zum üblichen weißen und glänzenden Marmor Washing-

tons. Es verkörpert die Narbe, die der Vietnamkrieg in der nationalen Seele der USA hinterlassen hat. Das Monument führt noch tiefer in die Erde. Hier sind die Namen der 58 272 gefallenen Soldaten in die dunkle Wand gemeißelt, und zwar in der Reihenfolge, in der sie gestorben sind. Es ist ein feinsinniges und tiefgründiges Monument, was umso mehr überrascht, als es 1981 von der 21 Jahre alten Maya Lin entworfen wurde, die damals noch nicht einmal ihr Grundstudium absolviert hatte.

★ **Washington Monument** DENKMAL
(www.nps.gov/wamo; 2 15th St NW; 🕐9–17 Uhr, Juni–Aug. bis 22 Uhr; 🚇Circulator, Ⓜ Smithsonian) GRATIS Mit 169,3 m ist das Washington Monument das höchste Bauwerk im Distrikt. Die Errichtung erfolgte – wie an der unterschiedlichen Färbung der Steine zu erkennen ist – in zwei Phasen. In 70 Sekunden befördert der Fahrstuhl Besucher auf die Aussichtsterrasse, von der man den besten Blick auf die Stadt hat. Tickets für einen Einlass zu einer festgelegten Zeit am gleichen Tag erhält man in dem Kiosk (15th St, zw. Madison Dr NW & Jefferson Dr SW; 🕐ab 8.30 Uhr) am Monument. Früh kommen!

★ **National Air & Space Museum** MUSEUM
(📞202-633-1000; www.airandspace.si.edu; Ecke 6th St & Independence Ave SW; 🕐10–17.30 Uhr, Mitte März–Anf. Sept. bis 19.30 Uhr; ♿; 🚇Circulator, Ⓜ L'Enfant Plaza) GRATIS Das Air and Space Mu-

---

WASHINGTON, D.C. IN …

… zwei Tagen
Los geht's mit dem allseits beliebten **National Air and Space Museum** und dem **National Museum of Natural History**. Danach marschiert man die National Mall hinunter zum **Washington Monument**, zum **Lincoln Memorial** und zum **Vietnam Veterans Memorial**. Abends isst man im **Founding Farmers** oder irgendwo in **Downtown**. Am nächsten Tag beginnt man mit der Besichtigung der mit Statuen geschmückten Säle des **Kapitols**. Weiter geht's gegenüber mit dem **Supreme Court** und der **Library of Congress**. Hungrig? Dann holt man sich vielleicht einen Snack auf dem **Eastern Market**. Später schaut man sich die **National Archives** an und schlendert ums **Weiße Haus**. Am Abend erwarten einen Jazz, Rock und Clubs in der **U Street**.

… vier Tagen
Am dritten Tag steht **Georgetown** mit einem Spaziergang am Potomac, einem Schaufensterbummel und einem Mittagessen in **Martin's Tavern** auf dem Programm. Anschließend besucht man die hübschen Gartenanlagen von **Dumbarton Oaks**. Abends geht man in eine Veranstaltung im **Kennedy Center**. Der vierte Tag beginnt am **Dupont Circle**, wo man die eindrucksvollen Villen in der **Embassy Row** bestaunt. Anschließend stattet man der **Phillips Collection**, der **National Gallery of Art**, dem **Newseum** oder irgendeinem anderen Spitzenmuseum, das man noch ausgelassen hatte, einen Besuch ab. Zum Abendessen schaut man sich auf der 14th St im Viertel **Logan Circle** um.

Washington, D.C.

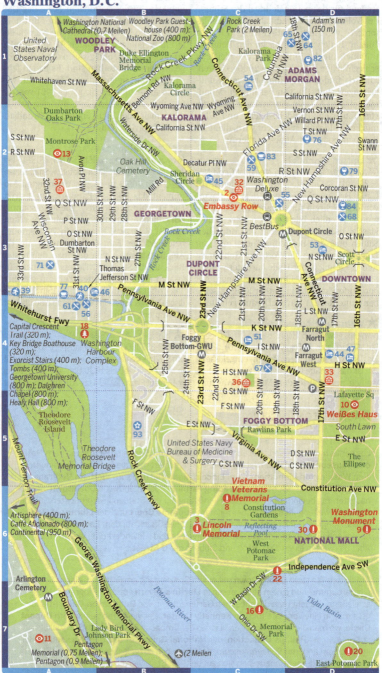

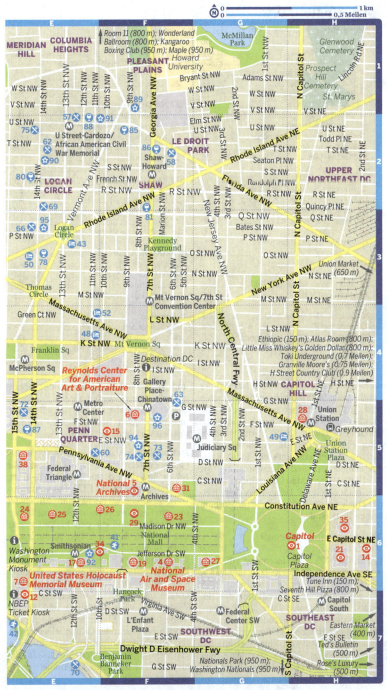

Washington, D.C.

Highlights

1	Capitol	H6
2	Embassy Row	C2
3	Lincoln Memorial	C6
4	National Air & Space Museum	F6
5	National Archives	F5
6	Reynolds Center for American Art & Portraiture	F5
7	United States Holocaust Memorial Museum	E6
8	Vietnam Veterans Memorial	C6
9	Washington Monument	D6
10	Weißes Haus	D5

Sehenswertes

11	Arlington National Cemetery	A7
12	Bureau of Engraving & Printing	E7
13	Dumbarton Oaks	A2
14	Folger Shakespeare Library	H6
15	Ford's Theatre	F5
16	Franklin Delano Roosevelt Memorial	C7
17	Freer-Sackler Museums of Asian Art	E6
18	Georgetown Waterfront Park	A4
19	Hirshhorn Museum	F6
	Ice Rink	(siehe 29)
20	Jefferson Memorial	D7
21	Library of Congress	H6
22	Martin Luther King Jr. Memorial	C6
23	National Gallery of Art	F6
24	National Museum of African American History & Culture	E6
25	National Museum of American History	E6
26	National Museum of Natural History	F6
27	National Museum of the American Indian	G6
28	National Postal Museum	H5
29	National Sculpture Garden	F6
30	National WWII Memorial	D6
31	Newseum	F5
32	Phillips Collection	C2
33	Renwick Gallery	D4
34	Smithsonian Castle	E6
35	Supreme Court	H6
36	Textile Museum	C4
37	Tudor Place	A2
38	White House Visitor Center	E5

Aktivitäten, Kurse & Touren

39	Big Wheel Bikes	A3
40	C&O Canal Towpath	A4
41	Carousel	F6
42	Tidal Basin Boathouse	E7

Schlafen

43	Chester Arthur House	E3
44	Club Quarters	D4
45	Embassy Circle Guest House	C2
46	Graham Georgetown	A3

seum zählt zu den beliebtesten Museen der Smithsonian Institution. Besuchermagneten sind die Flugmaschinen der Brüder Wright, Chuck Yeagers Bell X-1, Charles Lindberghs *Spirit of St Louis,* Amelia Earharts flottes rotes Flugzeug und die Apollo-Mondlandefähre. Außerdem gibt's ein IMAX-Kino, ein Planetarium und Flugsimulatoren (je 7–9 US$). Weitere Maschinen finden sich in Virginia im Steven F. Udvar-Hazy Center, einer Filiale für die Exponate, die im Museum keinen Platz fanden.

★ United States Holocaust Memorial Museum
MUSEUM

(202-488-0400; www.ushmm.org; 100 Raoul Wallenberg Pl SW; 10–17.20 Uhr, April & Mai Mo–Fr bis 18.20 Uhr; Smithsonian) GRATIS Für ein umfassendes Verständnis des Holocaust – seiner Opfer, Täter und Zuschauer – ist dieses erschütternde Museum ein Muss. In der Hauptausstellung erhält jeder Besucher den Ausweis eines bestimmten Holocaust-Opfers. Dessen Geschichte folgt man dann auf dem gewundenen Rundgang in die höllische, von Ghettos, Viehwaggons

und Vernichtungslagern geprägte Vergangenheit. Gezeigt werden aber auch Aspekte der Menschlichkeit anhand vieler Beispiele, in denen Menschen Risiken in Kauf nahmen, um den Verfolgten zu helfen.

National Gallery of Art
MUSEUM

(202-737-4215; www.nga.gov; Constitution Ave NW, zw. 3rd & 7th St; Mo–Sa 10–17, So 11–18 Uhr; Circulator, Archives) GRATIS Die eindrucksvolle Ausstellung reicht vom Mittelalter bis zur Gegenwart. Im neoklassizistischen Westgebäude sind europäische Kunstwerke aus der Zeit bis zum frühen 20. Jh. ausgestellt; zu den Highlights zählen ein Gemälde von Leonardo da Vinci und eine ganze Reihe impressionistischer und postimpressionistischer Bilder. Das von I. M. Pei entworfene Ostgebäude zeigt moderne Kunst, darunter Werke von Picasso, Matisse und Pollock sowie über dem Eingangsfoyer ein riesiges Mobile von Alexander Calder; leider ist dieser Teil (abgesehen vom Foyer) bis 2016 wegen Renovierungsarbeiten geschlossen. Ein abgefahrener unterirdischer Tunnel verbindet beide Gebäude.

47 Hay-Adams Hotel	D4
48 Hostelling International – Washington DC	E4
49 Hotel George	G5
50 Hotel Helix	E3
51 Hotel Lombardy	C4
52 Morrison-Clark Inn	E4
53 Tabard Inn	D3
54 Taft Bridge Inn	C1

Essen

55 Afterwords Cafe	C3
56 Baked & Wired	A4
57 Ben's Chili Bowl	E2
58 Bistro Bohem	F2
59 Bistrot du Coin	C2
60 Central Michel Richard	E5
61 Chez Billy Sud	A4
62 Compass Rose	E2
63 Daikaya	F5
64 Diner	D1
65 Donburi	D1
Duke's Grocery	(siehe 68)
66 Estadio	E3
67 Founding Farmers	C4
68 Komi	D3
69 Le Diplomate	E2
Little Serow	(siehe 68)
70 Maine Avenue Fish Market	E7
71 Martin's Tavern	A3
Mitsitam Native Foods Cafe	(siehe 27)

72 Old Ebbitt Grill	E5
73 Rasika	F5
74 Red Apron Butchery	F5
75 Tico	E2

Ausgehen & Nachtleben

76 Bar Charley	D2
77 Ching Ching Cha	A3
78 Churchkey	E3
79 Cobalt	D2
80 Cork Wine Bar	E2
81 Dacha Beer Garden	F2
82 Dan's Cafe	D1
83 Filter	C2
84 JR's	D3
85 Nellie's	F2
86 Right Proper Brewing Co	F2
87 Round Robin	E5
Tabard Inn Bar	(siehe 53)
88 U Street Music Hall	E2

Unterhaltung

89 9:30 Club	F1
90 Black Cat	E2
91 Bohemian Caverns	F2
92 Discovery Theater	E6
93 Kennedy Center	B5
94 Shakespeare Theatre Company	F5
95 Studio Theatre	E3
96 Washington Capitals	F5
Washington Wizards	(siehe 96)

National Sculpture Garden GARTEN
(Ecke Constitution Ave NW & 7th St NW; ⊙ Mo–Do & Sa 10–19, Fr 10–21.30, So 11–19 Uhr; Circulator, M Archives) GRATIS Im 2,4 ha großen Garten der National Gallery of Art stehen skurrile Skulpturen wie Roy Lichtensteins *House,* ein riesiger Schreibmaschinen-Radiergummi von Claes Oldenburg oder Louise Bourgeois' spindeldürre *Spider.* Die Werke verteilen sich um einen Springbrunnen, in dem man im Sommer prima die Füße kühlen kann. Von November bis März wird der Brunnen zu einer fröhlichen **Eisbahn** (Erw./Kind 8/7 US$, Schlittschuhverleih 3 US$).

Im Sommer gibt's freitags kostenlose Jazzkonzerte im Garten (17–20.30 Uhr).

National Museum of Natural History MUSEUM
(www.mnh.si.edu; Ecke 10th St & Constitution Ave NW; ⊙ 10–17.30 Uhr, Juni–Aug. bis 19.30 Uhr; Circulator, M Smithsonian) GRATIS Keines der Smithsonian-Museen ist beliebter, man sollte sich auf Menschenmassen einstellen. Man winkt dem Elefanten Henry in der Rotunde zu und schaut sich im 2. Stock den Hope-Diamanten an. Auf dem 45,52 Karat schweren Klunker soll ein Fluch lasten – auch Marie Antoinette gehörte zu seinen Besitzern. Die Dinosaurierhalle wird bis 2019 renoviert, doch der Riesenkalmar (1. Stock, Ocean Hall) und die Fütterung der Taranteln (2. Stock, Insektarium) sorgen bei Kids trotzdem für gespannte Aufmerksamkeit.

National Museum of American History MUSEUM
(www.americanhistory.si.edu; Ecke 14th St & Constitution Ave NW; ⊙ 10–17.30 Uhr, Juni–Aug. bis 19.30 Uhr; Circulator, M Smithsonian) GRATIS Das Museum sammelt alle möglichen Artefakte zur amerikanischen Geschichte. Hauptattraktion ist die Fahne, die im Britisch-Amerikanischen Krieg von 1812 über Fort McHenry in Baltimore wehte und Francis Scott Key zum Text der amerikanischen Nationalhymne (*The Star-Spangled Banner*) inspirierte. Weitere Highlights sind Julia Childs Küche (1. Stock, „Food Exhibition"), Dorothys rubinrote Schuhe und ein Stück des Plymouth Rock (beide im 2. Stock, Ausstellung „American Stories").

National Mall

So abwegig ist es nicht, die Mall als „Amerikas Vorgarten" zu bezeichnen. Tatsächlich besteht sie größtenteils aus einer Wiese, die sich vom Capitol westwärts bis zum Lincoln Memorial erstreckt. Der größte öffentliche Platz der USA war oft Zeuge von Demonstrationen und Protestmärschen vor der monumentalen Kulisse aus Gedenkstätten, die Werte und Errungenschaften der ganzen Nation repräsentieren.

Man kann recht viel an einem einzigen, wenn auch anstrengenden Tag sehen, bei dem man ungefähr 6 km zu Fuß zurücklegt. Man startet am **Vietnam Veterans Memorial** ❶ und geht gegen den Uhrzeigersinn um die Mall, vorbei am **Lincoln Memorial** ❷, **Martin Luther King Jr. Memorial** ❸ und **Washington Monument** ❹. Wer will, kann auch Abstecher zum Korean War Veteran Memorial, zum National WWII Memorial und weiteren Monumenten im westlichen Teil der Mall machen.

Martin Luther King Jr. Memorial
Man kann rund um die von Lei Yixin gestaltete Statue des Bürgerrechtlers schlendern und alle Zitate lesen. Kings Statue ist 3 m höher als die Lincolns und Jeffersons auf ihren Denkmälern.

Smithsonian Castle
Neben dem Eingang an der Mall befindet sich die Krypta mit dem Grabmal von James Smithson, jenem exzentrischen Engländer, dessen Vermächtnis 1826 den Grundstein für die Smithsonian Institution legte.

National Air & Space Museum
Eintreten und nach oben schauen – der Anblick ist überwältigend. Lindberghs *Spirit of St. Louis* und Chuck Yeagers Bell X-1, mit der er die Schallmauer durchbrach, gehören zu den Maschinen, die von der Decke hängen.

Danach geht's weiter zu den Museen, die allesamt hervorragend und noch dazu kostenlos sind. Beginnen sollte man im **Smithsonian Castle** ❺ wo man alle Infos bekommt und dem Menschen huldigen kann, der die großartigen Einrichtungen ermöglicht hat. Danach geht es weiter mit dem Rundgang durch **National Air & Space Museum** ❻, **National Gallery of Art & National Sculpture Garden** ❼ und **National Museum of Natural History** ❽.

TOP-TIPPS

Man sollte, vor allem im Sommer, zeitig aufbrechen – so entgeht man den Massen und der brütenden Hitze. Bis 10.30 Uhr sollte man die Gedenkstätten besichtigt haben, um sich dann in die klimatisierten Räume der Museen flüchten zu können. Und Snacks nicht vergessen – das kulinarische Angebot auf der Mall ist dünn!

Lincoln Memorial

Zuerst betracht man den sitzenden Lincoln, dann geht man die Treppen hinunter zu der Stelle, an der Martin Luther King Jr. über seinen „Traum" sprach. Der Blick auf den Reflecting Pool und das Washington Monument ist ein Highlight eines D.C.-Besuchs.

Korean War Veterans Memorial

National WWII Memorial

National Museum of African American History & Culture

National Museum of American History

National Sculpture Garden

Vietnam Veterans Memorial

Man sollte auf das Symbol neben jedem Namen achten: Eine Raute steht für „gefallen, Leiche geborgen", ein Plus-Zeichen für „vermisst, Umstände ungeklärt" – auf fast 1200 Soldaten trifft Letzteres zu.

Washington Monument

Bei der Annäherung an den Obelisken sollte man den Blick nach oben wenden: Ungefähr ab dem ersten Drittel wird der Stein dunkler, da die Erbauer auf einen anderen Marmor zurückgreifen mussten.

National Museum of Natural History

Nachdem man den Elefanten Henry begrüßt hat, geht's hinauf zum Hope-Diamanten. Der 45,52 Karat schwere Edelstein belegte seine Besitzer, u. a. auch Marie Antoinette, angeblich mit einem Fluch.

National Gallery of Art & National Sculpture Garden

Besonders sehenswert ist das einzige Gemälde Leonardos, das in den USA aufbewahrt wird (im West Building). Draußen schlendert man inmitten skurriler Skulpturen von Miró, Calder und Roy Lichtenstein umher. Ein Hingucker ist auch das von I. M. Pei entworfene East Building.

ⓘ ESSEN AUF DER NATIONAL MALL

Vor einem Besuch der National Mall sollte man sich mit Snacks eindecken, da es nur wenige gute Restaurants in der Gegend gibt. Eine positive Ausnahme ist das einmalige **Mitsitam Native Foods Cafe** (www.mitsitamcafe.com; Ecke 4th St & Independence Ave SW, National Museum of the American Indian; Hauptgerichte 10–18 US$; ⊘11–17 Uhr; ⬚Circulator, Ⓜ L'Enfant Plaza) im National Museum of the American Indian.

National Museum of African American History and Culture
MUSEUM

(www.nmaahc.si.edu; 1400 Constitution Ave NW; ⊘10–17.30 Uhr; ⬚Circulator, Ⓜ Smithsonian, Federal Triangle) GRATIS Das neuste in der Reihe der Smithsonian-Museen widmet sich dem vielschichtigen Leben der Afroamerikaner und ihrem Beitrag zur Herausbildung der Nation. Die Sammlung umfasst beispielsweise Harriet Tubmans Gesangbuch, Emmett Tills Sarg oder die Trompete von Louis Armstrong. Die Smithsonian Institution baut derzeit ein funkelnagelneues Gebäude für das Museum, das 2016 eröffnet werden soll. Bis dahin sind einzelne Stücke der Sammlung gleich nebenan im National Museum of American History (2. Stock) ausgestellt.

National World War II Memorial
DENKMAL

(www.nps.gov/wwii; 17th St; ⊘24 Std.; ⬚Circulator, Ⓜ Smithsonian) GRATIS Die 2004 eingeweihte Gedenkstätte, eine ovale Anlage mit zentralem Springbrunnen, ehrt die 400 000 US-Amerikaner, die in diesem Krieg starben, sowie die 16 Mio. G. I.s, die zwischen 1941 und 1945 ihren Dienst verrichteten. Die beiden steinernen Pavillons symbolisieren den Sieg auf dem europäischen (atlantischen) und dem asiatischen (pazifischen) Kriegsschauplatz. Die 56 Pfeiler stehen für die einzelnen US-Bundesstaaten und -Territorien. Bewegende Zitate verteilen sich über das Denkmal, bei dem sich oft Veteranengruppen einfinden.

Hirshhorn Museum
MUSEUM

(www.hirshhorn.si.edu; Ecke 7th St & Independence Ave SW; ⊘10–17.30 Uhr; ⬚; ⬚Circulator, Ⓜ L'Enfant Plaza) GRATIS In dem zylindrischen Museum für moderne Kunst des Smithsonian

sind Gemälde und Skulpturen von der Frühzeit des Modernismus über die Pop-Art bis zur zeitgenössischen Kunst ausgestellt. Sonderausstellungen füllen den 2. Stock, Wechselausstellungen aus der Dauersammlung den 3.Stock, wo es auch einen schicken Sitzbereich mit Sofas, deckenhohen Fenstern und einen Aussichtsbalkon auf die National Mall gibt.

Smithsonian Castle
GEBÄUDE

(☎202-633-1000; www.si.edu; 1000 Jefferson Dr SW; ⊘8:30am-5:30pm; ⬚Circulator, Ⓜ Smithsonian) James Renwick entwarf das von Türmen bekrönte, 1855 fertiggestellte rote Sandsteingebäude, das an ein Märchenschloss erinnert. Heute beherbergt die „Burg" das **Smithsonian Visitors Center**, eine gute erste Anlaufstelle auf der National Mall. Im Haus gibt es historische Exponate, mehrsprachige Touchscreens, einen mit Personal besetzten Informationsschalter, kostenlose Lagepläne, ein Café – und das Grab von James Smithson, der den USA sein Vermögen zum Aufbau einer Einrichtung zur Verbreitung des Wissens hinterließ. Die Krypta befindet sich in einem kleinen Raum am Haupteingang abseits der Mall.

Freer-Sackler Museums of Asian Art
MUSEUM

(www.asia.si.edu; Ecke Independence Ave & 12th St SW; ⊘10–17.30 Uhr; ⬚Circulator, Ⓜ Smithsonian) GRATIS Ein hübsches Museum, in dem sich gut ein Nachmittag in Washington verbringen lässt: Japanische Seidenwandschirme, lächelnde Buddhas, seltene islamische Manuskripte und chinesische Schmuckstücke aus Jade verteilen sich über die stillen, kühlen Säle. Das Freer und das Sackler sind eigentliche separate Einrichtungen, die aber durch einen Tunnel verbunden sind. Das Sackler konzentriert sich mehr auf Wechselausstellungen, während das Freer, recht zusammenhangslos, auch Werke des US-amerikanischen Malers James Whistler präsentiert. Unbedingt anschauen sollte man sich den blau-goldenen, mit Keramik überfüllten Pfauensaal.

Wie bei allen Einrichtungen des Smithsonian gibt es auch hier kostenlose Vorträge, Konzerte und Filmvorführungen, hier typischerweise mit asiatischen Themen – der Veranstaltungskalender steht auf der Website. Leider bleibt das Freer wegen Renovierungsmaßnahmen voraussichtlich bis Sommer 2017 geschlossen; das Sackler ist davon nicht betroffen.

National Museum of the American Indian
MUSEUM

(www.nmai.si.edu; Ecke 4th St & Independence Ave SW; ☉10–17.30 Uhr; 🚻; 🚌 Circulator, Ⓜ L'Enfant Plaza) GRATIS Das Gebäude mit seiner kurvigen Fassade aus honiggelbem Sandstein fällt ins Auge. Drinnen finden sich kulturelle Artefakte, Kostüme, Bild- und Tonaufnahmen der indigenen Völker des amerikanischen Doppelkontinents. Die Ausstellungen wurden überwiegend von den jeweiligen Völkern selbst konzipiert, woraus sich ein persönlich gefärbtes, manchmal nicht sehr engmaschiges Gesamtbild ergibt. Faszinierend ist die Galerie „Our Universes" (Ebene 4), die sich mit den Glaubensvorstellungen und Schöpfungsmythen der Ureinwohner befasst.

Bureau of Engraving & Printing
WAHRZEICHEN

(www.moneyfactory.gov; Ecke 14th & C Sts SW; ☉März–Aug. Mo–Fr 9–10.45, 12.30–15.45 & 17–18 Uhr, Sept.–Feb. kürzere Öffnungszeiten; Ⓜ Smithsonian) GRATIS Die Banknoten des Landes werden hier entworfen und gedruckt. Bei den 40-minütigen Führungen blickt man in die Werkhalle hinunter, wo Millionen Dollar aus der Presse rollen und per Fallbeil zugeschnitten werden. In der Spitzensaison (März–Aug.) braucht man eine Eintrittskarte mit Terminangabe. Dazu sollte man sich früh am **Ticketkiosk** (Raoul Wallenberg Pl, auch bekannt als 15th St) einfinden, der um 8 Uhr öffnet.

◉ Tidal Basin

Es ist zauberhafte, um die künstlich angelegte Bucht zu schlendern und sich die beleuchteten Monumente anzuschauen, deren Lichter über dem Potomac River blinken. Besonders herrlich ist die Szenerie hier während des Cherry Blossom Festivals, des Kirschblütenfests im Frühling, wenn rund um das Becken eine rosa-weiße Farbenpracht erstrahlt. Die ersten Bäume waren ein Geschenk der Stadt Tokio und wurden 1912 gepflanzt.

Martin Luther King Jr. Memorial
DENKMAL

(www.nps.gov/mlkm; 1850 W Basin Dr SW; ☉24 Std.; 🚌 Circulator, Ⓜ Smithsonian) GRATIS Die 2011 eingeweihte Gedenkstätte ist die erste an der National Mall, die einem Afroamerikaner gewidmet ist, und zugleich auch die erste, die nicht eines US-Präsidenten gedenkt. Die Skulptur stammt von dem chinesischen Bildhauer Lei Yixin. Die zwei Steinblöcke hinter dem *Stone of Hope*, aus dem das Standbild von King herauswächst, repräsentieren den *Mountain of Despair* (Berg der Verzweiflung). Eine Wand mit berührenden Zitaten aus den Reden des Bürgerrechtlers flankieren die Statuen. Die Anlage befindet sich auf einem hübschen Gelände am Ufer des Tidal Basin.

Franklin Delano Roosevelt Memorial
DENKMAL

(www.nps.gov/frde; 400 W Basin Dr SW; ☉24 Std.; 🚌 Circulator, Ⓜ Smithsonian) GRATIS Die 3 ha große Gedenkstätte ist dem US-Präsidenten mit der längsten Amtszeit und seiner Ära gewidmet. Die Besucher werden durch vier von rotem Granit eingefasste „Räume" geleitet, in denen Statuen und Inschriften von Roosevelts Amtszeit von der Weltwirtschaftskrise über die New-Deal-Politik bis zum Zweiten Weltkrieg erzählen. Dazwischen finden sich Brunnen und friedliche Nischen. Die Anlage ist besonders reizvoll bei Nacht, wenn sich der Marmor in dem ruhigen Wasser des Tidal Basin spiegelt.

Jefferson Memorial
DENKMAL

(www.nps.gov/thje; 900 Ohio Dr SW; ☉24 Std.; 🚌 Circulator, Ⓜ Smithsonian) GRATIS Die Gedenkstätte inmitten von Kirschbäumen am Südufer des Tidal Basin ehrt den politischen Philosophen Thomas Jefferson, den dritten Präsidenten der USA, der zudem die Unabhängigkeitserklärung verfasste und die University of Virginia gründete. Die Rotunde, von John Russell Pope in Anlehnung an Jeffersons Entwurf der Bibliothek von Virginia errichtet, wurde anfangs als „Jefferson Muffin" verspottet. Im Innern befindet sich eine 5,7 m hohen Jefferson-Statue und an den Wänden Aphorismen aus seinen Schriften.

◉ Capitol Hill

Das Kapitol steht selbstverständlich auf dem Capitol Hill (unserer Ansicht nach ist er eher ein Stumpf, aber was soll's!). Auf der gegenüberliegenden Seite des Platzes erheben sich die ehrwürdigen Gebäude des Supreme Court und der Library of Congress. Bürogebäude des Kongresses säumen den Platz. Zwischen der E Capitol St und dem Lincoln Park erstreckt sich ein hübsches Wohnviertel mit Häusern aus braunem Sandstein.

★ Capitol
WAHRZEICHEN

(www.visitthecapitol.gov; First St NE & E Capitol St; ☉Mo–Sa 8.30–16.30 Uhr; Ⓜ Capitol South) GRATIS Seit 1800 tritt hier die Legislative der USA

NICHT VERSÄUMEN

MUSEEN DER SMITHSONIAN INSTITUTION

Die Smithsonian Institution (www.si.edu) ist nicht ein einzelner Ort, wie vielfach geglaubt, sondern umfasst 19 Museen, den National Zoo und neun Forschungseinrichtungen. Die meisten Einrichtungen befinden sich im D. C., einige andere verteilen sich jedoch über die USA und das Ausland. Insgesamt handelt es sich um den größten Museums- und Forschungskomplex der Welt – und der Eintritt ist für Besucher kostenlos! Man kann wochenlang durch endlose Korridore wandern und die gesammelten Schätze, Artefakte und Kuriositäten aus Amerika und aller Welt bestaunen: Gewaltige Dinosaurierskelette, Mondfähren und Kunst aus allen Ecken des Planeten sind Teil dieses ungeheuren Reichtums. Man muss sich vor Augen führen, dass von den annähernd 140 Mio. Objekten in der Sammlung des Smithsonian jeweils nur 1 % ausgestellt ist. Die Einrichtung ist dem wissbegierigen Engländer James Smithson (1765–1829) zu verdanken: Dieser hatte die USA zwar nie besucht, hinterließ dem jungen Land aber testamentarisch 508 318 US$ für die Gründung einer „Einrichtung zur Vermehrung und Verbreitung des Wissens".

Die meisten Smithsonian-Museen sind täglich geöffnet (außer am 25. Dez.), einige haben im Sommer verlängerte Öffnungszeiten. Besucher müssen mit Warteschlangen und Taschenkontrollen rechnen.

– also der Kongress – zusammen und beschließt die Gesetze des Landes. Die 435 Abgeordneten des Repräsentantenhauses und die 100 Mitglieder des Senats versammeln sich im Süd- bzw. Nordflügel des Gebäudes. Besucher betreten das Gebäude über das unterirdische Besucherzentrum unter der East Plaza. Die Führungen sind kostenlos, man benötigt jedoch eine Eintrittskarte, die man am Informationsschalter erhält oder vorab kostenlos online reservieren kann.

Library of Congress
BIBLIOTHEK

(www.loc.gov; 1st St SE; ⊙ Mo–Sa 8.30–16.30 Uhr; Ⓜ Capitol South) GRATIS Die weltweit größte Bibliothek hat einen Bestand von 29 Mio. Büchern, Tendenz steigend, und wirkt in Umfang und Gestaltung überwältigend. Das Kernstück ist das 1897 errichtete Jefferson Building. Besucher bestaunen den mit Buntglas, Marmor und Mosaiken mythischer Figuren geschmückten großen Saal, das Exemplar der Gutenberg-Bibel (ca. 1455), die Rotunde mit Thomas Jeffersons Bibliothek und den Aussichtsbereich des Hauptlesesaals. Kostenlose Führungen finden zwischen 10.30 und 15.30 Uhr jeweils zur halben Stunde statt.

Supreme Court
WAHRZEICHEN

(☎ 202-479-3000; www.supremecourt.gov; 1 1st St NE; ⊙ Mo–Fr 9–16.30 Uhr; Ⓜ Capitol South) GRATIS Der Oberste Gerichtshof der USA residiert in einem neoklassizistischen Gebäude mit 5850 kg schweren Bronzetüren, der einem griechischen Tempel nachempfunden ist. Frühaufsteher können bei den Verhandlungen zuschauen (periodisch Okt.–April,

Mo–Mi). Die Dauerausstellung und die fünfstöckige Wendeltreppe aus Marmor und Bronze können ganzjährig besichtigt werden. An sitzungsfreien Tagen gibt es Vorträge im Gerichtssaal (stündlich zur halben Stunde).

Folger Shakespeare Library
BIBLIOTHEK

(www.folger.edu; 201 E Capitol St SE; ⊙ Mo–Sa 10–17, So 12–17 Uhr; Ⓜ Capitol South) GRATIS Shakespeare-Fans werden begeistert sein! Die Bibliothek besitzt den weltweit größten Bestand an Werken von und über Shakespeare. Im Großen Saal sind elisabethanische Artefakte, Gemälde, Kupferstiche und Manuskripte ausgestellt. Das Highlight ist die Möglichkeit, ein First Folio (erste Shakespeare-Gesamtausgabe von 1623) digital zu durchblättern – die Bibliothek besitzt mit 82 Exemplaren die weltweit größte Sammlung dieses seltenen Buchs. Im stimmungsvollen Theater werden die Stücke des Meisters aufgeführt.

National Postal Museum
MUSEUM

(www.postalmuseum.si.edu; 2 Massachusetts Ave NE; ⊙ 10–17.30 Uhr; ♿; Ⓜ Union Station) GRATIS Das von den Smithsonian Institution geführte Postmuseum ist viel cooler, als man es vielleicht erwartet. Unten (Ebene 1) gibt es eine Ausstellung zur Postgeschichte von den Zeiten des Pony Express bis zur Gegenwart – zu sehen sind beispielsweise alte Postflugzeuge und anrührende Briefe von Soldaten und Pionieren. Auf Ebene 2 findet sich die weltweit größte Briefmarkensammlung. Philatelisten ziehen die Schubladen heraus und machen Schnappschüsse der seltensten Marken (etwa der „Benjamin Franklin Z Grill"). Man kann auch selber mit dem Sammeln anfangen, indem man aus Tausenden kostenlosen Marken aus Ländern wie Guyana, dem Kongo oder Kambodscha wählt.

Weißes Haus & Foggy Bottom

Ein großer Park, „The Ellipse", grenzt an die National Mall an; an der Ostseite folgt der Block der Mächtigen an der Pennsylvania Ave. Foggy Bottom wurde nach den Abgasen benannt, die ein früher hier angesiedeltes Gaswerk ausspie; heute befinden sich in dem gehobenen, nicht besonders munteren Viertel das State Department (Außenministerium) und die George Washington University, weshalb sich hier viele Studenten und Berufstätige herumdrücken.

★ Weißes Haus WAHRZEICHEN

(Führungen 202-456-7041; www.whitehouse.gov; Führungen Di–Do 7.30–11.30, Fr & Sa bis 13.30 Uhr; M Federal Triangle, McPherson Sq, Metro Center) GRATIS Das Weiße Haus hat Feuer und Schmähungen überstanden – die Briten steckten es 1814 in Brand, Jefferson schimpfte, es sei „groß genug für zwei Kaiser, einen Papst und den Dalai Lama". Führungen müssen vorab vereinbart werden. Hierzu wendet man sich an das US-Konsulat zu Hause bzw. an die eigene diplomatische Vertretung in Washington. Die Anträge müssen mindestens 21 Tage vor dem geplanten Besuchstermin gestellt werden, bei einem Vorlauf von höchstens sechs Monaten – idealerweise beantragt man eine Besichtigung ca. drei Monate im Voraus.

White House Visitor Center MUSEUM

(www.nps.gov/whho; 1450 Pennsylvania Ave NW; 7.30–16 Uhr; M Federal Triangle) GRATIS Wem die Zugangsprozeduren zu mühselig sind, kann sich mit diesem Museum begnügen. Hier gibt's Artefakte zu sehen wie den Schreibtisch, von dem Franklin D. Roosevelt seine Kaminansprachen hielt, oder den Stuhl, auf dem Lincoln bei Kabinettssitzungen Platz nahm. Multimedia-Präsentationen ermöglichen einen virtuellen Rundgang durch das Weiße Haus. Das ist zwar kein Erlebnis aus erster Hand, doch das Zentrum macht seine Sache ganz gut: Man bekommt einen historischen Einblick, garniert mit prima Anekdoten über die First Ladys, Kinder, Haustiere und Essensvorlieben der Präsidenten.

Textile Museum MUSEUM

(www.museum.gwu.edu; 701 21st St NW; Eintritt 8 US$; Mo & Mi–Fr 11.30–18.30, Sa 10–17, So 13–17 Uhr, Di geschl.; M Foggy Bottom-GWU) Dieses Schmuckstück ist das einzige Textilmuseum des Landes. In seinen Sälen sind exquisite Stoffe und Teppiche ausgestellt. Die (einige Male im Jahr wechselnden) Ausstellungen drehen sich um bestimmte Themen, z. B. asiatische Textilien mit Drachenmotiven oder Gewebe der Kuba aus der Demokratischen Republik Kongo. Und das Gute ist: Das Museum teilt sich das Gebäude mit der Washingtonia-Sammlung der George Washington University, die historische Pläne, Zeichnungen u. v. m. zur Hauptstadt umfasst.

Renwick Gallery MUSEUM

(www.americanart.si.edu/renwick; 1661 Pennsylvania Ave NW; 10–17.30 Uhr; M Farragut West) GRATIS Die zum Smithsonian-Imperium gehörende Galerie residiert in einer prächtigen Villa aus dem Jahr 1859 und zeigt eine erstklassige Sammlung amerikanischen Kunsthandwerks. Nach umfassenden Renovierungsarbeiten wurde die Galerie Anfang 2016 wieder eröffnet.

STEVEN F. UDVAR-HAZY CENTER

Das National Air & Space Museum an der National Mall ist so eindrucksvoll, dass es seine eigene Abstellkammer erhalten hat: das **Steven F. Udvar-Hazy Center** (www.airandspace.si.edu/visit/udvar-hazy-center; 14390 Air & Space Museum Pkwy; 10–17.30 Uhr, Ende Mai–Anf. Sept. bis 18.30 Uhr; M Wiehle-Reston East, ab dort Bus 983) GRATIS in Chantilly, Virginia. Diese Einrichtung hat die dreifache Größe des Museums im D. C. und verteilt sich auf zwei riesige Hangars in der Nähe des Dulles Airport. Zu den Highlights zählen eine SR-71 Blackbird (der schnellste Jet der Welt), das 2011 außer Dienst gestellte Spaceshuttle *Discovery* und der B-29-Bomber *Enola Gay*, der die Atombombe über Hiroshima abwarf.

Der Besuch des Museums ist kostenlos, die Parkplätze aber kosten 15 US$. Mit öffentlichen Verkehrsmitteln fährt man mit der Silver Line der Metro zum Bahnhof Wiehle-Reston East; dort steigt man in den Fairfax-Connector-Bus 983 um und eine Haltestelle weiter am Museum aus.

⊙ Downtown

In diesem rund um die Uhr betriebsamen Viertel sind auch mehrere bedeutende Sehenswürdigkeiten zu Hause. Darüber hinaus ist es das glanzvolle Theaterviertel der Stadt und Ort vieler Tagungen.

★ National Archives WAHRZEICHEN

(☑ 866-272-6272; www.archives.gov/museum; 700 Pennsylvania Ave NW; ⊙ Sept.–Mitte März 10–17.30 Uhr, Mitte März–Aug 10–19 Uhr; Ⓜ Archives) GRATIS Es ist kaum möglich, nicht zumindest ein bisschen Ehrfurcht zu empfinden, wenn man vor den berühmten Dokumenten in den National Archives steht: der Unabhängigkeitserklärung, der Verfassung und dem Bill of Rights (die ersten 10 Verfassungszusätze) sowie einer von vier Kopien der Magna Carta. Sie verdeutlichen in ihrer Gesamtheit dem Besucher, wie radikal dieses „Experiment USA" in der damaligen Zeit war. Die Public Vaults sind lediglich ein Kratzen an der Oberfläche des gesamten archivierten Materials und sind eine glitzernde Erwiderung auf die Hauptausstellung.

★ Reynolds Center for American Art & Portraiture MUSEUM

(☑ 202-633-1000; www.americanart.si.edu; Ecke 8th & F St NW; ⊙ 11.30–19 Uhr; Ⓜ Gallery Pl) GRATIS Wer bei einem Washington-Besuch nur Zeit für ein Museum hat, sollte sich für das Reynolds Center entscheiden, das die National Portrait Gallery mit dem American Art Museum vereint. Es gibt schlicht keine bessere Sammlung US-amerikanischer Kunst als in diesen beiden Smithsonian-Museen. Berühmte Werke von Edward Hopper, Georgia O'Keeffe, Andy Warhol, Winslow Homer und vielen weiteren bedeutenden Künstlern füllen die Säle.

Ford's Theatre HISTORISCHE STÄTTE

(☑ 202-426-6924; www.fords.org; 511 10th St NW; ⊙ 9–16.30 Uhr; Ⓜ Metro Center) GRATIS Am 14. April 1865 wurde Abraham Lincoln hier von John Wilkes Booth in seiner Loge erschossen. Um die mit Fahnen drapierte Stätte zu sehen, braucht man eine Eintrittskarte mit Terminangabe. Damit gelangt man auch in das Museum im Keller, wo u. a. Booths Pistole Kaliber 44 und seine schmutzigen Stiefel etc. ausgestellt sind, und in das Petersen House auf der anderen Straßenseite, in dem Lincoln starb. Die Tickets sind schnell vergeben – früh kommen! Wer sicher gehen will, reserviert online (Gebühr 6,25 US$).

Newseum MUSEUM

(www.newseum.org; 555 Pennsylvania Ave NW; Erw./Kind 23/14 US$; ⊙ 9–17 Uhr; ♿; Ⓜ Archives, Judiciary Sq) Das sechsstöckige, hochgradig interaktive Nachrichten-Museum lohnt sich. Man kann die wichtigsten Ereignisse der letzten Jahre Revue passieren lassen (den Fall der Berliner Mauer, Nine eleven, Hurrikan Katrina), stundenlang Filmmaterial anschauen und in mit dem Pulitzer-Preis ausgezeichneten Fotos stöbern. In der Verteilerhalle ist FBI-Material zu bestimmten Themen ausgestellt, z. B. der Hütte des Unabombers Theodore Kaczynski oder John Dillingers Totenmaske.

⊙ U Street, Shaw & Logan Circle

Diese Viertel haben sich in den letzten Jahren stärker verändert als fast alle anderen in Washington. Der U Street Corridor hat das ausgeprägteste Nachtleben vor Ort und schon so einiges erlebt: Hier befand sich einst der „Black Broadway", wo im frühen 20. Jh. Duke Ellington und Ella Fitzgerald auftraten und 1968 das schwelende Epizentrum der Rassenunruhen lag. Die Geschichte des Gebiets würdigt das African American Civil War Memorial an der Metrostation U Street. Nach Jahren des Niedergangs hat die Straße in den letzten Jahren eine pulsierende Wiedergeburt erlebt – ein Spaziergang durch das Viertel ist ein Muss!

Die U Street geht im größeren Shaw-Viertels auf, das gegenwärtig in Washington besonders in ist. Dabei ist es aber nicht auf nervige Weise trendig: Die Brauereien, Bars und Cafés, die hier jede Woche neu hinzukommen, wirken nicht affektiert. Der Logan Circle gleich nebenan erlebt ebenfalls einen Boom: Bei einem Bummel auf der 14th St NW entdeckt man Weinbars angesagter Chefköche, Gastropubs, Tapas-Lokale und Austernbars. In den Seitenstraßen stehen stattliche alte Villen, die dem Viertel Klasse geben.

⊙ Dupont Circle

Als Tummelplatz der wohlhabenden Schwulen-Community und der Diplomatenszene herrscht hier Stadtleben vom Feinsten. Tolle Restaurants, Bars, Buchläden und Cafés, faszinierende Architektur und die präsente Energie einer lebendigen Nachbarschaft machen Dupont zu einem lohnenden Ziel. Die meisten historischen Villen in dem Viertel sind heute Sitz von Botschaften.

★ Embassy Row
ARCHITEKTUR

(www.embassy.org; Massachusetts Ave NW zw. Observatory & Dupont Circles NW; Ⓜ Dupont Circle)
Wie schnell kann man die USA verlassen? Hier dauert das keine fünf Minuten, denn beim Spaziergang von der Massachusetts Ave Richtung Norden zum Dupont Circle (dem Verkehrskreisel, nach dem das Viertel bezeichnet wird) kommt man an mehr als 40 Botschaften vorbei. Diese residieren in Villen, die teils imposant, teils diskret auf ihre Funktion verweisen. Und da ein Botschaftsgelände nun einmal exterritorial ist, kann man so jederzeit die USA verlassen.

Phillips Collection
MUSEUM

(www.phillipscollection.org; 1600 21st St NW; Eintritt Sa & So 10 US$, Di–Fr frei, Sonderausstellungen tgl. 12 US$; ☺ Di, Mi, Fr & Sa 10–17, Do bis 20.30, So 11–18 Uhr, Kammermusikabende Okt.–Mai So 16 Uhr; Ⓜ Dupont Circle) Das landesweit erste Museum moderner Kunst eröffnete 1921. Es beherbergt eine kleine, aber exquisite Sammlung europäischer und amerikanischer Werke. *Das Frühstück der Ruderer* von Renoir ist eines der Highlights, überdies werden Gemälde von Gauguin, van Gogh, Matisse, Picasso und vielen anderen bedeutenden Meistern gezeigt. In den intimen Sälen in der restaurierten Villa kommt man den Kunstwerken ungewohnt nah. Der Besuch der Dauersammlung ist werktags kostenlos.

◉ Georgetown

Tausende clevere und einflussreiche Zeitgenossen – von Studenten über Wissenschaftler in ihrem Elfenbeinturm bis zu Diplomaten – sind in diesem grünen und eleganten Viertel zu Hause. Abends drängt sich ein wilder Mix aus ausgelassenen Highschool-Schülern und Schickeria in der M St.

Dumbarton Oaks
GARTEN, MUSEUM

(www.doaks.org; 1703 32nd St NW; Museum kostenlos, Garten Erw./Kind 8/5 US$; ☺ Museum Di-So 11.30–17.30 Uhr, Garten 14–18 Uhr) Der 4 ha große, bezaubernde formale Garten wirkt wie aus dem Märchenbuch entsprungen. Im Frühjahr ist der Anblick der Blüten – insbesondere der Kirschblüten – einfach überwältigend. Auch die Villa lohnt eine Besichtigung; die Sammlung umfasst exquisite byzantinische und präkolumbische Kunst (u. a. auch El Grecos *Heimsuchung*) sowie eine faszinierende Bibliothek mit vielen seltenen Bänden.

Georgetown Waterfront Park
PARK

(Water St NW, zw. 30th St & Key Bridge; 🚻) Der Park ist beliebt bei Liebespärchen, Familien, die einen Abendspaziergang machen, und Yuppies, die mit ihren großen Jachten protzen. Bänke säumen den Weg, von denen aus man den Ruderern auf dem Potomac River zuschauen kann. Freiluftrestaurants ballen sich nahe dem Hafen an der 31st St NW. Sie umringen eine terrassierte Plaza voller Springbrunnen (die im Winter zu einer Eisbahn wird). Hier ankern auch die Sightseeing-Boote, die auf dem Potomac nach Alexandria, Virginia, schippern.

Georgetown University
UNIVERSITÄT

(www.georgetown.edu; Ecke 37th & O St NW) Die Georgetown, eine der führenden Universitäten des Landes, besitzt eine Studentenschaft, die kräftig zu arbeiten und zu feiern versteht. 1789 gegründet, ist sie zugleich die älteste römisch-katholische Akademikerschmiede des Landes. Bill Clinton und gekrönte Häupter und Staatsführer aus aller Welt zählen zu den berühmten „Hoyas" (Alumni; der Begriff ist abgeleitet vom lateinischen Schlachtruf *hoya saxa*, der in etwa „was für Felsen" bedeutet). Nahe dem Osttor des Campus beeindruckt die mittelalterlich wirkende **Healy Hall** mit einem hohen Uhrenturm, der auch in Hogwarts eine gute Figur abgäbe. Dahinter versteckt sich die hübsche **Dalghren Chapel** mit ihrem ruhigen Hof.

Exorcist Stairs
FILM-LOCATION

(3600 Prospect St NW) Die steile Treppe hinunter zur M St ist eine beliebte Jogging-Strecke, vor allem aber bekannt als die Stelle, wo der von Dämonen besessene Father Karras in dem Horror-Klassiker *Der Exorzist (1973)* zu Tode stürzt. An einem nebligen Abend wirken die Steinstufen tatsächlich ganz schön gruselig.

Tudor Place
MUSEUM

(www.tudorplace.org; 1644 31st St NW; Haus 1-std. Führung Erw./Kind 10/3 US$, selbst geführte Gartentour 3 US$; ☺ Di–Sa 10–16, So ab 12 Uhr, Jan. geschl.) Die klassizistische Villa von 1816 gehörte einst Martha Custis Peter, der Enkelin von Martha Washington, und ihrem Mann Thomas. Heute ist die Villa ein kleines Museum mit Kunstwerken und Möbeln aus Mt. Vernon, das einen Einblick in amerikanisches Kunsthandwerk gewährt. Rosen, Lilien, Pappeln und exotische Palmen schmücken den prächtigen, 2 ha großen Garten.

Upper Northwest D. C.

Die Peripherie im Nordwesten Washingtons besteht vor allem aus grünen Wohnvierteln.

National Zoo
ZOO

(www.nationalzoo.si.edu; 3001 Connecticut Ave NW; ☺ April–Okt. 10–18 Uhr, Nov.–März bis 16.30 Uhr, Gelände tgl. 6–20 Uhr, Nov.–März bis 18 Uhr; Ⓜ Cleveland Park, Woodley Park-Zoo/Adams Morgan) GRATIS Mehr als 2000 Tiere aus 400 verschiedenen Arten leben im National Zoo in natürlicher Umgebung. Berühmtheit erlangte der Zoo zuletzt mit seinen Großen Pandas Mei Xiang und Tian Tian und ihrem 2013 geborenen Nachwuchs Bao Bao. Weitere Attraktionen sind afrikanische Löwen, asiatische Elefanten und Orang-Utans, die in 15 m Höhe an zwischen Verbindungstürmen befestigten Stahlseilen herumturnen.

Washington National Cathedral
KIRCHE

(☎ 202-537-6200; www.nationalcathedral.org; 3101 Wisconsin Ave NW; Erw./Kind 10/6 US$, So Eintritt frei; ☺ Mo–Fr 10–17.30, Sa 10–16.30, So 8–16 Uhr, Mai–Sept. Mo–Fr mitunter bis 18 Uhr; Ⓜ Tenleytown-AU, dann südwärts mit Bus 31, 32, 36, 37) Die neugotische Kathedrale ist ebenso überwältigend wie ihre europäischen Pendants. Ihre architektonischen Schätze verbinden das Geistliche mit dem Weltlichen. Die bunten Glasfenster sind atemberaubend (toll ist das „Space Window" mit einem eingebetteten Mondstein). Um den Darth-Vader-Wasserspeier an der Außenfassade zu entdecken, benötigt man ein Fernglas. Spezielle Führungen tauchen tiefer ins Esoterische ein; vorher anrufen oder online ins Programm schauen. Zudem gibt es hier ein exzellentes Café.

Anacostia

Für die Fahrt von Georgetown ostwärts nach Anacostia braucht man etwa 30 Minuten und die Fähigkeit, eine Welt krasser Einkommensgegensätze auszuhalten. Die Armut dieser Wohngegend kontrastiert mit der nur wenige Meilen entfernten Mall und bildet eines der widersprüchlichsten Bilder von D.C. (und der USA). Rund um den Nationals Park, das Stadion der gleichnamigen Baseball-Mannschaft, ragen mehrere exklusive Hochhäuser mit Eigentumswohnungen in den Himmel.

Yards Park
PARK

(www.yardspark.org; 355 Water St SE; ☺ 7–2 Std. nach Sonnenuntergang; Ⓜ Navy Yard) Der grüne Park am Flussufer liegt vom Stadion der Nationals aus die Straße hinunter. Hier gibt es schattige Tische am Wasser, einen Plankenweg, Springbrunnen und eine schicke, modernistische Brücke, die an einen offenen Plastikstrohhalm erinnert. Blickt man nach links, erblickt man die am Navy Yard festgemachten Schiffe. Mehrere neue Restaurants und eine ausgezeichnete Brauerei am Parkrand sorgen fürs leibliche Wohl.

Frederick Douglass National Historic Site
HISTORISCHE STÄTTE

(☎ 877-444-6777; www.nps.gov/frdo; 1411 W St SE; ☺ April–Okt. 9–17 Uhr, Nov.–März bis 16.30 Uhr; Ⓜ Anacostia, ab dort Bus B2) GRATIS Der entflohene Sklave, Bürgerrechtler, Schriftsteller und Politiker Frederick Douglass bewohnte das hübsch auf einer Hügelspitze gelegene Haus von 1878 bis zu seinem Tod 1895. Die originalen Möbel, Bücher, Fotos und persönlichen Gegenstände vermitteln ein eindrucksvolles Bild vom privaten und öffentlichen Leben des bedeutenden Mannes. Man sieht z. B. seine mit Drähten eingefasste Brille auf seinem Rollschreibtisch. Das auch Cedar Hill genannte Haus kann nur im Rahmen einer Führung besichtigt werden.

Anacostia Museum
MUSEUM

(☎ 202-633-4820; www.anacostia.si.edu; 1901 Fort Pl SE; ☺ 10–17 Uhr; Ⓜ Anacostia, ab dort Bus W2, W3) GRATIS Dieses Smithsonian-Museum zeigt gute Wechselausstellungen zum Leben der Afroamerikaner in den USA. Meist liegt der Schwerpunkt auf Kunst (Decken aus einer bestimmten Region; Landschaftsmalereien eines vergessenen Künstlers) oder Geschichte (die ersten schwarzen Baseballteams in der Region; die Geschichte einer Sklavenfamilie). Das Museum dient auch als Versammlungssaal für die umliegende Gemeinde Anacostia. Vorher anrufen, da das Museum zwischen den Wechselausstellungen öfters geschlossen ist.

🏃 Aktivitäten

Wandern & Radfahren

C&O Canal Towpath
WANDERN, RADFAHREN

(www.nps.gov/choh; 1057 Thomas Jefferson St NW) Der schattige Wander- und Radweg, der zu einem größeren National Historic Park gehört, verläuft an einem Kanal entlang, der in der Mitte des 19. Jhs. gebaut wurde, um Güter bis nach West Virginia zu transportieren. Man erreicht die hübsche grüne Erholungsstätte von der Jefferson St.

Insgesamt verläuft der Kiesweg über 298 km von Georgetown bis nach Cumber-

Stadtspaziergang
Das elegante Georgetown

START MT. ZION CEMETERY
ZIEL GEORGETOWN WATERFRONT PARK
LÄNGE/DAUER 4,8 KM; 3 STD.

Das grüne Georgetown mit seinen prächtigen Herrenhäusern ist ein ideales Pflaster für einen Spaziergang. Los geht's am afroamerikanischen ❶ **Mt. Zion Cemetery** aus dem frühen 19. Jh. nahe der Kreuzung 27th/Q St. Die benachbarte Mt. Zion Church (1334 29th St) war eine Station der Underground Railroad: Entflohene Sklaven wurden in einer Gruft auf dem Friedhof versteckt.

Der Eingang zum ❷ **Oak Hill Cemetery** befindet sich ein paar Blocks weiter an der 30th und R St NW. Bei einem Bummel über das von Obelisken übersäte Gelände entdeckt man die Gräber berühmter Einwohner der Stadt. Weiter die Straße hinauf lockt ❸ **Dumbarton Oaks** mit bedeutender byzantinischer Kunst und weitläufigen Gartenanlagen – im Frühling ist die Blütenpracht hinreißend.

George Washingtons Stiefenkelin Martha Custis Peter war die Herrin von ❹ **Tudor Place**, der neoklassizistischen Villa in 1644 31st St. Das Anwesen mit schönem Landschaftsgarten enthält einiges Mobiliar aus Georges Anwesen in Mount Vernon.

In der Wisconsin Ave NW kann man eine Pause in ❺ **Martin's Tavern** einlegen, wo John F. Kennedy Jackie Bouvier einen Antrag machte. Beim Weitergehen kommt man auf der N Stim Block 3300 an mehreren Stadthäusern im Federal Style vorbei. Die Kennedys lebten von 1958 bis 1961 in ❻ **3307 N St**.

An der Ecke 36th St/Prospect Ave starrt man die ❼ **Exorcist Stairs** hinunter – hier schickte Regan aus dem Film *Der Exorzist* ihre Opfer in einen grässlichen Tod. Tagsüber Fitnesseinheit für Jogger, sind die Stufen nachts schon etwas gruselig.

Nun geht's hinunter zur M St NW, wo edle Boutiquen einen Generalangriff auf die Reisekasse starten. An der Jefferson St rechts abbiegen zum ❽ **Baked & Wired**, um sich mit einem Monster-Cupcake und einem Cappuccino zu stärken. Von dort geht's hinunter zum ❾ **Georgetown Waterfront Park**, wo Boote auf dem Potomac River hin- und herschaukeln.

land (Maryland). Viele Radler fahren die 23 km lange Strecke zu den Great Falls in Maryland. Die von Bäumen gesäumte Strecke führt über malerische Holzbrücken und vorbei an Wasserrädern und alten Schleusenwärterhäusern. Abgesehen von gelegentlichen kurzen Anstiegen ist die Route flach. Ein Karte gibt's auf der Website des Parks und bei **Bike Washington** (www.bikewashington.org/canal).

Capital Crescent Trail RADFAHREN

(www.cctrail.org; Water St) Der fabelhafte (und sehr beliebte) Jogging- und Radweg erstreckt sich zwischen Georgetown und Bethesda (Maryland) und wird ständig erweitert. Die knapp 18 km lange, asphaltierte Strecke folgt einer stillgelegten Bahnlinie und eignet sich perfekt für einen Tagesausflug. Man radelt durch Waldgebiete und elegante Viertel und genießt den Ausblick auf den Potomac River.

Big Wheel Bikes FAHRRADVERLEIH

(www.bigwheelbikes.com; 1034 33rd St NW; pro 3 Std./Tag 21/35 US$; ☺ Di–Fr 11–19, Sa & So 10–18 Uhr) Big Wheel hat eine große Auswahl an Fahrrädern – und praktischerweise ist man von der Eingangstür aus auch gleich auf dem C&O Canal Towpath. Das Personal hat Infos zum nahe gelegenen Capital Crescent Trail und den Mt. Vernon Trail. Räder müssen mindestens für drei Stunden geliehen werden.

Capital Bikeshare FAHRRADVERLEIH

(☎ 877-430-2453; www.capitalbikeshare.com; Mitgliedschaft 24 Std. /3 Tage 7/15 US$) Capital Bikeshare hat mehr als 2500 Fahrräder an rund 300 über die Region verteilten Stationen im Einsatz. Um ein Fahrrad zu leihen, wählt man zunächst die gewünschte Mitgliedschaft (1 od. 3 Tage), steckt seine Kreditkarte ein und schon geht es los. Die ersten 30 Minuten sind kostenlos, danach steigen die Gebühren kräftig (2/6/14 US$ pro zusätzliche 30/60/90 Min.). Alle Infos erhält man telefonisch oder online.

Bootstouren

Tidal Basin Boathouse BOOTSTOUR

(www.tidalbasinpaddleboats.com; 1501 Maine Ave SW; Boot für 2/4 Pers. 14/22 US$; ☺ Mitte März–Aug. 10–18 Uhr, Sept.–Mitte Okt. nur Mi–So, Mitte Okt.–Mitte März geschl.; 🚌 Circulator, Ⓜ Smithsonian) Verleiht Tretboote für die Fahrt auf dem Tidal Basin. Unbedingt einen Fotoapparat mitnehmen: Vom Wasser aus hat man großartige Sicht, ganz besonders auf das Jefferson Memorial.

Key Bridge Boathouse KAJAKFAHREN

(www.boatingindc.com; 3500 Water St NW; ☺ März–Okt. unterschiedliche Öffnungszeiten) Das Bootshaus unter der Key Bridge verleiht Kanus, Kajaks und SUP-Bretter (ab 15 US$/Std.). Im Sommer werden auch geführte 90-minütige Kajaktouren (45 US$/Pers.) angeboten, bei denen man bei Sonnenuntergang am Lincoln Memorial vorbeikommt. Das Bootshaus ist nur ein paar Stufen vom Capital Crescent Trail entfernt, also für Radler prima zu erreichen.

☞ Geführte Touren

DC by Foot STADTSPAZIERGANG

(www.dcbyfoot.com) Bei diesem Spaziergang bezahlt man die Guides nach eigenem Ermessen. Sie kennen faszinierende Geschichten und historische Einzelheiten z. B. zur National Mall, zu Lincolns Ermordung, den Geistern von Georgetown oder den Restaurants an der U Street. Die meisten Teilnehmer geben rund 10 US$ pro Person.

Bike & Roll RADTOUR

(www.bikeandrolldc.com; Erw./Kind ab 40/30 US$; ☺ Mitte März–Nov.) Tages- und Abendtouren per Rad rund um die Mall und den Capitol Hill. Die Tour „Monuments at Night" ist besonders stimmungsvoll. Das Unternehmen organisiert auch kombinierte Boots- und Radtouren nach Mt. Vernon.

DC Brew Tours BUSTOUR

(☎ 202-759-8687; www.dcbrewtours.com; Touren 85 US$; ☺ Do & Fr 12 & 17, Sa & So 11 & 17 Uhr) Das Unternehmen veranstaltet fünfstündige Kleinbustouren, bei denen vier Brauereien besucht werden. Die Routen variieren, u. a. können D.C. Brau, Right Proper Brewing, Chocolate City, 3 Stars oder Atlas Brew Works auf dem Programm stehen. Die Verkostung von mehr als 15 Bieren und eine Mahlzeit rund ums Bier sind im Preis inbegriffen. Die Touren starten in Downtown 710 12th St NW an der Metrostation Metro Center.

☆ Feste & Events

National Cherry Blossom Festival KULTUR

(www.nationalcherryblossomfestival.org; ☺ Ende März–Anfang April) Während des Kirschblütenfests präsentiert sich D.C. von seiner schönsten Seite.

Smithsonian Folklife Festival KULTUR

(www.festival.si.edu; ☺ Juni & Juli) Bei diesem spaßigen Familienfest, das an zwei Wochenen-

WASHINGTON, D. C., MIT KINDERN

Die Top-Attraktion für Familien ist zweifellos der (kostenlose!) National Zoo (S. 290). Aber auch viele Museen in der ganzen Stadt sind für Kinder jedweden Alters unterhaltsam und lehrreich gestaltet; besonders gut geeignet sind u. a.:

National Air and Space Museum (S. 277)

National Museum of Natural History (S. 281)

Newseum (S. 288)

National Gallery of Art (S. 280)

Ebenfalls bei Familien sehr beliebt:

Karussell (Tickets 3,50 US$; ⊘10–18 Uhr; ⬚Circulator, ⓜSmithsonian) Nach einer Runde auf dem altmodischen Karussell an der National Mall geht's auf die weite, offene Rasenfläche zum Austoben.

Discovery Theater (www.discoverytheater.org; 1100 Jefferson Dr SW; Tickets 6–12 US$; ⬚; ⬚Circulator, ⓜSmithsonian) Das Kindertheater des Smithsonian bietet Stücke und Geschichten für Kinder.

Yards Park (S. 290) Ein schöne Grünfläche zum Spielen und Planschen.

Six Flags America (☎301-249-1500; www.sixflags.com/america; 13710 Central Ave, Upper Marlboro, Maryland; Erw./Kind 60/40 US$; ⊘Mai–Okt. unterschiedliche Öffnungszeiten) Der Park bietet eine ganze Palette an Fahrgeschäften, auch zahmere, die für kleinere Kinder geeignet sind. Er befindet sich rund 15 Meilen (24 km) östlich des Zentrums von Washington in Maryland.

Gute Infoquellen für Eltern:

D. C. Cool Kids hat Infos zu Aktivitäten, Insider-Tipps von Washingtoner Jugendlichen über das, was man so tun kann, und Auskünfte zu den Museen.

Smithsonian Kids bietet lehrreiche Spiele und Projekte sowie alle Infos rund um die Aktivitäten für kleine Museumsbesucher.

Our Kids hat einen Kalender mit kindgerechten Veranstaltungen, Auflistungen familienfreundlicher Restaurants und Anregungen für Ausflüge und Unternehmungen.

---

den im Juni und Juli stattfindet, gibt es jede Menge für diese Region Typisches – Volkskunst, Kunsthandwerk, Essen und Musik.

Independence Day   KULTUR
(⊘4. Juli) Der 4. Juli ist hier, wenig überraschend, ein Mega-Ereignis und wird mit einer Parade, einem Open-Air-Konzert und einem Feuerwerk über der Mall gefeiert.

🛏 Schlafen

Unterkünfte in D. C. sind teuer. Die Spitze der Hauptsaison ist zwischen Mitte März und Ende April (die Zeit der Kirschblüte) erreicht, großer Andrang und entsprechende Preise sind aber auch im Mai, Juni, September und Oktober zu erwarten. Auf den Zimmerpreis kommen noch 14,5 % Hotelsteuer drauf. Und fürs eigene Auto werden hohe Parkgebühren (35–55 US$/Tag) fällig.

Via Airbnb gebuchte Apartments können in der Stadt eine gute Option sein. Auf der stadtweiten Suche nach B & Bs und Ferienwohnungen kann man sich außerdem auch an Bed & Breakfast D. C. (www.bedandbreak fastdc.com) wenden.

⬚ Capitol Hill

Hotel George   BOUTIQUEHOTEL $$
(☎202-347-4200; www.hotelgeorge.com; 15 E St NW; Zi. ab 300 US$; ⓟ⬚✳@🛜🐾; ⓜUnion Station) Washingtons ältestes Boutiquehotel ist immer noch eines der besten. Elegante Möbel und moderne Kunst sorgen für klar gestaltete Interieurs. Die Zimmer sind in nüchternen Cremetönen gehalten und vermitteln eine Zen-Atmosphäre. Die Pop-Art-Elemente – grell, bunt und überdimensionale Präsidentendarstellungen von amerikanischen Geldscheinen – sind vielleicht ein wenig des Guten zu viel, mehr gibt's aber in der wohl schicksten Unterkunft auf dem Hill wirklich nicht zu bemängeln.

Downtown & Rund ums Weiße Haus

Hostelling International – Washington DC
HOSTEL $

(☎ 202-737-3333; www.hiwashingtondc.org; 1009 11th St NW; B 33–55 US$, Zi. 110–150 US$; ❄ ✢ @ 🛜; M Metro Center) Die beste Budgetadresse vor Ort. Das große und freundliche Hostel lockt mit seinen vielen Annehmlichkeiten – gemütliche Clubzimmer, Billardtisch und ein 60-Zoll-Fernseher für Filmabende – ein entspanntes internationales Publikum an. Kostenlos gibt's Touren, kontinentales Frühstück und WLAN-Zugang.

★ Hotel Lombardy
BOUTIQUEHOTEL $$

(☎ 202-828-2600; www.hotellombardy.com; 2019 Pennsylvania Ave NW; Zi. 180–330 US$; P ✢ ❄ @ 🛜; M Foggy Bottom-GWU) Das venezianisch mit Flügeltüren und Wänden in warmen Goldtönen aufgemachte europäische Boutiquehotel ist bei Angehörigen der Weltbank und des State Department beliebt. Es hat mehrsprachiges Personal und wirkt auch sonst international – in den Korridoren hört man genauso oft Französisch oder Spanisch wie Englisch. Der Stil setzt sich auch in den Zimmern fort, die mit originalen Kunstwerken und europäischen Antiquitäten dekoriert sind.

Morrison-Clark Inn
HISTORISCHES HOTEL $$

(☎ 202-898-1200; www.morrisonclark.com; 1015 L St NW; Zi. 150–250 US$; P ✢ ❄ @ 🛜; M Mt. Vernon Sq) Das elegante Hotel steht im Register of Historic Places und hat reizendes Personal; das Anwesen umfasst zwei viktorianische Wohnhäuser von 1864, die mit ihren feinen Antiquitäten, Kronleuchtern, Vorhängen in satten Farben und anderen Details die Welt des Alten Südens aus der Zeit vor dem Bürgerkrieg heraufbeschwören. Einige Zimmer sind ziemlich klein, doch neue werden bald hinzukommen, da das Gästehaus die Kirche nebenan demnächst einbeziehen wird.

Club Quarters
HOTEL $$

(☎ 202-463-6400; www.clubquarters.com/washington-dc; 839 17th St NW; Zi. 125–205 US$; P ✢ ❄ @ 🛜; M Farragut West) Das Club Quarters ist ein sachlich-funktionales Hotel, in dem gerne Geschäftsleute auf der Durchreise absteigen. Die Zimmer sind klein, haben weder Aussicht noch Pfiff oder Charme, die Betten aber sind bequem, die Schreibtische brauchbar, das WLAN ist ziemlich schnell und die Kaffeemaschine gut gefüllt. Und die Preise sind für eine Gegend, in der sie sonst durch die Decke schießen, wirklich erstaunlich moderat.

★ Hay-Adams Hotel
HISTORISCHES HOTEL $$$

(☎ 202-638-6600; www.hayadams.com; 800 16th St NW; Zi. ab 350 US$; P ✢ ❄ @ 🛜 🛁; M McPherson Sq) Eines der großartigen Heritage-Hotels der Stadt: Das Hay ist ein schönes altes Gebäude mit gutem Blick aufs Weiße Haus, einem an einen Palazzo erinnernden Foyer und den wohl besten Luxuszimmern altmodischer Art – mit wolkenweichen, freistehenden Himmelbetten, die mit goldenen Quasten verziert sind.

U Street, Shaw & Logan Circle

Hotel Helix
BOUTIQUEHOTEL $$

(☎ 202-462-9001; www.hotelhelix.com; 1430 Rhode Island Ave NW; Zi. 200–300 US$; P ✢ ❄ @ 🛜 🛁; M McPherson Sq) Modisch, hell erleuchtet und verspielt hip – das Helix ist das perfekte Hotel für das umtriebige internationale Publikum, das sich im umliegenden Viertel vergnügt. Kleinigkeiten (PEZ-Spender in der Minibar) sorgen für jugendlichen Schwung, die poppig-punke Einrichtung vermittelt weltgewandte Coolness – liebenswert überzogen. Sämtliche Zimmer haben bequeme Betten und große Flachbild-TVs.

Chester Arthur House
B&B $$

(☎ 877-893-3233; www.chesterarthurhouse.com; 23 Logan Circle NW; Zi. 175–215 US$; ✢ ❄ 🛜; M U St) Die Unterkunft bietet vier Zimmer in einem schönen Reihenhaus am Logan Circle, nur einen Steinwurf entfernt von der boomenden Restaurantszene an der P und der 14th St. Das Haus von 1883 prunkt mit Kristallkronleuchtern, antiken Ölgemälden, Mitbringseln von den weltweiten Reisen der Besitzer und einem mit Mahagoni getäfelten Treppenhaus.

Adams Morgan

Adam's Inn
B&B $

(☎ 202-745-3600; www.adamsinn.com; 1746 Lanier Pl NW; Zi. 109–179 US$, ohne Bad 79–100 US$; P ✢ ❄ @ 🛜; M Woodley Park) Das in einer schattigen Wohnstraße versteckte Gästehaus mit 26 Zimmern ist bekannt für seinen persönlichen Service, flauschige Bettwäsche und eine Lage nur ein paar Blocks entfernt von der globalen Melange an der 18th St.

Die einladenden, gemütlichen Zimmer verteilen sich auf zwei nebeneinander stehende Stadthäuser und eine Remise. Zu den Gemeinschaftsbereichen zählt ein hübscher Gartenhof; Sherry und Chintz prägen die Atmosphäre.

Taft Bridge Inn B&B $$
(202-387-2007; www.taftbridgeinn.com; 2007 Wyoming Ave NW; Zi. 179–205 US$, ohne Bad 100–140 US$; P❄@ 🛜; M Dupont Circle) Benannt nach der Brücke, die in den gleich nördlich gelegenen Rock Creek Park hinüberführt, liegt diese schöne georgianische Villa aus dem 19. Jh. nur einen kurzen Spaziergang entfernt von der 18th St oder Dupont Circle. In dem Herrenhaus gibt es einen getäfelten Salon, hochwertige Antiquitäten, sechs Kamine und einen Garten. Manche der Zimmer geben sich im Stil der amerikanischen Kolonialzeit, z. B. durch Decken der Amish, andere im Stil der europäischen Renaissance wirken gediegen und konservativ.

Dupont Circle

★ **Tabard Inn** BOUTIQUEHOTEL $$
(202-785-1277; www.tabardinn.com; 1739 N St NW; Zi. 195–250 US$, ohne Bad 135–155 US$; ❄@🛜; M Dupont Circle) Benannt nach dem Gasthof in Chaucers *Canterbury-Geschichten*, umfasst das Tabard drei Reihenhäuser aus viktorianischer Zeit. Die 40 Zimmer sind schwer auf einen Nenner zu bringen: Alle haben alte Elemente wie eiserne Bettgestelle oder Ohrensessel, kleine Akzente – ein à la Matisse bemaltes Kopfstück hier, an die Amish erinnernde Decken da – sorgen jedoch für Individualität. Es gibt keine Fernseher und das WLAN kann klemmen – im Großen und Ganzen fühlt man sich hier also in frühere Zeiten versetzt.

Das kontinentale Frühstück ist im Preis enthalten. Unten laden der Salon, das schöne Restaurant und die Bar mit ihren niedrigen Decken und alten Möbeln dazu ein, es sich mit einem alten Portwein und der sonntäglichen *Post* gemütlich zu machen.

Embassy Circle Guest House B&B $$
(202-232-7744; www.dcinns.com; 2224 R St NW; Zi. 180–300 US$; ❄🛜; M Dupont Circle) Botschaften umgeben das 1902 im französischen Landhausstil errichtete Haus, das nur ein paar Blocks von Duponts Nachtleben entfernt ist. Die elf Zimmer mit großen Fenstern sind mit Perserteppichen und originalen Kunstwerken eingerichtet, es gibt weder Fernseher noch Radio, jedoch WLAN in allen Zimmern. Man wird den ganzen Tag gut versorgt: Morgens gibt's ein warmes Bio-Frühstück, nachmittags Kekse und abends eine Soiree mit Wein und Bier.

Der Ableger **Woodley Park Guest House** (202-667-0218; www.dcinns.com; 2647 Woodley Rd NW; Zi. 180–250 US$, ohne Bad 135–165 US$; P❄@🛜; M Woodley Park-Zoo, Adams Morgan) im ferneren Nordwesten von D. C. ist eine angesagte Adresse.

Georgetown

Graham Georgetown BOUTIQUEHOTEL $$
(202-337-0900; www.thegrahamgeorgetown.com/; 1075 Thomas Jefferson St NW; Zi. 270–350 US$; P❄❄@🛜; M Foggy Bottom-GWU nach DC Circulator) Das Graham liegt mitten in Georgetown und bietet einen Mix aus vornehmer Tradition und modernistischem Chic. Die Zimmer haben geschmackvolle Tapeten mit floralen Motiven und zweifarbige Möbel mit geometrischen Akzenten. Selbst die einfachsten Zimmer bieten Bettwäsche von Liddell Ireland und Badekosmetik der Reihe L'Occitane, was bedeutet, dass der Gast ebenso sauber, duftend und frisch sein wird wie Georgetowns Schönen und Prominenten.

Essen

Washingtons Restaurantszene boomt. Die Anzahl der Speiselokale hat sich im letzten Jahrzehnt verdoppelt, kleine, eigenständige Läden mit einheimischen Küchenchefs bilden die Vorhut. Außerdem gibt's Restaurants mit köstlichen Gerichten aus vielen Ländern (El Salvador, Äthiopien, Vietnam, Frankreich) sowie traditionelle Südstaatenküche (gebratene Hähnchen, Grütze, Biscuits und gesüßter Eistee).

Capitol Hill

In dem Viertel gibt es zwei gastronomische Schwerpunkte: die 8th St SE (nahe Eastern Market) – auch Barracks Row genannt – und die H St NE, ein ausgefallener Streifen 1,5 km östlich der Union Station, zu erreichen mit Bus X2 oder einem Taxi (ca. 8 US$). Bald werden in diesem Viertel vielleicht auch die heiß ersehnten Straßenbahnen fahren.

Toki Underground ASIATISCH $
(202-388-3086; www.tokiunderground.com; 1234 H St NE; Hauptgerichte 10–12 US$; ⊙ Mo-Do

NICHT VERSÄUMEN

ESSEN AUF DEN MÄRKTEN

Ein paar stimmungsvolle Märkte versorgen Washington-Besucher mit gutem Essen:

Union Market (www.unionmarketdc.com; 1309 5th St NE; Di–So 11–20 Uhr; NoMa) Coole Typen gehen hier ein und aus, während findige Händler Bananen-Ingwer-Pralinen, Ziegenkäse mit Kräutern oder Räucherfleisch verkaufen. Aufstrebende Restaurants nutzen die Location für ihre kulinarischen Experimente, von taiwanesischem Ramen bis zu indischen Dosas. Bierspezialitäten und Kaffee helfen dabei, alles hinunterzuspülen. Tische stehen in dem von der Sonne beleuchteten Lagerhaus; viele Einheimische sitzen hier am Nachmittag, um etwas zu naschen und ein wenig zu lesen. Der Markt im Nordosten von D. C. ist rund 800 m von der Metrostation NoMa entfernt.

Eastern Market (www.easternmarket-dc.org; 225 7th St SE; Di–Fr 7–19, Sa bis 18, So 9–17 Uhr; Eastern Market) Als eines der Wahrzeichen des Capitol Hill lockt der weitläufige Eastern Market mit leckerem Essen und guter Stimmung. In der überdachten Markthalle gibt's eine Bäckerei, eine Molkerei, einen Fleischer, einen Händler mit Garnelen und Blaukrabben und Anbieter von frischem Obst und Gemüse. Eigentlich recht überschaubar, oder? Ja, aber nur bis zum Wochenende – dann kommen Kunsthandwerker und Farmer hinzu und der Markt quillt auf die Straße hinaus.

11.30–14.30 & 17–22, Fr & Sa bis 24 Uhr; X2 ab Union Station) Würzige Ramen-Nudeln und Teigtaschen machen die Speisekarte im winzigen Toki aus. Die geschäftigen Köche schuften im Dampf der Töpfe, während die Gäste schlürfen und zufrieden seufzen. Da das Restaurant keine Reservierungen annimmt, sind Warteschlangen an der Tagesordnung. Man sollte die Gelegenheit nutzen, die umliegenden Bars zu erkunden – das Toki schickt eine Textnachricht, wenn der Tisch bereit ist. Das Lokal ist nicht ausgeschildert: einfach nach der Bar Pug gucken – das Toki befindet sich darüber!

Maine Avenue Fish Market   MEERESFRÜCHTE $
(1100 Maine Ave SW; Hauptgerichte 7–13 US$; 8–21 Uhr; L'Enfant Plaza) Der geruchsintensive, offene Fischmarkt an der Maine Avenue ist ein hiesiges Wahrzeichen. Wortkarge Händler verkaufen superfrische Fische, Krabben, Austern und andere Meeresfrüchte. Sie töten, schälen, zerlegen die Tiere, nehmen sie aus und frittieren oder dämpfen sie nach Kundenwunsch. Sein Mahl verzehrt man anschließend auf den Bänken am Ufer (die Möwen im Auge behalten!).

Atlas Room   AMERIKANISCH $$
(202-388-4020; www.theatlasroom.com; 1015 H St NE; Hauptgerichte 21–25 US$; Di–Do 17.30–21.30, Fr & Sa 17.30–22, So 17–21 Uhr; X2 ab Union Station) Das Lokal in einem schmucken, von Kerzen erhellten Raum ist ein beliebter Nachbarschaftstreff an der extravaganten H St. Das Bistro holt sich Anregungen aus der klassischen französischen und italienischen Küche, setzt sie aber mit saisonalen Zutaten ins Amerikanische um. Im Sommer kann man frittierte Krabben genießen, im Winter zergeht das Rinderragout auf der Zunge.

Ted's Bulletin   AMERIKANISCH $$
(202-544-8337; www.tedsbulletincapitolhill.com; 505 8th St SE; Hauptgerichte 10–19 US$; So–Do 7–22, Fr & Sa bis 23 Uhr; ; Eastern Market) Hier kann man in eine Bude mit Art-déco-Flair einfallen und gleich einmal den Gürtel lockern. Beer Biscuits & Sausage Gravy zum Frühstück, Hackbraten mit Ketchup-Glasur zum Abendessen und andere hippe Leckereien zieren den Tisch. Man muss einen Ort bewundern, an dem man statt Toast Maistörtchen mampfen darf. Frühstück wird den ganzen Tag über serviert.

Ethiopic   ÄTHIOPISCH $$
(202-675-2066; www.ethiopicrestaurant.com; 401 H St NE; Hauptgerichte 12–18 US$; Di–Do 17–22, Fr–So ab 12 Uhr; ; Union Station) In einer Stadt, in der es an äthiopischen Lokalen nicht mangelt, nimmt das Ethiopic den Spitzenplatz ein. Besonders empfohlen seien die diversen *wats* (Eintöpfe) und die ausgezeichneten *tibs* (sautiertes Fleisch und Gemüse) mit zartem Lamm, das in Kräutern und scharfen Gewürzen mariniert wurde. Auch Veganer finden eine reiche Auswahl an Gerichten.

★ **Rose's Luxury**   MODERN-AMERIKANISCH $$$
(202-580-8889; www.rosesluxury.com; 717 8th St SE; kleine Gerichte 12–14 US$, Familienportion 28–33 US$; Mo–Do 17.30–22, Fr & Sa bis 23 Uhr; Eastern Market) Das Rose's ist das Res-

taurant in D. C., um das derzeit der größte Wirbel gemacht wird – und das war schon so, ehe *Bon Appetit* es 2014 zum landesweit besten Restaurant-Newcomer gekürt hat. In dem halbfertig wirkenden Gastraum stürzen sich die Massen im Kerzenschein und unter funkelnden Lampen auf die kleinen Häppchen im Südstaaten-Style. Das Rose's nimmt keine Reservierungen an; man kann aber Zeit sparen, wenn man sein Essen in der Bar im Obergeschoss bestellt (zumal die Cocktails lecker sind).

Downtown & Rund ums Weiße Haus

★ Red Apron Butchery   DELI $
(☎ 202-524-5244;   www.redapronbutchery.com; 709 D St NW; Hauptgerichte 5–10 US$; ⊙ Mo–Fr 7.30–20, Sa 9–20, So 9–17 Uhr; Ⓜ Archives) Das Red Apron bereitet tolle Frühstücks-Sandwiches. In den gemütlichen Sitzecken genießt man z. B. das „Aristocrat" mit Ricotta, Honig und Pinienkernen oder das „Buenos Dias" mit Ei und Chorizo. Grundlage sind stets *tigelle*, flache italienische Brötchen. Die Sandwiches muss man vor 10.30 (am Wochenende vor 14.30 Uhr) bestellen.

Daikaya   JAPANISCH $
(☎ 202-589-1600; www.daikaya.com; 705 6th St NW; Hauptgerichte 12–14 US$; ⊙ So & Mo 11.30–22, Di–Do bis 23, Fr & Sa bis 24 Uhr; Ⓜ Gallery Pl) Das Daikaya bietet zwei Läden: Unten befindet sich ein zwangloses Ramen-Lokal, wo sich Einheimische zum Essen mit Freunden in den schicken hölzernen Sitznischen niederlassen. Im Obergeschoss residiert eine japanische Izakaya (Kneipe), wo der Sake in Strömen fließt und mittags Reis- und abends kleine Fischgerichte serviert werden. Der Laden im Obergeschoss bleibt zwischen Mittag- und Abendessen (d. h. 14–17 Uhr) geschlossen.

★ Founding Farmers   MODERN-AMERIKANISCH $$
(☎ 202-822-8783;   www.wearefoundingfarmers. com; 1924 Pennsylvania Ave NW; Hauptgerichte 14–26 US$; ⊙ Mo 11–22, Di–Do 11–23, Fr 11–24, Sa 9–24, So 9–22 Uhr; ☑; Ⓜ Foggy Bottom-GWU, Farragut West) 🍴 Pickles in Einmachgläsern dienen als Deko in diesem geschäftigen Speiselokal. Die Kombination aus rustikaler Coolness und moderner Kunst spiegelt das Essen wider, das man hier erwarten darf: moderne amerikanische Gerichte aus regionalen Zutaten. In Buttermilch gegartes Hähnchen mit Waffeln und herzhafter Linseneintopf mit Schweinefleisch gehören

zu den besonders beliebten Gerichten. Das Restaurant befindet sich im IMF-Gebäude.

Rasika   INDISCH $$
(☎ 202-637-1222; www.rasikarestaurant.com; 633 D St NW; Hauptgerichte 14–28 US$; ⊙ Mo–Fr 11.30–14.30, Mo–Do 17.30–22.30, Fr & Sa 17–23 Uhr; ☑; Ⓜ Archives) Das Rasika ist ein echter Hammer in puncto indischer Küche. Man meint, man sei in einem Palast in Jaipur, den eine Schar hipper Kunstgaleristen dekoriert hat. Die Narangi-Ente ist saftig, fast fettig und dank der Zugabe von Cashewkernen angenehm nussig. Das trügerisch einfache *dal* (Linsen) erinnert stark an Bockshornklee. Veganer und Vegetarier werden sich hier pudelwohl fühlen.

Old Ebbitt Grill   AMERIKANISCH $$
(☎ 202-347-4800; www.ebbitt.com; 675 15th St NW; Hauptgerichte 12–22 US$; ⊙ Mo–Fr 7.30–1, Sa & So ab 8.30 Uhr; Ⓜ Metro Center) Das Grillrestaurant erfreut sich seiner erstklassigen Lage am Weißen Haus schon seit 1846. Politiker und Touristen füllen das von Messing und Holz bestimmte Interieur, die Gespräche durchdringen den Speisesaal und die Gäste wechseln fast so schnell, wie die üppigen Burger, Crab-Cakes, Fish & Chips und dergleichen aus der Küche kommen. Unser Tipp: Während der Happy Hour auf einen Drink und Austern vorbeikommen!

★ Central
Michel Richard   MODERN-AMERIKANISCH $$$
(☎ 202-626-0015; www.centralmichelrichard.com; 1001 Pennsylvania Ave NW; Hauptgerichte 19–34 US$; ⊙ Mo–Fr 11.30–14.30, Mo–Do 17–22.30, Fr & Sa 17–23 Uhr; Ⓜ Federal Triangle) Michel Richard ist im District bekannt für gehobene gastronomische Tempel, doch das Central toppt alles. Es erhebt den Anspruch, eher Hausmannskost zu bieten; so speist man in einem Vier-Sterne-Bistro traditionelle Lieblingsgerichte in neuer Interpretation: Hummer-Burger, einen sündhaft komplexen Hackbraten und ein gebratenes Hähnchen, das einen neu erfahren lässt, was Hähnchen eigentlich sein können.

U Street, Shaw & Logan Circle

★ Ben's Chili Bowl   AMERIKANISCH $
(www.benschilibowl.com; 1213 U St; Hauptgerichte 5–10 US$; ⊙ Mo–Do 6–2, Fr 6–4, Sa 7–4, So 11–24 Uhr; Ⓜ U St) Ben's ist eine Institution in Washington. Das meiste Geschäft macht es mit

seinen Half-Smokes, die stärker geräucherte und fleischigere Hauptstadtversion eines Hotdogs, in aller Regel mit viel Senf, Zwiebeln und Chili. Seit fast 60 Jahren schlagen sich Präsidenten, Rockstars und Richter des Obersten Gerichtshofs in dem bescheidenen Diner den Bauch voll. Doch trotz all des Rummels ist das Ben's ein echter Nachbarschaftstreff geblieben. Nur Barzahlung.

★**Compass Rose**　　　INTERNATIONAL $$

(☑202-506-4765; www.compassrosedc.com; 1346 T St NW; kleine Gerichte 10–15 US$; ⊙So–Do 17–2, Fr & Sa bis 3 Uhr; Ⓜ U St) In einem unscheinbaren Stadthaus nur ein ganz kurzes Stück vom Trubel der 14th St entfernt befindet sich das wie ein geheimnisvoller Garten wirkende Compass Rose. Die unverputzten Backsteinwände, das rustikale Holzdekor und die himmelblaue Decke schaffen ein zwanglos-romantisches Flair. Auf der Karte stehen einfache Gerichte aus aller Welt; ein Abendessen kann beispielweise aus chilenischem *lomito* (Schweinefleisch-Sandwich), libanesischen *kefta* (gewürzte Lamm-Köfte) und georgischem *chatschapuri* (überbackenes, butteriges Käsebrot) bestehen.

Estadio　　　SPANISCH $$

(☑202-319-1404; www.estadio-dc.com; 1520 14th St NW; Tapas 5–15 US$; ⊙Fr–So 11.30–14; Mo–Do 17–22, Fr & Sa bis 23, So bis 21 Uhr; Ⓜ U St) Im Estadio sorgt schummrige Beleuchtung für romantische Stimmung. Das Tapas-Angebot (auf der Schwerpunkt liegt) schürft richtig tief. Es gibt drei Variationen von *Iberico*-Schinken und köstliche belegte Brote mit Gänseleber, Rührei und Trüffeln. Dazu gibt's traditionelles *calimocho* (Rotwein mit Cola). Für die Zeit nach 18 Uhr kann nicht reserviert werden, sodass man in der Regel einige Zeit an der Bar warten muss.

Bistro Bohem　　　OSTEUROPÄISCH $$

(☑202-735-5895; www.bistrobohem.com; 600 Florida Ave NW; Hauptgerichte 12–21 US$; ⊙Mo–Do 17–23, Fr 17–2, Sa 10–2, So 10–23 Uhr; ☎; Ⓜ Shaw-Howard U) Das gemütliche Lokal ist für seine gehaltvolle tschechische Küche (Schnitzel, Gulasch, Pilsner) beliebt. Werke örtlicher Künstler schmücken die Wände und gelegentlich gibt's Livejazz. Tagsüber verlagert sich die Action ins angrenzende Kafe Bohem (Mo–Fr ab 7, Sa & So ab 8 Uhr), wo Espresso, Gebäck und belegte Brote fürs leibliche Wohl sorgen. Bei dem freundlichen böhmischen Ambiente fühlt man sich im Nu nach Prag versetzt.

Tico　　　LATEINAMERIKANISCH $$

(☑202-319-1400; www.ticodc.com; 1926 14th St NW; kleine Gerichte 9–14 US$; ⊙So–Do 16–24, Fr & Sa ab 10 Uhr; ☑; Ⓜ U St) Das laute und lustige Tico zieht mit seinen einfallsreichen Tacos, kleinen Gerichten und 140 Tequilas ein junges, künstlerisch angehauchtes Publikum an. Besonders gut sind die Muschel-Ceviche mit Knusperreis, die Manchego-Käsefritten und die Hibiskus-Margaritas. Für Vegetarier gibt's ein paar Gerichte wie Tacos mit Edamame (unreif geernteten Sojabohnen) oder gebratener Blumenkohl. Das bunte, mit Wandmalereien geschmückte Lokal ist schwer angesagt, man sollte also besser reservieren.

★**Le Diplomate**　　　FRANZÖSISCH $$$

(☑202-332-3333; www.lediplomatedc.com; 1601 14th St NW; Hauptgerichte 22–31 US$; ⊙Mo & Di 17–22, Mi & Do 17–23, Fr 17–24, Sa 9.30–24, So 9.30–22 Uhr; Ⓜ U St) Das charmante, relativ neue französische Bistro ist blitzschnell ungeheuer populär geworden. Jede Menge Promis quetschen sich auf die Lederbänke oder bevölkern die Tische auf dem Bürgersteig, um ein authentisches Stück Paris zu genießen, vom Coq au vin bis zu den aromatischen Baguettes. Skurrile Antiquitäten zieren den Raum und Aktfotos die Toiletten. Reservierung empfohlen!

✗ **Adams Morgan**

Rund um die 18th St und die Columbia Rd NW finden sich jede Menge Lokale mit internationaler Küche und schrille Diners.

Diner　　　AMERIKANISCH $

(www.dinerdc.com; 2453 18th St NW; Hauptgerichte 9–17 US$; ⊙24 Std.; ☎; Ⓜ Woodley Park-Zoo/Adams Morgan) Das Diner serviert zu jeder Tages- und Nachtzeit herzhafte einfache Gerichte. Es ist ideal für ein reichhaltiges Frühstück spät in der Nacht oder immer dann, wenn einem der Sinn nach schlichter, gut zubereiteter amerikanischer Kost steht. Der Bloody-Mary-Brunch am Wochenende ist großartig (sofern einen der Massenandrang nicht stört). Omelettes, dicke Pancakes, gegrillte Portobello-Sandwiches, Mac 'n' Cheese und Burger landen flink auf dem Tisch. Auch Familien mit Kindern sind sehr gern gesehene Gäste.

★**Donburi**　　　JAPANISCH $

(☑202-629-1047; www.facebook.com/donburidc; 2438 18th St NW; Hauptgerichte 9–12 US$; ⊙11–22 Uhr; Ⓜ Woodley Park-Zoo/Adams Morgan) In dem kleinen Ladenlokal gibt's 15 Sitze an der

DIE SCHÖNSTEN CAFÉS

Baked & Wired (☑ 202-333-2500; www.bakedandwired.com; 1052 Thomas Jefferson St NW; Backwaren 3–6 US$; ⊙ Mo–Do 7–20, Fr bis 21, Sa 8–21, So 9–20 Uhr; 🕿) Dieses vergnügte kleine Georgetown-Café macht traumhaften Kaffee und köstliche Desserts; es ist ein herrlicher Platz, um sowohl real als auch virtuell mit Studenten zu schwatzen (WLAN ist natürlich kostenlos).

Ching Ching Cha (1063 Wisconsin Ave NW; Tee 6–12 US$; ⊙ 11–21 Uhr) Ein luftiges Tee-haus im Zen-Stil scheint meilenweit vom Shopping-Wahn an der M Street in Georgetown entfernt zu sein. Hier stoppt man für eine Tasse außergewöhnlichen Tee (man hat die Qual der Wahl aus mehr als 70 Sorten). Man sollte aber auch die dampfenden Klöße, Süßigkeiten und anderen Snacks probieren.

Filter (www.filtercoffeehouse.com; 1726 20th St NW; ⊙ Mo–Fr 7–19, Sa & So 8–19 Uhr; 🕿; Ⓜ Dupont Circle) Das Filter befindet sich an einer ruhigen Straße in Dupont und ist ein Café in Schmuckkästchengröße mit einer winzigen Terrasse davor, einem hippen, laptop-süchtigen Publikum und vor allem tollem Kaffee. Alle diejenigen, die auf der Suche nach der perfekten Kaffeekreation sind, bekommen hier einen ordentlichen Flat-White.

Holztheke, von denen aus man den Köchen beim Schnippeln und Würfeln des Essens zuschauen kann. *Donburi* bedeutet „Schale" auf Japanisch – das Essen, z. B. mit Panko panierte Garnelen auf Reis mit süß-scharfer Sauce, kommt denn auch in dampfenden Schalen. Hier erwarten einen schlichte, authentische Gerichte. Oft bilden sich Schlangen, die aber werden fix bedient. Keine Reservierung möglich.

Das Lokal befindet sich in demselben Gebäude wie das D. C. Arts Center.

🍴 Dupont Circle

★ Afterwords Cafe
AMERIKANISCH $$

(☑ 202-387-3825; www.kramers.com; 1517 Connecticut Ave; Hauptgerichte 15–21 US$; ⊙ So–Do 7.30–1, Fr & Sa 24 Std.; Ⓜ Dupont Circle) Das an Kramerbooks angeschlossene quirlige Lokal ist kein durchschnittliches Buchladencafé. An den vollbesetzten Tischen und der winzigen Theke drinnen sowie auf der Terrasse draußen herrscht beste Stimmung. Auf der Karte stehen schmackhafte Bistrogerichte und eine reiche Auswahl an Bieren, sodass man hier prima zur Happy Hour, zum Brunch und am Wochenende – da rund um die Uhr geöffnet – jederzeit einkehren kann.

Duke's Grocery
CAFÉ $$

(☑ 202-733-5623; www.dukesgrocery.com; 1513 17th St NW; Hauptgerichte 11–16 US$; ⊙ Mo 17.30–22, Di & Mi 8–22, Do & Fr bis 1, Sa 11–1, So bis 22 Uhr; 🕿; Ⓜ Dupont Circle) „Der Geschmack von East London in East Dupont" lautet das Motto des Duke's. Dahinter verbergen sich vormittags Black Pudding und Baked Beans, nach-

mittags scharf gewürzte Linsen-Rotis und abends Corned-Beef-Sandwich. Pärchen bei zwanglosen Dates und Gruppen plaudernder Freunde schnappen sich die Tische in den Erkerfenstern, um die Leute zu beobachten. Die lockere Stimmung lädt dazu ein, den ganzen Tag hier abzuhängen.

Bistrot du Coin
FRANZÖSISCH $$

(☑ 202-234-6969; www.bistrotducoin.com; 1738 Connecticut Ave NW; Hauptgerichte 14–24 US$; ⊙ So–Mi 11.30–23, Do–Sa bis 1 Uhr; Ⓜ Dupont Circle) Das muntere Bistrot du Coin ist wegen seiner unaffektierten französischen Imbissgerichte überall im Viertel beliebt. Die Küche liefert allseits gute Zwiebelsuppe, klassische *steak-frites* (gegrillte Steaks mit Fritten), Cassoulet, belegte Brote und neun Varianten der berühmten *moules* (Miesmuscheln). Weine aus allen Regionen Frankreichs, erhältlich im Glas, in der Karaffe oder Flasche, komplettieren das Essen.

★ Little Serow
THAILÄNDISCH $$$

(www.littleserow.com; 1511 17th St NW; Menü 45 US$/Pers.; ⊙ Di–Do 17.30–22, Fr & Sa bis 22.30 Uhr; Ⓜ Dupont Circle) Kein Telefon, keine Reservierung, kein Schild über der Tür. Nur Gruppen von höchstens vier Personen finden Platz (größere werden getrennt), aber dennoch stehen die Leute noch um die Ecke an. Und zwar wegen der erstklassigen nordthailändischen Küche. Die besteht aus einem einzigen Menü – mit meist sechs scharf gewürzten Gängen –, das jede Woche wechselt.

Komi
FUSION $$$

(☑ 202-332-9200; www.komirestaurant.com; 1509 17th St NW; Menü 135 US$; ⊙ Di–Do 17–21.30, Fr

INSIDERWISSEN

KULINARISCHE STRASSEN

14th St NW (Logan Circle) Die munterste Straße in D. C. schickt ein großes Aufgebot an Bars und Restaurants renommierter Köche ins Rennen.

18th St NW (Adams Morgan) Koreanische, westafrikanische, japanische und lateinamerikanische Restaurants sowie noch spätabends geöffnete Imbisse.

11th St NW (Columbia Heights) Eine ständig wachsende Szene von Hipster-Cafés und angesagten Gastropubs.

8th St SE (Capitol Hill) Die „Barracks Row" ist die Lieblingsadresse der Einheimischen – hier haben sich nette Lokale mit schlichten, vertrauten Gerichten niedergelassen.

H St NE (Capitol Hill) Eine hippe Meile von Pie-Cafés, Nudelläden und kulinarisch anspruchsvollen Pubs.

9th St NW (Shaw) Alias „Klein-Äthiopien" – hier gibt's *wot* und *injera* nach Herzenslust.

& Sa bis 22 Uhr; M Dupont Circle) Die wechselnden Menüs im Komi sind von erstaunlicher Einfachheit. Sie gehen auf die griechische Küche zurück und stehen unter allen möglichen Einflüssen, vor allem aber genialen Einfällen. Spanferkel für zwei Personen, Kammmuscheln und Trüffeln, gebratenes Zicklein … Komis Märchen von einem Essbereich erlaubt nur Gruppen von höchstens vier Personen und man muss sich – am Besten gleich jetzt – im Voraus anmelden.

🍴 Georgetown

⭐ **Chez Billy Sud** FRANZÖSISCH $$
(☎ 202-965-2606; www.chezbillysud.com; 1039 31st St NW; Hauptgerichte 17–29 US$; ⏰ Di–Fr 11.30–14, Sa & So 11–14, Di–Do & So 17–22, Fr & Sa 17–23 Uhr; 🚗) Das bezaubernde, kleine Bistro versteckt sich in einem Wohnblock. Minzgrüne Wände, vergoldete Spiegel und eine winzige Marmortheke strahlen entspannte Eleganz aus, während schnauzbärtige Kellner Körbchen mit warmem Brot an die weiß eingedeckten Tische bringen. Zu den Gerichten zählen knuspriger Schweinebraten, Würstchen mit Pistazien, Goldforelle, Nizzasalat mit Thunfisch und als Nachspeise üppige Éclairs.

Martin's Tavern AMERIKANISCH $$
(☎ 202-333-7370; www.martins-tavern.com; 1264 Wisconsin Ave NW; Hauptgerichte 17–32 US$; ⏰ Mo–Do 11–1.30, Fr 11–2.30, Sa 9–2.30, So 8–1.30 Uhr) John F. Kennedy machte seiner Jackie in Sitzecke Nr. 3 von Georgetowns ältester Schenke einen Antrag; die aufmerksamen Kellner halten auch heute noch gekühlten Champagner auf Lager, falls sich jemand diesem Vorbild anschließen will. In einem altenglischen Landhausambiente, zu dem eben auch die obligatorischen Stiche von Fuchsjagden an den Wänden gehören, serviert diese Institution der Hauptstadt schlichte Klassiker wie dicke Burger, Crab-Cakes und eiskaltes Bier.

🍴 Upper Northwest D. C.

⭐ **Comet Ping Pong** PIZZERIA $
(www.cometpingpong.com; 5037 Connecticut Ave NW; Pizzas 12–15 US$; ⏰ Mo–Do 17–22, Fr & Sa 11.30–23, So bis 22 Uhr; 🚗; M Van Ness-UDC) Wie zum Beweis, dass D. C. mehr ist als eine Stadt der Anzugträger und Verwaltungsbüros, setzt das Comet Ping Pong mit seinen Tischtennisplatten, dem schicken Industrie-Ambiente und köstlichen, dünnen Holzofenpizzas einen lustigen und festlichen Kontrapunkt.

⭐ **Macon** FUSION $$
(☎ 202-248-7807; www.maconbistro.com; 5520 Connecticut Ave NW; Hauptgerichte 22–28 US$; ⏰ Di–Do 17–22, Fr & Sa bis 23, So 10–14 & 17–22 Uhr; M Friendship Heights, ab dort Bus E2) Mit einem wilden Mix aus köstlichen Südstaatengerichten und europäischer Experimentierfreude trifft hier das Macon in Georgia auf Mâcon in Frankreich. Das Lokal ist immer gut besucht. Die gut gekleidete Klientel stürzt sich hier auf gebratenen Wels mit rauchiger Mayonnaise, scharf angebratene Hähnchenbrust in Mandelsauce und heiße Biscuits mit Paprikawürze. Kreative Cocktails, erfrischende Biere aus Mikrobrauereien und ansprechende französische Weine runden das Mahl ab.

🍴 Columbia Heights

Hipster und lateinamerikanische Immigranten teilen sich das Pflaster in diesem schlichten Viertel, das ein kurzes Stück von der U St entfernt ist.

Maple ITALIENISCH $$
(☎ 202-588-7442; www.dc-maple.com; 3418 11th St NW; Hauptgerichte 14–22 US$; ⏰ Mo–Do 17.30–24,

Fr & Sa 17-1, So 11-23 Uhr; MColumbia Heights) Im schmucken Maple stürzen sich Frauen in knappen Kleidern und schwarzen Strumpfhosen neben tätowierten Typen in T-Shirts auf die reichhaltigen Pastagerichte. Dazu gibt es hausgemachten Limoncello, italienische Biere und ungewöhnliche Weine. Übrigens: Der Name „Ahorn" bezieht sich auf das Holz, aus dem die alte, lange Theke besteht.

Kangaroo Boxing Club AMERIKANISCH $$
(KBC; 202-505-4522; www.kangaroodc.com; 3410 11th St NW; Hauptgerichte 13–18 US$; Mo-Du 17-23, Fr 17 1.30, Sa 10-1.30, So 10-22 Uhr; MColumbia Heights) Das Gastropub-Konzept – wohlgemerkt cool und lässig à la Brooklyn – ist jetzt der letzte Schrei unter D.C.s hippem Jungvolk. Das Lokal hat ein schräges Thema (Vintage-Boxen), tolle Gerichte (Burger, Barbecue, Sweet Spoon Bread, Mac 'n' Cheese etc.) und eine große Bierauswahl.

Ausgehen & Nachtleben

Einen umfassenden Veranstaltungskalender findet man im kostenlosen alternativen Wochenblatt *Washington City Paper* (www.washingtoncitypaper.com). Washington ist groß in Sachen Happy Hour – praktisch jede Bar verkauft Drinks einige Stunden zwischen 16 und 19 Uhr günstiger.

Capitol Hill

Little Miss Whiskey's Golden Dollar BAR
(www.littlemisswhiskeys.com; 1104 H St NE; 17-2 Uhr; X2 ab Union Station) Wäre Alice infolge ihrer Beinahe-Enthauptung so traumatisiert aus dem Wunderland zurückgekehrt, dass sie etwas Hochprozentiges gebraucht hätte, wäre sie sicher im Little Miss Whiskey's eingekehrt. Ihr hätte das Dekor – halb skurril, halb Alptraum – bestimmt zugesagt, genauso der verrückt-phantastische Hinterhof. Und sie hätte wohl ihren Spaß gehabt mit den Club-Kids, die am Wochenende auf der Tanzfläche im Obergeschoss abfeiern.

★ Bluejacket Brewery BRAUEREI
(202-524-4862; www.bluejacketdc.com; 300 Tingey St SE; So-Do 11-1, Fr & Sa bis 2 Uhr; MNavy Yard) Bierfreunde kommen im Bluejacket richtig auf Touren. Man zieht sich einen Hocker an die moderne, Theke im Industrial-Look, blickt auf die silbernen Tanks, in denen das anspruchsvolle Gebräu heranreift, und hat die Qual der Wahl zwischen 25 Fassbieren. Ein hopfiges Kölsch? Ein süßes Stout? Ein im Fass gereiftes Farmhouse-Ale? Kleine Probiergläschen helfen bei der Auswahl.

H Street Country Club BAR
(www.thehstreetcountryclub.com; 1335 H St NE; Mo-Do 17-1, Fr 16-3, Sa 11-3, So 11-1 Uhr; X2 ab Union Station) Das Country Club ist toll: Unten finden sich Billardtische, Skeeball und Shuffleboard, im Obergeschoss eine Minigolfanlage (Runde 7 US$), deren Stationen Miniaturausgaben von Wahrzeichen der Stadt sind: Man puttet durch drei Lego-Häuser hindurch, stellt sich dem Verkehrschaos des Beltway und passiert ein Washington Monument mit King Kong oben drauf.

Granville Moore's PUB
(www.granvillemoores.com; 1238 H St NE; Mo-Do 17-24, Fr 17-3, Sa 11-3, So 11-24 Uhr; X2 ab Union Station) Abgesehen davon, dass diese Kneipen mit die besten Pommes und Steaksandwiches in D.C. hat, punktet sie vor allem mit ihrer großen Auswahl an belgischen Bieren, die alle Fans dieser Spezialität zufriedenstellt. Mit roh gezimmerten Holzmöbeln und Wänden, die aussehen, als seien sie aus Lehm und Schlamm gemacht, erinnert das Innere an ein mittelalterliches Feldlager. Der Platz am Kamin ist an Winterabenden goldrichtig.

Tune Inn BAR
(331 Pennsylvania Ave SE; Hauptgerichte 7–14 US$; So-Fr 8-2, Sa bis 3 Uhr; MCapitol South, Eastern Market) Diese Kneipe existiert schon seit Jahrzehnten; hier treffen sich ältere Leute aus dem Viertel, um ein paar Budweiser zu

---

INSIDERWISSEN

BIERSTADT

In Washington wird Bier sehr ernst genommen; ein großer Teil des Gebräus wird hier nicht nur konsumiert, sondern auch produziert. Der Trend begann 2009, als mit D.C. Brau die erste neue Brauerei seit mehr als 50 Jahren ihren Betrieb in Washington aufnahm – inzwischen sind weitere neue Bierproduzenten hinzugekommen. In den Bars der Stadt sollte man deswegen Ausschau halten nach hiesigen Schöpfungen von Chocolate City, 3 Stars, Atlas Brew Works, Hellbender und Lost Rhino (letztere aus dem Norden Virginias).

kippen. Die Rehköpfe an der Wand und der Geweih-Kronleuchter bestimmen die Atmosphäre, die ganztägigen Frühstücks- und sonstigen Kneipengerichte verzehrt man in den mit Vinyl verkleideten Sitzecken.

♥ U Street, Shaw & Logan Circle

★ Right Proper Brewing Co. BRAUEREI
(www.rightproperbrewery.com; 624 T St NW; ⊙Di-Do 17–23, Fr & Sa bis 24, So bis 22 Uhr; ⓂShaw-Howard U) Wow, was für ein Kunstwerk: eine Wandgemälde der Großen Pandas aus dem National Zoo, die mit Laseraugen die Downtown von D.C. zerstören! Doch damit nicht genug, macht die Right Proper Brewing Co. in einem Gebäude, in dem einst Duke Ellington Billard spielte, auch noch ein ausgezeichnetes Ale. Der große, sonnige Ort, wo die Menschen an alten Holztischen sitzen, ist das Clubhaus der Leute des Shaw-Viertels.

Churchkey BAR
(www.churchkeydc.com; 1337 14th St NW; ⊙Mo-Do 16–1, Fr 16–2, Sa 12–2, So 12–1 Uhr; ⓂMcPherson Sq) Das kupferbetonte, modern-industrielle Ambiente des Churchkey wirkt durch und durch hip. Hier gibt's 50 Biere vom Fass, darunter fünf hirnvernebelnde, fassgereifte Ales. Wem das noch nicht reicht, der kann noch aus rund 500 Flaschenbieren wählen (auch ein paar glutenfreie sind zu haben). Unter dem Churchkey befindet sich das zugehörige Birch & Barley, ein beliebtes Restaurant mit modernen, schlichten Gerichten, von denen man viele auch oben an der Bar bestellen kann.

Cork Wine Bar WEINBAR
(www.corkdc.com; 1720 14th St NW; ⊙Di & Mi 17–24, Do–Sa 17–1, So 11–15 & 17–22 Uhr; ⓂU St) Die dunkle, gemütliche Weinbar ist gleichzeitig ein Gourmettempel und ein freundlicher Nachbarschaftstreff. Zur Auswahl stehen rund 50 tolle, offene Weine und 160 Flaschenweine. Für den kleinen Hunger gibt's Käse- und Wurstteller sowie kleine Gerichte wie Hähnchenleber auf Bruschetta mit Rosmarin und Marmelade.

Dacha Beer Garden BIERGARTEN
(www.dachadc.com; 1600 7th St NW; ⊙Mo–Do 16–22.30, Fr 16–24, Sa 12–24, So 12–22.30 Uhr; ⓂShaw-Howard U) Pures Glücksgefühl herrscht in diesem lockeren Biergarten vor. Kinder und Hunde tollen um die Picknicktische, während die Erwachsenen Glasstiefel mit deutschem Bier an die Lippen setzen. Wenn

die Temperaturen frisch werden, bringen die Kellner Heizkörper und Decken und bestücken die Feuergrube – alles unter dem sinnlichen Blick von Elizabeth Taylor (beziehungsweise eines riesigen Wandgemäldes von ihr).

U Street Music Hall CLUB
(www.ustreetmusichall.com; 1115 U St NW; ⊙unterschiedliche Zeiten; ⓂU St) GRATIS Hier kann man grooven – ohne die Leute, die auf VIP-Service und Bottle Service stehen. Zwei örtlichen DJs gehört der Kellerclub, den sie auch selbst betreiben. Der Laden wirkt wie ein primitiver Rock-Schuppen, hat aber eine Profi-Musikanlage, eine mit Kork verkleidete Tanzfläche und noch weitere Requisiten eines richtigen Dance-Clubs. Alternative-Bands sorgen ein paar Mal die Woche abends für aktuelle Sounds.

♥ Dupont Circle & Adams Morgan

★ Dan's Cafe BAR
(2315 18th St NW; ⊙Di–Do 19–2, Fr & Sa bis 3 Uhr; ⓂWoodley Park-Zoo/Adams Morgan) Dies ist eine der tollen Kneipen von D.C. Das Innere wirkt mehr oder weniger wie eine schäbige Hinterwäldler-Kneipe mit ganz unironischer altmodischer „Kunst", billiger Täfelung und schummriger Beleuchtung, die den ganzen Schmuddel kaum erhellen. Der Laden ist berühmt für seine Drinks zum Selbermixen: Man bekommt eine Spritzflasche mit Schnaps, eine Büchse Soda und einen Eimer Eis für ganze 20 US$. Gezahlt wird ausschließlich bar auf die Kralle.

Bar Charley BAR
(www.barcharley.com; 1825 18th St NW; ⊙Mo–Do 17–0.30, Fr 16–1.30, Sa 10–1.30, So 10–0.30 Uhr; ⓂDupont Circle) Die Bar Charley lockt ein gemischtes Publikum aus dem Viertel an: Junge, Alte, Schwule und Heteros. Sie kommen wegen der für D.C. vergleichsweise günstigen Cocktails, die beschwingt in alten Gläsern und Tiki-Keramikbechern schwappen. Unser Tipp: der Suffering Bastard mit Gin und Ginger Ale. Die Bierkarte ist zwar nicht umfangreich, hat aber einige prima Ales zu bieten. Angeboten werden außerdem rund 60 verschiedene Weine.

Tabard Inn Bar BAR
(www.tabardinn.com; 1739 N St NW; ⊙Mo–Fr 11.30–1.30, Sa & So ab 10.30 Uhr; ⓂDupont Circle) Die Tabard Inn Bar befindet sich zwar in einem Hotel, aber viele Einheimische kommen, um sich in der lodgeartigen Lounge mit Balken-

SCHWULEN- & LESBENSZENE IN WASHINGTON, D. C.

Die Szene hat ihren Schwerpunkt in Dupont Circle, aber auch in den Vierteln U St, Shaw, Capitol Hill und Logan Circle gibt es viele schwulenfreundliche Läden. Alle Infos zum Nachtleben finden sich in den kostenlosen Wochenblättern *Washington Blade* und *Metro Weekly*.

Cobalt (www.cobaltdc.com; 1639 R St NW; ⊘17–2 Uhr; Ⓜ Dupont Circle) Das Cobalt ist ein beliebter Treff von Typen um die 30, die mit Haargel und gefakter Bräune unter der Woche bei lustigen (und lauten) Partys abtanzen.

Nellie's (www.nelliessportsbar.com; 900 U St NW; ⊘Mo–Do 17–1, Fr ab 15, Sa & So ab 11 Uhr; Ⓜ Shaw-Howard U) In entspannter Stimmung kann man hier in einer freundlichen Menge schmackhafte Barhäppchen, Events (z. B. den Karaoke-Dienstag) und am frühen Abend Drinks zum Sonderpreis genießen.

JR's (www.jrsbar dc.com; 1519 17th St NW; ⊘Mo–Do 16–2, Fr 16–3, Sa 13–3, So 13–2 Uhr; Ⓜ Dupont Circle) Der beliebte Schwulentreff ist ein toller Ort zur Happy Hour und meistens rappelvoll. Peinliche Songs sorgen beim Karaoke montagabends immer für tolle Stimmung.

---

decke einen Old Fashioned oder Gin Tonic zu genehmigen. An warmen Abenden sollte man sich ein Plätzchen an einem Tisch draußen auf dem efeuumrankten Patio sichern.

🍷 Georgetown & Rund ums Weiße Haus

Tombs PUB
(www.tombs.com; 1226 36th St NW; ⊘Mo–Do 11.30–1.30, Fr & Sa bis 2.30, So 9.30–1.30 Uhr) Jedes College mit einem Stammbaum hat ihre ureigene Kneipe, in der Fakultätsangehörige und Studenten unter Sportmemorabilia ihr Bier schlürfen – für die Georgetown ist dies das Tombs. Wem der Laden vertraut vorkommt, der sollte an die 1980er-Jahre zurückdenken – die Kellerkneipe war einer der Schauplätze in dem Film *St. Elmo's Fire – Die Leidenschaft brennt tief.*

Round Robin BAR
(1401 Pennsylvania Ave NW, Willard InterContinental Hotel; ⊘Mo–Sa 12–1, So bis 24 Uhr; Ⓜ Metro Center) Die Bar im Hotel Willard schenkt schon seit 1850 aus und ist deshalb einer jener Orte in D.C., um die sich besonders viele Geschichten ranken. Der kleine kreisrunde Raum mit dunklem Holz und samtgrünen Wänden zeigt einige Akzente der 1920er-Jahre. Die Bar ist zwar touristisch, aber man sieht hier immer noch Beamte, die bei einem Mint Julep oder Single-Malt Scotch die Steuersätze ausknobeln.

🍷 Columbia Heights

⭐ Room 11 CAFÉ
(www.room11dc.com; 3234 11th St NW; ⊘So–Do 8–1, Fr & Sa bis 2 Uhr; Ⓜ Columbia Heights) Das

Room 11 ist nicht viel größer als ein besseres Wohnzimmer – entsprechend beengt kann es hier zugehen. Aber jeder ist freundlich, die Intimität wirkt an kalten Winterabenden einladend und wenn es drinnen zu heiß wird, begibt man sich einfach in den geräumigen Außenbereich. Die entspannte Menge nippt an ausgezeichneten, vom Management handverlesenen Weinen und starken Cocktails.

Wonderland Ballroom BAR
(www.thewonderlandballroom.com; 1101 Kenyon St NW; ⊘Mo–Do 17–2, Fr 16–3, Sa 11–3, So 10–2 Uhr; 🍽; Ⓜ Columbia Heights) Das Wonderland verkörpert die derzeitige exzentrische Stimmung von Columbia Heights bis zur Perfektion. Das Innere ist so mit alten Schildern und Fundgegenständen vollgestopft, dass es an ein Volkskunstmuseum erinnert. Auf der Außenterrasse kann man gut mit Unbekannten ins Gespräch kommen und die neue Bekanntschaft dann auf die Tanzfläche im Obergeschoss entführen.

⭐ Unterhaltung
Livemusik

Black Cat LIVEMUSIK
(www.blackcatdc.com; 1811 14th St NW; Ⓜ U St) Das verschlissene Black Cat ist seit den 1990er-Jahren ein Grundpfeiler der Rock- und Indieszene in D.C. Hier sind alle Größen der vergangenen Jahre aufgetreten (u. a. White Stripes, die Strokes und Arcade Fire). Wer für die Bands auf der Hauptbühne im oberen Stock (oder die kleinere Backstage unten) keine 20 US$ bezahlen möchte, wählt lieber den Red Room mit seiner Jukebox, Pool-Billard und starken Cocktails.

9:30 Club
LIVEMUSIK

(www.930.com; 815 V St NW; Eintritt ab 10 US$; Ⓜ U St) Dieser Club, der bis zu 1200 Menschen an einem überraschend gemütlichen Ort vereint, ist der Vorreiter der Livemusikszene von D.C. Alle, die Rang und Namen haben und in dieser Stadt auftreten, landen schließlich auf dieser Bühne. Und ein Konzert hier ist für viele Teenager von D.C. eine bleibende Erinnerung. Die Stars beginnen meist zwischen 22.30 und 23.30 Uhr.

Bohemian Caverns
JAZZ

(www.bohemiancaverns.com; 2001 11th St NW; Eintritt 7–22 US$; ⊙ Mo–Do 19–24, Fr & Sa 19.30–2, So 18–24 Uhr; Ⓜ U St) Früher traten hier Größen wie Miles Davis, John Coltrane oder Duke Ellington auf die Bühne, heute sieht und hört man jugendliche Rebellen und Soul-Legenden. Am Montagabend lockt die swingende Hausband Menschen aller Altersgruppen an.

Darstellende Kunst

Kennedy Center
DARSTELLENDE KUNST

(☎ 202-467-4600; www.kennedy-center.org; 2700 F St NW; Ⓜ Foggy Bottom-GWU) Das prächtige, sich auf 6,9 ha erstreckende Kennedy Center am Potomac River veranstaltet eine beeindruckende Zahl an Aufführungen: Mehr als 2000 pro Jahr verteilen sich auf die diversen Spielstätten, darunter die Concert Hall (Sitz des National Symphony) und das Opera House (Sitz der National Opera). Ein kostenloser Shuttlebus pendelt alle 15 Minuten zwischen dem Center und der Metrostation (Mo–Sa 9.45–24, So ab 12 Uhr).

Shakespeare Theatre Company
THEATER

(☎ 202-547-1122; www.shakespearetheatre.org; 450 7th St NW; Ⓜ Archives) Das führende Shakespeare-Ensemble des Landes präsentiert neben dessen Meisterwerken auch Stücke von George Bernard Shaw, Oscar Wilde, Ibsen,

---

> **ⓘ KOSTENLOS IM KENNEDY CENTER**
>
> Kein Geld für die Eintrittskarte zu einer großen Veranstaltung? Hier ist dies kein Problem: Jeden Abend um 18 Uhr gibt's im Großen Foyer des Kennedy Center bei Millennium Stage (www.kennedy-center.org/millennium; Kennedy Center; Ⓜ Foggy Bottom-GWU) ein erstklassiges Konzert oder eine Tanzdarbietung. Und zwar umsonst! Was gerade zu sehen und zu hören ist, steht auf der Website.

Eugene O'Neill und anderen berühmten Dramatikern. In der Saison gibt's jedes Jahr rund ein halbes Dutzend Produktionen, hinzu kommt Ende August die vierzehntägige, kostenlose Shakespeare Series.

Studio Theatre
THEATER

(www.studiotheatre.org; 1501 14th St NW; Ⓜ Dupont Circle) Der zeitgenössische Theaterkomplex mit vier Bühnen zeigt schon seit mehr als 35 Jahren Erstaufführungen und Stücke, die mit dem Pulitzer-Preis geadelt wurden. Viele Washingtoner Schauspieler sind hier im Einsatz.

Sport

★ Washington Nationals
BASEBALL

(www.nationals.com; 1500 S Capitol St SE; ☎; Ⓜ Navy Yard) Die Nats spielen Major-League-Baseball im Nationals Park (www.nationals.com; 1500 S Capitol St SE; Ⓜ Navy Yard) am Ufer des Anacostia River. Anschauen sollte man sich im vierten Inning die „Racing Presidents" – ein skurriler Wettlauf von Darstellern mit den riesigen, karikierten Köpfen von George Washington, Abraham Lincoln, Thomas Jefferson, Teddy Roosevelt und William Taft. Das Stadion ist schick; hippe Restaurants und das moderne Viertel Yards Park sind rund herum entstanden und tragen zur Gentrifizierung der Gegend bei.

Washington Redskins
FOOTBALL

(☎ 301-276-6800; www.redskins.com; 1600 Fedex Way, Landover, MD; Ⓜ Morgan Blvd) Washingtons NFL-Team, die Redskins, spielen von September bis Januar im FedEx Field. Um das Team gab es in letzter Zeit viele Kontroversen, und zwar nicht nur wegen dürftiger Ergebnisse. Einige Gruppen sind der Meinung, Namen und Logo der Mannschaft seien eine Beleidigung der amerikanischen Ureinwohner. Dem hat sich auch das US Patent and Trademark Office angeschlossen, das den Markenschutz für die Warenzeichen des Teams aufgehoben hat.

Washington Capitals
EISHOCKEY

(http://capitals.nhl.com; 601 F St NW; Ⓜ Gallery Pl) Washingtons raubeiniges Profi-Eishockeyteam tritt von Oktober bis April im Verizon Center an. Die günstigsten Tickets kosten rund 40 US$.

Washington Wizards
BASKETBALL

(www.nba.com/wizards; 601 F St NW; Ⓜ Gallery Pl) Washingtons erfolgreiches Profi-Basketballteam spielt von Oktober bis April ebenfalls im Verizon Center. Die billigsten Plätze auf den obersten Rängen kosten rund 30 US$, die Plätze weiter unten sind teurer.

❶ Orientierung

Die Straßen mit Buchstaben verlaufen in Ost-West-, die nummerierten in Nord-Süd-Richtung. Darüber hinaus ist die Stadt in vier Quadranten mit identischen Adressen in den einzelnen Sektoren unterteilt: F and 14th NW befindet sich beispielsweise nahe dem Weißen Haus, F and 14th NE hingegen nahe dem Rosedale Playground.

❶ Praktische Informationen

Cultural Tourism D. C. (www.culturaltouris-mdc.org) Hat eine Fülle an Vorschlägen für Stadtspaziergänge durch einzelne Viertel.

Destination D. C. (☎202-789-7000; www. washington.org) Washingtons offizielle Tourismus-Website liefert den größten Pool an Online-Infos.

George Washington University Hospital (☎202-715-4000; 900 23rd St NW; Ⓜ Foggy Bottom-GWU)

Washington City Paper (www.washington citypaper.com) Kostenloses und alternatives Wochenblatt mit Veranstaltungskalender und Restaurant-Tipps.

Washington Post (www.washingtonpost.com) Angesehene Tageszeitung für die Stadt und das ganze Land. Den täglich erscheinenden Boulevard-Ableger *Express* gibt's kostenlos.

❶ An- & Weiterreise

BUS

Es gibt jede Menge günstige Busverbindungen ab/nach Washington. Für eine einfache Fahrt nach New York City (4–5 Std.) verlangen die meisten Anbieter rund 25 US$. Die Tickets müssen in der Regel online gekauft werden.

BoltBus (☎877-265-8287; www.boltbus. com; 50 Massachusetts Ave NE; ☎) Die beste Budgetoption für Fahrten nach New York City; die Busse starten an der Union Station.

BestBus (☎202-332-2691; www.bestbus.com; 20th St & Massachusetts Ave NW; ☎) Täglich mehrere Fahrten ab/nach New York City. Die wichtigste Haltestelle liegt am Dupont Circle, eine weitere an der Union Station.

Greyhound (☎202-589-5141; www.greyhound. com; 50 Massachusetts Ave NE) Verbindungen in alle Ecken des Landes. Die Busse fahren von der Union Station.

Megabus (☎877-462-6342; http://us.mega bus.com; 50 Massachusetts Ave NE; ☎) Bietet die meisten Fahrten nach New York City (mehr als 20 pro Tag) an; darüber hinaus hat Megabus Verbindungen zu anderen Städten an der Ostküste im Fahrplan. Die Busse starten an der Union Station bzw. kommen dort an.

Washington Deluxe (☎866-287-6932; www. washny.com; 1610 Connecticut St NW; ☎) Gute Expressverbindung ab/nach New York City. Die Haltestellen befinden sich am Dupont Circle und der Union Station.

FLUGZEUG

Ronald Reagan Washington National Airport (DCA; www.metwashairports.com) D. C.s kleinerer Flughafen liegt 4,5 Meilen (7,2 km) südlich von D. C. in Arlington, Virginia.

Dulles International Airport (IAD; www. metwashairports.com) Der größere Flughafen mit den meisten Flugverbindungen ins Ausland befindet sich 26 Meilen (42 km) westlich von D. C. in Virginia.

Baltimore/Washington International Thurgood Marshall Airport (BWI; ☎410-859-7111; www.bwiairport.com) Der 30 Meilen (48 km) nordöstlich der Stadt in Maryland gelegene Flughafen dient vor allem Flügen aus den Südweststaaten als Drehscheibe; die Verbindungen sind oft günstiger.

ZUG

Die prächtige, im Beaux-Arts-Stil errichtete Union Station ist der wichtigste Bahnhof der Stadt. Mindestens stündlich fahren Züge zu den wichtigsten Städten an der Ostküste, darunter nach New York City (3½ Std.) und Boston (6–8 Std.).

Amtrak (☎800-872-7245; www.amtrak.com) Die Züge steuern Ziele im ganzen Land an; sie fahren u. a. nach New York City (3½ Std.), Chicago (18 Std.), Miami (24 Std.) und Richmond in Virginia (3 Std.).

MARC (Maryland Rail Commuter; www.mta. maryland.gov) Der Betreiber der Regionalzüge im Großraum Washington/Baltimore hat häufige Zugverbindungen nach Baltimore und zu anderen Städten in Maryland und darüber hinaus auch nach Harpers Ferry, West Virginia.

❶ Unterwegs vor Ort

VOM/ZUM FLUGHAFEN

Ronald Reagan Washington National Airport Der Flughafen hat seine eigene Metrostation. Die Züge (5–24, Fr & Sa bis 3 Uhr; ca. 2,50 US$) fahren ungefähr alle 10 Minuten und erreichen Downtown in 20 Minuten. Die Taxifahrt kostet 13–22 US$ und dauert 10–30 Minuten.

Baltimore/Washington International Thurgood Marshall Airport MARC- und Amtrak-Züge fahren vom Flughafen zur Union Station in D. C. Die Züge fahren ein- bis zweimal pro Stunde, allerdings nur bis ca. 21.30 Uhr; an Wochenenden ist der Betrieb eingeschränkt. Die Fahrt (ab 6 US$) dauert 30–40 Minuten. Alternativ fährt Bus B30 zur Metrostation Greenbelt (75 Min., Gesamtpreis für Bus & Metro 10,50 US$).

Washington Dulles International Airport

Die Metro Silver Line zum Flughafen soll bis 2018 fertiggestellt sein. In der Zwischenzeit ist man auf ein Taxi (30–60 Min., 62–73 US$), den Metrobus 5A oder den Washington Flyer angewiesen.

Metrobus 5A (www.wmata.com) Fährt vom Flughafen Dulles zur Metrostation Rosslyn (Blue, Orange & Silver Line) und weiter zur L'Enfant Plaza im Zentrum von D. C. (5.50–23.35, Sa & So ab 6.30 Uhr; alle 30–40 Min.) Die Gesamtfahrtzeit bis ins Zentrum dauert rund eine Stunde; der Gesamtfahrpreis für Bus und Metro beträgt ca. 9 US$.

Washington Flyer (☑ 888-927-4359; www.washfly.com) Der Silver-Line-Expressbus des Unternehmens fährt vom Flughafen Dulles (Hauptterminal, Ankunftsebene Tür 4) zur Metrostation Wiehle-Reston East (6–22.40, Sa & So ab 7.45 Uhr; alle 15–20 Min.). Die gesamte Fahrtzeit bis ins Zentrum von D. C. beträgt 60–75 Minuten, der Gesamtpreis für Bus und Metro rund 11 US$.

ÖFFENTLICHE VERKEHRSMITTEL

Der Washingtoner ÖPNV umfasst Bus und Metro (U-Bahn), letztere ist jedoch das eindeutig wichtigste Verkehrsmittel. An allen Stationen kann man für 10 US$ (8 US$ Fahrtguthaben, 2 US$ Gebühr) die beliebig oft aufladbare SmarTrip Card kaufen. Ohne SmarTrip Card wird bei jeder Fahrt ein Aufschlag von 1 US$ fällig. Man benötigt das Ticket, um die Drehkreuze an Start- und Zielstation zu passieren. Die SmarTrip Card kann auch in Bussen genutzt werden. Eine Alternative ist eine Tageskarte für eine unbegrenzte Zahl von Fahrten (14,50 US$).

Metrorail (☑ 202-637-7000; www.wmata.com) Die Metro bringt einen zu den meisten Sehenswürdigkeiten, Hotels und Geschäftsvierteln der Stadt sowie zu Vororten in Maryland und Virginia. Die Züge fahren montags bis freitags ab 5 (an den Wochenenden ab 7) Uhr; Betriebsschluss ist sonntags bis donnerstags gegen 24 und am Freitag und Samstag gegen 3 Uhr. Fahrkarten erhält man an den Automaten in den Stationen, der Fahrpreis richtet sich nach der Länge der zurückgelegten Strecke.

D. C. Circulator (www.dccirculator.com; einfache Strecke 1 US$) Die Red-Circulator-Busse bedienen praktische, kurze Strecken, etwa von der Union Station zur National Mall (vorbei an allen wichtigen Museen und Denkmälern), von der Union Station zur Georgetown (über die K St), vom Dupont Circle zur Georgetown (über die M St) und von der Gegend ums Weiße Haus nach Adams Morgan (über die 14th St); auf allen Strecken verkehren sie auch in der Gegenrichtung. Die Busse fahren werktags ca. 7–21 Uhr (an den Wochenenden bis ca. 24 Uhr).

Metrobus (www.wmata.com; einfache Strecke 1,75 US$) Betreibt in der Stadt und den Vor-

orten saubere, effiziente Busse; die Strecken werden in der Regel vom frühen Morgen bis in den späten Abend bedient.

TAXI

Taxis sind relativ leicht zu finden (nachts nicht unbedingt), aber ein teurer Spaß. **D. C. Yellow Cab** (☑ 202-544-1212) ist ein verlässlicher Anbieter. Der umstrittene Mitfahrdienst Uber wird in D. C. stärker genutzt.

MARYLAND

Maryland wird oft auch als „Miniatur-Amerika" beschrieben. Und das mit gutem Grund. Der kleine Staat besitzt die schönsten Flecken des Landes, von den Appalachen im Westen bis zu den weißen Sandstränden im Osten. Eine Mischung aus Nordstaaten-Cleverness und Südstaaten-Bodenständigkeit beschert dem Staat zwischen den alten Fronten eine ausgewachsene Identitätskrise, wobei Marotten und Traditionen von hüben wie drüben adaptiert werden. Baltimore, die wichtigste Metropole des Bundesstaates, ist eine pfiffige, fordernde Hafenstadt, während die Ostküste künstlerisch angehauchte Stadtemigranten und hart arbeitende Fischer unter einen Hut packt. Die Vororte von D. C. werden dagegen von Regierungsangestellten und anderen Büromenschen bewohnt, die sich nach der Natur sehnen, aber auch von ärmeren Schichten, die auf der Suche nach niedrigen Mieten sind. Trotzdem funktioniert das alles. Köstliche Blaukrabben, Natty-Boh-Bier und die herrliche Landschaft von Chesapeake sind der Kitt, der alles miteinander verbindet. Schließlich ist Maryland auch ein sehr vielfältiger und liberaler US-Staat, der u. a. als einer der ersten die gleichgeschlechtliche Ehe legalisierte.

Geschichte

George Calvert gründete Maryland 1634 als Zuflucht für verfolgte englische Katholiken. Dafür kaufte er den Piscataway St. Mary's City ab, mit denen er friedlich koexistieren wollte. Puritanische Flüchtlinge entrissen den Piscataway und den Katholiken die Kontrolle und verlagerten das Zentrum nach Annapolis. Die Schikanierung der Katholiken führte zum Tolerance Act, einem lückenhaften, aber wegweisenden Gesetz, das in Maryland jede Form des (christlichen) Gottesdienstes zuließ – zum ersten Mal in Nordamerika.

Diese Verpflichtung zur Diversität hat den Staat schon immer gekennzeichnet, trotz gemischter Einstellungen gegenüber der Sklaverei. Obwohl Maryland während des Bürgerkriegs gespalten war, wurde 1862 bei Antietam eine Invasion der Konföderation gestoppt. Nach dem Krieg nutzte das Land seine schwarze, weiße und zugewanderte Arbeiterschaft, um die Wirtschaftskraft zwischen Baltimores Industrien und Werften aufzuteilen; später kamen noch Dienstleistungen für Washington hinzu.

All das macht heute den Marylander aus: Der Bundesstaat vermischt Reiche, Arme, Fremde, urbane Weltenbummler und ländliche Dörfchen wie wenige andere Staaten.

Baltimore

Einst eine der wichtigsten Hafenstädte Amerikas, ist Baltimore – oder „Bawlmer", wie die Einheimischen es nennen – eine Stadt der Gegensätze. Einerseits haftet ihr etwas von einem hässlichen Entlein an – eine trotzige, aber mutige Arbeiterstadt, die sich ihrer Vergangenheit als Hafenstadt noch immer verbunden fühlt. Andererseits begann sich Baltimore in den letzten Jahren in einen Schwan zu verwandeln oder, besser gesagt, es verstand es nun geschickter, der Welt zu zeigen, dass es schon immer ein Schwan gewesen ist. Das belegen herausragende Museen, trendige Läden, Restaurants mit Gerichten aus aller Welt, Boutiquehotels, Kultur und Sport. „B'more" (so ein weiterer Spitzname) schafft das alles mit einem Augenzwinkern und kann darüber nur witzeln. Diese eigenartige Stadt brachte Billie Holiday und John Waters hervor. Und immer noch pflegt sie ihre innige Beziehung zum Wasser, ob mit dem an Disneyland erinnernden Inner Harbor und den kopfsteingepflasterten Straßen des Hafenviertels Fell's Point oder dem Fort McHenry, dem Geburtsort von *The Star-Spangled Banner*, der amerikanischen Nationalhymne. Es herrscht eine intensive, aufrichtige Freundlichkeit in dieser Stadt, was auch erklärt, weshalb Baltimore seinem letzten und treffendsten Spitznamen „Charm City" (Bezaubernde Stadt) voll gerecht wird.

◎ Sehenswertes & Aktivitäten

◉ Harborplace & Inner Harbor

Hier starten viele Touristen ihren Rundgang – und beenden ihn leider auch gleich wieder. Das Gebiet um den Inner Harbor wurde umfassend und glanzvoll erneuert.

So schimmern hier Glasfassaden, locken klimatisierte Einkaufspassagen und glitzernde Bars, die es irgendwie schaffen, in einer familienfreundlichen Verpackung das maritime Herz der Stadt einzufangen. Aber das ist nur die Spitze des Eisbergs von Baltimore!

National Aquarium   AQUARIUM
(☑ 410-576-3833; www.aqua.org; 501 E Pratt St, Piers 3 & 4; Erw./Kind 35/22 US$; ☺ So–Do 9–17, Fr bis 20, Sa bis 18 Uhr) 🖉 Das Aquarium mit seinen sieben Stockwerken und der Glaspyramide auf der Spitze gilt vielen als das beste Amerikas. Es beherbergt 17 000 Tiere (aus mehr als 750 Spezies), einen Regenwald auf dem Dach, ein Rochenbecken in der Mitte und ein riesiges Haifischbecken. Außerdem gibt's einen Nachbau der Umbrawarra Gorge aus dem Northern Territory Australiens mit einem 10 m hohen Wasserfall, Felsklippen mit frei fliegenden Vögeln und herumkriechenden Echsen.

KURZINFOS MARYLAND

Spitzname Old Line State, Free State

Bevölkerung 5,8 Mio. Ew.

Fläche 32 134 km²

Hauptstadt Annapolis (39 000 Ew.)

Weitere Städte Baltimore (621 000 Ew.), Frederick (66 000 Ew.), Hagerstown (40 000 Ew.), Salisbury (30 500 Ew.)

Verkaufssteuer 6 %

Geburtsort vom Abolitionisten Frederick Douglass (1818–1895), von Baseball-Legende Babe Ruth (1895–1948), Schauspieler David Hasselhoff (geb. 1952), Schriftsteller Tom Clancy (geb. 1947), Schwimmer Michael Phelps (geb. 1985)

Heimat von *The Star-Spangled Banner*, den Baltimore Orioles, den TV-Krimiserien *The Wire* und *Homicide*

Politische Ausrichtung stramme Demokraten

Berühmt für Blaukrabben, Lacrosse, die Chesapeake Bay

Lieblingssport Tjost (Lanzenstechen; Jousting)

Entfernungen Baltimore–Annapolis 29 Meilen (47 km), Baltimore–Ocean City 147 Meilen (237 km)

Die größte Attraktion sind acht in Gefangenschaft gehaltene Große Tümmler. Zum Zeitpunkt unserer Recherchen wurde jedoch vom Aquarium geprüft, ob ihre Verlegung in ein Schutzgebiet am Ozean möglich ist (eine Auswilderung scheidet aus, da die Tiere an Menschen gewöhnt sind). Kinder lieben das 4D Immersion Theater (Eintritt 5 US$ extra). Viele einmalige Touren, bei denen man einen Blick hinter die Kulissen werfen kann, werden ebenso angeboten wie Übernachtungen bei den Delfinen oder Haien. Um dem Massenandrang zu entgehen, sollte man werktags kommen (am besten gleich frühmorgens, wenn das Aquarium öffnet).

Baltimore Maritime Museum   MUSEUM
(☑ 410-539-1797; www.historicships.org; 301 E Pratt St, Piers 3 & 5; Erw. 1/2/4 Schiffe 11/14/18 US$, Kind 5/6/7 US$; ⏱ 10–16.30 Uhr) Schiffsliebhaber können hier vier historische Schiffe besichtigen: einen Kutter der Küstenwache, der in Pearl Harbor im Einsatz war, ein Feuerschiff von 1930, ein U-Boot aus dem Zweiten Weltkrieg und die **USS Constellation,** einer der letzten Segler, der als Kriegsschiff von der US-Marine gebaut wurde (1797). Der Eintritt zum 1856 erbauten Seven Foot Knoll Lighthouse an Pier 5 ist kostenlos.

◉ Downtown & Little Italy

Man kann leicht von Downtown in Baltimore nach Little Italy zu Fuß gehen, sollte dabei aber dem ausgeschilderten Weg genau folgen, da es an einem ungemütlichen Block vorbeigeht.

National Great Blacks
in Wax Museum   MUSEUM
(☑ 410-563-3404; www.greatblacksinwax.org; 1601 E North Ave; Erw./Kind 13/11 US$; ⏱ Mo–Sa 9–18, Feb. & Juli–Aug. So 12–18 Uhr, Rest des Jahres Mo geschl.) Dieses erstklassige Museum über die afroamerikanische Geschichte widmet sich u. a. Frederick Douglass, Jackie Robinson, Martin Luther King Jr. und Barack Obama sowie anderen weniger bekannten Persönlichkeiten wie dem Entdecker Matthew Henson. Das Museum informiert auch über die Sklaverei, die Jum-Crow-Ära und afrikanische Anführer – alle dargestellt in surrealistischer Manie mit Wachsfiguren à la Madame Tussaud.

Star-Spangled Banner
Flag House & 1812 Museum   MUSEUM
(☑ 410-837-1793; www.flaghouse.org; 844 E Pratt St; Erw./Kind 8/6 US$; ⏱ Di–Sa 10–16 Uhr; ♿) In diesem historischen Haus aus dem Jahr 1793 hat Mary Pickersgill die gigantische Flagge genäht, die zur Inspiration von Amerikas Nationalhymne wurde. Kostümierte Führer und Exponate aus dem 19. Jh. begleiten die Besucher zurück in eine dunkle Zeit während des Krieges von 1812; für Kinder gibt's auch eine Entdeckungsausstellung zum Anfassen.

Jewish Museum of Maryland   MUSEUM
(☑ 410-732-6400; www.jewishmuseummd.org; 15 Lloyd St; Erw./Student/Kind 8/4/3 US$; ⏱ So–Do 10–17 Uhr) Maryland ist traditionell die Heimat einer der größten und aktivsten jüdischen Gemeinden des Landes. Und das Museum ist ein toller Ort, um die jüdische Seite Amerikas kennenzulernen. Es beherbergt außerdem zwei der am wunderbarsten erhaltenen historischen Synagogen. Termine für die Führungen in der Synagoge erhält man telefonisch oder online.

Edgar Allan Poe House & Museum   MUSEUM
(☑ 410-396-7932; www.poeinbaltimore.org; 203 N Amity St; Erw./Student/Kind 5/4 US$/frei; ⏱ Ende Mai–Dez. Sa & So 11–16 Uhr) Von 1832 bis 1835 lebte in diesem Haus der berühmteste Ziehsohn Baltimores, Edgar Allan Poe, der genial-makabre Dichter und Schriftsteller, der nach dem Gewinn von 50 US$ in einem Kurzgeschichten-Wettbewerb ersten Ruhm erlangte. Nachdem er ein paar Jahre unterwegs gewesen war, kehrte Poe 1849 nach Baltimore zurück, wo er unter mysteriösen Umständen verstarb. Sein Grab befindet sich im nahe gelegenen Westminster Cemetery.

◉ Mt. Vernon

★ Walters Art Museum   MUSEUM
(☑ 410-547-9000; www.thewalters.org; 600 N Charles St; ⏱ Mi–So 10–17, Do bis 21 Uhr) GRATIS Auf keinen Fall sollte man dieses vorzügliche, bunt gemischte Museum verpassen, in dem Kunstwerke aus mehr als 55 Jahrhunderten von der Antike bis zur Gegenwart ausgestellt werden. Gezeigt werden außergewöhnliche Schätze aus Asien, seltene und reich verzierte Handschriften und Bücher sowie eine umfassende Sammlung französischer Gemälde.

Washington Monument   DENKMAL
(mvpconservancy.org; 699 Washington Pl; empfohlene Spende 5 US$; ⏱ Do 16–21, Fr–So 12–19 Uhr) Wer den besten Blick über Baltimore genießen will, muss die 228 Stufen der 54 m hohen dorischen Säule hinaufklettern, die

George Washington, dem Gründervater der USA, gewidmet ist. Sie wurde von Robert Mills entworfen, der auch das Washington Monument in D. C. schuf, und sieht nach einer 6 Mio. US$ teuren Restaurierung besser aus denn je. Im Erdgeschoss informiert ein Museum über Washingtons Leben. Um die Säule zu besteigen, vorher anrufen oder eine E-Mail schicken!

Maryland Historical Society MUSEUM
(www.mdhs.org; 201 W Monument St; Erw./Kind 9/6 US$; ⊙Mi–Sa 10–17, So 12–17 Uhr) Mit mehr als 350 000 Objekten und 7 Mio. Büchern und Dokumenten ist dies eine der weltweit größten Sammlungen zur amerikanischen Geschichte. Zu den Highlights zählen eine von drei erhaltenen Offiziersuniformen aus dem Amerikanischen Unabhängigkeitskrieg, Fotos der Bürgerrechtsbewegung in Baltimore aus den 1930er-Jahren und Francis Scott Keys Originalmanuskript der US-amerikanischen Nationalhymne. Ausgezeichnete Sonderausstellungen widmen sich häufig dem Beitrag von Einwohnern Baltimores bei bestimmten historischen Ereignissen.

◉ Federal Hill & Umgebung

Auf einem Steilhang oberhalb des Hafens gibt der **Federal Hill Park** seinen guten Namen an das nette Viertel weiter, das sich rund um den Cross St. Market erstreckt und erst nach Sonnenuntergang so richtig zum Leben erwacht.

★**American Visionary**
Art Museum MUSEUM
(AVAM; ☑410-244-1900; www.avam.org; 800 Key Hwy; Erw./Kind 16/10 US$; ⊙Di–So 10–18 Uhr) Das Museum beherbergt eine atemberaubende Sammlung von Art-Brut- bzw. autodidaktischer Kunst – Werke von einer unbändigen Kreativität, die sich völlig frei von dem gespreizten Gehabe der Kunstwelt halten. Man findet hier Collagen aus Spiegelstückchen, selbst gebastelte Roboter und Flugmaschinen, aufwendig zusammengehäkelte Skulpturen und riesige Modellschiffe, die sorgsam aus Streichhölzern gebastelt sind.

Fort McHenry National Monument &
Historic Shrine HISTORISCHE STÄTTE
(☑410-962-4290; 2400 E Fort Ave; Erw./Kind 7 US$/frei; ⊙9–17 Uhr) Während der Schlacht von Baltimore hat dieses sternenförmige Fort am 13. und 14. September 1814 erfolgreich einen Angriff der britischen Marine abgewehrt. Nach einer scheinbar endlosen Nacht mit unzähligen Kanonenschlägen sah

der Gefangene Francis Scott Key „by dawn's early light" (im ersten Licht des Tages) die immer noch wehende, zerrissene US-Flagge. Das inspirierte ihn zu *The Star-Spangeld Banner*, das er zur Melodie eines beliebten Trinkliedes verfasste – die US-amerikanische Nationalhymne war geboren.

◉ Fell's Point & Canton

Fell's Point, das einstige Zentrum der berühmten Schiffsbauindustrie von Baltimore, ist heute ein historisches Stadtviertel mit kopfsteingepflasterten Straßen und einer hübschen Mischung aus Wohnhäusern des 18. Jhs., Restaurants, Bars und Geschäften. In dem recht bürgerlichen Ambiente wurden verschiedene Kinofilme und Fernsehserien gedreht, allen voran natürlich die Folgen der Krimiserie *Homicide*. Weiter östlich breiten sich die Straßen des etwas feineren Canton rund um den mit Gras bewachsenen zentralen Platz aus, der von tollen Restaurants und Bars umgeben ist.

◉ North Baltimore

Der Ausruf „Hon" als Ausdruck der Zuneigung ist eine oft nachgeahmte, aber nie erreichte Besonderheit des in Baltimore gesprochenen Dialekts „Bawlmerese" und stammt aus **Hampden**, einem Stadtteil, der einen Mix aus Arbeitern und hyperkreativen Hipstern beheimatet. Man kann einen gemütlichen Nachmittag damit verbringen, in den Läden an der **Avenue**, der W 36th St, nach Kitsch, Antiquitäten und Vintage-Klamotten zu stöbern. Nach Hampden gelangt man auf der I-83 N, die (in nördlicher Richtung fahrend) zur Falls Rd wird; die Avenue zweigt rechts von dieser ab. In der Nähe befindet sich die renommierte **Johns Hopkins University** (3400 N Charles St).

★**Evergreen Museum** MUSEUM
(☑410-516-0341; http://museums.jhu.edu; 4545 N Charles St; Erw./Kind 8/5 US$; ⊙Di–Fr 11–16, Sa & So 12–16 Uhr) Die prächtige Villa aus dem 19. Jh. vermittelt einen faszinierenden Einblick in das Leben der Oberschicht von Baltimore im 19. Jh. und lohnt die Anfahrt. Das Haus ist vollgepackt mit Meisterwerken der bildenden und dekorativen Kunst: Gemälde von Modigliani, Glasgegenstände von Louis Comfort Tiffany und exquisites asiatisches Porzellan, außerdem eine erstaunliche Bibliothek mit 32 000 Bänden, darunter viele bibliophile Raritäten.

WASHINGTON, D. C. & CAPITAL REGION BALTIMORE

Noch eindrucksvoller als das Haus ist die Familiengeschichte der Familie Garrett, deren Angehörige sich als Weltreisende (John W. arbeitete einige Jahre im diplomatischen Dienst), eifrige Philanthropen und Kunstfreunde auszeichneten, auch wenn die eigenen Bemühungen auf künstlerischem Gebiet nicht immer von Erfolg gekrönt waren – was allerdings Alice nicht hinderte, auf die Bühne zu treten (man sieht diese in dem kleinen Theater unterhalb des Hauses).

👉 Geführte Touren

Baltimore Ghost Tours
STADTSPAZIERGANG

(📞 410-357-1186; www.baltimoreghosttours.com; Erw./Kind 15/10 US$; ⊙ März–Nov Fr & Sa 19 Uhr) Bietet mehrere Spaziergänge, bei denen man die gespenstische und bizarre Seite von Baltimore kennenlernt. Der beliebte Fell's Point Ghost Walk startet beim Max's am Broadway (731 S Broadway). Wer online bucht, spart 2 US$ pro Ticket.

🎆 Feste & Events

Honfest
KULTUR

(www.honfest.net; ⊙ Juni) Hier sollte man seinen besten „Bawlmerese"-Akzent einstudieren und sich nach Hampden aufmachen. Hier gibt's Feiern mit Kitsch, Beehive-Frisuren, Strassbrillen und anderen Exzentrizitäten aus Baltimore.

Artscape
KULTUR

(www.artscape.org; ⊙ Mitte Juli) Amerikas größtes Festival für die freien Künste. Auf dem Programm stehen Kunstausstellungen, Livemusik, Theater- und Tanzaufführungen.

🛏 Schlafen

Die meisten stilvollen und erschwinglichen B&Bs findet man in den Vierteln Downtown, Canton, Fell's Point und Federal Hill.

HI-Baltimore Hostel
HOSTEL $

(📞 410-576-8880; www.hiusa.org/baltimore; 17 W Mulberry St, Mt. Vernon; B 31 US$; ✳@🛜) Das HI-Baltimore Hostel liegt in einem wundervoll restaurierten Herrenhaus von 1857 und verfügt über Schlafräume mit vier, acht oder zwölf Betten. Das hilfsbereite Personal, das reizende Haus und die klassisch-elegante Einrichtung machen es zu einem der besten Hostels dieser Gegend. Inklusive Frühstück.

⭐ Inn at 2920
B&B $$

(📞 410-342-4450; www.theinnat2920.com; 2920 Elliott St, Canton; Zi. 185–272 US$; ✳@🛜) 🖉 Das Boutique-B&B befindet sich in einem ehemaligen Bordell. Die fünf individuell eingerichteten Zimmer bestechen durch die feine Bettwäsche, die elegante avantgardistische Einrichtung und das Partyviertel Canton direkt vor der Tür. Die Whirlpools und das Umweltbewusstsein der Inhaber sind ein nettes Extra.

Hotel Brexton
HOTEL $$

(📞 443-478-2100; www.brextonhotel.com; 868 Park Ave, Mt. Vernon; Zi. 130–240 US$; 🅿✳🛜🐾) Das Haus aus rotem Backstein ist ein Wahrzeichen aus dem 19. Jh. und hat kürzlich seine Wiedergeburt als ansprechendes, wenn auch nicht übermäßig prunkvolles Hotel erlebt. Die Zimmer präsentieren sich mit Holzböden oder Teppichen, komfortablen Matratzen, Kleiderschränken mit Spiegeln und eingerahmten Stichen an den Wänden. Historisch bemerkenswert: Wallis Simpson, die Frau, wegen der Edward VIII. auf den britischen Thron verzichtete, lebte als junges Mädchen in diesem Haus.

Das Hotel hat eine gute Lage nur einen kurzen Fußweg vom Zentrum von Mt. Vernon entfernt.

🍴 Essen

Baltimore ist eine ethnisch sehr vielfältige Stadt. Es liegt zudem in einer Region, die reich an großartigen Meeresfrüchten ist und sich sowohl vom bodenständigen Süden als auch von den Innovationen des Nordostens kulinarisch inspirieren lässt.

Dooby's Coffee
CAFÉ $

(www.doobyscoffee.com; 802 N Charles St, Mt. Vernon; Hauptgerichte mittags 8–11 US$, abends 13–18 US$; ⊙ Mo–Fr 7–23, Sa 8–24, So 8–17 Uhr; 🛜) Das hippe, aber unprätentiöse Lokal, das gleichermaßen ein sonniges Café, ein kreatives Restaurant und eine beliebte Bar ist, findet sich nur einen kurzen Spaziergang vom Washington Monument entfernt. Vormittags werden schmackhaftes Gebäck und Sandwiches mit Ei und Greyerzer Käse serviert, mittags koreanische Reisgerichte und getoastete Sandwichs und abends in Bourbon gedünstete Rippchen, dampfende Schalen Ramen mit Pilzen und Lauch und andere asiatisch inspirierte Gerichte.

Papermoon Diner
DINER $

(www.papermoondiner24.com; 227 W 29th St, Harwood; Hauptgerichte 9–17 US$; ⊙ So–Do 7–24, Fr & Sa bis 2 Uhr) Das bunte, für Baltimore typische Restaurant ist mit Tausenden Spielsachen, gruseligen Puppen und anderem skur-

ABSTECHER

SCENIC DRIVE: MARITIMES MARYLAND

Maryland und die Chesapeake Bay waren schon immer untrennbar miteinander verbunden; es gibt noch einige Orte, an denen sich die althergebrachte Lebensweise an der Bay im Lauf der vergangenen Jahrhunderte kaum verändert zu haben scheint.

Etwa 150 Meilen (241 km) südlich von Baltimore, am Rand des Eastern Shore, liegt Crisfield, die größte Stadt Marylands, die noch vom Wasser lebt. Nähere Infos über Sehenswertes gibt's im J Millard Tawes Historical Museum (☑ 410-968-2501; www. crisfieldheritagefoundation.org/museum; 3 Ninth St; Erw./Kind 3/1 US$; ☉ Mo–Sa 10–16 Uhr), das gleichzeitig als Touristeninformation dient. Alle Gerichte mit Meeresfrüchten, die man hier vorgesetzt bekommt, sind vorzüglich. Wer aber ein richtiges maritimes Erlebnis sucht, ist im legendären Watermen's Inn (☑ 410-968-2119; 901 W Main St; Hauptgerichte 12–25 US$; ☉ Do & So 11–20, Fr & Sa bis 21 Uhr, Mo–Mi geschl.) genau richtig; in einem anspruchslosen Ambiente kann man den lokalen Fang bei einem sich regelmäßig ändernden Menü genießen. Den einheimischen Fischern begegnet man in ihrem Stammlokal, wenn sie um 4 Uhr morgens einen Kaffee im Gordon's Confectionery (831 W Main St) trinken, bevor sie hinaus aufs Meer fahren und die Netze auswerfen.

Mit dem Boot – aber ohne Auto – geht es von hier weiter nach Smith Island (www. visitsmithisland.com), der einzigen Siedlung von Maryland außerhalb des Festlandes. Vor etwa 400 Jahren ließen sich Fischer aus den westlichen Regionen Englands hier nieder. Seither spricht die winzige Inselgemeinde immer noch eine Sprache, der Linguisten eine nahe Verwandtschaft zum Walisischen des 17. Jhs. attestieren.

Um ehrlich zu sein: Das ist eher ein dahinsterbendes Fischerdorf als eine reizvolle Sehenswürdigkeit, obwohl es B & Bs und Restaurants gibt (Details gibt's auf der Website). Zugleich ist Smith Island aber die letzte Verbindung zur Vergangenheit des Bundesstaates, und wenn man sich dem Eiland auf dieser Weise annähert, versteht man, warum es hier noch deutlich einfacher zugeht. Zudem besteht die Möglichkeit zu einer Paddeltour durch unberührtes Sumpfland am östlichen Meeresufer (www.paddlesmithisland.com). Die Fähre bringt einen (am selben Tag) um 15.45 Uhr zurück aufs Festland.

rilen Krimskrams dekoriert. Das Highlight ist das zu jeder Zeit angebotene Frühstück: fluffige Buttermilch-Pancakes, knuspriger Speck und Omelettes mit Krabben und Artischockenherzen. Zum Runterspülen empfiehlt sich ein Milchshake mit Karamell und Meersalz.

Artifact CAFÉ **$**
(www.artifactcoffee.com; 1500 Union Ave, Woodberry; Hauptgerichte 7–13 US$; ☉ Mo–Di 7–17, Mi–Fr bis 19, Sa & So 8–19 Uhr; ☎☑) Im Artifact gibt's den besten Kaffee der Stadt und dazu kleine Gerichte wie Eiermuffins, Spinatsalat, vegetarisches *banh mi* oder Pastrami-Sandwiches. Das Café befindet sich in einem früheren Fabrikgebäude, das schön umgestaltet wurde, zwei Gehminuten von der Straßenbahnhaltestelle Woodberry entfernt.

Vaccaro's Pastry ITALIENISCH **$**
(www.vaccarospastry.com; 222 Albemarle St, Little Italy; Desserts rund 7 US$; ☉ So–Do 9–22, Fr & bis 24 Uhr) Das Vaccaro's serviert Kaffee und Desserts, die zu den besten der Stadt zählen. Die Cannoli sind legendär.

Lexington Market FAST FOOD **$**
(www.lexingtonmarket.com; 400 W Lexington St, Mt. Vernon; ☉ Mo–Sa 8.30–18 Uhr) Der Lexington Market in Mt. Vernon besteht seit etwa 1782 und ist einer der traditionsreichsten Lebensmittelmärkte. Von außen wirkt er etwas heruntergekommen, die Lebensmittel aber sind eins a. Die Crab Cakes (Krabbenfrikadellen) der Seafood-Bude Faidley's (☑ 410-727-4898; www.faidleyscrabcakes.com; Hauptgerichte 10–20 US$; ☉ Mo–Sa 9.30–17 Uhr) sollte man nicht verpassen – sie sind einfach himmlisch gut.

★ Thames St. Oyster House SEAFOOD **$$**
(☑ 443-449-7726; www.thamesstreetoysterhouse. com; 1728 Thames St, Fell's Point; Hauptgerichte 14–29 US$; ☉ Mi–So 11.30–14.30, tgl. 17–22 Uhr) Ein Wahrzeichen am Fell's Point: In der alten Speise- und Trinkhalle gibt's mit die besten Meeresfrüchte in Baltimore. Man speist in dem eleganten Speisesaal im Obergeschoss mit Blick aufs Ufer, nimmt im Hof Platz oder setzt sich vorne an die Bar (die bis 24 Uhr geöffnet ist) und schaut den Barmixern und Austernknackern zu.

Birroteca

PIZZERIA $$

(☎ 443-708-1935; www.bmorebirroteca.com; 1520 Clipper Rd, Roosevelt Park; Pizzen 17–19 US$; ⊙ Mo-Fr 17–23, Sa 12–24, So bis 22 Uhr) Inmitten von Steinwänden und Indie-Rock liefert das Birroteca köstliche Pizzas mit dünnem Boden in schrillen Kombinationen (z. B. Entenconfit mit Feigen-Zwiebel-Marmelade). Man darf sich auf Bier aus Kleinbrauereien, gute Weine, einfallsreiche Cocktails und Barkeeper mit eindrucksvollen Bärten freuen. Die Bar ist rund 800 m sowohl von Hampdens 36th St als auch von der Straßenbahnhaltestelle Woodberry entfernt.

Helmand

AFGHANISCH $$

(☎ 410-752-0311; 806 N Charles St, Mt. Vernon; Hauptgerichte 14–17 US$; ⊙ So–Do 17–22, Fr & Sa bis 23 Uhr) Das Helmand ist seit Langem wegen seines *kaddo borawni* (Kürbis in Joghurt-Knoblauchsauce), seinen Gemüsegerichten und der aromatischen Bällchen aus Rind- oder Lammfleisch beliebt. Und dann wäre da noch die leckere Kardamom-Eiscreme. Wer noch nie afghanisch gegessen hat, sollte es hier einmal probieren.

LP Steamers

SEAFOOD $$

(☎ 410-576-9294; 1100 E Fort Ave, South Baltimore; Hauptgerichte 10–28 US$; ⊙ 11.30–21.30 Uhr) Das LP ist die beste Adresse Baltimores in Sachen Seafood: Arbeiter, Frotzeleien und die frischesten Krabben.

★ Woodberry Kitchen

AMERIKANISCH $$$

(☎ 410-464-8000; www.woodberrykitchen.com; 2010 Clipper Park Rd, Woodberry; Hauptgerichte 24–39 US$; ⊙ Abendessen Mo–Do 17–22, Fr & Sa bis 23, So bis 21 Uhr, Brunch Sa & So 10–14 Uhr) Das Woodberry schafft alles heran, was die Chesapeake-Region zu bieten hat, packt es in eine Industriehalle und vollbringt damit kulinarische Wunder. Die Speisekarte liest sich wie ein kreatives Kombinieren der besten regionalen Produkte, Meeresfrüchte und Fleischsorten, von Wolfsbarsch aus Maryland mit kalifornischer Maisgrütze über Lamm aus dem Shenandoah Valley mit Blattkohl bis hin zu herzhaften Gerichten mit Gemüse von nahe gelegenen Farmen. Vorab reservieren!

Food Market

MODERN-AMERIKANISCH $$$

(☎ 410-366-0606; www.thefoodmarketbaltimore. com; 1017 W 36th St, Hampden; Hauptgerichte 20–34 US$; ⊙ tgl. 17–23 Uhr & Fr–So 9–15 Uhr) Das Food Market schlug bei seiner Eröffnung an Hampdens geschäftiger Restaurant- und Shoppingmeile im Jahr 2012 sofort ein. Der

preisgekrönte hiesige Küchenchef Chad Gauss erhebt amerikanische Alltagskost mit Gerichten wie paniertem Seebarsch mit schwarzer Trüffel-Vinaigrette oder Crab Cakes mit Hummer-Mac-'n'-Cheese zur hohen Kunst.

🍷 Ausgehen & Nachtleben

Am Wochenende verwandeln sich Fell's Point und Canton in Stätten ungehemmter Zechgelage, die selbst einen römischen Kaiser vor Neid hätten erblassen lassen. In Mt. Vernon und North Baltimore geht es etwas gesitteter zu, gemütliche Kneipen wird man aber in keinem Stadtteil von Baltimore vergeblich suchen. Sperrstunde ist meistens um 2 Uhr früh.

Brewer's Art

PUB

(☎ 410-547-6925; 1106 N Charles St, Mt. Vernon; ⊙ 16–2 Uhr) In einer Villa aus dem frühen 20. Jh. serviert das Brewer's Art der entspannten Kundschaft aus Mt. Vernon gute Biere belgischer Art aus Mikrobrauereien. An der Bar gibt's schmackhafte Kneipenkost (Mac 'n' Cheese, Champignon-Wraps), hinten im eleganten Speisesaal gehobene amerikanische Küche. Rauer geht es unten in der Kellerkneipe zu. Während der Happy Hour (16–19 Uhr) kostet das Bier nur 3,75 US$.

Club Charles

BAR

(☎ 410-727-8815; 1724 N Charles St, Mt. Vernon; ⊙ 18–2 Uhr) Hipster in ihrer üblichen Uniform aus hautengen Jeans und auf alt getrimmten T-Shirts, aber auch Typen, die nicht dem Mainstream folgen, strömen in diese Cocktailbar im Art-déco-Stil der 1940er-Jahre. Sie bekommen gute Musik auf die Ohren und preiswerte Drinks in die Kehlen.

Ale Mary's

BAR

(☎ 410-276-2044; 1939 Fleet St, Fell's Point; ⊙ Mo-Fr 16–2, Sa & So ab 10 Uhr) Der Name und das Dekor aus überall verteilten Kruzifixen und Rosenkränzen erinnern an Marylands katholische Wurzeln. Das muntere Publikum aus dem Viertel labt sich hier an hochprozentigen Drinks und gutem Kneipenessen wie Tater Tots – eine Art Kroketten – oder Käse-Steak-Sandwichs sowie an Muscheln. Sonntags gibt's einen Brunch.

Little Havana

BAR

(☎ 410-837-9903; 1325 Key Hwy, Federal Hill; ⊙ Mo–Do 16–2, Fr–So bis 23.30 Uhr) Dieses ehemalige Ziegellager ist der richtige Treffpunkt, um auf der Terrasse direkt am Was-

BALTIMORE MIT KINDERN

Die meisten Attraktionen konzentrieren sich auf den Inner Harbor, wo sich auch das perfekt für Kinder geeignete **National Aquarium** (S. 307) befindet. Von den Befestigungsanlagen des historischen **Fort McHenry National Monument & Historic Shrine** (S. 309) sind Kinder ebenfalls begeistert.

Das **Maryland Science Center** (☑410-685-2370; www.mdsci.org; 601 Light St; Erw./Kind 19/16 US$; ⊙Mo–Fr 10–17, Sa bis 18, So 11–17 Uhr, im Sommer verlängerte Öffnungszeiten) ist ein überwältigendes Zentrum mit einem dreistöckigen überdachten Innenhof, jeder Menge interaktiven Ausstellungen zu Dinosauriern, dem Weltraum und dem menschlichen Körper sowie dem – bei solchen Museen unvermeidlichen – IMAX-Kino (4 US$ extra).

Zwei Blocks weiter nördlich lockt **Port Discovery** (☑410-727-8120; www.portdiscovery.org; 35 Market Pl; Eintritt 15 US$; ⊙Mo–Sa 10–17, So 12–17 Uhr, im Winter kürzere Öffnungszeiten) in einem umgebauten Fischmarkt mit einem Theater, einem Labor, einem Fernsehstudio und sogar einem Pharaonengrab. Hier kann sich der Nachwuchs richtig austoben.

Im **Maryland Zoo in Baltimore** (www.marylandzoo.org; Druid Hill Park; Erw./Kind 18/13 US$; ⊙März–Dez. tgl. 10–16 Uhr, Jan. & Feb. Fr–Mo 10–16 Uhr) können die Kleinen den ganzen Tag über Seerosenblätter hüpfen, Abenteuer mit Billy der Moorschildkröte erleben und lebendige Tiere streicheln.

---

ser den Feierabend zu genießen und an den Mojitos zu nippen. Es wird gern auch an warmen, sonnigen Tagen angesteuert (vor allem an Wochenenden zur Brunch-Zeit).

☆ Unterhaltung

Die Einwohner von Baltimore *lieben* Sport. Sie sind mit vollem Einsatz dabei – etwa bei „Tailgate-Partys" auf Parkplätzen, bei denen man sich aus der Ladefläche von Kombis bedient, oder bei Liveübertragungen in den zahlreichen Kneipen.

Baltimore Orioles　　　　　BASEBALL
(☑888-848-2473; www.orioles.com) Die Orioles spielen im **Oriole Park at Camden Yards** (333 W Camden St, Downtown), dem wohl besten Baseball-Stadion Amerikas. Während der Saison (April–Okt.) gibt's täglich Führungen (Erw./Kind 9/6 US$) durch das Stadion.

Baltimore Ravens　　　　　FOOTBALL
(☑410-261-7283; www.baltimoreravens.com) Die Ravens spielen von September bis Januar im **M&T Bank Stadium** (1101 Russell St, Downtown).

❶ Praktische Informationen

Baltimore Area Visitor Center (☑877-225-8466; www.baltimore.org; 401 Light St, Inner Harbor; ⊙Mai–Sept. 9–16 Uhr, Okt.–April 10–17 Uhr) Liegt am Inner Harbor. Hier wird der **Harbor Pass** verkauft (Erw./Kind 50/40 US$), der zum Eintritt zu fünf Hauptsehenswürdigkeiten berechtigt.

Baltimore Sun (www.baltimoresun.com) Lokale Tageszeitung.

City Paper (www.citypaper.com) Kostenloses alternatives Wochenmagazin.

Enoch Pratt Free Library (400 Cathedral St, Mt Vernon; ⊙Mo–Mi 10–17, Do–Sa bis 17, So 13–17 Uhr; 🛜) Kostenloses WLAN und einige (ebenfalls kostenlose) öffentliche PCs.

University of Maryland Medical Center (☑410-328-9400; 22 S Greene St, University of Maryland-Baltimore) 24-Stunden-Notaufnahme.

❶ An- & Weiterreise

Der Baltimore/Washington International Thurgood Marshall Airport (S. 305) befindet sich 10 Meilen (16 km) südlich vom Zentrum an der I-295.

Am Busbahnhof 2 Meilen (3,2 km) südwestlich vom Inner Harbor gibt es mehrere Verbindungen von **Greyhound** (www.greyhound.com) und **Peter Pan Bus Lines** (☑410-752-7682; 2110 Haines St, Carroll-Camden) von/nach Washington, D. C. (10–14 US$, ca. alle 45 Min., 1 Std.) und New York (14–50 US$, tgl. 12- bis 15-mal, 4½ Std.). **BoltBus** (☑877-265-8287; www.boltbus.com; 1610 St Paul St, Carroll-Camden; 🛜) hat sechs bis neun Busse täglich von/nach New York City (15–33 US$); die Busse starten an der Straße vor Baltimores Penn Station.

Die **Penn Station** (1500 N Charles St, Charles North) befindet sich im Norden der Stadt. MARC betreibt werktags Pendlerzüge von/nach Washington, D. C. (7 US$, 71 Min.). Die Züge von **Amtrak** (☑800-872-7245; www.amtrak.com) steuern Städte an der Ostküste und darüber hinaus an.

❶ Unterwegs vor Ort

Light-Rail (☑866-743-3682; mta.maryland.gov/light-rail; einfache Strecke/Tageskarte

1,60/3,50 US$; ⊗ Mo–Sa 6–24, So 7–23 Uhr) fährt alle 5 bis 10 Minuten vom Flughafen BWI zum Lexington Market und zur Penn Station. MARC-Züge verkehren werktags stündlich und an Wochenenden täglich sechs- bis neunmal zwischen der Penn Station und dem Flughafen BWI (4 US$). Alle regionalen Fahrpläne und Preise findet man online bei der **Maryland Transit Administration** (MTA; www.mtamaryland.com).

Supershuttle (☎ 800-258-3826; www.super shuttle.com; ⊗ 5.30–0.30 Uhr) bietet einen Kleinbusservice vom BWI zum Inner Harbor (16 US$).

Baltimore Water Taxi (☎ 410-563-3900; www.baltimorewatertaxi.com; Inner Harbor; Tageskarte Erw./Kind 12/6 US$; ⊗ Mo–Sa 10–23, So bis 21 Uhr) legt bei allen Attraktionen und Vierteln im Hafengebiet an.

Annapolis

Annapolis ist so bezaubernd wie die Hauptstadt eines Bundesstaates nur sein kann. Die Gebäude aus der Kolonialzeit, das Kopfsteinpflaster, die flackernden Straßenlaternen und die Reihenhäuser aus Backstein scheinen einem Roman von Charles Dickens zu entstammen – aber das Ganze ist wirklich echt. Diese Stadt hat ihr historisches Erbe nicht neu geschaffen, sondern tatsächlich bewahrt.

In der traditionsreichen Hafenstadt an der Chesapeake Bay dreht sich immer noch alles um die Schifffahrt. An der US Naval Academy werden künftige Marineoffiziere ausgebildet, die in ihren weißen Paradeuniformen durch die Stadt stolzieren. Segeln ist hier nicht nur eine Freizeitbeschäftigung, sondern ein Lebensstil. Der Hafen ist voller Schiffe jeder Art und Größe.

◉ Sehenswertes & Aktivitäten

In Annapolis stehen mehr Gebäude aus dem 18. Jh. als in jeder anderen Stadt der USA. Dazu gehören auch die Wohnhäuser der vier Marylander, die die Unabhängigkeitserklärung unterzeichnet haben.

Das State House bildet eine Art Knotenpunkt, von dem aus man die meisten Sehenswürdigkeiten erreichen kann, darunter das City Dock und das historische Hafenviertel.

US Naval Academy UNIVERSITÄT
(☑ Visitor Center 410-293-8687; www.usnabsd.com/ for-visitors; Randall St zwischen Prince George und King George St) Das Undergraduate College der US Navy ist eines der exklusivsten in den USA.

Im **Armel-Leftwich Visitor Center** (☑ 410-293-8687; tourinfo@usna.edu; Gate 1, City Dock-Eingang; Touren Erw./Kind 10,50/8,50 US$; ⊗ 9–17 Uhr) kann man Touren buchen und in alles eintauchen, was mit der Akademie zu tun hat. An den Wochentagen besteht die Möglichkeit, um exakt um 12.05 Uhr beim Exerzieren zuzuschauen. Dann zeigen 4000 Kadettinnen und Kadetten im Hof eine 20-minütige Parade. Einlass erhält man nur mit Personalausweis oder Reisepass. Wer etwas über die Geschichte der US Navy erfahren will, sollte das **Naval Academy Museum** (☑ 410-293-2108; www. usna.edu/museum; 118 Maryland Ave; ⊗ Mo–Sa 9–17, So 11–17 Uhr) GRATIS ansteuern.

Maryland State House HISTORISCHE GEBÄUDE
(☑ 410-946-5400; 91 State Circle; ⊗ 9–17 Uhr) GRATIS Das älteste Kapitol eines US-Staats, das ununterbrochen für die Legislative genutzt wurde, steht in Annapolis. Das große State House von 1772 diente 1783/84 auch als Sitz der US-Regierung. Von Januar bis April tagt hier der Senat von Maryland. Die auf dem Kopf stehende riesige Eichel auf der Spitze der Kuppel symbolisiert übrigens Weisheit.

Banneker-Douglass Museum MUSEUM
(http://bdmuseum.maryland.gov; 84 Franklin St; ⊗ Di–Sa 10–16 Uhr) GRATIS Unweit vom State House widmet sich das kleine, aber lohnende Museum bedeutenden Leistungen von aus Maryland stammenden Afroamerikanern. Dauerausstellungen porträtieren Persönlichkeiten wie Thurgood Marshall, einem Richter am Obersten Gericht der USA, den Entdecker Matthew Henson oder den Intellektuellen Frederick Douglass. Begleitet werden diese von Wechselausstellungen, die alle möglichen historischen Themen seit der Zeit der Bürgerrechtsbewegung aufgreifen und aktuelle afroamerikanische Künstler, Musiker und Autoren vorstellen.

Hammond Harwood House MUSEUM
(☑ 410-263-4683; www.hammondharwoodhouse. org; 19 Maryland Ave; Erw./Kind 10/5 US$; ⊗ April–Dez. Di–So 12–17 Uhr) Von den vielen historischen Wohnhäusern vor Ort sollte man sich dieses unbedingt anschauen. In dem 1774 erbauten Haus zeigt eine erstklassige Sammlung von Kunstgewerbe u. a. Möbel, Gemälde und Gebrauchsgrafiken aus dem 18. Jh.; überdies ist es eines der schönsten erhaltenen Wohnhäuser aus der britischen Kolonialzeit in den USA. Kundige Guides erwecken bei den 50-minütigen Führungen (jeweils zur vollen Stunde) die Vergangenheit zum Leben.

William Paca House & Garden

HISTORISCHES GEBÄUDE

(410-990-4543; www.annapolis.org; 186 Prince George St; Erw./Kind 10/6 US$; Mo–Sa 10–17, So 12–17 Uhr) Bei den Führungen (jeweils stündlich zur halben Stunde) durch dieses georgianische Herrenhaus gewinnt man einen Einblick in das Leben der Upperclass von Maryland im 18. Jh. Im Frühling sollte man sich unbedingt auch den blühenden Garten anschauen.

Kunta Kinte–Alex Haley Memorial

DENKMAL

Am City Dock markiert das Kunta Kinte-Alex Haley Memorial den Punkt, an dem Kunta Kinte – ein Vorfahr von Alex Haley, dem Autor des Bestsellers *Roots* – in Ketten aus Afrika kommend landete.

Geführte Touren

Four Centuries Walking Tour

STADTSPAZIERGANG

(www.annapolistours.com; Erw./Kind 18/10 US$) Ein kostümierter Führer zeigt auf dieser hervorragenden Einführungstour alles Sehenswerte in Annapolis. Die Tour um 10.30 Uhr startet am Visitor Center, um 13.30 Uhr geht's am Informationskiosk am City Dock los. Die Touren unterscheiden sich ein wenig, führen jedoch beide an zahlreichen Gebäuden aus dem 18. Jh. vorbei und erzählen von einflussreichen Afroamerikanern und dem Geist der Kolonialzeit, der einfach nicht verschwinden will.

Die angegliederte einstündige **Pirates of the Chesapeake Cruise** (410-263-0002; www.chesapeakepirates.com; Eintritt 20 US$; Mitte April–Sept.;) bietet jede Menge „Yo Ho"-Spaß, vor allem für Kids.

Woodwind

BOOTSTOUR

(410-263-7837; www.schoonerwoodwind.com; 80 Compromise St; Bootstour in der Abenddämmerung Erw./Kind 44/27 US$; Mitte April–Okt.) Die Crew des traumhaften 23 m langen Schoners bietet zweistündige Rundfahrten tagsüber und in der Abenddämmerung an. Oder man bucht das „Boat & Breakfast"-Angebot (Kabine inkl. Frühstück 305 US$), eine der einmaligsten Unterkünfte der Stadt.

Schlafen

ScotLaur Inn

PENSION $$

(410-268-5665; www.scotlaurinn.com; 165 Main St; Zi. 95–140 US$;) Die Leute vom Chick & Ruth's Delly vermieten zehn Zimmer mit schmiedeeisernen Betten, Blüm-

chentapeten und eigenem Bad. Die Zimmer sind klein, aber familiär (die Pension ist nach Scott und Lauren benannt, den Kindern der Eigentümer; ihre Fotos zieren die Korridore).

O'Callaghan Hotel

HOTEL $$

(410-263-7700; www.ocallaghanhotels-us.com; 174 West St; Zi. 99–180 US$;) Die irische Kette bietet attraktiv eingerichtete, gut ausgestattete Zimmer mit großen Fenstern, einem Schreibtisch, Messingarmaturen und bequemen Matratzen. Das Hotel liegt an der West St, nur einen kurzen Spaziergang von einer ganzen Reihe von Bars und Restaurants entfernt; ca. zwölf Gehminuten sind es in die Altstadt.

Historic Inns of Annapolis

HOTEL $$

(410-263-2641; www.historicinnsofannapolis. com; 58 State Circle; Zi. 140–200 US$;) Die Historic Inns umfassen drei verschiedene Boutique-Gästehäuser in je einem historischen Gebäude im Herzen des alten Annapolis: das Maryland Inn, das Governor Calvert House und das Robert Johnson House. Die Gemeinschaftsbereiche prunken mit Elementen der Entstehungszeit und die besten Zimmer mit Antiquitäten, einem Kamin und einer schönen Aussicht – die preiswerteren hingegen sind klein und beengt und könnten einmal eine gründliche Reinigung vertragen.

Essen & Ausgehen

Dank der Chesapeake Bay vor der Haustür kann Annapolis mit erstklassigen Meeresfrüchten aufwarten.

49 West

CAFÉ $

(410-626-9796; 49 West St; Hauptgerichte 7–15 US$; 7.30–24 Uhr;) Das gemütliche, mit Kunst geschmückte Kaffeehaus ist tagsüber ein guter Ort für einen Kaffee und einen kleinen Happen (Sandwiches, Suppen, Salate) sowie abends für herzhaftere Bistrogerichte, einen Wein oder Cocktail. An manchen Abenden gibt's Livemusik.

Chick & Ruth's Delly

DINER $

(410-269-6737; www.chickandruths.com; 165 Main St; Hauptgerichte 7–14 US$; 6.30–23.30 Uhr;) Dieser Diner ist eine der tragenden Säulen von Annapolis – er strotzt vor liebenswerter Schrulligkeit und hat eine riesige Speisekarte. Wert wird vor allem auf Sandwiches und Frühstück gelegt. US-Patrioten können hier ihre Grundschulzeiten nacherleben und wochentags um 8.30 Uhr

MARYLANDS BLAUKRABBEN

In einer Krabbenbude essen, wo sich die Kleiderordnung auf Shorts und Badelatschen beschränkt, ist ein typisches Erlebnis an der Chesapeake Bay. Für die Leute hierzulande sind die Krabben eine wichtige Sache. Stundenlang können sie darüber debattieren, wie man sie schält, sie richtig zubereitet und wo man die besten findet. In einem sind sich die Marylander aber einig: Es müssen Blaue Schwimmkrabben (Blaukrabben, wissenschaftlich: *Callinectes sapidus*) sein. Leider sind deren Bestände wegen der anhaltenden Verschmutzung der Chesapeake Bay zurückgegangen, weshalb viele der hier servierten Krabben mittlerweile von anderswo her importiert werden.

Gedämpfte Krabben werden einfach nur mit Bier und der Gewürzmischung Old Bay zubereitet. Eine der besten Krabbenbuden weit und breit ist **Jimmy Cantler's Riverside Inn** (www.cantlers.com; 458 Forest Beach Rd, Annapolis; Hauptgerichte 17–32 US$; ⊙ So–Do 11–23, Fr & Sa bis 24 Uhr). Vom Zentrum von Annapolis ist's nur ein Katzensprung: Der Laden befindet sich 4 Meilen (6,4 km) nordöstlich des Maryland State House jenseits der Severn River Bridge. Hier wird das Mahl zu einer Kunstform erhoben – zugegeben zu einer recht hemdsärmeligen, bei der es kaum ohne Kleckern abgehen wird. In der Regel lässt man sich dazu einen gedünsteten Maiskolben und eiskaltes Bier schmecken. Eine weitere gute Adresse ist das **Crab Claw** (S. 317) auf der anderen Seite der Bucht.

(am Wochenende um 9.30 Uhr) den Fahneneid schwören.

★ Vin 909
AMERIKANISCH $$

(☑ 410-990-1846; 909 Bay Ridge Ave; kleine Gerichte 13–16 US$; ⊙ Di–So 17.30–22 & Mi–Fr 12–15 Uhr) Mit der Lage auf einem kleinen, bewaldeten Hügel und einem intimen, aber netten und zwanglosen Ambiente ist das Vin die beste gastronomische Adresse in Annapolis. Frischen Produkte direkt vom Erzeuger begegnet man hier in der Form von Entenconfit, Grill-Sandwiches und hausgemachten Pizzas mit Belägen wie wilden Pilzen, Foie Gras oder spanischer Chorizo. Es gibt auch eine tolle Weinkarte mit mehr als drei Dutzend offenen Weinen.

Reservierungen werden nicht angenommen. Man sollte früh kommen, um sich langes Warten zu sparen.

Boatyard Bar & Grill
MEERESFRÜCHTE $$

(☑ 410-216-6206; www.boatyardbarandgrill.com; 400 4th St ; Hauptgerichte 14–27 US$; ⊙ 8–24 Uhr; 🐾) Das helle, maritim aufgemachte Restaurant ist ein einladender Ort für Crab Cakes, Fish & Chips, Fischtacos und andere Seafood-Gerichte. Die Happy Hour (15–19 Uhr) ist mit Austern für 0,99 US$ und Bier für 3 US$ ein Renner. Das Restaurant liegt jenseits der Spa Creek Bridge, eine kurze Fahrt (bzw. 10 Gehminuten) vom City Dock entfernt.

Rams Head Tavern
KNEIPENKOST $$$

(☑ 410-268-4545; www.ramsheadtavern.com; 33 West St; Hauptgerichte 12–32 US$; ⊙ Mo–Sa 11–2, So ab 10 Uhr) Die Schenke serviert Kneipenkost und erfrischende Biere aus Mikrobrauereien in einem attraktiven Ambiente mit unverputzten Backsteinwänden und Eichenholztäfelung. Bekannte Bands spielen nebenan im Rams Head On Stage (Tickets 22–80 US$).

🛈 Praktische Informationen

Es gibt ein **Visitor Center** (☑ 410-280-0445; www.visitannapolis.org; 26 West St; ⊙ 9–17 Uhr) und einen Infokiosk am City Dock, der aber nur in der Hauptsaison besetzt ist.

🛈 An- & Weiterreise

Greyhound (www.greyhound.com) schickt Busse nach Washington, D. C. (1-mal tgl.). **Dillon's Bus** (www.dilonbus.com; 4,25 US$) bietet an Wochentagen 26 Pendlerbusse zwischen Annapolis und Washington an, die dort Anschluss zu mehreren Metrolinien haben.

Eastern Shore

Gleich jenseits der Chesapeake Bay Bridge weichen ausdruckslose Vororte kilometerlangen Sumpfgebieten voller Wasservögel, friedlichen Wasserlandschaften, endlosen Maisfeldern, feinen Sandstränden und freundlichen, kleinen Dörfern. Die Ostküste hat sich ihre Reize trotz der vielen Tagesausflügler und der steigenden Zuwanderung von Yuppies aus der Stadt erhalten. In dieser Gegend dreht sich alles ums Wasser: Die Einwohner der kleinen Küstensiedlungen leben immer noch von der Chesapeake Bay und ihren Zuflüssen; Bootfahren, Angeln, Krabbenfischen und Jagen sind hier Teil des Alltags.

St. Michaels & Tilghman Island

St. Michaels, das hübscheste kleine Dorf an der Ostküste, wird seinem Namen als „Herz und Seele der Chesapeake Bay" mehr als gerecht. Es ist ein Mix aus alten viktorianischen Häusern, idyllischen B & Bs, Boutiquen und Fischerdocks, die noch immer in Betrieb sind. Stadtflüchtlinge aus Washington mischen sich unter die erfahrenen Fischer. Im Amerikanisch-Britischen Krieg von 1812 hängten die Bewohner Laternen in den benachbarten Wald und verdunkelten die Stadt. Die Kanonen der britischen Schiffe beschossen die Bäume, während St. Michaels der Vernichtung entkam. Das heute als **Cannonball House** (Mulberry St) bekannte Gebäude wurde als einziges getroffen.

Auf dem Hwy 33 gelangt man über eine Zugbrücke auf die winzige **Tilghman Island**, auf der Fischer immer noch ihrem Gewerbe nachgehen und die Kapitäne Besucher schon mal auf ihren anmutigen Segelschiffen mit auf den Ozean nehmen.

◉ Sehenswertes & Aktivitäten

Chesapeake Bay Maritime Museum   MUSEUM
(✆ 410-745-2916; www.cbmm.org; 213 N Talbot St, St. Michaels; Erw./Kind 13/6 US$; ⊙ Mai–Okt. 9–17 Uhr, Nov.–April 10–16 Uhr; ⛟) Im Leuchtturm widmet sich dieses Museum dem engen Band zwischen der Küstenbevölkerung und Amerikas größtem Meeresarm.

Lady Patty Classic Yacht Charters   SEGELN
(✆ 410-886-1127; www.ladypatty.com; 6176 Tilghman Island Rd, Tilghman Island; Tour Erw./Kind ab 27/42 US$; ⊙ Mai–Okt.) Das Unternehmen veranstaltet denkwürdige zweistündige Segeltouren in der Chesapeake Bay.

🛏 Schlafen & Essen

Parsonage Inn   INN **$$**
(✆ 410-745-8383; www.parsonage-inn.com; 210 N Talbot St; Zi. 160–225 US$; Ⓟ ❄) Laura Ashleys grellste Phantasien ähneln wahrscheinlich den Zimmern in diesem Gästehaus aus rotem Backstein. Geführt wird es von einer sehr respektablen Gastwirtin (samt Hündchen). In der Nebensaison fallen die Preise auf bis zu 90 US$ pro Nacht.

Crab Claw   MEERESFRÜCHTE **$$**
(✆ 410-745-2900; www.thecrabclaw.com; 304 Burns St, St. Michaels; Hauptgerichte 16–30 US$; ⊙ Mitte März–Okt. 11–21 Uhr) Gleich neben dem Chesapeake Bay Maritime Museum serviert das Crab Claw schmackhafte Maryland-Blaukrabben bei prächtigem Ausblick auf den Hafen. Den gemischten Meeresfrüchteteller sollte man vermeiden, wenn man kein Fan von Frittiertem ist.

Oxford

Oxford ist ein kleines Dorf mit schönen grünen Straßen, Wohnhäusern am Wasser und einer Geschichte, die bis ins 17. Jh. zurückreicht. Obwohl man es auf der US 333 erreicht, lohnt es sich, in Bellevue die altmodische **Fähre** (✆ 410-745-9023; www.oxford bellevueferry.com; Bellevue Rd nahe Bellevue Park; einfache Strecke Auto/weitere Mitfahrer/Fußgänger 12/1/3 US$; ⊙ Mitte April–Mitte Nov. 9 Uhr–Sonnenuntergang) zu nehmen. Vor allem bei Sonnenuntergang hat man eine herrliche Aussicht.

In Oxford sollte man die Gelegenheit nicht versäumen, im berühmten **Robert Morris Inn** (✆ 410-226-5111; www.robertmorris inn.com; 314 N Morris St; Hauptgerichte 17–29 US$; ⊙ 7.30–10, 12–14.30 & 17.30–21.30 Uhr) nahe dem Fähranleger zu speisen. Preisgekrönte Crab Cakes, gegrillter Rotbarsch aus der Region und Medaillons vom Frühlingslamm werden begleitet von passenden Weinen. Am besten gönnt man sich als Nachspeise ein Stück Pavlova mit Beeren oder ein anderes Dessert. Man kann auch in einem der historisch aufgemachten Zimmer des Gasthofs übernachten (ab 145 US$).

Berlin & Snow Hill

Wenn man sich ein typisch nordamerikanisches Städtchen vorstellt und das Ganze noch ein wenig schrumpft, hat man eine ungefähre Vorstellung von den Küstendörfern der Ostküste. Die meisten Gebäude der Region, in der es bezeichnend viele Antiquitätenläden gibt, sind hübsch restauriert.

In **Berlin** dient das liebevoll restaurierte **Globe Theater** (✆ 410-641-0784; www.globetheater.com; 12 Broad St; Hauptgerichte 10–26 US$; ⊙ 11–22 Uhr; 🕿) als Restaurant, Bar, Kunstgalerie und Bühne für abendliche Livekonzerte; die Küche serviert amerikanische Gerichte mit globalen Akzenten.

B & Bs gibt's in Hülle und Fülle, wir bevorzugen aber das **Atlantic Hotel** (✆ 410-641-3589; www.atlantichotel.com; 2 N Main St; Zi. 125–275 US$; Ⓟ ❄ 🕿), eine stattliche Unterkunft vom Ende des 19. Jhs., wo man sich wie in einer Zeitschleife vorkommt, aber nicht auf moderne Annehmlichkeiten verzichten muss.

WASHINGTON, D. C. & CAPITAL REGION EASTERN SHORE

Snow Hill, ein paar Kilometer von Berlin entfernt, liegt herrlich am idyllischen Pocomoke River. Aufs Wasser kommt man mit der **Pocomoke River Canoe Company** (☑ 410-632-3971; www.pocomokerivercanoe.com; 2 River St; Leihkanu 15/50 US$ pro Std./Tag). Das Unternehmen befördert einen auch stromaufwärts, sodass man sich gemütlich zurücktreiben lassen kann. Die nahe **Furnace Town** (☑ 410-632-2032; www.furnacetown.com; Old Furnace Rd; Erw./Kind 7/4 US$; ◷ April–Okt. Mo–Sa 10–17, So ab 12 Uhr; P 🚻), abseits der Rte 12, ist ein Living-History-Museum an der Stelle einer Siedlung, die sich im 19. Jh. um eine Eisenhütte gebildet hatte. Im eigentlichen Snow Hill kann man eine skurrile, aber lohnende halbe Stunde im **Julia A. Purnell Museum** (☑ 410-632-0515; 208 W Market St; Erw./Kind 2/0,50 US$; ◷ April–Okt. Di–Sa 10–16, So ab 13 Uhr) verbringen, einem winzigen Gebäude, das scheinbar der Dachboden der gesamten Ostküste ist.

In Snow Hill übernachten kann man im **River House Inn** (☑ 410-632-2722; www.riverhouseinn.com; 201 E Market St; Zi. 160–210 US$, Cottage 275–350 US$; P ❄ 🛜 🐾), das einen üppig grünen Hinterhof mit Blick auf eine malerische Flussbiegung besitzt. Das **Blue Dog Cafe** (☑ 410-251-7193; www.bluedogsnowhill.com; 300 N Washington St; Hauptgerichte 10–21 US$) serviert schmackhafte Crab Cakes, Burger und Garnelen auf Cajun-Art. An einigen Abenden gibt's Livemusik – von altmodischen Blaskapellen bis hin zu Fiedlern und singenden Kellnern.

Ocean City

In „O.C." lernt man die Art und Weise, uramerikanisch in einem Strandresort Ferien zu machen, von der scheußlichsten Seite kennen. Hier kann man Rides fahren, die wahlweise das Adrenalin in die Höhe jagen oder Übelkeit hervorrufen, ein T-Shirt mit schmierigen Sprüchen kaufen und in billigen Themenbars bis zum Umfallen trinken. Das Zentrum der Action ist die 4 km lange Uferpromenade, die von der Flussmündung bis zur 27th St reicht. Der Strand ist zwar recht hübsch, wird aber oft von lüsternen Teenagern, dichtem Verkehr und lärmenden Massen in Beschlag genommen. Die Strände nördlich der Promenade sind viel ruhiger.

🛏 Schlafen

Das **Visitor Center** (☑ 800-626-2326; www.ococean.com; Coastal Hwy an der 40th St; ◷ 9–17

Uhr) befindet sich im Tagungszentrum an der Kreuzung Coastal Hwy. Es hilft bei der Unterkunftssuche.

King Charles Hotel PENSION $$
(☑ 410-289-6141; www.kingcharleshotel.com; Ecke N Baltimore Ave & 12th St; Zi. 115–190 US$; P ❄ 🛜)
Ein idyllisches Sommer-Cottage … könnte das King Charles sein, läge es nicht nur einen kurzen Fußweg von der Action der Strandpromenade entfernt. Die Zimmer sind schon etwas betagter, aber sauber, es gibt kleine Terrassen und es ist trotz allem recht ruhig.

🍴 Essen & Ausgehen

Surf'n'turf (Fisch-Fleisch-Kombis) und „All you can eat"-Angebote gibt's hier rund um die Uhr und an jeder Ecke.

Liquid Assets MODERN-AMERIKANISCH $$
(☑ 410-524-7037; Ecke 94th St & Coastal Hwy; Hauptgerichte 13–34 US$; ◷ 11.30–23 Uhr) Wie ein Rohdiamant liegt dieses Bistro und Weingeschäft verborgen in einer Einkaufsstraße im Norden von O.C. Die Speisekarte bietet einen erfrischenden Mix von innovativen Spezialitäten aus Meeresfrüchten und gegrilltem Fleisch sowie regionalen Klassikern.

Seacrets BAR
(www.seacrets.com; Ecke W 49th St & the Bay; ◷ 8–2 Uhr) Die mit Rum getränkte Bar im Jamaika-Look scheint direkt aus MTVs *Spring Break* zu stammen. Man kann sich in einem Reifen herumtreiben lassen, dabei an einem Drink nippen und auf O.C.s berühmtestem Fleischmarkt die Leute beobachten.

ℹ Anreise & Unterwegs vor Ort

Die Busse von **Greyhound** (☑ 410-289-9307; www.greyhound.com; 12848 Ocean Gateway) fahren täglich nach/ab Washington, D.C. (4 Std.) und Baltimore (3½ Std.).

Der **Ocean City Coastal Highway Bus** (Tageskarte 3 US$) fährt von 6 bis 3 Uhr am Strand entlang. Es gibt auch eine Straßenbahn (3 US$), die die Strandpromenade abklappert.

Westliches Maryland

Marylands westliches Rückgrat ist gebirgig. Die Gipfel der Appalachen erreichen Höhen von über 900 m über dem Meeresspiegel; zerklüftete Landschaften und Schlachtfelder des Amerikanischen Bürgerkriegs prägen die umliegenden Täler. Dies ist Marylands Abenteuerspielplatz, wo Outdoorfans wandern, Ski fahren, klettern oder raften.

ABSTECHER

ASSATEAGUE ISLAND

Nur 8 Meilen (13 km) südlich von Ocean City und doch eine Weltreise entfernt, erstreckt sich die Küste von Assateague Island, eine karge Landschaft aus Sanddünen und wunderschönen, abgeschiedenen Stränden. Auf der unerschlossenen Düneninsel lebt die einzige Wildpferdeherde an der Ostküste. Die Tiere wurden durch das Buch *Misty of Chincoteague* von Marguerite Henry berühmt.

Die Insel ist in drei Abschnitte unterteilt. In Maryland befinden sich der **Assateague State Park** (☎ 410-641-2918; Rte 611; Eintritt/Stellplatz 6/28 US$; ☉ Campingplatz Ende April–Okt.) und die **Assateague Island National Seashore** (☎ 410-641-1441; www.nps. gov/asis; Rte 611; Eintritt Fußgänger/Fahrzeuge/Stellplätze 3/15/25 US$/Woche; ☉ Visitor Center 9–17 Uhr). Das **Chincoteague National Wildlife Refuge** (www.fws.gov/refuge/chinco teague, 8231 Beach Road, Chincoteague Island; Tages-/Wochenpass 8/15 US$; ☉ Mai–Sept. 5–22 Uhr, Nov.–Feb. 6–18 Uhr, März, April & Okt. bis 20 Uhr; [P] [⊞]) ✒ gehört zu Virginia.

Schwimmen, Sonnenbaden, Vögelbeobachten, Kajak- und Kanufahren, Krabbenfischen und Angeln bestimmen das Freizeitprogramm auf der Insel. Auf der Marylander Seite der Insel gibt's keine Versorgungsmöglichkeiten. Essen und Trinken muss selbst mitgebracht werden. Auf keinen Fall sollte man Insektenschutzmittel vergessen – die Moskitos und Bremsen sind bösartige Biester!

Frederick

Auf halber Strecke zwischen den Schlachtfeldern von Gettysburg, PA, und Antietam gelegen, erfüllt Frederick mit seiner historischen Altstadt von gut 50 Häuserblocks das fast perfekte Klischee einer Mittelstadt.

⊙ Sehenswertes

**National Museum of
Civil War Medicine**   MUSEUM
(www.civilwarmed.org; 48 E Patrick St; Erw./Student/Kind 9,50/7 US$/frei; ☉ Mo–Sa 10–17, So ab 11 Uhr) Das Museum bietet einen faszinierenden, wenn auch mitunter grausamen Einblick in die hygienischen und medizinischen Bedingungen, mit denen Soldaten und Ärzte im Bürgerkrieg konfrontiert waren, zeigt aber auch die Fortschritte in der Medizin, die durch den Krieg erreicht wurden.

🛏 Schlafen & Essen

Hollerstown Hill B&B   B&B $$
(☎ 301-228-3630; www.hollerstownhill.com; 4 Clarke Pl; Zi. 145–175 US$; [P] [❉] [☎]) Das elegante, freundliche Hollerstown hat vier stark gemusterte Zimmer, zwei Terrier und ein elegantes Billardzimmer. Das hübsche viktorianische Gästehaus liegt mitten in dem historischen Stadtzentrum von Frederick, in Gehweite zu allen Sehenswürdigkeiten. Kinder unter 16 Jahren sind unerwünscht.

Brewer's Alley   GASTROPUB $$
(☎ 301-631-0089; 124 N Market St; Hauptgerichte 10–26 US$; ☉ 12–23.30 Uhr; [☎]) Die muntere Brauereikneipe ist aus mehreren Gründen einer unserer Lieblingsorte in Frederick. Da sind zum einen die diversen leckeren hausgebrauten Biere und zum anderen die Burger, riesige, halbpfündige Monstrositäten von appetitlichem Umfang. Drittens gibt es auch noch ausgezeichnete Meeresfrüchte aus der Chesapeake Bay (etwa in Form einer mit Krabben belegten Holzofenpizza) sowie andere Gerichte mit frischem Fleisch und Gemüse aus der Umgebung.

❶ An- & Weiterreise

Frederick ist mit Bussen von **Greyhound** (☎ 301-663-3311; www.greyhound.com) und Zügen von **MARC** (☎ 301-682-9716) erreichbar, der Bahnhof befindet sich in der 100 S East St gegenüber dem Visitor Center.

Antietam National Battlefield

Der Ort des blutigsten Tages in der Geschichte Amerikas ist heute äußerst friedvoll, ruhig und eindringlich, ja schlicht, sieht man einmal von den Plaketten und Statuen ab. Am 17. September 1862 kam General Robert E. Lees erster Versuch einer Invasion der Nordstaaten hier zum Stillstand. Bei dem militärischen Patt wurden mehr als 23 000 Soldaten getötet, verwundet oder als vermisst gemeldet – mehr Opfer als in allen vorangegangenen Kriegen zusammen. Viele der Gräber sind mit deutschen und irischen Namen versehen – sie stehen für Männer, die für ihre neue Heimat starben. Das **Visitor Center** (☎ 301-432-5124; State Rd

WASHINGTON, D.C. & CAPITAL REGION WESTLICHES MARYLAND

65; 3-Tages-Pass pro Pers./Familie 4/6 US$; ⊙ 9–17 Uhr) zeigt einen kurzen Film (immer zur vollen und halben Stunde) über die Ereignisse. Es hält auch Bücher und andere Materialien bereit, um mit dem Auto und zu Fuß das Schlachtfeld selbst zu erkunden.

Cumberland

Am Potomac River liegt der Grenzposten Fort Cumberland (nicht zu verwechseln mit der Cumberland Gap zwischen Virginia und Kentucky). Er war für die Pioniere das Tor über die Allegheny Mountains bis nach Pittsburgh und zum Ohio River. Heute ist der Ort ein Spezialist für Erholung in der freien Natur mit ihren Flüssen, Wäldern und Bergen. Die hier aufgeführten Sehenswürdigkeiten sind nur einen kurzen Fußweg von den fußgängerfreundlichen Straßen der Innenstadt von Cumberland entfernt.

⊙ Sehenswertes & Aktivitäten

C&O Canal National Historic Park
NATIONALPARK
(www.nps.gov/choh) GRATIS Das Meisterwerk der Ingenieurskunst wurde entworfen, um parallel zum Potomac River die Chesapeake Bay mit dem Ohio River zu verbinden. Der Bau des Kanals begann 1828, wurde aber 1850 an den Appalachen gestoppt. In dem durch den Park geschützten, 298 km langen Korridor gibt's einen 4 m breiten Treidelpfad zum Wandern und Radeln, der den ganzen Weg von hier bis nach Georgetown in D.C. führt. Das **Cumberland Visitor Center** (☎ 301-722-8226; 13 Canal St; ⊙ 9–17 Uhr; P) 🖊 illustriert chronologisch die Bedeutung des Flusshandels für die Geschichte der Ostküste.

Allegany Museum
MUSEUM
(www.alleganymuseum.org; 3 Pershing St; ⊙ Di–Sa 10–16, So ab 13 Uhr) GRATIS Das im alten Gerichtsgebäude untergebrachte Museum gibt die faszinierende Gelegenheit, in Cumberlands Vergangenheit einzutauchen. Man sieht u.a. Werke des von hier stammenden Volkskünstlers und Holzschnitzers Claude Yoder, ein Modell der alten Barackensiedlung, die sich am Kanal entwickelte, Feuerwehrausrüstung aus den 1920er-Jahren, schön herausgeputzte mechanische Puppen und andere Kuriositäten.

Western Maryland Scenic Railroad
GEFÜHRTE TOUR
(☎ 800-872-4650; www.wmsr.com; 13 Canal St; Erw./Kind 35/18 US$; ⊙ Mai–Dez. Fr–So 11.30 Uhr)

ABSTECHER

DEEP CREEK LAKE

Im äußersten Westen Marylands liegt der größte Süßwassersee des Bundesstaates. Hier ist zu jeder Jahreszeit etwas los. Während des jährlich stattfindenden **Autumn Glory Festival** (www.visit deepcreek.com; ⊙ Anfang Okt.) zieht die tiefrote, kupferne Farbenpracht der Alleghenies, die durchaus mit dem Indian Summer in Neuengland konkurrieren kann, Tausende von Besuchern an.

Vor dem Cumberland Visitor Center, unweit des Startpunkts des C&O Canal, kann mit einem von einer Dampflok gezogenen Zug auf Tour gehen. Er fährt durch Wälder und tiefe Schluchten nach Frostburg. Hin und zurück dauert das dreieinhalb Stunden.

Cumberland Trail Connection
RADFAHREN
(☎ 301-777-8724; www.ctcbikes.com; 14 Howard St, Canal Pl; halber Tag/Tag/Woche ab 20/30/120 US$; ⊙ 8–19 Uhr) Praktisch neben dem Startpunkt des C&O Canal gelegen, verleiht dieser Ausrüster Fahrräder (Cruiser, Tourenräder und Mountainbikes) und organisiert auch einen Shuttleservice von überall in Pittsburgh und Washington, D.C.

🛏 Schlafen & Essen

Inn on Decatur
PENSION $$
(☎ 301-722-4887; www.theinnondecatur.net; 108 Decatur St; DZ 125–136 US$; ❄ 🕾) Gemütliche Gästezimmer nur ein kurzes Stück von der verkehrsberuhigten Baltimore St im Zentrum von Cumberland entfernt. Die freundlichen Inhaber wissen eine Menge über die Gegend und veranstalten auch Fahrradausflüge; Fahrräder können ausgeliehen werden.

Queen City Creamery & Deli
DINER $
(☎ 240-979-4125; 108 Harrison St; Hauptgerichte 6–9 US$; ⊙ 7–21 Uhr) In dem Laden meint man, 70 Jahre in die Vergangenheit gereist zu sein. Auf den Tisch kommen Shakes und hausgemachtes Vanilleeis, dicke Sandwiches und ein supersättigendes Frühstück.

DELAWARE

Das kleine Delaware, mit 155 km Länge und 56 km Breite zweitkleinster Bundesstaat der USA, steht im Schatten seiner Nachbarn und wird von Besuchern der Capital Region oft übersehen. Das ist schade, hat doch Delaware viel mehr zu bieten als nur steuerfreies Einkaufen und Hühnerfarmen.

Lange weiße Sandstrände, niedliche kolonialzeitliche Dörfer, gemächliches Landleben und kleinstädtischer Charme charakterisieren diesen Staat, der sich selbst als das „Kleine Wunder" bezeichnet.

Geschichte

In der Kolonialzeit war das Land von Delaware Gegenstand eines erbitterten Streits zwischen holländischen, schwedischen und britischen Siedlern. Während Holländer und Schweden eine Gesellschaft aufbauten, in der nach dem Vorbild nordeuropäischer Länder das Bürgertum das Sagen haben sollte, errichteten die Briten eine Aristokratie der Plantagenbesitzer. Dies erklärt zum Teil, warum Delaware bis heute eine für die Mittelatlantikstaaten typische hybride Kultur aufweist.

Den vielleicht größten Moment seiner Geschichte erlebte der kleine Staat am 7. Dezember 1787, als Delaware als Erster die amerikanische Verfassung unterzeichnete und damit der erste Staat der Union wurde. Der Union blieb Delaware während des gesamten Bürgerkriegs treu, obwohl der Staat die Sklaverei befürwortete. Die Wirtschaftskraft Delawares beruhte in dieser Zeit – wie nahezu im gesamten Verlauf seiner Geschichte – auf der chemischen Industrie. 1802 gründete der französische Einwanderer Eleuthère Irénée du Pont eine Fabrik zur Herstellung von Sprengstoff. Heute ist DuPont der zweitgrößte Chemiekonzern der Welt. Im 20. Jh. lockten die niedrigen Steuersätze weitere Firmen an, besonders Kreditkartenunternehmen, und ließen den Staat wachsen und gedeihen.

Strände in Delaware

Delawares 45 km lange Sandstrände am Atlantik sind der beste Grund, hier zu verweilen. Die meisten Läden und Einrichtungen sind ganzjährig geöffnet. In der Nebensaison (außer Juni-Aug.) gibt es jede Menge günstige Angebote.

Lewes

1631 gaben die Holländer dieser Walfängersiedlung den hübschen Namen Zwaanendael (Schwanental), wurden aber kurz darauf von den Nanticokes niedergemetzelt. Der Name wurde in Lewes (gesprochen Lu-iss) geän-

dert, als William Penn die Kontrolle über dieses Gebiet übernahm. Heute ist die Stadt ein attraktiver Küstenort mit einer Mischung aus englischer und niederländischer Architektur.

Das **Visitor Center** (www.leweschamber. com; 120 Kings Hwy; ☉ Mo–Fr 10–16, Sa 9–15, So 10–14 Uhr) bietet nützliche Tipps für Attraktionen und Ausflüge in die Umgebung.

☉ Sehenswertes & Aktivitäten

Zwaanendael Museum MUSEUM
(102 Kings Hwy; ☉ Di–Sa 10–16.30, So 13.30–16.30 Uhr) GRATIS Das kleine, ansprechende Museum ist ein guter Ort, um etwas über die niederländischen Wurzeln von Lewes zu erfahren.

Quest Fitness Kayak KAJAKFAHREN
(☏ 302-745-2925; www.questfitnesskayak.com; 514 E Savannah Rd; Kajakverleih 25/50 US$ pro 2/8 Std.) Der Anbieter betreibt einen Kajakverleih neben dem Beacon Motel. Er veranstaltet auch malerische Paddeltouren rund ums Kap (Erw./Kind 65/35 US$).

🛏 Schlafen & Essen

Hotel Rodney HOTEL $$
(☏ 302-645-6466; www.hotelrodneydelaware.com; 142 2nd St; Zi. 150–260 US$; P ✳ 🖅 🖵) Das charmante Boutiquehotel punktet mit fei-

---

KURZINFOS DELAWARE

Spitzname First State, Small Wonder

Bevölkerung 917 000 Ew.

Fläche 6451,6 km²

Hauptstadt Dover (36 000 Ew.)

Verkaufssteuer keine

Geburtsort von Rockmusiker George Thorogood (geb. 1952), Schauspielerin Valerie Bertinelli (geb. 1960), Schauspieler Ryan Phillippe (geb. 1974)

Heimat des Vize-Präsidenten Joe Biden, der Du Ponts, von DuPont Chemicals, Kreditkarten-Firmen und jeder Menge Hühnern

Politische Ausrichtung demokratisch

Berühmt für steuerfreies Shoppen, tolle Strände

Staatsvogel Delaware Blue Hen

Entfernungen Wilmington–Dover 52 Meilen (84 km), Dover–Rehoboth Beach 43 Meilen (69 km)

nem Bettzeug und antiken Möbeln, verzichtet aber nicht auf einige moderne Züge.

Wharf
MEERESFRÜCHTE $$

(☑302-645-7846; 7 Anglers Rd; Hauptgerichte 13–29 US$; ☺11.30–1 Uhr; ℙ🐾) Das Lokal jenseits der Zugbrücke liegt hübsch am Ufer und serviert eine große Auswahl an Meeresfrüchten und Kneipenkost. An den Wochenenden gibt's Livemusik.

❶ An- & Weiterreise

Cape May–Lewes Ferry (☑800-643-3779; www.capemaylewesferry.com; 43 Cape Henlopen Dr; pro Motorrad/Auto 37/45 US$, pro Erw./Kind 10/5 US$) verkehrt täglich in 90 Minuten über die Delaware Bay nach New Jersey; ihr Anleger befindet sich gut 1,5 km vom Stadtzentrum von Lewes entfernt. Für Fußgänger verkehrt während der Saison ein Shuttle-Bus (4 US$) von der Anlegestelle nach Lewes. Reservierung empfohlen.

Cape Henlopen State Park

Rund 1,5 km östlich von Lewes liegt der 16,2 km^2 große herrliche **Naturpark** (☑302-645-8983; www.destateparks.com/park/cape-henlopen/; 15099 Cape Henlopen Dr; Eintritt mit einem Auto aus einem anderen Bundesstaat/aus Delaware 10/5 US$; ☺8 Uhr–Sonnenuntergang). Mit seinen hoch aufragenden Dünen, Pinienwäldern und Sumpfgebieten ist er bei Hobbyornithologen, Strandläufern und Campern gleichermaßen sehr beliebt. Vom Beobachtungsturm reicht der Blick bis zum Cape May. Der Strand von **North Shores** zieht besonders schwule und lesbische Pärchen an.

Rehoboth Beach & Dewey Beach

Rehoboth Beach ist zwar rund 200 km von Washington D.C. entfernt, aber der der Hauptstadt am nächsten gelegene Sandstrand, weshalb er scherzhaft auch als „Sommerhauptstadt der USA" bezeichnet wird. Der Ort ist ein familien- wie auch schwulenfreundliches Ausflugsziel. Um den Chaos auf der geschäftigen Rehoboth Ave (und am stark bebauten Ortsrand) zu entgehen, schlendert man im Ort am besten in die Nebenstraßen mit ihren viktorianischen Häusern, schicken Restaurants und Vergnügungsstätten für Kinder. Toll ist auch der breite Strand mit seiner kilometerlangen Promenade.

Kaum 3 km weiter südlich liegt am Hwy 1 das winzige Dörfchen **Dewey Beach**. Wegen seiner ausgeprägten (heterosexuellen) Auf-

reiß-Szene und des zügellosen Nachtlebens wird es auch unverblümt „Do Me Beach" genannt – ein Partystrand ist denn auch Hauptattraktion des Ortes. Weitere 5 km hinter Dewey befindet sich der **Delaware Seashore State Park** (☑302-227-2800; www.destateparks.com/park/delaware-seashore/; 39415 Inlet Rd; 10 US$/Fahrzeug; ☺8 Uhr–Sonnenuntergang), eine windzerzauste Gegend mit geschützten Dünen, geprägt von der Meeresbrise und einer wilden, einsamen Schönheit.

🛏 Schlafen

Wie auch anderswo an der Küste explodieren die Preise während der Hauptsaison (Juni–Aug.). Preiswertere Übernachtungsmöglichkeiten finden sich an der Rte 1.

Crosswinds Motel
MOTEL $$

(☑302-227-7997; www.crosswindsmotel.com; 312 Rehoboth Ave; Zi. 110–220 US$; ℙ❄🐾) Im Zentrum der Rehoboth Ave. Das schlichte, aber nett gestaltete Motel hat dank diverser Annehmlichkeiten (Minikühlschrank, Kaffeemaschine, Flachbildfernseher) ein tolles Preis-Leistungs-Verhältnis. Bis zum Strand sind es gut zehn Gehminuten.

🍴 Essen & Ausgehen

Preiswerte Imbissstände findet man an der Promenade. Etwas gediegener kann man in den einladenden Restaurants an der Wilmington Ave essen.

Henlopen City Oyster House
MEERESFRÜCHTE $$$

(50 Wilmington Ave; Hauptgerichte 14–34 US$; ☺ab 15 Uhr) Wer gerne Meeresfrüchte isst, sollte sich dieses Lokal mit prima Rohfischtheke und anderen leckeren Seafood-Gerichten nicht entgehen lassen. Die Massen strömen – da nicht reserviert werden kann, sollte man früh kommen! Gute Biere aus Mikrobrauereien, Cocktails und Weine.

★ Dogfish Head
MIKROBRAUEREI

(www.dogfish.com; 320 Rehoboth Ave; Hauptgerichte 9–25 US$; ☺12 Uhr–Open End) Die ausgezeichnete Brauerei serviert schmackhafte Pizzas, Burger, Crab Cakes und andere Kneipengerichte, die prima zu dem preisgekrönten India Pale Ale passen.

❶ Anreise & Unterwegs vor Ort

BestBus (www.bestbus.com) Bietet im Sommer (Ende Mai–Anf. Sept.) Busverbindungen von Rehoboth nach Washington, D. C. (40 US$, 2½ Std.), und New York City (46 US$, 4½ Std.).

NICHT VERSÄUMEN

RADFAHREN AUF DEM JUNCTION & BREAKWATER TRAIL

Eine landschaftlich tolle Radtour kann man zwischen Rehoboth und Lewes machen: Der knapp 10 km lange **Junction & Breakwater Trail** wurde nach der ehemaligen Zuglinie benannt, die hier im 19. Jh. verlief. Der ebene, leicht ansteigende Weg führt durch bewaldetes und offenes grünes Terrain, durch Sümpfe an der Küste und an Feldern vorbei. Eine Karte gibt's im Visitor Center oder bei **Atlantic Cycles** (☑ 302-226-2543; www.atlanticcycles.net; 18 Wilmington Ave; halber/ganzer Tag ab 16/24 US$) in Rehoboth, wo auch günstig Räder geliehen werden können. In Lewes kann man sich an **Ocean Cycles** (☑ 302-537-1522; www.oceancylces.com; 526 E Savannah Rd) beim Beacon Motel wenden.

Jolly Trolley (einfache Strecke/hin & zurück 3/5 US$; ⊘ Juni–Aug. 8–2 Uhr) Verbindet Rehoboth Beach und Dewey Beach, mit vielen Haltepunkten unterwegs.

Nord- & Zentral-Delaware

Wilmington verdankt seinen Charme vor allem der Hügellandschaft und den Palästen des Brandywine Valley, vor allem dem hoch aufragenden Anwesen von Winterthur. Dover ist niedlich, sympathisch und zu späterer Stunde recht lebhaft.

Wilmington

Ein einmaliger kultureller Mix aus afroamerikanischen, jüdischen und karibischen Einflüssen und eine lebendige Kunstszene machen diese Stadt besuchenswert. Das **Visitor Center** (☑ 800-489-6664; www.visitwilmington de.com; 100 W 10th St; ⊘ Mo–Fr 9–16.30 Uhr) befindet sich im Stadtzentrum.

◉ Sehenswertes & Aktivitäten

Delaware Art Museum   MUSEUM
(☑ 302-571-9590; www.delart.org; 2301 Kentmere Pkwy; Erw./Kind 12/6 US$, So frei; ⊘ Mi–So 10–16 Uhr) Gezeigt werden Arbeiten der Künstler der hiesigen Brandywine-Schule, darunter Werke von Edward Hopper, John Sloan und drei Generationen der Wyeth-Familie.

Wilmington Riverfront   HAFENVIERTEL
Die Wilmington Riverfront besteht aus mehreren am Wasser gelegenen Blocks mit sanierten Läden, Restaurants und Cafés; das auffallendste Bauwerk ist das **Delaware Center for the Contemporary Arts** (☑ 302-656-6466; www.thedcca.org; 200 S Madison St; ⊘ Di & Do–Sa 10–17, Mi & So 12–17 Uhr) GRATIS, das vor allem zeitgenössische Kunst zeigt.

🛏 Schlafen & Essen

Inn at Wilmington   HOTEL $$
(☑ 855-532-2216; www.innatwilmington.com; 300 Rocky Run Pkwy; Zi. ab 120 US$; 🅿 ✳ 🛜) Eine charmante Unterkunft mit gutem Preis-Leistungs-Verhältnis, 5 Meilen (8 km) nördlich der Downtown.

Iron Hill Brewery   BRAUEREI $$
(☑ 302-472-2739; www.ironhillbrewery.com; 620 Justison St; Hauptgerichte 11–27 US$; ⊘ 11.30–23 Uhr) Die geräumige und luftige, mehrstöckige Iron Hill Brewery residiert in einem umgebauten Lagerhaus aus Backstein am Flussufer. Die zufriedenstellenden Biere passen gut zur herzhaften Kneipenkost.

ℹ An- & Weiterreise

Nach Wilmington fahren Greyhound-Bussen, die am **Wilmington Transportation Center** (100 S French St) halten. Züge von **Amtrak** (www.amtrak.com; 100 S French St) verbinden die Stadt mit Washington, D. C. (1½ Std.), Baltimore (45 Min.) und New York City (1¾ Std.).

Brandywine Valley

Nachdem sie vermögend wurde, verwandelte die aus Frankreich stammende Familie Du Pont das Brandywine Valley in eine Art amerikanisches Loire-Tal, in dem sich bis heute die Wohlhabenden und Aufschneider gerne niederlassen.

◉ Sehenswertes & Aktivitäten

Winterthur   HISTORISCHE STÄTTE
(☑ 302-888-4600; www.winterthur.org; 5105 Kennett Pike, Rte 52; Erw./Kind 20/5 US$; ⊘ Di–So 10–17 Uhr) 6 Meilen (9,6 km) nordwestlich von Wilmington befindet sich der 175 Zimmer umfassende Landsitz des Industriellen Henry Francis du Pont mit seiner Sammlung von Antiquitäten und amerikanischer Kunst, die zu den größten der Welt zählt.

Brandywine Creek State Park   PARK
(☑ 302-577-3534; www.destateparks.com/park/ brandywine-creek/; 41 Adams Dam Rd; 8 US$/

Fahrzeug; ☉ 8 Uhr–Sonnenuntergang) Der Park ist das Kleinod der Region. Die weite Grünfläche wäre überall eindrucksvoll, ganz besonders ist sie das aber hier in der Nähe so dichter Besiedlung. Naturpfade und flache Bäche winden sich durch den Park.

Wilderness Canoe Trips KANUFAHREN
(☎ 302-654-2227; www.wildernesscanoetrips.com; 2111 Concord Pike; Kajak-/Kanutrip ab 47/57 US$, 19 US$/Gummischlauch) Für Infos zu Paddeltouren und Fahrten im Gummischlauch auf dem Brandywine Creek sollte man diesen Veranstalter anrufen.

New Castle

Superniedlich, so präsentiert sich das am Fluss gelegene New Castle mit seinem Gewirr aus kopfsteingepflasterten Straßen und gut erhaltenen Häusern aus dem 18. Jh. (leider ähnelt das Umland gewissermaßen einer urbanen Ödnis). Zu den Sehenswürdigkeiten gehören das **Old Court House** (☎ 302-323-4453; 211 Delaware St, New Castle; ☉ Mi–Sa 10–15.30, So 13.30–16.30 Uhr) GRATIS, das Arsenal on the Green, Kirchen und Friedhöfe, die bis ins 17. Jh. zurückreichen.

Das **Terry House B&B** (☎ 302-322-2505; www.terryhouse.com; 130 Delaware St, New Castle; Zi. 90–110 US$; 🅿🕾) hat nur fünf Zimmer und liegt idyllisch im historischen Viertel.

Wenige Türen weiter werden in **Jessop's Tavern** (☎ 302-322-6111; 114 Delaware St, New Castle; Hauptgerichte 14–24 US$; ☉ Mo–Sa 11.30–22, So bis 21 Uhr) in einem kolonialen Ambiente holländisches Schmorfleisch, *Pilgrim's Feast* (im Ofen gebratener Truthahn mit allem, was dazu gehört) und belgisches Bier serviert.

Dover

Dovers Stadtzentrum ist recht hübsch; Reihenhäuser mit Restaurants und Läden säumen die Straßen, während ausladende Bäume in den hübschen kleinen Gassen Schatten spenden.

◉ Sehenswertes & Aktivitäten

First State Heritage Park Welcome Center & Galleries MUSEUM
(☎ 302-739-9194; www.destateparks.com/park/first-state-heritage/; 121 Martin Luther King Blvd N; ☉ Mo–Sa 9–16.30, So 13.30–16.30 Uhr) GRATIS Im First State Heritage Park, der als Besucherzentrum für die Stadt Dover, den Bundesstaat Delaware und das angrenzende State

House dient, kann man tief in die Geschichte Delawares eintauchen. Zu diesem nicht abgegrenzten Areal gehören rund zwei Dutzend historische Stätten, die nur ein paar Blocks voneinander entfernt sind. Am besten beginnt man im Welcome Center & Galleries mit den Ausstellungen zur Geschichte Delawares. Weiter Infos erhält man hier und bei anderen wichtigen Stätten in der Nähe.

Old State House MUSEUM
(☎ 302-744-5055; http://history.delaware.gov/museums/; 25 The Green; ☉ Mo–Sa 9–16.30, So ab 13.30 Uhr) GRATIS In dem 1791 errichteten und später restaurierten Old State House befinden sich Kunstgalerien und vertiefende Ausstellungen zu Geschichte und Politik des ersten Bundesstaats der USA.

🛏 Schlafen & Essen

State Street Inn B&B $$
(☎ 302-734-2294; www.statestreetinn.com; 228 N State St; Zi. 125–135 US$; ❄) Obwohl es dieses B&B mit Niedlichkeit und Blümchenmustern etwas übertreibt, bleibt es eine solide Wahl mit freundlichem, kundigem Personal und einer unschlagbaren zentralen Lage.

Golden Fleece KNEIPENKOST $
(☎ 302-674-1776; 132 W Lockerman St; Hauptgerichte 4–10 US$; ☉ 16–24 Uhr) Die beste Bar in Dover serviert auch recht gutes Essen. Das Hauptaugenmerk ist darauf gerichtet, die Atmosphäre eines alten englischen Pub zu wahren, was gut zu dem aus rotem Backstein errichteten historischen Zentrum der Stadt passt. An Sommerabenden kann man draußen auf der Terrasse sitzen.

Bombay Hook National Wildlife Refuge

Bombay Hook National Wildlife Refuge PARK
(☎ 302-653-9345; www.fws.gov/refuge/Bombay_Hook; 2591 Whitehall Neck Rd, Smyrna; 4/2 US$ pro Fahrzeug/Fußgänger; ☉ Sonnenaufgang–Sonnenuntergang) Hunderttausende Wasservögel nutzen dieses geschützte Feuchtgebiet als eine Zwischenstation bei ihren jahreszeitlichen Wanderungen. Eine 12 Meilen (19,2 km) langer befahrbarer Naturpfad führt durch das 6577 ha große Gebiet aus Salzmarschen, Schlickgras und Gezeitenbecken, das die sanfte Schönheit der DelMarVa-Halbinsel in einem perfekt erhaltenen Ökosystem präsentiert. Kurze Wanderwege und Beobachtungstürme laden zum Verweilen ein.

VIRGINIA

Virginia ist schön und zudem außerordentlich geschichtsträchtig. Hier wurde Amerika geboren, hier gründeten englische Siedler 1607 die erste dauerhafte Kolonie der Neuen Welt. Bis heute hat der *Commonwealth of Virginia* eine tragende Rolle in fast jedem großen Drama der amerikanischen Geschichte gespielt, sei es während des Unabhängigkeitskriegs, des Bürgerkriegs, in der Bürgerrechtsbewegung oder bei den Anschlägen am 11. September 2001.

So verschiedenartig und vielfältig wie die Geschichte und Bevölkerung, Virginias ist auch dessen Landschaft: die Chesapeake Bay und die breiten Sandstrände des Atlantiks im Osten, Pinienwälder, Sumpfgebiete und sanfte grüne Hügel der lieblichen Region Piedmont in der Mitte, der raue Gebirgszug der Appalachen und das traumhaft schöne Shenandoah Valley im Westen.

Geschichte

Seit mindestens 5000 Jahren leben Menschen im Gebiet des heutigen Bundesstaats Virginia. Es waren einige Tausend Ureinwohner, die im Mai 1607 mit ansehen mussten, wie Kapitän James Smith mit seiner Mannschaft die Chesapeake Bay hinaufsegelte und Jamestown gründete, die erste dauerhafte englische Kolonie in der Neuen Welt. Benannte nach der *Virgin Queen*, der jungfräulichen Königin Elisabeth I., erstreckte sich die Kolonie ursprünglich über fast die gesamte Ostküste Amerikas. Nachdem 1610 die meisten Siedler auf der Suche nach Gold verhungert waren, entdeckte John Rolfe, der Ehemann von Pocahontas, den wahren Reichtum Virginias: den Tabak.

Aus dem Tabakanbau entstand eine feudale Aristokratie. Viele Sprösslinge des niederen Adels wurden zu Gründungsvätern, nicht zuletzt der hier geborene George Washington. Im 19. Jh. wucherte das auf Sklaverei basierende Plantagensystem unaufhaltsam – und geriet in einen immer schärfer werdenden Widerspruch zur industrialisierten Wirtschaft des Nordens. 1861 spaltete sich Virginia schließlich von der Union ab und wurde zum Zentrum des Bürgerkriegs. Nach seiner Niederlage vollführte der Bundesstaat einen kulturellen Drahtseilakt. Es musste sich eine vielschichtige Identität zulegen, zu der ältere Aristokraten, eine ländliche und städtische Arbeiterklasse, Einwanderer und schließlich auch die Bewohner der florierenden technologielastigen Vorstädte von Washington, D.C., ihren Beitrag leisteten. Der Staat zehrt von seiner Geschichte, will aber dennoch beim amerikanischen Experiment in der ersten Reihe mitmischen. Während Virginia in den 1960er-Jahren nur widerstrebend die Rassenschranken aufhob, beherbergt es heute eine der ethnisch vielfältigsten Bevölkerungen in Amerikas Neuem Süden.

Nord-Virginia

Hinter einer sperrigen Vorstadtfassade verbirgt sich die für Nord-Virginia (NoVA) typische Mischung aus Kleinstadtcharme und Großstadtflair: Dörfer aus der Kolonialzeit und Schlachtfelder des Bürgerkriegs wechseln sich ab mit Wolkenkratzern, Einkaufszentren und erstklassigen Kunstveranstaltungen.

KURZINFOS VIRGINIA

Spitzname Old Dominion

Bevölkerung 8,4 Mio. Ew.

Fläche 110 785 km^2

Hauptstadt Richmond (205 000 Ew.)

Weitere Städte Virginia Beach (450 000 Ew.), Norfolk (247 000 Ew.), Chesapeake (231 000 Ew.), Newport News (183 000 Ew.)

Umsatzsteuer 5,3–6 %

Geburtsort von George Washington (1732–99) und sieben weiterer US-Präsidenten, des Südstaaten-Generals Robert E. Lee (1807–1870), des Tennis-Champions Arthur Ashe (1943–1993), des Schriftstellers Tom Wolfe (geb. 1931), der Schauspielerin Sandra Bullock (geb. 1964)

Heimat des Pentagons, der CIA und von mehr Werktätigen in der Technologie-Branche als in jedem anderen Bundesstaat

Politische Ausrichtung Republikanisch

Berühmt für amerikanische Geschichte, Tabak, Äpfel, den Shenandoah National Park

Staatsgetränk Milch

Entfernungen Arlington–Shenandoah 113 Meilen (182 km); Richmond–Virginia Beach 108 Meilen (174 km)

Arlington

Umweltbewusst und gepflegt liegt Arlington Washington gegenüber am anderen Ufer des Potomac River. Es hat einige bedeutende Stätten der Capital Region sowie verlockende Restaurants und Bars zu bieten. Die meisten sind kinderleicht mit der Metro zu erreichen.

👁 Sehenswertes

Arlington National Cemetery
HISTORISCHE STÄTTE

(☎ 877-907-8585; www.arlingtoncemetery.mil; ⏰ April–Sept. 8–19 Uhr, Okt.–März bis 17 Uhr; Ⓜ Arlington Cemetery) GRATIS Die bekannteste Attraktion im County ist die düstere letzte Ruhestätte von mehr als 400 000 Militärbediensteten und ihren Angehörigen. Auf dem 248 ha großen, hügeligen Gelände liegen Veteranen aller Kriege, die die USA führten, vom Unabhängigkeitskrieg bis hin zum zweiten Irakkrieg. Die am Besucherzentrum beginnenden Bustouren verbinden die verschiedenen Gedenkstätten auf dem Friedhof miteinander.

Zu den Highlights zählen das Tomb of the Unknowns (Grab der Namenlosen) mit der aufwendigen Zeremonie beim Wachwechsel und die mit einer ewigen Flamme gekennzeichnete Grabstätte von John F. und Jacqueline Kennedy.

Pentagon
GEBÄUDE

(☎ 703-697-1776; pentagontours.osd.mil; Arlington, VA; ⏰ Gedenkstätte 24 Std., Führungen nach Vereinbarung; Ⓜ Pentagon) Südlich des Arlington Cemetery befindet sich das Pentagon, das größte Bürogebäude der Welt. Draußen kann man das Pentagon Memorial (www.pentagonmemorial.org; Ⓜ Pentagon) GRATIS besichtigen: 184 beleuchtete Bänke gedenken der Opfer, die hier bei dem Terroranschlag auf das Pentagon am 11. September 2001 ums Leben kamen. Um das Innere des Gebäudes zu gelangen, muss man auf der Website 14 bis 90 Tage im Voraus eine kostenlose Führung buchen.

Artisphere
KUNSTZENTRUM

(☎ 703-875-1100; www.artisphere.com; 1101 Wilson Blvd; ⏰ Mi–Fr 16–23, Sa 12–23, So 12–17 Uhr; 🖫; Ⓜ Rosslyn) Etwas komplett anderes als Denkmäler und Museen sind die ausgezeichneten Ausstellungen in diesem schicken modernen Kunstkomplex, der 2011 eröffnet wurde. In seinen Theatersälen gibt es Live-Veranstaltungen, die oft kostenlos sind, z. B.

Weltmusikkonzerte, Filmvorführungen und experimentelles Theater. Es gibt hier auch ein Café, ein Restaurant und eine Bar.

🍴 Essen & Ausgehen

Außer den Hotels gibt es Dutzende schicker Restaurants und Bars am Clarendon und am Wilson Blvd nahe den Metrostationen Rosslyn und Clarendon.

⭐ Myanmar
BIRMANISCH $

(☎ 703-289-0013; 7810 Lee Hwy, Falls Church; Hauptgerichte 10–14 US$; ⏰ 12–22 Uhr; Ⓜ Dunn Loring Merrifield, ab dort Bus 2A) Die Einrichtung ist äußerst schlicht, der Service lahm und die Portionen sind klein. Doch das köstliche Essen lässt einen all das vergessen. Zu den typisch birmanischen Gerichten zählen mit viel Knoblauch, Kurkuma und Öl zubereitete Currys, Chili-Fisch, Mangosalate und Hähnchen mit reichhaltiger Bratensauce.

Caffé Aficionado
CAFÉ $

(1919 N Lynn St; Sandwichs rund 8 US$; ⏰ Mo–Fr 7–18, Sa 8–15 Uhr; Ⓜ Rosslyn) Das freundliche Café serviert ausgezeichneten Latte, Gebäck, Waffeln und dicke Baguette-Sandwichs. Das Lokal ist allerdings winzig, weshalb man sein Essen vielleicht mitnehmen muss (um es sich dann im Freedom Park oder auf dem Mt. Vernon Trail schmecken zu lassen).

Eden Center
VIETNAMESISCH $$

(www.edencenter.com; 6571 Wilson Blvd, Falls Church; Hauptgerichte 9–15 US$; ⏰ 9–23 Uhr; 🖫; Ⓜ East Falls Church, ab dort Bus 26A) Eine der faszinierendsten vietnamesischen Enklaven Washingtons liegt gar nicht mehr in der Hauptstadt, sondern westlich von Arlington in Falls Church, Virginia. Das Eden Center ist im Grunde ein Stück in Amerika hängen gebliebenes Saigon. Saigon (bzw. offiziell Ho-Chi-Minh-Stadt) ist hier wortwörtlich gemeint, denn das Einkaufszentrum befindet sich ganz in der Hand von Flüchtlingen aus dem ehemaligen Südvietnam und deren Nachkommen.

Continental
LOUNGE

(www.continentalpoollounge.com; 1911 N Fort Myer Dr; ⏰ Mo–Fr 11.30–2, Sa & So 18–2 Uhr; Ⓜ Rosslyn) Einen Steinwurf von den feinen Hotels in Rosslyn entfernt, verbreitet diese muntere Pool-Lounge mit Wandmalereien von Palmen, übergroßen Tiki-Köpfen und bunten Barhockern eine schwüle Tropenatmosphäre. Hier kann sich mit Billard, Tischtennis und Shuffleboard vergnügen.

☆ Unterhaltung

★ Iota
LIVEMUSIK

(www.iotaclubandcafe.com; 2832 Wilson Blvd; Karten 10–15 US$; ⊙ Mo–Do 16–2, Fr–So ab 10 Uhr; ☏; Ⓜ Clarendon) Mit Veranstaltungen an fast jedem Abend in der Woche ist das Iota die beste Adresse für Livemusik in Clarendons Musikviertel. Die hier auftretenden Bands entstammen diversen Genres wie Folk, Reggae, Irish Folk oder Südstaatenrock. Die Karten sind nur am Eingang erhältlich (kein Vorverkauf) und gehen oft schnell weg – wer zuerst kommt, mahlt zuerst!

Alexandria

Das charmante Kolonialstädtchen Alexandria ist nur 8 km, aber 250 Jahre von Washington entfernt. Einst eine raue Hafenstadt, präsentiert sich der Ort heute als eine noble Ansammlung kolonialzeitlicher Wohnhäuser aus rotem Backstein, mit Kopfsteinstraßen, flackernden Gaslampen und Uferpromenade. An der King St, der Hauptstraße, finden sich jede Menge Boutiquen, Straßencafés, Bars und Restaurants.

◉ Sehenswertes

★ Carlyle House
HISTORISCHES GEBÄUDE

(☏ 703-549-2997; www.nvrpa.org/park/carlyle_house_historic_park; 121 N Fairfax St; Eintritt 5 US$; ⊙ Di–Sa 10–16, So 12–16 Uhr; Ⓜ King St, ab dort Trolley) Wem in Alexandria Zeit nur für die Besichtigung eines historischen Hauses bleibt, sollte sich für dieses entscheiden. 1753 erbaute der Kaufmann und Stadtgründer John Carlyle den seinerzeit prächtigsten Wohnsitz der Stadt (die zu dieser Zeit eigentlich nur aus Blockhütten und schlammigen Gassen bestand). Die georgianische Villa im palladianischen Stil ist vollgepackt mit Gemälden, historischen Relikten und Möbeln aus früheren Zeiten, die die Vergangenheit zum Leben erwecken.

Freedom House Museum
MUSEUM

(☏ 708-836-2858; www.nvul.org/freedomhouse; 1315 Duke St; ⊙ Mo–Do 10–16, Fr bis 15 Uhr; Ⓜ King St, ab dort T then trolley) GRATIS Einen Einblick in eines der düstersten Kapitel der US-amerikanischen Geschichte vermittelt dieses kleine Museum an der Duke St. In den 1830er-Jahre war dieses abweisende Backsteingebäude die Zentrale des landesweit größten Unternehmens im inländischen Sklavenhandel. Unter den niedrigen Decken im Keller vermitteln Multimedia-Ausstellungen, vor allem aber einen Eindruck davon, unter welchen Bedingungen die Sklaven leben mussten.

George Washington Masonic National Memorial
DENKMAL, AUSSICHTSPUNKT

(www.gwmemorial.org; Ecke 101 Callahan Dr & King St; Eintritt 7 US$, mit Führung 10 US$; ⊙ 9–17 Uhr; Ⓜ King St) Alexandrias auffallendstes Kennzeichen bietet einen tollen Ausblick: Von dem 101,5 m (exakt 333 Fuß) hohen Turm erspäht man das Capitol, den Mt. Vernon und den Potomac River. Es ist dem Leuchtturm der ägyptischen Stadt Alexandria nachempfunden und wurde zu Ehren von George Washington, dem ersten Präsidenten der USA, erbaut. (Dieser trat 1752 in Fredericksburg der Freimaurerloge bei und wurde später zum Großmeister der Alexandria-Loge Nr. 22.)

Torpedo Factory Art Center
KUNSTZENTRUM

(www.torpedofactory.org; 105 N Union St; ⊙ 10–18, Do bis 21 Uhr; Ⓜ King St dann Trolley) GRATIS Was anfangen mit einer ehemaligen Munitions- und Waffenfabrik? Wie wäre es, daraus eine der führenden Kunststätten der Region zu machen? Drei Stockwerke mit Ateliers und freier künstlerischer Kreativität gibt's in der Old Town Alexandria, aber auch die Möglichkeit, Gemälde, Skulpturen, Glasarbeiten, Textilien und Schmuck direkt von den Künstlern zu erwerben. Die Torpedo Factory ergänzt das neu gestaltete Hafengebiet Alexandrias mit seinem Jachthafen, den Parks, Alleen, Wohnvierteln und Restaurants.

✗ Essen & Ausgehen

Eamonn's Dublin Chipper
KNEIPENKOST $

(www.eamonnsdublinchipper.com; 728 King St; Hauptgerichte 7–10 US$; ⊙ 11.30–23, Fr & Sa bis 1 Uhr; Ⓜ King St, ab dort Trolley) Eine bessere Zubereitung von Gerichten wie Fish & Chips als in diesem gehobenen Tempel für klassische Kneipenkost wird man nicht finden. Wie authentisch ist der Laden ist? Immerhin importiert er gebackene Bohnen von Batchelors direkt aus Irland und auch auf frittierte Mars-, Milky-Way- oder Snickers-Riegel muss man nicht verzichten. Wie viele Restaurant-Pubs in diesem Teil der Altstadt ist das Eamonn's ein guter Ort für einen abendlichen Drink am Wochenende.

Brabo Tasting Room
BELGISCH $$

(☏ 703-894-5252; www.braborestaurant.com; 1600 King St; Hauptgerichte 16–20 US$; ⊙ 7.30–10.30 & 11.30–23 Uhr; Ⓜ King St, ab dort Trolley) Das einladende und sonnige Brabo Tasting Room

WASHINGTON, D.C. & CAPITAL REGION NORD-VIRGINIA

serviert Muscheln (sein Markenzeichen), schmackhafte Tarts aus dem Holzofen und Gourmetsandwiches und bietet eine gute Auswahl an Bieren und Weinen. Vormittags gibt's Arme Ritter aus Brioche und Bloody Marys. Das Restaurant Brabo nebenan ist die gehobene Version und liefert Gerichte aus saisonalen Zutaten.

Restaurant Eve   AMERIKANISCH $$$
(☎703-706-0450; www.restauranteve.com; 110 S Pitt St; Hauptgerichte 36–45 US$, 6-Gänge-Degustationsmenü 135 US$; ⊗Mo–Fr 11.30–14.30, Mo–Sa 17.30–22.30 Uhr; ☂; Ⓜ King St, ab dort Trolley) Eines der besten (und teuersten) Restaurants in Alexandria: Das Eve vereint großartige amerikanische Zutaten, präzise französische Zubereitung und erstklassigen Service. Die Verkostungsmenüs sind ein kulinarisches Erlebnis vom Feinsten.

PX   BAR
(www.barpx; 728 King St, Eingang S Columbus St; ⊗Mi & Do 18–24, Fr & Sa bis 1.30 Uhr; Ⓜ King St, ab dort Trolley) Die elegante, schummrig beleuchtete Bar ist ein magischer Ort, um bei ein, zwei Cocktails zu verweilen. Flott gekleidete Barkeeper schenken schön bunte Elixiere an das gut gekleidete Publikum aus, sodass alles stilsicher zum Flüsterkneipen-Ambiente passt. Dementsprechend gibt's auch kein Schild; nur ein blaues Licht und eine rote Tür markieren den Eingang. Am besten reserviert man vorab.

Die Cocktails hübsch langsam genießen – schließlich kosten sie 14 bis 18 US$!

☆ Unterhaltung

Basin Street Lounge   JAZZ
(☎703-549-1141; www.219restaurant.com; 219 King St; Eintritt Fr & Sa 5 US$; ⊗Shows Di–Sa 21 Uhr; Ⓜ King St, ab dort Trolley) Hornbrille und Rollkragen sind die passenden Accessoires für diesen relaxten Jazztreff mit Zigarrenbar oberhalb des 219 Restaurant. Die große Whiskey-Auswahl, bernsteingelbe Beleuchtung und die lange Holztheke sind eine prima Kulisse für bluesigen Jazz.

❶ Praktische Informationen

Im **Visitor Center** (☎703-838-5005; www. visitalexandriava.com; 221 King St; ⊗10–17 Uhr) erhält man Parkgenehmigungen und ermäßigte Tickets für die historischen Stätten.

❶ An- & Weiterreise

Von Washington nach Alexandria kommend, nimmt man die Metro bis zum Bahnhof King St.

Ein kostenloser Trolley befährt die 1,5 km lange Strecke zwischen Metrostation und Ufer (alle 15 Min., So–Mi 10–22.15, Do–Sa bis 24 Uhr).

Mount Vernon

Eine der am häufigsten besuchten historischen Stätten der USA ist **Mt. Vernon** (☎703-780-2000, 800-429-1520; www.mountvernon.org; 3200 Mount Vernon Memorial Hwy; Erw./Kind 17/9 US$; ⊗April–Aug. 8–17 Uhr, Nov.–Feb. 9–16 Uhr, März, Sept. & Okt. bis 17 Uhr, Getreidemühle & Destillerie April–Okt. 10–17 Uhr), der von George und Martha Washington innig geliebte Wohnsitz, auf dem sie von ihrer Heirat 1759 bis zu Georges Tod 1799 lebten. Der Landsitz, der sich heute im Besitz der Mt. Vernon Ladies Association befindet, vermittelt einen Einblick in den Farmalltag des 18. Jhs. und in das Leben des ersten US-Präsidenten als Plantagenbesitzer. Mt. Vernon verschweigt nicht, dass der Gründervater ein Sklavenhalter war: Besucher können die Unterkünfte der Sklaven und ihren Friedhof besichtigen. Zu den weiteren Sehenswürdigkeiten zählen Washingtons **Destillerie und Getreidemühle** (5513 Mount Vernon Memorial Hwy; ⊗April–Okt. 10–17 Uhr), die sich 5 km südlich des Landguts befinden.

Mt. Vernon liegt 16 Meilen (26 km) südlich von D. C. abseits des Mt. Vernon Memorial Hwy. Wer die öffentlichen Verkehrsmittel nutzt, nimmt die Metro bis Huntington und steigt dort in den Fairfax-Connector-Bus 101 um. **Grayline** (☎202-289-1999; www.grayline. com; Erw./Kind inkl. Eintritt Mt. Vernon 90/30 US$) sowie **OnBoard Tours** (☎301-839-5261; www. onboardtours.com; Erw./Kind inkl. Eintritt Mt. Vernon ab 80/70 US$) veranstalten Bustouren ab D. C. mit Halt in Arlington und Mt. Vernon.

Einige Unternehmen organisieren auch saisonal Bootstouren von D. C. und Alexandria; der günstigste Anbieter ist die **Potomac Riverboat Company** (☎703-684-0580; www. potomacriverboatco.com; Erw./Kind inkl. Eintritt Mt. Vernon 42/22 US$). Eine gesunde Alternative ist die hübsche Radtour am Potomac River ab D. C. (29 km von Roosevelt Island). Dank **Bike and Roll DC** (☎202-842-2453; www.bike androlldc.com; Erw./Kind 63/40 US$) kann man auch die eine Strecke ab Alexandria aus radeln und zurück mit dem Boot fahren.

Manassas

Am 21. Juli 1861 trafen die Soldaten der Union und der Konföderation in der ersten großen Landschlacht des Bürgerkriegs aufeinander. In Erwartung des sicheren Sieges strömten die Einwohner von Washington, D.C., in Scharen herbei, um beim Picknick die „Erste Schlacht am Bull Run" (in den Südstaaten bezeichnet als „Erste Schlacht von Manassas") zu beobachten. Der völlig überraschende Sieg der Konföderierten zerstörte jäh alle Hoffnungen auf ein schnelles Ende des Krieges. Ein gutes Jahr später, im August 1862, trafen die beiden Kriegsparteien am gleichen Ort in der größeren „Zweiten Schlacht von Manassas" wieder aufeinander. Und wieder gewannen die Südstaatler. Heute ist der **Manassas National Battlefield Park** eine sanft geschwungene, grüne Hügellandschaft, die durch Lattenzäune in struppige Wiesenstücke mit hohem Gras und Wildblumen unterteilt ist. Die Besichtigungstour beginnt man am besten im **Henry Hill Visitor Center** (☑ 703-361-1339; www.nps.gov/mana; Erw./Kind 3/frei US$; ⊙ 8.30–17 Uhr), in dem ein Film zur Orientierung gezeigt wird und Kartenmaterial zum Park verteilt wird.

Täglich fahren Züge von **Amtrak** (www.amtrak.com; einfache Strecke 16–28 US$) und **Virginia Railway Express** (VRE; www.vre.org; einfache Strecke 9,10 US$; ⊙ Mo–Fr) die 50 Minuten von Washingtons Union Station zur historischen **Old Town Manassas Railroad Station** (9451 West St); von hier sind es zum Park ca. 10 km mit dem Taxi. Rund um den Bahnhof von Manassas gibt's zahlreiche Restaurants und Bars, der Rest der Stadt ist jedoch ein Durcheinander von Einkaufszentren und verzweigten Vororten.

Fredericksburg

Fredericksburg ist eine hübsche Stadt mit einem historischen Viertel, das schon fast klischeeartig die typische amerikanische Kleinstadt verkörpert. In den Straßen und der Umgebung des Ortes, in dem George Washington aufgewachsen ist, brach einst der Bürgerkrieg aus. Heute bietet die Hauptstraße eine schöne Mischung aus Buchläden, Gaststätten und Cafés.

◎ Sehenswertes

Fredericksburg & Spotsylvania National Military Park
HISTORISCHE STÄTTE
(www.nps.gov/frsp) GRATIS Mehr als 13 000 Amerikaner fielen während des Amerikanischen Bürgerkriegs in vier Schlachten in einem Umkreis von 27 km, der heute von diesem vom NPS (National Park Service) verwalteten Park eingenommen wird. Sehenswert ist die Stätte, wo Stonewall Jacksons amputierter Arm vergraben wurde; sie befindet sich nahe dem **Fredericksburg Battlefield Visitor Center** (☑ 540-373-6122; www.nps.gov/frsp; 1013 Lafayette Blvd; Film 2 US$; ⊙ 9–17 Uhr) GRATIS.

James Monroe Museum & Memorial Library
HISTORISCHE STÄTTE
(☑ 540-654-1043; http://jamesmonroemuseum. umw.edu; 908 Charles St; Erw./Kind 6/2 US$; ⊙ Mo–Sa 10–17, So ab 13 Uhr) Das Museum ehrt den fünften Präsidenten der USA. Wer sich für die US-amerikanische Geschichte interessiert, findet hier eine kleine, kuriose Sammlung von Monroe-Andenken, darunter den Schreibtisch, an dem er die berühmte Monroe-Doktrin formulierte.

Mary Washington House
HISTORISCHS GEBÄUDE
(☑ 540-373-5630; 1200 Charles St; Erw./Kind 5/2 US$; ⊙ Mo–Sa 11–17, So 12–16 Uhr) In dem aus dem 18. Jh. stammenden Haus der Mutter von George Washington geben kundige, kostümierte Guides bei Führungen einen Einblick in deren Persönlichkeit und die Lebensumstände ihrer Zeit. In dem schönen Garten kann man sich anschließend von all den Fakten erholen.

🛏 Schlafen & Essen

An den historischen Straßen Caroline St und Williams St findet man Dutzende von Restaurants und Cafés.

Richard Johnston Inn
B&B $$
(☑ 540-899-7606; www.therichardjohnstoninn. com; 711 Caroline St; Zi. 125–250 US$; P ✳ 🛜) Das gemütliche B&B ist in einer Backsteinvilla aus dem 18. Jh. untergebracht und punktet mit seiner Lage, dem Komfort und der Freundlichkeit.

Foode
AMERIKANISCH $$
(☑ 540-479-1370; www.foodeonline.com; 1006C/D Caroline St; Hauptgerichte mittags 9–11 US$, abends 15–25 US$; ⊙ Di–Sa 11–15 & 16.30–20, So 10–14 Uhr; 🍴) 🍃 In einem rustikalen, aber künstlerisch angehauchten Ambiente serviert das Foode Gerichte mit farmfrischen Zutaten.

ℹ An- & Weiterreise

Züge von **Virginia Railway Express** (11,55 US$, 1½ Std.) und **Amtrak** (26–50 US$, 1¼ Std.) starten am **Bahnhof von Fredericksburg** (200 Lafayette Blvd) auch Richtung D.C.

Greyhound hat Busse ab/nach D. C. (15–24 US$; 5-mal tgl., 1½ Std.) und Richmond (15–27 US$; 3-mal tgl., 1 Std.). Die **Greyhound Station** (📞540-373-2103; 1400 Jefferson Davis Hwy) liegt ca. 1,5 Meilen (2,4 km) westlich des historischen Viertels.

Richmond

Richmond ist seit 1780 die Hauptstadt des Commonwealth of Virginia (wie der offizielle Name des Bundesstaats lautet). Es handelt sich um eine altmodische Südstaatenstadt, die einerseits in der Tradition wurzelt, andererseits aber von ganz aktuellen großen Einkommensunterschieden und sozialen Spannungen geprägt ist. Gleichwohl ist Richmond zweifellos eine schöne Stadt mit Reihenhäusern aus rotem Backstein, einem rauschenden Fluss und grünen Parks.

Die Geschichte ist in Richmond allgegenwärtig und teilweise unrühmlich: Hier hielt der Patriot Patrick Henry die berühmte Rede, die mit den Worten „Gebt mir die Freiheit oder den Tod!" schloss, hier befand sich aber auch die Hauptstadt der sklavenhaltenden Konföderierten Staaten von Amerika. Heute ist die „River City" ein erstaunlich dynamisches Pflaster mit einer munteren Gastronomie, faszinierenden Vierteln und zahlreichen Attraktionen.

⊙ Sehenswertes

American Civil War Center at Historic Tredegar   MUSEUM
(www.tredegar.org; 500 Tredegar St; Erw./Kind 8/4 US$; ⊙9–17 Uhr) Das faszinierende, in einer Geschützgießerei von 1861 untergebrachte Museum erkundet die Ursachen und den Verlauf des Amerikanischen Bürgerkriegs aus der Sicht der Union, der Konföderation und der Afroamerikaner. Gleich nebenan geht eine vom National Park Service verwaltete, kostenlose Stätte auf Richmonds Rolle im Bürgerkrieg ein. Sie gehört zu 13 geschützten Stätten in der Gegend, die zusammen den **Richmond National Battlefield Park** (www.nps.gov/rich) bilden.

Canal Walk   UFERPROMENADE
(www.rvariverfront.com; zw. 5th und 17th St) Der rund 2 km lange Canal Walk ist ein hübscher Uferweg zwischen dem James River, dem Kanawha (ka-*noh*) Canal und dem Haxall Canal, auf dem man ein Dutzend Highlights aus Richmonds Geschichte auf einmal zu sehen bekommt. Eine Fußgängerbrücke führt hinüber zur Belle Isle, einer

etwas ungepflegten, aber interessanten Insel im James River.

Belle Isle   PARK
(www.jamesriverpark.org) Eine lange Fußgängerbrücke führt von der Tredegar St (gleich hinter der Nationalparkstätte) hinüber auf die autofreie Insel. Früher befanden sich hier (zu verschiedenen Zeiten) ein Steinbruch, ein Kraftwerk und während des Bürgerkriegs ein Gefangenenlager, inzwischen aber hat sie sich zu einem der schönsten Stadtparks von Richmond gemausert. Die großen, flachen Felsen laden zum Sonnenbaden ein und es gibt viele Wander- und Radwege. Man sollte aber Abstand von einem Bad im James River nehmen – der Fluss ist verschmutzt und hat gefährliche Strömungen.

White House of the Confederacy   HISTORISCHE STÄTTE
(www.moc.org; Ecke 12th St & Clay St; Erw./Kind 10/6 US$; ⊙10–17 Uhr) Während dies früher eine Pilgerstätte des Südens und seiner „verlorenen Sache" war, ist heute eine freiwillige Führung durch das Confederate White House für die tiefen Einblicke empfehlenswert, da sie nebenbei auch einige ziemlich unerwartete Informationen bietet (oder wer weiß schon, dass der zweitmächtigste Mann der Konföderation ein homosexueller Jude war?).

Virginia State Capitol   GEBÄUDE
(www.virginiacapitol.gov; Ecke 9th St & Grace St, Capitol Sq; ⊙Mo–Sa 8–17, So 13–17 Uhr) GRATIS Das State Capitol wurde von Thomas Jefferson entworfen und 1788 fertiggestellt. Es beherbergt die älteste gesetzgebende Körperschaft der westlichen Hemisphäre, die Virginia General Assembly, die 1619 eingerichtet wurde. Kostenlose Führungen sind möglich.

Virginia Historical Society   MUSEUM
(www.vahistorical.org; 428 North Blvd; Erw./Student 6/4 US$; ⊙Mo–Sa 10–17, So ab 13 Uhr) Nach einer viele Millionen schluckenden Renovierung wirkt die VHS heute prächtiger denn je. Wechsel- und Dauerausstellungen zeichnen die Geschichte des Bundesstaat von prähistorischen Zeiten bis zur Gegenwart nach.

St. John's Episcopal Church   KIRCHE
(www.historicstjohnschurch.org; 2401 E Broad St; Touren Erw./Kind 7/5 US$; ⊙Mo–Sa 10–16, So ab 13 Uhr) An dieser Stelle hat der Hitzkopf Patrick Henry seinen berühmten Schlachtruf („Gebt mir Freiheit oder gebt mir den Tod!")

ABSTECHER

VIRGINIAS WEINGÜTER

Mit rund 230 Weingütern erlangt Virginia zunehmende Geltung in der Welt des Weins. Empfehlenswerte Adressen für eine erste Erkundungstour finden sich gleich außerhalb von Washington im Loudon County. Lagepläne, Weinrouten und viele andere Infos zum Thema Wein finden sich auf Website www.virginiawine.org.

King Family Vineyards (☑ 434-823-7800; www.kingfamilyvineyards.com; 6550 Roseland Farm, Crozet; Verkostung 8 US$; ◷ 10–17.30 Uhr) Das Weingut zählt beständig zu den besten in Virginia. Man bringt seine Picknickzutaten mit (auf dem Gut wird aber auch allerlei Feinkosthäppchen angeboten) und genießt die herrliche Landschaft. Sonntags kann man um 13 Uhr auch kostenlos bei einem Polo-Spiel zuschauen (Ende Mai–Mitte Okt.). Die „Königsfamilie" hat ihr Domizil 18 Meilen (29 km) östlich von Charlottesville.

Jefferson Vineyards (☑ 434 977 3042; www.jeffersonvineyards.com; 1353 Thomas Jefferson Pkwy, Charlottesville; Verkostung 10 US$; ◷ 10–18 Uhr) Das Weingut in der Nähe von Charlottesville profitiert von dem namensgleichen Original-Weingut von 1774. Im Sommer gibt's zweimal im Monat Gratiskonzerte unter freiem Himmel.

Bluemont Vineyard (☑ 540-554-8439; www.bluemontvineyard.com; 18755 Foggy Bottom Rd, Bluemont; Verkostung 5 US$; ◷ Mi–Mo 11–18 Uhr) Das Bluemont keltert rubinrote Nortons und markante Viogniers, ist aber auch für seine spektakuläre Lage berühmt – auf 285 m über dem Meer hat man einen weiten Blick über das Land.

Chrysalis Vineyards (☑ 540-687-8222; www.chrysaliswine.com; 23876 Champe Ford Rd, Middleburg; Verkostung 7–10 US$; ◷ 10–18 Uhr) Das Gut greift stolz auf die autochthon amerikanische Rebsorte Norton zurück, die erstmals 1830 beschrieben wurde. Aus seinen Fässern rinnen sehr trinkbare Rot- und Weißweine, darunter ein erfrischender Viognier. Auf dem hübschen Gut findet im Oktober ein Bluegrass-Festival statt.

Tarara Vineyard (☑ 703-771-7100; www.tarara.com; 13648 Tarara Lane, Leesburg; Verkostung 10 US$; ◷ 11–17 Uhr) Das 192 ha große Weingut auf einem Steilhang über dem Potomac veranstaltet Führungen, die den Weg der Trauben vom Rebstock bis ins Glas erläutern. Das Weingut hat einen 560 m² großen Keller; Besucher können im Obstgarten selbst Früchte pflücken und auf dem fast 10 km langen Wegenetz durch die hügelige Landschaft wandern. Im Sommer veranstaltet das Gut drei größere Weinfeste und überdies samstagsabends Konzerte.

während der rebellischen Second Virginia Convention im Jahr 1775 von sich gegeben. Seine Rede wird im Sommer sonntags von 13 bis 15 Uhr nachgestellt.

Virginia Museum of Fine Arts   MUSEUM
(VMFA; ☑ 804-340-1400; www.vmfa.museum; 200 North Blvd; ◷ So–Mi 10–17, Do & Fr bis 21 Uhr) GRATIS Das Museum besitzt eine bemerkenswerte Sammlung europäischer Kunst, religiöser Kunst des Himalaja und eine der größten Sammlungen von Fabergé-Eiern außerhalb Russlands. Es werden auch hervorragende Wechselausstellungen organisiert (Eintritt variiert von frei–20 US$).

Poe Museum   MUSEUM
(☑ 804-648-5523; www.poemuseum.org; 1914-16 E Main St; Erw./Student 6/5 US$; ◷ Di–Sa 10–17 Uhr, So ab 11 Uhr) Das Museum besitzt eine der weltweit größten Sammlungen mit Manuskripten von und Erinnerungsstücken an

den Dichter Edgar Allan Poe, der in Richmond gelebt und gearbeitet hat.

Hollywood Cemetery   FRIEDHOF
(☑ 804-649-0711; www.hollywoodcemetery.org; Eingang Ecke Albemarle St & Cherry St; ◷ 8–17, Sommer bis 18 Uhr) GRATIS Der ruhige Friedhof liegt oberhalb der Stromschnellen des James River und beherbergt die Gräber von zwei US-Präsidenten (James Monroe & John Tyler), den einzigen Präsidenten der Konföderierten (Jefferson Davis) und 18 000 konföderierten Soldaten. Montags bis samstags gibt's um 10 Uhr und sonntags um 14 Uhr kostenlose Führungen zu Fuß.

Statuen der Monument Avenue   STATUEN
(zw. N Lombardy St & Roseneath Rd) Die Monument Ave, ein von Bäumen gesäumter Boulevard im Nordosten von Richmond, wartet mit Statuen von verehrten Südstaatengrößen auf, darunter J. E. B Stuart, Robert E.

Lee, Matthew Fontaine Maury, Jefferson Davis, Stonewall Jackson und – um die ethnische Vielfalt nicht ganz zu kurz kommen zu lassen – der afroamerikanische Tennischampion Arthur Ashe.

Schlafen

★ HI Richmond
HOSTEL $

(www.hiusa.org; 7 N 2nd St; B rund 30 US$; ❄ 🛜) Das neue, umweltfreundliche Hostel in einem historischen Gebäude von 1924 hat eine tolle zentrale Lage und helle Zimmer (sowohl Schlafsäle als auch Privatzimmer) mit hohen Decken und vielen Originaldetails. Es gibt eine Gästeküche und einladende Gemeinschaftsbereiche. Das Haus ist vollständig barrierefrei eingerichtet.

Linden Row Inn
BOUTIQUEHOTEL $$

(☎ 804-783-7000; www.lindenrowinn.com; 100 E Franklin St; Zi. 100–190 US$; P ❄ @ 🛜) Die Perle aus der Antebellum-Ära (bis 1861) hat 70 hübsche Zimmer mit Möbeln aus der viktorianischen Zeit. Das Haus ist von Gebäuden im amerikanischen Greek-Revival-Stil umgeben und steht in einer ausgezeichneten Lage in der Innenstadt. Die herzliche Südstaaten-Gastfreundlichkeit und aufmerksame Extras (kostenlose YMCA-Pässe und ein kostenloser Shuttleservice in der Stadt) komplettieren das gute Angebot.

Museum District B&B
B&B $$

(☎ 804-359-2332; www.museumdistrictbb.com; 2811 Grove Ave; Zi. ab 150 US$; P ❄ 🛜) Das zumeist in einem Backsteinhaus untergebrachte B&B aus den 1920er-Jahren liegt günstig unweit der Restaurants und Kneipen von Carytown. Gäste loben die herzliche Atmosphäre. Die Zimmer sind gut gelegen, man kann die große Veranda vorne, den gemütlichen Salon mit Kamin und das ausgezeichnet zubereitete Frühstück genießen – und dazu gibt's abends Wein und Käse.

Jefferson Hotel
LUXUSHOTEL $$$

(☎ 804-649-4750; www.jeffersonhotel.com; 101 W Franklin St; Zi. 365 US$; P ❄ 🛜 ☒) Das Jefferson ist Richmonds prächtigstes Hotel und eines der schönsten in den USA. Das Hotel im Beaux-Arts-Stil war die Vision des Tabakbarons und Konföderiertenmajors Lewis Ginter und wurde 1895 fertiggestellt. Man sagt, die opulente Freitreppe im Foyer sei das Vorbild der berühmten Treppe aus *Vom Winde verweht* gewesen.

Auch wer hier nicht absteigt, sollte einmal vorbeischauen, z.B. zum Nachmittagstee unter Tiffany-Buntglas im Palmenhof-Foyer (Fr–So ab 15 Uhr) oder auf einen Drink in der prächtigen Lemaire Bar.

Essen

In den kopfsteingepflasterten Straßen von Shockoe Slip und Shockoe Bottom findet man Dutzende von Restaurants. Weiter westlich in Carytown (W Cary St, zwischen dem S Blvd und der N Thompson St) gibt's noch weitere Lokale.

★ Mama J's
AMERIKANISCH $

(415 N 1st St; Hauptgerichte 7–10 US$; ⊙ So–Do 11–21, Fr & Sa bis 22 Uhr) Im historischen afroamerikanischen Viertel Jackson Ward bietet das Mama J's köstliche Brathähnchen, seinen legendären gebratenen Wels mit Blattkohl, Süßkartoffeln, Mac'n'Cheese und anderen Beilagen. Der Service ist freundlich, die Warteschlange lang – daher früh kommen!

17th Street Farmers Market
FARM MARKT $

(Ecke 17th & E Main Sts; ⊙ ❄ ☒ Sa & So 8.30–16 Uhr) Wer preisgünstige Lebensmittel und frische Produkte sucht, ist auf diesem belebten Markt gerade richtig, der von Ende April bis Anfang Oktober stattfindet. Sonntags werden Antiquitäten verkauft.

Sub Rosa
BÄCKEREI $

(620 N 25th St; Gebäck 3–5 US$; ⊙ Di–Fr 7–18, Sa & So 8.30–17 Uhr) Die Bäckerei im historischen Viertel Church Hill hat einen Holzofen und mit das beste Gebäck in den Südstaaten.

Kuba Kuba
KUBANISCH $

(1601 Park Ave; Hauptgerichte 7–17 US$; ⊙ Mo–Sa 9–21.30, So bis 20 Uhr) Das winzige Ladenlokal im Viertel Fan wirkt wie eine Bodega aus dem alten Havanna. Es serviert leckere Schweinefleischgerichte, Omelettes auf spanische Art und Panini zu supergünstigen Preisen.

Sidewalk Cafe
AMERIKANISCH $

(2101 W Main St; Hauptgerichte 9–18 US$; ⊙ Mo–Fr 11.30–2, Sa & So ab 9 Uhr) Das Café ist ein beliebter Nachbarschaftstreff und erinnert mit seiner ganzjährigen Weihnachtsbeleuchtung, den holzgetäfelten Wänden und der kitschigen Kunst an eine Kneipe. Das Essen ist aber erstklassig. Man kann draußen auf dem Bürgersteig sitzen, es gibt täglich Sonderangebote (z.B. am Taco-Dienstag) und am Wochenende einen legendären Brunch.

The Daily
MODERN-AMERIKANISCH $$

(☎ 804-342-8990; 2934 W Cary St; Hauptgerichte 10–25 US$; ⊙ So–Do 7–22, Fr & Sa bis 24 Uhr; ☒)

Das Daily im Herzen von Carytown ist zu allen Tageszeiten prima, egal ob man nun Hunger, Durst oder beides hat. Als Frühstück gibt's üppige Krabbenomelettes, mittags BLT-Sandwichs mit schwarz mariniertem Mahimahi und abends scharf angebratene Muscheln. Viele vegane Angebote, erstklassige Cocktails und das muntere, künstlerisch gestaltete Ambiente (samt dramatisch beleuchteten Bäumen) runden das Angebot ab.

Millie's Diner
MODERN-AMERIKANISCH $$

(☏ 804-643-5512; 2603 E Main St; Hauptgerichte mittags 9–12 US$, abends 22–26 US$; ⏱ Di–Fr 11–14.30 & 17.30–22.30, Sa & So 9–15 & 17.30–22.30 Uhr) Mittagessen, Dinner oder Wochenend-Brunch – Richmonds Ikone bietet das alles in bester Qualität. Das kleine, aber hübsch gestaltete Restaurant überzeugt mit kreativen saisonalen Gerichten. Das „Devil's Mess" – ein Omelette, belegt mit scharfer Wurst, Curry, Gemüse, Käse und Avocado – ist legendär.

Boathouse at Rocketts Landing
MEERESFRÜCHTE $$$

(☏ 804-622-2628; 4708 E Old Main St; Hauptgerichte 14–32 US$; ⏱ Mo–Do 17–24, Fr ab 15, Sa & So ab 12 Uhr) Das Boathouse bietet gute Meeresfrüchteteller (knusprige Calamari, Chapel-Creek-Austern, mit Sesam panierter gebratener Thunfisch) und Kneipengerichte in einer fabelhaften Lage mit Blick auf den James River. Die luftige Terrasse ist auch ein prima Ort für einen Drink zum Sonnenuntergang. Das Lokal befindet sich rund 1,5 km südlich von Shockoe Bottom.

Ausgehen & Unterhaltung

Legend Brewing Company
MIKROBRAUEREI

(☏ 804-232-3446; www.legendbrewing.com; 321 W 7th St; ⏱ Mo–Sa 11.30–23, So bis 22 Uhr) Die Brauereikneipe am Südufer des James River bietet ausgezeichnete Biere, schmackhafte Kneipenkost und von der beliebten Außenterrasse einen schönen Blick hinüber auf die Stadt. Sonntags gibt's live Bluegrass (18.30 Uhr), freitags Rock und andere Musik (20 Uhr) und samstags kostenlose Brauereiführungen (13 Uhr).

Aus dem Downtown ist man über die gut für Radfahrer und Fußgänger geeignete Manchester (S 9th St) Bridge ganz schnell da.

Saison
COCKTAILBAR

(23 W Marshall St; ⏱ 17–2 Uhr) Die Bar in Jackson Ward unweit der Downtown hat Klasse und lockt passionierte Cocktail-Kenner an,

die hier mit kreativ gemixten Cocktails oder Bieren aus Mikrobrauereien anstoßen und sich die Gerichte aus farmfrischen Zutaten schmecken lassen.

Capital Ale House
BAR

(623 E Main St; ⏱ 11–1.30 Uhr) Bei den Politikbessenen des nahen State Capitol beliebt. Die zentrumsnahe Kneipe hat eine tolle Bierauswahl (mehr als 50 Fass- und 250 Flaschenbiere) und ordentliche Kneipengerichte.

Cary Street Cafe
LIVEMUSIK

(☏ 804-353-7445; www.carystreetcafe.com; 2631 W Cary St; ⏱ Mo–Fr 8–2, Sa & So ab 11 Uhr) Livemusik (und gelegentlich Karaoke-Sänger) sind in dieser ausgezeichneten Bar praktisch an jedem Abend der Woche zu hören. Der Laden bekennt sich zwar stolz als hippiefreundlich, spielt aber auch andere Musik von Reggae und Folk bis Alternative Country und Gypsy Rock.

Byrd Theater
KINO

(☏ 804-353-9911; www.byrdtheatre.com; 2908 W Cary St; Tickets ab 2 US$) Der Preis in dem klassischen Kino von 1928 ist nicht zu schlagen. Es zeigt allerdings nicht mehr ganz aktuelle Filme. Vor den Samstagabend-Vorführungen gibt's Wurlitzer-Konzerte.

ⓘ Praktische Informationen

Johnston-Willis Hospital (☏ 804-330-2000; 1401 Johnston-Willis Dr)

Post (700 E Main St; ⏱ Mo–Fr 7.30–17 Uhr)

Richmond-Times Dispatch (www.richmond. com) Tageszeitung.

Richmond Visitor Center (☏ 804-783-7450; www.visitrichmondva.com; 405 N 3rd St; ⏱ 9–17 Uhr)

Style Weekly (www.styleweekly.com) Alternatives Wochenblatt mit Veranstaltungskalender und Empfehlungen zu Restaurants, dem Nachtleben und den Künsten.

ⓘ Anreise & Unterwegs vor Ort

Die Taxifahrt vom **Richmond International Airport** (RIC; ☏ 804-226-3000; www.flyrichmond.com) 10 Meilen (16 km) östlich der Stadt ins Zentrum kostet rund 30 US$.

Die Züge der **Amtrak** (☏ 800-872-7245; www.amtrak.com) halten am **Hauptbahnhof** (7519 Staples Mill Rd), 7 Meilen (11 km) nördlich der Stadt (Bus 27 fährt ins Zentrum). Bequemer, aber seltener sind die Züge, die an der **Main St Station** (1500 E Main St) halten.

Ein neues **Fahrrad-Sharing-Programm** soll 2016 gestartet werden.

Die **Greater Richmond Transit Company** (GRTC; ☑ 804-358-4782; www.ridegrtc.com; einfache Strecke ab 2 US$) betreibt Stadtbusse, auf denen passend gezahlt werden muss.

Greyhound/Trailways Bus Station (☑ 804-254-5910; www.greyhound.com; 2910 North Blvd)

Petersburg

Das kleine Städtchen Petersburg, 25 Meilen (40 km) südlich von Richmond, spielte im Bürgerkrieg eine bedeutsame Rolle. Der wichtige Eisenbahnknotenpunkt versorgte die Konföderierten mit Soldaten und Nachschub. 1864/65 belagerten die Streitkräfte der Union zehn Monate lang die Stadt. Die Not der Bewohner während dieser Belagerung, der längsten auf amerikanischem Boden, wird im **Siege Museum** (☑ 804-733-2404; 15 W Bank St; Erw./Kind 5/4 US$, inkl. Old Blandford Church 11/9 US$; ⊙ 10–17 Uhr) anschaulich dargestellt. Auf dem Gelände des **Petersburg National Battlefield** (nps.gov/pete; pro Fahrzeug/Fußgänger 5/3 US$; ⊙ 9–17 Uhr), einige Kilometer östlich der Stadt, sprengten die Truppen der Union einen Krater in die Schützengräben der Konföderierten und lösten damit den *Battle of the Crater* aus (die Schlacht spielt auch eine Rolle in dem Kriegs- und Liebesfilm *Unterwegs nach Cold Mountain*). Das ausgezeichnete **National Museum of the Civil War Soldier** (☑ 804-861-2408; www.pamplinpark.org; 6125 Boydton Plank Rd; Erw./Kind 13/8 US$; ⊙ 9–17 Uhr) im Pamplin Historical Park westlich des Zentrums erläutert sehr eindringlich das Elend und Leiden der Soldaten auf beiden Seiten.

Historic Triangle

Willkommen im „Historischen Dreieck", der Geburtsstätte der Vereinigten Staaten von Amerika. Nirgendwo sonst hat ein so kleines Gebiet eine so entscheidende Rolle in der amerikanischen Geschichte gespielt. In Jamestown, der ersten dauerhaften englischen Siedlung in der Neuen Welt, wurde der Grundstein der Nation gelegt. Das Feuer des Amerikanischen Unabhängigkeitskriegs wurde in Williamsburg entfacht, damals Hauptstadt der britischen Kolonie Virginia. Und in Yorktown schließlich errang Amerika die uneingeschränkte Unabhängigkeit von Großbritannien.

Um der Bedeutung des historischen Dreiecks annähernd gerecht zu werden, sollte man für den Besuch mindestens zwei Tage einplanen. Ein kostenloser Shuttleservice verkehrt täglich zwischen dem Visitor Center von Williamsburg und den Städten Yorktown und Jamestown.

Williamsburg

Wer in Virginia nur einen historischen Ort besuchen will oder kann, sollte sich für Williamsburg entscheiden. In „Colonial Williamsburg", einem der größten und umfangreichsten Museumsdörfer der Welt, wird Geschichte wirklich gelebt. Es gibt kaum einen besseren Ort, um Kindern Geschichte zu vermitteln. Aber natürlich werden auch die Erwachsenen ihren Spaß haben.

Die heutige Stadt Williamsburg, die von 1699 bis 1780 die Hauptstadt von Virginia war, präsentiert sich recht herrschaftlich. Den Studenten des renommierten College of William & Mary ist es jedoch zu verdanken, dass es auch so etwas wie eine Jugendkultur gibt: lässige Cafés, günstige Kneipen und Modeboutiquen.

⊙ Sehenswertes

Colonial Williamsburg   HISTORISCHE STÄTTE (www.colonialwilliamsburg.org; Erw./Kind 1 Tag 41/21 US$, mehrere Tage 51/26 US$; ⊙ 9–17 Uhr) Die rekonstruierte Hauptstadt von Englands größter Kolonie in der Neuen Welt ist eine sehenswerte Attraktion für Besucher jeden Alters. Diese erwartet kein kitschiger, eingezäunter Themenpark, sondern ein lebendes, atmendes und arbeitendes Geschichtsmuseum, so sorgfältig recherchiert und gestaltet, dass es brillant den Alltag der amerikanischen Kolonisten im 18. Jh. einfängt.

➜ **Die Stätte**

Auf dem rund 120 ha großen Gelände stehen 88 Originalgebäude aus dem 18. Jh. und mehrere Hundert originalgetreue Nachbauten. Kostümierte Darsteller und Guides in historischer Aufmachung gehen ihrer Arbeit als Schmied, Apotheker, Bardame, Drucker, Soldat oder Patriot nach und fallen nur kurz aus ihrer Rolle, um für einen Schnappschuss zu posieren.

Kostümierte Darsteller von Patrioten wie Patrick Henry oder Thomas Jefferson schwingen immer noch leidenschaftliche Freiheitsreden, aber auch Amerikas weniger glorreiche Momente werden nicht schamhaft verschwiegen. Die Schauspieler debattieren heute auch über die Sklaverei, das Frauenwahlrecht, die Rechte der indigenen

Amerikaner und ob es überhaupt moralisch legitim ist, sich an einer Revolution zu beteiligen.

➡ Eintritt

Das historische Viertel einschließlich der Läden und Tavernen kostet keinen Eintritt, für die Führungen durch die Gebäude und für die meisten Ausstellungen wird jedoch ein Ticket benötigt. Besonders im Sommer muss man mit Massenandrang, Warteschlangen und quengelnden Kindern rechnen.

Um zu parken und die Eintrittskarten zu kaufen, folgt man der Ausschilderung zum **Visitor Center** (☑757-220-7645; 101 Visitor Center Dr; ⊙8.45–17 Uhr), das sich nördlich des historischen Viertels zwischen dem Hwy 132 und dem Colonial Pkwy befindet; für Kinder gibt es dort auch historische Kostüme zum Ausleihen (25 US$/Tag). Im Center wird ein 30-minütiger Film über Williamsburg gezeigt und man kann sich nach den aktuell angebotenen Veranstaltungen und Events erkundigen.

Die Parkplätze sind kostenlos; wer von hier nicht den von Bäumen gesäumten Fußweg einschlagen will, kann die häufig fahrenden Shuttlebusse zum historischen Viertel nutzen. Eintrittskarten erhält man auch am **Informationskiosk am Merchants Square** (W Duke of Gloucester St; ⊙9–17 Uhr).

College of William & Mary
HISTORISCHES GEBÄUDE

(www.wm.edu; 200 Stadium Dr) Das 1693 gegründete **College of William & Mary** ist das zweitälteste College der USA. Zu ihm gehört auch das Sir Christopher Wren Building, das älteste akademische Gebäude der USA, das ununterbrochen als solches genutzt wurde. Zu den Absolventen dieses Colleges gehörten Thomas Jefferson, James Monroe und der Komiker Jon Stewart.

🛏 Schlafen

Das Visitor Center hilft kostenlos beim Finden und Buchen von Unterkünften. Die Pensionen in Colonial Williamsburg stellen ermäßigte Eintrittskarten bereit (Erw./Kind 30/15 US$).

Governor's Inn
HOTEL $

(☑757-220-7940; www.colonialwilliamsburg.com; 506 N Henry St; Zi. 70–93 US$; PP 🛜 ☒) Williamsburgs offizielle Budgetunterkunft ist einfach nur ein großer Kasten, aber die Zimmer sind sauber und die Gäste können den Pool und die Einrichtungen im Woodlands Hotel benutzen. Das Haus hat zudem eine großartige

Lage nahe dem Visitor Center, drei Blocks vom historischen Viertel entfernt.

Williamsburg Woodlands Hotel & Suites
HOTEL $$

(☑757-220-7960; www.colonialwilliamsburg.com; 105 Visitor Center Dr; Zi. ab 165 US$; PP ✳ 🛜 ☒) Das Hotel mit gutem Preis-Leistungs-Verhältnis hat gemütliche, mit Teppichen ausgelegte Zimmer (bei einigen sind die gemusterten Tapeten etwas heftig ausgefallen). Es befindet sich nahe dem Hauptbesucherzentrum von Colonial Williamsburg. Dank Wasserpark, Spielen (Minigolf, Volleyball) und kostenlosem Frühstück ist das Haus bei Familien beliebt.

★ Colonial Williamsburg Historic Lodging
PENSION $$$

(☑888-965-7254, 757-220-7978; www.colonialwilliamsburg.com; 136 E Francis St; Zi. 220 US$) Wer wirklich ins 18. Jh. eintauchen will, kann in einem der 26 Originalhäuser der Kolonialzeit auf dem Gelände des Colonial Williamsburg übernachten. Sie sind zwar individuell eingerichtet und dekoriert, haben aber alle vorzügliches historisches Mobiliar, Himmelbetten und Kamine, die auch tatsächlich mit Holz befeuert werden.

🍴 Essen

Am Merchants Sq, direkt neben Colonial Williamsburg, findet man viele Restaurants, Cafés und Kneipen.

Cheese Shop
DELI $

(410 W Duke of Gloucester St, Merchants Sq; Hauptgerichte 6–8 US$; ⊙Mo–Sa 10–20, So 11–18 Uhr) Dieses Feinschmecker-Deli serviert einige schmackhafte Sandwiches und Antipasti, Baguettes, Gebäck, Wein, Bier und köstlichen Käse.

Aromas
CAFÉ $

(www.aromasworld.com; 431 Prince George St; Hauptgerichte 6–15 US$; ⊙Mo–Sa 7–22, So 8–20 Uhr; 🛜) Das einladende Kaffeehaus einen Block nördlich des Merchants Sq serviert eine große Auswahl an Gerichten und flüssiges Brot in Form von Wein und Bier. Man kann draußen sitzen und es gibt Livemusik (dienstags Jazz; am Wochenende bunt gemischt).

King's Arms Tavern
MODERN-AMERIKANISCH $$$

(☑888-965-7254; 416 E Duke of Gloucester St; Hauptgerichte Mittagessen 14–16 US$, Abendessen 32–37 US$; ⊙11.30–14.30 & 17–21 Uhr) Von den vier Restaurants in Colonial Williamsburg ist dieses hier das eleganteste. Es werden klassische amerikanische Gerichte serviert, z.B. Wildpastete (Wild, Kaninchen und Ente, geschmort in Portweinsauce).

❶ Anreise & Unterwegs vor Ort

Williamsburg Transportation Center (☎757-229-8750; Ecke Boundary St & Lafayette St) **Amtrak** (www.amtrak.com) Züge starten hier zweimal am Tag nach Washington (44 US$, 4 Std.) und Richmond (21 US$, 1 Std.).

Jamestown

Am 14. Mai 1607 ließen sich 104 englische Männer und Jungs auf dieser sumpfigen Insel nieder, ausgestattet mit einem Freibrief der Virginia Company of London, nach Gold und anderen Reichtümern suchen zu dürfen. Stattdessen aber fanden sie Hunger und Krankheiten. Im Januar 1608 lebten nur noch etwa 40 Kolonisten, die Überlebenden schreckten in ihrer Verzweiflung gar vor Kannibalismus nicht zurück. Die Kolonie überlebte diese Hungerzeit dank der Führung von Captain James Smith und der Hilfe des Häuptlings der Powhatan. 1619 trat das gewählte House of Burgesses zusammen, das damit zur ersten demokratischen Regierung auf dem amerikanischen Kontinent wurde.

◉ Sehenswertes & Aktivitäten

Historic Jamestowne HISTORISCHE STÄTTE
(☎757-856-1250; www.historicjamestowne.org; 1368 Colonial Pkwy; Erw./Kind 14 US$/frei; ⊙8.30–16.30 Uhr) Die vom NPS geführte Stätte befindet sich an der Stelle des originalen Jamestown. Der Besuch beginnt in dem hiesigen Museum und mit einem Blick auf die Statuen von John Smith und Pocahontas. Die Ruinen der originalen Siedlung wurden 1994 wiederentdeckt; Besucher können bei den anhaltenden archäologischen Grabungen zuschauen.

Jamestown Settlement HISTORISCHE STÄTTE
(☎757-253-4838; www.historyisfun.org; 2110 Jamestown Rd; Erw./Kind 17/8 US$, inkl. Yorktown Victory Center 21/11 US$; ⊙9–17 Uhr; P🚻) Bei Kindern beliebt ist die vom Bundesstaat Virginia betriebene Jamestown Settlement mit Rekonstruktionen des **James Fort** von 1607, eines **Indianerdorfs** und originalgroßen Nachbauten der ersten Schiffe, die die Siedler nach Jamestown brachten. Dazu gibt's jede Menge Living-History-Spaß, Multimedia-Ausstellungen und kostümierte Schauspieler, die das 17. Jh. zum Leben erwecken.

Yorktown

Am 19. Oktober 1781 kapitulierte hier der britische General Cornwallis vor George Washington, womit der Amerikanische Unabhängigkeitskrieg de facto beendet war. Angesichts der Übermacht der US-amerikanischen Artillerie an Land und auf See durch die Franzosen vom Nachschub abgeschnitten, befanden sich die Briten in einer hoffnungslosen Lage. Washington hatte zwar mit einer wesentlich längeren Belagerung gerechnet, doch Cornwallis, vom unausgesetzten Sperrfeuer entnervt, ergab sich schon nach wenigen Tagen.

Yorktown selber ist ein angenehmes Uferdorf am York River mit einer netten Reihe von Läden, Restaurants und Pubs.

◉ Sehenswertes & Aktivitäten

Yorktown Battlefield HISTORISCHE STÄTTE
(☎757-898-3400; www.nps.gov/york; 1000 Colonial Pkwy; inkl. Historic Jamestowne Erw./Kind 7 US$/frei; ⊙9–17 Uhr; P🚻) Das vom NPS geführte Yorktown Battlefield ist der Schauplatz der letzten großen Schlacht des amerikanischen Unabhängigkeitskriegs. Eine Tour beginnt man am besten am Visitor Center, wo man sich den Film zur Orientierung und das dort ausgestellte originale Zelt von Washington anschaut. Die gut 11 km lange Battlefield Rd Tour führt an den wichtigsten Sehenswürdigkeiten des Geländes vorbei. Man sollte auf keinen Fall die letzten Abwehrstellungen der Briten an den Schanzen 9 und 10 auslassen.

Yorktown Victory Center MUSEUM
(☎757-8871776; www.historyisfun.org; 200 Water St; Erw./Kind 10/6 US$; ⊙9–17 Uhr; P🚻) Das vom US-Staat Virginia geführte Yorktown Victory Center ist ein interaktives Living-History-Museum. Es zeigt originalgetreue Nachbauten und ermöglicht Besuchern, den Unabhängigkeitskrieg und dessen Einfluss auf die Menschen der damaligen Zeit nachzuerleben. In dem wiederaufgebauten Zeltlager feuern als Soldaten historisch kostümierte Schauspieler Kanonen ab und erläutern, wie man damals Essen zubereitete und wie die medizinische Versorgung im Feld aussah.

✕ Essen

Carrot Tree CAFÉ $
(☎757-988-1999; 323 Water St; Hauptgerichte 7–9 US$; ⊙11–16 Uhr; 🚻) Das am Ufer gele-

gene Carrot Tree ist ein gutes und günstiges Lokal, in dem es Wraps, Salate und vegetarische Burger gibt.

Plantagen am James River

Die prunkvollen Häuser der Aristokratie Virginias, die ihren Reichtum mithilfe der Sklaverei erwirtschafteten, verkörpern die Klassengesellschaft der damaligen Zeit. Eine ganze Reihe der herrschaftlichen Anwesen, von denen nur wenige öffentlich zugänglich sind, säumen den malerischen Hwy 5 entlang des Nordufers des Flusses.

⊙ Sehenswertes & Aktivitäten

Sherwood Forest   HISTORISCHE STÄTTE
(☏ 804-829-5377; www.sherwoodforest.org; 14501 John Tyler Memorial Hwy, Charles City; Besichtigung Erw./Kind 10 US$/frei; ⊙ Gelände 9–17 Uhr) Das längste Holzrahmenhaus des Landes war der Wohnsitz des 10. US-Präsidenten John Tyler. Führungen gibt es nur nach vorheriger Vereinbarung (35 US$/Pers.), das Gelände kann man aber auf eigene Faust besichtigen.

Berkeley Plantation   HISTORISCHE STÄTTE
(☏ 804-829-6018; www.berkeleyplantation.com; 12602 Harrison Landing Rd, Charles City; Erw./ Kind 11/7,50 US$; ⊙ 9.30–16.30 Uhr) Berkeley ist das Haus, in dem 1619 das erste offizielle Thanksgiving-Fest gefeiert wurde. Es war außerdem Geburts- und Wohnort von Benjamin Harrison V., einem Unterzeichner der Unabhängigkeitserklärung, und seinem Sohn William Henry Harrison, dem neunten Präsidenten der USA.

Shirley Plantation   HISTORISCHE STÄTTE
(☏ 800-829-5121; www.shirleyplantation.com; 501 Shirley Plantation Rd, Charles City; Erw./Kind 11/ 7,50 US$; ⊙ 9.30–16.30 Uhr) Das malerische Anwesen am Fluss ist die älteste Plantage (1613) in Virginia und vielleicht das beste Beispiel, wie ein solches Anwesen nach britischem Vorbild tatsächlich ausgesehen hatte. Vorbei an fein säuberlich in Reih und Glied aufgestellten Backsteinhäusern, die als Gesinde- und Wirtschaftsgebäude wie Werkzeugschuppen, Eishaus und Wäscherei dienten, führt der Weg zum großen Haupthaus.

Hampton Roads

Die Region Hampton Roads ist nicht nach Straßen, sondern dem James River, Nansemond River und Elizabeth River benannt, die hier allesamt in die Chesapeake Bay

münden. Sie war schon immer eine erstklassige Wohngegend. Die Powhatan-Indianer angelten in den Gewässern ihre Fische und jagten das Wild entlang der wild zerklüfteten Küste von Virginia Tausende von Jahren, bevor John Smith 1607 hier landete. Heute ist die Region der Hampton Roads wegen ihrer verstopften Straßen und dem kulturellen Mischmasch aus Geschichte, Militaria und Kunst berühmt.

Norfolk

Norfolk ist die Heimat des weltgrößten Flottenstützpunkts – und so überrascht es nicht, dass Norfolk bislang den Ruf einer rauen Hafenstadt voller betrunkener Seeleute hatte. In den vergangenen Jahren hat die Stadt aber hart daran gearbeitet, dieses Image mithilfe von Bauprogrammen, Gentrifizierungsmaßnahmen und der Konzentration auf eine aufstrebende Kunstszene aufzupolieren.

⊙ Sehenswertes

Naval Station Norfolk   MILITÄRSTÄTTE
(☏ 757-444-7955; www.cnic.navy.mil/norfolksta; 9079 Hampton Blvd; Erw./Kind 10/5 US$) Die weltweit größte Marinebasis und einer der betriebsamsten Flugplätze des Landes ist ein Muss für Besucher der Region. Die 45 Minuten langen Bustouren werden von Marineangehörigen durchgeführt und müssen im Voraus gebucht werden (wechselnde Anfangszeiten). Erwachsene benötigen den Reisepass oder Personalausweis.

Nauticus   MUSEUM
(☏ 757-664-1000; www.nauticus.org; 1 Waterside Dr; Erw./Kind 16/11,50 US$; ⊙ Di–Sa 10–17, So 12–15 Uhr) Das riesige interaktive maritime Museum hat Ausstellungen zur Unterwasserforschung, dem Leben in der Chesapeake Bay und Geschichten über die US Navy. Das Highlight für Besucher ist die Möglichkeit, auf den Decks und im Innern der **USS Wisconsin** herumzuklettern. Das 1943 gebaute und 270 m lange Schlachtschiff war eines der größten und letzten Schiffe dieser Art, die die US Navy vom Stapel laufen ließ.

Chrysler Museum of Art   MUSEUM
(☏ 757-664-6200; www.chrysler.org; 245 W Olney Rd; ⊙ Di–Sa 10–17, So 12–17 Uhr) GRATIS Ein hervorragender Standort für eine eklektische Kunstsammlung. Das Chrysler Museum vereint Objekte aus dem alten Ägypten bis zur Gegenwart, darunter Werke von Monet, Matisse, Renoir und Warhol, und nennt auch

eine erstklassige Sammlung von mundgeblasenem Tiffany-Glas sein Eigen.

🛏 Schlafen

„Kojen" am Meer gibt's en masse – viele Budget- und Mittelklasseunterkünfte finden sich an der Ocean View Ave (die tatsächlich an die Bucht grenzt).

Tazewell Hotel
HOTEL $

(📞 757-623-6200; www.thetazewell.com; 245 Granby St; Zi. ab 89 US$; ❄ 🕾) Das Hotel in einem historischen Gebäude von 1906 hat eine tolle Lage mitten im Restaurant- und Barviertel der Granby St. In den mit Teppichen ausgelegten Zimmern stehen abgewetzte Holzmöbel und das Haus könnte eine Renovierung vertragen, bietet aber insgesamt noch ein gutes Preis-Leistungs-Verhältnis. Es gibt eine schummrige Weinbar und im 1. Stock ein italienisches Restaurant.

Page House Inn
B&B $$

(📞 757-625-5033; www.pagehouseinn.com; 323 Fairfax Ave; Zi. 160–245 US$; 🅿 ❄ 🕾) Gegenüber dem Chrysler Museum of Art. Das luxuriöse B&B ist ein Grundpfeiler der Eleganz von Norfolk.

🍴 Essen

Wer Hunger hat, wird sicher in der Granby St und an der Ghent's Colley Ave fündig.

Cure
CAFÉ $

(www.curenorfolk.com; 503 Botetourt St; Hauptgerichte 6–9 US$; ⊘ Mo–Sa 8–22, So 9–20 Uhr; 🕾) Das Cure am Rand des historischen Viertels ist ein Nachbarschaftscafé wie aus dem Bilderbuch. Es bietet schmackhafte, kreative Sandwiches, tollen Kaffee (von Counter Culture) und später am Tag Bier aus Mikrobrauereien und Fleisch- und Wurstwaren.

Field Guide
MODERN-AMERIKANISCH $

(429 Granby St; Hauptgerichte 8–10 US$; ⊘ Di–Do 11–22, Fr & Sa bis 1 Uhr) An der von Restaurants gesäumten Granby St zeichnet sich das Field Guide durch seine marktfrischen Gerichte aus: leckere Salate, aromatische Reisgerichte und appetitliche Sandwiches, dazu innovative Cocktails (z. B. der Margarita Slushie). Das Ambiente ist zwanglos, aber hip: Es gibt Gemeinschaftstische; die Fensterfront wird an sonnigen Tagen komplett geöffnet.

Press 626 Cafe & Wine Bar
MODERN-AMERIKANISCH $$

(📞 757-282-6234; 626 W Olney Rd; Hauptgerichte mittags 8–13 US$, abends 16–26 US$; ⊘ Mo–Fr 11–23, Sa ab 17, So 10.30–14.30 Uhr; 🌐) Als Vertreter der Slow-Food-Bewegung hat das sehr ansprechende Press 626 eine umfangreiche Karte. Es gibt Gourmetsandwiches (mittags), gedämpfte Muscheln, Bouillabaisse und eine tolle Auswahl an Weinen.

🍷 Ausgehen & Unterhaltung

Elliot's Fair Grounds
CAFÉ

(806 Baldwin Ave; ⊘ Mo–Sa 7–22, So ab 8 Uhr; 🕾) Das winzige, abgefahrene Kaffeehaus lockt sie alle an – von Studenten bis zu Seeleuten – und verköstigt sie mit guten koffeinhaltigen Getränken, Sandwichs und Süßspeisen.

Taphouse Grill at Ghent
PUB

(931 W 21st St; ⊘ 11–2 Uhr) Freundlicher kleiner Pub mit feinen Bieren aus Mikrobrauereien und guten regionale Bands.

ℹ Anreise & Unterwegs vor Ort

Die Region wird vom **Norfolk International Airport** (NIA; 📞 757-857-3351), 7 Meilen (11,3 km) nordöstlich des Zentrums von Norfolk, bedient. **Greyhound** (📞 757-625-7500; www.greyhound.com; 701 Monticello Ave) hat Busse nach Virginia Beach (16 US$, 35 Min.), Richmond (32 US$, 2¾ Std.) und Washington (50 US$, 6½ Std.).

Hampton Roads Transit (📞 757-222-6100; www.gohrt.com) deckt die gesamte Region der Hampton Roads ab. Die Busse (1,75 US$) fahren vom Zentrum durch die ganze Stadt sowie nach Newport News und Virginia Beach.

Newport News

Die Stadt Newport News ist ein gigantisches Beispiel für das Ausufern der Vorstädte. Nichtsdestotrotz gibt's hier mehrere Attraktionen, vor allem das erstaunliche **Mariners' Museum** (📞 757-596-2222; www.marinersmuseum.org; 100 Museum Dr; Erw./Kind 14/9 US$; ⊘ Mo–Sa 9–17, So ab 11 Uhr), eines der größten und umfassendsten Schifffahrtsmuseen der Welt. Das dortige **USS Monitor Center** stellt den ausgeschlachteten Rumpf der aus der Zeit des Bürgerkriegs stammenden *Monitor* aus, eines der ersten gepanzerten Kriegsschiffe der Welt. Zudem gibt's eine originalgetreue Nachbildung des Schiffes zu sehen.

Die naturnahen Habitate des **Virginia Living Museum** (📞 757-595-1900; www.thevlm.org; 524 J Clyde Morris Blvd; Erw./Kind 17/13 US$; ⊘ 9–17, So ab 12 Uhr; 🅿 ♿) 🐾 bieten eine gute Einführung in Virginias Flora und Fauna an Land und im Wasser. Zum Komplex gehören Tiergehege im Freien, ein Vogelhaus, Gärten und ein Planetarium.

Virginia Beach

Angesichts eines 56 km langen Sandstrands, einer fast 5 km langen, betonierten Strandpromenade und eines großen Freizeitprogramms in der Umgebung überrascht es nicht, dass Virginia Beach ein sehr beliebtes Touristenziel ist. Die Stadt hat hart daran gearbeitet, ihren Ruf als ungehobelte „Redneck Riviera" abzuschütteln – tatsächlich ist der Strand jetzt breiter und sauberer und nicht mehr voller Rüppel. Abseits des Strands locken auch einige hübsche Parks und Naturgebiete hinter den überfüllten Bettenburgen am Ufer. Im Sommer drängen sich die Massen und staut sich der Verkehr.

◉ Sehenswertes

**Virginia Aquarium
& Marine Science Center** AQUARIUM
(☑757-385-3474; www.virginiaaquarium.com; 717 General Booth Blvd; Erw./Kind 22/15 US$; ◷9–17 Uhr) Wer ein gut konzipiertes Aquarium sehen möchte, ist hier genau richtig. In verschiedenen Habitaten sieht man hier eine große Menge Meeresbewohner, darunter Meeresschildkröten, Fischotter und Komodowarane.

First Landing State Park NATURSCHUTZGEBIET
(2500 Shore Dr; Eintritt 6–7 US$/Fahrzeug) In dem 1169 ha großen Waldgebiet gibt es **Wanderwege** von insgesamt 32 km Länge sowie Möglichkeiten zum Campen, Radfahren, Angeln, Kajakfahren und Baden.

**Virginia Museum of
Contemporary Art** MUSEUM
(www.virginiamoca.org; 2200 Parks Ave; Erw./Kind 7,70/5,50 US$; ◷Di 10–21, Mi–Fr bis 17, Sa & So bis 16 Uhr) In dem neuen, ultramodernen Gebäude werden tolle Sonderausstellungen gezeigt.

**Back Bay National
Wildlife Refuge** NATURSCHUTZGEBIET
(www.fws.gov/backbay; April–Okt. pro Fahrzeug/ Fußgänger 5/2 US$, Nov.–März frei; ◷Sonnenaufgang–Sonnenuntergang) Das 37,4 km² große Sumpflandreservat für Wildtiere und Zugvögel ist vor allem während der Zugsaison im Dezember atemberaubend.

**Great Dismal Swamp
National Wildlife Refuge** NATURSCHUTZGEBIET
(☑757-986-3705; www.fws.gov/refuge/great_dis mal_swamp; 3100 Desert Rd, Suffolk; ◷Sonnenaufgang–Sonnenuntergang; ☏) ⊘ GRATIS Rund

30 Meilen (50 km) südwestlich von Virginia Beach befindet sich dieses 453 km² große Naturschutzgebiet, das sich beiderseits der Grenze zu North Carolina erstreckt. Es beheimatet eine artenreiche Pflanzen- und Tierwelt, darunter Schwarzbären, Rotluchse und über 200 Vogelarten.

🛏 Schlafen

Angie's Guest Cottage & Hostel PENSION $
(☑757-491-1830; www.angiescottage.com; 302 24th St; B 32 US$, DZ 70–110 US$; P ❄) Die nur einen Block vom Strand entfernte Unterkunft hat Schlafsäle und Doppelzimmer mit Kochnischen. Das Preis-Leistungs-Verhältnis ist – für diese Gegend – gut.

First Landing State Park CAMPING $
(☑800-933-7275; http://dcr.virginia.gov; Cape Henry; Stellplatz 28 US$, Hütten ab 75 US$; P) ✈ Es gibt keinen malerischeren Campingplatz als diesen im Naturschutzgebiet entlang der Bucht, auch wenn die Hütten keinen Ausblick aufs Wasser bieten.

✕ Essen

★ **Blue Pete's** MEERESFRÜCHTE $$
(☑757-426-2278; www.bluepetespungo.com; 1400 N Muddy Creek Rd; Hauptgerichte 10–25 US$; ◷Mi–Fr 17–22, Sa & So 12–22 Uhr) Oberhalb eines friedlichen Bachs nahe der Back Bay hat das Blue Pete's eine bezaubernde Lage im Wald. Auf der vielseitigen Karte stehen u. a. Crab Cakes, Rinderbrust-Sandwiches, Pastagerichte und Garnelen im Kokosmantel.

Mahi Mah's MEERESFRÜCHTE $$$
(☑757-437-8030; www.mahimahs.com; 615 Atlantic Ave; Hauptgerichte 10–36 US$; ◷So–Do 7–24, Fr & Sa bis 2 Uhr; ☏) Das Lokal am Meeresufer ist die beste Adresse für leckere Meeresfrüchte. Ab der Happy Hour – wenn die Austern nur 0,50 US$ kosten – verwandelt es sich in eine muntere Bar.

ℹ Praktische Informationen

Der I-264 führt direkt zum **Visitor Center** (☑800-822-3224; www.visitvirginiabeach.com; 2100 Parks Ave; ◷9–17 Uhr) und zum Strand.

ℹ Anreise & Unterwegs vor Ort

Greyhound (☑757-422-2998; www.greyhound. com; 971 Virginia Beach Blvd) hat täglich fünf Busse nach Richmond (15,50 US$; 3½ Std.). Sie halten auch in Norfolk und Newport News; für Verbindungen nach Washington, Wilmington, NYC und darüber hinaus muss man in Richmond umsteigen. Die Busse starten am Circle D Food Mart, rund 1,5 km westlich der Promenade.

Hampton Roads Transit betreibt den Virginia Beach Wave Trolley (Fahrkarten 2 US$), der im Sommer die Atlantic Ave entlangfährt.

Das Piedmont

Die sanft gewellten Hügel und Hochebenen im Herzen Virginias trennen die flache atlantische Küstenebene von der Gebirgskette der Apalachen. Im fruchtbaren Tal finden sich Dutzende Weingüter, ländliche Dörfer und prächtige Anwesen aus der Kolonialzeit.

Charlottesville

Das im Schatten der Blue Ridge Mountains gelegene Charlottesville landet bei Umfragen regelmäßig unter den Orten mit der höchsten Lebensqualität in den USA. Die 45 000 Einwohner zählende Stadt hat eine vielfältige Kultur und ist Heimat der University of Virginia (UVA), die die alte Südstaaten-Aristokraten genauso wie künstlerisch angehauchte Linksgerichtete anzieht. Der UVA-Campus und die Fußgängerzone in der Innenstadt sind fest in der Hand von Studenten, Pärchen, Professoren und der einen oder anderen Berühmtheit, während am makellos blauen Himmel die Sonne lacht – kurz: „C-Ville" ist eigentlich perfekt.

Das nützliche **Charlottesville Visitor Center** (☑ 877-386-1103; www.visitcharlottesville. org; 610 E Main St; ☺ 9–17 Uhr) liegt im Herzen von Downtown.

◉ Sehenswertes

University of Virginia UNIVERSITÄT
(☑ 434-924-0311; www.uvaguides.org; 400 Ray C Hunt Dr, Charlottesville) Thomas Jefferson gründete die University of Virginia, deren klassizistisch gestaltete Gebäude und Anlagen den Geist des gemeinsamen Lebens und Lernens verkörpern, den Jefferson im Sinn hatte. Kostenlose, von Studenten geleitete Campusführungen starten in der Vorlesungszeit täglich um 10, 11 und 14 Uhr am Harrison Institute. Die von Jefferson entworfene **Rotunde** (☑ 434-924-7969; rotunda. virginia.edu; 1826 University Ave), eine maßstabsgetreuer Nachbau des römischen Pantheons soll nach einer Restaurierung 2016 wieder geöffnet werden. Das universitätseigene **Fralin Art Museum** (☑ 434-924-3592; 155 Rugby Rd; ☺ Di–So 12–17 Uhr) GRATIS besitzt eine

bunt gemischte, interessante Sammlung amerikanischer, europäischer und asiatischer Kunst.

🛏 Schlafen

Eine gute Auswahl an Kettenmotels aus dem Budget- und Mittelklassesegment säumt die Emmet St/US 20 nördlich der Stadt. Wer einen Reservierungsservice sucht, kann **Guesthouses** (☑ 434-979-7264; www.va-guesthouses.com; Zi. ab 150 US$) testen. Die Agentur vermittelt privat vermietete Zimmer in Cottages und B & Bs. An den Wochenenden muss man normalerweise mindestens zwei Nächte bleiben.

Fairhaven PENSION **$**
(☑ 434-933-2471; www.fairhavencville.com; 413 Fairway Ave; Zi. 65–75 US$; P ❄ 🛜) Das freundliche und einladende Gästehaus ist eine tolle Option, sofern es einen nicht stört, sich das Bad zu teilen (es gibt nur ein Badezimmer für die drei Zimmer). Jedes Zimmer verfügt über Holzböden, komfortable Betten und einen farbenfrohen Anstrich. Die Gäste können die Küche, das Wohnzimmer und den Hinterhof benutzen. Bis zur Fußgängerzone muss man ca. 1,5 km gehen.

English Inn HOTEL **$$**
(☑ 434-971-9900; www.englishinncharlottesville. com; 2000 Morton Dr; Zi. 120–160 US$; P ❄ 🛜 🏊) Britische Gastfreundschaft und Einrichtung sowie eine Tudor-Fassade verleihen dem Hotel einzigartige Akzente. Es liegt rund 2,5 km nördlich der UVA. Unter der Woche ist es günstiger.

South Street Inn B&B **$$**
(☑ 434-979-0200; www.southstreetinn.com; 200 South St; Zi. 150–190 US$, Suite 230–275 US$; P ❄ 🛜) Das elegante, 1856 erbaute Gebäude im Herzen von Charlottesville hat eine wechselvolle Geschichte hinter sich: Zunächst war es ein Mädchenpensionat, dann eine Pension und schließlich ein Bordell. Heute sind die insgesamt zwei Dutzend Zimmer im Stil des 19. Jhs. eingerichtet, was diesem Ort eine persönlichere Note und größere Vielfalt als einem gewöhnlichen B & B verleiht. Inklusive Frühstück.

✗ Essen & Ausgehen

Die Downtown Mall, eine Fußgängerzone mit Dutzenden von Läden und Restaurants, ist toll zum Leute beobachten und eignet sich an warmen Tagen perfekt für ein Abendessen im Freien. Folgt man der

Main St nach Westen, stößt man auf weitere gute Restaurants. Das Belmont-Viertel, rund 800 m südöstlich der Downtown Mall, bietet ein paar Nachbarschaftsrestaurants und Bars. Nachts tummeln sich Studenten und Twens in den Bars an der University Ave.

Feast! AMERIKANISCH $

(416 W Main St; Hauptgerichte 8–10 US$; ⊗ Mo–Fr 10–19, Sa 9–18 Uhr) Der Laden im Main St Market ist eine gute Adresse, um sich für ein Picknick einzudecken. Man erhält Weine, Käse, Obst und andere leckere Dinge, frische Sandwiches (nach Wunsch belegt; 11–15 Uhr), Suppen und Salate.

Citizen Burger AMERIKANISCH $

(212 E Main St; Hauptgerichte 12–15 US$; ⊗ So–Do 12–24, Fr & Sa bis 2 Uhr) Dieses Lokal in der Fußgängerzone serviert in seinem gut besuchten, mit Backstein verkleideten Speisesaal köstliche Burger und Biere aus Mikrobrauereien. Regionale Bio-Produkte sind hier Trumpf (Rindfleisch, Käse und Biere aus Virginia). Die Trüffelfritten sollte man sich nicht entgehen lassen.

Blue Moon Diner AMERIKANISCH $

(www.bluemoondiner.net; 512 W Main St; Hauptgerichte 8–12 US$; ⊗ Mo–Fr 8–22, Sa & So 9–15 Uhr) In dem geselligen Diner im Retrolook gibt's den ganzen Tag Frühstück, außerdem Biere aus Virginia vom Fass und Livemusik (Mi–Fr abends). Die Pancakes sind mit lustigen Porträts dekoriert.

★Oakhart Social MODERN-AMERIKANISCH $$

(☑434-995-5449; 511 W Main St; kleine Gerichte 7–15 US$; ⊗ Di–So 17–2 Uhr) Der stilvolle Neuzugang tischt in einem hübschen und entspannten Ambiente kreative, saisonal inspirierte kleine Gerichte (grillter Oktopus mit Kichererbsen-Püree, süß-knuspriger Schweinebauch-Salat) sowie Holzofenpizza auf. Auf der Vorderveranda kann man schön sitzen und einen erfrischenden „Corpse Reviver #2" und andere gut gemixte Cocktails schlürfen.

Whiskey Jar SÜDSTAATENKÜCHE $$

(☑434-202-1549; 227 West Main St; Hauptgerichte mittags 10–15 US$, abends 12–32 US$; ⊗ Mo–Do 11–24, Fr & Sa bis 2, So 10–14.30 Uhr; ☑) Das Whiskey Jar serviert in einem rustikalen Ambiente mit Holzmobiliar schlichte Gerichte der modernen Südstaatenküche. Das Personal trägt karierte Hemden und die Drinks kommen in Einmachgläsern. Es gibt tolle Grillspeisen und 125 Whiskeysorten.

The Local MODERN-AMERIKANISCH $$

(☑434-984-9749; 824 Hinton Ave; Hauptgerichte 13–25 US$; ⊗ So–Do 17.30–22, Fr & Sa bis 23 Uhr) The Local hat eine große Fangemeinde, die die Gerichte aus regionalen Zutaten (z. B. gebratener Kürbis mit Ziegenkäse oder gebratene Ente mit Blutorangenessig) zu schätzen weiß. Gefallen findet sicher auch das gepflegte, in warmes Licht getauchte Interieur mit unverputzten Ziegelwänden, die mit bunten Ölgemälden geschmückt sind. In den wärmeren Monaten kann man draußen auf dem Bürgersteig oder auf der Dachterrasse speisen und tolle Cocktails schlürfen.

❶ Anreise & Unterwegs vor Ort

Amtrak (www.amtrak.com; 810 W Main St) Zweimal täglich fährt ein Zug nach Washington (ab 33 US$, 3 Std.).

Charlottesville Albemarle Airport (CHO; ☑434-973-8342; www.gocho.com) Von dem Flugplatz 10 Meilen (16 km) nördlich der Innenstadt starten nur Regionalflüge.

Greyhound/Trailways Terminal (☑434-295-5131; 310 W Main St) Von diesem Busbahnhof fahren dreimal täglich Busse nach Richmond (ab 21 US$, 1¼ Std.) und Washington (ab 28 US$, 3 Std.).

Trolley (⊗ Mo–Sa 6.40–23.30, So 8–17 Uhr) Der kostenlose Trolley verbindet die W Main St mit der University of Virginia.

Barboursville & Umgebung
BARBOURSVILLE

Nördlich von Charlottesville führt der Hwy 20 auf einer malerischen Strecke vorbei an sanft gewellten Hügeln, kleinen Wäldchen und malerischen Farmen. Rund eine halbe Stunde (18 Meilen/29 km) hinter Charlottesville erreicht man die winzige Siedlung Barboursville, wo sich eines der ältesten und besten Weingüter in der Region befindet. Die 365 ha großen **Barboursville Vineyards** (☑540-832-3824; www.bbv.wine. com; 17655 Winery Rd; Verkostung 7 US$; ⊗ Probierstube Mo–Sa 10–17, So ab 11 Uhr) haben viel Lob für ihren feinen Cabernet Franc geerntet. Man kann hier einen ganzen Nachmittag verbringen: Wein verkosten (sehr günstig angesichts der vielen Weine, die man kosten kann), auf dem Gelände spazieren gehen, picknicken (ein Laden verkauft von Wein passende Leckereien) oder auch im Restaurant **Palladio** (☑540-832-7848; Barboursville Winery; 2-/4-Gänge-Mittagsmenü 41/55 US$, 4-Gänge-Abendmenü 80 US$; ⊗ Mi–So 12–14.30 & Fr & Sa 18.30–21.30 Uhr) dekadent dinieren.

Auf dem Gelände befinden sich die Ruinen der Villa von James Barbour, einem früheren Gouverneur von Virginia und Freund Thomas Jeffersons, der das Gebäude entwarf. Übernachten kann man in dem zum Weingut gehörenden luxuriösen **1804 Inn** (Barboursville Winery; Zi. 240–450 US$; P ✳ ☎).

MONTPELIER

Thomas Jefferson bekommt in dieser Region zwar die gesamte Aufmerksamkeit ab, aber es lohnt sich, einmal abzuschweifen und James Madisons **Montpelier** (www.montpelier.org; 11350 Constitution Hwy; Erw./Kind 18/7 US$; ⊙ April–Okt. 9–17 Uhr, Nov.–März 10–16 Uhr) zu besuchen. Der spektakuläre Landsitz liegt 25 Meilen (40 km) nordöstlich von Charlottesville abseits des Hwy 20. Madison war ein brillanter, aber scheuer Mann, der sich gern seinen Büchern widmete; er entwickelte und verfasste die Verfassung der Vereinigten Staaten fast im Alleingang. **Führungen** werfen ein Licht auf das Leben und die Zeit dieses US-amerikanischen Gründervaters, seiner talentierten und charismatischen Frau Dolley, aber auch der anderen Bewohner des Landguts; die sorgfältig rekonstruierten Hütten lassen erahnen, wie die Sklaven des vierten US-Präsidenten lebten. In einem archäologischen Labor erläutern vor Ort tätige Archäologen neue Funde. **Wanderwege** führen durch die Wälder jenseits des Landguts; wer genug sportlichen Ehrgeiz hat, kann auch 6,5 km weit bis zum **Market at Grelen** (www.themarketatgrelen.com; 15091 Yager Rd, Somerset; 7 US$; ⊙ Café Di–So 11.30–14 Uhr, Laden Di–Sa 10–16 Uhr) marschieren. Zu dem charmanten Plätzchen für ein Mittagessen gehört auch ein Gartenzentrum, wo man auf einem 243 ha großen, hügeligen Gelände selber Beeren pflücken kann.

Appomattox Court House & Umgebung

Im Haus des Farmers McLean in der Stadt Appomattox Court House besiegelte General Robert E. Lee die Kapitulation seiner Nord-Virginia-Armee vor dem Nordstaaten-General Ulysses S. Grant. Damit war der Bürgerkrieg offiziell beendet. Statt auf direktem Weg anzureisen, kann man auch der Route des **Rückzugs von General Lee** (☎ 800-673-8732; www.varetreat.com) folgen. Sie beginnt in **Petersburg** an der Southside Railroad Station (Ecke River St & Cockade Alley) und endet in Appomattox. Unterwegs windet sie sich durch eine der bezaubernsten Landschaften Virginias, vorbei an 25 Stationen. Da der Weg mitunter schlecht ausgeschildert ist, empfiehlt sich eine ausführliche Straßenkarte.

Die Fahrt endet im 688 ha großen **Appomattox Court House National Historic Park** (☎ 434-352-8987; www.nps.gov/apco; Eintritt Juni–Aug. 4 US$, Sept.–Mai 3 US$; ⊙ 8.30–17 Uhr), der mehr als zwei Dutzend restaurierte Gebäude umfasst. Eine Reihe dieser Gebäude sind mit originalen und nachgebauten Möbeln aus der Zeit um 1865 ausstaffiert und können besichtigt werden. Zu den Highlights zählen das Wohnzimmer des **McLean House**, in dem Lee und Grant zusammentrafen, die **Clover Hill Tavern**, in der Soldaten der Union 30 000 Entlassungspapiere für kriegsgefangene konföderierte Soldaten druckten, und der mit Trockengut angefüllte **Meeks General Store**.

Die klein, aber charmante Ortschaft **Appomattox** (3 Meilen/4,8 km südwestlich des Nationalparks) besitzt eine Hauptstraße voller Antiquitätenläden (eine Goldmine für Besucher, die nach Andenken aus dem Bürgerkrieg suchen). Sandwiches, Quiches und Scones (sowie an mehreren Abenden in der Woche Live-Bluegrass) gibt's im **Baine's Books and Coffee** (www.bainesbooks.com; 205 Main St; Snacks 3–6 US$; ⊙ Mo–Sa 8.30–20, So 9–17 Uhr); übernachten kann man im nahe gelegenen **Longacre** (☎ 800-758-7730; www.longacreva.com; 1670 Church St; Zi. ab 90 US$; P ✳), das wirkt, als wäre es irgendwo in England verloren gegangen und in Virginia gestrandet. Die eleganten Zimmer sind mit Antiquitäten ausstaffiert; ein üppig grünes Gelände umgibt das ausladende Haus im Tudor-Stil.

Shenandoah Valley

Der einheimischen Überlieferung zufolge soll Shenandoah das indianische Wort für „Tochter der Sterne" sein. Ob das nun stimmt oder nicht – das ist wirklich Gottes eigenes Land, einer der schönsten Flecken in den USA. Das 320 km lange Tal und die Blue Ridge Mountains sind übersät mit idyllischen Kleinstädten, malerischen Weingütern, geschützten Schlachtfeldern und Höhlen. Hier verlief einst die Westgrenze des kolonialen Amerikas, wo sich schottisch-irische Pioniere niedergelassen hatten, die durch die flächendeckende Einführung der Schafzucht im schottischen Hochland

NICHT VERSÄUMEN

MONTICELLO & UMGEBUNG

Monticello (☎434-984-9800; www.monticello.org; 931 Thomas Jefferson Pkwy; Erw./Kind 25/8 US$; ⊙März–Okt. 9–16 Uhr, Nov.–Feb. 9–17 Uhr) ist ein architektonisches Meisterwerk, das Thomas Jefferson, Gründervater und dritter Präsident der USA, selbst entworfen und bewohnt hat. „Nirgendwo anders und in keiner anderen Gesellschaft bin ich so glücklich wie hier. Alle meine Wünsche enden da, wo hoffentlich auch mein Leben endet, in Monticello", schrieb Jefferson, der 40 Jahre lang an seinem Traumhaus baute, bevor es 1809 endlich fertiggestellt war. Heute ist es das einzige Wohngebäude in Amerika, das die UNESCO in die Liste des Weltkulturerbes aufgenommen hat. Das im römisch-neo-klassizistischen Stil erbaute Herrenhaus war der Mittelpunkt einer 20 km² großen Plantage, auf der 150 Sklaven arbeiteten. Die heutige Verwaltung von Monticello beschö-nigt weder die Tatsache, dass Jefferson Sklaven hielt, noch den sehr wahrscheinlichen Umstand, dass er der Vater einiger Kinder der Sklavin Sally Hemings war. Die Sklaven-haltung ist ein Teil der schwierigen Vergangenheit eines Mannes, der in der Unabhängig-keitserklärung feststellte, dass „alle Menschen gleich erschaffen wurden". Jefferson und seine Familie liegen in einem kleinen Waldstück in der Nähe des Hauses begraben.

Das Haus kann nur im Rahmen einer Führung besichtigt werden; auf eigene Faust kann man das Gelände der Plantage, die Gärten und den Friedhof durchstreifen. Ein Hightech-Ausstellungsgebäude taucht tiefer in die Welt von Jefferson ein. Es gibt Vitrinen zur Architektur, der Aufklärung durch Bildung und der komplizierten Idee der Freiheit. Vom Visitor Center fahren regelmäßig Shuttles zum Haus auf dem Hügel. Alternativ kann man den Fußweg durch den Wald nehmen.

Es lohnt sich, einen Ausflug zur nahe gelegenen Michie Tavern (☎434-977-1234; www.michietavern.com; 683 Thomas Jefferson Pkwy; Buffet Erw./Kind 18/11 US$; ⊙11.15–15.30 Uhr) von 1784 einzuplanen, wo ein mächtiges Mittagsbuffet nach Südstaatenart auf einen wartet. Eine weitere wundervolle Attraktion ist James Monroes Landgut Ash Lawn-Highland (☎434-293-8000; www.ashlawnhighland.org; 2050 James Monroe Pkwy; Erw./Kind 14/8 US$; ⊙April–Okt. 9–18 Uhr, Nov.–März 11–17 Uhr), das sich 2,5 Meilen (4 km) östlich von Monticello befindet.

Monticello liegt rund 4,5 Meilen (7,2 km) nordwestlich des Stadtzentrums von Charlottesville.

vertrieben worden waren. Wer sich unter freiem Himmel austoben – sprich wandern, campen, angeln, reiten oder Kanu fahren – möchte, findet hierzu Möglichkeiten in Hül-le und Fülle.

Shenandoah National Park

Der Shenandoah National Park (☎540-999-3500; www.nps.gov/shen; Wochenpass 20 US$/Auto), vielleicht einer der spektakulärsten Nationalparks des ganzen Landes, gleicht zu jeder Jahreszeit einem anderen spontanen Lächeln der Natur: Im Frühjahr und Som-mer explodieren die Wildblumen, im Herbst leuchten die Blätter hellrot und orange und im Winter setzt ein kalter, gnadenlos schö-ner Winterschlaf ein. Während Weißwedel-hirsche recht oft zu sehen sind, braucht es etwas mehr Glück, einen Schwarzbären, einen Luchs oder einen wild lebenden Trut-hahn zu erspähen. Der Park liegt nur 75 Mei-len (120 km) westlich von Washington, D.C.

🏃 Aktivitäten

Im Park gibt's zwei Visitor Centers: Dickey Ridge (☎540-635-3566; Skyline Dr, Meile 4,6; ⊙April–Nov. 9–17 Uhr) im Norden und Harry F. Byrd (☎540-999-3283; Skyline Dr, Meile 50; ⊙April–Nov. 9–17 Uhr) im Süden. In beiden erhält man Wanderkarten, Genehmigungen für die Wildnis und Infos zum Reiten, Dra-chenfliegen, Radfahren (nur auf öffentlichen Straßen erlaubt) und weiteren Outdoor-Ak-tivitäten. Das Wanderwegenetz umfasst mehr als 800 km, zu denen auch 162 km des Appalachian Trail gehören.

Old Rag Mountain   WANDERN

Der anstrengende, 13 km lange Rundkurs gipfelt in einer Kletterei über Felsen, man sollte also körperlich durchaus fit sein, um die Tour bewältigen zu können. Der Weg ist dabei Ziel und Belohnung zugleich: Entlang der Strecke zum Old Rag Mountain hinauf gibt's einige der schönsten Ausblicke Virgi-nias zu bestaunen.

WASHINGTON, D.C. & CAPITAL REGION SHENANDOAH VALLEY

Big Meadows
WANDERN

Durch die sehr beliebte Region führen vier einfache bis mittelschwere Wanderwege. Die Wege Lewis Falls und Rose River verlaufen an den spektakulärsten Wasserfällen des Parks vorbei; der erstgenannte hat zudem Anschluss zum Appalachian Trail.

Bearfence Mountain
WANDERN

Der kurze Weg führt zu einem Aussichtspunkt mit sagenhaftem 360-Grad-Rundblick. Der Rundweg ist zwar nur 2 km lang, beinhaltet aber eine anstrengende Kletterei über Felsen.

Riprap Trail
WANDERN

Drei Wege mit unterschiedlichem Schwierigkeitsgrad. Der **Blackrock Trail** ist eine einfache, 1,6 km lange Schleife, die fantastische Ausblicke bietet. Alternativ kann man entweder den gemäßigten 5,5 km langen Riprap Trail zum **Chimney Rock** wandern oder einen Abstecher über den recht anstrengenden 15,8 km langen Rundkurs machen, der Anschluss an den Appalachian Trail hat.

🛏 Schlafen & Essen

Campen kann man auf vier **NPS-Campingplätzen** (☎877-444-6777; www.recreation.gov): **Mathews Arm** (Meile 22,1; Stellplatz 15 US$; ⊙Mai–Okt.), **Big Meadows** (Meile 51,3; Stellplatz 20 US$; ⊙Ende März–Nov.), **Lewis Mountain** (Meile 57,5; Stellplatz 15 US$, keine Reservierung; ⊙Mitte April–Okt.) und **Loft Mountain** (Meile 79,5; Stellplatz 15 US$; ⊙Mitte Mai–Okt.). Wer irgendwo in der Wildnis zelten will, benötigt eine Genehmigung, die kostenlos in den Visitor Centers ausgestellt wird.

Wer es bequemer mag, übernachtet im **Skyland Resort** (☎540-999-2212; Skyline Dr, Meile 41,7; Zi. 115–210 US$; Hütten 97–235 US$; ⊙April–Okt.; P❈🐾🛜❄), der **Big Meadows Lodge** (☎540-999-2221; Skyline Dr, Meile 51,2; Zi. 94–210 US$; ⊙Mitte Mai–Okt.; 🐾) oder den **Lewis Mountain Cabins** (☎540-999-2255; Skyline Dr, Meile 57,6; Hütten 117 US$; ⊙April–Okt.; 🐾P) – online kann man unter www.goshenandoah.com buchen.

Die Resorts Skyland und Big Meadows betreiben Restaurants und Wirtshäuser mit gelegentlicher Livemusik. Die meisten Einrichtungen, darunter eine Tankstelle, eine Wäscherei und ein Campingladen, gibt es bei der Big Meadows Lodge. Wenn man campen oder ausgedehnte Wanderungen im Park unternehmen will, sollte man die Verpflegung jedoch selber mitbringen.

ℹ Anreise & Unterwegs vor Ort

Die Züge von **Amtrak** (www.amtrak.com) fahren von Washington, D.C., einmal täglich nach Staunton im Shenandoah Valley (ab 34 US$, 4 Std.). Um jedoch den Park in seiner ganzen Breite und Länge zu entdecken, benötigt man ein eigenes Fahrzeug. Damit erreicht man ihn mühelos über mehrere Ausfahrten der I-81.

Front Royal & Umgebung

Die nördlichste Spitze des Skyline Dr (s. S. 345) wirkt wie ein triste Route mit Tankstellen, aber es gibt eine recht freundliche Hauptstraße und einige coole Höhlen in der Nähe. Bevor man ins Tal hineinfährt, sollte man am **Visitor Center** (☎800-338-2576; 414 E Main St; ⊙9–17 Uhr) halten. Kinder freuen sich über die Fahrt mit der Mini-Eisenbahn (5 US$) und das Spiegelkabinett (6 US$).

👁 Sehenswertes & Aktivitäten

Skyline Caverns
HÖHLEN

(☎800-296-4545; www.skylinecaverns.com; Anfang des Skyline Dr, Front Royal; Erw./Kind 20/10 US$; ⊙9–17 Uhr) Front Royal verdankt seinen Ruhm den Skyline Caverns mit ihren seltenen weißen, mineralischen Nadelformationen, die an Seeigel erinnern.

Museum of the Shenandoah Valley
MUSEUM

(☎888-556-5799, 540-662-1473; www.themsv.org; 901 Amherst St, Winchester; Erw./Student/Kind 10/8 US$/frei, Mi Eintritt frei; ⊙Di–So 10–16 Uhr) Das im Städtchen Winchester rund 25 Meilen (40 km) nördlich von Front Royal gelegene Museum umfasst ein Haus aus dem 18. Jh. mit zeitgenössischem Mobiliar, einen 2,4 ha großen Park und ein Multimedia-Museum, das sich mit der Geschichte des Tals befasst.

Luray Caverns
HÖHLE

(☎540-743-6551; www.luraycaverns.com; Rte 211, Luray; Erw./Kind 26/14 US$; ⊙Juni–Aug. tgl. 9–19 Uhr, Sept.–Nov. & April–Mai bis 18 Uhr, Dez.–März Mo–Fr bis 16 Uhr) Wenn die Zeit nur für die Besichtigung einer Höhle reicht, sollte man sich für die überwältigenden Luray Caverns 25 Meilen (40 km) südlich von Front Royal entscheiden und der „Stalacpipe"-Orgel lauschen, die als weltgrößtes Musikinstrument beworben wird.

🛏 Schlafen & Essen

Woodward House on Manor Grade B&B $$
(☎540-635-7010, 800-635-7011; www.acountryhome.com; 413 S Royal Ave/US 320, Front Royal;

Zi. 110–155 US$, Cottage 225 US$; P☎) Die Unterkunft bietet sieben freundliche Zimmer und ein separates Cottage (dessen Kamine mit Holz befeuert werden). Während man seinen Kaffee auf der Terrasse trinkt, lenkt man sich am besten mit den Blick auf die Blue Ridge Mountains von der stark befahrenen Straße unterhalb der Anlage ab.

Element
FUSION $$

(☑540-636-9293; www.jsgourmet.com; 206 S Royal Ave, Front Royal; Hauptgerichte mittags 8–14 US$, abends 14–22 US$; ◷Di-Sa 11–15 & 17–22 Uhr; ♪) Das Restaurant wird unter Genießern wegen seiner leckeren Bistro-Gerichte geschätzt. Auf der kleinen Abendkarte stehen wechselnde Spezialitäten wie gebratene Wachteln mit mexikanischem Maissalat und Süßkartoffeln; mittags gibt's Gourmetsandwiches, Suppen und Salate.

Apartment 2G
FUSION $$$

(☑540-636-9293; www.jsgourmet.com; 206 S Royal Ave, Front Royal; 5-Gänge-Menü 50 US$; ◷Sa ab 18.30 Uhr) Das beste Restaurant in Front Royal öffnet nur einmal in der Woche seine Pforten. Es wird von zwei Eheleuten geführt, die beide Köche im gerühmten Inn at Little Washington sind. Die Philosophie ihres Restaurants lautet schlicht: Aus stets frischen Zutaten werden stets wechselnde Fünf-Gänge-Menüs gezaubert.

Staunton & Umgebung

Das hübsche kleine Städtchen hat viel zu bieten: ein historisches, gut zu Fuß erkundbares Stadtzentrum, tolle Restaurants, mehrere Mikrobrauereien, ein paar faszinierende Museen und ein erstklassiges Theater. Da in der Nähe auch noch jede Menge Outdoorspaß winkt, guckt sich der eine oder andere vielleicht vor der Weiterreise auf dem hiesigen Immobilienmarkt um.

◉ Sehenswertes

Im fußgängerfreundlichen, hübschen Zentrum gibt es über 200 Gebäude, die vom bekannten viktorianischen Architekten T. J. Collins entworfen wurden. Dem kleinen, nur weiblichen Studenten vorbehaltenen Mary Baldwin College ist es zu verdanken, dass in der Stadt eine lockere, unkonventionelle Atmosphäre herrscht.

Blackfriars Playhouse
THEATER

(☑540-851-1733; www.americanshakespearecenter.com; 10 S Market St; Karten 24–37 US$) In Staunton sollte man sich unbedingt eine

---

NICHT VERSÄUMEN

SCENIC DRIVE: SKYLINE DRIVE

Die 105 Meilen (169 km) lange Straße, die im Shenandoah National Park entlang des Höhenzugs der Blue Ridge Mountains verläuft, ist eine Panoramastraße im besten Sinn: Ständig bieten sich auf dem **Skyline Drive** überwältigende Ausblicke. Allerdings herrscht auf der kurvenreichen und in der Hauptsaison stark befahrenen Straße ordentlich Betrieb (das Tempolimit beträgt 35 mph bzw. 56 km/h). Am besten startet man die Tour gleich südlich von Front Royal, Virginia, und arbeitet sich dann durch Virginias Weinbaugebiete und Hügelland vor. Nummerierte Meilensteine markieren die Strecke, an der es zahlreiche Parkplätze gibt. Besonders zu empfehlen ist der bei Meile 51,2, wo ein mäßig schwieriger Wanderweg (hin & zurück 5,8 km) zu den **Lewis Spring Falls** führt.

Aufführung im Blackfriars Playhouse anschauen. Die American Shakespeare Center Company tritt hier in dem weltweit einzigen Nachbau des Londoner Indoor-Theaters auf, in dem Shakespeares Stücke auf die Bühne kamen.

Woodrow Wilson Presidential Library
HISTORISCHE STÄTTE

(www.woodrowwilson.org; 20 N Coalter St; Erw./Student/Kind 14/7/5 US$; ◷Mo-Sa 9–17, So ab 12 Uhr) Geschichtsinteressierte sollten sich die Woodrow Wilson Presidential Library nicht entgehen lassen. Das auf einem Hügel thronende klassizistische Haus aus dem Jahr 1856, in dem der 28. US-Präsident Woodrow Wilson aufwuchs, wurde sorgsam in den Originalzustand zurückversetzt.

Frontier Culture Museum
MUSEUM

(☑540-332-7850; www.frontiermuseum.org; 1290 Richmond Rd; Erw./Student/Kind 10/9/6 US$; ◷Mitte März–Nov. 9–17 Uhr, Dez.–Mitte März 10–16 Uhr) Auf dem mehr als 40 ha großen Museumsgelände finden sich authentische historische Gebäude aus Deutschland, Irland und England, Nachbauten westafrikanischer Hütten sowie in einem separaten Bereich Behausungen aus dem amerikanischen Grenzland. Kostümierte Darsteller erläutern – unterstützt von blökenden Schafen – plastisch, wie die so unterschiedlichen Vorfahren der heutigen Einwohner Virginias lebten. Das Museum befindet sich gut 3 km südöstlich vom Stadtzentrum.

🛏 Schlafen

Frederick House
B&B $$

(☎540-885-4220; www.frederickhouse.com; 28 N New St; Zi. 120–185 US$; 🅿❋🛜) Im Herzen der Innenstadt gelegen, besteht das leuchtend violette und überaus gastfreundliche Frederick House aus fünf historischen Domizilen mit insgesamt 25 verschiedenen Zimmern und Suiten, die alle über ein eigenes Bad verfügen; einige Zimmer sind mit Antiquitäten eingerichtet und haben Terrassen.

Anne Hathaway's Cottage
B&B $$

(☎540-885-8885; www.anne-hathaways-cottage.com; 950 W Beverley St; Zi. 130–160 US$; 🅿❋🛜) Man verlässt die Stadt, um zum Anne Hathaway's Cottage zu gelangen, das nach der Ehefrau von Shakespeare (und nicht der Hollywood-Schauspielerin) benannt wurde. Sie hätte sicherlich die Nacht in einem der drei Zimmer dieser idyllischen, im englischen Tudor-Stil erbauten und mit Stroh gedeckten Hütte genossen.

🍴 Essen & Ausgehen

Restaurants und Cafés finden sich in der West Beverley St.

Split Banana
EISCREME $

(7 W Beverley St; Eis 2,60–5,20 US$; ⏱12–23 Uhr; ♿) Die beliebteste Eisdiele der Einheimischen hat Eis in köstlichen Geschmacksrichtungen, das in einem charmant altmodischen Ambiente serviert wird.

Byers Street Bistro
MODERN-AMERIKANISCH $$

(☎540-887-6100; www.byersstreetbistro.com; 18 Byers St; Hauptgerichte mittags 9–14 US$, abends 16–26 US$; ⏱11–24 Uhr) Das Bistro am Bahnhof zaubert hochwertige Kneipenkost wie Pizza mit über Apfelholz geräuchertem Schinken und karamellisierten Zwiebeln, Mahimahi-Tacos, Burger vom Angus-Rind oder langsam gegarte Babyback Ribs. An warmen Tagen schnappt man sich am besten draußen einen Tisch. Am Freitag- und Samstagabend treten Bands (Bluegrass, Blues und Folk) auf.

Zynodoa
SÜDSTAATENKÜCHE $$$

(☎540-885-7775; 115 E Beverley St; Hauptgerichte 22–29 US$; ⏱So–Di 17–21.30, Mi–Sa bis 22.30 Uhr; ♿) 🍷 Das Restaurant mit Klasse liefert feine Gerichte mit erlesenen Zutaten,

darunter traditionell hergestellter Käse aus Virginia, gebratene Hähnchen aus dem Shenandoah Valley oder aus der Region stammende Regenbogenforellen von Casta Line. Hiesige Farmen und Weingüter bestücken also die Vorratskammer des Zynodoa und damit letztlich die Tische der Gäste.

Redbeard Brewery
MIKROBRAUEREI

(www.redbeardbrews.com; 102 S Lewis St; ⏱Do & Fr 16–23, Sa & So 13–23 Uhr) Die Brauerei produziert Bier in kleinen Chargen, z. B. leckere India Pale Ales, Amber Ales und andere saisonale Köstlichkeiten. Am Wochenende parkt draußen oft ein Truck mit Grillspeisen und gelegentlich treten auch Bands auf.

Lexington & Umgebung

Hier gibt sich der Südstaatenadel besonders stattlich, wenn die Kadetten des Virginia Military Institute an den angesehenen Akademikern der Washington & Lee University vorbeitrotten. Im **Visitor Center** (☎540-463-3777; 106 E Washington St; ⏱9–17 Uhr) erhält man praktische Stadtpläne mit Vorschlägen für Stadtspaziergänge.

◉ Sehenswertes & Aktivitäten

Die 1749 gegründete, mit Säulenportalen geschmückte **Washington & Lee University** ist eine der besten kleinen Hochschulen der USA. Im **Lee Chapel & Museum** (☎540-458-8768; http://leechapel.wlu.edu; ⏱Nov.–März Mo–Sa 9–16, So 13–16 Uhr, April–Okt. bis 17 Uhr) liegt der Südstaatengeneral Robert E. Lee begraben, während sein Pferd Traveller vor der Kapelle verscharrt wurde. Eine der vier Konföderiertenbanner um Lees Grabmal steckt in einem originalen Flaggenmast – dabei handelt es sich um einen Ast, den ein Soldat zu einer provisorischen Standarte umgearbeitet hatte.

Virginia Military Institute
UNIVERSITÄT

(VMI; www.vmi.edu; Letcher Ave) Man kann nur beeindruckt oder abgestoßen sein von dem extremen Drill der Kadetten des Virginia Military Institute, der einzigen Universität, die ihren ganzen Abschlussjahrgang in den Krieg schicken muss (die Gedenktafeln für gefallene Kadetten sind anrührend und allgegenwärtig). Im **VMI Museum** (☎540-464-7334; ⏱9–17 Uhr) GRATIS werden Stonewall Jacksons ausgestopftes Pferd und eine amerikanische Flagge gezeigt, die ein ehemaliger Absolvent als Kriegsgefangener in Vietnam

SCENIC DRIVE: VIRGINIAS PFERDELAND

Rund 40 Meilen (64 km) westlich von Washington, D. C., weichen die ausufernden Vororte endlosen grünen Farmen, Weinbergen, idyllischen Dörfern, palastartigen Landsitzen und den Mustangs. Willkommen im „Pferdeland", wo wohlhabende Hauptstädtler ihrer Reitleidenschaft frönen!

Die folgende Route ist die landschaftlich reizvollste Strecke in den Shenandoah National Park. Von D. C. geht's auf der Rte 50 West nach Middleburg, einem durch und durch niedlichen Städtchen mit B & Bs, Gaststätten, Weinläden und Boutiquen. Die National Sporting Library (✆540-687-6542; www.nsl.org; 102 The Plains Rd, Middleburg; Museum Eintritt 10 US$, Bibliothek frei; ⊗Mi–Sa 10–17, So ab 13 Uhr) ist ein Museum und eine Forschungseinrichtung, die sich dem Pferd sowie den diversen Pferdesportarten wie der Fuchsjagd, der Dressur, dem Jagdrennen und dem Polo widmet. Rund 20 Meilen (32 km) nordöstlich von Middleburg liegt Leesburg, ein weiteres Städtchen mit kolonialem Charme und historischen Sehenswürdigkeiten. Einen Halt lohnt der Morven Park (✆703-777-2414; www.morvenpark.org; 17263 Southern Planter Lane, Leesburg; Gelände Eintritt frei, Führung durch das Herrenhaus Erw./Kind 10/5 US$; ⊗Gelände tgl. Sonnenaufgang–Sonnenuntergang, Führungen stündl. Mo, Fr & Sa 12–16, So 13–16 Uhr), ein 400 ha großes, hinreißendes Landgut. Wer noch mehr klassizistische Pracht sehen will, kann sich auch noch die Oatlands Plantation (✆703-777-3174; www.oatlands.org; 20850 Oatlands Plantation Lane, Leesburg; Erw./Kind 12/8 US$, nur Gelände 8 US$; ⊗April–Dez. Mo–Sa 10–17, So 13–17 Uhr) außerhalb der Stadt anschauen.

In der Gegend gibt es viele ansprechende Restaurants. Das Shoes Cup & Cork (✆703-771-7463; www.shoescupandcork.com; 17 N King St, Leesburg; Hauptgerichte mittags 8–16 US$, abends 15–25 US$; ⊗Mo–Mi 7–17, Do & Fr bis 21, Sa & So 9–21 Uhr) in Leesburg serviert kreative amerikanische Gerichte, das Chimole (✆703-777-7011; 10 S King St, Leesburg; Tapas 8–18 US$; ⊗So & Mi 17–21, Do–Sa bis 23 Uhr) Wein und lateinamerikanische Tapas. In Middleburg wartet das Red Fox Inn & Tavern (✆540-687-6301; www.redfox. com; 2 E Washington St, Middlesburg; Hauptgerichte mittags 11–18 US$, abends 26–42 US$; ⊗Mo–Sa 8–10, 11.30–14.30 & 17–20.30, So 10–14.30 & 17–19.30 Uhr) in einem schön restaurierten Speisesaal von 1728 mit erstklassiger amerikanischer Cuisine auf.

6 Meilen (9,7 km) westlich von Middleburg vermietet das Welbourne B & B (✆540-687-3201; www.welbourneinn.com; 22314 Welbourne Farm Lane, Middleburg; Zi. 143 US$; ❈🛜🛁🐾) fünf historisch eingerichtete Zimmer. Untergebracht ist es in einem denkmalgeschützten Haus von ca. 1770, das von einem 210 ha großen Gelände umgeben ist. Das Leesburg Colonial Inn (✆703-777-5000; www.theleesburgcolonialinn.com; 19 S King St; DZ 70–150 US$) zeichnet sich durch eine tolle zentrale Lage und unschlagbare Preise aus.

Folgt man der Straße ein Stück weiter, gelangt man nach Sperryville in den Ausläufern der Blue Ridge Mountains. Antiquitätenfans sollten sich hier unbedingt die vielen Galerien und Läden anschauen. Nach weiteren 9 Meilen (14,5 km) westwärts erreicht der Skyline Drive den Eingang Thornton Gap des Shenandoah National Park.

anfertigte. Überdies wird der Studenten des VMI gedacht, die im Krieg gegen den Terror ums Leben kamen.

Kostenlose Campusführungen (um 12 Uhr) können direkt im Museum vereinbart werden. In der Vorlesungszeit finden an den meisten Freitagen um 16.30 Uhr Paraden in voller Uniform statt. Das zum Institut gehörende George C. Marshall Museum (✆540-463-2083; www.marshallfoundation.org/museum/; Erw./Student 5/2 US$; ⊗Di–Sa 11–16 Uhr) ehrt den Schöpfer des Marshallplans zum Wiederaufbau Europas nach dem Zweiten Weltkrieg.

Stonewall Jackson House   HISTORISCHES GEBÄUDE
(www.stonewalljackson.org; 8 E Washington St; Erw./Kind 8/6 US$; ⊗Mo–Sa 9–17, So ab 13 Uhr) Thomas Jonathan „Stonewall" Jackson, einer der am meisten verehrten Südstaatengeneräle, lebte von 1851 bis 1861 in diesem hübschen zweistöckigen Backsteinhaus, während er am VMI unterrichtete. Das Haus ist bemerkenswert gut erhalten; Führungen geben einen faszinierenden Einblick in Jacksons Leben und seine Zeit. Sein Leichnam wurde (ohne den linken amputierten Arm) auf dem ein paar Blocks entfernten Friedhof beigesetzt.

Natural Bridge & Foamhenge
AREAL

Ja, sie ist eine kitschige Touristenfalle. Und ja, die lautstarken Kreationisten, die darauf bestehen, dass die Hand des Allmächtigen sie erschuf, sind in der Überzahl. Doch die 66 m hohe **Naturbridge** (www.naturalbridgeva. com; Brücke Erw./Kind 20/12 US$, Naturbrücke & Höhlen 28/18 US$; ⊙ 9 Uhr–Sonnenuntergang), 15 Meilen (24 km) von Lexington entfernt, ist schon ziemlich cool. Auch George Washington hat sie einst im Alter von 16 Jahren besucht und sich angeblich mit seinen in den Fels geritzten Initialen verewigt. Einst gehörte die Naturbrücke bzw. das Areal Thomas Jefferson. Man kann auch eine Führung durch die außerordentlich tiefen Höhlen hier machen.

Ein Stück die Straße hinauf gelangt man zu **Foamhenge** (www.thefoamhenge.com; Hwy 11) GRATIS, einem fabelhaften, originalgetreuen Nachbau von Stonehenge. Aus Styropor! Man hat eine schöne Aussicht – und es gibt sogar einen Zauberer vor Ort. Es liegt 1,5 km nördlich der Natural Bridge.

🛏 Schlafen

⭐ The Georges
BOUTIQUEHOTEL $$

(☎ 540-463-2500; thegeorges.com; 11 N Main St; Zi. ab 165 US$; P ✳ 🛜) Das in zwei historischen Gebäuden auf den beiden entgegengesetzten Seiten der Main St untergebrachte Hotel hat wunderbar gestaltete Zimmer, die individuell mit hochwertigen Möbeln eingerichtet sind. Die tolle Lage, der freundliche Service und die Restaurants (mit regionaler Küche) im Haus tragen zu dem Reiz bei.

Applewood Inn & Llama Trekking
INN $$

(☎ 800-463-1902; www.applewoodbb.com; 242 Tarn Beck Lane; Zi. 164–172 US$; P ✳) Das charmante und umweltbewusste Applewood Inn & Llama Trekking bietet Quartiere und eine ganze Menge Outdoor-Aktivitäten (darunter wirklich auch Treks mit Lamas). Beheimatet ist das Ganze auf einer Farm in einem beschaulichen Tal, das nur zehn Fahrtminuten von Lexingtons Innenstadt entfernt ist.

🍴 Essen & Ausgehen

Pure Eats
AMERIKANISCH $

(107 N Main St; Hauptgerichte 7–9 US$; ⊙ Di–Do 8–14.30 & 17–20, Fr–So 8–20 Uhr) In einer ehemaligen Tankstelle tischt das Pure Eats morgens köstliche Donuts und Biscuits mit Ei und Käse und später dann Burger und Milchshakes auf.

Blue Sky Bakery
SANDWICHS $

(125 W Nelson St; Hauptgerichte 7–10 US$; ⊙ Mo–Fr 10.30–16 Uhr) Das bei Einheimischen beliebte Lokal tischt schmackhaft belegte Focaccias, herzhafte Suppen und frische Salate auf.

Red Hen
SÜDSTAATENKÜCHE $$$

(☎ 540-464-4401; 11 E Washington St; Hauptgerichte 24–30 US$; ⊙ Di–Sa 17–21.30 Uhr; 🅿) 🌿 Für ein denkwürdiges Mahl im Red Hen muss man rechtzeitig im Voraus reservieren. Für die kreativen Gerichte kommen nur beste Zutaten aus der Region zum Einsatz.

Haywood's
COCKTAILBAR

(11 N Main St; ⊙ Mi–So 17–22 Uhr) Die kleine gemütliche Pianobar verspricht kitschige Stimmung, besonders wenn neben dem Klavierspieler noch ein Sänger sein Können zum Besten gibt.

⭐ Unterhaltung

Hull's Drive-in
KINO

(☎ 540-463-2621; www.hullsdrivein.com; 2367 N Lee Hwy/US 11; Erw./Kind 7/3 US$; ⊙ Mai–Okt. Fr–So 19 Uhr) Ein altmodischer Spaß ist eine Filmvorführung in diesem Autokino, das sich 5,5 Meilen (8,8 km) nördlich von Lexington befindet.

Blue Ridge Highlands & Südwest-Virginia

Die Südwestspitze Virginias ist der raueste Teil des US-Staats. Biegt man auf den Blue Ridge Pkwy oder eine andere Nebenstraße, versinkt man sofort in dunklen Streifen aus Hartriegelgewächsen und Tannen, die lediglich von wilden Strömen und weißen Wasserfällen durchbrochen werden. In den Kleinstädten wehen Konföderiertenflaggen, hinter dem stolzen Banner der Unabhängigkeit lauert aber auch eine stolze Gastfreundschaft.

Blue Ridge Parkway

Wo der Skyline Dr endet, beginnt der **Blue Ridge Parkway** (www.blueridgeparkway.org). Die nicht minder reizvolle Straße reicht vom südlichen Rücken der Appalachen im Shenandoah National Park bei Meile 0 bis zu North Carolinas Great Smoky Mountains National Park (bei Meile 469 = 755 km). Während im Frühling die Wildblumen blühen, bietet im Herbst das Laub der Bäume ein gleichermaßen spektakuläres Farbenmeer. Doch Achtung an nebligen Tagen: Die fehlenden Straßenbegrenzungen machen das Fahren etwas haarig! Es gibt ein paar Dutzend Visitor Centers am Pkwy; jedes davon ist ein guter Startpunkt für die Reise.

◉ Sehenswertes & Aktivitäten

Die Palette der Sehenswürdigkeiten am Parkway ist breit gefächert.

Mabry Mill HISTORISCHE STÄTTE
(Meile 176) Eines der am meisten fotografierten Bauwerke des Staates. Die Mühle kuschelt sich in ein so schönes, grünes Tal, dass man meint, man wäre in den ersten Teil von *Der Herr der Ringe* geraten.

Humpback Rocks WANDERN
(Meile 5,8) Man macht eine Tour durch die Farmgebäude aus dem 19. Jh. oder nimmt den steilen Pfad zu den Humpback Rocks, von denen sich ein spektakulärer 360-Grad-Rundumblick bietet.

Sherando Lake Recreation Area SCHWIMMEN
(☑540-291-2188; bei Meile 16) Im George Washington National Forest findet man zwei hübsche Seen (einen zum Baden und einen zum Angeln) mit Wanderwegen und Campingplätzen. Die Rte 664 W führt hierher.

Peaks of Otter WANDERN
(Meile 86) Pfade führen zu den Gipfeln der Umgebung: Sharp Top, Flat Top und Harkening Hill. Zum Sharp Top fahren auch Shuttles hinauf; die recht anspruchsvolle Wanderung ist hin und zurück 5,6 km lang.

🛏 Schlafen

In der Region gibt's neun **Campingplätze** (☑877-444-6777; www.recreation.gov; Stellplatz 19 US$; ⊙Mai–Okt.), von denen vier in Virginia liegen. Die Plätze sind in der Regel von April bis November geöffnet.

★ Peaks of Otter LODGE **$$**
(☑540-586-1081; www.peaksofotter.com; 85554 Blue Ridge Pkwy, Meile 86; Zi. 97–145 US$; ❋🛜🐕) Die hübsche, von einem Lattenzaun umgebene Lodge liegt an einem kleinen See zwischen zwei der namensgebenden Berge. Es gibt ein Restaurant und WLAN, aber kein öffentliches Telefon und auch keinen Handy-Empfang.

Roanoke & Umgebung

Roanoke, das von einem riesigen Stern auf dem Gipfel des Mill Mountain beleuchtet

wird, ist die größte Stadt im Tal und die selbsternannte „Hauptstadt des Blue Ridge".

In Downtown (nahe dem Market und der Campbell St) finden sich gute Restaurants und Bars, weitere ansprechende Optionen gibt es 5 km weiter westlich an der Grandin Rd.

◉ Sehenswertes & Aktivitäten

Mill Mountain Park PARK
Im Mill Mountain Park gibt's Wanderwege, ein Discovery Center, einen Zoo und einen tollen Blick auf Roanoke. Man kann den Berg hinauffahren (über die Walnut Ave SE) oder wandern (über den Monument Trail gleich abseits der Sylvan Ave SE oder den Star Trail nahe der Riverland Rd SE)

Taubman Museum of Art MUSEUM
(www.taubmanmuseum.org; 110 Salem Ave SE; ⊙Di–Sa 10–17, Do & 1. Fr im Monat bis 21 Uhr; P) GRATIS Das eindrucksvolle Taubman Museum of Art residiert in einem skulpturalen Gebäude aus Stahl und Glas, das stark an das Guggenheim-Museum in Bilbao erinnert. Drinnen findet sich eine wundervolle Sammlung von Kunstwerken aus 3500 Jahren; besonders stark ist die amerikanische Kunst des 19. und 20. Jhs. vertreten.

National D-Day Memorial DENKMAL
(☑540-587-3619; www.dday.org; US 460 & Hwy 122; Erw./Kind 10/6 US$; ⊙10–17 Uhr) Rund 30 Meilen (48 km) östlich von Roanoke liegt die Kleinstadt Bedford, die im Zweiten Weltkrieg den prozentual höchsten Anteil an Gefallenen zu beklagen hatte. Sie wurde deshalb als Standort des bewegenden National D-Day Memorial auserkoren. Unter dem hohen Bogen sind in einem Blumengarten Bronzefiguren von Soldaten aufgestellt, die den Strand stürmen, unbeeindruckt von den Wasserfontänen, die für den Kugelhagel stehen, dem die Soldaten ausgesetzt waren.

🛏 Schlafen & Essen

Rose Hill B&B **$$**
(☑540-400-7785; www.bandbrosehill.com; 521 Washington Ave; Zi. 100–125 US$) Das Rose Hill ist ein charmantes und einladendes B & B mit drei Zimmern im historischen Viertel von Roanoke.

Texas Tavern DINER **$**
(114 Church Ave SW; Burger 1,30–2,45 US$; ⊙24 Std.) Saftige Burger gibt's in der legendären Texas Tavern, einem Lokal von der Größe eines Güterwagens.

Local Roots
MODERN-AMERIKANISCH $$

(☑540-206-2610; www.localrootsrestaurant.com; 1314 Grandin Rd; Hauptgerichte mittags 11–13 US$, abends 21–33 US$; ☺Di–So 11.30–14 & 17–22 Uhr) Das Local Roots tischt Wels mit Fritten, Forellenbarsch, Bisonsteaks und andere leckere Gerichte auf.

Lucky's
MODERN-AMERIKANISCH $$

(☑540-982-1249; www.eatatlucky.com; 18 Kirk Ave SW; Hauptgerichte 17–25 US$; ☺Mo–Mi 17–21, Do–Sa bis 22 Uhr) Das Lucky's hat exzellente Cocktails (z. B. „The Cube"), saisonal inspirierte kleine Gerichte (mit Hickory geräucherte Porchetta, gebratene Austern) und herzhaftere Hauptgerichte (Buttermilk fried Chicken, Gnocchi mit Morcheln und Spargel).

Mt. Rogers National Recreation Area

Diese Gegend von erhabener Schönheit ist für Outdoor-Freaks fast schon ein Muss. Unter uralten Laubbäumen und mit Blick auf den höchsten Gipfel Virginias kann man wandern, angeln oder langlaufen. Bei der **Parkverwaltung** (☑276-783-5196, 800-628-7202; www.fs.usda.gov/gwj; 3714 Hwy 16, Marion) sind Karten und Verzeichnisse der Freizeitangebote erhältlich. Der NPS betreibt in dieser Gegend fünf Campingplätze; weitere Infos gibt's ebenfalls bei der Parkverwaltung.

Abingdon

Abington ist eine der fotogensten Städte von Virginia. In seinem historischen Viertel haben sich schöne Beispiele der Federal-Style- und der viktorianischen Architektur erhalten. Außerdem beherbergt sie in der ersten Augusthälfte das Bluegrass **Virginia Highlands Festival**. Das **Visitor Center** (☑800-435-3440; www.visitabingdonvirginia.com; 335 Cummings St; ☺9–17 Uhr) hat Ausstellungen zur Geschichte der Gegend.

👁 Sehenswertes & Aktivitäten

Barter Theatre
THEATER

(☑276-628-3991; www.bartertheatre.com; 133 W Main St; Karten ab 25 US$) Das während der Weltwirtschaftskrise gegründete Barter Theatre (*barter* = Tauschhandel) verdankt seinen Namen der Tatsache, dass Zuschauer ihren Eintritt seinerzeit in Naturalien bezahlten. Die Schauspieler Gregory Peck und Ernest Borgnine haben hier erste Bühnenerfahrungen gesammelt.

Heartwood
KUNSTZENTRUM

(☑276-492-2400; www.myswva.org/heartwood; One Heartwood Circle; ☺Mo–Mi & Fr–Sa 9–17, Do bis 21, So 10–15 Uhr) Das Heartwood ist ein Schaufenster für regionales Kunsthandwerk, Kulinarisches (Sandwichs, Salate, Weine aus Virginia) und traditionelle Musik. Am Donnerstagabend locken Bluegrass-Bands und ein Barbecue ein geselliges einheimisches Publikum an. Das Zentrum liegt rund 5 km östlich des Orts (abseits des Hwy 11).

Virginia Creeper Trail
WEG

(www.vacreepertrail.org) Benannt nach der Eisenbahn, die diese Strecke einst befuhr, führt der 53 km lange Virginia Creeper Trail von der Whitetop Station (nahe der Grenze zu North Carolina) ins Zentrum von Abingdon. Mehrere Veranstalter verleihen Fahrräder, organisieren Ausflüge und betreiben Shuttles, so auch der **Virginia Creeper Trail Bike Shop** (☑276-676-2552; www.vacreepertrailbikeshop.com; 201 Pecan St; pro 2 Std./Tag 10/20 US$; ☺So–Fr 9–18, Sa ab 8 Uhr), zu finden nahe des Startpunkts des Wegs.

🛏 Schlafen

Alpine Motel
MOTEL $

(☑276-628-3178; www.alpinemotelabingdon.com; 882 E Main St; EZ/DZ ab 59/69 US$; 🅿✳🌐) Das Alpine Motel ist eine schlichte Unterkunft mit gutem Preis-Leistungs-Verhältnis. Die Zimmer sind mit Teppichen und alten TVs ausgestattet; gegenüber zwitschern die Vögel. Das Motel befindet sich rund 2 Meilen (3,2 km) westlich vom Stadtzentrum.

Martha Washington Inn
HOTEL $$$

(☑276-628-3161; www.marthawashingtoninn.com; 150 W Main St; Zi. ab 225 US$; 🅿✳@🌐✖) Das beste historische Hotel der Gegend mit viel Schmiedeeisen und viktorianischer Eleganz liegt gegenüber dem Barter Theater .

🍴 Essen & Ausgehen

128 Pecan
MODERN-AMERIKANISCH $$

(☑276-698-3159; 128 Pecan St; Hauptgerichte 9–22 US$; ☺Di–Sa 11–21 Uhr; 🌐) Das bei Einheimischen beliebte Lokal nahe dem Virginia Creeper Trail serviert ausgezeichnete Sandwiches, Tacos und herzhafte Fleisch- und Meeresfrüchtegerichte, die man auf der Vorderveranda genießt.

The Tavern
MODERN-AMERIKANISCH $$$

(☑276-628-1118; 222 E Main St; Hauptgerichte 28–42 US$; ☺Mo–Sa 17–21 Uhr) Im ältesten Gebäude der Stadt (von 1779) werden in einem gemütlichen Ambiente mit gepflasterten Böden und niedrigen Decken schmackhafte Crab Cakes, französische Zwiebelsuppe und Austern aufgetischt.

Wolf Hills Brewery MIKROBRAUEREI
(350 Park St; ☺ Mo–Fr 17–20, Sa ab 13 Uhr, So 13–17 Uhr) Gute Biere aus Mikrobrauereien und gelegentlich Livemusik.

The Crooked Road

Als schottisch-irische Fideln und der Reel (Volkstanz) auf afroamerikanische Banjo- und Percussionklänge trafen, wurde die amerikanische Musik der Berge geboren, die sogenannte Old-Time-Music, darunter Country und Bluegrass. Letzteres dominiert immer noch die Blue Ridge Mountains und den Virgina's Heritage Music Trail, die 250 Meilen (402 km) lange **Crooked Road** (www.myswva.org/tcr). Sie führt an neun Stätten vorbei, die mit dieser Geschichte verbunden sind; obendrein gibt's noch ein tolles Bergpanorama, so weit das Auge reicht. Es lohnt sich auf alle Fälle, diesen Umweg zu machen und sich zu den musikliebenden Fans aller Altersklassen zu gesellen, die bei den festlichen Jamborees mit ihren Schuhen stampfen (viele kommen eigens mit Stepschuhen hierher). Während einer Liveshow kann man die Lebensfreude rüstiger Senioren sehen, die noch intakte Verbindungen zu ihren kulturellen Wurzeln besitzen, und erlebt zugleich die Generation von Musikern, die das Erbe am Leben erhalten.

FLOYD

Das winzige, postkartenreife Floyd ist nicht mehr als eine Kreuzung zwischen dem Hwy 8 und dem Hwy 221. Doch freitagabends erwacht der **Floyd Country Store** (☎ 540-745-4563; www.floydcountrystore.com; 206 S Locust St; ☺ Di–Do 11–17, Fr bis 23, Sa bis 17, So 12–17 Uhr) zum Leben. Start ist jeden Freitag um 18.30 Uhr. Für 5 US$ bekommt man vier Bluegrass-Bands in vier Stunden und die Chance geboten, den überglücklichen Zuschauern dabei zuzusehen, wie sie ihr nationales Erbe pflegen. Keine Zigaretten, kein Alkohol, aber viel Tanz (im Jig-and-Tap-Stil) und gute Stimmung. An den Wochenenden gibt's in der Umgebung jede Menge Livemusik.

🛏 Schlafen

Oak Haven Lodge INN $
(☎ 540-745-5716; www.oakhavenlodge.com; 323 Webb's Mill Rd, Route 8; Zi. 75–90 US$; 🅿✳🛜)

Nur 1,5 km nördlich von Floyd hat diese Unterkunft mit gutem Preis-Leistungs-Verhältnis geräumige Zimmer (einige mit Whirlpool), die sich zu einem Gemeinschaftsbalkon voller Schaukelstühle öffnen.

Hotel Floyd HOTEL $$
(☎ 540-745-6080; www.hotelfloyd.com; 120 Wilson St; Zi. 119–169 US$; 🅿✳🛜🦽) 🏖 Das aus umweltfreundlichen Materialien erbaute Hotel Floyd ist ein Modell an Nachhaltigkeit. Werke örtlicher Kunsthandwerker schmücken die attraktiven Zimmer.

🍴 Essen & Ausgehen

Harvest Moon MARKT $
(227 N Locust St; ☺ Mo–Sa 9–18.30, So 12–18 Uhr) Ein prima Ort, um sich mit Proviant für ein Picknick einzudecken.

Oddfella's FUSION $$
(☎ 540-745-3463; 110 N Locust St; Hauptgerichte mittags 8–10 US$, abends 13–26 US$; ☺ Di–Sa 11–14.30, Do–Sa 16–22, So 10–15 Uhr; 🅿🍴) 🏖 Ausgepumpt? Dann kann man in diesem gemütlichen Lokal bei Tex-Mex-Gerichten (und Tapas) sowie leckeren Bieren aus Mikrobrauereien wieder auftanken.

Dogtown Roadhouse PIZZERIA $$
(302 S Locust St; Hauptgerichte 10–18 US$; ☺ Do 17–22, Fr bis 24, Sa 12–24, So 12–22 Uhr) Das muntere Dogtown Roadhouse hat die besten Holzofenpizzas der Umgebung; das ausgeschenkte Bier stammt aus Mikrobrauereien. Freitag- und samstagabends wird live gerockt.

GALAX

Galax erhebt den Anspruch, Welthauptstadt der Old-Time-Music zu sein, wirkt aber außerhalb des Zentrums – das im nationalen Denkmalregister steht – wie eine x-beliebige Kleinstadt. Die Hauptattraktion ist das **Rex Theater** (☎ 276-236-0329; www.rextheatergalax.com; 113 E Grayson St), eine muffig mit roten Vorhängen prunkende altmodische Bühne. Häufig stehen hier Bluegrass-Musiker auf der Bühne, vor allem aber lockt freitagabends die Liveshow von WBRF 98,1 (Eintritt 5 US$) Zuschauer in Massen aus den Bergen.

Tom Barr vom **Barr's Fiddle Shop** (☎ 276-236-2411; www.barrsfiddleshop.com; 105 S Main St; ☺ Mo–Sa 9–17 Uhr) ist der Stradivari der Berge, ein Meister des Instrumentenbaus, der von Fiedel- und Mandolinenliebhabern aus aller Welt aufgesucht wird.

WASHINGTON, D.C. & CAPITAL REGION BLUE RIDGE HIGHLANDS & SÜDWEST-VIRGINIA

ABSTECHER

CARTER FAMILY FOLD

In einem winzigen Weiler im Südwesten Virginias, der früher Maces Spring hieß und heute ein Teil von Hiltons ist, befindet sich eine der verehrten Geburtsstätten der Old-Time Music. Der **Carter Family Fold** (☎ 276-386-6054; www.carterfamily-fold.org; 3449 AP Carter Hwy, Hiltons; Erw./Kind 10/1 US$; ⏱ Sa 19.30 Uhr) führt die musikalische Tradition fort, die 1927 von der talentierten Carter Family begründet wurde. Jeden Samstagabend treten in der 900 Zuhörer fassenden Arena erstklassige Bluegrass- und Gospel-Bands auf. Außerdem kann man ein Museum mit Familienandenken und die originale Blockhütte aus der Mitte des 19. Jhs. besichtigen, in der A. P. Carter geboren wurde. Da es in der Nähe keine Unterkunft gibt, übernachtet man am besten in Abingdon (30 Meilen/48 km östlich), Kingsport, Tennessee (12 Meilen/19 km südwestlich) oder Bristol, Tennessee (25 Meilen/40 km südöstlich).

Die **Old Fiddler's Convention** (www.old-fiddlersconvention.com), die in Galax an fünf Tagen im August steigt, ist eines der besten Old-Time-Music-Festivals in der Welt.

Der **Doctor's Inn** (☎ 276-238-9998; www.thedoctorsinnvirginia.com; 406 W Stuart Dr; Zi. 140–150 US$; 🅿❄🛜) ist eine einladende Unterkunft mit ausgezeichnetem Frühstück und Räumen voller Antiquitäten.

Im **Creek Bottom Brews** (☎ 276-236-2337; 307 Meadow St; Hauptgerichte 7–16 US$; ⏱ Di–Sa 11–21, So 13–18 Uhr) gibt's saisonal wechselnde Biere aus Mikrobrauereien, die prima zu der Pizza aus dem Ziegelofen und den selbst geräucherten Chicken Wings passen.

WEST VIRGINIA

Das wilde, wunderbare West Virginia wird von amerikanischen und ausländischen Reisenden gleichermaßen oft übersehen. Das liegt wohl daran, dass der Staat anscheinend nicht in der Lage ist, all die negativen Klischees, die mit ihm verbunden sind, zu widerlegen. Das ist jammerschade, muss sich doch West Virginia sicher nicht verstecken. Die ursprünglichen, grün bewaldeten Berge mit rauschenden Wildwasserläufen und schneereichen Wintersportorten sind ein wahres Paradies für Outdoor-Aktivisten.

Die Menschen hier halten sich immer noch für die ärmlichen Nachfahren der einstigen Minenarbeiter – und diese Einstellung ist gar nicht so weit von der Realität entfernt. Aber der Mountain State wird gerade luxussaniert. In diesem Fall ist das eine gute Sache. Im Tal blüht die Kunst und einige Städte bieten eine willkommene Abwechslung von den stetig zunehmenden Unternehmungen in der freien Natur.

Geschichte

Virginia war früher der größte Bundesstaat der USA und erstreckte sich von den Plantagen der Küstenregion bis zu den Bergen, die jetzt West Virginia bilden. Diese waren besiedelt von beinharten Farmern, die ihre unabhängigen Besitzrechte über die Appalachen ausdehnten. Ihren östlichen Schwestern und Brüdern gegenüber waren sie immer ein wenig skeptisch eingestellt – vor allem zu deren Ausbeutung von billiger (d. h. Sklaven-)Arbeitskraft. Und so erklärte das Bergvolk von West Virginia seine Unabhängigkeit, als Virginia versuchte, sich während des Bürgerkriegs von den USA abzuspalten.

Die konfrontationslustige „Unabhängig um jeden Preis"-Einstellung wurde im späten 19. und frühen 20. Jh. auf die Probe gestellt, als die Minenarbeiter Gewerkschaften gründeten und ihre Arbeitgeber in einer der blutigsten Auseinandersetzungen der amerikanischen Arbeiterbewegung bekämpften. Der seltsame Mix aus einer Allergie gegen alle Autoritäten und besorgtem nachbarschaftlichen Gemeinschaftssinn prägt auch noch das heutige West Virginia.

ℹ Praktische Informationen

Die **West Virginia Division of Tourism** (☎ 800-225-5982; www.wvtourism.com) betreibt Touristeninformationen an den Staatsgrenzen und in **Harpers Ferry** (☎ 866-435-5698; www.wveasterngateway.com; 37 Washington Ct). Auf der Website findet man Infos zu den unzähligen Outdoor-Aktivitäten im Bundesstaat.

Eastern Panhandle

Der zugänglichste Teil des Bundesstaates war immer und wird immer der bergige Rückzugsort für die Leute aus D.C. sein.

Harpers Ferry

Das hübsche Dorf mit seinen steilen kopfsteingepflasterten Straßen wird von den

Shenandoah Mountains und dem Zusammenfluss der rauschenden Flüsse Potomac und Shenandoah eingerahmt. Hier wird Geschichte lebendig: Der untere Teil der Stadt ist ein Freiluftmuseum mit über einem Dutzend Gebäuden, die man durchwandern kann, um eine Vorstellung vom Leben in einer Kleinstadt des 19. Jhs. zu bekommen. In Ausstellungen wird die Rolle der Stadt als Vorposten zur Expansion gen Westen, in der amerikanischen Industrialisierung und, am berühmtesten, in der Geschichte der Antisklavereibewegung erzählt. 1859 versuchte der alte John Brown, hier einen Sklavenaufstand anzuzetteln und wurde für seine Bemühungen gehängt. Der Vorfall vertiefte die Spannungen zwischen Norden und Süden bis hin zu den Schlachten des Bürgerkriegs.

Im **Harpers Ferry National Historic Park Visitor Center** (☐ 304-535-6029; www.nps.gov/hafe; 171 Shoreline Dr; pro Pers./Fahrzeug 5/10 US$; ⏲ 9–17 Uhr; ♿) 🅿 am Hwy 340 bekommt man einen Pass, mit dem man die historischen Gebäude besuchen kann. Hier kann man auch parken und einen kostenlosen Shuttlebus nehmen. Direkt in Harpers Ferry gestaltet sich die Parkplatzsuche extrem schwierig.

◉ Sehenswertes

Man kann kostenlos mehr als ein Dutzend zum **Harpers Ferry National Historic Park** gehörende Gebäude von innen besichtigen. Am besten beginnt man die Erkundung im Informationszentrum an der Shenandoah St nahe dem Flussufer. Dort kann man sich einen Lageplan holen und dann zu den Gebäuden in der Nähe marschieren. Diese gewähren einmalige Einblicke ins Leben in der Vergangenheit.

Black Voices   MUSEUM
(High St; ⏲ 9–17 Uhr) GRATIS Das lohnende interaktive Museum erzählt Geschichten vom Leiden und von hart erfochtenen Siegen der Afroamerikaner aus der Zeit von der Sklaverei bis zur Bürgerrechtsbewegung. Auf der anderen Straßenseite gibt die Ausstellung im ehemaligen Storer College einen Überblick über die Pionierarbeit dieser schwarzen Bildungsstätte und über die Niagara-Bewegung, die in ihrem Umkreis entstand.

John Brown Museum   MUSEUM
(Shenandoah St; ⏲ 9–17 Uhr) GRATIS Gegenüber dem Arsenal Sq gibt diese Galerie in drei Räumen einen guten Überblick über die Ereignisse rund um den legendären Angriff des Sklavereigegners John Brown auf das

---

KURZINFOS WEST VIRGINIA

Spitzname Mountain State

Bevölkerung 1,85 Mio.

Fläche 62 791 km²

Hauptstadt Charleston (52 000 Ew.)

Weitere Städte Huntington (49 000 Ew.), Parkersburg (31 500 Ew.), Morgantown (29 500 Ew.), Wheeling (28 500 Ew.)

Verkaufssteuer 6 %

Geburtsort von Mary Lou Retton (geb. 1968), Olympiasiegerin im Turnen 1984, Schriftsteller Pearl S. Buck (1892–1973), Flugpionier Chuck Yeager (geb. 1923), Schauspieler Don Knotts (1924–2006)

Heimat von The National Radio Astronomy Observatory, großen Teilen der amerikanischen Kohle-Industrie

Politische Ausrichtung republikanisch

Berühmt für Berge, John Denver's *Take Me Home, Country Roads*, die Hatfield–McCoy-Fehde

Staatsslogan *Wild and Wonderful* (Wild und wunderbar)

Entfernungen Harpers Ferry–Fayetteville 280 Meilen (451 km), Fayetteville–Morgantown 148 Meilen (238 km)

Waffendepot in Harpers Ferry. Gezeigt werden u. a. Videos und historische Dokumente.

Master Armorer's House   HISTORISCHE STÄTTE
(☐ 304-535-6029; www.nps.gov/hafe; Shenandoah St; ⏲ 9–17 Uhr) GRATIS Das Haus von 1858 ist eine der kostenlos zugänglichen Stätten im historischen Viertel. Es wird erläutert, wie die Neuerungen im Gewehrbau, die hier entwickelt wurden, die Waffenindustrie revolutionierten.

Storer College Campus   HISTORISCHE STÄTTE
(www.nps.gov/hafe; Fillmore St) Das unmittelbar nach dem Amerikanischen Bürgerkrieg gegründete Storer College entwickelte sich von einer Einraumschule für befreite Sklaven zu einem angesehenen College, das Schülern aller Ethnien und Glaubensbekenntnisse offenstand. Das College wurde 1955 geschlossen. Man kann kostenlos über den historischen Campus spazieren. Man erreicht ihn über den Pfad zur Oberstadt vorbei an der St. Peter's Church, Jefferson Rock und dem Harper Cemetery.

John Brown Wax Museum   MUSEUM
(304-535-6342; www.johnbrownwaxmuseum.com; 168 High St; Erw./Kind 7/5 US$; April, Mai & Sept.–Nov. 9–16.30 Uhr, Juni–Aug. 10–17.30 Uhr, März & Dez. nur Sa & So 9–16.30 Uhr, Jan.–Feb. geschl.) Die private Einrichtung darf nicht mit dem vom National Park betriebenen Museum verwechselt werden und ist eine kitschige (und reichlich übertreuerte) Attraktion um den Mann, der mit seiner schlecht vorbereiteten Revolte hier einen Sklavenaufstand entfachen wollte. Die Exponate sind lächerlich altbacken – statt historischer Genauigkeit gibt's zerkratzte Tonaufnahmen, Automaten mit ruckhaften Bewegungen und verstaubte alte Dioramen.

Aktivitäten

In der Gegend gibt es tolle Wandermöglichkeiten – von gemütlichen dreistündigen Spaziergängen bis hin zum Maryland Heights Trail, auf dem man einen herrlichen Ausblick genießt. Der Loudoun Heights Trail führt zu Befestigungsanlagen aus dem Bürgerkrieg vorbei und auch der Appalachian Trail streift die Gegend. Und zu guter Letzt bietet sich der Treidelpfad am C&O Canal für Wanderungen und Radtouren an.

Appalachian Trail Conservancy   WANDERN
(304-535-6331; www.appalachiantrail.org; Ecke Washington St & Jackson St; 9–17 Uhr) Der 3476 km lange Appalachian Trail hat hier sein Hauptbüro, das eine hervorragende Infoquelle für Wanderer ist.

River Riders   ABENTEUERSPORT
(800-326-7238; www.riverriders.com; 408 Alstadts Hill Rd) Die richtige Adresse für Rafting, Kanufahren, Tubing, Kajakfahren und mehrtägige Radtouren. Das Unternehmen verleiht auch Fahrräder und hat 2014 eine neue, 360 m lange Seilrutsche eröffnet.

O Be Joyfull   STADTSPAZIERGANG
(732-801-0381; www.obejoyfull.com; 175 High St; Tages-/Nachttour 22/14 US$) Veranstaltet tagsüber erhellende historische Spaziergänge (3–4 Std.) rund um Harpers Ferry sowie abends eine 90-minütige Gruseltour.

Schlafen

Teahorse Hostel   HOSTEL $
(304-535-6848; www.teahorsehostel.com; 1312 Washington St; B/Suite 33/150 US$; P※@⊛) Das Hostel ist bei Radlern, die auf dem C&O-Canal-Treidelpfad unterwegs sind, genauso beliebt wie bei Wanderern, die den Appalachian Trail entlangmarschieren. Die einladende Unterkunft mit gemütlichen Zimmern und Gemeinschaftsbereichen (inkl. Außenterrasse) liegt 1,5 km bergauf oberhalb der historischen Unterstadt von Harpers Ferry.

HI-Harpers Ferry Hostel   HOSTEL $
(301-834-7652; www.hiusa.org; 19123 Sandy Hook Rd, Knoxville, MD; B/DZ 25/61 US$; Mai–Mitte Nov.; P※@⊛) Das sympathische Hostel liegt gut 3 km von der Innenstadt entfernt auf der Maryland-Seite des Potomac River und hat jede Menge Annehmlichkeiten zu bieten, so etwa eine Küche, eine Wäscherei und einen Aufenthaltsbereich mit Spielen und Büchern.

Jackson Rose   B&B $$
(304-535-1528; www.thejacksonrose.com; 1167 W Washington St; Zi. Mo–Fr/Sa & So 135/150 US$; ※⊛) Elegante Gärten umgeben die herrliche Backstein-Residenz aus dem 18. Jh. In einem der drei hübschen Gästezimmer hat Stonewall Jackson während des Bürgerkriegs für kurze Zeit gewohnt. Alte Möbel und Kuriositäten sind über das Haus verteilt. Das Frühstück ist ausgezeichnet. Zum historischen Viertel sind es 600 m den Berg hinunter. Kinder unter zwölf Jahren sind nicht erwünscht.

Town's Inn   INN $$
(304-932-0677; www.thetownsinn.com; 179 High St; Zi. 120–140 US$; ※) Das Town's erstreckt sich über zwei benachbarte Residenzen aus der Zeit vor dem Bürgerkrieg und hat verschiedene Zimmer, von klein und minimalistisch bis zu zauberhaft und historisch eingerichtet. Es liegt mitten im alten Kern von Harpers Ferry und hat ein Restaurant mit Tischen drinnen und draußen.

Essen

Potomac Grille   AMERIKANISCH $
(186 High St; Hauptgerichte 10–16 US$; 12–21 Uhr) Das Lokal im historischen Viertel serviert gute Kneipenkost (Fish & Chips, Crab Cakes, riesige Burger) und regionale Biere in altmodischer Schenkenatmosphäre. Von der Außenterrasse hat man einen schönen Blick über den Bahnhof auf die Maryland Heights.

Beans in the Belfry   AMERIKANISCH $
(301-834-7178; 122 W Potomac St, Brunswick, Maryland; Sandwiches rund 7 US$; Mo–Sa 9–21, So 8–19 Uhr; ⊛) Die umgebaute Kirche aus rotem Backstein befindet sich rund 10

Meilen (16 km) östlich in Maryland, auf der anderen Seite des Brunswick River. Drinnen gibt's bunt zusammengewürfelte Sofas, mit Kitsch überladene Wände, kleine Gerichte (Chili, Sandwiches, Quiche) und eine winzige Bühne, auf der mehrmals in der Woche abends Folk-, Blues- und Bluegrass-Bands aufspielen. Der sonntägliche Jazz-Brunch (18 US$) ist ein Hit.

Canal House   AMERIKANISCH $$
(1226 Washington St; Hauptgerichte 11–24 US$; ⊘ Mo 12–20, Fr & Sa bis 21, So bis 18 Uhr; 🚻) Das Restaurant, das 1,5 km westlich (und bergauf) vom historischen Viertel liegt, residiert in einem blumengeschmückten Steinhaus und ist seit Urzeiten wegen seiner leckeren Sandwiches, der saisonalen Gerichte mit regionalen Zutaten und der freundlichen Bewirtung beliebt. Es gibt auch Plätze im Freien. Bier und Wein kann man selber mitbringen.

❶ Anreise & Unterwegs vor Ort
Züge der **Amtrak** (www.amtrak.com; einfache Strecke 13–16 US$) fahren zur Union Station in Washington, D. C. (tgl. 1-mal, 71 Min.). Züge von **MARC** (http://mta.maryland.gov; einfache Strecke 11 US$) verkehren werktags dreimal täglich (Mo–Fr).

Berkeley Springs

Amerikas ältester Kurort – schon George Washington erholte sich hier – ist ein seltsamer Mix aus Spiritualismus, künstlerischer Freiheit und übersteigertem Wohlfühlbewusstsein. In den Straßen von Bath (wie das Städtchen offiziell immer noch heißt) begegnen sich mit ein wenig Befremden Farmer, an deren Pickups die Flagge der Konföderierten flattert, und Akupunkteure in ihren Batik-Arbeitskitteln.

◎ Sehenswertes & Aktivitäten
Die **Roman Baths** (☎ 304-258-2711; www.ber keleyspringssp.com; 2 S Washington St; Bad 30 Min. 22 US$, Massage 1 Std. 85–95 US$; ⊘ Mo–Fr 9–16.30, Sa 10–15 Uhr) im Berkeley Springs State Park präsentieren sich wenig einladend als schummrig beleuchtete, geflieste Einzelkabinen, sind aber das billigste Bad vor Ort; es können auch Massagen gebucht werden. (An dem Brunnen vor der Tür kann man seine Wasserflasche mit dem magischen Trunk füllen.) Im Sommer vergnügen sich die Kinder in dem von einer Quelle gespeisten (und mit Chlor versetzten) Wasser des **Freibads**

(Erw./Kind 3/2 US$; ⊘ 10–18 Uhr) inmitten der Grünfläche.

✕ Schlafen & Essen

Cacapon State Park   HÜTTEN $
(☎ 304-258-1022; 818 Cacapon Lodge Dr; Lodge/ Hütten ab 89/91 US$) Im Cacapon State Park gibt's schlichte Unterkünfte in einer Lodge und moderne, rustikale Hütten (einige mit Kamin) in friedlicher Waldlage 9 Meilen (14,5 km) südlich von Berkeley Springs (abseits der US 522). Im Park kann man wandern, im See schwimmen, reiten und Golf spielen.

Country Inn of Berkeley Springs   HOTEL $$
(☎ 304-258-1200; www.thecountryinnwv.com; 110 S Washington St; DZ ab 120 US$; 🅿 ❄ 🐾) Das Country Inn gleich neben dem Park hat Pauschalangebote mit Unterkunft und luxuriösen Anwendungen. Vor Ort gibt's auch ein gutes Restaurant.

Tari's   FUSION $$
(☎ 304-258-1196; 33 N Washington St; Hauptgerichte mittags 9–12 US$, abends 19–29 US$; ⊘ 11–21 Uhr; 🐾) 🌿 Das Tari's ist ein für Berkeley Springs typisches Restaurant mit Gerichten aus frischen regionalen Lebensmitteln und guten vegetarischen Angeboten. Die Atmosphäre ist so entspannt, dass am guten Karma nicht zu zweifeln ist. Die karibisch gewürzten Mahimahi-Tacos sind köstlich und genau das Richtige für den mittäglichen Hunger.

Monongahela National Forest

Fast die gesamte östliche Hälfte von West Virginia erscheint auf der Landkarte als grüne Parklandschaft – dieser ganze Reichtum wird vom überwältigenden Monongahela National Forest geschützt. Auf einer Fläche von mehr als 3600 km² gibt es reißende Flüsse, Höhlen und den höchsten Gipfel des Bundesstaats, den **Spruce Knob**. Zu dem rund 1370 km langen Netz an Wanderwegen gehören auch der 200 km lange, bei Wanderern beliebte **Allegheny Trail** sowie der besonders von Radfahrern geschätzte 121 km lange **Greenbrier River Trail**.

Elkins, an der westlichen Grenze des Parks gelegen, ist ein guter Ausgangspunkt. Die **National Forest Service Headquarters** (☎ 304-636-1800; www.fs.usda.gov/mnf/; 200 Sycamore St; Stellplatz Zelt 5–37 US$, einfacher Stellplatz kostenlos) verteilen Freizeitführer zum Wandern, Radfahren und Campen. Nach dem Wandern kann man im **Vintage** (☑ 304-636-0808; 25 Randolph Ave, Elkins; Hauptgerichte 12–29 US$; ⊙ 11–22 Uhr) eine Steinofenpizza, eine Forelle mit Mandelkruste und Wein genießen.

Am südlichen Ende des Waldes findet man im **Cranberry Mountain Nature Center** (☑ 304-653-4826; Ecke Hwy 150 & Hwy 39/55; ⊙ Mitte April–Okt. Do–Mo 9–16.30 Uhr) GRATIS wissenschaftlich fundierte Informationen über den Wald und das umliegende 3 km² große Sumpf-Ökosystem, das größte seiner Art in West Virginia.

Die surreal wirkende Landschaft der **Seneca Rocks** erstreckt sich 35 Meilen (56 km) südlich von Elkins und zieht Kletterer an, die die 274 m hohen Sandsteinwände besteigen. Der **Seneca Shadows Campground** (☑ 877-444-6777; www.recreation.gov; Stellplatz Zelt 15–40 US$; ⊙ April–Okt.) liegt 1,5 km weiter östlich.

Südliches West Virginia

Dieser Teil von West Virginia hat sich zum nicht zu unterschätzenden Abenteuerspielplatz an der Ostküste gemausert.

New River Gorge National River

Der New River ist genau genommen einer der ältesten Flüsse der Welt. Seine urzeitliche, bewaldete Schlucht gehört zu den atemberaubendsten Flussläufen in den Appalachen. Der NPS schützt einen Abschnitt des New River, der auf einer Strecke von 80 km 228 Höhenmeter hinunterrauscht; am nördlichen Ende gibt's dicht aneinandergedrängte Stromschnellen bis Klasse V.

Das **Canyon Rim Visitor Center** (☑ 304-574-2115; www.nps.gov/neri; 162 Visitor Center Rd Lansing, WV, GPS 38,07003 N, 81,07583 W; ⊙ 9–17 Uhr; ☑) ☑, unmittelbar nördlich der imposanten Brücke über die Schlucht, ist nur eines von fünf Visitor Centers des NPS am Fluss. Hier gibt's Infos zu Panoramafahrten (z. B. die denkwürdige Tour zu der verlassenen Bergwerkssiedlung **Nuttallburg**), zu Anbietern von Wassersportausrüstung, zum Klettern in den Schluchten, zum Wandern, Mountainbiken und zu Raftings auf dem **Gauley River** im Norden. Wege am Rand oder in der Tiefe der Schlucht bieten grandiose Ausblicke. Es gibt mehrere einfache und kostenlose Campingplätze.

Wer einen schwindelerregenden Spaziergang über der Schlucht wagen will, bucht bei **Bridgewalk** (☑ 304-574-1300; www.bridgewalk.com; 69 US$/Pers.; ⊙ 10–15 Uhr) – die Tour bringt einen auf den Laufsteg unter der New River Gorge Bridge.

Von der **Lodge** (☑ 304-658-5212; www.hawksnestsp.com; 49 Hawks Nest Park Rd; Zi. 91–98 US$, Suite 111–134 US$; ☒ ☎) am oberen Rand der Schlucht im **Hawks Nest State Park** genießt man eine tolle Aussicht. Im Park gibt's kurze Wanderwege und eine Seilbahn (Mai–Okt.) hinunter zum Fluss, wo man eine Jetboat-Fahrt buchen kann.

Im **Babcock State Park** (☑ 304-438-3004; www.babcocksp.com; 486 Babcock Rd; Hütten 76–121 US$, Stellplatz 21–24 US$) kann man wandern, Kanu fahren, reiten, campen und in Hütten übernachten. Das Highlight im Park ist die wirklich malerische **Glade Creek Grist Mill**.

Der angesehene Veranstalter **Adventures on the Gorge** (☑ 855-379-8738; www.adventuresonthegorge.com; 219 Chestnutburg Rd, Lansing; Hütte ab 150 US$) bietet eine große Palette an Aktivitäten, darunter Wildwasser-Raftings (94–144 US$/Pers.), Abseilen, Seilrutschen und mehr. Die Anlage umfasst Stellplätze, eine Reihe von Hütten und mehrere beliebte Restaurants.

Fayetteville & Umgebung

Das winzige Fayetteville ist das Sprungbrett für diejenigen, die den Nervenkitzel auf dem New River suchen, und zugleich ein künstlerisch angehauchtes Bergstädtchen. Am dritten Samstag im Oktober stürzen sich beim

---

ABSTECHER

MYSTERIEN AM STRASSENRAND

Im **Mystery Hole** (☑ 304-658-9101; www.mysteryhole.com; 16724 Midland Trail, Ansted; Erw./Kind 7/6 US$; ⊙ 10.30–18 Uhr), einer der großen Straßenrand-Attraktionen der USA, wird man Zeuge davon, wie den Gravitationsgesetzen und den Grenzen des guten Geschmacks ein Schnippchen geschlagen wird. Alles in diesem Irrenhaus ist irgendwie schräg! Es liegt 1,5 km westlich vom Hawks Nest State Park. Um zu erfahren, ob es geöffnet ist, sollte man vorher anrufen.

großen **Bridge Day Festival** Hunderte von Fallschirmspringern von der 267 m hohen New River Gorge Bridge in die Tiefe.

Unter den vielen staatlich lizenzierten Rafting-Anbietern in der Gegend sticht **Cantrell Ultimate Rafting** (☑ 304-877-8235; www.cantrellultimaterafting.com; 49 Cantrell Dr; halb-/ganztägige Raftingtour ab 89/109 US$) mit seinen Wildwassertouren hervor. **Hard Rock** (☑ 304-574-0735; www.hardrockclimbing.com; 131 South Court St; halber/ganzer Tag ab 80/150 US$) veranstaltet Touren und Trainingskurse für Felskletterer. Auf den abgestuften Schleifen der **Arrowhead Trails** kann man prima mountainbiken, Fahrräder verleiht **New River Bikes** (☑ 304-574-2453; www.newriverbikes.com; 221 N Court St; Leihfahrrad 35 US$/Tag, Touren 59–110 US$; ⊙ Mo–Sa 10–18 Uhr).

Die **Beckley Exhibition Coal Mine** (☑ 304-256-1747; www.beckley.org/exhibition_coal_mine; Erw./Kind 20/12 US$; ⊙ April–Okt. 10–18 Uhr)

im benachbarten Beckley dient als regionales Bergwerksmuseum. Besucher können 450 m in eine ehemalige Kohlenzeche einfahren. Da unten ist es kalt – Jacke nicht vergessen!

Das **River Rock Retreat Hostel** (☑ 304-574-0394; www.riverrockretreatandhostel.com; Lansing-Edmond Rd; B 26 US$; P ❋) befindet sich knapp 1,5 km nördlich der New River Gorge Bridge. Es hat einfache, saubere Zimmer und großzügige Gemeinschaftsbereiche. Besitzerin Joy Marr hat viele Infos zur Region auf Lager.

Man startet gut in den Tag mit Frühstück und Kaffee unter den Buntglasfenstern des **Cathedral Café** (☑ 304-574-0202; 134 S Court St; Hauptgerichte 6–10 US$; ⊙ So–Do 7.30–16, Fr & Sa bis 21 Uhr; 🖥 🖉) 🍴. Im **Secret Sandwich Society** (103 Keller Ave; Hauptgerichte 9–12 US$; ⊙ Mi–Mo 11–22 Uhr) erhält man köstliche Burger, herzhafte Salate und eine wechselnde Auswahl regionaler Bierspezialitäten.

Die Küche im Osten und Süden der USA

Wem läuft bei diesen Fotos nicht das Wasser im Munde zusammen? Essen ist in dieser Region eine ernste Sache und die streng geheim gehaltenen Rezepte für Barbecue-Sauce, Brathähnchen, Apple Pie usw. muss man selbst entdecken – und man wird ihnen erliegen!

1. New Yorker Hot-Dog
Das knoblauchhaltige Grillwürstchen aus Rindfleisch mit knackiger Kruste wird mit Senf, Sauerkraut und Zwiebeln serviert.

2. Chicagos Pfannenpizza
Die dicke Kruste ragt 7 cm über den Teller hinaus und trieft vor geschmolzenem Käse und dicker Tomatensauce.

3. Gumbo
Die würzige Suppe/Eintopf strotzt vor Austern, Krabben und Garnelen (oder geräuchertem Fleisch, wenn man im Inland ist).

4. Pie
Der Süden bevorzugt den Kuchen mit Pecannüssen, Florida mag ihn mit Limetten, der Mittlere Westen backt ihn mit Sugar Cream und der Nordosten liebt Obst zwischen den Krusten.

5. Barbecue auf Südstaatenart
Die Variationen sind überwältigend, aber man sollte vor allem mit langsam gegartem, über Holz geräuchertem Schweinefleisch mit süßen oder essighaltigen Saucen rechnen.

6. Käse aus Wisconsin
Die Auswahl reicht weit über Cheddar hinaus, es gibt höhlengereiften Gouda, mit Kakao bestäubten Ziegenmilchkäse und stinkenden Limburger.

7. Meeresfrüchte
In dieser Region wird eine verdammt gute Chowder (sämige, sahnige Fischsuppe) gezaubert – mit Austern, Muscheln und mächtigen Hummern aus Maine.

8. Bourbon aus Kentucky
Der sanfte Whiskey erhält seinen einzigartigen Geschmack vom Mais und der Fassreifung. Man trinkt ihn pur oder mit Wasser.

9. Bier aus Kleinbrauereien
Für Bierliebhaber herrschen hier traumhafte Zustände: In der ganzen Region findet man Brauereien, die kleine Mengen produzieren und köstlichen Gerstensaft ausschenken.

10. Maisbrot
Maismehl mit Buttermilch mischen, in einer gusseisernen Pfanne backen und dann das Brot des Südens – am besten dick mit Butter bestrichen – genießen.

11. Brathähnchen aus dem Süden
Jeder Chefkoch hat sein eigenes Rezept für den Teigmantel, aber immer ist der Vogel außen knusprig und innen saftig.

12. Cajun-Gerichte
Die rustikalen Speisen des Bayou-Staats verbinden einheimische Gewürze wie Sassafras und Chilischoten mit der französischen Landküche. Unbedingt Jambalaya probieren!

Der Süden

Inhalt ➡

North Carolina	361
South Carolina	384
Tennessee	398
Memphis	398
Nashville	408
Kentucky	424
Georgia	434
Atlanta	434
Alabama	457
Mississippi	462
Arkansas	471
Louisiana	480
New Orleans	481

Gut essen

➡ The Optimist (S. 441)
➡ Decca (S. 428)
➡ Cúrate (S. 382)
➡ Boucherie (S. 494)
➡ Octopus Bar (S. 442)

Schön übernachten

➡ Crash Pad (S. 421)
➡ La Belle Esplanade (S. 491)
➡ 21c Museum Hotel (S. 427)
➡ Lodge on Little St Simons (S. 456)
➡ Capital Hotel (S. 473)

Auf in den Süden!

Hinter seiner freundlichen Fassade hat der Süden einen resoluten Charakter. Er ist eine einmalige Mischung aus Zugewandtheit und Sturheit. Dieser Gegensatz macht die Region zu einem Rätsel für Außenstehende, aber auch zu einem reizvollen Ziel – dazu tragen der melodische Dialekt, die komplizierte politische Vergangenheit und die üppige Küche des Südens bei. Der Süden hat großes politisches und kulturelles Erbe, ist aber auch von Entbehrungen geprägt. Idole wie Martin Luther King Jr., Rosa Parks und Bill Clinton sowie Romanciers wie William Faulkner, Eudora Welty und Flannery O'Connor stammen aus dem Süden – ebenso wie Barbecue, Maisgrütze, Bourbon und Coca-Cola, Bluegrass und Blues.

Die Städte hier gehören zu den faszinierendsten des Landes. Da sind glanzvolle Zentren aus der Prä-Bürgerkriegs-Ära wie New Orleans und Savannah sowie moderne Wirtschaftsmetropolen wie Atlanta und Nashville. Ebenso verlockend ist die Natur, von goldenen Stränden bis zu bewaldeten Gebirgen. Was all das zusammenhält? Die Gastfreundlichkeit.

Reisezeit
New Orleans

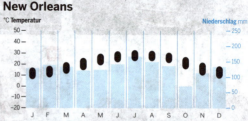

Nov.–Feb. Der Winter ist im Allgemeinen mild, und Weihnachten wird mit viel Inbrunst gefeiert.

April–Juni Im grünen, warmen Frühling blühen duftender Jasmin, Gardenien und Tuberosen.

Juli–Sept. Im Sommer ist es oft sehr schwül, und die Einheimischen stürmen die Strände.

NORTH CAROLINA

Das rasch wachsende North Carolina, in dem der konservative „Old South" und der liberale „New South" um die politische Vorherrschaft ringen, ist die Heimat von Hipstern, Schweinezüchtern, Hi-Tech-Wunderkindern und einer wachsenden Zahl von Bierbrauern. Von den alten Bergen im Westen bis zu den vorgelagerten Düneninseln des Atlantiks existieren in diesem Bundesstaat die verschiedenen Kulturen und Gemeinden jedoch Seite an Seite.

Die Landwirtschaft ist mit 52 200 Farmen ein bedeutender wirtschaftlicher Faktor im Bundesstaat. North Carolina ist landesweit der führende Produzent von Tabak und der zweitgrößte von Schweinefleisch. Aber auch neue Technologien bilden eine wichtige Triebfeder: Allein im Research Triangle Park sind mehr als 190 Unternehmen ansässig. Weitere wichtige Wirtschaftszweige sind u. a. der Finanzsektor, die Nanotechnologie und Weihnachtsbäume. Kleinbrauereien tragen fast 800 Mio. US$ zum Einkommen bei.

Obwohl die meisten Einwohner North Carolinas in den städtischen Geschäftszentren der in der Mitte des Bundesstaats gelegenen Piedmont-Region leben, halten sich die meisten Traveller an die malerischen Küstenstraßen und die Routen durch die Appalachen.

Man sollte also ruhig herkommen, sich einen Teller Gegrilltes schnappen und zuschauen, wenn auf dem Basketballfeld die Duke Blue Devils gegen die Carolina Tar Heels antreten. College-Basketball ist hier fast so etwas wie eine Religion.

Geschichte

Schon seit über 10 000 Jahren leben amerikanische Ureinwohner in North Carolina. Zu den größten Stämmen zählten die Cherokee in den Bergen, die Catawba im Piedmont und die Waccamaw in der Küstenebene.

Der Bundesstaat – benannt nach dem englischen König Karl I. (lat. Carolus) – war das zweite Gebiet, das die Briten kolonisierten, und die erste Kolonie, die für die Unabhängigkeit von der britischen Krone stimmte. Mehrere wichtige Schlachten des Unabhängigkeitskriegs wurden hier ausgefochten.

Bis weit ins 19. Jh. hinein blieb North Carolina ein verschlafenes, von der Landwirtschaft geprägtes Provinznest, was ihm den Spitznamen „Rip Van Winkle State" eintrug (nach dem Held aus Irvings Erzählung *Rip Van Winkle*). In der Sklavereifrage gespalten – die meisten Einwohner waren schlichtweg zu arm, um sich Sklaven zu halten –, schloss es sich im Bürgerkrieg als letzter Bundesstaat der Sezession an, stellte dann jedoch mehr Soldaten für die konföderierte Armee als jeder andere.

In der Mitte des 20. Jhs. war North Carolina ein Zentrum der Bürgerrechtsbewegung. So fanden in Greensboro von den Medien stark beachtete Sit-ins statt, und in Raleigh wurde das einflussreiche Student Nonviolent Coordinating Committee (SNCC) gegründet. In der zweiten Hälfte des 20. Jhs. siedelten sich in Charlotte die Finanzindustrie und in der Region Raleigh-Durham Technologie- und Pharmaunternehmen an. Das führte zu einem hohen Bevölkerungszuwachs und zu deutlich mehr kultureller Vielfalt.

❶ Praktische Informationen

North Carolina Division of Tourism (☏ 919-733-8372; www.visitnc.com; 301 N Wilmington St, Raleigh; ☺ Mo–Fr 8–17 Uhr) Hat gute Karten und Infomaterial, u. a. auch den jährlich erscheinenden Official Travel Guide.

North Carolina State Parks (www.ncparks. gov) Hier bekommen Traveller Informationen zu den 38 State Parks und Erholungsgebieten in North Carolina, in denen teilweise auch Zeltplätze vorhanden sind (kostenlos–20 US$/ Nacht).

Küste North Carolinas

Die Küste North Carolinas erstreckt sich über fast 500 km. Sie ist erstaunlich wenig erschlossen; oft sieht man den Strand schon von der Küstenstraße aus. O. k., südlich von Corolla bis Kitty Hawk hat man mitunter das Gefühl, die Cottage-Fluten würden niemals abebben, der Großteil der Küste des Bundesstaats ist bisher jedoch von grellen, kommerzialisierten Urlaubsorten verschont geblieben. Stattdessen findet man hier schroffe, windgepeitschte Düneninseln, koloniale, einst von Piraten heimgesuchte Dörfer und entspannte Strandorte, in denen die Eisdielen noch den Einheimischen gehören und die Motels noch Familienbetriebe sind. Selbst die touristischsten Strände versprühen eine sympathische Kleinstadtatmosphäre.

Für echte Abgeschiedenheit fährt man zu den abgelegenen Outer Banks (OBX), wo die Fischer noch immer vom Garnelenfang

KANSAS

MISSOURI

ILLINOIS

INDIANA

Central Standard Time

Eastern Standard Time

Jefferson City ⊙

St Louis ●

INDIANA

50

70

70

44

57

55

65

71

64

Louisville ●

Fort Knox

Frankf

Harrodsb

Owensboro ●

Elizabethtown ●

Hodgenvi

41

Mammoth C
National Par

Paducah ●

W Kentucky Pkwy

Hopkinsville ●

Murray ●

68

**Bowling
Green**

Hickman ●

45E

Clarksville ●

65

Cookeville ●

Eureka
Springs ●

Bull Shoals-
White River
State Park

62

Dyersburg ●

Nashville ❸

40

Ponca ●

Yellville ●

23

❼ **Ozark
Mountains**

Mountain View ●

Jonesboro ●

79

Jackson ●

Franklin ●

TENNESSEE

Alma ●

ARKANSAS

63

51

24

Van
Buren

Ozark ●

Clarksville ●

67

Shiloh National
Military Park

Natchez Trace Pkwy

Shelbyville ●

Conway ●

Atkins ●

De Valls
Bluff

55

64

Chattanooga ●

Ouachita
National
Forest

71

7

Petit Jean
State
Park

40

Memphis ●

72

Hot Springs
National
Park

**Little
Rock** ●

Tunica ●

Holly Springs ●

Muscle
Shoals

Decatur ●

Huntsville ●

270

59

**Hot
Springs** ●

Helena ●

78

Tupelo ●

US Space
& Rocket
Center

59

27

30

Pine
Bluff ●

Clarksdale ●

78

Gadsden ●

71

Hope ●

79

Shelby ●

Tutwiler ●

Birmingham ❻

Anniston ●

Texarkana ●

Cleveland ●

Greenwood ●

82

20

Oak Mountain
State Park

Greenville ●

Indianola ●

45

82

Leland ●

Belzoni ●

Tuscaloosa ●

ALABAMA

Warr
Spring

20

80

Ruston ●

Epps ●

Vicksburg ●

Canton ●

Philadelphia ●

165

Shreveport ●

Monroe ●

20

LOUISIANA

Jackson ●

49

Opelika ●

Natchitoches ●

Port Gibson ●

59

43

Selma ●

Lumpkin ●

Montgomery ●

Tuskegee ●

Kisatchie
National
Forest

84

MISSISSIPPI

Pla

171

Cloutierville ●

84

Alexandria ●

Natchez ●

55

65

231

Oberlin ●

61

98

Dothan ●

165

St. Francisville ●

TEXAS

Opelousas ●

10

**Baton
Rouge** ●

Slidell ●

Long
Beach

Ocean
Springs ●

Mobile ●

10

14

Lafayette ●

Lake Pontchartrain

Biloxi ●

Point Clear ●

Lake
Charles ●

Avery
Island ●

New Iberia ●

10

❶ **New Orleans**

Dauphin
Island

Gulf Shores ●

S

Lake Fausse
Pointe
State Park

90

Houma ●

Jean Lafitte
National
Historic Park &
Preserve

Golf von Mexiko

Highlights

❶ Sich kostümiert beim Mardi
Gras in **New Orleans** (S. 481)
ins Getümmel stürzen

❷ Im herrlichen **Great Smoky
Mountains National Park**
(S. 382) wandern und campen

❸ In den Spelunken am Lower
Broadway in **Nashville** (S. 408)
ein Tänzchen wagen

❹ Auf dem windumtosten Hwy
12 die **Outer Banks** (S. 364)
von North Carolina abfahren und

mit der Fähre zur Ocracoke Island
übersetzen

❺ In **Charleston** (S. 385) die
Anwesen aus der Zeit vor dem
Bürgerkrieg und die Lowcoun-
try-Küche erkunden

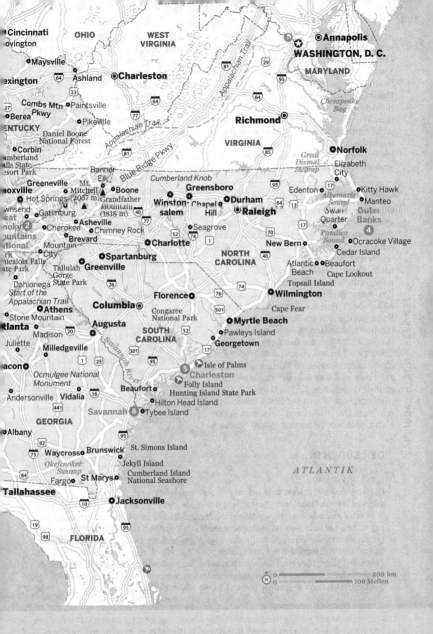

❻ Sich im **Birmingham Civil Rights Institute** (S. 458) über die Geschichte der Rassentrennung und über die Geschehnisse rund um die Bürgerrechtsbewegung informieren

❼ In Arkansas die **Ozark Mountains** (S. 476) und die Liebe zur Folk Music entdecken

❽ Sich in Georgia im historischen, architektonisch gut erhaltenen und wie ein lebendig gewordener Liebesroman wirkenden **Savannah** (S. 450) von Spuk- und Mördergeschichten und der für den Süden typischen Gastfreundlichkeit in den Bann ziehen lassen

leben und die älteren Leute einen archaischen, britisch gefärbten Dialekt sprechen. Die Straße, die parallel zum Hwy 158 von Kitty Hawk nach Nags Head verläuft, ist im Sommer meist hoffnungslos überlastet, die Strände selbst wirken aber trotzdem noch nicht überfüllt. Das weiter im Süden gelegene Wilmington ist ein Zentrum für Film- und Fernsehproduktionen, und an den umliegenden Stränden tummeln sich Traveller sowie – während des Spring Break – massenweise Studenten.

Outer Banks

Die filigrane Kette aus Düneninseln erstreckt sich auf einer Länge von 160 km vor der Küste und ist vom Festland durch verschiedene Meerengen und Wasserstraßen abgetrennt. Die Düneninseln – von Norden nach Süden: Bodie (sprich „Body", Roanoke, Hatteras und Ocracoke – sind eigentlich lange Sandbänke, die durch Brücken und Fähren miteinander verbunden sind. Rund um die weit im Norden gelegenen ruhigen, schicken Gemeinden Corolla (sprich „kar-*oll*-ah", nicht wie das Auto), Duck und Southern Shores gingen früher die Reichen aus den Staaten im Nordosten der USA auf Entenjagd. Die beinahe zusammenhängenden Ortschaften Kitty Hawk, Kill Devil Hills und Nags Head auf Bodie Island sind sehr stark erschlossen und viel touristischer: Man findet hier Imbissbuden, die Bratfisch

verkaufen, Bars unter freiem Himmel, Motels und Dutzende Läden für Badelatschen, Sonnencreme und dergleichen. Roanoke Island, westlich von Bodie Island, hat eine reiche koloniale Geschichte und das idyllische Uferörtchen Manteo zu bieten. Weiter südlich liegt Hatteras Island, ein nationales Küstenschutzgebiet von wilder, windumtoster Schönheit mit ein paar winzigen Dörfern. Am schwanzförmigen Ende der Banks (OBX) streifen auf der nur per Fähre erreichbaren Ocracoke Island Ponys frei umher, während wettergegerbte alte Fischer Austern knacken und Hängematten weben.

Die Fahrt über den kurvenreichen Hwy 12, der den größten Teil der Outer Banks verbindet, ist einer der großartigsten Trips, die man auf amerikanischen Straßen erleben kann – egal ob im unglaublich trostlosen Winter oder im sonnigen Sommer.

⊙ Sehenswertes

Corolla, die nördlichste Ortschaft am Hwy 158, ist wegen ihrer Wildpferde bekannt. Abkömmlinge der Mustangs aus der spanischen Kolonialzeit streifen auch heute noch durch die Dünen im Norden, und zahlreiche Tourveranstalter bieten Ausflüge zum Aufspüren dieser Pferde an. An der von Dörfern unterbrochenen Cape Hatteras National Seashore finden sich einige bemerkenswerte Leuchttürme.

DER SÜDEN IN…

…einer Woche

Nach der Ankunft in **New Orleans** vertritt man sich bei einem Spaziergang durch das legendäre **French Quarter** erst einmal die Beine und verbringt die verbleibende Zeit dann in einem Zydeco-Schuppen, wo man in die Jazzgeschichte eintaucht und die Nacht zum Tag macht. Auf dem Weg ins entspannte Delta lohnt sich ein Halt in **Clarksdale**, wo ein temperamentvoller Blues-Abend in den Juke Joints ansteht, bevor man, in **Memphis** angekommen, in **Graceland** auf den Spuren des King of Rock'n'Roll wandelt. Von hier aus geht's den Music Hwy hinunter nach **Nashville**, wo im **Country Music Hall of Fame & Museum** Elvis' goldener Cadillac ausgestellt ist. In den Country-Kneipen (Honky Tonks) des **District** kann man dann an seinen Fähigkeiten im Line Dance arbeiten.

…zwei bis drei Wochen

Von Nashville aus geht es gen Osten zu einer Wanderung inmitten der zerklüfteten Gipfel und Wasserfälle des **Great Smoky Mountains National Park**, bevor man eine erholsame Nacht im künstlerisch angehauchten Gebirgsstädtchen **Asheville** verbringt und das unverschämt protzige **Biltmore Estate**, das größte Privathaus der USA, besichtigt. Danach führt die Reise weiter an die Küste, wo die sandigen Düneninseln der abgelegenen **Outer Banks** zum Entspannen einladen. Etwas weiter die Küste hinunter liegt **Charleston**, das mit kulinarischen Köstlichkeiten und traumhaft schöner Architektur einen gelungenen Abschlu 6684 ss bildet.

Die folgenden Sehenswürdigkeiten sind von Nord nach Süd aufgeführt.

Currituck Heritage Park HISTORISCHE GEBÄUDE (1160 Village Lane, Corolla; ☉ Sonnenaufgang–Sonnenuntergang) Der sonnenblumengelbe **Whalehead Club** (📞 252-453-9040; www.visit currituck.com; Erw./Kind 6–12 Jahre 5/3 US$; ☉ Führungen Mo–Sa 10–16 Uhr, saisonale Abweichungen möglich) wurde in den 1920er-Jahren als „bescheidene" Jagdhütte im Jugendstil für einen Industriellen aus Philadelphia erbaut und ist das Glanzstück dieses gepflegten Parks in Corolla. Wer will, kann das aus rotem Backstein erbaute **Currituck Beach Lighthouse** (www.currituckbeachlight.com; Erw./Kind bis 8 Jahre 7 US$/frei; ☉ Ende März–Nov. 9–17 Uhr) erklimmen. Im modernen **Outer Banks Center for Wildlife Education** (www.ncwild life.org/obx; ☉ Mo–Sa 9–16.30 Uhr; 🚻) GRATIS gibt es ein Aquarium mit einem Fassungsvermögen von mehr als 30 000 l, ein lebensgroßes Sumpfland-Diorama und einen interessanten Film über die Geschichte der Gegend. Außerdem stehen für Kinder zahlreiche Kurse und Aktivitäten im Angebot.

Wright Brothers National Memorial PARK, MUSEUM (252-473-2111; www.nps.gov/wrbr; US 158 Bypass, Meile 7,5; Erw./Kind unter 16 Jahre 4 US$/frei; ☉ 9–17 Uhr) Am 17. Dezember 1903 absolvierten die Laieningenieure Wilbur und Orville Wright den weltweit ersten erfolgreichen Flug mit einem Flugzeug (er dauerte zwölf Sekunden). Ein Felsbrocken markiert die Stelle, an der die Maschine abhob. Ganz in der Nähe kann man einen Hügel erklimmen, auf dem die Brüder im Vorfeld Gleitflugexperimente durchgeführt hatten und von dem aus man einen fantastischen Blick aufs Meer und auf die Meerenge hat. Das **Wright Brothers Visitor Center** vor Ort zeigt einen Nachbau der Flugkonstruktion von 1903 sowie einige Exponate.

Der 30-minütige Flight Room Talk, ein Vortrag über die Begeisterung und den Einfallsreichtum der Brüder, ist ausgezeichnet. Hinter dem Hügel steht ein aus Bronze und Stahl gefertigter Nachbau des Flugzeugs, an dem sich prima alle Details der Konstruktion erkennen lassen. Sogar hineinklettern ist erlaubt.

Fort Raleigh National Historic Site HISTORISCHES GEBÄUDE Ende des 1580er-Jahre, 30 Jahre vor der Landung der Pilgerväter am Plymouth Rock, verschwand eine Gruppe von 116 britischen

KURZINFOS NORTH CAROLINA

Spitzname Tar Heel State

Bevölkerung 9,9 Mio.

Fläche 126 161 km²

Hauptstadt Raleigh (431 000 Ew.)

Weitere Städte Charlotte (792 000 Ew.)

Verkaufssteuer 4,75 % zzgl. Gemeindesteuern und Hotelübernachtungssteuer von bis zu 8 %

Geburtsort von Präsident James K. Polk (1795–1849), Jazzmusiker John Coltrane (1926–1967), Nascar-Fahrer Richard Petty (geb. 1937), Liedermacherin Tori Amos (geb. 1963)

Heimat der ersten State University der USA, des Biltmore Estate, der Krispy-Kreme-Donuts

Politische Ausrichtung in ländlichen Gebieten konservativ, in Großstädten zunehmend liberal

Berühmt für die Andy Griffith Show, den ersten Motorflug, College-Basketball

Kosenamen Die Einheimischen werden tar heels (Teerfersen) genannt – wieso, ist unklar, wahrscheinlich aber, weil hier Holzteer produziert wurde … und wegen der legendären Sturheit der Leute

Entfernungen Asheville–Raleigh 247 Meilen (397 km), Raleigh–Wilmington 131 Meilen (211 km)

DER SÜDEN KÜSTE NORTH CAROLINAS

Kolonisten spurlos aus ihrer Siedlung auf Roanoke Island. Fielen sie einer Dürre zum Opfer? Oder hatten sie sich einem Stamm amerikanischer Ureinwohner angeschlossen? Das Schicksal der „Verlorenen Kolonie" ist bis heute eines der größten Rätsel des Landes. Ihre Geschichte kann man im **Visitor Center** (www.nps.gov/fora; 1401 National Park Dr, Manteo; ☉ Gelände Sonnenaufgang–Sonnenuntergang, Visitor Center 9–17 Uhr) GRATIS nachverfolgen, zu dessen größten Attraktionen das beliebte Musical **Lost Colony Outdoor Drama** (www.thelostcolony.org; 1409 National Park Dr; Erw./Kind 6–12 Jahre 30/10 US$; ☉ Ende Mai–Ende Aug. Mo–Sa 19.30 Uhr) gehört.

Das Stück des aus North Carolina stammenden Pulitzer-Preisträgers Paul Green handelt vom Schicksal der Kolonisten und feiert 2017 sein 80-jähriges Jubiläum. Es wird den ganzen Sommer über im Waterside Theater aufgeführt.

Im Visitor Center sind weitere Attraktionen, etwa Exponate, Artefakte, Landkarten und ein kostenloser Film, zu sehen, die die Fantasie der Besucher beflügeln. Die im Stil des 16. Jhs. angelegten **Elizabethan Gardens** (www.elizabethangardens.org; 1411 National Park Dr; Erw./Kind 6–17 Jahre 9/6 US$; ⊙ Juni–Aug. 9–19 Uhr, Sept.–Mai kürzere Öffnungszeiten) umfassen u.a. einen Shakespeare-Kräutergarten und hübsch angelegte Blumenbeete. Am Garteneingang steht eine eindrucksvolle Statue der britischen Königin Elizabeth I.

Cape Hatteras National Seashore   INSELN
(www.nps.gov/caha) Über rund 110 km erstreckt sich südlich von Nags Head bis zum Südende der Ocracoke Island eine fragile Inselkette, die glücklicherweise von übermäßiger Bebauung verschont blieb. Hier lockt die Natur mit Wasservögeln (sowohl Stand- als auch Zugvögel), Sümpfen, Wäldern, Dünen und meilenlangen leeren Stränden.

Bodie Island Lighthouse   LEUCHTTURM
(☎ 255-473-2111; Bodie Island Lighthouse Rd, Bodie Island; Museum Eintritt frei, Führung Erw./Kind bis 11 Jahre 8/4 US$; ⊙ Visitor Center 9–17 Uhr, Leuchtturm Ende April–Anfang Okt. 9–16.30 Uhr ⊕) Der fotogene, 1872 erbaute Leuchtturm ist seit 2013 für Besucher zugänglich. Der fast 50 m hohe Turm hat noch immer seine originale Fresnel-Linse – eine Seltenheit. Bis nach oben sind es mehr als 200 Stufen. Im ehemaligen Leuchtturmwärterhäuschen ist heute das Visitor Center untergebracht.

Pea Island National Wildlife Refuge   NATURSCHUTZGEBIET
(☎ 252-987-2394; www.fws.gov/refuge/peaisland; Hwy 12; ⊙ Visitor Center 9–16 Uhr, Trails Sonnenaufgang–Sonnenuntergang) Das 2360 ha große Naturschutzgebiet am Nordende von Hatteras Island ist mit seinen zwei Naturpfaden (beide behindertengerecht ausgebaut) und insgesamt 21 km unberührter Strände ein Paradies für Vogelbeobachter. Man kann sich auch im Visitor Center umschauen, das Ausblick auf einen benachbarten Teich gewährt. Im Online-Kalender steht alles über geführte Wanderungen zur Vogelbeobachtung, zu Veranstaltungen über Schildkröten und zu Kanutouren.

Cape Hatteras Lighthouse   LEUCHTTURM
(www.nps.gov/caha; Turmbesteigung Erw./Kind bis 12 Jahre 8/4 US$; ⊙ Visitor Center Sept.–Mai 9–17 Uhr, Juni–Aug. bis 18 Uhr, Leuchtturm Juni–

Aug. 9–17.30 Uhr, Frühjahr & Herbst bis 16.30 Uhr) Der beeindruckende schwarz-weiß gestreifte Bau ist mit einer Höhe von 63,4 m der höchste aus Backsteinen erbaute Leuchtturm der USA und eines der größten Wahrzeichen North Carolinas. Nachdem man die 248 Stufen bis nach oben bezwungen hat, kann man sich die interessante Ausstellung über die Lokalgeschichte im Museum of the Sea anschauen, das im ehemaligen Leuchtturmwärterhaus untergebracht ist.

Graveyard of the Atlantic Museum   MUSEUM
(☎ 252-986-2995; www.graveyardoftheatlantic.com; 59200 Museum Dr; ⊙ 10–16 Uhr) `GRATIS` Ausstellungen über Schiffwracks, Piraterie und geborgene Schiffsfracht sind die Highlights des Schifffahrtsmuseums am Ende der Straße. Vor der Küste der Outer Banks liegen mehr als 2000 Schiffwracks. Eine Ausstellung schildert, wie 2006 nahe Frisco ein Container mit Tausenden Doritos-Chipstüten an Land gespült wurde. Ein Einheimischer erzählte, dass die Einwohner daraufhin monatelang Doritos-Auflauf gegessen haben! Spenden sind willkommen.

🏃 Aktivitäten

Der gleiche starke Wind, der den Start des Doppeldeckers der Gebrüder Wright ermöglichte, dient heute Windsurfern, Seglern und Drachenfliegern als Antriebskraft. Weitere beliebte Aktivitäten sind Kajak fahren, angeln, Rad fahren, reiten, stehpaddeln und tauchen. Zwischen August und Oktober werden die Küstengewässer etwas rauer und bieten somit die perfekten Voraussetzungen zum Bodysurfen.

Kitty Hawk Kites   ABENTEUERSPORT
(☎ 252-449-2210; www.kittyhawk.com; 3925 S Croatan Hwy, Mile 12,5; E-Bike-Verleih 50 US$/Tag, Kajak 39–49 US$, Stehpaddelbrett 59 US$) Das schon seit mehr als 30 Jahren bestehende Kitty Hawk Kites hat mehrere Standorte an der Küste der Outer Banks. Im Angebot sind Anfängerkurse im Kiteboarden (5 Std., 400 US$) in Kitty Hawk und Rodanthe sowie Hängegleiterkurse im Jockey's Ridge State Park (ab 109 US$). Vermietet auch Kajaks, Segelboote, Stehpaddelbretter, Fahrräder und Inlineskates und veranstaltet diverse Touren und Kurse.

Corolla Outback Adventures   AUTOTOUR
(☎ 252-453-4484; www.corollaoutback.com; 1150 Ocean Trail, Corolla; 2-stündige Tour Erw./Kind unter

ABSTECHER

OCRACOKE ISLAND

Im unkonventionellen kleinen Ocracoke Village (www.ocracokevillage.com), das im Sommer überfüllt und im Winter wie ausgestorben ist, ticken die Uhren langsamer. Das Nest liegt am Südende der 22,5 km langen Ocracoke Island und ist von Hatteras aus mit der kostenlosen Fähre (S. 369) erreichbar, die am nordöstlichen Ende der Insel anlegt. Mit Ausnahme des Dorfes ist die Insel im Besitz des National Park Service.

Die älteren Bewohner sprechen noch immer den alten, aus dem 17. Jh. stammenden britischen Dialekt Hoi Toide (hiesige Aussprache von *high tide*) und bezeichnen Fremde als *dingbatter*. Edward Teach alias Blackbeard, der Pirat, versteckte sich gern in der Gegend, wurde aber 1718 hier getötet. Man kann am Strand campen und Wildponys beobachten, ein Fisch-Sandwich in einem hiesigen Pub verdrücken, mit dem Rad durch die schmalen Straßen des Dorfes kurven oder das Ocracoke Lighthouse von 1823 besuchen, den ältesten noch funktionstüchtigen Leuchtturm in North Carolina.

Die Insel ist ein traumhaftes Ziel für einen Tagesausflug ab Hatteras Island. Man kann aber auch auf der Ocracoke übernachten: Es gibt eine Handvoll B&Bs, einen Campingplatz des Park Service in der Nähe vom Strand und ein paar Ferienhäuser.

Einheimische und Traveller treffen im Ocracoke Coffee (www.ocracokecoffee.com; 226 Back Rd; ⊙ Mo–Sa 7–18, So bis 13 Uhr), wo der Grasshopper-Latte (Pfefferminzschokolade und Toffee) erfunden wurde, und im freundlichen Howard's Pub (1175 Irvin Garrish Hwy; Hauptgerichte 9–25 US$; ⊙ Anfang März–Ende Nov. 11–22 Uhr, Fr & Sa manchmal länger geöffnet), einem großen, alten Holzpub, der seit den 1850er-Jahren in Bezug auf Bier und gebratene Meeresfrüchte eine Institution der Insel ist, aufeinander.

Wen es aufs Wasser hinauszieht, der kann im Ride the Wind (☎ 252-928-6311; www.surfocracoke.com; 486 Irvin Garrish Hwy; 2–2½-stündige Tour Erw. 39–45 US$, Kind bis 13 Jahre 18 US$; ⊙ Mo–Sa 9–21, So bis 20 Uhr) eine Kajaktour unternehmen. Die Sonnenuntergangstouren sind nicht anstrengend, und die Guides machen (wie wir gehört haben) optisch auch einiges her.

---

13 Jahren 50/25 US$) Der Tourenbetreiber Jay Bender, dessen Familie die ersten geführten Touren in Corolla anbot, weiß bestens über die Geschichte und die Pferde der Umgebung Bescheid. Im Geländewagen geht's hinunter zum Strand und durch die Dünen, um die wilden Mustangs zu beobachten, die über die nördlichen Outer Banks streifen.

🛏 Schlafen

Im Sommer werden die Outer Banks von Besuchern buchstäblich überrannt, weshalb unbedingt vorab reserviert werden sollte. In der Gegend sind die großen Hotelketten mit einigen riesigen Hotelbunkern vertreten, es gibt aber auch unzählige kleine Motels, Ferienhäuser und B&Bs. Infos dazu gibt's in den Visitor Centers sowie unter www.outer-banks.com. Wer ein Ferienhäuschen mieten möchte, schaut am besten auf www.sunrealtync.com oder www.southernshores.com vorbei.

Campingplätze CAMPING **$**
(☎ 252-473-2111; www.nps.gov/caha; Stellplatz 20–23 US$; ⊙ Ende Frühjahr–Anfang Herbst) Der National Park Service betreibt vier Cam-

pingplätze mit Kaltwasserduschen und Spültoiletten auf den Inseln. Sie liegen am Oregon Inlet (nahe dem Bodie Island Lighthouse), am Cape Point, in Frisco (nahe dem Cape Hatteras Lighthouse) und in Ocracoke (☎ 800-365-2267; www.recreation.gov). Die Stellplätze am Oregon Inlet, in Frisco und in Ocracoke können reserviert werden; am Cape Point gilt: Wer zuerst kommt, mahlt zuerst. Auf all diesen Plätzen genießt man die Nähe zum Strand, allerdings findet man nicht viele Schatten spendende Bäume.

Breakwater Inn MOTEL **$$**
(☎ 252-986-2565; www.breakwaterhatteras.com; 57896 Hwy 12; Zi./Suite 159/189 US$, Motel 104/134 US$; P ❋ ⏀ ☲) Dieser hübsche, dreistöckige Inn liegt am Ende einer Straße und wartet mit Zimmern mit Küchennischen und privaten Sonnenterrassen auf, von denen aus man Ausblick auf die Meerenge hat. Wer etwas mehr Budget zur Verfügung hat, sollte sich in einem der älteren Fisherman's Quarters einmieten, bei denen eine Mikrowelle und ein Kühlschrank zur Ausstattung gehören. Der Inn liegt nahe der Anlegestelle der Hatteras-Ocracoke-Fähre.

Shutters on the Banks
HOTEL $$

(☎ 252-441-5581; www.shuttersonthebanks.com;
405 S Virginia Dare Trail; Zi. 159–284 US$, Suite
229–725 US$; P ❄ 🛜 ⛵) Das einladende
Strandhotel in zentraler Lage in Kill Devil
Hills weist einen schwungvollen, bunten
Stil auf. Die hübschen Zimmer sind mit
Fensterläden, bunten Bettdecken, Flachbild-
fernsehern, Kühlschrank und Mikrowelle
ausgestattet. Einige haben sogar eine voll
ausgestattete Küche.

Sanderling Resort & Spa
RESORT $$$

(☎ 252-261-4111; www.sanderling-resort.com; 1461
Duck Rd; Zi. 399–539 US$; P ❄ 🛜 ⛵) Die zwei
Dutzend renovierten Zimmer, die 2015 eröffnet wurden, geben dem Nobelresort, dessen
Personal bei Sonnenaufgang Yoga am Strand
veranstaltet, noch einen zusätzlichen Kick.
Die makellosen Zimmer sind geschmackvoll
eingerichtet, und auf den einladenden Balkonen kann man das Meeresrauschen und
die Meeresbrise genießen.

Die Anlage umfasst mehrere Restaurants
und Bars sowie ein Spa mit Luxusmassagen.
Die Kurtaxe beträgt pro Tag von Mitte Mai
bis Oktober 25 US$ und von November bis
Mitte Mai 15 US$.

✗ Essen & Ausgehen

Die meisten Restaurants und Bars finden
sich auf der großen Touristenmeile auf Bodie Island. Viele sind nur vom Memorial
Day (letzter Mo im Mai) bis Herbstanfang
geöffnet oder haben in der Nebensaison nur
begrenzte Öffnungszeiten.

John's Drive-In
SEAFOOD, EIS $

(www.johnsdrivein.com; 3716 N Virginia Dare Trail;
Hauptgerichte 2–16 US$; ⏱ Do–Di 11–17 Uhr) Die
Institution in Kitty Hawk verkauft perfekt
gebratene Goldmakrelen, die man draußen
an den Picknicktischen verdrücken kann.
Zum Runterspülen kann man unter Hunderten Milchshakes wählen. Manche Gäste
kommen nur wegen des Eises.

★ Blue Moon Beach Grill
SEAFOOD, SANDWICHES $$

(☎ 252-261-2583; www.bluemoonbeachgrill.com;
4104 S Virginia Dare Trail, Mile 13; Hauptgerichte 10–
29 US$) Kann man bei Pommes ins Schwär-
men geraten? Kann man. Denn in diesem
zwanglosen Strandlokal sind die leicht ge-
würzten Fritten wirklich fantastisch. Selbi-
ges gilt für die Sandwiches mit getrockneten
Goldmakrelen, Applewood-Schinken, loka-
len Currituck-Tomaten und Jalapeño-Re-

moulade. Außerdem gibt es Meeresfrüch-
te-Sandwiches, Burger und Voodoo-Pasta.

Der Blick aufs Einkaufszentrum ist zwar
nicht berauschend, doch die freundlichen
Angestellten, die zwanglose Atmosphäre
und die unschlagbare Musik – der *Jailhouse
Rock* von Elvis läuft immer wieder – machen
das wieder wett.

Trio
WEINBAR

(www.obxtrio.com; 3708 N Croatan Hwy, Mile
4.5; Käseplatte 7–21 US$, Tapas 7–11 US$, Panini
9–10 US$; ⏱ Mo–Sa 11–23, So 12–23 Uhr) Die
schlichte, aber stilvolle Weinbar ist ein ein-
ladender und höchst willkommener – Neu-
zugang an den Outer Banks. In der Selbst-
bedienungsbar stehen zwei Dutzend Weine zur
Wahl; dazu gibt's hausgemachten Hummus,
Käseplatten und sieben verschiedene Panini.
Im Verkaufsladen gibt's eine große Auswahl
von Kleinbrauereibieren, Weinen und be-
sonderen Käsesorten.

ℹ Orientierung

Der Hwy 12, auch Virginia Dare Trail oder einfach
Coast Road (Küstenstraße) genannt, verläuft
über die gesamte Länge der Outer Banks, nur
einen Steinwurf vom Atlantik entfernt. Der US
158/Croatan Hwy, auch als Bypass bezeichnet,
beginnt nördlich von Kitty Hawk und geht bei
Roanoke Island in den US 64 über. Ortsangaben
werden meist in Form von Mileposts (Mile, MP;
Meile) gemacht. Meile 0 befindet sich an der
Basis der Wright Memorial Bridge in Kitty Hawk.

ℹ Praktische Informationen

Die besten Infoquellen sind die großen Visitor
Centers. Viele kleinere Besucherzentren sind
nur saisonal geöffnet. Nützlich ist auch die
Website www.outerbanks.org. An der gesamten
Uferfront von Manteo gibt's gratis WLAN.

Aycock Brown Visitor Center (☎ 252-261-
4644; www.outerbanks.org; US 158, Mile 1,
Kitty Hawk; ⏱ März–Okt. 9–17.30 Uhr, Nov.–
Feb. bis 17 Uhr) An der Umgehungsstraße in
Kitty Hawk; hat Karten und Infos.

Hatteras Island Visitor Center (☎ 252-473-
2111; www.nps.gov/caha; ⏱ Juni–Aug. 9–18
Uhr, Sept.–Mai bis 17 Uhr) Neben dem Cape
Hatteras Lighthouse.

Ocracoke Island Visitor Center (☎ 252-928-
4531; www.nps.gov/caha; ⏱ 9–17 Uhr) Nahe
der südlichen Fähranlegestelle.

**Outer Banks Welcome Center on Roanoke
Island** (☎ 252-473-2138; www.outerbanks.org;
1 Visitors Center Circle, Manteo; ⏱ März–Okt.
9–17.30 Uhr, Nov.–Feb. bis 17 Uhr) Gleich
östlich der Virginia Dare Memorial Bridge am
US-64-Bypass.

ℹ️ An- & Weiterreise

Öffentliche Verkehrsmittel zu oder auf den Outer Banks gibt es leider nicht. Das **North Carolina Ferry System** (☎ 800-293-3779; www.ncdot.gov/ferry) bietet jedoch mehrere Verbindungen an, darunter auch die einstündige Autofährfahrt zwischen Hatteras und Ocracoke, die in der Hauptsaison zwischen 5 Uhr und Mitternacht mindestens einmal pro Stunde auf Hatteras beginnt. Reservierungen sind nicht möglich. Auch North Carolina Ferries verkehren etwa alle drei Stunden zwischen Ocracoke und Cedar Island (einfache Strecke Auto/Motorrad 15/10 US$, 2¼ Std.) bzw. Ocracoke und Swan Quarter auf dem Festland (15/10 US$, 2¾ Std.). Im Sommer ist eine Reservierung auf diesen beiden Strecken empfehlenswert.

Crystal Coast

Der südliche Teil der Outer Banks wird unter dem Namen „Crystal Coast" zusammengefasst – zumindest zu Werbezwecken der Touristeninformationen. Dieser Küstenabschnitt ist weniger zerklüftet als die Strände im Norden. Es gibt hier mehrere historische Küstenorte, dünn besiedelte Inseln und urlaubstaugliche Strände.

Ein industriell und kommerziell geprägter Abschnitt der US 70 führt durch **Morehead City**, wo es viele Kettenhotels und Restaurants gibt. Die **Bogue Banks** liegen gegenüber von Morehead City auf der anderen Seite der Meerenge und sind über den Atlantic Beach Causeway zu erreichen. Dort gibt es mehrere viel besuchte Strandorte - wer den Duft von Sonnenöl mit Kokosaroma und von Donuts mag, ist in Atlantic Beach bestens aufgehoben.

Gleich nördlich liegt das Bilderbuchörtchen **Beaufort** (sprich: Bo-fort), die drittälteste Ortschaft im Bundesstaat mit einer hübschen Promenade und vielen B & Bs. Es heißt, dass Blackbeard höchstpersönlich in Hammock House in einer Seitenstraße der Front St gewohnt hat. Das Haus selbst darf man nicht betreten, aber einige schwören, sie hätten nachts die Schreie der ermordeten Frau des Piraten gehört.

◉ Sehenswertes

North Carolina Maritime Museum MUSEUM
(http://ncmaritimemuseums.com/beaufort; 315 Front St, Beaufort; ⊙ Mo–Fr 9–17, Sa 10–17, So 13–17 Uhr) GRATIS Der Pirat Blackbeard war Anfang des 18. Jhs. ein häufiger Besucher in der Gegend von Beaufort. 1996 wurde das Wrack seines Flaggschiffs, der *Queen Anne's Re-*

venge, auf dem Grund des Beaufort Inlet entdeckt. Man sieht Teller, Flaschen und andere Artefakte von Bord des Schiffes in diesem kleinen, aber spannenden Museum, das auch den Fischfang und Meeresschutzprojekte beleuchtet.

North Carolina Aquarium AQUARIUM
(www.ncaquariums.com; 1 Roosevelt Blvd, Pine Knoll Shores; Erw./Kind 3–12 Jahre 11/9 US$; ⊙ 9–17 Uhr; 🚼) Das kleine, interessante Aquarium widmet sich Wasserlebewesen, sowohl solchen, die in Gewässern in den Bergen North Carolinas leben, als auch Meeresbewohnern. Faszinierend sind die blitzschnellen Fischotter, und es gibt eine coole Ausstellung mit dem nachgebauten Wrack eines deutschen U-Boots U-352.

Fort Macon State Park FORT
(www.ncparks.gov; 2303 E Fort Macon Rd, Atlantic Beach; ⊙ Juni–Aug. 8–21 Uhr, Sept.–Mai kürzere Öffnungszeiten) GRATIS Die robuste fünfeckige Festung mit 26 Räumen mit Gewölbedecken wurde 1834 fertiggestellt. Die Ausstellungen nahe dem Eingang beschäftigen sich mit dem Bau der Festung und dem Alltag der Soldaten, die hier stationiert waren. Die aus Ziegeln und Steinen erbaute Festung wechselte im Bürgerkrieg zweimal den Besitzer.

🛏️ Schlafen & Essen

Hampton Inn Morehead City HOTEL $$$
(☎ 252-240-2300; www.hamptoninn3.hilton.com; 4035 Arendell St, Morehead City; Zi. ab 209 US$; ❄️@🛜♿) Das Hotel gehört zwar zu einer landesweiten Kette, aber die hilfsbereiten Angestellten und der Blick auf den Bogue Sound machen dieses Hampton Inn zu einer guten Wahl. Außerdem hat es eine praktische Anbindung an die US 70, die für diejenigen praktisch ist, die die Küste entlangfahren. Im Sommer sinken die Preise werktags erheblich.

El's Drive-In SEAFOOD $
(3706 Arendell St, Morehead City; Hauptgerichte 2–14 US$; ⊙ So–Do 10.30–22, Fr & Sa bis 22.30 Uhr) In dem legendären Meeresfrüchtelokal, das es schon seit 1959 gibt, wird einem das Essen direkt ans Auto gebracht. Sehr zu empfehlen ist der Burger mit gebratenen Shrimps, Ketchup und Krautsalat und Pommes als Beilage. Nur Barzahlung.

Front Street Grill at Stillwater RESTAURANT $$
(www.frontstreetgrillatstillwater.com; 300 Front St, Beaufort; Brunch & Mittagessen 11–17 US$, Abend-

essen 17–30 US$; ☺ Di–Do & So 11.30–21, Fr & Sa bis 22 Uhr) Das einladende Meeresfrüchterestaurant bietet einen wundervollen Blick auf den Taylor's Creek. Mittags gibt's köstliche Chili-Limetten-Shrimp-Tacos und abends Crab Cakes. In der kleinen Rhum Bar kann man prima Leute beobachten.

Wilmington

Auf der Fahrt entlang der Küste lohnt es sich, ein oder zwei Tage für das hübsche Wilmington einzuplanen. Der charmante Küstenort mag zwar nicht so bekannt sein wie Charleston oder Savannah, hat aber als größte Stadt im Osten North Carolinas viele historische Viertel, Gärten voller Azaleen und nette Cafés. Hinzu kommen vernünftige Hotelpreise. Abends wird das historische Zentrum am Flussufer zur Spielwiese von College-Studenten, Kleinbrauereibierliebhabern, Travellern und dem einen oder anderen Hollywood-Star – hier gibt es so viele Filmstudios, dass die Stadt den Spitznamen „Wilmywood" hat.

⊙ Sehenswertes

Wilmington liegt an der Mündung des Cape Fear River, rund 8 Meilen (13 km) vom Strand entfernt. Das historische **Flussufer** ist mit seinen Boutiquen und Promenaden die vielleicht größte Sehenswürdigkeit der Stadt. Am nahe gelegenen **Wrightsville Beach** wimmelt es vor Bratfischbuden, Läden, die Sonnenbrillen verkaufen, und Menschenmassen, die den Sommer genießen.

Eine kostenlose **Straßenbahn** (www.wavetransit.com) tuckert den ganzen Tag über durch die Altstadt.

Cape Fear Serpentarium   SCHLANGENZOO
(☎ 910-762-1669; www.capefearserpentarium.com; 20 Orange St; Eintritt 9 US$; ☺ Mo–Fr 11–17, Sa & So bis 18 Uhr) Das Museum des Herpetologen (Lurch- und Kriechtierforschers) Dean Ripa ist nicht nur sehr informativ, sondern es macht auch noch Spaß, ein oder zwei Stunden hier zu verbringen – solange man bei dem Gedanken an ein Gebäude voller Giftschlangen, meterlanger Würgeschlangen und Krokodile mit Riesenzähnen nicht gleich Reißaus nimmt. Natürlich gibt es eine Glaswand, die Besucher und Bewohner trennt. Bleibt nur zu hoffen, dass es kein Erdbeben gibt... Auf einem Schild ist nachzulesen, was passiert, wenn man von einer Schlange der Gattung Buschmeister gebissen wird: „Am besten legt man sich einfach unter einen Baum und ruht sich aus, da man sowieso bald sterben wird." Na dann viel Spaß! Nur Bargeldzahlung möglich.

In der Nebensaison ist das Serpentarium teilweise montags und dienstags geschlossen. An Samstagen und Sonntagen kann man um 15 Uhr bei der Fütterung der Tiere zusehen. Termine vorab telefonisch bestätigen lassen!

Battleship North Carolina   HISTORISCHE STÄTTE
(www.battleshipnc.com; 1 Battleship Rd; Erw./Kind 6–11 Jahre 14/6 US$; ☺ Sept.–Mai 8–17 Uhr, Juni–Aug. bis 20 Uhr) Das 45 000 t schwere Megaschiff verdiente sich im Zweiten Weltkrieg bei den Schlachten im Pazifik 15 Battle Stars, bevor es 1947 ausgemustert wurde. Heute kann man es besichtigen und auf den Decks herumlaufen. Sehenswert sind u. a. die Bäckerei und die Bordküche, die Druckerei, der Maschinenraum, das Pulvermagazin und die Funkzentrale. Vorsicht: Die Treppen zu den Unterdecks sind steil! Hierher gelangt man vom Zentrum aus über die Cape Fear Bridge.

Airlie Gardens   GARTEN
(www.airliegardens.org; 300 Airlie Rd; Erw./Kind 4–12 Jahre 9/3 US$; ☺ 9–17 Uhr, Winter Mo geschl.) Das 27 ha große Wunderland besteht aus bezaubernden Blumenbeeten, saisonal gestalteten Bereichen, Kiefern, Seen und Wegen. Im Frühjahr schlendert man hier an Tausenden bunter Azaleen vorbei. Die Airlie-Eiche stammt von 1545.

🛌 Schlafen & Essen

An der Market St, gleich nördlich der Innenstadt, gibt es zahlreiche Budgethotels. Viele der Restaurants am Wasser sind oft überfüllt und recht mittelmäßig; ein oder zwei Blocks weiter in der Stadt sind die Lokale und Nachtclubs besser.

★ CW Worth House   B&B $$
(☎ 910-762-8562; www.worthhouse.com; 412 S 3rd St; Zi. 154–194 US$; ✳@🛜) Eines unserer Lieblings-B & Bs in North Carolina ist dieses mit Türmen versehene Haus von 1893 voller Antiquitäten und viktorianischer Details, das aber trotzdem entspannt und gemütlich wirkt. Das Frühstück ist erste Sahne. Das B & B ist nur ein paar Häuserblocks vom Zentrum entfernt.

Best Western Plus Coastline Inn   HOTEL $$
(☎ 910-763-2800; www.bestwestern.com; 503 Nutt St; Zi./Suite 209/239 US$; ✳@🛜) Schwer zu sagen, was hier das Beste ist – der herrli-

che Blick auf den Cape Fear River, der Plankenweg oder die Nähe zu all der Action in der Innenstadt. Die Standardzimmer sind zwar nicht sehr groß, punkten aber durch ihren modernen Stil. Und alle Zimmer blicken auf den Fluss. Fürs Haustier zahlt man 20 US$ pro Tag.

Fork & Cork BURGER, SANDWICHES $
(www.theforkncork.com; 122 Market St; ⊙ Mo–Do 11–23, Sa 11–24, So 12–22 Uhr) Vor feurigen Geschmacksrichtungen scheut das neue Fork & Cork nicht zurück. Es handelt sich um einen ehemaligen Imbisswagen, der hübsch aufgemotzt wurde – man schaue sich nur die freiliegenden Ziegelwände an! Die saftigen Burger – z.B. der Hot Mess mit Schinken, Jalapeños, gegrillten Zwiebeln, Blauschimmelkäse und Cheddar – kommen super an; selbiges gilt für die Poutine, die Entenflügel und die Käsemakkaroni.

Flaming Amy's Burrito Barn MEXIKANISCH $
(☎ 910-799-2919; www.flamingamys.com; 4002 Oleander Dr; Hauptgerichte 5–9 US$; ⊙ 11–22 Uhr) Das Flaming Amy's ist in einem chaotischen Schuppen voller kitschiger Deko mit Themen von Elvis bis Route 66 untergebracht. Die Burritos, z.B. der Philly Phatboy, der Thai Mee Up oder der vor Peperoni und Paprikaschoten strotzende Flaming Amy, sind üppig und lecker. Wer nicht eh schon da ist, ist gerade auf dem Weg hierher.

🍸 Ausgehen & Nachtleben

Flytrap Brewing KLEINBRAUEREI
(www.flytrapbrewing.com; 319 Walnut St; ⊙ Mo–Do 15–22, Fr & Sa 12–24, So 12–22 Uhr) In den letzten Jahren ist in Wilmington ein halbes Dutzend Kleinbrauereien entstanden. Unter diesen erhält das Flytrap die meisten Empfehlungen. Die Brauerei in einem hellen Raum im Brooklyn Arts District ist nur einen kurzen Bummel von der Front St entfernt und hat sich auf Ales amerikanischer und belgischer Art spezialisiert. Am Wochenende gibt's abends auch Imbisskost und Livemusik.

Die Brauerei ist nach der Venusfliegenfalle benannt; der natürliche Lebensraum dieser fleischfressenden Pflanze liegt nur im Umkreis von 95 km von Wilmington.

⭐ Unterhaltung

Dead Crow Comedy Room COMEDY
(☎ 910-399-1492; www.deadcrowcomedy.com; 265 N Front St; Tickets 13–16 US$) Dunkel, beengt, im Keller und mitten in der Innenstadt –

genauso muss ein Comedyclub sein. Vor der Abreise unbedingt reinschauen und einen Abend mit Improvisationscomedy, Open-Mike oder Gastauftritten von tourenden Comedians miterleben! Es gibt auch eine Bar und eine Speisekarte.

ℹ️ Praktische Informationen

Visitor Center (☎ 877-406-2356, 910-341-4030; www.wilmingtonandbeaches.com; 505 Nutt St; ⊙ Mo–Fr 8.30–17, Sa 9–16, So 13–16 Uhr) Das Visitor Center ist in einem Lagerhaus aus dem 19. Jh. untergebracht. Hier sind Stadtpläne für Stadtspaziergänge erhältlich.

Triangle

Die Städte Raleigh, Durham und Chapel Hill bilden ein etwa gleichseitiges Dreieck im Zentrum der Region Piedmont. In diesem Gebiet liegen drei führende Forschungsuniversitäten – die Duke, die University of North Carolina und die North Carolina State – sowie ein über 28 km² großer Campus mit Bürokomplexen der Computer- und Biotechnologieindustrie, der unter dem Namen Research Triangle Park bekannt ist. Hochintelligente Programmierfreaks und bärtige Friedensaktivisten trifft man hier ebenso an wie hippe, junge Familien, und obwohl die Städte nur wenige Kilometer voneinander entfernt liegen, hat jede ihren ureigenen Charme. Wenn im März College-Basketball angesagt ist, spielen hier alle – wirklich alle – völlig verrückt.

ℹ️ Anreise & Unterwegs vor Ort

Der **Raleigh-Durham International Airport** (RDU; ☎ 919-840-2123; www.rdu.com) ist ein wichtiges Drehkreuz und liegt 25 Fahrtminuten (15 Meilen, 24 km) nordwestlich von Raleighs Ortszentrum.

Seit 2014 befindet sich **Greyhound** (☎ 919-834-8275; 2210 Capital Blvd) nicht mehr im Stadtzentrum, sondern 3 Meilen (4,8 km) nordöstlich; leider kommt man zu Fuß nur schwer dorthin und hat auch eine schlechte Anbindung. Praktischer ist die im Zentrum gelegene Haltestelle Durham (515 W Pettrigrew St) nahe dem Amtrak-Bahnhof im Durham Station Transportation Center. Die **Triangle Transit Authority** (☎ 919-549-9999; www.triangletransit.org; Erw. 2,25 US$) betreibt Busse zwischen Raleigh, Durham und Chapel Hill sowie zum Flughafen. Die Rte 100 führt vom Zentrum Raleighs zum Flughafen und zum Regional Transit Center nahe dem Research Triangle Park, wo es Verbindungen nach Durham und Chapel Hill gibt.

Raleigh

Raleigh wurde 1792 speziell als Hauptstadt des Bundesstaats gegründet, ist heute aber eher eine biedere Verwaltungsstadt, die dazu neigt, immer weiter zu wuchern. Dennoch findet man in der hübschen Innenstadt ein paar nette (kostenlose) Museen und Galerien. Auch die Restaurant- und Musikszene ist auf dem Vormarsch. Das hübsche **State Capitol** von 1840 ist ein schönes Beispiel der klassizistischen Architektur.

◉ Sehenswertes

★ North Carolina Museum of Art　MUSEUM
(www.ncartmuseum.org; 2110 Blue Ridge Rd; ⊙ Di–Do, Sa & So 10–17, Fr 10–21 Uhr, Park Sonnenaufgang–Sonnenuntergang) GRATIS Das lichtdurchflutete West Building aus Glas und eloxiertem Stahl erhielt bei seiner Eröffnung im Jahr 2010 viel Lob von Architekturexperten aus dem ganzen Land. Mindestens ebenso sehenswert ist die gute, umfassende Sammlung, die von antiken griechischen Skulpturen bis hin zu bekannten Gemälden amerikanischer Landschaftsmaler und kunstvollen afrikanischen Masken reicht. Wer wenig Zeit hat, kann sich die Beine draußen auf dem gewundenen Skulpturenweg vertreten. Das Museum befindet sich ein paar Kilometer westlich vom Zentrum.

North Carolina Museum of Natural Sciences　MUSEUM
(www.naturalsciences.org; 11 W Jones St; ⊙ Mo–Sa 9–17, So 12–17 Uhr, 1. Fr im Monat bis 21 Uhr) GRATIS Walskelette hängen von der Decke, Schmetterlinge umschwirren einen, Grüne Hundskopfboas lassen einen schaudern, und haufenweise Grundschulkinder stürmen an einem vorbei, wenn man an einem Schultag nach 10 Uhr hier ankommt. Das nur zur Warnung. Das schicke, neue **Nature Research Center** mit seinem drei Stockwerke hohen Globus direkt vor der Tür rückt verschiedene Wissenschaftler und ihre Projekte ins Rampenlicht und gibt Besuchern die Möglichkeit, den Forschern bei ihrer Arbeit zuzusehen. Ein verglaster Übergang führt ins Hauptgebäude des Museums, in dem Habitat-Dioramen und präparierte Tiere ausgestellt sind.

Nicht versäumen sollte man die Ausstellung über den Acrocanthosaurus, einen 3 t schweren fleischfressenden Dino, der als Schrecken des Südens bekannt ist. Sein Schädel und die Zähne sind Stoff für Albträume.

North Carolina Museum of History　MUSEUM
(www.ncmuseumofhistory.org; 5 E Edenton St; ⊙ Mo–Sa 9–17, So 12–17 Uhr) GRATIS In dem fesselnden Museum gibt's wenig technischen Schnickschnack, dafür aber jede Menge verständliche Informationen. In der Ausstellung *Story of North Carolina* sind u. a. ein 3000 Jahre altes Kanu, das älteste Haus des Bundesstaats (es stammt von 1742), eine restaurierte Sklavenbaracke und eine Sitztheke aus den 1960ern zu sehen. In der Regel gibt's auch eine hervorragende Sonderausstellung.

🛏 Schlafen & Essen

In der Innenstadt ist es abends und am Wochenende ziemlich ruhig; eine Ausnahme ist die Gegend um den City Market an der E Martin St und der S Person St. Gleich nordwestlich gibt es im Viertel Glenwood South viele Cafés, Bars und Clubs. Angeblich hat Raleigh die meisten Livemusikstätten des Bundesstaats. Anstehende Events findet man unter www.themostnc.com.

Jede Menge Kettenhotels mit moderaten Preisen findet man an Exit 10 von der I-440 und abseits der I-40 in der Nähe des Flughafens.

Umstead Hotel & Spa　HOTEL $$$
(☎ 919-447-4000; www.theumstead.com; 100 Woodland Pond Dr; Zi. 329–389 US$, EZ 409–599 US$; P ✳ @ ⊙ ☎) In einem bewaldeten vorstädtischen Gewerbepark hält das Umstead für geschäftsreisende Biotech-Manager schlichte Luxuszimmer und ein buddhistisch angehauchtes Spa bereit. Hinter dem Anwesen gibt es einen 1,2 ha großen See mit einem 400 m langen Wanderweg. Die Haustiergebühr beträgt 200 US$ pro Aufenthalt, und es gibt einen neuen, umzäunten Hundespielplatz, das DogWoods.

Raleigh Times　KNEIPENKOST $
(www.raleightimesbar.com; 14 E Hargett St; Hauptgerichte 8–14 US$; ⊙ 11–2 Uhr) In der beliebten Kneipe in der Innenstadt bekommt man gegrillte Nachos, Fisch in Bierteig mit Chips und Kleinbrauereibiere aus North Carolina.

Beasley's Chicken + Honey　SÜDSTAATENKÜCHE $
(www.ac-restaurants.com; 237 Wilmington St; Hauptgerichte 7–13 US$; ⊙ Mo–Mi 11.30–22, Do & Fr 11.30–24, Sa 11–24, So 11–22 Uhr) Nach einem Essen in diesem Projekt der James-Beard-Preisträgerin und Restaurantexpertin Ashley Christensen wird man wohl seinen

Gürtel weiter schnallen müssen. In dem schicken Restaurant in der Innenstadt dreht sich alles um Brathähnchen – auf einem Biscuit, mit Waffeln, im Schmortopf. Auch die Beilagen sind dekadent.

Wer auf Blattkohl steht, wird vom Sahnekohl hier begeistert sein.

Cowfish Sushi Burger Bar BURGER, SUSHI **$$** (☎919-784-0400; www.thecowfish.com; 4208 Six Forks Rd; Burger 11–16 US$, Sushi 12–29 US$) In dem geschäftigen Restaurant in North Hills ist der Name Programm. Das Burger- und Sushi-Lokal ist sehr beliebt bei Familien und schicken Angestellten, die nach der Arbeit das tolle Essen und die lustige Atmosphäre genießen. Auf der „Burgushi"-Karte überschneiden sich Sushi und Burger, aber das scheint gut zu funktionieren. Die Portionen sind großzügig. Die amüsante Pop-Kunst an den Wänden lohnt einen näheren Blick.

❶ Praktische Informationen

Raleigh Visitor Information Center (☎919-834-5900; www.visitraleigh.com; 500 Fayetteville St; ⊙Mo–Fr 8.30–17, Sa 9–17 Uhr) Hat Karten und sonstige Infos. Das Büro ist sonntags geschlossen, doch der Stadtführer und der Stadtplan sind am Schalter erhältlich.

Durham & Chapel Hill

Die Rivalität ihrer Basketballteams und eine linksgerichtete Kultur haben die 10 Meilen (16 km) voneinander entfernt liegenden Universitätsstädte gemein. Doch hier enden die Ähnlichkeiten auch schon. Chapel Hill ist eine College-Stadt, deren Kulturszene von den fast 30 000 Studenten der renommierten University of North Carolina geprägt ist, die 1789 als erste State University der USA gegründet wurde. Die flippige, fortschrittliche Stadt ist bekannt für ihre Indie-Rock-Szene und stolze Hippie-Kultur. Durham, die Straße hinunter, war einst eine düstere, von der Tabak- und Eisenbahnindustrie beeinflusste Stadt, die in den 1960er-Jahren in eine wirtschaftliche Krise schlitterte, von der sie sich erst vor Kurzem wieder erholt hat. Im Grunde ist sie noch immer eine typische Südstaaten-Arbeiterstadt, allerdings lockt die renommierte Duke University kreative Geister an, die Durham in ein Zentrum für Feinschmecker, Künstler, Schwule und Lesben verwandelt haben.

Westlich vom Zentrums Chapel Hills liegt die hippe frühere Fabrikstadt **Carrboro**. Die große Wiese vor der Lebensmittelkooperative **Weaver Street Market** (www.weaverstreetmarket.com) ist eine Art inoffizielles Zentrum mit Livemusik und kostenlosem WLAN.

In Durham gibt's die meiste Action in der hübschen Innenstadt rund um die renovierten Tabaklager aus Backstein. Am Brightleaf Sq und auf dem American Tobacco Campus kann man shoppen und unter freiem Himmel speisen.

◉ Sehenswertes

★**Duke Lemur Center** ZOO (☎919-489-3364; www.lemur.duke.edu; 3705 Erwin Rd, Durham; Erw./Kind 10/7 US$, 🅿) Das Geheimnis ist keines mehr: Das Lemur Center ist die coolste Attraktion in Durham. Es befindet sich rund 2 Meilen (3,2 km) vom Hauptcampus entfernt. Das Forschungs- und Naturschutzzentrum beherbergt die größte Sammlung dieser gefährdeten Feuchtnasenaffen außerhalb ihrer Heimatinsel Madagaskar. Nur ein Holzklotz könnte von den süßen Wuschelköpfen mit riesigen Augen ungerührt bleiben. Besichtigen kann man die Anlage nur im Rahmen einer Führung. Um sich einen Platz bei einer Führung zu sichern, muss man sich jedoch so früh wie möglich telefonisch anmelden. Man sollte mindestens drei Wochen vor dem Besuch anrufen, wenn man werktags kommen will, und fürs Wochenende sogar einen bis zwei Monate vorab reservieren.

Duke University UNIVERSITÄT, GALERIE (www.duke.edu; Campus Dr) Die mit dem Vermögen der Familie Duke aus dem Tabakverkauf finanzierte Universität hat einen Ostcampus im georgianischen Stil und einen neugotischen Westcampus mit der hoch aufragenden **Duke Chapel** (https://chapel.duke.edu; 401 Chapel Dr) aus den 1930er-Jahren. Die atemberaubende Kapelle mit ihrem 64 m hohen Turm und mit Bibelszenen bestückten Buntglasfenstern ist sehr eindrucksvoll. Auch das **Nasher Museum of Art** (http://nasher.duke.edu; 2001 Campus Dr; Erw./Kind bis 16 Jahre 5 US$/frei; ⊙Di, Mi, Fr & Sa 10–17, Do bis 21, So 12–17 Uhr) und die traumhaften, 22 ha großen **Sarah P. Duke Gardens** (www.gardens.duke.edu; 420 Anderson St; ⊙8 Uhr–Sonnenuntergang) GRATIS lohnen einen Besuch. Das Parken auf dem Campus kostet 2 US$ pro Stunde.

University of North Carolina UNIVERSITÄT (www.unc.edu) Die älteste öffentliche Universität der USA hat einen klassischen, von

DER SÜDEN TRIANGLE

blühenden Birnbäumen gesäumten Campus mit prächtigen Gebäuden aus der Zeit vor dem Bürgerkrieg. Sehenswert ist auch der alte Brunnen, der Studenten, die aus ihm trinken, angeblich Glück bringt. Einen Campusplan erhält man im **Visitor Center** (919-962-1630; 250 E Franklin St; Mo–Fr 9–17 Uhr) im Morehead Planetarium and Science Center sowie im Chapel Hill Visitor Center (S. 375).

Durham Bulls Athletic Park   STADION
(www.dbulls.com; 409 Blackwell St; Durham; Tickets 7–10 US$;) Hier kann man einen typisch amerikanischen Nachmittag mit Bier und Baseball erleben. Das Minor-League-Team der Durham Bulls, das durch den Film *Annies Männer* (1988) mit Kevin Costner und Susan Sarandon berühmt wurde, spielt von April bis Anfang September.

🛏 Schlafen

Im nördlichen Durham abseits der I-85 gibt es viele günstige Kettenhotels.

Duke Tower   HOTEL $
(866-385-3869, 919-687-4444; www.duketower. com; 807 W Trinity Ave, Durham; Suite 88–103 US$;   ) Preiswerter als die meisten Hotelzimmer im Ort sind diese Apartments mit Holzböden, voll eingerichteter Küche und Tempur-Schaummatratzen. Die Einrichtung ist nichts Besonderes, aber dank zentralem Pool, Picknicktischen und Grill herrscht hier eine gesellige Atmosphäre. Befindet sich im historischen Tabakviertel Durhams. Die Haustiergebühr beträgt 5 US$ pro Übernachtung.

⭐ Carolina Inn   HOTEL $$$
(919-933-2001; www.carolinainn.com; 211 Pittsboro St, Chapel Hill; Zi. ab 259 US$;   ) Selbst wenn man kein *tar heel* (Zugehöriger der University of North Carolina) ist, wird einen diese liebenswerte Bleibe mitten auf dem Campus mit ihrer Gastfreundlichkeit und ihrem historischem Flair begeistern. Der Charme beginnt bereits in der schicken Lobby und setzt sich in den mit Fotos von Alumni und Meisterteams gesäumten Fluren fort. Das von Südstaatenantiquitäten inspirierte Dekor verleiht den hellen, mit Bildern berühmter Alumni geschmückten Zimmern eine frische Atmosphäre.

Von Frühjahr bis Herbst gibt's freitagnachmittags das Fridays on the Front Porch mit Imbisswagen und Livemusik; einfach aufkreuzen!

🍴 Essen

In der Region gibt's jede Menge erstklassige Restaurants. In der Innenstadt von Durham finden sich haufenweise tolle Lokale, Cafés und Bars in unmittelbarer Nähe. Die meisten der besseren Restaurants von Chapel Hill liegen an der Franklin St.

Neal's Deli   FRÜHSTÜCK, DELI $
(www.nealsdeli.com; 100 E Main St, Carrboro; Frühstück 3–6 US$, Mittagessen 5–10 US$; Di–Fr 7.30–16, Sa & So 8–16 Uhr) In dem winzigen Deli im Zentrum von Carrboro beginnt der Tag mit einem köstlichen Buttermilch-Biscuit zum Frühstück. Auch die Eier mit Käse und Schinken sind gut. Mittags gibt's alle möglichen Sandwiches, z. B. mit Hühnchensalat, Pastrami oder mit Kirschpaprika, drei Sorten Käse und einem Spritzer Bourbon. Ein gutes Café ist das Open Eye gleich nebenan.

Toast   SANDWICHES $
(www.toast-fivepoints.com; 345 W Main St, Durham; Sandwich 8 US$; Mo 11–15, Di–Sa bis 20 Uhr) Familien, Pärchen, Singles und zur Mittagszeit auch die Angestellten aus Downtown strömen in diesen winzigen, von allen geliebten italienischen Sandwich-Laden. Er ist einer von mehreren Lokalen, die zur Wiederbelebung der Innenstadt Durhams beigetragen haben. An der Theke Panini (warm und gegrillt), Tramezzini (kalt) oder Crostini (ein Leckerbissen!) bestellen, dann, wenn möglich, einen Tisch am Fenster schnappen und die Leute draußen beobachten!

Guglhupf Bakery & Cafe   BÄCKEREI, CAFÉ $$
(www.guglhupf.com; 2706 Durham-Chapel Hill Blvd, Durham; Frühstück 7–9 US$, Mittagessen 8–10 US$, Abendessen 15–23 US$; Bäckerei Di–Fr 7–18, Sa bis 17, So 8.30–14 Uhr, Café Di–So bis 22 Uhr) Das Guglhupf ist ideal fürs Mittagessen: Kronfleisch-Steak-Sandwiches mit Blauschimmelkäse, hausgemachte Bratwurst im Brötchen und Salat mit gegrillten Birnen locken eine gehobene Klientel auf den sonnigen Hof dieser außergewöhnlichen Bäckerei mit angeschlossenem Café nach deutschem Vorbild. Darüber hinaus gibt's auch deutsches Pilsner und Chocolate-Mousse-Tarte mit Salzkaramell. Genaue Öffnungszeiten stehen auf der Website.

⭐ Lantern   ASIATISCH $$$
(919-969-8846; www.lanternrestaurant.com; 423 W Franklin St, Chapel Hill; Hauptgerichte 23–32 US$; Mo–Sa 17.30–22 Uhr) Wer beim Re-

such des Triangle nur Zeit für ein Abendessen hat, sollte dieses Restaurant wählen. Die modern-asiatische Küche mit Zutaten aus North Carolina hat bereits viele Auszeichnungen eingeheimst, und die Chefköchin Andrea Reusing ist James-Beard-Preisträgerin. Auf der derzeitigen Karte finden sich u. a. North-Carolina-Crabcakes mit japanischem Senf, mit Tee geräuchertes Hühnchen und geschmorte Schweinshachse mit Kokos. Zum Dessert gibt's warmen braunen Butterkuchen mit Erdbeeren und Pfefferkorneis.

Zum Feiern von besonderen Anlässen sind die schicken Vorderzimmer genau richtig, etwas gemütlicher und geselliger sind die Bar und die Lounge im hinteren Bereich.

 Ausgehen & Nachtleben

Chapel Hill hat eine tolle Musikszene. Über das Unterhaltungsangebot informiert das kostenlose Wochenblatt *Independent* (www.indyweek.com). Eine Reihe guter Kaffeehäuser und Bierstuben findet man unmittelbar um die Geer St und die Rigbee Ave.

★ **Cocoa Cinnamon** CAFÉ
(www.cocoacinnamon.com; 420 W Geer St, Durham; Mo-Do 7.30-22, Fr & Sa 7.30-24, So 9-21 Uhr;) Der Tipp, im Cocoa Cinnamon eine heiße Schokolade zu bestellen, ist zwar mehr als berechtigt, aber leider etwas ungenau. Denn das total angesagte Café hat diverse Kakaos im Angebot, und Neulingen verschlägt es bei dieser Unmenge schokoladiger Leckereien schier den Atem. Neben Kakao gibt's in der ehemaligen Tankstelle auch Tees, sortenreine Kaffees und eine gesellige Atmosphäre.

Gutes WLAN und Sitzbereiche drinnen und draußen.

Fullsteam Brewery BRAUEREI
(www.fullsteam.ag; 726 Rigsbee Ave, Durham; Mo-Do 16-24, Fr 14-2, Sa 12-2, So 12-24 Uhr) Die Brauerei steht für eine neue Bierkultur der Südstaaten und macht sich mit ihren außergewöhnlichen Erzeugnissen wie Summer Basil Farmhouse Ale oder Carver Sweet Potato Lager landesweit einen Namen. Gemischte Klientel.

Top of the Hill KNEIPE
(www.thetopofthehill.com; 100 E Franklin St, Chapel Hill; 11-2 Uhr) Die TOPO genannte Terrasse im 3. Stock des Restaurants mit angeschlossener Kleinbrauerei in der Innenstadt ist nach Footballspielen ein beliebter Treffpunkt der reichen und schönen Collegestudenten von Chapel Hill. Inzwischen gibt's sogar Biospirituosen aus der hauseigenen Brennerei.

☆ **Unterhaltung**

Cat's Cradle MUSIK
(919-967-9053; www.catscradle.com; 300 E Main St, Carrboro) Seit rund 30 Jahren geht hier die Crème de la Crème der Indie-Musik ein und aus, von Nirvana bis zu Arcade Fire. Für die meisten Veranstaltungen gibt es keine Altersbeschränkung.

❶ **Praktische Informationen**

Chapel Hill Visitor Center (919-245-4320; www.visitchapelhill.org; 501 W Franklin St, Chapel Hill; Mo-Fr 8.30-17, Sa 10-14 Uhr) Hat viele hilfreiche Infos, darunter auch einen Campusplan der UNC.

Durham Visitor Center (919-687-0288; www.durham-nc.com; 101 E Morgan St, Durham; Mo-Fr 8.30-17, Sa 10-14 Uhr) Hat Infos und Karten.

Charlotte

Charlotte ist die größte Stadt in North Carolina und nach New York das größte Bankenzentrum der USA. Die Stadt wirkt wie viele Großstädte in den Außenbereichen des New South zersiedelt und stellenweise gesichtslos. Doch obwohl die „Queen City" in erster Linie ein Geschäftszentrum ist, hat sie ein paar gute Museen, stattliche alte Viertel und viele gute Restaurants zu bieten.

Die geschäftige Tryon St durchquert, gesäumt von Banken, Hotels, Museen und Restaurants, die mit Wolkenkratzern gespickte „Uptown" von Charlotte. Die renovierten Textilfabriken des Viertels NoDa (so benannt wegen seiner Lage an der N Davidson St) und der witzige Mix aus Boutiquen und Restaurants in der Gegend um die gleich nordöstlich der Uptown gelegenen Plaza-Midwood verströmen eine trendigere Atmosphäre. Der neue **Romare Bearden Park** (300 S Church St) in der Uptown ist ein hübscher Ort, um sich den Sonnenuntergang anzuschauen.

Weitere Infos zu den Grünanlagen und dem neuen Bike-Sharing-Projekt in der Stadt findet man unter https://charlotte.bcycle.com.

◉ **Sehenswertes & Aktivitäten**

Billy Graham Library RELIGIÖSE STÄTTE
(www.billygrahamlibrary.org; 4330 Westmont Dr; Mo-Sa 9.30-17 Uhr) GRATIS Diese Multime-

INSIDERWISSEN

DER BARBECUE TRAIL

North Carolinas Pulled-Pork-Barbecue ist in der Region eine echte Institution, wobei eine große Rivalität zwischen Verfechtern der östlichen (mit einer dünnflüssigen Essigsauce) und der westlichen Variante (mit einer süßeren, auf Tomaten basierenden Sauce) besteht. Auf der interaktiven **Barbecue-Trail-Karte** (www.ncbbqsociety.com) der North Carolina Barbecue Society sind die besten Adressen für Barbecue-Fans aufgelistet. Einfach beide Versionen probieren und dann Partei ergreifen! (Unser Tipp: Die östliche Variante ist besser. Oder vielleicht doch die aus dem Westen?).

dia-Bibliothek ist eine Hommage an den evangelikalen Superstar und „Pastor der Präsidenten" Billy Graham, der aus Charlotte stammt. Die 90-minütige Führung unter dem Titel „The Journey of Faith" beginnt mit einem predigenden Kuh-Roboter und beleuchtet anschließend Schlüsselmomente aus Grahams Leben, darunter die vielwöchige Erweckungsveranstaltung 1949 in Los Angeles (bei der der aus *Unbroken* bekannte Leichtathlet Louis Zamperini sein Erweckungserlebnis hatte). Die Führung ist spannend und informativ, vor allem wenn man sich für Grahams Entwicklung und die Wurzeln des modernen Evangelikalismus interessiert.

Levine Museum of the New South MUSEUM (www.museumofthenewsouth.org; 200 E 7th St; Erw./Kind 6–18 Jahre 8/5 US$; ⊙Mo–Sa 10–17, So 12–17 Uhr) Wer sich für die komplizierte Geschichte des Südens in der Zeit nach dem Amerikanischen Bürgerkrieg interessiert, sollte sich die zwei Stunden Zeit für die umfangreiche Ausstellung *From Cotton Fields to Skyscrapers* nehmen. Das schicke Museum beleuchtet die Baumwollindustrie, die rassistischen Jim-Crow-Gesetze, die Sitzblockaden, die Frauenbewegung und die neuesten Entwicklungen in Sachen Einwanderung.

NASCAR Hall of Fame MUSEUM (www.nascarhall.com; 400 E Martin Luther King Blvd; Erw./Kind 5–12 Jahre 20/13 US$; ⊙10–18 Uhr) Der erstaunlich realistisch wirkende Autorennen-Simulator in diesem hervorragenden Museum versetzt einen auf die Piste

in einem Rennen gegen acht Autos. Ansonsten erfährt man hier viel über die Geschichte des typisch amerikanischen Sports (dessen Geschichte auf den Schmuggel von schwarz gebranntem Alkohol zurückgeht), kann sich sechs Generationen von Rennautos anschauen und seine eigenen Fähigkeiten im Boxenteam testen. NASCAR ist übrigens die Abkürzung für National Association for Stock Car Auto Racing.

Es gibt nur einen Nachteil: Die Ausstellung zielt auf Besucher ab, die von Autos und Autorennen gewisse Ahnung haben – alle anderen haben das Nachsehen.

★**US National Whitewater Center** ABENTEUERSPORT (www.usnwc.org; 5000 Whitewater Center Pkwy; Tageskarte für alle Sportarten Erw./Kind bis 10 Jahre 54/44 US$, einzelne Aktivitäten 20–25 US$, Baumwipfeltour 3 Std. 89 US$; ⊙Sonnenaufgang–Sonnenuntergang) Die 162 ha große Anlage, eine Mischung aus Naturzentrum und Wasserpark, ist der absolute Hammer! Hier gibt es den größten künstlich angelegten Wildwasserfluss der Erde. Kanu- und Kajakteams trainieren für die Teilnahme an den Olympischen Spielen auf den hiesigen Stromschnellen. Besucher können im Rahmen einer geführten Raftingtour paddeln oder einen anderen Abenteuersport ausprobieren: Es gibt mehrere Seilparks, eine Kletterwand im Freien, Stehpaddelbretter, Seilrutschen und kilometerlange Wander- und Radwege durch den Wald. Das Parken kostet 5 US$.

Im Pump House Biergarten kann man tolles Bier genießen und die Kajakfahrer beobachten.

🛏 Schlafen & Essen

Viele Hotels in Uptown sind auf Geschäftsreisende ausgerichtet, weshalb am Wochenende die Preise oft sinken. Billigere Kettenhotels liegen abseits der I-85 und der I-77.

In den Restaurants und Bars von Uptown tummeln sich vorwiegend adrett gekleidete junge Banker, während man in den zwanglosen Bars und Bistros in NoDa mehr Tattoos sieht. In den letzten Jahren sind überall in der Stadt zahlreiche Brauereien entstanden. Ein paar der besten befinden sich an der N Davidson St. Eine vollständige Liste ist unter www.charlottesgotalot.com/breweries einsehbar.

Dunhill Hotel BOUTIQUEHOTEL **$$** (☎704-332-4141; www.dunhillhotel.com; 237 N Tryon St; 7i. ab 219 US$; P❄@🛜) Das mitten in Uptown gelegene Hotel mit hervorragendem Personal heißt seit 1929 Gäste willkommen. Das klassische Dekor verweist auf die 1920er-Jahre, doch die großen Flachbildfernseher und die Keurig-Kaffeeautomaten halten die Zimmer im 21. Jh. Parken kostet 18 US$ pro Nacht.

Hyatt Place Charlotte Downtown HOTEL **$$**
(☐ 704-227-0500; www.charlottedowntown.place.
hyatt.com; 222 S Caldwell St, GPS: 459 E 3rd St; Zi.
ab 229 US$; ⓟ❉🛜) Das Frühstücksbüfett in diesem modernen Hotel am Rand von Uptown ist beeindruckend. Die Zimmer sind minimalistisch und zeitgenössisch eingerichtet, und die großen Fenster gewähren einen weiten Blick auf die Stadt. Im Fahrenheit, der sinnlichen Dachbar, kann man sich stilvoll betrinken. Die Hotel-Lobby befindet sich im 10. Stock.

Der Parkservice kostet 20 US$ pro Übernachtung; billiger parkt man auf dem städtischen Parkplatz mit dem Parkautomaten hinter dem Hotel.

Price's Chicken Coop SÜDSTAATENKÜCHE **$**
(www.priceschickencoop.com; 1614 Camden Rd; Hauptgerichte 2–12 US$; ⊙ Di–Sa 10–18 Uhr) Das leicht schmuddelige Price's ist eine Institution in Charlotte, und seine Brathähnchen schaffen es regelmäßig auf die Liste der „Best Fried Chicken in America". Einfach anstellen und bei einem der zahllosen Köche in weißen Kitteln ein Dark Quarter oder White Half bestellen und das Ganze dann draußen (keine Sitzplätze) genießen! Der nur ein paar Blocks östlich an der E Park Ave gelegene Latta Park eignet sich gut zum Picknicken. Es ist nur Barzahlung möglich, aber es gibt einen Geldautomaten vor Ort.

Amelie's French Bakery & Cafe CAFÉ **$**
(www.ameliesfrenchbakery.com; 2424 N Davidson St; Gebäck 2–6 US$, Sandwich 6 US$; ⊙ 24 Std.; 🛜) Das einladende Café hat einfallsreiche Kaffees, Croissants und Baguettes mit Käse sowie ein dekadentes Sortiment von Keksen, Tartes, Petit-Fours und Kuchen. Man kann beim Schlemmen seinen Tag planen oder auch im Netz surfen. Rund um die Uhr geöffnet.

★**Soul Gastrolounge**
Tapas SUSHI, SANDWICHES **$$**
(☐ 704-348-1848; www.soulgastrolounge.com; 1500 Central Ave; kleine Gerichte 8–20 US$, Sushi 5–24 US$, Sandwich 6–15 US$; ⊙ Mo–Sa 17–2, So 11–15 & 17–2 Uhr) An der Plaza Midtown bietet diese schwüle, aber einladende Flüs-

terkneipe eine global inspirierte Auswahl kleiner Gerichte. Man hat die Qual der Wahl zwischen Spießen, Sushi und kubanischen oder vietnamesischen Sandwiches, doch die Küche versucht, jeder Kleinigkeit einen einzigartigen Geschmack zu verleihen. Die Dancing-Tuna-Rolls mit Jalapeños und zwei würzigen Mayo-Sorten sind sehr zu empfehlen, wenn man's scharf mag.

ℹ Praktische Informationen

Das alternative Wochenblatt *Creative Loafing* (www.clclt.com) hat einen Veranstaltungskalender.

Main Library (www.cmlibrary.org; 310 N Tryon ST; ⊙ Mo–Do 10–20, Fr & Sa bis 17 Uhr; 🛜♿) In der öffentlichen Bibliothek gibt's Computer mit Internetzugang und WLAN.

Visitor Center (☐ 704-331-2700; www.charlottesgotalot.com; 330 S Tryon St; ⊙ Mo–Sa 9–17 Uhr) Das Visitor Center in der Innenstadt gibt Stadtpläne und einen Stadtführer heraus.

ℹ Anreise & Unterwegs vor Ort

Der **Charlotte Douglas International Airport** (CLT; ☐ 704-359-4027; www.charmeck.org/departments/airport; 5501 Josh Birmingham

---

BIKE-SHARING IN DEN CAROLINAS

Wer Städte gern mit dem Rad erkundet, sollte sich eine Tageskarte (24 Std. gültig) für die Bike-Sharing-Programme B-Cycle in Charlotte, North Carolina, (8 US$; https://charlotte.bcycle.com) und Greenville, South Carolina, (5 US$; https://greenville.bcycle.com) besorgen. In Charlotte gibt es 24 Fahrrad-Stationen mit insgesamt 200 zur Verfügung stehenden Fahrrädern in Uptown und den nahe gelegenen Grünanlagen, in Greenville 35 Fahrräder und zehn Stationen, darunter viele an der beliebten Main St und nahe dem Swamp Rabbit Trail. Nicht vergessen, dass es sich hierbei nicht um einen Fahrradverleih, sondern um ein Bike-Sharing-Projekt handelt! Um für eine zügige Rückgabe der Räder zu sorgen, sind Fahrten von 30 bis 60 Minuten innerhalb des 24-Stunden-Zeitraums mit der Tageskarte kostenlos. Längere Fahrten kosten zusätzliche Gebühren. Gezahlt wird per Kreditkarte am Schalter der jeweiligen Station.

Pkwy) ist ein Drehkreuz von US Airways mit Direktflügen aus Europa und Großbritannien. Der **Greyhound-Busbahnhof** (601 W Trade St) und der **Amtrak-Bahnhof** (1914 N Tryon St) liegen in praktischer Nähe zur Uptown. **Charlotte Area Transit** (www.charmeck.org; einfache Strecke 2,20 US$) betreibt die Stadtbusse und Straßenbahnen. Das Charlotte Transit Center liegt in Uptown an der Brevard St zwischen der 4th St und der Trade St.

North Carolina Mountains

Die Cherokee kamen wegen der Jagdgründe in diese alten Berge, schottisch-irische Einwanderer hofften im 18. Jh. auf ein besseres Leben, und vornehme Orte wie Blowing Rock lockten Kranke mit ihrer frischen Höhenluft an. Heute zieht es Abenteurer und Naturfans zu den schönen Panoramastraßen, Waldwanderwegen und tosenden Flüssen.

Zu den Appalachen im westlichen Teil des Bundesstaats gehören die Gebirgsketten der Great Smoky, Blue Ridge, Pisgah und Black Mountains. Die kühlen Hügel erscheinen durch den Bewuchs mit Hemlocktannen, Kiefern und Eichen blaugrün; in den Wäldern leben Pumas, Hirsche, Schwarzbären, wilde Truthähne und Virginia-Uhus. Möglichkeiten zum Wandern, Campen, Klettern und Raften gibt es in Hülle und Fülle, und nach jeder Kurve zeigt sich ein neues, atemberaubendes Fotomotiv.

High Country

Der nordwestliche Teil des Bundesstaats nennt sich „High Country". Die größten Orte hier sind Boone, Blowing Rock und Banner Elk, die alle eine kurze Fahrt vom Blue Ridge Pkwy entfernt liegen. In dem lebendigen Collegestädtchen **Boone** sitzt die Appalachian State University (ASU). **Blowing Rock** und **Banner Elk** sind idyllische Touristenzentren in der Nähe der Skigebiete.

◉ Sehenswertes & Aktivitäten

Der Hwy 321 von Blowing Rock nach Boone ist flankiert von **Edelsteinfeldern** und anderen Touristenfallen. In Boone kann man einen Blick in die Läden der King St sowie auf die **Bronzestatue** der hiesigen Bluegrass-Legende Doc Watson werfen. Er zupft Gitarre an der Ecke King St und Depot St.

Grandfather Mountain WANDERN & TREKKEN
(☏828-733-4337; www.grandfather.com; Blue Ridge Pkwy, Mile 305; Erw./Kind 4–12 Jahre 20/

9 US$; ◷Juni–Aug. 8–19 Uhr, Sept.–Mai kürzere Öffnungszeiten) Wie jetzt? Hängt die Mile High Suspension Bridge etwa wirklich 1 Meile (1,6 km) über dem Erdboden? Nicht ganz – Höhenphobiker brauchen keine Angst zu haben. Tatsächlich befindet sich die Hängebrücke, die Attraktion des Parks, 1 Meile über dem Meeresspiegel, und die Schlucht darunter ist (nur) 24 m tief. Das ist zwar auch nicht zu verachten, aber nicht ganz so furchterregend. Auf den Wanderwegen kann man den Menschenmassen entfliehen. Auf den schwierigsten von ihnen kraxelt man auch schon mal auf Händen und Knien steile Anhöhen hinauf. Es gibt hier auch ein kleines Museum und ein Wildtierreservat mit Infos zu den Tieren und Pflanzen in der Gegend.

Die Familie, welcher der Berg gehört, verkaufte 2008 das Hinterland an die State-Park-Behörde, die im Jahr darauf den angrenzenden **Grandfather Mountain State Park** (www.ncparks.gov) eröffnete.

River and Earth Adventures OUTDOOR-AKTIVITÄTEN
(☏828-963-5491; www.raftcavehike.com; 1655 Hwy 105; Rafting halber/ganzer Tag ab 60/100 US$; ⊙) Bietet alles Mögliche von familienfreundlichen Höhlenwanderungen bis hin zu Raftingtrips auf Stromschnellen der Kategorie V in der Watauga Gorge. Die umweltbewussten Guides versorgen die Teilnehmer sogar mit Bio-Lunch-Paketen. Verleiht auch Kanus (60 US$), Kajaks (35–60 US$) und Reifen (20 US$).

🛏 Schlafen & Essen

In Boone gibt's Kettenhotels en masse. Private Campingplätze und B & Bs liegen in den Hügeln verstreut.

Mast Farm Inn B&B $$
(☏828-963-5857; www.themastfarminn.com; 2543 Broadstone Rd, Valle Crucis; Zi./Cottage ab 189/319 US$; 🅿❋🅢) Das restaurierte Farmhaus im hübschen Weiler Valle Crucis steht mit seinen alten Holzdielen, den Badewannen mit Klauenfüßen und selbst gemachten Sahnebonbons auf dem Nachttisch für rustikalen Komfort. Es gibt auch acht Hütten und Cottages. Die gehobene Gebirgskost im hauseigenen Restaurant Simplicity ist toll. Das 2014 eröffnete Over Yonder widmet sich der einfacheren Appalachen-Küche.

Six Pence Pub PUBESSEN $$
(www.sixpencepub.com; 1121 Main St, Blowing Rock; Hauptgerichte 6–14 US$; ⊙ Restaurant So–Do

NICHT VERSÄUMEN

SCENIC DRIVE: BLUE RIDGE PARKWAY

Auf dem gesamten Blue Ridge Pkwy, der die südlichen Appalachen vom Shenandoah National Park in Virginia (Meile 0) bis zum Great Smoky Mountains National Park in North Carolina (Meile 469 bzw. Km 755) durchquert, gibt es keine einzige Ampel.

Der von Präsident Franklin D. Roosevelt während der Weltwirtschaftskrise als Arbeitsbeschaffungsprojekt in Auftrag gegebene Parkway ist eine der klassischen Panoramastraßen der USA. Der North Carolina durchziehende 262 Meilen (422 km) lange Abschnitt windet sich durch eine atemberaubende Berglandschaft.

Der National Park Service (NPS; www.nps.gov/blri; ⊘ Mai–Okt.) betreibt Campingplätze und Visitor Centers. Toiletten und Tankstellen sind auf der Strecke dünn gesät. Infos über die Haltepunkte entlang der Strecke gibt's unter www.blueridgeparkway.org.

Hier einige Highlights und Campingplätze ab der Grenze zu Virginia Richtung Süden:

Cumberland Knob (Meile 217,5) NPS Visitor Center; zum Knob führt ein einfacher Spazierweg.

Doughton Park (Meile 241,1) Wanderwege und Campingmöglichkeiten.

Blowing Rock (Meile 291,8) Kleine Ortschaft, die nach einer zerklüfteten, kommerziell genutzten Klippe benannt ist, die einen tollen Ausblick und gelegentliche Aufwinde bietet sowie Schauplatz einer indianischen Liebesgeschichte ist.

Moses H Cone Memorial Park (Meile 294,1) Hübsches, altes Anwesen mit breiten Wegen und einem Kunsthandwerksladen.

Julian Price Memorial Park (Meile 296,9) Campingplatz.

Grandfather Mountain (Meile 305,1) Sehr beliebt wegen seiner Fußgängerhängebrücke in schwindelerregender Höhe. Es gibt auch ein Nature Center und ein Schutzgehege für Kleintiere.

Linville Falls (Meile 316,4) Kurze Wanderwege zum Wasserfall; Stellplätze.

Little Switzerland (Meile 334) Traditioneller Höhenkurort.

Mt. Mitchell State Park (Meile 355,5) Höchster Gipfel östlich des Mississippis (2037 m); Wander- und Campingmöglichkeiten.

Craggy Gardens (Meile 364) Entlang der Wanderwege blühen im Sommer prächtige Rhododendren.

Folk Art Center (Meile 382) Verkauf von hochwertigem Kunsthandwerk der Appalachenregion.

Blue Ridge Pkwy Visitor Center (Meile 384) Hervorragender Film, interaktive Karte und Infos zu Wanderwegen.

Mt. Pisgah (Meile 408,8) Wander- und Campingmöglichkeiten, Restaurant, Inn.

Graveyard Fields (Meile 418) Kurze Wanderwege zu einem Wasserfall.

11.30–22.30, Fr & Sa bis 24 Uhr, Bar bis 2 Uhr) Die Barkeeper dieses lebhaften britischen Pubs haben auf alles ein wachsames, aber freundliches Auge. Die Shepherd's Pie ist hier kein matschiges Etwas, sondern hübsch und adrett auf dem Teller drapiert.

Hob Nob Farm Cafe CAFÉ $$
(www.hobnobfarmcafe.com; 506 West King St, Boone; Frühstück & Mittagessen 3–11 US$, Abendessen 9–14 US$; ⊘ Mi–So 10–22 Uhr; 🖉) In dem bunt bemalten Cottage nahe der ASU verschlingt die hungrige Klientel warme Avocado-Tempeh-Sandwiches, Thai-Currys

und saftige Burger mit Rindfleisch aus der Region. Brunch bis 17 Uhr.

❶ Praktische Informationen

Visitor Center (📞 828-264-1299; www.high countryhost.com; 1700 Blowing Rock Rd, Boone; ⊘ Mo–Sa 9–17, So bis 15 Uhr) Im High Country Visitor Center gibt's Infos zu Unterkünften und Outdoor-Veranstaltern.

Asheville

Mit seinen Kleinbrauereien, dekadenten Schokoladenläden und stilvollen Restau-

DER SÜDEN NORTH CAROLINA MOUNTAINS

rants mit moderner Südstaaten-Cuisine ist Ashville eine der angesagtesten Kleinstädte im Osten. Hochglanzmagazine geraten regelrecht ins Schwärmen. Man darf sich aber nicht von den Hipstern und dem ganzen Pomp blenden lassen. Im Herzen ist Ashville noch immer ein kleines Bergdorf, das einfach über seine einstigen Grenzen hinausgewachsen ist, und hält an seinen Wurzeln fest. Das sieht man auf den ersten Blick: Auf der Biltmore Ave fiedelt ein Straßenmusikant einsam ein Liedchen, und überall in den Restaurants langen Wanderer nach der Besteigung des Mt. Pisgah kräftig zu. Vom Blue Ridge Pkwy, der am Stadtrand verläuft, fahren immer wieder Traveller ab, um die Stadt zu besichtigen. Auch eine große Künstlergemeinde sowie eine Menge Hardcore-Hippies, die kaum zu übersehen sind, sorgen dafür, dass Asheville authentisch bleibt.

◉ Sehenswertes & Aktivitäten

Die kompakte Innenstadt lässt sich problemlos zu Fuß erkunden. Die Art-déco-Gebäude haben sich seit 1930 kaum verändert. Man kann hier auch prima shoppen: Es gibt hier alles von flippigen Kerzenläden bis hin zu Vintage-Shops, trendigen Boutiquen und Geschäften mit hochwertiger lokaler Kunst. Am besten beginnt man die Shoppingtour an der Lexington Ave. West Asheville ist eine sehr angesagte Gegend – noch immer etwas düster, aber sehr cool. Freitagabends gibt's einen Trommelkreis am Pack Square mitten in der Downtown.

★ Biltmore Estate   HAUS, GARTEN

(☑ 800-411-3812; www.biltmore.com; 1 Approach Rd; Erw./Kind 10–16 Jahre 60/30 US$; ⊙ Haus 9–16.30 Uhr) Das 1895 für den Schifffahrts- und Eisenbahnerben George Washington Vanderbilt II. erbaute Biltmore ist das größte Privatwohnhaus der USA und Ashevilles wichtigste Touristenattraktion. Vanderbilt gestaltete das Haus nach dem Vorbild der großen Schlösser, die er auf seinen Reisen in Europa gesehen hatte. Die Besichtigung des Anwesens und des über 100 ha großen, wunderschön gepflegten Grundstücks dauert mehrere Stunden.

Man kann sich das Anwesen auf eigene Faust ansehen. Am besten holt man sich für zusätzliche 10 US$ einen informativen Audioguide. Für Interessenten gibt es auch eine Führung hinter die Kulissen (17 US$), bei der man mehr über die Bediensteten, die Gästezimmer und die ausschweifenden Partys erfährt. Im Sommer ist der Eintritt für Kinder in Begleitung eines Erwachsenen kostenlos.

Abgesehen von dem Haus finden sich hier zahlreiche Cafés, ein Souvenirladen von der Größe eines kleinen Supermarkts, ein feines Hotel und ein preisgekröntes Weingut mit Gratis-Verkostungen. In Antler Village vermittelt die neue Ausstellung *The Vanderbilts at Home and Abroad* über Biltmores Vermächtnis einen ein wenig persönlicheren Einblick in das Leben der Familie.

Chimney Rock Park   PARK

(www.chimneyrockpark.com; Hwy 64/74A; Erw./Kind 5–15 Jahre 15/7 US$; ⊙ Mitte März–Okt. 8.30–17.30 Uhr, Nov.–Mitte März wechselnde Öffnungszeiten) Der Chimney Rock ist ein 96 m hoher Granitmonolith, und der Blick von dort oben auf den Broad River und den Lake Lure ist einfach herrlich. Ein Aufzug bringt die Besucher hinauf, doch das Highlight ist die wunderbare Wanderung rund um die Klippen zu einem 123 m hohen Wasserfall. Der Park befand sich einst in Privatbesitz und gehört heute zum State-Park-Netzwerk. Der Zugang zum Felsen wird jedoch auch weiterhin kommerziell verwaltet. Der Park befindet sich 20 Meilen (32 km) südöstlich von Asheville.

Thomas Wolfe Memorial   HAUS

(www.wolfememorial.com; 52 N Market St; Museum frei, Führung durchs Haus Erw./Kind 7–17 Jahre 5/2 US$; ⊙ Di–Sa 9–17 Uhr) Diese in der Innenstadt gelegene Gedenkstätte ist Thomas Wolfe, dem Autor von *Schau heimwärts, Engel* gewidmet. Der Autor wuchs in Asheville auf, das ihm als Inspiration für den Schauplatz seines Romans diente. Außer dem kleinen Museum gibt es auch eine Führung durch das Haus.

☞ Geführte Touren

Brews Cruise   KLEINBRAUEREIN

(☑ 828-545-5181; www.ashevillebrewscruise.com; 57 US$/Pers.) Bei der Tour werden verschiedene Kleinbrauereien in Asheville besichtigt, Kostproben gehören ebenfalls zum Programm.

Lazoom Comedy Tour   COMEDY

(☑ 828-225-6932; www.lazoomtours.com; 21–29 US$/Pers.) Eine Fahrt mit diesem lilafarbenen Bus verspricht, eine hysterisch-historische Stadttour zu werden. Alkohol darf selbst mitgebracht werden.

🛏 Schlafen

Die **Asheville Bed & Breakfast Association** (📞877-262-6867; www.ashevillebba.com) vermittelt zahlreiche B & Bs in der Gegend, von Lebkuchenhäusern bis hin zu Almhütten.

Sweet Peas
HOSTEL $

(📞828-285-8488; www.sweetpeashostel.com; 23 Rankin Ave; B/Pod/Zi. 28/35/60 US$; P ❄ @ 🛜) Dieses picobello saubere Hostel könnte mit seinen qualitativ hochwertigen Stockbetten aus Stahl und den Schlaf-„Pods" aus hellem Holz glatt einem Ikea-Katalog entsprungen sein. Die loftähnliche Unterkunft ist offen gestaltet, und so kann es mitunter auch recht laut werden (der Pub im Erdgeschoss tut sein Übriges dazu). Die fehlende Privatsphäre und Ruhe werden jedoch durch Stil, Sauberkeit, Geselligkeit und die unschlagbar praktische Lage im Zentrum wieder wettgemacht.

Campfire Lodgings
CAMPING $$

(📞828-658-8012; www.campfirelodgings.com; 116 Appalachian Village Rd; Stellplatz für Zelt 35–38 US$, für Wohnmobil 45–65 US$, Jurte 115–135 US$, Hütte 160 US$; P ❄ 🛜) Wenn doch nur alle Jurten dieser Welt mit einem Flachbild-TV ausgestattet wären ... In diesen voll möblierten Zelten mit mehreren „Zimmern" an einem Hang nächtigen die wohl stilvollsten mongolischen Nomaden der Welt. Es gibt auch Hütten und Stellplätze für Zelte. Die Wohnwagenstellplätze haben WLAN-Zugang sowie einen wunderschönen Ausblick auf das Tal.

Omni Grove Park Inn
RESORT $$$

(📞828-252-2711; www.omnihotels.com; 290 Macon Ave; Zi. ab 349 US$; P ❄ @ 🛜 ⛱ 🏊) Der gigantische Steinbau im Arts-&-Crafts-Stil lässt mit seinem rüstigen, stattlichen Aussehen in so manchem Betrachter die Lust auf Abenteuer aufkeimen. Doch keine Angst, auf moderne Annehmlichkeiten muss man nicht verzichten, denn die Einrichtung der Zimmer orientiert sich am 21. Jh.! Das Spa ist eine unterirdische Grotte mit Steinbecken und einem künstlichen Wasserfall. Wer sich sportlich betätigen will, findet auf dem Anwesen einen Golfplatz und Tennisplätze. Außerdem hat das Nantahala Outdoor Center (S. 384) hier ein „Basislager".

Das Hotel feierte 2013 sein 100-jähriges Jubiläum. Die Kurtaxe für das Resort beträgt 25 US$ pro Tag. Fürs Haustier zahlt man 150 US$ pro Aufenthalt.

Aloft Asheville
HOTEL $$$

(📞828-232-2800; www.aloftasheville.com; 51 Biltmore Ave; Zi. ab 320 US$; P ❄ @ 🛜 ⛱ 🏊) Mit seiner riesigen Kreidetafel im Foyer, den coolen, jungen Angestellten und einem Laden für Outdoor-Klamotten im 1. Stock wirkt das Hotel wie eine Hipster-Community. Das einzige, was noch fehlt, ist ein bärtiger Typ mit Wollmütze und einem Kleinbrauerei-bier in der Hand – ach halt, da drüben ist er ja! O.k., kleiner Scherz. Aber wenn man sich erst einmal auf das Aloft einlässt, merkt man schnell, dass die Angestellten sich gut auskennen, die Zimmer schön groß sind und die Stimmung gesellig ist.

In der Nähe des Hotels finden sich ein paar angesagte Locations der Innenstadt, darunter auch die Wicked Weed Brewery und das Orange Peel.

🍴 Essen

Asheville ist ein tolles Ziel für Feinschmecker. Viele Besucher kommen tatsächlich nur wegen des Essens hierher.

⭐ White Duck Taco Shop
MEXIKANISCH $

(www.whiteducktacoshop.com; 12 Biltmore Ave; Taco bis 7 US$; ⏰ 11.30–21 Uhr) Auf der Kreidetafel der Taco-Bude in der Innenstadt findet man immer etwas Passendes. Alle Tacos klingen verführerisch: Wie wär's mit würzigem Buffalo Chicken mit Blauschimmelkäsesauce, knusprigem Schweinebauch oder gebratener Ente mit *mole*? Noch besser ist, dass diese butterweichen Tacos schön deftig sind. Als Vorspeise gibt's Pommes mit drei Salsas, ausreichend für mehrere Personen. Nicht übel sind auch die Margaritas.

Wer im River Arts District ist, kann gleich ins Originalrestaurant (1 Roberts St) gehen.

12 Bones
BARBECUE $

(www.12bones.com; 5 Riverside Dr; Gerichte 6–21 US$; ⏰ Mo–Fr 11–16 Uhr) Ist das lecker! Sogar Präsident Obama und seine Frau Michelle waren vor ein paar Jahren mal hier. Himmlisch zarte Fleischstücke werden hier schonend perfekt zubereitet, und die Beilagen – von Maisgrütze mit Jalapeños und Käse bis hin zu in Butter gewendeten grünen Bohnen – sind so köstlich, dass man die ganze Welt umarmen möchte. An der Theke ordern und sich einen Picknicktisch krallen!

French Broad Chocolate Lounge
BÄCKEREI, DESSERTS $

(www.frenchbroadchocolates.com; 10 S Pack Sq; Dessert bis 7 US$; ⏰ So–Do 11–23, Fr & Sa bis 24

Uhr) Die beliebte Chocolaterie in der Innenstadt ist zwar in einen größeren, schickeren Laden neben dem Pack Square Park umgezogen, hat sich aber ihr schokoladiges Herz erhalten. Erlesene Bioschokolade, dicke Schoko-Brownies, Ingwerplätzchen mit Schokostückchen, trinkbare „flüssige Trüffel" – hey, was will man mehr…

★ Cúrate
SPANISCH, TAPAS $$

(☎ 828-239-2946; www.curatetapasbar.com; 11 Biltmore Ave; kleine Gerichte 4–20 US$) Das gesellige Lokal widmet sich dem schlichten Charme und den leckeren Aromen traditioneller spanischer Tapas, die hier einen südstaatlichen Einschlag bekommen. Zarte Lammspieße mit maurischen Gewürzen, würzige, in Kartoffelchips gehüllte Chorizo, sautierte Shrimps mit Knoblauchscheiben – hier kann man richtig gut schlemmen. Am besten bestellt man sich noch ein Glas Grenache und plaudert mit seinen Freunden am Tisch und nicht am Telefon.

Unbedingt reservieren, vor allem am Wochenende! Nach 21 Uhr kann man sich aber vermutlich recht schnell einen Barhocker schnappen. Und das Restaurant „Karate" zu nennen, ist nicht wirklich witzig.

Ausgehen & Nachtleben

In der Innenstadt von Asheville gibt's eine Reihe von Bars und Cafés, von Studentenverbindungskneipen bis zu winzigen alternativen Hippieläden und neuen Kleinbrauereien. West Asheville hat eine entspanntere Kleinstadtatmosphäre. Der kostenlose *Field Guide to Breweries*, erhältlich im Visitor Center und in Hotels, bietet Infos und Lagepläne zu den (derzeit 27) Brauereien, Schankstuben und Bierkneipen am **Asheville Ale Trail** (www.ashevillealetrail.com).

Wicked Weed
KLEINBRAUEREI

(www.wickedweedbrewing.com; 91 Biltmore Ave; ⊙ Mo & Di 11.30–23, Mi & Do bis 24, Fr & Sa bis 1, So 12–23 Uhr) Heinrich VIII. bezeichnete Hopfen als „verderbes, gefährliches Unkraut" (*wicked weed*), das den Geschmack von Bier verderbe. Seine Untertanen tranken es trotzdem – ebenso wie die zahlreichen Gäste in diesem Restaurant mit Kleinbrauerei, wo der stetig fließende Gerstensaft das lebhafte Publikum bei Laune hält. Der Laden befindet sich in einer ehemaligen Tankstelle mit großer Vorderterrasse – groß, luftig und ideal zum Chillen.

In der Schankstube unten kann's am Wochenende abends sehr voll werden.

Hi-Wire Brewing Co
KLEINBRAUEREI

(www.hiwirebrewing.com; 197 Hilliard Ave; ⊙ Mo-Do 16–23, Fr 14–2, Sa 12–2, So 13–22 Uhr) Die Biere der rasch wachsenden Brauerei in der Innenstadt sind nach altmodischen Zirkusnummern benannt. Das Gebräu trinkt sich leicht, und in der entspannten Kneipe kann man samstagnachmittags prima mit Freunden abhängen.

Thirsty Monk
BIERHALLE

(www.monkpub.com; 92 Patton Ave; ⊙ Mo-Do 16–24, Fr & Sa 12–2, So 12–22 Uhr) In der etwas schmuddeligen, aber liebenswerten Bar gibt's einige handwerklich gebraute Biere aus North Carolina sowie belgisches Ale.

☆ Unterhaltung

Orange Peel
LIVEMUSIK

(www.theorangepeel.net; 101 Biltmore Ave; Ticket 10–35 US$) In der lagerhausähnlichen Location stehen namhafte Indie- und Punk-Bands auf der Bühne.

❶ Praktische Informationen

Pack Memorial Library (67 Haywood Ave; ⊙ Mo-Do 10–20, Fr bis 18, Sa bis 17 Uhr; 🛜) Bietet kostenloses WLAN und Computer mit kostenlosem Internetzugang.

Visitor Center (☎ 828-258-6129; www.exploreasheville.com; 36 Montford Ave; ⊙ Mo-Fr 8.30–17.30, Sa & So 9–17 Uhr) Das schicke Visitor Center liegt an der Ausfahrt 4C der I-240. Hier bekommt man auch Eintrittskarten für das Biltmore mit reduziertem Preis für den Audioguide. Im Zentrum gibt es neben dem Pack Square Park einen Ableger des Visitor Center mit Toiletten.

❶ Anreise & Unterwegs vor Ort

Asheville Transit (www.ashevilletransit.com; Tickets 1 US$) betreibt 17 städtische Buslinien (Mo-Sa 5.30–22.30 Uhr, So kürzere Betriebszeiten). Im vorderen Abschnitt der Busse gibt's kostenlose Fahrradständer. **Greyhound** (2 Tunnel Rd) befindet sich rund 1 Meile (1,6 km) nordöstlich vom Zentrum.

Vom 20 Minuten südlich der Stadt gelegenen **Asheville Regional Airport** (AVL; ☎ 828-684-2226; www.flyavl.com) gibt es eine Handvoll Direktflüge, u. a. von/nach Atlanta, Charlotte, Chicago und New York.

Great Smoky Mountains National Park

Der 211 ha große National Park, der sich über North Carolina und Tennessee erstreckt, ist ein stimmungsvoller, märchenhafter Ort. Er zählt zu den artenreichsten Gebieten der Erde, und die Landschaftsformen reichen von tiefen, dunklen Fichtenwäldern über sonnengeflutete, mit Gänseblümchen und wilden Möhren gesprenkelte Weiden bis hin zu breiten, braun schimmernden Flüssen. Es gibt unzählige Möglichkeiten zum Wandern und Campen, Reiten, Radfahren (mit Verleih) und Fliegenfischen. Wegen der über 10 Mio. Besucher pro Jahr – also der höchsten Besucherzahl aller Nationalparks in den USA – wird es hier aber leider oft unangenehm voll. Allerdings ist der in North Carolina gelegene Teil des Parks weniger frequentiert als der Tennessee-Teil, sodass man selbst in den touristischen Hochzeiten im Sommer noch eine Menge Platz für sich selbst hat.

Die Newfound Gap Rd (Hwy 441) ist die einzige Hauptverkehrsstraße durch den Great Smoky Mountains National Park. Sie windet sich durch die Berge von Gatlinburg in Tennessee bis nach Cherokee und zum geschäftigen **Oconaluftee Visitor Center** (☑ 828-497-1904; www.nps.gov/grsm;1194 Newfound Gap Rd, North Cherokee, NC ☺ Juni–Aug. 8–19.30 Uhr, Sept.–Mai wechselnde Öffnungszeiten) im Südosten, das Campinggenehmigungen für das Hinterland erteilt. Der **Oconaluftee River Trail** ist einer von nur zwei Wanderwegen im Nationalpark, auf den Hunde an der Leine mitgenommen werden dürfen. Er beginnt am Visitor Center und verläuft 2,4 km am Fluss entlang.

Auf dem Gelände befindet sich auch das **Mountain Farm Museum** (☑ 865-436-1200; www.nps.gov/grsm; GRATIS), ein restaurierter Bauernhof aus dem 19. Jh. mit Scheune, Schmiede und Räucherkammer (in der echte Schweineköpfe hängen). Alles wurde aus Originalgebäuden aus verschiedenen Teilen des Parks zusammengetragen. Gleich nördlich liegt die **Mingus Mill** (☺ Mitte März–Mitte Nov. tgl. 9–17 Uhr, zusätzl. am Thanksgiving-Wochenende)) GRATIS. In der von Turbinen angetriebenen Mühle von 1886 werden noch immer Weizen und Mais gemahlen. Ein paar Kilometer weiter liegt der einzige ganzjährig geöffnete Campingplatz in North Carolina, der **Smokemont Campground** (www.nps. gov/grsm; Stellplatz für Zelt & Wohnmobil 20 US$).

Im Osten wartet das abgeschiedene **Cataloochee Valley** mit mehreren historischen Bauten, zwischen denen Besucher umherstreifen können. Es ist eine prima Stelle, wenn man nach Wapiti-Hirschen und Schwarzbären Ausschau halten will.

Rund um den Great Smoky Mountains National Park

Die westlichste Ecke des Bundesstaats ist von Parklandschaft bedeckt, in der winzige Bergdörfer verstreut liegen. Das geschichtsträchtige Gebiet blickt auf eine traurige Vergangenheit zurück: In den 1830er-Jahren wurden viele der damals hier lebenden Cherokee auf dem „Pfad der Tränen" in Richtung Oklahoma vertrieben. Die Nachfahren derer, die flüchten konnten, werden heute als die „Eastern Band of the Cherokee" bezeichnet. Von ihnen leben noch etwa 12 000 in dem 227 km² großen Reservat Qualla Boundary am Rand des Great Smoky Mountains National Park.

An der Grenze des Qualla Boundary liegt das Örtchen **Cherokee** voller nachgemachter Indianersouvenirs, Fast-Food-Läden und mit dem **Harrah's Cherokee Casino** (www. caesars.com/harrahs-cherokee; 777 Casino Dr; ☺24 Stunden). Hier gibt es eine beeindruckende Wasser- und Videoshow, die Rotunda, mitten in der Lobby. Die beste Attraktion ist das moderne und fesselnde **Museum of the Cherokee Indian** (☑ 828-497-3481; www.

TAGESWANDERUNGEN IN DEN SMOKY MOUNTAINS

Im Folgenden eine Auswahl kurzer Wanderwege in oder an dem Teil des Parks, der zu North Carolina gehört:

Charlie's Bunion Vom Aussichtspunkt Newfound Gap folgt man 6,4 km dem Appalachian Trail bis zu einem Felsvorsprung, von dem aus sich ein umwerfender Blick auf die Berge und das Tal bietet.

Big Creek Trail Eine angenehme, 3,2 km lange Wanderung bis zu den Mouse Creek Falls; nach weiteren 4,8 km erreicht man einen Campingplatz im Hinterland. Der Ausgangspunkt des Weges liegt nahe der I-40 am nordöstlichen Rand des Parks.

Boogerman Trail Der mittelschwere, 11,3 km lange Rundkurs führt vorbei an alten Bauernhöfen und ist über die Cove Creek Rd zu erreichen.

Chasteen Creek Falls Dieser 6,4 km lange Rundweg beginnt am Campingplatz Smokemont und führt an einem kleinen Wasserfall vorbei.

cherokeemuseum.org; 589 Tsali Blvd/Hwy 441, an der Drama Rd; Erw./Kind 6–12 Jahre 11/7 US$; ⊙ tgl. 9–17 Uhr, Juni–Aug. Mo–Sa bis 19 Uhr), das eine interessante Ausstellung zum Pfad der Tränen (Trail of Tears) zeigt.

Südlich von Cherokee liegen der Pisgah und der Nantahala National Forest. Dort gibt es Millionen Hektar dichten Laubwalds, windgepeitschte, kahle Berggipfel und einige der besten Wildwasserstrecken des Landes. Durch beide Gebiete führen Teile des Appalachian Trail. Zu den Highlights des **Pisgah National Forest** gehören die blubbernden Becken im Örtchen **Hot Springs** (www.hot springsnc.org), die natürliche Wasserrutsche am **Sliding Rock** sowie der 48 km lange Rundwanderweg hinauf zum Gipfel des 1744 m hohen **Mt. Pisgah**, von dem aus man auf den aus Buch und Film bekannten Cold Mountain blickt. Im **Nantahala National Forest** finden sich mehrere beschauliche Seen und einige Dutzend tosender Wasserfälle.

Unmittelbar nördlich von Nantahala liegt das idyllische **Bryson City**, ein idealer Ausgangspunkt für Outdoor-Abenteuer. Hier befindet sich das riesige und sehr empfehlenswerte **Nantahala Outdoor Center** (NOC, ☑ 828-366-7502, 888-905-7238; www.noc.com; 13077 Hwy 19/74; Kajak/Kanu pro Tag 30/50 US$, geführte Tour 30–189 US$), das sich auf wilde, nasse Raftingtrips auf dem Nantahala River spezialisiert hat. Auf dem 202 ha großen Gelände gibt's auch Seilrutschen und Mountainbike-Möglichkeiten. Das Center hat sogar seine eigene Lodge, ein Hostel, ein ganzjährig geöffnetes Restaurant sowie saisonal geöffnet einen Grill und eine Kneipe (Mai–Sept.). Auch der Appalachian Trail verläuft über das Gelände.

Die **Great Smoky Mountains Railroad** (☑ 800-872-4681; www.gsmr.com; 226 Everett St; Nantahala-Gorge-Trip Erw./Kind 2–12 Jahre ab 55/31 US$) bietet vom Bahnhof in Bryson City aus eine malerische Zugfahrt durch das spektakuläre Flusstal.

Kost und Logis erhält man im vornehmen **Fryemont Inn** (☑ 828-488-2159; www.fryemont inn.com; 245 Fryemont St; Lodge/Suite/Hütte ab 110/180/245 US$; Nicht-Gäste Frühstück 5–9 US$, Abendessen 21–31 US$; ⊙ Restaurant Mitte April–Ende Nov. So–Di 8–10 & 18–20, Fr & Sa 18–21 Uhr; ⓟ ≋), einer familienbetriebenen Lodge mit Restaurant. Von der Vorderveranda des mit Baumrinde verkleideten Gasthauses blickt man direkt auf die Smokies und das Zentrum von Bryson City.

SOUTH CAROLINA

Mit Moos bewachsene Eichen, stattliche Herrenhäuser, breite Strände, wellige Hügellandschaften und ein widerspenstiger Charakterzug prägen South Carolina. Hier im tiefen Süden sind der Dialekt und die Traditionen ausgeprägter. Von seinen Patrioten im Amerikanischen Unabhängigkeitskrieg und den Sezessionisten der 1860er-Jahre bis hin zu der streitsüchtigen Führungsriege von heute hat der Palmetto State niemals eine Konfrontation gescheut.

Der Bundesstaat erstreckt sich vom silbrigen Sand der Atlantikküste westwärts über die Küstenebene und durch Piedmont bis hinauf zu den Blue Ridge Mountains. Die meisten Traveller beschränken ihre Reise auf die Küste mit ihren hübschen Städten aus der Antebellum-Ära und die palmengesäumten Strände. Doch das Hinterland wartet mit einer Vielzahl verschlafener alter Städtchen, rauer, nicht erschlossener State Parks und gespenstisch düsterer Sümpfe auf, und auf den Inseln im Ozean kann man die sanften Gesänge der Gullah hören. Die Sprache und die Kultur wurden von ehemaligen Sklaven begründet, die über die Jahrhunderte hinweg an vielen ihrer westafrikanischen Traditionen festhielten.

Ob man nun das vornehme, nach Geranien duftende Charleston oder das grelle, kitschige Myrtle Beach besucht: South Carolina ist immer ein einnehmendes Reiseziel.

Geschichte

Im Gebiet des heutigen South Carolina lebten mehr als 28 verschiedene Indianerstämme. Viele gehörten dem Volk der Cherokee an, das in den 1830er-Jahren über den „Pfad der Tränen" gewaltsam umgesiedelt wurde.

Die Engländer gründeten die Kolonie Carolina im Jahr 1670, die ersten Siedler kamen vom britischen Vorposten Barbados, sodass die damals „Charles Towne" genannte Hafenstadt einen karibischen Touch erhielt. Um die Küstensümpfe in Reisfelder zu verwandeln, wurden westafrikanische Sklaven ins Land verschleppt. Mitte des 18. Jhs. war das Land tief gespalten: Im „Lowcountry" herrschte eine Schicht Sklaven haltender Aristokraten, im ländlichen „Backcountry" siedelten arme Bauern aus Schottland, Irland und Deutschland.

South Carolina war der erste Staat, der sich von der Union abspaltete; die erste Schlacht des Amerikanischen Bürgerkriegs wurde bei Fort Sumter im Hafen von

Charleston geschlagen. Am Ende des Krieges war ein großer Teil des Bundesstaates verwüstet.

Im 20. Jh. lebte die Bevölkerung des Bundesstaats vorrangig vom Baumwoll- und Textilhandel. Auch heute noch ist South Carolina ein relativ armer Agrarstaat, auch wenn die Tourismusindustrie an der Küste Zuwachs verzeichnet.

In den letzten Jahren machte der Palmetto State mit seinen Politikern Schlagzeilen, von Nikki Haley, der ersten Frau als Gouverneurin und der ersten mit indianischen Wurzeln in diesem Amt, bis hin zum Kongressabgeordneten Joe Wilson, der während einer Rede von Präsident Obama im Kongress ausrief „Du lügst!", oder dem Kongressabgeordneten Mark Sanford, der während seiner Amtszeit als Gouverneur dadurch berühmt wurde, dass er behauptet hatte, eine Wanderung auf dem Appalachian Trail gemacht zu haben, während er in Wirklichkeit seine argentinische Geliebte besuchte.

Nachdem bei einem offenkundig rassistisch motivierten Attentat im Jahr 2015 neun Gemeindemitglieder einer traditionell von Schwarzen besuchten Kirche erschossen worden waren, beschloss das Parlament, die Konföderiertenflagge vom Gelände des State Capitol zu entfernen, wo sie seit 1962 geflattert hatte.

ℹ Praktische Informationen

South Carolina Department of Parks, Recreation & Tourism (☎ 803-734-1700; www.discoversouthcarolina.com; 1205 Pendleton St, Columbia; 🔊) Gibt den offiziellen Ferienführer für South Carolina heraus. In allen neun Highway Welcome Centers gibt es kostenloses WLAN. Das Passwort holt man sich drinnen.

South Carolina State Parks (☎ Camping-Reservierung 866-345-7275, 803-734-0156; www.southcarolinaparks.com) Eine hilfreiche Website mit Infos zu Aktivitäten und Wanderwegen sowie der Möglichkeit, Campingplätze online zu reservieren (6–40 US$/Nacht).

Charleston

Diese liebenswürdige Stadt empfängt Besucher mit der Wärme und Gastfreundschaft eines alten, geliebten Freundes – der leider Anfang des 18. Jhs. verstarb. Na ja, das mag vielleicht etwas übertrieben sein, aber die Kanonen, Friedhöfe und Kutschfahrten erinnern wirklich an eine vergangene Ära. Und diese historische Romantik, das kulina-

KURZINFOS SOUTH CAROLINA

Spitzname Palmetto State

Bevölkerung 4,8 Mio.

Fläche 77 982 km²

Hauptstadt Columbia (133 300 Ew.)

Weitere Städte Charleston (127 900 Ew.)

Verkaufssteuer 6 % zzgl. Übernachtungssteuer von bis zu 8,5 %

Geburtsort von Jazzmusiker Dizzy Gillespie (1917–1993), dem politischen Aktivisten Jesse Jackson (geb. 1941), Boxer Joe Frazier (geb. 1944), *Wheel of Fortune*-Moderatorin Vanna White (geb. 1957)

Heimat der ersten öffentlichen Bibliothek (1698), des ersten Museums (1773) und der ersten Dampfeisenbahn (1833) in den USA

Politische Ausrichtung überwiegend republikanisch

Berühmt für den ersten Schuss im Amerikanischen Bürgerkrieg, abgefeuert vom Fort Sumter in Charleston

Offizieller Tanz Shag

Entfernungen Columbia–Charleston 115 Meilen (185 km), Charleston–Myrtle Beach 97 Meilen (156 km)

rische Angebot und die Liebenswürdigkeit des Südens machen Charleston zu einem der beliebtesten Reiseziele im amerikanischen Süden mit jährlich mehr als 4,8 Mio. Besuchern.

Charlestons Charme kann man am besten auf sich wirken lassen, indem man ihn einfach genießt: an den historischen Gebäuden vorbeischlendern, ihre Architektur aus der Antebellum-Ära bewundern, innehalten, um den Duft des blühenden Jasmins in sich aufzusaugen, und zum Abschluss des Tages ausgiebig auf der Veranda zu Abend essen. Auch die Romantik hat hier ihren Platz, und so erblickt man überall Bräute mit vor Aufregung geröteten Wangen, die glücklich und erwartungsvoll auf den Stufen bezaubernder Kirchen stehen.

In der Hauptsaison vermischt sich der Duft von Gardenien und Heckenkirschen mit dem Geruch der Pferde vor den bereits erwähnten Kutschen, die über das Kopfsteinpflaster rumpeln. Im Winter, wenn das

Wetter milder ist und die Besuchermassen sich lichten, ist Charleston ein tolles Reiseziel für die Nachsaison.

Geschichte

Schon lange vor dem Amerikanischen Unabhängigkeitskrieg war Charles Towne (benannt nach Karl II.) einer der geschäftigsten Häfen an der Ostküste und das Zentrum einer prosperierenden Reisanbau- und -handelskolonie. Durch Einflüsse aus Westindien, Afrika, Frankreich und anderen europäischen Ländern entwickelte es sich zu einer kosmopolitischen Stadt, die oft mit New Orleans verglichen wurde.

Einen tragischen, doch bedeutenden Bestandteil der Geschichte der Stadt bildet die Sklaverei. Charleston war ein wichtiger Hafen und die Drehscheibe des Sklavenhandels mit florierenden Auktionshäusern für Sklaven nahe dem Cooper River. Die ersten Schüsse des Bürgerkriegs fielen bei Fort Sumter im Hafen von Charleston. Als nach dem Krieg mit der Abschaffung der Sklaverei die arbeitsintensiven Reisplantagen unrentabel wurden, verlor die Stadt ihre Bedeutung.

Im Jahr 2015 erschoss ein bewaffneter Weißer bei einem Amoklauf mehrere Menschen in der traditionell von Schwarzen genutzten Emanuel African Methodist Episcopal (AME) Church. Das warf die Frage nach der rassistischen Vergangenheit und deren Auswirkungen auf die Gegenwart wieder auf.

⊙ Sehenswertes

⊙ Historisches Viertel

In dem Viertel südlich der Beaufain St und der Hasell St befinden sich die meisten Herrenhäuser aus der Zeit vor dem Bürgerkrieg sowie viele Geschäfte, Bars und Cafés. Ganz im Süden der Halbinsel stehen die Vorkriegsvillen von Battery. Der **Gateway Walk** windet sich von der **St. John's Lutheran Church** (5 Clifford St) an mehreren Kirchen und Friedhöfen vorbei zur **St. Philip's Church** (146 Church St).

Old Exchange & Provost Dungeon   HISTORISCHES GEBÄUDE
(www.oldexchange.org; 122 E Bay St; Erw./Kind 7–12 Jahre 10/5 US$; ⊙9–17 Uhr; 🚻) Kinder lieben das gruselige Verlies, in dem einst Piraten und später während des Unabhängigkeitskrieges amerikanische Patrioten von den

Briten gefangen gehalten wurden. Die engen Zellen befinden sich unterhalb des stattlichen georgianisch-palladianischen Zollhauses von 1771. Die Führung durch das Verlies wird von kostümierten Guides geleitet. In den oberen Etagen lässt sich eine Ausstellung über die Stadt besichtigen.

Es gibt auch Kombitickets mit dem Old Slave Mart Museum (Erw./Kind 15/8 US$).

Old Slave Mart Museum   MUSEUM
(www.nps.gov/nr/travel/charleston/osm.htm; 6 Chalmers St; Erw./Kind 5–17 Jahre 7/5 US$; ⊙Mo–Sa 9–17 Uhr) Auf dem Gelände von Ryan's Mart wurden Mitte des 19. Jhs. unter freiem Himmel Männer, Frauen und Kinder aus Afrika versteigert. Heute gibt es hier ein Museum über die schändliche Vergangenheit South Carolinas. Die textlastige Ausstellung beleuchtet das Schicksal der Sklaven. Die wenigen Exponate, etwa Fußfesseln, sind besonders schaurig. Die auf Tonband aufgenommenen Erinnerungen von ehemaligen Sklaven wie Elijah Green liefern Geschichte aus erster Hand.

Es gibt auch Kombitickets mit dem Old Exchange (Erw./Kind 15/8 US$).

Gibbes Museum of Art   GALERIE
(www.gibbesmuseum.org; 135 Meeting St; Erw./Kind 9/7 US$; ⊙Di–Sa 10–17, So 13–17 Uhr) Das Museum zeigt eine ordentliche Sammlung von Werken von Künstlern aus den Südstaaten und den ganzen USA. Die Sammlung zeitgenössischer Kunst umfasst Arbeiten lokaler Künstler mit dem Leben im Lowcountry als Schwerpunkt. Das Museum war 2015 wegen Renovierungsarbeiten geschlossen, soll aber im Frühjahr 2016 wiedereröffnet werden.

Battery & White Point Gardens   GARTEN
Battery wird die südlichste, von der Ufermauer geschützte Spitze der Charleston Peninsula genannt. Beim Bummel durch die Gartenanlagen kommt man vorbei an Kanonen und den Statuen von Kriegshelden. Von der Promenade blickt man auf Fort Sumter.

Kahal Kadosh Beth Elohim   SYNAGOGE
(www.kkbe.org; 90 Hasell St; ⊙Führung Mo–Do 10–12 & 13.30–15.30, Fr 10–12 & 13–15, So 13–15.30 Uhr) In der ältesten ohne Unterbrechung genutzten Synagoge der USA gibt's kostenlose sachkundige Führungen.

Rainbow Row   GEBIET
Dieser Abschnitt der unteren E Bay St mit seinen bonbonfarbenen Häusern ist der

am meisten fotografierte Teil der Stadt. Die Häuser befinden sich um die Ecke vom White Point Garden.

Historische Häuser

Etwa ein halbes Dutzend der majestätischen historischen Häuser ist für Besucher zugänglich. Ermäßigte Kombitickets verleiten einen vielleicht, sich mehrere anzusehen, doch den meisten Besuchern reicht die Besichtigung von ein oder zwei Häusern. Innerhalb der angegebenen Öffnungszeiten gibt's alle halbe Stunde eine Führung.

Aiken-Rhett House   HISTORISCHES GEBÄUDE
(www.historiccharleston.org; 48 Elizabeth St; Frw / Kind 6–16 Jahre 12/5 US$; ⊙ Mo–Sa 10–17, So 14–17 Uhr) Die einzige erhaltene städtische Plantage vermittelt anhand des zugehörigen Wohnhauses faszinierende Einblicke in das Leben in der Antebellum-Ära und das Schicksal der Sklaven. Hinter dem Haupthaus kann man einen Blick in ihre Quartiere werfen, die an Schlafsäle erinnern. Die Historic Charleston Foundation verwaltet, erhält und bewahrt das Haus, restauriert es aber nicht. Das bedeutet, dass sich das Gebäude größtenteils im Originalzustand befindet.

Joseph Manigault
House   HISTORISCHES GEBÄUDE
(www.charlestonmuseum.org; 350 Meeting St; Erw./Kind 13–17 Jahre/3–12 Jahre 12/10/5 US$; ⊙ Mo–Sa 9–17, So 13–17 Uhr) Das dreistöckige, im Federal Style erbaute Haus war einst der ganze Stolz eines französischen Hugenotten und Reisplantagenbesitzers. Besonders sehenswert ist der winzige neoklassizistische Tempel im Garten.

Nathaniel
Russell House   HISTORISCHES GEBÄUDE
(www.historiccharleston.org; 51 Meeting St; Erw./Kind 6–16 Jahre 12/5 US$; ⊙ Mo–Sa 10–17, So 14–17 Uhr) Die spektakuläre freitragende Wendeltreppe ist das Highlight des Hauses, das ein Mann aus Rhode Island, der in Charleston „König der Yankees" genannt wurde, 1808 im Federal Style erbauen ließ. Der kleine, aber üppige englische Garten ist ebenso bemerkenswert wie das quadratisch-rund-rechteckige Haus.

◉ Marion Square

Der 4 ha große Park beherbergte einst das Waffenarsenal des Bundesstaats und ist heute mit seinen verschiedenen Monumen-

ten und einem exzellenten Bauernmarkt an Samstagen quasi die Wohnstube von Charleston.

Charleston Museum   MUSEUM
(www.charlestonmuseum.org; 360 Meeting St; Erw./Kind 13–17 Jahre/3–12 Jahre 12/10/5 US$; ⊙ Mo–Sa 9–17, So 12–17 Uhr) Das 1773 gegründete Museum soll angeblich das älteste des Landes sein. Es ist sehr hilfreich und informativ, wenn man vor einem Bummel durch die Altstadt erst einmal etwas über den historischen Hintergrund erfahren will. Die Ausstellung beleuchtet verschiedene Epochen der langen und verwickelten Geschichte Charlestons.

Zu den Exponaten zählen ein Walskelett, Sklavenmarken und der „Sezessionstisch", auf dem die Dokumente zur Abspaltung des Bundesstaats unterzeichnet wurden. Nicht versäumen sollte man den Eisbären.

◉ Aquarium Wharf

Die Aquarium Wharf umgibt den hübschen Liberty Sq. Hier kann man prima umherschlendern und dabei zusehen, wie Schlepper Schiffe in den viertgrößten Containerhafen der USA ziehen. Der Kai ist zudem einer von zwei Landeplätzen, an denen die Bootstouren nach Fort Sumter beginnen. Der andere ist Patriot's Point.

Fort Sumter   HISTORISCHE STÄTTE
Die ersten Schüsse im Amerikanischen Bürgerkrieg wurden von Fort Sumter aus abgegeben, einer fünfeckigen Insel im Hafen. Die Festung der Konföderierten wurde zwischen 1863 und 1865 von den Unionstruppen bis auf ihre Grundmauern niedergeschossen. Ein paar wenige originale Geschütze und Befestigungsanlagen lassen die ereignisreiche Geschichte lebendig werden. Die Insel kann nur im Rahmen einer **Bootstour** (☎ Bootstour 843-722-2628, Park 843-883-3123; www.nps.gov/fosu; Erw./Kind 4–11 Jahre 19/12 US$) besichtigt werden. Die Touren beginnen im Sommer um 9.30, 12 und 14.30 Uhr (im Winter weniger häufig) an der 340 Concord St sowie vom Mitte März bis Ende August um 10.45, 13.30 und 16 Uhr (seltener im Rest des Jahres) am Patriot's Point in Mt. Pleasant auf der gegenüberliegenden Flussseite.

☞ Geführte Touren

Eine Auflistung aller in Charleston angebotenen Stadtführungen, Kutschfahrten, Bus-

DER SÜDEN CHARLESTON

KULTUR DER GULLAH

Afrikanische Sklaven wurden aus der als Reisküste bekannten Region (Sierra Leone, Senegal, Gambia und Angola) in eine Welt abgelegener Inseln verschleppt, die mit ihren sumpfigen Küstengebieten, der tropischen Vegetation und den heißen, schwülen Sommermonaten ihrer Heimat überraschend stark ähnelte.

Diese neuen Afroamerikaner konnten selbst nach der Abschaffung der Sklaverei und bis weit ins 20. Jh. hinein an vielen ihrer alten Traditionen festhalten. Die sich daraus entwickelnde Gullah-Kultur (auch Geechee-Kultur) besitzt eine eigene Sprache – eine auf dem Englischen basierende Kreolsprache mit zahlreichen afrikanischen Wörtern und eigenem Satzbau – und hat sich viele Traditionen wie das Erzählen von Geschichten, die Kunst, Musik und das Kunsthandwerk bewahrt. Die Gullah-Kultur wird jedes Jahr mit dem munteren **Gullah Festival** (www.theoriginalgullahfestival.org; ⊙ Ende Mai) in Beaufort gefeiert.

und Bootstouren würde einen ganzen Reiseführer füllen. Umfangreiche Infos erhält man im Visitor Center.

Culinary Tours of Charleston   KULINARISCHE STADTFÜHRUNG
(☏ 843-722-8687; www.culinarytoursofcharleston. com; Führung 2½ Std. 50 US$) Bei dem Spaziergang „Savor the Flavors of Charleston" durch die Restaurants und Märkte der Stadt wird man mit Maisgrütze, Pralinen und Grillfleisch verköstigt.

Adventure Harbor Tours   BOOTSFAHRT
(☏ 843-442-9455; www.adventureharbortours. com; Erw./Kind 3–12 Jahre 55/30 US$) Unterhaltsame Bootstouren hinüber zur unbewohnten Morris Island, auf der man wunderbar Muscheln sammeln kann.

Charleston Footprints   STADTSPAZIERGANG
(☏ 843-478-4718; www.charlestonfootprints.com; 2-stündige Tour 20 US$) Beliebte Stadtführung, bei der die historischen Sehenswürdigkeiten Charlestons zu Fuß erkundet werden.

⚜ Feste & Events

Lowcountry Oyster Festival   ESSEN
(www.charlestonrestaurantassociation.com/low -country-oyster-festival; ⊙ Jan.) Austernliebhaber laben sich im Januar in Mt. Pleasant an 36 000 kg der salzigen Meereslebewesen.

Spoleto USA   DARSTELLENDE KÜNSTE
(www.spoletousa.org; ⊙ Mai) Das 17-tägige Festival der darstellenden Künste ist Charlestons größte Veranstaltung. In der ganzen Stadt finden Opern, Theaterstücke und Konzerte statt.

MOJA Arts Festival   DARSTELLENDE KÜNSTE
(www.mojafestival.com; ⊙ Sept.) Bei diesem Festival zu Ehren der afroamerikanischen

und karibischen Kultur stehen zwei Wochen lang Lesungen und Gospelkonzerte im Mittelpunkt des Geschehens.

⏨ Schlafen

Eine Übernachtung im historischen Zentrum ist natürlich am reizvollsten, dafür aber auch am teuersten, vor allem wenn man am Wochenende und in der Hauptsaison hierher kommt. Die hier angegebenen Preise beziehen sich auf die Hauptsaison (Frühjahr & Frühsommer). In den Kettenhotels an den Highways in der Nähe des Flughafens kann man wesentlich günstiger übernachten. Ein Hotelparkplatz in der Innenstadt kostet in der Regel zwischen 12 und 20 US$ pro Nacht; Unterkünfte am Stadtrand bieten oft kostenlose Parkplätze.

In der Stadt finden sich jede Menge bezaubernde B&Bs, die mit Südstaatenfrühstück und der für die Region typischen Gastfreundlichkeit aufwarten, die jedoch auch schnell belegt sind. Am besten wendet man sich an eine Agentur wie **Historic Charleston B&B** (☏ 843-722-6606; www.historiccharles tonbedandbreakfast.com; 57 Broad St; ⊙ Mo–Fri 9–17 Uhr).

James Island County Park   CAMPING $
(☏ 843-795-4386; www.ccprc.com; 871 Riverland Dr; Stellplatz für Zelt ab 25 US$, Cottage für 8 Pers. 169 US$; ☏) Dieser 260 ha große Campingplatz südwestlich der Innenstadt mit Wiesen, einem Sumpfgebiet und einem Hundepark ist eine hervorragende Budgetoption. Hier kann man Fahrräder und Kajaks mieten oder eine Runde Discgolf spielen. Der Campingplatz bietet einen Shuttle-Service zur Innenstadt und zum Folly Beach (10 US$) an. Reservierungen sind sehr zu empfehlen. Es gibt hier 124 Stellplätze und zehn Cottages neben dem Sumpf. Zwischen

Juni und August werden die Cottages nur wochenweise vermietet.

1837 Bed & Breakfast
B&B $$

(☎ 877-723-1837, 843-723-7166; www.1837bb.com; 126 Wentworth St; Zi. 135–189 US$; P ❄ 🛜) Dieses B&B nahe dem College of Charleston könnte auch die Stube einer exzentrischen, antiquitätenverrückten Tante sein. Es hat neun charmant überladene Zimmer, drei davon in der alten Backstein-Remise.

Indigo Inn
BOUTIQUEHOTEL $$

(☎ 843-577-5900; www.indigoinn.com; 1 Maiden Lane; Zi. 249 US$; P ❄ 🛜 🐾) Das Beste an dieser Unterkunft ist das leckere Schinkengebäck zum Frühstück. Es gibt aber noch weitere Vorzüge, etwa die Top-Lage mitten in der historischen Altstadt oder der paradiesische private Hof, in dem die Gäste neben dem Springbrunnen mit kostenlosem Wein und Käse versorgt werden. Die Deko erinnert leicht ans 18. Jh. Die Betten sind sehr bequem. Haustiere mitzubringen, kostet 40 US$ pro Nacht.

Town & Country Inn & Suites
HOTEL $$

(☎ 843-571-1000; www.thetownandcountryinn.com; 2008 Savannah Hwy; Zi./Suite ab 169/189 US$; P ❄ @ 🛜 🐾) Knapp 10 km von der Innenstadt entfernt bietet das Town & Country moderne, stilvolle Zimmer zu vernünftigen Preisen. Das Hotel ist eine gute Bleibe, wenn man am nächsten Morgen die Plantagen am Ashley River besuchen will.

★ Ansonborough Inn
HOTEL $$$

(☎ 800-522-2073; www.ansonboroughinn.com; 21 Hasell St; Zi. ab 299 US$; P ❄ @ 🛜) Skurrile neoviktorianische Details wie der gläserne Aufzug mit Perserteppich, der winzige britische Pub oder die hochherrschaftlichen Porträts von Hunden offenbaren in diesem traulichen, wie ein altes Segelschiff wirkenden Hotel in der Altstadt einen gewissen Sinn für Humor. Eine Mischung aus Alt und Neu prägt die riesigen Gästezimmer mit abgewetzten Ledersofas, hohen Decken und Flachbildfernsehern.

Zwischen 17 und 18 Uhr gibt's kostenlos Wein und Käse (u. a. leckeren *Pimento cheese*), was das gesellige Zusammensein fördert.

Vendue Inn
INN $$$

(☎ 843-577-7970; www.vendueinn.com; 19 Vendue Range; Zi./Suite 265/435 US$; P ❄ 🛜) Nach der 4,8 Mio. US$ teuren Renovierung und Erweiterung zeigt das Boutiquehotel einen eleganten, modernen und dennoch einladenden Stil. Gemäß seinem neuen Image als Art Hotel findet man auf dem ganzen Anwesen Kunstwerke, und auch das Hotel selbst erweist sich als Meisterstück in Sachen Architektur und Design. In den Zimmern im Hauptgebäude gehen Schlichtheit und Komfort nahtlos ineinander über, während in den Zimmern im Haus auf der gegenüberliegenden Straßenseite ins Auge fallende Kunst der klassischen Einrichtung Pepp verleiht.

Die beliebte Rooftop Bar ist einen Besuch wert, auch wenn man nicht im Hotel absteigt. Parken kostet 16 US$ pro Nacht.

🍴 Essen

Charleston gehört zu den Gourmetzentren des Landes – es gibt hier genügend gute Restaurants für eine dreimal so große Stadt. Die klassischen Lokale sind auf raffinierte Meeresfrüchtegerichte mit französischem Touch spezialisiert, während viele aufstrebende, moderne Restaurants innovative Südstaatenküche mit Fokus auf die kulinarischen Vielfalt der Region servieren, von Austern über Reis bis hin zu traditionellen Schweinefleischgerichten. Samstags findet ein großartiger **Bauernmarkt** (Marion Sq; ⏰ April–Okt. Sa 8–13 Uhr) statt.

Sugar Bakeshop
BÄCKEREI $

(www.sugarbake.com; 59 1/2 Cannon St; Gebäck bis 4 US$; ⏰ Mo–Fr 10–18, Sa 11–17 Uhr) Im Sugar, einer winzigen Bäckerei nördlich vom Stadtzentrum, sind die Angestellten so süß wie die Cupcakes. Wenn vorhanden, sollte man die Lady-Baltimore-Cupcakes probieren, eine Spezialität der Südstaaten mit getrockneten Früchten und weißer Glasur.

Artisan Meat Share
SANDWICHES $

(www.artisanmeatsharecharleston.com; 33 Spring St; Sandwich 7–12 US$; ⏰ Mo–Fr 11–19, Sa & So 10–19 Uhr) Hier dreht sich alles ums Fleisch: in ein Biscuit gestopft, aufgetürmt auf Kartoffelbrot oder auf alle erdenkliche Art in der Wurst- und Fleischtheke. Man bestellt an der Theke, sucht sich einen Sitzplatz und erhält dann das Gewünschte. Das Geheimnis: Alles ist frisch, hausgemacht und lecker, und die Zutaten stammen aus der Region. Der Salat mit Erbsen und Erdnüssen ist einfach super!

Gaulart & Maliclet
FRANZÖSISCH $

(www.fastandfrenchcharleston.com; 98 Broad St; Frühstück bis 7 US$, Mittagessen 5–9 US$, Abendessen 5–18 US$; ⏱ Mo 8–16, Di–Do bis 22, Fr & Sa bis 22.30 Uhr) Einheimische drängen sich um die Gemeinschaftstische des winzigen Bistros, das auch als „Fast & French" bekannt ist, und lassen sich französischen Käse, Wurst und die Abendmenüs (16 US$) mit Brot, Suppe, einem Hauptgericht und Wein schmecken.

Fleet Landing
SEAFOOD $$

(☎843-722-8100; www.fleetlanding.net; 186 Concord St; Mittagessen 9–23 US$, Abendessen 10–26 US$; ⏱ tgl. 11–16, So–Do 17–22, Fr & Sa bis 23 Uhr) Hier bekommt man ein perfektes Charleston-Mittagessen: eine Schüssel Krabbensuppe mit einem Schuss Sherry, eine große Schale Shrimps und Maisgrütze; dazu gibt's einen tollen Blick auf den Fluss. Das in einem alten Marinegebäude am Pier untergebrachte Fleet Landing ist ein gemütliches, malerisches Restaurant, in dem man frischen Fisch, gebratene Meeresfrüchte oder einen Burger genießen kann, nachdem man am Vormittag die Stadt erkundet hat.

Die Shrimps mit Maisgrütze und Tasso-Schinken-Sauce sind bodenständig und die besten in der ganzen Stadt.

Poe's Tavern
KNEIPENESSEN $$

(www.poestavern.com; 2210 Middle St, Sullivan's Island; Hauptgerichte 9–13 US$; ⏱ 11–2 Uhr) An einem sonnigen Tag ist die Veranda vor dem Poe's auf Sullivan's Island *die* Adresse schlechthin. Edgar Allan Poe, der Meister des Makaberen und Namensgeber der Taverne, war einst im nahe gelegenen Fort Moultrie stationiert. Die Burger sind ein Traum, und zum Amontillado gibt's leckere Guacamole, Jalapeño Jack, Pico de Gallo und Chipotle Sour Cream dazu. Sprach der Rabe: „Immer mehr!"

Xiao Bao Biscuit
ASIATISCH $$

(www.xiaobaobiscuit.com; 224 Rutledge Ave, Ecke Spring St; Mittagessen 10 US$, abends kleine Gerichte 8–10 US$, Hauptgerichte 12–17 US$; ⏱ Mo–Sa 11.30–14 & 17.30–22 Uhr) Freiliegende Ziegelwände und Betonboden prägen das in einer ehemaligen Tankstelle untergebrachte gemütliche und gleichzeitig stilvolle Restaurant, das in Bezug auf hippes Ambiente hohe Maßstäbe setzt. Auf der kurzen, aber verführerischen Speisekarte stehen einfache pan-asiatische Gerichte mit Zutaten aus der Region und schmackhaften Gewürzen. Wer mal etwas Anderes und Unvergessliches sucht, sollte das *okonomiyaki* – einen Kohl-Pfannkuchen – mit Eiern und Speck probieren.

Hominy Grill
MODERNE SÜDSTAATENKÜCHE $$

(www.hominygrill.com; 207 Rutledge Ave; Frühstück 8–16 US$, Hauptgerichte mittags & abends 9–19 US$; ⏱ Mo–Fr 7.30–21, Sa 9–21, So bis 15 Uhr; 🖉) Das etwas abseits der ausgetretenen Pfade gelegene Kiezcafé serviert moderne, vegetarierfreundliche Gerichte der Lowcountry-Küche in einem alten Friseurladen. Die schattige Veranda ist ideal zum Brunchen.

★ FIG
MODERNE SÜDSTAATENKÜCHE $$$

(☎843-805-5900; www.eatatfig.com; 232 Meeting St; Hauptgerichte 29–31 US$; ⏱ Mo–Do 17.30–22.30, Fr & Sa bis 23 Uhr) Das FIG ist ein seit Langem beliebtes Restaurant, und es ist offensichtlich, warum: Das Personal ist freundlich, der Service effizient und trotzdem nicht hektisch, und die moderne Südstaatenküche des James-Beard-Preisträgers Mike Lata erstklassig. Die Zutaten für die sechs Abendgerichte kommen ganz frisch aus dem Meer, von den Farmen und aus den Mühlen der Region. FIG steht für „Food is Good" (das Essen ist gut) – und jeder Gourmet wird dem beipflichten.

Reservieren ist unbedingt empfehlenswert, doch wagemutige Alleingänger erwischen vielleicht einen Platz am Gemeinschaftstisch oder an der Bar.

🍷 Ausgehen & Nachtleben

Die lauen Abende in Charleston sind wie geschaffen dafür, einen erfrischenden Cocktail zu trinken oder zu Live-Blues das Tanzbein zu schwingen. Veranstaltungstipps gibt's im wöchentlich erscheinenden *Charleston City Paper* und in der „Preview"-Beilage der Freitagsausgabe des *Post & Courier*.

Husk Bar
BAR

(www.huskrestaurant.com; 76 Queen St; ⏱ ab 16 Uhr) Diese Bar aus Backsteinen und abgewetztem Holz verströmt ein persönliches, ungezwungenes Flair. Sie ist an das Restaurant Husk angeschlossen. Gemixt werden historische Cocktails wie der Monkey Gland (Gin, Orangensaft, Himbeersirup).

Rooftop at Vendue Inn
BAR

(www.vendueinn.com; 23 Vendue Range; ⏱ So–Do 11.30–23, Fr & Sa bis 24 Uhr) Die Dachbar bietet den besten Blick auf die Stadt – was auch die vielen Gäste belegen. Sonntags Biere, Cocktails und Livemusik (18–21 Uhr) genießen!

Blind Tiger
PUB

(www.blindtigercharleston.com; 36-38 Broad St; ⏱ Mo–Sa 11–2 Uhr) Eine gemütliche und stimmungsvolle Kneipe, deren Decke mit gestanztem Zinn verkleidet ist. Die Bar ist aus verschlissenem Holz gezimmert und das Kneipenessen sehr lecker.

Closed for Business KNEIPE
(www.closed4business.com; 453 King St; ⊗ Mo-Sa 11-2, So 10-14 Uhr) Große Bierauswahl und gesellige Kneipenatmosphäre.

 Shoppen

Das historische Viertel ist vollgestopft mit überteuerten Souvenirläden und Ramschmärkten. Die King St ist daher die bessere Wahl. Im unteren Abschnitt finden sich Antiquitäten, in der Mitte angesagte Boutiquen, und im oberen Teil gibt's trendige Designer- und Geschenkläden. Der zentrale Abschnitt der Broad St wird aufgrund seiner zahlreichen Kunstgalerien auch „Gallery Row" genannt.

Shops of Historic Charleston Foundation GESCHENKE
(www.historiccharleston.org; 108 Meeting St; ⊗ Mo-Sa 9-18, So 12-17 Uhr) Hier können Schmuckstücke, Einrichtungsgegenstände und Möbel erstanden werden, die alle von den historischen Bauten der Stadt inspiriert wurden.

Charleston Crafts Cooperative KUNSTHANDWERK
(www.charlestoncrafts.org; 161 Church St; ⊗ 10-18 Uhr) Eine hochpreisige, aber gute Auswahl zeitgenössischen Kunsthandwerks aus South Carolina, etwa Korbwaren aus Mariengras, handgefärbte Seidenwaren und Holzschnitzereien.

Blue Bicycle Books BÜCHER
(www.bluebicyclebooks.com; 420 King St; ⊗ Mo-Sa 10-19.30, So 13-18 Uhr) Hervorragender Buchladen für alte und neue Bücher mit einer tollen Auswahl zur Geschichte und Kultur der Südstaaten.

❶ Praktische Informationen

In der gesamten Innenstadt von Charleston gibt's kostenlosen öffentlichen Internetzugang (WLAN).
Charleston City Paper (www.charlestoncitypaper.com) Das mittwochs erscheinende alternative Wochenblatt hat gute Unterhaltungs- und Restauranttipps.
Polizei (🕿 Nicht-Notfälle 843-577-7434; 180 Lockwood Blvd) Die Polizeiwache liegt gleich nordwestlich vom Zentrum.
Post & Courier (www.postandcourier.com) Charlestons Tageszeitung.

EIN SOMBRERO LÄSST GRÜSSEN

Ja, das da an der Grenze zwischen North und South Carolina *ist* ein riesiger Sombrero, der sich über die I-95 erhebt. *Bienvenidos* am **South of the Border** (www.thesouthoftheborder.com; 3346 Hwy 301 N Hamer), einem Monument des amerikanischen Kitschs mit mexikanischem Flair. Was in den 1950er-Jahren als Verkaufsstand für Feuerwerk begann (Pyrotechnik ist in North Carolina verboten), hat sich zu einer Mischung aus Raststätte, Souvenirläden, Motel und Vergnügungspark (heute größtenteils außer Betrieb) entwickelt, die auf Hunderten Reklametafeln von einer schrecklich klischeebehafteten mexikanischen Cartoonfigur mit dem Namen Pedro angepriesen wird. Hier ist immer weniger los, ein kurzer Stopp für ein Foto und was Süßes lohnt sich aber.

Post (www.usps.com; 83 Broad St; ⊗ 11.30-15.30 Uhr) Ecke Broad St und Meeting St.
University Hospital (Medical University of South Carolina; 🕿 843-792-1414; www.muschealth.org; 171 Ashley Ave; ⊗ 24 Std.) Notaufnahme.
Visitor Center (🕿 843-853-8000; www.charlestoncvb.com; 375 Meeting St; ⊗ April-Okt. 8.30-17 Uhr, Nov.-März bis 17 Uhr) Hilft bei der Suche nach Unterkünften und Touren und zeigt einen halbstündigen Videofilm über die Geschichte von Charleston. Befindet sich in einem großen renovierten Lagerhaus.

❶ Anreise & Unterwegs vor Ort

Der **Charleston International Airport** (CHS; 🕿 843-767-7000; www.chs-airport.com; 5500 International Blvd) liegt 12 Meilen (19 km) außerhalb der Stadt in North Charleston. Von hier starten nonstop Flüge zu 18 Zielen.

Der **Greyhound-Busbahnhof** (3610 Dorchester Rd) und der **Amtrak-Bahnhof** (4565 Gaynor Ave) befinden sich ebenfalls in North Charleston.

CARTA (www.ridecarta.com; einfache Strecke 1,75 US$) betreibt die Stadtbusse in ganz Charleston. Die kostenlosen DASH-Straßenbahnen fahren ab dem Visitor Center drei Rundstrecken.

Mt. Pleasant

Jenseits des Cooper River liegen das Wohn- und Ausflugsviertel Mt. Pleasant, ursprünglich ein Sommerrefugium der Einwohner Charlestons, und die schmalen Barriereinseln **Isle of Palms** und **Sullivan's Island**. Trotz des zunehmenden Verkehrs und der wachsenden Zahl von Einkaufszentren hat die Stadt immer noch Charme, besonders im historischen Zentrum **Old Village**. Einige gute Seafood-Restaurants finden sich am Ufer des **Shem Creek**. Hier kann man bei Sonnenuntergang prima sitzen, dinieren und zusehen, wie die Fischer ihren Fang ausladen. Außerdem lassen sich Kajaks leihen, um die Flussmündung zu erkunden.

◉ Sehenswertes

Patriot's Point Naval & Maritime Museum
MUSEUM

(☑ 866-831-1720; www.patriotspoint.org; 40 Patriots Point Rd; Erw./Kind 6–11 Jahre 20/12 US$; ☉ 9-18.30 Uhr) Zum Patriot's Point Naval & Maritime Museum gehört die USS *Yorktown*, ein gigantischer Flugzeugträger, der im Zweiten Weltkrieg wertvolle Dienste leistete. Man kann das Flugzeugdeck des Schiffes, die Brücke und die Bereitschaftsräume besichtigen und erfährt, wie die Besatzung früher an Bord lebte. Außerdem gibt's hier ein U-Boot, einen Zerstörer, das Medal of Honor Museum und ein nachgebautes Basislager aus dem Vietnamkrieg zu sehen. Wer mag, kann eine Bootstour nach Fort Sumter machen (S. 387). Parken kostet 5 US$.

Boone Hall Plantation
HISTORISCHES GEBÄUDE

(☑ 843-884-4371; www.boonehallplantation.com; 1235 Long Point Rd; Erw./Kind 6–12 Jahre 20/10 US$; ☉ Anfang März–Aug. Mo–Sa 8.30–18.30, So 12–17 Uhr, Sept.–Jan. verkürzte Öffnungszeiten, Feb. geschl.) Nur 11 Meilen (18 km) von der Innenstadt Charlestons entfernt liegt am Hwy 17N die Boone Hall Plantation. Sie ist für ihre zauberhafte Avenue of Oaks berühmt, die 1743 von Thomas Boone angelegt wurde. Auf Boone Hall werden noch immer Ernten eingefahren, allerdings haben Erdbeeren, Tomaten und Weihnachtsbäume die Baumwolle als wichtigstes Produkt längst abgelöst. Das Haupthaus wurde 1936 errichtet und ist das vierte Haus auf dem Gelände. Am beeindruckendsten sind die Hütten an der Slave St (1790–1810), in denen heute Ausstellungen zu sehen sind.

Plantagen am Ashley River

Drei spektakuläre Plantagen säumen den Ashley River rund 20 Fahrtminuten vom Zentrum Charlestons entfernt. Alle drei wird man an einem Tag nicht schaffen, aber zwei schon; trotzdem sollte man für jede mindestens ein paar Stunden einplanen. Die Ashley River Rd, auch SC 61 genannt, ist von der Innenstadt Charlestons über den Hwy 17 erreichbar.

◉ Sehenswertes

★ Middleton Place
HISTORISCHES GEBÄUDE, GÄRTEN

(☑ 843-556-6020; www.middletonplace.org; 4300 Ashley River Rd; Gärten Erw. & Kind 6–13 Jahre 28/10 US$, Führung Gebäude Erw. & Kind zzgl. 15 US$; ☉ 9–17 Uhr) Der 1741 angelegte weitläufige Park der Plantage ist der älteste in den USA. 100 Sklaven waren hier zehn Jahre lang damit beschäftigt, für ihren reichen Besitzer, den Politiker Henry Middleton aus South Carolina, das Land zu terrassieren und geometrisch präzise Kanäle auszuheben. Die prachtvolle Anlage besticht durch eine Mischung aus klassisch-formalen französischen Gärten und romantischen Wäldchen, die von gefluteten Reisfeldern und Weiden mit seltenen Nutztieren gesäumt werden. Die Unionstruppen brannten das Haupthaus 1865 nieder; ein Gästeflügel von 1755 ist aber noch intakt. Er beherbergt heute das **Hausmuseum**.

Auf dem Gelände gibt's auch einen **Inn**, der eine Reihe umweltfreundlicher, modernistischer Glasboxen mit Blick auf den Ashley River vermietet. Im beliebten **Café** kann man sich einen Lowcountry-Plantagen-Lunch mit Garnelencremesuppe und Hoppin' John (Gericht mit Reis und Bohnen) genehmigen.

Magnolia Plantation
HAUS, GARTEN

(www.magnoliaplantation.com; 3550 Ashley River Rd; Erw./Kind 6–10 Jahre 15/10 US$, Führung 8 US$; ☉ März–Okt. 8–17.30 Uhr, Nov.–Feb. bis 16.30 Uhr) Lust auf einen gespenstischen Bummel? Dann einfach an der „Swamp Garden"-Führung teilnehmen, bei der es auf dem Plankenweg unter den Bäumen entlang durch den Sumpf geht – ein einzigartiges Erlebnis! Die 200 ha große Plantage, die sich seit 1676 im Besitz der Familie Drayton befindet, ist ein richtiger Themenpark samt Kleinbahn, Streichelzoo und Führung durchs Haus. Die „Slavery to Freedom"-Führung durch die rekonstruierten Sklavenbaracken beleuchtet das Leben auf der Plantage aus der Sicht der afroamerikanischen Sklaven.

Drayton Hall
HAUS

(☑ 843-769-2600; www.draytonhall.org; 3380 Ashley River Rd; Erw./Kind 18/8 US$; ☉ Mo–Sa 9–17, So 11–17 Uhr, letzte Führung 15.30 Uhr) Das palla-

dianische Landhaus wurde 1738 aus Backsteinen errichtet und überstand als einziges
Plantagenhaus am Ashley River den Unabhängigkeitskrieg, den Bürgerkrieg und das
große Erdbeben von 1886. Das leere Haus
kann im Rahmen einer Führung besichtigt
werden. Es ist gut erhalten, wurde aber
nicht restauriert. Spazierwege führen am
Fluss entlang und durch ein Sumpfgebiet.

Lowcountry

Gleich nördlich von Charleston beginnt der
südliche Abschnitt von South Carolinas Küste. Geprägt wird sie von einem Wirrwarr
aus Inseln, die durch Meeresarme und Ge-
zeitensümpfe vom Festland abgeschnitten
sind. Hier leben die Gullah, Nachfahren
westafrikanischer Sklaven, in kleinen Gemeinden. Quasi vor ihrer Haustür entstehen
immer mehr Resorts und Golfplätze. Die
Landschaft reicht von gepflegten Stränden
mit austerngrau schimmerndem Sand bis
zu wilden, moosbedeckten Küstenwäldern.

Charleston County Sea Islands

Nur eine Fahrtstunde von Charleston entfernt liegen mehrere Inseln. Der rund 8
Meilen (13 km) südlich von Charleston gelegene **Folly Beach** ist ideal für einen Tag
am Strand. Im **Folly Beach County Park**
(☏ 843-588-2426; www.ccprc.com; 1100 W Ashley
Ave, Folly Beach; Parken 7–10 US$/Fahrzeug, Fuß-
gänger/Fahrradfahrer Eintritt frei; ☉ Mai–Aug. 9–19
Uhr, März, April, Sept. & Okt. 10–18 Uhr, Nov.–Feb.
10–17 Uhr) westlich davon gibt's öffentliche
Umkleidekabinen und Liegestühle. Das andere Ende der Insel ist bei Surfern beliebt.

Schicke Ferienhäuser, Golfplätze und
das noble **Sanctuary Resort** prägen die
gleich südöstlich von Charleston gelegene **Kiawah Island**, **Edisto Island** (sprich:
e-dis-tao) in der Nähe ist ein Urlaubsziel für
Familien und hat keine einzige Ampel. Im
Edisto Beach State Park (☏ 843-869-2156;
www.southcarolinaparks.com; Erw./Kind 6–15
Jahre 5/3 US$; Stellplatz für Zelt/Wohnmobil ab
20/26 US$, Hütte ab 110 US$) im Süden der Insel gibt's einen traumhaften Strand, eichen-
beschattete Wanderwege und Stellplätze.

🛏 Schlafen

The Sanctuary at Kiawah
Island Golf Resort   RESORT **$$$**
(☏ 843-768-2121; www.kiawahresort.com; 1 Sanc-
tuary Beach Dr; Zi./Suite ab 570/1675 US$, Villa ab

275 US$, Haus ab 8 100 US$/Woche; ✳ @ 🛜 🏊)
Lust, mal richtig aufzudrehen? Dafür ist die
Idylle im Sanctuary wie geschaffen. Es hat
21 Meilen (34 km) südlich von Charlestons
Zentrum eine hübsche Lage am Meer. Die
Hotelzimmer glänzen mit frischer, klas-
sischer Einrichtung (z. B. hellgrüne Töne,
Himmelbetten, italienische Bettwäsche, ei-
gens angefertigte Matratzen und Marmor-
duschen). Es stehen auch Villen und Ferien-
häuser zur Auswahl. Zum Anwesen gehören
zwei Tenniskomplexe, ein Golfplatz mit 90
Löchern, ein Spa und das Kamp Kiawah für
die Kids.

Beaufort & Hilton Head

Der südlichste Küstenabschnitt South Caro-
linas ist vor allem bei gut betuchten Golfern
und B & B-Liebhabern beliebt. Sein idylli-
scher Charme lockt aber auch andere Besu-
cher an.

Das reizende Kolonialstädtchen **Beau-
fort** (sprich: bju-fort) auf Port Royal Island
wird oft als Kulisse für Hollywoodfilme über
die Südstaaten genutzt. Häuser aus der Zeit
vor dem Bürgerkrieg und mit Louisiana-
moos überzogene Magnolien säumen die
Straßen des historischen Viertels. In der
Innenstadt am Flussufer gibt's jede Menge
gemütliche Cafés und Galerien.

Südlich von Beaufort absolvieren um die
20 000 junge Männer und Frauen jedes Jahr
ihr Bootcamp im **Marine Corps Recruit
Depot** auf Parris Island, das durch Stanley
Kubricks Film *Full Metal Jacket* zu zweifel-
haftem Ruhm gelangte. Seit 100 Jahren wer-
den hier Rekruten aufgenommen. Freitags
kann man Absolventen des Trainingslagers
dabei zusehen, wie sie stolz für Familie und
Freunde zur Parade aufziehen. Wer auf das
Gelände fährt, muss manchmal einen Aus-
weis sowie die Fahrzeugpapiere vorzeigen.

Östlich von Beaufort verbindet der Sea
Island Pkwy (Hwy 21) eine Reihe sumpfiger,
ländlicher Inseln miteinander. Eine von ih-
nen ist **St. Helena Island**, die als das Herz
des Gullah-Landes gilt und einen State Park
an der Küste beherbergt.

Die winzige **Hilton Head Island** gegen-
über dem Port Royal Sound ist South Caro-
linas größte Düneninsel und hat einige der
besten Golfplätze des Landes. Es gibt Dut-
zende davon, viele in nicht zugänglichen,
schicken Privatsiedlungen, die sich als Plan-
tations bezeichnen. Der Gesamteindruck ist
wenig einladend. Im Sommer machen der
Verkehr und die Unmengen Ampeln es ei-

DER SÜDEN LOWCOUNTRY

| NICHT VERSÄUMEN |

BOWEN'S ISLAND RESTAURANT

Eine lange, unbefestigte Straße durch das Marschland des Lowcountry nahe dem Folly Beach führt zu einer unbemalten **Holzhütte** (1870 Bowen's Island Rd; ⊙ Di–Sa 17–22 Uhr), die eines der besten Seafood-Lokale des Südens beherbergt – also ran ans Austernmesser und losschlürfen! Kaltes Bier und freundliche Einheimische sorgen für gute Stimmung.

nem schwer, die Schönheit der Insel richtig zu würdigen. Allerdings gibt's aber auch ein paar üppige Naturschutzgebiete und breite, weiße Sandstrände, an denen man sogar Rad fahren kann. Infos und Broschüren erhält man im **Visitor Center** (☑ 800-523-3373; www.hiltonheadisland.org; 1 Chamber of Commerce Dr; ⊙ Mo–Fr 8.30–17.30 Uhr) auf der Insel.

⊙ Sehenswertes

Parris Island Museum   MUSEUM
(☑ 843-228-2951; www.mcrdpi.marines.mil; 111 Panama St; ⊙ 10–16.30 Uhr) GRATIS Das faszinierende Museum zur Geschichte des Marine-Corps zeigt alte Uniformen und Waffen. Es gibt auch ein paar Räume zur Lokalgeschichte. Den Einführungsfilm nicht verpassen!

Penn Center   MUSEUM
(☑ 843-838-2474; www.penncenter.com/museum; 16 Penn Center Circle W; Erw./Kind 6–16 Jahre 5/3 US$; ⊙ Mo–Sa 9–16 Uhr) Die Penn School auf St. Helena Island war eine der landesweit ersten Schulen für befreite Sklaven. Heute betreibt das Penn Center hier ein kleines Museum zur Kultur der Gullah und zur Geschichte der Schule.

Hunting Island State Park   PARK
(☑ 843-838-2011; www.southcarolinaparks.com; 2555 Sea Island Pkwy; Erw./Kind 6–15 Jahre 5/3 US$; ⊙ Visitor Center Mo–Fr 9–17, Sa & So 11–17 Uhr) Der üppige und einladende Hunting Island State Park beeindruckt die Besucher mit einem riesigen unheimlichen Küstenwald, Gezeitenlagunen und einem menschenleeren, schneeweißen Strand. Hier im Marschland – ein Traum für jeden Naturliebhaber – wurden die Vietnamkriegsszenen für den Film *Forrest Gump* gedreht. Im Sommer sind die Plätze auf dem Campingplatz schnell belegt. Einen umwerfen-

den Blick auf die Küste hat man oben vom **Leuchtturm** (2 US$) aus.

🛏 Schlafen & Essen

Hunting Island State Park Campground   CAMPING $
(☑ Reservierung 866-345-7275, Büro 843-838-2011; www.southcarolinaparks.com; 2555 Sea Island Pkwy; Stellplatz für Zelt 18,50–29 US$; Stellplatz für Wohnmobil 23–32 US$, Hütte 23–201 US$; ⊙ 6–18 Uhr, Anfang März–Anfang Nov. bis 21 Uhr) Auf dem am stärksten besuchten Campingplatz South Carolinas kann man unter Kiefern und Palmen zelten. Einige Stellplätze liegen nur ein paar Schritte vom Strand entfernt. Man muss nicht unbedingt ein Plätzchen reservieren, doch im Sommer empfiehlt es sich.

City Loft Hotel   HOTEL $$
(☑ 843-379-5638; www.citylofthotel.com; 301 Carteret St, Beaufort; Zi./Suite 209/229 US$; 🛜🎞) Das schicke City Loft Hotel bringt einen erfrischenden Schuss modernen Stils in eine reichlich mit historischen Häusern und stattlichen Eichen gesegnete Stadt. Flachbildfernseher im Schlafzimmer und im Bad, mit kunstvollen Fliesen bestückte Duschen und Betten mit Memory-Schaum-Matratzen sorgen für viel Entspannung. Außerdem gibt's einen Fitnessraum, ein hauseigenes Café, und die Fahrräder dürfen gratis genutzt werden.

Sgt. White's   SÜDSTAATENKÜCHE, BARBECUE $
(1908 Boundary St, Beaufort; Meat & Three 9 US$; ⊙ Mo–Fr 11–15 Uhr) Hier führt ein pensionierter Marine-Offizier ein für die Südstaatenküche typisches „Meat & Three"-Lokal. An der Theke wählt man saftig gegrillte Rippchen oder ein anderes Fleischgericht und dazu drei Beilagen (z. B. Blattkohl, Okra-Eintopf und Maisbrot) aus.

Nordküste

Die Küstenregion zwischen der südlichen Grenze zu North Carolina und der Stadt Georgetown ist als Grand Strand bekannt. Auf 60 Meilen (ca. 100 km) reihen sich Fast-Food-Läden, Strandresorts und Souvenirshops aneinander. Was einst ein relaxtes Sommerziel für die Arbeiterklasse war, ist heute einer der am stärksten erschlossenen Landstriche im gesamten Land. Ob man nun in einem Riesen-Resort unterkommt oder im Zelt in einem staatlichen Park übernachtet – um den Aufenthalt zu genießen, braucht man nur ein Paar Badelatschen, eine Margarita und ein paar Münzen für den Flipper.

Myrtle Beach

Das hoch aufragende Sky Wheel ist ein fantastisches Riesenrad am Ufer im Zentrum von Myrtle Beach; Letzteres besitzt einen fast 100 km langen, sonnengebleichten Strand. Ob man es nun mag oder nicht – Myrtle Beach bedeutet Sommerurlaub auf typisch amerikanische Art.

Radfahrer nutzen das Fehlen einer Helmpflicht aus, um den ergrauenden Pferdeschwanz im Wind flattern zu lassen, Teenager im Bikini spielen Computerspiele und essen Hotdogs in verrauchten Ladenpassagen, und ganze Familien rösten auf dem weißen Sand wie Hähnchen auf dem Grill.

North Myrtle Beach ist praktisch eine eigene Ortschaft. Hier geht es etwas entspannter zu; außerdem hat der Ort eine eigene Kultur, die auf dem „Shag" beruht – nein, das ist hier kein vulgärer Ausdruck für Sex, sondern schlicht ein bestimmter Tanz, der an den Jitterbug erinnert und hier in den 1940er-Jahren erfunden wurde.

Für Naturliebhaber ist das alles nichts, aber dank der riesigen Shopping Malls, zahllosen Minigolfplätzen, Wasserparks, Daiquiri-Bars und T-Shirt-Shops kann man schon gut einen draufmachen.

👁 Sehenswertes & Aktivitäten

Der Strand selbst ist ganz hübsch – breit, warm und voller Sonnenschirme. Am Beachfront Ocean Blvd gibt's jede Menge Hamburger-Buden und zweitklassige Souvenirläden. Am Hwy 17 finden sich zahlreiche überkandidelte Minigolfanlagen. Die diversen Vergnügungsparks und Shoppingmalls sind rund um die Uhr gut besucht.

Brookgreen Gardens   GÄRTEN
(www.brookgreen.org; Erw./Kind 4–12 Jahre 15/7 US$; ☉ 9.30–17 Uhr, April bis 20 Uhr) Die zauberhaften Gärten liegen 16 Meilen (26 km) südlich der Stadt am Hwy 17S. Auf der 36 km² großen Reisplantage, die in ein subtropisches Gartenparadies verwandelt wurde, findet sich die größte Sammlung amerikanischer Skulpturen des Landes.

SkyWheel   VERGNÜGUNGSPARK
(www.myrtlebeachskywheel.com; 1110 N Ocean Blvd; Erw./Kind 3–11 Jahre 13/9 US$; ☉ 11–24 Uhr) Das 57 m hohe SkyWheel ragt über der 2 km langen Uferpromenade auf. Mit einem Ticket kann man drei Runden auf diesem Riesenrad in einer geschlossenen Gondel

DER SÜDEN NORDKÜSTE

NICHT VERSÄUMEN

SÜDSTAATEN-SPEZIALITÄTEN

Barbecue – Fleisch vom Grill; gibt's in der ganzen Region, vor allem in North Carolina und Tennessee

Fried Chicken – Brathähnchen; in der ganzen Region erhältlich

Cornbread – Maisbrot; wird in der ganzen Region serviert

Shrimp and Grits – Shrimps mit Maisgrütze; gibt's an der Küste von South Carolina und Georgia

Lowcountry Boil/Frogmore Stew – Eintopf aus Krebsen, Shrimps, Austern und anderen Meeresfrüchten aus der Region sowie Mais und Kartoffeln; vor allem an der Küste von South Carolina und Georgia zu haben

Boudin – Kochwurst der Cajun-Küche mit Schweinefleisch und Reis; gibt's im südlichen Louisiana

Gumbo/Jambalaya/Étouffée – Eintopf aus Reis und Meeresfrüchten und/oder Fleisch; kommt im südlichen Louisiana auf den Tisch

Po'boy – Sandwich, üblicherweise mit gebratenen Meeresfrüchten oder Fleisch; bekommt man im südlichen Louisiana

Collards – Blattkohl, oft mit Speck gekocht; in der ganzen Region in den Töpfen

Pecan Pie, Coconut Cake, Red Velvet Cake, Sweet-Potato Pie – die Kuchenspezialitäten gibt's in der ganzen Region

Bourbon – Kentucky

drehen. Abends, wenn man auf Millionen blinkender bunter Lichter blickt, ist das Ganze besonders bezaubernd.

Broadway at the Beach — EINKAUFSZENTRUM
(www.broadwayatthebeach.com; 1325 Celebrity Circle; ⊙ Mai–Juni 10–23 Uhr, restliches Jahr kürzere Öffnungszeiten) Das Herz von Myrtle Beach bietet Geschäfte, Restaurants, Nachtclubs, Fahrgeschäfte, ein Aquarium und ein IMAX-Kino.

Family Kingdom — VERGNÜGUNGSPARK
(www.family-kingdom.com; Kombi-Eintritt 38 US$; ⛱) Ein altmodischer Vergnügungs- und Wasserpark mit Blick aufs Meer. Die Öffnungszeiten sind saisonal unterschiedlich. Im Winter geschlossen.

Schlafen

Die Preise der vielen Hotels vor Ort, die von familienbetriebenen Retro-Pensionen bis zu großen Resorts reichen, variieren je nach Saison erheblich: Ein und dasselbe Zimmer kann im Januar 30 US$ und im Juli über 150 US$ kosten. Die folgenden Preise gelten in der Hauptsaison.

Myrtle Beach State Park — CAMPING $
(☎ 843-238-5325; www.southcarolinaparks.com; 4401 S Kings Hwy; rustikale Zelte Mai–Juni 30 US$, Stellplatz für Zelt/Wohnmobil ab 38/42 US$, Hütte ab 149 US$; P 🐾 ⛱) Man schläft hier nur ein paar Schritte vom Ufer entfernt unter den Kiefern oder mietet sich eine Hütte. Der Campingplatz liegt 3 Meilen (5 km) südlich des Zentrums von Myrtle Beach.

Best Western Plus Grand Stand Inn & Suites — HOTEL $$
(☎ 843-448-1461; www.myrtlebeachbestwestern.com; 1804 S Ocean Blvd; Zi./Suite ab 157/177 US$; ❄ @ 🛜 ⛱) Das Hotel gehört zwar zu einer großen, landesweiten Hotelkette, hat aber vernünftige Preise. Außerdem ist der Strand nur ein paar Schritte entfernt, und es gibt ein kostenloses, sättigendes Frühstück. Das Hotel erstreckt sich über zwei Gebäude – eines liegt direkt am Meer, das andere gleich auf der anderen Seite des Ocean Blvd. Die Zimmer sind im modernen Stil eingerichtet. Die Uferpromenade liegt 1,6 km nördlich.

Hampton Inn Broadway at the Beach — HOTEL $$$
(☎ 843-916-0600; www.hamptoninn3.hilton.com; 1140 Celebrity Circle; Zi./Suite ab 249/389 US$; ❄ @ 🛜 ⛱) Die hellen Zimmer mit Blick auf den See und das Broadway at the Beach sind eine hervorragende Wahl, zumal das Hotel weniger hektisch wirkt als die Hotels am Ocean Blvd. Wer mit kleinen Kindern unterwegs ist, wird sich in den angrenzenden Läden und Attraktionen vermutlich sicherer fühlen als an der Uferpromenade.

Essen

Die zahllosen Restaurants im Ort sind meist auf Massen ausgerichtet und nur mittelmäßig gut. Es gibt Büfetts von der Länge einer Bowlingbahn und rund um die Uhr geöffnete Donut-Läden. Gute Meeresfrüchte sind hier absurderweise nur schwer zu bekommen; die Einheimischen fahren dafür ins nahe gelegene Fischerdorf Murrells Inlet.

Prosser's BBQ — SÜDSTAATENKÜCHE $$
(www.prossersbbq.com; 3750 Business Hwy 17, Murrells Inlet; Büfett morgens/mittags/abends 6,50/9/12–14 US$; ⊙ Mo–Sa 6.30–10.30, Mo–Sa 11–14, So 11–14.30, Di–Sa 16–20.30 Uhr; ⛱) Das üppige Mittagsbüfett mit Bratfisch und -hühnchen, Süßkartoffelsoufflé, Käsemakkaroni, grünen Bohnen und mariniertem Schweinefleisch ist verdammt lecker. Das ist die beste Adresse auf der Restaurantmeile von Murrells Inlet – die Fahrt lohnt sich!

Aspen Grille — SÜDSTAATENKÜCHE $$$
(☎ 843-449-9191; www.aspen-grille.com; 5101 N Kings Hwy; Hauptgerichte 20–55 US$) Hier kann man sich den Bauch vollschlagen, vor der Hektik flüchten und körbeweise gebratene Meeresfrüchte verputzen. Das elegante und trotzdem einladende Restaurant scheint Welten entfernt von dem Tumult am Kings Hwy. Chefkoch Curry Martin serviert frische Kost aus der Region mit Stil und Südstaaten-Sensibilität, z. B. Shrimps und Käse-Maisgrütze mit Bratensauce aus der Pfanne und Andouille-Wurst.

Wenn es gerade Drückerfisch gibt, sollte man ihn unbedingt probieren. Mittwochabends gibt's Livemusik und Wein zum halben Preis.

☆ Unterhaltung

★ Fat Harold's Beach Club — TANZ
(www.fatharolds.com; 212 Main St; ⊙ Mo & Di ab 16, Mi–So ab 11 Uhr) In dieser Institution in North Myrtle, die sich selbst „Home of the Shag" nennt, wird zu Doo-Wop und gutem altem Rock'n'Roll das Tanzbein geschwungen. Jeden Dienstag um 19 Uhr gibt's kostenlosen Shag-Unterricht (im Englischen mag das Wort doppeldeutig sein – hier ist aber ganz sicher der Tanzstil gemeint).

ℹ Praktische Informationen

Visitor Center (☎ 843-626-7444; www.visit myrtlebeach.com; 1200 N Oak St; ☻ Mai–Aug. Mo–Fr 8.30–17, Sa 9–15 Uhr, Sept.–Mai Sa 9–14 Uhr, So geschl.) Karten und Broschüren.

ℹ Anreise & Unterwegs vor Ort

Der starke Verkehr auf dem Hwy 17 Business/ Kings Hwy kann nervig sein. Um diesem aus dem Weg zu gehen, bleibt man am besten auf der Umgehungsstraße des Hwy 17 oder nimmt den Hwy 31/Carolina Bays Pkwy, der parallel zum Hwy 17 zwischen dem Hwy 501 und dem Hwy 9 verläuft.

Der **Myrtle Beach International Airport** (MYR; ☎ 843-448-1589; www.flymyrtlebeach. com ; 1100 Jetport Rd) liegt innerhalb der Stadtgrenzen, ebenso der **Greyhound-Bahnhof** (☎ 843-448-2471; 511 7th Ave N).

Greenville & Upcountry

Einst streiften die Cherokee-Indianer durch die Gebirgsausläufer, die sie „die großen blauen Hügel Gottes" nannten. Heute wird diese Region Upcountry genannt. Im Hinblick auf die Geografie befindet sich hier der Punkt, an dem die Blue Ridge Mountains dramatisch abfallen und auf das Piedmont treffen.

Das Zentrum der Region ist Greenville mit einer der schönsten Innenstädte des gesamten Südens. Der Reedy River schlängelt sich durch das Stadtzentrum und stürzt als spektakulärer Wasserfall unterhalb der Main St am **Falls Park** (www.fallspark.com)

in die Tiefe. Dank des neuen Bike-Sharing-Projekts (https://greenville.bcycle.com) kann man auf dem **Swamp Rabbit Trail** am Flussufer entlangradeln. Die Main St im Zentrum ist gesäumt von einer lebhaften Mischung aus unabhängigen Läden, guten Restaurants und Kleinbrauereikneipen. Am Straßenrand finden sich skurrile Zitate, die sogenannten „Thoughts on a Walk". Kinder werden von der Schnitzeljagd **Mice on Main**, die von dem Kinderbuch *Goodnight Moon* inspiriert ist und bei der sie Mäuse aus Bronze suchen müssen, begeistert sein.

Die beliebteste Outdoor-Attraktion der Region ist der Table Rock Mountain, ein 952 m hoher Berg mit einer auffälligen Granitwand. Der 11,5 km lange Rundweg zum Gipfel im **Table Rock State Park** (☎ 864-878-9813; www.southcarolinaparks.com; 158 Ellison Lane, Pickens; Juni–Nov. Erw./Kind 6–15 Jahre 5/3 US$, Dez.–Mai Erw./Kind unter 16 Jahren 2 US$/frei; ☻ So–Do 7–19, Fr & Sa bis 21 Uhr, Mitte Mai–Anfang Nov. verlängerte Öffnungszeiten) ist unter Einheimischen ein beliebter Gegenstand von Wetten. Wer über Nacht bleibt, kann entweder campen (Stellplatz 16–21 US$) oder eine der Hütten mieten (52–181 US$), die während des New Deal als Arbeitsbeschaffungsmaßnahme vom Civilian Conservation Corps erbaut wurden.

🍴 Schlafen & Essen

Drury Inn & Suites HOTEL **$$**
(☎ 864-288-4401; www.druryhotels.com; 10 Carolina Point Pkwy; Zi./Suite ab 107/166 US$;

ABSTECHER

UNTERWEGS IN DEN SÜMPFEN DES CONGAREE NATIONAL PARK

Durch die aus den vermodernden Pflanzen austretende Tanninsäure gefärbtes tintenschwarzes Wasser, gelblich-weiße Zypressenstümpfe, die an Oberschenkelknochen uralter Riesen erinnern, und trockenes graues Louisianamoos wie Hexenhaar – nichts ist vergleichbar mit den Eindrücken, die man bei einer Wanderung oder Kanufahrt durch die gespenstischen Sümpfe South Carolinas sammelt. Fast wähnt man sich in einem Südstaaten-Gruselfilm.

In der Nähe von Columbia liegt der 89 km² große **Congaree National Park** (☎ 803-776-4396; www.nps.gov/cong; 100 National Park Rd, Hopkins; ☻ Visitor Center Di–Sa 9–17 Uhr), Amerikas größter zusammenhängender, alter Überschwemmungswald. Hier gibt es Campingplätze und kostenlose Kanutrips in Begleitung von Rangern (vorab reservieren!). Tagesausflügler können auch einfach einen Bummel auf dem 3,9 km langen Plankenweg unternehmen. Unbedingt einen Blick auf das Wandbild Blue Sky im Visitor Center werfen – die Szenerie scheint sich bei jeder Bewegung zu verändern!

Der zwischen Charleston und Myrtle Beach gelegene, 1048 km² große **Francis Marion National Forest** umfasst Schwarzwasserbäche, Campingplätze und Wanderwege wie den 68 km langen Palmetto Trail, der alten Holzfällerrouten folgt. Nature Adventures Outfitters mit Sitz in Charleston veranstaltet Kajak- und Kanutrips.

P✳@🛜) Liegt zwar nicht im Zentrum und gehört zu einer langweiligen Hotelkette, doch im Preis inbegriffen ist eine allabendliche Happy Hour mit einer großen Auswahl herzhafter Häppchen sowie ein sättigendes Frühstück. Das Hotel liegt an der I-85, 7 Meilen (11 km) von der Innenstadt entfernt.

Lazy Goat MEDITERRAN $$
(☎ 864-679-5299; www.thelazygoat.com; 170 River Pl; Mittagessen 5–15 US$, abends kleine Gerichte 5–10 US$, Hauptgerichte 12–25 US$; ⏱ Mo–Mi 11.30–21, Do–Sa bis 22 Uhr) In dem stilvollen Restaurant, das für seine mediterranen Probierteller bekannt ist, kann man am Flussufer Ciabatta mit *Pimento cheese* knabbern und dazu einen Wein schlürfen.

TENNESSEE

Die meisten Bundesstaaten haben eine offizielle Hymne – Tennessee hat sieben. Und

---

KURZINFOS TENNESSEE

Spitzname Volunteer State

Bevölkerung 6,54 Mio.

Fläche 109 158 km²

Hauptstadt Nashville (634 000 Ew.)

Weitere Städte Memphis (653 000 Ew.)

Verkaufssteuer 7 % zzgl. Gemeindesteuern von bis zu 15 %

Geburtsort von Trapper Davy Crockett (1786–1836), Soul-Diva Aretha Franklin (geb. 1942), Sängerin Dolly Parton (geb. 1946)

Heimat von Graceland, Grand Ole Opry, der Jack Daniel's Distillery

Politische Ausrichtung erzkonservativ, mit liberalen Enklaven in städtischen Gegenden

Berühmt für den *Tennessee Waltz*, Countrymusik, die Tennessee Walking Horses

Merkwürdigstes Gesetz In Tennessee ist es verboten, aus fahrenden Fahrzeugen auf Wildtiere zu schießen – die Ausnahme sind Wale

Entfernungen Memphis–Nashville 213 Meilen (341 km), Nashville–Great Smoky Mountains National Park 223 Meilen (357 km)

---

das ist kein Zufall: Tief in der Seele Tennessees lebt die Musik. Hier traf der Folk der schottisch-irischen Bergbewohner im Osten auf die Blues-Rhythmen der Afroamerikaner im Mississippidelta des Westens, und heraus kam die moderne Country-Musik, die Nashville so berühmt gemacht hat.

Die drei geografischen Regionen – auf der Fahne von Tennessee durch drei Sterne symbolisiert – sind von einer jeweils ganz eigenen Schönheit: Die von lilafarbenem Heidekraut bedeckten Gipfel der Great Smoky Mountains weichen den üppig grünen Tälern des Zentralplateaus um Nashville und schließlich den heißen, schwülen Niederungen bei Memphis.

In Tennessee kann man morgens auf schattigen Gebirgspfaden wandern und abends in einer Kneipe in Nashville ein Tänzchen wagen oder aber mit dem Geist Elvis' durch die Straßen von Memphis ziehen.

ℹ Praktische Informationen

Department of Environment & Conservation (☎ 888-867-2757; www.state.tn.us/environ ment/parks) Die übersichtliche Website informiert übers Campen, Wandern und Angeln in den über 50 State Parks in Tennessee.
Department of Tourist Development (☎ 615-741-2159; www.tnvacation.com; 312 8th Ave N, Nashville) Unterhält Welcome Centers an den Staatsgrenzen.

Memphis

Memphis ist nicht nur ein Touristenmagnet, es ist ein Touristen-Mekka. Musikfans verlieren sich im Klang der Blues-Gitarren auf der Beale St. Grillfreunde schlagen sich den Bauch bis zum Platzen mit rauchigem Schweinefleisch und Rippchen voll. Elvis-Fans fliegen aus aller Herren Länder hierher, um ihrem King vor seinem Altar in Graceland zu huldigen. Man könnte Tage damit verbringen, die Museen und historischen Stätten abzuklappern und zwischendurch nur an dem einen oder anderen Grillrestaurant Halt zu machen – und trotzdem wäre es ein erfüllter Aufenthalt.

Lässt man aber die Lichter und Touristenbusse hinter sich, taucht man ein in ein völlig anderes Memphis. Die Stadt, benannt nach der Hauptstadt des Alten Ägyptens, präsentiert sich in groteskem barockem Verfall, was zugleich traurig und anziehend wirkt. Die Armut grassiert zwar – viktorianische Herrenhäuser stehen neben verfallenen

Shotgun-Hütten (sehr schmale, besonders im Süden beliebte Wohnhäuser), und College-Gebäude liegen im Schatten unheimlicher, verlassener Fabriken – doch in der Luft liegt der Hauch von Erneuerung. Viertel wie South Main, Binghampton und Crosstown, die einst heruntergekommen, verlassen und/oder von Unkraut überwuchert waren, sind heute mit kitschigen Boutiquen, schicken Lofts und frechen Restaurants zu neuem Leben erwacht und tragen zu Memphis' rauem Uferstadtcharme bei.

◉ Sehenswertes

◉ Downtown

Der autofreie Abschnitt der Beale St ist rund um die Uhr eine Partyzone, in der frittierte Funnel Cakes (süßes Gebäck), Stände mit Bier zum Mitnehmen und Musik, Musik und nochmals Musik das Ambiente prägen. Auch wenn es Einheimische kaum hierher zieht, scheinen Besucher diesen Hokuspokus zu mögen. Hier befinden sich auch die Memphis Music Hall of Fame und die Blues Hall of Fame, die beide 2015 eröffnet wurden.

★ National Civil Rights Museum　MUSEUM
(Karte S. 402; www.civilrightsmuseum.org; 450 Mulberry St; Erw./Student & Senior/Kind 15/14/12 US$; ⏰ Mo & Mi–Sa 9–17 Uhr, Sept.–Mai So 13–17 Uhr, Juni–Aug. bis 18 Uhr) Dem Lorraine Motel gegenüber, in dem Martin Luther King am 4. April 1968 einem Attentat zum Opfer fiel, ist das ergreifende National Civil Rights Museum untergebracht. Es liegt fünf Häuserblocks südlich der Beale St und dokumentiert durch umfangreiche Exponate und eine detaillierte Chronik den Kampf der Afroamerikaner für Freiheit und Gleichheit. Sowohl die kulturellen Errungenschaften als auch die Ermordung des Bürgerrechtlers dienen als Ansatzpunkte für einen Einblick in die Bürgerrechtsbewegung, ihre Vorläufer und ihren unauslöschlichen Einfluss auf das Leben in den USA. Die türkisfarbene Fassade des Motels aus den 1950er-Jahren sowie zwei Innenräume sind größtenteils genau so erhalten, wie sie zum Zeitpunkt der Ermordung Martin Luther Kings aussahen.

Memphis Rock'n'Soul Museum　MUSEUM
(Karte S. 402; www.memphisrocknsoul.org; 191 Beale St; Erw./Kind 12/9 US$; ⏰ 10–19 Uhr) Im Museum der Smithsonian Institution neben dem FedEx Forum wird untersucht, wie sich im Mississippi-Delta afroamerikanische und weiße Musikstile vermischten und daraus dann der moderne Rock und die Soulmusik entstanden.

Gibson Beale Street Showcase　FABRIKFÜHRUNG
(Karte S. 402; www2.gibson.com; 145 Lt George W Lee Ave; Eintritt 10 US$, keine Kinder unter 5 Jahren; ⏰ Führungen stündl. Mo–Sa 11–16, So 12–16 Uhr) Bei der faszinierenden 45-minütigen Führung durch diese riesige Fabrik kann man zusehen, wie die Meister ihres Fachs aus massiven Holzblöcken die legendären Les-Paul-Gitarren erschaffen. Die Führungen unterscheiden sich im Laufe des Tages je nach Zahl der anwesenden Arbeiter und Lärmpegel.

W. C. Handy House Museum　MUSEUM
(Karte S. 402; www.wchandymemphis.org; 352 Beale St; Erw./Kind 6/4 US$; ⏰ Winter Di–Sa 11–16 Uhr, Sommer bis 17 Uhr) An der Ecke 4th St steht dieses Gebäude, das einst dem Komponisten W. C. Handy gehörte, der als erster den Zwölfer-Takt transponierte. Er wird auch der „Vater des Blues" genannt und schrieb 1916 das Stück *Beale Street Blues*.

Peabody Ducks　ENTENPARADE
(Karte S. 402; www.peabodymemphis.com; 149 Union Ave; ⏰ 11 & 17 Uhr; 👤) GRATIS Punkt 11 Uhr watscheln fünf Enten vom vergoldeten Aufzug des Peabody Hotels über den roten Teppich des Foyers zum Springbrunnen in der Marmorlobby, wo sie bis 17 Uhr planschen und dann in Begleitung ihres rot gekleideten menschlichen Entenwärters ihren Weg zurück in ihr Penthaus zur Nachtruhe antreten. Dieser Vorgang findet seit den 1930er-Jahren traditionell jeden Tag statt.

Man sollte frühzeitig herkommen, um sich inmitten der Zuschauermenge einen guten Platz zu sichern (vom Zwischengeschoss aus hat man den besten Blick).

◉ Nördlich von Downtown

Mud Island　PARK
(Karte S. 402; www.mudisland.com; 125 N Front St; ⏰ Mitte April–Okt. Di–So 10–17 Uhr; 👤) GRATIS Diese kleine, in den Mississippi hineinragende Halbinsel ist die beliebteste Grünanlage in der Innenstadt von Memphis. Entweder man setzt sich in die Monorail (4 US$ bzw. im Eintritt ins Mississippi River Museum inkl.), oder man überquert die Brücke, die in den Park führt, zu Fuß und geht dort eine Runde Joggen bzw. leiht sich ein Fahrrad.

DER SÜDEN MEMPHIS

Großraum Memphis

Slave Haven Underground Railroad Museum/Burkle Estate MUSEUM
(www.slavehavenundergroundrailroadmuseum.org; 826 N 2nd St; Erw./Kind 10/8 US$; Mo-Sa 10–16 Uhr, Juni–Aug. bis 17 Uhr) Das unscheinbare Schindelhaus war angeblich eine Zwischenstation der Underground Railroad für entflohene Sklaven. Zu sehen sind hier beispielsweise Falltüren, Kellerzugänge und Verstecke.

Östlich von Downtown

★ **Sun Studio** STUDIOFÜHRUNG
(800-441-6249; www.sunstudio.com; 706 Union Ave; Erw./Kind 12 US$/frei; 10–18.15 Uhr) Von außen wirkt das angestaubte Musikstudio eher unscheinbar, doch hier begann der Siegeszug des amerikanischen Rock'n'Roll. Anfang der 1950er-Jahre begann Sam Phillips vom Sun Studio damit, Platten von Blues-Künstlern wie Howlin' Wolf, B. B. King und Ike Turner aufzunehmen. Danach folgte die Rockabilly-Dynastie mit Jerry Lee Lewis, Johnny Cash, Roy Orbison und, natürlich, dem King of Rock'n'Roll höchstpersönlich, dessen phänomenale Karriere 1953 hier ihren Anfang nahm.

Bei der sehr informativen 40-minütigen Führung (Kinder unter 4 Jahren nicht erlaubt, 10.30–17.30 Uhr stündl.) durch das winzige Studio werden Originalbänder von legendären Aufnahme-Sessions vorgespielt, die Guides spicken ihre Ausführungen mit Anekdoten, und man kann ein Foto von sich genau an der Stelle schießen lassen, an der Elvis einst stand (die Stelle ist mit einem „X" markiert). Es gibt auch CDs des Albums *Million Dollar Quartet* zu kaufen, einer Jam-Session mit den Stars Elvis, Johnny Cash, Carl Perkins und Jerry Lee Lewis, die Sun 1956 spontan aufgenommen hatte. Der kostenlose Shuttle-Bus des Studios fährt ab 11.15 Uhr stündlich einen Rundkurs zwischen dem Sun Studio, der Beale St und Graceland.

Children's Museum of Memphis MUSEUM
(www.cmom.com; 2525 Central Ave; Eintritt 12 US$;
⏲ 9–17, Sommer bis 18 Uhr; 🚻) Hier können die
Kleinen sich mal so richtig austoben und in,
auf oder mit den Ausstellungsstücken, etwa
einem Flugzeugcockpit, einem Webstuhl
oder einem Wasserrad, spielen.

☉ Overton Park

Stattliche Häuser säumen die 138 ha große
grüne Oase mitsamt dem Memphis Zoo abseits der Poplar Ave mitten in der oft tristen
Stadt. Wenn die Beale St das Herz von Memphis ist, so ist Overton Park seine Lunge.

Brooks Museum of Art GALERIE
(www.brooksmuseum.org; 1934 Poplar Ave; Erw./
Kind 7/3 US$; ⏲ Mi & Fr 10–16, Do bis 20, Sa bis
17, So ab 11 Uhr) Das renommierte Kunstmuseum am westlichen Rand des Parks zeigt
eine hervorragende Dauerausstellung, die
von Skulpturen aus der Renaissance über
impressionistische Werke bis hin zu den
Erzeugnissen der abstrakten Expressionisten reicht.

Levitt Shell ARCHITEKTUR, KONZERTHALLE
(www.levittshell.org; 1928 Poplar Ave) Auf der
historischen Bühne hatte Elvis 1954 seinen
ersten Auftritt. Heute finden in der modern
wirkenden weißen Muschel im Sommer kostenlose Konzerte statt.

☉ Südlich von Downtown

★Graceland HISTORISCHES GEBÄUDE
(☎901-332-3322; www.graceland.com; Elvis Presley
Blvd/US 51; Führung Haus Erw./Kind 36/16 US$,
erweiterte Führung ab 40/19 US$; ⏲Mo–Sa 9–17,
So bis 16 Uhr, Dez. verkürzte Öffnungszeiten & Di
geschl.; Ⓟ) Wenn man in Memphis nur Zeit
für *eine* Sehenswürdigkeit hat, dann sollte es
diese hier sein: das grandios kitschig-bizarre
Zuhause des King of Rock'n'Roll. Obwohl
Elvis Presley in Mississippi geboren wurde,
war er doch ein Sohn der Stadt Memphis.
Er wuchs in einer Sozialwohnung im Viertel
Lauderdale Courts auf, wurde in den Clubs
der Beale St vom Blues inspiriert und im Sun
Studio auf der Union Ave entdeckt. Im Früh-
jahr 1957 kaufte der 22-jährige, bereits zu
Ruhm gelangte Sänger für 100 000 US$ eine
Kolonialvilla, die von ihrem vorherigen Be-
sitzer den Namen Graceland erhalten hatte.

Der King selbst ließ die Villa 1974, nun
ja, umdekorieren. Mit seiner 4,6 m langen
Couch, einem künstlichen Wasserfall, gelben Vinylwänden und grünen, flauschigen

Teppichen an der Decke könnte es glatt
einem pompösen Einrichtungskatalog aus
den 1970ern entsprungen sein. Die Führung
beginnt auf der Visitor Plaza, jenseits des
Elvis Presley Blvd. Um lange Wartezeiten
zu umgehen, sollte man in der Hauptsaison
(Juni–Aug. & wichtige Elvis-Tage) unbedingt
vorab buchen. Wer das Anwesen auf eigene
Faust erkunden möchte, bekommt zu seinem Ticket noch einen sehr guten Audioguide mit Multimedia-iPad. Für zusätzlich
gerade einmal 4 US$ kann man sich auch
das Automuseum und zwei speziell angefer-
tigte Flugzeuge (zzgl. 9 US$) anschauen (im
Convair-880-Jet *Lisa Marie* gibt's eine in
Blau und Gold gehaltene, durchaus sehenswerte Toilette).

Priscilla Presley, die 1973 von Elvis ge-
schieden wurde, öffnete Graceland 1982 für
Besichtigungstouren. Heute kommen Millionen Menschen hierher, um ihrem King
zu huldigen. Er starb 1977 im Badezimmer
im Obergeschoss an Herzversagen. Zahllose
Fans trauern auch heute noch an seinem
Grab, das hinter dem Haus gleich neben
dem Swimmingpool liegt. Graceland liegt 9
Meilen (14,5 km) südlich der Innenstadt am
US 51, der auch „Elvis Presley Blvd" genannt
wird. Auch der kostenlose Shuttle-Bus des
Sun Studio (S. 400) fährt hierher. Parken
kostet 10 US$.

**★Stax Museum of
American Soul Music** MUSEUM
(www.staxmuseum.com; 926 E McLemore Ave; Erw./
Kind 13/10 US$; 10–17, So 13–17 Uhr, Nov.–März Mo
geschl.) Lust auf Funk? Dann auf zur „Souls-
ville USA", wo auf dem Gelände des alten
Aufnahmestudios Stax heute ein 1580 m²
große Museum untergebracht ist. Das ehrwürdige Studio war in den 1960er-Jahren
das Epizentrum des Soul, als Otis Redding,
Booker T. und die MGs oder auch Wilson
Pickett ihre Platten aufnahmen. Besucher
können tief in die Geschichte des Souls
eintauchen und Fotos, Exponate aus den
1960ern, bunte Kostüme aus den 1970ern
und den Superfly Cadillac von Isaac Hayes,
Baujahr 1972, mit Florteppichen und einer
24-karätigen Goldauflage an der Außenseite
besichtigen.

Full Gospel Tabernacle Church KIRCHE
(787 Hale Rd; ⏲ Messe So 11 Uhr) Wer an einem
Sonntag in der Stadt ist, sollte seine besten
Hosen anziehen und die Sonntagsmesse in
der Kirche in South Memphis besuchen, wo
Prediger und Soullegende Al Green einem

Memphis

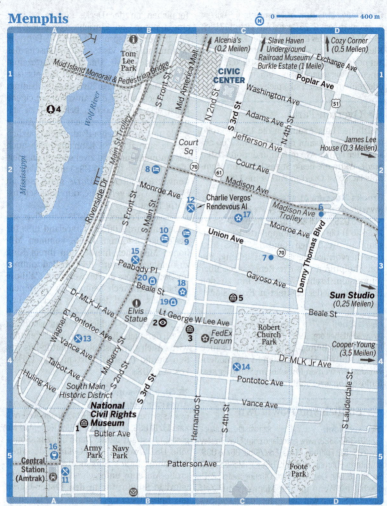

gewaltigen Chor vorsteht. Besucher sind willkommen; es ist immer ein faszinierendes Erlebnis.

👉 Geführte Touren

American Dream Safari
KULTUR
(Karte S. 402; ☎ 901-428-3602; www.americandreamsafari.com; 343 Madison Ave; Stadtführung 15 US$/Pers., Autotour ab 200 US$/Fahrzeug) Tad Pierson, der regelrecht besessen von der Südstaatenkultur ist, zeigt den Teilnehmern wahlweise zu Fuß oder in seinem rosafarbenen Cadillac (wenn möglich, sollte man sich für Letzteres entscheiden) eine unkonventionelle, persönliche Seite von Memphis: Juke Joints, Gospelkirchen und verfallene Gebäude.

Blues City Tours
BUSTOUR
(Karte S. 402; ☎ 901-522-9229; www.bluescitytours.com; Erw./Kind ab 24/19 US$) Anbieter von verschiedenen Stadtrundfahrten mit unterschiedlichen Themenschwerpunkten, darunter auch eine Elvis-Tour und eine Musik-Tour.

🎉 Feste & Events

Trolley Night
KUNST
(www.gosouthmain.com/trolley-night.html; S Main St; ⊙ letzter Fr des Monats 18–21 Uhr) GRATIS Wäh-

Memphis

◎ Highlights
1 National Civil Rights Museum A5

◎ Sehenswertes
2 Gibson Beale Street Showcase............. B4
3 Memphis Rock 'n' Soul Museum B4
4 Mud Island A1
  Peabody Ducks .... (siehe 9)
5 WC Handy House Museum C3

✪ Aktivitäten, Kurse & Touren
6 American Dream Safari D2
7 Blues City Tours C3

🛏 Schlafen
8 Madison Hotel B2
9 Peabody Hotel... B3
10 Talbot Heirs B3

✖ Essen
11 Arcade... A5
12 Charlie Vergos' Rendezvous B2
13 Gus's World Famous Fried Chicken......A4
14 LUNCHBOXeats C4
15 Majestic Grille B3

◉ Ausgehen & Nachtleben
16 Earnestine & Hazel's A5

◉ Unterhaltung
17 AutoZone Park...C2
18 Rum Boogie B3

🛍 Shoppen
19 A Schwab's...B3
20 Lanksy Brothers B3

---

rend der Trolley Night bleiben die Galerien entlang der South Main abends länger geöffnet, und es wird Wein für die Besucher ausgeschenkt.

Beale Street Music Festival　　MUSIK
(www.memphisinmay.org; Tom Lee Park; 3-Tages-Pass 95 US$; ⊙ 1. Wochenende im Mai) Von Coachella, dem New Orleans Jazz Fest oder Bonnaroo hat wohl jeder schon mal gehört. Das Beale Street Music Festival in Memphis ist weniger bekannt, obwohl sich hier einige der landesweit besten Blues-Master der alten Schule, Nachwuchsrocker und alternde Pop- und Hip-Hop-Künstler die Ehre geben.

🛏 Schlafen

Kettenhotels säumen Exit 279 der I-40 jenseits des Flusses in West Memphis, Arkansas. Ausschau halten nach dem neuen Guest House at Graceland, einem Luxushotel mit 450 Zimmern, das nur ein paar Schritte von Graceland entfernt ist und 2016 eröffnet werden soll!

🛏 Downtown

Talbot Heirs　　PENSION $$
(Karte S. 402; ☎ 901-527-9772; www.talbotheirs. com; 99 S 2nd St; Suite 130–195 US$; ✳ @ 🕾) Ganz unscheinbar befindet sich diese einzigartige Pension im 2. Stock eines Gebäudes in einer geschäftigen Straße der Downtown. Sie ist eines der bestgehüteten Geheimnisse von Memphis. Die geräumigen Suiten erinnern eher an angesagte Ein-Zimmer-Apartments als an Hotelzimmer. Sie sind mit asiatischen Teppichen und flippiger Kunst aus der Region ausgestattet. In den Küchen

stehen bereits einige Snacks (im Preis inbegriffen) bereit.

Große Stars wie Harvey Keitel, Matt Damon und John Grisham sowie Bobby Whitlock von der Rockband Derek and the Dominos, der hier ein Klavier signiert hat, haben bereits hier übernachtet.

Peabody Hotel　　HOTEL $$
(Karte S. 402; ☎ 901-529-4000; www.peabody memphis.com; 149 Union Ave; Zi. ab 219 US$; ✳ 🕾 🕾 ⚐) Im legendärsten Hotel von Memphis nächtigt seit den 1860er-Jahren das Who's Who des Südstaatenadels. Der heutige 13-stöckige Bau im italienischen Neorenaissancestil stammt aus den 1920er-Jahren. Das Hotel ist auch weiterhin ein gesellschaftlicher Treffpunkt mit Spa, Geschäften, Restaurants, einer stimmungsvollen Bar im Foyer und 464 Gästezimmern in wohltuenden Türkistönen.

Madison Hotel　　BOUTIQUEHOTEL $$$
(Karte S. 402; ☎ 901-333-1200; www.madisonho telmemphis.com; 79 Madison Ave; Zi. ab 259 US$; 🅿 ✳ @ 🕾 ⚐) Wer sich mal was Schickes leisten will, der steigt in diesem feinen, mit Musik als prägendem Thema eingerichteten Boutiquehotel ab. Von der Sky Terrace (Nicht-Gäste 10 US$) auf dem Dach kann man wunderbar den Sonnenuntergang beobachten. Die stilvollen Zimmer weisen nette Details wie Holzflure, hohe Decken und italienische Bettwäsche auf.

★ James Lee House　　B&B $$$
(☎ 901-359-6750; www.jamesleehouse.com; 690 Adams Ave; Zi. 245–450 US$; 🅿 ✳ @ 🕾) Die exquisite viktorianische Villa stand 56

Jahre verlassen im historischen Victorian Village am Rand der Downtown. Dank der 2 Mio. US$ teuren Renovierung und der Liebe des Inhabers zu Design und Details ist sie heute wieder eine der schönsten Bleiben in Memphis.

Teile des Hauses stammen noch von 1848 und 1872. Bei der hervorragenden Renovierung blieben die Kranzprofile, die Spiegel, die Friese, die 14 Kamine und ein paar Parkettböden erhalten. Die fünf geräumigen Suiten sind makellos möbliert, und es gibt einen friedlichen Garten mit einem alten Springbrunnen.

Östlich der Downtown

Pilgrim House Hostel HOSTEL $
(☎901-273-8341; www.pilgrimhouse.org; 1000 S Cooper St; B/Zi. 25/55 US$; P❄@📶) Das Hostel befindet sich zwar in einer Kirche, aber hier wird niemand zum Konvertieren gedrängt. Die Schlafsäle und Privatzimmer sind sauber und schlicht eingerichtet. In den mit Möbeln aus zweiter Hand bestückten offenen Gemeinschaftsbereichen spielen die Gäste aus aller Welt Karten und quatschen (kein Alkohol). Alle Bewohner müssen täglich kleine Arbeiten verrichten.

Südlich von Downtown

Graceland RV Park & Campground CAMPING $
(☎901-396-7125; www.graceland.com/visit/graceland_campground.aspx; 3691 Elvis Presley Blvd; Stellplatz für Zelt/Hütte ab 25/47 US$; P📶🏊) Wer hier zeltet oder in einer der schlichten Blockhütten (mit Gemeinschaftsbad) direkt neben Graceland übernachtet, sorgt dafür, dass Lisa Marie weiter über die Runden kommt…

Heartbreak Hotel HOTEL $$
(☎877-777-0606, 901-332-1000; www.graceland.com/visit/heartbreakhotel.aspx; 3677 Elvis Presley Blvd; DZ ab 115 US$; P❄@📶🏊) In der schlichten Unterkunft am Ende der Lonely St (sic!) gegenüber von Graceland dreht sich alles nur um Elvis. Wer in dem ohnehin schon hoffnungslos kitschigen Hotel noch einen obendrauf setzen will, mietet eine Themensuite, etwa die mit rotem Samt ausgeschlagene Burnin'-Love-Suite. Gutes Preis-Leistungs-Verhältnis.

Days Inn Graceland MOTEL $$
(☎901-346-5500; www.daysinn.com; 3839 Elvis Presley Blvd; Zi. ab 100 US$; P❄📶🏊) Mit seinem gitarrenförmigen Pool, den goldenen Schallplatten, dem Elvis-Schnickschnack in der Lobby und den neonfarbenen Cadillacs auf dem Dach schafft es das Days Inn, das benachbarte Heartbreak Hotel in puncto Elvis-Kult sogar noch zu übertreffen. Die Zimmer sind sauber, aber unspektakulär.

Essen

Die Einheimischen streiten sich darüber, welche Schweinehacksandwiches oder marinierten Rippchen denn nun die besten in der Stadt sind. Grilllokale sind überall in Memphis zu finden, wobei nicht selten die mit der hässlichsten Fassade das leckerste Essen haben. Die hippen, jungen Einheimischen zieht es in den South Main Arts District oder in die Viertel Cooper-Young oder Overton Square in der Midtown, die alle abends sehr angesagt sind.

Downtown

Gus's World Famous Fried Chicken BRATHÄHNCHEN $
(Karte S. 402; 310 S Front St; Teller 5,65–9,95 US$; ⏲So–Do 11–21, Fr & Sa bis 22 Uhr) Brathähnchenfans aus aller Welt wälzen sich nachts im Bett herum und träumen von den zarten, goldbraun gebratenen Hähnchen, die in Memphis' Downtown in diesem Betonbau mit witzigem, neonbeleuchtetem Ambiente und einer alten Jukebox serviert werden. Wenn viel los ist, wartet man schon mal über eine Stunde.

LUNCHBOXeats SÜDSTAATENKÜCHE $
(Karte S. 402; www.lunchboxeats.com; 288 S 4th St; Sandwich 8–11 US$; ⏲10.30–15 Uhr; 📶) Der kreative Sandwich-Laden verleiht klassischem Soul Food einen richtig leckeren Dreh. Das Resultat ist entsprechend verdreht: So gibt's u.a. Hühnchen auf belgischen Waffeln (statt Brot), Sloppy Joe mit Krebs-Étouffée (eine Art Hamburger mit Krebsfleischsauce), Club-Sandwiches mit Schweinekamm, Zwiebeln und Käsemakkaroni, serviert auf traditionellen Tabletts.

Alcenia's SÜDSTAATENKÜCHE $
(www.alcenias.com; 317 N Main St; Hauptgerichte 9,55–11 US$; ⏲Di–Fr 11–17, Sa 9–15 Uhr) Gibt es noch etwas, das süßer ist als Alcenia's bekannter „Ghetto-Aid", ein Fruchtgetränk, das den Blutzuckerspiegel in die Höhe schnellen lässt? Ja, und zwar die Besitzerin Betty Joyce „B.J." Chester-Tamayo, die Gästen gern mal einen Kuss auf die Stirn drückt.

DER SÜDEN TENNESSEE

Das witzige, kleine rot-goldene Café serviert ein täglich wechselndes Mittagsmenü, beispielsweise knusprig gebratenes Hähnchen und Seewolf, superzarten, würzigen Kohl und exquisite Sahnetorte.

Arcade
DINER $

(Karte S. 402; www.arcaderestaurant.com; 540 S Main St; Hauptgerichte 7–10 US$; ⊙ So–Mi 7–15, Do–Sa bis 23 Uhr) Schon Elvis speiste in diesem Retro-Diner, dem ältesten in Memphis – seine Sitznische befindet sich strategisch günstig in der Nähe des Hinterausgangs. Der King genehmigte sich hier in einer gusseisernen Pfanne gebratene Erdnussbutter-Bananen-Sandwiches und stürmte sofort aus der Tür, sobald er das Gekreische der Fans hörte. Noch heute locken die himmlischen Süßkartoffelpuffer – fluffig, buttrig und verführerisch wie eh und je – die Menschen an.

Der Rest auf der Karte sind die üblichen Schnellrestaurant-Klassiker (Elvis würde sich im Grabe umdrehen).

Charlie Vergos' Rendezvous
BARBECUE $$

(Karte S. 402; ☎ 901-523-2746; www.hogsfly. com; 52 S 2nd St; Hauptgerichte 8–20 US$; ⊙ Di–Do 16.30–22.30, Fr 11–23, Sa ab 11.30 Uhr) In einer kleinen Seitengasse der Monroe Ave bringt dieses alteingesessene Kellerlokal jede Woche unglaubliche 5 t der ausgezeichneten marinierten Rippchen an den Mann. Zu den Rippchen gibt's keine Sauce, zur Schweineschulter schon – am besten probiert man beides, dann reicht die Sauce locker. Auch die Rinderbrust ist der Wahnsinn! Dafür nimmt man gern auch die Wartezeit in Kauf.

Majestic Grille
EUROPÄISCH $$$

(Karte S. 402; ☎ 901-522-8555; www.majesticgril le.com; 145 S Main St; Hauptgerichte 16–47 US$; ⊙ Mo–Do 11–22, Fr & Sa bis 23, So bis 21 Uhr; 🎬) Das Restaurant in einem alten Stummfilmkino nahe der Beale St mit einem hübschen, mit dunklem Holz verkleideten Innenraum und in alter Stummfilmmanier blinkenden schwarzen und weißen Lichtern serviert klassische europäische Gerichte von halben Grillhähnchen bis hin zu gebratenem Thunfisch, gegrillten Schweinemedaillons und vier Varianten von handgeschnittenem Filet Mignon.

✕ Östlich der Downtown

★ Payne's Bar-B-Q
BARBECUE $

(1762 Lamar Ave; Sandwich 4,50–8,50 US$, Teller 7,50–10,50 US$; ⊙ Di–Sa 11–17.30 Uhr) In der umgebauten Tankstelle gibt's das wohl beste

---

ABSTECHER

DIE JACK DANIEL'S DISTILLERY

Es ist schon eine Ironie, dass die kürzlich renovierte **Jack Daniel's Distillery** (www.jackdaniels.com; 182 Lynchburg Hwy; ⊙ 9–16.30 Uhr) GRATIS ausgerechnet in einem „trockenen" County steht: Gemäß den hiesigen Gesetzen ist der Verkauf harter alkoholischer Getränke innerhalb der Grenzen des Landkreises nicht gestattet. Immerhin werden bei den kostenlosen einstündigen Führungen durch die Brennerei kleine Kostproben ausgeschenkt. Für 10 US$ kann man eine zweistündige Führung (vorab buchen!) mitmachen, bei der man großzügigere Probierportionen und eine Tour durch die malerische Landschaft erhält. Jack Daniel's ist die älteste registrierte Brennerei in den USA. Schon seit 1866 wird hier Whiskey tropfenweise durch mehrere Schichten Holzkohle gefiltert und anschließend in Eichenfässern gelagert. Die Brennerei befindet sich abseits des Hwy 55 im winzigen Lynchburg.

Schweinehacksandwich der Stadt. Einfach selbst probieren!

Bar DKDC
GASTROPUB $

(www.bardkdc.com; 964 S Cooper St; Gerichte 5–14 US$; ⊙ Di–Sa 17–3 Uhr) In dem immer gut besuchten Lokal im Viertel Cooper-Young dreht sich alles um günstige und gute Kost aus aller Welt: südamerikanische *arepas*, vietnamesische *banh-mi*-Sandwiches, karibischer Trockenfisch, griechische *souvlaki* usw. Der Speiseraum ist bunt eingerichtet; es gibt eine Kreidetafel voller Weinempfehlungen und freundliche Barkeeper.

Cozy Corner
BARBECUE $

(www.cozycornerbbq.com; 745 N Pkwy; Hauptgerichte 4,95–12,75 US$; ⊙ Di–Sa 11–18 Uhr) In dem wunderbar hässlichen Kultlokal macht man sich's in einer der abgewetzten Sitznischen aus Vinyl bequem und verschlingt ein ganzes Brathähnchen (11,75 US$) der Haushuhnrasse Indischer Kämpfer, die Spezialität des Hauses. Auch die Rippchen und Chicken Wings sind grandios, ganz zu schweigen vom fluffigen, seidenweichen Süßkartoffelkuchen, einem typischen Südstaatendessert. (Achtung: Während der Renovierung ist das Cozy Corner unter der Adresse 726 N Pkwy auf der anderen Straßenseite zu finden!)

Brother Juniper's FRÜHSTÜCK $

(www.brotherjunipers.com; Gerichte 3,50–13 US$; ⊙ Di–Fr 6.30–13, Sa 7–12.30, So 8–13 Uhr) Das bescheidene Frühstückslokal einer Kette in San Franciscos Viertel Haight-Ashbury zur Verpflegung von Obdachlosen. Heute ist nur noch dieses Lokal in Memphis übrig, doch hier bekommt man zweifellos das beste Frühstück in der ganzen Stadt. Es gibt große Portionen Omelett, Pfannkuchen, Frühstücks-Burritos, Waffeln, Biscuits und hausgemachte Pommes. Der Besuch hier ist ein Muss!

Hog & Hominy SÜDSTAATENKÜCHE, ITALIENISCH $$

(☏ 901-207-7396; www.hogandhominy.com; 707 W Brookhaven Circle; Pizza 14–17 US$; ⊙ Di–Do 11–14 & 17–22 Uhr, Fr–Sa open end, So 10.30–22 Uhr; ☏) Das vom Chefkoch höchstselbst betriebene italienische Restaurant mit südstaatlichen Wurzeln ist ein Hotspot am Brookhaven Circle und hat mit seinen vielen Newcomer-Preisen von Zeitschriften von *GQ* bis *Food & Wine* landesweit Aufmerksamkeit erhalten. Es gibt vor allem kleine Vorspeisenteller (oft mit abenteuerlichen Zutaten wie Froschschenkeln, Schweineohren und Rinderherzen) und perfekte Pizza aus dem Ziegelofen und dazu saisonale Cocktails, Kleinbrauereibiere und Boccia.

Soul Fish Cafe SEAFOOD $

(www.soulfishcafe.com; 862 S Cooper St; Hauptgerichte 9,50–16 US$; ⊙ Mo–Sa 11–22, So bis 21 Uhr) Das nette Café in einem Betonziegelgebäude im Viertel Cooper-Young ist bekannt für seine köstlichen Po'boy-Sandwiches, seinen Bratfisch und seine feinsten Kuchen.

★Restaurant Iris MODERNE SÜDSTAATENKÜCHE $$$

(☏ 901-590-2828; www.restaurantiris.com; 2146 Monroe Ave; Hauptgerichte 27–39 US$; ⊙ Mo–Sa 17–22 Uhr) Chefkoch Kelly English kreiert zur Freude von Feinschmeckern Spezialgerichte der modernen Südstaaten-Fusion-Küche und wurde daher für den James-Beard-Preis nominiert. Zur Auswahl stehen mit gebratenen Austern gefüllte Steaks, himmlische Shrimps mit Maisgrütze sowie köstlicher Rosenkohl mit Räucherschinken und Sherry. Serviert wird alles in einem feinen Wohnhaus. Direkt daneben hat Kelly English noch das Second Line eröffnet, ein etwas erschwinglicheres New-Orleans-Bistro.

Sweet Grass SÜDSTAATENKÜCHE $$$

(☏ 901-278-0278; www.sweetgrassmemphis.com; 937 S Cooper St; Hauptgerichte 23–32 US$; ⊙ Di–

So 17.30 Uhr–open end, So 11–14 Uhr) Die moderne Lowcountry-Küche (die von den Küsten South Carolinas und Georgias stammt und vorwiegend auf Meeresfrüchten basiert) des zwanglosen Restaurants in Midtown hat begeisterte Anhänger. Es gibt hier zwei verschiedene Bereiche mit unterschiedlicher Speisekarte: die zwanglosere Bar und das etwas feinere Bistro. Die Shrimps mit Maisgrütze sind hier so gut wie kaum anderswo.

♟ Ausgehen & Nachtleben

Die meisten hippen Bars und Restaurants finden sich in den East-Memphis-Vierteln Cooper-Young und Overton Square, jeweils etwa 4 Meilen (6,5 km) östlich der Downtown. Die letzte Runde wird um 3 Uhr eingeläutet.

★Wiseacre Brewing Co KLEINBRAUEREI

(www.wiseacrebrew.com; 2783 Broad Ave; Bier 5 US$, Führung 10 US$; ⊙ Mi–Fr 16–21, Sa 13–21 Uhr) Unsere Lieblingskneipe in Memphis liegt im Lagerhausviertel Binghampton, 5 Meilen (8 km) östlich der Downtown. Draußen auf der rund um zwei riesige, fast 100 Jahre alte Weizensilos aus Zement führenden Veranda bekommt man sowohl ganzjährig als auch saisonal gebraute Kleinbrauereibiere.

Earnestine & Hazel's BAR

(Karte S. 402; www.earnestineandhazelsjukejoint. com; 531 S Main St; ⊙ So–Fr 17–3, Sa ab 11 Uhr) Dies ist eine der tollsten Spelunken in Memphis. Die vielen rostigen Bettgestelle und Badewannen mit Klauenfüßen im 2. Stock erinnern an die Vergangenheit der Bar als Bordell. Der hiesige Soul Burger ist legendär. Nach Mitternacht steigt die Stimmung.

Hammer & Ale KNEIPE

(www.hammerandale.com; 921 S Cooper; Bier 5 US$; ⊙ Di–Do 14–21, Fr–Sa 11–22, So 12–15 Uhr; ☏) Süchtige ziehe es in diese scheunenartige Kneipe für Kleinbrauereibiere, die sich in Cooper-Young befindet und gänzlich mit hellem Zypressenholz verkleidet ist. Unter den 24 überwiegend aus den Südstaaten stammenden Kleinbrauereibiersorten aus dem Fass sind auch die der in Memphis ansässigen Brauereien Wiseacre, High Cotton, Memphis Made und Ghost River vertreten. Keine Barzahlung möglich!

☆ Unterhaltung

Die Beale St ist natürlich die erste Adresse, wenn man Blues, Rock oder Jazz live erleben will. Der Eintritt in die meisten Clubs ist frei oder kostet nur ein paar Dollar. Bars haben für gewöhnlich den ganzen Tag über geöffnet; die kleineren Clubs in den unterschiedlichen Vierteln füllen sich in der Regel erst ab 22 Uhr. Was gerade ansteht, erfährt man im Online-Veranstaltungskalender des *Memphis Flyer* (www.memphisflyer.com).

Wild Bill's   BLUES
(1580 Vollintine Ave; Grundpreis Fr-Sa 10 US$; Mi-Do 12-21, Fr-Sa 12-3 Uhr) Vor Mitternacht braucht man in der winzigen, düsteren Spelunke gar nicht erst aufzutauchen. Bei Bier und Chicken Wings kann man freitags und samstags ab 23 Uhr die besten Blues-Acts in ganz Memphis genießen. Auch wenn man als Fremder manchmal angestarrt wird, lohnt sich der Besuch wegen der mitreißenden, sehr authentischen Jams.

Lafayette's Music Room   LIVEMUSIK
(901-207-5097; www.lafayettes.com/memphis; 2119 Madison Ave; Grundpreis Fr-Sa 5 US$; Mo-Mi 11-22, Di & So bis 24, Fr-Sa bis 2 Uhr) In dem historischen, kürzlich wiedereröffneten Musikclub in Overton Square standen in seinen Glanzzeiten in den 1970er-Jahren auch Kiss und Billy Joel auf der Bühne. Nach dem 38-jährigen Dornröschenschlaf ist das Lafayette heute eine der intimsten Spielstätten der Stadt.

Hi-Tone Cafe   LIVEMUSIK
(www.hitonememphis.com; 412-414 N Cleveland St; Grundpreis 5-20 US$) Dieser bescheidene, kleine Schuppen mit neuer Adresse in Crosstown ist einer der besten Orte in der Stadt, um Bands aus der Region oder Indie-Bands auf Tour zu hören.

Young Avenue Deli   LIVEMUSIK
(www.youngavenuedeli.com; 2119 Young Ave; Mo-Sa 11-15 Uhr, So ab 11.30 Uhr) Die beliebte Adresse in der Midtown bietet Essen, Billard, gelegentliche Livemusik und eine hippe, entspannte, junge Klientel.

Rum Boogie   BLUES
(Karte S. 402; www.rumboogie.com; 182 Beale St) Riesig, beliebt und laut. In diesem Club mit Cajun-Dekor auf der Beale St sorgt jeden Abend die hauseigene Blues-Band für Stimmung.

 Shoppen

In der Beale St gibt es zahllose kitschige Souvenirläden, während sich in Cooper-Young Boutiquen und Bücherläden finden. Die Straßen rund um South Main sind zum Künstlerviertel deklariert worden.

City & State   ESSEN & TRINKEN, ACCESSOIRES
(www.cityandstate.us; 2625 Broad Ave; Kaffee 2,50-4,75 US$; Mo-Sa 7-18, So 8-14 Uhr;) Dieser fabelhafte, neue, auf Kunsthandwerk ausgerichtete Laden mit Café in Binghampton bietet exquisit zusammengestellte, coole Dinge für den Alltag (handgemachte Seifen, ausgesuchte Campingausrüstung, Brotbeutel aus Wachsleinen, Kaffeebecher mit Keramikglasur) und ist außerdem der einzige Ort in Memphis, an dem man Kaffee wie bei einem echten Barista bekommt.

A Schwab's   GESCHENKE
(Karte S. 402; www.a-schwab.com; 163 Beale St; Mo-Mi 12-19, Do bis 19, Fr & Sa bis 22, So 11-18 Uhr) Hier gibt's alles, vom Jeanshemd über Flachmänner, Quietsche-Enten und schicke Hüte bis hin zu Overalls. Echtes Highlight sind aber die Antiquitäten im Obergeschoss. Dort finden sich etwa alte Waagen und Bügeleisen, Hutspanner und die gusseiserne Verankerung einer Registrierkasse.

Lanksy Brothers   BEKLEIDUNG
(Karte S. 402; 901-425-3960; www.lanskybros.com; 126 Beale St; So-Mi 9-18, Do-Sa bis 21 Uhr) Der „Herrenausstatter des King" versorgte einst Elvis mit seinen typischen zweifarbigen Hemden. Das Geschäft gibt's schon seit Mitte des 20. Jhs., und heute findet man hier neben Herrenbekleidung im Retro-Stil (darunter auch blaue Wildlederschuhe) auch Geschenkartikel und Frauenmode. Der Laden ist wieder unter seiner Originaladresse in der Beale St zu finden (die andere Filiale befindet sich im Peabody Hotel).

Praktische Informationen

Commercial Appeal (www.commercialappeal.com) Tageszeitung mit Veranstaltungskalender.
Hauptpost (Karte S. 402; www.usps.com; 555 S 3rd St; Mo-Fr 9.30-18 Uhr) Im Zentrum.
Memphis Flyer (www.memphisflyer.com) Das kostenlose Wochenblatt erscheint mittwochs und hat einen Veranstaltungskalender.
Memphis Visitor's Center (888-633-9099; www.memphistravel.com; 3205 Elvis Presley Blvd; April-Sept. 9-18 Uhr, Okt.-März bis 17 Uhr, Nov.-Feb. So bis 16 Uhr) Städtische Touristeninformation nahe der Ausfahrt nach Graceland.
Polizei (901-636-4099; www.memphispolice.org; 545 S Main St) Schwer zu finden. Befindet sich oberhalb des Amtrak-Hauptbahnhofs.

Regional Medical Center at Memphis (☑ 901-545-7100; www.the-med.org; 877 Jefferson Ave) Das einzige Unfallzentrum für schwere Fälle in der Region.

Tennessee State Visitor Center (☑ 901-543-6757; www.tnvacation.com; 119 N Riverside Dr; ☉ 7–23 Uhr) Hat Broschüren über den gesamten Bundesstaat.

❶ Anreise & Unterwegs vor Ort

Der **Memphis International Airport** (MEM; ☑ 901-922-8000; www.memphisairport.org; 2491 Winchester Rd) befindet sich 12 Meilen (19 km) südöstlich der Downtown über die I-55. Ein Taxi zur Downtown kostet etwa 30 US$. Die **Memphis Area Transit Authority** (MATA; www.matatransit.com; 444 N Main St; Fahrpreis 1,75 US$) betreibt die Busse vor Ort. Die Busse 2 und 20 fahren zum Flughafen.

Die MATA betreibt auch historische Straßenbahnen (1 US$, alle 12 Min.) entlang der Main St und der Front St im Zentrum. Der Busbahnhof von **Greyhound** (☑ 901-395-8770; www.greyhound.com; 3033 Airways Blvd) befindet sich am Airways Transit Center der MATA nahe dem Memphis International Airport. Der Hauptbahnhof von Amtrak, die **Central Station** (www.amtrak.com; 545 S Main St), liegt mitten im Zentrum.

Shiloh National Military Park

„Kein Soldat, der an der zweitägigen Schlacht von Shiloh beteiligt war, wollte später jemals wieder kämpfen", erklärte einst ein Veteran, der den blutigen Kampf 1862, der hier in den wunderschönen Feldern und Wäldern tobte, miterlebt hatte. Ulysses S. Grant, seinerzeit Generalmajor, führte damals die Army of Tennessee an. Nach einem brutalen Angriff der Konföderiertentruppen am ersten Tag, der Grant völlig überrumpelte, konnte er am zweiten Tag durch ein kreatives Manöver Pittsburgh Landing halten und somit die Konföderierten zurückdrängen. Während der Kämpfe fielen über 3500 Soldaten, und fast 24 000 wurden verwundet. Der zu Beginn des Kriegs noch relativ unbekannte Grant führte die Unionstruppen ab diesem Tag zum Sieg und wurde später der 18. Präsident der Vereinigten Staaten.

Der weitläufige **Shiloh National Military Park** (☑ 731-689-5696; www.nps.gov/shil; 1055 Pittsburg Landing Rd; ☉ Park Sonnenaufgang–Sonnenuntergang, Visitor Center 8–17 Uhr) GRATIS liegt unmittelbar nördlich der Grenze zu Mississippi in der Nähe der Ortschaft Crump,

Tennessee, und lässt sich nur mit dem Auto erkunden. Zu sehen gibt es den Shiloh National Cemetery sowie den Ausblick auf den Cumberland River, wo die Verstärkung der Unionstruppen an Land ging. Im Visitor Center gibt es Kartenmaterial, es wird ein Film über die Schlacht gezeigt, und man kann einen Audioguide für die Autotour erstehen.

Nashville

Mal angenommen, man ist ein hoffnungsfroher Country-Sänger und erreicht nach tagelangem Trampen mit nichts als einer Gitarre auf dem Rücken das Zentrum von Nashville. Man sieht die Neonlichter des Lower Broadway, atmet tief die rauch- und biergeschwängerte Luft ein und spürt das Rumpeln der vielen Stiefel, die in den überfüllten Kneipen den Boden malträtieren. Dann wird man sich sagen: „Ich hab's geschafft!"

Für Country-Fans und Möchtegern-Liedermacher aus aller Welt ist eine Reise nach Nashville die ultimative Pilgerfahrt. Schon seit den 1920er-Jahren zieht die Stadt Musiker an, die das Country-Genre vom Hillbilly des frühen 20. Jhs. über den glatten Nashville-Sound der 1960er-Jahre bis zum punkigen Alternative Country der 1990er weiterentwickelt haben.

Die musikalischen Attraktionen Nashvilles reichen von der Country Music Hall of Fame über die ehrwürdige Grand Ole Opry bis zu Jack Whites Plattenlabel für Nischenmusik. Daneben gibt es eine lebhafte Studentengemeinde, ausgezeichnete Hausmannskost sowie einige herrlich kitschige Souvenirs.

◉ Sehenswertes

◉ Downtown

Das historische Geschäftsviertel rund um die **2nd Ave N** war in den 1870er- und 1880er-Jahren das Zentrum des Baumwollhandels. Zu jener Zeit entstanden auch die meisten viktorianischen Lagerhäuser mit ihren bemerkenswerten Fassaden aus Gusseisen und Mauerwerk. Heute bildet es mit seinen Geschäften, Restaurants, Kellerkneipen und Nachtclubs das Herz des **District** und wirkt wie eine Mischung aus French Quarter und Hollywood Boulevard – komplett mit Bourbon und dem typischen Country-Slang.

Südlich des Lower Broadway liegt das Viertel **SoBro**, das mit der Eröffnung des 635 Mio. US$ teuren **Music City Center** (www.nashvillemusiccitycenter.com; Broadway St, zw. 5th & 8th Ave) mit Kongresszentrum, Restaurants, Bars und Hotels zu neuem Leben erwacht ist. Zwei Blocks westlich der 2nd Ave N liegt die **Printers Alley**, eine schmale, kopfsteingepflasterte Straße, die seit den 1940er-Jahren für ihr Nachtleben bekannt ist. Der **Riverfront Park** am Cumberland River ist eine landschaftlich hübsch gestaltete Uferpromenade, die gerade saniert wird. Nach Abschluss der Arbeiten wird der 4,5 ha große öffentliche **West Riverfront Park** knapp 2 km begrünter Rad- und Fußwege, den ersten Hundepark in Nashvilles Zentrum, Ziergärten, einen 0,6 ha großen Rasen für Veranstaltungen namens The Green und ein Amphitheater beherbergen.

★ Country Music
Hall of Fame & Museum MUSEUM
(www.countrymusichalloffame.com; 222 5th Ave S; Erw./Kind 25/15 US$, Audioguide 27/18 US$, Führung mit Studio B 1 Std. 40/30 US$; ☺9–17 Uhr) Nach der 100 Mio. US$ teuren Erweiterung im Jahr 2014 ist das monumentale Museum, das die fast schon biblische Bedeutung des Country für die Seele Nashvilles widerspiegelt, ein Muss, auch wenn man kein Fan dieser Musik ist. Zu sehen sind die blauen Wildlederschuhe von Carl Perkins, der goldene (eigentlich weiße) Cadillac und das goldene (wirklich goldene) Klavier von Elvis sowie der im Western-Stil geschneiderte Anzug mit Musiknotenapplikationen von Hank Williams.

Die Highlights des ehrgeizigen 19 509 m² großen Anbaus sind das CMA Theater mit 800 Sitzplätzen, das Taylor Swift Education Center und der neue Standort der legendären Plakatdruckerei Hatch Show Print (S. 418). Schriftstücke dokumentieren den Ursprung des Country, über Touchscreens hat man Zugang zu Musikaufnahmen und Fotos aus den riesigen Archiven, und es gibt eine Audioführung, bei der zeitgenössische Stars viele Fakten und jede Menge Musik präsentieren.

Ryman Auditorium HISTORISCHES GEBÄUDE
(www.ryman.com; 116 5th Ave N; Erw./Kind Rundgang 15/10 US$, Backstage-Führung 20/15 US$; ☺9–16 Uhr) Die sogenannte Mutterkirche der Country-Musik hat bereits eine Unmenge großer Künstler von Martha Graham bis Elvis und Katherine Hepburn bis Bob Dylan

beherbergt. Das hoch aufragende Backsteingebäude wurde 1892 von dem wohlhabenden Flusskapitän Thomas Ryman als Haus für religiöse Erweckungsveranstaltungen erbaut. Von einem der 2000 Sitze aus einer Show zu folgen, hat auch heute noch etwas von einer spirituellen Erfahrung.

Hier hatte auch 31 Jahre lang die Radioshow *Grand Ole Opry* (S. 412) ihr Zuhause, bevor sie 1974 in den Opryland-Komplex im Music Valley umzog. Heute kehrt die *Opry* immer im Winter ins Ryman zurück. Seit der 14 Mio. US$ teuren Renovierung im Jahr 2015 gibt es noch einen neuen Veranstaltungssaal, ein Café und Bars.

Johnny Cash Museum & Store MUSEUM
(www.johnnycashmuseum.com; 119 3rd Ave; Erw./Kind 16/12 US$; ☺8–19 Uhr) Das neue, dem „Man in Black" gewidmete Museum ist zwar klein, zeigt aber mit offizieller Unterstützung der Familie Cash die weltweit größte Sammlung von Artefakten und Memorabilien zu Johnny Cash.

Tennessee State Museum MUSEUM
(www.tnmuseum.org; 5th Ave, zw. Union & Deaderick St; ☺Di–Sa 10–17, So 13–17 Uhr; 🚹) GRATIS Das faszinierende, aber nicht überladene Museum im Erdgeschoss eines riesigen Büroturms bietet Geschichtsfans einen guten Einblick in die Vergangenheit des Bundesstaats. Zu sehen sind Kunsthandwerk amerikanischer Ureinwohner, eine Blockhütte in Echtgröße und interessante historische Artefakte wie der Hut, den Präsident Andrew Jackson bei seiner Amtseinführung trug.

Frist Center for the Visual Arts GALERIE
(www.fristcenter.org; 919 Broadway; Erw./Kind 12 US$/frei; ☺Mo–Mi & Sa 10–17.30, Do & Fr bis 21, So 13–17 Uhr) In dem erstklassigen Kunstmuseum, das in einem renovierten Postamt untergebracht ist, sind Wechselausstellungen von amerikanischer Volkskunst bis hin zu Picasso zu sehen.

Tennessee
State Capitol HISTORISCHES GEBÄUDE
(www.capitol.tn.gov; Charlotte Ave; ☺Führungen Mo–Fr 9–16 Uhr) GRATIS Beim Bau des zwischen 1845 und 1859 im klassizistischen Stil aus regionalem Kalkstein und Marmor errichteten Gebäudes arbeiteten Sklaven und Sträflinge neben europäischen Handwerkern. An der Rückseite führt eine steile Treppe hinunter zur **Tennessee Bicentennial Mall**, deren Außenmauern historische Fakten zur Geschichte Tennessees schmücken, und zum

DER SÜDEN NASHVILLE

Nashville

411

Nashville

◉ Highlights
1 Country Music Hall of Fame & Museum F4

◉ Sehenswertes
2 Frist Center for the Visual Arts D4
3 Historic RCA Studio B B7
4 Johnny Cash Museum & Store F3
5 Music City Center E5
6 Music Row B7
7 Ryman Auditorium E3
8 Tennessee State Capitol D2
9 Tennessee State Museum D2

◉ Aktivitäten, Kurse & Touren
10 NashTrash C1

◉ Schlafen
11 404 .... D6
12 Hermitage Hotel D3
13 Hotel Indigo E2
14 Hutton Hotel A6
15 Nashville Downtown Hostel F2
16 Union Station Hotel D4

◉ Essen
17 Arnold's E6
18 Biscuit Love D6
19 Etch F4
20 Hattie B's A6

◉ Ausgehen & Nachtleben
21 Acme Feed & Seed F3
22 Hops + Craft C6
23 Patterson House A6
24 Soulshine A7

◉ Unterhaltung
25 Nashville Symphony F4
26 Robert's Western World E3
Ryman Auditorium .... (siehe 7)
27 Station Inn D6
28 Tootsie's Orchid Lounge E3

◉ Shoppen
29 Boot Country F3
30 Ernest Tubb E3
31 Hatch Show Print E4
32 Third Man Records E6
33 Two Old Hippies D6

wunderbaren, täglich stattfindenden **Bauernmarkt**.

Zu jeder vollen Stunde starten Führungen durchs Capitol vom Infoschalter im 1. Stock.

◉ West End

Entlang der West End Ave thront – beginnend an der 21st Ave – die angesehene **Vanderbilt University**, die 1883 von dem

Eisenbahnmagnaten Cornelius Vanderbilt gegründet wurde. Auf dem 134 ha großen Campus tummeln sich rund 12000 Studenten, die die Kultur der Midtown entscheidend mitprägen.

Parthenon
PARK, GALERIE

(www.parthenon.org; 2600 West End Ave; Erw./Kind 6/4 US$; ☉ Di–Sa 9–16.30, So 12.30–16.30 Uhr) Ja, im Centennial Park steht tatsächlich ein Nachbau des Athener Parthenon. Ursprünglich 1897 für Tennessees Centennial Exposition errichtet und 1930 auf Wunsch der Bevölkerung wieder aufgebaut, beherbergt die maßstabsgetreue Gipskopie des Originals von 438 v. Chr. heute ein Kunstmuseum mit einer Sammlung amerikanischer Gemälde und einer 12,8 m hohen Statue der griechischen Göttin Athene.

Music Row
VIERTEL

(Music Sq West & Music Sq East) Unmittelbar westlich der Innenstadt findet man auf zwei Abschnitten der 16th Ave und 17th Ave (genannt Music Sq West und Music Sq East) die Produktionsfirmen, Plattenlabels, Agenten, Manager und Promoter, die das Geschäft mit der Country-Musik in Nashville am Leben erhalten, z. B. das berühmte RCA Studio B.

Historic RCA Studio B
WAHRZEICHEN

(www.countrymusichalloffame.org; 1611 Roy Acuff Pl; Führung Erw./Kind 40/30 US$) Eines der ältesten Studios in Music Row ist das RCA Studio B, in dem Elvis, die Everly Brothers und Dolly Parton zahlreiche Hits einspielten. Durch die Skulptur einer Heartbreak-Hotel-Gitarre mit dem Abbild des King direkt vor der Tür ist es nicht zu übersehen. Das Studio kann im Rahmen der von der Country Music Hall of Fame angebotenen „Studio B Tour" besichtigt werden, die im „Platinum Package" mit dabei ist.

◉ Music Valley

Die suburbane Touristenzone, rund 10 Meilen (16 km) nordöstlich von Downtown, ist über den Hwy 155/Briley Pkwy, Exit 11 oder 12B, sowie per Bus zu erreichen.

Grand Ole Opry House
MUSEUM

(☎ 615-871-6779; www.opry.com; 2802 Opryland Dr; Führung Erw./Kind 22/17 US$; ☉ Führungen 9–16 Uhr) In dem bescheidenen modernen Backsteingebäude mit 4400 Sitzen findet von März bis November dienstags, freitags und samstags sowie von Juni bis August mittwochs die Grand Ole Opry (S. 418)

statt. Führungen durch den Backstage-Bereich gibt's von Oktober bis März täglich alle 15 Minuten.

Willie Nelson Museum
MUSEUM

(www.willienelsongeneralstore.com; 2613 McGavock Pike; Eintritt 8 US$; ☉ 8.30–21 Uhr) Anfang der 1990er-Jahre verkaufte der „Outlaw Country"-Star Willie Nelson all seine Besitztümer, um seine Steuerschulden von 16,7 Mio. US$ zu begleichen. All diese Dinge kann man in diesem skurrilen Museum nicht weit vom Grand Ole Opry betrachten.

⦿ Geführte Touren

★ NashTrash
BUSRUNDFAHRT

(☎ 615-226-7300; www.nashtrash.com; 722 Harrison St; Tour 32–35 US$) Die „Jugg Sisters" mit ihren toupierten Frisuren veranstalten in ihrem großen rosafarbenen Bus eine vergnügliche Stadtrundfahrt auf den Spuren pikanter Details aus der Geschichte von Nashville. Wer auf der Fahrt etwas trinken will, kann sich auch Alkohol mitbringen. Fahrkarten vorab kaufen, denn die Touren können schon Monate vorher ausgebucht sein! Der Bus startet am Südende des Nashville Farmers Market.

Tommy's Tours
BUSTOUR

(☎ 615-335-2863; www.tommystours.com; 2120 Lebanon Pike; Tour 35 US$) Der witzige Einheimische Tommy Garmon führt sehr unterhaltsame, dreistündige Touren, bei denen Sehenswürdigkeiten der Country-Szene abgeklappert werden.

✲✲ Feste & Events

CMA Music Festival
MUSIK

(www.cmafest.com; ☉ Juni) Lockt Zehntausende Country-Fans in die Stadt.

Tennessee State Fair
VOLKSFEST

(www.tnstatefair.org; ☉ Sept.) Neun unterhaltsame Tage mit Schweinerennen, Maultiertreiben und Kuchenbackwettbewerben.

🛏 Schlafen

Billige Kettenmotels stehen überall in der Downtown, an der I-40 und an der I-65. Im Music Valley finden Traveller familienfreundliche Mittelklasseunterkünfte vor.

🛏 Downtown

★ Nashville Downtown Hostel
HOSTEL $

(☎ 615-497-1208; www.nashvillehostel.com; 177 1st Ave N; B 35–40 US$, Zi. 128–140 US$; ℗) Ein sehr stilvolles und zweckmäßiges Hostel in guter Lage. Der fürstliche Gemeinschaftsbereich im Keller mit unverputzten Steinwänden und Balkendecken ist rund um die Uhr sehr gesellig. Im 3. und 4. Stock finden sich die Schlafsäle mit hübschen Holzböden, freiliegende Holzpfeilern, silbernen Deckenbalken und jeweils vier, sechs oder acht Etagenbetten.

Hotel Indigo   BOUTIQUEHOTEL $$
(☎615-891-6000; www.hotelindigo.com; 301 Union St; Zi. ab 199 US$; P🚻❄️@🛜) Das Indigo gehört zu einer internationalen Boutiquehotelkette. Es hat einen lustigen Pop-Art-Look und 160 Zimmer (30 davon brandneu). Statt der kitschigen Originalzimmer mit Terrazzofußböden nimmt man besser einen der geräumigen King Rooms mit nagelneuem Parkettboden, hoher Decke, Flachbildfernsehern, Bettkopfteilen aus Leder und Bürostühlen.

Union Station Hotel   HOTEL $$$
(☎615-726-1001; www.unionstationhotelnashville.com; 1001 Broadway; Zi. ab 259 US$; P❄️🛜) Die hoch aufragende, neoromanische graue Steinburg war zu den Glanzzeiten des Eisenbahnverkehrs der Bahnhof von Nashville. Heute ist hier das kultigste Hotel der Stadt untergebracht. Das gewölbte Foyer ist in Pfirsich- und Goldtönen gehalten und hat einen Marmorboden mit Intarsien sowie eine Buntglasdecke.

Die Zimmer sind geschmackvoll modern mit Flachbildfernsehern und tiefen Tauchbadewannen eingerichtet und sollen demnächst renoviert werden.

Hermitage Hotel   HOTEL $$$
(☎888-888-9414, 615-244-3121; www.thehermitagehotel.com; 231 6th Ave N; Zi. ab 399 US$; P❄️🛜) Nashvilles erstes millionenschweres Hotel war bei seiner Eröffnung 1910 der Hit in Promikreisen. Die Lobby im Beaux-Arts-Stil, die locker mit einem Zarenpalast mithalten könnte, schmücken dicke Wandbehänge und ornamentale Verzierungen. Die originale, aus den 1930er-Jahren stammende Herrentoilette im Art-déco-Stil lohnt ebenso einen Blick wie das Restaurant Capitol Grille mit Zutaten von der restauranteigenen Farm.

Die luxuriös gestalteten Zimmer sind mit vornehmen Himmelbetten, Marmorbädern mit tiefen Badewannen und Mahagonimöbeln ausgestattet (die Zimmer mit der Endziffer 08 bis 14 gewähren Ausblick aufs Capitol).

🏨 The Gulch

★404   BOUTIQUEHOTEL $$$
(☎615-242-7404; www.the404nashville.com; 404 12th Avenue S; Zi. 275–425 US$; P🚻❄️@🛜) Im hippsten und kleinsten Hotel von Nashville lassen sich die Gäste selbst rein. Hinter der Fassade aus Eben- und Zedernholz verbirgt sich ein minimalistisch in industriellem Grau gestaltetes Hotel mit violetter Beleuchtung. Die fünf verdammt hippen Zimmer sind meist zweistöckig. Lokalfotos der Künstlerin Caroline Allison sorgen für Farbtupfer. Es gibt auch ein Restaurant in einem Schiffscontainer, und regionale Biere, Limos und Parkplätze sind im Preis inbegriffen.

🏨 West End

Music City Hostel   HOSTEL $
(☎615-692-1277; www.musiccityhostel.com; 1809 Patterson St; B 30–35 US$; DZ 85–100 US$; P❄️@🛜) Diese flachen Backsteinbungalows sind zwar nicht sehr pittoresk, doch das Hostel in Nashvilles West End ist munter und einladend und hat eine Gemeinschaftsküche, draußen einen Grill und eine Feuerstelle. Die Gäste sind jung, kommen aus aller Welt und haben es auf Spaß und die zu Fuß erreichbaren Bars von West End abgesehen.

Die Zimmer sind so gestaltet, dass sie sowohl als Schlafsäle als auch als private Zimmer einsetzbar sind. Manche teilen sich die Duschen, haben aber ihr eigenes WC.

Hutton Hotel   HOTEL $$$
(☎615-340-9333; www.huttonhotel.com; 1808 West End Ave; Zi. ab 259 US$; P🚻❄️@🛜) Eines der besten Boutiquehotels von Nashville gibt sich ganz im modernen Stil der Mitte des 20. Jhs. mit bambusverkleideten Wänden und Holzböden, deren Material von Baracken aus dem Ersten Weltkrieg stammt. Die geräumigen Zimmer in Rost- und Schokotönen sind gut mit elektrisch regulierbaren Regenduschen aus Marmor, Glaswaschbecken, übergroßen Betten, großen Tischen, breiten Flachbild-TVs, hochwertigen Teppichen und Qualitätsbettwäsche ausgestattet.

Hier regiert nachhaltiger Luxus. Im hoteleigenen elektrischen Tesla kann man kostenlos eine Runde drehen.

🏨 Music Valley

Gaylord Opryland Hotel   RESORT $$
(☎866-972-6779, 615-889-1000; www.gaylordhotels.com; 2800 Opryland Dr; Zi. ab 199 US$;

P ✳ @ 🛜 🛜) Das gewaltige Hotel hat 2882 Zimmer und ist eine Welt für sich! Es ist das größte Nicht-Kasino-Resort in den USA. Warum einen Fuß nach draußen setzen, wenn man in dem Hotel und seinen drei großen Glasatrien auf einem künstlichen Fluss Tretboot fahren, unter einem künstlichen Wasserfall im Wintergarten Sushi essen oder in einer Villa im Stil der Zeit vor dem Bürgerkrieg einen Scotch nippen kann?

✖ Essen

Das typische Nashville-Gericht heißt *meat & three* und besteht aus einer deftigen Portion Fleisch mit drei nach Hausmacherart zubereiteten Beilagen nach Wahl. Im gentrifizierten Germantown gibt's eine Handvoll Cafés und Restaurants, von denen zwei hervorragend sind. Five Points in East Nashville ist das Zentrum der Hipsterszene und voller Cafés, Restaurants und Geschäfte. Am meisten los ist im Gebiet um die Woodlawn St zwischen der 10th und der 11th.

✖ Downtown & Germantown

Arnold's   SÜDSTAATENKÜCHE **$**

(www.arnoldscountrykitchen.com; 605 8th Ave S; Gerichte 9–10 US$; ⊙ Mo–Fr 10.30–14.45 Uhr) Das Arnold's ist der King in Sachen *meat & three*. Man schnappt sich ein Tablett und reiht sich in die Schlange aus Collegestudenten, Müllsammlern und Countrymusik-Stars ein. Das saftige Roastbeef ist die Spezialität des Hauses; dazu gibt's gebratene grüne Tomaten, zwei Arten Maisbrot und große Stücke klebrigen Schokoladencremekuchen.

★ **Rolf and Daughters**   MODERN EUROPÄISCH **$$**

(☎ 615-866-9897; www.rolfanddaughters.com; 700 Taylor St; Hauptgerichte 17–26 US$; ⊙ 17.30–22 Uhr; 🛜) Das Zugpferd des kulinarischen Aufschwungs in Germantown ist die hervorragende Küche des belgischen Chefkochs Philip Krajeck. Seine bodenständigen Pasta-Gerichte, rustikalen Saucen und die saisonal orientierte moderne Hausmannskost bewirken echte Geschmacksexplosionen.

Die Gerichte auf der abwechslungsreichen Karte werden von der saisonalen Ernte bestimmt. Zu den tollen Speisen der europäisch inspirierten Küche mit regionalen Produkten zählen *garganelli verde* (frischer Spinat) und ein himmlisches Hühnchengericht mit Fleisch von Freilandhühnern mit eingemachten Zitronen und Knoblauch-Confit. Reservierung ist ein Muss, doch es gibt einen Gemeinschaftstisch und eine Bar für Spontane.

Silo   MODERNE SÜDSTAATENKÜCHE **$$**

(☎ 615-750-2912; www.silotn.com; 1222 4th Ave N; Hauptgerichte 17–26 US$; ⊙ Di–So 17–23 Uhr, Bar ab 16 Uhr) Das von der Südstaatenküche beeinflusste, hübsche Bistro in Germantown benutzt Zutaten, die direkt vom Bauernhof kommen. Die Einrichtung wurde von den Amischen getischlert, und die passende Beleuchtung kommt vom Künstler John Beck. Dementsprechend ist das Essen: Die Karte wechselt schneller als Twitter-Feeds, doch alle Gerichte wie Hasenschmorbraten mit hausgemachter Pasta und gebratener Umberfisch aus dem Golf sind ausgesprochen geschmack- und gehaltvoll.

Monell's   SÜDSTAATENKÜCHE **$$**

(☎ 615-248-4747; www.monellstn.com; 1235 6th Ave N; All you can eat 13–18 US$; ⊙ Mo 10.30–14, Di–Fr 8.30–16 & 17–20.30, Sa 8.30–20.30, So 8.30–16 Uhr) Das Monell's in einem alten Backsteinhaus gleich nördlich des District ist wegen seiner bodenständigen Südstaatenküche und seines familiären Ambientes beliebt. Dies ist nicht einfach nur ein Essen, sondern ein Erlebnis, denn es wird eine Platte mit in der Pfanne gebratenem Hähnchen, Pulled Pork, Maisbrei, Bratäpfeln, Käsemakkaroni, Kartoffelbrei usw. nach der anderen serviert. Am besten hält man sich den ganzen Nachmittag frei!

★ **Etch**   MODERN-AMERIKANISCH **$$$**

(☎ 615-522-0685; www.etchrestaurant.com; 303 Demonbreun St; Hauptgerichte abends 21–38 US$; ⊙ Mo–Do 11–14 & 17–22, Fr 11–14 & 17–22.30, Sa 17–22.30 Uhr; 🛜) Die aus Nashville stammende bekannte Chefköchin Deb Paquette kreiert in ihrem Restaurant ein paar der einfallsreichsten Gerichte in ganz Nashville. Das ist Essen für die Seele, das in Geschmack und Konsistenz derart verführerisch kombiniert ist, dass bei jedem Bissen alle Erwartungen übertroffen werden. Hier sind alles Meisterwerke – von Bruschetta mit Tintenfisch und Shrimps bis hin zu gebratenem Blumenkohl mit Trüffel-Erbsen-Pesto, mit Kakao und Chili gewürztem Wild und Grillfilet mit Sauerteigkartoffelbrotpudding. Unbedingt reservieren!

✖ The Gulch

★ **Biscuit Love**   FRÜHSTÜCK **$**

(www.biscuitlovebrunch.com; 316 11th Ave; Biscuit 10–14 US$; ⊙ 7–15 Uhr; 🛜) Das Biscuit Love steht für alles, was ungesund ist beim amerikanischen Frühstück und begann 2012 als

ABSTECHER

PLANTAGEN RUND UM NASHVILLE

Hermitage (☑ 615-889-2941; www.thehermitage.com; 4580 Rachel's Lane; Erw./Kind 20/
14 US$, inkl. Multimedia-Player 28/18 US$; ☉ Mitte März–Mitte Okt. 8.30–17 Uhr, Mitte Okt.–
Mitte März 9–16.30 Uhr) Das ehemalige Wohnhaus des siebten US-Präsidenten Andrew
Jackson liegt 15 Meilen (24 km) östlich der Innenstadt von Nashville. Die 465 ha große
Plantage gewährt einen Einblick in das Leben eines Gutsbesitzers im mittleren Süden
im 19. Jh. Bei der Besichtigung der Backsteinvilla im Federal Style, die heute ein möblier-
tes Hausmuseum mit kostümierten Darstellern ist, sieht man auch Jacksons originale
Blockhütte aus dem Jahr 1804 sowie die alten Sklavenquartiere. Jackson war sein Leben
lang Befürworter der Sklaverei und besaß zeitweise bis zu 100 Sklaven; in einer Sonderausstellung wird auch ihre Geschichte erzählt.

Belle Meade Plantation (☑ 615-356-0501; www.bellemeadeplantation.com; 5025 Harding
Pike; Erw./Jugendl. 13–18 Jahre/Kind bis 13 Jahre 18/12/10 US$; ☉ 9–17 Uhr) Anfang des
19. Jhs. begann die Familie Harding-Jackson auf dieser 6 Meilen (10 km) westlich von
Nashville gelegenen Plantage mit der Zucht von Vollblütern. Mehrere Siegerpferde des
Kentucky Derby sind Nachkommen des 1880 verstorbenen Hengsts Bonnie Scotland
(ja, Bonnie kann auch ein Jungenname sein), der auf dieser Plantage gezüchtet wurde.
Das Herrenhaus von 1853 sowie einige interessante Nebengebäude, darunter eine nach-
gebaute Sklavenhütte, sind für Besucher zugänglich. Auf dem Gelände werden auch
Weinverkostungen angeboten.

Imbisswagen. Die leckeren Gourmet-Ver-
sionen des südstaatlichen Biscuit mit Bratensauce kamen dermaßen gut an, dass
schon bald dieses extrem coole Lokal in The
Gulch eröffnet werden konnte.

Mit der Karte braucht man keine Zeit zu
verschwenden, denn ganz oben findet man
das East Nasty, einen perfekt fluffigen Buttermilch-Biscuit mit einer wahnsinnig guten
gebratenen Hühnerkeule, gereiftem Cheddar und himmlischer Bratensauce.

✗ West End & Midtown

★ **Hattie B's**   SÜDSTAATENKÜCHE $
(www.hattieb.com; 112 19th Ave S; Viertel-/halber
Teller ab 8,50/12 US$; ☉ Mo–Do 11–22, Fr–Sa bis
24, So bis 16 Uhr) Das Hattie mag zwar die auf-
gehippte, Social-Media-verliebte Version des
bodenständigen Prince's Hot Chicken sein,
aber wenn es hier nicht Nashvilles bestes,
mit Cayennepfeffer eingeriebenes, scharfes
Brathähnchen gibt, sind wir Vollidioten. Die
perfekt saftigen, hochwertigen Vögel kommen wirklich teuflisch scharf auf den Tisch.
Einfach anstellen!

Fido   CAFÉ $
(www.fidocafe.com; 1812 21st S; Hauptgerichte
5–11 US$; ☉ 7–23 Uhr; 🛜) Eine Institution
in Hillsboro! Das Fido ist bekannt für exzellente Kaffees, tolles Frühstück und eine
erschwingliche Auswahl von Salaten und
Sandwiches. Meistens ist es hier sehr voll,

aber zum Glück ist der Laden groß genug,
um die vielen netten Menschen aufzunehmen.

Pancake Pantry   FRÜHSTÜCK $
(www.pancakepantry.com; 1796 21st Ave S; Hauptgerichte 6,50–10 US$; ☉ Mo–Fr 6–15, Sa–So bis 16
Uhr) Schon seit mehr als 50 Jahren stehen die
Leute in dem Kult gewordenen Frühstücks-
lokal mit hoch aufgestapelten Pfannkuchen
aller Art bis um die Ecke Schlange. Zunächst
scheinen die Pfannkuchen nichts Besonde-
res zu sein – bis man sie in den Zimt-Sah-
ne-Sirup taucht. Einfach himmlisch!

✗ East Nashville

★ **The Pharmacy**   BURGER, BIERGARTEN $
(www.thepharmacynashville.com;   731   Mcferrin
Ave; Burger 8–11 US$; ☉ So–Do 11–22, Fr–Sa bis
23 Uhr; 🛜) Um hier einen Tisch zu bekommen, muss man Krieg führen. Die Bur-
ger-Bar wird regelmäßig zur besten von
Nashville gekürt. Man sitzt am einladenden
Gemeinschaftstisch, an der Bar oder im
spektakulären Biergarten im Hinterhof. Die
tätowierten Angestellten servieren Burger,
Würstchen und altmodische Beilagen (Kar-
toffelrösti), die man mit einem der Spezial-
biere oder der handgemixten altmodischen
Limos hinunterspülen kann.

Pied Piper Creamery   EISDIELE $
(www.thepiedpipercreamery.com; 114 S 11th St; Kugel 3,75 US$; ☉ So–Do 12–21, Fr & Sa bis 22 Uhr)

Das Eis hier ist dickflüssiger, weicher und reichhaltiger als in jeder anderen Eisdiele der Stadt. Man hat die Qual der Wahl: Toffee mit Kaffee, Schoko mit Zimt und Cayennepfeffer, Trailer Trash – Eis mit Oreo-Keksen –, Reese's Pieces, Snickers, Butterfinger, Twix und Nestlés Crunchy. Liegt in Five Points.

I Dream of Weenie $ HOTDOGS

(www.facebook.com/IDreamofWeenie; 113 S 11th St; Hotdog 3–5 US$; ⊙ Mo–Do 11–16, Fr bis 18, Sa 10.30–18, So bis 16 Uhr) Hier geht's schnell und einfach. Der in einen Hotdog-Stand umgewandelte VW-Bus steht in Five Points und verkauft Rinder-, Puten- und vegetarische Würstchen mit köstlichen Saucen (ein Tipp: *Pimento cheese* mit Chili!).

🍴 Großraum Nashville

Prince's Hot Chicken $ BRATHÄHNCHEN

(123 Ewing Dr; viertel/halbes/ganzes Hähnchen 6/11/22 US$; ⊙ Di–Do 11.30–22 Uhr, Fr–Sa bis 4 Uhr; [P]) In dem winzigen, abgewetzten, familienbetriebenen Lokal gibt's die legendärsten scharfen Hähnchen Nashvilles. Es befindet sich in einer düsteren Einkaufsmeile im Norden und lockt alle möglichen Gäste von Hipstern bis zu Studenten, ganzen Einwandererfamilien, Lokalgrößen und Hinterwäldlern an.

Die leicht scharf (totale Lüge), mittelscharf (das soll wohl ein Witz sein?), scharf (man steht kurz vor dem Wahnsinn), sehr scharf (extremer Masochismus) und extra scharf (reiner Selbstmord) gewürzten Brathähnchen brennen einem ein Loch in den Bauch. Nur Barzahlung.

King Market Cafe $ LAOTISCH, THAI

(www.kingmarkettn.com; 300 Church St, Antioch Pike; Gerichte 6,50–11,50 US$; ⊙ 9–19.30 Uhr) Das authentische südostasiatische Café befindet sich in einem asiatischen Lebensmittelladen im Gebiet Antioch Pike, einem Vorort im Osten Nashvilles, wo die Stadt plötzlich nicht mehr so homogen aussieht. Es gibt Nudelgerichte, Suppen, Currys, Pfannengerichte, thailändische Schweinefleischwürstchen, frittierte Makrele und abenteuerliche Gerichte wie gebratene Schweineinnereien. Einen Besuch wert!

🍷 Ausgehen & Nachtleben

Nashvilles Nachtleben würde auch für eine dreimal so große Stadt ausreichen. Es dürfte schwer sein, eine Location ohne Livemusik zu finden. Collegestudenten, Partygänger, dänische Backpacker und Tagungsteilnehmer machen die Downtown unsicher, in welcher der unter den Neonlichtern funkelnde Broadway wie ein ländliches Las Vegas wirkt. Die Bars und Clubs in Vierteln wie East Nashville, Hillsboro Village, Germantown, The Gulch, 12 South und SoBro locken vor allem Einheimische an. Viele Bars und Treffs konzentrieren sich um die Vanderbilt University.

★ Butchertown Hall BIERKNEIPE

(www.butchertownhall.com; 1416 Fourth Ave N; Bier 5–8 US$; ⊙ Mo–Fr 11 Uhr–open end, Sa–So ab 10 Uhr; 🕿) Dieser Hipster-Treff in Germantown setzt auf die historischen Wurzeln des Viertels, denn diese Bierhalle ist die erste in diesem Viertel seit 1909. Der 205 m² große Raum ist prächtig: Gewölbedecken, übergroße U-Bahn-Fliesen und aufgestapelte Steine und Holzscheite, die strategisch positioniert als rustikale Raumteiler fungieren. Es gibt 31 Biere vom Fass, vor allem regionale Biere, seltenere deutsche Sorten sowie fassgereifte englische Ales.

Auch die lateinamerikanisch beeinflusste deutsche Südstaaten-Küche mit viel Rauch und Schwefel ist eine besondere Beachtung wert.

Patterson House COCKTAILBAR

(www.thepattersonnashville.com; 1711 Division St; Cocktail 12–14 US$; ⊙ 17–3 Uhr; 🕿) Ohne Zweifel ist dies die beste Cocktailbar in Nashville. Dementsprechend oft muss man auch warten (ja, für einen Drink an der Bar!). Hier wird nur bedient, wer einen Sitzplatz hat – entweder auf einem der 30 Barhocker oder auf den Bänken rundherum. Die sorgfältig gemixten Cocktails aus der Prohibitionsära schlürft man unter alten Kronleuchtern; die Rechnung wird den Gästen in einem Roman gebracht.

Acme Feed & Seed BAR, LIVEMUSIK

(www.theacmenashville.com; 101 Broadway; ⊙ Mo–Fr 11 Uhr–open end, Sa–So ab 10 Uhr; 🕿) Der ambitionierte vierstöckige Schuppen befindet sich in einem alten Lagerhaus für Farmutensilien von 1875. So haben die Leute in Nashville abgesehen von Familienbesuchen endlich einen guten Grund, in die Downtown zu fahren. Im 1. Stock bekommt man schnelle Kneipengerichte, Kleinbrauereibiere und Livemusik, die an den meisten Abenden so ganz und gar nicht an Country erinnert (Südstaaten-Rock, Indie, Roots-Musik usw.).

Eine Etage weiter oben gibt's eine zwanglose Cocktail-Lounge mit Möbeln aus zweiter Hand, alten Flipperautomaten, alten Druckerplatten an den Wänden und jeder Menge Musik-Memorabilien. Und dann ist da noch die Dachterrasse mit tollem Blick auf den Cumberland River und den ganzen Broadway hinunter.

Pinewood Social
LOUNGE

(☎ 615-751-8111; www.pinewoodsocial.com; 33 Peabody St; ⏱ Mo–Fr 7–1, Sa–So 9–1 Uhr) Der etwas abseits vom Zentrum gelegene Hipster-Treff zieht den Leuten von morgens bis abends das Geld aus der Tasche. In dem stilvoll umgebauten ehemaligen Straßenbahndepot sind das Kaffeehaus Crema, ein Restaurant, eine Bar und sechs altmodische, wiederverwertete Bowlingbahnen aus Holz (40 US$/Std.) untergebracht. Draußen gibt's einen Kunstrasen mit Pool und eine Boccia-Bahn.

Hops + Craft
BAR

(www.hopscrafts.com; 319 12th Ave S; Bier 4,75–6,60 US$; ⏱ Mo–Do 14–23, Fr 12–24, Sa ab 11, So 12–23 Uhr; ☎) Das Ambiente haut einen zwar nicht vom Hocker, aber die kleine (hingebungsvolle) Bar in The Gulch eignet sich in Nashville am besten, um örtliche Kleinbrauereibiere zu probieren. Die erfahrenen und freundlichen Barkeeper geben auch Proben der 36 Biersorten.

No. 308
COCKTAILBAR

(www.bar308.com; 407 Gallatan Ave; Cocktail 11–14 US$; ⏱ 17–3 Uhr) Die coolen Kids treffen sich in dieser bescheidenen Cocktailbar in East Nashville, um sich nach Autoren der Beat Generation benannte Erwachsenendrinks hinter die Binde zu kippen. Von der Karte im abgewetzten Ledereinband wählt man die Gift seiner Wahl. Das Ambiente ist geprägt von niedrigen Kaffeetischen, ausgestopften Tieren, kahlen Bänken und einem langen Tresen mit eingeschweißten Seiten aus klassischen Büchern.

★ Barista Parlor
CAFÉ

(www.baristaparlor.com; 519 Gallatin Ave; Kaffee 5–6 US$; ⏱ Mo–Fr 7–20, Sa–So 8–20 Uhr) Das schicke Café befindet sich in einer großen ehemaligen Werkstatt in East Nashville. Beste US-amerikanische Kaffees werden hier mit Maschinen (V60, Kone, Chemex usw.) verarbeitet, für deren Funktionsweisen sich nur ausgefuchste Kaffeefans interessieren dürften. Das ist keine einfache Kunst – also mit Wartezeiten rechnen!

Der Espresso kommt aus einer der berühmten, seltenen (von Hand gebauten) und 18 000 US$ teuren Kaffeemaschine der Marke Slayer.

Crema
CAFÉ

(www.crema-coffee.com; 15 Hermitage Ave; Kaffee 2,75–5 US$; ⏱ Mo–Fr 7–19, Sa 8–18, So 9–16 Uhr; ☎) Das Hardcore-Café am Rand der Innenstadt serviert den besten Kaffee im Umkreis des Broadway.

Soulshine
KNEIPE

(www.soulshinepizza.com; 1907 Division St; ⏱ So–Mi 11–22, Do–Sa bis 24 Uhr) Der Pub mit Pizzeria in einem zweistöckigen Backsteingebäude mit Betonfußboden in Midtown lockt vor allem Jam-Band-begeisterte Durchschnittstypen an. An den meisten Abenden wird die breite Dachterrasse gerockt.

☆ Unterhaltung

In Nashville gibt es zahllose Möglichkeiten, Livemusik zu hören. Abgesehen von den großen Veranstaltungsstätten spielen viele talentierte Country-, Folk-, Bluegrass-, Südstaatenrock- und Blues-Musiker in verrauchten Spelunken, College-Bars, Cafés und Biokaffeehäusern für ein Trinkgeld. Eintritt zahlt man nur selten.

★ Station Inn
LIVEMUSIK

(☎ 615-255-3307; www.stationinn.com; 402 12th Ave S; ⏱ Open Mike 19 Uhr, Livebands 21 Uhr) Man sitzt an einem der kleinen Cocktail-Tische, die dicht an dicht auf dem abgewetzten Holzfußboden stehen. Bei einem Glas Bier (es gibt keinen anderen Alkohol) kann man unter den Scheinwerfern und Neonschildern die blitzschnellen Finger von Bluegrass-Musikern bewundern. Dabei kommen Kontrabass, Banjo, Mandoline, Fiedel und ab und an sogar noch etwas Jodelkunst zum Einsatz.

Dienstags tritt meistens das berühmte Countrymusik-Duo Doyle und Debbie mit einer Parodie von Kulthits auf (20 US$; unbedingt telefonisch unter ☎ 615-999-9244 reservieren!).

Bluebird Cafe
CLUB

(☎ 615-383-1461; www.bluebirdcafe.com; 4104 Hillsboro Rd; Eintritt frei–20 US$; ⏱ Shows 18.30 & 21.30 Uhr) Auch wenn der Club in einer Einkaufsstraße im Vorort South Nashville liegt, sind auf seiner winzigen Bühne schon einige der besten traditionellen Liedermacher des Landes aufgetreten, darunter Steve Earle, Emmylou Harris und die Cowboy Junkies.

Das Bluebird diente zudem als Kulisse für die beliebte Fernsehserie *Nashville*. Montags kann jeder, der will, bei den Open-Mike-Abenden sein eigenes Talent unter Beweis stellen.

Es können keine Tische reserviert werden, deshalb sollte man mindestens eine Stunde vor dem Beginn der Show auftauchen. Wer sich während der Shows unterhält, wird rausgeschmissen.

Tootsie's Orchid Lounge
KNEIPE

(615-726-7937; www.tootsies.net; 422 Broadway; 10 Uhr–open end) GRATIS Das Tootsie's ist die am meisten verehrte Spelunke in Downtown. Hier herrscht immer eine feuchtfröhliche, ausgelassene Tanzstimmung mit viel Bier, Fußgestampfe und Country-Musik. In den 1960er-Jahren kurbelte Clubbesitzerin und Kneipenmutter „Tootsie" Bess die beginnende Karriere von Willie Nelson, Kris Kristofferson und Waylon Jennings an. Die neue Dachterrasse mit einer Bühne kam 2014 hinzu und ist eine der besten Party-Locations am Broadway – toller Ausblick inklusive.

Grand Ole Opry
MUSICALS

(615-871-6779; www.opry.com; 2802 Opryland Dr; Tickets 40–70 US$) Die ganze Woche über kann man hier eine Reihe von Country-Musik-Events erleben. Eine Pflichtveranstaltung ist aber das *Grand Ole Opry*, eine aufwendige Show, die immer dienstag-, freitag- und samstagabends dem klassischen Nashville-Country Tribut zollt. Von November bis Juni finden die Shows im Ryman statt.

Robert's Western World
HONKY-TONK

(www.robertswesternworld.com; 416 Broadway; 11–2 Uhr) GRATIS Das schon lange existierende Robert's ist in der Gegend sehr beliebt und versorgt seine Gäste mit Stiefeln, Bier und Burgern. Musik wird von etwa 11 Uhr bis tief in die Nacht hinein gespielt. Am Wochenende heizt die hauseigene Band Brazilbilly ab 22 Uhr kräftig ein. Vor 18 Uhr haben hier Groß und Klein Zutritt, danach wird streng darauf geachtet, dass die Gäste mindestens 21 Jahre alt sind.

Ryman Auditorium
KONZERTHALLE

(615-889-3060; www.ryman.com; 116 5th Ave N) Eine ausgezeichnete Akustik, der historische Charme und die vielen Sitzplätze sichern dem Ryman nach wie vor den Status einer der wichtigsten Veranstaltungsstätten der Stadt. Nicht selten treten hier bekannte

Künstler auf. Im Winter kehrt für einige Monate die *Opry* zurück.

Nashville Symphony
SINFONIE

(615-687-6400; www.nasvillesymphony.org; 1 Symphony Pl) Hier treten große Maestros, das Sinfonieorchester der Stadt sowie bekannte Popstars von Randy Travis bis Smokey Robinson auf. Das Gebäude, die Schermerhorn Symphony Hall, ist zwar brandneu, versprüht aber einen herrlich antiquierten Charme.

🔒 Shoppen

Auf dem Broadway gibt es jede Menge Plattenläden, Geschäfte für Cowboystiefel und Souvenirstände. Das Viertel 12th Ave South ist die richtige Adresse für trendige Boutiquen und Vintage-Läden.

★ Hatch Show Print
KUNST, SOUVENIRS

(www.hatchshowprint.com; 224 5th Ave S; Führung 15 US$; Mo–Mi 9–17, Do–Sa bis 20 Uhr) Dies ist eine der ältesten Plakatdruckereien der USA. Seit den frühen Vaudeville-Veranstaltungen wurden hier altmodische, von Hand geschnittene Blöcke für den Druck der Kult gewordenen bunten Plakate genutzt. Seitdem hat das Unternehmen für fast jeden Country-Star Reklamezettel und Plakate gedruckt und befindet sich inzwischen in dem neuen Anbau der umgebauten Country Music Hall of Fame (S. 409).

Es gibt drei Führungen täglich (12.30, 14 & 15.30 Uhr), einen erweiterten Verkaufsraum und eine Galerie. Zum Verkauf stehen Nachdrucke der Plakate, die mit den originalen Holzstöcken aus den 1870er- bis 1960er-Jahren hergestellt wurden, sowie einmalige Einzeldrucke, die Neuinterpretationen der originalen Holzstöcke der aus Nashville stammenden Legende Jim Sherraden sind.

★ Third Man Records
MUSIK

(www.thirdmanrecords.com; 623 7th Ave S; Mo–Sa 10–18, So 13–16 Uhr) In einem der letzten Industriegebiete in der Downtown befindet sich Jack Whites Boutique-Plattenlabel samt Laden und einer Lounge für Neuerscheinungen, die einen eigenen Drehteller und eine Livemusikbühne hat. Verkauft werden hier nur Third-Man-Aufnahmen auf Vinyl und CD, T-Shirts für Sammler, Aufkleber, Kopfhörer und Pro-Ject-Plattenspieler. Man findet hier auch Whites gesamten Aufnahmekatalog und kann sich selbst auf Vinyl aufnehmen (15 US$).

Einmal im Monat gibt's im **Blue Room** des Aufnahmestudios Liveshows. Sie sind meist öffentlich (ca. 10 US$), werden aber nur ein paar Wochen vorher angekündigt. Teilnehmer erhalten eine farbige Exklusivplatte der Aufnahme.

Two Old Hippies　　　BEKLEIDUNG, LIVEMUSIK
(www.twooldhippies.com; 401 12th Ave S; ⊙ Mo-Do 10–20, Fr–Sa bis 21, So 11–18 Uhr) Das gibt's nur in Nashville: Der Laden mit gehobener Retro-Bekleidung hat nebenbei noch eine Bühne, auf der regelmäßig erstklassige Liveshows stattfinden. Und wie bei der Bekleidung ist auch bei der Musik Country-mäßiger Hippie-Rock angesagt. Im Laden selbst gibt's besonderen Schmuck, maßgeschneiderte T-Shirts, hervorragende Gürtel aus Tennessee-Jeans, jede Menge bühnengerechte Tops und Jacketts sowie ein paar unglaubliche Gitarren.

An vier Abenden in der Woche wird um 18 Uhr Livemusik gespielt, und sonntags um 13 Uhr dürfen sich Kinder am Mikro auslassen.

Imogene + Willie　　　BEKLEIDUNG
(www.imogeneandwillie.com; 2601 12th Ave S; ⊙ Mo–Fr 10–18, Sa 11–18, So 13–17 Uhr) Der unabhängige Laden in dem hippen Viertel 12 South schneidert maßgefertigte, strapazierbare Jeans (250 US$), die einem in einer oder zwei Wochen nach Hause geliefert werden.

Ernest Tubb　　　MUSIK
(www.etrecordshop.com; 417 Broadway; ⊙ So–Do 10–22, Fr–Sa bis 24 Uhr) Der an dem Neonschild in Form einer Gitarre erkennbare Laden ist der beste in puncto Country- und Bluegrass-Platten.

Boot Country　　　STIEFEL
(www.twofreeboots.com; 304 Broadway; ⊙ Mo–Do 10–22.30, Fr & Sa bis 23, So 11–19.30 Uhr) Steht man auf Leder, Cowboy-Sachen etc., wird man hier in Bezug auf passende Stiefel sicher fündig. Wer ein Paar kauft, bekommt noch zwei Paar gratis. Kein Scherz!

Gruhn Guitars　　　MUSIK
(www.gruhn.com; 2120 8th Ave S; ⊙ Mo–Sa 9.30–18 Uhr) Der berühmte Laden für alte Musikinstrumente hat fachkundige Angestellte. Außerdem kann jederzeit irgendein unscheinbarer Virtuose reinschneien, sich eine Gitarre, eine Mandoline oder ein Banjo von der Wand schnappen und drauflos spielen.

ABSTECHER

FRANKLIN

Etwa 20 Meilen (32 km) südlich von Nashville liegt abseits der I-65 das historische Städtchen **Franklin** (www.historicfranklin.com) mit einer reizenden Innenstadt und hübschen B&Bs. Hier fand außerdem eine der blutigsten Schlachten des Bürgerkriegs statt. Am 30. November 1864 kämpften rund 37 000 Männer (20 000 Soldaten der Konföderiertentruppen und 17 000 Soldaten der Union) um einen 3,2 km breiten Streifen vor den Toren Franklins. Der Großteil des Schlachtfelds ist inzwischen der Ausdehnung Nashvilles zum Opfer gefallen und wurde von städtischen Vororten geschluckt. Mit dem Anwesen des **Carter House** (☑ 615-791-1861; www.boft.org; 1140 Columbia Ave, Franklin; Erw./Senior/Kind 15/12/8 US$; ⊙ Mo–Sa 9–17, So 11–17 Uhr; 👪 👁) ist jedoch ein 8 ha großer Teil des Kampfgebiets erhalten geblieben. Mehr als 1000 Kugeln trafen die verschiedenen Gebäude des Anwesens – so viele Einschusslöcher hat kaum ein anderes noch bestehendes Gehöft aus der Zeit des Bürgerkriegs aufzuweisen.

Pangaea　　　GESCHENKARTIKEL
(www.pangaeanashville.com; 1721 21st Ave S; ⊙ Mo–Do 10–18, Fr & Sa bis 21, So 12–17 Uhr) Einen abgefahreneren Laden gibt's in der ganzen Stadt nicht! Hier bekommt man perlenbesetzte Gürtel, verrückte Schals, lustige Hüte, Sommerkleider, portugiesische Retro-Seifen, Getränkekühler mit dem Konterfei von Lionel Richie, Tag-der-Toten-Figuren und literarisch inspirierten Schmuck.

❶ Praktische Informationen

In der Innenstadt von Nashville und im Centennial Park gibt's kostenloses WLAN, ebenso wie in vielen Hotels, Restaurants und Cafés.

Nashville Scene (www.nashvillescene.com) Kostenloses alternatives Wochenblatt mit Veranstaltungskalender.

Nashville Visitors Information Center (☑ 800-657-6910, 615-259-4747; www.visitmusiccity.com; 501 Broadway, Bridgestone Arena; ⊙ Mo–Sa 8–17.30, So 10–17 Uhr) Im Glasturm; bietet kostenlose Stadtpläne an. Eine zweite, kleinere Touristeninformation (150 4th Ave N; ⊙ Mo–Fr 8–17 Uhr) befindet sich in den Firmenbüros in der Lobby des Gebäudes der Regions Bank.

DER SÜDEN NASHVILLE

Out & About Nashville (www.outandabout
nashville.com) Monatsblatt zur lokalen Schwu-
len- und Lesbenszene.

Polizeizentrale (☑ 615-862-7611; 601 Korean
Veterans Blvd) Im Central Precinct von Nashville.

Post (www.usps.com; 601 Broadway; ☉ Mo–Fr
6–18, Sa bis 12.30 Uhr) Die am günstigsten
gelegene Postfiliale im Zentrum.

Tennessean (www.tennessean.com) Nashvilles
Tageszeitung.

Vanderbilt University Medical Center
(☑ 615-322-5000; www.mc.vanderbilt.edu;
1211 Medical Center Dr) Gilt weithin als bestes
Krankenhaus von Tennessee.

ⓘ Anreise & Unterwegs vor Ort

Der 8 Meilen (13 km) von der Stadt entfernte
Nashville International Airport (BNS; ☑ 615-
275-1675; www.nashintl.com; One Terminal Dr)
ist kein großer Flughafen. Bus 18 der **Metropolitan Transit Authority** (MTA; www.nashvillemta.
org; Fahrpreis 1,70–2,25 US$) verkehrt zwi-
schen Flughafen und Downtown; **Jarmon Transportation** (www.jarmontransportation.com;
Fahrpreis 15 US$) betreibt Flughafen-Shuttles
zu größeren Hotels in der Downtown und in West
End. Taxis berechnen einen Pauschalbetrag von
25 US$ zur Downtown oder nach Opryland.

Der Busbahnhof von **Greyhound** (☑ 615-255-
3556; www.greyhound.com; 709 5th Ave S) ist
in der Downtown. Die MTA betreibt Stadtbusse
ab dem **Music City Central** (400 Charlotte Ave)
in Downtown. Dazu gehört auch der kostenlose

INSIDERWISSEN

SCENIC DRIVE: LAND-
STRASSEN IN NASHVILLE

Etwa 25 Meilen (40 km) südwestlich
von Nashville stößt man abseits des
Hwy 100 auf den **Natchez Trace
Parkway**, der 444 Meilen (715 km)
Richtung Südwesten nach Natchez
in Mississippi führt. Dieser nördliche
Abschnitt ist einer der schönsten der
gesamten Strecke – nicht zuletzt we-
gen der Bäume, die ein Blätterdach
über die gewundene Straße spannen.
Nahe dem Anfang des Parkway lohnt
sich ein Halt am **Loveless Cafe** (www.
lovelesscafe.com; 8400 Hwy 100, Nashville;
Frühstück 7,25–14,25 US$; ☉ 7–21 Uhr).
Das Rasthaus aus den 1950er-Jahren ist
ein Wahrzeichen und berühmt für seine
Kekse mit hausgemachter Marmelade,
Landschinken und gewaltige Portionen
Brathähnchen nach Südstaatenart.

Music City Circuit mit drei Linien, die den Großteil der Sehenswürdigkeiten von Nashville abdecken. Expressbusse fahren zum Music Valley.

Nashville B-Cycle (☑ 615-625-2153; www.
nashville.bcycle.com) ist das öffentliche Bike-
Sharing-Programm mit mehr als 30 Stationen im
Stadtzentrum. Die erste Stunde ist gratis; danach werden pro halber Stunde 1,50 US$ von der
Kreditkarte abgebucht. Leihfahrräder sind auch
pro Tag, Woche oder Monat erhältlich.

Östliches Tennessee

Dolly Parton, die berühmteste Persönlichkeit aus dem Osten Tennessees, liebt ihre
Heimatregion so sehr, dass sie einst Lieder
über junge Frauen schrieb, die für den falschen Glanz der Großstadt die nach Heckenkirschen duftenden Smoky Mountains
verlassen haben und das am Ende immer
bereuen. Das Glück war ihr hold – sie machte damit Karriere.

Das östliche Drittel des Bundesstaats
ist eine überwiegend ländliche Region mit
kleinen Ortschaften, sanften Hügeln und
Flusstälern. Hier fühlt man sich dank der
freundlichen Menschen, des herzhaften Essens und des ländlichen Charmes wie zu
Hause.

In den üppigen, mit Heidekraut bewachsenen Great Smoky Mountains lässt es sich
prima wandern, campen und raften. Die
beiden wichtigsten städtischen Regionen,
Knoxville und Chattanooga, sind entspannte
Ortschaften am Fluss mit vielen munteren
Studenten und einer spannenden Musikszene.

Chattanooga

In den 1960er-Jahren galt Chattanooga als
„schmutzigste Stadt Amerikas". Heute ist
die Stadt eine der grünsten des Landes mit
kilometerlangen, viel genutzten Uferwegen,
Elektrobussen und Fußgängerbrücken über
den Tennessee River. Mit ihren erstklassigen Möglichkeiten zum Klettern, Wandern,
Radfahren und Wassersport ist sie darüber
hinaus eine der besten Ziele im Süden Amerikas für Outdoor-Fans. Wie prächtig die
Stadt heute wirklich ist, verrät schon der
Blick vom Bluff View Art District!

Im 19. und 20. Jh. war die Stadt ein wich-
tiger Knotenpunkt des Eisenbahnverkehrs.
Daher kommt der Begriff *Chattanooga
Choo-Choo*, der ursprünglich den Personen-
zug der Cincinnati Southern Railway von
Cincinnati nach Chattanooga meinte und

später Titel eines Glen-Miller-Songs von 1941 wurde. Die leicht zu Fuß erkundbare Innenstadt ist ein zunehmend nobler werdendes Labyrinth aus historischen Stein- und Backsteingebäuden und ein paar hervorragenden Gourmetrestaurants. Chattanooga, das liebevoll auch „The 'Noog" genannt wird, hat viel Liebenswertes zu bieten.

◉ Sehenswertes & Aktivitäten

Der **Coolidge Park** ist ein guter Ausgangspunkt für einen Spaziergang am Fluss. Es gibt ein Karussell, viel genutzte Sportplätze und eine 15 m hohe Kletterwand, die an einem Pfeiler der **Walnut Street Bridge** angebracht ist. Unmittelbar neben dem Park hat die Stadt Gabionen (mit Steinen gefüllte Drahtkörbe) errichtet, um die Regeneration des Feuchtgebiets zu fördern und mehr Vögel anzuziehen. Beim Spaziergang zum Rand der coolen, etwas erhöht stehenden Stege, die ins Sumpfland hineinragen, kann man vielleicht einige von Letzteren zu Gesicht bekommen. Der viel größere **Tennessee River Park** ist ein fast 13 km langer, auf verschiedenste Weise genutzter Grünzug, der von der Downtown durch die Amincola Marsh und entlang dem South Chickamauga Creek verläuft. Es ist geplant, ihn auf sage und schreibe 35 km auszubauen. **Chattanooga Nightfall** ist eine kostenlose Konzertreihe mit Events vom 1. Mai bis zum 4. September mit jeden Freitag (auf der Miller Plaza).

Hunter Museum of American Art   GALERIE
(www.huntermuseum.org; 10 Bluff View; Erw./Kind 10/5 US$; ◉Mo, Di, Fr & Sa 10–17, Do bis 20, Mi & So 12–17 Uhr) Der umwerfende Bau aus Stahl und Glas oben auf den Klippen am Fluss ist die wohl bemerkenswerteste architektonische Errungenschaft in Tennessee. Ebenso fantastisch ist die Kunstsammlung mit Werken des 19. und 20. Jhs. Am ersten Sonntag im Monat ist der Eintritt zu den Dauerausstellungen frei (Sonderausstellungen 5 US$).

Lookout Mountain   OUTDOOR-AKTIVITÄTEN
(www.lookoutmountain.com; 827 East Brow Rd; Erw./Kind 49/30 US$; ◉wechselnde Öffnungszeiten; 🚗) Einige der ältesten und beliebtesten Attraktionen Chattanoogas befinden sich 6 Meilen (9,6 km) außerhalb der Stadt. Im Eintrittspreis enthalten sind die Fahrt mit der **Incline Railway**, die einen Steilhang hinauf zur Spitze des Berges tuckert, der weltweit höchste unterirdische Wasserfall,

BONNAROO

Das **Bonnaroo** (www.bonnaroo.com; Manchester, TN; ◉ Mitte Juni) ist eines der wichtigsten Musikfestivals in Amerika und das einzige 24/7-Groß-Event im Land. Das Festival steigt auf einem 283 ha großen Bauernhof im 60 Meilen (97 km) südöstlich von Nashville gelegenen Mancester. Die Mischung aus Camping, Comedy, Kino, Essen, Bier und Kunst fördert das Gemeinschaftsgefühl, eindeutiges Highlight ist aber natürlich die Musik. Beim Treffen im Jahr 2015 traten an vier herrlich energiegeladenen Tagen mehr als 125 Bands und 20 Comedians auf zwölf Bühnen auf, darunter Billy Joel, Mumford & Sons, Kendrick Lamar, Florence & the Machine, Robert Plant & the Sensational Space Shifters, Slayer, Earth, Wind & Fire etc..

die **Ruby Falls**, sowie **Rock City**, ein Garten mit einer Felsklippe, von der aus man einen atemberaubenden Ausblick hat.

Outdoor Chattanooga   OUTDOOR-AKTIVITÄTEN
(☎423-643-6888; www.outdoorchattanooga.com; 200 River St) Diese städtische Agentur für Freizeitaktivitäten hat eine gute Website mit Informationen zu Outdoor-Aktivitäten sowie Wandertipps. Wer einfach so im Büro vorbeischaut, wird allerdings enttäuscht werden: Spontane Tipps bekommt man hier eher nicht.

🛏 Schlafen & Essen

★**Crash Pad**   HOSTEL $
(☎423-648-8393; www.crashpadchattanooga.com; 29 Johnson St; B/DZ/3BZ 30/79/99 US$; 🅿❋ @🛜) 🧗 Das von Kletterern betriebene Hostel ist das beste in den Südstaaten und setzt ganz auf Nachhaltigkeit und Coolness. Es befindet sich in Southside, dem hippsten Viertel im Zentrum von 'Noog. Die Schlafsäle, in denen beide Geschlechter übernachten können, sind mehr als nur gut: Es gibt eingebaute Lampen, Steckdosen, Ventilatoren und Vorhänge zur Wahrung der Privatsphäre an jedem Bett. Die privaten Zimmer sind mit unverputzten Betonwänden und ans Bett angebauten Nachttischen ausgestattet. Für den Zugang im ganzen Haus bekommt man hochmoderne Schlüssel; Bettwäsche, Schließfächer und Frühstückszutaten sind im Preis inbegriffen.

DER SÜDEN ÖSTLICHES TENNESSEE

Bis zu 95 % der bei Bau und Einrichtung verwendeten Materialien sind wiederverwertet und stammen vom Vorgängergebäude. Außerdem hat das Haus Solarenergie. Zudem ist es das erste Hostel der Welt mit LEED-Platin-Zertifikat. Im Voraus buchen, denn an den Wochenenden ist es immer voller Outdoor-Fans aller Art!

Stone Fort Inn BOUTIQUEHOTEL $$
(☎ 423-267-7866; www.stonefortinn.com; 120 E 10th St; Zi. 165–214 US$; P❀🅿) Hohe Decken, fein gearbeitete Vintage-Möbel und ein meist fabelhafter Service prägen das historische Boutiquehotel mit 16 Zimmern in Downtown. Jedes der individuell gestalteten Zimmer hat unverputzte Backsteinwände. Besonders ansprechend sind die Zimmer mit eigener Terrasse und Whirlpool im Freien. Das hauseigene Restaurant mit farmfrischen Gerichten im Appalachen-Stil ist eines der besten in der Stadt.

Chattanooga Choo-Choo HOTEL $$
(☎ 423-308-2440; www.choochoo.com; 1400 Market St; Zi./Eisenbahnwaggon ab 155/189 US$; P❀🅿🌊) Der prächtige, 100 Jahre alte Bahnhof der Stadt wurde in ein geschäftiges Hotel umgewandelt und zum Zeitpunkt unserer Recherchen gerade für 8 Mio. US$ renoviert und erweitert. Der Bau bietet 48 authentische viktorianische Eisenbahnwaggons als Zimmer, eine Retro-Bar im Stil des Gilded Age und einen beeindruckenden Säulengang in der Lobby. Die Standard-Zimmer und -Suiten befinden sich in separaten Gebäuden und sind geräumig, aber nicht außergewöhnlich.

★**Public House** MODERNE SÜDSTAATENKÜCHE $$
(☎ 423-266-3366; www.publichousechattanooga.com; 1110 Market St; Hauptgerichte 8,50–32 US$; ⊙ Mo–Do 11–14.30 & 17–21, Fr bis 22, Sa 12–15 & 17–22 Uhr) Eine recht schicke Mischung aus Pub und Restaurant im sanierten Lagerhausviertel. Die hauseigene Bar Social ist in einem dunklen, freundlichen Backsteinhaus untergebracht, der helle und gemütliche Speisesaal ist mit Gardinen versehen. Beide bieten leckere Gerichte der gehobenen Küche (es gibt z.B. himmlische Burger mit *Pimento cheese* und Schinken).

St. John's Meeting Place AMERIKANISCH $$$
(☎ 423-266-4571; www.stjohnsmeetingplace.com; 1274 Market St; Hauptgerichte 14–33 US$; ⊙ Mo–Do 17–21.30, Fr & Sa bis 22 Uhr) Der kulinarische Anker in Southside gilt weithin als bestes Abendrestaurant von Chattanooga. Das im Johnny-Cash-Schwarz gehaltene Ambiente (schwarzer Granitboden, Kronleuchter aus schwarzem Glas, schwarz lackierte Bänke) verleiht dem Innenraum eine unorthodoxe, aber sehr moderne Eleganz. Die farmfrische Küche umfasst u.a. Wachteln im Schinkenmantel, Lammkeule, gebratenen Reis mit Schweinebauch bzw. Schweineschulter und Forelle aus der Region. Donnerstags von 18 bis 21 Uhr wird live Jazz gespielt.

❶ Praktische Informationen

Visitor Center (☎ 800-322-3344; www.chattanoogafun.com; 215 Broad St; ⊙ 10–17 Uhr) Das Visitor Center in einem öffentlichen Verbindungsgang ist leicht zu übersehen.

❶ Anreise & Unterwegs vor Ort

Chattanoogas bescheidener **Flughafen** (CHA; ☎ 423-855-2202; www.chattairport.com; 1001 Airport Rd) befindet sich gleich östlich der Stadt. Der **Greyhound-Busbahnhof** (☎ 423-892-1277; www.greyhound.com; 960 Airport Rd) liegt die Straße ein Stück weiter. Zu den meisten Sehenswürdigkeiten im Zentrum gelangt man mit den kostenlosen Elektrobussen, die im Zentrum und an der North Shore pendeln. Einen Streckenplan erhält man im Visitor Center.

Radfahrer können sich nach der Online-Anmeldung am städtisch geförderten Bike-Sharing-Programm **Bike Chattanooga** (www.bikechattanooga.com) teilnehmen. Die Leihfahrräder stehen an 31 Stationen in der ganzen Stadt verteilt. Die ersten 60 Minuten sind kostenlos.

Knoxville

Wegen seiner vielen Textilfabriken war Knoxville einst als „Welthauptstadt der Unterwäsche" bekannt. Heute ist es der Standort der University of Tennessee. Den **Market Square** in der Innenstadt säumen kunstvoll verzierte, leicht baufällige Gebäude aus dem 19. Jh. sowie hübsche Straßencafés mit Schatten spendenden Birnbäumen. Das beste Nachtleben steigt in **Old Town** und **Hundred Block**, zwei künstlerisch angehauchten Stadtvierteln mit renovierten Lagerhäusern rund um die Gay St.

◉ Sehenswertes & Aktivitäten

Sunsphere WAHRZEICHEN
(☎ 865-251-6860; World's Fair Park, 810 Clinch Ave; ⊙ April–Okt. 9–22 Uhr, Nov.–März 11–18 Uhr) Der Blickfang der Stadt ist das Sunsphere, eine goldene Kugel, die wie eine riesengroße Diskokugel auf einem Turm thront. Dies ist das größte Überbleibsel der Weltausstellung

von 1982. Ein Aufzug bringt einen hinauf zur Aussichtsplattform im 4. Stock, wo man die Skyline und eine aktuelle Ausstellung über die Stadt bewundern kann. Ein Stockwerk darüber gibt's in der Icon Ultra Lounge Cocktails.

Women's Basketball Hall of Fame MUSEUM (www.wbhof.com; 700 Hall of Fame Dr; Erw./Kind 10/6 US$; ⊙ Sommer Mo–Sa 10–17 Uhr, Winter Di–Fr 11–17, Sa 10–17 Uhr; 🚹) Unübersehbar ist der gewaltige orangefarbene Basketball vor der raffinierten Women's Basketball Hall of Fame. Drinnen bekommt man einen Einblick in die Geschichte des Sports, angefangen bei der Zeit, als Frauen noch in langen Kleidern spielen mussten.

🛏 Schlafen & Essen

★ Oliver Hotel
BOUTIQUEHOTEL $$
(☎ 865-521-0050; www.theoliverhotel.com; 700 Hall of Fame Dr; Zi. 150–250 US$; P ❀ @ 🛜) Das einzige Boutiquehotel von Knoxville hat hippe Leute an der Rezeption, ein charmantes, elegantes Ambiente und 28 moderne Zimmer mit Marmorwaschbecken und Regendusche im Bad, hochwertiger Bettwäsche und handgemachten Kaffeetischen. Die Bar Peter Kern Library ist genau das Richtige für Cocktailfans.

★ Oli Bea
FRÜHSTÜCK $
(www.olibea.net; Hauptgerichte 6–12 US$; ⊙ Mo–Sa 7–13 Uhr; 🛜) Eine Übernachtung in Knoxville lohnt sich schon wegen des mexikanisch angehauchten Südstaaten-Frühstücks in diesem Morgenlokal in der Altstadt. Hier bekommt man aufgepeppte Standardgerichte (z. B. Rohschinken, Salbeiwürstchen, Biohähnchen und Enteneier), doch das echte Highlight sind die Gourmetgerichte von südlich der Grenze, etwa Schweinefleisch-Confit *carnitas tostadas*, *chilaquiles*, Frühstücksburritos – einfach fabelhaft!

Knox Mason
MODERNE SÜDSTAATENKÜCHE $$
(www.knoxmason.com; 131 S Gay St; Hauptgerichte 16–24 US$; ⊙ Di–Do 16–23, Fr–Sa bis 24, So 10–14 Uhr) Das Restaurant in der historischen 100 Block of Gay St ist die richtige Adresse für saisonale Gerichte der kreativen modernen Südstaatenküche mit Zutaten aus der Region.

ℹ Praktische Informationen

Visitor Center (☎ 800-727-8045; www.visit knoxville.com; 301 S Gay St; ⊙ Mo–Sa 8.30–17, So 9–17 Uhr) In dem Visitor Center neben der Touristeninformation spielen auch Bands des gesamten Americana-Genres für das Blue Plate Special des Radiosenders WDVX, einer kostenlosen Konzertreihe von Montag bis Samstag um 12 Uhr.

Great Smoky Mountains National Park

Die Cherokee nannten dieses Gebiet Shaconage (sprich: sha-*kaun*-a-dschei), was so viel bedeutet wie „Land des blauen Rauches". Der Name rührt von dem lilafarbenen Nebel her, der über den uralten Gipfeln liegt. Die südlichen Appalachen gehören zu den ältesten Gebirgszügen der Welt. Kühler, feuchter Laubwald erstreckt sich über viele Quadratkilometer.

Der 2110 km² große **Park** (www.nps.gov/grsm; GRATIS ist der meistbesuchte Park des Landes (es kommen doppelt so viele Besucher wie in den Grand Canyon National Park!). Zwar können die wichtigsten Verkehrswege und Attraktionen überlaufen sein, doch laut Statistik entfernen sich 95 % aller Besucher kaum mehr als 100 m von ihren Autos. Man kann den Menschenmassen also problemlos entkommen. Tennessee und North Carolina teilen sich den Park.

Anders als für viele andere Nationalparks muss man für den Great Smoky Mountains National Park keinen Eintritt zahlen. In den Visitor Centers bekommt man eine Karte des Parks sowie den kostenlosen *Smokies Guide*. Die beliebteste Sehenswürdigkeit des Parks sind die Überreste einer Siedlung aus dem 19. Jh. in **Cades Cove** – was durch das nervenaufreibende Verkehrsaufkommen auf der Rundstraße im Sommer bestätigt wird.

Am **Mt. LeConte** gibt's grandiose Wanderwege. Hier findet sich auch, abgesehen von den Campingplätzen, die einzige Unterkunft: die **LeConte Lodge** (☎ 865-429-5704; www.lecontelodge.com; Hütte Erw./Kind 4–12 Jahre pro Pers. 136/85 US$). Zu den rustikalen Hütten ohne Strom gelangt man allerdings nur über einen der fünf Wanderwege, die bergauf führen und unterschiedlich lang sind – vom 9 km langen Alum Cave Trail bis zum 13 km langen Boulevard. Die Lodge ist so beliebt, dass man bis zu einem Jahr im Voraus reservieren muss. Mit dem Auto direkt zu erreichen ist allerdings der schwindelerregend hohe **Clingmans Dome**, der dritthöchste Berg östlich des Mississippi mit einem futuristischen Aussichtsturm (meistens ist es jedoch derart bewölkt, dass man nichts sieht).

DER SÜDEN ÖSTLICHES TENNESSEE

DOLLYWOOD

Dollywood (☏ 865-428-9488; www.
dollywood.com; 2700 Dollywood Parks
Blvd; Erw./Kind 59/47 US$; ⊙ April–Dez.)
ist eine Hommage an die Schutzheilige
des östlichen Tennessee, die langhaa-
rige und großbusige Countrysängerin
Dolly Parton. Der Park umfasst u. a.
thematisch auf die Appalachen zuge-
schnittene Fahrgeschäfte und Attraktionen, einen Wasserpark und das neue
DreamMore Resort. Er findet sich über
dem **Pigeon Forge** (www.mypigeonforge.
com), einer Shoppigmall, die 9 Meilen
(14,5 km) nördlich von Gatlinburg wie
ein Las Vegas aus zweiter Hand von
amerikanischem Kitsch strotzt.

Bei neun Campingplätzen mit insgesamt
rund 900 Stellplätzen würde man vermuten,
dass sich immer ein Plätzchen für ein Zelt
finden ließe… Nicht so in der betriebsamen
Sommersaison, weshalb man vorausplanen
sollte. Für manche Campingplätze werden
Reservierungen (☏ 800-365-2267; www.recre
ation.gov; Stellplatz 17–23 US$/Nacht) angenom-
men, bei anderen gilt: Wer zuerst kommt,
malt zuerst. Die Campingplätze Cades Cove
und Smokemont sind das ganze Jahr über
geöffnet, andere nur zwischen März und
Oktober.

Eine tolle Option ist das **Wildcampen**
(☏ Reservierung 865-436-1231; www.nps.gov/gr
sm/planyourvisit/backcountry-camping.htm; die
ersten 5 Nächte 4 US$/Nacht, alle weiteren Näch-
te gratis), für das man jedoch eine Genehmigung braucht. Für Reservierungen und
Genehmigungen wendet man sich an die
Ranger-Stationen oder an die Visitor Center.

❶ Praktische Informationen

Im Park gibt's vier Visitor Center: das **Sugar-
lands Visitor Center** (☏ 865-436-1291; www.
nps.gov/grsm; 107 Park Headquarters Rd; ⊙ Juni–Aug. 8–19.30 Uhr, Sept.–Mai wechselnde
Öffnungszeiten) am nördlichen Parkeingang
nahe Gatlinburg, das **Cades Cove Visitor Center** (Cades Cove Loop Rd; ⊙ April–Aug. 9–19
Uhr, Sept.–März früher) auf halber Strecke der
Cades Cove Loop Rd, 24 Meilen (39 km) abseits
des Hwy 441 hinter dem Eingang Gatlinburg,
das Oconaluftee Visitor Center (S. 383) am
südlichen Parkeingang nahe Cherokee in North
Carolina sowie das neue **Clingmans' Dome Visitor Center** (Clingmans Dome Rd; ⊙ April–Okt.
10–18 Uhr, Nov. 9.30–17 Uhr).

Gatlinburg

Das furchtbar kitschige Gatlinburg liegt am
Eingang des Great Smoky Mountains National Park und betört Wanderer mit dem Duft
von Toffee, Zuckerwatte und Pfannkuchen.
Und es gibt auch diverse Museen voller Kuriositäten und skurrile Attraktionen.

◉ Sehenswertes & Aktivitäten

★ **Ole Smoky Moonshine Holler** BRENNEREI
(www.olesmokymoonshine.com; 903 Parkway;
⊙ 10–23 Uhr) Auf den ersten Blick wirkt die
Brennerei in dem Stein- und Holzgebäude,
die erste Schwarzbrennerei Tennessees mit
Lizenz, als ob sie von Disney wäre. Doch
ein Besuch lohnt sich wirklich, denn die
Zeit, die man hier bei den hysterischen Barkeepern, ihren bunten Kommentaren und
den Gratisverkostungen verbringt, ist die
beste in Gatlinburg.

Ober Gatlinburg Aerial Tramway SKIGEBIET
(www.obergatlinburg.com; 1001 Parkway; Erw./
Kind 12,50/9,50 US$; ⊙ So–Fr 9.30–17.40, Sa bis
18.30 Uhr) Mit der Schwebebahn geht's 3 km
bergauf zum bayerisch aufgemachten Ober
Gatlinburg Ski Resort.

🛏 Schlafen & Essen

Bearskin Lodge LODGE $$
(☏ 877-795-7546; www.thebearskinlodge.com; 840
River Rd; Zi. ab 110 US$; ❄️❄️❄️) Die mit
Schindeln verkleidete Lodge am Fluss hat
viel Holz und etwas mehr Schwung zu
bieten als die anderen Herbergen in Gat-
linburg. Die geräumigen Zimmer sind mit
Flachbildfernsehern, einige auch mit Gas-
kamin und eigenem Balkon über dem Fluss
ausgestattet.

Three Jimmys AMERIKANISCH $
(www.threejimmys.com; 1359 East Pkwy; Hauptge-
richte 10–25 US$; ⊙ 11–22 Uhr; ☎) Hier kann
man beim Essen den Touristenhorden an
der Hauptstraße entkommen. Das bei den
Einheimischen beliebte Lokal hat freund-
liche Kellnerinnen und eine lange Spei-
sekarte mit allem Möglichen: Grillfleisch,
Reuben-Sandwich mit Pute, Burger, Cham-
pagner-Hähnchen, Steak, köstlichen Spinat-
salat usw.

KENTUCKY

Angesichts einer Wirtschaft, die auf Bour-
bon-Whiskey, Pferderennen und Tabak ba-

siert, könnte man meinen, Kentucky mache Las Vegas den Ruf als Hort der Sünde streitig. Die Antwort lautet: ja und nein. Auf jede whiskeylastige Bar in Louisville kommt ein „trockener" County, wo man nichts Stärkeres bekommt als Ginger Ale. Und auf jede Pferderennbahn kommt eine Kirche. Kentucky steckt voller merkwürdiger Gegensätze. Der Bundesstaat, an einem geografischen wie kulturellen Scheideweg gelegen, vereint in sich die Freundlichkeit des Südens, seine Geschichte als Grenze zum Wilden Westen, die Industrie des Nordens und den aristokratischen Charme des Ostens. Jede Ecke des Bundesstaats ist eine Augenweide, es gibt aber nur wenig, das so herzzerreißend schön ist wie die sanften Sandsteinhügel des „Pferdelands", in dem die Vollblutzucht ein viele Millionen Dollar schweres Geschäft ist. Im Frühling blühen auf den Weiden winzige himmelblaue Blumen, denen der Staat auch seinen Beinamen „Bluegrass State" verdankt.

❶ Praktische Informationen

Die Grenze zwischen den Zeitzonen Eastern Standard Time und Central Standard Time verläuft mitten durch Kentucky.

Kentucky State Parks (☑ 800-255-7275; www.parks.ky.gov) Hat sinnvolle Informationen zum Wandern, Höhlenwandern, Angeln, Campen etc. in Kentuckys 52 State Parks. Die sogenannten Resort Parks sind mit Lodges ausgestattet, während es in den Recreation Parks weniger komfortabel zugeht.

Kentucky Travel (☑ 800-225-8747, 502-564-4930; www.kentuckytourism.com) Gibt eine detaillierte Broschüre über die Attraktionen des Bundesstaats aus.

Louisville

Das zweifellos coole Louisville (oder „Luh-vul", wie die Einheimischen sagen) wird oft ein bisschen unterschätzt und ist vor allem für das Kentucky Derby bekannt. Die größte Stadt Kentuckys, die während der Erschließung des Westens ein wichtiges Schifffahrtszentrum am Ohio River war, ist heute ein aufstrebendes Zentrum mit angesagten Bars, exzellenten Restaurants (die Frisches aus der Region verarbeiten) und einer einnehmenden, jungen und immer fortschrittlicher denkenden Bevölkerung. Hier kann man gut einen oder zwei Tage damit verbringen, sich die Museen anzuschauen, durch die alten Viertel zu schlendern und Bourbon zu trinken.

◉ Sehenswertes & Aktivitäten

Das aus viktorianischer Zeit stammende Viertel Old Louisville gleich südlich des Stadtzentrums ist eine Spazierfahrt oder einen Bummel wert. Bemerkenswert ist der St. James Court jenseits der Magnolia Ave mit seinem herrlich charmanten, mit Gaslampen beleuchteten Park. Zudem gibt es mehrere wunderbare historische Häuser (☑ 502-899-5079; www.historichomes.org), die man im Rahmen von Führungen besichtigen kann, u. a. das alte Shotgun House (einfaches Einfamilienhaus) von Thomas Edison.

★ Churchill Downs   RENNBAHN

(www.churchilldowns.com; 700 Central Ave) Am ersten Samstag im Mai wirft sich Amerikas Oberschicht mit Nadelstreifenanzügen und superschrägen Hüten in Schale, um die „zwei großartigsten Minuten des Sports" zu erleben: das Kentucky Derby, das am längsten bestehende Sportereignis in Nordamerika.

KURZINFOS KENTUCKY

Spitzname Bluegrass State

Bevölkerung 4,4 Mio.

Fläche 102 896 km²

Hauptstadt Frankfort (25 500 Ew.)

Weitere Städte Louisville (750 000 Ew.), Lexington (310 000 Ew.)

Verkaufssteuer 6 %

Geburtsort des 16. US-Präsidenten Abraham Lincoln (1809–1865), des Gonzo-Journalisten Hunter S. Thompson (1937–2005), des Boxers Muhammad Ali (geb. 1942), der Schauspielerinnen Ashley Judd (geb. 1968) und Jennifer Lawrence (geb. 1990)

Heimat des Kentucky Derby, des Louisville Slugger, des Bourbon

Politische Ausrichtung vorwiegend konservativ, in ländlichen Gegenden erzkonservativ

Berühmt für Pferde, Bluegrass-Musik, Basketball, Bourbon, Höhlen

Dauerhafter interner Konflikt Loyalität zum Norden oder Süden während des Bürgerkriegs

Entfernungen Louisville–Lexington 77 Meilen (124 km), Lexington–Mammoth Cave National Park 135 Meilen (217 km)

Nach dem Rennen singen die Menschenmassen *My Old Kentucky Home* und schauen dabei zu, wie das Siegerross mit Rosen überschüttet wird. Danach ist Party angesagt. Eigentlich beginnt die Feierei aber schon viel früher. Denn zwei Wochen vor diesem großen Event startet das **Kentucky Derby Festival** (www.kdf.org) mit einer Ballonwettfahrt, einem Marathon und dem größten Feuerwerk in Nordamerika. Die meisten Sitzplätze beim Derby werden auf Einladung vergeben oder sind schon Jahre im Voraus reserviert. Am Tag des Derbys kommt man für 60 US$ immerhin noch ins Innenfeld, eine einzigartige Partyzone ohne Sitzplätze, sowie in den etwas besseren Koppel-Bereich, wo man beobachten kann, wie die Pferde auf die Rennen vorbereitet werden. Das Gelände ist jedoch dermaßen überlaufen, dass man von den Rennen selbst wohl kaum etwas mitbekommen wird. Aus diesem Grund wurde vor Kurzem die neue 4-K-Videoleinwand (die größte der Welt) angebracht. Wer sich für Vollblüter, Übungsrennen und andere Rennen interessiert, kann zwischen April und Juni sowie im September und November für 3 US$ einen Sitzplatz ergattern.

Kentucky Derby Museum MUSEUM

(www.derbymuseum.org; Gate 1, Central Ave; Erw./Senior/Kind 14/13/6 US$; ⊙ Mitte März–Mitte Nov. Mo–Sa 8–17, So 11–17 Uhr, Dez.–Mitte März Mo–Sa ab 9, So 11–17 Uhr) Das Museum auf dem Gelände der Rennbahn zeigt eine Ausstellung zur Geschichte des Derbys. Man erhält u.a. einen Einblick in den Alltag der Jockeys und lernt die berühmtesten Pferde kennen. Zu den Highlights zählen ein 360°-HD-Film über das Rennen, die 30-minütige Führung durch die Tribünen (mit ein paar spannenden Geschichten) und der tolle Mint Julep im Museumscafé.

Die 90-minütige Inside the Gates Tour (11 US$) führt durch die Quartiere der Jockeys und in den totschicken VIP-Bereich, auch Millionaire's Row genannt.

Muhammad Ali Center MUSEUM

(www.alicenter.org; 144 N 6th St; Erw./Senior/Kind 9/8/4 US$; ⊙ Di–Sa 9.30–17, So 12–17 Uhr) Das Zentrum ist ein Liebesbeweis an die Stadt von ihrem berühmtesten Sohn. Der Besuch hier ist ein absolutes Muss. Dass ein Schwarzer aus dem Süden stolz seine Größe und Schönheit zur Schau stellte, war seinerzeit revolutionär und eine Inspiration. Das Museum fängt all das ein.

Louisville Slugger
Museum & Factory MUSEUM

(www.sluggermuseum.org; 800 W Main St; Erw./Senior/Kind 12/11/7 US$; ⊙ Mo–Sa 9–17, So 11–17 Uhr; ♿) Ein fast 37 m großer Baseballschläger lehnt sich von außen an das Museum. Hillerich & Bradsby Co. stellen hier seit 1884 den berühmten Louisville Slugger her. Im Eintritt inbegriffen ist eine Führung durch die Fabrik und durch die Ausstellung mit Erinnerungsstücken aus der Geschichte des Baseballs (wo auch der Schläger von Babe Ruth zu sehen ist) sowie ein kostenloser Minischläger als Souvenir.

Frazier History Museum MUSEUM

(www.fraziermuseum.org; 829 W Main St; Erw./Schüler/Kind 12/10/8 US$; ⊙ Mo–Sa 9–17, So 12–17 Uhr) Das für die mittelgroße Stadt erstaunlich ambitionierte, hochmoderne Museum dokumentiert 1000 Jahre Regionalgeschichte mittels Dioramen von grausamen Schlachten und mittels kostümierten Darstellern, die Schwertkämpfe und hitzige Debatten nachstellen.

Kentucky Science Center MUSEUM

(☎ 502-561-6100; www.kysciencecenter.org; 727 W Main St; Erw./Kind 13/11 US$; ⊙ So–Do 9.30–17.30, Fr & Sa bis 21 Uhr; ♿) In einem historischen Gebäude an der Main St ist hier auf drei Ebenen eine familientaugliche und bei Kindern sehr beliebte Ausstellung zu sehen, die Themen aus der Biologie, Physiologie, Physik, Computerwissenschaft und mehr beleuchtet. Für weitere 8 bis 10 US$ kann man sich auch noch einen Film im IMAX-Kino anschauen.

Big Four Bridge STADTSPAZIERGANG, RADFAHREN

(East River Rd) Die zwischen 1888 und 1895 erbaute Big Four Bridge führt über den Ohio River hinüber nach Indiana. Seit 1969 ist sie für den Fahrzeugverkehr gesperrt, wurde aber 2013 für Fußgänger und Radfahrer wieder geöffnet. Von überall auf der Brücke bietet sich ein hübscher Blick auf Stadt und Fluss.

🛏 Schlafen

Kettenhotels konzentrieren sich in der Nähe des Flughafens abseits der I-264.

Rocking Horse B&B B&B $$

(☎ 502-583-0408; www.rockinghorse-bb.com; 1022 S 3rd St; Zi. ab 125 US$; P ❄ @ 🕾) An einem Abschnitt der 3rd St, die einst Millionaire's Row genannt wurde, liegt dieses neoromanische Herrenhaus von 1888 mit vielen bemerkenswerten historischen Elementen. Die sechs Gästezimmer sind mit viktorianischen Antiquitäten und prächtigen, original erhaltenen Buntglasfenstern geschmückt. Gäste können im englischen Garten ihr Zwei-Gänge-Frühstück oder im Salon kostenlosen Portwein genießen. Das billigste Zimmer opfert etwas Raum und die Badewanne für einen Balkon mit Blick auf die Straße.

★ 21c Museum Hotel   HOTEL $$$

(☑502-217-6300; www.21chotel.com; 700 W Main St; Zi. ab 239 US$; P❄️🖥️🛜) Das Hotel, das zugleich ein Museum für zeitgenössische Kunst ist, fällt durch sein außergewöhnliches Design auf: Während die Gäste auf den Aufzug warten, werden ihre verzerrten Abbilder und Stimmen auf eine Videoleinwand übertragen, und in den Herren-WCs finden sich Urinale aus durchsichtigem Glas. Die Zimmer sind zwar nicht ganz so interessant wie die fünf Galerieräume mit zeitgenössischer Kunst, die zugleich als Gemeinschaftsbereiche fungieren, aber mit iPod-Stationen und allem Nötigen zur Zubereitung von Mint Juleps ausgestattet.

Brown Hotel   HOTEL $$$

(☑502-583-1234; www.brownhotel.com; 335 West Broadway; Zi. 179–399 US$; P❄️🖥️🛜) Opernstars, Königinnen und Ministerpräsidenten sind schon über die Marmorböden dieses legendären Hotels in Downtown geschritten. Nach der Renovierung erstrahlt es mit seinen 294 komfortablen Zimmern und der beeindrucken Bourbon-Bar in der Lobby unter der original erhaltenen vergoldeten Decke im Stil der englischen Renaissance nun wieder im glorreichen Glanz der 1920er-Jahre.

Der Hot Brown (ein belegtes Sandwich mit Pute, Schinken, Kirschpaprika und Sauce Mornay), das kulinarische Markenzeichen der Stadt Louisville, wurde 1926 hier erfunden und wird noch immer in den drei Restaurants auf dem Hotelgelände serviert.

✖️ Essen

Die Zahl von guten Restaurants wächst jedes Jahr exponentiell an, besonders im entzückenden Stadtviertel **NuLu** („New Louisville"), in dem es auch zahllose Galerien und Boutiquen gibt. Das Viertel **Highlands** rund um die Bardstown Rd und die Baxter Rd ist nicht nur wegen seiner Restaurants, sondern auch aufgrund des guten Nachtlebens beliebt.

Gralehaus   MODERN-AMERIKANISCH $

(www.gralehaus.com; 1001 Baxter Ave; Hauptgerichte 6–13 US$; ⊙So-Di 8–16, Mi-Sa bis 22 Uhr; 🛜) In dem kleinen Lokal in einem historischen Haus aus dem frühen 20. Jh. gibt's den ganzen Tag über Frühstück. Man sollte sich die Abwandlungen der traditionellen Südstaatenküche, die der Chefkoch hier rund um die Uhr fabriziert (wie Biscuit mit regionalen Zutaten, Entenschmalz, Lamm und Maisgrütze), nicht entgehen lassen. Gute Kaffees sind ebenfalls zu haben.

Oben stehen Gästen drei rustikal-schicke Zimmer mit Holzdecken, ausgefallener Möblierung und Minibar inklusive Kleinbrauereibieren.

The Post   DELI $

(www.thepostlouisville.com; 1045 Goss Ave; Hauptgerichte 3–13 US$; ⊙Mi-Mo 11–2 Uhr; 🛜) Die Pizza auf New Yorker Art, die Sub-Sandwiches und das tolle Ambiente (vorn eine sonnige Veranda, hinten eine gemütliche Bar) in diesem Deli im nobler werdenden Germantown schaffen ein teurer wirkendes Flair und eine coolere Atmosphäre, als die Rechnung vermuten lässt.

★ Mayan Cafe   MEXIKANISCH $$

(☑502-566-0651; www.themayancafe.com; 813 E Market St; Hauptgerichte 14–23 US$; ⊙Mo-Do 11–14.30 & 17–22, Fr-Sa bis 22.30 Uhr; 🛜) 🌿 An der Tür kann man seine Klischees von Piñatas und Mariachis getrost vergessen: Die

---

DIE GEISTERKLINIK

Das verlassene **Waverly Hills Sanatorium** thront wie die Burg eines verrückten Königs über Louisville. Einst beherbergte es die Opfer einer Tuberkulose-Epidemie Anfang des 20. Jhs. Die Leichname der verstorbenen Patienten wurden über eine Rutsche in den Keller befördert – kein Wunder, dass es in dem Gebäude spuken soll! Wer auf Geisterjagd gehen möchte, kann sich einer nächtlichen **Führung** (☑502-933-2142; www.therealwaverlyhills.com; 4400 Paralee Lane; 2-stündige Führung/2-stündige Geisterjagd/Übernachtung 22,50/50/100 US$; ⊙März–Aug. Fr & Sa) anschließen. Wahrhaft Furchtlose können hier sogar die Nacht verbringen. Viele Besucher sprechen hinterher über die Klinik als den unheimlichsten Ort, an dem sie je gewesen sind.

DER SÜDEN LOUISVILLE

subtile, farmfrische mexikanische Küche von Chefkoch Bruce Ucán setzt auf Aroma, nicht auf folkloristisches Brimborium. Die unglaublich frischen, saisonalen Gerichte mit Zutaten aus nachhaltiger Produktion stammen überwiegend von der Halbinsel Yucatán und sorgen für ein unglaubliches Geschmackserlebnis.

Garage Bar GASTROPUB $$
(www.garageonmarket.com; 700 E Market St; Gerichte 5–17 US$;) An einem heißen Nachmittag gibt es nichts Besseres, als sich in dieser absolut angesagten, umgebauten Tankstelle in NuLu (mit ihren beiden „sich küssenden" Chevrolets nicht zu übersehen) einen Basilikum-Gimlet und eine Schinkenplatte zu bestellen (eine Kostprobe von vier Schinkensorten aus der Region mit frischem Brot und Kompott; 21 US$).

Zu den angebotenen Gerichten zählen die besten Ziegelofen-Pizzas der Stadt und himmlisch leckere Rolled Oysters (panierte und frittierte Austern).

★ Decca MODERN-AMERIKANISCH $$$
(502-749-8128; www.deccarestaurant.com; 812 E Market St; Hauptgerichte 24–31 US$; Mo–Do 17.30–22, Fr & Sa bis 23 Uhr;) Das schöne Restaurant mit einem Fußboden aus Kork und Holz, einem Hof mit Springbrunnen und wunderbarem Laguiole-Besteck wurde von der aus San Francisco stammenden Chefköchin Annie Pettry (allerdings wurde Annie in den Südstaaten geboren) eröffnet. Zunächst waren die Leute in Kentucky skeptisch, aber Pettry hat sie schließlich überzeugt. Im Mittelpunkt der köstlichen, saisonal orientierten Speisekarte stehen Braten aus dem Holzofen.

Vegetarier kommen ebenfalls auf ihre Kosten: Der über Holz gegrillte Brokkoli mit Mandeln und Sardellen ist der absolute Hammer!

Proof MODERNE SÜDSTAATENKÜCHE $$$
(502-217-6360; www.proofonmain.com; 702 W Main St; Hauptgerichte 11–34 US$; Mo–Do 7–10, 11–14 & 17.30–22, Fr bis 23, Sa 7–153 & 17.30–23, So bis 13 Uhr;) Dies ist das wohl beste Restaurant in Louisville. Die Cocktails (8–15 US$) sind unglaublich, die Wein- und Bourbon-Karte (das Proof ist bekannt für seine exklusiven und seltenen Whiskeys Woodford Reserve und Van Winkle) ist nicht nur umfangreich, sondern auch außerordentlich gut. Die Speisekarte reicht von Falafel mit Rohschinken bis hin zu köstlichem Bison-Burger und einem raffinierten scharfen Brathähnchen.

Ausgehen & Nachtleben

Im kostenlosen *Weekly Leo* (www.leoweekly.com) sind alle anstehenden Konzerte aufgelistet.

Holy Grale KNEIPE
(www.holygralelouisville.com; 1034 Bardstown Rd; 16 Uhr–open end;) Eine der besten Bars von Bardstown befindet sich in dieser alten Kirche. Neben gehobener Kneipenkost (gebratene Shishito-Paprika, rote Curry-Muscheln) gibt's hier auch viele gute Biere, darunter seltenere deutsche, dänische, belgische und japanische Biere vom Fass. Die stärkeren Biere (bis zu 13 % Alkoholgehalt) werden auf der Chorempore ausgeschenkt. Halleluja!

Crescent Hill Craft House BAR
(www.crafthousebrews.com; 2636 Frankfort Ave; Bier 5–6,50 US$; Mo–Do 16–24, Fr bis 2, Sa–So 12–2 Uhr;) Der neue Darling des künstlerisch gehobenen Viertels Crescent Hill, 6 Meilen (10 km) östlich der Downtown, ist diese Restaurant-Bar mit Bieren vom Fass und 40 hervorragenden Kleinbrauereibieren, die alle aus dem Großraum Kentucky stammen und deren Namen samt Alkoholgehalt und Bittereinheiten auf eine Seitenwand projiziert werden.

Vor dem Bier kann man sich die gehobene (teilweise gute vegetarische) Kneipenkost wie Poutine mit Rippchen, Schweinebauch-Sandwich mit Salat und Tomate oder Gersten-Burger mit geräucherten Auberginen gönnen.

Ei8ht Up BAR
(www.8uplouisville.com; 350 West Chestnut St; Cocktail 8–14 US$; So–Do 16–24, Fr–Sa bis 2 Uhr;) Die neueste und heißeste Bar von Louisville befindet sich auf dem Dach des Hilton Garden Inn (woraus man aber keine Schlüsse ziehen darf). Auf der Dachterrasse unter freiem Himmel treffen sich Menschen aller Art. Die große, lustige Bar ist von diversen gemütlichen Lounge-Bereichen umgeben, die Feuerschein erhellt.

Please & Thank You CAFÉ
(www.pleaseandthankyoulouisville.com; 800 E Market St; Drink 2–4,75 US$; Mo–Fr 7–18, Sa 8–18, So 8–16 Uhr;) Dies ist ein typisches Kiezcafé. Es gibt hier cremigen Espresso, hausgemachten Brotpudding, kreative Scones und Kaffeekuchen, Zucchini-Brot und kle-

brig-süße Schoko-Chip-Cookies. Außerdem werden hier Schallplatten verkauft, was den Anti-Starbucks-Charme des Ladens nur noch erhöht.

🛍 Shoppen

★ Joe Ley Antiques   ANTIQUITÄTEN
(www.joeley.com; 615 E Market St; ⊙ Di–Sa 10–17 Uhr) In dem riesigen Antiquitäten-Kaufhaus aus Ziegelstein und Buntglas werden auf drei Stockwerken Sammlerstücke aus acht Jahrhunderten verkauft, darunter hässliche Puppen, abgefahrene Möbel, klobiger Schmuck und weitere solche Dinge wie Spülbecken.

Butchertown Market   BOUTIQUEN
(www.thebutchertownmarket.com; 1201 Story Ave; ⊙ Mo–Fr 10–18, Sa bis 17 Uhr) Das Schlachthaus wurde in einen Komplex voller witziger, netter und künstlerischer Boutiquen umgewandelt und ist der reinste Wunschbrunnen. Ob ausgefallener Schmuck, verrückte Geschenkartikel, exquisite Cellar-Door-Pralinen, handwerklich gestaltete Metallarmaturen, Bad- und Körperpflegeprodukte oder Babyklamotten – hier wird man sicher fündig.

Taste   WEIN
(☎ 502-409-4646; www.tastefinewinesandbourbons.com; 634 E Market St; Verkostung 3–5,50 US$; ⊙ Di–Mi 11–20 Uhr, Do & Fr open end, Sa 10.30 Uhr-open end) Die gehobene Weinhandlung verkauft in kleinen Chargen produzierte Weine und Bourbons. Man kann die Tropfen hier auch probieren und so seine Entscheidung treffen (oder noch unsicherer werden). Herkommen, probieren, kaufen, lautet die Devise. Die Weinkarte mit zehn Optionen wechselt jeden Dienstag.

ℹ Praktische Informationen

Visitor Center (☎ 502-379-6109; www.goto louisville.com; 301 S 4th St; ⊙ Mo–Sa 10–18, So 12–17 Uhr) Hat Broschüren und hilfsbereite Angestellte.

ℹ Anreise & Unterwegs vor Ort

Der **International Airport von Louisville** (SDF; ☎ 502-367-4636; www.flylouisville.com; 600 Terminal Drive) liegt 5 Meilen (8 km) südlich der Stadt an der I-65. Hierher gelangt man mit einem Taxi zum Pauschalpreis von 20 US$ oder mit dem Stadtbus 2. Der **Greyhound-Busbahn-hof** (☎ 502-561-2805; www.greyhound.com; 720 W Muhammad Ali Blvd) befindet sich gleich westlich der Downtown. Die Stadtbusse der

TARC (www.ridetarc.org; 1000 W Broadway; Fahrpreis 1,75 US$) fahren ab dem Betriebsbahnhof Union Station. Der kostenlose ZeroBus ist ein Elektrobus, der die Main St, Market St und 4th St entlang pendelt, wo sich die meisten Sehenswürdigkeiten und coolsten Restaurants der Stadt befinden. In den Bussen muss man zwar nicht passend zahlen, allerdings erhält man kein Wechselgeld zurück.

Bluegrass Country

Wer an einem sonnigen Tag durch das Bluegrass Country im Nordosten Kentuckys fährt, wird nicht nur über die schimmernden, grünen Hügeln staunen, die mit kleinen Teichen, Pappeln und hübschen Landhäusern übersät sind, sondern auch zahllose Pferde beim Grasen beobachten können. Die einst wilden Wald- und Wiesengebiete sind seit fast 250 Jahren ein Zentrum der Pferdezucht, und die Weiden der Region sollen aufgrund der natürlichen Kalksteinvorkommen in der Gegend – auf die majestätisch aufragenden Kalksteinfelsen achten! – besonders nährstoffreich sein. Die wichtigste Stadt in der Region ist Lexington, das auch die „Welthauptstadt der Pferde" genannt wird.

Lexington

In Lexington gibt's Häuser, die Millionen Dollar kosten, ja sogar Pferde, für die ebenfalls Sümmchen mit etlichen Nullen fällig werden, und selbst das Gefängnis sieht aus wie ein Country-Club. Die einst wohlhabendste und kultivierteste Stadt westlich der Allegheny Mountains, die auch „Athen des Westens" genannt wurde, ist heute Sitz der University of Kentucky und das Zentrum der Vollblutzucht. In der kleinen Innenstadt finden sich ein paar hübsche viktorianische Viertel.

◎ Sehenswertes & Aktivitäten

Es lohnt sich, eine Fahrt ins Grüne zu unternehmen: Der Anblick der in der Landschaft verstreuten Pferdefarmen ist wie aus einem Bilderbuch. Das Ganze wirkt wie eine Märchenlandschaft aus Weideland mit Koppeln und wiehernden Vollblütern.

Kentucky Horse Park   MUSEUM, PARK
(www.kyhorsepark.com; 4089 Iron Works Pkwy; Erw./Kind 16/8 US$, Reiten 25 US$; ⊙ Mitte März–Okt. tgl. 9–17 Uhr, Nov.–Mitte März Mi–So; 🅿) Das Zentrum für Pferdesport mit lehrreichem Themenpark befindet sich gleich nördlich

von Lexington auf einem 485 ha großen Gelände. Pferde aus 50 verschiedenen Zuchtlinien leben hier und wirken bei besonderen Liveshows mit.

Zur Anlage gehören auch das **International Museum of the Horse** mit hübschen Dioramen über das Pferd im Lauf der Geschichte, vom winzigen prähistorischen Eohippus bis zu den Rössern des Pony Express, sowie das **American Saddlebred Museum**, das dem hier heimischen Lieblingspferd der Amerikaner gewidmet ist. Saisonal werden 35-minütige Ausritte mit Begleitung angeboten. Auf Wunsch gibt's Touren über die Farm.

Thoroughbred Center　　　　FARM
(☎859-293-1853; www.thethoroughbredcenter.com; 3380 Paris Pike; Erw./Kind 15/8 US$; ☻Führungen April–Okt. Mo–Sa 9 Uhr) Die meisten Farmen sind nicht für Besucher zugänglich; auf dieser hier kann man jedoch im Rahmen einer Führung durch die Ställe sowie über die Trainingsbahnen und Koppeln Rennpferde hautnah erleben.

Ashland　　　　HISTORISCHES GEBÄUDE
(www.henryclay.org; 120 Sycamore Rd; Erw./Kind 10/5 US$; ☻März–Dez. Di–Sa 10–16, So 13–16 Uhr) Nur 1,5 Meilen (2,5 km) östlich der Downtown liegt Ashland, teils historisches Wohnhaus der beliebtesten Sohnes Kentuckys, teils öffentlicher Park. Das italienisch angehauchte Anwesen befand sich einst im Besitz des berühmten Politikers und großen Redners Henry Clay (1777–1852).

Das prächtige Anwesen befindet sich mitten in einem schicken, historischen Viertel. Der Eintritt für das Haus lohnt sich. Doch den Park kann man gratis erkunden. Dabei lohnt sich u. a. ein Blick in die Remise, wo Clays Kutsche steht. Sogar die Außentoilette ist zu sehen.

Mary Todd-Lincoln House　　　　HISTORISCHES GEBÄUDE
(www.mtlhouse.org; 578 W Main St; Erw./Kind 10/5 US$; ☻Mitte März–Mitte Nov. Mo–Sa 10–16 Uhr) Das bescheidene Haus von 1806 beherbergt Gegenstände aus der Kindheit der First Lady und aus ihrer Zeit als Gattin von Abraham Lincoln. Darunter sind auch Originalstücke aus dem Weißen Haus. Führungen gibt's zu jeder vollen Stunde; die letzte beginnt um 15 Uhr.

🛏 Schlafen

Mitte 2016 soll in Downtown im historischen Gebäude der First National Bank an der Ecke Main und Upper St das trendige 21C Museum Hotel eröffnet werden.

Kentucky Horse Park　　　　CAMPING $
(☎859-259-4257; www.kyhorsepark.com; 4089 Iron Works Pkwy; Stellplatz 20 US$, Stellplatz mit Strom 26–35 US$; ☎☀) Es gibt hier 260 befestigte Stellplätze, Duschen, eine Waschküche, einen Lebensmittelladen, Spielplätze und vieles mehr. Auch einfache Zeltplätze sind vorhanden.

★Lyndon House　　　　B&B $$
(☎859-420-2683; www.lyndonhouse.com; 507 N Broadway; Zi. ab 179 US$; ℗✳@) Ein ordinierter Geistlicher und Feinschmecker mit viel Liebe fürs Detail ist der Gastgeber in diesem anspruchsvollen, geräumigen B&B in einem historischen Herrenhaus von 1885 in Downtown. Anton nimmt es mit der Gastfreundschaft sehr ernst und macht sogar das Frühstück. Die sieben Zimmer sind mit altmodischen Möbeln und allen modernen Annehmlichkeiten ausgestattet. Zudem findet man viele Restaurants und Kneipen quasi direkt vor der Haustür.

🍴 Essen & Ausgehen

Die meisten innovativen Bars und Restaurants von Lexington liegen rund um die sanierte Jefferson Ave zwischen der W 6th und Main St, darunter auch ein paar Kleinbrauereien.

★County Club　　　　BARBECUE $
(www.countyclubrestaurant.com; 555 Jefferson St; Hauptgerichte 8–12 US$; ☻Di–Do 17–22, Fr–So ab 11 Uhr; ☎) Das Heiligtum des rauchig-saftigen Fleisches befindet sich in einer ehemaligen Lagergarage einer Sunbeam-Brotfabrik. Die Bedienung kann zwar bestenfalls als hip und distanziert beschrieben werden, aber das Essen – Burger, Rinderbrust auf Roggenbrot, geräucherte Chicken Wings mit Sriracha-Limetten, Flankensteak usw. – ist saftig, zart und perfekt rauchig. Dazu gibt's vier hausgemachte Saucen (Essig, süß, geräucherte Habenero-Paprika und Senf – oh, diese Senfsauce ist einfach göttlich!). Das wechselnde Angebot von Tagesspezialitäten und Kleinbrauereibieren lässt einen das metallische Ambiente vergessen.

Stella's Kentucky Deli　　　　DELI $
(www.stellaskentuckydeli.com; 143 Jefferson St; Sandwich 3,50–9 US$; ☻Mo–Di 10.30–16, Mi–Do bis 21, Fr–Sa 9–13, So 9–21 Uhr; ☎) Dieser Feinkostladen hat schon 30 Jahre auf den Buckel, ist aber einen Besuch wert. Die aktu-

ellen Inhaber haben den Laden vor ein paar Jahren neu ausgerichtet, ihn cooler gemacht und konzentrieren sich seither auf hochwertige Produkte örtlicher Farmer. Es gibt tolle Sandwiches, Suppen und Salate sowie saisonale Biere, die in einem farbenprächtigen historischen Haus mit wiederverwertetem Blechdach und geselliger Bar serviert werden.

Doodles
CAFÉ $

(www.doodlesrestaurant.com; 262 N Limestone; Hauptgerichte 4–10 US$; ⊙ Di–So 8–14 Uhr; ☎) ☏ In der ehemaligen Tankstelle kann man prima frühstücken: Es gibt tolles Essen für die Seele, angefangen von Shrimps und Maisgrütze (mit grüner Zwiebel-Remoulade und Rohschinken), Haferflocken-Brûleé und Eierauflauf – alles soweit möglich nur mit Biozutaten aus der Region.

Natural Provisions
FRANZÖSISCH $$

(264 Walton Ave; Hauptgerichte 15–25 US$; ⊙ 11–15 & 16–22 Uhr; ☎) Der im industriellen Schick gestaltete kulinarische Komplex in einer ehemaligen Abfüllanlage beherbergt eine französische Brasserie, eine Bäckerei mit Café und einen Feinschmeckermarkt mit Kneipe – alles sehr cool von den bunten gepolsterten Bänken bis zur langen, stylischen Theke und den Bierzapfhähnen mit Hirschgeweihen.

Coles 735 Main
MODERN-AMERIKANISCH $$$

(☑ 859-266-9000; www.coles735main.com; 735 E Main St; Hauptgerichte 19–33 US$; ⊙ Mo–Do 17–22, Fr–Sa bis 23 Uhr; ☎) Originale Wandbilder mit Jagdszenen säumen die Wände dieser alteingesessenen Restaurant-Adresse. Acht Vorgängerrestaurants haben sich hier im Lauf der Jahrzehnte schon versucht, doch das Coles 735 Main hat der ehemals steril wirkenden Location durch freundlich-provenzalische Farben, eine charmante Vorderterrasse und – am wichtigsten – durch gutes Essen und gute Getränke mächtig Auftrieb gegeben.

Montags ist es hier schon ab 19 Uhr rappelvoll. Die Einwohner Lexingtons haben die Veränderungen dankbar angenommen und genießen hier Bourbon-Cocktails und hervorragende Abwandlungen klassischer (es gibt tolle Maisgrützen-Brätlinge mit Pecorino-Käse) und etwas gewagterer Gerichte.

Country Boy Brewing
KLEINBRAUEREI

(www.countryboybrewing.com; 436 Chair Ave) Getreu seinem Namen hat das von Tru-

---

ABSTECHER

BLUEGRASS-FUNDGRUBE

Der aus Kentucky stammende Bill Monroe gilt als Gründervater des Bluegrass; seine Band, die Blue Grass Boys, gab dem Genre seinen Namen. Bluegrass wurzelt im Old-Time-Folk der Berge, der mit dem schnellen Tempo afrikanischer Lieder und den Synkopen des Jazz aufgepeppt wurde. Alle Banjozupfer und Fiedel-Fans werden sich für die historischen Exponate im **International Bluegrass Music Museum** (www.bluegrassmuseum.org; 107 Daviess St; Erw./Student 5/2 US$; ⊙ Di–Sa 10–17, So 13–16 Uhr) in Owensboro begeistern, wo am ersten Donnerstag im Monat auch Jam-Sessions stattfinden. Wer das verpasst, kann in der Stadt den ganzen Sommer über um 19 Uhr bei der kostenlosen Konzertreihe **Friday After 5** (www.fridayafter5.com) ebenfalls Bluegrass erleben. Das hübsche Städtchen am Ohio River, das ungefähr 100 Meilen (160 km) westlich von Louisville liegt, ist zudem Gastgeber des **ROMP Bluegrass Festival** (www.rompfest.com; Ticket 15–50 US$; ⊙ Ende Juni).

---

cker-Hüten, ausgestopften Tieren und Tarnfarben geprägte Country Boy das beste Bier in typischem Kentucky-Ambiente. Bis zu 16 Zapfhähne sind für die eigenen experimentellen Schöpfungen reserviert, die mit einem ländlich abgewandelten Ansatz à la Mikkeller gebraut werden (z.B. Fichtennadel-Ales, Klarapfelsorten, rauchiges Jalapeño-Porter), aus weiteren acht fließen Biere anderer Brauereien. Es gibt zwar kein Essen, aber irgendein Food-Truck hält jeden Abend draußen.

☆ Unterhaltung

Keeneland Association
RENNBAHN

(☑ 859-254-3412; www.keeneland.com; 4201 Versailles Rd; Eintritt 5 US$; ⊙ Rennen April & Okt.) Was die Qualität der Rennen betrifft, so kommt diese Rennbahn nach den Churchill Downs gleich an zweiter Stelle. Die Rennen finden jeweils im April und im Oktober statt. In der Saison kann man auch von Sonnenaufgang bis 10 Uhr beim Training der Champions zuschauen. Die häufig stattfindenden Pferdeauktionen locken Scheichs, Sultane, Hedgefonds-Fürsten sowie deren Gefolge an.

Red Mile RENNBAHN
(www.theredmile.com; 1200 Red Mile Rd; Eintritt 2 US$; ☉ Rennen Aug.–1. Woche im Okt.) Auf dieser Rennbahn kann man von der überdachten Tribüne oder von dem üppig-komfortablen Clubhaus aus den Trabrennen zusehen, bei denen die Fahrer in zweirädrigen Wagen von ihren Siegerpferden über die 1 Meile (1,6 km) lange historischste aller Rennstrecken der Welt gezogen werden. Die Rennen

DER BOURBON TRAIL

Der weiche, karamellfarbene Bourbon wurde vermutlich erstmals um 1789 im Bourbon County nördlich von Lexington destilliert. Dank des reinen, durch Kalkstein gefilterten Wassers stammen heute 90 % des in den USA produzierten Bourbons aus Kentucky. Bourbon muss mindestens 51 % Mais enthalten und mindestens zwei Jahre in gebeizten Eichenfässern lagern. Kenner trinken ihn pur oder mit Wasser, die Südstaatler aber gerne auch als Mint Julep, ein Drink aus Bourbon, Zuckersirup und zerstoßener Minze.

Mit alten Schwarzbrennereien und anderen Artefakten erzählt das Oscar Getz Museum of Whiskey History (www.whiskeymuseum.com; 114 N 5th St; ☉ Di–Sa 10–16, So 12–16 Uhr) in Bardstown die Geschichte des Bourbon.

Die meisten Destillerien Kentuckys liegen in der Gegend von Bardstown und Frankfort und veranstalten auch Führungen. Infos gibt's auf Kentuckys offizieller Bourbon Trail Website (www.kybourbontrail.com), die allerdings nicht alle Brennereien aufführt.

Der Gefahr, angetrunken Auto zu fahren, kann man leicht durch eine Tour mit Mint Julep Tours (☎502-583-1433; www.mintjuleptours.com; 140 N Fourth St, Suite 326; Tour ab 99 US$) entgehen.

Brennereien rund um Bardstown:

Heaven Hill (www.bourbonheritagecenter.com; 1311 Gilkey Run Rd; Führung 10–40 US$; ☉Mo–Fr 10–17, So 12–16 Uhr, Jan.–Feb. So–Mo geschl.) Veranstaltet Destillerie-Führungen, man kann aber auch das interaktive Bourbon Heritage Center erkunden.

Jim Beam (☎502-543-9877; www.americanstillhouse.com; 149 Happy Hollow Rd; Führung 10 US$/Pers.; ☉Mo–Sa 9–17.30, So 12–16.30 Uhr) In der größten Bourbon-Brennerei des Landes kann man einen Film über die Familie Beam anschauen und kleine Kostproben der Produkte konsumieren. Beam produziert den guten Knob Creek, den besseren Knob Creek Single Barrel, den weichen Basil Hayden's und den einfach fabelhaften Booker's.

Maker's Mark (☎270-865-2099; www.makersmark.com; 3350 Burks Spring Rd; Führung 9 US$; ☉Mo–Sa 9.30–15.30, So 11.30–15.30 Uhr, Jan.–Feb. So geschl.) Die restaurierte viktorianische Brennerei mit alter Getreidemühle und Souvenirladen, wo man seine persönliche Bourbon-Flasche mit Wachs versiegeln kann, ist ein Bourbon-Themenpark.

Willet (☎502-348-0899; www.kentuckybourbonwhiskey.com; Loretto Rd; Führung 7–12 US$; ☉März–Dez. Mo–Fr 9–17.30, Sa 10–17.30, So 12–16.30 Uhr) Ein handwerklicher Familienbetrieb, der nach eigenem Patentverfahren Bourbon in kleinen Chargen produziert. Das prächtige, 49 ha große Anwesen ist besonders schön. Führungen gibt's den ganzen Tag.

Brennereien rund um Frankfort/Lawrenceburg:

Buffalo Trace (☎800-654-8471; www.buffalotracedistillery.com; 1001 Wilkinson Blvd; ☉April–Okt. Mo–Sa 9–17.30, So 12–17.30 Uhr) GRATIS Die älteste kontinuierlich betriebene Destillerie der USA veranstaltet sehr zu empfehlende Führungen und bietet Gratis-Verkostungen an.

Four Roses (☎502-839-3436; www.fourrosesbourbon.com; 1224 Bonds Mills Rd; Führung 5 US$; ☉Mo–Sa 9–16, So 12–16 Uhr, im Sommer geschl.) Die Brennerei ist besonders malerisch: Sie residiert in einem Gebäude im spanischen Missionsstil am Flussufer. Gratis-Verkostungen.

Woodford Reserve (☎859-879-1812; www.woodfordreserve.com; 7855 McCracken Pike; Führung 10–30 US$; ☉März–Dez. Mo–Sa 10–15, So 13–15 Uhr) Die an einem Bach gelegene historische Stätte wurde restauriert und erstrahlt nun wieder im Glanz des 19. Jhs. In der Brennerei – die landschaftlich von allen die weitaus schönste ist – kommen immer noch altmodische Kupferkessel zum Einsatz.

finden im Herbst statt, doch man kann das ganze Jahr über Rennübertragungen aus aller Welt sehen und Wetten platzieren.

❶ Praktische Informationen

Visitor Center (☏ 859-233-7299; www.visitlex. com; 401 W Main St; ⊙ Mo–Fr 9–17, Sa ab 10, So 12–17 Uhr) Hier bekommt man Stadtpläne und Infos über die Gegend. Befindet sich in der Downtown in einem gehobenen Restaurant-komplex, der Square genannt wird.

❶ Anreise & Unterwegs vor Ort

Der **Blue Grass Airport** (LEX; ☏ 859-425-3100; www.bluegrassairport.com; 4000 Terminal Dr) liegt westlich der Stadt und fertigt rund ein Dutzend Inlandsdirektflüge ab. **Greyhound** (☏ 859-299-0428; www.greyhound.com; 477 W New Circle Rd) findet sich 2 Meilen (3,2 km) von der Downtown entfernt. **Lex-Tran** (www.lextran. com) betreibt die Stadtbusse (1 US$; Bus 6 fährt zum Greyhound-Busbahnhof, Bus 21 zum Flughafen und zur Keeneland-Rennbahn; nur werktags 6.30–8.50 & 13.30–18.10 Uhr) sowie den kostenlosen Colt-Trolley, einen Hybrid-Bus mit Diesel- und Elektroantrieb, der auf zwei Linien in der Downtown verkehrt und die meisten Sehenswürdigkeiten und Bars abdeckt.

Zentrales Kentucky

Der Bluegrass Pkwy führt von der I-65 im Westen bis zur Rte 60 im Osten und verläuft dabei durch einige der üppigsten Weidelandschaften Kentuckys.

Etwa 40 Meilen (64 km) südlich von Louisville liegt **Bardstown**, die „Welthauptstadt des Bourbon". Der historische Stadtkern erwacht beim **Kentucky Bourbon Festival** (www.kybourbonfestival.com; Bardstown; ⊙ Sept.) zum Leben. Gutes Essen, Bourbon und Zimmer bekommt man in der düsteren, aus Sandstein erbauten **Old Talbott Tavern** (☏ 502-348-3494; www.talbotts.com; 107 W Stephen Foster Ave; Zi. ab 69 US$, Hauptgerichte 10–23 US$; P ✱), die seit Ende des 18. Jhs. auch Gäste wie Abraham Lincoln und Daniel Boone willkommen geheißen hat.

Der Hwy 31 führt gen Südwesten zunächst nach **Hodgenville** und dann weiter zum **Abraham Lincoln Birthplace** (Geburtsstätte Abraham Lincolns; www.nps.gov/abli; 2995 Lincoln Farm Rd, Hodgenville; ⊙8–16.45 Uhr, Sommer bis 18.45 Uhr) GRATIS, der Replik eines griechischen Tempels rund um eine alte Holzhütte. Nach weiteren zehn Minuten ist Knob Creek erreicht, wo Abraham Lincoln seine Kindheit verbrachte. Dort gibt's Wanderwege.

Ungefähr 25 Meilen (40 km bzw. 30 Min.) südwestlich von Lexington liegt das **Shaker Village at Pleasant Hill** (www.shakervillageky. org; 3501 Lexington Rd; Erw./Kind 10/5 US$, Bootsfahrt auf dem Fluss 10/5 US$; ⊙10–17 Uhr), in dem bis Anfang des 20. Jhs. Anhänger der religiösen Shaker-Sekte lebten. Man kann die tadellos restaurierten Gebäude besichtigen, die von Wiesen voller Butterblumen und gewundenen, steinigen Wegen umgeben sind. Es gibt auch einen bezaubernden **Inn** (☏ 859-734-5611; www.shakervillageky.org; 3501 Lexington Rd; Zi. 110–300 US$; P ��), ein Restaurant, Paddelbootsfahrten auf dem Kentucky River im Schatten eines Kalksteinkliffs sowie einen Souvenirladen.

Daniel Boone National Forest

Das über 2800 km² große Waldgebiet mit zerklüfteten Schluchten und Sandsteinbogen, die der Erdanziehung zu trotzen scheinen, umfasst den größten Teil der Gebirgsausläufer der Appalachen im östlichen Kentucky. Die größte **Ranger-Station** (☏ 859-745-3100; www.fs.fed.us/r8/boone; 1700 Bypass Rd) befindet sich in Winchester.

Eine Stunde südöstlich von Lexington liegt die **Red River Gorge**, deren Klippen und natürliche Bogenformationen zu den besten Kletterzielen im ganzen Land gehören. **Red River Outdoors** (☏ 859-230-3567; www.redriveroutdoors.com; 415 Natural Bridge Rd; ganztägig geführte Klettertour für 2 Pers. ab 100 US$, Hütte ab 110 US$) bietet geführte Klettertouren, Hütten am Rand der Schlucht sowie Yoga-Unterricht an. Auf der Website von **Red River Climbing** (www.redriverclimbing.com) findet man detaillierte Routeninfos. Kletterer und Wanderer (aber nur sie) können für 2 US$ auch hinter **Miguel's Pizza** (www.miguelspizza.com; 1890 Natural Bridge Rd; Pizza ab 10 US$; ⊙Mo–Do 7–20.45, Fr & Sa bis 21.45 Uhr; ☎) im Dörfchen Slade ihr Zelt aufschlagen. Die Pizzeria betreibt auch einen Kletterladen. Der an die Red River Gorge angrenzende und für seinen Sandsteinbogen bekannte **Natural Bridge State Resort Park** (☏606-663-2214; www.parks.ky.gov; 2135 Natural Bridge Rd; Zi. 109–154 US$, Cottage 149–239 US$; P ��) ist ein familienfreundlicher Park mit diversen Campingmöglichkeiten, Zimmern und Cottages in der Hemlock Lodge und insgesamt 32 km an kurzen Wanderwegen. Wer nicht selbst laufen will, kann sich auch von der Seilbahn über den Bogen tragen lassen (hin & zurück 13 US$).

DER SÜDEN ZENTRALES KENTUCKY

Mammoth Cave National Park

Im **Mammoth Cave National Park** (www.
nps.gov/maca; 1 Mammoth Cave Pkwy, Exit 53 der
I-65; Führung Erw. 5–55 US$, Kind 3,50–20 US$;
☺ 8–18 Uhr, Sommer bis 18.30 Uhr) befindet sich
das größte Höhlensystem der Erde mit mehr
als 645 km kartierter Gänge. Die Mammoth
Cave ist mindestens dreimal so groß wie
jede andere bekannte Höhle und birgt gewaltige Felskathedralen, scheinbar boden-
lose Abgründe und seltsame, wellenförmige
Felsformationen. Die Höhlen wurden in
prähistorischer Zeit als Mineralsammel-
stellen genutzt, später lieferten sie Salpeter
für Schießpulver und dienten auch einmal
als Hospital für Schwindsüchtige. Seit 1816
werden Führungen durch die Höhlen angeboten. Sie wurden 1941 zum Nationalpark
erklärt und ziehen heute 600 000 Besucher
pro Jahr an.

Die einzige Möglichkeit, die Höhlen mit
eigenen Augen zu sehen, ist im Rahmen
einer der ausgezeichneten **Ranger-Füh-
rungen** (☎ 800-967-2283), die man besser im
Voraus bucht – vor allem im Sommer. Die
Führungen reichen von unterirdischen Spaziergängen bis hin zu ganztägigen Abenteuern unter Tage (nur Erw.). Besonders interessant ist die historische Führung.

Neben den Höhlen umfasst der Park
137 km an Wanderwegen, 97 km an Reit-
wegen und 40 km an Radwegen. Es gibt
hier auch drei Campingplätze mit sanitären Anlagen, allerdings sind nur wenige
Stellplätze mit Strom- und Wasseranschluss
(12–50 US$) ausgestattet. Auf 13 Camping-
plätzen im Hinterland kampiert man kostenlos. Die Genehmigung zum Zelten erhält
man im Visitor Center des Parks.

GEORGIA

Georgia, der größte Staat östlich des Mississippis, ist ein Potpourri geografischer und
kultureller Extreme: Rechtsgerichtete Politiker der Republikaner sehen sich einem liberalen Idealismus gegenüber, konservative
Kleinstädte werden von sich ausdehnenden,
fortschrittlichen und finanzstarken Großstädten verschluckt, in den himmelhohen
Bergen im Norden entspringen reißende
Ströme, und in den Küstenmarschen mit
dem wogenden Riedgras wimmelt es nur so
von Winkerkrabben. Die Strände und Inseln
im Süden des Bundesstaates sind – ebenso
wie ihre Restaurantküche – wunderbar.

❶ Praktische Informationen

Am bequemsten lässt sich Georgia mit dem eigenen Auto erkunden. Die I-75 führt von Norden
nach Süden durch den Bundesstaat, die I-20 von
Osten nach Westen.

Discover Georgia (☎ 800-847-4842; www.
exploregeorgia.org) Hat Touristeninfos für den
gesamten Bundesstaat.

Georgia Department of Natural Resources
(☎ 800-864-7275; www.gastateparks.org) Gibt
Infos zum Campen und zu Aktivitäten in den
State Parks.

Atlanta

Die sogenannte „Hauptstadt des Südens"
hat einschließlich ihrer Vororte 5,5 Mio.
Einwohner und wächst dank in den Süden
ziehender Yankees und Zuwanderern aus
dem Ausland in atemberaubendem Tempo
weiter. Auch für Touristen wird die Stadt
immer interessanter. Neben den bekannten
Attraktionen der Downtown finden sich
hier auch erstklassige Restaurants, und die
Stadt blickt auf eine bedeutende afroamerikanische Geschichte zurück. Da sich Atlanta
zudem zu einem beliebten Filmprodukti-
onszentrum entwickelt hat, ist auch ein großer Einfluss aus Hollywood spürbar.

Ohne natürliche Grenzen, die die Ausbreitung eindämmen könnten, wächst Atlanta
zwar unaufhörlich weiter, ist aber dennoch
eine hübsche Stadt mit vielen Bäumen und
eleganten Wohnhäusern. Die unterschiedlichen Stadtviertel wirken wie freundliche
Kleinstädte. Die Wirtschaft ist stabil, die
Bevölkerung jung und kreativ, und es gibt so
gut wie keine ethnischen Spannungen in der
Stadt, die „zu beschäftigt ist, um zu hassen."

◉ Sehenswertes & Aktivitäten

◉ Downtown

Die Innenstadt Atlantas befindet sich gerade wieder im Wandel. Entwickler und Politiker setzen darauf, sie immer lebendiger
und lebenswerter zu gestalten. Zwei neue
Museen von Weltklasse und ein neues Football-Stadion der Atlanta Falcons (mit dem
anschließenden Abriss des 23 Jahre alten
Georgia Dome) für die NFL-Saison im Jahr
2017 geben der „Hauptstadt des Südens"
wieder einmal ein neues Gesicht.

World of Coca-Cola　　　　　　MUSEUM
(www.woccatlanta.com; 121 Baker St; Erw./Senior/
Kind 16/14/12 US$; ☺ So–Do 10–17, Fr–Sa 9–17

Uhr) Das selbstgefällige Museum mag für Fans koffeinhaltiger Limo und gnadenloser Kommerzialisierung recht unterhaltsam sein. Höhepunkt des Besuchs ist die Verkostung verschiedener Coke-Produkte aus der ganzen Welt – ein echtes Abenteuer für den Gaumen! Außerdem sind Werke von Andy Warhol und ein 4-D-Film zu sehen, und man bekommt jede Menge Infos zum Unternehmen sowie Werbematerial.

Center for Civil and Human Rights
MUSEUM

(www.civilandhumanrights.org; 100 Ivan Allen Jr Blvd; Erw./Senior/Kind 15/13/10 US$; ⊙Mo–Sa 10–17, So 12–17 Uhr) Seit 2014 gibt es im Centennial Park von Atlanta ein überwältigendes neues Museum: das ernüchternde Denkmal der amerikanischen Bürgerrechts- und der weltweiten Menschenrechtsbewegung. Im Mittelpunkt des für 68 Mio. US$ schön gestalteten und durchdacht konzipierten Museums steht eine erschütternde interaktive Simulation an einer nachgestellten Woolworth-Theke, die einen sprachlos macht und einem die Tränen in die Augen treibt.

College Football Hall of Fame
MUSEUM

(www.cfbhall.com; 250 Marietta St; Erw./Senior/Kind 20/18/17 US$; ⊙So–Fr 10–17, Sa 9–18 Uhr; ⊞) Die Bedeutung des College-Footballs für die amerikanische Kultur kann man gar nicht genug hervorheben. Dieses neue Museum, das 2014 von Indiana in diese dreistöckige, 8756 m² große Institution verlegt wurde, ist ein supercooler, passender Schrein für den Sport.

Beim Eintritt wählt man sein Team und bekommt dann einen darauf zugeschnittenen interaktiven Rundgang durch die Anlage, inklusive berühmter Trophäen wie der heiß begehrten Heisman Trophy und interaktiven Exponaten wie dem Fight Song Karaoke. Man kann auch versuchen, ein 20-Yard-Field-Goal zu schlagen. Unnötig zu sagen, dass Kinder hier ausrasten.

CNN Center
FERNSEHSTUDIO

(☎404-827-2300; www.cnn.com/tour/atlanta; 1 CNN Center; Führung Erw./Senior/Kind 16/15/13 US$; ⊙9–17 Uhr) Die 55-minütige Führung hinter die Kulissen der Zentrale des internationalen, 24-Stunden-Nachrichtensenders verspricht Fans eine gute Zeit. Besucher kommen Wolf Blitzer (oder seinen Leuten) zwar nicht sehr nah, doch in der Sendezeit von 9 bis 12 Uhr hat man die besten Chancen, einen ganz Großen live auf Sendung zu erleben.

KURZINFOS GEORGIA

Spitzname Peach State

Bevölkerung 10 Mio.

Fläche 153952 km²

Hauptstadt Atlanta (5,5 Mio. Ew.)

Weitere Städte Savannah (142772 Ew.)

Verkaufssteuer 7 %

Geburtsort von Baseballlegende Ty Cobb (1886–1961), US-Präsident Jimmy Carter (geb. 1924), Bürgerrechtler Martin Luther King (1929–1968), Sänger Ray Charles (1930–2004)

Heimat von Coca-Cola, dem verkehrsreichsten Flughafen der Welt, *Vom Winde verweht*

Politische Ausrichtung generell konservativ; Atlanta wählt mal so, mal so

Berühmt für Pfirsiche

Schrägstes Gesetz Esel dürfen nicht in Badewannen gehalten werden

Entfernungen Atlanta–St. Marys 343 Meilen (549 km), Atlanta–Dahlonega 75 Meilen (120 km)

⊙ Midtown

Mit ihren vielen tollen Bars, Restaurants und Kulturstätten ist die Midtown eine hippere Version der Downtown.

★ High Museum of Art
GALERIE

(www.high.org; 1280 Peachtree St NE; Erw./Kind 19,50/12 US$; ⊙Di–Do & Sa 10–17, Fr bis 21, So 12–17 Uhr) Atlantas modernes High Museum war das erste Museum der Welt, das Leihgaben aus dem Louvre ausstellte, und ist wegen seiner Architektur und seiner erstklassigen Exponate einen Besuch wert. Das eindrucksvolle, weiß getünchte Gebäude beherbergt auf mehreren Etagen eine Dauerausstellung mit faszinierenden Möbelstücken aus dem späten 19. Jh., frühe Malereien der American-Modern-Ära von Künstlern wie George Morris und Albert Gallatin sowie Nachkriegswerke von Mark Rothko.

Atlanta Botanical Garden
GÄRTEN

(☎404-876-5859; www.atlantabotanicalgarden. org; 1345 Piedmont Ave NE; Erw./Kind 19/13 US$; ⊙Di 9–19, Mi–So bis 17 Uhr) In der nordwestlichen Ecke des Piedmont Park liegt der eindrucksvolle, 12 ha große botanische Garten mit einer japanischen Anlage, verschlunge-

Atlanta

436

DER SÜDEN GEORGIA

0,5 Meilen — 1 km

Westside Provisions District (0,75 Meilen)

Center for Puppetry Arts (0,3 Meilen); (1 Meile)

High Museum of Art (0,1 Meilen); Hotel Artmore (0,2 Meilen); Woodruff Arts Center (0,2 Meilen); Amtrak-Bahnhof (1 Meile)

Atlanta Botanical Garden (0,4 Meilen)

Ponce de Leon Pl

Virginia Ave

Monroe Dr

Eastside Beltline Trail

Decatur (4 Meilen)

City Hall East

Highland Inn (0,7 Meilen)

Glen Iris Dr

Ave

Greenwood

Seal Pl

Boulevard Pl

Monroe Dr

Charles Allen Dr

Ponce de Leon Ave

North Ave

Linden Ave

Durant Pl

Glendale

Argonne Ave

Penn Ave

Myrtle St

Piedmont Ave

10th St

9th St

8th St

6th St

5th St

3rd St

Piedmont Park

12th St

Crescent Ave

11th St

Old 10th St

Peachtree Pl

8th St

Juniper St

6th St

5th St

4th St

3rd St

Peachtree St NE

7th St

Biltmore Pl

Cypress St

N4 Midtown

W Peachtree St

N3 North Ave

Linden Ave

MIDTOWN

Spring St

Spring St NW

Williams St

Techwood Dr

Downtown Connector

Techwood Dr

Bobby Dodd Stadium

North Ave

Fowler St

8th St

6th St

4th St

Georgia Institute of Technology

10th St

5th St

Bobby Dodd Way

Tech Pkwy NW

Octane (0,6 Meilen); The Optimist (0,6 Meilen); Terminal West (0,9 Meilen)

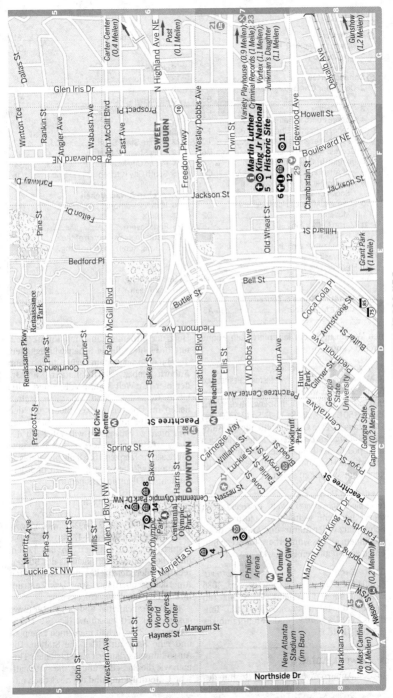

Atlanta

◉ Highlights
1 Martin Luther King Jr. National Historic Site F7

◉ Sehenswertes
2 Center for Civil and Human Rights B6
3 CNN Center B7
4 College Football Hall of Fame B7
5 Ebenezer Baptist Church (neu)...F7
6 First Ebenezer Baptist Church............F7
7 Georgia Aquarium B6
8 Imagine It! Children's Museum of Atlanta C6
9 King Center for Non-Violent Social Change F7
10 Margaret Mitchell House & Museum D2
11 Martin Luther King Jr. Birthplace F7
12 Martin Luther King Jr. Gravesite F7
13 Piedmont Park F1
14 World of Coca-Cola B6

◉ Aktivitäten, Kurse & Touren
15 Atlanta Movie Tours A8

16 Skate Escape E1
17 Skyview Atlanta C7

🛏 Schlafen
18 Hotel Indigo C6
19 Hotel Indigo D4
20 Stonehurst Place D2
21 Urban Oasis B&B...........................G7

✖ Essen
22 Empire State South..............................D2
23 Krog Street Market G7
24 Ponce City Market.............................G4
25 South City Kitchen D1

◉ Ausgehen & Nachtleben
26 10th & Piedmont.............................D2
27 Blake's...E2
28 Park Tavern.......................................F2
29 Sister Louisa's Church of the Living Room and Ping Pong Emporium.....................................F8

◉ Unterhaltung
30 Fox Theatre C4

nen Wegen und dem faszinierenden Fuqua Orchid Center.

Margaret Mitchell House & Museum
HISTORISCHES GEBÄUDE

(☏404-249-7015; www.margaretmitchellhouse.com; 990 Peachtree St, bei der 10th St; Erw./Student/Kind 13/10/8,50 US$; ⊙Mo–Sa 10–17, So 12–17.30 Uhr) Das Haus ist eine Gedenkstätte für die Autorin von *Vom Winde verweht*. Mitchell schrieb ihr Epos in der kleinen Kellerwohnung des historischen Gebäudes, es sind aber keine Gegenstände von ihr zu sehen.

Piedmont Park
PARK

(www.piedmontpark.org) Weit erstreckt sich dieser herrliche weitläufige Stadtpark, der Schauplatz vieler Kultur- und Musikfestivals ist. Zudem gibt es wunderbare Radwege und einen samstäglichen Biomarkt.

Skate Escape
RADFAHREN

(☏404-892-1292; www.skateescape.com; 1086 Piedmont Ave NE) Verleiht Fahrräder (ab 6 US$/Std.), Inlineskates (6 US$/Std.), Tandems (12 US$/Std.) und Mountainbikes (25 US$/3 Std.).

◉ Sweet Auburn

In der Auburn Ave schlug zu Beginn des 20. Jhs. das wirtschaftliche und kulturelle Herz der afroamerikanischen Kultur. Heute gibt es hier allerlei Sehenswürdigkeiten, die einen Bezug zu dem berühmtesten Sohn Auburns haben, Martin Luther King Jr., der hier zur Welt kam, predigte und seine letzte Ruhestätte fand. All diese Stätten liegen im Umkreis einiger Blocks um den MARTA-Bahnhof (S. 446) King Memorial. Wer nicht zu Fuß gehen will, fährt mit der neuen **Atlanta Streetcar** (www.theatlanta streetcar.com; Fahrpreis 1 US$), die alle 10 bis 15 Minuten zwischen Sweet Auburn und dem Centennial Olympic Park pendelt.

★ Martin Luther King Jr. National Historic Site
HISTORISCHE STÄTTE

(☏404-331-5190, 404-331-6922; www.nps.gov/ malu; 450 Auburn Ave; ⊙9–17 Uhr) GRATIS Die historische Stätte erinnert an das Leben, die Arbeit und das Vermächtnis des Bürgerrechtlers, der gleichzeitig einer der größten Amerikaner überhaupt war. Das Zentrum nimmt mehrere Häuserblocks ein.

Im ausgezeichneten **Visitor Center** (www. nps.gov/malu; 450 Auburn Ave NE; ⊙9–17 Uhr, Sommer bis 18 Uhr) erhält man einen Lageplan und eine Broschüre über die Stätten. Die Ausstellungen erläutern verschiedenen Themen wie die Rassentrennung, die systematische Unterdrückung und die rassistisch motivierte Gewalt, die Kings Arbeit inspirierten und ihn antrieben. Von hier führt ein 2,4 km langer, landschaftlich gestalteter Weg zum Carter Center.

Martin Luther King Jr. Birthplace
WAHRZEICHEN

(www.nps.gov/malu; 501 Auburn Ave) GRATIS Die kostenlose Führung durch das Haus, in dem Martin Luther King Jr. seine Kindheit verbrachte, dauert etwa 30 Minuten. Die Teilnehmerzahl ist jedoch begrenzt, und man muss sich am selben Tag im National Historic Site Visitor Center anmelden. Wegen staatlicher Sparmaßnahmen haben die Führungen keine festen Uhrzeiten mehr. Interessenten kreuzen einfach gegen 9 Uhr auf und melden sich für die nächste verfügbare Führung an.

King Center For Non-Violent Social Change
MUSEUM

(www.thekingcenter.org; 449 Auburn Ave NE; ☺9–17 Uhr, im Sommer bis 18 Uhr) Gegenüber dem National Historic Site Visitor Center hält dieses Zentrum weitere Infos zu Martin Luther Kings Leben und Arbeit parat und zeigt einige Dinge aus seinem persönlichen Besitz, darunter auch seine Friedensnobelpreismedaille. Seine **Grabstätte** ist von einem langen Wasserbecken umgeben, in dem sich die Umgebung spiegelt, und kann jederzeit besucht werden.

First Ebenezer Baptist Church
KIRCHE

(www.historicebenezer.org; 407 Auburn Ave NE; ☺Führung 9–17, Sommer bis 18 Uhr) GRATIS In dieser Kirche waren Martin Luther King Jr., sein Vater und Großvater Pastoren, und Kings Mutter war die Chorleiterin. Tragischerweise wurde sie hier 1974 auch von einem geistig behinderten Mann erschossen, während sie Orgel spielte. Die mehrere Millionen Dollar teuren Renovierungsarbeiten, die 2011 abgeschlossen wurden, lassen die Kirche nun wieder so erstrahlen wie in den Jahren 1960 bis 1968, als King Jr. hier als Hilfspastor seines Vaters tätig war.

Die Gottesdienste werden sonntags nun in der neuen Ebenezer-Kirche auf der gegenüberliegenden Straßenseite gefeiert.

◉ Virginia-Highland

Dieser Stadtteil mit seinen historischen Häusern und ruhigen, grünen Straßen abseits der North Highland Ave ist bei Familien sehr beliebt. Eine Art Zentrum bildet die Gegend rund um die dreieckige Virgi-

ATLANTA BELTLINE

Atlanta BeltLine (www.beltline.org) ✐ ist ein riesiges, nachhaltiges Sanierungsprojekt, in dessen Rahmen ein bestehender, 35 km langer Bahnkorridor rund um die Stadt in ein Netz aus miteinander verbundenen Wegen für unterschiedliche Nutzung mit einer Gesamtlänge von 53 km verwandelt werden soll. Es ist das größte Verkehrs- und Wirtschaftsentwicklungsprojekt, das jemals in Atlanta angesetzt wurde, und gehört zu den größten und weitreichendsten Stadtentwicklungsprojekten, an denen gegenwärtig in den USA gearbeitet wird. Zum Zeitpunkt unserer Recherche waren insgesamt vier Wege mit einer Gesamtlänge von 10,9 km fertiggestellt. Für Traveller am interessantesten ist der 3,5 km lange Eastside Trail, der das hippe städtische Viertel Inman Park mit dem Piedmont Park in Midtown verbindet.

nia-Highland-Kreuzung, die sich zu einem Geschäftsviertel entwickelt hat und in der es vor Lokalen, Cafés und Boutiquen – Ketten und unabhängige Läden – nur so wimmelt.

Carter Center
BIBLIOTHEK, MUSEUM

(☏404-865-7100; www.jimmycarterlibrary.org; 441 Freedom Pkwy; Erw./Senior/Kind 8/6 US$/frei; ☺Mo–Sa 9–16.45, So 12–16.45 Uhr) Auf einem Hügel oberhalb des Stadtzentrums zeigt das Museum Ausstellungen zur Präsidentschaft Jimmy Carters (1977–1981), darunter eine Nachbildung des Oval Office und seinen Nobelpreis. Besonders hübsch sind der idyllische japanische Garten und der neue Schmetterlingsgarten hinter dem Gebäude. Der 2,4 km lange begrünte **Freedom Park Trail** führt von hier zur Martin Luther King Jr. National Historic Site. Er verläuft durch den **Freedom Park**.

☆ Feste & Events

Atlanta Jazz Festival
MUSIK

(www.atlantafestivals.com; Piedmont Park; ☺Mai) Der Höhepunkt des einen Monat andauernden Festivals sind die Livekonzerte im Piedmont Park, die am Wochenende des Memorial-Day stattfinden.

Atlanta Pride Festival
SCHWULE & LESBEN

(www.atlantapride.org; ☺Okt.) Atlantas jährliches GLBT-Festival.

National Black Arts Festival KULTUR

(📞 404-730-7315; www.nbaf.org; 🕐 Juli) Künstler aus dem ganzen Land treffen sich auf diesem afroamerikanischen Musik-, Theater-, Literatur- und Filmfestival.

🛏 Schlafen

Die Preise in den Hotels der Downtown schwanken stark, je nachdem, ob gerade ein großer Kongress in der Stadt stattfindet. Am günstigsten kommt man in einem der zahlreichen Kettenhotels entlang der Schienen der MARTA-Linie außerhalb der Innenstadt unter. Zum Sightseeing geht es dann mit dem Zug in die Stadt.

⭐ Urban Oasis B & B B & B $$

(📞 770-714-8618; www.urbanoasisbandb.com; 130A Krog St NE; Zi. 125–195 US$; 🅿️ ❄️ 🛜) In einem abgezäunten und umgewandelten Baumwollsortierlager aus den 1950er-Jahren verbirgt sich dieses wunderbare B & B in einem modernen Retro-Loft – eine Stadtwohnung vom Feinsten! Nach dem Betreten kommt man in einen großen, flippigen Gemeinschaftsbereich mit großen Fenstern, die viel Sonnenlicht hineinlassen, und geht dann weiter zu einem der drei Zimmer, die alle mit anspruchsvollen Haywood-Wakefield-Möbeln im Stil des 1950er-Jahre-Modernismus eingerichtet sind. Gleich vor der Haustür liegen das kulinarische Imperium des aus Atlanta stammenden berühmten Chefkochs Kevin Rathbun, der Krog Street Market, Edgewood, der MARTA-Bahnhof Inman Park und das Beltline. Mindestaufenthalt zwei Übernachtungen.

Hotel Artmore BOUTIQUEHOTEL $$

(📞 404-876-6100; www.artmorehotel.com; 1302 W Peachtree St; Zi. 139–399 US$; 🅿️ ❄️ @ 🛜) Das flippige Art-déco-Juwel punktet auf ganzer Linie mit exzellentem Service, einem wundervollen Hof mit Feuerstelle und einer erstklassigen Lage gegenüber vom MARTA-Bahnhof Arts Center. Das eindrucksvolle Gebäude von 1924 im spanisch-mediterranen Stil wurde komplett renoviert und in ein künstlerisch angehauchtes Boutiquehotel umgebaut, das Trendsettern mit dem Bedürfnis nach Diskretion als urbaner Zufluchtsort dient.

Social Goat B & B B & B $$

(📞 404-626-4830; www.thesocialgoatbandb.com; 548 Robinson Ave SE; Zi. 155–245 US$; 🅿️ ❄️ 🛜) Das wundervoll restaurierte viktorianische Herrenhaus von 1900 im Queen-Anne-Stil liegt direkt am Grant Park und verfügt über sechs im französischen Landhausstil eingerichtete Zimmer sowie jede Menge Antiquitäten. Außerdem teilt man sich das Anwesen mit Ziegen, Truthähnen, Hühnern und Katzen.

Hotel Indigo BOUTIQUEHOTEL $$

(📞 404-874-9200; www.hotelindigo.com; 683 Peachtree St; Zi. 109–179 US$; 🅿️ ❄️ @ 🛜) Das im Boutiquestil rund um das Thema Musik eingerichtete Indigo gehört zu einer Hotelkette. Es hat einen skurrilen Charakter und mit persönlichen Details gestaltete Zimmer, z. B. mit auf die Bettdecken gestickten Kuppeln, die Parallelen mit den islamisch wirkenden Kuppeln des Fox Theatre auf der anderen Straßenseite aufweisen. Am meisten überzeugt die Top-Lage in Midtown, in Gehweite zu Bars, Restaurants und der MARTA.

Ein weiteres Hotel unter der Adresse **230 Peachtree St** (📞 888-233-9450; www.hotelindigo.com; 230 Peachtree St NE; 🅿️ ❄️ @ 🛜) nahe dem Centennial Park wird 2016 eröffnet.

Highland Inn INN $$

(📞 404-874-5756; www.thehighlandinn.com; 644 N Highland Ave; EZ/DZ ab 73/103 US$; 🅿️ ❄️ 🛜) Das 1927 erbaute Inn im europäischen Stil hat im Lauf der Jahre schon viele tourende Musiker beherbergt. Die 65 Zimmer sind nicht sehr groß, aber für diesen Preis findet man in Atlanta nichts, was mit dem Komfort und der tollen Lage in der Virginia-Highland-Gegend mithalten könnte. Außerdem ist das Haus eines der wenigen, die auch Einzelzimmer haben.

⭐ Stonehurst Place B & B $$$

(📞 404-881-0722; www.stonehurstplace.com; 923 Piedmont Ave NE; Zi. 199–429 US$; 🅿️ ❄️ @ 🛜) Das elegante, 1896 von der Hinman Family erbaute B & B bietet alle modernen Annehmlichkeiten, die man sich nur vorstellen kann, und ist in puncto Wasserversorgung und Heizsystem rundum umweltfreundlich ausgestattet. An den Wänden hängen die Originale von Warhol-Illustrationen. Für Traveller mit dem nötigen Kleingeld ist dies eine außergewöhnliche Wahl in toller Lage.

🍴 Essen

Nach New Orleans hat Atlanta die beste Restaurantszene des Südens. Die Gastronomie-Kultur ist hier schon fast eine Obsession. Der **Westside Provisions District** (www.westsidepd.com; 100–1210 Howell Mill Rd; 🅿️), der **Krog Street Market** (www.krogstreetmarket.

com; 99 Krog St) und der **Ponce City Market** (675 Ponce De Leon Ave NE) sind alle recht neue und hippe Wohn- und Restaurantgegenden inmitten der sich kontinuierlich verändernden Stadtviertel Atlantas.

✖ Downtown & Midtown

Empire
State South MODERNE SÜDSTAATENKÜCHE **$$**
(www.empirestatesouth.com; 999 Peachtree St; Hauptgerichte 5–36 US$; ⊙Mo–Mi 7–22, Do–Sa bis 23, So 10.30–14 Uhr; ☎) Das rustikal-hippe Bistro in Midtown serviert einfallsreiche Gerichte der modernen Südstaatenküche und enttäuscht nicht – weder beim Frühstück (die machen ihre eigenen Bagels, schenken dem Kaffee genauso viel Aufmerksamkeit wie die Baristas im pazifischen Nordwesten und mischen Brathähnchen mit Schinken und *Pimento cheese*!) noch zu anderen Tageszeiten.

No Mas! Cantina MEXIKANISCH **$$**
(☎404-574-5678; www.nomascantina.com; 180 Walker St SW; Hauptgerichte 7–20 US$; ⊙So–Do 11–22, Fr & Sa 11–23 Uhr; ☎👪) Die Einrichtung wirkt zwar etwas „drüber" – als ob man in einer Piñata speisen würde –, doch die Einheimischen sind begeistert von dem festlich-mexikanischen Ambiente dieser Cantina in der Downtown in Castleberry Hill. Trotz der ruhigen Lage liegen das New Atlanta Stadium, die Phillips Arena, das CNN Center und der Centennial Park in Gehweite.

South City Kitchen SÜDSTAATENKÜCHE **$$$**
(☎404-873-7358; www.southcitykitchen.com; 1144 Crescent Ave; Hauptgerichte 18–36 US$; ⊙So–Do 11–15.30 & 17–22, Fr & Sa bis 22.30 Uhr) Das gehobene Südstaatenrestaurant bietet köstliche, modernisierte Gerichte wie Buttermilch-Brathähnchen mit sautiertem Kohl und Kartoffelpüree sowie pfannengebratene Forelle aus Georgia mit gerösteten Möhren. Vor einem Kinobesuch bieten sich gebratene grüne Tomaten an, eine Spezialität der Südstaatenküche.

✖ Westside

West Egg Cafe DINER **$**
(www.westeggcafe.com; 1100 Howell Mill Rd; Hauptgerichte 6,25–8 US$; ⊙Mo 7–15, Mi–Fr bis 21, Sa 8–21, So bis 18 Uhr; 🅿☎👪) Man pflanzt sich an den marmornen Frühstückstresen oder schnappt sich einen Tisch und genießt schwarze Bohnen und Eier, Putenwürstchen

Benedict, Omelett mit *Pimento cheese* und Schinken oder ein Sandwich mit gebratenen grünen Tomaten. Alle Gerichte sind einfallsreich abgewandelte Versionen alter Klassiker, die in einem stilvollen, spartanisch eingerichteten Speisesaal serviert werden.

Star Provisions SELBSTVERSORGER **$**
(www.starprovisions.com; 1198 Howell Mill Rd; ⊙Mo–Sa 10–24 Uhr; ☎) Wer sich seine Gourmetspeisen gern selbst zubereitet, wird sich hier sehr wohl fühlen. Denn angeschlossen an eines der besten Restaurants der Stadt, das **Bacchanalia** (☎404-365-0410; www.star provisions.com/bacchanalia; 1198 Howell Mill Rd; Festpreis 85 US$/Pers., ⊙ab 18 Uhr), findet man hier Käseläden, Fleischereien, Bäckereien, ein Biocafé und Küchengeschäfte. Gut fürs nächste Picknick!

★Cooks & Soldiers BASKISCH **$$**
(☎404-996-2623; www.cooksandsoldiers.com; 691 14th St; Gerichte 8–32 US$; ⊙So–Mi 17–22, Do bis 23, Fr–Sa bis 2 Uhr; ☎) Das baskisch inspirierte Restaurant ist ein bahnbrechender Newcomer in Westside. Die Spezialität sind kleine baskische Vorspeisen (*pintxos*) und *asadas* (Grillspeisen) aus dem Holzofen in so großen Portionen, dass man sie sich mit anderen teilen kann. Ebenso hervorragend wie das Essen sind die Cocktails. Sehr zu empfehlen sind der Blutorangen-Gin-Tonic, der gegrillte amerikanische Weißkäse mit schwarzen Trüffeln, das Tartar aus getrockneten Tomaten und die auf dem Holzkohlegrill perfekt gegrillte Lende vom Berkshire-Schwein mit Haselnuss-Romesco.

★The Optimist SEAFOOD **$$$**
(☎404-477-6260; www.theoptimistrestaurant.com; 914 Howell Mill Rd; Hauptgerichte 21–33 US$; ⊙Mo–Do 11.30–14.30 & 17–22, Fr–Sa bis 23 Uhr; ☎) ✎ Kein Lob in einem Reiseführer könnte diesem nachhaltigen Meeresfrüchterestaurant in Westside gerecht werden. Man beginnt mit gegrilltem spanischem Tintenfisch, der zuvor stundenlang in Rotwein eingelegt war, macht weiter mit in Entenschmalz gedünstetem Schwertfisch oder einem ganzen Fisch in Knoblauch-Ingwer-Sauce mit frittierten Maismehlbällchen und beendet das Mahl mit hausgemachtem Salzkaramell-Eis.

Dies ist eines der begehrtesten Restaurants in den Südstaaten. Wer keine Reservierung mehr erwischt, kann sich an der großen Austernbar zu superfrischen Meeresfrüchten niederlassen oder zumindest

DER SÜDEN ATLANTA

NICHT VERSÄUMEN

ZOMBIES UNTERWEGS: WILLKOMMEN IN WOODBURY!

Die postapokalyptische Welt menschenfressender Zombies in der AMC-Serie *The Walking Dead* hat seit der ersten Staffel im Jahr 2010 weltweit die Massen vor dem Fernsehsessel gebannt, und der Endzeit-Showdown findet nirgendwo anders statt als hier im Peach State. Die Stadt Atlanta und die ungefähr eine Fahrtstunde südlich von Atlanta gelegene historische Kleinstadt Senoia samt ihrer Umgebung bilden den Schauplatz dieser ungeheuer beliebten Serie. **Atlanta Movie Tours** (☏ 855-255-3456; www.atlantamovietours.com; 327 Nelson St SW) bietet zwei vergnügliche Zombie-Touren zu den Drehorten, einmal zu denen in Atlanta und dann zu denen rund um Senoia (die unserer Meinung nach besser ist). Als Guides fungieren Statisten aus der Serie, die mit größter Bereitwilligkeit alle möglichen Insider-Schmankerl über die Stars und die Dreharbeiten rauskramen. Da die Kulisse zwischen Mai und November immer noch für die Dreharbeiten genutzt wird, sieht man die Schauspieler oft rund um Senoia, z.B. beim Frühstücken im **Senoia Coffee & Cafe** (www.senoiacoffeeandcafe.com; 1 Main St; Hauptgerichte 2,75–19 US$; ⊙ Mo–Do 7.30–15, Fr bis 21, Sa bis 18 Uhr) oder beim Feiern in Zac Browns Restaurant **Southern Ground Social Club** (www.southerngroundsocialclub.com; 18 Main St; ⊙ Di–Do 11–24, Fr–Sa bis 2 Uhr) – Norman Reedus fuhr direkt an unserem Tourbus vorbei ins Studio. Die gesamte Kleinstadt, die im National Register of Historic Places steht, ist zur Zombie-Zentrale geworden. Natürlich sollte man sich den **Woodbury Shoppe** (www.woodburyshoppe.com; 48 Main St; ⊙ Mo–Sa 11–17, So 13–17 Uhr) nicht entgehen lassen, den offiziellen *Walking Dead*-Souvenirladen, zu dem ein *Walking Dead*-Café im Erdgeschoss sowie ein kleines Museum gehören.

auf dem hauseigenen Drei-Loch-Golfplatz ein paar Bälle lochen und den herüberziehenden himmlischen Essensgeruch erschnuppern – was immer noch besser ist, als irgendwo anders zu essen.

✖ Virginia-Highland & Umgebung

Little Five Points ist Atlantas unkonventionellstes Viertel, in dem am Wochenende eine richtig ausgelassene Stimmung herrscht, während Inman Park eher ein bodenständiges Viertel gleich östlich der Downtown ist.

Sevananda   SELBSTVERSORGER $
(www.sevananda.coop; 467 Moreland Ave NE, Little Five Points; ⊙ 8–22 Uhr) Gilt als bester Naturkostladen Atlantas und ist eine Fundgrube für Selbstversorger.

★ **Fox Brothers**   BARBECUE $$
(www.foxbrosbbq.com; 1238 DeKalb Ave NE; Gerichte 10–27 US$; ⊙ So–Do 11–22, Fr & Sa bis 23 Uhr; ☏) Das alteingesessene Grillrestaurant in Inman Park serviert geschmorte und geräucherte Rippchen mit hauchdünner schwarzer Kruste außen und perfekter Konsistenz innen. Es ist auch für seine außergewöhnliche Rinderbrust nach Texas-Art und die Kartoffelkroketten mit Brunswick Stew bekannt. Immer rappelvoll.

Vortex   BURGER $$
(www.thevortexbarandgrill.com; 438 Moreland Ave NE; Burger 8,25–16,25 US$; ⊙ So–Do 11–24, Fr & Sa bis 2 Uhr) In dem typisch amerikanischen, mit jeder Menge Memorabilien vollgestopften Burger-Laden für Erwachsene ab 17 Jahren treffen alternative Hipster auf texanische Touristen und Morehouse-College-Studenten. Der Vater aller Burger-Schuppen Atlantas ist mindestens beeindruckend, wenn nicht gar ausgefallen – und vor allem überaus beliebt. Die mit einem Totenschädel versehene 6 m hohe Fassade der Filiale in Little Five Points ist im Vorfeld der Olympischen Spiele entstanden und heute ein Wahrzeichen.

★ **Octopus Bar**   ASIATISCH-FUSION $$
(www.octopusbaratl.com; 560 Gresham Ave SE, East Atlanta; Gerichte 9–15 US$; ⊙ Mo–Sa 22.30–2.30 Uhr) Sind die Öffnungszeiten seltsam? Ist es schwer, einen Sitzplatz zu ergattern? Dauert es so lange, bis man sein Fusion-Gericht bekommt, weil die Köche zu beschäftigt damit sind, die Hilfsköche und Kellner zusammenzustauchen? Die Antwort auf all diese Fragen lautet ganz klar: ja.

Also, alle Vorbehalte und Erwartungen im Hotel lassen – dies ist ein Punk-Rock-Restaurant! – und sich einfach darauf einlassen. Es gibt auch Dinge in dieser Kneipe mit Plätzen drinnen und draußen, bunten

East Atlanta

★ Gunshow MODERNE SÜDSTAATENKÜCHE $$$
(☏ 404-380-1886; www.gunshowatl.com; 924 Garrett St SE; Gerichte 12–20 US$; ◎ Di–Sa 18–21 Uhr; 🛜) Die jüngste Erleuchtung des Promikochs Kevin Gillespie ist ein unorthodoxes kulinarisches Erlebnis. Bei den drei Verkostungsrunden geben die Gäste keine Bestellungen ab, sondern wählen aus den rund zwölf kleinen Gerichten, die fünf Köche mit Blut, Schweiß und Tränen in der offenen Küche zaubern und anschließend *dim sum*-mäßig an den Tisch bringen.

Es kann schon eine Qual sein, die geräucherte und eingelegte Schinkenhachse zurückzuweisen, weil man auf das Tartar vom Kobe-Rind nach Saigon-Art wartet, aber das Erlebnis ist einmalig und das Restaurant das hippste in Atlanta. Bis zu 30 Tage im Voraus reservieren!

Decatur

Das unabhängige Städtchen Decatur liegt 6 Meilen (10 km) östlich der Downtown und hat sich zu einer Gegenkultur-Enklave und einem echten Feinschmeckerparadies entwickelt. Wie in den meisten traditionellen Südstaatenorten ist der von einem Pavillon gekrönte Courthouse Square Mittelpunkt allen Geschehens. Rundherum finden sich verschiedene Restaurants, Cafés und Geschäfte.

Victory SANDWICHES $
(www.vicsandwich.com; 340 Church St; Sandwich 4–5 US$; ◎ 11–2 Uhr; 🛜) Der wunderbare und preiswerte Laden für Gourmetsandwiches befindet sich in einem freistehenden umgebauten Backsteinhaus in Decatur. Die Baguettes sind großzügig mit weißen Sardellen und Zitronen-Mayo oder mit Hühnchen und Käse oder anderen verführerischen Dingen belegt.

★ Leon's Full Service FUSION $$
(☏ 404-687-0500; www.leonsfullservice.com; 131 E Ponce de Leon Ave; Hauptgerichte 12–24 US$; ◎ Mo 17–1, Di–Do & So 11.30–1, Fr & Sa bis 2 Uhr; 🛜) Das Leon's kommt etwas überheblich rüber, doch die fantastische Betontheke, die offene Raumaufteilung und die groovige beheizte und von Balken überspannte Terrasse machen aus der ehemaligen Tankstelle ein richtig cooles Restaurant, das immer gut besucht ist.

Vom Bier über den Wein und die Cocktails (die alkoholischen Getränke stammen ausnahmslos aus kleinen Betrieben mit ebenso kleinen Chargen) bis hin zur Speisekarte verrät alles die Liebe der Betreiber zum Detail. Es ist keine Reservierung möglich.

MARTIN LUTHER KING JR.: GALIONSFIGUR DER BÜRGERRECHTE

Martin Luther King Jr., die bedeutendste Figur der amerikanischen Bürgerrechtsbewegung und die wohl größte Führungspersönlichkeit Amerikas, wurde 1929 als Sohn eines Predigers und einer Chorleiterin in Atlanta geboren. Dieser Hintergrund war nicht nur insofern von Bedeutung, als dass er seinem Vater als Pfarrer der Ebenezer Baptist Church folgte, sondern auch, weil seine späteren politischen Reden von einer nicht unbedeutenden Kanzelrhetorik geprägt waren.

Der „Busboykott" von Montgomery, Alabama, wurde 1955 von King angeführt, woraufhin der Oberste Gerichtshof der USA die Gesetze aufhob, die eine Rassentrennung in Bussen vorschrieben. Von diesem Moment an war King die inspirierende Stimme mit moralischem Gewicht.

Seine Ablehnung von Gewalt bei der Durchsetzung der Rassengleichheit und des Rassenfriedens, bei der er dem Vorbild Gandhis folgte und die er als mächtige Waffe gegen Hass, Rassentrennung und rassistisch motivierte Gewalt einsetzte – in den Südstaaten jener Zeit alles alltägliche Untaten –, lässt seinen Tod nur noch tragischer erscheinen. Er wurde 1968, vier Jahre, nachdem er den Friedensnobelpreis erhalten hatte und fünf Jahre nach seiner legendären Washingtoner *I Have a Dream*-Rede, auf dem Balkon eines Hotels in Memphis erschossen.

King bleibt eine der am meisten anerkannten und respektiertesten Persönlichkeiten des 20. Jhs. Zehn Jahre führte er eine Bewegung an, um ein System der rechtlichen Diskriminierung zu beenden, das seit der Entstehung des Landes gegolten hatte.

Cakes & Ale
MODERN-AMERIKANISCH $$$
(☏ 404-377-7994; www.cakesandalerestaurant.com; 155 Sycamore St; Hauptgerichte 9–32 US$; ⏲ Di-Do 11.30–14.30 & 18–22, Fr-Sa 11.30–14.30 & 17.30–22.30 Uhr) Ein Schüler des Chez Panisse und Meister der Backkunst betreibt dieses hippe Restaurant. Die Bäckerei nebenan verkauft neben köstlichem Gebäck eine heiße Schokolade, die einfach göttlich ist. Das Restaurant bietet ein kleines, aber erlesenes Sortiment, z. B. perfekt gegrillte *framani-soppresata*-Sandwiches mit Mangold, Salzzitronen-Ricotta und Dijon-Senf (mittags ein Renner!) und abends Schweinefleisch, Perlhuhn oder Lamm.

 ## Ausgehen & Nachtleben

Edgewood, ganz in der Nähe von Sweet Auburn, ist derzeit das angesagteste Viertel zum Ausgehen.

Brick Store Pub
BAR
(www.brickstorepub.com; 125 E Court Sq; Kleinbrauereibiere 5–12 US$) Bierfans zieht es zu diesem Pub in Decatur mit dem besten Biersortiment in Atlanta. Um die 30 sorgfältig ausgewählte Zapfbiere (inklusive derer in der traulicheren belgischen Bierbar im Obergeschoss) sowie fast 300 Flaschenbiere aus dem mit 15 000 Flaschen bestückten Keller stehen hier zur Auswahl. Wohl nicht zuletzt deshalb trifft man hier jeden Abend auf ein junges, bestens gelauntes Publikum.

Argosy
GASTROPUB
(www.argosy-east.com; 470 Flat Shoals Ave SE; ⏲ Mo-Fr 17–2.30, Sa-So ab 11 Uhr; ☎) Der Gastropub in East Atlanta punktet mit einer langen Liste seltener Kleinbrauereibiere, perfekten Bargerichten (die Pizza Don-a-Tello ist verdammt gut) und einem interessanten Innenraum. Die mehreckige Theke schlängelt sich durch den überwiegend maskulin gestalteten Raum und lädt zum geselligen Beisammensein ein, während die rundherum verteilten Lounge-Bereiche dem Ganzen eine Wohnzimmeratmosphäre verleihen.

Kimball House
COCKTAILBAR
(www.kimball-house.com; 303 E Howard Ave; Cocktail 8–12 US$; ⏲ So-Do 17–1, Fr-Sa bis 2 Uhr) Das Kimball House in einem etwas abseits gelegenen stimmungsvoll restaurierten Bahndepot in Decatur wirkt ein wenig wie ein Saloon. Es bietet ausgefallene Cocktails, Getränke mit Absinth und eine lange Liste frisch eingeflogener Austern.

Sister Louisa's Church of the Living Room and Ping Pong Emporium
BAR
(www.sisterlouisaschurch.com; 466 Edgewood Ave; ⏲ Mo–Fr 17–3, Sa 13–3, So bis 24 Uhr; ☎) Die Wiege der wiederbelebten Barszene in Edgewood ist wie eine Kirche aufgemacht, aber noch lange keine Westminster Abbey. Jeden freien Fleck an den Wänden schmückt Sakrileg-Kunst der offensiven Art, die in manchen Teilen der Welt zu Kriegen führt. Man kann hier seine Widerstandskraft gegenüber ausgefallenen Cocktails testen und sich der Gemeinde anschließen, über die Kunst schmunzeln oder spannenden Tischtennisspielen zuschauen.

Park Tavern
BAR
(www.parktavern.com; 500 10th Street NE; ⏲ Mo-Fr 16.30–24, Sa & So ab 11.30 Uhr; ☎) Die Außenterrasse des Kleinbrauerei-Restaurants am Rand des Piedmont Park ist einer der

---

SCHWULEN- & LESBENSZENE IN ATLANTA

Atlanta – oder „Hotlanta", wie einige sagen – ist eine der wenigen Orte in Georgia mit einer offen sichtbaren aktiven Schwulen- und Lesbengemeinde. Midtown bildet das Zentrum des schwulen Lebens; das Epizentrum liegt rund um Piedmont Park und die Kreuzung 10th St und Piedmont Ave, wo sich das **Blake's** (www.blakesontheparkatlanta.com; 227 10th St NE), Atlantas klassische Schwulenbar, und der passend benannte aktuelle Hotspot, das **10th & Piedmont** (www.communitashospitality.com/10th-and-piedmont; 991 Piedmont Ave NE; ⏲ Mo–Do 11.30–16 & 17–22, Fr 11.30–16 & 17–23, Sa 10–16 & 17–23, So 10–16 & 17–22 Uhr) befinden, in dem man essen und spätabends etwas erleben kann. In der Ortschaft Decatur, östlich von Atlantas Downtown, gibt es eine beträchtliche lesbische Gemeinde. News und Infos gibt's im *David Atlanta* (www.davidatlanta.com) und online unter www.gayatlanta.com.

Das **Atlanta Pride Festival** (S. 439) ist ein riesiges jährliches Fest der Schwulen- und Lesbengemeinde der Stadt. Es findet im Oktober im und rund um den Piedmont Park statt.

schönsten Orte, wo man in Atlanta herumsitzen, ein bisschen was trinken und einen entspannten Wochenendnachmittag verbringen kann.

Octane
CAFÉ

(www.octanecoffee.com; 1009-B Marietta St; Kaffee 2,50–5 US$; ⊙ Mo–Do 7–23, Fr 7–24, Sa–So 8–23 Uhr; ☎) ⚲ Das industriell-schicke Café nahe dem Campus der Georgia Tech ist die Stammadresse der Kaffeehauskette mit inzwischen drei Filialen in der Stadt. Hier holen sich Koffeinjunkies ihren täglichen Kick. Mit seiner Philosophie des *direct trade* (einer Alternative zum Fair Trade) ist es nach wie vor das am ernstesten zu nehmende Kaffeehaus Atlantas.

☆ Unterhaltung

Mit viel Livemusik und zahlreichen Kulturevents kann sich Atlantas Nachtleben durchaus mit dem anderer Großstädte messen. Einen Veranstaltungskalender gibt's bei der **Atlanta Coalition of Performing Arts** (www.atlantaperforms.com). Infos zu Livemusik, ein Verzeichnis der Veranstaltungsorte der Stadt sowie Links zum Onlineticketverkauf findet man bei **Atlanta Music Guide** (www.atlantamusicguide.com).

Theater

Woodruff Arts Center
KUNST

(www.woodruffcenter.org; 1280 Peachtree St NE, Höhe 15th St) Auf dem Kunst-Campus neben dem High Museum auch das Atlanta Symphony Orchestra und das Alliance Theatre zu Hause.

Fox Theatre
THEATER

(☎ 855-285-8499; www.foxtheatre.org; 660 Peachtree St NE; ⊙ Kartenvorverkauf Mo–Fr 10–18, Sa bis 15 Uhr) In dem spektakulären Filmpalast von 1929 mit verspielter, maurisch-ägyptischer Deko finden Broadway-Shows und Konzerte statt. Der Zuschauerraum fasst über 4500 Personen. Führungen sind auch möglich.

Livemusik & Nachtclubs

Die Eintrittspreise folgender Clubs ändern sich von Abend zu Abend. Infos zu Ticketpreisen und Veranstaltungen findet man auf den jeweiligen Websites.

Terminal West
LIVEMUSIK

(887 W Marietta St) Gilt als bester Livemusikclub Atlantas und befindet sich in einer schön umgebauten, 100 Jahre alten Eisen- und Stahlgießerei in Westside.

Eddie's Attic
LIVEMUSIK

(☎ 404-377-4976; www.eddiesattic.com; 515b N McDonough St) Eine der besten Adressen in East Atlanta für Live-Folk und akustische Musik. Der Nichtraucherclub ist bekannt dafür, dass hier aufstrebende lokale Künstler auftreten.

Variety Playhouse
LIVEMUSIK

(www.variety-playhouse.com; 1099 Euclid Ave NE) Eine stets ausgebuchte, gut geführte Konzertveranstaltungsstätte, in der diverse tourende Künstler auftreten. Der Laden sichert Little Five Points seinen festen Platz in der Musikszene.

🛍 Shoppen

Junkman's Daughter
VINTAGE

(www.thejunkmansdaughter.com; 464 Moreland Ave NE; ⊙ Mo–Fr 11–19, So ab 12 Uhr) Der 930 m² große alternative Mega-Laden ist schon seit 1982 ein trotziger und feuriger Verfechter der Gegenkultur. In den Regalen stapeln sich Vintage-Sachen, Autoaufkleber, kitschiges Spielzeug, Schnickschnack, *Star-Wars*-Brotbüchsen, Räucherstäbchen, Perücken, anzüglich beschriftete oder aussehende Kaffeebecher und vieles mehr. Schon deshalb lohnt ein Ausflug nach Little Five Points.

Criminal Records
MUSIK

(www.criminalatl.com; 1154 Euclid Ave; ⊙ Mo–Sa 11–21, So 12–19 Uhr) Ein Plattenladen, der einen in Erinnerungen schwelgen lässt. Man bekommt neue und gebrauchte Pop-, Soul-, Jazz- und Metalalben auf CD oder Vinyl. Es gibt auch einen interessanten Bereich mit Büchern über Musik sowie einige ganz gute Comicbücher.

ℹ Praktische Informationen

INFOS IM INTERNET

Scout Mob (www.scoutmob.com) Tipps zu allem, was in Atlanta neu und hip ist.

Atlanta Travel Guide (www.atlanta.net) Offizielle Website des Atlanta Convention & Visitors Bureau mit ausgezeichneten Links zu Läden, Restaurants, Hotels und anstehenden Events. Auf der Website kann man außerdem den CityPass kaufen, ein tolles Sparangebot, das den Eintritt zu fünf Attraktionen der Stadt zum reduzierten Preis ermöglicht (mehr Infos unter www.citypass.com/atlanta).

MEDIEN

Atlanta (www.atlantamagazine.com) Das Monatsmagazin für lokale Themen, Kunst und Gastronomie.

Atlanta Daily World (www.atlantadailyworld.com) Die älteste kontinuierlich herausgegebene afroamerikanische Tageszeitung (seit 1928).

Atlanta Journal-Constitution (www.ajc.com) Atlantas wichtigste Tageszeitung mit gutem Reiseteil am Sonntag.

Creative Loafing (www.clatl.com) Das kostenlose alternative Wochenblatt, das immer mittwochs erscheint, liefert heiße Tipps zu Musik, Kunst und Theater.

NOTFALL & MEDIZINISCHE VERSORGUNG

Atlanta Medical Center (www.atlantamedcenter.com; 303 Pkwy Dr NE) Seit 1901 Atlantas bestes Krankenhaus.

Atlanta Police Department (404-614-6544; www.atlantapd.org) Die Polizeizentrale Atlantas.

POST

Post (800-275-8777; www.usps.com; 190 Marietta St NW, CNN Center; Mo–Fr 11–16 Uhr) Little Five Points (455 Moreland Ave NE; Mo–Fr 9–11 & 12–17 Uhr); North Highland (1190 N Highland Ave NE; Mo–Fr 8.30–18, Sa bis 12 Uhr); Phoenix Station (41 Marietta St NW; Mo–Fr 9–17 Uhr) Es gibt Postfilialen in der ganzen Stadt.

ⓘ An- & Weiterreise

Atlantas riesiger Flughafen, der **Hartsfield-Jackson International Airport** (ATL; Atlanta; www.atlanta-airport.com), liegt 12 Meilen (19 km) nördlich der Downtown. Von dem Verkehrsknotenpunkt aus werden alle internationalen Hauptstrecken bedient. Die **Greyhound-Haltestelle** (www.greyhound.com; 232 Forsyth St) befindet sich neben der MARTA-Station Garnett. Der **Amtrak-Bahnhof** (www.amtrak.com; 1688 Peachtree St NW, an der Deering Rd) ist direkt nördlich der Innenstadt zu finden.

ⓘ Unterwegs vor Ort

Die Züge der **Metropolitan Atlanta Rapid Transit Authority** (MARTA; 404-848-5000; www.itsmarta.com; Fahrt 2,50 US$) fahren vom Flughafen in die Innenstadt und zurück. Es gibt auch ein paar für Traveller weniger hilfreiche Linien, die hauptsächlich von Pendlern genutzt werden. Jeder Kunde muss eine Breeze Card (1 US$; www.breezecard.com) erwerben, die je nach Bedarf aufgeladen werden kann. Die Shuttle-Anbieter und Autovermietungen haben Büros im Flughafen; sie befinden sich auf der Etage der Gepäckausgabe.

Nördliches Georgia

Die südlichen Ausläufer der Appalachen ragen knapp 65 km weit in den äußeren Norden Georgias hinein und schaffen eine prächtige Gebirgslandschaft, sorgen für gute Weine und nähren reißende Flüsse. Der

---

ATLANTA MIT KINDERN

Atlanta hat jede Menge Aktivitäten zu bieten, die die Kids bei Laune halten, sie begeistern und sie etwas lehren.

Center for Puppetry Arts (Tickets 404-873-3391; www.puppet.org; 1404 Spring St NW; Museum 8,25 US$, Vorführungen 16,50–20,59 US$; Di–Fr 9–15, Sa 10–17, So 12–17 Uhr;) Das Museum ist ein Wunderland für Besucher aller Altersgruppen und zweifellos eine der einmaligen Attraktionen der Stadt. Es birgt viele Puppen; manche können die Besucher selbst in die Hand nehmen. Ein Zuwachs ist das Worlds of Puppetry Museum, das die weltweit umfassendste Sammlung von Jim-Henson-Puppen und -Artefakten besitzt.

Imagine It! Children's Museum of Atlanta (www.childrensmuseumatlanta.org; 275 Centennial Olympic Park Dr NW; Eintritt 12,75 US$; Mo–Fr 10–16, Sa & So bis 17 Uhr;) Das interaktive Museum richtet sich an Kinder bis zu acht Jahren; Erwachsene haben nur in Begleitung eines Kindes Zutritt.

Georgia Aquarium (www.georgiaaquarium.com; 225 Baker St; Erw./Kind 39/33 US$; So–Fr 10–17, Sa 9–18 Uhr; P) Walhaie, Belugawale und mehr als 100 000 andere Tiere aus 500 Arten tummeln sich in den Becken, die mit einem Gesamtfassungsvermögen von über 30 Mio. l Süß- und Meerwasser das Aquarium zum zweitgrößten der Welt machen. Man sollte aber nicht vergessen, dass die Haltung von Walen und Delfinen in Gefangenschaft seit dem Dokumentarfilm *Blackfish* (2013) in Verruf geraten ist.

Skyview Atlanta (www.skyviewatlanta.com; 168 Luckie St NW; Erw./Senior/Kind 13,50/12,15/8,50 US$; So–Do 12–22, Fr bis 23, Sa 10–23 Uhr;) In dem 20-stöckigen, mit 42 Kabinen ausgestatteten Riesenrad, das 2013 aufgebaut wurde, schwebt man 60 m über der Skyline von Atlanta.

Herbst mit seiner Farbenpracht zieht hier erst sehr spät ein und zeigt sich im Oktober von seiner schönsten Seite. Man sollte ein paar Tage einplanen, um die lokalen Sehenswürdigkeiten zu erkunden, darunter die 366 m tiefe **Tallulah Gorge** (☑ 706-754-7981; www.gastateparks.org/tallulahgorge; Eintritt 5 US$/Auto) und die Berglandschaft sowie die Wanderwege des **Vogel State Park** (☑ 706-745-2628; www.gastateparks.org/vogel; Eintritt 5 US$/Auto) und des **Unicoi State Park** (☑ 706-878-4726; www.gastateparks.org/unicoi; Eintritt 5 US$/Auto).

Dahlonega

Dahlonega war 1828 Schauplatz des ersten Goldrauschs in den USA. Heute boomt hier der Tourismus, da der Ort von Atlanta aus leicht an einem Tag zu erreichen ist und er zudem ein fantastisches Ziel für einen Ausflug in die Berge abgibt. Das Städtchen ist nicht nur ein Hotspot für Outdoor-Aktivitäten, die Downtown rund um den Courthouse Sq weist zudem eine herrliche Mischung aus Verkostungsbars, Feinschmecker-Kaufhäusern, großartigem Essen, ländlichen Geschäften und dem Charme eines Bergdorfs auf.

◉ Sehenswertes & Aktivitäten

Amicalola Falls State Park WANDERN
(☑ 706-265-4703; www.gastateparks.org/amicalolafalls; 280 Amicalola Falls State Park Rd, Dawsonville; Eintritt 5 US$/Fahrzeug; ⊙ 7–22 Uhr) In dem 18 Meilen (29 km) westlich von Dahlonega am Hwy 52 gelegenen Amicalola Falls State Park befinden sich die Amicalola Falls, mit 222 m der höchste Wasserfall im Südosten. Der Park hat eine spektakuläre Landschaft, eine Lodge und exzellente Wander- und Radwege zu bieten.

★ Frogtown Cellars WEINGUT
(☑ 706-865-0687; www.frogtownwine.com; 700 Ridge Point Dr; Verkostung 15 US$; ⊙ Mo–Fr 12–17, Sa bis 18, So 12.30–17 Uhr) Das schöne Weingut hat eine wunderbare Veranda, auf der man Weine probieren und Käse knabbern kann. Angeblich ist es das meistprämierte nicht-kalifornische Weingut in Nordamerika.

🛏 Schlafen & Essen

★ Hiker Hostel HOSTEL $
(☑ 770-312-7342; www.hikerhostel.com; 7693 Hwy 19N; B/Zi./Hütte 18/42/55 US$; P ❄ @ 🛜) Zwei begeisterte Rad- und Freizeitsportler

betreiben dieses Hostel am Hwy 19N, etwa 7 Meilen (11 km) vom Ort entfernt. Die umgebaute Blockhütte richtet sich vor allem an Wanderer, die den Appalachian Trail erkunden möchten, und bietet saubere, nette Zimmer mit Etagenbetten und jeweils einem eigenem Bad.

Es gibt auch zwei schicke neue Hütten aus Schiffscontainern, für deren Einrichtung aus ganz Georgia zusammengetragene Materialien wiederverwertet wurden.

Spirits Tavern BURGER $
(www.spirits-tavern.com; 19 E Main St; Burger 12 US$; ⊙ So–Do 11–3, Fr bis 1, Sa bis 24 Uhr; 🛜) Dahlonegas einzige richtige Bar tischt erstaunlich einfallsreiche Burger mit Fleisch von Angus-Rindern oder von freilaufenden, hormonfrei ernährten Truthähnen auf. Die Burger gibt's mit knusprigen Käsemakkaroni, auf griechische, asiatische oder Cajun-Art.

Crimson Moon Café CAFÉ $
(www.thecrimsonmoon.com; 24 N Park St; Hauptgerichte 6,50–18 US$; ⊙ Mo & Di 11–16, Mi & Do bis 21, Fr 10–24, Sa 8.30–24, So bis 21 Uhr; 🛜) Das Biocafé bietet hervorragende Südstaaten-Hausmannskost und eine Livebühne mit traulicher Atmosphäre.

Back Porch Oyster Bar SEAFOOD $$
(☑ 706-864-8623; www.backporchoysterbar.net; 19 N Chestatee St; Hauptgerichte 9–31 US$; ⊙ Mo–Do 11.30–21, Fr–Sa bis 22, So bis 20 Uhr; 🛜) Austern, Thunfisch, Muscheln und andere Meeresfrüchte werden täglich frisch geliefert und in diesem Nachbarschaftsrestaurant gesäubert, frittiert oder gedünstet. Von der Veranda vorn hat man den ganzen Ortsplatz im Blick.

❶ Praktische Informationen

Visitor Center (☑ 706-864-3513; www.dahlonega.org; 13 S Park St; ⊙ Mo–Fr 9–17.30, Sa 10–17 Uhr) Bietet haufenweise Infos zu den regionalen Sehenswürdigkeiten und Aktivitäten wie Wandern, Kanu- und Kajakfahren, Raften und Mountainbiken.

Athens

Athens ist ein geselliges, künstlerisch angehauchtes und lässiges College-Städtchen etwa 70 Meilen (113 km) östlich von Atlanta. Es ist bekannt für sein extrem beliebtes Footballteam (die University of Georgia Bulldogs), eine weltweit renommierte Musikszene, aus der Künstler wie die B-52s,

R.E.M. oder Widespread Panic hervorgegangen sind, und eine aufkeimende Restaurantkultur. Die Universität hält Athens kulturmäßig auf dem Laufenden und sorgt für einen nie versiegenden Nachschub an jungen Barbesuchern und Konzertgängern, von denen viele auch nach ihrem Abschluss hier bleiben und sich niederlassen. Die hübsche Downtown kann zu Fuß besichtigt werden und bietet jede Menge hippe Restaurants, Bars und Geschäfte.

◉ Sehenswertes

★ Georgia Museum of Art
MUSEUM
(www.georgiamuseum.org; 90 Carlton St; ⊘ Di–Mi, Fr & Sa 10–17, Do bis 21, So 13–17 Uhr) GRATIS In der schicken, modernen, öffentlichen Galerie betreiben geistreiche, kunstinteressierte Gestalten in der Lobby Selbststudien, und Kunstkenner beäugen die modernen Skulpturen im Hofgarten und die beeindruckende Sammlung von Werken amerikanischer Realisten der 1930er-Jahre.

State Botanical Garden of Georgia
GARTEN
(www.botgarden.uga.edu; 2450 S Milledge Ave; ⊘ Okt.–März 8–18 Uhr, April–Sept. bis 20 Uhr) Mit seinen gewundenen Pfaden und einer soziohistorischen Ausrichtung macht dieser wunderbare botanische Garten von Athens dem in Atlanta echte Konkurrenz. Schilder informieren Besucher über die eindrucksvolle Pflanzensammlung, die jede Menge seltene und bedrohte Arten umfasst. Zudem gibt's fast 8 km an hervorragenden bewaldeten Wanderwegen.

🛏 Schlafen & Essen

In Athens gibt's keine große Auswahl von Unterkünften. Die üblichen Kettenhotels liegen gleich außerhalb der Stadt an der W Broad St.

★ Graduate Athens
INN $$
(☎ 706-549-7020; www.graduateathens.com; 295 E Dougherty St; Zi. 99–169 US$, Suite 159–229 US$; P ✳ @ 🛜 ⊠) Das kürzlich renovierte Boutiquehotel mit 122 Zimmern bildet den Auftakt für eine neue College-Campus-Kette und ist, angefangen bei den mit Topfpflanzen bestückten altmodischen Dewey-Decimal-Karteikartenschränken in der Lobby bis hin zu den süßen Crosley-Plattenspielern und Videospielklassikern in den Suiten, geprägt von aufgepepptem Retro-Schick.

Lokale Akzente wie das Kreidetafel-Kunstwerk mit der chemischen Formel für süßen Tee machen den Reiz des Hauses aus. Auf dem Gelände befinden sich auch ein tolles Kaffeehaus, eine Bar mit Grill und eine Livemusikbühne in einer alten Eisengießerei der Konföderierten.

Hotel Indigo
BOUTIQUEHOTEL $$
(☎ 706-546-0430; www.indigoathens.com; 500 College Ave; Zi. Wochenende/werktags ab 169/139 US$; P ✳ @ 🛜 ⊠) 🖉 Das Boutiquehotel mit jeder Menge Öko-Schick gehört zur Indigo-Kette, hat geräumige Zimmer, die an ein cooles Loft erinnern, und wurde mit dem goldenen LEED-Zertifikat für energie- und umweltbewusstes Design ausgezeichnet. Es gibt Aufzüge, die mit erneuerbarer Energie betrieben werden, bei der Parkplatzvergabe haben Hybridfahrzeuge Vorrang, und beim Bau des Gebäudes wurden 30 % recycelte Materialien verwendet.

White Tiger
BARBECUE $
(www.whitetigergourmet.com; 217 Hiawassee Ave; Hauptgerichte 6,50–10,50 US$; ⊘ Di–Mi 11–15, Do–Sa 11–15 & 18–20, So 10–14 Uhr) Das 100 Jahre alte Gebäude wirkt zwar nicht gerade vertrauenserweckend, doch am abseits gelegenen, bei den Einheimischen sehr beliebten Grill werden hammermäßige Sandwiches mit holzgeräuchertem Pulled Pork, Burger und sogar auf dem Grill geräucherter Tofu für Vegetarier zubereitet. Chefkoch Ken Manring hat seine kulinarische Kunst bereits in gehobeneren Restaurants unter Beweis gestellt, bevor er sich in Athens niederließ.

Ike & Jane
CAFÉ $
(www.ikeandjane.com; 1307 Prince Ave; Hauptgerichte 3,50–8 US$; ⊘ Mo–Fr 6.30–17, Sa–So 8–14 Uhr) Das sonnige kleine Schindelhaus in Normal Town serviert dekadente Donuts mit einfallsreichen Zutaten, z.B. den Red Velvet, den mit Cap'n-Crunch-Zerealien und Erdnussbutter oder einen mit Bananen und Schinken. Wem das alles zu viel ist, der kann sich über himmlische Biscuits mit *Pimento cheese* oder Sandwiches mit gebratenen Jalapeños und Eiern hermachen.

Ted's Most Best
ITALIENISCH $
(www.tedsmostbest.com; 254 W Washington St; Hauptgerichte 7,50–9 US$) Das stimmungsvolle Budgetlokal in einem ehemaligen Laden für Michelin-Reifen ist hervorragend für eine preisgünstige Mahlzeit. Pizza und Panini sind am beliebtesten, aber das echte Highlight der Show ist die Außenterrasse mit einem Sandkasten, in dem man auch Boccia

spielen kann (wenn die Kleinen ihn nicht in Beschlag nehmen).

National
MODERNE SÜDSTAATENKÜCHE $$

(706-549-3450; www.thenationalrestaurant.com; 232 W Hancock Ave; Hauptgerichte 12–29 US$; Mo-Do 11.30–22 Uhr, Fr-Sa open end, So 17–22 Uhr;) Das unangestrengt coole Bistro am Rand der Innenstadt ist für sein täglich wechselndes, abwechslungsreiches Angebot von gegrillter Hühnerbrust mit Zatar (Gewürzmischung) bis hin zu Lamm-Sandwiches mit Fenchel-Kapern-Mayo beliebt. Hier sitzt man gern ein Weilchen an der Bar. Es gibt auch hervorragende vegetarische Gerichte.

★ Five & Ten
AMERIKANISCH $$$

(706-546-7300; www.fiveandten.com; 1653 S Lumpkin St; Hauptgerichte 24–36 US$; So-Do 17.30–22, Fr & Sa bis 23, So 10.30–14.30 Uhr) Das Five & Ten, das nachhaltig erzeugte Zutaten verwendet und eine bodenständige, nur leicht verspielte Speisekarte mit Kalbsbries, Augenbohnen-Hummus und Frogmore Stew (Kartoffel-Mais-Eintopf mit Würstchen) hat, zählt zu den besten Restaurants der Südstaaten. Dienstagabends gibt's *ramen* nach *tonkotsu*-Art. Reservierung ist Pflicht.

Ausgehen & Unterhaltung

An die 100 Bars und Restaurants nehmen die kompakte Innenstadt von Athens ein, sodass man problemlos etwas Passendes findet. Das kostenlose Wochenblatt **Flagpole** (www.flagpole.com) informiert über den aktuellen Veranstaltungskalender.

Trapeze Pub
BIERKNEIPE

(www.trappezepub.com; 269 N Hull St; Bier 4,50–8 US$; Mo-Sa 11–2, So bis 24 Uhr;) Die beste Kleinbrauereibierkneipe in der Downtown gab's schon vor dem Bier-Hype. Es gibt hier 33 Biere vom Fass, darunter das hierzulande sehr beliebte Creature Comforts, sowie weitere rund 100 Flaschenbiere. Dazu kommen Pommes nach belgischer Art auf den Tisch, die besten in der Stadt.

World Famous
COCKTAILBAR

(www.facebook.com/theworldfamousathens; 351 N Hull; Cocktail 4–9 US$; Mo-Sa 11–2, So 11.30–24 Uhr;) Der trendige Newcomer mit einem vom französischen Landhausstil inspirierten Retro-Ambiente serviert empfehlenswerte kreative Cocktails in Einweckgläsern. Veranstaltet werden auch gemütliche Comedy- und Livemusikabende.

The Old Pal
BAR

(www.theoldpal.com; 1320 Prince Ave; Cocktail 7–9 US$; Mo-Sa 16–2 Uhr;) Das dunkle, mit ausgestopften Tieren „verzierte" Old Pal ist die Bar der Denker in Normal Town. Es bietet saisonale Cocktails und eine durchdachte Bourbon-Karte. Der schöne Raum hat viele örtliche Denkmalschutzpreise bekommen.

Normal Bar
BAR

(www.facebook.com/normal.bar.7; 1365 Prince Ave; Mo-Do 16–2, Fr & Sa ab 15 Uhr) Die liebenswerte, dunkle Ladenfrontbar liegt ein wenig abseits in Normal Town und ist ganz und gar keine Studentenkneipe, aber dennoch typisch Athens. Das Biersortiment reicht von billigem PBR bis zum hochwertigen Kleinbrauerei-IPA. Die Weinkarte ist sensationell und das Publikum jung, nett und sorglos. Der Inbegriff einer Nachbarschaftsbar!

Hendershots
CAFÉ

(www.hendershotscoffee.com; 237 Prince Ave; Kaffee 2,15–5,35 US$; Mo-Do 6.30–23, Fr bis 24, Sa 7.30–24, So 7–22 Uhr;) Hier gibt's zwar nicht den besten Kaffee von Athens, doch ist der Laden eindeutig das coolste Kaffeehaus der ganzen Stadt, das zugleich auch noch als großartige Bar und Livemusikbühne fungiert.

40 Watt Club
LIVEMUSIK

(706-549-7871; www.40watt.com; 285 W Washington St; Eintritt 5–25 US$) Athens' legendärster Schuppen bietet diverse Lounges, eine Tiki-Bar und PBR-Biere für 2,50 US$. Auf der Bühne wird seit R.E.M., den B-52s und Widespread Panic Indie-Rock gespielt. Neben den großen Bands, die hier noch immer Konzerte geben, wenn sie in der Stadt sind, stehen seit Neuestem auch Comedians auf der Bühne.

Praktische Informationen

Athens Welcome Center (706-353-1820; www.athenswelcomecenter.com; 280 E Dougherty St; Mo-Sa 10–17, So 12–17 Uhr) Die Touristeninformation in einem historischen Gebäude aus der Zeit vor dem Bürgerkrieg an der Ecke der Thomas St hat Stadtpläne und Infos zu Touren in der Region.

Südliches Georgia

Sobald die nahezu endlosen Vorstädte Atlantas aus dem Rückspiegel verschwunden sind, erreicht man ein ländlicheres und definitiv schönes Georgia; das in Sümpfen liegende Savannah ist die unwiderstehliche Südstaaten-Schönheit der Region. Doch diese hat mehr zu bieten als Häuser aus der Zeit vor dem Bürgerkrieg und Louisianamoos: Denn die oft übersehene raue und mit geschützten Düneninseln übersäte Küste Georgias ist einfach spektakulär.

Savannah

Diese großartige historische Stadt ist wie eine seriöse Südstaatenschönheit, die eine grellblau gefärbte Strähne im Haar trägt: Auf der einen Seite ist da die prächtige Architektur aus der Antebellum-Ära, auf der anderen Seite gibt es da die ausgelassenen Partys der Studenten des hiesigen Savannah College of Art and Design (SCAD). Die Stadt liegt am Ufer des Savannah River, etwa 18 Meilen (29 km) von der Küste entfernt, inmitten der Sümpfe des Lowcountry und zwischen riesigen, von Louisianamoos bedeckten Lebenseichen. Mit seinen kolonialzeitlichen Herrenhäusern und wunderschönen Plätzen trägt Savannah seine Vergangenheit mit Stolz und Anmut zur Schau. Im Gegensatz zu seiner Schwesterstadt Charleston in South Carolina, die sich ihr Ansehen als würdevolles und elegantes Kulturzentrum bewahrt hat, wirkt Savannah ein wenig grobschlächtig, abgewohnt – und einfach authentisch.

◉ Sehenswertes & Aktivitäten

Der Central Park Savannahs ist eine weitläufige, rechteckige Grünfläche namens Forsyth Park. Der wunderschöne Springbrunnen der Anlage ist ein ziemlich beliebtes Fotomotiv. Am Flussufer finden sich vorwiegend reizlose Geschäfte und Cafés, ein kurzer Spaziergang kann trotzdem ganz schön sein. Gleiches gilt für die Jones Street, die dank den mit Moos bewachsenen Eichen und deren ineinander verschlungenen Ästen zu den schönsten Straßen Savannahs zählt.

Ein für 20 US$ erhältliches Kombiticket gewährt kostenfreien Eintritt in das Jepson Center for the Arts, die Telfair Academy sowie das Owen-Thomas House.

★ Wormsloe Plantation Historic Site
HISTORISCHE STÄTTE

(www.gastateparks.org/Wormsloe; 7601 Skidaway Rd; Erw./Senior/Kind 6–17 Jahre/Kind 1–5 Jahre 10/9/4,50/2 US$; ☺ Di–So 9–17 Uhr) Nur eine kurze Autofahrt vom Stadtzentrum entfernt

befindet sich auf der wunderschönen Isle of Hope eines der beliebtesten Fotomotive der Stadt. Das Highlight ist die Zufahrtsstraße, die durch einen 1,5 Meilen (2,4 km) langen Korridor aus mit Moos bewachsenen, uralten Eichen führt und als Avenue of the Oaks bekannt ist – es ist, als würde man träumen.

Weitere Besuchermagnete sind das Herrenhaus aus der Antebellum-Ära, in dem noch heute die Nachkommen des ursprünglichen Besitzers Noble Jones leben, einige Ruinen kolonialzeitlicher Bauten sowie ein touristisches Dorf, in dem demonstriert wird, wie in längst vergangenen Zeiten Hammerschmiede und andere Handwerker arbeiteten. Es gibt außerdem zwei flache Bohlenwanderwege.

Owens-Thomas House
HISTORISCHES GEBÄUDE

(www.telfair.org; 124 Abercorn St; Erw./Senior/Kind 20/18/frei US$; ☺ So–Mo 12–16, Di–Sa 10–16.30 Uhr) Die 1819 von dem britischen Architekten William Jay fertiggestellte Villa ist ein wunderschönes Beispiel der für ihre Symmetrie bekannten Regency-Architektur.

Bei der Führung geht es ein bisschen chaotisch zu, doch sie vermittelt interessante Fakten über die Sklavenquartiere, die mit „gespensterblauer" Farbe – hergestellt aus zerstoßenem Indigo, Buttermilch und zerriebenen Austernschalen – gestrichen wurden. Und wer hätte es gedacht: Dieses Haus hatte fast 20 Jahre vor dem Weißen Haus schon fließendes Wasser!

Mercer-Williams House
HISTORISCHES GEBÄUDE

(www.mercerhouse.com; 429 Bull St; Erw./Student 12,50/8 US$; ☺ Mo–Sa 10.30–16.10, So 12–16 Uhr) Obwohl Jim Williams, der Kunsthändler aus Savannah, den Kevin Spacey im Film *Mitternacht im Garten der Lüste* spielte, bereits 1990 gestorben war, wurde sein berüchtigtes Wohnhaus erst 2004 zum Museum. Das Obergeschoss, in dem Williams' Familie lebt, ist nicht zugänglich, das Erdgeschoss hingegen ist der Traum eines jeden Innenarchitekten.

Telfair Academy of Arts & Sciences
MUSEUM

(www.telfair.org; 121 Barnard St; Erw./Kind 12/5 US$; ☺ So–Mo 12–17, Di–Sa 10–17 Uhr) Im historischen Herrenhaus der Familie Telfair ist dieses Kunstmuseum untergebracht, das als bestes seiner Art in ganz Savannah gilt. Es ist bis obenhin vollgestopft mit amerikanischer Kunst und Silber aus dem 19. Jh. sowie einigen wenigen Werken aus Europa.

SCAD Museum of Art
KUNSTMUSEUM

(www.scadmoa.org; 601 Turner Blvd; Erw./Kind unter 14 Jahre 10 US$/frei; ⊙ Di–Mi 10–17, Do bis 20, Fr bis 17, So 12–17 Uhr) Das nagelneue, aus Ziegelstein, Beton und Glas erbaute Langhaus, das dieses moderne Museum birgt, ist ein echtes architektonisches Kunstwerk. Es gibt tolle kreative Sitzbereiche drinnen und draußen, und die Wechselausstellungen sind richtig gut.

Jepson Center for the Arts
GALERIE

(JCA; www.telfair.org; 207 W York St; Erw./Kind 12/5 US$; ⊙ So–Mo 12–17, Di–Sa 10–17 Uhr; ♿) Das JCA in einem für Savannah ziemlich futuristisch aussehenden Gebäude widmet sich der Kunst des 20. und 21. Jhs.

Savannah Bike Tours
RADTOUR

(☎ 912-704-4043; www.savannahbiketours.com; 41 Habersham St; Tour 25 US$) Der Veranstalter bietet zweistündige Radtouren mit seiner radflotte an.

🛏 Schlafen

Sehr zur Freude der Traveller ist es in den Hotels und B & Bs in Savannah zur Mode geworden, den Gästen abends Hors d'oeuvres und Wein zu spendieren. Günstige Unterkünfte sind allerdings Mangelware. Es sollte – für jede Preisklasse – immer im Voraus gebucht werden.

Savannah Pensione
PENSION $

(☎ 912-236-7744; www.savannahpensione.com; 304 E Hall St; EZ/DZ/3BZ ohne Bad ab 48/57/77 US$, DZ/3BZ ab 71/82 US$; P ✳ @) Das Savannah war etwa 15 Jahre lang ein Hostel, doch der Inhaber der einfachen Nachbarschaftsherberge hatte wohl genug davon, dass in seinem italienisch angehauchten Herrenhaus von 1884 Backpacker die historischen Treppen rauf- und runtertrampeln. Heute ist es also eine spärlich eingerichtete, nicht gerade stimmungsvolle Pension, hat aber immer noch die billigsten historischen Zimmer im Viertel. Außerdem ist das Potenzial des Hauses noch lange nicht ausgeschöpft.

Ein Bett im Schlafsaal ist schon für 26 US$ zu haben, doch nur, wenn man mindestens zu dritt ist.

Thunderbird Inn
MOTEL $$

(☎ 912-232-2661; www.thethunderbirdinn.com; 611 W Oglethorpe Ave; Zi. 109 US$; P ✳ 🛜) „Eine Prise Palm Springs, ein Hauch Las Vegas" beschreibt das altmodisch-schicke Motel von 1964 am besten. Es gewinnt seinen eigenen Beliebtheitswettbewerb: Ein Schild mit der Aufschrift *Hippest Hotel in Savannah* begrüßt die Gäste in der Lobby mit 1960er-Jahre-Hintergrundmusik. Unter den vielen biederen B & Bs in der Gegend ist das groovige Thunderbird wie eine Oase, das durch die Werke von Studenten des Savannah College of Art and Design nur noch mehr aufgewertet wird.

Und zum Frühstück gibt's Krispy-Kreme-Donuts!

Azalea Inn
INN $$

(☎ 912-236-2707; www.azaleainn.com; 217 E Huntingdon St; Zi./Villa ab 199/299 US$; P ✳ 🛜 ❄) Das hübsche, kanariengelbe historische Inn in einer ruhigen Straße nahe dem Forsyth Park ist ein Kracher. Die zehn schlichten Zimmer im Haus sind nicht sehr groß, aber hübsch mit dunkel lackierten Holzböden, Deckenstuck und Himmelbetten eingerichtet. Hinter dem Haus gibt's noch einen kleinen Pool. Für längere Aufenthalte bieten die drei neuen Villen etwas mehr modernen Luxus.

Kehoe House
B & B $$$

(☎ 912-232-1020; www.kehoehouse.com; 123 Habersham St; Zi. ab 239 US$; ✳ 🛜) Das romantische, gehobene B & B im Stil der Neorenaissance stammt von 1892. Angeblich sollen hier in einem Kamin Zwillinge ums Leben gekommen sein, was das Haus zu einem der berüchtigsten Spukhotels Amerikas macht. Wer auf Nummer sicher gehen will, bleibt den Zimmern 201 und 203 lieber fern! Von den Geistern mal abgesehen, ist das Kehoe eine hübsch eingerichtete, lohnende Luxusbleibe am malerischen Columbia Sq.

Mansion on Forsyth Park
HOTEL $$$

(☎ 912-238-5158; www.mansiononforsythpark.com; 700 Drayton St; Zi. Wochenende/werktags 299/199 US$; P ✳ @ 🛜 ❄) Das 1672 m² große, schicke Hotel in erstklassiger Lage bietet Luxus pur – allein die grandiosen Bäder sind den Preis schon fast wert. Das Beste an diesem Hotel-Spa sind die umwerfenden über 400 Kunstwerke von lokalen und internationalen Künstlern an den Wänden und in den Fluren.

Bohemian Hotel
BOUTIQUEHOTEL $$$

(☎ 912-721-3800; www.bohemianhotelsavannah.com; 102 West Bay St; Zi. Wochenende/werktags 359/269 US$; P ✳ @ 🛜) Unmittelbar am Fluss liegt das Bohemian mit eleganten, dunklen, gotisch angehauchten Korridoren und netten Details wie Kronleuchtern aus

Savannah

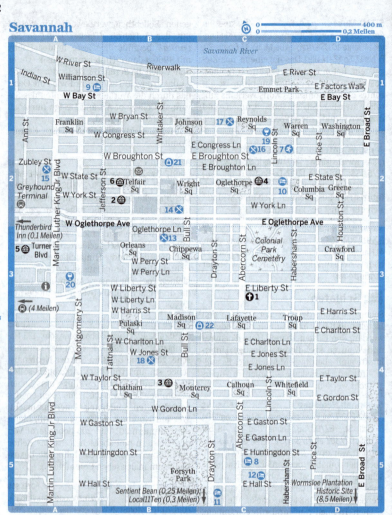

Treibholz und Austern. Die Zimmer sind umwerfend, wenn auch teilweise etwas zu schummrig. Der individuelle Service lässt einen vergessen, dass es noch 74 weitere Zimmer gibt.

🍴 Essen

Angel's BBQ
BARBECUE $

(www.angels-bbq.com; 21 W Oglethorpe Lane; Sandwiches/Gerichte 6,50/9 US$; ⏰Mi-Sa 11.30 Uhr–ausverkauft ist) Das ganz und gar rustikale Angel's versteckt sich in einer unspektakulären Seitenstraße. Sein Personal serviert Pulled-Pork-Sandwiches und Pommes frites mit Meersalz, die auch wirklich keinerlei Wünsche offen lassen. Zudem gibt's eine eindrucksvolle Auswahl hausgemachter Saucen.

Leopold's Ice Cream
EISDIELE $

(www.leopoldsicecream.com; 212 E Broughton St; Kugel 2,75–4,75 US$; ⏰So-Do 11–23, Fr-Sa bis 24 Uhr; 🛜) In dieser typisch amerikanischen Eisdiele wird schon seit 1919 cremiges Eis nach griechischen Rezepten serviert. Hier wurde die Sorte Tutti Frutti erfunden, aber auch die Sorten Kaffee, Pistazie, Honig-Mandel und Sahne oder Karamell sind nicht zu verachten. Einfach aufkreuzen und sich in die Schlange einreihen!

Savannah

Sehenwertes
1 Cathedral of St. John the
  Baptist C3
2 Jepson Center for the Arts B2
3 Mercer-Williams House......................... B4
4 Owens-Thomas House........................... C2
5 SCAD Museum of Art A3
6 Telfair Academy of Arts &
  Sciences... B2

Aktivitäten, Kurse & Touren
7 Savannah Bike Tours C2

Schlafen
8 Azalea Inn C5
9 Bohemian Hotel A1
10 Kehoe House C2
11 Mansion on Forsyth Park..................... C5

12 Savannah Pensione............................... C5

Essen
13 Angel's BBQ B3
14 Collins Quarter...................................... B2
15 The Grey A2
16 Leopold's Ice Cream C2
17 Olde Pink House C1
18 Wilkes' House.. B4

Ausgehen & Nachtleben
19 Abe's on Lincoln C2
20 Distillery Ale House A3
   Rocks on the Roof ....(siehe 9)

Shoppen
21 Savannah Bee Company B2
22 ShopSCAD C4

★**Collins Quarter**   CAFÉ **$$**
(www.thecollinsquarter.com; 151 Bull St; Hauptge-
richte 9–17 US$; ⊙6.30–23 Uhr; 🛜) Wer sich
schon mal mit Australiern über Kaffee un-
terhalten hat, wird wissen, dass die total
verrückt nach ihrem Java sind. Das extrem
beliebte neue Café mit australischem In-
haber macht aus australisch geröstetem
Brooklyn-Kaffee die von den Australiern
heiß geliebten Flat Whites und Long Blacks.
Neben dem besten Kaffee in ganz Savannah
gibt's hier auch exzellente Fusion-Gerichte,
darunter einen Rinderbrust-Burger, bei dem
einem schon beim Angucken das Wasser im
Mund zusammenläuft. Alkohol bekommt
man ebenso.

Wilkes' House   SÜDSTAATENKÜCHE **$$**
(www.mrswilkes.com; 107 W Jones St; Mittagessen
Erw./Kind 20/10 US$; ⊙Mo–Fr 11–14 Uhr, Jan. ge-
schl.) Manche stehen schon morgens um 8
Uhr an dieser Institution der Südstaatenküche Schlange (keine Reservierung möglich!). Zur Mittagszeit wird dann den Gästen, die wie eine große Familie an Tischen
zusammensitzen, ein Festessen kredenzt:
Brathähnchen, Rindereintopf, Fleischbäll-
chen, Käsekartoffeln, Blattkohl, Schwarz-
augenbohnen, Mac'n'Cheese, Steckrüben,
kandierte Süßkartoffeln, Kürbis-Kasserolle,
Maisgrütze, Gebäck und süßer Tee.
    Das Ganze wirkt wie eine Verschmelzung
von Thanksgiving und Letztem Abendmahl!

**Olde Pink
House**   MODERNE SÜDSTAATENKÜCHE **$$$**
(☑912-232-4286; 23 Abercorn St; Hauptgerich-
te 15–37 US$; ⊙11–22.30 Uhr, So–Mo mittags
geschl.) Hier werden aus Südstaatenklas-

sikern Gourmetkreationen. Die leckerste
Vorspeise sind Südstaaten-Sushi – Shrimps
mit Maisgrütze in einer mit Kokos umman-
telten Nori-Rolle. Gespeist wird im elegan-
ten Bereich im Obergeschoss oder in der
fabelhaften Taverne unten, wo in dem ge-
mütlichen, auf die perfekte Art unkonventi-
onellen Raum ein Klavierspieler in die Tas-
ten haut. Untergebracht ist das Restaurant,
das konstant zu den besten in Savannah
zählt, in einem Wahrzeichen von 1771.

The Grey   MODERNE SÜDSTAATENKÜCHE **$$$**
(☑912-662-5999; www.thegreyrestaurant.com; 109
Martin Luther King Jr Blvd; Hauptgerichte 25–
44 US$; 🛜) Eine wunderbare Retro-Reno-
vierung hat aus Savannahs Greyhound-Busbahnhof aus den 1960er-Jahren den
neuesten kulinarischen Star gemacht. Hier
widmet sich Chefköchin Mashama Bailey ihrer „Port City Southern"-Küche und kreiert
aus lokalen Klassikern himmlische Gerichte mit Einwanderer-Touch. Bärtige Hipster
lungern auf den besten Plätzen rund um die
u-förmige Theke in der Mitte herum. Köstliche Pasta mit Schweinebauch und eine riesige Schweinshachse zählen zu den Spezialitäten. Reservierung unerlässlich.

Local11Ten   MODERN-AMERIKANISCH **$$$**
(☑912-790-9000; www.local11ten.com; 1110 Bull
St; Hauptgerichte 16–35 US$; ⊙Mo–Sa 18–22 Uhr)
Gehoben, nachhaltig, regional und frisch –
das ist das Geheimrezept dieses eleganten,
gut geführten Restaurants, das zweifellos zu
den besten in Savannah zählt. Los geht's mit
Kaninchen-Ravioli, weiter mit fabelhaften
gebratenen Meermuscheln in Minz-Butter-
Sauce oder mit in Harissa mariniertem Bi-

DER SÜDEN SÜDLICHES GEORGIA

son-Nierenzapfen-Steak, und zum Schluss gibt's Pot de crème mit Salzkaramell. Die Speisekarte wechselt ständig.

Ausgehen & Nachtleben

Die River St ist das Zentrum des Nachtlebens.

Rocks on the Roof BAR
(www.bohemianhotelsavannah.com/dining/lounge; 102 West Bay St; ⊙ So-Mi 11-24, Do-Sa bis 1 Uhr; 🛜) Die luftige Bar auf der weitläufigen Dachterrasse des Bohemian Hotel gewährt einen herrlichem Ausblick und verspricht vor allem bei gutem Wetter und in Betrieb genommener Feuerstelle viel Spaß.

Distillery Ale House BAR
(www.distilleryalehouse.com; 416 W Liberty St; ⊙ Mo-Sa 11 Uhr–open end, So ab 12 Uhr) Die Bar befindet sich in der ehemaligen Kentucky Distilling Co., die 1904 eröffnet und während der Prohibition geschlossen wurde. Seltsamerweise ist das aber keine Bar für Hochprozentiges, sondern für Kleinbrauereibiere. Bei Touristen und Familien ist auch das Bar-Essen beliebt.

Abe's on Lincoln BAR
(17 Lincoln St) Traveller verirren sich kaum hierher, umso besser kann man sich in der dunklen, schwülen, gänzlich mit Holz verkleideten Bar unter die Einheimischen mischen.

Sentient Bean CAFÉ
(www.sentientbean.com; 13 E Park Ave; Kaffee 1,50-4,75 US$; ⊙ 7-22 Uhr; 🛜) Hier gibt's alles, was man von einem unabhängigen Kaffeehaus erwartet: grandiosen Kaffee, Gourmet-Frühstück, einen großen, unkonventionell gestalteten Innenraum, hippe Gäste und Baristas sowie ein auf Nachhaltigkeit beruhendes Konzept. Das beliebteste Café Savannahs liegt gleich gegenüber vom Forsyth Park.

Shoppen

In Savannahs hervorragendem Shoppingbezirk rund um die West Broughton St herum sind sowohl größere Handelsketten als auch unabhängige Geschäfte zu finden. Ein gewisses Universitätsflair ist dabei allgegenwärtig.

Savannah Bee Company ESSEN
(www.savannahbee.com; 104 W Broughton St; ⊙ Mo-Sa 10-20, So 11-17 Uhr) Ein Abstecher zu diesem über die Landesgrenzen hinaus bekannten Honigparadies sollte bei einem Besuch in Savannah nicht fehlen. Hier bekommt man unzählige verschiedene Sorten handgeschleuderten Honigs, die alle probiert werden können.

ShopSCAD KUNST & KUNSTHANDWERK
(www.shopscadonline.com; 340 Bull St; ⊙ Mo-Fr 9-17.30, Sa bis 18, So 12-17 Uhr) Alles in der witzigen, kitschigen Boutique stammt von Studenten und Absolventen des renommierten Kunst-Colleges von Savannah.

Praktische Informationen

Candler Hospital (www.sjchs.org; 5353 Reynolds St; ⊙ 24 Std.) Nimmt medizinische Versorgung vor.

Post (www.usps.com; 118 Barnard St; ⊙ Mo-Fr 8-17 Uhr) Postfiliale im historischen Viertel.

Savannah Chatham Metropolitan Police (📞 912-651-6675; www.scmpd.org; Ecke E Oglethorpe Ave & Habersham St) Polizeizentrale.

Savannah Visitor Center (📞 912-944-0455; www.savannahvisit.com; 301 Martin Luther King Jr. Blvd; ⊙ Mo-Fr 8.30-17, Sa & So 9-17 Uhr) Das in dem restaurierten Bahnhof aus den 1860er-Jahren untergebrachte Zentrum hat exzellente Infos und Dienstleistungen. Viele privat betriebene Führungen beginnen hier. Es gibt auch einen kleinen interaktiven Touristeninformationskiosk im neuen Visitor Center am Forsyth Park.

Anreise & Unterwegs vor Ort

Der **Savannah/Hilton Head International Airport** (SAV; 📞 912-966-3743; www.savannahairport.com; 400 Airways Ave) liegt etwa 5 Meilen (8 km) westlich der Downtown abseits der I-16. Ein Taxi vom Flughafen zum historischen Viertel kostet pauschal 28 US$. **Greyhound** (www.greyhound.com; 610 W Oglethorpe Ave) hat Busverbindungen nach Atlanta (ca. 5 Std.), Charleston, South Carolina (ca. 2 Std.) und Jacksonville, Florida (2½ Std.). Der **Amtrak-Bahnhof** (www.amtrak.com; 2611 Seaboard Coastline Dr) befindet sich ein paar Kilometer westlich des historischen Viertels.

Savannah ist sehr fußgängerfreundlich. Die **Chatham Area Transit** (CAT; www.catchacat.org; Fahrpreis 1,50 US$) betreibt Stadtbusse mit Biodieselmotoren, darunter auch ein kostenloses Shuttle (The Dot), das durchs historische Viertel pendelt und in der Nähe von fast allen größeren Sehenswürdigkeiten hält.

CAT Bike (www.catbike.bcycle.com; ⊙ 2 US$/30 Min.) Das komfortable Leihfahrrad-Projekt der Chatham Area Transit hat überall in der Stadt Stationen. Die erste Stunde Radfahren ist gratis.

Brunswick & Golden Isles

Georgia hat eine Küste? Oh ja, und zwar eine schöne! Der Bundesstaat ist mit einer malerischen Inselkette entlang der Küste gesegnet, wobei jedes Eiland seinen eigenen Charme hat, von rustikal über kitschig bis luxuriös. Das 1733 gegründete Brunswick ist eine Stadt mit einer großen Shrimps-fangflotte und einem historischen Zentrum im Schatten üppiger Lebenseichen. Wenn man auf der I-95 oder auf dem Golden Isle Pkwy (US Hwy 17) entlangrauscht, könnte man den charmanten Ort glatt verpassen. Während des Zweiten Weltkriegs bauten die Werften von Brunswick 99 Liberty-Trans-portschiffe für die Marine. Heute erinnert ein etwa 7 m großes Modell im Mary Ross Waterfront Park (Bay St) an die Schiffe und ihre Erbauer.

🛏 Schlafen

Hostel in the Forest HOSTEL $
(☎ 912-264-9738; www.foresthostel.com; 3901 Hwy 82; 25 US$/Pers.; 🐾) Die einzige Budget-unterkunft in dieser Gegend sind diese kah-len, achteckigen Zedernhütten und Baum-häuser (ohne Klimaanlage und Heizung) auf einem umweltfreundlichen, nachhaltig ge-nutzten Gelände. Wer hier übernachten will, muss einen Mitgliedsbeitrag von 10 US$ zahlen. Es geht hier ziemlich hippiemäßig überdreht zu. Das Abendessen ist inbegrif-fen. Die Anlage liegt 10 Meilen (16 km) au-ßerhalb von Brunswick mitten im Wald. Nur telefonische Reservierung.

St. Simons Island

Die für ihre Golfplätze, Resorts und majestä-tischen Lebenseichen berühmte St. Simons Island ist die größte und am besten erschlos-sene Insel der Golden Isles. Sie liegt 75 Mei-len (120 km) südlich von Savannah und ist damit nur 5 Meilen (8 km) von Brunswick entfernt. Die südliche Hälfte der Insel ist eine dicht besiedelte Wohn- und Erholungs-gegend.

Little St. Simons ist ein naturbelasse-nes Juwel, das ausschließlich mit dem Boot

---

ABSTECHER

CUMBERLAND ISLAND

Ein unberührtes Paradies, ein Backpackertraum, ein Ziel für Tagesausflüge und längere Aufenthalte – kein Wunder, dass sich die Familie des Industriellen und Philanthropen Andrew Carnegie, der im 19. Jh. lebte, für Cumberland als Landsitz entschied. Der größte Teil dieser südlichsten Düneninsel gehört heute zur Cumberland Island National Seashore (www.nps.gov/cuis; Eintritt 4 US$). Fast die Hälfte dieses 147,4 km² großen Schutzgebiets besteht aus Marschen, Sumpfebenen und Prielen. An der dem Ozean zugewandten Seite gibt's einen 26 km langen, breiten Sandstrand, den man nicht selten ganz für sich allein hat. Maritimer Wald prägt das Inselinnere. Die Ruinen des Carnegie-An-wesens Dungeness sind erstaunlich, ebenso die Truthähne, winzigen Winkerkrabben und Schmetterlinge. Auch Wildpferde leben auf der Insel und sind häufig zu sehen.

Der einzige öffentliche Zugang ist die Überfahrt vom idyllischen und entspannten Städtchen St. Marys (www.stmaryswelcome.com). Praktische und komfortable Fähren (☎ 877-860-6787; www.nps.gov/cuis; hin & zurück Erw./Senior/Kind 25/23/15 US$) legen vom Festland am Kai von St. Marys um 9 und 11.45 Uhr ab und kehren um 10.15 und 16.45 Uhr zurück (im Frühjahr und Sommer fährt noch eine zusätzliche Fähre um 14.45 Uhr). Man sollte die Fahrt unbedingt weit im Voraus reservieren. Außerdem müssen sich Besucher mindestens 30 Minuten vor Abfahrt im Visitors Center (☎ 912-882-4336; www.nps.gov/cuis; ⊙ 8–16 Uhr) am Kai einchecken. Von Dezember bis Februar fahren die Fähren diens-tags und mittwochs nicht.

Privatunterkünfte (Mindestaufenthalt 2 Nächte) gibt es auf Cumberland Island nur im Greyfield Inn (☎ 904-261-6408; www.greyfieldinn.com; Zi. inkl. VP 425–635 US$), einem Herrenhaus aus dem Jahr 1900. Campen kann man am Sea Camp Beach (☎ 912-882-4335; www.nps.gov/cuis; Stellplatz für Zelt 4 US$/Pers.) – die Stellplätze liegen im Schatten prächtiger Virginia-Eichen.

Achtung: Auf der Insel gibt es keine Läden und keine Abfallkörbe. Am besten isst man vorher oder bringt sich sein Mittagessen mit – und nimmt seinen Abfall dann selbstver-ständlich wieder mit zurück.

erreichbar ist. Man muss entweder in der exklusiven **Lodge on Little St. Simons** (☑888-733-5774; www.littlessi.com; 1000 Hampton Pt; DZ all inclusive ab 450 US$) übernachten oder diese im Rahmen eines **Tagesausflugs** (☑888-733-5774; www.littlestsimonsisland.com; Hampton Point Dr; 95 US$/Pers.; ☺Ausflug 10.30 Uhr) besuchen.

☉ Sehenswertes & Aktivitäten

Sea Island
INSEL

(www.seaisland.com) Die Insel bietet ungezähmte Küstenabschnitte inmitten eines von den Gezeiten geprägten Meeresarms. Betreten dürfen sie jedoch nur Gäste der drei Luxushotels auf der Insel und diejenigen, die einen Tisch im Fünf-Sterne-Restaurant Georgian Room des Cloister reserviert haben.

Massengale Park
PARK, STRAND

(1350 Ocean Blvd) Der beste Strand der Insel ist der vom Massengale Park aus erreichbare East Beach.

🛏 Schlafen & Essen

St. Simons Inn by the Lighthouse
INN $$

(☑912-638-1101; www.saintsimonsinn.com; 609 Beachview Dr; Zi. werktags/Wochenende ab 159/139 US$; P🌸📶🕸) Eine nette, komfortable Bleibe mit gutem Preis-Leistungs-Verhältnis und weißen Fensterläden aus Holz. Das Inn befindet sich neben der Hauptstraße im Zentrum, einen kurzen Radweg vom East Beach entfernt. Im Preis inbegriffen ist ein europäisches Frühstück.

Southern Soul BBQ
BARBECUE $

(www.southernsoulbbq.com; 2020 Demere Rd; Hauptgerichte 5–17 US$; ☺11–22 Uhr) Saftiges, langsam über Eichenholz geräuchertes Pulled Pork, geschmorte Rinderbrust und Tagesspezialitäten wie Burrito mit mariniertem Brathähnchen, eine ganze Reihe wunderbarer hausgemachter Saucen sowie eine tolle Veranda sind der Grund, warum es hier immer rappelvoll ist.

Halyards
SEAFOOD $$$

(☑912-638-9100; www.halyardsrestaurant.com; 55 Cinema Lane; Hauptgerichte 14–42 US$; ☺Mo–Mi 17–21, Do–Sa bis 22 Uhr; 📶) Chefkoch Dave Snyders auf Nachhaltigkeit basierendes typisches Meeresfrüchtelokal wurde schon mehrfach als bestes Restaurant auf St. Simons ausgezeichnet – und das aus gutem Grund. Am besten wählt man die Chef's Highlights (unsere Goldmakrele auf Maisgrütze mit dem Doppelrahmkäse Boursin, grünen Bohnen und Orangen-Vanille-Butter war perfekt).

Jekyll Island

Jekyll ist eine 4000 Jahre alte Düneninsel mit insgesamt 16 km Strand. Im späten 19. und frühen 20. Jh. war sie ein exklusives Refugium für Millionäre, heute ist sie ein ungewöhnlicher Mix aus Wildnis, denkmalgeschützten historischen Gebäuden, modernen Hotels und einem riesigen Campingplatz. Die Fortbewegung auf der Insel ist nicht schwierig, egal ob mit dem Auto, mit dem Rad oder hoch zu Ross. Fürs Parken werden allerdings 6 US$ für 24 Stunden fällig.

☉ Sehenswertes & Aktivitäten

Georgia Sea Turtle Center
NATUR

(☑912-635-4444; www.georgiaseaturtlecenter. org; 214 Stable Rd; Erw./Kind 7/5 US$; ☺9–17 Uhr, Nov.–März Mo geschl.; ♿) Eine reizende Attraktion ist dieses Naturschutzzentrum und Schildkrötenhospital, in dem die Patienten unter ständiger Beobachtung – auch unter der der Besucher – stehen. Im Angebot sind auch eine Führung hinter die Kulissen (22 US$; 15 Uhr) und die Schildkrötenspaziergänge (14 US$; 1. Juni–31. Juli 20.30 und 21.30 Uhr).

🛏 Schlafen & Essen

Villas by the Sea
FERIENWOHNUNGEN $

(☑912-635-2521; www.villasbythesearesort.com; 1175 N Beachview Dr; Zi./Ferienwohnung ab 99/129 US$; P🌸📶🕸) Die Villas bilden eine hübsche Bleibe an der Nordküste in der Nähe der besten Strände. Zur Auswahl stehen geräumige Zimmer und recht komfortable, wenn auch nicht unbedingt schicke Ferienwohnungen mit einem, zwei oder drei Schlafzimmern in einem ganzen Komplex aus Hütten, die sich in einem Garten verteilen.

★ Jekyll Island Club Hotel
HISTORISCHES HOTEL $$

(☑912-635-2600; www.jekyllclub.com; 371 Riverview Dr; DZ/Suite ab 189/299 US$, Resortgebühr 15 US$; P🌸@📶🕸) Das ausgesprochen schicke und legendäre historische Hotel bildet das Rückgrat der Insel und bietet eine große Auswahl an Zimmern, die sich über fünf historische Gebäude verteilen. Demnächst sollen noch 41 neue Strandsuiten entstehen.

Latitude 31 Restaurant & Rah Bar
SEAFOOD $

(www.latitude31jekyllisland.com; 370 Riverview Dr; Hauptgerichte 6–36 US$; 11–15 & 17–22 Uhr) Das zwanglose Meeresfrüchte-Freiluftlokal am Kai von Jekyll Island ist ideal für einen Drink bei Sonnenuntergang und frische Meeresfrüchte.

ALABAMA

Alabama ist voller Geschichte. Diese Aussage könnte zwar auch auf viele andere Bundesstaaten zutreffen, aber bei kaum einem anderen ist die Geschichte dermaßen emotional überfrachtet. Die amerikanischen Ureinwohner der Mississippi-Kultur errichteten Städte und schichteten imposante Erdhügel *(mounds)* auf. Mobile ist übersät mit franko-karibischer Architektur. Aber für viele steht Alabama insbesondere für die amerikanische Bürgerrechtsbewegung.

Vielleicht musste dieser Bundesstaat mit seinen klassisch wirkenden Plantagenanlagen, dem kargen Ackerland und seinem hartnäckig verteidigten Heimatgefühl so einen Kampf durchleben – mit all dem Edelmut und all der Verzweiflung, die damit verbunden waren. Vom kleinsten Kaff bis zu den Großstädten am Fluss hat Alabama einen unverwechselbaren, erinnerungswürdigen Charakter. Manche Besucher tun sich schwer mit der teilweise verstörenden Geschichte dieses Bundesstaats, aber die Leidenschaft der Menschen zeigt sich in Alabama überall: im Essen, in der Kunst und in der Kultur.

Praktische Informationen

Alabama Bureau of Tourism & Travel (www. alabama.travel) Gibt einen Führer für Urlauber heraus und hat eine Website mit umfangreichen Infos für Traveller.

Alabama State Parks (800-252-7275; www. alapark.com) Über den Bundesstaat verteilt gibt es 23 Parks mit Campingplätzen von einfachen Stellplätzen (16 US$) bis hin zu Hütten für 15 Personen (200 US$). An Wochenenden und Feiertagen empfiehlt es sich, vorab zu reservieren.

Birmingham

Birmingham ist überraschend cool. Die hügelige, beschattete Stadt entstand um eine Erzgrube herum und ist auch heute noch ein Produktionszentrum: Mercedes-Benz USA hat seinen Sitz im nahe gelegenen Tuscaloosa. Außerdem besitzt Birmingham viele Universitäten und Colleges. All das schafft die Voraussetzung für eine ausgezeichnete Restaurant- und Barszene. Aber auch die Last der Vergangenheit ist in Birmingham, das wegen der Bombenanschläge des Ku-Klux-Klans einst „Bombingham" genannt wurde, spürbar – die Geschichte der Bürgerrechtsbewegung liegt förmlich in der Luft.

Sehenswertes & Aktivitäten

Das trendige **Five Points South** ist voller Art-déco-Gebäude, in denen man Geschäfte, Restaurants und Nachtclubs findet. Im früher industriell geprägten **Avondale** sammeln sich heute die Hipster. Ebenso bemerkenswert ist das gehobene **Homewood** mit seiner malerischen Geschäftsstraße 18th St S. Nicht weit entfernt thront die beleuchtete Vulcan-Statue über der Stadt, die Tag und Nacht von nahezu jedem Punkt der Stadt sichtbar ist.

KURZINFOS ALABAMA

Spitzname Heart of Dixie

Bevölkerung 4,8 Mio.

Fläche 135 765 km²

Hauptstadt Montgomery (201 300 Ew.)

Weitere Städte Birmingham (212 113 Ew.)

Verkaufssteuer 4 %, erhöht sich zzgl. Gemeindesteuern auf bis zu 11 %

Geburtsort von Autorin Helen Keller (1880–1968), Bürgerrechtsaktivistin Rosa Parks (1913–2005), Musiker Hank Williams (1923–1953)

Heimat der University of Alabama Crimson Tide

Politische Ausrichtung Hochburg der Republikaner – Alabama hat seit 1976 nicht mehr für die Demokraten gestimmt

Berühmt für Rosa Parks, die Bürgerrechtsbewegung und Football

Erbitterte Feindschaft zwischen der University of Alabama und der Auburn University

Entfernungen Montgomery–Birmingham 91 Meilen (146,5 km), Mobile–Dauphin Island 38 Meilen (61 km), Mobile–Tuscaloosa 196 Meilen (315,5 km)

DER SÜDEN BIRMINGHAM

★ Birmingham

Civil Rights Institute MUSEUM
(866-328-9696; www.bcri.org; 520 16th St N; Erw./Senior/Kind 12/5/3 US$, So frei; Di-Sa 10–17, So 13–17 Uhr) Eine Vielzahl bewegender Ton-, Video- und Fotodokumente erzählt die Geschichte der Rassentrennung und der Bürgerrechtsbewegung in den USA und hebt vor allem die Geschehnisse in Birmingham hervor. Eine umfangreiche Ausstellung widmet sich der 16th Street Baptist Church (auf der anderen Straßenseite), gegen die 1963 ein Bombenanschlag verübt wurde. Hier beginnt außerdem der Civil Rights Memorial Trail.

Birmingham Museum of Art GALERIE
(www.artsbma.org; 2000 Rev Abraham Woods Jr Blvd; Di-Sa 10–17, So 12–17 Uhr) GRATIS Das ausgesprochen gute Museum zeigt Werke aus Asien, Afrika, Europa und Amerika. Nicht versäumen darf man die Arbeiten von Rodin, Botero und Dalí im Skulpturengarten.

Birmingham Civil Rights Memorial Trail STADTSPAZIERGANG
(www.bcri.org; 520 16th St N) Der ergreifende, sieben Häuserblocks lange Rundgang eignet sich hervorragend für die ganze Familie. Der Weg wurde 2013 anlässlich des 50. Jahrestags der Bürgerrechtskampagne eingeweiht. In seinem Verlauf werden mit Tafeln, Statuen und Fotografien 22 Szenen nachgestellt; manche davon sind sehr bewegend, beispielsweise ein Wall aus zuschnappenden Hundefiguren, durch den sich die Fußgänger ihren Weg bahnen müssen. So wird deutlich, wie viel Schweiß und Blut es gekostet hat, die Kampagne zu führen, die Amerika verändern sollte.

Vulcan Park PARK
(205-933-1409; www.visitvulcan.com; 1701 Valley View Dr; Aussichtsturm & Museum Erw./Kind 6/4 US$, 18–22 Uhr 4 US$; 7–22 Uhr, Aussichtsturm Mo-Sa 10–22, So ab 12 Uhr, Museum Mo-Sa 10–18, So ab 12 Uhr;) Man stelle sich die Christusstatue in Rio vor, aber aus Eisen und als muskelbepackten römischen Gott des Feuers und der Schmiede. Die Vulkan-Statue ist in der Stadt von überall zu sehen. Tatsächlich ist sie die weltweit größte gusseiserne Statue, und der Park, in dem sie steht, bietet wunderschöne Ausblicke und einen **Aussichtsturm**. Das kleine Museum auf dem Gelände erläutert die Geschichte Birminghams.

Schlafen

Das prächtige alte **Redmont Hotel** (www.redmontbirmingham.com; 2101 5th Ave N;), das während der Zeit unserer Recherchen wegen Renovierungsarbeiten geschlossen war, wird inzwischen vermutlich wiedereröffnet sein.

Hotel Highland HOTEL $$

(205-933-9555; www.thehotelhighland.com; 1023 20th St S; Zi. ab 129 US$;) Das farbenfrohe, leicht schräge, aber moderne Hotel neben dem lebhaften Viertel Five Points kombiniert Komfort mit gutem Preis-Leistungs-Verhältnis. Die Zimmer sind zum Glück nicht ganz so bunt und flippig wie die Lobby.

Essen

Für so eine kleine Südstaaten-Stadt hat das von Studenten geprägte Birmingham eine große Auswahl von Lokalen und Cafés und am Wochenende jede Menge kostenlose Livemusik zu bieten.

Saw's BBQ BARBECUE $
(205-879-1937; www.sawsbbq.com; 1008 Oxmoor Road; Hauptgerichte 9–16 US$; Mo-Sa 11–20 Uhr;) Mit großem Knall ist das Saw's in der Grilllokalszene Birminghams aufgetaucht. Hier kommen ein paar der besten Fleischstücke der Stadt auf die Teller, und die Atmosphäre ist familienfreundlich. Gefüllte Kartoffeln sind eine leckere Beilage, und das geräucherte Hähnchen mit würziger weißer Sauce ist einfach himmlisch. Trotzdem sind die Rippchen nicht zu übertreffen.

Eagle's Restaurant AMERIKANISCH $
(205-320-0099; www.eaglesrestaurant.com; 2610 16th St N; Hauptgerichte 5,50–15 US$; So-Fr 10.30–16 Uhr) Versteckt in einer einsamen Straße bietet das Eagle's das beste Soul Food Birminghams. Das Personal des vor allem bei der hiesigen afroamerikanischen Bevölkerung beliebten Lokals serviert Fleisch mit zwei oder drei Beilagen: Man bestellt sich ein Hauptgericht – Steak mit Bratensauce, Nackensteak mit Kartoffeln oder Chicken Wings – und wählt dann am Büfett die gewünschten Beilagen. Lecker, billig und absolut ortstypisch.

Chez Fonfon FRANZÖSISCH $$
(205-939-3221; www.fonfonbham.com; 2007 11th St S; Hauptgerichte 14,50–24 US$; Di-Do 11–22, Fr bis 22.30, Sa 16.30–22.30 Uhr) Der

Name des Restaurants lässt einen schmunzeln, doch abwarten: Das Essen hier ist ausgezeichnete französische Bistro-Kost! Die Nierenzapfensteaks werden mit frischer grüner Salsa und knusprigen, warmen Pommes serviert, zur Forelle gibt's goldene Kartoffeln. Es herrscht zwar keine Kleiderordnung, doch die Gäste sind meistens schick angezogen. Reservierung empfohlen.

Ausgehen & Unterhaltung

Es gibt geradezu absurd viele gute Bars in Birmingham, viele davon in Avondale und Five Points.

The Collins Bar BAR
(205-323-7995; 2125 2nd Ave N; Di–Do 16–24, Fr & Sa bis 2, So 18–24 Uhr) Nach der Arbeit und am Wochenende zieht es die schönen Menschen von Birmingham in diese coole Bar, wo sie unter den riesigen Papierflugzeugen und einem Periodensystem der Elemente mit Birmingham im Zentrum einzeln zubereitete Cocktails schlürfen. Es gibt keine Getränkekarte – man sagt dem Barkeeper einfach, was man mag, und der mixt einem dann etwas Passendes.

Marty's BAR
(1813 10th Ct S; 16–6 Uhr) Das Marty's ist eigentlich ein Club – beim ersten Besuch zahlt man einen Mitgliedsbeitrag von 2 US$. Der Club-Status ermöglicht es der Bar, die ganze Nacht geöffnet zu bleiben, was ein feucht-fröhlich feierndes Publikum anlockt. Die gesellige Bar ist mit Comic-Kunst, Star-Wars-Memorabilien und Rollenspielutensilien eingerichtet; manchmal gibt's auch Livemusik.

Garage Café BAR
(205-322-3220; www.garagecafe.us; 2304 10th Terrace S; So–Mo 15–24, Di–Sa 11–2 Uhr) Eine bunte Mischung aus Hipstern und älteren Gästen genießt das Bier und lauscht der Livemusik in einem Garten voller Gerümpel, Antiquitäten, Tonfiguren und einem Spülbecken.

41 Street Pub & Aircraft Sales BAR
(205-202-4187; 130 41st St S; Mo–Do 16.30–24, Fr 16.30–2, Sa 13–2, So 13–12 Uhr) Ein schicker Holztresen empfängt einen vorn in diesem großen, offenen Raum, in dem auch ein paar Shuffleboard-Tische stehen. Hinter der Bar genießen die attraktiven, hippen Gäste die starken Drinks in glänzenden Kupferbechern (Gewinner ist eindeutig der Moscow Mule).

Anreise & Unterwegs vor Ort
Der **Birmingham International Airport** (BHM; www.flybirmingham.com) liegt ungefähr 5 Meilen (8 km) nordöstlich des Downtown.
Greyhound (205-253-7190; www.greyhound.com; 618 19th St N), nördlich der Innenstadt, steuert verschiedene Städte an, u. a. Huntsville, Montgomery, Atlanta, GA, Jackson, MS, und New Orleans, LA (10 Std.). Vom **Amtrak-Bahnhof** (205-324-3033; www.amtrak.com; 1819 Morris Ave) im Stadtzentrum verkehren täglich Züge nach New York und New Orleans.

Die **Birmingham Transit Authority** (www.bjcta.org; Erw. 1,25 US$) betreibt die Stadtbusse.

Moundville

Eine der größten und am besten erhaltenen Stätten der präkolumbischen Mississippi-Kultur liegt außerhalb des modernen Moundville, etwa 17 Meilen (27,5 km) südlich von Tuscaloosa. Hier, am dunklen, bewaldeten Ufer des Black Warrior River, findet man die grasbewachsenen Überreste einer Siedlung mit Erdhügeln der Mississippi-Kultur und ein exzellentes Museum, die heute vom **Moundville Archaeological Park** (205-348-9826; www.moundville.ua.edu; 634 Mound Park; Erw./Senior/Kind 8/7/6 US$; Museum 9–17 Uhr, Park 9 Uhr–Sonnenuntergang) verwaltet werden.

Auf dem Gelände finden sich 26 *mounds* (Erdhügel) verschiedener Größe, deren Anordnung eine sehr hierarchisierte Gesellschaftsstruktur nahelegt. Das Museum zeigt präkolumbische Kunstwerke, darunter Tonwaren und Scheiben, die mit tauchenden Jaguaren, gefiederten Schlangen und Totenschädeln verziert sind. Der höchste *mound* auf der Anlage ist gekrönt mit der Nachbildung einer kleinen Hütte (die während unserer Recherchen allerdings nicht zugänglich war).

Montgomery

Hier nahm 1955 die Bürgerrechtsbewegung ihren Anfang, als die afroamerikanische Näherin Rosa Parks sich in einem städtischen Bus weigerte, ihren Sitzplatz einem Weißen zu überlassen. Der anschließende Busboykott ließ die Bewegung im ganzen Land aktiv werden. Zur Erinnerung an diese Ereignisse betreibt die Stadt ein Museum, das neben ein paar anderen Sehenswürdigkeiten im Zusammenhang mit der Bürgerrechtsbewegung der Hauptgrund für einen

ROLL TIDE!

Roll Tide! lautet der Ruf, den man 60 Meilen (97 km) südwestlich von Birmingham in der Stadt Tuscaloosa fast überall und ständig hört, vor allem aber an Samstagnachmittagen im Herbst. In der Football-Saison versammeln sich Studenten und Absolventen auf dem Hof der **University of Alabama** (www.ua.edu), um dort, Stunden vor dem Anstoß, eine Party ohnegleichen zu feiern. Weiße Zelte mit Antennen für den Satelliten-TV-Empfang füllen die weite Rasenfläche. Es wird gegrillt und Cornhole (Sackloch) gespielt. Zur Spielzeit strömen dann alle ins **Bryant-Denny Stadium** (☏ 205-348-3600; www.rolltide.com; 920 Paul W. Bryant Dr), ein 102 000 Zuschauer fassendes Football-Stadion, das immer voller Fans ist, die aus gutem Grund begeistert sind. Die Alabama Crimson Tide haben 19 Landesmeistertitel geholt, darunter die letzten beiden und drei der letzten vier. Eine volle Dosis Crimson-Tide-Football-Geschichte gibt's im **Paul W. Bryant Museum** (☏ 20 5-348-4668; www.bryantmuseum.com; 300 Paul W. Bryant Dr; Erw./Senior & Kind 2/1 US$; ☉ 9–16 Uhr), das nach dem größten aller Coaches benannt ist – so lautet hier jedenfalls die Legende.

Besuch hier ist. Davon abgesehen ist die Hauptstadt Alabamas zwar ganz nett, aber doch eher verschlafen.

◉ Sehenswertes

Aus der Innenstadt führt ein Tunnel zu Montgomerys schönem **Riverwalk**. Der große Platz an einer Biegung des Flusses verfügt über ein natürliches Amphitheater und eine Anlegestelle für Flussschiffe.

Rosa Parks Museum MUSEUM
(☏ 334-241-8615; www.troy.edu/rosaparks; 251 Montgomery St; Erw./Kind 4–12 Jahre 7,50/ 5,50 US$; ☉ Mo–Fr 9–17, Sa 9–15 Uhr; 🖼) Das Museum vor der Bushaltestelle, an der Rosa Parks so klar Stellung bezog, zeigt eine Videopräsentation jenes denkwürdigen Moments, der 1955 den Boykott in Gang setzte. Die Besucher werden stark gelenkt – man hat nur wenige Möglichkeiten, sich auf eigene Faust umzuschauen. Ansonsten wirkt das Museum wie ein interaktiver Film. Zum Preis einer weiteren Eintrittskarte kann man sich noch den Kinderflügel anschauen. Dort findet sich eine kindgerechte Ausstellung, eine Zeitreise zurück in jene Ära, als im Süden der USA der Rassismus dominierte.

Civil Rights Memorial Center GEDENKSTÄTTE
(www.splcenter.org/civil-rights-memorial; 400 Washington Ave; Erw./Kind 2 US$/frei; ☉ Mo–Fr 9– 16.30, Sa 10–16 Uhr) Mit seiner runden, von Maya Lin entworfenen Form erinnert das bewegende Mahnmal an die 40 Märtyrer der Bürgerrechtsbewegung. Einige Fälle wurden bis heute nicht aufgeklärt. Martin Luther King Jr. war das berühmteste Opfer, aber es gab noch viele namenlose Opfer, sowohl Weiße, als auch Afroamerikaner. Die Gedenkstätte ist Teil des Southern Poverty Law Center, einer Stiftung, die sich für Rassengleichheit und Gleichheit vor dem Gesetz einsetzt.

Scott & Zelda Fitzgerald Museum MUSEUM
(☏ 334-264-4222; www.fitzgeraldmuseum.net; 919 Felder Ave; Erw./Kind Spende 5/2 US$; ☉ Di–Sa 10–15, So 12–17 Uhr) 🖉 Das Gebäude, in dem das Schriftstellerehepaar von 1931 bis 1932 gelebt hat, beherbergt heute diverse Erstausgaben, Übersetzungen und Originalkunstwerke von Zelda aus ihren letzten Jahren, die sie in einer Nervenheilanstalt verbracht hat. Das Highlight sind die handgeschriebenen liebevollen Briefe von Zelda an ihren Ehemann Scott. Anders als viele Häuser anderer berühmter Leute umgibt dieses Museum der Charme einer Bruchbude – Besucher fühlen sich ein wenig, als ob sie plötzlich auf den Dachboden der Fitzgeralds geraten wären.

🛏 Schlafen & Essen

Montgomery ist zwar nicht gerade für seine Lokale und Hotels berühmt, und grundsätzlich kann die Stadt auch im Rahmen eines Tagesausflugs erkundet werden, doch ein paar gute Adressen gibt es. Der Gastro- und Unterhaltungsdistrikt **The Alley** hat dem verschlafenen Zentrum etwas Leben eingehaucht.

Renaissance Hotel HOTEL $$
(☏ 334-481-5000; www.marriott.com; 201 Tallapoosa St; Zi. ab 150 US$; 🅿✳@🛜🏊) Es handelt sich zwar um ein typisches Kettenhotel, doch das Renaissance Hotel ist die schönste Unterkunft der Stadt und zudem gut gelegen.

Central STEAK $$$

(☏ 334-517-1121; www.central129coosa.com; 129 Coosa St; Hauptgerichte 18–39 US$; ⊙ Mo–Fr 11–14, Mo–Sa 17.30 Uhr–open end; ☝) Das überwältigende Restaurant mit luftigem Innenraum, hübschen Sitznischen und einer Theke aus wiederverwertetem Holz ist eine beliebte Wahl unter Feinschmeckern. Hier wurde schon mit farmfrischen Zutaten gekocht, bevor das modern wurde. Das Central hat sich auf Fisch, Hühnchen, Steaks und Koteletts aus der Region spezialisiert, die über Holzfeuer gebraten werden. Für Vegetarier gibt's gute Gerichte wie Pasta mit Walnusspesto.

ℹ Praktische Informationen

Montgomery Area Visitor Center (☏ 334-261-1100; www.visitingmontgomery.com; 300 Water St; ⊙ Mo–Sa 8.30–17 Uhr) Hält Informationen für Traveller bereit und hat eine hilfreiche Website.

ℹ Anreise & Unterwegs vor Ort

Der **Montgomery Regional Airport** (MGM; ☏ 334-281-5040; www.montgomeryairport.org; 4445 Selma Hwy) liegt rund 15 Meilen (24 km) vom Zentrum entfernt und wird täglich ab Atlanta, GA, Charlotte, NC, und Dallas, TX angeflogen. Auch **Greyhound** (☏ 334-286-0658; www.greyhound.com; 950 W South Blvd) fährt die Stadt an. Für den städtischen Busverkehr ist das **Montgomery Area Transit System** (www.montgomerytransit.com; Tickets 2 US$) zuständig.

Selma

Am 7. März 1965, dem „blutigen Sonntag" (Bloody Sunday) berichteten die Medien, wie die Polizei von Alabama mit ihren Hilfskräften in der Nähe der **Edmund Pettus Bridge** (Broad St & Walter Ave) Afroamerikaner und weiße Sympathisanten zusammenschlug und mit Tränengas besprühte. Die Menge war auf dem Weg nach Montgomery, in die Hauptstadt des Bundesstaats, um gegen die Ermordung eines hiesigen schwarzen Aktivisten zu demonstrieren, der während einer Kundgebung rund um das Thema Wahlrecht von der Polizei umgebracht worden war.

Die Bilder wurden an jenem Abend von jedem Fernsehsender im Land ausgestrahlt, sodass das erste Mal auch Amerikaner, die nicht in den Südstaaten lebten, Zeugen der entsetzlichen Auseinandersetzungen wurden und mit eigenen Augen miterlebten, wie gestiefelte Polizisten mit Schlagstöcken und Hunden auf friedliche Demonstranten losgingen, während Weiße daneben standen, Konföderierten-Fahnen schwangen und sie verhöhnten. Überall regte sich Bestürzung und Empörung, und die Unterstützung für die Bürgerrechtsbewegung wuchs. Martin Luther King machte sich sofort auf den Weg nach Selma, und nachdem ein zweiter Versuch aufgrund anhaltender Gewaltandrohungen zunächst abgebrochen wurde,

DER SÜDEN SELMA

DIE FLEISCHFRESSENDE WIESE

Die Schlauchpflanze ist die Rache des Vegetariers: eine fleischfressende Pflanze, die oben mit einem hübschen, wie ein Champagnerkelch geformten Kranz aus Blütenblättern besetzt ist. Insekten werden in den Hohlraum im Innern der Pflanze gelockt, dessen Oberfläche schlüpfrig ist. Die Krabbeltiere fallen in eine Tasche am Boden der Blüte, die mit Flüssigkeit gefüllt ist – und in der sie zu Nährstoffen zersetzt werden.

Teppiche weiß blühender Schlauchpflanzen findet man im **Splinter Hill Bog** (www.nature.org; abseits der Co Rd 47, Bay Minette, GPS N 31°02.638', W –87°68.500'; ⊙ Sonnenaufgang–Sonnenuntergang), einem 850 ha großen Gebiet, das der gemeinnützigen Nature Conservancy gehört und von der Organisation geschützt wird. Wandert man in den Schlauchpflanzen-Wiesen (man sieht sie praktisch gleich hinter dem Parkplatz) umher, fällt einem auf, dass die Wolke aus kleinen Mücken, Moskitos und Fliegen, die in den Wäldern der Südstaaten sonst so verbreitet ist, hier mysteriöserweise fehlt. Das liegt daran, dass viele der Plagegeister gerade von diesem schönen Wildblumenfeld verdaut werden.

Abgesehen von den Schlauchpflanzen ist dieses Gebiet auch sonst von einer erstaunlichen Artenvielfalt: An einigen Stellen haben Botaniker auf einem Quadratyard (0,84 m²) mehr als 60 verschiedene Pflanzenspezies gefunden, womit das Gebiet zu dem mit der größten Artenvielfalt in ganz Nordamerika gehört. Wer mehr wissen will, schaut sich *America's Amazon* an, einen Dokumentarfilm über diese Region, die zum Mobile-Tensaw Delta gehört.

führte er gemeinsam mit anderen den vier-
tägigen, 87 km langen Marsch nach Montgomery an. Die ganze Aktion, der sich 8000
Menschen anschlossen, endete mit einer seiner typischen Reden auf den Stufen des Kapitols. Bald darauf unterzeichnete Präsident
Johnson den Voting Rights Act von 1965, der
sich mit dem Wahlrecht von Minderheiten
befasst.

Der Geschichte Selmas widmen sich das
National Voting Rights Museum (☎ 334-
418-0800; www.nvrmi.com; 1012 Water Ave; Erw./
Senior & Student 6,50/4,50 US$; ◷ Mo–Do 10–16
Uhr, Fr–So nur nach Vereinbarung) nahe der Ed-
mund Pettus Bridge und zwei vom National
Park Service betriebene interpretative Stätten: das **Selma Interpretive Center** (☎ 334-
872-0509; www.nps.gov/semo; 2 Broad St; ◷ Mo–
Sa 9–16.30 Uhr) ✐ und das **Lowndes County
Interpretive Center** (☎ 334-877-1983; www.
nps.gov/semo; 7002 US Hwy 80; ◷ 9–16.30 Uhr)
auf halbem Weg zwischen Selma und Montgomery. Beide Zentren zeigen auch kleine,
aber gute Ausstellungen zur Geschichte der
Jim-Crow-Gesetze und der Bürgerrechtsbewegung.

Selma ist eine ruhige, nicht gerade wohlhabende Stadt mitten im „Black Belt" von
Alabama, so genannt wegen des dunklen,
fruchtbaren Bodens und des hohen Anteils
von Afroamerikanern in der Bevölkerung.
Interessant ist auch die **Mishkan Israel** (503
Broad St), eine riesige Synagoge aus rotem
Backstein, in der einst eine muntere jüdische Gemeinde zugegen war. Viele Gemeindemitglieder haben den Süden verlassen,
doch ab und an gibt's noch einen Gottesdienst.

Wer Hunger hat, bekommt im **Lannie's**
(☎ 334-874-4478; 2115 Minter Ave; Hauptgerichte
5–11 US$; ◷ Mo–Sa 9–21 Uhr) ein paar der bes-
ten Grillgerichte der Gegend.

Mobile

Mobile (sprich: mo-*biel*) ist die einzige echte
Küstenstadt Alabamas. Sie liegt zwischen
Mississippi und Florida und zeigt sich als
ein geschäftiger Industriehafen mit Grünflächen, schattigen Boulevards und vier
historischen Vierteln. Zum Frühlingsanfang
leuchten hier überall die Azaleen, und den
ganzen Februar hindurch feiert die Stadt
ausgelassen den **Mardi Gras** (www.mobile
mardigras.com) – und das schon seit fast 200
Jahren (und damit noch länger als New
Orleans).

◉ Sehenswertes

USS Alabama SCHLACHTSCHIFF
(www.ussalabama.com; 2703 Battleship Pkwy; Erw./
Kind 15/6 US$; ◷ April–Sept. 8–18 Uhr, Okt.–März
bis 17 Uhr) Die USS *Alabama* ist ein 210 m
langer Koloss, der im Zweiten Weltkrieg unbeschadet neun Seeschlachten überstanden
hat. Eine Besichtigung lohnt sich allemal,
schon wegen der gewaltigen Größe, und er-
folgt auf eigene Faust. Wenn man schon mal
da ist, kann man auch eine Führung durch
ein U-Boot mitmachen und sich aus nächster Nähe ein Militärflugzeug anschauen.
Parken kostet 2 US$.

🛏 Schlafen & Essen

Battle House HOTEL $$
(☎ 251-338-2000; www.marriott.com; 26 N Royal
St; Zi. ab 139 US$; 🅿✳@🛜🎱) Dies ist die bei
Weitem beste Adresse in Mobile. Der histori-
sche Originalflügel besitzt eine Marmorlob-
by mit verzierter Kuppel, der umwerfende
neue Turm steht am Ufer. Die Zimmer sind
geräumig, luxuriös und auf Vier-Sterne-Ni-
veau schick.

Callaghan's Irish Social Club KNEIPENKOST $
(☎ 251-433-9374; www.callaghansirishsocialclub.
com; 916 Charleston St; Burger 7–9 US$; ◷ Mo–Do
11–23, Fr & Sa bis 24, So 10–23 Uhr) Der klapprige
Pub in einem Gebäude aus den 1920er-Jah-
ren, in dem einst ein Fleischmarkt unter-
gebracht war, serviert ordentliche Burger
und kaltes Bier; oft wird zudem Livemusik
gespielt.

🍷 Ausgehen & Nachtleben

OK Bicycle Shop BAR
(☎ 251-432-2453; 661 Dauphin St; ◷ 11–3 Uhr) Die
nette Bar ist mit Gegenständen rund um das
Thema Fahrrad eingerichtet und hat eine
fantastische Veranda.

MISSISSIPPI

Der Bundesstaat wurde nach dem wichtigs-
ten Fluss Nordamerikas benannt und um-
fasst so viele Identitäten, wie der Fluss lang
ist. In Mississippi existieren fürstliche Her-
renhäuser und ländliche Armut, gespens-
tische Baumwollebenen und üppig-grünes
Hügelland, honiggelbe Sandstrände an der
Küste sowie einsames Ackerland im Norden.
Oft mythologisiert und missverstanden, zei-
gen sich die Geschichte und die Musik hier
so rau wie kaum anderswo in den USA.

❶ An- & Weiterreise

Auf der Reise durch Mississippi bieten sich drei beliebte Routen an. Die I-55 und der US-61 verlaufen beide von Nord nach Süd von den Grenzen des Bundesstaats im Norden bis zu seinen Grenzen im Süden. Der US-61 führt durch das Delta, die I-55 verläuft durch Jackson. Der fabelhafte Natchez Trace Pkwy durchquert den Staat von Tupelo nach Natchez.

❶ Praktische Informationen

Mississippi Division of Tourism Development (☎ 866-733-6477, 601-359-3297; www.visit mississippi.org) Hat eine Liste mit Traveller-Informationen und thematisch geprägten Reiserouten, von denen die meisten gut durchdacht sind und tiefe Einblicke gewähren.

Mississippi Wildlife, Fisheries, & Parks (☎ 800-467-2757; www.mississippistateparks. reserveamerica.com) Je nach Einrichtung kostet das Campen 13 US$ (nur zelten) bis 35 US$ (Stellplatz am Strand); in manchen Parks werden Hütten vermietet.

Oxford

Oxford bestätigt und übertrifft alle Vorstellungen, die man von der berühmtesten College-Stadt Mississippis hat. Es gibt sie, die Jungs der Studentenverbindungen in ihren Ford-Pick-ups und die Debütantinnen ihrer Schwesternschaften. Doch daneben gibt es auch Doktoranden, die über die Kritische Theorie diskutieren, und eine lebhafte Kunst- und Kulturszene. Die Lokalkultur spielt sich rund um den Square ab, wo sich Bars, Restaurants und recht ordentliche Shoppingmöglichkeiten befinden, und um die fürstliche **University of Mississippi** (www.olemiss.edu), die auch Ole Miss genannt wird. Rundherum erstrecken sich ruhige Wohnstraßen mit Häusern aus der Zeit vor dem Bürgerkrieg im Schatten majestätischer Eichen.

◉ Sehenswertes & Aktivitäten

Der fabelhafte, 1 km lange und nicht sehr anspruchsvolle **Bailee's Woods Trail** verbindet zwei der beliebtesten Sehenswürdigkeiten der Stadt, nämlich Rowan Oak und das University of Mississippi Museum. **The Grove**, das schattige Herz der Ole Miss (wie hier die Uni genannt wird), ist normalerweise sehr friedlich – außer wenn samstags ein Football-Spiel ansteht und zuvor eine der unvergesslichsten Partys im amerikanischen Universitätssport abgeht.

KURZINFOS MISSISSIPPI

Spitzname Magnolia State

Bevölkerung 3 Mio.

Fläche 121 487 km²

Hauptstadt Jackson (175 437 Ew)

Verkaufssteuer 7 %

Geburtsort von Schriftstellerin Eudora Welty (1909–2001), den Musikern Robert Johnson (1911–1938), Muddy Waters (1913–1983), B. B. King (1925–2015) und Elvis Presley (1935–1977), dem Aktivisten James Meredith (geb. 1933) und von Puppenspieler Jim Henson (1936–1990)

Heimat des Blues

Politische Ausrichtung konservativ

Berühmt für Baumwollfelder

Kitschigstes Souvenir Elvis-Presley-Lunchbox aus Tupelo

Entfernungen Jackson–Clarksdale 187 Meilen (299 km), Jackson–Ocean Springs 176 Meilen (282 km)

Rowan Oak   HISTORISCHES GEBÄUDE

(☎ 662-234-3284; www.rowanoak.com; Old Taylor Rd; Erw./Kind 5 US$/frei; ⊙ Di–Sa 10–16, So 13–16 Uhr, Juni–Aug. bis 18 Uhr) Literaturfans eilen schnurstracks zum wunderschönen, aus den 1840er-Jahren stammenden Wohnhaus von William Faulkner. Viele seiner brillanten und tiefgründigen Romane spielen auch in Mississippi. Sein Werk wird alljährlich im Juli mit einer Tagung in Oxford gewürdigt. Von 1930 bis zu seinem Tod im Jahr 1962 lebte Faulkner in Rowan Oak, das aus gutem Grund, um seine eigenen Worte abzuwandeln, als sein „Herkunftssiegel" bezeichnet werden kann. Besucher können sich das Anwesen Faulkners auf eigene Faust anschauen.

University of Mississippi Museum   MUSEUM

(www.museum.olemiss.edu; University Ave an der 5th St; Eintritt 5 US$; ⊙ Di–Sa 10–18 Uhr) Das Museum zeigt Kunstwerke, Volkskunst sowie eine Vielzahl kleiner naturwissenschaftlicher Wunder, etwa ein Mikroskop oder einen Elektromagneten aus dem 19. Jh.

🛌 Schlafen & Essen

Die billigsten Unterkünfte sind die Kettenhotels am Rand der Stadt. Eine Reihe erstklassiger Restaurants findet man am Square.

5 Twelve
B&B $$

(☑ 662-234-8043; www.the5twelve.com; 512 Van Buren Ave; Zi. 140–200 US$, 1-Zi.-Apt. 200–250 US$; P❄🛜) Das B&B hat eine Fassade im Stil aus der Zeit vor dem Bürgerkrieg und sechs modern eingerichtete Zimmer (z.B. mit Betten mit Tempur-Matratzen und Flachbildfernsehern). Im Zimmerpreis inbegriffen ist jeweils ein großzügiges Südstaatenfrühstück nach Wunsch. Das Haus liegt nur einen kurzen Fußmarsch von den Geschäften und Restaurants entfernt, und bei den Gastgebern fühlt man sich wie zu Hause.

Taylor Grocery
SEAFOOD $$

(www.taylorgrocery.com; 4 County Rd 338A; Gerichte 9–15 US$; ⊙ Do–Sa 17–22, So bis 21 Uhr) In dem grandios rustikalen Restaurant, das sich auf Welse spezialisiert hat, muss man mit Wartezeiten rechnen – sogar auf dem Parkplatz. Den Wels gibt's gebraten oder gegrillt (beides ist lecker), und wer einen Stift dabei hat, kann sich an der Wand verewigen. Das Restaurant liegt etwa 7 Meilen (11 km) südlich der Innenstadt Oxfords an der Old Taylor Rd.

Ravine
AMERIKANISCH $$$

(☑ 662-234-4555; www.oxfordravine.com; 53 County Rd 321; Hauptgerichte 19–32 US$; ⊙ Mi–Do 18–21, Fr & Sa bis 22, So 10.30–14 & 18–21 Uhr; 🛜) Das schlichte, gemütlich-elegante Restaurant liegt rund 3 Meilen (5 km) außerhalb von Oxford direkt am Waldrand. Chefkoch Joel Miller holt sich viele der Zutaten und Kräuter aus seinem Garten und kauft ansonsten, soweit es möglich ist, nur lokale Bioprodukte – und das tat er schon lange, bevor es Mode wurde, regionale Biokost zu verwenden. Das Ergebnis sind einfache, leckere Gerichte und ein wunderbares kulinarisches Erlebnis.

City Grocery
AMERIKANISCH $$$

(☑ 662-232-8080; www.citygroceryonline.com; 152 Courthouse Sq; Hauptgerichte 26–32 US$; ⊙ Mo–Sa 11.30–14.30, Mo–Mi 18–22, Do–Sa bis 22.30, So 11–15 Uhr) Chefkoch John Currance ist Preisträger des James Beard Award und hat sich schnell zum Anführer der kulinarischen Szene Oxfords entwickelt. Das City Grocery ist eines seiner besten Restaurants und bietet gehobene Südstaatengerichte wie Reisgrützen-Risotto und in Schmalz geschmortes Nierenzapfensteak. Die mit lokaler Volkskunst geschmückte Bar im Obergeschoss ist hervorragend. Reservierung empfohlen.

☆ Unterhaltung

Am letzten Dienstag im Monat findet der immer beliebter werdende **Art Crawl** statt, bei dem kostenlos nutzbare Busse zwischen Galerien in der ganzen Stadt verkehren und beschwipste Kunstliebhaber von A nach B kutschieren. Für Knabbereien und Wein ist nicht zu knapp gesorgt.

DER FUSSMARSCH DES JAMES MEREDITH

Am 1. Oktober 1962 schritt James Meredith in Begleitung seines Studienberaters und Vorsitzenden der National Association for the Advancement of Colored People, Medgar Evers, durch einen gewaltbereiten Mob von Rassisten, um sich als erster afroamerikanischer Student an der Ole Miss (University of Mississippi) einzuschreiben. Eigentlich hatte er dies schon zehn Tage zuvor tun wollen, was aber zu Ausschreitungen geführt hatte, woraufhin die Kennedy-Regierung 500 Bundespolizisten und die Nationalgarde einsetzen musste, um seine Sicherheit zu gewährleisten.

Evers wurde später ermordet, und Meredith ging zu Fuß durch den Bundesstaat, um die Öffentlichkeit für die rassistische Gewalt in Mississippi zu sensibilisieren. Einige Briefe Merediths sind in der Campusbibliothek im **Center for Southern Culture** (☑ 662-915-5855; 1 Library Loop, University of Mississippi, Oxford; ⊙ Mo–Do 8–21, Fr bis 16, Sa bis 17, So 13–17 Uhr; 🛜) GRATIS ausgestellt.

Meredith selbst ging später in die Politik, doch seine Ansichten sind nicht einfach zu kategorisieren. Er war ein erklärter Republikaner, der sich von der Bürgerrechtsbewegung distanzierte. Er beteuerte stets, dass es ihm um das Recht des Individuums gegangen sei und nicht darum, Vorreiter für eine größere Bewegung zu werden. Ungeachtet dessen ist die Ole Miss eine der symbolträchtigsten Institutionen des Bundesstaats, und als dort durch Merediths Aktionen die Rassentrennung aufgehoben wurde, war dies im restlichen Mississippi unvermeidlich– und über kurz oder lang auch im gesamten Süden.

Proud Larry's LIVEMUSIK
(☎ 662-236-0050; www.proudlarrys.com; 211 S Lamar Blvd; ⏱ Auftritte 21.30 Uhr) In dieser kultigen Musikstätte am Square treten immer sehr gute Bands auf. Außerdem ist das Kneipenessen, das hier mittags und abends vor Beginn der Shows serviert wird, echt lecker.

The Lyric LIVEMUSIK
(☎ 662-234-5333; www.thelyricoxford.com; 1006 Van Buren St) In diesem alten Backsteinhaus ist ein gemütliches, kleines Theater mit Betonboden, freiliegenden Dachsparren und einem Zwischengeschoss untergebracht – genau das Richtige, um Indie-Rocker und Folk Musiker zu erleben.

Shoppen

Square Books BÜCHER
(☎ 662-236-2262; www.squarebooks.com; 160 Courthouse Sq; ⏱ Mo-Do 9-21, Fr & Sa bis 22, So bis 18 Uhr) Dies ist einer der größten unabhängigen Buchläden in den Südstaaten und zugleich das Herz der lebhaften literarischen Szene Oxfords. Häufig finden Lesungen statt. Es gibt hier ein Café und oben einen Balkon mit einer gewaltigen Faulkner-Abteilung. Das **Square Books Jr.** ganz in der Nähe widmet sich der Kinder- und Jugendliteratur. **Off Square Books** (☎ 662-236-2828; 129 Courthouse Sq; ⏱ Mo-Sa 9-21, So 12-17 Uhr) handelt mit gebrauchten Büchern.

Mississippi-Delta

Das Delta, ein langer, flacher Landstrich aus still wirkenden Baumwollfeldern unter dem endlosen Himmel, ist ein Ort der surrealen, unheimlichen Extreme. Hier entwickelten sich in dem sozialen Gefüge aus prächtigen Anwesen und Sklavenhaltung die Songs über Arbeit und Liebe zur amerikanischen Volksmusik. Die Lieder kamen aus Afrika mit den Sklaven hierher, wurden bei der Ernte auf den Feldern entlang des Hwy 61 gesungen und gingen schließlich im Blues, dem Vater des Rock'n'Roll, auf. Der Tourismus in dieser Gegend, die noch immer unter großer ländlicher Armut leidet, ist größtenteils von den schweißgetränkten Wurzeln dieser originären amerikanischen Kunstform geprägt.

Clarksdale

Clarksdale ist der beste Ausgangspunkt für die Erkundung des Mississippi-Deltas.

> **THACKER MOUNTAIN RADIO**
>
> Wer am Samstagabend um 19 Uhr einsam auf den Landstraßen in Mississippi oder auf dem Betonstreifen der Interstate unterwegs ist, sollte das Radio anschalten. Auf den örtlichen NPR-Sender (eine Liste gibt's unter www.mpbonline.org/programs/radio) läuft dann die Sendung **Thacker Mountain Radio**, eine bunte Mississippi-Show mit einigen der besten Autoren und Musikern der Region. So lernt man auf unterhaltsame Weise den Bundesstaat von seiner kulturellen Seite kennen, und gute Musik gibt's obendrein. Interessenten können im Herbst und im Frühjahr bei der Aufzeichnung der Show donnerstags um 18 Uhr im Off Square Books in Oxford (129 Courthouse Sq) zuschauen.

Im Umkreis von ein paar Fahrtstunden befinden sich alle für den Blues wichtigen Attraktionen. Außerdem geben sich an den Wochenenden regelmäßig die großen Namen des Blues in der Stadt die Ehre. Trotz allem ist Clarksdale von Armut geprägt, was man allein schon daran erkennt, dass so viele Unternehmen es für notwendig erachten, nachts private Sicherheitsdienste einzusetzen.

Sehenswertes

Die **Kreuzung** der Hwys 61 und 49 ist angeblich der Ort, an dem der große Robert Johnson seinen sagenhaften Bund mit dem Teufel schloss, den er in seinem *Cross Road Blues* verewigte. Wegen der kitschigen Skulptur ist von der Einsamkeit, Furcht und dunklen Mystik nur wenig zu spüren. Außerdem sind sich die Historiker gar nicht so einig, ob dies wirklich die richtige Kreuzung ist.

Delta Blues Museum MUSEUM
(☎ 662-627-6820; www.deltabluesmuseum.org; 1 Blues Alley; Erw./Senior & Student 7/5 US$; ⏱ März-Okt. Mo-Sa 9-17 Uhr, Nov.-Feb. ab 10 Uhr) Hier ist eine kleine, aber gut präsentierte Sammlung von Erinnerungsstücken zu sehen. Zum Schrein für die Delta-Legende Muddy Waters gehört auch die Hütte, in der er einst aufwuchs. Ausstellungen regionaler Kunst und ein Souvenirladen runden das Gesamtpaket Museum ab. Gelegentlich wird freitagabends sogar Livemusik gespielt.

Rock & Blues Heritage Museum
MUSEUM

(☎ 901-605-8662; www.blues2rock.com; 113 E Second St; Eintritt 5 US$; ⏱ Di–Sa 11–17 Uhr) Ein umgänglicher niederländischer Auswanderer und Bluesfan hat seine gewaltige Privatsammlung von Schallplatten, Erinnerungsstücken und anderen Gegenständen in ein zauberhaftes Museum umgewandelt, das die Wurzeln des Blues und Rock von den 1920ern bis in die 1970er-Jahre verfolgt.

🎪 Feste & Events

Juke Joint Festival
MUSIK

(www.jukejointfestival.com; Ticket 15 US$; ⏱ April) Bei diesem dreitägigen Festival steigen mehr als 120 Events an Veranstaltungsorten in und um Clarksdale.

Sunflower River Blues & Gospel Festival
MUSIK

(www.sunflowerfest.org; ⏱ Aug.) Dieses Event lockt in der Regel größere Stars an als das Juke Joint Festival, und auch Gospel kommt hier nicht zu kurz.

🛏 Schlafen & Essen

Riverside Hotel
HISTORISCHES HOTEL $

(☎ 662-624-9163; ratfrankblues@yahoo.com; 615 Sunflower Ave; Zi. mit/ohne Bad 75/65 US$; ❄) Das verwitterte Äußere des Hotels sollte Besucher nicht abschrecken, denn es steckt voller Blues-Geschichte: Die Bluessängerin Bessie Smith starb hier, als das Gebäude noch ein Krankenhaus war, und mit den Blues-Größen, die hier übernachtet haben – von Sonny Boy Williamson II. bis zu Robert Nighthawk – ließe sich ein ganzes Festival organisieren. Die Zimmer sind sauber und ordentlich, und das Personal ist wirklich herzlich. Seit 1944 wird die Unterkunft von einer Familie geführt; in jener Zeit war es das „Hotel für Schwarze" der Stadt. Rat, der Sohn des ursprünglichen Besitzers, verzaubert seine Gäste mit Geschichten aus der Geschichte, mit Gastfreundlichkeit und günstigen Preisen.

Shack Up Inn
INN $

(☎ 662-624-8329; www.shackupinn.com; 001 Commisary Circle; Hwy 49; DZ 75–165 US$; P ❄ 📶) In dem „Bed & Beer" auf der Hopson Plantation wohnt man in aufgemöbelten Pächterhütten oder einer kreativ renovierten Halle, in der früher Baumwolle aufgearbeitet wurde. Die Hütten haben überdachte Veranden und sind mit alten Möbeln und Musikinstrumenten ausgestattet. Da die Unterkunft jahrelang als die interessanteste

in Clarksdale gepriesen wurde, hat sich hier leider eine gewisse Selbstzufriedenheit breit gemacht, weshalb der Service recht gleichgültig ausfallen kann.

Larry's Hot Tamales
AMERIKANISCH $

(☎ 662-592-4245; 947 Sunflower Ave; Hauptgerichte 4–12 US$; ⏱ Mo–Sa 11–23 Uhr) Das freundliche Larry's hat zwar nur eine kleine Karte, aber das, was es gibt, wird mit Liebe und Feuereifer zubereitet: heiße Delta-Tamales und köstliche Rippchen. Und das Essen sprengt einem höchstens den Hosenknopf, aber bestimmt nicht das Budget.

Yazoo Pass
CAFÉ $$

(☎ 662-627-8686; www.yazoopass.com; 207 Yazoo Ave; Hauptgerichte mittags 6–10 US$, abends 13–26 US$; ⏱ Mo–Sa 7–21 Uhr; 📶) Ein modernes Lokal, in dem morgens frisches Teegebäck und Croissants, mittags Salate vom Büfett, Sandwiches und Suppe und zum Abendessen in der Pfanne gebratener Gelbflossen-Thun, Filet Mignon, Burger und Pasta serviert werden.

☆ Unterhaltung

Red's
BLUES

(☎ 662-627-3166; 395 Sunflower Ave; Grundpreis 7–10 US$; ⏱ Livemusik Fr & Sa 21 Uhr) Clarksdales bester Juke Joint wird von neonrotem Stimmungslicht erhellt, die Decken sind mit Plastikplanen abgehängt, und das Ganze vermittelt den Eindruck wehmütigen Verfalls – dies ist also genau der richtige Ort, um den Blues richtig auf sich wirken zu lassen. Red betreibt die Bar, kennt die Musik und die Musiker und schiebt einem ein kaltes Bier rüber, wenn man es braucht.

Ground Zero
BLUES

(☎ 662-621-9009; www.groundzerobluesclub.com; 0 Blues Alley; ⏱ Mo & Di 11–14, Mi & Do bis 23, Fr & Sa bis 2 Uhr) Blues in feinerer Umgebung verspricht Morgan Freemans Ground Zero, ein großer, freundlicher Saal mit einer von Tischen umgebenen Tanzfläche. Das Essen ist toll, und mittwochs bis samstags stehen Bands auf der Bühne.

🔒 Shoppen

Cat Head Delta Blues & Folk Art
KUNST & KUNSTHANDWERK

(☎ 662-624-5992; www.cathead.biz; 252 Delta Ave; ⏱ Mo–Sa 10–17 Uhr) Der freundliche, sehr geschäftstüchtige Roger Stolle aus St. Louis ist nicht nur Schriftsteller, sondern betreibt auch noch dieses bunte, universelle und gut sortierte Blues-Kaufhaus. In den Regalen stapeln sich Bücher, Krüge mit Gesichtern, hiesige Kunstwerke und Blues-Platten. Stolle scheint alle und jeden im Delta zu kennen und weiß immer, welche Band wann und wo spielen wird.

Rund um Clarksdale

In **Tutwiler** am Hwy 49 begann die Verwandlung des Blues von einer mündlichen Tradition zu einer populären Kunstform. Hier hörte W.C. Handy, der „Vater des Blues", im Jahr das zwölftaktige Klagelied eines Pächters, während sie beide auf den Zug warteten. Dieses Zusammentreffen ist durch eine Wandmalerei an den **Tutwiler Tracks** (abseits des Hwy 49; 🚻) verewigt.

Östlich von Greenville führt der Hwy 82 aus dem Delta heraus. Das **Highway 61 Blues Museum** (📞 662-686-7646; www.highway-61blues.com; 307 N Broad St; ⊙ Mo–Sa 10–17 Uhr) am Ausgangspunkt der Route, die als **Blues Highway** bekannt ist, huldigt in seinen sechs vom Material und Informationen nur so strotzenden Ausstellungsräumen den lokalen Blues-Größen aus dem Delta. Leland feiert Ende September oder Anfang Oktober das **Highway 61 Blues Festival**. Der **Highway 61** ist selbst schon eine legendäre Straße, die viele unheimliche und endlose Kilometer über ebene Felder und an gruseligen landwirtschaftlichen Industrieanlagen, winzigen Kirchen und vermodernden Friedhöfen vorbei verläuft.

Die winzige Delta-Ortschaft **Indianola** lohnt einen Halt wegen des modernen **B. B. King Museum and Delta Interpretive Center** (📞 662-887-9539; www.bbkingmuseum.org; 400 Second St; Erw./Student/Kind 15/5 US$; frei; ⊙ Di–Sa 10–17, So–Mo 12–17 Uhr, Nov.–März Mo geschl.). Das Museum ist zwar dem legendären Blues-Musiker gewidmet, behandelt aber auch das Leben im Delta insgesamt. Mit seinen interaktiven Exponaten, Videopräsentationen und einer unglaublichen Menge von Artefakten ist es das beste Museum in der Region: Es informiert trefflich über die Geschichte und das Erbe des Blues, vermittelt aber auch einen Eindruck vom regionalen Lebensgefühl.

Vicksburg

Das hübsche Vicksburg thront auf einer hohen Klippe über dem Mississippi. Während des Amerikanischen Bürgerkriegs wurde sie 47 Tage von General Ulysses S. Grant belagert, ehe sie am 4. Juli 1863 kapitulierte, wodurch der Norden endgültig die Kontrolle über den größten Fluss Nordamerikas erlangte.

◉ Sehenswertes

Die wichtigsten Sehenswürdigkeiten sind leicht vom Exit 4B (Clay St) der I-20 aus zu erreichen. Das charmante historische Ortszentrum erstreckt sich über mehrere kopfsteingepflasterte Blocks der Washington St. Unten am Fluss gibt es einen Block mit Wandmalereien, die Ereignisse aus der Geschichte der Region darstellen, und einen **Children's Art Park**.

Vicksburg National Military Park   SCHLACHTFELD
(📞 601-636-0583; www.nps.gov/vick; Clay St; Auto/Pers. 8/4 US$; ⊙ 8–17 Uhr; 🚻) 🅿 Vicksburg beherrschte den Zugang zum Mississippi, deshalb markierte die Einnahme der Stadt einen Wendepunkt im Amerikanischen Bürgerkrieg. Eine 16 Meilen (26 km) lange Strecke führt an Schautafeln vorbei, die das historische Schlachtgeschehen und Schlüsselmomente der langen Belagerung verdeutlichen, während der die Einwohner wie die Maulwürfe unter der Erde lebten, um dem Granatenbeschuss durch die Nordstaatler zu entgehen. Für die ganze Tour sollte man mindestens 90 Minuten einplanen; sie lässt sich auch wunderbar mit einem Fahrrad unternehmen. Die Einheimischen nutzen den malerischen Park zum Spazierengehen und Joggen.

Lower Mississippi River Museum   MUSEUM
(📞 601-638-9900; www.lmrm.org; 910 Washington St; ⊙ Mi–Sa 9–16 Uhr; 🚻) 🅿 GRATIS Stolz und Freude der Innenstadt von Vicksburg ist dieses erstaunlich interessante Museum, das sich Themen wie dem berüchtigten Hochwasser von 1927 oder dem Army Corps of Engineers widmet, das den Fluss seit dem 18. Jh. reguliert. Kinder freuen sich über das Aquarium und klettern auf dem im Trockendock liegenden Forschungsschiff M/V *Mississippi IV* herum.

🛏 Schlafen & Essen

Corners Mansion   B&B **$$**
(📞 601-636-7421; www.thecorners.com; 601 Klein St; Zi. 125–170 US$; 🅿✳🛜) Das Beste an diesem schmucken B&B von 1873 sind die Hollywoodschaukeln auf der Veranda, von denen aus man auf den Yazoo River und den Mississippi blickt. Der Garten und das

DER SÜDEN MISSISSIPPI-DELTA

Südstaatenfrühstück sind auch nicht zu verachten.

Walnut Hills
SÜDSTAATENKÜCHE **$$**

(☏ 601-638-4910; www.walnuthillsms.net; 1214 Adams St; Hauptgerichte 8–25 US$; ⊙ Mo–Sa 11–21, So 11–14 Uhr) Ein kulinarisches Erlebnis wie in alter Zeit bietet dieses Restaurant mit deftiger, bodenständiger Südstaatenküche, die man in familiärer Atmosphäre verdrückt.

🍷 Ausgehen & Nachtleben

★ Highway 61 Coffeehouse
CAFÉ

(☏ 601-638-9221; www.61coffee.blogspot.com; 1101 Washington St; ⊙ Mo–Fr 7–17, Sa ab 9 Uhr; 🛜) 🍴 Das tolle Kaffeehaus, das Fairtrade-Kaffee ausschenkt, ist ein energiegeladenes Zentrum für Kunst, Dichterlesungen und dergleichen. Am Samstagnachmittag gibt's gelegentlich Livemusik.

Jackson

In Mississippis Hauptstadt, die auch die größte Stadt im Bundesstaat ist, mischen sich stattliche Wohnviertel und große, öde Areale. Das überraschend abgefahrene Herz der Künstler- und Hipsterszene ist der Fondren District. Da es auch einige ordentliche Bars, gute Restaurants und viel Livemusik gibt, kann man hier problemlos seinen Spaß haben.

⊙ Sehenswertes

Mississippi Museum of Art
GALERIE

(☏ 601-960-1515; www.msmuseumart.org; 380 South Lamar St; Sonderausstellungen 5–12 US$; ⊙ Di–Sa 10–17, So 12–17 Uhr) GRATIS Diese Attraktion sollte man sich bei einem Aufenthalt in Jackson nicht entgehen lassen: Die Sammlung von Kunst aus Mississippi und die Dauerausstellung *The Mississippi Story* sind hinreißend, und das Gelände ist hübsch zu einem freundlichen, skurrilen Garten gestaltet.

Old Capitol Museum
MUSEUM

(www.mdah.state.ms.us/museum; 100 State St; ⊙ Di–Sa 9–17, So 13–17 Uhr) GRATIS Das Gebäude im Greek-Revival-Stil diente von 1839 bis 1903 als Kapitol von Mississippi und beherbergt heute ein Museum zur Geschichte des Bundesstaats, das zahlreiche Filme und Ausstellungen zeigt. So erfährt man etwa, dass die Sezession alles andere als eine einstimmige Sache war und dass nach der Reconstruction einige der strengsten Black Codes (Gesetze zur Einschränkung der Rechte Schwarzer) eingesetzt wurden, die es in den Südstaaten vor der Zeit der Rassentrennung gab.

Eudora Welty House
HISTORISCHES GEBÄUDE

(☏ 601-353-7762; www.eudorawelty.org; 1119 Pinehurst St; Erw./Student/Kind 5/3 US$/frei; ⊙ Führungen Di–Fr 9, 11, 13 & 15 Uhr) Literaturinteressierte sollten sich für eine Führung durch das Haus der mit dem Pulitzerpreis ausgezeichneten Autorin anmelden, die hier mehr als 75 Jahre gelebt hat. Das neo-elisabethanische Haus wurde bis ins kleinste Detail sorgfältig rekonstruiert. Die Besichtigung ist jeweils am 13. jedes Monats frei, sofern es sich dabei um einen normalen Werktag handelt.

Smith Robertson Museum
MUSEUM

(☏ 601-960-1457; www.jacksonms.gov; 528 Bloom St; Erw./Kind 4,50/1,50 US$; ⊙ Mo–Fr 9–17, Sa 10–13 Uhr) Das Museum befindet sich in Mississippis erster öffentlicher Schule für afroamerikanische Kinder, die einst auch Richard Wright, der Autor von *Black Boy* und vielen anderen Büchern, besuchte. Es vermittelt einige Einblicke und Deutungen bezüglich der schmerzvollen, entbehrungsreichen Geschichte der Afroamerikaner in Mississippi und Wrights Kritik am herrschenden Rassismus, die eine wichtige literarische Grundlage für die Bürgerrechtsbewegung wurde.

Museum of Natural Science
MUSEUM

(☏ 601-576-6000; www.mdwfp.com/museum; 2148 Riverside Dr; Erw./Kind 6/4 US$; ⊙ Mo–Fr 8–17, Sa ab 9, So ab 13 Uhr; ♿) 🍴 Das Museum of Natural Science liegt versteckt in Lefleurs Bluff State Park. Es zeigt Ausstellungen zu Mississippis indigener Fauna und Flora. Drinnen findet sich ein Aquarium und vor dem Haus ein 120 ha großes Naturreservat, durch das ein insgesamt 4 km langes Wegenetz führt.

🛏 Schlafen & Essen

Der Fondren District ist das aufblühende Künstler- und Bohemeviertel; Restaurants, Kunstgalerien und Cafés säumen die geschäftige Hauptstraße.

Old Capitol Inn
BOUTIQUEHOTEL **$$**

(☏ 601-359-9000; www.oldcapitolinn.com; 226 N State St; Zi./Suite ab 99/145 US$; 🅿 ❄ @ 🛜 🏊) Das hervorragende Boutiquehotel hat 24 Zimmer und liegt in der Nähe von Museen und Restaurants. Zum Dachgarten gehört auch ein Whirlpool. Im Preis inbegriffen sind ein komplettes Südstaatenfrühstück sowie Wein und Käse am frühen Abend. Die Zimmer sind allesamt komfortabel und individuell möbliert.

Big Apple Inn
AMERIKANISCH **$**

(☑ 601-354-4549; 509 N Farish St; Hauptgerichte 2 US$; ◉ Di–Fr 7.30–21, Sa ab 8 Uhr) Im Big Apple gibt's eigentlich nur zwei Gerichte: heiße Würstchen oder Schweineohren in weichem Brötchen. Schmecken aber köstlich! Der Innenraum ist heiß, beengt und schäbig, und die Gegend ist ziemlich heruntergekommen. Doch das Lokal ist ein echtes Original, und die Schweineohren sind eine lange Anfahrt wert.

High Noon Cafe
VEGETARISCH **$**

(☑ 601-366-1513; www.rainbowcoop.org; 2807 Old Canton Rd; Hauptgerichte 7–10 US$; ◉ Mo–Fr 11.30–14 Uhr; 🅿🛒🚲) 🍴 Keine Lust mehr auf Pulled Pork und Wels? Dieses vegetarische Biogrillrestaurant im Lebensmittelladen Rainbow Co-op im Fondren District serviert Rote-Bete-Burger, Portabello-Reuben-Sandwiches und andere gesunde Leckereien. Hier bekommt man auch Biolebensmittel.

Saltine
SEAFOOD **$$**

(☑ 601-982-2899; www.saltinerestaurant.com; 622 Duling Ave; Hauptgerichte 12–19 US$; ◉ Mo–Do 11–22, Fr & Sa bis 23, So bis 21 Uhr) Der verspielte Laden hat es zu seiner leckeren Aufgabe gemacht, Austern in die kulinarische Welt von Jackson einzuführen. Die Schalentiere werden in mehreren Versionen angeboten: roh, über Holzfeuer gegart, mit weißer Alabama-Barbecuesauce und „Nashville", d.h. (sehr) scharf. Man tunkt die Austernsauce mit dem ausgezeichneten pfannengebratenen Maisbrot auf und probiert anschließend die Regenbogenforelle.

Walker's Drive-In
SÜDSTAATENKÜCHE **$$$**

(☑ 601-982-2633; www.walkersdrivein.com; 3016 N State St; Hauptgerichte mittags 10–17 US$, abends 26–36 US$; ◉ Mo–Fr 11–14 & Di–Sa ab 17.30 Uhr) Der Retro-Diner wurde mit viel Liebe restauriert und mit moderner Südstaaten-Feinschmeckerküche aufgepeppt. Mittags gibt's ausgezeichnete Diner-Kost wie gegrillte Rotbarsch-Sandwiches, zarte Burger und gegrillte Austern-Po'boys oder den außergewöhnlichen Salat mit schonend gegartem, mit Chili ummanteltem Thunfisch, zu dem scharf gewürzte Tintenfischringe und Seetang serviert werden.

🍷 Ausgehen & Unterhaltung

Martin's
BAR

(☑ 601-354-9712; www.martinslounge.net; 214 S State St; ◉ Mo–Sa 10–1.30, So bis 24 Uhr) Dies ist eine nette Schmuddelkneipe, also einer jener Orte, wo die Barkeeper die Telefonnummern ihrer Stammgäste kennen – zur Sicherheit, falls diese vom Barhocker kippen. Zu dem gemischten Publikum zählen ältere Leute, Angestellte aus der Staatsverwaltung, schmierige Lobbyisten und Rechtsverdreher, die aus einem Roman von John Grisham stammen könnten. Livemusik und Karaoke peppen das Ganze am Wochenende auf.

Sneaky Beans
CAFÉ

(☑ 601-487-6349; www.sneakybeans.tumblr.com; 2914 N State St; ◉ Mo–Fr 7–21.30, Sa ab 7.30 Uhr) Jede Stadt verdient ein tolles Café mit schnellem WLAN, schräger Kunst und einer Menge Lokalkolorit. In Jackson erfüllt das Sneaky Beans diese Funktion und hat darüber hinaus noch eine ziemlich große Bibliothek zu bieten.

The Apothecary at Brent's Drugs
COCKTAILBAR

(www.apothecaryjackson.com; 655 Duling Ave; ◉ Di–Do 17–1, Fr & Sa bis 2 Uhr) Versteckt hinten in einem Limonaden-Laden im Stil der 1950er-Jahre findet sich diese ganz eindeutig aus dem frühen 21. Jh. stammende Cocktailbar: Die Barkeeper tragen Brillen mit dicken, auffälligen Rahmen, die Gäste haben tätowierte Arme, und die Getränke auf der umfangreichen Karte sind alle fachkundig gemixt.

F Jones Corner
BLUES

(☑ 601-983-1148; www.fjonescorner.com; 303 N Farish St; ◉ Di–Fr 11–14, Do–Sa 22 Uhr–open end) Wenn die anderen Lokale schließen, strömt alles in diesen bodenständigen Club in der Farish St. Dort spielen authentische Delta-Musiker schon mal bis zum Sonnenaufgang.

Hal & Mal's
LIVEMUSIK

(☑ 601-948-0888; www.halandmals.com; 200 Commerce St) Das Hal & Mal's ist schlicht ein mittelgroßer Livemusik-Treffpunkt. Man hat eine tolle Sicht, der Laden ist nie zu voll und auch nicht enervierend groß, der Barbetrieb läuft gut, und diejenigen, die die Künstler buchen, verstehen etwas von ihrem Geschäft und zeigen, dass Jackson – anders als viele glauben – durchaus abgedreht sein kann.

ℹ️ Praktische Informationen

Convention & Visitors Bureau (☎ 601-960-1891; www.visitjackson.com; 111 E Capitol St, Suite 102; ☺ Mo–Fr 8–17 Uhr) Kostenlose Infos.

ℹ️ An- & Weiterreise

Jackson liegt an der Kreuzung der I-20 mit der I-55 und ist deshalb leicht zu erreichen. Der internationale **Flughafen** (☎ 601-939-5631; JAN; www.jmaa.com; 100 International Dr) liegt 10 Meilen (16 km) östlich der Downtown. Busse von **Greyhound** (☎ 601-353-6342; www.greyhound.cpm; 300 W Capitol St) fahren nach Birmingham (AL), Memphis (TN) und New Orleans (LA). Der Amtrak-Zug *City of New Orleans* hält am hiesigen Bahnhof.

Natchez

Rund 668 Häuser aus der Zeit vor dem Bürgerkrieg zieren die älteste europäische Siedlung am Mississippi River (noch zwei Jahre älter als New Orleans). Natchez ist zudem der Ausgangs- oder Endpunkt des malerischen 444 Meilen (714 km) langen Natchez Trace Pkwy, der das Highlight des Bundesstaats für Radfahrer und Erholungssuchende ist. Gleich vor der Stadt liegt am Trace der **Emerald Mound** (☎ 800-305-7417; www.nps.gov/natr; Mile 10.3, Natchez Trace Pkwy; ☺ Sonnenaufgang–Sonnenuntergang; ♿🅿), die grasbewachsenen Überreste von Zeremonialhügeln amerikanischer Ureinwohner, die drum herum in großen Dörfern wohnten. Der große Hügel ist der zweitgrößte derartige Bau, der von präkolumbianischen Kulturen in den USA aufgeschichtet wurde.

Das große und gut organisierte **Visitor and Welcome Center** (☎ 800-647-6724; www.visitnatchez.org; 640 S Canal St; Führung Erw./Kind 12/8 US$; ☺ Mo–Sa 8.30–17, So 9–16 Uhr; ♿) hält Informationen für Traveller bereit. Die Führungen durch die historische Innenstadt und zu den Herrenhäusern aus der Antebellum-Ära beginnen hier. Während der Hauptsaison im Frühjahr und Herbst sind die Herrenhäuser der Stadt für Besucher geöffnet.

🛏️ Schlafen & Essen

Mark Twain Guesthouse   PENSION **$**
(☎ 601-446-8023; www.underthehillsaloon.com; 33 Silver St; Zi. ohne Bad 65–85 US$; ❄🅰) Mark Twain pflegte einst in Zimmer Nr. 1, direkt über der Theke des heutigen **Under the Hill Saloon** (☎ 601-446-8023; www.underthehillsaloon.com; 25 Silver St; ☺ 9 Uhr–open end), zu übernachten, wenn er zu seiner Zeit als Lotse auf den Flussbooten durch die Stadt kam. Insgesamt stehen Gästen drei Zimmer und eine Waschküche zur Verfügung; alle Bewohner der Zimmer teilen sich ein Gemeinschaftsbad. Einchecken müssen Traveller unten im Saloon.

Historic Oak Hill Inn   INN **$$**
(☎ 601-446-2500; www.historicoakhill.com; 409 S Rankin St; Zi. inkl. Frühstück ab 135 US$; 🅿❄🅰) In diesem klassischen Natchez-B&B bekommt man (von den altmodischen Möbeln bis zum Porzellan) einen Eindruck davon, wie die Aristokraten in der Zeit vor dem Bürgerkrieg lebten. Das charmant-nervöse Personal sorgt für einen ungetrübten Aufenthalt.

DER NATCHEZ TRACE

Wer durch Mississippi fährt, sollte zumindest einen Teil seiner Reise im Hinblick auf eine der ältesten Straßen Nordamerikas planen: den Natchez Trace. Dieser 444 Meilen (714 km) lange Weg folgt einem natürlichen Gebirgskamm, der von prähistorischen Tieren vielfach bei deren Weidezügen benutzt wurde; so trampelten diese Tiere einen Pfad, den die Völker der amerikanischen Ureinwohner als Handelsroute nutzten. Daraus wurde dann schließlich der Natchez Trace, eine wichtige, oft von Banditen heimgesuchte Straße ins westliche Landesinnere der jungen USA.

1938 wurde der Abschnitt des Trace, der sich von Pasquo in Tennessee in südwestlicher Richtung nach Natchez in Mississippi erstreckt, als **Natchez Trace Parkway** (☎ 662-680-4025, 800-305-7417; www.nps.gov/natr; ♿) 🖉 unter den Schutz des Bundes gestellt und der Verwaltung des National Park Service unterstellt. Die hübsche, malerische Fahrt führt durch eine ganze Palette südlicher Landschaften: durch dichte, dunkle Wälder, sumpfige Leuchtgebiete, sanft gewelltes Hügelland und große Flächen Farmland. Es gibt mehr als 50 Zugangspunkte zum Parkway und ein hilfreiches **Visitor Center** (☎ 662-680-4027, 800-305-7417; www.nps.gov/natr; Mile 266, Natchez Trace Pkwy; ☺ 8–17 Uhr, Weihnachten geschl.; ♿♿) außerhalb von Tupelo.

Magnolia Grill AMERIKANISCH $$
(☑ 601-446-7670; www.magnoliagrill.com; 49 Silver
St; Hauptgerichte 13–20 US$; ☺ 11–21, Fr & Sa bis
22 Uhr; ♿) Der Grill in einem Ladengeschäft
in einem attraktiven Holzhaus mit freilie-
genden Balken und Außenveranda befindet
sich unten am Fluss – ein guter Ort für einen
Schweinelenden-Po'boy oder einen Salat mit
gebratenen Krebsen und Spinat!

Cotton Alley CAFÉ $$
(☑ 601-442-7452; www.cottonalleycafe.com; 208
Main St; Hauptgerichte 10–20 US$; ☺ Mo–Sa 11–14
& 17.30–21 Uhr) Der niedliche, weiß getünch-
te Speiseraum ist mit Schnickschnack und
allerlei Kunst vollgestopft. Auf der Karte
kommt die regionale Küche zu ihrem Recht,
z.B. in Form von gegrillten Hähnchen-Sand-
wiches auf Texas-Toast oder von Jamba-
laya-Pasta; es gibt aber auch guten Caesar
Salad mit Hühnchen und leckeren gegrillten
Lachs-Salat.

Golfküste

Die Golfküste Mississippis besteht aus einer
langen, niedrigen Reihe von windzerzaus-
ten Dünen mit Wiesen aus Plattährengras,
Kunstgalerien an den Buchten und an Las
Vegas erinnernden Kasinos in der Gegend
rund um Biloxi. Sie ist ein beliebtes Aus-
flugsgebiet für Familien und Militärange-
hörige – Letzteres, weil mehrere wichtige
Stützpunkte an den Küsten zwischen Florida und Texas liegen.

Das charmante **Bay St. Louis** lockt viele
Bundesbedienstete an, darunter viele Wissenschaftler, die im Stennis Space Center
nahe der Grenze zu Louisiana arbeiten und
die dafür sorgen, dass der Ort ein wenig auf-
geschlossener wirkt, als man das sonst in
Mississippi erwartet. Yogastudios, Antiquitätenläden und Galerien säumen die **Main
St**. Das **Starfish Cafe** (☑ 228-229-3503; www.
starfishcafebsl.com; 211 Main St; Hauptgerichte
8–12 US$; ☺ Di–Sa 11–14 , Mo & Di 17–20 Uhr;
☑ ♿) ♠ gibt örtlichen Jugendlichen eine
Ausbildung, setzt sich für die nachhaltige
Produktion sowie Zutaten ein und serviert
Südstaatengerichte mit kosmopolitischem
Einschlag wie Fisch-Tacos, mit Panko (Brot-
mehl) panierten Tofu und geschwärzte Garnelen aus dem Golf.

Ocean Springs bleibt ein friedliches Refugium mit einem Hafen, in dem Fischerboote neben Freizeitjachten liegen, einem
historischen Stadtzentrum und einem weichen, weißen Sandstrand am Golf von Me-

xiko. Das Highlight der Stadt ist das **Walter
Anderson Museum** (☑ 228-872-3164; www.
walterandersonmuseum.org; 510 Washington St;
Erw./Kind 10/5 US$; ☺ Mo–Sa 9.30–16.30, So ab
12.30 Uhr; ♿) ♠. Anderson war ein hinge-
bungsvoller Künstler, der die Natur der Golfküste liebte. Eine Geisteskrankheit erzwang
eine mönchische Lebensweise, beflügelte
aber seine Arbeit: Er wollte, in eigenen Worten, „einer jener sein, die Natur und Kunst
zusammenbringen". Nach seinem Tod entdeckte man, dass er die Strandhütte, in der
er auf **Horn Island** gelebt hatte, mit hinreißenden Wandmalereien geschmückt hatte,
die nun hier zu sehen sind.

Hotels säumen den Highway auf dem
Weg zum Stadtzentrum. Nette Campingmöglichkeiten und ein Visitor Center bietet der **Gulf Islands National Seashore
Park** (☑ 228-875-9057; www.nps.gov/guis; 3500
Park Rd, Ocean Springs, MS; Eintritt 3 US$/Pers.,
Stellplatz 20–30 US$) ♠ gleich außerhalb der
Stadt. Hier erblickt man puderweiche Sanddünen mit See- und Plattährengrashainen,
die von den ruhigen Gewässern des Golfes
umspült werden. Dies hier ist einer der letzten unbebauten Küstenabschnitte im Süden
der USA.

ARKANSAS

Arkansas (sprich: ar-ken-soh), das gebirgige
Verbindungsstück zwischen dem Mittleren
Westen und den eigentlichen Südstaaten, ist
ein oft übersehenes landschaftliches Juwel,
geprägt von reißenden Strömen, dunklen,
grünen Tälern, zinnenartigen Granitfelsen
und den verwitterten Gebirgskämmen der
Ozark und der Ouachita (sprich: wa-schi-
toh) Mountains. Im gesamten Bundesstaat
locken ausnehmend gut aufgemachte State
Parks und kleine, einsame Straßen, die
durch dichte Wälder zu hinreißenden Aussichtspunkten oder lieblichen Wiesen mit
grasenden Pferden führen. In den Gebirgsstädtchen trifft man auf evangelikalen Fun-
damentalismus, Hippie-Kommunen und
Biker-Bars, aber alle diese sehr unterschiedlichen Kulturen eint die Liebe zur atemberaubenden Natur ihres Heimatstaats.

❶ Praktische Informationen

Arkansas State Parks (☑ 888-287-2757; www.
arkansasstateparks.com) Die 52 State Parks
von Arkansas werden tadellos verwaltet, 30 von
ihnen bieten Campingmöglichkeiten (Stellplatz
für Zelt & Wohnmobil 12–55 US$, je nach Aus-

stattung). Einige der Parks haben sogar eigene Lodges und Hütten. Letztere sind sehr beliebt, und deshalb muss man am Wochenende und in den Ferien reservieren und mehrere Nächte bleiben.

Little Rock

Little Rock wird seinem Namen absolut gerecht: Die charmante Hauptstadt des Bundesstaats wirkt wirklich ziemlich klein. Gleichwohl ist sie das Zentrum des städtischen Lebens in Arkansas und dabei doch recht cool – in den grünen Wohnvierteln trifft man auf hippe Bars, neue Restaurants, viele Radwege und einen toleranten Lebensstil. Die Stadt ist klein, hat aber eine wunderbare Lage am Arkansas River, und, wie es zu diesem Bundesstaat voller Naturwunder passt, man ist im Handumdrehen in üppig bewaldeten Flusstälern.

KURZINFOS ARKANSAS

Spitzname Natural State

Bevölkerung 2,9 Mio.

Fläche 134 856 km²

Hauptstadt Little Rock (193 357 Ew.)

Weitere Städte Fayetteville (78 690 Ew.), Bentonville (40 167 Ew.)

Verkaufssteuer 6,5 %, plus 2 % Besucherabgabe und Gemeindesteuer

Geburtsort von General Douglas Mac-Arthur (1880–1964), Musiker Johnny Cash (1932–2003), Ex-Präsident Bill Clinton (geb. 1946), Schriftsteller John Grisham (geb. 1955), Schauspieler Billy Bob Thornton (geb. 1955)

Heimat von Walmart

Politische Ausrichtung Wie die meisten Staaten im Süden verwandelte sich der Staat in Opposition zur Bürgerrechtsbewegung in den 1960er-Jahren zu einer Republikaner-Hochburg

Berühmt für Football-Fans mit dem Kampfschrei *Calling the Hogs – Wooooooooooo, Pig ! Sooie!*

Offizielles Musikinstrument des Staates Fiedel

Entfernungen Little Rock–Eureka Springs 182 Meilen (291 km), Eureka Springs–Mountain View 123 Meilen (197 km)

⊙ Sehenswertes

Die beste Gegend für einen Stadtbummel ist der **River Market District** (www.rivermarket.info; W Markham St & President Clinton Ave), ein Gebiet am Flussufer voller Läden, Galerien, Restaurants und Kneipen. Anschauen sollte man sich das **Butler Center** (☎ 501-320-5790; www.butlercenter.org; 401 President Clinton Ave; ⊙ Mo–Sa 9–18 Uhr) GRATIS. Das Forschungsinstitut widmet sich der Förderung des Verständnisses für die Kunst und Kultur des Bundesstaats. In den hübschen Galerieräumen sind viele Kunstwerke aus der Region ausgestellt.

William J. Clinton
Presidential Center
BIBLIOTHEK

(☎ 501-748-0419; www.clintonlibrary.gov; 1200 President Clinton Ave; Erw./Student & Senior/Kind 7/5/3 US$, mit Audioguide 10/8/6 US$; ⊙ Mo–Sa 9–17, So 13–17 Uhr) ✎ Die Bibliothek besitzt die größte Archivalien-Sammlung der Präsidentengeschichte, darunter 80 Mio. Seiten Dokumente und 2 Mio. Fotos (allerdings wenig über eine bestimmte Skandalgeschichte). Ein Besuch wirkt wie eine Zeitreise durch die 1990er-Jahre. Zu sehen gibt's u. a. einen Nachbau des Oval Office in Originalgröße, Exponate zu allen Stationen von Clintons Leben und Gastgeschenke ausländischer Würdenträger. Der ganze Komplex wurde unter Einhaltung umweltfreundlicher Baustandards errichtet.

Little Rock Central
High School
HISTORISCHE STÄTTE

(☎ 501-396-3001; www.nps.gov/chsc; 2125 Daisy Gatson Bates Dr; ⊙ 9.30–16.30 Uhr) Little Rocks fesselndste Attraktion ist der Ort, wo sich 1957 die Krise im Zusammenhang mit dem Verbot der Rassentrennung zuspitzte, die das gesamte Land auf immer verändern sollte. Hier wurde den „Little Rock Nine", neun afroamerikanischen Schülern, die Einschreibung in die damals Weißen vorbehaltene Schule verwehrt, obwohl per einstimmiger Entscheidung des Obersten Bundesgerichts 1954 die sogenannte Rassentrennung an öffentlichen Schulen für verfassungswidrig erklärt worden war.

Riverfront Park
PARK

(☎ 501-371-6848; LaHarpe Blvd) Gleich nordwestlich der Innenstadt erstreckt sich der Riverfront Park am Ufer des Arkansas River und bietet Spaziergängern und Radfahrern einen fantastischen Erholungsraum. Die Integration von Landschaft und Fluss in den

Stadtraum ist hier wirklich gelungen. Die unübersehbare **Big Dam Bridge** (www.bigdambridge.com; ![icon]) ist das Verbindungsstück des 27 km langen Wegenetzes, das dank der Sanierung der **Clinton Presidential Park Bridge** mittlerweile zu einer Schleife geschlossen ist.

Arkansas Arts Center   MUSEUM
(![icon] 501-372-4000; www.arkansasartscenter.org; 9th & Commerce St; ⊙ Di–Sa 10–17, So ab 11 Uhr) GRATIS Little Rocks Kunstmuseum zeigt ausgezeichnete Wanderausstellungen und eine Dauersammlung mit einer eindrucksvollen Menge zeitgenössischen Kunsthandwerks, einer Grafik des Naturforschers John James Audubon und mehreren Werken des Neo-Impressionisten Paul Signac.

🛏 Schlafen & Essen

Zum Zeitpunkt unserer Recherchen wurde gerade das **Firehouse Hostel** (![icon] 501-476-0294; www.firehousehostel.org; 1201 Commerce St) ausgebaut. Die Location des geplanten Hostels in einem prächtigen Arts-&-Crafts-Gebäude von 1917, das früher eine städtische Feuerwache war, ist jedenfalls einfach fantastisch.

★ Capital Hotel   BOUTIQUEHOTEL $$
(![icon] 501-370-7062, 877-637-0037; www.capitalhotel.com; 111 W Markham St; Zi. 190–220 US$; P ❄@🛜) Das 1872 errichtete ehemalige Bankgebäude mit Gusseisenfassade (ein fast vollständig verschwundenes Architekturelement) ist das beste Hotel in Little Rock. Es gibt einen wunderbaren Balkon, und überall herrscht ein von Cocktails, Anzugträgern und Zigarren geprägter Pomp – wer sich also einmal wie ein weinseliger, ausgezeichnet speisender Lobbyist fühlen will, ist hier genau richtig.

Rosemont   B&B $$
(![icon] 501-374-7456; www.rosemontoflittlerock.com; 515 W 15th St; Zi. 105–145 US$; P ❄🛜) Das restaurierte Farmhaus aus den 1880er-Jahren in der Nähe der Residenz des Gouverneurs strahlt gemütlichen Südstaatencharme aus. Die Betreiber vermieten in der Nähe auch ein idyllisches historisches Cottage (ab 175 US$).

Ottenheimer Market Hall   MARKT $
(zw. S Commerce & S Rock St; ⊙ Mo–Sa 7–18 Uhr) An den Ständen findet man gute Dinge fürs Frühstück und Mittagessen: frisches Obst und Gebäck, Sushi, Burger, Grillspeisen und vieles mehr.

Big Orange   AMERIKANISCH $
(![icon] 501-379-8715; www.bigorangeburger.com; 207 N University Ave; Hauptgerichte 9–13 US$; ⊙ So–Do 11–22, Fr & Sa bis 23 Uhr; 🖉![icon]) Manchmal braucht man einen Burger – und zwar einen richtigen, mit einem großen Stück Fleisch zwischen zwei gebutterten Brötchenhälften –, der keine Wünsche offen lässt. Das Big Orange serviert die verschiedensten Versionen, darunter den Klassiker mit amerikanischem Käse und weißen Trüffeln (zur Dekoration). Vegetarier halten sich am besten an die Falafel.

★ South on Main   AMERIKANISCH $$
(![icon] 501-244-9660; www.southonmain.com; 1304 S Main St; Hauptgerichte 16–24 US$; ⊙ Mo–Fr 11–14.30, Di–Sa 17–22, So 10–14 Uhr) Das wunderbare Restaurant ist ein gastronomisches Lieblingsprojekt des *Oxford American*, der wichtigen literarischen Vierteljahresschrift des Südens. Es widmet sich der Küche der Region mit kreativ-köstlicher Verve und Energie, z.B. mit Wels mit Maispfannkuchen oder Kaninchenkeule im Schinkenmantel. Eine tolle Bar und häufige Livemusik runden das Erlebnis ab.

🍷 Ausgehen & Unterhaltung

In den lustigen Kneipen im River Market District ist abends mächtig was los.

White Water Tavern   LIVEMUSIK
(![icon] 501-375-8400; www.whitewatertavern.com; 2500 W 7th St; ⊙ Mo–Fr 12–2, Sa 18–1 Uhr) Das White Water versammelt ausgezeichnete Musiker und Bands aller Stilrichtungen (von Hardcore-Rock über Alt-Country bis zu Indie-Pop und Hip-Hop) auf seiner Bühne. Wenn gerade kein Konzert gegeben wird, ist der Laden eine ausgezeichnete, freundliche Eckkneipe.

ℹ Anreise & Unterwegs vor Ort

Der **Bill & Hillary Clinton National Airport** (LIT; ![icon] 501-372-3439; www.lrn-airport.com; 1 Airport Dr) liegt gleich östlich der Downtown. Der **Greyhound-Busbahnhof** (![icon] 501-372-3007; www.greyhound.com; 118 E Washington St) in North Little Rock bietet Verbindungen nach Hot Springs (1–2 Std.), Memphis, TN (2½ Std.), und New Orleans, LA (18 Std.), an. Amtrak ist in der **Union Station** (![icon] 501-372-6841; 1400 W Markham St) zu finden. **Central Arkansas Transit** (CAT; ![icon] 501-375-6717; www.cat.org) betreibt das örtliche Busnetz. Der **River Rail Streetcar**, eine Straßenbahn, fährt auf einem Rundkurs über die W Markham und die President Clinton Ave (Erw./Kind 1 US$/0,50 US$).

DER SÜDEN LITTLE ROCK

Hot Springs

Dass Hot Springs ein schmuckes Gebirgsstädtchen ist, haben wir bestimmt nicht als Erste entdeckt. Die heilkräftigen Quellen, nach denen der Ort benannt ist, haben schon die amerikanischen Ureinwohner angelockt, im frühen 20. Jh. dann Gesundheitsfanatiker und schließlich mehr als nur eine Größe des organisierten Verbrechens in den USA. In seiner Blütezeit in den 1930er-Jahren war Hot Springs ein Tummelplatz von Glücksspielern, Schwarzbrennern, Prostituierten und Stinkreichen. Aufwendig restaurierte Badehäuser, die immer noch Bäderanwendungen alter Schule verabreichen, säumen hinter schattenspendenden Magnolien die Bathhouse Row östlich der Central Ave.

☉ Sehenswertes & Aktivitäten

Ein Spazierweg hinter der **Bathhouse Row** führt rund um den Hügel durch den Park, wo noch einige Quellen erhalten sind, und ein Wegenetz erschließt die Berge um Hot Springs. Viele der alten Badehäuser sind heute Kunstgalerien, die im weitesten Sinne dem National Parks Service (NPS) angeschlossen sind.

NPS Visitor Center   MUSEUM
(Fordyce Bath House; ☎501-620-6715; www.nps.gov/hosp; 369 Central Ave; ☉9–17 Uhr) An der Bathhouse Row zeigt das NPS Visitor Center, das im Fordyce-Badehaus von 1915 untergebracht ist, in seinem Museum Exponate zur Geschichte des Parks, der einst eine Freihandelszone der Ureinwohner und um die Wende zum 20. Jh. ein Kurbad nach europäischem Vorbild war. Am faszinierendsten sind die Einrichtungen des Kurbads aus dem frühen 20. Jh.: Das Buntglas und die griechischen Statuen sind reizend, auf die kahlen weißen Wände, den Mörtel und die Elektroschocktherapie können wir hingegen gut und gern verzichten.

**Hot Springs
Mountain Tower**   OUTDOOR-AKTIVITÄTEN
(401 Hot Springs Mountain Rd; Erw./Kind 7/4 US$; ☉Nov.–Feb. 9–17 Uhr, März–Mitte Mai & Labor Day–Okt. bis 18 Uhr, Mitte Mai–Labor Day bis 21 Uhr) Auf der Spitze des Hot Springs Mountain bietet sich von dem 65 m hohen Turm eine spektakuläre Aussicht auf die umliegenden Berge, die mit Hornsträuchern, Hickory-Bäumen, Eichen und Kiefern bewachsen sind, welche im Frühjahr und Herbst ihre volle Pracht entfalten.

**Gangster Museum
of America**   MUSEUM
(☎501-318-1717; www.tgmoa.com; 510 Central Ave; Erw./Kind 12 US$/frei; ☉So–Do 10–17, Fr & Sa bis 18 Uhr) In diesem Museum erfährt man etwas über die sündig-glorreichen Tage, als sich der kleine Ort mitten im Nirgendwo dank Schwarzbrennern wie Al Capone aus Chicago und seinen „Kollegen" aus New York zu einer Brutstätte von Luxus und Verschwendung entwickelte. Zu den Highlights der Ausstellung zählen einarmige Banditen und ein Maschinengewehr. Das Museum ist im Rahmen von Führungen zu besichtigen, die in der Regel zur halben Stunde stattfinden.

Galaxy Connection   MUSEUM
(☎501-276-4432; www.thegalaxyconnection.com; 906 Hobson Ave; Eintritt 10 US$; ☉Mo–Sa 10–17, So ab 12 Uhr) Mal etwas ganz anderes: ein *Star-Wars*-Museum. Der fantastisch-kitschige Tempel ist das Werk eines besonders besessenen Fans aus Arkansas und vielleicht etwas amateurhaft. Es hat aber doch so viele Attraktionen – von lebensgroßen Boba-Fett-Puppen bis hin zu einem Areal, in dem man sich als Jedi verkleiden kann –, dass echte Fans in jedem Fall nostalgisch werden.

Buckstaff Bath House   SPA
(☎501-623-2308; www.buckstaffbaths.com; 509 Central Ave; Thermalbad 33 US$, inkl. Massage 71 US$; ☉März–Nov. Mo–Sa 8–11.45 & 13.30–15 Uhr, Dez.–Feb. Sa nachmittags geschl.) Der Bäderbetrieb in Hot Springs war niemals zimperlich. Das sachliche Personal im Buckstaff treibt einen durch die Bäder; die Anwendungen und Massagen sind wie die in den 1930er-Jahren. Einfach wunderbar!

🛏 Schlafen & Essen

Entlang der touristischen Central Ave gibt's jede Menge Restaurants, die die üblichen Speisen anbieten.

★ Alpine Inn   INN $
(☎501-624-9164; www.alpine-inn-hot-springs.com; 741 Park Ave/Hwy 7 N; Zi. 65–95 US$; P ❋ 🛜 🏊) Die freundlichen schottischen Betreiber des Inns, das weniger als eine Meile (1,6 km) von der Bathhouse Row entfernt liegt, haben das alte Motel mehrere Jahre lang einer Renovierung unterzogen – mit beeindruckendem Ergebnis. Die Zimmer sind tadellos, komfortabel und haben Flachbild-TVs sowie gemütliche Betten.

ABSTECHER

ARKANSAS-DELTA

Rund 120 Meilen (193 km) östlich von Little Rock und nur 20 Meilen (32 km) von Clarksdale entfernt überquert der Hwy 49 den Mississippi und führt hinein ins Arkansas-Delta. Das einst durch seine Sägewerke wohlhabende und inzwischen verarmte Helena, ein Ort mit Blues-Geschichte (Sonny Boy Williamson machte sich hier seinen Namen), erwacht beim alljährlichen Arkansas Blues & Heritage Festival (www.kingbiscuitfestival.com; Ticket 45 US$; ⊙Okt.) zum Leben, wenn Bluesmusiker und ihre Fans im frühen Oktober drei Tage lang das Stadtzentrum in Beschlag nehmen. Das ganze Jahr über können Bluesfans und Geschichtsinteressierte das lohnende Delta Cultural Center (☑870-338-4350; www.deltaculturalcenter.com; 141 Cherry St; ⊙Di–Sa 9–17 Uhr) GRATIS besuchen. In dem Museum sind alle möglichen Andenken ausgestellt, z. B. die Gitarren von Albert King und Sister Rosetta Tharpe und ein handsigniertes Taschentuch von John Lee Hooker.

Von hier wird auch die weltweit am längsten bestehende Blues-Radiosendung, *King Biscuit Time*, ausgestrahlt (Mo–Fr 12.15 Uhr); bei *Delta Sounds* (Mo–Fr 13 Uhr) sind häufig Livemusiker zu Gast. Beide Sendungen laufen auf KFFA AM-1360. Vor dem Verlassen der Stadt sollte man eine Liveband gleichtun und die eine oder andere Blues-Platte im wunderbar überfüllten Bubba's Blues Corner (☑870-338-3501; 105 Cherry St, Helena, Arkansas; ⊙Di–Sa 9–17 Uhr; ♿) erstehen.

Das ärmliche Eisenbahn-Städtchen McGehee ist Sitz des anrührenden WWII Japanese American Internment Museum (☑870-222-9168; 100 South Railroad St; Eintritt 5 US$; ⊙Di–Sa 10–17 Uhr). Im Zweiten Weltkrieg wurden US-Amerikaner japanischer Herkunft aus ihren Wohnungen und Geschäften vertrieben und in Sammellager zusammengepfercht. Eines dieser Lager befand sich in dem Sumpfdelta außerhalb von McGehee. Dieses Museum erzählt anhand von persönlichen Besitztümern, Kunstwerken und einer kleinen Reihe traulicher Ausstellungen die Geschichte der Deportierten.

Arlington Resort
Hotel & Spa
HISTORISCHES HOTEL $

(☑501-623-7771; www.arlingtonhotel.com; 239 Central Ave; EZ/DZ/Suite ab 99/120/194 US$; ⓟ❄☎☂) Das imposante historische Hotel thront über der Bathhouse Row und erinnert immer noch ausdauernd an seine Glanzzeit, auch wenn die mittlerweile vorbei ist. In dem prächtigen Foyer herrscht abends, wenn vielleicht auch eine Liveband spielt, viel Betrieb. Es gibt ein Spa im Haus, und die Zimmer sind gut gepflegt, wenn auch nicht mehr die Allerneusten. Die Eckzimmer mit Aussicht sind ein Schnäppchen.

Colonial Pancake House
DINER $

(☑501-624-9273; 111 Central Ave; Hauptgerichte 6–10 US$; ⊙7–15 Uhr; ♿) Dieser Klassiker in Hot Springs hat türkisfarbene Sitznischen sowie Quilts und Zierdeckchen an den Wänden, die dem Diner einen heimeligen Touch verleihen und einen zurück in Omas Küche versetzen. Neben Pfannkuchen werden auch Arme Ritter (mit Texas-Toast) sowie Malz- und Buchweizenwaffeln (lecker, mit Pekannüssen!) serviert, die noch besser schmecken als die von Großmutter. Mittags gibt's auch Burger und andere typische Diner-Gerichte.

McClard's
BARBECUE $$

(☑501-623-9665; www.mcclards.com; 505 Albert Pike; Hauptgerichte 4–15 US$; ⊙Di–Sa 11–20 Uhr) Am südwestlichen Rand der Downtown liegt das Lieblingsgrillrestaurant des kleinen Bill Clinton. Es ist auch heute noch wegen seiner Rippchen, der schonend gegarten Bohnen, der Chilis und Tamales beliebt.

🍷 Ausgehen & Nachtleben

Maxine's
BAR

(☑501-321-0909; www.maxineslive.com; 700 Central Ave; ⊙Mo–Fr 15–3, Sa bis 2, So 12–24 Uhr) Wem abends der Sinn nach (lauter) Musik steht, der sollte sich zu diesem Livemusikschuppen aufmachen, der früher ein berüchtigtes Bordell war. Hier treten regelmäßig Bands aus Austin auf.

Superior Bathhouse
Brewery & Distillery
BRAUEREI

(☑501-624-2337; www.superiorbathhouse.com; 329 Central Ave; ⊙11–21, Fr & Sa bis 23 Uhr) Erstaunlich, dass in einem Ort mit so vielen Outdoor-Begeisterten, Wanderern und Hipstern bislang eine Kleinbrauerei fehlte. Aber es war nur eine Frage der Zeit, und jetzt ist es soweit. Und das örtliche Gebräu ist köstlich und bestens geeignet, jeden gesundheit-

DER SÜDEN HOT SPRINGS

lichen Vorteil, den man sich in Hot Springs versehentlich zugezogen haben könnte, gleich wieder gründlich wegzuspülen.

ℹ An- & Weiterreise

Greyhound (☑ 501-623-5574; www.greyhound. com; 100 Broadway Tce) bietet Busverbindungen nach Little Rock (1½ Std., 3-mal tgl.) an.

Rund um Hot Springs

Der wilde, schöne **Ouachita National Forest** (☑ 501-321-5202; www.fs.usda.gov/ouachita; Welcome Center 100 Reserve St, Hot Springs; ☺ 8–16.30 Uhr) lockt mit seinen vielen Seen Jäger, Angler, Mountainbiker und Freizeitkapitäne an. Die schmalen Straßen durch die Berge führen zu lauschigen Plätzchen und grandiosen Aussichtspunkten. Durch das Gebiet verlaufen gleich zwei ausgewiesene National Forest Scenic Byways: der Arkansas Scenic Hwy 7 und der Talimena Scenic Byway, der sich über die Gebirgszüge von Arkansas bis nach Oklahoma erstreckt.

Arkansas River Valley

Der Arkansas River schlägt eine Schneise von Oklahoma nach Mississippi. Er und seine Nebenflüsse laden zum Angeln und Kanufahren ein; am Ufer kann man außerdem zelten.

Die sehr gepflegten Wege im **Petit Jean State Park** (☑ 501-727-5441; www.petitjean statepark.com; 1285 Petit Jean Mountain Rd, Morrilton, AR; ♿) westlich von Morrilton führen an einem 29 m hohen Wasserfall inmitten üppigen Grüns vorbei, an romantischen Grotten, fantastischen Aussichtspunkten und dichten Wäldern. Übernachten kann man in einer rustikalen Stein-Lodge, ordentlichen **Hütten** (85–185 US$/Nacht) und auf Campingplätzen. Ein weiterer wunderbarer Park ist der **Mount Magazine** (☑ 479-963-8502; www.mountmagazinestatepark.com; 16878 Highway 309 S, Paris, AR; ☺ 24 Std.) mit einem insgesamt 22,5 km langen Wegenetz rund um den höchsten Gipfel im Bundesstaat. Outdoor-Fans finden hier erstklassige Möglichkeiten zum Gleitschirmfliegen, Klettern und Wandern.

Der spektakuläre, von Sonnenhut und Lilien gesäumte **Highway 23/Pig Trail Byway** führt durch den **Ozark National Forest** in die Berge hinauf – eine ausgezeichnete Route nach Eureka Springs in den Ozark Mountains.

Ozark Mountains

Vom nordwestlichen und zentralen Arkansas bis hinein nach Missouri erstrecken sich die **Ozark Mountains** (☑ 870-404-2741; www. ozarkmountainregion.com), eine uralte, einst von Meer umgebene Gebirgskette, die inzwischen vom Zahn der Zeit mächtig angenagt wurde. Grüne Berge folgen auf nebelverhangene Felder und karge Farmen, dramatische Karstformationen säumen funkelnde Seen, rauschende Flüsse und winzige Nebenstraßen. Die Bewohner der Region sind stolz auf ihr Unabhängigkeitsstreben und ihr Heimatgefühl – eine Einstellung, die sie zumindest teilweise den viele Generationen zurückreichenden Familiengeschichten und der langen Geschichte als Region der Armut verdanken. Als Lektüre auf der Reise bietet sich Daniel Woodrells Krimi *Winters Knochen* an, der auch mit großem Erfolg verfilmt wurde.

Mountain View

Ein Abstecher nach Osten vom US 65 oder auf dem Hwy 5 führt Traveller nach Mountain View. In diesem Gebirgsstädtchen ergibt die Mischung aus tief spirituellem Christentum und Hippie-Folkmusic-Kultur eine herzlich-bodenständige Atmosphäre. Die schleichende Kommerzialisierung fordert auch hier ihren Tribut – das **Visitor Information Center** (☑ 870-269-8068; www. yourplaceinthemountains.com; 107 N Peabody Ave; ☺ Mo–Sa 9–16.30 Uhr) preist den Ort als „Folkmusic-Hauptstadt der Welt" an –, aber dank der netten Sandsteinarchitektur im Zentrum und der improvisierten Folk-, Gospel- und Bluegrass-Auftritte auf dem **Court House Square** (Washington & Franklin St) und auf Veranden überall im Ort zu jeder Zeit verläuft ein Besuch hier doch ziemlich harmonisch. Die Musik spielt an den meisten Abenden bis gegen 22 Uhr. In jedem Frühjahr wird der gesamte Ort während des **Arkansas Folk Festival** (www.yourplacein themountains.com/calendar/arkansas-folk-festival; ☺ April) zur Hauptbühne für die Volksmusik der Ozarks.

⊙ Sehenswertes & Aktivitäten

Ozark Folk Center State Park   STATE PARK
(☑ 870-269-3851; www.ozarkfolkcenter.com; 1032 Park Ave; Auditorium Erw./Kind 12/7 US$; ☺ April–Nov. Di–Sa 10–17 Uhr) Die Hauptkulturattraktion der Stadt ist der Ozark Folk Center State

Park gleich nördlich von Mountain View. Hier gibt es Kunsthandwerksdemonstrationen, einen traditionellen Kräutergarten und abends Livemusik für ein begeistertes, älteres Publikum.

LocoRopes
OUTDOOR-AKTIVITÄTEN

(☑888-669-6717, 870-269-6566; www.locoropes.com; 1025 Park Ave; 7,50 US$/Seilrutsche; ☺1. März–30. Nov. 10–17 Uhr) Hier gibt es einen Hochseilgarten, Slacklines, einen Freefall-Tower, eine Kletterwand und drei Seilrutschen.

Blanchard Springs Caverns
OUTDOOR AKTIVITÄTEN

(☑888-757-2446, 870-757-2211; www.blanchardsprings.org; NF 54, Forest Rd, abseits des Hwy 14; Drip Stone Tour Erw./Kind 10/5 US$, Wild Cave Tour 75 US$; ☺10.30–16.30 Uhr; ☪) Die spektakulären Blanchard Springs Caverns, 15 Meilen (24 km) nordwestlich von Mountain View, wurden von einem unterirdischen Strom ausgewaschen und können es mit den Höhlen im Carlsbad Caverns National Park aufnehmen. Die Höhlen sind ein weiterer wenig bekannter, aber atemberaubender Ort in Arkansas. Der Forest Service bietet drei unterschiedliche geführte Touren an. Die leichteste Tour ist auch für Rollstuhlfahrer möglich, die schwierigste eine drei- bis vierstündige Höhlenwanderung für Abenteuerlustige.

🛏 Schlafen & Essen

Wildflower B&B
B&B $

(☑870-269-4383; www.wildflowerbb.com; 100 Washington; Zi. 89–150 US$; ☒❄🐾) Das B&B liegt direkt am Court Sq und hat eine umlaufende Veranda mit Schaukelstühlen und coole Volkskunst an den Wänden. Am besten bucht man das Vorderzimmer im Obergeschoss: Hier genießt man die Nachmittagssonne, schläft in einem großen Bett oder sieht im angeschlossenen Wohnzimmer fern. Online buchen!

Tommy's Famous Pizza & BBQ
PIZZA, BARBECUE $

(☑870-269-3278; www.tommysfamous.com; Ecke Carpenter & W Main St; Pizza 7–26 US$, Hauptgerichte 7–13 US$; ☺ab 15 Uhr) Das Restaurant wird von den freundlichsten Hinterwäldler-Hippies geführt, die man sich vorstellen kann. Die Grillpizza bringt alle Spezialitäten des Hauses unter einen Hut. Der nette Inhaber, ein früherer Rockmusiker aus Memphis, spielt tolle Musik, macht gern Späße, kann

aber zweierlei nicht leiden: hochnäsige Typen und lärmende Kinder.

Der Laden schließt, wenn eine Stunde lang kein Geld in der Kasse geklingelt hat.

Pj's Rainbow Cafe
AMERIKANISCH $

(☑870-269-8633; 216 W Main St; Hauptgerichte 5,50–16 US$; ☺Di–Sa 7–20, So bis 14 Uhr; ☒☪) Das Country-Café serviert sehr schmackhaftes Diner-Essen mit Pfiff, beispielsweise Schweinshachse mit Spinatfüllung oder Regenbogenforelle aus den örtlichen Flüssen. Nur Barzahlung.

Eureka Springs

Unweit der nordwestlichen Ecke von Arkansas liegt Eureka Springs in einem steil abfallenden Tal. Der Ort ist geprägt von viktorianischen Gebäuden, krummen Straßen und landverbundenen, ökologisch denkenden Leuten, die die Menschen jeglicher Couleur willkommen heißen – deswegen ist Eureka Springs auch einer der offensten, schwulenfreundlichsten Orte in den Ozarks. Hier findet sich ein seltsamer Mix aus liberaler (für amerikanische Verhältnisse) Politik, Regenbogenflaggen und bikerfreundlichen Harley-Bars. Besucher finden viele Möglichkeiten zum Wandern, Radfahren und Reiten vor. Infos für LGBTQ-Besucher in der Region findet man unter **Out In Eureka** (www.gayeurekasprings.com).

Im **Visitor Center** (☑800-638-7352; www.eurekaspringschamber.com; 516 Village Circle, Hwy 62 E; ☺9–17 Uhr) gibt's Infos über Unterkünfte, Aktivitäten, Touren und örtliche Attraktionen sowie zum turbulenten **Blues Festival** (www.eurekaspringsblues.com; ☺Juni).

👁 Sehenswertes & Aktivitäten

1886 Crescent Hotel
HISTORISCHES GEBÄUDE

(☑855-725-5720; www.crescent-hotel.com; 75 Prospect Ave) Das 1886 erbaute Crescent ist ein prächtiges, immer noch bewirtschaftetes Relikt eines vergangenen Zeitalters. Betritt man das mit dunklem Holz ausgekleidete Foyer mit seinen Teppichen und dem knisternden Feuer im Kamin, das durch ein paar Stilelemente aus den 1920er-Jahren aufgepeppt wird, fühlt man das unbändige Verlangen, einen Cognac zu bestellen und Daisy Buchanan (aus *Der Große Gatsby*) dafür auszuschimpfen, dass sie den Flegel Tom Buchanan geheiratet hat. Das Haus thront auf einem Hügel und bildet ein schönes Ziel für einen Drink oder den Blick von der Dachterrasse.

Thorncrown Chapel
CHURCH

(☎ 479-253-7401; www.thorncrown.com; 12968 Hwy 62 W; ☺ April–Nov. 9–17 Uhr, März & Dez. 11–16 Uhr) Das prächtige Gotteshaus aus Glas wird von einer fast 15 m hohen Holzkonstruktion gestützt und hat nicht weniger als 425 Fenster. Zwischen dem eigenen Gebet und Gottes grüner Erde ist hier wirklich nicht viel. Die Kirche steht gleich außerhalb des Ortes in den Wäldern. Spende erbeten.

Lake Leatherwood City Park
PARK

(☎ 479-253-7921; www.lakeleatherwoodcitypark. com; 1303 Co Rd 204) In dem großen Park gibt es 34 km an Wander- und Radwegen, die kreuz und quer durch die bewaldeten Berge und rund um einen 34 ha großen See führen. Der Park befindet sich rund 3,5 Meilen (5,6 km) vom Zentrum entfernt und ist das Eureka Springs am nächsten liegende Naturreservat.

★ Historic Loop
STADTSPAZIERGANG

Dieser 5,6 km lange Rundkurs durch die Geschichte führt durch das Zentrum und die umliegenden Wohnviertel und ist einfach prachtvoll. Unterwegs sieht man mehr als 300 viktorianische Wohnhäuser, die alle vor 1910 erbaut wurden und so schmuck sind, dass sie mit jedem restaurierten historischen Viertel in den USA mithalten können. Man bewältigt die Strecke mit dem Eureka Trolley oder – bei ausreichender Fitness (die Straßen sind steil!) – einfach zu Fuß; einen Lageplan und Trolley-Fahrkarten erhält man im Visitor Center.

Eureka Trolley
TROLLEY

(☎ 479-253-9572; www.eurekatrolley.org; 137 W Van Buren; Tageskarte Erw./Kind 6/2 US$; ☺ Mai–Okt. So–Fr 10–18, Sa 9–20 Uhr, Nov.–April kürzere Betriebszeiten) Der altmodische Trolley, in den bzw. aus dem beliebig oft ein- und ausgestiegen werden darf, pendelt auf vier Routen durch den Großraum Eureka Springs. Jede Fahrt dauert rund 20 bis 30 Minuten und enthüllt andere Seiten des Lebens in dem Gebirgsstädtchen. Wann der Trolley verkehrt, erfährt man online oder telefonisch.

🛏 Schlafen & Essen

★ Treehouse Cottages
COTTAGES $$

(☎ 479-253-8667; www.treehousecottages.com; 165 W Van Buren St; Cottage 149–169 US$; 🅿 ❄ 🐾) Inmitten von 13 ha Kiefernwald verbergen sich die niedlichen, kitschigen und geräumigen, auf Stelzen stehenden Holzhütten,

die wirklich einen Aufenthalt wert sind. Die Bäder sind schön gefliest, vom Whirlpool aus blickt man über die Bäume, auf dem privaten Balkon wartet der Grill betriebsbereit, und auch auf einen Flachbildfernseher und einen Kamin brauchen Gäste nicht zu verzichten.

★ FRESH
MODERN-AMERIKANISCH

(☎ 479-253-9300; www.freshanddeliciousofeureka springs.com; 179 N Main St; Hauptgerichte 7–13 US$; ☺ Do–Sa & Mo 11–21, So bis 19 Uhr; 🍴) Das schöne Café zeichnet sich durch farmfrische Küche, prima Backwaren und urigen Service aus. Die frisch gebackenen und mit Schinken belegten Toastbrote sind echt dekadent, und Veganer werden mit Salaten und Pasta mit Pesto ebenfalls gut bedient.

Oscar's
SANDWICHES $

(☎ 479-981-1436; www.oscarseureka.com; 17 White St; Hauptgerichte 3–7,50 US$; ☺ Di–Fr 9–15, Sa ab 8, So ab 10 Uhr; 🍴) Das kleine Café hat eine kurze, aber gute Karte. Es bietet z. B. Salat mit Hühnchen, Walnüssen und Cranberrys, Schinken-Sandwiches und frische Quiches an. Das ist also eine leichte, luftige Küche, die gut sättigt, ohne einen abzufüllen (was in den Südstaaten rar ist) – zu finden mitten im niedlichen historischen Zentrum von Eureka Springs.

Mud Street Café
CAFÉ $$

(☎ 479-253-6732; www.mudstreetcafe.com; 22G S Main St; Hauptgerichte 9–13 US$; ☺ Do–Mo 8–15 Uhr) Hier gibt's einfache, schmackhafte Gerichte wie Gourmet-Sandwiches, Wraps und Salate. Toller Kaffee und tolles Frühstück locken eine loyale Stammkundschaft an.

★ Stone House
MODERN-AMERIKANISCH $$$

(☎ 479-363-6411; www.eurekastonehouse.com; 89 S Main St; Käseplatte 25–47 US$; ☺ Do–So 13–22 Uhr) Das Stone House hält alle Zutaten für einen gelungenen Abend bereit: viele Weine, eine auf Käse, Brot, Oliven, Honig und Wurstwaren spezialisierte Karte, Livemusik, einen hübschen Hof und wirklich viel Wein. Das Lokal ist bis 22 Uhr geöffnet, und zu dieser Zeit das einzige vor Ort, in dem es noch etwas zu essen gibt.

🍷 Ausgehen & Unterhaltung

Chelsea's Corner Cafe & Bar
BAR

(☎ 479-253-8231; www.chelseascornercafe.com; 10 Mountain St; ☺ So–Do 12–22, Fr & Sa bis 24 Uhr) Livebands stehen oft auf der Bühne in dieser Bar, die eine für Eureka Springs typische Mischung aus Hippies und Bikern anlockt.

Die Küche ist eine der wenigen vor Ort, die noch nach 21 Uhr geöffnet sind, und sie liefert ihre Pizza auch außer Haus.

Opera in the Ozarks OPER
(☎ 479-253-8595; www.opera.org; 16311 Hwy 62 West; Karten ab 20 US$) Dieses vielgepriesene Programm hält die Oper in den Bergen gut am Leben. Der vollgepackte Veranstaltungskalender und das Theater gleich außerhalb der Stadt sind der ganze Stolz von Eureka Springs.

Buffalo National River

Der 217 km lange Fluss, ein weiteres wenig beachtetes Juwel in Arkansas und vielleicht das tollste von allen, fließt an spektakulären Klippen vorbei durch den unberührten Wald der Ozarks. Der obere Abschnitt weist die meisten Stromschnellen auf, im unteren Teil fließt der Fluss gemütlicher und ist ideal für eine Kanu- oder Kajakfahrt. Der **Buffalo National River** (☎ 870-741-5443; www.nps.gov/buff) hat zehn Campingplätze und drei ausgewiesene Schutzgebiete. Am einfachsten erreicht man diese über das **Tyler Bend Visitor Center** (☎ 870-439-2502; www.nps.gov/buff; 170 Ranger Rd, St Joe, AR; ☺ 8.30–16.30 Uhr), 11 Meilen (18 km) nördlich von Marshall am Hwy 65 gelegen. Dort gibt es außerdem eine Liste der zugelassenen Anbieter für Rafting- und Kanutouren in Eigenregie – die beste Art, den Park zu erkunden und die gigantischen Kalksteinklippen zu bestaunen. Oder man wendet sich an das **Buffalo Outdoor Center** (BOC; ☎ 800-221-5514; www.buffaloriver. com; Ecke Hwy 43 & Hwy 74; Kayak/Kanu pro Tag 55/62 US$, Tour Seilrutsche 89 US$; ☺ 8–18 Uhr; 👪🐾) in Ponca. Die Mitarbeiter können eine Wegbeschreibung geben und vermieten außerdem attraktive Hütten im Wald.

ABSTECHER

EINEN ABSTECHER WERT: BENTONVILLE, ARKANSAS

Bentonville war der Standort von Sam Waltons erstem Eckladen und Billgkaufhaus, woraus schließlich Walmart entstand, das umsatzstärkste Unternehmen des Landes und der größte private Arbeitgeber. Im Ort befindet sich die Firmenzentrale, und die Lieferanten unterhalten hier alle Büros. Deswegen ist aus dem einst verschlafenen Nest in Arkansas schnell eine kleine Stadt geworden.

Bentonville umfasst viele ausufernde Vororte und langweilige Wohnsiedlungen, aber das Stadtzentrum ist überraschend niedlich. Es ist voller kleiner Geschäfte, deren betreiber dazu animieren wollen, lokal einzukaufen und lokale Produkte zu genießen – was hier schon ziemlich ironisch wirkt. Aber man findet hier tatsächlich auch interessante Sachen.

Am coolsten, größten und umstrittensten ist das **Crystal Bridges Museum of American Art** (☎ 479-418-5700; www.crystalbridges.org; 600 Museum Way; ☺ Mo & Do 11–18, Mi & Fr bis 21, Sa & So 10–18 Uhr; P 👪) GRATIS, eine große Anlage, die sich über eine Reihe von Teichen erstreckt, die von Gebirgsbächen gespeist werden; die kurvigen Pavillons, die die umfassenden Sammlungen beherbergen, sind durch verglaste Tunnel verbunden, die für einen beständigen Einfall von Sonnenlicht sorgen. Die Sammlungen, welche die US-amerikanische Kunst in aller Länge und Breite dokumentieren, stammen hauptsächlich von den Waltons – insbesondere von der Erbin Alice Walton; das Museum wird deswegen auch als ein Abschreibungsprojekt für das riesige Privatvermögen der Firmenbesitzer kritisiert. Aber das Gelände ist wirklich eindrucksvoll und der Besuch des Museums, das die Besucher offenkundig lieben, kostenlos.

Das Museum ist mit dem Zentrum von Bentonville durch den **Crystal Bridges Trail** (www.crystalbridges.org/trails-and-grounds/trails) 🌿 verbunden, der vorbei an Skulpturen und durch schattige Wäldchen führt. In Bentonville sollte man das übermäßig beworbene **Walmart Museum** links liegen lassen und besser etwas essen. Besonders zu empfehlen ist das **Tusk & Trotter** (☎ 479-268-4494; www.tuskandtrotter.com; 110 SE A St; Hauptgerichte 13–28 US$; ☺ Mo 16–21.30, Di–Do 11–21.30, Fr 11–23, Sa 10–23, So 10–21 Uhr) mit seinen leckeren Fleischgerichten, beispielsweise delikaten Hähnchen und Waffeln. Übernachten kann man im **21c Museum Hotel** (200 NE A St; Zi. 179–205 US$) – hier wirken alle Elemente, vom Foyer über die Zimmer bis hin zu den hauseigenen Galerien, als seien sie eine direkte Erweiterung des Crystal Bridges Museum.

LOUISIANA

Louisiana war einst eine französische Kolonie und wurde dann zu einem Protektorat Spaniens, das schließlich von den USA eher unwillig gekauft wurde. Das Land besteht im Süden, am Golf von Mexiko, aus Sümpfen und Bayous (langsam fließende oder stehende Gewässer) und im Norden aus einem Flickenteppich aus Prärie und Ackerland. Doch überall eint die Menschen die tiefe, unerschütterliche Vorliebe für die guten Dinge des Lebens, vor allem das Essen und die Musik.

New Orleans, die wichtigste Stadt im Bundesstaat, ist ohne diese Qualitäten gar nicht denkbar – ihre Restaurants und Musikstätten sind unvergleichlich. Aber überall im Bundesstaat ist die gleiche *joie de vivre* spürbar. Das wir eine französische Formulierung einflechten, hat seinen guten Grund: Zwar ist die Sprache im Norden Louisianas kulturell nicht verankert, aber nahe der I-10 und südlich davon wird sie in den Familien teilweise auch heute noch gesprochen – oder wurde das zumindest noch von der Elterngeneration.

Geschichte

Das Gebiet des unteren Mississippi war von der Moundbuilder-Kultur („Hügelbauer") geprägt, bis um 1592 die Europäer auf der Bildfläche erschienen und die Ureinwohner mit der üblichen Kombination aus Krankheiten, Knebelverträgen und offener Feindseligkeit dezimierten.

Das Land wurde in der Folgezeit zwischen Frankreich, Spanien und England hin und her gereicht. Unter dem französischen „Code Noir" waren Sklaven zwar nicht frei, hatten aber doch etwas mehr Freiheiten und konnten somit ihre Kultur besser pflegen als ihre Leidensgenossen in Britisch-Nordamerika.

Nach der Amerikanischen Revolution ging das gesamte Gebiet 1803 durch den berühmten Louisiana Purchase in den Besitz der USA über, und Louisiana wurde 1812 zum amerikanischen Bundesstaat. Die daraus resultierende Mischung aus amerikanischen und französisch-spanischen Traditionen gepaart mit dem Einfluss afrokaribischer Gemeinden verlich Louisiana eine einzigartige Kultur, die es sich bis heute bewahrt hat.

Nach dem Bürgerkrieg wurde Louisiana 1868 wieder in die Union aufgenommen. In den 30 darauffolgenden Jahren sah der Bundesstaat politisches Gerangel, eine stagnierende Wirtschaft und die erneute Diskriminierung der afroamerikanischen Bevölkerung.

Der Hurrikan Katrina (2005) und die von BP verursachte Ölpest im Golf von Mexiko (2010) haben sowohl der Wirtschaft als auch der Infrastruktur vor Ort schwer zugesetzt. Louisiana rangiert auch weiterhin auf den hinteren Plätzen, was das Pro-Kopf-Einkommen und das Bildungsniveau anbelangt. Gleichzeitig ist es aber in den nationalen Zufriedenheitsumfragen ganz vorne mit dabei.

KURZINFOS LOUISIANA

Spitznamen Bayou State, Pelican State, Sportsman's Paradise

Bevölkerung 4,5 Mio.

Fläche 110 236 km²

Hauptstadt Baton Rouge (229 426 Ew.)

Weitere Städte New Orleans (378 715 Ew.)

Verkaufssteuer 4 % zzgl. Stadt- und Gemeindesteuern

Geburtsort von Jazz, Naturforscher John James Audubon (1785–1851), Trompeter Louis „Satchmo" Armstrong (1901–1971), Schriftsteller Truman Capote (1924–1984), Musiker Antoine „Fats" Domino (geb. 1928), Popstar Britney Spears (geb. 1981)

Heimat der Tabascosauce des Kochs Emeril Lagasse

Politische Ausrichtung eine Republikaner-Hochburg mit einer großen liberalen Stadt (New Orleans)

Berühmt für Drive-Thru-Margaritas

Offizielles Staatsreptil Alligator

Entfernungen New Orleans–Lafayette 137 Meilen (219 km), New Orleans–St. Francisville 112 Meilen (180 km)

ⓘ Praktische Informationen

An den Freeways im Bundesstaat liegen 16 Welcome Centers; Infos erhält man aber auch vom **Louisiana Office of Tourism** (☎ 225-342-8100; www.louisianatravel.com). **Louisiana State Parks** (☎ 877-226-7652; www.crt.state.la.us/louisiana-state-parks) In Louisiana gibt es 22 State Parks, in denen man campen kann (einfacher/Premium-Stellplatz ab 14/20 US$). In einigen Parks stehen Besuchern auch Unterkünfte in Lodges oder Hütten zur Verfügung. Reservierungen können online oder telefonisch vorgenommen werden, man kann aber auch einfach hinkommen und sich erkundigen, ob noch etwas frei ist. Von April bis September sind die Campinggebühren etwas höher.

New Orleans

New Orleans ist einerseits typisch amerikanisch, dann aber auch wieder das genaue Gegenteil. Die von Franzosen gegründete und von den Spaniern (und dann noch einmal von den Franzosen) verwaltete Stadt ist mit ihren Straßencafés und schmiedeeisernen Balkonen die europäischste Stadt in den USA. Aber mit *vodoun* (Voodoo), wöchentlichen Second-Line- (Blaskapellen-)Umzügen (die im Wesentlichen Nachbarschaftsfeste sind), Mardi-Gras-Indians (indianisch aufgeputzten Afroamerikanern), Jazz, Blasmusik und Gumbo ist New Orleans zugleich die am stärksten afrikanisch und karibisch geprägte Stadt des Landes. New Orleans liebt es zu feiern; während die übrigen USA Deadlines hinterherhetzen, gönnt man sich hier nach einem ausgiebigen Mittagessen einen Cocktail. Aber wenn man sieht, wie die Menschen ihre Häuser nach der Flut und dem Hurrikan wiederaufgebaut haben, würde einem nicht im Traum einfallen, sie als faul zu bezeichnen.

Tolerant zu sein und von Fremden zu lernen, macht das Wesen der Stadt aus. Der Fähigkeit der Einwohner, jenem wunderbaren kreolischen Ideal, alle Einflüsse aufzunehmen und daraus etwas Besseres zu machen, sind der Jazz, die Nouveau Louisiana Cuisine, Geschichtenerzähler (von afrikanischen *griots* – Barden der westafrikanischen Tradition – über Seventh-Ward-Rapper bis hin zu Tennessee Williams) zu verdanken, genauso auch die französischen Stadthäuser, die nur wenige Blocks von idyllischen, mit Myrten und Bougainvilleen umrahmten Herrenhäusern stehen, und die Mardi-Gras-Feiern, bei denen sich heidnischer Mystizismus und katholische Traditionen mischen. Vor allem sollte man hier genießen und mitmachen, denn die „Kreolisierung" funktioniert nur, wenn man sich ihr mit allen Sinnen und seinem Verstand hingibt.

In New Orleans nimmt man's leicht, aber man langt ordentlich zu. Das ganze Schwein. Mit Krebsen gefüllt. Alles klar?

Geschichte

Die Stadt Nouvelle Orléans wurde 1718 als ein französischer Vorposten von Jean-Baptiste Le Moyne de Bienville gegründet. Die frühen Siedler kamen aus Frankreich, Kanada und Deutschland, und die Franzosen verschleppten Tausende afrikanische Sklaven ins Land. Die Stadt wurde zu einer Drehscheibe des Sklavenhandels; aufgrund örtlicher Gesetze konnten sich einige Sklaven ihre Freiheit erkaufen und wurden dann als *gens de couleur libres* (freie Farbige) in die kreolische Gesellschaft integriert.

Für die heutige bauliche Gestalt des French Quarter sind hauptsächlich die Spanier verantwortlich, nachdem Feuersbrünste in den Jahren 1788 und 1794 einen großen Teil der früheren französischen Bauten vernichtet hatten. Der Zustrom von Angloamerikanern nach dem Louisiana Purchase führte dazu, dass die Stadt um den Central Business District (CBD), den Garden District und Uptown erweitert wurde.

New Orleans überstand wegen der schnellen Kapitulation gegenüber den Unionstruppen im Amerikanischen Bürgerkrieg unbeschadet, aber die Wirtschaft siechte nach dem Zusammenbruch der auf Sklavenhaltung beruhenden Plantagen dahin. Im frühen 20. Jh. schlug in New Orleans die Geburtsstunde des Jazz. Viele der Flüsterkneipen und der Wohnhäuser der Begründer des Jazz sind durch Vernachlässigung zugrunde gegangen, aber schließlich nahm sich der National Park Service mit der Gründung des New Orleans Jazz National Historical Park (1994) des kulturellen Erbes an, bei dem es sich schließlich um die wichtigste, weithin anerkannte genuin amerikanische Musikrichtung handelt.

Im Jahr 2005 brachen aufgrund von Katrina, einem eigentlich schon recht schwach gewordenen Hurrikan der Kategorie 3, die von der Bundesregierung verwalteten Schutzdeiche an mehr als 50 Stellen. Rund 80 % der Stadt wurden überflutet, mehr als 1800 Menschen verloren ihr Leben, und die gesamte Stadt musste evakuiert werden. Ein Jahrzehnt später sind die meisten Einwohner zurückgekehrt, und die Stadt gehört wieder zu den 50 bevölkerungsreichsten in den USA. Diese Wiedergeburt hat auch ihre Schattenseiten: Die Gentrifizierung hat die Lebenshaltungskosten erhöht, während Armut und Kriminalität weiterhin erschreckende Ausmaße haben. Der Tourismus ist immer noch die Haupteinnahmequelle der Stadt.

👁 Sehenswertes

👁 French Quarter

Das French Quarter prägen eine elegante, karibisch-koloniale Architektur, üppige Gärten und Schmiedeeisenkunst. Es ist das touristische Zentrum von New Orleans. Leider geht sein Flair durch die zwielichtige Bourbon St fast ein bisschen unter, am besten sieht man einfach über sie hinweg. Das Vieux Carré (Altes Viertel, 1722 geplant) ist das kulturelle Epizentrum, die ruhigeren Nebenstraßen und Gassen erinnern an die Vergangenheit und verströmen jede Menge Lebensfreude.

⭐ Cabildo
MUSEUM

(☑ 504-568-6968; http://louisianastatemuseum. org/museums/the-cabildo; 701 Chartres St; Erw./ Kind bis 12 Jahre/Student 6 US$/frei/5 US$; ☺ Di–So 10–16.30 Uhr, Mo geschl.; 🚹) 🖉 Der frühere Sitz der Gouverneure im kolonialen Louisiana dient heute als Ausgangspunkt zur Erkundung der Geschichte des Bundesstaats und von New Orleans. Allein schon das Gebäude ist prächtig: Das elegante Cabildo vereint Elemente der spanischen Kolonialarchitektur mit französischem Stadtdesign besser als die meisten anderen Gebäude in der Stadt. Die Ausstellungen reichen von Werkzeugen der amerikanischen Ureinwohner bis hin zu den Steckbriefen entflohener Sklaven und vielen Gemälden, auf denen alte Einwohner der Stadt mit stoischen Gesichtern abgebildet sind.

⭐ Presbytère
MUSEUM

(☑ 504-568-6968; http://louisianastatemuseum. org/museums/the-presbytere; 751 Chartres St; Erw./Student 6/5 US$; ☺ Di–So 10–16.30 Uhr, Mo geschl.; 🚹) 🖉 Das hübsche Presbytère-Gebäude wurde 1791 als Pfarrhaus der St. Louis Cathedral erbaut und dient heute als Mardi-Gras-Museum. Man entdeckt hier, dass an den berühmtesten Festivitäten der Stadt mehr dran ist als bloße Ausschweifung. Zumindest versteht man, wie viele Bedeutungsebenen hinter der Ausschweifung stecken. Es gibt hier jede Menge Material über die Vereine, Geheimgesellschaften, Kostüme und ethnischen Hintergründe des Mardi Gras, das sämtlich erhellend und leicht verständlich ist.

Jackson Square
PLATZ

(Decatur & St. Peter St) Mit seinen Müßiggängern, Porträtzeichnern, Wahrsagern und Straßenkünstlern ist der von Kathedralen, Büros und parismäßig anmutenden Läden geprägte Jackson Sq einer der großen Stadtplätze der USA und das Herz des French Quarter. Die beiden identischen, einen Block langen Pontalba Buildings ragen über die Szene auf, und in der Nähe flankieren die fast gleich aussehenden Gebäude Cabildo und Presbytère die eindrucksvolle **St. Louis Cathedral** am Kopfende des Platzes. In der Mitte des Parks steht das Jackson-Denkmal, Clark Mills' 1856 eingeweihte bronzene Reiterstatue, die Andrew Jackson zeigt, den Helden der Schlacht von New Orleans.

The Historic New Orleans Collection
MUSEUM

(THNOC; ☑ 504-523-4662; www.hnoc.org; 533 Royal St; Eintritt frei, Führung 5 US$; ☺ Di–Sa 9.30–16.30, So ab 10.30 Uhr) Verteilt auf mehrere kunstvoll restaurierte Gebäude zeigt das Museum sorgfältig zusammengestellte Ausstellungen, bestehend vor allem aus Archivmaterial, beispielsweise den Originalurkunden des Louisiana Purchase. Verschiedene Führungen – durch das Haus, zur Architektur, durch den Innenhof und zur Geschichte – finden um 10, 11, 14 und 15 Uhr statt. Am interessantesten ist die Führung durch das Haus.

👁 The Tremé

Das älteste afroamerikanische Viertel der Stadt blickt natürlich auf eine bewegte Geschichte zurück. Die begrünte **Esplanade Avenue**, eine der hübschesten Straßen der Stadt, verläuft am Rand des Viertels entlang und ist von alten kreolischen Herrenhäusern gesäumt.

Backstreet Cultural Museum
MUSEUM

(☑ 504-522-4806; www.backstreetmuseum.org; 1116 Henriette Delille St/früher St. Claude Ave, 8 US$/ Pers.; ☺ Di–Sa 10–17 Uhr) Das informative Museum widmet sich den charakteristischen Elementen der afroamerikanischen Kultur in New Orleans. Dabei ziehen die bunten Kostüme der Mardi-Gras-Indians mit ihren fein gearbeiteten Details sämtliche Aufmerksamkeit auf sich. Das Museum im ehemaligen Bestattungsinstitut in Blandin ist nicht sonderlich groß, aber wer sich für die Kostüme und Rituale der Mardi-Gras-Indians oder für die Second-Line-Umzüge und die Social Aid & Pleasure Clubs (die hiesige Version von Bürgervereinen der schwarzen

NEW ORLEANS IN ...

...zwei Tagen

Am ersten Tag steht ein Streifzug über den Jackson Sq und durch die Museen im French Quarter an. Das **Cabildo** und der **Presbytère** liegen direkt nebeneinander und geben, ebenso wie die nahe gelegene **Historic New Orleans Collection**, einen guten ersten Überblick über die Kultur Louisianas. Danach folgt ein Spaziergang am Ufer des gewaltigen Mississippi.

Abendessen gibt's im **Bayona**, wo die legendäre Küchenchefin Susan Spicer ausschließlich mit Zutaten aus der Region kocht. Danach schaut man auf einen Drink im **Tonique** vorbei, bevor es in die **Preservation Hall** geht, wo Livemusik gespielt wird.

Der zweite Tag beginnt mit einem Bummel auf der Magazine St, dem Shopping-Paradies der Stadt. Im Anschluss geht's nach Norden, wo man einen Abstecher zum **Lafayette Cemetery No. 1** macht, bevor man sich – am besten in etwas feinerer Aufmachung – einen Drink im **Commander's Palace** (☎504-899-8221; www.commanderspalace. com; 1403 Washington Ave, Garden Distric) genehmigt. Danach bringen einen der St. Charles Avenue Streetcar in die **Boucherie**, wo ein nobles Südstaaten-Dinner wartet.

...vier Tagen

Am dritten Tag lockt eine morgendliche Fahrradtour durch die kreolischen Viertel der Stadt, die von **Confederacy of Cruisers** organisiert wird. Die Tour ist wirklich einfach zu meistern und deckt alle wichtigen Aspekte der unkonventionellen Viertel Marigny und Bywater ab. Wer dennoch keine Lust auf den Drahtesel hat, geht einfach am Washington Sq Park entlang und lässt das Flair Marignys auf sich wirken.

Zum Abendessen geht's ins **Bacchanal**, wo es nicht nur großartigen Wein und Käse, sondern auch noch einen tollen Garten mit Livemusik gibt.

Kribbelt es in den Beinen? Auf der St. Claude Ave gibt's jegliche Art von tanzbarer Musik, von Punk über Hip-Hip und Bounce bis hin zu Mod-Musik aus den 1960ern. Traditionellerer Nola-Jazz und -Blues werden auf der Frenchmen St gespielt.

Am nächsten Tag geht es mit dem Auto (oder vielleicht doch mit dem Leihfahrrad?) auf Erkundungsfahrt durch Tremé. Dort unbedingt im **Backstreet Cultural Museum** vorbeischauen und ein Brathähnchen bei **Willie Mae's** verdrücken!

Auf der Fahrt über die Esplanade Ave kann man all die großartigen kreolischen Herrenhäuser bestaunen, die im Schatten großer Lebenseichen stehen. Auf der Esplanade geht's in den **City Park** und auf einen Besuch ins **New Orleans Museum of Art**.

Gemeinden) interessiert, muss einfach mal reingeschaut haben.

Louis Armstrong Park   PARK
(701 N Rampart St; ⊘8–18 Uhr) Am Eingang dieses gewaltigen Parks steht eines der schönsten Portale in den USA: Der malerische Bogen könnte problemlos das Schlussbild in einem Kostümfilm über das New Orleans des Jazz Age bilden. In dem Park findet man den originalen Congo Sq sowie eine **Louis-Armstrong-Statue** und eine **Büste von Sidney Bechet**. Im **Mahalia Jackson Theater** (☎504-525-1052, Theaterkasse 504-287-0350; www.mahaliajacksontheater. com; 1419 Basin St) werden Opern und Broadway-Produktionen gezeigt.

St. Louis Cemetery No. 1   FRIEDHOF
(www.noladeadspace.com; 1300 St Louis St; Eintritt mit Führung; ⊘Mo–Sa 9–15, So bis 12 Uhr; ⊕)

Auf dem Friedhof befinden sich die sterblichen Überreste der meisten frühen Kreolen. Aufgrund des hohen Grundwasserspiegels mussten die Verstorbenen überirdisch beigesetzt werden – und zwar in den Familiengräbern, die bis heute zu sehen sind. Hier befindet sich auch das vermeintliche Grab der Voodoo-Priesterin Marie Laveau, das von faszinierten Anhängern mit zahlreichen „XXX" bekritzelt ist. Auf Wunsch der Familie, der das Grab gehört, sollte man sich aber nicht zu solchen Schmierereien hinreißen lassen, zumal das außerdem verboten ist. Infolge von andauernden Vandalismus-Vorfällen ist seit 2015 der Besuch des Friedhofs auf Angehörige und genehmigte Führungen beschränkt.

St. Augustine's Church   KIRCHE
(☎504-525-5934; www.staugustinecatholicchurch -neworleans.org; 1210 Governor Nicholls St) Die

New Orleans

DER SÜDEN LOUISIANA

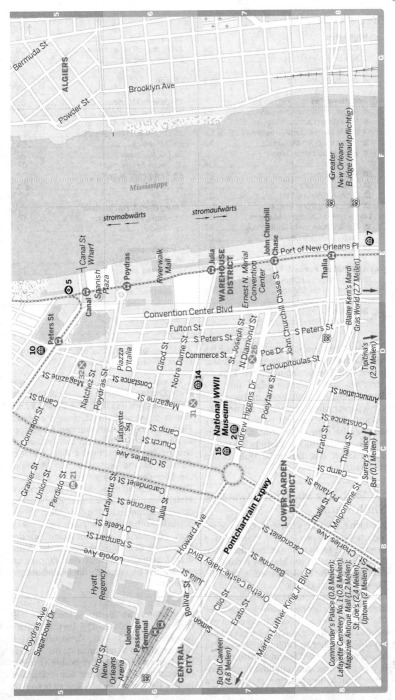

New Orleans

◉ Highlights
1 Cabildo D3
2 National WWII Museum C7
3 Presbytère E3
4 St. Louis Cathedral............................ E3

◎ Sehenswertes
5 Aquarium of the Americas.................... E5
6 Backstreet Cultural Museum D2
7 Blaine Kern's Mardi Gras World........... E8
8 Frenchmen Art Market........................ F2
9 The Historic New Orleans
   Collection D4
10 Insectarium.................................... D5
11 Jackson Square E3
12 Louis Armstrong Park C2
13 Louis Armstrong Statue D2
14 Louisiana Children's Museum............. D6
15 Ogden Museum of Southern Art C7
16 St. Augustine's Church...................... D1
17 St. Louis Cemetery No. 1................... C3

◈ Aktivitäten, Kurse & Touren
18 Confederacy of Cruisers F2
19 Friends of the Cabildo E3

⊟ Schlafen
20 Cornstalk Hotel E3

21 Le Pavillon C5
22 Roosevelt New Orleans C4
23 Soniat House................................... E2

⊗ Essen
24 Bayona.. D3
25 Café du Monde................................ E3
26 Cochon Butcher D7
27 Coop's Place D2
28 Croissant D'Or Patisserie E2
29 Domenica C4
30 Dooky Chase A1
31 Peche Seafood Grill.......................... C6
32 Restaurant August........................... D5
33 SoBou.. D4

⊙ Ausgehen & Nachtleben
34 Mimi's in the Marigny........................ G1
35 Tonique D2

⊛ Unterhaltung
36 AllWays Lounge F1
37 Mahalia Jackson Theater C2
38 Preservation Hall.............................. D3
39 Spotted Cat F2

„St. Aug.'s" aus dem Jahr 1841 ist die zweitälteste katholische Kirche für Afroamerikaner in den USA. Hier konnten Kreolen, Einwanderer aus Saint-Domingue (Haiti) und freie Schwarze Seite an Seite beten, und es gab sogar separate Kirchenbänke für Sklaven. Die Zukunft der Kirche steht in den Sternen – daher sollte man sie unbedingt besuchen, denn je mehr Besucher, desto höher stehen die Chancen, das historische Wahrzeichen zu erhalten.

◉ Faubourg Marigny, Bywater & Ninth Ward

Nördlich des French Quarter liegen die kreolischen Vororte *(faubourgs)* Marigny und Bywater. Die **Frenchmen Street**, die mitten durch das Zentrum von Marigny verläuft, ist eine fantastische Meile mit viel Livemusik. Bis vor Kurzem galt sie noch als Bourbon St der Einheimischen, doch inzwischen sieht man auch Traveller hier immer häufiger. Die **St. Claude Avenue** in der Nähe punktet mit einer Reihe recht ungewöhnlicher Locations, wo die Leute eher zu Punk und Bounce (ein hiesiger frenetischer Tanzmusikstil) rocken. Bywater ist eine Ansammlung bonbonfarbener Wohnhäuser mit einer zunehmenden

Anzahl toller, manchmal übertrieben hipper neuer Restaurants und Bars.

Crescent Park PARK
(Piety, Chartres & Mazant St; ⊘ 8–18 Uhr, Mitte März–Anfang Nov. bis 19 Uhr; ℗ ⛹ 🚻) 🖉 Der am Wasser gelegene Park ist eines der besten Fleckchen in der Stadt, um den Mississippi zu bewundern. Man betritt den Park durch den riesigen Bogen an der Piety und der Chartres St und beobachtet die Dunstglocke über der nahe gelegenen Skyline. Eine Promenade schlängelt sich an dem eckigen Metall- und Betongerüst des „Kais" (neben den abgebrannten Resten des früheren Handelskais) vorbei und soll eines Tages bis zu dem geplanten Veranstaltungsort an der Mandeville St verlängert werden. Ein Hundepark befindet sich nahe dem Eingang an der Mazant St, der auch für Behinderte geeignet ist.

Frenchmen Art Market MARKT
(www.facebook.com/frenchmenartmarket; 619 Frenchmen St; ⊘ Do–So 19–1 Uhr) 🖉 Unabhängige Künstler und Kunsthandwerker säumen diesen Straßenmarkt, der sich einen Namen als einer der besten Orte für einzigartige Geschenk- und Souvenirartikel in New Orleans gemacht hat. Man bekommt

hier witzige T-Shirts, handgemachten Schmuck, Plunder und eine gute Auswahl von Drucken und Originalkunstwerken.

CBD & Warehouse District

★ National WWII Museum
MUSEUM

(☎ 504-528-1944; www.nationalww2museum.org; 945 Magazine St; Erw./Senior 23/14/20 US$, mit 1/2 Filmen zusätzl. 5/10 US$; ⊙ 9–17 Uhr) Das große, bewegende Museum präsentiert eine beeindruckend differenzierte und gründliche Analyse des größten Krieges des 20. Jhs. Die auf drei große Pavillons verteilte Ausstellung ist unglaublich. Fotos, die die ganze Wand füllen, zeigen das gesamte Durcheinander des D-Day. Dazu hört man fesselnde Berichte von Überlebenden. Ein Bummel durch die verschneiten Wälder der Ardennen lässt einem kalte Schauer über den Rücken laufen. Das Ganze ist eine sehr persönliche, intensive und lehrreiche Erfahrung. Auf keinen Fall versäumen!

Ogden Museum of Southern Art
MUSEUM

(☎ 504-539-9650; www.ogdenmuseum.org; 925 Camp St; Erw./Kind 5–17 Jahre/Student 10/5/8 US$; ⊙ Mi–Mo 10–17, Do auch 17.30–20 Uhr) Dies ist eines unserer Lieblingsmuseen in der Stadt. Es ist schön, lehrreich und bescheiden zugleich. Der aus New Orleans stammende Unternehmer Roger Houston Ogden hat eine der schönsten Sammlungen von Südstaatenkunst überhaupt zusammengetragen. In den riesigen Sälen sind u.a. impressionistische Landschaftsmalereien, ausgefallene Volkskunst und moderne Installationen zu sehen.

Donnerstagabends kann man bei der Ogden After Hours inmitten dieser Meisterwerke und in Begleitung anderer Kunstbeflissener tollen Südstaatenmusikern lauschen und Wein trinken.

Blaine Kern's Mardi Gras World
MUSEUM

(☎ 504-361-7821; www.mardigrasworld.com; 1380 Port of New Orleans Pl; Erw./Kind 2–11 Jahre/Senior 20/13/16 US$; ⊙ Führungen 9.30–16.30 Uhr; ⊕) Die Mardi Gras World ist schon tagsüber einer der ausgelassensten Orte in New Orleans, doch abends verwandelt sie sich anscheinend in eines der abgefahrensten Tollhäuser der Welt, und zwar wegen der Masken von Drachen, Clowns, Königen und Feen, die grinsend und mit toten Augen in die Gegend glotzen.

Insofern lohnt sich ein Rundgang durch das Werkstattlager von Blaine Kern (Mr.

Mardi Gras) und seiner Familie, die seit 1947 Umzugswagen für den Mari Gras bauen. Die Führung dauert 30 bis 45 Minuten.

Garden District & Uptown

Die wichtigste architektonische Trennlinie in New Orleans verläuft zwischen den eleganten Stadthäusern der Kreolen und Franzosen im Nordosten und den prachtvollen Villen der Amerikaner im Garden District und in Uptown. Prächtige Eichen säumen die St. Charles Ave, die mitten durch das Viertel verläuft und auf der die wunderbar malerische Straßenbahn (1,25 US$/Fahrt; ⊕) fährt. Die Magazine Street mit ihren Boutiquen und Galerien ist die beste Einkaufsmeile in der Stadt.

Lafayette Cemetery No. 1
FRIEDHOF

(Washington Ave, an der Prytania St; ⊙ Mo–Fr 7–14.30, Sa bis 12 Uhr) GRATIS Dem im Schatten von grünen Hecken gelegenen Friedhof haftet ein gewisses subtropisches Südstaaten-Gruselflair an. Er wurde 1833 angelegt und ist durch zwei Fußwege, die die Form eines Kreuzes bilden, unterteilt. Sehenswert sind die Krypten von Bruderschaften wie der Jefferson Fire Company No. 22, die für ihre Mitglieder und deren Angehörige große Gemeinschaftsgräber erbauten. Einige der Gräber der reicheren Familien bestehen aus Marmor und sind aufwendig verziert; die meisten sind aber aus billigem verputztem Backstein errichtet.

Audubon Zoological Gardens
ZOO

(☎ 504-581-4629; www.auduboninstitute.org; 6500 Magazine St; Erw./Kind 2–12 Jahre/Senior 19/14/15 US$; ⊙ Sept.–Feb. Di–Fr 10–16, Sa & So bis 17 Uhr, März–Aug. Mo–Fr 10–17, Sa & So bis 18 Uhr; ⊕) Dieser Zoo ist einer der besten des Landes. Die ultracoole Ausstellung Louisiana Swamp strotzt nur so vor Alligatoren, Rotluchsen, Füchsen, Bären und Schnappschildkröten. Seit Ende 2015 gibt es ein neues, verbessertes Gehege für Elefanten und Orang-Utans. Kinder lieben das Lazy-River-Wassergehege. Von März bis Anfang September auch montags geöffnet.

City Park & Mid-City

City Park
PARK

(☎ 504-482-4888; www.neworleanscitypark.com; Esplanade Ave & City Park Ave) Lebenseichen, Louisianamoos und träge fließende Bayous bilden den Rahmen dieses Meisterwerks der Stadtplanung. Der mit Grünanlagen, Was-

DER SÜDEN NEW ORLEANS

serläufen, Brücken und einem spannenden Kunstmuseum ausgestattete Stadtpark ist mit einer Länge von knapp 5 km und einer Breite von 1,6 km größer als der Central Park in New York City und die schönste grüne Lunge in New Orleans. Er ist im wahrsten Sinne des Wortes der perfekte Stadtpark, zumal er die Wald- und Sumpflandschaft von Louisiana, die die natürliche Kulisse der Stadt bildet, recht unberührt belässt.

New Orleans Museum of Art   MUSEUM

(NOMA; ☎ 504-658-4100; www.noma.org; 1 Collins Diboll Circle; Erw./Kind 7–17 Jahre 10/6 US$; ⊙ Di–Do 10–18, Fr bis 21, Sa & So 11–17 Uhr) Im City Park befindet sich dieses elegante, 1911 gegründete Museum, das aufgrund seiner Sonderausstellungen und Galerien für afrikanische, asiatische, indianische und ozeanische Kunst im Obergeschoss einen Besuch wert ist. Unbedingt auch einen Blick auf die hervorragende Sammlung von Schnupftabakflaschen aus der Qing-Dynastie werfen! Der **Skulpturengarten** (⊙ Sa–Do 10–16.30, Fr bis 20.45 Uhr) GRATIS präsentiert auf einem üppig bewachsenen, sorgsam gepflegten Gelände den letzten Schrei in Sachen moderner Kunst.

👉 Geführte Touren

Das Besucherzentrum des Jean Lafitte National Historic Park & Preserve (S. 496) veranstaltet um 9.30 Uhr (Tickets um 9 Uhr holen) kostenlose Stadtspaziergänge durch das French Quarter.

Confederacy of Cruisers   RADFAHREN

(☎ 504-400-5468; www.confederacyofcruisers. com; Radtour ab 49 US$) Bei unserem Lieblingsanbieter von Radtouren in New Orleans schwingt man sich auf die Räder mit dicken Reifen und gepolsterten Sätteln und kurvt durch Nolas (wie New Orleans auch genannt wird) ebene, aber von Schlaglöchern durchsetzte Straßen. Die längste Radtour zum Thema „kreolisches New Orleans" führt vorbei am Großartigsten, was die Architekten in Marigny, Bywater, an der Esplanade Ave und im Tremé umgesetzt haben. Im Angebot sind außerdem die Radtour „History of Drinking" (49 US$; Mindestalter 21 Jahre) und eine kulinarische Tour (89 US$) mit vielen Leckereien.

Friends of the Cabildo   STADTSPAZIERGANG

(☎ 504-523-3939; www.friendsofthecabildo.org; 523 St Ann St; Erw./Student 20/15 US$; ⊙ Di–So 10 & 13.30 Uhr) 🏃 Die exzellenten Stadtrundgänge in Begleitung von sachkundigen (und oft lustigen) Führern vermitteln einen hervorragenden Einblick in die Geschichte des French Quarter, die Geschichten hinter einigen der berühmtesten Straßen und die Details der vielen Architekturstile in der Gegend.

✨ Feste & Events

New Orleans braucht keine Ausreden für eine Party. Im Folgenden ist nur eine kleine Auswahl aufgelistet. Unter www.neworleansonline.com gibt's einen guten Veranstaltungskalender.

Mardi Gras   KULTUR

(www.mardigrasneworleans.com; ⊙ Feb. od. Anfang März) Der Faschingsdienstag bildet das fulminante Finale des Karnevals.

St. Joseph's Day – Super Sunday   KULTUR

(⊙ März) Am 19. März und dem nächstgelegenen Sonntag ziehen die Mardi-Gras-Indians scharenweise mit Federschmuck und Trommelwirbeln durch die Straßen. Der Umzug am Super Sunday beginnt in der Re-

---

SUMPFTOUREN

Wir empfehlen dringend einen Besuch des **Barataria Preserve** (☎ 504-689-3690; www. nps.gov/jela/barataria-preserve.htm; 6588 Barataria Blvd, Crown Point; ⊙ Visitor Center 9–17 Uhr) GRATIS. Wer per Boot eine Sumpftour unternehmen will, kann diese in New Orleans vereinbaren. Büros von entsprechenden Veranstaltern finden sich an der Decatur St im French Quarter.

Louisiana Lost Land Tours (☎ 504-400-5920; http://lostlandstours.org; Tour ab 90 US$) veranstaltet wunderbare Touren, darunter Kajakfahrten in die Feuchtgebiete und Motorboot-Touren durch die Barataria Bay. Im Mittelpunkt der Ausflüge stehen der Landverlust und die Bedrohungen für die Tierwelt. Die Führer sind Leute, die dieses Land wirklich lieben. Sie haben auch einen Blog zu Umweltthemen in Süd-Louisiana, http://lostlandstours.org/category/blog/, der vom Journalisten und Pulitzer-Preisträger Bob Marshall betreut wird.

NEW ORLEANS MIT KINDERN

Viele der tagsüber geöffneten Attraktionen von New Orleans eignen sich gut, um sie mit Kindern zu besuchen, darunter der Audubon Zoo (S. 487), das Aquarium of the Americas (☑504-581-4629; www.auduboninstitute.org; 1 Canal St; Erw./Kind/Senior 24/18/19 US$, inkl. IMAX-Kino 29/23/23 US$; ☺Di–So 10–17 Uhr; ☒) und das Insectarium (☑504-581-4629; www.auduboninstitute.org; 423 Canal St; Erw./Kind 16,50/12 US$; ☺10–17 Uhr; ☒). Weitere tolle Optionen sind:

Carousel Gardens Amusement Park (☑504-483-9402; www.neworleanscitypark.com; 7 Victory Ave, City Park; Eintritt Erw./Kind bis 0,9 m 4 US$/frei, 4 US$/Fahrt; ☺Juni & Juli Di–Do 10–17, Fr 10–22, Sa 11–22, So 11–18 Uhr, Frühjahr & Herbst nur Sa & So) Das Karussell von 1906 ist ein echtes Schmuckstück von einem alten Fahrgeschäft. Weitere Attraktionen sind ein Riesenrad, Autoscooter und eine Walzerbahn. Mit einer Karte für 18 US$ kann man alle Fahrgeschäfte nutzen. Von Thanksgiving bis in die ersten Tage des neuen Jahres ist der Park zum Celebration in the Oaks jeden Abend geöffnet.

Louisiana Children's Museum (☑504-523-1357; www.lcm.org; 420 Julia St; Eintritt 8,50 US$; ☺Mitte Aug.–Mai Di–Sa 9.30–16.30, So 12–16.30 Uhr, Juni–Mitte Aug. Mo–Sa 9.30–17, So 12–17 Uhr) Das lehrreiche Museum ist ein High-Tech-Kindergarten, in dem die Kleinen bis zur Schlafenszeit interaktiven Spaß haben können. Viele Firmensponsoren sorgen für viele Exponate, bei denen man Hand anlegen darf. Im „Little Port of New Orleans" stehen fünf Schiffstypen im Mittelpunkt, die im örtlichen Hafen vertreten sind. Die Kids können in einer Bordkombüse spielen oder Fracht einladen. Anderswo können sie optische Tricks bestaunen, in einem Kaufmannsladen einkaufen und sich in einem Atelier künstlerisch betätigen.

Milton Latter Memorial Library (☑504-596-2625; www.neworleanspubliclibrary.org; 5120 St Charles Ave; ☺Mo & Mi 9–20, Di & Do bis 18, Sa 10–17, So 12–17 Uhr) Die Latter Memorial Library, einst ein privates Herrenhaus, thront elegant über einem Palmenhain. Die Familie Isaac, der das Haus von 1907 bis 1912 gehörte, schmückte es mit Holzschnitzereien flämischer Art, niederländischen Wandmalereien und französischen Freskendecken, dann ging die Villa (1912–1939) in den Besitz des Flugpioniers Harry Williams und seiner Frau, einem Stummfilmstars Marguerite Clark, über. Das Paar war für seine extravaganten Partys berühmt. Es verkaufte das Haus an Robert S. Eddy, einen örtlichen Rennstallbesitzer, und dieser wieder an Mr. und Mrs. Harry Latter, die das Gebäude schließlich im Jahr 1948 der Stadt übereigneten.

---

gel gegen 12 Uhr am Bayou St. John und der Orleans Ave, folgt aber keiner festen Route.

French Quarter Festival MUSIK
(www.fqfi.org; ☺2. Wochenende im April) Kostenlose Konzerte auf mehreren Bühnen.

Jazz Fest MUSIK
(www.nojazzfest.com; ☺April–Mai) Am letzten Wochenende im April und dem ersten im Mai findet dieses weltberühmte Feuerwerk der Musik, des Essens, des Kunsthandwerks und des guten Lebens statt.

🛏 Schlafen

Die Preise steigen während des Mardi Gras und des Jazz Fest und fallen in den heißen Sommermonaten. Frühzeitig buchen und telefonisch oder online Infos über Sonderangebote einholen! Ein Parkplatz im Quarter kostet 15 bis 30 US$ pro Tag.

Bywater Bed & Breakfast B&B $
(☑504-944-8438; www.bywaterbnb.com; 1026 Clouet St; Zi. ohne Bad 100 US$; ☒) Das passiert, wenn man in einen Kaninchenbau fällt und das Wunderland sich als B&B entpuppt. Das Bywater ist bei Lesben sehr beliebt (und wird von einem lesbischen Pärchen geführt), aber auch alle anderen sind willkommen. Die Unterkunft ist absolut heimelig und entspannt. Die Zimmer weisen eine Mischung aus Volkskunstgalerie und ein wenig historischem Erbe auf – eine psychedelische Atmosphäre.

India House Hostel HOSTEL $
(☑504-821-1904; www.indiahousehostel.com; 124 S Lopez St; B/DZ 20/55 US$; @☎☒) Das farbenfrohe, einen halben Block abseits der Canal St in Mid-City gelegene Hostel ist größer, als es wirkt. Eigentlich ist es ein subtropischer Minikomplex mit jener freigeisti-

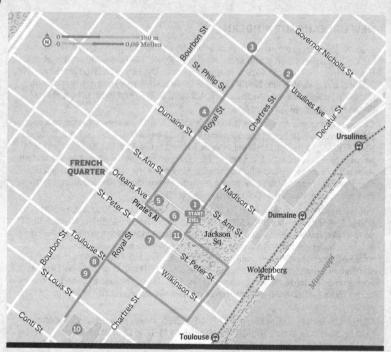

Stadtspaziergang
French Quarter

START JACKSON SQ
ZIEL JACKSON SQ
LÄNGE/DAUER 1,8 KM; 1½ STD.

Der Spaziergang beginnt am ❶ **Presbytère** (S. 482) am Jackson Sq. Von dort geht's die Chartres St runter bis zur Ecke Ursulines Ave. Gegenüber, in der Chartres St Nr. 1113, verbindet das 1826 erbaute ❷ **Beauregard-Keyes House** kreolische und amerikanische Stilelemente. Weiter geht es auf der Ursulines Ave zur Royal St. Der Sodabrunnen bei der ❸ **Royal Pharmacy** ist ein Relikt aus jenen Tagen, als es noch Soda Shops gab.

In Bezug auf Postkartenmotive hat die Royal St die Nase vorn. Gusseiserne Balkone zieren die Gebäude, und eine Fülle hübscher Blumen schmückt die Fassaden.

In der Royal St Nr. 915 steht das ❹ **Cornstalk Hotel** hinter einem der meistfotografierten Zäune. An der Orleans Ave füllen stattliche Magnolien und tropische Pflanzen den ❺ **St. Anthony's Garden** hinter der ❻ **St. Louis Cathedral** (S. 482).

Am Garten entlang führt die Pirate's Alley, von der man rechts in die Cabildo Alley und dann wieder rechts in die St. Peter St einbiegt und Richtung Royal St läuft. In der St. Peter St Nr. 632 lebte Tennessee Williams von 1946 bis 1947 im ❼ **Avart-Peretti House**, während er *Endstation Sehnsucht* schrieb.

Weiter geht's links in die Royal St. An der Ecke Royal und Toulouse St stehen zwei Häuser, die Jean François Merieult in den 1790ern erbaute. Der Bau in der Royal St 541 wird ❽ **Court of Two Lions** genannt und öffnet sich zur Toulouse St; nebenan ist die ❾ **Historic New Orleans Collection** (S. 482).

Im nächsten Block liegt das gewaltige ❿ **State Supreme Court Building** von 1909, in dem viele Szenen für Oliver Stones Film *JFK – Tatort Dallas* gedreht wurden.

Einmal drehen, rechts in die Toulouse St einbiegen, bis zur Decatur St gehen und dann links einbiegen! Die Straße überqueren. Das letzte Stück geht's am Fluss entlang. Wenn der Jackson Sq in Sicht kommt, liegt auf der anderen Straßenseite das ⓫ **Cabildo** (S. 482), dem Presbytère sehr ähnlich.

gen Partystimmung, die das Backpacking so reizvoll erscheinen lässt. Auf dem Gelände gibt es ein Aufstellschwimmbecken, einen Patio und drei abgewohnte alte Häuser mit Schlafsälen.

★ La Belle Esplanade
B&B $$

(☎504-301-1424; www.labelleesplanade.com; 2216 Esplanade Ave; Zi. inkl. Frühstück 179–209 US$; ❄️🛜) Ein wenig skurril, ein wenig anzüglich, und die Mitbesitzerin trägt einen kecken Filzhut – saloppe Unbekümmertheit hält das ganze bunte Durcheinander hier zusammen. Die fünf gemäß verschiedenen Themen gestalteten Suiten sind individuell mit klobigen Bettkopfteilen, vornehmen Stühlen, Gibson-Girl-Porträts und Klauenfußbadewannen eingerichtet. Dank der hellen einfarbigen Wände wirkt das Ganze nicht so großspurig. Zum Frühstück gibt's herzhafte Krebspastete und andere leckere Südstaatengerichte.

Le Pavillon
HISTORISCHES HOTEL $$

(☎504-581-3111; www.lepavillon.com; 833 Poydras Ave; Zi. 179–279 US$, Suite ab 695 US$; 🅿️❄️🛜🏊) Das Le Pavillon ist von einer altmodischen Lebensfreude geprägt, der man sich nicht entziehen kann. Geriffelte Säulen stützen die Wagenauffahrt vor der Alabasterfassade, und am Eingang begrüßt ein Portier mit weißen Handschuhen und Zylinder (was irgendwie albern aussieht) die Gäste. Die privaten und öffentlichen Bereiche sind mit historischen Porträts, prächtigen Kronleuchtern, Marmorböden und schweren Gardinen ausgestattet.

Degas House
HISTORISCHES HOTEL $$

(☎504-821-5009; www.degashouse.com; 2306 Esplanade Ave; Zi./Suite inkl. Frühstück ab 199/300 US$; 🅿️❄️🛜) Als der berühmte französische Impressionist Edgar Degas Anfang der 1870er-Jahre die Familie seiner Mutter besuchte, wohnte er in diesem italienischen Haus um 1852. Die Zimmer erinnern mit Reproduktionen seiner Arbeiten und Möbeln aus jener Zeit an den Aufenthalt des Malers. Die Suiten sind mit Balkon und Kamin ausgestattet. Preiswerter sind die engen Zimmer auf dem Dachboden, in denen früher die Dienerschaft der Familie Degas wohnte.

★ Soniat House
BOUTIQUEHOTEL $$$

(☎504-522-0570; www.soniathouse.com; 1133 Chartres St; Zi./Suite ab 245/425 US$; ♿❄️🛜) Das auf drei Häuser verteilte Hotel im Lower Quarter verkörpert kreolische Eleganz vom Feinsten. Durch eine coole Loggia gelangt man in einen Innenhof voller Farne und einem plätschernden Springbrunnen. Manche Zimmer gehen zum Hof hinaus, und eine Wendeltreppe führt zu den eleganten Suiten hinauf. Große Aufmerksamkeit wurde auf die Kunst und die Antiquitäten im gesamten Hotel verwendet.

Roosevelt New Orleans
HOTEL $$$

(☎504-648-1200; www.therooseveltneworleans.com; 123 Baronne St; Zi./Suite ab 269/329 US$; 🅿️@❄️🛜) Die majestätische, einen Block lange Lobby stammt aus dem frühen 20. Jh., dem goldenen Zeitalter der opulenten Hotels und prachtvollen Refugien. Die schicken Zimmer weisen klassische Details auf, doch bereits das Spa, das John-Besh-Restaurant, die legendäre Sazerac Bar und die piekfeine, neue Jazz-Lounge sind Grund genug für einen Aufenthalt. Der Pool auf der Dachterrasse ist auch nicht zu verachten. Das Hotel liegt in praktischer Gehweite zum French Quarter.

🍴 Essen

Louisiana hat die wohl bedeutendste lokale kulinarische Tradition in den USA. Das liegt nicht so sehr an der (sehr hohen) Qualität des Essens, sondern an der langen Geschichte hinter den Gerichten, die teilweise älter sind als die meisten amerikanischen Staaten. Während viele Menschen essen, um zu leben, leben die Einwohner New Orleans fürs Essen!

Nur zur Info: Wer im **Cafe du Monde** (☎800-772-2927; www.cafedumonde.com; 800 Decatur St; Beignets 2 US$; ⏰24 Std.) die berühmten Beignets (Krapfen) probieren will, muss am Wochenende mit abartig langen Schlangen rechnen. Besser schaut man werktags abends vorbei.

🍴 French Quarter

Croissant D'Or Patisserie
BÄCKEREI $

(☎504-524-4663; www.croissantdornola.com; 617 Ursulines Ave; Gerichte 3–5 US$; ⏰Mi–Mo 6–15 Uhr) Viele Einheimische beginnen ihren Tag mit einem Frühstück in dieser blitzblanken Bäckerei im ruhigeren Teil des French Quarter. Man bringt sich seine Zeitung mit, bestellt einen Kaffee und ein Croissant (oder Tarte, Quiche oder Sandwich mit Béchamelsauce) und lässt sich's gutgehen. Am Eingang fällt das Emailleschild mit der Aufschrift „Ladies Entrance" ins Auge – ein Überbleibsel aus früherer Zeit.

Coop's Place
CAJUN-KÜCHE $

(☎504-525-9053; www.coopsplace.net; 1109 Decatur St; Hauptgerichte 8–17,50 US$; ⊙11–3 Uhr) Das Coop's ist ein echter Cajun-Schuppen, aber etwas rockiger. Damit keine Missverständnisse aufkommen: Es ist ein schäbiger, chaotischer Laden, die Kellner sind affektiert, und die Einrichtung ist nervig. Aber das Essen macht all das wieder wett: Kaninchen-Jambalaya, Hühnchen mit Shrimps und *tasso* (Räucherschinken) in Sahnesauce – hier kann nichts zu schwer sein. Es sind keine Gäste unter 21 Jahren erwünscht.

★ Bayona
LOUISIANA-KÜCHE $$$

(☎504-525-4455; www.bayona.com; 430 Dauphine St; Hauptgerichte 29–38 US$; ⊙Mi-So 11.30-13.30, Mo-Do 18–21.30, Fr & Sa 17.30–22 Uhr) Wer sein Geld im Quarter gut investieren möchte, ist im Bayona genau richtig. Der Laden ist opulent, aber nicht einschüchternd, hat Klasse, ist aber nicht prätentiös, arbeitet innovativ, aber nicht überdreht – alles in allem ein sehr feines Restaurant. Auf der regelmäßig wechselnden Karte finden sich frische Fisch-, Geflügel- und Wildgerichte, die überraschen und zugleich überzeugen.

SoBou
MODERN-AMERIKANISCH $$$

(☎504-552-4095; www.sobounola.com; 310 Chartres St; Hauptgerichte 24–38 US$; ⊙7–22 Uhr) Der Name bedeutet „South of Bourbon". Das Essen ist schwer zu beschreiben und unter einen Hut zu bringen, aber durchweg hervorragend. Die Köche setzen auf ein Konzept, bei dem der genussvollen Louisiana-Küche eine gehörige Portion Exzentrik beigemischt wird: Es gibt z.B. Süßkartoffel-Beignets mit Entenbratensauce und Zichorienkaffeeglasur oder den berüchtigten Burger mit Gänsestopfleber. Die hauseigene Bar mixt ordentliche Drinks, und es gibt Tische mit eingebauten Bierzapfhähnen.

✕ The Tremé

Willie Mae's Scotch House
SÜDSTAATENKÜCHE $

(2401 St Ann St; Brathähnchen 11 US$; ⊙Mo-Sa 10–17 Uhr) Das Brathähnchen im Willie Mae's ist das beste der Welt, wie das James Beard Foundation, das Food Network und andere Medien behaupten. Kein Wunder also, dass der Touristenstrom nie abreißt! Das in einem Korb servierte Hähnchen ist aber wirklich verdammt gut – genauso wie die Butterbohnen.

Dooky Chase
SÜDSTAATENKÜCHE, KREOLISCH $$

(☎504-821-0600; 2301 Orleans Ave; Buffet 20 US$, Hauptgerichte 16–25 US$; ⊙Di-Do 11–15, Fr 11–15 & 17–21 Uhr) Ray Charles schrieb *Early in the Morning* über das Dooky. Die Anführer der Bürgerrechtsbewegung nutzten den Laden in den 1960er-Jahren als inoffizielles Hauptquartier, und selbst Barack Obama hat nach seinem Amtsantritt hier gegessen. Die liebevoll zubereiteten Gerichte von Leah Chase bilden das Rückgrat des Tremé, und ihre Büfetts sind legendär. In dem Speiseraum mit weißen Tischdecken genießen die Büroangestellten und Damen mittags erstklassiges Gumbo und exzellentes Brathähnchen.

✕ Bywater

★ Bacchanal
MODERN-AMERIKANISCH $

(☎504-948-9111; www.bacchanalwine.com; 600 Poland Ave; Hauptgerichte 8–16 US$, Käse ab 5 US$; ⊙11–24 Uhr) Von außen wirkt das Bacchanal wie eine klapprige Hütte, doch drinnen findet man Regale voller Wein und stinkenden, aber echt leckeren Käse. Im Garten spielen Musiker, und die Köche verteilen Schmankerl aus der Küche hinten auf die Pappteller. Man sollte unbedingt die mit Chorizo gefüllten Datteln oder die zart gegarten Muscheln probieren.

★ Red's Chinese
CHINESISCH $

(☎504-304-6030; www.redschinese.com; 3048 St Claude Ave; Hauptgerichte 8–16 US$; ⊙12–15 & 17–23 Uhr) Das Red's hat die chinesische Küche in New Orleans zur ganz großen Nummer gemacht. Die Köche scheuen sich nicht, Elemente der Louisiana-Küche beizumengen, und trotzdem kann man das nicht „Fusion" nennen. Das Essen basiert in erster Linie auf der scharfen Sichuan-Küche, zu der hin und wieder auch eine Prise Cayennepfeffer passt. Das General-Lee's-Hähnchen ist erstaunlich gut.

St. Roch Market
MARKT $

(☎504-609-3813; www.strochmarket.com; 2381 St Claude Ave; Hauptgerichte 9–12 US$; ⊙9–23 Uhr;) Früher war dies ein Markt für Meeresfrüchte und Obst und Gemüse in einem Arbeiterviertel. Nach der fast vollständigen Zerstörung durch den Hurrikan Katrina wurde er renoviert und in einen schicken Food-Court umgewandelt. Die luftige Markthalle birgt 13 Restaurants, die alles von New-Orleans-Klassikern und Kaffee bis hin zu nigerianischen Gerichten servieren.

Joint BARBECUE **$**
(☏504-949-3232; http://alwayssmokin.com; 701 Mazant St; Hauptgerichte 7–17 US$; ☺Mo–Sa 11.30–22 Uhr) Der rauchige Duft des Fleisches lockt wie Sirenengesang die Traveller in den herzhaften, fleischinduzierten Tod (soweit die Analogie zur griechischen Heldensage). Im Hinterhof einfach zurücklehnen und bei Rippchen, Pulled Pork oder Rinderbrust mit gesüßtem Tee das Leben genießen!

✗ CBD & Warehouse District

★Cochon Butcher SANDWICHES **$**
(www.cochonbutcher.com; 930 Tchoupitoulas St; Hauptgerichte 10–12 US$; ☺Mo–Do 10–22, Fr & Sa bis 23, So bis 16 Uhr) Hinter dem etwas formelleren Cochon versteckt sich dieser kürzlich erweiterte Sandwich- und Fleischladen, der

sich selbst als „Swine Bar & Deli" bezeichnet und der beste in der Stadt, wenn auch nicht im gesamten Süden ist. Von dem geselligen Mittagspublikum bis hin zu den herzhaften Sandwiches und den witzigen Cocktails vereint der Laden des örtlichen Restaurant-Maestros Donald Link das Beste von New Orleans.

★Peche Seafood Grill SEAFOOD **$$**
(☏504-522-1744; www.pecherestaurant.com; 800 Magazine St; kleine Teller 9–14 US$, Hauptgerichte 14–27 US$; ☺Mo–Do 11–22, Fr & Sa bis 23 Uhr) Warum, ist nicht ganz klar, aber in Bezug auf Donald Links neuestes Projekt sind die Einwohner geteilter Meinung. Aber wir gehören eindeutig zu denen, die den Teller ablecken und noch mal nachbestellen würden. Die Meeresfrüchtegerichte sind einfach zuberei-

---

VOM MEKONG ZUM MISSISSIPPI

Nach Ende des Vietnamkriegs flohen Tausende Südvietnamesen in die USA und ließen sich in Südkalifornien, Boston, rund um Washington, D.C., und in New Orleans nieder. Letzteres mag zunächst überraschen, man muss aber bedenken, dass viele dieser Flüchtlinge Katholiken waren und die katholische Gemeinde von New Orleans – eine der größten im ganzen Land – bei der Eingliederung der Flüchtlinge mithalf. Zudem fühlten sich die Neuankömmlinge hier sicher auch aufgrund des subtropischen Klimas, der Reisfelder und der flachen Feuchtgebiete zumindest an ihre Heimat erinnert. Für einen Südostasiaten fern von Zuhause mag das Mississippi-Delta wenigstens oberflächlich gesehen eine gewisse Ähnlichkeit mit dem Mekong-Delta gehabt haben.

Der wohl beste Weg, die hiesige vietnamesische Kultur kennenzulernen, führt über das leckere Essen und die Märkte. Folgende Adressen liegen alle in den Vierteln Gretna oder New Orleans East:

Dong Phuong Oriental Bakery (☏504-254-0296; www.dpbanhmi.com; 14207 Chef Menteur Hwy, New Orleans East; Bäckerei 1,50–6 US$, Hauptgerichte 7–13 US$; ☺Mi–So 8–16 Uhr) Hier gibt's weit und breit das beste *banh mi* (vietnamesisches Brötchen mit in Scheiben geschnittenen Schweinefleischs, Gurken, Koriander und anderen Köstlichkeiten; wird auch „vietnamesischer Po'boy" genannt) und köstlichen Durian-Kuchen.

Tan Dinh (☏504-361-8008; 1705 Lafayette St, Gretna; Hauptgerichte US$8–17; ☺Mo, Mi–Fr 9.30–21, Sa 9–21, So bis 20 Uhr) Man kann sich selbst davon überzeugen, dass das Tan Dinh eines der besten Restaurants im Großraum New Orleans ist. Die Chicken Wings mit Knoblauchbutter sind einfach himmlisch, und bei den koreanischen Rippchen läuft einem das Wasser im Mund zusammen. Hat auch erstklassige Pho (Nudelsuppe) im Angebot.

Hong Kong Food Market (☏504-394-7075; 925 Behrman Hwy, Gretna; ☺8–20.30 Uhr) Der asiatische Lebensmittelladen bedient viele Chinesen und Philippiner, aber den Großteil der Kundschaft bilden Vietnamesen.

Vietnamese Farmers' Market (14401 Alcee Fortier Blvd, New Orleans East; ☺6–9 Uhr) Dieser Bauernmarkt kommt dem geschäftigen Treiben in Saigon (da die hiesigen Vietnamesen überwiegend aus dem ehemaligen Südvietnam stammen, nennen sie das heutige Ho-Chi-Minh-Stadt immer noch Saigon) an einem Samstagmorgen am nächsten. Wegen der Verkäuferinnen mit den *non la* (kegelförmigen Strohhüten), die bei ihren frischen, traumhaft duftenden Waren hocken, wird der Markt auch Squat Market (*squat*, engl. für „hocken") genannt.

tet, aber unerwartete Zutaten – wie Salz, Gewürze oder einfach nur Magie – sorgen für echte Geschmacksexplosionen. Die gesellige Atmosphäre ist von glücklichen, schicken Gästen geprägt, die das Essen und die Getränke in dem von Ziegelwänden und Holzbalken bestimmten Ambiente genießen.

Domenica
ITALIENISCH $$

(☎ 504-648-6020; 123 Baronne St; Hauptgerichte 13–30 US$; ⏰ 11–23 Uhr; 🍴) Mit seinen Holzbänken, weißen Lampen und hohen Decken wirkt das Domenica wie eine schicke Dorf-Trattoria. Die „rustikale" Pizza in dem lebhaften, vielfach empfohlenen Lokal ist mit ungewöhnlichen, aber verführerischen Dingen wie Muscheln, Prosciutto und geräuchertem Schweinefleisch belegt und groß genug, dass man von einem oder zwei Stücken satt wird.

Restaurant August
KREOLISCH $$$

(☎ 504-299-9777; www.restaurantaugust.com; 301 Tchoupitoulas St; Mittagessen 23–36 US$, Abendessen 33–42 US$; ⏰ tgl. 17–22, Fr & So 11–14 Uhr; 🍴) Wer's romantisch mag, reserviert einen Tisch im Restaurant August, dem Flaggschiff des neun Läden umfassenden Restaurantimperiums von Starkoch John Besh. Das umgebaute Tabaklager aus dem 19. Jh. punktet mit flackernden Kerzen und warm-weichen Farbtönen als vornehmstes Restaurant in New Orleans und schafft es, sowohl gemütlich, als auch lebendig zu sein. Das köstliche Essen zeigt Gästen ein ganz neues Niveau gastronomischer Perfektion.

🍴 Garden District & Uptown

⭐ Surrey's Juice Bar
AMERIKANISCH $

(☎ 504-524-3828; 1418 Magazine St; Frühstück & Mittagessen 6–13 US$; ⏰ 8–15 Uhr) Die schlichten Sandwiches mit Schinken und Ei machen in Sachen Geschmack – und Aussehen – das beste Frühstück aus, das man wohl je hatte. Boudin Biscuit, Rührei mit Lachs, Biscuit mit Würstchen in Salzsauce und Shrimps mit Maisgrütze und Schinken sind so gut, dass es verboten werden müsste. Und auch die Säfte sind, wie man vermuten wird, superfrisch. Nur Barzahlung.

⭐ Ba Chi Canteen
VIETNAMESISCH $

(www.facebook.com/bachicanteenla; 7900 Maple St; Hauptgerichte 4–15 US$; ⏰ Mo–Fr 11–14.30, Sa bis 15.30, Mo–Mi 17.30–21, Do–Sa 17.30–22 Uhr) Keine Angst vor den „Bacos": Bei den weichen Leckerbissen – eine Kreuzung aus *banh bao* und Taco – wurde gekonnt das feine Aroma der vietnamesischen Füllung mit einem gedämpften Weizenmehlbrötchen in praktischer Taco-Form kombiniert. Pho und *banh mi* – was hier als Po'boy bezeichnet wird – runden das Angebot ab.

⭐ Boucherie
SÜDSTAATENKÜCHE $$

(☎ 504-862-5514; www.boucherie-nola.com; 1596 S Carrollton Ave; Mittagessen 10–18 US$, Abendessen 15–18 US$; ⏰ Di–Sa 11–15 & 17.30–21.30 Uhr) Die dicken, schimmernden Schinkenstreifen auf den Sandwiches können nur Teufelswerk sein – oder das Ergebnis der Kochkunst von Nathanial Zimet, dessen selbst geräuchertes Fleisch und die saftigen Südstaatengerichte stadtweit berühmt sind. Es gibt köstliche Boudin-Bällchen mit Knoblauch-Aioli, schwarz geschmorte Shrimps in Schinken-Vinaigrette und geräucherte Wagyū-Rinderbrust mit wunderbar stinkigen Knoblauch-Parmesan-Pommes. Der Krispy-Kreme-Brotpudding mit Rumsirup ist einfach himmlisch!

⭐ Gautreau's
MODERN-AMERIKANISCH $$$

(☎ 504-899-7397; www.gautreausrestaurant.com; 1728 Soniat St; Hauptgerichte 22–42 US$; ⏰ Mo–Sa 18–22 Uhr) Draußen gibt's kein Schild, nur die Hausnummer 1728 markiert diskret das unauffällige Haus in einem Wohnviertel. Drinnen findet man ein feines, aber einladendes Restaurant, in dem kundige Gourmets, viele aus New Orleans, die frischen Gerichte der modern-amerikanischen Küche genießen. Chefköchin Sue Zemanick hat jeden Preis erhalten, den ein aufsteigender junger Star in amerikanischen kulinarischen Kreisen erhalten kann.

🍷 Ausgehen & Nachtleben

New Orleans ist zum Ausgehen genau das Richtige. Auf der Bourbon St kann's nachts recht lustig sein, doch wer ein paar der besten Bars Amerikas kennenlernen will, muss die verschiedenen Viertel aufsuchen.

Die meisten Bars öffnen täglich, viele bereits gegen Mittag. Richtig los geht's gegen 22 Uhr; geschlossen wird oft erst in den frühen Morgenstunden. Wenn nicht gerade Livemusik gespielt wird, ist der Eintritt frei. Auf der Straße offen Alkohol mitzuführen, ist verboten; deshalb wird er für Gäste, die weiterziehen wollen, in Plastikbecher zum Mitnehmen gefüllt.

⭐ Tonique
BAR

(☎ 504-324-6045; http://bartonique.com; 820 N Rampart St; ⏰ 12–2 Uhr) Das Tonique ist die

Bar der Barkeeper. Ganz ehrlich: Sonntagnachts, wenn der Wochenendansturm vorüber ist, treiben sich hier mindestens drei der besten Barkeeper der Stadt rum. Warum? Na, um selbst mal zu entspannen, und weil hier die besten Drinks der Stadt gemixt werden und die Getränkekarte so lang ist wie ein Tolstoi-Roman.

★ Twelve Mile Limit
BAR

(500 S Telemachus St; ⊙ Mo–Do 17–24, Fr & Sa bis 2, So bis 23 Uhr) Eine großartige Bar: Die Leute hinter dem Tresen und in der Küche sind Profis, die in Vier-Sterne-Lokalitäten gearbeitet haben, aber lieber einen Laden in einem Viertel für die Leute in dem Viertel eröffnen wollten. Die gemixten Drinks sind hervorragend und können sich mit jedem Cocktail eines Fachmanns aus Manhattan messen. Und wie die Stimmung beweist, kommt der Schuppen super an.

Mimi's in the Marigny
BAR

(🖉 504-872-9868; 2601 Royal St; ⊙ So–Do 18–2, Fr & Sa bis 4 Uhr) Der Name der Bar könnte problemlos in „Mimi's *is* the Marigny" umgewandelt werden. Man kann sich das Viertel nicht ohne diese Institution vorstellen. Das Mimi's ist so attraktiv schludrig wie Brad Pitt an einem guten Tag und hat eine gemütliche Einrichtung, Billardtische, oben eine Tanzfläche, die wie eine auf Punk getrimmte kreolische Villa dekoriert ist, und eine gedämpfte braune Sepia-Beleuchtung.

St. Joe's
BAR

(www.stjoesbar.com; 5535 Magazine St; ⊙ Mo–Fr 16–3, Sa 12–3, So bis 1 Uhr) Der Barkeeper verzieht vielleicht das Gesicht, wenn man einen Blaubeer-Mojito bestellt – immerhin sind Mojitos nicht einfach zu mixen. Aber er macht sie nun mal verdammt gut. Sie sind von den Leuten aus New Orleans sogar mehrfach zu den besten der Stadt gewählt worden. Die Gäste in der dunklen, einladenden Bar sind um die 20, 30 Jahre alt und so freundlich und gesellig wie die Angestellten.

BJ's
BAR

(🖉 504-945-9256; 4301 Burgundy; ⊙ 17 Uhr–open end) Der Nachbarschaftsschuppen in Bywater bietet billiges Bier, ein entspanntes, geselliges Publikum und manchmal auch Livemusik, vor allem bei der Blues-Rock-Show von King James & den Special Men, die montags gegen 22 Uhr beginnt. Wie toll der Laden ist, erkennt man schon daran, dass Robert Plant bei seinem letzten Besuch in der Stadt hier spontan ein Konzert gab.

☆ Unterhaltung

Was wäre New Orleans ohne die ortstypische Livemusik? Am Wochenende ist fast immer für jeden Geschmack etwas dabei – Jazz, Blues, Brassbands, Country, Dixieland, Zydeco (Cajun-Tanzmusik), Rock oder Cajun. Tagsüber kann man oft kostenlos den Auftritten lauschen. Veranstaltungshinweise findet man im *Gambit* (www.bestofneworle ans.com), *Offbeat* (www.offbeat.com) oder auf www.nolafunguide.com.

★ Spotted Cat
LIVEMUSIK

(www.spottedcatmusicclub.com; 623 Frenchmen St; ⊙ Mo–Fr 16–2, Sa & So ab 15 Uhr) Gut, dass das Spotted Cat gegenüber vom Snug Harbor liegt! Beides sind großartige Jazzclubs, doch Letzterer ist eine schicke Martini-Bar und Ersterer ein pulsierender, schweißgetränkter Club, in dem die Drinks in Plastikbechern serviert werden – die ideale Ausführung eines winzigen New-Orleans-typischen Musikclubs.

★ Mid-City Rock & Bowl
LIVEMUSIK

(🖉 504-861-1700; www.rockandbowl.com; 3000 S Carrollton Ave; ⊙ 17 Uhr–open end) Ein Abend im Rock & Bowl gehört zu einem New-Orleans-Besuch unbedingt dazu. Es ist eine seltsame, aber wunderbare Mischung aus Bowlingbahn, Delikatessenladen und riesigem Livemusik- und Tanzclub, wo sich die Gäste der New-Orleans-Musik hingeben, während sie versuchen, jenen verflixten 7/10-Split zu vermeiden. Die beste Möglichkeit, den hiesigen Zydeco zu erleben, ist die Tanzparty am Donnerstagabend.

AllWays Lounge
THEATER

(🖉 504-218-5778; http://theallwayslounge.net; 2240 St Claude Ave; ⊙ Sa–Mi 18–24, Do & Fr bis 2 Uhr) In einer Stadt voller irrer Musik-Locations sticht das AllWays heraus. An jedem Abend in der Woche gibt's hier experimentelles Gitarrenspiel, örtliche Schauspielkunst, trashigen Rock, Livecomedy oder eine groovige 1960er-Jahre-Tanzparty. Hinzu kommt, dass die Drinks superbillig sind.

Tipitina's
LIVEMUSIK

(🖉 504-895-8477; www.tipitinas.com; 501 Napoleon Ave) Das „Tips" ist einer der großen Musikclubs von New Orleans. Der legendäre Nachtclub in Uptown, der nach dem Hit von Professor Longhair aus dem Jahr 1953 benannt ist, veranstaltet ein paar der denkwürdigsten Shows in der Stadt, vor allem wenn große Namen wie Dr. John wieder im

Haus sind. Hervorragende Musik von lokalen Talenten lockt das ganze Jahr über ein großes Publikum an.

Preservation Hall JAZZ
(☎ 504-522-2841; www.preservationhall.com; 726 St Peter St; Grundpreis So–Do 15 US$, Fr & Sa 20 US$; ☺ Shows 20, 21 & 22 Uhr) Die Preservation Hall in einer ehemaligen Kunstgalerie von 1803 ist eine der legendärsten Musik-Locations von New Orleans. Barbara Reid und Grayson „Ken" Mills gründeten 1961 die Society for the Preservation of New Orleans Jazz, als die Generation von Louis Armstrong schon in die Jahre gekommen war. Die hauseigene Preservation Hall Jazz Band ist sehr talentiert und tourt regelmäßig um die Welt. Diese Musiker mit weißen Haaren und ihren Tubas, Posaunen und Hörnern bringen jeden Abend die Wände zum Wackeln.

Shoppen

Magazine Antique Mall ANTIQUITÄTEN
(☎ 504-896-9994; www.magazineantiquemall.com; 3017 Magazine St; ☺ 10.30–17.30, So ab 12 Uhr) Gruselige Babypuppen, Hüte, Kronleuchter, Coca-Cola-Fanartikel – in dem vollgestopften Warenhaus wird man beim Stöbern in den rund zwölf Läden, in denen unabhängige Händler eine beeindruckende Vielfalt von antikem Schnickschnack verkaufen, garantiert fündig. Schnäppchenjäger haben allerdings weniger Glück.

Maple Street Book Shop BÜCHER
(www.maplestreetbookshop.com; 7523 Maple St; ☺ Mo–Sa 10–18, So 11–17 Uhr) Der beliebte Laden in Uptown feierte 2014 sein 50. Jahrestag. Er wurde von den Geschwistern Mary Kellogg und Rhoda Norman gegründet und ist einer der politisch fortschrittlichsten und am besten bestückten Buchläden der Stadt. Zum Verkauf stehen neue, gebrauchte und seltene Bücher in einladendem Ambiente.

 Praktische Informationen

GEFAHREN & ÄRGERNISSE
In New Orleans geschehen viele Gewaltverbrechen, und die sicheren Viertel liegen dicht an dicht mit den Ghettos. Zu Fuß sollte man nicht zu weit nördlich von Faubourg Marigny und Bywater unterwegs sein (am besten nur bis zur St. Claude Ave vorwagen!); auch südlich der Magazine St (vor allem hinter der Laurel St) und zu weit nördlich der Rampart St (Lakeside) vom French Quarter in Richtung Tremé ist es nicht gerade sicher. Am besten hält man sich an Orten auf, wo viele Menschen sind, vor allem nachts, und nimmt nach Einbruch der Dunkelheit ein Taxi. Im Quarter werden Traveller oft von Strichern angesprochen – einfach ignorieren und weitergehen! Dennoch besteht kein Grund, paranoid zu werden. Wie auch anderswo ereignen sich Gewaltverbrechen meistens unter Leuten, die sich kennen.

INTERNETZUGANG
Eine recht gute WLAN-Abdeckung gibt's im CBD, im French Quarter, im Garden und im Lower Garden District sowie in der Uptown. Auch fast jedes Café in der Stadt hat WLAN. Mit Ausweis kann man in den Bibliotheken kostenlos ins Netz.

MEDIEN
Gambit Weekly (www.bestofneworleans.com) Kostenloses Wochenblatt zu Musik, Kultur und Politik mit Kleinanzeigen.

WWOZ 90.7 FM (www.wwoz.org) Spielt u. a. Musik aus Louisiana.

MEDIZINISCHE VERSORGUNG
Tulane University Medical Center (☎ 504-988-5263; www.tulanehealthcare.com; 1415 Tulane Ave; ☺ 24 Std.) Notaufnahme im CBD.

TOURISTENINFORMATION
Die offizielle städtische Website für Besucher lautet www.neworleansonline.com.

Jean Lafitte National Historic Park and Preserve Visitor Center (☎ 504-589-2636; www.nps.gov/jela; 419 Decatur St, French Quarter; ☺ Di–Sa 9–16.30 Uhr) Wird vom NPS betrieben und bietet Ausstellungen zur Lokalgeschichte, Stadtführungen und täglich Livemusik. Im Parkbüro selbst gibt's nicht viel, aber an den meisten Wochentagen finden musikalische Bildungsprogramme statt. Viele der Ranger sind selbst Musiker und fachkundige Lehrer; in ihren Vorträgen präsentieren sie musikalische Entwicklungen, kulturelle Veränderungen, regionale Stile, Legenden und musikalische Techniken auf dem Gebiet des Jazz.

Basin St Station (☎ 504-293-2600; www.basinststation.com; 501 Basin St; ☺ 9–17 Uhr) Die ans New Orleans CVB angeschlossene interaktive Touristeninformation im ehemaligen Frachtzentrum der Southern Railway hat jede Menge hilfreiche Infos und Stadtpläne sowie einen Film mit einem historischen Überblick. Es gibt hier auch eine kleine Eisenbahnausstellung. Befindet sich neben dem Friedhof St. Louis Cemetery No. 1.

An- & Weiterreise

Vom 11 Meilen (18 km) westlich der Stadt gelegenen **Louis Armstrong New Orleans International Airport** (MSY; ☎ 504-303-7500; www.flymsy.com; 900 Airline Hwy; ✈) heben vorwiegend Inlandsflieger ab.

Der **Union Passenger Terminal** (☑ 504-299-1880; 1001 Loyola Ave) ist der Busbahnhof von **Greyhound** (☑ 504-525-6075; www.greyhound.com; 1001 Loyola Ave; ⊙ 5.15–10.30, 11.30–13 & 14.30–21.25 Uhr) mit regelmäßigen Busverbindungen nach Baton Rouge (2 Std.), Memphis, TN (11 Std.), und Atlanta, GA (12 Std.). Der Union Passenger Terminal fungiert auch als **Amtrak-Bahnhof** (☑ 800-872-7245, 504-528-1610; ⊙ Kartenschalter 5.45–22 Uhr) mit Zugverbindungen in Richtung Chicago, New York und Los Angeles.

❶ Unterwegs vor Ort

VOM/ZUM FLUGHAFEN

Es gibt einen Infoschalter an den Terminals A und B im Flughafen. Der **Airport Shuttle** (☑ 866-596-2699; www.airportshuttleneworleans.com; einfache Strecke/hin & zurück 20/38 US$) fährt zu den Hotels in der Downtown. **Jefferson Transit** (☑ 504-364-3450; www.jeffersontransit.org; Erw. 2 US$) betreibt die Flughafenlinie E2. Der Bus startet vor Eingang 7 der oberen Ebene des Flughafens und hält auf dem Weg in die Stadt am Airline Hwy (Hwy 61); Endhaltestelle ist an der Tulane und Loyola Ave. Nach 19 Uhr fährt er nur bis zur Tulane und Carrollton Ave in Mid-City; von dort sind es bis zum CBD noch 5 Meilen (8 km), sodass man in einen Bus der Regional Transit Authority (RTA) umsteigen muss – das ist im besten Fall beschwerlich, vor allem mit Gepäck.

Ein Taxi zur Downtown kostet für ein bis zwei Personen 33 US$ und zusätzliche 14 US$ für jede weitere Person.

ÖFFENTLICHE VERKEHRSMITTEL

Die **Regional Transit Authority** (RTA; ☑ 504-248-3900; www.norta.com) betreibt das örtliche Busnetz. Die Fahrt im Bus oder Straßenbahn kostet 1,25 US$; beim Umsteigen kommen noch 0,25 US$ hinzu. Die Fahrt im Expressbus kostet 1,50 US$. Man muss passend zahlen.

Die RTA betreibt auch die drei **Straßenbahnlinien** (einfache Strecke 1,25 US$, Tageskarte 3 US$; passend zahlen). Die historische St.-Charles-Straßenbahn macht aufgrund der durch den Hurrikan verursachten Schäden an den Gleisen in Uptown nur eine kleine Runde durch das CBD. Die Canal-Straßenbahn bedient die lange Strecke die Canal St hinauf zum City Park und hat eine Nebenstrecke in der Carrollton Ave. Die Straßenbahn am Flussufer führt 3,2 km am Damm entlang von der Old US Mint über die Canal St bis zum flussaufwärts gelegenen Kongresszentrum und zurück. Mit dem **Jazzy Pass** (1/3 Tage 3/9 US$) kann man unbegrenzt fahren; er ist bei den Walgreen's-Drogerien erhältlich. Man kann ihn auch online bestellen, aber das dauert, weil er einem postalisch zugestellt wird.

Ein Taxi bestellt man bei **United Cabs** (☑ 504-522-9771; www.unitedcabs.com; ⊙ 24 Std.).

Fahrräder verleiht **Bicycle Michael's** (☑ 504-945-9505; www.bicyclemichaels.com; 622 Frenchmen St; ab 35 US$/Tag; ⊙ Mo, Di & Do–Sa 10–19, So bis 17 Uhr).

Rund um New Orleans

Lässt man das farbenfrohe New Orleans hinter sich, findet man sich sofort in einer Welt aus Sümpfen, Bayous, Plantagenhäusern aus der Zeit vor dem Bürgerkrieg, entspannten kleinen Gemeinden, endlosen Trabantenvorstädten und Einkaufsstraßen wieder.

Barataria Preserve

Dieser Abschnitt des südlich von New Orleans nahe der Ortschaft Marrero gelegenen **Jean Lafitte National Historical Park & Preserve** bildet den einfachsten Zugang zu dem dichten Sumpfland, das New Orleans umgibt. Die 13 km Plankenwege sind eine tolle Möglichkeit, die weiten, fruchtbaren Sümpfe zu erforschen und dabei Alligatoren, Nutrias (große eingeschleppte Wasserratten), Laubfrösche und Hunderte Vogelarten zu beobachten.

Am **NPS Visitor Center** (☑ 504-689-3690; www.nps.gov/jela; Hwy 3134; ⊙ 9–17 Uhr, Visitor Center Mi–So 9.30–16.30 Uhr; ♿ GRATIS), 1 Meile (1,6 km) westlich des Hwy 45 nahe der Ausfahrt zum Barataria Blvd, kann man eine Karte mitnehmen oder sich einer geführten Wanderung oder Kanufahrt anschließen (an den meisten Samstagvormittagen und jeden Monat zur Vollmondnacht; vorab telefonisch reservieren!). Kanus oder Kajaks für die Teilnahme an einer Tour oder zum Paddeln auf eigene Faust verleiht das etwa 3 Meilen (4,8 km) vom Parkeingang entfernte **Bayou Barn** (☑ 504-689-2663; www.bayoubarn.com; 7145 Barataria Blvd; Kanu 20 US$/Pers., Einerkajak 25 US$; ⊙ Do–So 10–18 Uhr).

Nordufer

Am Nordufer des **Lake Pontchartrain** erstrecken sich Trabantenstädte. Doch nördlich von Mandeville erreicht man das idyllische Örtchen **Abita Springs**, das Ende des 19. Jhs. wegen seiner Heilquellen beliebt war. Das Wasser sprudelt zwar auch heute noch aus dem Brunnen in der Ortsmitte, doch die größte Attraktion in Bezug auf Flüssigkeiten ist inzwischen der **Abita Brew Pub** (☑ 985-892-5837; www.abitabrewpub.com;

7201 Holly St; ⊙ Di–Do & So 11–21, Fr & Sa bis 22 Uhr), wo man die vielen Fassbiere probieren kann, die 1 Meile (1,6 km) westlich vom Ort im **Abita Brewery Tasting Room** (☏ 985-893-3143; www.abita.com; 166 Barbee Rd; Führung frei; ⊙ Führungen Mi–Fr 14, Sa 11, 12, 13 & 14 Uhr) gebraut werden.

Der 31 Meilen (50 km) lange **Tammany Trace Trail** (☏ 985-867-9490; www.tammany trace.org; 🚲) 🚴 verbindet die Orte am Nordufer. Er beginnt in Covington und führt durch Abita Springs und den hübschen **Fontainebleau State Park**. In Lacombe, etwa 9 Meilen (14,5 km) östlich von Mandeville, kann man bei **Bayou Adventures** (☏ 985-882-9208; www.bayouadventure.com; 27725 Main St, Lacombe; Fahrrad pro Std./Tag 8/25 US$, Einer-/Zweierkajak pro Tag 35/50 US$; ⊙ 6–17 Uhr) Fahrräder und Kajaks ausleihen.

River Road

Schmucke Plantagenhäuser liegen zwischen New Orleans und Baton Rouge verstreut am Ost- und Westufer des Mississippis. Die Plantagen brachten ihren Besitzern zunächst mit Indigo, dann mit Baumwolle und Zuckerrohr großen Reichtum ein. Viele von ihnen sind für die Öffentlichkeit zugänglich. Die meisten Führungen konzentrieren sich auf das Leben der Besitzer, die restaurierten Häuser und die kunstvollen Gärten im Louisiana aus der Zeit vor dem Bürgerkrieg.

⊙ Sehenswertes

Whitney Plantation   HISTORISCHE STÄTTE (☏ 225-265-3300; www.whitneyplantation.com; 5099 Highway 18, Wallace; Erw./Student 22/15 US$, Kind bis 12 Jahre frei; ⊙ Mi–Mo 9.30–16.30 Uhr, Führungen 10–15 Uhr) Das Whitney ist die erste Plantage im Bundesstaat, die sich mit der Geschichte der Sklaverei und dem Leben der Sklaven befasst. Besucher erhalten bei der historisch orientierten Führung Einblick in die Welt der deutsch-amerikanischen Familie Haydel und deren Sklaven, wobei es vorwiegend um die Erlebnisse und die entsetzlichen Lebensbedingungen der Sklaven geht. Auf dem Anwesen verteilt finden sich auch Gedenkstätten und Denkmäler für die Sklaven in der Gegend.

Laura Plantation   HISTORISCHE STÄTTE (☏ 225-265-7690; www.lauraplantation.com; 2247 Hwy 18, Vacherie; Erw./Kind 20/6 US$; ⊙ 10–16 Uhr) Die beliebte Plantagen-Tour wird ständig weiterentwickelt und arbeitet die Unterschiede im Leben der Kreolen, Angloamerikaner sowie der freien und unfreien Afroamerikaner in der Antebellum-Ära heraus. Dies geschieht durch gründliche Nachforschungen und anhand schriftlicher Zeugnisse von kreolischen Frauen, welche die Plantage über Generationen hinweg führten. Auch Laura selbst ist faszinierend: Das kreolische Herrenhaus wurde nicht von Angloamerikanern, sondern von einer aus Europa stammenden Elite gegründet und unterhalten. Die kulturellen und architektonischen Unterschiede zwischen dieser Plantage und den anderen sind offensichtlich und beeindruckend.

Oak Alley Plantation   HISTORISCHE STÄTTE (☏ 225-265-2151; www.oakalleyplantation.com; 3645 Hwy 18, Vacherie; Erw./Kind 20/7,50 US$; ⊙ März–Okt. 9–17, Nov.–Feb. Mo–Fr 9–16.30, Sa & So bis 17 Uhr) Der bemerkenswerteste Aspekt der Oak Alley Plantation ist das Blätterdach, das 28 majestätische Lebenseichen bilden, die die Auffahrt zu dem prächtigen Greek-Revival-Herrenhaus säumen. Der Anblick lässt sich noch besser mit einem frischen Minz-Julep genießen. Die Führung ist recht steif, es gibt aber Gäste-Cottages (145–200 US$) sowie ein Restaurant.

Baton Rouge

Als französische Entdeckungsreisende 1699 auf einen rot gefärbten Pfosten aus Zypressenholz stießen, den die Bayagoulas- und Houma-Indianer in den Boden gerammt hatten, um ihre Jagdgründe abzugrenzen, nannten sie die Gegend kurzerhand Baton Rouge („roter Stab"). Dieser eine Pfosten ist im Lauf der Zeit ganz schön gewuchert: Baton Rouge ist heute ein weitläufiges Chaos, das sich in alle Richtungen ausbreitet. Besucher der Hauptstadt Louisianas kommen hauptsächlich wegen der Louisiana State University (LSU) und der Southern University hierher; Letztere war einst die größte rein afroamerikanische Universität des Landes.

⊙ Sehenswertes & Aktivitäten

Louisiana State Capitol   HISTORISCHES GEBÄUDE (☏ 225-342-7317; 900 N 3rd St; ⊙ Di–Sa 8–16.30 Uhr) GRATIS Der über der Stadt thronende Art-déco-Wolkenkratzer wurde auf dem Höhepunkt der Weltwirtschaftskrise (1929) für 5 Mio. US$ erbaut und ist die auffälligste Hinterlassenschaft des populistischen Gouverneurs „Kingfish" Huey Long. Die **Aus-**

sichtsplattform (bis 16 Uhr) im 27. Stock bietet einen atemberaubenden Ausblick, und die prunkvolle Eingangshalle ist nicht weniger beeindruckend. An der Rezeption werden kostenlose Führungen über das Gelände angeboten.

LSU Museum of Art
MUSEUM

(LSUMOA; ☑ 225-389-7200; www.lsumoa.com; 100 Lafayette St; Erw./Kind 5 US$/frei; ⊙ Di–Sa 10–17, Do bis 20, So 13–17 Uhr) Die klaren, geometrischen Formen des Shaw Center, in dem dieses Museum untergebracht ist, beeindrucken mindestens genauso wie das Museum selbst. Zu sehen sind eine Dauerausstellung mit mehr als 5000 Werken und sorgfältig zusammengestellte Ausstellungen zum künstlerischen Erbe der Region und zu zeitgenössischen Trends.

Old State Capitol
HISTORISCHES GEBÄUDE

(☑ 225-342-0500; www.louisianaoldstatecapitol. org; 100 North Blvd; ⊙ Di–Sa 9–16 Uhr) GRATIS Das neugotische Bauwerk erinnert nicht nur an ein Märchenschloss, es ist zu allem Überfluss auch noch rosarot – ein klares Anzeichen dafür, wie exzentrisch die Regierung des Bundesstaats mitunter sein kann. Heute ist hier eine Ausstellung über die bewegte politische Vergangenheit Louisianas untergebracht.

Rural Life Museum
MUSEUM

(☑ 225-765-2437; http://sites01.lsu.edu/wp/rural life; 4560 Essen Lane; Erw./Kind 9/8 US$; ⊙ 8–17 Uhr; P ♿) Ein Besuch in diesem Freiluftmuseum ist ein Ausflug in die Architektur, das Arbeitsleben und die Traditionen des ländlichen Louisiana. Auf dem Gelände liegen zahlreiche einfache Gebäude verstreut, und die Ausstellungen malen das harte Leben auf dem Land, das den Bundesstaat aufgebaut hat, nicht schön, sondern sind erfrischend ehrlich und informativ.

🛏 Schlafen & Essen

Stockade Bed & Breakfast
B&B $$

(☑ 225-769-7358; www.thestockade.com; 8860 Highland Rd; Zi. 135–160 US$, Suite 215 US$; P ✻ ☎) Kettenhotels säumen die I-10, doch das wunderbare B&B mit fünf geräumigen, gemütlichen und eleganten Zimmern verspricht einen sehr viel netteren Aufenthalt. Es liegt 3,5 Meilen (5 km) südöstlich der LSU, nur einen Katzensprung von mehreren großartigen Restaurants der Gegend entfernt. Am Wochenende, besonders in der Footballsaison, sollte man reservieren haben.

Schlittz & Giggles
PIZZA $$

(☑ 225-218-4271; www.schlittzandgiggles.com; 301 3rd St; Pizza 10–22 US$; ⊙ So–Mi 11–24, Do–Sa bis 2 Uhr; ☎) Das Essen lässt den seltsamen Namen der Pizzeria und Bar in der Innenstadt vergessen. Die quirligen Kellner servieren der vorwiegend aus Studenten bestehenden Gästeschar knusprig dünne Pizzastücke (3–3,50 US$) und fabelhafte Panini, während sich an der Bar ein paar ältere Einheimische treffen.

Louisiana Lagniappe
CAJUN-KÜCHE $$$

(☑ 225-767-9991; www.louisianalagniapperestau rant.com; 9900 Perkins Rd; Hauptgerichte 21–50 US$; ⊙ Mo–Do 17.30–21, Fr & Sa 17–22 Uhr; P) Wer in Baton Rouge abends ausgehen und die leckere örtliche Küche genießen will, ist hier genau richtig. Lagniappe (sprich: lan-jap) bedeutet auf Louisiana-Französisch in etwa „ein wenig mehr" – was aber missverständlich ist, denn hier gibt's von allem viel mehr: Fisch mit Krabbenfleisch, Rib-Eye-Steak und Pasta mit Shrimps und Würstchen.

☆ Unterhaltung

Varsity Theatre
LIVEMUSIK

(☑ 225-383-7018; www.varsitytheatre.com; 3353 Highland Rd; ⊙ 20–2 Uhr) Im Varsity vor den Toren der LSU wird abends oft Livemusik gespielt, auch werktags. Das angeschlossene Restaurant punktet mit einer großen Bierauswahl und einem lärmenden studentischen Publikum.

ℹ Praktische Informationen

Visitor Center (☑ 225-383-1825; www.visit batonrouge.com; 359 3rd St; ⊙ 8–17 Uhr) Die städtische Touristeninformation in der Innenstadt hat Stadtpläne, Broschüren lokaler Attraktionen und einen Veranstaltungskalender.

Capital Park (☑ 225-219-1200; www.louisiana travel.com; 702 River Rd N; ⊙ 8–16.30 Uhr) Nahe dem Visitor Center von Baton Rouge. Die offizielle Touristeninformation hat umfangreiches Infomaterial zu Louisiana.

ℹ Anreise & Unterwegs vor Ort

Baton Rouge liegt 80 Meilen (128 km) westlich von New Orleans an der I-10. Der **Baton Rouge Metropolitan Airport** (BTR; ☑ 225-355-0333; www.flybtr.com) befindet sich nördlich der Stadt abseits der I-110. Da New Orleans nur etwa eineinhalb Stunden entfernt liegt, kann man, sofern man sowieso ein Auto mieten wollte, auch hierher fliegen. Busse von **Greyhound** (☑ 225-383-3811; www.greyhound.com; 1253 Florida

Blvd, an der N 12th St) fahren regelmäßig nach New Orleans, Lafayette und Atlanta, GA. Für die Stadtbusse ist das **Capitol Area Transit System** (CATS; ☑ 225-389-8920; www.brcats.com; Tickets 1,75 US$) zuständig.

St. Francisville

Das üppig grüne St. Francisville ist eine vollkommene, unkonventionelle Südstaaten-Kleinstadt mit einer Mischung aus historischen Häusern, künstlerisch angehauchten Läden und den Outdoor-Optionen in den nahe gelegenen Tunica Hills (ja genau: Hügel in Louisiana!). In der Zeit vor dem Bürgerkrieg lebten hier reiche Plantagenbesitzer, und viele der Herrenhäuser stehen noch heute.

◉ Sehenswertes & Aktivitäten

Bei einem Bummel auf der historischen **Royal St** kann man die herrschaftlichen Häuser aus der Zeit vor dem Bürgerkrieg und die zu Wohnhäusern umgebauten Gebäude bewundern. Im Visitor Center bekommen Interessierte Broschüren für Touren in Eigenregie.

Myrtles Plantation   HISTORISCHES GEBÄUDE
(☑ 225-635-6277; www.myrtlesplantation.com; 7747 US Hwy 61 N; Führung Erw./Kind 10/7 US$, Abendführung 12 US$; ⊙ 9–17 Uhr, Führungen Fr & Sa 18, 19 & 20 Uhr; ℗) In dem Plantagenhaus, in dem es angeblich spuken soll, werden an den Wochenenden abends Mystery-Führungen (nur mit Reservierung) angeboten. Aus zweiter Hand wurde uns bestätigt, dass da was dran sein soll. Es könnte also ganz lustig sein, in dem B & B (Zi. ab 115 US$) zu übernachten und Kontakt mit dem Jenseits aufzunehmen.

Oakley Plantation & Audubon State Historic Site   HISTORISCHE STÄTTE
(☑ 225-635-3739; www.audubonstatehistoricsite. wordpress.com; 11788 Hwy 965; Erw./Student/ Senior 8/4/6 US$; ⊙ Di–Sa 9–17 Uhr; ℗) Außerhalb von St. Francisville liegt die Oakley Plantation. John James Audubon kam 1821 als Privatlehrer für die Tochter des Hauses hierher. Seine Anstellung währte zwar nur vier Monate (und sein Zimmer war ziemlich spartanisch eingerichtet), doch in dieser Zeit fertigten er und sein Assistent 32 Gemälde von Vögeln an, die sie in den Wäldern rund um die Plantage fanden.

Auch einige originale Audubon-Drucke finden sich in dem kleinen, karibisch anmutenden Haus von 1806.

Mary Ann Brown Preserve   NATURSCHUTZGEBIET
(☑ 225-338-1040; www.nature.org; 13515 Hwy 965; ⊙ Sonnenaufgang–Sonnenuntergang) Das von der Nature Conservancy verwaltete 44,5 ha große Naturschutzgebiet umfasst einen Teil der Buchenwälder, der dunklen Sumpfgebiete und des niedrigen, von Lehmböden geprägten Hügellands der Tunica Hills. Ein 3,2 km langes Netzwerk aus Wander- und Plankenwegen durchzieht den Wald, durch den schon John James Audubon zu Beginn seiner Arbeit an den *Birds of America* streifte.

🛏 Schlafen & Essen

⭐ **Shadetree Inn**   B & B $$
(☑ 225-635-6116; www.shadetreeinn.com; Ecke Royal & Ferdinand St; Zi. ab 145 US$; ℗ ❄ 🛜) Das supergemütliche B & B am Rand des historischen Viertels und eines Vogelschutzgebiets hat einen herrlichen Garten voller Blumen und Hängematten sowie geräumige Zimmer in rustikalem Schick. Das europäische Luxusfrühstück inklusive einer Flasche Wein oder Sekt kann man sich aufs Zimmer bringen lassen. Ohne Frühstück und bei einem Aufenthalt während der Woche wird's billiger.

3-V Tourist Court   HISTORISCHES INN $$
(☑ 225-721-7003; www.themagnoliacafe.net/magnolia3vtouristcourts.html; 5687 Commerce St; Hütte mit 1/2 B 75/125 US$; ℗ ❄ 🛜) Dies ist eines der ältesten Motels in den USA (es stammt aus den 1930er-Jahren und steht heute im Denkmalschutzregister). Die fünf Wohneinheiten versetzen die Gäste zurück in einfachere Zeiten. Die Zimmer sind mit Deko und Einrichtungsgegenständen aus jener Zeit ausgestattet, bieten aber dank der kürzlichen Renovierung neue Betten, Parkettböden und Flachbildfernseher, sodass die Anlage fast schon wieder trendig ist.

Birdman Coffee & Books   CAFÉ $
(☑ 225-635-3665; 5687 Commerce St; Hauptgerichte 5–6,50 US$; ⊙ Di–Fr 7–17, Sa & So 8–14 Uhr; 🛜) Das Birdman bietet ein typisches Südstaatenfrühstück (altmodische gelbe Maisgrütze, Süßkartoffelpfannkuchen usw.) und Kunst aus der Region.

Magnolia Café   CAFÉ $
(☑ 225-635-6528; www.themagnoliacafe.net; 5687 Commerce St; Hauptgerichte 7–13 US$; ⊙ tgl. 10–16, Do & Sa bis 21, Fr bis 22 Uhr) Der gesellige Treff von St. Francisville war einst ein Na-

turkostladen samt Werkstatt für VW-Busse. Heute wird hier gegessen, geplaudert und freitagabends zu Livemusik getanzt. Probieren sollte man die Po'boy-Sandwiches mit Shrimps und Käse.

Cajun Country

Mit Louisiana verbinden viele Menschen – außer New Orleans – kilometerlange Bayous, mit Sägemehl bestreute Böden, eine einzigartige Lesart des Französischen und jede Menge gutes Essen. Willkommen also im Cajun Country, das wegen der französischen Siedler, die 1755 von den Briten aus L'Acadie (dem heutigen Nova Scotia in Kanada) vertrieben wurden, auch Acadiana genannt wird.

Die Cajuns sind die größte französischsprachige Minderheit in den USA. Im Lebensmittelladen hört man vielleicht keinen Französisch sprechen, aber es ist noch immer in Radiosendungen, bei Gottesdiensten und nicht zuletzt in der örtlichen Aussprache des Englischen präsent. Lafayette ist zwar der Knotenpunkt von Acadiana, aber erst die Erkundung der Wasserwege, Dörfer und baufälligen Tavernen am Straßenrand lassen einen die Lebensweise der Cajuns verstehen. Während die Region weitgehend sozialkonservativ ausgerichtet ist, sagt man den Cajuns einen gewissen Hedonismus nach. Hier ein schlechtes Essen zu finden, ist so gut wie ausgeschlossen: Jambalaya (Reis mit Tomaten, Würstchen und Shrimps) und Krebs-Étouffée (der dicke Eintopf ist eine Spezialität der Cajun-Küche) werden hier ganz langsam und mit viel Liebe und Stolz (und ordentlich Cayennepfeffer!) zubereitet. Wer nicht fischt, der tanzt wahrscheinlich gerade. Da bleibt kein Traveller lange Zaungast!

LAFAYETTE

Der Begriff „unentdecktes Juwel" wird in der Reiseliteratur oft inflationär benutzt, Lafayette ist aber nun mal genau das. Zuerst die schlechte Nachricht: Sonntags herrscht hier absolut tote Hose. Die gute Nachricht: Es gibt eine unglaubliche Anzahl guter Restaurants und viele Musik-Locations. Zudem findet hier eines der besten kostenlosen Musikfestivals der USA statt. Lafayette ist eine Universitätsstadt, und so tritt hier so gut wie jeden Abend irgendwo eine Liveband auf. Und selbst die tot geglaubten Sonntage haben ihren Höhepunkt: einige bekannte Optionen für einen leckeren Brunch.

◉ Sehenswertes

Vermilionville DORF
(☎ 337-233-4077; www.vermilionville.org; 300 Fisher Rd; Erw./Student 10/6 US\$; ⊙ Di–So 10–16 Uhr; ♿) Das friedliche nachgebaute Cajun-Dorf aus dem 19. Jh. erstreckt sich entlang eines Bayous in der Nähe des Flughafens. Freundliche, engagierte Guides in Kostümen erläutern die Geschichte der Cajuns, der Kreolen und der amerikanischen Ureinwohner. Sonntags (13–15 Uhr) spielen lokale Bands. Im Angebot sind auch geführte Bootstouren (☎ 337-233-4077; Erw./Student 12/8 US\$; ⊙ März–Mai & Sept.–Nov. Di–Sa 10.30 Uhr) auf dem Bayou Vermilion.

Acadiana Center for the Arts GALERIE
(☎ 337-233-7060; www.acadianacenterforthearts. org; 101 W Vermilion St; Erw./Student/Kind 5/3/2 US\$; ⊙ Mo–Sa 10–17 Uhr) Das Kunstzentrum im Herzen der Innenstadt betreibt drei schicke Galerien und veranstaltet dynamische Theateraufführungen, Vorträge und Sonderveranstaltungen.

Acadian Cultural Center MUSEUM
(☎ 337-232-0789; www.nps.gov/jela; 501 Fisher Rd; ⊙ Di–Fr 9–16.30, Sa 8.30–12 Uhr; ℗ ♿) ✎ Das Museum des National Park Service zeigt umfangreiche Ausstellungen zur Kultur der Cajuns.

✷ Feste & Events

Festival International de Louisiane MUSIK
(www.festivalinternational.com; ⊙ letztes April-Wochenende) Bei dem fabelhaften Festival sorgen Hunderte Künstler aus dem In- und Ausland fünf Tage lang für Stimmung. Dies ist das größte kostenlose Musikfestival dieses Kalibers in den USA. Obwohl das Festival erklärtermaßen die frankophone Musik und Kultur feiert, sind hier mittlerweile auch andere Musikstile und Sprachen vertreten.

🛏 Schlafen & Essen

An der I-10 finden sich rund um die Exits 101 und 103 zahlreiche Kettenhotels (DZ ab 65 US\$). In der Jefferson St im Zentrum gibt es eine gute Bar- und Restaurantauswahl, die von Sushi bis hin zu mexikanischer Küche ein ordentlich breites Spektrum zu bieten hat.

★ Blue Moon Guest House PENSION \$
(☎ 337-234-2422; www.bluemoonpresents.com; 215 E Convent St; B 18 US\$, Zi. 70–90 US\$; ℗ ❄

DER SÜDEN RUND UM NEW ORLEANS

🛜@) Ein echtes kleines Juwel Louisianas: Das gepflegte alte Haus birgt eine gehobene Unterkunft im Hostelstil, einen kurzen Fußmarsch vom Zentrum entfernt. Wer hier übernachtet, landet automatisch auf der Gästeliste für den beliebtesten Treffpunkt in Lafayette, wenn es um bodenständige Livemusik geht: Die Party steigt im Hinterhof. Die freundlichen Besitzer, eine voll ausgestattete Küche und Geselligkeit fügen sich zu einem einzigartigen musikalischen Urlaubsflair zusammen, das auch Backpacker mit schmalem Geldbeutel anlockt. Während des Festivals ziehen die Preise allerdings stark an – und es geht dann nicht mehr so ruhig zu.

Buchanan Lofts
APARTMENTS $$

(📠 337-534-4922; www.buchananlofts.com; 403 S Buchanan; Zi. pro Nacht/Woche ab 110/600 US$; 🅿🌠🛜@) Wenn sie nicht so groß wären, würden die hippen Lofts wunderbar nach New York City passen. Die sehr geräumigen Apartments sind mit Küchenzeilen sowie moderner Kunst und schickem Dekor ausgestattet, das der freundliche Besitzer von seinen vielen Reisen mitgebracht hat. Die Optik bestimmen unverputzte Backsteinwände und Parkettböden.

★ French Press
FRÜHSTÜCK $

(📠 337-233-9449; www.thefrenchpresslafayette. com; 214 E Vermillion; Hauptgerichte 9–15 US$;

🕐 Mo–Fr 7–14, Sa & So ab 9 Uhr; 📞) Dieses Lokal mit einer Mischung aus französischer und Cajun-Küche ist die beste kulinarische Adresse in Lafayette. Zum sensationellen Frühstück gehören z.B. das sündhafte Cajun Benedict (mit *boudin* statt mit Schinken), Maisgrütze mit Cheddar (zum Dahinschmelzen lecker) und Bio-Müsli (ein guter Ausgleich zur Maisgrütze). Auch das Mittagessen ist ein Traum: Das Käsesandwich mit gebratenen Shrimps und Sriracha-Mayo ist wunderbar dekadent.

Johnson's Boucanière
CAJUN $

(📠 337-269-8878; www.johnsonsboucaniere.com; 1111 St John St; Hauptgerichte 3–7 US$; 🕐 Di–Fr 7–15, Sa bis 17.30 Uhr) Das wiedereröffnete, 70 Jahre alte ländliche Familienrestaurant für geräucherte Spezialitäten lohnt die Anfahrt mit seinem *boudin* (Würstchen aus Schweinefleisch und Reis nach Cajun-Art) oder dem wunderbaren Sandwich mit geräucherter Brust vom Schwein und Räucherwürstchen. Das schicke, mit Aluminium verkleidete Häuschen mit Veranda und unverkennbarem Räucherduft ist nicht zu verfehlen.

Dwyer's
DINER $

(📠 337-235-9364; 323 Jefferson St; Hauptgerichte 5–12 US$; 🕐 6–14 Uhr; 🚼) Das familienbetriebene Lokal serviert Cajun-Gerichte und tischt Pfannkuchen zum Frühstück und

CAJUNS, KREOLEN UND… KREOLEN

Traveller in Louisiana verwenden die Bezeichnungen „Cajun" und „Kreolen" oft synonym, doch beide Kulturen unterscheiden sich erheblich. „Kreolen" bezieht sich auf die Nachkommen der ersten europäischen Siedler in Louisiana, die überwiegend französische und spanische Vorfahren hatten. Die Kreolen haben meist familiäre Bindungen an New Orleans und betrachten sich als kultivierte Städter.

Die Cajuns führen ihre Abstammung auf die Akadier zurück, Kolonisten aus dem ländlichen Frankreich, die sich in Nova Scotia angesiedelt hatten. Nach der Eroberung Kanadas durch die Briten weigerten sich die stolzen Akadier, vor der neuen Krone niederzuknien, und wurden daraufhin in der Mitte des 18. Jhs. verbannt (das Ereignis ging als Le Grand Dérangement, die Deportation der Akadier, in die Geschichte ein). Viele der Vertriebenen ließen sich im Süden Louisianas nieder, da sie wussten, dass dieses Gebiet französisch war. Allerdings wurden die Akadier („Cajun" ist eine englische Verballhornung des Wortes) von den Kreolen oft als Bauerntrampel behandelt. Die Akadier (also die Cajuns) siedelten sich an den Bayous und in den Prärien an, weshalb ihre Kultur bis zum heutigen Tag einen eher ländlichen Grenzlandcharakter hat.

Um die Verwirrung perfekt zu machen, werden in vielen ehemaligen französischen Kolonien alle Menschen gemischter Abstammung als „Kreolen" bezeichnet. So natürlich auch in Louisiana – doch hier gibt es einen kulturellen Unterschied zwischen den Kreolen mit französisch-spanischen Wurzeln und den Kreolen mit anderen gemischten Wurzeln, selbst wenn diese beiden Gruppen sehr wahrscheinlich eine Blutsverwandtschaft verbindet.

Gumbo zum Mittagessen auf – eine super Sache. Lustig ist es vor allem am Mittwochmorgen, wenn es hier einen speziellen „französischen Tisch" gibt, wo die hiesigen Cajuns in ihrem angestammten Dialekt plaudern.

☆ Unterhaltung

Wer herausfinden will, was in der Stadt so alles los ist, besorgt sich das kostenlose Wochenblatt *Times* (www.theadvertiser.com – auf „Times of Acadiana" klicken) oder *Independent* (www.theind.com).

In Cajun-Restaurants wie **Randol's** (☑ 337-981-7080; www.randols.com; 2320 Kaliste Saloom Rd; ☺ So–Do 17–22, Fr & Sa bis 22.30 Uhr) oder **Prejean's** (☑ 337-896-3247; www.prejeans. com; 3480 NE Evangeline Thruway/I-49; ☺ So–Do 7–22, Fr & Sa bis 23 Uhr) gibt es am Wochenende abends Livemusik.

Blue Moon Saloon   LIVEMUSIK
(☑ 337-234-2422; www.bluemoonpresents.com; 215 E Convent St; Grundpreis 5–8 US$; ☺ Di–So 17–2 Uhr) Die gemütliche, kleine Spielstätte auf der hinteren Veranda der zugehörigen Pension steht für alles, was Louisiana ausmacht: gute Musik, nette Leute und gutes Bier. Was sollte man daran nicht mögen? Musik gibt's normalerweise mittwochs bis samstags.

Artmosphere   LIVEMUSIK
(☑ 337-233-3331; www.artmosphere.co; 902 Johnston St; ☺ Mo–Sa 10–2, So bis 24 Uhr) Graffiti, Wasserpfeifen, Hipster und jede Menge abgefahrene Konzerte – das Ganze wirkt eher wie ein CBGB-Club als wie ein Cajun-Tanzclub, verspricht aber viel Spaß und gutes mexikanisches Essen.

❶ Praktische Informationen

Visitor Center (☑ 337-232-3737; www.lafayet tetravel.com; 1400 NW Evangeline Thruway; ☺ Mo–Fr 8.30–17, Sa & So 9–17 Uhr) Infos zu Verkehrsmitteln, Übernachtungsmöglichkeiten und Veranstaltungen in Lafayette und im Großraum Acadiana (Cajun Country).

❶ An- & Weiterreise

Vom Exit 103A der I-10 führt der Evangeline Thruway (Hwy 167) ins Stadtzentrum. Busse von **Greyhound** (☑ 337-235-1541; www.greyhound. com; 315 Lee Ave) fahren von einer Haltestelle neben dem CBD mehrmals täglich nach New Orleans (3½ Std.) und Baton Rouge (1 Std.). Der Zug *Sunset Limited* von **Amtrak** (100 Lee Ave) fährt dreimal pro Woche nach New Orleans.

CAJUN WETLANDS

Das Grand Dérangement von 1755, also die große Vertreibung der ländlichen französischen Siedler aus Akadien (heute Nova Scotia in Kanada) durch die Briten, schuf eine heimatlose Bevölkerung von Akadiern, die jahrzehntelang nach einem Ort suchten, an dem sie sich niederlassen konnten. Im Jahr 1785 kamen sieben Flüchtlingsschiffe in New Orleans an, und bis ins frühe 19. Jh. hatten sich 3000 bis 4000 Akadier in den Sümpfen südwestlich von New Orleans angesiedelt. Ureinwohner wie die Attakapas lehrten sie, vom Fischfang und von Fallenstellerei zu leben. Noch heute spielen Wasserwege in ihrem Leben eine große Rolle.

Östlich und südlich von Lafayette bildet das **Atchafalaya Basin** das faszinierende Herz der Cajun Wetlands. Im **Atchafalaya Welcome Center** (☑ 337-228-1094; www.dnr. louisiana.gov; I-10, Exit 121; ☺ 8.30–17 Uhr) erfährt man, wie man in den dichten Urwald vordringen kann, der die Sümpfe, Seen und Bayous vor unvorbereiteten Besuchern schützt. (Ganz nebenbei wird hier auch noch einer der großartigsten Kitsch-Naturfilme aller Zeiten gezeigt.) Das Besucherzentrum gibt auch Tipps zum Campen im **Indian Bayou** und zur Erkundung der **Sherburne Wildlife Management Area** sowie des traumhaft gelegenen **Lake Fausse Pointe State Park**.

Im kompakten, krebsfleischverrückten Örtchen **Breaux Bridge**, 11 Meilen (18 km) östlich von Lafayette, ist das **Café des Amis** (☑ 337-332-5273; www.cafedesamis.com; 140 E Bridge St; Hauptgerichte 17–26 US$; ☺ Di–Do 11–21, Fr & Sa ab 7.30, So 8–14 Uhr) eine völlig unerwartete, aber tolle Überraschung. Dort kann man entspannen, die schrillen Werke örtlicher Künstler bewundern und am Wochenende ein üppiges Frühstück verdrücken, samstagsmorgens mit Untermalung von Zydeco-Musik. Nur 3,5 Meilen (5,6 km) südlich von Breaux Bridge vermittelt der **Lake Martin** (Lake Martin Rd) einen wunderbaren ersten Eindruck von der Landschaft der Bayous. In dem Vogelschutzgebiet lebend Tausende Silber-, Blau- und Kuhreiher und auch ganz schön viele Alligatoren.

Das Personal in dem freundlichen **Tourist Center** (☑ 337-332-8500; www.breauxbrid gelive.com; 318 E Bridge St; ☺ Mo–Fr 8–16, Sa bis 12 Uhr) hilft bei der Vermittlung der vielen B & Bs vor Ort. Die wunderbaren **Bayou Cabins** (☑ 337-332-6158; www.bayoucabins.com; 100 W Mills Ave; Hütte 70–150 US$) bestehen aus 14 individuell gestalteten Hütten, die sich

DER SÜDEN RUND UM NEW ORLEANS

ABSTECHER

DAS GEHEIMNIS UM DAS FRED'S

Mitten im Herzen des Cajun Country liegt Mamou, das an sechs Tagen in der Woche eine typische Süd-Louisiana-Kleinstadt ist, die vor der Weiterfahrt nach Eunice einen kurzen Zwischenstopp lohnt. Samstagvormittags jedoch verwandelt sich der Dorftreff, die kleine Fred's Lounge (420 6th St, Mamou; ☉ Sa 8–14 Uhr), in den Inbegriff einer Cajun-Tanzhalle.

O.k., um ehrlich zu sein, das Fred's eher eine kleine Hütte als eine Halle. Die winzige Bar ist samstags zwischen etwa 8.30 und 14 Uhr buchstäblich zum Bersten voll, denn dann lädt das Personal zu einem auf frankofone Musik konzentrierten Vormittag mit Bands, Bier, Zigaretten (es kann ziemlich verraucht werden) und Tanz ein. Nicht selten trat die kürzlich verstorbene Besitzerin Tante Sue auch selbst auf die Bühne, um Weisheiten oder Lieder auf Cajun-Französisch zum Besten zu geben und zwischendurch einen kräftigen Schluck aus ihrer Flasche mit braunem Likör zu nehmen, die sie in ihrem Pistolenhalfter trug. Auch heute noch ist viel von ihrer unglaublichen, hemmungslosen Energie in diesem unverputzten Ziegelschuppen zu spüren.

am Bayou Teche befinden und teilweise mit einer Retro-Ausstattung aus den 1950er-Jahren versehen sind; andere sind mit Volkskunst aus der Region geschmückt. Das Frühstück ist im Preis enthalten und schmeckt sehr lecker, das Rauchfleisch könnte einen aber einige Jahre seines Lebens kosten. Wer die Gegend in der ersten Maiwoche besucht, sollte sich unbedingt ins bunte Trieben stürzen und beim Crawfish Festival (www. bbcrawfest.com; ☉ Mai) Musik, Tanz und die Cajun-Küche in vollen Zügen genießen.

CAJUN PRAIRIE

Tanzende Cowboys, wo gibt's denn so was? Die Cajuns und afroamerikanischen Siedler in dem höher gelegenen, trockenen Gelände nördlich von Lafayette entwickelten eine auf Viehhaltung und Farmwirtschaft basierende Kultur. Noch immer bestimmt der Cowboyhut das Bild der Gegend, die zudem ein Zentrum der Cajun- und Zydeco-Musik

(und damit des Akkordeonspiels) sowie der Krebszucht ist.

In der historischen Innenstadt des verschlafenen Örtchens Opelousas am Hwy 49 findet man das Museum & Interpretive Center (☎ 337-948-2589; www.cityofopelousas.com; 315 N Main St; ☉ Mo–Fr 8–16.30, Sa 10–15 Uhr) GRATIS, das wie Omas Dachboden Exponate, Artefakte und esoterische Dinge mit Bezug zu diesem Städtchen sammelt. Ein paar Kilometer weiter nördlich gibt's im Slim's Y-Ki-Ki (☎ 337-942-6242; www.slimsykiki.com; Ecke Main St & Park St, Opelousas; ☉ 21 Uhr–open end) gute Zydeco-Musik – Tanzschuhe nicht vergessen! Zydeco-Schuhe braucht man im Yambilee Building (1939 W Landry St), das ansonsten das ganze Jahr über als Veranstaltungshalle genutzt wird, ebenfalls oft.

Nordwestlich von Opelousas liegt Plaisance, das im Sommer Schauplatz des bodenständigen, auch für Familien geeigneten Southwest Louisiana Zydeco Festival (www.zydeco.org; ☉ Ende Aug. od. Anfang Sept.) ist.

In Eunice findet samstagabends im Liberty Theater (☎ 337-457-6577; www.eunice-la.com/index.php/things-to-do/liberty-schedule; 200 Park Ave; Eintritt 5 US$; ☉ 18–19.30 Uhr) das auch im örtlichen Radio übertragene „Rendez-Vous des Cajuns" statt. Besucher sind den ganzen Tag über im Radiosender KBON (☎ 337-546-0007; www.kbon.com; 109 S 2nd St), der unter 101,1 FM sendet, willkommen. Dort kann man sich die große Wall of Fame anschauen, auf der sich Musiker, die hier aufgetreten sind, verewigt haben. Zwei Blocks weiter zeigt die Cajun Music Hall of Fame & Museum (☎ 337-457-6534; www.cajunfrenchmusic.org; 230 S CC Duson Dr; ☉ Di–Sa 9–17 Uhr) GRATIS eine verstaubte Sammlung von Musikinstrumenten und Kulturgütern, die vor allem die hartgesottenen Musikfans interessieren wird.

Das vom NPS betriebene Prairie Acadian Cultural Center (☎ 337-457-8499; www.nps.gov/jela; 250 West Park Ave; ☉ Mi–Fr 9.30–16.30, Sa bis 18 Uhr) GRATIS präsentiert Ausstellungen über das ländliche Leben und die Cajun-Kultur und zeigt verschiedene Dokumentationen zur Geschichte der Gegend. Noch mehr Musik gefällig? Die beste Zeit für einen Besuch in Eunice ist samstags, wenn im Savoy Music Center (☎ 337-457-9563; www.savoymusiccenter.com; Hwy 190; ☉ Di–Fr 9–17, Sa 9–12 Uhr), einer Akkordeonfabrik mit Laden, von 9 bis 12 Uhr Jam-Sessions mit Cajun-Musik stattfinden. Oft schneien auch der Musiker

Marc Savoy und seine Frau und Gitarristin Ann rein.

Das **Ruby's Café** (☏ 337-550-7665; 123 S 2nd St; Hauptgerichte 9–23 US$; ⊗ Mo–Fr 6–14, Mi & Do 17–21, Fr & Sa bis 22 Uhr) mit dem 1950er-Jahre-Flair serviert beliebte Mittagsgerichte; im schicken **Café Mosaic** (202 S 2nd St; Gerichte 3–4,50 US$; ⊗ Mo–Fr 6–22, Sa ab 7, So 7–19 Uhr; ☎) gibt's Waffeln und gegrillte Sandwiches. Das **Le Village** (☏ 337-457-3573; www.levillagehouse.com; 121 Seale Lane; Zi. 115–165 US$, Cottage mit 3 B 375 US$; ℗ ☎) ist ein hübsches, ländliches B & B.

Nördliches Louisiana

Die ländlichen, von der Ölförderung geprägten Ortschaften am baptistischen „Bibelgürtel" im Norden Louisianas und New Orleans könnten unterschiedlicher nicht sein. Es gibt zwar viele positive Entwicklungen in Bezug auf den Tourismus, doch unterm Strich kommen die meisten Leute aus Bundesstaaten wie Texas oder Arkansas wegen des Glücksspiels hierher.

Captain Henry Shreve säuberte eine 265,5 km lange Passage des Red River von alten Holzstämmen und Gehölz und gründete 1839 die Hafenstadt **Shreveport**. Nach Ölfunden erlebte diese im frühen 20. Jh. einen Boom, dem nach dem Zweiten Weltkrieg ein Niedergang folgte. Für etwas Wiederbelebung sorgten dann riesige, an Las Vegas erinnernde Kasinos und ein Unterhaltungskomplex am Flussufer. Das **Visitor Center** (☏ 888-458-4748; www.shreveport-bossier.org; 629 Spring St; ⊗ Mo–Fr 8–17, Sa 10–14 Uhr) befindet sich in der Innenstadt. Wer Rosen liebt, sollte unbedingt das **Gardens of the American Rose Center** (☏ 318-938-5402; www.rose.org; 8877 Jefferson Paige Rd; Erw./Kind 5/2 US$, Führung 10 US$; ⊗ Mo–Sa 9–17, So 13–17 Uhr) an Exit 5 der I-20 besuchen. Es besteht aus über 65 einzelnen Gärten, nach deren Vorbild man dann zu Hause sein Glück als Rosenzüchter versuchen kann. Wenn der Magen knurrt, bietet sich ein Halt beim **Strawn's Eat Shop** (☏ 318-868-0634; http://strawnseatshop.com; 125 E Kings Hwy; Hauptgerichte bis 10 US$; ⊗ 6–20 Uhr) an. Der einfache Diner serviert gute, herzhafte amerikanische Gerichte mit viel Südstaaten-Charme – beispielsweise Brathähnchen-Steak mit braunem Senf –, ist aber vor allem für seine leckeren Pasteten bekannt.

In Shreveport befindet sich eine der besten, oftmals unterschätzten regionalen Brauereien des Landes: das **Great Raft Brewing** (☏ 318-734-9881; www.greatraftbrewing.com; 1251 Dalzell St; ⊗ Do & Fr 16–21, Sa 12–21 Uhr). Einfach mal im Verkostungsraum reinschauen und das Schwarzbier probieren – solch ein dunkles Lager ist sonst außerhalb Europas schwerlich zu finden!

Etwa 50 Meilen (80 km) nordöstlich von Monroe liegt am Hwy 557 in der Nähe des Örtchens Epps die **Poverty Point State Historic Site** (☏ 318-926-5492; www.nps.gov/popo; 6859 Highway 577, Pioneer; Erw./Kind 4 US$ /frei; ⊗ 9–17 Uhr) mit bemerkenswerten Erdwällen und Aufschüttungen am früheren Lauf des Mississippi. Vom zweistöckigen Aussichtsturm aus kann man die sechs konzentrischen Ringe der Anlage deutlich erkennen, und ein 4,2 km langer Wanderweg schlängelt sich durch die grasbewachsene Landschaft. Um 1000 v.Chr. lag hier das Zentrum einer Kultur, die aus Hunderten Gemeinschaften bestand und Handelsbeziehungen bis zu den Großen Seen im Norden unterhielt.

Florida

Inhalt ➡

Miami	507
Fort Lauderdale	525
Palm Beach & Umgebung	529
Everglades	530
Florida Keys	534
Space Coast	541
St. Augustine	545
Jacksonville	547
Tampa	549
Orlando	557
WDW Resort	562
Tallahassee	566

Gut essen

- ➡ NIU Kitchen (S. 523)
- ➡ Bern's Steak House (S. 552)
- ➡ Yellow Dog Eats (S. 560)
- ➡ Tap Tap (S. 522)
- ➡ Floridian (S. 546)

Schön übernachten

- ➡ Gale South Beach (S. 521)
- ➡ Fairbanks House (S. 548)
- ➡ Pillars (S. 527)
- ➡ Pelican Hotel (S. 521)
- ➡ Everglades International Hostel (S. 533)

Auf nach Florida

Für unzählige Besucher ist Florida ein verheißungsvolles Land: Es verspricht ewige Jugend, Sonne, Entspannung, wolkenlosen Himmel, Weltraumerlebnisse, Erfolg, Zuflucht, Wohlstand und für die Kinder die Chance, ihre heißgeliebten Disney-Helden persönlich zu treffen.

Kein anderer Staat in Amerika ist so auf den Tourismus ausgerichtet, und der Tourismus hat hier viele Gesichter: Er zeigt sich in Form von Comic-Mäusen, überbackenen Austern, spanischen Villen, Football- und golfspielenden Alligatoren und natürlich als Strand – jeder Menge Strand.

Aber Florida ist nicht nur Marketing. Dieser Staat ist einer der faszinierendsten des Landes. Es scheint, als hätte jemand die Nation genommen, sie geschüttelt und ausgekippt und dabei diese sonnenverwöhnte Halbinsel mit Einwanderern, Landeiern, Juden, Kubanern, Militärstationen, Einkaufszentren und einer subtropischen Wildnis mit kristallklaren Seen und feinem Sand überschüttet.

Reisezeit

Miami

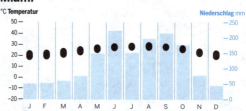

Feb.–April Nach dem Winter beginnt die Hauptsaison mit dem Springbreak.

Juni–Aug. In den feuchtwarmen Monaten sind Nord-Floridas Strände und die Themenparks angesagt.

Sept.–Okt. Ideale Zwischensaison mit kühlerem Wetter, warmem Wasser und weniger Menschen

SÜD-FLORIDA

Wenn man in Florida erst einmal weit genug Richtung Süden gefahren ist, befindet man sich nicht mehr einfach nur im Süden, sondern man hat die Grenze zu Süd-Florida überschritten, was eine wahrhaftige Mischung aus den USA, der Karibik und Lateinamerika darstellt. Miami ist das pulsierende Herz der Region und eine der wenigen wirklich internationalen Städte des Landes. Reiche Strandgemeinden erstrecken sich von Palm Beach bis nach Fort Lauderdale, während im Landesinneren die Traumlandschaft der Everglades – eine einzigartige, faszinierende Wildnis – auf einen wartet. Und dort, wo die Halbinsel eigentlich endet, erstreckt sich der Overseas Hwy über Hunderte Mangroveninseln bis ins farbenfrohe Key West.

Miami

Miami bewegt sich in einem völlig anderen Rhythmus als der Rest der USA. Pastellfarbene subtropische Schönheit und lateinamerikanische Sinnlichkeit sind hier allgegenwärtig: von den zigarrenrauchgeschwängerten Tanzläden, in denen Auswanderer aus Havanna zu *son* (einem Salsa-ähnlichen Tanz, der seinen Ursprung in Kuba hat) und Bolero (einem spanischen Tanz im Dreiertakt) tanzen, bis hin zu den exklusiven Nachtclubs, in denen brasilianische Models in Stilettos ihre Hüften zu lateinamerikanischem Hip Hop schütteln. Egal, ob man auf das hippe Volk aus den Avantgarde-Galerien trifft, oder an den gestählten, perfekten Körpern vorbeiflaniert, die sich am South Beach präsentieren – irgendwie wirken hier alle wahnsinnig kunstvoll in Szene gesetzt.

KURZINFOS FLORIDA

Spitzname Sunshine State

Bevölkerung 19,89 Mio.

Fläche 139 670 km²

Hauptstadt Tallahassee (186 411 Ew.)

Weitere Städte Jacksonville (842 583 Ew.), Tampa (417 650 Ew.)

Verkaufssteuer 6 % (einige Städte schlagen 9,5–11,5 % für Unterkunft und Mahlzeiten auf)

Geburtsort von Schriftstellerin Zora Neale Hurston (1891–1960), Schauspielerin Faye Dunaway (geb. 1941), Musiker Tom Petty (geb. 1950), Schriftsteller Carl Hiaasen (geb. 1953)

Heimat von kubanischen Amerikanern, Seekühen, Mickey Mouse, Rentnern und Key Lime Pie

Politische Ausrichtung Florida ist scharf in Republikaner und Demokraten gespalten

Berühmt für Themenparks, Strände, Alligatoren und Art déco

Bedeutende lokale Erfindung gefrorenes Orangensaftkonzentrat (1946)

MIAMI IN ...

...zwei Tagen

Am ersten Tag konzentriert man sich auf South Beach. Ein Nachmittag zum Sonnenbaden und Schwimmen lässt sich wunderbar mit einem Bummel durch den **Art Deco Historic District** und einem Besuch des **Wolfsonian-FIU** verbinden, in dem alles erklärt wird. Am Abend wird im **Tap Tap** die haitianische Küche probiert, und danach klingt der Tag entspannt mit einem Bier im **Room** aus. Am nächsten Morgen wartet in der Calle Ocho in **Little Havana** kubanische Musik auf ihre Käufer, gefolgt von typisch kubanischer Küche im **El Exquisito**. Nach einem Spaziergang durch die **Vizcaya Museum & Gardens** kühlt man sich beim Planschen im **Venetian Pool** wieder ab. Beschlossen wird der Tag mit einem Abendessen und Cocktails im **NIU Kitchen**.

...vier Tagen

Nach dem Zwei-Tages-Plan geht es am dritten Tag in die **Everglades**, wo eine Kajaktour ansteht. Am letzten Tag stehen dann in **Wynwood** und im **Design District** Kunst und Design auf dem Programm, und noch mehr davon gibt's im **Miami Art Museum** oder im **Museum of Contemporary Art**. Am Abend wird mit den Hipstern in der **Wood Tavern** gefeiert.

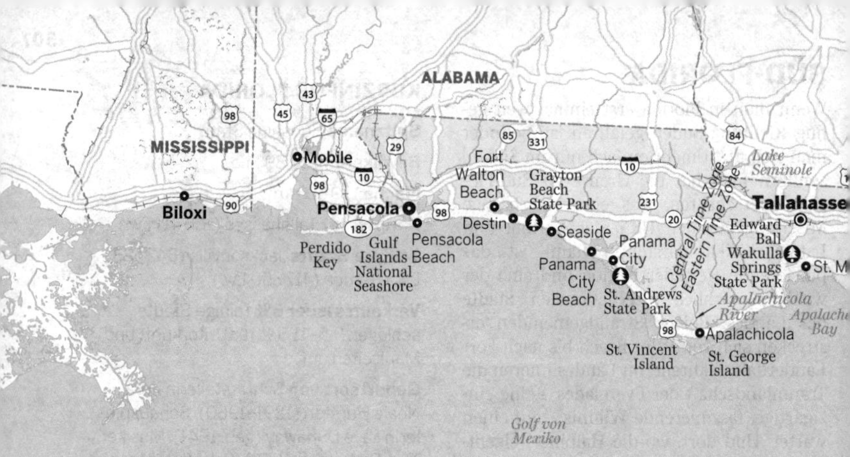

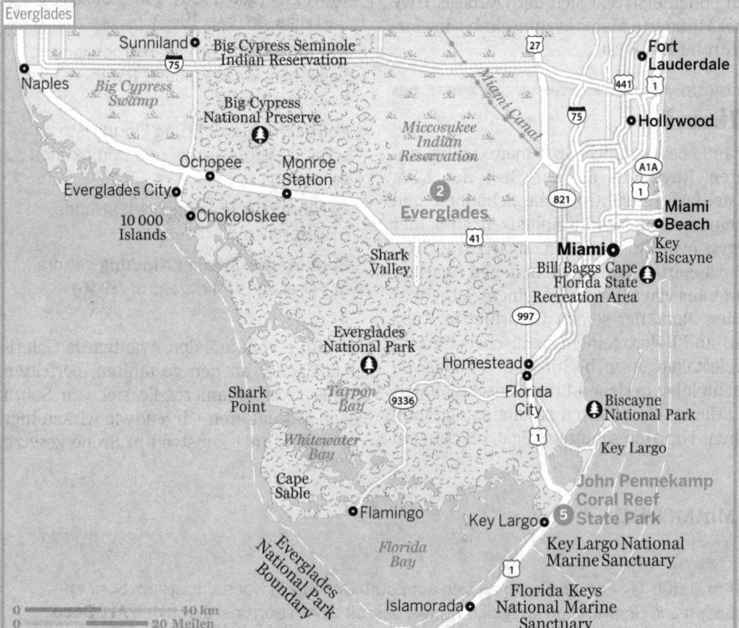

Highlights

1 Am Bechern bei Sonnenuntergang (S. 538) auf dem **Mallory Square von Key West** teilnehmen

2 In den faszinierenden **Everglades** (S. 530) zwischen Alligatoren und Schneidebinsen hindurchpaddeln

3 Sich in den Themenparks in **Walt Disney World** (S. 562) von Nostalgie und aufregenden Rides fesseln lassen

4 Die Wandgemälde rund um **Wynwood** (S. 516) in Miami bewundern

5 An dem großen Korallenriff im **John Pennekamp Coral Reef Park** (S. 534) schnorcheln

GEORGIA

95
1 301
75
441
Fort Clinch
State Park
Fernandina
Beach
8 Amelia Island
Jacksonville
Ichetucknee
Springs
State Park
Talbot Islands State Parks
Jacksonville Beaches
10
295
ATLANTIK
27
100
98
St. Augustine
Gainesville
75
95
301
De Leon
Springs
State Parks
Silver
Springs
27
98
111 27
19
Ocala
40
Ocala
National
Forest
27
Daytona Beach
New Smyrna Beach
Deland
Canaveral National Seashore
Crystal River
Homosassa
Springs
Blue Spring
State Park
98 75 50
Orlando
Titusville
Merrit Island National Wildlife Refuge
Kennedy Space Center
19
3 Walt
Disney
World
528
Cape Canaveral
Cocoa
Cocoa Beach
Honeymoon &
Caladesi Islands
State Park
98
4
Winter
Haven
Melbourne
Tampa
Clearwater
7 St. Petersburg
Tampa
Bay
St. Pete Beach
Fort DeSoto
Park
60
Pelican Island
National Wildlife Refuge
95
Sebastian Inlet
Vero Beach
17
27
98
Sarasota
Siesta Key 6
Myakka River
State Park
Fort Pierce
75
70
441
710
Hobe Sound
Punta Gorda
Lake
Okeechobee
Fort
Myers
80
West Palm Beach
Palm Beach
Captiva
Island
Sanibel Island
82
29
441
80 98
27
Coral
Springs
Boca Raton
Lauderdale-by-the-Sea
Fort
Myers
Beach
41
Alligator Alley
Naples
Big Cypress
National Preserve
Fort Lauderdale
Hollywood
Everglades City
Chokoloskee
41
Miami Beach
4 Miami
997
Everglades
National Park
Florida
City
Biscayne National Park
Flamingo
Florida Bay
Key Largo
1
Islamorada
s. Detailplan
Dry Tortugas
National Park
Bahia Honda
State Park
Grassy Key
Marathon
Florida Keys
Key West 1
Big Pine
Key
Straits of Florida

0   100 km
0   50 Meilen

6 An den Puderzucker-Sand-
stränden von Sarasotas **Siesta
Key** (S. 554) relaxen

7 Im **Dalí Museum** in St.
Petersburg (S. 553) über den
Symbolismus in Dalís Werk

Der halluzinogene Torero nach-
denken

8 Inmitten des üppigen Grüns
auf **Amelia Island** (S. 548)
eine ländliche Verschnaufpause
einlegen

Nebenbei sorgen Straßenverkäufer und Restaurants für Geschmackserlebnisse aus der Karibik, Kuba, Argentinien und Haiti. Auf die Touristen kann die Stadt ebenso berauschend wirken wie ein eiskalter Mojito.

Miami ist eine eigene Welt, eine internationale Stadt, deren Tempo, Interessen und Inspirationen oft von weit entfernten Ufern stammen. Über die Hälfte der Bevölkerung kommt aus Lateinamerika, und mehr als 60 % sprechen hauptsächlich Spanisch. Tatsächlich betrachten viele Einwohner Nord-Floridas das einwandererreiche Miami gar nicht als einen Teil des Staates, und viele Menschen in Miami, besonders die Kubaner, sehen das genauso.

Geschichte

Florida hat die längste aufgezeichnete Geschichte aller US-Bundesstaaten – und gleichzeitig die berüchtigtste und bizarrste. Seine moderne Geschichte beginnt mit Ponce de León, der 1513 eintraf und La Florida für Spanien beanspruchte. Angeblich hoffte er noch, den mythischen Jungbrunnen (die kristallklaren Quellen der Halbinsel) zu finden, während spätere spanische Entdecker wie Hernando de Soto eher nach Gold suchten. Sie kamen allesamt mit leeren Händen zurück.

Floridas Ureinwohner lebten damals seit über 11 000 Jahren in kleinen Stämmen verstreut auf der Halbinsel. Innerhalb von zwei Jahrhunderten wurden sie größtenteils von Krankheiten dahingerafft, die die Spanier mitgebracht hatten. Die heutigen Seminolen sind Nachkommen jener Ureinwohnerstämme, die auf dem Gebiet siedelten und sich ab dem 18. Jh. miteinander vermischten.

Im Laufe des 18. Jhs. warfen sich Spanien und England Florida immer wieder wie eine heiße Kartoffel gegenseitig zu, während sie um die Vorherrschaft in der Neuen Welt kämpften. Schließlich überließen sie den Staat Amerika, das Florida 1845 in die Union aufnahm. Unterdessen arbeiteten Stadtentwickler und Spekulanten hart daran, die sumpfige Halbinsel in ein Ferien- und Landwirtschaftsparadies zu verwandeln. Bis zur Wende zum 20. Jh. war es Eisenbahnmagnaten wie Henry Flagler gelungen, Floridas Küstenlinie zu erschließen, während ein irrwitziger Kanalbau-Boom die Feuchtgebiete immer weiter austrocknete. Der Wahnsinn nahm seinen Lauf, und in den 1920er-Jahren verwandelte die rapide Landerschließung in Süd-Florida Miami in nur zehn Jahren von einer Sandbank in eine wahre Metropole.

Mit der Great Depression brach jedoch alles in sich zusammen, und mit ihr zeichnete sich ein Muster ab: Seit damals pendelt Florida zwischen mitreißenden Hochs und brutalen Tiefs hin und her und kämpft sich tapfer durch die unbeständigen Widrigkeiten von Einwanderung, Tourismus, Wirbelstürmen und Immobilienspekulationen (den florierenden Schwarzmarkt wollen wir hier gar nicht erst erwähnen).

Nach Castros kubanischer Revolution in den 1960er-Jahren wurde Miami von einer Flüchtlingswelle aus Kuba überschwemmt,

---

MIAMIS STRÄNDE

Die Strände von Miami Beach gehören zu den besten des Landes. Das Wasser ist klar und warm, und der importierte weiße Sand ist auch relativ weiß. Außerdem sind sie inoffiziell in bestimmte Besucherbereiche eingeteilt, sodass jeder hier sein Plätzchen findet.

Für spärlich Bekleidete In South Beach zwischen der 5th St und der 21st St sind sittsame Outfits Mangelware.

Familienstrände Nördlich der 21st St geht's familienfreundlicher zu. Am Strand an der 53rd St gibt es einen Spielplatz und öffentliche Toiletten.

FKK-Strände Im Haulover Beach Park (Karte S. 512; ☎ 305-947-3525; www.miami dade.gov/parks/parks/haulover_park.asp; 10800 Collins Ave; Mo–Fr 5 US$, Sa & So 7 US$/Auto; ☺ Sonnenaufgang–Sonnenuntergang; ℗) in Sunny Isles ist Nacktbaden legal. Nördlich vom Rettungsschwimmerturm tummeln sich vor allem Schwule, südlich davon hauptsächlich Heteros.

Schwulenstrände Ganz South Beach ist schwulenfreundlich – vor allem aber die Umgebung der 12th St.

Windsurfer-Strände Der Hobie Beach am Rickenbacker Causeway Richtung Key Biscayne wird häufig „Windsurfing Beach" genannt.

und seither nehmen Anzahl und Vielfalt der lateinamerikanischen Einwanderer mit jedem Jahrzehnt weiter zu. Was den Tourismus angeht, so hat er sich seit 1971 völlig verändert: In jenem Jahr errichtete Walt Disney sein Magic Kingdom, die Verkörperung der Vision von ewiger Jugend und eine vollendete Fantasie, die Florida von Anfang an perfekt zu vermarkten und verkaufen wusste.

⊙ Sehenswertes

Der Großraum Miami ist eine weitläufige Metropole. Miami selbst liegt auf dem Festland, Miami Beach vier Meilen östlich auf der anderen Seite der Biscayne Bay. **South Beach** (Karte S. 514) gehört eigentlich zum südlichen Teil von Miami Beach und reicht von der 5th St Richtung Norden bis zur 21st St; die Washington Ave ist seine kommerzielle Arterie.

Nördlich von Downtown (entlang der NE 2nd Ave, von der 17th St bis zur 41st St) sind Wynwood und der Design District die wichtigsten Zentren in Sachen Kunst, Kulinarisches und Nachtleben. Gleich nördlich liegt auch Little Haiti.

Wer Little Havana besuchen möchte, wendet sich auf der SW 8th St (Calle Ocho), nach Westen; sie durchstößt das Herz dieses Viertels (und wird später zum Tamiami Trail/ Hwy 41). Gleich südlich von Little Havana warten Coconut Grove und Coral Gables.

Näheres zu Süd-Florida gibt's im englischsprachigen Lonely Planet Band *Miami & the Keys*.

Miami Beach

Diese Stadt übersteigt jegliche Vorstellungskraft. Sie ist zugleich gut und böse, lächerlich und erstaunlich: weiße Sandstrände, Déco-Design, stolze Models, Europäer im Kaufrausch und lateinamerikanische Berühmtheiten. Was den Miami-Film angeht, den jeder im Kopf hat – Art-déco-Hotels, Models auf Inlineskates, junge Prachtkerle mit strammer Brust und schicken Autos –, der läuft am **Ocean Drive** (von der 1st St bis zur 11th St), wo der Strand nur als Kulisse für vorbeistolzierende Pfauen dient. Diese geballte Mischung aus Wellen, Sonnenschein und exhibitionistischer Schönheit hat South Beach (oder „SoBe") weltberühmt gemacht.

Nur ein paar Blocks nördlich wird die **Lincoln Road** (zwischen Alton Rd und Washington Ave) zur Fußgängerzone, bzw. zum Freiluftlaufsteg, damit auch wirklich jeder die wunderbar attraktiven Kreaturen von SoBe gebührend bewundern kann. Das ausgezeichnete **Bass Museum of Art** (Karte S. 512; ☑ 305-673-7530; www.bassmuseum.org; 2121 Park Ave; Erw./Kind 8/6 US$; ⊙ Mi, Do, Sa & So 12–17, Fr bis 21 Uhr) war zum Zeitpunkt der Recherche aufgrund einer umfangreichen Vergrößerung geschlossen, soll aber im Herbst 2016 wieder eröffnen.

★ **Art Deco Historic District**   STADTVIERTEL
(Karte S. 514) Das Herz von South Beach ist der pastellfarbene Art Deco Historic District, der sich von der 18th St Richtung Süden bis zum Ocean Dr und der Collins Ave erstreckt. Die weichen Linien und die blassen Farbtöne dieses historischen Viertels sollten Anfang des 20. Jhs. ironischerweise die Zukunft und die futuristischen Formen der Fortbewegung heraufbeschwören. Als erster Anlaufpunkt empfiehlt sich das **Art Deco Welcome Center** (Karte S. 514; ☑ 305-672-2014; www.mdpl.org; 1001 Ocean Dr, South Beach; ⊙ Fr–Mi 9.30–17, Do bis 19 Uhr), das von der Miami Design Preservation League (MDPL) betrieben wird.

★ **Wolfsonian-FIU**   MUSEUM
(Karte S. 514; ☑ 305-531-1001; www.wolfsonian. org; 1001 Washington Ave; Erw./Kind 6–12 Jahre 7/5 US$, Fr 18–21 Uhr Eintritt frei; ⊙ 10–18, Do & Fr bis 21 Uhr) Eine faszinierende Sammlung, die von Transport, Urbanisierung, Industriedesign und Werbung bis zur Politpropaganda vom späten 19. bis zur Mitte des 20. Jhs. reicht. Dieses ausgezeichnete Designmuseum sollte man möglichst am Beginn seines Aufenthalts besuchen, um die Ästhetik von Miami in einen faszinierenden Kontext stellen zu können. Indem das Wolfsonian über die innere Evolution des alltäglichen Lebens berichtet, stellt es auch dar, wie diese Trends im äußeren Erscheinungsbild von SoBe architektonisch festgehalten wurden.

BESTE STRÄNDE

Im Sunshine State würde man am liebsten seine ganze Zeit am Strand verbringen. Hier sind einige der besten davon:

➡ Siesta Key (S. 554)

➡ South Beach (S. 511)

➡ Bahia Honda (S. 537)

➡ St. George Island (S. 568)

512

Großraum Miami

FLORIDA SÜD-FLORIDA

0 — 5 km
0 — 2,5 Meilen

N

Palmetto Expwy

CAROL CITY
826
Fort Lauderdale (9 Meilen)

NORTH MIAMI
909
Southern Memorial Park

Oleta River State Park
18
11
Collins Ave

OPA-LOCKA
924

NW 119th St

9

Griffing Blvd

N Miami Ave

NE 6th Ave

95

15

Biscayne Blvd

Oleta River State Recreation Area

Bal Harbour

Bay Harbour Islands

Indian Creek

W 4th Ave

Little River Canal

HIALEAH

953
Amtrak

9
NW 79th St
934

1

Pelican Harbor Park

79th St

A1A

Dade Blvd

Collins Ave

E 4th Ave

25

LIBERTY CITY

27

NW 27th Ave

LITTLE HAITI
24
25
13

Miami International Airport

112

NW 54th St

DESIGN DISTRICT

NW 36th St
WYNWOOD
Wynwood Walls
29 26
NW 20th St 3
20

Julia Tuttle Cswy

23
21
5
Sheridan Ave

MIAMI BEACH

Dolphin Expwy
NW 7th St
Flagler St

27

MIAMI
Greyhound
16

12

MacArthur Cswy

6

90
SW 8th St (Calle Ocho)
SW 22nd St (Miracle Mile)

22

Máximo Gómez Park
1
28

9 Vizcaya Museum & Gardens

30

s. Karte Miami Beach (S. 514)

972
Coral Way

826

959
8 17

LITTLE HAVANA
Coconut Grove

2

19
Hobie Island
913

Virginia Key

Fisher Island

Biltmore Golf Course

Douglas Road

14

4

Dinner Key Marina

Northwest Point

874
SW 72nd St (Sunset Dr)
878

University
South Miami

Key Biscayne

Crandon Park Beach

Crandon Blvd

10

7

SW 112th St (Killlian Dr)

5
Dixie Hwy

PINECREST

Cape Florida

SW 152nd St

Biscayne Bay

ATLANTIK

Großraum Miami

⊙ Highlights
1 Máximo Gómez Park C4
2 Vizcaya Museum & Gardens C4
3 Wynwood Walls C3

⊙ Sehenswertes
Adrienne Arsht Center for the
    Performing Arts ....(siehe 16)
4 Barnacle Historic State Park B5
5 Bass Museum of Art D3
6 Bayfront Park C4
7 Bill Baggs Cape Florida State Park D5
8 Biltmore Hotel B4
Cuba Ocho ....(siehe 1)
9 Cuban Memorials C4
10 Fairchild Tropical Garden B5
11 Haulover Beach Park D1
12 Jungle Island C3
13 Little Haiti Cultural Center C3
14 Lowe Art Museum B5
Miami Children's Museum ....(siehe 12)
15 Museum of Contemporary Art
    North Miami C2
16 Pérez Art Museum Miami C3
17 Venetian Pool B4

⊙ Aktivitäten, Kurse & Touren
18 Blue Moon Outdoor Center D1
19 Sailboards Miami C4

20 Wynwood and Design District
    Arts Walks C3

⊙ Schlafen
21 Freehand Miami D3
22 Hotel St. Michel B4
23 The Standard D3

⊙ Essen
Bali Cafe ....(siehe 6)
24 Blue Collar C2
25 Chef Creole C3
26 Enriqueta's C3
Exquisito Restaurant ....(siehe 1)
NIU Kitchen ....(siehe 6)
27 Versailles B4

⊙ Ausgehen & Nachtleben
28 Blackbird Ordinary C4
Broken Shaker ....(siehe 21)
Wood Tavern ....(siehe 3)

⊙ Unterhaltung
Ball & Chain ....(siehe 1)
29 Bardot C3
30 Hoy Como Ayer B4

⊙ Shoppen
GO! Shop ....(siehe 3)

FLORIDA MIAMI

Lincoln Road Mall STRASSE

(Karte S. 514; http://lincolnroadmall.com) In dieser Fußgängerzone zwischen Alton Rd und Washington Ave dreht sich alles um sehen und gesehen werden. Zu manchen Zeiten kommt einem die Lincoln Rd weniger wie eine Straße und eher wie ein Laufsteg vor. Carl Fisher, der Gründervater von Miami Beach, hat sich die Straße als die „5th Ave des Südens" vorgestellt. Morris Lapidus, einer der Gründer des verrückten, neo-barocken Stils von Miami Beach, hat große Teile der Straße entworfen, darunter schattenspendende Überdachungen, künstliche Wasserfälle und Verkehrsbegrenzungen, die aussehen wie die Murmeln eines Riesen.

New World Center GEBÄUDE

(Karte S. 514; ☎ 305-673-3330; www.newworld center.com; 500 17th St; geführte Touren 5 US$; ⊙ geführte Touren Di & Do 16, Fr & Sa 12 Uhr) Direkt oberhalb der Lincoln Rd erhebt sich dieses von Frank Gehry entworfene Veranstaltungszentrum auf einem perfekt gepflegten Rasen majestätisch in die Höhe. Es sieht fast aus wie eine Taschentücher-Box aus dem Jahr 3000 mit Glasfassade. Besonders beeindruckend sind die „flatternden" Steinwellen, die nach außen hin hervortreten.

Das Gebäude steht an einem 1 ha großen öffentlichen Park. Die Veranstaltungen, die im Innern des Zentrums stattfinden, werden auf einer 650 m² großen Leinwand nach außen übertragen (wie im coolsten Autokino der Welt).

South Pointe Park PARK

(Karte S. 514; ☎ 305-673-7779; 1 Washington Ave; ⊙ Sonnenaufgang–22 Uhr; ⊞ ☻) Der südlichste Zipfel von Miami Beach wurde in einen wunderschönen Park verwandelt mit gepflegten Wiesen zum Entspannen, einer tollen Aussicht über das erstaunlich blaugrüne und frische Meer, einem Restaurant, Kiosken, warmen, geschrubbten Wegen und jeder Menge Menschen, die das schöne Wetter und die Aussicht ohne das Geprotze von SoBe genießen möchten. Obwohl während unserer Recherche innerhalb einer Stunde zwei Fotoshootings mit Models hier stattfanden – so viel also zu entspannter Gelassenheit.

Downtown Miami

Die Innenstadt entwickelt sich schnell weiter, und alte Basare mit billigen Koffer- und Elektroartikelhändlern werden

Miami Beach

514

FLORIDA SÜD-FLORIDA

0 — 500 m
0 — 0,25 Meilen

Purdy Ave
Bay Rd
West Ave
20th St
17
18th St
19th St
Collins Canal
Alton Rd
Jefferson Ave
19th St
18th St
17th St
Miami Beach Chamber of Commerce
19th St
18th St
Bass Museum of Art (0,2 Meilen)
James Ave
Collins Ave
20th St
19th St
18th St
17th St

Island View Park
Sheridan Ave
4
23
11
12

Belle Isle
Lincoln Rd
Lenox Ave
24
3
22
Lincoln Rd Mall
Lincoln La N
16
Pennsylvania Ave
Drexel Ave
8
Lincoln Rd
Art Deco Historic District
1

16th St
P
10
15th St
South Beach

Biscayne Bay
Flamingo Way
15th Tce
15th St
14th Tce
Alton La
Lincoln-La S
Michigan Ave
Meridian Ave
16th St
Española Way
14th Pl
14th St
20
14th La
Drexel Ave
13th St
12th St
Lummus Park

13th Tce
13th St
12th St
11th St
Flamingo Park
12th St
9

11th St
10th St
Wolfsonian-FIU
2
15
10th St
5
6
Art Deco Welcome Center

MIAMI BEACH
9th St
8th St
Michigan Ave
Jefferson Ave
Lenox Ave
9th St
8th St
Promenade

West Ave
7th St
6th St
Euclid Ave
18
7th St
14
Collins Ct
6th St
5th St

Downtown Miami (2,2 Meilen); Miami International (8 Meilen)
41
Miami Beach Dr (5th St)
19
4th St
3rd St
Meridian Ave
Washington Ave
4th St
13
Ocean Ct
Ocean Dr

Causeway Island
Terminal Island
Alton Rd
2nd St
1st St
2nd St
21
Ocean Beach Park
ATLANTIK

Lummus Island
Miami Beach Marina
Pier M
Commerce St
Biscayne St
Pier Park

Harley St
7
Boardwalk Pier
South Pointe Park
Government Cut
Fisher Island
Biscayne Bay

Miami Beach

⊙ Highlights
1	Art Deco Historic District	D2
2	Wolfsonian-FIU	C4

⊙ Sehenswertes
3	Lincoln Road Mall	B2
4	New World Center	C1
5	Ocean Drive	D3
6	South Beach	D4
7	South Pointe Park	C6

⊕ Aktivitäten, Kurse & Touren
8	Fritz's Skate, Bike & Surf	C2
9	Miami Design Preservation League	D3
	Miami Design Preservation League	(siehe 9)

⊕ Schlafen
10	Aqua Hotel	D2
11	Bed & Drinks	D1

12	Gale South Beach	D1
13	Hotel St. Augustine	C5
14	Pelican Hotel	D4

⊗ Essen
15	11th St Diner	C3
16	Oolite	C1
17	Pubbelly	A1
18	Puerto Sagua	C4
19	Tap Tap	C5

⊕ Ausgehen & Nachtleben
20	Kill Your Idol	D2
21	Room	C6

⊕ Unterhaltung
22	Colony Theater	B2
23	Fillmore Miami Beach	C1

⊕ Shoppen
24	Books & Books	B2

---

durch Kunstgalerien, für die Öffentlichkeit bestimmte Kunstschauplätze, Restaurants, Bars und Immobilienprojekte ersetzt, die diese Verwandlung begleiten. Wer ans Wasser will, sollte in den hübschen **Bayfront Park** (Karte S. 512; ☑ 305-358-7550; www.bayfrontparkmiami.com; 301 N Biscayne Blvd) gehen.

Metromover — MONORAIL
(☑ 305-891-3131; www.miamidade.gov/transit/metromover.asp; ☺ 5–24 Uhr) Diese elektrische Hochbahn ist zwar viel zu klein, um dem Bedarf der Stadt gerecht zu werden, wurde aber zu einer regelrechten Touristenattraktion. Vom Nutzen als Transportmittel einmal abgesehen ist der Metromover eine tolle (und kostenlose!) Möglichkeit, die Innenstadt von Miami von oben zu sehen (was bei den vielen Wolkenkratzern im Zentrum durchaus von Vorteil ist). Da er nichts kostet, sieht man im Metromover viele Obdachlose, aber sie wird auch von regulären Fahrgästen genutzt.

Pérez Art Museum Miami — MUSEUM
(PAMM; Karte S. 512; ☑ 305-375-3000; www.pamm.org; 1103 Biscayne Blvd; Erw./Senior & Student 16/12 US$; ☺ Di–So 10–18, Do bis 21 Uhr, Mo geschl.; ℗) Das Museum kann sich mit guten, wechselnden Ausstellungen zu internationaler Kunst aus der Zeit nach dem Zweiten Weltkrieg rühmen. Aber auch die Lage und das Äußere sind beeindruckend. Zum Museum gehört auch der Museum Park, ein kleines Stück Land mit Blick auf das blaue Gewässer der Biscayne Bay. Die Schweizer Architekten Herzog & de Meuron entwarfen das Gebäude, das tropisches Blattwerk, Glas und Metall vereint – eine Mischung aus tropischer Lebensfreude und frischer Moderne, was eine passende architektonische Analogie zu Miami darstellt.

★ **Adrienne Arsht Center for the Performing Arts** — GEBÄUDE
(Karte S. 512; ☑ 305-949-6722; www.arshtcenter.com; 1300 N Biscayne Blvd) Dieses Kunstzentrum ist Miamis ganzer Stolz. Dieses Gebäude ist ein gutes Beispiel dafür, wie das Stadtzentrum rundum erneuert wurde. Es wurde von Cesar Pelli (dem Mann, der auch für die Petronas Towers von Kuala Lumpur verantwortlich ist) entworfen und besteht aus zwei Hauptgebäuden, die durch eine schmale Brücke miteinander verbunden sind. Das Innere des Zentrums vermittelt einem das Gefühl von Meer und Land, das von Wind geschaffen wurde. Die runden Balkone ziehen sich wie eine Spirale nach oben und gleichen einer geöffneten Muschel.

Little Havana

Sobald die SW 8th St sich von Downtown entfernt, wird sie zur **Calle Ocho** (*kah*-je *oh*-tscho; spanisch für „achte Straße"). Dann weiß man, dass man sich in Little Havana befindet, der auffälligsten Gemeinde kubanischer Amerikaner in den USA. Trotz der kulturellen Denkmäler ist dies aber kein kubanischer Themenpark: Das Viertel ist und bleibt eine sehr lebendige Einwandereren-

NICHT VERSÄUMEN

GALERIEN IN WYNWOOD

In Wynwood, Miamis hippem Testgelände für Avantgarde-Kunst, füllen „Whispsters" (Wynwood-Hipster) Dutzende Galerien mit ihren „Guerilla"-Installationen, neuen Wandgemälden, Graffitis und anderen undurchschaubaren Werken. Am besten lernt man die Szene auf einem der **Wynwood and Design District Arts Walks** (Karte S. 512; www.artcircuits.com; ⏰ jeden 2. Sa im Monat 19–22 Uhr) `GRATIS` mit Musik, Essen und Wein kennen.

klave, auch wenn seine Einwohner inzwischen zugegebenermaßen eher aus Lateinamerika stamen als aus Kuba. Mit die beste Zeit für einen Besuch ist der letzte Freitag im Monat zum **Viernes Culturales** (www.viernesculturales.org; ⏰ 7–23 Uhr) oder „Kulturellen Freitag", wenn bei einem Straßenfest lateinamerikanische Künstler und Musiker auftreten.

⭐ Máximo Gómez Park — PARK

(Karte S. 512; SW 8th St Ecke SW 15th Ave; ⏰ 9–18 Uhr) Im Máximo Gómez Park wird die Erinnerung an das alte Kuba heraufbeschworen. Er wird auch „Domino Park" genannt, weil sich hier die Gespräche älterer Herren beim Schachspiel mit dem schnellen Klacken von umfallenden Dominosteinen mischen. Die laute Geräuschkulisse, der starke Geruch nach Zigarren und ein leuchtendes Wandgemälde zum Amerika-Gipfel von 1994 machen den Máximo Gómez zum sinnlichsten Ort von Miami (auch wenn er von Touristen überlaufen ist).

Cuba Ocho — GALERIE

(Karte S. 512; ☎ 305-285-5880; www.cubaocho.com; 1465 SW 8th St; ⏰ Di–Sa 11–15 Uhr) Das Juwel von Little Havanas Künstlerviertel dient gleichzeitig als Gemeindezentrum, Kunstgalerie und Informationsquelle für alles, was mit Kuba zu tun hat. Das Innere gleicht einer alten Zigarrenbar aus Havanna, und die Wände sind mit Kunst bedeckt, die sowohl aus der klassischen Vergangenheit Kubas als auch aus der Avant-Garde-Zeit stammt. Jede Woche werden hier Musik-, Film- und Theateraufführungen sowie Lesungen angeboten. Für diese Veranstaltungen öffnet das Zentrum auch abends seine Pforten. Weitere Informationen zum Cuba Ocho gibt es auf der Website.

Cuban Memorials — DENKMAL

(Karte S. 512; SW 13th Ave & 8-10th St) Zwei Blocks der SW 13th Ave zeigen eine Reihe von Denkmälern für kubanische und kubanisch-amerikanische Ikonen. Darunter befindet sich auch das Denkmal **Eternal Torch in Honor of the 2506th Brigade**, das Exil-Kubanern gewidmet ist, die bei der Invasion in der Schweinebucht ums Leben kamen, ein Denkmal von **José Martí** sowie eine **Madonnenstatue**, die jeden Nachmittag angeblich von heiligem Licht angestrahlt wird. Auf einer Verkehrsinsel mitten auf dem Boulevard steht ein riesiger Kapokbaum, der von Anhängern der Santeria verehrt wird.

Design District, Wynwood & Little Haiti

Diese beiden trendigen Gegenden nördlich von Downtown sind der lebende Beweis dafür, dass SoBe ganz und gar nicht das Monopol auf „Hipness" hält. Noch vor 25 Jahren waren die Viertel so gut wie ausgestorben, haben sich inzwischen aber zu wahren Bastionen für Kunst und Design entwickelt. Der Design District ist ein Mekka für Innenarchitekten; hier gibt es Dutzende Galerien, zeitgenössische Möbel, Ausstellungsräume und Designerateliers zu sehen. Gleich südlich des Design Districts liegt Wynwood, ein bemerkenswerter Kunstbezirk mit unzähligen Galerien und Kunststudios, die in verlassenen Fabriken und Lagerhäusern untergebracht sind.

Little Haiti, die Heimat der haitianischen Flüchtlinge Miamis, wird von bunt gestrichenen Häusern, Märkten und *botanicas* (Voodoo-Läden) dominiert.

⭐ Wynwood Walls — ÖFFENTLICHE KUNST

(Karte S. 512; www.thewynwoodwalls.com; NW 2nd Ave zw. 25th St & 26th St) Bei den Wynwood Walls handelt es sich um eine Sammlung von Wandbildern und Gemälden, die einen offenen Innenhof zieren, der jeden durch die schiere Farbenpracht und die unerwartete Lage sofort in seinen Bann zieht. Was es jeweils aktuell zu bewundern gibt, richtet sich nach den großen Kunstveranstaltungen wie der Art Basel, aber interessant ist es immer.

Little Haiti Cultural Center — GALERIE

(Karte S. 512; ☎ 305-960-2969; http://littlehaiticulturalcenter.com; 212 NE 59th Tce; ⏰ Di–Fr 10–21, Sa 9–16, So 11–19 Uhr) In diesem Kulturzentrum sind eine Kunstgalerie, eine Tanzschule, ein Theater und ein karibischer Markt am Wochenende (Do–Sa 9.30–20, So bis 18 Uhr) untergebracht. Am besten besucht man das Zentrum zur Big Night in Little Haiti (www.rhythmfoundation.com/series/big-night-in-little-haiti), einem Straßenfest, das jeden dritten Freitag des Monats von 18 bis 22 Uhr stattfindet. Bei dem Fest gibt es jede Menge Musik, karibisches Essen und Bier, allerdings wurden zum Zeitpunkt der Recherche gerade Sponsoren gesucht.

Coral Gables & Coconut Grove

Wer eher nach gemächlicherem Tempo und europäischerem Flair sucht, wird im Landesinneren fündig. Coreal Gables wurde in den frühen 1920er-Jahren von George Merrick als „Modellvorort" entworfen und gleicht einem Dorf im mediterranen Stil, das die Miracle Mile umgibt, einen vier Blocks langen Abschnitt des Coral Way zwischen Douglas und LeJeune Rd mit vielen Läden und Restaurants. Coconut Grove ist ein angesagtes Studentenviertel mit vielen Geschäften, Restaurants und dschungelartigen Chaos an Parkplätzen.

★ Vizcaya
Museum & Gardens HISTORISCHES GEBÄUDE
(Karte S. 512; 305-250-9133; www.vizcayamuseum.org; 3251 S Miami Ave; Erw./6–12 Jahre/Student & Senior 18/6/10 US$; Mi–Mo 9.30–16.30 Uhr; P) Miami wird auch die magische Stadt genannt, und wenn das so ist, dann ist diese italienische Villa die bauliche Entsprechung eines Fabergé-Eis und Miamis märchenhafteste Residenz. Der Unternehmer James Deering hat 1916 die Tradition in der Stadt eingeführt, einen Haufen Geld zu verdienen und dann ein geradezu lächerlich prunkvolles Gebäude zu errichten. Er stellte 1000 Leute ein (was damals 10 % der einheimischen Bevölkerung entsprach) und füllte sein Haus mit Möbeln aus dem 15. bis 19. Jh., Wandteppichen, Gemälden und ornamentaler Kunst. Heute werden in dem Gebäude wechselnde Ausstellungen zeitgenössischer Kunst gezeigt.

Barnacle Historic State Park PARK
(Karte S. 512; 305-442-6866; www.floridastateparks.org/thebarnacle; 3485 Main Hwy; Eintritt 2 US$, geführte Touren Erw./Kind 3/1 US$; Mi–Mo 9–17 Uhr;) Im Zentrum von Coconut Grove liegt die 2 ha-große Residenz aus dem Jahre 1891 von Ralph Monroe, Miamis

---

MIAMI MIT KINDERN

Die kinderfreundlichsten Strände liegen nördlich der 21st St in Miami Beach. Besonders gut sind der Strand an der 53rd St mit Spielplatz und Toiletten und der hinter Dünen verborgene Strand an der 73rd St. Prima ist auch der im Süden gelegene Matheson Hammock Park mit ruhigen künstlichen Lagunen.

Miami Children's Museum (Karte S. 512; 305-373-5437; www.miamichildrensmuseum.org; 980 MacArthur Causeway; Eintritt 18 US$; 10–18 Uhr;) Dieses Mitmach-Museum steht auf Watson Island zwischen Downtown Miami und Miami Beach. Hier gibt's z. B. Musikstudios und Kunstatelier. Allerdings lassen von Firmen gesponserte „Arbeits-" Exponate das Ganze sehr kommerziell wirken.

Jungle Island (Karte S. 512; 305-400-7000; www.jungleisland.com; 1111 Parrot Jungle Trail, abseits des MacArthur Causeway; Erw./Kind/Senior 40/32/38 US$; 10–17 Uhr; P) Beheimatet viele Tropenvögel, Alligatoren, Orang-Utans, Schimpansen und (sehr zur Freude der Fans von Napoleon Dynamite) einen Liger – eine Kreuzung zwischen einem Löwen und einem Tiger.

Zoo Miami (Metrozoo; 305-251-0400; www.miamimetrozoo.com; 12400 SW 152nd St; Erw./Kind 18/14 US$; Mo–Fr 10–17, Sa & So 9.30–17.30 Uhr) Im hiesigen Tropenwetter fühlen sich die Spaziergänge durch den Zoo Miami fast wie Wildnistrips an. Für einen schnellen Überblick über das gigantische Gelände (und weil die Sonne so runterbrennt) empfiehlt sich eine Fahrt mit der Safari Monorail, die alle 20 Minuten abfährt.

Monkey Jungle (305-235-1611; www.monkeyjungle.com; 14805 SW 216th St; Erw./Kind/Senior 30/24/28 US$; 9.30–17 Uhr, letzter Einlass 16 Uhr; P) Der Slogan „Where humans are caged and monkeys run free" („Wo Menschen eingesperrt sind und Affen frei umherlaufen") sagt bereits alles, was man wissen muss – nur nicht, dass dies im äußersten Süden von Miami der Fall ist.

erstem ehrenwerten „Snowbird". Durch das Haus werden geführte Touren angeboten, und der Park, in dem es liegt, ist eine bezaubernde, schattige Oase, die sich hervorragend zum Spazierengehen eignet. Im Barnacle Historic State Park finden regelmäßig wunderbare Mondscheinkonzerte (von Jazz bis Klassik) statt. Ein kleines Stück den Main Hwy hinunter befindet sich auf der anderen Straßenseite im Schatten riesiger Banyanbaum-Haine ein kleiner buddhistischer Tempel.

Biltmore Hotel
HISTORISCHES GEBÄUDE

(Karte S. 512; ☑ 855-311-6903; www.biltmore hotel.com; 1200 Anastasia Ave; ⊙ geführte Touren So 13.30 & 14.30 Uhr; ℗) Das architektonische Kronjuwel von Coral Gables ist dieser herrliche Bau, der früher einmal eine illegale Kneipe Al Capones beherbergte. Zu damaligen Zeiten wurden berühmte Gäste wie Judy Garland und die Vanderbilts mit Gondeln durch die Gegend gefahren, weil es (natürlich) auch ein eigenes Netz an Kanälen gab. Der größte Hotelpool des amerikanischen Festlands befindet sich immer noch hier. Er gleicht dem Wassergarten eines Sultans aus *Tausendundeiner Nacht*. Jeden Sonntagnachmittag werden kostenlose Führungen angeboten.

Venetian Pool
HISTORISCHE STÄTTE

(Karte S. 512; ☑ 305-460-5306; www.coralgables venetianpool.com; 2701 De Soto Blvd; Erw./Kind 12/7 US$; ⊙ wechselnde Öffnungszeiten; 🖼) Mit seinen Korallengrotten, Wasserfällen, einer Palmeninsel und Liegeplätzen im venezianischen Stil ist der Venetian Pool eines der wenigen Schwimmbäder des Landes, die im National Register of Historic Places verzeichnet sind. Wer hier schwimmen geht, tritt in die Fußstapfen von Berühmtheiten wie Esther Williams und Johnny „Tarzan" Weissmuller. Die Öffnungszeiten sind je nach Saison unterschiedlich. Informationen dazu findet man auf der Website oder erhält sie telefonisch.

Lowe Art Museum
MUSEUM

(Karte S. 512; ☑ 305-284-3535; www.lowemu seum.org, 1301 Stanford Dr; Erw./Student 10/5 US$; ⊙ Di–Sa 10–16, So 12–16 Uhr) Die grandiose Sammlung des Lowe Art Museum trifft die unterschiedlichsten Geschmäcker, aber besonders stark sind asiatische, afrikanische und südpazifische Kunst und Archäologie vertreten, und die präkolumbische und mesoamerikanische Sammlung ist schlicht atemberaubend.

Großraum Miami

Fairchild Tropical Garden
GÄRTEN

(Karte S. 512; ☑ 305-667-1651; www.fairchild garden.org; 10901 Old Cutler Rd; Erw./Kind/ Senior 25/12/18 US$; ⊙ 7.30–16.30 Uhr; ℗ 🖼) Wer einmal eine Pause vom Trubel Miamis braucht, der sollte sich einen „grünen" Tag im größten botanischen Garten des Landes gönnen. Hier gibt es einen Schmetterlingshain, Dschungel-Biosphären und Sumpf- und Moorlandschaften sowie Installationen von Künstlern wie Roy Lichtenstein, die alle sehr beeindruckend sind. Entweder besichtigt man die Gärten auf eigene Faust oder man nimmt die kostenlose Bahn, die zwischen 10 und 15 Uhr zur vollen Stunde 40 Minuten lang durch den gesamten Park fährt.

Museum of Contemporary Art North Miami
MUSEUM

(MoCA; Karte S. 512; ☑ 305-893-6211; www. mocanomi.org; 770 NE 125th St; Erw./Student & Senior 5/3 US$; ⊙ Di–Fr & So 11–17, Sa 13–21 Uhr; ℗) Nördlich von Downtown Miami zeigt das MoCA wechselnde Ausstellungen, die sich auf internationale, nationale und aufstrebende Künstler konzentrieren.

Key Biscayne

Bill Baggs Cape Florida State Park
PARK

(Karte S. 512; ☑ 305-361-5811; www.floridastate parks.org/capeflorida; 1200 S Crandon Blvd; Auto/ Person 8/2 US$; ⊙ 8 Uhr–Sonnenuntergang; ℗ 🖼 🎱) 🥾 Wer es nicht auf die Florida Keys schafft, bekommt in dem 200 ha großen Park einen guten Eindruck von den einzigartigen Ökosystemen, die sich auf den Inseln finden. Sandige Pfade und Holzstege führen durch das Gewirr der dunklen Mangrovenhaine voller tropischer Tiere. Drum herum erstreckt sich kilometerweit das blasse Meer.

🏃 Aktivitäten

Radfahren & Inlineskaten

Inlineskaten oder Radeln entlang der Promenade am Ocean Dr (South Beach) ist Miami pur. Alternativ empfiehlt sich dafür der Rickenbacker Causeway Richtung Key Biscayne.

DecoBike
RADFAHREN

(☑ 305-532-9494; www.decobike.com; Verleih 30 Min./1 Std./2 Std./4 Std./ganzer Tag 4/6/10/

18/24 US$) Das flache, architektonisch reiche Miami und Miami Beach eignen sich prima zum Radfahren. Am besten leiht man sich ein Rad über das ausgezeichnete Bike-Sharing-Programm.

Fritz's Skate, Bike & Surf
SKATING
(Karte S.514; ☑305-532-1954; www.fritzsmiami beach.com; 1620 Washington Ave; Fahrräder & Inlineskates pro Std./Tag/Woche 10/24/69 US$; ⊙Mo–Sa 10–21, So 10–20 Uhr) Mietbare Sportausrüstung und Gratiskurse im Inlineskaten (So 10.30 Uhr).

Wassersport

Blue Moon Outdoor Center
WASSERSPORT
(Karte S.512; ☑305-957-3040; http://bluemoon outdoor.com; 3400 NE 163rd St; Kajak für 90 Min./3 Std. 23/41 US$; ⊙Mo–Fr 9–19.30, Sa & So 8–20 Uhr) Der offizielle Konzessionsinhaber für Verleih von Outdoor-Ausrüstung in den State Parks rund um Miami.

Sailboards Miami
WASSERSPORT
(Karte S.512; ☑305-892-8992; www.sailboards miami.com; 1 Rickenbacker Causeway; ⊙Fr–So 10–18 Uhr) Die Gewässer vor Key Biscayne eignen sich perfekt zum Windsurfen, Kiteboarden oder Kajakfahren. Hier gibt's Leihausrüstung und Kurse.

Geführte Touren

Miami Design
Preservation League
STADTSPAZIERGANG
(Karte S.514; ☑305-672-2014; www.mdpl. org; 1001 Ocean Dr; geführte Touren Erw./Student 25/20 US$; ⊙tgl. 10.30, 18.30 Uhr) Die 90-minütigen Stadtspaziergänge ab dem Art Deco Welcome Center beleuchten den Art-déco-Stil und dessen Ikonen.

History
Miami Tours
STADTSPAZIERGANG, RADFAHREN
(☑305-375-5792; www.historymiami.org/tours; geführte Touren 30–60 US$) Der Ausnahme-Historiker Dr. Paul George leitet faszinierende Touren zu Fuß, per Fahrrad, Boot oder Bus (beispielsweise mit Schwerpunkt auf Stiltsville). Das Gesamtangebot steht auf der Website.

EcoAdventure Bike Tours
RADFAHREN
(☑305-365-3018; www.miamidade.gov/ecoadven tures; geführte Touren ab 28 US$) In den Parks von Dade County führen ausgezeichnete Radwege durch friedliche Landschaften von Miami und Miami Beach z. B. entlang der Strände, auf Key Biscayne oder hinein in die Everglades.

Feste & Events

Calle Ocho Festival
KULTUR
(Carnaval Miami; www.carnavalmiami.com; ⊙März) Das riesige Straßenfest im März ist der Höhepunkt des Carnaval Miami, bei dem zehn Tage lang die lateinamerikanische Kultur gefeiert wird.

Winter Music Conference
MUSIK
(http://wintermusicconference.com; ⊙März) Dieses Dance- und Elektro-Festival findet jeden März statt.

Art Basel Miami Beach
KUNST
(www.artbaselmiamibeach.com; ⊙Dez) International bekannte Kunstmesse.

Schlafen

Inzwischen hat sich ein richtiger Hype um Miami Beach als das Mekka für stilvolle Boutiquehotels in renovierten Art-déco-Gebäuden entwickelt. Für einen Hotelparkplatz muss man mit 20 bis 35 US$ pro Nacht rechnen.

South Beach

Bed & Drinks
HOSTEL $
(Karte S.514; ☑786-230-1234; http://bedsn drinks.com; 1676 James Ave; B/DZ ab 25/149 US$, privater Schlafsaal für 6 Pers. 157 US$) Dieses Hostel zielt schamlos auf das Klientel ab, das auf der Suche nach Sexappeal ist – wie der Name schon verrät –, aber es liegt in der Nähe der Lincoln Rd, womit das Konzept gut funktioniert. Die Zimmer sind zweckmäßig, und die Gäste sind zumeist junge, feierwütige Leute. Allerdings scheint das Personal etwas gleichgültig zu sein.

★ Hotel St. Augustine
BOUTIQUEHOTEL $$
(Karte S.514; ☑305-532-0570; www.hotelstau gustine.com; 347 Washington Ave; Zi. 152–289 US$; ☑❄☎) Holz, das heller ist als Barbies Haare, und frische, saubere Inneneinrichtung machen dieses Hotel zu einer der elegantesten Unterkünfte von South Beach und ist dabei erstaunlich modern. Der familiäre und herzliche Service ist das Highlight dieser modernen und gleichzeitig gemütlichen Unterkunft. Aber auch die gedämpfte Beleuchtung und die Glasduschen – die sich auf Knopfdruck in eine eigene, private Dampfkabine verwandeln lassen – sind nicht zu verachten.

Aqua Hotel
BOUTIQUEHOTEL $$
(Karte S.514; ☑305-538-4361; www.aquamia mi.com; 1530 Collins Ave; Zi. 133–180 US$, Suite

Stadtspaziergang
Art-Déco-Magie

START ART DECO WELCOME CENTER
ZIEL EDISON HOTEL
LÄNGE/DAUER 1,6–3,2 KM; 30 MIN.

Im Art Deco Historic District sind tolle Stadtspaziergänge mit und ohne Guide möglich. Wer einfach nur die Highlights sehen will, folgt dieser übersichtlichen Kurzroute.

Das Innere des ❶ **Art Deco Welcome Center** (S. 511; Ecke Ocean Dr & 12th St) gibt einen ersten Eindruck von diesem speziellen Stil. Dann dem Ocean Dr nordwärts folgen. Zwischen 12th und 14th St stehen drei klassische Beispiele für Art-déco-Hotels: Das kastenförmige ❷ **Leslie** mit klassischen „Augenbrauen", das ❸ **Carlyle**, das im Film *The Birdcage – Ein Paradies für schrille Vögel* zu sehen war, und das ❹ **Cardozo Hotel** mit glatten, abgerundeten Ecken. Nächste Station sind die herrlichen Terrazzo-Böden im ❺ **Winter Haven** an der 14th St.

Jetzt nach links gehen, der 14th St bis zur Washington Ave folgen und links abbiegen, um das ❻ **US Post Office** an der 13th St zu erreichen. Drinnen warten Frankiertische aus Marmor und eine Kuppeldecke, die zu einem geflüsterten Echotest verlockt. Zwei Blocks weiter links gibt's nun Mittagessen im ❼ **11th St Diner** (S. 522), einem schimmernden Art-déco-Salonwagen aus Aluminium. An der 10th St steht dann mit dem ❽ **Wolfsonian-FIU** (S. 511) ein Top-Museum voller Art-déco-Schätze, und auf der anderen Straßenseite erhebt sich das wunderschön restaurierte ❾ **Hotel Astor**.

Anschließend nach links in die 8th St einbiegen und diese ostwärts bis zur Collins Ave entlanglaufen. ❿ **The Hotel** an der Ecke hieß ursprünglich Tiffany Hotel und wird bis heute von einer Art-déco-Neonspitze mit diesem Namen gekrönt. Wer nun zum Ocean Dr weiterschlendert und rechts abbiegt, schaut auf das ⓫ **Colony Hotel** mit dem berühmten Neonschild. Zum Schluss heißt es kehrtmachen und einen halben Block über die 9th St hinauslaufen, bis mit dem ⓬ **Edison Hotel** von 1935 eine weitere Kreation der Art-déco-Legende Henry Hohauser in Sicht kommt.

ab 200 US$; P✳🛜🏊) Den Empfangstresen in diesem ehemaligen Motel, in dem die Zimmer klassisch um einen Swimmingpool herum angeordnet sind, bildet ein glänzendes Surfbrett, was dem Ganzen eine heitere Atmosphäre verleiht. Aber diese altmodische Atmosphäre kommt unter dem matten Schein der Lichter am Pool und in der Lounge im Freien kaum noch zur Geltung. Die perfekten Zimmer werden durch schrullige Möbel und meeresblauen Badezimmern aufgelockert.

⭐**The Standard** BOUTIQUEHOTEL **$$$**
(Karte S. 512; ☎305-673-1717; www.standardho tels.com/miami; 40 Island Ave; Zi. 180–300 US$, Suite 500–965 US$; P✳🛜🏊) Wer nach dem kopfüber hängenden Schild mit der Aufschrift „Standard" an dem alten Lido-Gebäude auf Belle Island (zwischen South Beach und Downtown Miami) Ausschau hält, findet das Hotel Standard – und das ist alles andere als Standard. Das ausgezeichnete Boutiquehotel verbindet jede Menge Wellnessangebote mit Hipster-Funk und South-Beach-Sex, und das Ergebnis ist ein Motel aus den 1950er-Jahren, das sich in Schale geworfen hat. Hier gibt es Böden aus Bio-Holz, erhöhte weiße Betten und hauchdünne Vorhänge, die den Blick auf einen Innenhof freigeben, in dem sich allerlei Annehmlichkeiten befinden, darunter auch ein beheiztes Hamam (türkisches Dampfbad).

⭐**Gale South Beach** HOTEL **$$$**
(Karte S. 514; ☎305-673-0199; http://galeho tel.com; 1690 Collins Ave; Zi. 160–300 US$; P✳🛜🏊) Die Fassade des Gale ist eine bewundernswerte Umgestaltung vom klassischen Kastendesign zu einem prachtvollen, modernen Super-Resort in SoBe. Diese Mischung aus klassischem und gehobenem SoBe setzt sich auch im Inneren fort, wo man helle Zimmer mit sauberen Farben und scharfen Linien vorfindet, sowie eine retro-schicke Atmosphäre, die von der Bewegung der Moderne aus der Mitte des Jahrhunderts inspiriert wurde.

⭐**Pelican Hotel** BOUTIQUEHOTEL **$$$**
(Karte S. 514; ☎305-673-3373; www.pelican hotel.com; 826 Ocean Dr; Zi. 198–350 US$, Suite 400–850 US$; ✳🛜) Hinter diesem verrückten Experiment stecken die Besitzer von Diesel Jeans: Die dreißig Themenzimmer kommen rüber wie Fantasy-Suite in einem hippen Hotel. Vom Cowboy-Stil im Zimmer „High Corral, OK Chaparral" bis zu den Tigerstreifen im Zimmer „Me Tarzan, You Vain" (Ich Tarzan, Du nichts) – alle Räume sind unterschiedlich aber superlustig eingerichtet und bieten sogar ihren eigenen Soundtrack an.

Nördliches Miami Beach

Freehand Miami BOUTIQUEHOTEL **$$**
(Karte S. 512; ☎305-531-2727; http://thefree hand.com; 2727 Indian Creek Dr; B 28–49 US$, Zi. 160–214 US$; ✳🛜🏊) Das Freehand ist das großartige Ebenbild des alten Indian Creek Hotel, ein Klassiker in der Hotelszene von Miami Beach. Die Zimmer sind gemütlich, aber minimalistisch und bieten genau die richtige Menge an einheimischer Kunst und Erdtönen, die eine gute Balance zwischen herzlich-verrückt und cool-angesagt schaffen. Die Schlafsäle sind genau das Richtige für Backpacker, und das dazugehörige Broken Shaker (S. 524) ist eine der besten Bars der Stadt.

Coral Gables

Hotel St. Michel HOTEL **$$**
(Karte S. 512; ☎305-444-1666; www.hotelst michel.com; 162 Alcazar Ave; Zi. 124–225 US$; P✳🛜) Dieses Hotel in Coral Gables würde auch gut nach Europa passen. Hierfür sorgen Gewölbedecken, Bodenmosaike, altertümlicher Charme und gerade mal 28 Zimmer.

✕ Essen

Floridas multikulturellste Stadt besitzt eine Restaurantszene auf internationalem Niveau.

South Beach

Entlang der Ocean Ave findet man auf den Terrassen und Bürgersteigen vor fast allen Strandhotels anständige Restaurants vor. Hier sind günstige Mittagsgerichte und Happy-Hour-Sonderangebote zu haben. Die starke Konkurrenz sorgt dabei für niedrige Preise. Einfach zwischen 5th St und 14th Pl nach etwas Passendem suchen!

Puerto Sagua KUBANISCH **$**
(Karte S. 514; ☎305-673-1115; 700 Collins Ave; Hauptgerichte 6–20 US$; ⏰7.30–2 Uhr) Ran an die Theke in diesem beliebten kubanischen Diner und spontan ebenso authentische wie köstliche und erschwingliche Gerichte be-

stellt – z. B. *ropa vieja* (Rindergeschnetzeltes), schwarze Bohnen und *arroz con pollo* (Reis mit Hühnchen)! Und dazu gibt's den vielleicht besten kubanischen Kaffee der Stadt.

11th Street Diner
DINER $

(Karte S. 514; ☎ 305-534-6373; www.eleventh streetdiner.com; 1065 Washington Ave; Hauptgerichte 9–18 US$; ⊙ Do–Di 24 Std., Mi 24–7 Uhr) Dieses Art-déco-Diner befindet sich in einem schimmernden Eisenbahnwaggon (Pullman-Salonwagen). Hier geht's rund um die Uhr geschäftig zu. Besonders beliebt bei heimwärts schwankenden Nachtschwärmern.

★ Tap Tap
HAITIANISCH $$

(Karte S. 514; ☎ 305-672-2898; www.taptapmia mibeach.com; 819 5th St; Hauptgerichte 9–20 US$; ⊙12–21 Uhr) In diesem psychedelischen haitianischen Restaurant speist man unter Wandmalereien von Papa Legba und genießt die genauso bunte, fröhliche Fusion-Küche aus Westafrika, Frankreich und der Karibik: Die scharfe Kürbissuppe, die Ziege mit Curry und das *mayi moulen*, die charakteristische Beilage aus Maismehl, sollte man probieren!

★ Pubbelly
FUSION-KÜCHE $$

(Karte S. 514; ☎ 305-532-7555; www.pubbelly boys.com/miami/pubbelly; 1418 20th St; Hauptgerichte 11–26 US$; ⊙ Di–Do & So 18–24, Fr & Sa bis 1 Uhr) Das Pubbelly ist nur schwer in eine Schublade zu stecken. Die Küche ist eine Mischung aus asiatisch, nordamerikanisch und lateinamerikanisch und vermischt das Beste der drei miteinander. Beispiel gefällig? Ente mit Frühlingszwiebel-Knödeln oder die leckeren Udon-Nudeln alla carbonara mit Schweinebauch, poschierten Eiern und Parmesan. Mit den selbstgemachten Cocktails können die Gerichte ganz leicht runtergespült werden.

Oolite
MODERN-AMERIKANISCH $$$

(Karte S. 514; ☎ 305-907-5535; www.ooliterestaur ant.com; 1661 Pennsylvania Ave; Hauptgerichte 20–49 US$; ⊙ Mi & Do 16–23, Fr & Sa bis 24, So 11–23 Uhr) Das Oolite vereint alle Komponenten eines bei Jugendlichen angesagten Hotspots von Miami Beach: ein für die James Beard Foundation Awards nominierter Koch, eine glutenfreie Speisekarte, die sich auf einheimische und gesunde Zutaten spezialisiert, und ein verrückter Name. Aber das Restaurant ist auch wirklich sehr gut; Zitronentapenade, Schwertfisch und Pfefferschoten vollführen einen heißen Tanz auf der Zunge, und das Ziegen-Guaven-Curry ist einfach nur himmlisch.

Downtown Miami

Bali Cafe
INDONESISCH $

(Karte S. 512; ☎ 305-358-5751; 109 NE 2nd Ave; Hauptgerichte 6–14 US$; ⊙tgl. 11–16, Mo–Fr 18–22 Uhr; ⊘) Es ist kaum vorstellbar, dass der Geschmack von Sushi und die Vielfalt der indonesischen Küche miteinander harmonieren, aber in diesem tropischen Lokal gelingt das wunderbar. Wie wäre es mit würzigen Thunfischröllchen als Vorspeise gefolgt von *soto betawi* (Rindersuppe mit Kokosmilch, Ingwer und Schalotten)?

EIN HAUCH LATEINAMERIKA IN MIAMI

Dank seiner langen Einwanderungsgeschichte ist Miami inzwischen zur Legende geworden, wenn es um authentische kubanische, haitianische, brasilianische und lateinamerikanische Küche geht. Kubanisches Essen ist eine Mischung aus karibischen, afrikanischen und lateinamerikanischen Einflüssen, und durch die gegenseitige äußerst fruchtbare „Fremdbestäubung" dieser Traditionen haben sich unzählige kreative, köstliche Gourmet-Fusionen entwickelt, die manchmal als *nuevo Latino*, *nouvelle Floridian* oder „floribische" Küche bezeichnet werden.

Für eine erste Kostprobe kubanischen Essens stellt man sich am besten an einer kubanischen *loncheria* (Imbissbude) an und bestellt ein *pan cubano*: ein gegrilltes Baguette mit Butter, Schinken, Schweinebraten, Käse, Senf und Essiggurken. Zum Abendessen gibt's dann das klassische *ropa vieja*: geschnetzeltes Bauchsteak mit Tomaten und Paprika, und dazu gebratene Kochbananen, schwarze Bohnen und gelben Reis.

Weitere Leckereien, die man unbedingt probieren sollte, sind haitianische *griots* (mariniertes, gebratenes Schweinefleisch), jamaikanisches „Jerk Chicken", brasilianisches Barbecue, *gallo pinto* (rote Bohnen mit Reis) aus Mittelamerika und *batidos* (milchige, sehr erfrischende Frucht-Smoothies aus Lateinamerika).

★ NIU Kitchen
SPANISCH $$

(Karte S. 512; ☑ 786-542-5070; http://niukit chen.com; 134 NE 2nd Ave; Hauptgerichte 14– 22 US$; Mo–Fr 12–15.30, So–Do 18–22, Fr & Sa bis 23, Sa & So 13–16 Uhr; ✍) Das NIU ist ein kleines Restaurant von der Größe eines Wohnzimmers, das immer voll ist mit unglaublich angesagten Leuten, die unglaublich gutes, zeitgenössisches, katalanisches Essen zu sich nehmen. Es gibt kaum eine Küche, die so unwiderstehlich anders ist: von poschierten Eiern mit getrüffelten Kartoffeln bis hin zu Manchego mit Muschel-Pasta. Am besten trinkt man dazu einen guten Wein. Es empfiehlt sich, Platten mit mehreren Gerichten zu bestellen.

Little Havana

★ Exquisito Restaurant
KUBANISCH $

(Karte S. 512; ☑ 305-643-0227; www.elexquisito miami.com; 1510 SW 8th St; Hauptgerichte 7–13 US$; ⊙ 7–23 Uhr) Wer Lust auf tolle kubanische Küche im Herzen von Little Havana hat, der ist hier genau richtig. Der Schweinebraten hat einen würzigen Zitrusgeschmack, und die *ropa vieja* ist wunderbar herzhaft und sättigend. Sogar die Standardbeilagen wie Bohnen, Reis und gebratene Kochbananen werden raffiniert zubereitet. Die Preise sind unschlagbar.

Versailles
KUBANISCH $$

(Karte S. 512; ☑ 305-444-0240; www.versailles restaurant.com; 3555 SW 8th St; Hauptgerichte 5–26 US$; ⊙ Mo–Do 8–1, Fr bis 2.30, Sa bis 3.30, So 9–1 Uhr) Das Versailles ist eine echte Institution in der kubanischen Gastroszene von Miami. Hier sollte man unbedingt das Rinderhackfleisch in Gratinsauce oder die Hühnerbrust gekocht in cremiger Knoblauchsauce probieren. Ältere Kubaner und die lateinamerikanischen Politiker von Miami kommen immer gern hierher. Man hat also eine gute Chance, auf den einen oder anderen prominenten lateinamerikanischen Bürger Miamis zu treffen.

Design District & Wynwood

Chef Creole
HAITISCH $

(Karte S. 512; ☑ 305-754-2223; http://chefcreole. com; 200 NW 54th St; Hauptgerichte 7–20 US$; ⊙ Mo–Sa 11–23 Uhr) Wer auf der Suche nach günstigem karibischem Essen ist, der sollte diesen ausgezeichneten kleinen Imbiss am Rande von Little Haiti besuchen. Einfach panierte Meeresschnecken, Ochsenschwanz

oder Fisch bestellen, als Beilage Reis und Bohnen nehmen, und schon ist man für den Rest der Woche satt. Das Essen genießt man dann am besten auf den nahegelegenen Picknickbänken und lauscht der haitischen Musik, die aus winzigen Lautsprechern ertönt – Inselfeeling pur.

Enriqueta's
LATEINAMERIKANISCH $

(Karte S. 512; ☑ 305-573-4681; 186 NE 29th St; Hauptgerichte 5–8 US$; ⊙ Mo–Fr 6–16, Sa bis 14 Uhr) Früher einmal hatten Puertoricaner und nicht Installationskünstler die Vorherrschaft in Wynwood. In diesem stets vollen Straßenimbiss bekommt man einen Geschmack dieser Zeit: Das lateinamerikanische Flair ist hier genauso stark wie der dampfende *cortadito* (kubanischer Kaffee), der am Tresen serviert wird. Ein gutes Steak-Kartoffel-Sandwich bietet genau den richtigen Ausgleich zur aufgeplusterten Kunstszene.

★ Blue Collar
AMERIKANISCH $$

(Karte S. 512; ☑ 305-756-0366; www.bluecollar miami.com; 6730 Biscayne Blvd; Hauptgerichte 15–24 US$; ⊙ Mo–Fr 11.30–15.30, Sa & So 11–15.30, So–Do 18–22, Fr & Sa bis 23 Uhr; P ✍ ♿) ♪ Es ist nicht einfach, in einer Stadt wie Miami die richtige Balance zwischen locker und exquisit zu finden: Hier kommt man sich sogar in „entspannten " Lokalen wie in einem Nachtclub vor. Aber das Blue Collar hat diesen Mittelweg gefunden. Freundliches Personal serviert hübsch angerichtetes amerikanisches Essen wie knusprigen Schnapper oder ausgezeichnete Cheeseburger. Und die umfangreiche Speisekarte macht auch Vegetarier glücklich.

🍷 Ausgehen & Nachtleben

Nachts erwacht Miami erst so richtig zum Leben. Irgendwo ist immer was geboten, meist bis zum frühen Morgen: Viele Bars haben bis 3 oder sogar 5 Uhr geöffnet. Veranstaltungskalender und Galerie-, Bar- und Clubbewertungen gibt's unter www.cooljun kie.com und www.beachedmiami.com.

★ Wood Tavern
BAR

(Karte S. 512; ☑ 305-748-2828; http://woodtavern miami.com; 2531 NW 2nd Ave; ⊙ Di–Sa 17–3, So bis 23 Uhr) Genau das Richtige für einheimische Jugendliche, die nicht in eine Spelunke wollen, aber auch keine Lust haben auf die langen Schlangen und die Attitüde von SoBe. Die Wood Tavern ist also eine gemütliche Bar mit Picknickbänken im Freien, einer

Holzbühne mit überdachter Tribüne und einem riesigen Jenga-Spiel sowie einer angrenzenden Kunstgalerie mit wechselnden Ausstellungen.

★ Room   BAR
(Karte S. 514; ☎ 305-531-6061; www.theotheroom.com; 100 Collins Ave; ⊙ 19–5 Uhr) Die dunkle, stimmungsvolle Boutique-Bierbar in SoBe ist ein echtes Juwel: hip und super sexy, aber dennoch nicht affektiert. Wie der Name vermuten lässt: Der Laden ist klein – und darum oft überfüllt.

★ Broken Shaker   BAR
(Karte S. 512; ☎ 786-325-8974; 2727 Indian Creek Dr; ⊙ Mo-Fr 18–3, Sa & So 14–3 Uhr) Selbstgemachte Cocktails sind in Miami momentan der absolute Renner, und wenn es um das Mixen von Cocktails geht, ist das Broken Shaker ganz vorne dabei. Die Bar im hinteren Bereich des Freehand Miami Hotel (S. 521) wird von professionellen Barkeepern betrieben. In dem winzigen Innenraum und dem ausgedehnten Bereich im Freien gibt's jede Menge gute Drinks und schöne Menschen.

★ Blackbird Ordinary   BAR
(Karte S. 512; ☎ 305-671-3307; www.blackbirdordinary.com; 729 SW 1st Ave; ⊙ Mo-Fr 15–5, Sa & So 19–5 Uhr) Diese ausgezeichnete Bar mit großartigen Cocktails (der London Sparrow mit Gin, Cayennepfeffer, Zitronen- und Maracujasaft schmeckt besonders gut) und einem riesigen Innenhof ist alles andere als gewöhnlich. Es ist sogar ziemlich ungewöhnlich, dass hier, ohne dass auf einen Dresscode geachtet wird, alle Leute reinkommen, die einfach Lust auf einen netten Abend haben.

Kill Your Idol   BAR
(Karte S. 514; ☎ 305-672-1852; http://killyouridol.com; 222 Española Way; ⊙ 20–5 Uhr) Die selbstbewusste Bar blickt einerseits durchaus herablassend auf die Stars und Sternchen von SoBe herunter (man beachte den Namen) serviert aber gleichzeitig das zum Modegetränk aufgestiegene Bier Pabst Blue Ribbon. Es gibt im Kill Your Idol aber auch nette postmoderne Kunst, Graffitis und zweifellos süße Hipster.

Ball & Chain   LIVEMUSIK
(Karte S. 512; www.ballandchainmiami.com; 1513 SW 8th Street; ⊙ 12–24, Do-Sa bis 3, So 14–22 Uhr) Das Ball & Chain hat über die Jahre verschiedene Inkarnationen erlebt. Im Jahr 1935, als die 8th St noch mehr jüdisch als lateinamerikanisch war, war es eher eine Jazzkneipe, in der sich Billie Holiday rumgetrieben hätte. Dieser Laden machte aber 1957 dicht, und das neue Ball & Chain, das sich immer noch der Musik und der guten Laune widmet, hat sich jetzt auf lateinamerikanische Musik und tropische Cocktails spezialisiert.

Bardot   CLUB
(Karte S. 512; ☎ 305-576-5570; www.bardotmiami.com; 3456 N Miami Ave; ⊙ Di & Mi 20–3, Do-Sa bis 5 Uhr) Niemand sollte die Stadt verlassen, ohne vorher das Innere des Bardot gesehen zu haben. Hier ist alles voller alter, französischer Poster und Möbel, die aussehen, als stammten sie direkt aus einem Privatclub, der tagsüber Millionäre bedient und sich nachts in einen dekadenten Club verwandelt. Es sieht so aus, als befinde sich der Eingang in der N Miami Ave, aber in Wirklichkeit liegt er auf einem Parkplatz hinter dem Gebäude.

Hoy Como Ayer   LIVEMUSIK
(Karte S. 512; ☎ 305-541-2631; www.hoycomoayer.us; 2212 SW 8th St; ⊙ Do-Sa 20.30–4 Uhr) Dieser kubanische Hotspot mit ehrlicher Musik, unspektakulärer Holzvertäfelung und einer kleinen Tanzfläche wird durch den Zigarrenrauch und die Einwanderer aus Havanna noch hervorgehoben. Hier stehen *son*, Boleros und moderne kubanische Rhythmen auf dem Programm.

☆ Unterhaltung

Das kosmopolitische Miami zieht jede Menge kreative Typen und wohlhabende Besucher an und ist deshalb schon seit langem der Sitz einer florierenden Kunstszene.

Colony Theater   THEATER
(Karte S. 514; ☎ 305-674-1040; www.colonytheatremiamibeach.com; 1040 Lincoln Rd) Von unbekannteren Musicals und Ballettvorstellungen bis hin zu Filmen zeigt dieses renovierte Art-déco-Prunkstück (erb. 1934) alles Mögliche.

Fillmore Miami Beach   THEATER
(Karte S. 514; ☎ 305-673-7300; www.fillmoremb.com; 1700 Washington Ave) Miami Beachs Hauptbühne für Broadway-Shows und große Konzerte.

Shoppen

Für Einzel- und Designerstücke empfehlen sich Boutiquen im Bereich der Collins Ave

(South Beach; zw. 6th & 9th St) oder entlang der Lincoln Rd Mall. Einzigartiges gibt's in Little Havana und im Design District.

Books & Books
BÜCHER

(Karte S.514; ☎305-532-3222; www.booksandbooks.com; 927 Lincoln Rd; ⌚ So–Do 10–23 Uhr, Fr & Sa bis Mitternacht) Süd-Floridas bester Indie-Buchladen; der Original-Standort befindet sich in Coral Gables (265 Aragon Ave).

GO! Shop
KUNST, HANDWERK

(Karte S.512; ☎305-576-8205; http://the-go-shop.com; 2516 NW 2nd Ave; ⌚Do–Sa 12–20 Uhr) Wem die Kunst der Wynwood Walls (3.510) gefällt, der sollte auf jeden Fall einen Abstecher in den GO! Shop machen, der inmitten des Straßenkunstkomplexes liegt. Hier werden abwechselnd originale Kunstwerke, Gemälde und andere Kunstgegenstände gezeigt – und alles, was hier zum Verkauf steht, wurde entweder von den aktuellen Künstlern der Wynwood Walls selbst hergestellt oder bezieht sich auf deren Werke.

❶ Praktische Informationen

GEFAHREN & ÄRGERNISSE

Ein paar Gegenden gelten in Miami nachts als gefährlich: Little Haiti, einige Abschnitte des Flussufers und des Biscayne Blvd und das Gebiet unterhalb der 5th St in South Beach. In Downtown sollte man rund um den Greyhound-Busbahnhof und die Barackensiedlungen in der Nähe von Dämmen, Brücken und Überführungen Vorsicht walten lassen.

INFOS IM INTERNET

Art Circuits (www.artcircuits.com) Insider-Infos über Kunstveranstaltungen, Karten mit den Galerien der einzelnen Viertel.

Miami Beach 411 (www.miamibeach411.com) Eine gute allgemeine Informationsquelle für Besucher von Miami Beach.

Short Order (http://blogs.miaminewtimes.com/shortorder) Der beste Blog der Gegend, wenn es ums Essen geht.

MEDIEN

Miami Herald (www.miamiherald.com) Die größte englische Tageszeitung der Stadt.

Miami New Times (www.miaminewtimes.com) Eine ausgefallene, alternative Wochenzeitung.

MEDIZINISCHE VERSORGUNG

Mount Sinai Medical Center (☎305-674-2121, Notaufnahme 305-674-2200; www.msmc.com; 4300 Alton Rd) Die beste Notaufnahme der Gegend.

NOTFALL

Beach Patrol (☎305-673-7714) Rettungsschwimmer und die Polizei gewähren lebensrettende Dienste und Sicherheit in Miami Beach.

TOURISTENINFORMATION

Greater Miami & the Beaches Convention & Visitors Bureau (Karte S.512; ☎305-539-3000; www.miamiandbeaches.com; 701 Brickell Ave, 27. OG; ⌚ Mo–Fr 8.30–18 Uhr) Befindet sich in einem einschüchternd wirkenden Hochhaus.

Miami Beach Chamber of Commerce (Karte S.514; ☎305-674-1300; www.miamibeachchamber.com; 1920 Meridian Ave; ⌚ Mo–Fr 9–17Uhr) Infos über Tourismus und Veranstaltungen in Miami Beach.

❶ An- & Weiterreise

Der **Miami International Airport** (MIA; Karte S.512; ☎305-876-700; www.miami-airport.com; 2100 NW 42nd Ave) liegt ca. 6 Meilen (9,7 km) westlich von Downtown. **SuperShuttle** (☎305-871-8210; www.supershuttle.com) fährt zum Flughafen und von dort aus für ca. 21 US$ nach South Beach.

An den drei **Greyhound-Terminals** von Miami (Karte S.512; ☎800-231-2222; www.greyhound.com) besteht Anschluss zu allen Großstädten Floridas. Die jeweils praktischste Abfahrtsstelle lässt sich über die Website ermitteln.

Amtrak (☎305-835-1222, 800-872-7245; www.amtrak.com; 8303 NW 37th Ave) unterhält in Miami einen großen Bahnhof. Pendlerzüge der **Tri-Rail** (☎800-874-7245; www.tri-rail.com) bedienen Miami (inkl. MIA), Fort Lauderdale (inkl. Flughafen) und West Palm Beach (inkl. Flughafen; hin & zurück 11,55 US$). Unterwegs kann einmal gratis in Miamis übriges Nahverkehrsnetz umgestiegen werden.

❶ Unterwegs vor Ort

Die **Metro-Dade Transit** (☎305-891-3131; www.miamidade.gov/transit/routes.asp; Fahrt 2 US$) betreibt neben den lokalen Metrobus- und Metrorail-Netzen auch den kostenlosen Metromover (fahrerlose Einschienenbahn) im Stadtzentrum.

Fort Lauderdale

Fort Lauderdale war einst als Spring-Break-Partyhochburg bekannt, aber die betrunkenen Teenager, die früher am Strand abhingen, sind inzwischen – genau wie die Stadt selbst – erwachsen geworden und wollen heute lieber als Anzug tragende, wohlhabende Unternehmer auf vornehmen Jachten feiern. Ein Großteil der sonnengebräunten Oberschicht lebt heute inmitten wunderschöner Wasserstraßen und Palmwedeln, aber es dreht sich nicht alles um Geld und Außenbordmotoren. Fort Lauderdale ist ein beliebtes Ziel für Anhänger der LSBTTIQ-Gemeinschaft (lesbische, schwule, bisexuelle, transgender, transsexuelle, intersexuelle und queere Menschen) mit einer florierenden Kunstszene, guten Restaurants und Einwanderern aus ganz Lateinamerika und der Karibik. Und natürlich ist auch der Strand wunderschön.

◉ Sehenswertes & Aktivitäten

Fort Lauderdale Beach & Promenade
STRAND

(P ♿ 🐕) Fort Lauderdales Promenade – ein breiter, von Palmen gesäumter Weg aus Ziegelsteinen, der sich an den Strand und die A1A schmiegt – ist ein wahrer Magnet für Jogger, Inlineskater, Spaziergänger und Radfahrer. Der weiße Sandstrand ist einer der saubersten und besten des Landes; er erstreckt sich über 11,3 km bis nach Lauderdale-by-the-Sea und bietet Abschnitte für Familien, Homosexuelle und Hundebesitzer. Am ganzen Strand entlang befinden sich Parkplätze.

NSU Art Museum Fort Lauderdale
MUSEUM

(http://nsuartmuseum.org; 1 E Las Olas Blvd; Erw./Kind/Student 12 US$/Eintritt frei/8 US$; ⊘ Di–Sa 11–17, Do bis 20, So 12–17 Uhr) Der kurvige Bau ist in Florida eine echte Ausnahme. Fans von William Glackens schätzen ihn für die entsprechende Sammlung, alle anderen Besucher begeistern sich für die fesselnden Ausstellungen.

Riverwalk & Las Olas Riverfront
UFERPROMENADE

(www.goriverwalk.com) Der geschwungene **Riverwalk** (www.goriverwalk.com) erstreckt sich entlang des New River vom Stranahan House bis zum Broward Center for the Performing Arts. An der Uferpromenade finden kulinarische Verköstigungen und andere Veranstaltungen statt, und es gibt jede Menge Sehenswertes, Restaurants und Läden. Die **Las Olas Riverfront** (Ecke SW 1st Ave & Las Olas Blvd) ist eigentlich eine riesige Shoppingmeile im Freien mit Geschäften, Restaurants und abendlicher Live-Unterhaltung. Von hier legen auch die meisten River Cruises ab.

Hugh Taylor Birch State Recreation Area
PARK

(☑ 954-564-4521; www.floridastateparks.org/park/Hugh-Taylor-Birch; 3109 E Sunrise Blvd; 6/2 US$ pro Fahrzeug/Fahrrad; ⊘ 8 Uhr–Sonnenuntergang) In diesem üppig grünen tropischen Park befindet sich einer der letzten bedeutenden maritimen Wälder in Broward County. Hier gibt es Mangroven und eine Reihe von Süßwasserlagunen (toll zum Vögel beobachten) sowie verschiedene vom Aussterben bedrohte Pflanzen und Tierarten (darunter der Goldene Mangrovenfarn und die Georgia-Gopherschildkröte). Der Park eignet sich hervorragend zum Angeln, Picknicken, Spazierengehen entlang dem kurzen Coastal Hammock Trail oder zum Radfahren auf dem 3 km langen Park Drive.

Museum of Discovery & Science
MUSEUM

(☑ 954-467-6637; www.mods.org; 401 SW 2nd St; Erw./Kind 14/12 US$; ⊘ Mo–Sa 10–17, So 12–18 Uhr; ♿) Hier wird man von einer knapp 16 m hohen kinetischen Skulptur begrüßt, und zu den witzigen Ausstellungen gehören „Gizmo City" und „Runways to Rockets" – perfekt für kleine Raketenforscher. Außerdem gibt's eine Ausstellung zu den Everglades und ein IMAX-Kino.

Bonnet House
HISTORISCHES GEBÄUDE

(☑ 954-563-5393; www.bonnethouse.org; 900 N Birch Rd; Erw./Kind 20/16 US$, nur Anlage 10 US$; ⊘ Di–So 9–16 Uhr) Dieses hübsche Anwesen im Plantagenstil war früher die Heimat des Künstler- und Sammlerehepaares Frederic und Evelyn Bartlett. Während man durch die herrlich grünen subtropischen Gärten dieses 14 ha großen Anwesens schlendert, sieht man vielleicht sogar eines der hier wohnhaften Totenkopfäffchen. Das Haus mit seinen Kunstwerken kann nur im Rahmen einer geführten Tour besichtigt werden.

Carrie B
BOOTSTOUREN

(☑ 954-642-1601; www.carriebcruises.com; 4440 N New River Dr E; Erw./Kind 23/13 US$; ⊘ Touren 11, 13 & 15 Uhr, Mai–Okt. Di & Mi geschl.) Mit diesem Nachbau eines Raddampfers aus dem 19. Jh. geht's z. B. an den riesigen Villen entlang des Intracoastal Waterway und des New River vorbei (90 Min.). Der Bordkommentar beleuchtet dabei die *lifestyles of the rich and famous* (Lebensstile der Reichen und Berühmten).

Water Taxi
WASSERTAXI

(☑ 954-467-6677; www.watertaxi.com; Tagespass Erw./Kind 26/12 US$) Eine nette Bootsfahrt bieten die Wassertaxis, deren Fahrer lebhaft diverse Geschichten erzählen, während sie ihre Passagiere auf den Kanälen und Wasserwegen von Fort Lauderdale vom Oakland Park Boulevard zum Riverwalk Arts District befördern. Andere Routen führen an der Küste entlang Richtung Süden nach Hollywood. Auf der Website gibt's Infos zu Tickets und Anlegestellen.

Broward BCycle — FAHRRADVERLEIH
(954-200-5672; https://broward.bcycle.com; 5 US$/30 Min.) Das flache Fort Lauderdale eignet sich hervorragend für Erkundungen mit dem Rad bzw. einem BCycle. Die Bike-Sharing-Stationen des Broward County liegen in der ganzen Stadt verteilt und bieten eine leichte Möglichkeit, die Gegend mit dem Zweirad zu erforschen. Pro Tag zahlt man höchstens 50 US$.

Schlafen

Das größte Angebot an Unterkünften in allen Preiskategorien gibt's zwischen Rio Mar St (Süden), Vistamar St (Norden), Hwy A1A (Osten) und Bayshore Dr (Westen). Unter www.sunny.org/ssl findet man ein Verzeichnis der luxuriösen kleinen Unterkünfte (Superior Small Lodgings).

★ Island Sands Inn — B&B $$
(954-990-6499; www.islandsandsinn.com; 2409 NE 7th Ave, Wilton Manors; Zi. 129–209 US$; P❄🛜🏊) Es ist schwer zu sagen, ob es die ultradicken Strandtücher, das luxuriöse Bettzeug, die durchdachte Detailtreue (Taschentücher, Badeprodukte, Minibar, Mikrowelle) oder die vollkommen anspruchslose Leichtigkeit sind, die das Island Sands Inn so gemütlich machen. Auf jeden Fall geben sich die unaufdringlichen Gastgeber Mike und Jim alle Mühe, um ihren Gästen den Aufenthalt zu versüßen.

Sea Club Resort — MOTEL $$
(954-564-3211; www.seaclubresort.com; 619 Fort Lauderdale Beach Blvd; Zi. ab 150 US$; P❄🛜🏊) Nach umfangreichen Umgestaltungen verfügt dieses schrille Strandmotel, das in jeder Hinsicht aussieht wie ein raffiniert gestaltetes Raumschiff, das am Strand gelandet ist, jetzt über stilvolle Zimmer mit pflaumenfarbenen Akzenten, neuen Teppichen und sogar dicken Pillow-Top-Matratzen. Der Meerblick, die kostenlosen Strandtücher und -stühle sowie der hier lebende Papagei namens Touki machen das Motel einzigartig.

★ Pillars — B&B $$$
(954-467-9639; www.pillarshotel.com; 111 N Birch Rd; Zi. 205–569 US$; P❄🛜🏊) Von der Harfe in der Sitzecke bis zu den Balkonen und den Candle-Light-Dinners für zwei – in diesem winzigen Boutique-B&B stecken Stil und guter Geschmack selbst im Detail. Nur einen Block vom Strand entfernt und mit Blick auf den Sonnenuntergang.

Essen

★ Gran Forno — ITALIENISCH $
(954-467-2244; http://gran-forno.com; 1235 E Las Olas Blvd; Hauptgerichte 6-12 US$; ⊙ 7-18 Uhr) Das beste Plätzchen zum Mittagessen in Downtown Fort Lauderdale: Die herrliche altmodische Bäckerei mit Café im mailändischen Stil serviert knuspriges Gebäck, Blasen werfende Pizzas und dicke, goldbraune Ciabatta-Scheiben belegt mit Schinken, gegrillter Paprika, Pesto und anderen Köstlichkeiten.

11th Street Annex — AMERIKANISCH $
(954-767-8306; www.twouglysisters.com; 14 SW 11th St; Mittagessen 9 US$; ⊙ Mo-Fr 11.30–14, jeden 1. Sa im Monat bis 15 Uhr; 🌱) Dieses nette kleine Cottage liegt ein bisschen ab vom Schuss und tischt auf, was immer den Besitzerinnen – den „zwei hässlichen Schwestern" – gerade so einfällt: Makkaroni mit Käse und Brie, Hühner-Confit oder Schokoladenkuchen mit saurer Sahne. Das meiste Gemüse stammt aus dem hauseigenen Garten, und auf der Speisekarte steht immer mindestens ein vegetarisches Gericht. 1 Meile (1,6 km) südlich vom E Las Olas Blvd, direkt an der S Andrews Ave.

Lester's Diner — DINER $
(954-525-5641; http://lestersdiner.com; 250 W State Rd 84; Hauptgerichte 4–17 US$; ⊙ 24 Std.; 🌱) Das liebevoll als „schmieriger Löffel" bezeichnete Lester's Diner beglückt seine Gäste schon seit den späten 1960er-Jahren. Hier kehrt jeder irgendwann einmal ein – von Geschäftsmännern mit Handy am Ohr über Partygänger und Frauen mit grauen Haaren, die mit ihrem dritten Ehemann anreisen, bis hin zu Reisebuchautoren, die um vier Uhr morgens unbedingt Pancakes brauchen.

★ Green Bar & Kitchen — VEGAN $$
(954-533-7507; www.greenbarkitchen.com; 1075 SE 17th St; Hauptgerichte 8–14 US$; ⊙ Mo–Sa 11–21, So bis 15 Uhr; 🌱) In diesem veganen Kult-Lokal werden die einfallsreichsten Ge-

SCHWULEN- & LESBENSZENE IN FORT LAUDERDALE

Sicher, South Beach in Miami ist ein Mekka für Schwule und Lesben, aber Fort Lauderdale ist seinem Nachbarn im Süden schon seit einiger Zeit dicht auf den Fersen. Näheres zur örtlichen Schwulenszene gibt's unter www.gayftlauderdale.com. Auch das wöchentlich erscheinende Hochglanzmagazin *Hot Spots* (www.hotspotsmagazine.com) und die unglaublich umfangreichen Quellen www.jumponmarkslist.com und www.sunny.org/glbt widmen sich dem schwul-lesbischen Leben in Süd-Florida.

richte mit unterschiedlichen Geschmacksrichtungen serviert. Anstatt die Lasagne mit Pastablättern zu belegen, werden hier Zucchini-Streifen abwechselnd mit Macadamia-Ricotta und getrockneten Tomaten übereinander gestapelt. In den kalt gepressten Smoothies wird Kuhmilch durch Mandelmilch ersetzt, und der köstliche Cashew Cup ist sein Geld allemal wert.

★ **Rustic Inn**   SEAFOOD $$
(☑ 954-584-1637; www.rusticinn.com; 4331 Ravenswood Rd; Hauptgerichte 9,50–30 US$; ⊙ Mo-Sa 11.30–22.45, So 12–21.30 Uhr) In dem chaotischen, lärmigen Meeresfrüchte-Lokal greifen hungrige Einheimische zum Holzhammer, um auf den mit Zeitungspapier belegten Tischen stark knoblauchlastige Blaukrabben, Pazifische Taschenkrebse und Goldene Königskrabben zu knacken.

★ **Casa D'Angelo**   ITALIENISCH $$$
(☑ 954-564-1234; http://casa-d-angelo.com; 1201 N Federal Hwy; Hauptgerichte 25–50 US$; ⊙ 17.30–22.30 Uhr) Der Koch Angelo Elia herrscht hier über eine beeindruckende Küche, die sich auf toskanische und süditalienische Gerichte spezialisiert hat, deren Rezepte zum Großteil von seiner Mutter überliefert wurden. Zutaten der Saison und Qualität führen zu intensiven Geschmackserlebnissen und köstlichen Konsistenzen: sonnengereifte Tomaten, pfeffriger Rucola, zarter Wolfsbarsch und überraschend würziges Zimteis. Das Restaurant verfügt auch über eine der besten Weinkarten des Staates.

🍷 Ausgehen & Unterhaltung

Bars haben am Wochenende in der Regel bis 4 Uhr, werktags bis 2 Uhr geöffnet. Am Wochenende ist das Himmarshee-Viertel der Mittelpunkt des Nachtlebens in der Stadt und ähnelt dann der Hauptstadt aus *Die Tribute von Panem*.

★ **BREW Urban Cafe Next Door**   CAFÉ
(☑ 954-357-3934; 537 NW 1st Ave; ⊙ 7–19 Uhr; 🛜) Trotz seines plumpen Namens ist das Brew das coolste Café in Fort Lauderdale: Es ist in einem seltsamen, halb verlassenen Studio untergebracht, das gefüllt ist mit Bücherregalen. Es sieht ein bisschen aus wie die Bibliothek eines britischen Lords, die sich in einer Lagerhallenparty aus den 1980er-Jahren verloren hat. Der Kaffee ist ebenfalls ausgezeichnet.

★ **Stache**   COCKTAILBAR
(☑ 954-449-1044; http://stacheftl.com; 109 SW 2nd Ave; ⊙ Mi-Fr 7–4, Sa 9–18 & 20–4, So 9–15, Mo & Di 7–18 Uhr) Das Stache ist eine sexy Bar aus den 1920er-Jahren, in der selbst gemixte Cocktails serviert werden und es eine Mischung aus Classic Rock, Funk, Soul und R&B zu hören gibt. Am Wochenende gibt es Livemusik, Tanz und Parodie. Wer hierher kommt, sollte sich cool anziehen. Tagsüber wird Kaffee serviert.

Laser Wolf   BAR
(☑ 954-667-9373; www.laserwolf.com; 901 Progresso Dr, Suite 101; ⊙ Mo-Do 18–2, Fr bis 3, Sa 20–3 Uhr) Das Laser Wolf wirkt nicht unbedingt anspruchsvoll, doch die lange Getränkekarte und die Pop-Art-Inneneinrichtung ziehen die intellektuellen Berühmtheiten von Fort Lauderdale durchaus an. Aber es sind Berühmtheiten, die auch gerne feiern – wenn dieser „Wolf" also doch anspruchsvoll sein sollte, dann weiß er auch, wie er aus sich herausgehen kann.

ℹ️ Praktische Informationen

Infos gibt's im **Visitor Bureau** (☑ 954-765-4466; www.sunny.org; 101 NE 3rd Ave, Suite 100; ⊙ Mo–Fr 8.30–17 Uhr).

ℹ️ Anreise & Unterwegs vor Ort

Der **Fort Lauderdale-Hollywood International Airport** (FLL; ☑ 954-359-1210; www.broward.org/airport; 320 Terminal Dr) wird von über 35 Fluglinien bedient (teilweise gibt's auch Direktflüge von Europa aus). Ein Taxi vom Flughafen nach Downtown kostet ca. 20 US$.

Der **Greyhound-Busbahnhof** (☑ 954-764-6551; www.greyhound.com; 515 NE 3rd St) mit vielen Verbindungen täglich liegt vier Blocks vom Broward Central Terminal entfernt. Züge

der **Amtrak** (☎ 800-872-7245; www.amtrak.
com; 200 SW 21st Tce) halten am **Bahnhof** (200
SW 21st Tce). Die **Tri-Rail** (☎ 954-783-6030;
www.tri-rail.com; 6151 N Andrews Ave) fährt
nach Miami und Palm Beach.

Die Stadtbusse von **Sun Trolley** (www.suntrol
ley.com; einfache Fahrt/Tagespass 1/3 US$)
empfehlen sich für Fahrten zwischen Downtown,
Strand, Las Olas und Riverfront.

Palm Beach & Umgebung

In Palm Beach dreht sich nicht alles nur um
Jachten und prächtige Villen – aber fast. In
dieser Gegend erbaute auch der Eisenbahn-
baron Henry Flagler seinen Winterwohn-
sitz, und sie ist das Zuhause von Donald
Trumps **Mar-a-Lago** (1100 S Ocean Blvd). Mit
anderen Worten: Wer nach Mittelklasse-
tourismus und Florida-Kitsch sucht, sollte
weiterfahren. Nähere Informationen und
Karten für die Gegend gibt's beim **Convention
& Visitor Bureau** (☎ 561-233-3000; www.palm
beachfl.com; 1555 Palm Beach Lakes Blvd; ⊗ Mo-
Fr 8.30–17.30 Uhr) des Palm Beach County in
West Palm Beach.

Palm Beach

Etwa 30 Meilen (ca. 48 km) nördlich von
Boca Raton liegen Palm Beach und West
Palm Beach. Die zwei Städte haben die traditionelle Rollenverteilung der Küstenstädte
auf den Kopf gestellt: Palm Beach, die Stadt
am Strand, ist eher gehoben, während West
Palm Beach auf dem Festland jünger und
lebhafter ist.

Palm Beach ist eine Kommune der Super-
reichen, besonders während der geselligen
Wintersaison. Zu den Hauptattraktionen
für Besucher gehören also das Bewundern
der Strandvillen und der Schaufensterbummel entlang der passend benannten **Worth
Avenue** (www.worth-avenue.com). Um am Leben des der Menschen teilzunehmen, die
hier zu Fuß gehen (etwa 1% von allen), spa-
ziert man am besten den **Palm Beach Lake
Trail** (Royal Palm Way, am Intracoastal Waterway)
entlang. Eines der faszinierendsten Museen
des Landes ist das prächtige **Flagler Museum** (☎ 561-655-2833; www.flaglermuseum.us;
1 Whitehall Way; Erw./Kind 18/10 US$; ⊗ Di-Sa
10–17, So 12–17 Uhr), das in der Whitehall Mansion untergebracht ist – der 1902 erbauten
Winterresidenz des Eisenbahnmagnaten.
Der kunstvolle Palast mit 55 Räumen lässt
einen tief in die historische Opulenz des Gil-
det Age (Vergoldeten Zeitalters) eintauchen.

Flaglers mondänes Küstenhotel **Brea-
kers** (☎ 888-273-2537; www.thebreakers.com; 1 S
County Rd; Zi. 349–590 US$, Suite 650–2050 US$;
🅿 ❄ @ 🛜 🐾 🐕) von 1896 ist der Villa Medici
in Rom nachempfunden und eine superlu-
xuriöse Welt für sich. Zum Gelände gehören
zwei Golfplätze, zehn Tennisplätze, zahlreiche Restaurants und ein mediterraner
Strandclub mit drei Pools.

Für deutlich preiswertere Genüsse empfiehlt sich die Mittagstheke von **Green's
Pharmacy** (☎ 561-832-4443; 151 N County Rd;
Hauptgerichte 4–11 US$; ⊗ Mo-Fr 8–18, Sa bis
16 Uhr), wo kalorienarme Speisen und Egg
Cream (ein Mixgetränk aus Milch, Mineralwasser und Schokoladensirup) auf dem
Tisch landen. Wer es etwas vornehmer, aber
trotzdem noch einigermaßen günstig mag,
muss die moderne amerikanische Küche
des für die James Beard Foundation Awards
nominierten Clay Conley bei **Bûccan** (☎ 561-
833-3450; www.buccanpalmbeach.com; 350 S
County Rd; kleine Teller 4,50–36 US$; ⊗ Mo-Do
16–24, Sa 17–1, So bis 22 Uhr) ausprobieren.

West Palm Beach

Henry Flagler entwickelte West Palm Beach ursprünglich als Arbeitergemeinde zur
Versorgung von Palm Beach. Heute wird in
West Palm tatsächlich härter gearbeitet, dafür geht es aber auch ein bisschen ruppiger,
cooler und entspannter zu. Kurz und gut:
Diese Stadt macht einfach Spaß.

Floridas größtes Museum, das **Norton
Museum of Art** (☎ 561-832-5196; www.norton.
org; 1451 S Olive Ave; Erw./Kind 12/5 US$; ⊗ Di-Sa
10–17, Do bis 21, So 11–17 Uhr), birgt eine umfangreiche Sammlung amerikanischer und
europäischer moderner Meister und Impressionisten sowie einen riesigen Buddha-Kopf,
der über eine beeindruckende Ausstellung
asiatischer Kunst wacht. Wer das mag, wird
den **Ann Norton Sculpture Garden** (☎ 561-
832-5328; www.ansg.org; 253 Barcelona Rd; Erw./
Kind 10/5 US$; ⊗ Mi-So 10–16 Uhr) lieben. Die
feine Skulpturensammlung steht verstreut
in herrlich grünen Gärten und ist ein echtes
Schmuckstück von West Palm.

Wer mit Kindern reist, kann sie auf eine
Lion Country Safari (☎ 561-793-1084; www.
lioncountrysafari.com; 2003 Lion Country Safari Rd;
Erw./Kind 31,50/23 US$; ⊗ 9.30–17.30 Uhr; 🚗)
mitnehmen, die erste käfigfreie Safari des
Landes, bei der man durch ein 200 ha großes Gelände fährt, auf dem sich 900 Tiere
frei bewegen können.

FLORIDA PALM BEACH & UMGEBUNG

Wenn man ein Zimmer bei **Grandview Gardens** (☑ 561-833-9023; www.grandview-gardens.com; 1608 Lake Ave; Zi. 129–215 US$; P✳☎🐾) bucht, wird man sich schon bald wie ein Einheimischer vorkommen. Das Haus von 1925 liegt versteckt in einem tropischen Garten im Howard Park und ist typisch für das historische Viertel. Es befindet sich gegenüber des Armory Art Center, was sich perfekt als Langzeitunterkunft für Kunstliebhaber eignet.

Ein Großteil der Action findet rund um den **CityPlace** (☑ 561-366-1000; www.cityplace.com; 700 S Rosemary Ave; ⊗ Mo–Sa 10–22, So 12–18 Uhr) statt, eine Outdoor-Shoppingmeile im Stil eines europäischen Dorfes mit sprudelnden Springbrunnen und ein paar Restaurants und Unterhaltungsangeboten. In der Clematis St befinden sich ebenfalls ein paar erwähnenswerte Bars, Clubs mit Livemusik und Restaurants, und jeden Donnerstag veranstaltet **Clematis by Night** (wpb.org/clematis-by-night; ⊗ Do 18–21.30 Uhr) nette Open Air-Konzerte im Freien. Wer Hunger hat, der kann sich an **Curbside Gourmet** (☑ 561-371-6565; http://curbsidegourmet.com; 2000 S Dixie Hwy), den ersten mobilen Food Truck von Palm Beach wenden, der sich darauf spezialisiert hat, gute, saisonale Gerichte direkt zu den hier wohnenden Feinschmeckern zu bringen. Der Standort wird unter @curbsidegourmet getwittert (oder man ruft einfach an).

Everglades

Der Süden von Florida wird oft mit Schönheit in Verbindung gebracht, aber die großartigsten Gebiete liegen weit entfernt von Models und Salons und weißen Sandstränden. Die wahre Schönheit der Region liegt in dem langsamen Plätschern von Süßwasser, das durch eine Grasprärie sickert, bevor es sich seinen Weg zu einem Strom bahnt, der voller Alligatoren und Otter ist, und der sich durch Watt und Riedgras in die türkisen Gewässer der Florida Bay erstreckt. Das sind die Everglades – eine Wildnis, die es so nicht noch einmal gibt.

Im Gegensatz zu dem, was man vielleicht gehört hat, sind die Everglades kein Sumpf – oder zumindest nicht *nur*. Am besten lassen sich dieses Gebiet als nasse Prärie bezeichnen: eine Graslandschaft, die zufällig die meiste Zeit des Jahres überflutet ist. Die Everglades sind aber auch kein stehendes Gewässer. Während der Regenzeit kriecht

ein breiter Fluss, der sich über den gesamten Horizont erstreckt, unendlich langsam unter dem rauschenden Sumpfgras durch die höher aufragenden Zypressen und Hartholzgewächse in Richtung Ozean.

Hier erscheint einem alles langsam und zeitlos. Dies ist auch einer der Gründe, warum es wesentlich befriedigender ist, die Everglades zu Fuß, mit dem Fahrrad, dem Kanu oder dem Kajak (und mit einem Zelt) zu erkunden, als mit einem lauten, vibrierenden Propellerboot. In dieser einzigartigen subtropischen Wildnis gibt es eine unglaubliche Vielzahl wundervoller Lebewesen zu entdecken. Über mehrere gut zugängliche Eingänge, für die sich die paar Stunden Umweg wirklich lohnen, ist auch das sanfte Herz der Everglades leicht zu erreichen.

In den Everglades gibt es zwei Jahreszeiten: die Regenzeit im Sommer und die Trockenzeit im Winter. Der Winter dauert von Dezember bis April und ist die beste Zeit für einen Besuch: Das Wetter ist angenehm mild, und es gibt haufenweise wilde Tiere zu sehen. Im Sommer – von Mai bis Oktober – ist es hier unerträglich heiß, feucht und insektenverseucht, und die Nachmittage werden häufig von Gewitterstürmen verhagelt. Sobald sich das Wasser ausbreitet, verschwinden auch die Tiere zusehends.

Everglades National Park

Auch wenn die Geschichte der Everglades bis in prähistorische Zeiten zurückreicht, der Park wurde erst 1947 gegründet. Er gilt als der am stärksten bedrohte Nationalpark der USA, aber seit der Comprehensive Everglades Restoration Plan (www.evergladesplan.org) in Kraft trat, wurden einige der Schäden, die durch Entwässerung und Bebauung angerichtet wurden, bereits wieder behoben.

Der Nationalpark verfügt über drei Hauptzugänge und Bereiche: Man erreicht ihn im Süden entlang der Rte 9336, die durch Homestead und Florida City zum Ernest Coe Visitor Center und schließlich nach Flamingo führt; über den Tamiami Trail/Hwy 41 im Norden nach Shark Valley und entlang der Golfküste in der Nähe von Everglades City.

An den Haupteingängen des Parks stehen Visitor Centers zur Verfügung, in denen Karten und Campinggenehmigungen sowie Informationen der Ranger erhältlich sind.

DIE SANFTERE ART DES WILDNIS-TOURISMUS

Wer Floridas Natur erkunden und seinen Wildtieren begegnen möchte, sollte die folgenden Richtlinien berücksichtigen.

Propellerboote und Sumpfbuggys Zur Erkundung von Feuchtgebieten sind Propellerboote (*airboats*) besser geeignet als Buggys mit ihren großen Reifen, aber den geringsten Schaden richten nach wie vor nichtmotorisierte (und geräuschlose) Kanus und Kajaks an.

Wildlebende Delfine Gerettete, in Gefangenschaft lebende Delfine sind bereits an Menschen gewöhnt. Laut Landesgesetz ist es jedoch illegal, wildlebende Delfine im Meer zu füttern, zu verfolgen oder zu berühren.

Schwimmen mit Seekühen Seekühe stehen bundesweit auf der Liste der geschützten Tierarten, und für alle, die in ihrer Nähe schwimmen, gilt: schauen, aber nicht anfassen. Das Motto lautet „passives Beobachten".

Füttern von Wildtieren Kurz: nein! Wenn Wildtiere sich an den Menschen gewöhnen, führt das zum Tod des Tieres, sei es durch einen Unfall oder aggressives Verhalten.

Niststätten von Meeresschildkröten Es ist per Bundesgesetz verboten, sich nistenden Meeresschildkröten oder geschlüpften Jungtieren auf dem Weg ins Meer zu nähern. Auf Warnschilder an Stränden achten! Wer eine nistende Schildkröte sieht, hält Abstand und fotografiert nicht mit Blitz.

Korallenriff-Etikette Niemals das Korallenriff berühren! So einfach ist das. Korallenpolypen sind lebende Organismen. Durch das Berühren oder Abbrechen einer Koralle entstehen offene Wunden, die zu Infektionen und Krankheiten führen können.

Man muss die Eintrittsgebühr (pro Auto/Fußgänger 10/5 US$; 7 Tage gültig) nur einmal für alle Zugangspunkte bezahlen.

Selbst im Winter ist es beinahe unmöglich, den Moskitos zu entgehen, aber im Sommer sind sie besonders unerbittlich: unbedingt ein *starkes* Insektenschutzmittel einpacken! Auch Alligatoren sind häufig anzutreffen. Und so offensichtlich das auch klingen mag: Man darf die Tiere wirklich niemals füttern! Erstens ist es illegal und zweitens eine zuverlässige Möglichkeit, einen Angriff zu provozieren. Auch vier giftige Schlangenarten sind in den Everglades zu Hause – zur Sicherheit macht man einen großen Bogen um sämtliche Schlangen und trägt lange, dicke Socken und hohe Schnürstiefel.

◉ Aktivitäten

Garl's Coastal Kayaking (S. 534) in Key Largo ist ein ausgezeichneter Anbieter, der Kajak- und Kanutouren durch das Hinterland der Everglades organisiert.

Royal Palm Area WANDERN
(☎ 305-242-7700; Hwy 9336) Für die beiden Wanderwege **Anhinga** und **Gumbo Limbo** benötigt man jeweils etwa eine Stunde. Sie konfrontieren die Wanderer mit einer Reihe von wild lebenden Tieren in den Everglades.

Am Ufer sonnen sich Alligatoren, Amerikanische Schlangenhalsvögel spießen ihre Beute, und Stelzvögel schreiten stolz durch das Schilf. Nachts werden geführte Touren von Rangern angeboten, bei denen man von den Uferwegen aus mit einer Taschenlampe ins Wasser leuchtet, wo einen ein ziemlich cooler Anblick erwartet: die funkelnden Augen von Dutzenden Alligatoren, die durchs Wasser gleiten.

Shark Valley GEFÜHRTE TOUREN
(☎ 305-221-8776; www.nps.gov/ever/planyourvisit/svdirections.htm; 36000 SW 8th St, GPS N 25°45'27.60, W 80°46'01.01; Auto/Radfahrer 10/5 US$; ☺ 9.15–17.15 Uhr; P ♿) ✈ Shark Valley ist einer der besten Orte, um in die Everglades einzutauchen (im übertragenen Sinn jedenfalls). Bei der hervorragenden zweistündigen **Tramtour** (☎ 305-221-8455; www.sharkvalleytramtours.com; Erw./Kind unter 12 J./Senior 22/19/12,75 US$; ☺ Abfahrt Mai–Dez. 9.30, 11, 14, 16 Uhr, Jan.–April 9–16 Uhr immer zur vollen Stunde) entlang eines 24 km langen Asphaltwegs sind im Winter viele Alligatoren zu sehen. Begleitend geben Ranger mit sachkundigen Kommentaren einen faszinierenden Überblick über die Everglades. Fahrräder können für 7,50 US$ pro Stunde am Parkeingang ausgeliehen werden. Ausreichend Wasser mitbringen!

Ernest Coe
Visitor Center
WANDERN, KANUFAHREN

(☑305-242-7700; www.nps.gov/ever; State Rd 9336; 9–17 Uhr, Dez.–April ab 8 Uhr) Die Haupttouristeninformation des südlichen Parkteils zeigt ausgezeichnete Ausstellungen in Museumsqualität und hält jede Menge Infomaterial zu verschiedenen Aktivitäten bereit: Von der Straße aus hat man Zugang zu zahlreichen kurzen Wanderungen und unzähligen erstklassigen Strecken für Kanutouren. Telefonisch kann man nach dem Zeitplan für das Programm fragen, das die Ranger anbieten, darunter auch die zweistündige „Sumpftour".

Flamingo
Visitor Center
WANDERN, KANUFAHREN

(☑239-695-3101; ☉Marina 7–19, Sa & So ab 6 Uhr) Von Royal Palm aus führt der Hwy 9336 über 38 Meilen (61 km) quer durch den Park. Schließlich erreicht er das einsame Flamingo Visitor Center, wo es Routenkarten für Wanderer und Kanuten gibt. Am besten vorher telefonisch nach vorhandenen Einrichtungen erkundigen: Die frühere Flamingo Lodge wurde 2005 von Wirbelstürmen zerstört. Die inzwischen wiedereröffnete **Flamingo Marina** (☑239-695-3101; ☉Mo–Fr 7–17.30, Sa & So 6–17.30 Uhr) bietet Bootstouren durch die Wildnis und Leihkanus bzw. -kajaks für Küstentouren auf eigene Faust an.

Gulf Coast Visitor Center
BOOTFAHRTEN

(☑239-695-2591; http://evergladesnationalpark boattourgulfcoast.com; 815 Oyster Bar Lane, abseits Hwy 29; Kanu/Einzelkanu/Zweierkanu 24/45/55 US$; ☉9–16.30 Uhr;) Wer mehr Zeit hat, sollte darüber nachdenken, die Nordwestecke der Everglades zu besuchen, wo die Mangroven und Wasserstraßen der **10 000 Islands** zu unglaublichen Kanu- und Kajaktouren einladen und man sich einer großartigen Bootstour anschließen kann, auf der man vielleicht sogar Delfine sieht. Das Visitor Center befindet sich neben dem Hafenbereich; hier kann man Ausrüstung leihen (13 US$/Std.) und sich eine der geführten Bootstouren aussuchen (ab 25 US$). In Everglades City gibt's auch private Touranbieter, die Campingtouren zu den 10 000 Islands organisieren.

🛏 Schlafen

Die beiden erschlossenen Campingplätze des Everglades National Park warten jeweils mit Trinkwasser, Toiletten und Grills auf. Am besten sind die reservierungsfreien Stellplätze von **Long Pine Key** (☑305-242-7745; www.nps.gov/ever/planyourvisit/frontcamp; 16 US$/Stellplatz) gleich westlich des Royal Palm Visitor Center. Reservieren muss man die Stellplätze von **Flamingo** (☑877-444-6777; www.nps.gov/ever/planyourvisit/frontcamp; 30 US$/Stellplatz) mit Stromanschlüssen und Kaltwasserduschen. Eine Genehmigung des Visitor Center ermöglicht **Wildes Campen** (☑239-695-2945, 239-695-3311; www.nps.gov/ever/planyourvisit/backcamp; Genehmigung 10 US$, zzgl. 2 US$/Pers. & Nacht) im ganzen Park – z. B. am Strand, auf normalem Boden oder auf sogenannten *chickees* (überdachte Holzplattformen über dem Wasser).

ℹ Anreise & Unterwegs vor Ort

Das größte subtropische Wildnisgebiet der kontinentalen USA ist von Miami aus leicht erreichbar. Zwischen dem Atlantik (Osten) und dem Golf von Mexiko (Westen) bedecken die „Glades" die südlichsten 130 km Floridas. Der Tamiami Trail (US Hwy 41) durchquert sie von Osten nach Westen – parallel zur weiter nördlich gelegenen und weniger interessanten Alligator Alley (I-75).

Um richtig ins Innere der Everglades vordringen zu können, benötigt man unbedingt ein eigenes Auto und gute Wanderstiefel. Sinnvoll ist auch ein eigenes Kanu oder Kajak (inner- und außerhalb des Parks mietbar); eine Alternative sind geführte Paddeltouren. Fahrräder eignen sich gut für die ebenen Fahrbahnen des Everglades National Park (vor allem zwischen Ernest Coe und Flamingo Point), nützen aber abseits des Highways nichts. Zudem sind die Seitenstreifen hier gefährlich schmal.

Rund um die Everglades

Von Miami kommend bietet sich das Städtchen Homestead an der Ostseite des Parks als gutes Basislager an, besonders, wenn man zu den Keys unterwegs ist.

Biscayne National Park

Südlich von Miami (und östlich von Homestead) liegt dieser Nationalpark, der nur zu 5% aus Land besteht. Die 95% Wasser gehören zum **Biscayne National Underwater Park** (☑305-230-1100; www.nps.gov/bisc), einem vielfältigen, lebendigen Ökosystem, das einen Teil des drittgrößten Korallenriffs der Welt sowie Seekühe, Delfine und Meeresschildkröten beherbergt. Im **Dante Fascell Visitor Center** (☑305-230-1144; www.nps.gov/bisc ; 9700 SW 328th St; ☉9–17 Uhr, Mai–Okt. ab 10 Uhr) gibt's allgemeine Informationen zum Park. Der Park bietet außerdem einen Kanu- und Kajakverleih, Schnorchel- und Tauchausflüge und beliebte dreistündige Touren mit einem Glasbodenboot an; alles vorab reservieren!

Homestead & Florida City

Homestead und Florida City wirken zwar recht unscheinbar, bieten aber ein paar echte Everglades-Highlights. Nicht verpassen sollte man z. B. **Robert Is Here** (☎305-246-1592; www.robertishere.com; 19200 SW 344th St, Homestead; Hauptgerichte 3–8 US$; ☺8–19 Uhr). Diese kitschige Institution im Stil des alten Florida wartet mit Livemusik, einem Streichelzoo und ungemein guten Milchshakes auf.

Im Umkreis von Homestead und Florida City säumen zahlreiche Kettenmotels die Krome Ave. Wer gerne in Jugendherbergen schläft, für den empfiehlt sich das **Everglades International Hostel** (☎305-248-1122; www.evergladeshostel.com; 20 SW 2nd Ave, Florida City; Stellplatz 18 US$, B 28 US$, DZ 61–75 US$, Suite 125-225 US$; ☐✻☎☀). Die Zimmer sind preiswert, die Atmosphäre ist freundlich, aber der absolute Hit ist der Garten – ein Naturwunderland! Zudem veranstaltet das Hostel ein paar der besten Everglades-Touren in diesem Gebiet, wie z. B. die „Wet Walks" – richtige Gewaltmärsche durch den Sumpf.

Tamiami Trail

Ab Miami führt der Tamiami Trail/Hwy 41 geradewegs nach Naples am Nordrand des Everglades National Park. Gleich hinter dem Eingang des Shark Valley liegt mit dem **Miccosukee Village** (☎877-242-6464, 305-222-4600; www.miccosukee.com; Mile 70, Hwy 41; Erw./Kind/bis 5 J. 12/6 US$/Eintritt frei; ☺9–17 Uhr; ☐🚹) ein informatives, unterhaltsames Freilichtmuseum, zur Kultur der Miccosukee (Mikasuki).

Rund 20 Meilen (32 km) westlich vom Shark Valley liegt das **Oasis Visitor Center** (☎941-695-1201; www.nps.gov/bicy; 52105 Tamiami Trail E; ☺Mo–Fr 9–16.30 Uhr; 🚹) des 2950 km² großen **Big Cypress National Preserve** (☎239-695-4758; www.nps.gov/bicy; 33000 Tamiami Trail E; ☺8.30–16.30 Uhr; ☐🚹) 🗷. Gute Ausstellungen und kurze Wanderungen erwecken hier die regionale Ökologie zum Leben. Größere Abenteuerlust befriedigt der **Florida National Scenic Trail** (☎850-523-8501; www.fs.usda.gov/fnst), der über 50 km durch Big Cypress führt.

Etwa 800 m östlich des Visitor Center zeigt die **Big Cypress Gallery** (☎239-695-2428; www.clydebutcher.com; Tamiami Trail; Sumpftour 1½ Std. Erw./Kind 50/35 US$, 45 Min. Erw./Kind 35/25 US$; ☺10–17 Uhr; ☐) 🗷 das Werk von Clyde Butcher. Dessen große, schwarz-weiße Landschaftsfotos rücken die ungewöhnliche Schönheit der Region ins Rampenlicht.

Das Nest **Ochopee** hat das kleinste Postamt der USA. Einen weiteren Grund für einen Besuch bietet das exzentrische **Skunk Ape Research Headquarters** (☎239-695-2275; www.skunkape.info; 40904 Tamiami Trail E; 5 US$; ☺7–19 Uhr, „Zoo" bis ca. 16 Uhr; ☐), das nach dem legendären, aber stark riechenden Everglades-Verwandten des Bigfoot sucht – albern, aber ernst gemeint. Hier beginnen auch die **Everglades Adventure Tours** (EAT; ☎800-504-6554; www.evergladesadventuretours. com; geführte Touren ab 89 US$) unter sachkundiger Leitung (u. a. Sumpfwanderungen und Touren mit Kanus oder Ruderbooten).

Gleich östlich von Ochopee stößt man schließlich auf einen typischen „Sumpfschuppen" im Stil der 1950er-Jahre: **Joannie's Blue Crab Cafe** (☎239-695-2682; 39395 Tamiami Trail E; Hauptgerichte 9–17 US$; ☺10.30–17 Uhr, saisonal geschl., telefonisch nachfragen) bewirtet Gäste unter freiliegenden Dachsparren mit Sumpfkost (z. B. frittierte Alligatorfleischbällchen) an ramponierten bunten Picknicktischen.

Everglades City

Dieser kleine Ort am Parkrand ist ein guter Ausgangspunkt, um die Region **10000 Islands** zu erkunden. Mit seinen großen, renovierten Zimmern bietet das **Everglades City Motel** (☎239-695-4224; www. evergladescitymotel.com; 310 Collier Ave; Zi. ab 89 US$; ☐✻☎) ein außergewöhnlich gutes Preis-Leistungs-Verhältnis. Zudem vermittelt das freundliche Personal alle Arten von geführten Touren. Gleiches gilt für das **Ivey House Bed & Breakfast** (☎877-567-0679; www.iveyhouse.com; 107 Camellia St; Gasthaus-Zi. 99–179 US$; ☐✻☎) mit einfachen Lodge-Quartieren und schickeren Zimmern in einem Gästehaus. Vor Ort sind zudem Touren bei **Everglades Adventures** (NACT; ☎877-567-0679; www.evergladesadventures.com; Ivey House Bed & Breakfast, 107 Camellia St; geführte Touren ab 89 US$, Verleih ab 35 US$; ☺Nov.–Mitte April) 🗷 buchbar. Nach Pauschalangeboten mit Übernachtung und Tour fragen!

FLORIDA RUND UM DIE EVERGLADES

Zum Abendessen empfiehlt sich das **Camellia Street Grill** (☑ 239-695-2003; 202 Camellia St; Hauptgerichte 10–20 US$; ⏰ 12–21 Uhr), das Schickste, was Everglades City zu bieten hat. Das Essen aus den Südstaaten und aus der Mittelmeerregion ist allerdings sehr bodenständig.

Florida Keys

Die Inseln der Florida Keys reihen sich wie grüne Perlen an einer Kette im Wasser aneinander und sind ein beliebtes Ziel für Menschen, die der Welt den Rücken kehren und trotzdem dabei Spaß haben möchten. Bevor Henry Flagler 1912 die Keys mit dem Festland verband, war diese über 200 km lange Inselkette ein Paradies für Piraten, Schmuggler, Schiffsräuber und Fischer. Auch heute noch ist die Region für Fischerei bekannt; hinzu kommen Tourismus, Saufgelage, Tauchen, Schnorcheln und das sorgloseste Leben, das es auf der Welt gibt.

Normalerweise werden die Inseln in die Upper Keys (Key Largo bis Islamorada), die Middle Keys und die Lower Keys (ab Little Duck Key) unterteilt. Sie verlaufen jedoch nicht einfach irgendwo im Nichts, sondern feiern ihr großes Finale am Ende des Highways in Key West – dem dramatischen, wunderbar ungezähmten, wilden Höhepunkt der Keys mit einem großen Herz für alles Verrückte.

Viele Adressen auf den Keys werden anhand ihrer Entfernung zu den Meilenmarkierungen (MM) angegeben, die bei MM 126 in Florida City beginnen und bis MM 0 in Key West heruntergezählt werden. Manchmal ist als Zusatz auch *oceanside* (Südseite des Highways) oder *bayside* (Nordseite) angegeben.

Im **Florida Keys & Key West Visitors Bureau** (☑ 800-352-5397; www.fla-keys.com) oder unter www.keysnews.com gibt's nähere Informationen.

Key Largo

Ja, nun ist man wirklich auf einer Insel!

Auch wenn das erst einmal kaum zu glauben ist. Fährt man von Homestead in Richtung Süden, zerfällt die Landschaft förmlich in zahlreiche Mangrovenwälder, und vom Highway aus ist nicht einmal Wasser zu sehen. Das ändert sich aber auf einen Schlag, sobald man Islamorada erreicht. Dann ist plötzlich überall Wasser.

Key Largo wird seit Langem in Filmen und Liedern romantisiert. Deshalb kriegen Erstbesucher eventuell einen Schreck: Hier gibt's keinen Bogart, keine Bacall und auch keine liebeskranke Sade. Zudem ist Key Largo selbst nur eine nicht sonderlich beeindruckende Kleinstadtinsel mit mittelmäßiger Aussicht. Zumindest, wenn man auf dem Highway bleibt und seinen Kopf nicht unter die Wasseroberfläche bringt. An den Nebenstraßen warten ein paar der legendären Inselklischees, und sie führen einen zum schönsten Korallenriff der kontinentalen USA.

Karten und Broschüren gibt's in der **Handelskammer** (Chamber of Commerce; ☑ 800-822-1088; www.keylargochamber.org; MM 106 bayside; ⏰ 9–18 Uhr) gleich hinter der Seashell World in einem gelben Gebäude – nicht zu verwechseln mit dem anderen gelben Visitor Center (Hausnummer 10624), das Reservierungen vornimmt und dafür Provision kassiert.

🏃 Aktivitäten

John Pennekamp Coral Reef State Park
PARK

(☑ 305-451-6300; www.pennekamppark.com; MM 102.6 oceanside; Auto/Motorrad/Radfahrer oder Fußgänger 8/4/2 US$; ⏰ 8 Uhr–Sonnenuntergang, Aquarium bis 17 Uhr; 🚗) 🏊 Im ersten Unterwasserpark der USA befindet sich das drittgrößte Korallenriff der Welt. Zu den vielen Erkundungsoptionen gehören z. B. zweieinhalbstündige Touren mit einem topmodernen, 20 m langen **Glasboden-Katamaran** (☑ 305-451-6300; http://pennekamppark.com/glassbottom-boat; Erw./Kind 24/17 US$; ⏰ 9.15, 12.15 & 15.15 Uhr). Hinein ins Wasser geht's bei **Schnorcheltouren** (☑ 305-451-6300; http://pennekamppark.com/snorkeling-tours; Erw./Kind 30/25 US$; ⏰ 9–16.30 Uhr) oder **2-Flaschen-Tauchgängen** (☑ 305-451-6322; http://pennekamppark.com/scuba-tours; 6-Pers.-Boot 400 US$), die als Halbtags-Varianten zweimal täglich starten (meist ca. 9 & 13 Uhr). Wer auf eigene Faust losziehen will, kann mit einem Leihkanu oder -kajak (Ein-/Zweisitzer 12/17 US$ pro Std.) oder einem Stand-Up-Paddleboard (25 US$/Std.) über ein 4,8 km langes Wasserwegnetz schippern.

Garl's Coastal Kayaking
ÖKOTOUR

(☑ 305-393-3223; www.garlscoastalkayaking.com; geführte Touren halber/ganzer Tag Erw. 125/150 US$, Kind 95/125 US$, Kajak Ein-/Zweisitzer 30/45 US$) 🏊 Garl's ist ein ausgezeichneter Anbieter für Ökotouren, der seine Kunden mit Kajak und Kanu ins Hinterland der Everglades und durch die Mangroveninseln der Florida Bay führt. Hier gibt's auch preiswerte Leihausrüstung.

🛏 Schlafen

Neben Luxusresorts bietet Key Largo auch viele freundlich-fröhliche Motels und Campingplätze.

John Pennekamp
Coral Reef State Park CAMPINGPLATZ $
(☑ 800-326-3521; www.pennekamppark.com; 102601 Overseas Hwy; Zelt- & Wohnmobilstellplatz 38,50 US$; 🅿) Schlafen mit, äh... nahe den Fischen: Die 47 Stellplätze am Rand des Korallenriffs sind sehr beliebt und sollten daher rechtzeitig reserviert werden.

Hilton Key Largo Resort HOTEL $$
(☑ 888-871-3437, 305-852-5553; www.keylargo resort.com; MM 102 bayside; Zi./Suite ab 179/240 US$; 🅿🛜🏊) Dieses Hilton hat jede Menge Charakter. Die Gäste scheinen sich in den sauberen Designerzimmern in Blau-, Grün- und (warum auch nicht?) Blaugrüntönen pudelwohl zu fühlen. Das Anwesen ist riesig und verfügt über einen Swimmingpool, der durch einen künstlichen Wasserfall gespeist wird. Als Kulisse dient ein breiter weißer Sandstrand. Online gibt's die besten Preise.

Largo Lodge HOTEL $$$
(☑ 305-451-0424; www.largolodge.com; MM 102 bayside; Cottage 375 US$; 🅿) Diese sechs reizenden Hütten mit Privatstrand sind umgeben von Palmen, tropischen Blumen und vielen umherflatternden Vögeln. Sie sind mit gepflegten und modernen Möbeln ausgestattet und erinnern durch Raumaufteilung und Farbauswahl an die Zen-Lehre.

🍴 Essen & Ausgehen

Key Largo Conch House FUSION-KÜCHE $$
(☑ 305-453-4844; www.keylargoconchhouse. com; MM 100,2 oceanside; Hauptgerichte mittags 8–16 US$, abends 13–30 US$; ⊙ 8–22 Uhr; 🅿🛜🏾) Endlich echtes Insel-Feeling! Conch-Architektur, Tropenvegetation und Gerichte mit Krebs- oder Muschelfleisch rücken das Festland schnell in weite Ferne.

Mrs. Mac's Kitchen AMERIKANISCH $$
(☑ 305-451-3722; www.mrsmacskitchen.com; MM 99,4 bayside; Gerichte morgens & mittags 8–16 US$, abends 10–36 US$; ⊙ Mo–Sa 7–21.30 Uhr; 🅿🏾) Das reizende Diner am Straßenrand ist mit verrosteten Nummernschildern verkleidet

und serviert Highway-Klassiker wie Burger oder Körbe mit Bratfisch. Nur etwa 0,5 Meilen (800 m) weiter südlich steht eine Filiale auf der anderen Fahrbahnseite.

Islamorada

Bei Islamorada handelt es sich in Wirklichkeit um mehrere Eilande, deren Zentrum das Upper Matecumbe Key ist. Genau hier öffnet sich der Ausblick allmählich und lässt einen in dem Bewusstsein schwelgen, von Wasser umgeben zu sein. Mehrere leicht zugängliche Ministrände erlauben malerische Zwischenstopps. Lokalinformationen liefert die **Handelskammer** (Chamber of Commerce; ☑ 305-664-4503; www.islamoradachamber.com; MM 87 bayside; ⊙ Mo–Fr 9–17, Sa 9–16, So 9–15 Uhr) in einem alten roten Güterzug-Begleitwagen.

◉ Sehenswertes & Aktivitäten

Das Anglerparadies Islamorada wird als „Welthauptstadt des Sportfischens" beworben. Und in der Tat sind die meisten hiesigen Highlights auf oder unter der Meeresoberfläche zu finden.

★ Anne's Beach STRAND
(MM 73,5 oceanside) Einer der besten Strände der Gegend. Der schmale Sandstreifen liegt vor einem riesigen Abschnitt aus Watt und einem grünen Tunnel von Sumpf- und Moorlandschaft. Das nahe Wattenmeer macht besonders den Kindern richtig Spaß, wenn sie darin steckenbleiben.

Florida Keys
History of Diving Museum MUSEUM
(☑ 305-664-9737; www.divingmuseum.org; MM 83; Erw./Kind 12/6 US$; ⊙ 10–17 Uhr; 🅿🏾) Diese skurrile Sammlung von Tauchzubehör aus aller Welt, darunter auch scheinbar selbstmörderische Taucher-„Anzüge" und technische Ausrüstung aus dem 19. Jh., sollte man sich auf gar keinen Fall entgehen lassen.

★ Robbie's Marina JACHTHAFEN
(☑ 305-664-8070; www.robbies.com; MM 77,5 bayside; Kajak- & SUP-Verleih 40–75 US$; ⊙ 9–20 Uhr; 🏾) Der an der Straße gelegene Jachthafen ist eine Attraktion, die alles rund um das Thema Bootfahren zu bieten hat: Angelboote, Jetskis, Partyboote, Öko- und Schnorcheltouren, Leihkajaks usw. Die zwei historisch bedeutsamen Inseln **Indian Key** (☑ 305-664-2540; www.floridastateparks.org/ indiankey; MM 78,5 oceansite; Eintritt 2,50 US$;

8 Uhr–Sonnenuntergang) und **Lignumvitae Key** (305-664-2540; www.floridastateparks.org/lignumvitaekey; Eintritt/geführte Tour 2,50/2 US$; 9–17 Uhr, geführte Touren Fr–So 10 & 14 Uhr) sind für einigermaßen fitte Paddler nur eine kurze Bootsfahrt entfernt – beide kann man über Robbie's anfahren. Zumindest sollte man die gruselig großen Tarpune vom Kai aus gefüttert haben (Futtereimer/Zuschauen 3/1 US$) – und den Touristenshop mit Flohmarkt nach Küstenkitsch durchstöbern.

Schlafen

Conch On Inn
MOTEL $

(305-852-9309; www.conchoninn.com; MM 89,5, 103 Caloosa St; Apt. 59–129 US$;) Das einfache Motel mit seinen sauberen, gemütlichen und soliden Zimmern ist bei den jährlich wiederkehrenden Wintergästen sehr beliebt.

Ragged Edge Resort
RESORT $$

(305-852-5389; www.ragged-edge.com; 243 Treasure Harbor Rd; Apt. 69–259 US$;) Dieser angenehm schlichte Apartment-Komplex liegt weitab des lärmenden Verkehrs und bietet den Gästen zehn ruhige Wohneinheiten sowie freundliche Gastgeber. Die größeren Apartments verfügen über eine abgeschirmte Veranda, und die Atmosphäre ist freundlich und gesellig. Es gibt zwar keinen Strand, aber man kann neben dem Hafenbecken oder im Swimmingpool schwimmen.

Casa Morada
HOTEL $$$

(305-664-0044; www.casamorada.com; 136 Madeira Rd, abseits MM 82,2; Suite 359–659 US$;) Hier trifft ein Schuss Raffinesse à la South Beach auf den relaxten Stil der Keys. Die schicke Bar direkt am Meer ist ein Garant für den Genuss herrlicher Sonnenuntergänge.

Essen

Midway Cafe
CAFÉ $

(305-664-2622; http://midwaycafecoffeebar.com; 80499 Overseas Hwy; Gerichte 2–11 US$; 7–15, So bis 14 Uhr;) In diesem freundlichen Café lassen sich Key-Abenteuer z.B. mit einem guten Kaffee, einem Smoothie oder einer Leckerei aus der Gebäcktheke feiern. Die netten Leute, die dieses Café voller Kunstwerke betreiben, rösten ihre eigenen Bohnen und backen Süßspeisen, die einem das Wasser im Mund zusammenlaufen lassen.

The Beach Cafe at Morada Bay
AMERIKAINSCH $$$

(305-664-0604; www.moradabay-restaurant.com; MM 81,6 bayside; Hauptgerichte 20–39 US$; 11.30–22 Uhr;) Man schnappe sich einen Tisch unter Palmen im weißen Sand und schlürfe einen Rum-Cocktail zu frischen Meeresfrüchten: das ist Karibik-Feeling pur! Jeden Monat steigt hier eine Vollmondparty.

Marathon

Marathon ist die größte Stadt zwischen Key Largo und Key West und liegt etwa auf halber Strecke; sie eignet sich prima als Basislager und ist ein wichtiges Zentrum für die kommerzielle Fischerei. Informationen zur Region gibt's bei der **Touristeninformation** (305-743-5417; www.floridakeysmarathon.com; MM 53,5 bayside; 9–17 Uhr).

Sehenswertes & Aktivitäten

Crane Point Museum
MUSEUM

(305-743-9100; www.cranepoint.net; MM 50,5 bayside; Erw./Kind 12,50/8,50 US$; Mo–Sa 9–17, So ab 12 Uhr;) Das ist eines der schönsten Fleckchen auf der Insel, um einen Zwischenstopp einzulegen und den Rosenduft zu schnuppern. Und um die Palmenhaine zu bewundern – eine Art Palmendschungel, der nur zwischen dem MM 47 und der MM 60 wächst. Hier kommt es einem so vor, als wandere man unter riesigen japanischen Fächern entlang. Dann ist da noch das Adderly House, ein gut erhaltenes Beispiel für eine Hütte im Bahamas-Stil (in der es im Sommer wahnsinnig heiß gewesen sein muss). Und nicht zu vergessen das 25 ha große grüne Paradies, durch das man stapfen kann.

Turtle Hospital
TIERSCHUTZGEBIET

(305-743-2552; www.theturtlehospital.org; 2396 Overseas Hwy; Erw./Kind 18/9 US$; 9–18 Uhr;) Egal, ob die Schildkröte krank ist, von einer Schiffsschraube verletzt wurde, sich in einem Fischernetz verfangen hatte oder einer anderen Gefahr ausgesetzt war – wenn sie Glück hat, landet sie in diesem Tierschutzgebiet. Eigentlich sollten Tiere ja nicht vermenschlicht werden, aber diese Schildkröten sind einfach sooo süß. Es ist zwar traurig, wenn man sie verletzt oder krank sieht, aber wie man sich hier um sie kümmert, ist einfach herzerweichend. Von 9 bis 16 Uhr werden immer zur vollen Stunde informative und lustige geführte Touren angeboten.

Pigeon Key
National Historic District · INSEL
(☎ 305-743-5999; www.pigeonkey.net; MM 47
oceanside; Erw./Kind 12/9 US$, Kind unter 5 Jah-
ren frei; ☉ geführte Touren 10, 12 & 14 Uhr) Beim
Bau des Overseas Hwy in den 1930er-Jah-
ren diente dieses Inselchen auf der Ma-
rathon-Seite der Seven Mile Bridge als
Arbeitercamp. Besucher können die alten
Gebäude besichtigen oder einfach nur am
Strand sonnenbaden und schnorcheln.
Hierher geht's mit einer Fähre (im Eintritt
enthalten) oder per pedes bzw. Fahrrad
über die Old Seven Mile Bridge. Diese ist
für Kraftfahrzeuge gesperrt und fungiert als
„World's Longest Fishing Bridge" (längste
Angelbrücke der Welt).

Sombrero Beach · STRAND
(Sombrero Beach Rd, abseits der MM 50 oceanside; P 🚻) Wunderschöner kleiner Strand
mit weißem Sand, einem Kinderspielplatz,
schattigen Picknickplätzen und großen, sau-
beren sanitären Anlagen.

🍽 Schlafen & Essen

Siesta Motel · MOTEL $
(☎ 305-743-5671; www.siestamotel.net; MM 51
oceanside; Zi. 80–115 US$; P 🛜) Die freundli-
che Häusergruppe in Marathon gehört zu
den günstigsten und saubersten Unterkünften auf den Keys. Auch der Service ist hervorragend.

★ Keys Fisheries · SEAFOOD $$
(☎ 305-743-4353; www.keysfisheries.com; 3502
Louise St Ave; Hauptgerichte 7–22 US$; ☉ 11–21
Uhr; P 🛜) Wer frisches Seafood auf der Terrasse des urigen Hafenlokals vertilgen will,
muss eventuell erst mal die Möwen von seinem Picknicktisch verscheuchen. Das Reu-
ben-Sandwich mit Hummer ist legendär.

Hurricane · AMERIKANISCH $$
(☎ 305-743-2200; www.hurricaneblues.com; 4650
Overseas Hwy; Hauptgerichte 9–19 US$; ☉ 11–24
Uhr; P 🚭) Die beliebte Bar in Marathon kredenzt tolle, kreative Kost à la Süd-Florida
– z.B. Schnapper mit Krebsfleisch-Füllung
oder Muschel-Mini-Burger mit karibischen
Gewürzen.

Lower Keys

Die Lower Keys (MM 44–0) stehen stolz für
alle Facetten der Conch-Kultur.
    Zum 212 ha großen Bahia Honda State
Park (☎ 305-872-3210; www.bahiahondapark.

com; MM 37; Auto/Motorrad/Radfahrer 5/4/2 US$;
☉ 8 Uhr–Sonnenuntergang; 🚭) gehört einer
von Floridas beliebtesten Stränden, der
dank des warmen, flachen Wassers wohl
der beste seiner Art auf den Keys ist. Hinzu
kommen Naturpfade, von Rangern geleitete
Aktivitäten, Wassersportgeräte zum Ausleihen und eines der schönsten Korallenriffe
außerhalb von Key Largo.
    Wenn man von den Sandfliegen mal ab-
sieht, ist Camping im Bahia Honda State
Park (☎ 800-326-3521; www.reserveamerica.
com; MM 37, Bahia Honda Key; Stellplatz/Hütte
38/111,50 US$; P) 🚭 wirklich toll. Die Stell-
plätze werden durch sechs beliebte Uferhüt-
ten ergänzt (jeweils unbedingt rechtzeitig
reservieren!). Für ein Erlebnis ganz anderer Art empfehlen sich die vier fabelhaften,
gemütlichen Zimmer des Deer Run Bed &
Breakfast (☎ 305-872-2015; www.deerrunflorida
bb.com; 1997 Long Beach Key, Big Pine Key, abseits
der MM 33 oceanside; Zi. 275–460 US$; P 🛜 🖂)
🚭. Diese staatlich zertifizierte Öko-Lodge
mit vegetarischer Küche hat äußerst hilfsbereite Eigentümer, die für allerlei schräge
Annehmlichkeiten sorgen.
    Der No Name Pub (☎ 305-872-9115; www.
nonamepub.com; N Watson Blvd, Big Pine Key, abseits der MM 30,5 bayside; Hauptgerichte 7–18 US$;
☉ 11–23 Uhr; P) auf Big Pine Key empfängt
Gäste mit Pizza, Bier und Ambiente – falls
man ihn denn findet. Der abgefahrene
Schlupfwinkel steht direkt vor dem Ver-
bindungsdamm zum No Name Key. Gäste
können einen Eindollarschein an die Wand
pinnen und so die „Tapete" (geschätzter Ge-
samtwert ca. 60 000 US$) der Kneipe ver-
größern.

Key West

Die unkonventionelle, entspannte Atmosphäre von Key West zieht schon lange
Künstler, Aussteiger und Freigeister an. Ein
Teil dieses Unabhängigkeitssinns fußt auf
der geografischen Lage: Key West ist kaum
mit dem Festland verbunden und Kuba näher als dem Rest der USA. Nur eine einzige
Straße führt hierher und sonst nirgendwo
mehr hin. Mit anderen Worten: Hier kann
man prima sein ganz und gar eigenes Ding
drehen, was vom Trinken zur Eröffnung
einer Kunstgalerie und Angeln in völliger
Abgeschiedenheit bis hin zur Piraterie und
Schmuggelei reichen kann. Was es auch ist,
das man hier tut, die Hauptsache ist, man
hat Spaß dabei.

FLORIDA FLORIDA KEYS

⊙ Sehenswertes

Key West ist gut zu Fuß zu erkunden und sehr sehenswert: Hier warten zahlreiche historische Bauten und Stadtviertel (z. B. das farbenfrohe Bahama Village). Natürlich darf auch ein Schnappschuss vom aufdringlich angepriesenen **Southernmost Point Marker** nicht fehlen. Die große Betonboje ist aber nicht wirklich der südlichste Punkt des Landes: Dieser Titel gebührt einer Stelle, die rund 800 m weiter unten am Strand liegt und als Teil eines Marineflieger-Stützpunkts für Touristen gesperrt ist.

★ Mallory Square
PLATZ

(🚶) Der Sonnenuntergang auf dem Mallory Sq am Ende der Duval St ist eine bizarre Attraktion erster Güte: Hier versammeln sich all die verschiedenen Energien, Subkulturen und Eigenarten, die das Leben auf den Keys ausmachen – Hippies, traditionalistische Südstaatler, Ausländer und Touristen - und treten in den Schein einer von Fackeln erhellten, verspielt-durchgeknallten (aber familientauglichen) Straßenparty. Jongleure, Feuerschlucker, tollkühne Akrobaten und Hunde auf dem Hochseil sind mit dabei – und nach Sonnenuntergang wird's erst richtig verrückt.

Duval Street
AREAL

Die Einwohner von Key West empfinden eine Art Hassliebe für die berühmteste Straße ihrer Insel. Die Duval, die Hauptschlagader von Old Town Key West, ist eine Vergnügungsmeile mit zahlreichen Bars, *Kitsch as Kitsch can* und wirklich unerhörtem Benehmen, die trotzdem noch jede Menge Spaß macht. Wenn die Nacht sich dem Ende entgegen neigt, ist der „Duval Crawl" eine der besten Kneipentouren des Landes.

Hemingway House
HAUS

(☎305-294-1136; www.hemingwayhome.com; 907 Whitehead St; Erw./Kind 13/6 US$; ⊙9–17 Uhr) Ernest Hemingway lebte von 1931 bis 1940 in diesem spanischen Kolonialhaus – hier schrieb, trank und angelte er, wenn auch nicht immer in dieser Reihenfolge. Touren beginnen jede halbe Stunde, und während man den ehrenamtlichen Führern lauscht, die Seemannsgarn über Papa spinnen, sieht man dessen Arbeitszimmer, seinen ungewöhnlichen Pool und die Nachkommen seiner sechszehigen Katzen, die in der Sonne, auf den Möbeln und auch überall sonst faulenzen.

Florida Keys
Eco-Discovery Center
MUSEUM

(☎305-809-4750; http://eco-discovery.com/ecokw.html; 35 East Quay Rd; ⊙Di–Sa 9–16 Uhr; P 🚶) ♿ GRATIS Dieses ausgezeichnete Naturzentrum vereint all die Pflanzen, Tiere und Lebensräume, die das einzigartige Ökosystem der Keys bilden, an einem Ort und präsentiert sie auf frische, zugängliche Weise. Ein toller Ort für Kinder und einen Blick aufs große Ganze!

Key West Cemetery
FRIEDHOF

(www.friendsofthekeywestcemetery.com; Ecke Margaret St & Angela St; ⊙8.30–16 Uhr; 🚶) Dieses dunkle, verlockende gotische Labyrinth liegt im Herzen der Stadt. Die Mausoleen werden von berühmten Grabinschriften aufgelockert, beispielsweise: „Ich hab dir doch gesagt, dass ich krank bin."

Key West Butterfly & Nature Conservatory
TIERSCHUTZGEBIET

(☎305-296-2988; www.keywestbutterfly.com; 1316 Duval St; Erw./4–12 Jahre 12/8,50 US$; ⊙9–17 Uhr; 🚶) Auch wenn man sich eher marginal für Schmetterlinge interessiert, wird man garantiert über die schiere Menge an Tieren staunen, die hier herumflattern.

🏃 Aktivitäten

Angesichts der Insellage weit draußen im Meer gehören Aktivitäten im bzw. auf dem Wasser zu den örtlichen Highlights. Das Angebot von Bootsausflügen reicht von Angel- und Schnorcheltrips bis hin zu Tauchausflügen. Letztere führen z. B. zum 160 m langen Frachter **USS Vandenberg**, der vor der Küste versenkt wurde, um das zweitgrößte künstliche Riff der Welt zu schaffen.

Fort Zachary Taylor
STRAND

(☎305-292-6713www.floridastateparks.org/fort taylor; 601 Howard England Way; Auto/Fußgänger 6/2 US$; ⊙8 Uhr–Sonnenuntergang) Die drei Stadtstrände von Key West sind nichts Besonderes; die meisten Leute zieht es daher nach Bahia Honda. Nichtsdestotrotz hat Fort Zachary Taylor den besten Strand der Insel: Hier warten weißer Sand, anständige Bademöglichkeiten und ufernahe Schnorchelspots. Zudem kann man prima picknicken und den Sonnenuntergang bewundern.

Dive Key West
TAUCHEN

(☎305-296-3823; www.divekeywest.com; 3128 N Roosevelt Blvd; Schnorcheln/Tauchen ab 60/75 US$) Wracktaucherbedarf von der Ausrüstung bis hin zum Charterboot.

Jolly Rover
BOOTSFAHRT

(☑ 305-304-2235; www.schoonerjollyrover.com; Ecke Greene St & Elizabeth St, Schooner Wharf; Bootsfahrt Erw./Kind 45/25 US$) Piratenmäßiger Schoner, der tagsüber und zu Sonnenuntergang lossegelt.

👉 Geführte Touren

Touren mit dem **Conch Tour Train** (☑ 888-916-8687; www.conchtourtrain.com; Erw./Senior 30/27 US$, Kind unter 13 Jahren frei; ⊙ 9–16.30 Uhr; 🚃) oder **Old Town Trolley** (☑ 855-623-82898; www.trolleytours.com/key-west; Erw./Senior 30/27 US$, Kind unter 13 Jahren frei; ⊙ 9–16.30 Uhr; 🚃) starten am Mallory Sq. Ersterer karrt einen kommentiert in luftigen, offenen Miniwaggons durch die Gegend (90 Min.). Trolley-Nutzer können dagegen an zwölf Haltestellen beliebig zu- und aussteigen.

Original Ghost Tours
TOUR

(☑ 305-294-9255; www.hauntedtours.com; Erw./Kind 18/10 US$; ⊙ 20 & 21 Uhr) Spukt es in der eigenen Unterkunft? Wahrscheinlich. Und warum sollte man sich vor der verfluchten Puppe Robert im East Martello Tower fürchten? Das wird sich schon bald zeigen.

🎊 Feste & Events

Auf Key West findet jeden Tag bei Sonnenuntergang eine Party statt, aber die Einwohner brauchen ohnehin keine Ausrede, um richtig auszuflippen.

Conch Republic
Independence Celebration
KULTUR

(www.conchrepublic.com; ⊙ Aug.) Eine zehntägige Feier zur Unabhängigkeit der Conch Republic, die jeden April stattfindet. Man wetteifert um eines der (erfundenen) öffentlichen Ämter und schaut sich ein Dragqueen-Rennen an.

Fantasy Fest
KULTUR

(www.fantasyfest.net; ⊙ Ende Okt) Während dieses verrückten, zehntägigen Halloween-trifft-Karneval-Events Ende Oktober schießen die Zimmerpreise in astronomische Höhen.

🛏 Schlafen

Übernachten ist in Key West generell ziemlich teuer – besonders im Winter und ganz besonders während spezieller Events, wenn die Zimmerpreise um das Dreifache steigen können. Wer nicht vorab bucht, endet möglicherweise auch in dem langen Stau zurück aufs Festland.

SCHWULEN- & LESBENSZENE IN KEY WEST

Schwule und lesbische Traveler bekommen viele Informationen im **Gay & Lesbian Community Center** (☑ 305-292-3223; www.glcckeywest.org; 513 Truman Ave). Obwohl die ganze Insel außerordentlich schwulen- und lesbenfreundlich ist, gibt es trotzdem ein paar Bars und Gasthäuser, die sich auf dieses Klientel spezialisiert haben. In einer der folgenden Bars kann man am besten auf seine Ankunft in der Stadt anstoßen:

801 Bourbon Bar (☑ 305-294-4737; www.801bourbon.com; 801 Duval St; ⊙ 9–16 Uhr) Wo Jungs Jungs sein können.

Aqua (☑ 305-294-0555; www.aqua keywest.com; 711 Duval St; ⊙ 15 –2 Uhr) Speziell für Schwule und Lesben.

Caribbean House
PENSION **$**

(☑ 305-296-0999; www.caribbeanhousekw.com; 226 Petronia St; Zi. ab 95 US$; P ✳ @) Die Zimmer im Herzen des Bahama Village sind zwar winzig, aber auch sauber, gemütlich und fröhlich. Zusammen mit Gratisfrühstück und freundlichen Inhabern bilden sie eine Besonderheit auf Key West: ein echtes Schnäppchen.

⭐ Key West Bed & Breakfast
B&B **$$**

(☑ 800-438-6155, 305-296-7274; www.keywest bandb.com; 415 William St; Zi. Winter 89–265 US$, Sommer 89–165 US$; ✳ 🛜) Sonnig, luftig und stark künstlerisch geprägt: Handbemalte Keramiken hier, ein funktionierender Webstuhl da… Und könnte das dort in der Ecke der Masttopp eines Schiffs gewesen sein? Zimmer für jeden Geldbeutel sind ebenfalls vorhanden.

Key Lime Inn
HOTEL **$$**

(☑ 800-549-4430; www.historickeywestinns.com; 725 Truman Ave; Zi. ab 180 US$; P 🛜 ✳) Diese gemütlichen Hütten stehen vor einer Hintergrundkulisse aus tropischen Hartholzbäumen. Die herrlich kühlen Zimmer in Inneren sind grüner als ein Jadebergwerk. Auch die Korbmöbel und die Mini-Flachbildschirme sorgen dafür, dass man gar nicht mehr weg will.

⭐ Tropical Inn
BOUTIQUEHOTEL **$$$**

(☑ 888-651-6510; www.tropicalinn.com; 812 Duval St; Zi./Suite ab 230/375 US$; ✳ 🛜 ≋) Der Service im Tropical Inn ist ausgezeichnet, und die individuellen Zimmer liegen verstreut auf einem historischen Anwesen. Jedes Zimmer ist in hellen Pastelltönen gehalten, die an Mango, Zitrone und Gischt erinnern. Ein köstliches Frühstück ist im Preis inbegriffen und wird in einem dschungelartigen Innenhof mit Pool eingenommen. Die zwei dazugehörigen Hütten bieten Romantik und Privatsphäre für Pärchen.

Mermaid & the Alligator
PENSION $$$

(☎ 305-294-1894; www.kwmermaid.com; 729 Truman Ave; Winter 298–468 US$, Sommer 168–228 US$, Winter 258–328 US$; ❄@♿🐾📶) Weit im Voraus buchen: Wegen der nur neun Zimmer übersteigt der Charme dieses Hauses seine Kapazitäten bei Weitem. Es ist randvoll mit den gesammelten Schätzen, die die Besitzer von ihren Reisen mitgebracht haben, und versprüht ein kosmopolitisches Flair, das zugleich europäisch und Zen ist.

Silver Palms Inn
BOUTIQUEHOTEL $$$

(☎ 305-294-8700; www.silverpalmsinn.com; 830 Truman Ave; Zi. ab 220 US$; ♿❄📶🐾) 🐾 Die Farbtöne königsblau, seegrün, lindgrün und zitronengelb dominieren das Innere dieses Boutiquehotels, das auch einen Fahrradverleih, einen Salzwasser-Pool und eine Auszeichnung des Florida Department of Environmental Protection zu bieten hat. Alles in allem ist das Silver Palms ein modernes, großes Hotel mit etwas Tropenfeeling auf den Keys.

✗ Essen

Theoretisch darf man die Insel erst wieder verlassen, wenn man die „Conch Fritters" (frittierte Muscheln) oder den Key Lime Pie – Key-Limetten, gezuckerte Kondensmilch, Eier und Zucker auf einem knusprigen Keksboden – probiert hat.

Café
VEGETARISCH $

(☎ 305-296 5515; www.thecafekw.com; 509 Southard St; Hauptgerichte 7–17 US$; ⏱11–22 Uhr; 🐾) Das Café ist das einzige Lokal in Key West, das nur vegetarisches Essen serviert (o.k., es hat auch ein Fischgericht). Tagsüber ist es ein nettes, sonniges und bodenständiges Café zum Abhängen, und abends wird es mit flackernden Kerzen und einem klassischen Hauptgericht (gegrillter, rußgeschwärzter Tofu mit Polenta-Kuchen) zu einem sinnlichen und gesunden Restaurant.

Camille's
FUSION $$

(☎ 305-296-4811; www.camilleskeywest.com; 1202 Simonton St; Gerichte morgens & mittags 4–13 US$,

abends Hauptgerichte 17–26 US$; ⏱8–15 & 18–22 Uhr; 🐾) Am besten die Duval St links liegen lassen und unter Einheimjschen im zwanglosen Camille's speisen: Ortsansässige Familien schätzen das Nachbarschaftslokal wegen des leckeren und gesunden Essens. Die einfallsreiche Karte reicht von Armen Rittern mit Godiva-Likör bis zu schmackhaftem Hühnchensalat.

El Siboney
KUBANISCH $$

(☎ 305-296-4184; www.elsiboneyrestaurant. com; 900 Catherine St; Hauptgerichte 8–17 US$; ⏱11–21.30 Uhr) Key West liegt nur 145 km von Kuba entfernt – näher als in diesem unglaublichen, etwas raubeinigen Eckrestaurant kann man echtem kubanischen Essen in den USA im wahrsten Sinne des Wortes nicht kommen. Nur Barzahlung!

Mo's Restaurant
KARIBISCH $$

(☎ 305-296-8955; 1116 White St; Hauptgerichte 6–17 US$; ⏱Mo–Sa 11–22 Uhr) Wem schon bei den Worten „karibische Hausmannskost" das Wasser im Munde zusammenläuft, der sollte keine Zeit mehr verschwenden: Die Gerichte sind hauptsächlich haitianisch und einfach köstlich.

Blue Heaven
AMERIKANISCH $$$

(☎ 305-296-8666; http://blueheavenkw.home stead.com; 729 Thomas St; abends Hauptgerichte 17–35 US$; ⏱8–22.30 Uhr; 🐾) Eines der skurrilsten Restaurants der Insel (und das will schon was heißen!), in dem man in einem Innenhof unter freiem Himmel inmitten einer Hühnerschar speist. Im Blue Heaven warten die amüsierten Gäste gern auf die guten, à la Südstaaten zubereiteten Interpretationen der klassischen Keys-Küche.

Café Solé
FRANZÖSISCH $$$

(☎ 305-294-0230; www.cafesole.com; 1029 Southard St; Abendessen 25–34 US$; ⏱17.30–22 Uhr) Muschel-Carpaccio mit Kapern? Gelbschwanzfisch-Filet und Foie gras? Ja, bitte! Dieses allseits gefeierte Restaurant ist für sein gemütliches Gartenterrassen-Ambiente und seine innovative Küche bekannt, die es seinem in Frankreich ausgebildeten Koch zu verdanken hat. Er experimentiert gekonnt mit den Zutaten, die auf der Insel gedeihen.

🍷 Ausgehen & Unterhaltung

Das Umherziehen – bzw. -schwanken – von einer Bar zur nächsten wird hier Duval Crawl (S. 538) genannt und ist in der Conch Republic ein sehr beliebter Zeitvertreib. Es gibt zahlreiche Optionen, sich einen hinter die Binde zu gießen.

★ Green Parrot BAR

(☑305-294-6133; www.greenparrot.com; 601 Whitehead St; ⊙10–4 Uhr) Diese raubeinige Kantine gibt's schon länger als jede andere Bar auf der Insel (seit 1890). Eine fantastische Kneipe, die eine lebendige Mischung aus Einheimischen und Reisenden anlockt! Die seltsame Einrichtung wurde über 100 Jahre zusammengetragen. Männer sollten hier unbedingt mal auf die Toilette gehen.

Captain Tony's Saloon BAR

(☑305-294-1838; www.capttonyssaloon.com; 428 Greene St; ⊙10–2 Uhr) Tony's Saloon war bereits ein Eishaus, ein Leichenschauhaus sowie eine Stammkneipe von Hemingway und wurde um den alten Galgenbaum der Stadt erbaut. Zur kunterbunten Einrichtung gehören auch abgelegte BHs und signierte Dollarscheine.

Porch BAR

(☑305-517-6358; www.theporchkw.com; 429 Caroline St; ⊙11–4 Uhr) Den Studentenbars an der Duval St weicht man am besten aus, indem man ins Porch geht, wo kompetente Barkeeper handgebrautes Bier ausschenken. Das hört sich zivilisiert an und ist es für Key-West-Verhältnisse auch beinahe.

Virgilio's JAZZ

(www.virgilioskeywest.com; 524 Duval St; 19–3, ⊙ Do–Sa bis 4 Uhr) Gott sei Dank für ein bisschen Abwechslung! Diese Stadt brauchte dringend eine dunkle, von Kerzen erleuchtete Martini-Bar, in der man bei gutem Jazz und Salsa entspannen kann. Eingang in der Appelrouth Lane.

❶ Praktische Informationen

Eine tolle Quelle zur Reiseplanung ist www.fla-keys.com/keywest. In der Stadt hält die **Key West Chamber of Commerce** (☑305-294-2587; www.keywestchamber.org; 510 Greene St; ⊙Mo–Sa 8.30–18.30, So bis 18 Uhr) Karten und Broschüren bereit.

❶ Anreise & Unterwegs vor Ort

Key West und die Keys erreicht man am besten mit dem Auto. Während der Hauptsaison im Winter herrscht aber mitunter ein mörderischer Verkehr auf der wichtigsten Zufahrtsroute (US 1). Ab Downtown Miami geht's mit **Greyhound** (☑305-296-9072; www.greyhound.com; 3535 S Roosevelt Blvd) entlang des US Hwy 1 raus zu den Keys.

Auf dem **Key West International Airport** (EYW; ☑305-296-5439; www.keywestinternationalairport.com; 3491 S Roosevelt Blvd) landen regelmäßig Flüge ab US-Großstädten (meist via Miami). **Key West Express** (☑888-539-2628; www.seakeywestexpress.com; Erw./Kind/Jugendl./Senior hin & zurück 149/40/86/139 US\$, einfache Strecke 89/20/60/89 US\$) erteilt Fahrplan- und Preisinfos zu Schnellkatamaranen ab Fort Myers oder Miami (Rabatt bei Buchung im Voraus).

Fahrräder sind innerhalb von Key West das bevorzugte Verkehrsmittel und entlang der Duval St ausleihbar (10–25 US\$/Tag). **City Transit** (☑305-809-3700; www.kwtransit.com; Ticket 2 US\$) schickt farblich markierte Busse durch die Innenstadt und hinaus zu den Lower Keys.

ATLANTIKKÜSTE

Floridas Atlantikküste steht nicht nur für Beachvolleyball, Surfen und Sonnenbaden. Sie ist ein bemerkenswert gutes Rundum-Erlebnis: Egal, ob man sich für Geschichte, Kunst oder Adrenalinkicks interessiert, hier ist für jeden etwas geboten.

Space Coast

In den 1960er-Jahren diente die Space Coast als Kulisse für die Kult-Fernsehserie *Bezaubernde Jeannie*. Abgesehen davon ist sie im realen Leben vor allem für das Kennedy Space Center und dessen gewaltigen Besucherkomplex bekannt. Der Cocoa Beach lockt Surfer mit Floridas besten Wellen an.

◉ Sehenswertes

★ Merritt Island National Wildlife Refuge NATURSCHUTZGEBIET

(☑321-861-5601; www.fws.gov/merrittisland; abseits der FL-406; Black Point Wildlife Dr 5 US\$/ Fahrzeug; ⊙Sonnenaufgang–Sonnenuntergang) **GRATIS** Dieses 566 km² große unberührte Naturschutzgebiet ist einer der besten Orte des Landes um Vögel zu beobachten, besonders zwischen Oktober und Mai. In den Sümpfen, Mooren und Hartholzhainen hier leben mehr bedrohte Tierarten als auf dem ganzen amerikanischen Festland.

Kennedy Space Center Visitor Complex MUSEUM

(☑321-449-4444; www.kennedyspacecenter.com; Erw./Kind 50/40 US\$, Parken 10 US\$; ⊙9–18 Uhr) Seit dem Ende des Space-Shuttle-Programms der NASA (2011) wird dieses einstmals aktive Raumfahrtzentrum langsam

FLORIDA SPACE COAST

ABSTECHER

TROCKENE SCHILDKRÖTEN

Der **Dry Tortugas National Park** (☎ 305-242-7700; www.nps.gov/drto; Erw./Kind bis 15 Jahre 5 US$/frei) liegt 113 km westlich der Keys mitten im Golf. Der am schlechtesten zugängliche US-Nationalpark ist nur per Boot oder Flieger erreichbar. Wer die Mühe auf sich nimmt, wird jedoch mit großartigen Möglichkeiten zum Schnorcheln, Tauchen, Vogelbeobachten und Sternegucken belohnt.

Nach den hier vorgefundenen Meeresschildkröten nannte Ponce de León das Gebiet „Tortugas" (tor-*tuh*-gas). Das „dry" (trocken) kam später hinzu, um vor dem örtlichen Süßwassermangel zu warnen. Doch dies ist mehr als nur eine hübsche Inselgruppe ohne Trinkwasser: Das niemals fertiggestellte **Fort Jefferson** aus der Bürgerkriegszeit hat einen eindrucksvollen sechseckigen Mittelbau aus rotem Backstein, der auf **Garden Key** aus dem smaragdgrünen Wasser emporragt. Somit heißt's neben genug Mineralwasser auch unbedingt eine Kamera mitbringen.

Hierher kommt man u. a. mit der Schnellfähre **Yankee Freedom** (☎ 800-634-0939; www.drytortugas.com; Historic Seaport; Erw./Kind 170/125 US$), die am Nordende der Grinnell St in Key West ablegt. Der Preis beinhaltet ein Frühstück, ein Mittagspicknick, Schnorchelausrüstung und eine Führung durch das Fort. Alternativ sind Halb- oder Ganztagestouren mit Wasserflugzeugen von **Key West Seaplane** (☎ 305-293-9300; www.keywestseaplanecharters.com/; Halbtagestour Erw./Kind 3–12 Jahre 300/239 US$) möglich. In beiden Fällen ist es ratsam, spätestens eine Woche vorher zu reservieren.

Für alle, die die Einsamkeit richtig genießen wollen, empfehlen sich die insgesamt 13 Campingplätze (3 US$/Pers.) auf Garden Key. Interessenten sollten rechtzeitig bei der Parkverwaltung buchen und dann unbedingt an alles Nötige denken: Nach der Abfahrt des Bootes ist man hier ganz auf sich allein gestellt.

---

vom lebendigen Museum zur historischen Stätte. Den Großteil des Tages widmet man am besten dem **Space Shuttle Atlantis**, den IMAX-Kinos und dem **Rocket Garden**, in dem Nachbauten klassischer Raketen den Komplex überragen.

Hungrige Weltraumfreaks können sich beim **Lunch with an Astronaut;** (☎ 866-737-5235; Erw./Kind 30/16 US$) stärken. Pflicht ist auch der **Shuttle Launch Simulator**, der einen Raumfährenstart realistisch simuliert – inklusive der Spitzengeschwindigkeit von 28 000 km/h. Das Ganze kann man auch zusammen mit einem echten Astronauten erleben. Um das alles und noch vieles mehr unternehmen zu können, sollte man im Voraus buchen.

Canaveral National Seashore PARK
(☎ 386-428-3384; www.nps.gov/cana; Merritt Island; Auto/Fahrrad 5/1 US$; ⊙ 6–18 Uhr) Zu diesen 39 unberührten, windumtosten Küstenkilometern gehört der längste unerschlossene Strandstreifen an Floridas Ostküste.

Aktivitäten

Trotz all der sonnigen Küstenabschnitte ist nicht ganz Florida ein Surferparadies: Rund um Miami gibt's zumeist nur Flachwasser, und der Großteil der Golfküste ist für eine starke Brandung zu geschützt. Allerdings sind die 113 km Strand zwischen New Smyrna und dem Sebastian Inlet eine echte Hochburg des Wellenreitens. Der zehnfache Surfweltmeister Kelly Slater stammt aus Cocoa Beach, das bis heute das hiesige Epizentrum dieses Sports ist. Lokale Szeneinfos und Surfberichte gibt's z. B. bei **Florida Surfing** (www.floridasurfing.com) oder **Surf Guru** (www.surfguru.com).

Ron Jon Surf Shop WASSERSPORT
(☎ 321-799-8888; www.ronjonsurfshop.com; 4151 N Atlantic Ave, Cocoa Beach; ⊙ 24 Std.) Dieses riesige, rund um die Uhr geöffnete Mekka für Wassersportler aller Art verleiht alles von Surfbrettern (20 US$/Tag) bis hin zu Strandfahrrädern mit dicken Reifen (10 US$/Tag).

Ron Jon Surf School SURFEN
(☎ 321-868-1980; www.cocoabeachsurfingschool.com; 160 E Cocoa Beach Causeway, Cocoa Beach; 50–65 US$/Std.; ⊙ 9–17 Uhr) Cocoa Beachs beste Surfschule für alle Altersklassen und Leistungsstufen ist auch die größte des Bundesstaats. Geleitet wird sie von Craig Carroll, Ex-Profisurfer und ehemaliger Trainer von Kelly Slater. Auch Kiteboard-Stunden (Einstiegsangebot 375 US$) und SUP-Touren

auf dem Fluss (ab 65 US$) stehen auf dem Programm.

🛏 Schlafen

Das charmante Cocoa Beach bietet die meisten Unterkünfte, aber auch die meisten Kettenhotels.

Fawlty Towers
MOTEL $

(☎ 321-784-3870; www.fawltytowersresort.com; 100 E Cocoa Beach Causeway, Cocoa Beach; Zi. 99–109 US$; P ❄ 🛜 🌊) Nachdem die Überlegungen, dieses Motel in ein FKK-Resort umzuwandeln, im Sande verlaufen sind, ist es wieder zu seinen grellen und knallrosa Wurzeln zurückgekehrt. Die nüchternen Zimmer haben eine unschlagbare Nähe zum Strand, es gibt einen ruhigen Pool und eine Tiki-Hütte, in die man seine eigenen Getränke mitbringen darf.

⭐ Beach Place Guesthouses
APARTMENT $$$

(☎ 321-783-4045; www.beachplaceguesthouses.com; 1445 S Atlantic Ave, Cocoa Beach; Suite 199–399 US$; P 🛜) Ein himmlisch entspannter Ort mitten in der wilden Partyszene von Cocoa Beach: Dieser erholsame Apartmentkomplex liegt in einer Wohngegend und bietet geräumige Suiten mit Hängematten und wunderschönen, privaten Terrassen – und das alles nur ein paar Schritte von Dünen und Strand entfernt.

🍴 Essen

Simply Delicious
CAFÉ $

(☎ 321-783-2012; 125 N Orlando Ave, Cocoa Beach; Hauptgerichte 7–15 US$; ⊙ Di–Sa 8–15, So bis 14 Uhr) Dieses kleine gelbe Haus an den nach Süden führenden Fahrspuren des A1A ist ein typisch amerikanisches, gemütliches Café, in dem außergewöhnlich leckere Köstlichkeiten wie Mahi-Mahi-Reuben-Sandwiches und Malzwaffeln serviert werden.

⭐ Fat Snook
SEAFOOD $$$

(☎ 321-784-1190; www.thefatsnook.com; 2464 S Atlantic Ave, Cocoa Beach; Hauptgerichte 22–33 US$; ⊙17.30–22 Uhr) Das winzige Fat Snook ist eine wahre Oase der feinen Küche, auch wenn es sich in einem eher uninspirierten Gebäude versteckt – die Einrichtung ist von minimalistischer Coolness. In Sachen Kulinarik herrscht hier schon ein gewisser Snobismus, aber wenn das Essen erst einmal auf dem Tisch steht, kümmert das keinen mehr.

Crush Eleven
MODERN AMERIKANISCH $$$

(☎ 321-634-1100; www.crusheleven.com/; 11 Riverside Drive, Cocoa Village; Hauptgerichte 18–49 US$; ⊙ Mo–Sa 17.30–21, So 11–20.30 Uhr) Dieses neue Lokal im auffallend charmanten Cocoa Village rühmt sich für seine „bäuerlich-städtischen" Gerichte. Und in der Tat stehen auf der Speisekarte Spezialitäten wie Wildschwein, Hase und Schweinebacken; dazu gibt's vorzügliches Craft-Beer und Cocktails.

ℹ Praktische Informationen

Space Coast Office of Tourism (☎ 321-433-4470; www.visitspacecoast.com; 430 Brevard Ave, Cocoa Village; ⊙ Mo–Fr 9–17 Uhr) Neben der Bank of America, einen Block südlich vom Village Playhouse.

ℹ An- & Weiterreise

Von Orlando über den Hwy 528, der später auf den Hwy A1A trifft, nach Osten fahren. **Greyhound** (www.greyhound.com) bietet Direktverbindungen von West Palm Beach nach Titusville. **Vero Beach Shuttle** (☎ 772-834-1060; www.verobeachshuttle.com; Melbourne/Palm Beach/Orlando Airport 95/130/175 US$) unterhält einen Shuttle-Service von den Flughäfen der Gegend. Der Beach Trolley (Route 9) von **Space Coast Area Transit** (www.ridescat.com; Ticket 1,25 US$) fährt die Strände zwischen Cocoa Beach und Port Canaveral rauf und runter.

Daytona Beach

Mit der typischen Übertreibung à la Florida bewirbt sich Daytona Beach selbst als „berühmtester Strand der Welt". Doch dieser Anspruch beruht eher auf der Größe und weniger auf der Qualität der Springbreak-Partys auf dem breiten Sandstreifen. Außerdem wären da noch die SpeedWeeks und die Motorradfestivals, bei denen bis zu 500 000 Biker mit ihren Maschinen in die Stadt donnern. Unumstritten ist jedoch Daytonas Titel als Geburtsort der NASCAR-Rennserie (1947 offiziell gegründet). Deren Wurzeln liegen im Jahr 1938, in dem hier das erste Drag Race auf dem harten Strandsand stattfand.

◎ Sehenswertes & Aktivitäten

⭐ Daytona International Speedway
RENNSTRECKE

(☎ 800-748-7467; www.daytonainternationalspeedway.com; 1801 W International Speedway Blvd; geführte Touren 16–50 US$) Der Heilige Gral unter den Rennstrecken ist beeindruckend und imposant und hat gerade eine 400-Mio. US$ teure Überarbeitung hinter sich. Die Ticketpreise für das vielfältige Rennprogramm steigen bei den großen Rennen rapide an, allen voran beim **Daytona 500** im Februar.

Drei Tram-Touren führen über die Rennstrecke, durch die Boxengasse und den Bereich hinter den Kulissen (wer zuerst kommt, mahlt zuerst). Echte Fans können sich auch noch die **Richard Petty Driving Experience** ([☎] 800-237-3889; www.drivepetty. com) gönnen und entweder als Beifahrer über die Strecke rasen (69–135 US$) oder sich an einem ganzen Tag zum Fahrer schulen lassen (549–2199 US$); das Programm gibt's online.

Cici & Hyatt Brown Museum of Art
MUSEUM

(www.moas.org; 352 S Nova Rd; Erw./Kind 10,95/ 4,95 US$; [⏲] Mo–Sa 10–17, So ab 11 Uhr) Dieses neue beeindruckende Museum gehört zum Komplex des **Museum of Arts & Sciences** (MOAS; [☎] 386-255-0285; www.moas.org; 352 S Nova Rd; Erw./Kind 12,95/6,95 US$; [⏲] Di–Sa 10–17, So ab 11 Uhr) und ist ein absolutes Muss. Vom Design her sieht es aus wie ein typisches Florida-Cracker-Haus und erzählt anhand der weltgrößten Sammlung an Öl- und Wasserfarbengemälden zum Thema „Florida" die Geschichte des Bundesstaates.

★ Ponce de Leon Inlet Lighthouse & Museum
LEUCHTTURM

([☎] 386-761-1821; www.ponceinlet.org; 4931 S Peninsula Dr, Ponce Inlet; Erw./Kind 5/1,50 US$; [⏲] Sept.–Mai 10–18 Uhr, Aug.–Sept. bis 21 Uhr) 203 Stufen führen hinauf auf den höchsten Leuchtturm Floridas.

Daytona Beach
STRAND

(10 US$/Auto; [⏲] Fahren am Strand Mai–Okt. 8–19 Uhr, Nov.–April Sonnenaufgang–Sonnenuntergang) Dieser absolut ebene Sandstreifen diente der Stadt früher als Rennstrecke. Auch heute kann man noch immer auf gewissen Abschnitten fahren, muss sich aber an das strenge Tempolimit von 10 mph (16 km/h) halten.

🛏 Schlafen & Essen

In Daytona gibt es zahlreiche Unterkünfte in allen Preis- und Stilklassen. Während spezieller Events schnellen die Preise in die Höhe, und es kann dann nicht schaden, weit im Voraus zu buchen.

Tropical Manor
RESORT $

([☎] 386-252-4920; www.tropicalmanor.com; 2237 S Atlantic Ave, Daytona Beach Shores; Zi. 88–135 US$; [P][✳][🛜][🏊]) Das Strandresort mit Motelzimmern, Wohnstudios und Hütten steht für das gute alte Florida. Alles ist mit vielen Wandbildern und in hellen Pastelltönen dekoriert.

Dancing Avocado Kitchen
CAFÉ $

([☎] 386-947-2022; www.dancingavocadokitchen. com; 110 S Beach St; Hauptgerichte 7,51–13,15 US$; [⏲] Di–Sa 8–16.05 Uhr; [🍽]) Frische, gesunde und ausgefallene Sandwiches und Wraps prägen die Karte dieses vegetarisch orientierten Cafés. Highlight ist das Dancing Avocado Melt nach Art des Hauses.

Aunt Catfish's on the River
SÜDSTAATENKÜCHE $$

([☎] 386-767-4768; www.auntcatfishontheriver. com; 4009 Halifax Dr, Port Orange; Hauptgerichte 8–27 US$; [⏲] Mo–Sa 11.30–21, So ab 9 Uhr; [P][♿]) Südstaaten-Seafood mit viel Butter und Wels mit Cajun-Gewürzen – dazu gibt's Zimtrollen – machen dieses Lokal ungemein populär.

🍷 Ausgehen

Daytona Taproom
BIERHALLE

(310 Seabreeze Blvd; Burger 4–13 US$; [⏲] So–Di 12–2, Mi–Sa bis 3 Uhr; [🕿]) Ein Lichtblick unter all den auf Biker und Strandfans abziehenden Bars. In diesem „Burger-Laden mit Alkoholproblem" gibt es 50 verschiedene regionale und nationale Biersorten und leckere Säfte, üppige und kreative Burger, selbst gemachte Pommes Frites, Gourmet-Hot Dogs und Waffeln.

ℹ Praktische Informationen

Daytona Beach Area Convention & Visitors Bureau ([☎] 386-255-0415; www.daytonabeach. com; 126 E Orange Ave; [⏲] Mo–Fr 8.30–17 Uhr) Eine nicht besonders hilfreiche Touristeninformation, in der es nur wenig Infomaterial gibt.

ℹ Anreise & Unterwegs vor Ort

Der **Daytona Beach International Airport** ([☎] 386-248-8030; www.flydaytonafirst. com; 700 Catalina Dr) liegt gleich östlich vom Speedway, und der **Greyhound-Busbahnhof** ([☎] 386-255-7076; www.greyhound.com; 138 S Ridgewood Ave) ist Ausgangspunkt für Touren durch ganz Florida. **Votran** ([☎] 386-756-7496; www.votran.org; Erw./Kind unter 7 J. 1,75 US$/ frei) betreibt Busse und Straßenbahnen in der ganzen Stadt.

St. Augustine

Das erste dies, das älteste das… St. Augustine wurde 1565 von den Spaniern gegründet, was bedeutet, dass es randvoll mit altersbezogenen Superlativen ist. Reisende strömen in Scharen hierher, um durch die alten Straßen im National Historic Landmark District zu schlendern – seines Zeichens die älteste dauerhaft bewohnte Siedlung der USA.

Manchmal schreit St. Augustine seinen Besuchern förmlich „Hey, seht mal, wie uralt wir sind!" entgegen, da es wirklich stark an einen historischen Vergnügungspark erinnert. Aber die Gebäude und Denkmäler sind nun einmal echt, und viele von ihnen wurden zu Ehren der 450-Jahr-Feier 2015 noch einmal so richtig aufpoliert. Und die schmalen Gassen mit ihren unzähligen Cafés sind wahrhaft bezaubernd. Wenn man durch die Pflasterstraßen bummelt oder an jener Stelle steht, an der Juan Ponce de León 1513 landete, wird die historische Distanz mit einem Mal ganz klein, und gelegentlich jagen einem diese besonderen Momente sogar einen leichten Schauer über den Rücken.

◉ Sehenswertes & Aktivitäten

Die beiden Henry-Flagler-Gebäude der Stadt sollte man nicht verpassen.

★ Lightner Museum   MUSEUM
(☎904-824-2874; www.lightnermuseum.org; 75 King St; Erw./Kind 10/5 US$; ◉9–17 Uhr) Flaglers ehemaliges Hotel Alcazar ist heute das Zuhause dieses wunderbaren Museums, das von allem ein bisschen zeigt: von aufwendigen Möbeln aus dem Gilded Age (der Blütezeit der Wirtschaft in den USA) bis zu einer Murmelsammlung und einer Ausstellung von Zigarrenschachtel-Etiketten.

★ Hotel Ponce de León   HISTORISCHES GEBÄUDE
(☎904-823-3378; http://legacy.flagler.edu/pages/tours; 74 King St; Führung Erw./Kind 10/1 US$; ◉Führungen Sommer 10–15 Uhr stündl., Schulzeit 10 & 14 Uhr) Das großartige ehemalige Hotel (erbaut in den 1880er-Jahren) ist heute das tollste Studentenwohnheim der Welt und gehört zum Flagler College. Am besten an einer Führung teilnehmen oder zumindest einen Gratis-Blick in die Lobby werfen!

★ Castillo de San Marcos National Monument   FORT
(☎904-829-6506; www.nps.gov/casa; 1 S Castillo Dr; Erw./Kind unter 15 J. 10 US$/Eintritt frei; ◉8.45–17 Uhr; 🅿) Die älteste gemauerte Festung der USA wurde 1695 von den Spaniern vollendet. Parkranger leiten hier stündlich Besucherprogramme und feuern an den meisten Wochenenden die Kanonen ab.

Colonial Quarter   HISTORISCHES GEBÄUDE
(☎904-342-2857; www.colonialquarter.com; 33 St George St; Erw./Kind 13/7 US$; ◉10–17 Uhr) Dieser Nachbau des St. Augustine der spanischen Kolonialzeit zeigt, wie die Menschen im 18. Jh. gelebt haben – u.a. durch Vorführungen von Huf- und Waffenschmieden (immer um 10.30, 12, 13.30 und 15 Uhr). Nach 15 Uhr kostet der Eintritt nur noch die Hälfte.

Pirate & Treasure Museum   MUSEUM
(☎1-877-467-5863; www.thepiratemuseum.com; 12 S Castillo Dr; Erw./Kind 13/7 US$; ◉10–19 Uhr; 🅿) Eine bunte Mischung aus Themenpark und Museum: Hier wird alles verehrt, was auch nur im Entferntesten mit Piraten zu tun hat, und es gibt echte historische Schätze (und echtes Gold), animatronische Piraten und donnernde Kanonen zu sehen bzw. zu hören – und eine Schatzsuche für die Kleinen.

Fountain of Youth   HISTORISCHE STÄTTE
(☎904-829-3168; www.fountainofyouthflorida.com; 11 Magnolia Ave; Erw./Kind 15/9 US$; ◉9–18 Uhr) Der Legende nach soll der spanische Entdecker Juan Ponce de León hier 1513 an Land gegangen sein und den Bach für den legendären Jungbrunnen gehalten haben. Heute ist dieser archäologische Vergnügungspark eine Mischung aus typischer Sehenswürdigkeit am Straßenrand und erzählter Geschichte. Er wurde neu gestaltet und bietet jetzt auch Vorführungen von Kanonenschüssen sowie Nachbauten der ursprünglichen Siedlung und der ersten Mission der USA.

Anastasia State Recreation Area   PARK
(☎904-461-2033; www.floridastateparks.org/anastacia; 1340 Hwy A1A; Auto/Fahrrad 8/2 US$; ◉8 Uhr–Sonnenuntergang) Vor den Touristenscharen flüchten Einheimische in diesen Park mit einem tollen Strand, einem Campingplatz (Stellplatz 28 US$) und einem umfangreichen Wassersportverleih.

👉 Geführte Touren

St. Augustine City Walks   STADTSPAZIERGANG
(☎904-825-0087; www.staugcitywalks.com; 4 Granada St; geführte Touren 15–68 US$; ◉9–20.30 Uhr) Wer die touristischen Trolley-Busse meiden will, sollte sich hier einem der

extrem witzigen Stadtspaziergänge aller Art anschließen.

Schlafen

St. Augustine ist ein beliebtes Wochenendziel; freitags und samstags können die Zimmerpreise um 30–50 % steigen. Günstige Motels und Kettenhotels säumen die San Marco Ave in der Nähe der Kreuzung am US Hwy 1 und konzentrieren sich außerdem in dem Gebiet, in dem I-95 und SR-16 aufeinander treffen. Auf der Website www.staugustine inns.com sind über zwei Dutzend stimmungsvolle B & Bs verzeichnet.

Pirate Haus Inn HOSTEL $
(☎ 904-808-1999; www.piratehaus.com; 32 Treasury St; B 25 US$, Zi. ab 119 US$; P ✳ 🐾 🛜) Wer nicht unbedingt eine superschicke Bleibe braucht, ist bei dem familienfreundlichen, europäisch angehauchten Mix aus Hostel und Pension richtig. In unschlagbarer Lage gibt's hier z. B. ein Piraten-Pfannkuchenfrühstück.

⭐ At Journey's End B & B $$
(☎ 904-829-0076; www.atjourneysend.com; 89 Cedar St; Zi. 166–279 US$; P ✳ 🐾 🛜) Dieses tier-, kinder- und schwulenfreundliche Haus verzichtet angenehmerweise auf die altbackene Einrichtung, die viele B & Bs in St. Augustine „ziert". Es ist mit einer schicken Mischung aus alten und modernen Möbeln ausgestattet und wird von einem freundlichen Team geführt. Neu sind die Dampfduschen für zwei Personen.

Casa de Solana B & B $$
(☎ 904-824-3555; www.casadesolana.com; 21 Aviles St; Zi. 179–249 US$; P 🛜) Gleich neben der Fußgängerzone der Aviles St liegt im ältesten Teil der Stadt dieses unglaublich charmante kleine B & B, das seinem Dekor aus dem frühen 19. Jh. durchweg treu bleibt. Die Zimmer sind ein bisschen klein, aber Preis und Lage machen die Unterkunft zu einem echten Schnäppchen.

Casa Monica HISTORISCHES HOTEL $$$
(☎ 904-827-1888; www.casamonica.com; 95 Cordova St; Zi. 219–489 US$; Suite ab $399; P ✳ 🐾 ⛱) 🐾 Dieses 1888 erbaute Haus ist das Luxushotel der Stadt: Türmchen und Springbrunnen unterstreichen die spanisch-maurische Burgatmosphäre. Die Zimmer sind üppig ausgestattet und bieten gusseiserne Betten mit Kopfenden aus Samt. Das renovierte Restaurant und die großzügige Lounge sind auch nicht zu verachten.

🍴 Essen & Ausgehen

Kookaburra CAFÉ
(☎ 904-209-9391; www.kookaburrashop.com; 24 Cathedral Pl; Kaffee 2,40–4,40 US$; ⏰ Mo-Do 7.30–21, Fr & Sa bis 22, So 8–20 Uhr; 🛜) 🐾 Ethisch bezogenes australisch-amerikanisches Kaffeehaus, in dem echte australische Fleisch-Pasteten und der beste Kaffee der Altstadt serviert werden.

⭐ Floridian MODERN-AMERIKANISCH $$
(☎ 904-829-0655; www.thefloridianstaug.com; 39 Cordova St; Hauptgerichte 11–24 US$; ⏰ Mi-Mo 11–15, Mo-Do 17–21, Fr & Sa bis 22 Uhr) Das klassische Restaurant, in dem frische Zutaten vom Bauernhof verarbeitet werden, strahlt die Ernsthaftigkeit der hippen „Locavore"-Bewegung aus. Allerdings spielt das keine Rolle, da der Laden wirklich großartig ist. In einem extrem coolen Speiseraum werden skurrile Kreationen der modernen amerikanischen Südstaatenküche serviert.

⭐ Collage INTERNATIONAL $$$
(☎ 904-829-0055; www.collagestaug.com; 60 Hypolita St; Hauptgerichte 28–43 US$; ⏰ 17.30–21 Uhr) In diesem stilvollen und gehobenen Restaurant mit ausgezeichneter Küche und Service fühlt man sich Welten vom geschäftig-touristischen Zentrum entfernt. Die Karte wird von Meeresfrüchten geprägt und für ihren subtilen Touch globaler Aromen begeistert gefeiert.

⭐ Ice Plant BAR
(☎ 904-829-6553; www.iceplantbar.com; 110 Riberia St; ⏰ Di-Sa 11.30–14, So-Mo bis 24 Uhr; 🛜) Die heißeste Bar von St. Augustine protzt mit Wänden aus Beton und Ziegelstein, hohen Fenstern und einer klassischen Bar in der Mitte des Raumes, der in einer alten Eisfabrik eingerichtet wurde. Hier gönnen sich die Coolsten der Stadt mit die besten Cocktails Floridas, die von mit Overalls bekleideten Barkeepern gemixt werden. Hier werden die Eiswürfel noch von Hand geschnitten, und die ausgezeichneten Gerichte bestehen aus Zutaten frisch vom Bauernhof (Hauptgerichte 15–29 US$).

Die Bar gehört zur neuen St. Augustine Distillery, die kostenlose Führungen und Verköstigungen anbietet.

Scarlett O'Hara's KNEIPE
(www.scarlettoharas.net; 70 Hypolita St; ⏰ Do-Do 11–24, Fr-Sa bis 2 Uhr; 🛜) Wer einen Schaukelstuhl ergattern kann, hat Glück: Die Veranda des Kiefernholzhauses ist jeden

Tag durchgängig rappelvoll. Der Laden von 1879 serviert Standard-Kneipenessen, wirkt aber auf Gäste so anziehend wie spiritistische Sitzungen auf Geister. Hierfür sorgen eine geschäftige Happy Hour, allabendliche Live-Unterhaltung, eine unkonventionelle Bar und hart arbeitendes Personal.

❶ Praktische Informationen

Visitor Information Center (☏ 904-825-1000; www.FloridasHistoricCoast.com; 10 W Castillo Dr; ☺ 8.30–17.30 Uhr) Neben jeder Menge Infos für Reisende gibt es hier auch historische Ausstellungen.

❶ Anreise & Unterwegs vor Ort

Der **Northeast Florida Regional Airport** (☏ 904-209-0090; www.flynf.com; 4900 US Highway 1) liegt 5 Meilen (8 km) nördlich der Stadt und wickelt seit 2014 auch eine begrenzte Anzahl an kommerziellen Flügen ab.

Der **Greyhound-Busbahnhof** (☏ 904-829-6401; www.greyhound.com; 52 San Marcos Ave) liegt nur ein paar Blocks nördlich vom Visitor's Center.

In der Altstadt ist fast alles zu Fuß erreichbar.

Jacksonville

Sind wir schon da? Sind wir schon raus? Schwer zu sagen: Jacksonville erstreckt sich über sage und schreibe 2176 km², was es flächenmäßig zur größten Stadt der kontinentalen USA macht (einzig geschlagen von Anchorage, Alaska). Der Jacksonville Beach, vor Ort auch als „Jax Beach" bekannt, liegt 17 Meilen (27 km) östlich des Zentrums: Hier findet man weißen Sand und den Großteil des Geschehens vor. Näheres gibt's unter www.visitjacksonville.com.

◉ Sehenswertes & Aktivitäten

Atlantic und Neptune sind die besten Strände der Gegend und liegen 16 Meilen (ca. 26 km) östlich vom Zentrum. Ein absolutes Muss ist auch der **Downtown Artwalk** (www.jacksonvilleartwalk.com), wenn sich jeden ersten Mittwoch im Monat Künstler, Musiker, Imbisswägen und improvisierte Galerien auf über 16 Blocks der Innenstadt verteilen.

★ Cummer Museum of Art & Gardens   MUSEUM
(www.cummer.org; 829 Riverside Ave; Erw./Student 10/6 US$; ☺ Di 10–21, Mi–Sa bis 16, So 12–16 Uhr) Jacksonvilles wichtigste Kulturstätte zeigt eine wirklich ausgezeichnete Sammlung an amerikanischen und europäischen Gemälden, asiatischer dekorativer Kunst und Antiquitäten.

Museum of Contemporary Art Jacksonville   MUSEUM
(☏ 904-366-6911; www.mocajacksonville.org; 333 N Laura St; Erw./Kind 8/2,50 US$; ☺ Di, Mi, Fr & Sa 11–17, Do bis 21, So 12–17 Uhr) Die Ausstellungen in diesem ultramodernen Haus beschränken sich nicht auf die Malerei: Hier kann man sich zwischen zeitgenössischen Skulpturen, Drucken, Fotografien und Filmen verlaufen, bevor man sich im angesagten Café Nola wieder stärkt.

🛏 Schlafen & Essen

Die preiswertesten Zimmer findet man entlang der I-95 und der I-10, wo die günstigeren Kettenhotels liegen. Die Preise für Strandunterkünfte steigen im Sommer meist an. Die meisten der besseren Bars und Restaurants von „Jax" liegen in den stimmungsvollen Vierteln Riverside, 4 Meilen (ca. 6 km) südwestlich der Downtown, und San Marco, 3 Meilen (ca. 5 km) südöstlich.

Riverdale Inn   B&B $$
(☏ 904-354-5080; www.riverdaleinn.com; 1521 Riverside Ave; Zi. 140–190 US$, Suite 220 US$; [P][✳][🛜]) Im frühen 20. Jh. war dies eines der etwa 50 Herrenhäuser an der Riverside. Heute gibt es davon nur noch zwei, aber das hier mit seinen zehn wunderschönen Zimmern hat es geschafft, seine komplette Bar zu erhalten. Es ist das einzige B & B in Duval County, das einen derart lebendigen Beitrag zum Reiseerlebnis beisteuert.

Clark's Fish Camp   SÜDSTAATENKÜCHE $$
(☏ 904-268-3474; www.clarksfishcamp.com; 12903 Hood Landing Rd; Hauptgerichte 10–23 US$; ☺ Mo–Do 16.30–21.30, Fr bis 22, Sa 11.30–22, So 11.30–21.30 Uhr) Dieser unvergessliche Sumpfschuppen wird einen entweder abstoßen, oder man nimmt seine ganze Lächerlichkeit gierig in sich auf. Inmitten der surrealen animalischen Menagerie von „Amerikas größter privater Tierpräparatsammlung" kommt hier die „Cracker"-Küche Südfloridas auf den Tisch (Alligator, Schlange, Kamel, Känguru oder Yak – oft frittiert). In dem südlich von Downtown gelegenen Lokal gibt es aber auch wesentlich bodenständigere Meeresfrüchtegerichte.

★ Orsay   FRANZÖSISCH, SÜDSTAATENKÜCHE $$$
(☏ 904-381-0909; www.restaurantorsay.com; 3630 Park St; Hauptgerichte 18–38 US$; ☺ Mo–Mi

16–22, Do bis 23, Fr bis 24, Sa & So 11.30–15.30 & 16–22 Uhr; 🕿) Dieses minimalistische Bistro in Riverside vermischt traditionelle französische Küche mit der der Südstaaten, was zu einer Speisekarte voller reichhaltiger und kreativer Gerichte führt; die meisten mit Zutaten der Region. Von den köstlichen Makkaroni mit Käse, schwarzem Trüffel und einer unglaublichen Bouillabaisse bekommt man gar nicht genug. Dazu passen hervorragend ein paar einfallsreiche und süffige Cocktails.

🍷 Ausgehen & Unterhaltung

Kickbacks Gastropub
BAR

(www.kickbacksjacksonville.com; 910 King St; Bier 3,45–10 US$; ⊙7–3 Uhr; 🕿) In diesem ausladenden, kupferfarbenen und mit Pennys verzierten Gastropub in Riverside gibt es 204 Craft-Biersorten vom Fass, darunter auch die besten Sorten von Jacksonville. Er ist in eine alte und eine neue Bar unterteilt, wobei die neue Bar eine industrielle Mischung aus riesigen Deckenventilatoren und Glühbirnen aus der Zeit Edisons ist.

Freebird Live
LIVEMUSIK

(☑ 904-246-2473; www.freebirdlive.com; 200 N 1st St, Jacksonville Beach; ⊗ Konzertabende 20–2 Uhr) Der Liverock-Laden am Strand ist auch das Zuhause der Band Lynyrd Skynyrd.

ℹ Anreise & Unterwegs vor Ort

Am **Jacksonville International Airport** (JAX; ☑ 904-741-4902; www.flyjax.com; 2400 Yankee Clipper Dr) nördlich der Stadt bekommt man Leihwagen. **Greyhound** (☑ 904-356-9976; www.greyhound.com; 10 N Pearl St) bedient diverse Großstädte, während Züge der **Amtrak** (☑ 904-766-5110; www.amtrak.com; 3570 Clifford Lane) aus Richtung Norden und Süden eintreffen.

Die **Jacksonville Transportation Authority** (☑ 904-630-3100; www.jtafla.com) betreibt Stadtbusse (Fahrt 1,50 US$) sowie die kostenlose Skyway-Monorail.

Amelia Island & Umgebung

Einheimische werden einem sofort erzählen, dass Amelia Island genauso alt ist wie das angeberische St. Augustine – nur können sie das einfach nicht beweisen. Denn leider gilt: kein Ponce de León, keine Gedenktafel. Somit müssen sich die Einwohner damit begnügen, auf einer hübschen kleinen Insel

mit moosbärtigem Südstaatencharme zu leben. Die 40 Blocks des Krabbenfischerdorfs **Fernandina Beach** bestehen aus historischen Gebäuden und romantischen B&Bs.

◎ Sehenswertes & Aktivitäten

Fort Clinch State Park
PARK

(☑ 904-277-7274; www.floridastateparks.org/fort clinch; 2601 Atlantic Ave; Parkzugang Fußgänger/ Auto 2/6 US$; ⊙Park 8 Uhr–Sonnenuntergang, Fort 9–17 Uhr) Spanisches Moos wuchert in diesem State Park am Nordzipfel der Insel. Zudem warten hier Strände, Campingplätze (26 US$), Radwege und ein imposantes Fort aus der Bürgerkriegszeit. Letzteres ist Schauplatz von nachgestellten Schlachten (jeweils am 1. Sa & So des Monats).

Amelia Island Museum of History
MUSEUM

(www.ameliamuseum.org; 233 S 3rd St; Erw./Student 7/4 US$; ⊙Mo–Sa 10–16, So 13–16 Uhr) Das Museum informiert über die komplexe Geschichte der Insel, die seit der Erstbesetzung durch die Franzosen (1562) von insgesamt acht verschiedenen Nationen beherrscht wurde. Der Eintritt beinhaltet eine Führung um 11 oder 14 Uhr. Hier starten auch Geister- und Kneipentouren.

Talbot Islands State Parks
PARK

(☑ 904-251-2320; ⊙8 Uhr–Sonnenuntergang) Amelia Island gehört zu den Talbot Islands State Parks. Diese bestehen ansonsten aus der unberührten Küstenlinie von Little Talbot Island und dem „Friedhofsstrand" des Big Talbot Island State Park, an dem silbern glänzende Baumskelette einen spektakulären Anblick bieten.

Kelly Seahorse Ranch
REITEN

(☑ 904-491-5166; www.kellyranchinc.net; 7500 1st Coast Hwy; 1-stündiger Ausritt Erw./Kind 70/80 US$; ⊙10, 12, 14 & 16 Uhr, Mo geschl.) Bietet Ausritte am Strand für Reiter ab 13 Jahren an und verleiht auch Strandfahrzeuge.

🛏 Schlafen

★Fairbanks House
B&B $$

(☑ 904-277-0500; www.fairbankshouse.com; 227 S 7th St; Zi./Suite/Cottage ab 185/265/230 US$; 🅿❄🕿🏊) Das prächtige Herrenhaus im italienischen Stil wurde umweltfreundlich renoviert. Hier gibt es jetzt neuerdings Aufladestationen für Elektroautos. Die Zimmer sind so groß, dass sie als Suiten durchgehen würden – ganz besonders schön ist das Zimmer im Erdgeschoss, in dem sich Anfang des 19. Jhs. noch die ursprüngliche Küche befunden hat.

Florida House Inn
HISTORISCHES HOTEL **$$**

(☑ 904-491-3322; www.floridahouseinn.com; 22 S 3rd St; Zi. 140–200 US$) Floridas ältestes Hotel ist in einem charaktervollen Bau aus dem Jahre 1857 untergebracht, auf dessen Anwesen eine riesengroße, 400 Jahre alte Eiche steht.

Hoyt House
B&B **$$$**

(☑ 904-277-4300; www.hoythouse.com; 804 Atlantic Ave; Zi. ab 199–349 US$; P ❄ ⛺ 🛜 ⛱) Das große viktorianische Haus von 1905 hat eine bezaubernde Gartenlaube, die nach Relaxen bei einem kühlen Drink schreit. Die zehn Zimmer sind jeweils individuell mit einem stilvollen Mix aus Antiquitäten und hübschen Fundstücken eingerichtet. Morgens wird ein 3-gängiges Frühstück serviert.

Elizabeth Pointe Lodge
B&B **$$$**

(☑ 904-277-4851; www.elizabethpointelodge. com; 98 S Fletcher Ave; Zi./Suite ab 299/375 US$; P ❄ 🛜) Der Stil dieser Lodge mit 25 Zimmern erinnert an ein altes Kapitänswohnhaus in Nantucket. Die direkt am Meer gelegene Lodge hat umlaufende Veranden, freundlichen Service und wunderschön gestaltete Zimmer.

✕ Essen & Ausgehen

Gilbert's Underground Kitchen
MODERNE SÜDSTAATENKÜCHE **$$**

(☑ 904-310-6374; www.undergroundkitchen.co; 510 S 8th Street; Hauptgerichte 13–23 US$; ⊘ Mo, Mi & Do 18–22, Fr 11–14 & 18–22, Sa & So 10.30–14 & 18–22 Uhr) In der Underground Kitchen von Starkoch Kenny Gilbert gibt es kulinarische Köstlichkeiten in der für Amelia Island typisch heimeligen Atmosphäre. Zu den einfallsreichen Südstaaten-Gerichte gehören gegrillte Alligator-Rippchen, Nudeln mit grünem Kohl-Pesto und Backhähnchen mit scharfer Datil-Chili-Sauce.

29 South
SÜDSTAATENKÜCHE **$$**

(☑ 904-277-7919; www.29southrestaurant.com; 29 S 3rd St; Hauptgerichte 9–28 US$; ⊘ Mi–Sa 11.30–14.30 & 17.30–21.30, So 10–14.30 & 17.30–21.30, Mo & Di 17.30–21.30 Uhr) In dem winzigen, stilvollen Gourmetbistro mit moderner Südstaatenküche werden kleine und große Gerichte serviert.

Café Karibo & Karibrew
FUSION-KÜCHE **$$**

(☑ 904-277-5269; www.cafekaribo.com; 27 N 3rd St; Hauptgerichte 8–22 US$; ⊘ Mo 11–15, Di–Sa bis 22, So bis 20 Uhr; ☎) Das weitläufige, zweistöckige, flippige Restaurant mit eigener Brauerei in einer Seitenstraße bietet eine umfangreiche und vielseitige Speisekarte. Am Wochenende gibt's Livemusik.

★ Palace Saloon
BAR

(www.thepalacesaloon.com; 113-117 Centre St; ⊘ 20–2 Uhr) Noch ein Superlativ für Fernandina: Floridas älteste Bar mit Schwingtüren, Samtvorhängen und dem tödlichen Pirate's Punch.

ℹ Praktische Informationen

Historic Downtown Visitor Center (☑ 904-277-0717; www.ameliaisland.com; 102 Centre St; ⊘ 10–16 Uhr) Im alten Bahndepot gibt es Unmengen an nützlichen Informationen und Karten. Schon für sich alleine ein Ort, an dem man gern vorbeischaut.

WESTKÜSTE

Mit seiner Eisenbahn legte Henry Flagler den Grundstein für das heutige Gesicht von Floridas Ostküste. Den übrigen Bundesstaat ignorierte er, was sich auf die Westküste auswirkte: Dank weniger Massentourismus geht's hier ruhiger zu, und Muschelstrände, Sumpf- und Schutzgebiete bieten mehr Raum für den Naturgenuss. Die Westküste punktet u.a. mit dem besten Blick auf die feuerroten Sonnenuntergänge über dem Golf von Mexiko. Hinzu kommen hier haarsträubende Achterbahnen, handgerollte Zigarren und Meerjungfrauen als Synchronsprecherinnen.

Tampa

Von außen betrachtet wirkt Floridas drittgrößte Stadt furchtbar businessmäßig, fast so, als sei dies ihre wahre Natur. Aber Tampa überrascht: Seinem Flussufer wurde neues Leben eingehaucht, und heute ist es ein strahlend grüner Streifen, der mit interessanten kulturellen Einrichtungen überzogen ist, und der historische Stadtteil Ybor City hält tagsüber die kubanische Zigarrenindustrie der Stadt aufrecht, während er sich spätabends in die Nachtszene mit den heißesten Bars und Nachtclubs an der gesamten Golfküste verwandelt. Süd-Tampa unterdessen wartet mit einer modernen Restaurantszene auf, die es sogar schafft, Gourmets aus Orlando und Miami hierher zu locken.

⦿ Sehenswertes

⦿ Downtown Tampa

Die meisten Attraktionen von Downtown Tampa liegen rund um seine neu gestaltete, 3,8 km lange Grünfläche, den **Riverwalk** (www.thetampariverwalk.com).

Tampa Museum of Art
MUSEUM

(☑ 813-274-8130; www.tampamuseum.org; 120 W Gasparilla Plaza; Erw./Student 15/5 US$; ⊙ Mo–Do 11–19, Fr bis 20, Sa & So bis 17 Uhr) Ein modernes Museum mit dramatischen freischwebenden Treppen und ebenerdigen Galerien, in denen griechische und römische Antiquitäten, zeitgenössische Fotografie und neue Medien in wechselnden Ausstellungen gezeigt werden.

Henry B. Plant Museum
MUSEUM

(☑ 813-254-1891; www.plantmuseum.com; 401 W Kennedy Blvd; Erw./Kind 10/5 US$; ⊙ Di–Sa 10–17, So ab 12 Uhr) Die silbernen Türme von Henry B. Plants Tampa Bay Hotel aus dem Jahr 1891 glänzen noch immer so majestätisch wie in alten Zeiten. Heute ist das Gebäude zwar Teil der University of Tampa, aber bei der Audio-Tour wird die luxuriös vergoldete, spätviktorianische Welt des Hotels originalgetreu nachempfunden.

Tampa Bay History Center
MUSEUM

(☑ 813-228-0097; www.tampabayhistorycenter.org; 801 Old Water St; Erw./Kind 13/8 US$; ⊙ 10–17 Uhr) Dieses erstklassige Geschichtsmuseum erläutert die Geschichte der Seminolen-Völker und der „Cracker"-Pioniere (die ersten weißen Siedler) der Region sowie die der kubanischen Gemeinde und Zigarrenindustrie Tampas. Die kartografische Sammlung ist überwältigend.

Glazer Children's Museum
MUSEUM

(☑ 813-443-3861; www.glazermuseum.org; 110 W Gasparilla Plaza; Erw./Kind 15/9,50 US$; ⊙ Mo–Fr 10–17, Sa bis 18, So 13–18 Uhr; 🖅) Man findet nirgends bessere kreative Kinderspielplätze als in diesem einfallsreichen Museum, das aussieht, als sei es in einen Farbkasten gefallen. Das Personal ist sehr hilfsbereit, und amn hat jede Menge Spaß; der Curtis Hixon Park nebenan eignet sich hervorragend für ein Picknick und hat auch einen Spielplatz.

⦿ Ybor City

Das facettenreiche, jugendliche Ybor (ausgesprochen „ih-bohr") City versprüht einen verwegenen heruntergekommenen Charme. Sein historischer Bezirk aus dem 19. Jh. wirkt wie das uneheliche Kind von Key West und Little Havana (Miami) – er ist ein wild-romantischer Mix aus Kopfsteinpflaster, schmiedeeisernen Balkongeländern, kugelförmigen Straßenlaternen, Einwanderergeschichte, ethnischer Küche, Zigarren und einem richtig hippen, energetischen Nachtleben.

Die Hauptmeile entlang der 7th Ave (La Septima zw. 14th & 21st St) wird von vielen Restaurants, Bars, Läden und Zigarrengeschäften gesäumt.

Ybor City Museum State Park
MUSEUM

(☑ 813-247-6323; www.ybormuseum.org; 1818 E 9th Ave; Erw./Kind 4 US$/frei; ⊙ 9–17 Uhr) Die **Führungen** (☑ 813-428-0854; Online-/Audio-Führung 10/20 US$) durch diese Anlage werden von einem Zigarrenmachers mit Doktortitel geleitet. Das altmodische Geschichtsmuseum, das die vergangenen Zeiten mittels wunderbarer Fotos, eines coolen Ladens und der Wohnhäuser von Zigarrendrehern vor dem Vergessen bewahrt, ist durchaus einen Besuch wert.

⦿ Busch Gardens & Adventure Island

Tampas großer Vergnügungspark namens **Busch Gardens** (☑ 888-800-5447; http://seaworldparks.com/en/buschgardens-tampa; 10165 McKinley Dr; Eintritt 3 Jahre und älter 95 US$, Rabatte online; ⊙ 10–19 Uhr, wechselnde Öffnungszeiten) taucht weit weniger in sein Thema ein wie die Parks in Disney World oder Universal in Orlando. Nichtsdestotrotz ist er genau das Richtige für Adrenalinjunkies, denn hier gibt es großartige Achterbahnen und Wasserrutschen, die sich durch einen afrikanisch gestalteten Tierpark schlängeln.

Das angrenzende **Adventure Island** (☑ 888-800-5447; www.adventureisland.com; 10001 McKinley Dr; Eintritt 3 Jahre und älter 49 US$; ⊙ 10–17 Uhr) ist ein riesiger Wasserpark mit zahllosen Rutschen und Rides. Online gibt es Rabatte und Kombi-Tickets.

🛏 Schlafen

In der Fowler Ave und am Busch Blvd (Hwy 580) in der Nähe von Busch Gardens reiht sich ein Kettenhotel ans andere.

Gram's Place Hostel
HOSTEL $

(☑ 813-221-0596; www.grams-inn-tampa.com; 3109 N Ola Ave; B 23–26 US$, Zi. 50–60 US$;

STRÄNDE RUND UM DIE TAMPA BAY

Die Düneninseln der Tampa Bay sind mit einigen der besten Strände Floridas gesegnet, ganz egal, ob man „beste" als „wunderschön und unendlich einsam" oder als „Familienspaß und dröhnende Strandpartys" definiert. Nähere Informationen gibt's unter www.tampabaybeaches.com und www.visitstpeteclearwater.com. Hier ein paar der Highlights von Nord nach Süd:

Honeymoon und Caladesi Island Zwei der schönsten Strände Floridas; die unberührte, selten besuchte Caladesi Island ist nur mit einer Fähre erreichbar.

Clearwater Beach In der Idylle des weißen Sandstrands finden wilde Spring-Break-Partys statt; riesige Resorts erfüllen sämtliche Wünsche der Besuchermassen.

St. Pete Beach Dieser breite Strand ist das Epizentrum für Aktive jeden Alters; jede Menge Hotels, Bars und Restaurants.

Pass-a-Grille Beach Bei Tagesausflüglern aus der Stadt am beliebtesten; extrem lang und mit zahlreichen Unterkünften (keine Resorts); in dem Bilderbuchdörfchen kann man essen gehen.

Fort Desoto Park and North Beach Der North Beach ist einer der schönsten weißen Sandstrände Floridas; ideal für Familien. Weitläufiger Park mit Fahrrad- und Kajakverleih, Angelpier und Café.

❄@🛜) Das Gram's ist ein winziges, einladendes Hostel für internationale Traveller, die Persönlichkeit und Charme perfekten Betten jederzeit den Vorzug geben. Das Hostel ist auf zwei Gebäude aufgeteilt, die wie ein Irrgarten wirken, und wer darin übernachtet, kommt sich vor wie auf einem charismatischen Schrottplatz für Musik. Die Privatzimmer haben ein ausgezeichnetes Preis-Leistungs-Verhältnis.

★ **Epicurean Hotel** BOUTIQUEHOTEL $$
(www.epicureanhotel.com; 1207 S Howard Ave; Zi. 159–309 US$; P❄@🛜≋) Genießer können aufatmen! Tampas coolstes Hotel wurde im Jahr 2014 eröffnet und ist ein Paradies für all diejenigen geworden, die gerne essen und trinken. Mit viel Liebe fürs Detail wurde hier großer Wert auf das Design gelegt: nach oben wachsender Salat in Hydrokultur und Kräuterwände, eine Zinkbar, wiederverwertetes Holz von einem Bahnhof aus den 1820er-Jahren, überdimensionale Schnurrhaare als Türgriffe in der Küche, usw.

Tahitian Inn HOTEL $$
(📞813-877-6721; www.tahitianinn.com; 601 S Dale Mabry Hwy; Zi. 89–109 US$, Suite 119–139 US$; P❄@🛜≋) Der Name erinnert an ein tikimäßiges Motel. Das familiengeführte Hotel mit Rundumservice vermietet jedoch fesche Boutiquezimmer zu Mittelklassepreisen. Hinzu kommen ein netter Swimmingpool und Flughafen-Shuttles.

🍴 Essen

Zur Essenszeit sollte man sich in Ybor City aufhalten, in Süd-Tampas SoHo (South Howard Ave) oder in Seminole Heights.

Wright's Gourmet House SANDWICHES $

(www.wrightsgourmet.com; 1200 S Dale Mabry Hwy; Sandwiches & Salate 6,75–11 US$; ⊙ Mo-Fr 7-18, Sa 8-16 Uhr) Weder außen noch innen sieht der Laden irgendwie besonders aus. Allerdings serviert er seit 1963 Sandwiches, die aufgrund einzigartiger Kombinationen und üppiger Portionen eine Vielzahl von Fans haben.

Refinery MODERN AMERIKANISCH $$
(📞813-237-2000; www.thetamparefinery.com; 5137 N Florida Ave; Hauptgerichte 9–25 US$; ⊙ Mo-Do 11-14, Fr 11-14 & 17-23, Sa 11-14.30 & 17-23, So 11-14.30 Uhr; 🍴) 🌱 In dem Gourmetrestaurant mit Arbeiterklassenambiente wird für die leckeren Gerichte aus einheimischen Zutaten sehr nachhaltig gearbeitet. Eine gewisse Punk-Attitüde kann trotzdem nicht verleugnet werden. Die Besitzer Michelle und Greg Baker gehören zu den wenigen Restaurantbetreibern Floridas, die auch außerhalb der Region bekannt sind – das liegt natürlich nicht zuletzt an den drei Nominierungen für die James Beard Foundation Awards, mit denen sich Greg rühmen kann.

Ulele AMERIKANISCH $$
(📞813-999-4952; www.ulele.com; 1810 North Highland Ave; Hauptgerichte 10–36 US$; ⊙ So-Do

11–22, Fr–Sa bis 23 Uhr; 🐾) Diese ehemalige Wasserpump-Station wurde in ein künstlerisch-industrielles Restaurant mit Brauerei umgewandelt, dessen Speisekarte Rezepte der Ureinwohner Floridas wieder zum Leben erweckt und sie der heutigen Zeit anpasst. Das bedeutet jede Menge Datil Chilis, Beilagen wie Alligatorbohnen und Okra-Pommes (hervorragend!), Hauptgerichte mit hiesigen Makrelen und Desserts wie Guaven-Pie.

⭐ **Columbia Restaurant** SPANISCH $$$
(📞 813-248-4961; www.columbiarestaurant.com; 2117 E 7th Ave; Hauptgerichte mittags 11–26 US$, abends 20–31 US$; ⏲ Mo–Do 11–22, Fr & Sa bis 23, So 12–21 Uhr) Das spanisch-kubanische Restaurant ist das älteste in Florida – es stammt aus dem Jahr 1905. Es erstreckt sich über einen ganzen Block und besteht aus 13 eleganten Speisesälen und romantischen Innenhöfen mit Springbrunnen. Viele der Kellner mit den weißen Handschuhen sind schon ihr Leben lang hier.

⭐ **Bern's Steak House** STEAK $$$
(📞 813-251-2421; www.bernssteakhouse.com; 1208 S Howard Ave; Steaks für 1–2 Pers. 32–105 US$; ⏲ So–Do 17–22, Fr & Sa bis 23 Uhr) Dieses legendäre, landesweit bekannte Steakhaus ist nicht einfach nur ein Restaurant, sondern ein Event für sich. Daheim macht man sich schick, vor Ort hat man dann die Qual der Wahl zwischen den unglaublich vielen Steaks, die im eigenen Hause trocken abgehangen wurden (Dry Aged Beef). Man sollte auch nicht vergessen, um eine Tour durch die Weinkeller und Küchen zu bitten, und auf *gar keinen Fall* das Dessert auslassen!

🍷 **Ausgehen & Unterhaltung**

Was das Nachtleben angeht, ist Ybor City die Partyhochburg schlechthin, aber auch SoHo und Seminole Heights sind absolut hip und angesagt. Tampa Bays alternative Wochenzeitung *Creative Loafing* (www.cltampa.com) listet alle Events und Bars auf. Ybor City ist darüber hinaus das Zentrum des homo-, bi- und transsexuellen Lebens in Tampa; Infos gibt's bei **GaYBOR District Coalition** (www.gaybor.com) und **Tampa Bay Gay** (www.tampabaygay.com).

Cigar City Brewing BRAUEREI
(📞 813-348-6363; www.cigarcitybrewing.com; 3924 West Spruce St; ⏲ So–Do 11–23, Fr & Sa bis 1 Uhr) In Tampas bekanntester Craft-Brauerei gibt es Dutzende Craft-Biere vom Fass, von denen viele ausschließlich in dieser Brauerei gebraut werden. Geführte Touren kosten 5 US$ (ein Bier ist inklusive).

ℹ️ **Praktische Informationen**

Tampa Bay Convention & Visitors Bureau (📞 813-223-1111; www.visittampabay.com; 615 Channelside Dr; ⏲ Mo–Sa 10–17.30, So 11–17 Uhr) In der Touristeninformation gibt es gute, kostenlose Karten und jede Menge Informationen. Über die Website kann man direkt Hotels buchen.

Ybor City Visitor Center (📞 813-241-8838; www.ybor.org; 1600 E 8th Ave; ⏲ Mo–Sa 10–17, So ab 12 Uhr) Hier bekommt man einen guten Überblick und Stadtpläne. Die Touristeninformation ist gleichzeitig auch ein großartiges, kleines Museum.

ℹ️ **Anreise & Unterwegs vor Ort**

Am **Tampa International Airport** (TPA; 📞 813-870-8700; www.tampaairport.com; 4100 George J. Bean Pkwy) sind Leihwagenfirmen ansässig. **Greyhound** (📞 813-229-2174; www.greyhound.com; 610 E Polk St, Tampa) bietet zahlreiche Verbindungen an. Züge fahren vom **Amtrak-Bahnhof** (📞 813-221-7600; www.amtrak.com; 601 Nebraska Ave) nach Miami im Süden und bis Jacksonville im Norden.

Hillsborough Area Regional Transit (HART; 📞 813-254-4278; www.gohart.org; 1211 N Marion St; Fahrpreise 2 US$) verbindet Downtown und Ybor City mit Bussen und altmodischen Straßenbahnen.

St. Petersburg

St. Petersburg ist Tampas künstlerischer und jünger wirkende Schwesterstadt im Bereich der Bucht. Der kompaktere Touristenbezirk am hübschen Hafen lässt sich zudem besser zu Fuß erkunden. Auch dies macht St. Pete zu einer hervorragenden Wahl für Kulturfans, die zwar großstädtisch, aber zugleich in der Nähe der hervorragenden Strände wohnen möchten.

◉ **Sehenswertes**

Die meiste Action konzentriert sich auf den Central-Ave-Bereich zwischen 8th Ave und Bayshore Dr. Letzterer säumt den Touristenpier am Hafen.

St. Petersburg Museum of Fine Arts MUSEUM
(📞 727-896-2667; www.fine-arts.org; 255 Beach Dr NE; Erw./Kind 17/10 US$; ⏲ Mo–Sa 10–17, Do

NICHT VERSÄUMEN

SALVADOR DALÍ MUSEUM

St. Petersburg war natürlich (oder etwa nicht?) der logische Standort für ein Kunstmuseum, das Salvador Dalí gewidmet ist, dem exzentrischen Spanier, der schmelzende Uhren malte, einmal einen Rolls Royce mit Blumenkohl füllte und sich einen übertrieben spitzen Schnauzbart zulegte, um wie König Philipp IV. auszusehen. Und tatsächlich beherbergt das **Salvador Dalí Museum** (☑ 727-823-3767; www.thedali.org; 1 Dali Blvd; Erw./Kind 6–12 Jahre 24/10 US$, Do ab 17 Uhr 10 US$; ☺ Mo–Mi, Fr & Sa 10–17.30, Do bis 20, So 12–17.30 Uhr) die größte Dalí-Sammlung außerhalb Spaniens. Doch wie kam es dazu?

1942 legten A. Reynolds Morse und seine Frau Eleanor den Grundstein für das, was einmal die größte private Dalí-Sammlung der Welt werden sollte. Als es an der Zeit war, ein dauerhaftes Zuhause dafür zu finden, stellte das Ehepaar nur eine Bedingung: Die Bilder sollten nicht voneinander getrennt werden. Lediglich drei Städte waren mit dieser Forderung einverstanden, schließlich erhielt St. Pete den Zuschlag wegen seiner Lage am Meer.

Von der Bucht aus betrachtet wirkt das theatralische Äußere des brandneuen Museumsgebäudes wie ein geodätisches Atrium, das aus einer Schuhschachtel herausquillt. *Die* schmelzenden Uhren sind hier zwar nicht zu sehen, dafür aber *ein paar* schmelzende Uhren. Ansonsten umfasst die eindrucksvolle Gemäldesammlung auch Werke wie *The Ghost of Vermeer of Delft Which Can Be Used as a Table*.

bis 20, So ab 12 Uhr) Die hiesige Sammlung ist unheimlich breit gefächert, zeigt Altes aus aller Welt und verfolgt die Entwicklung der Kunst über nahezu alle Epochen.

Florida Holocaust Museum　　MUSEUM
(☑ 727-820-0100; www.flholocaustmuseum.org; 55 5th St S; Erw./Student 16/8 US$; ☺ 10–17 Uhr) Das schlicht gehaltene Holocaust-Museum gehört zu den größten der USA und porträtiert die furchtbaren Ereignisse in der Mitte des 20. Jhs. mit bewegender Direktheit.

Chihuly Collection　　KUNSTGALERIE
(☑ 727-896-4527; www.moreanartscenter.org; 400 Beach Dr; Erw./Kind 15/11 US$; ☺ Mo–Sa 10–17, So 12–17 Uhr) Diese Ode an die Glaskunst Dale Chihulys zeigt dessen spektakuläre Installationen in speziell gestalteten Galerien.

🛌 Schlafen

★ Dickens House　　B&B $$
(☑ 727-822-8622; www.dickenshouse.com; 335 8th Ave NE; Zi. 135–245 US$; P ✱ @ ☎) Das liebevoll restaurierte Wohnhaus im Arts-&-Crafts-Stil empfängt seine Gäste mit fünf herrlich gestalteten Zimmern. Der gesellige, schwulenfreundliche Eigentümer tischt ein leckeres Gourmet-Frühstück auf.

Ponce de Leon　　BOUTIQUEHOTEL $$
(☑ 727-550-9300; www.poncedeleonhotel.com; 95 Central Ave; Zi. 99–149 US$, Suite 169 US$; ✱ @ ☎) Ein Boutiquehotel mit spanischem Flair im Herzen von Downtown. Zu den Highlights gehören sensationelle Wandbil-

der, cooler Designer-Dekor und eine angesagte Restaurantbar. Leider kann man hier außerhalb des Hotelgeländes nirgendwo parken.

Birchwood Inn　　BOUTIQUEHOTEL $$$
(☑ 727-896-1080; www.thebirchwood.com; 340 Beach Dr NE; Zi. ab 275 US$; P ✱ ☎) Die Zimmer in diesem traumhaften Boutiquehotel sind einfach nur Wahnsinn: geräumig, mit freistehenden Badewannen, großen Himmelbetten und einer Eleganz wie in einem altehrwürdigen Bordell, gemischt mit etwas South-Beach-Keckheit. Die Bar **Canopy** auf der Dachterrasse ist berühmt für ihre Cocktails.

✕ Essen & Ausgehen

Abends empfehlen sich die Central Ave und der Beach Dr im Hafenbereich.

Taco Bus　　MEXIKANISCH $
(www.taco-bus.com; 2324 Central Ave; Hauptgerichte 6–13 US$; ☺ So–Do 11–22, Fr & Sa bis 4 Uhr; ☎) Als dieser mexikanische Imbisswagen einen festen Verkaufsplatz gebraucht hat, ist er einfach neben einen belebten Hof gerollt und hat sich seitdem dort nicht mehr wegbewegt. Zu den Highlights gehören *Cochinita pibil*, *Carnitas* und *Pollo chipotle*. Eine echte Institution in Tampa Bay.

Bella Brava　　ITALIENISCH $$
(☑ 727-895-5515; www.bellabrava.com; 204 Beach Dr NE; Hauptgerichte 9–27 US$; ☺ Mo–Do 11.30–22, Fr & Sa bis 23, So 12–21.30 Uhr; ☎) Mit seiner

FLORIDA ST. PETERSBURG

italienischen Küche, der Pizzakarte und der Cocktailbar zieht das an einer Kreuzung am Ufer gelegene Bella Brava immer eine Menge junge, laute Menschen und Geschäftsmänner und -frauen an. Es gibt auch Tische im Freien am Beach Dr.

Ceviche TAPAS **$$**
(www.ceviche.com; 10 Beach Dr; Tapas 4–15 US$, Hauptgerichte 9–20 US$; ⊙ Mo–Fr 17–23, Sa & So 8–23 Uhr; 🔊) Gehobene, spanische Atmosphäre und köstliche, kreative und üppige Portionen an Tapas. Im anziehenden, höhlenartigen Flamenco Room darunter kann man den Abend gut ausklingen lassen.

3 Daughters Brewing BRAUEREI
(☑727-495-6002; www.3dbrewing.com; 222 22nd St S; ⊙ Mo & Di 14–21, Mi & Do bis 22, Fr & Sa bis 24, So 13–21 Uhr) Die beste Brauerei, auf die man in vier Staaten trifft: In der Brauerei selbst gibt es 30 Bierfässer, Trinkspiele und Livemusik.

❶ Praktische Informationen

St. Petersburg Area Chamber of Commerce (☑727-8388-0686; www.stpete.com; 100 2nd Ave N; ⊙ Mo–Fr 9–17, Sa 10–16 Uhr) Im Büro der Handelskammer gibt's hilfsbereites Personal, gute Karten und einen Plan für Autofahrer.

❶ Anreise & Unterwegs vor Ort

Der **St. Petersburg-Clearwater International Airport** (☑727-453-7800; www.fly2pie.com; Roosevelt Blvd & Hwy 686, Clearwater) wird von mehreren großen Fluglinien bedient. **Greyhound** (☑727-898-1496; www.greyhound.com; 180 Dr. Martin Luther King Jr. St N; ⊙ Mo–So 8.15–10 & 14.30–18.30 Uhr) fährt u. a. nach Tampa.

Neben Buslinien in der ganzen Stadt betreibt die **Pinellas Suncoast Transit Authority** (PSTA; www.psta.net; 340 2nd Ave N; Erw./ Student 2/1,25 US$) auch den Suncoast Beach Trolley, der die Strände zwischen Clearwater und Pass-a-Grille miteinander verbindet, sowie den Downtown Looper Trolley, der innerhalb einer festgelegten Zone rund um den Beach Dr kostenlos ist.

Sarasota

Ob Schriftsteller, Musiker oder Entertainer: Künstlertypen zieht es seit den 1920er-Jahren nach Sarasota. Als Vorreiter fungierte John Ringling, indem er die Stadt 1911 zum Winterquartier seines berühmten Zirkus erkor. Heute ist der Ringling Museum Complex ein regionales Highlight, und vor Ort herrscht kein Mangel an Oper, Theater und Kunst.

Einen weiteren wichtigen Beitrag zu Sarasotas Popularität leisten die herrlichen weißen Sandstrände. Der **Lido Beach** mit Gratisparkplätzen liegt der Stadt am nächsten. Die 5 Meilen (8 km) entfernte Insel **Siesta Key** mit ihrem Puderzuckersand gehört zu den besten und beliebtesten Strandrevieren Floridas; das dortige Siesta Village ist ein belebter, familienfreundlicher Urlaubsort.

◉ Sehenswertes & Aktivitäten

Marie Selby Botanical Gardens GÄRTEN
(☑941-366-5731; www.selby.org; 811 S Palm Ave; Erw./Kind 4–11 Jahre 19/6 US$; ⊙ 10–17 Uhr) Hier wächst die weltgrößte wissenschaftliche Orchideen- und Bromeliensammlung.

NICHT VERSÄUMEN

DER RINGLING MUSEUM COMPLEX

Wer liebt den Zirkus nicht? Vielleicht Menschen, die sich vor Clowns fürchten. Doch selbst bei gewissen Phobien spricht eigentlich nichts gegen einen Besuch des **Ringling Museum Complex** (☑941-359-5700; www.ringling.org; 5401 Bay Shore Rd; Erw./Kind 6–17 J. 25/5 US$; ⊙ tgl. 10–17, Do bis 20 Uhr; 🚻). Die drei separaten Museen (Besuch jeweils im Eintritt enthalten) auf dem 27 ha großen Gelände sind allesamt eigenständige Attraktionen. Als sich der Eisenbahn-, Immobilien- und Zirkusbaron John Ringling hier mit seiner Frau Mabel niederließ, erbauten die beiden am Meer das Herrenhaus **Ca d'Zan** im Stil der venezianischen Gotik. Besucher können das Erdgeschoss auf eigene Faust erkunden oder im Rahmen einer Führung (5 oder 20 US$; sehr empfehlenswert) auch die Schlafzimmer und „Privatgemächer" im oberen Stock besichtigen.

Ebenfalls zum Gelände gehört das ausgezeichnete **John & Mabel Museum of Art** und das einzigartige **Museum of the Circus** mit Kostümen, Requisiten, Plakaten, alten Zirkuswaggons und einem gigantischen (353 m²!) und fantastischen Miniaturmodell, das die Zeit der großen Manegen-Ära wieder aufleben lässt.

Myakka Outpost
KAJAKFAHREN

([☎]941-923-1120; www.myakkaoutpost.com; 13208 SR-72; Kanus/Fahrräder 20/15 US$; [🕐]Mo–Fr 9.30–17, Sa & So 8.30–18 Uhr) Dieser Kanuanbieter im Myakka River State Park bringt seine Kunden auf den Myakka River, der eine halbe Stunde von der Innenstadt entfernt liegt – eine wirklich coole Erfahrung zwischen Hunderten von Alligatoren.

🛏 Schlafen & Essen

Nicht nur Downtown Sarasota und Siesta Village verfügen über ein lebendiges Nachtleben, auch der **St. Armands Circle** auf Lido Key hat jede Menge stilvolle Läden und Restaurants zu bieten.

The Capri at Siesta
RESORT $$

([☎]941-684-3244; www.capriinternational.com; 6782 SaraSea Circle; Zi. 149–229 US$, Suite 189–329 US$; [P][❄][🛜][🏊]) Dieses Boutique-Resort mit zehn Zimmern trennen nur 200 Stufen vom Strand von Siesta, es liegt aber trotzdem abseits des ganzen Trubels. Es ist sehr schön eingerichtet und besticht mit auffälligem Tropendekor, beruhigenden Erdtönen und privater Raffinesse.

★ Hotel Ranola
BOUTIQUEHOTEL $$

([☎]941-951-0111; www.hotelranola.com; 118 Indian Pl; Zi. 109–179 US$, Suite 239–269 US$; [❄][@][P]) In den neun Zimmern hat man das Gefühl, im Designer-Apartment in einem Brownstone-Haus abgestiegen zu sein: unkonventionell und mühelos künstlerisch, aber mit echter, funktionstüchtiger Küche. Urban, trendig und in fußläufiger Entfernung zu Downtown Sarasota.

Another Broken Egg Cafe
FRÜHSTÜCK $

(www.anotherbrokenegg.com; 140 Avenida Messina, Siesta Key; Hauptgerichte 5–16 US$; [🕐]7.30–14.30 Uhr; [🅿]) Dieses Ketten-Frühstückslokal im Diner-Stil auf Siesta Key ist jeden Morgen ein beliebter Treffpunkt für Jung und Alt. Auf der Speisekarte stehen jede Menge leckere und einfallsreiche Frühstückskreationen (z. B. Eggs Benedict mit schwarzen Bohnen und einer Chipotle-Hollandaise!).

Owen's Fish Camp
SÜDSTAATENKÜCHE $$

([☎]941-951-6936; www.owensfishcamp.com; 516 Burns Lane; Hauptgerichte 10–28 US$; [🕐]ab 16 Uhr) Der paradoxerweise sehr angesagte Sumpfschuppen im Stadtzentrum serviert gehobene Versionen von Südstaatengerichten à la Florida. Der Schwerpunkt liegt dabei auf Seafood.

ℹ Praktische Informationen

Sarasota Visitor Information Center ([☎]941-957-1877; www.sarasotafl.org; 14 Lemon Ave; [🕐]Mo–Sa 10–17 Uhr; [📞]) Sehr freundliches Büro mit jeder Menge Infomaterial; hier werden auch gute Karten verkauft.

Sanibel & Captiva Island

Diese beiden schmalen Barriereinseln sehen zusammen aus wie ein Angelhaken, an dem Fort Myers anbeißen soll. Erreichbar sind sie über einen 2 Meilen (3,2 km) langen Damm. Die Eilande sind idyllische, ruhige Refugien und von eleganter Schlichtheit geprägt. Dank sorgsamen Managements wirken ihre Küsten bemerkenswert vegetationsreich und unerschlossen. Radeln ist hier die bevorzugte Fortbewegungsart. Die Möglichkeiten zum Muschelsuchen sind legendär und romantische Abendmahlzeiten nur eine Reservierung entfernt.

◉ Sehenswertes & Aktivitäten

J.N. „Ding" Darling National Wildlife Refuge
NATURSCHUTZGEBIET

([☎]239-472-1100; www.fws.gov/dingdarling; 1 Wildlife Dr; Auto/Radfahrer 5/1 US$; [🕐]Jan.–April 9–17 Uhr, Mai – Dez. bis 16 Uhr) Zusätzlich zu seinen großartigen Stränden ist dieses herrliche, 25,5 km² große Naturschutzgebiet auch die Heimat vieler Meeresvögel und anderer wild lebenden Tieren. Hier gibt es ein ausgezeichnetes Informationszentrum, den etwa 4 Meilen (6,4 km) langen Wildlife Drive, geführte Tramtouren und gute Möglichkeiten zum Kajakfahren in der Tarpon Bay.

Bailey-Matthews National Shell Museum
MUSEUM

([☎]239-395-2233; www.shellmuseum.org; 3075 Sanibel-Captiva Rd, Sanibel; Erw./Kind 5–17 Jahre 11/5 US$; [🕐]10–17 Uhr) Dieses faszinierende Museum sieht aus wie das Schmuckkästchen einer Meerjungfrau. Seine reizvollen Ausstellungen von Muschelschalen aus aller Welt erzählen ein Stück maritime Naturgeschichte. Außerdem werden jeden Tag geführte Strandspaziergänge angeboten (10 US$).

Tarpon Bay Explorers
KAJAKFAHREN

([☎]239-472-8900; www.tarponbayexplorers.com; 900 Tarpon Bay Rd, Sanibel; [🕐]8–18 Uhr) Im Darling National Wildlife Refuge verleiht dieser Anbieter Kanus und Kajaks (25 US$/2 Std.) sowie SUP-Boards für einfache, selbst ge-

NICHT VERSÄUMEN

DIE BEGNADETEN SNOWBIRDS VON FORT MYERS

Man kann sich über diejenigen, die den Winter im warmen Florida verbringen, lustig machen, soviel man will, aber nicht über diese beiden „Snowbirds" hier: Der berühmte Erfinder Thomas Edison errichtete in Fort Myers 1885 eine Winterresidenz und ein Labor, und der Autohersteller Henry Ford wurde 1916 sein Nachbar. Die **Edison & Ford Winter Estates** (☎239-334-7419; www.edisonfordwinterestates.org; 2350 McGregor Blvd; geführte Touren 12–25 US$, Kind 5–15 US$; ☺9–17.30 Uhr) sind heute die berühmteste Sehenswürdigkeit der Stadt. Das ausgezeichnete Museum konzentriert sich hauptsächlich auf das Ausmaß des überwältigenden Genies Edison, und das vornehme Anwesen ist landschaftlich ein wahrer Genuss.

Wer in der Gegend ist, sollte 15 Meilen (24 km) südlich von Fort Myers den 11 km langen Strandabschnitt Fort Myers Beach besuchen. Der feine, Talkumpuder-artige Sand entlang **Estero Island** steht unter Oberhoheit von Floridas Inbegriff der Strandparty-Städte. Familien bevorzugen Fort Myers Beach oft, weil es hier günstiger ist als in den benachbarten Küstenorten, und Studenten kommen gern hierher, weil die Bars lauter und dröhnender sind als anderswo. Der Ort ist auch der Ausgangspunkt für die charmanteren Sanibel & Captiva Islands. Infos über die Stadt gibt es unterwww.fortmyersbeach chamber.org.

führte Bootstouren in der Tarpon Bay – ein perfekter Ort für junge Paddler.

Billy's Rentals
FAHRRADVERLEIH

(☎239-472-5248; www.billysrentals.com; 1470 Periwinkle Way, Sanibel; Fahrräder pro 2 Std./ganzer Tag 5/15 US$; ☺8.30 – 17 Uhr) Verleiht Fahrräder und diverse andere Fortbewegungsmittel auf zwei (und mehr) Rädern.

🛏 Schlafen & Essen

Tarpon Tale Inn
COTTAGE $$

(☎239-472-0939; www.tarpontale.com; 367 Periwinkle Way, Sanibel; Zi. 230–290 US$; ✳@☎) Für ein etwas persönlicheres Erlebnis empfehlen sich die fünf Zimmer dieser Unterkunft mit versteckten Hütten in einer dschungelartigen, friedlichen Umgebung mit Hängematten. Allerdings wird kein Frühstück serviert.

Over Easy Cafe
CAFÉ $

(www.overeasycafesanibel.com; 630 Tarpon Bay Rd, Sanibel; Frühstück 4–12 US$; ☺7–15 Uhr; ☎🖶) Trotz der provenzalischen Einrichtung stehen auf der Speisekarte typische, erstklassige Diner-Gerichte wie ordentliche Rühreiportionen, Omelettes und verschiedene Variationen von Eggs Benedict.

⭐ Sweet Melissa's Cafe
AMERIKANISCH $$$

(☎239-472-1956; www.sweetmelissascafe.net; 1625 Periwinkle Way, Sanibel; Tapas 9–16 US$, Hauptgerichte 26–34 US$; ☺Mo–Fr 11.30–14.30 & 17–21, Sa 17–21 Uhr) Von der Speisekarte bis zur Atmosphäre: Hier ist alles ausgeglichen und entspannt-raffiniert.

❶ Praktische Informationen

Sanibel & Captiva Islands Chamber of Commerce (☎239-472-1080; www.sanibel-captiva. org; 1159 Causeway Rd, Sanibel; ☺9–17 Uhr; ☎) Eine der hilfreicheren Touristeninformationen der Gegend; sie verfügt über ein Verzeichnis freier Hotelzimmer und bietet eine reine Hotel-Hotline.

Naples

Die Golfküsten-Antwort auf Palm Beach: Erwachsenes Selbstbewusstsein und einer von Floridas am wenigsten erschlossenen, ruhigsten Stadtstränden zeichnen das reiche Naples aus. Die perfekt in Schuss gehaltene Stadt ist sicherlich familienfreundlich. In erster Linie lockt sie jedoch Romantiker mit einem Faible für schöne Künste, Spitzenküche, trendige Cocktails, tolle Sonnenuntergänge und modische Einkaufsmöglichkeiten an.

◉ Sehenswertes & Aktivitäten

⭐ Baker Museum
MUSEUM

(☎239-597-1900; www.artisnaples.org; 5833 Pelican Bay Blvd; Erw./Kind 10 US$/Eintritt frei; ☺Di–Sa 10–16, So 12–16 Uhr) Der ganze Stolz von Naples ist das fesselnde, raffinierte Kunstmuseum mit einer lohnenswerten Sammlung an raffiniert präsentierten Ausstellungsstücken.

Naples Nature Center
NATURSCHUTZGEBIET

(☎239-262-0304; www.conservancy.org/nature -center; 1450 Merrihue Dr; Erw./Kind 3–12 Jahre

13/9 US$; ⊙Mo–Sa 9.30–16.30, Juni–Aug. auch So geöffnet) Eines der besten Naturschutzzentren (mit Wildtierklinik) Floridas, ausgestattet mit LEED-Zertifikat (Leadership in Energy & Enivronmental Design) und fantastischen Ausstellungen. Der 8,5 ha große Park bietet schöne Wanderwege und Möglichkeiten zum Bootfahren in der Natur.

🛏 Schlafen & Essen

Lemon Tree Inn MOTEL **$$**
(☑239-262-1414; www.lemontreeinn.com; 250 9th St S; Zi. 152–196 US$; P✳@🛜🏊) Hier liegen 34 saubere und hell eingerichtete Zimmer (manche mit ordentlicher Küchenzeile und eingezäunter Terrasse) U-förmig um hübsche Privatgärten und einen Pool herum, neben dem das Frühstück serviert wird. Gutes Preis-Leistungs-Verhältnis.

Inn on 5th HOTEL **$$$**
(☑239-403-8777; www.innonfifth.com; 699 5th Ave S; Zi. 399 US$, Suite 599–999 US$; P✳@🛜🏊) Dieses aufpolierte Luxushotel im mediterranen Stil hat eine unschlagbare Lage mitten an der 5th Ave.

The Local MODERN-AMERIKANISCH **$$**
(www.thelocalnaples.com; 5323 Airport Pulling Rd N; Hauptgerichte 12–29 US$; ⊙So–Do 11–21, Fr & Sa bis 22 Uhr; 🛜) 🍴 Abgesehen davon, dass man 6 Meilen (9,6 km) raus aus der Stadt fahren muss, um einheimisch zu essen, ist dieses Bistro, in dem die Zutaten für die nachhaltigen Gerichte (Ceviche-Tacos, Fleisch von mit Gras gefütterten Rindern) frisch vom Bauernhof kommen, den CO_2-Fußabruck wert. Hier entkommt man den Touristenmassen und kann essen wie die Einheimischen.

IM Tapas SPANISCH **$$**
(☑239-403-8272; www.imtapas.com; 965 4th Ave N; Tapas 5,50–18 US$; ⊙Mo–Sa ab 17.30 Uhr) Ein Mutter-Tochter-Gespann serviert hier spanische Tapas wie in Madrid.

ℹ Praktische Informationen

Visitor Information Center (☑239-262-6141; www.napleschamber.org; 900 5th Ave S; ⊙Sommer Mo–Sa 9–17, So 10–14 Uhr, Winter Mo–Fr 9–17, So 9–13 Uhr) Infos zu Unterkünften, gute Karten und viele Broschüren.

ZENTRAL-FLORIDA

In der Zeit vor Disney („v. D." sozusagen) wollten die meisten Florida-Touristen nur zweierlei Dinge sehen: die weißen Sandstrände und die alligatorverseuchten Everglades. Doch mit der Eröffnung des Magic Kingdom durch Walt Disney (1971) änderte sich alles. Heute ist Orlando die Welthauptstadt der Themenparks und Walt Disney World der größte Besuchermagnet des Bundesstaats.

Orlando

Genau wie Las Vegas widmet sich Orlando inzwischen fast nur noch der Fantasie und wurde zu einem Ort, an den man kommt, wenn man sich vorstellen möchte, man sei woanders: in Hogwarts vielleicht oder in Cinderellas Märchenschloss, in der Welt des Dr. Seuss oder auf einer abenteuerlichen Safari tief in Afrika.

Und genau wie die Casinos in Las Vegas arbeiten auch Orlandos Themenparks hart daran, den Adrenalinspiegel ihrer Besucher konstant hoch zu halten, denn deren Vergnügen ist das Einzige, was hier wirklich zählt. Aber sogar außerhalb der Themenparks kann Orlando mit seiner Popkultur-Unterhaltung inklusive Cartoonfiguren und -kostümen ziemlich aufgedreht sein.

Trotz alledem gibt's hier aber auch eine echte Stadt zu entdecken – eine Stadt mit Schatten spendenden Bäumen in natürlichen Parks rund um zahlreiche Seen, mit Kunstmuseen, Orchestern und Restaurants, in denen man nicht in Gefahr kommt, mit Goofy abklatschen zu müssen. Und direkt außerhalb der Stadt können Floridas Natur- und Tierwelt, besonders die kristallklaren Quellen, so eindrucksvoll und bizarr sein, dass selbst Ripley es sich nicht kurioser hätte erträumen können.

👁 Sehenswertes & Aktivitäten

👁 Downtown & Loch Haven Park

Das trendige Thornton Park bietet mehrere gute Restaurants und Bars, während Loch Haven Park eine Ansammlung kultureller Einrichtungen beherbergt.

⭐Orlando Museum of Art MUSEUM
(☑407-896-4231; www.omart.org; 2416 N Mills Ave; Erw./Kind 8/5 US$; ⊙Di–Fr 10–16, Sa & So ab 12 Uhr; ♿; 🚌Lynx 125, 🚌Florida Hospital Health Village) Das Museum zeigt amerikanische und afrikanische Kunst sowie einzigartige Wanderausstellungen.

Mennello Museum of American Art
MUSEUM

(☏407-246-4278; www.mennellomuseum.com; 900 E Princeton St, Loch Haven Park; Erw./Kind 6–18 Jahre 5/1 US$; ⊙Di–Sa 10.30–16.30, So ab 12 Uhr; ♿; 🚌Lynx 125, 🚇Florida Hospital Health Village) Präsentiert die bunte Volkskunst von Earl Cunningham sowie Wanderausstellungen.

Orlando Science Center
MUSEUM

(☏407-514-2000; www.osc.org; 777 E Princeton St, Loch Haven Park; Erw./Kind 19/13 US$; ⊙Do–Di 10–17 Uhr; ♿; 🚌Lynx 125, 🚇Florida Hospital Health Village) Niedrigschwellige, interaktive Wissenschaft für die ganze Familie.

⊙ International Drive

Der International Dr (I-Dr) ist schon beinahe ein eigener Themenpark inmitten all des ganzen Spaßes: Er liegt zwischen den großen Themen-, Wild- und Wasserparks und versucht, mit kleineren Attraktionen gegen die großen anzubrüllen, z. B. mit Ridleys Believe It or Not, dem auf dem Kopf stehenden WonderWorks und dem neuen Orlando Eye, einem 122 m hohen Riesenrad. Außerdem säumen Kettenrestaurants und -hotels diese lebendige Hauptschlagader.

★ Universal Orlando Resort
THEMENPARK

(☏407-363-8000; www.universalorlando.com; 1000 Universal Studios Plaza; Parkeintritt 1 Tag/2 Tage 102/150 US$, beide Parks 147/195 US$, Kind 5–10 US$ weniger; ⊙tgl. wechselnde Öffnungszeiten; 🚌Lynx 21, 37, 40, 🚇Universal) Universal macht es Disney alles andere als leicht: Zu diesem Megakomplex gehören u. a. zwei Themenparks, fünf Hotels und der Universal CityWalk, eine Unterhaltungsmeile, die die beiden Parks miteinander verbindet. Während Disney World ganz auf Fröhlichkeit und Magie setzt, bringt Universal Orlando das Adrenalin mit Highspeed-Rides und unterhaltsamen Shows in Wallung.

Der erste der beiden Parks, die Universal Studios, bietet Hollywood-Studiofeeling, Simulationen und Fahrgeschäfte, die Fernsehserien und Kinofilmen gewidmet sind (u. a. *Die Simpsons, Shrek, Die Mumie kehrt zurück, Twister*). Park Nummer zwei heißt Islands of Adventure und begeistert vor allem Achterbahnfans, hat mit Toon Lagoon und Seuss Landing aber auch viel für Kinder im Programm.

Absolutes Highlight ist jedoch die inzwischen vergrößerte Wizarding World of Harry Potter: Orlandos heißeste Besucherattraktion seit Cinderella's Castle ist nun in beiden Parks vertreten, die durch den Hogwarts Express verbunden sind. Zusammen gewinnen Hogsmeade in den Islands of Adventure und die brandneue Diagon Alley (Winkelgasse) in den Universal Studios mit Leichtigkeit den Titel als Floridas märchenhafteste Themenpark-Erfahrung. Im Schatten von Hogwarts sind Muggels u. a. dazu eingeladen, die Kopfsteinpflasterstraßen und unglaublich schiefen Gebäude von Hogsmeade zu erkunden, kühles Butterbier zu schlürfen oder Karten per Eulenpost zu verschicken. Schön essen kann man im Leaky Cauldron, in Ollivanders Wand Shop suchen sich die Zauberstäbe ihre Zauberer selbst aus, und der mehrdimensionale, spektakuläre 3D-Ride bei Gringotts lässt einen völlig fassungslos zurück. Detailtreue und Authentizität beflügeln die Fantasie an jeder Ecke – vom Kreischen der Alraunen in Schaufenstern bis hin zum Stöhnen der Maulenden Myrte in den Toiletten.

Die vielen verschiedenen Ticketoptionen sind online einsehbar und lassen sich mit Extras wie Express Plus (Warteschlangen-Umgehung) oder Restaurantreservierungen erweitern. Resortgäste erhalten zudem nette Sonderleistungen, bzw. Rabatte auf den Parkeintritt. Parken kostet 17 US$.

SeaWorld
THEMENPARK

(☏888-800-5447; www.seaworldparks.com; 7007 Sea World Dr; Eintritt 95 US$; ⊙9–20 Uhr; 🚌Lynx 8, 38, 50, 111, 🚇I-Ride Trolley Red Line Stop 33) SeaWorld – einer von Orlandos größten und beliebtesten Themenparks – ist ein Wasserpark mit Meerestiershows, Achterbahnen und Begegnungen mit Meeresbewohnern hautnah. Die größte Attraktion des Parks ist auch die umstrittenste: Liveshows mit trainierten Delfinen, Seelöwen und Orcas.

Seit 2013 die Dokumentation *Blackfish* gezeigt wurde, wird die Haltung der gefangenen Orcas im SeaWorld genauestens beobachtet, und das Unternehmen hat sinkende Besucherzahlen und jede Menge negative PR zu beklagen.

Ermäßigte Tickets gibt's online; die Preise ändern sich täglich.

Discovery Cove
THEMENPARK

(☏877-434-7268; www.discoverycove.com; 6000 Discovery Cove Way; Eintritt inkl. SeaWorld & Aquatica ab 210 US$, SeaVenture zzgl. 59 US$, tgl. wechselnde Preise; ⊙8–17.30 Uhr, Ganztageserlebnis, Reservierungen empfohlen; ♿; 🚌Lynx 8, 38, 50,

111) In der Discovery Cove können die Gäste in einem Riff voller Fische und Rochen schnorcheln, auf einem sanft dahinfließenden Lazy River durch eine Vogelvoliere paddeln oder einfach nur an einem der tropischen, weißen Sandstrände relaxen. Wer mit Delfinen schwimmen oder auf dem Meeresgrund laufen will, der muss extra zahlen. Das alles hört sich lustig an, aber seit Anfang der 1990er-Jahre wird der Unmut der Öffentlichkeit immer größer, wenn Delfine zum Zwecke der Belustigung der Zuschauer in Gefangenschaft gehalten werden.

◉ Winter Park

Winter Park am Nordrand von Orlando ist genau das Gegenteil der übrigen Stadt: wunderschön vornehm, um eine Reihe von Seen gelegen, mit einigen herausragenden Museen, einer entspannten Innenstadt und tollen Cafés und Restaurants.

★ Charles Hosmer Morse Museum of American Art
MUSEUM
(☏407-645-5311; www.morsemuseum.org; 445 N Park Ave; Erw./Kind 5 US$/Eintritt frei; ⊙Di–Sa 9.30–16, So ab 13 Uhr, Nov.–April bis 20 Uhr; 🚼) International bekannt, mit der umfassendsten Tiffany-Glas-Sammlung der Welt. Das atemberaubende Herzstück ist das Innere einer Kapelle, aber auch die Buntglasfenster sind überaus beeindruckend.

Scenic Boat Tour
BOOTSFAHRT
(☏407-644-4056; www.scenicboattours.com; 312 E Morse Blvd; Erw./Kind 12/6 US$; ⊙10–16 Uhr stündl.; 🚼) Diese empfehlenswerten, einstündigen Bootsfahrten führen durch ein 19 km langes Netz von tropischen Kanälen und Seen. Unterwegs erzählen die engagierten Guides etwas über die Herrenhäuser, das Rollins College und andere Sehenswürdigkeiten entlang der Strecke. Die kleinen Pontonboote fassen jeweils ca. 18 Personen.

🛏 Schlafen

Zusätzlich zu den Resorts innerhalb von Walt Disney World stehen in Orlando noch viele weitere Unterkünfte zur Verfügung. Die meisten sind rund um den I-Dr, den US 192 in Kissimmee und die I-4 zu finden. **Reserve Orlando** (www.reserveorlando.com) ist eine zentrale Buchungsagentur.

Palm Lakefront Hostel
HOSTEL $
(☏407-396-1759; www.orlandohostels.com; 4840 W Irlo Bronson/Hwy 192, Kissimmee; B/DZ/4BZ 19/36/60 US$; 🅿❄🛜🛗; 🚌Lynx 56, 55) Wer mit dem temperamentvollen Besitzer zurechtkommt, für den ist dieses zweistöckige Hostel im Motel-Stil am Straßenrand ein absolutes Schnäppchen. Es verfügt über einen grünen Picknick- und Grillbereich am See, einen ruhigen Angelsteg und einen kleinen Pool. Der öffentliche Bus fährt direkt vor der Haustür ab zu Disneys Transportation & Ticket Center.

Barefoot'n In The Keys
MOTEL $
(☏407-589-2127; www.barefootn.com; 2754 Florida Plaza Blvd, Kissimmee; Suite 76–130 US$; 🅿❄🛜🛗) Die sauberen, hellen und geräumigen Suiten sind in blau-gelben Bungalows im Key-West-Stil untergebracht. Dank Ruhe, Freundlichkeit und Nähe zu Disney ist die Unterkunft eine tolle Alternative zu den üblichen Ketten.

EO Inn & Spa
BOUTIQUEHOTEL $$
(☏407-481-8485; www.eoinn.com; 227 N Eola Dr, Thornton Park; Zi. 140–250 US$; @🛜) Dieses schicke, aber unaufdringliche Boutiquehotel nahe Thornton Park überblickt den Lake Eola und hat schlichte und elegante Zimmer in neutralen Farbtönen. Die neuen Böden sind aus Bambusholz, und auch anderes wurde zum Zeitpunkt der Recherche gerade überarbeitet.

Courtyard at Lake Lucerne
B&B $$
(☏407-648-5188; www.orlandohistoricinn.com; 211 N Lucerne Circle E; Zi. ab 130 US$; 🅿❄@🛜) Die geräumigen Art-déco-Suiten in diesem reizenden, historischen Gasthaus mit 30 Zimmern, einem zauberhaften Garten und vornehmem Frühstück sind mit schönen Antiquitäten ausgestattet. Die Gratis-Cocktails entschädigen für die Lage unter zwei Highwaybrücken.

🍴 Essen

Orlando ist nicht länger der kulinarische Sumpf, der es einmal war. Auch wenn es im Bereich um den I-Dr zahllose Kettenlokale gibt, hat die Stadt gelernt, gutes Essen zu schätzen. Gehobenere Adressen bescheren einem ca. 800 m langen Abschnitt der Sand Lake Rd den Spitznamen „Restaurant Row" (Restaurantmeile), und in Winter Park findet man ebenfalls eine authentische Gourmetszene.

★ East End Market
MARKT $
(☏231-236-3316; www.eastendmkt.com; 3201 Corrine Dr, Audubon Park; ⊙Di–Sa 10–19, So 11–18 Uhr; 🚼🚼) 🍴 Ein rotierender, städtischer Gour-

Großraum Orlando & Themenparks

metmarkt mit Delikatessen, Kaffee, Bars, Bäckereien und anderen Köstlichkeiten aus der Region.

Black Bean Deli
KUBANISCH $
(www.blackbeandeli.com; 1835 E Colonial Dr; Hauptgerichte 6–9 US$; ⏱ Mo-Do 11–21, Fr-Sa bis 22 Uhr; 🛜) In dem ehemaligen Autohaus wird heute nur noch mit leckeren kubanischen Spezialitäten gehandelt.

Pho 88
VIETNAMESISCH $
(www.pho88orlando.com; 730 N Mills Ave; Hauptgerichte 3,25–11 US$; ⏱ 10–22 Uhr) Das Vorzeigerestaurant in Orlandos florierendem vietnamesischen Viertel (auch als ViMi bekannt) liegt nordöstlich von Downtown Orlando und ist wegen seiner authentischen und bodenständigen *pho* (vietnamesische Nudelsuppe) immer gut besucht. Preiswert und lecker.

★ Yellow Dog Eats
BBQ $$
(www.yellowdogeats.com; 1236 Hempel Ave, Windermere; Hauptgerichte 8–19 US$; ⏱ 11–21 Uhr; 🅿🐕) In einem alten Gemischtwarenladen mit Blechdach untergebracht, ist dieses Paradies für Hunde und Grillfans den weiten Weg wirklich wert. Auf der unglaublich vielseitigen Speisekarte stehen u. a. köstliche

Großraum Orlando & Themenparks

◉ Highlights
1 Charles Hosmer Morse Museum of American Art C2
2 Disney's Animal Kingdom A4
3 Disney's Hollywood Studios A4
4 Epcot A4
5 Magic Kingdom A4
6 Orlando Museum of Art C2
7 Universal Orlando Resort B3

◉ Sehenswertes
8 Discovery Cove D4
Mennello Museum of American Art .... (siehe 6)
Orlando Science Center .... (siehe 6)
9 SeaWorld B4

✈ Aktivitäten, Kurse & Touren
10 Nature Adventures B1
Scenic Boat Tour .... (siehe 1)

🛏 Schlafen
11 Barefoot'n In The Keys B5
12 Courtyard at Lake Lucerne C3
13 Disney's All-Star Movies Resort A5

Disney's All-Star Music Resort ..(siehe 13)
Disney's All-Star Sports Resort .... (siehe 13)
14 Disney's Art of Animation Resort A4
15 Disney's Fort Wilderness Resort A4
16 Disney's Pop Century Resort A4
17 Disney's Wilderness Lodge A4
18 EO Inn & Spa C3
19 Palm Lakefront Hostel B5

✪ Essen
20 Black Bean Deli C2
21 Boma A4
California Grill .... (siehe 5)
22 Cask & Larder C2
Cinderella's Royal Table .... (siehe 5)
23 East End Market C2
24 Pho 88 .... C2
Sci-Fi Dine-In Theater .... (siehe 3)
25 Smiling Bison C2
Victoria & Albert's .... (siehe 5)
26 Yellow Dog Eats A3

◉ Ausgehen & Nachtleben
27 Hanson's Shoe Repair C3
28 Redlight, Redlight C2
29 Woods C3

✪ Unterhaltung
30 Cirque du Soleil La Nouba B4

Pulled-Pork-Sandwiches, die man in einer einheimisch geprägten Umgebung zu sich nimmt. Unbedingt das Fire Pig probieren – mit Gouda, Räucherspeck mit Pecannuss, Krautsalat, Sriracha-Sauce und frittierten Zwiebeln in einem Chipotle-Wrap.

★ Smiling Bison
AMERIKANISCH $$
(☑ 407-898-8580; www.thesmilingbison.com; 745 Bennett Rd, Audubon Park; Hauptgerichte 12–36 US$; ⊙ Di–Do 17–24, Fr & Sa bis 2 Uhr; 🅟) 🍴 Diese unwiderstehliche Kneipe zwischen vielen leerstehenden Gebäuden ist zurecht berühmt für ihre Bison-Burger, die auf einem Muffin-ähnlichen Brötchen im englischen Stil mit Pommes Frites serviert werden. Auch das Bier wird hier mit viel Hingabe ausgeschenkt. An den meisten Abenden gibt es Live-Jazz.

Cask & Larder
AMERIKANISCH $$$
(☑ 321-280-4200; www.caskandlarder.com; 565 W Fairbanks Ave, Winter Park; Hauptgerichte 24–46 US$; ⊙ Mo–Sa 17–22, So 10.30–15 Uhr) 🍴 In diesem Lokal werden in einer Mischung aus Sumpfkneipe mit ausgestopften Tieren an den Wänden und ländlich-schickem Restaurant innovative Südstaatengerichte

serviert, deren Zutaten alle aus der Region stammen: hervorragender Grünkohlsalat mit Speck-Vinaigrette, geschmorten Okra-schoten und Wildschwein mit Knödeln. Außerdem wird hier das Bier selbst gebraucht, und auch wenn es um Cocktails (12 US$) geht, kann man nicht meckern.

🍷 Ausgehen & Unterhaltung

Orlando Weekly (www.orlandoweekly.com) ist die beste Quelle für Unterhaltungstipps. In Downtown ist jede Menge los; der angesagte Bar-Distrikt liegt rund um die Orange Ave zwischen Church St und Jefferson St.

Redlight, Redlight
BAR
(www.redlightredlightbeerparlour.com; 2810 Corrine Dr, Audubon Park; Bier 5–9 US$; ⊙ 17–2 Uhr; 🅟) Dieses unauffällige Bierlokal in einer ehemaligen Werkstatt für Klimaanlagen bietet an Getränken alles, was das Herz begehrt: über 28 Sorten von Fassbieren, im Fass vergorene Ales, Met und selbst hergestellter Cider befriedigen jeden Geschmack.

Woods
COCKTAILBAR
(☑ 407-203-1114; www.thewoodsorlando.com; 49 N Orange Ave, 2. OG, Historic Rose Bldg; Cocktails

12 US$; ⊙ Mo–Fr 17–2, Sa ab 19, So 16–24 Uhr) Floridas wohl beste Cocktailbar bietet eine monatlich wechselnde Getränkekarte mit kunstvoll gestalteten Cocktails, die in einer gemütlichen, rauchfreien Umgebung im 2. Stock unter freiliegendem Mauerwerk an einer Baumstamm-Bar ohne überspannte Barkeeper genossen werden können.

Hanson's Shoe Repair   COCKTAILBAR
(☑ 407-476-9446; 27 E Pine St; Cocktails 12 US$; ⊙ Di–Do & Sa 10–2, Fr ab 19 Uhr) Diese Mondscheinkneipe in der Innenstadt stammt noch aus der Zeit der Prohibition und trägt mit historischen Cocktails und einem geheimen Passwort am Eingang zum verbotenen Ambiente bei. Die klassischen Cocktails werden drinnen an einer versteckten Bar serviert (NV Art Bar). Um hier rein zu kommen, muss man vorher anrufen und sich das Passwort geben lassen.

❶ Praktische Informationen

Official Visitor Center (☑ 407-363-5872; www.visitorlando.com; 8723 International Dr; ⊙ 8.30–18 Uhr) Legale Vergünstigungen auf Tickets für verschiedene Attraktionen und gute Informationen über die Themenparks, Unterkünfte, Outdoor-Aktivitäten, darstellende Künste und vieles mehr.

❶ Anreise & Unterwegs vor Ort

Vom **Orlando International Airport** (MCO; ☑ 407-825-8463; www.orlandoairports.net; 1 Jeff Fuqua Blvd) geht's mit dem Bus oder Taxi zu den Haupttouristenzielen. **Mears Transportation** (☑ Kundenservice 407-423-5566; Reservierungen 855-463-2776; www.mearstransportation.com) bietet einen Shuttle-Service an (20–28 US$/Pers.). **Greyhound** (☑ 407-292-3424; www.greyhound.com; 555 N John Young Pkwy) bedient zahlreiche Großstädte, während Züge der **Amtrak** (www.amtrak.com; 1400 Sligh Blvd) täglich südwärts nach Miami und nordwärts nach NYC rollen.

Lynx (☑ Routeninfos 407-841-8240; www.golynx.com; pro Fahrt 2 US$, Tages-/Wochenkarte 4,50/16 US$, Umsteigen gratis) betreibt Orlandos Stadtbusse. Entlang des I-Dr verkehren Busse von **I-Ride Trolley** (☑ 407-354-5656; www.iridetrolley.com; Fahrt Erw./Kind 3–9 Jahre 2/1 US$, Pass 1/3/5/7/14 Tage 5/7/9/12/18 US$; 8–22.30 Uhr).

Selbstfahrer aufgepasst: Die I-4 ist zwar tatsächlich die Hauptverkehrsader von Norden nach Süden, verwirrenderweise aber mit „East" bzw. „West" (Osten bzw. Westen) beschildert. Richtung Norden heißt's daher die I-4 East (Richtung Daytona) nehmen, nach Süden die I-4

West (Richtung Tampa). Als Hauptachsen in Ost-West-Richtung fungieren der Hwy 50 und der Hwy 528 (alias Bee Line bzw. Beach Line Expwy), der zum Orlando International Airport führt.

Walt Disney World Resort

Walt Disney World (WDW) erstreckt sich über mehr als 100 km² und ist das größte Themenpark-Resort der Welt. Es umfasst vier separate Themenparks, zwei Wasserparks, einen Sportkomplex, drei 18-Loch-Golfplätze, über zwei Dutzend Hotelresorts, mehr als 100 Restaurants und Lokale und zwei Einkaufs-, Restaurant- und Vergnügungsviertel – diese Welt ist also ganz und gar nicht klein. Manchmal fühlt sich das Ganze geradezu lächerlich überfüllt und kommerziell an, aber selbst ohne Kinder bleibt man nicht lange gegen Disneys hochansteckende Begeisterung und warmherzige Nostalgie immun. Natürlich sind die Erwartungen hoch, und auch der selbsterklärte „glücklichste Ort der Welt" kann seine Versprechen nicht immer einhalten. Trotzdem passiert es jedes Mal: Cinderella verzaubert die kleinen Prinzessinnen, der Jedi-Ritter in der Familie bezwingt Darth Maul, und man selbst ist in dem sentimentalen Ride über unseren winzigen Planeten beinahe zu Tränen gerührt und plötzlich von all dem Zauber ganz hin und weg.

◎ Sehenswertes & Aktivitäten

★ **Magic Kingdom**   THEMENPARK
(☑ 407-939-5277; www.disneyworld.disney.go.com; 1180 Seven Seas Dr; Erw./Kind 3–10 Jahre 105/99 US$; ⊙ 9–23 Uhr, wechselnde Öffnungszeiten; ☐ Disney, ☐ Disney, Monorail Disney) Bei Walt Disney World (WDW) denken vor allem Kinder ausschließlich an das Magic Kingdom. Hier findet man alle Disney-Klassiker – z.B. das kultige Cinderella's Castle, Rides wie den Space Mountain, das abendliche Feuerwerk und die Lichterparaden, die die **Main Street, USA** am Abend erleuchten. Mehr Disney-Legende geht nicht.

Vom Cinderella's Castle in der Mitte des Parks führen Wege zu den verschiedenen „Ländern":

Im **Tomorrowland** wird man im Space Mountain durchs dunkle All katapultiert. Diese Indoor-Achterbahn ist der beliebteste Ride im Magic Kingdom. Daher unbedingt so früh wie möglich erscheinen und bei bereits zu langer Warteschlange einen FastPass+ holen.

TIPPS & TRICKS FÜR WDW

Tickets

Ideal sind Tickets, deren Gültigkeit die Anzahl der eigentlich geplanten Besuchstage in den Parks überschreitet. Dies senkt die Kosten pro Tag und gibt einem die Freiheit, zwischendurch mal am Pool zu relaxen oder weniger angesagte Attraktionen außerhalb der Vergnügungsparkgrenzen zu besuchen.

Neben Ein- und Mehrtagestickets gibt's auch hinzu buchbare Park-Hopper-Pässe (64 US$), die für alle vier Parks gelten. Am besten schaut man online nach Pauschalangeboten und schlägt dann im Voraus zu, um langes Warten am Eingang zu vermeiden. Wer seine Tickets noch vor dem Tag abholen möchte, an dem man den Park besuchen will, der sollte das bei der Guest Relations in Disney Springs (dem ehemaligen Downtown Disney) tun. Damit umgeht man die 17 US$-Parkgebühr, die bei anderen Guest Relations in den vier Parks fällig wird.

Zwecks Ermäßigung empfehlen sich Websites wie www.mousesavers.com und www.undercovertourist.com.

Reisezeit

Feiertage und Ferien – vor allem im Sommer – bescheren der Walt Disney World stets die meisten Besucher. Am wenigsten los ist von Januar bis Februar, von Mitte September bis Oktober und Anfang Dezember. Das beste Wetter herrscht meist im Spätherbst. Platzregen sind im heißen, feuchten Sommer keine Seltenheit.

Am eigentlichen Besuchstag sollte man früh starten, um vor dem Hauptansturm am Mittag so viel wie möglich vom Park sehen zu können. Wenn Hitze und Besucherandrang am größten sind (ca. ab 14 oder 15 Uhr), legt man am besten eine Erholungspause im Hotel ein. Dann ein paar Stunden später zurückkehren und bis zum Schluss bleiben.

FastPass+ & My Disney Experience App

Für die meisten beliebten Attraktionen hat Disney den alten FastPass auf Papier 2014 durch den FastPass+ (☑ 407-828-8739; www.disneyworld.disney.go.com) ersetzt, der den Gästen ermöglichen soll, ihren Besuch im Voraus zu planen und die Zeit in den Warteschlangen zu verkürzen. Unter www.disneyworld.disney.go.com oder durch das Downloaden der kostenlosen mobilen App können Besucher eine bestimmte Zeit für bis zu drei Attraktionen pro Tag bei My Disney Experience reservieren. Wenn man seine Tickets mit der App verknüpft hat, ist sie (und das kostenlose WLAN in den Parks) von unschätzbarem Wert, was das Planen und Organisieren des gesamten Disney-Aufenthalts betrifft.

New Fantasyland ist das neu gestaltete Highlight für alle maximal achtjährigen Disneybesucher und die Heimat von Mickey und Minnie, Goofy und Donald Duck, Schneewittchen und die sieben Zwerge und vielen weiteren Berühmtheiten. Zu den neuesten Attraktionen der größten Parkerweiterung in der Geschichte des Magic Kingdom gehören die Rides Under the Sea – Journey of the Little Mermaid und der Seven Dwarfs Mine Train, eine familienfreundliche Achterbahn.

Adventureland ist geprägt von Piraten, Urwäldern, fliegenden Teppichen, Baumhäusern und neckischen bis albernen Darstellungen von exotischen Orten, die man aus Märchenbüchern oder der eigenen Fantasie kennt.

Am Liberty Square steht das sehr beliebte Haunted Mansion, ein weitläufiges Herrenhaus im Stil des 19. Jhs. in dem die Geister das Sagen haben. Frontierland ist Disneys Antwort auf den Wilden Westen.

★ Epcot   THEMENPARK
(☑ 407-939-5277; www.disneyworld.disney.go.com; 200 Epcot Center Dr; Erw./Kind 3–10 J. 97/91 US$; ⊙ 11–21 Uhr, wechselnde Öffnungszeiten; ⬚ Disney, ⬚ Disney) Epcot ist die Abkürzung für „Experimental Prototype Community of Tomorrow" und spiegelte Disneys Vision einer Hightech-Stadt wider, als es 1982 eröffnete. Es ist in zwei Hälften unterteilt: Future World mit Rides und von Konzernen gesponserten interaktiven Ausstellungen sowie World Showcase, das einen interessanten Einblick in die Kultur von elf Ländern bietet.

Epcot ist viel entspannter und unaufgeregter als die anderen Parks und bietet mit die besten Restaurants und Einkaufsmöglichkeiten.

★ Disney's Animal Kingdom THEMENPARK
(☎407-939-5277; www.disneyworld.disney.go.com; 2101 Osceola Pkwy; Erw./Kind 97/91 US$; ☺9–19 Uhr, wechselnde Öffnungszeiten; 🚇Disney) Diese manchmal etwas surreale Mischung aus afrikanischer Safari, Zoo, Fahrgeschäften, kostümierten Figuren, Shows und Dinosauriern hat ein ganze eigenes Flair. Am besten sind die Tierbegegnungen und die Shows, und das Herzstück ist das 45 ha große Gelände mit **Kilimanjaro Safaris**. Im legendären **Tree of Life** findet das lustige Show „It's Tough to Be a Bug!" statt, und **Expedition Everest** und **Kali River Rapids** sorgen für den größten Nervenkitzel. Frühestens 2017 soll hier der neue Themenbereich Pandora – The Land of Avatar eröffnet werden.

★ Disney's Hollywood Studios VERGNÜGUNGSPARK
(☎407-939-5277; www.disneyworld.disney.go.com; 351 S Studio Dr; Erw./Kind 3–10 J. 97/91 US$; ☺9–22 Uhr, wechselnde Öffnungszeiten; 🚇Disney, ⛴Disney) Unter allen Disney-Vergnügungsparks versprühen die Hollywood Studios den wenigsten Charme. Allerdings soll der Park in den nächsten Jahren um ein 5,6 ha großes *Star Wars*-Land und um einen 4,5 ha großen *Toy Story*-Bereich erweitert werden. Bis dahin findet man hier die zwei aufregendsten Fahrgeschäfte der WDW: den unberechenbaren Aufzug im **Twilight Zone Tower of Terror** und die der Rockband Aerosmith gewidmete Indoor-Achterbahn **Rock 'n' Roller Coaster**.

🛏 Schlafen

Sicherlich ist es reizvoll, durch Übernachten außerhalb der Parks bares Geld sparen zu können. Der Mehrwert eines WDW-Resorts besteht jedoch in den Annehmlichkeiten, die die Disney-Unterkünfte bieten. Die über 20 familienfreundlichen Disney-Übernachtungsoptionen reichen von Campingplätzen bis hin zu Luxushotels. Gäste genießen zudem tolle Extras wie verlängerte Besuchszeiten in den Parks, ermäßigte Restaurantbesuche mit Reservierung, Gratis-Shuttles und Fahrten zum Flughafen. Die detaillierte Disney-Website führt alle Unterkünfte jeweils inklusive Tarife und Zusatzleistungen auf. Zimmerqualität und Hoteleinrichtung werden dem Preis nicht unbedingt immer gerecht: Hier bezahlt man für WDW-Annehmlichkeiten und nicht für Luxus à la Ritz.

Am preiswertesten (abgesehen vom Camping) sind die Disney's Value Resorts, von denen es sieben gibt. Sie sind mit einfachen Kettenhotels vergleichbar und werden gern von Schulklassen belegt (nur eine Warnung am Rande):

★ Disney's Fort Wilderness Resort CAMPINGPLATZ, HÜTTE $
(☎407-939-5277, 407-824-2900; www.disneyworld. disney.go.com; 4510 N Fort Wilderness Trail; Stellplatz Zelt/Wohnmobil 75/109–116 US$, Hütte für 6 Pers. 359 US$; ❄@🛜🏊; 🚇Disney, ⛴Disney) Wildnis für kleinere Geldbeutel bietet das Fort Wilderness Resort & Campground mit Zeltstellplätzen und Hütten für sechs Personen in einem riesigen, schattigen Naturschutzgebiet.

Disney's Art of Animation Resort HOTEL $$
(☎407-939-5277, 407-938-7000; www.disneyworld. disney.go.com; 1850 Animation Way; Zi. 109–199 US$, Suite 269–457 US$; P❄@🛜🏊; 🚇Disney) Orientiert sich an Disney-Klassikern wie *König der Löwen, Cars, Findet Nemo* und *Arielle, die Meerjungfrau*.

Disney's All-Star Movies Resort HOTEL $$
(☎407-939-7000, 407-939-5277; www.disneyworld. disney.go.com; 1901 W Buena Vista Dr; Zi. 85–192 US$; P❄@🛜🏊; 🚇Disney) Kultige Charaktere aus Disney-Filmen wie *Toy Story* und *101 Dalmatiner*.

Disney's All-Star Music Resort HOTEL $$
(☎407-939-6000, 407-939-5277; www.disneyworld. disney.go.com; 1801 W Buena Vista Dr; Zi. 85–192 US$; P❄🛜🏊; 🚇Disney) Familiensuiten und Motelzimmer umgeben von riesigen Musikinstrumenten.

Disney's All-Star Sports Resort HOTEL $$
(☎407-939-5000, 407-939-5277; www.disneyworld. disney.go.com; 1701 Buena Vista Dr; Zi. 85–192 US$; P❄@🛜🏊; 🚇Disney) Fünf dreistöckige Gebäudepaare, die thematisch nach verschiedenen Sportarten getrennt sind.

Disney's Pop Century Resort HOTEL $$
(☎407-939-5277, 407-938-4000; www.disneyworld. disney.go.com; 1050 Century Dr; Zi. 95–210 US$; P❄🛜🏊; 🚇Disney) Jeder Bereich ist einem anderen Jahrzehnt der zweiten Hälfte 20. Jhs. gewidmet.

★ Disney's Wilderness Lodge RESORT $$$
(☎407-939-5277, 407-824-3200; www.disneyworld. disney.go.com; 901 Timberline Dr; Zi. 289–998 US$; P❄🛜🏊; 🚇Disney, ⛴Disney) Zu unseren fa-

vorisierten Luxusresorts gehört die Wilderness Lodge im Yosemite-Stil: Ausbrechende Geysire, ein seeartiger Poolbereich und Kinderstockbetten verbreiten hier „rustikale Opulenz".

✘ Essen

Das Essen in den Vergnügungsparks reicht von gut bis furchtbar; die interessantesten Gerichte werden in Epcots World Showcase serviert. Am besten ist das Essen in den Restaurants, aber man sollte immer reservieren, da es sonst unmöglich sein kann, einen Platz zu finden. Bei der zentralen Reservierungsstelle (☏1-407-939-3463) kann man bis zu 180 Tage im Voraus einen Platz fürs Abendessen reservieren. Oder man bucht online auf der Website über den Bereich My Reservations unter My Disney Experience; auch die App ist eine Möglichkeit.

Disney bietet zwei Dinner-Shows (ein hawaiianisches Luau und ein BBQ im Country-Stil/Varieté-Show) und 15 unglaublich beliebte „Character Meals" an, bei denen man mit seiner Lieblingsfigur essen kann (Details gibt's auf der Website). Am besten bucht man sie sofort, wenn sich das 180-Tage-Fenster öffnet.

★ Sci-Fi Dine-In Theater   AMERIKANISCH $$
(☏407-939-3463; www.disneyworld.disney.go.com; Hollywood Studios; Hauptgerichte 14–32 US$, nur mit Eintrittskarte für einen Themenpark; ⊙12–21 Uhr; 🛜🍽; 🚌Disney, ⛴Disney) Die Gäste dinieren in Cadillacs, trinken Craft-Bier und schauen dabei klassische Science-Fiction-Filme.

★ Boma   BUFFET $$
(☏407-938-4744, 407-939-3463; www.disneyworld.disney.go.com; 2901 Osceola Pkwy, Disney's Animal Kingdom Lodge; Erw./Kind Frühstück 24,50/13 US$, Abendessen 40,50/21 US$; ⊙7.30–11 & 16.30–21.30 Uhr; 🛜🍽; 🚌Disney) Restaurant mit nettem Afrika-Ambiente und überdurchschnittlich gutem Buffet.

Cinderella's Royal Table   AMERIKANISCH $$$
(☏407-934-2927; www.disneyworld.disney.go.com; Cinderella's Castle, Magic Kingdom; Erw. 58–73 US$, Kind 36–43 US$; ⊙8.05–10.40, 11.45–14.40 & 15.50–21.40 Uhr; 🛜🍽; 🚌Disney, ⛴Lynx 50, 56) Das gefragteste Essen im WDW gibt's im Schloss des Magic Kingdom, wo man mit Prinzessinnen speist.

California Grill   AMERIKANISCH $$$
(☏407-939-3463; www.disneyworld.disney.go.com; 4600 World Dr, Disney's Contemporary Resort; Hauptgerichte 37–50 US$; ⊙17–22 Uhr; 🍽; 🚌Disney, ⛴Disney, Monorail Disney) Zeitgenössische kalifornische Küche und zwei Aussichtsplattformen mit tollem Blick über die Feuerwerke von Magic Kingdom!

Victoria & Albert's   AMERIKANISCH $$$
(☏407-939-3463; www.victoria-alberts.com; 4401 Floridian Way, Disney's Grand Floridian Resort; Festpreismenüs ab 159 US$, zzgl. 65 US$ für Wein; ⊙17–21.20 Uhr; 🛜; 🚌Disney, ⛴Disney, Monorail Disney) Anzüge, Krawatten und Kristallkelche: Ein waschechtes Nobellokal für romantisch veranlagte Gourmets. Kein Herumgealber, und keine Kinder unter 10 Jahren.

☆ Unterhaltung

Neben den Themenpark-Events wie den Paraden und dem Feuerwerk im Magic Kingdom oder Illuminations in Epcot hat Disney noch zwei weitere Unterhaltungsbereiche zu bieten: das kürzlich umgestaltete Disney Springs (ehemals Downtown Disney) und Disney's Boardwalk. Hier locken Restaurants, Bars, Musik, Filme, Läden und verschiedene Shows.

★ Cirque du Soleil La Nouba   DARSTELLENDE KÜNSTE
(☏407-939-7328, 407-939-7600; www.cirquedusoleil.com; Disney Springs; Erw. 59–139 US$, Kind 48–115 US$; ⊙Di-Sa 18–21 Uhr; 🚌Disney, ⛴Disney, 🚌Lynx 50) Atemberaubend akrobatisch und eine der besten Shows in WDW.

ℹ Anreise & Unterwegs vor Ort

Die meisten Hotels in Kissimmee und Orlando bieten Gratis-Shuttles zur WDW an – ebenso alle Disney-Resorts, deren Personal Gäste zudem kostenlos vom Flughafen abholt. Selbstfahrer erreichen alle vier Parks über die I-4 und können ihr Fahrzeug für 17 US$ abstellen. Vom riesigen Parkplatz des Magic Kingdom fahren Besucherzüge oder Fähren zum Eingang.

Ein komplexes Verkehrsnetz (Monorails, Busse, Boote) verbindet die einzelnen Parks, Resorts und Unterhaltungsbereiche von WDW intern miteinander.

Rund um Orlando

Gleich nördlich von Orlando warten ein paar der besten Outdoor-Abenteuer Floridas – vor allem Schwimmen, Schnorcheln und Kajakfahren in, bzw. auf kristallklaren natürlichen Quellen mit einer Wassertemperatur von (22 °C). Am nächsten zur Stadt liegt der **Wekiwa Springs State Park** (☑407-884-2009; www.floridastateparks.org/wekiwa springs; 1800 Wekiwa Circle, Apopka; Eintritt 6 US$, Stellplatz 5 US$/Pers., Strom-/Wasseranschluss 24 US$; ☺7 Uhr–Sonnenuntergang) mit einem 21 km langen Wanderwegnetz, einem von einer Quelle gespeisten Badebereich, einem netten Campingplatz und der wilden, malerischen Idylle des Wekiva River. Leihkajaks gibt's bei **Nature Adventures** (☑407-884-4311; www.canoewekiva.com; 1800 Wekiwa Circle, Wekiwa Springs State Park, Apopka; Kanu/Kajak 17 US$/2 Std., jede weitere Std. zzgl. 3 US$; ☺8–20 Uhr; ⊞).

Der **Blue Spring State Park** (☑386-775-3663; www.floridastateparks.org/bluespring; 2100 W French Ave, Orange City; Auto/Fahrrad 6/2 US$; ☺8 Uhr–Sonnenuntergang) ist das Überwinterungsquartier vieler Seekühe. Hier kann man zweistündige Bootsfahrten auf dem St. John's River unternehmen. Etwas nördlich von Deland beginnt der **De Leon Springs State Park** (☑386-985-4212; www.floridastate parks.org/deleonsprings; 601 Ponce de Leon Blvd, De Leon Springs; Auto/Fahrrad 6/2 US$; ☺8 Uhr–Sonnenuntergang) mit einem großen Badebereich, weiteren Kajakfahrmöglichkeiten und geführten Touren zu Juan Ponce de Leóns angeblichem Jungbrunnen.

Wer echte Wildnis sucht, flüchtet in den **Ocala National Forest** (www.fs.usda.gov/oca la) mit Dutzenden Campingplätzen, Hunderten Wanderwegekilometern und 600 Seen. Die dortigen Möglichkeiten zum Wandern, Radfahren, Kanufahren und Campen gehören zu den besten des Bundesstaats. Beschreibungen und Touristeninformationen stehen auf der Website.

FLORIDA PANHANDLE

Wenn man all die großartigen Dinge nimmt, die den Deep South ausmachen – freundliche Menschen, gelassenes Schneckentempo, von Eichen gesäumte Landstraßen, Unmengen frittierter Köstlichkeiten – und dann noch Hunderte Kilometer schneeweißer Strände, Dutzende glasklarer natürlicher Quellen und all die frischen Austern dazunimmt, die man schlürfen kann, dann hat man ihn: den fantastischen, extrem unterschätzten Florida Panhandle.

Tallahassee

Zwischen Alleen und vor einer Kulisse aus sanft gewellten Hügeln breitet sich Floridas ruhige, würdevolle Hauptstadt aus. Tallahassee ist Atlanta in geografischer wie kultureller Hinsicht näher als Miami – und gleichzeitig weitaus südstaatenmäßiger als das restliche Florida. Trotz der beiden großen Universitäten (Florida State und Florida Agricultural and Mechanical University) und des Status als Regierungssitz des Bundesstaats gibt's hier nicht viel, das Besucher länger als einen oder zwei Tage sinnvoll beschäftigt.

◉ Sehenswertes & Aktivitäten

Auf jeden Fall sollte man über den künstlerischen **Railroad Square** (☑850-224-1308; www.railroadsquare.com; 567 Industrial Dr) schlendern, einen ehemaligen Holzlagerplatz und Industriepark zwischen Downtown und der Florida State University. Hier finden sich zahlreiche schrille Boutiquen, Kunstgalerien, Cafés und Kleinbrauereien.

Mission San Luis   HISTORISCHE STÄTTE
(☑850-245-6406; www.missionsanluis.org; 2100 W Tennessee St; Erw./Kind 5/2 US$; ☺Di–So 10–16 Uhr) Auf dem 24 ha großen Gelände stand im 17. Jh. eine Mission, die gemeinsam von Spaniern und indigenen Apalachee geführt wurde. Teile davon wurden eindrucksvoll rekonstruiert (vor allem das mächtige Council House). Die guten Führungen (im Eintritt enthalten) vermitteln einen faszinierenden Eindruck von vor 300 Jahren.

Museum of Florida History   MUSEUM
(☑850-245-6400; www.museumoffloridahistory. com; 500 S Bronough St; ☺Mo–Fr 9–16.30, Sa 10–16.30, So 12–16.30 Uhr) GRATIS Hier wird die Geschichte des Bundesstaats mittels witzig-flotter Ausstellungen porträtiert. Das Themenspektrum reicht von Mastodon-Skeletten, Floridas Paläo-Indianern, spanischen Schiffswracks und dem Amerikanischen Bürgerkrieg bis hin zum *tin-can tourism* (Wohnwagentourismus).

Florida Capitol Buildings   HISTORISCHE GEBÄUDE
Alt und neu stehen direkt nebeneinander: Das schlichtweg hässliche **Florida State Capitol** (www.myfloridacapitol.com; 402 South Monroe St; ☺Mo–Fr 8–17 Uhr) GRATIS wird ganz oben von einer Aussichtsplattform mit Blick auf die Stadt gekrönt. Sein hübscherer Vorgänger ist das benachbarte **Historic Capitol** (www.flhistoriccapitol.gov; 400 S Monroe St; ⊞) GRATIS von 1902.

Das **Historic Capitol Museum** (www.flhistoriccapitol.gov; 400 South Monroe St; ⊙ Mo-Fr 9–16.30, Sa 10–16.30, So 12–16.30 Uhr) `GRATIS` im Inneren zeigt faszinierende Ausstellungen zu Kultur und Regierung (u. a. zur berühmt-berüchtigten US-Präsidentschaftswahl des Jahres 2000).

🛏 Schlafen

Die Häuser der großen Hotelketten konzentrieren sich auf die Ausfahrten der I-10 sowie auf die Monroe St zwischen der I-10 und Downtown.

Hotel Duval HOTEL $$
(☎ 850-224-6000; www.hotelduval.com; 415 N Monroe St; Zi. 129–259 US$; P ❄ 🖥) Das Hotel mit 117 Zimmern und neomodernem Touch ist Tallahassees eleganteste Bleibe. Jedes Stockwerk riecht hier anders – im dritten Stock (Bourbon Vanilla) riecht es z. B. nach Dr. Pepper! Die Dachbar mit Lounge hat an den meisten Abenden bis 2 Uhr geöffnet.

Governor's Inn HOTEL $$
(☎ 850-681-6855; www.thegovinn.com; 209 S Adams St; Zi. 219–309 US$; P ❄ 🖥) Das freundliche, einladende Hotel punktet mit einer tollen Innenstadtlage und einer Cocktailstunde. Von Einzelzimmern bis hin zu zweistöckigen Loft-Suiten vermietet es alle möglichen Unterkünfte.

✗ Essen & Ausgehen

Viele fahren zum Abendessen ins malerische Thomasville, Georgia, aber auch die Gourmetszene in Tallahassee wird immer besser.

Paisley Cafe CAFÉ $
(www.thepaisleycafe.com; 1123 Thomasville Rd; Hauptgerichte 13,50–18 US$; ⊙ Mo–Do 11–14.30, Fr bis 15, Sa & So 10–15 Uhr; 🖥) Ein wunderbares Café in Midtown mit köstlichen Sandwiches und unglaublich leckeren Desserts (beim Slutty Brownie läuft einem sofort das Wasser im Munde zusammen).

Cypress NEUE SÜDSTAATENKÜCHE $$$
(☎ 850-513-1100; www.cypressrestaurant.com; 320 E Tennessee St; Hauptgerichte 21–32 US$; ⊙ Mo–Sa 17–22, So 10.30–14 Uhr) Dieses unscheinbare Lokal ist das Reich des einheimischen Kochs David Gwynn, dessen regionale Südstaatengerichte alle Erwartungen übertreffen. Man beginnt am besten mit dem gerösteten Rosenkohlsalat mit pochierten Eiern und wählt dann als Hauptgericht aufgemotzte Klassiker wie Schweinebauch frittiert mit Pecannüssen oder Garnelen

---

`NICHT VERSÄUMEN`

WAKULLA SPRINGS

Nur 15 Meilen (24 km) südlich von Tallahassee liegt der **Edward Ball Wakulla Springs State Park** (☎ 850-561-7276; www.floridastateparks.org/park/Wakulla-Springs; 465 Wakulla Park Dr; Auto/Fahrrad 6/2 US$, Bootstouren Erw./Kind 8/5 US$; ⊙ 8 Uhr–Sonnenuntergang) mit der tiefsten Süßwasserquelle der Welt. Diese entspringt einem echten Archäologentraum: einer riesigen Unterwasserhöhle mit versteinerten Knochen (u. a. einem um 1850 entdeckten Mastodon-Skelett). Heute kann man in den eiskalten Quellen baden oder sie per Glasbodenboot bewundern, die riesigen Seekühen hinterher fahren. Der artenreiche Wakulla River diente einst als Filmkulisse für diverse Tarzan-Streifen und für *Der Schrecken vom Amazonas*.

---

mit Maisgrütze und Bourbon-Orangen-Thymian-Sauce.

Madison Social PUB
(www.madisonsocial.com; 705 South Woodward Ave; Hauptgerichte 9–20 US$; Bier 3–6 US$; ⊙ So–Do 11.30–2, Fr & Sa ab 10 Uhr; 🖥) Auch wenn es gerade sehr beliebt ist, ehemalige Lagerhallen in hippe Lokale umzuwandeln, wurde dieser angesagte Pub von Beginn an in diesem Stil gebaut. Während die Sonne über dem Doak Campbell Football Station - on – dem größten, durchgehend aus Beton errichteten Bauwerk der USA – untergeht, kippt hier eine gewagte und schöne Mischung aus Einheimischen und Studenten der FSU ihre Drinks an der großartigen Bar oder an Picknicktischen aus Aluminium.

★ Unterhaltung

Bradfordville Blues Club LIVEMUSIK
(☎ 850-906-0766; www.bradfordvilleblues.com; 7152 Moses Lane abseits der Bradfordville Rd; Tickets 15–35 US$; ⊙ Fr & Sa 22, z. T. auch Do 20.30 Uhr; s. Website) Diese Spelunke versteckt sich am Ende einer unbefestigten Straße, die von Tiki-Fackeln beleuchtet wird. Unter Eichen fällt hier der Schein des Lagerfeuers auf tolle Bluesbands aus den ganzen USA.

ℹ Praktische Informationen

Leon County Welcome Center (☎ 850-606-2305; www.visittallahassee.com; 106 E Jefferson St; ⊙ Mo–Fr 8–17 Uhr) Eine ausgezeichnete

Touristeninformation mit Broschüren über Wanderwege und Autotouren.

❶ Anreise & Unterwegs vor Ort

Der **Tallahassee Regional Airport** (☏ 850-891-7802; www.talgov.com/airport; 3300 Capital Circle SW) liegt etwa 5 Meilen (8 km) südwestlich vom Zentrum, abseits des Hwy 263. Der **Greyhound-Busbahnhof** (☏ 850-222-4249; www.greyhound.com; 112 W Tennessee St) befindet sich direkt in der Innenstadt.

Star Metro (☏ 850-891-5200; www.talgov.com/starmetro; Einzelfahrt 1,25 US$, ganzer Tag 3 US$) betreibt Lokalbusse.

Apalachicola & Umgebung

Langsam, entspannt und perfekt erhalten: Apalachicola ist eines der unwiderstehlichsten, romantischsten Dörfer des Panhandle. Die im Schatten von Eichen gelegene Stadt schmiegt sich an den Rand einer breiten Bucht, die für ihre Austern berühmt ist. Auch dank ihrer jüngsten Welle frischer Bistros, Kunstgalerien, ausgefallener Boutiquen und historischer B&Bs stellt sie einen äußerst beliebten Zufluchtsort dar.

◉ Sehenswertes & Aktivitäten

St. Vincent Island INSEL
(☏ 850-653-8808; www.fws.gov/saintvincent) Wer Natur erleben möchte, begibt sich auf die unberührte St. Vincent Island mit ihren schimmernden Dünen, Pinienwäldern und Feuchtgebieten, in denen es vor Wildtieren nur so wimmelt.

St. George Island State Park PARK
(☏ 850-927-2111; www.floridastateparks.org/stgeorgeisland; Fahrzeug 6 US$, Stellplatz Zelt- & Wohnmobil 24 US$; ◷ 8 Uhr–Sonnenuntergang) Dieser Park bietet 15 km traumhafter, unbebauter Strände. Im Ort kann man Angel- und Boots-touren durch die ungezähmte Natur buchen.

🛏 Schlafen & Essen

Riverwood Suites BOUTIQUE-GÄSTEHAUS $$
(☏ 850-653-3848; www.riverwoodsuites.com; 29 Ave F; Zi. 139–169 US$; P❀☎) Die vier geräumigen Zimmer im Innern einer ehemaligen Dosenfabrik sind die neuesten und besten im Ort: Hartholzböden, kunstvolle Kopfenden, moderne Annehmlichkeiten und abgeschiedene Romantik pur.

Coombs House Inn B&B $$
(☏ 850-653-9199; www.coombshouseinn.com; 80 6th St; Zi. 99–189 US$; ❀☎) Dieses beeindruckende, gelbe viktorianische Gasthaus wurde 1905 erbaut und bietet schwarze Zypressenholzwände, neun Kamine, eine geschnitzte Eichenholztreppe, verbleite Glasfenster und Holzdecken.

Owl Cafe & Tap Room MODERN-AMERIKANISCH $$
(☏ 850-653-9888; www.owlcafeflorida.com; 15 Ave D; Hauptgerichte 10–28 US$; ◷ Mo–Fr 11–15 & 17.30–22, Sa ab 11, So 10.30–15 Uhr; ☎) In dem bei Einheimischen beliebten Lokal kommt jeder auf seine Kosten. Oben gibt's ein gehobenes Café zum Essen, unten einen Weinkeller, Craft-Biere und eine Trinkstube.

❶ Praktische Informationen

Apalachicola Bay Visitors Center (www.apalachicolabay.org; 122 Commerce Street) Hier gibt es Karten und Infos über Wanderungen.

Panama City Beach

Es ist unmöglich, Panama City Beach für etwas anderes zu halten als für das, was es ist: eine typische, turbulente floridianische Strandstadt. Studenten beim Spring Break und Sommerurlauber strömen in Scharen an die wunderschönen weißen Sandstrände und genießen das kunterbunte Amüsement, während über Meilen hinweg eine hoch aufragende Wohnanlage nach der anderen darauf besteht, die Aussicht zu versauen.

◉ Sehenswertes & Aktivitäten

Shell Island eignet sich perfekt zum Schnorcheln, und im Sommer fahren alle 30 Minuten **Shuttles** (☏ 850-233-0504; www.shellislandshuttle.com; Erw./Kind 16,95/8,95 US$; ◷ 9–17 Uhr) hier ab.

St. Andrews State Park PARK
(☏ 850-233-5140; www.floridastateparks.org/standrews; 4607 State Park Lane, Panama City; Fahrzeug/Fußgänger 8/2 US$; ◷ 8 Uhr–Sonnenuntergang) Ein friedlicher Rückzugsort mit Naturpfaden, Stränden zum Schwimmen und wilden Tieren.

Dive Locker TAUCHEN
(☏ 850-230-8006; www.divelocker.net; 106 Thomas Dr, Panama City Beach; ◷ Mo–Fr 8–18, Sa 7–16, So bis 17 Uhr) Die Gegend rund um den Panama City Beach ist ein bekanntes Wracktauchgebiet mit Dutzenden natürlicher, historischer und künstlicher Riffe. Dieser angesehene Anbieter mit Tauchschule weiß alles über die einheimischen Riffe. Grundkurse

NICHT VERSÄUMEN

SCENIC DRIVE: EMERALD COAST

Entlang der Panhandle-Küste kann man den wichtigsten Highway (Hwy 98) zwischen Panama City Beach und Destin getrost verlassen und stattdessen auf eine der bezaubernsten Routen Floridas ausweichen: den **Scenic Highway 30A**. Dieser 18 Meilen (29 km) lange Straßenabschnitt schmiegt sich an einen Landstrich, der aufgrund seines beinahe fluoreszierenden, juwelengrünen Wassers, das an glitzernd weiße Strände mit feinstem Quarzsand brandet, auch Emerald Coast (Smaragdküste) genannt wird.

Neben dem Scenic Hwy 30A warten hier ursprüngliche, wilde Parklandschaften wie der **Grayton Beach State Park** (✆ 850-267-8300; www.floridastateparks.org/grayton beach; 357 Main Park Rd, Santa Rosa Beach; Auto 5 US$; ☉ 8 Uhr bis Sonnenuntergang), der als einer der schönsten, am wenigsten berührten Strände Floridas gilt. Etwa 15 mehr oder weniger skurrile Gemeinden gibt es an der Küste, einige künstlerisch und unkonventionell, andere bis ins letzte Detail durchgeplante Urlaubsorte mit perfekt durchgestylter Architektur. Das interessanteste, surrealste unter ihnen ist das kleine Dörfchen **Seaside** (www.seasidefl.com), eine pastellfarbene Stadt, die in den 1980er-Jahren als Modellort des New Urbanism gefeiert wurde.

Seaside ist eine derart idealisierte Vision, dass der Ort 1998 (fast) völlig unverändert als Kulisse für den Film *Die Truman Show* diente, der von einem Mann erzählt, dessen „perfektes Leben" nichts weiter ist als eine Fernsehsendung. Variationen desselben Themas finden sich in WaterColor, Alys Beach und Rosemary Beach. Gute Internetquellen sind www.30a.com und www.visitsouthwalton.com.

mit zwei Tanks gibt es ab 142 US$ inklusive Ausrüstung.

🛏 Schlafen

PCB Bed & Breakfast   B&B $$
(✆ 850-867-0421; www.panamacitybeachbedand breakfast.com; 127 Toledo Pl; Zi. 149 US$; 🅿 ❄ 🐾) Das einzige B&B der Stadt ist eine Hütte mit drei Zimmern im Key-West-Stil mit dem Spitznamen „Nostalgic 1950's Beach Cottage" und liegt nur ein paar Schritte vom unbebauten, sonnenverwöhnten und unberührten Laguna Beach entfernt. Luxusbettwäsche und Vizio-TVs versprechen Komfort pur. Außerdem gibt es hier viele Veranden und jede Menge grüne Fleckchen zum Verweilen.

Wisteria Inn   MOTEL $$
(✆ 850-234-0557; www.wisteria-inn.com; 20404 Front Beach Rd; DZ ab 119–159 US$; 🅿 ❄ 🐾 🐕) Das reizende, kleine Motel mit 14 verschiedenen Zimmern versprüht eine fröhliche Karibik-Atmosphäre. Am Pool werden zeitweise Mimosas ausgeschenkt, und um Spring-Break-Studenten abzuschrecken, dürfen hier nur Erwachsene absteigen.

🍴 Essen & Ausgehen

Gourmet by the Bay   FAST FOOD $
(www.facebook.com/GourmetByTheBay; 284 Powell Adams Rd; Hauptgerichte 4–10 US$; ☉ Mo–Fr & So 12–19.30, Sa bis 21.30 Uhr, Sommer bis 23.30 Uhr) Versteckt im kleinen Miracle Strip Amusement Park liegt dieser sehr beliebte Imbiss, der unglaublich gute Mahi-Mahi- oder Garnelen-Tacos zu günstigen Preisen macht. Wer hier nur isst, muss keine Parkgebühr bezahlen.

The Craft Bar   BAR
(www.thecraftbarfl.com; 15600 Panama City Beach Pkwy, Pier Park North; Bier 4,50–12 US$, Hauptgerichte 12–35 US$; ☉ Mo–Do 11–23, Fr & Sa bis 24, So bis 22 Uhr) Wer in diese PCB-freie Bar geht, kann Piratencamp- und Strandtuch-Anarchie gegen 30 sorgfältig durchdachte Craft-Biere vom Fass (Mikkeller!), selbst gemixte Cocktails und ausgezeichnetes Pub-Essen eintauschen.

ℹ Praktische Informationen

Visitors Information Center (✆ 850-233-5870; www.visitpanamacitybeach.com; 17001 Panama City Beach Pkwy; ☉ 8–17 Uhr) Hier gibt es Karten, Broschüren und Infos über alles, was in der Stadt los ist.

ℹ Anreise & Unterwegs vor Ort

Der **Panama City International Airport** (PFN; ✆ 850-763-6751; www.iflybeaches.com; 6300 W Bay Pkwy, Panama City) wird von einigen großen Fluglinien angeflogen. Der **Greyhound-Busbahnhof** (✆ 850-785-6111; www.greyhound. com; 917 Harrison Ave, Panama City) liegt in Panama City, und der eingeschränkte **Bay Town Trolley** (www.baytowntrolley.org; Fahrkarte

1,50 US$) fährt nur an Wochentagen zwischen 6 und 20 Uhr.

Pensacola & Pensacola Beach

An der Grenze zu Alabama heißen Pensacola und die zugehörige Strandstadt Besucher willkommen, die von Westen her anreisen. Seine wunderschönen, schneeweißen Strände und seine Toleranz gegenüber den Spring-Break-Gelagen sichern Pensacola dauerhafte Beliebtheit. Die Stadt hat sich besser als andere vom Hurrikan Ivan im Jahr 2004 und von der Ölverschmutzung 2010 durch die Deepwater Horizon im Golf von Mexiko erholt. Mit der wiedergewonnenen Energie wurde eine florierende Restaurantszene ins Leben gerufen, und in der sinnlichen Innenstadt im spanischen Stil und dem wunderbar erhaltenen historischen Viertel gibt es angesagte Cafés und Bars.

◉ Sehenswertes & Aktivitäten

★ National Naval Aviation Museum
MUSEUM

(☑850-452-3604; www.navalaviationmuseum.org; 1750 Radford Blvd; ⊙9–17 Uhr, geführte Touren 9.30, 11, 13 & 14.30 Uhr; ♣) GRATIS Beherbergt eine sehenswerte Sammlung an atemberaubenden Militärflugzeugen und das Elite-Geschwader der Blue Angels (www.blueangels.navy.mil). Überraschenderweise kostet das Museum keinen Eintritt, wenn man sich nicht hinsetzen will (8,75 US$ für IMAX-Filme, 20 US$ für den Flugsimulator und zum Essen). Ausweis mitnehmen – das ist ein aktiver Flottenstützpunkt.

Historic Pensacola Village
HISTORISCHES GEBÄUDE

(☑850-595-5985; www.historicpensacola.org; 205 E Zaragoza St; Erw./Kind 6/3 US$; ⊙Di–Sa 10–16 Uhr, geführte Touren 11, 13 & 14.30 Uhr) Mit diesem Dorf, einer autarken Enklave beeindruckender historischer Häuser und Museen, ruft Pensacola: „Nimm dies, St. Augustine!" Die Eintrittskarte ist eine Woche lang gültig und schließt eine geführte Tour, den Besuch sämtlicher Gebäude sowie den Eintritt zum TT Wentworth Florida State Museum (www.historicpensacola.org; 330 S Jefferson St; Erw./Kind 6/3 US$; ⊙Di–Sa 10–16 Uhr) und zum Pensacola Children's Museum (☑850-595-1559; 115 E Zaragoza St; Eintritt 3 US$; ⊙Di–Sa 10–16 Uhr) ein.

Pensacola Museum of Art
MUSEUM

(☑850-432-6247; www.pensacolamuseum.org; 407 S Jefferson St; Erw./Student 10/8 US$; ⊙Di–Fr 10–17, Sa ab 12 Uhr) Im ehemaligen Gefängnis der Stadt (1908) ist heute eine beeindruckende Kunstsammlung von großen Meistern aus dem 20. und 21. Jh. untergebracht, die den spanischen Kubismus, Realismus, Pop-Art und Folk-Art abdecken.

Gulf Islands National Seashore
STRAND

(☑850-934-2600; www.nps.gov/guis; 7-Tages-Pass Fußgänger/Radfahrer/Autofahrer 3/3/8 US$; ⊙Sonnenaufgang–Sonnenuntergang) Wer die wunderschönen weißen Sandstrände der Gegend genießen möchte, kann dies im leicht erreichbaren Pensacola Beach oder an der benachbarten Gulf Islands National Seashore tun, die zu einem 257 km langen Streifen (nicht durchgängig) mit unbebauten Stränden gehört. Der Abschnitt bei Pensacola wurde kürzlich erst von der USA Today zu Floridas bestem Strand gewählt.

🛏 Schlafen

Paradise Inn
MOTEL $

(☑850-932-2319; www.paradiseinn-pb.com; 21 Via de Luna Dr; Zi. ab 89 US$; P✳🛜🏊) Dank seiner beliebten Bar und seines Grills ist dieses Motel aus den 1950er-Jahren gegenüber vom Strand eine äußerst lebendige und fröhliche Unterkunft. Die Zimmer sind klein, aber sauber, mit gefliesten Böden und hell gestrichenen Wänden. Das Personal bereitet den Gästen deren frisch gefangenen Fische mit allem Drum und Dran für 13 US$ zu.

Noble Inn
B&B $$

(☑850-434-9544; www.noblemanor.com; 110 W Strong St; Zi./Suite 160/185 US$; P✳🛜🏊) Das Herrenhaus von 1905 im historischen Viertel North Hill ist die schönste Unterkunft der Stadt. Die Hausherrin Bonnie von der Ostküste macht alles alleine – sie wischt die blitzblanken Hartholzböden und serviert morgens French Toast mit gebrannten Mandeln.

New World Inn
HOTEL $$

(☑850-432-4111; www.newworldlanding.com; 600 S Palafox St; Zi. ab 119 US$; P✳🛜) Wer einen Blick unters Dach dieser ehemaligen Kartonfabrik wirft, entdeckt überraschend hübsche Zimmer mit luxuriösen Betten und neuen Hartholzböden.

✕ Essen & Ausgehen

Günstiges Essen gibt's bei Al Fresco (www.eatalfresco.com; Ecke Palafox St & Main St), einer Ansammlung von fünf Airstream-Imbisstrucks an der Ecke Palafax St und Main St. Die South Palafax St im Zentrum ist gesäumt von Bars.

Blue Dot
BURGER $

(310 N De Villiers St; Burger 5,58–6,97 US$; ⊙ Di-Fr 11.30–15, Sa 12–15 Uhr) Die Einheimischen stehen hier schon vor elf Uhr Schlange für die besten Burger von Pensacola – eine einfache, fettige und perfekt auf die Saison abgestimmte Sache. Bevor man an die Theke kommt, sollte man schon wissen, was man will, und sich gut anzuziehen, schadet auch nicht. Kennt jemand den Suppen-Nazi aus *Seinfeld*? Hier kommt der Burger-Nazi. Rechtzeitig herkommen; nur Bargeld.

Native Café
FRÜHSTÜCK $

(www.thenativecafe.com; 45a Via de Luna Dr; Hauptgerichte 4,50–13 US$; ⊙ 7.30–15 Uhr; ☎) Drei Worte: Crab Cakes Benedict! Vor diesem angesagten Frühstücks- und Mittagslokal in einer bunten Ladenzeile am Strand stehen die Leute Schlange. Charmantes Personal und unschlagbarer Service.

McGuire's Irish Pub
IRISCH $$

(www.mcguiresirishpub.com; 600 E Gregory St; Hauptgerichte 10–33 US$; ⊙ 11–2 Uhr) Diese scheunenartige Kneipe verspricht „Prasserei, Trinkgelage und Ausschweifungen" und sorgt für alle drei. Am besten hält man sich an die Steaks und Burger! An den Tierköpfen oder den mit Dollarnoten geschmückten Wänden darf man sich nicht stören.

★ Iron
NEUE SÜDSTAATENKÜCHE $$$

(☎ 850-476-7776; www.restaurantiron.com; 22 N Palafax St; Hauptgerichte 18–36 US$; ⊙ Di–Do 16.30–22, Fr & Sa bis 1 Uhr; ☎) Das Iron ist das beste Lokal unter den neuen lebhaften kulinarischen Brutstätten mit regionalen Zutaten und erstklassiger Küche in Pensacola. Mitten in der Innenstadt experimentiert hier der Koch Alex McPhail, der schon in New Orleans Erfahrung sammeln konnte, mit seiner ständig wechselnden Speisekarte. Die extrem freundlichen Barkeeper verstehen ihr Handwerk, und die Gerichte von McPhail – von in Bier gebratenem Schweinebauch bis hin zu saisonalem Fang aus dem Meer auf kreolische Art – sind allererste Sahne.

★ Seville Quarter
CLUB

(www.sevillequarter.com; 130 E Government St; Eintritt 3–10 US$; ⊙ 7–2.30 Uhr) Der große Komplex mit sieben separaten Restaurants, Bars und Musikclubs nimmt einen ganzen Gebäudeblock ein. Vom Frühstück bis zur letzten Runde ist hier immer irgendwo was los.

ℹ Praktische Informationen

Pensacola Visitors Information Center (☎ 800-874-1234; www.visitpensacola.com; 1401 E Gregory St; ⊙ Mo–Fr 8–17, Sa 9–16, So 10–16 Uhr) Am Fuß der Pensacola Bay Bridge gibt's fachkundiges Personal und jede Menge Infos für Reisende.

ℹ Anreise & Unterwegs vor Ort

Der **Pensacola Regional Airport** (☎ 850-436-5000; www.flypensacola.com; 2430 Airport Blvd) liegt 5 Meilen (8 km) nordöstlich vom Zentrum Pensacolas und wird von großen Fluglinien bedient.

Der **Greyhound-Busbahnhof** (☎ 850-476-4800; www.greyhound.com; 505 W Burgess Rd) liegt 9 Meilen (ca. 14,5 km) nördlich des Zentrums.

Ab 2017 soll es eine Fähre von Downtown Pensacola nach Pensacola Beach geben; bis dahin fährt der Bus Nr. 64 freitags bis sonntags von der Jefferson St und der Garden St zum Strand.

Die Großen Seen

Inhalt ➡

Illinois	573
Chicago	576
Indiana	607
Ohio	615
Cleveland	616
Amish Country	622
Michigan	630
Detroit	631
Wisconsin	650
Milwaukee	651
Minnesota	663
Minneapolis	664

Gut essen

➡ New Scenic Cafe (S. 677)
➡ Dove's Luncheonette (S. 595)
➡ Tucker's (S. 629)
➡ Slows Bar BQ (S. 636)
➡ The Old Fashioned (S. 657)

Schön übernachten

➡ Freehand Chicago (S. 590)
➡ Hotel 340 (S. 673)
➡ Acme Hotel (S. 590)
➡ Brewhouse Inn & Suites (S. 653)
➡ Cleveland Hostel (S. 617)

Auf zu den Großen Seen!

Nicht von den scheinbar endlosen Maisfeldern täuschen lassen: Dahinter verstecken sich Strände, tibetische Tempel, autofreie Inseln und grün flackerndes Polarlicht. Der Mittlere Westen hat den Ruf, die langweilige Mitte von Nirgendwo zu sein. Doch die Nationalparks voller Elche und die fünfspurigen Stadtstraßen sprechen eine andere Sprache – ebenso die Stätten Hemingways, Dylans und Vonneguts.

Die Großstadtparade des Mittleren Westens beginnt mit Chicagos mächtiger Skyline. Milwaukee steht für Bier und Harleys, während Minneapolis ein Leuchtfeuer der Hipness über die Felder schickt. Und Detroit? Detroit rockt!

Die gigantischen Großen Seen empfangen Besucher mit Stränden, Ferienorten und Leuchttürmen. Milchfarmen und Obstplantagen prägen die ganze Region – so dürfen sich Autotouristen auf frischgebackenen Kuchen und Eiscreme freuen. Und sollte es einem doch mal langweilig werden: An den Straßen des Mittleren Westen wartet viel Verrücktes wie das Spam Museum oder das weltgrößte Garnknäuel.

Reisezeit
Chicago

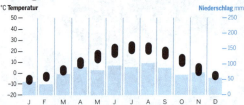

Jan. & Feb. Ski- und Schneemobilfahrer treffen sich auf den Pisten.

Juli & Aug. Endlich warm! Volle Biergärten, belebte Strände und viele wilde Festivals.

Sept. & Okt. Angenehmes Wetter, reiche Ernte (u. a. Obst) und Zwischensaison-Schnäppchen.

Geschichte

Zu den ersten Bewohnern der Region gehörten die Hopewell (um 200 v. Chr.) und die Moundbuilder des Mississippi (um 700 n. Chr.). Beide hinterließen mysteriöse Erdhügel, die als Gräber ihrer Führer und vielleicht auch als Tribut für ihre Gottheiten dienten. Man kann in Cahokia, Illinois, und in Mound City im Südosten Ohios Überreste davon sehen.

Französische Voyageure (Pelzhändler) kamen im frühen 17. Jh. hier an und richteten Missionen und Forts ein. Die Briten tauchten kurz danach auf. Die Rivalität zwischen beiden führte zum Französischen und Indischen Krieg (Siebenjähriger Krieg, 1756–1763). Danach übernahmen die Briten die Kontrolle des gesamten Landes östlich des Mississippi. Nach dem Unabhängigkeitskrieg wurde das Gebiet der Großen Seen zum nordwestlichen Territorium der USA und bald darauf in Staaten aufgeteilt. Nachdem in der Region ein beeindruckendes Netzwerk aus Kanälen und Schienen errichtet worden war, kam es zwischen den Neuankömmlingen und der indigenen Bevölkerung Amerikas zu Konflikten. Dazu gehören die Schlacht von Tippecanoe in Indiana im Jahre 1811, der blutige Black-Hawk-Krieg von 1832 in Wisconsin, Illinois und Umgebung, in dessen Folge die Einheimischen gezwungen wurden, sich westlich des Mississippi anzusiedeln, und der Sioux-Aufstand von 1862 in Minnesota.

Während des späten 19. Jhs. und des frühen 20. Jhs. begann hier Industrie zu entstehen und wuchs, angeheizt durch die Ressourcen Kohle und Eisen sowie den unkomplizierte Transportmöglichkeiten über die Seen, schnell an. Die Arbeitsplätze zogen riesige Wellen von Einwanderern aus Irland, Deutschland, Skandinavien sowie Süd- und Osteuropa an. Noch Jahrzehnte nach dem Bürgerkrieg wanderte zudem eine große Zahl von Afroamerikanern aus dem Süden in die städtischen Zentren ein.

Während des Zweiten Weltkriegs und der 1950er-Jahre florierte die Region. Dann folgten 20 Jahre sozialer Unruhen und wirtschaftlicher Stagnation. Die produzierende Industrie wurde schwächer und die Städte des *rust belt* (Rostgürtels) wie Detroit und Cleveland wurden von hoher Arbeitslosigkeit heimgesucht. Es setzte der *white flight* ein – weiße Familien der Mittelschicht flohen in die Vorstädte.

Die 1980er- und 1990er-Jahre brachten eine Wiederbelebung der Städte. Die Bevölkerung der Region wuchs, vor allem durch Einwanderer aus Asien und Mexiko. Das Wachstum in den Dienstleistungs- und Hightechsektoren sorgte für eine ökonomische Balance. Aber die verarbeitende Industrie, z. B. Autoherstellung und Stahlproduktion, spielte immer noch eine große Rolle. Dies hatte zur Folge, dass die Städte an den großen Seen die Wirtschaftskrise ab 2008 zuerst und am stärksten zu spüren bekamen.

ILLINOIS

Chicago mit seiner in den Himmel ragenden Architektur und Museen der Superlative, mit seinen Restaurants und Musikclubs dominiert den ganzen Staat. Aber wenn man sich etwas weiter hinaus wagt, entdeckt man Hemingways Heimatstadt der „weiten

---

DIE GROSSEN SEEN IN...

...fünf Tagen

Die ersten beiden Tage steht **Chicago** auf dem Programm. Am dritten Tag folgt eine Fahrt nach **Milwaukee** (1½ Std.), um dort anspruchsvolle und weniger anspruchsvolle Kultur zu genießen. Dann die Fähre hinüber nach Michigan nehmen und den vierten Tag am Strand in **Saugatuck** verbringen. Über die **Indiana Dunes** oder das **Amish Country** von Indiana geht's dann zurück nach Chicago.

...zehn Tagen

Nach zwei Tagen in **Chicago** heißt's am dritten Tag auf nach **Madison** und Umgebung, wo allerlei schräge Attraktionen warten. Am vierten und fünften Tag besucht man die **Apostle Islands**. Dann geht's für einige Tage zur Upper Peninsula, um **Marquette** und die **Pictured Rocks** zu besichtigen. Die nächsten Stationen sind die **Sleeping Bear Dunes** und die Weingüter rund um **Traverse City**. Zurück fährt man schließlich über **Saugatuck** mit seinen Galerien, Kuchen und Stränden.

DIE GROSSEN SEEN

Highlights

❶ In **Chicago** (S. 576) Wolkenkratzer, Museen, Festivals und vielfältige Gourmetküche auf sich wirken lassen

❷ Am **Western Shore** (Lake Michigan; S. 642) am Strand liegen, Beeren essen und surfen

❸ Im **Amish Country** (Ohio; S. 622) das Tempo wegen klappernden Pferdekutschen drosseln

❹ An einem Freitagabend in **Milwaukee** (S. 651) gegrillten Fisch essen und Polka tanzen

❺ Durch die **Boundary Waters** (S. 679) paddeln und unterm Sternenhimmel schlafen

❻ Vor der Stadtkulisse von **Detroit** (S. 631) am Fluss entlangradeln

❼ Auf der **Route 66** (S. 604) durch Illinois zuckeln und dabei ständig Kuchen essen

❽ Sich im **Zentralen Indiana** (S. 611) von tibetischen Tempeln, toller Architektur und grünen Hügeln überraschen lassen

Wiesen und beschränkten Gemüter", hier und da verstreute Schreine für Abe Lincoln, den Helden der Region, und an der Route 66 reihen sich Drive-in-Kinos sowie Verkaufsbuden für Corn Dogs und Kuchen aneinander. Außerdem haben in Illinois noch ein Zypressensumpf und eine prähistorische Stätte mit Welterbestatus einen Auftritt.

❶ Praktische Informationen

Illinois Office of Tourism (www.enjoyillinois.com)

Verkehrsinformationen für Illinois (www.gettingaroundillinois.com)

Illinois State Park Information (www.dnr.illinois.gov) Der Eintritt in die State Parks ist frei. Einige Stellplätze (6–35 US$) kann man reservieren (www.reserveamerica.com; 5 US$).

Chicago

Die Liebe zu Chicago ähnelt der „Liebe zu einer Frau mit gebrochener Nase: Man kann leicht einen hübscheren Liebling finden, aber nie einen aufrichtigeren." Der Schriftsteller Nelson Algren hätte es in seinem Werk *Chicago: City on the Make* wohl kaum besser sagen können. Die Wolkenkratzer-Stadt hat etwas, das bezaubert. Nun ja, vielleicht nicht gerade während des sechs Monate dauernden Winters, wenn die „windige Stadt" unter eisigen Schneeböen leidet. Man sollte also besser im Mai

kommen, wenn es warm ist und alle zu den Festen im Freien, den Baseballstadien, den Stränden am See und den Biergärten eilen – wow, dann ist Chicago einfach nicht zu toppen. Und das ist wörtlich gemeint, denn einige der höchsten Gebäude der Welt stehen hier.

Neben beeindruckender Architektur gibt es in Chicago auch noch mexikanische, polnische, vietnamesische und andere Viertel verschiedener Kulturen, in denen man wunderbar bummeln kann. Jeden Abend brummen die Blues-, Jazz- und Rockclubs. Und schließlich ist Chicago auch eine Stadt der Feinschmecker – die Schlangen vor den Hotdog-Buden sind genauso lang wie die vor nordamerikanischen Top-Restaurants.

Und sorry, es muss jetzt einfach mal gesagt werden: Die Windy City mit ihren kultivierten Ungeheuerlichkeiten versetzt einen immer wieder ins Staunen.

Geschichte

Im späten 17. Jh. gaben die Potawatomi der einst sumpfigen Gegend den Namen „Checagou" – wilde Zwiebel. Ein Tag von zentraler Bedeutung für die Stadt war der 8. Oktober 1871. An diesem Tag stieß einer Legende zufolge die Kuh einer gewissen Mrs. O'Leary eine Laterne um und entfachte so den großen Brand von Chicago. Das Feuer zerstörte die ganze Innenstadt und machte 90 000 Menschen obdachlos.

CHICAGO IN...

...zwei Tagen

Am ersten Tag geht man auf **architektonische Entdeckungstour** und bewundert die Wolkenkratzer der Stadt – dabei sollte man natürlich auch vom **Willis Tower** hinunterschauen, der Chicagos höchstes Gebäude ist. Danach lädt der **Millennium Park** dazu ein, das Spiegelbild der Skyline auf „The Bean" zu betrachten und mit den menschlichen Wasserspeiern der Crown Fountain zu planschen. Zur Stärkung gibt's dann eine Pfannenpizza im **Giordano's**.

Am zweiten Tag ist Kultur angesagt – am besten im **Art Institute of Chicago** oder im **Field Museum of Natural History**. Abends genehmigt man sich ein stilvolles Essen im **West Loop** oder lauscht dem Blues im **Buddy Guy's Legends**.

...vier Tagen

Zunächst dem Zwei-Tage-Programm folgen. Am dritten Tag taucht man seine Zehen am **North Avenue Beach** in den Lake Michigan und flaniert durch den grünen **Lincoln Park**. Während der Baseball-Saison empfiehlt sich ein Spiel der Cubs im **Wrigley Field** (S. 599). Abends macht man im **Second City** einen drauf.

Am vierten Tag einfach ein Stadtviertel aussuchen: In **Wicker Park** warten Vintage-Boutiquen und Rock'n'Roll. **Pilsen** (S. 595) punktet mit Wandbildern und Mole-Saucen. **Uptown** hat Pagoden und vietnamesische Sandwiches zu bieten. In **Hyde Park** gibt's Interessantes zu Obama und die Skulptur **Nuclear Energy** zu sehen.

„Verdammt" sagten sich die Stadtplaner, „wir hätten nicht alles aus Holz bauen sollen! Es ist so leicht entzündbar." Also setzten sie beim Wiederaufbau Stahl ein und schufen Platz für gewagte, neue Konstruktionen, wie den ersten Wolkenkratzer der Welt, der ab 1885 in den Himmel ragte. Weitere sollten folgen.

In den 1920er-Jahren beherrschte Al Capones Gang mehr oder weniger die Stadt und korrumpierte das politische System. Seitdem hat die Stadtverwaltung immer wieder ähnliche Probleme gehabt und in den letzten 40 Jahren wanderten 31 Mitglieder des Stadtrats ins Gefängnis.

◉ Sehenswertes

Chicagos wichtigste Attraktionen liegen fast alle im Stadtzentrum oder in Zentrumsnähe. Doch auch der Besuch von weiter außerhalb gelegenen Vierteln wie Pilsen und Hyde Park kann sich lohnen.

◉ The Loop

Das Stadtzentrum ist nach den Schienen der Hochbahn benannt, die die Straßen wie eine Lassoschlinge umgeben. Tagsüber herrscht hier starker Betrieb. Abends ist jedoch nur im Millennium Park und im Theater District (nahe der Ecke N State St & W Randolph St) etwas los. Eine grüne Pufferzone zwischen den Wolkenkratzern und dem Lake Michigan bildet der Grant Park, in dem Chicagos Großveranstaltungen (z. B. das Blues Fest oder das Lollapalooza Festival) stattfinden.

★ Millennium Park   PARK
(Karte S. 580; ☎ 312-742-1168; www.millenniumpark.org; 201 E Randolph St; ☺ 6–23 Uhr; ♿; Ⓜ Brown, Orange, Green, Purple od. Pink Line bis Randolph) GRATIS Das Prunkstück der Stadt wartet mit vielen künstlerischen Gratis-Highlights auf. Dazu gehören z. B. der Pritzker Pavilion oder Frank Gehrys geschwungene, silberfarbige Konzertmuschel, in der im Sommer allabendlich kostenlose Konzerte stattfinden (18.30 Uhr; Picknick und Weinflasche mitbringen!). Ebenfalls silbern schimmert Anish Kapoors beliebte Skulptur Cloud Gate alias „The Bean" (Die Bohne). Und da wäre auch noch Jaume Plensas Crown Fountain – im Grunde eine Art Wasserpark, in dem Videos von wasserspeienden Einheimischen projiziert werden.

Auf dem McCormick Tribune Ice Rink tummeln sich im Winter die Eisläufer und im Sommer die Picknicker. Im versteckten,

KURZINFOS ILLINOIS

Spitznamen Prairie State, Land of Lincoln

Bevölkerung 12,9 Mio.

Fläche 149 960 km²

Hauptstadt Springfield (117 000 Ew.)

Weitere Städte Chicago (2,7 Mio. Ew.)

Verkaufssteuer 6,25 %

Geburtsort von Schriftsteller Ernest Hemingway (1899–1961), Filmproduzent Walt Disney (1901–1966), Jazzmusiker Miles Davis (1926–1991), Schauspieler Bill Murray (geb. 1950)

Heimat der Maisfelder, des Startpunkts der Route 66

Politische Ausrichtung Demokraten in Chicago, Republikaner im Süden

Berühmt für Wolkenkratzer, Corn Dogs, Sehenswertes zu Abraham Lincoln

Offizieller Snack Popcorn

Entfernungen Chicago–Milwaukee 92 Meilen (148 km), Chicago–Springfield 200 Meilen (321 km)

ruhigen Lurie Garden blühen Prärieblumen. Die von Frank Gehry entworfene BP Bridge überspannt den Columbus Drive und bietet einen tollen Blick auf die Skyline. Der Nichols Bridgeway führt vom Park hinauf zum kleinen Skulpturengarten im 3. Stock des Art Institute (Eintritt frei).

Noch nicht genug? Im Sommer finden jeden Samstagmorgen kostenlose Yoga- und Pilates-Kurse auf dem Great Lawn statt. Das Family Fun Tent bietet Gratisaktivitäten für Kinder an (tgl. 10–14 Uhr).

★ Art Institute of Chicago   MUSEUM
(Karte S. 580; ☎ 312-443-3600; www.artic.edu; 111 S Michigan Ave; Erw./Kind 25 US$/frei; ☺ 10.30–17, Do 10.30–20 Uhr; ♿; Ⓜ Brown, Orange, Green, Purple od. Pink Line bis Adams) Die impressionistischen und postimpressionistischen Gemäldesammlungen des zweitgrößten US-Kunstmuseums reichen an ihre Pendants in Frankreich heran. Auch die Anzahl der surrealistischen Werke ist riesig. Besucher können eine kostenlose Audioguide-App für insgesamt 50 Touren auf eigene Faust herunterladen. Die Palette reicht dabei von den Highlights (z. B. Grant Woods *American Gothic*, Edward Hoppers *Nighthawks*) bis

Großraum Chicago

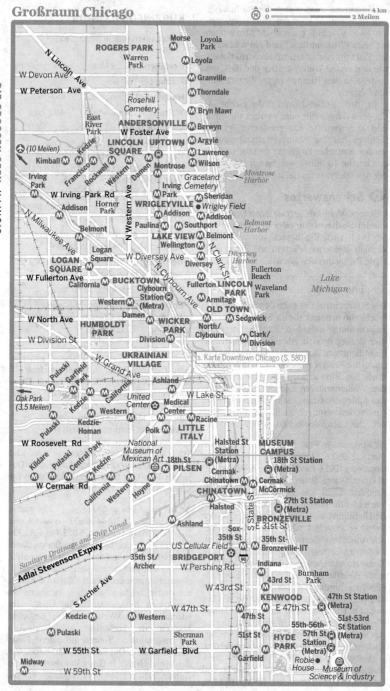

BERÜHMTE LOOP-ARCHITEKTUR

Seit Chicago der Welt den ersten Wolkenkratzer präsentierte, lebt die Stadt in puncto Architektur und modernem Design auf großem Fuß. Bei einem Bummel im Loop kann man die ambitionierten Umsetzungen wunderbar bestaunen.

Die geführten Spaziergänge der **Chicago Architecture Foundation** (S. 589) besuchen u. a. folgende Gebäude:

Chicago Board of Trade (Karte S. 580; 141 W Jackson Blvd; Ⓜ Brown, Orange, Purple od. Pink Line bis LaSalle) Im Inneren dieser Art-déco-Perle (erb. 1930) tätigen manische Händler ihre Termin- und Optionsgeschäfte. Draußen auf der Spitze des Gebäudes thront eine riesige Statue der Ceres (Göttin der Landwirtschaft).

Rookery (Karte S. 580; www.flwright.org; 209 S LaSalle St; ⊙ Mo–Fr 9.30–17.30 Uhr; Ⓜ Brown, Orange, Purple od. Pink Line bis Quincy) Das Rookery von 1888 sieht von außen aus wie eine Festung. Dank der Neugestaltung des Atriums durch Frank Lloyd Wright wirkt das Innere jedoch hell und luftig. Unter der Woche finden Führungen statt (12 Uhr, 7–12 US$). Einst rasteten hier Tauben – daher der Name.

Monadnock Building (Karte S. 580; www.monadnockbuilding.com; 53 W Jackson Blvd; Ⓜ Blue Line bis Jackson) Bei Anblick des Monadnock Building bekommen Architekturpilger wahrscheinlich weiche Knie: Eigentlich handelt es sich hierbei um zwei Gebäude in einem. Der nördliche Bau mit traditionellem Design ist älter und stammt aus dem Jahr 1891. Die neuere und modernere Südhälfte entstand zwei Jahre später. Wer sieht den Unterschied? Das Monadnock erfüllt bis heute seinen ursprünglichen Zweck als Bürogebäude.

---

hin zur sogenannten „Birthday-Suit Tour", bei der sich alles um Aktmalerei dreht.

Für die wichtigsten Ausstellungsstücke des Museums sollte man mindestens zwei Stunden einplanen; Kunstfans sollten aber deutlich mehr Zeit mitbringen. Der Haupteingang liegt an der Michigan Ave. Hinein geht's aber auch durch den überwältigenden Modern Wing an der Monroe St.

★ **Willis Tower** WOLKENKRATZER
(Karte S. 580; ☎ 312-875-9696; www.theskydeck.com; 233 S Wacker Dr; Erw./Kind 19,50/12,50 US$; ⊙ April–Sept. 9–22 Uhr, Okt.–März 10–20 Uhr; Ⓜ Brown, Orange, Purple, Pink Line bis Quincy) Dies ist das höchste Gebäude Chicagos. Im Skydeck in der 103. Etage befinden sich Besucher auf 412 m Höhe. Zuerst geht's in 70 Sekunden mit dem Fahrstuhl nach oben (was manche Ohren zum Sausen bringt), dann hinaus in einen gläsernen Vorbau mit durchsichtigem Boden, auf dem man hoch über der Stadt schwebt – der Blick direkt nach unten ist nichts für schwache Nerven! Der Eingang befindet sich am Jackson Blvd.

An Tagen, an denen viel los ist (Spitzenzeit im Sommer ist Fr–So 11–16 Uhr), kann die Wartezeit in der Schlange auch mal eine Stunde betragen. Ein paar Häppchen Geschichte: Dieses Gebäude war als Sears Tower bekannt, bis das Versicherungsunternehmen Willis Group Holdings 2009 die Namensrechte erwarb.

Chicago Cultural Center GEBÄUDE
(Karte S. 580; ☎ 312-744-6630; www.chicagoculturalcenter.org; 78 E Washington St; ⊙ Mo–Do 9–19, Fr & Sa 9–18, So 10–18 Uhr; Ⓜ Brown, Orange, Green, Purple od. Pink Line bis Randolph) GRATIS Das einen Block lange Gebäude zeigt ständig Kunstausstellungen und ausländische Filme. Außerdem gibt's hier Mittagskonzerte (Mo–Fr 12.15 Uhr) mit Jazz, Klassik und elektronischer Tanzmusik. Hinzu kommen die größte Tiffany-Buntglaskuppel der Welt und Chicagos zentrale Touristeninformation. Die kostenlosen Gebäudeführungen (Mi, Fr & Sa 13.15 Uhr) starten im Eingangsbereich an der Randolph St.

Maggie Daley Park PARK
(Karte S. 580; www.maggiedaleypark.com; 337 E Randolph St; ⊙ 6–23 Uhr; ♿; Ⓜ Brown, Orange, Green, Purple od. Pink Line bis Randolph) GRATIS Familien lieben die kostenlosen Spielplätze, die fantasievoll mit teils Zauberwald- und Piratenthemen gestaltet sind. Die Benutzung der Kletterwand und des Minigolfplatzes (18 Löcher; wird im Winter zur Eisbahn) ist jeweils gebührenpflichtig. Dank vieler Picknicktische eignet sich der Park auch gut zum Relaxen. Die BP Bridge für Fußgänger verbindet ihn mit dem Millennium Park.

Downtown Chicago

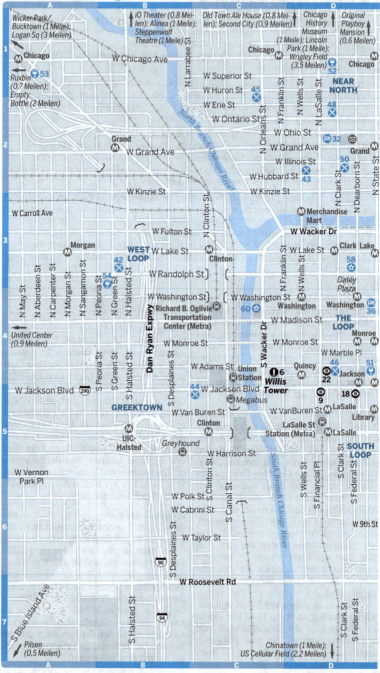

Downtown Chicago

◎ Highlights
1 360° Chicago..E1
2 Art Institute of Chicago E4
3 Field Museum of Natural
   History...F7
4 Millennium Park......................................E4
5 Navy Pier...G2
6 Willis Tower..C4

◎ Sehenswertes
7 Adler Planetarium...................................G7
8 Buckingham Fountain..............................F5
9 Chicago Board of Trade D5
10 Chicago Children's Museum G2
11 Chicago Cultural Center.........................E4
12 Cloud Gate...E4
13 Crown Fountain......................................E4
14 Holy Name Cathedral.............................E1
15 Jay Pritzker Pavilion...............................E4
16 Maggie Daley Park..................................F4
17 Magnificent Mile.....................................E2
18 Monadnock Building................................D5
19 Museum of Contemporary Art.................E1
20 Museum of Contemporary
   Photography..E5
21 Northerly Island......................................G7
22 Rookery..D4
23 Route 66 Sign...E4
24 Shedd Aquarium......................................F7
25 Tribune Tower...E2
26 Water Tower..E1
27 Wrigley Building......................................E2

◎ Aktivitäten, Kurse & Touren
28 12th Street Beach G7
29 Bike Chicago...E3
30 Bobby's Bike Hike...................................F2
31 Chicago Architecture
   Foundation...E4

◎ Schlafen
   Acme Hotel ....(siehe 33)
32 Best Western River North.......................D2
33 Freehand Chicago...................................E2

34 Hampton Inn Chicago
   Downtown/N Loop...................................E3
35 HI-Chicago..E5
36 Hotel Burnham.......................................D4
37 Virgin Hotel..E3

◎ Essen
38 Billy Goat Tavern E2
   Cafecito ....(siehe 35)
39 Gage...E4
40 Gino's East..E1
41 Giordano's...E1
42 Little Goat...B3
43 Lou Malnati's...D2
44 Lou Mitchell's..C5
45 Mr. Beef C1
46 Native Foods Cafe...................................D4
47 Pizzeria Uno..E2
48 Portillo's...D2
49 Purple Pig E2
50 Xoco...D2

◎ Ausgehen & Nachtleben
51 Berghoff...D4
52 Clark Street Ale House D1
53 Matchbox..A1
54 RM Champagne Salon..............................B3
   Signature Lounge.......................(siehe 1)

◎ Unterhaltung
55 Buddy Guy's Legends E6
56 Chicago Bears...F7
57 Chicago Symphony Orchestra E4
58 Goodman Theatre....................................D3
   Grant Park Orchestra ....(siehe 15)
59 Hubbard Street Dance
   Chicago..E3
60 Lyric Opera Of Chicago C4
61 SummerDance...E5

◎ Shoppen
   Chicago Architecture
   Foundation Shop........................(siehe 31)
62 Jazz Record Mart E2

Buckingham Fountain

SPRINGBRUNNEN

(Karte S. 580; 301 S Columbus Dr; Ⓜ Red Line bis Harrison) Die Hauptattraktion des Grant Park zählt zu den größten Springbrunnen der Welt: Zur vollen Stunde (Mitte April–Mitte Okt. 9–23 Uhr) schießen hier knapp 6 Mio. l Wasser 15 Stockwerke gen Himmel – abends mit bunten Lichtern und Musik!

Route 66 Sign

HISTORISCHE STÄTTE

(Karte S. 580; E Adams St zw. S Michigan & Wabash Aves; Ⓜ Brown, Orange, Green, Purple, Pink Line bis Adams) Fans der Route 66 sollten sich einen Blick auf dieses Schild nicht entgehen lassen: Hier beginnt die „Mother Road", die

Mutter aller Straßen! Auf der Fahrt nach Westen Richtung Wabash Ave sieht man das Schild auf der Südseite der Adams St.

◎ South Loop

Der South Loop, der den unteren Teil des Zentrums und den Grant Park umfasst, glänzt mit seinem Museum Campus und den funkelnden Apartmenthochhäusern.

★ Field Museum of Natural History

MUSEUM

(Karte S. 580; ☎ 312-922-9410; www.fieldmuseum.org; 1400 S Lake Shore Dr; Erw./Kind 18/13 US$;

⊗9–17 Uhr; 🚹; 🚇146, 130) In diesem Riesen-
museum findet man einfach alles: Käfer,
Mumien, Edelsteine und Bushman, der aus-
gestopfte Affe. Superstar der Sammlung ist
Sue – der größte *Tyrannosaurus rex*, der
bislang gefunden wurde (hat sogar einen eigenen Souvenirladen). Sonderausstellungen
und der 3D-Film kosten extra.

★**Shedd Aquarium** AQUARIUM
(Karte S. 580; ☎312-939-2438; www.sheddaqua
rium.org; 1200 S Lake Shore Dr; Erw./Kind
31/22 US$; ⊗Sept.–Mai Mo–Fr 9–17, Sa & So 9–18
Uhr, Juni–Aug. tgl. 9–18 Uhr; 🚹; 🚇146, 130) Dieses Aquarium wimmelt nur so vor Kindern.
Zu seinen Hauptattraktionen zählt z. B. das
Oceanarium mit geretteten Seeottern. Besucher des Wild Reef sind nur durch 13 cm
Plexiglas von zwei Dutzend gefährlich aus-
sehender Haie getrennt. Hinweis: Das Oceanarium beherbergt auch Weißwale und Pa-
zifische Weißseitendelphine – die Haltung
solcher Meeressäuger ist seit einigen Jahren
zunehmend umstritten.

★**Adler Planetarium** MUSEUM
(Karte S. 580; ☎312-922-7827; www.adlerplane
tarium.org; 1300 S Lake Shore Dr; Erw./Kind
12/8 US$; ⊗Mo–Fr 9.30–16, Sa & So 9.30–16.30
Uhr; 🚹; 🚇146, 130) Weltraumfans kommen
im Adler voll auf ihre Kosten: Die Sterne
können hier durch öffentliche Teleskope bewundert werden. Bei 3D-Vorträgen erfährt
man etwas über Supernovas, während Kinder in der Ausstellung *Planet Explorers* eine

Rakete „starten" können. Die faszinierenden
digitalen Filme kosten 13 US$ extra. Die
Treppe vor dem Museum bietet den besten
Blick auf Chicagos Skyline.

Northerly Island PARK
(Karte S. 580; 1400 S Lynn White Dr; 🚇146 o. 130)
In diesem grasbewachsenen Park gibt es
mehrere Wanderwege, außerdem kann man
hier angeln und Vögel beobachten; und auf
der Open-Air-Bühne unter freiem Himmel
treten große Stars auf (man hört sie auch
vom 12th Street Beach aus).

**Museum of Contemporary
Photography** MUSEUM
(Karte S. 580; ☎312-663-5554; www.mocp.org;
600 S Michigan Ave, Columbia College; ⊗Mo–Mi, Fr
& Sa 10–17, Do bis 20, So 12–17 Uhr; Ⓜ Red Line bis
Harrison) GRATIS Die interessanten Ausstellun-
gen dieses kleinen Museums lohnen einen
kurzen Besuch.

⊙ **Near North**

Vermögen werden im Loop gemacht und in
Near North wieder ausgegeben: Hier gibt's
Läden, Restaurants und Unterhaltung en
masse.

★**Navy Pier** UFERBEREICH
(Karte S. 580; ☎312-595-7437; www.navypier.
com; 600 E Grand Ave; ⊗Juni–Aug. So–Do 10–22,
Fr & Sa 10–24 Uhr, Sept.–Mai So–Do 10–20, Fr &
Sa 10–22 Uhr; 🚹; Ⓜ Red Line bis Grand, dann

DIE GROSSEN SEEN CHICAGO

DAS CHICAGO DER GANGSTER

Chicago möchte seine Gangster-Geschichte lieber nicht erwähnen. So gibt's auch keine
Broschüren oder Ausstellungen zu den berühmt-berüchtigten Stätten. Wer die folgenden Orte besuchen möchte, braucht deshalb etwas Fantasie:

St. Valentine's Day Massacre Site (2122 N Clark St; 🚇22) Hier stellten Al Capones
Gorillas, die sich als Polizisten verkleidet hatten, sieben Mitglieder von Bugs Morans
Gang an eine Garagenwand und durchsiebten sie mit Kugeln. Die Garage wurde 1967
abgerissen; heute befindet sich hier der Parkplatz eines Seniorenheims.

Biograph Theater (2433 N Lincoln Ave; Ⓜ Brown, Purple od. Red Line bis Fullerton) 1934
verriet hier die „Dame in Rot" den damaligen „Staatsfeind Nr. 1": In einer Gasse neben
dem Theater wurde John Dillinger vom FBI erschossen.

Holy Name Cathedral (Karte S. 580; www.holynamecathedral.org; 735 N State St; Ⓜ Red
Line bis Chicago) In der Nähe dieser Kirche wurden zwei Morde verübt: 1924 wurde Dion
O'Banion (Boss der North Side) in seinem Blumenladen (738 N State St) niederge-
schossen, nachdem er Al Capone in die Quere gekommen war. Hymie Weiss (O'Banions
Nachfolger) erging es nicht besser: 1926 wurde er auf dem Weg zur Kirche von Kugeln
niedergestreckt, die aus einem Fenster des Hauses an der 740 N State St kamen.

Green Mill (S. 597) Die Flüsterkneipe im Keller der noblen Jazzbar war ein Lieblings-
platz von Capone.

INSIDERWISSEN

DIE 606

New York City hat die High Line, Chicago nun **The 606** (www.the606.org; ⊗6–23 Uhr; Ⓜ Blue Line bis Damen). Dieser Hochweg (4,3 km; eröffnet 2015) zwischen Wicker Park und Logan Square folgt ebenfalls einem einst baufälligen Hochbahngleis. In cooler urbaner Atmosphäre kann man hier radeln, joggen oder spazierengehen – vorbei an Fabriken, Schornsteinen, ratternden El-Zügen und Hinterhoftreiben. Unterwegs gibt's eine faszinierende Übersicht über die sozioökonomische Struktur der Stadt: Vom gutbetuchten Osten geht's durch mehr industriell geprägte Gebiete schließlich zu den Einwandererviertel im Westen. Der Weg verläuft parallel zur Bloomingdale Ave und ist alle 400 m zugänglich. Für den Start empfiehlt sich der Eingang am Churchill Park (1825 N Damen Ave). Übrigens: Die Postleitzahlen aller Chicagoer Viertel beginnen jeweils mit 606.

Trolley) **GRATIS** Der 800 m lange Navy Pier ist die meistbesuchteste Attraktion der Stadt. Hier warten diverse Fahrgeschäfte (Fahrt 6–8 US$; u. a. ein 45 m hohes Riesenrad), ein IMAX-Kino, ein Biergarten und kitschige Kettenrestaurants. Die Einheimischen stöhnen über die Kommerzialisierung. Trotzdem ist die Uferlage mit toller Aussicht und einem frischen Lüftchen unschlagbar. Das Sommerfeuerwerk (Mi 21.30, Sa 22.15 Uhr) hat ebenfalls seinen Reiz.

Am Pier findet man zudem das Chicago Children's Museum (S. 591) und mehrere Anbieter von Bootstouren auf dem See. Ein netter Trip mit dem Shoreline Water Taxi führt zum Museum Campus (Erw./Kind 8/4 US$). Nach einer Renovierung sollen 2017 auch noch eine Eisbahn und weitere Vergnügungsoptionen eröffnen.

Magnificent Mile
STRASSE

(Karte S. 580; www.themagnificentmile.com; N Michigan Ave; Ⓜ Red Line bis Grand) Die Mag Mile, die viel gepriesene, exklusive Shoppingmeile Chicagos, erstreckt sich auf der Michigan Ave zwischen Fluss und Oak St. Hier kann man z. B. bei Bloomingdales, Neiman's und Saks den Geldbeutel deutlich erleichtern.

Tribune Tower
ARCHITEKTUR

(Karte S. 580; 435 N Michigan Ave; Ⓜ Red Line bis Grand) Im Vorbeischlendern lohnt sich ein genauer Blick auf den neogotischen Turm. In den unteren Wänden sind dem Taj Mahal, dem Parthenon und anderen berühmten Gebäuden nachempfunde Elemente eingearbeitet.

Wrigley Building
ARCHITEKTUR

(Karte S. 580; 400 N Michigan Ave; Ⓜ Red Line bis Grand) Die weiße Terrakottafassade des vom Kaugummihersteller errichteten Gebäudes strahlt so weiß wie die Zähne der Doublemint-Zwillinge.

◉ Gold Coast

Die Gold Coast ist seit über 125 Jahren die Adresse der reichsten Chicagoer.

★ 360° Chicago
AUSSICHTSPLATTFORM

(Karte S. 580; ☎ 888-875-8439; www.360chicago.com; 875 N Michigan Ave; Erw./Kind 19/13 US$; ⊗9–23 Uhr; Ⓜ Red Line bis Chicago) Das John Hancock Center Observatory hat nun einen neuen Namen und schlägt den Willis Tower auf vielerlei Art in puncto Aussicht. Die Plattform im 94. Stock empfängt Besucher mit Infotafeln und deckenhohen TILT-Fensterkanzeln, die sich beim Betreten in Richtung Boden neigen – ziemlich kitschig und mit 7 US$ extra zu bezahlen. Wer sich für solche Frivolitäten nicht interessiert, begibt sich direkt hinauf zur Signature Lounge im 96. Stock: Dort ist die Aussicht gratis, wenn man etwas zu trinken bestellt (8–16 US$).

Museum of Contemporary Art
MUSEUM

(MCA; Karte S. 580; ☎ 312-280-2660; www.mcachicago.org; 220 E Chicago Ave; Erw./Stud. 12/7 US$; ⊗Di 10–20, Mi–So 10–17 Uhr; Ⓜ Red Line bis Chicago) Dieses Museum könnte man als freches und rebellisches Geschwisterchen des Art Institute bezeichnen. Der Schwerpunkt liegt auf minimalistischer und surrealistischer Kunst sowie auf Sammlungen mit Konzeptfotografie. Die Ausstellungen wechseln ständig; so wissen Besucher nie, was sie zu sehen bekommen werden.

Original Playboy Mansion
GEBÄUDE

(1340 N State Pkwy; Ⓜ Red Line bis Clark/Division) Hugh Hefner begann hier damit, seine Ganztagespyjamas zu tragen, nachdem der Stress der Magazinherstellung und das heftige Partyfeiern ihn davon abhielten, sich umzuziehen. In dem Gebäude sind heute Eigentumswohnungen, aber nach einem Besuch kann man immer noch damit angeben: „Ich bin im Playboy Mansion gewesen." Wenn das nichts ist! In der Astor St, einen

Block weiter östlich, kann man zwischen den Blocks 1300 und 1500 noch mehr Herrenhäuser in Augenschein nehmen.

Water Tower
HISTORISCHES BAUWERK

(Karte S. 580; 108 N Michigan Ave; Ⓜ Red Line bis Chicago) Der 47 m hohe Turm mit seinen Zinnen ist ein Wahrzeichen der Stadt: Er hat als einziges Bauwerk in der Innenstadt das große Feuer von 1871 überlebt.

◉ Lincoln Park & Old Town

Der Lincoln Park ist Chicagos größte Grünfläche und mit knapp 500 ha am Seeufer eine städtische Oase. „Lincoln Park" heißt auch das angrenzende Stadtviertel. Hier wie dort ist Tag und Nacht jede Menge los: Die Leute joggen, führen Hunde aus, schieben Kinderwagen durch die Gegend und fahren auf der Suche nach einem Parkplatz mit ihren Autos im Kreis herum.

Die Old Town liegt am Südwestende des Lincoln Park. Die Kreuzung der North Ave und der Wells St bildet das Epizentrum. Von hier an breiten sich Bars, Restaurants und die Second City aus.

Lincoln Park Zoo
ZOO

(☎ 312-742-2000; www.lpzoo.org; 2200 N Cannon Dr; ⊙ Nov.–März 10–16.30 Uhr, April–Okt. 10–17 Uhr, Juni–Aug. Sa & So 10–18.30 Uhr; ♿; 🚌151) GRATIS Der Zoo mit seinen Gorillas, Löwen, Tigern, Schneeaffen und anderen exotischen Tieren ist bei Familien äußerst beliebt. Man sollte auf keinen Fall den Regenstein African Journey, das Ape House und den Nature Boardwalk verpassen.

Lincoln Park Conservatory
GÄRTEN

(☎ 312-742-7736; www.lincolnparkconservancy.org; 2391 N Stockton Dr; ⊙ 9–17 Uhr; 🚌151) GRATIS Das prächtige Gewächshaus von 1891 in der Nähe des Nordeingangs des Zoos beherbergt Palmen, Farne und Orchideen, die hier bestens gedeihen. Im Winter herrscht hier eine wunderbare Temperatur von 24 °C – ideal, wenn draußen ein eisiger Wind tobt.

Chicago History Museum
MUSEUM

(☎ 312-642-4600; www.chicagohistory.org; 1601 N Clark St; Erw./Kind 14 US$/frei; ⊙ Mo–Sa 9.30–16.30, So 12–17 Uhr; ♿; 🚌22) Multimedia-Shows decken alle Meilensteine der Stadtgeschichte ab, vom Großen Feuer bis hin zur Democratic Convention von 1968. (Während des Kongresses, bei dem der Präsidentschaftskandidat der Demokraten gekürt wurde, kam es zu gewalttätigen Auseinandersetzungen zwischen Antikriegsdemonstranten und der Polizei.) Auch Präsident Lincolns Sterbebett kann man sich hier ansehen und es gibt (im Kinderbereich) die Möglichkeit, ein Chicago Hot Dog mit Garnitur zu „werden". Also Eltern, flugs die Kamera zücken.

◉ Lake View & Wrigleyville

Um diese Viertel nördlich von Lincoln Park zu erkunden, bummelt man am besten die Halsted St, die Clark St, die Belmont Ave oder die Southport Av entlang. Dort gibt's jeweils viele Restaurants, Bars und Läden. Efeu überwuchert die einzige echte Sehenswürdigkeit: das 100 Jahre alte Wrigley Field (www.cubs.com; 1060 W Addison St; Ⓜ Red Line bis Addison), das nach dem bekannten Kaugummi-Hersteller benannt ist. Hier sind die heiß geliebten, aber ständig verlierenden Chicago Cubs zu Hause. Das kultige Baseballstadion kann in einer Führung (25 US$, 90 Min.) besichtigt werden. Seine Umgebung wird gerade modernisiert und soll mit neuen Einrichtungen für Besucher ausgestattet werden.

◉ Andersonville & Uptown

Die beiden Viertel im Norden eignen sich gut für einen kulinarisch inspirierten Bummel. Andersonville ist eine alte schwedische Enklave rund um die Clark St, wo sich altmodische, europäisch angehauchte Geschäfte mit neuen Gourmetrestaurants, funky Boutiquen, Trödelläden und schwul-lesbischen Bars mischen. Hin kommt man, indem man mit der CTA Red Line bis zur Haltestelle Berwyn fährt und dann etwa sechs Blocks nach Westen geht.

In Uptown etwas weiter im Süden herrscht eine völlig andere Szenerie. Man muss mit der Red Line bis zur Haltestelle Argyle fahren und schon ist man mitten drin in „Little Saigon" mit den kleinen Restaurants, in denen vorwiegend Pho serviert wird.

◉ Wicker Park, Bucktown & Ukrainian Village

Diese drei Viertel westlich von Lincoln Park – einst Wohnviertel für Menschen aus der Arbeiterklasse, Immigranten aus Mitteleuropa und alternative Schriftsteller – sind gerade extrem in. Massenhaft Modeboutiquen, hippe Plattenläden, Secondhand-Shops und Cocktaillounges sind wie Pilze aus dem Boden geschossen, besonders um die Kreuzung

Milwaukee und N Damen Ave. Auch auf der Division St wird gern gebummelt. Sie wurde früher „Polish Broadway" genannt, weil sie von Polka-Bars gesäumt war. Heute haben hier nette Cafés und clevere Geschäftsleute die Oberhand. Viel Sehenswertes gibt's nicht, wenn man mal vom **Nelson Algren's House** (1958 W Evergreen Ave; Ⓜ Blue Line bis Damen) absieht, in dem der namensgebende Autor mehrere mutige Romane über das Leben in Chicago geschrieben hat. Das Wohnhaus ist in Privatbesitz, man kann es sich nur von außen anschauen.

☉ Logan Square & Humboldt Park

Als die Künstler und hippen Typen durch überhöhte Immobilienpreise gezwungen waren, Wicker Park zu verlassen, zogen sie Richtung Westen in die Latino-Viertel Logan Square und Humboldt Park. Besucher finden hier kleine, coole Restaurants, Brauereikneipen und Musikclubs vor. Hin geht's mit der CTA Blue Line bis Logan Sq oder California.

☉ Near West Side & Pilsen

Direkt westlich des Loop liegt – nun ja – eben der **West Loop**. Mit den schicken Restaurants, Clubs und Galerien, die zwischen den Fleischverarbeitungsfabriken hervorlugen, ähnelt er dem Meatpacking District in New York City. Die W Randolph St und der W Fulton Market sind hier die Hauptschlagadern. Ganz in der Nähe liegt, an der S Halsted St beim W Jackson Blvd, **Greektown**. Die Viertel etwa 2 km westlich des Loop sind am besten mit dem Taxi zu erreichen.

Im Südwesten befindet sich die Enklave Pilsen mit ihrem bunten Mix aus Kunstgalerien, mexikanischen Bäckereien, hippen Cafés und Wandgemälden an den Häusern. Man nimmt die CTA Pink Line bis zur 18th St und schon ist man mittendrin.

National Museum of Mexican Art   MUSEUM
(☎ 312-738-1503; www.nationalmuseumofmexican art.org; 1852 W 19th St; ☺ Di–So 10–17 Uhr; Ⓜ Pink Line bis 18th St) GRATIS Das Museum ist das größte lateinamerikanische Kunstmuseum der USA. Die bunte Dauerausstellung zeigt klassische Gemälde, glänzende goldene Altäre, eine an Skeletten reiche Volkskunstabteilung und farbenfrohe Perlenarbeiten.

☉ Chinatown

Chicagos kleines, aber geschäftiges Chinatown erreicht man vom Loop aus mit der Bahn in zehn Minuten. Man fährt mit der Red Line zur Haltestelle Cermak-Chinatown, die in der Mitte der beiden ganz unterschiedlichen Teile des Viertels liegt: Chinatown Sq (ein riesiges, langgestrecktes zweigeschossiges Einkaufszentrum) zieht sich an der Archer Ave entlang nach Norden; Old Chinatown mit seinen traditionellen Geschäften erstreckt sich entlang der Wentworth Ave nach Süden. In beiden Teilen locken Bäckereien, Schüsseln mit dampfenden Nudeln und Geschäfte mit allerhand exotischen Dingen.

☉ Hyde Park & South Side

South Side ist der Oberbegriff für die vielen Stadtviertel, die südlich der 25th St liegen, darunter auch einige der ärmsten. Die Stars der South Side sind Hyde Park und das angrenzende Kenwood. Sie rückten durch Barack Obama, der hier lebte, über Nacht ins Rampenlicht. Man erreicht sie mit den Zügen der Metra Electric Line von der Millennium Station im Zentrum oder mit Bus Nr. 6 von der State St im Loop. Auf mehreren geführten Fahrradtouren besucht man die Highlights der Gegend.

University of Chicago   UNIVERSITÄT
(www.uchicago.edu; 5801 S Ellis Ave; 🚌 6, Ⓜ Metra bis 55th-56th-57th) Ein Spaziergang auf dem Campus mit seiner prächtigen gotischen Architektur und den kostenlosen Kunstmuseen lohnt sich. Hier begann das Nuklearzeitalter: Enrico Fermi und seine Mitarbeiter vom Manhattan Project bauten einen Reaktor und führten am 2. Dezember 1942 die erste kontrollierte nukleare Kettenreaktion aus. Die **Skulptur Nuclear Energy** (S Ellis Ave zw. E 56th & E 57th Sts) von Henry Moore steht an jener Stelle, wo dies stattfand.

Museum of Science & Industry   MUSEUM
(MSI; ☎ 773-684-1414; www.msichicago.org; 5700 S Lake Shore Dr; Erw./Kind 18/11 US$; ☺ Juli–Aug. 9.30–17.30 Uhr, Sept.–Mai kürzer; 🚻; 🚌 6 oder 10, Ⓜ Metra bis 55th-56th-57th) Technikfreaks dürften angesichts des größten Museums für Naturwissenschaften und Technik der westlichen Welt in Ekstase geraten. Zu den Highlights gehören ein deutsches U-Boot aus dem Zweiten Weltkrieg, das in einer unterirdischen Ausstellung zu sehen ist (der

INSIDERWISSEN

EINE BLUES-WALLFAHRT

Das unauffällige Gebäude an der 2120 S Michigan Ave war von 1957 bis 1967 der Sitz des bahnberechenden Plattenlabels Chess Records. Muddy Waters, Howlin' Wolf und Bo Diddley spielten hier Blues-Tracks ein. Ihre Sick Licks und der elektrisch verstärkte Sound ebneten den Weg für den Rock'n'Roll. Wenig später taten es ihnen Chuck Berry und die Rolling Stones gleich. Das Studio heißt heute **Willie Dixon's Blues Heaven** (312-808-1286; www.bluesheaven.com; 2120 S Michigan Ave; 1-stündige Führungen 10 US$; Mo–Fr 12–16, Sa 12–15 Uhr; Green Line bis Cermak-McCormick Pl) und ist nach dem Bassisten benannt, der die meisten Hits für Chess schrieb. Das Personal führt einen durch die nun recht heruntergekommenen Räumlichkeiten, in denen noch einige Originalstücke zu sehen sind. Wenn Willies Enkel den ordentlich abgenutzten Kontrabass des Bluesmusikers hervorholt und Besucher ein paar Töne darauf zupfen lässt, ist das aber schon ziemlich cool. Zur Sommerzeit finden kostenlose Blueskonzerte im Garten statt (Do 18 Uhr). Das Gebäude steht etwa 1 Meile (1,6 km) südlich vom Museum Campus in der Nähe von Chinatown.

Besuch des Boots kostet 9 US$ extra), und die Ausstellung „Science Storms" mit einem künstlichen Tornado und Tsunami. Kindern werden von den Experimenten begeistert sein, die sie in mehreren Galerien durchführen können, etwa Dinge vom Balkon fallen lassen und Miniexplosionen auslösen.

Robie House   ARCHITEKTUR

(312-994-4000; www.flwright.org; 5757 S Woodlawn Ave; Erw./Kind 17/14 US$; Do–Mo 10.30–15 Uhr; 6, Metra bis 55th-56th-57th) Keines der vielen Gebäude, die Frank Lloyd Wright rund um Chicago entwarf, ist so berühmt und einflussreich wie das Robie House. Die Verwandtschaft der horizontalen Linien mit der flachen Prärielandschaft des Mittleren Westens prägte den sogenannten Prärie-Stil. Im Haus befinden sich 174 Buntglasfenster und -türen, die Besucher bei der einstündigen Führung sehen können (Häufigkeit der Führungen hängt von der Jahreszeit ab).

Obamas Haus   GEBÄUDE

(5046 S Greenwood Ave) Wegen der massiven Sicherheitsvorkehrungen kommt man nicht einmal in die Nähe des Hauses des Präsidenten; doch von der gegenüberliegende Straßenseite des Hyde Park Blvd kann man über die Barrikaden einen Blick auf die rote Ziegelvilla im georgianischen Stil erhaschen.

🏃 Aktivitäten

Zu den 580 Parks der Stadt gehören öffentliche Golfplätze, Eisbahnen, Swimmingpools und weitere Einrichtungen. Die Aktivitäten sind kostenlos oder sehr billig und die nötige Ausrüstung kann man meist vor Ort ausleihen. Organisiert wird das Ganze vom **Chicago Park District** (www.chicagoparkdistrict.com).

Radfahren

Eine Radtour auf dem 18 Meilen (29 km) langen Weg am Seeufer ist eine tolle Möglichkeit für eine Stadterkundung. Die hier genannten Fahrradverleiher bieten auch geführte Touren (2–4 Std., 35–70 US$ inkl. Drahtesel) zu Themen wie Bier, Pizza, Gangster oder dem Seeufer an. Onlinebuchung bringt Rabatt.

Bike Chicago   RADFAHREN

(Karte S. 580; 312-729-1000; www.bikechicago.com; 239 E Randolph St; Leihfahrrad pro 1/4 Std. ab 9/30 US$; Juni–Aug. Mo–Fr 6.30–22, Sa & So 8–22 Uhr, Sept.–Mai kürzere Öffnungszeiten; Brown, Orange, Green, Purple od. Pink Line bis Randolph) Die Zentrale der Firma im Millennium Park hat ganzjährig geöffnet und wird durch weitere Standorte (z. B. am Navy Pier oder Riverwalk) ergänzt.

Bobby's Bike Hike   RADFAHREN

(Karte S. 580; 312-245-9300; www.bobbysbike hike.com; 540 N Lake Shore Dr; Leihfahrrad pro 2/4 Std. ab 20/25 US$; Juni–Aug. Mo–Fr 8.30–20, Sa & So 8–20 Uhr, Sept.–Nov. & März–Mai 9–19 Uhr; Red Line bis Grand) Erntet begeisterte Kritiken von Radlern; hinein geht's durch eine überdachte Einfahrt.

Wassersport

Viele Besucher wissen gar nicht, das Chicago eine Strandstadt ist. Das verdankt sie dem riesigen Lake Michigan. Es gibt 26 offizielle Strände, an denen im Sommer Rettungsschwimmer patrouillieren. Sie sind zum Schwimmen sehr beliebt, wenngleich das Wasser verdammt kalt ist. Ehe man hineinspringt, sollte man sich auf der Website www.cpdbeaches.com über die Wasserqualität informieren.

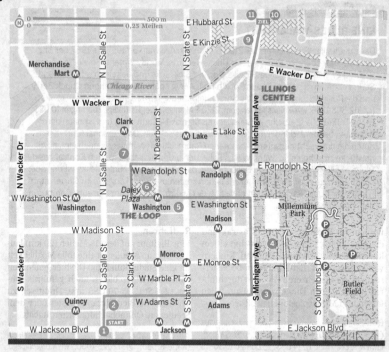

🏃 Stadtspaziergang
Loop

START CHICAGO BOARD OF TRADE
ZIEL BILLY GOAT TAVERN
LÄNGE/DAUER 5 KM/CA. 2 STD.

Mitten durch den Loop führt diese Tour zu den Highlights der Chicagoer Kunst und Architektur – und zu Al Capones Zahnarzt.

Start ist beim ❶ **Chicago Board of Trade** (S. 579) im Art-déco-Stil, in dem Typen in knallbunten Jacketts mit Getreide und dergleichen handeln. Mit dem Atrium des nahegelegenen ❷ **Rookery** (S. 579) kann man ein Werk von Frank Lloyd Wright bewundern.

Nun geht's ostwärts entlang der Adams St zum ❸ **Art Institute** (S. 577), das zu den meistbesuchtesten Attraktionen der Stadt gehört. Die Löwenstatuen vor dem Eingang sind ein klassisches Fotomotiv. Ein paar Blocks weiter nördlich liegt der avantgardistische ❹ **Millennium Park** (S. 577).

Vom Park aus folgt man der Washington St zum ❺ **Hotel Burnham** (S. 591) im Reliance Building, einem architektonischen Vorläufer der modernen Wolkenkratzer. Im heutigen Zimmer 809 bohrte einst Al Capones Zahnarzt. Gleich westlich davon steht Picassos abstrakte Skulptur ❻ **Untitled** auf der Daley Plaza. Pavian, Hund oder Frau? Das darf jeder selbst entscheiden. Weiter entlang der Clark St in Richtung Norden kommt Jean Dubuffets ❼ **Monument with Standing Beast** in Sicht. Auch diese Skulptur ist äußerst rätselhaft.

Jetzt gen Osten entlang der Randolph St durch das Theaterviertel laufen und sich beim ❽ **Chicago Cultural Center** (S. 579) nach kostenlosen Kunstausstellungen und Konzerten erkundigen. Danach geht's die Michigan Ave entlang und über den Chicago River. Nördlich der Brücke passiert man das ❾ **Wrigley Building** (S. 584) und den ❿ **Tribune Tower** (S. 584) im gotischen Stil.

Zum Schluss die ⓫ **Billy Goat Tavern** (S. 593) besuchen. Der Inhaber, Billy Sianis, wollte einst das Wrigley Field mit seiner Hausziege betreten. Doch dem streng riechenden Tier wurde der Eintritt verwehrt, woraufhin Sianis das Baseballteam der Cubs mit einem kräftigen Fluch bedachte – angeblich der Grund für die Erfolglosigkeit der Mannschaft.

North Avenue Beach
STRAND

(www.cpdbeaches.com; 1600 N Lake Shore Dr;
🚶; 🚌151) Chicagos beliebtester Strand
bietet viele Besuchereinrichtungen und mit
seinem weichen, hellen Sand eine schon fast
kalifornische Atmosphäre. Hier kann man
Kajaks, Jetskis, Stand-up-Paddle-Boards
(SUPs) und Strandliegen ausleihen, und in
den Strandhäusern, in denen Partystimmung herrscht, etwas essen und trinken. Er
liegt 2 Meilen (3 km) nördlich des Loop.

Oak Street Beach
STRAND

(www.cpdbeaches.com; 1000 N Lake Shore Dr;
Ⓜ Red Line bis Chicago) Dicht an dicht liegen
wohlgeformte Körper an diesem Strand am
Rand des Zentrums.

12th Street Beach
STRAND

(Karte S. 580; www.cpdbeaches.com; 1200 S Linn
White Dr; 🚌146, 130) Vom Adler Planetarium
aus führt ein Pfad zu diesem abgeschiedenen, sichelförmigen Sandstrand.

👉 Geführte Touren

Viele Unternehmen bieten bei Onlinebuchungen Rabatte an. Touren im Freien
finden in der Regel nur von April bis November statt (wenn nicht anders angegeben).

Chicago Architecture Foundation
BOOTTOUR

(CAF; Karte S. 580; ☑ 312-922-3432; www.architec
ture.org; 224 S Michigan Ave; geführte Touren
15–50 US$; Ⓜ Brown, Orange, Green, Purple, Pink
Line bis Adams) Die erstklassigen Bootstouren
(40 US$) starten am River Dock an der Mi-
chigan Ave. Der beliebte Stadtspaziergang
Evolution of the Skyscraper (20 US$) be-
ginnt in der 224 Michigan Ave im Zentrum.
Die wochentags angebotenen Mittagstouren
(15 US$) führen zu einzelnen herausragen-
den Bauwerken. Tickets gibt's im Internet
oder bei der CAF.

Chicago by Foot
STADTSPAZIERGANG

(www.freetoursbyfoot.com/chicago) Diese Stadtspaziergänge zu vielen verschiedenen
Themen (z. B. Loop, Gold Coast, Gangs-
ter-Stätten in Lincoln Park) punkten mit faszinierenden Geschichten und historischen
Details. Teilnehmer bezahlen nach Gusto
(zumeist ca. 10 US$/Pers.).

Chicago Detours
STADTSPAZIERGANG, BUSTOUR

(☑ 312-350-1131; www.chicagodetours.com; Touren
ab 26 US$) Die fesselnden Touren liefern viele
Details und finden meist zu Fuß statt (teilweise auch per Bus). Abgedeckt werden Chi-

cagos Architektur, Geschichte und Kultur.
Sehr beliebt ist die Historic Pub Crawl Tour.

InstaGreeter
STADTSPAZIERGANG

(www.chicagogreeter.com/instagreeter; 77 E Randolph St; ⊙Fr & Sa 10–15, So 11–14 Uhr; Ⓜ Brown,
Orange, Green, Purple od. Pink Line bis Randolph)
GRATIS Die einstündigen Loop-Touren ohne
Voranmeldung starten an der Touristeninformation im Chicago Cultural Center. Im Sommer beginnen dort auch Gratisspaziergänge
zum Millennium Park (tgl. 11.30 & 13 Uhr).

Chicago History Museum
GEFÜHRTE TOUR

(☑ 312-642-4600; www.chicagohistory.org; Touren
20–55 US$) Das Programm des Museums um-
fasst z. B. Friedhofsspaziergänge, Radtouren
oder Touren mit der El (Hoch- bzw. U-Bahn).
Verschiedene Startpunkte und -zeiten.

Chicago Food Planet Tours
STADTSPAZIERGANG

(☑ 312-818-2170; www.chicagofoodplanet.com;
3-stündige Touren 45–55 US$) Bei den geführ-
ten Spaziergängen durch Wicker Park,
Gold Coast oder Chinatown werden jeweils
mindestens fünf Restaurants des jeweiligen
Viertels besucht. Unterschiedliche Startpunkte und -zeiten.

Pilsen Mural Tours
STADTSPAZIERGANG

(☑ 773-342-4191; 1½-stündige Tour 125 US$/
Gruppe) Hiesige Künstler leiten diese höchst
empfehlenswerten Touren, deren Teilnehmer etwas über traditionelle Wandbilder
erfahren. Termine telefonisch vereinbaren.

🎉 Feste & Events

Chicago hat zwar das ganze Jahr über einen
vollen Veranstaltungskalender, doch die
größten Events steigen im Sommer. Wenn
nicht anders angegeben, finden die folgenden Events am Wochenende und im Zentrum statt.

St. Patrick's Day Parade
KULTUR

(www.chicagostpatsparade.com; ⊙Mitte März)
Die städtische Klempnergewerkschaft färbt
den Chicago River so grün wie Klee, danach
folgt eine große Parade.

Blues Festival
MUSIK

(www.chicagobluesfestival.us; ⊙Mitte Juni) Das
größte kostenlose Bluesfestival der Welt:
Drei Tage lang erklingt jene Musik, die Chicago berühmt gemacht hat.

Taste of Chicago
ESSEN

(www.tasteofchicago.us; ⊙Mitte Juli) Die kostenlose dreitägige Fete im Grant Park bietet
Musik und jede Menge Essen am Spieß.

Pitchfork Music Festival · MUSIK

(www.pitchforkmusicfestival.com; Tageskarte 65 US$; ☉ Mitte Juli) Im Union Park spielen drei Tage lang Indie-Bands.

Lollapalooza · MUSIK

(www.lollapalooza.com; Tageskarte 110 US$; ☉ Anfang Aug.) Etwa 130 Bands auf acht Bühnen legen im Grant Park ein dreitägiges Megakonzert hin.

Jazz Festival · MUSIK

(www.chicagojazzfestival.us; ☉ Anfang Sept.) Am Labor-Day-Wochenende treten die Großen der amerikanischen Jazz-Szene hier auf.

🛏 Schlafen

Übernachten in Chicago ist nicht gerade billig. Im Sommer oder während der vielen großen Kongresse hat man noch weniger Auswahl – daher unbedingt entsprechend planen, um unangenehme Überraschungen zu vermeiden! Alle aufgeführten Preise gelten für die Hauptsaison im Sommer und erhöhen sich jeweils noch um Steuern (16,4 %).

Die Hotels im Loop punkten mit praktischer Nähe zu Museen, Festivalgeländen und Einrichtungen im Geschäftsbezirk; abends ist hier aber ziemlich tote Hose. Die Unterkünfte in Near North und Gold Coast sind am beliebtesten, da es Gäste von dort aus nicht weit zu Restaurants, Einkaufsmöglichkeiten und Unterhaltungslocations haben. Zimmer in Lincoln Park, Lake View und Wicker Park sind oft günstiger als Quartiere in Downtown; zudem liegen sie in der Nähe des pulsierenden Nachtlebens. Tipp: Airbnb hat jede Menge preiswerter Angebote und ist in Chicago sehr gut im Geschäft.

Sofern nicht anders angegeben, ist WLAN überall gratis. Parkplätze kosten in Chicago jedoch ein Vermögen (pro Nacht im Zentrum 55–65 US$, Außenbezirke ca. 25 US$).

🛏 The Loop & Near North

Freehand Chicago · HOSTEL, HOTEL $

(Karte S. 580; ☎ 312-940-3699; www.thefreehand.com/chicago; 19 E Ohio St; B 35–70 US$, Zi. 220–310 US$; ❄ 🛜; Ⓜ Red Line bis Grand) Dieser Ableger von Miamis super hippem Mix aus Hostel und Hotel hat kleine, aber stilvolle Zimmer. Das Design steht im Zeichen von warmen Holztönen, fröhlichen Fliesen und Textilien in Farben à la Mittelamerika. Traveller verteilen sich hier gleichmäßig auf Privatzimmer und Schlafsäle für acht Personen. In letzteren stehen jeweils Stockbetten,

die im Vergleich zu den meisten anderen Hostels deutlich schicker sind: Jedes Bett hat einen umlaufenden Vorhang für mehr Privatsphäre. Alle Gäste treffen sich im Gemeinschaftsbereich mit vielen Fellen und Totempfählen oder in der Hausbar namens Broken Shaker.

HI-Chicago · HOSTEL $

(Karte S. 580; ☎ 312-360-0300; www.hichicago.org; 24 E Congress Pkwy; B 35–55 US$; ⓟ ❄ @ 🛜; Ⓜ Brown, Orange, Purple od. Pink Line bis Library) Chicagos verlässlichstes Hostel ist blitzsauber und liegt günstig im Loop. Als Extras bietet es einen besetzten Informationsschalter, geführte Gratistouren unter der Leitung von Freiwilligen, kostenloses Frühstück und Rabattkarten für Museen oder Shows. Die einfachen Schlafsäle mit acht oder zehn Betten haben meist Gemeinschaftsbäder.

★ Acme Hotel · BOUTIQUEHOTEL $$

(Karte S. 580; ☎ 312-894-0800; www.acmehotelcompany.com; 15 E Ohio St; Zi. 179–289 US$; ⓟ ❄ @ 🛜; Ⓜ Red Line bis Grand) Die urbane Bohème liebt den unkonventionellen, coolen Stil des Acme und seine (meistens) bezahlbaren Preise. In den 130 Zimmern sind industrielle Elemente mit Retrolampen, Möbeln aus der Mitte des 20. Jhs. und funkiger moderner Kunst kombiniert. Sie sind mit schicken TVs und guten Verbindungen zum Streamen von Songs und Filmen ausgestattet. Die Gemeinschaftsbereiche zieren Graffiti, Neonlicht und Lavalampen.

Hampton Inn Chicago Downtown/N Loop · HOTEL $$

(Karte S. 580; ☎ 312-419-9014; www.hamptonchicago.com; 68 E Wacker Pl; Zi. 200–280 US$; ⓟ ❄ 🛜; Ⓜ Brown, Orange, Green, Purple od. Pink Line bis State/Lake) Das einzigartige Hotel (eröffnet im Frühjahr 2015) befindet sich im Chicago Motor Club Building von 1928. Gäste fühlen sich hier wie Reisende aus der guten alten Zeit: Die Lobby prunkt mit einem Ford-Oltimer und einer coolen historischen Wandkarte der USA. Die Zimmer mit dunkler Holzvertäfelung schaffen einen gelungenen Spagat zwischen Retro-Atmosphäre und modernen Annehmlichkeiten. Preise inklusive Gratis-WLAN und amerikanischem Frühstück.

Best Western River North · HOTEL $$

(Karte S. 580; ☎ 312-467-0800; www.rivernorthhotel.com; 125 W Ohio St; Zi. 179–269 US$; ⓟ ❄ @ 🛜 ♿; Ⓜ Red Line bis Grand) In den gut gepflegten Zimmern stehen Schreibtische

CHICAGO MIT KINDERN

Chicago ist durch und durch kinderfreundlich. *Chicago Parent* (www.chicagoparent. com) liefert nützliche Infos. Zu den besten Optionen für Familien gehören:

Chicago Children's Museum (Karte S. 580; ☑312-527-1000; www.chicagochildrensmu seum.org; 700 E Grand Ave; Eintritt 14 US$; ⊗Mo–Mi 10–17, Do 10–20, Fr 10–18, Sa & So 10–19 Uhr; ⊕; Ⓜ Red Line bis Grand, dann Trolley) Dieses lehrreiche Spieleland am Navy Pier lädt zum Klettern, Buddeln und Planschen ein. Danach empfiehlt sich eine Expedition zum eigentlichen Pier, der einem Rummel gleicht: Dort warten u. a. ein Riesenrad und ein Karussell.

Chicago Children's Theatre (☑773-227-0180; www.chicagochildrenstheatre.org) Eines der besten Kinder-Theaterensembles des Landes; die Vorstellungen finden an verschiedenen Orten in ganz Chicago statt.

American Girl Place (www.americangirl.com; 835 N Michigan Ave; ⊗Mo–Do 10–20, Fr & Sa 9–21, So 9–18 Uhr; ⊕; Ⓜ Red Line bis Chicago) In dem mehrstöckigen Palast für Mädchen trinken kleine Damen Tee und lassen ihre Puppen neu frisieren.

Chic-A-Go-Go (www.facebook.com/chicagogo) Diese Show im Kabel-TV ist eine Art Kinderversion von *Soul Train*. Bei den Aufnahmen geht's richtig groovig zu. Termine und Orte stehen auf der Website.

Ebenfalls kinderfreundlich:

Maggie Daley Park (S. 579)

North Avenue Beach (S. 589)

Field Museum of Natural History (S. 582)

Shedd Aquarium (S. 583)

Lincoln Park Zoo (S. 585)

Museum of Science & Industry (S. 586)

---

und Betten mit Ahornfurnier. Zudem gibt's hier einen Innenpool, eine Sonnenterrasse mit Stadtblick und eher günstige Parkplätze (25 US$/Nacht) – insgesamt ein gutes Preis-Leistungs-Verhältnis für Near North.

★**Hotel Burnham** BOUTIQUEHOTEL $$$
(Karte S. 580; ☑312-782-1111; www.burnham hotel.com; 1 W Washington St; Zi. 239–389 US$; P⊕@🖥🐾; Ⓜ Blue Line bis Washington) Den Inhabern zufolge hat das Burnham angeblich Chicagos höchste Quote an wiederkehrenden Gästen. Kein Wunder: Es befindet sich im markanten Reliance Building aus den 1890er-Jahren, das als ein Vorläufer der modernen Wolkenkratzer gilt. Das sehr elegante Design ist ein Fest für Architekturfans. Große Fenster und etwas neckische Kunst beleben die warm wirkende Holzeinrichtung. Jeden Abend gibt's eine Happy Hour mit kostenlosem Wein.

Virgin Hotel HOTEL $$$
(Karte S. 580; ☑312-940-4400; www.virginho tels.com; 203 N Wabash Ave; Zi. 230–300 US$; P⊕@🖥🐾; Ⓜ Brown, Orange, Green, Purple od. Pink Line bis State/Lake) Der Milliardär Richard Branson hat das 27-stöckige Dear-

born Bank Building im Art-déco-Stil zum ersten Ableger seiner frechen neuen Hotelkette umbauen lassen. Die luftigen Zimmer mit schnellem Gratis-WLAN erinnern an Suiten. Zudem gibt's darin günstige Minibars und Betten, die auch als Schreibtisch fungieren können. Heizung, TV und andere elektronische Funktionen lassen sich per App bedienen. Gäste erhalten obendrein Ohrstöpsel – u. a. praktisch gegen den dumpfen Lärm der nahen El-Bahnstrecke.

Lake View, Wicker Park & Bucktown

★**Urban Holiday Lofts** HOSTEL $
(☑312-532-6949; www.urbanholidaylofts.com; 2014 W Wabansia Ave; B 30–55 US$, Zi. ab 80 US$; ⊕@🛜; Ⓜ Blue Line bis Damen) Die 25 Privatzimmer und Schlafsäle (4–8 Betten) hier sind umgebaute Loft-Eigentumswohnungen. Alle Quartiere haben freiliegende Backsteinwände, Hartholzböden und Stockbetten mit dicken Bettdecken. Das Ganze liegt nahe des El-Bahnhofs und zudem im Herz von Wicker Parks Nachtleben. Viele internationale Gäste; Preise inklusive Frühstück.

Longman & Eagle
GÄSTEHAUS $$

(☎ 773-276-7110; www.longmananandeagle.com; 2657 N Kedzie Ave; Zi. 95–200 US$; ❄☎; Ⓜ Blue Line bis Logan Sq) Eingecheckt wird im Gastropub (hat einen Michelinstern) im Erdgeschoss. Dann geht's eine Etage höher zu den sechs stilvollen Vintage-Zimmern mit Holzfußböden. Die Quartiere sind recht hellhörig, wer seine Whiskey-Gutscheine an der Bar eingelöst hat, wird sich daran aber nicht mehr stören. Um ab der El-Haltestelle hierher zu kommen, der Kedzie Ave einen Block gen Norden folgen.

Wicker Park Inn
B&B $$

(☎ 773-486-2743; www.wickerparkinn.com; 1329 N Wicker Park Ave; Zi. 159–225 US$; ❄☎; Ⓜ Blue Line bis Damen) Von dem Reihenhaus aus Backstein ist es nur ein Katzensprung bis zu belebten Restaurants und Nightlife-Adressen. Die sonnigen Zimmer sind nicht gerade riesig, warten aber mit Hartholzböden, Pastelltönen und kleinen Schreibtischecken auf. Gegenüber kommen Selbstversorger in zwei Apartments mit Küche unter. Das B&B liegt etwa 800 m südöstlich der El-Haltestelle.

Willows Hotel
BOUTIQUEHOTEL $$

(☎ 773-528-8400; www.willowshotelchicago.com; 555 W Surf St; Zi. 159–265 US$; Ⓟ❄☎; 🚌 22) Die Architektur des kleinen, stilvollen Willows ist preisverdächtig. Die schicke Lobby bietet ein nobles Refugium mit dicken Polstersesseln. Die 55 Zimmer, die in Pfirsich- und sanften Grüntönen gestaltet sind, beschwören das Frankreich des 19. Jhs. herauf. Das kontinentale Frühstück ist inklusive. Das Willows liegt einen Block nördlich vom Geschäftszentrum um die Kreuzung der Straßen Broadway, Clark und Diversey.

Days Inn Lincoln Park North
HOTEL $$

(☎ 773-525-7010; www.daysinnchicago.net; 644 W Diversey Pkwy; Zi. 130–195 US$; Ⓟ❄@☎; 🚌 22) Dieses sehr gepflegte Hotel in Lincoln Park gehört zu einer Hotelkette und ist sowohl bei Familien als auch bei Indie-Bands auf Tournee beliebt, denn der Service ist gut und es bietet Extras wie Frühstück und den kostenlosen Besuch eines Fitnesscenters. Zu den Parks und Stränden am See kann man locker zu Fuß gehen, ins Zentrum dauert es mit dem Bus 15 Minuten. Das Hotel liegt direkt an der geschäftigen Kreuzung der Straßen Broadway, Clark und Diversey.

✕ Essen

Im letzten Jahrzehnt hat sich Chicago in ein Gourmetparadies verwandelt. Das Schöne

---

SCHWULEN- & LESBENSZENE IN CHICAGO

Chicago hat eine große Schwulen- und Lesbenszene. Die *Windy City Times* (www.windy citymediagroup.com) liefert aktuelle Infos.

Die meisten Bars und Clubs konzentrieren sich auf die N Halsted St in Wrigleyville. Dieses Gebiet zwischen Belmont Ave und Grace St wird auch Boystown genannt. Der zweite Tummelplatz des örtlichen GLBT-Nachtlebens ist das vergleichsweise entspanntere und weniger feierwütige Andersonville. Unsere Tipps:

Big Chicks (www.bigchicks.com; 5024 N Sheridan Rd; ⊙ Mo–Fr 16–2, Sa 9–2, So 10–2 Uhr; ☎; Ⓜ Red Line bis Argyle) Trotz des Namens kommen sowohl Männer als auch Frauen ins Big Chicks, das Kunstausstellungen veranstaltet und am Wochenende DJs auflegen lässt. Der Wochenendbrunch im benachbarten Bio-Restaurant **Tweet** (www.tweet.biz; 5020 N Sheridan Rd; Hauptgerichte 8–14 US$; ⊙ 8.30–15 Uhr; ☎) 𝅭 ist sehr beliebt. Nur Barzahlung.

Sidetrack (www.sidetrackchicago.com; 3349 N Halsted St; ⊙ Mo–Fr 15–2, Sa & So 13–2 Uhr; Ⓜ Red, Brown od. Purple Line bis Belmont) Im riesigen Sidetrack sind Shows und hämmernde Dance-Musik geboten. Super, um Leute zu beobachten.

Hamburger Mary's (www.hamburgermarys.com/chicago; 5400 N Clark St; ⊙ So–Mi 11.30–24, Do–Fr 11.30–1.30, Sa 11.30–2.30 Uhr; Ⓜ Red Line bis Berwyn) Kabarett, Karaoke, Burger und Bechern auf einer Freiluftterrasse sorgen in dem angesagten Treff für Stimmung.

Chance's Dances (www.chancesdances.org) Organisiert schwule Tanzpartys in verschiedenen Chicagoer Clubs.

Pride Parade (http://chicagopride.gopride.com; ⊙ Ende Juni) Schlängelt sich durch Boystown und zieht rund 800 000 Feierlustige an.

Northalsted Market Days (www.northalsted.com; ⊙ Mitte Aug.) Weiteres wildes Event in Boystown; mit Straßenfest und schrägen Kostümen.

ist, dass selbst die angesagtesten Restaurants für jedermann zugänglich sind: Sie sind visionär, aber traditionell, bleiben im Herzen lockere Treffs, und die Preise sind erschwinglich. Zudem gibt's in der Stadt ein großartiges Angebot an ethnischen Restaurants, besonders außerhalb des Zentrums in Vierteln wie Pilsen und Uptown.

Wer sich nicht entscheiden kann, findet beim **LTH Forum** (www.lthforum.com) Infos.

✕ Loop Loop

Viele Restaurants im Loop sind auf die Angestellten eingestellt, die mittags kommen.

Cafecito
KUBANISCH $

(Karte S. 580; ☎ 312-922-2233; www.cafecitochicago.com; 26 E Congress Pkwy; Hauptgerichte 6–10 US$; ⏱ Mo–Fr 7–21, Sa & So 10–18 Uhr; 🖥; Ⓜ Brown, Orange, Purple od. Pink Line bis Library) Das Cafecito gehört zu Chicagos HI-Hostel und eignet sich perfekt für hungrige Traveller mit kleinem Geldbeutel. Auf den Tisch kommen z. B. großartige kubanische Sandwiches mit Schinken und gebratenem Schweinefleisch (in Zitronensaft und Knoblauch mariniert). Der starke Kaffee und die herzhaften Eiersandwiches geben zusammen ein prima Frühstück ab.

Native Foods Cafe
VEGAN $

(Karte S. 580; ☎ 312-332-6332; www.nativefoods.com; 218 S Clark St; Hauptgerichte 9–11 US$; ⏱ Mo–Sa 10.30–21, So 11–19 Uhr; 🖥; Ⓜ Brown, Orange, Purple od. Pink Line bis Quincy) 🍃 Wer in Downtown nach veganem Fast Food sucht, ist hier richtig. Das „Fleischklops"-Sandwich ist mit Seitan belegt, der „Skorpionburger" mit piktantem Tempeh. Regionale Biere und Bio-Weine runden das große Angebot ab.

Gage
MODERN-AMERIKANISCH $$$

(Karte S. 580; ☎ 312-372-4243; www.thegagechicago.com; 24 S Michigan Ave; Hauptgerichte 17–36 US$; ⏱ Mo 11–22, Di–Do 11–23, Fr & Sa 11–24, So 10–22 Uhr; Ⓜ Brown, Orange, Green, Purple od. Pink Line bis Madison) Auf der einfallsreichen Karte des Gastropubs stehen z. B. Wildfleischburger mit Gouda, Muscheln nach Vindaloo-Art oder Fish & Chips (ersterer im Guinness-Backteig). Die ebenso tolle Getränkeauswahl umfasst z. B. anständige Whiskeys und Regionalbiere, die prima zum Essen passen.

✕ Near North

Near North ist der kulinarische Hot Spot von Chicago.

Xoco
MEXIKANISCH $

(Karte S. 580; www.rickbayless.com; 449 N Clark St; Hauptgerichte 10–14 US$; ⏱ Di–Do 8–21, Fr & Sa bis 22 Uhr; Ⓜ Red Line bis Grand) 🍃 Im mexikanischen Straßenlokal des gefeierten Kochs Rick Bayless gibt's zum Frühstück warme *churros* (spiralförmige Teigkrapfen), zum Mittagessen mit viel Fleisch belegte *tortas* (Sandwiches) und abends gehaltvolle *caldos* (Suppen). Seine gehobenen Restaurants Frontera Grill und Topolobampo befinden sich gleich nebenan, man benötigt aber eine Reservierung oder eine ganze Menge Geduld, um hineinzukommen.

★ Billy Goat Tavern
BURGER $

(Karte S. 580; ☎ 312-222-1525; www.billygoattavern.com; UG, 430 N Michigan Ave; Burgers 4–6 US$; ⏱ Mo–Fr 6–2, Sa & So 10–2 Uhr; Ⓜ Red Line bis Grand) Die Reporter der *Tribune* und der *Sun-Times* futtern seit Jahrzehnten im Billy Goat. Einfach einen „Cheezborger" und ein Schlitz bestellen, sich die mit Zeitungen bekleisterten Wände ansehen und das Neueste über die Chicago Cubs Curse erfahren.

Purple Pig
MEDITERRAN $$

(Karte S. 580; ☎ 312-464-1744; www.thepurplepigchicago.com; 500 N Michigan Ave; kleine Teller 9–19 US$; ⏱ So–Do 11.30–24, Fr & Sa bis 1 Uhr; 🖥; Ⓜ Red Line bis Grand) Die tolle Lage, die vielfältige Palette an Fleisch und vegetarischen Gerichten, die große Liste bezahlbarer Weine und die lange Öffnungszeit der Küche am Abend machen das Pigs zu einem Publikumshit. Eine köstliche Spezialität des Hauses ist die in Milch geschmorte Schweineschulter. Keine Reservierung möglich.

✕ Lincoln Park & Old Town

Die Straßen Halsted, Lincoln und Clark sind von Restaurants und Bars gesäumt.

Sultan's Market
NAHÖSTLICH $

(☎ 312-638-9151; www.chicagofalafel.com; 2521 N Clark St; Hauptgerichte 4–7 US$; ⏱ Mo–Do 10–22, Fr & Sa 10–24, So 10–21 Uhr; Ⓜ Brown, Purple od. Red Line bis Fullerton) Einheimische lieben dieses familiengeführte Lokal für seine guten nahöstlichen Gerichte (z. B. Sandwiches mit Falafel, Spinatpasteten). Der kleine und gemütliche Laden hat nur wenige Tische. Allerdings bietet sich der nahe Lincoln Park fürs Futtern unter freiem Himmel an.

★ Alinea
MODERN-AMERIKANISCH $$$

(☎ 312-867-0110; www.alinearestaurant.com; 1723 N Halsted St; mehrgängiges Menü 210–265 US$;

Mi-So 17–21.30 Uhr; Red Line bis North/Clybourn) Das Alinea gilt weithin als Nordamerikas bestes Restaurant und kredenzt insgesamt 20 Gänge von unglaublicher Molekularküche. Die Gerichte – wie „Ente mit einem Kissen aus Lavendelluft" – kommen z. B. aus einer Zentrifuge oder werden in eine Kapsel gepresst. Das Alinea nimmt keine Reservierungen an, verkauft aber Tickets zwei bis drei Monate vorher über seine Website. Der Twitter-Feed (@Alinea) informiert über eventuelle Last-Minute-Gelegenheiten.

Lake View & Wrigleyville

Clark, Halsted, Belmont und Southport sind die richtigen Straßen, um auf Restaurantsuche zu gehen.

★ Crisp ASIATISCH $

(www.crisponline.com; 2940 N Broadway; Hauptgerichte 9–13 US$; 11.30–21 Uhr; Brown, Purple Line bis Wellington) In diesem freundlichen Café erklingt Musik aus der Stereoanlage und aus der Küche kommen preiswerte, köstliche koreanische Fusionsgerichte. Die „Bad Boy Buddha"-Schüssel, eine Variante von *bi bim bop* (gemischtes Gemüse mit Reis) ist eines der besten, gesündesten Mittagessen der Stadt!

Mia Francesca ITALIENISCH $$

(773-281-3310; www.miafrancesca.com; 3311 N Clark St; Hauptgerichte 16–27 US$; Mo–Do 17–22, Fr bis 23, Sa 11.30–23, So 10–21 Uhr; Red, Brown, Purple Line bis Belmont) In der lokalen Restaurantkette Mia wimmelt es nur so vor Stammgästen. Sie kommen wegen der italienischen Standardgerichte wie Linguine mit Meeresfrüchten, Spinatravioli oder Kalbsmedaillons in Pilzsauce, die alle einfach, aber gut zubereitet sind.

Andersonville & Uptown

Nach „Little Saigon" geht's mit der CTA Red Line bis Argyle. Wer Lust auf die europäischen Cafés in Andersonville hat, fährt eine Station weiter bis Berwyn.

Nha Hang Viet Nam VIETNAMESISCH $

(773-878-8895; 1032 W Argyle St; Hauptgerichte 7–13 US$; So–Mo 7–22 Uhr; Red Line bis Argyle) Dieses kleine Restaurant sieht von außen nicht nach etwas Besonderem aus. Drinnen

---

CHICAGOS HEILIGE DREIFALTIGKEIT DER SPEZIALITÄTEN

Chicago hat drei heiß geliebte Spezialitäten. Ganz oben rangiert dabei die Pfannenpizza: ein dicker Boden (5–8 cm hoch), der üppig mit einem Berg geschmolzenen Belags bedeckt ist – ein klebriges Stück ist eigentlich schon eine ganze Mahlzeit. Beste Adressen:

Pizzeria Uno (Karte S. 580; www.unos.com; 29 E Ohio St; kleine Pizzas ab 13 US$; Mo–Fr 11–1, Sa 11–2, So 11–23 Uhr; Red Line bis Grand) Hier wurde die Pfannenpizza angeblich 1943 erfunden.

Lou Malnati's (Karte S. 580; www.loumalnatis.com; 439 N Wells St; kleine Pizzas ab 12 US$; So–Do 11–23, Fr & Sa 11–24 Uhr; Brown od. Purple Line bis Merchandise Mart) Will die Pfannenpizza ebenfalls erfunden haben und ist für seinen Butterteig berühmt.

Giordano's (Karte S. 580; 312-951-0747; www.giordanos.com; 730 N Rush St; kleine Pizzas ab 15,50 US$; So–Do 11–23, Fr & Sa 11–24 Uhr; Red Line bis Chicago) Serviert „gefüllte" Pfannenpizza (vergleichsweise größer und teigiger).

Gino's East (Karte S. 580; 312-266-3337; www.ginoseast.com; 162 E Superior St; kleine Pizzas ab 15 US$; 11–21.30 Uhr Red Line bis Chicago) Beim Warten auf die Pizza kann man hier die Wände bekritzeln.

Genauso kultig ist der Chicagoer Hotdog – ein Würstchen, das „durch den Garten gezogen wurde" und so z. B. zusammen mit Zwiebeln, Tomaten, Salatstreifen, Paprikaschoten, Pepperoncini und süßen Gewürzen (aber nie Ketchup!) in einem Mohnbrötchen landet. Am besten probiert man das Ganze im **Portillo's** (Karte S. 580; 312-587-8910; www.portillos.com; 100 W Ontario St; Hauptgerichte 4–7 US$; So–Do 10–23, Fr & Sa 10–24 Uhr; Red Line bis Grand).

Chicago ist außerdem für seine italienischen Rindfleischsandwiches berühmt – pikant, triefend und nur hier zu bekommen. Die allerbesten gibt's bei **Mr. Beef** (Karte S. 580; 312-337-8500; 666 N Orleans St; Sandwiches 6–9 US$; Mo–Fr 9–17, Sa 10–15, Fr & Sa auch 22.30–4 Uhr; Brown od. Purple Line bis Chicago).

wartet jedoch eine riesige Auswahl an toller Traditionsküche aus Vietnam. Besonders lecker sind die Pho-Suppe und der Wels aus dem Tontopf.

⭐ **Hopleaf** EUROPÄISCH $$
(☎ 773-334-9851; www.hopleaf.com; 5148 N Clark St; Hauptgerichte 12–27 US$; ⏱ Mo–Do 12–23, Fr & Sa bis 24, So bis 22 Uhr; Ⓜ Red Line bis Berwyn) Das Hopleaf, eine gemütliche Taverne im europäischen Stil, lockt mit seiner geräucherten Rinderbrust à la Montréal, Sandwiches mit Cashew-Butter und Feigenmarmelade sowie der Hausspezialität – Pommes mit in Bier eingelegten Muscheln – ganze Heerscharen an. Außerdem schenkt es 200 Biersorten aus, darunter sind auch etliche belgische Biere. Keine Reservierung möglich.

🍴 Wicker Park, Bucktown & Ukrainian Village

In diesen Vierteln eröffnen fast täglich neue trendige Restaurants.

Dove's Luncheonette TEXANISCH-MEXIKANISCH $
(☎ 773-645-4060; www.doveschicago.com; 1545 N Damen Ave; Hauptgerichte 12–15 US$; ⏱ So–Do 9–22, Fr & Sa 9–23 Uhr; Ⓜ Blue Line bis Damen) Auf der Dinertheke im Retrostil landen z. B. *pozole* mit Schweineschulter oder Zuckermais-Tamales mit Garnelenfüllung. Zum Nachtisch gibt's selbstgebackenen Kuchen – je nach Angebot des Tages z. B. mit Limonen und Sahne oder mit Pfirsichen und Jalapeños. Auf dem Plattenspieler drehen sich Soul-Scheiben, Tequila kommt aus insgesamt 70 klirrenden Flaschen hinter der Bar. Und auf einmal ist die Welt in Ordnung.

⭐ **Ruxbin** MODERN-AMERIKANISCH $$$
(☎ 312-624-8509; www.ruxbinchicago.com; 851 N Ashland Ave; Hauptgerichte 27–32 US$; ⏱ Di–Fr 18–22, Sa 17.30–22, So bis 21 Uhr; Ⓜ Blue Line bis Division) 🌿 Die Leidenschaft des Bruder-Schwester-Teams, das das Ruxbin leitet, zeigt sich überall, ob in der schönen Dekoration aus Fundstücken oder im kunstvoll geschaffenen Geschmack der Gerichte wie Schweinebauchsalat mit Grapefruit oder Maisbrot und Blaukäse. Das kleine Restaurant hat nur 32 Plätze und erlaubt Gästen, ihren eigenen Wein mitzubringen (BYOB).

🍴 Logan Square & Humboldt Park

Logan Sq hat sich zu einem Mekka für innovative, schnörkellose Küche entwickelt.

Rund um die Kreuzung Milwaukee, Logan und Kedzie findet man viele Restaurants und Bars.

Kuma's Corner BURGER $
(☎ 773-604-8769; www.kumascorner.com; 2900 W Belmont Ave; Hauptgerichte 12–14 US$; ⏱ Mo–Mi 11.30–24, Do 11.30–1, Fr & Sa 11.30–2, So 12–24 Uhr; 🚌 77) Das unglaublich belebte und äußerst laute Kuma's lockt tätowierte Gäste mit Riesenburgern (Fleischeinlage im Laugenbrötchen: 280 g), die jeweils nach einer anderen Heavy-Metal-Band benannt sind. Für Vegetarier gibt's Käsemakkaroni, während sich alle an Bier und Bourbon laben. Mit Wartezeit ist zu rechnen.

⭐ **Longman & Eagle** AMERIKANISCH $$
(☎ 773-276-7110; www.longmanandeagle.com; 2657 N Kedzie Ave; Hauptgerichte 15–30 US$; ⏱ So–Fr 9–2, Sa 9–3 Uhr; Ⓜ Blue Line bis Logan Sq) Schwer zu sagen, ob man in dieser schäbig-schicken Taverne lieber etwas essen oder etwas trinken sollte. Wahrscheinlich gewinnt die Küche: Immerhin hat das Lokal einen Michelinstern für seine wunderbar zubereitete Hausmannskost erhalten. So kommen hier z. B. französischer Toast mit Vanille-Brioche (morgens), Sloppy Joes mit Wildschweinfleisch (mittags) oder Brathähnchen mit Entenfett-Biscuits auf den Tisch. Zudem gibt's eine ganze Karte mit leckeren Snacks und Whiskeys. Keine Reservierungen.

🍴 Near West Side & Pilsen

Der West Loop boomt mit Restaurants von Spitzenköchen. Wer die Randolph St und die Fulton Market St entlangspaziert, hat die Qual der Wahl. Greektown erstreckt sich entlang der S Halsted St (mit der Blue Line bis UIC-Halsted fahren). In der mexikanischen Enklave Pilsen gibt's rund um die W 18th St zahlreiche Lokale.

⭐ **Lou Mitchell's** FRÜHSTÜCK $
(Karte S. 580; ☎ 312-939-3111; www.loumitchells restaurant.com; 565 W Jackson Blvd; Hauptgerichte 7–11 US$; ⏱ Mo–Fr 5.30–15, Sa & So 7–15 Uhr; 🚼; Ⓜ Blue Line bis Clinton) Das Lou's mit seinen altmodischen Kellnerinnen ist ein Relikt aus den Zeiten der Route 66. An der Union Station gleich westlich vom Loop bekommt man hier beispielsweise Eier mit Doppeldotter oder französischen Toast mit dicken Brotscheiben. Kostenlose Quarkbällchen und Milk Duds versüßen die übliche Wartezeit.

DIE GROSSEN SEEN CHICAGO

Don Pedro Carnitas MEXIKANISCH $

(1113 W 18th St; Tacos 1,50–2 US$; Mo–Fr 6–18, Sa 5–17, So bis 15 Uhr) In diesem einfachen Laden in Pilsen wird man von einem Mann mit Machete begrüßt. Er wartet auf den Befehl der Gäste, ein paar Stücke vom Schweinebraten abzuhacken, die er dann zusammen mit Zwiebeln und Koriander in eine frische Tortilla wickelt. Nur Barzahlung.

★ Little Goat DINER $$

(Karte S. 580; 312-888-3455; www.littlegoatchicago.com; 820 W Randolph St; Hauptgerichte 10–19 US$; So–Do 7–22, Fr & Sa bis 24 Uhr; Green, Pink Line bis Morgan) Stephanie Izard, Gewinnerin des amerikanischen Fernsehkochwettbewerbs *Top Chef* eröffnete dieses Restaurant für die hungrigen Massen gegenüber ihres immer ausgebuchten Restaurants „Girl and the Goat". Man nimmt auf einem altmodischen Stuhl Platz und wählt etwas von der ganztägig gültigen Frühstückskarte, oder besser noch eines der beliebten Mittagsgerichte, z. B. Sloppy Joe mit Ziegenfleisch und Kartoffelmus-Tempura oder Schweinebauch auf Schalottenpfannkuchen.

Dusek's MODERN-AMERIKANISCH $$$

(312-526-3851; www.dusekschicago.com; 1227 W 18th St; Hauptgerichte 22–30 US$; Mo–Fr 11–1, Sa & So 9–1 Uhr; Pink Line bis 18th St) Unter der geprägten Blechdecke des Gastropubs schlagen Hipster aus Pilsen ihre Zähne in ständig wechselnde und bierlastige Gerichte (z. B. Butterkrebse im Bier-Backteig oder Ente, in dunklem Lager geschmort). Neben dem Dusek's beherbergt das historische Gebäude nach dem architektonischen Vorbild der Prager Oper auch noch einen Independent-Liveclub und eine Cocktailbar im Keller.

Ausgehen & Nachtleben

Während des langen Winters vertrauen die Chicagoer auf ihre Bars. Meist schließen sie um 2, einige sind aber auch bis 4 Uhr offen. Im Sommer locken viele Bars mit Biergärten.

Die Clubs in Near North und West Loop sind oft riesig und luxuriös (mit Kleiderordnung). In Wicker Park ist es lockerer.

The Loop & Near North

★ Signature Lounge LOUNGE

(Karte S. 580; www.signatureroom.com; 875 N Michigan Ave; So–Do 11–0.30, Fr & Sa 11–1.30 Uhr; Red Line bis Chicago) Das John Hancock Center ist Chicagos vierthöchster Wolkenkratzer. Per Aufzug geht's hier hinauf in den 96. Stock, um Drinks bei Stadtblick zu genießen. Ladys aufgepasst: Auf keinen Fall die Aussicht von der Damentoilette verpassen!

Berghoff BAR

(Karte S. 580; www.theberghoff.com; 17 W Adams St; Mo–Sa 11–21 Uhr; Blue, Red Line bis Jackson) Das Berghoff war die erste Bar der Stadt, die nach der Prohibition wieder legale Drinks servierte; Gäste können darum bitten, die Ausschanklizenz mit dem Stempel „1" sehen zu dürfen. Seitdem hat sich an der kleinen, hölzernen Bar wenig verändert. Das Hausbier wird in eiskalten Krügen serviert und im angrenzenden Restaurant gibt's Sauerbraten.

★ Clark Street Ale House BAR

(Karte S. 580; www.clarkstreetalehouse.com; 742 N Clark St; Mo–Fr 16–4, Sa & So ab 11 Uhr; Red Line bis Chicago) Einfach das alte Werbeschild beherzigen: „Stop & Drink Liquor". Der Magnet der Bar sind die Biere von Kleinbrauereien aus dem Mittleren Westen. Ein Probierset (3 Biere) kostet 7 US$. Sobald es wärmer ist, lädt ein netter Biergarten im Hinterhof ein.

Old Town & Wrigleyville

★ Old Town Ale House BAR

(www.theoldtownalehouse.com; 219 W North Ave; Mo–Fr 15–4, Sa & So 12–4 Uhr; Brown od.

> **NICHT VERSÄUMEN**
>
> **BIERE AUS DEM MITTLEREN WESTEN**
>
> Dank seines deutschen Erbes wartet der Mittlere Westen überall mit kaltem Gestensaft auf. Ja, Budweiser und Miller gibt's auch hier – aber darum geht's jetzt nicht. Denn vergleichsweise deutlich interessanter sind die süffigen Produkte der vielen regionalen Kleinbrauereien – wohl bekomm's:
>
> ➜ Bell's (Kalamazoo, MI)
> ➜ Capital (Middleton, WI)
> ➜ Founder's (Grand Rapids, MI)
> ➜ Great Lakes (Cleveland, OH)
> ➜ Lagunitas (Chicago, IL)
> ➜ Dark Horse (Marshall, MI)
> ➜ Summit (St. Paul, MN)
> ➜ Surly (Minneapolis, MN)
> ➜ Three Floyds (Munster, IN)
> ➜ Two Brothers (Warrenville, IL)

Purple Line bis Sedgwick) In der beliebte Kaschemme gegenüber vom Second City mischen sich die Schönen und Reichen mit ergrauten Stammgästen. Gebechert wird das Bier unter „Aktgemälden" von Politikern. Nur Barzahlung.

★ Gingerman Tavern BAR
(3740 N Clark St; ⊙ Mo-Fr 15-2, Sa & So ab 12 Uhr; Ⓜ Red Line bis Addison) Mit seinem Billardtisch, der guten Bierauswahl und den gepiercten und tätowierten Gästen hebt sich das Gingerman wohltuend von den Wrigleyville-Sportsbars in der Umgebung ab.

Smart Bar CLUB
(www.smartbarchicago.com; 3730 N Clark St; ⊙ Mi-So 10-16 Uhr; Ⓜ Red Line bis Addison) Tanzwütige lieben den bewährten, schnörkellosen Club, der zum Rockclub Metro gehört.

🍷 Wicker Park, Bucktown & Ukrainian Village

Map Room BAR
(www.maproom.com; 1949 N Hoyne Ave; ⊙ Mo-Fr 6.30-2, Sa ab 7.30, So ab 11 Uhr; 🛜; Ⓜ Blue Line bis Western) In dieser mit Landkarten und Globen dekorierten „Traveller-Taverne" nippen künstlerisch angehauchte Typen tagsüber am Kaffee und trinken abends eine der 200 Biersorten. Nur Barzahlung.

Danny's BAR
(1951 W Dickens Ave; ⊙ 19-2 Uhr; Ⓜ Blue Line bis Damen) Das angenehm schummrige und leicht abgenutzte Ambiente ist ideal für einen frühabendlichen Plausch beim Bier. Zu späterer Stunde steigen dann Dance-Partys mit DJs. Nur Barzahlung.

Matchbox BAR
(Karte S. 580; 770 N Milwaukee Ave; ⊙ Mo-Fr 16-2, Sa & So 15-2 Uhr; Ⓜ Blue Line bis Chicago) Das Matchbox lockt Anwälte, Künstler und Gammler mit altmodischen Cocktails. Es liegt einsam im Nordwesten des Zentrums und ist tatsächlich fast so klein wie eine Streichholzschachtel mit Quetschfaktor: Hier gibt's nur etwa zehn Barhocker – alle anderen Gäste lehnen an der Wand.

🍷 Logan Square

Revolution Brewing BRAUEREI
(📞 773-227-2739; www.revbrew.com; 2323 N Milwaukee Ave; ⊙ Mo-Fr 11-2, Sa& So 10-2 Uhr; Ⓜ Blue Line bis California) Hoch die Gläser: Diese große Brauereikneipe im schicken Industriestil punktet mit berauschendem Gerstensaft (z. B. Eugene-Porterbier oder hopfiges Anti-Hero IPA). Der örtliche Braumeister ist das Urgestein von Chicagos riesiger Kleinbrauereiszene und macht seinen Job nach wie vor erstklassig.

🍷 West Loop

RM Champagne Salon BAR
(Karte S. 580; 📞 312-243-1199; www.rmchampagnesalon.com; 116 N Green St; ⊙ Mo-Mi 17-23, Do-Fr 17-2, Sa 17-3, So 17-23 Uhr; Ⓜ Green od. Pink Line bis Morgan) Die charmante Bar im West Loop kredenzt Schampus bei Schummerlicht. Wer einen Tisch im gepflasterten Innenhof ergattert, fühlt sich nach Paris versetzt.

☆ Unterhaltung

Im *Chicago Reader* (www.chicagoreader.com) stehen aktuelle Veranstaltungstermine.

Blues & Jazz

Blues und Jazz sind in Chicago tief verwurzelt.

★ Green Mill JAZZ
(www.greenmilljazz.com; 4802 N Broadway; Grundgebühr 5-15 US$; ⊙ Mo-Sa 12-4, So ab 11 Uhr; Ⓜ Red Line bis Lawrence) Das zeitlose Green Mill wurde als eine der Lieblings-Flüsterkneipen von Al Capone berühmt. Die Ledernischen machen Lust auf einen weiteren Martini. Jeden Abend treten Jazzmusiker aus der Region und aus dem ganzen Land auf; samstags findet hier der in den ganzen USA bekannte Poetry Slam statt.

INSIDERWISSEN

EINE ECHTE CHICAGOER BAR FINDEN

Leider können wir nicht alle Kneipen der Stadt auflisten – dafür aber Tipps geben, wie man eine lokaltypische Schänke findet. Man sollte auf folgende Erkennungszeichen achten:

➡ Altmodisches Bierschild am Eingang

➡ Abgenutzte Dartscheibe und/oder alter Billardtisch

➡ Die Stammkunden tragen Baseballcaps der Cubs, White Sox, Blackhawks oder Bears

➡ Bierflaschen, die in Eiskübeln serviert werden

➡ Sport im Fernsehen

ℹ VERBILLIGTE TICKETS

Hot Tix (www.hottix.org) verkauft Theaterkarten für die laufende Woche zum halben Preis – online sowie an insgesamt drei Schaltern im Zentrum. Anfang der Woche ist die Auswahl am besten.

★ **Buddy Guy's Legends** BLUES

(Karte S.580; www.buddyguy.com; 700 S Wabash Ave; ⊙Mo & Di 17–2, Mi–Fr 11–2, Sa 12–3, So 12–2 Uhr; MRed Line bis Harrison) Buddy Guy ist eine örtliche Ikone. Auf der Bühne seines Blues-Clubs stehen Spitzenkünstler aus Chicago und dem Rest der USA (Tickets Fr & Sa 20 US$, sonst 10 US$). Der Chef selbst schließt seine Klampfe normalerweise für eine Konzertreihe im Januar an. Zudem sind hier Musiker aller Altersklassen bei kostenlosen Akustik-Gigs zu hören (Mi–So 12–14 Uhr).

Kingston Mines BLUES

(www.kingstonmines.com; 2548 N Halsted St; Grundpreis 12–15 US$; ⊙Mo–Do 20–4, Fr & Sa ab 19, So ab 18 Uhr; MBrown, Purple, Red Line bis Fullerton) Zwei Bühnen sorgen an sieben Abenden in der Woche dafür, dass immer etwas los ist. Das Kingston Mines ist laut, heiß, verschwitzt und überfüllt und befindet sich praktischerweise in Lincoln Park.

BLUES BLUES

(www.chicagobluesbar.com; 2519 N Halsted St; Grundpreis 7–10 US$; ⊙Mi–So 20–2 Uhr; MBrown, Purple, Red Line bis Fullerton) In diesen bewährten Club kommt ein etwas gesetzteres Publikum, um jeden faszinierenden, elektrisierenden Moment zu genießen.

Rock & World Music

★ **Hideout** LIVEMUSIK

(www.hideoutchicago.com; 1354 W Wabansia Ave; ⊙Di 19–2, Mi–Fr 16–2, Sa 19–3 Uhr, So & Mo wechselnde Öffnungszeiten; 🚌72) Diese besuchenswerte Location mit zwei Räumen versteckt sich hinter einer Fabrik am Rand von Bucktown. In unkonventioneller Underground-Atmosphäre erklingen hier Indie-Rock und alternative Countrymusik – das Ganze wirkt quasi wie Großmutters Partykeller. Jeden Abend gibt's Livekonzerte und andere Events (z. B. Bingo, Lesungen).

SummerDance WELTMUSIK

(Karte S.580; www.chicagosummerdance.org; 601 S Michigan Ave; ⊙Ende Juni–Mitte Sept. Fr & Sa 18–21.30, So 16–19 Uhr; MRed Line bis Harrison) **GRATIS** Beim Spirit of Music Garden im Grant Park sorgen multikulturelle lokale Bands mit Rumba, Samba und anderen internationalen Rhythmen für Stimmung. Davor finden fröhliche Tanzkurse statt – alles gratis.

Empty Bottle LIVEMUSIK

(www.emptybottle.com; 1035 N Western Ave; ⊙Mo–Do 17–2, Fr 15–2, Sa & So 11–2 Uhr; 🚌49) Leicht heruntergekommener In-Club mit Jazz und kernigem Indie-Rock. Die Montagskonzerte sind meist kostenlos; zudem gibt's dann billiges Bier.

Whistler LIVEMUSIK

(☎773-227-3530; www.whistlerchicago.com; 2421 N Milwaukee Ave; ⊙Mo–Do 18–2, Fr–So ab 17 Uhr; MBlue Line bis California) **GRATIS** Indiebands und Jazztrios lassen in diesem kleinen, künstlerisch angehauchten Club in Logan Square ihren Weltschmerz heraus. Der Eintritt ist immer frei.

Theater

Chicago genießt den Ruf als Theaterstadt mit Recht. Viele Produktionen schaffen es auf den Broadway. Im Theater District in der State St und der Randolph St finden sich mehrere große, neonbeleuchtete Theater. Karten für die meisten von ihnen gibt es bei **Broadway in Chicago** (☎800-775-2000; www.broadwayinchicago.com).

Steppenwolf Theatre THEATER

(☎312-335-1650; www.steppenwolf.org; 1650 N Halsted St; MRed Line bis North/Clybourn) Das Theater, in dem John Malkovich, Gary Sinise und andere Stars auftreten, liegt 3 km nördlich vom Loop in Lincoln Park.

Goodman Theatre THEATER

(Karte S.580; ☎312-443-3800; www.goodman theatre.org; 170 N Dearborn St; MBrown, Orange, Green, Purple, Pink, Blue Line bis Clark/Lake) In Downtown findet man das herausragende Theater, das für seine neuen und klassischen amerikanischen Stücke berühmt ist.

Neo-Futurists THEATER

(☎773-275-5255; www.neofuturists.org; 5153 N Ashland Ave; MRed Line bis Berwyn) Dieses Theater in Andersonville inszeniert Originalstücke, die Besucher zugleich nachdenklich stimmen und erheitern. Sehr bekannt ist die abgedrehte Late-Night-Show mit 30 Stücken in 60 Minuten.

Comedy

Impro-Comedy hat ihre Wurzeln in Chicago. Noch immer bringt die Stadt die Besten dieser Branche hervor.

Second City
COMEDY

(☏ 312-337-3992; www.secondcity.com; 1616 N Wells St; Ⓜ Brown od. Purple Line bis Sedgwick) Bill Murray, Stephen Colbert, Tina Fey und viele andere haben ihren Humor einst in diesem schicken Laden perfektioniert. Auf der Mainstage (Hauptbühne) und der ETC Stage werden Sketche mit spontanen Impro-Einlagen zum Besten gegeben (Preise und Qualität jeweils ähnlich). Die UP Stage steht für Standup-Shows und Experimentelles. Tipp: Wer sich etwa um 22 Uhr einfindet, kann die Comedians kostenlos bei einer Impro-Vorstellung erleben (außer Fr & Sa).

iO Theater
COMEDY

(☏ 312-929-2401; http://.ioimprov.com/chicago; 1501 N Kingsbury St; Ⓜ Red Line bis North/Clybourn) Chicagos zweite große Location für Impro-Comedy ist exzentrischer als ihre Konkurrenz. Jeden Abend gibt's hier teils recht obszöne Shows auf insgesamt vier Bühnen. Zwei Bars und ein Biergarten runden den Spaß ab.

Sport

Chicago Cubs
BASEBALL

(www.cubs.com; 1060 W Addison St; Ⓜ Red Line bis Addison) Die Cubs gewannen 1908 zum letzten Mal die World Series, doch das hält die Fans nicht davon ab, zu ihren Spielen zu kommen. Das liegt zum Teil auch am stimmungsvollen, efeuumrankten Wrigley Field, das aus dem Jahr 1914 stammt. Die beliebtesten Plätze sind die Tribünensitze. Wer kein Ticket mehr bekommt, kann das Spiel durch das *knothole*, eine Öffnung von der Größe einer Garagentür in der Sheffield Ave, kostenlos sehen.

Chicago White Sox
BASEBALL

(www.whitesox.com; 333 W 35th St; Ⓜ Red Line bis Sox-35th) Die Sox sind die South-Side-Rivalen der Cubs und spielen im moderneren „Cell", dem US Cellular Field. Die Tickets sind meist preiswerter und leichter erhältlich als im Wrigley Field; Für die Spiele am Sonntag und Montag bekommt man die besten Angebote.

Chicago Bears
FOOTBALL

(Karte S. 580; www.chicagobears.com; 1410 S Museum Campus Dr; Ⓜ 146, 128) Die Bears, Chicagos Team in der NFL, spielen im Soldier Field, das man an seiner architektonischen Kombination aus klassischem Stil und fliegender Untertasse erkennt. Die Fans sind stets in Partystimmung und es gibt jede Menge Alkohol.

Chicago Bulls
BASKETBALL

(www.nba.com/bulls; 1901 W Madison St; Ⓜ 19, 20) Wer wird der neue Michael Jordan? Wer es wissen will, sollte sich ein Spiel der Bulls im United Center, ihrem Heimstadion, anschauen. Es liegt etwa 3 km westlich vom Loop. An Spieltagen setzt die CTA Sonderbusse (Nr. 19) ein. Zu Fuß sollte man besser nicht zum Stadion gehen.

Chicago Blackhawks
EISHOCKEY

(www.blackhawks.nhl.com; 1901 W Madison St; Ⓜ 19, 20) Die Gewinner des Stanley Cup (2010, 2013 und 2015) schlagen den Puck stets vor großen Zuschauerscharen; sie teilen sich das United Center mit den Bulls.

Darstellende Künste

Grant Park Orchestra
KLASSISCHE MUSIK

(Karte S. 580; ☏ 312-742-7638; www.grantpark musicfestival.com; Pritzker Pavilion, Millennium Park; ⊙ Mitte Juni–Mitte Aug. Mi & Fr 18.30, Sa 19.30 Uhr; Ⓜ Brown, Orange, Green, Purple, Pink Line bis Randolph) ᴳᴿᴬᵀᴵˢ Das beliebte Orchester gibt den ganzen Sommer lang im Millennium Park kostenlose klassische Konzerte. Man kann sich ein Picknick mitbringen.

Chicago Symphony Orchestra
KLASSISCHE MUSIK

(CSO; Karte S. 580; ☏ 312-294-3000; www.cso. org; 220 S Michigan Ave; Ⓜ Brown, Orange, Green, Purple, Pink Line bis Adams) Das CSO ist eines der besten Sinfonieorchester Amerikas. Es spielt in der von Daniel Burnham entworfenen Orchestra Hall.

Lyric Opera Of Chicago
OPER

(Karte S. 580; ☏ 312-332-2244; www.lyricopera. org; 20 N Wacker Dr; Ⓜ Brown, Orange, Purple, Pink Line bis Washington) Die renommierte Lyric Opera lässt in einem von Kronleuchtern erhellten Saal ein paar Blocks westlich vom Loop wunderbare Musik erklingen.

Hubbard Street Dance Chicago
TANZ

(Karte S. 580; ☏ 312-850-9744; www.hubbard streetdance.com; 205 E Randolph St; Ⓜ Brown, Orange, Green, Purple, Pink Line bis Randolph) Chicagos führendes Tanzensemble tritt im Harris Theater for Music and Dance auf.

🔒 Shoppen

Die N Michigan Ave, die Magnificent Mile („prächtige Meile", S. 584), übt eine geradezu magische Anziehungskraft auf Shoppingfans aus. Ein Stückchen weiter locken die vielen Boutiquen von Wicker Park und Bucktown (Indie und Vintage), Lincoln Park (nobel), Lake View (alternativ) und Andersonville (von allem etwas).

Chicago Architecture
Foundation Shop
SOUVENIRS

(Karte S. 580; www.architecture.org/shop; 224 S Michigan Ave; ⊘ 9–18.30 Uhr; M Brown, Orange, Green, Purple, Pink Line bis Adams) Poster mit der Skyline, Frank-Lloyd-Wright-Notizkarten, Modelle von Wolkenkratzern und anderes für Architekturfans.

Strange Cargo
BEKLEIDUNG

(www.strangecargo.com; 3448 N Clark St; ⊘ Mo-Sa 11–18.45, So bis 17.30 Uhr; M Red Line bis Addison) Dieser Retroladen in Wrigleyville hat kitschige T-Shirts, auf die die Gesichter von Ditka, Obama und anderen Berühmtheiten aufgebügelt wurden.

Jazz Record Mart
MUSIK

(Karte S. 580; www.jazzmart.com; 27 E Illinois St; ⊘ Mo-Sa 10–19. So 11–17 Uhr; M Red Line bis Grand) Hier gibt's Chicagoer Jazz und Blues, sowohl als CD als auch auf Vinyl gepresst.

Quimby's
BÜCHER

(www.quimbys.com; 1854 W North Ave; ⊘ Mo-Do 12–21, Fr & Sa bis 22, So bis 19 Uhr; M Blue Line bis Damen) Paradies für Comics, Zeitschriften und Underground-Kultur in Wicker Park.

ⓘ Praktische Informationen

GELD
Im Zentrum herrscht wahrlich kein Mangel an Geldautomaten. Besonders viele befinden sich in der Nähe der Chicago Ave und der Michigan Ave

Wer Geld wechseln möchte, sollte es in Terminal 5 im O'Hare International Airport oder bei den folgenden Einrichtungen im Loop versuchen:

Travelex (☏ 312-807-4941; www.travelex.com; 19 S LaSalle St; ⊘ Mo-Fr 8–17 Uhr; M Blue Line bis Monroe)

World's Money Exchange (☏ 312-641-2151; www.wmeinc.com; 203 N LaSalle St; ⊘ Mo-Fr 8.45–16.45 Uhr; M Brown, Orange, Green, Purple, Pink, Blue Line bis Clark/Lake)

INFOS IM INTERNET
Chicagoist (www.chicagoist.com) Eigenwillige Seite zu Restaurants, Kunst und Events.

Gapers Block (www.gapersblock.com) Seite mit News und Events im typischen Chicagoer Stil.

INTERNETZUGANG
In vielen Bars und Restaurants sowie an manchen Stränden und im Chicago Cultural Center gibt es kostenloses WLAN.

Harold Washington Library Center (www.chipublib.org; 400 S State St; ⊘ Mo-Do 9–21, Fr & Sa bis 17, So 13–17 Uhr) In dem prächtigen Gebäude voller Kunstwerke gibt's überall kostenloses WLAN, und in der 3. Etage findet man auch Internet-Terminals (Tagesausweise erhält man an der Theke).

MEDIEN
Chicago Reader (www.chicagoreader.com) Kostenlose alternative Tageszeitung mit umfangreichen Veranstaltungsterminen.

Chicago Sun-Times (www.suntimes.com) Täglich erscheinende Boulevardzeitung.

Chicago Tribune (www.chicagotribune.com) Die seriöse Tageszeitung; ihre jüngere, verschlankte Gratisversion heißt RedEye.

ONLINE-KARTENKAUF & RABATTPÄSSE

Tickets für die meisten wichtigen Sehenswürdigkeiten (u. a. Willis Tower, Art Institute of Chicago) sind auch online erhältlich. Der Vorteil dabei: Man kommt garantiert hinein und umgeht die Warteschlangen vor den normalen Ticketschaltern. Der Nachteil besteht u. a. in der Servicegebühr (1,50–4 US$/Ticket; z. T. auch pro Bestellung). Und mitunter ist die Warteschlange vor dem Abholschalter genauso lang wie vor dem normalen Pendant. Unsere Empfehlung: Onlinebuchung lohnt sich nur im Sommer und für große Ausstellungen, ansonsten eher nicht.

In Chicago gibt's zudem ein paar Rabattpässe, mit denen man langen Schlangen ebenfalls ein Schnippchen schlagen kann:

Go Chicago Card (www.smartdestinations.com/chicago; Gültigkeit 1, 2, 3 od. 5 aufeinanderfolgende Tage) Zum Pauschalpreis bringt dieser Pass freien Eintritt bei unbegrenzt vielen Sehenswürdigkeiten. Mit dem alternativen Explorer Pass (Gültigkeit 30 aufeinanderfolgende Tage) lassen sich drei oder fünf von insgesamt 26 Attraktionen besuchen.

CityPass (www.citypass.com/Chicago; Gültigkeit 9 aufeinanderfolgende Tage) Ermöglicht den Besuch von fünf örtlichen Highlights (u. a. Art Institute, Shedd Aquarium, Willis Tower). Ist etwas weniger flexibel als die Go Chicago Card, aber dafür eine vergleichsweise günstigere Option für alle, die es etwas ruhiger angehen lassen.

MEDIZINISCHE VERSORGUNG

Northwestern Memorial Hospital (☎ 312-926-5188; www.nmh.org; 251 E Erie St; Ⓜ Red Line bis Chicago) Renommiertes Krankenhaus im Zentrum.

Walgreens (☎ 312-664-8686; 757 N Michigan Ave; ⊙ 24 Std.; Ⓜ Red Line bis Chicago) An der Magnificent Mile.

POST

Post (Karte S. 580; 540 N Dearborn St)

TOURISTENINFORMATION

Chicago Cultural Center Visitor Center (Karte S. 580; www.choosechicago.com; 77 E Randolph St; ⊙ Mo–Sa 10–17, So 11–16 Uhr; 🛜; Ⓜ Brown, Orange, Green, Purple od. Pink Line bis Randolph) Hat ein recht spärliches Angebot, besitzt aber einen besetzten Infoschalter und verkauft Rabattpässe für örtliche Attraktionen. Hier starten auch die geführten Touren von InstaGreeter (ganzjährig Fr–So) und die Spaziergänge durch den Millennium Park (Sommer tgl.).

ⓘ An- & Weiterreise

BUS

Greyhound (Karte S. 580; ☎ 312-408-5821; www.greyhound.com; 630 W Harrison St; Ⓜ Blue Line bis Clinton) Das Terminal (geöffnet 24 Std.) liegt etwas südwestlich vom Loop an einem recht trostlosen Straßenabschnitt. Hier besteht regelmäßig Verbindung nach Cleveland (7½ Std.), Detroit (7 Std.), Minneapolis (9 Std.) und zu diversen Kleinstädten im ganzen Land.

Megabus (Karte S. 580; www.megabus.com/us; Ecke Canal St & Jackson Blvd; 🛜; Ⓜ Blue Line bis Clinton) Vom Firmenterminal an der Union Station geht's ausschließlich zu Großstädten im Mittleren Westen. In Sachen Preis, Qualität und Effizienz wird Greyhound dabei oft ausgestochen.

FLUGZEUG

Chicago Midway Airport (MDW; www.flychicago.com) Der kleinere Flughafen wird vor allem von Inlandsfluggesellschaften wie Southwest benutzt. Die Flüge sind oft günstiger als die vom O'Hare.

O'Hare International Airport (ORD; www.flychicago.com) Chicagos Hauptflughafen gehört zu den verkehrsreichsten der Welt. Hier befinden sich die Hauptniederlassung von United Airlines und ein Knotenpunkt von American. Die meisten nichtamerikanischen Fluglinien und internationalen Flüge nutzen Terminal 5 (außer Lufthansa und Flüge aus Kanada).

ZUG

Chicagos zeitlose **Union Station** (www.chicagounionstation.com; 225 S Canal St; Ⓜ Blue Line bis Clinton) ist der Knotenpunkt für landesweite und regionale **Amtrak-Zugverbindungen** (☎ 800-872-7245; www.amtrak.com). Die Züge fahren u. a. nach:

Detroit (5½ Std., 3-mal tgl.)
Milwaukee (1½ Std., 7-mal tgl.)
Minneapolis-St. Paul (8 Std., 1-mal tgl.)
New York (20½ Std., 1-mal tgl.)
San Francisco (Emeryville) (53 Std., 1-mal tgl.)
St. Louis (5½ Std., 5-mal tgl.)

ⓘ Unterwegs vor Ort

AUTO & MOTORRAD

Achtung: Parken ist in Chicago teuer, sowohl an der Straße als auch in Parkhäusern und auf Parkplätzen. Wer es nicht vermeiden kann, sollte die **Millennium Park Garage** (www.millenniumgarages.com; 5 S Columbus Dr; pro 3/24 Std. 25/33 US$) ansteuern. Zur Stoßzeit herrscht in Chicago ein geradezu irrwitziger Verkehr.

FAHRRAD

Das fahrradbegeisterte Chicago hat ein sehr beliebtes Bikesharing-Programm: **Divvy** (www.divvybikes.com) stellt insgesamt 3000 himmelblaue Drahtesel an 300 Verleihstationen in der ganzen Stadt bereit. Dort sind entsprechende Pässe (10 US$/24 Std.) jeweils spontan erhältlich: Einfach eine Kreditkarte in den Automaten stecken und das Fahrrad mit dem erhaltenen Zugangscode entsperren. Die ersten 30 Minuten sind gratis; danach erhöht sich der Tarif stark, wenn das Bike nicht wieder an einer Station angeschlossen wird. Hinweis: Schutzhelme und Schlösser werden nicht gestellt.

Für herkömmliche Leihfahrräder (besser bei längeren Touren) empfehlen sich Bike Chicago (S. 587) oder Bobby's Bike Hike (S. 587) in Downtown.

VOM/ZUM FLUGHAFEN

Chicago Midway Airport 11 Meilen (17,7 km) südwestlich vom Loop. Zum Flughafen fahren etwa alle zehn Minuten Züge der CTA Orange Line (3 US$), bis ins Zentrum benötigen sie 30 Minuten. Shuttlebusse kosten 27 US$, Taxis 35 bis 40 US$.

O'Hare International Airport 17 Meilen (27 km) nordwestlich vom Loop. Die CTA Blue Line (5 US$) fährt täglich rund um die Uhr. Die Züge fahren etwa alle zehn Minuten und sind in 40 Minuten im Zentrum. Airport-Express-Shuttlebusse kosten 32 US$, Taxis etwa 50 US$. Die Wartezeiten auf ein Taxi können lang sein und die Fahrt kann je nach Verkehrslage so lange wie die Zugfahrt dauern.

ÖFFENTLICHE VERKEHRSMITTEL

Die **Chicago Transit Authority** (CTA; www.transitchicago.com) betreibt die Stadtbusse sowie das Hoch- und U-Bahnnetz, auch El genannt.

➜ Zwei der acht farbig gekennzeichneten Linien – die Red Line sowie die Blue Line zum Flughafen O'Hare – fahren rund um die Uhr. Die anderen Linien sind täglich von 4 Uhr bis 1 Uhr in Betrieb. Tagsüber wartet man in der Regel höchstens 15 Minuten auf eine Bahn. Kostenlose Linienpläne gibt's an jedem Bahnhof.

➜ CTA-Busse fahren vom frühen Morgen bis zum späten Abend in alle Himmelsrichtungen.

➜ Das Standardticket für alle Züge kostet 3 US$ (einzige Ausnahme sind Züge von O'Hare, die 5 US$ kosten) und erlaubt zweimaliges Umsteigen; Busfahrten kosten 2.25 US$.

➜ Im Zug benötigt man ein Ventra Ticket, das man an den Automaten in Bahnhöfen kaufen kann. Man kann in den Bahnhöfen auch eine Ventra Card kaufen, das ist eine wiederaufladbare Ticketkarte. Sie kostet einmalig eine Gebühr von 5 US$, die erstattet wird, sobald man die Karte registriert. Damit wird jede Fahrt 50–75 Cent billiger.

➜ In den Bussen kann man die Ventra Card benutzen oder beim Fahrer zahlen – aber nur passend!

➜ Außerdem gibt es verschiedene Pässe, die unbegrenzt viele Fahrten erlauben (Pass für 1/3 Tage 10/20 US$). Sie sind in Bahnhöfen und Drogerien erhältlich.

Metra-Pendlerzüge (www.metrarail.com; Fahrpreise 3,25–10,25 US$, Wochenendpass 8 US$) fahren auf zwölf Strecken ab vier Bahnhöfen rings um den Loop, die LaSalle St Station, Millennium Station, Union Station und Richard B Ogilvie Transportation Center (ein paar Blocks nördlich der Union Station) in die Vororte.

TAXI

Im Loop, nördlich davon gen Andersonville und bis Wicker Park bzw. Bucktown in Richtung Nordwesten findet man viele Taxis. Der Startpreis liegt bei 3,25 US$ (zzgl. 1,80 US$/Meile und 1 US$/weitere Pers.); am Ziel wird ein Trinkgeld von 15 % erwartet. Eine beliebte Alternative ist die Mitfahrzentrale Uber.

Flash Cab (☎ 773-561-4444; www.flashcab.com)
Yellow Cab (☎ 312-829-4222; www.yellowcab chicago.com)

Rund um Chicago

Oak Park

Oak Park liegt 10 Meilen (16 km) westlich des Loop und ist leicht mit einem CTA-Zug erreichbar. Der Ort hat zwei berühmte „Söhne": den Schriftsteller Ernest Hemingway (hier geboren) und den Architekten Frank Lloyd Wright, der von 1889 bis 1909 vor Ort lebte und arbeitete.

Während seiner 20 Jahre in Oak Park hat Wright viele Häuser entworfen. Das Prunkstück darunter ist sein eigenes Heim. Bei den Führungen durch das **Frank Lloyd Wright Home & Studio** (☎ 312-994-4000; www.flwright.org; 951 Chicago Ave; Erw./Kind/Foto 17/14/5 US$; ⏰ 10–16 Uhr) offenbart sich der charakteristische Stil des Meisters auf faszinierende Weise. Die einstündigen Touren starten unterschiedlich oft (z. B. alle 20 Min. an Sommerwochenenden oder stündlich im Winter). Das Studio bietet zudem geführte Spaziergänge durch das umliegende Viertel (15 US$) und Audioguides für Erkundungen auf eigene Faust (15 US$). Sparfüchs holen sich im örtlichen Laden einen Architekturführer in Kartenform (4,25 US$), der einen zu weiteren Gebäuden nach Entwürfen von Wright bringt. Insgesamt zehn davon säumen die Forest und Chicago Avenue in der Nähe. Gucken vom Bürgersteig aus muss allerdings reichen, da es sich dabei jeweils um Privatbesitz handelt.

Hemingway soll Oak Park einst als „Dorf mit breiten Rasenflächen und beschränkten Gemütern" bezeichnet haben. Dennoch ehrt ihn die Stadt bis heute mit dem **Ernest Hemingway Museum** (☎ 708-848-2222; www.ehfop.org; 200 N Oak Park Ave; Erw./Kind 15/13 US$; ⏰ So–Fr 13–17, Sa 10–17 Uhr), dessen Eintrittspreis auch den Zugang zum gegenüberliegenden Geburtshaus des Schriftstellers beinhaltet.

Um von Downtown Chicago aus hierher zu kommen, mit der CTA Green Line bis zur Station Oak Park fahren und dann der Oak Park Avenue nordwärts folgen (ca. 400 m bis zu den Hemingway-Stätten, rund 1,6 km bis zu Wrights Wohnhaus). Bevor der Zug die prachtvollen „breiten Rasenflächen" von Oak Park erreicht, rollt er durch ein paar ziemlich trostlose Viertel.

Evanston & North Shore

Evanston liegt 14 Meilen (22,5 km) nördlich des Loop und mit der CTA Purple Line erreichbar. Weitläufige alte Häuser treffen hier auf eine kompakte Innenstadt und die Northwestern University.

Die Chicagoer Vororte am nördlichen Seeufer jenseits von Evanston kamen Ende des 19. Jhs. bei den Reichen in Mode. Eine klassische Autotour (30 Meilen bzw. 48 km) folgt der Sheridan Rd durch diverse gutbetuchte Städtchen bis zum äußerst wohlhabenden Lake Forest. Zu den Attraktionen unterwegs gehört z. B. das **Baha'i House**

of Worship (www.bahai.us/bahai-temple; 100 Linden Ave; ⏱6–22 Uhr) `GRATIS`, ein architektonisches Juwel in strahlendem Weiß. Der **Chicago Botanic Garden** (☎847-835-5440; www.chicagobotanic.org; 1000 Lake Cook Rd; Werktag/Wochenende pro Auto 25/30 US$; ⏱8 Uhr–Sonnenuntergang) punktet mit Wanderwegen, 255 Vogelarten und Kochvorführungen von bekannten Küchenchefs (nur Wochenende).

Weiter landeinwärts liegt das **Illinois Holocaust Museum** (☎847-967-4800; www.ilholocaustmuseum.org; 9603 Woods Dr; Erw./Kind 12/6 US$; ⏱10–17, Do 10–20 Uhr) mit ausgezeichneten Videos über Überlebende aus der Zeit des Zweiten Weltkriegs. Außerdem ist dort nachdenklich stimmende Kunst zum Thema Völkermord (u. a. in Armenien, Ruanda oder Kambodscha) ausgestellt.

Galena & Nördliches Illinois

Das Highlight dieser Region ist der hügelige Nordwesten, und die Gegend um Galena prägen Pappeln, grasende Pferde und reizvolle Nebenstraßen.

In Union, das auf dem Weg nach Galena liegt, versetzt das **Illinois Railway Museum** (☎815-923-4000; www.irm.org; US 20 bis Union Rd; Erw. 10–14 US$; Kind 7–10 US$; ⏱Mai–Okt. variierende Öffnungszeiten) mit seinen 80 ha voller Lokomotiven Eisenbahnfreaks in Ekstase.

Galena

Das kleine Galena wird zwar wegen seiner auf Touristen ausgerichteten B&Bs, der Süßwaren- und Antiquitätenläden manchmal spöttisch als Ort für „frisch Verheiratete und fast Tote" bezeichnet, doch seine Schönheit lässt sich nicht leugnen. Der Ort erstreckt sich auf bewaldeten Anhöhen in der Nähe des Mississippi und ist von hügeligem Ackerland mit Scheunen umgeben. Die Straßen säumen Backsteinvillen im neoantiken, neogotischen und Queen-Anne-Stil – Hinterlassenschaften aus der Blütezeit der Stadt, die in der Mitte des 19. Jhs. durch die hiesigen Bleiminen reich wurde. Dazu kommen coole Kajaktouren, Ausritte zu Pferd und Fahrten über kurvige Nebenstraßen – also alles, was man sich für ein paar schöne, beschauliche Tage wünscht.

⊙ Sehenswertes & Aktivitäten

Wer auf der US 20 in die Stadt hineinfährt, in die Park Avenue einbiegt und dann der Bouthillier St folgt, gelangt zum kostenlosen Parkplatz beim alten Bahndepot. Von dort aus sind die meisten Sehenswürdigkeiten, Läden und Lokale gut zu Fuß erreichbar.

Ulysses S. Grant Home MUSEUM
(☎815-777-3310; www.granthome.com; 500 Bouthillier St; Erw./Kind 5/3 US$; ⏱April–Okt. Mi–So 9–16.45 Uhr, Nov.–März kürzere Öffnungszeiten) Am Ende des US-Bürgerkriegs beschenkten örtliche Republikaner den siegreichen General mit diesem Wohnhaus von 1860. Grant lebte hier bis zu seinem Amtsantritt als 18. Präsident der USA.

Fever River Outfitters OUTDOOR-AKTIVITÄTEN
(☎815-776-9425; www.feverriveroutfitters.com; 525 S Main St; ⏱10–17 Uhr, Anfang Sept.–Ende Mai Di–Do geschl.) Outdoorfans sind hier richtig: Dieser Laden verleiht Kanus, Kajaks, Fahrräder und Schneeschuhe. Zudem organisiert er geführte Touren wie Kajaktrips auf den Nebenarmen des Mississippi (14,5 km, 45 US$/Pers. inkl. Ausrüstung).

Stagecoach Trail AUTOTOUR
Der schmale, kurvige Stagecoach Trail (26 Meilen bzw. 42 km) in Richtung Warren war einst tatsächlich ein Abschnitt der alten Postkutschenroute zwischen Galena und Chicago. Um seinen Anfang zu erreichen, folgt man der Main St nordostwärts durch die Innenstadt und biegt am zweiten Stoppschild rechts ab (auf das Markierungsschild achten).

Shenandoah Riding Center REITEN
(☎815-777-9550; www.theshenandoahridingcenter.com; 200 N Brodrecht Rd; 1-stündiger Ausritt 45 US$) Rund 8 Meilen (13 km) östlich von Galena können hier Reiter aller Erfahrungsstufen in den Sattel steigen und sich durch das Tal führen lassen.

🛏 Schlafen

Galena hat zahllose B&Bs im Steppdecken-Stil (100–200 US$/Nacht). Verzeichnisse gibt's unter www.galena.org.

Grant Hills Motel MOTEL $
(☎877-421-0924; www.granthills.com; 9372 US 20; Zi. 80–100 US$; ❄🛜♨) Rund 1,5 Meilen (2,4 km) östlich der Stadt liegt dieses schlichte Motel mit Landschaftsblick und Möglichkeit zum Hufeisenwerfen.

DeSoto House Hotel HOTEL $$
(☎815-777-0090; www.desotohouse.com; 230 S Main St; Zi. 155–205 US$; ❄🛜) 📶 Wer es

Grant und Lincoln gleichtun will, übernachtet in den schön möblierten Zimmern dieses Hotels von 1855.

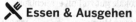 Essen & Ausgehen

Fritz and Frites FRANZÖSISCH, DEUTSCH $$
(☎815-777-2004; www.fritzandfrites.com; 317 N Main St; Hauptgerichte 17–22 US$; ⊙Di–So 11.30–20 Uhr) Auf der kurzen Karte des romantischen kleinen Bistros stehen deutsche und französische Klassiker (z. B. zartes Schnitzel oder Muscheln mit Champagnersauce).

111 Main AMERIKANISCH $$
(☎815-777-8030; www.oneelevenmain.com; 111 N Main St; Hauptgerichte 1/-26 US$; ⊙Mo & Do 16–21, Fr & Sa 11–22, So 11–21 Uhr) Hier gibt's beliebte Gerichte aus dem Mittleren Westen (z. B. Schmorbraten oder Schweinefleisch mit Bohnen). Die Zutaten stammen von Bauernhöfen aus der Region.

VFW Hall BAR
(100 S Main St; ⊙10–23 Uhr) In der VFW Hall kann man sich mit alten Kriegsveteranen vor den TV setzen und dabei preiswertes

ROUTE 66: GET YOUR KICKS IN ILLINOIS

Amerikas „Mutter aller Straßen" beginnt in Chicago gleich westlich der Michigan Ave an der Adams St. Vor dem Start empfiehlt sich Volltanken beim Lou Mitchell's (S. 595) nahe der Union Station: Bis zur Staatsgrenze zu Missouri sind es 300 Meilen (483 km).

In Illinois wurde der Großteil der ursprünglichen Route 66 leider durch die I-55 ersetzt. Vereinzelte Abschnitte der alten Straße verlaufen aber immer noch oft parallel zur Interstate. Braune Schilder mit der Aufschrift „Historic Route 66" weisen einem den richtigen Weg an wichtigen Kreuzungen. Beispiele für tolle Zwischenstopps:

Gemini Giant (810 E Baltimore St) Die erste Pflichtattraktion ragt 60 Meilen (100 km) südlich von Chicago über den Maisfeldern empor: Dieser fast 9 m hohe Astronaut aus Glasfaser hält Wache vor dem Launching Pad Drive In in Wilmington. Das Restaurant ist inzwischen geschlossen. Die grüne Statue mit einer Rakete in der Hand gibt aber immer noch ein super Fotomotiv ab, Um sie zu erreichen, fährt man am Exit 241 von der I-55 ab und folgt dem Hwy 44 gen Süden ein kurzes Stück bis zum Hwy 53 (führt in den Ort hinein).

Funk's Grove (☎309-874-3360; www.funksmaplesirup.com; ⊙Mo–Fr 9–17, Sa 10–17, So 12–17 Uhr) Etwa 90 Meilen (145 km) weiter geht's am Exit 154 von der I-55 nach Shirley. Dort wartet diese hübsche Ahornsirup-Farm aus dem 19. Jh. Anschließend nimmt man die Old Route 66 (verläuft als Nebenstrecke parallel zur Interstate) und erreicht nach weiteren 10 Meilen (16 km) das altmodische Nest Atlanta mit dem…

Palms Grill Cafe (☎217-648-2233; www.thepalmsgrillcafe.com; 110 SW Arch St; Hauptgerichte 5–8 US$; ⊙Di–Sa 7–19 Uhr) Aus der Glasvitrine dieses Diners lächeln einen üppige Kuchen im guten alten Stil an (z. B. Stachelbeer- oder Schoko-Sahne-Torte). Nach deren Genuss begibt man sich auf die andere Straßenseite, wo Tall Paul (eine Paul-Bunyan-Monumentalstatue mit einem Hotdog in der Hand) nach einem Foto schreit.

Cozy Dog Drive In (S. 606) Etwa 50 Meilen (80 km) südlich von Atlanta kommt nun Springfield in Sicht. Hier wurde der aufgespießte und frittierte Hotdog im Maismehl-Backteig einst von diesem Lokal erfunden.

Ariston Cafe (☎217-324-2023; www.ariston-cafe.com; 413 N Old Rte 66; Hauptgerichte 7–20 US$; ⊙Di–Fr 11–15, Sa 16–22, So 11–20 Uhr) Weiter südlich verläuft ein Abschnitt der Old Route 66 parallel zur I-55 durch Litchfield. In diesem Restaurant von 1924 kann man mit den Einheimischen plaudern und dabei paniertes Steak oder Roten Samtkuchen vertilgen.

Chain of Rocks Bridge (Old Chain of Rocks Rd; ⊙9 Uhr–Sonnenuntergang) Bevor es nach Missouri hineingeht, bietet sich noch ein Abstecher an. Dazu die I-270 am Exit 3 verlassen, dem Hwy 3 (Lewis and Clark Blvd) südwärts folgen, an der ersten Ampel rechts abbiegen und dann nach Westen zu dieser Brücke von 1929 fahren. Das 1,6 km lange Bauwerk über den Mississippi ist nur noch für Fußgänger und Radfahrer passierbar: Die Krümmung von 22° hat zu vielen Unfällen geführt – daher die Sperrung für Autos.

Weitere Infos liefern die **Route 66 Association of Illinois** (www.il66assoc.org) oder die Website des **Illinois Route 66 Scenic Byway** (www.illinoisroute66.org). Detaillierte Streckenbeschreibungen gibt's unter www.historic66.com/illinois.

Bier schlürfen. Nur nicht schüchtern sein: Laut dem Schild am Eingang ist hier jedermann willkommen.

Quad Cities

Südlich von Galena erstreckt sich an einem schönen Abschnitt der **Great River Road** (www.greatriverroad-illinois.org) der malerische **Mississippi Palisades State Park** (☑ 815-273-2731), der von Kletterern, Wanderern und Campern gleichermaßen geschätzt wird. Infomaterial gibt's am Parkeingang.

Weiter flussabwärts liegen die **Quad Cities** (www.visitquadcities.com) – Moline und Rock Island in Illinois sowie Davenport und Bettendorf am anderen Flussufer in Iowa. Es lohnt sich, hier eine Pause einzulegen. Rock Island hat eine hübsche Innenstadt (rund um die 2nd Avenue und die 18th Street) mit ein paar Cafés und einer lebhaften Kneipen- und Musikszene. Am Stadtrand befindet sich die **Black Hawk State Historic Site** (www.blackhawkpark.org; 1510 46th Ave; ☉ Sonnenaufgang–22 Uhr), ein riesiger Park mit Wanderwegen am Rock River entlang. Das dazugehörige **Hauberg Indian Museum** (☑ 309-788-9536; Watch Tower Lodge; ☉ Mi–So 9–12 & 13–17 Uhr) GRATIS erzählt die tragische Geschichte des Sauk-Häuptlings Black Hawk und seines Volkes.

Auf **Rock Island** draußen im Mississippi befanden sich während des US-Bürgerkriegs ein Waffendepot und ein Lager für Kriegsgefangene. Heute steht hier das eindrucksvolle **Rock Island Arsenal Museum** (www.arsenalhistoricalsociety.org; ☉ Di–Sa 12–16 Uhr) GRATIS. Hinzu kommen ein Bürgerkriegsfriedhof, ein jüngerer Soldatenfriedhof und ein Visitor Center mit Blick auf die vorbeifahrenden Schiffe. Reisepass nicht vergessen: Die Insel ist immer noch ein aktiver Militärstützpunkt.

Moline ist der Stammsitz von John Deere, dem internationalen Landmaschinenhersteller. Im Zentrum steht der **John Deere Pavilion** (www.johndeerepavilion.com; 1400 River Dr; ☉ Mo–Fr 9–17, Sa 10–17, So 12–16 Uhr; ♿) GRATIS, dessen Ausstellung bei Kindern sehr beliebt ist.

Springfield & Zentrales Illinois

Alle Sehenswürdigkeiten im zentralen Illinois haben mit Abraham Lincoln oder der Route 66 zu tun. Sie sind über die ganze Region verteilt, die ansonsten nur flaches

Farmland ist. Arthur und Arcola östlich von Decatur sind Hochburgen der Amish.

Springfield

Die kleine Hauptstadt des Bundesstaates ist besessen von Abraham Lincoln, der hier von 1837 bis 1861 als Anwalt tätig war. Viele der Attraktionen befinden sich in der Innenstadt, sind zu Fuß zu erreichen und kosten wenig oder nichts.

◉ Sehenswertes

Lincoln Home & Visitor Center HISTORISCHE STÄTTE
(☑ 217-492-4150; www.nps.gov/liho; 426 S 7th St; ☉ 8.30–17 Uhr) GRATIS Zuerst muss man sich im Visitor Center des National Park Service eine Eintrittskarte besorgen. Lincolns Haus mit seinen zwölf Zimmern steht direkt gegenüber auf der anderen Straßenseite. Man kann durch das ganze Haus marschieren, in dem Abe und Mary Lincoln von 1844 bis zu ihrem Umzug ins Weiße Haus 1861 lebten. Überall sind Ranger, die Hintergrundinfos geben und Fragen beantworten.

Lincoln Presidential Library & Museum MUSEUM
(☑ 217-558-8844; www.illinois.gov/alplm; 212 N 6th St; Erw./Kind 15/6 US$; ☉ 9–17 Uhr; ♿) Das Museum hat die umfangreichste Lincoln-Sammlung der Welt. Zu sehen sind hier sowohl echte Stücke, z. B. sein Rasierspiegel und seine Aktenmappe, als auch abgefahrene Ausstellungsstücke wie Hologramme, die Kinder recht spannend finden.

Lincoln's Tomb GRABMAL
(www.lincolntomb.org; 1441 Monument Ave; ☉ Mi–Sa 9–17 Uhr) GRATIS Nach seiner Ermordung wurde Lincoln nach Springfield zurückgebracht und ca. 1,5 Meilen (2,4 km) nördlich des Zentrums auf dem Oak Ridge Cemetery bestattet. Sein eindrucksvolles Grabmal ziert eine Büste, deren Nase aufgrund der vielen leichten Berührungen durch Besucher richtig glänzt – was erahnen lässt, wie viele Menschen dem früheren Präsidenten immer noch die Ehre erweisen. Im Sommer feuern hier Schauspieler in Infanterieuniform ihre Musketen ab und senken die Fahne (Di 19 Uhr).

Old State Capitol HISTORISCHE STÄTTE
(☑ 217-785-7960; Ecke 6th St & Adams St; Empfohlene Spende 5 US$; ☉ Mi–Sa 9–17 Uhr) Geschwätzige Dozenten führen die Besucher durch das Gebäude und erzählen Lincoln-Storys

RECHTZEITIGE PLANUNG

➡ Im Sommer sollten Unterkünfte unbedingt rechtzeitig gebucht werden. Dies gilt vor allem für beliebte Ferienziele wie Mackinac Island (MI) und den North Shore (MN) – ebenso für Festivalstädte wie Milwaukee oder Chicago.

➡ Auf die Zeitzonen achten: In der Region um die Großen Seen gilt einerseits die Eastern Time (IN, OH, MI), andererseits die Central Time (IL, WI, MN).

➡ Vor allem bei Trips zu den Northwoods das Insektenspray nicht vergessen: Die Kriebelmücken (Frühjahr) und Moskitos (Sommer) kennen oft keine Gnade.

➡ Genügend Eindollarscheine und Vierteldollarmünzen für Mautstrecken einpacken.

– beispielsweise wie er hier im Jahre 1858 seine berühmte „House Divided"-Rede hielt.

🛏 Schlafen & Essen

State House Inn   HOTEL $$
(☑ 217-528-5100; www.thestatehouseinn.com; 101E Adams St; Zi. 120–155 US$; P❄@🛜) Die Betonfassade wirkt trist, doch innen ist das State House recht elegant. Die Zimmer haben bequeme Betten und große Bäder. In der Lobby befindet sich eine im Retrostil eingerichtete Bar.

Inn at 835   B&B $$
(☑ 217-523-4466; www.innat835.com; 835 S 2nd St; Zi. 135–205 US$; P❄🛜) Die historische, kunsthandwerklich und künstlerisch gestaltete Villa hat elf Zimmer, die mit Himmelbetten, frei stehenden Badewannen und dergleichen ausgestattet sind.

Cozy Dog Drive In   AMERIKANISCH $
(www.cozydogdrivein.com; 2935 S 6th St; Hauptgerichte 2–5 US$; ⊙ Mo–Sa 8–20 Uhr) Die legendäre Institution der Route 66, die auch den Corn Dog erfunden haben soll, bietet neben dem frittierten Hauptgericht am Stiel auch verschiedene Erinnerungsstücke und Souvenirs an.

Norb Andy's Tabarin   PUB-ESSEN $
(www.norbandys.com; 518 E Capitol Ave; Hauptgerichte 8–10 US$; ⊙ Di–Sa 16–1 Uhr) Norbs urtümliches Restaurant mit Bar befindet sich im 1837 erbauten Hickox House im Zentrum

und ist einer der beliebtesten Treffpunkte der Einheimischen. Es serviert Springfields besten *horseshoe* - gebratenes Fleisch auf getoastetem Brot mit einem Berg Pommes und geschmolzenem Käse.

☆ Unterhaltung

Route 66 Drive In   KINO
(☑ 217-698-0066; www.route66-drivein.com; 1700 Recreation Dr; Erw./Kind 7,50/5 US$; ⊙ Juni–Aug. tgl., Mitte April–Mai & Sept. nur Wochenende) Zeigt aktuelle Filme unterm Sternenhimmel.

ℹ Praktische Informationen

Springfield Convention & Visitors Bureau (www.visitspringfieldillinois.com) Hier ist ein praktischer Besucherführer erhältlich.

ℹ Anreise & Unterwegs vor Ort

Vom **Amtrak-Bahnhof** (☑ 217-753-2013; Ecke 3rd St & Washington St) im Zentrum aus fahren täglich fünf Züge nach St. Louis (2 Std.) und Chicago (3½ Std.).

Petersburg

Als Lincoln 1831 nach Illinois kam, arbeitete er zunächst als Büroangestellter, Verkäufer und Postmeister im Grenzdorf New Salem, bevor sein Jurastudium begann und er nach Springfield zog. In Petersburg, 20 Meilen (32 km) nordwestlich von Springfield, liegt die **Lincoln's New Salem State Historic Site** (☑ 217-632-4000; www.lincolnsnewsalem.com; Hwy 97; empfohlene Spende Erw./Kind 4/2 US$; ⊙ Mi–So 9–16 Uhr), wo das Dorf mitsamt Gebäuden rekonstruiert wurde. Zudem gibt's geschichtliche Ausstellungen und Vorführungen in historischen Kleidern. Das Ganze ist recht informativ und unterhaltsam.

Südliches Illinois

Rund 8 Meilen (13 km) östlich von East St. Louis wartet bei Collinsville eine echte Überraschung: Als Welterbestätte steht die **Cahokia Mounds State Historic Site** (☑ 618-346-5160; www.cahokiamounds.org; Collinsville Rd; empfohlene Spende Erw./Kind 7/2 US$; ⊙ Gelände 8 Uhr–Sonnenuntergang, Visitor Center Mi–So 9–17 Uhr) auf einer Stufe mit Stonehenge und den ägyptischen Pyramiden. Geschützt werden hier die Überreste von Nordamerikas größter prähistorischer Stadt (20 000 Ew. mit Vororten) aus dem Jahr 1200 v. Chr. Der riesige Monk's Mound und die 64 anderen Erdhügel wirken per se nicht sonderlich spektakulär. Dennoch ist die Anlage durchaus einen Besuch wert. Wer von Norden her über die I-255 S anreist, nimmt Exit 24. Bei Anfahrt über die I-55/70 aus Richtung Süden bzw. St. Louis nimmt man Exit 6.

Etwas weiter nördlich in Hartford markiert die großartige **Lewis & Clark State Historic Site** (☑618-251-5811; www.campdubois. com; Ecke Hwy 3 & Poag Rd; ☺Mi–So 9–17 Uhr) GRATIS den Ort, an dem die beiden Forschungsreisenden einst aufbrachen. Dank dem 16,7 m langen Bootsnachbau im Visitor Center, dem rekonstruierten Winterlager draußen in der flachen Prärie und dem vorbeirauschenden Mississippi können sich Besucher die damalige Szene ganz gut vorstellen. In der Nähe steht der **Lewis & Clark Confluence Tower** (www.confluencetower.com; 435 Confluence Tower Dr; Erw./Kind 4/2 US$; ☺Mo–Sa 9.30–17, So 12–17 Uhr) mit Blick auf den Zusammenfluss von Mississippi und Missouri.

Weiter in Richtung Nordwesten entlang des Flusses wartet der Hwy 100 zwischen **Alton** und **Grafton** mit den vielleicht schönsten 15 Meilen (24 km) der gesamten Great River Road auf. Wer hier unter den windumtosten Felsen entlangfährt, sollte gut auf die Abzweigung zum Winznest **Elsah** achten: Hier gibt's Bauernhäuser, Steinhäuschen aus dem 19. Jh. und Werkstätten für hölzerne Pferdewagen zu sehen.

Eine Ausnahme vom üblichen flachen Farmland dieses US-Bundesstaats bildet die grüne Region im äußersten Süden, die vom hügeligen **Shawnee National Forest** (☑618-253-7114; www.fs.usda.gov/shawnee) mit Felsformationen durchzogen wird. In der Gegend findet man zahlreiche State Parks und Erholungsgebiete mit guten Möglichkeiten zum Wandern, Klettern, Schwimmen, Angeln oder Kanufahren – vor allem rund um **Little Grassy Lake** und **Devil's Kitchen**. Und wer hätte gedacht, dass es hier auch Sümpfe wie im Süden der USA gibt? Mit quakenden Ochsenfröschen und Zypressen voller Moosbärte? Aber in der **Cypress Creek National Wildlife Refuge** (☑618-634-2231; www.fws.gov/refuge/cypress_creek) ist das tatsächlich so!

Nahe der Südspitze des Bundesstaats liegt das **Union County** mit Weingütern und Obstplantagen. Allerlei Regionalprodukte probieren kann man entlang des 35 Meilen (56,4 km) langen **Shawnee Hills Wine Trail** (www.shawneewinetrail.com), der insgesamt zwölf Weingüter miteinander verbindet.

INDIANA

Der Bundesstaat kommt beim Rennen Indy 500 so richtig auf Touren, ansonsten geht es in Indiana, dem Land der Maisstoppeln, eher gemächlich zu: Man isst Kuchen im Amish Country, meditiert in den tibetischen Tempeln in Bloomington und bewundert die großartige Architektur im kleinen Columbus. Nur fürs Protokoll: Die Einwohner Indianas werden seit den 1830er-Jahren „Hoosiers" genannt. Keiner weiß genau, wo der Spitzname eigentlich herkommt. Einer Theorie zufolge wurden die ersten Siedler, wenn sie an eine Tür klopften, mit der Frage „Who's here?" konfrontiert, woraus dann bald „Hoosier" wurde. Über dieses Thema sollte man aber am besten mit Einheimischen und bei einem traditionellen Schweinefleisch-Sandwich diskutieren.

❶ Praktische Informationen

Verkehrsinformationen für Indiana (☑800-261-7623; http://indot.carsprogram.org)

Indiana State Park Information (☑800-622-4931; www.in.gov/dnr/parklake) Der Parkeintritt kostet pro Tag zu Fuß oder mit dem Fahrrad 2 US$, mit einem Fahrzeug 9 bis 12 US$. Campingstellplätze, die man übrigens auch im Voraus reservieren kann, schlagen mit 12 bis 44 US$ zu Buche (☑866-622-6746; www.camp.in.gov).

Indiana Tourism (☑800-677-9800; www. visitindiana.com)

Indianapolis

Die adrette Hauptstadt des Bundesstaats (alias „Indy") ist ein toller Ort, um sich Autorennen anzusehen oder selbst eine Runde auf den berühmten Rennstrecke zu drehen. Das Kunstmuseum und der White River State Park haben ebenfalls ihren Reiz – genauso wie die Viertel Mass Ave und Broad Ripple, wo man prima essen und ausgehen kann. Und Fans von Kurt Vonnegut kommen hier voll auf ihre Kosten. Der Indianapolis Cultural Trail verbindet alles miteinander.

❂ Sehenswertes & Aktivitäten

Zentrum des Geschehens ist der Monument Circle. Der White River State Park mit seinen vielen Attraktionen befindet sich ca. 1 km weiter westlich.

Indianapolis Motor Speedway MUSEUM (☑317-492-6784; www.indianapolismotorspeed way.com; 4790 W 16th St; Erw./Kind 8/5 US$;

KURZINFOS INDIANA

Spitzname Hoosier State

Bevölkerung 6,6 Mio.

Fläche 94 327 km²

Hauptstadt Indianapolis (843 400 Ew.)

Verkaufssteuer 7 %

Geburtsort von Schriftsteller Kurt Vonnegut (1922–2007), Schauspieler James Dean (1931–1955), Talkmaster David Letterman (geb. 1947), Rockmusiker John Mellencamp (geb. 1951), Popkönig Michael Jackson (1958–2009)

Heimat von Farmern, Mais

Politische Ausrichtung normalerweise republikanisch

Berühmt für das Autorennen Indy 500, fanatische Basketballfans, Sandwiches mit Schweinefilet

Offizieller Kuchen Sugar Cream Pie

Entfernungen Indianapolis–Chicago 185 Meilen (298 km), Indianapolis–Bloomington 53 Meilen (85 km)

⊙März–Okt. 9–17 Uhr, Nov.–Feb. 10–16 Uhr) Der Speedway, die Heimat des Indianapolis 500, ist Indys Top-Attraktion. Das Hall of Fame Museum beherbergt 75 Rennwagen (u. a. einige Siegerautos) sowie eine 500 Pfund schwere Tiffany-Trophäe und bietet eine Runde auf der Bahn (8 US$) an. Gut, man fährt mit dem Bus und verbrennt so 60 km/h sicher kein Gummi – aber Spaß macht's trotzdem.

Das große Rennen selbst findet am letzten Sonntag im Mai (Memorial-Day-Wochenende) vor 450 000 durchgeknallten Fans statt. **Tickets** (☏800-822-4639; www.imstix.com; 40–185 US$) sind nur schwer zu bekommen. An Karten für die Qualifikation und das Training kommt man eher, zudem sind sie billiger. Die Rennstrecke liegt ca. 6 Meilen (10 km) nordwestlich des Zentrums.

Dallara IndyCar Factory   MUSEUM

(☏317-243-7171; www.indycarfactory.com; 1201 W Main St; Erw./Kind 10/5 US$; ⊙Mo–Sa 10–18 Uhr) Die funkelnde Fabrik (eröffnet 2012) liegt einen kurzen Fußmarsch vom Speedway und zeigt Besuchern, wie die Rennwagen gebaut werden. Die Windkanal-Modelle lassen einem die Haare zu Berge stehen. Dasselbe gilt für die Simulatoren, die dem „Fahrer" authentisch das Gefühl vermitteln, mit 320 km/h über die Strecke zu brettern.

White River State Park   STATE PARK

(http://inwhiteriver.wrsp.in.gov) In diesem weitläufigen Park am Rande des Zentrums befinden sich mehrere lohnende Sehenswürdigkeiten. Der Lehmziegelbau des **Eiteljorg Museum of American Indians & Western Art** (www.eiteljorg.org; 500 W Washington St; Erw./Kind 12/6 US$; ⊙Mo–Sa 10–17, So ab 12 Uhr) zeigt indianische Korbarbeiten, Töpferei und Masken sowie mehrere Gemälde von Frederic Remington und Georgia O'Keeffe. Weitere Highlights des Parks sind das stimmungsvolle **Minor-League-Baseballstadion**, ein **Zoo**, ein **Spazierweg am Kanal**, **Gärten**, ein **Wissenschaftsmuseum** und ein **College Sport Museum**.

Indianapolis Museum of Art   MUSEUM, GÄRTEN

(☏317-920-2660; www.imamuseum.org; 4000 Michigan Rd; Erw./Kind 18/10 US$; ⊙Di–So 11–17, Do 11–21 Uhr) Das Museum zeigt u. a. eine großartige Sammlung europäischer Kunst (vor allem Turner und Postimpressionisten). Ausgestellt sind zudem afrikanische Stammeskunst, Stücke aus dem südlichen Pazifikraum und Werke aus China. Zum Komplex gehören auch die **Oldfields – Lilly House & Gardens**; hierbei handelt es sich um das frühere Anwesen der Pharmadynastie Lilly. Besucher können die Villa (22 Räume) und deren Blumengärten besichtigen. Der **Fairbanks Art & Nature Park** mit tollen modernen Skulpturen auf einem 40 ha großen Waldgelände ist ebenfalls Teil des Museums. Er lässt sich kostenlos erkunden – perfekt für Kunstfans, die den teuren Eintritt scheuen.

Kurt Vonnegut Memorial Library   MUSEUM

(www.vonnegutlibrary.org; 340 N Senate Ave; ⊙Mo, Di. Do & Fr 11–18, Sa & So 12–17 Uhr) GRATIS Dieses schlichte Museum ehrt den Schriftsteller Kurt Vonnegut (in Indy geboren und aufgewachsen). Es zeigt u. a. seine Pall-Mall-Zigaretten, lustige Zeichnungen und Ablehnungsschreiben von Verlegern. Zu sehen ist außerdem ein Nachbau von Vonneguts Arbeitszimmer – inklusive Karoteppich, roter Hahnenlampe und blauer Schreibmaschine der Marke Coronamatic. Besucher können sich an den Schreibtisch setzen und Kurt eine Nachricht tippen; das Museum veröffentlicht die Zeilen dann via Twitter.

Rhythm! Discovery Center   MUSEUM

(www.rhythmdiscoverycenter.org; 110 W Washington St; Erw./Kind 10/6 US$; ⊙Mo, Di & Do–Sa 10–17, Mi 12–19, So 12–17 Uhr) In diesem versteckten Juwel im Zentrum können Besucher Trommeln, Gongs, Xylophone und exotische Schlaginstrumente aus aller Welt ausprobieren. Kinder lieben die Trommelei, Erwachsene bewundern die Instrumente berühmter Schlagzeuger und das schalldichte Studio voller Trommeln, in dem jeder seinen inneren Rockmusiker rauslassen (und aufnehmen) kann.

Indiana Medical History Museum
MUSEUM
(☑ 317-635-7329; www.imhm.org; 3045 W Vermont St; Erw./Kind 10/3 US$; ⊙ Do–Sa 10–15 Uhr) Man stelle sich eine Irrenanstalt aus einem Horrorfilm vor – und genau so sieht dieses staatliche psychiatrische Krankenhaus aus, das über ein Jahrhundert alt ist. Führungen zeigen das frühere pathologische Labor, den frostigen Autopsieraum und den gespenstischen Probenraum mit Gehirnen in Gläsern. Die Touren starten immer zur vollen Stunde. Es liegt ein paar Kilometer westlich vom White River State Park.

Children's Museum of Indianapolis
MUSEUM
(☑ 317-334-4000; www.childrensmuseum.org; 3000 N Meridian St; Erw./Kind 21,50/18,50 US$; ⊙ 10–17 Uhr, Mitte Sept.–Feb. Mo geschl.) Die fünf Stockwerke des größten Kindermuseums der Welt beherbergen u. a. viele Dinosaurier. Eine 13 m hohe Statue von Dale Chihuly bringt den Knirpsen gewissermaßen die Kunst der Glasbläserei bei.

Cultural Trail
RADFAHREN, SPAZIERENGEHEN
(www.indyculturaltrail.org) Der 8 Meilen (13 km) lange Rad- und Spazierweg verbindet coole Sehenswürdigkeiten und Viertel im Bereich des Zentrums miteinander. Unterwegs laden Verleihstationen von Pacers Bikeshare zu Kurztouren per Drahtesel ein.

Bicycle Garage Indy
FAHRRADVERLEIH
(www.bgindy.com; 222 E Market St; Leihfahrrad pro 2 Std./Tag 20/40 US$; ⊙ Mo–Fr 7–20, Sa 8–16 Uhr) Hier gibt's Leihfahrräder für gemütliche Touren – z. B. auf dem Cultural Trail, der direkt vor dem Ladeneingang verläuft und schließlich zum Monon Trail (ein weiterer Rad- und Spazierweg) führt. Preise inklusive Schutzhelm, Schloss und Karte.

🛏 Schlafen

Die Hotels sind in den Rennwochen im Mai, Juni, Juli und August teurer und meist ausgebucht. Zu den aufgeführten Preisen kommen noch 17% Steuer dazu. An der I-465, dem Freeway um Indianapolis, gibt's preiswerte Motels.

Indy Hostel
HOSTEL $
(☑ 317-727-1696; www.indyhostel.us; 4903 Winthrop Ave; B/Zi. ab 28/58 US$; 🅿 ❋ @ 🛜) Das kleine freundliche Indy hat einen reinen Frauenschlafsaal (6 Betten), vier gemischte Schlafsäle (je 12 Betten) und vier Privatzimmer. Im Hof kann für 19 US$ gezeltet werden. Vor der Tür führt der Monon Trail (Rad-/Spazierweg) vorbei. Das Hostel verleiht auch Fahrräder (10 US$/Tag). Es liegt in Broad Ripple und daher ein gutes Stück vom Zentrum entfernt (Anfahrt mit Bus 17).

Hilton Garden Inn
HOTEL $$
(☑ 317-955-9700; www.indianapolisdowntown. gardeninn.com; 10 E Market St; Zi. 150–190 US$; ❋ @ 🛜 ♒) Rund 100 Jahre alte Architektur im neoklassizistischen Stil, noble Betten und die Innenstadtlage direkt am Monument Circle machen das Kettenhotel mit Parkservice (27 US$) zur guten Wahl.

Stone Soup
B & B $$
(☑ 866-639-9550; www.stonesoupinn.com; 1304 N Central Ave; Zi. 90–150 US$; 🅿 ⊖ ❋ 🛜) Das weitläufige Haus mit neun Zimmern und vielen Antiquitäten wirkt etwas heruntergekommen, aber dennoch charmant. Die preiswerteren Quartiere teilen sich ein Gemeinschaftsbad.

The Alexander
HOTEL $$
(☑ 317-624-8200; www.thealexander.com; 333 S Delaware St; Zi. 170–270 US$) Hier dreht sich alles um Kunst: 40 Originalwerke zieren die Lobby; das Indianapolis Museum of Art kuratiert die zeitgenössische Sammlung (Besucher können sich gern umschauen). Die 209 modernen Zimmer warten mit dunklen Holzfußböden und natürlich mit cooler Wandkunst auf. Das Hotel liegt einen Block von der Basketballarena entfernt und dient manchmal als Quartier für Gastmannschaften. Parkservice (29 US$).

🍴 Essen

Wenn der Magen knurrt, ist die **Massachusetts Ave** (www.discovermassave.com) im Zent-

---

ℹ INDIANA FOODWAYS

In welchen Restaurants sind Schweinefilet und Sugar Cream Pie am besten? Wo finden die Bauernmärkte und Spare-Ribs-Feste statt? Das Rezept für Maispudding? Die **Indiana Foodways Alliance** (www.indianafoodways.com) liefert alle Indy-Infos in puncto Essen.

rum genau das Richtige. Im 7 Meilen (11 km) nördlich gelegenen Stadtteil **Broad Ripple** (www.discoverbroadripplevillage.com) gibt's Kneipen, Cafés und Lokale aller Art.

Mug 'N' Bun
AMERIKANISCH **$**

(www.mug-n-bun.com; 5211 W 10th St; Hauptgerichte 4–8 US$; ☺ So–Do 10–21, Fr & Sa 10–22 Uhr) Die geeisten Krüge sind mit leckerem selbstgebrautem Root Beer gefüllt, und die Brötchen mit Burgern, Chilidogs und saftigem Schweinefilet belegt. Auch die gebratenen Makkaroni mit Käse sind lecker. In diesem altmodischen Drive-in in der Nähe des Speedways wird man – wie könnte es auch anders sein – gleich im Auto bedient.

Public Greens
AMERIKANISCH

(www.publicgreensurbankitchen.com; 900 E 64th St; Hauptgerichte 7–14 US$; ☺ So–Do 8–21, Fr & Sa 8–22 Uhr, Winter kürzere Öffnungszeiten) 🌱 In diesem Lokal im Cafeteria-Stil bestellt man sein Essen an einer Theke. Einige Zutaten für die hiesige Hausmannskost (u. a. Kohl, Eier, Rote Bete) stammen von einer Minifarm, die direkt vor Ort betrieben wird. Alle Gewinne fließen zurück an die Gemeinde, die das Geld zur Verköstigung von Risikokindern verwendet. Zu finden in Broad Ripple direkt am Monon Trail.

Bazbeaux
PIZZA **$**

(☎ 317-636-7662; www.bazbeaux.com; 329 Massachusetts Ave; Hauptgerichte 9–15 US$; ☺ So–Do 11–22, Fr & Sa 11–23 Uhr) Das bei Einheimischen beliebte Lokal hat eine bunte Pizza-Auswahl, z. B. die „Tchoupitoulas" mit Cajun-Shrimps und Innereienwurst. Auf der Speisekarte stehen außerdem Muffaletta-Sandwiches, Stromboli (gerollte Pizza) und belgisches Bier.

City Market
MARKT **$**

(www.indycm.com; 222 E Market St; ☺ Mo–Fr 7–21, Sa 8–21 Uhr; 🐾) Indys alte Markthalle von 1886 beherbergt viele Imbissstände. Die Bar oben schenkt 16 verschiedene Biere aus. Die meisten Händler schließen um 15 Uhr.

🍷 Ausgehen & Unterhaltung

Im Zentrum und in der Mass Ave gibt's gute Kneipen, ebenso in Broad Ripple.

Bars

Sun King Brewing
BRAUEREI

(www.sunkingbrewing.com; 135 N College Ave; ☺ Mo–Mi 10–19, Do & Fr 10–20, Sa & So 13–18 Uhr, Winter kürzere Öffnungszeiten) **GRATIS** Im urigen Sun-King-Schankraum in der Innenstadt

weiß man nie, was aus dem Zapfhahn kommen wird. Indys junge Hipster lassen sich davon gern und gleich scharenweise überraschen. Zu schlürfen gibt's z. B. Baltic Porter mit Kakao-Aroma oder Pilsner, das mit Popcorn aus Indiana verfeinert ist. Ein „Meter" mit sechs Probiergläsern (je ca. 90 ml) kostet 6 US$. Freitags machen kostenlose Bierproben und günstige Humpen den Laden rappelvoll. Im Sommer ist auf der Freiluftterrasse ordentlich was los.

Slippery Noodle Inn
BAR

(www.slipperynoodle.com; 372 S Meridian St; ☺ Mo–Fr 11–3, Sa ab 12–3, So ab 16–0.30 Uhr) Das Noodle in der Innenstadt ist die älteste Bar des Bundesstaates und hat als Bordell, Schlachthaus, Gangsterhöhle und Zwischenstation der Underground Railroad schon so einiges erlebt. Derzeit ist es einer der besten Bluesclubs des Landes. Es gibt jeden Abend Livemusik und es ist preiswert.

Rathskeller
BIERKNEIPE

(www.rathskeller.com; 401 E Michigan St; ☺ Mo–Fr 14 Uhr–open end, Sa & So ab 11 Uhr) Im Sommer kann man draußen im Biergarten deutsches und regionales Bier genießen, im Winter auch drinnen in der Bierhalle. Der Rathskeller befindet sich im historischen Athenaeum-Gebäude in der Nähe der Mass Ave.

Zuschauersport

Autorennen sind nicht die einzigen begehrten Events. Die NFL-Football-Mannschaft der Colts spielt unter dem riesigen schließbaren Dach des **Lucas Oil Stadium** (☎ 317-299-4946; www.colts.com; 500 S Capitol Ave). Die Pacers aus der NBA werfen ihre Körbe im **Bankers Life Fieldhouse** (☎ 317-917-2500; www.nba.com/pacers; 125 S Pennsylvania St).

🛍 Shoppen

Typische Indy-Souvenirs sind Speedway-Flaggen und Trikots der Colts. Wer Honigwein mag, kann sich bei **New Day** (www.newdaycraft.com; 1102 E Prospect St; ☺ Di–Do 14-21, Fr 14–22, Sa 12–22, So 12–18 Uhr) eine Flasche davon holen. Die passionierten Produzenten sind frühere Imker und stellen auch Apfelwein her. Vor dem Kauf ist eine Verkostung in der hauseigenen Probierstube möglich.

ℹ Praktische Informationen

Indiana University Medical Center (☎ 317-274-4705; 550 N University Blvd)

Indianapolis Convention & Visitors Bureau (☎ 800-323-4639; www.visitindy.com) Auf der

Website kann man sich eine kostenlose App über die Stadt herunterladen und sich Gutscheine ausdrucken.

Indianapolis Star (www.indystar.com) Die Tageszeitung der Stadt.

Indy Rainbow Chamber (www.gayindynow.org) Bietet Infos für Schwule und Lesben.

Nuvo (www.nuvo.net) wöchentliche alternative Gratis-Zeitung mit Infos über Kunst und Musik.

ℹ Anreise & Unterwegs vor Ort

Der moderne **Indianapolis International Airport** (IND; www.indianapolisairport.com; 7800 Col H Weir Cook Memorial Dr) liegt 16 Meilen (26 km) südwestlich der Stadt. Der Washington Bus (8) pendelt zwischen Airport und Innenstadt (1,75 US$, 50 Min.), der Go Green Line Airport Van ist aber schneller (10 US$, 20 Min.). Ein Taxi vom Flughafen ins Zentrum kostet ca. 35 US$.

Greyhound (☎ 317-267-3074; www.greyhound.com) teilt sich mit Amtrak die **Union Station** (350 S Illinois St). Es fahren oft Busse nach Cincinnati (2½ Std.) und Chicago (3½ Std.). **Megabus** (www.megabus.com/us) hält an der 200 E Washington St und ist oft preiswerter. Mit Amtrak braucht man für die gleiche Strecke fast die doppelte Zeit.

IndyGo (www.indygo.net; Einzelfahrt 1,75 US$) betreibt Indys Stadtbusse. Linie 17 fährt nach Broad Ripple. Am Wochenende ruht der Betrieb größtenteils.

Pacers Bikeshare (www.pacersbikeshare. org; Pass 8 US$/24 Std.) verleiht insgesamt 250 Fahrräder an 25 Stationen, die den Cultural Trail in der Innenstadt säumen. Bei Fahrten über 30 Minuten wird ein Aufpreis fällig.

Wer ein Taxi braucht, ruft bei **Yellow Cab** (☎ 317-487-7777) an.

Bloomington & Zentrales Indiana

Bluegrass, architektonische Highlights, tibetische Tempel und James Dean hinterließen bzw. hinterlassen ihre Spuren in diese äckerreichen Gegend.

Fairmount

Die kleine Stadt, die man auf dem Hwy 9 in Richtung Norden erreicht, ist die Geburtsstadt von James Dean, dem Inbegriff der Coolness. Fans des früh verstorbenen Schauspielers sollten sich direkt zum **Fairmount Historical Museum** (☎ 765-948-4555; www. jamesdeanartifacts.com; 203 E Washington St; ⓒ Mo–Fr 10–17, April–Okt. Sa & So ab 12 Uhr) GRATIS begeben, in dem man die Bongotrommeln

---

ABSTECHER

GRAY BROTHERS CAFETERIA

Cafeterias haben in Indiana zwar Tradition, sind aber heute größtenteils verschwunden. Eine Ausnahme bildet das **Gray Brothers** (www.graybroscafe.com; 555 S Indiana St; Hauptgerichte 4–8 US$; ⓒ 11–20.30 Uhr), in dessen Speiseraum scheinbar die Zeit stehengeblieben ist. Hier schnappt man sich ein blaues Tablett und begutachtet dann die schier endlose Reihe von Gerichten. Zur Wahl stehen z. B. Brathähnchen, Hackbraten, Mac and Cheese oder Sugar Cream Pie – jeweils Garanten für ein so üppiges wie fröhliches Mahl. Zu finden ist die Cafeteria in Mooresville, das rund 18 Meilen (29 km) südlich von Indys Zentrum in Richtung Bloomington liegt.

---

von Dean sowie andere Exponate sehen kann. Hier gibt's auch den kostenlosen Plan, der einen zu den Plätzen wie das Farmhaus führt, in dem Jimmy aufgewachsen ist, und zu seinem mit rotem Lippenstift bedeckten Grabstein. Im Museum werden Dean-Poster, Zippo-Feuerzeuge und andere Erinnerungstücke verkauft. Zudem finanziert es das jährliche **James Dean Festival** (Ende Sept.). Dann strömen Tausende Fans für vier Tage voller Musik und Lustbarkeiten in die Stadt. Die ein paar Blocks entfernt liegende private **James Dean Gallery** (☎ 765-948-3326; www. jamesdeangallery.com; 425 N Main St; ⓒ 9–18 Uhr) GRATIS zeigt weitere Erinnerungsstücke.

Columbus

Wenn man an die architektonisch großartigen Städte der USA denkt – Chicago, New York, Washington, D.C. –, kommt einem danach nicht gerade Columbus, Indiana, in den Sinn. Das wäre aber durchaus angebracht, denn das von Indianapolis aus 40 Meilen (65 km) an der I-65 Richtung Süden gelegene Columbus ist geradezu ein Museum für technisches Design. Seit den 1940er-Jahren haben die Stadt und die führenden Unternehmen einige der weltbesten Architekten, darunter Eero Saarinen, Richard Meier und I.M. Pei, mit Entwürfen von öffentlichen und privaten Gebäuden beauftragt. Im **Visitor Center** (☎ 812-378-2622; www.columbus.in.us; 506 5th St; ⓒ Mo–Sa 9–17, So 12–17 Uhr) bekommt man eine Karte für einen Stadtrundgang (3 US$). Wer will, kann auch eine Stadtrundfahrt machen (Erw./Kind 25/15 US$). Sie beginnt dienstags bis freitags um 10 Uhr, samstags um 10 und um 14 Uhr und sonntags um 14 Uhr. Im Voraus online reservieren. Die mehr als 70 wirklich bemerkenswerten Gebäude sind zwar über eine ziemlich große Fläche verteilt (man braucht also ein Auto), in der Innenstadt können jedoch rund 15 verschiedene Werke auch zu Fuß besichtigt werden.

Das ebenfalls im Zentrum gelegene **Hotel Indigo** (☏ 812-375-9100; www.hotelindigo.com; 400 Brown St; Zi. 150–180 US$; ▓❄🐾🛜💺) hat die in einem Kettenhotel üblichen modernen hellen Zimmer und dazu einen weißen wolligen Hund, der als Empfangsbeauftragter fungiert. Ein paar Blocks weiter kann man es sich im altehrwürdigen, mit Bleiglasfenstern versehenen **Zaharakos** (www.zaharakos.com; 329 Washington St; ⏱ 11–20 Uhr), einer Kneipe von 1909, auf einem Barhocker bequem machen, mit der Bedienung plauschen und einen oder gleich mehrere Drinks genießen.

Nashville

Wer von Columbus auf dem Highway 46 Richtung Westen fährt, kommt in dieses Städtchen aus dem 19. Jh., in dem es überall Antiquitäten gibt und das sich mittlerweile in ein lebendiges Touristenzentrum verwandelt hat. Im **Visitor Center** (☏ 812-988-7303; www.browncounty.com; 10 N Van Buren St; ⏱ Mo–Do 9–18, Fr & Sa 9–17 Uhr, So 10–17 Uhr; 🛜) bekommt man Karten und Online-Gutscheine.

Außer als Ort für Galerienbesichtigungen dient Nashville auch als Ausgangspunkt für den **Brown County State Park** (☏ 812-988-6406; Stellplätze 16–33 US$, Hütten ab 77 US$), einen 6350 ha großen Eichenwald mit Wanderwegen, die auch Mountainbikern und Reitern die Möglichkeit geben, die grüne hügelige Landschaft zu erkunden.

Von den B&Bs der Gegend ist das zentral gelegene **Artists Colony Inn** (☏ 812-988-0600; www.artistscolonyinn.com; 105 S Van Buren St; Zi. 125–180 US$; ▓🛜) wegen seiner schicken Zimmer zu erwähnen. Im **Speisesaal** (Hauptgerichte 10–19 US$; ⏱ So–Do 7.30–20, Fr & Sa bis 21 Uhr) werden typische Gerichte aus der Region serviert, beispielsweise Wels oder Schweinelendchen.

Wie sein Namensvetter in Tennessee liebt Nashville in Indiana die Countrymusik. So treten hier Bands dieser Stilrichtung regelmäßig in mehreren Locations auf. Zum Abtanzen empfiehlt sich **Mike's Music & Dance Barn** (☏ 812-988-8636; www.mikesmusicbarn.com; 2277 Hwy 46; ⏱ Do–Mo ab 18.30 Uhr). Rund 5 Meilen (8 km) nördlich der Stadt huldigt das **Bill Monroe Museum** (☏ 812-988-6422; www.billmonroemusicpark.com; 5163 Rte 135 N; Erw./Kind 4 US$/frei; ⏱ Mo–Sa 9–17, So 12–16 Uhr, Nov.–April Di & Mi geschl.) dem namengebenden Bluegrass-Helden. Mitte Juni veranstaltet es ein beliebtes einwöchiges Bluegrass-Festival.

Bloomington

Das belebte, liebenswerte und fahrradverrückte Bloomington mit seinen vielen Kalksteinfassaden liegt 53 Meilen (85 km) südlich von Indianapolis am Hwy 37. Es ist Heimat der Indiana University und erstreckt sich rund um den Courthouse Sq, der wiederum von Restaurants, Bars und Buchläden umgeben ist. Fast alles ist hier zu Fuß erreichbar. Das **Bloomington CVB** (www.visitbloomington.com) stellt einen Stadtführer zum Download bereit.

Das von I. M. Pei entworfene **Art Museum** (☏ 812-855-5445; https://artmuseum.indiana.edu; 1133 E 7th St; ⏱ Di–Sa 10–17, So 12–17 Uhr) GRATIS auf dem weitläufigen Universitätsgelände zeigt eine hervorragende Sammlung von afrikanischer Kunst und Werken deutscher Expressionisten.

Das farbenfrohe, mit Gebetsfahnen geschmückte **Tibetan Mongolian Buddhist Cultural Center** (☏ 812-336-6807; www.tmbcc.org; 3655 Snoddy Rd; ⏱ Sonnenaufgang–Sonnenuntergang) GRATIS, das von einem Bruder des Dalai Lama gegründet wurde, und das **Dagom Gaden Tensung Ling Monastery** (☏ 812-339-0857; www.dgtlmonastery.org; 102 Clubhouse Dr; ⏱ 9–18 Uhr) GRATIS sind ein Beleg für die beträchtliche Zahl der Tibeter in Bloomington. Beide haben faszinierende Shops und bieten kostenlosen Unterricht und Meditationssitzungen an; die Wochenpläne stehen auf der Website.

Wenn man Mitte April hierherkommt muss man sich nicht wundern, dass dann weitere 20 000 Besucher von außerhalb anwesend sind – dies liegt am **Little 500** (www.iusf.indiana.edu; Tickets 30 US$), das zu den coolsten Radrennen überhaupt zählt. Dabei absolvieren Amateure auf Schwinn-Bikes mit nur einem Gang insgesamt 200 Runden auf einem ca. 400 m langen Kurs.

Günstige Unterkünfte gibt's an der N Walnut St unweit vom Hwy 46. Das **Grant Street Inn** (☏ 800-328-4350; www.grantstinn.com; 310 N Grant St; Zi. 159–239 US$; @ 🛜) in Campusnähe vermietet 24 Zimmer, die sich auf ein viktorianisches Haus und einen Anbau verteilen.

Für eine Stadt dieser Größe hat Bloomington eine überraschend multikulturelle Restaurantszene, die von burmesisch und eritreisch bis zu türkisch reicht. Am besten schaut man sich an der Kirkwood Ave und der E 4th St um. **Anyetsang's Little Tibet** (☑ 812-331-0122; www.anyetsangs.com; 415 E 4th St; Hauptgerichte 13–14 US$; ⏰ 11–15 & 17–21 Uhr, Di geschl.) serviert Spezialitäten aus seinem Heimatland im Himalaja. Die universitätsnahen Kneipen an der Kirkwood Ave sind auf Studenten ausgerichtet. **Nick's English Hut** (www.nicksenglishhut.com; 423 E Kirkwood Ave; ⏰ Mo–Sa 11–2, So 11–24 Uhr) füllt nicht nur die Gläser von Studenten und Professoren, sondern zählte auch schon Kurt Vonnegut und Dylan Thomas zu seinen Gästen. Die rustikale **Upland Brewing Co** (www.upland beer.com; 350 W 11th St; ⏰ Mo–Do 11–24, Fr & Sa 11–1, So 12–24 Uhr) im nahegelegenen Norden der Stadt braut Kreatives wie saisonales Lambic mit einheimischen Dattelpflaumen.

Südliches Indiana

Der Süden Indianas ist wegen seiner schönen Hügel, Höhlen und Flüsse und seiner bewegten Geschichte völlig anders als der industrialisierte, flache Norden.

Ohio River

Jener Teil des 1580 km langen Ohio River, der sich in Indiana befindet, bildet die Südgrenze des Bundesstaates. Vom winzigen Dorf Aurora in der Südostecke des Staates aus winden sich die Hwys 56, 156, 62 und 66, die zusammen als **Ohio River Scenic Route** bezeichnet werden, durch eine abwechslungsreiche Landschaft.

Wer aus Osten kommt, macht am besten im kleinen **Madison** Station. In der gut erhaltenen Mustersiedlung am Fluss aus der Mitte des 19. Jh. stehen zahlreiche architektonische Schönheiten vornehm am Straßenrand. Im **Visitor Center** (☑ 812-265-2956; www.visitmadison.org; 601 W First St; ⏰ Mo–Fr 9–17, Sa bis 16, So 11–15 Uhr) gibt's eine Broschüre mit einem Stadtrundgang, der an sehenswerten Gebäuden vorbeiführt.

Rund um Madison gibt's Motels und mehrere B&Bs. In der Main St wechseln sich Restaurants und Antiquitätengeschäfte ab. In dem großen, waldigen **Clifty Falls State Park** (☑ 812-273-8885; Stellplatz Zelt & Wohnmo-

bil 16–33 US$) am Hwy 56, ein paar Kilometer westlich der Stadt, gibt's Campingmöglichkeiten, Wanderwege, Aussichtspunkte und Wasserfälle.

Im **Falls of the Ohio State Park** (☑ 812-280-9970; www.fallsoftheohio.org; 201 W Riverside Dr) bei Clarksville gibt's statt Wasserfällen nur Stromschnellen. Dafür findet man hier aber interessante Gesteinsschichten mit Fossilien (386 Mio. Jahre alt), die im frisch renovierten **Interpretive Center** (Erw./Kind 5/2 US$; ⏰ Mo–Sa 9–17, So 13–17 Uhr) detailliert erklärt werden. Seinen Durst stillen kann man im benachbarten New Albany, wo das **New Albanian Brewing Company Public House** (www.newalbanian.com; 3312 Plaza Dr; ⏰ Mo–Sa 11–23 Uhr) zu Hause ist. Alternativ geht's über die Brücke hinüber nach Louisville (KY), wo starker Bourbon aus einheimischer Produktion wartet.

In Richtung Westen führt der malerische Hwy 62 zu den Lincoln Hills und den Kalksteinhöhlen im Süden Indianas. Vor allem ein Besuch der **Marengo Cave** (☑ 812-365-2705; www.marengocave.com; ⏰ Juni–Aug. 9–18 Uhr, Sept.–Mai 9–17 Uhr), die weiter nördlich am Hwy 66 liegt, lohnt sich: Bei den Führungen (40 Min. Erw./Kind 15/8,50 US$, 60 Min. Erw./Kind 18/10 US$, Kombitour Erw./Kind 25/14 US$) laufen Besucher an Stalagmiten und anderen uralten Gesteinsformationen vorbei. Derselbe Tourveranstalter betreibt auch **Cave Country Canoes** (www.cavecoun trycanoes.com; 112 W Main St; ⏰ Mai–Okt.) im nahen Milltown. Dort sind Kanutouren auf dem idyllischen Blue River im Angebot (halber/ganzer Tag 26/30 US$, alternativ auch mehrtägig). Beim Paddeln heißt's nach Fischottern und seltenen Schlammteufeln Ausschau halten.

Rund 4 Meilen (6,5 km) südlich von Dale liegt abseits der I-64 das abgeschiedene **Lincoln Boyhood National Memorial** (☑ 812-937-4541; www.nps.gov/libo; Erw./Kind/Fam. 5 US$/frei/10 US$; ⏰ 8–17 Uhr), wo der junge Abe von seinem siebten bis zu seinem 21. Lebensjahr wohnte. Der Eintritt beinhaltet auch den Zugang zu einer bewirtschafteten **Pionierfarm** (⏰ Mai–Aug. 8–17 Uhr).

New Harmony

Im Südwesten bildet der Wabash River die Grenze zwischen Indiana und Illinois. Gleich daneben, etwas südlich der I-64, liegt das faszinierende New Harmony. Weil hier zwei der ersten alternativen Kommunen zu leben versuchten, lohnt sich ein Abstecher dorthin. Zu Beginn des 19. Jhs. schuf die deutsche Sekte der Harmonisten hier eine fortschrittliche Stadt, während sie auf das Jüngste Gericht wartete. Später kaufte der britische Utopist Robert Owen die Stadt. Wer sich dafür interessiert, der erfährt im eckigen **Atheneum Visitors Center** (812-682-4474; www.usi.edu/hnh; 401 N Arthur St; Ecke North St & Arthur St; 9.30–17 Uhr, Jan.–Mitte März geschl.) Genaueres und kann dort auch eine Wanderkarte mitnehmen.

Noch heute verströmt New Harmony den Geist der Kontemplation – wenn nicht gar den Hauch einer „anderen Welt". Und das kann man auch an den neueren Attraktionen des Ortes erkennen: z.B. die tempelartige Roofless Church und das Labyrinth, einen Irrgarten, der den Lebensweg des Menschen symbolisieren soll. In der Stadt gibt es ein paar Pensionen. Campen kann man im **Harmonie State Park** (812-682-4821; Stellplatz 23–33 US$). Im **Main Cafe** (508 Main St; Hauptgerichte 4–7 US$; Mo–Fr 5.30–13 Uhr) bekommt man ein gutes Mittagessen mit Schinken, Bohnen und Vollkornbrot. Unbedingt Platz für den Kokos-Sahne-Kuchen lassen!

Nördliches Indiana

Die mautpflichtigen Interstates I-80/I-90, die immer voller LKWs sind, führen durch den Norden von Indiana. Auf der parallel verlaufenden US 20 geht's langsamer voran. Sie ist billiger, aber nicht wirklich schöner.

Indiana Dunes

Der **Indiana Dunes National Lakeshore** (219-926-7561; www.nps.gov/indu) GRATIS ist für sonnige Strände, raschelndes Schilf und bewaldete Campingplätze berühmt. Entlang des 24 km langen Streifens am Ufer des Lake Michigan ist das Schwimmen überall erlaubt. Einen kurzen Fußmarsch von den Stränden entfernt führen mehrere Wanderwege durch die Dünen und Wälder. Besonders empfehlenswert ist der **Bailly-Chellberg Trail** (4 km), der sich an einer immer noch bewirtschafteten Farm aus den 1870er-Jahren vorbeischlängelt. Genauso schön ist der **Heron Rookery Trail** (3,2 km), auf dem man Kolonien von Kanadareihern sieht. Seltsamerweise liegt diese üppige Naturlandschaft nur einen Katzensprung entfernt von Fabriken und Stahlwerken mit qualmenden Schornsteinen, die von verschiedenen Aussichtspunkten aus erkennbar sind. Das **Visitor**

Center (Hwy 49; Juni–Aug. 8–18 Uhr, Sept.–Mai 8–16.30 Uhr) des Parks liefert Details zu den Stränden. Zudem hat es Karten für Wanderer, Radfahrer und Vogelbeobachter.

Der **Indiana Dunes State Park** (219-926-1952; www.dnr.in.gov/parklake; Auto 12 US$), ein ca. 850 ha großes Küstengebiet, ist Teil des National Lakeshore. Er liegt am Ende des Hwy 49 in der Nähe von Chesterton und bietet mehr Besuchereinrichtungen, ist aber auch stärker reglementiert und besser besucht (zumal Autos kostenlos hineinfahren können). Im Winter tummeln sich hier Skilangläufer, im Sommer Wanderer. Mehrere Wanderwege führen durch das Gebiet; der Nr. 4 hinauf zum Mt. Tom belohnt mit einer Aussicht auf die Skyline von Chicago.

Außer einigen Snackbars am Strand gibt es im Park kaum etwas zu essen, darum legt man am besten beim **Great Lakes Cafe** (201 Mississippi St; Hauptgerichte 6–21 US$; Mo–Fr 5–15, Sa 6–13 Uhr;), dem handfesten Restaurant der Stahlarbeiter am westlichen Rand der Dünen in Gary, eine Pause ein.

Von Chicago aus sind die Dunes bequem per Tagesausflug besuchbar. Die Fahrzeit beträgt etwa eine Stunde; die Parkplatzsuche kann aber stressig sein. Vom Millennium Station in Downtown Chicago braucht der **South Shore Metra Train** (www.nictd.com) etwa eineinviertel Stunden zu den Haltestellen Dune Park und Beverly Shores. Von beiden Stationen aus läuft man dann noch etwa 2,4 km bis zum Strand. Wer übernachten möchte, kann vor Ort campen (Zeltplatz am National Lakeshore 18 US$, Zelt- od. Wohnmobilstellplatz im State Park 23–36 US$).

Die Stahlstädte **Gary** und **East Chicago** direkt an der Grenze zu Illinois bilden zusammen eine der trostlosesten Stadtlandschaften weltweit. Wer mit dem Zug (Amtrak oder South Shore Line) durch diese Gegend fährt, erlebt die industrielle Schattenseite der Region aus nächster Nähe.

South Bend

In South Bend befindet sich die **University of Notre Dame**. In dieser Region hört man manchmal den Spruch „Football ist eine Religion" – und an der Notre Dame nimmt man das ernst, wo ein riesiges Wandbild des „Touchdown Jesus" über dem Stadion mit 80 000 Plätzen aufragt (eigentlich zeigt es den auferstandenen Christus mit ausgebreiteten Armen, die Pose ähnelt aber erstaunlich der eines Schiedsrichters, der einen Touchdown anzeigt).

Im **Visitor Center** (www.nd.edu/visitors; 111 Eck Center) starten Führungen über den hübschen Campus mit zwei Seen, Gebäuden im gotischen Stil und dem berühmten Golden Dome (goldene Kuppel) des Hauptgebäudes. Das seltener besuchte **Studebaker National Museum** (☑ 574-235-9714; www.studebaker museum.org; 201 S Chapin St; Erw./Kind 8/5 US$; ⊙ Mo–Sa 10–17, So ab 12 Uhr) lohnt den Besuch aber durchaus: Hier kann man einen wunderbaren Packard von 1956 und andere schöne Oldtimer bewundern, die früher in South Bend gebaut wurden.

Indiana Amish Country

Östlich von South Bend, bei **Shipshewana** und **Middlebury**, befindet sich die drittgrößte Amish-Gemeinde der USA. Man hört dort das Getrappel von Pferden, die Karren über die Straßen ziehen, und sieht, wie Männer mit langen Bärten die gepflegten Felder von Hand pflügen. Orientierung verschaffen die Karten vom **Elkhart County CVB** (☑ 800-262-8161; www.amishcountry.org). Noch besser ist es, wenn man sich einfach eine kleine Landstraße zwischen den beiden Orten aussucht und ihr folgt. Man sieht oft Familien, die auf ihren Veranden Kerzen aus Bienenwachs, Quilts oder frisches Obst und Gemüse verkaufen. Die Produkte sind sicher hochwertiger als diejenigen, die man in den Touristenshops und Restaurants an der Hauptstraße bekommt. Sonntags ist hier fast alles geschlossen.

Das **Village Inn** (☑ 574-825-2043; 105 S Main St; Hauptgerichte 3–9 US$; ⊙ Mo–Fr 5–20, Sa 6–14 Uhr; 🐾) in Middlebury verkauft göttliche Kuchen (Bestseller: Rhabarber mit Vanille). Frauen mit Häubchen und pastellfarbenen Kleidern beginnen ab 4.30 Uhr mit dem Zubereiten der Blätterteigwaren. Unbedingt vor 12 Uhr vorbeischauen – andernfalls sieht man nur noch Krümel in den Auslagen! Gegenüber schenkt **41 Degrees North** (104 S Main St; ⊙ Di–Do 11–22.30, Fr 11–24, Sa 13–24 Uhr) eine tolle Auswahl an Bieren aus der Region aus. Das **Der Ruhe Blatz Motel** (☑ 260-758-0670; www.therestplace.com; 1195 S Van Buren St; Zi. 68–105 US$; ✳🐾) ist spartanisch, liegt aber direkt an Shipshewana Hauptstraße. So können Gäste morgens prima die vorbeifahrenden Pferdwagen beobachten.

Auburn

Fans von Oldtimern sollten – kurz vor der Grenze zu Ohio – auf der I-69 Richtung Sü-

---

NICHT VERSÄUMEN

DIE BESTEN KUCHEN DER GROSSEN SEEN

➡ **Village Inn** (S. 615) Leckerer Rhabarberkuchen mit Vanille.

➡ **Crane's Pie Pantry** (S. 643) Mit Äpfeln und Pfirsichen aus dem eigenen Obstgarten.

➡ **Palms Grill Cafe** (S. 604) Gute alte Tradition an der Route 66.

➡ **Boyd & Wurthmann Restaurant** (S. 622) Jede Menge Blätterteiggebäck im Amish Country.

➡ **Betty's Pies** (S. 679) Unwiderstehliches mit knuspriger Garnierung.

---

den nach Auburn fahren, wo die Cord Company in den 1920er- und 1930er-Jahren die beliebtesten Autos der USA baute. Das **Auburn Cord Duesenberg Museum** (☑ 260-925-1444; www.automobilemuseum.org; 1600 S Wayne St; Erw./Kind 12,5/7,5 US$; ⊙ 10–19, Sa & So bis 17 Uhr) zeigt in herrlichen Art-déco-Räumen eine fantastische Sammlung alter Roadsters. Nebenan im **National Automotive and Truck Museum** (☑ 260-925-9100; www.natmus.org; 1000 Gordon Buehrig Pl; Erw./Kind 8/4 US$; ⊙ 9–17 Uhr) kann man die altmodischen Anlagen bewundern.

OHIO

Also gut, Zeit für ein Ohio-Quiz: Welche Möglichkeiten bieten sich im Buckeye State? Erstens: Per Pferdewagen durch eine der größten Amish-Gemeinden der USA fahren. Zweitens: Den eigenen Magen in einer der schnellsten Achterbahnen der Welt zur Kapitulation zwingen. Drittens: Sich in einer Molkerei an traumhaft cremigen Milchshakes laben. Oder viertens: Eine riesige mysteriöse Schlangenskulptur erkunden, die in die Erde hineingebaut wurde. Und was davon empfiehlt sich nun? Alles! Die Einheimischen sind beleidigt, wenn Besucher denken, dass sie hier nur Kühe umschubsen können. Ohio hat eine Chance verdient! Abgesehen davon kann man eine *five-way* in Cincinnati futtern und in Cleveland so richtig abrocken.

❶ Praktische Informationen

Ohio Division of Travel and Tourism (☑ 800-282-5393; www.discoverohio.com)

KURZINFOS OHIO

Spitzname Buckeye State

Bevölkerung 11,6 Mio.

Fläche 116 096 km²

Hauptstadt Columbus (822 500 Ew.)

Weitere Städte Cleveland (390 100 Ew.), Cincinnati (297 500 Ew.)

Verkaufssteuer 5,75 %

Geburtsort von Erfinder Thomas Edison (1847–1931), Schriftstellerin Toni Morrison (geb. 1931), Unternehmer Ted Turner (geb. 1938), Regisseur Steven Spielberg (geb. 1947)

Heimat von Kühen, Achterbahnen, den Flugpionieren Wright

Politische Ausrichtung Wechselwähler

Berühmt für das erste Flugzeug, das erste Profi-Baseballteam, den Geburtsort von sieben US-Präsidenten

Rocksong des Bundesstaats Hang On Sloopy

Entfernungen Cleveland–Columbus 142 Meilen (229 km), Columbus–Cincinnati 108 Meilen (174 km)

Verkehrsinformationen für Ohio (www.ohgo.org)

Ohio State Park Information (☏614-265-6561; http://parks.ohiodnr.gov) Der Eintritt in State Parks ist kostenlos, in einigen gibt's WLAN gratis. Zelt- und Wohnmobilstellplätze kosten zwischen 19 und 39 US$. Reservierungen sind möglich (☏866-644-6727; http://ohiostateparks.reserveamerica.com; Gebühr 8 US$).

Cleveland

Geht in Cleveland nun die Post ab oder nicht? Das ist hier die Frage. Die einstige Arbeiterstadt hat in den letzten Jahren jedenfalls hart daran gearbeitet, dass die Antwort „ja" lauten kann: Zuerst wurden die Probleme mit dem städtischen Verfall und dem brennenden Fluss gelöst – der Cuyahoga River war früher derart verschmutzt, dass er tatsächlich brannte. Dann brachte man mit der Rock and Roll Hall of Fame eine würdige Attraktion in die Stadt. Der dritte Schritt bestand schließlich darin, die öffentlichen Plätze im Zentrum zu sanieren und angesagte Hotels bzw. Restaurants zu eröffnen. Gesamtergebnis: Cleveland hat sich inzwi-

schen ganz schön gemausert. So sehr und so lebendig, dass sich sogar laut LeBron James eine Rückkehr lohnt.

◉ Sehenswertes & Aktivitäten

Das Zentrum von Cleveland ist der Public Sq, der vom auffälligen Terminal Tower und dem Kasino, in dem die Automaten fröhlich klingeln und viel Betrieb herrscht, dominiert wird. Die meisten Sehenswürdigkeiten befinden sich im Zentrum am Flussufer oder am University Circle (der Gegend um die Case Western Reserve University, die Cleveland Clinic und einige andere Institutionen).

◉ Downtown

Rock and Roll
Hall of Fame & Museum   MUSEUM
(☏216-781-7625; www.rockhall.com; 1100 E 9th St; Erw./Kind 22/13; ⊗ganzjährig 10–17.30, Mi 10–21 Uhr, Juni–Aug. Sa 10–21 Uhr) Clevelands Top-Attraktion wirkt wie ein vollgestopfter Dachboden mit erstaunlichen Fundstücken: Jimi Hendrix' Stratocaster, Keith Moons Plateauschuhe, John Lennons Sgt.-Pepper-Anzug und der Hassbrief eines Fidschianers an die Rolling Stones aus dem Jahr 1966. Multimediaausstellungen beschäftigen sich mit der Geschichte und dem sozialen Kontext der Rockmusik und der Musiker, die sie schufen.

Warum aber steht das Museum in Cleveland? Weil es die Heimatstadt von Alan Freed ist, dem Diskjockey, der den Begriff „Rock and Roll" in den frühen 1950er-Jahren populär machte – und weil die Stadt dafür hart gekämpft und teuer bezahlt hat. Hier herrscht oft viel Gedränge, besonders bis etwa 13 Uhr.

Great Lakes Science Center   MUSEUM
(☏216-694-2000; www.greatscience.com; 601 Erieside Ave; Erw./Kind 15/12 US$; ⊗Mo–Sa 10–17, So ab 12 Uhr; ▣) Das Great Lakes Science Center ist eins von zehn Museen des Landes, die zur NASA gehören. Es entführt Besucher mit seinen Raketen, Mondsteinen und der Apollo-Kapsel aus dem Jahr 1973 in die Tiefen des Alls, widmet sich aber auch den Umweltproblemen der Großen Seen.

William G. Mather   MUSEUM
(☏216-694-2000; www.greatscience.com; 601 Erieside Ave; Erw./Kind 8/6 US$; ⊗Juni–Aug. Di–Sa 11–17, So 12–17 Uhr, Mai, Sept. & Okt. nur Sa & So, Nov.–April geschl.) Dieser riesige Frachter wurde zum Dampfschiffmuseum umgebaut und kann auf eigene Faust erkundet werden. Er

liegt neben dem Great Lakes Science Center, das ihn unterhält.

The Flats
UFERBEREICH

(www.flatseast.com) Bei den Flats am Cuyahoga River handelt es sich um ein altes Industriegebiet, das in ein Nightlife-Zentrum umgewandelt wurde. Das Areal blickt auf eine wechselvolle Vergangenheit zurück: Nach Jahren der Vernachlässigung ist es nun wieder im Kommen. Am Ostufer gibt's Bars, stilvolle Restaurants, eine Promenade und einen Pavillon für Freiluftkonzerte. Das etwas rustikalere und weitläufigere Ostufer wartet z. B. mit einer alten Autowerkstatt auf, die nun ein Mix aus Brauerei und Winzerei ist. Zudem findet man dort einen Skaterpark und ein paar alte Kaschemmen.

⊙ Ohio City & Tremont

West Side Market
MARKT

(www.westsidemarket.org; Ecke W 25th St & Lorain Ave; ⊙ Mo & Mi 7–16, Fr & Sa 7–18 Uhr) Auf dem Markt im europäischen Stil wimmelt es von Händlern mit Obst- und Gemüsepyramiden. Hier gibt es ungarische Wurst, italienische Cannoli und polnische Piroggen.

Christmas Story
House & Museum
MUSEUM

(☏ 216-298-4919; www.achristmasstoryhouse.com; 3159 W 11th St; Erw./Kind 10/6 US$; ⊙ Mo–Sa 10–17, So ab 12 Uhr) Wer erinnert sich noch an den beliebten Film *Fröhliche Weihnachten* von 1983, in dem sich Ralphie eine Red Ryder BB Pistole wünscht? Das Originalhaus (komplett mit Beinlampe) steht in Tremont. Dieser Ort ist nur etwas für echte Fans.

⊙ University Circle

Rund 5 Meilen (8 km) östlich vom Zentrum befindet sich der University Circle, wo mehrere Museen und Attraktionen in Laufentfernung zueinander liegen. Wer kein eigenes Auto hat, nimmt den HealthLine-Bus bis Adelbert. Im Nordteil des Viertels (alias Uptown) gibt's einige Studentencafés.

★ Cleveland Museum of Art
MUSEUM

(☏ 216-421-7340; www.clevelandart.org; 11150 East Blvd; ⊙ Di–So 10–17, Mi & Fr 10–21 Uhr) GRATIS Dieses Museum wurde kürzlich umfassend erweitert. Seine hervorragende Sammlung umfasst neben europäischer Malerei auch Kunst aus Afrika, Asien und Amerika. Im 2. Stock warten umwerfende Werke von Impressionisten, Surrealisten und von Picasso.

Interaktive Touchscreens sorgen in den Ausstellungsräumen überall für unterhaltsame Information. Die Gallery One nahe dem Eingang liefert eine coole Schnellübersicht über die Museumshighlights.

Museum of Contemporary Art
Cleveland
MUSEUM

(MOCA; ☏ Audiotour 216-453-3960; www.mocacleveland.org; 11400 Euclid Ave; Erw./Kind 8/5 US$; ⊙ Di–So 11–17, Do bis 21 Uhr) Das glänzende Gebäude mit vier geometrisch gestalteten Etagen aus schwarzem Stahl ist sehr beeindruckend, im Inneren ist aber nicht viel zu sehen. In der 2. und 4. Etage befinden sich die Ausstellungen, die sich oft auf ein oder zwei Künstler konzentrieren und häufig wechseln. Wer sich für eine Audiotour zur Architektur und den Installationen interessiert, sollte vorher anrufen.

Lake View Cemetery
FRIEDHOF

(☏ 216-421-2665; www.lakeviewcemetery.com; 12316 Euclid Ave; ⊙ 7.30–19.30 Uhr) Bevor man sich weiter nach Osten begibt, empfiehlt sich ein Abstecher zu diesem vielfältigen „Freiluftmuseum": z. B. ruht hier Präsident James Garfield in einem unglaublich großen Turm (vor allem sehr prächtig für jemand, der gerade mal sechs Monate lang Präsident war!). Unter den weiteren Berühmtheiten sind der Comicautor Harvey Pekar und der Verbrechensbekämpfer Eliot Ness, die zufälligerweise nebeneinander begraben liegen.

🛏 Schlafen

Die genannten Preise gelten jeweils für die Hauptsaison (Sommer) und enthalten stets nicht den Steuersatz von 16,5 %. Da immer mehr Kongresse in Cleveland stattfinden, entstehen im Zentrum gerade diverse neue Boutique- und Businesshotels. Schlichte Motels findet man südwestlich der Innenstadt in Flughafennähe. An der Ausfahrt W 150th der I-71 (Exit 240) gibt's mehrere Optionen für unter 100 US$.

★ Cleveland Hostel
HOSTEL $

(☏ 216-394-0616; www.theclevelandhostel.com; 2090 W 25th St; B/Zi. ab 28/71 US$; ❄ ☎) Dieses recht neue Hostel in Ohio City, nur ein paar Schritte von einer RTA-Haltestelle und dem West Side Market entfernt, ist einfach fantastisch. Es hat 15 Zimmer – sowohl Mehrbett- als auch kleinere Zimmer. Alle sind frisch in sanften Farben gestrichen und mit flauschigen Bettdecken und eleganter Dekoration ausgestattet. Wenn man dann noch

> **NICHT VERSÄUMEN**
>
> **REKORDE IN CLEVELAND**
>
> Kitschig, aber wahr: Cleveland hat seit Kurzem den **größten Freiluft-Kronleuchter der Welt** (Ecke Euclid St & E 14th St). Das 6 m hohe Glitzermonster mit 4200 künstlichen Kristallen baumelt über dem Playhouse Square und ist inzwischen ein beliebtes Fotomotiv. Ins selbe Horn bläst der **größte Gummistempel der Welt** (Willard Park nahe der Ecke 9th St & Lakeside Ave) im Zentrum. An dieser kitschigen Skulptur von Claes Oldenburg versammeln sich Imbisslaster bei Livemusik (Mai–Okt Fr nachmittags).

die nette Dachterrasse und den kostenlosen Parkplatz hinzunimmt, überrascht es nicht, dass es hier immer rammelvoll ist.

Holiday Inn Express HOTEL $$
(216-443-1000; www.hiexpress.com; 629 Euclid Ave; Zi. 130–190 US$; P❉@🛜) Das Holiday Inn Express in einem alten Bankgebäude ist weitaus mehr als ein normales Kettenhotel und entspricht vielmehr echtem Boutique-Niveau. Hierfür sorgen u. a. schicke Zimmer mit viel Platz und weiter Aussicht. Zudem liegt das Ganze praktischerweise nahe der Unterhaltungsmeile an der E 4th St. Amerikanisches SB-Frühstück und Drinks am Abend sind im Preis enthalten. Parken kostet 15 US$.

Glidden House BOUTIQUEHOTEL $$
(216-231-8900; www.gliddenhouse.com; 1901 Ford Dr; Zi. 160–180 US$; P❉🛜) Die Familie Glidden verdiente einst ein Vermögen mit der Herstellung von Farben. Ihre frühere Villa zitiert u. a. den Architekturstil der französischen Gotik und ist heute ein würdevolles Hotel am University Circle (die Museen liegen in Laufentfernung). Die Gemeinschaftsbereiche sind opulent, während die 60 Zimmer vergleichsweise mit mehr Understatement daherkommen. Der Preis beinhaltet ein europäisches Frühstück.

Hilton Garden Inn HOTEL $$
(216-658-6400; www.hiltongardeninn.com; 1100 Carnegie Ave; Zi. 110–169 US$; @🛜P❉≋) Die Unterkunft ist zwar nicht besonders nobel, bietet aber ein ordentliches Preis-Leistungs-Verhältnis und bequeme Betten. Es gibt mit WLAN ausgerüstete Arbeitsplätze und Minikühlschränke. Der Baseball-Park befindet sich ganz in der Nähe. Parken kostet 16 US$.

Essen

Downtown

Unter den funkelnden Lichtern der E 4th St findet man mehrere tolle Restaurants. Asiatown liegt östlich der Innenstadt zwischen Payne Ave, St. Clair Ave, E 30th St und 40th St. Etwas ab vom Schuss gibt's dort mehrere Lokale mit chinesischer, vietnamesischer und koreanischer Küche.

Noodlecat NUDELN $
(216-589-0007; www.noodlecat.com; 234 Euclid Ave; Hauptgerichte 11–14 US$; ⓢSo–Do 11–22, Fr & Sa 1–23 Uhr) Dieser amerikanisch-japanische Mix füllt seine Schüsseln mit coolen Nudeln – darunter Udon (z. B. mit Pilzen oder pikantem Tintenfisch) und Ramen (z. B. mit Rinderrippchen oder Brathähnchen). Das Essen lässt sich mit jeder Menge Sake und Bier aus Kleinbrauereien hinunterspülen.

Lola MODERN-AMERIKANISCH $$$
(216-621-5652; www.lolabistro.com; 2058 E 4th St; Hauptgerichte 29–34 US$; ⓢMo–Fr 11.30–14.30, Mo–Do 17–22, Fr & Sa bis 23 Uhr) Michael Symon ist bekannt für seine Piercings, seine Fernsehauftritte im Food Channel und seine zahlreichen Auszeichnungen. Der Junge aus der Region hat Cleveland bei Feinschmeckern beliebt gemacht. Die günstigen Mittagsgerichte lohnen sich am meisten, z. B. ein mit Ei und Käse überbackenes Bologna-Sandwich.

Ohio City & Tremont

Südlich der Innenstadt eröffnen ständig neue Trendlokale – genauer gesagt in den Vierteln Ohio City (vor allem entlang der W 25th St) und Tremont, die rechts und links der I-90 liegen.

Barrio MEXIKANISCH $
(216-999-7714; www.barrio-tacos.com; 806 Literary St; Tacos 3–4 US$; ⓢMo–Do 16-2, Fr–So 11–2 Uhr) Der Tremont-Ableger dieser kleinen Kette begeistert viele junge Einheimische mit der Möglichkeit, Tacos selbst zusammenzustellen. Die Palette der Füllungen reicht von Chili-Tofu im thailändischen Stil bis hin zu selbstgemachter Chorizo-Wurst. Margaritas in ungewöhnlichen Geschmacksrichtungen (z. B. Birne, Jalapeño) runden den kulinarischen Spaß ab.

Mitchell's Ice Cream EISCREME $

(216-861-2799; www.mitchellshomemade.com; 1867 W 25th St; Eiskugel 3,50–5 US$; So–Do 11–22, Fr & Sa 11–24 Uhr;) Im Falle des Mitchell's wurde ein altes Kino zur Eisdiele umgebaut. Durch große Glasfenster kann man dem Personal beim Kreieren der cremigen und sehr aromatischen Köstlichkeiten (darunter tolle vegane Optionen) zusehen. Gäste dürfen außerdem jederzeit gern probieren.

Little Italy & Coventry

Die beiden Viertel eignen sich perfekt zum Auftanken, wenn man im University Circle unterwegs ist. Little Italy liegt näher dran, es befindet sich an der Mayfield Rd unweit des Lake View Cemetery (nach dem Rte-322-Schild Ausschau halten). Eine andere Möglichkeit ist das lockere Coventry Village etwas weiter östlich an der Mayfield Rd.

Presti's Bakery BÄCKEREI $

(216-421-3060; www.prestisbakery.com; 12101 Mayfield Rd; Snacks 2–6 US$; Mo–Do 6–21, Fr & Sa 6–22, So 6–16 Uhr) Hier sollte man die beliebten Sandwiches, Strombolis (gerollte Pizza) und göttlichen Backwaren probieren.

Tommy's INTERNATIONAL $

(216-321-7757; www.tommyscoventry.com; 1823 Coventry Rd; Hauptgerichte 8–13 US$; So–Do 9–21, Fr bis 22, Sa 7.30–22 Uhr;) Aus der Küche kommen vorwiegend Tofu, Seitan und andere vegetarische Verdächtige. Es stehen aber auch Fleischgerichte auf der Karte.

Ausgehen & Nachtleben

Tremont hat jede Menge schicke Bars, Ohio City zahllose Brauereien. Im Zentrum konzentriert sich die Action auf die wiederbelebten Flats und den jungen, testosteronegesteuerten Warehouse District im Bereich der W 6th Street. Die meisten Locations haben bis 2 Uhr geöffnet.

Great Lakes Brewing Company BRAUEREI

(www.greatlakesbrewing.com; 2516 Market Ave; Mo–Do 11.30–24, Fr & Sa 11.30–1 Uhr) Mit seinen selbstgebrauten Bieren hat Great Lakes schon viele Preise eingeheimst. Ein weiteres Schmankerl historischer Natur: Eliot Ness lieferte sich hier einst eine Schießerei mit Kriminellen. Wer die Einschusslöcher sehen will, fragt den Barkeeper.

Platform Beer Co BRAUEREI

(www.platformbeerco.com; 4125 Lorain Ave; Mo-Do 15–24, Fr & Sa 15–2 Uhr) Rund um die silbrig schimmernden Biertanks in der hiesigen Probierstube tummeln sich coole Gäste jeden Alters. Zur Verkostung (5 US$/Glas) stehen z. B. Pale Ales oder einfallsreiche saisonale Sorten bereit. Der Laden liegt recht weit draußen am Südrand von Ohio City. Der Braumeister hat jedoch ein hauseigenes Bikesharing-Programm initiiert – Details dazu gibt's beim Barkeeper.

Merwin's Wharf BAR

(www.merwinswharf.com; 1785 Merwin Ave; Di & Mi 15–22, Do–Sa 11–23, So 11–21 Uhr) Nettes Bechern am Westufer der Flats: Von der Flussterrasse fällt der Blick auf Brücken, vorbeifahrende Boote und die Skyline.

Unterhaltung

Gordon Square Arts District (www.gordonsquare.org) An der Detroit Ave zwischen W 56th St und W 69th St, ein paar Kilometer westlich des Zentrums, gibt's nette Theater, Livemusik-Locations und Cafés.

Livemusik

Was so alles in der Stadt los ist, steht im *Scene* (www.clevescene.com) und freitags im *Plain Dealer* (www.cleveland.com).

★ Happy Dog LIVEMUSIK

(www.happydogcleveland.com; 5801 Detroit Ave; Mo–Mi 16–0.30, Do–Sa 11–2.30, So bis 0.30 Uhr) Fetzige Musik, Wiener Würstchen und 50 Toppings für die Würstchen – von gourmetmäßig (mit Trüffeln) bis... ähm... weniger gourmetmäßig (mit Erdnussbutter und Marmelade). Das Happy Dog befindet sich beim Gordon Square.

Grog Shop LIVEMUSIK

(216-321-5588; www.grogshop.gs; 2785 Euclid Heights Blvd) Aufstrebende Rocker greifen in diesem Schuppen in Coventry in die Saiten.

Beachland Ballroom LIVEMUSIK

(www.beachlandballroom.com; 15711 Waterloo Rd) In der Location östlich der Innenstadt treten angesagte junge Bands auf.

Sport

Cleveland ist eine ernst zu nehmende Sportstadt mit drei modernen Anlagen im Zentrum.

Progressive Field BASEBALL

(www.indians.com; 2401 Ontario St) Hier spielen die Indians (alias „The Tribe"). Die gute Sicht macht das Stadion zu einer tollen Location, um sich ein Spiel anzuschauen.

Quicken Loans Arena BASKETBALL
(www.nba.com/cavaliers; 1 Center Ct) Die Cavaliers spielen in der „Q" Basketball. Fungiert auch als Veranstaltungsort für Events. Hier ist jetzt alles wieder in Ordnung nach dem LeBron James zurückgekommen ist.

First Energy Stadium FOOTBALL
(www.clevelandbrowns.com; 1085 W 3rd St) Heimat des NFL-Teams der Browns.

Darstellende Künste

Severance Hall KLASSISCHE MUSIK
(216-231-1111; www.clevelandorchestra.com; 11001 Euclid Ave) Hier spielt das gefeierte Cleveland Symphony Orchestra (Aug.–Mai). Die Severance Hall befindet sich unweit der Museen am University Circle.

Playhouse Square THEATER
(216-771-4444; www.playhousesquare.org; 1501 Euclid Ave) Das elegante Zentrum inszeniert Theater, Oper und Ballett auf mehreren Bühnen. Über die Website lassen sich „Smart Seats" für 10 bis 20 US$ ergattern.

Prakische Informationen

INFOS IM INTERNET
Cool Cleveland (www.coolcleveland.com) Angesagte Kunst- und Kulturevents.
Ohio City (www.ohiocity.org) Restaurants und Bars in den einzelnen Stadtvierteln.
Tremont (www.tremontwest.org) Restaurants, Bars und Galerietouren.

INTERNETZUGANG
Viele öffentliche Plätze in Cleveland sind mit kostenlosem WLAN ausgerüstet, z. B. Tower City und der University Circle.

MEDIEN
Gay People's Chronicle (www.gaypeopleschronicle.com) Kostenlose Wochenzeitung mit Veranstaltungsterminen.
Plain Dealer (www.cleveland.com) Clevelands größte Zeitung.
Scene (www.clevescene.com) Eine wöchentliche Kulturzeitung.

MEDIZINISCHE VERSORGUNG
MetroHealth Medical Center (216-778-7800; 2500 MetroHealth Dr)

TOURISTENINFORMATION
Cleveland Convention & Visitors Bureau (www.thisiscleveland.com) Offizielle Website, die mit zahllosen Infos beim Planen hilft.
Visitor Center (216-875-6680; 334 Euclid Ave; Mo–Sa 9–18 Uhr) Verteilt Karten, hilft bei der Zimmerreservierung und betreut vor Ort auch einen reizenden Souvenirshop mit künstlerischem Touch.

Anreise & Unterwegs vor Ort

Der **Cleveland Hopkins International Airport** (CLE; www.clevelandairport.com; 5300 Riverside Dr) liegt 11 Meilen (18 km) südwestlich des Zentrums und ist mit dem Zug der Red Line (2,25 US$) zu erreichen. Ein Taxi in die Innenstadt kostet ca. 35 US$.

Vom Stadtzentrum aus fährt **Greyhound** (216-781-0520; 1465 Chester Ave) oft nach Chicago (7½ Std.) und New York City (13 Std.). **Megabus** (www.megabus.com/us) fährt ebenfalls nach Chicago und ist häufig preiswerter. Wo die Busse genau starten, erfährt man im Netz.

Amtrak (216-696-5115; 200 Cleveland Memorial Shoreway) fährt einmal täglich nach Chicago (7 Std.) und New York City (13 Std.).

Die **Regional Transit Authority** (RTA; www.riderta.com; Einzelfahrt/Tageskarte 2,25/5 US$) schickt den Red-Line-Zug zum Flughafen und nach Ohio City. Zudem betreibt sie den HealthLine-Bus, der entlang der Euclid Ave zwischen dem Zentrum und den Museen am University Circle verkehrt. Obendrein verbinden kostenlose Trolleys auf Rundkursen die wichtigsten Geschäfts- und Unterhaltungszonen der Innenstadt miteinander.

Wer ein Taxi braucht, ruft bei **Americab** (216-881-1111) an.

Rund um Cleveland

Rund 60 Meilen (96 km) südlich von Cleveland liegt **Canton**, das zugleich Geburtsort der NFL und Heimat der **Pro Football Hall of Fame** (330-456-8207; www.profootballhof.com; 2121 George Halas Dr; Erw./Kind 24/17 US$; 9–20 Uhr, Sept.–Mai 9–17 Uhr) ist. Dieser Schrein für Football-Freaks zeigt neue interaktive Ausstellungen und Videos, die sogar weniger fanatische Fans begeistern dürften. Vor Ort entstehen momentan auch ein Hotel und ein Unterhaltungskomplex. Das Ganze liegt abseits der I-77 und ist an einem footballförmigen Turm zu erkennen.

Das hübsche **Oberlin** westlich von Cleveland ist eine altmodische Universitätsstadt mit bemerkenswerten Bauwerken von Cass Gilbert, Frank Lloyd Wright und Robert Venturi. Noch weiter westlich liegt gleich südlich der I-90 das winzige **Milan**, in dem Thomas Edison geboren wurde. Dessen restauriertes Heim entspricht nun wieder seinem Originalzustand von 1847. Heute beherbergt es ein kleines **Museum** (419-499-2135; www.tomedison.org; 9 Edison Dr; Erw./Kind 7/5 US$; Di–Sa

10–17, So 13–17 Uhr; Winter kürzere Öffnungszeiten, Jan. geschl.), das Edisons Erfindungen (z. B. Glühbirne, Phonograph) gewidmet ist.

Erie Lakeshore & Islands

Im Sommer ist dieses herrliche Erholungsgebiet eine der beliebtesten – und teuersten – Gegenden von Ohio. Die Saison dauert von Mitte Mai bis Mitte September, danach macht alles dicht. Unterkünfte sollte man unbedingt im Voraus buchen.

Sandusky war lang ein Hafen und fungiert jetzt als Ausgangspunkt zu den Erie Islands und als Welthauptstadt der Achterbahnen. Im **Visitor Center** (☎ 419-625-2984; www.shoresandislands.com; 4424 Milan Rd; ⊙ Mo–Fr 8–19, Sa 9–18, So 9–16 Uhr) gibt's Infos über Unterkünfte und Fährverbindungen. Die Straßen in die Stadt hinein sind von allerhand Kettenhotels gesäumt.

Bass Islands

1812 traf Admiral Perry in der Schlacht auf dem Eriesee in der Nähe der **South Bass Island** auf die feindliche englische Flotte. Sein Sieg sorgte dafür, dass das gesamte Land südlich der Großen Seen zu den USA kam und nicht zu Kanada. Aber an warmen Sommerwochenenden spielt Geschichte im überlaufenen **Put In Bay** eher die Nebenrolle. Die wichtigste Stadt der Insel mit all ihren Restaurants und Geschäften ist dann der Platz zum Feiern schlechthin. Etwas jenseits des Trubels findet man ein Weingut und Möglichkeiten zum Campen, Angeln, Kajakfahren und Schwimmen.

Eine einzigartige Attraktion ist das 107 m hohe **Perry's Victory and International Peace Memorial** (www.nps.gov/pevi; Eintritt 3 US$; ⊙ 10–18 Uhr, Mitte Okt.–Mitte Mai geschl.) in Form einer dorischen Säule. Wer zur Aussichtsplattform hinaufsteigt, schaut auf das Schlachtfeld und an schönen Tagen sogar hinüber nach Kanada.

Die **Chamber of Commerce** (☎ 419-285-2832; www.visitputinbay.com; 148 Delaware Ave; ⊙ Mo–Fr 10–16, Sa & So 10–17 Uhr) informiert über Aktivitäten und Unterkünfte. **Ashley's Island House** (☎ 419-285-2844; www.ashleysislandhouse.com; 557 Catawba Ave; Zi. 110–195 US$; ❄ 🛜) ist ein B & B mit zwölf Zimmern; Ende des 19. Jhs. übernachteten darin Marineoffiziere. Der **Beer Barrel Saloon** (www.beerbarrelpib.com; Delaware Ave; ⊙ 11–1 Uhr) mit seinem 124 m langen Tresen bietet viel Platz zum

---

> **NICHT VERSÄUMEN**
>
> ## CEDAR POINTS RASANTE ACHTERBAHNEN
>
> Bei einer jährlichen öffentlichen Wahl wird der **Cedar Point Amusement Park** (☎ 419-627-2350; www.cedarpoint.com; Erw./Kind 62/40 US$; ⊙ wechselnde Öffnungszeiten, Nov.–Mitte Mai geschl.) regelmäßig zum besten Vergnügungspark der Welt erkoren: Besucher sind einfach verrückt nach seinen 16 Achterbahnen, die das Adrenalin kräftig in Wallung bringen. Eine der heftigsten Fahrten ist die mit dem Top Thrill Dragster, der mit 128 m und 193 km/h zu den höchsten bzw. schnellsten Achterbahnen der Welt zählt. Im flügelartigen GateKeeper rasen die Fahrgäste durch Loopings, Spiralen und die höchste Inversion der Welt über die Schienen (sehr oft kopfüber). Wer mit den 16 Achterbahnen noch nicht ausgelastet ist, findet in der Umgebung einen hübschen Strand, einen Wasserpark und einige altmodische Attraktionen mit viel Zuckerwatte. Der Park liegt ca. 6 Meilen (10 km) von Sandusky entfernt. Bei Onlinekauf im Voraus sind die Tickets günstiger. Parken kostet 15 US$.

Bechern. Zudem wartet er mit Livebands und Jello Shots (mit Alkohol versetzter Wackelpudding in Schnapsgläsern) auf.

Auf der Insel sind Taxis und Tourbusse unterwegs; doch auch per Fahrrad geht's hier gut voran. Zwei Fährunternehmen schippern regelmäßig vom Festland aus hierher: **Jet Express** (☎ 800-245-1538; www.jet-express.com) schickt Personenfähren fast stündlich von Port Clinton nach Put In Bay (einfache Strecke Erw./Kind 18/3 US$, 30 Min.). Autos können auf dem Parkplatz beim Anleger abgestellt werden (12 US$/Tag). Am günstigsten sind die Autofähren von **Miller Ferries** (☎ 800-500-2421; www.millerferry.com), die etwas weiter draußen in Catawba starten (einfache Strecke Erw./Kind/Auto 7/1,50/15 US$, 20 Min., alle 30 Min.). Ab South Bass fahren sie auch nach **Middle Bass Island** und ermöglichen so schöne Tagesausflüge, die viel Ruhe und Natur versprechen.

Kelleys Island

Das grüne und ruhige Kelleys Island wird vor allem von Familien als Wochenendziel geschätzt. Hier warten hübsche Häuser aus dem 19. Jh., Zeichnungen, die Indianer hinterlassen haben, ein schöner Strand und eiszeitliche Gletscherriefen in der Landschaft. Hinzu kommen alte Kalksteinbrüche, die ebenfalls sehr malerisch sind.

Die **Chamber of Commerce** (www.kelleys islandchamber.com; 240 E Lakeshore Dr; ⊙ 9.30–16 Uhr) am Fähranleger liefert Infos zu Unterkünften und Aktivitäten – besonders beliebt sind hier Wandern, Campen, Kajakfahren und Angeln. In **The Village**, dem kleinen Geschäftszentrum der Insel, kann man essen, trinken und shoppen. Zudem gibt's dort Leihfahrräder, mit denen sich das Eiland ideal erkunden lässt.

Die Fähren von **Kelleys Island Ferry** (☎419-798-9763; www.kelleysislandferry.com) starten im kleinen Marblehead (einfache Strecke Erw./Kind/Auto 10/6,25/16 US$, ca. 20 Min.); die Abfahrt erfolgt stündlich (im Sommer häufiger). **Jet Express** (☎800-245-1538; www. jet-express.com) legt in Sandusky ab (einfache Strecke Erw./Kind 18/4,75 US$, keine Autos; 25 Min.) und schippert dann weiter nach Put In Bay auf South Bass Island (einfache Strecke Erw./Kind 13/3 US$, keine Autos).

Pelee Island

Pelee, die größte der Erie Islands, gehört zu Kanada. Auf der traumhaft grünen, ruhigen Insel, auf der auch Wein angebaut wird, kann man wunderbar Vögel beobachten. Die Fähre von **Pelee Island Transportation** (☎800-661-2220; www.ontarioferries.com) fährt von Sandusky nach Pelee (einfache Fahrt Erw./Kind 13,75/6,75 US$, Auto 30 US$) und weiter zum Festland von Ontario. Infos zu Unterkünften und Reiseplanung gibt's unter www.pelee.com.

Amish Country

In den ländlichen Counties Wayne und Holmes, kaum 80 Meilen (130 km) südlich von Cleveland, ist die größte Amish-Gemeinde der USA beheimatet. Ein Besuch bei den Amish ist wie eine Reise mit der Zeitmaschine in eine vorindustrielle Zeit.

Als Nachkommen von konservativen deutsch-schweizerischen religiösen Splittergruppen, die im 18 Jh. nach Amerika auswanderten, halten sich die Amish immer noch mehr oder weniger an deren *Ordnung* (Lebensstil). Viele – wenn auch nicht alle – befolgen die Regeln, nach denen es verboten ist, Strom, Telefone und motorisierte Fahrzeuge zu benutzen. Sie tragen traditionelle Kleidung, bewirtschaften ihr Land mit Pflug und Maultieren und fahren mit Pferdekutschen zur Kirche.

Leider wird die ansonsten so friedliche Szenerie von einer Menge Reisebusse gestört. Viele Amish freuen sich aber über den Geldsegen. Das bedeutet jedoch nicht, dass man sie auch fotografieren darf – für Amish sind Fotos meist tabu. Die Straßen hier sind eng und kurvenreich, deshalb sollten Besucher vorsichtig und langsam fahren. Viele Geschäfte sind sonntags geschlossen.

◉ Sehenswertes & Aktivitäten

Kidron an der Rte 52 ist ein guter Ausgangspunkt. Etwas weiter südlich liegt **Berlin**, das Zentrum der Gegend mit unzähligen Krimskrams-Läden. **Millersburg** ist die größte Stadt der Region; hier gibt's fast mehr Antiquitätengeschäfte als Amish. Die US 62 verbindet die beiden „geschäftigen" Orte.

Weiter ab vom Schuss gelangt man auf der Rte 557 oder der County Rd 70 durch ländliche Gegenden ins winzige **Charm**, das ca. 5 Meilen (8 km) südlich von Berlin liegt.

Lehman's   KAUFHAUS
(www.lehmans.com; 4779 Kidron Rd, Kidron; ⊙ Mo–Sa 8–18 Uhr) Lehman's muss man einfach gesehen haben. Der Hauptversorger der Amish-Gemeinde verkauft in einer fast 3000 m² großen Scheune modern aussehende Geräte, die ohne Strom funktionieren – Holzöfen, Taschenlampen zum Aufziehen, und Fleischwölfe mit Handkurbel.

Kidron Auction   MARKT
(www.kidronauction.com; 4885 Kidron Rd, Kidron; ⊙ Do ab 10 Uhr) GRATIS Wer donnerstags in der Gegend ist, sollte sich in die von Lehman's Laden bis zum Viehstall reichende Schlange von Kutschen einreihen. Um 10 Uhr wird Heu versteigert, um 11 Uhr Kühe und um 13 Uhr Schweine. Rund um den Stall findet ein Flohmarkt statt, auf dem sich die Leute tummeln, die kein muhendes Tier kaufen wollen.

Hershberger's Farm & Bakery   FARM
(☎330-674-6096; 5452 Hwy 557, Millersburg; ⊙ Bäckerei ganzjährig Mo–Sa 8–17 Uhr, Farm Mitte April–Okt. 10–17 Uhr; ⊕) Drinnen kann man sich auf einem Markt an 25 Kuchensorten, selbstgemachten Eiswaffeln und saisonalen Landwirtschaftsprodukten laben. Draußen laden Tiere zum Streicheln (gratis) und Ponys zum Reiten (3 US$) ein.

Heini's Cheese Chalet
TOUR

(☎ 800-253-6636; www.heinis.com; 6005 Hwy 77, Berlin; ⏰ Mo–Sa 8–18 Uhr) Heini's produziert mehr als 70 Käsesorten. Hier bekommt man gezeigt, wie Amish-Farmer ihre Kühe mit der Hand melken und die Milch ohne Maschinen kühlen, bevor sie sie ausliefern. Danach kann man die unterschiedlichen Käsesorten probieren und das kitschige Wandgemälde bewundern, das die „Geschichte der Käseherstellung" zeigt. Wer den Käser in Aktion sehen will, muss wochentags (außer Mi und Sa) vor 11 Uhr hier sein.

Yoder's Amish Home
FARM

(☎ 330-893-2541; www.yodersamishhome.com; 6050 Rte 515, Walnut Creek; Besichtigung Erw./Kind 12/8 US$; ⏰ Ende April–Ende Okt. Mo–Sa 10–17 Uhr; 🐾) In der für Besucher zugänglichen Amish-Farm kann man einen Blick in die Wohnräume und die Schule mit nur einem Klassenzimmer werfen sowie mit einer Pferdekutsche durch die Gegend fahren.

🛏 Schlafen & Essen

Hotel Millersburg
HISTORISCHES HOTEL $$

(☎ 330-674-1457; www.hotelmillersburg.com; 35 W Jackson St, Millersburg; Zi. 79–149 US$; ❄ 🐾) Das 1847 als Postkutschenstation erbaute Haus bietet in 26 lässigen Zimmern noch immer Übernachtungsmöglichkeiten. Sie befinden sich über dem modernen Gastraum und der Taverne (eines der wenigen Lokale im Amish Country, wo man Bier bekommt).

Guggisberg Swiss Inn
HOTEL $$

(☎ 330-893-3600; www.guggisbergswissinn.com; 5025 Rte 557, Charm; Zi. 120–150 US$; ❄ 🐾) Die 24 ordentlichen, hellen und kompakten Zimmer sind mit Quilts und Möbeln aus hellem Holz eingerichtet. Auf dem Gelände befinden sich auch eine Käserei und Pferdeställe.

Boyd & Wurthmann Restaurant
AMERIKANISCH $

(☎ 330-893-3287; www.boydandwurthmann.com; Main St, Berlin; Hauptgerichte 6–12 US$; ⏰ Mo–Sa 17.30–20 Uhr) Die Riesenpfannkuchen, die Pasteten in 23 Geschmacksvarianten, die dicken Sandwiches und die Spezialitäten der Amish (z. B. paniertes Steak) ziehen Einheimische und Touristen gleichermaßen an. Nur Barzahlung.

❶ Praktische Informationen

Holmes County Chamber of Commerce
(www.visitamishcountry.com)

Columbus

Ohios Hauptstadt ist wie das Blind Date, das die eigene Mutter arrangiert hat – durchschnittlich, zurückhaltend, solide und nett. Vor allem aber ist die Stadt freundlich zur Brieftasche. Das ist dem Einfluss der 57000 Studenten der Ohio State University (OSU), der zweitgrößte Campus der USA, zu verdanken. In den letzten Jahren ist auch die schwul-lesbische Gemeinde hier immer größer geworden.

👁 Sehenswertes & Aktivitäten

German Village
STADTVIERTEL

(www.germanvillage.com) Das erstaunlich große, ganz aus Backstein erbaute „deutsche Dorf" liegt 800 m südlich vom Zentrum. Das restaurierte Viertel aus dem 19. Jh. wartet mit Bierhallen, Kopfsteinpflasterstraßen, Parks mit vielen Kunstwerken und Häusern im italienischen und im Queen-Anne-Stil auf.

Short North
STADTVIERTEL

(www.shortnorth.org) Gleich nördlich vom Zentrum lohnt sich ein Spaziergang in Short North, einem sanierten Abschnitt der High St mit Galerien für moderne Kunst und Jazzbars.

Wexner Center for the Arts
KUNSTZENTRUM

(☎ 614-292-3535; www.wexarts.org; 1871 N High St; Eintritt 8 US$; ⏰ Di & Mi 11–18, Do & Fr bis 20, Sa 12–19, So bis 16 Uhr) Das Kunstzentrum des Campus zeigt topaktuelle Kunstausstellungen, Filme und Vorstellungen.

Columbus Food Tours
TOUR

(www.columbusfoodadventures.com; Führungen 50–60 US$) Geführte kulinarische Touren durch Stadtviertel oder zu bestimmten Schwerpunkten wie Taco-Trucks, Desserts oder Kaffee; einige finden zu Fuß statt, andere mit dem Van.

🛏 Schlafen & Essen

Im German Village und in Short North gibt's gute Restaurants. Im **Arena District** (www. arenadistrict.com) findet man etliche Kettenhotels der Mittelklasse sowie Brauereikneipen. Rund um die Uni und in der N High St ab der 15th Ave hat man eine Riesenauswahl – von mexikanisch bis zu äthiopisch oder Sushi.

Marriott Residence Inn
HOTEL $$

(☎ 614-222-2610; www.marriott.com; 36 E Gay St; Zi. 149–229 US$; 🅿 ❄ @ 🐾) Tolle Lage im Zen-

ABSTECHER

DIE MALABAR FARM

Was haben Humphrey Bogart, Lauren Bacall und Johnny Appleseed gemeinsam? Sie alle haben schon Zeit im **Malabar Farm State Park** (www.malabarfarm.org) verbracht. Hier ist eine Menge los: Wege laden zum Wandern und Reiten ein, Teiche zum Angeln (kostenlose Leihruten gibt's beim Visitor Center). Hinzu kommen Führungen durch das Wohnhaus des Pulitzer-Preisträgers Louis Bromfield (darin heirateten Bogart und Bacall), monatliche Scheunenbälle, ein Hostel in einem Bauernhaus (www.hiusa.org/lucas) und ein gutes Restaurant (Di–So 11–20 Uhr), dessen Zutaten vor Ort produziert werden. Malabar liegt 30 Meilen (48 km) westlich von Millersburg und ist über den Hwy 39 erreichbar.

trum und in der Nähe von allem, was für Besucher interessant ist. Alle Zimmer sind mit einer kompletten Küche ausgestattet. Das nette kostenlose Frühstücksbuffet wird morgens in einem alten Tresorraum serviert. WLAN gibt's gratis, Parken kostet 20 US$.

50 Lincoln-Short North B & B   B&B $$
(☏614-299-5050; www.columbus-bed-breakfast.com; 50 E Lincoln St; Zi. 139–159 US$; P❄🖨) Das B&B mit sieben gepflegten Zimmern liegt nur wenige Schritte von Short North entfernt.

Schmidt's   DEUTSCH $
(☏614-444-6808; www.schmidthaus.com; 240 E Kossuth St; Hauptgerichte 10–16 US$; ⊙So–Do 11–22, Fr & Sa 11–23 Uhr) Im German Village kann man sich hier mit deutschen Klassikern (z. B. Würstchen, Schnitzel) vollstopfen. Aber unbedingt noch Platz für die riesigen Windbeutel reservieren! Von Mittwoch bis Samstag gibt's live gespielte Blasmusik.

North Market   MARKT $
(www.northmarket.com; 59 Spruce St; ⊙So–Mo 10–17, Di–Sa 9–19 Uhr) Regionale Landwirtschaftsprodukte, fertig zubereitetes Essen und die berühmte Eiscreme von Jeni's.

Skillet   AMERIKANISCH $
(☏614-443-2266; www.skilletruf.com; 410 E Whittier St; Hauptgerichte 12–16 US$; ⊙Mi–So 8–14 Uhr) 🍴 Winziges Lokal im German Village, das Hausmannskost aus regionalen Zutaten serviert.

☆ Unterhaltung

Die ganze Stadt ist sportbesessen.

Ohio Stadium   FOOTBALL
(☏800-462-8257; www.ohiostatebuckeyes.com; 411 Woody Hayes Dr) Die Ohio State Buckeyes locken ein begeistertes Publikum in das legendäre, hufeisenförmige Ohio Stadium. Die Spiele finden normalerweise an den Samstagen im Herbst statt.

Nationwide Arena   HOCKEY
(☏614-246-2000; www.bluejackets.com; 200 W Nationwide Blvd) Die Columbus Blue Jackets schlagen in diesem großen Stadion in der Innenstadt den Puck.

Huntington Park   BASEBALL
(www.clippersbaseball.com; 330 Huntington Park Lane) Hier schwingen die Columbus Clippers (Minor-League-Team der Cleveland Indians) den Schläger. Die Tickets für die stets spannenden Spiele sind recht günstig.

ⓘ Praktische Informationen

Alive (www.columbusalive.com) Kostenloses Wochenblatt mit Veranstaltungskalender.

Columbus Convention & Visitors Bureau (☏866-397-2657; www.experiencecolumbus.com)

Columbus Dispatch (www.dispatch.com) Örtliche Tageszeitung.

ⓘ Anreise & Unterwegs vor Ort

Der **Port Columbus Airport** (CMH; www.flycolumbus.com) liegt 10 Meilen (16 km) östlich der Stadt. Ein Taxi zum Zentrum kostet ca. 25 US$.

Greyhound (☏614-221-4642; www.greyhound.com; 111 E Town St) fährt mindestens sechsmal täglich nach Cincinnati (2 Std.) und Cleveland (2½ Std.). Die oft günstigere Firma **Megabus** (www.megabus.com/us) bedient Cincinnati und Chicago mehrmals pro Tag (für Details und Haltestellen s. Website).

Athens & Südöstliches Ohio

Im Südosten liegen die meisten Waldgebiete Ohios. Zudem findet man dort weit verstreute Farmen und die sanft gewellten Ausläufer der Appalachen.

Südöstlich von Columbus führt die sanfte Hügellandschaft ins **Hocking County** hinein. Rund um Lancaster warten dort Bäche, Wasserfälle, Sandsteinfelsen und höhlenartige Felsformationen. Die Gegend ist ganzjährig eine Erkundung wert: Im **Hocking**

Hills State Park (☑740-385-6165; www.the
hockinghills.org; 20160 Hwy 664; Stellplatz/Hütte
ab 24/130 US$) gibt's neben kilometerlangen
Wanderwegen und Flüssen für Kajaktouren
auch zahlreiche Campingmöglichkeiten und
Hütten. Die **Old Man's Cave** ist ein besonders
schönes Ziel für Wanderer. **Hocking Hills
Adventures** (☑740-385-8685; www.hocking
hillscanoeing.com; 31251 Chieftain Dr; 2-stündige
Touren 45 US$; ☉April–Okt.) bietet nächtliche
Paddeltouren mit Fackelbeleuchtung an.
Diese starten im nahen Logan, wo die **Columbus Washboard Company** (☑740-380-
3828; www.columbuswashboard.com; 14 Gallagher
Ave; Erw./Kind 4/2 US$; ☉Führungen ganzjährig
Mo–Fr 10, 12 & 14 Uhr, Mai–Okt. auch Sa 11.30 & 13
Uhr) Fans von Jug-Bands mit Betriebsführun-
gen und einem kleinen Museum begeistert.
Wer noch mehr Hillbilly-Vibe will, fährt 12
Meilen (19 km) gen Osten nach New Straits-
ville: Dort steht eine **Whiskey-Brennerei**
(☑740-394-2622; www.facebook.com/straitsville
specialmoonshine; 105 W Main St; ☉Mo–Do
12–19, Fr 12–20, Sa 10–20 Uhr) voller zischender
Destillationsapparaturen. Ein Schluck in der
Probierstube sorgt für Haare auf der Brust!

Athens (www.athensohio.com) an der Kreuzung von US 50 und 33 ist ein prima Ausgangspunkt für die Erkundung der Region.
Zwischen bewaldeten Hügeln erstreckt es
sich rund um die Ohio University, deren
Campus die halbe Stadtfläche ausmacht.
Studentencafés und -kneipen säumen die
Hauptstraße namens Court St. Die **Village Bakery & Cafe** (www.dellazona.com; 268 E
State St; Hauptgerichte 4–8; ☉Di–Fr 7.30–20, Sa
7.30–18, Sa 9–14 Uhr) verwendet Bio-Gemüse,
Freiland-Fleisch und Käse vom Bauernhof
für ihre Pizzen, Suppen oder Sandwiches.

Südlich von Columbus lag einst ein
Siedlungsgebiet der Hopewell. Zwischen
200 v. Chr. und 600 n. Chr. errichtete dieses
faszinierende alte Volk riesige geometrische
Erdformationen und Grabhügel. Eine Einführung bekommt man im **Hopewell Culture National Historical Park** (☑740-774-
1126; www.nps.gov/hocu; Hwy 104 nördlich der I-35;
☉8.30–17 Uhr) GRATIS, 3 Meilen (4,8 km) nördlich von Chillicothe. Nach einem Abstecher
zum Visitor Center lässt sich hier **Mound
City** erkunden, eine mysteriöse Totenstadt
mit unterschiedlich geformten Zeremoni-
enhügeln auf 5 ha Fläche. Südwestlich von
Chillicothe und rund 4 Meilen (6,4 km)
nordwestlich von Locust Grove liegt die vielleicht faszinierendste aller Hopewell-Stät-
ten: Der **Serpent Mound** (☑937-587-2796;

www.ohiohistory.org; 3850 Hwy 73; 8 US$/Auto;
☉Mo–Do 10–16, Fr–So 9–18 Uhr, Winter kürzere
Öffnungszeiten) in Form einer langgestreckten
Riesenschlange misst über 400 m und ist
damit die größte Erdskulptur der USA.

Dayton & Yellow Springs

In Dayton befinden sich Sehenswürdigkeiten zum Thema Luftfahrt. Das kleine Yellow Springs (18 Meilen bzw. 29 km weiter
nordöstlich an der US 68) hat in puncto Unterkünfte und Restaurants jedoch deutlich
mehr zu bieten.

◉ Sehenswertes

★ **National Museum
of the US Air Force**   MUSEUM
(☑937-255-3286; www.nationalmuseum.af.mil;
1100 Spaatz St, Dayton; ☉9–17 Uhr) GRATIS Dieses
gigantische Museum liegt 6 Meilen (10 km)
nordöstlich von Dayton auf dem Gelände der
Wright-Patterson Air Force Base. Luftfahrt-
fans finden hier so ziemlich alles – z. B. einen Flyer der Gebrüder Wright aus dem Jahr
1909, eine Sopwith Camel (Doppeldecker aus
dem Ersten Weltkrieg) oder ein entschärftes
Originalexemplar der Atombombe „Little
Boy", die über Hiroshima abgeworfen wurde. In den Hangars stehen endlose Reihen
von Flugzeugen, Raketen und anderen Flug-
geräten. Im Sommer 2016 soll zudem ein
neues Gebäude mit Raumfähren und Flugzeugen von US-Präsidenten eröffnet werden.
Für den Besuch sollte man mindestens drei
Stunden einplanen und sich vorher die Audiotour von der Website herunterladen.

Wright Cycle Company   HISTORISCHE STÄTTE
(☑937-225-7705; www.nps.gov/daav; 16 S Williams
St, Dayton; ☉9–17 Uhr) GRATIS In dem Gebäude,
in dem Wilbur und Orville Fahrräder und
Flugtechnik entwickelten, werden verschiedene interessante Exponate gezeigt.

**Huffman Prairie
Flying Field**   HISTORISCHE STÄTTE
(Gate 16A abseits Rte 444, Dayton; ☉8–18 Uhr)
GRATIS Dieser friedliche, grasbewachsene
Platz sieht noch fast genau so aus wie 1904,
als die Wrights hier ihre Flugzeuge testeten.
Ein 1,6 km langer Weg, an dem Infotafeln ste-
hen, führt um den Platz. Vom Air-Force-Mu-
seum fährt man 15 Minuten hierher.

Carillon Historical Park   HISTORISCHE STÄTTE
(☑937-293-2841; www.daytonhistory.org; 1000
Carillon Blvd, Dayton; Erw./Kind 8/5 US$; ☉Mo–Sa

9.30–17, So ab 12 Uhr) Zu den vielen Attraktionen gehören ein Doppeldecker der Brüder Wright aus dem Jahr 1905, ein Nachbau ihrer Werkstatt und eine Brauerei im 1850er-Jahre-Stil, in der man die flüssigen Erzeugnisse gleich trinken kann.

🛏 Schlafen & Essen

Die folgenden Unterkünfte befinden sich im kunstaffinen, alternativ geprägten Yellow Springs.

Morgan House
B&B $$

(☑ 937-767-1761; www.arthurmorganhouse.com; 120 W Limestone St, Yellow Springs; Zi. 125–145 US$; ✳ 🛜) Die sechs komfortablen Zimmer sind mit superweicher Bettwäsche und eigenem Bad ausgestattet. Zum Frühstück gibt's Bioprodukte und das Hauptgeschäftszentrum ist zu Fuß erreichbar.

★ Young's Jersey Dairy
AMERIKANISCH $

(☑ 937-325-0629; www.youngsdairy.com; 6880 Springfield-Xenia Rd, Yellow Springs; 🛜) Young's ist eine Milchfarm mit zwei Restaurants: Das **Golden Jersey Inn** (Hauptgerichte 10–17 US$; ⊙ Mo–Do 11–20, Fr bis 21, Sa 8–21, So bis 20 Uhr) serviert so leckere Gerichte wie Hühnchen in Buttermilch, im **Dairy Store** (Sandwiches 3,50–6,50 US$; ⊙ So–Do 7–22, Fr & Sa bis 23 Uhr) gibt's Sandwiches, traumhaftes Eis und die besten Milchshakes Ohios. Außerdem können Besucher Minigolf spielen, sich in Baseball-Schlagkäfigen versuchen, an einer Führung zum Thema Käseherstellung teilnehmen und beim Melken der Kühe zusehen.

Winds Cafe
AMERIKANISCH $$$

(☑ 937-767-1144; www.windscafe.com; 215 Xenia Ave, Yellow Springs; Hauptgerichte 23–28 US$; ⊙ Di–Sa 11.30–14 & 17–21.30, So 10–15 Uhr) Vor mehr als 30 Jahren war das Winds noch eine Hippie-Kooperative. Inzwischen hat es sich zu einem niveauvollen Gourmetrestaurant gemausert, das saisonale Gerichte wie Crêpes mit Spargel und Feigensauce oder Rhabarber-Heilbutt serviert.

Cincinnati

Cincinnati liegt am Ufer des Ohio River. Die Stadt überrascht mit ihrer Schönheit, aber auch mit ihren Neonlichtern, den Vierteln im europäischen Stil und die unverhohlene Begeisterung der Einwohner für das *five-way*, eine kulinarische Spezialität. Angesichts des großen Angebots sollte man zumindest ein Baseball-Spiel anschauen, am

brückenreichen Ufer spazieren gehen und das Bauchrednerpuppen-Museum besuchen.

👁 Sehenswertes & Aktivitäten

Montags sind viele Sehenswürdigkeiten geschlossen.

👁 Downtown & Over-the-Rhine

Am Nordrand der Downtown liegt das historische Viertel Over-the-Rhine (OTR) mit Architektur im italienischen und im Queen-Anne-Stil. Viele der dortigen Gebäude aus dem 19. Jh. verwandeln sich momentan in trendige Restaurants und Läden. Manche Teile der Gegend wirken immer noch schäbig. Der Gateway District im Bereich von 12th St und Vine St ist aber bereits saniert.

National Underground Railroad Freedom Center
MUSEUM

(☑ 513-333-7500; www.freedomcenter.org; 50 E Freedom Way; Erw./Kind 14/10 US$; ⊙ Juni–Aug. Di–So 11–17 Uhr, Sept.–Mai So geschl.) Cincinnati war eine wichtige Zwischenstation der Underground Railroad, eines Netzwerks, das Sklaven zur Flucht nach Norden verhalf, und damit ein Zentrum der Antisklaverei-Bewegung, die von Menschen wie Harriet Beecher Stowe angeführt wurde. Das Freedom Center erzählt ihre Geschichten. Anhand von Exponaten erfährt man, wie die Sklaven in den Norden fliehen konnten und wie moderne Sklaverei in der heutigen Zeit aussehen kann. Für die Besichtigung kann man sich eine kostenlose iPhone-App herunterladen.

Findlay Market
MARKT

(www.findlaymarket.org; 1801 Race St; ⊙ Di–Fr 9–18, Sa 8–18, So 10–16 Uhr) Der Findlay Market mit Innen- und Außenbereich steht mitten in OTR. Das interessante Gebäude mit schmiedeeisernen Elementen ist seit 1855 eine öffentliche Markthalle. In leicht heruntergekommener Umgebung kann man sich hier prima mit frischen Landwirtschaftsprodukten, Fleisch, Käse und Backwaren eindecken. Der Stand mit den belgischen Waffeln ist wirklich umwerfend.

Contemporary Arts Center
MUSEUM

(☑ 513-345-8400; www.contemporaryartscenter.org; 44 E 6th St; Erw./Kind 7,50/5,50 US$, Mi abends Eintritt frei; ⊙ Mo 10–16, Mi–Fr 10–21, Sa & So 10–16 Uhr) Dieses Zentrum zeigt moderne Kunst in einem avantgardistischen Bau, der von der irakischen Architektin Zaha Hadid entworfen wurde. Bei den Ausstellungstücken liegt der Schwerpunkt auf „Werken der letzten fünf Minuten". Konservative Einheimische sind weder von der Architektur noch von den Exponaten sonderlich begeistert.

Fountain Square   PLATZ
(www.myfountainsquare.com; Ecke 5th St & Vine St) Der Fountain Sq ist das Herz der Stadt. Auf dem öffentlichen Platz gibt's kostenloses WLAN, im Winter eine Eisbahn, im Sommer Konzerte (Do–Sa 19 Uhr), einen Reds-Ticketkiosk und den guten alten Brunnen „Genius of Water".

Roebling Suspension Bridge   BRÜCKE
(www.roeblingbridge.org) Die elegante Brücke von 1876 war ein Vorläufer von John Roeblings berühmter Brooklyn Bridge in New York. Es ist cool, über die Brücke zu laufen und die Autos „singen" zu hören. Sie verbindet Cincinnati mit Covington, KY.

Purple People Bridge   BRÜCKE
(www.purplepeoplebridge.com) Diese Fußgängerbrücke führt vom Sawyer Point, einem nettem Park mit skurrilen Monumenten und fliegenden Schweinen, nach Newport, KY.

◉ Covington & Newport

Covington und Newport in KY sind quasi Vororte von Cincinnati. Sie liegen direkt gegenüber der Downtown auf der anderen Flussseite. Newport im Osten ist für seinen Restaurant- und Shoppingkomplex **Newport on the Levee** (www.newportonthelevee. com) bekannt. Covington liegt im Westen. In dem Viertel **MainStrasse** (www.mainstrasse. org) mit seinen Backsteinreihenhäusern aus dem 19. Jh. gibt's viele tolle Restaurants und Bars. Herrenhäuser aus der Zeit vor dem Sezessionskrieg säumen den Riverside Drive und am Ufer liegen alte Raddampfer.

Newport Aquarium   AQUARIUM
(☎859-491-3467; www.newportaquarium.com; 1 Aquarium Way; Erw./Kind 23/15 US$; ⊙ Juni–Aug. 9–19 Uhr, Sept.–Mai 10–18 Uhr; 🚻) In Newports großem, beliebtem Aquarium kann man watschelnde Pinguine, den Rundkopf-Geigenrochen Sweet Pea und viele Fische mit rasierklingenscharfen Zähnen bewundern.

◉ Mt. Adams

Es wirkt vielleicht etwas weit hergeholt, Mt. Adams, direkt östlich des Zentrums, mit Montmartre in Paris zu vergleichen. Die hügelige Enklave aus dem 19. Jh. mit ihren

---

NICHT VERSÄUMEN

BESTE SCHRÄGE ATTRAKTIONEN

Columbus Washboard Company (S. 625) Führungen durch eine abgefahrene Fabrik mit Museum.

Spam Museum (S. 676) Spaß mit Büchsenfleisch.

World's Largest Ball of Twine (S. 674) Ein fast 8 t schwerer Gigant aus Garn.

Concrete Park (S. 602) Außergewöhnliche Volkskunst eines Holzfällers.

National Mustard Museum (S. 659) Über 5000 verrückte Exponate zum Thema Senf.

---

engen, gewundenen Gassen, viktorianischen Stadthäusern, Galerien, Bars und Restaurants ist aber zumindest eine angenehme Überraschung. Die meisten Besucher steigen nur auf den Hügel, um sich mal umzusehen und einen Drink zu nehmen.

Vom Zentrum aus nimmt man die E 7th St bis zur Gilbert Ave, dann biegt man nach rechts in den Eden Park Dr und geht den Berg hinauf zu den Seen, Wegen und Kulturangeboten im Eden Park.

Cincinnati Art Museum   MUSEUM
(☎513-721-2787; www.cincinnatiartmuseum.org; 953 Eden Park Dr; ⊙ Di–So 11–17 Uhr) GRATIS Die Sammlung deckt über 6000 Jahre ab; der Schwerpunkt liegt auf alter Kunst aus dem Nahen Osten und aus Europa. Ein Flügel ist Werken von Künstlern aus der Region gewidmet. Parken kostet 4 US$, oder man nimmt den Bus 1.

◉ West End

Cincinnati Museum Center   MUSEUM
(☎513-287-7000; www.cincymuseum.org; 1301 Western Ave; Erw./Kind 18/13 US$; ⊙ Mo–Sa 10–17, So 11–18 Uhr; 🚻) Der Museumskomplex 2 Meilen (3,2 km) nordwestlich vom Zentrum befindet sich im Union Terminal von 1933, einem von Amtrak noch immer genutzten Art-déco-Juwel. Im Inneren kann man fantastische Wandbilder, die aus den hiesigen Rookwood-Fliesen gearbeitet sind, bewundern. Das **Museum of Natural History** richtet sich hauptsächlich an Kinder und hat u. a. eine Kalksteinhöhle mit echten Fledermäusen zu bieten. Ein historisches

Museum, ein Kindermuseum und ein Omnimax-Kino runden das Angebot ab. Die Eintrittskarte gilt für alles. Parken kostet 6 US$.

American Sign Museum MUSEUM
(☏ 513-541-6366; www.americansignmuseum.org 1330 Monmouth Ave; Erw./Kind 15/frei US$; ⏱ Mi-Sa 10–16, So ab 12 Uhr) In diesem Museum in einer alten Fallschirmfabrik befindet sich ein überwältigender Schatz blinkender Leuchtreklamen. Wer die alten Neonschilder der Drive-Ins mit den gedrungenen Dschinns, dem Frisch's Big Boy und anderen nostalgischen Motiven betrachtet, dem gehen die Augen über. Führungen beginnen um 11 und 14 Uhr und besuchen auch die Werkstatt, in der Neonschilder hergestellt werden. Das Museum befindet sich im Viertel Camp Washington (in der Nähe von Northside); Autofahrer fahren bei Exit 3 von der I-75 ab.

Geführte Touren

American Legacy Tours STADTSPAZIERGANG
(www.americanlegacytours.com; 1332 Vine St; 90-minütige Touren 20 US$; ⏱ Fr–So) Verschiedene Spaziergänge zur Stadtgeschichte; am besten ist die Queen City Underground Tour, die zu alten Lagerkellern tief unter dem Viertel Over-the-Rhine führt.

Feste & Events

Bockfest BIER
(www.bockfest.com; ⏱ Anfang März) Ströme von traditionellem Bockbier in OTR.

Bunbury Music Festival MUSIK
(www.bunburyfestival.com; Tagesticket 79 US$; ⏱ Anfang Juni) Namhafte Indie-Bands rocken drei Tage lang am Flussufer ab.

Oktoberfest ESSEN
(www.oktoberfestzinzinnati.com; ⏱ Mitte Sept.) Deutsches Bier, Bratwürste und viel Trubel.

Schlafen

Mit 11,3 % ist die Übernachtungssteuer in Kentucky deutlich niedriger als in Cincinnati, wo 17,25 % fällig werden. Drüben im anderen Bundesstaat säumen mehrere Kettenhotels der Mittelklasse das Flussufer – wer dort absteigt, zahlt weniger Steuer und parkt gratis. Allerdings sind dann einige Kilometer Fußmarsch oder eine kurze Busfahrt nötig, um Cincys Zentrum zu erreichen.

Gateway B & B B&B $$
(☏ 859-581-6447; www.gatewaybb.com; 326 E 6th St; Zi. 129–169 US$; P ❄ ❋ ☎) Lust auf etwas anderes? Dann nichts wie hinüber nach Kentucky in dieses Stadthaus im italienischen Stil (erb. 1878). In einem historischen Viertel jenseits des Flusses warten hier drei Zimmer mit vielen exquisiten Antiquitäten aus Eichen- und Walnussholz. Faszinierende Erinnerungsstücke aus der Baseballwelt zieren die Gemeinschaftsbereiche. Nach Downtown Cincinnatti sind es von hier aus etwa 800 m zu Fuß. Unterwegs passiert man die Restaurants von Newport on the Levee und überquert dann die Purple People Bridge.

Hotel 21c HOTEL $$$
(☏ 513-578-6600; www.21cmuseumhotels.com/cincinnati; 609 Walnut St; Zi. 289–379 US$; P ❄ ❋ @ ☎) Die zweite Außenstelle des beliebten Arthotels in Louisville eröffnete 2013 neben dem Center for Contemporary Arts. Die modernen Zimmer sind mit Annehmlichkeiten wie Nespresso-Maschinen, kostenlosem WLAN, flauschigen Betten und darüber hinaus mit Kunstwerken ausgestattet. Die Lobby ist eine öffentliche Galerie, daher kann jeder ungeniert die psychedelischen Videos und Aktskulpuren betrachten. Das Restaurant und die Dachbar des Hotels

---

ABSEITS DER ÜBLICHEN PFADE

DAS BAUCHREDNERMUSEUM VENT HAVEN

Mein lieber Scholli! Beim ersten Blick in die Räume voller Holzfiguren, die glubschäugig ins Leere starren, muss man sich zusammenreißen, um nicht schreiend zur Tür zu rennen (Wer den Film *Magic – Eine unheimliche Liebesgeschichte* gesehen hat, weiß, wozu solche Puppen fähig sind!). William Shakespeare Berger aus Cincinnati gründete das **Vent Haven Museum** (☏ 859-341-0461; www.venthavenmuseum.com; 33 W Maple Ave; Erw./Kind 10/5 US$; ⏱ Mai–Sept. nach Vereinbarung), nachdem er eine Sammlung von rund 700 Bauchrednerpuppen zusammengetragen hatte. Heute sitzen der rot gekleidete Affe Jacko, Woody DeForest mit seinem Rollkragenpullover und der Rest der Mannschaft schweigend in drei Gebäuden. Ein Kurator führt Besucher herum. Das Museum befindet sich in Fort Mitchell (KY) und liegt etwa 4 Meilen (6,5 km) südwestlich von Covington nahe der I-71/75.

ziehen Scharen von Gästen an. Parken kostet 35 US$.

Residence Inn Cincinnati Downtown HOTEL $$$
(☎513-651-1234; www.residenceinncincinnatidowntown.com; 506 E 4th St; Zi. 209–299 US$; P ❋ @ ⓢ) Die funkelnden Zimmer sind allesamt große Suiten mit komplett ausgestatteter Küche. Der Preis beinhaltet ein europäisches Frühstück. Parken kostet 24 US$.

Essen

In OTR gibt's diverse neue Trendlokale; dies gilt vor allem für die Vine St zwischen 12th St und 14th St. Weitere Restaurants konzentrieren sich auf das Flussufer und das Viertel Northside, das 5 Meilen (8 km) nördlich der Downtown liegt (nördlich der Kreuzung von I-74 und I-75).

★**Tucker's** DINER $
(☎513-721-7123; 1637 Vine St; Hauptgerichte 4–9 US$; ⊙Di-Sa 9–15, So 10–14 Uhr; ⓟ) Ein paar Blocks vom Findlay Market entfernt liegt das familiengeführte Tucker's in einem Problemviertel. Afroamerikaner, weiße Amerikaner, Feinschmecker und Abgebrannte aus der Gegend stärken sich hier seit 1946. Als typisches Diner serviert das Lokal u. a. üppige Frühstücksgerichte (z. B. Garnelen mit Grütze oder *biscuits and gravy*). Zudem tischt es sehr einfallsreiche vegetarische Kost (u. a. Miniburger mit Roter Bete) aus Zutaten vom Markt auf.

Sohn Joe Tucker bereitet das Essen zu. Besonders gut ist die *goetta* (Aussprache *get-ah*) – diese Frühstückswurst aus Schweinefleisch, Haferflocken und Kräutern gibt's nur in Cincinnati,

The Eagle OTR AMERIKANISCH $
(☎513-802-5007; www.theeagleotr.com; 1342 Vine St; Hauptgerichte 7–10 US$; ⊙Mo-Sa 11–24, So 11–22 Uhr) Dieser Hipster-Hotspot mit Einrichtung aus Recyclingholz serviert modernes Soul Food. Auf den Tisch kommen z. B. leckere Brathähnchen mit pikanter Honigmarinade, Grütze mit weißem Cheddarkäse oder *spoonbread* („Löffelbrot"; eine Art süßes Maisbrot). Die übliche Warteschlange wäre noch länger, wenn nicht zwei Hausnummern weiter ein Donut-Schuppen (an den meisten Abenden bis 21 Uhr geöffnet) einen Teil des Ansturms abfangen würde.

Graeter's Ice Cream EISCREME $
(☎513-381-4191; www.graeters.com; 511 Walnut St; Kugeln 2,50–5 US$; ⊙6.30–23 Uhr, im Winter kürzere Öffnungszeiten) Eisige Köstlichkeiten mit riesigen Schokostückchen. Es gibt Filialen in der ganzen Stadt.

Terry's Turf Club BURGER $
(☎513-533-4222; 4618 Eastern Ave; Hauptgerichte 10–15 US$; ⊙Mi & Do 11–23, Fr & Sa 11–24, So 11–21 Uhr) Nicht nur draußen, auch im Inneren dieses Bier-und-Burger-Lokals mit 15 Tischen funkelt die Neonreklame des Besitzers Terry Carter. Eine riesige „Aunt Jemima" bittet die Gäste herein. Drinnen leuchten so viele fluoreszierende Bier- und Donut-Schilder, dass keine Lampen nötig sind. Es liegt 7 Meilen (11 km) östlich vom Zentrum, man erreicht es über den Columbia Pkwy.

🍷 Ausgehen & Nachtleben

In Over-the-Rhine, Mt. Adams und Northside ist abends ordentlich was los. Ein paar neue angesagte Adressen findet man in The Banks, dem Ufergebiet zwischen dem Baseball- und Footballstadion.

★**Rhinegeist Brewery** BRAUEREI
(www.rhinegeist.com; 1910 Elm St, 2. Stock; ⊙Mo–Do 16–23, Fr 16–24, Sa 12–24, So 12–19 Uhr) Im hopfenlastigen Clubhaus von Rhinegeist kippen sich Gerstensaftfans insgesamt 14 verschiedene Fassbiere (u. a. Truth IPA) hinter die Binde. Beim Zechen an Picknicktischen kann man dabei zuschauen, wie frisch befüllte Flaschen vom Fließband laufen. Alternativ bietet sich eine Runde

---

INSIDERWISSEN

CHILI FIVE-WAY

Keine Angst: Bei diesem Erlebnis kann man seine Klamotten anbehalten, wird aber wohl seinen Gürtel lockern müssen. Denn bei einem *five-way* in Cincinnati geht's um lokaltypisches Chili – bestehend aus einer Fleischsauce (gewürzt mit Schokolade und Zimt), die über Spaghetti und Bohnen gegossen wird. Oben drauf kommen dann noch Käse und Zwiebeln. Das Ganze gibt's auch als *three-way* (ohne Zwiebeln und Bohnen) oder *four-way* (ohne Zwiebeln *oder* Bohnen), allerdings empfiehlt sich das volle Programm – schließlich ist das Leben ein Abenteuer! **Skyline Chili** (www.skylinechili.com; 643 Vine St; Gerichte 4–7,50 US$; ⊙Mo-Fr 10.30–20, Sa 11–16 Uhr) genießt Kultstatus und betreibt Filialen in der ganzen Stadt; diese hier liegt nahe dem Fountain Sq im Zentrum.

Tischtennis oder Tischfußball in der großen offenen Lagerhalle an. Die Brauerei liegt in einer ziemlich trostlosen Ecke von OTR.

Moerlein Lager House BRAUEREI
(www.moerleinlagerhouse.com; 115 Joe Nuxall Way; ⊙ Mo–Do 11–24, Fr & Sa 11–1, So 11–23 Uhr) Bei Moerlein sieden die Hausbiere in Kupferkesseln, während eine Terrasse mit Traumblick auf das Flussufer und die Roebling Bridge aufwartet. Da das Stadion genau gegenüber liegt, herrscht hier vor oder nach Spielen der Reds kräftig Betrieb.

Blind Lemon BAR
(www.theblindlemon.com; 936 Hatch St; ⊙ Mo–Fr 17.30–2.30, Sa & So ab 15 Uhr) Ein Durchgang führt zu dieser stimmungsvollen alten Flüsterkneipe in Mt. Adams. Im Sommer kann man im Innenhof sitzen, im Winter wird dort immer eine Feuerstelle errichtet, und jeden Abend gibt es Livemusik.

☆ Unterhaltung

Gratisblätter wie *CityBeat* liefern aktuelle Veranstaltungsinfos.

Sport

Great American Ballpark BASEBALL
(☎ 513-765-7000; www.reds.com; 100 Main St) Die Reds sind das älteste Profi-Baseballteam der USA. Ihre Heimat Cincy ist dank des topmodernen Stadions am Fluss ein toller Ort, um sich ein Spiel anzuschauen. Die Brewery Bar in der Nähe von Block 117 schenkt viele verschiedene Regionalbiere aus.

Paul Brown Stadium FOOTBALL
(☎ 513-621-3550; www.bengals.com; 1 Paul Brown Stadium) Die Profi-Footballmannschaft der Bengals hat in diesem Stadion ein paar Blocks westlich des Ballpark ihre Heimat.

Darstellende Künste

Music Hall KLASSISCHE MUSIK
(☎ 513-721-8222; www.cincinnatiarts.org; 1241 Elm St) In der akustisch einmaligen Music Hall spielen das Sinfonie- und das Pop-Orchester. Es finden hier auch Opern- und Ballettaufführungen statt.

Aronoff Center THEATER
(☎ 513-621-2787; www.cincinnatiarts.org; 650 Walnut St) Im modernen Aronoff treten diverse Ensembles auf.

❶ Praktische Informationen

Cincinnati Enquirer (www.cincinnati.com) Tageszeitung.

Cincinnati USA Regional Tourism Network (☎ 800-543-2613; www.cincinnatiusa.com) Am Fountain Sq ist ein Visitor Center.

CityBeat (www.citybeat.com) Kostenlose alternative Wochenzeitung mit guten Tipps zu Veranstaltungsterminen.

❶ Anreise & Unterwegs vor Ort

Der **Cincinnati/Northern Kentucky International Airport** (CVG; www.cvgairport.com) liegt 13 Meilen (21 km) weiter südlich in Kentucky. Nahe Terminal 3 starten TANK-Busse (2 US$) in Richtung Downtown. Ein Taxi kostet ca. 35 US$.

Greyhound (☎ 513-352-6012; www.greyhound.com; 1005 Gilbert Ave) fährt täglich nach Columbus (2 Std.), Indianapolis (2½ Std.) und Chicago (7 Std.). **Megabus** (www.megabus.com/us) bedient dieselben Strecken jedoch oft günstiger und schneller; los geht's dabei jeweils in der Downtown und an der University of Cincinatti (für Details s. Website).

Auf dem Weg nach Chicago (9½ Std.) und Washington, DC (14½ Std.) halten bzw. starten Züge der **Amtrak** (☎ 513-651-3337; www.amtrak.com) dreimal pro Woche mitten in der Nacht am **Union Terminal** (1301 Western Ave).

Metro (www.go-metro.com; Einzelfahrt 1,75 US$) betreibt Cincys Stadtbusse und kooperiert dabei mit der **Transit Authority of Northern Kentucky** (TANK; www.tankbus.org; Einzelfahrt 1–2 US$). Bus 1 fährt auf einem praktischen Rundkurs zwischen dem Museumszentrum, Downtown und Mt. Adams.

Red Bike (www.cincyredbike.org; 8 US$/24 Std.) verleiht insgesamt 260 Drahtesel an 30 Stationen, die sich größtenteils auf Downtown und OTR konzentrieren. Bei Fahrten über 60 Minuten wird ein Aufpreis fällig.

MICHIGAN

Mehr, mehr, mehr! Michigan ist der Bundesstaat der Superlative im Mittleren Westen. Hier gibt's mehr Strände als an der Atlantikküste. Mehr als die Hälfte des Staates ist von Wäldern bedeckt. Und in Michigan werden mehr Kirschen und Beeren in Torten geschaufelt als irgendwo sonst in den USA. Noch dazu ist Detroit die draufgängerischste Stadt im ganzen Mittleren Westen – und das ist in diesem Fall durchaus positiv zu verstehen.

Michigan hat erstklassigen Grundbesitz zu bieten und ist von vier der fünf Großen Seen – Lake Superior, Lake Michigan, Lake Huron und Lake Erie – umgeben. Inseln sprenkeln die Küste – Mackinac, Manitou und Isle Royale sind Spitzenziele für Besucher. Weitere Highlights sind die Surfstrände sowie farbige Sandsteinklippen und Sanddünen, auf denen man wandern kann.

Der Staat besteht aus zwei Hälften: die größere von ihnen ist Lower Peninsula, die wie ein Fausthandschuh geformt ist und die kleinere, weniger bevölkerte ist Upper Peninsula, die wie ein Schlappen aussieht. Beide sind durch die atemberaubende Mackinac Bridge verbunden, die die Straits of Mackinac (sprich: *mcck-in-ao*) überspannt.

ⓘ Praktische Informationen

Verkehrsinformationen für Michigan (☎ 800-381-8477; www.michigan.gov/mdot)
Michigan State Park Information (☎ 800-447-2757; www.michigan.gov/stateparks) Wer mit dem Auto in einen Park fahren will, benötigt eine Genehmigung (Tag/Jahr 9/31 US$). Stellplätze kosten 13 bis 37 US$; Reservierungen sind möglich (www.midnrreservations.com; Gebühr 8 US$). In einigen Parks gibt es WLAN.
Travel Michigan (☎ 800-644-2489; www.michigan.org)

Detroit

Jeder Amerikaner, dem man von einem geplanten Trip nach Detroit erzählt, wird erstaunt die Augenbrauen hochziehen und fragen: „Warum?" Dann wird er einen warnen, dass die Stadt bankrott sei und neben einer extrem hohen Mordrate auch fast 80 000 verlassene Gebäude aufweist. Und erzählen, dass man dort nach zahllosen Zwangsräumungen ein Haus für 1 US$ kaufen kann. „Detroit ist ein Drecksloch. Dort wirst Du ermordet."

Hier herrscht tatsächlich die apokalyptische Atmosphäre einer ausgebombten Stadt. Doch gerade das befeuert eine rohe urbane Energie, die es nirgendwo sonst gibt: Künstler, Unternehmer und junge Leute ziehen mit der Bereitschaft hierher, Dinge selbst in die Hand zu nehmen. So verwandeln sie leerstehende Grundstücke in Stadtfarmen oder verlassene Gebäude in Cafés und Museen. Trotzdem hat Detroit immer noch viel vor sich. Kritiker bemängeln zudem, dass die alteingesessene afroamerikanische Gemeinde vergleichsweise weniger von den neuen Entwicklungen profitiert. Somit muss abgewartet werden, wie die Stadt ihren steinigen Erholungsweg meistern wird.

Geschichte

Der Forschungsreisende Antoine de La Mothe Cadillac gründete Detroit im Jahre 1701. Doch das Glück kam in den 1920er-Jahren,

---

KURZINFOS MICHIGAN

Spitznamen Great Lakes State, Wolverine State

Bevölkerung 9,9 Mio.

Fläche 250 504 km²

Hauptstadt Lansing (114 000 Ew.)

Weitere Städte Detroit (689 000 Ew.)

Verkaufssteuer 6 %

Geburtsort von Unternehmer Henry Ford (1863–1947), Regisseur Francis Ford Coppola (geb. 1939), Musiker Stevie Wonder (geb. 1950), Sängerin Madonna (geb. 1958), Google-Mitbegründer Larry Page (geb. 1973)

Heimat von Autofabriken, Süßwasserstränden

Politische Ausrichtung vorwiegend demokratisch

Berühmt für Autos, Cornflakes, Sauerkirschen, Motown-Musik

Reptil des Bundesstaats Zierschildkröte

Entfernungen Detroit–Traverse City 255 Meilen (410 km), Detroit–Cleveland 168 Meilen (270 km)

---

als Henry Ford mit der Autoproduktion begann. Er hat das Auto nicht erfunden, auch wenn das mancher US-Amerikaner vielleicht meint, aber er hat die Arbeit am Montageband und die Massenproduktionstechniken perfektioniert. Das Resultat war das Model T, das erste Auto der USA, das sich die Mittelschicht leisten konnte.

Detroit wurde schnell die Welthauptstadt der Autoindustrie. General Motors (GM), Chrysler und Ford hatten und haben alle ihren Hauptsitz in der Nähe von Detroit. Die 1950er-Jahre waren die Blütezeit der Stadt, als die Einwohnerzahl die Zwei-Millionen-Grenze überschritt und Motown-Musik durch die Luft waberte. Doch 1967 wurden die Stadt und ihre Industrie von Rassenunruhen erschüttert und in den 1970er-Jahren schließlich durch die Konkurrenz der japanischen Autokonzerne. Detroit erlebte eine Ära des Niedergangs, in dessen Folge die Stadt zwei Drittel ihrer Einwohner verlor.

Im Juli 2013 meldete die Stadt Detroit die schwerwiegendste Insolvenz der US-Geschichte an: 18 Mrd. US$. Nachdem man den Gürtel viel enger geschnallt hat, hat sich

Detroit

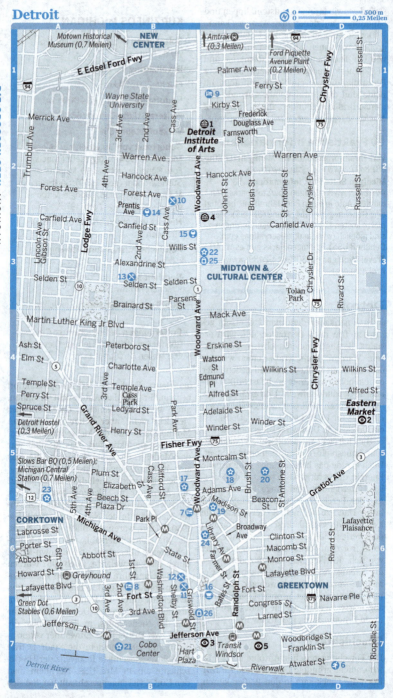

Detroit

◉ Highlights
1 Detroit Institute of Arts C2
2 Eastern Market D5

◎ Sehenswertes
3 Hart Plaza C7
4 Museum of Contemporary Art
    Detroit C3
    People Mover .... (siehe 5)
5 Renaissance Center C7

✪ Aktivitäten, Kurse & Touren
6 Wheelhouse Bikes D7

⛺ Schlafen
7 Aloft B6
8 Ft Shelby Doubletree Hotel B6
9 Inn on Ferry Street C1

✖ Essen
10 Cass Cafe B2
11 Dime Store B6

12 Lafayette Coney Island B6
13 Selden Standard B3

⌂ Ausgehen & Nachtleben
14 Bronx B2
15 HopCat B3
16 Roasting Plant C6

◉ Unterhaltung
17 Cliff Bell's B5
18 Comerica Park C5
19 Detroit Opera House C6
20 Ford Field C6
21 Joe Louis Arena B7
22 Majestic Theater & Populux C3
23 PJ's Lager House A5
24 Puppet ART/Detroit Puppet
    Theater C6

ⓢ Shoppen
25 People's Records C3
26 Pure Detroit C7

Detroit im Dezember 2014 schließlich aus der Insolvenz befreit.

◉ Sehenswertes & Aktivitäten

Montags und dienstags sind die Sehenswürdigkeiten in der Regel geschlossen. Ach ja, das da drüben, auf der anderen Seite des Detroit River, ist tatsächlich Kanada (Windsor, Kanada, um genau zu sein).

◉ Midtown & Cultural Center

★ Detroit Institute of Arts   MUSEUM

(☎ 313-833-7900; www.dia.org; 5200 Woodward Ave; Erw./Kind 8/4 US$; ☺ Di–Do 9–16, Fr bis 22, Sa & So 10–17 Uhr) Das Glanzstück der Detroiter Museumslandschaft. Das Herzstück der Sammlung bildet Diego Riveras Wandbild *Detroit Industry*, das einen ganzen Raum füllt und die Geschichte der Industriearbeiter der Stadt reflektiert. Dahinter folgen Arbeiten von Picasso, Rüstungen, moderne afroamerikanische Malerei und viele andere Schätze.

Museum of Contemporary Art Detroit   MUSEUM

(MOCAD; ☎ 313-832-6622; www.mocadetroit.org; 4454 Woodward Ave; empfohlene Spende 5 US$; ☺ Mi, Sa & So 11–17, Do & Fr bis 20 Uhr) Das MOCAD befindet sich in einem verlassenen, mit Graffiti übersäten Autohaus. Heizlampen baumeln an der Decke über den sehr speziellen Ausstellungen, die alle paar Monate wechseln. Regelmäßig finden Konzer-

te und Literaturveranstaltungen statt. Die Café/Cocktail Bar vor Ort ist äußerst beliebt.

◉ New Center

Motown Historical Museum   MUSEUM

(☎ 313-875-2264; www.motownmuseum.org; 2648 W Grand Blvd; Erw. 12–15 US$, Kind 8 US$; ☺ Di–Fr 10–18, Sa bis 20 Uhr, Juli & Aug. So 12–18 Uhr, Sept.–Juni Di–Sa bis 18 Uhr) Mit einem Kredit von 800 US$ gründete Berry Gordy 1959 in dieser unscheinbaren Häuserzeile Motown Records – und legte damit den Grundstein für die Karrieren von Stars wie Stevie Wonder, Diana Ross, Marvin Gaye und Michael Jackson. Das Label zog zwar 1972 nach Los Angeles um, doch man kann noch immer das bescheidene Studio A besuchen und sich anschauen, wo die Stars ihre ersten Hits aufgenommen haben.

Die Besichtigungstour dauert etwa eineinhalb Stunden, wobei man vor allem alte Fotos bestaunt und den Geschichten des Führers lauscht. Das Museum liegt 2 Meilen (3,2 km) nordwestlich von Midtown.

Ford Piquette Avenue Plant   MUSEUM

(☎ 313-872-8759; www.fordpiquetteaveplant. org; 461 Piquette Ave; Erw./Kind 10/frei US$; ☺ April–Okt. Mi–So 10–16 Uhr) Henry Ford produzierte in dieser berühmten Fabrik das erste Model T. Im Eintritt enthalten sind eine lange Führung mit begeisterten Dozenten sowie ein Blick auf jede Menge glänzender Oldtimer, der älteste davon aus dem Jahr 1904.

Das Museum liegt etwa 1 Meile (1,6 km) nordöstlich vom Detroit Institute of Arts.

◉ Downtown & Umgebung

In Greektown (rund um die Monroe St) gibt's Restaurants, Bäckereien und ein Kasino.

★ Eastern Market   MARKT

(www.easternmarket.com; Ecke Adelaide St & Russell St) Stände mit Landwirtschaftsprodukten, Käse, Gewürzen und Blumen füllen die großen Hallen am Samstag. Montags bis freitags empfiehlt sich ein Bummel durch die Cafés und Spezialitätengeschäfte (Tipp: die tolle Erdnussrösterei), die die Russell St und die Market St neben dem Komplex säumen. Von Juni bis Oktober gibt's hier außerdem einen kleineren Dienstagsmarkt und samstags einen Kunsthandwerksmarkt mit Food Trucks.

Renaissance Center   GEBÄUDE

(RenCen; www.gmrencen.com; 330 E Jefferson Ave) Das noble Hauptquartier von General Motors, das hoch in den Himmel ragt, bietet kostenloses WLAN und einstündige Gratis-Führungen (Mo–Fr 12 und 14 Uhr); außerdem geht's von hier zur Uferpromenade.

Hart Plaza   PLAZA

(Ecke Jefferson Ave & Woodward Ave) Das ist der Schauplatz für viele kostenlose Festivals und Konzerte an den Sommerwochenenden. Und wenn man schon mal hier ist, sollte man sich auch die Skulptur von Joe Luis' mächtiger Faust anschauen.

People Mover   EINSCHIENENBAHN

(www.thepeoplemover.com; Fahrpreise 0,75 US$) Als Massenverkehrsmittel ist die auf einer 5 km langen Schleife fahrende Hochbahn rund um Downtown eher unpraktisch. Als Touristenattraktion sorgt sie aber für einen tollen Blick auf die Stadt und den Fluss. Es gibt 13 Stationen, darunter eine in RenCen.

Heidelberg Project   KUNSTINSTALLATION

(www.heidelberg.org; 3600 Heidelberg St; ☉ Sonnenaufgang–Sonnenuntergang) GRATIS Gepunktete Straßen, knallige Farbkleckse an Häusern, seltsame Skulpturen in Gärten: Kein LSD-Trip, sondern eine Kunstinstallation, die sich über einen ganzen Block erstreckt. Geistiger Vater des Projekts ist der Straßenkünstler Tyree Guyton, der sein heruntergekommenes Viertel verschönern wollte. Ein Großteil davon ist 2013 durch Brandstiftung zerstört worden. Guyton hat jedoch geschworen, nicht aufzugeben und das Übriggebliebene wieder in Kunst zu verwandeln.

Rund 1,5 Meilen (2,4 km) vom Eastern Market entfernt erstreckt sich das Projekt zwischen Ellery St und Mt. Elliott St in einem Problemviertel. Um es zu erreichen, der Gratiot Ave Richtung Nordosten zur Heidelberg St folgen.

Riverwalk
& Dequindre Cut   STADTSPAZIERGANG, RADTOUR

(www.detroitriverfront.org) Dieser tolle, fast 5 km lange Weg erstreckt sich am Ufer des aufgewühlten Detroit River – von der Hart Plaza bis zur Mt. Elliott St im Osten. Er führt vorbei an mehreren Parks, Freilufttheatern, Flussschiffen und Angelstellen und soll später einmal auf der Belle Isle mit ihren vielen Stränden enden (zurzeit muss man noch über die Jefferson Ave gehen). In der Nähe der Orleans St zweigt auf halber Strecke Richtung Norden der 2,5 km lange Dequindre Cut Greenway vom Riverwalk ab. Über ihn erreicht man den Eastern Market.

Wheelhouse Bikes   FAHRRADVERLEIH

(☎ 313-656-2453; www.wheelhousedetroit.com; 1340 E Atwater St; 2 Std. 15 US$; ☉ Juni–Aug. Mo–Sa 10–20, So 11–17 Uhr; Sept.–Mai verkürzte Öffnungszeiten) Die Stadt lässt sich wunderbar mit dem Fahrrad erkunden. Wheelhouse verleiht robuste Drahtesel (inkl. Helm und Schloss) an der Rivard Plaza am Riverwalk. Es gibt Thementouren (40 US$ inkl. Fahrrad) durch die Stadtviertel, zu architektonischen Highlights und städtischen Farmen.

☞ Geführte Touren

Preservation Detroit   STADTSPAZIERGANG

(☎ 313-577-7674; www.preservationdetroit.org; 2-stündige Tour 15 US$; ☉ Mai–Sept. Sa 10 Uhr) Stadtspaziergänge mit dem Schwerpunkt Architektur, die an unterschiedlichen Treffpunkten beginnen.

✸ Feste & Events

North American
International Auto Show   KULTUR

(www.naias.com; Tickets 13 US$; ☉ Mitte Jan.) Im Cobo Center gibt's Mitte Januar zwei Wochen lang Autos en masse zu sehen.

Movement Electronic
Music Festival   MUSIK

(www.movement.us; Tageskarte 75 US$; ☉ Ende Mai) Am Memorial-Day-Wochenende findet auf der Hart Plaza das weltweit größte Elektronic-Music-Festival statt.

🛏 Schlafen

Sofern nicht anders angegeben, kommen zu den genannten Preisen (je nach Größe und Standort der Unterkunft) noch 9 bis 15% Steuern hinzu.

In den Vororten von Detroit gibt's erschwingliche Motels zuhauf. Wenn man am Metro Airport ist, einfach beim Verlassen des Flughafens den Schildern zur Merriman Rd folgen, wo man eine große Auswahl an Unterkünften hat.

Detroit Hostel — HOSTEL $
(☎ 313-451-0333; www.hosteldetroit.com; 2700 Vermont St, B 30–37 US$, Zi. 46–65 US$; P @ 🛜) Freiwillige renovierten dieses alte Gebäude und sammelten recyceltes Material sowie Spenden und eröffneten 2011 mit zusammengewürfelten Möbeln dieses Hostel. Es gibt einen Schlafsaal mit zehn Betten, ein Schlafsaal mit vier Betten und ein paar Privatzimmer; alle Zimmer teilen sich vier Bäder und drei Küchen. Onlinebuchungen sind möglich (mind. 24 Std. im Voraus!).

Leihfahrräder kosten 20 US$ pro Tag. Das Hostel liegt in Corktown in einer verwahrlosten Straße, doch in der Nähe von mehreren guten Bars und Restaurants.

★ Inn on Ferry Street — INN $$
(☎ 313-871-6000; www.innonferrystreet.com; 84 E Ferry St; Zi. 169–259 US$; P ❄ @ 🛜) Die 40 Zimmer befinden sich in einigen viktorianischen Villen direkt am Kunstmuseum. Die günstigeren Zimmer sind klein, aber mit wunderbar weichen Betten ausgestattet; in den teureren Zimmern stehen jede Menge alter Holzmöbel. Nette Extras sind das gesunde warme Frühstück und das Shuttle ins Zentrum.

Aloft — HOTEL $$
(☎ 313-237-1700; www.aloftdetroit.com; 1 Park Ave; Zi. 159–199 US$; P ❄ @ 🛜 🏊) Für ihren Ableger in Detroit hat sich diese Hotelkette einen schmucken Wolkenkratzer (erb. 1915) im Stil der Neorenaissance geschnappt und ihm ihren typisch trendigen Stil verpasst. Die modernen Zimmer punkten mit fröhlichen Farbelementen und tollem Stadtblick. Zudem liegen die Sport-Locations und Theater in angenehmer Nähe. Parken kostet 30 US$.

Ft Shelby Doubletree Hotel — HOTEL $$
(☎ 313-963-5600; http://doubletree1.hilton.com; 525 W Lafayette Blvd; Zi. 123–189 US$; P ❄ @ 🛜) In einem historischen Beaux-Arts-Gebäude im Zentrum befindet sich dieses Hotel. Bei allen Zimmern handelt es sich um Suiten, in denen sowohl der Wohnbereich als auch das Schlafzimmer mit HDTV und kostenlosem WLAN ausgestattet sind. Parken kostet 27 US$, außerdem bietet das Hotel ein kostenloses Shuttle innerhalb des Zentrums.

🍴 Essen

In zwei nahegelegenen Vororten gibt's ebenfalls viele hippe Restaurants und Bars: Nämlich im zu Fuß erreichbaren, schwulenfreundlichen Ferndale an der 9 Mile Rd und der Woodward Ave sowie in Royal Oak, direkt nördlich von Ferndale zwischen der 12 Mile Rd und der 13 Mile Rd.

🍴 Midtown & Cultural Center

Cass Cafe — CAFÉ $
(☎ 313-831-1400; www.casscafe.com; 4620 Cass Ave; Hauptgerichte 8–15 US$; ⏰ Mo–Do 11–23, Fr & Sa bis 1, So 17–22 Uhr; 🛜 🌱) Das Cass ist eine alternative Kunstgalerie mit Bar und Restaurant, in dem Suppen, Sandwiches und vegetarische Köstlichkeiten wie Linsen-Walnuss-Burger aus der Küche kommen. Die Bedienung ist manchmal recht übellaunig.

Selden Standard — MODERN-AMERIKANISCH $$$
(☎ 313-438-5055; www.seldenstandard.com; 3921 2nd Ave; kleine Gerichte 14–20 US$; ⏰ Mo–Fr 11–14.30 & 17–22, Sa & So ab 10 Uhr) Detroit hat nun sein erstes Nobelrestaurant, das Zutaten vom Bauernhof verwendet – die Art von Lokal, das Wert auf selbstgemachte Butter und Nudeln legt. Auf der wechselnden Karte stehen z. B. Ravioli mit Knollensellerie und fangfrischer Forelle. Hinzu kommen einfallsreiche Cocktails.

🍴 Downtown

Lafayette Coney Island — AMERIKANISCH $
(☎ 313-964-8198; 118 Lafayette Blvd; Snacks 2,50–5 US$; ⏰ So–Do 9–3, Fr & Sa 8–4 Uhr) Der „Coney" – ein Hotdog mit Chili und Zwiebeln – ist eine Detroiter Spezialität. Wenn die Gier zuschlägt (und das wird sie mit Sicherheit), dann ist man im Lafayette richtig. Außer dem Coney stehen auf der minimalistischen Speisekarte noch Burger, Fritten und Bier. Nur Barzahlung.

Dime Store — AMERIKANISCH $
(☎ 313-962-9106; www.eatdimestore.com; 719 Griswold St; Hauptgerichte 8–13 US$; ⏰ Mo 8–15, Di–Fr 8–22, Sa & So 10–15 Uhr) Das gemütliche Restaurant im Diner-Stil setzt seine

INSIDERWISSEN

DETROITS RUINEN

Über 78 000 verlassene Gebäude verschandeln Detroit. Die Stadt würde sie gern abrei-ßen, hat dafür aber kein Geld. Viele davon sind inzwischen bekannte und oft fotografierte Sehenswürdigkeiten. Ganz oben rangiert die **Michigan Central Station** (2405 W Vernor Hwy). Der einst prachtvolle Kopfbahnhof im Beaux-Art-Stil zerfällt nun allmählich zu Staub – und das in Sichtweite von Corktowns Hauptstraße. Ebenso außergewöhnlich ist die **Packard Auto Plant** (E Grand Blvd at Concord St). Die 32 000 m² große Fabrik wurde von dem renommierten Architekten Albert Kahn entworfen und war bei ihrer Eröffnung 1903 ein echtes Juwel. Heute sieht sie jedoch aus wie die Kulisse eines Zombie-Films. Dennoch lohnt sich eine Recherche zur aktuellen Entwicklung: Ein Bauunternehmer hat das Werk gekauft und versprochen, es zu renovieren. **Detroiturbex** (www.detroiturbex. com) liefert gute Infos zu diesen und weiteren historischen Ruinen in der Stadt.

Deren Besichtigung ist inzwischen ein heißes Eisen – manche sprechen sogar von „Ruinen-Pornografie", da der urbane Verfall immer mehr Leute fasziniert. Andere sehen das Ganze dagegen als Methode zum Erkunden und Erfassen der komplexen Stadtge-schichte. Achtung: Das Betreten jeglicher verlassener Gebäude ist streng verboten!

Gäste auf schwere Drehstühle. Zu kaltem Bier gibt's hier z. B. Reuben-Sandwiches mit Entenfleisch oder Pommes mit Trüffel-Mayonnaise. Die sehr beliebten Brunch-Ge-richte mit viel Ei sind ganztägig zu haben.

✕ Corktown & Mexicantown

In Corktown, das ein Stück westlich vom Zentrum liegt, zeigt sich der Do-it-yourself-Geist der Stadt. Die Michigan Ave säumen Hipster-Treffs, die Burger, Cocktails und Spezialkaffees anbieten. In Mexicantown an der Bagley St, 3 Meilen (5 km) westlich vom Zentrum, gibt's einige preiswerte mexikani-sche Restaurants.

Green Dot Stables   BURGER $
(☎ 313-962-5588; www.greendotstables.com; 2200 W Lafayette Blvd; Hauptgerichte 2–3 US$; ⏱ Mo–Mi 11–24, Do–Sa bis 1, So 12–22 Uhr) Das Lokal liegt zwar eher ungünstig zwischen Downtown, Corktown und Mexicantown, doch das hält die jungen urbanen Lebenskünstler nicht davon ab, scharenweise herzukommen, um sich die 20 verschiedenen Gourmetburger im Miniformat (z. B. Wasabi-Mayo-Tempeh oder Erdnussbutter-Kimchi) mit Poutine als Beilage schmecken zu lassen.

★ Slows Bar BQ   BARBECUE $$
(☎ 313-962-9828; www.slowsbarbq.com; 2138 Mi-chigan Ave; Hauptgerichte 10–19 US$; ⏱ So & Mo 11–22, Di–Do 11–23, Fr & Sa 11–24 Uhr; ☎) Hmm, hier gibt's langsam gegartes Barbecue im Stil der Südstaaten. Wer gern Fleisch isst, sollte den Kombiteller mit drei Fleischsor-ten (Rinderbrust, Pulled Pork und Hähn-chen) bestellen. Aber auch Vegetariern wird

im Slows Bar BQ einiges geboten. Außer-dem sind hier 55 Qualitätsbiere vom Fass im Angebot.

🍷 Ausgehen & Nachtleben

★ Bronx   BAR
(4476 2nd Ave; ⏱ 12–2 Uhr; ☎) Außer einem Billardtisch, schummriger Beleuchtung und mehren Jukeboxen mit kräftigem Rock und Soul hat Detroits beste Kneipe nicht viel vor-zuweisen. Doch genau so mögen die Hipster, Müßiggänger und Rocker (die White Stripes hingen hier früher oft ab) ihre Kneipen. Sie mögen auch die Burger mit viel Fleisch, die bis spät in die Nacht hinein serviert werden, und die gute Auswahl an billigem Bier.

HopCat   KNEIPE
(www.hopcat.com/detroit; 4265 Woodward Ave; ⏱ Mo–Sa 11–2, So 10–2 Uhr; ☎) Der Detroiter Ableger dieser regionalen Kette rockt rich-tig: Gemälde von einheimischen Musikern zieren die Wände, während die Stooges oder alte Motown-Hits aus den Boxen dröhnen. 30 der rund 130 Fassbiersorten stammen von Brauereien aus Michigan. Wer mög-lichst viele davon probieren will, bestellt sich kleinere Gläser (150 oder 240 ml).

Roasting Plant   CAFÉ
(www.roastingplant.com; 660 Woodward Ave; ⏱ Mo–Fr 6–19, Sa & So 7–19 Uhr) In dem feschen Hightech-Café mit super freundlicher Atmo-sphäre werden die Bohnen für jede starke Tasse Kaffee stets frisch gemahlen. In der gratis durchforstbaren Galerie gegenüber vom Eingang gibt's fast immer etwas Cooles zu sehen. Draußen halten Food Trucks nur ein paar Schritte von der Tür entfernt.

⭐ Unterhaltung

Livemusik
Der Grundpreis beträgt 5 bis 15 US$.

Majestic Theater & Populux   LIVEMUSIK
(www.majesticdetroit.com; 4120-4140 Woodward Ave) Im Majestic Theater und im kleineren Majestic Cafe finden bierselige Rockkonzerte statt. Der benachbarte Club Populux beschallt Gäste mit Elektro-Dance. Zum Unterhaltungskomplex gehören auch eine Bowlingbahn und eine Pizzeria. Jeden Abend ist hier etwas Cooles geboten.

PJ's Lager House   LIVEMUSIK
(www.pjslagerhouse.com; 1254 Michigan Ave; ⏱11-2 Uhr) Fast jeden Abend treten in diesem kleinen Club in Corktown Bands oder DJs auf. Tagsüber gibt's überraschend gutes Essen mit einem Hauch von New Orleans und einer veganen Note (z. B. den Tempeh-Po'boy auf glutenfreiem Brot).

Cliff Bell's   JAZZ
(www.cliffbells.com; 2030 Park Ave; ⏱Di–Fr ab 16, Sa 17, So 11 Uhr) Mit dem dunklen Holz, dem Kerzenlicht und der Art-déco-Einrichtung beschwört das Bell's die Eleganz der 1930er-Jahre herauf. Es kommt ein bunt gemischtes Publikum zu den Konzerten der hiesigen Jazzbands und den Lyriklesungen.

Darstellende Künste

Puppet ART/Detroit
Puppet Theater   THEATER
(☑ 313-961-7777; www.puppetart.org; 25 E Grand River Ave; Erw./Kind 10/5 US$; ♿) In dem Theater mit 70 Plätzen präsentieren in der ehemaligen Sowjetunion ausgebildete Puppenspieler wunderschöne Shows. In einem kleinen Museum kann man Puppen aus diversen Kulturen bewundern. Die Shows finden normalerweise samstagnachmittags statt.

Detroit Opera House   OPER
(☑ 313-237-7464; www.michiganopera.org; 1526 Broadway Ave) Grandioses Innendesign, erstklassige Ensembles und viele bekannte afrikanische Interpreten.

Sport

Comerica Park   BASEBALL
(www.detroittigers.com; 2100 Woodward Ave; ♿) Im Comerica, einem der am besten ausgestatteten Stadien der Liga, spielen die Detroit Tigers Baseball. Der Park ist besonders kinderfreundlich, hat ein kleines Riesenrad und ein Karussell (beide 2 US$/Fahrt).

Joe Louis Arena   HOCKEY
(www.detroitredwings.com; 600 Civic Center Dr) Die beliebten Red Wings spielen in dieser Arena Profi-Eishockey. Wer eine Karte ergattert kann hier den seltsamen Brauch sehen, dass ein Oktopus auf das Spielfeld geworfen wird (ja, wirklich ein echter Oktopus). Ende 2017 soll am nördlichen Rand von Downtown ein neues Stadion eröffnet werden.

Ford Field   FOOTBALL
(www.detroitlions.com; 2000 Brush St) In dem überdachten Stadion in der Nähe des Comerica Park kämpfen die Lions um den Sieg.

Palace of Auburn Hills   BASKETBALL
(www.nba.com/pistons; 5 Championship Dr) Der Palace beherbergt die Pistons, ein Profi-Basketballteam. Er liegt etwa 30 Meilen (48 km) nordwestlich des Zentrums. Hin kommt man über die I-75 bis Exit 81.

🛍 Shoppen

Pure Detroit   SOUVENIRS
(www.puredetroit.com; 500 Griswold St; ⏱Mo–Sa 10.30–17.30 Uhr) Die von Künstlern für Pure Detroit gestalteten Produkte spiegeln die Kultur der Stadt wider, die von schnellen Autos und Rockmusik geprägt ist. Verkauft

---

VON MOTOWN ZUR ROCK CITY

Motown Records und Soul machten Detroit in den 1960er-Jahren bekannt. Auf diesen glatten Sound antworteten die Stooges und MC5 im folgenden Jahrzehnt mit hämmerndem Punkrock. 1976 erhielt die Stadt durch einen Song von Kiss den Beinamen „Rock City" (zu Detroits Glück war die Rückseite der Single, *Beth*, aber deutlich erfolgreicher). In jüngster Zeit hat härterer Rock – auch als Whiplash Rock'n'Roll bekannt –die Stadt erneut ins musikalische Rampenlicht gerückt. Zu den einheimischen Stars zählen die White Stripes, die Von Bondies und die Dirtbombs. Rap (dank Eminem) und Techno sind weitere bekannte Genres aus Detroit. Viele Musikfreaks glauben, dass die örtliche Trostlosigkeit für die wunderbar wütende Soundexplosion verantwortlich ist. Und wer wollte das bestreiten? Aktuelle Infos zu Konzerten und Liveclubs liefern Gratisblätter wie die *Metro Times* (www.metrotimes.com) oder Blogs wie Motor City Rocks (http://motorcityrocks.com).

DIE GROSSEN SEEN DETROIT

werden Handtaschen aus recycelten Sicherheitsgurten, coole T-Shirts und Pewabic-Keramiken. Das Geschäft befindet sich im denkmalgeschützten und mit Mosaiken übersäten Guardian Building (das allein schon den Besuch lohnt).

People's Records MUSIK
(www.peoplesdetroit.com; 4100 Woodward Ave; ⊙ Mo–Sa 11–19 Uhr) Grabbelkistenfans aufgepasst: Dieser Laden im Besitz eines DJs ist ein Vinylparadies. Spezialität des Hauses sind gebrauchte 45er-Scheiben – insgesamt mehr als 80 000 Stück aus den Sparten Jazz, Soul und R&B. Die Flyerberge auf dem Verkaufstisch informieren Besucher über die besten aktuellen Musikevents.

ⓘ Praktische Informationen

Die recht ausgestorbene Gegend zwischen den Sportarenen im Norden und der Willis Rd sollte im Dunkeln von Fußgängern gemieden werden.

INTERNETZUGANG
Gratis-WLAN gibt's in vielen Cafés und Bars sowie in der Lobby des Renaissance Center.

MEDIEN
Between the Lines (www.pridesource.com) Gratis-Wochenblatt für Schwule und Lesben.
Detroit Free Press (www.freep.com) Tageszeitung.
Detroit News (www.detroitnews.com) Tageszeitung.
Metro Times (www.metrotimes.com) Alternatives Gratis-Wochenblatt mit dem besten örtlichen Veranstaltungskalender.
Model D (www.modelmedia.com) Wöchentlich erscheinendes Online-Magazin mit aktuellen Event-, Restaurant- und Unterhaltungsinfos (nach Stadtvierteln sortiert).

NOTFALL & MEDIZINISCHE VERSORGUNG
Detroit Receiving Hospital (☑ 313-745-3000; 4201 St Antoine St)

TOURISTENINFORMATION
Detroit Convention & Visitors Bureau (☑ 800-338-7648; www.visitdetroit.com)

ⓘ Anreise & Unterwegs vor Ort

Der **Detroit Metro Airport** (DTW; www.metroairport.com) ist eine Drehscheibe von Delta Airlines und liegt ca. 20 Meilen (32 km) südwestlich von Detroit. Zu den wenigen Verbindungsoptionen in die Stadt gehören Taxis (ca. 55 US$) und die Sammel-Shuttlebusse von **Skoot** (20 US$; www.rideskoot.com). Der unpraktische und unzuverlässige SMART-Bus 125 (2,50 US$) braucht eineinhalb Stunden zum Zentrum.

Greyhound (☑ 313-961-8005; 1001 Howard St) bedient mehrere Großstädte in Michigan und anderen Bundesstaaten. Mit **Megabus** (www.megabus.com/us) besteht täglich Verbindung nach und ab Chicago (5½ Std.); los geht's dabei ab Downtown und ab der Wayne State University (für Details und genaue Haltestellen s. Website).

Pro Tag fahren drei Züge von **Amtrak** (☑ 313-873-3442; 11 W Baltimore Ave) nach Chicago (5½ Std.). Wer Richtung Osten nach NYC (16½ Std.) oder entlang der Strecke dorthin schon früher aussteigen will, muss sich zuerst mit dem Bus nach Toledo begeben.

Transit Windsor (☑ 519-944-4111; www.citywindsor.ca/transitwindsor) betreibt den Tunnel Bus nach Windsor in Kanada (4,50 US$ od. CA$). Dieser startet an mehreren Orten in Downtown – z. B. an der Mariner's Church (Ecke Randolph St & Jefferson Ave) nahe dem Eingang des Detroit-Windsor Tunnel. Reisepass nicht vergessen!

Ende 2016 soll die praktische **Straßenbahnlinie M-1** (aktuelle Infos unter http://m-1rail.com) den Betrieb aufnehmen. Die Strecke entlang der Woodward Ave führt von der Congress St (Downtown) zum Amtrak-Bahnhof und zum W Grand Blvd am Nordende. Unterwegs geht's an den Sportarenen und Museen vorbei.

Wer ein Taxi braucht, ruft bei **Checker Cab** (☑ 313-963-7000) an.

Rund um Detroit

In der unmittelbaren Umgebung von Detroit locken atemberaubende Americana sowie eine beachtliche Anzahl guter Restaurants.

Dearborn

Dearborn liegt 10 Meilen (16 km) westlich von Downtown Detroit und beherbergt einen der schönsten Museumskomplexe der USA. Das **Henry Ford Museum** (☑ 313-982-6001; www.thehenryford.org; 20900 Oakwood Blvd; Erw./Kind 20/15 US$; ⊙ 9.30–17 Uhr) zeigt einen faszinierenden Reichtum an Gegenständen aus der US-Geschichte – z. B. den Stuhl, auf dem Lincoln bei seiner Ermordung saß, die Limousine, in der Kennedy ermordet wurde, das wie ein Hot Dog aussehende Wienermobile von Oscar Mayer (die Gelegenheit zum Fotografieren nutzen!) und den Bus, in dem Rosa Parks sich weigerte, ihren Sitz abzutreten. Aber keine Sorge, man bekommt hier auch ganz „normale" Oldtimer zu sehen. Parken kostet 5 US$. Das angrenzende Freilichtmuseum **Greenfield Village** (Erw./Kind 25/18,75 US$; ⊙ Mitte April–Okt. täglich 9.30–17 Uhr, Nov. & Dez. Fr–So 9.30–17 Uhr) zeigt histo-

OLDTIMER IN MICHIGAN

Mehr noch als für Sanddünen, Strände und Mackinac Island Fudge steht Michigan für Autos. Dies hatte in den letzten Jahren nicht gerade positive Folgen. Dennoch gedenkt der Bundesstaat seiner glorreichen Vergangenheit mit mehreren Automuseen. Folgende Sammlungen findet man wenige Fahrtstunden von der Motor City entfernt:

Henry Ford Museum (Dearborn; S. 638) Unter den zahllosen Oldtimern in diesem Museum befindet auch das allererste Auto, das Henry Ford je gebaut hat. Im benachbarten Greenfield Village kann man mit einem Model T von 1923 fahren.

Automotive Hall of Fame (☎ 313-240-4000; www.automotivehalloffame.org; 21400 Oakwood Blvd; Erw./Kind 10/4 US$; ⊙ Mi–So 9–17 Uhr) Die interaktive Auto Hall neben dem Henry Ford Museum konzentriert sich auf die Menschen hinter berühmten Autos (z. B. Ferdinand Porsche oder Soichiro Honda).

Gilmore Car Museum (☎ 269-671-5089; www.gilmorecarmuseum.org; 6865 Hickory Rd; Erw./Kind 13/10 US$; ⊙ Mo–Fr 9–17, Sa & So 9–18 Uhr) Dieser Museumskomplex liegt nördlich von Kalamazoo am Hwy 43. In 22 Scheunen stehen hier 120 Oldtimer. Darunter sind 15 Rolls Royce, deren ältester ein Silver Ghost von 1910 ist.

RE Olds Transportation Museum (S. 640) Riesige Garage voller funkelnder Oldtimer, die teilweise über 130 Jahre alt sind.

rische Gebäude, die aus dem ganzen Land hierher gebracht, wiederaufgebaut und restauriert wurden, darunter Thomas Edisons Labor aus Menlo Park und eine Flugzeugwerkstatt der Gebrüder Wright. Man kann auch noch eine **Rouge Factory Tour** (Erw./Kind 16/12 US$; ⊙ Mo–Sa 9.30–15 Uhr) dranhängen und dort, wo Henry Ford erstmals seine Massenproduktionstechniken perfektioniert hat, F-150 Trucks vom Band rollen sehen.

Die Sehenswürdigkeiten gehören nicht zusammen, aber man kann für das Henry Ford Museum und Greenfield Village ein Kombiticket (Erw./Kind 35/26,25 US$) kaufen. Für den Besuch des Museumskomplexes sollte man mindestens einen Tag einplanen.

Dearborn hat den höchsten Bevölkerungsanteil arabischstämmiger Einwohner im Land, darum ist es keine Überraschung, dass hier das **Arab American National Museum** (☎ 313-582-2266; www.arabamericanmuseum.org; 13624 Michigan Ave; Erw./Kind 8/4 US$; ⊙ Mi–Sa 10–18, So 12–17 Uhr) steht. Es befindet sich in einem schönen Gebäude mit einer Fassade aus hellen Kacheln. Die Idee ist nobel, doch wirklich viel zu sehen gibt es hier nicht, es sei denn, man begeistert sich für das Script des Schauspielers Jamie Farr für die Fernsehserie *M*A*S*H*. Die nahe Warren Ave säumen arabische Lokale, die ein Gefühl für die Kultur vermitteln. Das **Hamido** (www.hamidorestaurant.com; 13251 W Warren Ave; Hauptgerichte 6–12 US$; ⊙ 11–24 Uhr), das am türkisen Dach zu erkennen ist, serviert Humus, Hühnchen-Schawarma und andere typisch arabische Gerichte. Die vielen brutzelnden Hähnchen verraten, wie beliebt sie sind.

Ann Arbor

Das liberale, intellektuelle Ann Arbor, etwa 40 Meilen (64 km) von Detroit entfernt, ist Sitz der University of Michigan. Im Zentrum, das an den Campus grenzt und sich gut zu Fuß erkunden lässt, wimmelt es von Coffeeshops, Buchläden und Brauereikneipen. Sie ist ein Mekka für Feinschmecker – und man kann einfach alles ansteuern, wo „Zingerman's" dransteht.

⊙ Sehenswertes & Aktivitäten

University of Michigan Museum of Art MUSEUM
(☎ 734-764-0395; www.umma.umich.edu; 525 S State St; ⊙ Di–Sa 11–17, So ab 12 Uhr) GRATIS Das Kunstmuseum des Campus beeindruckt mit seinen Sammlungen asiatischer Keramik, moderner abstrakter Werke und Tiffany-Glas.

Ann Arbor Farmers Market MARKT
(www.facebook.com/a2market; 315 Detroit St; ⊙ Mai–Dez. Mi & Sa 7–15 Uhr, Jan.–April nur Sa) Angesichts der vielen Obstgärten und Farmen in der Umgebung ist es kein Wunder, dass dieser Markt bis zum Bersten mit allem Erdenklichen – von Mixed Pickles bis hin zu Sets für die Pilzzucht – gefüllt ist. Er befindet sich im Zentrum in der Nähe von Zingerman's Deli. Sonntags findet hier ein Kunsthandwerksmarkt statt, auf dem Schmuck, Keramik und Textilien angeboten werden.

Zingerman's Bakehouse
KOCHKURS

(www.bakewithzing.com; 3723 Plaza Dr, Ann Arbor) Bietet u. a. beliebte „Backferien" an, bei denen man z. B. das Brotbacken lernt.

✗ Essen & Ausgehen

Frita Batidos
KUBANISCH $

(☎734-761-2882; www.fritabatidos.com; 117 W Washington St; Hauptgerichte 8–13 US$; ☺So–Mi 11–23, Do–Sa 11–24 Uhr) Hier gibt's moderne und schwer angesagte Varianten von kubanischem Straßenessen. Serviert werden z. B. Burger mit tropisch-fruchtigem Belag oder Milchshakes mit einem Schuss Alkohol.

Zingerman's Delicatessen
FEINKOST $$

(☎734-663-3354; www.zingermansdeli.com; 422 Detroit St; Sandwichs 13–17 US$; ☺7–22 Uhr; 🖬) Das Z's, jenes Geschäft, das die Gourmetwelle hier ausgelöst hat, türmt regionale Bio-Produkte und Spezialitäten zu hohen Sandwiches auf. Es befindet sich in einem weitläufigen Komplex im Zentrum, in dem es auch ein Café und eine Bäckerei gibt.

★ Zingerman's Roadhouse
AMERIKANISCH $$$

(☎734-663-3663; www.zingermansroadhouse. com; 2501 Jackson Ave; Hauptgerichte 19–33 US$; ☺Mo–Do 7–22, Fr 7–23, Sa 9–23, So 9–21 Uhr) Wir sagen nur: Donut-Eisbecher. Dieses Dessert mit einer Sauce aus Bourbon und Karamell ist einfach genial. Dasselbe gilt für die anderen amerikanischen Traditonsgerichte (z. B. Grütze à la Carolina, Schweinekoteletts auf Iowa-Art, Krabbenküchlein wie in Maryland), die alle aus Bio-Zutaten hergestellt werden. Das Lokal liegt 2 Meilen (3,2 km) westlich von Downtown.

Jolly Pumpkin
BRAUEREI

(www.jollypumpkin.com; 311 S Main St; ☺Mo–Fr ab 11, Sa & So ab 10 Uhr) Junge wie alte Einheimische laben sich hier an selbstgebrautem Sauerbier (Tipp: das Bam Biere), Pizzas und Pommes mit Trüffeln. Gefuttert wird entweder im gemütlichen Erdgeschoss mit vielen Antiquitäten oder oben auf der Dachterrasse.

☆ Unterhaltung

Wer zufällig an einem Wochenende im Herbst hier ankommt und sich fragt, warum 110 000 Menschen – was ziemlich genau der Gesamtbevölkerung von Ann Arbor entspricht – ins Stadion der Universität strömen, so lautet die Antwort: Football. Es ist so gut wie unmöglich, ein Ticket zu ergattern, besonders wenn gegen den Erz-

rivalen Ohio State gespielt wird. Man kann aber trotzdem beim **U of M Ticket Office** (☎734-764-0247; www.mgoblue.com/ticketoffice) sein Glück versuchen.

Blind Pig
LIVEMUSIK

(www.blindpigmusic.com; 208 S 1st St) Auf dieser legendären Bühne rockten so ziemlich alle, von John Lennon über Nirvana bis hin zu den Circle Jerks.

Ark
LIVEMUSIK

(www.a2ark.org; 316 S Main St) Im Ark werden Acoustic und Folk geboten.

❶ Praktische Informationen

In Gehweite vom Zentrum befinden sich mehrere B & Bs. Hotels liegen meist etwa 5 Meilen (8 km) außerhalb, eine ganze Menge davon konzentriert sich südlich der Stadt an der State Street.

Ann Arbor Convention & Visitors Bureau (www.visitannarbor.org) Infos zu Unterkünften und mehr.

Lansing & Zentrales Michigan

Michigans Herzstück liegt im Zentrum der Lower Peninsula. Hier wechseln sich fruchtbare Farmen und von Schnellstraßen durchzogene städtische Gebiete ab.

Lansing

Der kleine Lansing ist die Hauptstadt des Bundesstaats. Ein paar Kilometer weiter östlich liegt East Lansing mit der Michigan State University. Beide Städte haben ein paar eindrucksvolle und besuchenswerte Museen.

⊙ Sehenswertes & Aktivitäten

Broad Museum of Art
MUSEUM

(www.broadmuseum.msu.edu; 547 E Circle Dr; ☺Di–Do & Sa–So 10–17, Fr 12–21 Uhr) GRATIS Dieses wilde Parallelogramm aus Edelstahl und Glas wurde von der renommierten Architektin Zaha Hadid entworfen. Die Sammlung im Inneren reicht von griechischen Keramiken bis zu Gemälden Salvador Dalís. Ein Großteil der Ausstellungsfläche ist avantgardistischen Werken gewidmet.

RE Olds Transportation Museum
MUSEUM

(☎517-372-0529; www.reoldsmuseum.org; 240 Museum Dr; Erw./Kind 7/5 US$; ☺ganzjährig Di–Sa 10–17 Uhr, April–Okt. auch So 12–17 Uhr) In der alten Lansing City Bus Garage wartet eine reizende Oldtimersammlung mit insgesamt rund 65 Fahrzeugen (u. a. der allererste Oldsmobile von 1897). Hinweis: Die Autos werden nicht alle gleichzeitig ausgestellt, aber regelmäßig durchgewechselt.

River Trail
SPAZIERENGEHEN

(www.lansingrivertrail.org) Der befestigte River Trail (13 km) zwischen Lansings Innenstadt und der Universität ist bei Radfahrern oder Joggern sehr beliebt. An seinem Rand warten diverse Attraktionen (u. a. ein Kindermuseum, ein Zoo und eine Fischtreppe).

🛏 Schlafen

Wild Goose Inn
B&B $$

(☑517-333-3334; www.wildgooseinn.com; 512 Albert St; Zi. 139–159 US$; 🛜) Die Hotels in Lansings Zentrum zielen auf Politiker bzw. Lobbyisten ab und sind daher recht teuer. Die beste Wahl ist dieses B&B in einem Block Entfernung zum Campus der Michigan State University. Die sechs Zimmer haben offene Kamine und meist auch Whirlpools.

🍴 Essen & Ausgehen

Golden Harvest
DINER $

(☑517-485-3663; 1625 Turner St; Hauptgerichte 7–9 US$; ⊙Mo–Fr 7–14.30, Sa & So 8–14.30 Uhr) Das lärmige Golden Harvest paart Punkrock mit Hippie-Vibe. Auf den Tisch kommen hier z. B. das sogenannte Bubba Sandwich (französischer Toast mit Würstchen) und herzhafte Omeletts. Nur Barzahlung.

HopCat
KNEIPE

(www.hopcat.com/east-lansing; 300 Grove St; ⊙Mo–Mi 11–24, Do–Sa 11–2, So 10–24 Uhr) In East Lansing betreibt die regionale Kneipenkette diesen Laden, dessen Tresen aus alten Turnhallenbänken besteht und mit Kronkorken verziert ist. Zudem warten hier abgefahrene Rock'n'Roll-Volkskunst und Lampen aus einer früheren Kirche. Wirklich nett anzuschauen. Hauptattraktion sind jedoch die 100 Fassbiere (20 davon aus Michigan). Deren Wirkung kompensieren außergewöhnliche Burger und Sandwiches.

❶ Praktische Informationen

Greater Lansing CVB (www.lansing.org) Liefert Infos zu East Lansing mit der Michigan State University.

Grand Rapids

Michigans zweitgrößte Stadt ist für die Produktion von Büromöbeln und seit Kurzem auch für Bier-Tourismus bekannt: Örtliche Hauptattraktion sind 20 Kleinbrauereien. Dennoch gibt's hier auch ein paar interessante Sehenswürdigkeiten, die nichts mit Gerstensaft zu tun haben.

◉ Sehenswertes & Aktivitäten

Gerald R. Ford Museum
MUSEUM

(☑616-254-0400; www.fordlibrarymuseum.gov; 303 Pearl St NW; Erw./Kind 7/3 US$; ⊙Mo–Sa 9–17, So 12–17 Uhr) Dieses Museum im Zentrum ist dem bislang einzigen US-Präsidenten aus Michigan gewidmet. Ford wurde Staatsoberhaupt, nachdem Richard Nixon und dessen Vizepräsident Spiro Agnew von ihren Ämtern zurückgetreten waren. Das Museum beleuchtet diese bizarre Periode der US-Geschichte auf hervorragende Weise - es zeigt sogar die Werkzeuge, die beim Watergate-Einbruch verwendet wurden. Ford und dessen Frau Betty sind auf dem Museumsgelände beigesetzt.

Frederik Meijer Gardens
GÄRTEN

(☑616-957-1580; www.meijergardens.org; 1000 E Beltline NE; Erw./Kind 12/6 US$; ⊙Mo & Mi–Sa 9–17, Di 9–21, So 11–17 Uhr) Rund 5 Meilen (8 km) östlich vom Zentrum (über die I-196) stehen hier Skulpturen von Auguste Rodin, Henry Moore und anderen Künstlern auf einem 48 ha großen Gelände mit eindrucksvoller Blütenpracht. Details zur Gestaltung liefert auch ein gutes Kunstmuseum in der Innenstadt.

🛏 Schlafen

CityFlats Hotel
HOTEL $$

(☑866-609-2489; www.cityflatshotel.com; 83 Monroe Center St NW; Zi. 165–235 US$; ❇🛜) Das Innenstadthotel wurde mit einem goldenen Zertifikat des LEED-Programms (Leadership in Energy and Environmental Design) ausgezeichnet und punktet u. a. mit gemütlicher Bettwäsche aus Bambusfasern.

🍴 Essen & Ausgehen

Founders Brewing Company
BRAUEREI

(www.foundersbrewing.com; 235 Grandville Ave SW; ⊙Mo–Sa 11–2, So 12–24 Uhr; 🛜) Wer nur Zeit für einen einzigen Zwischenstopp in Grand Rapids hat, sollte diese Brauerei mit Rock'n'Roll-Vibe besuchen. Sehr süffig ist z. B. das rubinrote Dirty Bastard Ale. Für Stärkung in festerer Form sorgen Gourmetsandwiches mit und ohne Fleisch.

Brewery Vivant
BRAUEREI

(www.breweryvivant.com; 925 Cherry St SE; ⊙Mo–Do 15–23, Fr 15–24, Sa 11–24, So 12–22 Uhr) Die

DIE GROSSEN SEEN LANSING & ZENTRALES MICHIGAN

ℹ DER WINE TRAIL

Zwischen New Buffalo und Saugatuck gibt's etwa ein Dutzend Weingüter. Diese sind zumeist am Highway ausgeschildert und zudem auf einer Karte vermerkt, die sich von der Website des Lake Michigan Shore Wine Trail (www.lakemichiganshorewinetrail.com) herunterladen lässt.

stimmungsvolle Brauereikneipe ist in einer alten Kapelle mit Buntglasfenstern und Gewölbedecke untergebracht. Ihre Spezialität sind Biere nach belgischem Vorbild. Auf den Gemeinschaftstischen im Bauernhausstil landen aber auch Burger und Teller mit regionalen Käsesorten.

ℹ Praktische Informationen

Grand Rapids CVB (www.experiencegr.com) Auf der Website gibt's Karten und Details für Brauereitouren auf eigene Faust.

Lake Michigan

Das Ufer des Lake Michigan wird nicht umsonst Gold Coast genannt. Michigans 500 km lange Westküste bietet endlose Strände, Dünen, Weingüter, Obstgärten und kleine Städte mit B&Bs, die im Sommer boomen und im Winter im Schnee versinken. Gut zu wissen: Alle hier genannten State Parks akzeptieren **Reservierungen für Stellplätze** (☎ 800-447-2757; www.midnr reservations.com; Gebühr 8 US$) und verlangen, sofern nicht anders angegeben, eine Genehmigung für Fahrzeuge (Tag/Jahr 9/31 US$).

Harbor Country

Die acht Kleinstädte des Harbor Country liegen gleich hinter der Grenze zu Michigan am Seeufer und sind von Chicago aus leicht per Tagesausflug erreichbar. Logisch: Hier gibt's Strände, Weingüter und Antiquitätenläden. Hinzu kommen aber auch noch ein paar große Überraschungen. Die **Harbor Country Chamber of Commerce** (www.harbor country.org) liefert alle wichtigen Infos.

Zunächst mal: Ja, man kann auf dem Lake Michigan wirklich surfen! Und die mit einem VW-Bus herumkurvenden Leute vom **Third Coast Surf Shop** (☎ 269-932-4575; www.third coastsurfshop.com; 110 N Whittaker St; ⊙ So–Do 10–18, Fr & Sa 10–19 Uhr, Nov.–April geschl.) zeigen

einem, wie's geht. Das Team verleiht u. a. Neoprenanzüge und Bretter für Surfer oder Stehpaddler (20–35 US$/Tag). Am örtlichen Strand veranstaltet es zudem zweistündige Privatkurse für Anfänger (75 US$ inkl. Ausrüstung). Der Laden liegt in New Buffalo, der größten Stadt des Harbor Country.

Three Oaks ist die einzige Harbor-Gemeinde im Landesinneren (6 Meilen bzw. 9,6 km landeinwärts über die US 12). Hier trifft Green Acres auf Greenwich Village – ein cooler Mix aus Ländlichkeit und Kunst. Mit den Leihfahrrädern der **Dewey Cannon Trading Company** (☎ 269-756-3361; www.apple cidercentury.com/dctc; 3 Dewey Cannon Ave; Leihfahrrad 20 US$/Tag; ⊙ So–Fr 9–17, Sa 9–20 Uhr, Okt.–April kürzere Öffnungszeiten) kann man tagsüber auf wenig befahrenen Landstraßen an Obstgärten und Weingütern vorbeizuckeln. Abends empfiehlt sich dann ein Arthouse-Film im Kino oder eine provokante Aufführung im Theater von Three Oaks.

Hungrig? Das **Redamak's** (www.redamaks. com; 616 E Buffalo St; Burger 6–12 US$; ⊙ März–Mitte Nov. 12–22.30 Uhr) in New Buffalo serviert kaltes Bier, pikante Spiralpommes und Cheeseburger in Wachspapier. Wer's etwas nobler mag, verkostet den Bio-Whiskey der rustikalen **Journeyman Distillery** (www.journeyman distillery.com; 109 Generations Dr; ⊙ So–Do 12–22, Fr & Sa 12–23 Uhr) in Three Oaks.

Saugatuck & Douglas

Als eines der beliebtesten Urlaubsziele an der Gold Coast ist Saugatuck für viele B&Bs, eine große Künstlergemeinde und eine schwulenfreundliche Atmosphäre bekannt. Die Zwillingsstadt Douglas liegt etwa 1 Meile (1,6 km) weiter südlich. Beide Städte gehen fast nahtlos ineinander über.

⦿ Sehenswertes & Aktivitäten

Zahlreiche Galerien und Läden säumen die Water St und die Butler St im Zentrum. Antiquitätenshops findet man längs des Blue Star Hwy. Der führt ab Saugatuck etwa 20 Meilen (32 km) in Richtung Süden und passiert dabei auch Heidelbeerfarmen mit Möglichkeit zum Selbstpflücken – ebenfalls prima für Zwischenstopps.

Saugatuck Chain Ferry   BOOTSFAHRT
(Ende der Mary St; einfache Strecke 1 US$; ⊙ Ende Mai–Anfang Sept. 9–21 Uhr) Die klapprige Kettenfähre über den Kalamazoo River ist die zugleich schönste und günstigste Attraktion in Saugatuck.

Mt. Baldhead
AUSSICHTSPUNKT

Wer die Stufen an dieser 61 m hohen Sanddüne hinaufsteigt, wird mit einer herrlichen Aussicht belohnt. Auf der anderen Seite kann man dann bei Bedarf zum Oval Beach hinuntersprinten. Hierher geht's mit der Kettenfähre – einfach vom Anleger aus nach rechts (Norden) laufen.

Oval Beach
STRAND

(Oval Beach Rd; ☺9–22 Uhr) Rettungsschwimmer bewachen diesen langen Strand mit feinem Sand, Toiletten und Imbissständen. Die Zahl der Einrichtungen ist aber so klein, dass die Dünenidylle nicht getrübt wird. Parken kostet 8 US$. Bei Lust auf eine etwas abenteuerlichere Anreise nimmt man die Kettenfähre und marschiert über den Mt. Baldhead.

🛏 Schlafen

In den 100 Jahre alten viktorianischen Häusern von Saugatuck verstecken sich diverse reizende B&Bs, die 150 bis 300 US$ pro Nacht kosten und meist auf zwei Mindestübernachtungen bestehen.

Pines Motorlodge
MOTEL $$

(☎269-857-5211; www.thepinesmotorlodge.com; 56 Blue Star Hwy; Zi. 139–249 US$; 🖥) Zwischen den Tannen in Douglas warten hier Kieferholzmöbel und Tiki-Lampen im coolen Retrostil. Gemeinschaftsbereiche mit Gartenstühlen tragen zur fröhlichen und geselligen Atmosphäre bei.

Bayside Inn
PENSION $$

(☎269-857-4321; www.baysideinn.net; 618 Water St; Zi. 160–260 US$; 🖥) Am Ufer in Saugatuck steht dieses frühere Bootshaus mit zehn Zimmern.

🍴 Essen & Ausgehen

Crane's Pie Pantry
BÄCKEREI $

(☎269-561-2297; www.cranespiepantry.com; 6054 124th Ave; Kuchenstück 4,50 US$; ☺Mai–Okt. Mo–Sa 8–20, So 11–20 Uhr, Nov.–April kürzere Öffnungszeiten) Gäste von Crane's können mächtige Kuchenstücke kaufen und Äpfel oder Pfirsiche in den umliegenden Obstgärten pflücken. Um die Bäckerei in Fennville zu finden, auf dem Blue Star Hwy rund 3 Meilen (4,8 km) nach Süden fahren und dann dem Hwy 89 etwa 4 Meilen (6,4 km) landeinwärts folgen.

Phil's Bar & Grille
AMERIKANISCH $$

(☎269-857-1555; www.philsbarandgrille.com; 215 Butler St; Hauptgerichte 14–26 US$; ☺So–Do 11.30–21.30, Fr & Sa 11.30–22.30 Uhr) Diese belebte Kneipe hat einen gemütlichen Speiseraum mit Holzfußboden. Darin gibt's u. a. broasted chicken (von to broil und to roast; zuerst angebratenes und dann gegrilltes Hähnchen). Ebenfalls im Angebot sind Fischtacos, Lammschenkel und Eintopf mit Okraschoten.

Saugatuck Brewing Company
BRAUEREI

(www.saugatuckbrewing.com; 2948 Blue Star Hwy; ☺So–Do 11–21, Fr 11–22, Sa 11–23 Uhr) Einheimische hängen hier gern bei einem Hausbierchen ab.

ℹ Praktische Informationen

Saugatuck/Douglas CVB (www.saugatuck. com) Verschiedene Services (z. B. Karten).

Muskegon & Ludington

Von diesen beiden Städten aus schippern zwei Fähren über den See. Im Vergleich zum Auto geht's so deutlich schneller von Michigan nach Wisconsin. Die modernere, schnellere und etwa 50 % teurere **Lake Express** (☎866-914-1010; www.lake-express.com; ☺Mai–Okt.) verkehrt zwischen Muskegon und Milwaukee (einfache Strecke Erw./Kind/Auto ab 86,50/30/91 US$, 2½ Std.). Die **SS Badger** (☎800-841-4243; www.ssbadger.com; ☺Mitte Mai–Mitte Okt.) zwischen Ludington und Manitowoc (einfache Strecke Erw./Kind/Auto ab 59/24/59 US$, 4 Std.) ist ein historisches Dampfschiff – stimmungsvoller und und günstiger, aber auch langsamer. Das mit Kohle befeuerte Schiff blies früher jahrelang dicke Wolken in die Luft, entspricht nach einem Umbau jetzt aber den aktuellen Umweltbestimmungen.

Der **Winter Sports Complex** (☎231-744-9629; www.msports.org; 442 Scenic Dr) in Muskegon bietet eine tolle Rodelbahn (auch im Sommer benutzbar) und Langlaufloipen. Der **Ludington State Park** (☎231-843-8671; Stellplatz Zelt & Wohnmobil 13–33 US$, Hütte 49 US$) etwas weiter nördlich gehört zu Michigans größten und beliebtesten Freizeitgebieten. Er punktet mit hervorragenden Wanderwegen, kilometerlangen Stränden und einem renovierten Leuchtturm, den man besichtigen oder als ehrenamtlicher Wärter auch bewohnen kann.

Sleeping Bear Dunes National Lakeshore

Dieser Nationalpark beginnt nördlich von Frankfort und zieht sich bis fast nach Le-

ABSTECHER

DIE MANITOU ISLANDS

Die Manitou Islands sind Teil des Sleeping Bear Dunes National Lakeshore. Wer Abenteuer in der Wildnis sucht, ist hier hier richtig. **Manitou Island Transit** (☎231-256-9061; www.manitoutransit.com) hilft beim Planen von mehrtägigen Campingtrips auf North Manitou und von Tagesausflügen nach South Manitou. Kajakfahren und Wandern sind hier sehr beliebt. Besonders hoch im Kurs steht der 11 km lange Pfad zum Valley of the Giants, einem geheimnisvollen Zedernhain auf South Manitou. Fähren bedienen die Inseln ab Leland (hin & zurück Erw./Kind 35/20 US$, 1½ Std., Mitte Mai−Anfang Okt. 2- bis 7-mal wöchentl.).

land auf der Leelanau Peninsula. Im **Visitor Center** (☎231-326-4700; www.nps.gov/slbe; 9922 Front St; ⊙ Juni−Aug. 8−18 Uhr, Sept.−Mai 8.30−16 Uhr) in Empire sollte man anhalten und sich Infos, Wanderkarten und Zufahrtsgenehmigungen für das Auto (Woche/Jahr 10/20 US$) besorgen.

Zu den Highlights des Parks gehören der berühmte **Dune Climb** am Hwy 109, eine 61 m hohe Düne, die man zunächst hinaufklettert, nur um dann wieder runter zu rennen (oder zu rollen). Wer unbedingt seine Beinmuskeln quälen will, kann weiter bis zum Lake Michigan stapfen; die anstrengende Wanderung dauert pro Strecke 1½ Stunden – unbedingt Wasser mitnehmen! Der schöne, asphaltierte **Sleeping Bear Heritage Trail** (www.sleepingbeartrail.org), auf dem es vor Wanderern und Radfahrern wimmelt, führt über 21 km von Empire nach Port Oneida, vorbei am Dune Climb. Wer weniger Zeit oder Kondition hat, befährt einfach den 7 Meilen (11 km) langen, einspurigen **Pierce Stocking Scenic Drive**, an dem viele Picknickplätze liegen und der die vielleicht beste Möglichkeit bietet, die großartige Aussicht auf den See zu genießen.

Nach dem Parkbesuch kann man ins kleine **Leland** (www.lelandmi.com) fahren, in einem Restaurant am Ufer im Zentrum etwas essen und sich im stimmungsvollen Fishtown mit seinen verwitterten Buden und Geschäften umschauen. Von dort aus fahren Boote zu den Manitou Islands.

Auf der Weiterfahrt kommt man in der Nähe von Suttons Bay zu **Tandem Ci-**

ders (www.tandemciders.com; 2055 Setterbo Rd; ⊙ Mo−Sa 12−18, So bis 17 Uhr), das im Verkostungsraum der kleinen familiengeführten Farm köstliche Apfelweine ausschenkt.

Traverse City

Michigans belebte „Kirschenhauptstadt" ist die größte Stadt in der Nordhälfte der Lower Peninsula und wirkt etwas zersiedelt. Allerdings kann man von hier aus prima die Sleeping Bear Dunes, die Weingüter der Mission Peninsula, diverse Obstgärten (mit Möglichkeiten zum Selbstpflücken) und andere regionale Attraktionen besuchen.

Eine Autotour zu den Weingütern ist Pflicht! Von Traverse City aus führt die Hwy 37 nordwärts zum Ende der Old Mission Peninsula mit ihren vielen Reben und Obstbäumen (20 Meilen bzw. 32 km). Dort hat man dann die Qual der Wahl: Das **Chateau Grand Traverse** (www.cgtwines.com; Weinprobe mit 6 Sorten 3 US$; ⊙ Mo−Sa 10−19, So 10−18 Uhr) und das **Chateau Chantal** (www.chateauchantal.com; ⊙ Mo−Sa 11−20, So 11−18 Uhr) schenken wunderbaren Chardonnay und Pinot Noir aus. Die **Peninsula Cellars** (www.peninsulacellars.com; Weinprobe mit 5 Sorten 3 US$; ⊙ 10−18 Uhr) in einer alten Schule keltern tolle Weißweine und sind oft weniger stark besucht. Wer eine Flasche gekauft hat, sollte sie unbedingt mit zum Lighthouse Park am Ende der Halbinsel nehmen: Am dortigen Strand schmeckt der gute Tropfen gleich nochmal so gut, wenn die Wellen die Zehen umspielen. Die Weingüter haben ganzjährig geöffnet (im Winter kürzer).

Während des **Traverse City Film Festival** (www.traversecityfilmfest.org; ⊙ Ende Juli) geht's hier zu wie in Hollywood. Dann kommt nämlich der in Michigan geborene Festivalgründer Michael Moore in die Stadt, um sechs Tage lang Dokumentationen, internationale Streifen und „einfach nur tolle Filme" zu zeigen.

Rund um Traverse City wird die US 31 von zahllosen Stränden, Resorts, Motels und Wassersportanbietern gesäumt. Die örtlichen Unterkünfte (Verzeichnisse unter www.traversecity.com) sind am Wochenende deutlich teurer und oft ausgebucht. Die meisten Resorts mit Blick auf die Bucht verlangen 175 bis 275 US$ pro Nacht. In dieselbe Preisklasse fallen die B&B-Zimmer der Weingüter Chantal und Grand Traverse.

Die Zimmer des **Sugar Beach Resort** (☎800-509-1995; www.tcbeaches.com; 1773 US 31 N; Zi. 150−250 US$; ❋🛜❄) haben ein anständiges Preis-Leistungs-Verhältnis und liegen direkt am Wasser. Die Motels auf der Landseite der US 31 sind vergleichsweise günstiger. Zu ihnen gehört z. B. das familiengeführte **Mitchell Creek Inn** (☑ 231-947-9330; www.mitchellcreek.com; 894 Munson Ave; Zi./Hütte ab 60/125 US$; 🛜) nahe dem Strand des State Park.

Nach einem spaßigen Tag in der Sonne kann man sich im beliebten **Folgarelli's** (☑ 231-941-7651; www.folgarellis.net; 424 W Front St; Sandwiches 8–11 US$; ⊙ Mo–Fr 9.30–18.30, Sa 9.30–17.30, So 11–16 Uhr) mit Sandwiches stärken. Später empfiehlt sich dann der **7 Monks Taproom** (www.7monkstap.com; 128 S Union St; ⊙ 12–24 Uhr), der in seiner Kellerbar neben belgischen und regionalen Bieren auch Cocktails serviert.

Charlevoix & Petoskey

In diesen beiden Städten gibt's mehrere Hemingway-Sehenswürdigkeiten. Außerdem haben Michigans Wohlhabende hier ihre Sommerresidenzen. In beiden Innenstädten gibt's Gourmet-Restaurants und edle Shops. In den Häfen liegen unzählige Jachten.

In Petoskey kann man im schönen historischen **Stafford's Perry Hotel** (☑ 231-347-4000; www.staffords.com; Bay at Lewis St; Zi. 149–269 US$; 🌼 @ 🛜) übernachten. Der **Petoskey State Park** (☑ 231-347-2311; 2475 Hwy 119; Stellplatz Zelt & Wohnmobil 31–33 US$) mit seinem herrlichen Strand liegt in Richtung Norden am Hwy 119. Man sollte hier nach den sogenannten Petoskey-Steinen Ausschau halten; sie haben ein wabenförmiges Muster und bestehen aus alten Korallen. Von dort aus geht's weiter auf dem Hwy 119, der auch als **Tunnel of Trees Scenic Route** bekannt ist. Die Panoramastraße schlängelt sich auf ihrem Weg zu den Straits of Mackinac Richtung Norden durch dichte Wälder und an steilen Klippen entlang.

Straits of Mackinac

Das Gebiet zwischen den beiden Halbinseln Michigans blickt, was Befestigungsanlagen und Süßwaren betrifft, auf eine lange Tradition zurück. Die autofreie Insel Mackinac Island ist *der* Touristenmagnet Michigans.

Eine der spektakulärsten Sehenswürdigkeiten hier ist die 5 Meilen (8 km) lange **Mackinac Bridge** (auch „Big Mac" genannt), die die Straits of Mackinac überspannt. Die Mautgebühr von 4 US$ ist es wert: Einen solch unglaublichen Blick auf zwei der Großen Seen, zwei Halbinseln und Hunderte von Inseln gibt es kein zweites Mal!

Zur Erinnerung: Obwohl es anders geschrieben wird, spricht man *meck-in-ao*.

Mackinaw City

Südlich der Mackinac Bridge an der I-75 liegt das Touristennest Mackinaw City. Es hat ein paar interessante Sehenswürdigkeiten zu bieten.

Direkt neben der Brücke (das Visitor Center ist unter der Brücke) befindet sich **Colonial Michilimackinac** (☑ 231-436-5564; www.mackinacparks.com; Erw./Kind 11/6,50 US$; ⊙ Juni–Aug. 9–17 Uhr, Mai & Sept.–Mitte Okt. bis 17 Uhr) mit seinem rekonstruierten, von Palisaden umgebenen Fort – ein *National Historic Landmark*, das die Franzosen 1715 errichteten. Etwa 3 Meilen (5 km) südöstlich der Stadt an der US 23 liegt **Historic Mill Creek** (☑ 231-436-4226; www.mackinacparks.com; Erw./Kind 8/5 US$; ⊙ Juni–Aug. 9–18 Uhr, Mai & Sept.–Mitte Okt. bis 17 Uhr) mit einer Sägemühle aus dem 18. Jh., historischen Ausstellungsstücken und naturkundlichen Wanderwegen. Mit dem Kombiticket für beide Sehenswürdigkeiten und dem nahen Old Mackinac Point Lighthouse wird's günstiger.

In puncto Unterkunft sollte Mackinac Island die erste Wahl sein. Wer dort kein Quartier bekommt, kann auf die Motels an der I-75 oder der US 23 in Mackinaw City ausweichen (Zi. meist ab 100 US$/Übern.). Empfehlenswert ist z. B. das **Clarion Hotel Beachfront** (☑ 231-436-5539; 905 S Huron Ave; Zi. 110–170 US$; 🅿 🌼 @ 🛜 🌊).

St. Ignace

St. Ignace, die zweitälteste Siedlung Michigans, wurde 1671 von Père Jacques Mar-

---

ⓘ WANDERKARTEN

Mit Beschreibungen von über 200 Wegen im Bundesstaat hilft **Michigan Trail Maps** (www.michigantrailmaps.com) gratis beim Planen von Wanderungen in den Wäldern. Der erste Schritt ist die Suche nach Stadt, Gegend oder Aktivität (z. B. Vogelbeobachtungen, Tages- oder Rucksackwanderungen). Danach lassen sich die Ergebnisse als hochwertige Karten im PDF-Format herunterladen und ausdrucken.

quette als Mission gegründet. Es liegt am Nordende der Mackinac Bridge und ist eine weitere Ausgangsbasis für Mackinac Island. Sobald man die Brückenmaut gezahlt hat, kommt man am riesigen **Visitor Center** (☑ 906-643-6979; I-75N; ⊙ Juni–Aug. tgl. 9–17.30 Uhr, übriges Jahr Do–Mo) vorbei, in dem es Regale voller Broschüren mit Infos über Michigan gibt.

Mackinac Island

Mackinac Island ist das touristische Juwel Michigans. Hin kommt man entweder ab Mackinaw City oder ab St. Ignace mit der Fähre. Die Lage der Insel am Übergang zwischen dem Lake Michigan und dem Lake Huron machte sie zum wertvollen Hafen für den nordamerikanischen Pelzhandel – und zu einem Ort, um den Briten und Amerikaner mehrmals gegeneinander kämpften.

Das wichtigste Jahr in der Geschichte dieser 810 ha großen Insel war 1898 – jenes Jahr, in dem die Autos von der Insel verbannt wurden, um den Tourismus anzukurbeln. Heute werden alle Ausflüge mit Pferden oder dem Fahrrad gemacht; sogar die Polizei benutzt auf ihren Patrouillen durch die Stadt Drahtesel. Besonders an Sommerwochenen-

den fallen Horden von Touristen, die von den Insulanern Fudgies genannt werden, über die Insel her. Doch wenn abends die letzte Fähre ablegt und mit ihr auch die letzten Tagesausflügler verschwinden, offenbart sich der wahre Reiz der Insel und man driftet in eine andere, gemächlichere Welt.

Das **Visitor Center** (☑ 800-454-5227; www.mackinacisland.org; Main St; ⊙ Mai–Okt. 9–17 Uhr, Nov.–April kürzere Öffnungszeiten) am Arnold Line Ferry Dock hat Wander- und Fahrradkarten. 80 % der Insel stehen als State Park unter Schutz. Zwischen November und April hat so gut wie alles geschlossen.

⊙ Sehenswertes & Aktivitäten

Die Uferstraße der Insel, der Hwy 185, ist der einzige Highway Michigans, auf dem keine Autos fahren dürfen. Am besten lässt sich die unglaubliche Kulisse der 13 km langen Straße genießen, wenn man mit dem Fahrrad unterwegs ist. Dazu bringt man entweder sein eigenes Fahrrad mit oder leiht sich für 8 US$ pro Stunde eines bei einem der vielen Geschäfte.

Die beiden schönsten Sehenswürdigkeiten sind kostenlos: Der **Arch Rock**, ein riesiger Kalksteinbogen, der 45 m über dem Lake Huron thront, und **Fort Holmes**, das

---

AUF DEN SPUREN HEMINGWAYS

Einige Schriftsteller haben Verbindungen zu Michigans Nordwesten. Doch keiner davon ist so berühmt wie Ernest Hemingway, der die Sommer seiner Jugend hier im Ferienhaus seiner Eltern am Walloon Lake verbrachte. Viele Fans von Hemingway besuchen diese Gegend, um jene Orte zu sehen, die Eingang in seine Werke gefunden haben. Zu den wichtigsten Stätten gehören:

Horton Bay General Store (☑ 231-582-7827; www.hortonbaygeneralstore.com; 05115 Boyne City Rd; ⊙ So–Do 8–14, Fr & Sa 8–14 & 17–21 Uhr, Mitt Okt.–Mitte Mai geschl.) Von der US 31 Richtung Norden zweigt hinter Charlevoix mit seinem Jachthafen die Boyne City Rd ab. Diese führt ostwärts am Lake Charlevoix entlang und erreicht schließlich Horton Bay. Hemingway-Fans werden das Gebäude an seiner „hohen falschen Fassade" erkennen, die in der Kurzgeschichte *Oben in Michigan* erwähnt wird. Der altmodische Laden verkauft heute Lebensmittel, Souvenirs, Sandwiches und Eiscreme. Am Wochenende gibt's auch Wein und Tapas (abends; Reservierung erforderl.).

Little Traverse History Museum (☑ 231-347-2620; www.petoskeymuseum.org; 100 Depot Ct; Eintritt 3 US$; ⊙ Ende Mai–Mitte Okt. Mo–Sa 10–16 Uhr) Noch weiter nördlich liegt Petoskey am Hwy 31. Die Hemingway-Sammlung des hiesigen Museums umfasst u. a. ein paar seltene Erstausgaben, die der Autor bei einem Besuch im Jahr 1947 für einen Freund signierte.

City Park Grill (☑ 231-347-0101; www.cityparkgrill.com; 432 E Lake St; ⊙ So–Do 11.30–22, Fr & Sa 11.30–1.30 Uhr) Ein paar Blocks vom Museum entfernt empfiehlt sich ein Drink in dieser Bar, die ein Stammlokal Hemingways war.

Tour Hemingway's Michigan (www.mihemingwaytour.org) Liefert weitere Infos für Touren auf eigene Faust.

zweite Fort der Insel. Wer will, macht einen Ausflug zum **Grand Hotel**, das sich einer Veranda rühmt, die fast bis nach Detroit reicht. Wenn man nicht im Grand übernachtet (mind. 280 US$/Nacht & Pers.), muss man 10 US$ berappen, um die Veranda betreten zu dürfen. Am besten bewundert man sie also von fern.

Fort Mackinac   HISTORISCHE STÄTTE
(906-847-3328; www.mackinacparks.com; Erw./Kind 12/7 US$; Juni–Aug. 9.30–18 Uhr, Mai & Sept.–Mitte Okt. bis 17 Uhr;) Fort Mackinac thront auf einem Kalksteinfelsen in der Nähe des Zentrums. Es wurde 1780 von den Briten errichtet und ist eines der am besten erhaltenen Forts des Landes. Kostümierte Darsteller sowie Kanonen- und Gewehrschüsse (alle 30 Min.) schinden vor allem bei den Kids mächtig Eindruck. Man sollte im Teezimmer einen Happen essen. Von den Tischen im Außenbereich hat man einen unvergleichlichen Blick auf die Innenstadt und die Straits of Mackinac.

Das Ticket für das Fort gilt auch für fünf weitere Museen der Stadt entlang der Market St, z. B. für das Dr. Beaumont Museum (hier führte der Arzt seine berühmten Experimente am Verdauungstrakt durch) und für den Benjamin Blacksmith Shop.

Mackinac Art Museum   MUSEUM
(7070 Main St; Erw./Kind 5,50/4 US$; Juni–Aug. 10–17.30 Uhr, Mai & Sept.–Mitte Okt. 10–16 Uhr) Zeigt indigene Kunst und andere Werke; wer ein Ticket für das Fort Mackinac hat, kommt gratis hinein.

Schlafen

Für Sommerwochenenden sind die Unterkünfte lang im Voraus ausgebucht. Von Juli bis Mitte August ist Hauptsaison. Auf der Website des Visitor Centers gibt's eine Liste mit Unterkünften. Campen ist auf der ganzen Insel verboten.

Die meisten Hotels und B & Bs verlangen für zwei Personen 210 US$ aufwärts. Vom Zentrum aus zu Fuß erreichbare Ausnahmen sind beispielsweise:

Bogan Lane Inn   B & B $$
(906-847-3439; www.boganlaneinn.com; Bogan Lane; Zi. 95–135 US$) Vier Zimmer mit Gemeinschaftsbad.

Cloghaun B&B   B & B $$
(906-847-3885; www.cloghaun.com; Market St; Zi. 114–199 US$; Mitte Mai–Ende Okt.;) Elf Zimmer, teilweise mit Gemeinschaftsbad.

Hart's B&B   B & B $$
(906-847-3854; www.hartsmackinac.com; Market St; Zi. 150–205 US$; Mitte Mai–Ende Okt.;) Neun Zimmer mit eigenen Bädern.

Essen & Ausgehen

Die bekanntesten Lokale auf der Insel sind Fudge-Shops. Widerstand ist zwecklos – sie benutzen Ventilatoren, um den verlockenden Duft auf die Huron St zu befördern. Hamburger- und Sandwichläden gibt's in der Innenstadt en masse.

JL Beanery Coffeehouse   CAFÉ $
(906-847-6533; Main St; Hauptgerichte 6–13 US$; 7–16 Uhr;) In dem Café am Wasser kann man Zeitung lesen, an einem dampfenden Kaffee nippen und dabei auf den See blicken. Leckeres Frühstück, tolle Sandwiches und Suppen.

Horn's Bar   BURGER, MEXIKANISCH $$
(906-847-6154; www.hornsbar.com; Main St; Hauptgerichte 11–19 US$; 10–2 Uhr) Horn's Saloon serviert amerikanische Burger und mexikanische Gerichte bei allabendlicher Liveunterhaltung.

Cawthorne's Village Inn   AMERIKANISCH $$
(906-847-3542; www.grandhotel.com; Hoban St; Hauptgerichte 19–24 US$; 11–22 Uhr) In diesem ganzjährig geöffneten Treffpunkt der Einheimischen mit Bar und Sitzbereich im Freien gibt es gegrillten Weißfisch, in der Pfanne gebratenen Barsch und anderes Getier (frisch aus dem See) sowie tolle Fleisch- und Pastagerichte. Es wird vom Grand Hotel betrieben.

Pink Pony   BAR
(www.pinkponybar.com; Main St; Mo–Sa 11–14, So 12–14 Uhr) Das herrlich verrückte Dekor sieht aus, als ob Barbie einen englischen Pub in ihrer Lieblingsfarbe eingerichtet hätte. Insgesamt wirkt der Laden recht touristisch, er ist aber dennoch sehr unterhaltsam. Hierfür sorgen auch Rockbands und eine Terrasse mit Traumblick. Betreiber ist das Chippewa Hotel.

Anreise & Unterwegs vor Ort

Drei Fährgesellschaften schippern ab Mackinaw City und St. Ignace hierher: **Arnold Line** (800-542-8528; www.arnoldline.com), **Shepler's** (800-828-6157; www.sheplersferry.com) und **Star Line** (800-638-9892; www.mackinacferry.com). Alle berechnen etwa dieselben Preise (hin & zurück Erw./Kind/Fahrrad 25/13/9 US$) und gewähren kleine Rabatte bei

DIE GROSSEN SEEN STRAITS OF MACKINAC

Onlinebuchung. Von Mai bis Oktober verkehren die Fähren mehrmals täglich. Sie erreichen ihr Ziel nach rund 20 Minuten; nur die Arnold Line ist etwas langsamer und daher auch günstiger. Alle drei Firmen haben Gratisparkplätze für Passagiere. Nach der Ankunft kann man die Insel per Pferdekutsche oder Leihfahrrad erkunden.

Upper Peninsula

Die Upper Peninsula (UP) ist eines der Highlights im Mittleren Westen. Sie ist wild und einsam, 90 % des Gebiets sind von Laubwäldern bedeckt. Gerade einmal 45 Meilen (72 km) Fernstraße durchqueren die Wälder, auf die sich eine Handvoll Städte verteilen. Marquette ist mit 21 000 Einwohnern die größte unter ihnen. Zwischen den Orten gibt es endlos lange Uferstreifen am Lake Huron, Lake Michigan und Lake Superior, malerische kleine Straßen und – Pasteten. Die Rezepte für die Pot Pies mit Fleisch und Gemüse wurden vor 150 Jahren von Bergarbeitern aus Cornwall mitgebracht.

Hier oben im Norden betritt man eine andere Welt. Die Bewohner der UP, die auch „Yoopers" genannt werden, sehen sich selbst eigentlich gar nicht wirklich als Einwohner Michigans – sie haben in der Vergangenheit gar schon damit gedroht, sich unabhängig zu machen.

Sault Ste. Marie & Tahquamenon Falls

Sault Ste. Marie (Sault wird „suu" ausgesprochen) wurde 1668 gegründet und ist die älteste Stadt Michigans und die drittälteste Stadt der USA. Sie ist durch ihre Schleusen bekannt, die 300 m lange Frachter die verschiedenen Wasserniveaus der Seen hoch- und runterhieven. Das **Soo Locks Park & Visitor Center** (312 W Portage Ave; ⊙ Mitte Mai–Mitte Okt. 9–21 Uhr) GRATIS befindet sich im Zentrum in der Portage Ave (I-75, Exit 394 und dann nach links). Dort gibt es Ausstellungen, Videovorführungen und Beobachtungsdecks, von denen aus man sehen kann, wie die Schiffe die rund 6,5 m Höhenunterschied zwischen dem Lake Superior und dem Lake Huron überwinden. Kneipen und Cafés säumen die Portage Ave. Im **Sault CVB** (www.saultstemarie.com) sind Infos und Broschüren erhältlich.

Die Top-Attraktion der östlichen UP liegt eine Autostunde westlich von Sault Ste. Marie und ist über Hwy 28 und Hwy 123 zu erreichen. Das Wasser der herrlichen **Tahquamenon Falls** hat eine Färbung, die an Tee erinnert. Die haben die Wasserfälle den Nadeln der flussaufwärts stehenden Hemlocktannen zu verdanken. Die Upper Falls im **Tahquamenon Falls State Park** (☎ 906-492-3415; 8 US$/Auto) sind 60 m breit und stürzen sich 15 m in die Tiefe. Sie begeistern so ziemlich jeden Schaulustigen, so auch Henry Wadsworth Longfellow, der sie in seinem Lied von *Hiawatha* erwähnte. Die Lower Falls sind eine Reihe von kleineren Wasserfällen, die man wunderbar in einem Ruderboot erkunden kann. In dem großen State Park gibt es tolle Camping- (Zelt- & Wohnmobilstellplätze 17–25 US$) und Wandermöglichkeiten – und als i-Tüpfelchen obendrauf eine Brauereikneipe unweit des Parkeingangs.

Nördlich des Parks, jenseits des kleinen Orts Paradise, befindet sich das faszinierende **Great Lakes Shipwreck Museum** (☎ 888-492-3747; www.shipwreckmuseum.com; 18335 N Whitefish Point Rd; Erw./Kind 13/9 US$; ⊙ Mai–Ende Okt. 10–18 Uhr), in dem man Gegenstände bewundern kann, die von gesunkenen Schiffen stammen. Dutzende Schiffe – darunter auch die *Edmund Fitzgerald*, über die Gordon Lightfoot sang – sind den übervollen Schifffahrtsstraßen und dem oft stürmischen Wetter zum Opfer gefallen, was der Gegend so nette Spitznamen wie „Schiffswrackküste" und „Friedhof der Großen Seen" einbrachte. Auf dem Gelände befinden sich außerdem ein Leuchtturm, den Präsident Lincoln persönlich in Auftrag gab, und ein Vogelobservatorium, an dem 300 Spezies vorbeiziehen. Wer den nebeligen Ort für sich allein haben möchte, kann im **Whitefish Point Light Station B&B** (☎ 888-492-3747; Zi. 150 US$; ⊙ Ende April–Anfang Nov.) übernachten. Hier gibt's fünf Zimmer im ehemaligen Quartier der Küstenwache.

Pictured Rocks National Lakeshore

Am wunderschönen Lake Superior liegt die **Pictured Rocks National Lakeshore** (www.nps.gov/piro), eine Reihe schroffer Klippen und Höhlen aus rotem und gelbem Sandstein, die blaue und grüne Mineralstoffe in ein gestreiftes Farbenmeer verwandelt haben. Die Rte 58 (Alger County Rd) führt 52 langsame Meilen (84 km) durch den Park – von **Grand Marais** im Osten nach **Munising** im Westen. Die Hauptsehenswürdigkeiten (von Osten nach Westen) sind: **Au Sable Point Lighthouse** (zu erreichen über einen 5 km langen Rundwanderweg, der an Schiffswracks vorbeiführt), der mit Achaten übersäte **Twelvemile Beach**, die **Chapel Falls** mit zahlreichen Wanderwegen und der **Miners Castle Overlook** mit seiner guten Aussicht.

Mehrere Boote starten in Munising. **Pictured Rock Cruises** (☏ 906-387-2379; www.picturedrocks.com; 100 W City Park Dr; 2½-stündige geführte Touren Erw./Kind 36/10 US$) legt am Pier in der Stadt ab und schippert an der Küste entlang zum Miners Castle. **Shipwreck Tours** (☏ 906-387-4477; www.shipwrecktours.com; 1204 Commercial St; 2-stündige geführte Touren Erw./Kind 32/12 US$; ◷ Ende Mai-Mitte Okt.) fährt in Glasbodenbooten zu gesunkenen Schonern.

Die **Grand Island** (www.grandislandup.com) gehört zum Hiawatha National Forest und ist flott von Munising aus mit der **Grand Island Ferry** (☏ 906-387-3503; hin & zurück Erw./Kind 15/10 US$; ◷ Ende Mai–Mitte Okt.) zu erreichen. Die Insel erkundet man dann am besten mit einem geliehenen Mountainbike (30 US$/Tag). Es gibt auch eine dreistündige Bus-Tour (Erw./Kind 15/5 US$). Der Fähranleger befindet sich am Hwy 28, ca. 4 Meilen (6 km) westlich von Munising.

In Munising gibt's eine Vielzahl von Motels – z. B. das ordentliche **Alger Falls Motel** (☏ 906-387-3536; www.algerfallsmotel.com; E9427 Hwy 28; Zi. 70–105 US$; ☎✱). Im **Falling Rock Cafe & Bookstore** (☏ 906-387-3008; www.fallingrockcafe.com; 104 E Munising Ave; Hauptgerichte 5–10 US$; ◷ So–Fr 9–20, Sa bis 22 Uhr; ☎) bekommt man Sandwiches zum Essen und Livemusik zum Hören.

Empfehlenswert ist auch der Aufenthalt im winzigen Grand Marais am Ostrand des Parks. Nachdem man sich in der rustikalen **Lake Superior Brewing Company** (☏ 906-494-2337; N14283 Lake Ave; Hauptgerichte 9–19 US$; ◷ 12–23 Uhr) mit einem Weißfisch-Sandwich und einem Bier für die kommenden Unternehmungen gestärkt hat, kann man es sich im **Hilltop Cabins and Motel** (☏ 906-494-2331; www.hilltopcabins.net; N14176 Ellen St; Zi. & Hütte 85–185 US$; ☎) gemütlich machen.

Marquette

Ab Munising führt der Hwy 28 in Richtung Westen dicht am Lake Superior entlang. Strände, Parks und Rastplätze laden an diesem wunderschönen Straßenabschnitt überall zum Genießen der Landschaft ein. Nach 45 Meilen (72 km) erreicht man dann

---

NICHT VERSÄUMEN

DA YOOPERS TOURIST TRAP

Man hüte sich vor Big Gus (größte Kettensäge des Planeten) und Big Ernie (größtes Gewehr der Welt): Im **Da Yoopers Tourist Trap and Museum** (☏ 906-485-5595; www.dayoopers.com; ◷ Mo–Sa 9–20, So 9–18 Uhr) GRATIS regiert der Kitsch. Der hauseigene Shop verkauft Souvenirs, die es nur auf der Upper Pensinula gibt (z. B. Elchkrawatten aus Polyester, Windspiele aus Bierdosen). Hinter Ishpeming liegt das Ganze rund 15 Meilen (24 km) westlich von Marquette am Hwy 28/41.

---

das oft verschneite Marquette, wo viele Outdoor-Aktivitäten warten.

In einem Blockhaus am Rand des Städtchen befindet sich das **Visitor Center** (2201 US 41; ◷ 9–17.30 Uhr), wo es Broschüren zu örtlichen Wanderwegen und Wasserfällen gibt.

Der leicht zu meisternde **Sugarloaf Mountain Trail** und der anspruchsvollere, wilde **Hogsback Mountain Trail** punkten jeweils mit weiter Aussicht. Zu beiden Wegen gelangt man ab der County Rd 550 gleich nördlich von Marquette. Die hohen Felsen des **Presque Isle Park** in der eigentlichen Stadt laden zum Genießen des Sonnenuntergangs ein. Der **Noquemanon Trail Network** (www.noquetrails.org) ist ein heißer Tipp für Mountainbiker und Skilangläufer. Ebenfalls großartig sind die regionalen Möglichkeiten zum Kajakfahren. Die wichtigsten Details dazu gibt's bei **Down Wind Sports** (www.downwindsports.com; 514 N Third St; ◷ Mo–Fr 10–19, Sa 10–17, So 11–15 Uhr), wo Besucher auch Infos zu anderen Abenteuer-Aktivitäten (z. B. Fliegenfischen, Surfen, Eisklettern) bekommen.

Marquette eignet sich perfekt, um ein paar Tage zu bleiben und die zentrale Upper Peninsula zu erkunden. Für Traveller mit kleinem Geldbeutel empfiehlt sich das **Value Host Motor Inn** (☏ 906-225-5000; 1101 US 41 W; Zi. 65–75 US$; ✱☎) ein paar Kilometer westlich der Stadt. Das **Landmark Inn** (☏ 906-228-2580; www.thelandmarkinn.com; 230 N Front St; Zi. 179–229 US$; ✱☎) im Zentrum befindet sich in einem historischen Gebäude am Seeufer, in dem es angeblich spuken soll. Weitere Unterkünfte werden unter www.travelmarquettemichigan.com aufgeführt.

Die örtliche Spezialität – Pie mit Fleisch und Gemüse – lässt sich am besten im **Jean**

Kay's Pasties & Subs (www.jeankayspasties.com; 1635 Presque Isle Ave; Gerichte 5–7,50 US$; ☉ Mo–Fr 11–21, Sa & So 11–20 Uhr) probieren. Eine Wellblechhütte am unteren Ende der Main St beherbergt Marquettes letztes kommerzielles Fischreiunternehmen: **Thill's Fish House** (☎ 906-226-9851; 250 E Main St; Gerichte 4–9 US$; ☉ Mo–Fr 8–17.30, Sa 9–16 Uhr) bringt täglich reiche Beute an Land und serviert z. B. leckere geräucherte Felchenwurst. Bierfans und Mountainbiker treffen sich in der **Blackrocks Brewery** (www.blackrocksbrewery.com; 424 N Third St; ☉ Mo–Do 16–23, Fr & So 12–23 Uhr), die sich in einem coolen renovierten Haus im Zentrum befindet.

Isle Royale National Park

Im **Isle Royale National Park** (www.nps.gov/isro; Gebühr 4 US$/Tag; ☉ Mitte Mai–Okt.) gibt es weder Autos noch Straßen. So ist die 545 km² große Insel im Lake Superior mit Sicherheit der richtige Ort, wenn man auf der Suche nach Ruhe und Frieden ist. Hierher kommen im ganzen Jahr weniger Besucher als in den Yellowstone National Park an einem einzigen Tag. Das bedeutet, dass man die 1200 Elche, die durch den Wald schleichen, ganz für sich allein hat.

Durch die Insel zieht sich ein insgesamt 265 km langes Netz von Wanderwegen, das Dutzende von Campingplätzen am Lake Superior und an den Seen im Inselinneren miteinander verbinden. Für dieses Abenteuer in der Wildnis muss man mit Zelt, Campingkocher, Schlafsäcken, Essen und einem Wasserfilter anrücken. Wenn nicht, dann ist man zwar ein Weichei, kann aber in der **Rock Harbor Lodge** (☎ 906-337-4993; www.isleroyaleresort.com; Zi & Cottage 224–256 US$; ☉ Ende Mai–Anfang Sept.) übernachten.

Vom Anleger vor der **Hauptverwaltung des Parks** (800 E Lakeshore Dr) in Houghton startet die **Ranger III** (☎ 906-482-0984) dienstags und freitags um 9 Uhr für eine sechs Stunden lange Bootstour (hin & zurück Erw./Kind 126/46 US$) nach Rock Harbor am Ostende der Insel. Die **Isle Royale Seaplanes** (☎ 877-359-4753; www.isleroyaleseaplanes.com) haben einen schnelleren Trip im Angebot und fliegen in nur 30 Minuten vom Houghton County Airport nach Rock Harbor (hin & zurück 310 US$). Man kann auch die 50 Meilen (80 km) auf der Keweenaw Peninsula nach Copper Harbor hinauffahren (eine wunderschöne Fahrt) und dort an Bord der **Isle Royale Queen** (☎ 906-289-4437; www.isleroyale.com) gehen. Sie startet um

8 Uhr zu ihrer dreistündigen Überfahrt (hin & zurück Erw./Kind 130/65 US$). In der Hauptsaison von Ende Juli bis Mitte August fährt sie normalerweise täglich. Wer ein Kajak oder Kanu mit auf die Fähre nehmen will, muss dafür hin & zurück 50 US$ extra zahlen und die Überfahrt lang im Voraus buchen. Auch von Grand Portage, MN (s. S. 679), kann zur Isle Royale kommen.

Porcupine Mountains Wilderness State Park

Michigans größter State Park mit seinem 145 km langen Wanderwegnetz ist eine weitere Hauptattraktion der Upper Peninsula und viel leichter erreichbar als Isle Royale. Die sogenannten „Porkies" sind so steil, dass vorbeiziehende Holzfäller die Region zu Beginn des 19. Jhs. weitestgehend verschonten. So erstreckt sich hier bis heute das größte unberührte Waldgebiet zwischen den Rocky Mountains und den Adirondacks.

Von Silver City führt der Hwy 107 westwärts zum **Porcupine Mountains Visitor Center** (☎ 906-885-5275; www.michigan.gov/porkies vc; 412 S Boundary Rd; ☉ Mitte Mai–Mitte Okt. 10–18 Uhr), das Zufahrtgenehmigungen (Tag/Jahr 9/31 US$) und Campinglizenzen für die Wildnis verkauft (1–4 Pers. 15 US$/Übern.). Vom Aussichtspunkt am Ende des Hwy 107 schaut man aus etwa 90 m Höhe auf den atemberaubenden **Lake of the Clouds**.

Auch der Winter bringt Betrieb in die Porkies. Hierfür sorgen eine Abfahrt mit 240 m Höhenunterschied und ein 42 km langes Netz von Langlaufloipen. Das **Skigebiet** (☎ 906-885-5209; www.porkiesfun.com) informiert über Bedingungen und Preise.

Die rustikalen **Hütten** (☎ 906-885-5275; www.mi.gov/porkies; Hütte 65 US$) des Parks sind perfekt für Fans von Wildnisabenteuern: Nutzer müssen jeweils dorthin wandern (1,6–6,4 km), ihr Wasser selbst erhitzen und Plumpsklos benutzen. Eine weitere gute Ausgangsbasis ist das **Sunshine Motel & Cabins** (☎ 906-884-2187; www.ontonagonmi.com; 24077 Hwy 64; Zi 60 US$, Hütte 68–120 US$; ☎☎), das 3 Meilen (4,8 km) westlich von Ontonagon liegt.

WISCONSIN

Wisconsin is(s)t Käse und stolz darauf. Die Kühe des US-Staats geben Milch für knapp 1,2 Mrd. kg Cheddar, Gouda und ähnliche Köstlichkeiten – das ist ein Viertel aller Laibe, die in den USA entstehen. Auf den hiesigen Nummernschildern steht mit Würde „Dairy State" (Staat der Molkereien). Die Leute hier nennen sich sogar selbst „Käseköpfe" und betonen das noch, indem sie zu besonderen Gelegenheiten – vor allem bei den Footballspielen der Green Bay Packers – Schaumgummihüte in der Form von Käsestücken tragen.

An die Sache mit dem Käse muss man sich also gewöhnen, denn es kann ja gut sein, dass man länger bleibt. Wisconsin hat unendlich viel zu bieten: schroffe Klippen und die Leuchttürme von Door County, Kajaktouren durch Brandungshöhlen im Apostle Islands National Lakeshore, das Cow Chip Throwing entlang der US 12 sowie viel Bier, Kunst und Feste in Milwaukee und Madison.

ℹ Praktische Informationen

Travel Green Wisconsin (www.travelgreenwisconsin.com) Bestätigt Unternehmen ihre Umweltfreundlichkeit. Eingestuft wird nach Abfallreduzierung, Energieeffizienz und sieben weiteren Kategorien.

Wisconsin B & B Association (www.wbba.org)

Wisconsin Department of Tourism (☏ 800-432-8747; www.travelwisconsin.com) Produziert eine Menge kostenloser Führer zu Themen wie Vogelbeobachtung, Radfahren, Golf oder Landstraßen. Eine kostenlose App gibt's auch.

Verkehrsinformationen für Wisconsin (☏ 511; www.511wi.gov)

Wisconsin Milk Marketing Board (www.eatwisconsincheese.com) In der kostenlosen Karte *A Traveler's Guide to America's Dairyland* sind alle Käsereien des Bundesstaats verzeichnet.

Wisconsin State Park Information (☏ 608-266-2181; www.wiparks.net) Für Parkbesuche benötigt man eine Fahrzeugerlaubnis (Tag/Jahr 10/35 US$). Stellplätze kosten zwischen 14 und 25 US$; **Reservierungen** (☏ 888-947-2757; www.wisconsinstateparks.reserveamerica.com; Gebühr 10 US$) sind möglich.

Milwaukee

Milwaukee ist cool, aber aus irgendeinem Grund will das keiner zugeben. Ja, der Ruf als Arbeiterstadt mit Brauereien, Bowlingbahnen und Polkahallen eilt ihr noch voraus, doch Sehenswürdigkeiten wie das von Calatrava entworfene Kunstmuseum, das hammerharte Harley-Davidson Museum und die eleganten Restaurant- und Shoppingviertel haben aus der größten Stadt Wisconsins einen überraschend fetzigen Ort gemacht. Im Sommer sorgen fast jedes Wo-

---

KURZINFOS WISCONSIN

Spitznamen Badger State, America's Dairyland

Bevölkerung 5,8 Mio.

Fläche 169 644 km²

Hauptstadt Madison (243 000 Ew.)

Weitere Städte Milwaukee (599 000 Ew.)

Verkaufssteuer 5 %

Geburtsort von Schriftstellerin Laura Ingalls Wilder (1867–1957), Architekt Frank Lloyd Wright (1867–1959), Malerin Georgia O'Keeffe (1887–1986), Schauspieler Orson Welles (1915–1985), Gitarrenbauer Les Paul (1915–2009)

Heimat von Packer-Fans (alias „Cheeseheads"), Milchviehfarmen, Wasserparks

Politische Ausrichtung überwiegend demokratisch

Berühmt für Brauereien, handgemachten Käse, die landesweit erste Anerkennung von Schwulenrechten

Offizieller Tanz Polka

Entfernungen Milwaukee–Minneapolis 336 Meilen (541 km), Milwaukee–Madison 80 Meilen (129 km)

---

chenende Feste am See für Stimmung. Und wo sonst auf dieser Welt kann man schon rasende Würste sehen?

Geschichte

Deutsche waren in den 1840er-Jahren die ersten Siedler in Milwaukee. Viele von ihnen gründeten kleine Brauereien, doch erst ein paar Jahrzehnte später wurde der Gerstensaft durch die Einführung der Brautechnologie in großem Maßstab ein wichtiger Industriezweig der Stadt. In den 1880er-Jahren, als Schlitz, Blatz, Miller und 80 weitere Brauereien hier ihr Bier produzierten, bekam Milwaukee seine Spitznamen „Brew City" (Brauereistadt) und „Nation's Watering Hole" (Kneipe der Nation). Heute ist nur noch Miller von den großen Brauereien übrig, aber die Kleinbrauereien sind wieder im Kommen.

◉ Sehenswertes & Aktivitäten

Östlich der Stadt säumen Parks das Ufer des Lake Michigan. Im Zentrum verläuft der

Riverwalk auf beiden Seiten des Milwaukee River.

⭐ Harley-Davidson Museum · MUSEUM
(☎877-436-8738; www.h-dmuseum.com; 400 W Canal St; Erw./Kind 20/10 US$; ☺Mai–Sept. Fr–Mi 9–18, Do 9–20 Uhr, Okt.–April ab 10 Uhr)) Hunderte von Feuerstühlen (u. a. die protzigen Maschinen von Elvis und Evel Knievel) zeigen hier die Entwicklung der Motorradstile im Lauf der Jahrzehnte auf. In der Experience Gallery im Erdgeschoss können sich Besucher auf verschiedene Bikes schwingen und „Rockerfotos" schießen lassen. Auch wer selbst nicht Motorrad fährt, wird seinen Spaß an den interaktiven Ausstellungen und wild aussehenden Besucherscharen in Lederkluft haben.

Alles begann 1903, als die Schulfreunde William Harley und Arthur Davidson aus Milwaukee ihr erstes Motorrad bauten und verkauften. Ein Jahrhundert später sind die mächtigen Maschinen zum stolzen Symbol amerikanischer Fabrikation geworden. Das Museum befindet sich in einem weitläufigen Industriegebäude gleich südlich vom Zentrum.

Harley-Davidson Plant · FÜHRUNG
(☎877-883-1450; www.harley-davidson.com/experience; W156 N9000 Pilgrim Rd; 30-minütige Führungen frei; ☺Mo 9–14 Uhr) Motorradfans können im Vorort Menomonee Falls jene Fabrik besuchen, in der die berühmten Maschinen gebaut werden. Neben der kostenlosen Führung am Montag finden im Sommer mittwochs, donnerstags und freitags längere Touren statt, aber nur als Teil eines Komplettangebots, das man im Museum kaufen kann (46 US$/Person inkl. Führung, Museumseintritt und Fahrt zwischen Museum und Fabrik).

AMERIKAS BOWLING-HAUPTSTADT

In Milwaukee wird man wohl auch mal bowlen wollen: Einst gab es hier über 200 Bowlingbahnen. Viele davon haben bis heute in alten Kneipen überlebt. **Landmark Lanes** (www.landmarklanes.com; 2220 N Farwell Ave; 3,50–4 US$/Spiel; ☺Mo–Do 17–24, Fr & Sa 12–1, So bis 24 Uhr; ☎) betreibt 16 abgenutzte Bahnen im historischen Oriental Theater von 1927. Eine Spielhalle, drei Bars und spottbilliges Bier runden das Ganze passend ab.

Milwaukee Art Museum · MUSEUM
(☎414-224-3200; www.mam.org; 700 N Art Museum Dr; Erw./Kind 15/12 US$; ☺10–17, Do 10–20 Uhr, Sept.–Mai Mo geschl.) Diese Institution am Seeufer muss man gesehen haben: Ein atemberaubender Pavillon nach einem Entwurf von Santiago Calatrava öffnet und schließt hier täglich seine „Flügel" (10, 12 & 17, Do 20 Uhr) – ein toller Anblick, der von der vorgelagerten Hängebrücke aus am eindrucksvollsten ist. Im Inneren des Museums gibt's u. a. tolle Volkskunst, *outsider art* (Werke von Autodidakten) und eine große Sammlung mit Gemälden von Georgia O'Keeffe zu sehen. Seit der Renovierung im Jahr 2015 sind auch noch Ausstellungen zu den Bereichen Fotografie und neue Medien hinzugekommen.

Miller Brewing Company · BRAUEREI
(☎414-931-2337; www.millercoors.com/milwaukee-brewery-tour; 4251 W State St; ☺Juni–Aug. Mo–Sa 10.30–16.30, So 10.30–15.30 Uhr, Sept.–Mai nur Mo–Sa bis 15.30 Uhr) GRATIS Pabst und Schlitz sind längst weggezogen, doch Miller bewahrt Milwaukees Biererbe. Legionen von Gerstensaftfans stehen hier für Gratisführungen an. Auch wenn das Bier aus Massenproduktion vielleicht nicht jedermanns Geschmack ist, beeindruckt die Fabrik doch allein durch ihre Dimensionen: Besucher besichtigen u. a. das Verpackungswerk, wo 2000 Dosen pro Minute abgefüllt werden. Im Lagerhaus warten 500 000 Kästen auf ihren Abtransport. Und am Ende jeder Tour gibt's eine großzügige Verkostung mit drei Proben in voller Größe. Ausweis nicht vergessen!

Lakefront Brewery · BRAUEREI
(☎414-372-8800; www.lakefrontbrewery.com; 1872 N Commerce St; 1-stündige Führungen 8 US$; ☺Mo–Do 11–20, Fr bis 21, Sa 9–21, So 10–17 Uhr) Die beliebte Lakefront Brewery liegt gegenüber der Brady St auf der anderen Flussseite und bietet nachmittags Führungen an. Doch die beste Zeit für einen Besuch ist der Freitagabend, denn dann gibt's ein *fish fry*: 16 verschiedene Biersorten und eine Polkaband, die für Stimmung sorgt. Die Führungen beginnen je nach Wochentag zu unterschiedlichen Zeiten, um 14 und 15 Uhr findet aber eigentlich immer eine statt.

Discovery World at Pier Wisconsin · MUSEUM
(☎414-765-9966; www.discoveryworld.org; 500 N Harbor Dr; Erw./Kind 18/14 US$; ☺Mo–Fr 9–16, Sa & So 10–17 Uhr, Sept.–März geschl.; ☎) Das Wissenschafts- und Technikmuseum am Seeufer begeistert mit seinen Süß- und

Salzwasseraquarien vor allem Kinder – man darf Haie und Störe berühren. Außerdem liegt hier im Hafen noch ein Dreimast-Schoner, den man besichtigen kann (2-stündige Segeltour 40 US$/Pers.). Erwachsenen werden die Gitarren und Soundanlagen des in Wisconsin geborenen Les Paul gefallen.

Lakefront Park
PARK

Der an den Lake Michigan grenzende Park eignet sich toll zum Spazierengehen, Radfahren und Inlineskaten. Hier ist auch der Bradford Beach, an dem man wunderbar schwimmen und faulenzen kann.

Feste & Events

Summerfest
MUSIK

(www.summerfest.com; Tageskarte 19 US$; ⊙ Ende Juni–Anfang Juli) Dieses Fest wird als das „größte Musikfest der Welt" bezeichnet. Und tatsächlich bevölkern an elf Tagen Hunderte von Rock-, Blues-, Jazz-, Country- und Alternativ-Bands die zehn Bühnen. Dann geht auf dem Festivalplatz am See die Post ab. Das Solo-Konzert kostet extra.

Weitere tolle Veranstaltungen, die an Sommerwochenenden im Zentrum stattfinden, sind z. B. das **Pride-Fest** (www.pridefest.com; ⊙ Mitte Juni), **Polish Fest** (www.polishfest.org; ⊙ Mitte Juni), **German Fest** (www.germanfest.com; ⊙ Ende Juli) und das **Irish Fest** (www.irishfest.com; ⊙ Mitte Aug.)

Schlafen

Die genannten Preise beziehen sich auf den Sommer, also die Hauptsaison, für die man im Voraus buchen sollte. Die Steuer (15,1 %) ist in den angegebenen Zimmerpreisen nicht enthalten. Leute mit kleiner Reisekasse können in einem der preiswerten Kettenhotels weiter im Süden (in der Howell Ave unweit des Flughafens) übernachten.

County Clare Irish Inn
INN $$

(☎ 414-272-5273; www.countyclare-inn.com; 1234 N Astor St; Zi. 129–159 US$; P ❄ 🛜) Ein echtes Juwel in der Nähe des Seeufers. In den Zimmern, die mit Himmelbetten, weiß getäfelten Wänden und Whirlpools ausgestattet sind, herrscht die gemütliche Atmosphäre eines irischen Cottages. Es gibt kostenlose Parkplätze, kostenloses Frühstück und eine Kneipe, die natürlich Guinness ausschenkt.

★ Brewhouse Inn & Suites
HOTEL $$

(☎ 414-810-3350; www.brewhousesuites.com; 1215 N 10th St; Zi. 199–249 US$; P ❄ @ 🛜) 2013 eröffnet dieses Hotel im toll reno-

---

NICHT VERSÄUMEN

DER BRONZE FONZ

Der **Bronze Fonz** (Ostseite des Riverwalk) steht gleich südlich der Wells St im Zentrum und soll Milwaukees meistfotografierte Attraktion sein. Der Fonz (alias Arthur Fonzarelli) war eine Figur der 1970er-Jahre-Fernsehserie *Happy Days*, die vor Ort spielt. Mal ehrlich: Ist seine blaue Hose eher „hui" oder „pfui"?

---

vierten Komplex der alten Pabst Brewery. Die 90 großen Zimmer im Steampunk-Stil warten jeweils mit Kochgelegenheit und Gratis-WLAN auf. Der Preis beinhaltet ein europäisches Frühstück; Parken kostet 26 US$. Das Brewhouse liegt am äußersten Westrand der Innenstadt; zu Fuß sind's etwa 800 m bis zur belebten Old World 3rd St und gute 3,2 km bis zum Festivalgelände.

Iron Horse Hotel
HOTEL $$$

(☎ 888-543-4766; www.theironhorsehotel.com; 500 W Florida St; Zi. 220–320 US$; P ❄ 🛜) Das Boutiquehotel in der Nähe des Harley Museums ist auf Motorradfreaks zugeschnitten. Für Bikes gibt's überdachte Parkplätze. In den meisten der loftartigen Zimmer sind die Pfosten-Riegel-Konstruktionen und das frei liegende Mauerwerk der ehemaligen Bettenfabrik sichtbar. Parken kostet 30 US$.

Essen

Gute Gegenden für die Restaurantsuche sind z. B. die deutsch angehauchte Old World 3rd St im Zentrum oder die hippe, multikulturelle Brady St an der Kreuzung mit der N Farwell Ave. Ebenfalls interessant ist der Third Ward, dessen viele Gastropubs die N Milwaukee St südlich der I-94 säumen.

★ Comet Cafe
AMERIKANISCH $

(☎ 414-273-7677; www.thecometcafe.com; 1947 N Farwell Ave; Hauptgerichte 8–13 US$; ⊙ Mo–Fr 10–22, Sa & So 9–22 Uhr; 🍴) Im Comet treffen Studenten, junge Familien und ältere Paare auf bärtige Tattoo-Typen. Serviert werden hier z. B. Mac and Cheese, Katerbrunch, veganes Gyros oder Hackbraten mit Sauce. Auf der einen Seite ist eine Bar (schenkt Regionalbiere aus), auf der anderen ein Diner-Bereich mit Retro-Sitznischen. Unbedingt einen der riesigen Cupcakes als Nachtisch wählen!

Milwaukee Public Market
MARKT $

(☎ 414-336-1111; www.milwaukeepublicmarket.org; 400 N Water St; ⊙ Mo–Fr 10–20, Sa 8–19, So 10–18

DIE GROSSEN SEEN MILWAUKEE

DIE GROSSEN SEEN WISCONSIN

NICHT VERSÄUMEN

RENNENDE WÜRSTE

Natürlich sieht man nach ein paar Stadionbieren schon mal seltsame Dinge. Doch eine Gruppe riesiger Würste, die am Rand des Miller Park um die Wette läuft? In der Mitte des sechstens Innings ist das keine Halluzination – denn dann sprinten die berühmten „Racing Sausages" (Rennende Würste; fünf verkleidete Personen) um das Spielfeld herum, um den Fans einzuheizen. Wer sich mit dererlei Fleischwaren nicht auskennt: Um die Publikumsgunst buhlen Brat (Bratwurst), Polish Sausage (polnische Wurst), Italian Sausage (italienische Wurst), Hot Dog und Chorizo.

Uhr; 🐾) Befindet sich im Third Ward und offeriert überwiegend Käse, Schokolade, Bier, Tacos und Frozen Custard. Verzehren kann man alles oben, wo es Tische, kostenloses WLAN und Secondhandbücher für 1 US$ gibt.

Leon's EIS $
(☑ 414-383-1784; www.leonsfrozencustard.us; 3131 S 27th St; Snacks 1,50–4 US$; ⊙ 11–24 Uhr) Der von Neonlicht erhellte Drive-in aus den 1950er-Jahren spezialisiert sich auf Frozen Custard, eine örtliche Spezialität, die Eis ähnelt, aber feiner und gehaltvoller ist. Nur Barzahlung.

Ardent MODERN-AMERIKANISCH $$$
(☑ 414-897-7022; www.ardentmke.com; 1751 N Farwell St; kleine Gerichte 11–16 US$; ⊙ Mi–Sa 18–22 Uhr) Milwaukees Feinschmecker bekommen weiche Knie, wenn sie den Geruch der hiesigen Küche wahrnehmen: Die ständig wechselnden Gerichte mit frischen Zutaten vom Bauernhof sind bereits für den Beard Award nominiert worden. Um den Magen anständig zu füllen, muss man mindestens zwei der recht kleinen Portionen bestellen. Der winzige Speiseraum mit Schummerlicht animiert Abendgäste zum längeren Verweilen. Reservierung ist ratsam. Freitags und samstags öffnet das Lokal um 23.30 Uhr erneut, um endlose Warteschlangen mit Ramen-Nudeln zu verköstigen.

🍷 Ausgehen & Unterhaltung

Bars
In Milwaukee gibt es nach New Orleans, das um Haaresbreite vorn liegt, landesweit die meisten Bars pro Einwohner. Viele befinden

sich rund um die N Water St und die E State St im Zentrum sowie im Third Ward. Bars und Kneipen sind bis 2 Uhr offen.

Best Place BAR
(www.bestplacemilwaukee.com; 901 W Junau Ave; ⊙ Mo & Mi 12–18, Do bis 22, Fr & Sa 10.30–22, So bis 18 Uhr) In dieser kleinen Taverne im früheren Hauptsitz der Pabst Brewery kann man es den Einheimischen gleichtun und Bier oder große Whiskeys trinken. Ein Kamin erwärmt den gemütlichen Raum aus dunklem Holz, und die Wände zieren Bilder, die die Geschichte von Pabst darstellen. Die Mitarbeiter veranstalten täglich Führungen (8 US$, inkl. 0,5 l Pabst/Schlitz vom Fass) durch das Gebäude.

Uber Tap Room BAR
(www.ubertaproom.com; 1048 N Old 3rd St; ⊙ So–Mi 11–20, Do bis 22, Fr & Sa bis 23 Uhr) Die Bar ist touristisch, liegt mitten in der Old World 3rd St und grenzt an den Wisconsin Cheese Mart – doch es ist ein hervorragender Ort, um Spezialitäten zu kosten, darunter 30 Biere vom Fass oder Käse aus den Käsereien des Bundesstaates. Thementeller (würziger Käse, stinkender Käse etc.) kosten 11 bis 14 US$.

Palm Tavern BAR
(2989 S Kinnickinnic Ave; ⊙ Mo–Sa 17–2, So ab 19 Uhr) Die gemütliche, jazzige Bar im jugendlichen Stadtteil Bay View serviert eine riesige Auswahl an Bier (darunter viele belgische Sorten) und schottischen Single-Malts.

Kochanski's Concertina Beer Hall BAR
(www.beer-hall.com; 1920 S 37th St; ⊙ Mi–Sa 18–2, So ab 13 Uhr; 🐾) Abends beherrschen live Polka und Rockabilly das kitschige Kochanski's, dessen Bierauswahl von Schlitz über polnische Fassbiere bis hin zu Bieren aus Wisconsin reicht. Es liegt 5 Meilen (8 km) südwestlich vom Zentrum.

Sport
Miller Park BASEBALL
(www.brewers.com; 1 Brewers Way) Im berühmten Miller Park spielen die Brewers Baseball. Das Stadion ist mit einem einziehbaren Dach, echtem Gras und „Rennenden Würsten" den Besuch wert. Es befindet sich in der Nähe der S 46th St.

Bradley Center BASKETBALL
(www.nba.com/bucks; 1001 N 4th St) Das NBA-Team Milwaukee Bucks versenkt hier die Bälle.

ℹ Praktische Informationen

Im Viertel East Side nahe der University of Wisconsin-Milwaukee gibt's mehrere Cafés mit Gratis-WLAN.

Froedtect Hospital (☑ 414-805-3000; 9200 W Wisconsin Ave)

Milwaukee Convention & Visitors Bureau (☑ 800-554-1448; www.visitmilwaukee.org) Touristeninformation.

Milwaukee Journal Sentinel (www.jsonline. com) Örtliche Tageszeitung.

On Milwaukee (www.onmilwaukee.com) Aktuelle Online-Infos zu Restaurants und Unterhaltungsoptionen.

Quest (www.quest-online.com) Eventmagazin für die GLBT-Szene.

Shepherd Express (www.expressmilwaukee. com) Alternatives Gratis-Wochenblatt.

ℹ Anreise & Unterwegs vor Ort

Der **General Mitchell International Airport** (MKE; www.mitchellairport.com) liegt 8 Meilen (13 km) südlich der Innenstadt. Dorthin fahren Taxis (33 US$) und die öffentliche Buslinie 80 (2,25 US$).

Die **Lake Express Ferry** (☑ 866-914-1010; www.lake-express.com; einfache Strecke Erw./ Kind/Auto ab 86,50/30/91 US$; ⊙ Mai–Okt.) schippert hinüber nach Muskegon und bietet so bequemen Zugang zu den vielen Stränden an Michigans Gold Coast. Das Terminal liegt ein paar Kilometer südlich von Milwaukees Zentrum.

Badger Bus (☑ 414-276-7490; www.badger bus.com; 635 N James Lovell St) fährt nach Madison (20 US$, 2 Std.). **Greyhound** (☑ 414-272-2156; 433 W St Paul Ave) und **Megabus** (www. megabus.com/us; 433 St Paul Ave) schicken regelmäßig Busse nach Chicago (2 Std.) und Minneapolis (6½–7 Std.). Beide Firmen nutzen dasselbe Terminal; Megabus ist oft günstiger.

Mit dem *Hiawatha* der **Amtrak** (☑ 414-271-0840; www.amtrakhiawatha.com; 433 W St Paul Ave) besteht Vebindung nach und ab Chicago (24 US$, 1½ Std., 7-mal tgl.). Der Zug hält am Flughafen und am Bahnhof in der Innenstadt, zu dem auch das Gemeinschaftsterminal von Greyhound und Megabus gehört.

Das **Milwaukee County Transit System** (www.ridemcts.com; Einzelfahrt 2,25 US$) betreibt die örtlichen Stadtbusse. Linie 31 fährt zur Miller Brewery, Linie 90 zum Miller Park.

Milwaukees neues Bikesharing-Programm namens **Bublr Bikes** (www.bublrbikes.com; 3 US$/30 Min.) betreibt um die elf Verleihstationen im Stadtzentrum (u. a. am Busbahnhof/Bahnhof und am Public Market).

Wer ein Taxi braucht, ruft bei **Yellow Cab** (☑ 414-271-1800) an.

Madison

Madison bekommt viel Lob zu hören – es ist eine Stadt, in der man hervorragend umherschlendern oder auf der Straße Rad fahren kann. Sie ist am vegetarier-, schwulen- und umweltfreundlichsten – und überhaupt: Sie ist die rundum freundlichste Stadt der USA. Sie versteckt sich auf einer schmalen Landenge zwischen dem Mendota Lake und dem Monona Lake und ist eine nette Mischung aus der kleinen, grünen Hauptstadt eines US-Staats und einer liberalen, gelehrten Umstadt. Seit Jahren schon gibt's hier eine beeindruckende Gourmet-/Locavorenszene.

⊙ Sehenswertes & Aktivitäten

Die State St verläuft vom Capitol Richtung Westen zur University of Wisconsin. Die Fußgängerzone säumen Cafés, die Fair-Trade-Kaffee servieren, parkende Fahrräder und nach Weihrauch duftende Läden, in denen es Hacky Sacks und indische Röcke gibt.

Chazen Museum of Art
MUSEUM

(www.chazen.wisc.edu; 750 University Ave; ⊙ Di, Mi & Fr 9–17, Do bis 21, Sa & So 11–17 Uhr) `GRATIS` Das Kunstmuseum der Universität ist nicht nur einfach fabelhaft, sondern seit der jüngsten Erweiterung auch riesig und um ein paar Klassen besser als ein typisches Campus-Museum. Die größten Schätze der Sammlung, die viele Genres umfasst, befinden sich in der dritten Etage und reichen von niederländischen Alten Meistern bis hin zu Porzellanvasen der Qing-Dynastie, Skulpturen von Picasso und Pop-Art von Andy Warhol. Von September bis Mitte Mai finden sonntags kostenlose Konzerte und Kinovorführungen statt.

Monona Terrace
ARCHITEKTUR

(www.mononaterrace.com; 1 John Nolen Dr; ⊙ 8–17 Uhr) Frank Lloyd Wright entwarf dieses coole halbrunde Bauwerk bereits im Jahr 1938, es wurde jedoch erst 1997 fertiggestellt. Den Grund dafür erfahren Besucher bei den einstündigen Führungen (5 US$), die von Mai bis Oktober (den Rest des Jahres Fr–Mo) täglich um 13 Uhr beginnen. Das Gebäude ist ein Stadtteilzentrum, das kostenlose Yogastunden und abendliche Konzerte veranstaltet; die aktuellen Termine sind auf der Website zu finden. Vom Garten und dem Café auf dem Dach bieten sich weite Blicke über den See.

AUF ZWEI RÄDERN DURCH WISCONSIN

Wisconsin hat eine eindrucksvolle Anzahl von stillgelegten Bahnstrecken in asphaltierte Radwege verwandelt, die z. B. Brücken, Hügel, Wiesen und alte Tunnel passieren. Wo auch immer man sich gerade in diesem US-Staat aufhält: Eine reizvolle Route ist wohl nie weit entfernt. Infos dazu liefert der **Wisconsin Biking Guide** (Download unter www. travelwisconsin.com, auf Travel Resources und Order Guides klicken). Am schönsten sind der **400 State Trail** (www.400statetrail.org) und der **Elroy–Sparta Trail** (www.elroy-sparta-trail. com).

Drahtesel lassen sich in den Orten am Anfang der Routen ausleihen. Genehmigungen für dieStreckennutzung (Tag/Jahr 4/20 US$) gibt's bei regionalen Geschäften oder per Ausgabekasten am jeweiligen Startpunkt.

Dane County Farmers Market   MARKT
(www.dcfm.org; Capitol Sq; ⊙ Ende April–Anfang Nov. Sa 6–14 Uhr) 🖋 Samstags verwandelt sich der Capitol Sq in einen Lebensmittelbasar. Der Markt, einer der größten des Landes, ist für seine meisterlich hergestellten Käse- und Brotsorten berühmt. Im Winter zieht er in verschiedene andere Standorte um.

State Capitol   GEBÄUDE
(☑ 608-266-0382, 2 E Main St; ⊙ Mo–Fr 8–18, Sa & So bis 16 Uhr) GRATIS Das Capitol mit seinem x-förmigen Grundriss ist das größte außerhalb von Washington, D.C. und bildet das Herz der Stadt. An den meisten Tagen finden einstündige Führungen statt, man kann aber auch einfach hinauf auf die Aussichtsplattform gehen und das Panorama genießen (nur im Sommer).

Museum of Contemporary Art   MUSEUM
(☑ 608-257-0158; www.mmoca.org; 227 State St; ⊙ Di–Do 12–17, Fr bis 20, Sa 10–20, So 12–17 Uhr) GRATIS Es lohnt sich herauszukriegen, welche Ausstellungen in dem spitzwinkligen Glasgebäude gerade gezeigt werden. Diego Rivera? Claes Oldenburg? Die Ausstellungen wechseln etwa alle drei Monate. Das Museum ist mit dem **Overture Center for the Arts** (www.overturecenter.org; 201 State St) verbunden, das Jazz, Opern, Tanz und andere darstellende Künste auf die Bühne bringt.

Arboretum   GÄRTEN
(☑ 608-263-7888; http://uwarboretum.org; 1207 Seminole Hwy; ⊙ 7–22 Uhr) GRATIS Das über 500 ha große Arboretum des Campus leuchtet in herrlichem Lila und es gibt ein 32 km langes Wegenetz.

Machinery Row   RADFAHREN
(☑ 608-442-5974; www.machineryrowbicycles. com; 601 Williamson St; Fahrradverleih 30 US$/Tag; ⊙ Mo–Fr 10–20, Sa 9–19, So 10–18 Uhr) Es wäre eine Schande, die Stadt zu verlassen, ohne die 120 Meilen (193 km) Fahrradwege in der Stadt genutzt zu haben. In diesem Laden, in dessen Nähe mehrere Radwege beginnen, bekommt man Räder und Karten. Das Mieten ist nur für 24 Stunden möglich.

⭐ Feste & Events

World's Largest Brat Fest   ESSEN
(www.bratfest.com; ⊙ Ende Mai) GRATIS Vor einer Kulisse aus Rummel und Livebands werden jedes Jahr über 209 000 Bratwürste verputzt.

Great Taste of the Midwest Beer Festival   BIER
(www.greattaste.org; Tickets 60 US$; ⊙ Anfang Aug.) Über 100 Kleinbrauereien schenken ihre Produkte aus; Tickets sind schnell ausverkauft.

🛏 Schlafen

Verhältnismäßig preiswerte Hotels finden sich in der Nähe der I-90/I-94 (etwa 10 km außerhalb der Stadt), am Hwy 12/18 sowie an der Washington Ave.

HI Madison Hostel   HOSTEL $
(☑ 608-441-0144; www.hiusa.org/madison; 141 S Butler St; B 25–30 US$; Zi. ab 60 US$; 🅿 @ 🛜) Das bunte Backsteinhaus mit 33 Betten liegt in einer ruhigen Straße, nur einen kurzen Spaziergang vom State Capitol entfernt. Es gibt separate Schlafsäle für Männer und Frauen (die Bettwäsche ist im Preis enthalten), eine Küche und einen Aufenthaltsraum mit einigen DVDs. Parken kostet 7 US$.

⭐ Arbor House   B & B $$
(☑ 608-238-2981; www.arbor-house.com; 3402 Monroe St; Zi. 140–230 US$; 🛜) 🖋 Mitte des 19. Jhs. war das Arbor House eine alte Taverne. Heute ist es ein B & B, das Windenergie und energiesparende Geräte nutzt. Die Inhaber servieren vegetarisches Frühstück und verleihen auch Mountainbikes. Das Haus liegt etwa 3 Meilen (4,8 km) vom Sta-

te Capitol entfernt, ist aber mit öffentlichen Verkehrsmitteln erreichbar.

Graduate Madison
BOUTIQUEHOTEL $$

(☑ 608-257-4391; www.graduatemadison.com; 601 Langdon St; Zi. 149–209 US$; P❄🛜🍽) Einen Block vom Campus entfernt wurde dieses Boutiquehotel im Jahr 2015 neu eröffnet. Ein Mix aus Schottenmustern, modernen Elementen und Kunst mit Buchmotiven sorgt hier für eine akademisch angehauchte Atmosphäre. Die 72 Zimmer sind recht klein und leiden gelegentlich unter Straßenlärm. Dafür ist die Lage der Hammer: Bis zur Action an der State St ist's nur ein Katzensprung.

🍴 Essen & Ausgehen

Neben Lokalen mit Pizzas, Sandwiches und preiswertem Bier gibt es in der State St ein Sammelsurium an Restaurants mit Gerichten aus aller Welt. Viele haben einladende Terrassen. Bei einem Spaziergang über die Williamson („Willy") St entdeckt man Cafés, Knödelläden sowie laotische und thailändische Lokale. Die Bars sind bis 2 Uhr geöffnet. Die Zeitung Isthmus (www.thedailypage. com) mit Veranstaltungskalender gibt's kostenlos.

Short Stack Eats
FRÜHSTÜCK $

(www.shortstackeats.com; 301 W Johnson St; Hauptgerichte 7–13 US$; ⊘ Do–So 24 Std.) 🚗 Im auf reizende Weise bunt zusammengewürfelten Ambiente gibt's hier Frühstück rund um die Uhr. Serviert werden z.B. Frühstückssandwiches mit Eiern und Speck, Pfannkuchen aus einheimischen Süßkartoffeln oder pikante Bloody Marys im Riesenformat. Gäste ordern etwas am Tresen und suchen sich dann einen freien Tisch (falls sie denn einen finden), den das Personal zwecks korrekter Zuordnung der Bestellung mit einem alten Nummernschild versieht.

Himal Chuli
ASIATISCH $

(☑ 608-251-9225; 318 State St; Hauptgerichte 8–15 US$; ⊘ Mo–Sa 11–21, So 12–20 Uhr; 🖊) Das fröhliche und gemütliche Himal Chuli kredenzt selbstgekochte Gerichte à la Nepal (u. a. viele vegetarische Optionen).

Food Trucks
INTERNATIONAL $

(Hauptgerichte 2–8 US$; 🖊) Madisons Imbiss-Flotte ist sehr beeindruckend. Die traditionelleren Trucks stehen rings ums Capitol und servieren Barbecue, Burritos, Gerichte nach Art des Südwestens und chinesisches Essen. Die Trucks, die ungewöhnliche-

re – etwa ostafrikanische, jamaikanische, indonesische und vegane – Speisen anbieten, versammeln sich dagegen an der Library Mall (auch bekannt als State St beim Campus).

⭐ The Old Fashioned
AMERIKANISCH $$

(☑ 608-310-4545; www.theoldfashioned.com; 23 N Pinckney St; Hauptgerichte 9–19 US$; ⊘ Mo & Di 7.30–22.30, Mi–Fr 7.30–2, Sa 9–2, So 9–22 Uhr) Mit seiner dunklen Holzeinrichtung erinnert das Old Fashioned an einen Supper Club (ein traditioneller Restauranttyp, der in diesem US-Staat weit verbreitet ist) Auf der Karte stehen ausschließlich einheimische Spezialitäten wie Amerikanischer Zander, Käsesuppe und Würstchen. Angesichts der 150 regionalen Flaschenbiere hat man hier die Qual der Wahl. Daher empfiehlt sich alternativ ein Probierset (4 oder 8 Gläschen) mit ein paar der 30 Fassbiere aus Wisconsin.

Graze
AMERIKANISCH $$

(☑ 608-251-2700; www.grazemadison.com; 1 S Pinckney St; Hauptgerichte 14–22 US$; ⊘ Mo–Do 11–22, Fr 11–23, Sa 9.30–23, So bis 15 Uhr) 🚗 Der coole Gastropub mit Öko-Touch befindet sich in einem verglasten Gebäude, durch dessen deckenhohe Fenster der Blick auf das Capitol fällt. Auf der Karte steht Hausmannskost wie Burger, Brathähnchen mit Waffeln oder Muscheln mit *frites*. Mittags gibt's üppige Sandwiches mit in Wodka eingebackenem Frischkäse.

L'Etoile
MODERN-AMERIKANISCH $$$

(☑ 608-251-0500; www.letoile-restaurant.com; 1 S Pinckney St; Hauptgerichte 36–44 US$; ⊘ Mo–Fr 17.30–23, Sa 17–23 Uhr) 🚗 Seit mehr als 30 Jahren verwendet dieses Lokal gezielt Frisches vom Bauernhof und ist immer noch das beste seiner Art. Im zwanglos-eleganten Speiseraum kommen kreative Fleisch-, Fisch- und Gemüsegerichte aus rein regionalen Zutaten auf den Tisch. Rechtzeitige Reservierung ist ratsam. In dem funkelnden Glasgebäude befindet sich auch der Gastropub Graze.

Memorial Union
KNEIPE

(www.union.wisc.edu/venue-muterrace.htm; 800 Langdon St; ⊘ Mo–Fr 7–24, Sa 8–1, So bis 24 Uhr; 🖖) Das Union auf dem Campus ist Madisons Lokaltreff. Auf der geselligen Seeterrasse gibt's Bier aus der Region, kostenlose Konzerte und Gratiskino (Mo abends). Die Eisdiele drinnen verkauft mächtige Kugeln und verwendet Milch aus der universitätseigenen Molkerei.

INSIDERWISSEN

FISH FRIES & SUPPER CLUBS

Wisconsin pflegt zwei besondere kulinarische Traditionen, denen Besucher wohl einmal begegnen dürften:

➡ **Fish Fry** Freitag ist der heilige Tag des *fish fry*. Dieses Mahl aus Kabeljau im Bierteig, Pommes und Krautsalat kam vor einigen Jahren in Mode. Einheimische nutzen das Ganze, um sich gesellig bei einem preiswerten Essen zu treffen und gemeinsam den Beginn des Wochenendes zu feiern. In vielen Bars und Restaurants wird diesem Brauch immer noch stark gehuldigt (z. B. in der Lakefront Brewery in Milwaukee; S. 652).

➡ **Supper Club** Diese altmodischen Restaurants sind im oberen Mittleren Westen weit verbreitet. Sie entstanden in den 1930er-Jahren und haben zumeist auch heute noch eine Retro-Atmosphäre. Typische Merkmale sind eine Einrichtung aus Holz, Surf & Turf (Fleisch und Meeresfrüchte), Naschtabletts voller Radieschen und Karotten auf den Tischen – und eine ellenlange Karte mit starken Cocktails (weitere Details unter www.wisconsinsupperclubs.net.). Das Old Fashioned (S. 657) in Madison ist eine moderne Version solcher Lokale und nach dem unverzichtbaren Supper-Club-Drink auf Brandy-Basis benannt.

🛍 Shoppen

Fromagination   ESSEN
(☑ 608-255-2430; www.fromagination.com; 12 S Carroll St; ⊙ Mo–Fr 10–18, Sa 8–17, So 11–16 Uhr) Das beste Käsegeschäft des Bundesstaats ist auf seltene regionale Käse und Käsesorten, die in kleinen Mengen hergestellt werden, spezialisiert. In den Körben an der Kasse befinden sich kleine Stücke für 2 bis 5 US$. Fromagnation verkauft auch Sandwiches, Bier und Wein.

ℹ Praktische Informationen

Madison Convention & Visitors Bureau (www.visitmadison.com)

ℹ Anreise & Unterwegs vor Ort

Zwei Busfirmen halten und starten am Chazen Museum: Mit **Badger Bus** (www.badgerbus.com) besteht Verbindung nach Milwaukee (20 US$, 2 Std.). **Megabus** (www.megabus.com/us) fährt nach Chicago (4 Std.) und Minneapolis (5 Std.).

Taliesin & Südliches Wisconsin

In diesem Teil von Wisconsin gibt's einige der schönsten Landschaften, vor allem im hügeligen Südwesten. Architekturfans kommen in Taliesin, der Frank-Lloyd-Wright-Stätte schlechthin, auf ihre Kosten, aber auch in Racine, wo noch eine Handvoll seiner Arbeiten stehen. Die Molkereien in dieser Gegend produzieren ganz schön viel Käse...

Racine

Die Industriestadt Racine liegt 30 Meilen (48 km) südlich von Milwaukee. Sie ist zwar allgemein recht uninteressant, empfängt Besucher aber mit zwei bedeutenden Gebäuden von Frank Lloyd Wright. Beide können im Rahmen von Gratisführungen besichtigt werden (jeweils Reservierung erforderlich). Das erste davon ist das **SC Johnson Administration Building & Research Tower** (☑ 262-260-2154; www.scjohnson.com/visit; 1525 Howe St; ⊙ Mi–Fr 13–15.30, Sa 9–14.30, So 11.30–15 Uhr) GRATIS mit seinen großartig geschwungenen Elementen (Führung 75–90 Min.). Nummer Zwei ist das größte und letzte von Wrights Präriehäusern: **Wingspread** (☑ 262-681-3353; www.scjohnson.com/visit; 33 E Four Mile Rd; ⊙ Mi–Fr 9.30–15.30, Sa 11.30–15.30, So 12–14.30 Uhr) GRATIS, das 6 Meilen (9,6 km) weiter nördlich am Seeufer steht (Führung 60 Min.).

Green County

In dieser ländlichen Region gibt's die höchste Konzentration von Käsereien in den USA – **Green County Tourism** (www.greencounty.org) stellt sie einem vor. Monroe ist ein schöner Ort, um mal mit dem Schnuppern anzufangen. Anschließend geht's immer der Nase nach zu **Roth Käse** (657 2nd St; ⊙ Mo–Fr 9–18, Sa & So 10–17 Uhr), einem Laden mit Fabrik, in der man von einem Beobachtungsdeck (nur unter der Woche vormittags) die Käser in Aktion erleben und in „Schnäppchenkisten" nach Käse stöbern kann. Im **Baumgartner's** (www.baumgartnercheese.com; 1023 16th Ave; Sandwiches 4–7 US$; ☺ So–Do 8–23, Fr & Sa bis 24 Uhr), einer alten Schweizer Taverne am Marktplatz, kann man in ein Sandwich mit frischem Limburger und rohen Zwiebeln beißen. Abends schaut man sich dann im Autokino einen Film an und klettert schließlich im Inn Serendipity (☎ 608-329-7056; www.innserendipity. com; 7843 County Rd P; Zi. 110–125 US$) ins Bett. Das B&B mit zwei Zimmern wird mithilfe von Wind- und Sonnenenergie betrieben und steht auf einer 2 ha großen Biofarm in Browntown, etwa 10 Meilen (16 km) westlich von Monroe.

Mehr Infos über lokale Molkereien und Werksbesichtigungen stehen im A Traveler's Guide to America's Dairyland (www.eatwisconsincheese.com).

Spring Green

40 Meilen (64 km) westlich von Madison und 3 Meilen (5 km) südlich der kleinen Stadt Spring Green liegt Taliesin. Hier verbrachte Frank Lloyd Wright fast sein ganzes Leben und hier steht auch seine Schule für Architektur. Der Ort ist zu einem viel besuchten Pilgerziel für seine Anhänger ge-

> **ABSTECHER**

DIE KURIOSE US 12

An der US 12 in Richtung Norden warten diverse ungewöhnliche Sehenswürdigkeiten, die sich alle leicht per Tagesausflug ab Madison besuchen lassen.

National Mustard Museum (☎ 800-438-6878; www.mustardmuseum.com; 7477 Hubbard Ave; ☺ 10–17 Uhr) GRATIS Entlang der University Ave geht's westwärts aus Madison heraus und zu diesem Museum im Vorort Middleton. Es ist der unglaublich großen Leidenschaft eines einzigen Mannes zu verdanken, dass es hier 5200 Senfsorten und andere würzige Kuriositäten zu sehen gibt. An Humor mit ironischem Unterton herrscht dabei kein Mangel – vor allem, wenn CMO (Chief Mustard Officer) Barry Levenson anwesend ist und die Besucher auf den Arm nimmt.

Cow Chip Throw (www.wiscowchip.com; ☺ 1. Wochenende im Sept.) GRATIS Rund 20 Meilen (32 km) weiter erreicht die US 12 den Ort Prairie du Sac. Hier findet jedes Jahr dieser Wettbewerb statt, bei dem sich 800 Teilnehmer im Weitwerfen von getrockneten Kuhfladen messen (bisheriger Rekord: 75,6 m).

Dr. Evermor's Sculpture Park (☎ 608-219-7830; www.worldofdrevermor.com; ☺ Mo & Do–Sa 11–17, So 12–17 Uhr) GRATIS Nochmal 7 Meilen (11,3 km) weiter muss man zunächst auf die alte Badger Army Ammunition Plant achten. In deren Nähe weist ein kleines und leicht (!) zu übersehendes Schild den Weg zu einer gegenüberliegenden Einfahrt. An deren Ende hat der Doktor allerlei alte Metallteile (u. a. Rohre, Vergaser) zu einer surrealen Welt mit futuristischen Vögeln, Drachen und anderen bizarren Kreaturen zusammengeschweißt. Prunkstück des Parks ist das riesige Forevertron mit seiner eiförmigen Kuppel, das im Guinness-Buch der Rekorde einmal als größte Schrottskulptur der Welt geführt wurde. Gesundheitsbedingt kommt der Doktor selbst nur noch selten hierher. Normalerweise ist aber seine Frau Lady Eleanor anwesend.

Circus World (☎ 608-356-8341; www.circusworldbaraboo.org; 550 Water St; Erw./Kind Sommer 20/10 US$, Winter 10/5 US$; ☺ Sommer 9–17 Uhr, Winter kürzere Öffnungszeiten; 🚼) Rund 45 Meilen (72 km) nordwestlich von Madison liegt Baraboo, das frühere Winterquartier des Ringling Brothers Circus. Dieses Museum zeigt eine nostalgische Sammlung von Wagen, Plakaten und Ausrüstungsgegenständen aus der Blütezeit des berühmten Wanderzirkus. Im Sommer beinhaltet der Eintritt auch unterhaltsame Liveshows mit Clowns, Tieren und Akrobaten.

Wisconsin Dells (☎ 800-223-3557; www.wisdells.com; 🚼) Nach weiteren 12 Meilen (20 km) wartet dieses Megacenter der kitschigen Unterhaltung u. a. mit 21 Wasserparks, Wasserski-Stuntshows und Minigolfplätzen auf. Der Park bildet einen irrwitzigen Kontrast zur natürlichen Schönheit des Umlands, in dem der Wisconsin River malerische Kalksteinformationen geschaffen hat – hier die eigentliche Hauptattraktion. Um diese zu genießen, empfiehlt sich eine Bootsfahrt oder eine Wanderung in den angrenzenden State Parks Mirror Lake bzw. Devil's Lake.

worden. Das Haus wurde 1903, die Hillside Home School 1932 und die **Visitor Center** (☎608-588-7900; www.taliesinpreservation.org; Hwy 23; ⏰Mai–Okt. 9–17.30 Uhr) 1953 erbaut. Diverse geführte Touren (20–85 US$) haben unterschiedliche Teile des Komplexes zum Thema. Für die längeren Touren sollte man sich vorher anmelden. Die einstündige Hillside Tour (20 US$) gibt eine gute Einführung in Wrights Werk.

Ein paar Kilometer südlich von Taliesin befindet sich das **House on the Rock** (☎608-935-3639; www.thehouseontherock.com; 5754 Hwy 23; Erw./Kind 15 /9 US$; ⏰Mai–Aug. 9–18 Uhr, Rest des Jahres bis 17 Uhr, Mitte Nov.–Mitte März geschl.), eine der meistbesuchten Attraktionen Wisconsins. Alex Jordan errichtete das Gebäude 1959 auf einem Felssporn (einige sagen, es zeige dem Nachbarn Frank Lloyd Wright den „Stinkefinger"). Das Haus wurde unglaublich fantasievoll ausstaffiert, u.a. mit dem weltgrößten Karussell, surrenden Musikautomaten, witzigen Puppen und durchgeknallter Volkskunst. Es ist in drei Bereiche unterteilt, mit jeweils eigenen Besichtigungstouren. Besucher mit Durchhaltevermögen können das ganze Haus erkunden (4 Std.; Erw./Kind 30/16 US$).

In Spring Green gibt es ein B&B im Zentrum und sechs Motels am Hwy 14 nördlich der Stadt. Das kleine **Usonian Inn** (☎877-876-6426; www.usonianinn.com; E 5116 Hwy 14; Zi. 100–135 US$; ❄☎) wurde von einem Studenten Wrights entworfen.

Sandwiches oder kreative Tagesangebote wie Süßkartoffeleintopf gibt's im **Spring Green General Store** (www.springgreengeneral store.com; 137 S Albany St; Hauptgerichte 5–9 US$; ⏰Mo–Fr 8.30–17, Sa 7.30–17, So bis 16 Uhr).

Das **American Players Theatre** (☎608-588-2361; www.americanplayers.org) führt in einem Amphitheater am Wisconsin River klassische Stücke unter freiem Himmel auf.

Am Mississippi entlang

Der Mississippi bildet den größten Teil der Westgrenze Wisconsins. Die **Great River Road** (www.wigreatriverroad.org) verläuft parallel zum Fluss und hat einige absolut malerische Abschnitte – diese ausgeschilderte Route folgt dem Old Man River von Minnesota bis zum Golf von Mexiko.

Von Madison fährt man auf der US 18 gen Westen und trifft dann in **Prairie du Chien** auf die River Rd (Highway 35). Nördlich des Orts liegt am Flussufer der Schauplatz der

letzten Schlacht im blutigen Black-Hawk-Krieg. Auf Tafeln wird ein Teil der Geschichte erzählt, die mit der Schlacht von Bad Ax endete, bei der Indianer niedergemetzelt wurden, als sie versuchten, über den Mississippi zu fliehen.

Bei Genoa führt der Hwy 56 20 Meilen (32 km) landeinwärts nach **Viroqua** (www. viroqua-wisconsin.com), dem Mekka des Forellenangelns. Das nette Städtchen ist umgeben von Biofarmen und Rundscheunen. Wer Landwirte kennenlernen und deren Produkte probieren möchte, ist in der **Viroqua Food Cooperative** (www.viroquafood.coop; 609 Main St; ⏰7–21 Uhr) genau richtig.

Wieder Richtung Mississippi und 18 Meilen (29 km) flussaufwärts liegt **La Crosse** (www.explorelacrosse.com). Im historischen Zentrum gibt's zahlreiche Restaurants und Kneipen. Vom Grandad Bluff aus bietet sich ein wunderbarer Blick auf den Fluss. Er liegt östlich der Stadt an der Main St (die zur Bliss Rd wird); man fährt die Bliss Rd hinauf und biegt dann rechts in die Grandad Bluff Rd ab. Das **größte Six-Pack der Welt** (Ecke 3rd St S & Mississippi St) befindet sich ebenfalls in diesem Ort: Die „Dosen" sind eigentlich Lagertanks der City Brewery und fassen genug Bier, um eine Person 3351 Jahre lang täglich mit einem Six-Pack zu versorgen (so oder so ähnlich steht es auf dem Schild).

Door County & Östliches Wisconsin

Das felsige, mit Leuchttürmen übersäte Door County zieht im Sommer die Massen an – und im verdammt frostigen Winter kommen die durchgeknallten Footballfans nach Green Bay.

Green Bay

Green Bay ist eine schlichte Industriestadt, die auch als sagenumwobene „gefrorene Tundra" bekannt ist und in der die Green Bay Packers Super Bowls gewinnen. Der Verein ist der einzige in der NFL, der nicht profitorientiert ist und einer Gemeinde gehört. Vielleicht ist es der Besitzerstolz, der die Fans so treu macht (und sie sogar Käseecken aus Schaumgummi auf dem Kopf tragen lässt).

Es ist zwar nahezu unmöglich, ein Ticket für ein Spiel zu ergattern, aber man bekommt eine Ahnung von der Stimmung, wenn man bei einer Parkplatzparty vor dem

Spiel mitfeiert. Die Unmengen Alkohol, die hier im Spiel sind, haben Green Bay den Ruf als „Alkoholikerstadt mit einem Footballproblem" eingehandelt. An spielfreien Tagen lohnt sich der Besuch der **Green Bay Packer Hall of Fame** (☑ 920-569-7512; www.lambeaufield.com; Erw./Kind 11/8 US$; ⊙ Mo–Sa 9–18, So 10–17 Uhr) beim Lambeau Field, die vollbepackt ist mit Memorabilia und Filmen, die einfach jeden Footballfan faszinieren. Es gibt auch Stadium-Führungen.

Im **National Railroad Museum** (☑ 920-437-7623; www.nationalrrmuseum.org; 2285 S Broadway; Erw./Kind 10/7,50 US$; ⊙ Mo–Sa 9–17, So 11–17 Uhr, Jan.–März Mo geschl.) stehen einige der größten Lokomotiven, die je in den riesigen Güterbahnhof von Green Bay eingefahren sind. Im Sommer werden auch Zugfahrten (2 US$) angeboten.

Das ordentliche, minimalistische **Bay Motel** (☑ 920-494-3441; www.baymotelgreenbay.com; 1301 S Military Ave; Zi. 59–77 US$; 🖥) ist 1 Meile (1,6 km) vom Lambeau Field entfernt. Im Gastropub **Hinterland** (☑ 920-438-8050; www.hinterlandbeer.com; 313 Dousman St; ⊙ Mo–Sa 16–24 Uhr) kann man in rustikal-schicker Atmosphäre ein Bier trinken.

Door County

Man muss zugeben, dass das Door County mit seiner felsigen Küste, den malerischen Leuchttürmen, den Kirschgärten und den kleinen Dörfern aus dem 19. Jh. verdammt hübsch ist. Das County nimmt eine schmale Halbinsel ein, die beinahe 100 km weit in den Lake Michigan hineinragt. Die Halbinsel kann man auf zwei Highways umfahren. Der Hwy 57 verläuft am Lake Michigan und führt durch Jacksonport und Baileys Harbor - dieser Teil gilt als die landschaftlich schönere, „ruhige Seite". Wer den Hwy 42 nimmt, kommt an Green Bay vorbei und (von Süden nach Norden) durch die Orte Egg Harbor, Fish Creek, Ephraim und Sister Bay; diese Seite ist actionreicher. Es fahren keine öffentlichen Busse hierher und von November bis April hat die Hälfte der Geschäfte zu.

◎ Sehenswertes & Aktivitäten

Das County ist mit State Parks und Naturschutzgebieten übersät. Am größten ist der **Peninsula State Park**, der an der Bucht liegt. Er hat Rad- und Wanderwege auf den Uferklippen sowie den Nicolet Beach zum Schwimmen, Kajakfahren und Segeln (Ausrüstung kann vor Ort ausgeliehen werden)

ABSTECHER

WASHINGTON & ROCK ISLAND

Nahe Gills Rock an der Spitze des Door County starten **Fähren** (☑ 920-847-2546; www.wisferry.com; Northport Pier) in Richtung **Washington Island** (hin & zurück Erw./Kind/Fahrrad/Auto 13,50/7/4/26 US$, tgl. alle 30 Min.), auf dem 700 Einwohner skandinavischer Abstammung leben. Neben ein paar Museen gibt's dort auch Strände, Unterkünfte, Campingmöglichkeiten und Leihfahrräder für Touren auf den ruhigen Straßen. Vergleichsweise abgeschiedener ist das komplett kraftfahrzeugfreie **Rock Island**, ein State Park mit tollen Möglichkeiten zum Wandern, Schwimmen und Zelten. Hin kommt man mit der **Karfi Ferry** (www.wisferry.com), die in Jackson Harbor auf Washington Island ablegt (hin & zurück Erw./Kind 11/5 US$, Sommer alle 60 Min.).

---

zu bieten. Im Winter tummeln sich Skilangläufer und Schneeschuhwanderer auf den Wegen. Im abgeschiedenen **Newport State Park** am See können Besucher wandern, in der Wildnis zelten und die Einsamkeit erleben. Im **Whitefish Dunes State Park** gibt es Dünenlandschaften und einen breiten Strand (Vorsicht vor Brandungsrückströmungen!). Der angrenzende **Cave Point Park** ist für seine Seehöhlen und die guten Möglichkeiten für Kajakfahrten bekannt.

Bay Shore Outfitters   OUTDOORAKTIVITÄTEN (☑ 920-854-9220; www.kayakdoorcounty.com; Sister Bay) Verleiht Kajaks, Stand-up-Paddle-Boards und Wintersportausrüstung. Außerdem werden geführte Touren veranstaltet.

Nor Door Sport & Cyclery   OUTDOORAKTIVITÄTEN (☑ 920-868-2275; www.nordoorsports.com; Fish Creek) Nor Door verleiht in der Nähe des Eingangs zum Peninsula State Park Fahrräder und Schneeschuhe.

🍴 Schlafen & Essen

Die meisten Unterkünfte liegen auf der Buchtseite. Die genannten Preise gelten für Juli und August. In vielen Unterkünften wird ein Mindestaufenthalt verlangt. Die örtlichen Restaurants servieren häufig eine *fish boil*, eine regionale Spezialität, die von skandinavischen Holzfällern erfunden wurde und aus Weißfisch, Kartoffeln und Zwiebeln besteht, die in einem Kessel gekocht werden. Als Dessert gibt's den berühmten Kirschkuchen des Door County.

Julie's Park Cafe and Motel
MOTEL $

(☑920-868-2999; www.juliesmotel.com; Fish Creek; Zi. 85–109 US$; 🌐📶) Tolle Budgetunterkunft neben dem Peninsula State Park.

Peninsula State Park
CAMPING $

(☑920-868-3258; Fish Creek; Zelt- & Wohnmobilstellplätze 17–25 US$) Fast 500 Stellplätze und viele nützliche Einrichtungen.

Egg Harbor Lodge
INN $$

(☑920-868-3115; www.eggharborlodge.com; Egg Harbor; Zi. 165–205 US$; 🌐📶🏊) Alle Zimmer haben Seeblick, Gäste können die Fahrräder kostenlos benutzen.

Wild Tomato
PIZZA $

(☑920-868-3095; www.wildtomatopizza.com; Fish Creek; Hauptgerichte 9–17 US$; ⊙Juni–Aug. 11–22 Uhr, Sept.–Mai kürzere Öffnungszeiten) Drinnen und draußen laben sich hier zahlreiche Gäste an Pizzas aus holzbefeuerten Steinöfen. Zum Hinunterspülen dient eine große Auswahl an regionalen Bieren. Sehr viele glutenfreie Optionen.

Village Cafe
AMERIKANISCH $

(☑920-868-3342; www.villagecafe-doorcounty. com; Egg Harbor; Hauptgerichte 7–10 US$; ⊙8–14 Uhr, Juli & Aug. 8–20 Uhr; 🚻) Leckeres Ganztagsfrühstück plus Sandwiches und Burger.

❶ Praktische Informationen

Door County Visitors Bureau (☑800-527-3529; www.doorcounty.com) Spezielle Broschüren zu Kunstgalerien, Radwegen und Leuchttürmen.

Apostle Islands & Nördliches Wisconsin

Der Norden ist eine dünn besiedelte Region mit Wäldern und Seen. Im Sommer kommen die Besucher zum Kajakfahren und Angeln, im Winter, um Ski und Snowmobil zu fahren. Das absolute Highlight sind jedoch die windumtosten Apostle Islands.

Northwoods & Lakelands

Der **Nicolet National Forest** ist ein riesiges bewaldetes Gebiet, das sich wunderbar für Aktivitäten im Freien eignet. Das winzige **Langlade** ist ein Zentrum des Wildwas-

sersports. Das **Bear Paw Resort** (☑715-882-3502; www.bearpawoutdoors.com; Hütten 75–95 US$; 🌐) verleiht Kajaks und bietet ganztägigen Kajakunterricht einschließlich einer Fahrt auf dem Fluss (150 US$/Pers.) an. Es gibt gemütliche Hütten, in denen man sich trocknen und aufwärmen kann, um danach seine Erfolge in der dazugehörigen Bar zu feiern.

In Philipps am Hwy 13 Richtung Norden liegt der außergewöhnliche **Concrete Park** (www.friendsoffredsmith.org; N8236 S Hwy 13; ⊙Sonnenaufgang–Sonnenuntergang) **GRATIS** des Künstlers und pensionierten Holzfällers Fred Smith.

Weiter westlich, am Hwy 70, bietet der **Chequamegon National Forest** außergewöhnliche Mountainbiketouren auf über 300 Meilen (480 km) Offroad-Trails. Die **Chequamegon Area Mountain Bike Association** (www.cambatrails.org) hat Fahrradkarten und Infos zu Mountainbikeverleihern. Den Höhepunkt der Saison bildet Mitte September das **Chequamegon Fat Tire Festival** (www.cheqfattire.com), auf dem 1700 Männer und Frauen mit kräftigen Waden 64 mörderische Kilometer durch die Wälder strampeln. Die Stadt **Hayward** (www.haywardareachamber.com) ist eine gute Ausgangsbasis.

Apostle Islands

Eins von Wisconsins Highlights sind die 21 schroffen Apostle Islands, die an der Nordspitze des Bundesstaats im Lake Superior liegen. Die windumtosten Inseln haben fast alle Nationalparkstatus und sind frei von Infrastruktur: Dort gibt's nur Wälder, Felsen und Höhlen. Saisonabhängig lassen sie sich mit Bootsausflügen diverser Veranstalter besuchen; auch Wandern und Kajakfahren sind hier sehr beliebt. Als Startpunkt fungiert der belebte Ferienort Bayfield mit viktorianischen Häusern, Apfelplantagen, recht steilen Straßen und keinem einzigen Fast-Food-Restaurant.

◉ Sehenswertes & Aktivitäten

Madeline Island
INSEL

(www.madelineisland.com) Die bewohnte Madeline Island ist ein prima Tagesziel und per **Fähre** (☑715-747-2051; www.madferry.com; hin & zurück Erw./Kind/Fahrrad/Auto 13,50/7/7/24,50 US$) ab Bayfield erreichbar (25 Min.). Das leicht zu Fuß erkundbare Inseldorf La Pointe hat ein paar Mittelklassehotels und Restaurants. Hinzu kommt eine coole

„abgebrannte" Bar aus Sperrmüll und Zeltplanen. Besucher können hier außerdem Fahrräder und Mopeds ausleihen. Alle Einrichtungen befinden sich in der Nähe des Fähranlegers.

Hinweis: Madeline gehört zwar zu den Apostle Islands, ist aber nicht Teil des Nationalparks und daher erschlossen bzw. besiedelt.

Big Bay State Park
STATE PARK
(☑ 715-747-6425; 10 US$/Auto, Stellplatz für Zelt 17–22 US$) Am äußersten Zipfel von Madeline Island warten hier u. a. Wanderwege und ein hübscher Strand. Die großartigen Zeltstellplätze des Parks sind gut gepflegt und schnell ausgebucht.

Apostle Islands Cruises
BOOTSFAHRT
(☑ 715-779-3925; www.apostleisland.com; Bayfield City Dock; ☺ Mitte Mai–Mitte Okt.) Am einfachsten lassen sich die Apostle Islands mit den Sightseeing-Booten dieser Firma (je 150 Bordplätze) besuchen. Um 10 Uhr startet die kommentierte „große Tour", die an Höhlen und Leuchttürmen vorbeiführt (Erw./Kind 40/24 US$, 3 Std.). Ein Glasbodenboot schippert um 14 Uhr hinaus zu einigen Schiffswracks. Weitere Trips legen an verschiedenen Einzelinseln an, um dort Camper oder Kajakfahrer abzusetzen bzw. abzuholen. Diese Shuttlefahrten lassen sich auch für Tagesausflüge nutzen.

Living Adventure
KAJAKFAHREN
(☑ 715-779-9503; www.livingadventure.com; Hwy 13; Touren halber/ganzer Tag 59/99 US$; ☺ Juni–Sept.) Geführte Paddeltouren zu Höhlen und Schiffswracks; auch für Anfänger geeignet.

🛏 Schlafen & Essen

Seagull Bay Motel
MOTEL $
(☑ 715-779-5558; www.seagullbay.com; 325 S 7th St; Zi. 80–110 US$; 🖧) Die meisten Zimmer des schlichten Motels haben eigene Terrassen; am besten nach einer mit Seeblick fragen.

Fat Radish
AMERIKANISCH $
(☑ 715-779-9700; http://thefatradish.weebly.com; 200 Rittenhouse Ave; Sandwiches 7–9 US$; ☺ Di & Mi 11–15, Do–Sa 11–15 & 17–20 Uhr) 🍴 Das Radish stellt Feinkost aus hochwertigen Bio-Zutaten her und liegt direkt am Hafen – sehr praktisch, um sich mit Snacks für Bootsausflüge einzudecken. Abends serviert der Küchenchef leckere Pizzas und Gerichte mit Seafood.

> ### SCENIC DRIVE: HIGHWAY 13
>
> Hinter Bayfield führt der Hwy 13 nordwärts an einem schönen Uferabschnitt des Lake Superior entlang. Dabei passiert er die Chippewa-Siedlung **Red Cliff** und den Festlandteil der Apostle Islands, wo es auch einen Strand gibt. Das Nest **Cornucopia** sieht zu 100 % aus wie ein Badeort am Meer und steht für tollen Sonnenuntergangsgenuss. Durch eine zeitlose Landschaft mit Wäldern und Farmen verläuft die Straße dann weiter bis zur US 2, auf der es bei Superior schließlich zurück in die Zivilisation geht. Weitere Infos gibt's unter www.lakesuperiorbyway.org.

Maggie's
AMERIKANISCH $$
(☑ 715-779-5641; www.maggies-bayfield.com; 257 Manypenny Ave; Hauptgerichte 11–22 US$; ☺ 11.30–21 Uhr) Das kitschige Maggie's mit seinem Flamingo-Dekor ist die beste Adresse für schmackhafte Seeforellen und Felchen. Neben einheimischem Fisch tischt es auch Pizzas und Burger auf.

☆ Unterhaltung

Big Top Chautauqua
LIVEMUSIK
(☑ 888-244-8368; www.bigtop.org; ☺ Juni–Sept.) Großes regionales Sommerfestival mit Musicals und Konzerten bekannter Künstler.

ℹ Praktische Informationen

Apostle Islands National Lakeshore Visitors Center (☑ 715-779-3397; www.nps.gov/apis; 410 Washington Ave; ☺ Mai–Sept. 8–16.30 Uhr, übriges Jahr Sa & So geschl.) Campinggenehmigungen (10 US$/Nacht) plus Infos für Kajakfahrer und Wanderer.

Bayfield Chamber of Commerce (www.bayfield.org) Gute Verzeichnisse mit Unterkünften und Aktivitäten in der Region.

MINNESOTA

Ist Minnesota wirklich das Land der 10 000 Seen, mit denen es immer wirbt? Aber sicher doch! Tatsächlich aber hat sich der Bundesstaat in seiner typisch bescheidenen Art sogar noch unter Wert verkauft – es sind nämlich 11 842 Seen. Für Traveller ist das eine tolle Nachricht: Unerschrockene Outdoor-Freaks können ihre Paddel in die Boundary Waters tauchen; dort breitet die Nacht einen Teppich aus Sternen aus und als Wiegenlied erklingt das Heulen der Wölfe. Wer die ausgetretenen Pfade noch weiter hinter sich lassen will, kann zum Voyageurs National Park fahren, in dem es mehr Wasser als Straßen gibt. Und wem das alles zu weit weg ist, der kann sich an die Zwillingsstädte Minneapolis und St. Paul halten, wo man auf Schritt und Tritt auf etwas Cooles oder Kulturelles stößt. Und wer etwas aus der mittleren Schublade sucht – beispielsweise eine gute Mischung aus Großstadt und großen Wäldern – wird vom spektakulären, mit Frachtern gefüllten Hafen von Duluth begeistert sein.

❶ Praktische Informationen

Verkehrsinformationen für Minnesota
(☏511; www.511mn.org)
Minnesota Office of Tourism (☏888-847-4866; www.exploreminnesota.com)
Minnesota State Park Information (☏888-646-6367; www.dnr.state.mn.us) Wer mit einem Fahrzeug in die Parks einfahren will, benötigt dafür eine Genehmigung (5/25 US$ pro Tag/Jahr). Stellplätze kosten 15 bis 31 US$; **Reservierungen** (☏866-857-2757; www.stayatmnparks.com; Gebühr 8,50 US$) sind möglich.

Minneapolis

Die größte und am stärksten künstlerisch geprägte Stadt der Prärie empfängt Besucher mit allem, was wachsender Wohlstand so mit sich bringt: mondänen Kunstmuseen, wilden Rockclubs, avantgardistischen Theatern, Bio-Küche und ethnischen Restaurants. Sogar im Winter ist hier immer kräftig was los. Obendrein sind die Einheimischen frei von Allüren und ein echtes Paradebeispiel für „Minnesota Nice": Hier wird einem ständig und überall ein schöner Tag gewünscht – egal ob bei Regen, Schnee oder Sonnenschein.

Geschichte

Der Holzhandel bescherte der Stadt ihren ersten Boom. Mitte des 19. Jhs. entstanden wasserbetriebene Sägemühlen entlang des Mississippi. Auch der Weizen aus der Prärie musste verarbeitet werden und so sorgten schon bald Getreidemühlen für das nächste große Geschäft. Ende des 19. Jhs. wuchs die Bevölkerungszahl dank der unzähligen Einwanderer, die vor allem aus Skandinavien und Deutschland in die Stadt kamen. Das nordische Erbe von Minneapolis ist noch heute deutlich erkennbar, wobei die Zwillingsstadt St. Paul noch auffälliger deutsch und irisch-katholisch geprägt ist.

◉ Sehenswertes & Aktivitäten

Die örtlichen Attraktionen haben montags zumeist geschlossen, dafür aber am Donnerstag oft lange auf.

◎ Downtown & Loring Park

★**Walker Art Center**   MUSEUM
(☏612-375-7622; www.walkerart.org; 1750 Hennepin Ave; Erw./Kind 14 US$/frei, Do abends & 1. Sa des Monats Eintritt frei; ⊙Di, Mi & Fr–So 11–17, Do 11–21 Uhr) Die tolle ständige Sammlung zeigt Kunst und Fotografie des 20. Jhs. u. a. Werke berühmter Maler und Pop-Art-Künstler aus den USA. Von Ende Juni bis Ende August veranstaltet das großartige Museum außerdem sehr beliebte Gratiskonzerte und Filmvorführungen (Mo abends), die jenseits der Fußgängerbrücke im Loring Park stattfinden.

★**Minneapolis Sculpture Garden**   GARTEN
(725 Vineland Pl; ⊙6–24 Uhr) **GRATIS** Viel moderne Kunst (u. a. Claes Oldenburgs oft fotografiertes Werk *Spoonbridge & Cherry*) ziert diesen 4,5 ha großen Garten neben dem Walker Art Center. Auf dem Gelände steht auch das Cowles Conservatory, in dem Massen von exotischen Treibhauspflanzen blühen. Im Sommer sorgt eine abgefahrener Minigolfbahn (Erw./Kind 12/9 US$) zwischen den Skulpturen für zusätzliche Unterhaltung. Hinweis: 2016 wird der Garten ganzjährig geschlossen und ökologisch saniert.

Mary Tyler Moore Statue   STATUE
(Ecke 7th St S & Nicollet Mall) Mit der bekannten US-Sitcom *Oh Mary* rückte Mary Tyler Moore die Stadt während der 1970er-Jahre ins Rampenlicht der Popkultur. In der Eröffnungssequenz der Serie warf sie ihren Hut in die Luft. Am Drehort dieser Szene steht heute eine herrlich kitschige Statue, die Marys damaliges Tun originalgetreu darstellt.

◎ Riverfront District

★**Endless Bridge**   AUSSICHTSPUNKT
(818 2nd St S; ⊙8–20 Uhr, an Theaterabenden bis 23 Uhr) **GRATIS** Im Inneren des kobaltblauen Guthrie Theater geht's per Aufzug hinauf zur Endless Bridge mit Blick auf den Mis-

sissippi. Die freitragende Aussichtsplattform endet quasi im Nichts und kann auch ohne Theaterkarte betreten werden, da sie als öffentlicher Platz gedacht ist. Einen schönen herrlichen Blick bietet die Amber Box im 9. Stock des Theaters.

Mill City Museum
MUSEUM

(☎ 612-341-7555; www.millcitymuseum.org; 704 2nd St S; Erw./Kind 11/6 US$; ☺ Di–Sa 10–17, So 12–17 Uhr, Juli & Aug. tgl.) Das Museumsgebäude ist tatsächlich eine frühere Mühle. Unter den Highlights sind eine Backstube, Exponate zur Werbefigur Betty Crocker und eine Fahrt mit einem acht Stockwerke hohen Getreideaufzug („Flour Tower"). Die Ruinen der Mühle bilden eine stimmungsvolle Hintergrundkulisse. Allerdings ist das Ganze recht langweilig, sofern man sich nicht gerade brennend für die Geschichte des Getreidemahlens interessiert. Feinschmecker schätzen den Farmers Market (Mai–Sept. Sa morgens) im Bahnschuppen des Geländes.

St. Anthony Falls Heritage Trail
SPAZIERENGEHEN

Der knapp 3 km lange Pfad mit Infotafeln gibt einen interessanten Einblick in die Stadtgeschichte und bietet obendrein den besten Zugang zum Ufer des Mississippi. Er beginnt am unteren Ende der Portland Ave und führt über die autofreie Stone Arch Bridge mit Blick auf die gestuften St. Anthony Falls.

Auf der anderen Seite des Flusses folgt die Route dann der Main St SE mit Restaurants und Bars in sanierten Gebäuden. Von dort aus kann man zum Water Power Park hinunterlaufen, um die schäumende Gischt des Flusses auf der Haut zu spüren. Kostenlose Wegekarten sind beim Mill City Museum erhältlich.

◉ Northeast

Northeast, das wegen seiner Lage zum Fluss so heißt, ist das ehemalige osteuropäische Arbeiterviertel der Stadt. Heute leben und arbeiten hier vor allem Künstler. Diese schätzen die vielen Kneipen, in denen neben Pabst auch Biere aus Kleinbrauereien ausgeschenkt werden, aber ebenso die Boutiquen, die direkt neben den Wurstherstellern ihre Ökowaren verkaufen. Hunderte von Kunsthandwerkern und Galerien haben sich in den historischen Industriegebäuden niedergelassen. Sie laden jeden ersten Donnerstag im Monat zu einem Besuch ein – denn dann veranstaltet die **Northeast Minneapolis Arts Association** (www.nemaa.org) einen interessanten Spaziergang durch verschiedene Galerien. Die Zentren sind u.a. die 4th St NE und die 13th Ave NE.

◉ University Area

Die **University of Minnesota** liegt am Fluss südöstlich des Zentrums von Minneapolis. Mit etwa 50 000 Studenten ist sie eine der größten Unis der USA. Der größte Teil des Campus befindet sich im Bezirk East Bank.

In Dinkytown an der 14th Ave SE und der 4th St SE gibt es jede Menge Studentencafés und Buchläden. Ein kleiner Teil der Uni liegt auf der West Bank des Mississippi, in der Nähe der Kreuzung 4th St S und Riverside Ave. In dieser Gegend befinden sich ein paar Restaurants, einige Studentenkneipen und das Zuhause einer große Somali-Gemeinde.

★ Weisman Art Museum
MUSEUM

(☎ 612-625-9494; www.wam.umn.edu; 333 E River Rd; ☺ Di, Do & Fr 10–17, Mi 10–20, Sa & So 11–17 Uhr) **GRATIS** Dieses Museum in einem verschach-

---

KURZINFOS MINNESOTA

Spitznamen North Star State, Gopher State

Bevölkerung 5,5 Mio.

Fläche 225 174 km²

Hauptstadt St. Paul (295 000 Ew.)

Weitere Städte Minneapolis (400 100 Ew.)

Verkaufssteuer 6,88 %

Geburtsort von Schriftsteller F. Scott Fitzgerald (1896–1940), Musiker Bob Dylan (geb. 1941), den Filmemachern Joel (geb. 1954) und Ethan Coen (geb. 1957)

Heimat von Holzfällerlegende Paul Bunyan, Spam, Amerikanischem Zander, emigrierten Hmong und Somalis

Politische Ausrichtung überwiegend demokratisch

Berühmt für Nettigkeit, witzigen Akzent, Schnee, 10 000 Seen

Offizieller Muffin Blaubeere

Entfernungen Minneapolis–Duluth 153 Meilen (246 km), Minneapolis–Boundary Waters 245 Meilen (394 km)

DIE GROSSEN SEEN MINNEAPOLIS

Minneapolis

telten silberfarbigen Bau von Frank Gehry ist gleichsam ein Highlight der Universität und der Stadt. Die tollen Sammlungen in den luftigen Hauptgalerien zeigen amerikanische Kunst aus dem 20. Jh., Keramiken, koreanische Möbel und Arbeiten auf Papier.

◉ Uptown, Lyn-Lake & Whittier

Diese drei Stadtviertel befinden sich südlich der Innenstadt.

Uptown ist die Gegend um die Kreuzung von Hennepin Ave S und Lake St. Hier, wo Punkläden und Restaurants aufeinandertreffen, ist bis spät in die Nacht was los. Lyn-Lake liegt östlich von Uptown und die Atmosphäre ist hier ähnlich urban und cool. Die Lyndale St und die Lake St bilden das Zentrum (womit dann auch der Name erklärt wäre, oder?).

Uptown ist ein guter Ausgangspunkt für die Chain of Lakes: Lake Calhoun, Lake of the Isles, Lake Harriet, Cedar Lake und Brownie Lake. Radwege (die im Winter als Loipen dienen) schlängeln sich um die Seen, auf denen man im Sommer Boot fahren und im Winter Schlittschuh laufen kann.

Am unteren Ende der Lake St wartet der Lake Calhoun mit vielen Einrichtungen auf. Etwas weiter entlang seines Ufers liegt der Thomas Beach mit beliebten Bademöglichkeiten. Im burgartigen Musikpavillon am Lake Harriet finden ständig gut besuchte Gratiskonzerte statt.

★ Minneapolis Institute of Arts MUSEUM

(☎ 612-870-3131; www.artsmia.org; 2400 3rd Ave S; ⊙ Di-Sa 10–17, Do 10–21, So 11–17 Uhr) GRATIS Diese riesige Schatztruhe beherbergt einen wahrhaft beeindruckenden Querschnitt durch die Kunstgeschichte: Die modernen und zeitgenössischen Sammlungen sind einfach umwerfend. Gleichermaßen großartig wirken die Räume mit asiatischen Werken (2. Stock) und ornamentaler Kunst (3. Stock). Besucher sollten mindestens mehre-

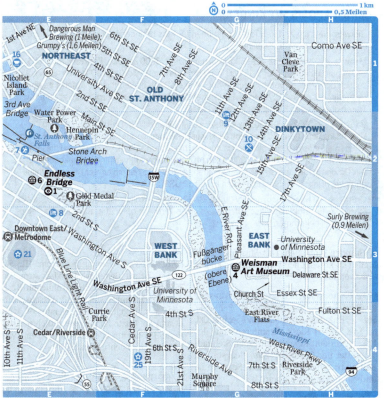

Minneapolis

◎ Highlights
1 Endless Bridge	E2
2 Minneapolis Sculpture Garden	A4
3 Walker Art Center	A4
4 Weisman Art Museum	G3

◎ Sehenswertes
5 Mary Tyler Moore Statue	C3
6 Mill City Museum	E2

✪ Aktivitäten, Kurse & Touren
7 St. Anthony Falls Heritage Trail	E2

⊟ Schlafen
8 Aloft	E3
9 Wales House	G2

✖ Essen
10 Al's Breakfast	G2
11 Bachelor Farmer	D1
12 Butcher & the Boar	B3
13 Hell's Kitchen	C3

◉ Ausgehen & Nachtleben
14 Brit's Pub	C3
15 Fulton Beer	B1
16 Wilde Roast Cafe	E1

✪ Unterhaltung
17 Brave New Workshop Theatre	C3
18 First Avenue & 7th St Entry	C2
19 Gay Nineties	C2
Guthrie Theater	(siehe 1)
20 Lee's Liquor Lounge	B2
21 New Minnesota Stadium	E3
22 Orchestra Hall	C3
23 Target Center	C2
24 Target Field	C2
25 Triple Rock Social Club	F4

MINNEAPOLIS MIT KINDERN

Hinweis: Viele der anderen Top-Attraktionen für Kids befinden sich in St. Paul, in der Mall of America und im Fort Snelling.

Minnesota Zoo (✆952-431-9500; www.mnzoo.org; 13000 Zoo Blvd; Erw./Kind 18/12 US$; ⊗ Sommer 9–18 Uhr, Winter 9–16 Uhr; ⊕) Der renommierte Zoo liegt 20 Meilen (32 km) südlich der Stadt im vorstädtischen Apple Valley. Doch die recht lange Anfahrt belohnt Besucher mit über 400 Arten in naturnahen Gehegen. Der Schwerpunkt liegt dabei auf Tieren aus kälteren Klimazonen. Parken kostet 7 US$.

Valleyfair (✆952-445-7600; www.valleyfair.com; 1 Valleyfair Dr; Eintritt 47 US$; ⊗ Ende Mai–Anfang Sept. tgl. ab 10 Uhr, Sept. & Okt. nur Fr–So, wechselnde Schließungszeiten; ⊕) Falls einem die Rides der Mall of America noch nicht reichen sollten, heißt's auf zu diesem großen Vergnügungspark, der 25 Meilen (40 km) weiter südwestlich in Shakopee liegt. Der Dinopark mit animatronischen Effekten (zzgl. 5 US$) ist ein echter Kracher. Onlinebuchung bringt Ermäßigung; Parken kostet 12 US$.

Children's Theatre Company (✆612-874-0400; www.childrenstheatre.org; 2400 3rd Ave S; ⊕) Das Ensemble spielt so gut, dass es einen Tony Award für „herausragendes Regionaltheater" bekommen hat.

re Stunden einplanen. Das Museum liegt 1 Meile (1,6 km) südlich vom Zentrum an der 3rd Avenue S.

Lake Calhoun Kiosk   WASSERSPORT
(✆612-823-5765; Ende der Lake St; 9–19 US$/ Std.; ⊗ Ende Mai–Aug. 10–20 Uhr, Sept. & Okt. nur Sa & So) Der Kiosk am unteren Ende der Lake St verleiht Kajaks, Fahrräder, Stehpaddelbretter und Tretboote. Zum stets starken Betrieb tragen auch die örtliche Segelschule und ein Terrassenrestaurant bei.

✳ Feste & Events

Art-A-Whirl   MUSIK
(www.nemaa.org; ⊗ Mitte Mai) Mit dem umtriebigen Galeriewochenende begrüßt das Stadtviertel Northeast jedes Jahr den Frühling.

Minneapolis Aquatennial   KULTUR
(www.aquatennial.com; ⊗ 3. Woche im Juli) Feiert die vielen örtlichen Seen mit Umzügen, Strandfeten und Feuerwerk.

Holidazzle   KULTUR
(www.holidazzle.com; ⊗ Dez.) Weihnachtsmarkt im deutschen Stil, der den ganzen Dezember lang bunte Lichter und viel Fröhlichkeit in die Innenstadt bringt.

🛏 Schlafen

Die B&Bs der Stadt haben das beste Preis-Leistungs-Verhältnis: Sie bieten solide Mittelklassequalität für recht wenig Geld. Hinweis: Zu allen genannten Preisen kommt noch Steuer (13,4 %) hinzu.

Wales House   B&B $
(✆612-331-3931; www.waleshouse.com; 1115 5th St SE; Zi. mit Gemeinschaftsbad/eigenem Bad 75/85 US$; ⓟ❄🛜) In dem fröhlichen B&B mit zehn Zimmern steigen oft Wissenschaftler der nahegelegenen University of Minnesota ab. Gäste können gemütlich auf der Veranda oder am offenen Kamin lesen. Zwei Mindestübernachtungen.

Evelo's B&B   B&B $
(✆612-374-9656; 2301 Bryant Ave S; Zi. mit Gemeinschaftsbad 75–95 US$; 🛜) In einem viktorianischen Haus warten hier viel poliertes Holz und vier charmante Zimmer mit knarrenden Fußböden. Die Quartiere sind allerdings recht klein. Dafür entschädigt die praktische Lage zwischen dem Walker Art Center und Uptown.

Minneapolis International Hostel   HOSTEL $
(✆612-522-5000; www.minneapolishostel.com; 2400 Stevens Ave S; B 40–45 US$, Zi. ab 55 US$; ❄🛜) Dieses Hostel befindet sich in einem coolen Altbau mit Antiquitäten und Holzfußböden. Es punktet mit toller Lage neben dem Minneapolis Institute of Arts, ist aber andererseits nicht sonderlich gepflegt. Das Spektrum der Unterkünfte reicht von einem Männerschlafsaal (15 Betten) bis hin zu Privatzimmern mit eigenem Bad.

Aloft   HOTEL $$
(✆612-455-8400; www.aloftminneapolis.com; 900 Washington Ave S; Zi. 159–209 US$; ⓟ❄@📶🏊) Die zweckmäßig eingerichteten Zimmer im Industriestil sprechen vor allem jüngere Gäste an. In der clubartigen Lobby gibt's

Brettspiele, eine Cocktaillounge und Snacks rund um die Uhr. Vorhanden sind auch ein kleiner Pool, ein anständiger Fitnessraum und eine Bikesharing-Station draußen vor dem Eingang. Parken kostet 15 US$.

Essen

Kreative, bio-affine und grundsolide Küche im typischen Stil des Mittleren Westens: Der Grund dafür, dass Minneapolis kürzlich vom Gastromagazin *Saveur* als "Amerikas nächste große Feinschmeckerstadt" bezeichnet wurde.

Downtown

Hell's Kitchen AMERIKANISCH $$
(☎ 612-332-4700; www.hellskitcheninc.com; 80 9th St S; Hauptgerichte 12–24 US$; ⊗ Mo-Fr 6.30–23, Sa & So 7.30–23 Uhr; ⓢ) Eine Treppe führt hinunter ins teuflische Hell's wo muntere Kellner einzigartige Spezialitäten aus Minnesota servieren. Darunter sind z. B. Burger mit Bisonfleisch, Pfannkuchen mit Ricotta und Zitrone, Juicy Lucy (Burger mit geschmolzenem Käse im Hackfleisch) oder Sandwiches mit Speckstreifen, Salat, Tomate und Amerikanischem Zander. Oben ist ein Bäckereicafé, das Leckeres bietet.

Butcher & the Boar AMERIKANISCH $$$
(☎ 612-238-8888; www.butcherandtheboar.com; 1121 Hennepin Ave; Hauptgerichte 25–36 US$; ⊗ Mo-Do 17–22.30, Fr & Sa 17–23, So 17–22 Uhr; ⓢ) Der Speiseraum mit Kerzenlicht und vielen Kupferelementen ist ein Paradies für Fleischfans: Unter den vielen hausgemachten Gerichten aus totem Tier sind z. B. Wildschweinschinken mit Landbutter oder knusprig gebratene Kalbswürste. Idealerweise bestellt man sich einen Probierteller. Die 30 verschiedenen Regionalbiere vom Fass werden durch eine lange Bourbon-Karte mit Probieroption ergänzt. Reservierung ist ratsam. Alternativ bieten sich die kleineren Fleischgerichte im belebten Biergarten an.

Bachelor Farmer MODERN-AMERIKANISCH $$$
(☎ 612-206-3920; www.thebachelorfarmer.com; 50 2nd Ave N; Hauptgerichte 19–33 US$; ⊗ Mo-Do 17.30–21.30, Fr & Sa 17.30–22.30, So 10–14 & 17–21.30 Uhr) ✦ Die Gerichte des spaßigen Restaurants spielen auf das skandinavische Erbe der Region an: Auf der ständig wechselnden Karte stehen z. B. häufig Räucherfisch, Fleischklößchen oder Käsetoast mit eingelegten Pilzen. Der Küchenchef baut die verwendeten Kräuter- und Gemüsesorten allesamt selbst in einem Dachgarten an. Die hauseigene Marvel Bar mit hervorragenden Cocktails versteckt sich im Keller hinter einer Tür ohne Schild. Rechtzeitig reservieren!

University Area

Viele preisgünstige Lokale gibt es in der Campusgegend bei der Washington Ave und der Oak St.

BOOMENDE SCHANKRÄUME

Minneapolis schwimmt mit auf der Regionalbierwelle – die meisten örtlichen Kleinbrauereien haben eigene Schankräume. Prima Adressen, um Gerstensaft frisch aus dem Tank zu probieren:

Fulton Beer (www.fultonbeer.com; 414 6th Ave N; ⊗ Mi & Do 15–22, Fr 15–23, Sa 12–23, So 12–18 Uhr) Das hiesige Angebot beinhaltet normalerweise je ein tolles Pale und Blonde Ale. Gemeinsam gebechert wird an Picknicktischen im Lagerhaus. Die Brauerei liegt nur wenige Blocks vom Baseballstadion entfernt und ist an Spieltagen entsprechend stark besucht. Direkt davor warten Food Trucks auf Kundschaft.

Dangerous Man Brewing (www.dangerousmanbrewing.com; 1300 2nd St NE; ⊗ Di–Do 16–22, Fr 15–24, Sa 12–24 Uhr) Im hippen und umtriebigen Viertel Northeast werden hier starke Biere à la Europa ausgeschenkt. Gäste dürfen ihr eigenes Essen mitbringen (Tipp: Einen Block Richtung Osten gibt's einen Laden mit sehr guten Fish & Chips).

Surly Brewing (www.surlybrewing.com; 520 Malcolm Ave SE; ⊗ So-Do 11–23, Fr & Sa 11–24 Uhr; ⓕ) Die große und familienfreundliche Bierhalle dieser Brauerei wurde von denselben Architekten entworfen, die auch das Guthrie Theater gebaut haben. Im modern-industriellen Ambiente laben sich hier Scharen von Einheimischen an zwölf Fassbiersorten (wechselnd) und vielen fleischlastigen Snacks. Das Ganze liegt direkt neben der Universität im Viertel Prospect Park und nur einen kurzen Fußmarsch von der gleichnamigen Green-Line-Haltestelle entfernt.

SCHWULEN- & LESBENSZENE IN MINNEAPOLIS

Minneapolis hat eine der größten GLBT-Gemeinden der USA. Zudem genießen Schwule, Lesben, Bi- und Transsexuelle hier sehr umfassende Rechte. Aktuelle Szeneinfos liefert das Gratismagazin *Lavender* (www.lavendermagazine.com), das alle zwei Wochen erscheint und in Cafés im ganzen Stadtgebiet ausliegt. Beste Adressen:

Wilde Roast Cafe (www.wilderoastcafe.com; 65 Main St SE; ⊘ 7–23 Uhr) Hier gibt's tolle Backwaren, viktorianisches Ambiente und Sitzplätze am Flussufer. Der Laden ist seines Namensgebers (Oscar Wilde) würdig und wurde von *Lavender* zum „besten Café" gewählt.

Gay Nineties (www.gay90s.com; 408 Hennepin Ave) Alteingesessener Club mit Tanz- und Restaurantbetrieb; die Travestieshows begeistern gleichermaßen Homosexuelle und Heteros.

Pride Festival (www.tcpride.org; ⊘ Ende Juni) Gehört landesweit zu den größten seiner Art und lockt über 300 000 Feierlustige an.

Al's Breakfast
FRÜHSTÜCK $

(☑ 612-331-9991; 413 14th Ave SE; Hauptgerichte 5–9 US$; ⊘ Mo–Sa 6–13, So 9–13 Uhr) Das ultimative Minicafé: 14 Barhocker stehen an einer winzigen Theke. Immer wenn ein Kunde reinkommt, nehmen andere ihre Teller und schaffen Platz für den Neuankömmling. Die dicken Obstpfannkuchen sind der Renner. Nur Barzahlung.

🍴 Uptown, Lyn-Lake & Whittier

Nahe dem Minneapolis Institute of Arts säumen Trendlokale und ethnische Restaurants (z. B. griechisch, vietnamesisch) die sogenannte „Eat Street" (Nicollet Ave S). An der Lake St in Uptown findet man viele stilvolle Bars und Cafés.

⭐ Bryant-Lake Bowl
AMERIKANISCH $

(☑ 612-825-3737; www.bryantlakebowl.com; 810 W Lake St; Hauptgerichte 10–15 US$; ⊘ 8–0.30 Uhr; 🛜🍴) Im Ambiente einer proletarischen Bowlingbahn gibt's hier göttliches Essen. Unter den zarten Köstlichkeiten sind z. B. kunstvoll angerichtete Käseplatten, geräucherte Maräne, Pad Thai mit „Entenfilet" aus Seitan oder Frühstück mit Biscuits und Sauce. Viele verschiedene Regionalbiere dienen zum Hinunterspülen. Im angeschlossenen Theater ist immer etwas Interessantes und Unkonventionelles geboten.

Glam Doll Donuts
BÄCKEREI $

(www.glamdolldonuts.com; 2605 Nicollet Ave S; Donuts 1,25–3 US$; ⊘ Mo–Do 7–21, Fr & Sa 7–1, So 7–15 Uhr; 🛜🍴) Zwei tätowierte Damen mit kunterbunten Haaren stellen hier ultra leckere Donuts her (u. a. viele vegane Varianten). Besonders lecker: Calendar Girl (gesalzenes Karamell plus Schokolade) und Chart Topper (Erdnussbutter plus scharfe Sriracha-Sauce). Nach dem Besuch der punkigen Bäckerei in Pink empfiehlt sich ein Abstecher in den benachbarten Laden mit coolen Secondhand-Klamotten.

Peninsula
ASIATISCH $

(☑ 612-871-8282; www.peninsulamalaysiancuisine. com; 2608 Nicollet Ave S; Hauptgerichte 9–15 US$; ⊘ So–Do 11–22, Fr & Sa 11–23 Uhr; 🍴) Dieses moderne Restaurant kitzelt den Gaumen mit malaysischen Gerichten. Serviert werden z. B. pikante Krabben, Fisch im Bananenblatt oder roter Curry aus dem Feuertopf.

🍷 Ausgehen & Nachtleben

Die Bars sind bis 2 Uhr geöffnet. Die Happy Hour dauert meist von 15 bis 18 Uhr.

Brit's Pub
KNEIPE

(www.britspub.com; 1110 Nicollet Mall; ⊘ 11–2 Uhr) Eine grasgrüne Bowlingbahn auf dem Dach und eine große Auswahl an Scotch, Portwein und Bier sorgen dafür, dass die Gäste beim Bowlen plötzlich ganz neue Fähigkeiten entwickeln.

Grumpy's
BAR

(www.grumpys-bar.com; 2200 4th St NE; ⊘ Mo–Fr 14–2 Uhr, Sa & So ab 11 Uhr) Das Grumpy's ist eine für Northeast typische Kneipe mit günstigem (aber gutem, lokalem) Bier und einer Terrasse im Freien. Dienstags sollte man unbedingt das *hot dish* für 1 US$ probieren.

☆ Unterhaltung

Dank seiner vielen Studenten und einer blühenden Kunstszene hat Minneapolis ein lebhaftes Nachtleben zu bieten. Was aktuell los ist, besprechen *Vita.mn* und *City Pages*.

Livemusik

Minneapolis rockt – und irgendwie scheint hier jeder Mitglied einer Band zu sein. Prince und Post-Punk-Bands wie Hüsker Dü und die Replacements haben hier ihre ersten Erfahrungen gesammelt.

First Avenue & 7th St Entry
LIVEMUSIK

(www.first-avenue.com; 701 1st Ave N) Das ehrwürdige Urgestein der örtlichen Musikszene besteht aus zwei Clubs: Im größeren First Avenue spielen bekannte US-Bands, während hoffnungsvolle Newcomer im kleineren 7th St Entry auftreten. Die Sterne an der Außenfassade repräsentieren all jene Bands, die hier schon auf der Bühne gestanden haben.

Triple Rock Social Club
LIVEMUSIK

(www.triplerocksocialclub.com; 629 Cedar Ave) Beliebter Punk- und Alternative-Club.

Lee's Liquor Lounge
LIVEMUSIK

(www.leesliquorlounge.com; 101 Glenwood Ave) Hier hauen Rockabillys und alternative Country-Bands in die Saiten.

Icehouse
LIVEMUSIK

(www.icehousempls.com; 2528 Nicollet Ave S) Großartiger Live-Laden mit toller Akustik und noblen Cocktails. Zu hören gibt's Jazz, Folk und progressiven Hip-Hop.

Theater & Darstellende Künste

Die Theaterszene der Stadt ist überaus dynamisch. Der im Neonlicht glänzende **Hennepin Theater District** (www.hennepintheatretrust.org) in der Hennepin Ave zwischen 6th St und 10th St besteht aus mehreren historischen Spielorten, in denen auch bedeutende Gastspiele zur Vorführung kommen.

Guthrie Theater
THEATER

(612-377-2224; www.guthrietheater.org; 818 2nd St S) Das absolute Spitzenensemble in Minneapolis mit – vielleicht als Beweis dafür – gigantischer Bühne. Die nicht verkauften *rush tickets* werden eine halbe Stunde vor der Vorstellung für etwa 25 US$ an den Mann gebracht – nur Barzahlung. Wer Lust hat, sich das unkonventionelle Gebäude einmal genauer anzusehen, der findet auf der Website einen Audioguide für Touren auf eigene Faust.

Brave New Workshop Theatre
THEATER

(612-332-6620; www.bravenewworkshop.com; 824 Hennepin Ave) Das etablierte Theater zeigt Operetten, Revuen und Satiren.

Orchestra Hall
KLASSISCHE MUSIK

(612-371-5656; www.minnesotaorchestra.org; 1111 Nicollet Mall) Die Räumlichkeiten bieten eine sagenhafte Akustik für Konzerte des umjubelten Minnesota Orchestra.

Sport

Die Einwohner von Minnesota vergöttern ihre Teams. Achtung: Eishockey wird in St. Paul gespielt.

Target Field
BASEBALL

(www.minnesotatwins.com; 353 N 5th St) Das Stadion der Twins punktet mit außergewöhnlich guten Speisen und Getränken aus einheimischer Produktion.

New Minnesota Stadium
FOOTBALL

(www.vikings.com; 900 5th St S) Funkelnde neue Indoor-Arena der Vikings, die hier ab Herbst 2016 ihre NFL-Spiele bestreiten.

Target Center
BASKETBALL

(www.nba.com/timberwolves; 600 1st Ave N) Hier spielen die Basketball-Profis der Timberwolves.

Praktische Informationen

City Pages (www.citypages.com) Gratis-Wochenblatt mit Eventkalender.

Minneapolis Convention & Visitors Association (www.minneapolis.org) Online-Infos zu Gutscheinen, Karten, Führern und Fahrradrouten.

Minneapolis Public Library (www.hclib.org; 300 Nicollet Mall; Mo–Do 9–21, Fr & Sa 9–17, So 12–17 Uhr) Moderne Bibliothek mit kostenlosem Internet, Gratis-WLAN und tollem Secondhand-Buchladen.

Pioneer Press (www.twincities.com) Tageszeitung von St. Paul.

Star Tribune (www.startribune.com) Tageszeitung von Minneapolis.

University of Minnesota Medical Center (612-672-6000; 2450 Riverside Ave) Renommiertes Krankenhaus in Zentrumsnähe.

Vita.mn (www.vita.mn) Kostenloses wöchentliches Veranstaltungsmagazin des *Star Tribune*.

Anreise & Unterwegs vor Ort

BUS

Greyhound (612-371-3325; www.greyhound.com; 950 Hawthorne Ave;) fährt regelmäßig nach Milwaukee (7 Std.), Chicago (9 Std.) und Duluth (3 Std.).

Megabus (www.megabus.com/us; ☎) schickt Expressbusse nach Milwaukee (6½ Std.) und Chicago (8½ Std.), die oft günstiger als Verbindungen mit Greyhound sind. Los geht's in der Innenstadt und an der Universität (für genaue Abfahrtsorte s. Website).

FAHRRAD

Minneapolis gehört zu den fahrradfreundlichsten Großstädten der USA. Im Bereich der Twin Cities stellt das Bikesharing-Programm **Nice Ride** (www.niceridemn.org; ☉ April–Nov.) insgesamt 1500 neongrüne Drahtesel an 170 SB-Kiosken bereit. Nutzer entrichten einen Mitgliedsbeitrag (Tag/Jahr 6/65 US$; online oder am Kiosk bezahlbar) und dann pro halbe Stunde eine geringe Gebühr; die ersten 30 Minuten sind kostenlos. Die Räder können an allen Kiosken zurückgegeben werden. Wer jedoch längere Touren statt kurzer Zweckfahrten unternehmen möchte, ist mit herkömmlichen Fahrradverleihern besser beraten. Auf der Website des **Minneapolis Bicycle Program** (www.ci.minneapolis.mn.us/bicycles) finden sich entsprechende Adressen und Routenkarten,

FLUGZEUG

Der **Minneapolis-St. Paul International Airport** (MSP; www.mspairport.com; ☎) liegt zwischen den beiden Städten in Richtung Süden. Er ist eine Drehscheibe der Gesellschaft Delta Airlines, die diverse Direktflüge nach und ab Europa anbietet.

Mit der Blue-Line-Stadtbahnlinie geht's am günstigsten nach Minneapolis hinein (Einzelfahrt normal/Hauptverkehrszeit 1,75/2,25 US$, 25 Min.). Bus 54 (Einzelfahrt normal/Hauptverkehrszeit 1,75/2,25 US$, 25 Min.) fährt nach St. Paul. Ein Taxi kostet ca. 45 US$.

NAHVERKEHR

Metro Transit (www.metrotransit.org; Einzelfahrt normal/Hauptverkehrszeit 1,75/2,25 US$) betreibt u. a. die praktische Blue-Line-Stadtbahnlinie, die das Zentrum mit der Mall of America verbindet und unterwegs am Flughafen hält. Die Green Line pendelt zwischen den Innenstädten von Minneapolis und St. Paul. Die Ticketautomaten an allen Haltestellen geben auch Tageskarten (6 US$) aus, die gleichermaßen für Stadtbusse gelten.

TAXI

Wer ein Taxi braucht, ruft bei **Yellow Cab** (☎ 612-888-8800; www.yellowcabmn.com) an.

ZUG

Vom frisch renovierten **Union Depot** (www.uniondepot.org; 214 E 4th St; ☎) in St. Paul fahren Amtrak-Züge täglich nach Chicago (8 Std.) und Seattle (38 Std.).

St. Paul

St. Paul ist kleiner und ruhiger als seine Zwillingsstadt Minneapolis und hat sich außerdem mehr von seinem historischen Charakter bewahrt. Man kann das ehemalige Revier von Francis Scott Fitzgerald durchforsten, die Wege am mächtigen Mississippi erkunden oder eine laotische Suppe genießen.

◉ Sehenswertes & Aktivitäten

Innenstadt und Cathedral Hill bieten die meiste Action. In Cathedral Hill gibt's ganz unterschiedliche Geschäfte, traumhafte viktorianische Herrenhäuser aus dem Gilded Age und natürlich die große Kirche, der diese Gegend ihren Namen zu verdanken hat. Die Museen befinden sich im Zentrum. Und hier noch ein Insider-Tipp: Es gibt auch eine Abkürzung zwischen den beiden Vierteln, und zwar einen Fußweg, der an der Westseite des Hill House beginnt und im Stadtzentrum endet.

F. Scott Fitzgerald Sights & Summit Avenue   GEBÄUDE

F. Scott Fitzgerald, der Autor von *Der Große Gatsby*, ist St. Pauls berühmtester Sohn. Er ist in der Wohnung im Pullman-Stil mit der Adresse **481 Laurel Ave** geboren. In **599 Summit Ave**, einem Sandsteinhaus fünf Blocks weiter, lebte Fitzgerald, als *Diesseits vom Paradies* veröffentlicht wurde. Beide Häuser befinden sich in Privatbesitz. Von hier aus schlendert man weiter entlang der Summit Ave in Richtung Kathedrale und bewundert die viktorianischen Häuser, die diese Straße säumen. Literaturfreaks sollten sich im Visitor Center die Karte *Fitzgerald Homes and Haunts* besorgen.

Landmark Center   MUSEUM

(www.landmarkcenter.org; 75 W 5th St; ☉ Mo–Fr 8–17, Do bis 20, Sa 10–17 Uhr, So 12–17 Uhr) Das 1902 errichtete Landmark Center mit seinen Türmchen war früher das Gerichtsgebäude. Hier wurden Gangster wie Alvin „Creepy" Karpis verurteilt, und auf Schildern in den einzelnen Räumen steht, wem hier der Prozess gemacht wurde. Neben dem Visitor Center beherbergt das Gebäude auch noch mehrere kleine Museen.

Im 1. Stock zeigt das **Schubert Club Museum** (☎ 651-292-3267; www.schubert.org; ☉ So–Fr 12–16 Uhr) GRATIS eine feine Sammlung alter Klaviere und Cembali – auf einigen haben schon Brahms, Mendelssohn und ähnliche Berühmtheiten musiziert. Ferner kann man alte Manuskripte und Briefe von berühmten Komponisten bewundern. Der Club veranstaltet von Oktober bis April donnerstags um 12 Uhr kostenlose Kammermusikkonzerte. Ein Drechselmuseum befindet sich ebenfalls in diesem Stockwerk (Eintritt frei).

Science Museum of Minnesota
MUSEUM

(☑ 651-221-9444; www.smm.org; 120 W Kellogg Blvd; Erw./Kind 13/10 US$; ⊗ So, Di & Mi 9.30–17, Do–Sa bis 21 Uhr) Hier gibt's die üblichen interaktiven Ausstellungen für Kinder und ein Omnimax-Kino (8 US$ extra). Erwachsene dürften die quacksalberischen „fragwürdigen medizinischen Geräte" in der 4. Etage amüsant finden.

Cathedral of St. Paul
KIRCHE

(www.cathedralsaintpaul.org; 239 Selby Ave; ⊗ So–Fr 7–18, Sa bis 20 Uhr) Diese schöne Kathedrale, die einst nach dem Vorbild des Petersdoms erbaut wurde, thront majestätisch auf einem Hügel über der Stadt. An Wochentagen finden um 13 Uhr kostenlose Führungen statt.

James J. Hill House
HISTORISCHES GEBÄUDE

(☑ 651-297-2555; www.mnhs.org/hillhouse; 240 Summit Ave; Erw./Kind 9/6 US$; ⊗ Mi–Sa 10–15.30, So ab 13 Uhr) Die prunkvolle Steinvilla des Eisenbahnmagneten Hill ist ein Prachtstück aus dem Gilded Age mit fünf Stockwerken und sage und schreibe 22 Kaminen!

Harriet Island
PARK

Das reizende Harriet Island liegt südlich der Innenstadt und ist mit dieser über die Wabasha St verbunden. Konzertbühnen, ein Fischereihafen und ein Spazierpfad am Fluss laden hier zum Herumschlendern ein. Zudem sind Fahrten mit einem Schaufelraddampfer möglich.

★ St. Paul Curling Club
WINTERSPORT

(www.stpaulcurlingclub.org; 470 Selby Ave; ⊗ Mitte Okt.–Ende Mai 17–23 Uhr) Für alle, die sich mit nördlichen Gepflogenheiten nicht auskennen: Curling ist ein Wintersport, bei der man einen radkappengroßen Granitstein über eine Eisfläche hinweg in ein Zielfeld schlittern lässt. Die netten Leute hier haben nichts gegen Besucher, die dabei mal zuschauen möchten. Und vielleicht laden sie einen ja sogar auf ein spottbilliges Regionalbier aus der Bar im Obergeschoss ein.

Mississippi River Visitor Center
OUTDOOR-AKTIVITÄTEN

(☑ 651-293-0200; www.nps.gov/miss; 120 W Kellogg Blvd; ⊗ So & Di–Do 9.30–17, Fr & Sa 9.30–21 Uhr) GRATIS Das Besucherzentrum des National Park Service befindet sich im Eingangsbereich des Wissenschaftsmuseums. In einer Nische verteilt es hier Wanderkarten und informiert Interessenten über aktuelle Gratisaktivitäten unter der Leitung von Rangern (z. B. Radtouren und Kurzwanderungen zum Fluss im Sommer, Eisangeln und Schneeschuhlaufen im Winter).

👉 Geführte Touren

Down In History Tours
STADTSPAZIERGANG

(☑ 651-292-1220; www.wabashastreetcaves.com; 215 S Wabasha St; 45-minütige Touren 6 US$; ⊗ Mo 16, Do 17, Sa & So 11 Uhr) Die Tour führt durch die unterirdischen Höhlen von St. Paul, die Gangster einst als eine Art Kneipe benutzten. Am witzigsten ist es donnerstagabends, wenn in den Höhlen eine Swingband spielt (Eintritt 8 US$).

🎉 Feste & Events

St. Paul Winter Carnival
KULTUR

(www.wintercarnival.com; ⊗ Ende Jan.) Zehntägiges Fest mit Eisskulpturen, Eislaufen und Eisangeln.

🛌 Schlafen

In Minneapolis ist die Auswahl an Unterkünften deutlich größer.

★ Hotel 340
BOUTIQUEHOTEL $$

(☑ 651-280-4120; www.hotel340.com; 340 Cedar St; Zi. 109–189 US$; P ✳ @ 🛜) Dieses Hotel mit viel altmodischer Atmosphäre bietet normalerweise ein sehr gutes Preis-Leistungs-Verhältnis. Die 56 Zimmer in einem stattlichen Altbau warten mit Hartholzböden und vornehmer Bettwäsche auf. In der zweistöckigen Lobby gibt's einen großen offenen Kamin und eine hübsche kleine Bar (die Rezeptionisten fungieren auch als Barkeeper). Preise inklusive europäischem Frühstück; Parken kostet 17 US$ pro Nacht.

Covington Inn
B & B $$

(☑ 651-292-1411; www.covingtoninn.com; 100 Harriet Island Rd; Zi. 160–250 US$; P ✳) Das Covington in Harriet Island hat vier Zimmer und befindet sich in einem alten Schlepper auf dem Mississippi. Beim Morgenkaffee schaut man hier auf die vorbeifahrenden Schiffe.

674

> **ABSEITS DER ÜBLICHEN PFADE**
>
> ### DAS GRÖSSTE GARNKNÄUEL DER WELT
>
> Rund 60 Meilen (96,5 km) westlich von Minneapolis liegt an der US 12 die Ortschaft Darwin, in der man den **World's Largest Ball of Twine** (1st St; ⊙24 Std.) GRATIS bewundern kann. O.k., um ehrlich zu sein: im Mittleren Westen gibt's noch drei weitere (angeblich) größte Garnknäuel der Welt. Doch dieses hier ist das „größte, das von einer einzigen Person aufgewickelt wurde": Francis A. Johnson erschuf den 7892 kg schweren Koloss im Laufe von 29 Jahren auf seiner Farm. Zu sehen gibt's sein Werk in Darwins Gemeindepavillon. Noch besser: Im Souvenirshop des benachbarten **Museums** (☎320-693-7544; ⊙nach Vereinbarung) GRATIS kann man sich sein eigenes Garnknäuel-Starterset zulegen.

✘ Essen & Ausgehen

Ein Bummel entlang der Grand Ave zwischen Dale St und Lexington Pkwy lohnt sich: In dieser Gegend gibt's viele Cafés, Feinkostläden und Ethno-Restaurants. Einige unkonventionelle Adressen findet man auch an der Kreuzung von Selby Ave und Western Ave N.

Mickey's Diner　　　　　　　　　　DINER $
(☎651-222-5633; www.mickeysdiningcar.com; 36 W 7th St; Hauptgerichte 4–9 US$; ⊙24 Std.) Dieser Klassiker in der Innenstadt ist die Art von Lokal, in der die nette Kellnerin alle Kunden „Honey" nennt und zufriedene Stammgäste kaffeeschlürfend ihre Zeitung am Tresen lesen. Das Essen (Burger, Malzbier, Apfelkuchen) hat denselben zeitlosen Charme.

Cook　　　　　　　　　　AMERIKANISCH $
(☎651-756-1787; www.cookstp.com; 1124 Payne Ave; Hauptgerichte 7–12 US$; ⊙Mo–Fr 6.30–14, Sa & So 7–15 Uhr) Das reizende und sonnige Cook serviert seinen Gästen kreative Diner-Kost wie Cheeseburger mit Asiago-Käse, Pancakes mit Lebkuchenaroma oder Sandwiches mit geschmorten Rippchen. Am Mittwochabend wird der Laden außerdem zum Supper Club. Zusammen mit ein paar anderen angesagten Restaurants liegt er an der Payne Ave im aufkeimenden Viertel East Side.

Hmongtown Marketplace　　　　ASIATISCH $
(www.hmongtownmarketplace.com; 217 Como Ave; Hauptgerichte 5–8 US$; ⊙8–18.30 Uhr) In den Twin Cities lebt die landesweit größte Gemeinde von ausgewanderten Hmong. Deren vietnamesische, laotische und thailändische Lieblingsgerichte (u. a. pikanter Papaya-Salat, Rinderrippchen Nudelsuppe mit Curry) gibt's auf diesem Markt in einem schlichten Gastrobereich, der sich im hinteren Teil des West Building befindet. Nach dem Essen kann man sich an den örtlichen Verkaufsständen z. B. bestickte Bekleidung, einen Messinggong oder Zitronengras zulegen.

Happy Gnome　　　　　　　　　　KNEIPE
(www.thehappygnome.com; 498 Selby Ave; ⊙Mo–Mi 11–24, Do & Fr 11–1, Sa 10–1, So 10–24 Uhr; 🛜) Das Happy Gnome liegt hinter dem Parkplatz des St. Paul Curling Club. Auf der Freiluftterrasse mit behaglichem offenem Kamin schmecken die 70 Regionalbiere vom Fass am besten.

☆ Unterhaltung

Fitzgerald Theater　　　　　　　　THEATER
(☎651-290-1221; http://fitzgeraldtheater.publicradio.org; 10 E Exchange St) Hier nimmt Garrison Keillor seine bekannte Radioshow *A Prairie Home Companion* auf.

**Ordway Center for
Performing Arts**　　　　　KLASSISCHE MUSIK
(☎651-224-4222; www.ordway.org; 345 Washington St) Die wunderbaren Klänge von Kammermusik und der Minnesota Opera erfüllen hier den Saal.

Xcel Energy Center　　　　　　　　EISHOCKEY
(www.wild.com; 199 Kellogg Blvd) Das Profiteam Minnesota Wild spielt im Xcel Eishockey.

🛍 Shoppen

Common Good Books　　　　　　　BÜCHER
(www.commongoodbooks.com; 38 S Snelling Ave; ⊙Mo–Sa 9–19, So 10–19 Uhr) Garrison Keillor ist der Besitzer dieses hell erleuchteten Buchladens, in dem die Statuen großer Schriftsteller über die langen Regale wachen. Er liegt westlich vom Zentrum auf dem Campus des Macalester College.

ℹ Praktische Informationen

Visitor Center (☎651-292-3225; www.visitsaintpaul.com; Landmark Center, 75 W 5th St; ⊙Mo–Sa 10–16, So 12–16 Uhr) Gute erste Anlaufstelle für Stadtpläne und Infos zu Stadtspaziergängen auf eigene Faust.

❶ Anreise & Unterwegs vor Ort

St. Paul teilt sich ein öffentliches Nahverkehrsnetz mit Minneapolis. Das Union Depot (S. 672) dient dabei als Drehscheibe für alle Verkehrsmittel: Greyhound-Busse, Stadtbusse, Amtrak-Züge und Stadtbahnen (Green Line).

Rund um Minneapolis – St. Paul

Mall of America EINKAUFSZENTRUM, VERGNÜGUNGSPARK
(www.mallofamerica.com; abseits der I-494 an der 24th Ave; ⏰ Mo–Sa 10–21.30, So 11–19 Uhr; 🚗)
Willkommen im größten Einkaufszentrum der USA – auf den ersten Blick nur eine weitere Mall mit den üblichen Läden, Kinos und Restaurants. Doch hier gibt's auch eine Hochzeitskapelle, eine Seilrutsche und einen **Minigolfplatz** (☎ 952-883-8777; 3. Stock; Eintritt 9 US$) mit 18 Löchern. Und das **Nickelodeon Universe** (☎ 952-883-8600; www.nickelodeonuniverse.com), unter dessen 25 Rides auch ein paar haarsträubende Achterbahnen sind. Ein reiner Bummel durch diesen Vergnügungspark kostet nichts; die Rides sind jedoch kostenpflichtig (Einzelfahrt 3,50–7 US$, Tagespass in Armbandform für unbegrenzte Fahrten 33 US$).

Zudem beherbergt der Komplex auch das größte Aquarium des Bundesstaats: Im **Minnesota Sea Life** (☎ 952-883-0202; www.visitsealife.com/minnesota; Erw./Kind 25/18 US$) können Kinder harmlose Haie und „entschärfte" Stachelrochen streicheln. Mit Kombipässen für alle örtlichen Attraktionen lässt sich Bares sparen. Die Mall liegt im vorstädtischen Bloomington; die Stadtbahn (Blue Line) verbindet sie mit dem Flughafen (10 Min.) und dem Zentrum von Minneapolis.

Fort Snelling HISTORISCHE STÄTTE
(☎ 612-726-1171; www.historicfortsnelling.org; Ecke Hwy 5 & Hwy 55; Erw./Kind 11/6 US$; ⏰ Di–Sa 10–17, So 12–17 Uhr, Sept. & Okt. nur Sa; 🚗)
Östlich des Shoppingcenters liegt Fort Snelling, das älteste Gebäude des Bundesstaates. Es wurde 1820 als Außenposten im abgelegenen Northwest Territory an der Grenze errichtet. Historisch kostümierte Führer zeigen restaurierte Gebäude und stellen das Leben der Pioniere nach.

Südliches Minnesota

Von den Twin Cities aus lässt sich ein Teil des malerischen Südostens in kurzen Autotouren erkunden. Die bessere Alternative ist jedoch eine mehrtägige Rundfahrt entlang der Flüsse, die Zwischenstopps in historischen Städten und State Parks beinhaltet.

Genau östlich von St. Paul erreicht der Hwy 36 das touristisch geprägte **Stillwater**. Das alte Holzfällerstädtchen am Unterlauf des St. Croix River empfängt Besucher mit Antiquitätenläden, Bootsfahrten auf dem Fluss und restaurierten Gebäuden aus dem 19. Jh. Zudem ist es eine offizielle „Booktown" (Bücherstadt): Diesen Ehrentitel tragen weltweit nur sehr wenige Kleinstädte, in denen es außergewöhnlich viele Antiquariate gibt. Vor Ort findet man außerdem mehrere elegante B & Bs, zu denen **Discover Stillwater** (www.discoverstillwater.com) alle Details liefert.

Weiter südlich entlang der US 61 kommt anschließend das größere **Red Wing** in Sicht – ähnlich gut restauriert, aber vergleichsweise weniger interessant. Allerdings sind hier die berühmten Red Wing Shoes (eigentlich robuste Stiefel) und Töpferwaren mit Salzglasur im Angebot.

Südlich des Städtchens beginnt der schönste Teil des **Mississippi Valley**. Um die Highlights dieser Region mit dem Auto abzuklappern, muss man entlang der Great River Road zwischen Minnesota und Wisconsin pendeln.

Von Red Wing aus geht's auf der US 63 über den Fluss. Vor der Weiterfahrt am Ufer in Richtung Süden empfiehlt sich aber noch ein Abstecher in Sachen Käse. Dazu einfach der US 63 in Wisconsin nordwärts bis zur US 10 (12 Meilen bzw. 19 km) folgen und an der Einmündung rechts abbiegen: Schon nach wenigen Kilometern erreicht man dann Ellsworth, die „Hauptstadt des Frischkäses". Die örtliche **Ellsworth Cooperative Creamery** (☎ 715-273-4311; www.ellsworthcheese.com; 232 N Wallace St; ⏰ 9–17 Uhr) produziert Frischkäse für A & W und Dairy Queen. Wer die quietschende Köstlichkeit noch warm aus der Presse probieren will, kommt am besten gegen 11 Uhr hierher.

Zurück am Fluss führt nun der Wisconsin Hwy 35 zu großen Teilen an den Felsen bei **Maiden Rock**, **Stockholm** und **Pepin** entlang. Dabei heißt's auch mal der eigenen Nase folgen: In der Umgebung gibt's einige Bäckereien und Cafés.

Weiter in Richtung Süden überquert man jetzt den Fluss erneut, um nach **Wabasha** in Minnesota zu gelangen. Hier warten ein historischer Ortskern und eine große Popula-

> **ABSEITS DER ÜBLICHEN PFADE**
>
> ## DAS SPAM MUSEUM
>
> Im Süden Minnesotas, in Austin (ganz in der Nähe des Ortes kreuzen sich die I-35 und die I-90), steht einsam das **Spam Museum** (☏ 800-588-7726; www.spam.com; 400 N Main St; Eintritt frei; ⊙ Mo–Sa 10–17, So 12–17 Uhr; 🖶), das komplett dem gleichnamigen Frühstücksfleisch gewidmet ist. Besucher erfahren, wie die blauen Büchsen einst ganze Armeen ernährten, ein hawaiianisches Grundnahrungsmittel wurden und zahllose Haiku-Dichter inspirierten. Zudem können sie mit dem Personal (alias Spambassadors) plaudern, das eigenartige „süße Schweinewunder" gratis probieren und selbst versuchen, es in Blech zu verpacken. Das Museum war zum Zeitpunkt der Recherche leider geschlossen; Mitte 2016 soll es aber in einem schicken neuen Gebäude im Ortszentrum wiedereröffnet werden.

tion von Weißkopfseeadlern (Winter). Infos zu den Greifvögeln liefert das **National Eagle Center** (☏ 651-565-4989; www.nationaleaglecenter.org; 50 Pembroke Ave; Erw./Kind 8/5 US$; ⊙ 10–17 Uhr, Nov.–Feb. kürzere Öffnungszeiten).

Weiter Richtung Süden und Landesinneren beginnt anschließend das Bluff Country, dessen viele Kalksteinfelsen das geologische Hauptmerkmal des südöstlichen Minnesota sind. Das schmucke **Lanesboro** (www.lanesboro.com) fungiert hier als Ausgangspunkt für Kajaktrips und Radtouren auf stillgelegten Eisenbahntrassen. Rund 7 Meilen (11 km) westlich des Orts liegt an der County Rd 8 das **Old Barn Resort** (☏ 507-467-2512; www.barnresort.com; B/Zi. 25/50 US$, Stellplatz für Zelt/Wohnmobil 34/46 US$; ⊙ April–Anfang Nov.; 🛏). In ländlicher Umgebung wartet dieses Hostel mit Stellplätzen, einem Restaurant und Outdoor-Ausrüstung auf; Interessenten lassen sich am besten per Telefon eine genaue Anfahrtsbeschreibung geben. Das gleichermaßen einladende **Harmony** südlich von Lanesboro ist das Zentrum einer Amish-Gemeinde.

Duluth & Northern Minnesota

In den Norden Minnesotas kommt man, „um ein bisschen zu angeln und ein paar Gläschen zu kippen", wie es ein Einwohner ziemlich treffend zusammenfasste.

Duluth

Am äußersten westlichen Ende der Großen Seen liegt Duluth (mit seinem Nachbar Superior, WI). Der Ort besitzt einen der geschäftigsten Häfen des Landes. Die atemberaubende Lage der Stadt, die in einen steilen Hang hineingebaut wurde, ist ausgezeichnet dafür geeignet, den sich ständig wandelnden Lake Superior in Aktion zu erleben. Das Wasser, die Wanderwege und die herrliche Natur haben die Gegend zu einem Hotspot für Outdoorfreaks gemacht.

⦿ Sehenswertes & Aktivitäten

Das aparte Hafengebiet lädt zum Bummeln ein: Auf Canal Park und den Lakewalk konzentrieren sich die meisten Attraktionen der Stadt.

Aerial Lift Bridge   BRÜCKE
Duluths bekanntestes Wahrzeichen hebt seinen mächtigen Mittelsteg pro Jahr rund 1000-mal an, um tutende Schiffe in den Hafen hineinzulassen.

Maritime Visitor Center   MUSEUM
(☏ 218-720-5260; www.lsmma.com; 600 S Lake Ave; ⊙ Juni–Aug. 10–21 Uhr, Sept.–Mai kürzere Öffnungszeiten) GRATIS Neben der Aerial Lift Bridge informieren hier Computerbildschirme darüber, wann große Kähne unter dem Bauwerk hindurchschippern. Höchst sehenswert sind auch die coolen Schiffsmodelle und die Ausstellungen zu Wracks in den Großen Seen.

William A. Irvin   MUSEUM
(☏ 218-722-7876; www.williamairvin.com; 350 Harbor Dr; Erw./Kind 12/8 US$; ⊙ Juni–Aug. 9–18 Uhr, Mai & Sept. 10–16 Uhr) Eine weitere Attraktion zum Thema Schifffahrt ist die Besichtigung dieses mächtigen Great-Lakes-Frachters mit 186 m Länge.

Leif Erikson Park   PARK
(Ecke London Rd & 14th Ave E) Dieser Park ist ein nettes Plätzchen am Seeufer. Er punktet mit einem Rosengarten, einem Nachbau von Leifs Wikingerschiff – freitagabends im Sommer – mit kostenlosem Kino unterm Sternenhimmel. Wer vom Canal Park aus dem Lakewalk (ca. 2,5 km) folgt, kann sich damit rühmen, den Superior Trail entlanggewandert zu sein, zu dem dieser Pfad gehört.

Duluth Experience
ABENTEUERTOUR

(📞 218-464-6337; www.theduluthexperience.com; Touren ab 55 US$) Großes Angebot an Kajak-, Rad- und Brauereitouren. Preise jeweils inklusive Ausrüstung und Shuttles.

Vista Fleet
BOOTSFAHRT

(📞 218-722-6218; www.vistafleet.com; 323 Harbor Dr; Erw./Kind 20/10 US$; ⊙ Mitte Mai–Okt.) Keine Frage: So ziemlich jeder steht auf Bootsfahrten. Sehr beliebt sind die Hafenrundfahrten (75 Min.) dieser Firma, die in Canal Park neben der *William A. Irvin* ablegen.

Spirit Mountain
SKIFAHREN

(📞 218-628-2891; www.spiritmt.com; 9500 Spirit Mountain Pl; Erw./Kind 40/30 US$/Tag; ⊙ variierende Öffnungszeiten) Während der Wintermonate sind hier Skifahren und Snowboarden beliebte Freizeitvergnügen; im Sommer locken eine Seilrutsche, eine Sommerrodelbahn und ein Minigolfplatz. Der Berg liegt etwa 10 Meilen (16 km) südlich von Duluth.

🛏 Schlafen

In Duluth gibt's zahlreiche B&Bs. Im Sommer kosten die Zimmer aber mindestens 140 US$. **Duluth Historic Inns** (www.duluth bandb.com) hat Zimmerverzeichnisse.

Im Sommer sind die Unterkünfte schnell ausgebucht, dann muss man sein Glück jenseits der Grenze in Superior, WI, versuchen (wo es übrigens auch billiger ist).

Fitger's Inn
HOTEL $$

(📞 218-722-8826; www.fitgers.com; 600 E Superior St; Zi. 169–279 US$; @ 🐾) Die 62 großen Zimmer des Fitger's Inn, von denen jedes ein bisschen anders gestaltet ist, befinden sich in den Räumlichkeiten einer ehemaligen Brauerei. Die Unterkunft liegt am Lakewalk, und die teureren Zimmer bieten auch einen wunderbaren Ausblick aufs Wasser. Das kontinentale Frühstück ist inklusive. Das kostenlose Shuttle zu den örtlichen Sehenswürdigkeiten ist eine ziemlich praktische Sache.

Willard Munger Inn
INN $$

(📞 218-624-4814; www.mungerinn.com; 7408 Grand Ave; Zi. inkl. Frühstück 70–140 US$; @ 🐾) Das Munger Inn ist in Familienbesitz und bietet eine gute Auswahl an Zimmern (von Budgetzimmern bis hin zu Suiten mit Whirlpool). Außerdem gibt's viele Extras für Outdoorfreunde, beispielsweise Wander- und Radwege direkt vor der Tür, kostenlose Leihfahrräder und -kanus sowie eine Feuerstelle. Es liegt in der Nähe des Spirit Mountain.

INSIDERWISSEN

DYLAN IN DULUTH

Bob Dylan wird zwar meist mit Hibbing und der Iron Range in Verbindung gebracht, wurde aber in Duluth geboren. Entlang der Superior St und London Rd weisen hier die braun-weißen Schilder des **Bob Dylan Way** (www.bobdylanway. com) auf Orte hin, die etwas mit der Songwriter-Legende zu tun haben. Darunter ist z. B. das Arsenal, wo Dylan ein Konzert von Buddy Holly erlebte und daraufhin beschloss, Musiker zu werden. Selbst ausfindig machen muss man jedoch sein **Geburtshaus** (519 N 3rd Ave E), das ein paar Blocks nordöstlich der Innenstadt an einem Hügel steht. Dort lebte der kleine Bob bis zu seinem sechsten Lebensjahr im obersten Stockwerk, bis die Familie landeinwärts nach Hibbing umzog. Hinweis: Hierbei handelt es sich um ein nicht gekennzeichnetes Privathaus, das nur von der Straße aus betrachtet werden kann.

🍴 Essen

Die meisten Restaurants und Bars haben im Winter kürzer geöffnet. Im Uferbezirk Canal Park gibt's Lokale für jeden Geldbeutel.

Duluth Grill
AMERIKANISCH $

(📞 218-726-1150; www.duluthgrill.com; 118 S 27th Ave W; Hauptgerichte 10–16 US$; ⊙ 7–21 Uhr; 🐾 ♿) 🌿 Schon der Garten auf dem Parkplatz verrät: Dies muss ein umweltbewusstes Restaurant mit Hippie-Vibe sein. Auf der dinermäßigen Karte stehen z. B. gebratene Frühstückseier, Burger mit Bisonfleisch oder Polenta-Eintopf mit Curry. Viele vegane und glutenfreie Gerichte sind ebenfalls im Angebot. Nahe der Brücke nach Superior (WI) liegt das Lokal ein paar Kilometer südwestlich von Canal Park.

Northern Waters Smokehaus
SANDWICHES $

(📞 218-724-7307; www.northernwaterssmokehaus. com; 394 S Lake Ave, DeWitt-Seitz Marketplace; Sandwiches 7–10 US$; ⊙ Mo–Sa 10–20, So 10–18 Uhr) 🌿 Der kleine Laden räuchert u. a. Lachse und Felchen aus nachhaltigem Fang. Sehr gute Quelle für Picknick-Proviant.

★ New Scenic Cafe
MODERN-AMERIKANISCH $$

(📞 218-525-6274; www.sceniccafe.com; 5461 North Shore Dr; Sandwiches 10–15 US$, Hauptgerichte

18–28 US$; ⊙ So-Do 11–21, Fr & Sa 11–22 Uhr) Gourmets aus der ganzen Gegend pilgern zum New Scenic Cafe, das 8 Meilen (13 km) hinter Duluth am Old Hwy 61 liegt. In einem schlichten Raum mit Holzvertäfelung kommen hier z. B. rustikaler Lachs mit Sahnelauch oder Kuchen mit drei verschiedenen Beerensorten auf den Tisch. Dazu gibt's eine weite Aussicht auf den See. Es empfiehlt sich, zu reservieren.

Pizza Luce
PIZZA $$
(☎ 218-727-7400; www.pizzaluce.com; 11 E Superior St; Hauptgerichte 10–20 US$; ⊙ Mo-Fr 10.30–2, Sa & So 8–2 Uhr;) Die Pizzeria mit Ausschanklizenz serviert neben leckeren Pizzas (u. a. vegan und glutenfrei) auch einen tollen Brunch. Zudem hat man hier Verbindungen zur örtlichen Musikszene und so treten im Pizza Luce auch Livebands auf.

Ausgehen & Nachtleben

★ Thirsty Pagan
BRAUEREI
(www.thirstypaganbrewing.com; 1623 Broadway St; ⊙ Mo-Do 11–22, Fr-So 11–23 Uhr) Jenseits der Brücke liegt diese Brauerei in Superior (WI). Doch die zehn Fahrtminuten lohnen sich: Hier werden selbstgemachte Pizzas mit gehaltvollen und sehr aromatischen Bieren hinuntergespült.

Fitger's Brewhouse
BRAUEREI
(www.brewhouse.net; 600 E Superior St; ⊙ So & Mo 11–24, Di-Do 11–1, Fr & Sa 11–2 Uhr) Die belebte Brauerei im gleichnamigen Hotel punktet mit Livemusik und frisch gezapftem Gerstensaft. Letzterer lässt sich auch in Form von Probiermenüs mit sieben Sorten genießen (9 US$, 90 ml/Glas).

Vikre Distillery
COCKTAILBAR
(www.vikredistillery.com; 525 S Lake Ave; ⊙ Mo, Mi & Do 17–22, Fr & Sa 12–22, So 12–17 Uhr) Die Basis für den selbstgebrannten Gin von Vikre sind Wildkräuter aus den Nordwoods. Ebenfalls hier hergestellt wird Aquavit (ein skandinavischer Schnaps) mit dem Aroma von Kümmel und Kardamom. Die Probierstube in Canal Park serviert beide Spirituosen u. a. als Bestandteil von Cocktails.

❶ Praktische Informationen
Duluth Visitors Center (☎ 800-438-5884; www.visitduluth.com; Harbor Dr; ⊙ Sommer 9.30–19.30 Uhr) Saisonal geöffnete Touristeninformation gegenüber dem Bootsanleger von Vista.

❶ An- & Weiterreise
Greyhound (☎ 218-722-5591; 4602 Grand Ave) schickt täglich mehrere Busse nach Minneapolis (3 Std.).

North Shore
Als Hauptverkehrsader der Region North Shore führt der Hwy 61 am Lake Superior entlang. Auf dem Weg nach Kanada passiert er dabei zahlreiche State Parks, Wasserfälle, Wanderwege und idyllische Kleinstädte. An Wochenenden, im Sommer und im Herbst herrscht hier viel Betrieb; dann sollten Unterkünfte unbedingt rechtzeitig reserviert werden.

Im riesigen Hafen von **Two Harbors** (www.twoharborschamber.com) kann man Eisenerzfrachter bewundern. Das einzigartige **Lighthouse B&B** (☎ 888-832-5606; www.lighthousebb.org; Zi. inkl. Frühstück 135–175 US$)

SCENIC DRIVE: DER HIGHWAY 61

Der Hwy 61 beschwört zahlreiche Bilder herauf: Bob Dylan (er stammt aus der Region) mythologisierte ihn 1965 auf seinem wütenden Album *Highway 61 Revisited*. Als berühmter „Blues Highway" führt diese Route am Mississippi entlang bis nach New Orleans hinunter. Im Norden Minnesotas folgt sie vor dem geistigen Auge dem Ufer des Lake Superior – vorbei an roten Klippen und Strandwäldern.

Tatsächlich verhält sich die Sache aber etwas komplizierter und erfordert ein paar Erklärungen: Der Blues Highway ist eigentlich die US 61, die gleich nördlich der Twin Cities beginnt. Beim Hwy 61 handelt es sich um eine staatliche Panoramastraße ab Duluth. Für noch mehr Verwirrung sorgt die Tatsache, dass es zwischen Duluth und Two Harbors zwei Straßen mit der Nummer 61 gibt: eine vierspurige Schnellstraße und den reizvolleren Old Highway 61 (alias North Shore Scenic Drive) mit zwei Spuren. Letzterer beginnt als London Rd in Duluth und führt gleich nach dem Eingang zum Brighton Beach nach rechts. Hinter Two Harbors wird er wieder einspurig und verläuft quer durch eine herrliche Landschaft bis zur kanadischen Grenze. Weitere Infos zum North Shore Scenic Drive gibt's unter www.superiorbyways.com (auf The Routes klicken).

in einem Leuchtturm von 1892 vermietet vier Zimmer mit schönem Seeblick. Rund 2 Meilen (3,2 km) nördlich des Orts wartet **Betty's Pies** (☎ 218-834-3367; www.bettyspies. com; 1633 Hwy 61; Kuchenstück 4 US$; ⊙ 7.30–20 Uhr, Okt.–Mai kürzere Öffnungszeiten) mit Regalen voller Köstlichkeiten aus Blätterteig auf. Tipp: die Variante mit Fruchtfüllung und knusprigen Streuseln.

Als Routenhighlights nördlich von Two Harbors folgen nun die Gooseberry Falls, das Split Rock Lighthouse und der Palisade Head. Rund 110 Meilen (177 km) von Duluth entfernt erreicht man das Künstlerstädtchen **Grand Marais** (www.grandmarais. com), das eine sehr gute Ausgangsbasis für die Erkundung der Boundary Waters Canoe Area Wilderness ist. Entsprechende Genehmigungen und Informationen gibt's bei der **Gunflint Ranger Station** (☎ 218-387-1750; 2020 Hwy 61; ⊙ Mai–Sept. 8–16.30 Uhr) gleich südlich der Stadt.

Die **North House Folk School** (☎ 218-387-9762; www.northhouse.org; 500 Hwy 61) bringt Besuchern u. a. bei, wie man eigenhändig Boote baut, Angelfliegen bindet oder Schweine schlachtet. Das Kursangebot ist genauso großartig wie die Törns mit dem schuleigenen Wikinger-Segler *Hjordis* (35–45 US$/Pers., 2 Std.). Interessenten sollten rechtzeitig reservieren.

In Grand Marais gibt's diverse Campingplätze, Resorts und Motels. Unter den örtlichen Unterkünften ist z. B. das **Harbor Inn** (☎ 218-387-1191; www.harborinnhotel.com; 207 Wisconsin St; Zi. 110–145 US$; 🐾) in praktischer Lage im Ortszentrum. Rund 14 Meilen (22,5 km) außerhalb in Richtung Nordosten umgeben Wanderweg die rustikale **Naniboujou Lodge** (☎ 218-387-2688; www.naniboujou.com; 20 Naniboujou Trail; Zi. 110–150 US$; ⊙ Ende Mai–Ende Okt.). Das **Sven and Ole's** (☎ 218-387-1713; www.svenandoles.com; 9 Wisconsin St; Pizzas 10–20 US$; ⊙ 11–20, Do–Sa 11–21 Uhr) ist ein Klassiker in Sachen Sandwiches und Pizza; in der dazugehörigen Kneipe fließt das Bier in Strömen. Das Boot des **Dockside Fish Market** (www.docksidefishmarket.com; 418 Hwy 61; Hauptgerichte 7–11 US$; ⊙ 9–19.30 Uhr) fährt jeden Morgen hinaus, um Heringe und Felchen zu fangen. Diese wandern dann mittags frisch frittiert als Teil von Fish & Chips über den Feinkosttresen.

Der Hwy 61 führt nun weiter zum **Grand Portage National Monument** (☎ 218-475-0123; www.nps.gov/grpo; ⊙ Juni–Mitte Okt. 9–17 Uhr) GRATIS an der Grenze zu Kanada. An

DER SUPERIOR HIKING TRAIL

Der 483 km lange **Superior Hiking Trail** (www.shta.org) folgt dem Bergrücken, der zwischen Duluth und der kanadischen Grenze direkt am Seeufer emporragt. Dabei passiert er u. a. rote Felsen mit spektakulären Aussichtspunkten; gelegentlich lassen sich unterwegs auch Elche oder Schwarzbären blicken. Alle 8 bis 16 km gibt's einen Parkplatz mit Zugang zum Trail – ideal für Tageswanderungen. Der **Superior Shuttle** (☎ 218-834-5511; www.superiorhikingshuttle.com; ab 15 US$; ⊙ Mitte Mai–Mitte Okt. Fr–So) sammelt Wanderer an insgesamt 17 Haltestellen entlang der Strecke auf und macht ihnen das Leben so noch einfacher. Für Übernachtungswillige stehen mehrere Lodges und 86 Campingplätze in der Wildnis zur Verfügung (für Details s. Website des Trails). Die gesamte Route kann gratis ohne Reservierungen oder Genehmigungen genutzt werden. Das **Trail Office** (☎ 218-834-2700; Ecke Hwy 61 & 8th St; ⊙ Mitte Mai–Mitte Okt. Mo–Fr 9–17, Sa 10–16, So 12–16 Uhr, Mitte Okt.–Mitte Mai Sa & So geschl.) in Two Harbors gibt Karten aus und hilft bei der Planung.

dieser Stelle mussten Kanus einst um die Stromschnellen des Pigeon River herumgetragen werden. Zudem befand sich hier früher das Zentrum eines weit ausgedehnten Handelsimperiums. Das sehenswerte Highlight ist ein rekonstruierter Handelsposten aus dem Jahr 1788, der von einem Dorf der indigenen Ojibwe umgeben ist. Von Grand Portage aus schippern außerdem **Fähren** (☎ 218-475-0024; www.isleroyaleboats. com; Tagesausflug Erw./Kind 67/37 US$; ⊙ Juni–Sept.) drei- bis fünfmal pro Woche zum **Isle Royale National Park** im Lake Superior. Hinweis: Alternativ ist der Park auch ab Houghton in Michigan erreichbar.

Boundary Waters

Von Two Harbors führt der Hwy 2 in die legendäre **Boundary Waters Canoe Area Wilderness** (BWCAW). In dieser ursprünglichen Region gibt es über 1000 Seen und Flüsse, in die man das Paddel tauchen kann. Ein Tagesbesuch ist zwar möglich, doch die meisten Besucher entscheiden sich dafür, wenigstens eine Nacht hier zu zelten. Wenn man sich aufs Wasser begibt und eine Weile Kanu fährt, lässt man das Getümmel ganz schnell hinter sich. Das Campen ist hier eine wunderbar einsame Angelegenheit: nur man selbst, die heulenden Wölfe, der Elch, der am Zelt schnuppert und das grünliche Polarlicht am Nachthimmel. Auch Neulinge sind hier gern gesehen; alles was man benötigt, bekommt man bei den Lodges und Ausrüstungsgeschäften, sodass man einfach loslegen kann.

Zum **Campen** (☎ 877-550-6777; www.recreation.gov; Erw./Kind 16/8 US$, plus Reservierungsgebühr 6 US$) ist eine Übernachtungsgenehmigung erforderlich. Auch Tagesbesucher benötigen eine Genehmigung, die aber kostenlos ist; man bekommt sie an den Kiosken an den BWCAW-Eingängen und bei den Rangerstationen. Einzelheiten kann man telefonisch beim **Superior National Forest** (☎ 218-626-4300; www.fs.usda.gov/attmain/superior/specialplaces) erfragen; auf der Website stehen nützliche Tipps zur Planung des Aufenthalts. Am besten plant man seinen Besuch im Voraus, denn die Zahl der Genehmigungen ist begrenzt und oft sind alle schon vergeben.

Viele finden, dass der Zugang zum BWCAW über die nette Stadt **Ely** (www.ely.org) der beste ist. In der Stadt, die nordöstlich der Region Iron Range liegt, gibt's Unterkünfte, Restaurants und jede Menge Ausrüstungsgeschäfte. Das **International Wolf Center** (☎ 218-365-4695; www.wolf.org; 1369 Hwy 169; Erw./Kind 10,50/6,50 US$; ☉ Mitte Mai–Mitte Okt. 10–17 Uhr, Mitte Okt. nur Fr & So) bietet faszinierende Ausstellungen und organisiert Wolfbeobachtungstouren. Gegenüber vom Center liegt auf der anderen Straßenseite die **Kawishiwi Ranger Station** (☎ 218-365-7600; 1393 Hwy 169; ☉ Mai–Sept. 8–16.30 Uhr), die Expertentipps zum Campen und Kanufahren in der BWCAW gibt, Tourenvorschläge macht und Genehmigungen ausstellt.

Im Winter wird es in Ely glatt – es ist eine bekannte Hundeschlittenstadt. Ausrüster wie die **Wintergreen Dogsled Lodge** (☎ 218-365-6022; www.dogsledding.com; 4-stündige Tour Erw./Kind 150/100 US$) bieten viele Tourpakete an.

Iron Range District

Der Iron Range District in Minnesota, ein Gebiet mit spärlich bewachsenen rötlichen Hügeln – Berge wäre etwas übertrieben –, besteht aus der Mesabi Range und der Vermilion Range. Etwa ab Grand Rapids bis ins nordöstlich gelegene Ely erstrecken sie sich nördlich und südlich des Hwy 169. In den 1850er-Jahren wurde hier Eisen entdeckt, und zeitweilig kamen über drei Viertel des Eisens des gesamten Landes aus dem riesigen offenen Tagebau. Überall entlang des Hwy 169 können Besucher aktuell noch betriebenen Tagebau sehen und die karge Schönheit der Gegend erleben.

Eine perfekte Einführung bietet der **Hill Annex Mine State Park** (☎ 218-247-7215; www.dnr.state.mn.us/hill_annex; 880 Gary St; Führungen Erw./Kind 10/6 US$; ☉ Ende Mai–Anfang Sept. Fr & Sa 12.30 & 15 Uhr) in **Calumet**, der Führungen in einem Tagebau veranstaltet und ein Ausstellungszentrum unterhält. Die Führungen finden nur im Sommer am Freitag und Samstag statt; an beiden Tagen gibt's um 10 Uhr außerdem eine Fossilienführung.

Ein noch größerer Tagebau erstreckt sich bei **Hibbing**, wo man von einem absolut umwerfenden **Aussichtspunkt** (401 Penobscot Rd; ☉ Mitte Mai–Sept. 9–17 Uhr) nördlich der Stadt auf die fast 5 km lange Hull Rust Mahoning Mine schaut. Bob Dylan lebte als Kind und Teenager in dem Haus an der 2425 E 7th Ave. Die **Hibbing Public Library** (☎ 218-362-5959; www.hibbing.lib.mn.us; 2020 E 5th Ave; ☉ Mo–Do 10–19, Fr 10–17 Uhr) zeigt eine sehr gute Dylan-Ausstellung. Zudem verteilt sie eine Gratiskarte (alternativ auch online erhältlich) für einen Stadtspaziergang zu verschiedenen Dylan-Stätten. Dieser besucht z. B. den Ort, an dem Bobby seine Bar Mizwa erhielt. Das halbwegs elegante **Mitchell-Tappan House** (☎ 218-262-3862; www.mitchell-tappanhouse.com; 2125 4th Ave E; Zi. mit Gemeinschaftsbad 90 US$, mit eigenem Bad 100–110 US$; ❋ ☎) in der viktorianischen Villa eines Bergbau-Bosses bietet von allen örtlichen Unterkünften das beste Preis-Leistungs-Verhältnis.

Die **Soudan Underground Mine** (www.mndnr.gov/soudan; 1379 Stuntz Bay Rd; Führungen Erw./Kind 12/7 US$; ☉ Ende Mai–Ende Sept. 10–16 Uhr) oben im Nordosten der Range ist das älteste und tiefste Bergwerk des gesamten Bundesstaats. Besucher sollten sich warm genug anziehen: Bei den Führungen durch den Untertagebau geht's bis auf 800 m hinunter.

Voyageurs National Park

Im 17. Jh. begannen franko-kanadische Pelzhändler, sogenannte Voyageure, die Großen

Seen und die nördlichen Flüsse mit dem Kanu zu erforschen. Der **Voyageurs National Park** (www.nps.gov/voya) `GRATIS` schützt einen Teil der Wasserstraßen, die sie benutzten und die zur Grenze zwischen den USA und Kanada wurden.

Hier oben dreht sich alles ums Wasser. Die meisten Gebiete des Parks sind nur zu Fuß oder mit dem Motorboot zu erreichen (die Gewässer sind meistens zu breit oder zu wild, um sie mit dem Kanu zu befahren, wenngleich Kajaks immer beliebter werden). Ein paar Zugangsstraßen führen zu Campingplätzen und Lodges an oder in der Nähe des Lake Superior, aber sie werden meist von Menschen benutzt, die ihre eigenen Boote zu Wasser lassen.

Die Visitor Centers sind mit dem Auto zu erreichen und gute Startpunkte für einen Trip. 12 Meilen (19 km) östlich der International Falls am Hwy 11 befindet sich das **Rainy Lake Visitor Center** (☑218-286-5258; ☺Ende Mai–Mitte Okt. 9.30–17 Uhr, Rest des Jahres kürzere Öffnungszeiten), das Hauptbüro des Parks. Hier führen einen die Ranger zu Fuß oder mit dem Boot. Nur in der Saison geöffnet sind die Visitor Centers am **Ash River** (☑218-374-3221; ☺Ende Mai–Ende Sept. 9.30–17 Uhr) und am **Kabetogama Lake** (☑218-875-2111; ☺Ende Mai–Ende Sept. 9.30–17 Uhr). In diesen Gebieten gibt's Ausrüster, Verleiher und Dienstleistungen sowie kleinere Buchten zum Kanufahren.

Ziemlich beliebt hier sind Hausboote. Ausrüster wie **Ebel's** (☑888-883-2357; www.ebels.com; 10326 Ash River Trail) und **Voyagaire Houseboats** (☑800-882-6287; www.voyagaire.com; 7576 Gold Coast Rd) helfen einem weiter. Ein Boot kostet 275 bis 700 US$ pro Tag Miete, je nach Bootsgröße. Auch Anfänger sind willkommen, sie werden in die Geheimnisse der Hausboote eingewiesen.

Zum Übernachten stehen nur Campingplätze oder Resorts zur Wahl. Das **Kettle Falls Hotel** (☑218-240-1724; www.kettlefallshotel.com; Zi./Cottage 80–180 US$; ☺Mai–Ende Okt.) mit seinen zwölf Zimmern und Gemeinschaftsbad ist eine Ausnahme. Es liegt in der Mitte des Parks und ist nur mit dem Boot zu erreichen. Man kann mit den Besitzern

vereinbaren, dass sie einen abholen (hin & zurück 45 US$/Pers.). Im **Nelson's Resort** (☑800-433-0743; www.nelsonsresort.com; 7632 Nelson Rd; Hütten ab 205 US$) in Crane Lake kann man wandern, angeln und unter dem blauen Himmel relaxen. Mit Sicherheit findet man hier eine abgelegene, raue Gegend vor. Wer aber wilde Pflanzen und Tiere in ihrer ganzen Schönheit sucht, Kanu fahren und im Wald zelten will, ist in den Boundary Waters besser dran.

Bemidji & Chippewa National Forest

Diese Gegend steht für Outdooraktivitäten und Sommerspaß. Hier gibt es eine ganze Menge Campingplätze und Ferienhütten. Fast jeder hier ist leidenschaftlicher Angler.

Ein Highlight der Region ist der **Itasca State Park** (☑218-266-2100; www.dnr.state.mn.us/itasca; am Hwy 71 N; pro Fahrzeug 5 US$, Zelt- & Wohnmobilstellplätze 17–31 US$). Besucher können zwischen den winzigen Quellflüssen des mächtigen Mississippi umherspazieren, Kanus und Fahrräder ausleihen, auf markierten Wegen wandern oder zelten. Das Blockhaus des **HI Mississippi Headwaters Hostel** (☑218-266-3415; www.hiusa.org/park rapids; 27910 Forest Lane; B 26–28 US$, Zi. 90–145 US$; ☺April, Nov. & Dez. geschl.; ✳☎) befindet sich ebenfalls im Park. Im Winter variieren die Öffnungszeiten, darum sollte man vorher anrufen. Wer sich ein bisschen mehr Luxus gönnen will, entscheidet sich einfach für die altehrwürdige **Douglas Lodge** (☑866-857-2757; Zi. 99–145 US$; ☎), die vom Park betrieben wird und mit Hütten und einem guten Restaurant aufwartet.

Am westlichen Rand des Chippewa National Forest, etwa 30 Meilen (knapp 50 km) von Itasca entfernt, liegt das winzige **Bemidji**, eine alte Holzfällerstadt mit einem gut erhaltenen Zentrum und der riesigen Statue des Holzfällers Paul Bunyan und seines treuen blauen Ochsen Babe. Zu den Ausstellungsstücken im **Visitor Center** (www.visitbemidji.com; 300 Bemidji Ave N; ☺Juni–Aug. Mo–Fr 8–17, Sa 10–16, So 11–14 Uhr, Sept.–Mai Sa & So geschl.) gehört z. B. Pauls Zahnbürste.

Den Osten der USA verstehen

DER OSTEN DER USA AKTUELL 684

Die gleichgeschlechtliche Ehe, die Gesundheitsreform und die Waffengesetze werden derzeit heiß diskutiert; Filmklassiker und Literatur gewähren tiefe Einblicke in die Region.

GESCHICHTE 687

Indigene Völker, Kolonisten, Revolutionäre, Bürgerkriegssolda-ten, die Menschen der Reconstruction-Zeit, New Dealer und Bürgerrechtler – sie alle bestimmten die Geschicke des Ostens.

LEBENSART 700

Anhand von Themen wie Lifestyle, Einwanderung, Religion und Sport wird die regionale Kultur beleuchtet.

REGIONALE KÜCHE 705

Wer Clambake nicht von Cheesesteak und Gumbo nicht von Fischsuppe unterscheiden kann, informiert sich hier über regionale Speisen und Getränke.

KUNST & ARCHITEKTUR 710

Literatur, Film, Theater, Malerei und Architektur gewähren Einblick in die Identität des amerikanischen Ostens.

MUSIK 714

Der Osten brachte den von Blues, Jazz, Country, Folk, Rock und Hip-Hop geprägten vielstimmigen Sound in all seiner Schönheit hervor.

NATUR & UMWELT 718

Alligatoren, Wale, Seekühe und Elche gehören zu jenen Tieren, die diese Region bewohnen.

Der Osten der USA aktuell

Ein historisches Urteil des Supreme Court legalisiert die gleichgeschlechtliche Ehe – kurz nachdem der Oberste Gerichtshof schon die Gesundheitsreform, ein Schlüsselthema von Präsident Obama, als rechtmäßig erklärt hatte. Gleichzeitig kommt es mit beängstigender Regelmäßigkeit zu Massakern mit Schusswaffen, die Debatten über die Reglementierung von Waffenbesitz auslösen. Und im ganzen Land zeigt die ungerechte Verteilung der Einkommen ihr hässliches Gesicht.

Top-Bücher

Wer die Nachtigall stört (Harper Lee; 1960) Roman über Rassismus im Alabama der Depressionszeit – mit dem Pulitzerpreis ausgezeichnet.
Die Verschwörung der Idioten (John Kennedy Toole; 1980) Pulitzerprämierter Roman über einen Sonderling aus New Orleans auf Arbeitssuche.
Freiheit (Jonathan Franzen; 2010) Komplexe, dramatische Familiengeschichte im Minnesota und New York City der heutigen Zeit.
Wir erschossen auch Hunde (Phil Klay, 2014) Mit dem National Book Award ausgezeichnetes Buch über Soldaten und Veteranen, die unter dem Irakkrieg leiden.

Top-Filme

Vom Winde verweht (Regie Victor Fleming; 1939) Saga über die Bürgerkriegsära in den Südstaaten.
Mr. Smith geht nach Washington (Regie Frank Capra; 1939) Jimmy Stewart bekommt einen Crashkurs in Politik und Korruption.
Die Unbestechlichen (Regie Brian De Palma; 1987) Eliot Ness jagt Al Capone im Chicago der Gangsterära.
12 Years a Slave (Regisseur: Steve McQueen, 2013) Ein freier afroamerikanischer Mann wird 1841 gekidnappt und zur Sklaverei gezwungen.

Ein Regenbogenland

Niemand, der die Unruhen der Stonewall Riots erlebt hat, die 1969 der Auslöser für die Befreiungsbewegung der Homosexuellen waren, hätte sich vorstellen können, dass er oder sie den Tag erleben würde, an dem die gleichgeschlechtliche Ehe in den USA legal wird. Doch am 26. Juni 2015 geschah genau dies, als der US-amerikanische Supreme Court urteilte, dass alle Bundesstaaten sämtliche legal geschlossenen gleichgeschlechtlichen Ehen anerkennen müssen. Dieses historische Urteil war der Höhepunkt eines langen Kampfes von Anwälten für die Rechte von Homosexuellen und löste in den Straßen große Euphorie aus. Bedeutende Stätten wie das Empire State Building, Cinderella's Castle in Disney World und sogar das Weiße Haus beleuchteten ihre Fassaden in den Regenbogenfarben, um die Entscheidung stolz zu unterstützen. Nach dem Gerichtsentscheid ergab eine Umfrage des Meinungsforschungsinstituts Gallup, dass fast 60 % aller Amerikaner gleichgeschlechtliche Ehen befürworteten; bei jungen Erwachsenen waren es sogar etwa 80 %.

Medizinische Versorgung für alle

Das Urteil zu gleichgeschlechtlichen Ehen kam nur Tage nach einem anderen wichtigen Urteil. Dieses bezog sich auf den Affordable Care Act (ACA), Präsident Obamas Gesundheitsprogramm, mithilfe dessen Millionen nicht versicherter Amerikaner durch staatliche Beihilfen Zugang zur Krankenversicherung bekommen würden. Das Gericht erklärte wichtige Bestimmungen des Gesetzes für rechtmäßig (dies war bereits die zweite Entscheidung des Supreme Courts dazu), doch das Gesetz ist nach wie vor nicht sicher. Der Kongress hat über 50 Mal (erfolglos) versucht, es aufzuheben.

Trotz des Widerstands seitens des Kongresses hat es das Programm über 16 Mio. nicht versicherten Amerikanern ermöglicht, Versicherungsschutz zu erhalten. Die Kritiker unter den Republikanern behaupten, „Obamacare" würde Arbeitsplätze vernichten und die amerikanische Wirtschaft schwächen. Obama weist diese Kritik zurück und sagt, dass der ACA der Wirtschaft nicht geschadet, sondern sie sogar angekurbelt hat. 2015 teilte die Ministerin für Gesundheitspflege und soziale Dienste, Sylvia Burwell, mit, dass die Krankenhäuser im Vorjahr 7,4 Mrd. US$ an nicht erstatteten Gesundheitskosten gespart hätten, da die Patienten über die „Health Care Insurance Exchanges" des Programms und über Medicaid versichert gewesen seien. Die östlichen Bundesstaaten, darunter Vermont und Rhode Island, zählen zu den Bundesstaaten mit dem höchsten Anteil von in diesen Programmen versicherten Bürgern.

Einkommensungleichheit

Die Einkommensschere in den USA geht immer weiter auseinander. Das reichste Prozent der Bevölkerung verdient 20 % des Gesamteinkommens (1976 waren es noch 9 %). Gleichzeitig werden die Armen immer ärmer: Der Medianlohnempfänger erhielt 11 % weniger als 1999. Unglücklicherweise wird nicht nur die Kluft zwischen den Einkommen immer größer. Reiche leben in Amerika länger als Arme: In den 1980er-Jahren lebten Wohlhabende 2,7 Jahre länger als arme Menschen, heute sind es schon 4,5 Jahre. Und die Kinder der Reichen lassen die ärmeren Kinder mit immer größerem Abstand hinter sich zurück: Der Unterschied zwischen reichen und armen Kindern bei Bildungstestergebnissen ist mit 30 % größer als vor zwei Jahrzehnten.

Besonders ausgeprägt ist diese Kluft im der östlichen Hälfte des Landes: Im Bericht Measure of America von 2013/2014, der die Lebensqualität (darunter Gesundheit, Bildung und Einkommen) in jedem Bundesstaat abbildet, schneiden Connecticut, Massachusetts, Maryland und New Jersey von allen Bundesstaaten der USA am besten ab, was Gesundheit und wirtschaftliche Chancen angeht, Mississippi, West Virginia und Alabama dagegen gehören zu den am schlechtesten abschneidenden.

Waffengewalt

In den letzten Jahren kam es mit alarmierender Regelmäßigkeit zu Schießereien mit vielen Toten. Zu den erschütterndsten Vorfällen zählt jener in Charleston, South Carolina, im Jahr 2015, wo ein 21-jähriger Mann eine Bibelstunde in einer historischen afroamerikanischen Kirche besuchte und neun Menschen ermordete. 2012 tötete ein schwer bewaffneter 20-Jähriger 20 kleine Kinder und sechs Erwachsene in einer Grundschule in Newtown, Connecticut. Im Durchschnitt sterben jeden Tag 32 Amerikaner durch Schusswaffen, weitere 140 werden verletzt.

Doch trotz aller Belege (wie einer 2013 veröffentlichen Studie im renommierten *American Journal of*

685

HAUSHALTSEINKOMMEN, MD (2012–2014): **69826 US$**

HAUSHALTSEINKOMMEN, MS (2012–2014): **40194 US$**

BEVÖLKERUNGSDICHTE, NYC: **10700 EW./KM²**

BEVÖLKERUNGSDICHTE, ME: **16,6 EW./KM²**

JÄHRLICHE KÄSEPRODUKTION, WI: **1, 13 MIO. KG**

ANTEIL DER LEERSTEHENDEN GEBÄUDE IN DETROIT (2014): **30 %**

Gäbe es nur 100 Leute in den USA, wären ...

65 weiß
15 hispanischer Abstammung
13 afroamerikanischer Abstammung
4 asiatisch-amerikanischer Abstammung
3 anderer Abstammung

Religionen
(% der Bevölkerung)

Protestantisch Römisch-katholisch

Andere Jüdisch Mormonisch

Einwohner pro km²

≈ 11 Einwohner

Medicine) dafür, dass mehr Schusswaffen auch mehr Morde bedeuten, und trotz der relativ geringen Todesrate durch Schusswaffen in Ländern mit strengeren Waffengesetzen war der amerikanische Gesetzgeber nicht bereit, auch nur moderate Waffenkontrollgesetze zu erlassen. Nach der Massenschießerei in Charleston, für die sich rassistische Motive ermitteln ließen, schien Obama die Hoffnung aufzugeben, dass sich etwas ändern würde. Einer der Gründe dafür ist, dass Waffenlobbys wie die National Rifle Association (NRA) sehr viel Macht haben und jährlich über 35 Mio. US$ für politische Kampagnen in den Bundesstaaten und auf Bundesebene ausgeben.

Doch viele Amerikaner sind auch Waffennarren: Eine jüngere Studie des Pew Research Cente ergab, dass 52 % der Amerikaner es wichtiger fanden, das Recht auf Waffenbesitz zu schützen als den Besitz von Waffen zu kontrollieren.

Geschichte

Von den Anfängen als englische Kolonie bis zum Aufstieg zur Supermacht Nr. 1 des 20. Jhs. verlief die amerikanische Geschichte alles andere als langweilig. Der Krieg gegen die Briten, der Aufbruch Richtung Westen, die Sklaverei und ihre Abschaffung, Bürgerkrieg und Wiederaufbau, die Große Depression, der Boom der Nachkriegsjahre und die neuesten Konflikte des 21. Jhs. – das alles hat die komplizierte Identität der amerikanischen Nation geformt.

Die ersten Bewohner

Zu den bedeutendsten prähistorischen Kulturen Nordamerikas gehörten die Mound Builders, die von ca. 3000 v. Chr. bis 1200 n. Chr. die Flusstäler am Ohio River und am Mississippi bewohnten. Sie haben mysteriöse Erdhügel (Mounds) hinterlassen, die als Gräber für ihre Anführer gedacht gewesen sein dürften – und eventuell zu Ehren der Götter. Cahokia in Illinois war mit 20 000 Menschen einst die größte präkolumbische Metropole Nordamerikas. Überall im Osten der USA sind ähnliche Erdhügel zu finden, u. a. am Natchez Trace in Mississippi.

Als die Europäer erstmals amerikanischen Boden betraten, lebten unterschiedliche Gruppen von Ureinwohnern in Amerika: die Wampanoag in Neuengland, die Calusa in Süd-Florida und die Shawnee im Mittleren Westen. 200 Jahre später waren sie alle verschwunden. Die europäischen Entdecker hatten Krankheiten im Gepäck, gegen die die indigene Bevölkerung keine Abwehrkräfte besaß. Mehr als alle anderen Faktoren – also Krieg, Sklaverei oder Hunger – dezimierten Epidemien die Bevölkerung der Ureinwohner, und zwar um etwa 50 bis 90 %.

Die Ankunft der Europäer

1492 reiste der italienische Entdecker Christopher Kolumbus im Dienste Spaniens gen Westen. Auf der Suche nach dem Seeweg nach Ostindien fand er die Bahamas. Mit dem Traum von Gold folgten weitere spanische Entdecker: Cortés eroberte Teile des heutigen Mexiko, Pizarro nahm Peru ein, und Ponce de León reiste auf der Suche nach dem Jungbrunnen durch Florida. Derweil erforschten Franzosen Kanada und den Mittleren

---

Erstklassige historische Museen

Henry Ford Museum/Greenfield Village, Detroit

National Civil Rights Museum, Memphis

Nantucket Whaling Museum, Massachusetts

National Museum of the American Indian, Washington, D.C.

ZEITLEISTE	40 000–20 000 v. Chr.	8000 v. Chr.	7000 v. Chr.–100 n. Chr.
	Die ersten Völker des amerikanischen Kontinents wandern über eine Landbrücke, die sich zwischen Sibirien und Alaska erstreckt, aus Zentralasien ein (der Meeresspiegel ist zu jener Zeit niedriger als heute).	Die Organisation der Menschen in Jagdgemeinschaften und ein wärmeres Klima sorgen fürs Aussterben der Eiszeitsäuger. Die indigenen Völker beginnen mit dem Sammeln von Pflanzen und der Jagd auf kleinere Tiere.	Während der „Archaischen Periode" sind die Menschen nomadische Jäger und Sammler. Am Ende der Periode werden Mais, Bohnen und Kürbisse angebaut, und permanente Siedlungen sind gut etabliert.

Westen, Holländer und Engländer segelten an der Ostküste Nordamerikas entlang.

Die erste Stadt, die von den Europäern auf nordamerikanischen Boden gegründet wurde, war St. Augustine in Florida. Sie wurde 1565 von den Spaniern gegründet und ist seitdem durchgängig besiedelt. Weiter nördlich an der Küste errichteten englische Adlige 1607 Jamestown, die erste dauerhafte englische Siedlung. Frühere Siedlungen hatten ein schlechtes Ende genommen, und auch Jamestown widerfuhr beinahe das gleiche Schicksal. Die Kolonisten hatten sich einen Sumpf ausgesucht und ihre Felder zu spät bestellt, sodass viele an Krankheiten und Hunger elend dahinsiechten. Retter in der Not waren die indigenen Stämme der Region, dank deren Hilfe die Siedler den ersten Winter überlebten.

Für Jamestown und Amerika war 1619 ein Schlüsseljahr. Die Kolonie gründete das House of Burgesses, eine repräsentative Versammlung von Bürgern, die über die Gesetze in der Region entscheiden sollte. Im gleichen Jahr traf die erste Schiffsladung mit 20 Sklaven ein. Das Folgejahr erwies sich als nicht weniger bedeutsam. Eine Schiffsladung radikal religiöser Puritaner ging dort an Land, wo später Plymouth, Massachusetts, entstehen sollte. Die Pilgerväter waren auf der Flucht vor der religiösen Verfolgung der „korrupten" Kirche von England. In der neuen Welt sahen sie die gottgegebene Möglichkeit, eine neue Gesellschaft zu erschaffen, die ein leuchtendes Vorbild in Sachen Religion und Moral werden sollte. Sie unterzeichneten den „Mayflower-Vertrag", einen der wegweisenden Texte der amerikanischen Demokratie, in dem sie sich der Einhaltung einer selbst erlassenen Ordnung unterwarfen.

Kapitalismus & Kolonialismus

In den nächsten zwei Jahrhunderten wetteiferten die europäischen Mächte um ihre Position und das Territorium in der Neuen Welt. Dabei wurden Nord- und Südamerika zum Nebenschauplatz europäischer Politik und Kriege. Nachdem es der British Royal Navy gelungen war, den Atlantik zu beherrschen, profitierte England immer stärker von seinen Kolonien und konsumierte gierig deren Erzeugnisse – Tabak aus Virginia, Zucker und Kaffee aus der Karibik. Im 17. und 18. Jh. wurde in Amerika die Sklaverei langsam zu einer formellen Einrichtung legalisiert, um die Plantagenwirtschaft zu unterstützen. Um 1800 war jeder fünfte „Amerikaner" ein Sklave.

In der Zwischenzeit überließen es die Briten den amerikanischen Kolonisten weitgehend, sich selbst zu regieren. Treffen in den Städten und repräsentative Versammlungen wurden zur Regel. Hier diskutierten die Bürger der Region (d.h. weiße Männer mit Besitz) die Probleme der Gemeinschaft und stimmten über Gesetze und Steuern ab. Dennoch

---

Ende der 1580er-Jahre, also noch vor Jamestown oder Plymouth Rock, errichtete auf Roanoke, North Carolina, eine Gruppe von 116 britischen Männern und Frauen eine Kolonie. Als ein Versorgungsschiff drei Jahre später zurückkam, waren alle Siedler verschwunden. Das Schicksal der „Verlorenen Kolonie" ist bis heute eines der größten Mysterien Amerikas.

1492	Mitte 16. Jh.	1607	1620
Der italienische Forschungsreisende Christopher Kolumbus „entdeckt" Amerika. Aus der falschen Annahme heraus, er sei nach Indien gesegelt, gibt er den indigenen Völkern den Namen „die Ost-Indianer".	Spanier gründen die ersten Kolonien auf amerikanischem Boden, darunter das heute noch existierende St. Augustine in Florida. Andere Neugründungen werden später wieder aufgegeben.	Die erste dauerhafte englische Kolonie in Nordamerika, die Jamestown-Siedlung im heutigen Virginia, wird auf Marschland gegründet. Die ersten Jahre sind hart; viele sterben an Krankheiten oder verhungern.	Die *Mayflower* landet mit 102 englischen Pilgern an Bord in Plymouth. Letztere haben sich in die Neue Welt aufgemacht, um religiöser Verfolgung zu entkommen. Die Wampanoag retten sie vor dem Verhungern.

bekam das Königreich Großbritannien 1763 – gerade war der Siebenjährige Krieg zu Ende gegangen – langsam zu spüren, wie kraftraubend es ist, ein Imperium zu regieren. Seit einem Jahrhundert kämpften sie nun gegen Frankreich, über die ganze Welt verstreute Kolonien galt es zu verwalten und zu lenken. Es wurde Zeit, in der Bürokratie aufzuräumen und die finanziellen Lasten aufzuteilen.

Die Kolonien indes hatten so viel Selbstbewusstsein entwickelt, dass sie gegen Steuern und englische Politik protestierten. 1773 erreichte der Protest mit der Boston Tea Party einen ersten Höhepunkt. Die Briten schlugen nun mit aller Härte zu, schlossen den Hafen von Boston und erhöhten ihre militärische Präsenz. 1774 versammelten sich Vertreter aus zwölf Kolonien im Ersten Kontinentalkongress in der Independence Hall in Philadelphia, wo sie ihre Beschwerden vortrugen und sich auf den unausweichlich bevorstehenden Krieg vorbereiteten.

Revolution & Republik

Im April 1775 gerieten in Massachusetts britische Truppen in ein Geplänkel mit bewaffneten Kolonisten – der Amerikanische Unabhängigkeitskrieg hatte begonnen. George Washington, ein wohlhabender Farmer aus Virginia, wurde zum Kommandeur der amerikanischen Armee gewählt. Das Problem war nur, dass Washington Schießpulver und Geld fehlten (die Kolonisten wehrten sich sogar dann gegen Steuern, wenn sie für ihr eigenes Militär benötigt wurden); ferner stellten seine Truppen eine kunterbunte Mischung aus schlecht bewaffneten Bauern, Jägern und Kaufleuten dar, die regelmäßig desertierten und auf ihre Farmen zurückkehrten, da sie keinen Sold erhielten. Dagegen verkörperten die britischen Redcoats das mächtigste Militär der Welt. Improvisation war daher das oberste Gebot des unerfahrenen Washington – mal zog er sich weise zurück, mal griff er „unfein" aus dem Hinterhalt an. Im Winter 1777/78 wäre die amerikanische Armee bei Valley Forge in Pennsylvania beinahe verhungert.

In der Zwischenzeit versuchte der Zweite Kontinentalkongress in Worte zu fassen, wofür man eigentlich kämpfte. Im Januar 1776 veröffentlichte Thomas Paine den populären *Common Sense*, in dem er sich leidenschaftlich für die Unabhängigkeit von England einsetzte. Bald schien die Unabhängigkeit nicht nur logisch, sondern galt als edel und notwendig. Am 4. Juli 1776 wurde dann ein Schlussstrich gezogen und die Unabhängigkeitserklärung unterzeichnet, die zu großen Teilen von Thomas Jefferson verfasst worden war. In der Gründungsurkunde verkündeten die 13 Kolonien ihre Loslösung von der Monarchie und ihr Recht, als unabhängige, republikanische Staaten zu handeln.

Um aber auf dem Schlachtfeld erfolgreich zu sein, benötigte General Washington Hilfe und nicht nur patriotische Gefühle. 1778 überrede-

The New World (2005) ist ein brutaler, aber leidenschaftlicher Film von Regisseur Terrence Malick, der die tragische Geschichte der Jamestown-Siedlung erzählt und die zentrale friedensstiftende Rolle von Pocahontas, Tochter eines Häuptlings der Powhatan, hervorhebt.

Sehenswerte Kolonialstätten

Williamsburg, Virginia

Jamestown, Virginia

Plymouth, Massachusetts

North End, Boston

Philadelphia, Pennsylvania

Annapolis, Maryland

Charleston, South Carolina

1626	1675	1756–1763	1773
Niederländische Kaufleute kaufen Indianern die Insel Manhattan ab und gründen die Stadt Nieuw Amsterdam. Nach der Annexion durch die Engländer 1664 bekommt sie den Namen New York.	Jahrzehntelang leben die Pilgerväter und die einheimischen Stämme in relativer Eintracht nebeneinander, bis 1675 ein tödlicher Konflikt ausbricht: der Indianeraufstand „King Philip's War".	Im Siebenjährigen Krieg in Nordamerika ist Frankreich England unterlegen und zieht sich aus Kanada zurück. Großbritannien kontrolliert nun den Großteil des Territoriums östlich des Mississippis.	Boston Tea Party: Aus Protest gegen die britische Teesteuer verkleiden sich die Einwohner Bostons als Mohawks, besetzen Schiffe der East India Company und werfen deren Teeladungen über Bord.

DER AFROAMERIKANISCHE KAMPF UM GLEICHHEIT

Es ist unmöglich, die Geschichte Amerikas zu verstehen, ohne die großen Kämpfe und mühsam errungenen Siege der Afroamerikaner in allen Bereichen zu betrachten.

Sklaverei

Zwischen 1600 und 1800 wurden ca. 600 000 Sklaven von Afrika nach Amerika gebracht. Die Überlebenden der Horrortransporte auf den vollgestopften Schiffen – die Sterblichkeitsrate betrug manchmal 50 % – wurden auf Sklavenmärkten verkauft (1638 kostete ein afrikanischer Mann 27 US$). Für die meisten Sklaven endete ihre Reise auf den Plantagen im Süden, wo die Bedingungen meist äußerst brutal waren – Auspeitschen und Brandmarken standen auf der Tagesordnung.

Alle (weißen) Menschen sind gleich geschaffen

Viele der Gründungsväter – George Washington, Thomas Jefferson und Benjamin Franklin – besaßen Sklaven, obwohl sie die Sklaverei eigentlich verurteilten. Die Bewegung zur Abschaffung der Sklaverei formierte sich erst in den 1830er-Jahren, lange nach der Unabhängigkeitserklärung, in der es überschwänglich hieß, „alle Menschen sind gleich geschaffen", was letztendlich leere Versprechungen waren.

Endlich frei

Obwohl einige Revisionisten den Amerikanischen Bürgerkrieg als einen Kampf um die Rechte der Bundesstaaten beschreiben, so sind sich doch die meisten Gelehrten darin einig, dass es im Wesentlichen um die Sklaverei ging. Nach dem Sieg der Union am Antietam

te Benjamin Franklin die Franzosen – die stets bereit waren, England eins auszuwischen –, sich mit den Revolutionären zu verbünden. Sie beschafften die Truppen, das Material und die Seemacht und trugen zum Sieg bei. 1781 kapitulierten die Briten bei Yorktown in Virginia. Zwei Jahre später wurden die „Vereinigten Staaten von Amerika" mit dem Frieden von Paris offiziell anerkannt. Anfangs konnte der lose Bund aus aufsässigen, zänkischen Staaten kaum „vereinigt" genannt werden. Also trafen sich die Gründerväter erneut in Philadelphia und entwarfen 1787 eine neue, verbesserte Verfassung. Die amerikanische Regierung erhielt ein stärkeres föderales Zentrum, es wurde die Gewaltenteilung festgeschrieben und – um den Einzelnen vor dem Missbrauch staatlicher Macht zu schützen – 1791 schließlich noch die *Bill of Rights* verabschiedet.

So tiefgreifend die Ereignisse auch waren, die Verfassung änderte nichts an den wirtschaftlichen und sozialen Verhältnissen. Reiche Landbesitzer behielten ihren Besitz, zu dem auch die Sklaven gehörten. Die Ureinwohner Amerikas wurden von der Nation und die Frauen von der

1775	1776	1787	1791
Paul Revere reitet von Boston nach Westen, um die Minutemen-Miliz der Kolonie vor der Ankunft der Briten zu warnen. Einen Tag später bricht der Amerikanische Unabhängigkeitskrieg aus.	Am 4. Juli unterzeichnen die Kolonien die Unabhängigkeitserklärung. Zu den Männern, die an der Ausarbeitung des Dokuments beteiligt waren, gehören John Hancock, Benjamin Franklin und Thomas Jefferson.	Die Constitutional Convention in Philadelphia arbeitet die amerikanische Verfassung aus. Die Machtverhältnisse zwischen dem Präsidenten, dem Kongress und der Judikative sind ausgeglichen.	Die Bill of Rights wird als Zusatzartikel zur Verfassung verabschiedet. Sie umreißt Bürgerrechte wie die Rede-, Versammlungs-, Religions- und Pressefreiheit sowie das Recht, Waffen zu tragen.

verfasste Lincoln die Emanzipationsproklamation, durch die alle Schwarzen in den besetzten Gebieten befreit wurden. Afroamerikaner unterstützten die Unionsbemühungen – bei Kriegsende dienten mehr als 180 000 in der Armee.

Jim-Crow-Gesetze

Während der Reconstruction (1865–1877) sahen Bundesgesetze den Schutz der Bürgerrechte der befreiten Schwarzen vor. Die seit Jahrhunderten bestehenden Vorurteile und die daraus resultierende Verbitterung im Süden waren Auslöser für eine Gegenreaktion. In den 1890er-Jahren entstanden die Jim-Crow-Gesetze, die ihren Namen der stereotypisierten, diskriminierenden Darstellung eines Schwarzen in den Minstrel-Shows verdanken. Damit wurden die Afroamerikaner entrechtet, und die amerikanische Gesellschaft war tief gespalten.

Bürgerrechtsbewegung

In den 1950er-Jahren war in den afroamerikanischen Gemeinden der Kampf um Gleichheit voll im Gange. Als sich die mutige Rosa Parks weigerte, ihren Sitzplatz für einen weißen Fahrgast zu räumen, löste dies den Montgomery-Busboykott aus. Es gab Sitzblockaden in Snackbars, die Schwarze nicht betreten durften, Martin Luther King organisierte in Washington, D. C., große Demonstrationen, und Protestfahrten von „Freiheitsfahrern" sollten zu einem Ende der Rassentrennung in Bussen führen. Das Engagement von Millionen hat sich gelohnt: 1964 verabschiedete Präsident Johnson das Bürgerrechtsgesetz, das der Diskriminierung und der Rassentrennung ein Ende setzen sollte.

Politik ausgeschlossen. Diese offensichtlichen Diskrepanzen und Ungerechtigkeiten wurden durchaus wahrgenommen. Sie waren das Resultat pragmatischer Kompromisse (z. B. um die von der Sklavenarbeit abhängigen Südstaaten zu überzeugen) und der allgemeinen Überzeugung von der Unausweichlichkeit der Situation.

Louisiana Purchase & der Zug gen Westen

Als das 19. Jh. über die junge Nation hereinbrach, war Optimismus angesagt. Die Landwirtschaft wurde industrialisiert, die Handelsbilanz der USA wuchs, genauso wie die Nation selbst: 1803 kaufte Thomas Jefferson Land von Napoleon Bonaparte. Der Louisiana Purchase bezog sich auf New Orleans und etwa 15 der heute westlich des Mississippis gelegenen Bundesstaaten.

Die Beziehungen zwischen den USA und Großbritannien blieben – trotz regen Handels – gespannt, 1812 erklärten die Vereinigten Staaten England erneut den Krieg. Der Konflikt endete nach zwei Jahren ohne einen großen Sieger. Die Briten gaben ihre Forts auf, während die

1803	1803–1806	1812	1823
Napoleon verkauft das Gebiet von Louisiana westlich des Mississippi für schlappe 15 Mio. US$ an die USA, woraufhin die Grenzen der jungen Nation nun vom Atlantik bis zu den Rocky Mountains reichen.	Präsident Thomas Jefferson schickt Meriwether Lewis und William Clark gen Westen. Unter der Führung einer Stammesangehörigen der Schoschonen begeben sie sich auf die Reise von St. Louis, Missouri, zum Pazifik.	Der Krieg von 1812 beginnt mit Schlachten gegen die Briten und die Ureinwohner Amerikas im Gebiet der Großen Seen. Aber auch nach dem Frieden von Gent von 1815 gehen die Kämpfe an der Golfküste weiter.	Um die Militäreinsätze der Europäer in Amerika zu beenden, formuliert Präsident Monroe die Monroe-Doktrin. Roosevelt dehnt sie später aus, um Interventionen der USA in Lateinamerika zu rechtfertigen.

Vereinigten Staaten ihren Schwur erneuerten, sich aus den *entangling alliances*, den verwickelten Bündnissen in Europa, rauszuhalten.

In den 1830er- und 1840er-Jahren schwappte eine Welle nationalistischen Eifers und von Träumereien von einer kontinentalen Expansion durchs Land. Viele Amerikaner waren der Meinung, es sei eine *manifest destiny*, eine offensichtliche Bestimmung, dass ganz Nordamerika ihnen gehören solle. Der Indian Removal Act von 1830 sollte ein Hindernis aus dem Weg räumen: Das Land westlich des Mississippis wurde zu „Indianerland" erklärt – in dieses sollten die amerikanischen Ureinwohner ziehen und so die fruchtbaren Täler in östlichen Bundesstaaten wie Georgia und Alabama für Siedlungen räumen. Viele Stämme – unter ihnen die Seminolen in Florida – weigerten sich, ihre Heimat freiwillig aufzugeben. Die amerikanische Regierung beschwatzte, bedrohte und bestach die Indianer; sie sollten Verträge unterzeichnen und mit der Regierung zusammenarbeiten. Wenn all das nichts brachte, wurde Waffengewalt eingesetzt.

In der Zwischenzeit beseitigte der Bau der Eisenbahn ein weiteres Hindernis und verband die Farmer im Mittleren Westen und Westen mit den Märkten an der Ostküste. Als die neuen Staaten Teil der USA wurden, zeichnete sich eine quälende Frage ab: Würden sie Sklavenstaaten oder freie Staaten sein? Die Zukunft einer ganzen Nation hing von der Antwort auf diese Frage ab.

Der Amerikanische Bürgerkrieg

Die Verfassung der USA hatte der Sklaverei kein Ende gesetzt. Sie hatte vielmehr dem Kongress die Macht gegeben, die Sklaverei in den neuen Staaten zu erlauben (oder zu verbieten). Es gab lange Diskussionen, die an Schärfe gewannen, als sich abzeichnete, dass die Sklavenfrage zum Spielball des Machtkampfs zwischen dem industrialisierten Norden und dem landwirtschaftlichen Süden geworden war.

Seit der Gründung der USA dominierten Politiker aus dem Süden in der Bundesregierung und verteidigten die Sklaverei als „natürlich und gottgegeben" (was ein Journalist 1856 in einem Leitartikel der *New York Times* als „Irrsinn" bezeichnete). Die Pro-Sklaverei-Lobby im Süden erzürnte die Sklavereigegner (Abolitionisten) im Norden. Doch auch viele Politiker aus dem Norden befürchteten, dass sich die Beendigung der Sklaverei durch einen bloßen Federstrich als fatal erweisen könnte. Sie setzten sich für eine Begrenzung der Sklaverei ein, die so langfristig im Wettbewerb mit der Industrie und der freien Arbeit dahinwelken solle, ohne dass ein gewaltsamer, von allen Seiten gefürchteter Sklavenaufstand angefacht würde. Tatsächlich versuchte der radikale Sklavengegner John Brown 1859 (erfolglos), bei Harpers Ferry einen solchen Aufstand anzuzetteln.

Im 18. Jh. boomte die Walfangindustrie in Neuengland – vor allem in der Gegend um Massachusetts. Buzzards Bay, Nantucket Island und New Bedford waren die Hauptzentren. New Bedford verfügte über eine Walfangflotte von mehr als 300 Schiffen. 10 000 Menschen hatten mit dem Walfang zu tun und erzielten einen Gewinn von über 12 Mio. US$.

1844	1861–1865	1870	1880–1920
Die erste Telegrafenlinie wird mit der Nachricht „Was hat Gott bewirkt?" eingeweiht. Ein Jahr später regt der Kongress den Bau einer transkontinentalen Eisenbahnlinie an, die 1869 fertig wird.	Der Amerikanische Bürgerkrieg zwischen dem Norden und dem Süden bricht aus. Das Kriegsende vom 9. April 1865 wird eine Woche später von der Ermordung Präsident Lincolns überschattet.	Freie schwarze Männer erhalten das Stimmrecht; die Jim-Crow-Gesetze, die im Süden unter den Befürwortern der Rassentrennung auftauchen, diskriminieren die Schwarzen im Endeffekt aber.	Millionen Einwanderer strömen aus Europa und Asien nach Amerika und läuten das Zeitalter der Städte ein. New York, Chicago und Philadelphia entwickeln sich zu globalen Industrie- und Handelszentren.

Es ließ sich nicht bestreiten, dass die Sklaverei ein lukratives Geschäft war. 1860 gab es über 4 Mio. Sklaven in den USA, die meisten schufteten auf Plantagen in den Südstaaten. Dort wurde mehr als 75 % der weltweit produzierten Baumwolle angebaut, was über die Hälfte des gesamten Exports der USA ausmachte. Die Wirtschaft des Südens stützte also die Wirtschaft der Nation – und dafür brauchte sie Sklaven. Die Präsidentschaftswahl 1860 sollte zu einer Abstimmung über dieses Thema werden. Es gewann ein junger Politiker aus Illinois, der sich für die Begrenzung der Sklaverei einsetzte: Abraham Lincoln.

Die Südstaaten konnten diese Begrenzung nur schwer akzeptieren. Als Präsident Lincoln sein Amt antrat, fielen elf Staaten von der Union ab und bildeten die Konföderierten Staaten von Amerika. Lincoln sah sich der größten Krise der Nation gegenübergestellt und musste zwischen Pest und Cholera wählen: Entweder er akzeptierte die Abtrennung der Südstaaten und somit die Auflösung der Union oder er führte Krieg, um die Union zu erhalten. Er entschied sich für Letzteres.

Im April 1861 griffen die Konföderierten Fort Sumter in Charleston in South Carolina an. In den nächsten vier Jahren folgte dann das grausamste Gemetzel, das die Welt bis dahin gesehen hatte. Mehr als 600 000 Soldaten – nahezu eine ganze Generation junger Männer – kamen ums Leben. Die Plantagen und Städte im Süden waren geplündert und niedergebrannt (besonders schlimm hatte es Atlanta getroffen). Das industrielle Potenzial des Nordens erwies sich als entscheidender Vorteil, dessen Sieg war jedoch nicht vorherzusehen. Er musste in zahlreichen blutigen Schlachten erst erkämpft werden.

Je länger die Kämpfe andauerten, desto mehr kam Lincoln zu der Überzeugung, dass ein Sieg ohne die vollständige Abschaffung der Sklaverei nutzlos sei. 1863 erweiterte er in seiner Emanzipationsproklamation die Kriegsziele, zu denen nun die Befreiung aller Sklaven zählte. Im April 1865 kapitulierte der General der Konföderierten, Robert E. Lee, vor dem Unionsgeneral Ulysses S. Grant in Appomattox in Virginia. Die Union war gerettet – aber zu welchem Preis?

Weltwirtschaftskrise, New Deal & Zweiter Weltkrieg

Im Oktober 1929 begannen Investoren – beunruhigt über die lahmende Weltwirtschaft – ihre Aktienpakete zu verkaufen. Dies löste eine Panik aus: Jeder, der Aktien besaß, versuchte, sie so schnell wie möglich loszuwerden. Der Aktienmarkt kollabierte, und die amerikanische Wirtschaft stürzte ein wie ein Kartenhaus.

Verängstigte Banken riefen ihre Kredite zurück, die Menschen konnten Rechnungen nicht mehr begleichen, und die Banken brachen zusam-

Über 100 Jahre lang hing der Fluch des Tecumseh über den Präsidenten, die in einem Jahr, das mit Null endete, gewählt wurden (alle 20 Jahre). Tecumseh war ein Krieger vom Volk der Shawnee, der vom späteren Präsidenten William Henry Harrison 1811 in einer Schlacht geschlagen wurde. Aus Rache verfluchte Tecumseh ihn. Harrison wurde 1840 Präsident, starb aber einen Monat später. Lincoln und Kennedy wurden während ihrer Regierungszeit ermordet.

GESCHICHTE WELTWIRTSCHAFTSKRISE, NEW DEAL & ZWEITER WELTKRIEG

1896	1906	1908	1914
Im Fall *Plessy vs. Ferguson* entscheidet der Oberste Gerichtshof, dass „getrennte, aber gleiche" öffentliche Einrichtungen für Schwarze und Weiße legal sind, da die Verfassung nur politische Gleichheit garantiert.	Upton Sinclairs Exposé *Der Dschungel* wird veröffentlicht, das sich mit Chicagos unappetitlicher Fleischindustrie befasst. Viele Arbeiter leiden unter Armut und arbeiten unter gefährlichen Bedingungen.	In Detroit, MI, wird das erste Model-T-Auto (auch als „Tin Lizzy", „Blechliesel", bekannt) gebaut. Der Erfinder des Fließbands, Henry Ford, verkauft bald jährlich über 1 Mio. Automobile.	Der Panamakanal verbindet nun den Atlantik mit dem Pazifik. Die USA hatten das Recht zum Bau des Kanals erhalten, weil sie in Panama eine Revolte über dessen Unabhängigkeit von Kolumbien angezettelt hatten.

DER NEW DEAL: DIE RETTUNG DER USA VON IHRER WIRTSCHAFTSKRISE

Während der Weltwirtschaftskrise erreichten die USA ihren bisherigen historischen Tiefpunkt: Um 1932 war fast ein Drittel aller amerikanischen Werktätigen arbeitslos. Das Bruttoinlandsprodukt fiel um 50 %, Hunderte Banken mussten schließen, und ganze Landstriche schienen in enormen Staubstürmen zu verschwinden. 1932 gewann Franklin D. Roosevelt spielend die Wahlen. Die Wähler hatten seinem Versprechen, Amerika mit dem New Deal aus der Krise zu führen, Glauben geschenkt. So begann – unter der Herrschaft eines der beliebtesten Präsidenten – die fortschrittlichste Ära in der Geschichte des Landes.

Roosevelt machte sich unverzüglich ans Werk. In den ersten 100 Tagen seiner Präsidentschaft kümmerte er sich um die Rettung des angeschlagenen Bankensystems und schuf den Einlagensicherungsfond. Die Staaten erhielten eine Direkthilfe in Höhe von 500 Mio. US$, und ein Fünftel aller Hausbesitzer blieb vor der Zwangsvollstreckung verschont. Ferner entstanden neue Arbeitsplätze. So schuf Roosevelt das Civilian Conservation Corps und gab 250 000 jungen Männern Jobs in Parks und Wäldern, in denen 2 Mrd. Bäume gepflanzt wurden. Außerdem gründete er die Works Progress Administration (WPA), über die weitere 600 000 Menschen Arbeit in den verschiedensten Projekten im ganzen Land fanden – überall entstanden neue Tunnel, Dämme, Kraftwerke, Wasserwerke, Autobahnen, Schulen und Rathäuser.

Der New Deal umfasste aber nicht nur Maßnahmen zur Verbesserung der Infrastruktur. Etwa 5000 Künstler – darunter der berühmte mexikanische Maler Diego Rivera – wurden angeheuert, um Wandgemälde und Skulpturen in öffentlichen Räumen zu schaffen, von denen viele noch heute vorhanden sind. Über 6000 Schriftsteller schrieben im ganzen Land mündliche Überlieferungen und volkstümliche Erzählungen nieder, stellten ethnografische Studien an und zeichneten die Fakten auf.

men. Millionen Menschen verloren ihre Häuser, Farmen, Geschäfte und Ersparnisse, 33 % der amerikanischen Arbeiterschaft wurde arbeitslos. Man musste für Brot lange anstehen, in den Städten entstanden Barackenlager, und im Central Park in New York wurde eines der größten Camps aufgeschlagen. 1932 wurde der Demokrat Franklin D. Roosevelt zum Präsidenten gewählt. Sein Versprechen, die USA mit dem „New Deal" aus der Krise zu führen, löste er mit durchschlagendem Erfolg ein. Als 1939 in Europa erneut ein Krieg ausbrach, war die isolationistische Stimmung in Amerika so stark wie eh und je. Doch dem unglaublich populären Präsidenten Roosevelt, der 1940 als bislang einziger Präsident für eine dritte Amtszeit gewählt wurde, war schon bald klar, dass die USA nicht einfach zuschauen konnten, wie faschistische und totalitäre Regimes den Sieg davontrugen. Im Juli 1941 entsandten die USA erste Einheiten nach Europa, zunächst um den Schiffsverkehr nach England

1917	1919	1920er-Jahre	1929
Unter Präsident Woodrow Wilson treten die USA in den Ersten Weltkrieg ein. Es werden 4,7 Mio. Soldaten mobilisiert, von denen 110 000 fallen. Insgesamt fordert der Krieg 9 Mio. Todesopfer.	Prohibition: Die Abstinenzbewegung bewirkt die 18. Verfassungsänderung. Das Verbot von Alkohol ist jedoch ein Fehlschlag und führt zur Blüte des organisierten Verbrechens. 1933 wird die Änderung aufgegeben.	Angestoßen durch die Abwanderung von Schwarzen in die Städte im Norden, regt die Harlem Renaissance eine Blütezeit der Literatur, Kunst und Musik an.	Der Krach an der New Yorker Börse als Folge von Überproduktion und Spekulationsfieber löst letztlich die Weltwirtschaftskrise aus. In der Folge verlieren Millionen Amerikaner Job und Vermögen.

zu schützen. Roosevelt musste hierzu einen launischen Kongress zum Eingreifen überzeugen.

Am 7. Dezember 1941 startete Japan einen Überraschungsangriff auf den hawaiianischen Militärstützpunk Pearl Harbor. 2000 Amerikaner kamen ums Leben, mehrere Schlachtschiffe wurden versenkt. Der amerikanische Isolationismus verwandelte sich über Nacht in Wut, und Roosevelt bekam die von ihm gewünschte Unterstützung. Am 11. Dezember 1941 erklärten Deutschland und Italien den USA den Krieg, die sich ihrerseits dem Kampf der Alliierten gegen Hitler und die Achsenmächte anschlossen. Entschlossen und unter Einsatz ihrer nahezu gesamten industriellen Stärke traten sie in den Krieg ein.

Die Kämpfe im Pazifischen Raum und in Europa hielten die USA fast vier Jahre in Atem. In Europa versetzten die Amerikaner am 6. Juni 1944 den Deutschen mit ihrer massiven Invasion am D-Day den entscheidenden Schlag, der im Mai 1945 zur bedingungslosen Kapitulation Deutschlands führte. Japan kämpfte indes unbeirrt weiter. Daher entschloss sich im August 1945 der neu gewählte Präsident Harry Truman – angeblich aus Sorge darüber, eine amerikanische Invasion in Japan könne zu einem beispiellosen Gemetzel werden – zum Abwurf von Atombomben auf Hiroshima und Nagasaki. Die im geheimen Manhattan-Projekt der Regierung entwickelten Bomben verwüsteten die beiden Städte und töten über 200 000 Menschen. Nur Tage später kapitulierte auch Japan. Das Atomzeitalter hatte begonnen.

Die Rote Angst, Bürgerrechte & Vietnamkrieg

In den Jahrzehnten nach dem Zweiten Weltkrieg genossen die Vereinigten Staaten zwar einen noch nie dagewesenen Wohlstand, erlebten aber auch eine wenig friedliche Zeit. Im Krieg noch Verbündete, lieferten sich die kommunistische Sowjetunion und die kapitalistischen USA bald einen Wettlauf um die Weltherrschaft. Die Supermächte trugen Stellvertreterkriege wie den Koreakrieg (1950–1953) und den Vietnamkrieg (1954–1975) aus, und nur die drohende Gefahr eines mit Atomwaffen ausgetragenen Konflikts verhinderte den direkten Krieg.

Unterdessen erlebte die amerikanische Heimat, die durch den Zweiten Weltkrieg nicht unmittelbar beeinträchtigt worden war und durch ihn sogar ihre Industrie ausbauen konnte, eine Zeit des wachsenden Wohlstands. In den 1950er-Jahren verließen die Menschen in Scharen die Innenstädte und zogen in die Vororte, in denen immer mehr erschwingliche Einfamilienhäuser entstanden. Die Amerikaner fuhren mit preisgünstigen Autos und billigem Benzin über nagelneue Autobahnen. Sie genossen die Bequemlichkeiten, glotzten wie wild TV, waren

GESCHICHTE DIE ROTE ANGST, BÜRGERRECHTE & VIETNAMKRIEG

Bürgerrechte im Film

Selma (2014), Ava DuVernay

Malcolm X (1992), Spike Lee

Mississippi Burning – Die Wurzel des Hasses (1988), Alan Parker

Das Attentat (1996), Rob Reiner

Der lange Weg (1990), Richard Pearce

1933–1938	1941–1945	1948–1951	1954
Der New Deal von Präsident Franklin D. Roosevelt bekämpft die hohe Arbeitslosigkeit infolge der Weltwirtschaftskrise. Letzterer begründet damit eine US-amerikanische Sozialpolitik.	Der Zweite Weltkrieg: Amerika setzt 16 Mio. Soldaten ein, von denen 400 000 fallen. Insgesamt fordert der Krieg doppelt so viele zivile wie militärische Todesopfer (50–70 Mio. aus über 50 Ländern).	Der Marshallplan lässt 12 Mrd. US$ nach Europa fließen, die die Erholung vom Zweiten Weltkrieg unterstützen sollen. Der Plan soll außerdem den Sowjet-Einfluss eindämmen und die US-Wirtschaft ankurbeln.	Der Oberste Gerichtshof befindet, dass die Rassentrennung in öffentlichen Schulen dem Gleichheitsprinzip widerspreche. Der Kampf für integrierte Schulen dient der Bürgerrechtsbewegung als Katalysator.

GESCHICHTE DIE ROTE ANGST, BÜRGERRECHTE & VIETNAMKRIEG

Die Stadt Woodstock, NY, gab dem legendären Rockfestival 1969 zwar seinen Namen, das Event aber fand im nahen Dörfchen Bethel statt. Der Milchbauer Max Yasgur stellte den Organisatoren dafür sein Luzernenfeld zur Verfügung. Der Dreitagespass kostete im Vorverkauf 18 US$ (sonst 24 US$).

viel beschäftigt und lösten einen wahren „Babyboom" aus. Doch an dem Wohlstand hatte nur die weiße Mittelschicht Anteil. Die Afroamerikaner blieben außen vor, arm und unerwünscht. Unter Berufung auf den Abolitionisten Frederick Douglass (19. Jh.) versuchte die Southern Christian Leadership Coalition (SCLC) des afroamerikanischen Predigers Martin Luther King, der Rassentrennung ein Ende zu setzen und „Amerikas Seele zu retten" – d.h., eine Gerechtigkeit herzustellen, die nicht nach Hautfarben unterscheidet, und die Gleichberechtigung der Rassen und gleiche, faire Chancen für alle zu schaffen.

Anfang der 1950er-Jahre predigte und organisierte King – überwiegend im Süden – den gewaltlosen Widerstand in Form von Busboykotts, Märschen und Sitzblockaden. Weiße Polizisten gingen oft mit Wasserwerfern und Schlagstöcken gegen die Proteste vor, und die Demonstrationen eskalierten mitunter zu handfesten Ausschreitungen. Doch mit dem Civil Rights Act von 1964 setzte die afroamerikanische Bewegung eine Gesetzgebung in Gang, mit der die bis dahin gültigen rassistischen Gesetze aufgehoben wurden und der Grundstein für eine gerechtere und gleichberechtigte Gesellschaft gelegt wurde.

Derweil brachten die 1960er-Jahre weitere soziale Umbrüche: Der Rock'n'Roll löste eine Jugendrebellion aus; drogenberauschte Jugendliche erlebten Visionen in Technicolor. 1963 wurde Präsident John F. Kennedy in Dallas ermordet, es folgten 1968 die tödlichen Anschläge auf seinen Bruder Senator Robert Kennedy und auf Martin Luther King (in Memphis). Das Vertrauen der Amerikaner in ihre Oberhäupter und die Regierung wurde durch die Bombenanschläge und die Brutalität des Vietnamkriegs, den sie im Fernsehen verfolgten, weiter erschüttert. In der Folge kam es im ganzen Land zu Studentenprotesten. Der Republikaner Richard Nixon, der 1968 u.a. für sein Versprechen zum Präsidenten gewählt wurde, den Krieg zu einem „ehrenvollen Ende" zu führen, verstärkte stattdessen den Einsatz der USA und bombardierte heimlich Laos und Kambodscha. 1972 sorgte dann die Watergate-Affäre für Aufregung: Unermüdliche Journalisten belasteten „Tricky Dick" im Zusammenhang mit einem Einbruch in das Hauptquartier der Demokratischen Partei in Washington. 1974 erklärte Nixon als erster US-Präsident der Geschichte seinen Rücktritt.

In den stürmischen 1960er- und 1970er-Jahren erlebte Amerika die Sexuelle Revolution, die Frauenbewegung und weitere den Status quo in Frage stellende Ereignisse. Zu den Meilensteinen gehörten 1969 die Stonewall-Unruhen in Greenwich Village, NYC: Gäste der Schwulenkneipe – genannt Stonewall Inn – hatten sich einer Polizeirazzia widersetzt. Das Ereignis markiert den Beginn der Schwulenbewegung, die für Gleichberechtigung und das Ende der Diskriminierung von Homosexuellen eintrat. Ein paar Monate später antworteten die Hippies und das Woodstock Festival mit Rock, Love & Peace auf den Vietnamkrieg.

1963	1964	1965–1975	1969
Am 22. November wird Präsident John F. Kennedy in aller Öffentlichkeit von Lee Harvey Oswald erschossen, während er in einer Wagenkolonne über die Dealey Plaza in Dallas, Texas, fährt.	Der Civil Rights Act wird verabschiedet; Diskriminierung wegen Rasse, Hautfarbe, Religion, Geschlecht oder Abstammung wird verboten. Dies gilt als eine Haupterrungenschaft von Präsident Johnson.	Die Beteiligung der USA am Vietnamkrieg spaltet die Nation: Neben 58 000 amerikanischen fordert der Krieg auch 4 Mio. vietnamesische und 1,5 Mio. laotische und kambodschanische Todesopfer.	Amerikanische Astronauten landen auf dem Mond und erfüllen Präsident Kennedys utopisch anmutendes Versprechen von 1961, dieses Ziel innerhalb der folgenden zehn Jahre zu erreichen.

Reagan, Clinton & die Bushs

1980 versprach der Präsidentschaftskandidat Ronald Reagan, republikanischer Gouverneur von Kalifornien und ehemaliger Schauspieler, dafür zu sorgen, dass die Amerikaner wieder stolz auf ihr Land sein könnten. Der leutselige Reagan gewann die Wahl fast schon im Vorbeigehen. Seine Wahl verursachte einen Rechtsruck in der amerikanischen Politik. Militärausgaben und Steuersenkungen führten im Bundeshaushalt zu einem enormen Defizit, das Reagans Nachfolger George H. W. Bush das Regieren schwer machte. Trotz des Siegs im Golfkrieg, durch den Kuwait 1991 von den irakischen Besatzern befreit wurde, zog Bush bei der Präsidentschaftswahl 1992 gegenüber dem aus den Südstaaten stammenden Demokraten Bill Clinton klar den Kürzeren. Clintons Glück war, dass der Internet-Boom der 1990er-Jahre während seiner Amtszeit so richtig in Fahrt kam und eine „New Economy" zu verheißen schien. Die US-Wirtschaft beseitigte ihre Defizite, erzielte einen Überschuss, und Clinton war Präsident in Zeiten des längsten amerikanischen Wirtschafts-Booms.

George W. Bush, der älteste Sohn von George H. W. Bush, gewann 2000 und 2004 die Präsidentschaftswahlen so knapp, dass man davon ausgehen konnte, dass dieses gespaltene Ergebnis eine zunehmend gespaltene Nation widerspiegelte. „Dubya" hatte sicherlich Pech, in dem Jahr (2000) Präsident zu werden, als die Hightech-Blase platzte, doch dann führte er nichtsdestotrotz Steuersenkungen ein, durch die das Staatsdefizit noch größer wurde als zuvor. Außerdem verfocht er den konservativen Rechtsruck, der sich seit Reagan aufgebaut hatte.

Am 11. September 2001 flogen islamische Terroristen entführte Passagierflugzeuge in das World Trade Center in New York und das Pentagon in Washington, D.C. Diese katastrophalen Anschläge vereinte die Amerikaner hinter ihrem Präsidenten, der Rache schwor und dem Terror den Krieg erklärte. Kurz danach griff Bush Afghanistan an, doch die Jagd auf Terroristenzellen der al-Qaida war nicht von Erfolg gekrönt. 2003 attackierte er den Irak und stürzte den amerikafeindlichen Diktator Saddam Hussein. In der Zeit danach versank der Irak in einem Bürgerkrieg. Durch die folgenden Skandale und Fehlschläge – Fotos von Folterungen aus dem US-Militärgefängnis in Abu Ghraib, das miese Krisenmanagement nach dem Hurrikan Katrina und die Unfähigkeit, den Irakkrieg zu beenden – erreichten Bushs Umfragewerte in der zweiten Hälfte seiner Präsidentschaft einen historischen Tiefstand.

Obama, 1. Amtszeit

2008 wählte Amerika, das nach Veränderung lechzte, den politischen Newcomer Barack Obama, den ersten afroamerikanischen Präsidenten

GESCHICHTE REAGAN, CLINTON & DIE BUSHS

Die besten Präsidenten-Bücher

Washington: A Life (2010), Ron Chernow

Thomas Jefferson: The Art of Power (2012), Jon Meacham

The Bully Pulpit: Theodore Roosevelt, William Howard Taft and the Golden Age of Journalism (2013), Doris Kearns Goodwin

1973	1980er-Jahre	1989	1990er-Jahre
In der Sache *Roe vs. Wade* erklärt der Oberste Gerichtshof Abtreibungen für rechtmäßig. Bis heute bleibt diese Entscheidung umstritten und spaltet die Gesellschaft.	Die New-Deal-Ära-Finanzinstitutionen, die unter Reagan eine Deregulierung erfahren hatten, spekulieren mit den Ersparnissen und Darlehen ihrer Kunden und verlieren. Die Rechnung muss die Regierung übernehmen.	Der Fall der 1961 errichteten Berliner Mauer markiert das Ende des Kalten Krieges zwischen den USA und der UdSSR. Die USA sind nun die letzte verbleibende Supermacht.	Das World Wide Web gibt 1991 sein Debüt, das die Welt der Kommunikation neu definiert. Die überbewerteten Technologie-Aktien sorgen für einen gigantischen Boom (und eine gigantische Pleite).

GESCHICHTE OBAMA, 2. AMTSZEIT

Einen fesselnden Einblick in die Arbeitsweise der nationalen Sicherheitsbehörden bekommt man in der mit dem Emmy Award ausgezeichnete TV-Serie *Homeland* über eine bipolare CIA-Agentin (Claire Danes), die sich ein Katz-und-Maus-Spiel mit einem Marine-Sergeant liefert, der zur al-Qaida übergelaufen sein könnte. Es ist eine der Lieblingsserien von Präsident Obama.

der USA. Und der hatte zweifellos alle Hände voll zu tun. Aus ökonomischer Sicht waren das völlig neue Zeiten, die USA befand sich in der größten Finanzkrise seit der Weltwirtschaftskrise. Es begann 2007 mit dem Zusammenbruch des Immobilienmarkts in den USA und weitete sich auf den Bankensektor aus, worauf der Zusammenbruch einiger Finanzinstitute folgte.

Während Amerika in die Zukunft schaute, fanden es viele schwierig, die Vergangenheit einfach hinter sich zu lassen – was nicht überraschend war, seit die Kriege in Afghanistan und im Irak, im Jahrzehnt zuvor begonnen, im sich ständig ändernden Nachrichtenkarussell nur noch eine untergeordnete Rolle spielten. 2011 stürmten Navy Seals in einer von Präsident Obama genehmigten verdeckten Operation Osama bin Ladens Versteck in Pakistan und töteten den al-Qaida-Führer. Damit war die Suche nach Amerikas größtem Staatsfeind beendet.

Dank seiner sachlichen Darstellung des Überfalls stiegen die Zustimmungswerte für Präsident Obama um 11 %. Und der Präsident konnte durchaus Auftrieb gebrauchen. Die Wirtschaft lag weiterhin am Boden, und das ehrgeizige, 800 Mrd. US$ schwere Konjunkturpaket, das der Kongress 2009 verabschiedet hatte, hatte nach Ansicht vieler US-Amerikaner noch nicht viele Früchte getragen. Ökonomen gehen allerdings davon aus, dass die Maßnahme die Rezession abgefedert hat, die sonst um einiges schlimmer ausgefallen wäre. Zum Ende seiner ersten Amtszeit lagen Obamas Zustimmungswerte um die 49 %.

Verlorene Arbeitsplätze, überbewertete Hypotheken und wenig Aussicht auf Besserung… Millionen Amerikaner fühlten sich auf verlorenem Posten. Das war keine Rezession, gegen die sie durch ihre Ausgaben angehen konnten, wie Obamas Amtsvorgänger angeregt hatte. Die Leute waren aufgebracht und versammelten sich zahlreich, um ihrem Ärger Luft zu machen. Das wiederum war die Geburtsstunde der Tea Party, einer Bewegung politisch konservativer Republikaner, die glaubten, dass Obama sich zu weit nach links orientierte und dass die staatlichen Fördergelder die Wirtschaft und damit Amerika zerstören würden. Vor allem die hohen Regierungsausgaben, staatliche Hilfsmaßnahmen (für Banken und Autoindustrie) und insbesondere Obamas Gesundheitsreform (spöttisch „Obamacare" genannt) nährten den Zorn der Republikaner.

Obama, 2. Amtszeit

Trotz dieser Opposition wurde Obama 2012 wiedergewählt, seine zweite Amtszeit begann aber ohne die große Hoffnung, die ihn beim ersten Mal trug. Die Zeiten hatten sich geändert, und Amerika hatte wie der Rest der Welt seit der weltweiten Wirtschaftskrise schwere Jahre durchgemacht. Als Obama 2013 den Amtseid schwor, waren etwa 8 % der Bevöl-

2001	2003	2005	2008–2009
Am 11. September entführen al-Qaida-Terroristen vier Linienflugzeuge und steuern zwei von ihnen in die New Yorker WTC-Türme und eines ins Pentagon. Fast 3000 Menschen werden getötet.	Unter Berufung auf Beweise dafür, dass der Irak Massenvernichtungswaffen besitzt, startet Präsident George W. Bush einen Präventivkrieg, der über 4000 Amerikaner das Leben kosten wird.	Am 29. August trifft der Hurrikan Katrina die Küsten von Mississippi und Louisiana und überflutet New Orleans. Über 1800 Menschen kommen ums Leben, die Schäden werden auf über 220 Mrd. US$ beziffert.	Barack Obama wird zum ersten afroamerikanischen Präsidenten der USA gewählt. Die Börse bricht aufgrund des Missmanagements amerikanischer Finanzinstitutionen zusammen. Die Krise greift auf die ganze Welt über.

kerung arbeitslos, das entsprach etwa der Arbeitslosenquote bei seinem Amtsantritt, doch zumindest das Wirtschaftswachstum scheint auf soliden Füßen zu stehen. An anderen Fronten hatte Obama keinen uneingeschränkten Erfolg. Er beendete den Irak-Krieg, doch in Afghanistan sind noch immer 63 000 Soldaten im Einsatz, deren Mission immer zweifelhafter scheint.

Das größte Erbe des Präsidenten ist seine Gesundheitsreform. Das Gesetz wurde zwar 2010 verabschiedet, trat aber erst 2014 in Kraft. Es wurde immer wieder von den Republikanern angegriffen, die damit drohten, es aufzuheben, und zweimal vom Supreme Court geprüft (das es beide Male mit einer knappen Entscheidung für verfassungskonform erklärte). Bei Redaktionsschluss wiesen die Demokraten darauf hin, dass Millionen bisher nicht versicherte Amerikaner nun krankenversichert sind und dass das Programm die Kosten für die Anbieter von Gesundheitsleistungen gesenkt hat. Die Republikaner behaupten dagegen, dass das Programm gescheitert wäre, und begründen das mit verringerten Versicherungsoptionen für die Konsumenten und heftigen Kosten für Unternehmer. Die Debatte tobt weiter. Man wird sehen...

2011	2012	2013	2015
Die Arbeitslosigkeit ist hoch, die Haushaltseinkommen sinken. Aktivisten in NYC rufen die Bewegung Occupy Wall Street ins Leben, um gegen wirtschaftliche und soziale Ungleichheit zu protestieren. Sie greift um sich.	Hurrikan Sandy verwüstet die Ostküste und wird zum zweitteuersten Wirbelsturm (65 Mrd. US$) in der US-Geschichte. Mehr als 80 Amerikaner sterben (plus 200 in anderen Ländern). Obama wird wiedergewählt.	Edward Snowden enthüllt Informationen über ein Abhörprogramm, mit dem der Geheimdienst die Kommunikationskanäle amerikanischer Bürger und befreundeter Staaten überwacht, und löst einen Skandal aus.	Gleichgeschlechtliche Ehen werden legal. South Carolina entfernt die Konföderiertenflagge von seinem Kapitol, weil sie als rassistisches Symbol gesehen wird, das den Massenmord in Charleston begünstigt hat.

Lebensart

Der Osten der USA ist eine überwältigende Mischung aus verschiedenen Rhythmen und Akzenten, aus Brokern und Farmern, Studenten und sonnenhungrigen Rentnern, Yankees und Südstaatlern.

Multikulti

Von Beginn an waren die Städte im Osten eine Art „Schmelztiegel" – sie haben die lange und stolze Tradition, Neuankömmlinge aus aller Welt freundlich willkommen zu heißen. Und so verwundert es eigentlich überhaupt nicht, dass diese Region so vielfältig ist.

In den USA lebt die zweitgrößte spanischsprachige Bevölkerungsgruppe der Welt – hinter Mexiko und noch vor Spanien. Latinos sind auch die am schnellsten wachsende Minderheit des Landes. Im Osten gibt es die größten Latino-Gemeinden in Florida, Illinois, New Jersey und New York.

Im Nordosten sind seit dem 19. Jh. irische und italienische Viertel feste Bestandteile der Städte. In Chicago machen die Latinos (vorwiegend aus Mexiko) rund ein Viertel der Bevölkerung aus. In den nördlichen Staaten in der Region der Großen Seen liegt die größte Enklave von Einwanderern aus Somalia und des Hmong-Volkes in den USA – dies spiegelt die lange Geschichte der Eingliederung von Flüchtlingen in diesem Gebiet wider. Die größte Minderheit in Florida sind die Kubaner. Die Ersten von ihnen kamen nach Castros Revolution in den 1960er-Jahren in Miami an und bilden heute eine politisch mächtige Gemeinschaft. Auf der Flucht vor dem Krieg in ihrem Land kamen in den 1980er-Jahren auch Nicaraguaner hierher, deren Zahl mittlerweile auf 100 000 gestiegen ist. Das Stadtviertel Little Haiti trägt mit 70 000 Haitianern einiges zur bunten Mischung bei. Der Süden steht für eine ganz eigene Kultur: Über die Hälfte aller Afroamerikaner lebt hier. Und all diese Beispiele sind natürlich nur Puzzleteilchen eines komplexen Ganzen.

Der Osten kann sich, genau wie der Rest des Landes, nie wirklich entscheiden, ob der ständige Zustrom von Neuankömmlingen letztendlich seine Lebensader ist oder die Gesellschaft bis zur Belastungsgrenze strapazieren wird. „Einwanderungsreform" lautete fast zwei Jahrzehnte lang das Modewort in Washington. Manche finden, dass das gegenwärtige System zu nachsichtig mit den illegalen Einwanderern umgeht (von denen es 11,3 Mio. gibt) und dass die Regierung unrechtmäßig in den USA lebende Einwanderer ausweisen und ihre Arbeitgeber mit Bußgeldern bestrafen sollte. Andere Amerikaner wiederum finden die Regeln zu hart und sind der Meinung, dass Einwanderer, die schon seit Jahren im Land arbeiten, das Gesetz achten und ihren Beitrag zur Gesellschaft leisten, eine Amnestie verdient haben. Trotz mehrerer Anläufe hat es der Kongress aber bislang nicht geschafft, ein Gesetzespaket zur illegalen Einwanderung zu verabschieden. Zumindest wurden aber einige Maßnahmen durchgebracht, um das Problem zu lösen.

Religion

Schon seit die Pilgerväter Anfang des 16. Jhs. in Massachusetts eintrafen, ist die Trennung von Kirche und Staat ein grundlegender Teil des Rechtssystems im Land. Und die Religion jener Siedler – der Protestantismus – ist im Osten der USA auch heute noch die am weitesten verbreitete Glaubensrichtung.

Der Begriff „Protestantismus" deckt allerdings ein breites Feld von Bekenntnissen ab. Diese lassen sich in zwei Hauptströmungen einteilen: in den evangelikalen Protestantismus, bei dem die Baptisten den größten Anteil ausmachen, sowie in den moderaten Mainline-Protestantismus, zu dem die Lutheraner, die Methodisten und die Presbyterianer gehören. Die Zahl der Kirchgänger ist bei den Evangelikalen weitaus größer und in den letzten Jahren sogar noch gewachsen. Stärkste Kraft überhaupt ist die baptistische Kirche: Ihr gehören ein Drittel aller Protestanten und beinahe ein Fünftel aller erwachsenen US-Amerikaner an. Im Süden sind die Zahlen am höchsten. Im Gegensatz dazu verzeichnen die Lutheraner (die vor allem in Minnesota und Wisconsin sowie in North und South Dakota zu finden sind) und andere Mainline-Richtungen einen Rückgang der Kirchenmitglieder.

Die zweithäufigste Religion im Osten ist der Katholizismus. Neuengland ist die am stärksten katholisch geprägte Region im Land und die Mittelatlantikstaaten setzen die Reihe fort. Mit einem katholischen Bevölkerungsanteil von 45 % ist Massachusetts der Staat mit den meisten Glaubensanhängern dieser Konfession. Die älteste Erzdiözese der USA ist Baltimore – sie wurde 1789 gegründet. Auch die Staaten mit einem großen Latino-Anteil (wie Florida und Illinois) verzeichnen einen hohen Prozentsatz an Katholiken.

Das Judentum ist im Osten der USA weit verbreitet. Sowohl in Süd-Florida als auch im Großraum New York gehören etwa 12 % der Bevölkerung dem jüdischen Glauben an. Gerade New York ist ein bedeutendes Zentrum des orthodoxen Judentums und der Ort auf der Welt, an dem – nach Tel Aviv – die meisten Juden leben.

Zu den weiteren Religionsgruppen im Osten des Landes zählen auch die Amerikaner muslimischen Glaubens, die vor allem in den Großräumen New York, Chicago und Detroit vermehrt anzutreffen sind. Außerdem gibt es größere Gemeinschaften amerikanischer Hindus, die in New York und New Jersey oder in anderen großen Städten wie Chicago, Washington, D.C. und Atlanta leben.

Amerikaner leben ihre Spiritualität immer häufiger außerhalb der organisierten Religionen. Der Anteil derjenigen, die sagen, dass sie „keine Religion" haben, liegt inzwischen bei etwa 16 %. Einige davon schwören der Religion komplett ab (ca. 4 %), doch die meisten hängen einem Glauben an, der einfach in kein Schema passt.

Lifestyle

Im Allgemeinen bietet der Osten der USA einen der höchsten Lebensstandards weltweit, wobei es schockierende Unterschiede zwischen einzelnen Regionen gibt. Ganz oben im Ranking ist Maryland zu finden, mit einem durchschnittlichen Haushaltseinkommen von 69 826 US$ (laut der Datenerhebung von 2012–2014). Mississippi dagegen liegt mit 40 194 US$ am anderen Ende der Skala. Diese Beträge sind außerdem

BUNDESSTAATEN & IHRE MACKEN

Die Klischees über verschiedene Regionen der USA werden nun dank der Studie mit dem Titel *The Geography of Personality (Die Geografie von Persönlichkeit)* von harten Daten untermauert. Forscher haben über eine halbe Million persönliche Einschätzungen verarbeitet, die von US-Bürgern gesammelt wurden, und ermittelt, wo auf der Karte sich gewisse Eigenschaften häuften. Es stellte sich heraus, dass das verbreitete Klischee von „Minnesota Nice" tatsächlich stimmt – die „liebenswürdigen" Staaten liegen im Mittleren Westen, in den Great Plains und rund um den Süden. In punkto Freundlichkeit und Kooperationsbereitschaft stehen diese Staaten ganz oben auf der Liste. Und die neurotischsten Staaten? Sie reihen sich im Nordosten auf. Doch New York ist nicht die Nummer eins, wie man denken könnte, diese Ehre geht an West Virginia. Viele der „offensten" Staaten liegen im Westen. Kalifornien, Nevada, Oregon und Washington haben alle hohe Werte in puncto Empfänglichkeit für neue Ideen – allerdings liegen sie hinter Washington, D.C., und New York.

nicht nur der jeweils höchste bzw. niedrigste Wert in der Region, sondern auch im ganzen Land. Das bestätigt die Annahme, dass die Haushalte im Nordosten am meisten verdienen und die im Süden am wenigsten. Die Gehälter schwanken aber auch nach ethnischer Zugehörigkeit: Afroamerikaner und Latinos verdienen weniger als Weiße und Asiaten (34 600 US$ bzw. 41 000 US$ versus 58 000 US$ bzw. 67 000 US$).

Etwa 86 % aller US-Amerikaner haben einen Highschool-Abschluss, und etwa 29 % machen nach vier Jahren auf dem College einen Bachelor-Abschluss. Das universitäre Leben (mit Cafés, Buchhandlungen und fortschrittlicher Denkweise) ist insbesondere im Nordosten recht ausgeprägt, wo die acht Universitäten der Ivy League sowie die „Little Ivies" (ein selbst initiierter Zusammenschluss von zwölf Elite-Colleges für Freie Künste) und die „Seven Sisters" (die höchstrangigen Frauencolleges, die noch in einer Zeit gegründet wurden, als die Ivy League nur für Männer zugänglich war) angesiedelt sind. Allein rund um Boston gibt es 50 Einrichtungen für weiterführende Bildung.

Ein Haus wird typischerweise von einem Ehepaar mit zwei Kindern bewohnt. Normalerweise arbeiten beide Elternteile, und 28 % von ihnen tun dies länger als 40 Stunden pro Woche. Scheidungen sind nichts Ungewöhnliches – 40 % der ersten Ehen gehen in die Brüche, wobei sowohl Eheschließungen als auch Scheidungen in den letzten 30 Jahren rückläufig sind. Alleinerziehende Väter oder Mütter stehen 9 % aller Haushalte vor.

Während zwar etliche US-Bürger regelmäßig ins Fitnessstudio gehen, laufen, Fahrrad fahren oder joggen, treiben gemäß den Centers for Disease Control and Prevention (CDC) aber auch ganze 50 % überhaupt keinen Sport. Gesundheitswissenschaftler vermuten, dass die fehlende Bewegung und die Vorliebe der Amerikaner für süßes und fettiges Essen schuld am vermehrten Auftreten von Fettleibigkeit und Diabetes sind. Die Ernährungsgewohnheiten sind im Süden am schlechtesten. Mississippi, Alabama, West Virginia, Tennessee und Louisiana führen – mit einem Drittel aller Bewohner – die Übergewichtsstatistik an.

Rund 26 % aller US-Amerikaner nutzen ihre Freizeit für ehrenamtliche Arbeit oder einen anderen guten Zweck. Führend sind hierbei nach Angaben der Corporation for National and Community Service die Menschen aus dem Mittleren Westen, gefolgt von jenen im Westen, Süden und Nordosten. Umweltbewusstes Verhalten ist inzwischen auch im Mainstream angekommen: Über 75 % der Amerikaner betreiben zu Hause Recycling, und die meisten großen Supermarktketten – selbst Wal-Mart – haben inzwischen Biolebensmittel im Sortiment.

Sport

Was die Amerikaner – mal blau angemalt, mal mit Schaumgummi-Käseecken auf dem Kopf – wirklich vereint, ist der Sport. Im Frühjahr und Sommer findet fast jeden Tag ein Baseballspiel statt, im Herbst und Winter wird Football geschaut, und während der langen Winternächte hält Basketball die US-Bevölkerung in Atem. Das sind die drei wichtigsten Sportarten, aber vor allem im Süden sind mittlerweile auch Autorennen im Kommen, und sogar Fußball – vorrangig Major League Soccer (MLS) – findet immer mehr Anhänger. Außerdem hat Eishockey, das früher nur in den nördlichen Klimazonen populär war, heute im ganzen Osten des Landes eine große Fangemeinde. Aber auch Frauen-Basketball und -Fußball werden im ganzen Land immer beliebter, und es gibt mehrere Teams, die in der Profiliga spielen.

Baseball

Trotz hoher Gehälter und Dopingvorwürfen, sogar gegen die allergrößten Stars, bleibt Baseball der beliebteste amerikanische Nationalsport. Er

---

StoryCorps hat über 50 000 Interviews mit Menschen aus den ganzen USA gesammelt und archiviert; sie werden in der Library of Congress aufbewahrt. Auf www.storycorps. org kann man zuhören, wie die Menschen ihre Geschichten über Entdeckungen, Familie, Identität, Liebe und vieles andere erzählen.

Die grünsten Städte

Boston, MA

Minneapolis, MN

Chicago, IL

Washington, DC

LEGENDÄRE SPORTSTÄTTEN

Yankee Stadium, NYC Der sagenumwogene Baseballplatz der Bronx, geschichtsträchtig und vom Geist von Babe Ruth umweht.

Lambeau Field, Green Bay Das Stadion des NFL-Teams der Packers; wegen des irrsinnig kalten Wetters trägt es auch den Spitznamen „Frozen Tundra".

Fenway Park, Boston Der älteste Baseballpark des Landes (1912); Heimat des „Grünen Monsters" (die hohe Mauer am linken Spielfeldrand).

Wrigley Field, Chicago Noch ein altehrwürdiges Baseballstadion (1914) mit efeubewachsenen Wänden, einem klassischen Neonschild und vielen Gute-Laune-Kneipen ringsum.

Madison Square Garden, NYC Im „Mekka des Basketballs" dribbeln nicht nur die Knicks, hier boxte auch Ali, und Elvis rockte die Arena.

Joe Louis Arena, Detroit Das Stadion des knallharten Eishockey-Profteams Red Wings; hier kann man die merkwürdige Tradition des Oktopuswerfens erleben.

Churchill Downs, Louisville Die Stätte der Kentucky-Derbys: elegante Hüte, Mint Juleps und „die großartigsten zwei Minuten des Sports".

Indianapolis Motor Speedway, Indianapolis Auf der Indy 50, auf der auch schwer gefeiert wird, rasen Rennwagen mit über 270 km/h vorbei.

---

mag vielleicht nicht so viele Zuschauer auf einmal vor die Fernsehgeräte locken wie Football (und damit auch für weniger Werbeeinnahmen sorgen), in einer Baseballsaison finden aber auch nicht nur 16 Spiele statt (wie beim Football), sondern gleich 162.

Außerdem ist ein Baseballspiel live viel attraktiver als im Fernsehen. Für viele gibt es nichts Schöneres, als an einem sonnigen Tag mit einem Bier und einem Hot Dog in der Hand auf der offenen Tribüne des Stadions zu sitzen, sich beim Seventh-Inning-Stretch die Beine zu vertreten und mit der gesamten Menschenmenge ein einträchtiges *Take Me Out to the Ballgame* anzustimmen. Die Play-Offs im Oktober sorgen immer noch für Aufregung und überraschende Siege. Die beliebtesten Teams sind nach wie vor die New York Yankees, die Boston Red Sox und die Chicago Cubs, selbst wenn sie einfach unterirdisch spielen (die Cubs haben seit mehr als 100 Jahren keinen Sieg in der World Series mehr vorzuweisen).

Karten sind relativ günstig – in den meisten Stadien kostet ein Sitzplatz im Schnitt 25 US$ –, und für viele Spiele sind sie auch leicht zu bekommen. Für Spiele der Minor League bezahlt man sogar nur die Hälfte, und hier geht es meist noch lustiger zu, da sich die Zuschauer stark einbringen, gelegentlich Hühner oder Hunde über das Spielfeld rennen und der Ball nicht immer dort ankommt, wo er sollte. Mehr Infos dazu gibt's auf www.milb.com.

Football

Football wird extrem wichtig genommen, er ist körperbetont und obendrein ein ganz großes Geschäft. Und weil er die kürzeste Saison und die geringste Anzahl von Spielen unter den großen Sportarten hat, kochen bei jedem Match die Emotionen hoch wie in einer gigantischen Schlacht. Jeder Punkt zählt, und eine unglückliche Verletzung kann die Chancen eines Teams auf die Play-off-Runde für eine ganze Saison zunichte machen.

Es ist aber auch deshalb der härteste Sport in den USA, weil die Spiele im Herbst und Winter bei Regen, Graupel und Schnee ausgetragen werden. Einige der denkwürdigsten Spiele wurden bei Temperaturen unter

---

Die Wichtigsten Sport-Websites

Baseball:
www.mlb.com

Basketball:
www.nba.com

Football:
www.nfl.com

Eishockey:
www.nhl.com

Autorennen
www.nascar.com

Fußball
www.mlssoccer.com

Der Super Bowl kostet die USA 800 Mio. US$ an verlorener Produktivität, weil die Angestellten lieber über das Spiel diskutieren, Wetten abschließen und im Internet nach einem neuen Fernseher suchen. Das ist immer noch weniger als die geschätzten 1,9 Mio. US$, die bei der March Madness verlorengehen, wenn viele Amerikaner im Bann des NCAA-Basketballturniers stehen.

dem Gefrierpunkt durchgeführt. Die Fans der Green Bay Packers sind allerdings eine Klasse für sich, was das Aushalten von schlechtem Wetter betrifft. Ihr Stadion in Wisconsin, das Lambeau Field, war Austragungsort des berüchtigten Ice Bowl, eines Meisterschaftsspiels gegen die Dallas Cowboys im Jahr 1967, bei dem die Temperaturen bis auf -25 °C fielen – im Wind waren es gefühlte -44 °C.

Der frenetisch gefeierte Super Bowl ist das Finale der Profiliga und findet immer Ende Januar oder Anfang Februar statt. Die anderen „Bowl Games" (z. B. der Sugar Bowl in New Orleans oder der Orange Bowl in Miami) sind Spiele um die College-Meisterschaft, die rund um Neujahr ausgetragen werden.

Basketball

Die Baskeballteams mit den meisten Fans sind heute die Chicago Bulls (der Michael-Jordan-Effekt hält noch immer an), die Cleveland Cavaliers (Heimverein von Lebron James, dem meist geliebten – und meist gehassten – Spieler der League) und die New York Knicks (wo Promis am Spielfeldrand zusehen, obwohl das Team seit Jahren verliert).

Auch der College-Basketball hat Millionen Fans, besonders im Frühling, wenn die Play-off-Spiele der March Madness stattfinden. Ihr Höhepunkt sind die Final Four, wenn die verbleibenden vier Teams um die Teilnahme am Championship-Finale kämpfen. Die Geschichten von Außenseitererfolgen und die überraschenden Ergebnisse sind nicht weniger aufregend als in der Profi-Liga. Die Spiele werden überregional im Fernsehen übertragen, und es wird viel gewettet – damit verdienen die Buchmacher in Las Vegas ihre Kohle.

Regionale Küche

In der Küche des Ostens sind unzählige Esskulturen miteinander verschmolzen, und jede Region hat ihre ganz eigenen Spezialitäten. Ob Meeresfrüchte in Maine oder sanft geschmorte Rinderbrust in Mississippi, die kulinarischen Freuden kommen nirgendwo zu kurz. Was alkoholische Getränke angeht, ist der Osten der USA der wohl berauschendste Teil des Landes. In jedem Winkel der Region bieten boomende Minibrauereien sehr interessante Biersorten an, wohingegen in New York und Virginia Weinliebhabern Vintages kredenzt werden und in Kentucky Bourbon ausgeschenkt wird.

Regionale Besonderheiten

New York City: Paradies für Gourmets

Es heißt, in New York City könne man sein ganzes Leben lang jeden Abend in einem anderen Restaurant essen und wäre immer noch nicht überall gewesen. Und es ist wahr, wenn man bedenkt, dass es in den fünf Bezirken mehr als 20 000 Restaurants gibt und jedes Jahr viele neue Restaurants hinzukommen. Dank der riesigen Zahl der in der Stadt lebenden Einwanderer und des Einflusses der über 50 Mio. Touristen jährlich nimmt New York auch den Titel der vielfältigsten und besten Restaurant-Stadt der USA für sich in Anspruch. In den sehr unterschiedlichen Stadtvierteln werden authentische italienische Küche und Pizza mit dünnem Boden serviert, hier bekommt man alle Arten von asiatischen Gerichten, französische *haute cuisine* und klassische jüdische Feinkost. Außerdem gibt's von Bagels bis hin zu aufgetürmten Pastrami-Roggenbrot-Sandwiches einfach alles. Auch exotischere Küchen finden sich hier, von äthiopisch bis skandinavisch.

NYC gilt als teuer, doch davon sollte man sich nicht abschrecken lassen: Man kann hier gut essen, ohne sein Budget zu sprengen, besonders, wenn man sich mit den Cocktails zurückhält. Es mag in New York zwar keinen *free lunch* geben, doch verglichen mit anderen Weltstädten kann Essengehen hier günstig sein.

> Nur drei Staaten im Land haben offizielle Pies, und sie befinden sich alle im Osten: Indiana (Sugar Cream Pie), Florida (Key Lime Pie) und Vermont (Apple Pie). Illinois könnte mit seiner Pumpkin Pie bald dazustoßen. Außerdem führt Maine die Blueberry Pie als „offizielles Staatsdessert"; Delaware tut dies mit der Peach Pie.

Neuengland: Muschelparty & Hummerspezialitäten

Neuengland beansprucht für sich, die besten Meeresfrüchte des Landes zu haben – und wer will da schon widersprechen? Der Nordatlantik bietet Venus- und Miesmuscheln, Austern und riesige Hummer sowie Maifisch, Blaubarsch und Kabeljau. Daraus wird ein wunderbarer *chowder* (Eintopf), für den jedes noch so kleine Meeresfrüchtelokal sein eigenes Rezept hat, das dann bei *chowder*-Festen und Kochwettbewerben immer wieder auf dem Prüfstand steht. Eine andere Tradition ist das *clambake* (Muschelessen am Strand), bei dem Schalentiere mit in Alufolie gewickeltem Mais, Hühnchen und Würstchen unter der Erde gegart werden. Überall gibt es frittierte Venusmuscheln im Teigmantel und Hummerbrötchen (Hummerfleisch mit Mayonnaise im Brötchen).

Vermont stellt hervorragenden Käse her, und in Massachusetts werden Cranberries geerntet (die dort zu Thanksgiving allgegenwärtig sind). Aus den Wäldern von Neuengland kommt auch der Ahornsirup. Immer noch nicht satt? Connecticut ist bekannt für seine Pizza mit dünnem

> **Merkwürdige regionale Spezialitäten**
>
> Scrapple (ländliches Pennsylvania)
>
> Lutefisk (Minnesota)
>
> Frittierter Käsebruch (Wisconsin)
>
> Horseshoe Sandwich (Illinois)

Festivals für Feinschmecker

Crawfish Festival, Breaux Bridge, Louisiana

Kentucky Bourbon Festival, Bardstown, Kentucky

Maine Lobster Festival, Rockland, Maine

World's Largest Brat Fest, Madison, Wisconsin

Boden im New-Haven-Style (am besten belegt mit weißen Muscheln); Bostons Spezialität sind gebackene Bohnen und dunkles Brot, und die Bewohner von Rhode Island gießen Kaffeesirup in die Milch und lieben die traditionellen *johnnycakes* (Maismehl-Brote).

Mittelatlantikstaaten: Cheesesteaks, Crab Cakes & Scrapple

Die Mittelatlantikstaaten teilen sich die lange Küste von New York bis hinunter nach Virginia und außerdem eine ganze Menge Apfel-, Pfirsich- und Beerenfarmen. New Jersey ist für seine Tomaten berühmt, New Yorks Long Island hingegen für seine Kartoffeln. Die *blue crabs* (Blaukrabben oder auch Blaue Schwimmkrabben) der Chesapeake Bay bringen Fans zum Schwärmen, genau wie die Teller mit aufgetürmtem *chicken pot pie* (Hühnerfleischpastete), Nudeln und dem an Hackbraten erinnernden *scrapple* im Pennsylvania Dutch Country. In Philadelphia locken die *Philly cheese-steaks*, Brötchen mit dünnen, sautierten Rindfleischscheiben, Zwiebeln und darüber geschmolzenem Käse. Von den Finger Lakes im Staat New York, aus dem Hudson Valley und aus Long Island kommen die passenden Weine zu diesen wundervollen Mahlzeiten.

Der Süden: Barbecue, Biscuits & Gumbo

Kein Region ist so stolz auf ihr Essen wie der Süden mit seiner langen Tradition von englischen, französischen, afrikanischen, spanischen und indianischen Einflüssen, die auch in die Küche Eingang gefunden haben. Eine der wichtigsten Quellen des regionalen Stolzes ist das langsam gegarte Barbecue, bei dem es vielleicht so viele Fleisch- und Saucenvariationen wie Städte im Süden gibt. Grillhähnchen und Wels sind außen knusprig und innen saftig. Als Beilagen kommen lockere heiße *biscuits* (eine Art Brötchen), Maisbrot, Süßkartoffeln, Blattkohl und vor allem *grits* (gekochte Grütze aus grob gemahlenem Mais) auf den Teller – alles mit viel Butter, versteht sich! Überaus geschätzt werden Dessertrezepte für Torten aus vielen Schichten und Pasteten aus Pekannüssen, Bananen und Zitrusfrüchten. Das Ganze wird mit süßem, gekühltem Tee (ohne Alkohol) oder einem kühlen *Mint Julep* (einem Cocktail mit Bourbon) hinuntergespült.

Louisiana ist das kulinarische Highlight der Region – denn der Staat fällt mit seinen beiden wichtigsten Küchen auf: Die Cajun-Küche ist in der Bayou-Bucht beheimatet und kombiniert heimische Gewürze wie Sassafras und Chilipfeffer mit ländlicher französischer Küche. Die kreolische Küche ist städtischer geprägt und hat ihr Zentrum in New Orleans. Flotte Gerichte wie Shrimp-Remoulade, der Krabbensalat *crabmeat ravigote* und *gumbo* (Eintopf mit Hühnerfleisch, Schalentieren und/oder Würstchen und Okra) werden Hungrige begeistern.

Klassische Amerikanische Diner

Arcade, Memphis, Tennessee

Lou's, Dartmouth, New Hampshire

Mickey's Diner, St. Paul, Minnesota

Miss Worcester Diner, Worcester, Massachusetts

VEGETARISCHE GENÜSSE

Vegetarische Restaurants gibt es in großen Städten im Überfluss, in ländlichen Gegenden aber nicht unbedingt. Hier sind einige unserer Lieblingslokale genannt. Weitere sind unter www.happycow.net zu finden.

Green Elephant (S. 263), Portland, Maine

Clover Food Lab (S. 198), Boston, Massachusetts

Moosewood Restaurant (S. 133), Ithaca, New York

Zenith (S. 177), Pittsburgh, Pennsylvania

Angelica Kitchen (S. 102), New York City, New York

Mittlerer Westen: Burger, Bacon & Bier

Im Mittleren Westen wird mit Leidenschaft gegessen. Die Portionen sind riesig – schließlich ist dies ein landwirtschaftliches Gebiet, wo kräftiges Essen gebraucht wird, um die Arbeit bewältigen zu können. Weit verbreitet sind hier amerikanische Klassiker wie Schmorbraten, Hackbraten, Steak und Schweinekotelett. In den Städten in der Nähe der Großen Seen stehen außerdem Amerikanischer Zander, Barsch und andere Süßwasserfische auf der Karte. Dazu gibt's in der Regel ein schönes, kühles Bier. Chicago sticht kulinarisch durchaus hervor: Nirgendwo in der Region kann man besser essen als hier, ob nun in winzigen, schlichten Lokalen oder gleich daneben in den vielen Spitzenrestaurants, die zu den berühmtesten des Landes zählen. Eine andere tolle Möglichkeit, die Spezialitäten des Mittleren Westens zu probieren, sind die Jahrmärkte auf dem Land. Hier reicht das Angebot von Bratwurst über Fettgebackenes bis hin zu gegrilltem Mais am Stiel. Und das Essen in den Diners und Familienrestaurants – besonders in den Städten – ist von den verschiedenen Einflüssen der osteuropäischen, skandinavischen, lateinamerikanischen und asiatischen Einwanderer geprägt.

Esskultur

Zum Frühstück mögen Amerikaner Eier mit Schinken, Waffeln und *hash browns* (ähnlich wie Kartoffelpuffer, besser gesagt, eine Art Schweizer Rösti) und dazu ein großes Glas O-Saft. Vor allem aber lieben sie eine dampfende Tasse Kaffee. Nach einem kleinen Snack am Vormittag haben die meisten amerikanischen Angestellten in der Pause nur Zeit für ein Sandwich, einen schnellen Burger oder einen herzhaften Salat. Gelegentlich, wenn auch selten, sieht man jemanden, der mittags ein Glas Wein oder Bier zum Essen trinkt, doch die Zeiten der „drei Martinis zum Mittagessen" sind vorbei. Abends essen die Amerikaner werktags eine reichhaltigere Mahlzeit, angesichts der zeitlichen Belastung in Familien mit zwei Berufstätigen kann das aber auch etwas zum Mitnehmen oder ein Fertiggericht sein.

Abends wird zeitig gegessen, meist zwischen 18 und 20 Uhr. In Kleinstädten kann es schwierig sein, nach 20.30 oder 21 Uhr noch etwas zu essen zu bekommen. Dinnerpartys beginnen meist gegen 18.30 oder 19 Uhr mit einem Cocktail, gefolgt vom Essen. Bei einer Einladung ist es höflich, möglichst innerhalb von 15 Minuten vor oder nach der angegebenen Zeit einzutreffen. Die Amerikaner sind für lockere Tischsitten bekannt, in der Regel warten sie aber, bis alle Gäste ihr Essen haben.

Kochkurse

Viele Kochschulen bieten Kochkurse für enthusiastische Hobbyköche an.

Chopping Block Cooking School (www.thechopping block.com) In Chicago kann man den meisterlichen Umgang mit dem Messer oder das Geheimnis der Deep-Dish-Pizza erlernen.

ERNTEZEIT

Januar

Die Eisweinlese um die Finger Lakes, New York, und im nördlichen Michigan steht an. Erzeugt werden süße Dessertweine.

März

In Vermont und Maine ist jetzt süße Saison – der frische Ahornsirup fließt. Im Süden locken die Langusten: In Louisiana werden zwischen März und Mai etwa 110 Mio. Pfund gefangen.

Mai

Die Pfirsichernte in Georgia beginnt etwa in der Mitte des Wonnemonats und geht bis Mitte August. Richtung Norden überschwemmen die Chesapeake-Bay-Blaukrabben bis September den Markt.

Juli

Anfang des Monats dreht Michigan auf, es werden Sauerkirschen gepflückt und Feste gefeiert – z. B. das International Cherry Pit Spitting Championship in Eau Claire.

August

Jetzt geht's rund in Neuengland: Die Hummerimbisse an der Küste brummen, ein Muschelpicknick steht an. Maines Blaubeeren werden in Pies gebacken werden.

September & Oktober

Jetzt ist Hauptsaison für Äpfel in New York und Michigan (2.- & 3.-größte Produzenten des Landes). Cider-Lokale schenken aus. In Massachusetts und Wisconsin ist Preiselbeersaison.

REGIONALE KÜCHE ESSKULTUR

Kitchen Window (www.kitchenwindow.com) Bietet Marktführungen und Restauranttouren sowie Kurse im Backen, Grillen im Freien und Weltküche in Minneapolis.

Zingerman's Bakehouse (www.bakewithzing.com; 3723 Plaza Dr) Veranstaltet beliebte *bake-cations* (Backferien) in Ann Arbor, bei denen man Brot oder Gebäck selbst backt.

Getränke

Bier

Nachdem deutsche Einwanderer im 19. Jh. in Milwaukee die amerikanische Bierindustrie gegründet hatten, entwickelten sie Wege, um Bier in großen Mengen herzustellen und in ganz Amerika auszuliefern. Heute kommen noch 80 % des amerikanischen Biers aus dem Mittleren Westen.

Obwohl weit verbreitet, wurden die beliebten amerikanischen Biermarken im Ausland wegen ihres niedrigen Alkoholgehalts und ihres „Light-Geschmacks" lange belächelt. Doch egal, was die Kritiker erzählen, die Verkaufszahlen zeigen, dass amerikanisches Bier beliebter ist als je zuvor. Und nach dem Aufstieg der Kleinbrauereien und ihres Craft Beer mussten sogar Bier-Snobs zugeben, dass sich das amerikanische Bier neu erfunden hat.

Heute gibt es mehr als 1900 Kleinbrauereien in den USA. Sie erzielten 2015 etwa 20 Mio. US\$ Einzelhandelsumsatz, und die Zahlen steigen weiter. Inzwischen kann man überall in der Region lokales Bier trinken – in den städtischen Zentren, aber auch ganz unverhofft in Kleinstädten. Einige Restaurants beschäftigen heute Bier-„Sommeliers", andere veranstalten Bier-Dinner, bei denen man erleben kann, wie Kleinbiere zu verschiedenen Gerichten passen.

Wein

Etwa 20 % aller Amerikaner trinken regelmäßig Wein. Der größte Teil des heimischen Weins kommt aus den Staaten an der Westküste, vor allem aus Kalifornien. Im Osten führt New York die Weinproduktion an und steht nach produzierten Gallonen landesweit auf dem dritten Platz. Das interessanteste Gebiet hier ist die Region der Finger Lakes, wo jede Menge Riesling sowie guter Chardonney, Gewürztraminer und Eiswein angebaut werden. Mit 248 Weingütern ist Virginia der fünftgrößte weinproduzierende Bundesstaat, und die meisten Güter befinden sich in den schönen Hügeln rund um Charlottesville. Besonders bemerkenswert ist der Virginia Viognier, ein exotischer Weißwein. Auch die Westküste Michigans wartet mit einer vom Wein gesegneten Landschaft auf, und seine Weinbauern sind bekannt für ihre Sortenvielfalt – vom saftigen Cabernet Franc bis hin zu Schaumweinen der Spitzenklasse. All diese idyllischen Regionen haben im Weinverkostungs- und B & B-Tourismus ganze Wirtschaftszweige entstehen lassen.

Wein ist in den USA oft nicht gerade billig, denn er gilt als Luxusprodukt. In Spirituosenläden oder Weinhandlungen bekommt man aber eine sehr ordentliche Flasche amerikanischen Weins für 10 bis 12 US\$.

Spirituosen

Aus dem Osten der USA kommen viele edle hochprozentige Getränke. Die weltweit bekannteste amerikanische Whiskeymarke ist nach wie vor Jack Daniels, und auch die älteste ununterbrochen bestehende Brennerei der USA, die seit 1870 in Lynchburg, Tennessee, in Betrieb ist, gehört zu Jack Daniels. Bourbon, der aus Mais hergestellt wird, ist die einzige aus den USA stammende Spirituose. Aus Kentucky kommen 95 % der Weltproduktion, der größte Teil davon aus den sieben Brennereien im Zentrum des Staates. Die 225 Meilen (362 km) lange Rundtour zu den Whiskey-Destillerien ist als Bourbon Trail bekannt, und Autotouren zu

---

REGIONALE KÜCHE GETRÄNKE

In vielen Teilen des Südens ist „Coke" die Bezeichnung für jeden mit Geschmack versetzten Softdrink mit Kohlendioxid, darum sollte man sehr genau sagen, was man möchte. Wenn man einfach sagt „Eine Coke, bitte!", fragt der Kellner vielleicht „Was für eine?" Im Mittleren Westen werden solche Softdrinks meist „Pop" genannt, an der Ostküste „Soda".

DIE BESTEN KLEINBRAUEREIEN

Die Popularität von Kleinbrauereien ist explosionsartig gewachsen, und man wird nie in Verlegenheit geraten, ein gut gebrautes Glas Bier zu finden. Aber man muss aufpassen: Craft Beer kann stärker sein als die entsprechenden Massenprodukte. Möchte man weniger Promille, muss man ein „Session Beer" bestellen. Städte wie Grand Rapids, Michigan, und Asheville, North Carolina, wurden überraschenderweise besonders berühmt für ihren Gerstensaft. Übrigens: Vermont hat die meisten Kleinbrauereien pro Kopf in den USA zu bieten. Bei der Reise durch die Region sollte man diese hier nicht verpassen:

Three Floyds (www.3floyds.com) Munster, Indiana

Bell's Brewery (www.bellsbeer.com) Kalamazoo, Michigan

Allagash Brewing (www.allagash.com) Portland, Maine

Dogfish Head (www.dogfish.com) Milton, Delaware

Evil Twin Brewing (eviltwin.dk) Brooklyn, New York

REGIONALE KÜCHE GETRÄNKE

den Destillerien mit Besuch und Verkostung haben sich zu einer guten Alternative zu den Touren im kalifornischen Napa Valley entwickelt.

Cocktails wurden vor dem Bürgerkrieg in New Orleans erfunden. Der erste Cocktail war der Sazerac, eine Mischung aus Roggenwhiskey oder Weinbrand, einfachem Sirup, Bitterstoffen und einem Schuss Absinth. Zu den amerikanischen Cocktails, die im späten 19. und frühen 20. Jh. in den Bars kreiert wurden, zählen auch Klassiker wie der Martini, der Manhattan und der Old-Fashioned.

Die Retro-Cocktail-Welle

In den amerikanischen Großstädten ist es richtig cool geworden, zu feiern wie 1929, nämlich mit Retro-Cocktails aus der mehr als 100 Jahre zurückliegenden Zeit des Alkoholverbots. Die gute alte Prohibition: Statt eine Nation von Abstinenzlern hervorzubringen, scheint sie eine Kultur gestärkt zu haben, in der das Verbotene attraktiv wurde – es war ein gutes Gefühl, böse zu sein, und sogenannte ehrenwerte Bürger trafen sich heimlich in *speakeasies*, um Schnaps aus Schwarzbrennereien, *moonshine* genannt, zu trinken und zu Hot Jazz zu tanzen.

Zurück ins 21. Jh. Es besteht zwar keine Gefahr, dass die Prohibition wieder eingeführt wird, doch in vielen Bars der Region herrscht noch immer der Geist der wilden 1920er-und der gesetzeswidrigen 1930erJahre. Die Cocktails sind von alten Rezepten inspiriert, die auf natürlichen und hausgemachten Zutaten bestehen, und werden liebevoll von geschniegelten Barkeepern gemixt, die ihren Beruf als eine Mischung aus Kunst und Wissenschaft betrachten.

Die besten Cocktailbars

Dead Rabbit, New York City, New York

Tonique, New Orleans, Louisiana

Patterson House, Nashville, Tennessee

Drink, Boston, Massachusetts

Broken Shaker, Miami, Florida

Maison Premier, NYC

Kunst & Architektur

New York ist und bleibt das dynamische Zentrum in Sachen Theater, während große Literatur in der gesamten Region geschaffen wird. Nischen-Mediennetzwerke kreieren ausgefallene, großartige Fernsehsendungen, deren Themen von Zombies in Georgia bis zu Mördern in Minnesota reichen. Und Architekten sorgen derweil in New York und Chicago dafür, dass die Skyline immer höher wird.

Literatur

Mehrere Bücher berühmter Autoren aus dem Osten der USA waren zu verschiedenen Zeiten verboten, darunter *Schlachthof 5* von Kurt Vonnegut aus Indianapolis, *Der Fänger im Roggen* des New Yorkers J.D. Salinger und *Die Farbe Lila* der in Georgia geborenen Alice Walker.

Der „Große amerikanische Roman" prägte mehr als 150 Jahre lang die Literatur. Edgar Allan Poe schrieb in den 1840er-Jahren gruselige Shortstories. Ihm ist auch die Erfindung von Kriminal- und Horrorgeschichten sowie von Sciencefiction zuzuschreiben. 40 Jahre später erfand Samuel Clemens alias Mark Twain die Literatur neu. Twain schrieb umgangssprachlich, liebte „große Geschichten" und warf mit Absurditäten um sich, was ihn beim Alltagsleser äußerst beliebt machte. Der Roman *Die Abenteuer des Huckleberry Finn* (1884) wurde zum Inbegriff der amerikanischen Erzählung: Geleitet von einem ersten Aufbegehren gegen seinen Vater, macht sich Huck auf die Suche nach Authentizität und sich selbst, und die Kulisse bildet der Mississippi.

Die „Lost Generation" verhalf der amerikanischen Literatur Anfang des 20. Jhs. zu ihrer Blütezeit. Die Autoren dieser Generation siedelten nach dem Ersten Weltkrieg nach Europa über und schrieben über die wachsende Entfremdung. Der unverblümt schreibende, aus dem Mittleren Westen stammende Ernest Hemingway ist mit seinem sparsamen, stilisierten Realismus das beste Beispiel für diese Ära. F. Scott Fitzgerald aus Minnesota schilderte in seinen Romanen die innere Leere der High Society an der Ostküste. Nach seiner Rückkehr aus Europa beschrieb William Faulkner die sozialen Brüche der Gesellschaft des Südens in komplexer, sarkastischer Prosa. Während der Harlem Renaissance in New York setzten sich Afroamerikaner wie der Dichter Langston Hughes und die Romanautorin Zora Neale Hurston mit rassistischen Stereotypen auseinander.

Große amerikanische Romane

Menschenkind, Toni Morrison

Der große Gatsby, F. Scott Fitzgerald

Schall und Wahn, William Faulkner

Rost, Philipp Meyer

Die Abenteuer des Augie March, Saul Bellow

Nach dem Zweiten Weltkrieg begannen amerikanische Schriftsteller, regionale und ethnische Unterschiede darzustellen, experimentierten mit verschiedenen Stilen und kritisierten die Werte der Mittelklasse. Die Beat Generation der 1950er-Jahre, angeführt von Jack Kerouac, Allen Ginsberg und William S. Burroughs, war besonders kompromisslos.

Die heutige Literatur reflektiert ein immer vielfältigeres Spektrum der Meinungen. Jacqueline Woodson, Junot Diaz und Sherman Alexie, die im vergangenen Jahrzehnt alle Bestseller geschrieben haben, beschäftigten sich mit Problemen der Afroamerikaner, der dominikanischen Amerikaner bzw. der amerikanischen Ureinwohner. Zu den Titanen der zeitgenössischen Literatur – die alle Pulitzer-Preisträger sind und zufällig alle aus dem Osten der USA kommen – gehören Toni Morrison (sein jüngstes Buch *God Save the Child* erschien 2015), Joyce Carol Oates (die praktisch jedes Jahr ein Buch schreibt) und Michael Chabon (dessen jüngster ausufernder Roman *Telegraph Avenue* 2012 erschien).

DAS GOLDENE ZEITALTER DES AMERIKANISCHEN FERNSEHENS

In den vergangenen etwa zehn Jahren begannen die Kabelsender und Streaming-Dienste, sich zunehmend ein Nischenpublikum zu erschließen und geistreiche, komplexe Filme zu produzieren, die die meisten risikoscheuen Hollywood-Produktionen übertrafen. Das Ergebnis? Man könnte sagen, dass sich nicht die 1950er-, sondern die 2000er-Jahre als „Goldenes Zeitalter" des amerikanischen Fernsehens erwiesen haben. Zu den Produktionen, die einen Blick auf das Leben im Osten der USA werfen, gehören beispielsweise:

➡ *House of Cards*: Ein skrupelloser Politiker führt vor, wie in Washington, D. C., die Machtspiele ablaufen.

➡ *The Walking Dead*: Überlebende der Apokalypse müssen in Atlanta und im Norden Georgias Zombies bekämpfen.

➡ *Broad City*: Zwei Freundinnen in den Zwanzigern, die wenig Lust zu arbeiten haben, erleben in New York City allerlei Missgeschicke und Abenteuer.

➡ *Orange is the New Black*: In dem Comedy-Drama geht es um zahlreiche Frauen in einem Frauengefängnis in Upstate New York.

➡ *Fargo*: Die tiefschwarze Serien-Komödie erweckt die Atmosphäre im winterlichen, kleinstädtischen Minnesota zum Leben.

Der zurückgezogen lebende Thomas Pynchon veröffentlichte 2013 den mutigen labyrinthischen Roman *Bleeding Edge*, der während der Terroranschläge vom 11. September 2001 in New York spielt. Von der inzwischen verstorbenen Harper Lee – die 1960 mit *Wer die Nachtigall stört* berühmt wurde und dann nie wieder ein Buch veröffentliche – erschien 2015 die kontrovers aufgenommene Fortsetzung *Gehe hin, stelle einen Wächter*.

Film & Fernsehen

Das Studiosystem hat eigentlich in Manhattan seinen Ursprung, wo Thomas Edison – der Begründer der Filmindustrie – versuchte, mit seinen Patenten ein Monopol zu schaffen. Dies veranlasste viele Unabhängige, in einen Vorort von Los Angeles zu ziehen, wo sie im Fall rechtlicher Probleme schnell nach Mexiko fliehen konnten: Und so wurde Hollywood geboren.

Die meisten guten Filme werden zwar immer noch an der Westküste gedreht, doch auch New York hat nach wie vor eine beträchtliche Zahl von Film- und Fernsehstudios. Zu den großen Sendern der Stadt gehören ABC, CBS, NBC, CNN, MTV und HBO, und viele Besucher kommen extra her, um Jimmy Fallon *(Tonight Show)*, Stephen Colbert *(Late Show)* oder ihre Lieblings-Talkshow zu erleben. Viele Filmemacher und Schauspieler ziehen New York der Westküste vor – die berühmtesten sind Robert De Niro, Spike Lee und Woody Allen –, also Augen auf beim Stadtbummel! Weitere Filmstädte sind z. B. Miami, Chicago und Atlanta sowie eine, von der man es niemals gedacht hätte: Wilmington, North Carolina. Hier gibt es so viele Filmstudios, dass die Stadt den Spitznamen „Wilmywood" trägt (neue Gesetzte des Bundesstaats, die Steuervorteile streichen, könnten dem Geschäft hier allerdings einen Dämpfer verpassen).

Seit dem Auftauchen von Kabelfernsehen, Netflix, Amazon und anderen Streaming-Diensten in der Branche halten sich die großen Fernsehproduzenten an die langjährigen Seriendramen (z. B. *Law & Order: Special Victims Unit*, das seit 1999 läuft) sowie an billig zu produzierendes Reality-Fernsehen ohne Drehbuch. Was 2000 mit *Survivor* begann, führen die Kandidaten und „Schauspieler" von *The Voice* und *Hell's Kitchen* heute auf Gedeih oder Verderb fort.

Theater

Eugene O'Neill verhalf dem amerikanischen Schauspiel mit seiner Trilogie *Trauer muss Elektra tragen* (1931) erstmals zu hohem Ansehen. Im Stück wird ein tragischer griechischer Mythos nach Neuengland in die Zeit nach dem Bürgerkrieg verlegt. O'Neill war der erste große amerikanische Dramatiker und ist für viele noch immer der beste.

Nach dem Zweiten Weltkrieg beherrschten zwei Dramatiker die Szene: Arthur Miller, der bekanntermaßen Marilyn Monroe heiratete und über so ziemlich alles schrieb – von der Desillusionierung eines Vertreters der Mittelklasse (*Tod eines Handlungsreisenden*, 1949) bis hin zur geistigen Haltung des Mobs in den Hexenprozessen von Salem (*Hexenjagd*, 1953), und Tennessee Williams, dessen explosive Arbeiten *Die Glasmenagerie* (1945), *Endstation Sehnsucht* (1947) und *Die Katze auf dem heißen Blechdach* (1955) sich tief in die Psyche der Menschen aus den Südstaaten eingruben.

Edward Albee verlieh den 1960er-Jahren eine gesunde Dosis Absurdität, und David Mamet und Sam Shepard bereicherten die 1970er- und 1980er-Jahre um einige ungehobelte, kernige Typen. Heutzutage schreibt der mit dem Pulitzer-Preis ausgezeichnete Tracy Letts Familiendramen, die oft mit denen von O'Neill verglichen werden. Und so schließt sich der Kreis.

Die Shows auf den Bühnen des Broadway haben Kultstatus. Der berühmte New Yorker Distrikt macht durch Ticketverkäufe mehr als 1 Mrd. US$ Umsatz pro Jahr, wobei die Top-Shows unglaubliche 2 Mio. US$ in der Woche einspielen. Seit Langem laufende Klassiker wie *Der König der Löwen* und *Wicked – Die Hexen von Oz* werden weiterhin neben neueren Hits wie *The Book of Mormon* in ausverkauften Häusern gespielt, während andere alte Klassiker wie *Les Miserables* umgemodelt und mit großem Tamtam wieder aufgeführt werden. Abseits der hellen Lichter des Broadways bringen regionale Theater, etwa das Steppenwolf in Chicago, das Guthrie in Minneapolis und viele andere, neue Stücke auf die Bühne, und außerdem sorgen junge Bühnenautoren dafür, dass diese Kunst lebendig bleibt.

Malerei

Nach dem Zweiten Weltkrieg entstand in den USA die erste wirklich eigene Kunstrichtung: der abstrakte Expressionismus. New Yorker Maler wie Jackson Pollock, Franz Kline, Mark Rothko und andere experimentierten mit freien, gegenstandslosen Formen. Pollock z. B. schuf Tropfbilder, indem er Farbe auf große Leinwände schüttete und spritzte.

Darauf folgte die Pop-Art. Künstler schöpften Inspiration aus Cartoons und Verpackungen. Andy Warhol war der große Meister (oder auch der Papst des Pop, wie er manchmal genannt wurde). Danach kam der Minimalismus, und in den 1980er- und 1990er-Jahren war alles erlaubt – jeder Stil konnte seinen Platz in der Kunstwelt finden.

New York ist nach wie vor das dynamische Zentrum der Kunstwelt, und die Stadt hat entscheidenden Einfluss auf den Kunstgeschmack des Landes und der ganzen Welt. Wer den Puls der zeitgenössischen Kunst in der Region fühlen will, sollte sich Arbeiten von Jenny Holzer, Kara Walker, Chuck Close, Martin Puryear und Frank Stella ansehen.

Architektur

Im Jahr 1885 entwarf eine Gruppe von Konstrukteuren in Chicago den ersten Wolkenkratzer. Er reichte zwar nicht bis an die Wolken, aber sein Stahlskelett bildete den Grundstein für die moderne Architektur.

Ungefähr zur gleichen Zeit verwirklichte ein anderer Architekt aus Chicago eher Horizontales. Frank Lloyd Wright schuf einen neuen Ge-

---

Beste Museen für modern Kunst

Museum of Modern Art, New York City, New York

Whitney Museum of American Art, New York City, New York

Salvador Dali Museum, St. Petersburg, Florida

Andy Warhol Museum, Pittsburgh, Pennsylvania

Dia Beacon, Beacon, New York

bäudestil, verabschiedete sich von traditionellen Elementen und historischen Anspielungen und entwickelte das Konzept der organischen Architektur. Er entwarf Gebäude, die sich in die Landschaft des Mittleren Westens einfügten, d.h. Häuser mit tiefliegenden, horizontalen Linien. Wrights „Präriehäuser" wurden später sogar zu einer ganzen Architekturrichtung.

Europäische Architekten nahmen Wrights Ideen auf, und als die Vertreter des Bauhaus Nazi-Deutschland verließen, kamen ihre Ideen in abgewandelter Form in die USA zurück und wurden als Internationaler Stil, eine frühe Form der modernen Architektur, bekannt. Einer der bedeutendsten Architekten war Ludwig Mies van der Rohe. Seine kastenförmigen, aus Metall und Glas bestehenden Riesen kennzeichneten vor allem die Skylines von Chicago und New York City. Mit dem später aufkommenden Postmodernismus hielten Farbe, Art-déco- und Jugend stilelemente sowie andere historische Bezüge wieder Einzug ins Design der Hochhäuser.

Auch die Architekten von heute überwinden immer wieder Grenzen. Jüngste Beispiele für visionäres Design sind z.B. Jeanne Gangs geriffelter Aqua Tower in Chicago – das höchste von einer Frau entworfene Gebäude der Welt. Seit 2013 ist das 541,3 m hohe One World Trade Center in NYC das höchste Gebäude der USA. 2016 wird David Ajayes schimmerndes National Museum of African American History and Culture seinen Platz an der Mall in Washington, D.C., einnehmen.

Musik

Jazz, Blues, Country, Hip-Hop und Rock sind alle im amerikanischen Osten entstanden, und in Nord wie Süd dringen ihre Beats aus den Clubs und Jukebox-Bars. Wer aufmerksam zuhört, kann die Einflüsse von Muddy Waters Slide-Gitarre, Hank Williams Jodelei, John Coltranes schrillen Kaskaden und vieles mehr heraushören.

Blues

Die gesamte Musik der USA beginnt mit dem Blues. Und der Blues entstand im Süden. Dort entwickelte sich dieses Genre aus den Arbeiterliedern oder „Schreien" der schwarzen Sklaven sowie aus ihren spirituellen Songs und ihrem Frage-Antwort-Schema – beides aus der afrikanischen Musik übernommen.

In den 1920er-Jahren war der Delta-Blues das Sinnbild dieses Sounds. Von Memphis bis nach Mississippi sangen Musiker zu den Klängen der Slide-Gitarre leidenschaftliche, schwermütige Lieder. Im ganzen Süden konnten fahrende Blues-Musiker und insbesondere Blues-Sängerinnen Geld verdienen und brachten es zu Ruhm. Zu den Pionieren gehören Robert Johnson, W.C. Handy, Ma Rainey, Huddie Ledbetter (alias Lead Belly) und Bessie Smith, die für viele die beste Blues-Sängerin aller Zeiten ist.

Zur gleichen Zeit entwickelte sich aus der afroamerikanischen christlichen Chormusik der Gospel, dessen größte Sängerin, Mahalia Jackson, in den 1920er-Jahren in Chicago bekannt wurde. Sie sang im Chor der Greater Salem Baptist Church im Süden der Stadt, in der sie bis zu ihrem Tod im Jahr 1972 treues Mitglied blieb.

Nach dem Zweiten Weltkrieg machten sich viele Musiker Richtung Norden nach Chicago auf, das sich zu einem Zentrum afroamerikanischer Kultur entwickelt hatte. Hier kam es zu einem Wendepunkt des Genres: elektronische Musikinstrumente hielten Einzug. Eine neue Generation von Musikern wie Muddy Waters, Buddy Guy, B.B. King und John Lee Hooker drehte die Verstärker auf, und ihre kreischenden Gitarren legten den Grundstein für den Rock'n'Roll.

Jazz

Ende des 18. Jhs. trafen sich auf dem Congo Square in New Orleans, das als Geburtsort des Jazz gilt, Sklaven zum Singen und Tanzen. Dort übernahmen ehemalige Sklaven verschiedene Musikinstrumente wie Zunge, Horn und Saiteninstrumente von den multiethnischen Kreolen – die selbst die traditionelle europäische Musik bevorzugten – für ihre eigene, von afrikanischen Einflüssen geprägte Musik. Diese gegenseitige Befruchtung führte zu einer stetigen Entwicklung innovativer Sounds.

Die erste neue Variante war der Ragtime, der seinen Namen den „zerhackten" (engl. *ragged*) synkopischen afrikanischen Rhythmen verdankt. Es folge der Dixieland, dessen Zentrum das berühmt-berüchtigte Rotlichtviertel Storyville war. 1917 wurde Storyville dicht gemacht, und die Musiker zerstreuten sich in alle Winde. Bandleader King Oliver zog nach Chicago, und bald folgte sein Star-Trompeter Louis Armstrong. Arm-

---

Schreine für Musikfans

Sun Studio, Memphis, Tennessee

Rock and Roll Hall of Fame, Cleveland, Ohio

Preservation Hall, New Orleans, Louisiana

BB King Museum and Delta Interpretive Center, Indianola, Mississippi

strongs markante Stimme und seine gekonnten Improvisationen ließen das Solo für große Teile des 20. Jhs. zu einem festen Bestandteil des Jazz werden.

Die 1920er- und 1930er-Jahre wurden als Jazz Age bekannt, und ihr Zentrum war Harlem in New York City. Eine Welle des Swing – ein städtischer Bigband-Jazzstil – rollte über das Land, angeführt von den innovativen Bandleadern Duke Ellington und Count Basie. Die Jazzsängerinnen Ella Fitzgerald und Billie Holiday kombinierten Jazz mit der Musik des Südens, dem Blues.

Nach dem Zweiten Weltkrieg folgte der Aufstieg des Bebop (auch Bop genannt), der gegen die glatten Melodien und die begrenzten Rhythmen des Bigband-Swing aufbegehrte. Seine Pioniere waren Charlie Parker, Dizzy Gillespie und Thelonious Monk. In den 1950er- und 1960er-Jahren zerlegten Miles Davis, John Coltrane und andere den gewohnten Sound und erfanden einen neuen, der cool, frei und avantgardistisch war. New York City, New Orleans und Chicago bilden bis heute das Zentrum der Jazzszene.

Country

Die frühen schottischen, irischen und englischen Einwanderer brachten ihre Musikinstrumente und ihre Volksmusik mit nach Amerika, und im Lauf der Zeit entstand in den abgeschiedenen Appalachen die von Fidel und Banjo dominierte Hillbilly- bzw. Country-Musik. Im Südwesten prägten Stahlseitengitarren und größere Bands die eigenständige „Western"-Musik. In den 1920er-Jahren verbanden sich diese Stile im „Country & Western", dessen Zentrum Nashville wurde, besonders als 1925 die Ausstrahlung der Radioshow Grand Ole Opry begann. Zu den Country-Musikern, die heute als Ikonen gelten, zählen Hank Williams, Johnny Cash, Willie Nelson, Patsy Cline und Loretta Lynn.

Texte im Stil von *cry a tear in your beer* trafen bei den Zuhörern offensichtlich einen Nerv, denn heute ist Country-Musik ein Riesengeschäft. Singer-Songwriter wie Blake Shelton, Tim McGraw und Taylor Swift haben Millionen Alben verkauft. Zu den aus dem Country hervorgegangenen Musikstilen gehören Bluegrass, Rockabilly und Alternative Country. Die stiefeltragende Hochburg des Genres ist bis heute der Süden.

Folk

Die Tradition der amerikanischen Folk-Musik kristallisierte sich in Woody Guthrie, der während der Depression durchs Land reiste und seine politischen Songs sang. In den 1940er-Jahren taucht der New Yorker Pete Seeger als unermüdlicher Bewahrer des amerikanischen Folks auf der Bildfläche auf. Während der Protestbewegungen der 1960er-Jahre erlebte der Folk eine riesige Renaissance, doch dann setzte Bob Dylan, der selbst dem Folk zugewandt war, dem im Alleingang ein Ende, als er 1965 auf dem Newport Folk Festival unter „Verräter"-Rufen mit einer elektrischen Gitarre auftrat.

Im vergangenen Jahrzehnt hat der Folk ein Revival erlebt. Der Singer-Songwriter Iron and Wine verbindet wehmütigen Pop, Blues und Rock zu einem Sound, wie ihn nur jemand aus dem Süden hinkriegt, und das Schwesternduo Lily & Madeleine aus Indiana singt ätherische, unglaublich monumentale Folk-Balladen.

Rock

Die meisten sagen, der Rock'n'Roll wurde an jenem Tag im Jahr 1954 geboren, als Elvis Presley in Sam Philips' Studio in Memphis spazierte und *That's All Right* aufnahm. Die Radiosender fragten sich zunächst, warum ein weißer Junge vom Land schwarze Musik sang und warum sie ihn spielen sollten. Erst 1956 gelang Presley mit *Heartbreak Hotel* sein

Klassiker des Ostens

Atlantic City,
Bruce Springsteen

Georgia on My
Mind, Ray Charles

No Sleep till Brooklyn, Beastie Boys

Sweet Home
Alabama, Lynyrd
Skynyrd

Rockstar Prince, alias Prince Rogers Nelson, wurde in den 1950er-Jahren in Minneapolis geboren. Ursprünglich versuchte er, ins Basketballteam seiner Highschool zu kommen, doch weil er mit 1,58 m zu klein war, wurde er übergangen. Sein zweites Hobby? Er begann, Gitarre zu spielen. Er lebt noch immer in der Gegend und öffnet die Türen seines Wohnsitzes, Paisley Park, gelegentlich für öffentliche Konzerte.

großer Durchbruch, und in gewisser Weise prägen die Auswirkungen des Rock'n'Roll Amerika bis heute.

Musikalisch war Rock'n'Roll eine Mischung aus gitarrendominiertem Blues, schwarzem Rhythm'n'Blues (R'n'B) und weißer Country-and-Western-Musik. R'n'B entwickelte sich in den 1940er-Jahren aus dem Swing und dem Blues und war damals als „Rassenmusik" bekannt. Mit dem Rock'n'Roll wurde die „Rassenmusik" in etwas verwandelt, das weiße Jugendlich uneingeschränkt annehmen konnten – und wie sie das taten!

Der Rock'n'Roll beflügelte sofort die soziale Revolution, die sogar noch bedeutender war als die musikalische: Seine offen thematisierte Sexualität, die die Jugend feierte und ungeniert die Rassenschranken überquerte, schockierte das Land. Die Behörden arbeiteten eifrig daran, „jugendliche Gesetzesbrecher" zu kontrollieren und den Rock'n'Roll „sauber" zu halten und zu unterdrücken. Vielleicht wäre er sogar verkümmert, hätte es nicht Anfang der 1960er-Jahre die „britische Invasion" gegeben, in der die Beatles und die Rolling Stones, die Chuck Berry nacheiferten, ihn schlagartig wieder zurück ins Leben katapultierten.

In den 1960er-Jahren gab es eine ausgewachsene Rebellion der Jugend, verkörpert vom von Drogen inspirierten Sound der Grateful Dead und von Jefferson Airplane sowie von den wilden, elektronischen Klängen von Janis Joplin und Jimi Hendrix. Seither ging es beim Rock um Musik und Lebensstil, hin und her gerissen zwischen Genusssucht und Ernsthaftigkeit, Kommerzialisierung und Authentizität. Das Woodstock Festival, das eine Wiese im Bundesstaat New York zu einer Legende machte, wurde 1969 der Inbegriff der Rock-Szene.

In den späten 1970er-Jahren erschienen der Punk, angeführt von den Ramones (dem Stolz von Queens, New York), und der Arbeiter-Rock von Bruce Springsteen (dem Stolz New Jerseys) auf der Bildfläche. Als die Gegenkultur in den 1980er-Jahren zum Mainstream wurde, verkündeten Kritiker verfrüht: „Der Rock'n'Roll ist tot." Doch wie immer wurde er gerettet (diesmal von den Talking Heads, REM, Sonic Youth und anderen Bands aus dem Osten der USA), wie immer, indem Richtungen absplitterten und sich neue entwickelten, ob es nun New Wave, Heavy Metal, Grunge, Indie-Rock, Worldbeat, Skatepunk, Hardcore, Goth, Emo oder Electronica waren.

Die Musik der Gesetzlosen ist heute zwar der Hip-Hop, doch Rock hat nach wie vor große Bedeutung, und er ist weit davon entfernt, zu verschwinden. Anfang der 2000er-Jahre trugen die Strokes und The Killers zu einem Revival der Rockmusik bei. Zu den Bands, die die Flamme weitertragen, gehören gegenwärtig neben vielen anderen die Alabama Shakes, Black Lips und Future Islands.

Hip-Hop

Aus der enormen Fülle der Sounds, die sich Anfang der 1970er-Jahre entwickelten – Funk, Soul, Latin, Reggae und Rock'n'Roll – mischten junge DJs aus der Bronx in NYC eine bahnbrechende Kombination verschiedener Platten zusammen, die die Tanzfläche zum Kochen bringen sollte.

Damit war der Hip-Hop geboren. Gruppen wie Grandmaster Flash und die Furious Five brachten die Party bald von der Straße in die angesagten Club Manhattans und arbeiteten mit Punk- und New-Wave-Bands wie The Clash und Blondie zusammen. Künstler, die konventionelle Rahmen sprengten, wie Futura 2000, Keith Haring und Jean-Michel Basquiat zogen von der Straße und der U-Bahn in die Galerien und erreichten bald die Welt der Mode und Werbung.

New York blieb bis zur Mitte der 1980er-Jahre das Zentrum des Hip-Hop. Gruppen wie Run-DMC, Public Enemy und später die Beastie Boys

---

Beste Musikfestivals

New Orleans Jazz Fest, New Orleans, Louisiana; April

Movement Electronic Music Festival, Detroit, Michigan; Mai

Bonnaroo, Manchester, Tennessee; Juni

Summerfest, Milwaukee, Wisconsin; Juni/Juli

Newport Folk Festival, Newport, Rhode Island; Juli

Lollapalooza, Chicago, Illinois; August

verkauften Millionen Alben. Dann begannen die Sounds und Stile der wachsenden Hip-Hop-Kultur auseinanderzudriften und neue Varianten auszubilden. Zwischen den Bands der Ostküste und den „Gangsta' Rappers" aus L. A. an der Westküste entwickelt sich eine Rivalität. Gruppen wie Niggaz With Attitude wurden für ihre mutige Musik und die sozialen Kommentare zu Rassismus Drogen, Sex und urbaner Armut – die Kritiker als Schlachtrufe für Gewalt bezeichneten – von der Presse sowohl gefeiert als auch niedergemacht.

Zur Jahrtausendwende hatte sich der Hip-Hop, der mit zerlumpten Jugend-Gangs, die auf illegalen Partys im Viertel die Funk-Platten ihrer Eltern spielten, begonnen hatte, zu einem Milliardengeschäft entwickelt. Russell Simmons und P. Diddy standen an der Spitze von in New York ansässigen Media-Imperien, und die Stars Queen Latifah (aus Jersey) und Will Smith (aus Philadelphia) wurden Hollywood-Stars. Eminem, ein weißer Rapper aus Detroit, verkaufte Millionen Platten, und Hip-Hop überholte den Country als Amerikas beliebteste Musik nach dem Pop-Rock.

Viele betrachten Hip-Hop heute als öde Wüste des kommerziellen Exzesses, der Materialismus, Frauenfeindlichkeit, Homophobie, Drogenmissbrauch und viele andere soziale Probleme glorifiziert. Doch genau wie die hedonistischen Tage des Stadion-Rocks den Punk hervorbrachten, so brechen die neuen Ableger der Hip-Hop- und DJ-Kultur immer wieder die Regeln, um etwas Neues und noch Dynamischeres hervorzubringen. Wichtige Musiker sind gegenwärtig Jay-Z, Kanye West, Nicki Minaj, Common und das experimenteller eingestellt Duo Macklemore & Ryan Lewis mit seinem Wohlfühl-Hip-Hop.

MUSIK HIP-HOP

Natur & Umwelt

Ob man nun Alligatoren, Wale, Manatis oder Elche sehen möchte, die Küsten, Berge, Sümpfe und Wälder im Osten der USA bieten zahlreiche Beobachtungsmöglichkeiten. In den Nationalparks liegt einem der ganze Reichtum der Natur zu Füßen.

Geografie

Zum Osten mit seinen gemäßigten Laubwäldern gehört auch die niedrige Bergkette der uralten Appalachen, die parallel zum Atlantik verläuft. Zwischen Gebirge und Küste liegt die bevölkerungsreichste und städtischste Region des Landes – insbesondere natürlich der Korridor zwischen Washington, D.C. und Boston, MA.

Vier der Großen Seen (Great Lakes) liegen auf der Grenze zwischen den USA und Kanada. Als Teil des Kanadischen bzw. Laurentischen Schilds bilden die insgesamt fünf Seen den größten Süßwasserspeicher der Erde (fast 20 % der weltweiten Vorräte).

Südwärts, entlang der Ostküste, wird das Klima immer feuchter und wärmer. Und schließlich erreicht man die Sümpfe Süd-Floridas; westlich davon schwappt der Golf von Mexiko an die Südküste der USA.

Die gewaltigen Interior Plains westlich der Appalachen erstrecken sich flach bis zu den Rocky Mountains. Die östlichen Ebenen auf früherem Meeresboden lassen sich grob in die nördlichen „Maisgürtel" und den südlichen „Baumwollgürtel" unterteilen. Sie sind Amerikas Brotkorb und speisen ihr Wasser in den mächtigen Mississippi ein. Letzterer bildet zusammen mit dem Missouri das viertlängste Flusssystem der Welt, das nur vom Nil, dem Amazonas und dem Jangtsekiang übertroffen wird.

Im Westen weichen dann die Rocky Mountains und die südwestlichen Wüsten irgendwann dem Pazifik.

Pflanzen & Bäume

Die Wildblumen im Frühling und das farbenfrohe Herbstlaub sind Neuenglands Charakteristika. Der Great Smoky Mountains National Park beheimatet alle fünf östlichen Waldformen (Rottannen, Hemlocktannen, Kiefern-Eichen-Mischwald, Northern und Cove Hardwood) mit über 100 heimischen Baumarten.

Die Everglades in Florida sind mit ihren Mooren, Sümpfen und Küstenprärien das letzte subtropische Wildnisgebiet der USA. Dieses wichtige, bedrohte Habitat vereint Süß- und Salzwasser u. a. mit Mangroven, Zypressen, Seegräsern, Tropenpflanzen, Kiefern oder Harthölzern.

Landsäugetiere

Elche

Im ganzen Norden der Region knabbern Elche an den Büschen – vor allem in Maine, New Hampshire, Vermont, Upstate New York sowie den nördlichen Wäldern zwischen Michigan, Minnesota und Wisconsin. Elche gehören zwar zur Gattung der Hirsche, sind aber weitaus größer. Der mächtige Rumpf auf dünnen „Ballerinabeinen" sorgt bei den Bullen für ein Gesamtgewicht von bis zu 544 kg. Die Elche ernähren sich von vege-

---

Schönste Landschaften abseits ausgetretener Pfade

Cypress Creek National Wildlife Refuge, Illinois: Sumpfland

Ouachita National Forest, Alaska: Berge mit Quellen

Cape Henlopen State Park, Delaware: Dünen, Feuchtgebiete

Monongahela National Forest, West Virginia: Flüsse

tarischer Kost aus Blättern und Zweigen. Trotz ihrer seltsamen Gestalt sind Elche sehr flink: Sie erreichen zu Lande bis zu 56 km/h und können so schnell schwimmen, wie sich ein Zweimannkanu fortbewegt.

Jeden Sommer wächst den Bullen ein imposantes Geweih, das im November wieder abgeworfen wird. Elche suchen in See- oder Flussnähe nach Nahrung, sind allgemein nicht aggressiv und posieren oftmals sogar für Fotos. Dennoch: Sie sind unberechenbar und sollten daher keinesfalls erschreckt werden. Während der Brunft (Sept.) erfordert die potenzielle Kampfeslust der Bullen stets ausreichend Sicherheitsabstand.

In vielen Gebieten sterben Elche in besorgniserregendem Ausmaß. Wissenschaftler glauben, dass auch der Klimawandel daran schuld ist: In New Hampshire hat ein langer Herbst mit wenig Schnee die Ausbreitung der Winterzecken begünstigt – das sind Schädlinge, die Elche befallen. In Minnesota ist es dasselbe, nur sind hier Hirnwürmer die tödlichen Parasiten. In Maine gibt es immer noch etwa 70 000 Elche.

Geologen glauben, dass die Appalachen vor etwa 460 Mio. Jahren die höchsten Berge der Welt waren – sogar höher als der heutige Himalaja.

Schwarzbären

Trotz abnehmender Bestände bevölkern Schwarzbären bis heute den Großteil der Region. Dies gilt vor allem für die Adirondacks, die Great Smoky Mountains und die nördlichen Wälder des Mittleren Westens. Die Männchen können sich bis zu 2 m hoch aufrichten und bringen bis zu 250 kg auf die Waage – allerdings je nach Jahreszeit: Im Herbst wiegen sie bis zu 30 % mehr als im Frühjahr direkt nach dem Winterschlaf. Obwohl Schwarzbären gelegentlich auch Fleisch fressen, ernähren sie sich vor allem von Beeren und Pflanzen. Die äußerst anpassungsfähigen und neugierigen Tiere können in sehr kleinen Revieren überleben. Aufgrund

VERHEERENDE NATURKATASTROPHEN

Erdbeben, Buschbrände, Tornados, Hurrikans und Blizzards: Die USA haben etliche Naturkatastrophen erlebt. Hier ein paar aktuelle Beispiele, die im Bewusstsein der Nation verhaftet sind:

Hurrikan Katrina Den 29. August 2005 wird New Orleans nicht so schnell vergessen: Ein gewaltiger Hurrikan fegte über den Golf von Mexiko und traf Louisiana mit voller Wucht. Als die Deiche brachen, wurden 80 % der Stadt überflutet; 1836 Menschen kamen um. Amerikas bislang kostspieligste Naturkatastrophe (geschätzter Gesamtschaden: 100 Mrd. US$) klingt in ergreifenden Bildern von der zerstörten Metropole und im Zorn über das mangelhafte Krisenmanagement der Regierung nach.

Hurrikan Irene Am 27. und 28. August 2011 verwüstete ein Monstersturm die US-Ostküste zwischen Florida und Neuengland. Betroffen waren 15 Bundesstaaten – bis nach Pennsylvania im Landesinneren hinein. In NYC wurde evakuiert und die historische Entscheidung gefällt, den öffentlichen Nahverkehr einzustellen. Über 7,4 Mio. Haushalte waren ohne Strom, während Flüsse über die Ufer traten und mindestens 45 Menschen starben. Der Gesamtschaden wurde auf 7 Mrd. US$ geschätzt.

East Coast Earthquake Am 23. August 2011 erschütterte ein Erdbeben der Stärke 5,8 die östlichen USA. Obwohl sich das Epizentrum in Mineral (Virginia) befand, zitterte von Maine bis South Carolina der Boden spürbar. Das stärkste Erdbeben in Virginia seit 1897 verursachte zwar keine ernsthaften Schäden, beschädigte aber das Washington Monument und demolierte drei Türme der National Cathedral in Washington, D.C.

Hurrikan Sandy Am 29. Oktober 2012 traf die USA der zweitteuerste Hurrikan der amerikanischen Geschichte (nach Katrina). Sandy war der gewaltigste atlantische Hurrikan, der je aufgezeichnet wurde, mit Sturmwinden, die sich über 1000 Meilen erstreckten. Die Küste von Jersey und tiefliegende Gebiete von New York City (wie Staten Island) traf es besonders hart. In den USA starben mehr als 80 Menschen, und der Schaden wird auf über 65 Mrd. US$ geschätzt.

des Waldschwunds tapsen sie heute manchmal aber auch durch naturnah gelegene Wohngebiete.

Panther

Der klägliche Rest einer Panther-Population leckt im Everglades National Park (Florida) an seiner Beute. Vor der Ankunft der Europäer pirschten schätzungsweise 1500 Großkatzen durch den Bundesstaat – doch nach Auszahlung der ersten Panther-Prämie (1832; 5 US$/Fell) wurden sie für die nächsten 130 Jahre gnadenlos gejagt. Trotz des Jagdstopps im Jahr 1958 war es für die Tiere zu spät, um aus eigener Kraft überleben zu können: Ohne Nachzuchtprogramm (gestartet 1991) wäre der Florida-Panther heute ausgestorben. Mit nur ca. 100 registrierten Exemplaren ist die Art aber noch längst nicht aus dem Schneider.

Wölfe & Kojoten

Die wenigen Wölfe des Ostens ziehen vor allem durch die Boundary Waters in Minnesota. Die kühlen Nadelwälder der Region sind ihr Hauptrevier und zudem die Heimat des International Wolf Center (www.wolfcenter.org) in Ely, Minnesota. Wölfe können zwar ebenso listig und grimmig wie im Märchen sein, greifen aber nur selten Menschen an. Draußen in der Wildnis hört man sie eventuell den Mond anheulen.

Der Kojote ähnelt äußerlich dem Wolf, ist mit einem Gewicht von 7 bis 20 kg aber nur etwa halb so groß. Auch wenn er eigentlich ein Symbol des Südwestens ist, kommt er auch im Osten der USA häufig vor – sogar in den Großstädten: Vor einigen Jahren besuchte ein Kojote im größten Mittagstrubel einen Chicagoer Sandwich-Shop in Downtown.

Hirsche

Weißwedelhirsche bevölkern die ganzen östlichen USA. Eine winzige Unterart lebt ausschließlich auf den Florida Keys: Die Key-Weißwedelhirsche sind höchstens 92 cm groß, leichter als ein zehnjähriger Junge und vor allem auf Big Pine Key zu Hause.

Reptilien

Alligatoren & Krokodile

Amerikanische Alligatoren gleiten vor allem in Florida und Louisiana durch die Sümpfe. Über diese wachen sie seit mehr als 200 Mio. Jahren – ausgestattet mit riesiger Schnauze und wachsamen Augen und so gut getarnt, dass sich die Wasseroberfläche kaum einmal kräuselt.

In Louisiana leben knapp 2 Mio. Alligatoren. Vorrangig auf die Seen, Flüsse und Golfplätze Zentral- bzw. Südfloridas verteilen sich weitere 1,5 Mio. In den Everglades lassen sich die Tiere wohl am besten beim Lauern beobachten. Alligatoren sind Spitzenprädatoren, die den Rest der Nahrungskette dominieren. Während Dürreperioden und der Trockenzeit werden ihre „Wohnteiche" *(gator holes)* zu lebenswichtigen Wasserspeichern für das Ökosystem der Feuchtgebiete. Alligatoren können ca. 30 Jahre alt, bis zu 4,3 m lang und 454 kg schwer werden. Offiziell gelten sie nicht mehr als gefährdet, stehen aber weiterhin unter speziellem Schutz, da sie dem immer noch bedrohten Amerikanischen Krokodil ähneln.

In Süd-Florida lebt die einzige nordamerikanische Population der Amerikanischen Krokodile (ca. 1500 Tiere). Sie bevorzugen Salzwasser und unterscheiden sich von Alligatoren durch ihr „Lächeln": Aus der vergleichsweise spitzen Krokodilschnauze stehen die Zähne deutlich hervor.

Meeresschildkröten

Innerhalb der kontinentalen USA legen die meisten Meeresschildkröten ihre Eier in Florida ab – vor allem an den südlichen Atlantikstränden und den Golfstränden, wo die drei Hauptarten jedes Jahr über 80 000

Der Isle Royale National Park in Michigan führt die längste Räuber-Beute-Studie zu Wölfen und Elchen der Welt durch. Obwohl die Anzahl seit Beginn der Aufzeichnungen 1958 schwankt, ist die größte Unregelmäßigkeit erst vor Kurzem aufgetreten; 2015 schwand die Wolfspopulation bis auf drei (von noch von 30 Wölfen 2006), während die Anzahl der Elche auf 1250 anstieg. Krankheiten, Inzucht und Klimawandel gehören wohl zu den Ursachen.

NATIONALPARKS IM OSTEN DER USA

NAME	STAAT	ATTRAKTIONEN	AKTIVITÄTEN	BESTE ZEIT
Acadia National Park	ME	466 m Cadillac Mountain, felsige Küstenlinie, Inseln	Wandern, Rad fahren	Mai–Okt.
Biscayne National Park	FL	Korallenriffe, Manatis, Delfine, Meeresschildkröten	Kajak fahren, schnorcheln, tauchen, Touren mit Glasbodenbooten	Mitte Dez.–Mitte April
Congaree National Park	SC	Moosbewachsene Zypressen, Sümpfe, Eulen	Angeln, Kanu fahren	Frühling & Herbst
Cuyahoga Valley National Park	OH	Flüsse, Wasserfälle, Kanal-Schleppwege	Wandern, Rad fahren, landschaftlich reizvolle Zugfahrt	Mai–Okt.
Dry Tortugas National Park	FL	Abgelegene Inseln, Bürgerkriegsfestung, 300 Vogelarten, Meeresschildkröten	Schnorcheln, tauchen, Vogelbeobachtung	Dez.–April
Everglades National Park	FL	Weideland, Sümpfe, Alligatoren, Panther, Manatis	Rad fahren, Kanu fahren, Kajak fahren, wandern	Dez.–April
Great Smoky Mountains National Park	NC, TN	Berge, Wälder, Wildblumen, Schwarzbären, Elche	Wandern, reiten, angeln	Mitte April–Okt.
Hot Springs National Park	AK	Thermalwasser, historische Gebäude	Saunieren im Spa, wandern	Sept.–Feb.
Isle Royale National Park	MI	Riesige abgelegene Insel, dichter Wald, Seen, Elche	Kajak fahren, wandern, Camping	Mitte Mai–Okt.
Mammoth Cave National Park	KY	Riesige Höhlen, unterirdische Flüsse, Fledermäuse	Wandern, Höhlenerkundungen	ganzjährig
Shenandoah National Park	VA	Blue Ridge Mountains, Wasserfälle, Rotwild, Rotluchse	Wandern, Camping	April–Okt.
Voyageurs National Park	MN	Dichter Wald, Inseln, Seen, Wölfe, Nordlicht	Bootstouren, Motorschlittenfahren	Mai–Ende Sept.

Nester graben. Der Großteil sind Unechte Karettschildkröten, gefolgt von Suppen- und Lederschildkröten; früher wurden auch Echte Karettschildkröten und Atlantik-Bastardschildkröten gesichtet. Alle fünf Spezies sind gefährdet oder vom Aussterben bedroht. Mit bis zu 3 m Länge und 907 kg Gewicht ist die Lederschildkröte am größten.

Während der Nistzeit (Mai–Okt.) legen Meeresschildkröten ca. 80 bis 120 Eier pro Nest. Nachdem die Eier etwa zwei Monate lang im Sand gelegen haben, schlüpfen die Jungen alle zugleich und machen sich auf den Weg zum Meer. Anders als in den Mythen um diesen Aufbruch beschrieben, müssen sie sich dabei aber nicht am Mond orientieren.

Schlangen

Zuerst die schlechte Nachricht: Mit Diamant-, Zwerg-, Canebrake- und Waldklapperschlange leben vier Klapperschlangenarten östlich des Mississippis. Die bis zu 2,1 m lange Diamantklapperschlange ist am größten und aggressivsten. Nordamerikanische Kupferköpfe, Wassermokassin- und Korallenottern sind weitere Giftschlangen-Spezies. Die genannten Arten tummeln sich vor allem an der Süd- und der mittleren Atlantikküste.

Und jetzt die gute Nachricht: Begegnungen mit Giftschlangen sind selten. Beweis gefällig? Der Great Smoky Mountain National Park mit mehr als 9,5 Mio. Besuchern pro Jahr hat in seiner über 80-jährigen Geschichte keinen einzigen tödlichen Schlangenbiss zu verzeichnen.

Meeressäuger & Fische

Wale & Delfine

Die beste Walbeobachtungsstelle im Osten der USA liegt vor Massachusetts: Das Stellwagen Bank National Marine Sanctuary ist ein Sommerfutterplatz der Buckelwale. Die wundersamen Geschöpfe sind durchschnittlich 15 m lang und 36 t schwer – eine gewaltige Masse, die sie beim spielerischen Auftauchen über die Wasseroberfläche wuchten müssen. Zudem kommen Buckelwale überraschend nah an Boote heran und geben tolle Fotomotive ab. Viele der 400 letzten Atlantischen Nordkaper (die bedrohteste Walart der Welt) ziehen durch dieselben Gewässer. Bootstrips starten in Boston, Plymouth, Provincetown und Gloucester (Massachusetts).

Vor Floridas Küste leben mehrere Delfinarten. Bei Weitem am stärksten vertreten sind die geselligen und intelligenten Großen Tümmler, die sich regelmäßig entlang der ganzen Halbinsel blicken lassen.

Manatis

Floridas Küste ist die Heimat der seltsamen, sanften Manatis (Rundschwanzseekühe), die zwischen Süßwasserflüssen und dem Meer pendeln. Die wendigen, ausdrucksvollen Tiere (ca. 3 m lang, 450 kg schwer) sind eigentlich relativ faul: Sie verbringen den Großteil des Tages damit, sich auszuruhen und eine Menge zu fressen – 10 % ihres Körpergewichts nehmen sie täglich zu sich. Im Winter ziehen sie zu Floridas Thermalquellen und zu Ablaufkanälen von Kraftwerken. Im Sommer schwimmen sie zurück ins Meer und lassen sich dann auch in den Küstengewässern Alabamas, Georgias oder South Carolinas beobachten.

Manatis sind seit 1893 geschützt und standen 1967 auch auf der ersten Regierungsliste der bedrohten Arten. Früher wurden sie wegen ihres Fleisches – das angeblich besser als Filet Mignon schmecken soll – gejagt. Heute gehören Kollisionen mit Booten zu den Hauptodesursachen bei Manatis und machen ca. 20 % aus. Derzeit gibt es mehr als 5000 Tiere.

Tropische Fisch

Die Florida Keys sind ideal, um atemberaubende Korallenriffe und bunte tropische Fische zu erleben. Das einzige lebende Korallenriff Nordamerikas – und das drittgrößte derartige Riff (nach dem Great Barrier Reef in Australien und dem Mesoamerikanischen Riff in Belize) – erstreckt sich über 356 km von Key Biscayne vor Miami bis hinunter zum Dry Tortugas National Park, 113 km von Key West entfernt. Sowohl der Nationalpark als auch der John Pennekamp Coral Reef State Park (Key Largo) sind großartig, um die Unterwasserwelt zu bewundern, in der Seefächer wedeln und sich Schwärme von Blauen Doktorfischen und Westatlantischen Trompetenfischen tummeln. In den Riffen leben über 260 tropische Fischarten.

Vögel

Der Weißkopf-Seeadler, seit 1782 das Wappentier und Nationalsymbol der USA, ist der einzige nur in Nordamerika vorkommende Adler. Seine Flügel können eine Spannweite von 2 m erreichen. Im Winter kann man die Adler gut an verschiedenen Orten am Mississippi in Minnesota, Wisconsin und Illinois sehen; im Sommer sind sie in ganz Florida überall dort verbreitet, wo es fischreiche Gewässer zum Fressen und hohe Bäume zum Nisten gibt. Inzwischen stehen sie nicht mehr auf der Liste der bedrohten Arten, denn der Bestand hat sich bemerkenswert gut erholt: Gab es 1963 nur noch 417 Brutpaare, so sind es heute 9800 Paare (in den „unteren" 48 Staaten, hinzu kommen noch über 30 000 in Alaska).

Nashornpelikane, einige der größten Vögel der Region, halten sich im Winter (Okt.–April) dort auf. Braunpelikane, die einzige Pelikanart, die nach Nahrung taucht, leben ganzjährig an der Golfküste und in Florida.

Der Gewinner des Pulitzer-Preises für Sachbücher 2015, *Das sechste Sterben. Wie der Mensch Naturgeschichte schreibt* von Elizabeth Kolbert, beleuchtet, warum Arten in rasantem Tempo von der Erde verschwinden. Es untersucht alles vom Aussterben des Stummelfußfrosches im Regenwald von Panama und dem Sumatra-Nashorn in Südostasien bis zum Fledermaussterben in Vermont, in der Nähe des Heimatorts der Autorin.

In einen Programm, mit dem die gefährdeten Schreikraniche in den Osten eingeführt werden sollen, nutzen Naturforscher Ultraleichtflugzeuge, um die jungen Kraniche von ihren Brutplätzen im zentralen Wisconsin zu einem Winterhabitat an der Golfküste von Florida zu führen. Wenn die Vögel die Route erst einmal kennen, können sie sie ohne Hilfe zurücklegen. Auf www.ustream.tv/migratingcranes kann man ihnen folgen.

Praktische Informationen

ALLGEMEINE INFORMATIONEN...724

Arbeiten im Osten der USA 724

Botschaften & Konsulate................724

Ermäßigungen 724

Essen 724

Feiertage & Ferien 725

Frauen unterwegs 725

Freiwilligenarbeit 726

Gefahren & Ärgernisse ..726

Geld 726

Gesundheit 727

Internetzugang.........728

Öffnungszeiten.........728

Post....................728

Rechtsfragen...........728

Reisen mit Behinderung 728

Schwule & Lesben 729

Strom..................730

Telefon 730

Touristeninformation.....731

Unterkunft.............731

Versicherung...........732

Visa....................733

Zeit 733

Zoll 733

VERKEHRSMITTEL- & WEGE 734

AN- & WEITERREISE 734

Einreise 734

Flugzeug 735

Auf dem Landweg 735

Übers Meer 736

UNTERWEGS VOR ORT...736

Auto & Motorrad 736

Bus 738

Fahrrad.................739

Flugzeug 739

Geführte Touren 740

Nahverkehr 740

Schiff & Fähre...........741

Trampen................741

Zug 741

SPRACHE..........743

Allgemeine Informationen

Arbeiten im Osten der USA

In Badeorten, Themenparks und Skigebieten gibt es viele Saisonjobs, an die man oft leicht kommt, die allerdings schlecht bezahlt werden.

Ausländern, die sich mit einem Touristenvisum in den USA aufhalten, ist es verboten, eine bezahlte Arbeit anzunehmen. Wer illegal arbeitet und erwischt wird, wird abgeschoben. Außerdem sind Arbeitgeber verpflichtet, die Angaben ihrer Angestellten zu prüfen, sonst drohen Geldstrafen. Süd-Florida ist berüchtigt für seine vielen Ausländer, die illegal arbeiten; die Beamten liegen auf der Lauer.

Wer als Ausländer legal in den USA arbeiten möchte, muss schon zu Hause ein Visum mit Arbeitserlaubnis beantragen. Austauschstudenten benötigen ein J1-Visum, bei dessen Beschaffung die Austauschorganisationen helfen.

Alle anderen benötigen für eine befristete oder feste Anstellung einen Arbeitgeber in den USA, der sie unterstützt (und ihnen ein Visum der Kategorie H beschafft). Diese Visa sind jedoch nicht leicht zu bekommen.

American Institute for Foreign Study (☎866-906-2437; www.aifs.com) Gute Website mit Programmen für ein Studium im Ausland.

Council on International Educational Exchange (☎207-553-4000; www.ciee.org) Der CIEE veranstaltet verschiedene Programme, darunter Praktika, Studium im Ausland, Work-and-Travel-Kombinationen und Austausch-Programme für amerikanische Berufstätige.

InterExchange (☎212-924-0446; www.interexchange.org) Camp- und Au-pair-Programme.

Botschaften & Konsulate

Neben den Botschaften in Washington, D.C. (vollständige Liste auf www.embassy.org), unterhalten die meisten Länder UN-Botschaften in New York City. Einige Staaten haben auch Konsulate in anderen großen Städten.

Deutschland (☎202-298-4000; www.germany.info; 4645 Reservoir Rd NW; ⊡D6)

Kanada (☎202-682-1740; www.can-am.gc.ca; 501 Pennsylvania Ave NW; Ⓜ Archives)

Mexiko (☎202-728-1600; embamex.sre.gob.mx/eua; 1911 Pennsylvania Ave NW; Ⓜ Farragut West)

Österreich (☎202-895-6700; www.austria.org; 3524 International Court NW)

Schweiz (☎202-745-7900; www.swissemb.org; 2900 Cathedral Ave NW)

Ermäßigungen

Man erhält in Museen, Hotels und bei einigen Verkehrsmitteln (u.a. Amtrak) Ermäßigungen (meist ca. 10 %):

American Automobile Association (AAA; ☎877-428-2277, Notruf bei Pannen und Unfällen 800-222-4357; www.aaa.com; Jahresmitgliedschaft ab 52 US$) Für Mitglieder der AAA und der Partnerorganisationen.

International Student Identity Card (www.isic.org) Für Studenten jedes Alters und Nichtstudenten unter 26 Jahren.

Student Advantage Card (www.studentadvantage.com) Für Schüler ab 16 Jahren.

Essen

Was man zum Essen wissen muss, steht auf S. 705.

PREISKATEGORIEN: ESSEN

Die folgenden Preisspannen gelten für ein Hauptgericht. Wenn nicht anders angegeben, sind Getränke, Vorspeisen, Desserts, Steuern und Trinkgeld nicht enthalten.

**$** unter 15 US$

**$$** 15–5 US$

**$$$** über 25 US$

PRAKTISCH & KONKRET

Maße & Gewichte

➡ Gewichte: Unze (*ounce*, Abk. oz, 28,35 gr), Pfund (*pound*, Abk. lb, 453 gr), Tonne (*ton*, Abk. t, 907,18 kg)

➡ Flüssigkeitsmaße: Unze (*ounce*, Abk. oz, 30 ml), US-Pint (*pint*, 473 ml), US-Quart (*quart*, 0,95 l), US-Gallone (*gallon*, Abk. gal, 3,79 l)

➡ Längenmaße: Fuß (*foot*, Abk. ft, 30,48 cm), Yard (*yard*, Abk. yd, 91,44 cm), Meile (*mile*, Abk. mi, 1,609 km)

Radio & Fernsehen

➡ Radionachrichtensender: National Public Radio (NPR, am unteren Ende der UKW-Skala)

➡ Fernsehsender: ABC, CBS, NBC, FOX, PBS (frei empfangbare Sender)

➡ Wichtige Kabelkanäle: CNN (Nachrichten), ESPN (Sport), HBO (Filme), Weather Channel (Wetter)

Rauchen

Seit 2015 herrscht in der Hälfte der Bundesstaaten im Osten und dem Mittleren Osten und in vielen Gemeinden Rauchverbot in Restaurants, Bars und an Arbeitsstätten.

Video & DVD

➡ NTSC-Norm (inkompatibel mit PAL und SECAM)

➡ DVDs, Regionencode 1 (nur USA und Kanada)

Zeitungen & Zeitschriften

➡ Landesweite Zeitungen: *New York Times, Wall Street Journal, USA Today*

➡ Mainstream-Nachrichtenmagazine: *Time, Newsweek*

➡ Regionale Zeitungen: *Washington Post, Boston Globe, Miami Herald, Chicago Tribune*

Feiertage & Ferien

An den folgenden landesweiten Feiertagen sind Banken, Schulen und Behörden (auch Postämter) geschlossen. Verkehrsbetriebe, Museen und andere Service-Einrichtungen arbeiten an diesen Tagen nach dem Sonntagsplan. Feiertage, die auf ein Wochenende fallen, werden gewöhnlich am folgenden Montag nachgeholt.

Neujahr 1. Januar

Martin Luther King Jr. Day Dritter Montag im Januar

Presidents' Day Dritter Montag im Februar

Memorial Day Letzter Mai-Montag

Independence Day 4. Juli

Labor Day Erster Montag im September

Columbus Day Zweiter Montag im Oktober

Veterans' Day 11. November

Thanksgiving Vierter Donnerstag im November

Weihnachten 25. Dezember

Frauen unterwegs

➡ Ob allein oder in Gruppen reisend: Frauen bekommen im Osten der USA meist keine besonderen Probleme. Man sollte einfach denselben gesunden Menschenverstand walten lassen wie zu Hause.

➡ In Bars und Nachtclubs können Frauen ohne Begleitung viel Aufmerksamkeit auf sich ziehen, aber wenn man keine Gesellschaft möchte, respektieren die meisten Männer ein bestimmtes *No, thank you*.

➡ Körperliche Angriffe sind nicht sehr wahrscheinlich. Kommt es zu einem sexuellen Übergriff, sollte man sich erst an eine Hotline für Vergewaltigungsopfer wenden und danach die Polizei anrufen. Besteht hingegen akute Gefahr, sofort ☎ 911 anrufen! Die **National Sexual Assault Hotline** (☎ 800-656-4673; https://ohl.rainn.org/online) steht rund um die Uhr zur Verfügung.

➡ Auf der Community-Website www.journeywoman.com können Frauen Reisetipps austauschen, und es gibt Links zu Informationsquellen. Die kanadische Regierung veröffentlicht die Broschüre „Her Own Way" mit nützlichen Reisetipps; man findet sie auf travel.gc.ca/travelling/publications.

Freiwilligen-arbeit

Gelegenheiten zur Freiwilligenarbeit gibt es im Osten der USA jede Menge. Sich freiwillig einzubringen, ist eine gute Sache, um Land und Leute auf eine Art und Weise kennenzulernen, wie es kaum möglich ist, wenn man die USA einfach nur durchreist.

In Großstädten gibt's jede Menge Gelegenheiten, bei spontanem Engagement für gemeinnützige Organisationen Einheimische kennenzulernen. Als Quellen empfehlen sich die Veranstaltungsverzeichnisse in alternativen Zeitschriften und die nach Sparten sortierten Gratis-Anzeigen auf der Website **Craigslist** (www.craigslist.org). Das staatliche Internetportal **United We Serve.gov** (www.serve.gov) sowie die privaten Plattformen **Idealist** (www.idealist.org) und **VolunteerMatch** (www.volunteermatch.org) veröffentlichen Datenbanken, die man kostenlos nach kurz- und langfristigen Freiwilligenjobs im ganzen Land durchsuchen kann.

Offizielle Freiwilligenprogramme, vor allem solche, die speziell auf ausländische Traveller abzielen, kosten meist eine Gebühr von 250 bis 1000 US$. Der genaue Betrag hängt von Dauer und Leistungsumfang ab (z. B. Unterkunft, Essen). In keinem Fall sind die Anreisekosten enthalten.

Green Project (☑504-945-0240; www.thegreenproject.org) Unterstützt New Orleans' grünen und nachhaltigen Aufbau in Vierteln, die diese Hilfe dringend nötig haben.

Habitat for Humanity (☑800-422-4828; www.habitat.org) Der Schwerpunkt liegt auf der Errichtung erschwinglicher Unterkünfte für Hilfsbedürftige.

Sierra Club (☑415-977-5500; www.sierraclub.org) „Freiwilligenferien", in denen die Teilnehmer an Renaturierungsarbeiten mitwirken und Wanderwege instand halten, u. a. auch in Nationalparks und Naturschutzgebieten.

Volunteers for Peace (☑802-540-3060; www.vfp.org) Mehrwöchige Freiwilligenprojekte, die Handwerk und internationalen Austausch fördern.

Wilderness Volunteers (☑928-255-1128; www.wildernessvolunteers.org) Einwöchige Einsätze, die der Pflege von Nationalparks und Outdoor-Erholungsgebieten dienen. Im Osten kann man u. a. in Minnesota, Vermont, Maine und Arkansas helfen.

World Wide Opportunities on Organic Farms, USA (☑949-715-9500; www.wwoofusa.org) Vertritt mehr als 2000 Biobauernhöfe in allen 50 Bundesstaaten, die Freiwilligenarbeit mit Kost und Logis entlohnen. Es sind kurz- und längerfristige Aufenthalte möglich.

Gefahren & Ärgernisse

Die Hurrikansaison dauert an der Atlantikküste und am Golf von Mexiko von Juni bis November, aber die Zeit von Ende August bis Oktober ist die Sturmhauptsaison. Nur relativ wenige Stürme erreichen die Ostküste mit der Stärke eines Hurrikans, aber wenn sie kommen, können die Zerstörungen katastrophal sein. Reisende sollten Warnungen und Evakuierungsanordnungen ernst nehmen.

Die Tornadosaison im Landesinneren des Mittleren Westens und im Süden dauert von März bis Juli. Es ist aber unwahrscheinlich, Opfer eines Tornados zu werden.

Wenn Naturkatastrophen drohen, sollte man die Nachrichten im Radio und Fernsehen aufmerksam verfolgen. Weitere Infos zu Stürmen und Anweisungen, wie man sich darauf vorbereiten sollte, bekommt man beim

National Weather Service (www.weather.gov).

Geld

Die meisten Amerikaner führen keine großen Bargeldbeträge mit sich. Sie verlassen sich auf Kredit- und Bankkarten sowie auf Geldautomaten. Man sollte aber nicht nur auf Kreditkarten setzen, denn einige Automaten (vor allem an Tankstellen) akzeptieren keine ausländischen Karten. Manche kleinen Geschäfte nehmen Scheine nur bis zu einem Wert von 20 US$.

Geldautomaten

➜ Bei den meisten Banken, in Malls, Flughäfen, Lebensmittelläden und Supermärkten gibt's an Geldautomaten rund um die Uhr Knete.

➜ Pro Transaktion wird üblicherweise eine Gebühr von 3 US$ oder mehr fällig, die sich eventuell noch um die Gebühren der eigenen Bank erhöht.

➜ Ausländer sollten sich bei der eigenen Bank genau über die Nutzungsbedingungen ausländischer Geldautomaten informieren. Die Wechselkurse an Automaten sind selten besser oder schlechter als anderswo.

Geldwechsel

➜ Fremdwährungen tauscht man am besten bei Banken um. Große Stadtfilialen bieten meist einen Devisenservice an, auf dem Land kann sich der Geldwechsel etwas schwieriger gestalten.

➜ Die schlechtesten Kurse gibt's an den Wechselschaltern an Flughäfen und in Touristenzentren. Unbedingt zuerst nach anfallenden Gebühren und Zuschlägen fragen!

➜ **Travelex** (☑516-300-1622; www.travelex.com) gehört zu den größeren Wechselunternehmen, **American Express** (☑800-528-4800; www.americanexpress.com) bietet mitunter aber bessere Konditionen.

Kreditkarten

Die bekannten Kreditkarten werden fast überall akzeptiert. Für das Mieten eines Autos oder Reservierungen per Telefon sind sie so gut wie immer ein Muss. Visa und MasterCard sind dabei die gängigsten. Bei Verlust oder Diebstahl einer Karte ist die entsprechende Gesellschaft sofort telefonisch zu benachrichtigen:

American Express (☎800-528-4800; www.american express.com)

MasterCard (☎800-627-8372; www.mastercard.com)

Visa (☎800-847-2911; www.visa.com)

Steuern

➡ Die Verkaufssteuersätze variieren je nach Bundesstaat und Bezirk und reichen von 5 bis 10 %. Die meisten angegebenen Preise enthalten keine Steuer. Sie wird beim Bezahlen addiert.

➡ Hotelsteuern liegen je nach Stadt bei 10 bis über 18 % (in NYC).

Trinkgeld

Trinkgelder sind ein *Muss* und sollten nur bei extrem schlechtem Service nicht gegeben werden.

Flughafen und Hotelpagen 2 US$/Gepäckstück, min. 5 US$/Gepäckwagen

Barkeeper 10–15 % des Rechnungsbetrags, min. 1 US$/ Getränk

Zimmermädchen 2–5 US$/ Nacht, unter die dafür vorgesehene Karte legen

Restaurantbedienung 15–20 %, es sei denn, das Trinkgeld ist bereits auf der Rechnung ausgewiesen

Taxifahrer 10–15 %, gerundet auf den nächsten vollen Betrag

Parkservice Mindestens 2 US$ bei Rückgabe der Autoschlüssel

Gesundheit

Da im Osten wie in den ganzen USA die Hygienestandards sehr hoch sind, stellen Infektionskrankheiten kaum ein Problem dar. Impfungen sind nicht vorgeschrieben, und Leitungswasser kann bedenkenlos getrunken werden.

Alle benötigten Medikamente sollten in ihrer eindeutig beschrifteten Originalverpackung mitgenommen werden. Außerdem kann es nicht schaden, einen vom Hausarzt unterschriebenen und datierten Brief mitzuführen, in dem alle Angaben zum Gesundheitszustand und zu verordneten Medikamenten (inkl. internationaler Freinamen) aufgelistet sind.

Gesundheitsrisiken

Hitzeschäden Dehydrierung gehört zu den Hauptursachen von Hitzeschäden. Anzeichen sind Erschöpfung, Kopfschmerzen, Übelkeit und schweißnasse Haut. Erkrankte Personen auf den Rücken legen, die Beine hoch lagern, kühle, nasse Kleidungsstücke auf die Haut platzieren und viel Flüssigkeit zuführen!

Unterkühlung Sie kann vor allem in den nördlichen Regionen zu einem Problem werden. Den ganzen Körper einschließlich Kopf und Hals bedeckt halten! Anzeichen einer Hypothermie sind: Stolpern, undeutliche Aussprache, ungeschicktes Herumfingern und Reizbarkeit.

Infektionskrankheiten

Die meisten schweren Infektionskrankheiten werden durch Moskitostiche, Zecken- oder Tierbisse übertragen. Weitere Details sind in den **Centers for Disease Control** (www.cdc.gov) erhältlich.

Giardiasis Darminfektion. Kein Wasser aus Seen, Teichen, Bächen und Flüssen trinken!

Lyme-Krankheit Kommt hauptsächlich im Nordosten vor. Sie wird im späten Frühling und im Sommer von Zecken übertragen. Nach einem Aufenthalt in freier Natur sollte man sich gründlich nach Zecken absuchen.

West-Nil-Virus Übertragung durch Stechmücken im Spätsommer und Frühherbst. Der beste Schutz sind langärmlige Hemden oder Jacken, lange Hosen, Hüte und geschlossenes Schuhwerk statt Sandalen. Freiliegende Hautpartien und die Kleidung mit einem guten Insektenschutzmittel einreiben, am besten mit einem, das DEET enthält!

Krankenversicherung

Die Vereinigten Staaten bieten die vielleicht beste medizinische Versorgung weltweit. Das Problem ist nur, dass eine Behandlung extrem teuer sein kann. Deshalb ist es absolut notwendig, eine Auslandskrankenversicherung abzuschließen, wenn die eigene Krankenversicherung die medizinische Versorgung im Ausland nicht abdeckt. Weitere Infos über Versicherungen stehen auf der Lonely Planet Website (www.lonelyplanet.com/travel -insurance).

Es ist außerdem wichtig zu wissen, ob die eigene Versicherung die in Anspruch genommenen medizinischen Leistungen direkt bezahlt oder erst später erstattet.

Medizinische Versorgung

➡ Bei einem medizinischen Notfall sollte man am besten die Notaufnahme des nächsten Krankenhauses aufsuchen.

➡ Falls es nicht ganz so schlimm ist, kann man auch in einem nahe gelegenen Krankenhaus anrufen und sich an einen niedergelassenen Arzt verweisen lassen. Da kostet die Behandlung in der Regel weniger als in der Notaufnahme.

➡ Spezialisierte, profitorientierte Unfallstationen können zwar gute Dienste leisten, sind mitunter aber auch die teuerste Option.

➡ Apotheken sind gut sortiert. Es kann aber vorkommen, dass bestimmte Arzneimittel, die zu Hause rezeptfrei erhältlich sind, in den USA nur gegen Rezept abgegeben werden.

➜ Wenn die Versicherung die Rezepte nicht bezahlt, können diese entsetzlich teuer werden.

Internetzugang

➜ In den technikaffinen USA werden Reisende kaum Probleme haben, ins Internet zu kommen.

➜ WLAN (im Zimmer, mit guter Geschwindigkeit) ist in vielen Unterkünften aller Preisklassen üblich. Viele Häuser haben auch einen Computer mit Internetzugang für ihre Gäste.

➜ In vielen Restaurants, Bars und Cafés (z. B. Starbucks) gibt's kostenloses WLAN. Einige Städte haben auch WLAN in Parks und auf Plätzen.

➜ Wer keinen Laptop bzw. kein anderes internetfähiges Gerät dabei hat, kann sein Glück in den öffentlichen Bibliotheken versuchen. Die meisten verfügen über öffentliche Computerterminals (allerdings mit Zeitbegrenzung bei der Nutzung) und WLAN. Besucher, die nicht aus dem jeweiligen Bundesstaat kommen, müssen manchmal eine kleine Nutzungsgebühr zahlen.

➜ Wer aus dem Ausland kommt, benötigt einen Wechselstromadapter für seinen Laptop (wenn er keine duale Spannungsversorgung 110/220 V hat) und einen Adapter für die Steckdosen. Beides bekommt man problemlos in großen Elektronikläden wie Best Buy.

➜ Eine Liste von WLAN-Hotspots findet man auf www. wififreespot.com.

Öffnungszeiten

Die üblichen Öffnungszeiten sind folgende:

Banken Mo–Fr 8.30–16.30 Uhr (einige Banken auch Sa 9–12 Uhr)

Bars So–Do 17–24, Fr & Sa 17–2 Uhr

Geschäfte Mo –Sa 9–18, So 12–17 Uhr

Nachtclubs Do–Sa 22–3 Uhr

Post Mo–Fr 9–17 Uhr

Shoppingmalls 9–21 Uhr

Supermärkte 8–20 Uhr, manche haben auch rund um die Uhr geöffnet

Post

➜ Der **US Postal Service** (USPS; ☎800-275-8777; www. usps.com) ist verlässlich und günstig. First-Class Mail innerhalb der USA kostet bis zu einem Gewicht von 28 g (1 oz) 0,49 US$ (jede weitere Unze 0,22 US$), Postkarten kosten 0,35 US$.

➜ Standardbriefe und -postkarten per Luftpost kosten 1,20 US$.

Rechtsfragen

Bußgelder für Ordnungsvergehen (z. B. im Straßenverkehr) können von ertappten Sündern nicht an Ort und Stelle gezahlt werden. Der Ordnungshüter wird alle Optionen für die Zahlung erklären. In der Regel muss man den Betrag dann innerhalb von 30 Tagen überweisen.

Wer verhaftet wird, kann die Aussage verweigern (aber Achtung: Nie vom Polizisten entfernen!) und hat Anspruch auf einen Anwalt. Das Rechtssystem sieht vor, dass man so lange als unschuldig gilt, bis die Schuld nachgewiesen ist. Allen Verhafteten ist gesetzlich ein Telefonat gestattet. Wer weder Anwalt noch Verwandte hat, sollte die eigene Botschaft oder das Konsulat anrufen. Deren Nummer wird auf Anfrage von der Polizei ermittelt.

Drogen & Alkohol

➜ In den meisten Orten ist es verboten, mit einem alkoholischen Getränk in der Hand auf der Straße herumzulaufen. New Orleans und die Beale St in Memphis sind die berühmten Ausnahmen.

➜ Es ist überall gängige Praxis, dass man seinen Ausweis mit Lichtbild vorlegen muss, um nachzuweisen, dass man alt genug ist (d. h. mindestens 21 Jahre), um Alkohol trinken zu dürfen.

➜ In einigen Bundesstaaten, besonders im Süden, gibt es „trockene" Landkreise, in denen der Verkauf von Alkohol untersagt ist.

➜ Die Alkoholgrenze im Blut liegt in der Regel bei 0,8 Promille. Fahren unter dem Einfluss von Alkohol oder Drogen ist ein schweres Verbrechen und wird mit hohen Bußgeldern und gelegentlich sogar mit Gefängnis geahndet.

➜ 23 Staaten, darunter die meisten von New York bis in den Nordosten, betrachten den Besitz von kleinen Mengen Marihuana als geringfügiges Vergehen (im Allgemeinen beträgt die Strafe für den ersten Verstoß um die 100 bis 200 US$). Allerdings ist Marihuana in vielen Staaten im Mittleren Westen und Süden verboten. Bevor man Marihuana raucht, sollte man sich unbedingt über die lokalen Gesetze informieren.

➜ Abgesehen von Marihuana sind Partydrogen gesetzlich verboten. Der Besitz von illegalen Betäubungsmitteln wie Kokain, Ecstasy, LSD, Heroin oder Haschisch ist eine schwere Straftat und kann auch mit langen Haftstrafen geahndet werden.

Reisen mit Behinderung

Reisen im Osten der USA ist relativ unkompliziert.

➜ Die meisten öffentlichen Gebäude sind für Rollstuhlfahrer zugänglich, und auch die Toiletten dort sind behindertengerecht ausgestattet.

➜ Alle größeren Fluglinien, Greyhound-Busse und Amtrak-Züge helfen Reisenden mit Behinderungen. Einfach bei der Reservierung (min. 48 Stunden im Voraus)

Bescheid geben, was man braucht!

→ Manche Autovermietungen, z. B. Budget und Hertz, bieten Autos mit Handsteuerung und Busse mit Rollstuhllaufzügen ohne Aufpreis an, aber man muss lange im Voraus reservieren.

→ In den meisten Städten gibt es Taxiunternehmen mit mindestens einem behindertengerechten Bus, aber man muss vorher anrufen.

→ Städte mit U-Bahn-Netz haben Aufzüge für hilfsbedürftige Passagiere. Washington, D.C., hat das bestgerüstete Metronetz (Aufzug in jeder Station). In New York sind Aufzüge rar.

→ Viele Nationalparks und manche State Parks und Erholungsgebiete lassen sich auf rollstuhlgerechten, asphaltierten oder befestigten Pfaden oder Bohlenwegen erkunden.

Tipps und wertvolle Einblicke zum Reisen mit Behinderung findet man in den Online-Posts von Matin Heng unter Lonely Planet's Accessible Travel Manager: twitter. com/martin_heng.

Einige Organisationen sind auf die Unterstützung von Reisenden mit Behinderung spezialisiert:

Flying Wheels Travel (☏612-381-1622; www.flyingwheels travel.com) Reisebüro mit umfassendem Service, sehr zu empfehlen für Reisende mit Mobilitätsproblemen oder chronischen Krankheiten.

Mobility International USA (☏541-343 1284; www.miusa. org) Berät in Sachen Mobilität und hat Austauschprogramme zur Weiterbildung.

Wheelchair Getaways (☏800-642-2042; www.wheelchair getaways.com) Vermietet landesweit behindertengerechte Busse.

Schwule & Lesben

Generell ist der Nordosten die toleranteste und der

STAATLICHE REISEHINWEISE

→ **Deutschland** (www.auswaertiges-amt.de/DE/Laenderinformationen/LaenderReiseinformationen_node.html)

→ **Österreich** (www.bmeia.gv.at/aussenministerium/buergerservice/reiseinformation.html)

→ **Schweiz** (www.eda.admin.ch/eda/de/home/travad.html)

→ **USA** (www.travel.state.gov)

Süden die intoleranteste Region des Ostens. In den Großstädten gibt's seit Langem schwulenfreundliche Gemeinden.

Hotspots

In Manhattan gibt es haufenweise tolle Schwulenbars und -clubs, vor allem in Hell's Kitchen, Chelsea und dem West Village. Ein paar Stunden (mit Zug oder Fähre) entfernt liegt Fire Island, das Strandmekka für Schwule auf Long Island. Andere Städte an der Ostküste mit Schwulen- und Lesbenszene sind Boston, Philadelphia, Washington, D.C., Provincetown in Massachusetts (auf Cape Cod) und Rehoboth Beach in Delaware. Selbst Maine kann mit einem Badeort für Schwule aufwarten: Ogunquit.

Im Süden liegt das ewig heiße „Hotlanta". In Florida florieren in Miami und in der „Conch Republic" auf Key West schwule Gemeinden, und auch Fort Lauderdale ist für sonnengebräunte Boys und Girls interessant. In New Orleans trifft sich jeder auf der Tanzfläche. Im Mittleren Westen fällt die Wahl auf Chicago und Minneapolis.

Allgemeine Einstellung

Die meisten amerikanischen Großstädte haben offene LGBTIQ-Gemeinden, mit denen man leicht in Kontakt kommt.

Das Level der allgemeinen Akzeptanz ist total unterschiedlich. Mancherorts

ist Toleranz ein absolutes Fremdwort, und anderswo wird sie geübt, solange sexuelle Orientierung und Identität nicht öffentlich zur Schau gestellt werden. Bigotterie existiert in den USA leider immer noch. In ländlichen und extrem konservativen Gegenden kann es unklug sein, sich offen zu outen, denn Beschimpfungen und sogar Gewalt sind hier keine Seltenheit. Im Zweifelsfall gilt die Devise: *Don't ask, don't tell.* Gleichgeschlechtliche Ehen sind auf Bundesebene gesetzlich anerkannt, und in 37 Staaten (darunter viele im Nordosten) und D.C. ist die Schließung einer solchen Ehe möglich.

Infos im Internet

The Queerest Places: A Guide to Gay and Lesbian Historic Sites von Paula Martina ist mit pikanten Details und historischem Wissen gefüllt und deckt das ganze Land ab. Ihren Blog kann man auf www.queerest places.com besuchen.

Advocate (www.advocate.com) Schwulenorientierte Website mit Berichten zu Wirtschaft, Politik, Kunst, Unterhaltung und Reisen.

Damron (www.damron.com) Veröffentlicht klassische Schwulenreiseführer, die aber ziemlich werbelastig und manchmal veraltet sind.

Gay Travel (www.gaytravel.com) Online-Führer zu Dutzenden Reisezielen in den USA.

National Gay & Lesbian Task Force (www.thetaskforce.org) Die Website dieser nationalen

Aktivistengruppe befasst sich mit aktuellen Nachrichten, Politik und Zeitgeschehen.

Out Traveler (www.outtraveler.com) Schwulenorientierte Reiseberichte.

Purple Roofs (www.purpleroofs.com) Hier findet sich eine Liste mit schwulenfreundlichen und von Schwulen betriebenen B&Bs und Hotels.

Strom

120V/60Hz

120V/60Hz

Telefon

Auf dem US-amerikanischen Telefonmarkt konkurrieren regionale Gesellschaften, Anbieter von Ferngesprächen und diverse Mobilfunkfirmen. Insgesamt ist das Netz effektiv. Festnetz- oder Handyverbindungen sind meist günstiger als Gespräche von Hotelapparaten oder Münzfernsprechern. Dienste wie **Skype** (www.skype.com) und **Google Voice** (www.google.com/voice) können vor allem internationale Telefonate recht billig machen. Weitere Infos zu diesem Thema gibt's auf den jeweiligen Websites.

Handys

➔ Die meisten US-amerikanischen Handynetze sind nicht mit dem in Europa und Asien verbreiteten GMS-900/1800-Standard kompatibel (nur einige kompatible Handys könnten funktionieren). Kein Problem gibt es bei iPhones, hier sollte man lediglich auf die Roaming-Gebühren achten, besonders beim Herunterladen von Daten. Am besten informiert man sich vorher bei seinem Provider über die Nutzungsbedingungen in den USA.

➔ Es könnte günstiger sein, eine Prepaid-SIM-Karte für die USA zu kaufen, die z. B. von AT&T und T-Mobile angeboten wird und die man ins eigene Handy einsetzt. Damit bekommt man eine amerikanische Handynummer und Mailbox.

➔ Man kann auch ein billiges, nicht vertragsgebundenes Handy (Prepaid) mit einer amerikanischen Nummer und einem aufladbaren Zeitguthaben kaufen. Virgin Mobile, T-Mobile, AT&T und andere Provider verkaufen solche Handys schon ab 30 US$; 400 Minuten kosten bei diesen Handys ab 40 US$.

➔ Die Elektronikkette **Best Buy** (www.bestbuy.com) verkauft Prepaid-Handys sowie internationale SIM-Karten. Der Online-Händler **Telestial** (www.telestial.com) verkauft ebenfalls SIM-Karten und Handys und verleiht auch Telefone.

➔ In einigen ländlichen Gebieten im Osten der USA, besonders in den Bergen und in verschiedenen Nationalparks, ist der Empfang bescheiden oder nicht vorhanden. Am besten erkundigt man sich beim Provider nach einer Karte, in der die Funklöcher eingetragen sind.

Münztelefone

Münztelefone sind in der sich stetig weiter ausbreitenden Welt der Handys vom Aussterben bedroht. Ortsgespräche kosten in den ersten Minuten 0,35 bis 0,50 US$; telefoniert man länger, wird es teurer.

Telefonkarten

Prepaid-Telefonkarten sind für Budgetreisende eine gute Alternative. Man bekommt sie in Minimärkten, Supermärkten und Apotheken. Die Telefonkarte von AT&T funktioniert zuverlässig und ist überall erhältlich.

Vorwahlen

Alle Telefonnummern in den USA bestehen aus einer dreistelligen Regionalvorwahl und einer siebenstelligen Anschlussnummer. Wenn man eine Nummer mit der eigenen Regionalvorwahl anrufen will, muss man in der Regel nur die siebenstellige Anschlussnummer wählen. (Falls das nicht funktioniert, wählt man vorher ☏1 + Regionalvorwahl.) Weitere Informationen zum Wählen:

Ländercode USA ☏1

Ferngespräche Man wählt ☏011 + Landesvorwahl + Ortsvorwahl + Anschlussnummer

Anrufe in andere Vorwahlbereiche der USA und nach Kanada Man wählt ☏1 + Regionalvorwahl + siebenstellige Anschlussnummer

Landesweite Telefonauskunft ☏411

Gebührenfreie Telefonnummern 📞 1 + 800 (oder 888, 877, 866) + siebenstellige Anschlussnummer. Einige der gebührenfreien Nummern funktionieren nur innerhalb der USA.

Touristeninformation

Auf der offiziellen Tourismus-Website der USA, www.discoveramerica.com, gibt's Links zu den Websites aller Touristeninformationen sowie hautenweise Tipps zur Routenplanung.

Die meisten Städte unterhalten irgendeine Art von Touristeninformation, die Informationen über die Gegend bereithält und häufig vom Convention and Visitor Bureau (CVB) oder der Chamber of Commerce betrieben wird. Diese Organisationen erwähnen oft nur Unternehmen, die Mitglied des CVB oder der Handelskammer sind, und das sind nicht alle Hotels und Restaurants der jeweiligen Stadt. Gute unabhängige Optionen fehlen also vielleicht.

Hier ein paar nützliche Websites:

New York State Tourism (www.iloveny.com)

Visit Florida (www.visitflorida.com)

Washington, D.C. (www.washington.org)

Unterkunft

Außer in den billigsten Unterkünften und in der absoluten Nebensaison ist eine Reservierung immer empfehlenswert. Zur Hauptsaison können Hotels in Touristenhochburgen Monate vorher ausgebucht sein.

Reisezeit

➡ In der Hauptsaison von Mai bis September sind die Preise am höchsten.

➡ Ausnahmen sind Florida und die Skigebiete im Norden. Hier ist es im Winter am vollsten und am teuersten.

Annehmlichkeiten

➡ In den meisten Unterkünften gibt's WLAN in den Zimmern. In Budgetquartieren und Mittelklassehotels ist dieser Service im Allgemeinen kostenlos, in Spitzenklassehotels muss man oft ein paar Dollar dafür hinblättern (meist 10–17 US$/Tag).

➡ In vielen kleineren Unterkünften, vor allem in B & Bs, darf nicht geraucht werden. In den Hotels der Ketten Marriott und Westin herrscht absolutes Rauchverbot. Alle anderen Häuser haben Nichtraucherzimmer.

➡ Klimaanlagen sind fast überall Standard.

Ermäßigungen

Auf den Websites der Hotels gibt's oft spezielle Online-Rabatte. Wer auf einer Buchungsseite bessere Preise findet, kann beim Hotel anrufen – vielen passen ihre Preis dann daran an.

B & Bs & Pensionen

Diese Unterkünfte befinden sich in kleinen, gemütlichen Häusern mit Gemeinschaftsbädern (am günstigsten) oder aber in romantischen historischen Gebäuden und Herrenhäusern mit eigenem Bad und jeder Menge Antiquitäten (am teuersten). In den gediegeneren Häusern sind Kinder nicht immer gern gesehen. Einige B & Bs und Pensionen fordern übers Wochenende einen Mindestaufenthalt von zwei oder drei Übernachtungen. Eine frühzeitige Reservierung ist unbedingt erforderlich. Man sollte sich vorab telefonisch die Vorschriften (bezüglich Kindern, Haustieren, Rauchen) und die Regelung zur

Badbenutzung bestätigen lassen.

Vermittler von B & Bs sind:

Bed & Breakfast Inns Online (www.bbonline.com)

BedandBreakfast.com (www.bedandbreakfast.com)

BnB Finder (www.bnbfinder.com)

Select Registry (www.selectregistry.com)

Camping

In National und State Parks gibt es drei Kategorien:

Primitive Campingplätze (*primitive*) Kostenlos bis 10 US$/Nacht, keinerlei Einrichtungen

Einfache Campingplätze (*basic*) 10 bis 20 US$, mit Toiletten, Trinkwasser, Feuerstellen und Picknicktischen

Gehobene Campingplätze (*developed*) 20–50 US$ und mehr, mit zahlreichen Annehmlichkeiten wie Duschen, Grillplätzen, Stellplätzen für Wohnmobile, Strom etc.

Stellplätze in Nationalparks und auf staatlichen Plätzen sollte man unter **www.recreation.gov** (📞877-444-6777, international 📞518-885-3639; www.recreation.gov) reservieren. Länger als 14 Tage darf man meist nicht bleiben, die Plätze können bis zu sechs Monate im Voraus gebucht werden. In einigen State Parks sind Stellplätze über **ReserveAmerica** (www.reserveamerica.com) buchbar.

Die meisten privaten Plätze sind für Wohnmobile/Wohnwagen ausgelegt. Es gibt aber immer auch einen kleinen Bereich für Zelte. Die Plätze bieten unzählige Annehmlichkeiten, u. a. Pools, Waschmaschinen,

---

UNTERKÜNFTE ONLINE BUCHEN

Unter hotels.www.lonelyplanet.de/usa/ gibt's weitere Unterkunftsbewertungen und unabhängig recherchierte Infos von Lonely Planet Autoren – inklusive Empfehlungen zu den besten Adressen. Außerdem kann online gebucht werden.

ALLGEMEINE INFORMATIONEN TOURISTENINFORMATION

PREISKATEGORIEN: SCHLAFEN

Die genannten Preise beziehen sich auf zwei Personen im Doppelzimmer in der Hauptsaison (meist Mai–Sept.) und enthalten keine Steuern, die noch einmal mit 10 bis 15 % zu Buche schlagen. Bei der Buchung sollte man daher nach dem Preis inklusive Steuern fragen.

$ unter $100 US$
$$ 100–250 US$
$$$ über 250 US$

In New York City und Washington, D. C., gelten folgende Preisspannen:

$ unter 150 US$
$$ 150–350 US$
$$$ über 350 US$

Lebensmittelläden und Bars. **Kampgrounds of America** (KOA; www.koa.com) ist ein landesweites Netzwerk privater Campingplätze. Die dort angebotenen Kamping Kabins haben Klimaanlagen und Küchen.

Ferienhäuser & -wohnungen

Wer ein Haus oder eine Wohnung mieten möchte, findet auf der Seite von **Airbnb** (www.airbnb.com) unendlich viele Adressen im ganzen Land. Budgetreisende können auch ein Zimmer mieten – super, um mit Einheimischen in Kontakt zu kommen, zumindest wenn man kein Problem damit hat, das Bad zu teilen!

Hostels

Hostelling International USA (☎240-650-2100; www.hiusa.org) betreibt mehrere Hostels im Osten der USA. Die meisten haben nach Geschlechtern getrennte Schlafsäle, ein paar Privatzimmer, Gemeinschaftsbäder und eine Gemeinschaftsküche. Die Preise für ein Bett im Schlafsaal liegen zwischen 25 und 45 US$. (In NYC kann eine Übernachtung im Schlafsaal allerdings 75 US$ und mehr kosten.) Man muss kein Mitglied sein, um in diesen Hostels zu

übernachten, zahlt als Nichtmitglied aber etwas mehr. Reservierungen sind möglich (z. B. per Online-Buchung).

In der Region gibt's viele unabhängige Hostels, die nicht an HI-USA angeschlossen sind. Man findet sie u. a. über folgende Seiten:

Hostels.com (www.hostels.com)

Hostelworld.com (www.hostelworld.com)

Hostelz.com (www.hostelz.com)

Hotels

Die Zimmer aller Hotelkategorien sind in der Regel mit Kabelfernsehen, WLAN und Badezimmer ausgestattet; ein einfaches kontinentales Frühstück ist im Preis enthalten. Viele Mittelklassehotels bieten Minibar, Mikrowelle, Fön und Pool, Spitzenklassehotels zudem Zimmerservice, Fitnessräume, Businesscenter, Spa, Restaurants und Bars.

BELIEBTE HOTELKETTEN

Best Western (☎800-780-7234; www.bestwestern.com)

Comfort Inn (☎877-424-6423; www.comfortinn.com)

Hampton Inn (☎800-426-7866; www.hampton-inn.com)

Hilton (☎800-445-8667; www.hilton.com)

Holiday Inn (☎888-465-4329; www.holidayinn.com)

Marriott (☎888-236-2427; www.marriott.com)

Super 8 (☎800-454-3213; www.super8.com)

Motels

Motels unterscheiden sich von Hotels dadurch, dass die Zimmer einen Parkplatz vor der Tür haben. Zu finden sind sie vor allem in der Nähe von Autobahnausfahrten und an Zufahrtsstraßen in die Städte. Viele Motels sind Familienbetriebe; Frühstück ist fast nie im Preis enthalten, und als Annehmlichkeiten gibt's nicht mehr als WLAN und einen Fernseher. Auch wenn die meisten Zimmer keinen Preis für Design gewinnen würden, sind sie meist sauber und gemütlich und bieten ein gutes Preis-Leistungs-Verhältnis. Wer unsicher ist, sollte sich das Zimmer vor dem Einchecken zeigen lassen.

Resorts

Vor allem in Florida gibt's Resorts wie Sand am Meer. Geboten werden Fitness und Sport, Pools, Spas, Restaurants, Bars und mehr. Viele haben auch einen Babysitterservice. Einige nehmen eine extra „Resort-Gebühr" – also am besten fragen, ob die im Preis enthalten ist!

Versicherung

Eine Krankheit, ein Autounfall oder ein Diebstahl kommen den Betroffenen in den USA teuer zu stehen. Deshalb sollte man sich gut absichern, bevor es losgeht. Wer sich für den Fall, dass Gegenstände aus dem Auto gestohlen werden, absichern will, sollte vor der Abreise bei seiner Haftpflichtversicherung eine zusätzliche Auslandsreiseversicherung abschließen.

Weltweit gültige Reiseversicherungen gibt's u. a. auf der **Lonely Planet** Seite (www.lonelyplanet.com/travel-insurance). Versicherungsabschlüsse, Verlängerungen und das Geltendmachen von Ansprüchen sind jederzeit online möglich – selbst wenn man bereits unterwegs ist.

Visa

Achtung: Die USA verändern immer wieder ihre nationalen Einreise- und Sicherheitsbestimmungen, darum können die folgenden Angaben schnell überholt oder unvollständig sein! Die Informationen zu Vorschriften für Ein- und Ausreise, Visum und Reisepass sollten vor Reiseantritt unbedingt doppelt und dreifach überprüft werden. Hierzu empfehlen sich die Online-Auskünfte der zuständigen Behörden in Deutschland (www.auswaertiges-amt.de), Österreich (www.bmeia.gv.at) und der Schweiz (www.eda.admin.ch).

Die umfassendsten Informationen erteilt das **US-Außenministerium** (US State Department; www.travel.state.gov) – auf der Website gibt's auch ausführliche Hinweise zu den verschiedenen Visakategorien und die dafür benötigten Unterlagen, Formulare, Verzeichnisse mit US-Konsulaten im Ausland und nach Ländern sortierte Angaben zu voraussichtlichen Bearbeitungszeiten.

Visa Waiver Program & ESTA

➤ Das Visa Waiver Program (VWP) ermöglicht Bürgern aus 36 Staaten (u. a. Deutschland, Österreich, Schweiz) eine visumsfreien Aufenthalt für bis zu 90 Tagen.

➤ VWP-Besucher benötigen spätestens drei Tage vor der Einreise einen maschinenlesbaren Reisepass und eine Bestätigung durch das **Electronic System For Travel Authorization** (ESTA; www.cbp.gov/esta). Die Gebühr für die Bearbeitung und Autorisierung beträgt 14 US$ (online zahlbar). Wenn die Registrierung akzeptiert wird, ist sie zwei Jahre gültig.

➤ Kurz gesagt: ESTA erfordert die Eingabe spezifischer Informationen (Name, Adresse, Reisepass-Angaben etc.) im Internet. Danach bekommt man eine von drei Antworten: *Authorization Approved* (diese Antwort kommt meist innerhalb von Minuten und ist die mit Abstand häufigste), *Authorization Pending* (dann muss man in den nächsten 72 Stunden seinen Status erneut prüfen); oder *Travel not Authorized* (dann heißt es ein Visum beantragen).

➤ Wer ein Visum benötigt – also alle, die länger als 90 Tage bleiben – sollte dies beim US-Konsulat im Heimatland beantragen.

Abstecher nach Kanada

Es ist verlockend einfach, einen Ausflug über die Grenze nach Kanada zu machen. Bei der Wiedereinreise werden Nicht-US-Bürger allerdings der vollen Einreiseprozedur unterzogen. Beim Überschreiten der Grenze stets den Pass mitführen!

Bürger der meisten westlichen Länder brauchen kein Visum für die Einreise nach Kanada. Es ist also wirklich kein Problem, die kanadische Seite der Niagarafälle zu besuchen oder einen Abstecher nach Quebec zu machen. Wer per Bus aus Kanada in die USA einreist, könnte eingehend überprüft werden.

Zeit

Der Osten der USA erstreckt sich über zwei Zeitzonen: die Eastern Standard Time und die Central Standard Time, die eine Stunde voneinander abweichen. Die Trennlinie führt durch Indiana, Kentucky, Tennessee und Florida. Wenn es nach Eastern Standard Time 12 Uhr mittags ist, ist es nach Central Time 11 Uhr (und nach MEZ 18 Uhr).

Im Osten wird – wie fast im ganzen Land – zwischen Sommer- und Winterzeit (DST – *Daylight Saving Time*) unterschieden. Am zweiten Sonntag im März werden die Uhren eine Stunde vorgestellt. Am ersten Novembersonntag wandern die Zeiger dann wieder eine Stunde zurück.

Und Achtung: Für US-Datumsangaben gilt die Reihenfolge Monat/Tag/Jahr. So wird z. B. der 8. Juni 2016 zu 6/8/16.

Zoll

Eine komplette Liste der amerikanischen Zollbestimmungen findet man auf der offiziellen Website der **US Customs and Border Protection** (www.cbp.gov).

Pro Person darf man zollfrei mitnehmen:

➤ 1 l alkoholische Getränke (wenn man mindestens 21 Jahre alt ist)

➤ 100 Zigarren und 200 Zigaretten (wenn man mindestens 18 Jahre alt ist)

➤ Geschenke und Einkäufe im Wert von 200 US$

➤ Wer 10 000 US$ oder mehr in US-Dollar oder einer ausländischen Währung in die USA mitbringen will, muss das Geld grundsätzlich angeben.

Auf den Versuch, illegale Drogen ins Land zu bringen, stehen sehr hohe Strafen. Zu den verbotenen Gegenständen gehören außerdem mit dem Drogenkonsum zusammenhängende Utensilien, Produkte mit gefälschten Markennamen und die meisten Waren *made in* Kuba, Iran, Myanmar (Birma) und Sudan. Obst, Gemüse und andere Lebensmittel müssen beim Zoll angegeben (was zeitraubende Durchsuchungen zur Folge hat) oder vor dem Ankunftsbereich in den Mülleimern entsorgt werden.

Verkehrsmittel- & wege

AN- & WEITERREISE

Flüge, Touren und Mietwagen lassen sich unter www.lonelyplanet.de/bookings buchen.

Einreise

Die Einreise in die USA verläuft recht unkompliziert.

➡ Wenn man mit dem Flugzeug anreist, erledigt man Einreise- und Zollformalitäten gleich am ersten Flughafen, auch wenn man direkt anschließend noch zu einem anderen Ziel weiterfliegt.

➡ Man wird gebeten, die Zollerklärung für den amerikanischen Zoll auszufüllen, die in der Regel im Flugzeug ausgehändigt wird. Mit der ausgefüllten Zollerklärung geht man zum Einreiseschalter. Bei der Frage nach der Adresse in den USA gibt man die Adresse an, unter der man die erste Nacht verbringt (Hoteladresse ist völlig ausreichend).

➡ Der Einreisebeamte kontrolliert die Zollerklärung und den Reisepass und registriert Einreisende beim Office of Biometric Identity Management des Heimatschutzministeriums. Das beinhaltet elektronische Fingerabdrücke und ein digitales Foto.

➡ Der Einreisebeamte erkundigt sich möglicherweise nach den Reiseplänen und danach, ob man genug Geld hat. Es ist eine gute Idee, eine Reiseroute, ein Ticket für den Weiter- oder Rückflug und zumindest eine der bekannten Kreditkarten parat zu haben.

➡ Reisende aus den Ländern, für die das Visa Waiver Pro-

REISEN & KLIMAWANDEL

Der Klimawandel stellt eine ernste Bedrohung für unsere Ökosysteme dar. Zu diesem Problem tragen Flugreisen immer stärker bei. Lonely Planet sieht im Reisen grundsätzlich einen Gewinn, ist sich aber der Tatsache bewusst, dass jeder seinen Teil dazu beitragen muss, die globale Erwärmung zu verringern.

Fast jede Art der motorisierten Fortbewegung erzeugt CO_2 (die Hauptursache für die globale Erwärmung), doch Flugzeuge sind mit Abstand die schlimmsten Klimakiller – nicht nur wegen der großen Entfernungen und der entsprechend großen CO_2-Mengen, sondern auch, weil sie diese Treibhausgase direkt in hohen Schichten der Atmosphäre freisetzen. Die Zahlen sind erschreckend: Zwei Personen, die von Europa in die USA und wieder zurück fliegen, erhöhen den Treibhauseffekt in demselben Maße wie ein durchschnittlicher Haushalt in einem ganzen Jahr.

Die englische Website www.climatecare.org und die deutsche Internetseite www.atmosfair.de bieten sogenannte CO_2-Rechner. Damit kann jeder ermitteln, wie viele Treibhausgase seine Reise produziert. Das Programm errechnet den zum Ausgleich erforderlichen Betrag, mit dem der Reisende nachhaltige Projekte zur Reduzierung der globalen Erwärmung unterstützen kann, beispielsweise Projekte in Indien, Honduras, Kasachstan und Uganda.

Lonely Planet unterstützt gemeinsam mit Rough Guides und anderen Partnern aus der Reisebranche das CO_2-Ausgleichs-Programm von climatecare.org. Alle Reisen von Mitarbeitern und Autoren von Lonely Planet werden ausgeglichen. Weitere Informationen gibt's auf www.lonelyplanet.com.

GREYHOUND – INTERNATIONALE VERBINDUNGEN & PREISE

ROUTE	PREIS (US$)	DAUER (STD.)	HÄUFIGKEIT (TGL.)
Boston–Montréal	ca. 80	7–9½	8
Detroit–Toronto	ca. 60	5½–6½	5
New York–Montréal	ca. 90	8–9	10

gram (S. 733) gilt, können den Einreiseschalter links liegen lassen und die automatische Passkontrolle nutzen. Diese Technologie gibt es aber nicht auf allen Flughäfen. Einzelheiten zu den teilnehmenden Flughäfen und zu weiteren Anforderungen für die Nutzung der Selbstregistrierungskioske findet man unter www.cbp.gov/travel.

➜ Wer die Einreiseformalitäten hinter sich hat, holt sein Gepäck ab und geht durch den Zoll. Wer nichts zu verzollen hat, wird wahrscheinlich auch nicht kontrolliert, aber darauf verlassen kann man sich natürlich nicht.

➜ Reisende aus Ländern, für die das Visa Waiver Program gilt, müssen sich vor der Reise beim Electronic System for Travel Authorization (S. 733) registrieren.

➜ Nicht vergessen: Der Reisepass muss noch mindestens sechs Monate nach der geplanten Rückreise gültig sein!

Flugzeug
Flughäfen
Die Flughäfen mit den meisten Passagieren sind Chicago und Atlanta. Zu den größten internationalen Flughäfen im Osten gehören außerdem:

Atlanta: **Hartsfield-Jackson International** (ATL; www.atlanta-airport.com)

Boston: **Logan International** (BOS; ☎800-235-6426; www.massport.com/logan)

Charlotte: **Charlotte Douglas International** (CLT; ☎704-359-4027; www.charmeck.org/departments/airport; 5501 Josh Birmingham Pkwy)

Chicago: **O'Hare International** (ORD; www.flychicago.com)

Miami: **Miami International** (MIA; ☎305-876-7000; www.miami-airport.com; 2100 NW 42nd Ave)

Minneapolis-St. Paul: **Minneapolis-St. Paul International** (MSP; www.mspairport.com; ☎)

New York: **John F. Kennedy International** (JFK; www.panynj.gov)

Newark: **Liberty International** (EWR; www.panynj.gov)

Orlando: **Orlando International** (MCO; ☎407-825-8463; www.orlandoairports.net; 1 Jeff Fuqua Blvd)

Washington, D.C.: **Dulles International** (IAD; www.metwashairports.com)

Auf dem Landweg
Auto & Motorrad
➜ Um die Grenze zwischen Kanada und den USA mit dem Auto oder Motorrad zu überqueren, benötigt man die Zulassungspapiere für das Fahrzeug, einen Haftpflichtversicherungsnachweis und den nationalen Führerschein.

➜ Gemietete Fahrzeuge können normalerweise ein- und ausgeführt werden. Um Ärger mit den Grenzbeamten zu vermeiden, sollte dies allerdings im Mietvertrag drinstehen.

➜ Wer alle nötigen Papiere beisammen hat, für den ist der Grenzübergang normalerweise schnell und einfach. Es kann aber vorkommen, dass sich die US-amerikanischen oder kanadischen Behörden für eine sehr gründliche Fahrzeugdurchsuchung entscheiden.

Bus
Greyhound (☎800-231-2222, internationaler Kundenservice 214-849-8100; www.greyhound.com) und sein kanadisches Gegenstück **Greyhound Canada** (☎800-661-8747; www.greyhound.ca) betreiben zusammen das größte Busnetz Nordamerikas. Bei Direktverbindungen zwischen US-amerikanischen und kanadischen Großstädten muss an der Grenze normalerweise das Fahrzeug gewechselt werden. Bis die Zoll- und Einreiseformalitäten erledigt sind, vergeht gut eine Stunde. Die meisten internationalen Fernbusse bieten an Bord kostenloses WLAN an.

Megabus (☎877-462-6342; www.megabus.com) fährt auch internationale Routen zwischen Toronto und den Städten im Osten (z. B. New York City, Philadelphia und Washington, D.C.). Diese Verbindungen sind oft günstiger als die Greyhound-Angebote. Tickets können nur online gekauft werden.

Grenzübergänge
Im Osten der USA gibt es über 20 offizielle Grenzübergänge nach Kanada, und zwar von Maine, New Hampshire, Vermont, New York, Michigan und Minnesota aus. Nach Kanada einzureisen, ist relativ einfach; die Wiedereinreise in die USA kann da schon eher problematisch werden, wenn man nicht alle Dokumente beisammen hat. Die **US Customs and Border Protection** (Zoll- und Grenzschutzbehörde; bwt.cbp.gov) informiert über die aktuellen Wartezeiten an den wichtigsten Grenzübergängen. Einige Grenzposten sind

UNTERWEGS NACH KANADA

Aus dem Osten der USA gelangt man ganz leicht über die Grenze nach Kanada, was vor allem an den Niagarafällen durchaus viele machen. Hier haben wir ein paar Dinge aufgelistet, die man bei einem Grenzübertritt im Kopf behalten sollte:

➡ Jeder, der die Grenze passieren will – mit Ausnahme von US-Bürgern, die sich mit einem anderen zugelassenen Dokument ausweisen können – muss seinen Reisepass dabeihaben und vorzeigen.

➡ EU-Bürger und Schweizer brauchen für einen Aufenthalt von bis zu 180 Tagen kein Visum für die Einreise nach Kanada. Aktuelle Infos erhält man bei **Citizenship and Immigration Canada** (www.cic.gc.ca).

➡ Bei der Wiedereinreise in die USA müssen sich alle der gesamten Einreiseprozedur unterziehen.

➡ Für Infos darüber, was es nördlich der Grenze zu sehen und zu erleben gibt, empfiehlt sich der deutschsprachige Band *Kanada* oder der englischsprachige Band *Discover Canada* von Lonely Planet.

---

rund um die Uhr geöffnet, die Mehrzahl der Übergänge allerdings nicht.

Außer während der Stoßzeiten (also am Wochenende und in der Ferienzeit, vor allem im Sommer) muss man kaum länger als 30 Minuten anstehen. Starker Betrieb herrscht vor allem an folgenden Grenzübergängen:

➡ Detroit, MI–Windsor, Ontario

➡ Buffalo, NY–Niagara Falls, Ontario

➡ Calais, ME,–St. Stephen, New Brunswick

Wie an jeder Grenze ist es ratsam, alle Papiere bereitzuhalten, höflich zu sein und sich Witze oder Smalltalk mit den US-Grenzbeamten zu verkneifen.

Zug

Züge von **Amtrak** (☎800-872-7245; www.amtrak.com) und **VIA Rail Canada** (☎888-842-7245; www.viarail.ca) verkehren täglich zwischen Montreal und New York (11 Std.), und zwischen Toronto und New York über die Niagarafälle (insgesamt 13 Std.). Der Zoll kontrolliert nicht beim Einsteigen in den Zug, sondern an der Grenze.

Übers Meer

Mehrere Städte an der Ostküste werden von Kreuzfahrtschiffen angelaufen, darunter New York City, Boston, New Orleans und Charleston, SC. In den Häfen Floridas liegen die meisten Schiffe vor Anker, allen voran in Miami, gefolgt von Port Canaveral und Port Everglades (Fort Lauderdale).

Auch Frachtschiffe steuern die Häfen im Osten der USA an. Sie bieten für gewöhnlich Platz für drei bis zwölf Passagiere und sind im Gegensatz zu Kreuzfahrtschiffen weitaus weniger komfortabel. Dafür vermitteln sie einen salzgeschwängerten Eindruck vom Leben auf hoher See.

Details zu den ständig wechselnden Frachterrouten gibt's hier:

Cruise & Freighter Travel Association (☎800-872-8584; www.travltips.com)

Maris (www.freightercruises.com)

UNTERWEGS VOR ORT

Auto & Motorrad

Für Flexibilität und Bequemlichkeit, um mobil zu sein und um die Umgebung der Städte zu erkunden, ist ein Auto oder Motorrad unerlässlich.

Automobilclubs

Die **American Automobile Association** (AAA; ☎877-428-2277; Pannenhilfe ☎800-222-4357; www.aaa.com; Jahresmitgliedschaft ab 52 US$) hat Kooperationsabkommen mit diversen internationalen Automobilclubs (z. B. dem ADAC; Mitgliedsausweis nicht vergessen!). Wer bei der AAA oder in einem der Partnerverbände Mitglied ist, kommt in den Genuss von Reiseversicherung, Straßenkarten und einem ausgedehnten Netz regionaler Zweigstellen. Allerdings steht die AAA politisch gesehen auf der Seite der Fahrzeugindustrie.

Eine umweltbewusstere Alternative ist der **Better World Club** (☎866-238-1137; www.betterworldclub.com), der 1 % seiner Einnahmen für die Beseitigung von Umweltbelastungen spendet, seine Dienstleistungen auf Wunsch auf umweltverträglicher Basis durchführt und auch politisch mehr für Umweltfragen eintritt.

Beide Organisationen bieten den riesigen Vorteil eines 24-Stunden-Pannendienstes, den Mitglieder überall in den USA in Anspruch nehmen können. Hinzu kommen Hilfe bei der Routenplanung, kostenlose Karten, Reisebürodienste, Autoversicherung und diverse Rabatte (z. B. bei Hotelzimmern, Mietwagen oder Sehenswürdigkeiten).

Benzin

Tankstellen sind überall zu finden und viele haben sogar rund um die Uhr geöffnet. In Kleinstädten öffnen sie oft aber nur von 7 bis 20 oder 21

Uhr. Eine US-Gallone (3,79 l) kostet etwa 3,50 US$. An vielen Tankstellen muss vor der Spritentnahme bezahlt werden, nicht hinterher.

Eigenes Auto

Wer nicht gerade vorhat, in den USA zu leben, sollte nicht einmal daran denken, das eigene Auto von zu Hause mitzunehmen.

Führerschein

Besucher dürfen bis zu zwölf Monate lang mit ihrem nationalen Führerschein legal ein Auto lenken. Sehr nützlich ist allerdings ein internationaler Führerschein (International Driving Permit; IDP), mit dem man bei Verkehrskontrollen weniger Verständigungsprobleme haben dürfte. Dies gilt vor allem, wenn der Führerschein keine englischsprachigen Erläuterungen enthält. In Deutschland und der Schweiz wird die IDP von den Straßenverkehrsbehörden (Führerscheinstelle) ausgestellt und ist drei Jahre lang gültig, in Österreich ist er bei den Automobilclubs (z. B. ÖAMTC) zu beantragen und ein Jahr gültig. Deutsche und Österreicher müssen außerdem auch den EU-Führerschein im Scheckkartenformat besitzen. Auch wer einen internationalen Führerschein hat, muss stets auch den nationalen dabeihaben.

Wer die USA mit dem Motorrad bereist, benötigt einen internationalen Führerschein, der speziell zum Motorradfahren berechtigt ist.

Mieten

Um in den USA ein Auto zu mieten, ist für gewöhnlich ein Mindestalter von 25 Jahren Voraussetzung. Zudem braucht man einen gültigen Führerschein und eine gängige Kreditkarte.

➡ Einige Autoverleiher vermieten ihre Wagen gegen einen Aufpreis auch an 21- bis 24-Jährige.

➡ Für ein Mittelklassefahrzeug werden etwa 30 bis 75 US$ pro Tag fällig.

➡ Kindersitze sind gesetzlich vorgeschrieben (unbedingt schon beim Buchen mitreservieren!) und kosten um die 13 US$ pro Tag.

➡ Manche nationalen Unternehmen, darunter auch Avis, Budget und Hertz, verfügen auch über eine „grüne Flotte" aus Hybridautos (z. B. Toyota Prius, Honda Civic), wobei ein spritsparendes Auto in der Miete oft sehr viel teurer ist.

➡ Im Internet bei **Car Rental Express** (www.carrentalexpress.com) werden unabhängige Unternehmen in verschiedenen US-amerikanischen Städten bewertet und verglichen, was vor allem bei der Suche nach günstigen Angeboten für längere Mietvorhaben praktisch ist.

DIE WICHTIGSTEN AUTOVERMIETUNGEN DER USA:

Alamo (☏877-222-9075; www.alamo.com)

Avis (☏800-633-3469; www.avis.com)

Budget (☏800-218-7992; www.budget.de)

Dollar (☏800-800-3665; www.dollar.com)

Enterprise (☏800-261-7331; www.enterprise.com)

Hertz (☏800-654-3131; www.hertz.com)

National (☏877-222-9058; www.nationalcar.com)

Rent-A-Wreck (☏877-877-0700; www.rentawreck.com) Vermietet Autos, die wahrscheinlich mehr Schäden haben als ein normaler Mietwagen, die aber – anders als im Firmennamen angedeutet – noch weit davon entfernt sind, ein Wrack zu sein.

Thrifty (☏800-847-4389; www.thrifty.com)

Motorrad & Wohnmobile (RVs) ausleihen

Wer davon träumt, eine Harley zu fahren (und den entsprechenden Führerschein hat), wendet sich an **EagleRider** (☏310-321-3180; www.eaglerider.com), das in

Großstädten im ganzen Land Filialen hat und auch andere Abenteuerfahrzeuge verleiht. Leihmotorräder und die entsprechenden Versicherungen sind allerdings sehr teuer.

Unternehmen, die sich auf den Verleih von Wohnmobilen und Campern spezialisiert haben:

Adventures on Wheels (www.wheels9.com)

Cruise America (☏800-671-8042; www.cruiseamerica.com)

Straßenzustand & Gefahren

Obwohl die Straßen in den USA allgemein ganz gut in Schuss sind, sollte man folgendes bedenken:

➡ Im Winter besteht generell Gefahr durch Eis und starke Schneefälle. Viele Straßen und Brücken sind dann eventuell vorübergehend gesperrt. Auf der Website der **Federal Highway Administration** (www.fhwa.dot.gov/trafficinfo/index.htm) finden sich Links zu Straßenbedingungen und Baustellen in allen Bundesstaaten.

➡ Im Winter und in abgelegenen Gegenden benötigt man unbedingt Allwetter- oder Winterreifen und eine entsprechende Notfallausrüstung, falls man irgendwo liegen bleibt.

➡ Wo Wildtiere oft die Straße überqueren, werden Verkehrsteilnehmer durch Schilder gewarnt. Diese sollte man vor allem nachts sehr ernst nehmen.

Verkehrsregeln

Hier einige Grundregeln:

➡ In den USA fährt man auf der rechten Straßenseite; überholt wird links.

➡ Die Höchstgeschwindigkeit auf den meisten Interstate Highways (Autobahnen) beträgt 65 bzw. 70 mph (104 bzw. 112 km/h); in manchen Bundesstaaten im Osten sind es 75 mph (120 km/h). In Stadtgebieten gilt eine Höchstgeschwindigkeit von 55 mph (88 km/h). Hier

VERKEHRSMITTEL- & WEGE AUTO & MOTORRAD

immer auf die Schilder achten! In der Stadt selbst liegt die Grenze zwischen 15 und 45 mph (24 und 72 km/h).

➡ In allen Bundesstaaten herrscht Gurt- und Kindersitzpflicht. Einen Helm müssen Motorradfahrer nur in manchen Staaten tragen.

➡ An roten Ampeln darf rechts abgebogen werden, wenn das Fahrzeug zuvor vollständig zum Stehen kam. Ausgenommen hiervon sind Kreuzungen mit entsprechenden Verbotsschildern und New York City. Dort ist es illegal, bei Rot abzubiegen.

➡ An Kreuzungen mit vier gleichrangigen Straßen hat das Auto, das die Kreuzung zuerst erreicht, Vorfahrt. Kommen mehrere Fahrzeuge gleichzeitig an, gilt rechts vor links.

➡ Einsatzfahrzeugen (d. h. Polizei, Feuerwehr oder Krankenwagen) macht man Platz, indem man schnell, aber sicher eine Gasse bildet.

➡ In immer mehr Bundesstaaten ist es verboten, während des Fahrens mit dem Handy am Ohr zu telefonieren (oder SMS zu schreiben). Freisprecheinrichtungen oder Ähnliches sind o. k.; ansonsten zum Telefonieren einfach kurz anhalten!

➡ Die Promillegrenze für Fahrer liegt bei 0,8. Wer unter dem Einfluss von Alkohol und/oder Drogen ein Fahrzeug lenkt, muss mit harten Strafen rechnen.

➡ In manchen Bundesstaaten ist es verboten, „offene Alkoholbehältnisse" im Auto mitzuführen, egal ob sie leer sind oder nicht.

Versicherung

Autofahrer sind gesetzlich dazu verpflichtet, eine Versicherung zu haben. Hat man keine, muss man mit rechtlichen Konsequenzen rechnen und steht im Falle eines Unfalls ganz schnell vor dem finanziellen Ruin.

➡ Autovermietungen bieten Haftpflichtversicherungen an, die bei Unfällen Personen- und Sachschäden an Dritten abdecken.

➡ Wer einen Collision Damage Waiver (CDW) abschließt, muss der Autovermietung bei Schäden am Fahrzeug nur einen Teil des Schadens oder gar nichts bezahlen.

➡ Durch all diese zusätzlichen Versicherungskosten erhöht sich der Preis für einen Mietwagenpreis pro Tag um bis zu 30 US$.

➡ Manche Kreditkartenunternehmen bieten bei einer Mietdauer von maximal zwei Wochen einen Versicherungsschutz an, der Schäden am Mietwagen abdeckt. Dafür muss der komplette Mietpreis mit der Kreditkarte bezahlt und das CDW-Angebot der Autovermietung abgelehnt werden. Unbedingt die Bedingungen der Kreditkartenunternehmen für die USA prüfen!

Bus

Greyhound (☎800-231-2222, internationaler Kundenservice ☎214-849-8100; www.greyhound.com) ist das größte Fernbusunternehmen und hat ein umfangreiches Streckennetz in den gesamten USA; außerdem gibt es Linien von und nach Kanada. Die Busse sind in der Regel zuverlässig, relativ sauber und komfortabel. Zur Ausstattung gehören Klimaanlage, Sitze, die sich leicht nach hinten kippen lassen, sowie Bordtoiletten; das Rauchen ist in den Bussen verboten. Manche Busse verfügen über WLAN. Auf einigen kürzeren Strecken fahren Expressbusse, die meisten Busse halten aber alle 50 oder 100 Meilen, um Fahrgäste zusteigen zu lassen; außerdem machen Fernbusse Pausen zum Essen und zum Fahrerwechsel.

Weitere Fernbusunternehmen (in der Regel mit WLAN und Steckdosen an Bord):

BestBus (☎202-332-2691; www.bestbus.com; 20th St & Massachusetts Ave NW; ☎) Günstige Verbindungen zwischen der Hauptstadt und NYC.

BoltBus (☎877-265-8287; www.boltbus.com) Bietet schnelle und preiswerte Fahrten zwischen den großen Städten im Nordosten, darunter NYC, Boston, Philadelphia, Baltimore, Newark und Washington, D. C.

Go Bus (www.gobuses.com; Alewife Brook Pkwy; einfache Strecke 18–34 US$; ☎; Ⓣ Alewife) Fährt auf der Strecke Boston–NYC.

Lucky Star Bus (www.luckystarbus.com; South Station; einfache Strecke 20 US$; ☎) Fährt ebenfalls zwischen Boston und NYC.

Megabus (☎877-462-6342; www.megabus.com) Der Hauptkonkurrent von BoltBus bietet Verbindungen zwischen den großen Städten im Nordosten und auch im mittleren Westen. Die Busse fahren von den Drehkreuzen NYC und Chicago in alle Richtungen. Die Tickets können sehr günstig sein; buchen kann man sie nur online.

Peter Pan Bus Lines (☎800-343-9999; www.peterpanbus.com) Bedient über 50 Ziele im Nordosten bis hinauf nach Concord, NH, und bis hinunter nach Washington, D. C.

Trailways (☎703-691-3052; www.trailways.com) Ist hauptsächlich im mittleren Westen und in den Mittelatlantikstaaten unterwegs. Für längere Strecken ist Greyhound meistens besser, doch auf kurzen Routen können die Busse von Trailways preiswerter sein.

Preise

➡ Generell gilt: Je eher man bucht, desto weniger zahlt man.

➡ BoltBus, Megabus und einige der kleineren Busunternehmen verkaufen die ersten Tickets für eine Strecke für 1 US$.

➡ Wer auch mit Greyhound günstiger fahren möchte, kauft sein Ticket mindestens sieben Tage vorher (bei 14 Tagen im Voraus spart man sogar noch mehr).

GREYHOUND – INLANDSVERBINDUNGEN & PREISE

ROUTE	PREIS CA. (US$)	DAUER (STD.)	HÄUFIGKEIT (TGL.)
Boston–Philadelphia	45–61	7	10
Chicago–New Orleans	96–164	24	5
New York–Chicago	70–138	18–22	6
Washington, D.C.–Miami	87–170	25	6

➡ Wer mit Familie oder Freunden unterwegs ist: Bei den Mitfahrerangeboten von Greyhound fahren bis zu zwei zusätzliche Reisende für die Hälfte mit – wenn man mindestens drei Tage im Voraus bucht.

Reservierungen

Tickets für Greyhound und BoltBus kann man telefonisch oder online sowie an den Terminals käuflich erwerben. Megabus, Go Buses und die meisten kleineren Unternehmen verkaufen ihre Tickets nur online und im Voraus. Bei der Platzwahl heißt es normalerweise: „Wer zuerst kommt, mahlt zuerst." Greyhound empfiehlt, eine Stunde vor Abfahrt zu kommen, um sich einen Platz zu sichern.

Fahrrad

Regionale Fahrradtouren sind sehr beliebt: kurvige Nebenstraßen und malerische Küstenabschnitte bieten hervorragende Voraussetzungen dafür. In vielen Städten (darunter New York City, Chicago, Minneapolis und Boston) gibt es auch ausgeschilderte Radwege. Im gesamten Osten der USA ist es leicht, ein Fahrrad zu mieten. Zudem ist Folgendes zu beachten:

➡ Für Radfahrer gelten dieselben Verkehrsregeln wie für Kraftfahrzeugführer. Das bedeutet aber nicht, dass Letztere die Vorfahrt auch immer gewähren.

➡ In manchen Bundesstaaten und Städten besteht Helmpflicht (auch wenn es nicht gesetzlich vorgeschrieben ist). Diese gilt meist für

Fahrer unter 18 Jahren. Auf der Website des **Bicycle Helmet Safety Institute** (www.bhsi.org/mandator.htm) findet man eine ausführliche, sorgfältig geführte Liste mit den Regelungen für jeden Bundesstaat.

➡ Der **Better World Club** (☎866-238-1137; www.betterworldclub.com) bietet einen Pannenhilfeservice an. Die Mitgliedschaft kostet 40 US$ im Jahr, hinzu kommt eine einmalige Anmeldegebühr von 12 US$. Dafür wird man bei Pannen zweimal kostenlos aufgegabelt.

➡ Bei der **League of American Bicyclists** (www.bikeleague.org) gibt's allgemeine Tipps und Listen mit Fahrradclubs und Werkstätten vor Ort.

Fahrradtransport

Wer seinen eigenen Drahtesel mitbringt, sollte sich über die Preise und Beschränkungen für Sperrgepäck informieren. Fahrräder können in Flugzeugen zwar normal aufgegeben werden, müssen aber meist in Transportboxen verpackt werden, und die Gebühren können sehr hoch sein (über 200 US$). In Amtrak-Zügen und Greyhound-Bussen können Fahrräder innerhalb der USA problemlos und meist viel günstiger mitgenommen werden.

Kaufen

Ein Fahrrad zu kaufen, ist genauso einfach, wie es vor der Abreise wieder loszuwerden. Fachhändler haben zwar in puncto Auswahl und Service bei neuen Rädern die Nase vorn, aber Sportgeschäfte und Großhändler sind oft günstiger. Noch besser kauft

man ein gebrauchtes Rad. Die besten Schnäppchen finden sich bei Garagenverkäufen, in Secondhandläden oder über die kostenlosen Kleinanzeigen auf der Website von **Craigslist** (www.craigslist.org).

Mieten

In den meisten touristischen Orten und Städten können Fahrräder ausgeliehen werden. Der Mietpreis beläuft sich meist auf 20 bis 30 US$ pro Tag. Der Preis beinhaltet einen Helm und ein Schloss. Die meisten Anbieter verlangen zudem eine Kreditkartenkaution von etwa 200 US$.

Flugzeug

Fliegen ist meistens teurer, als mit dem Bus, Zug oder Auto zu fahren. Wer allerdings nur wenig Zeit hat, für den ist das Flugzeug wahrscheinlich die richtige Wahl.

Fluggesellschaften im Osten der USA

Fliegen in den USA ist im Allgemeinen sehr sicher (viel sicherer, als auf den Highways des Landes unterwegs zu sein). Detaillierte Infos zu allen Fluggesellschaften finden sich auf **Airsafe.com** (www.airsafe.com).

Die wichtigsten nationalen Fluggesellschaften sind:

American Airlines (☎800-433-7300; www.aa.com) Landesweite Flüge.

Delta Air Lines (☎800-221-1212; www.delta.com) Landesweite Flüge.

Frontier Airlines (☎801-401-9000; www.flyfrontier.

com) Airline mit Sitz in Denver; landesweite Flüge.

JetBlue Airways (☎800-538-2583; www.jetblue.com) Direktverbindungen zwischen Städten im Osten und Westen der USA, zudem Florida und New Orleans.

Southwest Airlines (☎800-435-9792; www.southwest.com) Flüge auf US-amerikanischem Festland.

Spirit Airlines (☎801-401-2200; www.spiritair.com) Airline mit Sitz in Florida; fliegt viele der US-amerikanischen Umschlagflughäfen an.

United Airlines (☎800-864-8331; www.united.com) Landesweite Flüge.

US Airways (☎800-428-4322; www.usairways.com) Landesweite Flüge.

Virgin America (☎877-359-8474; www.virginamerica.com) Flüge zwischen den Städten der Ost- und Westküste und Las Vegas.

Es gibt auch kleinere regionale Fluggesellschaften:

Cape Air (☎866-227-3247; www.flycapeair.com) Fliegt mehrere Ziele in Neuengland an, darunter auch Martha's Vineyard und Nantucket.

Isle Royale Seaplanes (☎906-483-4991; www.isleroyaleseaplanes.com) Flüge nach Rock Harbor im Isle Royale National Park; Abflug vom Houghton County Airport in Upper Peninsula, MI.

Flugpässe

Für Traveller, die auf ihrer Reise voraussichtlich viel fliegen werden, bietet sich der North American Airpass an. Diesen Flugpass gibt es nur für Reisende, die nicht in den USA oder anderen nordamerikanischen Ländern ihren Wohnsitz haben, und auch nur in Verbindung mit einem internationalen Flugticket. Die Bedingungen und Kostenstrukturen sind etwas kompliziert, jeder Pass berechtigt aber zu einer bestimmten Anzahl von Inlandsflügen (zwischen

zwei und zehn), die meist innerhalb von 60 Tagen angetreten werden müssen. Zwei der größten Allianzen von Fluggesellschaften, die Flugpässe anbieten, sind **Star Alliance** (www.staralliance.com) und **One World** (www.oneworld.com).

Geführte Touren

Hunderte Anbieter haben geführte USA-Touren im Programm, meist mit bestimmten Städten oder Regionen als Schwerpunkt.

Backroads (☎510-527-1555; www.backroads.com) Bietet Aktiv-, Multisport- und Outdoor-Reisen für jedes Fitnesslevel und jeden Geldbeutel.

Contiki (☎866-266-8454; www.contiki.com) Sightseeing-Busreisen für partyerprobte 18- bis 35-Jährige.

Gray Line (☎800-472-9546; www.grayline.com) Wer wenig Zeit hat, bekommt hier ein umfassendes Angebot von Standard-Sightseeingtouren durchs ganze Land.

Green Tortoise (☎415-956-7500; www.greentortoise.com) Dieser Anbieter von budgetorientierten Abenteuerreisen ist bekannt für seine Busse mit Etagenbetten. Die meisten Touren starten in San Francisco und führen durch den Westen, es gibt aber auch Angebote mit Fahrten quer durchs ganze Land.

Road Scholar (☎800-454-5768; www.roadscholar.org) Mit dieser bewährten gemeinnützigen Organisation können Reisende ab 50 Jahren lehrreiche Studienreisen in alle 50 Staaten unternehmen.

Trek America (in Nordamerika ☎800-873-5872; www.trekamerica.com) Touren in Kleingruppen für aktive, abenteuerlustige Outdoor-Fans.

Nahverkehr

Außer in den großen Städten ist der Nahverkehr selten die bequemste Option für Reisende. Er ist aber in der

Regel günstig, sicher und zuverlässig. Zudem haben die meisten Bundesstaaten des Landes unter der Telefonnummer ☎511 eine Hotline für alle Fragen rund um den Nahverkehr eingeführt.

Bus

Die meisten Städte haben ein zuverlässiges städtisches Buslinennetz, das allerdings oft am Pendlerverkehr orientiert ist und deshalb abends und am Wochenende seinen Betrieb ziemlich stark einschränkt. Der Fahrpreis liegt meistens zwischen 1 und 3 US$ pro Strecke, und manchmal ist die Fahrt sogar kostenlos.

Fahrrad

Manche Städte sind fahrradfreundlicher als andere, doch fast alle haben zumindest ein paar ausgewiesene Radspuren und Radwege, und meistens kann man Räder auch in den öffentlichen Verkehrsmitteln mitnehmen. Viele große Städte, darunter New York, Chicago, Boston, Miami und Washington, D.C., haben Fahrradverleihsysteme. Diese tauchen inzwischen zunehmend in anderen Städten wie Cincinnati, Nashville, Indianapolis und Louisville auf.

Straßen- & U-Bahn

Die größten Straßen- und U-Bahnnetze finden sich in New York, Chicago, Boston, Philadelphia und Washington, D.C. Andere Städte verfügen meist über kleinere Netze mit ein oder zwei Linien, die vorrangig im Stadtzentrum verkehren.

Taxi & Mitfahragenturen

Taxis sind mit Taxametern ausgestattet. Der Grundpreis liegt bei etwa 2,50 US$, hinzu kommen 2 oder 3 US$ pro Meile. Wartezeit und die Mitnahme von Gepäck kosten extra, außerdem erwarten die Fahrer 10 bis 15 % Trinkgeld. In den belebtesten Gegenden der Großstädte fahren Taxis auf der Suche nach Fahrgästen durch die

Gegend, anderswo kann man sie problemlos telefonisch bestellen. In den meisten Städten werden auch Fahrdienstleistungsunternehmen wie **Uber** (www.uber.com) viel genutzt.

Schiff & Fähre

Mehrere Fähren sorgen im Osten der USA für effiziente und landschaftlich reizvolle Verbindungen. Die meisten Fähren nehmen Autos mit, man muss aber rechtzeitig im Voraus reservieren.

Nordosten

Bay State Cruise Company (☎877-783-3779; www.boston-ptown.com) Fähren zwischen Boston und Provincetown, MA.

Block Island Ferry (☎401-783-4613; www.blockislandferry.com) Fähren von Narragansett und Newport, RI, nach Block Island.

Lake Champlain Ferries (☎802-864-9804; www.ferries.com) Fähren zwischen Burlington, VT, und Port Kent, NY.

Staten Island Ferry (www.siferry.com) Kostenlose Pendlerfähren zwischen Staten Island und Manhattan, NY.

Steamship Authority (☎508-477-8600; www.steamshipauthority.com) Fähren von Cape Cod, MA, nach Martha's Vineyard und Nantucket.

Great Lakes

Die Passagierfähren dreier Unternehmen steuern die Mackinac Island, MI, an: **Arnold Line** (☎800-542-8528; www.arnoldline.com), **Shepler's** (☎800-828-6157; www.sheplersferry.com) und **Star Line** (☎800-638-9892; www.mackinacferry.com). Sie legen sowohl in Mackinaw City als auch in St. Ignace, MI, ab.

Zwei Fährunternehmen überqueren den Lake Michigan: **Lake Express** (☎866-914-1010; www.lake-express.com; einfache Strecke Erw./Kind/Auto ab 86,50/30/91 US$) verbindet

Milwaukee, WI, und Muskegon, MI. Die **SS Badger** (☎800-841-4243; www.ssbadger.com; Erw./Kind/Auto ab 59/24/59 US$) fährt zwischen Manitowoc, WI, und Ludington, MI.

Süden

Key West Express (☎888-539-2628; www.seakeywestexpress.com) Katamaranverbindung zwischen Fort Myers und Key West.

North Carolina Ferry System (☎800 293 3779, www.ncdot.gov/ferry) Betreibt Fähren zwischen den Outer Banks.

Trampen

Trampen ist in den USA potenziell gefährlich und kann deswegen überhaupt nicht empfohlen werden. Traveller, die trampen, sollten sich bewusst sein, dass sie ein kleines, aber möglicherweise schwerwiegendes Risiko eingehen. Zudem haben auch Fahrer inzwischen so viele gruselige Geschichten von Trampern gehört, dass sie selbst oft davor zurückschrecken, welche mitzunehmen. Auf Freeways ist das Trampen verboten.

Zug

Amtrak (☎800-872-7245; www.amtrak.com) bietet überall in den USA ein flächendeckendes Eisenbahnnetz, darunter auch mehrere Fernverkehrsstrecken, die das ganze Land von Ost nach West durchqueren. Noch zahlreicher sind Verbindungen von Nord nach Süd. Es werden alle größeren Städte der USA und auch einige der kleineren angefahren. Manche Orte sind durch die Thruway-Busse von Amtrak ans Schienennetz angebunden.

➡ Im Vergleich zu anderen Reisemöglichkeiten sind Züge meist weder die schnellste noch die günstigste oder praktischste Alternative. Sie können eine Reise aber zu einem entspannten

und malerischen Erlebnis machen, bei dem man auch leicht andere Traveller kennenlernt.

➡ Am verkehrsreichsten ist der nordöstliche Korridor, wo der Hochgeschwindigkeitszug Acela Express Boston, MA, mit Washington, D.C. (über New York City, Philadelphia und Baltimore) verbindet.

➡ Auch die Strecken zwischen NYC und den Niagarafällen, und Chicago und Milwaukee sind stark frequentiert.

➡ Kostenloses WLAN gibt's in vielen Zügen, aber eben nicht in allen. Für E-Mails und Surfen im Internet reicht die WLAN-Geschwindigkeit aus. Sie ist aber normalerweise nicht für das Herunterladen von Videos oder Musik geeignet.

➡ Rauchen ist in allen Zügen untersagt.

➡ Viele Großstädte wie NYC, Chicago und Miami haben ihre eigenen Pendlerzüge. Diese sind schneller, verkehren häufiger und legen kürzere Distanzen zurück als die normalen Züge.

Preise

➡ Für einfache Fahrten, Hin- und Rückfahrten sowie Rundreisen hat Amtrak verschiedene Angebote. Dabei gibt es die üblichen Ermäßigungen für Senioren (15 %), Studenten (um die 20 US$) und Kinder (50 %, wenn sie von einem zahlenden Erwachsenen begleitet werden). Wer Mitglied im AAA ist, bezahlt 10 % weniger. Bei den ausschließlich online erhältlichen „Smart Fares" kann man gute Rabatte auf Strecken mit geringer Nachfrage ergattern.

➡ Allgemein gilt: Je früher man bucht, desto günstiger fährt man. Für viele Standardermäßigungen muss man mindestens drei Tage im Voraus buchen. Wer den Hochgeschwindigkeitszug Acela Express nehmen will, sollte die betriebsamen

AMTRAK – BEISPIELE FÜR FAHRPREISE

ROUTE	EINFACHE STRECKE (US$)	DAUER (STD.)	HÄUFIGKEIT (TGL.)
Boston–New York	125	3½–4½	11–19
Chicago–New Orleans	127	20	1
New York–Chicago	130	19	1
Washington, DC–Miami	140	23	2

Pendlerzeiten vermeiden und lieber am Wochenende fahren.

➜ **Amtrak Vacations** (☎800-268-7252; www.amtrakvaca tions.com) hat Reisepakete im Angebot, die Mietwagen, Hotels, geführte Touren und diverse Attraktionen beinhalten. Mit den Air-Rail-Paketen kann man eine Strecke mit der Bahn fahren und mit dem Flugzeug zurückkehren.

Reservierungen

Reservierungen sind (zwischen elf Monaten vor Reisebeginn und dem Tag der Abreise selbst) jederzeit möglich. In den meisten Zügen steht nur eine begrenzte Anzahl von Plätzen zur Verfügung, und manche Strecken sind besonders gefragt, vor allem im Sommer und in der Ferienzeit. Dann empfiehlt es sich, so früh wie möglich zu reservieren. Dies erhöht auch die Chancen auf Ermäßigungen.

Zugklassen

➜ Die Coach Class bietet einfache, aber bequeme Liegesitze mit Kopfstützen. Auf manchen Strecken ist Sitzplatzreservierung möglich.

➜ Die Business Class ist vor allem auf kürzeren Strecken im Nordosten verfügbar. Die

Sitze sind breiter, und es sind Laptopanschlüsse vorhanden. Zudem gibt es die Option auf Sitzplatzreservierung und Ruhewagen (also keine Handys etc.).

➜ Die First Class gibt's nur in Zügen des Acela Express. Dort bekommt man zu allen anderen Annehmlichkeiten noch eine Mahlzeit an den Platz serviert.

➜ Die Sleeper Class wird bei Nachtfahrten angeboten. In den Schlafwagen gibt es einfache Schlafabteile (*roomettes* genannt), Schlafzimmer mit kleinem Bad und Schlafsuiten für vier Personen mit zwei Bädern. Die Fahrpreise der Sleeper Class enthalten auch Mahlzeiten im Speisewagen. Die dort angebotenen Gerichte sind, wenn nicht im Ticket enthalten, sehr teuer.

➜ Sofern in Pendlerzügen ein Bordservice angeboten wird, besteht dieser aus Sandwichs und einer Snackbar. Es ist empfehlenswert, in allen Zügen seine eigene Verpflegung mitzubringen.

Zugpässe

➜ Der USA Rail Pass von Amtrak gilt 15 (460 US$), 30 (690 US$) bzw. 45 (900 US$) Tage und berechtigt zum Befahren von

entsprechend acht, zwölf oder 18 „Segmenten" in der Coach Class.

➜ Ein Segment ist nicht dasselbe wie eine einfache Fahrt. Wenn man auf einer Strecke mehrere Züge nutzt (z. B. bei einer Fahrt von New York nach Miami mit Umsteigen in Washington, D.C.), so verbraucht man auf dieser einfachen Strecke zwei Segmente seines Zugpasses.

➜ Reservierungen am besten telefonisch (USA ☎800-872-7245 oder von außerhalb der USA ☎1-215-856-7953) und so früh im Voraus wie möglich vornehmen. Jedes Reisesegment muss einzeln gebucht werden.

➜ Die reservierte(n) Fahrkarte(n) bekommt man dann unter Vorlage des Rail Pass in den Amtrak-Geschäftsstellen.

➜ Die letzte Zugstrecke muss 180 Tage nach Kauf des Zugpasses zurückgelegt worden sein.

➜ Nicht gültig sind die Zugpässe allerdings im Acela Express, in Autozügen, in Anschlussbussen von Thruway und auf den in Kooperation mit Via Rail Canada angebotenen Teilstrecken von Amtrak-Routen im Hoheitsgebiet Kanada.

Sprache

Briten, Amerikaner, Australier und Neuseeländer, deutsche Geschäftsleute und norwegische Wissenschaftler, der indische Verwaltungsbeamte und die Hausfrau in Kapstadt – fast jeder scheint Englisch zu sprechen. Und wirklich: Englisch ist die am weitesten verbreitete Sprache der Welt (wenn's auch nur den zweiten Platz für die am meisten gesprochene Muttersprache gibt – Chinesisch ist die Nr. 1).

Und selbst die, die nie Englisch gelernt haben, kennen durch englische Musik oder Anglizismen in Technik und Werbung immer ein paar Wörter. Ein paar Brocken mehr zu lernen, um beim Smalltalk zu glänzen, ist nicht schwer. Hier sind die wichtigsten Wörter und Wendungen für die fast perfekte Konversation in fast allen Lebenslagen aufgelistet.

Konversation & Nützliches

Hallo.	*Hello.*
Guten...	*Good...*
Tag	*day*
Tag (nachmittags)	*afternoon*
Morgen	*morning*
Abend	*evening*
Auf Wiedersehen.	*Goodbye.*
Bis später.	*See you later.*
Tschüss.	*Bye.*

NOCH MEHR GEFÄLLIG?

Noch besser kommt man mit dem *Sprachführer Englisch* von Lonely Planet durch die USA. Man findet den Titel unter **http://shop.lonelyplanet.de** und im Buchhandel.

Wie geht es Ihnen/dir?	*How are you?*
Danke, gut.	*Fine. And you?*
Und Ihnen/dir?	*...and you?*
Wie ist Ihr Name?/ Wie heißt du?	*What's your name?*
Mein Name ist...	*My name is...*
Wo kommen Sie her?/ Wo kommst du her?	*Where do you come from?*
Ich komme aus...	*I'm from...*
Wie lange bleiben Sie/ bleibst du hier?	*How long do you stay here?*
Ja.	*Yes.*
Nein.	*No.*
Bitte.	*Please.*
Danke/Vielen Dank.	*Thank you (very much).*
Bitte (sehr).	*You're welcome.*
Entschuldigen Sie,...	*Excuse me,...*
Entschuldigung.	*Sorry.*
Es tut mir leid.	*I'm sorry.*
Verstehen Sie (mich)?	*Do you understand (me)?*
Ich verstehe (nicht).	*I (don't) understand.*
Könnten Sie...?	*Could you please...?*
bitte langsamer sprechen	*speak more slowly*
das bitte wiederholen	*repeat that*
es bitte aufschreiben	*write it down*

Fragewörter

Wer?	*Who?*
Was?	*What?*
Wo?	*Where?*
Wann?	*When?*

Wie?	How?
Warum?	Why?
Welcher?	Which?
Wie viel/viele?	How much/many?

Gesundheit

Wo ist der/die/das nächste ...?
Where's the nearest ...?

Apotheke	chemist
Zahnarzt	dentist
Arzt	doctor
Krankenhaus	hospital

Ich brauche einen Arzt.
I need a doctor.

Gibt es in der Nähe eine (Nacht-)Apotheke?
Is there a (night) chemist nearby?

Ich bin krank.	I'm sick.
Es tut hier weh.	It hurts here.
Ich habe mich übergeben.	I've been vomiting.
Ich habe ...	I have ...
Durchfall	diarrhoea
Fieber	fever
Kopfschmerzen	headache
(Ich glaube,)	(I think)
Ich bin schwanger.	I'm pregnant.
Ich bin allergisch ...	I'm allergic ...
gegen Antibiotika	to antibiotics
gegen Aspirin	to aspirin
gegen Penizillin	to penicillin

Mit Kindern reisen

Ich brauche ...	I need a/an ...
Gibt es ...?	Is there a/an ...?
einen Wickelraum	baby change room
einen Babysitter	babysitter
einen Kindersitz	booster seat
eine Kinderkarte	children's menu
einen Kinderstuhl	highchair
(Einweg-)Windeln	(disposable) nappies
ein Töpfchen	potty
einen Kinder-wagen	stroller

Stört es Sie, wenn ich mein Baby hier stille?
Do you mind if I breastfeed here?

NOTFALL

Hilfe!
Help!

Es ist ein Notfall!
It's an emergency!

Rufen Sie die Polizei!
Call the police!

Rufen Sie einen Arzt!
Call a doctor!

Rufen Sie einen Krankenwagen!
Call an ambulance!

Lassen Sie mich in Ruhe!
Leave me alone!

Gehen Sie weg!
Go away!

Sind Kinder zugelassen?
Are children allowed?

Papierkram

Name	name
Staatsangehörigkeit	nationality
Geburtsdatum	date of birth
Geburtsort	place of birth
Geschlecht	sex/gender
(Reise-)Pass	passport
Visum	visa

Shoppen & Service

Ich suche ...
I'm looking for ...

Wo ist der/die/das (nächste) ...?
Where's the (nearest) ...?

Wo kann ich ... kaufen?
Where can I buy ...?

Ich möchte ... kaufen.
I'd like to buy ...

Wie viel (kostet das)?
How much (is this)?

Das ist zu viel/zu teuer.
That's too much/too expensive.

Können Sie mit dem Preis heruntergehen?
Can you lower the price?

Ich schaue mich nur um.
I'm just looking.

Haben Sie noch andere?
Do you have any others?

Können Sie ihn/sie/es mir zeigen?
Can I look at it?

745

mehr	more
weniger	less
kleiner	smaller
größer	bigger
Nehmen Sie ...?	Do you accept ...?
Kreditkarten	credit cards
Reiseschecks	traveller's cheques
Ich möchte ...	I'd like to ...
Geld umtauschen	change money
einen Scheck einlösen	cash a cheque
Reiseschecks einlösen	change traveller's cheques
Ich suche ...	I'm looking for ...
einen Arzt	a doctor
eine Bank	a bank
die ... Botschaft	the ... embassy
einen Geldautomaten	an ATM
das Krankenhaus	the hospital
den Markt	the market
ein öffentliches Telefon	a public phone
eine öffentliche Toilette	a public toilet
die Polizei	the police
das Postamt	the post office
die Touristen- information	the tourist information
eine Wechselstube	an exchange office

Wann macht er/sie/es auf/zu?
What time does it open/close?

Ich möchte eine Telefonkarte kaufen.
I want to buy a phone card.

Wo ist hier ein Internetcafé?
Where's the local Internet cafe?

Ich möchte ...	I'd like to ...
ins Internet	get Internet access
meine E-Mails checken	check my email

Uhrzeit & Datum

Wie spät ist es?	What time is it?
Es ist (ein) Uhr.	It's (one) o'clock.
Zwanzig nach eins	Twenty past one
Halb zwei	Half past one
Viertel vor eins	Quarter to one

morgens/vormittags	am
nachmittags/abends	pm
jetzt	now
heute	today
heute Abend	tonight
morgen	tomorrow
gestern	yesterday
Morgen	morning
Nachmittag	afternoon
Abend	evening
Montag	Monday
Dienstag	Tuesday
Mittwoch	Wednesday
Donnerstag	Thursday
Freitag	Friday
Samstag	Saturday
Sonntag	Sunday
Januar	January
Februar	February
März	March
April	April
Mai	May
Juni	June
Juli	July
August	August
September	September
Oktober	October
November	November
Dezember	December

Unterkunft

Wo ist ...?	Where's a ...?
eine Pension	bed and breakfast guesthouse
ein Campingplatz	camping ground
ein Hotel/Gasthof	hotel
ein Privatzimmer	room in a private home
eine Jugend- herberge	youth hostel

Wie ist die Adresse?
What's the address?

Ich möchte bitte ein Zimmer reservieren.
I'd like to book a room, please.

Für (drei) Nächte/Wochen.
For (three) nights/weeks.

SPRACHE UHRZEIT & DATUM

EIN ZIMMER RESERVIEREN

(per Brief, Fax oder E-Mail)

An ...	To ...
Vom ...	From ...
Datum	Date

Ich möchte reservieren ...
I'd like to book ...

auf den Namen ...	in the name of ...
vom ... bis zum ...	from ... to ...

(Bett-/Zimmeroptionen s. Liste Unterkunft)

Kreditkarte	credit card
Nummer	number
gültig bis	expiry date

Bitte bestätigen Sie Verfügbarkeit und Preis.
Please confirm availability and price.

Haben Sie ein ...?	Do you have a ... room?
Einzelzimmer	single
Doppelzimmer	double
Zweibettzimmer	twin

Wieviel kostet es pro Nacht/Person?
How much is it per night/person?

Kann ich es sehen?
May I see it?

Kann ich ein anderes Zimmer bekommen?
Can I get another room?

Es ist gut, ich nehme es.
It's fine. I'll take it.

Ich reise jetzt ab.
I'm leaving now.

Verkehrsmittel & -Wege

Öffentliche Verkehrsmittel

Wann fährt ... ab?
What time does the ... leave?

das Boot/Schiff	boat/ship
die Fähre	ferry
der Bus	bus
der Zug	train

Wann fährt der ... Bus?
What time's the ... bus?

erste	first
letzte	last
nächste	next

Wo ist der nächste U-Bahnhof?
Where's the nearest metro station?

Welcher Bus fährt nach ...?
Which bus goes to ...?

U-Bahn	metro
(U-)Bahnhof	(metro) station
Straßenbahn	tram
Straßenbahnhaltestelle	tram stop
S-Bahn	suburban (train) line

Eine ... nach (Sydney).
A ... to (Sydney).

einfache Fahrkarte	one-way ticket
Rückfahrkarte	return ticket
Fahrkarte 1. Klasse	1st-class ticket
Fahrkarte 2. Klasse	2nd-class ticket

Der Zug wurde gestrichen.
The train is cancelled.

Der Zug hat Verspätung.
The train is delayed.

Ist dieser Platz frei?
Is this seat free?

Muss ich umsteigen?
Do I need to change trains?

Sind Sie frei?
Are you free?

Was kostet es bis ...?
How much is it to ...?

Bitte bringen Sie mich zu (dieser Adresse).
Please take me to (this address).

Private Transportmittel

Wo kann ich ein ... mieten?
Where can I hire a/an ...?

Ich möchte ein ... mieten.
I'd like to hire a/an ...

Allradfahrzeug	4WD
Auto	car
Fahrrad	bicycle
Fahrzeug mit Automatik	automatic
Fahrzeug mit Schaltung	manual
Motorrad	motorbike

VERKEHRSSCHILDER

Danger	Gefahr
No Entry	Einfahrt verboten
One-way	Einbahnstraße
Entrance	Einfahrt
Exit	Ausfahrt
Keep Clear	Ausfahrt freihalten
No Parking	Parkverbot
No Stopping	Halteverbot
Toll	Mautstelle
Cycle Path	Radweg
Detour	Umleitung
No Overtaking	Überholverbot

Wieviel kostet es pro Tag/Woche?
How much is it per day/week?

Wo ist eine Tankstelle?
Where's a petrol station?

Benzin	petrol
Diesel	diesel
Bleifreies Benzin	unleaded

Führt diese Straße nach ...?
Does this road go to ...?

Wo muss ich bezahlen?
Where do I pay?

Ich brauche einen Mechaniker.
I need a mechanic.

Das Auto hat eine Panne.
The car has broken down.

Ich habe einen Platten.
I have a flat tyre.

Das Auto/Motorrad springt nicht an.
The car/motorbike won't start.

Ich habe kein Benzin mehr.
I've run out of petrol.

Wegweiser

Können Sie mir bitte helfen?
Could you help me, please?

Ich habe mich verirrt.
I'm lost.

Wo ist (eine Bank)?
Where's (a bank)?

In welcher Richtung ist (eine öffentliche Toilette)?
Which way's (a public toilet)?

Wie kann ich da hinkommen?
How can I get there?

Wie weit ist es?
How far is it?

Können Sie es mir (auf der Karte) zeigen?
Can you show me (on the map)?

links	left
rechts	right
nahe	near
weit weg	far away
hier	here
dort	there
an der Ecke	on the corner
geradeaus	straight ahead
gegenüber ...	opposite ...
neben ...	next to ...
hinter ...	behind ...
vor ...	in front of ...

Norden	north
Süden	south
Osten	east
Westen	west

Biegen Sie ... ab.	Turn ...
links/rechts	left/right
an der nächsten Ecke	at the next corner
bei der Ampel	at the traffic lights

Zahlen

0	zero
1	one
2	two

SCHILDER

Police	Polizei
Police Station	Polizeiwache
Entrance	Eingang
Exit	Ausgang
Open	Offen
Closed	Geschlossen
No Entry	Kein Zutritt
No Smoking	Rauchen verboten
Prohibited	Verboten
Toilets	Toiletten
Men	Herren
Women	Damen

SPRACHE WEGWEISER

3	three	20	twenty
4	four	21	twentyone
5	five	22	twentytwo
6	six	23	twentythree
7	seven	24	twentyfour
8	eight	25	twentyfive
9	nine	30	thirty
10	ten	40	fourty
11	eleven	50	fifty
12	twelve	60	sixty
13	thirteen	70	seventy
14	fourteen	80	eigthy
15	fifteen	90	ninety
16	sixteen	100	hundred
17	seventeen	1000	thousand
18	eighteen	2000	two thousand
19	nineteen	100 000	hundred thousand

Hinter den Kulissen

WIR FREUEN UNS ÜBER EIN FEEDBACK

Post von Travellern zu bekommen, ist für uns ungemein hilfreich – Kritik und Anregungen halten uns auf dem Laufenden und helfen, unsere Bücher zu verbessern. Unser reiseerfahrenes Team liest alle Zuschriften ganz genau, um zu erfahren, was an unseren Reiseführern gut und was schlecht ist. Wir können solche Post zwar nicht individuell beantworten, aber jedes Feedback wird garantiert schnurstracks an die jeweiligen Autoren weitergeleitet, rechtzeitig vor der nächsten Nachauflage.

Wer Ideen, Erfahrungen und Korrekturhinweise zum Reiseführer mitteilen möchte, hat die Möglichkeit dazu auf **www.lonelyplanet.com/contact/guidebook_feedback/new**. Anmerkungen speziell zur deutschen Ausgabe erreichen uns über **www.lonelyplanet.de/kontakt**.

Hinweis: Da wir Beiträge möglicherweise in Lonely Planet Produkten (Reiseführer, Websites, digitale Medien) veröffentlichen, ggf. auch in gekürzter Form, bitten wir um Mitteilung, falls ein Kommentar nicht veröffentlicht oder ein Name nicht genannt werden soll. Wer Näheres über unsere Datenschutzpolitik wissen will, erfährt das unter www.lonelyplanet.com/privacy.

DANK VON LONELY PLANET

Vielen Dank den Reisenden, die uns nach der letzten Auflage des Reiseführers hilfreiche Hinweise, nützliche Ratschläge und interessante Anekdoten schickten: Michelle Gonzalez, Lukas Mohr, Manfred Mueller, Liz Ogden, Klaus Stahl und Andrew Wieland.

DANK DER AUTOREN

Karla Zimmerman

Vielen Dank an Kate Armstrong, Ted Bonar, Bill Brockschmidt, Joe Cimperman, Lisa DiChiera, Lea Dooley, Jim DuFresne, Ruggero Fatica, Julie Lange, Alex Leviton, Kari Lydersen, Zora O'Neill, Keith Pandolfi, Betsy Riley und Neil Anderson, Tamara Robinson, Amy Schwenkmeyer, Susan Hayes Stephan, Andrea und Greg Thomson sowie Karen und Don Zimmerman. Am meisten danke ich Eric Markowitz, dem besten Partner fürs Leben, der bei all meinen verrückten, Pie-lastigen Road Trips Nachsicht zeigt.

Amy C. Balfour

Ein großer Dank geht an die alten und die neuen Freunde, die mir die besten Plätze in ihrer Gegend gezeigt haben. Im Süden danke ich Ben und Alison Kimball, Jeff Otto, Anna Schleunes, Jennifer Troch, Lavan Green, Blaire Postman, Gary Haymes, John Park, Sarah Ray Bunn und den AT-Mitstreitern Ames Shea und Lynn Neumann. In Neuengland geht mein Dank an Whit Andrews, den Verrückten vom Mt. Monadnock, sowie an Peaches und Genienne Hockensmith, John Shea, Amy Smereck und Amy Stone Scannell.

Adam Karlin

Danke an: alle, die mich in so vielen amerikanischen Städten aufgenommen haben, von Fort Lauderdale über Birmingham und Lafayette bis zu Little Rock, die Kellnerinnen und Kellner, Barkeeper, Politiker, Park-Ranger, Musiker und die Verrückten, die mir (und damit auch den Lesern) Tipps gegeben haben, was es so Interessantes gibt. Ich danke meinen Koautoren, besonders Kevin und Amy, den Freunden von den Regionalkapiteln. Danke an Mom und Dad, die meine Reiselust immer gern unterstützt haben. Danke, Gizmo, dass du mir bei meinen nächtlichen Schreibattacken Gesellschaft geleistet hast. Ich danke dir, Rachel, meiner besten Freundin und Liebe, meiner außergewöhnlich Reisegefährtin, weil du mich immer dazu gebracht hast, auf den nächsten Berg zu klettern. Und ich danke Sandra für die erste von vielen gemeinsamen Erkundungstouren.

Zora O'Neill

Vielen Dank an: Christina Stone-Millan, Meredith Stone, Rich Tyson, Beth Kracklauer, Gabriela Gonzalez, Waverly Duck, Katie Trainor, Brandon del Pozo, Michael LoBianco, Robbi Kearns und Michael Grosberg. Danken möchte ich auch der großzügigen und freundlichen Filona Ryan, Matt, dem Typen mit dem Abschleppwagen, sowie Bill und Melissa von Bird's Towing. Und in gewisser Weise danke ich auch den nicht gerade gastfreundlichen Bewohnern der Straße von Tabernacle nach Chatsworth: Dieser Fünf-Meilen-Fußmarsch hat mir wahrscheinlich gut getan.

Kevin Raub

Ich danke meiner Frau, Adriana Schmidt Raub, die mich natürlich mächtig um die vielen Makkaroni mit Käse beneidet! Mein Dank geht auch an Dora Whitaker und alle meine Komplizen. Zudem möchte ich den vielen Menschen danken, die ich unterwegs getroffen habe: Jason und Jennifer Hatfield, David und Anysley Corbett, Katherine Roberts, Matti Bek Pauli, Ari Glantz, Cindy und Tim Moore, Erica Backus, Carey Dye Ferrara, Katherine Williams, Enma und Andrew Weber, Juliana Mesanelli, Cory O-Born und Luiza und Michael Wettrau.

Regis St. Louis

Dankbar bin ich den vielen netten Freunden und Einheimischen, die mir Einblicke in ihre Städte und Stadtviertel gaben. Besonderer

Dank geht an Jason und Beth Blair, mit denen ich viel Spaß in Dallas und Galveston hatte, an Julien Devereux und Erik Rune in Austin sowie an meine Koautorin Amy C. Balfour in Virginia. Kristie und David (und die Mädchen), die mich in New York beherbergten, umarme ich ganz fest. Und ein *grand merci* geht an meine Familie, Cassandra, Magdalena und Genevieve, dafür, dass sie mich auf der Fahrt durch Texas begleiteten.

Mara Vorhees

Was für eine großartige Gelegenheit, einige neue Gegenden New Englands zu erforschen! Ich danke den Leuten von Goodsyear, die dafür gesorgt haben, dass der Wagen immer rollte! Danke an J., V. und S. dafür, dass sie mich bei einigen fröhlichen Ausflügen begleitet haben – und dass sie im rosa Haus die Stellung hielten, wenn ich allein unterwegs sei musste.

QUELLENNACHWEIS

Die Klimakartendaten stammen von Peel MC, Finlayson BL & McMahon TA (2007) *Updated World Map of the Köppen-Geiger Climate Classification*, Hydrology and Earth System Sciences, 11, 163344.

Fotos S. 80/81, S. 282/283 von Javier Martinez Zarracina.

Titelfoto: Glade Creek Grist Mill, Babcock State Park, West Virginia; Danita Delimont/ AWL.

ÜBER DIESES BUCH

Dies ist die 3. deutschsprachige Auflage von *USA Osten*, basierend auf der 3. englischsprachigen Auflage von *Eastern USA*, die von Karla Zimmerman koordiniert wurde. Der Inhalt wurde von Karla zusammen mit Amy C. Balfour, Adam Karlin, Zora O'Neill, Kevin Raub, Regis St. Louis und Mara Vorhees recherchiert

und geschrieben. Die vorherige Auflage wurde von Karla Zimmerman zusammen mit Amy C. Balfour, Gregor Clark, Ned Friary, Michael Grosberg, Paula Hardy, Adam Karlin, Mariella Krause, Caroline Sieg, Adam Skolnick und Mara Vorhees geschrieben. Dieser Reiseführer wurde von den folgenden Personen produziert:

Verantwortliche Redakteurin Dora Whitaker
Leitende Redakteure Jenna Myers, Luna Soo

Leitende Kartografin Alison Lyall
Buchdesign Wibowo Rusli
Redaktion Charlotte Orr, Monique Perrin
Umschlagrecherche Naomi Parker
Dank an Victoria Harrison, Andi Jones, Karyn Noble, Kirsten Rawlings, Alison Ridgway, Angela Tinson, Maureen Wheeler

Register

ABKÜRZUNGEN

AL   Alabama
AR   Arkansas
CT   Connecticut
DC   District of Columbia
DE   Delaware
FL   Florida
GA   Georgia
IL   Illinois
IN   Indiana
KY   Kentucky
LA   Louisiana
MA   Massachusetts
MD   Maryland
ME   Maine
MI   Michigan
MN   Minnesota
MS   Mississippi
NC   North Carolina
NH   New Hampshire
NJ   New Jersey
NY   New York
OH   Ohio
PA   Pennsylvania
RI   Rhode Island
SC   South Carolina
TN   Tennessee
VA   Virginia
VT   Vermont
WI   Wisconsin
WV   West Virginia

SYMBOLE
360° Chicago
584
606 584

A
Abingdon 350
Acadia National Park 17, **17**,
23, 267

Verweise auf Karten **000**
Verweise auf Fotos **000**

Adirondacks 134
Afroamerikaner 600, 600
Aktivitäten 24, 26
Alabama **362**, 457
Albee, Edward 712
Alexandria 327
Alligatoren 720
Amelia Island 548
Amerikanischer Bürgerkrieg
692, 693
Amerikanische Ureinwohner
687, 692
   Museen & Galerien 63,
   123, 285, 533
   Stätten 459, 470, 606,
   625
Amherst 221
Amish Country 19, **19**,
615, 622
Annapolis 314
Ann Arbor 639
Anschläge vom 11. Septem-
ber 2001 61, 697
Antebellum-Süden 13, **13**
Antietam National Battle-
field **13**
Apalachicola 568
Apostle Islands 662
Appalachian Trail 16, **16**,
45, 271
Aquarien
   Cincinnati 627
   Echo Lake Aquarium &
   Science Center 245
   Georgia Aquarium 446
   Minnesota Sea Life 675
   Mystic Aquarium &
   Institute for Explora-
   tion 232
   National Aquarium 307
   New England Aquarium
   188
   North Carolina Aquarium
   369
   Shedd Aquarium 583
   Virginia Aquarium &
   Marine Science Center
   339

Aquinnah Cliffs 219
Arbeiten im Osten der
   USA 724
Archäologische Stätten
   Cahokia Mounds State
   Historic Site 606
   Emerald Mound 470
   Hopewell Culture National
   Historical Park 625
   Moundville 459
Architektur 710, 712
   Chicago 579
   Columbus (IN) 611
   Embassy Row 289
   Empire State Building 76
   Fallingwater 174
   Flatiron Building 69
   Guggenheim Museum 85
   Kentucky Knob 174
   Madison (WI) 655
   Martin House 139
   New World Center 513
   Polymath Park 174
   Spring Green 659
   Willis Tower 579
Arkansas **362**, 471
Arkansas-Delta 475
Arlington 326
Asbury Park 146
Asheville 379
Assateague Island 319
Astoria (NY) 91
Astor Place 67
Athens (GA) 447
Athens (OH) 624
Atlanta 434, **436**
   An- & Weiterreise 446
   Ausgehen & Nachtleben
   444
   Essen 440
   Feste & Events 439
   Kindern, Reisen mit 446
   Medizinische Versorgung
   446
   Notfall 446
   Sehenswertes 434

Shoppen 445
Unterhaltung 445
Unterwegs vor Ort 446
Atlantic City 148
Auburn 615
Auskunft 20
Automobilclubs 736
Auto, Reisen mit dem 203,
735, 736
Autorennbahn 607

B
Babysitter 48
Baltimore 307
Bar Harbor 268
Barataria Preserve 488, 497
Barboursville 341
Bardstown 433
Bären 719
Barnegat Peninsula 146
Baseball 702
Basketball 704
Bass Islands 621
Bath 265
Baton Rouge 498
Battleship *North Carolina*
370
Bäume 718
Beals 270
Beaufort 393
Behinderung, Reisen mit
728
Bemidji 681
Bennington 237
Bentonville 479
Benzin 736
Berkeley Springs 355
Berkshires 221
Berlin (MD) 317
Berlin (OH) 622
Bethel 270
Bevölkerung 685
Bibliotheken
   Baker-Berry Library 256
   Boston Public Library 190
   Carter Center 439

Folger Shakespeare Library 286
John F. Kennedy Library & Museum 190
Library of Congress 286
Lincoln Presidential Library & Museum 605
Milton Latter Memorial Library 489
William J. Clinton Presidential Center 472
Bier 708
Birmingham 457
Block Island 229
Bloomington 612
Blue Ridge Parkway 12, **12**, 35, **39**, 348, 379
Bluegrass Country 429
Boardwalks 15, **15**
Bonnaroo 421
Boone 378
Boothbay Harbor 265
Bootstouren *siehe auch* einzelne Reiseziele
　Apostle Islands 662
　Bar Harbor 269
　Boothbay Harbor 265
　Charleston 388
　Duluth 677
　Maid of the Mist 141
　Ogunquit 259
　Orlando 559
　Portland 262
　Saugatuck 642
　Washington, D. C. 292
Boston 13, **13**, 184, **186**, **192**
　An- & Weiterreise 203
　Ausgehen & Nachtleben 200
　Essen 196
　Feste & Events 195
　Geführte Touren 194
　Kindern, Reisen mit 201
　Reiserouten 189
　Sehenswertes 185
　Shoppen 201
　Stadtspaziergänge 199, **199**
　Touristeninformation 203
　Unterhaltung 200
　Unterkunft 195
　Unterwegs vor Ort 203
Boston Marathon 195

Verweise auf Karten **000**
Verweise auf Fotos **000**

Botschaften & Konsulate 724
Boundary Waters 679
Bourbon 433, 708
Brandywine Valley 323
Brattleboro 236
Brauereien & Kleinbrauereien 709
　Asheville 382
　Brooklyn Brewery 88
　Burlington 245
　Cincinnati 629
　Cleveland 619
　Duluth 678
　Durham 375
　Grand Rapids 641
　Great Barrington 221
　Indianapolis 610
　Lexington 431
　Memphis 406
　Milwaukee 652
　Minneapolis 669
　Nantucket 216
　Shreveport 505
　Washington, D. C. 301, 302
Brennereien 405, 424, 432
Bretton Woods 254
Brewster 210
Brücken
　Bennington 237
　Big Four Bridge 426
　Brooklyn Bridge 61
　Mackinac Bridge 645
　Old North Bridge 204
Brunswick 455
Bryson City 384
Bücher 684
Buffalo 138
Buffalo National River 479
Bunker Hill Monument 189
Bürgerkrieg 13, **13**
Bürgerrechte 360, 443, 691
　Museen & Galerien 353, 435, 458, 460, 462
　Stätten 438, 460, 462, 464, 472
Burlington 244
Bush, George H. W. 697
Bush, George W. 697
Bus, Reisen mit dem 738
　Routen & Fahrpreise 735, 739

C
Cadillac Mountain **17**, 267
Cahokia Mounds State Historic Site 606

Cajun Country 501
Cajun Prairie 504
Cajuns 502
Cajun Wetlands 503
Camden 266
Canton 620
Cape Cod 206, **208**
Cape Cod National Seashore 211
Cape Henlopen State Park 322
Cape May 150
Capital Region 272, **274**
　Essen 272
　Highlights 272
　Klima 272
　Reisezeit 272
　Unterkunft 272
Capitol 285
Captiva Island 555
Caratunk 271
Carter Family Fold 352
Catskills 129
Cayuga Lake 131
Chapel Hill 373
Charleston 385
Charlevoix 645
Charlotte 375
Charlottesville 340
Charm 622
Chatham 210
Chattanooga 420
Cherokee 383
Chicago **5**, **10**, 10, 576, **578**, **580**
　Aktivitäten 587
　An- & Weiterreise 601
　Ausgehen & Nachtleben 596
　Essen 592
　Feste & Events 589
　Geführte Touren 589
　Kindern, Reisen mit 591
　Reiserouten 576
　Sehenswertes 577
　Shoppen 599
　Stadtspaziergang 588, **588**, 589
　Unterkunft 590
　Unterwegs vor Ort 601
Chippewa National Forest 681
Churchill Downs 425
Cincinnati 626
Clarksdale 465
Cleveland 616
Clinton, Bill 697
Cocktails 709
Columbia University 85

Columbus (IN) 611
Columbus (OH) 623
Comedy 116, 598
Concord 204
Coney Island 87
Connecticut **182**, 229
Corning 133
Corolla 364
Crawford Notch 254
Crystal Coast 369
Cumberland 320
Cumberland Island National Seashore 455
Cutchogue 124

D
Dahlonega 447
Dalí, Salvador 553
Dartmouth College 256
Dayton 625
Daytona International Speedway 543
Dean, James 611
Dearborn 638
Deep Creek Lake 320
Delaware **274**, 320
Delaware River 144
Delaware Water Gap 143
Delfinbeobachtung 722
Detroit 631, **632**
Dollywood **25**
Door County 661
Douglas 642
Dover 324
Duck 364
Duluth 676
Durham 373
DVDs 725

E
Eastern Panhandle (VA) 352
Eastern Shore 316
Einkommen 701
Einreise 734
Elkins 355
Ellis Island 62
Empire State Building 76
Erdbeben 719
Erie Lakeshore 621
Ermäßigungn 724
Essen 358, **358**, 705, *siehe auch einzelne Reiseziele*
　Backfisch 658
　Blaukrabben 316
　Cheesesteaks 164
　Chili 629

Eis 207
Feste & Events 212, 388
Kindern, Reisen mit 47
Kochkurse 707
Pfannenpizza 594
Südstaaten-Spezialitäten 395
Whoopie Pies 263
Essex 233
Eureka Springs 477
Evanston 602
Everglades 530, 718
Everglades City 533

F

Fähren 741
Fairmount 611
Falmouth 207
Faneuil Hall **32**
Farmers Markets *siehe auch* Märkte
Ann Arbor 639
Madison (WI) 656
New York City 71
Philadelphia 157
Pittsburgh 172
Portland 264
Richmond 332
Fayetteville 356
Feiertage 725
Ferien 725
Feste & Events 26, *siehe auch einzelne Reiseziele*
Bier 628, 656
Essen 212, 266, 388, 628, 656
Film 93, 644
Gullah 388
Kunst & Kultur 160, 488, 668
Musik 228, 403, 412, 421, 431, 439, 466, 467, 475, 488, 489, 501, 589, 628, 634, 653, 668, 716
Schwule & Lesben 214
Sport 195
Whisky 433
Film 684
Film- & Fernsehdrehorte
Baltimore 309
Hunting Island State Park 394
New York City 73
Rosecliff 227
Seaside 569
Space Coast 541
Wakulla Springs 567

Washington, D.C. 289
Woodbury 442
Finger Lakes 131
Fitzgerald, F. Scott 672
Flatiron Building 69
Florida 54, 506, **508**
Essen 506
Highlights 508
Klima 506
Reisezeit 506
Unterkunft 506
Florida City 533
Florida Keys 14, **14**, 534
Florida Panhandle 566
Floyd 351
Flughäfen 735
Flugpässe 740
Flugzeug, Reisen mit dem 21, 735, 739
Ford, Henry 638
Forks 271
Fort Lauderdale 525
Fort Myers 556
Forts & Festungen
Castillo de San Marcos National Monument 545
Crown Point State Historic Site 136
Fort Mackinac 647
Fort Macon State Park 369
Fort McHenry National Monument & Historic Shrine 309
Fort Snelling 675
Fort Sumter 387
Fort Ticonderoga 136
Franklin 419
Franklin, Benjamin 690
Franklin Delano Roosevelt Memorial 285
Frauen unterwegs 725
Frederick 319
Frederick Douglass National Historic Site 290
Fredericksburg 329
Freeport 264
Freiheitsstatue 61
Freiwilligenarbeit 726
Friedhöfe
Arlington National Cemetery 326
Granary Burying Ground 185
Hollywood Cemetery 331
Key West Cemetery 538
Lafayette Cemetery No. 1 487
Lake View Cemetery 617

St. Louis Cemetery No. 1 483
Woodlawn Cemetery 90
Front Royal 344
Führerschein 737

G

Galena 603
Galerien *siehe* Museen & Galerien
Garden Key 542
Gärten *siehe* Parks & Gärten
Gatlinburg 424
Gefahren & Ärgernisse 726
Geführte Touren 740
Geld 20, 21
Geldautomaten 726
Gemini Giant **39**, 604
Geografie 718
Georgetown University 289
Georgia **362**, 434
Geschäftszeiten 728
Geschichte 24, 687, *siehe auch einzelne Reiseziele*
Afroamerikaner 690, 696
Britischer Kolonialismus 688
Europäische Siedlungen 687
Louisiana Purchase 691
Prähistorische Kulturen 687
Sklaverei 688, 690, 691
Unabhängigkeitserklärung 689
Ureinwohner 687
Weltwirtschaftskrise 693, 694
Gesundheit 727
Gesundheitsrisiken 727
Getränke 708
Gettysburg 170
Gewichte 725
Golden Isles 455
Golf 393
Golfkrieg 697
Golfküste 471
Graceland 401
Grand Central Terminal 77
Grandfather Mountain 378
Grand Rapids 641
Great Barrington 221
Great River Road 37, 660
Great Smoky Mountains 18
Great Smoky Mountains National Park **18**, 423
Green Bay 660

Green County 658
Greenport 124
Greenville 397
Grenzübergänge 735
Kanada 142
Große Seen 19, 54, 572, **574**
Essen 572
Klima 572
Highlights 574
Reiserouten 573
Reisezeit 572
Unterkunft 572
Gulf Islands National Seashore 570
Gullah (Volk) 388

H

Hampton Roads 337
Hamptons 123
Handys 20, 730
Hanover 255
Harbor Country 642
Harley Davidson 652
Harpers Ferry 352
Hartford 230
Harvard University 194
Helena 475
Hemingway, Ernest 646
Hilton Head 393
Hirsche 720
Historic RCA Studio B 412
Historic Triangle 334
Hoboken 143
Hocking County 624
Hodgenville 433
Höhlen
Blanchard Springs Caverns 477
Front Royal 344
Mammoth Cave National Park 434
Homestead 533
Hot Springs 474
Hudson 128
Hudson, Henry 57
Hudson Valley 125
Hurrikans 719, 726
Hyannis 209

I

Illinois 573
Independence Hall 153
Indiana 607
Indiana Dunes 614
Indianapolis 607
Infos im Internet *siehe einzelne Reiseziele*

Internetzugang 728
Iron Range District 680
Islamorada 535
Isle of Palms 392
Ithaca 131

J

Jackson 468
Jacksonville 547
Jamesport 124
Jamestown 336
Jefferson Memorial 285
Jefferson, Thomas 689, 691
Jekyll Island 456
Jersey City 143
Jersey Shore 146
Jim-Crow-Gesetze 691
Jonesport 270

K

Kancamagus Pass 252
Kanu- & Kajakfahren 44
  Apostle Islands 663
  Assateague Island 319
  Barataria Preserve 497
  Bar Harbor 268
  Bethel 270
  Biscayne National Park 532
  Boundary Waters 679
  Brandywine Valley 323
  Cape May 151
  Congaree National Park 397
  Delaware River 143, 145
  Everglades National Park 531
  Galena 603
  Harpers Ferry 354
  John Pennekamp Coral Reef State Park 534
  Lewes 321
  Manchester 239
  Mount Washington Valley 251
  Nantahala River 384
  New River Gorge National River 356
  New York City 92
  Nickerson State Park 210
  Pinelands National Reserve 150
  Portland 262
  Saranac Lake 136

Verweise auf Karten **000**
Verweise auf Fotos **000**

Sarasota 555
Taughannock Falls State Park 131
US National Whitewater Center 376
Voyageurs National Park 680
Washington, D.C. 292
Kelleys Island 621
Kennebunkport 260
Kennedy, John F. 190, 209, 696
Kennedy Space Center Visitor Complex 541
Kentucky **362**, 424
Keuka Lakes 133
Key Largo 534
Key West 537
Kidron 622
Killington 242
Kindern, Reisen mit 47
  Atlanta 446
  Baltimore 313
  Boston 201
  Chicago 591
  Gingerbread-Häuser 217
  Miami 517
  Minneapolis 668
  Museen & Galerien 550
  New Orleans 489
  New York City 90
  Washington, D.C. 293
King Jr., Martin Luther 443, 691, 696
Denkmäler 285
Geburtsort 438
Gedenkstätten 438
Kirchen & Kathedralen
  Abyssinian Baptist Church 87
  Cathedral Church of St. John the Divine 85
  Cathedral of St. Paul 673
  First Ebenezer Baptist Church 439
  Full Gospel Tabernacle Church 401
  Old North Church 189
  St. Augustine's Church 483
  St. John's Episcopal Church 330
  St. Patrick's Old Cathedral 64
  Thorncrown Chapel 478
  Trinity Church 191
  Washington National Cathedral 290
Klima 20

Knoxville 422
Kojoten 720
Kolumbus, Christopher 687
Konsulate 724
Korallenriffe 537
Kreditkarten 727
Kreolen 502
Krokodile **16**, 720
Kultur 684
Kulturen, prähistorische 687
Kunst 710
Kurse
  Kochen 640
  Kunst 266

L

La Crosse 660
Lafayette 501
Lake Champlain 136
Lake George 134
Lake Huron **19**
Lake Martin 503
Lake Michigan 642
Lake Placid 134
Lake Waramaug 232
Lake Winnipesaukee 250
Lakelands 662
Lancaster 168
Langlade 662
Lansing 640
Lebensart 701
Lenox 222
Lesbische Reisende 729
  Atlanta 444
  Boston 198
  Chicago 592
  Feste & Events 214
  Key West 539
  Minneapolis 670
  New York City 114
  Provincetown 214
  Washington, D.C. 303
Lewes 321
Lexington (KY) 429
Lexington (MA) 204
Lexington (VA) 346
Liberty Bell Center 153
Library of Congress 286
Lincoln, Abraham **9**, 605, 693
Lincoln Highway 38
Lincoln Memorial 277, 283, **283**
Litchfield 231
Litchfield Hills 231
Literatur 710
Little Rock 472

Long Beach Island 148
Long Island 121
Louisiana **362**, 480
Louisville 425
Lower Keys 537
Lubec 270
Ludington 643

M

Mackinac Island 646
Mackinaw City 645
Mad River Valley 242
Madeline Island 662
Madison (IN) 613
Madison (WI) 655
Maine **2**, 257, **258**
Malerei 712
Mall of America 675
Manassas 328
Manatis 722
Manchester 239
Manitou Islands 644
Marathon 536
Mardi Gras 488
Märkte
  Amish Country 622
  Boston 202
  Cincinnati 626
  Cleveland 617
  Detroit 634
  New Orleans 486
  New York City 78, 103, 108
  Philadelphia 160
  Portland 264
  Washington, D.C. 296
Marquette 649
Martha's Vineyard **17**, **208**, 217
Martin Luther King Jr. Memorial 282, 285
Mary Ann Brown Preserve 500
Maryland **274**, 306
Massachusetts **182**, 184
Mayflower II 206
Meeresschildkröten 720
Memphis 398, **400**, **402**
Meredith, James 464
Mermaid Parade **29**, 93
Miami 15, **15**, 507, **512**, **514**
  Aktivitäten 518
  An- & Weiterreise 525
  Ausgehen & Nachtleben 523
  Essen 521
  Feste & Events 519

Geführte Touren 519
Kindern, Reisen mit 517
Medizinische Versorgung 525
Notfall 525
Reiserouten 507
Sehenswertes 511
Shoppen 524
Stadtspaziergang 520, **520**
Touristeninformation 525
Unterhaltung 524
Unterkunft 519
Unterwegs vor Ort 525
Michigan 630
Middleburg 347
Mietwagen 737
Millersburg 622
Milwaukee 651
Minneapolis 664, **666**
Aktivitäten 664
An- & Weiterreise 671
Ausgehen & Nachtleben 670
Essen 669
Feste & Events 668
Sehenswertes 664
Touristeninformation 671
Unterhaltung 670
Unterkunft 668
Unterwegs vor Ort 671
Minnesota 663
Mississippi (Bundesstaat) **362**, 462
Mississippi (Fluss) 15, **15**, 660
Mississippi-Delta 465
Mobile 462
Mobiltelefone 730
Montauk 124
Montgomery 459
Monticello 343
Montpelier 242, 342
Motorrad, Reisen mit dem 735
Moundville 459
Mountainbiken 356, *siehe auch* Radfahren
Mount Vernon 328
Mount Washington Valley 251
Mountain View 476
Mt. Katahdin 271
Mt. Mansfield 242
Mt. Pisgah 384
Mt. Pleasant 391
Mt. Rogers National Recreation Area 350

Mt. Washington 255
Multikulturalität 700
Münztelefone 730
Museen & Galerien 23
Academy of Natural Sciences 159
Acadian Cultural Center 501
Adirondack Museum 135
Adler Planetarium 583
African American Museum in Philadelphia 157
Albright-Knox Art Gallery 139
Allegany Museum 320
Amelia Island Museum of History 548
American Civil War Center at Historic Tredegar 330
American Museum of Fly Fishing & Orvis 239
American Museum of Natural History 79
American Visionary Art Museum 309
Anacostia Museum 290
Andy Warhol Museum 173
Antique Boat Museum 137
Arkansas Arts Center 473
Art Institute of Chicago 577
Atlantic City Historical Museum 148
Automotive Hall of Fame 639
Backstreet Cultural Museum 482
Bailey-Matthews National Shell Museum 555
Baker Museum 556
Baltimore Maritime Museum 308
Banneker-Douglass Museum 314
Barnes Foundation 158
Benjamin Franklin Museum 153
Bennington Museum 237
Birmingham Civil Rights Institute 458
Birmingham Museum of Art 458
Black Voices 353
Blaine Kern's Mardi Gras World 487

Boston Tea Party Ships & Museum 189
Broad Museum of Art 640
Brooklyn Museum 88
Burchfield Penney Art Center 139
Cabildo 482
Cape Cod Museum of Natural History 210
Carnegie Museum of Art 174
Carnegie Museum of Natural History 174
Carnegie Science Center 173
Center for Civil and Human Rights 435
Charles Hosmer Morse Museum of American Art 559
Charleston Museum 387
Chesapeake Bay Maritime Museum 317
Chicago Children's Museum 591
Chicago Cultural Center 579
Children's Museum of Indianapolis **49**, 609
Cici & Hyatt Brown Museum of Art 544
Clark Art Institute 222
Cleveland Museum of Art 617
Cloisters 87
College Football Hall of Fame 435
Connecticut River Museum 233
Contemporary Arts Center 626
Corning Museum of Glass 133
Country Music Hall of Fame & Museum 409
Crane Point Museum 536
Crystal Bridges Museum of American Art 479
Cuba Ocho 516
Cummer Museum of Art 547
Dallara IndyCar Factory 608
Delta Blues Museum 465
Dia Beacon 126
Dumbarton Oaks 289
Eastern State Penitentiary 159
Echo Lake Aquarium & Science Center 245

Ellis Island 62
Emily Dickinson Museum 221
Ephrata Cloister 169
Eric Carle Museum of Picture Book Art 221
Ernest Hemingway Museum 602
Evergreen Museum 309
Field Museum of Natural History 582
First State Heritage Park Welcome Center & Galleries 324
Flagler Museum 529
Florence Griswold Museum 233
Florida Keys History of Diving Museum 535
Fort Pitt Museum 172
Franklin Institute Science Museum 159
Freedom House Museum 327
Freer-Sackler Museums of Asian Art 284
Frick Art & Historical Center 174
Frick Collection 84
Frist Center for the Visual Arts 409
Frontier Culture Museum 345
Galaxy Connection 474
Gangster Museum of America 474
Georgia Museum of Art 448
Gerald R. Ford Museum 641
Gettysburg National Military Park 170
Gibbes Museum of Art 386
Gilmore Car Museum 639
Grand Ole Opry House 412
Graveyard of the Atlantic Museum 366
Guggenheim Museum 85
Hammond Harwood House 314
Harley-Davidson Museum 652
Harriet Beecher Stowe House 231
Harvard Art Museums 194
Heinz History Center 173
Henry B. Plant Museum 550

REGISTER M

Henry Ford Museum 638, 639

Herbert F. Johnson Museum of Art 131

Heritage Museums & Gardens 206

High Museum of Art 435

Highway 61 Blues Museum 467

Hirshhorn Museum 284

Historic New Orleans Collection 482

Hunter Museum of American Art 421

Imagine It! Children's Museum of Atlanta 446

Independence Seaport Museum 156

Indianapolis Museum of Art 608

Institute of Contemporary Art 160, 190

International Bluegrass Music Museum 431

International Center of Photography 65

International Tennis Hall of Fame 227

Isabella Stewart Gardner Museum 191

James Monroe Museum & Memorial Library 329

Jepson Center for the Arts 451

Jewish Museum 85

John Brown Museum 353

John Brown Wax Museum 354

John F. Kennedy Hyannis Museum 209

John F. Kennedy Library & Museum 190

Johnny Cash Museum & Store 409

Kennedy Space Center Visitor Complex 541

Kentucky Derby Museum 426

Kurt Vonnegut Memorial Library 608

Kykuit 126

Lancaster Mennonite Historical Society 169

Landis Valley Museum 169

Levine Museum of the New South 376

Little Haiti Cultural Center 516

Louisiana Children's Museum 489

Louisville Slugger Museum & Factory 426

Lower East Side Tenement Museum 65

Lower Mississippi River Museum 467

LSU Museum of Art 499

Mackinac Art Museum 647

Maritime Visitor Center 676

Mark Twain House & Museum 230

Maryland Historical Society 309

MASS MoCA 223

Mattress Factory 173

Metropolitan Museum of Art 84

Miami Children's Museum 517

Miccosukee Village 533

Mill City Museum 665

Milwaukee Art Museum 652

Minneapolis Institute of Arts 666

Mississippi Museum of Art 468

Montshire Museum of Science 241

Morgan Library & Museum 77

Mount Washington Observatory Weather Discovery Center 251

Muhammad Ali Center 426

Mummers Museum 160

Museum at Eldridge Street Synagogue 65

Museum of American Finance 64

Museum of Chinese in America 64

Museum of Contemporary Art (Chicago) 584

Museum of Contemporary Art Detroit 633

Museum of Contemporary Art Jacksonville 547

Museum of Contemporary Art North Miami 518

Museum of Fine Arts 191

Museum of Jewish Heritage 64

Museum of Modern Art (MoMA) 71

Museum of Natural Science 468

Museum of Sex 70

Museum of the City of New York 85

Museum of the Moving Image 91

Museum of the Shenandoah Valley 344

Mütter Museum 157

Mystic Seaport Museum 232

Naismith Memorial Basketball Hall of Fame 219

NASCAR Hall of Fame 376

National Air & Space Museum 277, 282, **282**

National Constitution Center 153

National Gallery of Art 280

National Gallery of Art & National Sculpture Garden 283

National Museum of African American History and Culture 284

National Museum of American History 281

National Museum of American Jewish History 155

National Museum of Natural History 281, 283, **283**

National Museum of the American Indian 63, 285

National Museum of the US Air Force 625

National Mustard Museum 659

National Naval Aviation Museum 570

National Postal Museum 286

National September 11 Memorial Museum 62

National Voting Rights Museum 462

National WWII Museum 487

Neue Galerie 85

New Museum of Contemporary Art 65

Newseum 288

North Carolina Maritime Museum 369

North Carolina Museum of History 372

North Carolina Museum of Natural Sciences 372

Norton Museum of Art 529

NPS Visitor Center (Hot Springs) 474

NSU Art Museum Fort Lauderdale 526

Ogden Museum of Southern Art 487

Old Rhinebeck Aerodrome 128

Old Slave Mart Museum 386

Old State House 324

Opus 40 130

Parrish Art Museum 123

Parris Island Museum 394

Peabody Essex Museum 206

Peabody Museum of Natural History 234

Penn Center 394

Pensacola Museum of Art 570

Pérez Art Museum Miami 515

Philadelphia Museum of Art 157

Phillips Collection 289

Pilgrim Monument & Provincetown Museum 213

Plimoth Plantation 206

Presbytère 482

Princeton University Art Museum 145

Provincetown Art Association & Museum 213

PS 1 Contemporary Art Center 91

Renwick Gallery 287

RE Olds Transportation Museum 639, 640

Reynolds Center for American Art & Portraiture 288

Ringling Museum Complex 554

RISD Museum of Art 225

Rock and Roll Hall of Fame & Museum 616

Rock & Blues Heritage Museum 466

Rock Island Arsenal Museum 605

Verweise auf Karten **000**
Verweise auf Fotos **000**

REGISTER M–N

Rockwell Museum of Western Art 133

Rosa Parks Museum 460

Rubin Museum of Art 69

Sandwich Glass Museum 207

Sciencenter 131

Scott & Zelda Fitzgerald Museum 460

Shelburne Museum 244

Shinnecock Nation Cultural Center & Museum 123

Skyscraper Museum 63

Slave Haven Underground Railroad Museum/Burkle Estate 400

Smith College Museum of Art 220

Smith Robertson Museum 468

Socrates Sculpture Park 91

Southampton Historical Museum 123

Spam Museum 676

Steven F. Udvar-Hazy Center 287

Storm King Art Center 126

St. Petersburg Museum of Fine Arts 552

Tampa Bay History Center 550

Tampa Museum of Art 550

Taubman Museum of Art 349

Tennessee State Museum 409

Textile Museum 287

Theodore Roosevelt Inaugural National Historic Site 139

Tudor Place 289

Ulysses S. Grant Home 603

United States Holocaust Memorial Museum 280

University Museum of Archaeology & Anthropology 160

Vent Haven Museum 628

Virginia Historical Society 330

Vizcaya Museum & Gardens 517

Wadsworth Atheneum 231

Walker Art Center 664

Walter Anderson Museum 471

Walters Art Museum 308

Wax Museum at Niagara 141

Weisman Art Museum 665

White House Visitor Center 287

Whitney Museum of American Art 69

Wild Center 135

William A. Irvin 676

William G. Mather 616

Williams College Museum of Art 223

Willie Nelson Museum 412

Wolfsonian-FIU 511

Women's Basketball Hall of Fame 423

Women's Rights National Historical Park 131

World of Coca-Cola 434

WWII Japanese American Internment Museum 475

Yale Center for British Art 234

Zwaanendael Museum 321

Musik 14, 714, *siehe auch* Feste & Events

Bluegrass 41

Blues 714

Chicago 597

Cleveland 619

Country 715

Feste & Events 228, 403, 412, 439, 489, 589, 634, 653

Folk 715

Hip-Hop 716

Jazz 116, 714

Memphis 400

Minneapolis 671

New York City 113

Rock 715

Muskegon 643

Myrtle Beach 395

Mystic 232

N

Nachtleben 24

Nantucket **208**, 215

Naples 556

Naples Nature Center 556

Nashville (IN) 612

Nashville (TN) 408, **410**

Ausgehen & Nachtleben 416

Essen 414

Feste & Events 412

Geführte Touren 412

Sehenswertes 408

Shoppen 418

Unterhaltung 417

Natchez 470

Natchez Trace 470

National Mall 9, **9**, 276, 282

Nationalparks & Naturschutzgebiete 22, 44

Acadia National Park 267

Anastasia State Recreation Area 545

Bahia Honda State Park 537

Big Bay State Park 663

Biscayne National Underwater Park 532

Blue Spring State Park 566

Boldt Castle 137

Bombay Hook National Wildlife Refuge 324

Brandywine Creek State Park 323

C&O Canal National Historic Park 320

Camden Hills State Park 266

Cape Henlopen State Park 322

Cherry Springs State Park 171

Chimney Rock Park 380

Colton Point State Park 171

Congaree National Park 397

Currituck Heritage Park 365

Daniel Boone National Forest 433

Delaware Water Gap National Recreation Area 143

De Leon Springs State Park 566

Dry Tortugas National Park 542

Everglades National Park 16, **16**, 530

First Landing State Park 339

Fort Adams State Park 227

Fort Clinch State Park 548

Franconia Notch State Park 253

Grayton Beach State Park 569

Great Smoky Mountains National Park **18**, 423

Hill Annex Mine State Park 680

Hopewell Culture National Historical Park 625

Hunting Island State Park 394

Independence National Historic Park 153

Indiana Dunes State Park 614

Isle Royale National Park 650

Itasca State Park 681

J.N. „Ding" Darling National Wildlife Refuge 555

John Pennekamp Coral Reef State Park 534

Jones Beach State Park 122

Malabar Farm State Park 624

Mammoth Cave National Park **49**, 434

Merritt Island National Wildlife Refuge 541

Mississippi Palisades State Park 605

Monadnock State Park 249

Monongahela National Forest **32**, 355

Mt. Rogers National Recreation Area 350

Nantahala National Forest 384

Newport State Park 661

Nickerson State Park 210

Nicolet National Forest 662

Peninsula State Park 661

Pictured Rocks National Lakeshore 648

Pinelands National Reserve 150

Robert Moses State Park 122

Sandy Hook Gateway National Recreation Area 146

Shawnee National Forest 607

Sleeping Bear Dunes National Lakeshore 643

Table Rock State Park 397

Tahquamenon Falls State Park 648

Talbot Islands 548

Voyageurs National Park 680

Wellesley Island State Park 138

Whitefish Dunes State Park 661

White River State Park 608

National September 11 Memorial 62

National World War II Memorial 284

National WWII Museum 487

Natural Bridge (VA) 348

Naturkatastrophen 719

Natur & Umwelt 718

Neuengland 10, **10**, 53, 180, **182**

Essen 180

Essen & Trinken 705

Geschichte 181, 248

Highlights 182

Infos im Internet 184

Klima 180

Reiserouten 181

Reisezeit 180

Unterkünfte 180

New Castle 324

New Hampshire **238**, 247

New Harmony 613

New Haven 234

New Jersey 56, **58**, 143

An- & Weiterreise 143

Essen 56

Highlights 58

Infos im Internet 143

Klima 56

Reiserouten 57

Reisezeit 56

Unterkunft 56

New Orleans 11, **11**, **362**, 481, **484**

An- & Weiterreise 496

Ausgehen 494

Essen 491

Feste & Events 488

French Quarter 482

Internetzugang 496

Kindern, Reisen mit 489

Verweise auf Karten **000**
Verweise auf Fotos **000**

New Orleans Museum of Art 488

Reiserouten 483

Sehenswertes 482

Shoppen 496

Stadtspaziergang 490, **490**

Unterhaltung 495

Unterkunft 489

Unterwegs vor Ort 497

New Paltz 126

New River Gorge National River 356

Newport 227

Newport Folk Festival 29

New York City **2**, **8**, 9, 56, 57, **60**

Aktivitäten 92

An- & Weiterreise 119

Ausgehen & Nachtleben 109

Battery Park 63

Brighton Beach 88

Bronx 89

Brooklyn 87, 97, 107, 113

Bushwick 88

Central Park 78, 80, **80**, **82**

Chelsea **74**, 94, 103, 110

Chinatown 64, **66**, 98, 100, 109

Coney Island 87

East Village 65, **70**, 94, 102, 110

Essen 56, 98

Essen & Trinken 705

Feste & Events 93

Fifth Avenue 77

Financial District 63

Flatiron District 69, 95, 104, 111

Geführte Touren 92

Gramercy Park 95, 104, 111

Greenpoint 88

Greenwich Village 67, 94, 103

Harlem 85, 97, 107

Hell's Kitchen 78

Highlights 58, **58**, **80**

Internetzugang 119

Kindern, Reisen mit 90

Klima 56

Koreatown 78

Little Italy 64, 98

Long Island City 91

Lower East Side 65, 94, 99, 110

Lower Manhattan 61, **66**, 93, 98, 109

Meatpacking District 68, 94, 103

Medizinische Versorgung 119

Midtown 71, **74**, 95, 104, 111

Morningside Heights 85

NoHo 101

NoLita 94, 98, 109

Queens 90, 97

Reiserouten 57

Reisezeit 56

Sehenswertes 61

Shoppen 117

SoHo 64, 94, 101, 109

Stadtspaziergang 86, **86**

Staten Island 92

Theater District 73

Times Square **8**, 71, **74**

Touristeninformation 119

Tribeca 64, 93, 98

Union Square 70, 95, 104, 111

Unterhaltung 113

Unterkunft 93

Unterwegs vor Ort 120

Upper East Side 79, **82**, 97, 106, 112

Upper West Side 78, 96, 106

Wall Street 63

Washington Heights 87

West Village 67, **70**, 110

Williamsburg 88

New York State **58**, 121

Essen 58

Highlights 60

Klima 58

Reisezeit 58

Unterkunft 58

Niagarafälle 12, **12**, 141

Nicolet National Forest 662

North Adams 223

North Carolina 361, **362**

North Fork 124

North Shore 121, 678

North Woodstock 253

Northampton 219

Northwoods 662

O

Oak Park 602

Obama, Barack 587, 697

Ocala National Forest 566

Ocean City 149, 318

Ocean Grove 146

Ocracoke Island 364, 367

Öffentliche Verkehrsmittel 740

Öffnungszeiten 21, 728

Ogunquit 259

Ohio River 613

Ökotourismus 531

Old Lyme 233

One World Observatory 62

Orlando 557, **560**

Outdoor-Aktivitäten 24, 43, siehe auch einzelne Aktivitäten

Outer Banks 364

Oxford (MD) 317

Oxford (MS) 463

Ozark Mountains 476

P

Palm Beach 529

Panama City Beach 568

Panoramastraßen (Scenic Drives) 35, **36**

Panther 720

Parks & Gärten

Airlie Gardens 370

Arboretum 656

Battery & White Point Gardens 386

Belle Isle 330

Boston Common 185

Brooklyn Botanic Garden 88

Brooklyn Bridge Park 89

Bryant Park 73

Canalside 139

Canaveral National Seashore 542

Central Park 78, 80, **80**

Chicago Botanic Garden 603

City Park (New Orleans) 487

Crescent Park (New Orleans) 486

Dr. Seuss National Memorial Sculpture Garden 219

Dumbarton Oaks 289

Fairchild Tropical Garden 518

Fairmount Park 159

Fort Williams Park 261

Frederik Meijer Gardens 641

Gardens of the American Rose Center 505

Georgetown Waterfront Park 289

Governors Island 63

Harriet Island 673

759

Hudson River Park 63
Hugh Taylor Birch State Recreation Area 526
Intervale Center 245
Island Beach State Park 147
Lakefront Park 653
Lake Leatherwood City Park 478
Leif Erikson Park 676
Lincoln Park 585
Louis Armstrong Park 483
Maggie Daley Park 579
Marie Selby Botanical Gardens 554
Marsh-Billings-Rockefeller National Historical Park 240
Máximo Gómez Park 516
Millennium Park (Chicago) 577
Minneapolis Sculpture Garden 664
Minute Man National Historic Park 205
Mt. Greylock State Reservation 223
Mud Island 399
National Sculpture Garden 281
Northerly Island 583
Philadelphia's Magic Gardens 160
Prospect Park 88
Public Garden (Boston) 190
Riverfront Park (Little Rock) 472
Riverside Park 79
Roger Williams Park 225
Rose Kennedy Greenway 191
South Pointe Park 513
State Botanical Garden of Georgia 448
Tompkins Square Park 65
Vulcan Park 458
Walkway Over the Hudson 127
Yards Park 290
Pelee Island 622
Pennsylvania 56, **58**, 151
Essen 56
Highlights 58
Klima 56
Reiserouten 57
Reisezeit 56
Unterkunft 56

Pennsylvania Dutch Country 168
Pennsylvania Wilds 171
Pensacola 570
Pentagon 326
Petersburg 334, 606
Petoskey 645
Pflanzen 718
Philadelphia 18, **18**, 151, **154**, **158**
Aktivitäten 152
An- & Weiterreise 167
Ausgehen 165
Essen 162
Feste & Events 160
Geführte Touren 160
Sehenswertes 152
Touristeninformation 167
Unterhaltung 166
Unterkunft 161
Unterwegs vor Ort 167
Pictured Rocks National Lakeshore 648
Piedmont 340
Pinelands National Reserve 150
Pittsburgh 172
Aktivitäten 172
An- & Weiterreise 179
Ausgehen 178
Essen 176
Geführte Touren 175
Sehenswertes 172
Touristeninformation 179
Unterhaltung 178
Unterkunft 175
Unterwegs vor Ort 179
Pittsfield 222
Plantagen
Aiken-Rhett House 387
Belle Meade Plantation 415
Berkeley Plantation 337
Boone Hall 392
Drayton Hall 392
Hermitage 415
Laura Plantation 498
Magnolia Plantation 392
Middleton Place 392
Monticello 343
Myrtles Plantation 500
Oak Alley Plantation 498
Oakley Plantation & Audubon State Historic Site 500
Sherwood Forest 337
Shirley Plantation 337

Whitney Plantation 498
Wormsloe Plantation Historic Site 450
Plymouth 206
Politik 684
Portland 261
Portsmouth 248
Post 728
Poughkeepsie 127
Preservation Hall 496
Princeton 144
Princeton University 145
Providence 224
Provincetown 213

Q
Quad Cities 605
Quechee 240

R
Racine 658
Radfahren 43, 739, siehe auch Mountainbiken
Boston 194
Cape Cod 207
Chicago 587
Cumberland 320
Delaware 323
Falmouth 207
Mackinac Island 646
Madison 656
Nantucket 216
New Orleans 488
New York City 92
Washington, D.C. 290
Radio 725
Radio City Music Hall 73
Raleigh 372
Rauchen 725
Reagan, Ronald 697
Rechtsfragen 728
Reisekosten 21
Reisepass 734
Reiseplanung 20, siehe auch einzelne Reiseziele
Feste & Events 26
Grundwissen 20
Infos im Internet 21
Kindern, Reisen mit 47
Outdoor-Aktivitäten 43
Panoramastraßen (Scenic Drives) 35
Reisekosten 20
Reiserouten 30, **30**, **31**, **33**, **34**
Reisezeit 26
Road Trips 35

Reiserouten 30, **30**, **31**, **33**, **34**, siehe auch einzelne Reiseziele
Boston 189
Chicago 576
Große Seen 573
Miami 507
New Jersey 57
New Orleans 483
New York City 57
Pennsylvania 57
Süden, der 364
Washington, D.C. 277
Reiten 602
Religion 685, 700
Reptilien 720
Rhinebeck 128
Rhode Island **182**, 224
Richmond 330
Road Trips 35, **36**, 129, 582, 613, 660, 663, 678
Roanoke 349
Rockefeller Center 73
Rock Island 661
Rockefeller Center 73
Rockland 266
Roosevelt, Franklin D. 694
Route 66 11, **11**, 582, 604

S
Sabbaday Falls 252
Sabbathday Lake 270
Salem 205
Sandwich 206
Sandy Hook 146
Sanibel Island 555
Saranac Lake 136
Sarasota 554
Saugatuck 642
Saugerties 130
Sault Ste. Marie 648
Savannah 450, **452**
Scenic Drives 35, **36**, siehe auch Road Trips
Schiff, Reisen mit dem 741
Schildkröten 536
Schlangen 721
Schlauchpflanzen 461
Schoodic Peninsula 270
Schwimmen siehe Strände
Schwule Reisende 729
Atlanta 444
Boston 198
Chicago 592
Feste & Events 214
Key West 539
Minneapolis 670
New York City 114

REGISTER P–S

REGISTER S–V

Provincetown 214
 Washington, D.C. 303
Sea Isle 149
Seaside 569
Segeln 92, 228, 245,
 269, 317
Selma 461
Seneca 133
Shelter Island 124
Shem Creek 392
Shenandoah Valley 342
Shipshewana 615
Shreveport 505
Singer Castle 137
Skifahren & Snowboarden
 46, 135, 242, 270, 424,
 650, 677
Sklaverei 361, 626, 688,
 691, 692
Skype-Dienste 730
Smith Island 311
Smithsonian Castle 282,
 284
Smithsonian Institution
 286
Snow Hill 317
South Bend 614
South Carolina **362**, 384
Southern Shores 364
South Shore 122
Southold 124
Space Coast 541
Splinter Hill Bog 461
Sport 118, 195, 304, 313,
 599, 619, 624, 630, 637,
 654, 671, 702, *siehe
 auch einzelne Reise-
 ziele & Sportarten*
Sportstätten 703
Sprache 20, 743-748
Spring Green 659
Springfield (IL) 605
Springfield (MA) 219
St. Augustine 545
St. Francisville 500
St. Ignace 645
St. Michaels 317
St. Paul 672
St. Petersburg 552
St. Simons Island 455
St. Vincent Island 568
Stadtspaziergänge
 Boston 199, **199**
 Chicago 588, 588
 Miami 520, **520**

Verweise auf Karten **000**
Verweise auf Fotos **000**

New Orleans 490, **490**
New York City 86, **86**
Washington, D.C. 291,
 291
Staten Island 92
Staunton 345
Stereotypen 701
Steuern 727
Stillwater 675
Stockbridge 221
Storer College Campus
 353
Stowe 242
Straits of Mackinac 645
Strände 25
 Cape Cod National
 Seashore 211
 Catskills 129
 Charleston 393
 Chicago 589
 Daytona Beach 544
 Delaware 321
 Dewey Beach 322
 Falmouth 207
 Fernandina Beach 548
 Florida 511
 Florida Keys 537, 538
 Fort Lauderdale 526
 Georgia 455
 Indiana Dunes National
 Lakeshore 614
 Islamorada 535
 Marathon 536
 Miami 510
 Myrtle Beach 395
 Nantucket 216
 Ogunquit 259
 Pensacola Beach 570
 Rehoboth Beach **15**,
 322
 Rhode Island 229
 Sarasota 554
 Saugatuck 643
 Virginia Beach 339
 Wellfleet 212
Straßenzustand 737
Strathmere 149
Strom 730
Süden, der 360, **362**
 Essen 360
 Highlights 362
 Klima 360
 Reiserouten 364
 Reisezeit 360
 Unterkunft 360
Süd-Florida 507, **508**
Sullivan's Island 392
Sunnyside 126
Sun Studio 400

Supreme Court 286
Surfen 45, 92, 542, 642
Synagogen 386

T

Tahquamenon Falls 648
Taliesin 658
Tallahassee 566
Tallulah Gorge 447
Tampa 549
Tauchen & Schnorcheln
 46, 538
 John Pennekamp Coral
 Reef State Park 534
 Panama City Beach 568
Telefondienste 730
Telefonkarten 730
Tennessee **362**, 398
Theater 25, 712
 Atlanta 445
 Boston 201
 Chicago 598
 New York City 115
Themen- & Vergnügungs-
 parks 24
 Adventure Island 550
 Busch Gardens 550
 Carousel Gardens
 Amusement Park 489
 Casino Pier 147
 Cedar Point Amusement
 Park 621
 Charleston 391
 Discovery Cove 558
 Disney's Animal King-
 dom 564
 Disney's Hollywood
 Studios 564
 Epcot 563
 Family Kingdom 396
 Jenkinson's 147
 Magic Kingdom 562
 Mall of America 675
 SeaWorld 558
 SkyWheel 395
 Universal Orlando Resort
 558
 Valleyfair 668
Thousand Islands 137
Tiere & Pflanzen 718
Tilghman Island 317
Times Square 71
Top of the Rock 73
Tornados 726
Touristeninformation 731
Trampen 741
Traverse City 644
Triangle 371
Trinkgeld 727

TV 711
TV-Shows 711
Twain, Mark 230

U

Unabhängigkeitserklärung
 689
United Nations 77
United States Holocaust
 Memorial Museum 280
Universitäten
 Brown University 225
 Columbia University 85
 Duke University 373
 Georgetown University
 289
 Harvard University 194
 Princeton University 145
 University of Alabama
 460
 University of Chicago
 586
 University of Massachu-
 setts 221
 University of Michigan
 639
 University of Minnesota
 665
 University of Mississippi
 463
 University of North
 Carolina 373
 University of Notre
 Dame 614
 University of Virginia 340
 Virginia Military Institute
 346
 Yale University 234
Unterkunft 48, 731
Upcountry 397
Upper Peninsula 648
Urlaub 725
USS *Alabama* 462
USS *Albacore* 248
USS *Constitution* 189

V

Vanderbilt Mansion 128
Vegetarier & Veganer 706
Vergnügungsparks *siehe*
 Themen- & Vergnü-
 gungsparks
Verkaufssteuer 727
Verkehrsmittel- & wege
 734
Verkehrsregeln 737
Vermilionville 501
Vermont 235, **238**
Versicherung 732, 738
 Gesundheit 727

Vicksburg 467
Vietnamkrieg 696
  Gedenkstätten 277, 283
Vietnam Veterans Memo-
  rial 277, 283
Virginia **274**, 325
Virginia Beach 339
Visa 20, 733
Vögel 722
Vogelbeobachtung
  Bombay Hook National
    Wildlife Refuge 324
  Cape May 151
  Felix Neck Wildlife
    Sanctuary 219
  J. N. „Ding" Darling
    National Wildlife
    Refuge 555
  Pea Island National
    Wildlife Refuge 366
  VINS Nature Center 240
Vorwahlen 21, 730

W
Währung 20
Wakulla Springs 567
Walbeobachtung 151, 214,
  268, 722
Walfang 692
Walt Disney World Resort
  10, **10**, 562
Wandern & Trekken 43
  Acadia National Park
    267
  Amicalola Falls State
    Park 447
  Appalachian Trail 16, 45,
    127, 271, 354
  Baxter State Park 271
  Bethel 270
  Blue Ridge Parkway 348
  Cape Cod National
    Seashore 211
  Congaree National
    Park 397
  Echo Lake State Park
    251
  Everglades National
    Park 531

Franconia Notch State
  Park 253
Grandfather Mountain
  378
Great Smoky Mountains
  National Park 423
Harpers Ferry 354
Infos im Internet 43
Isle Royale National
  Park 650
Manchester (VT) 239
Marquette 649
Monadnock State Park
  249
Monongahela National
  Forest 355
Mt. Rogers National
  Recreation Area 350
Mt. Washington 255
New River Gorge
  National River 356
Pinelands National
  Reserve 150
Shenandoah National
  Park 343
Sleeping Bear Dunes
  National Lakeshore
  644
Stowe 243
Superior Hiking Trail
  679
Virginia Creeper Trail
  350
Voyageurs National
  Park 680
Washington, D.C. 290
White Mountain National
  Forest 251
Washington, D.C. 9, 53,
  273, **274**, **278**
  Aktivitäten 290
  Anacostia 290
  An- & Weiterreise 305
  Ausgehen & Nachtleben
    301
  Capitol Hill 285
  Essen 295
  Feste & Events 292
  Geführte Touren 292
  Highlights 274

Kindern, Reisen mit 293
National Mall 276
Reiserouten 277
Sehenswertes 276
Stadtspaziergänge
  291, **291**
Tidal Basin 285
Touristeninformation
  305
Unterhaltung 303
Unterkunft 293
Unterwegs vor Ort 305
Washington, George 689
Washington Island 661
Washington Monument 277
Wasserfälle
  Franconia 252
  Niagarafälle 141
  Sabbaday 252
  Tahquamenon Falls 648
Wechselkurse 21
Wein 132, 331, 644, 708
Weirs Beach 250
Weißes Haus 287
Wellfleet 212
Welterbestätten 606
Weltkrieg, Zweiter 695
Weltwirtschaftskrise 694
West Palm Beach 529
West Point 126
West Virginia **274**, 352
Wetter 20
Whiskey 708
White Mountains 250
Wildwasserrafting *siehe
  auch einzelne Rei-
  seziele*
  Nantahala River 384
  North Carolina Moun-
    tains 378
  US National Whitewater
    Center 376
Wildwoods 149
William G. Mather 616
Williamsburg 334
Williamstown 222
Wilmington 323, 370
Wintersport 46

Wirtschaft 684
Wisconsin 650
Wölfe 680, 720
Wolfeboro 250
Woodbury 442
Woodstock (NY) 130
Woodstock (VT) 240
Woodstock Festival 696
Wright, Frank Lloyd 174,
  602, 655
Wynwood Walls 516

Y
Yale University 234
Yellow Springs 625
Yorktown 336

Z
Zeit 20, 733
Zeitschriften 725
Zeitungen 725
Zigarren 549
Zollbestimmungen 733
Zoos
  Audubon Zoological
    Gardens 487
  Chicago 585
  Duke Lemur Center 373
  Jungle Island 517
  Minnesota Zoo 668
  Monkey Jungle 517
  National Aviary 173
  National Zoo 290
  New York City 90
  Wilmington (NC) 370
  Zoo Miami 517
Zugpässe 742
Zug, Reisen mit dem
  736, 741
  Boston 203
  Chicago 601
  Essex Steam Train &
    Riverboat Ride 234
  New York City 119
  Preise 742
  Strasburg Railroad 168
  Unterwegs vor Ort 742

NOTIZEN

NOTIZEN

NOTIZEN

Kartenlegende

Sehenswertes

- Strand
- Vogelschutzgebiet
- buddhistisch
- Schloss/Palast
- christlich
- konfuzianisch
- hinduistisch
- islamisch
- jainistisch
- jüdisch
- Denkmal
- Museum/Galerie/historisches Gebäude
- Ruine
- Sento-Bad/Onsen
- schintoistisch
- sikhistisch
- taoistisch
- Weingut/Weinberg
- Zoo/Tierschutzgebiet
- andere Sehenswürdigkeit

Aktivitäten, Kurse & Touren

- bodysurfen
- tauchen
- Kanu/Kajak fahren
- Kurs/Tour
- Ski fahren
- schnorcheln
- surfen
- Schwimmbecken
- wandern
- windsurfen
- andere Aktivität

Schlafen

- Unterkunft
- Camping

Essen

- Lokal

Ausgehen & Nachtleben

- Bar/Kneipe
- Café

Unterhaltung

- Unterhaltung

Shoppen

- Shoppen

Praktisches

- Bank
- Botschaft/Konsulat
- Krankenhaus/Arzt
- Internetzugang
- Polizei
- Post
- Telefon
- Toilette
- Touristeninformation
- andere Einrichtung

Geografisches

- Strand
- Hütte/Unterstand
- Leuchtturm
- Aussichtspunkt
- Berg/Vulkan
- Oase
- Park
- Pass
- Picknickplatz
- Wasserfall

Städte

- Hauptstadt (Staat)
- Hauptstadt (Bundesland/Provinz)
- Großstadt
- Kleinstadt/Ort

Verkehrsmittel

- Flughafen
- BART-Station
- Grenzübergang
- T-Station (Boston)
- Bus
- Seilbahn/Gondelbahn
- Fahrrad
- Fähre
- Metro/Muni-Station
- Einschienenbahn
- Parkplatz
- Tankstelle
- U-Bahn/SkyTrain-Station
- Taxi
- Bahnhof/Zug
- Straßenbahn
- U-Bahnhof
- anderes Verkehrsmittel

Achtung: Nicht alle der abgebildeten Symbole werden auf den Karten im Buch verwendet

Verkehrswege

- Mautstraße
- Autobahn
- Hauptstraße
- Landstraße
- Verbindungsstraße
- sonstige Straße
- unbefestigte Straße
- Straße im Bau
- Platz/Promenade
- Treppe
- Tunnel
- Fußgänger-Überführung
- Stadtspaziergang
- Abstecher (Stadtspaziergang)
- Pfad/Wanderweg

Grenzen

- Internationale Grenze
- Bundesstaat/Provinz
- umstrittene Grenze
- Region/Vorort
- Meerespark
- Klippen
- Mauer

Gewässer

- Fluss/Bach
- periodischer Fluss
- Kanal
- Wasser
- Trocken-/Salz-/periodischer See
- Riff

Gebietsformen

- Flughafen/Startbahn
- Strand/Wüste
- Friedhof (christlich)
- Friedhof
- Gletscher
- Watt
- Park/Wald
- Sehenswürdigkeit (Gebäude)
- Sportgelände
- Sumpf/Mangrove

DIE AUTOREN

Karla Zimmerman
Hauptautorin; Die großen Seen, Washington, D.C., Reiseplanung, Den Osten der USA verstehen, Praktische Informationen Karen kennt sich als eingefleischte Mittwestlerin mit den Stränden, Baseballstadien, Brauhäusern und Pie-Shops der Region aus. Wenn sie nicht gerade in Chicago ist und ein Spiel der Cubs schaut – äh, eigentlich für Zeitschriften, Websites und Bücher schreibt –, dann ist sie auf Entdeckungsreise. Diesmal spielte sie in Minnesota Curling, surfte in Michigan, probierte in Wisconsin Käsebruch und trank in Ohia eine eindrucksvolle Menge Milchshakes. Karla schrieb bereits für mehrere Lonely Planet Bände über die USA, Kanada, die Karibik und Europa.

Mehr über Karla gibt's hier:
http://auth.lonelyplanet.com/profiles/karlazimmermann

Amy C. Balfour
Neuengland, Der Süden Amy erkundete die USA zu Fuß, mit dem Rad und dem Kanu. Sie wuchs im Süden des Landes auf und kennt die Outer Banks seit ihrer Kindheit. Für diesen Trip wanderte sie mit dem Rucksack auf dem Appalachian Trail in den Great Smoky Mountains. In New Hampshire erkundete sie die White Mountains und bestieg zum ersten Mal den Mt. Monadnock. Sie hat bereits an 27 Lonely Planet Bänden mitgearbeitet und außerdem für *Backpacker*, *Redbook*, *Southern Living* und die *Washington Post* geschrieben.

Mehr über Amy gibt's hier:
http://auth.lonelyplanet.com/profiles/amycbalfour

Adam Karlin
Der Süden, Florida Adam hat schon für etwa 50 Lonely Planet Bände geschrieben und ist immer glücklich, wenn er auf seinem heimischem Tummelplatz, in den USA, auf Entdeckungsreise gehen kann. Auf diesem Trip stolperte er in Key West in geheime Gärten, entdeckte Flüsterkneipen in Miami, trank in Birmingham mit Barkeepern Schnaps, übernahm in Baumwollhütten in Mississippi die Tornadowache, aß auf Berggipfeln in Arkansas Pizza, hörte in Dutzenden Bars in Louisiana Musik, paddelte in Florida durch klare Mangrovenkanäle und futterte jede Menge Barbecue. Er lässt uns wissen, dass es zwar jede Menge gutes Licht in der Welt gibt, doch die Art, wie es einen Tag im Spätfrühling im Süden umfängt, ist etwas ganz anderes.

Mehr über Adam gibt's hier:
http://auth.lonelyplanet.com/profiles/adamkarlin

Zora O'Neill
New York, New Jersey & Pennsylvania Zora O'Neill lebt seit 1998 in New York – weit weg von ihrer Heimatstadt New Mexico, aber ganz dicht an der Küste, an der sie als Tochter von aus New Jersey stammenden Eltern in ihrer Kindheit fast jeden Sommer eine Woche *down the shore* verbracht und Pizza und gebratene Muscheln gegessen hat. Zora schreibt seit 2002 Reiseliteratur; für Lonely Planet hat sie über Amsterdam, Südspanien und Ägypten geschrieben. Im Internet findet man sie auf www.rovinggastronome.com.

Mehr über Zora gibt's hier:
http://auth.lonelyplanet.com/profiles/zora_oneill

Kevin Raub
Der Süden, Florida Kevin Raub wuchs in Atlanta auf und begann seine Karriere als Musikjournalist in New York, wo er für Zeitschriften wie das *Men's Journal* und den *Rolling Stone* arbeitete. Dann hat er das Rock'n'Roll-Leben hinter sich gelassen, um Reiseschriftsteller zu werden, und zog nach Brasilien. Nun, da er nicht mehr im Land lebt, kann man ruhig sagen, dass er auf seiner Reise durch den Süden der USA Nashvilles Hot Chicken, das Barbecue in Memphis, unzählige Kleinbrauereibiere und viele andere unaussprechliche Dinge echt genossen hat. Dies ist der 35. Lonely Planet Band, für den Kevin schreibt. Man kann ihm auf Twitter (@RaubOnTheRoad) folgen.

Mehr über Kevin gibt's hier:
http://auth.lonelyplanet.com/profiles/kraub

Regis St. Louis
New York, New Jersey & Pennsylvania; Washington, D. C. & Capital Region Regis wurde e in Indiana geboren und wuchs in einer schläfrigen Kleinstadt am Fluss auf, wo er von den Verlockungen der Großstadt träumte. Er hat schon überall in den USA gelebt (u. a. in New York City, San Francisco, Los Angeles und New Orleans) und hat das Land bei Reisen in entlegene Ecken per Zug, Bus und Auto durchquert. Zu den schönsten Erinnerungen seiner letzten Reise zählen Krabbenschlemmereien an der Ostküste von Maryland, Wanderungen durch die großartigen State Parks im westlichen Texas, musikalische Jamsessions in den Blue Ridge Mountains in Virginia – und der Moment, als er auf Assateague Island Auge in Auge Wildpferden gegenüberstand. Regis hat für über 50 Lonely Planet Bände geschrieben, darunter *New York* und *Washington, DC*.

Mehr über Regis gibt's hier:
http://auth.lonelyplanet.com/profiles/regisstlouis

Mara Vorhees
Neuengland Geboren und aufgewachsen ist Mara in St. Clair Shores, Michigan. Sie bereiste die ganze Welt (wenn nicht sogar das Universum), bevor sie sich häuslich niederließ. Mehrere Jahre hat sie mit Schreibtisch- und Computerjobs an der Harvard University verbracht, sich aber mittlerweile ganz auf eine Vollzeitarbeit als Reiseschriftstellerin eingelassen. Nun schreibt sie über so unterschiedliche Reiseziele wie Russland und Belize. Sie lebt mit ihrem Mann, zwei Kindern und zwei Katzen in einem rosa Haus in Somerville, Massachusetts. Oft sieht man sie am Union Square Donuts essen oder am Charles River entlangradeln. Mara ist u. a. die Hauptautorin der Lonely Planet Bände *New England* und *New England's Best Trips*. An ihren Abenteuern kann man auf www.havetwinswilltravel.com teilhaben.

Mehr über Mara gibt's hier:
http://auth.lonelyplanet.com/profiles/mvorhees

DIE LONELY PLANET STORY

Ein ziemlich mitgenommenes, altes Auto, ein paar Dollar in der Tasche und eine Vorliebe für Abenteuer – 1972 war das alles, was Tony und Maureen Wheeler für die Reise ihres Lebens brauchten, die sie durch Europa und Asien bis nach Australien führte. Die Tour dauerte einige Monate, und am Ende saßen die beiden – pleite, aber voller Inspiration – an ihrem Küchentisch und schrieben ihren ersten Reiseführer *Across Asia on the Cheap*. Innerhalb einer Woche hatten sie 1500 Exemplare verkauft. Lonely Planet war geboren.

Heute hat der Verlag Büros in Melbourne, London und Oakland und mehr als 600 Mitarbeiter und Autoren. Und alle teilen Tonys Überzeugung: „Ein guter Reiseführer sollte drei Dinge tun: informieren, bilden und unterhalten."

Lonely Planet Publications,
Locked Bag 1, Footscray,
Melbourne, Victoria 3011,
Australia

Verlag der deutschen Ausgabe:
MAIRDUMONT, Marco-Polo-Str. 1, 73760 Ostfildern,
www.lonelyplanet.de, www.mairdumont.com
info@lonelyplanet.de

Chefredakteurin deutsche Ausgabe: Birgit Borowski

Übersetzung: Berna Ercan, Tobias Ewert, Christina Kagerer, Laura Leibold, Britt Maaß, Dr. Christian Rochow

An früheren Auflagen haben außerdem mitgewirkt: Dorothee Büttgen, Julie Bacher, Karen Gerwig, Marion Gref-Timm, Gabriela Huber Martins, Jürgen Kucklinski, Marion Matthäus, Andrea Schleipen, Frauke Sonnabend, Erwin Tivig

Redaktion: Annegret Gellweiler, Frank Müller, Olaf Rappold, Julia Wilhelm (red.sign, Stuttgart)

Redaktionsassistenz: Adriana Popescu, Sylvia Scheider-Schopf

Satz: Sylvia Scheider-Schopf (red.sign, Stuttgart)

USA Osten

3. deutsche Auflage August 2016, übersetzt von *Eastern USA, 3rd edition*, April 2016,
Lonely Planet Global Limited

Deutsche Ausgabe © Lonely Planet Global Limited, August 2016

Fotos © wie angegeben 2016

Printed in Poland

Obwohl die Autoren und Lonely Planet alle Anstrengungen bei der Recherche und bei der Produktion dieses Reiseführers unternommen haben, können wir keine Garantie für die Richtigkeit und Vollständigkeit dieses Inhalts geben. Deswegen können wir auch keine Haftung für eventuell entstandenen Schaden übernehmen.

MIX
Papier aus verantwortungsvollen Quellen
FSC® C018236

Alle Rechte vorbehalten. Das Werk einschließlich all seiner Teile ist urheberrechtlich geschützt und darf weder kopiert, vervielfältigt, nachgeahmt oder in anderen Medien gespeichert werden, noch darf es in irgendeiner Form oder mit irgendwelchen Mitteln – elektronisch, mechanisch oder in irgendeiner anderen Weise – weiterverarbeitet werden. Es ist nicht gestattet, auch nur Teile dieser Publikation zu verkaufen oder zu vermitteln, ohne schriftliche Genehmigung des Herausgebers. Lonely Planet und das Lonely Planet Logo sind eingetragene Marken von Lonely Planet und sind im US-Patentamt sowie in Markenbüros in anderen Ländern registriert. Lonely Planet gestattet den Gebrauch seines Namens oder seines Logos durch kommerzielle Unternehmen wie Einzelhändler, Restaurants oder Hotels nicht. Informieren Sie uns im Fall von Missbrauch: www.lonelyplanet.com/ip.